JUS PUBLICUM

Beiträge zum Öffentlichen Recht

Band 271

Andrea Edenharter

Grundrechtsschutz in föderalen Mehrebenensystemen

Inspiration des EU-Grundrechtsschutzes durch die Grundrechtsentwicklung in Deutschland und der Schweiz sowie durch die EMRK

Mohr Siebeck

Andrea Edenharter, geboren 1985; Studium der Rechtswissenschaft an der Universität Regensburg; 2009 Erste Juristische Prüfung; Referendariat am OLG Nürnberg; 2011 Zweite Juristische Staatsprüfung; 2013 Promotion; Forschungsaufenthalte an der Universität Bern und am Institute of European and Comparative Law (Oxford University); 2017 Habilitation; seit 2011 wiss. Mitarbeiterin am Lehrstuhl für Öffentliches Recht und Völkerrecht der Universität Regensburg.
orcid.org/0000-0003-1369-4083

ISBN 978-3-16-156013-2 / eISBN 978-3-16-156014-9
DOI 10.1628/978-3-16-156014-9

ISSN 0941-0503 / eISSN 2568-8480 (Jus Publicum)

Die Deutsche Nationalbibliothek verzeichnet diese Publikation in der Deutschen Nationalbibliographie; detaillierte bibliographische Daten sind im Internet über *http://dnb.dnb.de* abrufbar.

Das Buch wurde von Textservice Zink in Schwarzach aus der Garamond gesetzt, von Gulde Druck in Tübingen auf alterungsbeständiges Werkdruckpapier gedruckt und von der Buchbinderei Spinner in Ottersweier gebunden.

Printed in Germany.

Vorwort

Die vorliegende Arbeit wurde im Wintersemester 2017/2018 als Habilitationsschrift von der Fakultät für Rechtswissenschaft der Universität Regensburg angenommen. Großen Anteil nicht nur an der Entstehung dieses Werkes, sondern an meinem gesamten akademischen Werdegang hatte mein Habilitationsbetreuer, Herr Professor Dr. Robert Uerpmann-Wittzack, der mir in den zehn Jahren, in denen ich an seinem Lehrstuhl tätig war, ein Höchstmaß an Unterstützung und akademischer Freiheit zukommen ließ.

Ein herzliches Wort des Dankes gebührt auch Herrn Professor Dr. Thorsten Kingreen (Regensburg) für die Erstellung des Zweitgutachtens sowie für einige sehr hilfreiche Anregungen im Hinblick auf die Veröffentlichung meiner Habilitationsschrift. Darüber hinaus danke ich den Mitgliedern des Fachmentorats, Herrn Professor Dr. Alexander Graser und Herrn Professor Dr. Martin Löhnig (beide Regensburg) für ihre Begleitung während der Habilitationsphase und für zahlreiche Tipps, die meine wissenschaftliche Arbeit stets bereicherten.

Dank gebührt auch Herrn Richter des Bundesverfassungsgerichts a.D., Professor Dr. Udo Steiner (Regensburg), der mich auf meinem gesamten akademischen Werdegang seit dem Studium als Ratgeber und Förderer begleitet hat.

Zu großem Dank verpflichtet bin ich darüber hinaus Herrn Professor Dr. Axel Tschentscher (Bern), der mich bereitwillig für zwei Forschungsaufenthalte an seinem Lehrstuhl aufgenommen hat und ohne dessen Engagement und großzügige Gastfreundschaft meine Habilitationsschrift in dieser Form niemals hätte entstehen können. Dank schulde ich auch Frau Professor Dr. Judith Wyttenbach (Bern) für ihre Diskussionsbereitschaft und wertvollen Anregungen.

Herrn Professor Dr. Pavlos Eleftheriadis (Oxford) danke ich für zahlreiche spannende Diskussionen während meines Aufenthalts am Institute of European and Comparative Law.

Meiner Mentorin, Frau Professor Dr. Ute Mager (Heidelberg) danke ich für zahlreiche wertvolle Hinweise während der Habilitationsphase.

Ein ganz großes Dankeschön gebührt meinem guten Freund, Herrn Gerichtsschreiber Dr. Peter Bieri (Bern), der die Mühe auf sich genommen hat, den Teil zum schweizerischen Recht mit bewundernswerter Akribie Korrektur zu lesen.

Danken möchte ich ferner Herrn lic. phil. Vinzenz Bartlome (Staatsarchiv des Kantons Bern) für wertvolle Anregungen und Hilfestellung bei der Recherche in den Archivbeständen. Frau Dr. Heidi Bossard-Borner (Staatsarchiv des Kantons Luzern) danke ich ebenfalls für wichtige Hinweise zur Recherche.

Dank gebührt ferner meinen Kolleginnen und Kollegen am Lehrstuhl Uerpmann-Wittzack an der Universität Regensburg, vor allem auch Frau Margit Berndl, für die stets angenehme und anregende Arbeitsatmosphäre.

Meinen Kolleginnen und Kollegen am Institut für Öffentliches Recht an der Universität Bern sage ich ein dickes „Merci" für ihre unkomplizierte Gastfreundschaft und für viele wissenschaftliche und private Gespräche in den gemeinsamen Kaffee- und Mittagspausen.

Schließlich danke ich meinen Eltern, Marlies und Michael Edenharter, meinem Partner Raimund Weiß sowie meinen guten Freunden Dr. Hermann Josef Eckl, Benjamin Manthey und Ursula Wittmann für ihre uneingeschränkte und bedingungslose Unterstützung. Ihnen ist diese Arbeit gewidmet.

Rechtsprechung und Literatur sind grundsätzlich bis einschließlich Juni 2017 eingearbeitet. Später erschienene Quellen konnten nur noch vereinzelt berücksichtigt werden.

Regensburg, den 24.01.2018 Andrea Edenharter

Calliess, AöR 21, 181

Inhaltsübersicht

Inhaltsverzeichnis

2. Teil

Grundrechtsschutz im Mehrebenensystem des deutschen Bundesstaats

153

4. Teil

Grundrechtsschutz im unionalen Mehrebenensystem
613

Technisches Vorwort

In der Schweiz werden die Entscheide der kantonalen Gerichte und politischen Organe erst in jüngster Zeit systematisch in Entscheidungssammlungen bzw. online publiziert. Für den Zeitraum von 1848 bis 2000 existieren in der Regel keine systematischen Sammlungen, sondern die Entscheide müssen direkt in den kantonalen Staatsarchiven bzw. in Entscheidungssammlungen nachgelesen werden, wobei Letztere in aller Regel nur einen begrenzten Zeitraum abdecken und nur die wichtigsten Entscheidungen des jeweiligen Gerichts bzw. der jeweiligen politischen Instanz enthalten. Zentrale Entscheidungen kantonaler Instanzen können daneben in Fachzeitschriften wie dem „Schweizerischen Zentralblatt für Staats- und Verwaltungsrecht“ (ZBl.) nachgelesen werden. Leitentscheide des Verwaltungsgerichts des Kantons Bern etwa werden seit Anfang 2013 in der elektronischen Entscheidsammlung sowie in der autorisierten Sammlung „Bernische Verwaltungsrechtsprechung“ (BVR) publiziert. Älteres Material ist über das Staatsarchiv Bern zugänglich. Ältere Entscheide der gerichtlichen Instanzen des Kantons Luzern können ebenfalls nur vor Ort im Staatsarchiv Luzern eingesehen werden. Entsprechendes gilt für Entscheide des Verfassungsgerichts Nidwalden, die im Staatsarchiv des Kantons Nidwalden in Stans eingesehen werden können.

Entscheide des Schweizerischen Bundesgerichts sind seit 1875 über die Entscheidungssammlung des Schweizerischen Bundesgerichts (BGE) öffentlich zugänglich. Frühere Entscheide können im Archiv des Bundesgerichts in Lausanne eingesehen werden. Entscheide des Bundesrates können im Schweizerischen Bundesblatt (BBl) nachgelesen werden. Daneben existieren insbesondere für die Zeit von 1848 bis 1874 Sammlungen mit Leitentscheiden der schweizerischen Bundesbehörden, etwa *Ullmer*, Die staatsrechtliche Praxis der schweizerischen Bundesbehörden aus den Jahren 1848–1860, Bd. 1 sowie *Ullmer*, Die staatsrechtliche Praxis der schweizerischen Bundesbehörden aus den Jahren 1848–1863, Bd. 2.

Abkürzungsverzeichnis

a.A.	anderer Ansicht
ABl.EG	Amtsblatt der Europäischen Gemeinschaften
ABl.EU	Amtsblatt der Europäischen Union
aBV	alte Bundesverfassung der Schweiz (Bundesverfassung von 1874)
a.E.	am Ende
AEUV	Vertrag über die Arbeitsweise der Europäischen Union
a.F.	alte Fassung
AJP	Zeitschrift für die Allgemeine Juristische Praxis
AK	Alternativkommentar zum Grundgesetz
Amtsbl.	Amtsblatt
Anm.	Anmerkung
AöR	Archiv des öffentlichen Rechts
ArbGG	Arbeitsgerichtsgesetz
Art.	Artikel
AS	Amtliche Sammlung (Schweiz)
ATÖR	Assistententagung Öffentliches Recht
Aufl.	Auflage
AVR	Archiv des Völkerrechts
Az.	Aktenzeichen
BAGE	Entscheidungen des Bundesarbeitsgerichts
BayObLGSt	Entscheidungen des Bayerischen Obersten Landesgerichts in Strafsachen
BayObLGZ	Entscheidungen des Bayerischen Obersten Landesgerichts in Zivilsachen
BayStGH	Bayerischer Staatsgerichtshof
BayStGHG	Gesetz über den Bayerischen Staatsgerichtshof
BayGemVerwZ	Bayerische Gemeinde- und Verwaltungszeitung
BayStAnz	Bayerischer Staatsanzeiger
BayVBl.	Bayerische Verwaltungsblätter
BayVerf	Verfassung des Freistaats Bayern
BayVerfGH	Bayerischer Verfassungsgerichtshof
BayVerfGHG	Gesetz über den Bayerischen Verfassungsgerichtshof
BayVGH	Bayerischer Verwaltungsgerichtshof
BayVGHG	Gesetz betreffend die Errichtung eines Verwaltungsgerichtshofs und das Verfahren in Verwaltungsrechtssachen v. 8.8.1878 (Bayern)
BayVGHE	Entscheidungen des Bayerischen Verwaltungsgerichtshofs
BayZfR	Zeitschrift für Rechtspflege in Bayern
BbgVerf	Brandenburgische Verfassung
BbgVerfG	Brandenburgisches Verfassungsgericht
BbgVerfGG	Gesetz über das Brandenburgische Verfassungsgericht
BBl	Bundesblatt der Schweiz
Bd.	Band
BeckRS	Beck-Rechtsprechung
Beil.	Beilage

ber.	bereinigt
BerlVerf	Verfassung von Berlin
BerlVerfGH	Verfassungsgerichtshof des Landes Berlin
BerlVerfGHG	Gesetz über den Berliner Verfassungsgerichtshof
Beschl.	Beschluss
BGB	Bürgerliches Gesetzbuch
BGBl.	Bundesgesetzblatt
BGE	Entscheide des Schweizer Bundesgerichts
BGer	Schweizer Bundesgericht
BGG	Bundesgesetz über das Schweizer Bundesgericht
BGH	Bundesgerichtshof
BGHZ	Entscheidungen des Bundesgerichtshofs in Zivilsachen
BImSchG	Bundesimmissionsschutzgesetz
BImSchV	Verordnung zur Durchführung des Bundes-Immissionsschutzgesetzes
BJM	Basler Juristische Mitteilungen
BK	Bonner Kommentar zum Grundgesetz
BLVGE	Basellandschaftliche Verwaltungsgerichtsentscheide
BNotO	Bundesnotarordnung
Brem.GBl.	Gesetzblatt der Freien Hansestadt Bremen
BremVerf	Landesverfassung der Freien Hansestadt Bremen
BremStGH	Staatsgerichtshof der Freien Hansestadt Bremen
BremStGHE	Entscheidungen des Staatsgerichtshofs der Freien Hansestadt Bremen
BR-Drs.	Bundesratsdrucksache
BSK	Basler Kommentar zur Schweizer Bundesverfassung
BT-Drs.	Bundestagsdrucksache
BV	Bundesverfassung der Schweizerischen Eidgenossenschaft vom 18. April 1999
BV 1848	Bundesverfassung der Schweizerischen Eidgenossenschaft vom 12. September 1848
BV 1874	Bundesverfassung der Schweizerischen Eidgenossenschaft vom 29. Mai 1874
BVerfG	Bundesverfassungsgericht
BVerfGE	Entscheidungen des Bundesverfassungsgerichts
BVerfGG	Bundesverfassungsgerichtsgesetz
BVerwG	Bundesverwaltungsgericht
BVerwGE	Entscheidungen des Bundesverwaltungsgerichts
BV-G	Österreichisches Bundesverfassungsgesetz
BVGE	Entscheidungen des Schweizer Bundesverwaltungsgerichts
BVGer	Bundesverwaltungsgericht der Schweiz
BVR	Bernische Verwaltungsrechtsprechung
BWStGH	Staatsgerichtshof für das Land Baden-Württemberg
BWStGHG	Gesetz über den Staatsgerichtshof von Baden-Württemberg
BWVerf	Verfassung des Landes Baden-Württemberg
bzgl.	bezüglich
bzw.	beziehungsweise
CEDH	Convention européenne des droits de l'homme, Cour européenne des droits de l'homme
CF	Constitution fédérale
CJEL	Columbia Journal of European Law
CJEU	Court of Justice of the European Union
CMLR	Common Market Law Review

DDR	Deutsche Demokratische Republik
ders.	derselbe
d.h.	das heißt
dies.	dieselbe/dieselben
digit. Slg.	digitale Sammlung
DJZ	Deutsche Juristen-Zeitung
DJT	Deutscher Juristentag
DÖV	Die Öffentliche Verwaltung
DRiZ	Deutsche Richterzeitung
DSGVO	Europäische Datenschutzgrundverordnung
DStR	Deutsches Steuerrecht
DVBl.	Deutsches Verwaltungsblatt
E.	Erwägung
ECHR	European Court of Human Rights
ECJ	European Court of Justice
EEA	Einheitliche Europäische Akte
EG	Europäische Gemeinschaft
EGKS	Europäische Gemeinschaft für Kohle und Stahl
EGMR	Europäischer Gerichtshof für Menschenrechte
EGV	Vertrag über die Europäische Gemeinschaft
EMRK	Konvention zum Schutze der Menschenrechte und Grundfreiheiten vom 4. November 1950
Einl.	Einleitung
ELJ	European Law Journal
ELRev	European Law Review
Entsch.	Entscheid, Entscheidung
Erk.	Erkenntnis
ERPL	European Review of Private Law
ESVGH	Entscheidungssammlung des Hessischen Verwaltungsgerichtshofs und des Verwaltungsgerichtshofs Baden-Württemberg mit Entscheidungen des Staatsgerichtshofs des Landes Hessen und des Verfassungsgerichtshofs für das Land Baden-Württemberg
et al.	et alia
EU	Europäische Union
EuConst	European Constitutional Law Review
EuG	Gericht der Europäischen Union
EuGöD	Gericht für den öffentlichen Dienst der Europäischen Union
EuGH	Gerichtshof der Europäischen Union
EuGRZ	Europäische Grundrechte-Zeitschrift
EuR	Europarecht
Euratom	Europäische Atomgemeinschaft
EUV	Vertrag über die Europäische Union in der Fassung des Vertrags von Lissabon
EUZBLG	Gesetz über die Zusammenarbeit von Bund und Ländern in Angelegenheiten der Europäischen Union
EuZW	Europäische Zeitschrift für Wirtschaftsrecht
EWG	Europäische Wirtschaftsgemeinschaft
EWS	Europäisches Wirtschafts- und Steuerrecht
f.	folgende
FamFG	Gesetz über das Verfahren in Familiensachen und in den Angelegenheiten der freiwilligen Gerichtsbarkeit
FAZ	Frankfurter Allgemeine Zeitung

FD-StrafR	Fachdienst Strafrecht
ff.	fortfolgende
FG	Festgabe
FGG	Finanzgerichtsgesetz
FGO	Finanzgerichtsordnung
Fn.	Fußnote
Freiburg i. Ue.	Freiburg im Üechtland
FS	Festschrift
FZR	Freiburger Zeitschrift für Rechtsprechung
GA	Generalanwalt, Generalanwältin
GASP	Gemeinsame Außen- und Sicherheitspolitik
GBl.	Gesetzblatt
gem.	gemäß
GG	Grundgesetz
ggf.	gegebenenfalls
GGK	von Münch/Kunig, Grundgesetz-Kommentar
GK-BImSchG	Gemeinschaftskommentar zum Bundesimmissionsschutzgesetz
GKG	Gerichtskostengesetz
GLJ	German Law Journal
GPR	Zeitschrift für das Privatrecht der Europäischen Union
GRC	Europäische Grundrechte-Charta
GS	Gedenkschrift
GVBl.	Gesetz- und Verordnungsblatt
GVG	Gerichtsverfassungsgesetz
GV.NW.	Gesetz- und Verordnungsblatt für Nordrhein-Westfalen
GVOBl. M-V	Gesetz- und Verordnungsblatt für Mecklenburg-Vorpommern
GVOBl.-Schl.-H.	Gesetz- und Verordnungsblatt für Schleswig-Holstein
GVP	St. Gallische Gerichts- und Verwaltungspraxis
GYIL	German Yearbook of International Law
Halbbd.	Halbband
HbgGVBl	Gesetz- und Verordnungsblatt der Freien Hansestadt Hamburg
HbgOVG	Oberverwaltungsgericht der Freien Hansestadt Hamburg
HdStR	Handbuch des Staatsrechts
HessVerf	Verfassung des Landes Hessen
HessStAnz	Hessischer Staatsanzeiger
HessStGH	Hessischer Staatsgerichtshof
HessStGHG	Gesetz über den Hessischen Staatsgerichtshof
HGR	Handbuch der Grundrechte
HILJ	Harvard International Law Journal
h.M.	herrschende Meinung
HRLJ	Human rights law journal
Hrsg.	Herausgeber
HS	Halbsatz
HSG	Universität St. Gallen
ICANN	Internet Corporation for Assigned Names and Numbers
i.d.F.	in der Fassung
IPE	Handbuch Ius Publicum Europaeum
IPR	Internationales Privatrecht
i.S.d.	im Sinne des
i.S.v.	im Sinne von
ITU	International Telecommunication Union
i.V.m.	in Verbindung mit

JA	Juristische Arbeitsblätter
Jb.	Jahrbuch
JCMS	Journal of Common Market Studies
JöR	Jahrbuch des öffentlichen Rechts der Gegenwart
JR	Juristische Rundschau
JRP	Journal für Rechtspolitik
JuS	Juristische Schulung
JW	Juristische Wochenschrift
JZ	Juristenzeitung
Kap.	Kapitel
KG	Kammergericht Berlin
KommJur	Zeitschrift Kommunaljurist
krit.	kritisch
KUG	Gesetz betreffend das Urheberrecht an Werken der bildenden Künste und der Photographie
KV	Kantonsverfassung
Ls.	Leitsatz, Leitsätze
LSA	Sachsen-Anhalt
LSAVerf	Verfassung von Sachsen-Anhalt
LSAVerfGHG	Gesetz über das Landesverfassungsgericht von Sachsen-Anhalt
lit.	littera
LJN	Landelijk Jurisprudentie Nummer (Entscheidungssammlung der Niederlande)
LKRZ	Zeitschrift für Landes- und Kommunalrecht Hessen/Rheinland-Pfalz/Saarland
LKV	Landes- und Kommunalverwaltung
LT-Drs.	Landtagsdrucksache
LT-RPf	Landtag von Rheinland-Pfalz
LVerfGE	Entscheidungen der Verfassungsgerichte der Länder
MD	Maunz/Dürig, Kommentar zum Grundgesetz
MJ	Maastricht Journal of European and Comparative Law
M-V	Mecklenburg-Vorpommern
MVVerf	Verfassung von Mecklenburg-Vorpommern
MVVerfG	Landesverfassungsgericht von Mecklenburg-Vorpommern
MVVerfGG	Gesetz über das Landesverfassungsgericht von Mecklenburg-Vorpommern
m.w.N.	mit weiteren Nachweisen
NATO	North Atlantic Treaty Organization
N.F.	Neue Folgen
NFA	Neugestaltung des Finanzausgleichs und der Aufgaben zwischen Bund und Kantonen
Nds.GVBl	Niedersächsisches Gesetz- und Verordnungsblatt
NdsVBl.	Niedersächsische Verwaltungsblätter
NGO	Non-Governmental Organization
NJ	Neue Justiz
NJW	Neue Juristische Wochenschrift
NJW-RR	NJW-Rechtsprechungsreport
No.	Number, Numéro
NoFo	No Foundations – An Interdisciplinary Journal of Law and Justice
NordÖR	Zeitschrift für das öffentliche Recht in Norddeutschland

Nr.	Nummer
NRW	Nordrhein-Westfalen
NRWVerf	Verfassung von Nordrhein-Westfalen
NSDAP	Nationalsozialistische Deutsche Arbeiterpartei
NStZ	Neue Zeitschrift für Strafrecht
NStZ-RR	NStZ-Rechtsprechungsreport
NVwZ	Neue Zeitschrift für Verwaltungsrecht
NVwZ-RR	NVwZ-Rechtsprechungsreport
NWVBl.	Nordrhein-Westfälische Verwaltungsblätter
NZA	Neue Zeitschrift für Arbeitsrecht
NZZ	Neue Zürcher Zeitung
ÖJZ	Österreichische Juristen-Zeitung
OG	Organisationsgesetz über die Schweizer Bundesrechtspflege
OLG	Oberlandesgericht
OVG	Oberverwaltungsgericht
PJZS	Polizeiliche und Justizielle Zusammenarbeit in Strafsachen
PreußVerf	Verfassung von Preußen
PrGS	Preußische Gesetzessammlung
PrOTE	Entscheidungen des Preußischen Obertribunals
PrOVGE	Entscheidungen des Preußischen Oberverwaltungsgerichts
PVS	Politische Vierteljahresschrift
RabelsZ	Rabels Zeitschrift für ausländisches und internationales Privatrecht
RAG	Reichsarbeitsgericht
RdA	Recht der Arbeit
RDAF	Revue de droit administratif et fiscal
RegBl.	Regierungsblatt
RFHE	Entscheidungen des Reichsfinanzhofs
RG	Reichsgericht
RGSt	Entscheidungen des Reichsgerichts in Strafsachen
RGZ	Entscheidungen des Reichsgerichts in Zivilsachen
RGBl.	Reichsgesetzblatt
RJD	Reports of Judgments and Decisions
RJJ	Revue jurassienne de jurisprudence
RJN	Recueil de jurisprudence neuchâteloise
RL	Richtlinie der Europäischen Union
RPfVerf	Verfassung von Rheinland-Pfalz
RPfVerfGH	Verfassungsgerichtshof Rheinland-Pfalz
RPfVerfGHG	Gesetz über den Verfassungsgerichtshof Rheinland-Pfalz
Rn.	Randnummer
Rs.	Rechtssache
RTDH	Revue trimestrielle des droits de l'homme
RV	Verfassung des Deutschen Kaiserreichs vom 16. April 1871
RVBl.	Reichsverwaltungsblatt
RVG	Reichsversorgungsgericht
S.	Seite, Satz, siehe
Saarl.ABl.	Amtsblatt des Saarlandes
SaarlVerf	Verfassung des Saarlandes
SaarlVerfGH	Saarländischer Verfassungsgerichtshof
SaarlVerfGHG	Gesetz über den Saarländischen Verfassungsgerichtshof
SächsGVBl.	Sächsisches Gesetz- und Verordnungsblatt

SächsOVG	Sächsisches Oberverwaltungsgericht
SächsVBl.	Sächsische Verwaltungsblätter
SächsVerf	Verfassung des Freistaats Sachsen
SächsVerfGH	Sächsischer Verfassungsgerichtshof
SächsVerfGHG	Gesetz über den Sächsischen Verfassungsgerichtshof
SchlHVerf	Verfassung von Schleswig-Holstein
SGG	Sozialgerichtsgesetz
SJ	Semaine Judiciaire
SJZ	Schweizerische Juristen-Zeitung
Slg.	Amtliche Sammlung der Rechtsprechung des Europäischen Gerichtshofs
sog.	so genannte(r)
Sp.	Spalte
Spstr.	Spiegelstrich
SR	Systematische Sammlung des Bundesrechts (Schweiz)
St.	Sankt
StAnz	Staatsanzeiger
Sten.Prot.	Stenographische Protokolle
StGH	Staatsgerichtshof für das Deutsche Reich
StPO	Strafprozessordnung
st. Rspr.	ständige Rechtsprechung
StV	Strafverteidiger
Teilbd.	Teilband
ThürVBl.	Thüringische Verwaltungsblätter
ThürVerf	Verfassung des Freistaats Thüringen
ThürVerfGH	Thüringer Verfassungsgerichtshof
ThürVerfGHG	Gesetz über den Thüringer Verfassungsgerichtshof
Tit.	Titel
u.a.	unter anderem
UAbs.	Unterabsatz
UeB	Übergangsbestimmungen zur Schweizer Bundesverfassung
Überbl.	Überblick
UK	United Kingdom
UN	United Nations
UNO-Pakt II	Internationaler Pakt über bürgerliche und politische Rechte vom 16. Dezember 1966
Urt.	Urteil
USA	United States of America
v.	vom, von, gegen, vor
v.a.	vor allem
Var.	Variante
VBlBW	Verwaltungsblätter für Baden-Württemberg
verb.	verbunden(e)
Verf	Verfassung
VerfGG	Verfassungsgerichtsgesetz
VerwArch	Verwaltungsarchiv
VerwRspr	Verwaltungsrechtsprechung
VfSlg.	Erkenntnisse des Verfassungsgerichtshofs der Republik Österreich
VG	Verwaltungsgericht
VGH	Verwaltungsgerichtshof
vgl.	vergleiche

VIZ	Zeitschrift für Vermögens- und Immobilienrecht
VO	Verordnung der Europäischen Union
VOBl.	Verordnungsblatt
Vol.	Volume
Vorb.	Vorbemerkung
Vorbesch.	Vorbescheid
VVDStRL	Veröffentlichungen der Vereinigung der Deutschen Staatsrechtslehrer
VVE	Vertrag über eine Verfassung für Europa
VVG	Bundesgesetz über das Bundesverwaltungsgericht (Schweiz)
VwVG	Bundesgesetz über das Verwaltungsverfahren (Schweiz)
VwGO	Verwaltungsgerichtsordnung
WehrG	Wehrgesetz vom 23. März 1921
WRV	Verfassung des Deutschen Reichs vom 11. August 1919
WVK	Wiener Übereinkommen über das Recht der Verträge
ZaöRV	Zeitschrift für ausländisches öffentliches Recht und Völkerrecht
z.B.	zum Beispiel
ZBJV	Zeitschrift des Bernischen Juristenvereins
ZBl.	Schweizerisches Zentralblatt für Staats- und Verwaltungsrecht
ZEuS	Zeitschrift für Europarechtliche Studien
ZGB	Schweizerisches Zivilgesetzbuch
ZgS	Zeitschrift für die gesamte Staatswissenschaft
Ziff.	Ziffer
zit.	zitiert
ZNR	Zeitschrift für Neuere Rechtsgeschichte
ZÖR	Zeitschrift für öffentliches Recht
ZPO	Zivilprozessordnung
ZRP	Zeitschrift für Rechtspolitik
ZSE	Zeitschrift für Staats- und Europawissenschaften
ZSR	Zeitschrift für Schweizerisches Recht

Einführung

I. Gegenstand und Ziel der Untersuchung

„Ein zweifach gestufter Föderalismus – in Gestalt des deutschen Bundesstaates und des europäischen Staatenverbundes – wird auf absehbare Zeit die prägende verfassungsrechtliche Grundstruktur bleiben, innerhalb derer öffentliche Gewalt in Deutschland und Europa legitimiert, organisiert und begrenzt werden muss“.[1] Diese Aussage von *Markus Möstl* im Rahmen eines Vortrags aus dem Jahr 2011 unterstreicht, welche Erwartungen und Hoffnungen mit dem Ordnungsprinzip des Föderalismus nicht nur in Bezug auf Deutschland, sondern gerade auch im Hinblick auf die Europäische Union (EU) verbunden werden. Der Begriff des Föderalismus[2] steht für den Zusammenschluss kleinerer territorial und politisch gestalteter Einheiten zu einem größeren selbständigen Gebilde unter Erhaltung der Autonomie der mitwirkenden Kleineinheiten[3] und stellt in staatstheoretischer Hinsicht das Gegenstück zum Unitarismus dar,[4] welcher sich durch eine organisierte, geschlossene und monolithische Staatlichkeit auszeichnet.[5] Föderale Ordnungen sind daher als mehrstufige politische Systeme zu verstehen, in denen neben die politische Einheit der Glieder eine politische Gesamtexistenz tritt.[6] Föderalismus kann deshalb nicht nur in genuin staatlichen Strukturen auftreten,

[1] *Möstl*, Bundesstaat und Staatenverbund, S. 11.

[2] In den USA hingegen wurde das Adjektiv „federalist“ ursprünglich im Sinne einer Stärkung der Zentralregierung gebraucht, ein Verständnis, das sich im anglo-amerikanischen Sprachgebrauch bis heute gehalten hat, vgl. *Mayer*, Kompetenzüberschreitung und Letztentscheidung, S. 17 f.; zur entsprechenden Verwendung des Adjektivs „federal“ im heutigen Sprachgebrauch s. exemplarisch *Greer*, European Lawyer 46 (2005), 70, 70; *Fabbrini*, EuConst 7 (2011), 392, 393 ff.; für eine klare Unterscheidung zwischen „federalist“ und „federal“ s. beispielsweise *Kingreen*, A Federalist New Deal for a more perfect European Union, Social Science Research Network Februar 2016, abrufbar unter http://ssrn.com/abstract=2731732 (zuletzt abgerufen am 04.11.2017); ähnlich auch *Kingreen*, AöR 141(2016), 485, 511 ff.

[3] *Šarčević*, Das Bundesstaatsprinzip, S. 14; *Pernthaler*, Allgemeine Staatslehre und Verfassungslehre, S. 410; *Zippelius*, Die Modernität des Föderalismus, in: Duso/Krawietz/Wyduckel (Hrsg.) Konsens und Konsoziation in der politischen Theorie des frühen Föderalismus, S. 295, 296; *Schmalenbach*, Föderalismus und Unitarismus in der Bundesrepublik Deutschland, S. 5 f.; *Young*, New York University Law Review 77 (2004), 1612, 1641 f., der ebenfalls von einer „broader definition of federalism“ ausgeht; vgl. auch *Isensee*, HdStR VI, § 126 Rn. 4, der von der „Idee des Bundes von Staaten, die zur Handlungseinheit finden, ohne ihre Eigenständigkeit preiszugeben“ spricht und damit bereits auf abstrakter Ebene einen Bezug zum Staat herstellt.

[4] *Anschütz*, VVDStRL 1 (1924), 11, 11 f.; *Isensee*, HdStR VI, § 126 Rn. 4; zum Föderalismus als politischem Prinzip s. *Saladin*, ZSR 1984 II, 431, 441 ff.

[5] *Isensee*, HdStR VI, § 126 Rn. 4.

sondern ist als politische und rechtstheoretische Idee in der Lage, sich den jeweiligen Gegebenheiten anzupassen, so dass vom Vorliegen eines föderalen Systems auszugehen ist, wenn zwei Voraussetzungen erfüllt sind: das Streben nach Einheit einerseits und die Wahrung der Autonomie und der legitimen Interessen der beteiligten Einheiten andererseits.[7]

In der deutschen Staatsrechtslehre wird der Föderalismus als wirksames Mittel zur Ordnung und Balancierung von Staatsgewalt angesehen.[8] Gleichzeitig gilt er als Instrument, um eine „Einheit in Vielfalt“ zu ermöglichen, mithin die kulturellen, geschichtlichen und gesellschaftlichen Besonderheiten der einzelnen Glieder zu wahren.[9] Indes fällt es offenbar nach wie vor schwer, mit *Möstl* im Zusammenhang mit der EU von „Föderalismus“ zu sprechen, da dieser Begriff gerade in Deutschland zuerst mit dem deutschen Bundesstaat in Verbindung gebracht wird und die EU selbst kein Bundesstaat ist. Dies darf jedoch nicht darüber hinweg täuschen, dass sich an ihr sowohl in institutioneller als auch in funktioneller Hinsicht sämtliche Merkmale eines föderalen Systems nachweisen lassen.[10]

In der vorliegenden Untersuchung geht es um die Frage, auf welche Weise Grundrechtsföderalismus in der EU gewährleistet werden kann. Zu diesem Zweck soll analysiert werden, ob und inwiefern Erfahrungen aus den Referenzrechtsordnungen Deutschlands und der Schweiz sowie ihrer jeweiligen historischen Vorläufer die Entwicklung des Grundrechtsschutzes in der EU befruchten und zur Herstellung eines sinnvollen Ausgleich zwischen Grundrechtsvereinheitlichung und Grundrechtsvielfalt in der Union beitragen können, während ausdrücklich nicht angestrebt wird, darüber hinaus konkrete Verbesserungsvorschläge für den deutschen und den schweizerischen Grundrechtsschutz herauszuarbeiten.

Anders als bei den dem Menschen kraft seiner Geburt zukommenden, vorstaatlichen Menschenrechten handelt es sich bei den Grundrechten um positivierte, in der Verfassung niedergelegte Rechte des Einzelnen.[11] Sie sind konstitutiver Bestandteil und zentrales Leitbild für die Ausübung von Herrschaftsgewalt in modernen Rechtsordnungen.[12] Dies gilt zunächst für den demokratischen Ver-

---

[6] *Grzeszick*, in: MD, GG, Art. 20 (Bundesstaat) Rn. 18; *Nettesheim*, in: Grabitz/Hilf/Nettesheim, Das Recht der Europäischen Union, Art. 1 EUV, Rn. 62.

[7] *Pescatore*, Preface, in: Sandalow/Stein (Hrsg.), Courts and Free Markets, Bd. 1, S. IX, IX f.; *Weiler*, Federalism Without Constitutionalism, in: Nicolaidis/Howse (Hrsg.), The Federal Vision, S. 54, 54.

[8] Vgl. *Lerche*, VVDStRL 21 (1964), 66, 78 f.; *Badura*, FS Lerche, S. 369, 372; *Stern*, Föderative Besinnungen, FS Hans Huber, S. 319, 323 ff.

[9] Vgl. *Badura*, FS Lerche, S. 369, 372; *Bauer*, in: Dreier, GG, Art. 20 (Bundesstaat) Rn. 24 für den Bundesstaat.

[10] *Kadelbach*, VVDStRL 66 (2007), 7, 10 ff. m.w.N.; *Fabbrini*, The European Multilevel System of Fundamental Rights Protection, S. 18; ähnlich auch *Giegerich*, Europäische Verfassung und deutsche Verfassung im transnationalen Konstitutionalisierungsprozeß, S. 823 f.

[11] *Stern*, HdStR IX, § 184 Rn. 40; *Manssen*, Staatsrecht II, § 2 Rn. 18.

[12] *Stern*, HdStR IX, § 184 Rn. 43 f.

fassungsstaat, aber auch für die EU als Rechts- und Wertegemeinschaft, was in Art. 6 Abs. 1 und 3 EUV und der mit dem Vertrag von Lissabon in Kraft getretenen Europäischen Grundrechte-Charta (GRC) nunmehr deutlich zum Ausdruck kommt. In föderal aufgebauten Systemen kann sowohl die Ebene des Gesamtsystems als auch die Ebene der Teilsysteme über eigene Grundrechtskataloge verfügen. So wird im System des deutschen Bundesstaates Grundrechtsschutz durch die Grundrechte des Grundgesetzes gewährleistet, doch darüber hinaus halten auch alle 16 Landesverfassungen eigene, mehr oder weniger umfangreiche Grundrechtsgewährleistungen bereit. Über die Einhaltung der Grundrechte des Grundgesetzes wacht das Bundesverfassungsgericht, während die Achtung der Grundrechte der Landesverfassungen durch das jeweilige Landesverfassungsgericht garantiert wird.

Auch im bundesstaatlichen System der Schweiz existieren sowohl auf Bundes- als auch auf Kantonsebene Grundrechte, wobei die schweizerische Bundesverfassung heute über einen umfassenden Grundrechtskatalog verfügt, während sich manche Kantone mit einem bloßen Verweis auf die Grundrechte der Bundesverfassung begnügen. Wenngleich die Schweiz kein spezialisiertes Verfassungsgericht besitzt, erfüllt das schweizerische Bundesgericht, welches Teil des gerichtlichen Instanzenzugs ist, in vielerlei Hinsicht die Funktion eines Verfassungsgerichts.[13] Es ist zur Überprüfung sämtlicher Rechtsakte der Kantone einschließlich deren formeller Gesetze befugt und übt auch gegenüber den meisten Rechtsakten des Bundes eine gerichtliche Kontrolle aus.[14] Davon ausgenommen sind nach Art. 190 der Bundesverfassung (BV) lediglich formelle Bundesgesetze, da die Vorschrift besagt, dass Bundesgesetze und Völkerrecht für das Bundesgericht und die anderen rechtsanwendenden Behörden maßgebend sind. Damit ist die Nichtanwendung oder Nichtigerklärung von Bundesgesetzen durch das Bundesgericht ausgeschlossen.[15] Allerdings statuiert Art. 190 BV nach der heute vorherrschenden Lehre und der aktuellen Rechtspraxis nur ein Anwendungsgebot, nicht aber ein Prüfungsverbot.[16] Das Bundesgericht darf und soll daher im Rahmen der konkreten Normenkontrolle auf rechtlich problematische Bestimmungen in den Bundesgesetzen aufmerksam machen und an die politischen Behörden appellieren, den verfassungswidrigen Zustand zu be-

---

[13] Vgl. *Häfelin/Haller/Keller/Thurnherr*, Schweizerisches Bundesstaatsrecht, Rn. 1929 ff. u. 2086 ff.; *Rhinow*, Zum Schutz von Freiheit, Demokratie und Föderalismus, Jusletter 14. März 2011; *Buser*, Kantonales Staatsrecht, Rn. 556.

[14] *Rhinow*, Zum Schutz von Freiheit, Demokratie und Föderalismus, Jusletter 14. März 2011.

[15] So etwa BGE 136 I 65, 70 E. 3.2; 138 II 440, 444 E. 4; *Hangartner/Looser*, in: St. Galler Kommentar zu Art. 190 BV, Rn. 4 u. 6; ausführlich dazu unten, § 8 I.5. a) aa) aaa) u. § 9 V.1 a).

[16] So aus jüngerer Zeit etwa BGE 136 I 65, 70 E. 3.2; 136 II 120, 130 E. 3.5.1; *Hangartner/Looser*, in: St. Galler Kommentar zu Art. 190 BV, Rn. 11; *Biaggini*, Bundesverfassung, Art. 190 Rn. 13; *Caveltí/Birri*, FS Hangartner, S. 155, 159; *Pfister*, FS Patry, S. 391, 392; *Häfelin/Haller/Keller/Thurnherr*, Schweizerisches Bundesstaatsrecht, Rn. 2089; *Epiney*, in: BSK, BV, Art. 190 Rn. 35, die insoweit von einem „Prüfungsgebot" des Bundesgerichts spricht; ausführlich dazu unten, § 8 I.5. a) aa) aaa) u. § 9 V.1. a).

enden,[17] was in der Vergangenheit tatsächlich bereits in einigen Entscheiden geschehen ist.[18] Indes besitzt der Beschwerdeführer auf einen derartigen Appellentscheid keinen Anspruch. Zudem entscheidet das Bundesgericht, das nach dem in Art. 106 Abs. 2 des Gesetzes über das Bundesgericht (BGG) verankerten Rügeprinzip bei der Prüfung von Grundrechtsverletzungen an die vom Beschwerdeführer vorgebrachten Rügen gebunden ist,[19] in der Praxis eher nach Gutdünken, wann es in eine Prüfung eines Bundesgesetzes eintritt und wann es eine derartige Rüge zurückweist.[20] Nimmt es jedoch eine Prüfung vor und kommt es dabei im Rahmen eines *obiter dictum*[21] zum Ergebnis, dass das fragliche Bundesgesetz gegen die Bundesverfassung verstößt, führt eine solche Kritik nicht selten dazu, dass die Bundesversammlung das in Rede stehende Gesetz revidiert.[22] Indes gilt das Anwendungsgebot des Art. 190 BV nicht gegenüber denjenigen völkerrechtlichen Normen, die dem Schutz der Menschenrechte dienen, insbesondere nicht gegenüber den Gewährleistungen der Europäischen Menschenrechtskonvention (EMRK) und des in der Schweiz unmittelbar anwendbaren Internationalen Paktes über bürgerliche und politische Rechte (sog. UNO-Pakt II).[23] Daraus folgt, dass die Verletzung von Grundrechten durch ein Bundesgesetz vom Bundesgericht überprüft wird und das fragliche Gesetz im Falle einer Verletzung nicht angewandt wird, wenn es sich um (auch) völkerrechtlich verankerte Grundrechte handelt,[24] während eine Nichtanwendung des Bundesgesetzes ausgeschlossen ist, wenn das Grundrecht ausschließlich in der Bundesverfassung gewährleistet wird. Im Ergebnis ist es durch den Beitritt der Schweiz zu internationalen Menschenrechtsübereinkommen zu einer beschränkten verfassungsgerichtlichen Kontrolle

---

[17] *Hangartner/Looser*, in: St. Galler Kommentar zu Art. 190 BV, Rn. 11; *Tschannen*, Staatsrecht der Schweizerischen Eidgenossenschaft, § 11 Rn. 23; *Auer/Malinverni/Hottelier*, Droit constitutionnel, Vol. 1, Rn. 1943.

[18] Vgl. BGE 105 Ib 165, 168 f. E. 5; 103 Ia 53, 55 E. 1; *Häfelin/Haller/Keller/Thurnherr*, Schweizerisches Bundesstaatsrecht, Rn. 2089; *Biaggini*, Bundesverfassung, Art. 190 Rn. 13; ausführlich dazu unten, § 9 V.1. a).

[19] Zum Rügeprinzip s. *Rhinow/Koller/Kiss/Thurnherr/Brühl-Moser*, Öffentliches Prozessrecht, Rn. 1014 f. u.

[20] Vgl. *Scherrer*, Geschichte und Auslegung des Massgeblichkeitsgebots von Art. 190 BV, S. 311 f.; für ein Offenlassen der Frage der Verfassungsmäßigkeit eines Bundesgesetzes s. beispielsweise BGE 116 IV 262, 268 E. 3b)cc).

[21] Vgl. dazu *Scherrer*, Geschichte und Auslegung des Massgeblichkeitsgebots von Art. 190 BV, S. 319.

[22] Vgl. *Haller*, in: Aubert et al., Kommentar zur Bundesverfassung der Schweizerischen Eidgenossenschaft, Bd. 4, Art. 113 Rn. 206; *Häfelin/Haller/Keller/Thurnherr*, Schweizerisches Bundesstaatsrecht, Rn. 2089.

[23] Vgl. BGE 117 Ib 367, 371 f. E. 2d) f.; 125 II, 417, 424 E. 4c); 128 III 113, 116 E. 3a); offen gelassen in BGE 128 IV 117, 122 E. 3b); *Rhinow*, Zum Schutz von Freiheit, Demokratie und Föderalismus, Jusletter 14. März 2011; ausführlich dazu unten, § 8 I.5. a) aa) aaa) u. § 9 V.1. a).

[24] BGE 122 II, 234, 239 E. 4e); 119 V 171, E. 4a); 125 II 417, 424 E. 4c); 128 III 113, 116 E. 3a); 128 IV 201, 205 f. E. 1.3; *Rhinow/Schefer/Uebersax*, Schweizerisches Verfassungsrecht, Rn. 2863; *Häfelin/Haller/Keller/Thurnherr*, Schweizerisches Bundesstaatsrecht, Rn. 2091; *Scherrer*, Verfassungsgerichtliche Rechtskontrolle gegenüber schweizerischen Bundesgesetzen, S. 319 ff.

der Bundesgesetze gekommen, nachdem die Grundrechte der Bundesverfassung in großen Teilen mit den EMRK-Gewährleistungen übereinstimmen,[25] wobei freilich nicht übersehen werden darf, dass das Bundesgericht, anders als der Europäische Gerichtshof für Menschenrechte (EGMR), bei der Überprüfung des fraglichen Bundesgesetzes am Maßstab der als verletzt gerügten internationalen Menschenrechtsgarantie teilweise keine Verhältnismäßigkeitsprüfung vornimmt.[26] Andererseits impliziert diese Praxis aber auch eine Zweiteilung des Grundrechtsschutzes, da die Beachtung von Grundrechten der Bundesverfassung, die, wie etwa der allgemeine Gleichheitssatz oder das Willkürverbot, über kein Pendant in der EMRK verfügen, gegenüber dem Bundesgesetzgeber nicht verfassungsrechtlich kontrolliert werden kann,[27] es sei denn, das fragliche Grundrecht ist anderweitig im unmittelbar anwendbaren Völkerrecht, etwa im UNO-Pakt II oder in der UN-Kinderrechtskonvention[28] gewährleistet. Neben dem Bundesgericht existieren in einigen Kantonen kantonale Verfassungsgerichte, die in der Regel als Teil des gerichtlichen Instanzenzuges organisiert sind und die u.a. die Achtung der kantonalen Grundrechte sichern sollen.[29]

Auch innerhalb der EU findet sich ein zweistufiger Grundrechtsschutz. So verfügt die Union selbst mit der Grundrechte-Charta über einen eigenen, geschriebenen Grundrechtskatalog, welcher nach Art. 6 Abs. 3 EUV durch die ungeschriebenen, allgemeinen Grundsätze des Unionsrechts ergänzt wird. Die Achtung dieser Grundrechte wird durch den Europäischen Gerichtshof (EuGH) überwacht, welcher zwar Teil der unionalen Instanzgerichtsbarkeit ist, sich selbst aber als eine Art „Verfassungsgericht" der EU betrachtet[30] und spätestens seit der Entscheidung in der Rechtssache *Kadi I*[31] aus dem Jahr 2008 auch als Grundrechtsgerichtshof agiert.[32] Die Mitgliedstaaten der EU selbst garantieren ebenfalls den Schutz der Grundrechte, über deren Achtung nach Maßgabe der jeweiligen

---

[25] *Rhinow/Schefer/Uebersax*, Schweizerisches Verfassungsrecht, Rn. 2863.

[26] So etwa BGE 123 II 402, 414 f. E. 5a); BGer, Entsch. v. 07.10.2008 – 6B 225/2008 –, E. 3.1 u. 3.8.2; s. dazu *Schürer*, ZBl. 2016, 171, 171 ff.

[27] Krit. dazu *Rhinow*, Die neue Bundesverfassung 2000, S. 197; s. dazu auch *Wahl*, FS Wildhaber, S. 865, 890 mit Fn. 103.

[28] So etwa BGE 124 III 90, 92 E. 3b) in Bezug auf Art. 12 der Kinderrechtskonvention.

[29] Ausführlich dazu *Buser*, Kantonales Staatsrecht, Rn. 512 ff.

[30] Report of the Court of Justice on certain aspects of the application of the Treaty on European Union (Luxembourg, 5 May 1995), 1, 2; für den EuGH als Verfassungsgericht auch *de Visser*, Human Rights Review 15 (2014), 39, 40; *Vesterdorf*, International Journal of Constitutional Law 4 (2006), 607, 607 ff.; *Claes/de Witte*, The Role of National Constitutional Courts in the European Legal Space, in: Popelier/Mazmanyan/Vandenbruwaene (Hrsg.), The Role of Constitutional Courts in Multilevel Governance, S. 79, 96; *Hinarejos*, Judicial Control in the European Union, S. 1 u. 4 ff.; *v. Danwitz*, EuGRZ 2013, 253, 253.

[31] EuGH, verb. Rs. C-402/05 P u. C-415/05 P, Kadi I, Slg. 2008, I-6351, Rn. 285, 304 u. 316.

[32] Vgl. *Uerpmann-Wittzack*, AVR 47 (2009), 142, 142; *Claes/de Visser*, The Court of Justice as a Federal Constitutional Court: A Comparative Perspective, in: Cloots/de Baere/Sottiaux (Hrsg.), Federalism in the European Union, S. 83, 102 ff.

Verfassung ein Verfassungsgericht bzw. ein oberstes Gericht wacht.[33] Eine Besonderheit stellt insoweit das Vereinigte Königreich dar, welches über keine geschriebene Verfassung mit einem ausdifferenzierten Grundrechtskatalog verfügt, in dem aber in Folge des Human Rights Act aus dem Jahr 1998 die Grundrechte, welche in der EMRK niedergelegt sind, Geltung finden.[34]

Das Zusammentreffen von föderalen Strukturen und Grundrechtsschutz bringt ein Spannungsfeld hervor, in dem sich die Grundrechte der Gesamtebene des föderalen Systems, insbesondere durch ihre Auswirkungen auf die Kompetenzverteilung und das Prozessrecht, als Motor einer fortschreitenden Zentralisierung erweisen können,[35] was wiederum die Relevanz der Grundrechte der Kleineinheiten beeinflussen kann. Schon *Alexander Hamilton* schrieb deshalb in den *Federalist Papers* bezüglich der Aufnahme einer *Bill of Rights* in die amerikanische Verfassung:

> „I go further, and affirm that bills of rights, in the sense and to the extent in which they are contended for, are not only unnecessary in the proposed Constitution, but would even be dangerous. They would contain various exceptions to powers not granted; and on this very account, would afford a colorable pretext to claim more than were granted"[36].

Gerade vor dem Hintergrund dieser Zentralisierungsproblematik besteht in föderalen Systemen ein erhöhtes Bedürfnis nach einem Ausgleich zwischen Grundrechtseinheit und Grundrechtsvielfalt, insbesondere dann, wenn Inhalt und Reichweite der Grundrechtsgewährleistungen der verschiedenen Ebenen in einem System sich voneinander unterscheiden. Konkret geht es dabei um die Problematik, wann welcher Grundrechtskatalog Anwendung findet, welche Ebene an welchen Grundrechtskatalog gebunden ist und welches Grundrecht im Konfliktfall zur Anwendung kommen soll. Dahinter steht das Bestreben, beim Grundrechtsschutz in föderalen Systemen einerseits die Rechtseinheit zu wahren, gleichzeitig aber vor dem Hintergrund von unterschiedlichen Rechtskulturen wie dem *Common Law* und dem *Civil Law*, teilweise großen Unterschieden bei der Ausgestaltung des gerichtlichen Rechtsschutzes und nicht zuletzt 24 anerkannten Amtssprachen in der EU auch eine rechtliche, gesellschaftliche und kulturelle

---

[33] Ausführlich dazu *Mayer*, Verfassungsgerichtsbarkeit, in: v. Bogdandy/Bast (Hrsg.), Europäisches Verfassungsrecht, S. 559, 560 ff.

[34] Näher hierzu *Lester*, Human Rights and the British Constitution, in: Jowell/Oliver (Hrsg.), The Changing Constitution, S. 70, 79 ff.; *Coppel*, The Human Rights Act 1998, S. 3 ff.; *Klug*, The Human Rights Act: origins and intentions, in: Kang-Riou/Milner/Nayak (Hrsg.), Confronting the Human Rights Act, S. 31 ff.; *O'Cinneide*, Human Rights and the UK Constitution, in: Jowell/Dawn/O'Cinneide (Hrsg.), The Changing Constitution, S. 67, 81 ff.; *Smets*, Kooperation oder Unterwerfung? Das Parlament, der Supreme Court und der Human Rights Act 1998, in: Elser et al. (Hrsg.), 53. ATÖR – Das letzte Wort, S. 161, 162 f.

[35] *Besson*, Droits de l'homme et fédéralisme: une introduction thématique, in: Besson/Belser (Hrsg.), Die Europäische Menschenrechtskonvention und die Kantone, S. 7, 11; *Eeckhout*, CMLR 39 (2002), 945, 945; *Knook*, CMLR 42 (2005), 367, 367 f.; *Iglesias Sánchez*, CMLR 49 (2012), 1565, 1595; *Schütze*, Cambridge Yearbook of European Legal Studies, 14 (2011–2012), 337, 360.

[36] *Hamilton*, The Federalist Papers 84 (1788).

Vielfalt zu ermöglichen und zu einer sinnvollen Aufgabenteilung zwischen den beteiligten Gerichten zu gelangen.[37] Ein derartiger Ausgleich ist gerade vor dem Hintergrund der gegenwärtigen EU-Skepsis in vielen Mitgliedstaaten, der aktuellen Identitätskrise der EU und des für das Jahr 2019 zu erwartenden Austritts des Vereinigten Königreichs aus der EU, welcher die Folge einer in dem „Brexit"-Referendum zum Ausdruck gekommenen, zunehmenden Unzufriedenheit in der Bevölkerung mit dem Fortschreiten der europäischen Integration darstellt,[38] von Bedeutung. Dies alles gilt umso mehr, als mit der EMRK eine weitere Quelle des Grundrechtsschutzes hinzutritt, deren Rechtwirkungen nicht allein auf gegenwärtige Vertragsparteien wie Deutschland oder die Schweiz beschränkt bleiben. Die EMRK hat vielmehr auch die Grundrechtsentwicklung in der EU entscheidend beeinflusst und bildet nach wie vor einen wichtigen Referenzrahmen für die Auslegung der Grundrechte-Charta. In Zukunft könnten die Wechselwirkungen zwischen Grundrechte-Charta und EMRK sogar noch zunehmen, falls die EU trotz des negativen Gutachtens des EuGH[39] den in Art. 6 Abs. 2 EUV vorgesehenen Beitritt zur EMRK doch noch irgendwann vollzieht, was im Hinblick auf die Kohärenz zwischen Grundrechte-Charta und EMRK und eine Vermeidung von Jurisdiktionskonflikten zwischen EGMR und EuGH erstrebenswert wäre.[40]

Um Erkenntnisse für die Fortentwicklung des Grundrechtsschutzes in der EU zu gewinnen, soll in der vorliegenden Arbeit analysiert werden, wie der Konflikt zwischen Grundrechtseinheit und Grundrechtsvielfalt in föderalen Strukturen normativ und prozedural aufgelöst werden kann. Zu diesem Zweck sollen die Systeme Deutschlands, der Schweiz und der EU rechtsvergleichend untersucht werden, wobei gerade auch die jeweilige historische Entwicklung sowie die Rolle der EMRK für den Grundrechtsschutz mit zu berücksichtigen sind. Sowohl in Bezug auf die jeweiligen historischen Vorläufersysteme als auch für die geltenden Systeme soll zunächst aufgezeigt werden, in welcher Form Grundrechte in dem jeweiligen System gewährleistet werden, mit welchen normativen Instrumenten die Kohärenz des Grundrechtsschutzes gesichert werden soll und mit welchen Instrumenten Grundrechtskonflikte vermieden werden sollen, wobei besonderes Augenmerk den materiellen Kollisions- und Konfliktlösungsregeln sowie den prozessualen Konfliktlösungsmechanismen gilt. Gleichzeitig muss herausgearbeitet werden, ob und inwieweit der jeweils dem Vorrang einer anderen Ebene

[37] Zu dieser Herausforderung s. etwa *Canor*, European Public Law 8 (2002), 135, 166; *Bossuyt/Verrijdt*, EuConst 7 (2011), 355, 385 f.; *Klatt*, Die praktische Konkordanz von Kompetenzen, S. 389.

[38] Näher dazu *Cullen*, EuZW 2016, 401, 402; *Craig*, ELRev 41 (2016), 447, 448 ff.; *Arnull*, ELRev 41 (2016), 473, 473; *Vasilopoulou*, The Political Quarterly 87 (2016), 219, 219 f.; *Goodwin/Heath*, The Political Quarterly 87 (2016), 323, 324 ff.; *Wellings/Vines*, Parliamentary Affairs 69 (2016), 309, 310 ff.; zur Euroskepsis im Vereinigten Königreich auch schon *Oliver*, International Affairs 91 (2015), 77, 83 ff.

[39] EuGH, Gutachten 2/13, EMRK, digit. Slg.

[40] Vgl. *Terhechte*, Autonomie und Kohärenz – Die Eigenständigkeit der Unionsgrundrechte im Zuge des EMRK-Beitritts der Europäischen Union, in: Iliopoulos-Strangas/Pereira da Silva/Potacs (Hrsg.), Der Beitritt der Europäischen Union zur EMRK, S. 23, 39 ff.

unterworfenen Ebene Raum für die Bewahrung eigener Grundrechtstraditionen sowie für die Entwicklung und Gestaltung eines eigenständigen Grundrechtsschutzes verbleibt. Dabei sollen die Entwicklungen in Deutschland und der Schweiz daraufhin untersucht werden, ob sich diesbezüglich Parallelen zum Verhältnis der EU zu den Mitgliedstaaten, so wie es sich über die vergangenen Jahre und Jahrzehnte entwickelt hat, ausmachen lassen und welche Lehren daraus gegebenenfalls für das Verhältnis der EU zu den Mitgliedstaaten gezogen werden können. Auf dieser Grundlage schließlich sollen sowohl solche rechtliche Instrumente und Mechanismen identifiziert werden, die zu einer Unitarisierung des Grundrechtsschutzes führen, als auch jene, die eine Vielfalt des Grundrechtsschutzes gewährleisten. Dabei sind auch prozessuale Erwägungen mit einzubeziehen, da der Grundrechtsschutz nicht allein durch Rechtsnormen, sondern gerade erst durch die beteiligten Gerichte realisiert wird. Freilich stellt der Umgang der Gerichte mit Normen unterschiedlicher Rechtsordnungen seinerseits eine Reaktion auf das materiell-rechtliche Verhältnis der Rechtsnormen zueinander dar, weshalb materiell-rechtliche und prozessuale Fragen zwar viele Berührungspunkte aufweisen, aber rein rechtstheoretisch trotzdem voneinander zu trennen sind,[41] so dass für die Entwicklung eines kohärenten Modells des Grundrechtsschutzes für die EU stets beide Anknüpfungspunkte zu berücksichtigen sind.

Nicht schwerpunktmäßig in die Analyse einbezogen werden sollen hingegen die politischen Beteiligungsmöglichkeiten der einzelnen Ebenen, etwa im Rahmen der Parlamente oder bei der Besetzung der Gerichte, sowie ihre Auswirkungen auf den Grundrechtsschutz, da es sich insoweit allenfalls um mittelbare Beeinflussungen handelt, die in einer empirisch angelegten Untersuchung auszumachen wären – eine Aufgabe, die die vorliegende Untersuchung nicht erfüllen kann. Entsprechendes gilt für die Herausarbeitung etwaiger Erkenntnisse, die die föderalen Systeme Deutschlands und der Schweiz für die Weiterentwicklung ihres Grundrechtsschutzes auf Grundlage der Erfahrungen der EU ziehen könnten. Auch dies liegt außerhalb der Fragestellung der vorliegenden Arbeit.

II. Die föderalen Systeme Deutschlands, der Schweiz und der EU als Referenzpunkte des Rechtsvergleichs

1. Kategorisierung föderaler Systeme

Nach der klassischen Staatslehre des ausgehenden 19. und des frühen 20. Jahrhunderts lassen sich alle föderalen Gebilde in zwei Grundtypen einteilen: in Staatenbund und Bundesstaat.[42] Das differenzierende Kriterium soll dabei die Souve-

[41] Vgl. *Burchardt*, Die Rangfrage im europäischen Normenverbund, S. 8 f.; *Besson*, How international is the European legal order?, NoFo 2008, 50, 52; *Büdenbender*, Das Verhältnis des Europäischen Gerichtshofs zum Bundesverfassungsgericht, S. 29 f.

[42] Grundlegend dazu s. *Jellinek*, Die Lehre von den Staatenverbindungen, S. 172 ff., 253 ff.; *Laband*, Das Staatsrecht des Deutschen Reiches, Bd. 1, S. 56 ff.; *Haenel*, Studien zum Deut-

ränität sein.[43] Ein Staatenbund[44] beruht auf einem völkerrechtlichen Vertrag und seine Mitgliedstaaten bleiben ihrerseits souverän. Als zentrale Bundesinstitution fungiert die Versammlung der Vertreter der Mitgliedstaaten, wobei die Kompetenzen des Bundes sich vor allem auf die Gebiete der Außen- und Verteidigungspolitik erstrecken. Den Mitgliedstaaten steht das Recht auf Austritt aus dem Staatenbund zu. Ein weiteres Kennzeichen des Staatenbundes ist, dass jener als solcher selbst nicht in Rechtsbeziehungen zu den Einwohnern der Mitgliedstaaten tritt, sondern derartige Beziehungen nur zu den Mitgliedstaaten unterhält.[45]

Beim Bundesstaat[46] hingegen handelt es sich um ein selbstständiges Rechtssubjekt, wobei die Souveränität nach heutigem Verständnis beim Bund und nicht mehr bei den Gliedstaaten liegt.[47] Seine Kompetenzen leitet der Bundesstaat aus einer eigenen Verfassung und nicht mehr von den Gliedstaaten her. Die Gliedstaaten ihrerseits verfügen über kein Austrittsrecht aus dem Bundesstaat. Daneben können die Einwohner der Gliedstaaten durch Rechtsakte des Bundes unmittelbar verpflichtet werden, ohne dass es einer Transformation durch die Gliedstaaten bedürfte. Schließlich existiert eine oberste Gerichtsbarkeit bzw. eine Verfassungsgerichtsbarkeit, die über Streitigkeiten zwischen den Gliedstaaten sowie zwischen dem Bund und den Gliedstaaten letztverbindlich entscheidet.[48]

Die Begriffe des Staatenbundes und des Bundesstaates im Sinne der allgemeinen Staatslehre stellen jedoch Idealtypen dar, die losgelöst von der Verfassungswirklichkeit zu verstehen sind. Sie dienen der typologischen Einordnung real existierender föderaler Systeme, die anhand eines Rasters einem der beiden Grundtypen zugeordnet werden sollen.[49] Gerade in der deutschen staatsrechtli-

---

schen Staatsrecht, Bd. 1, S. 39 ff.; *Le Fur*, État Fédéral et Confédérations d'États, S. 717 ff.; später dazu s. auch *Scheuner*, Staatstheorie und Staatsrecht, S. 415 f.; *Dreyer*, Föderalismus als ordnungspolitisches und normatives Prinzip, S. 590 ff.; zu dieser Unterscheidung s. auch *Schönberger*, AöR 129 (2004), 81, 88; für eine Beschränkung des Föderalismusbegriffs auf den Staatenbund jedoch *Wittmayer*, Die Weimarer Reichsverfassung, S. 148; *Triepel*, Unitarismus und Föderalismus, S. 11, der als „föderalistisch" oder „föderativ" solche Einrichtungen bezeichnet, die dem Staatenbund entsprechen.

[43] *Nettesheim*, in: Grabitz/Hilf/Nettesheim, Das Recht der Europäischen Union, Art. 1 EUV, Rn. 59; *Le Fur*, État Fédéral et Confédérations d'États, S. 717.

[44] Ausführlich dazu *Jellinek*, Die Lehre von den Staatenverbindungen, S. 172 ff.; *Laband*, Das Staatsrecht des Deutschen Reiches, Bd. 1, S. 39 ff.; *Grzeszick*, in: MD, Art. 20 (Bundesstaat) Rn. 32.

[45] *Grzeszick*, in: MD, Art. 20 (Bundesstaat) Rn. 32; *Nawiasky*, Der Bundesstaat als Rechtsbegriff, S. 35.

[46] Ausführlich dazu *Jellinek*, Die Lehre von den Staatenverbindungen, S. 253 ff.; *Laband*, Das Staatsrecht des Deutschen Reiches, Bd. 1, S. 70 ff.; *Stern*, FS Huber, S. 319, 329 ff.; *Grzeszick*, in: MD, Art. 20 (Bundesstaat) Rn. 33.

[47] Grundlegend dazu *Laband*, Das Staatsrecht des Deutschen Reiches, Bd. 1, S. 70 ff.; *Jellinek*, Die Lehre von den Staatenverbindungen, S. 41 ff.; a.A. noch *Waitz*, Das Wesen des Bundesstaats, Allgemeine Monatsschrift für Wissenschaft und Literatur 4 (1853), 494, 507; *Nawiasky*, VVDStRL 12 (1954), Aussprache, 235, 236 sowie *de Tocqueville*, De la démocatie en Amérique, Bd. 1, S. 165, die von einer Aufteilung der Souveränität im Bundesstaat ausgehen.

[48] *Kelsen*, VVDStRL 5 (1929), 30, 81; *Löwer*, HdStR III, § 70 Rn. 28 f.

[49] *Isensee*, HdStR VI, § 126 Rn. 4; krit. zur Aufrechterhaltung dieser Dichotomie *Schönberger*, AöR 129 (2004), 81, 91 ff.

chen Literatur wird der Begriff des Föderalismus indessen nicht selten mit dem des Bundesstaates gleich gesetzt.[50] Auch das Bundesverfassungsgericht neigt dazu, beide Begriffe zwar nicht gleichzusetzen, aber doch als Synonyme zu verwenden.[51] Eine solche Gleichsetzung ist allerdings wenig überzeugend, da Föderalismus als Gegenstück zum Unitarismus in vielerlei Gestalten auftreten kann[52] und keineswegs nur auf den klassischen Bundesstaat beschränkt ist.

Gegen die von der klassischen Staatslehre vorgenommene, strikte Einteilung föderaler Systeme in Bundesstaaten und Staatenbunde bestehen Bedenken, da auch jenseits des klassischen Bundesstaates oder Staatenbundes Systeme existieren können, welche als mehrstufige, aus Gliedern und einem Gesamtsystem bestehende Systeme Merkmale des Föderalismus aufweisen. Zudem ist die Existenz von Misch- und Übergangsformen zwischen Staatenbund und Bundesstaat denkbar. So handelte es sich etwa beim Deutschen Reich von 1871 trotz seiner weit verbreiteten Interpretation als klassischen Bundesstaat[53] in Wahrheit um einen Bundesstaat mit bündischem Charakter, was sich an der Ausgestaltung der Finanzverfassung und der Abhängigkeit des Reiches von den Matrikularbeiträgen der Länder[54] sowie nicht zuletzt an der zumindest formal schwachen Stellung der Bundesexekutive ablesen lässt.[55] Ähnliches gilt für das System der USA zwischen 1789 und dem Beginn des Bürgerkrieges, welches sich bei objektiver Betrachtung

---

[50] Näher zu dieser Problematik *Šarčević*, Das Bundesstaatsprinzip, Das Bundesstaatsprinzip, S. 16 ff.; *Sommermann*, in: v. Mangoldt/Klein/Starck, GG, Art. 20 Abs. 1 Rn. 25; die Gleichsetzung bleibt dabei nicht auf die deutsche Literatur beschränkt, s. z.B. *McKay*, Designing Europe, S. 8, der wohl ebenfalls von der Deckungsgleichheit der beiden Begriffe ausgeht; ähnlich auch *Riker*, Federalism, in: Greenstein/Polsby (Hrsg.), Handbook of Political Science, Bd. 5: Governmental Institutions and Processes, S. 93, 101 f.

[51] So etwa BVerfGE 4, 178, 189; 22, 254, 270; 41, 88, 118 ff.; *Šarčević*, Das Bundesstaatsprinzip, S. 11 ff.

[52] So auch *Sommermann*, in: v. Mangoldt/Klein/Starck, GG, Art. 20 Abs. 1 Rn. 24; *Weiler*, Federalism Without Constitutionalism, in: Nicolaidis/Howse (Hrsg.), The Federal Vision, S. 54, 54; *Elazar*, Options, Problems and Possibilities in Light of the Current Situation, in: Elazar (Hrsg.), Self Rule/Shared Rule, S. 1, 3 f.

[53] Vgl. *Laband*, Das Staatsrecht des Deutschen Reiches, Bd. 1, S. 72 f.; *Jellinek*, Die Lehre von den Staatenverbindungen, S. 270 ff.; *Bornhak*, Grundriß des Deutschen Staatsrechts, S. 112 ff.; *Anschütz*, in: Anschütz/Thoma (Hrsg.), Handbuch des Deutschen Staatsrechts, S. 295 f.; *Wenzel*, Zur Lehre der vertragsmässigen Elemente der Reichsverfassung, S. 21 ff.; *Finger*, Das Staatsrecht des Deutschen Reichs, S. 17 ff.

[54] Näher dazu *Oeter*, Integration und Subsidiarität im deutschen Bundesstaatsrecht, S. 43; *ders.*, Föderalismus und Demokratie, in: v. Bogdandy/Bast (Hrsg.), Europäisches Verfassungsrecht, S. 73, 84; *Huber*, Deutsche Verfassungsgeschichte, Bd. 3, S. 946 ff.; *Böhmer*, Die Europäische Union im Lichte der Reichsverfassung von 1871, S. 85 ff. u. 204; s. auch *Bock*, Das Staatsrecht des Deutschen Reiches, S. 66, der eine Einordnung des Deutschen Reiches als Bundesstaat oder Staatenbund ablehnt.

[55] S. dazu *Huber*, Deutsche Verfassungsgeschichte, Bd. 3, S. 849; *Kristoferitsch*, Vom Staatenbund zum Bundesstaat?, S. 191 ff.; *Schönberger*, AöR 129 (2004), 81, 88 ff.; *Oeter*, Integration und Subsidiarität im deutschen Bundesstaatsrecht, S. 30 ff.; symptomatisch für die das Vorhandensein von Elementen eines Staatenbundes ist die Einordnung des Deutschen Reiches als Staatenbund durch *von Seydel*, vgl. *v. Seydel*, Vorträge aus dem Allgemeinen Staatsrecht, S. 70; ausführlich dazu unten, § 3 II.1.

nur schwer unter den klassischen Bundesstaatsbegriff subsumieren lässt.[56] Dies wird zunächst daran deutlich, dass nach Artikel 7 der Verfassung jeder Bundesstaat für sich die neue Verfassung ratifizieren musste,[57] was einem Vertragsschluss zur Gründung eines Staatenbundes gleich kommt. Hinzu kommt, dass in der Frühphase der amerikanischen Bundesstaatlichkeit die Rolle der Bundesstaaten als Parteien des Verfassungsvertrages betont wurde[58] und die Bundesstaaten, wie etwa im Fall der *Alien and Sedition Acts*[59] von 1798 die Bundesstaaten Virginia und Kentucky, mitunter nicht gewillt waren, den Gesetzgebungsakten des Bundes uneingeschränkt Folge zu leisten.[60] Ebenso wenig waren die Bundesstaaten zunächst dazu bereit, sich der Jurisdiktion des Supreme Court zu unterwerfen,[61] was am Beispiel der Reaktion des Bundesstaates Georgia im Fall *Chisholm v. Georgia* aus dem Jahr 1793 besonders deutlich wird,[62] in dem sich der Bundesstaat Georgia weigerte, vor dem Supreme Court zu erscheinen und stattdessen schriftlich dessen Zuständigkeit bestritt.[63] Daneben wurde in der Anfangsphase des amerikanischen Bundesstaates, wie etwa die Entscheidung im Fall *Barron v. Mayer & City of Baltimore* zeigt,[64] die Geltung der *Bill of Rights* auch für die Bundesstaaten abgelehnt, so dass letztlich zwei voneinander getrennte Verfassungsordnungen nebeneinander bestanden.[65] Der bündische Charakter der Vereinigten Staaten vor Ausbruch des Bürgerkrieges wird schließlich daran deutlich, dass in dieser Zeit die Staatsangehörigkeit des Bundes durch die bundesstaatliche Staatsangehörigkeit vermittelt wurde und die Bundesverfassung jedenfalls unmittelbar keine Bundes-Staatsangehörigkeit vorsah.[66]

Angesichts derartiger Schwierigkeiten bei der Kategorisierung föderaler Systeme löst sich die vorliegende Arbeit von der überkommenen Unterscheidung zwischen Staatenbund und Bundesstaat zur Kategorisierung föderaler Systeme. Ihr liegt vielmehr ein weiter Föderalismusbegriff zu Grunde, der auch Systeme erfasst, welche sich nicht in eine der beiden klassischen Kategorien einordnen lassen, die aber trotzdem insofern deutliche Züge eines föderalen Systems aufwei-

---

[56] So auch *Forsyth*, Unions of States, S. 60 ff.; *Schönberger*, AöR 129 (2004), 81, 96; *Schütze*, CMLR 46 (2009), 1069, 1078.

[57] Näher dazu etwa *Kanovitz*, Constitutional Law, S. 6 f.

[58] So etwa die Virginia Resolutions v. 24.12.1798, die von der Verfassung als "the compact, to which the states are parties" spricht; vgl. *Schütze*, CMLR 46 (2009), 1069, 1077.

[59] Alien and Sedition Acts, abrufbar unter http://avalon.law.yale.edu/subject_menus/alsedact.asp (zuletzt abgerufen am 06.11.2017).

[60] S. dazu *Schütze*, Federalism as Constitutional Pluralism: 'Letter from America', in: Avbelj/*Komárek* (Hrsg.), Constitutional Pluralism in the European Union and Beyond, S. 185, 187 ff.

[61] Ausführlich dazu *Forsyth*, Unions of States, S. 67; *Goldstein*, Constituting Federal Sovereignty, S. 14 ff.

[62] Chisholm v. Georgia, 2 US 419 (1793).

[63] Näher dazu *Stephens/Scheb*, American Constitutional Law, S. 266 f.

[64] Barron v. Mayor & City of Baltimore, 32 US 243, 247 ff. (1833); ähnlich später noch die Slaughterhouse Cases, 83 US 36, 77 ff. (1872).

[65] *Schütze*, Cambridge Yearbook of European Legal Studies 14 (2011–2012), 337, 339 f.

[66] Näher dazu *Tribe*, American Constitutional Law, Vol. 1, S. 1298.

sen, als sie als mehrstufige politische Systeme zu verstehen sind, in denen neben die politische Einheit der Glieder die politische Gesamtexistenz tritt.[67] Auf das staatliche Element im Begriff des Föderalismus wird mithin verzichtet.[68]

Verwirrung stiftet im Zusammenhang mit dem Begriff des Föderalismus andererseits, dass in der Literatur teilweise auch jedwede internationale Organisationen ohne Rücksicht auf ihren Zweck als föderale Systeme bezeichnet werden.[69] Dies scheint wenig überzeugend, da sich internationale Organisationen wie etwa die NATO oder die ITU oftmals einigen wenigen speziellen Sachbereichen widmen, ohne dass sich ihre Zuständigkeiten auch nur partiell auf das Innere ihrer Mitglieder erstrecken. Insofern erscheint eine Abgrenzung nach dem Zweck der Staatenverbindung sinnvoll, so dass ein föderales System allein dann anzunehmen ist, wenn der Aufgabenbereich des Zusammenschlusses umfassender Natur ist, während bei einem begrenzten Aufgabenbereich eine bloße internationale Organisation vorliegt.[70] Letztere sollen im Rahmen der vorliegenden Arbeit nicht in den Föderalismusbegriff einbezogen werden.

2. Die Bundesrepublik Deutschland als föderales System

a) Staatlichkeit von Bund und Ländern

Die Bundesrepublik Deutschland definiert sich nach Art. 20 Abs. 1 GG als „Bundesstaat“. Dieser Bundesstaat wird verfassungsrechtlich abgesichert durch die Garantie des Art. 79 Abs. 3 GG, so dass selbst der verfassungsändernde Gesetzgeber das Prinzip der Bundesstaatlichkeit als solches nicht beseitigen kann.[71] Der Begriff des Bundesstaates nach dem Grundgesetz darf dabei nicht mit dem allgemeinen staatsrechtlichen Begriff des Bundesstaates gleich gesetzt werden, sondern es handelt sich dabei vielmehr um ein Unikat, welches in erster Linie durch das Grundgesetz selbst geprägt wird.[72] Nach anfänglichen Widerständen hat sich die Auffassung durchgesetzt, wonach der Bundesstaat des Grundgesetzes aus Gesamtstaat und Gliedstaaten besteht und folglich eine zweigliedrige Konstruktion aufweist.[73]

---

[67] *Nettesheim*, in: Grabitz/Hilf/Nettesheim, Das Recht der Europäischen Union, Art. 1 EUV, Rn. 62.

[68] So auch *Böhmer*, Die Europäische Union im Lichte der Reichsverfassung von 1871, S. 145.

[69] So etwa *Bülck*, VVDStRL 21 (1964), 1 ff.

[70] Vgl. *Kristoferitsch*, Vom Staatenbund zum Bundesstaat?, S. 18.

[71] BVerfGE 1, 14, 47 f.; 5, 34, 38; *Isensee*, HdStR VI, § 126 Rn. 309 f.; *Pieroth*, in: Jarass/Pieroth, GG, Art. 79 Rn. 8 ff.; *Dreier*, in: Dreier, GG, Art. 79 Abs. 3 Rn. 21 ff.; *Zinn*, AöR 75 (1949), 291, 299.

[72] *Isensee*, HdStR VI, § 126 Rn. 5; *Bauer*, in: Dreier, GG, Art. 20 (Bundesstaat) Rn. 21; *Hesse*, Der unitarische Bundesstaat, S. 12 ff., 26 ff.; *Lhotta*, Bundesstaat, in: Heun/Honecker/Morlok/Wieland (Hrsg.), Evangelisches Staatslexikon, S. 264, 264 f.; *Ossenbühl*, DVBl. 1989, 1230, 1230.

[73] BVerfGE 13, 54, 77 f.; *Isensee*, HdStR VI, § 126 Rn. 90 f.; *Stern*, Staatsrecht I, S. 651; *Clausen*, Landesverfassungsbeschwerde, S. 153; *Herzog*, DÖV 1962, 81, 82; *Scheuner*, DÖV 1962, 641, 642 ff.; *Schmidt*, AöR 87 (1962), 253, 271 ff.; *Wahl*, AöR 112 (1987), 26, 32; *Ott*, Landesgrundrechte, S. 23.

Der Dreigliedrigkeitslehre, die davon ausgeht, dass sich über dem Zentralstaat und den Gliedstaaten eine als „Gesamtstaat" zu begreifende, dritte Ebene der Staatlichkeit befindet,[74] wurde auf diese Weise eine Absage erteilt. Dies erscheint überzeugend, da das Grundgesetz selbst keinen von Bund und Ländern getrennten Gesamtstaat kennt, sondern die Aufgaben und Kompetenzen vielmehr zwischen Bund und Ländern verteilt.[75] Darüber hinaus würde es einem solchen Gesamtstaat an der Staatsqualität fehlen, nachdem das Grundgesetz keine Organe des Gesamtstaats vorsieht.[76]

Während die Staatsqualität des Bundesstaates als solchen niemals ernsthaft angezweifelt wurde,[77] war die Frage der Staatlichkeit der Länder immer wieder Gegenstand von Kontroversen. Nach den Kriterien der von *Georg Jellinek* begründeten Drei-Elemente-Lehre[78] ist die Staatsqualität der Länder jedoch zu bejahen. Sie verfügen über ein eigenes Staatsvolk und Staatsgebiet, wobei unschädlich ist, dass Staatsvolk und Staatsgebiet von Bund und Ländern sich teilweise überlagern. Auch der Umstand, dass die Staatsgewalt zwischen Bund und Ländern aufgeteilt ist,[79] vermag an der Staatlichkeit der Länder nichts zu ändern.[80] Nach der allgemeinen Staatslehre wäre für die Annahme der Staatlichkeit der Länder darüber hinaus ihre Souveränität, d.h. die höchste Gewalt „nach innen" und die Unabhängigkeit „nach außen" zu fordern.[81] An Letzterem würde es schon deshalb fehlen, weil den Ländern nach Art. 32 GG völkerrechtliches Handeln zumindest ohne Zustimmung der Bundesregierung versagt ist.[82] Auch die Souveränität nach innen ist problematisch, da die Länder der Kompetenz-Kompetenz des Bundes unterliegen und ihnen damit nicht die höchste Kompetenz zur Rechtssetzung zukommt.[83] Im Hinblick auf die Erfassung der Frage der Staatlichkeit der Länder sind die Ansatzpunkte der allgemeinen Staatslehre jedoch wenig geeignet, da die Verhältnisse im Bundesstaat viel zu komplex sind, als dass sie sich auf die einfa-

---

[74] So etwa *Nawiasky*, Staatslehre, Bd. 3, S. 151 ff.; *Kelsen*, Allgemeine Staatslehre, S. 199 f.; *ders.*, FG Fleiner, S. 127, 130 ff.; *Dietlein*, Die Grundrechte in den Verfassungen der neuen Bundesländer, S. 8; *Steinberg*, FS 50 Jahre Hessische Verfassung, S. 356, 357 f.; *Harbich*, Der Bundesstaat und seine Unatastbarkeit, S. 45 ff.; ähnlich auch BVerfGE 1, 34, 38; offen gelassen dagegen in BVerfGE 6, 309, 340; 12, 205, 254; s. auch unten, § 1 II.1.

[75] BVerfGE 13, 54, 77 f.; *Isensee*, HdStR VI, § 126 Rn. 90 f.; *Schmidt*, AöR 87 (1962), 253, 273 f., der das „soziologische Substrat" der Gesamtstaatsebene negiert; *Ott*, Landesgrundrechte, S. 24.

[76] BVerfGE 13, 54, 77 f.; *Ott*, Landesgrundrechte, S. 24.

[77] Anders nur *v. Seydel*, ZgS 28 (1872), 184, 195 ff. in Bezug auf das Kaiserreich; näher zum Ganzen *Wiederin*, Bundesrecht, S. 9 f.

[78] *Jellinek*, Allgemeine Staatslehre, S. 394 ff.

[79] *Isensee*, HdStR VI, § 126 Rn. 65 ff.

[80] BVerfGE 1, 14, 34; 13, 54, 74 f.; 72, 330, 385 f.; *Isensee*, HdStR VI, § 126 Rn. 15, 297; *Stern*, Staatsrecht I, S. 644 f.; *Grzeszick*, in: MD, Art. 20 (Bundesstaat) Rn. 35; *Bauer*, in: Dreier, GG, Art. 20 (Bundesstaat) Rn. 41 m.w.N.; krit. dazu *Möllers*, Staat als Argument, S. 350 ff., der von einer allenfalls geringen Bedeutung der Staatlichkeit der Länder ausgeht.

[81] *Isensee*, HdStR VI, § 126 Rn. 67; *Wildhaber*, FS Eichenberger, S. 131, 132; *Willers*, Die Europäische Union im Lichte der Reichsverfassung von 1871, S. 187.

[82] *Isensee*, HdStR VI, § 126 Rn. 67; *Klein*, DVBl. 1993, 1329, 1329.

[83] S. dazu *Isensee*, HdStR VI, § 126 Rn. 67.

chen Kriterien des Souveränitätsbegriffes reduzieren ließen.[84] Hinzu kommt, dass nach völkerrechtlichem Verständnis auch nicht-souveräne Staaten denkbar sind,[85] was etwa auf die Bundesrepublik Deutschland bis zum Jahr 1955 zutraf.[86] Dementsprechend sieht das Bundesverfassungsgericht die Unabgeleitetheit der Staatsgewalt als entscheidendes Kriterium für die Annahme von Staatlichkeit an, indem es davon spricht, dass die Länder „Staaten mit eigener – wenn auch gegenständlich beschränkter – nicht vom Bund abgeleiteter, sondern von ihm anerkannter Hoheitsmacht“[87] sind.

Das Grundgesetz selbst setzt die Staatsqualität der Länder voraus, indem es in Art. 7 Abs. 1 GG bestimmt, dass das gesamte Schulwesen, das nach der grundgesetzlichen Kompetenzverteilung in den Zuständigkeitsbereich der Länder fällt, unter der Aufsicht des Staates steht.[88] Ferner spricht Art. 130 Abs. 1, 3 GG dezidiert von „Staatsverträgen zwischen den Ländern“, eine Formulierung, die unangebracht wäre, wenn das Grundgesetz nicht selbst von der Staatsqualität der Länder ausginge.[89] Ein ähnliches Ergebnis lässt sich den Bestimmungen der Art. 30, 33 Abs. 1 GG sowie Art. 137 Abs. 3 WRV i.V.m. Art. 140 GG entnehmen.[90] Überdies wurde bereits in den Verfassungsberatungen des Parlamentarischen Rates die Staatlichkeit der Länder unter der zu entwerfenden Verfassung stets betont.[91] Dem entspricht es, dass sich die Länder selbst in ihren Verfassungen, welche ihrerseits „Ausweis der Staatlichkeit“[92] sind, überwiegend als „Staaten“ bezeichnen.[93]

Auch jenseits solcher formeller Anhaltspunkte lassen sich die Länder als Staaten verstehen, da ihnen, wie vom Bundesverfassungsgericht gefordert,[94] trotz aller Unitarisierungs- und Europäisierungstendenzen weiterhin ein gewisses Maß an

[84] *Grzeszick*, in: MD, GG, Art. 20 (Bundesstaat) Rn. 37 ff.; vgl. auch *Šarčević*, Bundesstaatsprinzip, S. 20 ff., v. 31 f.; *Schnapp*, in: v. Münch/Kunig, GGK, Art. 20 Rn. 12; ähnlich im Ergebnis *Isensee*, HdStR VI, § 126 Rn. 66 u. 69; *Klein*, DVBl. 1993, 1329, 1330.

[85] Vgl. *Jellinek*, Die Lehre von den Staatenverbindungen, S. 36 ff.

[86] *Vitzthum*, VVDStRL 46 (1988), 7, 18; *Hobe*, Einführung in das Völkerrecht, S. 70 f.; zur fehlenden völkerrechtlichen Handlungsfähigkeit der Bundesrepublik Deutschland nach dem Zweiten Weltkrieg; s. BVerfGE 36, 1, 10 f.; *Kimminich*, Die Souveränität der Bundesrepublik Deutschland, S. 73 ff.

[87] BVerfGE 1, 14, 34; 60, 175, 207; vgl. dazu *Dreier*, in: ders., GG, Art, 28 Rn. 51; *Isensee*, HdStR VI, § 126 Rn. 65.

[88] Vgl. *Storr*, Verfassungsgebung in den Ländern, S. 66.

[89] *Storr*, Verfassungsgebung in den Ländern, S. 66.

[90] *Ott*, Landesgrundrechte in der bundesstaatlichen Ordnung, S. 28.

[91] So etwa *Schmid*, Parlamentarischer Rat, Plenum, 2. Sitzung v. 06.09.1948, Sten. Prot., S. 16 u. 9. Sitzung v. 06.05.1945, Sten. Prot., S. 172; *Süsterhenn*, Parlamentarischer Rat, Plenum, 2. Sitzung v. 06.09.1948, Sten. Prot., S. 21; *Schwalber*, Parlamentarischer Rat, Plenum, 3. Sitzung v. 09.09.1948, Sten. Prot., S. 34; vgl. auch *Isensee*, HdStR VI, § 126 Rn. 65.

[92] *Isensee*, HdStR VI, § 126 Rn. 80; *Vitzthum*, VVDStRL 46 (1988), 7, 23; *Löwer*, in: v. Münch/Kunig, GGK, Art. 28 Rn. 2; *Dreier*, in: ders., GG, Art. 28 Rn. 51.

[93] Vgl. etwa Art. 23 Abs. 1 BWVerf; Art. 60 Abs. 1 SaarlVerf; Art. 64 BremVerf; Art. 1 Abs. 1 S. 1 NRWVerf.; Art. 74 Abs. 1 RPfVerf; Art. 1 BayVerf; Art. 44 Abs. 1 S. 2 ThürVerf; Art. 1 SächsVerf; näher dazu *Storr*, Verfassungsgebung in den Ländern, S. 67.

[94] BVerfGE 34, 9, 19 f.

materiellen staatlichen Aufgaben verbleibt, etwa in den Bereichen Bildung und Kultur.[95] Das Bundesverfassungsgericht spricht insoweit von einem „Hausgut" an unentziehbaren Kompetenzen.[96] Indes sind nicht allein die formellen Kompetenzen der Ländern entscheidend für die Bejahung ihrer Staatlichkeit, sondern es kommt vielmehr in erster Linie auf die Qualität ihrer Zuständigkeiten an.[97] So müssen die Länder an allen Funktionen der Staatsgewalt beteiligt sein, was gegenwärtig der Fall ist, da sie nicht nur über eigene Gesetzgebungskompetenzen verfügen und über den Bundesrat die Bundesgesetzgebung beeinflussen können, sondern sie nach Art. 84 GG grundsätzlich für den Vollzug der Bundesgesetze zuständig sind und gemäß Art. 92 GG eigene Gerichte bereit stellen. Eine völlige Aushöhlung der materiellen Staatlichkeit wäre überdies mit Art. 28 Abs. 1, 20 Abs. 1 und 79 Abs. 3 GG nicht vereinbar.[98]

Unmittelbare Konsequenz der Staatlichkeit der Länder ist ihre Verfassungsautonomie, welche ihnen einen weiten Freiraum bei der Bestimmung der Staatsorganisation und der Staatsziele im Rahmen einer eigenen Verfassung zugesteht,[99] was nicht zuletzt durch das Homogenitätsgebot des Art. 28 Abs. 1 S. 1 GG zum Ausdruck kommt, welches zugleich die Einheit im Bundesstaat normativ absichert.[100] Ferner ist Art. 142 GG Ausdruck der Verfassungsautonomie der Länder, da er ihnen die Möglichkeit eigener Landesgrundrechte einräumt.[101] Alle Bundesländer haben diesen Spielraum dazu genutzt, eigene Landesverfassungen zu erlassen, welche Grundrechte enthalten, so dass sowohl auf Bundes- als auch auf Landesebene Verfassungen mit mehr oder weniger umfangreichen Grundrechtskatalogen existieren.[102]

Weiteres Kernstück der Verfassungsautonomie der Länder ist das Recht zur Errichtung eigener Landesverfassungsgerichte einschließlich des Erlasses ein-

[95] Zur Kulturhoheit s. BVerfGE 6, 309, 346 f.; vgl. auch *Isensee*, HdStR VI, § 126 Rn. 304 f.; krit. zur materiellen Staatlichkeit der Länder *Rux*, NJ 1992, 147, 150; sehr krit. dazu *Huber*, Klarere Verantwortungsteilung zwischen Bund, Ländern und Kommunen?, in: Ständige Deputation des Deutschen Juristentages (Hrsg.), Verhandlungen des 65. DJT (2004), Bd. 1, S. D 15.

[96] BVerfGE 34, 9, 20.

[97] *Isensee*, HdStR VI, § 126 Rn. 303; *Vitzthum*, VVDStRL 46 (1988), 7, 23.

[98] Vgl. *Isensee*, HdStR VI, § 126 Rn. 303 ff.

[99] BVerfGE 1, 14, 34; 36, 342, 361; 60, 175, 207; 64, 301, 317 f.; 96, 345, 368 f.; 103, 332, 347 u. 349 f.; *Dreier*, Einheit und Vielfalt der Verfassungsordnungen im Bundesstaat, in: Schmidt (Hrsg.), Vielfalt des Rechts, S. 113, 121 ff.; *Stiens*, Chancen und Grenzen der Landesverfassungen im deutschen Bundesstaat der Gegenwart, S. 91 ff.; *Grzeszick*, in: MD, GG, Art. 20 (Bundesstaat) Rn. 96.

[100] Vgl. *Šarčević*, Das Bundesstaatsprinzip, S. 237 ff.; *Sachs*, in: Sachs, GG, Art. 20 Rn. 62; zu Art. 28 Abs. 1 GG als Ausdruck der Staatlichkeit der Länder auch *Dreier*, in: Dreier, GG, Art. 28 Rn. 49 f.

[101] *Pieroth*, in: Jarass/Pieroth, GG, Art. 142 Rn. 1; *Korioth*, in: MD, GG, Art. 142 Rn. 22.

[102] Näher dazu *Stiens*, Chancen und Grenzen der Landesverfassungen im deutschen Bundesstaat der Gegenwart, S. 224 ff.; *Dietlein*, Jura 1994, 57, 57; explizit zu den Landesverfassungen in den neuen Bundesländern s. *Kanther*, Die neuen Landesverfassungen im Lichte der Bundesverfassung, S. 155 ff.

schlägiger Verfahrensvorschriften,[103] welche insbesondere auch eine Verfassungsbeschwerde auf Landesebene vorsehen können.[104] Zwar weist Art. 74 Abs. 1 Nr. 1 GG dem Bund die konkurrierende Gesetzgebungszuständigkeit für die Gerichtsverfassung und das gerichtliche Verfahren zu, doch zielt diese Bundeskompetenz lediglich auf die Gewährleistung der einheitlichen Tätigkeit der Fachgerichte ab und begründet daher keine Einwirkungsmöglichkeit auf die Ausgestaltung der Verfassungsgerichtsbarkeit auf Landesebene.[105]

b) Verhältnis von Bund und Ländern

Zentral für das Verständnis des grundgesetzlichen Bundesstaatsbegriffs ist ferner das darin angelegte Verhältnis von Bund und Ländern. Das Bundesverfassungsgericht beschreibt dieses Verhältnis in ständiger Rechtsprechung plakativ mit dem Schlagwort der „Trennung der Verfassungsräume".[106] Die rechtliche Bedeutung dieser Bezeichnung hingegen ist weniger klar, zumal eine klare Trennung der Rechtsordnungen schon wegen der vielfältigen Beziehungen zwischen Bundes- und Landesrecht ausgeschlossen ist.[107] Darüber hinaus wirkt das Bundesverfassungsrecht im Wege der sog. Durchgriffsnormen, zu denen u.a. Art. 1 Abs. 3[108] und Art. 21 GG gehören, auf die Landesverfassungsgebung ein.[109] Freilich versteht das Bundesverfassungsgericht die Trennung der Verfassungsräume nur als grundsätzliches Phänomen, das im Einzelfall durchaus Durchbrechungen zulassen kann.[110]

Das Schlagwort der Trennung der Verfassungsräume beantwortet jedoch nicht die Frage, ob Bund und Länder zueinander in einem Verhältnis der Überordnung oder der Gleichordnung stehen. Teilweise wird vertreten, Bund und Länder stün-

---

[103] BVerfGE 4, 178, 189; 6, 376, 382; 22, 267, 270; 36, 342, 360 f.; 41, 88, 118 f.; 60, 175, 209; 64, 301, 317; 96, 345, 368; *Bethge*, BayVBl. 1985, 257, 261; *Clausen*, Landesverfassungsbeschwerde, S. 21; *Dreier*, Grundrechtsschutz, S. 10; *Leisner*, FS Bayerischer Verfassungsgerichtshof, S. 183, 190 f.; *v. Olshausen*, Landesverfassungsbeschwerde, S. 53 ff.; *Rozek*, Das Grundgesetz als Prüfungs- und Entscheidungsmaßstab, S. 44 ff.; *Sachs*, DVBl. 1987, 857, 864; *Ott*, Landesgrundrechte, S. 38.

[104] *Ott*, Landesgrundrechte, S. 38.

[105] BVerfGE 96, 345, 368; *Rozek*, Das Grundgesetz als Prüfungs- und Entscheidungsmaßstab, S. 48 f.; *Discher*, Landesverfassungsgerichte, S. 161; *Lotz*, FS 50 Jahre BayVerfGH, S. 115, 123; *Zierlein*, AöR 120 (1995), 205, 226; *Maunz*, in: MD, GG, Art. 74 Rn. 73; *Pieroth*, in: Jarass/Pieroth, GG, Art. 74 Rn. 8 f.; *Degenhart*, in: Sachs, GG, Art. 74 Rn. 23.

[106] BVerfGE 4, 178, 189; 6, 376, 381 f.; 22, 267, 270; 36, 342, 357; 41, 88, 118 f.; 60, 175, 209; 96, 345, 368 f.; vgl. auch *Dreier*, in: Dreier, GG, Art. 28 Rn. 50; *Dietlein*, Jura 1994, 57, 57; *Rozek*, Das Grundgesetz als Prüfungs- und Entscheidungsmaßstab, S. 42; *Klein*, DVBl. 1993, 1329, 1330.

[107] Krit. zu dieser Begrifflichkeit *Ott*, Landesgrundrechte, S. 31.

[108] Ausführlich dazu unten, § 6 III.2. e).

[109] Vgl. *Dreier*, in: Dreier, GG, Art. 28 Rn. 53; *Ott*, Landesgrundrechte, S. 32; *Zierlein*, AöR 120 (1995), 205, 219.

[110] BVerfGE 4, 178, 189; 6, 376, 381 f.; 22, 267, 270; 36, 342, 357; 41, 88, 118 f.; 60, 175, 209; 96, 345, 368 f.

den in einem Gleichordnungsverhältnis, was sich aus der Ursprünglichkeit jeder der beiden Staatsgewalten ergebe.[111] Die Gegenauffassung nimmt eine Überordnung des Bundes den Ländern gegenüber an, was sich aus einer Gesamtschau der Verfassung, insbesondere aus Art. 1 Abs. 3, 28 Abs. 1 und 2, 29, 31, 32 Abs. 1 und 3 sowie 70 ff. GG ergebe.[112] Wieder andere Autoren wie *Grzeszick*[113], *Isensee*[114] oder *März*[115] gehen von einer wechselseitigen Über-Unterordnung bei einer gleichzeitigen Gleichordnung aus, da die Länder zwar der Kompetenz-Kompetenz des Bundes unterstünden, Bundesbehörden nach Art. 20 Abs. 3 GG jedoch auch an Landesrecht gebunden seien und die Länder gleichzeitig selbst über die Ausgestaltung der Landesverfassung und der Landesgesetzgebung entscheiden könnten.[116] *Isensee* spricht in diesem Zusammenhang anschaulich davon, dass sich Bund und Länder „im staatsrechtlichen Koordinatensystem" teils auf der „Vertikalachse der Hierarchie" und teils auf der „Horizontalachse des Bündischen" gegenüber stünden.[117] Das Bundesverfassungsgericht seinerseits vertritt ebenfalls eine vermittelnde Position, indem es einerseits die prinzipielle Überordnung des Gesamtstaates über die Länder hervorhebt,[118] andererseits aber von einem grundsätzlich selbständigen Nebeneinander der Verfassungsräume von Bund und Ländern spricht[119] und in den Bereichen, die die Bundesverfassung nicht geregelt hat, eine Gleichordnung von Bund und Ländern annimmt.[120] Das Gericht begründet seine Auffassung von der grundsätzlichen Überordnung des Bundes mit dem Verweis auf dessen in Art. 79 GG verankerte Kompetenz-Kompetenz sowie mit dessen Verantwortung für die Wahrung der Gesamtverfassung, welche sich insbesondere in Art. 28 Abs. 3, Art. 32 Abs. 3, Art. 37 sowie Art. 91 Abs. 2 GG zeige.[121] An anderer Stelle betont es, dass Art. 31 GG das Rangverhältnis zwischen Bundesrecht und Landesrecht bestimme,[122] was sich ebenfalls im Sinne eines Über-/Unterordnungsverhältnisses interpretieren lässt.

---

[111] So etwa *Nawiasky*, Der Bundesstaat als Rechtsbegriff, S. 21; *ders.*, Die Grundgedanken des Grundgesetzes für die Bundesrepublik Deutschland, S. 35 f.; in diese Richtung auch die Ministerpräsidenten der Länder in ihrem „Eckpunktebeschluss" v. 05.07.1990, die davon ausgehen, dass das Grundgesetz dem Bund „gleichberechtigte Gliedstaaten" gegenüber stelle, vgl. LT-RPf, Drs. 11/4466, S. 3; s. dazu auch *Storr*, Verfassungsgebung, S. 86.

[112] Vgl. *Dreier*, in: Dreier, GG, Art. 31 Rn. 18; *Schmidt-Aßmann*, EuGRZ 2016, 85, 88; *Zinn*, AöR 75 (1949), 291, 302; s. dazu auch *Storr*, Verfassungsgebung, S. 90 f.; *Grawert*, NJW 1987, 2329, 2330; für eine strikte Hierarchisierung *F. Kirchhof*, NVwZ 2014, 1537, 1540.

[113] *Grzeszick*, in: MD, GG, Art. 20 (Bundesstaat) Rn. 37 ff. u. 102 ff.

[114] *Isensee*, HdStR VI, § 126 Rn. 88 ff.

[115] *März*, Bundesrecht bricht Landesrecht, S. 206 ff.

[116] Für die Ungeeignetheit des Topos „Über- und Unterordnung" in Bezug auf Kompetenzkonflikte s. *v. Olshausen*, Landesverfassungsbeschwerde, S. 84 f.; s. dazu auch *Clausen*, Landesverfassungsbeschwerde, S. 155 f.

[117] *Isensee*, HdStR IV, 1990, § 98 Rn. 81; *Clausen*, Landesverfassungsbeschwerde, S. 156.

[118] BVerfGE 1, 14, 51; 13, 54, 78.

[119] BVerfGE 4, 178, 189; 6, 376, 382; 99, 1, 7; in diese Richtung auch BVerfGE 36, 342, 360 f. zur Staatsqualität des Gesamtstaates und der Länder.

[120] BVerfGE 13, 54, 78.

[121] BVerfGE 13, 54, 78 f.

[122] BVerfGE 96, 345, 364.

Von den genannten Auffassungen erscheint allein die Annahme einer grundsätzlichen Überordnung des Bundes über die Länder überzeugend, da das Grundgesetz eine Reihe von Bestimmungen enthält, aus denen sich ergibt, dass der Bund Entscheidungen treffen kann, die auch oder sogar allein für die Länder verbindlich sind.[123] Jedenfalls bezüglich dieser Bereiche ist es daher nicht sinnvoll, von einer Gleichordnung der Länder gegenüber dem Bund zu sprechen.[124] Zu den staatlichen Tätigkeiten, bei denen der Bund den Ländern übergeordnet ist, gehören u.a. die Ausübung der Kompetenzhoheit des Bundes, das Weisungsrecht des Bundes nach Art. 84 Abs. 5, Art. 85 Abs. 3 S. 1 und Art. 108 Abs. 3 S. 2 GG sowie die Vorschriften der Art. 20 Abs. 3 und 31 GG, wonach die Länder an gültiges Bundesrecht gebunden sind.[125] Dies schließt es jedoch nicht aus, dass daneben Bereiche existieren, in denen Bund und Länder in einem Verhältnis der Gleichordnung nebeneinander stehen. Daher erscheint es angebracht, von einer „tendenziellen" Überordnung des Bundes über die Länder zu sprechen.

In der Frühphase der Bundesrepublik folgte der Bundesstaat des Grundgesetzes dem Modell eines separativen Föderalismus, wonach die Aufgabenbereiche von Bund und Ländern streng getrennt sein sollten.[126] Im Grundgesetz kommt dies noch heute in dem auf dem Subsidiaritätsprinzip[127] beruhenden Regel-Ausnahme-Verhältnis der in Art. 30, 70 und 83 GG verankerten Kompetenzverteilung zum Ausdruck, welche in der Verfassungswirklichkeit freilich längst überholt ist.[128] Seit Mitte der 1960er entwickelte sich der deutsche Bundesstaat zunehmend zu einem System des kooperativen Föderalismus, der sich bis heute in einer Vielzahl von Formen des Zusammenwirkens zwischen Bund und Ländern manifestiert.[129] Es besteht mithin eine umfangreiche institutionelle und funktionelle Verschränkung und Verflechtung zwischen Bund und Ländern, die man bildlich mit einem „Miteinander, Nebeneinander und Gegeneinander" beschreiben kann[130] und die häufig als Ausdruck des von *Konrad Hesse* geprägten Bildes vom

---

[123] *Grzeszick*, in: MD, GG, Art. 20 (Bundesstaat) Rn. 102.

[124] Näher zum Verhältnis von Bund und Ländern unten, § 1 II.1; s. auch *Isensee*, HdStR VI, § 126 Rn. 92 ff.

[125] *Grzeszick*, in: MD, GG, Art. 20 (Bundesstaat) Rn. 103; s. auch *Storr*, Verfassungsgebung in den Ländern, S. 90 f.

[126] Vgl. *Thieme*, DÖV 1989, 499, 508; *Schneider*, NJW 1991, 2448, 2449.

[127] *Sachs*, in: Sachs, GG, Art. 20 Rn. 59; *Oppermann*, JuS 1996, 569, 570 f.; *Kuttenkeuler*, Die Verankerung des Subsidiaritätsprinzips im Grundgesetz, S. 200 ff.; *Frowein*, FS Lerche, S. 401, 406 f.; krit. zur Ableitung des Subsidiaritätsprinzips aus den grundgesetzlichen Kompetenzaufteilungen *Šarčević*, Das Bundesstaatsprinzip, S. 187 ff.

[128] *Bauer*, in: Dreier, GG, Art. 20 (Bundesstaat) Rn. 28; *Sommermann*, in: v. Mangoldt/Klein/Starck, GG, Art. 20 Abs. 1 Rn. 31 f.; *Ossenbühl*, DVBl. 1989, 1230, 1233.

[129] Vgl. *Oeter*, Integration und Subsidiarität im deutschen Bundesstaatsrecht, S. 259 ff.; *Bauer*, in: Dreier, GG, Art. 20 (Bundesstaat) Rn. 30; *Scheuner*, DÖV 1966, 513, 518 f.; *Patzig*, DVBl. 1966, 389, 389 ff.; *Kunze*, Kooperativer Föderalismus in der Bundesrepublik, S. 1 ff.; *Hesse*, FS Müller, S. 141, 141 ff.; *Oeter*, Integration und Subsidiarität im deutschen Bundesstaatsrecht, S. 266 ff.

[130] *Bauer*, DÖV 2002, 837, 839; ähnlich auch *Ossenbühl*, DVBl. 1989, 1230, 1230.

„unitarischen Bundesstaat"[131] verstanden wird.[132] Durch diese Art der Kooperation wird zwar die Zentralisierung im Bundesstaat gefördert, dieser wird dadurch jedoch nicht zum Einheitsstaat, in dem die Staatlichkeit der Länder beseitigt würde.

c) Föderale Elemente im System des Grundgesetzes

aa) Verteilung der Gesetzgebungskompetenzen

Art. 70 Abs. 1 GG als *lex specialis* zur allgemeinen Kompetenzverteilungsnorm des Art. 30 GG beinhaltet eine „Grundregel" des Bundesstaats,[133] indem er bezüglich der Kompetenzverteilung bei der Gesetzgebung ein Regel-Ausnahme-Verhältnis zu Gunsten der Länder vorsieht.[134] Danach besitzt der Bund nur für die ihm zugewiesenen Materien die Gesetzgebungskompetenz, während im Übrigen die Gesetzgebungszuständigkeit bei den Ländern liegt. Allerdings verfügt der Bund nach dem Grundgesetz in Form der ausschließlichen (Art. 71, 73 GG) und der konkurrierenden (Art. 72, 74 GG) Gesetzgebungskompetenz, welche durch die ungeschriebenen Bundeskompetenzen kraft Natur der Sache,[135] kraft Sachzusammenhangs[136] und die Annexkompetenz[137] ergänzt werden, über weitreichende Zuständigkeiten bei der Gesetzgebung, so dass in der Praxis die Mehrheit der Gesetzgebungskompetenzen beim Bund liegt.[138] Dies ist keineswegs eine neue Entwicklung, sondern schon bei Erlass des Grundgesetzes zeigte sich ein ähnliches Bild,[139] welches sich im Laufe der Zeit immer weiter verstärkte.[140] Grund dafür ist, dass der Bund dazu neigt, seine Gesetzgebungskompetenzen voll auszuschöpfen, die ihm zugewiesenen Kompetenztitel extensiv auszulegen und die Kompetenzschranken der Grundsatzgesetzgebung[141] sowie die im Jahr

---

[131] *Hesse*, Der unitarische Bundesstaat, S. 3 ff.

[132] S. *Hesse*, FS Müller, S. 141, 145 ff.; *Boysen*, Gleichheit im Bundesstaat, S. 61 m.w.N.

[133] BVerfGE 16, 64, 79; *Pieroth*, in: Jarass/Pieroth, GG, Art. 70 Rn. 1; *Uhle*, in: MD, GG, Art. 70 Rn. 23.

[134] BVerfGE 98, 265, 299; 106, 62, 142 ff.; 111, 226, 247; *Wittreck*, in: Dreier, GG, Art. 70 Rn. 7 f.

[135] BVerfGE 11, 89, 99; 22, 180, 217; *Pieroth*, in: Jarass/Pieroth, GG, Art. 70 Rn. 13 ff.; *Uhle*, in: MD, GG, Art. 70 Rn. 75 ff.

[136] BVerfGE 98, 265, 299; 110, 33, 48; 106, 62, 115; *Pieroth*, in: Jarass/Pieroth, GG, Art. 70 Rn. 9 ff.; *Uhle*, in: MD, GG, Art. 70 Rn. 67 ff.

[137] BVerfGE 3, 407, 433; 8, 104, 118 f.; 8, 143, 149; 78, 374, 386 f.; *Pieroth*, in: Jarass/Pieroth, GG, Art. 70 Rn. 12; *Uhle*, in: MD, GG, Art. 70 Rn. 71 ff.

[138] *Pieroth*, in: Jarass/Pieroth, GG, Art. 70 Rn. 1; *Isensee*, HdStR VI, § 126 Rn. 199 f.; *Wittreck*, in: Dreier, GG, Art. 70 Rn. 7 f.

[139] *Wittreck*, in: Dreier, GG, Art. 70 Rn. 3; *Uhle*, in: MD, GG, Art. 70 Rn. 24.

[140] Ausführlich dazu *Meyer*, Die Föderalismusreform 2006, S. 76 ff.; *Huber*, Klarere Verantwortungsteilung zwischen Bund, Ländern und Kommunen?, in: Ständige Deputation des Deutschen Juristentages (Hrsg.), Verhandlungen des 65. DJT (2004), Bd. 1, S. D 15 f.; *Rozek*, Hintergründe, Motive und Ziele der Föderalismusreform von 2006, in: Heintzen/Uhle (Hrsg.), Neuere Entwicklungen im Kompetenzrecht, S. 11, 18 f.

[141] S. dazu *Uhle*, in: MD, GG, Art. 70 Rn. 26.

1994 in das Grundgesetz aufgenommene Erforderlichkeitsklausel des Art. 72 Abs. 2 GG[142] mit ihrem kompetenziellen Verhältnismäßigkeitsvorbehalt eng zu interpretieren.[143] Die Erforderlichkeitsklausel war in das Grundgesetz eingefügt worden, nachdem die Bedürfnisklausel des Art. 72 Abs. 2 GG a.F. mangels gerichtlicher Nachprüfbarkeit wirkungslos geblieben war und die fortschreitende Erosion der Gesetzgebungskompetenzen der Länder dadurch nicht gestoppt werden konnte.[144] Zwar hat das Bundesverfassungsgericht bezüglich Art. 72 Abs. 2 GG n.F. die Frage der Erforderlichkeit für voll justiziabel befunden und im Rahmen des eigens dafür in das Grundgesetz aufgenommene Verfahren gemäß Art. 93 Abs. 1 Nr. 2a GG Kriterien für ihre Anwendung entwickelt,[145] die sich in der Praxis durchaus als wirksam erwiesen,[146] im Zuge der Föderalismusreform im Jahr 2006[147] aber wurde der Anwendungsbereich der Erforderlichkeitsklausel deutlich eingeschränkt, so dass der Bund heute letztlich freien Zugriff auf eine Reihe wichtiger Kompetenztitel besitzt, was die Zentralisierung bei der Gesetzgebung begünstigt.[148] Hinzu kommt, dass die Föderalismusreform trotz der teilweisen Rückführung von Gesetzgebungskompetenzen auf die Länder im Wege der Rückholklauseln der Art. 125a Abs. 1 und 2 GG bzw. Art. 72 Abs. 4 GG[149] an der Übermacht des Bundes bei der Gesetzgebung nichts geändert hat,[150] zumal

---

[142] 42. Gesetz zur Änderung des Grundgesetzes v. 27.10.1994, BGBl. I, S. 3146; ausführlich s. dazu *Neumeyer*, Der Weg zur neuen Erforderlichkeitsklausel für die konkurrierende Gesetzgebung des Bundes, S. 131 ff.

[143] *Isensee*, HdStR VI, § 126 Rn. 200; *Isensee*, FS Badura, S. 689, 718 ff.; *v. Danwitz*, AöR 131 (2006), 510, 520.

[144] BVerfGE 2, 213, 224 f.; noch offen gelassen in BVerfGE 1, 264, 272 f.; *Huber*, Klarere Verantwortungsteilung zwischen Bund, Ländern und Kommunen?, in: Ständige Deputation des Deutschen Juristentages (Hrsg.), Verhandlungen des 65. DJT (2004), Bd. 1, S. D 15 ff.; *v. Danwitz*, AöR 131 (2006), 510, 522 f.; ausführlich zur Problematik des Art. 72 Abs. 2 GG a.F. s. *Knorr*, Die Justitiabilität der Erforderlichkeitsklausel i.S.d. Art. 72 II GG, S. 29 ff.

[145] Vgl. BVerfGE 106, 62, 137 ff.; *Pieroth*, in: Jarass/Pieroth, GG, Art. 72 Rn. 15 ff.; vgl. auch *Waldhoff*, Verfassungsrechtliche Anforderungen an Gesetzgebungskompetenzen, in: Henneke (Hrsg.), Föderalismusreform in Deutschland, S. 55, 64 ff.; *Rüfner*, FS Isensee, S. 389, 390 ff.; zur Justiziabilität der Erforderlichkeitsklausel s. auch *Knorr*, Die Justitiabilität der Erforderlichkeitsklausel i.S.d. Art. 72 II GG, S. 95 ff.

[146] *Isensee*, HdStR VI, § 126 Rn. 200; s. etwa BVerfGE 106, 62, 144 ff.; 111, 226, 253 ff.; 112, 226, 244 f.;140, 65, Rn. 31 ff.

[147] 52. Gesetz zur Änderung des Grundgesetzes v. 28.08.2006, BGBl. I, S. 2034.

[148] *Isensee*, HdStR VI, § 126 Rn. 200; s. auch *Hofmann*, DÖV 2008, 833, 834; *Degenhart*, NVwZ 2006, 1209, 1210; *v. Danwitz*, AöR 131 (2006), 510, 527; weniger krit. *Meyer*, Die Föderalismusreform 2006, S. 160 ff. u. 383; *Rozek*, Hintergründe, Motive und Ziele der Föderalismusreform von 2006, in: Heintzen/Uhle (Hrsg.), Neuere Entwicklungen im Kompetenzrecht, S. 11, 22 ff.

[149] *Degenhart*, NVwZ 2006, 1209, 1211.

[150] *Pieroth*, in: Jarass/Pieroth, GG, Art. 70 Rn. 1; *Isensee*, HdStR VI, § 126 Rn. 200; eine nur geringe Auswirkung der Föderalismusreform konstatiert auch *Oeter*, Die von der Föderalismusreform tangierten Sachbereiche der konkurrierenden Gesetzgebungskompetenz im Einzelnen, in: Heintzen/Uhle (Hrsg.), Neuere Entwicklungen im Kompetenzrecht, S. 159, 187 f.; deutlich positiver dagegen *Schneider*, Der neue deutsche Bundesstaat, S. 736 f. u. 740, der zugleich aber die Problematik des Art. 72 Abs. 2 GG erkennt.

die Länder von ihren neu gewonnen Gesetzgebungskompetenzen bislang nur teilweise Gebrauch gemacht haben.[151] Nicht zuletzt ergeben sich wegen der großen Zahl an Kompetenztiteln Abgrenzungsschwierigkeiten, wobei sich Bundes- und Landeskompetenzen nicht selten in einem „schwer entwirrbaren Konglomerat von Haupt- und Querschnittskompetenzen"[152] kreuzen und etwaige Überlappungen nicht selten zu Gunsten des Bundes aufgelöst werden.

Insgesamt lässt sich daher sagen, dass die Systematik der Kompetenzverteilung unter dem Grundgesetz trotz ihrer Zuständigkeitsvermutung zu Gunsten der Länder letztlich eine unitarisierende Wirkung entfaltet und damit entgegen einer etwaigen *prima facie*-Betrachtung in Wahrheit kein föderales, sondern ein unitarisches Element im Bundesstaat des Grundgesetzes darstellt.

bb) Mitwirkung der Länder auf Bundesebene und bei auswärtigen Angelegenheiten

Das spezifisch föderative Verfassungsorgan auf gesamtstaatlicher Ebene ist der Bundesrat, der den Ländern die Mitwirkung im Bund ermöglicht.[153] Das Grundgesetz sieht darüber hinaus die Mitwirkung der Länder in weiteren Bundesorganen vor, so etwa nach Art. 53a GG im Rahmen des Gemeinsamen Ausschusses, nach Art. 54 Abs. 3 GG bei der Wahl des Bundespräsidenten, nach Art. 95 Abs. 2 GG bei der Wahl der Bundesrichter, sowie im Rahmen der EU nach Art. 23 Abs. 6 GG in Verbindung mit den Vorgaben des auf Grundlage von Art. 23 Abs. 7 GG erlassenen Bundesgesetzes über die Zusammenarbeit von Bund und Ländern in Angelegenheiten der Europäischen Union (EUZBLG). Ein weiteres föderales Element stellt schließlich die Mitwirkung der Länder bei auswärtigen Angelegenheiten nach Art. 32 Abs. 2 und 3 GG dar.

cc) Verwaltung

Auch im Bereich der Verwaltung zeigt sich die föderale Natur des Grundgesetzes.[154] Gemäß Art. 83 GG führen die Länder die Bundesgesetze als eigene Angelegenheiten aus, soweit das Grundgesetz nichts anderes bestimmt oder zulässt, wodurch die allgemeine Zuständigkeitsvermutung des Art. 30 GG für den Bereich des Gesetzesvollzugs konkretisiert wird. Damit sind – abgesehen von den Sonderfällen der Art. 86 ff. GG – grundsätzlich die Länder zum Ausgleich der Übermacht des Bundes im Bereich der Gesetzgebung für den Verwaltungsvoll-

---

[151] *Huber/Uhle*, Die Sachbereiche der Landesgesetzgebung nach der Föderalismusreform, in: Heintzen/Uhle (Hrsg.), Neuere Entwicklungen im Kompetenzrecht, S. 83, S. 156 ff.; ausführlich dazu *Schneider*, Der neue deutsche Bundesstaat, S. 737 ff.

[152] *Fehling*, Jura 2016, 498, 504.

[153] *Sachs*, in: Sachs, GG, Art. 20 Rn. 61; ausführlich zur Zustimmungsbedürftigkeit von Bundesgesetzen nach der Föderalismusreform s. *Lehmann-Brauns*, Die Zustimmungsbedürftigkeit von Bundesgesetzen nach der Föderalismusreform, S. 105 ff.

[154] Ausführlich dazu *Oebbecke*, HdStR VI, § 136 Rn. 2 ff.

zug zuständig,[155] weshalb man in Bezug auf das föderale System des Grundgesetzes zu Recht von einem „Vollzugsföderalismus“ bzw. „Exekutivföderalismus“ spricht.[156] Im Gegenzug verfügt der Bund über verschiedene Einwirkungsmöglichkeiten auf die Länder, zu denen u.a. die Aufsichts- und Weisungsrechte nach Art. 84 Abs. 3 und Art. 85 Abs. 3 GG gehören[157] und die Ausdruck des unitarischen Moments im Bundesstaat des Grundgesetzes sind.

dd) Pflicht zu bundesfreundlichem Verhalten

Ein weiteres, wesentliches Kennzeichen des Bund-Länder-Verhältnisses und aussagekräftiges Element der bundesstaatlichen Ordnung ist der ungeschriebene, aber justiziable Grundsatz der Bundestreue, welcher vom Bundesverfassungsgericht regelmäßig als Pflicht zu bundesfreundlichem Verhalten bezeichnet[158] und aus dem allgemeinen Grundsatz von Treu und Glauben in bundesstaatsspezifischer Ausprägung abgeleitet wird.[159] Danach sind Bund und Länder zu gegenseitiger Rücksichtnahme, zur wechselseitigen Unterstützung sowie zu Kooperation und Koordination verpflichtet.[160] Dies bedeutet, dass Bund und Länder bei der Ausübung ihrer jeweiligen Kompetenzen auf die Position der jeweils anderen Seite Rücksicht nehmen müssen.[161] Beim Grundsatz der Bundestreue handelt es sich um ein akzessorisches Prinzip, das ein konkretes Rechtsverhältnis zwischen Bund und Ländern voraussetzt[162] und aus dem keine neuen Kompetenzen hergeleitet werden können, sondern das vom Bundesverfassungsgericht nur als Ausübungsschranke für bestehende Kompetenzen angesehen wird[163] und das zudem subsidiären Charakter besitzt.[164] Die Ver-

---

155 *Vitzthum*, VVDStRL 46 (1988), 7, 34.

156 *Hanschel*, Konfliktlösung in Bundesstaat, S. 469; *Wittreck*, in: Dreier, GG, Art. 30 Rn. 7; *Dreier*, in: Dreier, GG, Art. 79 Abs. 3 Rn. 25; *Haller/Kölz/Gächter*, Allgemeines Staatsrecht, Rn. 591; *Buser*, Kantonales Staatsrecht, Rn. 225; grundlegend zum Begriff des Exekutivföderalismus und seinen Ausprägungen in Deutschland s. *Dann*, Parlamente im Exekutivföderalismus, S. 3 u. 125 ff.

157 Vgl. *Oebbecke*, HdStR VI, § 136 Rn. 37 ff.

158 Vgl. BVerfGE 1, 299, 315; 86, 148, 211 f.; 92, 203, 234 ff.; *Schnapp*, in: v. Münch/Kunig, GGK, Art. 20 Rn. 14; *Grzeszick*, in: MD, GG, Art. 20 (Bundesstaat) Rn. 118; ausführlich dazu *Bauer*, Die Bundestreue, S. 23 ff.

159 *Bauer*, Die Bundestreue, S. 243 ff.; *Schnapp*, in: v. Münch/Kunig, GGK, Art. 20 Rn. 14; *Sachs*, in: Sachs, GG, Art. 20 Rn. 68.

160 *Schnapp*, in: v. Münch/Kunig, GGK, Art. 20 Rn. 14; *Bauer*, in: Dreier, GG, Art. 20 (Bundesstaat) Rn. 46; *Sommermann*, in: v. Mangoldt/Klein/Starck, GG, Art. 20 Abs. 1 Rn. 37.

161 BVerfGE 32, 199, 218; 81, 310, 337; 92, 203, 230; *Sommermann*, in: v. Mangoldt/Klein/Starck, GG, Art. 20 Abs. 1 Rn. 38; *Schnapp*, in: v. Münch/Kunig, GGK, Art. 20 Rn. 14; *Isensee*, HdStR VI, § 126 Rn. 163 f.; *Stern*, Staatsrecht I, S. 702 ff.

162 BVerfGE 13, 54, 75 f.; 21, 312, 326; 42, 103, 117; 95, 250, 266; 110, 33, 52; *Sommermann*, in: v. Mangoldt/Klein/Starck, GG, Art. 20 Abs. 1 Rn. 37; *Pieroth*, in: Jarass/Pieroth, GG, Art. 20 Rn. 27 f.; krit. *Bauer*, in: Dreier, GG, Art. 20 (Bundesstaat) Rn. 48.

163 BVerfGE 12, 205, 239 f.; 14, 197, 215; 34, 9, 20 f.; *Sachs*, in: Sachs, GG, Art. 20 Rn. 70.

164 BVerfGE 4, 115, 140; 8, 122, 138; 32, 199, 218; 81, 310, 337; 104, 249, 269 f.; *Sachs*, in: Sachs, GG, Art. 20 Rn. 69; *Isensee*, HdStR VI, § 126 Rn. 165 f.

ankerung des Subsidiaritätsprinzips als eigenständiges Verfassungsprinzip ist dem Grundgesetz hingegen fremd.[165]

ee) Judikative und Verfassungsgerichtsbarkeit

Auch im Bereich der Judikative zeigt sich der föderale Charakter des Grundgesetzes, das in Art. 92 GG die rechtsprechende Gewalt dem Bundesverfassungsgericht, den im Grundgesetz vorgesehenen Bundesgerichten sowie den Gerichten der Länder zuweist.[166] Art. 92 2. HS GG regelt als *lex specialis* zu Art. 30 GG die Kompetenzverteilung, so dass grundsätzlich die Länder für die Einrichtung der Gerichte zuständig sind und der Bund nur dort eigene Bundesgerichte errichten darf, wo dies vom Grundgesetz vorgesehen ist.[167] Dies stellt gleichzeitig ein unitarisches Moment deutscher Bundesstaatlichkeit dar, da durch die Einrichtung von Bundesgerichten „die zentrifugalen und zentripetalen Fliehkräfte“[168] des föderalen Gerichtssystems kanalisiert werden sollen.[169] In eine ähnliche Richtung zielt die Vorgabe des Art. 74 Abs. 1 Nr. 1 GG, wonach die generelle Regelung der Gerichtsverfassung dem Bund obliegt. Schließlich wird das föderale System des Grundgesetzes mit Hilfe des Bundesverfassungsgerichts abgesichert, das nach Art. 93 Abs. 1 Nr. 3 und Nr. 4 GG über Streitigkeiten im Verhältnis zwischen Bund und Ländern und zwischen den Ländern entscheidet und so als „übergeordneter Wahrer des Bundesfriedens“[170] fungiert.[171]

ff) Finanzverfassung

Schließlich wird der föderale Charakter des Grundgesetzes am System der Finanzverfassung deutlich, welches gewährleisten soll, dass sowohl der Bund als auch die Länder am Finanzaufkommen sachgerecht beteiligt werden, so dass sie die ihnen durch das Grundgesetz zugewiesenen Aufgaben tatsächlich wahrnehmen können.[172] Entscheidend für die staatliche Selbständigkeit von Bund und Ländern ist die Aufteilung der Steuereinnahmen.[173] Das Grundgesetz sieht vor,

---

[165] *Leschke/Möstl*, Die Grundsätze der Subsidiarität und Verhältnismäßigkeit: Wirksame Kompetenzschranken der Europäischen Union?, in: Heine/Kerber (Hrsg.), Zentralität und Dezentralität von Regulierung in Europa, S. 77, 83.

[166] *Hillgruber*, in: MD, GG, Art. 92 Rn. 15; vgl. auch *Schwalber*, zit. in: Schneider (Hrsg.), Das Grundgesetz: Dokumentation seiner Entstehung, Bd. 23, Teilbd. 1, S. 220.

[167] BVerfGE 8, 174, 176; 10, 200, 213; *Pieroth*, in: Jarass/Pieroth, GG, Art. 92 Rn. 1 u. 13.

[168] *Hense*, HdStR VI, § 137 Rn. 7.

[169] *Degenhart*, HdStR V, § 114 Rn. 15.

[170] *Stern*, Verfassungsgerichtsbarkeit des Bundes und der Länder, S. XLI.; *Löwer*, HdStR III, § 70 Rn. 28.

[171] Ausführlich dazu *Hanschel*, Konfliktlösung in Bundesstaat, S. 173 ff.; *Bethge*, BayVBl. 1985, 257, 257; *v. Danwitz*, AöR 131 (2006), 510, 528.

[172] BVerfGE 55, 274, 300; 72, 330, 383; 86, 148, 213 f.; 105, 185, 194; 108, 1, 15; *Pieroth*, in: Jarass/Pieroth, GG, Art. 104a Rn. 1; *Selmer*, NVwZ 2007, 872, 872.

[173] BVerfGE 72, 330, 383; *v. Arnim*, HdStR VI, § 138 Rn. 4.

dass die Erträge bestimmter Steuern dem Bund zufließen (Art. 106 Abs. 1 GG), während andere Steuern den Ländern zu Gute kommen (Art. 106 Abs. 2 GG). Das Aufkommen der Einkommen- und Körperschaftssteuer steht nach dem Abzug des Gemeindeanteils an der Einkommensteuer Bund und Ländern je hälftig zu (Art. 106 Abs. 3 S. 1, 2 GG).[174] Die Verteilung der Umsatzsteuer hingegen ist flexibel gestaltet und muss durch Zustimmungsgesetz gesetzlich geregelt werden (Art. 106 Abs. 3 S. 4, Abs. 4 GG). Bei kurzfristigen Mehrbelastungen der Länder durch Bundesgesetz ist ferner nach Art. 106 Abs. 4 S. 2 GG ein Ausgleich durch Finanzzuweisungen des Bundes möglich. Entscheidend ist letztlich, dass die Verteilung der Steuereinnahmen von der Aufgabenverteilung im Bundesstaat abhängt,[175] so dass die Länder Anspruch auf eine originäre, nicht vom Willen des Bundes abhängige Zuweisung von Steuermitteln haben, was ihren Charakter als Gliedstaaten in einem föderalen System unterstreicht.

d) Unitarische Elemente

Zu den unitarischen Elementen im System des Grundgesetzes zählen u.a. die in Art. 79 GG verankerte Kompetenz-Kompetenz des Bundes, der in Art. 31 GG vorgesehene Vorrang des Bundesrechts vor dem Landesrecht, die Homogenitätsklausel des Art. 28 Abs. 1 S. 1 GG, die verschiedenen Weisungs- und Aufsichtsrechte des Bundes gegenüber den Ländern, die Möglichkeit des Bundeszwangs gemäß Art. 37 GG sowie die Einrichtung von Bundesgerichten im Rahmen der Judikative.[176] Sämtliche auf den ersten Blick unitarischen Elemente dürfen nicht isoliert betrachtet werden, sondern müssen stets im Zusammenhang mit den föderalen Elementen des Grundgesetzes gesehen werden, so dass sich entgegen der Formel vom unitarischen Bundesstaat[177] nach der ursprünglichen Konzeption der Verfassung insgesamt kein Überwiegen der unitarischen Elemente ergibt. Dieser Befund darf freilich nicht darüber hinweg täuschen, dass sich in der Verfassungswirklichkeit sehr wohl deutliche unitarische Tendenzen zeigen, etwa bei der Auslegung der Gesetzgebungskompetenzen durch den Bund,[178] welche ein an sich föderales in ein unitarisches Element umgewandelt hat.

e) Zwischenergebnis

Insgesamt kann man das System des Grundgesetzes als föderales, bundesstaatliches System mit ausgeprägten unitarischen Elementen bezeichnen, welches über einen bloßen Zusammenschluss der Länder zur gemeinsamen Aufgabenerfüllung

---

[174] S. dazu *v. Arnim*, HdStR VI, § 138 Rn. 5.
[175] *Waldhoff*, HdStR V, § 116 Rn. 73 ff.; *v. Arnim*, HdStR VI, § 138 Rn. 7.
[176] Vgl. *Isensee*, HdStR VI, § 126 Rn. 311.
[177] *Hesse*, Der unitarische Bundesstaat, S. 3 ff.
[178] S. dazu oben, Einführung, II.2.c) aa).

deutlich hinaus geht. Stattdessen ist das bundesstaatliche Prinzip des Grundgesetzes als Verfassungsprinzip zur Ordnung und Balancierung der Staatsgewalt anzusehen,[179] welches die Staatlichkeit von Bund und Ländern impliziert, gleichzeitig aber von einer zumindest tendenziellen Überordnung des Bundes über die Länder ausgeht.

3. Die Schweiz als föderales System

a) Staatlichkeit von Bund und Kantonen

Dass es sich bei der Schweiz um einen Bundesstaat handelt, wird in der geltenden Schweizer Bundesverfassung von 1999 an keiner Stelle ausdrücklich erwähnt,[180] sondern ergibt sich vielmehr implizit aus dem Verfassungstext, worin ein Unterschied zum Grundgesetz mit seinem ausdrücklichen Bekenntnis zur Bundesstaatlichkeit in Art. 20 Abs. 1 GG besteht.[181] Einen ersten Hinweis auf die föderale Ausgestaltung des schweizerischen Staates bietet der Name der Verfassung, welcher „Bundesverfassung der Schweizerischen Eidgenossenschaft" lautet. Ferner lässt sich der Präambel der Bundesverfassung sowie Art. 1 BV entnehmen, dass die Schweizerische Eidgenossenschaft auf zwei Legitimationssäulen beruht, nämlich auf dem schweizerischen Volk und den in Art. 1 BV aufgelisteten 26 Kantonen.[182] Nach Art. 3 BV schließlich sind die Kantone souverän, soweit ihre Souveränität nicht durch die Bundesverfassung beschränkt ist, und sie üben alle Rechte aus, die nicht dem Bund übertragen sind. Die Vorschrift des Art. 3 BV, welche zu Recht als „Grundnorm"[183] der Bundesstaatlichkeit bezeichnet wird, wurde fast wortgetreu aus der alten Bundesverfassung aus dem Jahr 1874 übernommen und soll im Sinne eines Traditionsanschlusses die Verfassungskontinuität bezüglich des föderalen Prinzips unterstreichen sowie auf das historisch bedingte und gewachsene Selbstbewusstsein der Kantone Rücksicht nehmen.[184] Bei der Souveränität der Kantone i.S.v. Art 3 BV handelt es sich freilich nicht um Souveränität im völkerrechtlichen Sinn,[185] da nach Art. 54 Abs. 1 BV die Außenpolitik Sache des Bundes ist und nach Art. 56 Abs. 2 BV völkerrechtliche Verträge der Kantone dem Recht und den Interessen des Bundes nicht zuwider laufen dürfen,

---

179 *Badura*, FS Lerche, S. 369, 372.

180 Vgl. *Rhinow/Schefer/Uebersax*, Schweizerisches Verfassungsrecht, Rn. 621; *Häfelin/Haller/Keller/Thurnherr*, Schweizerisches Bundesstaatsrecht, Rn. 936.

181 S. dazu oben, Einführung, II.2. a).

182 Vgl. *Rhinow/Schefer/Uebersax*, Schweizerisches Verfassungsrecht, Rn. 622.

183 *Waldmann*, AJP 2013, 1332, 1333; vgl. auch *Rhinow/Schefer/Uebersax*, Schweizerisches Verfassungsrecht, Rn. 630 unter Verweis auf *Ulrich Zimmerli*.

184 *Bundesrat*, Botschaft über eine neue Bundesverfassung v. 20. November 1996, BBl 1997 I, 1, 130; *Rhinow/Schefer/Uebersax*, Schweizerisches Verfassungsrecht, Rn. 630; *Jaag*, Die Rechtsstellung der Kantone in der Bundesverfassung, in: Thürer/Aubert/Müller (Hrsg.), Verfassungsrecht der Schweiz, § 30 Rn. 13.

185 Vgl. *Auer/Malinverni/Hottelier*, Droit constitutionnel, Vol. 1, Rn. 967.

sondern lediglich zulässig sind, soweit der Bund im betreffenden Bereich nicht bereits einen Vertrag abgeschlossen hat, dem der kantonale Vertrag widerspricht,[186] so dass die Kantone in ihrem völkerrechtlichen Handeln von den Vorgaben des Bundes abhängig sind. Ihre Staatlichkeit ist vielmehr nur eine beschränkte,[187] woran deutlich wird, dass die Schweiz nach ihrer geltenden Verfassung trotz der staatenbündisch anmutenden Bezeichnung „Eidgenossenschaft" bzw. „Confédération" kein Staatenbund ist.[188] Dass es sich bei der Schweiz nicht um einen Staatenbund, sondern vielmehr um einen Bundesstaat handelt, ergibt sich im Übrigen auch daraus, dass der Bund selbst unmittelbar dem Bürger gegenüber Staatsgewalt ausübt.[189] Den Kantonen fehlt überdies die Letztentscheidungsbefugnis innerhalb des schweizerischen Systems, da sie nur diejenigen Aufgaben erfüllen können, die nach der Bundesverfassung nicht dem Bund übertragen sind[190] und folglich allein der Bund über die sog. Kompetenz-Kompetenz verfügt. Teilweise wird in Bezug auf den schweizerischen Bundesstaat von einer zwischen Bund und Kantonen „geteilten Souveränität"[191] gesprochen, was jedoch nicht im Sinne der von *Waitz* begründeten Souveränitätsteilungslehre[192] verstanden werden darf, sondern im Lichte eines pragmatisch-funktionalen, vom hergebrachten Souveränitätsdenken gelösten Bundesstaatsverständnisses[193] dahin gehend zu interpretieren ist, dass die Kantone, welche über eine eigene Staatsorganisation, eigene Hoheitsbefugnisse, etwa im Bereich des Polizeirechts, sowie über

---

[186] Zu diesem zusätzlichen Erfordernis s. *Bundesrat*, Botschaft über eine neue Bundesverfassung v. 20. November 1996, BBl 1997 I, 232; *Pfisterer*, in: St. Galler Kommentar zu Art. 56 BV, Rn. 21.

[187] *Tschannen*, Staatsrecht, § 16 Rn. 2; *Aubert*, Petit commentaire de la Constitution fédérale de la Confédération suisse, Art. 3 Rn. 5 ff.; *ders.*, Staatsrecht der schweizerischen Kantone, Rn. 58; *Biaggini*, Bundesverfassung, Art. 3 Rn. 18; *Auer/Malinverni/Hottelier*, Droit constitutionnel, Vol. 1, Rn. 961 ff.; *Jaag*, Die Rechtsstellung der Kantone in der Bundesverfassung, in: Thürer/Aubert/Müller (Hrsg.), Verfassungsrecht der Schweiz, § 30 Rn. 13; *Häfelin/Haller/Keller/Thurnherr*, Schweizerisches Bundesstaatsrecht, Rn. 944; *Rhinow/Schefer/Uebersax*, Schweizerisches Verfassungsrecht, Rn. 634 ff.; *Schweizer*, in: St. Galler Kommentar zu Art. 3 BV, Rn. 7 ff.; *Nuspliger/Mäder*, Bernisches Staatsrecht, S. 16.

[188] *Biaggini*, Grundlagen und Grundzüge staatlichen Verfassungsrechts: Schweiz, in: v. Bogdandy/Cruz Villalón/Huber (Hrsg.), IPE I, § 10 Rn. 98.

[189] *Häfelin/Keller/Haller*, Schweizerisches Bundesstaatsrecht, Rn. 940.

[190] *Rhinow/Schefer/Uebersax*, Schweizerisches Verfassungsrecht, Rn. 634.

[191] *Rhinow/Schefer/Uebersax*, Schweizerisches Verfassungsrecht, Rn. 635; *Schweizer*, in: St. Galler Kommentar zu Art. 3 BV, Rn. 7.

[192] *Waitz*, Das Wesen des Bundesstaates, Allgemeine Monatsschrift für Wissenschaft und Literatur 4 (1853), 494, 494 ff.

[193] *Biaggini*, Grundlagen und Grundzüge staatlichen Verfassungsrechts: Schweiz, in: v. Bogdandy/Cruz Villalón/Huber (Hrsg.), IPE I, § 10 Rn. 87; für eine Aufgabe des Denkens in Kategorien der Souveränität auch *Schmid*, VVDStRL 56 (1988), 92, 94 ff.; *Wildhaber*, FS Eichenberger, 1982, S. 131, 142; differenzierend dagegen *Wiget*, Die Programmvereinbarung, S. 20 f., die einerseits davon ausgeht, die Bedeutung von Souveränität sei aus heutiger staatsrechtlicher Sicht nicht mehr vordringlich, gleichzeitig aber darauf hinweist, dass die staatliche Souveränität im Zusammenhang mit der EU wieder relevant werden könnte.

eine vergleichsweise große Eigenständigkeit[194] verfügen, neben dem Bund in dem Maße souverän sind, als es die Bundesverfassung festlegt[195] und sie in diesem Rahmen über eigene, nicht vom Bund abgeleitete, sondern nur von der Eidgenossenschaft als Gesamtstaat abhängige Staatsqualität verfügen.[196]

Indes geht die Bundesverfassung ebenfalls von der Staatsqualität der Kantone aus, da diese etwa nach Art. 56 Abs. 1 BV in ihren Zuständigkeitsbereichen mit dem Ausland Verträge schließen dürfen, welche den Charakter von Staatsverträgen aufweisen.[197] Ferner verlangt Art. 51 Abs. 1 BV von den Kantonen, dass sie sich eine geschriebene Verfassung geben, was ebenfalls Ausdruck der Staatlichkeit der Kantone ist.[198] Dem entspricht es, dass einige Kantone sich als „Republik"[199] oder „Rechtsstaat"[200] bezeichnen und die Kantonsregierungen mitunter den Namen „Staatsrat", „Conseil d'Etat" oder „Consiglio di Stato"[201] tragen.[202] Folglich erfüllen die Kantone, welche jeweils über ein eigenes Staatsgebiet und ein eigenes Staatsvolk verfügen, die Kriterien der Drei-Elemente-Lehre.

Auch in materieller Hinsicht lassen sich die Kantone als Staaten ansehen, nachdem gemäß Art. 47 Abs. 1 BV der Bund die Eigenständigkeit der Kantone wahrt und ihnen nach Art. 47 Abs. 2 BV ausreichend eigene Aufgaben belässt sowie ihre Organisationsautonomie achtet. Art. 43a Abs. 1 i.V.m. Art. 5a BV verankern schließlich das Subsidiaritätsprinzip, wonach der Bund nur diejenigen Aufgaben

---

194 *Jaag*, Die Rechtsstellung der Kantone in der Bundesverfassung, in: Thürer/Aubert/Müller (Hrsg.), Verfassungsrecht der Schweiz, § 30 Rn. 13; *Forster*, Eigenständigkeit der Kantone, Vorrang und Einhaltung des Bundesrechts und Bundesgarantien, in: Fleiner et al. (Hrsg.), Die neue schweizerische Bundesverfassung, S. 131, 132 f.; *Schweizer*, in: St. Galler Kommentar zu Art. 3 BV, Rn. 7.

195 *Rhinow/Schefer/Uebersax*, Schweizerisches Verfassungsrecht, Rn. 636; *Imboden*, Die staatsrechtliche Problematik des schweizerischen Föderalismus, in: Imboden, Staat und Recht, S. 175, 179.

196 *Auer*, FS Jaag, S. 383, 391 u. 393; *ders.*, Staatsrecht der schweizerischen Kantone, Rn. 22 ff.; *Forster*, Eigenständigkeit der Kantone, Vorrang und Einhaltung des Bundesrechts und Bundesgarantien, in: Fleiner et al. (Hrsg.), Die neue schweizerische Bundesverfassung, S. 131, 133; *Auer/Malinverni/Hottelier*, Droit constitutionnel, Vol. 1, Rn. 964 f.; *Knapp*, ZSR 1984 II, 275, 305 f.; *Tschannen*, Staatsrecht, § 16 Rn. 2; *Bridel*, Précis de droit constitutionnel et public suisse, Bd. 1, S. 117; *Biaggini*, Grundlagen und Grundzüge staatlichen Verfassungsrechts: Schweiz, in: v. Bogdandy/Cruz Villalón/Huber (Hrsg.), IPE I, § 10 Rn. 87; *Schmid*, ZBl. 1984, 104, 109.

197 *Häfelin/Haller/Keller/Thurnherr*, Schweizerisches Bundesstaatsrecht, Rn. 1130 ff.

198 *Jaag*, Die Rechtsstellung der Kantone in der Bundesverfassung, in: Thürer/Aubert/Müller (Hrsg.), Verfassungsrecht der Schweiz, § 30 Rn. 15; *Ruch*, in: St. Galler Kommentar zu Art. 51 BV, Rn. 3.

199 So Repubblica e Cantone Ticino; République et canton de Neuchâtel; République et Canton de Genève; République et Canton du Jura; vgl. *Knapp*, ZSR 1984 II, 275, 308.

200 Vgl. etwa § 1 Abs. 1 KV Luzern; Art. 1 Abs. 1 KV Freiburg; Art. 1 Abs. 1 KV Bern; Art. 1 Abs. 1 KV Appenzell Ausserrhoden; Art. 1 Abs. 1 KV Schaffhausen.

201 Art. 106 KV Freiburg; Art. 65 KV Tessin; Art. 112 KV Waadt; Art. 52 KV Wallis; Art. 66 KV Neuenburg; Art. 101 KV Genf.

202 Vgl. *Jaag*, Die Rechtsstellung der Kantone in der Bundesverfassung, in: Thürer/Aubert/Müller (Hrsg.), Verfassungsrecht der Schweiz, § 30 Rn. 15; *Wiget*, Die Programmvereinbarung, S. 22.

übernimmt, welche die Kraft der Kantone übersteigen oder einer einheitlichen Regelung durch den Bund bedürfen. Dabei handelt es sich freilich nur um eine verfassungsrechtliche Leitlinie, ohne dass damit ein justiziabler Verfassungsgrundsatz verbunden wäre.[203]

In qualitativer Hinsicht spricht für die Staatlichkeit der Kantone darüber hinaus, dass diese an allen Funktionen der Staatsgewalt beteiligt sind. So enthält Art. 3 BV eine subsidiäre Generalkompetenz zu Gunsten der Kantone,[204] d.h. die Kantone sind immer dann zuständig, wenn dem Bund die fragliche Kompetenz nicht durch Einzelermächtigung in der Verfassung selbst zugewiesen wurde, was durch Art. 42 BV nochmals bestätigt wird. Aus diesem Grund steht den Kantonen die Kompetenz zum Erlass von Gesetzen zu, soweit sich aus der Bundesverfassung keine Zuweisung zu Gunsten des Bundes ergibt.[205] Die Kantone sind auch an der Exekutive beteiligt, was aus Art. 46 Abs. 1 BV folgt, wonach die Kantone das Bundesrecht nach Maßgabe von Verfassung und Gesetz umsetzen, der Verwaltungsvollzug mithin im Regelfall den Kantonen obliegt.[206] Eine entsprechende Mitwirkung der Kantone besteht schließlich hinsichtlich der Judikative, da gemäß Art. 191b BV die Kantone zur Bereitstellung richterlicher Behörden für die Beurteilung von zivilrechtlichen Streitigkeiten und von Straffällen verpflichtet sind, was in gleicher Weise auch für Gerichte zur Beurteilung öffentlich-rechtlicher Streitigkeiten gilt.[207]

Unmittelbare Folge der Staatlichkeit der Kantone ist ihre Verfassungsautonomie, welche sich aus Art. 47 BV ableiten lässt.[208] Deshalb können die Kantone grundsätzlich frei über Form und Inhalt der Kantonsverfassung, über die Staats- und Behördenorganisation sowie über Art und Umfang der Aufgabenerfüllung entscheiden,[209] solange die in Art. 51 BV genannten bundesrechtlichen Vorgaben gewahrt bleiben. Danach müssen die Kantonsverfassungen zunächst eine demo-

---

[203] *Bundesrat*, Botschaft zur Neugestaltung des Finanzausgleichs und der Aufgaben zwischen Bund und Kantonen (NFA) v. 14. November 2001, BBl 2002, 2458; BGE 138 I 378, 395 E. 8.4; *Schweizer/Müller*, St. Galler Kommentar zu Art. 43a BV, Rn. 5; *Tschannen*, Staatsrecht, § 19 Rn. 15; a.A. *Richli*, ZSR 2007 I, 47, 67 f.; *Waldmann*, Schranken der Bundeskompetenz in auswärtigen Angelegenheiten aus föderalistischer Sicht, in: Waldmann/Hänni/Belser (Hrsg.), Föderalismus 2.0, S. 153, 181 u. 208 f.

[204] *Schweizer*, in: St. Galler Kommentar zu Art. 3 BV, Rn. 10; *Tschannen*, Staatsrecht, § 19 Rn. 9 f.

[205] Näher dazu unten, Einführung, II.3. c) aa).

[206] Ausführlich dazu *Egli*, in: St. Galler Kommentar zu Art. 46 BV, Rn. 1 ff.; näher dazu unten, Einführung, II.3. c) dd).

[207] *Rhinow/Schefer/Uebersax*, Schweizerisches Verfassungsrecht, Rn. 2964.

[208] Vgl. *Bundesrat*, Botschaft über eine neue Bundesverfassung v. 20. November 1996, BBl 1997 I, 1, 213; zur kantonalen Verfassungsautonomie s. auch *Zimmerli*, Bund – Kantone – Gemeinden, in: Zimmerli (Hrsg.), Die neue Bundesverfassung, S. 35, 51 f.; *Martenet*, L'autonomie constitutionnelle des cantons, S. 15 ff.; *Jaag*, Die Rechtsstellung der Kantone in der Bundesverfassung, in: Thürer/Aubert/Müller (Hrsg.), Verfassungsrecht der Schweiz, § 30 Rn. 19 Fn. 34; zu den Ursprüngen der Verfassungsautonomie der Kantone s. *Knapp*, ZSR 1984 II, 275, 298 f.

[209] Vgl. *Jaag*, Die Rechtsstellung der Kantone in der Bundesverfassung, in: Thürer/Aubert/Müller (Hrsg.), Verfassungsrecht der Schweiz, § 30 Rn. 19.

kratische Ordnung vorsehen.[210] Daneben müssen in den Kantonsverfassungen die direktdemokratischen Instrumente des obligatorischen Referendums und der Verfassungsinitiative zur Verfügung stehen.[211] Schließlich ist es den Kantonen nach Art. 51 Abs. 2 BV untersagt, bundesrechtswidrige Vorschriften in ihre Verfassungen aufzunehmen, was bereits in der Vorschrift des Art. 49 Abs. 1 BV zum Vorrang des Bundesrechts vor dem kantonalen Recht zum Ausdruck kommt.[212] In der Praxis haben alle Kantone den ihnen durch die Bundesverfassung eingeräumten Spielraum genutzt und Verfassungen erlassen, welche in der Regel weit über die demokratischen Minimalanforderungen des Bundes hinaus gehen,[213] wobei die Mehrzahl der Kantone überdies in kompetenzkonformer Weise eigene Grundrechtsgarantien in ihren Verfassungen verankert hat,[214] so dass in der Schweiz, ebenso wie in Deutschland, sowohl auf Bundes- als auch auf gliedstaatlicher Ebene Verfassungen mit Grundrechtskatalogen existieren.

Die kantonale Verfassungsautonomie wird ferner an Art. 43 BV deutlich, wonach die Kantone selbst bestimmen, welche Aufgaben sie im Rahmen ihrer Zuständigkeiten erfüllen wollen. Die Kantone sind daher keineswegs verpflichtet, alle Aufgaben wahrzunehmen, die von der Bundesverfassung nicht dem Bund zugewiesen werden.[215] Schließlich ist auch die Möglichkeit, auf kantonaler Ebene eigene Verfassungsgerichte einzurichten, Ausdruck der den Kantonen zukommenden Verfassungsautonomie, welche von den Kantonen selbst in unterschiedlicher Weise genutzt wird, wobei die überwiegende Anzahl der Kantone, anders als die Bundesländer in Deutschland, auf die Errichtung einer eigenen Verfassungsgerichtsbarkeit verzichtet[216] und selbst dort, wo kantonale Verfassungsgerichte bestehen, es sich bei diesen nicht um spezialisierte Verfassungsgerichte nach deutschem Vorbild handelt, sondern die fraglichen Gerichte institutionell aufs Engste mit der kantonalen Instanzgerichtsbarkeit verbunden sind.

Neben der Verfassungsautonomie sind nach Art. 47 Abs. 2 BV auch die kantonale Aufgaben-, Organisations- und Finanzautonomie verfassungsrechtlich geschützt. Die Aufgabenautonomie impliziert, dass der Bund die Zuständigkeit der Kantone so weit wie möglich respektiert,[217] wobei selbst traditionell kantonale Materien wie das Raumplanungs- und Schulrecht (Art. 75 und 62 BV) zunehmend von eidgenössischen Vorschriften durchdrungen werden.[218] Die Organisa-

---

210 *Ruch*, in: St. Galler Kommentar zu Art. 51 BV, Rn. 7 ff.; *Belser/Massüger*, in: BSK, BV, Art. 51 Rn. 19 ff.

211 *Ruch*, in: St. Galler Kommentar zu Art. 51 BV, Rn. 12 f.

212 *Ruch*, in: St. Galler Kommentar zu Art. 51 BV, Rn. 15 ff.; s. dazu auch *Tschannen*, Staatsrecht, § 18 Rn. 19.

213 *Jaag*, Die Rechtsstellung der Kantone in der Bundesverfassung, in: Thürer/Aubert/Müller (Hrsg.), Verfassungsrecht der Schweiz, § 30 Rn. 18.

214 Vgl. *Buser*, Kantonales Staatsrecht, Rn. 67 ff.; *Saladin*, ZSR 1984 II, 431, 471.

215 *Jaag*, Die Rechtsstellung der Kantone in der Bundesverfassung, in: Thürer/Aubert/Müller (Hrsg.), Verfassungsrecht der Schweiz, § 30 Rn. 22.

216 Näher dazu *Buser*, Kantonales Staatsrecht, Rn. 512 ff.

217 *Egli*, in: St. Galler Kommentar zu Art. 47 BV, Rn. 16.

218 *Tschannen*, Staatsrecht, § 16 Rn. 6.

tionsautonomie schützt die Kantone vor „übermässigen Eingriffen des Bundes in kantonale Organisationsstrukturen“[219], was insbesondere den historisch gewachsenen, unterschiedlichen Ansätzen und Lösungsmodellen bei der politischen Struktur und beim politischen System auf kantonaler Ebene Rechnung tragen soll.[220] Insgesamt ist die Organisationsautonomie der schweizerischen Kantone wesentlich stärker ausgeprägt als die der deutschen Bundesländer,[221] was selbst nach der Föderalismusreform in Deutschland und der damit verbundenen Rückübertragung einzelner Gesetzgebungskompetenzen auf die Länder gilt. Die Finanzautonomie schließlich ermöglicht es den Kantonen, parallel zum Bund unter Beachtung von Art. 134 BV eigene Steuern zu erheben und selbst über die Verwendung ihrer finanziellen Mittel zu entscheiden, so dass sie eine eigenständige Finanzpolitik betreiben können.[222]

b) Verhältnis von Bund und Kantonen

Auffällig ist, dass in der schweizerischen Literatur und Rechtspraxis das Verhältnis von Bund und Kantonen regelmäßig allenfalls am Rande diskutiert wird und die Problematik der Über-/Unter- bzw. Gleichordnung der Verfassungsräume, anders als im System des Grundgesetzes,[223] kaum eine Rolle spielt. *Fleiner/Misic* betonen, dass die Schweiz nach dem kelsenianischen Prinzip der Stufenordnung des Rechts[224] konstruiert sei und deshalb von einer hierarchischen Einheit der Normenordnung ausgehe,[225] eine Einschätzung, die von den meisten anderen Autoren augenscheinlich geteilt wird, ohne dass sich diese freilich eingehend mit der Problematik auseinander setzen.[226] Die These vom grundsätzlich hierarchischen Aufbau der Rechtsordnung wird bestätigt durch den Umstand, dass der Bund über die Kompetenz-Kompetenz verfügt und auf dieser Basis über die Kompe-

[219] *Bundesrat*, Botschaft zur Neugestaltung des Finanzausgleichs und der Aufgaben zwischen Bund und Kantonen (NFA) v. 14. November 2001, BBl 2002, 2460; zur Organisationsautonomie auch *Buser*, Kantonales Staatsrecht, Rn. 405 ff.; *Egli*, in: St. Galler Kommentar zu Art. 47 BV, Rn. 19.

[220] *Saladin*, ZSR 1984 II, 431, 495 ff.; *Tschannen*, Staatsrecht, § 16 Rn. 4; *Auer*, Staatsrecht der schweizerischen Kantone, Rn. 65 u. 120 f.

[221] Vgl. *Saladin*, ZSR 1984 II, 431, 495.

[222] *Egli*, in: St. Galler Kommentar zu Art. 47 BV, Rn. 22 f.; *Auer*, Staatsrecht der schweizerischen Kantone, 62; *Tschannen*, Staatsrecht, § 16 Rn. 8; *Rhinow/Schefer/Uebersax*, Schweizerisches Verfassungsrecht, Rn. 814 ff.; *Saladin*, ZSR 1984 II, 431, 483 ff.; *Knapp*, ZSR 1984 II, 275, 340 ff.

[223] S. dazu oben, Einführung, II.2. b).

[224] Vgl. *Kelsen*, Reine Rechtslehre, S. 228 ff.

[225] *Fleiner/Misic*, Föderalismus als Ordnungsprinzip der Verfassung, in: Thürer/Aubert/Müller (Hrsg.), Verfassungsrecht der Schweiz, § 27 Rn. 32; ähnlich auch *Auer/Malinverni/Hottelier*, Droit constitutionnel, Vol. 1, Rn. 964 ff.

[226] Vgl. etwa *Auer/Malinverni/Hottelier*, Droit constitutionnel, Vol. 1, Rn. 964 u. 966, die von einer Über-/Unterordnung im Verhältnis zwischen Bund und Kantonen ausgehen.

tenzverteilung zwischen Bund und Kantonen bestimmen kann.[227] Zwar gibt es auch Indizien für eine Gleichordnung von Bund und Kantonen, etwa den Umstand, dass Bund und Kantone bei Kompetenzkonflikten nach Art. 189 Abs. 2 BV als gleichberechtigte Prozessparteien vor dem Bundesgericht auftreten,[228] dies ändert aber letztlich nichts am tendenziell hierarchischen Verhältnis von Bund und Kantonen.[229] Das Bundesgericht seinerseits legt die grundsätzliche Überordnung des Bundes über die Kantone als Selbstverständlichkeit zu Grunde,[230] ohne allerdings in seinen Entscheiden näher auf die Problematik einzugehen, worin ein großer Unterschied zum Bundesverfassungsgericht und dessen Rechtsprechung besteht.[231] Weitestgehend anerkannt ist zudem, dass es sich bei der Schweiz um ein Mehrebenensystem[232] handelt, welches nach Art. 50 BV aus den Ebenen Bund, Kantone und Gemeinden besteht,[233] wobei Letztere nicht über eigene Grundrechtskataloge verfügen und daher, ebenso wie die Gemeinden in Deutschland, für die vorliegende Untersuchung außer Betracht bleiben.

Trotz des tendenziell hierarchischen Verhältnisses zwischen Bund und Kantonen stehen beide Ebenen in einem Verhältnis wechselseitiger Abhängigkeit. So verfügen die Kantone über substantielle Mitwirkungsmöglichkeiten bei der Entscheidungsfindung im Bund.[234] Bei bestimmten Abstimmungen im Bund etwa ist gemäß Art. 140 Abs. 1 BV zur Annahme der Vorlage die Zustimmung des Volks und die Zustimmung der Stände erforderlich.[235] Andererseits sind die Kantone nach Art. 51 Abs. 2 BV verpflichtet, für ihre Verfassungen die Gewährleistung des Bundes einzuholen, über die nach Art. 172 Abs. 2 BV die aus Nationalrat und Ständerat bestehende Bundesversammlung entscheidet. Die Gewährleistung ist zu erteilen, wenn die Voraussetzungen des Art. 51 BV vorliegen, d.h. wenn die Kantonsverfassung demokratisch ist, wenn sie das obligatorische Verfassungsreferendum und die Verfassungsinitiative vorsieht und sie dem Bundesrecht nicht widerspricht.[236] Wurde eine Kantonsverfassung auf diese Weise genehmigt, übernimmt der Bund nach Art. 52 Abs. 1 BV den Schutz der verfassungsmäßigen Ordnung,[237] was impliziert, dass der Bund die Verfassungsautonomie im Bundesstaat, d.h. die kantonale Verfassungsgebungskompetenz, die Organisationsauto-

[227] *Fleiner/Giacometti*, Schweizerisches Bundesstaatsrecht, S. 36 ff.; *Fleiner/Misic*, Föderalismus als Ordnungsprinzip der Verfassung, in: Thürer/Aubert/Müller (Hrsg.), Verfassungsrecht der Schweiz, § 27 Rn. 23.

[228] Vgl. *Tschannen*, Staatsrecht, § 15 Rn. 4.

[229] Näher dazu unten, § 1 II.1.

[230] Vgl. etwa BGE 128 I 254, 265 E. 3.8.3.

[231] S. dazu oben, Einführung, II.2. b).

[232] Zum Ebenenbegriff s. unten, § 1 I.1. b) u. c).

[233] Vgl. *Tschannen*, Staatsrecht, § 17 Rn. 1; *Thürer*, Bund und Gemeinden, S. 194 f.

[234] *Saladin*, ZSR 1984 II, 431, 508 ff.

[235] Ausführlich dazu *Tschannen*, Staatsrecht, § 24 Rn. 5 ff.

[236] Ausführlich dazu *Tschannen*, Staatsrecht, § 18 Rn. 5 ff.; *Buser*, Kantonales Staatsrecht, Rn. 88 f.

[237] *Jaag*, Die Rechtsstellung der Kantone in der Bundesverfassung, in: Thürer/Aubert/Müller (Hrsg.), Verfassungsrecht der Schweiz, § 30 Rn. 25.

nomie, die Verfahrensautonomie, die Finanzautonomie, die Art und Weise der Gewährleistung der kantonalen Grundrechte und sozialen Garantien, die Rechtsstaatlichkeit sowie die Gestaltung der kantonalen und kommunalen Demokratie schützt.[238]

Der schweizerische Bundesstaat zeichnet sich – wesentlich mehr noch als der Bundesstaat des Grundgesetzes,[239] – seit jeher aus durch sein System des kooperativen Föderalismus, welches in der Mitwirkung der Kantone an der Willensbildung des Bundes, aber auch im vielfältigen Zusammenwirken von Bund und Kantonen auf anderen Gebieten zum Ausdruck kommt[240] und letztlich im übergeordneten Prinzip der Konkordanzdemokratie, das den unterschiedlichen schweizerischen Kultur- und Sprachgemeinschaften Rechnung trägt, begründet ist.[241] Konkret zeigt sich die Kooperation zwischen Bund und Kantonen etwa im Hochschulbereich, für den die Bundesverfassung Bund und Kantonen die gemeinsame Verantwortung einräumt,[242] was eine Gleichordnung der beiden Ebenen in diesem Bereich impliziert. Auch auf anderen Gebieten arbeiten Bund und Kantone sowohl formell als auch informell eng zusammen. So können Bund und Kantone nach Art. 46 Abs. 2 BV Vereinbarungen über den Vollzug des Bundesrechts durch die Kantone treffen. Art. 44 Abs. 1 BV schließlich enthält als allgemeiner, nicht justiziabler[243] Grundsatz die Verpflichtung von Bund und Kantonen zur wechselseitigen Solidarität bei der Erfüllung ihrer jeweiligen Aufgaben sowie zur Kooperation.[244]

Zusammenfassend lässt sich daher sagen, dass Bund und Kantone in einem tendenziell hierarchischen Verhältnis stehen, das an einigen Stellen zu Gunsten einer Gleichordnung der Kantone mit dem Bund durchbrochen wird und das sich durch eine traditionell intensive Kooperation zwischen Bund und Kantonen auszeichnet, welche über den kooperativen Föderalismus deutscher Prägung sogar

---

238 *Schweizer/Müller*, St. Galler Kommentar zu Art. 52 BV, Rn. 15.

239 S. oben, Einführung, II.2. b).

240 Zum Begriff des kooperativen Föderalismus s. *Schweizer*, in: St. Galler Kommentar zu Art. 44 BV, Rn. 6; *Rhinow/Schefer/Uebersax*, Schweizerisches Verfassungsrecht, Rn. 834 ff.; *Häfelin/Haller/Keller/Thurnherr*, Schweizerisches Bundesstaatsrecht, Rn. 1245; *Belser/Massüger*, in: BSK, BV, Art. 1 Rn. 6; krit. *Waldmann*, Der kooperative Föderalismus, in: Nationale Föderalismuskonferenz/Institut du Fédéralisme (Hrsg.), Der kooperative Föderalismus vor neuen Herausforderungen, S. 15, 15 ff., der den Begriff zwar zu Grunde legt, aber eigentlich als „überflüssig" betrachtet; sehr krit. dazu auch *Saladin*, ZSR 1984 II, 431, 590, der den Begriff des kooperativen Föderalismus als „unsinnig" bezeichnet.

241 *Rhinow/Schefer/Uebersax*, Schweizerisches Verfassungsrecht, Rn. 2035 u. 2038; *Hanschel*, Konfliktlösung im Bundesstaat, S. 466; vgl. auch *Fleiner/Misic*, Föderalismus als Ordnungsprinzip der Verfassung, in: Thürer/Aubert/Müller (Hrsg.), Verfassungsrecht der Schweiz, § 27 Rn. 6 f.; *Wiget*, Die Programmvereinbarung, S. 23 f.

242 *Ehrenzeller*, FS 25 Jahre juristische Abschlüsse an der Universität St. Gallen (HSG), S. 681, 683; *Epiney/Kern*, Zur Stellung ausländischer und privater Institutionen des Hochschulbereichs unter dem Hochschulförderungs- und -koordinationsgesetz, § 1 Rn. 10.

243 *Rhinow/Schefer/Uebersax*, Schweizerisches Verfassungsrecht, Rn. 859.

244 *Schweizer*, in: St. Galler Kommentar zu Art. 44 BV, Rn. 6; *Fleiner/Misic*, Föderalismus als Ordnungsprinzip der Verfassung, in: Thürer/Aubert/Müller (Hrsg.), Verfassungsrecht der Schweiz, § 27 Rn. 31.

noch hinaus geht. Diese Tradition der Zusammenarbeit, die in jüngerer Zeit noch weiter ausgebaut wurde,[245] mag, ebenso wie das Prinzip der Konkordanzdemokratie an sich, ein Grund dafür sein, warum in der Schweiz die Kooperation von Bund und Kantonen nicht in dem Maße als Gefahr für die Staatlichkeit der Gliedstaaten betrachtet wird wie dies in Deutschland[246] der Fall ist,[247] wenngleich auch in der Schweiz vor einer Aushöhlung der kantonalen Staatlichkeit durch die zunehmende Verflechtung gewarnt wird.[248]

c) Föderale Elemente im System der Schweizer Bundesverfassung

aa) Verteilung der Gesetzgebungskompetenzen

Die Ausgestaltung der Kompetenzverteilung bei der Gesetzgebung spricht zumindest *prima facie* dafür, dass es sich bei der Schweiz im Grundsatz um ein föderales System handelt. Die zentrale Vorschrift betreffend die Aufgabenteilung zwischen Bund und Kantonen findet sich in Art. 3 BV. Danach sind die Kantone souverän, soweit ihre Souveränität nicht durch die Bundesverfassung beschränkt ist. Ferner besagt Art. 3 BV, dass die Kantone alle Rechte ausüben, die nicht dem Bund übertragen sind, wodurch zum Ausdruck kommt, dass die Kantone in all jenen Bereichen zuständig sind, für die die Bundesverfassung keine Bundeskompetenz vorsieht.[249] Art. 42 BV, wonach der Bund die Aufgaben erfüllt, die ihm die Bundesverfassung zuweist, wiederholt diesen Grundsatz der begrenzten Einzelermächtigung mit anderen Worten, ohne inhaltlich etwas Neues hinzuzufügen.[250] Nach Art. 43a Abs. 1 BV soll der Bund nur die Aufgaben übernehmen, welche die Kraft der Kantone übersteigen oder einer einheitlichen Regelung durch den Bund bedürfen, doch ist damit keineswegs eine materielle Schranke für eine Verfassungsrevision verbunden.[251] Es handelt sich vielmehr um die verfassungsrechtliche Verankerung des Subsidiaritätsprinzips, die im Zusammenhang

---

245 Vgl. *Häfelin/Haller/Keller/Thurnherr*, Schweizerisches Bundesstaatsrecht, Rn. 1244.

246 S. dazu oben, Einführung, II.2. b).

247 Vgl. etwa die durchaus positive Bewertung bei *Jaag*, AJP 2013, 774, 780 f.; ähnlich positiv *Fleiner/Misic*, Föderalismus als Ordnungsprinzip der Verfassung, in: Thürer/Aubert/Müller (Hrsg.), Verfassungsrecht der Schweiz, § 27 Rn. 31; zum Umgang der Schweiz mit der zunehmenden Verflechtung s. auch *Hanschel*, Konfliktlösung im Bundesstaat, S. 470 f.

248 *Saladin*, ZSR II 1984, 431, 525; Botschaft des Bundesrates über erste Maßnahmen zur Neuverteilung der Aufgaben zwischen Bund und Kantonen v. 28. September 1981, BBl 1981 III, 737, 756; s. auch *Vatter*, Die Institutionen des schweizerischen Föderalismus, in: Vatter (Hrsg.), Föderalismusreform, S. 20, 35; *Mader*, Erfahrungen und Erwartungen auf dem Gebiet des kooperativen Föderalismus, in: Nationale Föderalismuskonferenz/Institut du Fédéralisme (Hrsg.), Der kooperative Föderalismus vor neuen Herausforderungen, S. 103, 108, der ein Verwischen der Verantwortlichkeiten befürchtet.

249 *Jaag*, Die Rechtsstellung der Kantone in der Bundesverfassung, in: Thürer/Aubert/Müller (Hrsg.), Verfassungsrecht der Schweiz, § 30 Rn. 14; *Tschannen*, Staatsrecht, § 19 Rn. 4; *Biaggini*, in: BSK, BV, Art. 3 Rn. 13.

250 *Tschannen*, Staatsrecht, § 19 Rn. 2.

251 *Tschannen*, Staatsrecht, § 19 Rn. 8.

mit dem allgemeinen Subsidiaritätsprinzip des Art. 5a BV zu lesen ist, welches, ebenso wie Art. 43a Abs. 1 BV selbst, nicht justiziabel ist.[252]

Die meisten Bundeskompetenzen finden sich im 3. Titel der Bundesverfassung sowie in der Finanzordnung, wobei Kompetenzzuweisungen auch an anderen Stellen der Verfassung enthalten sind. Anders als das Grundgesetz, welches Kompetenzkataloge für den Bund enthält, listet die schweizerische Bundesverfassung die Gesetzgebungskompetenzen des Bundes nicht in einem oder mehreren Katalogen auf, sondern bestimmt diese in der Regel je nach Sachgebiet individuell, wobei auch eine Zuweisung nach einem in verschiedenen Sachbereichen auftretenden Problem,[253] nach Ordnungskriterien, Staatsfunktionen oder Staatsprogrammen möglich ist.[254] Anders als im Grundgesetz wird die Art der Kompetenz in der Schweizer Bundesverfassung nicht schon in der amtlichen Überschrift und/oder im Wortlaut der jeweiligen Kompetenzvorschrift bestimmt, sondern sie ist vielmehr nach der Rechtswirkung der Aufgabenzuweisung sowie nach der Intensität der Aufgabenerfüllung zu ermitteln.[255] Hinsichtlich der Rechtswirkung lassen sich dabei konkurrierende, ausschließliche und parallele Kompetenzen unterscheiden, wobei die konkurrierende Kompetenz den Regelfall darstellt.[256] Konkurrierende Kompetenzen entfalten gegenüber dem kantonalen Recht nachträglich derogatorische Wirkung, d.h. solange der Bund von einer ihm von der Bundesverfassung zugewiesenen Kompetenz keinen Gebrauch macht, bleiben die Kantone zuständig und erst dann, wenn der Bund von seiner Kompetenz ganz oder teilweise Gebrauch gemacht hat, tritt das kantonale Recht in dem entsprechenden Umfang außer Kraft.[257] Zu den konkurrierenden Kompetenzen zählen etwa die Kernenergie (Art. 90 BV), der Bereich Radio und Fernsehen (Art. 93 BV), das Ausländer- und Asylrecht (Art. 121 BV) sowie das Zivil- und Strafrecht (Art. 122 und Art. 123 BV).[258] Weitaus seltener sind ausschließliche Kompetenzen des Bundes, welche gegenüber dem kantonalen Recht ursprünglich derogatorische Wirkung entfalten. Dies bedeutet, dass das kantonale Recht schon mit der

---

[252] *Bundesrat*, Botschaft zur Neugestaltung des Finanzausgleichs und der Aufgaben zwischen Bund und Kantonen (NFA) v. 14. November 2001, BBl 2002, 2458; BGE 138 I 378, 395 E. 8.4; *Schweizer/Müller*, St. Galler Kommentar zu Art. 43a BV, Rn. 5; *Tschannen*, Staatsrecht, § 19 Rn. 8 u. 14 f.; *Koller*, FS Hangartner, S. 675, 693 f.; a.A. *Richli*, ZSR 2007 I, 47, 67 f.; *Waldmann*, Schranken der Bundeskompetenz in auswärtigen Angelegenheiten aus föderalistischer Sicht, in: Waldmann/Hänni/Belser (Hrsg.), Föderalismus 2.0, S. 153, 181 u. 208 f.; s. oben, Einführung, II.3. a).

[253] S. dazu *Knapp*, La répartition des compétences et la coopération de la Confédération et des cantons, in: Thürer/Aubert/Müller (Hrsg.), Verfassungsrecht der Schweiz, § 29 Rn. 29 ff.

[254] *Häfelin/Haller/Keller/Thurnherr*, Schweizerisches Bundesstaatsrecht, Rn. 1078 ff.; *Tschannen*, Staatsrecht, § 20 Rn. 17 ff.; vgl. auch *Hanschel*, Konfliktlösung im Bundesstaat, S. 471.

[255] *Tschannen*, Staatsrecht, § 20 Rn. 26 f.; *Häfelin/Haller/Keller/Thurnherr*, Schweizerisches Bundesstaatsrecht, Rn. 1083 ff.

[256] *Tschannen*, Staatsrecht, § 20 Rn. 28 ff.; *Biaggini*, in: BSK, BV, Art. 3 Rn. 51.

[257] *Tschannen*, Staatsrecht, § 20 Rn. 28 f.; *Häfelin/Haller/Keller/Thurnherr*, Schweizerisches Bundesstaatsrecht, Rn. 1092 ff.; *Rhinow/Schefer/Uebersax*, Schweizerisches Verfassungsrecht, Rn. 727.

[258] Vgl. *Tschannen*, Staatsrecht, § 20 Rn. 33.

Begründung der Bundeskompetenz außer Kraft tritt, unabhängig davon, ob der Bund seine Kompetenz tatsächlich ausschöpft und, falls dies der Fall ist, ob das Bundesgesetz die fragliche Materie abschließend regelt oder nicht.[259] Eine ausschließliche Bundeskompetenz besteht beispielsweise für die auswärtigen Angelegenheiten (Art. 54 BV), das Heerwesen (Art. 58 ff. BV), die Eisenbahnen (Art. 87 BV) und das Geld- und Währungswesen (Art. 99 BV). Neben den konkurrierenden und ausschließlichen Bundeskompetenzen kennt die Schweizer Bundesverfassung, anders als das Grundgesetz, hinsichtlich der Rechtswirkung noch einen dritten Kompetenztyp, nämlich die parallele Kompetenz des Bundes, welche jedoch vergleichsweise selten vorkommt. Sie zeichnet sich dadurch aus, dass sie die kantonale Kompetenz in einem bestimmten Sachbereich nicht beeinträchtigt, sondern Bundeskompetenz und kantonale Kompetenz vielmehr unabhängig voneinander nebeneinander bestehen.[260] Am ehesten vergleichbar ist diese Art von Kompetenz mit der Abweichungskompetenz der Länder nach Art. 72 Abs. 3 GG. Parallele Kompetenzen von Bund und Kantonen existieren beispielsweise im Bereich der Sicherheit (Art. 57 BV), der Hochschulen (Art. 63a BV) und der direkten Steuern (Art. 128 BV). Neben den geschriebenen Bundeskompetenzen gibt es, ähnlich wie in Deutschland, auch einige ungeschriebene Kompetenzen des Bundes, welche kraft Sachzusammenhangs oder kraft des föderativen Staatsaufbaus begründet werden.[261] Bundeskompetenzen kraft Gewohnheitsrechts hingegen werden überwiegend abgelehnt.[262] Eine schweizerische Besonderheit seit der im Jahr 2008 in Kraft getretenen Neugestaltung des Finanzausgleichs und der Aufgabenteilung zwischen Bund und Kantonen (NFA)[263] ist die sog. kompensatorische oder nachträgliche Bundeskompetenz, welche dem Bund unter bestimmten Voraussetzungen die Möglichkeit gibt, interkantonale Verträge für allgemeinverbindlich zu erklären bzw. die Kantone zur Beteiligung an interkantonalen Verträgen in bestimmten Aufgabenbereichen zu verpflichten (Art. 48a BV) sowie in bestimmten Bereichen des Bildungswesens selbst Vorschriften zu erlassen, wenn die Kantone oder der Bund und die Kantone keine Harmonisierung zu Stande gebracht haben (Art. 62 Abs. 4 und Art. 63a Abs. 5 BV).[264] Insbesondere die Möglichkeit der Allgemeinverbindlicherklärung und die Mitwir-

[259] *Tschannen*, Staatsrecht, § 20 Rn. 31; *Häfelin/Haller/Keller/Thurnherr*, Schweizerisches Bundesstaatsrecht, Rn. 1097.

[260] *Tschannen*, Staatsrecht, § 20 Rn. 34; *Häfelin/Haller/Keller/Thurnherr*, Schweizerisches Bundesstaatsrecht, Rn. 1100; *Rhinow/Schefer/Uebersax*, Schweizerisches Verfassungsrecht, Rn. 729 f.

[261] Ausführlich hierzu *Schweizer*, in: St. Galler Kommentar zu Art. 3 BV, Rn. 11 ff.; *Buser*, Kantonales Staatsrecht, Rn. 150 ff.; *Tschannen*, Staatsrecht, § 20 Rn. 12 ff.

[262] Vgl. *Biaggini*, in: BSK, BV, Art. 3 Rn. 45; *Tschannen*, Staatsrecht, § 20 Rn. 12; weniger streng hingegen *Schweizer*, in: St. Galler Kommentar zu Art. 3 BV, Rn. 12.

[263] S. dazu *Bundesrat*, Botschaft zur Neugestaltung des Finanzausgleichs und der Aufgaben zwischen Bund und Kantonen (NFA) v. 14. November 2001, BBl 2002, 2291 ff.; ausführlich dazu *Schweizer/Müller*, in: St. Galler Kommentar, Vorb. zu Art. 42–135 BV, Rn. 17 ff.; *Buser*, Kantonales Staatsrecht, Rn. 194 ff.

[264] Vgl. dazu *Rhinow/Schefer/Uebersax*, Schweizerisches Verfassungsrecht, Rn. 731.

kungspflicht der Kantone bei interkantonalen Verträgen werden in der Literatur wegen ihrer tendenziell antiföderalen Wirkung kritisiert,[265] doch darf nicht übersehen werden, dass von keinem der genannten Instrumente in der Praxis bislang Gebrauch gemacht wurde.

Hinsichtlich der Intensität der Aufgabenerfüllung lassen sich die Bundeskompetenzen wiederum in verschiedene Kategorien einteilen. Den Regelfall bildet die umfassende Gesetzgebungskompetenz, welche den Bund dazu ermächtigt, alle in dem fraglichen Bereich auftretenden Rechtsfragen bis ins Detail abschließend zu regeln.[266] Ausschließliche Bundeskompetenzen sind immer umfassend, konkurrierende Bundeskompetenzen sind dies meistens. Neben den umfassenden Gesetzgebungskompetenzen des Bundes existieren Grundsatzgesetzgebungskompetenzen, welche den Bund dazu ermächtigen, eine bestimmte Materie in ihren Grundzügen zu regeln, während die detaillierte Ausgestaltung innerhalb des vom Bund gesteckten Rahmens den Kantonen vorbehalten bleibt.[267] Daher ist diese Art der Kompetenz mit der früheren Rahmenkompetenz des Bundes nach Art. 75 GG a.F. vergleichbar. Allerdings verbietet es die Grundsatzgesetzgebung nicht, bestimmte Rechtsfragen bis ins Detail selbst zu regeln, wenn hierfür aus eidgenössischer Sicht eine Notwendigkeit besteht.[268] Grundsatzgesetzgebungskompetenzen existieren beispielsweise im Bereich der ordentlichen Einbürgerung (Art. 38 BV), der Raumplanung (Art. 75 BV) sowie der Fischerei und Jagd (Art. 79 BV). Eine dritte Kategorie von Kompetenzen stellen schließlich die sog. fragmentarischen Kompetenzen des Bundes dar, welche sich lediglich auf einzelne Ausschnitte eines Lebens- oder Sachbereichs erstrecken.[269] So sind beispielsweise für das Schulwesen grundsätzlich die Kantone zuständig, wobei dem Bund gewisse Einzelaufgaben wie die Festlegung bestimmter Anforderungen an den Grundschulunterricht vorbehalten bleiben.[270]

Den Kantonen verbleiben Gesetzgebungskompetenzen im Bereich der Kultur und Bildung, des Gerichtswesens, des Schulwesens, der Verkehrspolitik, der Gesundheits- und Sozialpolitik, des Natur- und Heimatschutzes, sowie bei Polizei und Verwaltung.[271] Hinzu kommt die Gesetzgebungskompetenz der Kantone im Bereich des Finanzwesens, welche es ihnen erlaubt, über rund 40% der staatlichen Ein- und Ausgaben zu entscheiden und Ausgleichszahlungen zwischen den

---

[265] *Buser*, Kantonales Staatsrecht, Rn. 199; *Steinlin*, NFA und Föderalismus, S. 104.

[266] *Tschannen*, Staatsrecht, § 20 Rn. 35; *Häfelin/Haller/Keller/Thurnherr*, Schweizerisches Bundesstaatsrecht, Rn. 1084.

[267] *Tschannen*, Staatsrecht, § 20 Rn. 37; *Häfelin/Haller/Keller/Thurnherr*, Schweizerisches Bundesstaatsrecht, Rn. 1087; *Saladin*, Die Kunst der Verfassungserneuerung, S. 189 ff.

[268] *Tschannen*, Staatsrecht, § 20 Rn. 39.

[269] *Tschannen*, Staatsrecht, § 20 Rn. 41; *Häfelin/Haller/Keller*, Schweizerisches Bundesstaatsrecht, Rn. 1086.

[270] *Tschannen*, Staatsrecht, § 20 Rn. 41.

[271] Vgl. *Biaggini*, Grundlagen und Grundzüge staatlichen Verfassungsrechts: Schweiz, in: v. Bogdandy/Cruz Villalón/Huber (Hrsg.), IPE I, § 10 Rn. 90; *Hanschel*, Konfliktlösung im Bundesstaat, S. 472 u. 474; *Buser*, Kantonales Staatsrecht, Rn. 155.

Kantonen in besonderen Fällen zu beschließen,[272] während der Bund seinerseits nur knapp ein Drittel der öffentlichen Finanzen kontrolliert und im Übrigen die Gemeindeverwaltungen über die Finanzmittel entscheiden.[273] Anders als im Grundgesetz werden in der Schweizer Bundesverfassung einzelne kantonale Zuständigkeiten ausdrücklich erwähnt.[274] So spricht etwa Art. 69 Abs. 1 BV davon, dass für den Bereich der Kultur die Kantone zuständig sind. Insgesamt verbleiben den Kantonen durchaus weit reichende Gesetzgebungskompetenzen.[275]

Dies darf jedoch nicht darüber hinweg täuschen, dass auch in der Schweiz, ähnlich wie in Deutschland, Zentralisierungs- und Unitarisierungstendenzen deutlich spürbar sind, welche mit einer zunehmenden Verlagerung von Aufgaben und auch Gesetzgebungskompetenzen auf den Bund einher gehen.[276] So stand die Entwicklung des schweizerischen Föderalismus im 20. Jahrhundert ganz im Zeichen weit reichender Zuweisungen von Gesetzgebungskompetenzen an den Bund, was insbesondere im Bereich der Wirtschafts- und Sozialgesetzgebung deutlich wird[277] und was sich mit den Anforderungen einer modernen Volkswirtschaft,[278] mit der nivellierenden Wirkung der bundesgerichtlichen Verfassungsrechtsprechung[279] und nicht zuletzt mit der zunehmenden Internationalisierung und Europäisierung der staatlichen Aufgaben[280] begründen lässt. In jüngerer Vergangenheit war insbesondere die Übertragung der Gesetzgebungskompetenz für

---

[272] *Hanschel*, Konfliktlösung im Bundesstaat, S. 473; *Biaggini*, Grundlagen und Grundzüge staatlichen Verfassungsrechts: Schweiz, in: v. Bogdandy/Cruz Villalón/Huber (Hrsg.), IPE I, § 10 Rn. 91.

[273] *Biaggini*, Grundlagen und Grundzüge staatlichen Verfassungsrechts: Schweiz, in: v. Bogdandy/Cruz Villalón/Huber (Hrsg.), IPE I, § 10 Rn. 91; *Brühl-Moser*, Schweizerischer Föderalismus, in: Härtel (Hrsg.), Handbuch Föderalismus, Bd. 4, S. 697, 716; vgl. dazu auch schon *Schmid*, VVDStRL 46 (1988), 92, 97.

[274] *Buser*, Kantonales Staatsrecht, Rn. 155; *Schweizer*, in: St. Galler Kommentar zu Art. 3 BV, Rn. 10.

[275] Vgl. auch *Biaggini*, Grundlagen und Grundzüge staatlichen Verfassungsrechts: Schweiz, in: v. Bogdandy/Cruz Villalón/Huber (Hrsg.), IPE I, § 10 Rn. 43, der den Kantonen im Vergleich mit den Gliedstaaten anderer Länder eine sehr große Eigenständigkeit bescheinigt; ähnlich *Imboden*, Die staatsrechtliche Problematik des schweizerischen Föderalismus, in: Imboden, Staat und Recht, S. 175, 185.

[276] Vgl. *Jaag*, Die Rechtsstellung der Kantone in der Bundesverfassung, in: Thürer/Aubert/Müller (Hrsg.), Verfassungsrecht der Schweiz, § 30 Rn. 52; *Waldmann*, AJP 2013, 1332, 1336; *Schweizer/Müller*, in: St. Galler Kommentar, Vorb. zu Art. 42–135 BV, Rn. 33.

[277] *Imboden*, Die staatsrechtliche Problematik des schweizerischen Föderalismus, in: Imboden, Staat und Recht, S. 175, 186; *Niedermann*, FS Hangartner, S. 697, 703 f.; *Kölz*, Geschichtliche Grundlagen, in: Thürer/Aubert/Müller (Hrsg.), Verfassungsrecht der Schweiz, § 7 Rn. 38; s. auch *Kägi*, ZSR 1952 I, 173, 190.

[278] Vgl. *Pfisterer*, FS Hangartner, S. 713, 713 f.

[279] *Biaggini*, Grundlagen und Grundzüge staatlichen Verfassungsrechts: Schweiz, in: v. Bogdandy/Cruz Villalón/Huber (Hrsg.), IPE I, § 10 Rn. 43.

[280] *Fleiner/Misic*, Föderalismus als Ordnungsprinzip der Verfassung, in: Thürer/Aubert/Müller (Hrsg.), Verfassungsrecht der Schweiz, § 27 Rn. 29; *Schweizer/Müller*, in: St. Galler Kommentar, Vorb. zu Art. 42–135 BV, Rn. 33; *Hanschel*, Konfliktlösung im Bundesstaat, S. 474; *Wiget*, Die Programmvereinbarung, S. 27 f.

das Zivil-[281] und Strafprozessrecht[282] Ausdruck dieser Zentralisierungstendenz. Hinzu kommt, dass der Bund etwa im Bereich der öffentlichen Sicherheit, im Bildungswesen oder in der öffentlichen Gesundheit teilweise sehr umfassend von seinen Kompetenzen Gebrauch macht.[283] In den 1990er Jahren hatte allerdings eine Gegenbewegung eingesetzt, in deren Verlauf die Kantone begannen, sich gegen weitere Kompetenzverschiebungen zu Gunsten des Bundes zu wehren, wobei sie versuchten, bereits erfolgte Kompetenzzuweisungen an den Bund wieder rückgängig zu machen.[284] Während die Totalrevision der Bundesverfassung von 1999 keine wesentliche Änderung der Kompetenzverteilung zwischen Bund und Kantonen bewirkte,[285] fand die Dezentralisierungsbewegung ihren bisherigen Höhepunkt in der im Jahr 2008 in Kraft getretenen Neugestaltung des Finanzausgleichs und der Aufgabenteilung zwischen Bund und Kantonen. Allerdings hat sich dadurch wenig an den vorherrschenden Zentralisierungs- und Vereinheitlichungstendenzen geändert,[286] was in gewisser Weise an die deutsche Föderalismusreform und deren mangelnde Durchschlagskraft bei der Rückübertragung von Gesetzgebungskompetenzen auf die Länder erinnert[287] und was ein Indiz dafür sein könnte, dass sich Zentralisierungs- und Unitarisierungstendenzen im Kompetenzbereich nicht mit (verfassungs-)rechtlichen Mitteln stoppen oder gar umkehren lassen. Insgesamt kann man daher sagen, dass das bundesverfassungsrechtliche System der Kompetenzverteilung an sich zwar als föderales Element ausgelegt ist, es in der Praxis aber eine stark unitarisierende Wirkung entfaltet.

bb) Mitwirkung der Kantone auf Bundesebene

Nach Art. 45 Abs. 1 BV wirken die Kantone nach Maßgabe der Bundesverfassung an der Willensbildung des Bundes mit, insbesondere an der Rechtsetzung. Dieser Grundsatz wird in Form von verschiedenen Beteiligungsmöglichkeiten der Kantone auf Bundesebene umgesetzt. Als erstes ist in diesem Zusammenhang die Beteiligung der Kantone über den Ständerat zu nennen. Nach Art. 150 Abs. 2 BV wählt jeder Kanton zwei Abgeordnete in den Ständerat, wobei Kantone mit

---

[281] Bundesbeschluss über das vollständige Inkrafttreten der Justizreform vom 12. März 2000 v. 08.03.2005, AS 2006, 1059.

[282] Bundesbeschluss über die Reform der Justiz v. 08.10.1999, AS 2002, 3148.

[283] *Schweizer/Müller*, in: St. Galler Kommentar, Vorb. zu Art. 42–135 BV, Rn. 33; s. dazu schon *Imboden*, ZSR 1942, 203, 226.

[284] *Mader*, Erfahrungen und Erwartungen auf dem Gebiet des kooperativen Föderalismus, in: Nationale Föderalismuskonferenz/Institut du Fédéralisme (Hrsg.), Der kooperative Föderalismus vor neuen Herausforderungen, S. 103, 106 f.; vgl. auch *Biaggini*, Grundlagen und Grundzüge staatlichen Verfassungsrechts: Schweiz, in: v. Bogdandy/Cruz Villalón/Huber (Hrsg.), IPE I, § 10 Rn. 43.

[285] *Fleiner*, Publius: The Journal of Federalism 32 (2002), 97, 116.

[286] Krit. auch *Schweizer/Müller*, in: St. Galler Kommentar, Vorb. zu Art. 42–135 BV, Rn. 45; krit. auch *Steinlin*, NFA und Föderalismus, S. 103 f.

[287] S. oben, Einführung, II.2. c) aa).

nur halber Standesstimme Anspruch auf nur einen Sitz haben.[288] Gemäß Art. 150 Abs. 1 BV besteht der Ständerat aus den Abgeordneten der Kantone, doch sind die Abgeordneten des Ständerats nach Art. 161 Abs. 1 BV, anders als die Ländervertreter im deutschen Bundesrat, nicht weisungsgebunden, so dass die Kantonsregierungen keine Möglichkeit haben, auf das Abstimmungsverhalten der jeweiligen Abgeordneten rechtlich verbindlich Einfluss zu nehmen.[289] Aus diesem Grund lässt sich der Ständerat zumindest im rein rechtlichen Sinn nicht als Interessenvertretung der Kantone auf Bundesebene qualifizieren.[290]

Eine Mitwirkungsmöglichkeit der Kantone auf Bundesebene besteht jedoch insoweit, als bei gewissen Abstimmungen im Bund, insbesondere bei Verfassungsänderungen, aber auch im Falle eines Beitritts zu Organisationen für kollektive Sicherheit oder zu supranationalen Gemeinschaften nach Art. 140 Abs. 1 BV und Art. 142 Abs. 2–4 BV zur Annahme der Vorlage neben der Zustimmung des Volkes auch die Mehrheit der Stimmen der Kantone, d.h. das Ständemehr erforderlich ist,[291] wobei sich die einzelne Standesstimme gemäß Art. 142 Abs. 3 BV nach dem Ergebnis der Volksabstimmung in dem jeweiligen Kanton richtet.[292] Auf Grund des Erfordernisses des Ständemehrs besitzen die Kantone in ihrer Gesamtheit, nicht jedoch die kantonalen Regierungen oder Parlamente ein Vetorecht bezüglich der Änderung der Bundesverfassung, weshalb diese Beteiligung zu Recht als das wichtigste Mitwirkungsrecht der Kantone auf Bundesebene angesehen wird.[293] Während früher eine Vorlage nur selten am Ständemehr scheiterte, haben sich solche Fälle seit den 1970er Jahren gehäuft,[294] was beweist, dass die Kantone von ihrem Mitspracherecht auch tatsächlich Gebrauch machen.

Eine weitere Beteiligungsmöglichkeit der Kantone stellt das fakultative Referendum gegen Bundesgesetze und Bundesbeschlüsse nach Art. 141 Abs. 1 lit. a), b) und c) BV dar, welches den Kantonen zwar das Recht verschafft, eine Volksabstimmung herbei zu führen, aber nicht zu einer Vetoposition im eigentlichen Sinn

---

288 S. dazu *Nuspliger/Mäder*, Bernisches Staatsrecht, S. 19, die kritisieren, dass die kleinen Kantone durch dieses System faktisch eine Sperrminorität bilden können.

289 *Tschannen*, Staatsrecht, § 24 Rn. 4.

290 *Tschannen*, Staatsrecht, § 24 Rn. 4; *Häfelin/Haller/Keller/Thurnherr*, Schweizerisches Bundesstaatsrecht, Rn. 959; *Hanschel*, Konfliktlösung im Bundesstaat, S. 483; a.A. aber *Renzsch*, Föderale Finanzverfassungen, in: Europäisches Zentrum für Föderalismus-Forschung Tübingen (Hrsg.), Jahrbuch des Föderalismus 2000, S. 42, 44, der davon ausgeht, dass kantonale Interessen im Ständerat eine wesentliche Rolle spielen.

291 S. dazu *Nuspliger/Mäder*, Bernisches Staatsrecht, S. 19, die kritisieren, dass auf diese Weise die Stimmen der Bürger der kleinen Kantone mehr zählen als die Stimmen der Bürger größerer Kantone.

292 Näher dazu *Tschannen*, Staatsrecht, § 24 Rn. 7.

293 *Häfelin/Haller/Keller/Thurnherr*, Schweizerisches Bundesstaatsrecht, Rn. 951; vgl. auch *Hanschel*, Konfliktlösung im Bundesstaat, S. 497 f. u. 501.

294 *Häfelin/Haller/Keller/Thurnherr*, Schweizerisches Bundesstaatsrecht, Rn. 951; *Buser*, Kantonales Staatsrecht, Rn. 213; vgl. auch *Rhinow/Schefer/Uebersax*, Schweizerisches Verfassungsrecht, Rn. 843.

führt.[295] Seine praktische Bedeutung ist gering, was sich daran zeigt, dass bislang nur ein einziges Mal ein Referendum auf Betreiben der Kantone zu Stande gekommen ist.[296] In der Praxis weit häufiger genutzt wird die Standesinitiative nach Art. 160 Abs. 1 BV, wenngleich ihre Wirksamkeit meist nicht sehr groß ist.[297] Im Rahmen der Standesinitiative steht jedem Kanton das Recht zu, der Bundesversammlung zu sämtlichen Themenkreisen aus deren Zuständigkeitsbereich Initiativen zu unterbreiten, wobei daraus kein Anspruch auf die Durchführung einer Volksabstimmung folgt und der Bund das Anliegen ohne größere Probleme abblocken kann.[298] Im Vergleich zum Initiativrecht des deutschen Bundesrates reicht das Instrument jedoch insoweit weiter, als jeder Kanton eine Standesinitiative vorbringen kann, ohne dass eine Abstimmung unter den Kantonen nötig ist.[299] Die Kantone verfügen, neben zahlreichen informellen Kanälen der Einflussnahme auf die Bundespolitik,[300] schließlich noch über verfassungsrechtlich gewährleistete Anhörungs- und Mitwirkungsrechte bei der Rechtsetzung des Bundes. Art. 45 BV regelt dabei als Grundsatznorm die Frage der Mitwirkung der Kantone an der Willensbildung des Bundes, insbesondere ihr Recht zur Abgabe von Stellungnahmen zu Bundesvorhaben. Art. 147 BV sieht darüber hinaus ein sog. Vernehmlassungsverfahren vor, wonach die Kantone, neben den politischen Parteien und den interessierten Kreisen, bei der Vorbereitung wichtiger Erlasse und anderer Vorhaben von großer Tragweite sowie bei wichtigen völkerrechtlichen Verträgen zur Stellungnahme eingeladen werden. In der Praxis werden die Kantone mit Vernehmlassungen geradezu überhäuft, so dass das Verfahren für sie mitunter zu einer großen Belastung wird.[301] Hinzu kommt, dass der Bund die Stellungnahmen der Kantone nur selten maßgeblich berücksichtigt.[302] Dennoch kann das Vernehmlassungsverfahren im Einzelfall als wirksames Instrument kantonaler Interessenvertretung im Vorfeld der Gesetzgebung zur Anwendung kommen.[303]

---

[295] *Biaggini*, Grundlagen und Grundzüge staatlichen Verfassungsrechts: Schweiz, in: v. Bogdandy/Cruz Villalón/Huber (Hrsg.), IPE I, § 10 Rn. 92.

[296] *Häfelin/Haller/Keller/Thurnherr*, Schweizerisches Bundesstaatsrecht, Rn. 956 f.; *Buser*, Kantonales Staatsrecht, Rn. 218 f.; *Rhinow/Schefer/Uebersax*, Schweizerisches Verfassungsrecht, Rn. 847 ff.

[297] *Häfelin/Haller/Keller/Thurnherr*, Schweizerisches Bundesstaatsrecht, Rn. 954.

[298] *Buser*, Kantonales Staatsrecht, Rn. 208 f.; *Biaggini*, Grundlagen und Grundzüge staatlichen Verfassungsrechts: Schweiz, in: v. Bogdandy/Cruz Villalón/Huber (Hrsg.), IPE I, § 10 Rn. 92; *Rhinow/Schefer/Uebersax*, Schweizerisches Verfassungsrecht, Rn. 850; *Saladin*, ZSR 1984 II, 431, 510 f.

[299] *Hanschel*, Konfliktlösung im Bundesstaat, S. 486 f.

[300] S. dazu *Rhinow/Schefer/Uebersax*, Schweizerisches Verfassungsrecht, Rn. 854 ff.; *Nuspliger*, Mitwirkung der Kantone im Bundesstaat, in: Neue Helvetische Gesellschaft (Hrsg.), Demokratie im Wandel, S. 39, 43 ff.

[301] *Häfelin/Haller/Keller/Thurnherr*, Schweizerisches Bundesstaatsrecht, Rn. 961; *Hanschel*, Konfliktlösung im Bundesstaat, S. 492.

[302] *Buser*, Kantonales Staatsrecht, Rn. 224; *Hanschel*, Konfliktlösung im Bundesstaat, S. 492; *Niedermann*, FS Hangartner, S. 697, 703.

[303] *Hanschel*, Konfliktlösung im Bundesstaat, S. 492.

Insgesamt lässt sich sagen, dass nach der Schweizer Bundesverfassung, ganz im Sinne eines föderalen Systems, die Kantone über gewichtige Mitwirkungsrechte auf Bundesebene verfügen.[304] Andererseits kann der Bund die Kantone in vielen Fragen, insbesondere beim Erlass von Bundesgesetzen, nach dem Muster eines unitarischen Systems jedoch auch einfach übergehen, zumal die vom Grundgesetz her bekannten Institute der Zustimmungs- bzw. Einspruchsgesetze in der schweizerischen Bundesverfassung keine Entsprechung finden, so dass die Einschätzung von *Niedermann*, wonach die Länder in Deutschland auf Bundesebene über wirkungsvollere Instrumente der Mitwirkung und Einflussnahme verfügen als die schweizerischen Kantone,[305] durchaus ihre Berechtigung hat.

cc) Mitwirkung der Kantone an auswärtigen Angelegenheiten

Wenngleich nach Art. 54 Abs. 1 BV die auswärtigen Angelegenheiten Sache des Bundes sind, können die Kantone auf Grundlage der konkurrierenden Kompetenz des Art. 56 Abs. 1 BV in ihren Zuständigkeitsbereichen Verträge mit dem Ausland schließen, was jedoch nur insoweit gilt, als der Bund nicht schon selbst einen Vertrag zur Regelung betreffenden Materie abgeschlossen hat.[306] Gemäß Art. 56 Abs. 2 S. 1 BV dürfen derartige kantonale Verträge mit dem Ausland dem Recht und den Interessen des Bundes und den Rechten anderer Kantone nicht zuwider laufen. Art. 56 Abs. 2 S. 2 BV verpflichtet die Kantone zudem dazu, den Bund vor Abschluss eines entsprechenden Vertrages zu informieren, wobei jedoch, anders als in Deutschland nach Art. 32 Abs. 3 GG, keine Zustimmung des Bundes erforderlich ist. Dem Bundesrat verbleibt indes nach Art. 186 Abs. 3 BV das Recht der Einsprache gegen Verträge der Kantone mit dem Ausland, wobei in diesem Fall, ebenso wie im Falle der Einsprache eines anderen Kantons, die Bundesversammlung nach Art. 172 Abs. 3 BV über die Genehmigung des Vertrags entscheidet. Etwaige Kompetenzkonflikte bezüglich des auswärtigen Handelns werden in der Schweiz in erster Linie durch Beteiligungsmechanismen gelöst, was u.a. dadurch zum Ausdruck kommt, dass nach Art. 55 Abs. 1 BV die Kantone bei der Vorbereitung außenpolitischer Entscheide mitwirken, welche ihre Zuständigkeiten oder ihre wesentlichen Interessen betreffen.[307] Insgesamt lässt sich daher

[304] Vgl. auch *Hanschel*, Konfliktlösung im Bundesstaat, S. 500; a.A. jedoch *Braun*, Reform- und Entscheidungsblockaden des Schweizer Föderalismus, in: Wagschal/Rentsch (Hrsg.), Der Preis des Föderalismus, S. 319, 326, der v.a. das Parteiensystem und die Interessen der kantonalen Bevölkerung als „zentralistische Bremse" ansieht; sehr krit. auch *Saladin*, ZSR 1984 II, 431, 513, der bezweifelt, ob die Mitwirkung der Kantone föderativen Ansprüchen und Geboten entspricht, ein Befund, der sich infolge der Totalrevision der Bundesverfassung wenig geändert haben dürfte.

[305] *Niedermann*, FS Hangartner, S. 697, 697.

[306] *Buser*, Kantonales Staatsrecht, Rn. 256; *Häfelin/Haller/Keller/Thurnherr*, Schweizerisches Bundesstaatsrecht, Rn. 1130.

[307] Vgl. *Häfelin/Haller/Keller/Thurnherr*, Schweizerisches Bundesstaatsrecht, Rn. 1128 f.; *Rhinow/Schefer/Uebersax*, Schweizerisches Verfassungsrecht, Rn. 3715 ff.

sagen, dass die Kantone im Bereich des auswärtigen Handelns über weitreichende Beteiligungsmöglichkeiten verfügen, was der föderalen Struktur des schweizerischen Systems und dem zu Grunde liegenden Verständnis eines „mitwirkungsorientierten und kooperativen Föderalismus“[308] entspricht.

dd) Verwaltung

Auch die Art und Weise des Vollzugs des schweizerischen Bundesrechts spricht für das Vorliegen eines föderalen Systems. Nach Art. 46 Abs. 1 BV setzen die Kantone das Bundesrecht nach Maßgabe von Verfassung und Gesetz um. Zwar weist der Wortlaut der Vorschrift den Gesetzesvollzug nicht ausdrücklich den Kantonen zu, doch ergibt die historische Auslegung der Norm, dass die Umsetzung des Bundesrechts grundsätzlich durch die Kantone erfolgen soll, nachdem sich Nationalrat und Ständerat im Rahmen der Verfassungsreform von 1999 klar für eine Verankerung des Vorrangs des Gesetzesvollzugs durch die Kantone ausgesprochen hatten.[309] Vor der Totalrevision der Verfassung war der Grundsatz, dass Bundesrecht in der Regel durch die Kantone umgesetzt wird, als ungeschriebenes Verfassungsrecht anerkannt.[310] Historisch betrachtet sollte mit Hilfe des sog. Vollzugsföderalismus die fortschreitende Übertragung von Gesetzgebungskompetenzen auf den Bund kompensiert werden.[311] Zu bedenken ist allerdings, dass es dem Bund nach Art. 46 Abs. 1 BV nicht verwehrt ist, den Vollzug von Bundesrecht ganz oder teilweise an sich zu ziehen, der Grundsatz des Art. 46 Abs. 1 BV mithin subsidiär ist.[312] Die Zuweisung der Vollzugskompetenz erfolgt, anders als in Deutschland, wo bereits im Grundgesetz selbst über die für den Vollzug zuständige Körperschaft entschieden wird, entweder durch die Bundesverfassung oder durch das jeweilige Bundesgesetz, wobei die Fälle einer Zuweisung durch die Verfassung selbst vergleichsweise selten sind.[313] Von Verfassungs wegen beim Bund liegt beispielsweise die Kompetenz zum Vollzug von Vorschriften im Bereich der auswärtigen Angelegenheiten (Art. 54 BV) und des Geld- und Währungswesens (Art. 99 BV). Überwiegend erfolgt die Zuweisung jedoch per Bundesgesetz, wobei die Gesetzgebungskompetenz des Bundes für einen bestimmten Bereich vorbehaltlich einer ausdrücklichen Vollzugszuweisung in der Bundesverfassung die Kompetenz einschließt, durch Bundesgesetz zu bestimmen, ob der Gesetzesvollzug in dem fraglichen Bereich durch den Bund oder

---

308 *Pfisterer*, zit. bei *Rhinow/Schefer/Uebersax*, Schweizerisches Verfassungsrecht, Rn. 3703.

309 *Rhinow/Schefer/Uebersax*, Schweizerisches Verfassungsrecht, Rn. 822; *Egli*, in: St. Galler Kommentar zu Art. 46 BV, Rn. 4.

310 *Bundesrat*, Botschaft über eine neue Bundesverfassung v. 20. November 1996, BBl 1997 I, 1, 211; *Egli*, in: St. Galler Kommentar zu Art. 46 BV, Rn. 1.

311 *Häfelin/Haller/Keller/Thurnherr*, Schweizerisches Bundesstaatsrecht, Rn. 1139; *Egli*, in: St. Galler Kommentar Art. 46 BV, Rn. 7.

312 *Bundesrat*, Botschaft über eine neue Bundesverfassung v. 20. November 1996, BBl 1997 I, 1, 212; *Häfelin/Haller/Keller/Thurnherr*, Schweizerisches Bundesstaatsrecht, Rn. 1141.

313 Ausführlich dazu *Tschannen*, Staatsrecht, § 20 Rn. 48 ff.

die Kantone erfolgen soll.[314] Im Falle einer Zuweisung durch Bundesgesetz wird der Vollzug im Regelfall ganz oder teilweise den Kantonen überlassen, wodurch es, wie etwa beim Gewässerschutz und im Ausländerrecht, zu einer verfassungsrechtlich zulässigen Mischverwaltung von Bund und Kantonen kommen kann.[315] Hierin liegt ein weiterer Unterschied zum deutschen Verfassungsrecht, da das Grundgesetz grundsätzlich vom Verbot der Mischverwaltung ausgeht.[316]

Nach Art. 46 Abs. 3 BV belässt der Bund beim Vollzug von Bundesrecht den Kantonen eine möglichst große Gestaltungsfreiheit und trägt den kantonalen Besonderheiten Rechnung. Allerdings kommt dem Bund die Verantwortung für die richtige Umsetzung des Bundesrechts zu, weshalb die Kantone bei der Umsetzung von Bundesrecht der Aufsicht durch die Verwaltungs- und Rechtspflegeorgane des Bundes unterstehen.[317] Das Institut der Bundesauftragsverwaltung, welches im Grundgesetz den Bund zum Erlass von Weisungen gegenüber den Ländern ermächtigt, findet in der schweizerischen Bundesverfassung hingegen keine Entsprechung. Dennoch lässt sich zusammenfassend konstatieren, dass das schweizerische System des Vollzugs von Bundesrecht in wesentlichen Punkten mit dem deutschen Modell übereinstimmt und in beiden Fällen die Art des Vollzugs des Bundesrechts Ausdruck des föderalen Charakters des jeweiligen Systems ist.

ee) Subsidiaritätsprinzip und Verhältnismäßigkeitsgrundsatz

Ein weiteres föderales Merkmal der schweizerischen Bundesverfassung stellt das seit Inkrafttreten der NFA in Art. 5a BV als allgemeiner Grundsatz verankerte Subsidiaritätsprinzip dar. Danach ist bei der Zuweisung und Erfüllung staatlicher Aufgaben der Grundsatz der Subsidiarität zu beachten. Die Norm richtet sich primär an den Bundesgesetzgeber und betrifft die Ausübung zugewiesener Bundeskompetenzen,[318] so dass der Bundesgesetzgeber gehalten ist, von bestehenden Bundeskompetenzen möglichst kantonsfreundlich Gebrauch zu machen.[319] Allerdings ist zu bedenken, dass eine etwaige Verletzung der Kompetenzvorschriften bei der Gesetzgebung durch den Bund wegen Art. 190 BV vom Bundesgericht nicht beseitigt werden kann,[320] weshalb der Subsidiaritätsgedanke nur schwer gerichtlich durchsetzbar ist. Die Problematik wird außerdem dadurch

---

314 *Häfelin/Haller/Keller/Thurnherr*, Schweizerisches Bundesstaatsrecht, Rn. 962 u. 1082; *Hanschel*, Konfliktlösung im Bundesstaat, S. 470.

315 Vgl. *Tschannen*, Staatsrecht, § 20 Rn. 50 u. § 21 Rn. 26 f.

316 BVerfGE 11, 105, 124; 108, 169, 182; 119, 331, 365; *Siekmann*, in: Sachs, GG, Art. 91a Rn. 1.

317 *Egli*, in: St. Galler Kommentar zu Art. 46 BV, Rn. 18.

318 *Bundesrat*, Botschaft zur Neugestaltung des Finanzausgleichs und der Aufgaben zwischen Bund und Kantonen (NFA) v. 14. November 2001, BBl 2002, 2339.

319 *Tschannen*, Staatsrecht, § 19 Rn. 14.

320 Ausführlich dazu unten, § 9 V.1. a).

verschärft, dass der Grundsatz des Art. 5a BV selbst richtigerweise nicht justiziabel ist.[321]

Seinen Niederschlag fand das Subsidiaritätsprinzip auch in den Vorschriften der Art. 43a sowie Art. 46 Abs. 3 und Art. 47 Abs. 2 BV. Nach Art. 43a Abs. 1 BV übernimmt der Bund nur die Aufgaben, welche die Kraft der Kantone übersteigen oder welche einer einheitlichen Regelung durch den Bund bedürfen, doch bilden die in Art. 43a Abs. 1 BV aufgestellten Kriterien keine Schranke hinsichtlich der Begründung neuer Bundeskompetenzen im Verfahren einer Verfassungsänderung.[322] Hieran wird deutlich, dass das Subsidiaritätsprinzip zwar durchaus den föderalen Charakter der schweizerischen Bundesverfassung unterstreicht, es in der Praxis aber nicht mehr als eine bloße Leitidee ist, welche Unitarisierungstendenzen nicht wirksam entgegen gesetzt werden kann.

Nach Art. 5 Abs. 2 BV muss staatliches Handeln im öffentlichen Interesse liegen und verhältnismäßig sein. Aus dem Wortlaut und der systematischen Stellung der Norm ergibt sich, dass sich der Verhältnismäßigkeitsgrundsatz im schweizerischen Recht unter der Bundesverfassung von 1999 auf das gesamte staatliche Handeln und damit auch auf die Kompetenzausübung bezieht, er mithin auch gegen eine Beeinträchtigung kantonaler Kompetenzen durch den Bund herangezogen werden kann, obwohl in diesem Fall gerade nicht der Schutz des Bürgers gegenüber dem Staat betroffen ist.[323] In der Praxis vermag das Verhältnismäßigkeitsprinzip gegenüber Zentralisierungstendenzen allerdings nur wenig auszurichten, nachdem bislang, soweit ersichtlich, keine einschlägige Rechtsprechung des Bundesgerichts zu der Vorschrift unmittelbar im Zusammenhang mit der Kompetenzverteilung existiert.[324]

ff) Bundestreue

Als Indiz für das Vorliegen eines föderalen Systems kann man grundsätzlich auch das in Art. 44 BV zum Ausdruck gebrachte Prinzip der Bundestreue verstehen.

---

[321] *Bundesrat*, Botschaft zur Neugestaltung des Finanzausgleichs und der Aufgaben zwischen Bund und Kantonen (NFA) v. 14. November 2001, BBl 2002, 2458; BGE 138 I 378, 395 E. 8.4; *Schweizer/Müller*, St. Galler Kommentar zu Art. 43a BV, Rn. 5; *Tschannen*, Staatsrecht, § 19 Rn. 15; *Rhinow/Schefer/Uebersax*, Schweizerisches Verfassungsrecht, Rn. 616; *Belser*, Kantonale Grundrechte und ihre Bedeutung für die Verwirklichung der Menschenrechte im mehrstufigen Staat, in: Besson/Belser (Hrsg.), Die Europäische Menschenrechtskonvention und die Kantone, S. 67, 88; s. oben, Einführung, II.3. c) aa).

[322] *Rhinow/Schefer/Uebersax*, Schweizerisches Verfassungsrecht, Rn. 602.

[323] *Epiney*, in: BSK, BV, Art. 5 Rn. 67 f.; *Hofstetter*, Das Verhältnismässigkeitsprinzip als Grundsatz rechtsstaatlichen Handelns (Art. 5 Abs. 2 BV), S. 89 f.; *Müller*, Verhältnismäßigkeit, S. 45 ff.; *Thurnherr*, The Reception Process in Austria and Switzerland, in: Keller/Stone Sweet (Hrsg.), A Europe of Rights, S. 311, 377; a.A. aber etwa *Weber-Dürler*, FS Moor, S. 593, 602 u. 605 f., die zwar die Geltung von Art. 5 Abs. 2 BV für das gesamte Staatshandeln anerkennt, gleichzeitig aber eine Beschränkung auf den Schutz des Bürgers gegen übermäßige Eingriffe des Staates anmahnt; *Oesch*, Anwaltsrevue 2008, 271, 275.

[324] Für einen Schutz der öffentlichen Gewalt aber BGer, Urt. v. 14.06.2004 – 1A.256/2003 –, E. 5.2.

Wenngleich die schweizerische Bundesverfassung den Begriff der Bundestreue als solchen nirgendwo erwähnt und auch Rechtsprechung und Literatur gegenüber der Verwendung des Begriffs äußerst skeptisch sind,[325] ergibt sich aus Art. 44 BV eine Pflicht des Bundes und der Kantone zur Zusammenarbeit, zur gegenseitigen Rücksichtnahme und Hilfeleistung sowie zur möglichst gütigen Streiterledigung.[326] Dies bedeutet, dass nicht nur die Kantone gegenüber dem Bund zur Rücksichtnahme verpflichtet sind, sondern auch der Bund seinerseits auf die Rechte und Interessen der Kantone Rücksicht nehmen muss, beispielsweise bei der Kompetenzausübung. Konkrete rechtliche Folgen sind an das Prinzip mangels Justiziabilität freilich nicht geknüpft,[327] so dass es von den Kantonen nicht als wirksames Mittel gegen eine etwaige Ausdehnung der Bundeskompetenzen eingesetzt werden kann, andererseits aber auch die Befürchtung, das Prinzip der Bundestreue könne als Instrument zur Verstärkung der Unitarisierung missbraucht werden,[328] unbegründet ist.[329]

gg) Judikative

Die Organisation der Judikative ist ebenfalls Ausdruck des föderalen Charakters des schweizerischen Systems, nachdem der Schwerpunkt der dritten Gewalt eindeutig auf kantonaler Ebene zu verorten ist.[330] Die wichtigste Ausnahme hiervon bildet das auf Grundlage von Art. 188 Abs. 1 BV errichtete Bundesgericht, welches als oberste Rechtsmittelinstanz in den Bereichen Zivilrecht, Strafrecht, Verwaltungsrecht und Sozialversicherungsrecht fungiert und darüber hinaus bestimmte verfassungsgerichtliche Funktionen wahrnimmt.[331] Es handelt sich beim Schweizer Bundesgericht mithin nicht um ein spezialisiertes, außerhalb des gerichtlichen Instanzenzugs angesiedeltes, sondern vielmehr um ein in diesen integriertes Höchst- bzw. Verfassungsgericht. Darüber hinaus existiert nach Art. 191a Abs. 1 und 2 BV auf Bundesebene ein Bundesstrafgericht sowie ein Bundesver-

[325] Skeptisch etwa BGE 125 II 152, 163 f. E. 4c)bb); sehr skeptisch auch *Tschannen*, Staatsrecht, § 23 Rn. 27 f.; *Rhinow/Schefer/Uebersax*, Schweizerisches Verfassungsrecht, Rn. 861; *Kölz*, ZBl. 1980, 145, 176 f.; a.A. hingegen *Saladin*, ZSR 1984 II, 431, 513 ff.

[326] *Saladin*, ZSR 1984 II, 431, 513 ff.; *Tschannen*, Staatsrecht, § 23 Rn. 27; *Buser*, Kantonales Staatsrecht, Rn. 31; *Rhinow/Schefer/Uebersax*, Schweizerisches Verfassungsrecht, Rn. 859.

[327] BGE 125 II 152, 163 f. E. 4c)bb; *Bundesrat*, Botschaft über eine neue Bundesverfassung v. 20. November 1996, BBl 1997 I, 1, 208; *Tschannen*, Staatsrecht, § 23 Rn. 28; s. dazu auch *Wiget*, Die Programmvereinbarung, S. 25; a.A. jedoch *Egli*, Die Bundestreue, S. 169 ff., 553 ff. u. 605 ff., die in der Bundestreue einen zumindest teilweise justiziablen Rechtsgrundsatz sieht.

[328] So etwa *Kölz*, ZBl. 1980, 145, 160.

[329] Ausführlich dazu *Egli*, Die Bundestreue, S. 289 ff.

[330] *Biaggini*, Grundlagen und Grundzüge staatlichen Verfassungsrechts: Schweiz, in: v. Bogdandy/Cruz Villalón/Huber (Hrsg.), IPE I, § 10 Rn. 79; *ders.*, Bundesverfassung, Vorb. Art. 188–191c Rn. 8; *Hanschel*, Konfliktlösung im Bundesstaat, S. 503; s. dazu auch *Auer*, FS Jaag, S. 383, 397.

[331] *Biaggini*, Grundlagen und Grundzüge staatlichen Verfassungsrechts: Schweiz, in: v. Bogdandy/Cruz Villalón/Huber (Hrsg.), IPE I, § 10 Rn. 79; *Rhinow/Koller/Kiss/Thurnherr/Brühl-Moser*, Öffentliches Prozessrecht, Rn. 1744.

waltungsgericht. Art. 191a Abs. 3 BV erlaubt die Errichtung weiterer richterlicher Behörden des Bundes durch Gesetz, was die Errichtung des Bundespatentgerichtes ermöglichte.[332]

Nach Art. 191b BV sind die Kantone verpflichtet, richterliche Behörden für die Beurteilung von zivilrechtlichen und öffentlich-rechtlichen Streitigkeiten sowie von Straffällen einzurichten. In der Zivil- und Strafgerichtsbarkeit existieren auf kantonaler Ebene nach dem in Art. 75 Abs. 2 BGG verankerten Prinzip der *double instance* in der Regel zwei – nicht zwingend gerichtliche – Instanzen,[333] wobei die fraglichen Gerichte Behörde des jeweiligen Kantons sind.[334] Die meisten Kantone verfügen darüber hinaus über ein spezialisiertes Verwaltungsgericht, doch wird in einzelnen Kantonen wie etwa Basel-Stadt die Verwaltungsgerichtsbarkeit vom kantonalen Obergericht oder einer besonderen Kammer dieses Gerichts wahrgenommen.[335] Während ein Instanzenzug von den kantonalen Strafgerichten zu dem instanzmäßig unter dem Bundesgericht stehenden Bundesstrafgericht[336] nicht vorgesehen ist, entscheidet das Bundesgericht nach Art. 75 Abs. 1 bzw. Art. 80 Abs. 1 BGG als Beschwerdegericht über Beschwerden gegen Entscheide letzter kantonaler Instanzen in Zivil- bzw. Strafsachen. Etwas komplizierter stellt sich der Instanzenzug im Rahmen der Verwaltungsgerichtsbarkeit dar, wo nach Art. 82 lit. a) BGG gegen kantonale Entscheide die Beschwerde in öffentlich-rechtlichen Angelegenheiten vor dem Bundesgericht statthaft ist, es sei denn es ist ausnahmsweise die Beschwerde an das Bundesverwaltungsgericht gesetzlich vorgesehen (Art. 86 Abs. 1 lit. d) BGG i.V.m. Art. 33 lit. i) des Bundesgesetzes über das Bundesverwaltungsgericht (VVG)).[337] Dabei kann eine Rechtssache nach Art. 82 lit. a) i.V.m. Art. 89 Abs. 2 lit. a) BGG auch im Wege der Behördenbeschwerde gegen Entscheide letzter kantonaler Instanzen vor das Bundesgericht gebracht werden, sofern der angefochtene Akt die Bundesgesetzgebung in ihrem Aufgabenbereich verletzen kann.[338] Eine Beschwerde in öffentlich-rechtlichen Angelegenheiten gegen kantonale Erlasse, d.h. gegen kantonale Rechtssätze,[339] ist vor dem Bundesgericht hingegen nur statthaft, falls nach Art. 82 Abs. 1 lit. b) BGG i.V.m. Art. 87 Abs. 1 BGG kein kantonales Rechtsmittel zur Verfügung steht, während im Falle eines kantonalen Rechtsmittels nach Art. 87 Abs. 2 BGG zuerst dieses ergriffen werden muss. Eine daran anschließende Beschwerde in öffentlich-rechtlichen Angelegenheiten richtet sich gegen

[332] Vgl. *Kiss/Koller*, in: St. Galler Kommentar zu Art. 191a BV, Rn. 32; vgl. *Bundesrat*, Botschaft zum Patentgerichtsgesetz v. 07.12.2007, BBl 2008, 455 ff.

[333] *Buser*, Kantonales Staatsrecht, Rn. 505; *Nuspliger*, Grundzüge der Behördenstruktur im Verfassungsrecht der Kantone, in: Thürer/Aubert/Müller (Hrsg.), Verfassungsrecht der Schweiz, § 69 Rn. 20; *Rhinow/Koller/Kiss/Thurnherr/Brühl-Moser*, Öffentliches Prozessrecht, Rn. 415.

[334] *Kiss/Koller*, in: St. Galler Kommentar zu Art. 191b BV, Rn. 3.

[335] *Buser*, Kantonales Staatsrecht, Rn. 508.

[336] *Kiss/Koller*, in: St. Galler Kommentar zu Art. 191a BV Rn. 20.

[337] S. dazu *Rhinow/Koller/Kiss/Thurnherr/Brühl-Moser*, Öffentliches Prozessrecht, Rn. 1907.

[338] Näher dazu *Tschannen*, Staatsrecht, § 26 Rn. 20.

[339] Für eine Definition s. BGE 135 II 38, 45 E. 4.3.

den kantonalen Normenkontrollentscheid, wobei nicht nur dessen Aufhebung, sondern auch die Aufhebung des angefochtenen kantonalen Erlasses selbst verlangt werden kann,[340] wodurch das Bundesgericht letztlich auch über das Schicksal kantonaler Rechtsnormen entscheiden kann.

Diese Konzentration der Letztentscheidungsbefugnis beim Bundesgericht stellt ein unitarisches Moment dar, da auf diese Weise die Einheitlichkeit der Rechtsprechung im Bundesstaat sicher gestellt wird.[341] Ausgeglichen wird dieses zentralisierende Element dadurch, dass in der Schweiz alle Gerichte auf Bundesebene, aber auch alle kantonalen Gerichte dazu befugt sind, bei der Beurteilung einer konkreten Streitigkeit die fragliche Norm vorfrageweise auf ihre Vereinbarkeit mit der Bundesverfassung zu überprüfen, mithin eine konkrete Normenkontrolle vorzunehmen,[342] wobei gegenüber Bundesgesetzen stets das Anwendungsgebot des Art. 190 BV zu beachten ist, welches eine Überprüfung der Bundesgesetze auf ihre Verfassungskonformität indes nicht ausschließt.[343] In der Praxis freilich sind die kantonalen Instanzen in Bezug auf die Inanspruchnahme eines solchen Prüfungsrechts äußerst zurückhaltend und überlassen dessen Ausübung in aller Regel dem Bundesgericht.[344]

Andererseits dient das Bundesgericht der Wahrung des Friedens zwischen Bund und Kantonen und damit letztlich der Erhaltung des föderalen Systems, indem es nach Art. 189 Abs. 2 BV über Streitigkeiten zwischen Bund und Kantonen entscheidet. Unitarisierende Wirkung entfaltet wiederum der Umstand, dass der Bund, der nach Art. 122 Abs. 1 BV für die Gesetzgebung auf dem Gebiet des Zivilprozessrechts zuständig ist, seit dem Jahr 2011 von dieser Kompetenz umfassend Gebrauch macht,[345] was in entsprechender Weise für das Strafprozessrecht gilt,[346] für das der Bund nach Art. 123 Abs. 1 BV ebenfalls die Kompetenz besitzt. Insoweit bestehen deutliche Parallelen zum deutschen Verfahrensrecht, welches nach Art. 74 Abs. 1 Nr. 1 GG ebenfalls in den Zuständigkeitsbereich des Bundes fällt. Föderal gegliedert hingegen ist in der Schweiz, ebenso wie in Deutschland, nach Art. 122 Abs. 2 bzw. Art. 123 Abs. 2 BV die Gerichtsorganisation in Zivil- und Strafsachen, so dass die Kantone über die regionale Gliederung, die Bestellung der Zivil- und Strafgerichte sowie deren Organisation entscheiden.[347] Die Zuständigkeit für die Organisation der Verwaltungsgerichtsbarkeit auf Kantonsebene sowie für das Verfahren vor den kantonalen Verwaltungsge-

---

[340] BGE 106 Ia 310, 318 E. 5; anders aber BGE 111 Ia 270, 270 ff. E. 2; s. dazu *Rhinow/Koller/Kiss/Thurnherr/Brühl-Moser*, Öffentliches Prozessrecht, Rn. 1893.

[341] *Hanschel*, Konfliktlösung im Bundesstaat, S. 503.

[342] Vgl. *Tschannen*, Staatsrecht, § 11 Rn. 35; *Meyer*, Die Rolle der Verfassungsgerichtsbarkeit zwischen Recht und Politik, S. 330 f.

[343] Ausführlich dazu unten, § 8 III.5. a) u. § 9 V.1. a).

[344] *Scherrer*, Geschichte und Auslegung des Massgeblichkeitsgebots von Art. 190 BV, S. 315.

[345] Schweizerische Zivilprozessordnung v. 19.12.2008, SR 272.

[346] Schweizerische Strafprozessordnung v. 05.10.2007, SR 312.0.

[347] *Leuenberger*, in: St. Galler Kommentar zu Art. 122 BV, Rn. 23 sowie *Vest*, in: St. Galler Kommentar zu Art. 123 BV, Rn. 10.

richtsbehörden schließlich obliegt nach dem allgemeinen Grundsatz des Art. 3 BV den Kantonen.[348] Hierin liegt ein Unterschied zum deutschen System, wo das Verfahren vor den Verwaltungsgerichten durch die bundesrechtliche Verwaltungsgerichtsordnung (VwGO) geregelt ist, so dass die Schweizer Kantone insoweit eine größere Autonomie besitzen.[349] Ausfluss der kantonalen Verfassungsautonomie ist schließlich die Kompetenz der Kantone zur Einrichtung einer kantonalen Verfassungsgerichtsbarkeit, doch befindet sich diese trotz der Einrichtung von Verfassungsgerichten in einigen Kantonen in den vergangenen Jahren noch immer in einer embryonalen Phase.[350]

hh) Finanzverfassung

Ausgangspunkt für die Finanzhoheit der Kantone, welche zu Recht als „Lebensnerv ihrer Eigenstaatlichkeit"[351] bzw. „Rückgrat des Föderalismus"[352] bezeichnet wird, ist Art. 3 BV, wonach die Kantone alle Rechte ausüben, die nicht dem Bund übertragen sind. Art. 128 Abs. 1 BV ermächtigt den Bund dazu, direkte Steuern auf das Einkommen der natürlichen Personen, den Reinertrag juristischer Personen, das Kapital und die Reserven juristischer Personen zu erheben. Darüber hinaus ergibt sich aus Art. 130 ff. BV die Kompetenz des Bundes zur Erhebung einer Mehrwehrsteuer sowie von besonderen Verbrauchssteuern, Stempelsteuern, Verrechnungssteuern und Zöllen,[353] so dass der Bund, anders etwa als das Reich nach der Bismarckschen Reichsverfassung,[354] über bedeutende eigene Finanzmittel verfügt. Trotz dieser vergleichsweise langen Liste an Bundessteuern verbleibt den Kantonen aber noch ein weiter Spielraum für die Erhebung eigener kantonaler Steuern. Zu den von den Kantonen erhobenen Steuern gehören u.a. die Einkommens-, Vermögens-, Erbschafts- und Quellensteuer sowie die Gewinn-, Kapital- und Grundstückssteuern.[355] Hinzu kommt, dass die Kantone nach Art. 128 Abs. 4 BV grundsätzlich mindestens 17% der direkten Bundessteuer erhalten. In der Schweiz besteht damit, ähnlich wie in Deutschland, im Verhältnis von Bund und Kantonen ein Mischsystem der Steuererhebungskompetenzen, welches von einer durch Verbundelemente ergänzten Trennung ausgeht.[356]

---

[348] S. dazu auch *Auer*, FS Jaag, S. 383, 397.

[349] Zum kantonalen Verwaltungsprozessrecht s. etwa *Thurnherr*, BVR 2015, 74, 89.

[350] Vgl. *Auer*, FS Jaag, S. 383, 397; ausführlich dazu *Bolkensteyn*, Le contrôle des normes, S. 165 ff. sowie unten, § 9 V.2.

[351] *Buser*, Kantonales Staatsrecht, Rn. 183; *Vallender*, AJP 1999, 687, 690.

[352] *Reich*, Grundzüge der föderalistischen Finanzverfassung, in: Thürer/Aubert/Müller (Hrsg.), Verfassungsrecht der Schweiz, § 76 Rn. 16; *Auer*, FS Jaag, S. 383, 394; *Saladin*, ZSR 1984 II, 431, 483 f.

[353] Vgl. *Buser*, Kantonales Staatsrecht, Rn. 184.

[354] S. dazu unten, § 3 II.2. f).

[355] Vgl. *Buser*, Kantonales Staatsrecht, Rn. 184.

[356] *Reich*, Grundzüge der föderalistischen Finanzverfassung, in: Thürer/Aubert/Müller (Hrsg.), Verfassungsrecht der Schweiz, § 76 Rn. 28.

Weiteres Kennzeichen der föderalen Finanzverfassung der Schweiz ist der bundesstaatliche Finanzausgleich im engeren Sinn,[357] der die finanziellen Beziehungen zwischen Bund und Kantonen in Bezug auf die Transferzahlungen betrifft. So erlässt der Bund nach Art. 135 Abs. 1 BV Vorschriften über einen angemessenen Finanz- und Lastenausgleich zwischen Bund und Kantonen sowie zwischen den Kantonen, der u.a. die Unterschiede in der finanziellen Leistungsfähigkeit zwischen den Kantonen verringern und den Kantonen minimale finanzielle Ressourcen gewährleisten soll (Art. 135 Abs. 2 lit. a) und b)). Die Mittel für den Finanzausgleich werden gemäß Art. 135 Abs. 3 S. 1 BV durch die ressourcenstarken Kantone sowie durch den Bund zur Verfügung gestellt. Auf diese Weise wird garantiert, dass alle Kantone über hinreichende finanzielle Mittel verfügen, um ihre Aufgaben angemessen wahrnehmen zu können, was letztlich der Erhaltung des föderalen Systems dient. Die 2008 in Kraft getretene Neugestaltung des Finanzausgleichs hat den zuvor vorhandenen, übertriebenen Zentralisierungstendenzen zumindest bei der Finanzordnung weitgehend Einhalt geboten,[358] so dass die Finanzverfassung heute tatsächlich wieder als föderales Element der Staatsorganisation betrachtet werden kann.

d) Unitarische Elemente

Neben den föderalen Elementen kennt die Schweizer Bundesverfassung zahlreiche rechtsvereinheitlichend wirkende Elemente. In diesem Zusammenhang ist allen voran die Kompetenz-Kompetenz des Bundes nach Art. 3 BV anzuführen, der die Souveränität der Kantone unter den Vorbehalt der Bundesverfassung stellt.[359] Ein unitarisches Element stellt des Weiteren Art. 49 Abs. 1 BV dar, wonach Bundesrecht entgegen stehendem kantonalem Recht vorgeht.[360] Verstärkt wird die Wirkung dieser Kollisionsregel durch Art. 190 Abs. 1 BV, wonach Bundesgesetze für das Bundesgericht und die anderen rechtsanwendenden Behörden maßgeblich sind, mit der Folge, dass kompetenzgemäßes kantonales Recht durch kompetenzwidrig erlassene Bundesgesetze derogiert werden kann, ohne dass diesbezüglich eine richterliche Verwerfungsbefugnis bestünde.[361] In der Literatur wird darin zu Recht eine „Verletzung des föderalistischen Prinzips" gesehen.[362] Intensiviert wird der unitarische Effekt von Art. 49 Abs. 1 BV überdies dadurch,

---

[357] Zur Begriffswahl s. *Vallender*, AJP 1999, 690, 693; *Reich*, Grundzüge der föderalistischen Finanzverfassung, in: Thürer/Aubert/Müller (Hrsg.), Verfassungsrecht der Schweiz, § 76 Rn. 8 f.

[358] *Vallender*, in: St. Galler Kommentar, Vorb. zur Finanzordnung, Rn. 16.

[359] *Schweizer*, in: St. Galler Kommentar zu Art. 3 BV, Rn. 7; *Häfelin/Haller/Keller/Thurnherr*, Schweizerisches Bundesstaatsrecht, Rn. 933; s. dazu auch schon *Schollenberger*, Das Bundesstaatsrecht der Schweiz, S. 146 f.

[360] Ausführlich dazu unten, § 9 III.2.

[361] *Ruch*, in: St. Galler Kommentar zu Art. 49 BV, Rn. 6.

[362] So etwa *Häfelin/Haller/Keller/Thurnherr*, Schweizerisches Bundesstaatsrecht, Rn. 1182; *Buser*, Kantonales Staatsrecht, Rn. 167.

dass die Norm ein verfassungsmäßiges Recht enthält, welches vom Einzelnen im Verfahren der Beschwerde in öffentlich-rechtlichen Angelegenheiten geltend gemacht werden kann.[363] Ein weiteres Instrument der Rechtsvereinheitlichung bildet die in Art. 51 Abs. 2 S. 1 i.V.m. Art. 172 Abs. 2 BV vorgeschriebene Gewährleistung der Kantonsverfassungen durch die Bundesversammlung, bei der es sich um ein Kontrollinstrument gegenüber den Kantonsverfassungen handelt[364] und die eine ähnliche Wirkung zeitigt wie die in Art. 28 Abs. 1 S. 1 GG verankerte Homogenitätsklausel. Eine Überprüfung kantonaler Verfassungsnormen durch das Bundesgericht ist jedoch wegen der *lex specialis*-Wirkung des Art. 172 Abs. 2 BV selbst dann ausgeschlossen, wenn die bloße Änderung einer kantonalen Verfassungsbestimmung in Rede steht.[365] Dies wiederum gilt nur ausnahmsweise dann nicht, wenn das übergeordnete Recht im Zeitpunkt der Gewährleistung noch nicht bestanden hatte, so dass in diesem Fall zumindest eine vorfrageweise Überprüfung der kantonalen Verfassungsbestimmung und damit eine bundesrechtliche Kontrolle zulässig ist.[366]

Als weiteres unitarisches Moment ist die in Art. 49 Abs. 2 BV verfassungsrechtlich verankerte Aufsichtsbefugnis des Bundes über die Kantone zu nennen. Im eigenen Wirkungskreis der Kantone beschränkt sich die Bundesaufsicht auf eine Rechtsaufsicht, während im übertragenen Wirkungskreis, d.h. bei der Delegation von Bundesaufgaben an die Kantone,[367] grundsätzlich auch die Ausübung des bundesrechtlich eingeräumten Ermessens vom Bund überwacht werden kann, solange sich das Recht zur Angemessenheitskontrolle hinreichend deutlich aus der bundesrechtlichen Delegation ergibt.[368] Andernfalls bleibt es bei einer bloßen Rechtmäßigkeitskontrolle,[369] welche die Interessen der Kantone und damit das föderale System weit weniger belastet. Das Instrument der Bundesaufsicht impliziert in der Regel eine lediglich präventive Kontrolle ohne Zwangscharakter, doch existieren daneben noch einige wenige zwangsbewehrte Aufsichtsmaßnahmen, die allerdings dem Bereich der Bundesexekution zuzurechnen sind.[370] Zu den nicht-zwangsbewehrten Aufsichtsnahmen, für die in der Schweizer Verfassung, anders als im Grundgesetz, keine genaue Zuordnung zur Art der kantonalen Aufgabe vorgesehen ist[371] und die hinsichtlich der Aufsichtsmaßnah-

---

[363] BGE 138 I 356, 361 E. 5.4.2; 137 I 31, 41 E. 4.1; *Ruch*, in. St. Galler Kommentar zu Art. 49 BV, Rn. 30.

[364] *Buser*, Kantonales Staatsrecht, Rn. 88; *Auer*, Staatsrecht, der schweizerischen Kantone, Rn. 591 ff.

[365] BGE 118 Ia 124, 126 E. 3; andererseits aber BGE 131 I, 126, 130 f. E. 3, der eine gewisse Öffnung zu enthalten scheint; vgl. dazu *Rhinow/Schefer/Uebersax*, Schweizerisches Verfassungsrecht, Rn. 925.

[366] Vgl. BGE 111 Ia 239, 240 ff. E. 3 zu den Garantien der EMRK; 116 Ia, 359, 366 f. E. 4; *Häfelin/Haller/Keller/Thurnherr*, Schweizerisches Bundesstaatsrecht, Rn. 1029 ff.

[367] Näher dazu *Buser*, Kantonales Staatsrecht, Rn. 162 ff.; *Tschannen*, Staatsrecht, § 21 Rn. 14.

[368] Vgl. *Tschannen*, Staatsrecht, § 26 Rn. 5.

[369] *Tschannen*, Staatsrecht, § 26 Rn. 5; *Häfelin/Haller/Keller/Thurnherr*, Schweizerisches Bundesstaatsrecht, Rn. 1208.

[370] *Tschannen*, Staatsrecht, § 26 Rn. 11.

[371] *Hanschel*, Konfliktlösung im Bundesstaat, S. 506 f.

men des Bundesrats ihre Rechtsgrundlage in Art. 186 Abs. 4 BV finden, zählen u.a. die Erteilung von Weisungen an die Kantone, die konkrete Beanstandung einer Maßnahme sowie Inspektionen bei kantonalen Amtsstellen.[372] Die Rechtsgrundlage für Aufsichtsmaßnahmen der Bundesversammlung bilden demgegenüber Art. 172 Abs. 2 und 3 BV sowie Art. 169 BV.

Die ebenfalls unitarisch wirkenden Zwangsmaßnahmen im Bereich der Bundesexekution sind in der Bundesverfassung nicht näher präzisiert. Praktisch fallen darunter v.a. finanzielle Druckmittel sowie die Ersatzvornahme in Folge des Selbsteintritts des Bundes.[373] Bei schwersten Verletzungen elementarer Bundespflichten durch einen Kanton kommt schließlich noch die militärische Exekution, d.h. der Beizug von Truppen zur Durchsetzung des Bundesrechts nach Art. 173 Abs. 1 lit. d) i.V.m. Art. 185 Abs. 4 BV in Betracht, wobei ein solcher Fall bislang praktisch noch nie aufgetreten ist.[374]

e) Zwischenergebnis

Zusammenfassend lässt sich die Schweiz als föderales, bundesstaatliches System bezeichnen, in dem die Kantone im Vergleich zu den deutschen Bundesländern über einen etwas größeren Handlungsspielraum verfügen. Dennoch darf nicht übersehen werden, dass auch der Föderalismus in der Schweiz von deutlich spürbaren Unitarisierungstendenzen geprägt ist, woran die Neugestaltung des Finanzausgleichs und der Aufgabenteilung zwischen Bund und Ländern bislang wenig geändert hat. In Bezug auf das Verhältnis zwischen Bund und Kantonen zeigt sich, dass die wechselseitige Kooperation eine noch größere Rolle spielt als in Deutschland, was sich nicht zuletzt darauf zurück führen lässt, dass der Föderalismus in der Schweiz auch als Mittel betrachtet wird, um der Multikulturalität und der Vielfalt des Landes Rechnung zu tragen. Den Kantonen kommt dabei eine beschränkte eigene Staatlichkeit zu, welche unter dem Vorbehalt der Bundesverfassung steht. Das Problem der Souveränität wird in diesem Zusammenhang heute nur noch selten diskutiert. Stattdessen hat sich, anders als in Deutschland, in Rechtsprechung und Lehre eine pragmatisch-funktionale Herangehensweise zur Beschreibung des Verhältnisses zwischen Bund und Kantonen durchgesetzt. Insofern ist es konsequent, wenn zwar von einer tendenziellen Überordnung des Bundes über die Kantone ausgegangen wird, die Berechtigung dieser Prämisse, anders als in Bezug auf das deutsche Bund-Länder-Verhältnis, in Rechtsprechung und Literatur jedoch wenig bis gar nicht diskutiert wird.

---

[372] *Tschannen*, Staatsrecht, § 26 Rn. 15 f.; *Jaag*, Die Rechtsstellung der Kantone in der Bundesverfassung, in: Thürer/Aubert/Müller (Hrsg.), Verfassungsrecht der Schweiz, § 30 Rn. 40; *Häfelin/Haller/Keller/Thurnherr*, Schweizerisches Bundesstaatsrecht, Rn. 1211 ff.

[373] Näher dazu *Tschannen*, Staatsrecht, § 26 Rn. 26 ff.; *Jaag*, Die Rechtsstellung der Kantone in der Bundesverfassung, in: Thürer/Aubert/Müller (Hrsg.), Verfassungsrecht der Schweiz, § 30 Rn. 43 f.

[374] *Tschannen*, Staatsrecht, § 26 Rn. 33; *Hanschel*, Konfliktlösung im Bundessstaat, S. 508.

4. Die EU als föderales System

a) Föderale Elemente

aa) Eigenständigkeit von EU und Mitgliedsstaaten

Die EU in ihrer Gestalt nach dem Vertrag von Lissabon kann mit guten Gründen als föderales System bezeichnet werden.[375] Diese Annahme beruht zunächst darauf, dass sowohl die Union selbst als auch die Mitgliedstaaten als selbständige Einheiten agieren.[376] So besitzt jeder Mitgliedstaat, ebenso wie in Deutschland jedes Bundesland, seine eigene Regierung, sein eigenes Parlament und seine eigene Gerichtsbarkeit sowie das Recht, Steuern zu erheben. Auch die Union selbst verfügt mit dem Europäischen Parlament über ein eigenes Parlament sowie mit dem Gerichtshof der Europäischen Union über eine eigene Gerichtsbarkeit. Die EU-Kommission nimmt die Aufgaben der Exekutive wahr und ist dabei nach Art. 17 UAbs. 3 Abs. 3 S. 1 EUV von den Mitgliedstaaten unabhängig. Zwar besitzt die EU kein eigenes Recht zur Steuererhebung oder sonstigen Mittelbeschaffung, doch stehen ihr nach Art. 311 des Vertrages über die Arbeitsweise der Europäischen Union (AEUV) Eigenmittel zur Verfügung, die, obwohl sie zum Großteil aus den Mitgliedsstaaten stammen, der Union nicht ohne Änderung des Primärrechts entzogen werden können, so dass ihre Finanzierung langfristig gesichert ist.[377] Damit zeichnet sich die Union auch insoweit als selbstständige Einheit aus.

bb) Beteiligung der Mitgliedstaaten an der Unionsrechtssetzung

Typisch für ein föderales System ist daneben die vielfältige Verflechtung zwischen Union und Mitgliedstaaten, was insbesondere durch die Beteiligung der Mitgliedstaaten an der Europäischen Gesetzgebung im Rahmen des Ministerrates gem. Art. 16 Abs. 1 und 2 AEUV zum Ausdruck kommt.[378] Dieses Organ ist nach dem Vertrag von Lissabon weiterhin das zentrale Entscheidungsgremium der EU mit der größten Kompetenzfülle.[379] Neben der Gesetzgebungsfunktion übt der Ministerrat auch Regierungsfunktionen aus, insbesondere im Rahmen der

---

[375] Exemplarisch etwa *Weiler*, Federalism Without Constitutionalism, S. 7, 8; *Eeckhout*, CMLR 39 (2002), 945, 946; *Everling*, Die Europäische Union als föderaler Zusammenschluss von Staaten und Bürgern, in: v. Bogdandy/Bast (Hrsg.), Europäisches Verfassungsrecht, S. 961, 1005; *Claes/de Visser*, The Court of Justice as a Federal Constitutional Court: A Comparative Perspective, in: Cloots/de Baere/Sottiaux (Hrsg.), Federalism in the European Union, S. 83, 84 f.; zur EG als föderales System s. *Everling*, FS Doehring, S. 179, 181 ff.; *Phelan*, Revolt or Revolution?, S. 160 ff.

[376] Näher zum Verhältnis von EU und Mitgliedstaaten s. unten, § 1 II.2.

[377] Näher dazu *Streinz*, Europarecht, Rn. 730 ff.; *Schoo*, in: Schwarze, EU-Kommentar, Art. 311 AEUV Rn. 1 ff.; *Waldhoff*, in: Calliess/Ruffert, EUV/AEUV, Art. 311 AEUV Rn. 2 ff.

[378] Zum Ministerrat als föderales Element auch *Heckel*, Der Föderalismus als Prinzip überstaatlicher Gemeinschaftsbildung, S. 45 ff.

[379] *Herdegen*, Europarecht, § 7 Rn. 17; *Calliess*, in: Calliess/Ruffert, EUV/AEUV, Art. 16 EUV Rn. 1

Festlegung und Koordinierung der Politik im Rahmen der Gemeinsamen Außen- und Sicherheitspolitik (GASP).[380]

cc) Verteilung der Rechtssetzungskompetenzen sowie Subsidiaritäts- und Verhältnismäßigkeitsprinzip

Des Weiteren weist das Modell der Kompetenzverteilung zwischen Union und Mitgliedstaaten föderalen Charakter auf.[381] Leitprinzip ist das in Art. 5 Abs. 1 S. 1, Abs. 2 EUV verankerte Prinzip der begrenzten Einzelermächtigung, wonach die Union nur dann rechtssetzend tätig werden darf, wenn die Verträge eine Verbandskompetenz der Union begründen, während im Übrigen die Zuständigkeit bei den Mitgliedstaaten verbleibt.[382] Nach dem Vertrag von Lissabon unterscheidet das Unionsrecht unterschiedliche Kompetenzformen, definiert deren rechtliche Folgen und ordnet die einzelnen Sachpolitiken diesen Kompetenzformen zu.[383] Anders als die Zuständigkeiten im deutschen Bundesstaatsrecht erstrecken sich die Kompetenzen der EU jedoch nach Inkrafttreten des Vertrags von Lissabon nicht ausschließlich auf gegenständliche Sachgebiete, sondern sie beziehen sich weiterhin auch auf finale Politikbereiche.[384] Daher sind sie wesentlich dynamischer und flexibler ausgestaltet als die bundesstaatlichen Kompetenzen, was die Art und Weise ihrer Ausübung wenig prognostizierbar macht und auf Dauer zu Kompetenzerweiterungen zu Gunsten der Union führen kann.[385]

Art. 3 Abs. 1 AEUV listet in abschließender Weise[386] die ausschließlichen Unionszuständigkeiten auf, für die das Subsidiaritätsprinzip nach Art. 5 Abs. 3 EUV nicht gilt und bei denen die Mitgliedstaaten unabhängig vom konkreten Tätigwerden der Union nach Art. 2 Abs. 1 AEUV nicht mehr handlungsbefugt sind, es sei denn, sie wurden ausdrücklich von den Organen der EU dazu ermächtigt oder führen Unionsrecht durch.[387] Art. 4 Abs. 2 AEUV enthält einen nicht abschließenden Katalog[388] mit geteilten, d.h. konkurrierenden Rechtssetzungskompetenzen der Union, bei denen die Mitgliedstaaten nach Art. 2 Abs. 2 S. 2 AEUV nur insoweit und so lange zuständig sind, als die EU keine Rechtsakte erlassen hat,

---

380 *Calliess*, in: Calliess/Ruffert, EUV/AEUV, Art. 16 EUV Rn. 2 ff.

381 *Eilmansberger*, Vertikale Kompetenzverteilung zwischen der Union und den Mitgliedstaaten, in: Hummer/Obwexer (Hrsg.), Der Vertrag von Lissabon, S. 189, 190; *v. Danwitz*, AöR 131 (2006), 510, 519 f.

382 Ausführlich dazu *Calliess*, in: Calliess/Ruffert, EUV/AEUV, Art. 5 EUV Rn. 6 ff.; *Bast*, in: Grabitz/Hilf/Nettesheim, Das Recht der Europäischen Union, Art. 5 EUV Rn. 13 ff.

383 *Streinz*, Europarecht, Rn. 152.

384 Ausführlich zu den Änderungen durch den Vertrag von Lissabon s. unten, § 11 I.1.

385 *Breuer*, FS Starck, S. 165, 182 f.; *Eilmansberger*, Vertikale Kompetenzverteilung, in: Hummer/Obwexer (Hrsg.), Der Vertrag von Lissabon, S. 189, 204.

386 *Calliess*, in: Calliess/Ruffert, EUV/AEUV, Art. 2 AEUV Rn. 5; *Kotzur*, in: Geiger/Khan/Kotzur, EUV/AEUV, Art. 3 AEUV Rn. 1.

387 Vgl. *Haratsch/Koenig/Pechstein*, Europarecht, Rn. 150, die darauf hinweisen, dass z.B. Art. 336 AEUV ebenfalls eine ausdrückliche Unionskompetenz enthält.

388 *Calliess*, in: Calliess/Ruffert, EUV/AEUV, Art. 2 AEUV Rn. 11; *Kotzur*, in: Geiger/Khan/Kotzur, EUV/AEUV, Art. 4 AEUV Rn. 2.

welche die fragliche Materie abschließend regeln. Die geteilte Zuständigkeit wird vom Unionsrecht als Regelfall angesehen, was sich daraus ergibt, dass Art. 4 Abs. 1 gegenüber Art. 3 und Art. 6 AEUV als Auffangtatbestand fungiert.[389] Zu den geteilten Unionszuständigkeiten gehören u.a. der Binnenmarkt (Art. 26 ff. AEUV), die Sozialpolitik hinsichtlich der im Vertrag über die Arbeitsweise der Europäischen Union geregelten Aspekte (Art. 151 ff. AEUV) sowie der wirtschaftliche, soziale und territoriale Zusammenhalt (Art. 174 ff. AEUV). Daneben existieren gem. Art. 4 Abs. 3 und 4 AEUV noch geteilte Zuständigkeiten, bei denen sowohl die Union als auch die Mitgliedstaaten rechtsetzend tätig werden können und bei denen ein Tätigwerden der Union gegenüber der mitgliedstaatlichen Kompetenz ausnahmsweise keine Sperrwirkung auslöst.[390] Schließlich sind in Art. 2 Abs. 3 und 4 AEUV *sui generis*-Kompetenzen der EU für die Bereiche Wirtschafts- und Währungspolitik sowie für die Gemeinsame Außen- und Sicherheitspolitik aufgelistet, wobei die Union für Ersteres lediglich eine in Art. 5 AEUV näher definierte Koordinierungskompetenz besitzt.[391]

Gelockert wird die an sich strikte Trennung der Zuständigkeitsbereiche durch die Ermächtigung zur Vertragslückenschließung nach Art. 352 AEUV, welche der EU die Rechtssetzung auch dann gestattet, wenn sie zwar über keine eigene Kompetenz verfügt, ein Tätigwerden der Union im Rahmen der in den Verträgen festgelegten Politikbereiche aber erforderlich ist, um die Ziele der Union zu verwirklichen.[392] Eine Kompetenz-Kompetenz zu Gunsten der Union ist damit jedoch nicht verbunden.[393]

Wenngleich die Kompetenzverteilung nach dem Unionsrecht grundsätzlich auf ein föderales System hindeutet, kann sie von den Unionsorganen in der Rechtspraxis zugleich als ein Instrument zur Stärkung der Zentralgewalt genutzt werden, etwa durch eine weite Auslegung der Unionskompetenzen.[394] Wichtigstes Einfallstor in die Kompetenzbereiche der Mitgliedstaaten ist dabei die Rechtsangleichung zur Verwirklichung des Binnenmarktes, da hiervon das nationale öffentliche Wirtschaftsrecht tangiert und die künftige Entwicklung der Regelungen dem Unionsrecht überlassen wird.[395] Auf diese Weise erfährt das Prinzip der begrenzten Einzelermächtigung durch den Rückgriff auf die final ausgestaltete, allgemeine Harmonisierungskompetenz im Binnenmarkt gem. Art. 114

---

[389] *Streinz*, Europarecht, Rn. 157.

[390] *Calliess*, in: Calliess/Ruffert, EUV/AEUV, Art. 4 AEUV Rn. 1; *Nettesheim*, in: Grabitz/Hilf/Nettesheim, Art. 2 AEUV Rn. 33.

[391] *Eilmansberger*, Vertikale Kompetenzverteilung, in: Hummer/Obwexer (Hrsg.), Der Vertrag von Lissabon, S. 189, 198.

[392] Näher dazu *Rossi*, in: Calliess/Ruffert, EUV/AEUV, Art. 352 AEUV Rn. 10 ff.

[393] S. dazu *Haratsch/Koenig/Pechstein*, Europarecht, Rn. 162.

[394] *Nettesheim*, in: Grabitz/Hilf/Nettesheim, Das Recht der Europäischen Union, Art. 2 AEUV Rn. 1; *Eilmansberger*, Vertikale Kompetenzverteilung, in: Hummer/Obwexer (Hrsg.), Der Vertrag von Lissabon, S. 189, 190; *v. Danwitz*, AöR 131 (2006), 510, 520 f.

[395] *Everling*, in: v. Bogdandy/Bast (Hrsg.), Europäisches Verfassungsrecht, S. 961, 981; *Möstl*, EuR 2002, 318, 318 ff.

AEUV eine zunehmende Nivellierung.[396] Dies wiederum widerspricht dem in Art. 5 Abs. 1 S. 2, Abs. 3 EUV verankerten Grundsatz der Subsidiarität, welcher besagt, dass die Union in den Bereichen, die nicht in ihre ausschließliche Zuständigkeit fallen, nur tätig wird, sofern und soweit die Ziele der in Betracht gezogenen Maßnahmen von den Mitgliedstaaten weder auf zentraler noch auf regionaler oder lokaler Ebene verwirklicht werden können, sondern vielmehr wegen ihres Umfangs oder ihrer Wirkungen auf Unionsebene besser zu verwirklichen sind.[397] Die Maxime der Subsidiarität kann auf Unionsebene, ähnlich wie im deutschen Recht, als Kennzeichen für das Vorliegen einer föderalen Struktur angesehen werden[398] und erfuhr durch die infolge des Vertrags von Lissabon vorgenommenen Änderungen des Protokolls über die Anwendung der Grundsätze der Subsidiarität und der Verhältnismäßigkeit in verfahrensrechtlicher Hinsicht eine deutliche Aufwertung,[399] während die inhaltliche Dimension durch die Streichung der in dem mit dem Vertrag von Amsterdam verabschiedeten Subsidiaritätsprotokoll[400] enthaltenen Prüfungskriterien erheblich geschwächt wurde.[401] Eine föderale Schutzrichtung besitzt im Unionsrecht schließlich das mit dem Vertrag von Maastricht formell ins Unionsrecht eingeführte und heute in Art. 5 Abs. 4 EUV verankerte Verhältnismäßigkeitsprinzip, das, anders als im deutschen Recht, auch bei der Kompetenzausübung durch die Unionsorgane zu beachten ist und das durch das Protokoll über die Anwendung der Grundsätze der Subsidiarität und der Verhältnismäßigkeit konkretisiert wird.[402]

dd) Verwaltung

Der föderale Charakter der Union zeigt sich darüber hinaus im Bereich der Verwaltung, nachdem der Vollzug von Unionsrecht noch immer zu großen Teilen den Mitgliedstaaten obliegt und der Union es grundsätzlich verwehrt ist, in den mitgliedstaatlichen Verwaltungsaufbau einzugreifen.[403] Die Union ihrerseits kann das Unionsrecht lediglich im Wege eines Vertragsverletzungsverfahrens nach Art. 258 i.V.m. Art. 260 AEUV sowie der Vollstreckung nach Art. 280 i.V.m.

---

[396] *Calliess*, in: Calliess/Ruffert, EUV/AEUV, Art. 5 EUV Rn. 13 f.

[397] Näher dazu *Calliess*, in: Calliess/Ruffert, EUV/AEUV, Art. 5 EUV Rn. 26 ff.; *Haratsch/Koenig/Pechstein*, Europarecht, Rn. 166 ff.

[398] *Häberle*, AöR 119 (1994), 169, 187; *Heckel*, Der Föderalismus als Prinzip überstaatlicher Gemeinschaftsbildung, S. 121.

[399] Protokoll (Nr. 2) über die Anwendung der Grundsätze der Subsidiarität und der Verhältnismäßigkeit, ABl. EU 2010 Nr. C 83, S. 203 ff.; näher dazu *Saurer*, JZ 2014, 281, 283; näher zum Subsidiaritätsprinzip auf Unionsebene s. unten, § 15 I.1. b).

[400] Protokoll (Nr. 30) über die Anwendung der Grundsätze der Subsidiarität und der Verhältnismäßigkeit v. 02.10.1997, ABl. EG 1997 Nr. C 340, S. 105.

[401] Vgl. *Calliess*, in: Calliess/Ruffert, EUV/AEUV, Art. 5 Rn. 31 f.; *Wuermeling*, EuR 2004, 216, 224 f.

[402] Näher dazu *Saurer*, JZ 2014, 281, 281 ff.; s. auch unten, § 15 I.1. c).

[403] Ausführlich dazu *Streinz*, Europarecht, Rn. 582 ff.; *Ruffert*, in: Calliess/Ruffert, EUV/AEUV, Art. 197 AEUV Rn. 10 ff.

Art. 299 AEUV gegenüber den Mitgliedstaaten durchsetzen. Darüber hinaus ist die EU auch beim unionsunmittelbaren Vollzug auf die Hilfe mitgliedstaatlicher Stellen angewiesen, obwohl deren Kompetenzen in diesem Fall an sich verdrängt werden.[404] Schließlich hat sich in den letzten Jahren eine Kooperation zwischen EU-Kommission und Verwaltungsbehörden der Mitgliedstaaten dahin gehend entwickelt, dass das Unionsrecht gemeinsam in vernetzter Form vollzogen wird,[405] was ebenfalls für das Vorliegen einer föderalen Struktur spricht.

ee) Gebot der Achtung der nationalen Identität der Mitgliedstaaten

Nach Art. 4 Abs. 2 S. 1 EUV achtet die Union die Gleichheit der Mitgliedstaaten vor den Verträgen und ihre jeweilige nationale Identität, die in ihren grundlegenden politischen und verfassungsmäßigen Strukturen einschließlich der regionalen und lokalen Selbstverwaltung zum Ausdruck kommt.[406] Inhaltlich sollen durch das Achtungsgebot, welches seit 1993 im unionalen Primärrecht verankert ist,[407] der nationalstaatliche Charakter der Mitgliedstaaten betont[408] und die formale unionale Kompetenzordnung gestärkt werden,[409] was wiederum den föderalen Charakter der Union unterstreicht.[410]

ff) Pflicht zur loyalen Zusammenarbeit

Nicht zuletzt ist die in Art. 4 Abs. 3 UAbs. 1 AEUV verankerte Pflicht zur loyalen Zusammenarbeit zwischen Union und Mitgliedstaaten charakteristisch für die föderative Struktur der Union.[411] Dieser mit dem aus dem deutschen Verfassungsrecht bekannten Prinzip der Bundestreue verwandte Grundsatz[412] verpflichtet Union und Mitgliedstaaten zu gegenseitiger Achtung und Unterstützung bei der Erfüllung der sich aus den Verträgen ergebenden Aufgaben. Nach Art. 4 Abs. 3 UAbs. 2 und 3 EUV sind die Mitgliedstaaten zudem verpflichtet, alle geeigneten Maßnahmen zur Erfüllung der sich aus den Verträgen oder den Handlungen der

---

[404] *Streinz*, Europarecht, Rn. 589.

[405] Vgl. *Ruffert*, DÖV 2007, 761 ff.

[406] Zu Art. 4 Abs. 2 EUV s. EuGH, Rs. C-208/09, Sayn-Wittgenstein, Slg. 2010, I-13693, Rn. 92; Rs. C-51/08, Kommission/Luxemburg, Slg. 2011, I-4231, Rn. 124; Rs. C-391-/09, Runevič-Vardyn und Wardyn, Slg. 2011, I-3787, Rn. 86 ff.

[407] S. dazu *Puttler*, in: Calliess/Ruffert, EUV/AEUV, Art. 4 EUV Rn. 13.

[408] S. dazu *Puttler*, in: Calliess/Ruffert, EUV/AEUV, Art. 4 EUV Rn. 9; *Geiger*, in: Geiger/Khan/Kotzur, EUV/AEUV, Art. 4 EUV Rn. 3.

[409] *Goldhammer*, JöR 63 N.F. (2015), 105, 107 f.

[410] *Hatje*, in: Schwarze, EU-Kommentar, Art. 4 EUV Rn. 3.

[411] So auch *Kahl*, in: Calliess/Ruffert, EUV/AEUV, Art. 4 EUV Rn. 33; *v. Bogdandy/Schill*, in: Grabitz/Hilf/Nettesheim, Das Recht der Europäischen Union, Art. 4 EUV Rn. 1; ähnlich *Lück*, Die Gemeinschaftstreue als allgemeines Rechtsprinzip, S. 158.

[412] Vgl. dazu *Kahl*, in: Calliess/Ruffert, EUV/AEUV, Art. 4 EUV Rn. 30; *Zweigert*, RabelsZ 28 (1964), 601, 620; krit. zur Bezeichnung „Unionstreue" *Hatje*, Loyalität als Rechtsprinzip der Europäischen Union, S. 36 f.; *Wille*, Die Pflicht der Organe der Europäischen Gemeinschaft zur loyalen Zusammenarbeit mit den Mitgliedstaaten, S. 83 ff., 159 f.

Unionsorgane ergebenden Verpflichtungen zu ergreifen und die Union bei der Erfüllung ihrer Aufgabe zu unterstützen sowie alle Maßnahmen zu unterlassen, die die Verwirklichung der Ziele der Union gefährden könnten. Dazu gehört insbesondere die einheitliche und uneingeschränkte Erfüllung des Unionsrechts bei der Ausgestaltung der innerstaatlichen Rechtsordnung.[413] Daran wird deutlich, dass mit Hilfe der Regelung des Art. 4 Abs. 3 EUV die Funktionsfähigkeit der EU als Rechtsunion gewährleistet werden soll.[414] Andererseits soll Art. 4 Abs. 3 EUV einer illoyalen Ausweitung der Unionskompetenzen zu Lasten der Mitgliedstaaten entgegen wirken und so den föderalen Charakter der Union schützen.[415]

b) Unitarische Elemente

Zu den unitarischen Elementen im System der EU gehören die EU-Kommission mit ihren Kompetenzen, der vom EuGH entwickelte Anwendungsvorrang des Unionsrechts,[416] die unmittelbare Anwendbarkeit des Unionsrechts,[417] welche in Deutschland und der Schweiz in der für Bundesstaaten typischen und regelmäßig nicht näher diskutierten direkten Anwendbarkeit des Bundesrechts auch in den Ländern bzw. Kantonen ihr Pendant hat, die Kompetenz der Union zum Erlass von Rechtsverordnungen nach Art. 288 Abs. 1 und 2 AEUV sowie die Homogenitätsklausel[418] des Art. 2 EUV, wonach sich die Union auf die Werte der Achtung der Menschenwürde, der Freiheit, Demokratie, Gleichheit, Rechtsstaatlichkeit und Wahrung der Menschenrechte einschließlich der Rechte der Personen, die Minderheiten angehören, gründet. Diese Werte sind allen Mitgliedstaaten der Union gemeinsam und sollen die EU zu einem Werteverbund[419] erwachsen lassen.[420] Schließlich ist der EuGH mit seiner Rechtsprechung in der Lage, die Integration und Rechtsvereinheitlichung in der Union voran zu treiben.[421] Der Gerichtshof entscheidet u.a. über Streitigkeiten im Verhältnis zwischen EU und Mitgliedstaaten sowie zwischen den Mitgliedstaaten, wobei föderale Fragen insbesondere im Rahmen von Vertragsverletzungsverfahren nach Art. 258 und 259 AEUV, aber auch bei Nichtigkeitsklagen nach Art. 263 AEUV

---

[413] EuGH, Rs. C-213/89, Factortame I, Slg. 1990, I-2433 Rn. 19; *Herdegen*, Europarecht, § 6 Rn. 14.

[414] *Kahl*, in: Calliess/Ruffert, EUV/AEUV, Art. 4 EUV Rn. 35.

[415] *Geiger*, in: Geiger/Khan/Kotzur, EUV/AEUV, Art. 4 EUV Rn. 7; ausführlich zum Prinzip der Gemeinschafts- bzw. Unionstreue *Hailbronner*, JZ 1990, 149, 152.

[416] EuGH, Rs. 6/64, Costa/ENEL, Slg. 1964, 1251, 1269; näher zum Anwendungsvorrang s. unten, § 10 III. 2.

[417] Grundlegend dazu EuGH, Rs. 26/62, Van Gend & Loos, Slg. 1963, 3, 24 ff.

[418] *Schorkopf*, Homogenität in der Europäischen Union, S. 69 ff.; *Hilf/Schorkopf*, in: Grabitz/Hilf/Nettesheim, Das Recht der Europäischen Union, Art. 2 EUV Rn. 10.

[419] Vgl. *Calliess*, JZ 2004, 1033, 1041 f.

[420] Ausführlich dazu *Calliess*, in: Calliess/Ruffert, EUV/AEUV, Art. 2 EUV Rn. 7 ff.

[421] *Kokott/Sobotta*, EuGRZ 2013, 465, 465; *Herdegen*, Europarecht, § 7 Rn. 98; *Hirsch*, NJW 1996, 2457, 2463; *Horsley*, CMLR 50 (2013), 931, 931 ff., der den EuGH als den „Motor of European Integration" bezeichnet.

sowie bei Vorabentscheidungsverfahren gemäß Art. 267 AEUV eine Rolle spielen können. Insoweit kann der Gerichtshof zugleich auch als föderales Element betrachtet werden.[422]

Unabhängig davon ist die EU trotz der genannten unitarischen Elemente nach dem Primärrecht kein unitarisches Gebilde, da, wie gezeigt, als Ausgleich verschiedene föderale Instrumente existieren. Dies schließt es jedoch nicht aus, dass sich in der Rechtswirklichkeit die unitarischen Momente stärker durchsetzen und etwa eine Unitarisierung des Grundrechtsschutzes in der EU bewirken.[423]

c) Rechtsnatur der EU

Die EU in ihrer gegenwärtigen Gestalt nach dem Vertrag von Lissabon erfüllt nach der von *Georg Jellinek* begründeten Drei-Elemente-Lehre[424] nicht die Voraussetzungen eines Staates im herkömmlichen, völkerrechtlichen Sinn.[425] Sie verfügt weder über ein eigenständiges Staatsgebiet noch über ein eigenes europäisches Staatsvolk, da das Gebiet der EU, d.h. der Geltungsbereich des Unionsrechts, ebenso wie die Unionsbürgerschaft, von den Staatsgebieten und -angehörigkeiten der Mitgliedstaaten abhängt.[426] Selbst wenn man davon ausginge, dass die Vermittlung des Staatsgebietes und Staatsvolkes durch die Mitgliedstaaten für die Bejahung der Staatlichkeit der EU ausreicht,[427] fehlt es der Union dennoch an einer eigenen, genuinen Staatsgewalt, nachdem sie nicht über die einem Staat eigene Kompetenz-Kompetenz in Form einer Allgemeinzuständigkeit zum politischen Handeln verfügt.[428] Grund dafür ist, dass die Befugnis zur Fortentwicklung der vertraglichen Grundlagen nicht bei den EU-Organen selbst liegt, sondern weiter von den Mitgliedstaaten als „Herren der Verträge"[429] abhängig ist.[430] Auch hinsichtlich der Verteilung der substanziellen Befugnisse

---

[422] *Everling*, FS Doehring, S. 179, 183.

[423] Ausführlich dazu unten, § 11 IV. u. V.

[424] *Jellinek*, Allgemeine Staatslehre, S. 394 ff.

[425] Ganz h.M., vgl. nur *Nettesheim*, in: Grabitz/Hilf/Nettesheim, Das Recht der Europäischen Union, Art. 1 EUV Rn. 67; *Calliess*, in: Calliess/Ruffert, EUV/AEUV, Art. 1 EUV Rn. 29; *Heckel*, Der Föderalismus als Prinzip überstaatlicher Gemeinschaftsbildung, S. 66 ff.; a.A. *Ossenbühl*, DVBl. 1993, 629, 631 f.; *Murswiek*, NVwZ 2009, 481, 483 ff.

[426] BVerfGE 89, 155, 188; *Nettesheim*, in: Grabitz/Hilf/Nettesheim, Das Recht der Europäischen Union, Art. 1 EUV Rn. 67; *Calliess*, in: Calliess/Ruffert, EUV/AEUV, Art. 1 EUV Rn. 29; *Weiler*, In defence of the status quo: Europe's constitutional *Sonderweg*, in: Weiler/Wind (Hrsg.), European Constitutionalism Beyond the State, S. 7, 8 ff.

[427] Vgl. *Schmitz*, EuR 2003, 217, 219 ff.; *Augustin*, Das Volk der Europäischen Union, S. 62, 110 f. hinsichtlich der Unionsbürgerschaft; krit. bezüglich einer solchen Annahme *Calliess*, JZ 2004, 1033, 1038.

[428] *Calliess*, in: Calliess/Ruffert, EUV/AEUV, Art. 1 EUV Rn. 29; *Heckel*, Der Föderalismus als Prinzip überstaatlicher Gemeinschaftsbildung, S. 70 ff.

[429] So etwa BVerfGE 75, 223, 242; 89, 155, 190; vgl. auch das Urteil das dänischen Obersten Gerichtshofs v. 06.04.1998, EuGRZ 1999, 49, 50, Rn. 9.2.

[430] *Nettesheim*, in: Grabitz/Hilf/Nettesheim, Das Recht der Europäischen Union, Art. 1 EUV Rn. 69.

und Zuständigkeiten ist die EU nicht als Staat anzusehen, da sie weder das Gewaltmonopol noch militärische oder polizeiliche Macht noch das Recht, aus eigener Befugnis Steuern zu erheben, besitzt.[431] Andererseits wurde ihr in begrenztem Umfang von den Mitgliedstaaten originär öffentliche Gewalt übertragen, so dass sie mehr ist als eine bloße internationale Organisation im klassischen Sinn. Daher überrascht es nicht, dass sie bereits früh als „supranationale Organisation" bezeichnet wurde.[432]

Das Bundesverfassungsgericht nannte die EU in seinem *Maastricht*-Urteil aus dem Jahr 1993 eine „Union der Völker Europas", welche einen „auf eine dynamische Entwicklung angelegte[n] Verbund demokratischer Staaten"[433] darstelle, der auf den völkerrechtlichen Gründungsverträgen beruhe und in dem die Mitgliedstaaten Träger der Souveränität blieben.[434] Auch in seinem *Lissabon*-Urteil aus dem Jahr 2009 griff das Gericht den Begriff des Staatenverbundes wieder auf und definierte ihn als „enge, auf Dauer angelegte Verbindung souverän bleibender Staaten, die auf vertraglicher Grundlage öffentliche Gewalt ausübt, deren Grundordnung jedoch allein der Verfügung der Mitgliedstaaten unterliegt und in der die Völker – das heißt die staatsangehörigen Bürger – der Mitgliedstaaten die Subjekte demokratischer Legitimation bleiben."[435] Zugleich spricht das Gericht von einer „Vertragsunion souveräner Staaten", was die völkerrechtlichen Grundlagen der EU noch stärker betont.[436] In Bezug auf die Schaffung eines europäischen Bundesstaates stellt das Bundesverfassungsgericht fest, dass das Grundgesetz die souveräne Staatlichkeit Deutschlands nicht nur voraussetze, sondern sie auch garantiere,[437] so dass die für Deutschland handelnden Organe nicht ermächtigt seien, durch einen Eintritt in einen Bundesstaat das Selbstbestimmungsrecht des deutschen Volkes in Gestalt der völkerrechtlichen Souveränität Deutschlands aufzugeben. In seinem *Honeywell*-Beschluss aus dem Jahr 2010 verwies das Gericht dementsprechend auf die „stark föderalisierte[...] und kooperative[...] Organisationsstruktur der Europäischen Union, die in vielen Bereichen sowohl im Umfang der Kompetenzen als auch in der Organisationsstruktur und den Verfahren zwar staatsanalog, aber nicht bundesstaatlich geprägt" sei.[438] An diesen Aussagen wird deutlich, dass das Bundesverfassungsgericht die EU zwar nicht als Bundesstaat, andererseits aber auch nicht als bloßen Staatenbund, sondern als Sonderform eines föderalen Systems versteht.

---

[431] *Nettesheim*, in: Grabitz/Hilf/Nettesheim, Das Recht der Europäischen Union, Art. 1 EUV Rn. 68; *v. Bogdandy*, FS Badura, S. 1033, 1039.

[432] *Calliess*, in: Calliess/Ruffert, EUV/AEUV, Art. 1 EUV Rn. 29; für eine Vergleichbarkeit mit einem Bundesstaat auch *Mayer*, VVDStRL 75 (2015), 7, 11 f.

[433] BVerfGE 89, 155, 184; zum Begriff des Staatenverbundes bereits *P. Kirchhof*, Diskussionsbeitrag, EuR-Beiheft I/1991, 59, 60.

[434] BVerfGE 89, 155, 188 f.

[435] BVerfGE 123, 267, 348.

[436] BVerfGE 123, 267, 357.

[437] BVerfGE 123, 267, 343.

[438] BVerfGE 126, 286, 306 f.

In der Literatur existieren verschiedene Ansätze zur Einordnung der EU.[439] *Pernice* hat das verfassungspluralistisch zu verstehende[440] Konzept des Verfassungsverbundes entwickelt, wonach das Primärrecht der EU und die Verfassungen der Mitgliedstaaten zu einem einzigen Verfassungsverbund verschmolzen sind.[441] Die Bürger der Mitgliedstaaten sind damit Legitimationssubjekte, aber zugleich auch Adressaten ihres nationalen Rechts und der gemeinsamen europäischen Normen, die als zwei verschiedene Ebenen zwar formal voneinander zu unterscheiden sind, im Sinne eines *multilevel constitutionalism* als komplementäre, aufeinander bezogene Ordnung jedoch eine materielle Einheit bieten, die sich durch eine Gleichzeitigkeit von Neben- und Übereinander der beteiligten Ebenen auszeichnet.[442] Dieses Konzept, welches sich von der klassischen Dichotomie von Staatenbund und Bundesstaat löst, wurde verschiedentlich aufgegriffen und weiter entwickelt, etwa unter Verknüpfung mit der Netzwerktheorie.[443]

Auch andere Autoren versuchen, sich von dem Begriffspaar Staatenbund-Bundesstaat frei zu machen, indem sie verstärkt die föderalen Elemente der Union betonen.[444] Die EU wird dabei als föderatives, sich über die Zeit wandelndes Mischsystem beschrieben, welches durch völkerrechtlichen Vertrag gegründet worden sei und anfangs starke Züge eines Staatenbundes aufgewiesen, mit jeder Vertragsänderung aber zunehmend supranationale Elemente ausgebildet habe.[445] *Von Bogdandy* etwa beschreibt die Union als „nicht-staatliches föderales Gemeinwesen“[446] und spricht insoweit vom „supranationalen Föderalismus“.[447]

---

[439] Überblicksmäßig dazu *Calliess*, in: Calliess/Ruffert, EUV/AEUV, Art. 1 EUV Rn. 32 ff.

[440] Vgl. *Mayer*, VVDStRL 75 (2015), 7, 28 ff.

[441] *Pernice*, Bestandssicherung der Verfassungen: Verfassungsrechtliche Mechanismen zur Wahrung der Verfassungsordnung, in: Bieber/Widmer (Hrsg.), Der europäische Verfassungsraum, S. 225, 261 ff.; *ders.*, EuR 1996, 27, 29 ff.; *ders.*, CMLR 36 (1999), 703 ff.; *ders.*, VVDStRL 60 (2001), 148, 163 ff. u. 173; *ders.*, ZaöRV 70 (2010), 51, 51 ff. unter Verknüpfung des Verfassungsverbundes mit der Netzwerktheorie; s. dazu auch *Burchardt*, Die Rangfrage im europäischen Normenverbund, S. 190 ff.

[442] *Pernice*, CMLR 36 (1999), 703, 707 ff.; *ders.*, VVDStRL 60 (2001), 148, 1173 f.; *Kingreen*, Das Sozialstaatsprinzip im europäischen Verfassungsverbund, S. 386; für eine Einordnung als Verfassungsverbund auch *Calliess*, in: Calliess/Ruffert, EUV/AEUV, Art. 1 EUV Rn. 36 ff.

[443] So etwa *Peters*, Elemente einer Theorie der Verfassung Europas, S. 205 ff., 215 ff.; s. auch *Pernice*, ZaöRV 70 (2010), 51, 51 ff. unter Verknüpfung des Verfassungsverbundes mit der Netzwerktheorie; *ders.*, Verfassungsverbund, in: Franzius/Mayer/Neyer (Hrsg.), Strukturfragen der Europäischen Union, S. 102, 117 f.

[444] Dies gilt gerade auch für Autoren aus dem englischsprachigen Raum, vgl. *Weiler*, Federalism Without Constitutionalism, in: Nicolaidis/Howse (Hrsg.), The Federal Vision, S. 54, 54; *McKay*, Designing Europe, S. 3; vgl. auch *Torres Pérez*, Conflicts of Rights in the European Union, S. 71.

[445] Vgl. dazu *Oeter*, in: v. Bogdandy/Bast (Hrsg.), Europäisches Verfassungsrecht, S. 73, 76 ff.; *Badura*, FS Lerche, 369, 381; *Everling*, in: v. Bogdandy/Bast (Hrsg.), Europäisches Verfassungsrecht, S. 961, 1004 f.; *Häberle/Kotzur*, Europäische Verfassungslehre, Rn. 597; die föderalen Elemente betonend auch *Schönberger*, AöR 129 (2004), 81, 89 ff.

[446] *V. Bogdandy*, Supranationaler Föderalismus als Wirklichkeit und Idee einer neuen Herrschaftsform, S. 22.

[447] *V. Bogdandy*, Supranationaler Föderalismus als Wirklichkeit und Idee einer neuen Herrschaftsform, S. 10; so auch *Möstl*, Bundesstaat und Staatenverbund, S. 15.

All diesen Ansätzen wird entgegen gehalten, dass sie das klassische Paradigma von Staatenbund und Bundesstaat nur scheinbar überwänden, indem sie die EU als Gebilde *sui generis* qualifizierten. Einige Autoren haben deshalb auf der Grundlage der von *Carl Schmitt* entwickelten Bundeslehre[448] eine Theorie des Bundes entwickelt, welche adäquatere, verallgemeinerungsfähige Kategorien zur Erfassung sämtlicher föderalen Gebilde bereit halten soll.[449] Der Begriff des Bundes erfasst dabei das gesamte Spektrum föderaler Ordnungen, die auf einer freiwilligen Vereinigung von Staaten beruhen und keinen konsolidierten Bundesstaat bilden, als eigenständige politische Gebilde.[450] Im Unterschied zur Klassifikation durch das Konzept des Verbundes stellen derartige Gebilde nach dem Bund-Konzept keine Zwischenstufen zwischen Staatenbund und Bundesstaat dar, sondern sind vielmehr als eigene Kategorie aufzufassen, welche im Vergleich zu den beiden überkommenen Kategorien ein *aliud* bildet. Die nach Auffassung der allgemeinen Staatslehre[451] für die Frage der Staatlichkeit so wichtige Souveränitätsfrage muss in einem Bund denknotwendig suspendiert bleiben, bis aus dem Bund ein konsolidierter Bundesstaat wird und er damit kein Bund mehr ist, da die Beziehungen zwischen Mitgliedstaaten und Bundesebene in einem Bund, anders als in einem Bundesstaat, strukturell nicht hierarchisiert sind,[452] sondern sich durch ein heterarchisches und pluralistisches[453] Verhältnis auszeichnen, wobei die einzelnen Teilebenen durchaus in Beziehung zueinander stehen und es daher zu einem wechselseitigen Aufeinander-Einwirken kommt.

---

[448] Vgl. *Schmitt*, Verfassungslehre, S. 361, 366 ff.

[449] So zuerst *Steiger*, Staatlichkeit und Überstaatlichkeit, S. 149 ff.; daran anknüpfend *Franzius*, Europäisches Verfassungsdenken, S. 61 ff.; *Dann*, Der Staat 42 (2003), 355, 355 f., der von „Exekutivföderalismus" spricht; *Zuleeg*, NJW 2000, 2846, 2851, der insoweit von „Föderation" spricht; ähnlich auch *v. Bogdandy*, FS Badura, S. 1033, 1035 ff., 1043, der von einer „neue[n] Form politischer und rechtlicher Herrschaft" spricht; *Habermas*, Zur Verfassung Europas, S. 62 ff.; *Schütze*, From Dual to Cooperative Federalism, S. 58 ff. u. 73; *Schönberger*, AöR 129 (2004), 81, 98 ff.; *Beaud*, Europa als Föderation?, in: Pernice/Otto (Hrsg.), Europa neu verfasst ohne Verfassung, S. 59, 61 ff.; gegen die Dichotomie von Staatenbund und Bundesstaat auch *Beaud*, Die europäische Union als Föderation, in: Franzius/Mayer/Neyer (Hrsg.), Strukturfragen der Europäischen Union, S. 97, 97; *Lehner*, Der Staat 52 (2013), 535, 557; *Niang*, La fonction européenne du juge national, 172, 183 ff.; so im Ergebnis auch *Bretz*, Föderalismus und Regionalismus in Deutschland, Spanien und der Europäischen Union, S. 199 ff., der allerdings im Zusammenhang mit der EU von einem „Bundesstaat" spricht.

[450] So *Schönberger*, AöR 129 (2004), 81, 117 f.

[451] *Isensee*, HdStR II, § 15 Rn. 34, 98 ff. u. 134 m.w.N.; s. auch *Dittmann*, HdStR I, § 127 Rn. 9 f.

[452] *Schönberger*, AöR 129 (2004), 81, 106 f.; *Beaud*, La Fédération entre l'État et l'Empire, in: Théret (Hrsg.), L'État la finance, et le social, S. 282, 304; *Niang*, La fonction européenne du juge national, 172, 183 ff.; in diese Richtung wohl auch *Heckel*, Der Föderalismus als Prinzip überstaatlicher Gemeinschaftsbildung, S. 82 ff.; grundlegend zur Suspendierung der Souveränitätsfrage auch *MacCormick*, The Modern Law Review 56 (1993), 1, 12 f.; vgl. auch *Barents*, EuConst 5 (2009), 421, 440; *Schütze*, CMLR 46 (2009), 1069, 1081; gegen eine solche Suspendierung der Souveränitätsfrage *de Witte*, Sovereignty and European Integration, in: Slaughter/Stone Sweet/Weiler (Hrsg.), The European Court and National Courts, S. 275, 304.

[453] Zur Wesensverwandtschaft der Bund-Konzeption mit dem Konzept des Verfassungspluralismus s. *Walker*, ELJ 22 (2016), 333, 349.

Allerdings bedarf das Konzept des Bundes insofern der Präzision, als die Souveränitätsfrage im Bund lediglich insoweit suspendiert ist, als sie im stillschweigenden Einvernehmen der beteiligten Einheiten nicht mehr gestellt werden soll. Es ist nämlich davon auszugehen, dass die Mitgliedstaaten durch ihr Zusammenwirken im Wege der Vertragsänderung den Bund auflösen könnten.[454] Andererseits freilich haben die Mitgliedstaaten den Bund durch die Übertragung von Hoheitsrechten zu einer von den Rechtsordnungen der Mitgliedstaaten losgelösten Rechtsordnung entwickelt und in diesem Rahmen auf die Ausübung ihrer Souveränität verzichtet. Ihnen verbleibt deshalb lediglich die Kompetenz zur Prüfung, ob die Bundeebene die ihr übertragenen Kompetenzen systematisch überschreitet und die Mitgliedstaaten dadurch ihrer verfassungsrechtlichen Identität beraubt.[455] Damit findet zumindest in der Theorie im Regelfall kein Rekurs auf die Frage der Souveränität statt. Ein solcher bleibt ausschließlich dem Ausnahmeszenario vorbehalten, dass sich eine der beteiligten Einheiten nicht mehr an die ursprüngliche Vereinbarung hält. Dies schließt es indes nicht aus, dass es zu einer Selbstbeschreibung von Mitgliedstaaten und Bund mit Souveränitätsformeln kommt, welche die konfligierenden Souveränitätsansprüche zum Ausdruck bringen.[456] Im Gegenteil, ein solches Szenario dürfte sogar charakteristisch sein für ein als Bund organisiertes System.

Für die Einordnung der EU als Bund spricht, dass trotz verschiedentlicher Kontrollvorbehalte seitens der nationalen Verfassungs- und Höchstgerichte und deren gelegentlicher Konfrontationen mit dem EuGH sowie einer extensiven Interpretation des unionalen Anwendungsvorrangs durch den EuGH gegenwärtig weder die nationalen Verfassungs- und Höchstgerichte noch der Gerichtshof selbst die Frage nach der Souveränität in der EU in einer Weise stellen, welche den Zusammenhalt der Union als solches gefährden würde.[457] Dass die EU gegenwärtig dennoch vor einer internen Zerreißprobe steht, lässt sich auf andere Faktoren zurückführen, die es der Union unmöglich machen, Krisen wie der Wirtschafts- und Finanzkrise und der Flüchtlingskrise wirksam zu begegnen. *Kingreen* spricht in diesem Zusammenhang treffend von einer „crisis of a constitutional order", die darauf beruhe, dass die Union nicht über die nötigen Rechtssetzungungskompetenzen verfüge, um die anstehenden Probleme zu lösen.[458] Die Krise der Union kann sich, ebenso wie die zu beobachtenden rechtspopulistischen Tendenzen in vielen EU-Mitgliedstaaten und der bevorstehende Austritt des Vereinigten Königreichs aus der EU, langfristig durchaus auch auf das Verhältnis zwischen den nationalen Verfassungs- und Höchstgerichten und dem

[454] Vgl. *Ruffert*, in: Calliess/Ruffert, EUV/AEUV, Art. 1 AEUV Rn. 12 für die EU.

[455] *Ruffert*, in: Calliess/Ruffert, EUV/AEUV, Art. 1 AEUV Rn. 7; *Calliess*, ZEuS 2009, 559, 565 ff.

[456] *MacCormick*, JZ 1995, 797, 799 f.; *Schönberger*, AöR 129 (2004), 81, 108.

[457] Ausführlich dazu unten, § 1 II.2. b).

[458] *Kingreen*, A Federalist New Deal for a more perfect European Union, Social Science Research Network Februar 2016, S. 3, abrufbar unter http://ssrn.com/abstract=2731732 (zuletzt abgerufen am 04.11.2017).

EuGH auswirken, doch wird man gegenwärtig das Verhältnis zwischen EU und Mitgliedstaaten mit *Weiler* noch immer als „Constitutional Tolerance"[459] beschreiben können, was letztlich nichts anderes bedeutet, als dass die Souveränitätsfrage im gegenseitigen Einvernehmen nicht mehr gestellt wird. Letzteres wiederum ist Kennzeichen eines Bundes. Außerdem lassen sich durch eine Klassifikation der EU als Bund die Eigenheiten der Union präzise heraus arbeiten, was einen Vergleich mit anderen föderalen Ordnungen – auch mit den stärker föderativ geprägten Vorläufern der heutigen Bundesstaaten Deutschlands und der Schweiz – erleichtert,[460] zumal sich für deren Beschreibung das Kriterium der Souveränität ebenfalls nur bedingt eignet.[461]

Vorzüge der Bundeskonzeption im Rahmen eines Rechtsvergleichs ergeben sich insbesondere auch für die Frage des Grundrechtsschutzes. So lässt sich besser verstehen, welche Rolle das Verhältnis der beteiligten Rechtsordnungen bei der Gewährleistung von Grundrechtsschutz in föderalen Systemen spielt und welche Schlüsse sich daraus für das Verhältnis des mitgliedstaatlichen zum unionalen Grundrechtsschutz ziehen lassen, was sich bei einer Einordnung der EU als Verfassungsverbund nicht in gleicher Weise erreichen ließe, da das Konzept des Verfassungsverbundes das Verhältnis der beteiligten Rechtsordnungen und Ebenen weniger stark in den Mittelpunkt rückt. Entscheidend für die Klassifikation der EU als Bund ist letztlich jedoch die dezidiert föderale Perspektive der Theorie des Bundes, welche freilich auch die Lehre vom Verfassungsverbund bietet. Trotz ihrer methodischen Unterschiede – deduktive Herangehensweise der Theorie des Bundes versus induktive Herangehensweise der Theorie des Verfassungsverbundes – ordnen beide Konzepte die Union als föderales Gebilde ein, was der Realität gerecht wird und einen Vergleich mit anderen föderalen Ordnungen zulässt. Entsprechendes gilt für die Theorie vom supranationalen Föderalismus, welche allerdings im Wesentlichen bei einer Beschreibung des *Status quo* stehen bleibt, ohne ein eigenes Analysekonzept zur Verfügung zu stellen, so dass sie im Rahmen eines Rechtsvergleichs nicht gewinnbringend zum Einsatz kommen kann.

III. Zulässigkeit und Erkenntnisgewinn eines Rechtsvergleichs

Häberle bezeichnete schon vor mehr als 20 Jahren die Rechtsvergleichung als „fünfte Methode der Rechtswissenschaft"[462] und auch im Hinblick auf die Grundrechtswissenschaft und die grundrechtsbezogene Verfassungsjudikatur ist die Rechtsvergleichung heute als eigenständige Vorgehensweise allgemein aner-

---

[459] *Weiler*, In defence of the status quo: Europe's constitutional *Sonderweg*, in: Weiler/Wind (Hrsg.), European Constitutionalism Beyond the State, S. 7, 18 u. 21.

[460] Zu dieser Vergleichsmöglichkeit auch *Schönberger*, Bundeslehre und Europäische Union, in: Franzius/Mayer/Neyer (Hrsg.), Strukturfragen der Europäischen Union, S. 87, 89.

[461] Vgl. oben, Einführung, II.2. a) u. 3. a).

[462] *Häberle*, Rechtsvergleichung im Kraftfeld des Verfassungsstaates, S. 27 ff.; *ders.*, Europäische Rechtskultur, 1994, S. 19 f.; krit. zu dieser Begriffswahl *Starck*, JZ 1997, 1021, 1024.

kannt.[463] Die Auswahl der Vergleichsobjekte im Rahmen eines Rechtsvergleichs hängt indes von den mit dem Vergleich verbundenen Zielen ab. So unterscheidet *Hirschl* beim Vergleich von Verfassungsrecht fünf verschiedene Herangehensweisen. Danach können „most similar cases", „most different cases", „prototypical cases", „most difficult cases" oder „outlier cases" miteinander verglichen werden.[464] In der vorliegenden Untersuchung sollen zunächst Mechanismen, die bei der Realisierung des Grundrechtsschutzes in Systemen mit Grundrechtsgewährleistungen auf unterschiedlichen Ebenen zur Anwendung kommen, analysiert und ihre Wirkungsweise beleuchtet werden, um anschließend Gemeinsamkeiten und Unterschiede der beteiligten Systeme aufzuzeigen und herauszuarbeiten, inwiefern die Erfahrungen Deutschlands und der Schweiz die Fortentwicklung des Grundrechtsschutzes auf Unionsebene befruchten können. Daher bietet es sich an, für einen Rechtsvergleich möglichst ähnliche Systeme heranzuziehen, wenngleich gewisse Unterschiede zwischen den Vergleichssystemen einem Rechtsvergleich nicht *per se* entgegen stehen, sondern vielmehr die Funktionsbedingungen des jeweiligen Systems noch deutlicher herausstellen können.

Ein Vergleich der Systeme der Bundesrepublik Deutschland, der Schweiz und der Europäischen Union mit dem Ziel, Inspiration für die Weiterentwicklung des Grundrechtsschutzes auf Unionsebene zu gewinnen, ist vor diesem Hintergrund sinnvoll und möglich, weil es sich bei allen drei Systemen um föderale Ordnungen mit Grundrechtskatalogen auf Bundesebene und gliedstaatlicher bzw. mitgliedstaatlicher Ebene handelt,[465] mithin eine Anknüpfung an die Ebene als Kategorie des Vergleichs der fraglichen föderalen Systeme in Betracht kommt.[466] Überdies stehen die Bundes- und die glied- bzw. mitgliedstaatliche Ebene in allen drei Systemen in einem Verhältnis zueinander, welches den Vorrang der Rechtsnormen der einen Ebenen über die Rechtsnormen der anderen Ebene begründet,[467] was freilich nicht ausschließt, dass es trotz einer bestimmten formellen Struktur des Systems zu einer wechselseitigen Beeinflussung der einzelnen Ebenen kommt. Auch wenn man die EU als Bund versteht, während die beiden anderen Systeme als Bundesstaaten einzuordnen sind, die EU mithin ein Gebilde anderer Art ist, steht dies einem Vergleich nicht entgegen, da auf diese Weise sowohl Gemeinsamkeiten als auch Unterschiede aufgezeigt werden können.[468] Dies

---

[463] Vgl. *Kischel*, Rechtsvergleichung, § 2 Rn. 72 ff. u. § 3 Rn. 1 f.; *Sommermann*, HGR I, § 16 Rn. 51 f.

[464] *Hirschl*, American Journal of Comparative Law 125 (2005), 125, 126 u. 133 ff.

[465] Zur Problematik des Vergleichs föderaler Systeme s. *Jackson*, International Journal of Constitutional Law 2 (2004), 91, 95 ff.; *Saunders*, Publius 25 (1995), 61, 61.

[466] So auch *Willers*, Verfassungsgerichtliche Übergangsfristen in Mehrebenensystemen, S. 112; *Möllers*, Gewaltengliederung, S. 210 ff.; zur Vergleichbarkeit der EU mit dem deutschen System s. auch *Streinz*, FS Dauses, S. 429, 433; zum Ebenenbegriff im rechtswissenschaftlichen Kontext, s. unten, § 1 I.1. b).

[467] Näher dazu unten, § 1 II.

[468] Vgl. *Schönberger*, European Citizenship as Federal Citizenship, ERPL 19 (2007), 61, 64; *Möstl*, Bundesstaat und Staatenverbund, S. 14 f.; *Tömmel*, The European Union – A Federation *Sui Generis*?, in: Laursen (Hrsg.), The EU and Federalism S. 41, 42; so auch nachdrücklich bei

gilt erst recht deshalb, weil auch die Vorläufer der heutigen Bundesrepublik und der Schweizer Eidgenossenschaft mit einbezogen werden sollen, welche eine wesentlich größere Nähe zur EU aufweisen als die Bundesstaaten in ihrer gegenwärtigen Form.[469] Daraus folgt jedoch nicht, dass die EU zwangsläufig die gleiche Entwicklung durchlaufen müsste wie Deutschland oder die Schweiz.[470] Bei der Rechtsvergleichung geht es vielmehr darum, Probleme bezüglich des Grundrechtsschutzes in föderalen Systemen herauszuarbeiten und zu kategorisieren.[471] Sie darf sich allerdings nicht in einer bloßen Beschreibung der untersuchten Systeme erschöpfen, sondern muss zu Wertungen gelangen,[472] auf deren Grundlage Lösungsvorschläge[473] zur Stärkung der Effektivität und Widerspruchsfreiheit des Grundrechtsschutzes in der EU entwickelt werden können. Es kann dabei nicht darum gehen, Lösungsansätze unreflektiert von den Referenzsystemen auf die EU zu übertragen oder gar eine Vereinheitlichung[474] der Rechtssysteme anzustreben, sondern es ist stattdessen den jeweiligen Besonderheiten, insbesondere denen der EU als nicht-staatlichem Gebilde, hinreichend Rechnung zu tragen.[475] Unter diesen Voraussetzungen kann die Rechtsvergleichung entgegen der

---

Bermann/Nicolaidis, Basic Principles for the Allocation of Competence in the United States and the European Union, in: Nicolaidis/Howse (Hrsg.), The Federal Vision, S. 483 ff., die die Gemeinsamkeiten und Unterschiede zwischen den föderalen Systemen der USA und der EU betrachten; *v. Danwitz*, AöR 131 (2006), 510, 517 bezüglich der Kompetenzverteilung in Föderalsystemen; grundlegend zur Zulässigkeit der Rechtsvergleichung im öffentlichen Recht *Kaufmann*, VVDStRL 3 (1927), 2, 5 u. 61; *Triepel*, VVDStRL 3 (1927), 50, 50; *Starck*, JZ 1997, 1021, 1021 ff.; dagegen etwa noch *Nawiasky*, VVDStRL 3 (1927), 25, 27; krit. zur vergleichenden Methode auch *Avbelj*, The Pitfalls of (Comparative) Constitutionalism for European Integration, S. 22 f.; gegen einen Vergleich der EU mit anderen föderalen Ordnungen *Schmid*, From Pont d'Avignon to Ponte Vecchio, S. 29; *Franzius*, EuR-Beiheft 1/2013, 155, 165, der davor warnt, bestimmte Entwicklungspfade aus dem nationalen Kontext auf die EU zu übertragen; krit. in Bezug auf einen Vergleich im Punkt der Grundrechtsbindung *Wallrab*, Die Verpflichteten der Gemeinschaftsgrundrechte, S. 139.

[469] *Schönberger*, AöR 129 (2004), 81, 118; zur Berücksichtigung historischer föderaler Systeme s. auch *Pescatore*, Les rélations extérieures des Communautés européennes, Recueil des Cours de l'Academie de Droit International 103 (1961 II), S. 21; *Heckel*, Der Föderalismus als Prinzip überstaatlicher Gemeinschaftsbildung, S. 139 ff.

[470] Für eine mit den Systemen Deutschlands und der Schweiz nicht vergleichbare Entwicklung der EU s. etwa *Franzius*, ZaöRV 75 (2015), 383, 411.

[471] *Fabbrini*, The European Multilevel System of Fundamental Rights Protection, S. 43.

[472] So auch *Tschentscher*, JZ 2007, 809 u. 815 f.

[473] So sieht *Schmidt-Aßmann* die Rechtsvergleichung nicht nur als Analyseinstrument, sondern auch als Mittel der Rechtsentwicklung an, vgl. *Schmidt-Aßmann*, DVBl. 1993, 924, 929; ähnlich *Schuppert*, Staatswissenschaft, S. 866; *Mayer*, Constitutional Comparativism in Action, S. 20; *Fabbrini*, The European Multilevel System of Fundamental Rights Protection, S. 38; *Torres Pérez*, Conflicts of Rights in the European Union, S. 155; *Hertig Randall*, EuGRZ 2014, 5, 18; *v. Danwitz*, AöR 131 (2006), 510, 518; *Sommermann*, HGR I, § 16 Rn. 29 ff.

[474] Zu dieser Gefahr s. *Mayer*, Constitutional Comparativism in Action, S. 22; *Sacco*, American Journal of Comparative Law 39 (1991), 1, 2 f., der keine Beweise dafür sieht, dass Rechtsvergleichung zur Vereinheitlichung des Rechts führt; ähnlich *Kischel*, Rechtsvergleichung, § 2 Rn. 8, anderseits aber § 2 Rn. 41 ff.

[475] *Stein*, Legal Issues of European Integration 1983, 27, 29; *Young*, New York University Law Review 77 (2004), 1612, 1642; *v. Danwitz*, AöR 131 (2006), 511, 517 f.; zu den strukturellen

einst von *Nawiasky* geäußerten Einschätzung, wonach „aus geschichtlich entfernten oder staatlich getrennten Rechtszuständen“ keine Schlüsse für die Auslegung des geltenden nationalen Rechts zu ziehen seien,[476] sehr wohl zu einer Weiterentwicklung des Grundrechtsschutzes in der EU beitragen.

Einige Autoren gehen sogar so weit und behaupten, die EU und ihre Funktionsweise könnten nur im Kontext eines Rechtsvergleichs mit anderen föderalen Systemen und deren historischen Vorläufern richtig verstanden werden.[477] Selbst wenn man diese Einschätzung nicht teilt, zeigt sich die Bedeutung der rechtsvergleichenden Methodik schon daran, dass sie auch in der Rechtspraxis zunehmend zur Anwendung kommt. Während nationale Verfassungs- und Höchstgerichte, gerade auch das Bundesverfassungsgericht, noch immer wenig davon Gebrauch machen,[478] greift der EuGH bei der Interpretation des Unionsrechts, insbesondere im Grundrechtsbereich, auf die gemeinsamen Verfassungsüberlieferungen der Mitgliedstaaten zurück,[479] wobei er diese freilich in vielen Fällen überhaupt nicht näher erläutert[480] bzw. beim Rechtsvergleich zumindest auf einer sehr abstrakten Ebene verbleibt.[481] Eine echte rechtsvergleichende Analyse darf jedoch nicht auf dieser Stufe stehen bleiben, sondern muss sich mit den Mechanismen der jeweiligen Rechtsordnung und ihrer Wirkungsweise intensiv auseinander setzen und die einzelnen Elemente miteinander in Vergleich bringen.

Die Auswahl der Grundrechtssysteme Deutschlands und der Schweiz als Referenzsysteme erscheint schon deshalb sinnvoll, weil es sich bei ihnen, ebenso wie der EU, um kontinentaleuropäische föderale Systeme handelt, die über kodifiziertes Verfassungs- bzw. Primärrecht verfügen, so dass zumindest eine gewisse Ähnlichkeit juristischer Methodik sicher gestellt ist. *Buser* geht sogar davon aus, dass der schweizerische Föderalismus mit dem deutschen Föderalismus „insgesamt wesensverwandt“ ist.[482] Für die Wahl der Schweiz als Referenzsystem spricht

---

Besonderheiten der EU im Vergleich zum System des Grundgesetzes s. auch EuGH, Rs. C-359/92, Deutschland/Rat, Slg. 1994, I-3712, Rn. 38; zur Bedeutung der interkulturellen und intersubjektiven Kompetenz im Rahmen der Rechtsvergleichung s. *Baer*, ZaöRV 64 (2004), 735 ff.

[476] *Nawiasky*, VVDStRL 3 (1927), 25, 43.

[477] So etwa *McKay*, Designing Europe, S. 3; *Fabbrini*, Fundamental Rights in Europe, S. 25; in diese Richtung auch *Vecchio*, Rassegna parlamentare 52 (2010), 863, 879; für die Vergleichbarkeit mit anderen föderalen Rechtsordnungen auch *Kischel*, Rechtsvergleichung, § 11 Rn. 35 f.; zurückhaltender hingegen *Grzeszick*, FS Würtenberger, S. 193, 204 ff.

[478] Näher dazu *Mayer*, Constitutional Comparativism in Action, S. 11 ff.; *Baer*, JöR 63 N.F. (2015), 389, 391 f.; *Hillgruber*, JöR 63 N.F. (2015), 367, 378 ff.; *Wendel*, Der Staat 52 (2013), 339, 345 f.; *Tschentscher*, JZ 2007, 807, 807 f., der einen Rückgang rechtsvergleichender Elemente in der Rechtsprechung des Bundesverfassungsgerichts konstatiert.

[479] So in EuGH, Rs. C-29/69, Stauder, Slg. 1969, 419 Rn. 7 und die entsprechende Argumentation der Kommission; EuGH, Rs. 4/73, Nold, 1974, Slg. 1974, 491 Rn. 12 ff.; Rs. 44/79, Hauer, Slg. 1979, 3727 Rn. 15 ff.; Rs. C-144/04, Mangold, Slg. 2005, I-9981 Rn. 74 f.; ausführlich dazu *Wolf*, FS Ress, S. 893, 896 ff.; *Mayer*, Constitutional Comparativism in Action, S. 3 ff.; *Pescatore*, Revue internationale de droit comparé 32 (1980), 337, 341 ff.

[480] Exemplarisch s. EuGH, Rs. C-63/83, Kirk, Slg. 1984, 2689, Rn. 22; näher dazu *Senden*, Interpretation of Fundamental Rights in a Multilevel Legal System, S. 324 ff.

[481] So etwa EuGH, Rs. C-249/96, Grant, Slg. 1998, I-621, Rn. 32 ff.

[482] *Buser*, Kantonales Staatsrecht, Rn. 145.

zudem, dass der schweizerische Föderalismus auf eine lange Tradition zurückblicken kann[483] und damit mit den bis ins Kaiserreich zurück reichenden föderativen Erfahrungen Deutschlands in vielen Punkten vergleichbar ist. Wenngleich die Schweiz erstens über kein spezialisiertes Verfassungsgericht verfügt, sondern dem Modell der integrierten Verfassungsgerichtsbarkeit folgt und zweitens dem Bundesgericht die Aufhebung oder Nichtigerklärung verfassungswidriger Parlamentsgesetze untersagt ist,[484] steht dies einer rechtsvergleichenden Analyse zum Zweck der Fortentwicklung und Inspiration des Grundrechtsschutzes in der EU nicht entgegen, da sich der Grundrechtsschutz nicht ausschließlich durch das Handeln der Gerichte vollzieht, sondern es vielmehr auch auf die zugrunde liegenden Normen, deren Inhalte und deren Verhältnis zueinander, insbesondere auch auf Kompetenzabgrenzungsnormen, sowie auf etwaige Kollisionsregeln ankommt und sich diese Fragen in jedem der für den Rechtsvergleich ausgewählten Systeme in ähnlicher Weise stellen. Zudem kann das Schweizer Bundesgericht die Verfassungswidrigkeit eines Bundesgesetzes in den Entscheidungsgründen sehr wohl thematisieren und gegebenenfalls einen entsprechenden Appell zur Änderung des Gesetzes an die Bundesversammlung richten,[485] so dass der Unterschied zum deutschen System weniger groß ist als dies auf den ersten Blick vielleicht erscheinen mag. Für eine Vergleichbarkeit des Schweizer Systems mit dem deutschen System und dem System der EU spricht schließlich, dass das Bundesgericht zumindest die EMRK-Widrigkeit eines Bundesgesetzes feststellen und es im Folgenden unangewendet lassen kann, so dass es dem Gesetzgeber obliegt, das fragliche Gesetz mit der Rechtsordnung in Einklang zu bringen.[486] Abgesehen davon kann dieser Unterschied bei der gerichtlichen Durchsetzung des Grundrechtsschutzes im Rahmen des Rechtsvergleichs wertend berücksichtigt werden.[487] Freilich ergeben sich beim Vergleich der gerichtlichen Rechtsdurchsetzung besondere Schwierigkeiten, da Rolle und Kompetenzen des jeweiligen Höchst- bzw. Verfassungsgerichts in einem föderalen System sehr unterschiedlich ausge-

[483] Ausführlich dazu *Knapp*, ZSR 1984 II, 275, 294 ff.; *Kölz*, Geschichtliche Grundlagen, in: Thürer/Aubert/Müller (Hrsg.), Verfassungsrecht der Schweiz, § 7 Rn. 20 ff.

[484] BGE 138 II 440, 444 E. 4; *Löwer*, HdStR III, § 70 Rn. 57; *Kälin*, Verfassungsgerichtsbarkeit, in: Thürer/Aubert/Müller (Hrsg.), Verfassungsrecht der Schweiz, § 74 Rn. 1 ff.; *Hangartner/Looser*, St. Galler Kommentar zu Art. 190 BV, Rn. 6; *Tschannen*, Staatsrecht, § 8 Rn. 6 ff.; *Häfelin/Haller/Keller*, Schweizerisches Bundesstaatsrecht, Rn. 2086 ff.

[485] *Hangartner/Looser*, in: St. Galler Kommentar zu Art. 190 BV, Rn. 11; *Tschannen*, Staatsrecht, § 11 Rn. 23; *Auer/Malinverni/Hottelier*, Droit constitutionnel, Vol. 1, Rn. 1943; *Löwer*, HdStR III, § 70 Rn. 57 Fn. 424.

[486] Vgl. BGE 133 II 450, 454 f. E. 2.2.; 128 III 113, 116 E. 3a); 125 II 417, 424 E. 4d); offen gelassen in BGE 128 IV 117, 122 E. 3b); *Rhinow*, Zum Schutz von Freiheit, Demokratie und Föderalismus, Jusletter 14. März 2011; *Hangartner/Looser*, in: St. Galler Kommentar zu Art. 190 BV, Rn. 11; *Thurnherr*, The Reception Process in Austria and Switzerland, in: Keller/Stone Sweet (Hrsg.), A Europe of Rights, S. 311, 332 f.; s. dazu oben, Einführung, I.

[487] Krit. zu einem Vergleich der EU mit der Schweiz jedoch *Fabbrini*, Fundamental Rights in Europe, S. 29.

staltet sein können und die verschiedenen Argumentationsmuster daher nicht immer übertragbar sein werden.[488]

Für eine Einbeziehung des schweizerischen Grundrechtssystems in die Untersuchung spricht zudem, dass sowohl die Schweizer Kantone als auch die Mitgliedstaaten der EU auf eine lange Tradition der Unabhängigkeit vor der Gründung des jeweiligen föderalen Gebildes zurückblicken können.[489] Dieser Faktor hat maßgeblich dazu beigetragen, dass die Grundrechtsentwicklung in der Schweiz ähnlich verlief wie in der EU. Die Schweizer Bundesverfassungen von 1848 und 1874 enthielten lediglich einzelne, punktuelle Grundrechtsgewährleistungen, so dass der Grundrechtsschutz in der Schweiz gerade in der Frühphase des Schweizer Bundesstaats in einem nicht unerheblichen Maß durch die kantonalen Grundrechtskataloge ergänzt wurde.[490] Erst im Laufe des 20. Jahrhunderts kam es zu einem Ausbau des bundesrechtlichen Grundrechtsschutzes, indem das Bundesgericht auf Grundlage der kantonalen Gewährleistungen weitere, ungeschriebene Bundesgrundrechte entwickelte.[491] Mit Inkrafttreten der neuen Bundesverfassung im Jahr 2000 erfolgte schließlich erstmals eine umfängliche Kodifikation der Grundrechte auf Bundesebene im Sinne einer Nachführung des vom Bundesgericht entwickelten Grundrechtsschutzes.[492] Diese Entwicklung erinnert an die Entstehung des Grundrechtsschutzes in der EU, wo auf Unionsebene ein geschriebener Grundrechtsschutz zunächst völlig fehlte und der EuGH nach und nach Unionsgrundrechte als allgemeine Grundsätze des Unionsrechts u.a. aus den gemeinsamen Verfassungsüberlieferungen der Mitgliedstaaten schuf.[493] Eine Kodifikation erfolgte auch hier erst sehr spät, nämlich mit dem Inkrafttreten der Grundrechte-Charta im Jahr 2009. Aus einem Vergleich der beiden Systeme können sich Schlüsse dahin gehend ziehen lassen, welche Auswirkungen eine Kodifikation von Grundrechten auf Bundes- bzw. Unionsebene auf die Relevanz der Grundrechtskataloge auf der Ebene der Kantone bzw. der EU-Mitgliedstaaten haben kann.

Gegen eine Einbeziehung des föderalen Systems der USA als Referenzsystem hingegen spricht primär, dass ein derartiger Rechtsvergleich bereits Gegenstand

---

[488] *Jackson*, Duke Law Journal 51 (2001), 223, 271 ff.; *Hanschel*, Konfliktlösung im Bundesstaat, S. 63 f.

[489] Dazu auch *Goldstein*, Constituting Federal Sovereignty, S. 136 f.; sehr skeptisch hinsichtlich einer Vergleichbarkeit der schweizerischen Entwicklung mit der Entwicklung der EU hingegen *Aubert*, Les parallèles avec l'intégration des cantons suisses dans la Confédération suisse, in: Institut suisse de droit comparé (Hrsg.), L'intégration européenne, S. 57, 58 ff.

[490] *Müller*, Allgemeine Bemerkungen zu den Grundrechten, in: Thürer/Aubert/Müller (Hrsg.), Verfassungsrecht der Schweiz, § 39 Rn. 3; ausführlich dazu unten, §§ 7 u. 8.

[491] *Müller*, Allgemeine Bemerkungen zu den Grundrechten, in: Thürer/Aubert/Müller (Hrsg.), Verfassungsrecht der Schweiz, § 39 Rn. 3; *Kurer*, Die kantonalen Grundrechtsgarantien und ihr Verhältnis zum Bundesrecht, S. 27 ff.

[492] *Müller*, Allgemeine Bemerkungen zu den Grundrechten, in: Thürer/Aubert/Müller (Hrsg.), Verfassungsrecht der Schweiz, § 39 Rn. 2 ff.

[493] Vgl. EuGH, Rs. C-29/69, Stauder, Slg. 1969, 419 Rn. 7 und die entsprechende Argumentation der Kommission; Rs. 11/70, Internationale Handelsgesellschaft, Slg. 1970, 1125 Rn. 2; Rs. 4/73, Nold, Slg. 1974, 491 Rn. 12 ff.; Rs. 44/79, Hauer, Slg. 1979, 3727 Rn. 15 ff.

zahlreicher Publikationen ist[494] und dementsprechend das Potential für die Gewinnung neuer Erkenntnisse eher gering erscheint.

Zur Durchführung des Rechtsvergleichs in der vorliegenden Arbeit sollen nach der funktionalen Methode der Rechtsvergleichung[495] vorab von den jeweiligen Systemen zunächst einmal unabhängige Vergleichskriterien herausgearbeitet werden, anhand derer die zu untersuchenden föderalen Systeme miteinander verglichen werden können. Anders als nach dem Ansatz der funktionalen Methode wird dabei jedoch nicht versucht, Begrifflichkeiten aus den verglichenen Rechtsordnungen vollständig zu vermeiden,[496] sondern es soll darauf zurückgegriffen werden soll, soweit sich dies für die Durchführung der Rechtsvergleichung anbietet, da eine künstliche Abstraktion und Neutralisierung die Sicht auf die Probleme nur verstellen würde bzw. wegen der Vorprägung durch den eigenen Erfahrungshintergrund ohnehin nicht möglich ist.[497] Andererseits sollen die Vergleichsparameter jedoch auch nicht im Sinne einer dialektischen Methode erst im Laufe des Prozesses der Rechtsvergleichung gewonnen werden,[498] da andernfalls bei drei zu vergleichenden föderalen Systemen mit jeweils mehreren historischen Vorläufern Systematik und Übersichtlichkeit der Darstellung litten. Dies schließt es jedoch nicht aus, dass im Laufe des Rechtsvergleichs Vergleichsparameter angepasst werden, wenn sich dies in Bezug auf ein bestimmtes System anbietet. Zugleich soll der Rechtsvergleich nicht erst in einem zusammenfassenden Abschnitt am Ende der Arbeit stattfinden, sondern es sollen bereits bei der Analyse der einzelnen föderalen Systeme Wertungen auf Basis der zuvor untersuchten Systeme vorgenommen werden, so dass sich über die gesamte Arbeit verteilt rechtsvergleichende Aspekte finden. Aus diesem Grund wird die Zusammenfassung der aus dem Rechtsvergleich gewonnenen Erkenntnisse vergleichsweise kurz gehalten, wobei andererseits aus Gründen der Verständlichkeit nicht gänzlich auf sie verzichtet werden kann, zumal sie die Grundlage für die in der Folge bezüglich der EU zu entwickelnden Lösungsansätze bildet.

---

[494] So etwa bei *Torres Pérez*, The Dual System of Rights Protection in the European Union in Light of US Federalism, in: Cloots/de Baere/Sottiaux (Hrsg.), Federalism in the European Union, S. 110, 110 ff.; *dies.*, Conflicts of Rights in the European Union, S. 72 ff.; *Fabbrini*, The European Multilevel System of Fundamental Rights Protection m.w.N.; *Knook*, CMLR 42 (2005), 367, 367 ff.; *Halberstam*, Constitutional Heterarchy, in: Dunoff/Trachtman (Hrsg.), Ruling the World?, S. 326, 329 ff.; *Schütze*, Cambridge Yearbook of European Legal Studies 14 (2011–2012), 336, 339 ff.; *Dombert*, Der Grundrechtsföderalismus der Vereinigten Staaten von Amerika, S. 266 ff.

[495] Ausführlich zur funktionalen Rechtsvergleichung und der Kritik daran s. *Kischel*, Rechtsvergleichung, § 3 Rn. 3 ff.

[496] So aber *Starck*, JZ 1997, 1021, 1027.

[497] So auch *Tschentscher*, JZ 2007, 807, 812; ausführlich zur diesbezüglichen Kritik an der funktionalen Methode s. *Kischel*, Rechtsvergleichung, § 3 Rn. 12 ff.

[498] Dafür aber *Tschentscher*, JZ 2007, 807, 815 ff.; so auch schon *Mössner*, AöR 99 (1974), 193, 228; zur dialektischen Methode der Rechtsvergleichung s. auch *Kischel*, Rechtsvergleichung, § 3 Rn. 49 ff.

IV. Forschungsstand

Es existiert heute eine kaum mehr zu überblickende Vielzahl an Publikationen zur Frage des Grundrechtsschutzes durch die deutschen Landesverfassungen,[499] gerade auch im Hinblick auf das Verhältnis zum Grundrechtsschutz des Grundgesetzes, wobei eine dezidierte Analyse der historischen Entwicklung dieses Verhältnisses seit dem Kaiserreich bislang fehlt.[500] Bezüglich des Grundrechtsschutzes in der EU liegen ebenfalls unzählige Publikationen in verschiedenen Sprachen vor,[501] wobei sowohl die Reichweite der Anwendbarkeit der EU-Grundrechte-Charta als auch deren Verhältnis zu den nationalen Grundrechten in den Blick genommen werden. Darüber hinaus findet sich eine Reihe von Beiträgen, in denen das föderale System der USA und die dortige Entwicklung des Grundrechtsschutzes mit der Entwicklung des Grundrechtsschutzes in der EU verglichen werden.[502] Vergleiche des unionalen Grundrechtsschutzsystems mit dem System der Schweiz finden sich hingegen allenfalls punktuell.[503] Demgegenüber war das Verhältnis von Bundesverfassungsgericht, EuGH und EGMR bereits Gegenstand zahlreicher Veröffentlichungen.[504]

Allerdings wurde trotz der vielfach behaupteten Unitarisierung des Grundrechtsschutzes in Mehrebenensystemen[505] bislang weder im nationalen noch im internationalen Raum eine Arbeit vorgelegt, die unter Berücksichtigung der historischen Entwicklung umfassend, systematisch und rechtsvergleichend analysiert, wie sich der Grundrechtsschutz in föderalen Systemen mit mehreren Grundrechtsebenen vollzieht und mit welchen Instrumenten sich einerseits

---

[499] Vgl. etwa *Dreier*, Grundrechtsschutz durch Landesverfassungsgerichte; *Ott*, Landesgrundrechte in der bundesstaatlichen Ordnung; *v. Coelln*, Anwendung von Bundesrecht nach Maßgabe der Landesgrundrechte; *Rozek*, Das Grundgesetz als Prüfungs- und Entscheidungsmaßstab der Landesverfassungsgerichte; *v. Olshausen*, Landesverfassungsbeschwerde und Bundesrecht; *Menzel*, Landesverfassungsrecht.

[500] Auch die Analyse von *Wittreck*, HGR VIII, § 231, welche mit dem Grundrechtsschutz in den Rheinbundstaaten beginnt, endet im Wesentlichen mit Gründung der Bundesrepublik Deutschland.

[501] S. nur *Huber*, EuR 2008, 190 ff.; *Bleckmann*, Nationale Grundrechte im Anwendungsbereich des Rechts der Europäischen Union; *Jarass*, EuR 2013, 29 ff.; *F. Kirchhof*, NJW 2011, 3681 ff.; *Thym*, NVwZ 2013, 889 ff.; *Landau/Trésoret*, DVBl. 2012, 1329 ff.

[502] So etwa *Fabbrini*, The European Multilevel System of Fundamental Rights Protection m.w.N.; *Torres Pérez*, Conflicts of Rights in the European Union, S. 72 ff.; *Schütze*, Cambridge Yearbook of European Legal Studies 14 (2011–2012), 336, 339 ff.; *Dombert*, Der Grundrechtsföderalismus der Vereinigten Staaten von Amerika, S. 266 ff.

[503] So am Rande etwa bei *Fabbrini*, The European Multilevel System of Fundamental Rights Protection; *Fercot*, Diversity of Constitutional Rights in Federal Systems, EuConst 4 (2008), 302 ff.

[504] So etwa *Rohleder*, Grundrechtsschutz im europäischen Mehrebenen-System; *Hentschel-Bednorz*, Derzeitige Rolle und zukünftige Perspektive des EuGH im Mehrebenensystem des Grundrechtsschutzes in Europa; *Oeter*, VVDStRL 66 (2007), 360 ff.; *Sauer*, Jurisdiktionskonflikte in Mehrebenensystemen.

[505] Vgl. etwa *Cremer*, EuGRZ 2011, 225, 228 im Hinblick auf die EU; Huber, EuR 2008, 190, 190; *ders.*, VVDStRL 60 (2001), 194, 239 m.w.N.

Grundrechtseinheit und andererseits Grundrechtsvielfalt garantieren lässt. In materiell-rechtlicher Hinsicht geht es dabei um die Analyse von Kollisionsnormen für den Grundrechtsbereich in Systemen mit verschiedenen Grundrechtsebenen, während in prozessualer Hinsicht die Aufgabenverteilung zwischen den beteiligten Gerichten und deren Kooperationsmechanismen von Bedeutung sind, gerade auch, um Jurisdiktionskonflikte zu vermeiden und einer Überlastung der Gerichte entgegen zu wirken.

Insbesondere fehlt bislang ein umfassend angelegter Vergleich des deutschen Systems des Grundrechtsschutzes mit dem unionalen Grundrechtsschutzsystem vor dem Hintergrund der föderalen Struktur beider Systeme,[506] obwohl ein solcher Vergleich von den rechtlichen und kulturellen Grundlagen sowie der Entstehungsgeschichte der EU her nahe liegt. Ähnliches gilt für einen Vergleich der deutschen Grundrechtsentwicklung mit der Grundrechtsentwicklung in der Schweiz sowie für einen Vergleich der Grundrechtsentwicklung in der Schweiz mit derjenigen in der EU,[507] wobei in Bezug auf die Schweiz noch hinzu kommt, dass das Verhältnis von Bundesgrundrechten und kantonalen Grundrechten zwischen 1848 und 1874 sowie die Entwicklung dieses Verhältnisses insgesamt noch weitgehend unerforscht ist.[508] In den Veröffentlichungen zum Grundrechtsschutz in der EU wird bislang kaum ein Bezug zum größeren Ganzen, d.h. zur Funktionsweise des Grundrechtsschutzes in föderalen Systemen als solchen hergestellt. Ansätze zur Entwicklung eines Kollisions- und Konfliktlösungsrechts für das europäische Grundrechtsschutzsystem bleiben in der Regel auf das Gefüge aus EU und Mitgliedstaaten beschränkt, während Erfahrungen aus anderen föderalen Systemen kaum aufgegriffen werden.[509] Ebenso bleibt die EMRK als zusätzliche Ebene entweder weitgehend ausgeblendet oder sie wird vorwiegend in prozessualer Hinsicht im Hinblick auf das Verhältnis von Bundesverfassungsgericht,

---

[506] Anders nur etwa *Möstl*, AöR 130 (2005), 350 ff.; *ders.*, Bundesstaat und Staatenverbund, 13 ff.; in Ansätzen auch *Endter*, EuGRZ 1995, 227, 230 f.; *v. Danwitz*, AöR 131 (2006), 510 ff. für den Bereich der Kompetenzabgrenzung; *Wallrab*, Die Verpflichteten der Gemeinschaftsgrundrechte, S. 130 für den Bereich der Grundrechtsbindung.

[507] Eine Ausnahme insoweit bildet der Beitrag von *Jaag*, Rechtsetzung und Rechtsdurchsetzung in den Mehrebenensystemen Schweiz und Europäische Union, ZSR 2013 I, 135 ff., wobei allerdings nur ein punktueller, nicht aber ein umfassender Vergleich durchgeführt wird.

[508] Eine Ausnahme bilden insoweit die Analysen von *Häfelin*, Die Grundrechte in den Schweizer Kantonsverfassungen, in: Novak/Sutter/Hasiba (Hrsg.), Der Föderalismus und die Zukunft der Grundrechte, S. 27 ff., *Brühwiler*, Die Freiheitsrechte der Kantonsverfassungen in ihrem Verhältnis zur Bundesverfassung, S. 5 ff. sowie von *Kurer*, Die kantonalen Grundrechtsgarantien und ihr Verhältnis zum Bundesrecht, S. 1 ff., wobei allen drei Werken gemeinsam ist, dass sie erstens nicht die gesamte Entwicklung seit 1848 nachvollziehen und zweitens sie jeweils nicht die Zeit nach 2000 berücksichtigen.

[509] So etwa *Sauer*, Grundrechtskollisionsrecht für das europäische Mehrebenensystem, in: Matz-Lück/Hong (Hrsg.), Grundrechte und Grundfreiheiten im Mehrebenensystem, S. 1 ff.; *Viellechner*, Berücksichtigungspflicht als Kollisionsregel, in: Matz-Lück/Hong (Hrsg.), Grundrechte und Grundfreiheiten im Mehrebenensystem, S. 109 ff.; *Lindner*, EuR 2007, 160,162 ff.; *Niedobitek*, VerwArch 92 (2001), 58 ff.

EuGH und EGMR behandelt.[510] Ähnliches gilt für die Rolle der EMRK im System des unionalen Grundrechtsschutzes nach einem etwaigen EMRK-Beitritt der EU, welche bisher allenfalls rudimentär durchdacht wurde.

Die vorliegende Arbeit möchte eine Zusammenführung der einzelnen, oft zusammenhanglos nebeneinander dargestellten Problemfelder leisten, um auf der Grundlage der durch den Rechtsvergleich gewonnenen Erkenntnisse Handlungsempfehlungen für das unionale Grundrechtsschutzsystem zu entwickeln.

V. Gang der Untersuchung

Im ersten Teil der Arbeit sollen zunächst der Ansatz einer ebenenbezogenen Untersuchung näher erläutert und seine Stärken sowie Schwächen im Vergleich zu alternativen Analyseansätzen herausgearbeitet werden. Die vorliegende Untersuchung versteht die Ebene als Kategorie des Vergleichs föderaler Ordnungen.[511] Dabei sind die Bundesländer/Kantone, die Mitgliedstaaten der EU, die EU selbst und nicht zuletzt das Grundrechtsregime der EMRK als jeweils eigene Ebene anzusehen.[512] Mehrebenensysteme zeichnen sich durch einen eigenständigen Bestand an Rechtsnormen auf jeder Ebene aus, wobei selbst der Inhalt der Grundrechtsgewährleistungen der verschiedenen Ebenen häufig nicht deckungsgleich ist. Zugleich können sich die Anwendungsbereiche der Rechtsnormen der verschiedenen Ebenen überschneiden, so dass es zu Normkollisionen kommt. Deshalb sollen zunächst verschiedene Arten von Kollisionen sowie mögliche Kollisionsregeln im weiteren Sinn dargestellt werden. Zu diesen Konfliktlösungsmechanismen gehören u.a. der Geltungsvorrang, der Anwendungsvorrang sowie die *lex specialis*-Regel. Ferner wird auf die Kompetenzverteilung als Konfliktvermeidungsmechanismus in Mehrebenensystemen eingegangen. Als weitere Faktoren, die das Verhältnis des Grundrechtsschutzes der einzelnen Ebenen beeinflussen können, kommen die Frage der Grundrechtsbindung sowie die prozessuale Absicherung des Grundrechtsschutzes und die Aufgabenverteilung zwischen den beteiligten Gerichten in Betracht. In diesem Zusammenhang soll auch auf prozessuale Konfliktlösungsmechanismen wie die vom EGMR entwickelte *margin of appreciation*-Doktrin eingegangen werden.

Der zweite Teil der Arbeit widmet sich dem Grundrechtsschutz im Mehrebenensystem des deutschen Bundesstaates. Ausgangspunkt ist dabei die historische Entwicklung des Grundrechtsschutzes unter der Bismarckschen Reichsverfas-

---

[510] Für eine prozessuale Betrachtungsweise s. etwa *Rohleder*, Grundrechtsschutz im europäischen Mehrebenen-System; *Hentschel-Bednorz*, Derzeitige Rolle und zukünftige Perspektive des EuGH im Mehrebenensystem des Grundrechtsschutzes in Europa; *Oeter*, VVDStRL 66 (2007), 360 ff.; *Sauer*, Jurisdiktionskonflikte in Mehrebenensystemen.

[511] Vgl. zum Begriff der Ebene *Mayer*, Kompetenzüberschreitung und Letztentscheidung, S. 31 ff.; zum Begriff des Mehrebenensystems s. *Sauer*, Jurisdiktionskonflikte in Mehrebenensystemen, S. 77 ff.

[512] So auch *Sauer*, Jurisdiktionskonflikte in Mehrebenensystemen, S. 83

sung von 1871, da gerade die Frühphase des deutschen Föderalismus gewisse Parallelen zu heutigen Entwicklungen auf EU-Ebene aufweist.[513] Dies gilt insbesondere für den Grundrechtsbereich, weil in der Reichsverfassung auf Bundesebene aus Angst vor unitarischen Tendenzen kein umfassender Grundrechtskatalog verankert worden war.[514] Im Anschluss an die Analyse der Bismarckschen Reichsverfassung wird die Weimarer Reichsverfassung von 1919 mit ihren Grundrechtsgewährleistungen einer näheren Betrachtung unterzogen, wobei diese – ebenso wie die Verfassung von 1871 – insbesondere im Hinblick auf ihre Konfliktlösungsmechanismen zwischen den einzelnen Ebenen im Bereich des Grundrechtsschutzes sowie die Frage der Grundrechtsbindung untersucht werden soll. Entsprechendes gilt für die prozessuale Ausgestaltung des Grundrechtsschutzes. Darauf aufbauend wird das Mehrebenensystem des Grundgesetzes analysiert, wobei herausgearbeitet werden soll, inwiefern materiell-rechtliche Kollisionsnormen wie Art. 142 GG und Art. 31 GG das Verhältnis von Bundes- und Landesgrundrechten zueinander beeinflussen. Außerdem ist der Frage nachzugehen, ob und inwiefern die Rechtsprechung des Bundesverfassungsgerichts dazu beigetragen hat, dass die Grundrechte der Landesverfassungen nach einer Renaissance zu Beginn bis Mitte der 1990er Jahre heute weitgehend ein Schattendasein führen. Schließlich soll geprüft werden, ob die Anordnung eines Geltungsvorrangs zu Gunsten der Grundrechte des Bundes, verbunden mit einer umfassenden Bindung der Landesstaatsgewalt an die Bundesgrundrechte, die Unitarisierung des Grundrechtsschutzes zu Gunsten der Bundesgrundrechte gefördert und damit zur Bedeutungslosigkeit der Landesgrundrechte beigetragen hat.

In einem dritten Teil soll der Grundrechtsschutz im Mehrebenensystem der Schweiz untersucht werden, wobei von besonderem Interesse sein wird, ob sich die im Zusammenhang mit dem deutschen System des Grundrechtsschutzes aufgestellte „Unitarisierungsthese" auch für die Schweiz belegen lässt. Dabei ist insbesondere auf Fragen der Kollisionsregeln, der Grundrechtsbindung sowie der gerichtlichen Überprüfung einzugehen, wobei dem Spezifikum der schweizerischen Rechtsordnung, nämlich dem Fehlen einer spezialisierten Verfassungsgerichtsbarkeit, besondere Beachtung geschenkt wird. Daneben sind die Rolle der kantonalen Grundrechte und ihr Einfluss auf die Grundrechtsentwicklung auf Bundesebene herauszuarbeiten, was als Grundlage für einen späteren Vergleich mit der Grundrechtsentwicklung in der EU dienen soll.

Der vierte Teil der Arbeit beschäftigt sich mit dem Mehrebenensystem der EU. Seit Inkrafttreten des Vertrags von Lissabon verfügt die EU nunmehr über einen eigenen geschriebenen Grundrechtskatalog. Gleichzeitig finden sich aber auch auf der Ebene der Mitgliedstaaten umfassende Grundrechtsgewährleistungen, so dass sich beim Handeln der Mitgliedstaaten in Fällen mit Unionsrechtsbezug die

---

[513] So auch *Schönberger*, AöR 129 (2004), 81, 118; *Dann*, Parlamente im Exekutivföderalismus, S. 8.

[514] Ausführlich dazu *Vaulont*, Grundrechte und bundesstaatliches Homogenitätsprinzip, S. 17 ff.

Frage stellt, wann die Grundrechte welcher Ebene zur Anwendung kommen. Dies gilt insbesondere dann, wenn im konkreten Fall der Inhalt der einschlägigen nationalen Grundrechtsgarantie nicht deckungsgleich mit der entsprechenden Charta-Garantie ist. Untersucht wird ferner, ob die umfassende Bindung der Mitgliedstaaten an die Grundrechte-Charta, wie sie in der *Åkerberg Fransson*-Entscheidung des EuGH zu Art. 51 Abs. 1 S. 1 GRC zum Ausdruck kommt, zu einem Bedeutungsverlust der nationalen Grundrechte führen kann, was die im Zusammenhang mit dem Grundrechtsschutz im System des deutschen Bundesstaats aufgestellte „Unitarisierungsthese" belegen würde. Ferner ist zu analysieren, welche Wirkung der Anwendungsvorrang des Unionsrechts entfaltet und in welchen Bereichen vor dem Hintergrund der *Melloni*-Entscheidung des EuGH noch Platz für die Anwendung nationaler Grundrechte verbleibt. In prozessualer Hinsicht ist zu untersuchen, inwiefern sich der EuGH um einen Ausgleich zwischen unionalem und nationalem Grundrechtsschutz bemüht, etwa durch die Einräumung von Entscheidungsspielräumen zu Gunsten der nationalen Gerichte.

Der fünfte Teil der Arbeit nimmt die Ebene der EMRK und ihr Verhältnis zum Grundrechtsschutz in Deutschland, der Schweiz und der EU in den Blick. Von Interesse sind in diesem Zusammenhang insbesondere der Rang der EMRK im Verhältnis zu den nationalen bzw. unionalen Grundrechten sowie die Frage nach etwaigen Kollisionsregeln, zumal die EMRK lediglich einen völkerrechtlichen Vertrag, nicht aber eine weitere staatliche oder zumindest staatsähnliche Ebene darstellt. Dabei ist der Frage nachzugehen, ob und gegebenenfalls inwiefern der Grundrechtsschutz durch die EMRK mit einem Bedeutungsverlust der nationalen bzw. unionalen Grundrechte einher geht. Ferner wird analysiert, auf welche Weise nationale Besonderheiten durch den Europäischen Gerichtshof für Menschenrechte (EGMR) berücksichtigt werden können und inwiefern der EGMR dazu bereit ist, Beurteilungsspielräume zu Gunsten nationaler Gerichte zu akzeptieren. Schließlich ist auf das negative Gutachten des EuGH zum Beitritt der EU zur EMRK[515] sowie auf etwaige Implikationen für den Fall, dass ein solcher Beitritt doch noch irgendwann vollzogen wird, einzugehen.

Im sechsten Teil der Arbeit werden zunächst die aus der Analyse der Systeme Deutschlands, der Schweiz und der EU gewonnenen Erkenntnisse zusammen getragen und miteinander verglichen. Dabei sollen Gemeinsamkeiten und Unterschiede hinsichtlich der Wirkungsweise von Kollisionsregeln, der Rolle der Grundrechtsbindung sowie der gerichtlichen Überprüfungsmöglichkeiten herausgearbeitet und die den untersuchten Systemen gemeinsamen Phänomene aufgezeigt werden, so dass eine Thesenbildung möglich wird. Auf dieser Grundlage sollen schließlich materiell-rechtliche und prozessuale Ansätze für eine Vermeidung bzw. Auflösung von Grundrechtskonflikten im Mehrebenensystem der EU entwickelt werden. Am Ende der Untersuchung stehen eine Zusammenfassung der gewonnenen Erkenntnisse sowie ein Ausblick.

---

[515] EuGH, Gutachten 2/13, EMRK, digit. Slg.

1. Teil

Theoretische Grundlagen: Konzept des Mehrebenensystems, Verhältnis der Ebenen zueinander und Parameter des Rechtsvergleichs

§ 1 Das Konzept des Mehrebenensystems

I. Begriff des Mehrebenensystems und Leistungsfähigkeit des Mehrebenenkonzepts

1. Begriff des Mehrebenensystems

a) Sozialwissenschaftlicher Kontext

Der Begriff des Mehrebenensystems wird in letzter Zeit fast schon inflationär gebraucht, so dass zur inhaltlichen Präzisierung ein kurzer Blick auf seine Entstehung notwendig erscheint. Der Begriff „Mehrebenensystem" entstammt ursprünglich dem Systembegriff der in den 1960er und 1970er Jahren von *Niklas Luhmann* entwickelten Systemtheorie[1] und wurde schon bald von der Politikwissenschaft zur Beschreibung der europäischen Integration verwendet.[2] Dabei ging es weniger um den Entwurf eines theoretischen Konzeptes zur Erfassung der europäischen Integration, sondern in erster Linie um eine neutrale Analyse des Ist-Zustandes, welche vorwiegend auf eine Beschreibung der stattfindenden Vorgänge abzielt.[3] Das Konzept des Mehrebenensystems wurde in der Folgezeit von der Politikwissenschaft im Zusammenhang mit der Unterscheidung verschiedener Ebenen in föderalen Systemen herangezogen.[4] Bei den Ebenen im Sinne des Mehrebenenkonzepts muss es sich um politische Ebenen handeln, wobei nichthoheitliche Akteure ebenfalls mit einbezogen werden können.[5]

---

[1] Vgl. *Luhmann*, Einführung in die Systemtheorie, S. 11 ff.; *ders.*, Rechtssoziologie, S. 105.

[2] *Marks*, Structural Policy in the European Community, in: Sbragia (Hrsg.), Europolitics, S. 191, 221 ff.; *König/Rieger/Schmitt*, Einleitung der Herausgeber, in: dies. (Hrsg.), Das Europäische Mehrebenensystem, S. 13 ff.; *Grande*, Multi-Level Governance, in: Grande/Jachtenfuchs (Hrsg.), Wie problemlösungsfähig ist die EU?, S. 11, 11 ff.; *Jachtenfuchs/Kohler-Koch*, Regieren und Institutionenbildung, in: dies. (Hrsg.), Europäische Integration, S. 11, 18 ff.; s. dazu auch *Bache/Flinders*, Themes and Issues in Multi-level Governance, in: dies. (Hrsg.) Multi-level Governance, S. 1 ff.

[3] *König/Rieger/Schmitt*, Einleitung der Herausgeber, in: dies. (Hrsg.), Das Europäische Mehrebenensystem, S. 13, 15 f.; *Wessels*, Beamtengremien im EU-Mehrebenensystem, in: Jachtenfuchs/Kohler-Koch (Hrsg.), Europäische Integration, S. 353 ff.; *Scharpf*, Community and Autonomy, S. 17 ff.; *ders.*, Notes Toward a Theory of Multilevel Governing in Europe, S. 5 ff.; vgl. dazu auch *Mayer*, Kompetenzüberschreitung und Letztentscheidung, S. 32 ff.

[4] *König/Rieger/Schmitt*, Einleitung der Herausgeber, in: dies. (Hrsg.), Das europäische Mehrebenensystem, S. 13, 15 f.; *Scharpf/Reissert/Schnabel*, Politikverflechtung, S. 13 ff.

[5] *König/Rieger/Schmitt*, Einleitung der Herausgeber, in: dies. (Hrsg.), Das europäische Mehrebenensystem, S. 13, 16.

b) Rechtswissenschaftlicher Kontext

Auch im juristischen Kontext erfreut sich der Begriff des Mehrebenensystems zunehmender Beliebtheit.[6] Dies liegt vor allem daran, dass er einen neutralen analytischen Rahmen zur Auseinandersetzung mit dem Phänomen der überstaatlichen Rechtsverflechtung bereit hält. Daher wurde das Mehrebenenkonzept auch in der Rechtswissenschaft zur Beschreibung der europäischen Integration verwendet,[7] wobei in Bezug auf die EU häufig von „multi-level governance“[8] oder „multi-layered governance“[9] die Rede ist. Darüber hinaus wird es im Zusammenhang mit der Analyse föderaler Strukturen, insbesondere von Bundesstaaten, heran gezogen.[10] Insoweit wird von „two levels of government“ gesprochen.[11] Der Begriff des Mehrebenensystems ersetzt dabei nicht das überkommene Konzept des Föderalismus, sondern ergänzt es und ermöglicht eine Loslösung von bestimmten, auf nationale Traditionen bezogene Nebenbedeutungen.[12] Dadurch wird ein Rechtsvergleich zwischen föderal aufgebauten nationalen und übernationalen Rechtsordnungen erleichtert,[13] ohne dass die Gefahr besteht, sich in tradierte Begrifflichkeiten zu verlaufen, möglicherweise nicht vorhandene Hierarchieverhältnisse zu suggerieren[14] oder neuartige Phänomen ausschließen zu müs-

---

[6] *Mayer*, Kompetenzüberschreitung und Letztentscheidung, S. 35 ff.; *Sauer*, Jurisdiktionskonflikte, S. 77 m.w.N.; *Lorz*, DVBl. 2006, 1061, 1061 ff.; vgl. auch *Lindner*, EuR 2007, 160 ff.

[7] Vgl. nur *Pernice*, CMLR 36 (1999), 703, 708; *Schmid*, Multi-Level Constitutionalism and Constitutional Conflicts, S. 215 ff.

[8] *Marks/Hooghe/Blank*, European Integration and the State, S. 11; *Vecchio*, Rassegna parlamentare 52 (2010), 863, 863 ff., der vom “costituzionalismo multilivello” spricht; *Holzinger/Knill/Peters/Schimmelfennig/Wagner*, Die Europäische Union, S. 136; *Vandenbruwaene*, The Judicial Enforcement of Subsidiarity, in: Popelier/Mazmanyan/Vandenbruwaene (Hrsg.), The Role of Constitutional Courts in Multilevel Governance, S. 131, 133.

[9] So etwa *Cottier*, Multilayered Governance, Pluralism and Moral Conflict, Swiss National Centre of Competence in Research, Working Paper 2008/23; *Schmitter*, Representation and the Future Euro-Polity, Staatswissenschaften und Staatspraxis 3 (1992), 379, 381; ähnlich auch *Marks*, Structural Policy in the European Community, in. Sbragia (Hrsg.), Europolitics, S. 191, 221.

[10] Vgl. etwa *Kern*, Die Diffusion von Politikinnovationen, S. 248 ff.; *Holzinger/Knill/Peters/Rittberger/Schimmelpfennig/Wagner*, Die Europäische Union, S. 137.

[11] *Bermann*, Harmonization and Regulatory Federalism, in: Pernice (Hrsg.), Harmonization of Legislation in Federal Systems, S. 37, 42 ff.; *Mayer*, Kompetenzüberschreitung und Letztentscheidung, S. 36; *Schröder*, Gesetzesbindung des Richters und Rechtsweggarantie im Mehrebenensystem, S. 91 f., der in Bezug auf Deutschland vom „föderalen Zweiebenensystem“ spricht; in Bezug auf den Bundesstaat vgl. auch *Knauff*, Der Regelungsverbund, S. 8.

[12] *Möllers*, Gewaltengliederung, S. 211; in diese Richtung auch *Heinig*, Die Stellung der Kirchen und Religionsgemeinschaften in der europäischen Rechtsordnung, in: Müller-Graff/Schneider (Hrsg.), Kirchen und Religionsgemeinschaften in der Europäischen Union, S. 125, 137; gegen eine Verwendung des Föderalismusbegriffs als Vergleichskategorie *Mayer*, Kompetenzüberschreitung und Letztentscheidung, S. 42 ff.

[13] *Scharpf*, PVS 26 (1985), 323, 325 ff.; krit. dazu *Badura*, VVDStRL 60 (2001), 353, der davon ausgeht, dass die genannten Ebenen nicht vergleichbar seien.

[14] Vgl. *Sauer*, Jurisdiktionskonflikte in Mehrebenensystemen, S. 79; dagegen aber *Häberle*, Europäische Verfassungslehre, S. 641, der befürchtet, dass der Begriff eines „Mehrebenenkonstitutionalismus“ zum Missverständnis hierarchischer Strukturen führe; *Röben*, Constitutionalism

sen. *Mayer* weist zu Recht darauf hin, dass das Bild der unterschiedlichen Ebenen nicht zwingend mit der Vorstellung von Über-/Unterordnung verbunden sei, sondern sich die Ebenen vielmehr als „Plattformen" beschreiben ließen, „die nebeneinander auf gleicher Höhe stehen können, in anderen Fällen auf unterschiedlichen Höhen angesiedelt sind, vielleicht sogar flexibel umeinander kreisen."[15]

Die ebenenbezogene Betrachtungsweise erweist sich damit als wert- und ergebnisneutrales Instrument zum Vergleich föderaler Ordnungen jenseits der Staatenbund/Bundesstaat-Dichotomie, da sämtliche föderale Ordnungen zugleich auch Mehrebenenrechtsordnungen darstellen. Dies gilt insbesondere für einen Vergleich der bundesstaatlich verfassten Systeme Deutschlands und der Schweiz mit der als Bund organisierten EU.[16] Das Konzept des Mehrebenensystems gewinnt überdies an Bedeutung, wenn die Bindung föderaler Systeme an internationale Menschenrechtsabkommen wie die EMRK untersucht werden soll, nachdem das Konzept des Föderalismus in dem der vorliegenden Arbeit zugrunde liegenden Sinn diesbezüglich an seine Grenzen stößt,[17] da Menschenrechtsabkommen mangels umfassenden Zuständigkeitsbereichs nicht als Untereinheiten eines föderalen Systems aufgefasst werden können.

Bei der Verwendung des Ebenenbegriffs im juristischen Kontext darf jedoch nicht übersehen werden, dass es sich dabei um eine bloß rechtswissenschaftliche, nicht aber um eine rechtsdogmatische Kategorie handelt.[18] Vielfach wird der Begriff des Mehrebenensystems zudem ohne nähere Klärung verwendet,[19] was leicht zu Abgrenzungsschwierigkeiten führen kann, insbesondere im Hinblick auf die Voraussetzungen für die Annahme einer Ebene.

c) Arbeitsdefinition des Begriffs des Mehrebenensystems

Um im juristischen Kontext von einem Mehrebenensystem sprechen zu können, muss schon dem Wortsinn nach ein System vorliegen, welches aus mindestens zwei Ebenen besteht. Der Begriff des Systems wird dabei als Oberbegriff für eine rechtlich organisierte und geordnete Struktur verstanden, wobei eine Bezugnahme auf die Begriffsinhalte der Systemtheorie nicht intendiert ist.[20] Nachdem der Begriff des Mehrebenensystems gerade für Strukturen verwendet werden

---

of Inverse Hierarchy, Jean Monnet Working Paper 8/03, S. 4, der offenbar von einer zwingenden Über-/Unterordnung der verschiedenen Ebenen ausgeht; ähnlich auch *Elazar*, Il "principio federale": identità e differenze, in: Loretoni (Hrsg.), Interviste sull'Europa, S. 35, 44; *della Cananea*, ZaöRV 70 (2010), 283, 307 f.

[15] *Mayer*, Kompetenzüberschreitung und Letztentscheidung, S. 37.

[16] S. dazu oben, Einführung, II.4. c).

[17] S. oben, Einführung, II.1.

[18] *Möllers*, Gewaltengliederung, S. 211; *Lindner*, EuR 2007, 160 Fn. 1.

[19] So etwa bei *Desens*, EuGRZ 2011, 211, 211; *v. Danwitz*, AöR 131 (2006), 511, 514; *Willers*, Verfassungsgerichtliche Übergangsfristen in Mehrebenensystemen, S. 111.

[20] Vgl. *Mayer*, Kompetenzübertragung und Letztentscheidung, S. 35 f.; *Sauer*, Jurisdiktionskonflikte, S. 79.

soll, in denen Hoheitsträger verschiedener Ebenen miteinander in Beziehung treten, muss eine Ebene bestimmte Voraussetzungen erfüllen, da andernfalls jedwede Einheit innerhalb eines Systems als Ebene bezeichnet werden könnte, was zu einer Verwässerung des Begriffs führen würde. Voraussetzung für eine Abgrenzung der einzelnen Ebenen ist demnach zunächst, dass der Ebene eine gewisse rechtliche Kontur zukommt.[21] Dies bedeutet, dass eine Ebene, um als solche eingeordnet werden zu können, von anderen Ebenen entkoppelt sein, mithin über ein gewisses Maß an Selbständigkeit verfügen muss.[22] Daneben ist erforderlich, dass auf den einzelnen Ebenen jeweils Träger öffentlicher Gewalt existieren, so dass von Hoheitsträgern gesprochen werden kann. Der Begriff der Hoheitsgewalt wird dabei nicht durch das Gewaltmonopol definiert, sondern es ist ausreichend, aber auch erforderlich, dass die Hoheitsträger rechtserhebliche Entscheidungen treffen können.[23] Dazu gehören insbesondere die Möglichkeit der selbständigen Rechtserzeugung und die Herausbildung verfestigter Legitimationsmechanismen.[24] Eine Ebene kann dabei aus einem einzigen oder aus einer Vielzahl gleichgeordneter Verbände mit gleichartigen Kompetenzen bestehen, wobei unter einem „Verband" eine rechtlich bestimmte Einheit mit Entscheidungskompetenzen zu verstehen ist.[25] Eine Ebene muss folglich nicht zwangsläufig mit einer juristischen Person zusammen fallen, so dass auf einer Ebene auch mehrere juristische Personen nebeneinander existieren können.[26]

Ein Mehrebenensystem liegt darüber hinaus nur dann vor, wenn zwischen den einzelnen Ebenen ein über ein gewisses Mindestmaß hinaus gehendes Maß an rechtlichen Beziehungen besteht, welche zu Interdependenz und damit zu potentiellen Konflikten führen können.[27] *Mayer* geht davon aus, dass das Recht der verschiedenen Ebenen auf dem gleichen Territorium Geltung beanspruchen muss und der Einzelne grundsätzlich durch jede der unterschiedlichen Ebenen berechtigt oder verpflichtet werden kann.[28] Dies bedeutet im Umkehrschluss jedoch nicht, dass jeder Verband jeder Ebene über die Möglichkeit verfügen muss, das Individuum unmittelbar zu berechtigen oder verpflichten.[29] Das Erfordernis einer solchen unmittelbaren Durchgriffswirkung gegenüber dem Individuum würde dazu führen, dass internationale Organisationen niemals die Voraussetzungen des Ebenenbegriffs erfüllen könnten, was vom Konzept des Mehrebenensystems her nicht intendiert sein kann, da Letzteres gerade auch der Beschreibung und Einordnung inter- und supranationaler Organisationen dienen soll.

---

[21] *Mayer*, Kompetenzüberschreitung und Letztentscheidung, S. 55.

[22] *Möllers*, Gewaltengliederung, S. 213.

[23] Vgl. *Mayer*, Kompetenzüberschreitung und Letztentscheidung, S. 55 f., der von „Entscheidungsebenen" spricht; *Sauer*, Jurisdiktionskonflikte, S. 79.

[24] *Möllers*, Gewaltengliederung, S. 213.

[25] *Mayer*, Kompetenzüberschreitung und Letztentscheidung, S. 55.

[26] *Möllers*, Gewaltengliederung, S. 216.

[27] *Sauer*, Jurisdiktionskonflikte, S. 80.

[28] *Mayer*, Kompetenzüberschreitung und Letztentscheidung, S. 57.

[29] So auch *Sauer*, Jurisdiktionskonflikte, S. 80.

d) Bund und Länder/Kantone als eigenständige Ebenen

Die Ebeneneigenschaft des Bundes sowie der Länder bzw. Kantone innerhalb eines Bundesstaates ist unbestritten. So fällt die Ebene des Bundes mit dem Rechtssubjekt des Gesamtstaates, d.h. der Bundesrepublik Deutschland bzw. der Schweizerischen Eidgenossenschaft zusammen, welcher über Rechtssetzungskompetenzen und demokratische Legitimationsverfahren verfügt. Auf der Länder- bzw. Kantonsebene finden sich gleichberechtigte und homogen organisierte Rechtssubjekte, die ebenfalls in der Lage sind, Recht zu setzen und die dem Einzelnen subjektive Rechte in Form von Grundrechten gewähren.[30]

e) Die EU als eigenständige Ebene

Nicht ganz unumstritten ist hingegen die Ebeneneigenschaft der EU. Zwar wurde das Konzept des Mehrebenensystems gerade zur Erfassung der europäischen Integration in den rechtswissenschaftlichen Kontext eingeführt, so dass es widersprüchlich wäre, die Ebeneneigenschaft der EU zu verneinen, doch wird diskutiert, inwieweit die EU tatsächlich über die Kompetenz zur selbständigen Rechtserzeugung verfügt.[31] Wenngleich die EU kein Staat ist,[32] so stellt sie doch eine autonome Rechtsordnung dar, welche selbständig Rechtsnormen, etwa in Form von Verordnungen und Richtlinien, erzeugen und dem Einzelnen subjektive Rechte, insbesondere in Form der in der Grundrechte-Charta enthaltenen Grundrechte einräumen kann, ohne dass es dafür einer mitgliedstaatlichen Vermittlung bedürfte.[33] Aus diesem Grund ist auch die EU als eigenständige Ebene im Rahmen des europäischen Mehrebenensystems anzusehen.

f) Die EMRK als eigenständige Ebene

Schwieriger stellt sich die Frage nach der Ebeneneigenschaft der EMRK dar. Bei der EMRK handelt es sich um einen völkerrechtlichen Vertrag, welcher nach Art. 59 Abs. 1 S. 1 EMRK nur von den Mitgliedern des Europarates unterzeichnet werden kann. Der Europarat wiederum ist eine internationale Organisation, in deren Rahmen Rechtssetzung stattfindet, allerdings nur auf zwischenstaatlicher Basis. Auch die Geltung der EMRK hängt daher von den Zustimmungsakten souveräner Staaten ab. Allerdings ist zu beachten, dass die EMRK mit dem

[30] Vgl. dazu *Möllers*, Gewaltengliederung, S. 216.

[31] Skeptisch z.B. *Huber*, VVDStRL 60 (2001), 194, 219 ff.; *P. Kirchhof*, DVBl. 1999, 637, 648 ff.; *v. Danwitz*, Verwaltungsrechtliches System und Europäische Integration, S. 464 f.; näher dazu auch *Möllers*, Gewaltengliederung, S. 213.

[32] S. dazu oben, Einführung, II.4. c).

[33] Vgl. *Möllers*, Gewaltengliederung, S. 217; *Mayer*, Kompetenzüberschreitung und Letztentscheidung, S. 57.

EGMR im Verhältnis zu den Vertragsparteien über einen eigenständigen Kontrollmechanismus verfügt, welcher von den Vertragsparteien selbst im Rahmen der Staatenbeschwerde nach Art. 33 EMRK oder von Individuen im Wege der Individualbeschwerde gem. Art. 34 EMRK angerufen werden kann.[34] Durch die Rechtsprechung des EGMR wird der Inhalt der EMRK präzisiert und weiterentwickelt, so dass eine gewisse Verselbständigung gegenüber den ursprünglichen Zustimmungsakten der Vertragsparteien eintritt.[35] Insoweit kann man von einer Fortentwicklung des Rechts sprechen, was zumindest in die Nähe einer selbständigen Rechtserzeugung kommt. Darüber hinaus verleiht die EMRK dem Einzelnen subjektive Rechte, welche in ihrer Interpretation durch den EGMR die Auslegung nationaler Grundrechte auch dann maßgeblich beeinflussen können, wenn die EMRK in einem Vertragsstaat nicht Bestandteil der nationalen Verfassungsordnung ist.[36] Man kann insoweit von einer „völkerrechtlichen Nebenverfassung“ sprechen.[37] Nicht umsonst wurde der EGMR deshalb von seinem ehemaligen Präsidenten *Luzius Wildhaber* als „Quasi-Verfassungsgericht sui generis“ bezeichnet.[38] Dem entspricht es, dass der Gerichtshof selbst die EMRK als „constitutional instrument of European public order“[39] ansieht. Hinzu kommt, dass sich die Vertragsparteien gemäß Art. 46 Abs. 1 EMRK zur Befolgung der Urteile des EGMR verpflichten. Es besteht damit zwar keine gerichtliche Durchsetzungsmöglichkeit seitens des EGMR oder des Europarats, es ist aber davon auszugehen, dass die Vertragsparteien, sofern sie über einen funktionierenden Rechtsstaat verfügen, – auch angesichts des Drucks der Öffentlichkeit – faktisch zur Befolgung der Urteile des EGMR gezwungen sind, insbesondere dann, wenn diese eine gesetzliche Regelung betreffen, deren Anwendung auch in anderen, vergleichbaren Fällen zu einer Konventionsverletzung führt, wobei freilich Ausnahmen möglich sind, wie der Fall *Hirst/Vereinigtes Königreich* betreffend den Ausschluss von Strafgefangenen vom Wahlrecht beweist.[40] Trotz allem erscheint

[34] Ausführlich dazu *Grabenwarter/Pabel*, Europäische Menschenrechtskonvention, §§ 9 u. 10.

[35] Vgl. auch *Möllers*, Gewaltengliederung, S. 218.

[36] Inwiefern die EMRK innerstaatlich zu berücksichtigen ist, hängt von der jeweiligen Rechtsordnung ab; näher dazu unten, § 13.

[37] Grundlegend *Tomuschat*, VVDStRL 36 (1978), 7, 51 f.; vgl. auch *Uerpmann-Wittzack*, Völkerrechtliche Verfassungselemente, in: v. Bogdandy/Bast (Hrsg.), Europäisches Verfassungsrecht, S. 177, 178 ff.

[38] *Wildhaber*, EuGRZ 2002, 569, 569; *ders.*, EuGRZ 2009, 541, 552; ähnlich *Van de Heyning*, Constitutional Courts as Guardians of Fundamental Rights, in: Popelier/Mazmanyan/Vandenbruwaene (Hrsg.), The Role of Constitutional Courts in Mulitlevel Governance, S. 21, 42; vgl. auch *Voßkuhle*, NVwZ 2010, 1, 2, der den EGMR als „ein – auf die Menschenrechte bezogenes – Verfassungsgericht“ bezeichnet; vgl. auch *Breuer*, JRP 18 (2010), 223, 223; differenzierend *Gebauer*, Parallele Grund- und Menschenrechtsschutzsysteme in Europa?, S. 217 f.; krit. *Klein*, HGR VI/1, § 150 Rn. 43.

[39] EGMR, Urt. v. 23.03.1995 (Preliminary Objections) – 15318/89 – Loizidou/Türkei, Preliminary Objections, A310, Rn. 75; Urt. v. 30.06.2005 – 45036/98 – Bosphorus Hava Yollari Turizm ve Ticaret Anonim Sirketi/Irland, RJD 2005-VI, Rn. 156.

[40] EGMR, Urt. v. 06.10.2005 – 74025/01 – Hirst/Vereinigtes Königreich (Nr. 2), RJD 2005-IX, Rn. 56 ff.

es gerechtfertigt, von der EMRK als selbständiger Ebene[41] zu sprechen, die den Grundrechtsschutz in föderalen Mehrebenensystemen ergänzt und die mit den übrigen Ebenen so sehr in Interaktion tritt, dass es zwischen den beteiligten Ebenen zu Interferenzen und Grundrechtskollisionen kommen kann.

2. *Leistungen und Grenzen einer ebenenbezogenen Betrachtungsweise*

Eine ebenenbezogene Betrachtungsweise ermöglicht einen Rechtsvergleich zwischen nationalen und übernationalen föderalen Rechtsordnungen. Wenn man die EU als Bund begreift, kommt ein Vergleich mit anderen föderalen Systemen nur mittels eines Instruments in Betracht, das sowohl Bundesstaaten, Staatenbünde und Bünde, mithin sämtliche föderal aufgebauten Gebilde, erfasst. Ferner können mit Hilfe des Mehrebenen-Konzepts die Verflechtungen und Interdependenzen zwischen den einzelnen Ebenen mit ihren Grundrechtskatalogen freigelegt und drohende Konfliktpotentiale aufgezeigt werden. Eines ist mit dem Ebenenbegriff jedoch nicht verbunden: die Herausbildung einer eigenen dogmatischen Kategorie, mit der beispielsweise die Rechtsnatur der EU theoretisch begründet werden könnte.[42] Es handelt sich beim Begriff der Ebene um einen rechtswissenschaftlichen Begriff, nicht um einen Rechtsbegriff des nationalen Verfassungsrechts, des Europarechts oder des Völkerrechts.[43] Die ebenenbezogene Betrachtungsweise kann jedoch dazu beitragen, durch die Beschreibung real existierender Phänomene potentielle Konfliktmuster in Mehrebenenrechtsordnungen aufzudecken und nach Lösungsmöglichkeiten im Wege der Rechtsdogmatik zu suchen. Zutreffend ist der Einwand von *della Cananea*, der darauf hinweist, dass das Mehrebenenkonzept die horizontale Dimension sowie das Zusammenwirken zwischen Individuen, Mitgliedstaaten und EU ausblendet.[44] Für die Zwecke der vorliegenden Untersuchung, d.h. für die Durchführung des Rechtsvergleichs, ist allerdings eine derart umfassende Betrachtungsweise nicht zwingend erforderlich, sondern kann sich im Gegenteil sogar als hinderlich erweisen, wenn dadurch die Vergleichsparameter verloren zu gehen drohen, so dass der Einwand von *della Cananea* im vorliegenden Fall nicht durchgreift.

---

[41] So auch *Fabbrini*, The European Multilevel System of Fundamental Rights Protection, S. 8 f.

[42] Zum Versagen der ebenenbezogenen Betrachtungsweise in dieser Hinsicht und allgemein kritisch gegenüber dem Konzept des „Multilevel Constitutionalism" s. *Barents*, The Fallacy of European Multilevel Constitutionalism, in: Avbelj/Komárek (Hrsg.), Constitutional Pluralism in the European Union and Beyond, S. 153, 154 ff. u. 182 f.

[43] *Möllers*, Gewaltengliederung, S. 218.

[44] *Della Cananea*, ZaöRV 70 (2010), 283, 294 u. 302.

3. Unzulänglichkeiten konkurrierender Governance- und Netzwerkansätze

Neben dem Konzept des Mehrebenensystems erfreut sich seit einiger Zeit auch der Netzwerk-Ansatz großer Beliebtheit in der Rechtswissenschaft.[45] Ähnliches gilt für das ursprünglich aus den Wirtschaftswissenschaften stammende Konzept der Governance.[46] Nach der Definition von *Mayntz* versteht man unter Governance „die Gesamtheit der in einer politischen Ordnung mit- und nebeneinander bestehenden Formen der kollektiven Regelung gesellschaftlicher Sachverhalte".[47] Indes bleiben die konkreten Inhalte des Begriffs vergleichsweise nebulös.[48] In der Rechtswissenschaft ist der Governance-Ansatz in erster Linie auf die Erfassung von Regelungsstrukturen ausgelegt[49] und wird als neue Perspektive zur Einordnung hybrider Regierungs- und Leitungsstrukturen unter Beteiligung staatlicher und privater Akteure verstanden.[50] Er soll den Blick öffnen auf das Beziehungsgefüge der Ebenenverschränkungen, was zu einer Betonung a-zentrischer Vorstellungen der Rechtserzeugung und -anwendung[51] sowie zu einer Ersetzung des Rechtmäßigkeitserfordernisses durch das Streben nach dem optimalen institutionellen Aufbau führt.[52]

Gegen die Heranziehung des Governance-Ansatzes im Rahmen der vorliegenden Arbeit spricht zunächst, dass seine Prämissen, nämlich ein Nebeneinander verschiedener staatlicher und nicht-staatlicher Akteure, jedenfalls im Grundrechtsbereich gerade nicht der Realität der Systeme der Bundesrepublik Deutschland und der Schweiz entspricht, welche sich durch einen Vorrang des Rechts der gesamtstaatlichen Ebene vor dem Recht der gliedstaatlichen Ebene auszeichnen. Darüber hinaus wird im Bereich des Grundrechtsschutzes nicht primär das Handeln privater Akteure untersucht, weil nur die EU selbst sowie die Mitgliedstaa-

---

[45] Vgl. etwa die Beiträge der 47. Assistententagung Öffentliches Recht in Berlin im Jahr 2007 zum Thema „Netzwerke", s. *Boysen et al.* (Hrsg.), Netzwerke.

[46] So etwa *Franzius*, VerwArch 97 (2006), 186, 186; *Hoffmann-Riem*, Governance im Gewährleistungsstaat, in: Schuppert (Hrsg.), Governance-Forschung, S. 195, 195 ff., 207 ff.; *Scott/Trubek*, ELJ 8 (2002), 1, 3 ff.; im Zusammenhang mit der EU s. *Zürn*, European Journal of International Relations 6 (2000), 183, 183 ff.; *Bernard*, Multilevel Governance in the European Union, S. 8 ff.; *v. Werder*, Ökonomische Grundfragen der Corporate Governance, in: Hommelhoff/Hopt/v. Werder (Hrsg.), Handbuch Corporate Governance, 2003, S. 3, 4 ff.

[47] *Mayntz*, Governance im modernen Staat, in: Benz/Dose (Hrsg.), Governance – Regieren in komplexen Regelsystemen, S. 37, 37; ähnlich auch die *Commission on Global Governance*, Our Global Neighborhood, S. 2, die den Begriff folgendermaßen definiert: „Governance ist the sum of the many ways individuals and institutions, public and private, manage their common affairs."

[48] Krit. auch *Kemmerer*, Der normative Knoten, in: Boysen et al. (Hrsg.), 47. ATÖR – Netzwerke, S. 195, 204; zum uneindeutigen Begriffsinhalt auch *Schuppert*, Die Verwaltung 40 (2007), 463, 463; *Franzius*, VerwArch 97 (2006), 186, 187.

[49] *Franzius*, VerwArch 97 (2006), 186, 201 ff.

[50] *Möllers*, CMLR 43 (2006), 313, 315 f.; *Schuppert*, Die Verwaltung 40 (2007), 463, 464 ff.; *Eriksen/Fossum*, Transnational Governance and Democracy, in: Joerges/Sand/Teubner (Hrsg.), Transnational Governance and Constitutionalism, S. 115, 118 ff.

[51] *Franzius*, VerwArch 97 (2006), 186, 194 ff., 218.

[52] *Möllers*, CMLR 43 (2006), 313, 318.

ten unmittelbar Grundrechtsverpflichtete sind, so dass die vom Governance-Ansatz mit einbezogene Einflussnahme Privater, etwa durch Lobbying, anders als beispielsweise im Bereich der Komitologie-Verfahren,[53] im Grundrechtsbereich ausgeblendet werden kann und ein Rückgriff auf den Governance-Ansatz daher keinen Mehrwert hat. Nicht zuletzt müsste eine rechtsvergleichende Analyse zwangsläufig scheitern, wenn sich der Governance-Ansatz nicht auf alle der zu vergleichenden Rechtssysteme gewinnbringend anwenden lässt.

Ähnlich wie der Governance-Begriff leidet auch der Netzwerk-Begriff noch immer unter dem Fehlen einer allgemein anerkannten Definition.[54] Der Netzwerk-Begriff wurde zunächst in der Institutionenökonomie, der soziologischen Institutionenforschung sowie der Politikwissenschaft fruchtbar gemacht.[55] In der Rechtswissenschaft wird er zur Beschreibung dezentraler Strukturen ohne hierarchische Aufgliederung verwendet.[56] Nach *Pernice* erfasst der Netzwerk-Begriff als deskriptiv-analytisches Konzept horizontale Ein- und Wechselwirkungen zwischen gleichberechtigten Akteuren in nicht formell hierarchisierten Bereichen, wobei sich diese Kooperation meist auf informellem Wege vollzieht.[57] Die Einbeziehung Privater als Akteure in einem Netzwerk ist möglich, nachdem das Netzwerk-Konzept gerade deshalb in die Rechtswissenschaft eingeführt wurde, um das Zusammenwirken staatlicher und nicht-staatlicher Akteure, etwa in Form der Beteiligung von NGOs im Völkerrecht, beschreiben zu können.[58] Im Unterschied zu Mehrebenensystemen mit ihrer weitgehenden Formalisierung und dem Erfordernis stabiler, nach außen hin abgeschlossener Einheiten[59] zeichnen sich Netzwerke durch ihre Offenheit aus, weshalb sie auch „emergente Ordnungen" genannt werden.[60] Vom Governance-Begriff unterscheidet sich der Netzwerk-

[53] Ausführlich dazu *Edenharter*, DÖV 2011, 645 ff.

[54] Vgl. auch *Sauer*, Jurisdiktionskonflikte, S. 81 Fn. 87.

[55] Näher dazu *Pernice*, ZaöRV 70 (2010), 51, 61 ff.; *Möllers*, *Netzwerk* als Kategorie des Organisationsrechts, in: Oebbecke (Hrsg.), Nicht-Normative Steuerung in dezentralen Systemen, S. 285, 286 ff.; *Scharpf*, Positive und negative Koordination in Verhandlungssystemen, in: Kenis/Schneider (Hrsg.), Organisation und Netzwerk, S. 497, 515 ff.; *Mayntz*, Policy-Netzwerke und die Logik von Verhandlungssystemen in: Kenis/Schneider (Hrsg.), Organisation und Netzwerk, S. 471 ff.; *v. Bock und Polach*, Neue Institutionenökonomie und Netzwerkanalyse, in: Stegbauer (Hrsg.), Netzwerkanalyse und Netzwerktheorie, S. 429 f.

[56] *Möllers*, *Netzwerk* als Kategorie des Organisationsrechts, in: Oebbecke (Hrsg.), Nicht-Normative Steuerung in dezentralen Systemen, S. 285, 286; *Fischer-Lescano/Teubner*, Regime-Kollisionen, S. 57 ff.

[57] *Pernice*, ZaöRV 70 (2010), 51, 52 u. 62 f. in Bezug auf den Europäischen Verfassungsverbund.

[58] Näher dazu *Möllers*, *Netzwerk* als Kategorie des Organisationsrechts, in: Oebbecke (Hrsg.), Nicht-Normative Steuerung in dezentralen Systemen, S. 285, 293 ff.; *Fischer-Lescano/Teubner*, Regime- Kollisionen, S. 41 ff., 59 ff.; *Nowrot*, Netzwerke im transnationalen Wirtschaftsrecht und Rechtsdogmatik, S. 19 ff.

[59] *Mayer*, Verfassungsgerichtsbarkeit, in: v. Bogdandy/Bast (Hrsg.), Europäisches Verfassungsrecht, S. 559, 588.

[60] *Arnst*, Instrumente der Rechtsprechungskoordination als judikative Netzwerke?, in: Boysen et al. (Hrsg.), 47. ATÖR – Netzwerke, S. 58, 74; ähnlich auch *Nowrot*, Netzwerke im transnationalen Wirtschaftsrecht und Rechtsdogmatik, S. 20; *Scharpf*, Positive und negative Koordi-

Begriff dadurch, dass das Netzwerk eine bestimmte Art von Governance bezeichnet.[61] Nach *Fischer-Lescano/Teubner* besteht die zentrale Leistung von Vernetzungen darin, „dass sie einen unauflöslichen Widerspruch, der sich in Normkollisionen manifestiert, in ein tragbares Gegeneinander von verschiedenen Ebenen und Subsystemen, von Netzwerkknoten, Knotenrelationen und Gesamtvernetzung übersetz[en].“[62] Im Zusammenhang mit der Kooperation der verschiedenen nationalen und europäischen Verfassungs- und Höchstgerichte wird heute gerne von einem Netzwerk von Gerichten gesprochen.[63] *Slaughter* postuliert die Existenz eines globalen Netzwerks der Gerichte und Richter, welches sich in einem über die Staatsgrenzen hinaus gehenden, oft informellen Austausch der Gerichte manifestiere und eher als „community of courts“ denn als „centralized hierarchy“ beschrieben werden könne.[64] Die Zusammenarbeit zeichne sich durch die wechselseitige Rezeption von Entscheidungen aus, wobei auch Machtproben im Falle unklarer Kompetenzabgrenzungsfragen möglich seien.[65] Dadurch könnten die normativen Grundlagen für ein gedeihliches Nebeneinander und Miteinander gelegt werden.[66]

Dieser Ansatz des richterlichen Netzwerkes beruht vor allem auf der Prämisse einer engen, durch persönliche Kontakte geprägten Zusammenarbeit zwischen den einzelnen Gerichten, wobei dem Dialog und der Debatte Priorität eingeräumt wird gegenüber klaren Regeln und dem Gebot der Rechtssicherheit.[67] Dies lässt sich nur schwer vereinbaren mit dem Wunsch des rechtsuchenden Individuums nach Klarheit bezüglich des anwendbaren Rechts sowie einer verbindlichen gerichtlichen Letztentscheidung. Deshalb erweist sich ein Netzwerk-Ansatz nach dem Verständnis *Slaughters* weder als hilfreiches Instrument zur Identifikation von Problemen beim Grundrechtsschutz in föderalen Systemen noch zur Lösung von Grundrechts- und Rechtsprechungskollisionen auf dem Boden demokratischer und rechtsstaatlicher Strukturen.

Selbst wenn man mit der Mehrheit der Netzwerk-Ansätze nicht von der Überwindung rechtsstaatlicher Strukturen in Folge der transnationalen Zusammenarbeit der Gerichte ausgeht, erscheint der Netzwerk-Gedanke wenig fruchtbar für

---

nation in Verhandlungssystemen, in: Kenis/Schneider (Hrsg.), Organisation und Netzwerk, S. 497, 516, der von „emergente[n] Strukturen“ spricht, freilich nicht allein bezogen auf Netzwerke im rechtswissenschaftlichen Kontext.

[61] Exemplarisch dazu etwa *v. Bernstorff*, The Structural Limitations of Network Governance, in: Joerges/Sand/Teubner (Hrsg.), Transnational Governance and Constitutionalism, S. 257, 259 ff. in Bezug auf die ICANN.

[62] *Fischer-Lescano/Teubner*, Regime-Kollisionen, S. 60; grundlegend dazu auch *Semlinger*, Effizienz und Autonomie in Zulieferungsnetzwerken, in: Staehle/Sydow (Hrsg.), Managementforschung 3, S. 309 ff., 332.

[63] *Slaughter*, A New World Order, S. 65 ff., 100 f.; *Sauer*, Jurisdiktionskonflikte, S. 81 f.; *Fisahn/Ciftci*, JA 2016, 364, 367.

[64] *Slaughter*, A New World Order, S. 68, 100 ff.; zum Ganzen vgl. auch *Sauer*, Jurisdiktionskonflikte, S. 82.

[65] *Slaughter*, A New World Order, S. 100 ff.

[66] *Slaughter*, A New World Order, S. 102.

[67] Krit. auch *Fischer-Lescano/Teubner*, Regime-Kollisionen, S. 58.

die Ziele der vorliegenden Arbeit. So geht etwa *Möllers* davon aus, dass sich der Netzwerk-Begriff gerade nicht als scharfer Gegenbegriff zu hierarchisch-zentraler Steuerung im Organisationsrecht anbietet, sondern seine Funktion und seinen Wert nur für spezifisch hybride Organisationen gewinnt.[68] Nachdem im Bereich des Grundrechtsschutzes nicht die Zusammenarbeit mit und zwischen Privaten im Vordergrund steht und auch die Unterscheidung zwischen rechtlichem und nicht-rechtlichem Handeln des Staates nicht von zentraler Bedeutung ist, bleibt kein Raum für einen möglichen Mehrwert der Netzwerk-Theorie. Darüber hinaus handelt es sich beim Netzwerk um „eine bloße Beschreibungskategorie, welche der Rückbindung an die Rechtsdogmatik bedarf"[69] und die für sich genommen keinen Lösungsansatz darstellt, so dass auch insoweit kein Mehrwert im Vergleich zum Mehrebenen-Konzept besteht. Ferner lassen sich mit einem derartigen, vom Gedanken der Koordination und Kooperation geprägten Ansatz nur die Interaktionen der einzelnen Höchstgerichte unter Einbeziehung des EGMR analysieren, nicht aber Typologien bestehender materiell-rechtlicher Kollisionsregeln und deren Wirkungsweisen herausarbeiten und gegebenenfalls weiter entwickeln. Solcher rechtlicher Konfliktlösungsmechanismen bedarf es jedoch auch, wenn Rechtssicherheit gewährleistet werden und die Auflösung von Kollisionen nicht allein den gesellschaftlichen oder richterlichen Wirkkräften vorbehalten bleiben soll.

II. Vorrang- und Hierarchiefragen in Mehrebenensystemen

1. Bundesstaat

Trotz manch gegenteiliger Behauptung[70] können Fragen des Vorrangs und der Hierarchien Mehrebenensystemen nicht kategorisch ausgeblendet werden, sondern bedürfen der Klärung, wenn das Verhältnis der einzelnen Ebenen zueinander untersucht und ein ebenenbezogener Rechtsvergleich durchgeführt werden sollen, da andernfalls etwaige strukturelle Unterschiede im Rahmen des Vergleichs nicht berücksichtigt werden können bzw. die im Wege des Vergleichs gewonnenen Erkenntnisse von vornherein kaum oder höchstens mit größter Vorsicht übertragen werden können. Vorrang bezeichnet in diesem Zusammenhang eine Regel, die im Falle einer Kollision zwischen Recht der „höheren" Ebene und Recht der „unteren" Ebene grundsätzlich das Recht der „höheren" Ebene sich

[68] *Möllers*, *Netzwerk* als Kategorie des Organisationsrechts, in: Oebbecke (Hrsg.), Nicht-Normative Steuerung in dezentralen Systemen, S. 285, 302.

[69] *Nowrot*, Föderalisierungs- und Parlamentarisierungstendenzen in Netzwerkstrukturen, in: Boysen et al. (Hrsg.), 47. ATÖR – Netzwerke, S. 15, 17; ähnlich auch *ders*., Netzwerke im transnationalen Wirtschaftsrecht und Rechtsdogmatik, S. 9 f. m.w.N.

[70] So etwa *Franzius*, Europäisches Verfassungsdenken, S. 123 f., der davon ausgeht, dass in Mehrebenensystemen nicht von einer „höheren" und einer „unteren" Ebene gesprochen werden könne, was auch für Bundesstaaten gelte; *Möllers*, Gewaltengliederung, S. 231; krit. zum Hierarchiegedanken in Bundesstaaten auch *Schönberger*, AöR 129 (2004), 81, 97 f.

durchsetzen lässt.[71] Die Geltung des Rechts der „höheren" Ebene hängt damit letztlich von ihrem Vorrang ab, da andernfalls Glieder der „unteren" Ebene die Geltung des Rechts der „höheren" Ebene etwa durch dessen Nichtanwendung nach Belieben in Frage stellen könnten.[72]

Das Bestehen eines Vorrangs ist jedoch nicht mit der Existenz einer Hierarchie im Sinne eines einseitigen Bestimmungsrechts zwischen den Ebenen gleichzusetzen oder zu verwechseln,[73] sondern der Vorrang des Rechts der einen Ebene vor dem Recht der anderen kann sich im Falle der Existenz einer entsprechenden Anordnung und deren allgemeiner Anerkennung grundsätzlich auch in heterarchisch organisierten Systemen ergeben. Dies schließt es freilich nicht aus, dass eine – wenn auch nur tendenzielle – Hierarchie in den real existierenden Bundesstaaten vorzufinden ist.[74] Sie liegt vielmehr sogar nahe.

Für das deutsche Recht ordnet Art. 31 GG an, dass Bundesrecht Landesrecht bricht, so dass im Kollisionsfall das Bundesrecht grundsätzlich auch gegenüber Landesverfassungsrecht Geltungsvorrang genießt.[75] Nach Auffassung eines Großteils der Literatur baut die Norm auf der einem Bundesstaat eigenen Existenz zweier autonomer und zugleich hierarchisch gestufter Rechtssetzungsebenen auf[76] und verdeutlicht die Unterordnung des Landesrechts unter das Bundesrecht.[77] Dagegen wenden andere Stimmen in der Literatur ein, dass der deutsche Bundesstaat von einem ausgewogenen Nebeneinander von Bund und Ländern geprägt sei, was mit einer vollständigen Überordnung des Bundes über die Ländern nicht in Einklang zu bringen sei.[78] Ferner stimme die Vorstellung einer einheitlichen Normenhierarchie des gesamten nationalen Rechts mit dem von *Kelsen* begründeten, klassischen Verständnis des Stufenaufbaus der Rechtsordnung nicht überein.[79]

---

[71] *Möllers*, Gewaltengliederung, S. 229.

[72] *Möllers*, Gewaltengliederung, S. 229.

[73] *Möllers*, Gewaltengliederung, S. 231; *März*, in: v. Mangoldt/Klein/Starck, GG, Art. 31 Rn. 17.

[74] Vgl. *Kelsen*, Allgemeine Staatslehre, S. 200; zum hierarchischen Aufbau der Mitgliedstaaten der EU auch *Scharpf*, Community and Autonomy, S. 17; zur Hierarchie in Bundesstaaten vgl. auch *Barents*, EuConst 5 (2009), 421, 428.

[75] Näher dazu, unten, § 6 III.2. g).

[76] *März*, in: v. Mangoldt/Klein/Starck, GG, Art. 31 Rn. 3; *Storr*, Verfassungsgebung, S. 207 f.; s. auch oben, Einführung, II.2.

[77] *Huber*, in: Sachs, GG, Art. 31 Rn. 7; *Gubelt*, in: v. Münch/Kunig, GGK, Art. 31 Rn. 3; *Clemens*, in: Umbach/Clemens, GG, Art. 31 Rn. 10; *Battis/Gusy*, Einführung in das Staatsrecht, Rn. 156.

[78] *Bernhardt/Sackofsky*, in: BK, GG, Art. 31 Rn. 8; *Dietlein*, Die Grundrechte in den Verfassungen der neuen Bundesländer, S. 8; *Schmidt*, AöR 87 (1962), 253, 295; *März*, in: v. Mangoldt/Klein/Starck, GG, Art. 31 Rn. 17; ähnlich für den österreichischen Bundesstaat *Öhlinger*, Der Bundesstaat zwichen Reiner Rechtslehre und Verfassungsrealität, S. 29; *Löwer*, NdsVBl. 2010, 138, 138; *Wiederin*, Bundesrecht und Landesrecht, S. 305 f.; *v. Coelln*, Anwendung von Bundesrecht, S. 280 ff.; vgl. oben, Einführung, II.2.b).

[79] *Bernhardt/Sackofsky*, in: BK, GG, Art. 31 Rn. 9; *Herzog*, DÖV 1962, 81, 82 u. 87; *Rudolf*, DÖV 1966, 73, 74; *Schmidt*, AöR 87 (1962), 253, 274 f.; zur Lehre *Kelsens* s. *Kelsen*, Reine Rechtslehre, S. 200 ff., 204 ff.; *ders.*, FG Fleiner, S. 127, 130 ff.; vgl. dazu auch *Merkl*, Lehre von der Rechtskraft, S. 202 ff., der die Lehre *Kelsens* rezipiert hat; *Merkl*, AöR 47 (1921), S. 171, 178 f.

Nach der kelsenianischen Lehre müsse die rangniedrigere in einer ranghöheren Norm ihren Geltungsgrund finden, d.h. zu ihrem Erlass müsste durch eine ranghöhere Norm ermächtigt worden sein. Dies sei in Bezug auf das Landesverfassungsrecht aber nicht der Fall, da die Länder insoweit gerade nicht der Ermächtigung des Bundes bedürfen.[80] Dem lässt sich jedoch entgegen halten, dass sich die Lehre von der Grundnorm ausschließlich auf die Geltung des Systems insgesamt und nicht auch auf die Geltung im System bezieht, so dass die Geltung einzelner Normen im Gesamtsystem des Grundgesetzes nicht davon abhängen kann,[81] wobei man Letzteres freilich nicht im Sinne eines dreigliedrigen Bundesstaatsbegriffs verstehen darf.[82] Das Grundgesetz verfasst richtigerweise nicht nur den Bund, welcher den Ländern als Zentralstaat gegenübersteht, sondern konstituiert zugleich den Gesamtverband von Bund und Ländern.[83] Dies wird erkennbar, wenn man zwischen den Funktionen des Zentralstaates und denen des Gesamtstaates unterscheidet.[84] Selbst wenn entgegen der Auffassung von *Kelsen*[85] und *Nawiasky*[86] Zentral- und Gesamtstaat richtigerweise nicht als selbständige Rechtspersönlichkeiten im Sinne eines dreigliedrigen Bundesstaatsbegriffs zu verstehen sind,[87] können im Grundgesetz sehr wohl zentralstaatliche und gesamtstaatliche Funktionen unterschieden werden. Zu Ersteren zählen etwa die Aufgaben und Funktionen der Bundesorgane, welche allein den Zentralstaat betreffen, während etwa die Kompetenzverteilungsregeln sowohl für den Bund als auch für die Länder, mithin für den Gesamtstaat, von Bedeutung sind.[88] Daraus folgt, dass das Grundgesetz als die Gesamtrechtsordnung anzusehen ist, der nach der Lehre *Kelsens* die Grundnorm zu Grunde liegt. Ferner ergibt sich aus einer Gesamtschau der Verfassung, insbesondere aus Art. 31 GG und Art. 28 Abs. 1 GG, dass das Landesrecht die Vorgaben des Grundgesetzes beachten muss, mithin selbst die Landesverfassungsgebung an das Grundgesetz gebunden ist,[89] was bei einem bloßen Nebeneinander der beiden Rechtsräume jedenfalls nicht ohne Weiteres gefordert werden könnte. Dagegen lässt sich auch nicht einwenden, dass die punktuelle Überordnung des Bundes allein auf dem Willen der Gliedstaaten beruhe,[90] denn sonst müssten diese in der Lage sein, einseitig gegen die Überordnung des

[80] Krit. dazu *Uerpmann*, Der Staat 35 (1996), 428, 429 ff.

[81] *Jestaedt*, JZ 2013, 1009, 1020 f.

[82] S. dazu oben, Einführung, II.2. a).

[83] So treffend *Uerpmann*, Der Staat 35 (1996), 428, 433; *März*, in: v. Mangoldt/Klein/Starck, GG, Art. 31 Rn. 17.

[84] *Kelsen*, Allgemeine Staatslehre, S. 199 f., 208 f.; vgl. auch *Uerpmann*, Der Staat 35 (1996), 428, 433.

[85] *Kelsen*, Allgemeine Staatslehre, S. 199 f.; *ders.*, FG Fleiner, S. 127, 130 ff.

[86] *Nawiasky*, Staatslehre 2 II, S. 203; *ders.*, Staatslehre 3, S. 2 ff.; s. dazu auch *Schmidt*, AöR 87 (1962), 253, 272 ff.; gegen den dreigliedrigen Bundesstaatsbegriff auch *Herzog*, DÖV 1962, 81, 82.

[87] Gegen die Annahme eines dreigliedrigen Bundesstaatsbegriffs grundlegend auch BVerfGE 13, 54, 77; *Isensee*, HdStR VI, § 126 Rn. 90 f.

[88] Vgl. *Isensee*, HdStR VI, § 126 Rn. 91; *Uerpmann*, Der Staat 35 (1996), 428, 433.

[89] So auch *Uerpmann*, Der Staat 35 (1996), 428, 432.

[90] So aber *Herzog*, DÖV 1962, 81, 87.

Bundes vorzugehen, was jedoch nach der Konzeption des Grundgesetzes und der darin definierten Rolle des Bundestages nicht der Fall ist. Angesichts dieser Symptomatik liegt es nahe, dass Bundesverfassungs- und Landesverfassungsrecht, verfasst durch die Gesamtrechtsordnung des Grundgesetzes, auf einem gemeinsamen Geltungsgrund, d.h. einer gemeinsamen Grundnorm beruhen, so dass sie in einem Stufenverhältnis stehen können.[91] *Möllers* bringt gegen eine hierarchische Beziehung von Bund und Ländern vor, dass die untere Ebene immerhin an der Entstehung des Rechts der höheren Ebene beteiligt sei, *in concreto* in Form des Verfahrens der Verfassungsänderung nach Art. 79 Abs. 1 GG und der damit verbundenen Beteiligung des Bundesrats.[92] Dagegen lässt sich wiederum einwenden, dass die Länder ihrerseits nicht selbständig über die Aufhebung oder Nichtanwendung von Bundesrecht entscheiden können, sondern im Gegenteil nach Art. 37 GG im Wege des Bundeszwangs als *ultima ratio* zu dessen Befolgung gezwungen werden können[93] und im Übrigen das Modell eines hierarchischen Staatsaufbaus ein bloßer Idealtypus ist, welcher in der Praxis an bestimmten Stellen Durchbrechungen erfahren kann und muss, da sich komplexe bundesstaatliche Systeme kaum auf ein einfaches Modell reduzieren lassen. Das Bundesverfassungsgericht spricht daher einerseits von einem grundsätzlich selbständigen Nebeneinander der Verfassungsräume von Bund und Ländern,[94] während es an anderer Stelle betont, dass Art. 31 GG das Rangverhältnis zwischen Bundesrecht und Landesrecht bestimme.[95] Letztlich lässt sich daraus ableiten, dass das Gericht Art. 31 GG als Rangordnungsnorm ansieht, zumal das Bild vom Nebeneinander der Verfassungsräume wohl eher eine Verschränkung der Bereiche von Bund und Ländern ausschließen sollte.[96] Überdies hatte sich das Bundesverfassungsgericht schon früh für eine prinzipielle Überordnung des Bundes über die Länder zumindest hinsichtlich derjenigen Bereiche ausgesprochen, welche das Grundgesetz ordnet.[97] Diese Überordnung des Bundes zeige sich nicht zuletzt an der in Art. 79 GG verankerten Kompetenz-Kompetenz des Bundes.[98] Art. 31 GG lässt sich damit sehr wohl als Indiz für die Höherrangigkeit von Bundesrecht gegenüber Landesrecht verstehen. Hinzu kommt, dass, wie *Dreier* treffend bemerkt, die Vor-

[91] *Kelsen*, Reine Rechtslehre, S. 204; empirisch nachweisbar ist die Existenz einer solchen Grundnorm freilich nicht, worin sich eine deutliche Parallele zum kosmologischen Gottesbeweis des *Thomas von Aquin* ergibt, vgl. *Thomas von Aquin*, Summa Theologica, I[a] q. 2 a. 3 co; s. dazu auch *Jestaedt*, JZ 2013, 1009, 1020; zur Kritik an *Kelsens* Lehre s. v.a. *Schmitt*, Verfassungslehre, S. 8 f.

[92] *Möllers*, Gewaltengliederung, S. 231.

[93] Gegen die Heranziehung des Bundeszwangs zur Begründung einer Hierarchie s. *Schmidt*, AöR 87 (1962), 253, 289 ff.; ausführlich zum Bundeszwang etwa *Stern*, Staatsrecht I, S. 714 ff.

[94] BVerfGE 4, 178, 189; 6, 376, 382; 99, 1, 7; in diese Richtung auch BVerfGE 36, 342, 360 f. zur Staatsqualität des Gesamtstaates und der Länder

[95] BVerfGE 96, 345, 364; für eine prinzipielle Überordnung des Bundes gegenüber den Ländern s. auch BVerfGE 13, 54, 77 ff.

[96] Vgl. *Krings*, in: Berliner Kommentar zum GG, Art. 31 Rn. 36.

[97] Grundlegend zur Überordnung des Bundes s. BVerfGE 1, 14, 51; 13, 54, 78; vgl. auch *Stern*, Staatsrecht I, S. 652; *Rudolf*, DÖV 1966, 73, 74.

[98] BVerfGE 13, 54, 79.

schrift von einem „Kranz homogenitätssichernder Vorschriften"[99] wie etwa Art. 1 Abs. 3, Art. 28 Abs. 1[100] und Art. 70 ff. GG umgeben ist, die in ihrer Gesamtschau eine tendenzielle, wenn auch nicht – nach dem Modell *Kelsens* – strikte und für alle Bereiche geltende Hierarchisierung[101] des Normengefüges im deutschen Bundesstaat begründen[102] und damit Basis für den Vorrang des Bundesrechts gegenüber dem Landesrecht sein können.[103]

Auch die Schweizer Bundesverfassung kennt den Vorrang des Bundesrechts, welcher in Art. 49 Abs. 1 BV verankert ist und einen Geltungsvorrang des Bundesrechts gegenüber kantonalem Recht impliziert, welcher sich seinerseits wiederum aus dem stufenförmigen Aufbau der schweizerischen Rechtsordnung ableiten lässt. *Fleiner/Misic* betonen, dass die Schweiz nach dem kelsenianischen Prinzip der Stufenordnung des Rechts[104] konstruiert sei und deshalb von einer hierarchischen Einheit der Normenordnung ausgehe.[105] Diese These wird bestätigt durch den Umstand, dass der Bund über die Kompetenz-Kompetenz verfügt und er auf dieser Basis über die Kompetenzverteilung zwischen Bund und Kantonen bestimmen kann.[106] Dem steht augenscheinlich entgegen, dass nach Art. 3 BV die Kantone ihrerseits über Souveränität verfügen. Allerdings ist diese Vorschrift richtigerweise dahin gehend zu interpretieren, dass die Kantone „politisch autonome Gebietskörperschaften von beschränkter Staatlichkeit"[107] sind, wes-

---

[99] *Dreier*, in: Dreier, GG, Art. 31 Rn. 18; ähnlich auch *Löwer*, in: v. Münch/Kunig, GGK, Art. 28 Rn. 26, der von einem „ganzen Ensemble von (im weiteren Sinne) homogenitätssichernden Mechanismen" spricht.

[100] S. dazu *Kersten*, DÖV 1993, 896, 898.

[101] Zu den Grundkonstellationen im Verhältnis von Bund und Ländern s. *Isensee*, HdStR VI, § 126 Rn. 92; *Clausen*, Landesverfassungsbeschwerde, S. 155 f.

[102] So auch *Uerpmann*, Das öffentliche Interesse, S. 266; *Heckmann*, Geltungskraft und Geltungsverlust von Rechtsnormen, S. 288 ff.

[103] Ausführlich zum Ganzen s. oben, Einführung, II.2.b).

[104] Vgl. *Kelsen*, Reine Rechtslehre, S. 228 ff.

[105] *Fleiner/Misic*, Föderalismus als Ordnungsprinzip der Verfassung, in: Thürer/Aubert/Müller (Hrsg.), Verfassungsrecht der Schweiz, § 27 Rn. 32; ähnlich auch *Auer/Malinverni/Hottelier*, Droit constitutionnel, Vol. 1, Rn. 964 ff.; *Eichenberger*, Der Verfassungsbegriff auf Bundes- und Kantonsebene, in: Eichenberger et al. (Hrsg.), Die Baselstädtische Kantonsverfassung, S. 33, 42; noch weiter geht *Thürer*, der die Auffassung vertritt, dass „jede föderative Ordnung [...], rechtlich gesehen, hierarchisch strukturiert" sei, s. *Thürer*, ZBl. 1996, 433, 436; *Niedermann*, FS Hangartner, S. 697, 711, der vom „Übergang vom hierarchischen zum partnerschaftlichen Bundesstaat" durch die Föderalismusreform spricht; zum Rangverhältnis s. auch *Hanschel*, Konfliktlösung im Bundesstaat, S. 462 f.

[106] *Fleiner/Giacometti*, Schweizerisches Bundesstaatsrecht, S. 36 ff.; *Fleiner/Misic*, Föderalismus als Ordnungsprinzip der Verfassung, in: Thürer/Aubert/Müller (Hrsg.), Verfassungsrecht der Schweiz, § 27 Rn. 23; *Giacometti*, Das Staatsrecht der schweizerischen Kantone, S. 24.

[107] *Tschannen*, Staatsrecht, § 16 Rn. 2; ähnlich auch *Aubert*, Petit commentaire de la Constitution fédérale de la Confédération suisse, Art. 3 Art. 5 ff.; *Biaggini*, Bundesverfassung, Art. 3 Rn. 18; *Auer/Malinverni/Hottelier*, Droit constitutionnel, Vol. 1, Rn. 961 ff.; *Jaag*, Die Rechtsstellung der Kantone in der Bundesverfassung, in: Thürer/Aubert/Müller (Hrsg.), Verfassungsrecht der Schweiz, § 30 Rn. 13; *Häfelin/Haller/Keller/Thurnherr*, Schweizerisches Bundesstaatsrecht, Rn. 944; *Rhinow/Schefer/Uebersax*, Schweizerisches Verfassungsrecht, Rn. 634 ff.; *Schweizer*, in: St. Galler Kommentar zu Art. 3 BV Rn. 7 ff.; s. auch oben, Einführung, II.3. a).

halb zumindest eine tendenzielle Unterordnung unter die Bundesebene nahe liegt und die Kantone allenfalls im Hinblick auf ihre Funktion im Bundesstaat innerhalb ihrer Zuständigkeit dem Bund gleich geordnet sind.[108] Folglich wird auch in der Schweiz das hierarchische Verhältnis zwischen Bund und Kantonen an manchen Stellen durchbrochen, so etwa durch Art. 193 Abs. 1 BV, wonach der Ständerat als Vertretung der Kantone bezüglich der Totalrevision der Verfassung zumindest ein Vorschlagsrecht besitzt[109] und auch jeder Kanton nach Art. 160 Abs. 1 BV eine Standesinitiative auf Einleitung einer Totalrevision der Verfassung einreichen kann.[110] Ferner ist bei gewissen Abstimmungen im Bund nach Art. 140 Abs. 1 BV zur Annahme der Vorlage die Zustimmung des Volks und die Zustimmung der Stände erforderlich,[111] was den Kantonen in ihrer Gesamtheit in den betreffenden Bereichen letztlich ein Vetorecht sichert.[112] Darüber hinaus können Bund und Kantone bei Kompetenzkonflikten nach Art. 189 Abs. 2 BV als gleichberechtigte Prozessparteien vor dem Bundesgericht auftreten.[113] Schließlich kann der Bund unter bestimmten Voraussetzungen dem kantonalen Recht ausdrücklich unterstellt werden, so dass er das kantonale Recht zu beachten hat.[114] Dies alles ändert jedoch nichts an der grundsätzlich hierarchischen Beziehung beider Ebenen, die in der Literatur unter Einbeziehung der Gemeinden vielfach als „drei*stufiger* Staatsaufbau" beschrieben wird.[115] Hieran wird deutlich, dass in einem Bundesstaat durchaus ein hierarchisches Verhältnis zwischen den beteiligten Ebenen bestehen kann, wenngleich diese Hierarchie in der Praxis nicht in einem strikten, modellhaften Sinn zu verstehen ist, sondern partiell Aufweichungen erfahren kann. *Imboden* spricht insoweit zu Recht von der Unterordnung der Gliedstaaten als *„eine[r]* der beiden gegensätzlichen Relationen", die freilich durch eine „im Gegensinn wirkende Beziehung durchkreuzt und ausgeglichen" werde.[116] Angesichts dieses Modells und seiner praktischen Ausdifferenzierung ist der Rückgriff auf die Theorie vom dreigliedrigen Bundesstaat mit seiner Unterscheidung von Gesamtstaat, Zentralstaat und Gliedstaat trotz vermeintlicher

---

108 Vgl. *Fleiner*, VVDStRL 6 (1929), 2, 23.

109 *Tschannen*, Staatsrecht, § 44 Rn. 33.

110 Vgl. *Tschannen*, Staatsrecht, § 44 Rn. 43.

111 Ausführlich dazu *Tschannen*, Staatsrecht, § 24 Rn. 5 ff.

112 Zur Rolle der Stände bei Verfassungsrevisionen s. auch *Imboden*, Die staatsrechtliche Problematik des schweizerischen Föderalismus, in: Imboden, Staat und Recht, S. 175, 192.

113 Vgl. *Tschannen*, Staatsrecht, § 15 Rn. 4.

114 *Rhinow/Schefer/Uebersax*, Schweizerisches Verfassungsrecht, Rn. 774 f.

115 *Häfelin/Haller/Keller/Thurnherr*, Schweizerisches Bundessstaatsrecht, Rn. 937; *Waldmann*, AJP 2013, 1332, 1334; *ders.*, Der kooperative Föderalismus, in: Nationale Föderalismuskonferenz/Institut du Fédéralisme (Hrsg.), Der kooperative Föderalismus vor neuen Herausforderungen, S. 15, 29; vgl. auch *Belser*, Kantonale Grundrechte und ihre Bedeutung für die Verwirklichung der Menschenrechte im mehrstufigen Staat, in: Besson/Belser (Hrsg.), Die Europäische Menschenrechtskonvention und die Kantone, S. 67, 67.

116 *Imboden*, Die staatsrechtliche Problematik des schweizerischen Föderalismus, in: Imboden, Staat und Recht, S. 175, 190; ähnlich auch *Auer*, FS Jaag, S. 383, 385; ebenso geht *Kelsen* davon aus, dass die Koordination von Bund und Gliedstaat eine daneben bestehende Subordination nicht ausschließe, s. *Kelsen*, Aussprache, VVDStRL 6 (1929), 57, 57.

Indizien dafür im Text der Schweizer Bundesverfassung nicht nur wenig überzeugend, sondern letztlich überflüssig. Zwar unterscheidet der Verfassungstext etwa in Art. 1, 2 und 3 BV durchaus zwischen „Bund“ und „Eidgenossenschaft“ bzw. „Schweiz“,[117] doch sind erstens die Organe des Bundes als Zentralstaat mit denen der Eidgenossenschaft als Gesamtstaat identisch und wird zweitens das Modell eines zweigliedrigen und tendenziell, aber keinesfalls strikt hierarchischen Bundesstaat der verfassungsrechtlichen Realität in der Schweiz wesentlich besser gerecht.

2. *EU*

Noch komplexer als in den bundesstaatlichen Systemen Deutschlands und der Schweiz gestaltet sich das Verhältnis der Ebenen zueinander in der EU. Während nationale Verfassungsgerichte dazu neigen, von der Höherrangigkeit des nationalen Verfassungsrechts gegenüber dem Unionsrecht auszugehen, hat der EuGH zu derartigen Rangfragen eine klare Aussage bislang vermieden. Erschwerend kommt hinzu, dass in der Diskussion über den Anwendungsvorrang des Unionsrechts zuweilen die Frage des Ranges mit der des Vorrangs vermengt wird, was zu weiteren Unklarheiten über das Verhältnis von EU und Mitgliedstaaten führt.

a) Rechtstheoretische Implikationen

aa) Monistische Betrachtungsweisen

aaa) Höherrangigkeit des nationalen Verfassungsrechts

Teile der Rechtslehre gehen im Sinne einer monistischen Betrachtungsweise nach *Kelsen*,[118] wonach zwei verschiedene normative Ordnungen nur entweder in einem Verhältnis der Gleichordnung oder der Über-/Unterordnung stehen können,[119] davon aus, dass das Unionsrecht auf dem nationalen Verfassungsrecht beruhe und deswegen keine autonome Rechtsordnung darstelle.[120] Grund für diese

[117] Vgl. *Kölz*, ZBl. 1980, 145, 164 f., der die Schweiz als zweigliedrigen Bundesstaat versteht; die Vorzüge der Dreigliedrigkeitslehre betonend aber *Tschannen*, Staatsrecht, § 15 Rn. 3 f.

[118] *Kelsen*, Reine Rechtslehre, S. 333 ff.; vgl. dazu *Bindreiter*, Why Grundnorm?, S. 184 ff.

[119] *Kelsen*, Der Begriff der Rechtsordnung, in: Klecatsky/Marcić/Schambeck (Hrsg.), Die Wiener Rechtstheoretische Schule, Bd. 2, S. 1395, 1406 f.; s. dazu *Müller*, Form follows function? Eine rechtstheoretische Kritik am Europäischen Verfassungsverbund, in: Klatt (Hrsg.), Jurisdiktionskonflikte, S. 87, 98.

[120] So etwa *Kaufmann*, Der Staat 36 (1997), 521, 529 ff.; *Schilling*, Archiv für Rechts- und Sozialphilosophie 83 (1997), 568, 580 f.; *ders.*, Rang und Geltung von Normen in gestuften Rechtsordnungen, S. 181 f.; *ders.*, HILJ 37 (1996), 389, 409; *Ipsen*, FS Börner, S. 163, 177; vgl. dazu auch *Vollmeyer*, Der Staat als Rechtsordnung, S. 290; für einen gemeinsamen Geltungsgrund auch *Jegstaedt*, GS Blomeyer, S. 637, 666, der infolge der Rezeption des Unionsrechts eine Auswechslung der Geltungsgrundlage der Unionsrechtsordnung annimmt, wobei aber offen gelassen wird,

Annahme ist, dass die Mehrzahl der nationalen Verfassungsgerichte den Anwendungsvorrang des Unionsrechts zwar grundsätzlich akzeptiert, ihn aber als von den nationalen Verfassungen selbst eingeräumt betrachtet,[121] weshalb sich das Unionsrecht im Konfliktfall nicht gegen das nationale Verfassungsrecht durchzusetzen vermöge. Daher sei das EU-Recht weiterhin vom nationalen Verfassungsrecht als seinem Geltungsgrund abhängig, so dass es folgerichtig Letzterem untergeordnet sein müsse.

bbb) Höherrangigkeit des Unionsrechts

Die Gegenposition hierzu ist ein monistisches Modell nach kelsianischem Verständnis,[122] in dem das nationale Recht dem Unionsrecht vollständig untergeordnet ist und in dem das Unionsrecht dementsprechend uneingeschränkten Vorrang genießt.[123] Voraussetzung einer solchen Betrachtungsweise ist das Vorliegen einer gemeinsamen Grundnorm, auf der Unionsrecht und nationales Verfassungsrecht beruhen können. Eine solche gemeinsame Grundnorm wäre jedoch nur denkbar, wenn die Union durch den *pouvoir constituant* selbst geschaffen oder zumindest durch eine andere Form einer autonomen Politik der EU ins Leben gerufen worden wäre.[124] Einige Autoren gehen davon aus, dass ein Zustimmungsgesetz zur Übertragung von Hoheitsakten auf die EU dazu führe, dass die Geltung des Unionsrechts nicht mehr von einem stets erneuerten Rechtsanwendungsbefehl abhänge, sondern kraft Unionsrechts auf nationaler Ebene gelte und daher nicht mehr auf dem Fortbestand des Zustimmungsgesetzes beruhe.[125] Diese funktionale Betrachtungsweise kommt im Ergebnis dem monistischen Modell einer gemeinsamen Grundnorm gleich.[126]

bb) Dualistische Betrachtungsweise

Die dualistische Betrachtungsweise geht davon aus, dass die nationale Rechtsordnungen und das Unionsrecht als jeweils eigenständige Rechtsordnungen grundsätzlich nebeneinander stehen, wobei nach einem gemäßigt-pluralistischen Verständnis normative Verschränkungen durchaus zulässig sind.[127] Ein hierarchi-

---

welche Ebene übergeordnet und welche untergeordnet sein soll; a.A. aber beispielsweise *Eleftheriadis*, ELRev 21 (1996), 32, 38, der die Reine Rechtslehre nach Kelsen in Bezug auf die EU *per se* für unanwendbar hält.

[121] *Schilling*, Rang und Geltung von Normen in gestuften Rechtsordnungen, S. 182.

[122] *Kelsen*, Reine Rechtslehre, S. 336 ff.; vgl. dazu *Bindreiter*, Why Grundnorm?, S. 184 ff.

[123] S. dazu *Schmid*, From Pont d'Avignon to Ponte Vecchio, S. 13 f.; für ein monistisches Verständnis auch *Griller*, Völkerrecht und Landesrecht, in: Walter/Jabloner/Zeleny (Hrsg.) Hans Kelsen und das Völkerrecht, S. 83, 109.

[124] Vgl. *Schilling*, Archiv für Rechts- und Sozialphilosophie 83 (1997), 568, 570; *Murswiek*, Der Staat 32 (1993), 161, 163 ff.

[125] *Everling*, FS Bernhardt, S. 1161, 1174 f.

[126] *Schmid*, From Pont d'Avignon to Ponte Vecchio, S. 14.

[127] *Triepel*, Völkerrecht und Landesrecht, S. 111; *Herdegen*, Völkerrecht, § 22 Rn. 1 f.; *Verdross/Simma*, Universelles Völkerrecht, S. 53; *Griller*, Völkerrecht und Landesrecht – unter Be-

sches Verhältnis zwischen Unionsrecht und nationalem Recht besteht danach grundsätzlich nicht.[128] Innerstaatliche Geltung kann das Unionsrecht nach der dualistischen Betrachtungsweise entweder durch einen Transformationsakt oder durch einen innerstaatlichen Rechtsanwendungsbefehl erlangen.[129]

cc) Pluralistische Betrachtungsweise: Gleichrangiges Nebeneinander beider Rechtsordnungen

Neben der monistischen und der dualistischen Betrachtungsweise ist rechtstheoretisch außerdem eine pluralistische Perspektive möglich, die im Kern auf der dualistischen Theorie beruht, jedoch nicht mit jener gleichgesetzt werden darf,[130] sondern insoweit über jene hinausgeht, als sie nicht nur die Koexistenz von nationaler und internationaler Rechtsordnung behauptet, sondern zudem auch innerhalb der staatlichen Rechtsordnung die Konkurrenz einer anderen Rechtsordnung anerkennt, so dass die Geltung der Normen einer anderen Rechtsordnung nicht von der Umsetzung in die staatliche Rechtsordnung abhängt,[131] Letztere andererseits aber auch nicht ausgeschlossen ist.[132] Nach der von *MacCormick*[133] entwickelten und insbesondere von *Walker*,[134] *Kumm*,[135] *Maduro*,[136] *Krisch*[137] und *Jaklic*[138] weiterentwickelten pluralistischen Betrachtungsweise stehen beide Rechtsordnungen als voneinander unabhängige Systeme nebeneinander, wobei ein Rangverhältnis zwischen den beteiligten Normen nicht existiert.[139] Eine gemeinsame Grundnorm besteht demnach nicht, sondern jedes der beiden Systeme

rücksichtigung des Europarechts, in: Walter/Jabloner/Zeleny (Hrsg.), Kelsen und das Völkerrecht, S. 83, 86; *Kunig*, Völkerrecht und staatliches Recht, in: Vitzthum/Proelß (Hrsg.), Völkerrecht, S. 61, 77 Rn. 30; *Potacs*, ZÖR 65 (2010), 117, 120 f.

[128] Für eine dualistische Konzeption etwa *Potacs*, ZÖR 65 (2010), 117, 131 ff.

[129] Ausführlich dazu *Rudolf*, Völkerrecht und deutsches Recht, S. 150 ff.; zur Vollzugslehre s. *Partsch*, Die Anwendung des Völkerrechts im innerstaatlichen Recht, S. 19 ff.

[130] Vgl. *Franzius*, Rechtswissenschaft 7 (2016), 62, 63.

[131] S. dazu *Burchardt*, Die Rangfrage im europäischen Normenverbund, S. 30, die jedoch selbst eine Rechtsordnungsrelation ablehnt und stattdessen eine Rechtsnormrelation vorschlägt, vgl. S. 179 ff.; *MacCormick*, Questioning Sovereignty, S. 104; *Vollmeyer*, Der Staat als Rechtsordnung, S. 268; näher zur dualistischen Theorie und ihren Konsequenzen s. *Triepel*, Völkerrecht und Landesrecht, S. 30, 32; *Anzilotti*, Lehrbuch des Völkerrechts, Bd. 1, S. 42.

[132] *Wendel*, Permeabilität im europäischen Verfassungsrecht, S. 25.

[133] *MacCormick*, Questioning Sovereignty; *ders.*, JZ 1995, 797, 797 ff.

[134] *Walker*, The Modern Law Review 65 (2002), 317, 317 ff.; *ders.*, ELJ 22 (2016), 333, 334 ff.

[135] *Kumm*, ELJ 11 (2005), 262, 263 ff.; *Kumm* hat sein Konzept inzwischen weiterentwickelt zu einem „cosmopolitan constitutionalism", s. *Kumm*, The Cosmopolitan Turn in Constitutionalism, in: Dunoff/Trachtman (Hrsg.), Ruling the World, S. 258, 258 ff.

[136] *Maduro*, Contrapunctual Law: Europe's Constitutional Pluralism in Action, in: Walker (Hrsg.), Sovereignty in Transition, S. 501, 501 ff.

[137] *Krisch*, Beyond Constitutionalism: The Pluralist Structure of Postnational Law, S. 69 ff.

[138] *Jaklic*, Constitutional Pluralism in the EU, S. 31 ff.

[139] *Besson*, How international is the European legal order?, NoFo 2008, 50, 54 f.; vgl. auch *Frank*, ZÖR 55 (2000), 1, 3 f.; *Weiler*, In defence of the status quo: Europe's constitutional *Sonderweg*, in: Weiler/Wind (Hrsg.), European Constitutionalism Beyond the State, S. 7, 19 ff.

verfügt über eine eigene Grundnorm,[140] welche im Fall der EU in den Römischen Verträgen zu sehen ist.[141] Teilweise wird im Rahmen der pluralistischen Betrachtungsweise der Rekurs auf eine Grundnorm auch gänzlich abgelehnt, da eine Vervielfachung von Grundnormen mit der der Grundnormtheorie zugrunde liegenden Annahme normlogischer Einheit nicht zu vereinbaren sei.[142] Rechtslogisch können die Rechtsnormen beider Rechtsordnungen jedenfalls nicht in Widerspruch zueinander geraten, weil die Normen des nationalen Rechts ihre Geltung aus der Annahme der Geltung einer nationalen Rechtsordnung, die supranationalen Normen ihre Geltung aus der Annahme der Geltung der supranationalen Rechtsordnung beziehen.[143] Auf Grund des unterschiedlichen Geltungsgrundes ist ein Geltungskonflikt zwischen beiden Systemen nicht möglich.[144] Indes kann es zu einem Verpflichtungskonflikt beim Normadressaten kommen, welcher im konkreten Fall sowohl durch das nationale Recht als auch durch das Unionsrecht verpflichtet werden kann.[145] Bei einem radikal-pluralistischen Verständnis wären solche intersystemischen Rechtskonflikte nicht rechtlich, sondern nur politisch lösbar.[146] Indes schließt ein gemäßigt-pluralistisches Verständnis nicht aus, dass beide Rechtsordnungen zueinander in Beziehung treten, so dass es durchaus rechtliche Lösungsmöglichkeiten für Verpflichtungskonflikte geben kann. An dieser Stelle kann auf die Konzeption der EU als Bund zurückgegriffen werden, die im Kern ein pluralistisches Verhältnis der beteiligten Rechtsordnungen zu Grunde legt,[147] die andererseits jedoch durchaus auch Berührungspunkte zwi-

---

[140] Vgl. *Grussmann*, Grundnorm und Supranationalität, in: v. Danwitz/Heintzen/Jestaedt/Korioth/Reinhardt (Hrsg.), 33. ATÖR – Auf dem Wege zu einer Europäischen Staatlichkeit, S. 47, 59; ähnlich auch *Böhmer*, Die Europäische Union im Lichte der Reichsverfassung von 1871, S. 150 f.; *Schilling*, ELJ 12 (2006),173, 179 u. 188 f.; krit. zu einer pluralistischen Grundnormenkonstruktion allerdings *Schroeder*, Das Gemeinschaftsrechtssystem, S. 253 ff.

[141] So *Schütze*, From Dual to Cooperative Federalism, S. 51; ähnlich auch *Clark*, FS Fennelly, S. 263, 271; krit. dazu *Eleftheriadis*, Cambridge Yearbook of European Legal Studies 12 (2009–2010), 121, 142.

[142] *Wendel*, Permeabilität im europäischen Verfassungsrecht, S. 23 f.; *Schroeder*, Das Gemeinschaftsrechtssystem, S. 249 f. u. 254.

[143] *Grussmann*, Grundnorm und Supranationalität, in: v. Danwitz/Heintzen/Jestaedt/Korioth/Reinhardt (Hrsg.), 33. ATÖR – Auf dem Wege zu einer Europäischen Staatlichkeit, S. 47, 60; *Schroeder*, Das Gemeinschaftsrechtssystem, S. 253.

[144] *Grussmann*, Grundnorm und Supranationalität, in: v. Danwitz/Heintzen/Jestaedt/Korioth/Reinhardt (Hrsg.), 33. ATÖR – Auf dem Wege zu einer Europäischen Staatlichkeit, S. 47, 60; *Schmid*, From Pont d'Avignon to Ponte Vecchio, S. 15; *Maduro*, EuR 2007, 3, 7.

[145] *Grussmann*, Grundnorm und Supranationalität, in: v. Danwitz/Heintzen/Jestaedt/Korioth/Reinhardt (Hrsg.), 33. ATÖR – Auf dem Wege zu einer Europäischen Staatlichkeit, S. 47, 60 ff.; krit. dazu *Bindreiter*, Why Grundnorm, S. 202.

[146] *MacCormick*, Questioning Sovereignty, S. 119; vgl. dazu auch *Vollmeyer*, Der Staat als Rechtsordnung, S. 268 ff.; zur Gefahr eines solchen Pluralismus-Konzepts für die europäische Integration s. *Baquero Cruz*, ELJ 22 (2016), 356, 373.

[147] So auch *Walker*, ELJ 22 (2016), 333, 349; *Eleftheriadis*, Federalism and Jurisdiction, in: Cloots/de Baere/Sottiaux (Hrsg.), Federalism in the European Union, S. 45, 52 f.; zur Vereinbarkeit der Konzepte des Föderalismus und des Pluralismus in Bezug auf die EU schon *Lenaerts*, American Journal of Comparative Law 38 (1990), 205, 206 u. 260 ff.; ähnlich auch *Schütze*, European Constitutional Law, S. 65; dazu oben, Einführung, II.4. c).

schen Unionsrechtsordnung und nationaler Rechtsordnung sieht. Wenn einige Autoren die verfassungspluralistische Konzeption des Verfassungsverbundes bestreiten,[148] gelten derartige Einwände zumindest vom Grundsatz her auch für die Konzeption des Bundes, doch wird man insofern eher stärker von einer pluralistischen Herangehensweise ausgehen können, als bei der Theorie des Bundes, anders als bei der Verbundidee, die materielle Verflechtung der verschiedenen Ebenen gerade nicht in den Vordergrund gestellt wird. *Franzius* geht sogar so weit zu behaupten, dass es in einem pluralistischen System nur miteinander interagierende Teilrechtsordnungen, nicht aber eine Gesamtrechtsordnung geben könne, weshalb die Idee des Verfassungsverbundes nicht als pluralistische Konzeption verstanden werden dürfe.[149] Dieser Einwand gilt in abgeschwächter Form auch für die Konzeption des Bundes, doch erscheint es überzeugend, mit *Mayer* zwischen simpler Pluralität und einem „gehaltvollen Verfassungspluralismus" zu unterscheiden,[150] da ursprünglich voneinander unabhängige Rechtsordnungen im Laufe der Zeit durchaus in ein so enges Verhältnis zueinander treten können, dass sich eine Gesamtrechtsordnung entwickelt. Daher kann die Bund-Konzeption sehr wohl als pluralistische Sichtweise des Verhältnisses von Union und Mitgliedstaaten verstanden werden.

Verpflichtungskonflikte im Verhältnis zwischen nationalem Recht und Unionsrecht können nach alledem mit rechtlichen Mitteln aufgelöst werden, solange die Mitgliedstaaten den Vorrang des Unionsrechts akzeptieren und die nationalen Verfassungs- und Höchstgerichte nicht von ihrem *ultra vires*-Vorbehalt Gebrauch machen. Die Letztentscheidung freilich, etwa über die Auflösung der Union, bleibt der Politik vorbehalten. In materiell-rechtlicher Hinsicht müssen Verpflichtungskonflikte im Wege des Vorrangs des Unionsrechts aufgelöst werden, da andernfalls die Wirksamkeit des Unionsrechts nicht sicher gestellt wäre, wobei der Vorrang des Unionsrechts vom EuGH als Anwendungsvorrang konzipiert und aus der Autonomie des Unionsrechts abgeleitet wird.[151] Dieser Anwendungsvorrang kann jedoch angesichts des heterarchischen Verhältnisses der beteiligten Rechtsordnungen nur so weit reichen, wie es die nationale Verfassung in einer Öffnungsklausel zulässt, da andernfalls der Anwendungsvorrang zu einer faktischen Annexion der einen Rechtsnorm unter die Grundnorm der anderen führen könnte.[152] Allerdings ergibt sich durch den Anwendungsvorrang des Unionsrechts im Verhältnis Union-Mitgliedstaaten zumindest faktisch ein Hierarchie-ähnliches Verhältnis,[153] welche *Dörr* treffend als „hinkende" Hierarchie[154]

[148] S. dazu *Mayer*, VVDStRL 75 (2015), 7, 33 ff.

[149] *Franzius*, Rechtswissenschaft 7 (2016), 62, 66 f.

[150] *Mayer*, VVDStRL 75 (2015), 7, 35 ff.

[151] Ausführlich dazu unten, § 10 III.2. a).

[152] *Schmid*, From Pont d'Avignon to Ponte Vecchio, S. 16; dagegen jedoch *Grussmann*, Grundnorm und Supranationalität, in: v. Danwitz/Heintzen/Jestaedt/Korioth/Reinhardt (Hrsg.), 33. ATÖR – Auf dem Wege zu einer Europäischen Staatlichkeit, S. 47, 61 f., der eine Integrationsschranke aus der Sicht des Unionsrechts für nichtig hält.

[153] *Franzius*, Rechtswissenschaft 7 (2016), 62, 73.

[154] *Dörr*, DVBl. 2006, 1088, 1098.

bezeichnet und die mit der in Bundesstaaten zwischen Bundes- und gliedstaatlicher Ebene auftretenden Hierarchie durchaus vergleichbar ist, zumal auch Letztere keineswegs absolut sein muss.[155] Kann ein Verpflichtungskonflikt ausnahmsweise nicht im Wege des Vorrangs aufgelöst werden, weil das betroffene nationale Verfassungs- oder Höchstgericht den Anwendungsvorrang des Unionsrechts im konkreten Fall nicht akzeptiert, kommt in dem pluralistisch konzipierten System des unionalen Bundes eine Konfliktlösung allein auf prozessualer Ebene durch die Kooperation zwischen dem nationalen Verfassungs- oder Höchstgericht und dem EuGH in Betracht, wobei die Chancen auf eine Beilegung des Konflikts freilich ausschließlich von der Kooperationsbereitschaft der beteiligten Gerichte abhängen. Insoweit besteht ein Unterschied zu einem bundesstaatlich organisierten, auf einer einzigen Grundnorm beruhenden System, doch tritt dieser Unterschied in der Praxis, wie zu zeigen sein wird, nur selten zu Tage.

b) Positionen der mitgliedstaatlichen Verfassungs- und Höchstgerichte und des EuGH bezüglich Rangordnung und Anwendungsvorrang des Unionsrechts

aa) Mitgliedstaatliche Verfassungs- und Höchstgerichte

Aus der Judikatur der nationalen Verfassungs- und Höchstgerichte lässt sich häufig nicht eindeutig ablesen, welcher rechtstheoretischen Position das jeweilige Gericht folgt. Dennoch ist davon auszugehen, dass alle nationalen Verfassungs- und Höchstgerichte die Anwendbarkeit des Unionsrechts auf das nationale Recht zurück führen, wobei der Anwendungsvorrang des Unionsrechts grundsätzlich akzeptiert wird. Teilweise enthalten die Verfassungen der Mitgliedstaaten Regelungen zur Rangrelation zwischen Unionsrecht und nationalem Recht,[156] denen nicht lediglich ein deklaratorischer Charakter beizumessen ist,[157] woraus sich wiederum Rückschlüsse auf das mitgliedstaatliche Verständnis des Verhältnisses zwischen mitgliedstaatlichem Recht und Unionsrecht und auch für die Reichweite der Anerkennung des Anwendungsvorrangs des Unionsrechts ziehen lassen.

aaa) Grundsätzlicher Vorrang des Unionsrechts

(1) Niederlande. Der niederländische Oberste Gerichtshof etwa geht augenscheinlich davon aus, dass die innerstaatliche Geltungsgrundlage des Unionsrechts unmittelbar auf supranationaler Ebene zu verorten sei, so dass dem Uni-

---

[155] S. oben, § 1 II.1.

[156] Vgl. Art. 29 Abs. 4 Nr. 6 VerfIrland; Art. 117 VerfItalien; Art. 91 Abs. 3 VerfPolen; Art. 7 Abs. 2 VerfSlowakei; Art. 148 Abs. 2 VerfRumänien; Art. 2 VerfLitauen; Art. 65 Abs. 1 VerfMalta.

[157] Vgl. *Burchardt*, Die Rangfrage im europäischen Normenverbund, S. 104.

onsrecht eine autonome Geltung und Anwendbarkeit zukomme,[158] weshalb es unter hierarchischen Gesichtspunkten betrachtet im Rang über der niederländischen Verfassung stehen muss.[159] Das Gericht hat deshalb keine Probleme mit der Anerkennung des unbedingten Anwendungsvorrangs des Unionsrechts, wobei es wegen der Sonderstellung der Unionsrechtsordnung als supranationaler Rechtsordnung allerdings bestreitet,[160] dass dieser sich aus Art. 94 i.V.m. Art. 93 der niederländischen Verfassung ergibt, wonach internationale Verträge dem nationalen Recht vorgehen.[161] Bei der Diskussion um den Anwendungsvorrang des Unionsrechts in den Niederlanden darf indes nicht übersehen werden, dass auch nach der niederländischen Position das Unionsrecht nur deshalb gilt, weil die Unionsverträge von den Mitgliedstaaten nach Maßgabe ihrer jeweiligen verfassungsrechtlichen Vorgaben, d.h. auch nach Maßgabe der niederländischen Verfassung, ratifiziert wurden,[162] was jedoch nach niederländischem Verständnis nicht mit einer „verfassungsrechtlichen Letztautorität", mithin mit einer Geltendmachung der Kompetenz-Kompetenz durch die niederländischen Gerichte oder einem Beharren auf der nationalen Souveränität der Niederlande gleichzusetzen ist.[163]

[158] Niederländischer Oberster Gerichtshof, Entsch. v. 02.11.2004, Verplichte rusttijden – Nr. LJN: AR1797; näher dazu auch *Wendel*, Permeabilität im europäischen Verfassungsrecht, S. 384 f.; *Besselink*, The Dutch Constitution, in: Albi/Ziller (Hrsg.), The European Constitution and National Constitutions, S. 113, 116; *Wessel/van de Griendt*, Offene Staatlichkeit: Niederlande, in: v. Bogdandy/Cruz Villalón/Huber (Hrsg.), IPE II, § 19 Rn. 16; *Grabenwarter*, Staatliches Unionsverfassungsrecht, in: v. Bogdandy/Bast (Hrsg.), Europäisches Verfassungsrecht, S. 121, 123; *de Visser*, Changing the Conversation in the Netherlands?, in: Claes/de Visser/Popelier/Van de Heyning (Hrsg.), Constitutional Conversations in Europe, S. 343, 345; *de Witte*, Direct Effect, Primacy and the Nature of the Legal Order, in: Craig/de Búrca (Hrsg.), The Evolution of EU Law, S. 323, 351 mit Fn. 99.

[159] *Besselink*, The Dutch Constitution, in: Albi/Ziller (Hrsg.), The European Constitution and National Constitutions, S. 113, 116; s. auch *Burchardt*, Die Rangfrage im europäischen Normenverbund, S. 105; *Barents*, EuConst 5 (2009), 421, 422.

[160] Oberster Gerichtshof der Niederlande, Entsch. v. 02.11.2004 – 00156/04E, LJN AR1797; a.A. aber die Regierung der Niederlande im Zusammenhang mit der Verfassungsänderung von 1983, s. dazu v. *Emmerik*, Rechtsgeleerd Magazijn Themis 2008, 145, 149 f.; zum Ganzen s. *Claes/Leenknegt*, A Case of Constitutional Leapfrog: Fundamental rights protection under the Constitution, the ECHR and the EU Charter in the Netherlands, in: Popelier/Van de Heyning/van Nuffel (Hrsg.), Human rights protection in the European legal order, S. 287, 295 ff.

[161] Zum Anwendungsvorrang des EU-Rechts in den Niederlanden s. auch *Kruis*, Der Anwendungsvorrang des EU-Rechts in Theorie und Praxis, S. 58 f.; eine ähnliche Auffassung wie der niederländische Oberste Gerichtshof vertritt etwa auch das luxemburgische Verfassungsgericht, vgl. dazu *Peters*, Elemente einer Theorie der Verfassung Europas, S. 311; *Kruis*, Der Anwendungsvorrang des EU-Rechts in Theorie und Praxis, S. 58.

[162] *Wendel*, Permeabilität im europäischen Verfassungsrecht, S. 386.

[163] *Wendel*, Permeabilität im europäischen Verfassungsrecht, S. 388 f.; vgl. auch *de Witte*, Do Not Mention the Word, in: Walker (Hrsg.), Sovereignty in Transition, S. 351, 363; *Claes/de Witte*, Report on the Netherlands, in: Slaughter/Stone Sweet/Weiler (Hrsg.), The European Court and National Courts, S. 171, 188.

(2) Österreich. Der österreichische Verfassungsgerichtshof geht in seiner Rechtsprechung vom Vorrang des Unionsrechts auch vor dem nationalen Verfassungsrecht aus, wobei sich der Vorrang des Unionsrechts aus dem Unionsrecht selbst sowie aus dessen innerstaatlichem Geltungsgrund in den Mitgliedstaaten ergebe,[164] was einer Kombination von monistischen und dualistischen Begründungsansätzen entspricht.[165] Die erstgenannte Begründung erklärt, warum der österreichische Verfassungsgerichtshof keine Schwierigkeiten mit der Anerkennung des unionalen Anwendungsvorrangs auch vor dem nationalen Verfassungsrecht hat. Diese am Prinzip einer offenen Staatlichkeit orientierte Rechtsprechung stützt sich auf das Bundesverfassungsgesetz über den Beitritt Österreichs zur EU (Beitritts-BV-G), welches *lex specialis* im Verhältnis zur Verfassung ist und keine ausdrücklichen Integrationsschranken enthält.[166] Das Prinzip der offenen Staatlichkeit in der österreichischen Verfassung wird ferner dadurch bestätigt, dass Art. 9 Abs. 2 neben der Übertragung von Hoheitsrechten des österreichischen Staates auf andere Staaten oder zwischenstaatliche Einrichtungen auch eine Übertragung von Hoheitsrechten anderer Staaten oder zwischenstaatlicher Einrichtungen auf österreichische Organe ermöglicht.

bbb) Differenzierte Positionen

(1) Deutschland. Die übrigen EU-Staaten gehen ebenfalls von einer Rückführung des Unionsrechts auf das nationale Recht aus,[167] doch bereitet ihnen die Anerkennung eines uneingeschränkten Anwendungsvorrangs des Unionsrechts erheblich größere Schwierigkeiten als den Niederlanden oder Österreich. Nach der Rechtsprechung des Bundesverfassungsgerichts ergibt sich der Geltungs- bzw. Anwendungsbefehl für das Unionsrecht aus dem deutschen Zustimmungsgesetz zu den Verträgen,[168] was einer gemäßigt-dualistischen Betrachtungsweise entspricht.[169] Besonders deutlich kommt dies im *Lissabon*-Urteil zum Ausdruck, wo das Gericht davon spricht, dass „Grund und Grenze für die Geltung des Rechts der Europäischen Union in der Bundesrepublik Deutschland [...] der im Zustimmungsgesetz enthaltene Rechtsanwendungsbefehl [sei], der nur im Rahmen der

---

[164] Verfassungsgerichtshof der Republik Österreich, Erk. v. 24.02.1999 – B 1625/98 –, VfSlg. 15427, 8, 81; Beschl. v. 12.12.2000 – KR 1/00 ua –, VfSlg. 16050, 1089, 1095; implizit auch Verfassungsgerichtshof der Republik Österreich, Entsch. v. 03.10.2013 – SV 1/2013-15 –, Rn. 70 ff.

[165] *Wendel*, Permeabilität im europäischen Verfassungsrecht, S. 27 mit Fn. 115; *Schäffer*, Österreichischer Landesbericht, in: Schwarze (Hrsg.), Die Entstehung einer europäischen Verfassungsordnung, S. 339, 363 ff.

[166] *Kruis*, Der Anwendungsvorrang des EU-Rechts in Theorie und Praxis, S. 59; *Grabenwarter*, Offene Staatlichkeit: Österreich, in: v. Bogdandy/Cruz Villalón/Huber (Hrsg.), IPE II, § 20 Rn. 33 ff., der jedoch die Grundprinzipien der Bundesverfassung als Maßstab für eine verfassungsgerichtliche Überprüfung bei künftigen Änderungen des Primärrechts heran ziehen möchte; für Integrationsschranken auch *Öhlinger*, FS Ress, S. 685, 691 Fn. 32.

[167] Ausführlich dazu *Wendel*, Permeabilität im europäischen Verfassungsrecht, S. 389 ff.

[168] Grundlegend dazu BVerfGE 22, 134, 151 f.; 58, 1, 37; 89, 155, 187 f.; zur Brückenfunktion des Zustimmungsgesetzes vgl. *P. Kirchhof*, JZ 1998, 965, 966.

[169] So auch *Hwang*, EuR 2016, 355, 362.

geltenden Verfassungsordnung erteilt werden kann."[170] Im *Honeywell*-Beschluss betont das Bundesverfassungsgericht abermals, dass die innerstaatliche Anwendbarkeit des Unionsrechts von der grundgesetzlichen Ermächtigung in Art. 23 Abs. 1 GG abhänge, welcher ein „Wirksamkeits- und Durchsetzungsversprechen" enthalte.[171] Bemerkenswert ist allerdings, dass das Gericht die vorrangige Anwendbarkeit des Unionsrechts auch auf das Unionsrecht und die Rechtsprechung des EuGH zurückführt, indem es hervorhebt, dass ohne die einheitliche Wirksamkeit des Unionsrechts in den Mitgliedstaaten die EU als Rechtsgemeinschaft nicht bestehen könne.[172] Dies entspricht der vom Bundesverfassungsgericht schon früh entwickelten Konzeption von der EG/EU als eigenständiger, autonomer Rechtsordnung mit eigenständiger Hoheitsgewalt,[173] welche Anwendungsvorrang vor dem nationalen Recht genießt. Anwendungsvorrang bedeutet aus Sicht des Bundesverfassungsgerichts, dass nationales Recht im Fall einer Kollision mit dem Unionsrecht nicht unwirksam, sondern lediglich unanwendbar ist.[174] Aus der Rückführung des Unionsrechts auf das nationale Verfassungsrecht ergibt sich jedoch für das Bundesverfassungsgericht die Konsequenz, dass das Unionsrecht dem nationalen Verfassungsrecht jedenfalls in Bezug auf dessen Grundprinzipien nicht uneingeschränkt vorgehen kann, sondern die nationale Verfassung in derartigen Fällen weiterhin Vorrang besitzt.[175] Daneben betrifft die Übertragung von Hoheitsrechten nach dem Verständnis des Bundesverfassungsgerichts nur deren Ausübung, wobei die Bundesrepublik weiterhin Trägerin dieser Hoheitsrechte bleibt und sie deren Ausübung deshalb unter bestimmten Voraussetzungen grundsätzlich wieder übernehmen könnte.[176]

Das Bundesverfassungsgericht hat in seiner Rechtsprechung herausgearbeitet, in welchem Rahmen eine Übertragung von Hoheitsrechten auf die EU als mit dem Grundgesetz vereinbar erachtet wird. In seinem *Solange I*-Beschluss aus dem Jahr 1974 betonte das Gericht zunächst die Eigenständigkeit des Gemeinschaftsrechts als eigene Rechtsordnung, die aus autonomer Quelle fließt.[177] Allerdings wird der Übertragung von Hoheitsrechten auf die EG insofern eine Grenze gezogen, als dadurch nicht die Grundstruktur der Verfassung, auf der ihre Identität beruhe, geändert werden dürfe.[178] Die Grundrechte zählten hierbei zu den

[170] BVerfGE 123, 267, 402 unter Verweis auf BVerfGE 73, 339, 374 ff.
[171] BVerfGE 126, 286, 302.
[172] BVerfGE 126, 286, 302.
[173] Grundlegend BVerfGE 22, 293, 296; 31, 145, 173 f.; 37, 271, 277 f.
[174] BVerfGE 31, 145, 174; 37, 271, 278 f.; 73, 339, 375; 126, 286, 301 f.
[175] So etwa BVerfGE 126, 286, 302 f.; so zuvor schon BVerfGE 73, 339, 375; 123, 267, 398.
[176] BVerfGE 37, 271, 279 f. sowie 58, 1, 28 u. 73, 339, 374, wobei der Akzent auf der Öffnung der nationalen Rechtsordnung für das Europarecht liegt; deutlicher hinsichtlich der Übertragung von Hoheitsrechten BVerfGE 89, 155, 184 u. 186 f.
[177] BVerfGE 37, 271, 277 f.
[178] BVerfGE 37, 271, 279; ähnlich auch die *controlimiti*-Doktrin des italienischen Verfassungsgerichts, s. Verfassungsgericht der Italienischen Republik, Entsch. v. 27.12.1973, 183/1973, Frontini, Giurisprudenza costituzionale 1973, 2401, 2420; näher dazu etwa *Cardone*, La tutela multilivello dei diritti fondamentali, S. 54 ff.; s. auch Verfassungsgericht der Italienischen Repu-

Grundprinzipien der Verfassung.[179] Solange der Integrationsprozess der Gemeinschaft nicht so weit fortgeschritten sei, dass das Gemeinschaftsrecht auch einen von einem Parlament beschlossenen und in Geltung stehenden Grundrechtskatalog enthalte, der dem Grundrechtskatalog des Grundgesetzes adäquat sei, könne sekundäres Gemeinschaftsrecht am Maßstab des Grundgesetzes gemessen werden,[180] was im Ergebnis bedeutete, dass deutsche Grundrechte sekundärem Gemeinschaftsrecht im Kollisionsfall vorgingen. In dem *Solange II*-Beschluss aus dem Jahr 1986 führte das Bundesverfassungsgericht erstmals aus, dass es sekundäres Europarecht nicht mehr am Maßstab der Grundrechte des Grundgesetzes überprüfen werde, so lange auf europäische Ebene ein Grundrechtsschutz generell gewährleistet sei, der im Wesentlichen dem Standard entspreche, welchen das Grundgesetz unabdingbar vorgebe.[181] Diese Rechtsprechung wurde im *Bananenmarkt*-Beschluss aus dem Jahr 2000 bestätigt und weiter präzisiert. Danach sind Verfassungsbeschwerden und Vorlagen von Gerichten, die eine Verletzung in Grundrechten des Grundgesetzes durch sekundäres Gemeinschaftsrecht geltend machen, von vornherein unzulässig, wenn ihre Begründung nicht darlegt, dass die europäische Rechtsentwicklung einschließlich der Rechtsprechung des EuGH seit Ergehen der *Solange II*-Entscheidung unter den erforderlichen Grundrechtsstandard abgesunken sei.[182] Deshalb müsse die Begründung der Vorlage oder einer Verfassungsbeschwerde im Einzelnen darlegen, dass der jeweils als unabdingbar gebotene Grundrechtsschutz generell nicht gewährleistet sei, was eine Gegenüberstellung des Grundrechtsschutzes auf nationaler und auf Gemeinschaftsebene in der Art und Weise erfordere, wie das Bundesverfassungsgericht sie in seiner *Solange II*-Entscheidung geleistet habe.[183] Das Bundesverfassungsgericht behält sich damit ausdrücklich eine Reservekompetenz bezüglich der Durchführung einer Grundrechtsprüfung vor, macht deren Aktivierung jedoch von einer sehr hoch angesetzten Zulässigkeitshürde abhängig und damit äußerst unwahrscheinlich,[184] so dass der Kontrollanspruch des Bundesverfassungsge-

---

blik, Entsch. v. 21.04.1989, Nr. 232, Fragd, Rn. 3.1 ff., wo das Verfassungsgericht die Kompetenz für sich beansprucht, Bestimmungen des Unionsrechts am Maßstab der grundlegenden Prinzipien der italienischen Verfassung, insbesondere der Grundrechte, zu messen; ähnlich nunmehr auch der Ansatz des belgischen Verfassungsgerichtshofs, s. Verfassungsgerichtshofs des Königreichs Belgien, Entsch. v. 28.04.2016 – 62/2016 –; ausführlich dazu *Gérard/Verrijdt*, EuConst 13 (2017), 182, 182 ff.

[179] BVerfGE 37, 271, 280.

[180] BVerfGE 37, 271, 285.

[181] BVerfGE 73, 339, 387.

[182] BVerfGE 102, 147, 164.

[183] BVerfGE 102, 147, 164.

[184] So auch *Limbach*, EuGRZ 2000, 417, 420; *Nettesheim*, Jura 2001, 686, 691; *Classen*, JZ 2000, 1157, 1158; *Peters*, GYIL 43 (2000), 276, 276 u. 281; *Dörr*, DVBl. 2006, 1088, 1092; *Mayer*, EuZW 2000, 685, 688; *Sauer*, Jurisdiktionskonflikte, S. 295; *Pernice*, Das Verhältnis europäischer zu nationalen Gerichten im europäischen Verfassungsverbund, S. 31; *Wendel*, Permeabilität im europäischen Verfassungsrecht, S. 448.

richts im Grundrechtsbereich nur noch als eine „subsidiary emergency jurisdiction" bezeichnet werden kann.[185]

Im *Maastricht*-Urteil aus dem Jahr 1993 hatte das Gericht bereits davon gesprochen, dass es seine Gerichtsbarkeit über die Anwendbarkeit von abgeleitetem Gemeinschaftsrecht in Deutschland in einem in der fraglichen Entscheidung oder anderswo nicht näher definierten „Kooperationsverhältnis"[186] zum EuGH ausüben wolle, wonach der EuGH den Grundrechtsschutz in jedem Einzelfall für das gesamte Gebiet der EG garantiere und das Bundesverfassungsgericht selbst sich deshalb auf eine generelle Gewährleistung der unabdingbaren Grundrechtsstandards beschränken könne.[187] Das *Maastricht*-Urteil ist für die Bestimmung des Kontrollvorbehalts des Bundesverfassungsgerichts noch in anderer Hinsicht bedeutsam, da das Gericht in dieser Entscheidung seine Position zu *ultra vires*-Akten der Gemeinschaft entwickelt hat.[188] Nach Auffassung des Gerichts ist entscheidend, dass

„die Mitgliedschaft der Bundesrepublik Deutschland und die daraus sich ergebenden Rechte und Pflichten – insbesondere auch das rechtsverbindliche unmittelbare Tätigwerden der Europäischen Gemeinschaften im innerstaatlichen Rechtsraum – für den Gesetzgeber voraussehbar im Vertrag umschrieben und durch ihn im Zustimmungsgesetz hinreichend bestimmbar normiert worden sind. [...] Das bedeutet zugleich, dass spätere wesentliche Änderungen des im Unionsvertrag angelegten Integrationsprogramms und seiner Handlungsermächtigungen nicht mehr vom Zustimmungsgesetz zu diesem Vertrag gedeckt sind [...]. Die deutschen Staatsorgane wären aus verfassungsrechtlichen Gründen gehindert, diese Rechtsakte in Deutschland anzuwenden. Dementsprechend prüft das Bundesverfassungsgericht, ob Rechtsakte der europäischen Einrichtungen und Organe sich in den Grenzen der ihnen eingeräumten Hoheitsrechte halten oder aus ihnen ausbrechen [...]."[189]

---

[185] So *Peters*, GYIL 43 (2000), 276, 281; ähnlich auch *Oeter* VVDStRL 66 (2007), 361, 377, der von einem "dogmatischen Erinnerungsposten, der (im Blick auf Extremkonstellationen) an den Kern des verfassungsstaatlich Unaufgebbaren gemahnt, nicht dagegen ein[en] im Alltäglichen in kleine Münze zu schlagende[n] Kontrollmaßstab" spricht; vgl. auch *Sauer*, Jurisdiktionskonflikte, S. 295.

[186] Zur Begrifflichkeit s. *Hömig*, NdsVBl. 2011, 126, 126; zum Kooperationsverhältnis s. *P. Kirchhof*, Das Kooperationsverhältnis zwischen Bundesverfassungsgericht und Europäischem Gerichtshof, in: Müller-Graff (Hrsg.), Perspektiven des Rechts der Europäischen Union, S. 163 ff.; *Limbach*, EuGRZ 2000, 417, 419 f.

[187] BVerfGE 89, 155, 175; näher zum Maastricht-Urteil z.B. *Lerche*, FS Heymanns Verlag, S. 409, 409 ff.; *Streinz*, EuZW 1994, 329 ff.; *Everling*, GS Grabitz, S. 57, 62 ff.

[188] Tendenzen in diese Richtung finden sich schon in BVerfGE 31, 145, 174 (Lütticke-Beschluss) und vor allem in BVerfGE 75, 223, 243 (Kloppenburg-Entscheidung), in der das Bundesverfassungsgericht betont, dass richterliche Rechtsfortbildung durch den EuGH zwar zulässig sei, ihre Grenzen aber in einer beliebigen Erweiterung der Gemeinschaftskompetenzen finde; näher dazu *Mayer*, Kompetenzüberschreitung und Letztentscheidung, S. 91 ff.

[189] BVerfGE 89, 155, 187 f.; ausführlich dazu *Mayer*, Kompetenzüberschreitung und Letztentscheidung, S. 98 ff.

Im Ergebnis spricht das Bundesverfassungsgericht damit dem EuGH das Letztentscheidungsrecht über die Kompetenzmäßigkeit von Gemeinschaftsrecht ab und beansprucht es für sich.[190]

Im *Lissabon*-Urteil aus dem Jahr 2009[191] bestätigte und konkretisierte das Bundesverfassungsgericht seine ausdrücklich als „Reservekompetenz"[192] bezeichneten Prüfungsvorbehalte gegenüber der Anwendung des Unionsrechts hinsichtlich der Anwendungsfälle der Identitätskontrolle und der *ultra vires*-Kontrolle.[193] Es prüft, ob der unantastbare Kerngehalt der Verfassungsidentität des Grundgesetzes nach Art. 23 Abs. 1 S. 3 i.V.m. Art. 79 Abs. 3 GG gewahrt wurde.[194] Daneben kontrolliert es, ob die Unionsorgane die ihnen übertragenen Kompetenzen überschritten haben.

> „Eine Überschreitung des konstitutiven Prinzips der begrenzten Einzelermächtigung und der den Mitgliedstaaten zustehenden konzeptionellen Integrationsverantwortung droht, wenn Organe der Europäischen Union unbeschränkt, ohne eine – sei es auch nur sehr zurückgenommene und sich als exzeptionell verstehende – äußere Kontrolle darüber entscheiden können, wie das Vertragsrecht ausgelegt wird."[195]

Es werde deshalb von Verfassungs wegen gefordert, einer solchen Kompetenzüberschreitung durch entsprechende Gestaltung der Integrationsverträge präventiv zu begegnen.[196] Darüber hinaus müsse es der deutschen Jurisdiktion möglich sein, im Falle ersichtlicher Grenzüberschreitungen bei der Inanspruchnahme von Zuständigkeiten durch die EU eine *ultra vires*-Kontrolle vorzunehmen, wenn Rechtsschutz auf Unionsebene nicht zu erlangen sei.[197] Das Bundesverfassungsgericht ist sich bewusst, dass sowohl die *ultra vires*- als auch die Identitätskontrolle dazu führen können, dass Unionsrecht in Deutschland für unanwendbar erklärt wird.[198] Diese Konsequenz möchte das Gericht durch eine gebotene, europarechtsfreundliche Auslegung der Unionsrechtsordnung möglichst vermeiden, indem die Befugnis zur Feststellung eines *ultra vires*-Aktes oder einer Verletzung der Verfassungsidentität beim Bundesverfassungsgericht monopolisiert wird.[199]

---

190 *Bergmann*, EuGRZ 2004, 620, 627 spricht daher in Bezug auf das Bundesverfassungsgericht von einem „EU-Superkompetenzgericht"; vgl. dazu auch *Sauer*, Jurisdiktionskonflikte, S. 186 f.

191 BVerfGE 123, 267; aus dem kaum mehr zu überblickenden Schrifttum zu diesem Urteil s. nur *Everling*, EuR 2010, 91 ff.; *Nettesheim*, NJW 2010, 177 ff.; *Sauer*, ZRP 2009, 195, 196 ff.; *Schorkopf*, EuZW 2009, 718 ff.; *Schwarze*, EuR 2010, 108 ff.; *Classen*, JZ 2009, 881 ff.; *Proelss*, Bundesverfassungsgericht und überstaatliche Gerichtsbarkeit, S. 247 m.w.N.; sehr krit. zur Entscheidung des Bundesverfassungsgerichts *van Ooyen*, Die Staatstheorie des Bundesverfassungsgerichts und Europa, S. 104 ff.

192 BVerfGE 123, 267, 401.

193 *Streinz/Ohler/Herrmann*, Der Vertrag von Lissabon zur Reform der EU, § 2 V.3. c).

194 BVerfGE 123, 267, 353 unter ausdrücklichem Hinweis auf BVerfGE 113, 273, 296.

195 BVerfGE 123, 267, 351.

196 BVerfGE 123, 267, 353.

197 BVerfGE 123, 267, 353 f.

198 BVerfGE 123, 267, 354.

199 BVerfGE 123, 267, 354.

Daneben wird der Vorrang der Verfassung gegenüber völkerrechtlichen und europarechtlichen Verpflichtungen auf „grundlegende Fragen der eigenen Identität“ beschränkt, wenn dadurch ein „Verstoß gegen tragende Grundsätze der Verfassung“ abgewendet werden kann.[200]

Die Anforderungen an das Vorliegen eines *ultra vires*-Rechtsaktes präzisierte das Bundesverfassungsgericht schließlich im *Honeywell*-Beschluss aus dem Jahr 2010,[201] welcher seinerseits hinsichtlich der Voraussetzungen für die Annahme eines *ultra vires*-Rechtsaktes durch den Vorlagebeschluss vom 14. Januar 2014 zur Frage der Vereinbarkeit des Ankaufs von Staatsanleihen durch die Europäische Zentralbank mit dem Europarecht (*OMT*-Beschluss) bestätigt wurde.[202] Nach dem *Honeywell*-Beschluss muss die Kompetenzkontrolle des Bundesverfassungsgerichts europarechtsfreundlich ausgeübt werden,[203] wozu insbesondere gehöre, dass das Bundesverfassungsgericht für Deutschland keine Unanwendbarkeit des Unionsrechts feststellen könne, solange der EuGH keine Gelegenheit hatte, über die aufgeworfenen unionsrechtlichen Fragen zu entscheiden,[204] was die primäre Zuständigkeit des EuGH für die Überprüfung des Unionsrechts bekräftigt.[205] Eine *ultra vires*-Kontrolle komme ferner nur bei hinreichend qualifizierten Kompetenzüberschreitungen in Betracht.[206] Dies bedeutet, dass das kompetenzwidrige Handeln der Union offensichtlich sein und der angegriffene Akt im Hinblick auf das Prinzip der begrenzten Einzelermächtigung im Kompetenzgefüge erheblich ins Gewicht fallen, d.h. zu einer strukturell bedeutsamen Verschiebung führen muss.[207] Strukturell bedeutsam seien Kompetenzüberschreitungen insbesondere dann, aber nicht nur, wenn sie sich auf Sachbereiche erstreckten, die zu der durch Art. 79 Abs. 3 GG geschützten verfassungsrechtlichen Identität der Bundesrepublik Deutschland rechneten oder besonders vom demokratisch diskursiven Prozess in den Mitgliedstaaten abhängten.[208] Soweit es um die Kontrolle des EuGH gehe, seien Aufgabe und Stellung der unabhängigen überstaatlichen Rechtsprechung zu wahren.[209] Insbesondere sei es nicht Aufgabe des Bundesverfassungsgerichts, die eigene Auslegung des Unionsrechts an die Stelle derjenigen des

---

[200] BVerfGE 123, 267, 400 f.

[201] BVerfGE 126, 286; näher dazu z.B. *Hobe*, FS Stern, 2012, S. 745, 752 ff.; *Sauer*, EuZW 2011, 94, 95 ff.

[202] Vgl. BVerfGE 134, 366, Rn. 37; s. dazu auch BVerfG, Vorlagebeschl. v. 18.07.2017 – 2 BvR 859/15, 2 BvR 1651/15, 2 BvR 2006/15, 2 BvR 980/16 –, NJW 2017, 2894, 2895 Rn. 63.

[203] BVerfGE 126, 286, 303 unter Verweis auf BVerfGE 123, 267, 354.

[204] BVerfGE 126, 286, 304.

[205] Vgl. *Pernice*, EuR 2011, 151, 157 f.; *Wollenschläger*, Die Gewährleistung von Sicherheit im Spannungsfeld der nationalen, unionalen und EMRK-Grundrechtsordnungen, in: Iliopoulos-Strangas/Diggelmann/Bauer (Hrsg.), Rechtsstaat, Freiheit und Sicherheit in Europa, S. 45, 59 f.

[206] BVerfGE 126, 286, 304.

[207] BVerfGE 126, 286, 304; bestätigt in BVerfGE 134, 366 Rn. 37.

[208] BVerfGE 126, 286, 307; bestätigt in BVerfGE 134, 366 Rn. 29 u. 37; für eine Übersicht der Mitgliedstaaten, deren nationale Verfassungs- und Höchstgerichte eine vergleichbare Position vertreten s. BVerfGE 134, 366, Rn. 30.

[209] BVerfGE 126, 286, 302 f.

EuGH zu setzen.[210] Vielmehr komme dem EuGH vor dem Hintergrund des supranationalen Integrationsprinzips und der Wahrung der Einheitlichkeit des Unionsrechts ein Anspruch auf Fehlertoleranz zu, so dass auch Interpretationen des primären Unionsrechts hinzunehmen seien, die sich ohne gewichtige Verschiebung im Kompetenzgefüge auf Einzelfälle beschränkten und belastende Wirkungen auf Grundrechte entweder nicht entstehen ließen oder einem innerstaatlichen Ausgleich solcher Belastungen nicht entgegen stünden.[211] Damit wird die Ausübung der Kontrollkompetenz durch das Bundesverfassungsgericht vor dem Hintergrund von Art. 4 Abs. 3 EUV auf offensichtliche und erhebliche Kompetenzverstöße beschränkt, was einer Art Willkürkontrolle gleich kommt.[212]

Andererseits wird aus dem bereits erwähnten *OMT*-Beschluss, in dem das Bundesverfassungsgericht erstmals ein Vorabentscheidungsverfahren zum EuGH einleitete, deutlich, dass ein derart hinreichend qualifizierter Kompetenzverstoß nicht nur hypothetisch denkbar ist, sondern durchaus real existieren kann.[213] Diese Position wurde im *PSPP*-Beschluss bestätigt.[214] Im *OMT*-Beschluss machte das Bundesverfassungsgericht ferner seinen Anspruch auf das Letztentscheidungsrecht deutlich, indem es dem EuGH detaillierte Vorgaben für eine unionsrechtskonforme Auslegung des nationalen Rechts an die Hand gab und sich darüber hinaus noch eine Identitätskontrolle vorbehielt,[215] wobei der *ultra vires*-Vorbehalt nach den Ausführungen des Bundesverfassungsgerichts augenscheinlich auch ohne Verstoß gegen die Identitätsgarantie aktiviert werden können soll.[216] Diese unterschwellige Drohung des Bundesverfassungsgerichts in Richtung des EuGH[217] bei der Frage, welchem der beiden Gerichte das „letzte" Wort zukommen solle,[218] ändert jedoch in der Sache nichts daran, dass sich bei der *ultra vires*-Kontrolle, mit deren Hilfe auch die Beachtung nationaler Grundrechtsgehalte sicher gestellt werden kann, wenn man diese als Teil der nationalen Verfassungsidentität begreift,[219] eine ähnliche Entwicklung andeutet wie im genu-

---

[210] BVerfGE, 126, 286, 307; *Sauer*, EuZW 2011, 94, 95 ff.

[211] BVerfGE 126, 286, 307 i.V.m. 304.

[212] So etwa *Hobe*, FS Stern, 2012, S. 745, 754.

[213] BVerfGE 134, 366, Rn. 36 ff. u. Rn. 55 ff.; vgl. *Schwerdtfeger*, EuR 2015, 290, 292.

[214] BVerfG, Vorlagebeschl. v. 18.07.2017 – 2 BvR 859/15, 2 BvR 1651/15, 2 BvR 2006/15, 2 BvR 980/16 –, NJW 2017, 2894, 2895 f., Rn. 66 ff.

[215] BVerfGE 134, 366, Rn. 99 f.; sehr krit. dazu *Kumm*, GLJ 15 (2014), 203, 209 ff.; anders wohl BVerfG, Vorlagebeschl. v. 18.07.2017 – 2 BvR 859/15, 2 BvR 1651/15, 2 BvR 2006/15, 2 BvR 980/16 –, NJW 2017, 2894, 2904, Rn. 128 ff.

[216] BVerfGE 134, 366, Rn. 37; s. dazu *Ludwigs*, NVwZ 2015, 537, 539.

[217] Vgl. *Heun*, JZ 2014, 331, 333; in diese Richtung auch *Dahan/Fuchs/Layus*, Journal of International Economic Law 18 (2015),137, 144; noch kritischer *Schwerdtfeger*, EuR 2015, 290, 300, die von einem „selbstbewusste[n] Diktat" oder gar einer „Drohung" spricht.

[218] Vgl. *Schwarze*, DVBl. 2014, 537, 542; s. dazu auch *Spieker*, Die Identitätskontrolle des Bundesverfassungsgerichts und ihr Verhältnis zum Schutz der nationalen Identität durch den EuGH, in: Klatt (Hrsg.), Jurisdiktionskonflikte, S. 111, 130 ff.

[219] So etwa *Mayer*, Der Einfluss mitgliedstaatlicher Grundrechtsgewährleistungen auf die Charta der Grundrechte, in: König/Uwer (Hrsg.), Grenzen europäischer Normgebung, S. 95, 119 f.

inen Grundrechtsbereich, so dass davon auszugehen ist, dass der Anwendungsvorrang des Unionsrechts durch das Bundesverfassungsgericht hier nur noch in Ausnahmefällen in Frage gestellt werden wird,[220] zumal das Bundesverfassungsgericht die EuGH-Entscheidung[221] betreffend die Vorlage in der *OMT*-Entscheidung unter Berufung auf das dem EuGH zugestandene Recht auf Fehlertoleranz in seinem Urteil vom 21. Juni 2016 nicht als *ultra vires*-Rechtsakt angesehen hat.[222] Damit konnte sich das Bundesverfassungsgericht aus dem Dilemma, welches durch seine deutliche Drohung in Richtung des Luxemburger Gerichtshofs entstanden war, durch einen Rückgriff auf das Konzept der Fehlertoleranz wieder befreien.

In seinem Beschluss vom 15.12.2015 zur Auslieferung nach einem Europäischem Haftbefehl hat das Bundesverfassungsgericht allerdings das Konzept der Identitätskontrolle auf den Grundrechtsbereich übertragen und diese zugleich erstmals aktiviert, indem es die Zulässigkeit und Begründetheit einer Verfassungsbeschwerde bejahte, welche sich gegen einen auf das Unionsrecht gestützten Rechtsakt richtete.[223] Entscheidend ist jedoch, dass die Grundrechtsverletzung in dem fraglichen Fall nicht durch das Unionsrecht verursacht wurde, sondern vielmehr durch dessen Anwendung, d.h. durch die Anwendung des Rahmenbeschlusses über den Europäischen Haftbefehl, so wie sie vom OLG Düsseldorf vorgenommen worden war.[224] Letzteres hatte sich nicht mit der Einleitung eines Vorabentscheidungsverfahrens zum EuGH befasst. Das Bundesverfassungsgericht nahm nunmehr in der Entscheidung selbst eine Auslegung und Überprüfung des Rahmenbeschlusses am Maßstab des Grundgesetzes, der EMRK und der Grundrechte-Charta vor,[225] was insoweit bemerkenswert ist, als die Überprüfung von Unionsrecht am Maßstab der Grundrechte-Charta an sich dem EuGH vorbehalten ist. Insofern könnte man die Entscheidung als *„Solange III“*[226] oder, besser, als *„Solange II,5“* bezeichnen, was bedeutet, dass das Bundes-

---

[220] So auch *Hobe*, FS Stern, 2012, S. 745, 755 f., 758; *Oppermann*, FS Stern, 2012, S. 869, 879; *Streinz*, FS Stern, S. 963, 978; *Vincze*, EuR 2013, 194, 200; *van Ooyen*, Die Staatstheorie des Bundesverfassungsgerichts und Europa, S. 120 ff.

[221] EuGH, Rs. C-62/14, Gauweiler u.a./Deutscher Bundestag, digit. Slg.

[222] BVerfGE 142, 123, Rn. 147 ff.; vgl. schon *Mayer*, NJW 2015, 1999, 2002; im Vorfeld skeptisch etwa *Fabbrini*, GLJ 16 (2015), 1003, 1012 f.; sehr krit. zu dieser Entscheidung *Murswiek*, EuGRZ 2017, 327, 337.

[223] BVerfGE 140, 317, Rn. 34 u. 42 ff.; krit. dazu *Burchardt*, ZaöRV 76 (2016), 527, 550 f.; *Sauer*, NJW 2016, 1134, 1135 f.; *Schönberger*, JZ 2016, 422, 424; befürwortend hingegen *Nettesheim*, JZ 2016, 424, 425 ff.

[224] BVerfGE 140, 317, Rn. 51 u. 122 ff.

[225] BVerfGE 140, 317, Rn. 51 ff.

[226] *Burchardt*, ZaöRV 76 (2016), 527, 543; *Schorkopf*, BVerfG aktiviert Identitätskontrolle: Karlsruhe will Kommunikation, nicht Konfrontation, Legal Tribune Online v. 29.01.2016, abrufbar unter http://www.lto.de/recht/hintergruende/h/bverfg-2bvr273514-eu-haftbefehl-auslieferung-verfassungsidentitaet-menschenwuerde-gg-eu-recht-emrk/ (zuletzt abgerufen am 04.11.2017); *Hong*, Human Dignity and Constitutional Identity: The Solange III-Decision of the German Constitutional Court, Verfassungsblog v. 18.02.2016, abrufbar unter http://verfassungsblog.de/human-dignity-and-constitutional-identity-the-solange-iii-decision-of-the-ger

verfassungsgericht mit Hilfe der Identitätskontrolle den europäischen Grund- und Menschenrechtsstandard in Deutschland durchsetzt, solange eine materielle Übereinstimmung der grundrechtsbezogenen Rechtsprechung des Bundesverfassungsgerichts, des EGMR und des EuGH besteht. Daraus folgt jedoch auch, dass bei einer Inkongruenz des Grundrechtsschutzes von Grundgesetz, EMRK und Grundrechte-Charta der Gewährleistungsgehalt des Grundgesetzes den Vorrang erhalten würde,[227] was einerseits eine Zurückdrängung weiter gehender nationaler Grundrechte verhindern, andererseits aber den Anwendungsvorrang des Unionsrechts im Grundrechtsbereich in Frage stellen würde und zu einem formellen Jurisdiktionskonflikt mit dem EuGH führen könnte.[228] Insoweit bleibt abzuwarten, ob das Bundesverfassungsgericht tatsächlich bereit sein wird, im Fall einer grundrechtsbezogenen Inkongruenz den Anwendungsvorrang des Unionsrechts zu negieren, was zumindest eine teilweise Aufgabe der *Solange II*-Rechtsprechung implizierte. Ferner muss sich zeigen, ob das Bundesverfassungsgericht tatsächlich für jedes Grundrecht im Einzelfall die Identitätskontrolle aktivieren wird oder ob vielmehr allein die dem Beschluss über den Europäischen Haftbefehl zu Grunde liegende Konstellation mit ihrem engen Bezug zur Menschenwürde und damit zu Art. 79 Abs. 3 GG die Identitätskontrolle ausgelöst hat.[229] Sollte Letzteres der Fall sein, könnte man mit *Reinbacher/Wendel* folgende *Solange II,5*-Formel entwerfen: „Solange eine Verletzung der Menschenwürde substantiiert gerügt wird, prüft das Bundesverfassungsgericht im Einzelfall auch unmittelbar anwendbares Unionsrecht oder unionsrechtlich determiniertes deutsches Recht auf seine Vereinbarkeit mit der grundgesetzlichen Verfassungsidentität."[230] Damit wäre der Anwendungsvorrang des Unionsrechts als solcher jedenfalls nicht grundsätzlich in Frage gestellt, sondern würde vom Bundesverfassungsgericht weiterhin weitestgehend akzeptiert.

(2) Spanien. Ähnlich wie das Bundesverfassungsgericht geht der spanische Verfassungsgerichtshof in seiner Grundsatzentscheidung zum Verhältnis zwischen dem nationalen Recht und dem EU-Recht aus dem Jahr 2004 davon aus, dass der

man-constitutional-court/ (zuletzt abgerufen am 04.11.2017); in diese Richtung auch *Oehmichen*, FD-StrafR 2016, 375738; interessant in diesem Zusammenhang ist, dass *Scholz* die Möglichkeit einer *Solange III*-Entscheidung bereits Jahre zuvor aufzeigte, s. *Scholz*, FS Heldrich, S. 1311, 1324; gegen die Bezeichnung als *„Solange III"*-Entscheidung aber *Rung*, EWS 2016, 145, 150.

[227] *Schorkopf*, BVerfG aktiviert Identitätskontrolle: Karlsruhe will Kommunikation, nicht Konfrontation, Legal Tribune Online v. 29.01.2016, abrufbar unter http://www.lto.de/recht/hintergruende/h/bverfg-2bvr273514-eu-haftbefehl-auslieferung-verfassungsidentitaet-menschenwuerde-gg-eu-recht-emrk/ (zuletzt abgerufen am 04.11.2017).

[228] Zur Terminologie s. unten, § 2 I.2.; zur Gefahr des Auftretens von Jurisdiktionskonflikten s. auch *Reinbacher/Wendel*, EuGRZ 2016, 333, 335.

[229] So wohl *Reinbacher/Wendel*, EuGRZ 2016, 333, 334; anders hingegen *Zenger*, Bucerius Law Journal 2/2016, 33, 41 f., der eine Identitätskontrolle auch außerhalb der Menschenwürdegarantie für möglich hält.

[230] *Reinbacher/Wendel*, EuGRZ 2016, 333, 334.

Geltungsgrund des Unionsrechts in der spanischen Verfassung zu finden sei, indem er Art. 93 der spanischen Verfassung als Scharnier zwischen den beiden Rechtsordnungen, mithin als Öffnungsklausel interpretiert,[231] welche eine Übertragung der Ausübung von Hoheitsrechten ermögliche.[232] Das Gericht, das sich, ebenso wie das Bundesverfassungsgericht, die Prüfung der Verfassungsmäßigkeit des Gemeinschaftsrechts schon zuvor ausdrücklich vorbehalten hatte,[233] formuliert in der fraglichen Entscheidung Integrationsschranken, zu denen die Souveränität des spanischen Staates, die grundlegenden Verfassungsstrukturen sowie das System der Grundwerte und -prinzipien, vor allem die Grundrechte, gehören.[234] Der Verfassungsgerichtshof sieht sich zur Überprüfung der Einhaltung dieser Grenzen ausdrücklich berufen.[235] Das Gericht bekennt sich in der Entscheidung allerdings ebenso deutlich zum Vorrang des Unionsrechts.[236] Besonders interessant ist in diesem Zusammenhang, wie das Gericht begründet, dass der Anwendungsvorrang des Unionsrechts (*primacía*) mit der Vorherrschaft (*supremacía*) der Verfassung als der ranghöchsten Norm zu vereinbaren sei. Es unterscheidet dabei die beiden Konzepte der *supremacía* und *primacía*, wobei der Vorrang *(primacía)* bei der Anwendung gültiger Normen zum Tragen komme, die Vorherrschaft *(supremacía)* hingegen in den Rechtsetzungsverfahren. Allein der Vorherrschaft (*supremacía*) liege daher ein hierarchisches Verständnis zu Grunde liege.[237] Diese Vorherrschaft (*supremacía*) der höchsten Norm zeige sich in ihrer

---

[231] Spanischer Verfassungsgerichtshof, Entsch. v. 13.12.2004 – Erklärung DTC 1/2004, Vereinbarkeit des europäischen Verfassungsvertrages mit der spanischen Verfassung, EuR 2005, 339 ff.; vgl. dazu *Grabenwarter*, Staatliches Unionsverfassungsrecht, in: v. Bogdandy/Bast (Hrsg.), Europäisches Verfassungsrecht, S. 121, 127; *Becker*, EuR 2005, 353, 354 ff.

[232] Das Gericht betont dabei, dass es lediglich um die Übertragung der Ausübung von Kompetenzen, nicht aber um die Übertragung der Inhaberschaft dieser Kompetenzen geht, s. Spanischer Verfassungsgerichtshof, Entsch. v. 13.12.2004 – Erklärung DTC 1/2004, EuR 2005, 339, 342 f.; näher dazu auch *López Castillo*, Offene Staatlichkeit: Spanien, in: v. Bogdandy/Cruz Villalón/Huber (Hrsg.), IPE II, § 24 Rn. 17 ff.

[233] Spanischer Verfassungsgerichtshof, Declaración 108/1992 de 1 de Julio de 1992, Übersetzung abgedruckt in EuGRZ 1993, 285, 286; *Muñoz Machado*, La Unión Europea y las mutaciones del Estado, S. 39 f.; *López Castillo/Polakiewicz*, Verfassung und Gemeinschaftsrecht in Spanien, EuGRZ 1993, 277, 281.

[234] Spanischer Verfassungsgerichtshof, Entsch. v. 13.12.2004 – Erklärung DTC 1/2004, EuR 2005, 339, 343; vgl. dazu *Grabenwarter*, Staatliches Unionsverfassungsrecht, in: v. Bogdandy/Bast (Hrsg.), Europäisches Verfassungsrecht, S. 121, 127; *Kruis*, Der Anwendungsvorrang des EU-Rechts in Theorie und Praxis, S. 66 f.

[235] Spanischer Verfassungsgerichtshof, Entsch. v. 13.12.2004 – Erklärung DTC 1/2004, EuR 2005, 339, 347.

[236] Spanischer Verfassungsgerichtshof, Entsch. v. 13.12.2004 – Erklärung DTC 1/2004, EuR 2005, 339, 343 ff.

[237] Spanischer Verfassungsgerichtshof, Entsch. v. 13.12.2004 – Erklärung DTC 1/2004, EuR 2005, 339, 346; *Becker*, EuR 2005, 353, 355; vgl. auch *Wendel*, Permeabilität im europäischen Verfassungsrecht, S. 485 f.; *Groppi*, I diritti fondamentali in Europa e la giurisprudenza "multilivello", in: Paciotti (Hrsg.), I diritti fondamentali in Europa, S. 23, 33 f.; *Franzius*, Europäisches Verfassungsrechtsdenken, S. 47 f.; zur analogen Unterscheidung im englischen Sprachraum s. *Avbelj*, ELJ 2011, 744, 744 ff.; *Burchardt*, Die Rangfrage im europäischen Normenverbund, S. 24 f.

Funktion als Geltungsgrund der untergeordneten Normen, welche im Kollisionsfall ungültig würden, während der Vorrang (*primacía*) lediglich die Abgrenzung der Anwendungsbereiche verschiedener Normen betreffe, die jeweils unabhängig voneinander Geltung beanspruchen könnten.[238] Der Vorrang des Unionsrechts ist demnach eine Anwendungsregel zwischen zwei Rechtsordnungen, welche in keinem hierarchischen Verhältnis zueinander, sondern gleichrangig nebeneinander stehen, so dass das Prinzip des Anwendungsvorrangs die Vorherrschaft der ranghöchsten Norm nicht beeinträchtigen kann, sofern diese ihre eigene Unanwendbarkeit zu Gunsten anderer, nicht höherrangiger Normen selbst bestimmt.[239] Insgesamt lässt sich deshalb festhalten, dass der spanische Verfassungsgerichtshof nach seiner Grundsatzentscheidung nur in als hypothetisch einzustufenden Extremfällen von einer Überschreitung der Integrationsschranken ausgeht,[240] während er im Übrigen der Anwendungsvorrang des Unionsrechts auch vor dem spanischen Verfassungsrecht akzeptiert.

In der Entscheidung über die Verfassungsbeschwerde in der Rechtssache *Melloni* aus dem Jahr 2014 in Folge der gleichnamigen EuGH-Entscheidung hat der Verfassungsgerichtshof seine Grundsatzentscheidung aus dem Jahr 2004 nunmehr ausdrücklich bestätigt.[241] Aus der *Melloni*-Entscheidung des Verfassungsgerichtshofs ergibt sich zudem, dass er einerseits bereit ist, vor dem Hintergrund von Art. 10 Abs. 2 der spanischen Verfassung und der damit verbundenen Verpflichtung zur Auslegung der nationalen Grundrechte im Lichte der Grundrechte-Charta den Anwendungsvorrang des Unionsrechts vor den nationalen Grundrechten selbst dann zu akzeptieren, wenn dies zu einer Herabsenkung des Grundrechtsschutzes im konkreten Einzelfall führt, er sich andererseits freilich im Falle eines *ultra vires*-Handeln der Union eine Überprüfung des entsprechenden Rechtsakts am Maßstab der spanischen Verfassung und damit das „letzte Wort" im Verhältnis zum EuGH vorbehält.[242] Eine grundsätzliche Infragestellung des Anwendungsvorrangs des Unionsrechts vor dem spanischen Verfassungsrecht kann aus der Entscheidung jedoch nicht abgeleitet werden.[243]

(3) Tschechische Republik. Nach Auffassung des tschechischen Verfassungsgerichts liegt der Geltungsgrund des Unionsrechts in Art. 10a der tschechischen

---

[238] *Becker*, EuR 2005, 353, 355.

[239] Spanischer Verfassungsgerichtshof, Entsch. v. 13.12.2004 – Erklärung DTC 1/2004, EuR 2005, 339, 343 ff.; *Becker*, EuR 2005, 353, 356; zustimmend zu dieser Konstruktion *Klatt*, Die praktische Konkordanz von Kompetenzen S. 385 f.

[240] Vgl. Spanischer Verfassungsgerichtshof, Entsch. v. 13.12.2004 – Erklärung DTC 1/2004, EuR 2005, 339, 347; vgl. auch *Wendel*, Permeabilität im europäischen Verfassungsrecht, S. 489; *Müller/Christensen*, Juristische Methodik, Bd. 2, Rn. 782.

[241] Spanischer Verfassungsgerichtshof, Urt. v. 13.02.2014 – STC 26/2014 –, Ziff. 3; ausführlich dazu *Herzmann*, EuGRZ 2015, 445, 448 ff.; *Torres Pérez*, EuConst 10 (2014), 308, 310 ff.

[242] Spanischer Verfassungsgerichtshof, Urt. v. 13.02.2014 – STC 26/2014 –, Ziff. 3; s. dazu *Besselink*, ELRev 39 (2014), 531, 550 f.; *Torres Pérez*, EuConst 10 (2014), 308, 320 ff.; *Arroyo Jiménez*, Empatía constitucional, S. 50 ff.; *Fernández Alles*, Revista General de Derecho Constitutional 23 (2016), 1, 21.

[243] So auch *Herzmann*, EuGRZ 2015, 445, 451 ff.

Verfassung, welche durch die fragliche Norm für das Unionsrecht geöffnet werde. Folgerichtig akzeptiert das Gericht den Vorrang des Unionsrechts vor dem nationalen Recht, wobei die Grenzen des Vorrangs in der Aufrechterhaltung der Grundlagen der Souveränität der Tschechischen Republik sowie in den unabänderlichen Grundsätzen des demokratischen Rechtsstaats, wie er sich aus Art. 9 Abs. 2 und 3 der tschechischen Verfassung ergibt, zu finden sein sollen.[244] Das Verfassungsgericht überwacht die Einhaltung dieser Grundsätze, wobei es entsprechend seiner ersten Entscheidung zur Verfassungsmäßigkeit des Vertrags von Lissabon aus dem Jahr 2008 zusätzlich eine Prüfungs- und Letztentscheidungskompetenz für *ultra vires*-Akte der Union annimmt.[245] Letzteres führte im Jahr 2012 zu einem handfesten Konflikt mit dem EuGH. Das tschechische Verfassungsgericht stellte nämlich als erstes mitgliedstaatliches Verfassungs- oder Höchstgericht einen ausbrechenden Rechtsakt des EuGH fest.[246] Letzterer habe in seinem in der Rechtssache *Landtová*[247] getroffenen Urteil die tschechische Geschichte nicht hinreichend berücksichtigt und infolgedessen miteinander unvergleichbare Sachverhalte verglichen.[248] Obwohl das tschechische Verfassungsgericht in seiner Entscheidung auf die Urteile des Bundesverfassungsgericht in *Solange I*, *Solange II* und *Maastricht* Bezug nahm, erklärte es das fragliche EuGH-Urteil für *ultra vires*, ohne jedoch konkrete Voraussetzungen für die Annahme eines ausbrechenden Rechtsaktes aufzustellen.[249] Dadurch und auf Grund der sonstigen Umständen des Falles drängt sich der Verdacht auf, dass es sich bei der Entscheidung nicht um eine kalkulierte Strategie gegen das Unionsrecht handelt, sondern vielmehr um einen Akt der Frustration, nachdem die Position des Gerichts in dem voraus gegangenen Vorabentscheidungsverfahren vor dem EuGH aus seiner Sicht nicht hinreichend berücksichtigt worden war.[250] Darüber hinaus kann man die Entscheidung als gezielte Zurechtweisung des tschechischen

[244] Verfassungsgericht der Republik Tschechien, Urt. v. 08.03.2006 – Pl ÚS 50/04 –, *Zuck*erquoten III, Teil A-3); bestätigt in Urt. v. 03.05.2006 – Pl ÚS 66/04 –, Europäischer Haftbefehl, Rn. 53; Urt. v. 26.11.2008 – Pl ÚS 19/08 –, Lissabon I, Rn. 113 f., 130, 196; *Sadurski*, ELJ 14 (2008), 1, 7 f.; *Kruis*, Der Anwendungsvorrang des EU-Rechts in Theorie und Praxis, S. 67; *Burchardt*, Die Rangfrage im europäischen Normenverbund, S. 108 f.

[245] Verfassungsgericht der Republik Tschechien, Urt. v. 26.11.2008 – Pl ÚS 19/08 –, Lissabon I, Rn. 120 u. 139; s. dazu *Fontanelli*, The King's College Law Journal 21 (2010), 3171, 383 ff.

[246] Verfassungsgericht der Republik Tschechien, Urt. v. 14.02.2012 – Pl ÚS 5/12 –, Slowakische Pensionen XVII; ausführlich dazu *Komárek*, EuConst 8 (2012), 323 ff.; *Vincze*, EuR 2013, 194 ff.

[247] EuGH, Rs. C-399/09, Landtová, Slg. 2011, I-5573, Rn. 31 ff.

[248] Verfassungsgericht der Republik Tschechien, Urt. v. 14.02.2012 – Pl ÚS 5/12 –, Slowakische Pensionen XVII.

[249] S. auch *Komárek*, EuConst 8 (2012), 323, 334 f.; eine Formulierung eines enumerativen Katalogs änderungsfester Integrationsgrenzen lehnte das Gerichte bereits in seinem Urteil v. 03.11.2009 – Pl ÚS 29/09 –, Lissabon II, Rn. 110 ff. ausdrücklich ab, vgl. auch *Wendel*, Permeabilität im europäischen Verfassungsrecht, S. 457.

[250] Vgl. *Komárek*, EuConst 8 (2012), 323, 332; *Vincze*, EuR 2013, 194, 199; *Lenaerts*, EuR 2015, 3, 19; *Molek*, The Czech Constitutional Court and the Court of Justice: Between Fascination and Securing Autonomy, in: Claes/de Visser/Popelier/Van de Heyning (Hrsg.), Constitutional Conversations in Europe, S. 131, 156.

Obersten Verwaltungsgerichts verstehen, mit dem das Verfassungsgericht anlässlich der der Rechtssache *Landtová* zu Grunde liegenden Problematik in Konflikt geraten war.[251] Deshalb ist davon auszugehen, dass das tschechische Verfassungsgericht den Anwendungsvorrang des Unionsrechts zumindest nicht grundsätzlich in Frage stellt und die Annahme eines *ultra vires*-Aktes in seiner Rechtsprechung eine extreme Ausnahme bleiben wird.[252]

(4) Vereinigtes Königreich. Im Vereinigten Königreich beruht die Geltung des Unionsrechts mangels geschriebener Verfassung[253] auf dem European Communities Act 1972,[254] der zugleich den Rechtsanwendungsbefehl für das Unionsrecht enthält.[255] Die nationalen Gerichte haben den Vorrang des Unionsrechts grundsätzlich akzeptiert,[256] was besonders in den *Factortame*-Entscheidungen des House of Lords aus den Jahren 1989 bis 1999 deutlich wurde.[257] So hat das House of Lords in der zweiten *Factortame*-Entscheidung aus dem Jahr 1990 betont, dass ein innerstaatliches Gesetz unangewendet bleiben müsse, wenn dieses gegen Unionsrecht verstoße,[258] so dass letztlich sogar das Verfassungsprinzip der Parlamentssouveränität durch das Unionsrecht überlagert wurde, was in Bezug auf die Europarechtsfreundlichkeit weit über die Position der Mehrzahl der übrigen mitgliedstaatlichen Verfassungs- und Höchstgerichte hinausging. Bestätigt wurde der Vorrang des Unionsrechts vor dem nationalen Parlamentsrecht durch den High Court in der Entscheidung *Thoburn v. Sunderland City Council*, wo die traditionelle Doktrin des aus der Parlamentssouveränität folgenden *implied repeal* durch das Unionsrecht modifiziert wurde, indem sog. *constitutional statutes*, zu denen der European Communities Act 1972 gehöre, von einem *implied repeal*

---

[251] Ausführlich dazu *Komárek*, CMLR 49 (2012), 1475, 1487 f.

[252] *Komárek*, EuConst 8 (2012), 323, 336; vgl. auch *Müller/Christensen*, Juristische Methodik, Bd. 2, Rn. 782; skeptischer diesbezüglich *Faix*, EuGRZ 2012, 597, 605.

[253] Zum Verfassungsbegriff im Vereinigten Königreich s. Supreme Court, Entsch. v. 22.01.2014, R (on the application of HS2 Action Alliance Limited) (Appellant) v. Secretary of State for Transport and another (Respondents) [2014] UKSC 3, Rn. 207, wo das Fehlen einer „written constitution“ bestätigt, aber gleichzeitig auf die Existenz von „constitutional instruments“ hingewiesen wird.

[254] European Communities Act 1972 v. 17.10.1972 – 1972 c. 68 –.

[255] Vgl. *Bradley/Ewing/Knight*, Constitutional and Administrative Law, S. 130 f. u. 135 f.; *Wendel*, Permeabilität im europäischen Verfassungsrecht, S. 421.

[256] S. *Craig*, Yearbook of European Law 11 (1991), 221, 241.

[257] House of Lords, Entsch. v. 18.05.1989, R. v. Secretary of State for Transport, ex parte Factortame Ltd (Nr. 1) [1989] 2 All ER 692 (HL); House of Lords, Entsch v. 11.10.1990, R. v. Secretary of State for Transport, ex parte Factortame Ltd and Others (Nr. 2) [1990] 1 All ER 70 (HL); House of Lords, Entsch. v. 28.10.1999, R. v. Secretary of State for Transport, ex parte Factortame Ltd and Others, (Nr. 5) [1999] 3 WLR 1062 (HL); s. dazu auch *Bradley/Ewing/Knight*, Constitutional and Administrative Law, S. 122 f. u. 135 f.; *Birkinshaw/Künnecke*, Offene Staatlichkeit: Großbritannien, in: v. Bogdandy/Cruz Villalón/Huber (Hrsg.), IPE II, § 17 Rn. 34 f.; *Carroll*, Constitutional and Administrative Law, S. 124 ff.; aus unionsrechtlicher Sicht s. EuGH, Rs. C-213/89, Factortame I, Slg. 1990, I-2433; Rs. C-221/89, Factortame II, Slg. 1991, I-3905.

[258] House of Lords, Entsch v. 11.10.1990, R. v. Secretary of State for Transport, ex parte Factortame Ltd and Others (Nr. 2) [1990] 1 All ER 70 (HL).

ausgenommen sein sollten.[259] Zugleich aber wurde in der Entscheidung zumindest angedeutet, dass die Letztentscheidung über die Reichweite der Unionskompetenzen bei den nationalen Gerichten verbleiben solle,[260] was die nationale Souveränität des Vereinigten Königreichs unterstreicht.[261] In der Literatur wird seit langem angedacht, dass das Parlament durch eine ausdrückliche Entscheidung vom European Communities Act 1972 abweichen[262] und damit den Anwendungsvorrang des Unionsrechts beschränken könne, wobei freilich nicht von einer prinzipiellen Infragestellung des unionalen Anwendungsvorrangs vor dem nationalen Recht auszugehen wäre.

Als Reaktion auf die *Åkerberg Fransson*-Entscheidung des EuGH äußerte der Supreme Court in der Entscheidung *HS2* erstmals die Auffassung, dass die Verfassung des Vereinigten Königreichs, auch wenn sie ungeschrieben sei, dem Anwendungsvorrang des Unionsrechts Grenzen setzen könne.[263] Danach sei höchst fragwürdig, ob das Unionsrecht allein wegen der Geltung des European Communities Act 1972 die Außerkraftsetzung grundlegender Verfassungsprinzipien des Vereinigten Königreichs, zu denen u.a. die Grundrechte gehörten, bewirken könne,[264] wobei sich in dem fraglichen Fall die Besonderheit ergab, dass mit dem European Communities Act 1972 und den nationalen Grundrechten, anders als in *Thoburn*, zwei *constitutional statutes* aufeinander trafen. Mit der *HS2*-Entscheidung, die neben der kritischen auch eine auf Kooperation mit dem EuGH angelegte Komponente enthält,[265] scheint sich das Vereinigte Königreich der Linie etwa des Bundesverfassungsgerichts und dessen Position zur Kompetenz-Kompetenz anzuschließen[266] und nunmehr von einem gemäßigt-dualistischen Verhältnis zwischen nationalem Recht und Unionsrecht auszugehen, ohne dass dadurch der Anwendungsvorrang des Unionsrechts als solcher in Frage gestellt würde. In der Entscheidung über die Frage nach der Notwendigkeit eines Parlamentsbe-

---

[259] High Court (Administrative Court), Entsch. v. 18.02.2002, Thoburn v. Sunderland City Council [2002] EWHC 195 (Admin); s. dazu *Wendel*, Permeabilität im europäischen Verfassungsrecht, S. 420 f.; *Craig*, Britain in the European Union, in: Jowell/Dawn/O'Cinneide (Hrsg.), The Changing Constitution, S. 104, 118.

[260] High Court (Administrative Court), Entsch. v. 18.02.2002, Thoburn v. Sunderland City Council [2002] EWHC 195 (Admin).

[261] Vgl. *Craig*, Public Law 2014, 373, 377 f.

[262] *Craig*, Yearbook of European Law 11 (1991), 221, 251; *Kruis*, Der Anwendungsvorrang des EU-Rechts, S. 62.

[263] Supreme Court, Entsch. v. 22.01.2014, R (on the application of HS2 Action Alliance Limited) (Appellant) v. Secretary of State for Transport and another (Respondents) [2014] UKSC 3, Rn. 79 u. 207.

[264] Supreme Court, Entsch. v. 22.01.2014, R (on the application of HS2 Action Alliance Limited) (Appellant) v. Secretary of State for Transport and another (Respondents) [2014] UKSC 3, Rn. 207; ausführlich dazu *Edwards*, Journal of Environmental Law 26 (2014), 319, 319 ff.; s. auch *Craig*, Britain in the European Union, in: Jowell/Dawn/O'Cinneide (Hrsg.), The Changing Constitution, S. 104, 118 f.

[265] Supreme Court, Entsch. v. 22.01.2014, R (on the application of HS2 Action Alliance Limited) (Appellant) v. Secretary of State for Transport and another (Respondents) [2014] UKSC 3, Rn. 111; s. dazu *Craig*, Public Law 2014, 373, 381 f.

[266] *Edwards*, Journal of Environmental Law 26 (2014), 319, 328 f.

schlusses zur Vornahme der Notifikation nach Art. 50 Abs. 2 EUV, welche nach dem auf Grundlage des European Union Referendum Act 2015[267] durchgeführten positiven „Brexit"-Referendum vom Juni 2016 vorgenommen werden sollte, ging der High Court davon aus, dass das Parlament den European Communities Act 1972 durch ausdrücklichen Beschluss jederzeit widerrufen könne, was darauf schließen lässt,[268] dass das Vereinigte Königreich im Verhältnis zur EU nach wie vor die Kompetenz-Kompetenz für sich in Anspruch nimmt, wobei der Anwendungsvorrang des Unionsrechts als solcher in der Entscheidung nicht in Frage gestellt wurde. In ähnlicher Weise hatte sich zuvor bereits der Supreme Court im Fall *Pham v. Secretary of State for the Home Department* geäußert, der das Vorliegen einer verfassungsrechtlichen Identität von EU und Mitgliedstaaten verneinte und betonte, dass das Vereinigte Königreich im Verhältnis zum Unionsrecht einen dualistischen Ansatz verfolge.[269] Danach sei das Vereinigte Königreich unabhängig, das nationale Parlament bleibe souverän und das Unionsrecht besitze als Teil des nationalen Rechts innerstaatliche Geltung, jedoch nur deshalb, weil dies vom Parlament so beschlossen worden sei, weshalb auch der Zuständigkeit des EuGH Grenzen gesetzt seien.[270] Daraus lässt sich ableiten, dass der Anwendungsvorrang des Unionsrechts zumindest im Falle eines ausdrücklichen Parlamentsbeschlusses von den Gerichten des Vereinigten Königreichs nicht uneingeschränkt akzeptiert wird. Derartige Überlegungen bezüglich der Kompetenz-Kompetenz und der Reichweite des unionalen Anwendungsvorrangs dürften andererseits jedoch alsbald obsolet werden, wenn das Vereinigte Königreich wie geplant im Jahr 2019 gemäß Art. 50 EUV den Austritt aus der Union vollzieht.

ccc) Grundsätzlicher Vorrang des nationalen Verfassungsrechts

(1) Polen. Der polnische Verfassungsgerichtshof geht in seiner Entscheidung zur Verfassungsmäßigkeit des Beitrittsabkommens davon aus, dass nach Art. 8 Abs. 1 der polnischen Verfassung, wonach die Verfassungsnormen gegenüber jedwedem anderen Recht in der Republik Polen übergeordnet seien, ein Vorrang des Unionsrechts gegenüber der polnischen Verfassung nicht in Betracht komme, obschon Art. 91 Abs. 3 der polnischen Verfassung den Anwendungsvorrang völkerrechtlicher Verträge vorsieht.[271] Der Verfassungsgerichtshof thematisiert das

[267] European Union Referendum Act 2015 v. 17.12.2015 – 2015 c. 36 –.

[268] High Court, Entsch. v. 03.11.2016, R (Gina Miller) v. the Secretary of State for Exiting the EU [2016] EWHC 2768 (Admin), Rn. 21, 44 u. 88.

[269] Supreme Court, Entsch. v. 25.03.2015, Pham v. Secretary of State for the Home Department [2015] UKSC 19, Rn. 76 u. 79 f.

[270] Supreme Court, Entsch. v. 25.03.2015, Pham v. Secretary of State for the Home Department [2015] UKSC 19, Rn. 80.

[271] Verfassungsgerichtshof der Republik Polen, Urt. v. 11.05.2005 – K 18/04 –, EuR 2006, 236, 238 f.; in diese Richtung auch schon Urt. v. 27.04.2005 – P 1/05 –, EuR 2005, 494, 495 f.; s. dazu *Amtenbrink*, The European Court of Justice's Approach to Primacy and European Constitutionalism, S. 35, 48 f.

unionale Vorrangkonzept nicht einmal, da dieses kein Gegenstand der Verfassungsmäßigkeitskontrolle sein könne,[272] so dass dem Prinzip des Anwendungsvorrangs in Polen jegliche Normativität abgesprochen wird.[273] Ein Vorrang des Unionsrechts vor dem polnischen Verfassungsrecht ist daher nach der Rechtsprechung des polnischen Verfassungsgerichtshofs ausgeschlossen, was schon dadurch zum Ausdruck kommt, dass der Verfassungsgerichtshof EU-Verordnungen unmittelbar am Maßstab der polnischen Verfassung überprüft.[274] Hinzu kommt, dass der polnische Verfassungsgerichtshof in seiner Entscheidung zum Vertrag von Lissabon ausdrücklich betonte, dass die nationale Verfassungsidentität und die Souveränität Polens durch die Mitgliedschaft in der EU nicht gefährdet werden dürften und insoweit Integrationsschranken bestünden, weshalb sich das Gericht eine *ultra vires*-Kontrolle grundsätzlich vorbehalte.[275] Trotz dieser traditionellen, nationalstaatlich orientierten Herangehensweise[276] und der damit verbundenen Vorbehalte gegenüber einem uneingeschränkten, unionsrechtlich begründeten Anwendungsvorrang gibt es jedoch keine Anhaltspunkte dafür, dass der polnische Verfassungsgerichtshof das Konzept des Anwendungsvorrangs des Unionsrechts in der Praxis bislang grundsätzlich bestritten hätte, zumal er zumindest hinsichtlich der Überprüfung von EU-Sekundärrecht am Maßstabe der polnischen Verfassung nunmehr der *Solange II*-Rechtsprechung des Bundesverfassungsgerichts folgt und für die Zulässigkeit einer entsprechenden Verfassungsbeschwerde verlangt, dass die Beschwerdeführer „hinreichend glaubhaft" machen, dass das Sekundärrecht das Niveau des Grundrechtsschutzes im Vergleich mit der polnischen Verfassung erheblich absinken lässt,[277] worin ein Signal der Kooperationsbereitschaft im Verhältnis zu den Unionsorganen erblickt werden kann.[278] Entsprechendes gilt für die Aussage des polnischen Verfassungsgerichtshofs, wonach die polnische und die europäische Rechtsebene als „autonome Rechtsordnungen nebeneinander gelten"[279], was ein Aufgabe der traditionell mo-

---

[272] Verfassungsgerichtshof der Republik Polen, Urt. v. 11.05.2005 – K 18/04 –, EuR 2006, 236, 242 f.

[273] *Bainczyk/Ernst*, EuR 2006, 247, 251.

[274] So auch Verfassungsgerichtshof der Republik Polen, Urt. v. 16.11.2011 – SK 45/09 –; s. dazu *Granat*, EuR 2013, 205, 205 ff., insbesondere 212 f.; *Banaszak/Jarosz-Żukowska*, Osteuropa-Recht 2014, 288, 2990; *Burchardt*, Die Rangfrage im europäischen Normenverbund, S. 125.

[275] Verfassungsgerichtshof der Republik Polen, Urt. v. 24.11.2010 – Kp 32/09 –, Rn. 2 ff.; s. auch *Kowalik-Bańczyk*, Sending Smoke Signals to Luxembourg – The Polish Constitutional Tribunal in Dialogue with the ECJ, in: Claes/de Visser/Popelier/Van de Heyning (Hrsg.), Constitutional Conversations in Europe, S. 267, 275 ff.; Weber, EuGRZ 2012, 139, 140.

[276] Vgl. *Kowalik-Bańczyk*, Sending Smoke Signals to Luxembourg – The Polish Constitutional Tribunal in Dialogue with the ECJ, in: Claes/de Visser/Popelier/Van de Heyning (Hrsg.), Constitutional Conversations in Europe, S. 267, 269.

[277] Verfassungsgerichtshof der Republik Polen, Urt. v. 16.11.2011 – SK 45/09 –; s. dazu *Granat*, EuR 2013, 205, 208 f. u. 213; *Weber*, EuGRZ 2012, 139, 140 f.

[278] *Granat*, EuR 2013, 205, 213.

[279] Verfassungsgerichtshof der Republik Polen, Urt. v. 11.05.2005 – K 18/04 –, EuR 2006, 236, 238; s. dazu auch *Mayer*, VVDStRL 75 (2015), 7, 43.

nistischen Betrachtungsweise zu Gunsten eines pluralistischen Ansatzes impliziert[280] und eine grundsätzliche Anerkennung des Anwendungsvorrangs des Unionsrechts ermöglicht. Dass diese Grundsätze jedoch auch nach der drastischen Beschränkung der Unabhängigkeit des polnischen Verfassungsgerichtshofs durch die rechtskonservative Regierung[281] fortgelten, darf bezweifelt werden.

(2) Litauen. Einen ähnlichen Totalvorbehalt der nationalen Verfassung wie der polnische Verfassungsgerichtshof vertritt das litauische Verfassungsgericht, das das Konzept eines vom Unionsrecht ausgehenden unionalen Anwendungsvorrangs ablehnt und stattdessen der litauischen Verfassung die Ausgestaltungshoheit bezüglich des Verhältnisses zwischen mitgliedstaatlichem Recht und Unionsrecht zuerkennt.[282] Allerdings stellt auch das litauische Verfassungsgericht das Konzept des Anwendungsvorrangs vor dem Unionsrecht als solches keineswegs in Frage, sondern akzeptiert es sogar ausdrücklich, wobei es die Kollisionsnorm des Anwendungsvorrangs allerdings auf verfassungsrechtlicher Ebene verortet.[283]

(3) Frankreich. Nach französischem Verfassungsverständnis stellt die nationale Verfassung die Geltungsgrundlage des Unionsrechts, mithin die dem Unionsrecht übergeordnete Rechtsquelle, dar. Art. 55 der französischen Verfassung sieht vor, dass ordnungsgemäß ratifizierte oder genehmigte Verträge oder Abkommen mit ihrer Veröffentlichung Vorrang gegenüber (einfachen) Gesetzen erlangen, woraus die französischen Gerichte den Anwendungsvorrang des Unionsrechts und dessen Reichweite vor dem einfachen Gesetzesrecht ableiten.[284] Der Vorrang des Unionsrechts auch vor dem nationalen Verfassungsrecht wird von den französischen Gerichten hingegen nicht akzeptiert, wobei Konflikte zwischen Verfassungsrecht und Unionsrecht bislang dadurch vermieden wurden, dass der Conseil constitutionnel nach der französischen Verfassung bis 2008 auf eine präventive Normenkontrolle beschränkt war und mögliche Konflikte zwischen Verfassungsrecht und Unionsrecht im Vorhinein durch eine Änderung der französi-

---

280 *Wendel*, Permeabilität im europäischen Verfassungsrecht, S. 27.

281 S. dazu etwa *Koncewicz*, Constitutional Capture in Poland 2016 and Beyond: What is Next?, Verfassungsblog 2016/12/19, abrufbar unter http://verfassungsblog.de/constitutional-capture-in-poland-2016-and-beyond-what-is-next/ (zuletzt abgerufen am 28.11.2017).

282 Verfassungsgericht der Republik Litauen, Urt. v. 14.03.2006 – verb. Rs. 17/02–24/03–22/04 –, Abschnitt III, Ziff. 9.4; *Küris*, Report of the Constitutional Court of the Republic of Lithuania, abrufbar unter http://www.us-rs.si/o-sodiscu/katalog-inf-javnega-znacaja/contributions/presentation-by-dr-egidijus-kuris-president-of-the-constitutional-court-of-lithuania/ (zuletzt abgerufen am 04.11.2017); s. dazu *Burchardt*, Die Rangfrage im europäischen Normenverbund, S. 123; s. dazu auch *Kruis*, Der Anwendungsvorrang des EU-Rechts, S. 69.

283 Verfassungsgericht der Republik Litauen, Urt. v. 14.03.2006 – verb. Rs. 17/02–24/03–22/04 –, Abschnitt III, Ziff. 9.4.

284 Vgl. Cour de Cassation, Entsch. v. 24.05.1975 – N° 115 –, EuR 1975, 326, 328; Conseil d'Etat, Entsch. v. 20.10.1989 – N° 108243 (Nicolo) –, EuGRZ 1990, 99, 106; näher dazu *Haguenau-Moizard*, Offene Staatlichkeit: Frankreich, in: v. Bogdandy/Cruz Villalón/Huber (Hrsg.), IPE II, § 15 Rn. 25.

schen Verfassung abgewendet wurden.[285] Seit dem Inkrafttreten einer weit reichenden Verfassungsrevision im Jahr 2010 ist der Conseil constitutionnel jedoch nunmehr nach Art. 61–1 der Verfassung[286] auch zu einer Kontrolle bereits erlassener Gesetze am Maßstab der Verfassung im Rahmen eines Zwischenverfahrens befugt. Dadurch wird der Vorrang des Unionsrechts zumindest in zeitlicher Hinsicht eingeschränkt, da die Gefahr besteht, dass ein nach dem Unionsrecht entscheidungsreifes nationales Ausgangsverfahren nicht abgeschlossen werden kann, weil zunächst die Frage der Vereinbarkeit des in Rede stehenden Gesetzes mit der französischen Verfassung geklärt werden muss.[287] Der EuGH hat die entsprechende Regelung in der *Melki*-Entscheidung unter den folgenden drei Voraussetzungen gebilligt: Die nationalen Instanzgerichte müssen erstens in jedem Moment des Verfahrens, den sie für geeignet halten, und selbst nach Abschluss des Zwischenverfahrens zur Kontrolle der Verfassungsmäßigkeit dem EuGH jede Frage zur Vorabentscheidung vorlegen können, die sie für erforderlich halten; die nationalen Instanzgerichte müssen zweitens jede Maßnahme erlassen dürfen, die erforderlich ist, um den vorläufigen gerichtlichen Schutz der durch die Rechtsordnung der Union eingeräumten Rechte sicherzustellen; und die nationalen Instanzgerichte müssen drittens nach Abschluss des Zwischenverfahrens die fragliche nationale gesetzliche Bestimmung unangewendet lassen können, wenn sie diese für unionsrechtswidrig halten.[288]

Diese Problematik ändert jedoch nichts daran, dass der Conseil constitutionnel, der zwar den Kernbestand der französischen Verfassung für unantastbar hält,[289] gleichzeitig aber auf die sich aus Art. 88–1 der Verfassung ergebende verfassungsrechtliche Verpflichtung zur Umsetzung des Unionsrechts verweist,[290] noch weniger als etwa die Verfassungsgerichte Polens oder Litauens den Anwendungsvorrang als solchen ernsthaft in Frage stellt, zumal der Conseil constitutionnel keinen expliziten *ultra vires*-Vorbehalt formuliert.[291] Auch der traditionell

---

[285] Vgl. dazu *Oppermann/Classen/Nettesheim*, Europarecht, § 10 Rn. 30; *Kruis*, Der Anwendungsvorrang des EU-Rechts, S. 68 f.

[286] Art. 61–1 der Verfassung, eingefügt durch Loi constitutionnel No. 2008–724 v. 23.07.2008 „de modernisation des institutions de la Ve République", Journal officiel de la République française v. 24.07.2008.

[287] Näher dazu *Gundel*, EuR 2012, 213, 220; *Oppermann/Classen/Nettesheim*, Europarecht, § 10 Rn. 30; *Paris*, EuConst 11 (2015), 389, 391 f.

[288] EuGH, verb. Rs. C-188/10 u. C-189/10, Melki und Abdeli, Slg. 2010, I-5667, Rn. 40 ff. u. 57; näher dazu unten, § 11 V.2. a) sowie *Gundel*, EuR 2012, 213, 213 ff.

[289] Conseil constitutionnel, Entsch. v. 27.07.2006 – N° 2006–540 DC – E. 19; Entsch. v. 19.06.2008 – N° 2008–564 – E. 44; s. dazu auch *Wendel*, Permeabilität im europäischen Verfassungsrecht, S. 416 f.; zur Rechtsprechung des Conseil constitutionnel s. auch *Bleckmann*, Nationale Grundrechte im Anwendungsbereich des Rechts der Europäischen Union, S. 183 ff.

[290] Conseil constitutionnel, Entsch. v. 27.07.2006 – N° 2006–540 DC – E. 17; s. auch *Bleckmann*, Nationale Grundrechte im Anwendungsbereich des Rechts der Europäischen Union, S. 183 ff.

[291] *Ziller*, Die Kooperation zwischen europäischer und französischer Gerichtsbarkeit, in: Grabenwarter/Vranes (Hrsg.), Kooperation der Gerichte im europäischen Verfassungsverbund – Grundfragen und neueste Entwicklungen, S. 115, 128; *Millet*, The French Constitutional Coun-

europarechtskritische Conseil d'Etat lehnte den Vorrang des Unionsrechts als solchen in seiner wegweisenden, vor Inkrafttreten des Vertrags von Lissabon ergangenen *Arcelor*-Entscheidung keineswegs ab, sondern betonte, dass im Bereich der gemeinschaftsrechtlich determinierten Rechtsakte der nationale Grundrechtsschutz zurücktrete, wenn und soweit die nationalen Grundrechte auf Gemeinschaftsrechtsebene hinreichend geschützt seien.[292] Damit dürfte sich trotz der von den französischen Höchstgerichten angenommenen formellen Höherrangigkeit des nationalen Verfassungsrechts in der Praxis bei Konflikten langfristig das Unionsrecht zumindest so lange durchsetzen, wie keine Grundprinzipien der französischen Verfassung, etwa die Laizität des Staates,[293] tangiert werden.

bb) EuGH

Anders als die Mehrheit der nationalen Verfassungs- und Höchstgerichte begründet der EuGH seit der Entscheidung in der Rechtssache *Costa/E.N.E.L.* den Vorrang des Gemeinschaftsrechts mit dessen Charakter als autonomer Rechtsordnung sowie mit der unmittelbaren Geltung des Gemeinschaftsrechts in den Mitgliedstaaten,[294] wobei die Gemeinschaftsrechtsordnung weder ein untergeordneter Teil des Rechts der Mitgliedstaaten noch eine Unterart des Völkerrechts sei. Durch Gründung der Gemeinschaft auf unbestimmte Zeit, deren Ausstattung mit eigenen Organen, Rechts- und Geschäftsfähigkeit sowie mit Völkerrechtssubjektivität und durch die Übertragung von Hoheitsrechten auf die Gemeinschaft wurde nach Auffassung des EuGH eine eigenständige Rechtsordnung geschaffen.[295] Die Mitgliedstaaten hätten auf einem begrenzten Gebiet ihre Souveränitätsrechte freiwillig beschränkt und so einen Rechtskörper geschaffen, der für sie selbst verbindlich ist und in Bezug auf den nachträgliche, einseitige Maßnah-

cil and the CJEU: Between Splendid Isolation, Communication and Forced Dialogue, in: Claes/de Visser/Popelier/Van de Heyning (Hrsg.), Constitutional Conversations in Europe, S. 251, 256.

292 Conseil d'Etat, Entsch. v. 08.02.2007 – N° 287110 – E. 11; s. dazu *Bleckmann*, Nationale Grundrechte im Anwendungsbereich des Rechts der Europäischen Union, S. 189 ff.

293 Vgl. *Millet*, The French Constitutional Council and the CJEU: Between Splendid Isolation, Communication and Forced Dialogue, in: Claes/de Visser/Popelier/Van de Heyning (Hrsg.), Constitutional Conversations in Europe, S. 251, 257 ff.

294 EuGH, Rs. 6/64, Costa/E.N.E.L., Slg. 1964, 1259, 1269 ff.; bestätigt durch die der Schlussakte der Regierungskonferenz, die den Vertrag von Lissabon annahm, beigefügten Erklärung (Nr. 17) zum Vorrang, ABl. EU 2010 Nr. L 83, S. 344; s. auch EuGH, Gutachten 2/13, EMRK, digit. Slg., Rn. 166 ff.; zum Konzept des Vorrangs des Gemeinschafts- bzw. Unionsrechts und der Perspektive des EuGH s. *Amtenbrink*, The European Court of Justice's Approach to Primacy and European Constitutionalism, S. 35, 52 ff.

295 EuGH, Rs. 1/58, Storck, Slg. 1959, 43, 64; Rs. 26/62, Van Gend & Loos, Slg. 1963, 3, 24; vgl. auch *Kruis*, Der Anwendungsvorrang des EU-Rechts, S. 47; *Burchardt*, Die Rangfrage im europäischen Normenverbund, S. 81 ff.

men deshalb nicht möglich seien,[296] was zumindest vom Ansatz her einer dualistischen Betrachtungsweise entspricht.

Der Geltungsgrund des Unionsrechts findet sich demnach nicht in den Verfassungen der Mitgliedstaaten, sondern in den Gemeinschafts- bzw. Unionsverträgen selbst, so dass das Unionsrecht über eine eigene Grundnorm verfügt.[297] Dies freilich wurde vom EuGH bislang nicht eindeutig offengelegt, sondern allenfalls angedeutet.[298] Andererseits hat es der Gerichtshof bisher vermieden, von einer hierarchischen Struktur im Verhältnis zwischen dem Unionsrecht und dem nationalen Verfassungsrecht zu sprechen.[299] Dies unterstreicht, dass der EuGH nicht von einer monistischen Struktur mit einer Grundnorm im Unionsrecht ausgeht, aus der sich die Kompetenzen der Mitgliedstaaten ableiten lassen, zumal der Gerichtshof selbst betont, dass die Mitgliedstaaten durch die Übertragung von Hoheitsrechten ihre Souveränität nur auf einem begrenzten Bereich beschränkt hätten.[300] Allerdings ändert dies nichts daran, dass die Rechtsprechung des EuGH zur Autonomie des Unionsrechts, zum unionalen Anwendungsvorrang und dessen Reichweite durchaus einem monistischen Bild entspricht.[301]

Eine derart starke Betonung des Anwendungsvorrangs des Unionsrechts ist aus Sicht des EuGH zur Sicherung der Wirksamkeit des Unionsrechts erforderlich, da Unionsrecht und Recht der Mitgliedstaaten auch nach dem Verständnis des EuGH nicht in einem strikten hierarchischen Verhältnis stehen und eine Kollisionsauflösung durch die klassische Kollisionsregel des Geltungsvorrangs des

[296] EuGH, Rs. 6/64, Costa/E.N.E.L., Slg. 1964, 1259, 1269; dies kann indes nicht als Bestätigung für die von *Ipsen* aufgestellte Gesamtaktstheorie verstanden werden, vgl. *Ipsen*, Europäisches Gemeinschaftsrecht, S. 298, da der Abschluss der Gründungsverträge nicht als „Errichtungs-Gesamtakt" aufgefasst werden kann; in diese Richtung auch *P. Kirchhof*, EuR-Beiheft 1/1991, 11, 12 ff.; etwas vorsichtiger *ders.*, JZ 1998, 965, 967 f.; für die Annahme eines Errichtungs-Gesamtaktes dagegen wohl auch *Schroeder*, Das Gemeinschaftsrechtssystem, S. 244 ff.

[297] So auch *Torres Pérez*, Conflicts of Rights in the European Union, S. 52; *Schmid*, From Pont d'Avignon to Ponte Vecchio, S. 15; so im Ergebnis auch *MacCormick*, JZ 1995, 797, 800.

[298] Vgl. etwa EuGH, Gutachten 2/13, EMRK, digit. Slg., Rn. 166 ff.; s. dazu *Mayer*, Verfassungsgerichtsbarkeit, in: v. Bogdandy/Bast (Hrsg.), Europäisches Verfassungsrecht, S. 559, 571 f.

[299] Die Aussage des EuGH in der Rechtssache *Simmenthal II*, wonach das Gemeinschaftsrechts einen „rang de priorité" genießt, steht dem nicht entgegen, da hiermit nur der Vorrang des Gemeinschaftsrechts beschrieben werden sollte, nicht aber dessen hierarchische Stellung, zumal sich die entsprechende Formulierung nur in der französischen Fassung findet; vgl. EuGH, Rs. 106/77, Simmenthal II, Slg. 1978, 629, Rn. 17 f.; anders wohl *Barents*, EuConst 5 (2009), 421, 436; zum Entwurf einer Stufenpyramide im Verhältnis von Unionsrecht und nationalem Verfassungsrecht s. *Öhlinger*, FS Ress, S. 685, 695 ff.

[300] EuGH, Rs. 6/64, Costa/E.N.E.L., Slg. 1964, 1259, 1269; vgl. auch *Bleckmann*, Europarecht, Rn. 1150, der einen so verstandenen Monismus als „[g]eradezu grotesk" bezeichnet.

[301] Für ein monistisches Verständnis auch *van Dijk*, FS Ermacora, S. 631, 635; *Eleftheriadis*, Ratio Juris 23 (2010), 365, 379; *ders.*, JCMS 36 (1998), 255, 259, wobei er davon ausgeht, dass der EuGH eine hierarchische Beziehung zwischen Gemeinschaftsrecht und nationalem Recht annehme; für eine differenzierte Betrachtungsweise s. *Nettesheim*, in: Grabitz/Hilf/Nettesheim, Das Recht der Europäischen Union, Art. 288 AEUV Rn. 34 ff., der zwar mit dem EuGH von der Unabgeleitetheit des Unionsrechts ausgeht, gleichzeitig aber verneint, dass es sich dabei zwingend um eine monistische Betrachtungsweise handeln müsse.

Rechts der übergeordneten Ebene mit Rücksicht auf die Mitgliedstaaten und deren Souveränität deshalb ausscheidet.[302] In der Entscheidung in der Rechtssache *Internationale Handelsgesellschaft* stellte der Gerichtshof bezüglich der Reichweite des Vorrangs, der sich gegen die Anwendung des nationalen Rechts im Kollisionsfall, nicht aber gegen dessen Geltung richtet,[303] klar, dass es sich bei dem Vorrang des Gemeinschaftsrechts auch um einen Vorrang vor dem nationalen Verfassungsrecht der Mitgliedstaaten handelt, indem er betonte, dass dem Gemeinschaftsrecht „keine wie immer gearteten innerstaatlichen Rechtsvorschriften" vorgehen könnten.[304] Der Gerichtshof begründet den Anwendungsvorrang des Unionsrechts damit, dass dessen einheitliche Geltung beeinträchtigt würde, wenn bei der Entscheidung über die Gültigkeit von Handlungen der Unionsorgane Normen oder Grundsätze des nationalen Rechts herangezogen würden.[305] In der Entscheidung in der Rechtssache *Hauer* präzisierte der EuGH seine Argumentation dahin gehend, dass die Aufstellung besonderer, von der Gesetzgebung oder Verfassungsordnung eines bestimmten Mitgliedstaates abhängiger Beurteilungskriterien die materielle Einheit und die Wirksamkeit des Gemeinschaftsrechts beeinträchtigen würde und daher unausweichlich die Zerstörung der Einheit des Gemeinsamen Marktes und eine Gefährdung des Zusammenhalts der Gemeinschaft zur Folge hätte.[306] Im Urteil *Simmenthal II* ging der Gerichtshof schließlich davon aus, dass der Vorrang des Gemeinschaftsrecht impliziere, dass allein durch das Inkrafttreten der Vertragsbestimmungen und der unmittelbar geltenden Rechtsakte der Gemeinschaftsorgane jede entgegen stehende Bestimmung des geltenden nationalen Rechts unanwendbar werde,[307] also auch die Bestimmungen der mitgliedstaatlichen Verfassungen.

Nicht ganz klar ist jedoch, ob der Vorrang des Unionsrechts auch im Falle von *ultra vires*-Akten der Unionsorgane gelten soll. Das Unionsrecht, das nicht einmal den Vorrang als solchen kodifiziert, enthält hierzu keine Aussage. Art. I-6 des gescheiterten Verfassungsvertrages sah vor, dass die Verfassung und das von den Organen der Union in Ausübung der der Union übertragenen Zuständigkeiten gesetzte Recht Vorrang vor dem Recht der Mitgliedstaaten haben sollte. Man könnte diese Formulierung als eine Beschränkung des Vorrangs auf solches Unionsrecht verstehen, zu dessen Setzung die Unionsorgane nach dem Grundsatz der begrenzten Einzelermächtigung befugt sind.[308] Der EuGH nimmt jedoch für sich in Anspruch, exklusiv über die Gültigkeit eines unionsrechtlichen Rechtsak-

[302] Ausführlich zum Anwendungsvorrang des Gemeinschafts- bzw. Unionsrechts s. unten, § 10 III.2.
[303] EuGH, Rs. 106/77, Simmenthal I, Slg. 1978, 629, 644; Rs. C-358/95, Morellato, Slg. 1997-I, 1444, 1451; vgl. dazu *Büdenbender*, Das Verhältnis des Europäischen Gerichtshofs zum Bundesverfassungsgericht, S. 41 f.
[304] EuGH, Rs. C-11/70, Internationale Handelsgesellschaft, Slg. 1970, 1125, 1135.
[305] EuGH, Rs. C-11/70, Internationale Handelsgesellschaft, Slg. 1970, 1125, 1135.
[306] EuGH, Rs. C-44/79, Hauer, Slg. 1979, 3727, 3744.
[307] EuGH, Rs. 106/77, Simmenthal II, Slg. 1978, 629, Rn. 17 f.
[308] Vgl. *Öhlinger*, FS Ress, S. 685, 694.

tes zu entscheiden,[309] was auf ein umfassendes Verständnis des Vorrangs des Unionsrechts schließen lässt und seine Interpretation des Unionsrechts als autonomer Rechtsordnung unterstreicht. Dem steht auch nicht entgegen, dass der Gerichtshof in der Entscheidung in der Rechtssache *Winner Wetten* eine vorübergehende Aussetzung des Anwendungsvorrangs offenbar für möglich hielt, da der Gerichtshof in der fraglichen Entscheidung eine Aussetzung der Verdrängungswirkung des Unionsrechts jedenfalls ausdrücklich verneinte.[310] Insgesamt lässt sich daher sagen, dass der EuGH die Unionsrechtsordnung im Verhältnis zu den mitgliedstaatlichen Rechtsordnungen als autonom und nicht in einem Hierarchieverhältnis stehend begreift, wobei die Durchsetzung der unionalen Rechtsordnung gegenüber den Mitgliedstaaten mit Hilfe des unionsrechtlich begründeten Anwendungsvorrangs sicher gestellt werden soll.

c) Stellungnahme

Zunächst lässt sich konstatieren, dass eine monistische Konzeption mit dem EU-Recht als unter hierarchischen Gesichtspunkten übergeordneter Rechtsordnung nicht in Betracht kommt, weil in der Praxis die nationalen Verfassungs- und Höchstgerichte bezüglich der Wirksamkeit des Unionsrechts faktisch eine Vetomacht innehaben und, wie *Maduro* zutreffend erkennt, „der Schatten dieses Vetos […] von großer Bedeutung [ist], selbst wenn es in der Praxis nicht ausgeübt wird."[311] Im Übrigen entspräche eine solche Betrachtungsweise auch nicht den realen Gegebenheiten, nachdem sie zumindest von den nationalen Verfassungs- und Höchstgerichten nicht geteilt wird.[312]

Des Weiteren lässt sich sagen, dass die Position der Mehrheit der Verfassungs- und Höchstgerichte der Mitgliedstaaten und die Auffassung des EuGH bezüglich des Charakters und der Stellung des Unionsrechts in theoretischer Hinsicht miteinander unvereinbar sind. Während die nationalen Verfassungs- und Höchstgerichte überwiegend von einer dualistischen Betrachtungsweise ausgehen, nimmt der EuGH eine Perspektive ein, welche zwar im Kern ebenfalls dualistisch ist, das Unionsrecht aber als vollkommen autonome Rechtsordnung begreift und durch die Betonung des Anwendungsvorrangs zumindest von den Auswirkungen her mit einem monistischen Ansatz vergleichbar ist. Gegen die Auffassung der nationalen Verfassungs- und Höchstgerichte und deren Hervorhebung der Rückführung des Unionsrechts auf das nationale Recht lässt sich einwenden, dass es sich dabei um eine völkerrechtliche Betrachtungsweise handelt, die EU aber gerade

[309] EuGH, Rs. 314/85, Foto-Frost, Slg. 1987, 4199 Rn. 15 ff.; vgl. *Pernice*, *Costa v ENEL* and *Simmenthal*, in: Maduro/Azoulai (Hrsg.), The Past and Future of EU Law, S. 47, 57 f.

[310] EuGH, Rs. C-409/06, Winner Wetten, Slg. 2010, I-8015, Rn. 67; eine Einschränkung des Anwendungsvorrangs ebenfalls verneinend *Burchardt*, Die Rangfrage im europäischen Normenverbund, S. 171.

[311] *Maduro*, EuR 2007, 3, 21; zu dieser Problematik s. auch *Gerards*, ELJ 17 (2011), 80, 83.

[312] Vgl. auch *Schroeder*, Das Gemeinschaftsrechtssystem, S. 250 f.

keine klassische internationale Organisation im völkerrechtlichen Sinn ist.[313] Daneben entspricht eine solche Betrachtungsweise auch nicht der Realität, zumal der EuGH sich ausdrücklich dagegen gewandt und er seinerseits das Unionsrecht als autonome Rechtsordnung postuliert hat.[314] Gegen die Konzeption des EuGH und dessen Andeutung einer unionseigenen Grundnorm wiederum lässt sich vorbringen, dass die Unionsrechtsordnung nie selbstbestimmt war und es auch zum gegenwärtigen Zeitpunkt nicht ist, nachdem der Abschluss und die Änderung der Unionsverträge von der Zustimmung der Mitgliedstaaten abhängen.[315] Dieser Einwand überzeugt jedoch nur sehr bedingt, da zumindest ein Mitgliedstaat für sich allein die Unionsverträge nicht abändern kann, weshalb es sich beim Unionsrecht um eine im Verhältnis zu dem Mitgliedstaat eigenständige Rechtsordnung handeln muss.[316] Aus diesem Grund erscheint es vorzugswürdig, im Verhältnis zwischen Unionsrecht und nationalem Verfassungsrecht von einem Verfassungspluralismus zu sprechen, bei dem sich zwei autonome, grundsätzlich voneinander unabhängige Rechtsordnungen gegenüber stehen,[317] dies sich trotz ihrer grundsätzlichen Autonomie jedoch gegenseitig überlappen und aufeinander einwirken können.[318] Auf diese Weise wird eine hierarchische Konzeption des Verhältnisses der Union zu den Mitgliedstaaten überwunden,[319] was der Rechtsnatur der EU als Bund am ehesten gerecht wird.

In seinen praktischen Auswirkungen ähnelt dieses Modell angesichts der zumindest nach außen hin monistischen Position des EuGH und des Anwendungsvorrangs des Unionsrechts jedoch stark dem hierarchischen Modell, das in Bundesstaaten auftritt.[320] Grund dafür ist zum einen die große Reichweite des vom

---

[313] So auch *Barents*, EuConst 5 (2009), 421, 435.

[314] Gegen eine monistische Konzeption der EU s. *Eleftheriadis*, Cambridge Yearbook of European Legal Studies 12 (2009–2010), 121, 128 ff.

[315] So auch *Torres Pérez*, Conflicts of Rights in the European Union, S. 54.

[316] Vgl. *Fisahn/Ciftci*, JA 2016, 364, 370.

[317] Ausführlich zu diesem Konzept *Maduro*, EuR 2007, 3, 20 ff.; *MacCormick*, JZ 1995, 797, 800; *ders.*, Oxford Journal of Legal Studies 18 (1998), 517, 527 ff.; *Torres Pérez*, Conflicts of Rights in the European Union, S. 66 ff.; *Schmid*, From Pont d'Avignon to Ponte Vecchio, S. 17 ff.; *Walker*, The Modern Law Review 65 (2002), 317, 336 ff.; *Kruis*, Der Anwendungsvorrang des EU-Rechts, S. 14 ff.; *Besson*, EuConst 5 (2009), 237, 258 ff.; *Klatt*, Die praktische Konkordanz von Kompetenzen, S. 15; *Kumm*, CMLR 36 (1999), 351, 384 ff.

[318] *MacCormick*, JZ 1995, 797, 800; *ders.*, Questioning Sovereignty, S. 119; *Gerards*, ELJ 17 (2011), 80, 80 f.; dagegen jedoch *Vollmeyer*, Der Staat als Rechtsordnung, S. 291 ff., der eine pluralistische Konzeption ablehnt.

[319] So auch *Maduro*, EuR 2007, 3, 20 f.; für eine solche hierarchische Konzeption jedoch *Dederer*, ZaöRV 66 (2006), 575, 582, der das Vorrangprinzip als Rangregel begreift; ähnlich auch *Kingreen*, in: Calliess/Ruffert, EUV/EGV, Art. 6 EUV Rn. 37; *Schroeder*, AöR 129 (2004), 3, 25 ff.; *ders.*, Das Gemeinschaftsrechtssystem, S. 398 f.; in diese Richtung, jedoch etwas vorsichtiger *Oeter*, VVDStRL 66 (2007), 361, 382.

[320] Vgl. *Schroeder*, Das Gemeinschaftsrechtssystem, S. 251; in diese Richtung, jedoch stärker den hierarchischen Charakter betonend *Oeter*, VVDStRL 66 (2007), 361, 375 ff.; ähnlich wohl auch *Auer/Malinverni/Hottelier*, Droit constitutionnel, Vol. 1, Rn. 966; differenzierend angesichts der föderalen Ausgestaltung des Gemeinschaftsrechtssystem *Badura*, Supranationalität und Bundesstaatlichkeit durch Rangordnung des Rechts, in: Schwarze (Hrsg.), Verfassungsrecht und Verfassungsgerichtsbarkeit im Zeichen Europas, S. 63, 64 ff.

EuGH mit der Autonomie der Unionsrechtsordnung begründeten und mit der unmittelbaren Anwendbarkeit des Unionsrechts in den Mitgliedstaaten eng verknüpften Anwendungsvorrangs des Unionsrechts, welcher aus Sicht des EuGH und zahlreicher nationaler Rechtsordnungen grundsätzlich auch das Verfassungsrecht der Mitgliedstaaten erfasst.[321] Zum anderen wird die Vorrangrechtsprechung des EuGH von den Mitgliedstaaten in der Erklärung Nr. 17 zu den Bestimmungen der Verträge nunmehr ausdrücklich geduldet.[322] Schließlich kommt dem Anwendungsvorrang auf Grund der weit reichenden Kontrollrücknahme durch die nationalen Verfassungs- und Höchstgerichte und die Beschränkung der Ausübung der Kontrollkompetenz auf die Wahrung der Grundprinzipien der Verfassung faktisch einem Geltungsvorrang gleich.[323]

Freilich behalten sich die meisten Verfassungs- und Höchstgerichte, wie für das Bundesverfassungsgericht und den spanischen Verfassungsgerichtshof exemplarisch dargelegt, eine letztinstanzliche Kontrolle bezüglich *ultra vires*-Akten der EU vor, was die Geltung des Unionsrechts unter einen zumindest theoretischen Vorbehalt stellt.[324] Es ist aber im gegenwärtigen Zeitpunkt nicht ersichtlich, dass ein nationales Verfassungs- oder Höchstgericht den Vorrang des Unionsrechts als solchen ernsthaft in Frage stellen würde.[325] Dies gilt auch für das tschechische Verfassungsgericht, welches, neben dem dänischen Obersten Gerichtshof,[326] bislang als einziges Verfassungs- oder Höchstgericht eines Mitgliedstaates einen *ultra vires*-Rechtsakt eines EU-Organs angenommen hat und schon allein deswegen als tendenziell europarechtskritisch angesehen werden kann. Grund für diese optimistische Einschätzung ist, dass die Entscheidung des tschechischen Verfassungsgerichts im Fall *Landtová* der spezifischen Umstände des Falles geschuldet sein dürfte und deshalb eine grundsätzliche Infragestellung des Anwendungsvorrangs des Unionsrechts durch das Gericht nicht zu befürchten steht. Im Grundrechtsbereich zeichnet sich sogar eher eine Rücknahme der Kontrollkompetenzen durch die nationalen Verfassungs- und Höchstgerichte nach dem Vorbild der *Solange II*-Rechtsprechung des Bundesverfassungsge-

---

[321] Näher dazu unten, § 10 III.2 b).

[322] Erklärung Nr. 17 zur Schlussakte der Regierungskonferenz, die den am 13. Dezember 2007 unterzeichneten Vertrag von Lissabon angenommen hat, ABl. EU 2008, Nr. C 115, S. 344; vgl. *Burchardt*, Die Rangfrage im europäischen Normenverbund, S. 68.

[323] So auch *Sauer*, Rechtstheorie 44 (2013), 503, 531.

[324] Ausführlich zu den Positionen der Verfassungs- und Höchstgerichte der übrigen EU-Mitgliedstaaten vgl. *Wendel*, Permeabilität im europäischen Verfassungsrecht, S. 429 ff.; *Kruis*, Der Anwendungsvorrang des EU-Rechts, S. 54 ff.; *Peters*, Elemente einer Theorie der Verfassung Europas, S. 310 ff.; *de Witte*, Direct Effect, Primacy and the Nature of the Legal Order, in: Craig/de Búrca (Hrsg.), The Evolution of EU Law, S. 323, 352 ff.; zur Rechtsprechung ausgewählter Verfassungs- und Höchstgerichte vgl. auch *Mayer*, Kompetenzüberschreitung und Letztentscheidung, S. 140 ff.

[325] So auch die Einschätzung von *Maduro*, Contrapunctual Law, in: Walker (Hrsg.), Sovereignty in Transition, S. 501, 509; *ders.*, EuR 2007, 3, 9 ff.; *Müller/Christensen*, Juristische Methodik, Bd. 2, Rn. 786.

[326] Højesteret, Urt. v. 06.12.2016 – 15/2014.

richts ab,[327] so dass hier der Vorrang des Unionsrechts tendenziell nicht angezweifelt wird, wobei andererseits nicht übersehen werden darf, dass etwa die Verfassungs- bzw. Höchstgerichte von Polen und Frankreich den Anwendungsvorrang des Unionsrechts auch vor dem nationalen Verfassungsrecht weiterhin negieren, wenngleich sich daraus jedenfalls für den Grundrechtsbereich in der Praxis bislang keine Konsequenzen ergeben haben. Auch das italienische Verfassungsgericht hat seine *controlimiti*-Doktrin bislang nicht aktiviert, obschon das Gericht in seinem Vorabentscheidungsersuchen vom Januar 2017 betreffend die *Taricco I*-Entscheidung des EuGH[328] angesichts eines möglichen *ultra vires*-Handeln des EuGH diese Option in Erwägung zieht.[329] Abzuwarten bleibt, wie sich das Urteil des dänischen Obersten Gerichtshofs in der Rechtssache *Ajos* auswirken wird, in dem der dänische Oberste Gerichtshof dem EuGH die Gefolgschaft verweigerte, indem er ein allgemeines, vom EuGH aus den Verfassungsüberlieferungen der Mitgliedstaaten entwickeltes Verbot der Altersdiskriminierung als für Dänemark nicht bindend erachtete.[330] Die größte Gefahr für die Anerkennung des Anwendungsvorrangs des Unionsrechts scheint gegenwärtig von Seiten des von der *Orbán*-Regierung weitgehend entmachteten ungarischen Verfassungsgerichts zu drohen, welches in einer abstrakten Auslegung der Entscheidung des Europäischen Rates vom 22. September 2015[331] unter Pervertierung der *Solange II*-Rechtsprechung des Bundesverfassungsgerichts eine Grundrechtskontrolle und eine *ultra vires*-Kontrolle entwickelte, welche im Wege der Außerkraftsetzung des Anwendungsvorrangs des Unionsrechts die Verfassungsidentität Ungarns sicher stellen und im Vergleich zur Grundrechte-Charta niedrigere nationale Grundrechtsstandards erlauben sollen,[332] wobei abzuwarten bleibt, ob diese Vorgaben in einer Entscheidung über einen konkreten Fall tatsächlich zur An-

---

[327] Vgl. *Wendel*, Permeabilität im europäischen Verfassungsrecht, S. 442 ff.; *Maier*, Grundrechtsschutz bei der Durchführung von Richtlinien, S. 263 f.

[328] EuGH, Rs. C-105/14, Taricco I, digit. Slg.

[329] Verfassungsgericht der Italienischen Republik, Entsch. v. 26.01.2017 – n. 24/2017 –; s. dazu etwa *Rossi*, How Could the ECJ Escape from the Taricco Quagmire, Verfassungsblog 2017/04/21, abrufbar unter http://verfassungsblog.de/how-could-the-ecj-escape-from-the-taricco-quagmire/ (zuletzt abgerufen am 04.11.2017); *Faraguna*, The Italian Constitutional Court in re Taricco: "Gauweiler in the Roman Campagna", Verfassungsblog 2017/01/31, abrufbar unter http://verfassungsblog.de/the-italian-constitutional-court-in-re-taricco-gauweiler-in-the-roman-campagna/ (zuletzt abgerufen am 04.11.2017).

[330] Højesteret, Urt. v. 06.12.2016 – 15/2014 – als Reaktion auf EuGH, Rs. C-441/14, Dansk Industri, digit. Slg.; s. dazu *Madsen/Palmer Olsen/Šadl*, Legal Disintegration? The Ruling of the Danish Supreme Court in AJOS, Verfassungsblog 2017/01/30, abrufbar unter http://verfassungsblog.de/legal-disintegration-the-ruling-of-the-danish-supreme-court-in-ajos/ (zuletzt abgerufen am 04.11.2017).

[331] Europäischer Rat, Entscheidung 2015/1601 vom 22. September 2015 zur Einführung von vorläufigen Maßnahmen im Bereich des internationalen Schutzes zugunsten von Italien und Griechenland.

[332] Verfassungsgericht der Republik Ungarn, Entsch. v. 30.11.2016 – 22/2016 (XII. 5.) –; s. dazu *Halmai*, The Hungarian Constitutional Court and Constitutional Identity, Verfassungsblog 2017/01/10, abrufbar unter http://verfassungsblog.de/the-hungarian-constitutional-court-and-constitutional-identity/ (zuletzt abgerufen am 04.11.2017).

wendung kommen werden. Ebenso bleibt abzuwarten, wie sich der polnische Verfassungsgerichtshof zum Vorrang des Unionsrechts künftig positionieren wird.

Trotz derartiger Entwicklungen erscheint es gerechtfertigt, zumindest bezüglich der praktischen Auswirkungen auf der Basis einer funktionalen Betrachtungsweise von einer Ähnlichkeit mit der Situation in einem Bundesstaat zu sprechen, zumal auch in einem Bundesstaat im Regelfall nicht von einer strikten Hierarchie von Bund und Gliedstaaten ausgegangen werden kann.[333] Selbst wenn man in Bezug auf das Verhältnis der unionalen Rechtsordnung zu den mitgliedstaatlichen Rechtsordnungen grundsätzlich von einer pluralistischen Konzeption ausgeht, schließt dies das Auftreten einzelner, eine Hierarchie implizierender Facetten nicht aus, da die Charakterisierung der EU als Bund lediglich der Annahme einer streng hierarchischen Struktur entgegen stehen würde.[334] *Burchardt* unterscheidet daher zu Recht zwischen Anwendungsordnung und Geltungsordnung, wobei Erstere hierarchisiert sei, während Letztere heterarchisch bleibe.[335] Hinzu kommt, dass in der EU mit dem EuGH eine zentrale Instanz existiert, die letztverbindlich über das Zurücktreten von mit dem Unionsrecht unvereinbarem Recht der Mitgliedstaaten entscheidet, so dass sich auch insoweit eine Parallele zu einem Bundesstaat mit einem nationalen Verfassungs- oder Höchstgericht ergibt.[336] Gegen eine Vergleichbarkeit der EU mit einem bundesstaatlichen System lässt sich freilich einwenden, dass in einem Bundesstaat die Kollisionsregel zwingend im Recht der übergeordneten Einheit sitzt, während bezüglich des Unionsrechts zwar der EuGH die Kollisionsregel des Vorrangs im Unionsrecht verortet,[337] diese Position aber von den nationalen Verfassungs- und Höchstgerichten in dieser Absolutheit nicht geteilt wird.[338] Auch in diesem Zusammenhang ist jedoch die weit gehende Rücknahme der Kontrollbefugnisse durch die nationalen Gerichte zu berücksichtigen, zumal im Verhältnis zwischen der unionalen und den mitgliedstaatlichen Rechtsordnungen auch keine Kollision von Rangnormen auszumachen ist.[339] Insgesamt ist daher gegenwärtig auf Grundlage der Entwicklungen der vergangenen Jahre und Jahrzehnte davon auszugehen, dass das Verhältnis von EU und Mitgliedstaaten grundsätzlich pluralistisch ist, in der Praxis

[333] Vgl. oben, Einführung, II.1; ähnlich auch *Peters*, Elemente einer Theorie der Verfassung Europas, S. 330 f.; *Lorz*, DVBl. 2006, 1061, 1065; *Starck*, Rangordnung der Gesetze, S. 9, 10; krit. dagegen *de Witte*, Direct Effect, Primacy and the Nature of the Legal Order, in: Craig/de Búrca (Hrsg.), The Evolution of EU Law, S. 323, 362, der das Unionsrecht nach wie vor primär als Teil des Völkerrechts versteht.

[334] So im Ergebnis und mit eingehender theoretischer Begründung auch *Burchardt*, Die Rangfrage im europäischen Normenverbund, S. 332, freilich unter Zugrundelegung einer Verbund-Konzeption im Hinblick auf die EU; im Ergebnis zustimmend auch *Klatt*, Die praktische Konkordanz von Kompetenzen, S. 386.

[335] *Burchardt*, Die Rangfrage im europäischen Normenverbund, S. 334.

[336] Vgl. *Peters*, Elemente einer Theorie der Verfassung Europas, S. 331 f.

[337] EuGH, Rs. 6/64, Costa/E.N.E.L., Slg. 1964, 1259, 1269 ff.

[338] Vgl. oben, § 1, II.2. b).

[339] Vgl. *Burchardt*, Die Rangfrage im europäischen Normenverbund, S. 355.

jedoch bestimmte hierarchische Züge auftreten können und insoweit von einer Ähnlichkeit der EU mit einem tendenziell hierarchisch organisierten Bundesstaat gesprochen werden kann.[340]

3. Rangfragen bezüglich der EMRK

Bei der EMRK handelt es sich um einen bloßen völkerrechtlichen Vertrag. Anders als das Unionsrecht wird die Konvention nicht als autonome Rechtsordnung, sondern als Teil des Völkerrechts verstanden.[341] Schon aus diesem Grund kommt ein allgemeiner Anwendungsvorrang der EMRK vor dem mitgliedstaatlichen Recht nicht in Betracht.[342] Der innerstaatliche Rang der EMRK im Verhältnis zum nationalen Recht richtet sich vielmehr nach dem Recht der jeweiligen Vertragspartei. In diesem Zusammenhang lassen sich drei Gruppen von Staaten unterscheiden: Staaten, in denen die Konvention Verfassungsrang oder einen vergleichbaren Status genießt; Staaten, in denen die EMRK im Rang zwischen Verfassung und einfachen Gesetzen steht und schließlich Staaten, in denen die EMRK nur den Rang eines einfachen Gesetzes innehat, gleichwohl aber für die Auslegung nationaler Grundrechte herangezogen wird.[343]

In Deutschland kommt der EMRK nur der Rang eines einfachen Bundesgesetzes nach Art. 59 Abs. 2 GG zu.[344] Das Bundesverfassungsgericht lehnt es in ständiger Rechtsprechung ab, der Konvention den Rang von Verfassungsrecht zuzuerkennen.[345] Gleichwohl verlangt es, dass die EMRK bei der Auslegung der Grundrechte des Grundgesetzes berücksichtigt wird.[346] Das Schweizer Bundesgericht geht demgegenüber von einer Sonderstellung der EMRK aus mit der Begründung, dass die dort verbürgten Garantien ihrer Natur nach verfassungsrechtlichen Inhalt hätten und in gleicher Weise zu rügen seien wie die Verletzung verfassungsmäßiger Rechte,[347] was einem „quasi-verfassungsrechtlichen" Rang der

---

[340] Krit. *Peters*, Elemente einer Theorie der Verfassung Europas, S. 333; zurückhaltend auch *Uerpmann*, Das öffentliche Interesse, S. 266, der davon spricht, dass die Erfüllung des europarechtlichen Vorranganspruchs letztlich „vom guten Willen der Mitgliedstaaten" abhängig sei.

[341] So etwa EGMR, Urt. v. 21.11.2001 – 35763/97 – Al-Adsani/Vereinigtes Königreich, Rn. 60.

[342] *Grabenwarter*, VVDStRL 60 (2001), 290, 300; *van Dijk*, FS Ermacora, S. 631, 635 m.w.N.; für einen solchen Anwendungsvorrang jedoch *Polakiewicz*, Die Verpflichtungen der Staaten aus den Urteilen des Europäischen Gerichtshofs für Menschenrechte, S. 360.

[343] *Grabenwarter*, VVDStRL 60 (2001), 290, 300; *Grabenwarter/Pabel*, Europäische Menschenrechtskonvention, § 3 Rn. 1; *Ruffert*, EuGRZ 2007, 245, 246; *Mückl*, Der Staat 44 (2005), 403, 406 f.

[344] *Grabenwarter/Pabel*, Europäische Menschenrechtskonvention, § 3 Rn. 8; *Langenfeld*, Die Stellung der EMRK im Verfassungsrecht der Bundesrepublik Deutschland, in: Bröhmer (Hrsg.), Der Grundrechtsschutz in Europa, S. 95, 95 ff.

[345] BVerfGE 10, 271, 274; 64, 135, 157; 74, 102, 128; 111, 307, 317; vgl. dazu auch *Ruffert*, EuGRZ 2007, 245, 252 f.; *Breuer*, in: Karpenstein/Mayer, EMRK, Art. 46 Rn. 48 ff.; ausführlich dazu unten, § 13 I.2. a).

[346] BVerfGE 111, 307, 327; 128, 326, 374 ff.; ausführlich dazu unten, § 13 I.2. a).

[347] Vgl. auch BGE 101 Ia 67, 69 E. 2; 117 Ib 367, 371 E. 2; ausführlich dazu unten, § 13 II.1.

EMRK in der schweizerischen Rechtsordnung gleichkommt.[348] Eine eindeutige Festlegung in der Rangfrage hat das Bundesgericht freilich bislang vermieden, wobei die Konventionsrechte unabhängig von der rechtstheoretischen Diskussion um die Rangfrage nach der neueren Rechtsprechung des Bundesgerichts Vorrang sogar vor der Bundesverfassung genießen sollen.[349] Die EU selbst ist bislang nicht Vertragspartei der EMRK, so dass sich die Rangfrage im Verhältnis zwischen Unionsrecht und EMRK bislang nicht stellt. Mit dem in Art. 6 Abs. 2 EUV vorgesehenen, bislang aber nicht vollzogenen Beitritt der EU zur EMRK hingegen erhielte die EMRK in der EU den Rang von Primärrecht, da ein solcher Beitritt der Zustimmung aller EU-Mitgliedstaaten bedarf und deshalb kein bloßer völkerrechtlicher Vertrag vorliegt, welchem gemäß Art. 216 Abs. 2 AEUV nur ein Rang zwischen Primär- und Sekundärrecht zukäme.[350]

Hieran wird deutlich, dass die EMRK in den für die vorliegende Untersuchung relevanten Mehrebenensystemen keinen einheitlichen Rang inne hat, sondern vielmehr die Rechtsordnung der einzelnen Vertragspartei über den innerstaatlichen Rang der Konvention entscheidet. Die Konvention steht mithin als eigenständige Grundrechtsordnung neben den nationalen Rechtsordnungen und der Unionsrechtsordnung, wobei es sich dabei nicht um ein bloß unverbundenes Nebeneinander handelt, sondern die EMRK sich als eigene Rechtsebene systematisch in das Gefüge der Mehrebenenrechtsordnungen einfügt.[351] Die uneinheitliche Regelung der Rangfrage führt jedoch dazu, dass in Bezug auf die EMRK keine einheitlichen Kollisionsregeln existieren können, sondern vielmehr jede Vertragspartei selbst über die Art und Weise der Konfliktlösung im Verhältnis zu EMRK entscheidet.

4. *Zwischenergebnis*

Die als Bundesstaaten organisierten Systeme der Bundesrepublik Deutschland und der Schweiz zeichnen sich durch eine tendenziell, wenn auch keineswegs durchweg hierarchische Beziehung zwischen Gesamtstaat und Gliedstaaten aus, während das Verhältnis von EU und Mitgliedstaaten als Nebeneinander zweier autonomer Rechtsordnungen beschrieben werden kann, bei dem der Anwendungsvorrang des Unionsrechts in der Praxis allerdings zu ganz ähnlichen Wirkungen führt wie eine formelle, tendenzielle Hierarchisierung der Rechtsordnung. Daher erscheint nach gegenwärtigem Stand ein Vergleich der drei genannten Systeme gewinnbringend, insbesondere was eine mögliche Übertragbarkeit

[348] Vgl. *Giegerich*, in: Grote/Marauhn, EMRK/GG, Kap. 2 Rn. 40; *Grabenwarter/Pabel*, Europäische Menschenrechtskonvention, § 3 Rn. 3.

[349] Ausführlich dazu unten, § 13 II.1.

[350] Vgl. *Edenharter*, Der EGMR als Verfassungsgericht der EU? – Mögliche Implikationen des Beitritts der EU zur EMRK, in: Elser et al. (Hrsg.), 53. ATÖR – Das letzte Wort, S. 187, 194; *Uerpmann-Wittzack*, EuR-Beiheft 2/2012, 167, 173 f.; ausführlich dazu unten, § 13 III.3. c).

[351] *Ruffert*, EuGRZ 2007, 245, 255; vgl. auch *Mückl*, Der Staat 44 (2005), 403, 427 ff.

von Erkenntnissen aus der Rechtsentwicklung in Deutschland und der Schweiz auf das System der EU betrifft. Bei der EMRK handelt es sich demgegenüber nicht um eine eigene Rechtsordnung, sondern um einen völkerrechtlichen Vertrag, dessen Einwirkung auf die einzelnen nationalen Rechtsordnungen sich nach deren individuellen Vorgaben richtet. Der Ebenenbegriff eignet sich als Anknüpfungspunkt für eine rechtsvergleichende Untersuchung des Grundrechtsschutzes in föderalen Systemen vor allem deswegen besonders gut, weil seine Anwendung nicht auf traditionell bundesstaatliche Ordnungen beschränkt ist, sondern vielmehr auch eine Einbeziehung eines als Bund organisierten Systems wie dem der EU ermöglicht. Zudem erleichtert eine ebenenbezogene Betrachtungsweise die Herausarbeitung von Gemeinsamkeiten und Unterschieden bei den zu untersuchenden föderalen Systemen, was mit Hilfe konkurrierender Ansätze wie etwa dem Netzwerk-Ansatz kaum machbar wäre.

§ 2 Konfliktkonstellationen und Parameter des Rechtsvergleichs

I. Ausgangspunkt: Konfliktfelder in materiell-rechtlicher und prozessualer Hinsicht

1. Normkonkurrenzen und Normkollisionen

a) Konkurrenzen und Interferenzen

Von einer Normkonkurrenz im Grundrechtsbereich spricht man, wenn in ein und demselben konkreten Fall die Grundrechte mehrerer Rechtsordnungen parallel anwendbar sind.[1] Eine Interferenz zwischen den Grundrechtsordnungen hingegen liegt vor, wenn sich die unterschiedlichen Grundrechtsordnungen in einem Mehrebenensystem gegenseitig beeinflussen, was insbesondere dann der Fall sein kann, wenn eine Normkonkurrenz vorliegt.[2] In derartigen Fällen ist zu untersuchen, ob die jeweiligen Schutzstandards identisch sind, in welchem Verhältnis die beteiligten Grundrechtsordnungen zueinander stehen und auf welche Weise Widersprüche zwischen den Rechtsordnungen aufgelöst werden können.[3] Interferenzen können jedoch auch dann entstehen, wenn nur Grundrechte einer Rechtsordnung anwendbar sind, die beteiligten Gerichte jedoch in ihrer Rechtsprechung auf die Grundrechte anderer Rechtsordnungen Bezug nehmen.[4] Für den Vergleich des Grundrechtsschutzes in föderalen Mehrebenenordnungen sind indes vor allem Normkonkurrenzen von Interesse, weil sie häufig zu auflösungsbedürftigen Grundrechtskollisionen führen.

---

[1] *Sauer*, Grundrechtskollisionsrecht für das europäische Mehrebenensystem, in: Matz-Lück/Hong (Hrsg.), Grundrechte und Grundfreiheiten im Mehrebenensystem, S. 1, 4; *Huthmacher*, Der Vorrang des Gemeinschaftsrechts bei indirekten Kollisionen, S. 124; *Funke*, DÖV 2007, 733, 736.

[2] *Sauer*, Grundrechtskollisionsrecht für das europäische Mehrebenensystem, in: Matz-Lück/Hong (Hrsg.), Grundrechte und Grundfreiheiten im Mehrebenensystem, S. 1, 4.

[3] *Sauer*, Grundrechtskollisionsrecht für das europäische Mehrebenensystem, in: Matz-Lück/Hong (Hrsg.), Grundrechte und Grundfreiheiten im Mehrebenensystem, S. 1, 4.

[4] *Sauer*, Grundrechtskollisionsrecht für das europäische Mehrebenensystem, in: Matz-Lück/Hong (Hrsg.), Grundrechte und Grundfreiheiten im Mehrebenensystem, S. 1, 4 f. mit Bezugnahme auf BVerfGE 124, 199, 219.

b) Konkurrenzen und Kollisionen

Das Vorliegen einer Grundrechtskonkurrenz ist nicht mit dem Vorliegen einer Grundrechtskollision gleich zu setzen, da zwei oder mehr nebeneinander anwendbare Grundrechtsgarantien die gleiche Rechtsfolge anordnen können, so dass es nicht zu einem Widerspruch kommt.[5] Daneben können Koexistenzregeln wie etwa Art. 53 EMRK den Vertragsparteien erlauben, über den Konventionsstandard hinaus zu gehen, so dass trotz paralleler Anwendbarkeit zweier oder mehrerer Grundrechtsgarantien keine Kollision auftritt.[6] Eine Kollision liegt hingegen nur vor, wenn sich aus den parallel anwendbaren Rechtsnormen widersprechende Normbefehle ergeben. Nach einem engen Verständnis von Kollision ist ausschließlich dann von einer Normkollision auszugehen, wenn die Anforderungen konkurrierend anwendbarer Normen nicht gleichzeitig erfüllt werden können, d.h. wenn das Verbot einer Rechtsordnung mit dem Gebot einer anderen Rechtsordnung zusammen trifft.[7] Entscheidend ist in diesem Zusammenhang, dass es nicht schon auf den Widerspruch zwischen den Tatbestandsvoraussetzungen der beteiligten Normen ankommt, sondern es vielmehr erforderlich ist, dass sich deren Rechtsfolgen widersprechen oder zumindest die *Anwendung* der beteiligten Normen zu unterschiedlichen Ergebnissen führt.[8] Nach einem erweiterten Kollisionsverständnis hingegen ist auch dann von einer Normkollision die Rede, wenn ein Verbot mit einer Erlaubnis zusammen trifft. Hier ist zwar ein Verhalten möglich, welches beiden Befehlen gleichzeitig gerecht wird, nämlich die Nichtausübung der Erlaubnis, der Normadressat kann aber im Regelfall nicht mehr hinreichend klar erkennen, ob er von der Erlaubnis Gebrauch machen darf oder nicht.[9] Entsprechendes gilt, wenn die eine Rechtsordnung ein Recht verleiht und die andere Rechtsordnung dasselbe Recht ausschließt.[10] Gerade bei der Untersuchung mehrpoliger Rechtsverhältnisse, bei denen sich Berechtigte der verschiedenen Rechte gegenüber stehen,[11] werden derartige Kollisionen im weiteren

---

[5] *Larenz*, Methodenlehre, S. 266.

[6] *Sauer*, Grundrechtskollisionsrecht für das europäische Mehrebenensystem, in: Matz-Lück/Hong (Hrsg.), Grundrechte und Grundfreiheiten im Mehrebenensystem, S. 1, 5.

[7] Ausführlich dazu *Jarass*, AöR 126 (2001), 588, 592 ff.; *Schilling*, Rang und Geltung von Normen in gestuften Rechtsordnungen, S. 380; *Sauer*, Grundrechtskollisionsrecht für das europäische Mehrebenensystem, in: Matz-Lück/Hong (Hrsg.), Grundrechte und Grundfreiheiten im Mehrebenensystem, S. 1, 5 f.; *Lindner*, EuR 2007, 160, 163.

[8] *Alexy*, Theorie der Grundrechte, S. 77; *Larenz*, Methodenlehre, S. 266; *Schilling*, Rang und Geltung von Normen in gestuften Rechtsordnungen, S. 380; *Huthmacher*, Der Vorrang des Gemeinschaftsrechts bei indirekten Kollisionen, S. 124; *Ohler*, Die Kollisionsordnung des Allgemeinen Verwaltungsrechts, S. 16 ff.; *Röhl/Röhl*, Allgemeine Rechtslehre, § 18 II; *Funke*, DÖV 2007, 733, 736.

[9] *Schilling*, Rang und Geltung von Normen in gestuften Rechtsordnungen, S. 381; *Weinberger*, Rechtslogik, S. 242.

[10] *Niedobitek*, VerwArch 92 (2001), 58, 74.

[11] Für eine Unterscheidbarkeit von mehrpoligen und monopoligen Rechtsverhältnissen s. auch *Dombert*, Der Grundrechtsföderalismus der Vereinigten Staaten von Amerika, S. 273 f.;

Sinn von Bedeutung, da etwa im Verhältnis von Pressefreiheit und Persönlichkeitsschutz eine Rechtsordnung die Veröffentlichung eines Werkes verbieten kann, während die andere Rechtsordnung die Veröffentlichung erlaubt.[12] Daher soll im Folgenden ein weiter Begriff der Normkollision zu Grunde gelegt werden.

Im Zusammenhang mit Normkollisionen kann man zwischen vertikalen und horizontalen Normkonflikten unterscheiden.[13] Bei vertikalen Normkollisionen stehen die Sachnormen in einem hierarchischen Verhältnis der Über- und Unterordnung, während im Falle horizontaler Normkollisionen verschiedene Sachnormen prinzipiell gleichrangig nebeneinander bestehen,[14] eine Situation wie sie angesichts der souveränen Gleichheit aller Staaten vor allem im Völkerrecht vorzufinden ist.[15] Aus diesem Unterschied bei der Entstehung von Normkollisionen folgt, dass auch die Konfliktlösungsstrategien unterschiedlich ausgestaltet sein können, was nicht ausschließt, dass im Einzelfall sowohl bei vertikalen als auch bei horizontalen Normkollisionen die gleichen Konfliktlösungsmechanismen herangezogen werden, zumal zwischen beiden Arten von Normkollisionen eine große methodische Ähnlichkeit besteht.[16]

2. *Jurisdiktionskonflikte*

Jenseits von Kollisionen auf Normebene können in föderalen Systemen auch Rechtsprechungsdivergenzen auftreten, welche von den Normkonflikten klar zu trennen sind. Unter Jurisdiktionskonflikten sind Konflikte zwischen zwei oder mehreren Rechtsprechungsorganen zu verstehen.[17] Hierbei wiederum ist zwischen formellen und materiellen Jurisdiktionskonflikten zu differenzieren. Eine formelle Rechtsprechungsdivergenz liegt vor, wenn ein und derselbe Sachverhalt bzw. dieselbe Rechtssache von verschiedenen Gerichten unterschiedlich entschieden wird,[18] was sowohl im Verhältnis von Bundesverfassungsgericht und EuGH, im Verhältnis von EuGH und EGMR und im Verhältnis von Bundesverfassungsgericht und EGMR als auch im Verhältnis von Gerichten innerhalb eines födera-

---

a.A. hingegen *Kingreen*, JZ 2013, 801, 808, der davon ausgeht, dass es bei jeder Grundrechtsprüfung um den Konflikt zwischen geschützten Individualinteressen und gegenläufigen Individual- oder Allgemeininteressen geht.

[12] *Sauer*, Grundrechtskollisionsrecht für das europäische Mehrebenensystem, in: Matz-Lück/Hong (Hrsg.), Grundrechte und Grundfreiheiten im Mehrebenensystem, S. 1, 5 f.

[13] *Kelsen*, Allgemeine Theorie der Normen, S. 101.

[14] *Kadelbach*, Allgemeines Verwaltungsrecht unter europäischem Einfluss, S. 24; *Ohler*, Die Kollisionsordnung des Allgemeinen Verwaltungsrechts, S. 23 f.

[15] *Ohler*, Die Kollisionsordnung des Allgemeinen Verwaltungsrechts, S. 24.

[16] *Ohler*, Die Kollisionsordnung des Allgemeinen Verwaltungsrechts, S. 24.

[17] *Sauer*, Jurisdiktionskonflikte in Mehrebenensystemen, S. 59; *Büdenbender*, Das Verhältnis des Europäischen Gerichtshofs zum Bundesverfassungsgericht, S. 5.

[18] Zum Begriff der formellen Jurisdiktionsdivergenzen s. *Spiekermann*, Die Folgen des Beitritts der EU zur EMRK, S. 141; *Defeis*, Dickinson Journal of International Law 19 (2001), 301, 317.

len Systems auftreten kann. Typische Erscheinungsformen formeller Rechtsprechungsdivergenzen sind Letztentscheidungskonflikte, etwa um *ultra vires*-Rechtsakte der EU, sowie Normverwerfungskonflikte, etwa zwischen dem EuGH und dem Bundesverfassungsgericht um die Verwerfung von EU-Sekundärrecht.[19] Materielle Jurisdiktionskonflikte entstehen demgegenüber, wenn in unterschiedlichen Rechtssachen mit ähnlichen Sachverhalten zwei Gerichte zu unterschiedlichen Auslegungen des Inhalts und der Tragweite einer Vorschrift, etwa eines Grundrechts, gelangen.[20] Auch derartige Konflikte sind in sämtlichen Mehrebenen-Konstellationen möglich, etwa im Verhältnis von EuGH und EGMR bezüglich der Interpretation von Grundrechten der Grundrechte-Charta bzw. der EMRK. Gemeinsam ist sämtlichen Jurisdiktionskonflikten, dass sie zu einer „Verminderung von Rechtsschutzeffektivität, Rechtssicherheit und Rechtsklarheit"[21] führen können.[22]

II. Parameter des Rechtsvergleichs

1. Materiell-rechtliche Kollisionsregeln und Konfliktvermeidungsmechanismen

Konfliktvermeidungsmechanismen können sowohl materiell-rechtlicher als auch prozessualer Art sein, wobei zunächst ausschließlich die materiell-rechtlichen Konfliktvermeidungsmechanismen dargestellt werden sollen. Kollisionsrecht im materiellen Sinn entscheidet darüber, welche Sachnormen auf einen bestimmten Sachverhalt anwendbar sind, so dass es sich dabei um Rechtsanwendungsrecht handelt, welches sich im Verhältnis zum Sachrecht auf einer vorgelagerten Ebene befindet.[23] Zu den Kollisionsregeln im engeren Sinn zählen die klassischen Kollisionsregeln der *lex superior*, *lex specialis* und *lex posterior*, mit deren Hilfe sich sämtliche Normkonflikte innerhalb einer Rechtsordnung rechtslogisch auflösen lassen. Zu den materiell-rechtlichen Konfliktvermeidungsmechanismen im weiteren Sinn gehören demgegenüber all jene Instrumente, mit deren Hilfe Normkonflikte innerhalb einer Rechtsordnung oder zwischen verschiedenen Rechtsordnungen verhindert bzw. aufgelöst werden können, wobei sich hier die Konfliktlösung auch auf die Geltungsebene beziehen kann. Im Zivilrecht übernimmt

[19] Ausführlich dazu *Sauer*, Jurisdiktionskonflikte in Mehrebenensystemen, S. 87 ff.; *Kunert*, Die Rechtmäßigkeit des Solange-Prinzips des BVerfG: Zur Kompetenz des Bundesverfassungsgerichts zur Beschränkung seiner eigenen Zuständigkeit, in: Klatt (Hrsg.), Jurisdiktionskonflikte, S. 175, 175 u. 183 ff.

[20] *Spiekermann*, Die Folgen des Beitritts der EU zur EMRK, S. 143; *Defeis*, Dickinson Journal of International Law 19 (2001), 301, 317.

[21] *Sauer*, Jurisdiktionskonflikte in Mehrebenensystemen, S. 91.

[22] *Müller*, Form follows function? Eine rechtstheoretische Kritik am Europäischen Verfassungsverbund, in: Klatt (Hrsg.), Jurisdiktionskonflikte, S. 87, 87.

[23] *Sauer*, Grundrechtskollisionsrecht für das europäische Mehrebenensystem, in: Matz-Lück/Hong (Hrsg.), Grundrechte und Grundfreiheiten im Mehrebenensystem, S. 1, 8.

die Funktion der Kollisionsauflösung im Verhältnis mehrerer Rechtsordnungen das Internationale Privatrecht (IPR), doch kennt das öffentliche Recht im Unterschied dazu bislang kein allgemeines, ebenenübergreifendes Konfliktvermeidungsrecht.

a) Kollisionsregeln im engeren Sinn

aa) Regel vom Vorrang des ranghöheren Gesetzes (lex superior)

Nach der Regel vom Vorrang des ranghöheren Gesetzes (*lex superior derogat legi inferiori*) genießt diejenige Rechtsnorm, die einer höheren Rangstufe angehört, Vorrang gegenüber einer Norm niedrigerer Stufe.[24] Ob dieser Vorrang als Geltungs- oder als bloßer Anwendungsvorrang zu verstehen ist, lässt sich nicht abstrakt beantworten, sondern ist von der konkreten Ausgestaltung der jeweiligen Kollisionsnorm abhängig.[25] In einem weit verstandenen Sinn lässt sich deshalb von der Derogation der niederrangigen Rechtsnorm sprechen.[26] Die *lex superior*-Regel findet in gestuften Rechtsordnungen Anwendung, bei denen die einzelnen Ebenen in einem hierarchischen Verhältnis zueinander stehen, sie ist mithin hierarchieakzessorisch.[27] So bedarf es etwa im Verhältnis zwischen Bundesrecht und Landesverfassungsrecht einer Konfliktlösung mit Hilfe der *lex superior*-Regel.[28]

bb) Regel vom Vorrang des spezielleren Gesetzes (lex specialis)

Die Regel vom Vorrang des spezielleren Gesetzes (*lex specialis derogat legi generali*) besagt, dass das allgemeinere Gesetz durch das speziellere verdrängt wird. Von der Spezialität einer Norm ist auszugehen, wenn der Anwendungsbereich der spezielleren Norm vollständig in dem der allgemeineren Norm aufgeht,[29] was dann der Fall ist, wenn der Tatbestand der spezielleren Norm alle Merkmale der allgemeineren Norm und zusätzlich noch mindestens ein weiteres Merkmal enthält.[30] Eine schematische Anwendung der *lex specialis*-Regel kommt nicht in Betracht, sondern es ist vielmehr im Wege der Gesetzesinterpretation zu eruieren, welche der beiden Normen die speziellere darstellt.[31] Daher ist die *lex specialis*-Regel nicht als Vorrangregel mit der Folge der Vernichtung des allgemeineren Gesetzes zu verstehen, sondern vielmehr als Technik der Auslegung und der Kon-

---

[24] *Schilling*, Rang und Geltung von Normen in gestuften Rechtsordnungen, S. 401.

[25] Näher dazu *Schilling*, Rang und Geltung von Normen in gestuften Rechtsordnungen, S. 549.

[26] In diesem Sinne *Vranes*, ZaöRV 65 (2005), 391, 396.

[27] *Schilling*, Rang und Geltung von Normen in gestuften Rechtsordnungen, S. 401 ff.; *Burchardt*, Die Rangfrage im europäischen Normenverbund, S. 49 f.

[28] *Sauer*, Rechtstheorie 44 (2013), 503, 522.

[29] *Schilling*, Rang und Geltung von Normen in gestuften Rechtsordnungen, S. 448; *Röhl/Röhl*, Allgemeine Rechtslehre, § 75 I.

[30] *Larenz*, Methodenlehre, S. 267 f.

[31] *Röhl/Röhl*, Allgemeine Rechtslehre, § 75 I.

fliktlösung, bei der das verdrängte Recht seine Geltung behält.[32] Diese Art der Kollisionsregel erlangt in erster Linie im Verhältnis zwischen gleichrangigen Rechtsnormen Bedeutung.[33]

cc) Regel vom Vorrang des jüngeren Gesetzes (lex posterior)

Nach der Regel vom Vorrang des jüngeren Gesetzes (*lex posterior derogat legi priori*) verdrängt das jüngere Gesetz das ältere.[34] Diese Art der Kollisionsregel ist vor allem dann relevant, wenn ein und dieselbe Stelle nacheinander sich widersprechende Rechtsnormen erlassen hat.[35] Daneben ist sie anwendbar, wenn Normen mehrerer Gesetzgeber, welche dasselbe Regelungsgebiet betreffen, ausnahmsweise denselben Rang haben.[36] Die Anwendung der *lex posterior*-Regel führt zur Vernichtung der früheren Norm, wenn Letztere formell aufgehoben wird. In den übrigen Fällen sind ihre Rechtsfolgen weniger eindeutig, doch spricht auch ohne formelle Aufhebung Vieles für eine Vernichtung der früheren Norm, da der Gesetzgeber normalerweise keinen Anlass dafür hat, seine frühere Regelung für den Fall der späteren Aufhebung der Neuregelung als Reserve vorzuhalten.[37]

b) Konfliktvermeidung durch Kombination von Bindungsanordnung und Derogation: Kollisionsregel des Anwendungsvorrangs

Weiterhin kommt eine Konfliktvermeidung durch Kombination von Bindungsanordnung und Derogation im Wege des Anwendungsvorrangs in Betracht. Unter Bindungsanordnung ist dabei die Bindung von Normen der einen Rechtsordnung an die Vorgaben der anderen Rechtsordnung zu verstehen, ohne dass es auf ein hierarchisches Verhältnis der beteiligten Rechtsordnungen ankäme.[38] Liegt ein solches allerdings vor, ergibt sich automatisch eine Bindung der Rechtsordnung der niedrigeren Ebene an diejenige der übergeordneten Ebene.[39] Eine Bindung der einen Rechtsordnung an die Vorgaben der anderen Rechtsordnung alleine führt im Kollisionsfall jedoch noch nicht zur Auflösung der Kollision. Hierfür bedarf es vielmehr zusätzlich einer Derogationsnorm, welche im Falle der Nicht-

[32] *Funke*, DÖV 2007, 733, 736; *Schilling*, Rang und Geltung von Normen in gestuften Rechtsordnungen, S. 549; so wohl auch *Vranes*, ZaöRV 65 (2005), 391, 398.

[33] *Diederichsen*, Die Rangverhältnisse zwischen den Grundrechten und dem Privatrecht, in: Behrends/Sellert (Hrsg.), Ursprünge und Wirkungen des griechischen Gesetzesdenkens, S. 39, 56; *Jarass*, AöR 126 (2001), 588, 596.

[34] Vgl. *Kelsen*, Reine Rechtslehre, S. 210; *Röhl/Röhl*, Allgemeine Rechtslehre, § 75 I.

[35] *Jarass*, AöR 126 (2001), 588, 596; *Schilling*, Rang und Geltung von Normen in gestuften Rechtsordnungen, S. 450.

[36] *Schilling*, Rang und Geltung von Normen in gestuften Rechtsordnungen, S. 450.

[37] *Schilling*, Rang und Geltung von Normen in gestuften Rechtsordnungen, S. 551; in diese Richtung auch *Funke*, DÖV 2007, 733, 736.

[38] *Sauer*, Rechtstheorie 44 (2013), 503, 520.

[39] S. oben § 2 II.1. a) aa).

übereinstimmung des Rechts der einen Rechtsordnung mit dem Recht der anderen Rechtsordnung die Derogation der Rechtsnorm der gebundenen Rechtsordnung anordnet.[40] Der Begriff der Derogation ist in diesem Fall weit zu verstehen und umfasst nicht nur die Nichtigkeit der Rechtsnorm, sondern auch deren bloße Unanwendbarkeit,[41] wie sie der Anwendungsvorrang des Unionsrechts postuliert. Dieser stellt ein Beispiel für eine derartige Kombination von Bindungsanordnung und Derogation dar, bei dem die mitgliedstaatlichen Rechtsordnungen an die Vorgaben des Unionsrechts gebunden sind und Widersprüche zwischen Unionsrecht und mitgliedstaatlichem Recht dadurch aufgelöst werden, dass die fragliche mitgliedstaatliche Rechtsnorm zwar ihre Geltung behält, sie aber nicht mehr angewandt werden darf.[42] Insoweit handelt es sich um eine Kollisionsregel für das Verhältnis von Unionsrecht und mitgliedstaatlichem Recht, die jedoch nicht zu den aus dem nationalen Recht bekannten Kollisionsregeln im engeren Sinn zu zählen ist, sondern vielmehr rechtsordnungsübergreifend fungiert. Dementsprechend ist sie nicht den oben aufgelisteten Kollisionsregeln im engeren Sinn zuzuordnen, sondern kann als Konfliktvermeidungsmechanismus im weiteren Sinn verstanden werden, was jedoch nicht ausschließt, sie dennoch als Kollisionsregel zu bezeichnen.

c) Konfliktvermeidungsmechanismen im weiteren Sinn

aa) Konfliktvermeidung durch Abgrenzung der Rechtsordnungen bzw. Ebenen

Eine Möglichkeit der Konfliktvermeidung im Verhältnis mehrerer Rechtsordnungen besteht darin, dass sich die Rechtsordnungen in Bezug auf ihren Anwendungsbereich so voneinander abgrenzen, dass Berührungen von vornherein ausgeschlossen sind.[43] Entsprechendes kann auch für die Abgrenzung der einzelnen Ebenen innerhalb einer Rechtsordnung gelten. Dies impliziert jedoch, dass die beteiligten Rechtsordnungen bzw. Ebenen mehr oder weniger beziehungslos nebeneinander stehen und dass zwischen ihnen keinerlei Berührungspunkte bestehen. In Bundesstaaten und auch im Verhältnis der EU zu ihren Mitgliedstaaten ist eine solche Situation nicht gegeben,[44] so dass diese Art der Konfliktvermeidung hier in der Praxis nicht in Betracht kommt.

bb) Konfliktvermeidung durch klare Aufteilung der Kompetenzen

Des Weiteren kann Normkollisionen bereits im Vorfeld durch eine klare und umfassende Aufteilung der Kompetenzen zwischen den beteiligten Ebenen vorge-

---

[40] *Sauer*, Rechtstheorie 44 (2013), 503, 521.
[41] Vgl. *Vranes*, ZaöRV 65 (2005), 391, 396 Fn. 24.
[42] Ausführlich zum Anwendungsvorrang des Unionsrechts s. unten, § 10 III.2.
[43] Vgl. *Kruis*, Der Anwendungsvorrang des EU-Rechts, S. 25.
[44] Für die EU, vgl. *Schilling*, ELRev 27 (2002), 445, 454.

beugt werden,[45] was sich auch auf das Verhältnis der Gerichtsbarkeiten der verschiedenen Ebenen zueinander konfliktvermeidend auswirkt.[46] Mit Hilfe der Aufteilung der Kompetenzen können doppelte Zuständigkeiten vermieden werden, wenn den positiven Kompetenzzuweisungen zugleich Sperrwirkung zukommt.[47] Daher sind auch Kompetenzverteilungsvorschriften als Kollisionsvermeidungsnormen anzusehen.[48] Allerdings kann gerade im Grundrechtsbereich mit Hilfe von Kompetenzverteilungsvorschriften keine absolute Konfliktvermeidung erreicht werden, da eigene Kompetenztitel für den Grundrechtsbereich in der Praxis nicht existieren und auf Grund des Umstandes, dass ein Grundrecht in der Regel verschiedene Sachbereiche tangiert und daher mehrere Kompetenztitel einschlägig sind, jede der beteiligten Ebenen zum Normerlass in dem fraglichen Bereich ermächtigt sein kann.[49] In Betracht käme daher lediglich eine klare Kompetenzverteilung im Bereich der Sachmaterien, doch hier kann es gleichfalls sowohl zu Abgrenzungsschwierigkeiten als auch zu einer Doppelzuständigkeit der verschiedenen Ebenen kommen.[50] Darüber hinaus läuft das Mittel der Kompetenzausscheidung ins Leere, wenn Verfassungsnormen oder jeweils ranghöchste Normen zweier Ebenen konkurrieren, da das Recht zur Verfassungsgebung nicht durch Kompetenztitel beschränkt werden kann.[51] Es muss mithin eine übergeordnete Gesamtrechtsordnung existieren, welche die Kompetenzaufteilung zwischen den beteiligten Ebenen letztverbindlich vornimmt.[52] Schließlich sind auch Rechtsordnungen denkbar, in denen selbst kompetenzwidrige Gesetze Gültigkeit besitzen und in Konkurrenz zu Grundrechten einer anderen Rechtsordnung treten können. So genießen etwa in der Schweiz selbst kompetenzwidrige Bundesgesetze auf Grund der fehlenden Möglichkeit der gerichtlichen Verwerfung als *lex superior* Vorrang vor kantonalem Recht, so dass das Konfliktvermeidungsinstrument der Kompetenzverteilung hier nur sehr eingeschränkt Wirkung entfalten kann.[53]

---

[45] *Kruis*, Der Anwendungsvorrang des EU-Rechts, S. 26; *Hanschel*, Konfliktlösung im Bundesstaat, S. 81; *Oeter*, VVDStRL 66 (2007), 361, 381.

[46] *Oeter*, VVDStRL 66 (2007), 361, 381 f.

[47] Vgl. *Degenhart*, in: Sachs, GG, Art. 71 Rn. 5; *Pieroth*, in: Jarass/Pieroth, GG, Art. 71 Rn. 2; teilweise wird der Begriff der Sperrwirkung auch enger verstanden und nur auf die konkurrierende Gesetzgebung angewendet, vgl. *Bieber*, ELRev 13 (1988), 147,153; *Weatherill*, Beyond Preemption?, S. 13, 16; vgl. zu der Problematik auch *Schroeder*, Das Gemeinschaftsrechtssystem, S. 404 f.

[48] *März*, Bundesrecht bricht Landesrecht, S. 109; *Kruis*, Der Anwendungsvorrang des EU-Rechts, S. 26.

[49] *Dreier*, in: Dreier, GG, Art. 31 Rn. 58; *Kruis*, Der Anwendungsvorrang des EU-Rechts, S. 26 f.; a.A. März, in: v. Mangoldt/Klein/Starck, GG, Art. 31 Rn. 60 ff.

[50] Vgl. etwa BVerfGE 98, 83, 97 f.; 98, 106, 117 ff.; *Kruis*, Der Anwendungsvorrang des EU-Rechts, S. 26 f.

[51] Näher dazu unten, § 6 III.2. a); in diesem Sinn auch *Dreier*, in: Dreier, GG, Art. 31 Rn. 58; a.A. *Uerpmann*, Der Staat 35 (1996), 428, 431 ff.

[52] Vgl. *Ophüls*, FS Riese, S. 1, 24; *März*, Bundesrecht bricht Landesrecht, S. 117.

[53] Vgl. *Schroeder*, AöR 129 (2004), 3, 28; näher dazu unten, § 9 V.1. a).

cc) Konfliktvermeidung durch Parallelität der Kollisionsnormen

Normkonflikte können ferner dadurch vermieden werden, dass die beteiligten Ebenen ihre jeweiligen Kollisionsnormen parallel ausgestalten. Im öffentlichen Recht existieren nach *Neumeyer* nur einseitige Kollisionsnormen, welche bezüglich der Frage, welches Recht auf einen Sachverhalt anwendbar sein soll, auf die jeweils eigene Rechtsordnung verweisen.[54] Im Bundesstaat kann auf Bundesebene eine Kollisionsnorm bestehen, welche im Konfliktfall ausschließlich das Recht des Bundes für anwendbar erklärt. Diese Regel wird von den Gliedstaaten grundsätzlich ausdrücklich oder zumindest stillschweigend akzeptiert, so dass eine Parallelität der Kollisionsnormen erreicht werden kann. Schwieriger gestaltet sich die Situation hingegen im Verhältnis gleichgeordneter Rechtsordnungen bzw. -ebenen, wo der einseitig angeordnete Vorrang der einen Rechtsordnung im Regelfall zumindest nicht vorbehaltlos akzeptiert wird,[55] wie dies etwa in Bezug auf den Anwendungsvorrang des Unionsrechts der Fall ist.[56] Deshalb erscheint auch diese Konfliktvermeidungsregel zur Konfliktprävention in Mehrebenensystemen im Allgemeinen nur bedingt geeignet. Dies gilt umso mehr, wenn man die EMRK als eigenständige Ebene begreift, da sich hier ein eindeutiges Vorrangverhältnis nicht ausmachen lässt, zumal die EMRK selbst keine eigene Kollisionsregel enthält, sie sich andererseits aber auch nicht den Rechtsfolgen der nationalen Kollisionsregeln anschließt.[57]

Im Zusammenhang mit der Kollisionsnorm des Vorrangs spielt die „konforme“ Auslegung des Rechts derjenigen Ebene, welche von den Wirkungen des Vorrangs betroffen ist, eine große Rolle.[58] Durch die konforme Auslegung soll sichergestellt werden, dass das von der betroffenen Ebene erlassene Recht nach Möglichkeit aufrecht erhalten bleibt, während gleichzeitig der Vorrang des Rechts der anderen Ebene durchgesetzt werden soll.[59] Auf diese Weise kann die Kollisionsregel des Vorrangs in der Praxis realisiert werden.

dd) Konfliktvermeidung durch Koexistenznormen

Ein störungsfreies Nebeneinander von Grundrechtsordnungen kann durch die Einführung von Koexistenznormen erreicht werden, welche durch die Fixierung eines Mindeststandards einen abweichenden, höheren Grundrechtsstandard aus-

---

[54] *Neumeyer*, Internationales Verwaltungsrecht, Bd. 4, S. 115 f.; s. dazu auch *Ohler*, Die Kollisionsordnung des Allgemeinen Verwaltungsrechts, S. 34.

[55] S. dazu unten, § 10 III.2. c); *Kruis*, Der Anwendungsvorrang des EU-Rechts, S. 30 f.

[56] S. dazu oben, § 1 II.2.b) aa); zum Verständnis des Anwendungsvorrangs als Kollisionsregel s. *Sauer*, Jurisdiktionskonflikte, S. 158 ff.; *Funke*, DÖV 2007, 733, 738; *Desens*, EuGRZ 2011, 211, 212.

[57] *Sauer*, Grundrechtskollisionsrecht für das europäische Mehrebenensystem, in: Matz-Lück/Hong (Hrsg.), Grundrechte und Grundfreiheiten im Mehrebenensystem, S. 1, 60; vgl. auch *Ruffert*, EuGRZ 2007, 245, 246.

[58] Im Zusammenhang mit dem Unionsrecht vgl. dazu *Vecchio*, Rassegna parlamentare 52 (2010), 863, 879 f.

[59] *Schilling*, Rang und Geltung von Normen in gestuften Rechtsordnungen, S. 474.

drücklich erlauben.[60] Als Beispiel kann in diesem Zusammenhang Art. 53 EMRK angeführt werden, wonach die Konvention nicht so auszulegen ist, als beschränke oder beeinträchtige sie mitgliedstaatliche Grundrechtsgewährleistungen oder Menschenrechte, die in anderen völkerrechtlichen Übereinkünften enthalten sind. Dadurch soll ein völkerrechtlicher Mindeststandard gewährleistet werden, den die Mitgliedstaaten nicht unterschreiten dürfen. Umgekehrt können sie sehr wohl darüber hinaus gehen und einen höheren Grundrechtsstandard vorsehen.[61] Ähnliche Koexistenznormen finden sich in bundesstaatlichen Systemen, in denen Grundrechte des Bundes und der Gliedstaaten zusammentreffen.[62] Ein Beispiel hierfür ist Art. 142 GG, der eine Geltungserhaltung zu Gunsten von Landesgrundrechten vorsieht.[63] Allerdings führt auch die Verankerung von Koexistenznormen nicht zwingend zur Vermeidung von Grundrechtskollisionen, da in mehrpoligen Rechtsverhältnissen ein Mehr an Grundrechtsschutz für einen der Beteiligten zwangsläufig ein Weniger an Grundrechtsschutz für den anderen Beteiligten mit sich bringt.[64]

Zum Teil wird auch die vom EGMR entwickelte Doktrin der *margin of appreciation* als Instrument zur Herstellung kollisionsfreier Koexistenz verstanden.[65] Dies ist jedoch angesichts der engen Verbindung der *margin of appreciation*-Doktrin mit der Rechtsanwendung durch die Gerichte und mit deren Kooperation untereinander wenig überzeugend, so dass die *margin of appreciation*-Doktrin in der vorliegenden Untersuchung als prozessuales Mittel der Konfliktvermeidung eingeordnet wird.[66]

ee) Konfliktvermeidung durch weitest gehende Angleichung der Rechtsordnungen bzw. Ebenen (Grundrechtskonvergenz)

Eine weitere Möglichkeit der Konfliktvermeidung besteht in der weitestgehenden inhaltlichen Angleichung der beteiligten Rechtsordnungen bzw. -ebenen im Wege der Grundrechtskonvergenz.[67] So erkennt die EU nach Art. 6 Abs. 1 EUV die Rechte, Freiheiten und Grundsätze der Europäischen Grundrechte-Charta

[60] *Sauer*, Grundrechtskollisionsrecht für das europäische Mehrebenensystem, in: Matz-Lück/Hong (Hrsg.), Grundrechte und Grundfreiheiten im Mehrebenensystem, S. 1, 41 ff.

[61] *Grabenwarter/Pabel*, Europäische Menschenrechtskonvention, § 2 Rn. 14.

[62] Vgl. *Grabenwarter/Pabel*, Europäische Menschenrechtskonvention, § 2 Rn. 14.

[63] So auch *Lindner*, EuR 2007, 160, 165; näher dazu, unten § 6 III.2. f).

[64] *Sauer*, Grundrechtskollisionsrecht für das europäische Mehrebenensystem, in: Matz-Lück/Hong (Hrsg.), Grundrechte und Grundfreiheiten im Mehrebenensystem, S. 1, 42; *Dederer*, ZaöRV 66 (2006), 575, 616.

[65] So etwa *Sauer*, Grundrechtskollisionsrecht für das europäische Mehrebenensystem, in: Matz-Lück/Hong (Hrsg.), Grundrechte und Grundfreiheiten im Mehrebenensystem, S. 1, 44 f.; für ein Verständnis der *margin of appreciation* als inhaltliche Modifikation des Verhältnismäßigkeitsgrundsatzes auch *Kühling*, Grundrechte, in: v. Bogdandy/Bast (Hrsg.), Europäisches Verfassungsrecht, S. 657, 695 ff.; ähnlich wohl *Nußberger*, NVwZ-Beilage 2013, 36, 41 ff.

[66] So auch *Grabenwarter/Pabel*, Europäische Menschenrechtskonvention, § 18 Rn. 20.

[67] Dazu auch *Kruis*, Der Anwendungsvorrang des EU-Rechts, S. 31 f.; *Böhmer*, Die Europäische Union im Lichte der Reichsverfassung von 1871, S. 179 f.

an, welche ihrerseits auf den Garantien EMRK und den gemeinsamen Verfassungsüberlieferungen der Mitgliedstaaten beruht. Darüber hinaus betont Art. 6 Abs. 3 EUV, dass die Grundrechte, wie sie sich aus der EMRK und den gemeinsamen Verfassungsüberlieferungen der Mitgliedstaaten ergeben, allgemeine Grundsätze des Unionsrechts darstellen.[68] Umgekehrt achtet die Union nach Art. 4 Abs. 2 EUV die nationale Identität der Mitgliedstaaten, wozu auch die nationalen Grundrechte gehören, die ihrerseits die Auslegung der europäischen Grundrechte und die Reichweite der Grundfreiheiten zu beeinflussen vermögen.[69] Diese fakultativen Konvergenzgebote fungieren vor allem als Interpretationshilfe, welche die Herbeiführung einheitlicher Standards zwar begünstigt, für sich allein aber keine Auslegungsprobleme löst.[70] Auch obligatorische Anpassungsgebote eignen sich nur bedingt zur Herstellung einheitlicher Standards. So enthalten bundesstaatliche Verfassungen in der Regel Homogenitätsgebote im Stile von Art. 28 Abs. 1 GG, wonach die verfassungsmäßige Ordnung der Gliedstaaten gewissen Strukturprinzipien entsprechen muss. Derartige Prinzipien sind meist sehr allgemein gehalten, so dass die Entscheidungsträger der verschiedenen Ebenen bei ihrer Auslegung zu unterschiedlichen Ergebnissen gelangen können.[71] Dies gilt umso mehr, wenn im Rahmen der EU bzw. EMRK Entscheidungsträger mit unterschiedlichen Rechtstraditionen beteiligt sind. Besonders problematisch sind in diesem Zusammenhang mehrpolige Rechtsverhältnisse, da hier schon auf horizontaler Ebene eine Grundrechtskollision auftritt.[72] An ihnen wird deutlich, dass auch die größtmögliche Angleichung der Inhalte der beteiligten Ebenen Grundrechtskonflikte letztlich nicht gänzlich verhindert, da die Abwägung durch die Gerichte in derartigen Fällen je nach Ebene unterschiedlich ausfallen kann.

ff) Konfliktvermeidung durch freiwillige Bindungsrücknahme

Eine weitere Möglichkeit der Konfliktvermeidung besteht in der freiwilligen Bindungsrücknahme einer Rechtsordnung, wenn eine andere Rechtsordnung ihren Geltungsanspruch im Wege der Fremdbindung erweitert hat.[73] Eine solche Bin-

---

[68] Zur Konfliktvermeidung durch gegenseitige Annäherung vgl. *Isensee*, FS Stern, S. 1239, 1266.

[69] *Schmitt Glaeser*, Grundgesetz und Europarecht als Elemente europäischen Verfassungsrechts, S. 190 ff.; zu Art. 4 Abs. 2 EUV als Rechtfertigungsgrund bei der Einschränkung von Grundfreiheiten s. EuGH, Rs. C-391/09, Runevič-Vardyn und Wardyn, Slg. 2011, I-3787, Rn. 86 ff.; Rs. C-208/09, Sayn-Wittgenstein, Slg. 2010, I-13693, Rn. 92.

[70] So auch *Sauer*, Grundrechtskollisionsrecht für das europäische Mehrebenensystem, in: Matz-Lück/Hong (Hrsg.), Grundrechte und Grundfreiheiten im Mehrebenensystem, S. 1, 49 f.

[71] Vgl. *Kruis*, Der Anwendungsvorrang des EU-Rechts, S. 32.

[72] *Sauer*, Grundrechtskollisionsrecht für das europäische Mehrebenensystem, in: Matz-Lück/Hong (Hrsg.), Grundrechte und Grundfreiheiten im Mehrebenensystem, S. 1, 57.

[73] *Sauer*, Grundrechtskollisionsrecht für das europäische Mehrebenensystem, in: Matz-Lück/Hong (Hrsg.), Grundrechte und Grundfreiheiten im Mehrebenensystem, S. 1, 31; zur Grundrechtsbindung s. oben, § 2 II.2.

dungsrücknahme kommt insbesondere in Bezug auf Vermittlungsakte in Betracht, d.h. wenn die Vorgaben einer fremden Rechtsordnung erst durch einen Vermittlungsakt Bindungswirkung für die Ausgangsrechtsordnung entfalten, wie dies etwa bei der Umsetzung von EU-Richtlinien der Fall ist. Mit der freiwilligen Bindungsrücknahme soll vermieden werden, dass die vermittelnde Rechtsordnung, welche zur Umsetzung der Vorgaben der fremden Rechtsordnung verpflichtet ist, ihre Umsetzungspflicht nicht mehr erfüllen kann, was dann der Fall sein könnte, wenn sich ihre eigenen Sachnormen, insbesondere die eigenen Grundrechte, gegen den Vermittlungsakt durchsetzten.[74] Freilich dürfte eine derartige freiwillige Bindungsrücknahme vergleichsweise selten sein, da kaum eine Rechtsordnung bereit sein wird, von sich aus die eigenen Maßstäbe aufzugeben. Entsprechendes gilt für das Verhältnis der einzelnen Ebenen innerhalb ein- und derselben Rechtsordnung.

gg) Konfliktvermeidung durch Unterwerfung unter eine übergeordnete Rechtsordnung

Als weiteres Mittel der Konfliktvermeidung kommt schließlich noch die freiwillige Unterwerfung einer Rechtsebene unter eine andere Rechtsebene in Betracht.[75] In Bundesstaaten ist eine Unterwerfung der Gliedstaaten unter die Rechtsordnung des Bundes möglich, wodurch Kollisionen von vornherein vermieden werden können. Dies kann etwa in Form von Rechtsnormen geschehen, mit deren Hilfe die gliedstaatliche Rechtsordnung eine Selbstbeschränkung herbeiführt, indem sie ihren Geltungsanspruch auflösend bedingt auf das mit der Gesamtrechtsordnung zu vereinbarende Maß reduziert.[76]

Schwieriger gestaltet sich die Situation im Verhältnis gleichgeordneter Rechtsebenen, da insoweit keine übergeordnete Rechtsebene existiert. Dies gilt etwa im Verhältnis des nationalen Verfassungsrechts zum Unionsrecht, nachdem streng rechtstheoretisch nicht von einer Überordnung des Unionsrechts gesprochen werden kann.[77] Entsprechendes gilt für das Verhältnis völkerrechtlicher Verträge wie der EMRK zum nationalen Recht. In derartigen Fällen kommt dann, wenn sich die Vertragsparteien nicht auf einen Modus der Konfliktlösung verständigt haben, grundsätzlich nur ein Rückgriff auf völkerrechtliche Konfliktlösungsregeln in Betracht,[78] wobei in diesen Fällen keine Unterordnung unter eine übergeordnete Rechtsebene stattfindet. Problematisch an der Konfliktvermeidung durch

[74] *Sauer*, Grundrechtskollisionsrecht für das europäische Mehrebenensystem, in: Matz-Lück/Hong (Hrsg.), Grundrechte und Grundfreiheiten im Mehrebenensystem, S. 1, 31.

[75] *Kruis*, Der Anwendungsvorrang des EU-Rechts, S. 32 ff.

[76] S. etwa Art. 152 BremVerf u. Art. 2 Abs. 5 BbgVerf; näher unten, § 6 III.1.; s. dazu *Wermeckes*, Der erweiterte Grundrechtsschutz, S. 109; *März*, Bundesrecht bricht Landesrecht, S. 177 f.; *Dreier*, Einheit und Vielfalt der Verfassungsordnungen im Bundesstaat, in: Schmidt (Hrsg.), Vielfalt des Rechts, S. 113, 125 f. Fn. 64.

[77] S. oben, § 1 II.2.c); so auch *Kruis*, Der Anwendungsvorrang des EU-Rechts, S. 32 ff.

[78] Zu diesem Ansatz s. *Schmid*, From Pont d'Avignon to Ponte Vecchio, S. 20 ff.

Unterwerfung ist, dass sie von den beteiligten Parteien bzw. Rechtsebenen akzeptiert werden muss und nicht von vornherein explizit oder zumindest stillschweigend ausgeschlossen worden sein darf.[79] Daher kann auch dieser Konfliktlösungsmechanismus nur sehr eingeschränkt zur Anwendung kommen.[80]

d) Mögliche Orte für die Verankerung von Kollisionsregeln

Als möglicher Ort für die Verankerung von Kollisionsregeln kommt in tendenziell hierarchisch ausgestalteten Mehrebenensystemen nur die übergeordnete Rechtsebene in Betracht, da andernfalls ihr Geltungsanspruch unterminiert würde.[81] Im Falle gleichgeordneter Rechtsebenen kann jede Ebene ihre eigenen Kollisionsregeln bereithalten, wie es etwa im Verhältnis der EU zu den Mitgliedstaaten der Fall ist. Hier geht der EuGH vom unbedingten Anwendungsvorrang des Unionsrechts aus, welcher sich als Kollisionsregel aus dem Unionsrecht ergebe,[82] während die mitgliedstaatlichen Verfassungs- und Höchstgerichte diesen Vorrang überwiegend jedenfalls nicht vorbehaltlos akzeptieren, sondern auf die nationale Verfassung und deren Grundprinzipien als Grenze des Vorrangs des Unionsrechts verweisen und damit die Kollisionsregel in ihren Verfassungen verorten.[83] Im Verhältnis zwischen der EMRK und den Rechtsordnungen der Vertragsparteien zeigt sich, dass die EMRK selbst keine Kollisionsnorm enthält,[84] während die nationalen Rechtsordnungen sehr wohl über entsprechende Kollisionsnormen verfügen. Im Unterschied zum Unionsrecht und seinem Verhältnis zu den Mitgliedstaaten findet sich damit im Fall der EMRK die Kollisionsregel allein auf der Ebene der Vertragsparteien, was sich damit erklären lässt, dass die EMRK den nationalen Rechtsordnungen nicht hierarchisch übergeordnet ist.[85]

2. *Grundrechtsbindung und ihre Reichweite*

Die Grundrechtsbindung gestaltet sich in Mehrebenensystemen komplex, weil nicht von vornherein ersichtlich ist, welcher Hoheitsträger an welche Grundrechtsnormen gebunden ist und es überdies regelmäßig zu Mehrfachbindungen

---

[79] Für einen solchen Ausschluss der allgemeinen völkerrechtlichen Regeln im Bereich des Europarechts etwa *Schwarze*, EuR 1983, 1, 31 ff.; *Everling*, FS Mosler, S. 173, 181 f.

[80] Skeptisch gegenüber einer Konfliktlösung bezüglich des Unionsrechts mittels einer übergeordneten Instanz auch *Franzius*, DÖV 2008, 933, 939 f.

[81] S. oben, § 1 II.1.; vgl. auch *Peters*, Elemente einer Theorie der Verfassung Europas, S. 332 f.

[82] *Peters*, Elemente einer Theorie der Verfassung Europas, S. 310; s. oben, § 1 II.2. b) bb).

[83] *Peters*, Elemente einer Theorie der Verfassung Europas, S. 312 ff.; zur Interpretation von Art. 23 Abs. 1 GG als bedingte Kollisionsregel vgl. *Cornils*, AöR 129 (2004), 336, 363; ausführlich dazu oben, § 1 II.2. a).

[84] *Sauer*, Grundrechtskollisionsrecht für das europäische Mehrebenensystem, in: Matz-Lück/Hong (Hrsg.), Grundrechte und Grundfreiheiten im Mehrebenensystem, S. 1, 60.

[85] Vgl. dazu *Korioth*, in: MD, GG, Art. 142 Rn. 2.

kommt. Bindungsadressat einer Grundrechtsordnung ist derjenige Hoheitsträger, der als Verpflichteter an die entsprechende Grundrechtsordnung gebunden ist.[86] Grundsätzlich gilt, dass jede Grundrechtsordnung die Kompetenzausübung desjenigen Hoheitsträgers bindet, der durch die Verfassungsordnung gebunden ist, in der auch die fragliche Grundrechtsordnung enthalten ist.[87] Daraus folgt, dass ein Hoheitsträger zumindest an diejenigen Rechtsnormen gebunden ist, die in einem Grundrechtssystem geregelt sind, welches ihn selbst bindet.[88] So sind zum Beispiel die Organe der EU nach Art. 51 Abs. 1 S. 1 GRC ohne Weiteres an die Grundrechte der Grundrechte-Charta gebunden. Entsprechendes gilt nach Art. 1 Abs. 3 GG in Bezug auf das Grundgesetz für die Träger deutscher Hoheitsgewalt. Umgekehrt ist die EU selbst jedenfalls nicht unmittelbar an die Grundrechte der Mitgliedstaaten gebunden. Ähnliches lässt sich für die Bundesstaatsgewalt feststellen, die grundsätzlich nicht unmittelbar an Landesgrundrechte gebunden ist.[89] Außerhalb des jeweiligen Normsystems stehende, mithin „fremde" Grundrechtsnormen hingegen entfalten nur insoweit Bindungswirkung, als dies völkerrechtlich oder durch eine spezielle nationale Transformationsnorm angeordnet wird.[90] Man kann in diesem Zusammenhang von einer Fremdbindung sprechen, nachdem die Grundrechte einer Rechtsordnung in solchen Fällen auch Rechtsakte einer anderen Rechtsebene und damit fremde Rechtsakte erfassen.[91] Diese Fremdbindung führt zwangsläufig zu einer Mehrfachbindung, welche im Wege der Konkurrenzbestimmung aufgelöst werden muss.[92] Ein Beispiel für eine solche Fremdbindung sieht Art. 51 Abs. 1 S. 1 GRC vor, wonach die EU-Mitgliedstaaten bei der Durchführung des Unionsrechts an die Unionsgrundrechte gebunden sind.[93] Ein weiterer Fall der Fremdbindung kommt hinzu, falls die EU eines Tages der EMRK beitritt und die Unionsorgane dementsprechend an die Konventionsrechte direkt gebunden sind.[94] Hingegen findet grundsätzlich keine Bindungserstreckung deutscher Grundrechte auf Unionsrechtsakte statt, da das Bundesverfassungsgericht auf Grund seiner *Solange II*-Rechtsprechung Unionsrechtsakte gegenwärtig nicht mehr am Maßstab des Grundgesetzes überprüft.[95]

---

[86] *Lindner*, EuR 2007, 160, 170.

[87] *Lindner*, EuR 2007, 160, 170; *Lindner*, BayVBl. 2004, 641, 647.

[88] *Lindner*, EuR 2007, 160, 170 f.

[89] Ausführlich zu dieser Problematik s. unten, § 6 IV.2.

[90] *Lindner*, EuR 2007, 160, 171.

[91] *Sauer*, Grundrechtskollisionsrecht für das europäische Mehrebenensystem, in: Matz-Lück/Hong (Hrsg.), Grundrechte und Grundfreiheiten im Mehrebenensystem, S. 1, 14.

[92] *Sauer*, Grundrechtskollisionsrecht für das europäische Mehrebenensystem, in: Matz-Lück/Hong (Hrsg.), Grundrechte und Grundfreiheiten im Mehrebenensystem, S. 1, 14.

[93] Ausführlich zur Reichweite dieser Bindungswirkung unten, § 11 IV.1.

[94] Für eine derartige Einordnung wohl auch *Sauer*, Grundrechtskollisionsrecht für das europäische Mehrebenensystem, in: Matz-Lück/Hong (Hrsg.), Grundrechte und Grundfreiheiten im Mehrebenensystem, S. 1, 16 ff.

[95] BVerfGE 73, 339, 387; so auch *Cremer*, Der Staat 34 (1995), 268, 276 ff.; *Sauer*, Grundrechtskollisionsrecht für das europäische Mehrebenensystem, in: Matz-Lück/Hong (Hrsg.), Grundrechte und Grundfreiheiten im Mehrebenensystem, S. 1, 19 ff.

3. Prüfungsmaßstab

Prüfungsmaßstab ist die Norm, an Hand derer die Grundrechtsprüfung erfolgt, während der Prüfungsgegenstand den auf seine Grundrechtskonformität hin zu prüfenden Hoheitsakt bezeichnet.[96] Eine Grundrechtsbestimmung kann nur dann Prüfungsmaßstab sein, wenn der fragliche Prüfungsgegenstand der Maßstabswirkung der Grundrechtsordnung, zu der die einschlägige Grundrechtsnorm gehört, unterworfen ist.[97] Grundsätzlich ist jede Grundrechtsordnung auf die Kompetenzausübung derjenigen Hoheitsträger bezogen, die durch die Rechtsordnung gebunden werden, in der auch die entsprechenden Grundrechte enthalten sind.[98] Allerdings sind hiervon Ausnahmen denkbar, wie etwa in den theoretischen Fällen, in denen auf Unionsebene generell kein hinreichender Grundrechtsstandard gewährleistet ist und deshalb das Bundesverfassungsgericht nach seiner *Solange II*-Rechtsprechung EU-Rechtsakte am Maßstab deutscher Grundrechte überprüfen möchte.[99] Daneben kann der Prüfungsmaßstab beschränkt sein, etwa, weil eine Ebene der anderen Ebene einen Umsetzungsspielraum zugesteht.

4. Prozessuale Ausgestaltung des Grundrechtsschutzes

a) Instrumente des grundrechtsbezogenen Rechtsschutzes

Die Wirksamkeit des Grundrechtsschutzes in föderalen Mehrebenensystemen hängt nicht zuletzt von seiner prozessualen Ausgestaltung ab. In verfahrensrechtlicher Hinsicht werden Grundrechte insbesondere durch das Verfahren der Normenkontrolle sowie durch Verfassungs- bzw. Grundrechtsbeschwerden geschützt. Daneben existieren jedoch auch Mehrebenenrechtsordnungen, die auf eine individuelle Grundrechts- bzw. Verfassungsbeschwerde oder auf Rechtsschutzmöglichkeiten gegen Gesetze völlig verzichten.

aa) Normenkontrollverfahren

Grundrechtsschutz kann im Wege des Normenkontrollverfahrens verwirklicht werden, indem das Höchst- bzw. Verfassungsgericht im Falle einer Kollision von Rechtsordnungen über die Geltung von Normen entscheidet. Dadurch kann Grundrechtsverletzungen durch Rechtsnormen abgeholfen werden. Nicht jedes Mehrebenensystem kennt jedoch das Instrument des Normenkontrollverfahrens. So ist das Schweizer Bundesgericht bis heute gegenüber Bundesgesetzen weder zur abstrakten noch zur konkreten Normenkontrolle befugt.[100] Die konkrete

---

96 *Lindner*, EuR 2007, 160, 189.
97 *Lindner*, EuR 2007, 160, 189; *ders.*, BayVBl. 2004, 641, 647.
98 *Lindner*, EuR 2007, 160, 189.
99 BVerfGE 73, 339, 387.
100 *Löwer*, HdStR III, § 70 Rn. 57.

Ausgestaltung der Normenkontrolle kann wiederum variieren. So kommt grundsätzlich eine Konzeption als präventive oder repressive Normenkontrolle in Betracht, wobei etwa das Grundgesetz, von Zustimmungsgesetzen zu völkerrechtlichen Verträgen nach Art. 59 Abs. 2 GG, bei denen eine Überprüfung zwischen Zustandekommen und Verkündung des Gesetzes möglich ist, einmal abgesehen, keine präventive Normenkontrolle kennt.[101] Schließlich kann zwischen abstrakter und konkreter Normenkontrolle differenziert werden, wobei sich im Grundgesetz mit Art. 93 Abs. 1 S. 1 Nr. 2 GG bzw. Art. 100 Abs. 1 GG beide Arten finden. Auch das Unionsrecht kennt mit der Nichtigkeitsklage nach Art. 263 AEUV eine Form der abstrakten Normenkontrolle,[102] während das Vorabentscheidungsverfahren gemäß Art. 267 AEUV eher eine konkrete Normenkontrolle darstellt.[103] Daneben findet in weiteren Verfahrensarten faktisch eine Normenkontrolle statt, was insbesondere für Verfassungsbeschwerden gilt.[104]

bb) Verfassungsbeschwerde

Grundrechtsschutz in Mehrebenensystemen kann darüber hinaus mit Hilfe einer Verfassungsbeschwerde gewährt werden. So ermöglicht es etwa das Grundgesetz dem Einzelnen, im Wege einer Verfassungsbeschwerde nach Art. 93 Abs. 1 Nr. 4a GG einen individuellen Grundrechtseingriff zu korrigieren[105] und so im konkreten Fall dem Grundrechtsschutz zur Wirksamkeit verhelfen. Auch in der Schweiz kann der Einzelne mit Hilfe einer Beschwerde zum Bundesgericht eine Verletzung seiner verfassungsmäßigen Rechte geltend machen. Zwar kennt die schweizerische Bundesverfassung keine Verfassungsbeschwerde im klassischen Sinn, doch kann im Wege der Beschwerde in öffentlich-rechtlichen Angelegenheiten gemäß Art. 189 Abs. 1 lit. a) BV vor dem Bundesgericht die Verletzung verfassungsmäßiger Rechte geltend gemacht werden, was wegen Art. 189 Abs. 4 BV freilich nicht für Akte der Bundesversammlung und des Bundesrates gilt. Überdies ist, falls die Einheitsbeschwerde ausgeschlossen ist, gegen die Verletzung verfassungsmäßiger Rechte durch kantonale Instanzen unter bestimmten Voraussetzungen die subsidiäre Verfassungsbeschwerde gemäß Art. 113 BGG durch den Betroffenen möglich,[106] so dass dem Einzelnen im Falle von Grundrechtsverletzungen in der Regel ein gesondertes Verfahren zur Verfügung steht. Die EMRK

[101] St. Rspr., vgl. BVerfGE 1, 396, 410 ff.; *Detterbeck*, in: Sachs, GG, Art. 93 Rn. 56; *Maunz*, in: MD, GG, Art. 93 Rn. 20.

[102] *Pechstein*, EU-Prozessrecht, Rn. 338.

[103] Zum Charakter der beiden Verfahrensarten als Normenkontrollverfahren s. *Heckmann*, Geltungskraft und Geltungsverlust von Rechtsnormen, S. 343 f.

[104] Zu dieser Funktion der Verfassungsbeschwerde s. BVerfGE 33, 247, 259; 81, 278, 290; *Löwer*, HdStR III, § 70 Rn. 59; *Detterbeck*, in: Sachs, GG, Art. 93 Rn. 77.

[105] *Detterbeck*, in: Sachs, GG, Art. 93 Rn. 77.

[106] Näher dazu *Schuler*, Die Verfassungsbeschwerde in der Schweiz, der Bundesrepublik Deutschland und Österreich, S. 45 ff., allerdings noch zur Verfassung von 1874; derzeit existieren Pläne für eine Reform des Bundesgerichtsgesetzes, die u.a. die Abschaffung der subsidiären Verfassungsbeschwerde vorsehen.

kennt mit der Individualbeschwerde gemäß Art. 34 EMRK ebenfalls ein Instrument der Durchsetzung von Grundrechtsgewährleistungen durch den von einem Grundrechtseingriff Betroffenen.

cc) Verzicht auf Individualrechtsschutz bzw. Rechtsschutz gegen Gesetze

Andererseits existieren auch Ebenen, die zwar Grundrechtsschutz gewährleisten, die aber nicht über Verfahren zur individuellen Rechtsdurchsetzung verfügen. So ist der EU-Grundrechte-Charta das Instrument einer Individualbeschwerde fremd. Diese Lücke kann auch nicht durch die Möglichkeit der Erhebung einer Nichtigkeitsklage gemäß Art. 263 AEUV geschlossen werden, da die Nichtigkeitsklage für Individuen, die nicht selbst Adressaten der fraglichen Entscheidung sind, als nicht-privilegierte Klageberechtigte nach Art. 263 Abs. 4 2. Var. AEUV das Vorliegen einer individuellen Betroffenheit im Sinne der sog. *Plaumann*-Formel verlangt, was nur dann gegeben ist, „wenn die Entscheidung [den Betroffenen] wegen bestimmter persönlicher Eigenschaften oder besonderer, ihn aus dem Kreis aller übrigen Personen heraushebender Umstände berührt und ihn daher in ähnlicher Weise individualisiert wie den Adressaten“[107]. Diese Voraussetzung ist im Falle einer Klage gegen einen Legislativakt mangels feststehenden Adressatenkreises kaum zu erfüllen, so dass eine entsprechende Klage regelmäßig an den Voraussetzungen des Art. 263 Abs. 4 2. Var. AEUV scheitert. Auch eine Nichtigkeitsklage des Einzelnen gegen EU-Legislativakte nach Art. 263 Abs. 4 3. Var. AEUV ist in solchen Fällen nicht zulässig, da nach der Rechtsprechung des EuGH Rechtsakte mit Verordnungscharakter, in Bezug auf die keine individuelle Betroffenheit erforderlich ist, von Legislativakten zu unterscheiden seien,[108] so dass Klagen eines Individuums gegen Grundrechtsverletzungen durch Verordnungen regelmäßig nicht möglich sind. Damit existiert für Individuen in diesen Fällen keine direkte Rechtsschutzmöglichkeit.

Andere Grundrechtsordnungen verzichten auf die Gewährung von Rechtsschutz gegen Gesetze. So untersagt Art. 190 BV dem schweizerischen Bundesgericht die Nichtigerklärung von Bundesgesetzen, so dass Grundrechtsverstöße durch Bundesgesetze in der Schweiz zumindest grundsätzlich nicht auf gerichtlichem Wege behoben werden können.[109] Ähnliches gilt im Übrigen für das Vereinigte Königreich, wo nach dem Prinzip der Parlamentssouveränität eine Verwerfung von Gesetzen durch die Gerichte ebenfalls nicht in Betracht kommt.[110]

---

[107] EuGH, Rs. 25/62, Plaumann/Kommission, Slg. 1963, 213, 238; ausführlich dazu *Schwarze*, FS Scheuing, 190, 193 ff.

[108] EuGH, Rs. C-583/11 P, Inuit, digit. Slg., Rn. 60 f.

[109] Näher dazu unten, § 9 V.1. a).

[110] Ausführlich zum Prinzip der Parlamentssouveränität s. *Dicey*, Introduction to the Study of the Law of the Constitution, S. XXXVI ff.; *Bradley/Ewing/Knight*, Constitutional and Adminstrative Law, S. 49 ff., die insoweit allerdings von „legislative supremacy“ sprechen.

b) Konfliktvermeidung durch prozessuale Mechanismen

aa) Einrichtung eines Verfassungs- oder Höchstgerichts

Jurisdiktionskonflikte in Mehrebenensystemen können durch die Einrichtung eines Verfassungs- oder Höchstgerichtes entschärft werden, welches im konkreten Fall als „Hüter der Verfassung“[111] eine letztverbindliche Entscheidung trifft. Voraussetzung dafür ist allerdings, dass die beteiligten Ebenen seine letztverbindliche Entscheidung anerkennen und ihr Folge leisten, was letztlich eine Machtfrage ist und nur in hierarchisch gegliederten Systemen mit Sicherheit gewährleistet werden kann.[112] Aus diesem Grund hat sich das Instrument der Verfassungsgerichtsbarkeit in vielen Staaten als wirksames Instrument der Verfassungssicherung erwiesen,[113] wobei es sich insoweit nicht unbedingt um eine spezialisierte Verfassungsgerichtsbarkeit handeln muss, sondern auch das höchste nationale Instanzgericht verfassungsgerichtliche Funktionen ausüben kann. In nicht-hierarchisch aufgebauten Systemen kann die Einrichtung eines zentralen Gerichtshofs ebenfalls zur Vermeidung und Entschärfung von Normkollisionen und Jurisdiktionskonflikten beitragen, wenngleich in diesem Fall die Befolgung der Urteile eines solchen Gerichtshofs häufig nur schwer mit rechtlichen Mitteln erreicht werden kann, sondern stattdessen eine politische Frage darstellt und deshalb letztlich vom Wohlwollen der beteiligten Ebenen abhängt.[114]

bb) Divergenz-, Gültigkeits- und Auslegungsvorlagen der beteiligten Gerichte

Noch wirksamer zur Vermeidung von Jurisdiktionskonflikten in Mehrebenensystemen erweist sich die Einrichtung eines zentralen Verfassungs- oder Höchstgerichtes, wenn dieses die Kompetenz hat, über Divergenz-, Gültigkeits- und/oder Auslegungsvorlagen der Gerichte der einzelnen Ebenen zu entscheiden, mithin ein Dialog zwischen den beteiligten Gerichten existiert.[115] Auf diese Weise kann eine einheitliche Auslegung einer Rechtsnorm innerhalb eines Mehrebenensystems mit mehreren Gerichten sicher gestellt werden. Als Beispiel für ein Divergenzvorlageverfahren lässt sich etwa das Verfahren nach Art. 100 Abs. 3 GG anführen. Das Vorabentscheidungsvorfahren nach Art. 267 AEUV hingegen ermöglicht sowohl Gültigkeits- als auch Auslegungsvorlagen. Während das Verfahren nach Art. 100 Abs. 3 GG sicher stellen soll, dass das Grundgesetz von den

[111] *Kelsen*, Wer soll Hüter der Verfassung sein?, Die Justiz, Bd. VI, 1931, 576, 583 ff.

[112] Zum Letztentscheidungsrecht der Verfassungsgerichtsbarkeit s. *Roellecke*, HdStR III, § 67 Rn. 22; *Böckenförde*, NJW 1999, 9, 10 f.

[113] *Böckenförde*, NJW 1999, 9, 9 ff.

[114] Zur Problematik der Vollstreckung von Zwangsgeld-Urteilen des EuGH gegen EU-Mitgliedstaaten s. *Härtel*, EuR 2001, 617, 620 ff.

[115] Zum Dialog der Gerichte mittels Vorlageverfahren s. etwa *Raducu*, La fonction structurante du dialogue des juges européens pour l'ordre juridique européen, in: Besson/Levrat (Hrsg.), (Dés)ordres juridiques européens, S. 221, 225 ff.

Landesverfassungsgerichten der Länder und vom Bundesverfassungsgericht einheitlich interpretiert wird,[116] gewährleistet das unionsrechtliche Vorabentscheidungsverfahren die einheitliche Auslegung des Unionsrechts.[117]

cc) Konfliktvermeidung durch Abgrenzung der Zuständigkeiten der beteiligten Gerichte

Ein Weg der Konfliktvermeidung im prozessualen Bereich kann in der sorgfältigen Abgrenzung der Zuständigkeiten der verschiedenen Gerichte in einem Mehrebenensystem bestehen. Dies kann vor allem dadurch erreicht werden, dass die Geltungsbereiche der einzelnen Grundrechtsordnungen sowie die Prüfungsmaßstäbe und -kompetenzen der beteiligten Gerichte klar voneinander abgegrenzt werden. Von Bedeutung ist in diesem Zusammenhang zunächst die Frage, ob die Jurisdiktion eines Gerichts über einen Hoheitsakt eröffnet ist, da nicht jede Grundrechtsbindung automatisch mit einer gerichtlichen Prüfungsbefugnis einher geht.[118] In der Regel entspricht der Prüfungsmaßstab eines Gerichts dem materiellen Anwendungsbereich der jeweiligen Grundrechtsordnung, so dass jedes der beteiligten Gerichte die Rechtsakte am Maßstab seiner eigenen Grundrechtsordnung überprüft,[119] doch zwingend ist dies freilich nicht, was insbesondere für den Fall der Übernahme fremder Prüfungsmaßstäbe durch eines der beteiligten Gerichte gilt. Zudem kann sich eine Kompetenzabgrenzung der beteiligten Gerichte im Einzelfall als schwierig erweisen, nachdem die Jurisdiktionsbefugnis der materiellen Grundrechtsbindung folgt und diese in Mehrebenensystemen mit ihren Mehrfachbindungen[120] nicht immer klar abzugrenzen ist. Hinzu kommt, dass im Grundrechtsbereich schon auf der Ebene des materiellen Rechts keine klare Aufteilung der Kompetenzen zwischen den beteiligten Ebenen stattfindet,[121] so dass sich materiell-rechtliche Abgrenzungsprobleme auf prozessualer Ebene fortsetzen können. Daher ist eine vorgelagerte Kompetenzabgrenzung zwischen den beteiligten Gerichten in Mehrebenensystemen eine sinnvolle Option zur Vermeidung von Grundrechtskonflikten, was allerdings nur dann gilt, wenn sich hinreichend klare Abgrenzungskriterien finden lassen.

---

[116] Näher dazu unten, § 6 V.2. a) cc) bbb) (2); vgl. auch *Sodan*, Staat und Verfassungsgerichtsbarkeit, S. 82.

[117] Näher dazu unten, § 10 V.1. a).

[118] *Sauer*, Grundrechtskollisionsrecht für das europäische Mehrebenensystem, in: Matz-Lück/Hong (Hrsg.), Grundrechte und Grundfreiheiten im Mehrebenensystem, S. 1, 8; *Streinz*, Bundesverfassungsgerichtlicher Grundrechtsschutz und Europäisches Gemeinschaftsrecht, S. 149.

[119] *Stern*, Staatsrecht III/2, S. 1509 f.; differenzierend dagegen *Ott*, Landesgrundrechte in der bundesstaatlichen Ordnung, S. 167 f., der von einer Konnexität zwischen der Wirkung der Landesgrundrechte und der Jurisdiktionsgewalt ausgeht.

[120] Näher dazu oben, § 2 II.2.

[121] S. oben, § 2 II.1. c) bb).

dd) Konfliktvermeidung durch Einräumung von Beurteilungsspielräumen und Anwendung von Vermutungsregelungen

Juriskdiktionskonflikte können von vornherein vermieden werden, wenn sich die beteiligten Gerichte in einem Mehrebenensystem Beurteilungsspielräume zugestehen. Durch die Variation der Kontrolldichte im Sinne des Prinzips des *judicial self-restraint* kann eine sinnvolle Aufgabenteilung zwischen den verschiedenen Gerichten erreicht werden.[122] Der EGMR hat zu diesem Zweck die Doktrin der *margin of appreciation* entwickelt, mit deren Hilfe er die Kontrolldichte auf der Rechtfertigungsebene je nach betroffenem Grundrecht und Lebensbereich variiert.[123] Die Rücknahme der Kontrolldichte erweist sich insbesondere im Falle mehrpoliger Rechtsverhältnisse, bei denen eine Günstigkeitsklausel keine Abhilfe verspricht, als Möglichkeit zur Lösung von Grundrechtskollisionen.[124] Auf diese Weise kann ein Korridor vertretbarer Lösungen geschaffen werden, welcher an die Stelle der Suche nach der einzig richtigen Lösung tritt.[125] Dadurch können Spannungen und Konflikte zwischen den verschiedenen Grundrechtsordnungen und den zugehörigen Gerichten von vornherein vermieden werden.

Ein ähnliches Instrument der Konfliktvermeidung stellt die vom Bundesverfassungsgericht entwickelte *Solange II*-Rechtsprechung dar,[126] die eine Vermutung zu Gunsten eines hinreichenden Grundrechtsstandards auf Unionsebene impliziert. Indem das Gericht im Falle sekundärer Unionsrechtsakte auf eine eigene Grundrechtsprüfung am Maßstab der Grundrechte des Grundgesetzes verzichtet, gewährt es dem unionalen Grundrechtsschutz eine Art Vertrauensvorschuss. Eine vergleichbare Lösung hat der EGMR mit der sog. *Bosphorus*-Formel entwickelt, nach der eine widerlegliche Vermutung für die Konventionskonformität des Handelns einer Vertragspartei besteht, wenn die betreffende internationale Organisation, auf deren Rechtsvorschriften das Handeln der Vertragspartei beruht, *in concreto* die EU, über einen vergleichbaren Grundrechtsschutz verfügt.[127] Auch in diesem Fall handelt es sich um eine Art „Vertrauens-

---

[122] Vgl. *Grabenwarter/Pabel*, Europäische Menschenrechtskonvention, § 18 Rn. 21.

[123] *Grabenwarter/Pabel*, Europäische Menschenrechtskonvention, § 18 Rn. 20; *Peters/Altwicker*, Europäische Menschenrechtskonvention, § 3 Rn. 18; *Mayer*, in: Karpenstein/Mayer, EMRK, Einl. Rn. 60 ff.; *Ress*, ZaöRV 69 (2009), 289, 299 f.; *Klatt*, Die praktische Konkordanz von Kompetenzen, S. 65 f.; näher dazu unten, § 12 IV.3.

[124] *Dederer*, ZaöRV 66 (2006), 575, 621; *Sauer*, Grundrechtskollisionsrecht für das europäische Mehrebenensystem, in: Matz-Lück/Hong (Hrsg.), Grundrechte und Grundfreiheiten im Mehrebenensystem, S. 1, 67.

[125] *Lübbe-Wolff*, Der Grundrechtsschutz nach der Europäischen Menschenrechtskonvention bei konfligierenden Individualrechten, in: Hochhuth (Hrsg.), Nachdenken über Staat und Recht, S. 193, 199 ff.; *Sauer*, Grundrechtskollisionsrecht für das europäische Mehrebenensystem, in: Matz-Lück/Hong (Hrsg.), Grundrechte und Grundfreiheiten im Mehrebenensystem, S. 1, 67; *Hoffmann-Riem*, EuGRZ 2006, 492, 497; *Franzius*, Rechtswissenschaft 7 (2016), 62, 84.

[126] BVerfGE 73, 339, 387; näher dazu oben, § 1 II.2. b) aa) bbb) (1).

[127] EGMR, Urt. v. 30.06.2005 – 45036/98 – Bosphorus Hava Yollari Turizm ve Ticaret Anonim Sirketi/Irland, RJD 2005-VI, Rn. 155; näher dazu unten, § 12 IV.3.

vorschuss"[128] zu Gunsten der Grundrechtsordnung einer anderen Ebene, mithin um einen Kontrollverzicht seitens des EGMR.[129]

Eine ähnliche Art der Konfliktvermeidung im Verhältnis zwischen Bundesverfassungsgericht und EuGH findet sich nach dem *Honeywell*-Beschluss schließlich im Bereich der Kompetenzkontrolle. Indem das Bundesverfassungsgericht dem EuGH einen Anspruch auf Fehlertoleranz zubilligt und nur noch eine Art Willkürkontrolle durchführt,[130] wird die Zahl potentieller Konflikte von vornherein auf ein Minimum reduziert, weshalb auch diese Art der richterlichen Zurückhaltung als Konfliktvermeidungsstrategie eingestuft werden kann.

ee) Konfliktvermeidung durch Übernahme von Prüfungsmaßstäben

In prozessualer Hinsicht können Konflikte zwischen verschiedenen Rechtsordnungen darüber hinaus dadurch vermieden werden, dass die beteiligten Gerichte ihre Prüfungsmaßstäbe auf freiwilliger Basis angleichen. In der Praxis kann dies dadurch geschehen, dass das Verfassungs- oder Höchstgericht einer Ebene mit oder ohne rechtliche Verpflichtung die Grundrechtsgarantien einer anderen Ebene samt der dazu gehörigen Rechtsprechung unmittelbar als Prüfungsmaßstab heran zieht. Dieses Vorgehen ist keineswegs auf gestufte Rechtsordnungen beschränkt, sondern kann auch bei gleichgeordneten Rechtsordnungen auftreten.

ff) Konfliktvermeidung durch konforme Auslegung

Jurisdiktionskonflikte zwischen den Gerichten verschiedener Rechtsebenen können ferner vermieden werden, indem die beteiligten Gerichte zum Instrument der konformen Auslegung greifen. Im Wege der konformen Auslegung können die Normen einer Rechtsebene so ausgelegt werden, dass sie mit den Vorgaben einer anderen Rechtsebene noch zu vereinbaren sind, während Letztere ihrerseits so interpretiert werden können, dass sie den Normen der anderen Rechtsebene hinreichend Gestaltungsspielraum gewähren. Das Instrument der konformen Auslegung ist in vielen Fällen Folge der Kollisionsregel vom Vorrang des Rechts der einen Ebene gegenüber dem Recht einer anderen Ebene und kann grundsätzlich sowohl im Verhältnis zwischen Gliedstaaten und dem Gesamtstaat[131] als auch im Verhältnis zwischen gleichgeordneten Rechtsordnungen zur Anwendung kommen, wobei sich aus einem Erst-Recht-Schluss ergibt, dass dies nicht nur für Normen des einfachen Rechts, sondern auch für Verfassungsnormen gelten

---

128 *Szczekalla*, GPR 2005, 176, 178.

129 S. dazu *Wollenschläger*, Die Gewährleistung von Sicherheit im Spannungsfeld der nationalen, unionalen und EMRK-Grundrechtsordnungen, in: Iliopoulos-Strangas/Diggelmann/Bauer (Hrsg.), Rechtsstaat, Freiheit und Sicherheit in Europa, S. 45, 74.

130 BVerfGE 126, 286, 307; näher dazu oben, § 1 II.2. b) aa) bbb) (1).

131 *Wermeckes*, Der erweiterte Grundrechtsschutz, S. 108 f.

muss.[132] Zwingend ist die Verknüpfung der konformen Auslegung mit dem Vorrang des Rechts einer Ebene vor dem Recht einer anderen Ebene jedoch nicht, da etwa auch im Verhältnis zur EMRK, in Bezug auf die nicht zwingend eine Vorrangrelation besteht, ein Interesse an einer Angleichung im Wege der Auslegung gegeben sein kann. In jedem Fall besitzt das Instrument der konformen Auslegung eine substanzielle Ähnlichkeit mit dem materiell-rechtlichen Instrument der Konfliktvermeidung durch Angleichung der Rechtsnormen.

gg) Konfliktvermeidung durch informellen Austausch der beteiligten Gerichte

Konflikte zwischen den Verfassungs- und Höchstgerichten der verschiedenen Ebenen können schließlich dadurch vermieden werden, dass die beteiligten Gerichte einen informellen Austausch miteinander pflegen, etwa in Form regelmäßiger Treffen der dem jeweiligen Gericht zugehörigen Richter oder durch gegenseitige Einladungen zu Konferenzen und Seminaren.[133] Auf diese Weise kann das Verständnis für die jeweils andere Position gestärkt werden, wenngleich nicht übersehen werden darf, dass diese Form des Austauschs lediglich einen kleinen Teil des Dialogs zwischen den Gerichtshöfen ausmachen wird und kaum zur Lösung von Konflikten in einem konkreten Fall eingesetzt werden kann.

III. Zusammenfassung zum 1. Teil

Bei den Systemen des Grundgesetzes, der Schweizer Bundesverfassung und der EU handelt es sich um föderale Systeme, wobei Deutschland und die Schweiz als Bundesstaaten zu qualifizieren sind, während die EU als „Bund" eingestuft werden kann, nachdem ihr die Staatsqualität fehlt und andere Kategorisierungsversuche wie die Annahme eines Gebildes *sui generis* oder eines Verbundes nicht zu überzeugen vermögen. Alle drei Systeme können jedoch auf Grund ihrer föderalen Struktur mit Hilfe des ursprünglich aus den Sozialwissenschaften stammenden Mehrebenen-Ansatzes analysiert werden, während konkurrierende Erklärungsansätze wie etwa die Netzwerk- und Governance-Ansätze für die Untersuchung des Verhältnisses von Bundes- und (glied-)staatlichen Grundrechten in föderalen Systeme schon auf Grund der diesen Ansätzen innewohnenden Einbeziehung weiterer Aspekte wie etwa dem Verhalten privater Akteure wenig geeignet erscheinen. Darüber hinaus ermöglicht das Konzept des Mehrebenensystems eine Untersuchung der Einwirkung der EMRK als zusätzlicher Ebene auf die zu analysierenden föderalen Rechtsordnungen.

---

[132] *Dietlein*, Die Grundrechte in den Verfassungen der neuen Bundesländer, S. 75 Fn. 87; *v. Olshausen*, Landesverfassungsbeschwerde und Bundesrecht, S. 152 f.; *Rozek*, Das Grundgesetz als Prüfungs- und Entscheidungsmaßstab, S. 201; *Storr*, Verfassungsgebung, S. 169; *Jutzi*, Landesverfassungsrecht und Bundesrecht, S. 29.

[133] Ausführlich dazu *Nunner*, Kooperation internationaler Gerichte, S. 174 ff.

In Bezug auf das Verhältnis der beteiligten Rechtsebenen ergibt sich für die bundesstaatlichen Systeme Deutschlands und der Schweiz auf Grund der Existenz einer gemeinsamen Grundnorm für die jeweils beteiligten Ebenen eine tendenzielle Überordnung der Bundes- über die gliedstaatliche Ebene, welche freilich in vielfacher Hinsicht durchbrochen wird und mitunter sogar umgekehrt werden kann. Im Verhältnis der EU zu den Mitgliedstaaten hingegen lässt sich mangels gemeinsamer Grundnorm richtigerweise keine derartige Hierarchie nachweisen, sondern es handelt sich insoweit vielmehr um ein pluralistisches, heterarchisches Verhältnis, was jedoch einem In-Beziehung-Treten der beteiligten Ebenen nicht entgegen steht. Der EuGH geht dementsprechend in Bezug auf das Unionsrecht im Verhältnis zum Recht der Mitgliedstaaten von einer autonomen Rechtsordnung aus. Die Einheit der Unionsrechtsordnung soll mit Hilfe des Anwendungsvorrangs des Unionsrechts sicher gestellt werden. Demgegenüber nimmt die Mehrzahl der mitgliedstaatlichen Verfassungs- und Höchstgerichte an, dass die Geltung des Unionsrechts auf das mitgliedstaatliche Recht zurück zu führen sei, was dem Verständnis der EU als vollkommen autonomer Rechtsordnung zumindest teilweise widerspricht. Aus diesem Grund verneinen einige mitgliedstaatliche Verfassungs- und Höchstgerichte den Vorrang des Unionsrechts auch vor dem nationalen Verfassungsrecht, während sich andere zumindest die Möglichkeit einer *Solange II-*, *ultra vires-* bzw. Identitätskontrolle nach dem Vorbild des Bundesverfassungsgerichts vorbehalten. Dennoch bestreitet kein nationales Verfassungs- oder Höchstgericht grundsätzlich die Geltung des Anwendungsvorrangs des Unionsrechts, welcher in der Praxis ähnliche Wirkungen hervorruft wie der Geltungsvorrang des höherrangigen Rechts in einer hierarchischen Rechtsordnung. Daher sind die zumindest tendenziell hierarchisch strukturierten Rechtsordnungen von Deutschland und der Schweiz einerseits und das heterarchisch konzipierte System der EU andererseits in ihren praktischen Auswirkungen auf den Grundrechtsschutz miteinander vergleichbar.

Konflikte zwischen den einzelnen Ebenen in einem föderalen Mehrebenensystem können in materiell-rechtlicher Hinsicht in Gestalt von Normkonkurrenzen und Normkollisionen und in prozessualer Hinsicht in Form von Jurisdiktionskonflikten zwischen den beteiligten Gerichten auftreten. Um rechtsvergleichend zu untersuchen, wie die Systeme Deutschlands, der Schweiz und der EU mit derartigen Konflikten umgehen, werden verschiedene Vergleichsparameter herangezogen, zu denen die Ausgestaltung der materiell-rechtlichen Kollisions- und Konfliktvermeidungsmechanismen, die Grundrechtsbindung der beteiligten Organe und der Prüfungsmaßstab der jeweiligen Verfassungs- und Höchstgerichte sowie die prozessuale Ausgestaltung des Grundrechtsschutzes zählen. In materiell-rechtlicher Hinsicht kann Konflikten zwischen den beteiligten Ebenen insbesondere durch die klassischen Kollisionsregeln sowie durch Konfliktvermeidungsstrategien wie die Verankerung einer klaren Aufteilung der Kompetenzen zwischen den beteiligten Ebenen, die Parallelität der Kollisionsnormen, die Einführung von Koexistenznormen, die weitestgehende Angleichung der jeweiligen

Vorschriften, eine freiwillige Bindungsrücknahme sowie die Unterwerfung einer Ebene unter die rechtlichen Vorgaben einer anderen Ebene vorgebeugt werden. In prozessualer Hinsicht kommt zur Vermeidung von Konflikten zwischen den beteiligten Verfassungs- und Höchstgerichten vor allem eine klare Abgrenzung der jeweiligen Zuständigkeiten, die wechselseitige Einräumung von Beurteilungsspielräumen und die Übernahme von Prüfungsmaßstäben, eine Auslegung im Lichte des Rechts der jeweils anderen Ebene sowie ein informeller Austausch zwischen den beteiligten Gerichten in Betracht.

2. Teil

Grundrechtsschutz im Mehrebenensystem des deutschen Bundesstaats

§ 3 Grundrechtsschutz im Deutschen Reich (1871)

I. Entstehungsgeschichte

Die Gründung des Deutschen Reiches zum 1. Januar 1871 kann als End- und Höhepunkt der nationalen Verfassungsbewegung in Deutschland angesehen werden,[1] das seit 1789 um seine staatliche Selbstverwirklichung gerungen hatte. Der fehlende Wille der einzelnen deutschen Staaten zum Verzicht auf Souveränitätsrechte sowie der Gegensatz zwischen nationalem Unitarismus und partikularem Föderalismus hatten zum Scheitern der Paulskirchenverfassung geführt und die Weiterentwicklung des seit 1815 bestehenden Deutschen Bundes zu einer deutschen Nation lange Zeit verhindert.[2] Im Jahr 1866 schließlich gründeten 22 Mittel- und Kleinstaaten sowie die freien Hansestädte nördlich der Mainlinie den Norddeutschen Bund, welcher unter der Hegemonie Preußens stand und eine wichtige Zwischenstufe bei der Entstehung des Deutschen Reichs bildete. Nicht zum Norddeutschen Bund gehörten die südlich des Mains gelegenen deutschen Länder Bayern, Württemberg, Baden und der südliche Teil Hessen-Darmstadts. Die Verfassung des Norddeutschen Bundes aus dem Jahr 1867[3] war bundesstaatlich organisiert[4] und etablierte den aus den Vertretern der Länder bestehenden Bundesrat als Exekutivorgan.[5] Der Ausbruch des deutsch-französischen Krieges im Jahr 1870 bestärkte bei den südlich des Mains gelegenen deutschen Ländern den Willen zur Gründung einer deutschen Nation, so dass im November 1870 der Abschluss von Verfassungsverträgen zwischen dem Norddeutschen Bund, Baden, Hessen, Bayern und Württemberg möglich wurde, welche die Gründung eines neuen deutschen Bundesstaates und die Ausarbeitung einer neuen Bundesverfassung vorsahen.[6] Am 16. April 1871 nahm der neu gewählte Reichstag das „Gesetz betreffend die Verfassung des Deutschen Reiches", d.h. die neue Reichsverfassung (RV) an, die rückwirkend zum 1. Januar 1871 in Kraft gesetzt wurde.[7]

---

[1] Zur Verfassungsbewegung in Deutschland im 19. Jahrhundert s. *Böckenförde*, Recht, Staat, Freiheit, S. 249 ff.

[2] *Grzeszick*, Vom Reich zur Bundesstaatsidee, S. 301 f.; *Böhmer*, Die Europäische Union im Lichte der Reichsverfassung von 1871, S. 39.

[3] Für den Verfassungstext s. *Binding* (Hrsg.), Die Verfassungen des Norddeutschen Bundes vom 17. April 1867 und des Deutschen Reichs vom 16. April 1871.

[4] *V. Martitz*, Betrachtungen über die Verfassung des Norddeutschen Bundes, S. 1.

[5] *V. Martitz*, Betrachtungen über die Verfassung des Norddeutschen Bundes, S. 42 ff.

[6] Ausführlich dazu *Huber*, Deutsche Verfassungsgeschichte, Bd. 3, S. 724 ff.; *Binder*, Reich und Einzelstaaten, S. 13 ff.

[7] Gesetz betreffend die Verfassung des Deutschen Reiches v. 16. April 1871 (RGBl., S. 45).

Dieses Zusammenfallen von Staatsgründung und Verfassungsgebung verleiht der Reichsverfassung einen besonderen verfassungstypologischen Rang.[8] Die Reichsverfassung beruht in wesentlichen Zügen auf der Verfassung des Norddeutschen Bundes aus dem Jahr 1867.[9] Sie enthält jedoch nicht das gesamte Verfassungsrecht des Reichs, sondern es existierten daneben zahlreiche Reichsverfassungsgesetze, d.h. Normen mit materiellem Verfassungsrecht, welche nicht in die Reichsverfassung eingegliedert wurden, was die Integrationskraft der Reichsverfassung schwächte.[10]

II. Das Deutsche Reich als föderales bundesstaatliches System

1. Das Reich als Bundesstaat

Das Deutsche Reich bestand, wie in Art. 1 RV verbürgt, aus 25 Einzelstaaten sowie dem Reichsland Elsaß-Lothringen und war als Bundesstaat organisiert, in dem den Einzelstaaten weitreichende Einfluss- und Eigenrechte zukamen, die oberste Hoheitsgewalt jedoch beim Gesamtstaat lag.[11] Träger der Staatsgewalt war damit nicht die Gesamtheit der Gliedstaaten, sondern das Reich selbst als eigenständige Rechtspersönlichkeit.[12] Die Souveränität der Gliedstaaten war damit erloschen.[13] Die Art. 1 der Bundesakte des staatenbündisch organisierten Deutschen Bundes von 1815 nachgebildete Präambel der Reichsverfassung erklärte, der preußische König als Vertreter des Norddeutschen Bundes und die süddeutschen Fürsten schlössen einen „ewigen Bund zum Schutz des Bundesgebietes und des innerhalb desselben gültigen Rechtes, sowie zur Pflege der Wohlfahrt des Deutschen Volkes“[14]. Diese Formulierung ist insofern irreführend, als sie suggeriert, dass die Landesherren der beteiligten Einzelstaaten ein als „Bund“ bezeichnetes Bündnis geschlossen hätten und nicht das deutsche Volk als Einheit Träger

[8] *Huber*, Die Bismarcksche Reichsverfassung im Zusammenhang der deutschen Verfassungsgeschichte, in: Schieder/Deuerlein (Hrsg.), Reichsgründung 1870/71, S. 164, 165.

[9] Vgl. *Höner*, Richterliches Prüfungsrecht, S. 26; *Dreyer*, Föderalismus als ordnungspolitisches und normatives Prinzip, S. 248.

[10] Näher dazu *Huber*, Deutsche Verfassungsgeschichte, Bd. 3, S. 759 f.

[11] Allgemeine Meinung, vgl. nur *Laband*, Das Staatsrecht des Deutschen Reiches, Bd. 1, 5. Aufl., S. 88 ff.; a.A. nur *v. Seydel*, Kommentar zur Reichsverfassung, S. 6, der von einem Staatenbund ausging; ausführlich dazu *Huber*, Deutsche Verfassungsgeschichte, Bd. 3, S. 786.

[12] *Laband*, Das Staatsrecht des Deutschen Reiches, Bd. 1, 5. Aufl., S. 94 ff.; *Anschütz*, Bismarck und die Reichsverfassung, S. 9; *Meyer/Anschütz*, Lehrbuch des Deutschen Staatsrechts, S. 226.

[13] *Laband*, Das Staatsrecht des Deutschen Reiches, Bd. 1, 5. Aufl., S. 59; *Huber*, Die Bismarcksche Reichsverfassung im Zusammenhang der deutschen Verfassungsgeschichte, in: Schieder/Deuerlein (Hrsg.), Reichsgründung 1870/71, S. 164, 174; *Meyer/Anschütz*, Lehrbuch des Deutschen Staatsrechts, S. 227.

[14] Art. 1 der Bundesakte von 1815 sprach von einem „beständige[n] Bund“; für den Text der Bundesakte von 1815 s. *Näf*, Die deutsche Bundesakte und der schweizerische Bundesvertrag von 1815.

des neu gegründeten Reiches sei.[15] In Wirklichkeit jedoch wäre ohne den starken Einheitswillen der Bevölkerung und ohne die Zustimmung der gewählten Nationalvertretung zu dem ihr vorgelegten Verfassungsentwurf die Entstehung des Deutschen Reichs nicht möglich gewesen.[16] Auch in institutioneller Hinsicht entspricht die Deutung des Deutschen Reichs als Fürstenbund nicht der Realität, da die Verfassung mit ihren Vorschriften über den Kaiser, den Reichstag und die Reichsgewalt ausgeprägte nationalunitarische Elemente enthält.[17] Für einen Bundesstaat und gegen einen bloßen Staatenbund spricht darüber hinaus, dass die Präambel als Reichszweck neben der Erhaltung der Reichssicherheit nach außen und innen auch die Pflege der Wohlfahrt des Deutschen Volkes anführte und damit dem Reich einen universalen Zweck zuwies. Eine solch umfassende Aufgabenzuweisung ist charakteristisch für einen Staat, der, anders als ein Staatenbund, grundsätzlich für alle anfallenden Aufgaben zuständig ist.[18] Schließlich ergibt sich der bundesstaatliche Charakter des Reiches aus der hierarchischen Überordnung des Reiches über die Länder, welcher etwa durch die Kompetenz-Kompetenz des Reiches oder den Vorrang des Reichsrechts vor dem Landesrecht zum Ausdruck kommt.[19] Angesichts der weitreichenden Einflussrechte der Länder gemäß der Verfassung kann man jedoch von einem Bundesstaat mit bündischem Charakter sprechen.[20]

2. *Föderale Elemente der Staatsorganisation*

a) Verteilung der Gesetzgebungskompetenzen

Die Verfassungsstruktur des Reichs zeichnet sich durch eine Mischung aus unitarischen und föderalen Elementen aus.[21] Dies entspricht dem Spannungsfeld zwischen dem Kampf um die Herbeiführung der nationalen, wirtschaftlichen und machtpolitischen Einheit einerseits und der Wahrung der Länderinteressen sowie der Verhinderung der Parlamentarisierung des Reichs andererseits.[22] Die Ausge-

[15] Vgl. dazu *Huber*, Deutsche Verfassungsgeschichte, Bd. 3, S. 788 f.; *ders.*, Die Bismarcksche Reichsverfassung im Zusammenhang der deutschen Verfassungsgeschichte, in: Schieder/Deuerlein (Hrsg.), Reichsgründung 1870/71, S. 164, 168; vgl. auch *Triepel*, FG Laband, Bd. 2, S. 249, 284; *Maurer*, FS Stern, S. 29, 38 f.

[16] *Huber*, Deutsche Verfassungsgeschichte, Bd. 3, S. 788; *Dennewitz*, Der Föderalismus, S. 140.

[17] *Huber*, Deutsche Verfassungsgeschichte, Bd. 3, S. 788 f.; *ders.* HdStR I, § 4 Rn. 9 f.

[18] S. dazu oben, Einführung, II.1.

[19] Vgl. *Anschütz*, Bismarck und die Reichsverfassung, S. 9; ausführlich dazu unten, § 3 II.3.

[20] *Stern*, Staatsrecht V, S. 574 spricht von einem Bundesstaat mit „dezidiert bündische[m] Charakter"; vgl. auch *Huber*, Deutsche Verfassungsgeschichte, Bd. 6, der ebenfalls von einem „Bundesstaat mit bündischer Grundlage" spricht.

[21] *Anschütz*, Bismarck und die Reichsverfassung, S. 16 f.; *ders.*, VVDStRL 1 (1924), 11, 13 ff.; *Triepel*, Unitarismus und Föderalismus, S. 33.

[22] *Boldt*, Der Föderalismus im Deutschen Kaiserreich als Verfassungsproblem, in: Rumpler (Hrsg.), Innere Staatsbildung und gesellschaftliche Modernisierung, S. 31, 32 f.

staltung der Kompetenzverteilung entspricht daher einem zweifachen Kompromiss, nämlich zum einen dem Kompromiss zwischen demokratischem und monarchischem Prinzip und zum anderen dem Kompromiss zwischen Unitarismus und Föderalismus.[23] *Bismarck* hatte sich bereits 1869 dafür ausgesprochen, auf ein zu gründendes Deutsches Reich nicht mehr Kompetenzen zu übertragen, „als absolut zum Zusammenhalt des Ganzen, als zur Wirkung nach außen erforderlich ist".[24]

Trotz ihres kompromissartigen Charakters spricht die Aufteilung der Kompetenzen zwischen Reich und Ländern jedoch klar für ein föderales System in Form eines Bundesstaates mit einem Übergewicht des Reiches bei den Legislativkompetenzen, welches insbesondere im Zuge der wirtschaftlichen Entwicklung und der damit verbundenen Wirtschafts- und Sozialgesetzgebung ab 1890 eine stark unitarisierende Wirkung entfaltete.[25] Die Reichsverfassung regelte die Reichszuständigkeiten grundsätzlich durch Deklaration, d.h. durch ausdrückliche Aufzählung der dem Reich zustehenden Gesetzgebungsmaterien.[26] Art. 4 RV enthielt einen 16 Sachgebiete umfassenden Katalog mit Reichszuständigkeiten, welcher auf Grund der dem Reich nach Art. 78 Abs. 2 RV zustehenden Kompetenz-Kompetenz[27] im Laufe der Zeit erweitert[28] und durch die Reichskompetenzen kraft Natur der Sache und kraft Sachzusammenhangs ergänzt wurde.[29] Alle übrigen Gesetzgebungsmaterien, etwa das Polizeirecht, das Gemeinderecht, das Enteignungsrecht, das Schul- und Hochschulrecht sowie das Staatskirchenrecht, blieben den Ländern überlassen, wobei im Zweifel die Vermutung für die Landeszuständigkeit sprach. Die Reichsverfassung ging stillschweigend von der auch dem Grundgesetz zu Grunde liegenden Dreiteilung der Gesetzgebungszuständigkeiten in ausschließliche Reichskompetenz, konkurrierende Reichs- und Landeskompetenz sowie ausschließliche Landeskompetenz aus.[30] Zu den ausschließlichen Kompetenzen des Reiches gehörten u.a. die auswärtigen Beziehungen, das

---

[23] Vgl. *Huber*, Deutsche Verfassungsgeschichte, Bd. 3, S. 791 f.; *ders.*, Die Bismarcksche Reichsverfassung im Zusammenhang der deutschen Verfassungsgeschichte, in: Schieder/Deuerlein (Hrsg.), Reichsgründung 1870/71, S. 164, 177; *Böhmer*, Die Europäische Union im Lichte der Reichsverfassung von 1871, S. 57.

[24] *V. Bismarck*, Rede in der 20. Sitzung des Norddeutschen Bundes vom 16.04.1869, abgedruckt in: Kohl (Hrsg.), Die politischen Reden des Fürsten Bismarck, Bd. 4 (1868–1870), Stuttgart 1893, S. 176, 189.

[25] Vgl. *Huber*, Die Bismarcksche Reichsverfassung im Zusammenhang der deutschen Verfassungsgeschichte, in: Schieder/Deuerlein (Hrsg.), Reichsgründung 1870/71, S. 164, 174 ff.; *ders.*, HdStR I, § 4 Rn. 23 f.; *Forsthoff*, Deutsche Verfassungsgeschichte, S. 157.

[26] *Huber*, Deutsche Verfassungsgeschichte, Bd. 3, S. 909.

[27] Ausführlich dazu unten, § 3 II.3. a).

[28] So etwa wurde etwa durch die „Lex Lasker" von 1873 Art. 4 Nr. 13 RV auf das gesamte bürgerliche Recht, das Strafrecht und das gerichtliche Verfahren ausgedehnt; vgl. dazu *Hirschberg*, Abweichungen der Reichsverfassung, S. 26.

[29] Vgl. *Huber*, Deutsche Verfassungsgeschichte, Bd. 3, S. 909; *Triepel*, Die Kompetenzen des Bundesstaats und die geschriebene Verfassung, FG Laband, Bd. 2, S. 249, 286 ff.

[30] *Laband*, Das Staatsrecht des Deutschen Reiches, Bd. 2, 5. Aufl., S. 120 ff.; *Meyer/Anschütz*, Lehrbuch des Deutschen Staatsrechts, S. 715; *Meyer*, Lehrbuch des Deutschen Staatsrechtes, S. 611 f.

Reichsangehörigkeitsrecht, das Reichstagswahlrecht sowie die Rechtsverhältnisse des Heeres und der Kriegsmarine sowie der Reichsgerichte, wobei auch den Ländern auf Grund ihres Staatscharakters die Befugnis zur Wahrnehmung auswärtiger Angelegenheiten zukam, soweit dafür nicht die Zuständigkeit des Gesamtstaats ausdrücklich oder nach der Natur der Sache gegeben war.[31] In die konkurrierende Zuständigkeit von Reich und Ländern, welche vom Verfassungstext selbst nicht erwähnt wird, fielen diejenigen Materien des Art. 4 RV, die nach der Natur der Sache nicht ausschließlich vom Reich allein zu regeln waren, wie etwa das bürgerliche Recht, das Straf- und das Prozessrecht, das Handels- und Gewerberecht sowie das Presse- und Vereinsrecht.[32] Die Länder waren befugt, auf diesen Gebieten das Gesetzgebungsrecht auszuüben, so lange das Reich von seiner Kompetenz keinen Gebrauch gemacht hatte.[33]

b) Bundesrat

Der Bundesrat sollte nach der Konzeption der Reichsverfassung das oberste Reichsorgan sein,[34] was angesichts des Umstandes, dass darin die Länder vertreten waren, *prima facie* für die Einordnung des Reichs als Staatenbund spricht.[35] In der Verfassungswirklichkeit allerdings trat der Bundesrat – nicht zuletzt auf Grund der starken Stellung des Reichskanzlers – mehr und mehr in die zweite Reihe zurück.[36] Obwohl im Bundesrat die Einzelstaaten durch weisungsgebundene Bevollmächtigte vertreten waren (Art. 6 RV), repräsentierte er als Reichsorgan das Reich als Ganzes.[37] Er stand als selbstständiges Verfassungsorgan neben dem Reichstag, welcher als Organ der Volksvertretung konzipiert war und damit das national-demokratische und das unitarische Element abbildete.[38] Der Bundesrat verfügte gemäß der Verfassung sowohl über legislative als auch über exekutive und judikative Befugnisse.[39] Insbesondere kam ihm nach Art. 7 Nr. 1 RV das Gesetzesinitiativrecht auf Reichsebene zu. Außerdem musste er nach Art. 5

[31] *Huber*, Deutsche Verfassungsgeschichte, Bd. 3, S. 932 f.; vgl. auch *Fleischmann*, HdStR I, 1930, § 18, S. 209 f.

[32] Vgl. *Huber*, Deutsche Verfassungsgeschichte, Bd. 3, S. 910 f.

[33] *Huber*, Deutsche Verfassungsgeschichte, Bd. 3, S. 911.

[34] Vgl. *Zorn*, Deutsches Staatsrecht, Bd. 1, S. 140; *Meyer/Anschütz*, Lehrbuch des deutschen Staatsrechts, S. 473; *Anschütz*, Bismarck und die Reichsverfassung, S. 29; *Herwegen*, Reichverfassung und Bundesrat, S. 34; ähnlich auch *Laband*, DJZ 16 (1911), 1, 1, der den Bundesrat als „höchstes" Reichsorgan bezeichnet; ausführlich zum Ganzen *Holste*, Der deutsche Bundesstaat im Wandel, S. 201 ff.

[35] Zum föderalistischen Charakter des Bundesrats s. *Triepel*, Unitarismus und Föderalismus, S. 12 ff.

[36] *Huber*, Deutsche Verfassungsgeschichte, Bd. 3, S. 849; *Dennewitz*, Der Föderalismus, S. 33 f.; *Binder*, Reich und Einzelstaaten, S. 164; *Hartung*, Deutsche Verfassungsgeschichte, S. 277.

[37] *Laband*, Das Staatsrecht des Deutschen Reiches, Bd. 1, 5. Aufl., S. 254 f.; *Stern*, Staatsrecht V, S. 371.

[38] *Nipperdey*, Deutsche Geschichte 1800–1918, Bd. 2, S. 102.

[39] Vgl. die Übersicht bei *Huber*, Deutsche Verfassungsgeschichte, Bd. 3, S. 860.

RV den im Reichstag beschlossenen Gesetzen zustimmen,[40] wobei nach Art. 78 Abs. 1 RV bereits eine Sperrminorität von 14 Stimmen im Bundesrat genügte, um Verfassungsänderungen zu verhindern.[41] Daneben war er nach Art. 11 Abs. 2 und 3 RV an der Ausübung der auswärtigen Gewalt beteiligt und konnte Rechtsverordnungen sowie nach Art. 7 Abs. 1 Nr. 2 RV allgemeine Verwaltungsvorschriften erlassen. Nicht zuletzt hatte er über Verfassungsstreitigkeiten innerhalb der Gliedstaaten (Art. 76 Abs. 2 RV) sowie über die Bewirkung gerichtlicher Hilfe im Fall der Justizverweigerung in einem Gliedstaat (Art. 77 RV) zu entscheiden. Vorsitzender des Bundesrats war der Reichskanzler, was enge Beziehungen zwischen dem Bundesrat und der Reichsleitung garantierte.[42]

c) Verwaltung

Ein weiteres föderales Element der Reichsverfassung war die Ausgestaltung der Verwaltung. So oblag die Ausführung der Reichsgesetze den Ländern, was sich einem Umkehrschluss aus Art. 4 S. 1 RV entnehmen lässt, wonach dem Reich das Recht der Beaufsichtigung, nicht aber das der Ausführung der Gesetze zugewiesen wird.[43] Für einige Sachgebiete sah die Reichsverfassung allerdings die unmittelbare Reichsverwaltung entweder direkt vor oder erlaubte zumindest deren Einführung, so dass im Laufe der Zeit immer mehr Bereiche der unmittelbaren Reichsverwaltung unterfielen und die Reichsverwaltung insgesamt deutlich unitarische Züge annahm.[44] Dennoch blieb die Verwaltung die „eigentliche Domäne der Länderstaatlichkeit“[45], was sich nicht zuletzt damit begründen lässt, dass die Ausführung der Reichsgesetze nicht als Auftragsverwaltung, sondern als Eigenverwaltung der Länder konzipiert war, mithin die Länder nicht in mittelbarer Reichsverwaltung handelten.[46]

d) Judikative

Auch die Organisation der Judikative spiegelt den föderalen Charakter der Reichsverfassung wider. Nach den Reichsjustizgesetzen von 1877, in Kraft getre-

---

[40] Ausführlich hierzu *Herwegen*, Reichsverfassung und Bundesrat, S. 56 ff.

[41] Vgl. *Boldt*, Der Föderalismus in den Reichsverfassungen von 1849 und 1871, in: Wellreuther/Schnurmann (Hrsg.), Die Amerikanische Verfassung, S. 297, 331.

[42] *Huber*, Deutsche Verfassungsgeschichte, Bd. 3, S. 851; vgl. dazu auch *Herwegen*, Reichsverfassung und Bundesrat, S. 48 ff.

[43] *Huber*, Deutsche Verfassungsgeschichte, Bd. 3, S. 961; vgl. dazu auch *Laband*, Das Staatsrecht des Deutschen Reiches, Bd. 2, 5. Aufl., S. 204 f.

[44] *Laband*, Das Staatsrecht des Deutschen Reiches, Bd. 2, 5. Aufl., S. 210; *Grzeszick*, FS Würtenberger, S. 193, 198; für Einzelheiten s. *Huber*, Deutsche Verfassungsgeschichte, Bd. 3, S. 961 f.

[45] *Huber*, Deutsche Verfassungsgeschichte, Bd. 3, S. 964.

[46] *Laband*, Das Staatsrecht des Deutschen Reiches, Bd. 2, 5. Aufl., S. 208; *Huber*, Deutsche Verfassungsgeschichte, Bd. 3, S. 806.

ten im Jahr 1879, war das Reich auf ein einziges reichsunmittelbares Gericht – das Reichsgericht – beschränkt, während die übrigen ordentlichen Gerichte aller Instanzen, d.h. die Oberlandesgerichte, Landgerichte und Amtsgerichte, den Ländern unterstellt waren.[47] Allerdings war die Landesjustizgewalt „durch die Reichsgewalt mediatisiert", da die gesamte Gerichtsverfassung der Länder, ebenso wie das gesamte Prozessrecht, ab 1879 durch Reichsgesetz geregelt wurde[48] und die Landesgerichtsbarkeit selbstverständlich an Reichsrecht gebunden war. Hinzu kommt, dass die Landesgerichte der Revisionszuständigkeit des Reichsgerichts unterlagen, was einer funktionellen Unterwerfung der Landesjustiz unter die Reichsjustiz gleich kam[49] und die Herstellung von Rechtseinheit begünstigte.[50] Im Gegensatz dazu waren die neu entstehenden allgemeinen Verwaltungsgerichte angesichts der Kompetenzverteilung zwischen Reich und Ländern ausschließliche Länderdomäne. Lediglich auf einigen Gebieten des besonderen Verwaltungsrechts, auf die das Reich seine Zuständigkeit im Laufe der Zeit ausgedehnt hatte, entwickelten sich besondere Reichsverwaltungsgerichte. Daneben waren auch die Reichsämter, welche gleichzeitig als Behörden der Reichsverwaltung fungierten, in einzelnen Bereichen mit der Verwaltungsrechtsprechung betraut, was aus Sicht der damaligen Zeit jedoch nicht als rechtsstaatswidrig galt.[51] Eine unabhängige, zentrale Verfassungsgerichtsbarkeit für das Reich existierte hingegen nicht. Vielmehr war nach Art. 76 RV der Bundesrat für die Entscheidung zwischenstaatlicher und innerstaatlicher Streitigkeiten im Reich zuständig.

e) Sonder- und Reservatrechte einzelner Länder

Verstärkt wurde die föderale Tendenz der Reichsverfassung des Weiteren durch die Reservatrechte, welche sich einige der süddeutschen Staaten, insbesondere Bayern und Württemberg, gegenüber dem Reich vorbehalten hatten. Es handelt sich dabei um Sonderkompetenzen der betreffenden Länder unter Durchbrechung der grundsätzlichen Zuständigkeit des Reiches wie etwa das Recht auf eigene Post- und Eisenbahnhoheit.[52] Daneben verfügte Preußen über besondere

---

[47] Vgl. dazu *Laband*, Das Staatsrecht des Deutschen Reiches, Bd. 3, 5. Aufl., S. 398 ff.; *Huber*, Deutsche Verfassungsgeschichte, Bd. 3, S. 979.

[48] Vgl. *Meyer*, Deutsches Staatsrecht, S. 413; *Huber*, Deutsche Verfassungsgeschichte, Bd. 3, S. 980.

[49] *Laband*, Das Staatsrecht des Deutschen Reiches, Bd. 3, 5. Aufl., S. 400; *Huber*, Deutsche Verfassungsgeschichte, Bd. 3, S. 980; Bayern besaß auf Grund einer Ausnahmeregelung ein Oberstes Landesgericht, das in Revisionen in bürgerlichen Rechtsstreitigkeiten an die Stelle des Reichsgerichts trat, dessen Zuständigkeit aber mit Inkrafttreten des Bürgerlichen Gesetzbuchs stark eingeschränkt wurde, vgl. *Kern*, HdStR I, 1930, § 31 S. 354.

[50] So auch *Gusy*, Die Weimarer Reichsverfassung, S. 241.

[51] Näher dazu *Huber*, Deutsche Verfassungsgeschichte, Bd. 3, S. 985 ff.

[52] Ausführlich dazu *Breuer*, Sonderrechte in der Reichsverfassung von 1871 und der Europäischen Union, S. 4 ff.; s. auch *Huber*, Deutsche Verfassungsgeschichte, Bd. 3, S. 807; *Laband*, Das Staatsrecht des Deutschen Reiches, Bd. 1, 5. Aufl., S. 117 ff.

Mitgliedschaftsrechte, welche ihm seine Hegemonialstellung im Reich sicherten, wozu etwa das Recht der preußischen Krone auf das Kaisertum gemäß Art. 11 Abs. 1 RV gehörte. Ähnliche besondere Mitgliedschaftsrechte hatten sich Bayern, Württemberg und Sachsen vorbehalten.[53]

f) Finanzverfassung

Schließlich war auch die Finanzverfassung des Deutschen Reiches stark durch föderale Elemente geprägt. Art. 70 RV ging entsprechend der Idee einer geteilten Finanzhoheit von einer Aufteilung der Einnahmequellen zwischen Reich und Ländern aus. Daneben bestand das System der Matrikularbeiträge, wonach die Einzelstaaten dem Gesamtstaat die notwendigen Mittel durch Beiträge nach einem bestimmten Schlüssel zur Verfügung stellen mussten.[54] Ferner sah die Finanzverfassung ein System von Reichsüberweisungen vor, bei denen die Erhebung der Einnahmen dem Gesamtstaat vorbehalten blieb und dieser den Einzelstaaten einen Teil der Einnahmen nach einem bestimmten Schlüssel überweisen musste.[55] Insbesondere in der Anfangszeit war das Reich auf Grund geringer Zolleinnahmen auf die jährlichen Matrikularbeiträge angewiesen.[56] In der Folgezeit verhinderten die Gliedstaaten durch ihren Widerstand gegen eine Reform des Art. 70 RV die finanzielle Unabhängigkeit des Reiches, so dass das Reich der „Kostgänger der Länder“ blieb.[57] Auch als die Einnahmen des Reichs stiegen, vermochte sich das Reich nicht von der Bestimmungsmacht der Länder über die Finanzverfassung zu lösen. Vielmehr sah die neu eingeführte *Franckensteinsche Klausel* vor, dass das Reich die überschüssigen Einnahmen nunmehr an die Länder zu überweisen hatte.[58] Auch nach der Aufhebung der *Franckensteinschen Klausel* im Jahr 1904 blieb der deutsche Finanzpartikularismus erhalten, doch gelang es dem Reich ab 1906 zunehmend, von den Ländern finanziell unabhängig zu werden.[59] Ein weiteres föderales Element der Reichsverfassung lässt sich schließlich darin sehen, dass der Bundesrat zusammen mit dem Reichstag über die Budgetgewalt verfügte und damit durch sein Veto geplante Ausgaben der Reichsregierung verhindern konnte.[60]

---

[53] S. *Huber*, Deutsche Verfassungsgeschichte, Bd. 3, S. 807; *Haenel*, Deutsches Staatsrecht, S. 812 ff.

[54] Näher dazu *Meyer*, Lehrbuch des deutschen Staatsrechtes, S. 771 ff.; *Laband*, Das Staatsrecht des Deutschen Reiches, Bd. 4, 5. Aufl., S. 516 ff.

[55] *Huber*, Deutsche Verfassungsgeschichte, Bd. 3, S. 946; *Haenel*, Deutsches Staatsrecht, S. 374 ff.

[56] *Huber*, Deutsche Verfassungsgeschichte, Bd. 3, S. 950 f.

[57] *Huber*, Deutsche Verfassungsgeschichte, Bd. 3, S. 951.

[58] Ausführlich dazu *Huber*, Deutsche Verfassungsgeschichte, Bd. 3, S. 951.

[59] *Bühler*, HdStR I, 1930, § 29, S. 21 f.; *Huber*, Deutsche Verfassungsgeschichte, Bd. 3, S. 953 f.; *Laband*, Das Staatrecht des Deutschen Reiches, Bd. 4, 5. Aufl., S. 519 ff.

[60] Ausführlich dazu *Laband*, Das Staatsrecht des Deutschen Reiches, Bd. 4, 5. Aufl., S. 524 ff.; *Huber*, Deutsche Verfassungsgeschichte, Bd. 3, S. 956 f.

3. *Herrschaftsgewalt des Reichs gegenüber den Ländern*

a) Kompetenz-Kompetenz des Reiches

Trotz der weit reichenden Mitbestimmungsrechte der Länder beruhte das föderale System des Deutschen Reichs auf der prinzipiellen Unterordnung der Länder unter die Herrschaftsgewalt des Reiches, weshalb es als Bundesstaat einzuordnen ist.[61] Dies wird in erster Linie daran deutlich, dass das Reich ungeachtet der in Art. 4 RV erfolgten, sorgfältigen Kompetenzabgrenzung zwischen Reich und Ländern die Kompetenz-Kompetenz besaß, welche es ihm ermöglichte, die eigene Zuständigkeit durch verfassungsänderndes Reichsgesetz über den von der Verfassung ursprünglich vorgesehenen Umfang hinaus auf Kosten der Länder nachträglich zu erweitern[62] und so eine Unitarisierung des Reichs herbeizuführen.[63] Dies ergab sich aus Art. 78 RV, wonach die Reichsverfassung einseitig durch das Reich, d.h. ohne Zustimmung der Gliedstaaten, geändert werden konnte[64] und nur ein ablehnendes Votum im Bundesrat die Verfassungsänderung zu verhindern vermochte. Nach herrschender Meinung war es sogar möglich, im Wege der Verfassungsänderung sämtliche Landeskompetenzen auf das Reich zu überführen, die Länder mithin sämtlicher Zuständigkeiten zu berauben.[65] Nach der Gegenauffassung jedoch enthielt die Reichsverfassung einen unantastbaren Kern der Bundesstaatlichkeit, welcher der Verfassungsänderung entzogen sein sollte, so dass den Ländern als Gliedstaaten zumindest ein Minimum an staatlichen Zuständigkeiten verbleiben musste.[66] Allerdings ändert auch dies grundsätzlich nichts an der prinzipiellen Überordnung des Reiches über die Länder im Sinne eines hierarchischen Staatsaufbaus.

b) Vorrang des Reichsrechts vor dem Landesrecht

Die tendenzielle Überordnung des Reiches über die Länder wird ferner durch den als Rangordnungsnorm verstandenen Art. 2 S. 1 RV indiziert, wonach das Reich

---

[61] Ausführlich dazu *Laband*, Das Staatsrecht des Deutschen Reiches, Bd. 1, 5. Aufl., S. 88 ff.

[62] *Laband*, Das Staatsrecht des Deutschen Reiches, Bd. 1, 5. Aufl., S. 105; *v. Seydel*, Kommentar zur Reichsverfassung, S. 412 ff.; *Arndt*, Das Staatsrecht des Deutschen Reiches, S. 186 ff.; *Huber*, Deutsche Verfassungsgeschichte, Bd. 3, S. 795.

[63] S. dazu *Boldt*, Der Föderalismus in den Reichsverfassungen von 1849 und 1871, in: Wellreuther/Schnurmann (Hrsg.), Die Amerikanische Verfassung, S. 297, 324.

[64] *Laband*, Das Staatsrecht des Deutschen Reiches, Bd. 1, 5. Aufl., S. 105; *Haenel*, Deutsches Staatsrecht, S. 776.

[65] So *Laband*, Das Staatsrecht des Deutschen Reiches, Bd. 1, 5. Aufl., S. 105 u. 129; *Haenel*, Deutsches Staatsrecht, S. 771 ff., 77; *Meyer/Anschütz*, Lehrbuch des Deutschen Staatsrechts, S. 695 ff.; vgl. dazu auch *Huber*, Deutsche Verfassungsgeschichte, Bd. 3, S. 795, der diese Auffassung jedoch nicht teilt.

[66] So *Huber*, Deutsche Verfassungsgeschichte, Bd. 3, S. 795 f.; *Meyer*, Lehrbuch des Deutschen Staatsrechtes, 6. Aufl., S. 588 ff.; *Mayer*, AöR 18 (1903), S. 358 ff.; *v. Seydel*, Kommentar zur Reichsverfassung, S. 421 f.; vgl. auch *Smend*, FG Mayer, S. 245, 258 ff.

seine Gesetzgebungskompetenzen mit der Wirkung ausübte, dass die Reichsgesetze den Landesgesetzen vorgingen.[67] Die Derogationswirkung trat *ipso iure* ein, so dass ältere Landesgesetze, welche die gleiche Materie regelten und dem Reichsrecht widersprachen, automatisch aufgehoben wurden, sofern das entsprechende Reichsgesetz keinen Fortgeltungsvorbehalt für das Landesrecht enthielt.[68] Entgegen stehende jüngere Landesgesetze wurden durch Art. 2 S. 1 RV automatisch an der Entstehung gehindert, sofern das fragliche Reichsgesetz keine Ermächtigung für ergänzendes Landesrecht vorsah.[69] Einer gesonderten Feststellung der Nichtigkeit des entgegen stehenden Landesrechts bedurfte es daher nicht. Angesichts der bundesstaatlichen Kompetenzverteilung konnten Kollisionsfälle nur im Rahmen der konkurrierenden Gesetzgebungskompetenz auftreten, da in den übrigen Fällen entweder ausschließlich das Reich oder nur die Länder zuständig waren.[70] Auf Grund der zwingenden Nichtigkeit des entgegen stehenden Landesrechts handelte es sich beim Vorrang des Reichsrechts um einen Geltungsvorrang, nicht um einen bloßen Anwendungsvorrang,[71] so dass vom Vorrang des Art. 2 S. 1 RV erfasstes Landesrecht auch nach Aufhebung der konkurrierenden reichsrechtlichen Vorschrift nicht automatisch wieder aufleben konnten.[72] Die Reichsverfassung enthielt damit eine Rangordnungs- und Kollisionsregel, welche den absoluten Vorrang des Reichsrechts vor dem Landesrecht explizit anordnete.

Die kraft Art. 2 S. 1 RV eingetretene Nichtigkeit einer Vorschrift des Landesrechts konnte im Prozess von Jedermann geltend gemacht werden und die Gerichte aller Gerichtszweige und Instanzen verfügten insoweit über ein unbeschränktes formelles und materielles Prüfungsrecht.[73] Allerdings existierte unter der Reichsverfassung keine verfassungsgerichtliche Normenkontrolle bezüglich des Reichsrechts,[74] so dass sich etwa auch kompetenzwidrig erlassene Reichsgesetze gegenüber konkurrierendem Landesrecht durchsetzten, was zu einer Verschiebung der verfassungsmäßigen Kompetenzverteilung führen konnte.[75]

---

[67] Zur Interpretation von Art. 2 Abs. 1 S. 1 RV als Rangordnungsnorm s. v.a. *Haenel*, Deutsches Staatsrecht, S. 238 ff.; in diese Richtung auch *Laband*, Das Staatsrecht des deutschen Reiches, Bd. 2, 5. Aufl., S. 107.

[68] *Laband*, Das Staatsrecht des Deutschen Reiches, Bd. 2, 5. Aufl., S. 115; *Meyer/Anschütz*, Lehrbuch des deutschen Staatsrechts, S. 715 f.

[69] *Laband*, Das Staatsrecht des Deutschen Reiches, Bd. 2, 5. Aufl., S. 114 ff.; *Huber*, Deutsche Verfassungsgeschichte, Bd. 3, S. 912.

[70] Vgl. *März*, Bundesrecht bricht Landesrecht, S. 66.

[71] RGZ 19, 176, 180 ff.; RGSt 34, 121, 130; vgl. *Meyer/Anschütz*, Lehrbuch des deutschen Staatsrechts, S. 715 f. Fn. a.

[72] RGZ 19, 176, 180 ff.; a.A. aber *v. Bonin*, Reichsrecht und Landesrecht, S. 29 in Bezug auf die Jesuitengesetze; besonders relevant wurde diese Frage bei der teilweisen Aufhebung des Reichsjesuitengesetzes, bei der die Länder versuchten, ihre früheren, vom Vorrang des Reichsrechts erfassten Vorschriften automatisch wieder aufleben zu lassen; ausführlich dazu *März*, Bundesrecht bricht Landesrecht, S. 64 f.

[73] *Huber*, Deutsche Verfassungsgeschichte, Bd. 3, S. 912.

[74] S. unten, § 3 VI.1.

[75] *Huber*, Deutsche Verfassungsgeschichte, Bd. 3, S. 1059 f.; *Holste*, Der deutsche Bundesstaat im Wandel, S. 238 f.; *Fiedler*, Verfassungsgerichtsbarkeit im Bundesstaat, S. 39 f.

c) Reichsaufsicht, Reichsexekution und Bundestreue

Schließlich ist auch die sich aus Art. 4 RV ergebende Reichsaufsicht über die Länder Ausdruck der bundesstaatlichen Organisation des Deutschen Reiches. Mit Hilfe der Reichsaufsicht konnte das Reich in den Fällen, in denen es von seiner Gesetzgebungskompetenz noch keinen Gebrauch gemacht hatte, berichtigend gegen Fehlverhalten der Länder vorgehen.[76] Hatte das Reich von seiner Gesetzgebungskompetenz Gebrauch gemacht, konnte das Reich im Wege der Reichsaufsicht die Einhaltung der Reichsgesetze durch die Länder überwachen und gegebenenfalls im Wege der Reichsexekution durchsetzen.[77] Die Beachtung der Landesgesetze dagegen konnte mittels Reichsaufsicht nicht erreicht werden, es sei denn, der Verstoß gegen ein Landesgesetz stellte gerade auch einen Verstoß gegen das Reichsinteresse dar.[78]

Der Vorrang des Reichsrechts über das Landesrecht konnte notfalls dadurch durchgesetzt werden, dass das Reich nach Art. 19 RV über die Möglichkeit der Bundesexekution verfügte, wenn die Bundesglieder ihre verfassungsmäßigen Bundespflichten nicht erfüllten. Für die Anordnung der Bundesexekution war der Bundesrat und damit die föderale Institution im Reich zuständig, während die Ausführung dem Kaiser oblag. Die Vorschrift räumte dem Reich alle notwendigen Mittel ein, um das betroffene Land zwangsweise zur Erfüllung seiner Reichspflichten anzuhalten, was das Recht auf Sequestration des betroffenen Landes und seiner Regierungsgewalt einschloss.[79] Neben den geschriebenen Bundespflichten waren die Länder an das ungeschriebene Prinzip der Bundestreue gebunden, welches ein Kernprinzip der Reichsverfassung darstellte und aus dem sich für die Länder die Pflicht zum Frieden, zur Einordnung in das Reichsgefüge und zur Sicherung von Ruhe und Ordnung im Landesgebiet ergab.[80]

4. Rechtsstellung der Länder

Die Länder verfügten auf Grund ihrer Staatsqualität über originäre, nicht vom Reich abgeleitete Hoheitsrechte.[81] Dazu gehörten die Verfassungsautonomie, das Recht auf Ausübung der ihnen von der Reichsverfassung eingeräumten Zuständigkeiten sowie die Freiheit von allen Eingriffen des Reichs, die nicht ausdrück-

---

[76] *Laband*, Das Staatsrecht des Deutschen Reiches, Bd. 1, 5. Aufl., S. 109; *Huber*, Deutsche Verfassungsgeschichte, Bd. 3, S. 1023; *Triepel*, Die Reichsaufsicht, S. 173 ff.

[77] *Laband*, Das Staatsrecht des Deutschen Reiches, Bd. 1, 5. Aufl., S. 109; *Huber*, Deutsche Verfassungsgeschichte, Bd. 3, S. 1023 u. 1027 ff.

[78] *Huber*, Deutsche Verfassungsgeschichte, Bd. 3, S. 1027.

[79] *Huber*, Deutsche Verfassungsgeschichte, Bd. 3, S. 1031; *Haenel*, Deutsches Staatsrecht, S. 446 ff.

[80] *Huber*, Deutsche Verfassungsgeschichte, Bd. 3, S. 1036 ff.

[81] Vgl. *Haenel*, Deutsches Staatsrecht, S. 799 f.; *Anschütz*, Bismarck und die Reichsverfassung, S. 23.

lich durch die Reichsverfassung zugelassen waren.[82] Ferner besaßen die Länder gegenüber dem Reich ein unentziehbares Recht auf Existenz, so dass das Reich die staatliche Existenz eines einzelnen Landes gegen dessen Willen nicht aufheben konnte, was es freilich nicht ausschloss, den Bundesstaat insgesamt in einen Einheitsstaat zu verwandeln.[83] Schließlich kamen den Ländern Mitgliedschaftsrechte, d.h. Rechte auf Mitwirkung bei der Ausübung gesamtstaatlicher Funktionen zu, etwa das Recht auf Mitwirkung im Bundesrat sowie das Recht auf die gleichmäßige Förderung der allgemeinen Wohlfahrt durch das Reich.[84]

5. *Unitarische Tendenzen in der Verfassungswirklichkeit*

Wenngleich die Verfassung des Deutschen Reiches deutlich föderale Züge aufwies, darf nicht übersehen werden, dass die Verfassungswirklichkeit von unitarischen Tendenzen dominiert war.[85] Die Gründe für diese Entwicklung, die unter der Kanzlerschaft *Bismarcks* ihren Anfang nahm und sich während des Ersten Weltkrieges noch verstärkte, waren vielfältig. Zum einen trugen die Hegemonialstellung Preußens und die Amtsführung Bismarcks zu dieser Entwicklung bei.[86] Daneben kam dem Reich die Gesetzgebungskompetenz für weite Teile des Zivilrechts zu, was der Rechtsvereinheitlichung Vorschub leistete, zumal das Reich sehr aktiv von seinen Kompetenzen Gebrauch machte, etwa durch den Erlass des Bürgerlichen Gesetzbuchs.[87] Aber auch die diejenigen Bereiche, die, wie etwa das Hochschulwesen, zu den ureigenen Zuständigkeiten der Länder gehörten, gerieten immer mehr in den Fokus des Interesses des Reiches, was sich beispielsweise an der Diskussion über die akademische Freiheit und die „Voraussetzungslosigkeit der Wissenschaft" ablesen lässt.[88] Ähnliches gilt für die Kirchen und Schulen,

[82] *Huber*, Deutsche Verfassungsgeschichte, Bd. 3, S. 805.

[83] *Laband*, Das Staatsrecht des Deutschen Reiches, Bd. 1, 5. Aufl., S. 129.

[84] *Huber*, Deutsche Verfassungsgeschichte, Bd. 3, S. 805.

[85] Ausführlich dazu *Anschütz*, VVDStRL 1 (1924), 11, 14 ff.; *Rehm*, Unitarismus und Föderalismus in der deutschen Reichsverfassung, S. 19 ff.; *Triepel*, Unitarismus und Föderalismus, S. 43, der von einem Übergewicht der unitarischen Elemente schon der Verfassung nach ausgeht; zum Ganzen s. auch *Willoweit*, Deutsche Verfassungsgeschichte, § 34 Rn. 10 ff.; *Grzeszick*, FS Würtenberger, S. 193, 199.

[86] Vgl. etwa den kritischen Kommentar von *Treitschke*, Bund und Reich, in: Preußische Jahrbücher 34 (1874), S. 513, 536, der der Hegemonialstellung Preußens folgendermaßen beschreibt: „Unser Reich ist in Wahrheit: der die Mehrheit der Nation unmittelbar beherrschende preußisch-deutsche Einheitsstaat mit den Nebenlanden, welche seiner Krone in föderativen Formen untergeordnet sind, oder kurz: die nationale Monarchie mit bündischen Institutionen; ähnlich auch *Dennewitz*, Der Föderalismus, S. 142.

[87] *Huber*, Die Bismarcksche Reichsverfassung im Zusammenhang der deutschen Verfassungsgeschichte, in: Schieder/Deuerlein (Hrsg.), Reichsgründung 1870/71, S. 164, 176 f.; *Dennewitz*, Der Föderalismus, S. 142; *Rehm*, Unitarismus und Föderalismus in der deutschen Reichsverfassung, S. 20; *Triepel*, Unitarismus und Föderalismus, S. 53 ff.; allgemein zur Unitarisierung vgl. auch *Stern*, Staatsrecht V, S. 407.

[88] Vgl. *Huber*, HdStR I, § 4 Rn. 21; *ders.*, Deutsche Verfassungsgeschichte, Bd. 4, S. 958 ff.

insbesondere während des Kulturkampfes.[89] Durch die omnipräsente Mitsprache des Reichs bei Wissenschafts-, Religions- und Kulturfragen trat im Laufe der Zeit eine starke Unitarisierung in den fraglichen Bereichen ein. Diese Entwicklung kam insbesondere dadurch zum Ausdruck, dass das Reich auf diesen Sachgebieten auch die an sich den Ländern zustehende Kompetenz für das auswärtige Handeln zunehmend an sich zog.[90] Ferner förderten die Einrichtung einer Reichsverwaltung auf verschiedenen Gebieten sowie die Reichsaufsicht und die dem Reich zustehende Kompetenz-Kompetenz die Stellung des Reichs und trugen damit ebenfalls zur Unitarisierung des Staates bei.[91] Zudem ging von der durch ein großes Einheitsbewusstsein geprägten Gesellschaft eine unitarisierende Tendenz aus.[92] Verstärkt wurde der Unitarisierungsprozess schließlich mit Ausbruch des Ersten Weltkriegs, insbesondere auf den Gebieten der Wirtschaft und der Versorgung der Bevölkerung, wobei die Schaffung von Kriegszentralämtern für das Reich die Eigenständigkeit der Länder zusätzlich schwächte.[93]

III. Grundrechtsverbürgungen im System des Deutschen Reiches

1. *Geschichtlicher und rechtsdogmatischer Hintergrund*

Die Idee der Grund- und Menschenrechte, welche von der französischen Nationalversammlung 1789 verkündet worden war, wurde in Deutschland angesichts des gewaltsamen Verlaufs der Französischen Revolution und des jahrelangen Abwehrkampfes gegen Frankreich im 19. Jahrhundert zunächst nur sehr zurückhaltend aufgenommen.[94] Lediglich die vom Konstitutionalismus geprägten süddeutschen Staaten integrierten Freiheitsrechte in ihre Verfassungen, so etwa Bayern in seine Verfassung von 1818, während sich die anderen deutschen Staaten dieser Entwicklung zunächst verweigerten.[95] Preußen etwa nahm erst in seine Verfas-

---

[89] Ausführlich dazu *Kaupisch*, Das Grundrecht der Religionsfreiheit, S. 245 ff.; *Huber*, Deutsche Verfassungsgeschichte, Bd. 4, S. 700 ff.; *Triepel*, Unitarismus und Föderalismus, S. 55 f. mit weiteren Beispielen.

[90] Vgl. *Fleischmann*, HdStR I, 1930, § 18, S. 210, der insbesondere den Bereich der geistigen Kultur hervorhebt.

[91] *Rehm*, Unitarismus und Föderalismus in der deutschen Reichsverfassung, S. 22 ff.; *Dennewitz*, Der Föderalismus, S. 142; speziell zur Ausweitung der Reichskompetenzen s. *Laband*, Die Wandlungen der deutschen Reichsverfassung, S. 4; *Triepel*, Unitarismus und Föderalismus, S. 60 ff.

[92] Vgl. *Huber*, Die Bismarcksche Reichsverfassung im Zusammenhang der deutschen Verfassungsgeschichte, in: Schieder/Deuerlein (Hrsg.), Reichsgründung 1870/71, S. 164, 175.

[93] *Dennewitz*, Der Föderalismus, S. 143 f.; vgl. *Huber*, Die Bismarcksche Reichsverfassung im Zusammenhang der deutschen Verfassungsgeschichte, in: Schieder/Deuerlein (Hrsg.), Reichsgründung 1870/71, S. 164, 176; *ders.*, HdStR I, § 4 Rn. 24; s. auch *Wenninger*, Das Verhältnis zwischen Reich und Ländern, S. 19.

[94] Vgl. *Scheuner*, FS Huber, S. 139, 139.

[95] Vgl. *Huber*, Deutsche Verfassungsgeschichte, Bd. 2, S. 774 f.; *Muth*, Die Grundrechte in der deutschen Verfassungsentwicklung, S. 13 u. 17; zum französischen Einfluss auf die deutsche

sung von 1850 einen ausführlichen Grundrechtskatalog auf.[96] Allerdings blieb auch dort, wo Freiheitsrechte in die Verfassungen aufgenommen worden waren, deren rechtliche Tragweite in der zweiten Hälfte des 19. Jahrhunderts im Vergleich zur Gegenwart eng begrenzt. Während in der Zeit zwischen 1815 und 1848 der subjektiv-rechtliche Charakter der Grundrechte durchaus anerkannt und ein Vorrang der Verfassung vor dem einfachen Gesetzesrecht etwa durch *von Mohl* postuliert wurde,[97] kam nach der zu Zeiten des Kaiserreichs vorherrschenden Staatsrechtslehre, der die zeitgenössische Rechtsprechung gefolgt ist,[98] der Verfassung gegenüber dem einfachen Gesetz kein Vorrang zu.[99] Ferner war die Idee, dass die Grundrechte bestehende Gesetze beeinflussen könnten, weitgehend fremd, so dass die Tragweite der Freiheitsrechte allein durch den Gesetzgeber bestimmt wurde.[100] So wurden sogar kollidierende Vorschriften aus vorkonstitutioneller Zeit häufig unter restriktiver Interpretation der Grundrechte aufrecht erhalten.[101]

Darüber hinaus verstand insbesondere die positivistische Staatslehre die Freiheitsrechte als bloße Programmsätze bzw. als an den Gesetzgeber gerichtete Aufforderungen, denen der Charakter eines subjektiven Rechts fehlte.[102] Daher ver-

---

Verfassungsentwicklung s. auch *Classen*, HdStR IX, § 187 Rn. 23 ff.; *v. Rimscha*, Die Grundrechte im süddeutschen Konstitutionalismus, S. 39 ff.; *Hartung*, Deutsche Verfassungsgeschichte, S. 197 ff.; *Usée*, Der Einfluß der französischen Verfassungen auf die deutschen Verfassungsurkunden der Jahre 1806–1820, S. 55 ff.

[96] Näher dazu *Classen*, HdStR IX, § 187 Rn. 30 f.

[97] *V. Mohl*, Staatsrecht des Königreiches Württemberg, Bd. 1, S. 90, der davon ausgeht, dass die Verfassungsurkunde „den ersten Rang unter allen bestehenden Normen [ein]nimmt"; so auch *Cucumus*, Lehrbuch des Staatsrechts der konstitutionellen Monarchie Baierns, S. 368; *Bülau*, Verfassung und Verfassungsrecht des Königreichs Sachsen, S. 229; vgl. dazu *Kühne*, Die Reichsverfassung der Paulskirche, S. 184 ff.; *ders.*, HGR I, § 3 Rn. 32 ff.; *Eisenhardt*, Deutsche Rechtsgeschichte, Rn. 627; *Grimm*, Die Entwicklung der Grundrechtstheorie, in: Birtsch (Hrsg.), Grund- und Freiheitsrechte, S. 234, 240; *Schmidt*, Vorrang der Verfassung, S. 122 ff.; *Gusy*, Richterliches Prüfungsrecht,S. 42 ff.

[98] So insbesondere RGZ 9, 232, 235 f. zur Ablehnung der einer richterlichen Prüfungsbefugnis in Bezug auf Reichsgesetze.

[99] *Scheuner*, FS Huber, S. 139, 140; *Kühne*, Die Verfassung der Paulskirche, S. 189; so früher schon *Schmitthenner*, Grundlinien des allgemeinen oder idealen Staatsrechtes, S. 561, der zwar Grundrechte als subjektive öffentliche Rechte verstand, aber nicht von einem Vorrang der Verfassung vor den einfachen Gesetzes ausging; unklar insoweit *Giese*, Die Grundrechte, S. 91, der davon ausgeht, dass kein Gesetz gegen die Verfassung verstoßen dürfe.

[100] Grundlegend *Gerber*, Über öffentliche Rechte, S. 76 ff.; a.A. aber *Jellinek*, System der subjektiven öffentlichen Rechte, S. 96 ff., der trotz Verneinung des subjektiv-rechtlichen Charakters der Grundrechte im Verhältnis zum Gesetzgeber dessen Bindung an Grundrechte annimmt; vgl. dazu *Scheuner*, FS Huber, S. 139, 141 u. 164.

[101] Vgl. etwa die einschränkende Interpretation des Versammlungsbegriffs durch das Preußische OVG, PrOVGE 18, 422, 426 f. (1890); *Scheuner*, FS Huber, S. 39, 157 u. 161 ff.; *Koch*, Der Grundrechtsschutz des Drittbetroffenen, S. 56 f.

[102] Grundlegend dazu *Gerber*, Über öffentliche Rechte, S. 78, dessen Auffassung die Staatsrechtslehre des Kaiserreichs nachhaltig beeinflusste; *Laband*, Das Staatsrecht des Deutschen Reiches, Bd. 1, 5. Aufl., S. 151; *Haenel*, Studien zum deutschen Staatsrechte, Bd. 2, S. 116 ff., 132 ff. u. 207 f.; *Mayer*, Deutsches Verwaltungsrecht, Bd. 1, S. 104 ff.; *Giese*, Die Grundrechte, S. 73; für Grundrechte als subjektive Rechte dagegen *Meyer*, Lehrbuch des deutschen Staats-

wundert es nicht, dass der preußische Staatsrechtler *Zorn* zu dem Schluss gelangte, dass die Aktualisierung der Grundrechte nur durch Spezialgesetzgebung erfolgen könne, die jedoch zum größten Teil Reichsangelegenheit und damit dem preußischen Staatsrecht entzogen sei.[103] Am entschiedensten gegen die Annahme von subjektiven Rechten äußerte sich der in Preußen tätige Staatsrechtslehrer *Bornhak*, der davon ausging, dass die Grundrechte nur „in allgemeinen Schlagwörtern" bestehen könnten, „deren Verwirklichung der Sondergesetzgebung überlassen ist".[104] Schließlich richteten sich die grundrechtlichen Gewährleistungen nach damaliger Auffassung in erster Linie gegen die Verwaltung und deren Eingriffe in die Freiheitsphäre des Bürgers sowie gegen die Justiz, nicht aber gegen den Gesetzgeber,[105] so dass auch diejenigen Autoren, die den Grundrechten einen subjektiv-rechtlichen Charakter zubilligten, nur zur Annahme von Abwehrrechten gegenüber der Verwaltung gelangten, welche ausschließlich die Einhaltung des Gesetzesvorbehalts sichern sollten.[106] Nach damals herrschender Lehre verstieß die Verwaltung folglich nicht gegen Grundrechte, solange sie ihr Handeln auf eine gesetzliche Grundlage stützen konnte.[107] Nachdem der Gesetzgeber selbst aber nicht an die Grundrechte gebunden war, konnten diese abgesehen von der Gewährleistung des Gesetzesvorbehalts keine eigenständige Bedeutung entfalten[108] und liefen als solche leer.[109] Erschwerend kam hinzu, dass der Gesetzesvorbehalt durch die Anerkennung von Gewohnheitsrecht und hergebrachten vorparlamentarischen Gesetzen als taugliche Eingriffsgrundlage zunehmend ausgehöhlt wurde,[110] so dass die Grundrechte in ihrer Funktion als Abwehrrechte letztlich kaum Relevanz besaßen. Dem entspricht es, dass die Grundrechte in gerichtlichen Entscheidungen – wenn man von einzelnen Ent-

---

rechtes, 6. Aufl., S. 799 ff.; *Meyer/Anschütz*, Lehrbuch des Deutschen Staatsrechts, S. 37 ff.; *Bühler*, Die subjektiven öffentlichen Rechte, S. 129; *Zorn*, in: v. Rönne/Zorn, Das Staatsrecht der Preußischen Monarchie, Bd. 2, S. 150.

[103] *Zorn*, in: v. Rönne/Zorn, Das Staatsrecht der Preußischen Monarchie, Bd. 2, S. 150; vgl. auch *Koch*, Der Grundrechtsschutz des Drittbetroffenen, S. 56

[104] *Bornhak*, Preußisches Staatsrecht, Bd. 1, S. 293.

[105] Vgl. *Giese*, Die Grundrechte, S. 91 f.; dazu auch *Scheuner*, FS Huber, S. 139, 141; *Huber*, Bewahrung und Wandlung, S. 132, 133; *Kühne*, Die Reichsverfassung der Paulskirche, S. 193.

[106] Vgl. *Bühler*, Die subjektiven öffentlichen Rechte, S. 129; *Zorn*, in: v. Rönne/Zorn, Das Staatsrecht der Preußischen Monarchie, Bd. 2, S. 150; *Anschütz*, Preußische Verfassungsurkunde, S. 96; vgl. dazu auch *Poscher*, Grundrechte als Abwehrrechte, S. 26; *Koch*, Der Grundrechtsschutz des Drittbetroffenen, S. 60 ff.; *Kühne*, HGR I, § 3 Rn. 89.

[107] So *Laband*, Staatsrecht, Bd. 2, 5. Aufl., S. 202 f.

[108] *Anschütz*, Preußische Verfassungsurkunde, S. 97 f.; *Bühler*, die subjektiven öffentlichen Rechte, S. 129 f.; *Laband*, Staatsrecht, Bd. 1, 5. Aufl., S. 150 f. Fn. 2; *Jellinek*, System der subjektiven Rechte, S. 103, der insoweit davon ausgeht, den Grundrechten fehle der Charakter eines subjektiven Rechts dem Gesetzgeber gegenüber; vgl. zum Ganzen auch *Poscher*, Grundrechte als Abwehrrechte, S. 27; *Wahl*, Rechtliche Wirkungen und Funktionen der Grundrechte im deutschen Konstitutionalismus des 19. Jahrhunderts, in: Böckenförde (Hrsg.), Moderne Verfassungsgeschichte, S. 346, 350.

[109] So das Resümee von *Thoma*, FG Preußisches OVG, S. 183, 195 f.

[110] *Bühler*, Die subjektiven öffentlichen Rechte, S. 100 ff. m.w.N.; *Grimm*, Deutsche Verfassungsgeschichte, S. 134 f.

scheidungen zur Religionsfreiheit einmal absieht[111] – regelmäßig nur in Verbindung mit den entsprechenden einfach-gesetzlichen Bestimmungen zitiert wurden.[112] All diese Faktoren trugen dazu bei, dass die Grundrechte im deutschen Konstitutionalismus keine eigenständige verfassungspolitische Rolle einnehmen konnten und ihnen klare rechtliche Konturen fehlten.[113] Angesichts der Reduzierung der Grundrechte auf die Einhaltung des Gesetzesvorbehalts unterschieden sich die grundrechtlichen Gewährleistungen des 19 Jahrhunderts damit auch in inhaltlicher Hinsicht deutlich von den heute geltenden Standards, wobei zudem etwa soziale Grundrechte damals noch vollständig unbekannt waren.[114]

2. *Fehlen eines Grundrechte-Katalogs in der Verfassungsurkunde der Reichsverfassung*

Während die deutschen Landesverfassungen des 19. Jahrhunderts Grundrechtskataloge oder zumindest prinzipielle Grundrechtsgewährleistungen kannten, enthielt die Verfassungsurkunde der Reichsverfassung von 1871 keinen Grundrechtskatalog, was *Nipperdey* dazu bewog, den Verfassungstext als bloßes „Organisationsstatut" zu bezeichnen.[115] Als einzige Grundrechte im weiteren Sinn sah die Verfassungsurkunde das Indigenat (Art. 3 RV), d.h. das Inländerrecht aller Angehörigen des deutschen Bundesstaates im ganzen Reich, das Wahlrecht (Art. 20 RV), das Petitionsrecht (Art. 23 RV) sowie die Wehrgleichheit (Art. 57 RV) vor.[116] Die Gründe für das Fehlen eines Grundrechtskatalogs sind vielfältig. Zum einen sollten sich die Ereignisse um die gescheiterte Verfassung von 1848 nicht wiederholen, wo den Grundrechten gegenüber den staatsorganisationsrechtlichen Prinzipien der Vorrang eingeräumt worden war.[117] Außerdem sollte auf die Hoheitsgewalt und das politische Selbstbewusstsein der Länder Rücksicht genommen werden, denen zumindest im Zeitpunkt der Reichsgründung noch fast der gesamte Rechtsvollzug durch Verwaltung und Justiz und damit der durch den Grundrechtsschutz begrenzte Bereich staatlichen Handelns oblag.[118] Wenn nach den damaligen Vorstellungen Eingriffe in die Freiheitssphäre der Bürger den Ländern vorbehalten waren, musste auch der Grundrechtsschutz ausschließlich durch die Landesverfassungen sicher gestellt werden, so dass die Aufnahme eines

---

[111] So etwa PrOTE 25, 220, 228; PrOVGE 16, 386, 388 f.; 31, 418, 420 f.

[112] *Poscher*, Grundrechte als Abwehrrechte, S. 28.

[113] *Wahl*, Rechtliche Wirkungen und Funktionen der Grundrechte im deutschen Konstitutionalismus, in: Böckenförde (Hrsg.), Moderne Verfassungsgeschichte, S. 346, 360.

[114] *Huber*, Deutsche Verfassungsgeschichte, Bd. 2, S. 776 f.; *Scheuner*, FS Huber, S. 139, 140.

[115] *Nipperdey*, Deutsche Geschichte 1866–1918, Bd. 2, S. 85.

[116] Vgl. *Kühne*, HGR I, § 3 Rn. 78.

[117] *Huber*, Bewahrung und Wandlung, S. 132, 133; *Willoweit*, Deutsche Verfassungsgeschichte, § 34 Rn. 10; *Kröger*, Grundrechtsentwicklung in Deutschland, S. 38; *Stern*, Staatsrecht V, S. 362.

[118] *Huber*, Bewahrung und Wandlung, S. 132, 133; *Wittreck*, HGR VIII, § 231 Rn. 48; *Kröger*, Grundrechtsentwicklung in Deutschland, S. 38.

Grundrechtskatalogs in die Reichsverfassung die Verfassungsautonomie der Länder in unzulässiger Weise beeinträchtigt hätte[119] und außerdem als überflüssig angesehen wurde.[120] Allerdings nahm das Reich selbst schon sehr bald Verwaltungsaufgaben wahr und nahm damit auch Grundrechtseingriffe vor, so dass sich das Fehlen eines reichseigenen Grundrechtskatalogs in rechtsstaatlicher Hinsicht als „bedenkliche verfassungspolitische Lücke" erwies.[121]

3. Grundrechtsgewährleistungen außerhalb der formellen Reichsverfassung

Allerdings existierte neben dem formellen Verfassungsrecht der Reichsverfassung auch ungeschriebenes, materielles Verfassungsrecht. Darüber hinaus waren nach der damaligen Rechtslehre und Rechtspraxis wesentliche Teile des Reichsverfassungsrechts außerhalb der Verfassungsurkunde in einfachen Reichsgesetzen verankert, so dass die „Verfassung des Reiches" aus der Verfassungsurkunde selbst sowie aus verschiedenen einfachen Reichsgesetzen und dem Reichsgewohnheitsrecht bestand.[122] Es war daher nach damaliger Auffassung keineswegs erforderlich, dass der Grundrechtsschutz in der Verfassungsurkunde selbst gewährleistet war.[123] Hinzu kommt, dass etwa die von Art. 20 RV verlangte allgemeine, direkte und geheime Wahl des Reichstags nur dann möglich war, wenn es gleichzeitig ein Recht zur freien Parteigründung und -tätigkeit, Meinungs- und Pressefreiheit sowie Versammlungsfreiheit gab,[124] so dass davon auszugehen ist, dass derartige Freiheitsrechte schon ungeschriebene Bestandteile der Reichsverfassung waren. Darüber hinaus wurden im Laufe der Zeit die allermeisten der klassischen Grundrechte wie etwa das Recht auf Freizügigkeit,[125] die Gewerbe-[126] und Koalitionsfreiheit[127], die Bekenntnisfreiheit[128], die Pressefreiheit[129] die Vereins- und

[119] *Huber*, Bewahrung und Wandlung, S. 132, 133 f.; *Pannenborg*, Inhalt und Bedeutung der Grundrechte der Paulskirchenverfassung, S. 36; krit. insoweit *Kühne*, Die Reichsverfassung der Paulskirche, S. 114, der der Auffassung widerspricht, *Bismarck* habe die Aufnahme bundesverfassungsmäßiger Grundrechte mit dem föderativen Charakter des Bundessystems für unvereinbar gehalten; vgl. auch *Eisenhardt*, Deutsche Rechtsgeschichte, Rn. 671, der davon ausgeht, dass die Aufnahme eines Grundrechtskatalogs angesichts der Grundrechtsverbürgungen in den Ländern nicht mehr vordringlich erschien.

[120] So etwa *Giese*, Die Grundrechte, S. 22.

[121] *Huber*, Bewahrung und Wandlung, S. 132, 134.

[122] *Huber*, Bewahrung und Wandlung, S. 132, 135 f.; *v. Münchhausen*, Die Grund- und Freiheitsrechte, S. 4.

[123] *Giese*, Die Grundrechte, S. 89 u. 91; *Huber*, Bewahrung und Wandlung, S. 132, 138.

[124] *Huber*, Bewahrung und Wandlung, S. 132, 136 f.; *ders.*, Deutsche Verfassungsgeschichte, Bd. 3, S. 1009.

[125] Freizügigkeitsgesetz vom 1. November 1867, BGBl., S. 55.

[126] § 1 der Gewerbeordnung vom 21. Juni 1869, BGBl., S. 245.

[127] §§ 152, 153 der Gewerbeordnung vom 21. Juni 1869, BGBl., S. 245.

[128] Gesetz betreffend die Gleichberechtigung der Konfessionen in bürgerlicher und staatsbürgerlicher Hinsicht vom 3. Juli 1869, BGBl., S. 292.

[129] Reichspreßgesetz vom 7. Mai 1874, RGBl., S. 65.

Versammlungsfreiheit[130] sowie die Justizgrundrechte[131] in die einfachen Reichsgesetze aufgenommen,[132] wodurch zumindest innerhalb der dem Reich zugewiesenen Gesetzgebungskompetenzen ein reichseigener, unitarischer Grundrechtsschutz entstehen konnte.[133] Es handelte sich dabei um „echte" Grundrechtsgarantien, die freilich vor dem Hintergrund ihrer Zeit betrachtet werden müssen, in der das Parlament als „Hüter der Grundrechte" verstanden wurde und der formelle Vorrang des Verfassungstextes vor den einfachen Gesetzen kaum von Relevanz war.[134] Außerdem wurden viele Grundrechte durch die Reichsgesetzgebung selbst stark eingeschränkt. So besaß die Pressefreiheit bereits ab 1874 keine normative Notstandsfestigkeit mehr, nachdem § 30 des Reichspreßgesetzes u.a. im Falle des Krieges oder bei inneren Unruhen entsprechende Einschränkungen der Pressefreiheit zuließ.[135] Auch die Vereinigungs- und die Versammlungsfreiheit wurden durch die Vereinsgesetzgebung und das Sozialistengesetz erheblich beschnitten. So konnten nach § 1 des Sozialistengesetzes sozialdemokratische, sozialistische und kommunistische Vereine verboten werden, während § 9 die Auflösung entsprechender Versammlungen erlaubte.[136] Ähnliche gesetzliche Beschränkungen erfuhr die Koalitionsfreiheit, die für die Arbeitnehmer der Landwirtschaft, der See- und Binnenschifffahrt sowie des Eisenbahnwesens zudem von vorneherein keine Geltung beanspruchte.[137]

4. Grundrechte der Landesverfassungen als Bestandteile des Reichssystems

a) Landesgrundrechte als funktioneller Bestandteil der Grundrechtsordnung des Reiches

In den Reichsgesetzen fehlten wichtige Grundrechte wie die Gleichheit vor dem Gesetz, die allgemeine Eigentumsgarantie, die Garantie der Körperschafts- und Selbstbestimmungsrechte der Religionsgemeinschaften sowie die Garantie der Freiheit von Wissenschaft und Lehre.[138] In Bezug auf den allgemeinen Gleich-

[130] Reichsvereinsgesetz vom 19. April 1908, RGBl., S. 151.

[131] So etwa die Gewährleistung der Unabhängigkeit der Gerichte, § 1 des Gerichtsverfassungsgesetzes vom 27. Januar 1877, RGBl., S. 77; die Gewährleistung des Rechtswegs für bürgerliche Rechtsstreitigkeiten in § 13 des Gerichtsverfassungsgesetzes; das Verbot des rückwirkenden Strafgesetzes, § 2 des Strafgesetzbuches vom 31. Mai. 1870, BGBl., S. 197; die Gewährleistung des gesetzlichen Richters, § 16 S. 2 des Gerichtsverfassungsgesetzes.

[132] Für eine vollständige Übersicht s. *Huber*, Bewahrung und Wandlung, S. 132, 138 f.; *Stern*, Staatsrecht V, S. 363; *Wittreck*, HGR VIII, § 231 Rn. 53.

[133] Vgl. auch *Vaulont*, Grundrechte und bundesstaatliches Homogenitätsprinzip, S. 29 f.

[134] *Huber*, Bewahrung und Wandlung, S. 132, 140 f.

[135] Reichspreßgesetz vom 7. Mai 1874, RGBl., S. 65.

[136] Gesetz gegen die gemeingefährlichen Bestrebungen der Sozialdemokratie (Sozialistengesetz) vom 22. Oktober 1878, RGBl., S. 351; ausführlich dazu *Huber*, Deutsche Verfassungsgeschichte, Bd. 4, S. 1157 ff.

[137] Ausführlich dazu *Huber*, Deutsche Verfassungsgeschichte, Bd. 4, S. 1140 f.

[138] *Huber*, Bewahrung und Wandlung, S. 132, 142.

heitssatz lässt sich sagen, dass nach damaligem Rechtsverständnis nur die Gleichheit der Gesetzesanwendung, nicht aber die Gleichheit des Gesetzesinhalts darunter subsumiert wurde, so dass eine entsprechende verfassungsmäßige Gewährleistung überflüssig war, nachdem die Rechtsanwendungsgleichheit ohnehin als unantastbares Rechtsprinzip verstanden wurde.[139] Im Übrigen jedoch konnte das Reich auf die Gewährleistung der fraglichen Grundrechte nur deshalb verzichten, weil entsprechende Landesgrundrechte existierten, die zwar nicht institutionell, aber doch funktionell zum Rechtssystem des Reiches gehörten.[140] Methodisch wurde der Grundrechtsschutz auf Reichsebene dadurch erzielt, dass Landesgrundrechte von der Reichsrechtsprechung als allgemeine Rechtsprinzipien des Reichsrechts anerkannt und angewandt wurden. Besonders deutlich lässt sich dies am Beispiel des mit dem Eigentumsgrundrecht eng verbundenen Aufopferungsprinzips ablesen. In der preußischen Rechtsordnung (§§ 74, 75 der Einleitung zum Allgemeinen Preußischen Landrecht) war eine Entschädigungspflicht für rechtmäßige Eingriffe in die Freiheitssphäre des Bürgers vorgesehen. Das Reichsgericht entwickelte daraus im Laufe der Zeit einen „allgemeinen Rechtsgrundsatz" des Reichsrechts, so dass die entsprechende Garantie als ungeschriebenes Recht auch auf Reichsebene Geltung fand.[141] Die landesrechtlich garantierte Unantastbarkeit des Eigentums und die im Fall einer aus Gemeinwohlgründen notwendigen Enteignung zwingend vorgesehene Entschädigungspflicht erlangten daher auch auf Reichsebene Geltung und prägten so die Verfassungs- und Wirtschaftsordnung des Reiches entscheidend mit.[142] Ähnliches galt für das Staatskirchenrecht, wo die landesverfassungsrechtlichen Grundprinzipien des Staatskirchenrechts wie zum Beispiel das Selbstbestimmungsrecht der Religionsgesellschaften als allgemeine Verfassungsgrundsätze auch des Reiches angesehen wurden.[143] Ein derartiger Befund lässt sich ebenso für den Bereich der Wissenschafts- und Lehrfreiheit ausstellen. Das entsprechende landesrechtlich verbürgte Grundrecht wurde als allgemeines Verfassungsprinzip betrachtet und galt infolgedessen ganz selbstverständlich auch für die Reichsgewalt und damit für die dieser unmittelbar zugeordnete Universität Straßburg.[144] Nicht vergessen werden darf schließlich, dass sich auch die Presse- und Vereinsfreiheit aus den entsprechenden Garantien der Länderverfassungen entwickelt hat. So wurde die Pressefreiheit durch das Reichspreßgesetz von 1874 und die Vereinsfreiheit durch das Reichsvereinsgesetz von 1908 formell zu Reichsrecht erklärt, nachdem die entsprechenden Grundrechte auf Länderebene schon lange gewährleistet waren.

---

[139] *Huber*, Bewahrung und Wandlung, S. 132, 143.

[140] *Huber*, Bewahrung und Wandlung, S. 132, 143 f.

[141] So RGZ 41, 142, 145 f., wo die Entschädigungspflicht im Falle eines Eigentumseingriffs zunächst als allgemeiner Rechtsgrundsatz des Gemeinen Rechts angesehen wird; für die weitere Entwicklung s. RGZ 102, 390, 391; *Mayer*, Deutsches Verwaltungsrecht, Bd. 2, S. 299.

[142] *Huber*, Bewahrung und Wandlung, S. 132, 144.

[143] *Huber*, Bewahrung und Wandlung, S. 132, 145.

[144] Ausführlich dazu *Huber*, Deutsche Verfassungsgeschichte, Bd. 4, S. 958 ff.; *ders.*, Bewahrung und Wandlung, S. 132, 145.

Umgekehrt verfügte das Reich nicht über die Möglichkeit, die Schaffung oder Aufrechterhaltung von Grundrechten in den Länderverfassungen zu verlangen oder durchzusetzen, da die Verfassungsautonomie der Länder derartige Eingriffe untersagte.[145] Daher konnte sich die Grundrechtsentwicklung nur „von unten nach oben", nicht aber „von oben nach unten" vollziehen. Trotz der Herausbildung eines umfassenden Grundrechtskataloges auf Reichsebene unter Zuhilfenahme der Landesgrundrechte darf jedoch nicht übersehen werden, dass die Landesgrundrechte auf Grund des Umstandes, dass Grundrechtsschutz von Reichs wegen nur innerhalb der dem Reich nach Art. 4 RV zugewiesenen Kompetenzverteilung gewährleistet war, weiterhin einen eigenen Anwendungsbereich besaßen, welcher freilich auf die den Ländern verbliebenen Regelungsmaterien beschränkt war.[146]

Indes zeigten sich auch im Grundrechtsbereich schon bald nach der Reichsgründung erhebliche Unitarisierungstendenzen,[147] was zwangsläufig zu einem Bedeutungsverlust bei den Landesgrundrechten führen musste. Grund dafür ist, dass das Reich auf Grundlage von Art. 4 RV verschiedene Reichsgesetze erließ, welche Grundrechtsgewährleistungen enthielten und auch der Kompetenzkatalog des Art. 4 RV im Laufe der Zeit immer stärker erweitert wurde. Bestes Beispiel hierfür ist die Ergänzung des Kompetenzkataloges um die Zuständigkeit für das Strafrecht und das gerichtliche Verfahren,[148] wodurch auf Reichsebene Grundrechte wie das Recht auf den gesetzlichen Richter geschaffen wurden.[149] Hinzu kommt, dass nach Art. 2 RV Reichsrecht dem Landesrecht vorging, was aber in der Praxis angesichts der ohnehin restriktiven Interpretation der Grundrechte nur punktuell eine Rolle spielte. Fest stand danach allerdings, dass Landesgesetze, welche weiter gehende Eingriffe in die Grundrechte erlaubten als in dem einschlägigen Reichsgesetz vorgesehen und welche dem Reichsgesetz damit widersprachen, nichtig waren.[150] Daraus folgt jedoch nicht zwingend, dass auch das hinter dem Reichsgrundrecht zurück bleibende Landesgrundrecht als solches nichtig war. Umgekehrt wiederum ist klar, dass Landesgrundrechte, die weiter reichten als das entsprechende Reichsgrundrecht, insoweit nichtig sein mussten, als sie Reichsrecht widersprachen, da andernfalls die Regelung des Art. 2 RV leer gelaufen wäre.[151]

Trotz aller Unitarisierungstendenzen wurde auf Reichsebene jedoch kein vollkommen unitarischer Grundrechtsschutz geschaffen. Ein solcher wäre, jedenfalls

---

145 *Huber*, Bewahrung und Wandlung, S. 132, 144.

146 Vgl. *Vaulont*, Grundrechte und bundesstaatliches Homogenitätsprinzip, S. 29, der insoweit von einer Konzeption des „dual federalism" spricht.

147 Allgemein zu Unitarisierungstendenzen im Reich vgl. *Huber*, Die Bismarcksche Reichsverfassung im Zusammenhang mit der deutschen Verfassungsgeschichte, in: Böckenförde (Hrsg.), Moderne deutsche Verfassungsgeschichte, S. 171, 181 ff.; zur Entwicklung des Grundrechtsschutzes s. *Giese*, Die Grundrechte, S. 23 f.; s. auch oben, § 3 II.5.

148 S. dazu auch *Hirschberg*, Abweichungen der Reichsverfassung, S. 26.

149 S. oben, § 3 III.3.

150 So ausdrücklich etwa RGSt 47, 389, 391.

151 Vgl. *Giese*, Die Grundrechte, S. 83.

wenn man die allgemeine Handlungsfreiheit als notwendigen Bestandteil des Grundrechtsschutzes versteht,[152] nur unter Durchbrechung von Art. 2 RV und Beraubung der Länder von jeglicher Gesetzgebungskompetenz möglich gewesen, da anders auf Reichsebene keine für alle Bereiche gültige allgemeine Handlungsfreiheit etabliert werden konnte.[153] Daher verblieb den Ländern zumindest in einigen wenigen Bereichen, in denen keine Reichsgrundrechte bestanden, noch Raum für einen eigenen landesrechtlichen Grundrechtsschutz. Das föderale Moment im Rahmen des Grundrechtsschutzes sollte demzufolge mit Hilfe der Konfliktvermeidungsstrategie einer möglichst klaren Aufteilung der Sachkompetenzen gesichert werden.[154] Dabei bleibt allerdings zu bedenken, dass die Kompetenzmäßigkeit eines Reichsgesetzes gerichtlich nicht überprüft werden konnte, so dass selbst kompetenzwidrige Reichsgesetze gültig waren und nach Art. 2 RV dem Landesrecht vorgehen konnten.[155] Das Fehlen einer hinreichenden gerichtlichen Kontrollmöglichkeit begünstigte so die Unitarisierung des Grundrechtsschutzes.

Jenseits der Abwertung der Landesgrundrechte durch die Unitarisierung des Grundrechtsschutzes im Reich lässt sich eine zunehmende Einschränkung und Verdrängung der Landesgrundrechte durch das Reichsrecht und die darin enthaltenden Eingriffsbefugnisse konstatieren. Ein wesentlicher Grund für diese Entwicklung war, dass durch die auf Art. 4 RV basierende Ausdehnung der Gesetzgebungstätigkeit des Reichs zunehmend reichsrechtliche Eingriffsgrundlagen entstanden, welche auch von der Länderverwaltung genutzt werden konnten.[156] Dies gilt vor allem für die Zeit des Kulturkampfes. Wenngleich es sich beim Großteil der Kulturkampfgesetze um Ländergesetze handelte,[157] darf nicht übersehen werden, dass in dieser Zeit auch auf Reichsebene Gesetze erlassen wurden, die Grundrechte einschränkten. Dies gilt vor allem für die Einführung des sog. Kanzelparagrafen[158] im Reichsstrafgesetzbuch sowie für das Gesetz zum Verbot des Jesuitenordens,[159] welche beide in die landesrechtlich gewährleistete Religionsfreiheit eingriffen. Nachdem gemäß Art. 2 RV die Reichsgesetze den

[152] Zwingend ist dies jedoch keinesfalls; so kennt etwa die Schweizer Bundesverfassung bis heute keine eigenständige Garantie der allgemeinen Handlungsfreiheit, s. dazu *Häfelin/Haller/Keller/Thurnherr*, Schweizerisches Bundesstaatsrecht, Rn. 354; *Kahl*, HGR V/2, § 124 Rn. 19.

[153] *Vaulont*, Grundrechte und bundesstaatliches Homogenitätsprinzip, S. 29.

[154] Zu dieser Konfliktvermeidungsstrategie s. oben, § 2 II.1. c) bb).

[155] Vgl. *Huber*, Deutsche Verfassungsgeschichte, Bd. 3, S. 1059; oben, § 3 II.3. b).

[156] Näher dazu oben, § 3 II.2. a).

[157] Vgl. *Huber*, Deutsche Verfassungsgeschichte, Bd. 4, S. 693 ff.; *Kaupisch*, Das Grundrecht der Religionsfreiheit, S. 252 ff. zu den preußischen Kulturkampfgesetzen.

[158] Gesetz vom 10. Dezember 1871 betreffend die Ergänzung des Strafgesetzbuchs um den § 130 a, RGBl. S. 442; näher dazu *Huber*, Deutsche Verfassungsgeschichte, Bd. 4, S. 700 f.; *Kaupisch*, Das Grundrecht der Religionsfreiheit, S. 249.

[159] Gesetz betreffend den Orden der Gesellschaft Jesu vom 4. Juli 1872, RGBl. S. 254; näher dazu *Huber*, Deutsche Verfassungsgeschichte, Bd. 4, S. 704 ff.; *Kaupisch*, Das Grundrecht der Religionsfreiheit, S. 250 f.; vgl. dazu auch *Kotulla*, Deutsche Verfassungsgeschichte, Rn. 2168 ff.

Landesgesetzen und damit auch den Landesverfassungen vorgingen, wurde in diesen Bereichen die landesrechtlich gewährleistete Religionsfreiheit faktisch entwertet.[160]

b) Grundrechtskataloge ausgewählter Landesverfassungen

aa) Bayerische Verfassung

Wenngleich die bayerischen Verfassung[161] vom 26. Mai 1818 (BayVerf 1818) eine oktroyierte Verfassung war, die nach dem monarchischen Prinzip die gesamte Staatsgewalt dem Landesherrn zuwies, enthielt diese Verfassung bereits einen Katalog mit Grundrechten[162], mit deren Hilfe der Einzelne vor Eingriffen des Staates geschützt werden sollte.[163] Es handelte sich dabei nicht um naturrechtlich begründete Grundrechte im Sinne der französischen Revolution, sondern um Rechte des einzelnen Bürgers gegenüber dem Staat, deren Besitz und Ausübung an das Staatsbürgerrecht geknüpft war, welches sich wiederum aus der Staatsangehörigkeit ergab (Tit. IV §§ 1, 2 BayVerf 1818).[164] Das Staatsbürgerrecht selbst setzte darüber hinaus nach Tit. IV § 3 BayVerf 1818 die gesetzliche Volljährigkeit und die Ansässigkeit im Staatsgebiet sowie bei Neuzugewanderten den Ablauf von sechs Jahren voraus.[165] Inhaltlich gewährleistete die bayerische Verfassung schon in der Präambel die „Gleichheit der Gesetze und vor dem Gesetze“, was darauf hindeutet, dass nicht nur die Exekutive und Judikative, sondern auch die Legislative an den allgemeinen Gleichheitssatz gebunden sein sollte.[166] Die verfassungsrechtliche Verankerung des allgemeinen Gleichheitssatzes darf jedoch nicht darüber hinwegtäuschen, dass es sich dabei um einen bloßen Programmsatz handelte und die bayerische Verfassungsordnung angesichts der Privilegien von Adel, Bürgertum und Bauerntum sowie der drei christlichen Konfessionen von wirklicher Egalität weit entfernt war.[167] Neben dem Gleichheitssatz enthielt die bayerische

[160] Zur Marginalisierung der Landesgrundrechte auch *Giese*, Die Grundrechte, S. 23 f.

[161] Verfassung des Königreiches Bayern vom 26. Mai 1818, GBl. 1818, Sp. 101–140.

[162] Die Verfassungstexte des 19. Jahrhunderts selbst verwendeten diese Vokabel allerdings nicht, sondern gingen von „Rechten der Untertanen“ aus, vgl. dazu *v. Rimscha*, Die Grundrechte im süddeutschen Konstitutionalismus, S. 2 Fn. 10; *Wahl*, Rechtliche Wirkungen und Funktionen der Grundrechte, in: Böckenförde (Hrsg.), Moderne deutsche Verfassungsgeschichte, S. 346, 347; *Kröger*, Grundrechtsentwicklung in Deutschland, S. 15.

[163] Ausführlich zu den Zwecken der Grundrechte im Frühkonstitutionalismus s. *Huber*, Deutsche Verfassungsgeschichte, Bd. 1, S. 350 f.

[164] Vgl. *Grimm*, Deutsche Verfassungsgeschichte, S. 129 f.; *Scheuner*, FS Huber, S. 139, 143; *Schunck*, Staatsrecht des Königreichs Baiern, Bd. 2, S. 258 ff.; allgemein zu den Grundrechtskatalogen der zeitgenössischen Verfassungen s. *Grimm*, Die Entwicklung der Grundrechtstheorie, in: Birtsch (Hrsg.), Grund- und Freiheitsrechte, S. 234, 237 f.

[165] Ausführlich dazu *Huber*, Deutsche Verfassungsgeschichte, Bd. 1, S. 351 f.; *v. Rimscha*, Die Grundrechte im süddeutschen Konstitutionalismus, S. 121 ff.

[166] *Huber*, Deutsche Verfassungsgeschichte, Bd. 1, S. 352.

[167] *Huber*, Deutsche Verfassungsgeschichte, Bd. 1, S. 352; *v. Rimscha*, Die Grundrechte im süddeutschen Konstitutionalismus, S. 126 ff.

Verfassung von 1818 die Garantie der Freiheit der Person, welche durch zahlreiche spezielle Freiheitsrechte wie die Gewährleistung der Sicherheit der Person,[168] die Freiheit der Auswanderung in ein anderes Bundesland,[169] die religiöse Gewissensfreiheit,[170] die Pressefreiheit,[171] die Eigentumsfreiheit[172] sowie die Unabhängigkeit der Gerichte[173] konkretisiert wurde. Die bayerische Verfassung von 1818 sah allerdings weder die Gewährleistung der Meinungsfreiheit nach heutigem Verständnis[174] noch die Berufs- oder Gewerbefreiheit[175] vor. Zusätzlich zur Gewährleistung individueller Freiheitsrechte existierte ein Edikt, das die Rechtsverhältnisse zwischen dem Staat und den Religionsgemeinschaften regelte, das die drei christlichen Konfessionen als Körperschaften des öffentlichen Rechts etablierte und ihnen spezifische Rechte wie etwa das Recht auf Selbstverwaltung ihrer Angelegenheiten gewährte.[176]

Im Frühkonstitutionalismus diente die Lehre vom Vorbehalt des Gesetzes der Begrenzung der staatlichen Gewalt gegenüber dem Einzelnen, doch konnte die Möglichkeit gesetzlicher Freiheitsbeschränkungen nach der in der zweiten Hälfte des 19. Jahrhunderts vorherrschenden Staatslehre dazu missbraucht werden, die individuelle Freiheit über das notwendige Maß hinaus einzuschränken, so dass auch die Grundrechtsgewährleistungen der bayerischen Verfassung in der Praxis längst nicht die Bedeutung entfalten konnten, die ihnen ausweislich des Verfassungstextes augenscheinlich zukommen sollte.[177]

Die bayerische Verfassung von 1818 wurde zwar mehrfach abgeändert und ab 1871 durch die Reichsverfassung gemäß Art. 2 RV teilweise überlagert, dies änderte aber nichts am grundsätzlichen Fortbestand des Grundrechtskataloges. Zu einer formellen Ablösung der Verfassung kam es daher erst 1919 mit Inkrafttreten der Verfassung des Freistaats Bayern.[178]

---

[168] Tit. IV § 8 BayVerf 1818; näher dazu *v. Rimscha*, Die Grundrechte im süddeutschen Konstitutionalismus, S. 136 ff.; *Huber*, Deutsche Verfassungsgeschichte, Bd. 1, S. 354 f.

[169] Tit. IV § 14 BayVerf 1818; näher dazu *v. Rimscha*, Die Grundrechte im süddeutschen Konstitutionalismus, S. 145 ff.; *Huber*, Deutsche Verfassungsgeschichte, Bd. 1, S. 355.

[170] Tit. IV § 9 BayVerf 1818; näher dazu *Huber*, Deutsche Verfassungsgeschichte, Bd. 1, S. 357 f.

[171] Tit. IV § 11 BayVerf 1818; näher dazu *Huber*, Deutsche Verfassungsgeschichte, Bd. 1, S. 358; *v. Rimscha*, Die Grundrechte im süddeutschen Konstitutionalismus, S. 153 f.

[172] Tit. IV § 8 BayVerf 1818; näher dazu *Huber*, Deutsche Verfassungsgeschichte, Bd. 1, S. 359; *v. Rimscha*, Die Grundrechte im süddeutschen Konstitutionalismus, S. 140 ff.

[173] Tit. VIII § 3 BayVerf 1818; näher dazu *Huber*, Deutsche Verfassungsgeschichte, Bd. 1, S. 355.

[174] *Huber*, Deutsche Verfassungsgeschichte, Bd. 1, S. 356.

[175] *Huber*, Deutsche Verfassungsgeschichte, Bd. 1, S. 360; *v. Rimscha*, Die Grundrechte im süddeutschen Konstitutionalismus, S. 151 f.

[176] Edict über die äußern Rechtsverhältnisse der Einwohner des Königreichs Bayern, in Beziehung auf Religion und kirchliche Gesellschaften, II. Beilage zur Verfassungsurkunde vom 26. Mai 1818; GBl. 1818, Sp. 149–180.

[177] *Huber*, Deutsche Verfassungsgeschichte, Bd. 1, S. 354 u. 358; zum Bedeutungswandel der Grundrechte in Bayern s. *Fremuth*, Der Vorbehalt des Gesetzes in der Bayerischen Verfassungsurkunde, S. 220 ff.

[178] Verfassungsurkunde des Freistaats Bayern vom 14. August 1919, GVBl., S. 531.

bb) Preußische Verfassung

Auch die preußische Verfassung vom 31. Januar 1850[179] (PreußVerf 1850), welche seit der Reichsgründung 1871 von Art. 2 RV teilweise überlagert wurde und bis 1918 in Kraft blieb, beruhte auf dem monarchischen Prinzip, das dem König die gesamte Staatsgewalt übertrug.[180] Wie die bayerische Verfassung sah auch die Verfassung Preußens einen Katalog mit Grundrechten vor, die die staatsbürgerliche Stellung des Einzelnen sowie seine staatsfreie Sphäre sichern sollten.[181] Ebenso wie in Bayern handelte es sich dabei um Rechte der preußischen Staatsbürger gegenüber dem Staat, welche an den Besitz der preußischen Staatsangehörigkeit geknüpft waren. Art. 4 S. 1 PreußVerf 1850 gewährleistete die Gleichheit aller Preußen vor dem Gesetz, ohne jedoch auch die „Gleichheit des Gesetzes", d.h. die Rechtsinhaltsgleichheit vorzusehen.[182] Art. 5 S. 1 PreußVerf 1850 garantierte die persönliche Freiheit des Einzelnen. Allerdings enthielt Art. 5 S. 2 PreußVerf 1850 einen Gesetzesvorbehalt, der von der Staatsrechtslehre als Freibrief für schrankenlose Eingriffe des Gesetzgebers in das Freiheitsgrundrecht verstanden wurde,[183] so dass die Grundrechtsgarantie faktisch leer lief.[184] Daneben gewährleistete die preußische Verfassung die individuelle Religionsfreiheit,[185] die Meinungs-[186] und Pressefreiheit,[187] die Versammlungs- und Vereinigungsfreiheit,[188] die Eigentumsfreiheit,[189] das Recht auf Auswanderung[190] sowie das Recht auf den gesetzlichen Richter.[191] Außerdem sah die Verfassung als institutionelle Garantien die Korporationsrechte der Religionsgemeinschaften sowie deren Recht auf Selbstverwaltung der eigenen Angelegenheiten,[192] die Freiheit von Forschung und Lehre[193] sowie die richterliche

---

[179] Verfassungsurkunde für den preußischen Staat vom 31. Januar 1850, PrGS, S. 17.

[180] Ausführlich dazu *Huber*, Deutsche Verfassungsgeschichte, Bd. 3, S. 55 ff.

[181] *Huber*, Deutsche Verfassungsgeschichte, Bd. 3, S. 101; *Roske*, Die Entwicklung der Grundrechte, S. 78 ff.

[182] *Anschütz*, Preußische Verfassungsurkunde, S. 109; *Kotulla*, Die Tragweite der Grundrechte, S. 33 f.

[183] So v.a. *Anschütz*, Preußische Verfassungsurkunde, S. 134; s. dazu *Kröger*, Grundrechtsentwicklung in Deutschland, S. 32.

[184] S. dazu *Huber*, Deutsche Verfassungsgeschichte, Bd. 3, S. 104 f.; *Kotulla*, Die Tragweite der Grundrechte, S. 231.

[185] Art. 12 PreußVerf 1850; ausführlich hierzu *Kaupisch*, Das Grundrecht der Religionsfreiheit in seiner historischen Entwicklung, S. 97 ff.; *v. Münchhausen*, Die Grund- und Freiheitsrechte, S. 66 ff.

[186] Art. 27 Abs. 1 PreußVerf 1850; vgl. *v. Münchhausen*, Die Grund- und Freiheitsrechte, S. 60 ff.

[187] Art. 27 Abs. 2 PreußVerf 1850; *Kotulla*, Die Tragweite der Grundrechte, S. 66 ff.

[188] Art. 29 bzw. 30 PreußVerf 1850; näher dazu *v. Münchhausen*, Die Grund- und Freiheitsrechte, S. 96 ff.; *Kotulla*, Die Tragweite der Grundrechte, S. 69 ff.

[189] Art. 9 PreußVerf 1850; vgl. *v. Münchhausen*, Die Grund- und Freiheitsrechte, S. 106 ff.

[190] Art. 11 PreußVerf 1850; vgl. *v. Münchhausen*, Die Grund- und Freiheitsrechte, S. 33 f.

[191] Art. 7 PreußVerf 1850; vgl. *v. Münchhausen*, Die Grund- und Freiheitsrechte, S. 128 f.

[192] Art. 13–18 PreußVerf 1850; vgl. *v. Münchhausen*, Die Grund- und Freiheitsrechte, S. 72 ff.

[193] Art. 20 PreußVerf 1850; näher dazu *v. Münchhausen*, Die Grund- und Freiheitsrechte, S. 78 ff.

Unabhängigkeit[194] vor, wobei die religionsverfassungsrechtlichen Bestimmungen im Zuge des Kulturkampfes teilweise aufgehoben wurden.[195] Nicht übersehen werden darf jedoch auch in diesem Zusammenhang, dass Gesetzesvorbehalte Eingriffe in die grundrechtlichen Gewährleistungen zuließen und auf diese Weise die Grundrechte nach der damals herrschenden Staatsrechtslehre weitgehend entwertet werden konnten.[196] Besonders deutlich wird dies am Beispiel der in Art. 27 Abs. 1 PreußVerf 1850 verankerten Meinungsfreiheit, in Bezug auf die die herrschende Lehre davon ausging, dass Eingriffe der öffentlichen Gewalt nur verboten waren, wenn sie einer gesetzlichen Grundlage entbehrten,[197] so dass der Gesetzgeber jedwede Meinungsäußerung hätte verbieten oder gebieten können.[198] Entsprechendes wurde hinsichtlich der Eigentumsfreiheit vertreten, so dass dem Gesetzgeber letztlich beliebige Eingriffe in das Eigentum gestattet waren.[199]

cc) Andere Landesverfassungen

Die Verfassungen der anderen Bundesländer enthielten ebenfalls umfangreiche Grundrechtskataloge. So verfügten die Länder Baden[200] und Württemberg[201] seit 1818 bzw. 1819 über frühkonstitutionelle Verfassungen mit Grundrechtsgewährleistungen.[202] Auch die norddeutschen Bundesländer besaßen nach anfänglicher Zurückhaltung gegenüber der Idee staatsbürgerlicher Rechte zumindest nach 1848 Verfassungen mit Grundrechtskatalogen.[203] So erließen etwa die Herzogtümer Schleswig-Holstein 1848 eine Verfassung mit entsprechenden Freiheits- und Gleichheitsrechte.[204] Entsprechendes gilt für das Königreich Sachsen, das bereits seit 1831 über eine Verfassung mit Grundrechten verfügte.[205] Wenngleich auch

[194] Art. 86 PreußVerf 1850, wobei Art. 87–97 PreußVerf 1850 weitere justizielle Garantienormen und Vorgaben bezüglich der Gerichtsorganisation enthielten.

[195] Näher dazu *Wittreck*, HGR VIII, § 231 Rn. 56.

[196] Vgl. *Grimm*, Deutsche Verfassungsgeschichte, S. 217; *Kröger*, Grundrechtsentwicklung in Deutschland, S. 30 ff.

[197] *Anschütz*, Preußische Verfassungsurkunde, S. 500 f.

[198] *Huber*, Deutsche Verfassungsgeschichte, Bd. 3, S. 107 f.; *Kotulla*, Die Tragweite der Grundrechte, S. 69 in Bezug auf die Pressefreiheit.

[199] *Anschütz*, Preußische Verfassungsurkunde, S. 161; *Kotulla*, Die Tragweite der Grundrechte, S. 46.

[200] Verfassungsurkunde für das Großherzogtum Baden vom 22. August 1818, Staats- und Regierungsblatt 1818, S. 101 ff.

[201] Verfassungs-Urkunde für das Königreich Württemberg vom 25. September 1819, Staats- und Regierungsblatt 1819, S. 634 ff.

[202] Ausführlich dazu *v. Rimscha*, Die Grundrechte im süddeutschen Konstitutionalismus, S. 48 ff.

[203] Ausführlich dazu *Zantopf*, Die Entwicklung der Grundrechte, S. 14 ff.

[204] Staatsgrundgesetz für die Herzogthümer Schleswig-Holstein vom 15. September 1848, abgedruckt bei *Krech*, Das schleswig-holsteinische Staatsgrundgesetz vom 15. September 1848, S. 303 ff.; speziell zur Religionsfreiheit in der schleswig-holsteinischen Verfassung s. *Kaupisch*, Das Grundrecht der Religionsfreiheit, S. 137 ff.

[205] Verfassungsurkunde für das Königreich Sachsen vom 4. September 1831, Sächsische Gesetzessammlung 1831, S. 241.

hier angesichts der damals herrschenden Staatsrechtslehre die Grundrechte weitgehend entwertet wurden, so lässt sich dennoch sagen, dass im Deutschen Reich auf Länderebene umfassende Grundrechtsgewährleistungen vorzufinden waren.

IV. Materiell-rechtliche Ansatzpunkte zur grundrechtsbezogenen Kollisions- und Konfliktvermeidung

Die Bismarcksche Reichsverfassung enthielt mit Art. 2 S. 1 RV eine Kollisionsregel, die vorsah, dass das Reich seine Gesetzgebungskompetenzen mit der Wirkung ausübte, dass die Reichsgesetze den Landesgesetzen vorgingen, d.h. entgegen stehende Landesgesetze *ipso iure* nichtig waren. Allerdings ist die Frage der Kompetenzgemäßheit der Frage der Normkollision denklogisch vorgelagert,[206] so dass vorab zu klären ist, ob Normen der Landesverfassung, namentlich Landesgrundrechte, überhaupt vom Regime der reichsverfassungsrechtlichen Gesetzgebungskompetenzen erfasst wurden. Die damals herrschende Lehre ging ohne nähere Begründung davon aus, dass Art. 2 S. 1 RV im Falle einer Kollision bzw. einer bloßen Übereinstimmung zwischen Reichsrecht und Landesgrundrechten Anwendung finden sollte, ohne zuvor zu thematisieren, ob überhaupt eine Normkollision vorlag oder ob eine solche nicht schon deswegen ausgeschlossen sein musste, weil die Landesgrundrechte der bundesstaatlichen Kompetenzverteilung zuwider liefen.[207] Unabhängig davon konnte eine Kollision zwischen Bundes- und Landesgrundrechten nur dort auftreten, wo das entsprechende Grundrecht auf Reichsebene gewährleistet war, was längst nicht für alle Grundrechte galt. Fehlte eine entsprechende reichsrechtliche Garantie, konnte das fragliche Landesgrundrecht immerhin noch mit dem sonstigen Reichsrecht kollidieren, wobei derartige Kollisionen ihrerseits nach Art. 2 S. 1 RV aufgelöst wurden und die Nichtigkeit der landesrechtlichen Grundrechtsvorschrift zur Folge hatten.

V. Grundrechtsbindung und Prüfungsmaßstab

Im Rahmen der Grundrechtsbindung ist danach zu fragen, welche Staatsorgane an Grundrechte gebunden waren und wie sich die Bindung der einzelnen Staatsorgane an die verschiedenen Grundrechtsebenen im föderalen System gestaltete. Nach damals herrschender Lehre waren nur die Exekutive und Judikative, nicht aber der Gesetzgeber an die Grundrechte gebunden.[208] Für die Gerichte, die ih-

---

[206] Vgl. *Uerpmann*, Der Staat 28 (1996), 428, 434 für das analog gelagerte Verhältnis von Art. 70 ff. GG zu Art. 31 und 142 GG; *Vaulont*, Grundrechte und bundesstaatliches Homogenitätsprinzip, S. 118 f.; für das einfache Recht s. auch RGSt 56, 177, 180 f.

[207] Vgl. nur *Haenel*, Deutsches Staatsrecht, S. 257; angedeutet auch bei *Laband*, Das Staatsrecht des Deutschen Reiches, Bd. 2, S. 116 ff.

[208] S. oben, § 3 III.1.

rerseits an Recht und Gesetz gebunden waren, bedeutete dies, dass sie prüfen mussten, ob die Verwaltung bei ihren Eingriffen den Vorbehalt des Gesetzes beachtet hatte. Da die Verwaltung überwiegend in den Zuständigkeitsbereich der Länder fiel, oblag diesen die Einrichtung von Verwaltungsgerichten.[209] Für die Einrichtung eines allgemeinen Reichsverwaltungsgerichts bestand indes aus Gründen der Kompetenzverteilung keine Veranlassung. Lediglich auf den Gebieten des besonderen Verwaltungsrechts, auf die das Reich seine Zuständigkeit im Laufe der Zeit erstreckt hatte, entwickelten sich besondere Reichsverwaltungsgerichte, zu denen beispielsweise das Bundesamt für Heimatwesen gehörte[210] und die ausschließlich an Reichsgrundrechte gebunden waren. Lediglich *von Seydel* nahm, ohne dies explizit auszusprechen, eine Bindung der Reichsstaatsgewalt an die Landesgrundrechte an, indem er dem Reich die Gesetzgebungshoheit absprach und stattdessen das Reichsrecht als Bestandteil des Landesrechts betrachtete.[211] Allerdings konnte sich diese Auffassung in der zeitgenössischen Lehre nicht durchsetzen.[212]

Während die Landesgesetzgebung gemäß Art. 2 RV zwar an Reichsgrundrechte,[213] nicht aber an Landesgrundrechte gebunden war, hatten die Landesverwaltungsgerichte, die für die Überprüfung des Verwaltungshandelns in erster Linie zuständig waren, ebenso wie die Verwaltungsbehörden der Länder, gemäß der bundesstaatlichen Ordnung theoretisch Reichsgrundrechte und Landesgrundrechte zu beachten. Ein Blick auf die Rechtsprechung der obersten Verwaltungsgerichte zeigt jedoch, dass keineswegs von einer umfassenden Bindung der Gerichte an irgendwelche Grundrechte ausgegangen werden kann.[214] So spielen in der Rechtsprechung des badischen obersten Verwaltungsgerichts die Grundrechte mit Ausnahme der landesrechtlich gewährleisteten Gewissensfreiheit überhaupt keine Rolle.[215] Der Bayerische Verwaltungsgerichtshof benennt in seinen Urteilen im Zusammenhang mit dem Prüfungsmaßstab zwar Grundrechte der bayerischen Verfassung, doch entfalten sie keine Wirkung.[216] Auch in Preußen spielten die Grundrechte in der Rechtsprechung des Oberverwaltungsgerichts trotz ihrer Erwähnung in vielen Entscheidungen neben Grundsatz der Gesetzmäßigkeit der Verwaltung keine entscheidende Rolle.[217]

Ähnliches galt für die Zivil- und Strafgerichte des Reiches und der Länder, die in ihrer Rechtsprechung faktisch ebenfalls kaum grundrechtsgebunden waren. Wenn in Einzelfällen doch Grundrechte herangezogen wurden, wandte das

---

[209] *Huber*, Deutsche Verfassungsgeschichte, Bd. 3, S. 985.

[210] Ausführlich dazu *Huber*, Deutsche Verfassungsgeschichte, Bd. 3, S. 985 ff.

[211] S. *v. Seydel*, Kommentar zur Reichsverfassung, S. 40 f.; vgl. *Vaulont*, Grundrechte und bundesstaatliches Homogenitätsprinzip, S. 38.

[212] Krit. etwa *Haenel*, Studien zum Deutschen Staatsrechte, Bd. 1, S. 50 u. 55; zum Ganzen s. auch *Vaulont*, Grundrechte und bundesstaatliches Homogenitätsprinzip, S. 38.

[213] Vgl. *v. Münchhausen*, Die Grund- und Freiheitsrechte, S. 4.

[214] Ausführlich *Kühne*, Die Reichsverfassung der Paulskirche, S. 192 f.

[215] Vgl. *Kühne*, Die Reichsverfassung der Paulskirche, S. 192.

[216] BayVGHE 1, 331, 334 ff. (1880); 3, 102, 103 ff. (1881); 38, 205, 210 ff. (1917).

[217] PrOVGE 50, 176, 177 ff.; *Kühne*, Die Reichsverfassung der Paulskirche, S. 193.

Reichsgericht als einziges reichsunmittelbares Gericht sowohl Landes- als auch Reichsgrundrechte an, da es vor Inkrafttreten des Bürgerlichen Gesetzbuchs als oberster Hüter des Rechts im Revisionsverfahren auch zur Auslegung und Anwendung des Gemeinen Rechts, des preußischen Allgemeinen Landrechts und zahlreicher weiterer landesrechtlicher Rechtsnormen berufen war.[218] So ging das Reichsgericht bezüglich der Entschädigungspflicht bei rechtmäßigen Eingriffen in das Eigentumsgrundrecht davon aus, dass die Entschädigungspflicht im Gemeinen Recht als gewohnheitsrechtlich anerkannter Rechtsgrundsatz gegolten habe, was schon die allgemeine Ausprägung in der Partikulargesetzgebung der Länder zeige.[219] Soweit die Anwendung von Reichsrecht in Rede stand, zog das Gericht unmittelbar Reichsgrundrechte als Prüfungsmaßstab heran,[220] woraus sich indirekt die Bindung des Gerichts an die Reichsgrundrechte ergibt. Die direkte Anwendung von Landesgrundrechten als solchen, etwa derjenigen der preußischen Verfassung, schloss das Gericht hier hingegen aus.[221]

Die übrigen ordentlichen Gerichte, die nach der Gerichtsorganisation zwar Gerichte der Länder, dennoch aber an Reichsrecht gebunden waren, wandten als Prüfungsmaßstab Landesgrundrechte an, sofern das entsprechende Rechtsgebiet, wie beispielsweise das Staatskirchenrecht, in den Zuständigkeitsbereich der Länder fiel und deshalb kein Reichsrecht, mithin keine geschriebenen Reichsgrundrechte, sondern allenfalls allgemeine Grundsätze des Reichsrechts vorhanden waren.[222] In der überwiegenden Zahl der Fälle jedoch, in denen die streitentscheidenden Normen solche des Reichsrechts waren und einfachgesetzliche Garantien in den Reichsgesetzen existierten, wurden diese von den ordentlichen Gerichten herangezogen,[223] ohne freilich die Entscheidung nach den heute geltenden Maßstäben inhaltlich zu beeinflussen. Daraus lässt sich schließen, dass sich die Landesgerichte primär an die reichsrechtlichen Gewährleistungen gebunden sahen. Von Bedeutung ist in diesem Zusammenhang, dass mit Inkrafttreten der Reichsjustizgesetze aus dem Jahr 1879 verfahrensrechtliche Gewährleistungen wie die Gewährleistung der Freiheit der Person gegen willkürliche Verhaftung auf Reichsebene positivrechtlich festgeschrieben waren,[224] so dass es eines Rückgriffs auf entsprechende landesrechtliche Garantien nicht mehr bedurfte. Dabei darf jedoch nicht übersehen werden, dass Grundrechte in der Rechtsprechung der Instanzgerichte sowohl quantitativ als auch qualitativ nur eine sehr geringe Rolle spielten, was nicht zuletzt daran deutlich wird, dass etwa das Preußische Obertribunal im

[218] Verordnung betr. Die Begründung der Revision in bürgerlichen Rechtsstreitigkeiten vom 15. März 1881 (RGBl., S. 299); vgl. *Huber*, Deutsche Verfassungsgeschichte, Bd. 3, S. 980.

[219] RGZ 41, 142, 145 f.

[220] Vgl. die Aussagen zur reichsrechtlich gewährleisteten Gewerbefreiheit in RGZ 49, 66, 68 sowie zur Gewährleistung der Unverletzlichkeit der Wohnung, RGSt 2, 262, 265 ff.

[221] So etwa RGSt 10, 425, 428.

[222] Vgl. die Vorinstanzen zu RGZ 1, 363, 364, die Art. 15 PreußVerf 1850 angewandt hatten.

[223] Vgl. etwa die Vorinstanzen zu RGZ 49, 66, 68.

[224] Näher dazu *Eisenhardt*, Deutsche Rechtsgeschichte, Rn. 742 ff.; ausführlich dazu *Landau*, FS Reichsjustizamt, S. 161 ff.

Zeitraum von 1850–1875 in weniger als 1% der Fälle überhaupt Grundrechte erwähnte.[225]

Zu Divergenzen bezüglich des Inhalts der Grundrechte mit der Konsequenz, dass nach Art. 2 S. 1 RV die Nichtigkeit der entsprechenden Landesnorm eintrat, konnte es im Rahmen der nach Art. 4 RV dem Reich zugewiesenen Gesetzgebungskompetenzen punktuell kommen, wenn etwa die Genehmigungserfordernisse bezüglich der Ausübung eines Gewerbes auf Landesebene strikter waren als vom Reichsrecht vorgesehen.[226] Allerdings handelte es sich hierbei überwiegend um Auslegungsfragen des einfachen Gesetzesrechts, bei denen die Bedeutung der Grundrechte als solcher nicht eigens thematisiert wurde, was darauf zurück zu führen ist, dass die Grundrechte nach damaliger Lehre keine eigenständige Funktion erfüllten. Aus diesem Grund rückte die Frage, ob und gegebenenfalls inwieweit bei der Anwendung von Bundesrecht, beispielsweise der Prozessordnungen, Landesgrundrechte herangezogen werden konnten, in den Hintergrund. Allerdings hat das Reichsgericht diesbezüglich klargestellt, dass etwa eine Anwendung von Art. 6 PreußVerf 1850, der die Freiheit der Person garantierte, bei der Auslegung der Reichsrechtsanwaltsordnung nicht in Betracht komme,[227] was darauf schließen lässt, dass bei der Anwendung und Auslegung von Reichsrecht ein Rückgriff auf Landesgrundrechte nicht möglich sein sollte.

VI. Prozessuale Mechanismen zur Gewährleistung des Grundrechtsschutzes

1. Reichsebene

Während die gescheiterte Paulskirchenverfassung die Einführung eines Reichsgerichts vorgesehen hatte, dessen Zuständigkeit weitgehend auf verfassungsrechtliche Streitigkeiten beschränkt sein sollte und das u.a. über Verfassungsbeschwerden einzelner Staatsbürger wegen Verletzung ihrer reichsverfassungsmäßigen Rechte entscheiden sollte,[228] wurde in der Reichsverfassung von 1871 angesichts des Widerstandes der preußischen Regierung und der Reichsleitung auf die Einrichtung eines Verfassungsgerichts verzichtet.[229] Die Reichsverfassung sah in Art. 76 RV lediglich ein Verfahren zur Entscheidung von Streitigkeiten zwischen

---

[225] So etwa in PrOTE 71, 359, 363 ff.; ausführlich dazu *Kotulla*, Die Tragweite der Grundrechte, S. 193 ff., v.a. auch S. 256 f.

[226] RGZ 11, 183, 187 f.; zum Verhältnis von Reichsgrundrechten und Landesgrundrechten ausführlich *Giese*, Die Grundrechte, S. 81 ff.

[227] RGSt 10, 425, 428; ähnlich auch RGSt 2, 262, 263 ff., wo das Reichsgericht trotz Erwähnung des Art. 6 PreußVerf 1850 in der Revisionsschrift nicht darauf zurück greift, sondern ausschließlich die entsprechenden Garantien der Reichsstrafprozessordnung anwendet.

[228] So § 126 lit. g) der Frankfurter Reichsverfassung; ausführlich dazu *Huber*, Deutsche Verfassungsgeschichte, Bd. 2, S. 825; *Fiedler*, Verfassungsgerichtsbarkeit im Bundesstaat, S. 32 ff.

[229] Näher dazu *Huber*, Deutsche Verfassungsgeschichte, Bd. 3, S. 1056.

den Ländern und innerhalb eines Landes vor, für das aber kein Gericht, sondern der Bundesrat zuständig war.[230] Die Rechte des Einzelnen jedoch konnten vor dem Bundesrat grundsätzlich nicht geltend gemacht werden. Eine Ausnahme insoweit bildete lediglich die in Art. 77 RV vorgesehene Verfassungsbeschwerde im Fall der Justizverweigerung, wo sich der Betroffene als letztes Mittel an den Bundesrat wenden konnte, wenn er nach Erschöpfung des Rechtsweges Beschwerde gegen die Landesregierung eingelegt und diese den Akt der Justizverweigerung gebilligt hatte.[231] Ein Fall von Justizverweigerung lag u.a. vor bei jeder gesetzwidrigen Nichteröffnung oder Verschleppung eines gerichtlichen Verfahrens sowie bei jeder gesetzwidrigen Verhinderung der Vollstreckung eines gerichtlichen Urteils.[232] Da in allen anderen Fällen der Einzelne keine Möglichkeit hatte, Rechtsverletzungen des Staates durch ein Verfassungsorgan feststellen zu lassen, war unklar, ob trotz des Schweigens der Reichsverfassung in diesem Punkt nicht zumindest den Gerichten ein Recht zur Prüfung der Gesetze auf ihre Verfassungsmäßigkeit zustehen sollte.[233] Die Reichsverfassung selbst sah kein eigenes Normenkontrollverfahren vor, so dass die Gerichte allenfalls zu einer inzidenten Normenkontrolle befugt sein konnten, bei der jedes einzelne Gericht die Verfassungsmäßigkeit der von ihm anzuwendenden Rechtsnormen prüfen musste.[234] In diesem Zusammenhang kam die Frage auf, ob es sich bei diesem Prüfungsrecht um eine materielle Normenkontrolle handeln sollte, oder ob den Gerichten nur die Prüfung der formellen Verfassungsmäßigkeit eines Gesetzes erlaubt sein sollte. Das Reichsgericht verneinte im Jahr 1883 ein materielles Prüfungsrecht der Gerichte, da verfassungsmäßige Gewährleistungen nur als Normen für den Gesetzgeber aufzufassen seien, den Richter aber dazu nicht berechtigten, Gesetze, die solche Verfassungsgarantien außer Acht ließen, als unwirksam zu behandeln.[235] Die Staatsrechtslehre folgte mehrheitlich dem Reichsgericht, was damit begründet wurde, dass der Kaiser zur Ausfertigung der Reichsgesetze befugt sei und er deshalb die Verfassungsmäßigkeit eines Gesetzes prüfen dürfe und gegebenenfalls auch müsse.[236] Diese Prüfung sollte sich freilich nur auf die formelle Ver-

---

[230] Ausführlich dazu *Huber*, Deutsche Verfassungsgeschichte, Bd. 3, S. 1064 ff.

[231] *Triepel*, Reichsaufsicht, S. 181 f.; *Huber*, Deutsche Verfassungsgeschichte, Bd. 3, S. 1072.

[232] Näher dazu *Huber*, Deutsche Verfassungsgeschichte, Bd. 3, S. 1073.

[233] Ausführlich zu dieser Debatte *Huber*, Deutsche Verfassungsgeschichte, Bd. 3, S. 1073 ff.

[234] *Huber*, Deutsche Verfassungsgeschichte, Bd. 3, S. 1057 f.

[235] RGZ 9, 232, 235 f.; spätere Entscheidungen sind wieder zurückhaltender ausgefallen, so etwa RGZ 24, 1, 3 und RGZ 45, 267, 270, bevor das Reichsgericht in RGZ 48, 84, 88 sowie 77, 229, 231 ein richterliches Prüfungsrecht in Bezug auf Reichsgesetze erneut vehement abgelehnt hat; vgl. auch *Schmidt*, Vorrang der Verfassung, S. 222; *Lübbe-Wolff*, Der Schutz verfassungsrechtlich verbürgter Individualrechte, in: Wellreuther/Schnurmann (Hrsg.), Die Amerikanische Verfassung, S. 411, 414.

[236] So etwa *Laband*, Staatsrecht, Bd. 2, S. 44 ff.; *Jellinek*, Gesetz und Verordnung, S. 315 ff.; 402 ff., der die Prüfung der Verfassungsmäßigkeit einer Norm allein den an ihrem Erlass Beteiligten zuweist; *Meyer/Anschütz*, Lehrbuch des deutschen Staatsrechts, S. 736 ff., v.a. 741; *v. Gneist*, Der Rechtsstaat und die Verwaltungsgerichte in Deutschland, S. 229 f.; a.A., d.h. für ein materielles Prüfungsrecht aber beispielsweise *v. Mohl*, Über die rechtliche Bedeutung verfassungswidriger Gesetze, Staatsrecht, Völkerrecht und Politik, Bd. 1, S. 66 ff.; *Brie*, AöR 4 (1889),

fassungsmäßigkeit beziehen, da ein materielles Prüfungsrecht angesichts der Ablehnung des Vorrangs der Verfassung vor den einfachen Gesetzen ohnehin nicht in Betracht kam.[237] Grundrechtsverletzungen konnten daher durch die inzidente Normenkontrolle nicht festgestellt werden.

Etwas anderes galt zumindest theoretisch für Rechtsverordnungen des Reiches, die als untergesetzliches Recht von den Gerichten sehr wohl in materieller Hinsicht auf ihre Vereinbarkeit mit den Reichsgesetzen, d.h. auch mit solchen, die Grundrechte gewährleisteten, überprüft werden konnten. Die Gerichte hatten hier zu prüfen, ob die Verordnung auf einer hinreichenden gesetzlichen Ermächtigung beruhte und ob sie sich in deren Rahmen hielt.[238] Eine umfassende Grundrechtsprüfung von Verordnungen unterblieb jedoch schon allein aus dem Grund, dass Grundrechten nach der damaligen Staatsrechtslehre neben der Lehre vom Vorbehalt des Gesetzes keine eigenständige Relevanz zukam.[239]

Schließlich mussten die Gerichte auf Grund von Art. 2 RV prüfen, ob die Landesgesetze sowie das sonstige Landesrecht mit dem Reichsrecht auch materiell in Einklang standen.[240] Auch reichrechtswidrige Bestimmungen der Landesverfassungen wurden auf diese Weise für unanwendbar erklärt,[241] ohne dass den Gerichten jedoch die Befugnis zur Aufhebung der jeweiligen Norm zugekommen wäre.[242] Durch die Einräumung einer solchen Prüfungsbefugnis fand die Überordnung des Reichs über die Einzelstaaten in der Praxis ihre Bestätigung. Grundrechtliche Relevanz entfaltete die Prüfung insoweit, als landesrechtliche Normen, welche gegen die in den Reichsgesetzen garantierten Reichsgrundrechte verstie-

---

1, 61; *v. Rönne*, Das Staatsrecht der Preußischen Monarchie, Bd. 1., S. 407 ff.; ausführlich zur Haltung der zeitgenössischen Staatsrechtslehre s. *Gusy*, Richterliches Prüfungsrecht, S. 53 ff.; *Höner*, Richterliches Prüfungsrecht, S. 32 ff.

[237] Grundlegend dazu *Bischof*, Zeitschrift für Civilrecht und Prozeß, N.F. 17 (1860), 104, 105 f.; so auch *Laband*, Staatsrecht, Bd. 2, S. 45 ff.; *Giese*, Die Grundrechte, S. 74.

[238] RGZ 24, 1, 3; 40, 68, 76; *Laband*, Staatsrecht, Bd. 2, S. 106; *Meyer/Anschütz*, Lehrbuch des deutschen Staatsrechts, S. 745; *Jellinek*, Gesetz und Verordnung, S. 406 ff.; ausführlich dazu auch *Huber*, Deutsche Verfassungsgeschichte, Bd. 3, S. 1063; anders war die Rechtslage in einigen Bundesländern, etwa in Preußen, wo nach Art. 106 PreußVerf 1850 den Gerichten die Prüfung von Rechtsverordnungen entzogen war, vgl. *Jellinek*, Gesetz und Verordnung, S. 408.

[239] S. oben, § 3 III.1; vgl. auch *Lübbe-Wolff*, Der Schutz verfassungsrechtlich verbürgter Individualrechte, in: Wellenreuther/Schnurmann (Hrsg.), Die Amerikanische Verfassung, S. 411, 412 f.

[240] *Meyer/Anschütz*, Lehrbuch des deutschen Staatsrechts, S. 742 f.; *Laband*, Staatsrecht, Bd. 2, S. 123; *Triepel*, Reichsaufsicht, S. 492, der darauf hinweist, dass dies auch dort galt, wo die Landesverfassung, wie in Art. 106 PreußVerf 1850, im Übrigen das Prüfungsrecht beschnitten hatte; *v. Seydel*, Kommentar zur Reichsverfassung, S. 43; auch *Lübbe-Wolff*, Der Schutz verfassungsrechtlich verbürgter Individualrechte, in: Wellenreuther/Schnurmann (Hrsg.), Die Amerikanische Verfassung, S. 411, 417; zur Prüfungspraxis vgl. RGZ 2, 93, 93 ff.; 11, 183; 187; 15, 27, 28 f.; 19, 176, 180 f.; 48, 70, 71 f.; 61, 9, 13; RGSt 7, 201, 205; 9, 357, 360; 34, 121, 130; vgl. auch *Huber*, Deutsche Verfassungsgeschichte, Bd. 3, S. 1063.

[241] *Huber*, Deutsche Verfassungsgeschichte, Bd. 3, S. 1063.

[242] *Anschütz*, Kommentar zur Reichsverfassung, Art. 13, S. 105.

ßen, von den Gerichten für unwirksam erklärt werden konnten,[243] was angesichts der Kompetenzverteilung im Bundesstaat hauptsächlich in den nach Art. 4 RV dem Reich zugewiesenen Sachbereichen relevant wurde. Divergenzen bezüglich des Inhalts und der Reichweite von Reichsgrundrechten einerseits und Landesgrundrechten andererseits konnten hier beispielsweise insoweit auftreten, als Landesgesetze Grundrechtsbeschränkungen zuließen oder anordneten, die reichsrechtlich so nicht vorgesehen waren.[244] Die Möglichkeit der inzidenten Normenkontrolle führte jedoch nicht zu einer Gegenüberstellung von Reichs- und Landesgrundrechten als solcher, da sich die Gerichte auf die Auslegung und Anwendung des Gesetzesrechts konzentrierten, ohne zugleich abstrakt auf den Bedeutungsgehalt der Grundrechte einzugehen. Nicht übersehen werden darf aber, dass mit Hilfe der inzidenten Normenkontrolle reichsrechtlich garantierte Grundrechte in ihrer gesetzlichen Ausprägung gegen divergierendes Landesrecht und damit auch gegen potentiell divergierende Landesgrundrechte durchgesetzt werden konnten.

Wirft man einen Blick auf die Rechtswirklichkeit, so fällt auf, dass das Reichsgericht die vorhandenen, teilweise recht umfangreichen Grundrechtsgarantien äußerst restriktiv interpretierte. So sah § 105 StPO vor, dass die Durchsuchung einer Wohnung grundsätzlich von einem Richter angeordnet werden musste und nur bei Gefahr im Verzug die Staatsanwaltschaft und ihre Hilfsbeamten zu einer entsprechenden Anordnung befugt waren. Das Reichsgericht entschied entgegen der gesetzlichen Wertung, dass „nur derjenige, dem die Anordnung bei Gefahr im Verzuge anvertraut ist, ermessen kann, ob der durch Anrufung des Richters herbeigeführte Zeitverlust das Resultat der Maßregel beeinflussen könnte".[245] Dadurch wurde der Richtervorbehalt faktisch entwertet. Ähnlich restriktive Tendenzen zeigten sich im Bereich der Pressefreiheit, wo ein allgemeines Rügerecht der Presse verneint wurde,[246] sowie bei der Vereinsfreiheit, wo Versammlungen nur dann geschützt waren, wenn sie sich auf öffentliche Angelegenheiten bezogen[247].

---

243 So im Fall einer Verordnung der Stadt Lübeck vom 21. April 1900, die das Reichsgericht wegen Verstoßes gegen die in § 152 der Reichsgewerbeordnung garantierte Koalitionsfreiheit für rechtswidrig und damit unwirksam erklärte, s. RGSt 34, 121, 130; ähnlich in Bezug auf die Gewerbefreiheit auch RGZ 48, 70, 71; allgemein zum Verhältnis Reichsgrundrechte-Landesgrundrechte s. *Giese*, Die Grundrechte, S. 83 f.

244 Zu einer solchen Konstellation vgl. etwa RGZ 11, 183, 187 f.

245 RGSt 23, 334, 334; vgl auch *Kühne*, HGR I, § 3 Rn. 82.

246 So etwa in RGSt 5, 2239, 240; *Kühne*, HGR I, § 3 Rn. 83.

247 RGSt 47, 389, 391; 44, 132, 135 f.; *Kühne*, HGR I, § 3 Rn. 84.

2. *Länderebene*

a) Bayern

Nachdem das Verwaltungsrecht beinahe ausschließlich Landesrecht war, konnte der Einzelne seine subjektiven Rechte diesbezüglich fast nur im Verwaltungsrechtsweg des jeweiligen Landes geltend machen.[248] In Bayern wurde 1878 ein Verwaltungsgerichtshof eingerichtet,[249] der die oberste Instanz in Verwaltungsrechtssachen bildete und als Berufungsinstanz gegen Entscheidungen der Distriktverwaltungen, Kreisregierungen und Kammern des Innern das Handeln der Verwaltung kontrollieren sollte.[250] Dadurch wurde die Trennung von Verwaltungsrechtspflege und aktiver Verwaltung verwirklicht, was Ausdruck des modernen Rechtsstaatsprinzips war.[251] Im Gegensatz zur Verwaltungsgerichtsbarkeit in Preußen, deren Aufgabe es nach der damals vorherrschenden preußischen Staatsrechtslehre nicht war, Grundrechte zu schützen,[252] sollte die Errichtung des Bayerischen Verwaltungsgerichtshofs in erster Linie dem Schutz subjektiver Rechte dienen.[253] Dies ergibt sich bereits aus Art. 8 des Gesetzes über die Errichtung eines Verwaltungsgerichtshofs (BayVGHG), wo von „Rechtsansprüche[n] und Verbindlichkeiten" die Rede ist.[254] Auf diese Weise konnten zumindest solche Rechtsansprüche und Verbindlichkeiten eingeklagt werden, die im Gesetz nach dem Enumerativprinzip ausdrücklich aufgezählt waren,[255] während die pauschale Geltendmachung von Grundrechtsverletzungen ebenso wie die Rüge einer Verletzung subjektiver öffentlicher Rechte im Bereich der öffentlichen Sicherheit und Ordnung ausscheiden musste.[256] Allerdings stufte der Katalog des Art. 8 BayVGHG viele Freiheitsrechte wie die Freizügigkeit (Nr. 3), die Vereins- und Versammlungsfreiheit (Nr. 6) sowie die Gewerbefreiheit (Nr. 8) als subjektive Rechte ein, so dass Ansprüche daraus vor dem Verwaltungsgerichtshof geltend gemacht werden konnten.[257] Eine Überprüfung der freien Ermessensausübung

---

[248] Vgl. dazu auch *Böhmer*, Die Europäische Union im Lichte der Reichsverfassung von 1871, S. 70.

[249] Gesetz v. 8. August betreffend die Errichtung eines Verwaltungsgerichtshofes und das Verfahren in Verwaltungsrechtssachen (GVBl. 1878, S. 369 ff.), abgedruckt bei *Kahr*, Das bayerische Gesetz über die Errichtung eines Verwaltungsgerichtshofes, S. 1 ff.; ergänzt durch Gesetz über das Verwaltungsstreitverfahren vom 13. Juni 1910, GVBl., S. 287.

[250] Näher dazu *Müller*, Die Verfassungsbeschwerde nach der Bayerischen Verfassung, S. 59; *Merzbacher*, FS 100 Jahre BayVGH, S. 259, 262 f.

[251] *Merzbacher*, FS 100 Jahre BayVGH, S. 259, 271 u. 274.

[252] So *Giese*, Die Grundrechte, S. 74; vgl. dazu *Scheuner*, FS Huber, S. 139, 141.

[253] Vgl. *Pagenkopf*, 150 Jahre Verwaltungsgerichtsbarkeit, S. 25.

[254] *Bühler*, Die subjektiven öffentlichen Rechte, S. 377 f.; ausführlich hierzu auch *Hackel*, Die Entstehung einer eigenständigen bayerischen Verwaltungsgerichtsbarkeit, S. 228 ff.

[255] *V. Seydel*, Bayerisches Staatsrecht, Bd. 1, S. 420; ausführlich dazu *Bühler*, Die subjektiven öffentlichen Rechte, S 372 ff.

[256] Vgl. *Emmert*, BayVBl. 1997, 8, 11.

[257] Näher dazu *Hackel*, Die Entstehung einer eigenständigen bayerischen Verwaltungsgerichtsbarkeit, S. 252 ff.

der Verwaltung war nach Art. 13 Nr. 3 BayVGHG sowie nach der Rechtsprechung des Bayerischen Verwaltungsgerichtshofs hingegen nicht zulässig, so dass etwaige Grundrechtsverletzungen aus diesem Bereich nicht gerügt werden konnten.[258] Ebenso wenig war eine institutionelle Normenkontrolle durch den Verwaltungsgerichtshof vorgesehen, weshalb selbst untergesetzliche Normen vor dem Verwaltungsgerichtshof allenfalls inzident auf ihre Rechtmäßigkeit überprüft werden konnten. Damit diente die Errichtung des Verwaltungsgerichtshofs zwar dem Schutz ausgewählter subjektiver öffentlicher Rechte des Einzelnen, nicht aber der Durchsetzung sämtlicher Grundrechte oder der Grundrechte als solches.

Als weitere Möglichkeit zum Schutz der Rechte des Einzelnen sah die bayerische Verfassung von 1818 in Tit. VII § 21 vor, dass jeder einzelne Staatsangehörige sowie jede Gemeinde Beschwerden wegen der Verletzung der konstitutionellen Rechte an den Landtag, und zwar an jede der beiden Kammern, bringen konnte, was als Verfassungsbeschwerde zu qualifizieren ist. Die im konkreten Fall mit der Beschwerde befasste Kammer ließ diese durch den hierfür bestehenden Ausschuss prüfen und nahm sie nach Maßgabe der Geschäftsordnung in Beratung. Erachtete die Kammer durch Stimmenmehrheit die Beschwerde für begründet, wurde ein entsprechender an den König formulierter Antrag der anderen Kammer mitgeteilt, und, wenn diese zustimmte, in einer gemeinsamen Vorstellung dem König übergeben. Der König konnte der Beschwerde abhelfen oder sie im Zweifelsfall nach der Natur des Gegenstandes durch den Staatsrat oder die oberste Justizstelle untersuchen und entscheiden lassen.[259] In der Praxis entschied allein der Staatsrat, ein Beratungsgremium des Königs, über die Begründetheit der Verfassungsbeschwerde und übte so eine richterliche Funktion aus, ohne nach seiner organisatorischen Stellung ein Organ der Justizpflege zu sein.[260] Die Entscheidung über die Verfassungsbeschwerde oblag demzufolge nicht einem eigens dafür eingerichteten Verfassungsgericht oder einem Gericht, dem Aufgaben der Verfassungsgerichtsbarkeit übertragen waren, sondern einem Gremium der Exekutive, was mit den heutigen Vorstellungen bezüglich der Gewaltenteilung nur schwer zu vereinbaren ist. Darüber hinaus ist zu bedenken, dass das Vorprüfungsrecht der Beschwerdeausschüsse des Landtags dazu führte, dass nur wenige Beschwerden bis zum König bzw. Staatsrat gelangten, so dass faktisch bereits die Beschwerdeausschüsse zum Träger der verfassungsgerichtlichen Funktion wurden.[261]

---

[258] *Bühler*, Die subjektiven öffentlichen Rechte, S. 379 ff.; vgl. auch BayVGHE 9, 280, 283 ff.; 27, 24, 25 ff.; 28, 96, 99 ff.; *Hackel*, Die Entstehung einer eigenständigen bayerischen Verwaltungsgerichtsbarkeit, S. 262 ff.

[259] Vgl. Tit. X § 5 BayVerf 1818; näher dazu *v. Rimscha*, Die Grundrechte im süddeutschen Konstitutionalismus, S. 188; *Müller*, Die Verfassungsbeschwerde nach der Bayerischen Verfassung, S. 95.

[260] *V. Rimscha*, Die Grundrechte im süddeutschen Konstitutionalismus, S. 188 f.

[261] Vgl. *Rumschöttel*, FS 50 Jahre BayVerfGH, S. 137, 143.

Mit Hilfe der Verfassungsbeschwerde konnte der Einzelne im Falle einer Verletzung seiner konstitutionellen Rechte gegen das Handeln der Verwaltung vorgehen, nachdem er das Verwaltungsverfahren durchlaufen hatte.[262] Dennoch wurde die Verfassungsbeschwerde nicht als Individualrechtsbehelf verstanden, sondern nach dem Willen des Gesetzgebers und der systematischen Stellung in der Verfassung vielmehr als ständischer Rechtsbehelf.[263]

Im Zusammenhang mit der Verfassungsbeschwerde war der Begriff der konstitutionellen Rechte nach Tit. VII § 21 BayVerf 1818 umstritten, doch setzte sich letztlich die engere Auslegung durch, welche für die Annahme eines konstitutionellen Rechts immer eine formell verfassungsrechtliche Grundlage forderte,[264] so dass die Verletzung eines Grundrechts in der Praxis nur dann gerügt werden konnte, wenn es sich zugleich um Recht handelte, welches unmittelbar in der Verfassungsurkunde oder den ihr gleichrangigen Gesetzen begründet war.[265] Die Beschwerde konnte sich außerdem nur gegen administrative Akte der Staatsbehörden, nicht aber gegen Urteile der Zivil- und Strafgerichte richten,[266] so dass eine Konkurrenz mit der Zuständigkeit des Reichsgerichts von vornherein vermieden wurde. Auch Gesetze, die den konstitutionellen Rechten dem Range nach gleich standen und diese deshalb nicht verletzen konnten, waren kein tauglicher Beschwerdegegenstand,[267] weshalb auch insoweit keine Überschneidungen mit der inzidenten Normenkontrolle des Reichsgerichts möglich waren. Daneben war die Beschwerde grundsätzlich ausgeschlossen, wenn der Rechtsweg der sog. Administrativjustiz offen stand, zu der die Bereiche der Strafpolizei und der administrativ-kontentiösen Verwaltung[268] zählten,[269] oder wenn der Verwaltungsrechtsweg eröffnet war.[270]

---

[262] Näher zur Erschöpfung des Verwaltungsverfahrens *Müller*, Die Verfassungsbeschwerde nach der Bayerischen Verfassung, S. 124 ff.; *Köhler*, Die Beschwerde wegen Verletzung konstitutioneller Rechte in der Bayerischen Verfassung von 1818, S. 22 ff.

[263] *Schumann*, Verfassungsbeschwerde (Grundrechtsklage) zu den Landesverfassungsgerichten, in: Starck/Stern (Hrsg.) Landesverfassungsgerichtsbarkeit, Bd. 2, S. 149, 163 f.; *Ebersperger*, Die Bayerische Verfassungsbeschwerde, S. 10.

[264] *Müller*, Die Verfassungsbeschwerde nach der Bayerischen Verfassung, S. 105 ff.

[265] *V. Rimscha*, Die Grundrechte im süddeutschen Konstitutionalismus, S. 187 u. 194.

[266] *V. Seydel*, Bayerisches Staatsrecht, Bd. 1, S. 234.

[267] *Schumann*, Verfassungsbeschwerde (Grundrechtsklage) zu den Landesverfassungsgerichten, in: Starck/Stern (Hrsg.), Landesverfassungsgerichtsbarkeit, Bd. 2, S. 149, 164; *Ebersperger*, Die Bayerische Verfassungsbeschwerde, S. 9; *Köhler*, Die Beschwerde wegen Verletzung konstitutioneller Rechte in der Bayerischen Verfassung von 1818, S. 72.

[268] Darunter fielen etwa Streitigkeiten um Grundlasten, Weide- und Forstrechte, um Gewerberechte, Entschädigung bei Enteignung, Beschwerden gegen Polizeikonfiskationen sowie Entschädigungen für Militärleistungen, Streitigkeiten wegen Verstößen gegen Aufschlags-, Maut-, Salz-, Stempel- und Lottovorschriften und um Dienst- und Mietverhältnisse, vgl. *Volkert*, in: Jeserich/Pohl/v. Unruh, Deutsche Verwaltungsgeschichte, Bd. 2, S. 530; *Müller*, Die Verfassungsbeschwerde nach der Bayerischen Verfassung, S. 63.

[269] *Müller*, Die Verfassungsbeschwerde nach der Bayerischen Verfassung, S. 119 f.

[270] *V. Seydel*, Bayerisches Staatsrecht, Bd. 1, S. 234.

In der Praxis wurden etwa 97% der Beschwerden bereits als unzulässig zurückgewiesen.[271] Diese geringen Erfolgsaussichten mögen dazu beigetragen haben, dass die Zahl der Verfassungsbeschwerden im Laufe der Jahrzehnte ständig abnahm.[272] Inhaltlich konzentrierten sich die Beschwerden vor allem auf das Steuer- und Abgabenrecht sowie auf das Gewerberecht[273] Letztlich darf nicht übersehen werden, dass die Verfassungsbeschwerde auf Grundlage der Bayerischen Verfassung von 1818 kein wirksames Mittel zur Durchsetzung der verfassungsrechtlich gewährleisteten Landesgrundrechte und damit zur Stärkung des landesrechtlichen Grundrechtsschutzes gegenüber der unitarisierenden Wirkung der Reichsgrundrechte darstellte, was sicher mit dazu beigetragen hat, dass die Landesgrundrechte in der Praxis leer liefen und woraus Schlüsse für die prozessuale Ausgestaltung des (mit-)gliedstaatlichen Grundrechtsschutzes in der Gegenwart gezogen werden können.

b) Preußen

In Preußen entwickelte sich seit den 1860er Jahren eine Verwaltungsgerichtsbarkeit, die freilich nicht dem Schutz der subjektiven öffentlichen Rechte dienen, sondern lediglich der Verwaltung Grenzen setzen sollte.[274] Eine Ausnahme hiervon bildete die Anfechtungsklage gegen polizeiliche Verfügungen, die an das Erfordernis der Verletzung subjektiver öffentlicher Rechte anknüpfte.[275] Auch die Errichtung des Preußischen Oberverwaltungsgerichts im Jahr 1875 änderte an der Konzentration auf die Kontrolle der Verwaltung nichts, so dass Grundrechte auf preußischer Landesebene vor allem insoweit von Bedeutung sein konnten, als sie die Willkür der Verwaltung begrenzten.[276] Dies schloss es jedoch nicht aus, dass die Grundrechte der Verfassungsurkunde die Auslegung und Anwendung von Rechtsvorschriften beeinflussten.[277] Allerdings erwies sich die Grundrechtsinterpretation durch die Gerichte in Preußen als äußerst restriktiv, was sich etwa daran ablesen lässt, dass das Preußische Oberverwaltungsgericht vor Inkrafttreten des Reichsvereinsgesetzes auf Grund des preußischen Vereinsgesetzes von 1850 entgegen der in Art. 29 PreußVerf 1850 gewährleisteten Versammlungsfreiheit das Verbot eines Frauenwahlvereins bestätigte.[278] Eine Überprüfung der Gesetze am Maßstab der Grundrechte fand mangels Anerkennung des Vorrangs der

---

[271] Für den Zeitraum von 1818–1848 s. *Müller*, Die Verfassungsbeschwerde nach der Bayerischen Verfassung, S. 131.

[272] *Rumschöttel*, FS 50 Jahre BayVerfGH, S. 137, 144.

[273] Für den Zeitraum von 1818–1848 s. *Müller*, Die Verfassungsbeschwerde nach der Bayerischen Verfassung, S. 133.

[274] Näher dazu *Bühler*, Die subjektiven öffentlichen Rechte, S. 264 ff.

[275] § 127 des preußischen Verwaltungsgerichtsgesetzes vom 3. Juli 1875, PrGS 1875, S. 375; vgl. auch *Pauly*, Organisation, Geschichte und Praxis der Gesetzesauslegung, S. 18.

[276] *Scheuner*, FS Huber, S. 139, 159.

[277] Beispiele hierfür bei *Scheuner*, FS Huber, S. 139, 159 ff.

[278] PrOVGE 44, 434, 434 ff. (1904); *Kühne*, HGR I, § 3 Rn. 86.

Verfassung und angesichts der Negation der Zuständigkeit des Verwaltungsrichters für den Grundrechtsschutz nicht statt.[279] Aus diesen Gründen konnte sich in Preußen ein verwaltungsgerichtlicher Grundrechtsschutz nur in sehr begrenztem Umfang herausbilden, so dass inhaltliche Divergenzen mit dem Grundrechtsschutz auf Reichsebene und der Rechtsprechung des Reichsgerichts von vornherein ausblieben.

Eine Verfassungsbeschwerde, mit der Grundrechtsverstöße hätten geltend gemacht werden können, existierte in Preußen ebenso wenig wie eine Verfassungsgerichtsbarkeit. Auch deshalb konnte in Preußen kein mit der Reichsgerichtsbarkeit konkurrierender Akteur zur Stärkung der Landesgrundrechte entstehen.

c) Andere Länder

In den übrigen deutschen Ländern entwickelten sich ebenfalls Verwaltungsgerichte. Zudem war eine Beschwerde im Sinne einer Verfassungsbeschwerde in Baden, Sachsen, Württemberg, Hessen und zahlreichen weiteren Ländern vorgesehen, wobei ausschließlich diese Beschwerde einen verfassungsgerichtlichen Rechtsbehelf darstellte und in der Praxis eine gewisse Bedeutung erlangte,[280] welche freilich geringer war als die der Verfassungsbeschwerde nach bayerischem Recht. In Bezug auf die Verwaltungsgerichtsbarkeit auf Länderebene lässt sich sagen, dass diese, sofern sie institutionell von der ordentlichen Gerichtsbarkeit getrennt war,[281] entweder, wie in Preußen, allein dem Handeln der Verwaltung Grenzen setzen[282] oder, wie in den süddeutschen Bundesländern üblich, der Durchsetzung subjektiver öffentlicher Rechte[283] dienen sollte.[284] Eine dezidierte Grundrechtsdogmatik entstand dadurch jedoch nicht, so dass es schon aus diesem Grund nicht zu Divergenzen mit dem Reichsrecht und der Rechtsprechung der Reichsgerichte kommen konnte.

Hinzu kommt, dass die Rechtsprechung bezüglich der Grundrechte auch außerhalb von Bayern und Preußen sehr restriktiv ausfiel. Eine etwas grundrechtsfreundlichere Linie zeigte lediglich das Sächsische Oberverwaltungsgericht, das davon ausging, dass es den Verwaltungsbehörden „mitunter" untersagt sein

---

[279] *Scheuner*, FS Huber, S. 139, 159; zur Ablehnung der Zuständigkeit des Verwaltungsrichters für den Grundrechtsschutz s. *Giese*, Die Grundrechte, S. 74.

[280] *Müller*, Die Verfassungsbeschwerde nach der bayerischen Verfassung, S. 78 ff., v.a. 84; ausführlich dazu *Schumann*, Verfassungsbeschwerde (Grundrechtsklage) zu den Landesverfassungsgerichten, in: Starck/Stern (Hrsg.), Landesverfassungsgerichtsbarkeit, Bd. 2, S. 149, 166 ff.

[281] Auf eine derartige Trennung verzichteten u.a. die beiden Stadtstaaten Hamburg und Bremen, s. *Huber*, Deutsche Verfassungsgeschichte, Bd. 6, S. 572 f. im Zusammenhang mit der Verwaltungsgerichtsbarkeit in der Weimarer Republik.

[282] So etwa in Sachsen, vgl. *Bühler*, Die subjektiven öffentlichen Rechte, S. 419.

[283] So etwa in Württemberg, vgl. *Bühler*, Die subjektiven öffentlichen Rechte, S. 324 ff. u. 511.

[284] Zur Entwicklung der Verwaltungsgerichtsbarkeit in den deutschen Ländern s. *Pagenkopf*, 150 Jahre Verwaltungsgerichtsbarkeit, S. 24 ff.

könne, „ohne besondere ihnen durch die Rechtsordnung gegebene Ermächtigung in die verkündigten Freiheits- oder Grundrechte der Untertanen einzugreifen“[285].

VII. Zwischenergebnis

Das Deutsche Reich von 1871 war als Mehrebenensystem in Form eines föderalen Bundesstaates konzipiert. Sein föderaler Charakter wird insbesondere deutlich an der Kompetenzaufteilung zwischen Reich und Ländern, an der Existenz des Bundesrates als ein mit Ländervertretern besetztes Organ des Reiches, an der Tatsache, dass der Verwaltungsvollzug überwiegend den Ländern übertragen war sowie an der Abhängigkeit des Reiches von den Ländern bei der Finanzverfassung. Es handelte sich dabei um ein in weiten Teilen hierarchisch organisiertes System, bei dem nach Art. 2 S. 1 RV das Reichsrecht dem Landesrecht vorging. Die Gliedstaaten waren infolgedessen der übergeordneten Rechtsordnung unterworfen, worin eine Form der materiell-rechtlichen Konfliktvermeidung zu sehen ist. Die eigentliche Kollisionsregel war damit, wie bei bundesstaatlichen Systemen üblich, in der übergeordneten Rechtsordnung verortet.

Die Analyse des Grundrechtsschutzes im Deutschen Reich von 1871 hat gezeigt, dass in der Verfassungsurkunde des Reiches zwar keine Grundrechtsgarantien verankert waren, sich jedoch im Laufe der Zeit auf einfach-gesetzlicher Ebene sowie durch die reichsgerichtliche Rechtsprechung weit reichende Grundrechtsgewährleistungen in Form von allgemeinen Rechtsgrundsätzen des Reichsrechts herausgebildet haben. Eine wichtige Inspirationsquelle in diesem Zusammenhang waren die Länderverfassungen, die, anders als das Reich selbst, teilweise schon sehr lange über geschriebene Grundrechtskataloge in ihren Verfassungsurkunden verfügten. Man kann daher von einer Grundrechtsentwicklung „von unten nach oben“ sprechen.

Bei alledem darf jedoch nicht übersehen werden, dass die Grundrechte nach der damals vorherrschenden Staatsrechtslehre, der die Rechtsprechung gefolgt ist, keine subjektiven Rechte darstellten, sondern nur den allgemeinen Grundsatz vom Vorbehalt des Gesetzes zum Ausdruck brachten. Infolgedessen waren nur die Verwaltung und die Justiz, nicht aber der Gesetzgeber selbst grundrechtsgebunden. Eine Analyse der Rechtsprechung zeigte zudem, dass selbst die Gerichte sich kaum als grundrechtsgebunden ansahen und deshalb den Grundrechten nur geringe Bedeutung beimaßen. Daher stellten sich Fragen der Grundrechtsbindung und des Prüfungsmaßstabes nicht in gleicher Weise wie das heute in Mehrebenensystemen gewöhnlich der Fall ist. Interessant ist jedoch, dass das Reichsgericht offenbar davon ausging, dass im Anwendungsbereich von Reichsrecht grundsätzlich kein Rückgriff auf Landesgrundrechte möglich sein sollte.

---

[285] Jb. SächsOVG 20 (1914), 151, 153 f.; *Kühne*, HGR I, § 3 Rn. 87; zur punktuellen Bedeutung der Grundrechte der preußischen Verfassung von 1850 s. *Scheuner*, FS Huber, S. 139, 159 ff.

Auch in prozessualer Hinsicht blieb der Grundrechtsschutz im Deutschen Reich hinter den heute üblichen Standards zurück. Auf Reichsebene existierte weder ein allgemein zuständiges Verwaltungsgericht noch ein Verfassungsgericht und auch vor den ordentlichen Gerichten oder den sonstigen Staatsorganen konnte der Einzelne mit Ausnahme des Falles der Justizverweigerung seine Grundrechte nicht im Rahmen einer Verfassungsbeschwerde geltend machen. Reichsgesetze konnten von den ordentlichen Gerichten lediglich inzident überprüft werden, wobei nur ein formelles Prüfungsrecht angenommen wurde, so dass Grundrechtsverletzungen auch auf diese Weise nicht festgestellt und sanktioniert werden konnten. Auf Länderebene erlangte vor allem die Verfassungsbeschwerde in Bayern, über die jedoch nicht in einem gerichtlichen Verfahren entschieden wurde, praktische Bedeutung. Rechtsschutz gegen das Handeln der Verwaltung gewährten auf Länderebene die Verwaltungsgerichte, wobei auch hier eine Berufung auf Grundrechte als solche angesichts des damals vorherrschenden Grundrechtsverständnisses nicht in Betracht kam und eine Rüge der Verletzung subjektiver öffentlicher Rechte nur in den süddeutschen Bundesländern möglich war. Aus diesem Grund spielte ein möglicher Dialog zwischen den einzelnen Gerichten über die Auslegung und Anwendbarkeit von Grundrechten praktisch keine Rolle.

In rechtstatsächlicher Hinsicht zeigte sich, dass die Landesgrundrechte durch die zunehmende Ausweitung der Gesetzgebungstätigkeit des Reiches auf Grundlage von Art. 4 RV und dem in Art. 2 S. 1 RV angeordneten Vorrang des Reichsrechts vor dem Landesrecht immer mehr an Bedeutung verloren. Dies ist ein Grund dafür, warum es im Deutschen Reich zu einer stetig fortschreitenden Unitarisierung des Grundrechtsschutzes kam. Nach der Verfassung sollte durch die in Art. 4 RV angelegte klare Kompetenzaufteilung zwischen Reich und Ländern die Entstehung von doppelten Zuständigkeiten und Konflikten auch im Grundrechtsbereich von vornherein vermieden werden, doch konnte dieser Konfliktvermeidungsmechanismus den Ländern und damit dem föderalen Gedanken nicht zu Gute kommen, da die Kompetenzverteilung erstens durch Art. 78 Abs. 2 RV vom Reich verändert werden konnte und zweitens kein Gericht existierte, das die Einhaltung der Kompetenzvorschriften hätte überwachen können. Dennoch kam es nicht zu einer vollständigen Unitarisierung des Grundrechtsschutzes, da das Reich hierfür sämtliche Kompetenzen hätte an sich ziehen müssen. Da dies nicht geschehen ist, konnte Grundrechtsschutz von Reichs wegen nur innerhalb der dem Reich zustehenden Gesetzgebungskompetenzen gewährleistet werden, während in den übrigen Bereichen Raum für einen eigenständigen, wenn auch prozessual kaum relevanten, Grundrechtsschutz von Landes wegen verblieb, so dass man im Zusammenhang mit dem Deutschen Reich von einem System des „dual federalism“[286] beim Grundrechtsschutz sprechen könnte.

[286] So *Vaulont*, Grundrechte und bundesstaatliches Homogenitätsprinzip, S. 30.

§ 4 Grundrechtsschutz in der Weimarer Republik (1919–1933)

I. Entstehungsgeschichte

Die Geschichte der Weimarer Republik begann mit Ausrufung der Republik am 9. November 1918. Nachdem die Regierungsgewalt zunächst durch einen Rat der Volksbeauftragten ausgeübt worden war, fand am 19. Januar 1919 die Wahl zur Deutschen Nationalversammlung statt. Die Hauptaufgabe der neu gewählten Nationalversammlung bestand in der Verfassungsgebung, die sich auf Grundlage vorab ausgearbeiteter Verfassungsentwürfe in verschiedenen Beratungen und Verhandlungen vollzog.[1] Die Schlussabstimmung über den Verfassungstext fand am 31. Juli 1919 statt, bevor die Verfassung schließlich am 11. August ausgefertigt wurde.[2] Die Länder waren zwar an der Vorbereitung des Verfassungswerks beteiligt worden, von der Entscheidung über die Inkraftsetzung der Reichsverfassung waren sie aber komplett ausgeschlossen.[3]

Das Staatsgebiet der Weimarer Republik, das sich weitgehend mit dem des Kaiserreichs deckte, bestand zu Beginn aus 24 Gliedstaaten, die von der Verfassung als „Länder" bezeichnet wurden. Durch Veränderungen der Ländergliederung sank die Zahl schließlich auf 17. Ein reichsunmittelbares Gebiet, wie dies Elsaß-Lothringen bis zu seiner Annexion durch Frankreich gewesen war, existierte nicht mehr.[4]

II. Die Weimarer Republik als föderales bundesstaatliches System

1. Die Weimarer Republik als Bundesstaat

Entgegen dem bei der Ausarbeitung der Reichsverfassung favorisierten Konzept eines unitarischen Staates, sah die Weimarer Reichsverfassung, wie zuvor schon die Verfassung des Deutschen Reiches, ein föderales bundesstaatliches System aus „Reich und Länder[n]"[5] vor, ohne allerdings den Begriff des Bundesstaates im

---

[1] Ausführlich hierzu *Schneider*, HdStR I, § 5 Rn. 3 ff.; *Peters*, Entwicklung und Grundfragen der Verfassung, S. 80 f.; *Willoweit*, Deutsche Verfassungsgeschichte, § 37 Rn. 12 ff.

[2] Verfassung des Deutschen Reichs v. 11. August 1919 (RGBl., S. 1383).

[3] Vgl. *Huber*, Deutsche Verfassungsgeschichte, Bd. 6, S. 60.

[4] S. dazu *Holste*, Der deutsche Bundesstaat im Wandel, S. 293; *Kotulla*, Deutsche Verfassungsgeschichte, Rn. 2282 f.

[5] So die Überschrift des Ersten Abschnittes des Ersten Hauptteils der Verfassung.

Verfassungstext zu erwähnen. Anders als die Verfassungsurkunde des Deutschen Reiches, die in ihrer Präambel die Landesfürsten anführte, betonte die Weimarer Reichsverfassung in ihrer Präambel jedoch die Einigkeit des deutschen Volkes, was die unitarische Tendenz der bundestaatlichen Verfassung bereits deutlich widerspiegelt.[6] Art. 5 WRV als föderales Element sah vor, dass die Staatsgewalt in Reichsangelegenheiten durch die Organe des Reichs auf Grund der Reichsverfassung, in Landesangelegenheiten durch die Organe der Länder auf Grund der Länderverfassungen ausgeübt wird. Dadurch wurde klar gestellt, dass es sich bei den Ländern nicht um bloße „hochpotenzierte Selbstverwaltungskörperschaften"[7], sondern weiterhin um Staaten handelte, deren Staatsgewalt nicht von der Reichsgewalt abgeleitet, sondern eigenständig war.[8] *Richard Thoma* bezeichnete die Weimarer Republik daher zu Recht als „einen aus nichtsouveränen ‚Gliedstaaten' (den Ländern) zusammengefügten Bundesstaat, dessen Verfassung das Reich den Gliedstaaten als selbständige Staatskörperschaft gegenüberstellt und überordnet"[9]. Allerdings war die von Art. 17 WRV grundsätzlich anerkannte Verfassungsautonomie der Länder insoweit beschränkt, als die in der Vorschrift verankerte Homogenitätsklausel verlangte, dass jedes Land eine freistaatliche Verfassung haben musste und die Volksvertretung in allgemeiner, gleicher, unmittelbarer und geheimer Wahl von allen reichsdeutschen Männern und Frauen nach den Grundsätzen des Verhältniswahlrechts gewählt wurde.[10] Darüber hinaus wurde der Bestand der Länder und ihrer Gebiete von der Reichsverfassung nicht garantiert, sondern lediglich hingenommen, was sich schon daran ablesen lässt, dass eine Aufzählung der 26 zum Reichsgebiet zählenden Länder fehlte.[11] Ferner konnte das Reich auf Grundlage von Art. 76 WRV den bundesstaatlichen Charakter im Wege einer Verfassungsänderung aufheben und das Reich in einen Einheitsstaat verwandeln,[12] so dass *Thoma* zutreffend von einer Bundesstaatsverfas-

---

[6] Vgl. *Gusy*, Die Weimarer Reichsverfassung, S. 226.

[7] *Stern*, Staatsrecht V, S. 575 in Anlehnung an *Preuß*, Denkschrift zum Entwurf des Allgemeinen Teils der Reichsverfassung vom 3. Januar 1919, in: v. Krosigk (Hrsg.), Staat, Recht und Freiheit, S. 368, 379.

[8] Vgl. nur *Anschütz*, Die Verfassung des Deutschen Reiches vom 11. August 1919, Art. 5; Triepel, Streitigkeiten zwischen Reich und Ländern, S. 49 ff.; a.A. *Poetzsch-Heffter*, Reichsverfassung, S. 74–83, v.a. S. 77; *Poetzsch*, DJZ 24 (1919), Sp. 707, 711; *Wittmayer*, Die Weimarer Reichsverfassung, S. 138 ff.; *Jacobi*, Einheitsstaat oder Bundesstaat?, 1919; vorsichtig insoweit *Thoma*, Das Reich als Bundesstaat, S. 169, 183, der davon ausgeht, dass das Reich kaum mehr als Bundesstaat bezeichnet werden könne, wenn man nur auf die Vorgaben der Verfassungsurkunde abstellte.

[9] *Thoma*, Das Reich als Bundesstaat, S. 169, 170; zur Verfassungsautonomie der Länder s. auch *Huber*, Deutsche Verfassungsgeschichte, Bd. 6, S. 70 f.; zur Überordnung des Reiches über die Länder s. auch StGH, Lammers/Simons II, Nr. 1, S. 25, 30.

[10] Zum Problem, ob Art. 17 WRV mit der Anerkennung der Verfassungsautonomie auch die Staatlichkeit der Länder anerkannte s. *Wenzel*, HdStR I, 1930, § 52, S. 606.

[11] Vgl. *Schneider*, HdStR I, § 5 Rn. 23; zur fehlenden Bestandsgarantie vgl. auch *Anschütz*, Kommentar zur Reichsverfassung, Art. 2, S. 43; *Huber*, Deutsche Verfassungsgeschichte, Bd. 6, S. 69.

[12] Vgl. *Anschütz*, Kommentar zur Reichsverfassung, Art. 76, S. 403; ausführlich dazu auch *Huber*, Deutsche Verfassungsgeschichte, Bd. 6, S. 70.

sung spricht, „deren föderalistische Elemente ohne Rechtsbruch aufgehoben werden könnten und also insofern juristisch labil erscheinen".[13]

Im Vergleich zum Kaiserreich entbehrte der Bundesstaat der Weimarer Reichsverfassung schon auf Grund seiner Entstehung durch einen Willensakt der nationalunitarischen Nationalversammlung jeglicher bündischer Grundlage.[14] Dementsprechend wurden die unitarischen Komponenten des Bundesstaats in der Weimarer Reichsverfassung deutlich verstärkt, so dass sich etwaige Debatten um eine etwaige staatenbündische Natur des Reichs von selbst erledigt hatten.[15] Stattdessen wurde nun diskutiert, ob es sich bei der Weimarer Republik überhaupt noch um einen föderalen Staat handele oder ob nicht vielmehr schon ein bloßer Einheitsstaat vorläge,[16] wobei die Mehrheit der zeitgenössischen Autoren einen unitarischen Bundesstaat annahm.[17]

2. Föderale Elemente der Staatsorganisation

a) Verteilung der Gesetzgebungskompetenzen

Die staatlichen Befugnisse und Aufgaben wurden durch die Reichsverfassung zwischen Gesamtstaat und Gliedstaaten aufgeteilt, wobei den Ländern alle Kompetenzen verblieben, die weder durch die Reichsverfassung oder durch Reichsgesetz oder durch die Natur der Sache dem Reich übertragen waren.[18] Dies ergibt sich indirekt aus Art. 12 Abs. 1 WRV, wonach die Länder im Rahmen der konkurrierenden Zuständigkeit des Reiches das Recht der Gesetzgebung „behalten" sollten, so lange und soweit das Reich von seinem Gesetzgebungsrecht keinen Gebrauch gemacht hat,[19] sowie aus der Staatsqualität der Länder. Damit verblieben den Ländern eigene Kompetenzen, so dass die Kompetenzverteilung grundsätzlich als föderales Element der Reichsverfassung verstanden werden kann. Allerdings ist zu beachten, dass der Katalog mit den Gesetzgebungskompetenzen

---

[13] *Thoma*, Das Reich als Bundesstaat, S. 169, 182.

[14] *Carl Schmitt*, Verfassungslehre, S. 389, spricht insofern von einem „Bundesstaat ohne bündische Grundlage"; vgl. auch *Huber*, Deutsche Verfassungsgeschichte, Bd. 6, S. 60 f.; *Stier-Somlo*, Die rechtliche Natur und politische Eigenart des Deutschen Reiches, S. 1, 5.

[15] *Thoma*, Das Reich als Bundesstaat, S. 169, 171; *Stern*, Staatsrecht V, S. 575 f.

[16] Vgl. *Stern*, Staatsrecht V, S. 576 ff.; *Holste*, Der deutsche Bundesstaat im Wandel, S. 291 f.

[17] Vgl. *Anschütz*, AöR 1 (1924), 11, 17 ff.; *Bilfinger*, AöR 1 (1924), 35, 44 ff.; *Thoma*, Das Reich als Bundesstaat, S. 169, 183; *Preuß*, Reich und Länder, S. 154 ff.; *Wenninger*, Das Verhältnis zwischen Reich und Ländern, S. 34 ff.; *Venator*, Unitarismus und Föderalismus, S. 94 f.; *Stier-Somlo*, Die rechtliche Natur und politische Eigenart des Deutschen Reiches, S. 1, 5 ff. unter Gegenüberstellung der föderativen und unitarischen Elemente; a.A. *Poetzsch-Heffter*, Reichsverfassung, S. 74 ff.; ganz anders noch einmal *Gebhard*, BayGemVerwZ 1923, Sp. 449, 459, der von einem „Oberstaat" spricht; zur ganzen Diskussion s. auch *Stern*, Staatsrecht V, S. 585; *Vetter*, Die Bundesstaatlichkeit in der Rechtsprechung des Staatsgerichtshofs, S. 42 ff.

[18] Vgl. *Thoma*, Das Reich als Bundesstaat, S. 169, 180.

[19] *Anschütz*, Kommentar zur Reichsverfassung, Art. 12 S. 96 f.; *Gebhard*, Die Verfassung des Deutschen Reichs, Art. 12, S. 123.

des Reiches im Vergleich zu den Zuständigkeiten des Kaiserreichs wesentlich erweitert worden und somit höchst umfangreich war, so dass die in ihrem Kern föderative Kompetenzverteilung zu einem unitarischen Element mutierte. Die dem Reich übertragenen Zuständigkeiten lassen sich unterteilen in ausschließliche (Art. 6 WRV) und konkurrierende (Art. 7 WRV) Gesetzgebungskompetenzen, Grundsatzkompetenzen (Art. 10 WRV), verschiedene Einzelkompetenzen sowie Kompetenzen kraft Sachzusammenhangs und Natur der Sache.[20] Auffällig ist weiterhin, dass das Reich nach Art. 9 WRV für die in der Praxis wichtigen Bereiche der Wohlfahrtspflege und des Schutzes der öffentlichen Sicherheit und Ordnung zuständig war, soweit ein Bedürfnis für den Erlass einheitlicher Vorschriften bestand. Eigene Kompetenzen verblieben den Ländern vor allem im Bereich des Beamtenrechts, des Polizei- und Kommunalrechts sowie des Schulrechts.[21]

b) Mitwirkung der Länder beim auswärtigen Handeln

Nachdem den Ländern auf Grund ihrer Eigenstaatlichkeit eigene Hoheitsrechte zukamen, konnten sie ihre Beziehungen zu anderen deutschen Ländern sowie zu ausländischen Staaten selbständig regeln, soweit es ihnen von Verfassungs wegen erlaubt war, am zwischenstaatlichen Rechtsverkehr teilzunehmen.[22] Diese Kompetenz hatte den Ländern bereits im Kaiserreich zugestanden, doch war ihre praktische Bedeutung in Folge der zunehmenden Unitarisierung gegen Ende des Kaiserreichs stark zurück gegangen.[23] Im Vergleich zum Kaiserreich wurde die auswärtige Kompetenz der Länder in der Weimarer Reichsverfassung noch weiter beschnitten, zumal Art. 78 Abs. 1 WRV die Pflege der Beziehungen zu den auswärtigen Staaten ausschließlich als Sache des Reichs einstufte.[24] Nach Art. 78 Abs. 2 WRV konnten die Länder in Angelegenheiten, deren Regelung der Landesgesetzgebung zustand, mit auswärtigen Staaten Verträge schließen, wobei allerdings nunmehr die Zustimmung des Reichs erforderlich war. Es handelte sich dabei um Verträge im völkerrechtlichen Sinn,[25] während Übereinkünfte zwischen den Ländern oder zwischen dem Reich und den Ländern als auf dem Staatsrecht beruhende „Staatsverträge" anzusehen waren.[26] Insgesamt aber lässt sich die Kompetenz der Länder zum auswärtigen Handeln im Rahmen ihrer Zuständigkeiten trotz des Zuständigkeitsvorbehalts zu Gunsten des Reiches als föderales Element verstehen.

---

[20] *Anschütz*, Kommentar zur Reichsverfassung, Art. 6, S. 73 zur Kompetenz kraft Natur der Sache; s. auch *Schneider*, HdStR I, § 5 Rn. 25; *Lassar*, HdStR I, 1930, § 27, S. 310.

[21] *Schneider*, HdStR I, § 5 Rn. 28.

[22] *Huber*, Deutsche Verfassungsgeschichte, Bd. 6, S. 77.

[23] *Fleischmann*, HdStR I, § 18, S. 210; s. auch oben, § 3 II.5.

[24] *Huber*, Deutsche Verfassungsgeschichte, Bd. 6, S. 452; *Stern*, Staatsrecht V, S. 638.

[25] *Heckel*, AöR 7 (1924), 209, 209 ff.; *Fleischmann*, HdStR I, 1930, S. 209, 213 ff.; *Huber*, deutsche Verfassungsgeschichte, Bd. 6, S. 77.

[26] *Ficker*, Vertragliche Beziehungen zwischen Gesamtstaat und Einzelstaat im Deutschen Reich, S. 8 f., 23.

c) Reichsrat

Der Reichsrat, welcher ein Organ des Reiches war, repräsentierte das föderative Element im Rahmen einer ansonsten weitgehend unitarischen Staatsorganisation.[27] Mitglieder des Reichsrats waren die Länder, welche von ihren Regierungen durch die Entsendung weisungsgebundener Vertreter vertreten wurden. Eine Ausnahme insoweit bestand für Preußen, da gemäß Art. 63 Abs. 1 S. 2 WRV die Hälfte der preußischen Vertreter nicht von der preußischen Staatsregierung, sondern von der Provinzialverwaltung zu bestellen war und diese Provinzialvertreter nicht weisungsgebunden waren.[28] Die Stimmen eines Landes richteten sich nach seiner Bevölkerungszahl, wobei jedes Land mindestens über eine Stimme verfügte.[29]

Die Kompetenzen des Reichsrats waren mit der zumindest von der Verfassungsurkunde so vorgesehenen Machtfülle des Bundesrats in der Kaiserzeit[30] nicht mehr vergleichbar.[31] Nach Art. 60 WRV vertrat der Reichsrat die Länder bei der Gesetzgebung und Verwaltung des Reichs, wobei *Huber* zu Recht davon ausgeht, dass ihm nicht mehr als die Stellung eines bloßen „Nebenorgans der Reichsgesetzgebung" zugekommen und er „auf eng begrenzte Aufgaben der Reichsverwaltung reduziert" gewesen sei.[32] Hauptgrund für den Bedeutungsverlust war, dass der Reichsrat, anders als der Bundesrat im Kaiserreich, im Bereich der Reichsgesetzgebung keine Zustimmungsrechte mehr besaß, sondern vielmehr auf das Recht zur Stellungnahme zu einer Gesetzesvorlage der Reichsregierung beschränkt war (Art. 69 Abs. 1 WRV). Außerdem konnte er gegen ein vom Reichstag beschlossenes Gesetz nur einen aufschiebenden, vom Reichstag mit Zweidrittelmehrheit überstimmbaren Einspruch einlegen (Art. 74 WRV), der das Zustandekommen des Gesetzes von der Entscheidung des Reichspräsidenten bzw. einem Volksentscheid abhängig machte, dem Reichsrat aber nicht die Möglichkeit gab, das Zustandekommen des Gesetzes zu verhindern.[33] Zwar konnte der Reichsrat nach Art. 69 Abs. 2 WRV eine eigene Gesetzesvorlage einbringen, doch

---

[27] *Anschütz*, Kommentar zur Reichsverfassung, Vorb. zum 4. Abschnitt, S. 335 u. 337; ausführlich dazu *Huber*, Deutsche Verfassungsgeschichte, Bd. 6, S. 374; *Stern*, Staatsrecht V, S. 581 u. 612 ff.

[28] *Anschütz*, Kommentar zur Reichsverfassung, Art. 63, S. 342 ff.; *Bilfinger*, HdStR I, 1930, § 46, S. 552; ausführlich dazu *Huber*, Deutsche Verfassungsgeschichte, Bd. 6, S. 376 ff.; *Stern*, Staatsrecht V, S. 613 ff.; *Gusy*, Die Weimarer Reichsverfassung, S. 256 f.

[29] Näher dazu *Bilfinger*, HdStR I, 1930, § 46, S. 553 f.; *Huber*, Deutsche Verfassungsgeschichte, Bd. 6, S. 377 ff.

[30] Ausführlich dazu oben, § 3 II.2. b).

[31] *Anschütz*, Kommentar zur Reichsverfassung, Vorb. zum 4. Abschnitt, S. 336; *Huber*, Deutsche Verfassungsgeschichte, Bd. 6, S. 376 f.

[32] *Huber*, Deutsche Verfassungsgeschichte, Bd. 6, S. 377; bereits *Anschütz*, Kommentar zur Reichsverfassung, Art. 74 S. 394 hatte den Reichsrat als „fakultativ zuständiges Nebenorgan der Reichsgesetzgebung" bezeichnet; zu den Kompetenzen des Reichsrats im Zusammenhang mit der Verwaltung s. *Bilfinger*, HdStR I, 1930, § 47, S. 562 f.

[33] *Anschütz*, Kommentar zur Reichsverfassung, Art. 74 S. 394 nennt dies ein „devolutives Veto"; ausführlich dazu auch *Huber*, Deutsche Verfassungsgeschichte, Bd. 6, S. 384.

vermochte dieses Recht alleine nicht, seine Bedeutung zu steigern, zumal im Bereich der verfassungsändernden Gesetzgebung sämtliche Beschlüsse des Reichsrats einer Zweidrittelmehrheit bedurften (Art. 76 Abs. 1 S. 3 WRV) und so entsprechend selten zu Stande kamen.[34] In Bezug auf die Reichsexekutive wurden dem Reichsrat ebenfalls nur sehr eingeschränkte Mitwirkungsmöglichkeiten eingeräumt. Hinzu kommt, dass der Reichsrat auch bei den Notverordnungen des Reichspräsidenten nach Art. 48 Abs. 2 WRV, mit deren Hilfe bestimmte Grundrechte außer Kraft gesetzt werden konnten, keinerlei Mitspracherecht besaß.[35] Bei der Ermächtigungsgesetzgebung schließlich, durch die der Reichsregierung vom Parlament bestimmte außerordentliche Vollmachten übertragen wurden, hatte der Reichsrat nur dann ein Mitwirkungsrecht, wenn ihm ein solches in dem fraglichen Gesetz ausdrücklich eingeräumt worden war.[36] Trotz seiner nur begrenzten Kompetenzen gelang es dem Reichsrat dennoch, in der Praxis ein gewisses Maß an Bedeutung zu erhalten, was vor allem auf die Schwächung des Reichstags durch die Zersplitterung des Parteiensystems zurück zu führen ist.[37]

d) Verwaltung

Auch im Bereich der Verwaltung nahmen die Zuständigkeiten des Reichs unter der Weimarer Reichsverfassung zu. Zwar galt nach Art. 14 WRV weiterhin der auf ein föderales System hindeutende Grundsatz, dass die Reichsgesetze von den Ländern ausgeführt werden sollten, soweit in den Reichsgesetzen nichts anderes bestimmt war, anders als nach der Bismarckschen Reichsverfassung genügte unter der Weimarer Reichsverfassung aber ein einfaches Reichsgesetz, um den Vollzug der Reichsgesetze den Verwaltungsbehörden des Reiches zuzuweisen und so die Verwaltungszuständigkeit des Reiches im Sinne einer Unitarisierung auszuweiten.[38] Das Reich machte von dieser Möglichkeit hinlänglich Gebrauch und überführte die Finanzverwaltung,[39] große Teile der Verkehrsverwaltung sowie die gesamte Militärverwaltung auf sich selbst.[40] Hinzu kommt, dass bereits die Reichsverfassung selbst einzelne Bereiche wie die Verwaltung der öffentlichen

---

[34] Vgl. *Huber*, Deutsche Verfassungsgeschichte, Bd. 6, S. 384; vorsichtiger *Bilfinger*, HdStR I, 1930, § 47, S. 561 f., der die tatsächlichen Einflussmöglichkeiten des Reichsrats nicht pauschal beurteilen will.

[35] *Huber*, Deutsche Verfassungsgeschichte, Bd. 6, S. 385; zur Schwächung des Reichsrats durch die Notverordnungspraxis s. auch *Stern*, Staatsrecht V, S. 616; *Holste*, Der deutsche Bundesstaat im Wandel, S. 455 ff.

[36] Vgl. *Huber*, Deutsche Verfassungsgeschichte, Bd. 6, S. 385; s. dazu auch *Gusy*, Die Weimarer Reichsverfassung, S. 257 f.

[37] *Forsthoff*, Deutsche Verfassungsgeschichte, S. 175.

[38] Vgl. *Anschütz*, Kommentar zur Reichsverfassung, Art. 14, S. 110; *Huber*, Deutsche Verfassungsgeschichte, Bd. 6, S. 481; *Schneider*, HdStR I, § 5 Rn. 28; *Stern*, Staatsrecht V, S. 582 u. 637.

[39] Gesetz über die Reichsfinanzverwaltung v. 10. September 1919 (RGBl., S. 1591).

[40] Ausführlich dazu *Bühler*, HdStR I, 1930, § 50, S. 591 f.; *Huber*, Deutsche Verfassungsgeschichte, Bd. 6, S. 481; zur Ausdehnung der Reichsverwaltung auch *Wenninger*, Das Verhältnis zwischen Reich und Ländern, S. 42.

Eisenbahnen (Art. 89 u. 90 WRV) oder der dem allgemeinen Verkehr dienenden Wasserstraßen (Art. 97 u. 98 WRV) dem Reich zugewiesen hatte. Schließlich existierte bei zahlreichen Ministerien wie etwa dem Reichsfinanzministerium oder dem Reichsarbeitsministerium eine Reichsverwaltung mit behördlichem Verwaltungsunterbau, was ein Ausschalten der Landesverwaltung in einzelnen Bereichen ermöglichte.[41] Hingegen blieb dort, wo sich das Reich auf die Zentralverwaltung beschränkte und kein reichseigener Verwaltungsunterbau bestand, ein Zusammenwirken von Reichs- und Landesverwaltung in Form einer Mischverwaltung möglich, die mit dem bundesstaatlichen Prinzip der Weimarer Reichsverfassung vereinbar war.[42] Daneben bildete sich ohne klare verfassungsrechtliche Absicherung eine Art „Reichsauftragsverwaltung" heraus, bei der die Länder konkreten Einzelweisungen des Reiches unterlagen und die vor allem bei der Verwaltung der Reichswasserstraßen zur Anwendung kam.[43] Dass man die Aufteilung der Verwaltung zwischen Reich und Ländern insgesamt dennoch als föderales Moment verstehen kann, liegt vor allem daran, dass die Verwaltungshoheit der Länder beispielsweise bei der Polizei- und Gemeindeverwaltung sowie bei der Schul- und Hochschulverwaltung unangetastet blieb und die Länder damit auf zahlreichen Gebieten eine reichsfreie Landesverwaltung ausüben konnten.[44]

e) Judikative

Die Organisation der Judikative nach der Weimarer Reichsverfassung spricht für das Vorliegen eines föderalen Systems. Dafür lässt sich zunächst anführen, dass durch Art 108 WRV ein Staatsgerichtshof für das Deutsche Reich eingerichtet worden war, dessen wichtigste Zuständigkeit in der Entscheidung von Verfassungsstreitigkeiten der Länder untereinander sowie derselben mit dem Reich bestand (Art. 19 WRV). Zwar handelte es sich dabei um eine unitarische Einrichtung, welche die reichseigene Judikative weiter ausbaute, gleichzeitig wurde damit aber den Ländern ein wirksames Instrument zum Schutz ihrer Rechte an die Hand gegeben wurde.[45] Ferner blieb es im Übrigen bei dem bereits aus der

---

[41] Vgl. *Huber*, Deutsche Verfassungsgeschichte, Bd. 6, S. 481 f.; *Stern*, Staatsrecht V, der unter Verweis auf *Bühler*, HdStR I, 1930, § 29, S. 321, 325 konstatiert: „‚Von allen Schritten zum Unitarismus' hat man diesen als den ‚vielleicht ... folgenschwersten' bezeichnet".

[42] *Huber*, Deutsche Verfassungsgeschichte, Bd. 6, S. 482; *Stern*, Staatsrecht V, S. 583; s. dazu auch *Holste*, Der deutsche Bundesstaat im Wandel, S. 361, 366, 370 ff.

[43] *Lassar*, HdStR I, 1930, § 28, S. 314 f.; *Huber*, Deutsche Verfassungsgeschichte, Bd. 6, S. 483 f.; *Stern*, Staatsrecht V, S. 583; krit. dazu *Anschütz*, Kommentar zur Reichsverfassung, Art. 97, S. 469 f.

[44] Vgl. *Huber*, Deutsche Verfassungsgeschichte, Bd. 6, S. 484; *Gusy*, Die Weimarer Reichsverfassung, S. 239.

[45] Vgl. *Triepel*, Streitigkeiten zwischen Reich und Ländern, S. 116 f ff.; *Huber*, Deutsche Verfassungsgeschichte, Bd. 6, S. 62; näher zum Staatsgerichtshof auch *Thoma*, FG 50 Jahre RG, Bd. 1, S. 179 ff.

Kaiserzeit bekannten Dualismus des deutschen Gerichtswesens, welcher in einem Nebeneinander von Reichs- und Landesgerichtsbarkeit zum Ausdruck kam.[46] So bestand in der ordentlichen Zivil- und Strafgerichtsbarkeit ein gestuftes System, das sich durch eine übergeordnete Reichsgerichtsbarkeit und eine nachgeordnete Landesgerichtsbarkeit auszeichnete, so dass nur die höchste Instanz jeweils ein Gericht des Reiches war, während die übrigen ordentlichen Gerichte Gerichte der Länder blieben,[47] die freilich an die Vorgaben des Reichsrechts gebunden waren.[48] Für die allgemeine Verwaltungsgerichtsbarkeit waren alleine die Länder zuständig, nachdem die in Art. 107 WRV vorgesehene Errichtung eines Reichsverwaltungsgerichts gescheitert war und sich aus Art. 107 WRV sowohl eine Pflicht als auch ein Recht der Länder zur Errichtung einer eigenen Verwaltungsgerichtsbarkeit ergab.[49] Wie bereits in der Kaiserzeit existierten in einzelnen Bereichen besondere Reichsverwaltungsgerichte, die im Laufe der Zeit durch den Reichsfinanzhof,[50] das Reichsversorgungsgericht,[51] das Reichswirtschaftsgericht,[52] das Reichskartellgericht[53] sowie das Reichsbahngericht[54] ergänzt wurden,[55] was zu einer gewissen Unitarisierung im Bereich der Verwaltungsgerichtsbarkeit führte.

f) Sicherungen des bundesstaatlichen Prinzips

Wenngleich die Kompetenzen der Länder durch die Weimarer Reichsverfassung erheblich beschnitten wurden, erhielten diese insofern eine Kompensation, als das bundesstaatliche Prinzip durch umfassende Sicherungen gewährleistet werden sollte.[56] So konnte eine Ausweitung der Reichskompetenzen durch Ausübung der in Art. 76 WRV verankerten Kompetenz-Kompetenz nur durch eine faktisch unmöglich zu erreichende Zweidrittelmehrheit in Reichstag und Reichsrat erfolgen, während in der Kaiserzeit für verfassungsändernde Gesetze im Reichstag bereits eine einfache Mehrheit genügt hatte.[57] Außerdem konnten

---

[46] Vgl. *Huber*, Deutsche Verfassungsgeschichte, Bd. 6, S. 526.

[47] *Kern*, HdStR I, 1930, § 31, S. 354 f.; *Huber*, Deutsche Verfassungsgeschichte, Bd. 6, S. 526 u. 528.

[48] Näher dazu *Wenninger*, Das Verhältnis zwischen Reich und Ländern, S. 53 ff.

[49] Näher dazu *Anschütz*, Kommentar zur Reichsverfassung, Art. 107, S. 497 ff.; *Kern*, HdStR I, 1930, § 31, S. 355; *Huber*, Deutsche Verfassungsgeschichte, Bd. 6, S. 568 f. u. 572.

[50] Gesetz über die Errichtung des Reichsfinanzhofs v. 26. Juli 1918 (RGBl., S. 959).

[51] Reichsversorgungsgesetz v. 12. Mai 1920 (RGBl., S. 989); Gesetz über das Verfahren in Versorgungssachen v. 10. Januar 1922 (RGBl. I, S. 59).

[52] Verordnung über das Reichswirtschaftsgericht v. 21. Mai 1920 (RGBl., S. 1167).

[53] Kartellverordnung v. 2. November 1923 (RGBl. I, S. 1067).

[54] Reichsbahngesetz v. 30. August 1924 (RGBl. II, S. 272).

[55] Ausführlich dazu *Huber*, Deutsche Verfassungsgeschichte, Bd. 6, S. 570; *Pagenkopf*, 150 Jahre Verwaltungsgerichtsbarkeit, S. 67 f.

[56] In diese Richtung auch *Triepel*, Streitigkeiten zwischen Reich und Ländern, S. 49 f.

[57] Vgl. *Huber*, Deutsche Verfassungsgeschichte, Bd. 6, S. 61; zur Verfassungspraxis s. auch *Schneider*, HdStR I, § 5 Rn. 28.

sich die Länder gegen Übergriffe des Reiches in ihren Kompetenzbereich vor dem Staatsgerichtshof nunmehr gerichtlich wehren, was ihren Status ebenfalls absicherte.[58]

3. Herrschaftsgewalt des Reiches gegenüber den Ländern

a) Kompetenz-Kompetenz des Reiches

Das bundesstaatliche System der Weimarer Reichsverfassung beruhte auf der prinzipiellen Unterordnung der Länder unter das Reich, was zunächst durch die Kompetenz des Reiches zum Ausbau seiner Zuständigkeiten zu Lasten der Länder zum Ausdruck kommt.[59] Diese sog. Kompetenz-Kompetenz ergab sich aus Art. 76 WRV, wonach die Verfassung im Wege der Gesetzgebung geändert werden konnte. Damit konnte das Reich sämtliche Hoheitsrechte der Länder in jedwedem Umfang auf sich übertragen.[60] Auch eine Umwandlung des bundesstaatlichen Systems in einen Einheitsstaat war nach herrschender Lehre grundsätzlich möglich,[61] wobei den Ländern ein gewisses Maß an eigenen Zuständigkeiten verbleiben musste, solange eine derartige Aufhebung der bundesstaatlichen Organisation nicht stattgefunden hatte.[62] Die Tatsache, dass der Reichsrat eine entsprechende Verfassungsänderung mit Hilfe eines Einspruchs, der der Zweidrittelmehrheit bedurfte, verhindern konnte, vermag nicht darüber hinweg zu täuschen, dass das bundesstaatliche System und damit auch die Länder letztlich vom Willen des Reiches abhängig waren, da die entsprechende Zweidrittelmehrheit in der Praxis kaum zu erreichen war.[63] Hinzu kommt, dass Art. 76 WRV Verfassungsdurchbrechungen, d.h. Verfassungsänderungen ohne Änderung des Verfassungswortlautes erlaubte,[64] so dass es zu einer wachsenden Diskrepanz zwischen Verfassungstext und geltendem Verfassungsrecht kam. Dadurch wurde die Kompe-

---

58 S. dazu oben, § 4 II.2. e); vgl. *Triepel*, Streitigkeiten zwischen Reich und Ländern, S. 116 ff.; *Huber*, Deutsche Verfassungsgeschichte, Bd. 6, S. 62.

59 Ausführlich dazu *Huber*, Deutsche Verfassungsgeschichte, Bd. 6, S. 78 f.

60 *Huber*, Deutsche Verfassungsgeschichte, Bd. 6, S. 79; *Wenninger*, Das Verhältnis zwischen Reich und Ländern, S. 41 f.

61 *Anschütz*, Kommentar zur Reichsverfassung, Art. 76, S. 404 f.; *Thoma*, Die Funktionen der Staatsgewalt, S. 108, 154; ähnlich wohl auch *Bühler*, Die Reichsverfassung, Art. 76, S. 89; *Stier-Somlo*, Reichs- und Landesstaatsrecht, Bd. 1, S. 383; a.A. aber *Schmitt*, Hüter der Verfassung, S. 112 f.; *Triepel*, DJZ 31 (1926), Sp. 845, 849; *Bilfinger*, Der Reichssparkommissar, S. 17 f.; ausführlich zum Ganzen *Holste*, Der deutsche Bundesstaat im Wandel, S. 319 ff.

62 *Huber*, Deutsche Verfassungsgeschichte, Bd. 6, S. 79.

63 S. oben, § 4 II.2. f).

64 RG, JW 1927, 2198, 2199; *Schmitt*, Verfassungslehre, S. 99 f. u. 106 ff.; *Anschütz*, Kommentar zur Reichsverfassung, Art. 76, S. 401 f.; *Jellinek*, HdStR II, 1932, § 73, S. 187; a.A. *Preuß*, DJZ 29 (1924), Sp. 649, 653 f.; krit. auch *Triepel*, Vortrag des Mitberichterstatters, Verhandlungen des 33. DJT (1924), S. 45, 57; *Jacobi*, VVDStRL 1 (1924), 109, 118; differenzierend *Thoma*, HdStR II, 1932, § 71, S. 155 ff.

tenzabgrenzung zwischen Reich und Ländern im Laufe der Zeit verwässert, was die Stellung der Länder weiter schwächte.[65]

b) Vorrang des Reichsrechts vor dem Landesrecht

Ein weiteres Charakteristikum des Reich-Länder-Verhältnisses lässt sich Art. 13 Abs. 1 WRV entnehmen, wonach dem Reichsrecht Vorrang vor dem Landesrecht zukam, was durch die prägnante Formulierung „Reichsrecht bricht Landesrecht“ zum Ausdruck gebracht wurde. Danach war ein Landesgesetz, das im Widerspruch zu einem gültigen Reichsgesetz stand, von Anfang an unwirksam. Wurde das kollidierende Reichsgesetz erst später erlassen, trat das Landesgesetz mit Geltungsbeginn des Reichsgesetzes nach Art. 13 Abs. 1 WRV, und nicht etwa nach den Kompetenzvorschriften, *ipso iure* außer Kraft.[66] Ein automatisches Wiederaufleben der Landesrechtsnorm nach einem etwaigen Wegfall des kollidierenden Reichsrechts war somit ausgeschlossen.[67] Darüber hinaus waren solche Landesgesetze von Anfang an unwirksam, die ein Land auf einem Gebiet der konkurrierenden Gesetzgebung, um vollendete Tatsachen zu schaffen, noch eben erlassen hatte, bevor das Reich von seiner Gesetzgebungskompetenz Gebrauch machte.[68] Das Reichsgesetz hatte mithin sowohl Derogations- als auch Sperrwirkung.[69] Art. 13 Abs. 1 WRV sah als Kollisionsregel einen echten Geltungsvorrang und nicht nur einen bloßen Anwendungsvorrang vor. Ob die Vorschrift daneben auch eine Rangordnungsregel für das Reich-Länder-Verhältnis beinhaltete und auf eine hierarchische Ordnung des bundesstaatlichen Systems der Weimarer Reichsverfassung hindeutete, war heftig umstritten,[70] dürfte jedoch zu bejahen sein, wenn man Art. 13 Abs. 1 WRV als Indikator für ein tendenziell hierarchisches Verhältnis versteht.[71]

Die Vorrangklausel kam dann zum Tragen, wenn eine tatbestandliche Überschneidung von Reichsrecht und Landesrecht vorlag, d.h. wenn beide Normen denselben Sachverhalt regelten, sie formell und materiell verfassungsgemäß, ins-

---

[65] Vgl. dazu *Holste*, Der deutsche Bundesstaat im Wandel, S. 338 f.

[66] *Fleiner*, VVDStRL 6 (1929), 2, 8; *Huber*, Deutsche Verfassungsgeschichte, Bd. 6, S. 410; vgl. dazu auch *März*, in: v. Mangoldt/Klein/Starck, GG, Art. 31 Rn. 10.

[67] *Fleiner*, VVDStRL 6 (1929), 2, 8; *Anschütz*, Kommentar zur Reichsverfassung, Art. 13, S. 103; *Giese*, Reichsverfassung, Art. 13, S. 63; *Stier-Somlo*, Reichs- und Landesstaatsrecht, S. 380, der allerdings ein Wiederaufleben von Landesgrundrechten beim Wegfall der Reichsrechtsnorm befürwortet.

[68] *Huber*, Deutsche Verfassungsgeschichte, Bd. 6, S. 410.

[69] *Anschütz*, Kommentar zur Reichsverfassung, Art. 13, S. 103; *Giese*, Reichsverfassung, Art. 13, S. 63; *Hensel*, HdStR II, 1932, § 84, S. 323 f.; s. dazu auch *Doehl*, AöR 12 (1927), 37 ff.

[70] Für die Annahme einer Rangordnungsregel *Lukas*, VVDStRL 6 (1929), 25, 26 ff., v.a. 28; *Giese*, Reichsverfassung, Art. 13, S. 63; dagegen *Nawiasky*, VVDStRL 6 (1929), Aussprache, 60 f.; *Maschke*, Die Rangordnung der Rechtsordnung, S. 8, 76 ff.

[71] So vermittelnd *Hensel*, HdStR II, 1932, § 84, S. 321 Fn. 20.

besondere kompetenzgemäß[72] waren und zwischen beiden Normen eine inhaltliche Kollision bestand. Letzteres war dann der Fall, wenn Reichs- und Landesrecht für denselben Sachverhalt unterschiedliche Rechtsfolgen anordneten.[73] Auslegungsprobleme konnten in diesem Zusammenhang insbesondere entstehen, wenn das Reichsrecht ein bestimmtes Verhalten zuließ, während das Landesrecht das fragliche Verhalten gebot oder verbot.[74] In diesen Fällen lag nur dann eine Kollision vor, wenn das Reich die Materie selbst regeln wollte. Nach wohl herrschender Meinung, die u.a. von *Anschütz* vertreten wurde, sollte die Vorrangklausel auch für den Fall Anwendung finden, dass Landesrecht mit dem Reichsrecht sachlich übereinstimmte, wobei *Anschütz* in erster Linie auf das Verhältnis von Reichsgesetz und Landesrecht abstellte.[75] Begründet wurde dies mit dem grundsätzlichen Vorrang des Reichsrechts vor dem Landesrecht und der Höherrangigkeit des Reichsrechts im Bundesstaat.[76] In Bezug auf die Landesgrundrechte ging die Gegenauffassung davon aus, dass diese trotz inhaltsgleicher Reichsgrundrechte fortgölten, insbesondere, um der bayerischen Landesverfassungsbeschwerde einen Anwendungsbereich zu erhalten.[77] Konsequenzen hatte der Meinungsstreit daher hauptsächlich für die Fortgeltung inhaltsgleicher Landesgrundrechte und ihre Geltendmachung im Wege der bayerischen Landesverfassungsbeschwerde.

Eine Neuerung im Vergleich zum Kaiserreich bestand darin, dass in Art. 13 Abs. 2 WRV nunmehr ein besonderes Feststellungsverfahren der Normenkontrolle vor dem Reichsgericht und dem Reichsfinanzhof vorgesehen war, mit dessen Hilfe die Reichsrechtskonformität einer Norm des Landesrechts höchstrichterlich geklärt werden konnte.[78] Ob darüber hinaus im Rahmen einer Vorfragenprüfung auch Reichsrecht auf seine Verfassungsmäßigkeit, insbesondere auf seine Vereinbarkeit mit den Kompetenzvorschriften der Reichsverfassung, überprüft werden konnte, war höchst umstritten.[79]

Falls man ein solches Prüfungsrecht bezüglich des Reichsrechts bejahte, war die praktische Bedeutung von Art. 13 Abs. 1 WRV zumindest auf der Ebene des einfachen Gesetzesrechts gering, da nur kompetenzgemäßes Reichsrecht den

---

[72] Zum Erfordernis der Kompetenzgemäßheit des Reichsrechts s. *Fleiner*, VVDStRL 6 (1929), 2, 8; *Lukas*, VVDStRL 6 (1929), 25, 28 f.; *Hensel*, HdStR II, 1932, § 84, S. 320 f.

[73] Vgl. *Hensel*, HdStR II, 1932, § 84, S. 321; *Gusy*, Die Weimarer Reichsverfassung, S. 238.

[74] *Gusy*, Die Weimarer Reichsverfassung, S. 238.

[75] *Anschütz*, Kommentar zur Reichsverfassung, Art. 13, S. 103 f.; *Giese*, Reichsverfassung, Art. 13, S. 63; a.A. aber *Hensel*, HdStR II, 1932, § 84, S. 321 Fn. 19.

[76] *Anschütz*, Kommentar zur Reichsverfassung, Art. 13, S. 103 f.; *Giese*, Reichsverfassung, Art. 13, S. 63; ausführlich dazu unten, § 4 IV.3.

[77] So etwa *Hensel*, HdStR II, 1932, § 84, S. 321 Fn. 19; *Nawiasky*, Bayerisches Verfassungsrecht, S. 348; *Stier-Somlo*, Reichs- und Landesstaatsrecht, S. 380, der allerdings auch auf einfachgesetzlicher Ebene inhaltsgleiches Landesrecht zulassen wollte; s. dazu auch *Holste*, Der deutsche Bundesstaat im Wandel, S. 494 f.; *März*, Bundesrecht bricht Landesrecht, S. 114 f.; ausführlich dazu unten, § 4 IV.3.

[78] Vgl. dazu *Bühler*, Die Reichsverfassung, Art. 13, S. 46; *Huber*, Deutsche Verfassungsgeschichte, Bd. 6, S. 410; *Hensel*, HdStR II, 1932, § 84, S. 327 ff.; näher dazu unten, § 4 VI.1.

[79] S. dazu *Gusy*, Die Weimarer Reichsverfassung, S. 216 ff.; ausführlich dazu unten, § 4 VI.1.

Vorrang beanspruchen konnte und insoweit nun eine richterliche Prüfung möglich war.[80] In den allermeisten Fällen fehlte einem vermeintlich konkurrierenden Landes- oder Reichsgesetz schon auf Grund mangelnder Gesetzgebungszuständigkeit die Verfassungsmäßigkeit.[81] Dies galt umso mehr, als die Weimarer Reichsverfassung über umfangreiche Vorschriften zur Kompetenzverteilung im Bundesstaat verfügte. *Kelsen* meinte daher, eine Vorschrift wie Art. 13 Abs. 1 WRV sei überflüssig, da eine der beiden kollidierenden Rechtsnormen in jedem Fall kompetenzwidrig sei und die Kollisionsregel allenfalls kompetenzwidrig erlassenem Reichsrecht zur Anwendbarkeit verhelfe, was abzulehnen sei.[82] Trotz dieser Überlegungen erlangte Art. 13 Abs. 1 WRV zumindest im Verhältnis von Landesgesetzen zur Reichsverfassung Praxisrelevanz, was sich daran zeigt, dass das Reichsgericht im Wege des Verfahrens nach Art. 13 Abs. 2 WRV zahlreiche Landesgesetze wegen Verstoßes gegen die Reichsverfassung für „gebrochen" erklärte.[83] Erklären lässt sich dies damit, dass die Kompetenzverteilungsregeln der Weimarer Reichsverfassung nicht auf die Reichsverfassung selbst bezogen waren und daher nebeneinander bestehende Zuständigkeiten von Reich und Ländern grundsätzlich für möglich gehalten wurden.[84]

c) Homogenitätsklausel

Die Homogenitätsklausel des Art. 17 WRV, die der Bismarckschen Reichsverfassung noch fremd gewesen war, wird vielfach als unitarisches Element interpretiert,[85] doch stellt sie zugleich auch ein Charakteristikum eines föderalen Systems dar, mit dessen Hilfe unter Anerkennung der Verfassungsautonomie der Länder eine gewisse Einheit von Zentralstaat und Gliedstaaten hergestellt und aufrecht erhalten werden sollte.[86] Danach musste jedes Land eine freistaatliche Verfassung haben. Außerdem musste in jedem Land die Volksvertretung in allgemeiner, gleicher, unmittelbarer und geheimer Wahl von allein reichsdeutschen Männern und Frauen nach den Grundsätzen der Verhältniswahl gewählt werden. Ferner mussten die Länder über eine parlamentarische Regierungsform verfügen und ein demokratisches Wahlrecht auch auf Gemeindeebene etablieren. Jenseits dieser Vorgaben jedoch konnten die Länder im Sinne eines föderalen Systems ihre Verfas-

---

[80] *Holste*, Der deutsche Bundesstaat im Wandel, S. 495 f.

[81] *Holste*, Der deutsche Bundesstaat im Wandel, S. 495 f.

[82] *Kelsen*, Allgemeine Staatslehre, S. 221.

[83] So etwa RG, Lammers/Simons I, Nr. 4, S. 441 ff.; Nr. 13, S. 508 ff.; Nr. 17, 528 ff.; RGZ 107, 1 ff.; 111, 123 ff.; 119, 33 ff.; vgl. auch *Holste*, Der deutsche Bundesstaat im Wandel, S. 508 f.

[84] Näher dazu unten, § 4 IV.1.

[85] Vgl. nur *Stier-Somlo*, Reichs- und Landesstaatsrecht, Bd. 1, S. 383.

[86] Vgl. *Anschütz*, Kommentar zur Reichsverfassung, Art. 17, S. 137; ausführlich zum Ganzen *Hinrichs*, Die Grenzen der Verfassungsautonomie, S. 9 ff.; *Gebhard*, BayGemVerwZ 1923, Sp. 449, 450.

sungen autonom gestalten.[87] Bemerkenswert ist in diesem Zusammenhang, dass Art. 17 WRV keine Aussagen zu den Grundrechten enthielt, so dass es den Ländern grundsätzlich nicht verwehrt war, jenseits der Grundrechtsgewährleistungen der Reichsverfassung eigene Grundrechte zu verbürgen.[88] Dennoch darf nicht geleugnet werden, dass Art. 17 WRV der Verfassungsautonomie der Länder vergleichsweise enge Grenzen setzte und etwa die Einführung der Mehrheitswahl in den Ländern untersagte,[89] so dass es nicht überrascht, wenn zeitgenössische Kommentatoren von den „weitgehendsten Homogenitätsvorschriften, die je in einer bundesstaatlichen Verfassung gegolten haben"[90], sprachen. Hinzu kommt, dass der Staatsgerichtshof Art. 17 WRV als eine auf die Landesverfassungen einwirkende und sie ergänzende Bestimmung der Reichsverfassung interpretierte,[91] wodurch gleich lautende Normen des Landesverfassungsrechts in der Praxis bedeutungslos wurden. Zu einem Bestandteil des Landesverfassungsrechts wurde Art. 17 WRV deshalb aber nicht.[92]

d) Reichstag als „höchstes Reichsorgan"

Während im Kaiserreich der Bundesrat als das oberste Reichsorgan angesehen wurde,[93] konnte unter der Weimarer Reichsverfassung dem Reichsrat eine ähnliche Funktion schon deshalb nicht zukommen, weil er nur sehr eingeschränkte Befugnisse besaß.[94] Aus diesem Grund fiel die Rolle des „höchsten Reichsorgans"[95] fast schon zwangsläufig dem Reichstag als dem einzigen zentralen Organ der Volksvertretung zu. Er übte die Reichsgewalt aus, so weit sie nicht den anderen Organen wie dem Reichspräsidenten, der Reichsregierung oder dem Reichsrat ausdrücklich übertragen war.[96] So war er gemäß Art. 68 f. WRV Träger der gesetzgebenden Gewalt und verfügte nach Art. 54 WRV über weit reichende Kontrollrechte gegenüber der Regierung. Gemäß Art. 20 WRV bestand der Reichstag aus Abgeordneten des deutschen Volkes, die wiederum vom gesamten deutschen Volk nach Art. 22 WRV gewählt worden waren, so dass es sich beim Reichstag

---

[87] *Stern*, Staatsrecht V, S. 579.

[88] *Hinrichs*, Die Grenzen der Verfassungsautonomie, S. 94; *Stern*, Staatsrecht, V, S. 579; ausführlich dazu unten, § 4 IV.2.

[89] Vgl. dazu *Holste*, Der deutsche Bundesstaat im Wandel, S. 303.

[90] *Nieding*, Das Prinzip der Homogenität, S. 71.

[91] StGH, Lammers/Simons IV, Nr. 4, S. 147, 152 f.; Nr. 1, S. 131, 141 f.; Nr. 25, S. 275, 285; Lammers/Simons II, Nr. 11, S. 127, 134 f.; ausführlich dazu *Rozek*, Das Grundgesetz als Prüfungs- und Entscheidungsmaßstab, S. 152 f.; *Vetter*, Die Bundesstaatlichkeit in der Rechtsprechung des Staatsgerichtshofs, S. 80 ff.

[92] S. *Rozek*, Das Grundgesetz als Prüfungs- und Entscheidungsmaßstab, S. 156 f.

[93] S. oben, § 3 II.2.b).

[94] S. oben, § 4 II.2.c).

[95] *Huber*, Deutsche Verfassungsgeschichte, Bd. 6, S. 68; so auch *Anschütz*, Kommentar zur Reichsverfassung, Vorb. zum 2. Abschnitt, S. 178 ff.; *Holste*, Der deutsche Bundesstaat im Wandel, S. 405.

[96] *Anschütz*, Kommentar zur Reichsverfassung, Vorb. zum 2. Abschnitt, S. 179.

um ein „streng unitarisch geformtes Reichsorgan" handelte.[97] Wenn man bedenkt, dass das Reich seine Suprematie den Ländern gegenüber insbesondere im Wege der Gesetzgebung zum Ausdruck brachte, wird verständlich, weshalb die unitarische Konzeption des Reichstages eine entscheidende Rolle für das Verhältnis zwischen dem Reich und den Ländern spielte.

e) Reichsaufsicht, Reichsexekution und Reichstreue

Nach Art. 15 Abs. 1 WRV kam der Reichsregierung die Aufsicht über die Länder in allen Angelegenheiten zu, in denen die Gesetzgebungskompetenz beim Reich lag, auch wenn dieses davon noch keinen Gebrauch gemacht hatte.[98] Waren bereits Reichsgesetze erlassen worden, die von den Landesbehörden auszuführen waren, konnte die Reichsregierung nach Art. 15 Abs. 2 WRV allgemeine Anweisungen erlassen und zu Überwachungszwecken Beauftragte entsenden sowie nach Art. 15 Abs. 3 WRV die Beseitigung etwaiger Mängel bei der Ausführung verlangen. Über Art. 15 WRV hinaus existierte eine ungeschriebene Reichsaufsicht im Sinne einer Verfassungsmäßigkeitskontrolle dergestalt, dass das Reich die Einhaltung der Reichsverfassung durch die Länder auch dort überwachen konnte, wo ihm keine eigenen Gesetzgebungskompetenzen zustanden.[99] Durch diese Instrumente der Reichsaufsicht konnten der verfassungsmäßige Vorrang der Reichsgewalt vor der Landesgewalt sowie der verfassungsmäßige Vollzug der Reichsgesetze durch die Landesbehörden gesichert werden.[100] Sind die aufsichtlichen Maßnahmen wirkungslos geblieben, konnte der Reichspräsident nach Art. 48 Abs. 1 WRV die Durchführung der Reichsexekution anordnen und diese selbst vollziehen, was nicht nur die Schlagkraft dieses Rechtsinstruments im Vergleich zum Kaiserreich erhöhte,[101] sondern es zugleich in eine rein unitarische Einrichtung umwandelte.[102] Die Reichsexekution erlaubte es dem Reich, mit Hilfe von Zwangsmaßnahmen wie etwa der Ersatzvornahme oder sogar der Sequestration gegen rechtswidriges Verhalten eines Landes vorzugehen und so die Überordnung des Reichs über die Länder durchzusetzen.[103] Als Grundlage der bundesstaatlichen Reichsaufsicht und der Reichsexekution diente das ungeschriebene Prinzip der Bundestreue, wonach Reich und Gliedstaaten

---

[97] *Anschütz*, Kommentar zur Reichsverfassung, Art. 20, S. 180.

[98] *Anschütz*, Kommentar zur Reichsverfassung, Art. 15, S. 112 f.; *Schneider*, HdStR I, § 5 Rn. 70; grundlegend zum Instrument der Reichsaufsicht *Triepel*, Die Reichsaufsicht, S. 102 ff.

[99] *Gusy*, Die Weimarer Reichsverfassung, S. 261.

[100] *Huber*, Deutsche Verfassungsgeschichte, Bd. 6, S. 639 f.

[101] Zur Rechtslage im Kaiserreich s. oben, § 3 II.3. c); zur praktischen Bedeutung der Reichsexekution in der Weimarer Republik s. *Stern*, Staatsrecht V, S. 585 sowie *Schneider*, HdStR I, § 5 Rn. 71.

[102] *Huber*, Deutsche Verfassungsgeschichte, Bd. 6, S 731 f.; *Holste*, Der deutsche Bundesstaat im Wandel, S. 483 f.

[103] Ausführlich dazu *Huber*, Deutsche Verfassungsgeschichte, Bd. 6, S. 737 f.; *Gusy*, Die Weimarer Reichsverfassung, S. 262 f.

zur wechselseitigen Rücksichtnahme verpflichtet waren, was zwar einerseits die Autonomie der Länder stärkte, diese andererseits aber auch den Vorgaben des Reichs unterwarf.[104]

f) Reichseigene Verwaltung

Ein weiteres Merkmal der zunehmenden Unitarisierung unter der Weimarer Reichsverfassung war der Ausbau der reichseigenen Verwaltung, welche im Kaiserreich nur eine untergeordnete Rolle gespielt hatte. Hauptgrund für den Bedeutungszuwachs der reichseigenen Verwaltung war der Umstand, dass bereits ein einfaches Reichsgesetz genügte, um den Vollzug der Reichsgesetze den Verwaltungsbehörden des Reiches zuzuweisen.[105] Außerdem hatte die Reichsverfassung selbst die Verwaltung auf einigen wichtigen Sachgebieten dem Reich zugewiesen. Ferner verfügten einige Reichsministerien über einen eigenen Verwaltungsunterbau.[106] Insgesamt wurde somit die Rolle der Länder im Bereich der Verwaltung im Vergleich zum Kaiserreich geschwächt.

g) Finanzverfassung

Auch die Vorschriften zum Finanzwesen in der Weimarer Reichsverfassung trugen zur Unitarisierung bei, da diese dem Reich die volle Finanzhoheit zuwiesen und die Einzelstaaten auf diese Weise ihre finanzpolitische Selbstbestimmungsmacht verloren.[107] So sah Art. 8 S. 1 WRV vor, dass dem Reich die Gesetzgebung über die Abgaben und sonstigen Einnahmen zufallen sollte, soweit diese ganz oder teilweise für seine Zwecke in Anspruch genommen wurden. Damit erhielt das Reich eine „unbeschränkte ‚potentielle Ertragshoheit'"[108], was dazu führte, dass es über hinreichend eigene Finanzmittel verfügte.[109] Darüber hinaus besaß das Reich gemäß Art. 11 WRV die Grundsatzkompetenz über die Zulässigkeit und Erhebungsart der Landesabgaben, so dass auch in diesem Bereich eine starke Vereinheitlichung stattfand.[110] Allerdings hatte das Reich nach einem ungeschriebenen Grundsatz, welcher durch Art. 8 S. 2 WRV untermauert wurde, die Pflicht, die finanzielle Lebensfähigkeit der Länder sicher zu stellen.[111] Die finanzielle

---

[104] *Anschütz*, HdStR I, 1930, § 32, S. 368 unter Bezugnahme auf *Triepel*; ausführlich dazu *Huber*, Deutsche Verfassungsgeschichte, Bd. 6, S. 638 f.; *Gusy*, Die Weimarer Reichsverfassung, S. 253; *Holste*, Der deutsche Bundesstaat im Wandel, S. 315 ff.

[105] Näher dazu oben, § 4 II.2.d).

[106] Näher dazu oben, § 4 II.2.d).

[107] *Huber*, Deutsche Verfassungsgeschichte, Bd. 6, S. 488; *Gusy*, Die Weimarer Reichsverfassung, S. 244, 250; *Holste*, Der deutsche Bundesstaat im Wandel, S. 394 ff.

[108] *Huber*, Deutsche Verfassungsgeschichte, Bd. 6, S. 494.

[109] Ausführlich hierzu *Bühler*, HdStR I, 1930, § 29, S. 326 ff.

[110] *Huber*, Deutsche Verfassungsgeschichte, Bd. 6, S. 495.

[111] *Bühler*, HdStR I, 1930, § 29, S. 324; *Gebhard*, Die Verfassung des Deutschen Reichs, Art. 8, S. 111.

Ausstattung der Länder sollte mit Hilfe eines Finanzausgleichs gewährleistet werden, wonach das Reich den Ländern einen bestimmten Anteil am Ertrag der Reichssteuern überließ, wobei zudem ein Ausgleich zwischen den Ländern untereinander stattfinden sollte, was jedoch nur unzureichend gelang.[112] Verstärkt wurde die Unitarisierung im Finanzwesen weiterhin durch den Umstand, dass alle Reichsabgaben durch reichseigene Finanzbehörden verwaltet wurden und so den Ländern kein Raum für eine eigenständige Verwaltungstätigkeit verblieb.[113]

h) Aufhebung der Reservatrechte

Die Zurückdrängung der föderalen Elemente und der damit verbundene Machtverlust der Länder wird schließlich deutlich an der in den Artikeln Art. 170, 171 und 178 WRV angeordneten Aufhebung von Reservatrechten, die einzelnen Ländern unter der Bismarckschen Reichsverfassung zugestanden hatten. Lediglich bei der Biersteuer und der Branntweinmonopolabgabe konnten sich die süddeutschen Länder weiterhin, wenn auch in abgeschwächter Form, Sonderanteile sichern,[114] was jedoch nicht darüber hinweg täuschen darf, dass unter der Weimarer Reichsverfassung grundsätzlich keine Sonderrechte zu Gunsten einzelner Länder mehr bestanden.[115]

4. Verstärkung der unitarischen Tendenzen in der Verfassungswirklichkeit

Obwohl der Text der Weimarer Reichsverfassung selbst schon starke Unitarisierungstendenzen aufwies, verstärkte sich diese Entwicklung in der Verfassungswirklichkeit noch weiter, was insbesondere für die Zeiten politischer und wirtschaftlicher Instabilität gilt.[116] Die Gründe dafür sind vielfältig. Zum einen konnten die unitarischen Kräfte in der Reichspolitik angesichts des Bedeutungsverlustes des Reichsrats nicht mehr ausgeglichen werden.[117] Dies zeigt sich gerade auch daran, dass private wirtschaftliche und kulturelle Organisationen zunehmend mit dem Reich in Kontakt traten, während dem Dialog mit den Ländern und deren Vertretern keine entscheidende Bedeutung mehr zukam.[118] Zum anderen konnte das Reich durch den Wegfall der Hegemoniestellung Preußens und

---

[112] Einzelheiten dazu bei *Bühler*, HdStR I, 1930, § 29, S. 335 ff.; *Lassar*, HdStR I, 1930, § 28, S. 315 ff.; *Huber*, Verfassungsgeschichte, Bd. 6, S. 496 ff.

[113] S. dazu oben, § 4 II.2. d).

[114] Näher dazu *Huber*, Deutsche Verfassungsgeschichte, Bd. 6, S. 498 f.

[115] S. *Hatschek*, Deutsches und preußisches Staatsrecht, Bd. 1, S. 68; *Wenninger*, Das Verhältnis zwischen Reich und Ländern, S. 47.

[116] *Lassar*, HdStR I, 1930, § 28, S. 312; für einen Überblick über die Ereignisse in dieser Zeit s. *Stern*, Staatsrecht V, S. 672 ff.; *Willoweit*, Deutsche Verfassungsgeschichte, § 38 Rn. 4 ff.

[117] *Lassar*, HdStR I, 1930, § 28, S. 312.

[118] *Lassar*, HdStR I, 1930, § 28, S. 312; zur Tätigkeit von Parteien und Gewerkschaften s. auch *Stern*, Staatsrecht V, S. 672 ff.

der damit verbundenen Heterogenisierung auf Länderebene immer mehr Verwaltungskompetenzen an sich ziehen.[119] Hinzu kommt, dass das Reich seine Verwaltungstätigkeit durch die Gründung privatrechtlicher Gesellschaften *praeter legem scriptam* stetig ausdehnte.[120] Auch im Bereich der Gesetzgebung erwiesen sich die verfassungsmäßigen Schranken der Bedarfs- und Grundsatzgesetzgebung (Art. 9 und 10 WRV), die zum Schutz der Länder in die Verfassung aufgenommen worden waren, als weitgehend wirkungslos.[121] Des Weiteren führte der Verlust der finanziellen Unabhängigkeit auf Seiten der Länder dazu, dass das Reich immer mehr Aufgaben übernahm, da die Länder schlicht nicht dazu im Stande waren, von den ihnen verbliebenen Kompetenzen nach den eigenen Vorstellungen Gebrauch zu machen.[122] Schließlich erforderten die wirtschaftlichen Krisen von 1918/19 bis 1923 sowie von 1929 bis 1933 sozial- und wirtschaftspolitische Maßnahmen des Reiches, die häufig in Form von Notverordnungen nach Art. 48 Abs. 2 WRV realisiert wurden und die nachhaltige Kompetenzverschiebungen bewirkten,[123] was wiederum zu einem Bedeutungsverlust der Länder führte.[124]

III. Grundrechtsverbürgungen in der Weimarer Republik

1. Geschichtlicher und rechtsdogmatischer Hintergrund

Die Weimarer Reichsverfassung etablierte eine rechtsstaatliche und demokratische Republik, in der den Grundrechten zumindest nach dem Verfassungstext eine große Bedeutung zukam. Nachdem der erste, unveröffentlichte Verfassungsentwurf von *Hugo Preuß* noch keinen Grundrechtsabschnitt vorgesehen hatte,[125] setzte sich in der Nationalversammlung schnell die Idee der Aufnahme eines Grundrechtskataloges in die Reichsverfassung durch,[126] wobei dieser Grundrechtskatalog einerseits an die liberale Tradition der Paulskirchenverfassung anknüpfte, andererseits aber das tradierte Grundrechtssystem in verschiedene Rich-

---

[119] *Lassar*, HdStR I, 1930, § 28, S. 312.

[120] *Lassar*, HdStR I, 1930, § 28, S. 312; vgl. dazu auch *Huber*, Deutsche Verfassungsgeschichte, Bd. 6, S. 1050 f.

[121] *Holste*, Der deutsche Bundesstaat im Wandel, S. 340.

[122] *Lassar*, HdStR I, 1930, § 28, S. 315 sowie 320 f. in Bezug auf die vom Reich nicht in Anspruch genommenen Kompetenzen im Rahmen der konkurrierenden Gesetzgebung.

[123] Zu den Notverordnungen s. *Anschütz*, Kommentar zur Reichsverfassung, Art. 48, S. 284 ff.

[124] Zur Wirtschafts- und Sozialpolitik des Reiches vgl. *Wirsching*, Die Weimarer Republik, S. 24 ff.

[125] Vgl. *Triepel*, Quellensammlung zum Deutschen Reichsstaatsrecht, S. 6 f.; *Jellinek*, HdStR I, 1930, § 12, S. 129; s. auch *Kühne*, die Reichsverfassung der Paulskirche, S. 132 f.

[126] Ausführlich dazu *Huber*, Deutsche Verfassungsgeschichte, Bd. 5, S. 1178 ff.; *ders.*, AöR 23 (1932), 1, 9 ff.; *Gusy*, Die Weimarer Reichsverfassung, S. 272 ff.; *Poetzsch-Heffter*, Reichsverfassung, S. 393 f.

tungen weiter entwickelte.[127] Ursprünglich sollte zusätzlich ein Artikel mit folgendem Wortlaut in die Verfassung eingefügt werden: „Die Grundrechte und Grundpflichten bilden Richtschnur und Schranke für die Gesetzgebung, die Verwaltung und die Rechtspflege im Reich und in den Ländern".[128] Schon aus dieser Formulierung ergibt sich, dass mittels der Weimarer Reichsverfassung die Etablierung eines unitarischen Grundrechtsschutzes auf Reichsebene bezweckt werden sollte.[129] Zwar wurde besagte Vorschrift letztlich nicht in den Text der Weimarer Reichsverfassung aufgenommen, doch unterblieb dies keineswegs aus Rücksicht auf die Interessen der Ländern, sondern war der Tatsache geschuldet, dass nicht alle Vorschriften des Zweiten Hauptteils den Charakter verbindlicher Rechtsnormen erhalten sollten.[130] Hauptgrund für die fehlende Sensibilität den Länderinteressen gegenüber war, dass die Länder im Zuge der Revolution weiter an Eigenständigkeit verloren hatten, was nun auch im Grundrechtsbereich zum Ausdruck kam.[131] Neben den in der Verfassungsurkunde verbürgten Grundrechten bestanden die in den vor 1918 erlassenen Reichsgesetzen enthaltenen Grundrechte zwar weiterhin fort, ihnen kam aber keine eigenständige Bedeutung mehr zu, nachdem sich der Grundrechtsschutz auf die Verfassungsebene verlagert hatte.[132]

In Bezug auf die Schutzrichtung der Grundrechte ist entscheidend, dass, anders als noch in der konstitutionellen Monarchie des Kaiserreichs, in der die Grundrechte vor allem als negative, staatsbegrenzende Rechte angesehen und weitestgehend auf das Prinzip des Gesetzesvorbehalts reduziert wurden,[133] in der Weimarer Republik die statusbegründende Seite der Grundrechte in den Vordergrund rückte. Diese verstand den Staatsbürger als Grundrechtsträger, der sein Leben in freier Selbstbestimmung organisieren und sich an der politischen Willensbildung des Volkes beteiligen sollte.[134] Dementsprechend ging die herrschende Meinung in Rechtsprechung und Literatur nunmehr davon aus, dass die Grundrechte subjektive öffentliche Rechte enthielten, ohne dabei eine Differenzierung zwischen den einzelnen Grundrechten an Hand des Kriteriums der gerichtlichen Einklagbarkeit vorzunehmen.[135]

---

[127] *Kröger*, Grundrechtsentwicklung in Deutschland, S. 50; *Dreier*, HGR I, § 4 Rn. 9 ff.; zu den Einflüssen der Paulskirchenverfassung s. *Kühne*, Die Reichsverfassung der Paulskirche, S. 136 ff.

[128] *Triepel*, Quellensammlung zum Reichsstaatsrecht, S. 42; *Giese*, Reichsverfassung, S. 242.

[129] Vgl. *Vaulont*, Grundrechte und bundesstaatliches Homogenitätsprinzip, S. 31.

[130] *Preuß*, in: Heilfron (Hrsg.), Die deutsche Nationalversammlung im Jahre 1919, Bd. 6, S. 3667 f.; vgl. auch *Vaulont*, Grundrechte und bundesstaatliches Homogenitätsprinzip, S. 31.

[131] *Vaulont*, Grundrechte und bundesstaatliches Homogenitätsprinzip, S. 32.

[132] *Vaulont*, Grundrechte und bundesstaatliches Homogenitätsprinzip, S. 32.

[133] Vgl. *Smend*, Verfassung und Verfassungsrecht, S. 158 ff.; s. oben, § 3 III.1.

[134] *Thoma*, Die juristische Bedeutung der grundrechtlichen Sätze, S. 16 f.; *Kröger*, Grundrechtsentwicklung in Deutschland, S. 49 f.; *Gusy*, Die Weimarer Reichsverfassung, S. 276; *Huber*, Deutsche Verfassungsgeschichte, Bd. 6, S. 98 f.

[135] *Thoma*, HdStR II, 1932, § 102, S. 616 ff.; *Jellinek*, VVDStRL 2 (1925), 8, 48; *Schmitt*, HdStR II, 1932, § 101, S. 591; *Bühler*, FG Fleiner, S. 26, 54 ff.; *Stier-Somlo*, Art. 109, in: Nipperdey (Hrsg.), Die Grundrechte und Grundpflichten der Reichsverfassung, Bd. 1, S. 158, 169 f.

Kontrovers diskutiert wurde demgegenüber die Frage nach der Bindung des Gesetzgebers an die Verfassung, wobei es in erster Linie darum ging, ob und inwiefern die Garantien der Freiheit und Gleichheit vor dem Hintergrund der Inflationsfolgen und Fürstenenteignungen auch gegenüber dem Gesetzgeber Anwendung finden sollten.[136] Wenngleich die Verfassungsurkunde die grundrechtliche Bindung des Reichsgesetzgebers nicht ausdrücklich anordnete, war eine Grundrechtsbindung der Legislative nicht ausgeschlossen, sondern vielmehr grundsätzlich möglich, nachdem sich zahlreiche Vorschriften aus dem Grundrechtsteil wie etwa Art. 107 WRV (Schaffung von Verwaltungsgerichten) als Handlungsaufträge explizit an den Gesetzgeber richteten.[137] Weitgehend unbestritten war die Bindung des einfachen Reichsgesetzgebers an die „reichsverfassungskräftigen" Grundrechte, d.h. an diejenigen Grundrechte, die nicht im Katalog des Art. 48 WRV genannt wurden und zu deren Abschaffung, Beschränkung oder Außerkraftsetzung es eines verfassungsändernden Reichsgesetzes bedurfte.[138] Allerdings ist zu bedenken, dass der verfassungsändernde Reichsgesetzgeber nach herrschender Meinung gemäß Art. 76 WRV unbeschränkt war und damit auch keine Grundrechte zu beachten hatte, was *Anschütz* treffend zum Ausdruck bringt, wenn er davon spricht, dass „die Verfassung [...] nicht über der Legislative, sondern zur Disposition derselben"[139] stehe. Dies ändert jedoch nichts an der grundsätzlich möglichen Bindung des Gesetzgebers an die Grundrechte, sondern zielt vielmehr auf die davon zu unterscheidenden Grundrechtswirkungen gegenüber der Legislative in Gestalt der Gesetzesvorbehalte ab.[140] Außerhalb des Katalogs der „reichsverfassungskräftigen" Grundrechte nahm das Reichsgericht beispielsweise eine Bindung des Gesetzgebers an Eigentumsgarantie des Art. 153 Abs. 1 WRV an, so dass eine Enteignung nur unter den in Art. 153 Abs. 2 WRV umschriebenen Voraussetzungen zulässig war.[141]

Während bei den Freiheitsrechten die grundsätzliche Bindung der Legislative damit nicht ernsthaft in Frage gestellt wurde, zeigte sich beim allgemeinen Gleichheitssatz ein völlig anderes Bild. So war heftig umstritten, ob der Gesetzgeber selbst an den Gleichheitssatz gebunden sein sollte. Während zu Beginn der

[136] Vgl. *Gusy*, Die Weimarer Reichsverfassung, S. 276; *Kröger*, Grundrechtsentwicklung in Deutschland, S. 54.

[137] *Thoma*, Die juristische Bedeutung der grundrechtlichen Sätze, S. 187; *Hatschek*, Deutsches und preußisches Staatsrecht, Bd. 1, S. 173; *Gusy*, Die Grundrechte in der Weimarer Republik, ZNR 15 (1993), 163, 167.

[138] So *Thoma*, Grundrechte und Polizeigewalt, S. 183, 191 f.; *Anschütz*, Kommentar zur Reichsverfassung, Art. 134, S. 617; *Dreier*, HGR I, § 4 Rn. 40.

[139] *Anschütz*, Kommentar zur Reichsverfassung, Art. 76, S. 401.

[140] Vgl. *Gusy*, ZNR 15 (1993), 163, 168; zu den Grundrechtswirkungen der Legislative gegenüber s. unten, § 4 III.2.

[141] St. Rspr., s. RGZ 128, 18, 28; 132, 69, 73 f.; s. auch *Anschütz*, Kommentar zur Reichsverfassung, Art. 153, S. 705 f., der eine Bindung des Gesetzgebers an die Eigentumsfreiheit insoweit bejaht, als Art. 153 Abs. 1 WRV das Rechtsinstitut „Eigentum" garantiere; ähnlich auch *Schmitt*, Verfassungslehre, S 171; *Hofacker*, Grundrechte und Grundpflichten der Deutschen, S. 37; *Huber*, AöR 23 (1932), 1, 32 ff.

1920er Jahre noch die Auffassung überwog, der Gleichheitssatz garantiere lediglich die Rechtsanwendungsgleichheit, und eine Bindung des Gesetzgebers abgelehnt wurde,[142] entnahm man Art. 109 WRV später zunehmend die Gewährleistung persönlicher Rechtsgleichheit, die auch den Gesetzgeber binden sollte,[143] doch gelang es dieser neuen Strömung letztlich nicht, sich gegen die überkommene Ansicht durchzusetzen.[144] Auch die Rechtsprechung bekannte sich nur vereinzelt zu der Bindung des Gesetzgebers an den allgemeinen Gleichheitssatz,[145] während die Frage in der Mehrzahl der zu entscheidenden Fälle offen gelassen wurde.[146] Angesichts dieser Differenzierungen wäre es verfehlt, eine Grundrechtsbindung des Reichsgesetzgebers pauschal zu bejahen oder zu verneinen.[147]

Eng verknüpft mit der Diskussion um die Grundrechtsbindung des Reichsgesetzgebers war die Problematik der gerichtlichen Überprüfbarkeit der Verfassungsmäßigkeit von Reichsgesetzen. Auch diese Frage war höchst umstritten, ohne dass es bis zum Ende der Weimarer Republik eine der beiden entgegen stehenden Positionen in der Literatur geschafft hätte, sich als herrschende Meinung durchzusetzen, wenngleich sich die Rechtsprechung relativ bald zu Gunsten der Annahme eines Prüfungsrechts ausgesprochen hatte.[148]

Da die Grundrechte nunmehr in der Verfassung selbst verankert waren und die bislang bestehende materielle Einheit von Grundrecht und Gesetz beseitigt wurde, war es ab sofort nicht mehr möglich, die Grundrechte den einzelnen Kompetenztiteln der Reichsverfassung eindeutig zuzuordnen.[149] Die Grundrechte standen vielmehr über den einzelnen auf Grund der Kompetenzvorschriften erlassenen Spezialgesetzen, so dass ihre Anwendung in sämtlichen spezialgesetzlich geregelten Materien möglich wurde, unabhängig davon, ob die jeweilige Spezialmaterie in den Zuständigkeitsbereich des Reichs oder der Länder fiel.[150]

---

[142] So etwa *Stier-Somlo*, Reichs- und Landesstaatsrecht, S. 440; *Anschütz*, Kommentar zur Reichsverfassung, Art. 109, S. 529 noch im Jahr 1933; *Thoma*, Die juristische Bedeutung der grundrechtlichen Sätze, S. 196 noch im Jahr 1929; *Gebhard*, Die Verfassung des Deutschen Reichs, S. 447 noch im Jahr 1932.

[143] So etwa *Nawiasky*, VVDStRL 3 (1927), 25, 36, 40; *Kaufmann*, VVDStRL 3 (1927), 2, 20 ff.; etwas zurückhaltender *Bühler*, Die Reichsverfassung, Art. 109, S. 105; in diese Richtung auch *Schmitt*, Freiheitsrechte und institutionelle Garantien, S. 2; *Stier-Somlo*, Art. 109, in: Nipperdey (Hrsg.), Die Grundrechte und Grundpflichten der Reichsverfassung, Bd. 1, S. 158, 184, der davon ausging, dass der allgemeine Gleichheitssatz dem Gesetzgeber ein Willkürverbot auferlegte.

[144] Vgl. *Kröger*, Grundrechtsentwicklung in Deutschland, S. 57 f.

[145] So angedeutet in RGZ 126, 161, 163 ff.

[146] So etwa von RGZ 111, 320, 329; 113, 6, 13; 128, 165, 169 f.

[147] Ausführlich dazu auch unten, § 4 III.2. u. § 4 V.

[148] Ausführlich dazu unten, § 4 VI.1.

[149] *Vaulont*, Grundrechte und bundesstaatliches Homogenitätsprinzip, S. 33.

[150] Ausführlich dazu *Smend*, Verfassung und Verfassungsrecht, S. 161 ff.

2. Grundrechtsgewährleistungen der Weimarer Reichsverfassung

Anders als noch die Verfassungsurkunde des Deutschen Reiches enthielt die Weimarer Reichsverfassung im Zweiten Hauptteil einen umfangreichen Grundrechtskatalog, der den Titel „Grundrechte und Grundpflichten der Deutschen" trug. Dies war insofern irreführend, als der Abschnitt entgegen der Überschrift nicht nur Grundrechte der Deutschen, sondern auch Jedermann-Grundrechte wie etwa die Freiheit der Person (Art. 114 WRV) enthielt und auch viele der als Deutschen-Grundrechte formulierten Grundrechte nach herrschender Meinung auch Ausländern zustanden.[151] Des Weiteren fanden sich außerhalb dieses Abschnitts ebenfalls subjektive Rechte, zu denen beispielsweise das in Art. 22 WRV verankerte Wahlrecht gehört. Nicht zuletzt stellten nicht alle der darin genannten Vorschriften echte Rechte oder Pflichten dar, sondern es existierte daneben vielmehr auch eine Reihe von nicht klagbaren Staatszielbestimmungen, Gesetzgebungsaufträgen, institutioneller Garantien und symbolischen Feststellungen.[152]

Inhaltlich enthielt der Zweite Hauptteil der Verfassung neben den klassisch-liberalen Grundrechten, die in der Kaiserzeit nur in den Landesverfassungen, nicht aber in der Verfassungsurkunde des Reichs zu finden gewesen waren, eine Vielzahl von sozialen Grundrechten und sonstigen Bestimmungen mit Bezug zum Sozial- und Wirtschaftsleben.[153] Schon angesichts der Heterogenität dieser Vorschriften kann nicht pauschal behauptet werden, ihnen habe der Charakter unmittelbar geltenden Rechts gefehlt, sondern es ist vielmehr für jede einzelne Norm zu untersuchen, ob sie aktuelles, anwendbares Recht enthielt oder einen bloßen Programmsatz darstellte.[154] *Thoma* entwarf für die Unterscheidung zwischen aktuellem und potentiellem Recht die Vermutungsregel, wonach das Gericht „von mehreren, mit Wortlaut, Dogmengeschichte und Entstehungsgeschichte vereinbaren Auslegungen einer Grundrechtsnorm allemal derjenigen den Vorzug zu geben hat, die die juristische Wirkungskraft der betreffenden Norm am stärksten entfaltet"[155]. Auch die Rechtsprechung des Reichsgerichts erwies sich als sehr grundrechtsfreundlich, da das Gericht in Zweifelsfällen häufig ein Grundrecht und damit eine unmittelbar geltende Norm annahm.[156] Unstreitig

---

[151] Vgl. *Anschütz*, Kommentar zur Reichsverfassung, Vorb. zum Zweiten Hauptteil, S. 511 ff.; *Gebhard*, Die Verfassung des Deutschen Reichs, S. 444; s. dazu auch *Dreier*, HGR I, § 4 Rn. 9.

[152] Zum Ganzen s. *Gusy*, Die Weimarer Reichsverfassung, S. 272.

[153] *Dreier*, HGR I, § 4 Rn. 9; *Huber*, AöR 23 (1932), 1, 11.

[154] *Anschütz*, Kommentar zur Reichsverfassung, S. 515; *Bühler*, Die Reichsverfassung, S. 103; *Stier-Somlo*, Reichs- und Landesstaatsrecht, S. 435 ff.; ausführlich dazu auch *Buschke*, Die Grundrechte der Weimarer Verfassung, S. 42 ff.

[155] *Thoma*, Die juristische Bedeutung der grundrechtlichen Sätze, S. 9; vgl. auch *Junck*, DJZ 34 (1929), Sp. 1254, 1256; *Huber*, AöR 23 (1932), 1, 12.

[156] Ausführlich dazu *Hensel*, FG zum 50jährigen Bestehen des Reichsgerichts, Bd. 1, S. 1, 23 ff.

unmittelbar geltendes Recht bildeten die klassischen Freiheitsrechte,[157] während die Rechtsnatur des in Art. 109 Abs. 1 WRV verankerten allgemeinen Gleichheitssatzes angesichts des Streits über die Bindung des Gesetzgebers umstritten blieb.[158]

Nachdem zumindest die klassischen Freiheitsrechte unmittelbar geltende subjektive Rechte verliehen, kann die vielzitierte Wirkungslosigkeit der Grundrechte in der Weimarer Zeit nicht auf deren fehlende Anwendbarkeit zurück zu führen sein, sondern sie ist vielmehr im System der Gesetzesvorbehalte begründet.[159] So konnte die Mehrzahl der klassischen Freiheitsgrundrechte durch Gesetz eingeschränkt werden, wobei unterschiedliche Gesetzesvorbehalte zu unterscheiden waren.[160] Nach der von *Thoma* begründeten Kategorisierung nahmen die „reichsverfassungskräftigen" Grundrechte, „die gegen jeden Eingriff außer dem durch verfassungsänderndes Reichsgesetz gesichert sind", den höchsten Rang ein.[161] Dazu zählten etwa der Schutz durch das Reich und der Schutz vor Auslieferung (Art. 112 Abs. 2 und 3 WRV), der Grundsatz *nulla poena sine lege* (Art. 116 WRV), die Glaubens- und Gewissensfreiheit (Art. 135 WRV) sowie die negative Religionsfreiheit (Art. 136 WRV).[162] Die zweite Stufe bildeten die reichsverfassungsmäßigen Freiheiten und Rechte zweiten Grades, d.h. diejenigen Grundrechte, die unter den Voraussetzungen des Art. 48 Abs. 2 WRV nicht nur einschränkbar, sondern sogar ohne gesetzliche Grundlage vorübergehend suspendierbar waren, d.h. unter Diktaturvorbehalt standen.[163] Zu diesen Grundrechten gehörte u.a. die Meinungsfreiheit (Art. 118 Abs. 1 S. 1 WRV) sowie die Versammlungsfreiheit (Art. 123 Abs. 1 WRV). Auf dritter Stufe standen die reichsgesetzkräftigen Grundrechte, die gegenüber Landesgesetzen eine Sperrwirkung entfalteten, durch Reichsgesetze aber eingeschränkt werden konnten.[164] Dazu gehörten u.a. das Recht auf Freizügigkeit (Art. 111 WRV), das Recht auf Auswanderung (Art. 112 Abs. 1 WRV), das Brief-, Post-, Telegrafen- und Fernsprechgeheimnis (Art. 117 WRV) und die Handels- und Gewerbefreiheit (Art. 151 Abs. 3 WRV). Die vierte und unterste Stufe bildeten nach der Klassifikation von *Thoma* diejenigen Grundrechte, die durch Gesetz oder auf Grund eines Gesetzes eingeschränkt werden konnten.[165] Unter „Gesetz" war in diesem Zusammenhang jedes Reichs- oder Landesgesetz formeller wie materieller Art zu verstehen,[166] so dass auch

---

[157] Für eine Aufzählung s. *Thoma*, Die juristische Bedeutung der grundrechtlichen Sätze, S. 21 f.

[158] Vgl. *Hensel*, FG zum 50jährigen Bestehen des Reichsgerichts, Bd. 1, S. 1, 26.

[159] So auch *Dreier*, HGR I, § 4 Rn. 19.

[160] Ausführlich dazu *Gusy*, Die Weimarer Reichsverfassung, S. 281 f.

[161] *Thoma*, Grundrechte und Polizeigewalt, S. 183, 191 f.

[162] *Thoma*, Grundrechte und Polizeigewalt, S. 183, 191 f.

[163] *Thoma*, Grundrechte und Polizeigewalt, S. 183, 192 f.; s. auch *Gusy*, ZNR 15 (1993), 163, 169.

[164] *Thoma*, Grundrechte und Polizeigewalt, S. 183, 193 f.; s. auch *Gusy*, ZNR 15 (1993), 163, 168.

[165] *Thoma*, Grundrechte und Polizeigewalt, S. 183, 194 f.

[166] *Anschütz*, Kommentar zur Reichsverfassung, Art. 114, S. 544; *Dreier*, HGR I, § 4 Rn. 26.

Landes- und Reichsverordnungen eine taugliche Eingriffsgrundlage bildeten. Zu diesen Grundrechten auf unterster Stufe gehörten die Freiheit der Person (Art. 114 Abs. 1 WRV), die Unverletzlichkeit der Wohnung (Art. 115 WRV), die Eigentumsfreiheit (Art. 153 Abs. 1 WRV) und die Garantie des Erbrechts (Art. 154 WRV).[167] Der Umstand, dass jedes Reichs- oder Landesgesetz eine Einschränkung dieser Grundrechte bewirken konnte, führte dazu, dass die fraglichen Rechte faktisch leer liefen, da in ihnen nur das formale Prinzip der Gesetzmäßigkeit der Verwaltung nochmals wiederholt wurde, das unabhängig von der Geltung der Grundrechte bereits seit der Kaiserzeit allgemein anerkannt war.[168] Wenn *Huber* davon spricht, dass nur fest umrissene Beschränkungen dieser Freiheitsrechte zulässig gewesen seien,[169] entspricht dies dem heutigen Verfassungsdenken, nicht jedoch der damals herrschenden Meinung in Rechtsprechung und Lehre.

In Bezug auf die Grundrechte jenseits der untersten Stufe konnte indes keineswegs von einem Leerlaufen die Rede sein, da diese dem Landesgesetzgeber oder sogar dem Reichsgesetzgeber Grenzen setzten.[170] Hinzu kommt, dass einige Grundrechte unter limitiertem Gesetzesvorbehalt standen, wozu der Vorbehalt des allgemeinen Gesetzes (wie etwa bei der Meinungsfreiheit, Art. 118 Abs. 1 WRV), der Vorbehalt der Strafgesetze (wie bei der Vereinigungsfreiheit, Art. 124 WRV) und der Einschränkungsvorbehalt zu besonderen Zwecken (wie etwa bei der Meinungsfreiheit, Art. 118 Abs. 2 WRV und der Versammlungsfreiheit, Art. 123 WRV) zählten.[171] Problematisch war jedoch, dass es für die Grundrechte keinen „‚absoluten Schutz' und keinen unantastbaren Kernbereich"[172] gab, da der reichsverfassungsändernde Gesetzgeber mit Hilfe von Art. 76 WRV nach herrschender Meinung die Grundrechte allesamt abschaffen konnte.[173] Praktisch bedeutsamer war freilich, dass auch der einfache Gesetzgeber auf Reichs- und Landesebene bei seinen Grundrechtseinschränkungen keinerlei inhaltlichen Grenzen unterlag, da „Schranken-Schranken" wie der Grundsatz der Verhältnismäßigkeit in der Weimarer Staatsrechtslehre noch weitgehend unbekannt waren.[174] Erste Ansätze zur Begrenzung der Reichweite des Gesetzesvorbehalts, wie sie etwa von *Hensel* entwickelt wurden,[175] konnten die Aushöhlung der Grundrechte ebenso

---

[167] *Dreier*, HGR I, § 4 Rn. 27; *Gusy*, ZNR 15 (1993), 163, 168.

[168] So etwa *Thoma*, Grundrechte und Polizeigewalt, S. 183, 196; *Anschütz*, Kommentar zur Reichsverfassung, Art. 114, S. 546; s. dazu auch *Dreier*, HGR I, § 4 Rn. 21 ff.

[169] So *Huber*, AöR 23 (1932), 1, 17; in diese Richtung auch *Schmitt*, HdStR II, 1932, § 101, S. 592.

[170] Vgl. *Anschütz*, Kommentar zur Reichsverfassung, Art. 135, S. 619 Fn. 4, Art. 136, S. 625 ff., Art. 142, S. 660; *Dreier*, HGR I, § 4 Rn. 27.

[171] *Gusy*, ZNR 15 (1993), 163, 169.

[172] *Dreier*, HGR I, § 4 Rn. 29.

[173] So etwa *Anschütz*, Kommentar zur Reichsverfassung, Art. 76, S. 403; *Giese*, Reichsverfassung, Anm. 1 zu Art. 76, S. 190; a.A. aber *Schmitt*, HdStR II, 1932, § 101, S. 587; krit. auch *Huber*, AöR 23 (1932), S. 1, 97; zum Ganzen s. auch oben, § 4 II.3. a).

[174] S. *Kelsen*, Allgemeine Staatslehre, S. 155 f.; vgl. dazu *Dreier*, HGR I, § 4 Rn. 33.

[175] *Hensel*, FG zum 50jährigen Bestehen des Reichsgerichts, S. 1, 31.

wenig verhindern wie die von *Schmitt* angestellte Überlegung in Richtung einer Wesensgehaltsgarantie der Grundrechte.[176] Ähnliches gilt für die von *Schmitt*[177] unter Rückgriff auf *Wolff*[178] entwickelte Lehre von den institutionellen Garantien, wonach der Gesetzgeber den Kernkomplex des jeweiligen Instituts nicht zerstören dürfe, sondern vielmehr zu schützen und inhaltlich auszugestalten habe.[179]

Im Gegensatz zu den klassischen Grundrechten kam den übrigen Vorschriften des Zweiten Hauptteils der Weimarer Reichsverfassung keine unmittelbare Geltungswirkung zu. Die sozialen Grundrechte und Gesetzgebungsaufträge, zu denen beispielsweise das Recht auf Arbeit (Art. 163 Abs. 1 WRV) und das Recht auf Wohnung (Art. 155 WRV) gehörten, enthielten lediglich Handlungsaufträge an den Gesetzgeber, mithin kein bereits geltendes, sondern erst noch zu schaffendes Recht.[180] Eines Gesetzesvorbehaltes bedurfte es daher insoweit nicht.[181]

In inhaltlicher Hinsicht ist zu konstatieren, dass die Weimarer Reichsverfassung, u.a. Grundrechte zum Schutz der Religion und der Religionsgemeinschaften sowie zur Gewährleistung von Bildung und Schule enthielt, mithin zu Themenbereichen, für die das Reich nach Art. 10 WRV im Wege der Gesetzgebung nur Grundsätze vorgeben durfte und die im Übrigen nach wie vor in den Kompetenzbereich der Länder fielen. Diese Grundrechte zogen der Verfassungsautonomie der Länder zusätzliche Grenzen, da die Länder nunmehr auch in Bereichen, die sie an sich selbstständig regeln konnten, an grundrechtliche Vorgaben des Reiches gebunden waren.[182]

3. Grundrechtsgewährleistungen in den Landesverfassungen

a) Bayerische Verfassung

Ebenso wie die bayerische Verfassung aus dem Jahr 1848 enthielt auch die Verfassungsurkunde des Freistaates Bayern vom 14. August 1919[183] (BayVerf 1919) – nach ihrem Beratungsort auch als „Bamberger Verfassung“ bezeichnet – in den Abschnitten 3 und 4 eine Reihe von Grundrechtsgewährleistungen. Allerdings

---

[176] *Schmitt*, HdStR II, 1932, § 11, S. 592.

[177] *Schmitt*, HdStR II, 1932, § 101, S. 595 f.; *ders.*, Freiheitsrechte und institutionelle Garantien, S. 4 ff.

[178] *Wolff*, FG Kahl, S. 3, 5 f.

[179] Zu ähnlichen Überlegungen s. auch *Anschütz*, Kommentar zur Reichsverfassung, Vorb. zum Zweiten Hauptteil, S. 520; *Thoma*, Die juristische Bedeutung der grundrechtlichen Sätze, S. 30; zum Ganzen s. *Dreier*, HGR I, § 4, Rn. 33 ff.; *Huber*, AöR 23 (1932), 1, 37.

[180] *Dreier*, HGR I, § 4 Rn. 36.

[181] *Gusy*, ZNR 15 (1993), 163, 169.

[182] Sehr kritisch dazu *Poetzsch-Heffter*, Reichsverfassung, S. 76; zur Einschränkung der Landeszuständigkeit durch die Reichsgrundrechte auch *Wenninger*, Das Verhältnis zwischen Reich und Ländern, S. 66; *Venator*, Unitarismus und Föderalismus, S. 21 f.

[183] Verfassungsurkunde des Freistaats Bayern vom 14. August 1919, GVBl., S. 531.

war dieser Grundrechtskatalog im Vergleich zum Grundrechtskatalog der Weimarer Reichsverfassung weit weniger umfangreich und beschränkte sich auf einige wenige Grundrechte wie die Freizügigkeit, die Freiheit der Person, die Eigentumsgarantie, den allgemeinen Gleichheitssatz, die Glaubens- und Gewissensfreiheit, die Kunst-, Wissenschafts- und Lehrfreiheit, sowie Regelungen zum Schulwesen und zu den Religionsgemeinschaften. Letztere, die in den §§ 17–21 BayVerf 1919 aufgelistet waren, können als Ergänzung,[184] mithin als „ausführende Gesetzgebung" zu Art. 135–141 sowie Art. 142–149 WRV verstanden werden, was auf den großen Einfluss der Reichsgrundrechte auf das bayerische Verfassungsrecht hinweist.[185] Weitere Grundrechte wie beispielsweise die Meinungsfreiheit waren jedoch, anders als in der Weimarer Reichsverfassung, in der bayerischen Verfassung von 1919 nicht enthalten. Entsprechendes galt für soziale und wirtschaftliche Gewährleistungen und Programmsätze.

In dogmatischer Hinsicht ging der Bayerische Staatsgerichtshof (BayStGH), ebenso wie die herrschende Meinung in der Literatur,[186] davon aus, dass es sich bei den Grundrechten der bayerischen Verfassung um subjektive öffentliche Rechte handelte. Aussagen des Staatsgerichtshofs diesbezüglich finden sich insbesondere im Hinblick auf den allgemeinen Gleichheitssatz (§ 15 Abs. 1 BayVerf 1919)[187] sowie die Gewährleistung von Freiheit[188] und Eigentum[189] (§ 16 BayVerf 1919). Weniger eindeutig war hingegen die Bindung des Gesetzgebers an die Grundrechte der bayerischen Verfassung. In Bezug auf den allgemeinen Gleichheitssatz lag der Bayerische Staatsgerichtshof auf einer Linie mit der herrschenden Meinung zu Art. 109 Abs. 1 WRV, die eine Bindung des Gesetzgebers an den allgemeinen Gleichheitssatz verneinte.[190] In Bezug auf die Freiheitsgrundrechte war eine Bindung des Gesetzgebers durch die bayerische Verfassung zwar nicht explizit ausgeschlossen, doch wurde etwa der Gesetzesvorbehalt des § 16 BayVerf 1919 von der Rechtsprechung so interpretiert, dass die Grundrechtsgarantie

[184] S. *Sachs*, DVBl. 1987, 857, 858 Fn. 18, der die genannten Vorschriften als „in Ergänzung der Reichsverfassung" ansieht.

[185] *Wittmayer*, Die Weimarer Reichsverfassung, S. 176.

[186] Vgl. nur *Nawiasky*, Bayerisches Verfassungsrecht, S. 249 ohne weitere Diskussion.

[187] BayStGH, Lammers/Simons III, Nr. 36, S. 216, 219; Nr. 19, S. 156, 163; IV, Nr. 4, S. 360, 363; s. auch *Bock*, Das Grundrechtsverständnis des Bayerischen Staatsgerichtshofs, S. 31; aus dem Schrifttum s. *Nawiasky*, Bayerisches Verfassungsrecht, S. 261, der ebenfalls von einem subjektiven Recht ausgeht.

[188] BayStGH, Lammers/Simons III, Nr. 29, S. 192, 195; s. auch *Bock*, Das Grundrechtsverständnis des Bayerischen Staatsgerichtshofs, S. 87.

[189] BayStGH, Lammers/Simons III, Nr. 19, S. 156, 163; III, Nr. 15 b), S. 148 ff.; s. dazu auch *Bock*, Das Grundrechtsverständnis des Bayerischen Staatsgerichtshofs, S. 87.

[190] S. BayStGH, Lammers/Simons, III Nr. 35, S. 208, 211; Nr. 24, S. 180, 184; Nr. 27, S. 190, 190; Nr. 36, S. 215, 219 f.; Nr. 37, S. 222, 226; IV, Nr. 3, S. 356, 360; Nr. 4, S. 360, 363; s. dazu auch *Bock*, Das Grundrechtsverständnis des Bayerischen Staatsgerichtshofs, S. 31; a.A. allerdings *Nawiasky*, Bayerisches Verfassungsrecht, S. 261, der davon ausgeht, dass der Gesetzgeber keine individuellen Bevorzugungen vorsehen dürfe; *Poetzsch-Heffter*, Reichsverfassung, Art. 109, Anm. 2, S. 400, der meint, dass der Gesetzgeber zumindest an das Willkürverbot gebunden sei.

dem Einzelnen lediglich einen Anspruch auf Unterlassung aller Verwaltungs- und Justizakte durch den Staat verleihe, welche nicht auf gesetzlicher Grundlage erfolgten, so dass eine Grundrechtsbindung des Gesetzgebers faktisch nicht existierte und das Freiheitsrecht lediglich den Grundsatz der Gesetzmäßigkeit der Verwaltung umschrieb.[191] Insoweit ergaben sich keine Unterschiede zu den entsprechenden Gewährleistungen in der Weimarer Reichsverfassung, die auf Grund der weit reichenden Gesetzesvorbehalte ebenfalls nivelliert werden konnten.[192]

Hinsichtlich der Formulierung der Grundrechtsgarantien in der bayerischen Verfassung von 1919 ist auffällig, dass diese überwiegend mit denen der Weimarer Reichsverfassung übereinstimmten. So deckte sich etwa die Formulierung des allgemeinen Gleichheitssatzes. Art. 109 Abs. 1 WRV lautete: „Alle Deutschen sind vor dem Gesetze gleich", während § 15 BayVerf 1919 formulierte: „Alle Bayern sind vor dem Gesetze gleich." Ein Unterschied lässt sich jedoch in Bezug auf die Ausgestaltung der Eigentumsfreiheit ausmachen. Während § 16 BayVerf 1919 davon sprach, dass jedem Einwohner das Eigentum gewährleistet würde und Einschränkungen nur nach Maßgabe der Gesetze angeordnet werden könnten, beschränkte sich Art. 153 WRV nicht darauf, in Absatz 1 anzuordnen, dass das Eigentum gewährleistet sei und sich sein Inhalt und seine Schranken aus den Gesetzen ergäben, sondern es galt vielmehr noch Art. 153 Abs. 2 WRV, wonach Enteignungen nur zum Wohle der Allgemeinheit und auf gesetzlicher Grundlage vorgenommen werden könnten und überdies eine angemessen Entschädigung zu leisten sei, soweit nicht ein Reichsgesetz etwas anderes bestimme. Insoweit ergab sich eine Divergenz zur bayerischen Verfassung, die im Gegensatz zur Weimarer Reichsverfassung eine Bindung des Gesetzgebers an die Eigentumsfreiheit zumindest *prima facie* nicht vorsah. Ob sich aus der unterschiedlichen Formulierung der beiden Verfassungen tatsächlich inhaltliche Divergenzen ergaben, hing stark von der Rechtsprechung der beteiligten Gerichte ab und soll daher im Zusammenhang mit der Untersuchung der prozessualen Mechanismen erörtert werden.[193]

b) Preußische Verfassung

Anders als die bayerische Verfassung von 1919 verzichtete die Verfassung Preußens vom 30. November 1920[194] auf die Aufnahme eines eigenen Grundrechtskataloges. Grund dafür war, dass die Weimarer Reichsverfassung ihrerseits über ei-

[191] BayStGH, Lammers/Simons, III, Nr. 24, S. 181, 184; Nr. 29, S. 192, 195; Nr. 36, S. 215, 218; Nr. 38, S. 226, 227; Nr. 40, S. 233, 237; VI, Nr. 3, S. 190, 192; vgl. *Bock*, Das Grundrechtsverständnis des Bayerischen Staatsgerichtshofs, S. 107; *Kratzer*, Bayerische Verfassungsurkunde, § 16, S. 74; s. auch *Nawiasky*, Bayerisches Verfassungsrecht, S. 246, der § 16 BayVerf 1919 ebenso wie Art. 114 und 153 Abs. 1 WRV angesichts des Grundsatzes der Gesetzmäßigkeit der Verwaltung für überflüssig hält.

[192] Ausführlich dazu oben, § 4 III.2.

[193] S. dazu unten, § 4 VI.2. a).

[194] Verfassung des Freistaats Preußen vom 30. November 1920, PrGS 1920, S. 543 ff.

nen umfangreichen Grundrechtskatalog verfügte und man daher Grundrechte auf Landesebene für entbehrlich hielt.[195] Außerdem wollte man den Umfang der preußischen Verfassung nicht allzu sehr ausdehnen.[196] Damit wurde in Preußen die seit Inkrafttreten der preußischen Verfassung aus dem Jahr 1850 bestehende Grundrechtstradition nicht fortgesetzt, sondern im Sinne einer Verlagerung des Grundrechtsschutzes auf die Reichsebene und der damit verbundenen Unitarisierung aufgegeben.

c) Andere Landesverfassungen

Von den übrigen Ländern haben nur Baden,[197] Braunschweig,[198] Mecklenburg-Schwerin[199] und Oldenburg[200] eigene Grundrechte in ihre Landesverfassungen aufgenommen, nachdem auf Länderebene ein eigener Grundrechtskatalog neben den Grundrechten der Weimarer Reichsverfassung gemeinhin für verzichtbar gehalten wurde.[201] Württemberg[202] hatte zunächst eigene Grundrechte in seiner Landesverfassung verankert, gab diese Gewährleistungen in der nach Inkrafttreten der Weimarer Reichsverfassung neu gefassten Landesverfassung[203] jedoch wieder auf und fügte stattdessen in Abschnitt 8 Grundsätze über das Wirtschaftsleben ein, denen allerdings nicht die Qualität von Grundrechten zukam.[204] Mecklenburg-Strelitz inkorporierte die Grundrechte der Weimarer Reichsverfassung in seine Landesverfassung,[205] um der Bedeutung der Grundrechte als solcher Rechnung zu tragen. Ein eigenständiger, von der Reichsverfassung losgelöster Grundrechtsschutz konnte sich in Mecklenburg-Strelitz auf diese Weise freilich nicht entwickeln. Im Vergleich zur Kaiserzeit wurde daher die Föderalisierung des Grundrechtsschutzes in Deutschland wieder rückgängig gemacht.

[195] Vgl. *Meißner*, Das Staatsrecht des Reichs und seiner Länder, S. 251.

[196] *Stier-Somlo*, Verfassung des Freistaats Preußen, S. 21.

[197] Gesetz, die badische Verfassung betreffend vom 21. März 1919, Badisches GVBl., S. 279 ff.

[198] Verfassung des Freistaates Braunschweig vom 6. Januar 1922, Gesetz- und Verordnungssammlung für die Braunschweigischen Lande, S. 55 ff.

[199] Verfassung des Freistaates Mecklenburg-Schwerin vom 17. Mai 1920, Regierungsblatt für Mecklenburg-Schwerin, S. 653 ff.

[200] Verfassung für den Freistaat Oldenburg vom 17. Juni 1919, Gesetzblatt für den Freistaat Oldenburg, S. 391 ff.

[201] Vgl. *Meißner*, Das Staatsrecht des Reichs und seiner Länder, S. 251; *Wenninger*, Das Verhältnis zwischen Reich und Ländern, S. 65 f.; *Riegler*, Konflikte zwischen Grundgesetz und Länderverfassungen, S. 21.

[202] Verfassungsurkunde des freien Volksstaates Württemberg vom 20. Mai 1919, Regierungsblatt für Württemberg, S. 85 ff.

[203] Neufassung der Verfassung Württembergs vom 25. September 1919, Regierungsblatt für Württemberg, S. 281 ff.

[204] Vgl. *Wittmayer*, Die Weimarer Reichsverfassung, S. 176.

[205] S. § 3 des Gesetzes über die neue Fassung des Landesgrundgesetzes von Mecklenburg-Strelitz und Einführungsgesetz dazu vom 24. Mai 1923, Mecklenburg-Strelitzer Amtlicher Anzeiger, S. 363 ff.

Die badische Verfassung enthielt in Abschnitt 2 einen mit „Staatsbürgerliche und politische Recht der Badener“ überschriebenen Grundrechtskatalog, der sich etwas ausführlicher gestaltete als der entsprechende Katalog der bayerischen Verfassung von 1919. So finden sich in der badischen Verfassung u.a. der allgemeine Gleichheitssatz, der Schutz der persönlichen Freiheit, die Eigentumsfreiheit, das Recht auf freie Meinungsäußerung, die Pressefreiheit, die Vereins- und Versammlungsfreiheit, die Koalitionsfreiheit sowie die Glaubens- und Gewissensfreiheit. Obwohl bereits bei Verabschiedung der badischen Verfassung absehbar war, dass die Weimarer Reichsverfassung einen umfassenden Grundrechtskatalog erhalten und den badischen Grundrechten deshalb kaum mehr eine eigenständige Bedeutung zukommen würde, entschied man sich ausdrücklich für die Aufnahme von Landesgrundrechten in die Verfassung.[206] Die klassischen Grundrechte der badischen Verfassung, welche zeitlich vor der Weimarer Reichsverfassung verabschiedet worden war, unterschieden sich nicht wesentlich von den Grundrechtsgarantien der Reichsverfassung. Dem entspricht es, dass in der badischen Verfassung sämtliche Grundrechtsgewährleistungen unter Gesetzesvorbehalt standen. Hervorzuheben ist jedoch, dass die badische Verfassung, anders als die Weimarer Reichsverfassung, keine wirtschaftlichen oder sozialen Grundrechte kannte.

Die Verfassung von Braunschweig enthielt in Abschnitt 2 einen Grundrechtsteil, der u.a. den allgemeinen Gleichheitssatz, das Recht auf freie Religionsausübung, die Meinungsäußerungsfreiheit, die Vereinigungs- und Versammlungsfreiheit sowie das Petitionsrecht enthielt. Auffällig ist, dass die Grundrechtsgewährleistungen der braunschweigischen Verfassung weit weniger umfangreich waren als die der Weimarer Reichsverfassung und dass in inhaltlicher Hinsicht eine weitest gehende Deckungsgleichheit mit den Garantien der Weimarer Reichsverfassung bestand. Dies lässt sich darauf zurückführen, dass die braunschweigische Verfassung zeitlich nach der Reichsverfassung konzipiert wurde und daher deren Vorgaben als Vorbild übernehmen konnte.[207]

Auch die Verfassung von Mecklenburg-Schwerin enthielt im 2. Abschnitt einen Grundrechtskatalog mit sämtlichen klassischen Freiheits- und Gleichheitsrechten, die allesamt dem Vorbehalt des Gesetzes unterlagen. Bemerkenswert ist, dass in § 10 Abs. 2 der Verfassung dem Staat das Recht zur Enteignung zugesprochen wurde, ohne dass dem Gesetzgeber sonstige Schranken auferlegt worden wären, so dass sich insoweit, wie in Bayern, eine Diskrepanz zu Art. 153 Abs. 2 WRV ergab.

Der Grundrechtskatalog der oldenburgischen Verfassung schließlich wies eine starke Ähnlichkeit mit den Grundrechtsgewährleistungen der bereits untersuchten Landesverfassungen auf, wobei ins Auge fällt, dass eine Garantie der Meinungs- und Pressefreiheit, ebenso wie in Bayern, fehlte. Sämtliche in der olden-

[206] Vgl. *Böhringer*, Die Badische Verfassung, S. 268.

[207] Krit. zur Aufnahme von Grundrechten in die braunschweigische Landesverfassung *Diederichs*, Die staatspolitische und staatsrechtliche Entwicklung des Landes Braunschweig nach der Revolution von 1918, S. 81.

burgischen Verfassung enthaltenen Freiheitsrechte waren mit einem Gesetzesvorbehalt versehen. In Bezug auf die Eigentumsfreiheit ergab sich keine Divergenz zur Weimarer Reichsverfassung, da § 13 der oldenburgischen Verfassung im Falle einer Enteignung ebenfalls eine Entschädigung verlangte. Die Tatsache, dass in die oldenburgische Verfassung überhaupt Grundrechte aufgenommen wurden, obwohl man sie angesichts der Grundrechtsgewährleistungen der Reichsverfassung für „nicht unbedingt nötig" hielt, lässt sich allein mit der Verfassungstradition des Landes begründen.[208]

Insgesamt kann man konstatieren, dass in der Weimarer Republik in einigen wenigen Ländern zwar nach wie vor verfassungsrechtliche Grundrechtsgewährleistungen existierten, die weitaus größere Zahl der Gliedstaaten aber auf eigene Grundrechtskataloge verzichtete, was einer Unitarisierung des Grundrechtsschutzes zwangsläufig Vorschub leisten musste.[209] Diejenigen Länder, die über eigene Landesgrundrechte verfügten, konzentrierten sich auf die klassischen Freiheits- und Gleichheitsrechte, wobei sich sogar hier im Einzelfall Lücken feststellen lassen. Soziale und wirtschaftliche Grundrechte schließlich fehlten auf Länderebene fast vollständig, wenn man einmal von Art. 6 der braunschweigischen Verfassung zum Zugang zur Schulbildung, welcher über die Vorgaben des Art. 145 WRV weit hinaus ging, absieht.[210]

IV. Materiell-rechtliche Ansatzpunkte zur grundrechtsbezogenen Kollisions- und Konfliktvermeidung

1. Kompetenzverteilungsnormen

Die Weimarer Reichsverfassung enthielt verschiedene mögliche Ansatzpunkte für die Vermeidung bzw. Auflösung von Kollisionen zwischen Reichsrecht und landesverfassungsrechtlichen Grundrechtsgewährleistungen. Ein denkbarer Anknüpfungspunkt sind die Kompetenzverteilungsvorschriften der Artikel 6 ff. WRV sowie Art. 12 Abs. 1 WRV, wonach außerhalb der ausschließlichen Gesetzgebung des Reiches die Länder das Recht der Gesetzgebung behalten sollten, solange und soweit das Reich von seinem Gesetzgebungsrecht keinen Gebrauch gemacht hatte. Begründen lässt sich diese Überlegung damit, dass kompetenzwidriges Reichs- und Landesrecht nicht als Recht anzusehen sein sollte, dessen Verhältnis mit Hilfe einer Kollisionsregel wie Art. 13 Abs. 1 WRV geregelt werden musste,[211] nachdem die Kompetenzgemäßheit der Frage der Normkollision

---

[208] S. *Kühne*, Die Reichsverfassung der Paulskirche, S. 142.

[209] Zum Schattendasein der Landesverfassungen in der Weimarer Zeit allgemein *Hufen*, BayVBl. 1987, 513, 513; *Vetter*, Die Bundesstaatlichkeit in der Rechtsprechung des Staatsgerichtshofs, S. 76 ff.; *Deuerlein*, Föderalismus, S. 171.

[210] S. dazu *Diederichs*, Die staatspolitische und staatsrechtliche Entwicklung des Landes Braunschweig nach der Revolution von 1918, S. 76.

[211] Vgl. *Hensel*, HdStR II, 1932, § 84, S. 320.

denklogisch vorgelagert ist.[212] Zu klären bleibt deshalb, ob die Normen der Landesverfassungen, namentlich die Landesgrundrechte, überhaupt vom Regime der reichsverfassungsrechtlichen Gesetzgebungskompetenzen erfasst wurden. Die damals herrschende Lehre ging ohne nähere Begründung davon aus, dass Art. 13 Abs. 1 WRV im Falle einer Kollision zwischen Reichsrecht und Landesgrundrechten Anwendung finden sollte, ohne zu thematisieren, ob überhaupt eine Normkollision vorlag oder ob eine solche nicht schon deswegen ausgeschlossen sein musste, weil die Landesgrundrechte der bundesstaatlichen Kompetenzverteilung unterfielen. So sprach *Stier-Somlo* davon, dass Landesgrundrechte, welche Grundrechte der Reichsverfassung wiederholten, anders als das sonstige Landesrecht in diesen Fällen, nicht gegenstandslos würden, sondern sie als Landesrecht latent fortgölten und wieder aufleben könnten, wenn sich die Reichsverfassung änderte.[213] Er begründete die eigenständige materielle Bedeutung der Landesgrundrechte in diesen Fällen damit, dass „es hier nichts zu ‚brechen'" gebe, wenn eine Landesrechtsnorm eine Rechtsrechtsnorm bestätige.[214] *Kratzer* hingegen meinte, dass Landesgrundrechte, welche Grundrechte der Weimarer Reichsverfassung wiederholten, von Art. 13 Abs. 1 WRV außer Kraft gesetzt würden und keine rechtliche Bedeutung mehr hätten.[215] *Giese* ging davon aus, dass auf dem Gebiet der ausschließlichen Gesetzgebung nach Art. 6 WRV eine Kollision zwischen Reichsrecht und Landesrecht ohnehin ausgeschlossen sei und entsprechende Kollisionen auf dem Gebiet der konkurrierenden Gesetzgebung gemäß Art. 7 ff. WRV durch Art. 13 Abs. 1 WRV verhindert würden[216] *Smend* schließlich argumentierte, dass die Grundrechte angesichts der von ihnen geregelten Sachbereiche nicht den Kompetenzverteilungsnormen der Reichsverfassung unterfallen konnten, so dass eine Kollisionsvermeidung durch Kompetenzabgrenzung von vorneherein ausscheiden musste.[217] Dazu passt der Befund, wonach die Reichsverfassung auch Grundrechte für Bereiche enthielt, für die das Reich selbst gar keine Zuständigkeit besaß, etwa für den Schulbereich, wenngleich die Grundrechte selbst nicht zuständigkeitserweiternd wirken konnten.[218]

---

[212] Vgl. *Uerpmann*, Der Staat 28 (1996), 428, 434 für das analog gelagerte Verhältnis von Art. 70 ff. GG zu Art. 31 und 142 GG; *Vaulont*, Grundrechte und bundesstaatliches Homogenitätsprinzip, S. 118 f.; für das einfache Recht s. auch RGSt 56, 177, 180 f.

[213] *Stier-Somlo*, Reichs- und Landesstaatsrecht, Bd. 1, S. 380.

[214] *Stier-Somlo*, Reichs- und Landesstaatsrecht, Bd. 1, S. 380; so im Ergebnis auch *Meyer*, Das richterliche Prüfungsrecht nach preußischem und bayerischem Verfassungsrecht, S. 63 f.; *Lacherbauer*, Die Verfassungsbeschwerde nach bayerischem Staatsrecht, S. 71 ff.

[215] *Kratzer*, Bayerische Verfassungsurkunde, § 93 Anm. 8; *ders.*, BayGemVerwZ 1923, Sp. 455, 455 ff.; *v. Jan*, BayGemVerwZ 1927, Sp. 31 ff.; so auch *Braunwart*, BayZfR 1920, 257, 258; *Wenzel*, JöR 10 (1921), 321, 323 in Bezug auf die Verfassung von Mecklenburg-Schwerin; *ders.*, HdStR I, 1930, § 52, S. 617, v.a. auch Fn. 55.

[216] *Giese*, Reichsverfassung, Art. 13, S. 63; dem entspricht es, dass *Giese* im Zusammenhang mit Art. 13 Abs. 2 WRV von einer „Kompetenzkontrolle gemäß Art. 13 Abs. 2 WRV" spricht, s. *Giese*, Reichsverfassung, Art. 13, S. 65.

[217] *Smend*, Verfassung und Verfassungsrecht, S. 161 ff.

[218] Vgl. dazu *Poetzsch-Heffter*, Reichsverfassung, Vorb. zu Art. 6–12, Anm. 6, S. 102.

Im zeitgenössischen Schrifttum wurde demnach beinahe ausschließlich Art. 13 Abs. 1 WRV als Kollisionsnorm für das Verhältnis zwischen Reichsrecht und Landesgrundrechten heran gezogen, wobei die Kompetenzvorschriften der Reichsverfassung in diesem Kontext entweder nicht einmal erwähnt oder zumindest nicht für kollisionsvermeidend erachtet wurden. Einzig *Hinrichs* sprach davon, dass die Länder die Grundrechte der Reichsverfassung zum Inhalt von Verfassungsrechtsnormen machen dürften, allerdings nur, soweit reichsrechtliche Kompetenzvorschriften dem nicht entgegen stünden.[219] Hierin zeigt sich ein erster Ansatzpunkt für die Heranziehung der Kompetenzverteilungsvorschriften der Reichsverfassung als Kollisionsnorm.

Das Reichsgericht nahm in ständiger Rechtsprechung an, dass im Falle einer Kollision eines Landesgrundrechts mit Reichsrecht Art. 13 Abs. 1 WRV als Kollisionsnorm heran zu ziehen sei. Die Kompetenzverteilungsnormen der Reichsverfassung hingegen spielten in der Argumentation des Gerichts keine Rolle. Besonders deutlich wird dies in den Fällen, in denen das Landesrecht eine Enteignung ohne Entschädigung bzw. ohne Bindung an das Erfordernis des Allgemeinwohls zuließ und das Reichsgericht die fraglichen Normen wegen Verletzung von Art. 153 Abs. 2 WRV gemäß Art. 13 Abs. 1 WRV für unwirksam erklärte.[220] Zwar handelte es sich hier streng genommen nicht um eine echte Grundrechtskollision, da das Reichsgericht nicht die landesrechtliche Eigentumsfreiheit selbst, sondern nur die Reichweite der landesverfassungsrechtlichen Eingriffsbefugnisse beanstandete, doch lassen sich beide Aspekte im Rahmen der normgeprägten Eigentumsfreiheit schwer voneinander trennen, so dass zumindest auch die Ausgestaltung der Eigentumsfreiheit als solches beanstandet wurde. Entscheidend ist vielmehr, dass das Reichsgericht in seiner Rechtsprechung in Fällen der Grundrechtskollision nicht zuerst nach der Kompetenzgemäßheit des Landesgrundrechts fragte, sondern sogleich auf Art. 13 Abs. 1 WRV zurückgriff.

Ebenso ging der Bayerische Staatsgerichtshof in ständiger Rechtsprechung davon aus, dass in derartigen Fällen paralleler Grundrechtsgewährleistungen auf Art. 13 Abs. 1 WRV zurück zu greifen sei, wobei er allerdings betonte, dass die in den Landesgrundrechten erfolgte Wiederholung mancher Sätze der Reichsverfassung die fraglichen Landesgrundrechte nicht gegenstandslos mache.[221] Ein Verweis auf die Kompetenzvorschriften der Art. 6 ff. WRV findet sich in den fraglichen Entscheidungen hingegen nicht.

---

[219] *Hinrichs*, Die Grenzen der Verfassungsautonomie, S. 94.

[220] Vgl. RGZ 103, 200, 201 sowie RGZ 109, 310, 323, wo den entsprechenden Vorschriften des Landesrechts zwar keine verfassungsmäßigen Grundrechte entnommen wurden, jedoch auf einfach-gesetzlicher Ebene in Widerspruch zu Art. 153 Abs. 2 WRV eine Bindung an das Allgemeinwohlerfordernis bzw. auf eine Entschädigung im Falle der Enteignung verneint wurde; ähnlich auch RGZ 112, 67, 71; 112, 189, 192.

[221] BayStGH, Lammers/Simons, III, Nr. 15 a, S. 144, 144; Nr. 15 b, S. 148, 148 f.; Nr. 24, S. 181, 184; Nr. 25, S. 185, 186; Nr. 29, S. 192, 195; Nr. 35, S. 208, 211; Nr. 39, S. 228, 232; IV Nr. 3, S. 356, S. 357 f.; Nr. 4, S. 360, 363; s. auch *Bock*, Das Grundrechtsverständnis des Bayerischen Staatsgerichtshofs, S. 17 ff.

Unabhängig davon, ob die Position von Rechtsprechung und Lehre als inhaltlich überzeugend anzusehen ist,[222] bleibt deshalb zu konstatieren, dass die Kompetenzverteilungsvorschriften der Reichsverfassung in der Weimarer Republik nicht als taugliche Anknüpfungspunkte für die Vermeidung bzw. Lösung von Kollisionen zwischen Reichsrecht und Landesgrundrechten heran gezogen wurden.

2. *Homogenitätsklausel, Art. 17 WRV*

Die Homogenitätsklausel des Art. 17 WRV enthielt keine Aussage zu den Grundrechten, so dass es den Ländern grundsätzlich offen stand, eigene und auch von der Reichsverfassung abweichende Grundrechte in ihre Landesverfassungen aufzunehmen.[223] Dies ergibt sich aus der Überlegung, dass die Reichsverfassung zwar einen Mindest- nicht aber notwendigerweise den Höchststandard an Freiheitsrechten gewährte und die Verankerung weiterer Grundrechte auf Landesebene das Demokratie- und Rechtsstaatsprinzip zusätzlich stärkte.[224] Allerdings betonte *Hinrichs*, dass die Länder mit Hilfe von Art. 17 WRV nicht beliebige Sachgebiete der einfach-gesetzlichen Gesetzgebung entziehen und stattdessen der Verfassungsgesetzgebung zuweisen konnten, sondern die Festlegung gewisser Grenzen erforderlich sein sollte.[225] Die Länder durften danach in ihren Verfassungen Freiheitsrechte verankern, soweit nicht ein entgegen stehendes, überwiegendes Interesse des Gemeinwesens daran bestand, dass die betreffende Angelegenheit innerhalb der einfach-gesetzlichen Gesetzgebung verblieb.[226] Diese Grenzen dürften jedoch sehr weit zu ziehen sein, so dass Art. 17 WRV die Verankerung von Landesgrundrechten, welche in ihrem Schutzgehalt über die Grundrechte der Reichsverfassung hinaus gingen, grundsätzlich nicht untersagte. Ebenso wenig zwang Art. 17 WRV den Landesgesetzgeber dazu, überhaupt Grundrechte in seine Landesverfassung aufzunehmen, was schon daran ersichtlich ist, dass die Mehrheit der deutschen Länder auf eigene Grundrechtsgewährleistungen in den Landesverfassungen verzichtete und dieser Verzicht vom Reich nicht sanktioniert wurde. Auf Grund der sehr allgemeinen Ausrichtung des Art. 17 WRV konnte durch die Vorschrift kaum eine Konfliktvermeidung im Wege der Grundrechtskonvergenz[227] erreicht werden, so dass die Norm letztlich nicht als wirksamer Konfliktvermeidungsmechanismus im Grundrechtsbereich heran gezogen werden konnte.

---

[222] Zur analogen Diskussion unter dem Grundgesetz s. unten, § 6 III.2. a).

[223] *Stern*, Staatsrecht V, S. 579.

[224] *Hinrichs*, Die Grenzen der Verfassungsautonomie, S. 94; zu einer ähnlichen Überlegung bzgl. Art. 28 Abs. 1 GG s. *Ott*, Landesgrundrechte in der bundesstaatlichen Ordnung, S. 49.

[225] *Hinrichs*, Die Grenzen der Verfassungsautonomie, S. 94; in diese Richtung auch *Wenzel*, HdStR I, 1930, § 52, S. 617 im Zusammenhang mit der Erläuterung von Art. 17 WRV.

[226] *Hinrichs*, Die Grenzen der Verfassungsautonomie, S. 95.

[227] S. dazu oben, § 2 II.1. c) ee).

3. Reichsrecht bricht Landesrecht, Art. 13 Abs. 1 WRV

Art. 13 Abs. 1 WRV, wonach Reichsrecht entgegen stehendes Landesrecht brach, wurde von Rechtsprechung und Lehre auch im Grundrechtsbereich als *die* Kollisionsnorm für das Verhältnis von Reichsrecht und Landesrecht angesehen. So gab das Reichsgericht in ständiger Rechtsprechung zu erkennen, dass landesrechtliche Vorschriften über die Entziehung des Eigentums, selbst wenn es sich dabei nicht um verfassungsrechtlich gewährleistete Grundrechte handelte, dann im Widerspruch zu Art. 153 Abs. 2 WRV standen und damit nichtig waren, wenn sie keine Enteignungsentschädigung vorsahen oder eine Enteignung auch ohne Bezug zum Allgemeinwohl für zulässig erachteten.[228] Angesichts des Fehlens von Grundrechtsgewährleistungen in den Verfassungen der meisten Länder musste sich die Zulässigkeit von Enteignungen und damit letztlich die Reichweite der Eigentumsfreiheit aus den einfachen Gesetzen ergeben, so dass der Umstand, dass in derartigen Fällen auf Landesebene keine Norm des Verfassungsrechts „gebrochen" wurde, nicht gegen die Anwendbarkeit von Art. 13 Abs. 1 WRV im Grundrechtsbereich spricht. Immerhin ist zu bedenken, dass auf Länderebene die Idee des Grundrechtsschutzes sehr wohl vorhanden war und diese Idee nicht zwingend verfassungsrechtlich abgesichert werden musste. In Bezug auf diejenigen Länder, die Grundrechte in ihre Verfassungen aufgenommen hatten, wurde Art. 13 Abs. 1 WRV von der Rechtsprechung ohne nähere Begründung als Kollisionsnorm heran gezogen. So entschied der Bayerische Staatsgerichtshof, dass die Grundrechte der bayerischen Verfassung von 1919 sachlich durch die entsprechenden, inhaltlich gleich lautenden Bestimmungen der Weimarer Reichsverfassung durch Art. 13 Abs. 1 WRV verdrängt seien, was der Erhebung einer Verfassungsbeschwerde allerdings nicht entgegen stehe.[229] Die Wiederholung mancher Sätze der Reichsverfassung in den Landesverfassungsurkunden mache nämlich die Grundrechte der letzteren nicht gegenstandslos.[230] Für das Verhältnis der Eigentumsfreiheit in § 16 BayVerf 1919 und Art. 153 RV hatte der Bayerische Staatsgerichtshof sogar ausdrücklich entschieden, dass sich aus Art. 13 Abs. 1 WRV nicht ableiten lasse, § 16 BayVerf 1919 habe neben Art. 153 WRV keine materielle Bedeutung.[231]

Die herrschende Meinung in der Literatur ging ebenfalls ohne nähere Begründung von der Anwendbarkeit des Art. 13 Abs. 1 WRV im Verhältnis von Reichs- und Landesgrundrechten aus, so dass Landesgrundrechte, deren Anwendung im konkreten Fall nach dem Regelungsgehalt der Norm im Vergleich zum Reichs-

[228] Vgl. RGZ 103, 200, 201 sowie RGZ 109, 310, 323, wo den entsprechenden Vorschriften des Landesrechts zwar keine verfassungsmäßigen Grundrechte entnommen wurden, jedoch auf einfach-gesetzlicher Ebene in Widerspruch zu Art. 153 Abs. 2 WRV eine Bindung an das Allgemeinwohlerfordernis bzw. eine Entschädigung im Falle der Enteignung abgelehnt wurde; ähnlich auch RGZ 111, 123, 129 ff.; 112, 67, 71; 112, 67, 71; 112, 189, 192.

[229] BayStGH, Lammers/Simons, III, Nr. 24, S. 181, 184; näher dazu unten, § 4 VI.2. a).

[230] BayStGH, Lammers/Simons, III, Nr. 15 a, S. 144, 144.

[231] BayStGH, Lammers/Simons, III, Nr. 15 b, S. 148, 148 f.

recht zu unterschiedlichen Rechtsfolgen führte, automatisch nichtig waren.[232] Umstritten war indes, ob dies auch für Landesgrundrechte gelten sollte, welche inhaltsgleich mit den Grundrechten der Reichsverfassung waren. Die herrschende Meinung vertrat die Auffassung, dass die Rechtsfolge der Nichtigkeit auch für inhaltsgleiche Landesgrundrechte gelten sollte,[233] während Teile der Literatur in solchen Fällen für die Fortgeltung des entsprechenden Landesgrundrechts plädierten.[234] *Hensel* etwa als Vertreter der Mindermeinung versuchte die Fortgeltung gleichlautender Landesgrundrechte mit einem Umkehrschluss aus Art. 13 Abs. 2 WRV zu begründen, wonach bei Zweifeln und Meinungsverschiedenheiten darüber, ob eine landesrechtliche Vorschrift mit Reichsrecht „vereinbar" sei, die Entscheidung eines obersten Reichsgerichtshofs eingeholt werden könne.[235] Freilich war auch die herrschende Meinung mit Art. 13 Abs. 2 WRV ohne Weiteres in Einklang zu bringen, da argumentiert werden konnte, ein Landesgrundrecht sei schon dann mit der Reichsverfassung nicht „vereinbar", wenn es nur denselben Gegenstand wie ein Reichsgrundrecht regelte.[236]

Landesgrundrechte, die einen weiter gehenden Schutz gewährleisteten als die Reichsgrundrechte, waren nach dem Grundsatz des Art. 13 Abs. 1 WRV unwirksam, wenn sie im Widerspruch zu sonstigem Reichsrecht standen. Dies war dann der Fall, wenn ein Landesgrundrecht ein bestimmtes Verhalten schützte, das Reichsrecht jedoch dieses Verhalten missbilligte oder zumindest seine Untersagung zuließ.[237] Blieben die Schutzstandards des Landesgrundrechts im konkreten Fall hinter denen des parallelen Reichsgrundrechts zurück, wurde dies ebenfalls als Kollision angesehen, mit der Folge, dass das fragliche Landesgrundrecht nichtig war. Deutlich wird dies in den Fällen, in denen das Reichsgericht von der Anwendbarkeit von Art. 13 Abs. 1 WRV ausging, wenn das Landesrecht im Falle ei-

---

[232] *Anschütz*, Kommentar zur Reichsverfassung, Art. 13, S. 103 f.; *Stier-Somlo*, Reichs- und Landesstaatsrecht, Bd. 1, S. 380; *Gebhard*, Die Verfassung des Deutschen Reichs, Art. 13, S. 126 (Anm. 3 b); *Kratzer*, Bayerische Verfassungsurkunde, § 93 Anm. 8; *ders.*; BayGemVerwZ 1923, Sp. 455 ff.; *v. Jan*, BayGemVerwZ 1927, Sp. 31 ff.; so auch *Braunwart*, BayZfR 1920, 257, 258; *Wenzel*, JöR 10 (1921), 321, 323 in Bezug auf die Verfassung von Mecklenburg-Schwerin; *ders.*, HdStR I, 1930, § 52, S. 617, v.a. auch Fn. 55; *Giese*, Reichsverfassung, Art. 13, S. 63; a.A. nur *Hinrichs*, Die Grenzen der Verfassungsautonomie, S. 94, der zunächst auf die Kompetenzordnung als Abgrenzungsmittel abstellt.

[233] *Anschütz*, Kommentar zur Reichsverfassung, Art. 13, S. 103 f.; *Gebhard*, Die Verfassung des Deutschen Reichs, Art. 13, S. 126 (Anm. 3 b) und e); *Kratzer*, Bayerische Verfassungsurkunde, § 93 Anm. 8; *Braunwart*, BayZfR 1920, 257, 258; *Wenzel*, JöR 10 (1921), 321, 323 in Bezug auf die Verfassung von Mecklenburg-Schwerin; *ders.*, HdStR I, 1930, § 52, S. 617, v.a. auch Fn. 55; *Giese*, Reichsverfassung, Art. 13, S. 63; *v. Freytagh-Loringhoven*, Die Weimarer Verfassung in Lehre und Wirklichkeit, S. 211.

[234] *Stier-Somlo*, Reichs- und Landesstaatsrecht, Bd. 1, S. 380; *Hensel*, HdStR II, 1932, § 84 S. 321 Fn. 19; *Hatschek*, Deutsches und preußisches Staatsrecht, S. 18; *Gmelin*, Einführung in das Reichsverfassungsrecht, S. 34; *Jellinek*, Verfassung und Verwaltung des Reichs und der Länder, S. 26; *Walz*, Staatsrecht, S. 295; *Wittmayer*, Die Weimarer Reichsverfassung, S. 207 f. Fn. 117; zum Ganzen s. auch *Sachs*, DÖV 1985, 469, 470 Fn. 15.

[235] *Hensel*, HdStR II, 1932, § 84, S. 321.

[236] Vgl. *Vaulont*, Grundrechte und bundesstaatliches Homogenitätserfordernis, S. 114.

[237] Zum Vorliegen einer Kollision in solchen Fällen s. oben, § 2 I.1. b).

ner Enteignung, anders als Art. 153 Abs. 2 WRV, keine Entschädigung vorsah oder auf das Gemeinwohlerfordernis verzichtete.[238]

Aus alledem ergibt sich, dass der Anwendungsbereich von Art. 13 Abs. 1 WRV sehr weit war und deshalb Raum für eigene Landesgrundrechte nur dort verblieb, wo die Reichsverfassung selbst keine Grundrechte vorsah oder der Reichsverfassungsgeber zumindest auf die Verankerung abschließender, reichsrechtlicher Grundrechtsgewährleistungen verzichtet hatte. Dies war namentlich beim Schulwesen und beim Staatskirchenrechts der Fall.[239] Außerhalb dieser Bereiche konnte sich auf Landesebene weder ein mit der Reichsverfassung übereinstimmender noch ein darüber hinaus gehender Grundrechtsschutz entwickeln. Die noch im Kaiserreich anzutreffende Grundrechtsvielfalt auf Landesebene war damit zu Gunsten eines auf Reichsebene angesiedelten, unitarischen Grundrechtskataloges beseitigt worden.

V. Grundrechtsbindung und Prüfungsmaßstab

Obwohl die Weimarer Reichsverfassung keine dem Art. 1 Abs. 3 GG entsprechende Bestimmung enthielt, war unbestritten, dass Exekutive und Judikative an Reichsgrundrechte gebunden waren.[240] Die Bindung des Gesetzgebers an die Grundrechte hingegen war weniger klar definiert, zumal zahlreiche Grundrechtsgarantien mit Hilfe der Lehre vom Vorbehalt des Gesetzes praktisch ausgehöhlt werden konnten und auch eine Bindung des Gesetzgebers an den allgemeinen Gleichheitssatz des Art. 109 Abs. 1 WRV weitgehend abgelehnt wurde.[241] Zu bedenken ist jedoch, dass der einfache Reichsgesetzgeber an die reichsverfassungskräftigen Grundrechte gebunden war, so dass eine Bindung des Reichsgesetzgebers an Reichsgrundrechte zumindest nicht pauschal verneint werden kann.[242] Darüber hinaus war der Landesgesetzgeber schon auf Grund des in Art. 13 Abs. 1 WRV postulierten Vorrangs der Reichsverfassung an Reichsgrundrechte gebunden. Dies wird beispielsweise daran deutlich, dass das OVG Hamburg im Jahr 1925 ein hamburgisches Gehaltssummensteuergesetz wegen Verstoßes gegen Art. 134 WRV verwarf.[243] In ähnlicher Weise erklärte das Reichsgericht ein gothaisches Gesetz für nichtig, weil dieses entgegen Art. 153 Abs. 2 WRV im Falle einer Enteignung keine Entschädigung vorsah.[244]

Im Hinblick auf die Exekutive lässt sich sagen, dass bezüglich der Reichsexekutive umstritten war, ob diese nur Reichsrecht oder auch Landesrecht und damit

[238] Vgl. RGZ 103, 200, 201; 109, 310, 323; 111, 123, 129 ff.; 112, 67, 71.

[239] Vgl. auch *Vaulont*, Grundrechte und bundesstaatliches Homogenitätsprinzip, S. 82.

[240] *Giese*, Reichsverfassung, S. 242; *Anschütz*, Kommentar zur Reichsverfassung, Vorb. zum 2. Hauptteil, S. 514 f.

[241] S. dazu oben, § 4 III.1.

[242] *Dreier*, HGR I, § 4, Rn. 40; s. oben, § 4 III.1.

[243] OVG Hamburg v. 18.03.1925, Steuer und Wirtschaft 1925, Sp. 1469, 1470 f.; *Dreier*, HGR I, § 4 Rn. 46.

[244] RGZ 111, 123, 129 ff.; zur Prüfung eines Landesgesetzes s. auch RGSt 56, 177, 188.

auch Landesgrundrechte zu beachten hatte. In Bezug auf § 17 Abs. 1 WehrG wurde vertreten,[245] die Reichswehr sei bei ihrer polizeilichen Hilfstätigkeit im Landesinneren den Landespolizeibehörden unterstellt und deren Weisungen unterworfen.[246] Nach dieser Auffassung wäre die Reichswehr letztlich auch an Landesgrundrechte gebunden gewesen wäre, nachdem die Landespolizeibehörden selbst Landesgrundrechte zu beachten hatten. Die Gegenauffassung verneinte eine Unterordnung unter die Landespolizeibehörden mit dem Argument, dass andernfalls die dem Reich zustehende Exekutivgewalt dem Willen der verschiedenen Landesgesetzgeber unterworfen gewesen wäre.[247] Außerdem sei die Reichsexekutive nach der Ordnung der Weimarer Reichsverfassung, insbesondere gemäß Art. 5 WRV, nach Reichsrecht zu handhaben gewesen.[248] Daraus folgt, dass die Reichsexekutive nach dieser Ansicht nicht an Landesgrundrechte gebunden sein konnte. Nachdem die Mehrheit der zeitgenössischen Autoren diese Auffassung vertrat, ist davon auszugehen, dass im Bereich der Reichsexekutive insgesamt keine Bindung an Landesgrundrechte bestand.

Die Landesverwaltung ihrerseits war an Reichsgrundrechte gebunden, wenn sie Reichsrecht anwandte.[249] Bei der Anwendung von Landesrecht war sie jedoch zudem an die Grundrechte der Landesverfassung gebunden, sofern solche existierten.[250] Eine Analyse der Rechtsprechung des Bayerischen Verwaltungsgerichtshofs ergibt, dass der Gerichtshof auf die Heranziehung von Reichsgrundrechten nur dort verzichtete, wo keine entsprechenden Grundrechte auf Reichsebene vorhanden waren. In diesen Fällen rekurrierte der Gerichtshof auf die die Reichsverfassung konkretisierenden Gewährleistungen der bayerischen Verfassung, wobei § 17 Abs. 2 BayVerf 1919 über das Recht der Erziehungsberechtigten zur Entscheidung über die Religionszugehörigkeit ihrer Kinder den Hauptanwendungsfall bildete.[251]

Auffällig ist, dass der Bayerische Verwaltungsgerichtshof in Fällen, in denen sowohl die Reichsverfassung als auch die bayerische Landesverfassung das im konkreten Fall einschlägige Grundrecht enthielt, beide Grundrechte ohne nähere

---

245 Zum Einsatz der Reichswehr im Inneren s. *Dietz*, Das Primat der Politik in kaiserlicher Armee, Reichswehr, Wehrmacht und Bundeswehr, S. 277 f.

246 *Bölling*, Landesverwaltung und Wehrmacht, Fischers Zeitschrift für Verwaltungsrecht 68 (1932), 1, 83 f.; so wohl auch *Mayer*, Deutsches Verwaltungsrecht, Bd. 1, S. 311.

247 *Semler*, Das Wehrgesetz vom 23. März 1921, S. 48; *Plöttner*, Das Recht des Waffengebrauchs in Sachsen, S. 68; *Liepmann*, Die polizeilichen Aufgaben der Deutschen Wehrmacht, S. 26 f.; *Kroß*, Der Einsatz der Streitkräfte im Innern unter der Herrschaft der Weimarer Reichsverfassung, S. 70.

248 *Kroß*, Der Einsatz der Streitkräfte im Innern, S. 70; vgl. auch *Giese*, Reichsverfassung, Art. 5, S. 49.

249 BayVGHE 43, 91, 91 ff. (1922); 45, 73, 74 (1923); vgl. dazu auch *Wenninger*, Das Verhältnis zwischen Reich und Ländern, S. 66.

250 BayVGHE 43, 29 30 ff. (1922) zur Beamtenversorgung; 50, 10, 12 ff. (1929); 50, 18, 22 ff. (1929); 54, 66, 66 ff. (1933); 54, 81, 82 (1932).

251 BayVGHE 40, 116, 117 ff. (1919); 41, 85, 86 ff. (1920).

Abgrenzung nebeneinander zitierte.[252] Dies gilt sogar dann, wenn die streitentscheidenden Vorschriften des einfachen Rechts ausschließlich solche des bayerischen Landesrechts waren.[253] Daran wird deutlich, dass der Gerichtshof für die Grundrechtsbindung der Exekutive primär auf Grundrechte der Reichsverfassung zurückgriff und Landesgrundrechte nur dort von Bedeutung waren, wo keine entsprechenden Grundrechte auf Reichsebene existierten. Von Interesse ist in diesem Zusammenhang weiterhin, ob Landesgrundrechte auch dann zur Anwendung kommen konnten, wenn eine Entscheidung einer Landesbehörde durch Reichsrecht beeinflusst oder sogar vollständig determiniert war. Diese Frage lässt sich zumindest für die Grundrechtsbindung der bayerischen Exekutive kaum klären, da Grundrechte in der zeitgenössischen Rechtsprechung nur eine geringe Rolle spielten und vergleichsweise selten überhaupt erwähnt wurden. So finden sich in der Rechtsprechung des Bayerischen Verwaltungsgerichtshofs zwischen 1919 und 1933 nicht einmal zwei Dutzend Entscheidungen, in denen Grundrechte der Reichsverfassung oder der bayerischen Landesverfassung in Bezug genommen werden.[254] Daher ergeben sich aus der Auswertung der Rechtsprechung kaum Rückschlüsse auf Art und Ausmaß der Grundrechtsbindung der Landesverwaltung. Hinzu kommt, dass auf Reichsebene entgegen Art. 107 WRV nie ein allgemeines Verwaltungsgericht eingerichtet wurde, welches für Klarstellung hätte sorgen können, sondern sich der verwaltungsgerichtliche Rechtsschutz hauptsächlich durch die Landesverwaltungsgerichte vollzog, während auf Reichsebene, wie schon im Kaiserreich, lediglich einzelne Spezialverwaltungsgerichte existierten.[255] Es läge jedoch nahe, bei der Anwendung von reichsrechtlich determiniertem Recht eine Bindung der Landesexekutive auch an solche Landesgrundrechte, die im konkreten Fall inhaltgleich mit Reichsgrundrechten waren, zu verneinen, wenn man sich vor Augen hält, dass Landesgrundrechte in solchen Fällen gemäß Art. 13 Abs. 1 WRV als nichtig angesehen wurden. Landesgrundrechte konnten in reichsrechtlich determinierten Fällen daher überhaupt nur dann relevant werden, wenn ihr Schutzgehalt über den des fraglichen Reichsgrundrechts hinaus ging und sie auch nicht durch sonstiges Reichsrecht nach Art. 13 Abs. 1 WRV unwirksam wurden. Schon angesichts des Umstandes, dass nur eine kleine Anzahl an Ländern überhaupt über eigene Grundrechte verfügte und die Landesgrundrechte in den meisten Fällen in quantitativer Hinsicht überdies hinter den Reichsgrundrechten zurück blieben, lässt sich leicht erklären, warum derartige Fragestellungen in der Rechtspraxis der Weimarer Republik keine Rolle spielten.

[252] So etwa in BayVGHE 50, 10, 12 ff. (1929); 50, 18, 22 ff. (1929); 54, 66, 66 ff. (1933); 54, 81, 82 (1932).

[253] So etwa in BayVGHE 50, 10, 12 ff. (1929); 50, 18, 22 ff. (1929); 54, 66, 66 ff. (1933); 54, 81, 82 (1932).

[254] Vgl. die amtliche Sammlung der Entscheidungen des Bayerischen Verwaltungsgerichtshofs in der fraglichen Zeitspanne.

[255] Näher dazu *Giese*, Reichsverfassung, Art. 107, S. 238.

Ein ähnliches Bild ergibt sich hinsichtlich der Grundrechtsbindung der Verwaltungsgerichte selbst, deren Grundrechtsbindung, ebenso wie die Grundrechtsbindung sämtlicher anderer Gerichte, eine zweifache war: Erstens waren sie selbst im gerichtlichen Verfahren grundrechtsgebunden und zweitens mussten sie hinsichtlich des Inhalts ihrer Entscheidungen Grundrechte beachten.[256] Im Zusammenhang mit dieser inhaltlichen Bindung oblag den Verwaltungsgerichten zunächst die Prüfung, ob die Verwaltung bei ihren Eingriffen die Reichsgrundrechte und insbesondere den Vorbehalt des Gesetzes beachtet hatte. Dies ergibt sich implizit bereits aus Art. 107 WRV, wonach sowohl im Reich als auch in den Ländern Verwaltungsgerichte zur Überprüfung der Anordnungen und Verfügungen der Verwaltung bestehen mussten. Allerdings vollzog sich der verwaltungsgerichtliche Rechtsschutz mangels eines allgemeinen Verwaltungsgerichts auf Reichsebene vornehmlich auf Landesebene. Die Landesverwaltungsgerichte waren dabei sowohl an Reichsgrundrechte als auch, soweit vorhanden, an Grundrechte der jeweiligen Landesverfassung gebunden, was sich etwa für Bayern bereits aus § 72 BayVerf 1919 ergab.[257] Exemplarisch zeigen lässt sich diese doppelte Grundrechtsbindung an der Rechtsprechung des Bayerischen Verwaltungsgerichtshofs, der, wenn er Bezug auf Grundrechte nahm, grundsätzlich das einschlägige Reichsgrundrecht und das entsprechende Grundrecht der bayerischen Verfassung nebeneinander zitierte.[258] So betonte er, dass sich der Körperschaftsstatus von Religionsgemeinschaften nach Art. 137 Abs. 5 WRV und § 18 Abs. 3 BayVerf 1919 bestimme.[259] Auf diese Weise konnten Reichsgrundrechte auch dort Wirkung entfalten, wo, wie im Bereich der Religionsgemeinschaften, nach der Kompetenzverteilung der Reichsverfassung dem Reich nach Art. 10 WRV nur das Recht zur Aufstellung von Grundsätzen im Wege der Gesetzgebung zukam. In einem anderen Fall leitete er das Grundrecht auf Gleichheit vor dem Gesetz aus Art. 109 Abs. 1 WRV und § 15 Abs. 1 BayVerf 1919 ab.[260] Daraus ergibt sich, dass der Bayerische Verwaltungsgerichtshof sich selbst sowohl an Reichsgrundrechte als auch an Landesgrundrechte gebunden sah. Allerdings bestand für das Verwaltungsrecht keine reichsrechtliche Prozessordnung, so dass die Frage, ob und gegebenenfalls inwieweit Landesgrundrechte zur Auslegung reichsrechtlicher Verfahrensvorschriften heran gezogen werden konnten, gar nicht erst aufkam.

Neben den Verwaltungsgerichten existierten in zahlreichen Ländern eigene Verfassungsgerichte, von denen jedoch nur der Bayerische Staatsgerichtshof auf Grund seiner Zuständigkeit für Verfassungsbeschwerden gemäß § 93 Abs. 1 S. 1 BayVerf 1919 mit Grundrechtsfragen befasst war.[261] Der Bayerische Verfassungs-

---

[256] So *Höfling*, in: Sachs, GG, Art. 1 Rn. 110 in Bezug auf das Grundgesetz.

[257] Ausführlich zur Prüfungszuständigkeit nach § 72 BayVerf 1919 s. *Meyer*, Das richterliche Prüfungsrecht nach preußischem und bayerischem Verfassungsrecht, S. 54 ff.

[258] BayVGHE 50, 10, 12 ff. (1929); s. oben, § 4 Fn. 538.

[259] BayVGHE 50, 10, 12 (1929).

[260] BayVGHE 50, 18, 22 ff. (1929).

[261] Ausführlich dazu *Bock*, Das Grundrechtsverständnis des Bayerischen Staatsgerichtshofs, S. 11 ff.

gerichtshof war als Organ des Freistaats Bayern zunächst an die bayerische Verfassung und deren Grundrechte gebunden. Daneben war er jedoch auch den Vorgaben der Reichsverfassung und des Reichsrechts unterworfen, so dass er durchaus mit Fällen von Normkollisionen im Grundrechtsbereich und deren Auflösung konfrontiert werden konnte.[262]

Das Reichsgericht als Teil der Reichsjudikative war, ebenso wie die übrigen reichseigenen Gerichte, etwa der Reichsfinanzhof oder das Reichsversorgungsgericht, nach Art. 102 Abs. 1 WRV an die Gesetze gebunden, wobei umstritten war, ob unter „Gesetz" auch die Reichsverfassung zu verstehen war.[263] Für die Frage der Bindung an Reichsrecht und/oder Landesrecht spielte dieser Streit jedoch keine Rolle. Entscheidend war, dass die reichseigenen Gerichte nur an Reichsrecht gebunden waren und nur sie die Einhaltung der Reichsgrundrechte überwachten, wobei sie freilich Landesrecht mit auszulegen hatten. So überprüfte das Reichsgericht die Vereinbarkeit einer Regelung des anhaltischen Berggesetzes mit Art. 153 Abs. 2 WRV, ohne auf etwaige grundrechtliche Gewährleistungen auf Landesebene überhaupt einzugehen.[264] Indes war die Anwendung von Landesgrundrechten durch das Reichsgericht nicht völlig ausgeschlossen, da es dem Reichsgesetzgeber grundsätzlich frei stand, mit Hilfe einer entsprechenden Ausgestaltung der jeweiligen Prozessordnung das Reichsgericht auch die Anwendung von Landesrecht überprüfen zu lassen.[265]

Eine ähnliche Beschränkung auf Reichsgrundrechte zeigt sich für den auf Grundlage von Art. 108 WRV eingerichteten Staatsgerichtshof des Deutschen Reiches, sofern er mit Grundrechtsfragen konfrontiert wurde. Eine Verfassungsbeschwerde war nicht vorgesehen, so dass grundrechtliche Fragestellungen alleine über Art. 19 WRV vor den Gerichtshof gelangen konnten, da die Verfahren nach Art. 13 Abs. 2 WRV dem Reichsgericht zugewiesen worden waren.[266] Eine Befassung des Staatsgerichtshofs mit Grundrechtsfragen im Rahmen von Art. 19 WRV war dadurch möglich, dass ab 1927 als Verfassungsstreitigkeiten innerhalb eines Landes auch Streitigkeiten über die Auslegung und Anwendung solcher

---

[262] Näher dazu unten, § 4 VI.2. a).

[263] S. *Anschütz*, Kommentar zur Reichsverfassung, Art. 102, S. 476; *Gusy*, Richterliches Prüfungsrecht, S. 75.

[264] RGZ 109, 310, 312 ff.; ohne Diskussion landesverfassungsrechtlicher Grundrechte auch RGZ 102, 145, 146 ff.; 118, 1, 2 ff.; für eine ausführliche Darstellung der Grundrechtsrechtsprechung des Reichsgerichts s. *Hensel*, Grundrechte und Rechtsprechung, S. 1, 5 ff.

[265] Zu dieser Frage in Bezug auf das Bundesrecht s. *v. Coelln*, Anwendung von Bundesrecht, S. 69 u. 349.

[266] § 1 Reichsgesetz zur Ausführung des Art. 13 Abs. 2 WRV v. 8. April 1920, RGBl., S. 510; s. *Hoke*, Verfassungsgerichtsbarkeit in den deutschen Ländern, in: Starck/Stern (Hrsg.), Landesverfassungsgerichtsbarkeit, Bd. 1, S. 25, 87 u. 92; auf dem Gebiet des Steuerrechts oblag die Prüfungszuständigkeit im Rahmen von Art. 13 Abs. 2 WRV dem Reichsfinanzhof, vgl. § 6 Abs. 1 Finanzausgleichsgesetz v. 27. April 1926, RGBl, S. 203; ausführlich dazu *Zippelius*, Verfassungsrechtliche Stellung und Entwicklung der Rechtsprechung des Staatsgerichtshofs für das Deutsche Reich, S. 22 f.

reichsrechtlicher Verfassungsvorschriften angesehen wurden, die auf das Landesverfassungsrecht einwirkten und es ergänzten.[267]

Die Instanzgerichte der ordentlichen Gerichtsbarkeit waren nach Art. 102 WRV ebenfalls grundrechtsgebunden. Anders jedoch als das Reichsgericht, die übrigen reichseigenen Spezialgerichte und der Staatsgerichtshof des Deutschen Reiches waren sie Teile der Landesstaatsgewalt und als solche daher grundsätzlich sowohl an Reichsgrundrechte als auch an Landesgrundrechte gebunden. Deshalb konnte sich zumindest theoretisch die Frage ergeben, inwieweit die Instanzgerichte dazu befugt waren, bei der Auslegung von Reichsrecht, insbesondere des Prozessrechts, neben den Grundrechten der Reichsverfassung auch Grundrechte der jeweiligen Landesverfassung heran zu ziehen. Da nur in wenigen Ländern landesverfassungsrechtliche Grundrechtsgewährleistungen existierten, musste sich das Problem folglich auf diese Länder beschränken. Ein Blick auf die Rechtsprechung des Bayerischen Obersten Landesgerichts in Strafsachen zwischen 1919 und 1933 zeigt, dass das Gericht etwa in einer Entscheidung im Zusammenhang mit der Auslegung von reichsrechtlichen Vorschriften des Notwehrrechts und damit des materiellen Rechts ausschließlich auf die in Art. 114 Abs. 1 S. 1 WRV gewährleistete persönliche Freiheit abstellte und die entsprechende Garantie in § 16 BayVerf 1919 unerwähnt ließ.[268] Dagegen rekurrierte es in einer anderen Entscheidung über die Weitergeltung von Adelsbezeichnungen und die damit verbundene reichsrechtliche Strafvorschrift über das Führen von Adelstiteln sowohl auf Art. 109 Abs. 3 WRV als auch auf § 15 Abs. 2 BayVerf 1919,[269] was sich damit begründen lässt, dass die entscheidende Vorfrage im bayerischen Landesrecht wurzelte. In einer Entscheidung zur Auslegung einer Vorschrift des materiellen bayerischen Landesrechts zog das Gericht neben der in Art. 135 WRV verankerten Glaubens- und Gewissensfreiheit auch Art. 17 Abs. 1 BayVerf 1919 heran, wobei es jedoch ausdrücklich darauf hinwies, dass der Vorschrift wegen der inhaltlichen Übereinstimmung mit dem Reichsrecht keine eigenständige Bedeutung zukomme.[270] Demgegenüber findet sich bei der Auslegung des reichsrechtlichen Verfahrensrechtes kein Verweis auf Grundrechte der bayerischen Verfassung, so dass davon auszugehen ist, dass das Gericht insoweit im Anwendungsbereich des Reichsrechts keine Landesgrundrechte heran ziehen wollte und eine Grundrechtskollision daher ausscheiden musste. Ein ähnliches Bild zeigt sich für die Rechtsprechung des Bayerischen Obersten Landesgerichts in Zivilsachen von 1919–1933, wo Landesgrundrechte bei der Auslegung des Reichsrechts zwar ebenfalls herangezogen wurde, ihnen aber keine eigenständige Bedeutung zu-

[267] StGH 4/26 v. 15.10.1927, Lammers/Simons I, Nr. 5, S. 292, 296; Nr. 9, S. 329, 333; vgl. auch *Hornauer*, Das Reichsgericht zur Frage des richterlichen Prüfungsrechts, S. 210; näher dazu unten, § 4 VI.1.

[268] BayObLGSt 22, 82, 82 ff. (1923); ohne Erwähnung von Grundrechten der bayerischen Verfassung auch BayObLGSt 30, 96, 98 (1931).

[269] BayObLGSt 28, 84, 85 f. (1929).

[270] BayObLGSt 33, 25, 27 (1934).

kam.[271] In einer Entscheidung zur Fortgeltung von Namensbezeichnungen betonte das Gericht, dass § 15 Abs. 2 S. 2 BayVerf 1919 nicht im Widerspruch zu Art. 109 WRV stehe, was darauf hindeutet, dass eine inzidente Prüfung der Vereinbarkeit des Landes- mit dem Reichsgrundrecht vorgenommen wurde, dem bayerischen Grundrecht jedoch kein von dem Reichsgrundrecht abweichender Inhalt zu entnehmen war.[272]

Insgesamt lässt sich daher sagen, dass die Reichs- und Landesgrundrechte vergleichsweise selten parallel anwendbar waren und damit das Potential für Grundrechtskollisionen, die nach Art. 13 Abs. 1 WRV aufzulösen gewesen wären, in der Praxis gering blieb, was daran lag, dass viele Landesverfassungen gar keine eigenen Landesgrundrechte kannten und dort, wo landesverfassungsrechtliche Grundrechtsgewährleistungen existierten, diese keine von der Reichsverfassung abweichenden Gewährleistungen enthielten und Letztere von den Gerichten überdies nur sehr zurückhaltend heran gezogen wurden. Konfliktpotential bestand, wenn überhaupt, durch die Rechtsprechung des Bayerischen Staatsgerichtshofs, der im Wege der Verfassungsbeschwerde angerufen werden konnte und der sowohl an Reichsgrundrechte als auch Grundrechte der bayerischen Landesverfassung gebunden war.[273]

VI. Prozessuale Mechanismen zur Gewährleistung des Grundrechtsschutzes

1. Reichsebene

Wie schon im Kaiserreich existierte in der Weimarer Republik auf Reichsebene kein eigenes allgemeines Verwaltungsgericht, so dass sich der Grundrechtsschutz im Verwaltungsrecht fast ausschließlich vor den Landesverwaltungsgerichten vollzog.[274] Ebenso fehlte auf Reichsebene ein eigenständiges Verfassungsgericht. Der auf Grundlage von Art. 108 Abs. 1 WRV eingerichtete Staatsgerichtshof nahm zwar verfassungsgerichtliche Aufgaben wahr, wurde aber nur selten mit grundrechtlichen Fragestellungen befasst, was vor allem an seiner begrenzten Zuständigkeit lag. Nach Art. 19 Abs. 1 WRV entschied der Staatsgerichtshof über Verfassungsstreitigkeiten innerhalb eines Landes, in dem kein Gericht zu ihrer Erledigung bestand, sowie über Streitigkeiten nichtprivatrechtlicher Art zwischen verschiedenen Ländern oder zwischen dem Reich und einem Land auf Antrag eines der streitenden Teile, soweit nicht ein anderer Gerichtshof des Reichs zuständig war. Eine Verfassungsbeschwerde hingegen war nicht vorgesehen.

[271] So in BayObLGZ 22, 38, 39 ff. (1922/1923); 22, 340, 341 ff. (1922/1923); 28, 117, 127 f. (1928); 30, 280, 281 ff. (1930).
[272] BayObLGZ 33, 85, 87 (1933).
[273] Näher dazu unten, § 4 VI.2. a).
[274] Eine Ausnahme bildeten insoweit lediglich einige spezialisierte Reichsverwaltungsbehörden und besondere Reichsverwaltungsgerichte wie der Reichsfinanzhof, s. oben, § 4 II.2. e).

Auch der Begriff der „Verfassungsstreitigkeiten innerhalb eines Landes“ wurde erst ab 1927 vom Staatsgerichtshof so interpretiert, dass darunter Streitigkeiten über die Auslegung und Anwendung solcher Vorschriften der Reichsverfassung subsumiert werden konnten, die auf das Landesverfassungsrecht einwirkten und es insoweit ergänzten.[275] Damit konnten im Rahmen einer Landesverfassungsstreitigkeit vor dem Staatsgerichtshof reichsverfassungsrechtliche Normen zur Anwendung gebracht werden. Ob dazu auch die Grundrechte gehören sollten, war umstritten,[276] wurde jedoch vom Staatsgerichtshof selbst bejaht.[277] So überprüfte der Staatsgerichtshof in einem Verfahren nach Art. 19 Abs. 1 WRV die Vereinbarkeit einer landesrechtlichen Steuernorm mit Art. 142 S. 2, 158, 165 Abs. 3 S. 2 und Art. 151 Abs. 1 S. 1 WRV, d.h. u.a. mit der Freiheit von Wissenschaft und Kunst sowie dem Schutz des geistigen Eigentums.[278] Ebenso hat der Gerichtshof in einer anderen Entscheidung die Eigentumsfreiheit gemäß Art. 153 Abs. 1 WRV als Prüfungsmaßstab für eine Norm des preußischen Landesrechts heran gezogen.[279] Schon zuvor hatte er eine Beschränkung des Begriffs der Verfassungsstreitigkeit auf Verfassungsorganstreitigkeiten abgelehnt und damit eine Zuständigkeit für Streitigkeiten über Grundrechte der Reichsverfassung nicht ausgeschlossen.[280] Dadurch konnte der Staatsgerichtshof trotz der fehlenden Zuständigkeit für Reichsverfassungsstreitigkeiten und Normenkontrollverfahren die Reichsverfassung und insbesondere auch die Reichsgrundrechte auslegen,[281] was die Durchsetzung der Reichsgrundrechte in den Ländern förderte. Hinzu kam, dass der Gerichtshof den Kreis möglicher Streitbeteiligter extensiv interpretierte.[282] Allerdings ging er dabei nicht so weit, dass er auch dem einzelnen Bürger unter Berufung auf seine Grundrechte die Einleitung eines Verfahrens ermöglicht hätte,[283] was *de facto* einer Verfassungsbeschwerde gleich gekommen wäre. Gegen die Einstufung des Staatsgerichtshofs als Grundrechtsgericht spricht schließlich, dass die Länder keineswegs gezwungen waren, alle Verfassungsstreitigkeiten im

[275] StGH, Lammers/Simons I, Nr. 5, S. 292, 295.

[276] Dagegen etwa *Schmitt*, Der Hüter der Verfassung, S. 56 ff.; *Triepel*, VVDStRL 5 (1928), 2, 22 f., 28.

[277] Vgl. dazu *Anschütz*, Kommentar zur Reichsverfassung, Art. 19, S. 165.

[278] StGH, Lammers/Simons IV, Nr. 11, S. 190, 199; ausführlich dazu *Vetter*, Die Bundesstaatlichkeit in der Rechtsprechung des Staatsgerichtshofs, S. 77 ff.

[279] StGH, Lammers/Simons VI, Nr. 4, S. 65, 67.

[280] StGH, Lammers/Simons II, Nr. 4, S. 80, 85 f.

[281] *Rozek*, Das Grundgesetz als Prüfungs- und Entscheidungsmaßstab der Landesverfassungsgerichte, S. 146.

[282] StGH, Lammers/Simons IV, Nr. 10, S. 183, 187 ff.; vgl. *Giese*, Reichsverfassung, Art. 19, S. 82; *Rozek*, Das Grundgesetz als Prüfungs- und Entscheidungsmaßstab der Landesverfassungsgerichte, S. 146; *Zippelius*, Verfassungsrechtliche Stellung, S. 91 f.

[283] StGH, Lammers/Simons I, Nr. 6, S. 309, 311; Nr. 20, S. 398, 403; II, Nr. 4, 80, 86; IV, Nr. 10, S. 183, 189; gegen die Annahme einer Beschwerde unter Berufung auf Grundrechte auch *Giese*, Reichsverfassung, Art. 19, S. 82; *Buschke*, Die Grundrechte der Weimarer Verfassung, S. 16; *Anschütz*, Kommentar zur Reichsverfassung, Art. 19, S. 170 m. w.N.; a.A. aber wohl *Stier-Somlo*, Reichs- und Landesstaatsrecht, Bd. 1, S. 400; krit. zur Ablehnung der Parteifähigkeit von Einzelpersonen *Wehler*, Der Staatsgerichtshof für das Deutsche Reich, S. 143 f.

Sinne von Art. 19 Abs. 1 WRV dem Staatsgerichtshof zu übertragen. So hatte nach Meinung des Staatsgerichtshofs lediglich Bayern den Zuständigkeitsvorbehalt nach Art. 19 Abs. 1 WRV umfassend ausgenutzt, indem es in § 70 Abs. 1 BayVerf 1919 die Zuständigkeit für Verfassungsstreitigkeiten zur Gänze dem Bayerischen Staatsgerichtshof zugewiesen hatte.[284]

Neben dem Staatsgerichtshof war auf Reichsebene das Reichsgericht zur Auslegung und Anwendung der Reichsverfassung und damit der Reichsgrundrechte berufen. In Bezug auf das Reichsgericht lassen sich zwei verschiedene Zuständigkeiten unterscheiden: einmal das Verfahren der abstrakten Normenkontrolle nach Art. 13 Abs. 2 WRV, welches dem Reichsgericht zugewiesen war, und zweitens die Zuständigkeit des Reichsgerichts für die Revision im Zivil- und Strafverfahren. Im Verfahren nach Art. 13 Abs. 2 WRV hatte das Reichsgericht zu prüfen, ob eine landesrechtliche Vorschrift mit dem Reichsrecht vereinbar war,[285] wobei das Gericht insbesondere die Vereinbarkeit von Landesgrundrechten mit Reichsrecht sowie die Vereinbarkeit einer Norm des einfachen Landesrechts mit der Reichsverfassung, d.h. auch mit Reichsgrundrechten, kontrollieren konnte. Auf diese Weise konnten mit dem Reichsrecht inhaltsgleiche oder ihm widersprechende Landesgrundrechte für ungültig erklärt und Reichsgrundrechte gegenüber dem einfachen Landesrecht durchgesetzt werden, was in zahlreichen Fällen auch tatsächlich geschah.[286]

Im Rahmen seiner Zuständigkeit für das Zivil- und Strafverfahren konnte das Reichsgericht die Einhaltung der Reichsgrundrechte durch die Instanzgerichte sowie gegebenenfalls durch die Exekutive überprüfen. Darüber hinaus war das Gericht befugt, Landesgesetze und sonstiges Landesrecht[287] sowie reichs- und landesrechtliche Verordnungen[288] auf ihre Vereinbarkeit mit der Reichsverfassung zu kontrollieren, was sich mit der allgemein anerkannten normenhierarchischen Überordnung des Reichsgesetzgebers gegenüber dem Landesgesetzgeber und der Überordnung des Gesetzgebers gegenüber dem Verordnungsgeber begründen lässt.[289] Entsprechende Prüfungsbefugnisse ergaben sich auch für die reichseigenen, besonderen Reichsverwaltungsgerichte, etwa den Reichsfinanzhof.

Sehr umstritten war hingegen, ob den Gerichten – auch den Instanzgerichten – eine Nachprüfungsbefugnis gegenüber formellen Reichsgesetzen im Sinne einer inzidenten Normenkontrolle in formeller und materieller Hinsicht zukommen

[284] StGH, Lammers/Simons II, Nr. 10, S. 117, 122 ff.; BayStGH, Lammers/Simons III, Nr. 1, S. 111, 118 ff.

[285] Näher dazu *Huber*, Deutsche Verfassungsgeschichte, Bd. 6, S. 562.

[286] So etwa RGZ 102, 145 ff.; 103, 91 ff.; 107, 287 ff.; 111, 123 ff., 111, 134 ff.; RG, Lammers/Simons I, Nr. 4, S. 441, 442 ff.; Nr. 13, S. 508, 509 ff.; Nr. 19, S. 538, 540 ff.

[287] RGZ 103, 200, 201 f.; 104, 58, 59 ff.; 109, 310, 321 ff.; *Stier-Somlo*, Reichs- und Landesstaatsrecht, Bd. 1, S. 381, 437; *Anschütz*, Kommentar zur Reichsverfassung, Art. 13, S. 102 f.; ausführlich dazu auch *Hensel*, Grundrechte und Rechtsprechung, S. 1, 6 ff.

[288] RGSt 56, 177, 181; RGZ 107, 377, 379; *Anschütz*, Kommentar zur Reichsverfassung, Art. 102, S. 478.

[289] S. nur *Anschütz*, Kommentar zur Reichsverfassung, Art. 102, S. 476, 478; dazu auch *Dreier*, HGR I, § 4 Rn. 46.

sollte, eine Problematik, die auch im Rahmen von Verfahren nach Art. 13 Abs. 2 WRV auftreten konnte. Im Kaiserreich waren die Gerichte auf eine Prüfung der formellen Rechtmäßigkeit des anzuwendenden Gesetzes beschränkt gewesen.[290] Die Reichsverfassung selbst schwieg zu diesem Problem, nachdem im Rahmen der Verfassungsgebung sowohl die ausdrückliche Aufnahme des Prüfungsrechts als auch sein vollständiger Ausschluss nicht die erforderliche Mehrheit gefunden hatte, so dass von einem bewussten Verzicht auf eine Regelung gesprochen werden kann.[291] Als erstes hatte der Reichsfinanzhof ohne nähere Begründung entschieden, dass die Gerichte berechtigt und verpflichtet seien, „die von ihnen anzuwendenden Reichsgesetze auf ihr ordnungsgemäßes Zustandekommen sowie auf ihre Verfassungsmäßigkeit zu prüfen".[292] Auch das Reichsgericht nahm bald darauf ein materielles Prüfungsrecht gegenüber Reichsgesetzen für sich in Anspruch. Es begründete seinen Schritt damit, dass es in ständiger Rechtsprechung die Instanzgerichte für befugt erklärt habe, die formelle und materielle Rechtmäßigkeit von Gesetzen und Verordnungen nachzuprüfen, soweit die Nachprüfung nicht durch Gesetz ausgeschlossen sei.[293] Inhaltlich war diese Begründung wenig überzeugend, da die behauptete ständige Rechtsprechung in keiner Weise existierte und das Reichsgericht früher ein Prüfungsrecht der Gerichte gegenüber Gesetzen sogar abgelehnt hatte.[294] Endgültig bejaht hat das Gericht sein Prüfungsrecht gegenüber Reichsgesetzen schließlich in seiner Entscheidung zum Aufwertungsgesetz aus dem Jahr 1925.[295] Es argumentierte darin, die in Art. 102 WRV vorgesehene Bindung des Richters an das Gesetz schließe es nicht aus, dass einem Reichsgesetz vom Richter die Gültigkeit insoweit aberkannt werden könne, als es mit anderen, von dem Richter zu beachtenden Vorschriften, die ihm vorgingen, im Widerspruch stehe.[296] Dies sei dann der Fall, wenn ein Gesetz einem in der Reichsverfassung aufgestellten Rechtssatz widerspreche und bei seinem Erlass die durch Art. 76 WRV für eine Verfassungsänderung vorgeschriebenen Erfordernisse nicht vorgelegen hätten.[297] Da die Reichsverfassung selbst keine Vorschrift enthalte, nach der die Entscheidung über die Verfassungsmäßigkeit der Reichsgesetze den Gerichten entzogen und einer bestimmten anderen Stelle übertragen sei, müsse das Recht und die Pflicht des Richters, die Verfassungsmäßigkeit von Reichsgesetzen zu prüfen, anerkannt werden, was auch für

[290] Näher dazu oben, § 3 VI.1.

[291] Näher dazu *Gusy*, Richterliches Prüfungsrecht, S. 77 f.

[292] RFHE 5, 333, 333 f.

[293] RGZ 102, 161, 164; 107, 377, 379.

[294] RGZ 9, 232, 235; 77, 229, 229 ff.; vgl. dazu *Gusy*, Richterliches Prüfungsrecht, S. 81.

[295] RGZ 111, 320, 322 ff.; bestätigt durch RGZ 114, 27, 33; 118, 325, 27 ff.; 124, 173, 175 ff.; 126, 161, 162 ff.; 128, 165, 167 ff.; 129, 189, 198; 137, 1 15; s. dazu auch *Gusy*, Richterliches Prüfungsrecht, S. 84; *Lübbe-Wolff*, Der Schutz verfassungsrechtlich verbürgter Individualrechte, S. 411, 419 f.; allgemein zum Prüfungsrecht des Reichsgerichts vgl. *Hornauer*, Das Reichsgericht zur Frage des richterlichen Prüfungsrechts, S. 68 ff.

[296] RGZ 111, 320, 322.

[297] RGZ 111, 320, 322.

die Instanzgerichte gelten sollte.[298] Die umstrittene Frage der Bindung auch des Gesetzgebers an den allgemeinen Gleichheitssatz des Art. 109 Abs. 1 WRV ließ das Gericht in seiner Entscheidung hingegen offen.[299] In der Folgezeit erklärte das Reichsgericht einzelne Reichsgesetze für unwirksam, etwa wegen Verstoßes gegen die Garantie des gesetzlichen Richters.[300] Zu einer massenhaften Nichtigerklärung von Reichsgesetzen kam es angesichts der Zurückhaltung des Reichsgerichts bei der Ausübung des Prüfungsrechts jedoch nicht.[301] Auffällig ist weiterhin, dass das Reichsgericht beispielsweise kein einziges Reichsgesetz wegen Verstoßes gegen die Eigentumsfreiheit des Art. 153 Abs. 1 WRV für nichtig erklärte,[302] sondern eine entsprechende Verletzung nur in Bezug auf Landesgesetze feststellte,[303] so dass der Schutz der Reichsgrundrechte durch die Ausübung des richterlichen Prüfungsrechts nicht intensiviert wurde, sondern das Prüfungsrecht vielmehr allein durch sein Vorhandensein präventiv grundrechtsschützende Wirkung entfaltete. Die übrigen obersten Reichsgerichte folgten der Praxis des Reichsgerichts und nahmen ebenfalls eine Prüfung von Reichsgesetzen am Maßstab der Reichsverfassung vor.[304] Entsprechendes galt für den Staatsgerichtshof im Rahmen seiner Zuständigkeit.[305]

Heftig umstritten war die Frage des richterlichen Prüfungsrechts hingegen bis zum Ende der Weimarer Republik in der staatsrechtlichen Literatur. Während die Vertreter der alten rechtspositivistischen Schule ein materielles Prüfungsrecht aus Rücksicht auf den parlamentarisch-demokratischen Gesetzgeber ablehnten,[306] sprachen sich vor allem – aber nicht nur – die Vertreter der geisteswissenschaftlichen Richtung für ein erweitertes richterliches Prüfungsrecht aus, um das Parlament einer externen Kontrolle zu unterziehen.[307] Angesichts der klaren

---

[298] RGZ 111, 320, 323.

[299] RGZ 111, 320, 328 f.; offen gelassen auch in RGZ 113, 6, 13; 125, 369, 372; 128, 165, 169 f.

[300] RGZ 126, 161, 163.

[301] Vgl. *Dreier*, HGR I, § 4, Rn. 48; *Lübbe-Wolff*, Der Schutz verfassungsrechtlich verbürgter Individualrechte, S. 411, 422 f.; *Hensel*, Grundrechte und Rechtsprechung, S. 1, 9 f.

[302] *Lübbe-Wolff*, Der Schutz verfassungsrechtlich verbürgter Individualrechte, S. 411, 425.

[303] So etwa in RGZ 103, 200, 201 f.; 109, 310, 319 ff.; 111, 123, 130 ff.; 112, 67, 69 ff.; 128, 18, 33 ff.

[304] So etwa RFHE 21, 68, 73; 27, 321, 322; 29, 110, 111; RVG, Reichsversorgungsblatt 1929, 31, 31 f.; RAG, Arbeitsrechts-Praxis 1929, S. 87 ff.; vgl. auch *Gusy*, Richterliches Prüfungsrecht, S. 85.

[305] StGH, Lammers/Simons I, Nr. 2, S. 267, 272.

[306] So *Anschütz*, Kommentar zur Reichsverfassung, Art. 70, S. 371 ff.; *Thoma*, Das richterliche Prüfungsrecht, S. 267, 270 ff.; *Hatschek*, Deutsches und preußisches Staatsrecht, Bd. 1, S. 27 ff.; *Wittmayer*, Die Weimarer Reichsverfassung, S. 457 ff.; *Radbruch*, Richterliches Prüfungsrecht?, Die Justiz 1925, 12, 12 ff.; *Jellinek*, Verfassung und Verwaltung des Reichs und der Länder, S. 103 f., 107 f., 123 ff.; so zuvor auch schon *Schack*, Die Prüfung der Rechtmäßigkeit von Gesetz und Verordnung, S. 138 ff.; zu den Hintergründen s. auch *Schau*, Das Verhältnis von Verfassung und Recht, S. 85 ff.

[307] *Poetzsch-Heffter*, Reichsverfassung, Anm. 3 zu Art. 70, S. 310; *Gebhard*, Kommentar zur Reichsverfassung, Art. 102, S. 426 f.; *Triepel*, AöR 39 (1920), 456, 535 ff.; *Bühler*, DJZ 26 (1921), Sp. 580, 580 ff.; *Hensel*, HdStR II, 1932, § 84, S. 313, 326; v. *Freytagh-Loringhoven*, Die Weimarer Reichsverfassung in Lehre und Wirklichkeit, S. 238 ff.; *Kelsen*, Allgemeine Staatslehre, S. 254 f.;

Position der Rechtsprechung war diese Kontroverse jedoch nicht von praktischer Relevanz.

Für den Grundrechtsschutz bedeutete die Inanspruchnahme des Prüfungsrechts durch die Gerichte, dass die Reichsgrundrechte nunmehr auch gegenüber dem Gesetzgeber durchsetzbar wurden. Etwas anderes galt nach wie vor lediglich für den allgemeinen Gleichheitssatz des Art. 109 Abs. 1 WRV, in Bezug auf den die Gerichte eine unmittelbare Bindung des Gesetzgebers offen ließen. Letztlich wurde die Durchschlagskraft der Reichsgrundrechte durch die Inanspruchnahme der richterlichen Prüfungsbefugnis erhöht, was das Bedürfnis nach Gewährleistung eigener Landesgrundrechte nicht gerade stärkte.

2. *Länderebene*

a) Bayern

Wie schon zur Zeit des Kaiserreichs oblag in Bayern auch in der Weimarer Republik der Schutz des Individuums sowie der Gemeinden gegen Entscheidungen der Verwaltungsbehörden dem Bayerischen Verwaltungsgerichtshof. Die Pflicht zur Errichtung von landeseigenen Verwaltungsgerichten ergab sich bereits aus Art. 107 WRV. Nachdem der Zuständigkeitsbereich der Landesverwaltungsgerichtsbarkeit nicht reichsrechtlich geregelt wurde, war es Aufgabe der Länder, durch Landesgesetzgebung die Reichweite des verwaltungsgerichtlichen Rechtsschutzes zu bestimmen.[308] In Bayern wurde dies durch das Gesetz über die Errichtung eines Verwaltungsgerichtshofes (BayVGHG)[309] und seine Modifikation durch das Gesetz über das Verwaltungsstreitverfahren realisiert[310]. Auffällig ist, dass die Zuständigkeit des Bayerischen Verwaltungsgerichtshofs, wie schon in der Kaiserzeit, dem Enumerativprinzip folgte, so dass lediglich für bestimmte Verwaltungsbereiche eine Zuständigkeit des Verwaltungsgerichtshofs bestand.[311] Dem Bayerischen Verwaltungsgerichtshof oblag es, Maßnahmen der bayerischen Landesverwaltung auf ihre Rechtmäßigkeit hin zu überprüfen, wobei neben den Reichsgrundrechten insbesondere auch die Grundrechte der bayerischen Landes-

Waldecker, AöR 13 (1927), 59 ff., v.a. 90 ff.; *Koellreutter*, AöR 17 (1929), 416, 432 ff.; *v. Hippel*, HdStR II, 1932, § 99, S. 546, 552 ff.; *Buschke*, Die Grundrechte der Weimarer Verfassung, S. 26 ff.; ähnlich auch *Junck*, DJZ 34 (1929), Sp. 1254, 1260; in engen Grenzen auch *Schmitt*, Verfassungslehre, S. 117 ff., wenngleich aus völlig anderen Motiven; näher dazu *Schau*, Das Verhältnis von Verfassung und einfachem Recht, S. 180 ff.

[308] Näher dazu *Huber*, Deutsche Verfassungsgeschichte, Bd. 6, S. 574.

[309] Gesetz v. 8. August 1878 betreffend die Errichtung eines Verwaltungsgerichtshofes und das Verfahren in Verwaltungsrechtssachen (GVBl. 1878, S. 369 ff.), abgedruckt bei *Kahr*, Das bayerische Gesetz über die Errichtung eines Verwaltungsgerichtshofes, S. 1 ff.

[310] Gesetz über das Verwaltungsstreitverfahren vom 13. Juni 1910, GVBl., S. 287.

[311] Vgl. *Huber*, Deutsche Verfassungsgeschichte, S. 574 f.; *Schumann*, Verfassungsbeschwerde (Grundrechtsklage) zu den Landesverfassungsgerichten, in: Starck/Stern (Hrsg.), Landesverfassungsgerichtsbarkeit, Bd. 2, S. 149, 177.

verfassung als Prüfungsmaßstab heran gezogen werden konnten.[312] Dadurch erlangten die bayerischen Grundrechte praktische Relevanz, wobei nicht zu leugnen ist, dass bayerische Grundrechte vom Verwaltungsgerichtshof nur sehr selten überhaupt zitiert wurden und sich ihre Entscheidungserheblichkeit auf Gebiete wie das Erziehungsrecht der Eltern in Fragen der Religionszugehörigkeit gemäß § 17 Abs. 2 BayVerf 1919 beschränkte, für die kein reichsrechtlicher Grundrechtsschutz existierte.[313] Hervorzuheben ist weiterhin, dass nach § 72 BayVerf 1919 sämtliche Gerichte, also auch der Bayerische Verwaltungsgerichtshof, dazu befugt waren, bayerische Landesgesetze am Maßstab der bayerischen Verfassung, mithin am Maßstab der Grundrechte zu überprüfen, so dass für das bayerische Landesrecht kein Streit über die Reichweite der richterlichen Prüfungsbefugnis entstehen konnte.[314] Auf diese Weise konnten die Landesgrundrechte auch gegenüber dem bayerischen Gesetzgeber durchgesetzt werden, was in der Rechtsprechung des Bayerischen Verwaltungsgerichtshofs jedoch praktisch keine Rolle spielte. Schließlich prüfte der Bayerische Verwaltungsgerichtshof Reichsgesetze am Maßstab der Reichsverfassung, wobei auch insoweit zu bedenken ist, dass eine solche Prüfung erstens nur äußerst selten relevant wurde[315] und zweitens inhaltlich keine Diskrepanzen zur Rechtsprechung der obersten Reichsgerichte auftraten, die der Klärung bedurft hätten.

Eine weitere Möglichkeit des Grundrechtsschutzes stellte in Bayern neben dem verwaltungsgerichtlichen Grundrechtsschutz der Schutz der Grundrechte durch die Verfassungsgerichtsbarkeit dar. So war in Bayern als einzigem deutschem Land die Möglichkeit der Erhebung einer Verfassungsbeschwerde vorgesehen. Nach § 93 Abs. 1 BayVerf 1919, § 2 Nr. 2, §§ 42–48 BayStGHG besaß jeder Staatsangehörige und jede juristische Person, die in Bayern ihren Sitz hatte, das Recht der Beschwerde an den Bayerischen Staatsgerichtshof, wenn sie glaubten, durch die Tätigkeit einer Behörde in ihrem Recht unter Verletzung der bayerischen Verfassung geschädigt zu sein. Die bayerische Verfassung von 1919 knüpfte damit an die bayerische Rechtstradition aus dem 19. Jahrhundert an.[316] In der Praxis wurde von dem Rechtsmittel reger Gebrauch gemacht, so dass sich in Bayern eine umfangreiche und differenzierte Grundrechtsjudikatur herausbilden konnte.[317]

Grundlegend für das Verständnis der Relevanz der Verfassungsbeschwerde in Bayern ist die Analyse der Bedeutung der bayerischen Grundrechte neben den

---

312 Näher dazu oben, § 4 V.

313 Näher dazu oben, § 4 V.

314 S. dazu auch *v. Hippel*, HdStR II, 1932, § 99, S. 546, 559.

315 So etwa in BayVGHE 43, 21, 22 f. zur Frage der Vereinbarkeit einer Vorschrift der Reichsgewerbeordnung mit der Reichsverfassung; ob diese Prüfung durch § 72 BayVerf 1919 angeordnet werden konnte, war in der Literatur umstritten, wurde jedoch mangels Kompetenz des Landesgesetzgebers vielfach abgelehnt, vgl. dazu *Meyer*, Das richterliche Prüfungsrecht nach preußischem und bayerischem Verfassungsrecht, S. 67 f.

316 S. dazu oben, § 3 VI.2. a).

317 *Bock*, Das Grundrechtsverständnis des Bayerischen Staatsgerichtshofs, S. 13.

entsprechenden Grundrechten der Weimarer Reichsverfassung. Anknüpfungspunkt für die Beantwortung dieser Frage muss Art. 13 Abs. 1 WRV sein, wobei es entscheidend darauf ankommt, ob nicht nur der Reichsverfassung widersprechende, sondern auch inhaltsgleiche Landesgrundrechte unwirksam sein sollten. In der Literatur war diese Frage heftig umstritten.[318] Der Bayerische Staatsgerichtshof selbst vertrat eine differenzierte Position. Einerseits ging er davon aus, dass Landesgrundrechten, welche mit Reichsgrundrechten inhaltsgleich waren, keine eigenständige materielle Bedeutung zukommen sollte.[319] Eine Ausnahme von diesem Grundsatz machte er nur in einer einzigen Entscheidung für das Verhältnis von § 16 BayVerf 1919 und Art. 153 WRV.[320] Andererseits vertrat er die Auffassung, dass mit der Bejahung der materiell-rechtlichen Verdrängung der bayerischen Grundrechte durch die Reichsverfassung noch nichts darüber ausgesagt werde, ob seine Zuständigkeit zu einer Entscheidung auf Grundlage von § 93 Abs. 1 BayVerf 1919 nicht auch dann gegeben sei, wenn die Verletzung eines in der bayerischen Verfassung und der Reichsverfassung gleichermaßen enthaltenen Grundrechts in Rede stehe.[321] Es komme nicht darauf an, ob das bayerische Grundrecht für sich genommen irgendeine sachliche Bedeutung habe, da es seinen Inhalt und seine Bedeutung durch § 93 BayVerf 1919 erhalte.[322] § 93 BayVerf 1919 setze lediglich die „Verletzung dieser Verfassung“ voraus, wobei kein Unterschied bestehe zwischen solchen Grundrechten, die nur in der bayerischen Verfassung enthalten seien, und solchen, die sich auch in der Reichsverfassung wiederfänden.[323] Die Verletzung einer jeden Verfassungsbestimmung, die im Zusammenhang mit der Schädigung eines Rechts eines Staatsangehörigen stehe, berechtige diesen zur Anrufung des Bayerischen Staatsgerichtshofs, da es im Rahmen von § 93 Abs. 1 BayVerf 1919 keine bedeutungslosen Verfassungsbestimmungen gebe.[324] Wenngleich die bayerischen Grundrechte im Hinblick auf Art. 13 Abs. 1 WRV sachlich durch die entsprechenden Bestimmungen der Reichsverfassung verdrängt seien, eröffne die bayerische Verfassungsurkunde in § 93 Abs. 1 formell-rechtlich die Möglichkeit zu einer sachlichen Behandlung der Verfassungsbeschwerde durch den Staatsgerichtshof.[325] Der Staatsgerichtshof begründete seine Auffassung mit der Entste-

[318] Für eine Unwirksamkeit des bayerischen Grundrechts in diesen Fällen etwa *Kratzer*, Bayerische Verfassungsurkunde, § 93, Anm. 8, S. 231; *Braunwart*, BayZfR 1920, 257, 258; in diese Richtung wohl auch *Nawiasky*, Bayerisches Verfassungsrecht, S. 251; gegen eine Unwirksamkeit etwa *Stier-Somlo*, Reichs- und Landesstaatsrecht, Bd. 1, S. 380; *Nawiasky*, Bayerisches Verfassungsrecht, S. 460.

[319] St. Rspr. vgl. nur BayStGH, Lammers/Simons III, Nr. 15 a, S. 144, 144.

[320] BayStGH, Lammers/Simons III, Nr. 15 b, S. 148, 148 f.

[321] S. nur BayStGH, Lammers/Simons III, Nr. 15 a, S. 144, 144 f.; Nr. 15 b, S. 148, 149; Nr. 24, S. 181,184; Nr. 29, S. 192, 195; vgl. auch *Bock*, Das Grundrechtsverständnis des Bayerischen Staatsgerichtshofs, S. 20.

[322] BayStGH, Lammers/Simons III, Nr. 15 a, S. 144, 147.

[323] BayStGH, Lammers/Simons III, Nr. 15 b, S. 148, 149.

[324] BayStGH, Lammers/Simons III, Nr. 15 b, S. 148, 149.

[325] BayStGH, Lammers/Simons III, Nr. 24, S. 180, 184; IV, Nr. 4, 360, 363.

hungsgeschichte der Norm[326] sowie mit der Notwendigkeit der Gewährleistung effektiven Rechtsschutzes.[327]

Wenn allerdings die mit der Reichsverfassung übereinstimmenden Grundrechte der bayerischen Verfassung keine eigenständige materiell-rechtliche Relevanz hatten und ihnen nur über § 93 Abs. 1 BayVerf 1919 eine formell-rechtliche, den Bayerischen Staatsgerichtshof zur Prüfung berechtigende Bedeutung zukam, musste sich der materiell-rechtliche Gehalt der bayerischen Grundrechte nach Ansicht des Bayerischen Staatsgerichtshofs nach den entsprechenden Vorschriften der Reichsverfassung bestimmen.[328] Daraus folgte, dass der Bayerische Staatsgerichtshof im Ergebnis auch Rechtsschutz gegen die Verletzung von Reichsgrundrechten gewähren[329] und diese auslegen konnte, was insoweit problematisch war, als dadurch die einheitliche Auslegung der Grundrechte der Reichsverfassung durch die reichseigenen Gerichte nicht mehr garantiert war.[330] Etwas abgemildert wurde die Problematik dadurch, dass der Bayerische Staatsgerichtshof im Rahmen von § 93 Abs. 1 BayVerf 1919 eine Verletzung „dieser Verfassung" verlangte, so dass Beschwerden, die ausschließlich auf in der Reichsverfassung enthaltene Grundrechte gestützt wurden, von vornherein unzulässig waren.[331]

In Bezug auf die Zulässigkeit einer Verfassungsbeschwerde nach § 93 Abs. 1 BayVerf 1919 lässt sich weiterhin sagen, dass eine solche nach dem Wortlaut der Norm nur von bayerischen Staatsangehörigen und juristischen Personen mit Sitz in Bayern erhoben werden konnte. Nach Art. 110 Abs. 2 WRV stand dasselbe Recht jedoch jedem Deutschen zu, so dass der Kreis potentieller Beschwerdeführer nicht auf bayerische Staatsbürger beschränkt war.[332] Weiterhin konnte sich die Verfassungsbeschwerde nur gegen Maßnahmen bayerischer Landesbehörden richten,[333] nach § 43 BayStGHG nicht aber gegen Maßnahmen von Reichsbehörden. Auch eine Verfassungsbeschwerde gegen Gesetze war ausgeschlossen, da der bayerische Landtag nicht als Behörde i.S.v. § 93 Abs. 1 BayVerf 1919 anzusehen war.[334] Wenngleich bayerische Gerichte grundsätzlich als Behörden i.S.d. § 93

[326] BayStGH, Lammers/Simons III, Nr. 15 a, S. 144, 146; 15 b, S. 148, 149.

[327] BayStGH, Lammers/Simons III, Nr. 15 a, S. 144, 145 f.

[328] BayStGH, Lammers/Simons III, Nr. 3, S. 133, 133.

[329] Vgl. BayStGH, Lammers/Simons III, Nr. 15 a, S. 144, 147.

[330] S. *Simons* im Geleitwort zu Lammers/Simons III, S. 12; *v. Jan*, BayGemVerwZ 1927, Sp. 31, 33 f.; ausführlich dazu *Bock*, Das Grundrechtsverständnis des Bayerischen Staatsgerichtshofs, S. 25.

[331] St. Rspr., vgl. BayStGH, Lammers/Simons III, Nr. 17, S. 151, 154; Nr. 24, S. 181, 183; s. auch *Bock*, Das Grundrechtsverständnis des Bayerischen Staatsgerichtshofs, S. 26 f.; eine Ausnahme stellen insoweit zwei Entscheidungen dar, in denen der bayerische Staatsgerichtshof inhaltlich auf die Meinungsäußerungsfreiheit einging, obwohl diese nur in Art. 118 WRV, nicht aber in der bayerischen Verfassung gewährleistet war, vgl. BayStGH, Lammers/Simons III, Nr. 36, S. 215, 221; Nr. 43, S. 238, 238.

[332] BayStGH, Lammers/Simons III, Nr. 24, S. 181, 183; vgl. auch *Kratzer*, Bayerische Verfassungsurkunde, § 93, Anm. 1, S. 230.

[333] *Kratzer*, Bayerische Verfassungsurkunde, § 93, Anm. 6, S. 231.

[334] BayStGH, Lammers/Simons III, Nr. 4 b, S. 134; *Kratzer*, Bayerische Verfassungsurkunde, § 93, Anm. 6, S. 231.

Abs. 1 BayVerf 1919 qualifiziert wurden, war eine Verfassungsbeschwerde gegen rechtskräftige gerichtliche Entscheidungen, die auf Grund eines reichsrechtlichen Prozessgesetzes ergangen sind, nach ständiger Rechtsprechung des Bayerischen Staatsgerichtshofs unzulässig, da eine solche Beschwerde einen im Hinblick auf Art. 13 Abs. 1 WRV unzulässigen Eingriff in die reichsrechtliche Rechtspflege bedeutet hätte.[335] Rechtskräftige gerichtliche Entscheidungen in diesem Sinne stellten nach der Rechtsprechung des Bayerischen Staatsgerichtshofs auch Bescheide von Verwaltungsbehörden dar, die in einem geordneten Verwaltungsstreitverfahren ergangen waren, so dass der Anwendungsbereich der Verfassungsbeschwerde stark eingeschränkt wurde.[336] Etwas anderes sollte nur dann gelten, wenn sich die Beschwerde gegen eine rechtskräftige Entscheidung richtete, die auf Grund eines bayerischen Prozessgesetzes ergangen war.[337] In Bezug auf die Prüfungsbefugnis des Bayerischen Staatsgerichtshofs lässt sich sagen, dass sowohl Verordnungen als auch Gesetze inzident auf ihre formelle und materielle Vereinbarkeit mit der Reichsverfassung und der bayerischen Verfassung überprüft wurden.[338]

Für die Beantwortung der Frage nach der Existenz eines eigenständigen Grundrechtsschutzes auf Landesebene ist von besonderem Interesse, ob und gegebenenfalls inwiefern sich Unterschiede ergaben zwischen dem Schutzgehalt der Reichsgrundrechte und den entsprechenden bayerischen Grundrechten in ihrer Interpretation durch den Bayerischen Staatsgerichtshof. Erster Anknüpfungspunkt in diesem Zusammenhang ist die Auslegung des allgemeinen Gleichheitssatzes in § 15 Abs. 1 BayVerf 1919. Insoweit ist zunächst anzuführen, dass der bayerische Staatsgerichtshof in ständiger Rechtsprechung die Geltendmachung von Leistungsansprüchen auf Grundlage von § 15 Abs. 1 BayVerf 1919 ausschloss, indem er der Norm den Gehalt eines bestimmten subjektiven Rechts absprach.[339] Insoweit ergaben sich keine Unterschiede zur Rechtsprechung des Reichsgerichts in Bezug auf Art. 109 Abs. 1 WRV und zur damals herrschenden Lehre.[340] Hinsichtlich der Frage der Bindung des Gesetzgebers an den allgemeinen Gleichheitssatz des § 15 Abs. 1 BayVerf 1919 ging der Bayerische Staatsgerichtshof in ständiger Rechtsprechung davon aus, dass die Norm nicht die Gleichheit des Gesetzes, sondern nur die Gleichheit vor dem Gesetz, d.h. die glei-

---

[335] BayStGH, Lammers/Simons III, Nr. 5, S. 134; s. auch III, Nr. 20, S. 164, 164.

[336] *Schumann*, Verfassungsbeschwerde (Grundrechtsklage) zu den Landesverfassungsgerichten, in: Starck/Stern (Hrsg.), Landesverfassungsgerichtsbarkeit, Bd. 2, S. 149, 177; *Ebersperger*, Die Bayerische Verfassungsbeschwerde, S. 13.

[337] *Kratzer*, Bayerische Verfassungsurkunde, § 93, Anm. 11, S. 232.

[338] S. BayStGH, Lammers/Simons III, Nr. 8, S. 136 für Verordnungen; III, Nr. 22, S. 171, 176; III, Nr. 33, 202, 207 für eine Überprüfung eines Gesetzes am Maßstab der Reichsverfassung.

[339] BayStGH, Lammers/Simons III, Nr. 19, S. 156, 163; Nr. 25, S. 185, 187; Nr. 27, S. 190, 190; Nr. 36, S. 215, 219 f.; Nr. 37, S. 222, 226; *Bock*, Das Grundrechtsverständnis des Bayerischen Staatsgerichtshofs, S. 30.

[340] Vgl. *Stier-Somlo*, Reichs- und Landesstaatsrecht, Bd. 1, S. 440; *Giese*, Reichsverfassung, Art. 109, S. 246.

che Anwendung des Gesetzes und der übrigen Rechtssätze ohne Unterschied der Person nach Geburt, Geschlecht, Stand oder Glaubensbekenntnis garantierte.[341] Das Reichsgericht hatte diese Frage bezüglich Art. 109 Abs. 1 WRV offen gelassen,[342] jedoch die Ableitung der Gleichheit des Gesetzes keinesfalls ausdrücklich bejaht, so dass insoweit keine relevante Diskrepanz zwischen der Rechtsprechung der beiden Gerichte entstand. Entsprechendes lässt sich für die Auslegung des Grundrechts der Freiheit der Person in § 16 BayVerf 1919 und Art. 114 Abs. 1 WRV sowie für die Interpretation der Glaubens- und Gewissensfreiheit in §§ 17, 18 BayVerf 1919 und Art. 135, 136 WRV sagen.[343]

Weniger kongruent war indes die Auslegung von § 16 BayVerf 1919 in Bezug auf die Eigentumsfreiheit durch den Bayerischen Staatsgerichtshof einerseits und die Interpretation von Art. 153 WRV durch das Reichsgericht andererseits. Zwar interpretierten beide Gerichte den Schutzbereich der Eigentumsfreiheit extensiv, indem sie sämtliche Vermögensrechte im bürgerlich-rechtlichen Sinn darunter subsumierten,[344] doch schon bei der Auslegung der Schranken zeigten sich beträchtliche Unterschiede. So sah der Bayerische Staatsgerichtshof jede gesetzliche oder gesetzlich gedeckte Beschränkung des Eigentums als taugliche Schranke i.S.v. § 16 Abs. 2 BayVerf 1919 an, ohne dabei zwischen Enteignungen und anderen Eingriffen in die Eigentumsfreiheit zu unterscheiden,[345] während das Reichsgericht auf der Grundlage von Art. 153 Abs. 2 WRV zwischen Enteignungen und sonstigen Eingriffen, insbesondere Inhalts- und Schrankenbestimmungen i.S.v. Art. 153 Abs. 1 S. 2 WRV differenzierte und Enteignungen nur auf gesetzlicher Grundlage zum Wohle der Allgemeinheit und gegen eine angemessene Entschädigung für zulässig erachtete.[346] Ein Grund für die Divergenz mag darin liegen, dass schon der Wortlaut der Eigentumsfreiheit in der Reichsverfassung ein anderer war als in der bayerischen Verfassungsurkunde. Insbesondere sah § 16 S. 2 BayVerf 1919 außer dem Erfordernis einer gesetzlichen Grundlage keine weiteren Voraussetzungen für einen Eigentumseingriff vor. Hinzu kam, dass § 16 BayVerf 1919, anders als Art. 153 Abs. 1 und 2 WRV, auch nicht zwischen Enteignungen und anderen Eigentumseingriffen, insbesondere Inhalts- und Schrankenbestimmungen differenzierte. Zum Tragen kam der unterschiedliche Wortlaut der beiden Verfassungsbestimmungen jedoch erst dadurch, dass der Bayerische Staatsgerichtshof die Eigentumsgarantie der bayerischen Verfassungsurkunde, anders als andere bayerische Grundrechte mit reichsrechtlicher Entsprechung, in ihrem materiellrechtlichen Gehalt nicht als durch Art. 13 Abs. 1 WRV verdrängt ansah, sondern in sämtlichen Entscheidungen zur Eigentumsfreiheit allein auf § 16 BayVerf 1919

[341] BayStGHE, Lammers/Simons III, Nr. 24, 180, 184; Nr. 27, 190, 190; Nr. 35, S. 208, 211.

[342] RGZ 111, 320, 328 f.; offen gelassen auch in RGZ 113, 6, 13; 125, 369, 372; 128, 165, 169 f.

[343] Ausführlich dazu *Bock*, Das Grundrechtsverständnis des Bayerischen Staatsgerichtshofs, S. 86 ff. u. 167 ff.; speziell zur Glaubens- und Gewissensfreiheit s. BayStGH, Lammers/Simons III, Nr. 29, S. 192, 197.

[344] BayStGH, Lammers/Simons III, Nr. 14, S. 138, 143; RGZ 111, 320, 328.

[345] BayStGH, Lammers/Simons III, Nr. 14, S. 138, 143.

[346] So beispielsweise RGZ 127, 280, 281; 129, 146, 149.

rekurrierte.[347] In Bezug auf das Verhältnis von § 16 BayVerf 1919 zu Art. 153 WRV entschied der Bayerische Staatsgerichtshof, dass § 16 BayVerf 1919 trotz der Übereinstimmung mit Art. 153 WRV einerseits eine eigenständige materielle Bedeutung habe, andererseits aber auch als Bekräftigung von Art. 153 WRV zu verstehen sei.[348] Trotz der Annahme einer Bekräftigung von Art. 153 WRV bestimmte der Bayerische Staatsgerichtshof den Inhalt der Eigentumsfreiheit in der fraglichen Entscheidung jedoch allein aus § 16 BayVerf 1919 und diskutierte folglich nicht einmal die Möglichkeit des Vorliegens einer Enteignung und die daraus folgende Bindung des Gesetzgebers an zusätzliche Voraussetzungen wie das Erfordernis des Allgemeinwohls oder einer angemessenen Entschädigung.[349] Damit blieb der Schutzgehalt von § 16 BayVerf 1919 hinter dem von Art. 153 WRV zurück, weshalb § 16 BayVerf 1919 gemäß Art. 13 Abs. 1 WRV an sich als nichtig anzusehen gewesen wäre, eine Konsequenz, die der Bayerische Staatsgerichtshof jedoch nicht gezogen hat.[350] Folglich war die Eigentumsfreiheit auf der Ebene der bayerischen Verfassung weniger umfassend geschützt als auf Reichsebene, was freilich nicht als Grundrechtsvielfalt im Sinne der Entwicklung eines eigenständigen Grundrechtsschutzes auf Landesebene angesehen werden kann.

Interessant ist schließlich, dass der Bayerische Staatsgerichtshof Verfassungsbeschwerden, die auf das Recht auf freie Meinungsäußerung gestützt wurden, zwar für unzulässig befand, da die bayerische Verfassung keine entsprechende Gewährleistung enthielt und auch die Freiheitsgarantie des § 16 BayVerf 1919 nicht in dieser Weise interpretiert wurde, der Gerichtshof sich jedoch trotzdem zum Schutzbereich der Meinungsäußerungsfreiheit gemäß Art. 118 Abs. 1 WRV äußerte.[351] Hinzu kommt, dass der Bayerische Staatsgerichtshof den Schutzbereich von Art. 118 Abs. 1 WRV weiter interpretierte als der 1. Strafsenat des Reichsgerichts,[352] indem er nicht nur den Inhalt, sondern auch die Form der Äußerung als geschützt ansah.[353] Dies wiederum zeigt, dass sich in Bayern auch jenseits der bayerischen Verfassungsurkunde eine Grundrechtsrechtsprechung entwickeln konnte, die nicht völlig deckungsgleich mit der des Reichsgerichts war, so dass für Bayern durchaus von einer durch die Landesverfassungsgerichtsbarkeit vorangetriebenen Grundrechtsentwicklung auf Landesebene gesprochen werden kann.[354] Nachdem der Bayerische Staatsgerichtshof jedoch keine Kassationsbefugnis bezüglich des Reichsrechts und bezüglich rechtskräftiger reichsgerichtlicher Entscheidungen besaß, waren diese Akzentuierungen von geringer praktischer Bedeutung für die Entwicklung des Reichsrechts insgesamt.

[347] *Bock*, Das Grundrechtsverständnis des Bayerischen Staatsgerichtshofs, S. 137 f.

[348] BayStGH, Lammers/Simons III, Nr. 15 b, S. 148, 148 f.

[349] BayStGH, Lammers/Simons III, Nr. 15 b, S. 148, 148 f.

[350] Ausführlich dazu s. auch *Bock*, Das Grundrechtsverständnis des Bayerischen Staatsgerichtshofs, S. 139 ff.

[351] So etwa BayStGH, Lammers/Simons III, Nr. 24, S. 181, 185; Nr. 43, S. 238, 238 f.

[352] RGSt 59, 158, 159.

[353] BayStGH, Lammers/Simons III, Nr. 43, S. 238, 238; vgl. zum Ganzen *Bock*, Das Grundrechtsverständnis des Bayerischen Staatsgerichtshofs, S. 151 ff.

[354] Krit. dazu *v. Jan*, BayGemVerwZ 1927, Sp. 31, 32 ff.

b) Preußen

Angesichts des Umstands, dass die preußische Verfassung keinen Grundrechtskatalog enthielt, konnte das Preußische Oberverwaltungsgericht Landesgrundrechte nicht als Prüfungsmaßstab heran ziehen. Wenn es in seiner Rechtsprechung Grundrechte anwandte, rekurrierte es daher stets ausschließlich auf die Reichsgrundrechte, etwa auf die Eigentumsfreiheit des Art. 153 Abs. 1 WRV.[355]

Wenngleich die preußische Verfassung aus dem Jahr 1920 in Art. 87 die Entscheidung von Verfassungsstreitigkeiten durch einen landeseigenen Staatsgerichtshof vorsah, entwickelte sich in Preußen keine Verfassungsgerichtsbarkeit, da das zur Errichtung des Staatsgerichtshofs erforderliche Gesetz nie erlassen wurde,[356] so dass *de facto* der Staatsgerichtshof des Deutschen Reiches für die Entscheidung von Verfassungsstreitigkeiten in Preußen zuständig war.[357] Schon allein aus diesem Grund konnte es in Preußen keine Verfassungsbeschwerde vor einem landeseigenen Verfassungsgericht zur Durchsetzung von Grundrechten geben.

c) Andere Länder

In den allermeisten deutschen Ländern existierte in der Zeit der Weimarer Republik eine von der ordentlichen Gerichtsbarkeit getrennte Verwaltungsgerichtsbarkeit,[358] die überwiegend auch Reichsgesetze am Maßstab der Reichsverfassung überprüfte.[359] Landesgrundrechte konnten von den Verwaltungsgerichten jedoch allenfalls dort heran gezogen werden, wo die jeweilige Landesverfassung einen eigenen Grundrechtskatalog enthielt. Insoweit gelten die in Bezug auf Bayern dargelegten Ausführungen entsprechend. Eine Überprüfungsbefugnis bezüglich der Landesgesetze am Maßstab der Landesgrundrechte konnte außer in Bayern nur in Baden, Braunschweig und Mecklenburg-Strelitz bestehen, da § 36 der oldenburgischen Verfassung, welche ebenfalls eigene Landesgrundrechte enthielt, eine derartige Überprüfung explizit ausschloss.[360]

Neben der Verwaltungsgerichtsbarkeit bestand in vielen deutschen Ländern auch eine eigene Verfassungsgerichtsbarkeit. Allerdings existierte in der Weimarer Republik außerhalb von Bayern nirgendwo das Rechtsinstitut der Verfassungsbeschwerde, so dass Landesgrundrechte allenfalls im Rahmen anderer Ver-

[355] PrOVGE 81, 181, 201; ähnlich etwa in PrOVGE 82, 196, 201 ff. zu Art. 137 WRV; 84, 230, 231 ff. zu Art. 137 Abs. 6 WRV; 86, 279, 283 zu Art. 123 f. WRV

[356] S. dazu auch *Fiedler*, Verfassungsgerichtsbarkeit im Bundesstaat, S. 45.

[357] S. *Hoke*, Verfassungsgerichtsbarkeit in den deutschen Ländern, in: Starck/Stern (Hrsg.), Landesverfassungsgerichtsbarkeit, Bd. 1, S. 25, 97.

[358] S. dazu *Huber*, Deutsche Verfassungsgeschichte, Bd. 6, S. 572 f.

[359] So etwa BayObLG, Beschl. v. 20.03.1926, DJZ 31 (1926), 903; HbgOVG, JW 1927, 1288, 1288; vgl. *Gusy*, Richterliches Prüfungsrecht, S. 85 f.

[360] S. dazu auch *Hoke*, Verfassungsgerichtsbarkeit in den deutschen Ländern, in: Starck/Stern (Hrsg.), Landesverfassungsgerichtsbarkeit, Bd. 1, S. 25, 101.

fahren, insbesondere im Rahmen der Normenkontrolle, zur Anwendung gebracht werden konnten. Indes verzichtete mit Mecklenburg-Strelitz ein Land, das über eigene Grundrechte verfügte, auf einen eigenen Staatsgerichtshof und übertrug die staatsgerichtlichen Zuständigkeiten auf den Staatsgerichtshof für das Deutsche Reich,[361] so dass in diesem Land keine Impulse in Richtung einer eigenständigen Grundrechtsjudikatur auf Landesebene möglich waren. Entsprechendes gilt für das Land Braunschweig, das ebenfalls keinen eigenen Staatsgerichtshof errichtet hatte.[362] In Baden hingegen existierte zwar ein eigener Staatsgerichtshof, dieser war aber nicht generell für die Entscheidung verfassungsgerichtlicher Streitigkeiten zuständig, so dass grundrechtliche Fragen insoweit keine Rolle spielen konnten.[363] Lediglich in Oldenburg besaß der Staatsgerichtshof die Kompetenz zur Entscheidung über Verfassungsstreitigkeiten,[364] d.h. grundsätzlich auch über die Auslegung von Grundrechten der oldenburgischen Verfassung. Allerdings waren nach der oldenburgischen Verfassung weder eine Verfassungsbeschwerde noch eine Normenkontrolle vorgesehen, so dass eine Kontrolle der Einhaltung der Landesgrundrechte durch den oldenburgischen Staatsgerichtshof praktisch nicht möglich war und inhaltliche Divergenzen zwischen der Rechtsprechung des oldenburgischen Staatsgerichtshofs und der obersten Reichsgerichte im Grundrechtsbereich schon gar nicht auftreten konnten. Insgesamt verwundert es deshalb nicht, dass sich in der Weimarer Republik auf Landesebene kaum ein eigenständiger Grundrechtsschutz herausbilden konnte.

VII. Zwischenergebnis

Wie schon das Kaiserreich war auch die Weimarer Republik als Mehrebenensystem in Form eines föderalen Bundesstaates organisiert. Anders als noch im Kaiserreich überwogen jedoch schon vom Wortlaut der Verfassung her die unitarischen Elemente, was sich u.a. am Bedeutungsverlust des Reichsrates, der Ausweitung der reichseigenen Gesetzgebungskompetenzen und der Abschaffung der Reservatrechte ablesen lässt. Dennoch waren die föderalen Elemente nicht völlig aus der Verfassung verschwunden, was sich etwa daran zeigt, dass die Gesetzgebungskompetenzen nach wie vor zwischen Reich und Ländern aufgeteilt waren und die Verwaltung weiterhin größtenteils den Ländern oblag. Insgesamt etablierte die Weimarer Reichsverfassung allerdings ein in weiten Teilen hierarchi-

[361] S. § 4 der Verfassung von Mecklenburg-Strelitz v. 24.5. 1923; vgl. auch *Hoke*, Verfassungsgerichtsbarkeit in den deutschen Ländern, in: Starck/Stern (Hrsg.), Landesverfassungsgerichtsbarkeit, Bd. 1, S. 25, 96.

[362] S. dazu *Hoke*, Verfassungsgerichtsbarkeit in den deutschen Ländern, in: Starck/Stern (Hrsg.), Landesverfassungsgerichtsbarkeit, Bd. 1, S. 25, 96 f.

[363] § 61 der badischen Verfassung, wonach der Staatsgerichtshof für die Entscheidung über Ministeranklagen zuständig war; s. auch *Hoke*, Verfassungsgerichtsbarkeit in den deutschen Ländern, in: Starck/Stern (Hrsg.), Landesverfassungsgerichtsbarkeit, Bd. 1, S. 25, 96.

[364] § 75 Abs. 1 der Verfassung von Oldenburg v. 17.06.1919.

sches System, bei dem nach Art. 13 Abs. 1 WRV das Reichsrecht dem Landesrecht vorging. Damit sollten potenzielle Kollisionen zwischen Reichsrecht und Landesrecht gelöst werden, nachdem die Verteilung der Gesetzgebungskompetenzen vom Reichsgericht nicht als Konfliktvermeidungsmechanismus angesehen wurde und damit auch im Grundrechtsbereich nicht als solcher wirken konnte. Die Kollisionsnorm war damit in der übergeordneten Rechtsordnung verankert.

Die zunehmende Unitarisierung im Vergleich zum Kaiserreich zeigt sich auch daran, dass die Weimarer Reichsverfassung, anders als die Bismarcksche Reichsverfassung, einen eigenen, umfassenden Grundrechtskatalog enthielt, dessen Gewährleistungen nicht pauschal auf das Prinzip des Vorbehalts des Gesetzes reduziert werden konnten. Die Landesverfassungen hingegen verzichteten nunmehr weitgehend auf eigene Grundrechtsgewährleistungen, so dass sich gerade einmal in fünf Ländern, u.a. in Bayern, eigene Landesgrundrechte auf Verfassungsebene fanden. Insoweit kann man von einer Unitarisierung des Grundrechtsschutzes unter der Weimarer Reichsverfassung sprechen, die den Ländern kaum Raum für eigene Grundrechtsentwicklungen beließ, zumal Landesgrundrechte, die inhaltsgleich mit Reichsgrundrechten waren oder Reichsrecht widersprachen, ohnehin gemäß Art. 13 Abs. 1 WRV derogiert wurden. Vor diesem Hintergrund haben die meisten Länder schon nicht die Notwendigkeit der Garantie eigener Grundrechte gesehen, was man als Konfliktvermeidungsmechanismus in Form der Grundrechtskonvergenz durch freiwilligen Verzicht seitens der Länder deuten kann. Die wenigen Länder, die über eigene Grundrechte verfügten, beschränkten sich zudem überwiegend auf die Wiederholung von Grundrechten der Reichsverfassung, wodurch, wie *Gross* zu Recht bemerkt, kein eigenständiges Landesverfassungsrecht geschaffen wurde.[365] Schließlich konnten die reichsrechtlich gewährleisteten Grundrechte vom Reich dazu benutzt werden, um in genuine Zuständigkeitsbereiche der Länder einzugreifen, was insbesondere im Bereich des Religionsrechts sowie des Schulrechts relevant wurde, so dass die Reichsgrundrechte für das Reich letztlich auch zuständigkeitserweiternd wirkten.

In Bezug auf die Bindungswirkung von Grundrechten lässt sich sagen, dass sich die Grundrechtsdogmatik im Vergleich zum Kaiserreich entscheidend weiter entwickelt hatte und nunmehr die Gerichte, die Verwaltung und mit Abstrichen auch der Gesetzgeber als grundrechtsverpflichtet angesehen wurden. Freilich darf hierbei nicht übersehen werden, dass der Gesetzgeber sämtliche Grundrechte, die nur mit einem einfachen Gesetzesvorbehalt versehen waren, faktisch aushöhlen konnte. Darüber hinaus konnte sich die Ansicht, wonach der Gesetzgeber selbst an den allgemeinen Gleichheitssatz des Art. 109 Abs. 1 WRV gebunden sein sollte, nicht vollständig durchsetzen, so dass der Grundrechtsschutz insoweit weiterhin lückenhaft blieb. In Bezug auf die vorliegend interessierende Frage nach dem Verhältnis von Reichs- und Landesgrundrechten fällt auf, dass den Landesgrundrechten, soweit überhaupt vorhanden, angesichts der umfassenden Bindung der Landesstaatsgewalt an die Reichsgrundrechte sowie der extensi-

---

[365] *Gross*, DVBl. 1950, 5, 7.

ven Auslegung von Art. 13 Abs. 1 WRV im Anwendungsbereich von Reichsrecht keine eigenständige Bedeutung zukommen konnte und die Problematik von den Gerichten mangels einschlägiger Fälle und wegen der noch immer vorhandenen Zurückhaltung bei der Zitierung von Grundrechten kaum thematisiert wurde.

Hinsichtlich der prozessualen Mechanismen des Grundrechtsschutzes kann man feststellen, dass in der Weimarer Republik der Grundrechtsschutz überwiegend durch die Verwaltungsgerichte der Länder erfolgte, nachdem die Errichtung eines reichseigenen allgemeinen Verwaltungsgerichts gescheitert war. Auf Reichsebene wurde der Schutz der Grundrechte sowohl durch den Staatsgerichtshof des Deutschen Reiches als auch durch das Reichsgericht verwirklicht. Im Rahmen von Art. 13 Abs. 2 WRV konnte das Reichsgericht die Vereinbarkeit von Landesgrundrechten mit dem Reichsrecht überprüfen. Dieses Verfahren erlangte in der Praxis durchaus Relevanz, was sich an den zahlreichen Entscheidungen des Reichsgerichts diesbezüglich ablesen lässt. Außerdem trug das Verfahren zur Vereinheitlichung im Grundrechtsbereich bei, da Landesgrundrechte auf diese Weise jederzeit für unwirksam erklärt werden konnten, selbst wenn sie mit Reichsgrundrechten inhaltsgleich waren.

Die Verwaltungsgerichte der Länder überprüften das Landesrecht auf seine Vereinbarkeit mit Reichsgrundrechten und, soweit vorhanden, mit Landesgrundrechten. Echte Akzente zu Gunsten des Schutzes von Landesgrundrechten konnten dabei jedoch kaum gesetzt werden, was sich am Beispiel des Bayerischen Verwaltungsgerichtshofs demonstrieren lässt. In dessen Rechtsprechung erlangten bayerische Grundrechte nur dort selbstständige Bedeutung, wo keine Reichsgrundrechte existierten, etwa beim Bestimmungsrecht der Eltern bezüglich der Religionszugehörigkeit ihrer Kinder. Auf verfassungsgerichtlicher Ebene konnte sich der Schutz von Landesgrundrechten alleine in Bayern vollziehen, da nur dort das Rechtsinstitut der Verfassungsbeschwerde bekannt war. Wenngleich der Bayerische Staatsgerichtshof in seiner Rechtsprechung das Grundrecht der Eigentumsfreiheit in der bayerischen Verfassung anders interpretierte als das Reichsgericht den entsprechenden Artikel der Reichsverfassung, konnte sich auf Landesebene dennoch kein eigenständiger Grundrechtsschutz entwickeln, da im konkreten Fall der Schutzgehalt der bayerischen Verfassungsbestimmung in der Auslegung durch den Bayerischen Staatsgerichtshof hinter derjenigen des Reichsrechts zurück blieb. In den Verfassungen der übrigen Länder fehlten schon die Grundrechtsverbürgungen und selbst dort, wo solche vorhanden waren, konnte diese allenfalls verwaltungsgerichtlich, nicht jedoch verfassungsgerichtlich durchgesetzt werden, so dass ein Dialog zwischen den obersten Gerichten des Reiches und den Verfassungsgerichten der Länder im Grundrechtsbereich nicht erforderlich war. Angesichts dieser Rahmenbedingungen verwundert es nicht, dass sich der Grundrechtsschutz in der Weimarer Republik allein „von oben nach unten", nicht aber „von unten nach oben" entwickeln konnte und an die Stelle der noch im Kaiserreich vorhandenen Grundrechtsvielfalt ein unitarisierter Grundrechtsschutz auf Grundlage der Reichsgrundrechte trat.

§ 5 Exkurs: Föderalismus und Grundrechtsschutz unter der nationalsozialistischen Willkürherrschaft

Mit der Machtergreifung *Hitlers* am 30. Januar 1933 war eine tief greifende Umgestaltung der politischen und staatsrechtlichen Verhältnisse des Deutschen Reiches verbunden, in deren Folge nicht nur das Gewaltenteilungsprinzip,[1] sondern auch der bundesstaatliche Charakter der Weimarer Reichsverfassung beseitigt wurde.[2] Im Rahmen der Gleichschaltung der Länder kam es zu einer Anpassung der Zusammensetzung der Länderparlamente und Gemeindevertretungen an das Ergebnis der vorangegangenen Reichstagswahl, was eine Stimmenmehrheit der Nationalsozialistischen Deutschen Arbeiterpartei (NSDAP) auch in den Ländern garantierte. Daneben wurden die Landesregierungen ermächtigt, an Stelle der Landesparlamente und abweichend von der jeweiligen Landesverfassung Landesrecht zu setzen.[3] Die Vorherrschaft der NSDAP wurde des Weiteren durch die Einsetzung von Reichsstatthaltern sicher gestellt, denen u.a. das Recht zur Ernennung und Entlassung der Landesregierung, zur Auflösung des Landtags und zur Ausfertigung und Verkündung der Landesgesetze zukam.[4] Endgültig beseitigt wurde das föderale System schließlich durch das Gesetz über den Neuaufbau des Reiches vom 30. Januar 1934, in dem die Volksvertretungen der Länder aufgehoben, die Hoheitsrechte der Gliedstaaten vollständig und endgültig auf das Reich übertragen und die Landesregierungen der Rechts- und Fachaufsicht der Reichsexekutive unterstellt wurden.[5] Die Erste Verordnung über den Neuaufbau des Reichs vom 2. Februar 1934 ergänzte das Reichsgesetz, indem es die Wahrnehmung der Hoheitsrechte, die von den Ländern auf das Reich übergegangen waren, sog. Landesbehörden zur Ausübung im Auftrage und im Namen des Reichs übertrug.[6] Neue Landesgesetze bedurften nach dieser Verordnung zudem der

---

[1] Gesetz zur Behebung der Not von Reich und Volk v. 24.03.1933, RGBl. I, S. 141.

[2] Vorläufiges Gesetz zur Gleichschaltung der Länder mit dem Reich v. 31.03.1933, RGBl. I, S. 153; zweites Gesetz zur Gleichschaltung der Länder mit dem Reich v. 07.04.1933, RGBl. I, S. 173; ausführlich dazu *Huber*, Verfassung, S. 184 ff.; *Grawert*, HdStR I, § 6 Rn. 11 f.; *Stern*, Staatsrecht V, S. 786 ff.

[3] Vorläufiges Gesetz zur Gleichschaltung der Länder mit dem Reich v. 31.03.1933, RGBl. I, S. 153.

[4] Zweites Gesetz zur Gleichschaltung der Länder mit dem Reich v. 07.04.1933, RGBl. I, S. 173.

[5] Gesetz über den Neuaufbau des Reiches v. 30.01.1934, RGBl. I, S. 75; vgl. auch *März*, Bundesrecht bricht Landesrecht, S. 73; *Grawert*, HdStR I, § 6 Rn. 13.

[6] § 1 der Ersten Verordnung über den Neuaufbau des Reichs v. 02.02.1934, RGBl. I, S. 81.

Zustimmung des zuständigen Reichsministers.[7] Dies besiegelte das Ende der Länder als Staaten im bundesstaatlichen Sinn, denn sie verfügten nunmehr weder über Gesetzgebungs- noch über Verwaltungs- oder Justizhoheit.[8] Durch die Aufhebung des föderalen Staatsaufbaus wurde auch die Kollisionsnorm des Art. 13 Abs. 1 WRV, ebenso wie die Normen über die Zuständigkeitsabgrenzung zwischen Reich und Ländern, gegenstandslos und damit unwirksam.[9] Dessen ungeachtet bestätigte die Rechtsprechung die überkommene Rangordnung von Reichsrecht und Landesrecht und damit letztlich auch die zumindest analoge Fortgeltung von Art. 13 Abs. 1 WRV, wobei nach 1934 nur noch Kollisionen zwischen unmittelbarem Reichsrecht und dem von den Landesregierungen erlassenen partikulärem Reichsrecht möglich waren.[10] Konsequent war diese Rechtsprechung freilich nicht, zumal nicht begründet wurde, inwiefern es in dem Einheitsstaat überhaupt noch Landesrecht geben konnte.[11] Richtigerweise waren die von der Landesexekutiven erlassenen Rechtsnormen als Reichrechtsverordnungen zu qualifizieren,[12] auf die Art. 13 Abs. 1 WRV ohnehin keine Anwendung finden konnte. Eine ähnliche Problematik stellte sich bezüglich der Qualifikation der noch gültigen Bestimmungen von Landesverfassungen. Sie wurden als gewöhnliche Gesetze betrachtet,[13] ohne dass es noch auf eine Unterscheidung zwischen Reichsrecht und Landesrecht angekommen wäre. Überlegungen zur Kollision von Rechtsnormen in einem föderalen Mehrebenensystem wurden angesichts derartiger Prämissen obsolet.[14]

Entsprechendes gilt für die Frage nach dem Grundrechtsschutz unter der nationalsozialistischen Willkürherrschaft, bei der die Herrschaftsgewalt *Hitlers* durch keinerlei Rechtsnormen begrenzt war.[15] Grundrechte, insbesondere die klassischen Freiheitsrechte, waren mit der totalitären Struktur des Reiches und der nationalsozialistischen Ideologie nicht vereinbar[16] und hatten deshalb im Reich keine Bedeutung. Bereits wenige Tage nach der Ernennung *Hitlers* zum Reichskanzler waren die Versammlungs- und Pressefreiheit durch Notverord-

[7] § 3 Abs. 1 der Ersten Verordnung über den Neuaufbau des Reichs v. 02.02.1934, RGBl. I, S. 81.

[8] *März*, Bundesrecht bricht Landesrecht, S. 74; *Huber*, Verfassung, S. 188 ff.; *Zink*, Die Rechtsstellung und Rechtsnatur der deutschen Länder, S. 28 ff.

[9] *Horneffer*, ZgS 99 (1939), 148, 158.

[10] Grundlegend dazu RGZ 152, 86, 88; vgl. *März*, Bundesrecht bricht Landesrecht, S. 75.

[11] *März*, Bundesrecht bricht Landesrecht, S. 75.

[12] *Borchert*, Das Verhältnis des Reichsrechts zum Landesrecht in Entwicklung und Gegenwart des deutschen Staatsrechts, S. 77 f.; *Scheuner*, RVBl. 55 (1934), 513, 514; *März*, Bundesrecht bricht Landesrecht, S. 76; *Huber*, Verfassung, S. 191, spricht insoweit von einem „landschaftlich beschränkte[n] Reichsrecht".

[13] *Huber*, Verfassung, S. 189.

[14] S. dazu auch *März*, Bundesrecht bricht Landesrecht, S. 76.

[15] Vgl. dazu *Fiedler*, Verfassungsgerichtsbarkeit im Bundesstaat, S. 46.

[16] *Grawert*, HdStR I, § 6 Rn. 19; *Weber-Fas*, Der Verfassungsstaat des Grundgesetzes, S. 24; *Kröger*, Grundrechtsentwicklung, S. 70.

nung des Reichspräsidenten erheblich eingeschränkt worden.[17] In der Folgezeit wurden zentrale Grundrechte der Reichsverfassung bis auf Weiteres außer Kraft gesetzt[18] und zugleich Einschränkungen der Freiheitsrechte jenseits der gesetzlichen Grenzen für zulässig erklärt.[19] Folglich erübrigt sich auch die Frage nach der Grundrechtsbindung staatlicher Stellen, nach der Unabhängigkeit der Justiz[20] sowie der Rolle einer Verfassungsgerichtsbarkeit.

---

[17] Verordnung des Reichspräsidenten zum Schutze des Deutschen Volkes v. 4. Februar 1933, RGBl. I, S. 35.

[18] Verordnung des Reichspräsidenten zum Schutz von Volk und Staat v. 28. Februar 1933, RGBl. I, S. 83.

[19] *Kröger*, Grundrechtsentwicklung, S. 70.

[20] Näher dazu *Grawert*, HdStR I, § 6 Rn. 31; *Stern*, Staatsrecht V, S. 800 ff.

§ 6 Grundrechtsschutz im Mehrebenensystem des Grundgesetzes

I. Verfassungsentwicklung im historischen Kontext

1. Bundesebene

a) Entstehung des Grundgesetzes

Nach dem Ende des Zweiten Weltkriegs und dem Untergang des Dritten Reiches waren sämtliche staatliche Befugnisse auf die vier Besatzungsmächte übergegangen. Nachdem die Vorstellungen der Siegermächte schon ab 1947 nicht mehr in Einklang zu bringen waren, ermächtigten die drei westlichen Besatzungsmächte in den Frankfurter Dokumenten die Ministerpräsidenten der Länder zur Einberufung einer „Verfassungsgebenden Versammlung", die eine demokratische Verfassung föderalen Typs ausarbeiten sollte. Daraufhin beriefen die Ministerpräsidenten der westdeutschen Länder im Juli 1948 einen Sachverständigen-Ausschuss für Verfassungsfragen, den sog. „Herrenchiemseer Konvent",[1] zum Zwecke der Ausarbeitung eines Verfassungsentwurfs ein. Allerdings konnte sich die zu entwerfende Verfassung naturgemäß nur auf die drei Westzonen, nicht aber auf die sowjetische Besatzungszone erstrecken, für die mit der Verfassung der DDR vom 7. Oktober 1949 schließlich eine eigene Verfassung geschaffen wurde.[2] Der provisorische Charakter der am 8. Mai 1949 vom Parlamentarischen Rat beschlossenen[3] und von den Alliierten genehmigten Verfassung, welche am 23. Mai 1949 in Kraft trat, kam durch die Bezeichnung „Grundgesetz" sowie in der Präambel und in Art. 146 GG zum Ausdruck.[4] Nach den Vorgaben der westlichen Besatzungsmächte und in Anlehnung an das Vorbild der Weimarer Reichsverfassung hatte sich der Parlamentarische Rat für die Schaffung eines föderalen Systems entschieden, das auf Druck der süddeutschen Länder länderfreundlicher gestaltete wurde als das föderale System der Weimarer Reichsverfassung.[5] Das so konzipierte

---

[1] Vgl. dazu etwa *Bauer-Kirsch*, FS Isensee, S. 229 ff.

[2] Vgl. *Brunner*, HdStR I, § 11, Rn. 5 ff.; für den Verfassungstext s. *Mampel*, Die Verfassung der Sowjetischen Besatzungszone Deutschlands.

[3] Grundgesetz für die Bundesrepublik Deutschland v. 23. Mai 1949, BGBl., S. 1.

[4] Näher dazu *Häberle* (Hrsg.), Entstehungsgeschichte der Artikel des Grundgesetzes, S. 14 ff., 924 ff.

[5] Ausführlich dazu *Häberle* (Hrsg.), Entstehungsgeschichte der Artikel des Grundgesetzes, S. 42; *Mußgnug*, HdStR I, § 8 Rn. 71 ff.

Grundgesetz erhielt einen umfassenden Grundrechtskatalog mit den klassischen Freiheits- und Gleichheitsrechten, wobei auf die Verbürgung sozialer Grundrechte bewusst verzichtet wurde.[6]

b) Entwicklung nach der Wiedervereinigung

Im Zuge der Wiedervereinigung wurde eine Gemeinsame Verfassungskommission zur Überarbeitung des Grundgesetzes eingesetzt. Tief greifende strukturelle Änderungen ergaben sich dadurch jedoch nicht, zumal sich die Kommission kaum mit Fragen der föderalen Ordnung befasste.[7] In Bezug auf den Grundrechtsabschnitt wirkte sich die Arbeit der Gemeinsamen Verfassungskommission ebenfalls nur wenig aus. Lediglich Art. 3 Abs. 2 S. 2 GG fügte eine staatliche Pflicht zur Förderung der tatsächlichen Durchsetzung der Gleichberechtigung von Frauen und Männern sowie zur Hinwirkung auf die Beseitigung bestehender Nachteile ein.[8] Außerdem wurde in Art. 3 Abs. 3 S. 2 GG ein Diskriminierungsverbot zum Schutz Behinderter verankert,[9] welches zugleich einen Auftrag an den Gesetzgeber in Form eines sozialstaatlichen Staatsziels enthält.[10] Darüber hinaus fanden jedoch soziale Grundrechte oder Programmsätze auch in dieser Phase – ebenso wie später – keinen Eingang ins Grundgesetz.

2. Landesebene

a) Schaffung von Landesverfassungen nach Kriegsende

Nach Kriegsende setzte auf Landesebene sehr bald ein Verfassungsgebungsprozess ein, was dazu führte, dass einige der Landesverfassungen bereits vor Inkrafttreten des Grundgesetzes verabschiedet wurden.[11] Konkret gilt dies für die Länder Bayern,[12] Hessen,[13] Bremen,[14] Rheinland-Pfalz[15] und das Saarland.[16] Bei den

---

[6] Ausführlich dazu unten, § 6 II.1.

[7] Bericht der Gemeinsamen Verfassungskommission, BT-Drs. 12/6000, S. 114 f.; vgl. *Bauer*, HdStR I, § 14, Rn. 50.

[8] 42. Gesetz zur Änderung des Grundgesetzes v. 27.10.1994, BGBl. I, S. 3146.

[9] 42. Gesetz zur Änderung des Grundgesetzes v. 27.10.1994, BGBl. I, S. 3146.

[10] BVerfGE 96, 288, 302 ff.; BVerfG, Beschl. v. 28.03.2000 – 1 BvR 1460/99, NJW 2000, 2658, 2659; ausführlich dazu *Dürig/Scholz*, in: MD, GG, Art. 3 Abs. 3 Rn. 174 (57. Ergänzungslieferung 2010); *Straßmair*, Der besondere Gleichheitssatz, S. 275.

[11] Ausführlich zur Verfassungsgebung in den westdeutschen Bundesländern *Stiens*, Chancen und Grenzen der Landesverfassungen, S. 57 ff., 77 ff.

[12] Verfassung des Freistaates Bayern v. 02.12.1946, GVBl., S. 991.

[13] Verfassung des Landes Hessen v. 01.12.1946, GVBl. I, S. 229.

[14] Landesverfassung der Freien Hansestadt Bremen v. 21.10.1947, Brem.GBl., S. 251.

[15] Verfassung für Rheinland-Pfalz v. 18.05.1947, VOBl., S. 209.

[16] Verfassung des Saarlandes v. 15.12.1947, Amtsbl., S. 1077.

Verfassungen dieser Länder handelte es sich um Vollverfassungen sozialstaatlicher Prägung, die sich mehr oder weniger stark an die Weimarer Reichsverfassung anlehnen.[17]

In den Ländern Schleswig-Holstein,[18] Nordrhein-Westfalen,[19] Niedersachsen,[20] Hamburg,[21] Baden-Württemberg[22] sowie in Berlin[23] vollzog sich die Verfassungsgebung dagegen erst nach Inkrafttreten des Grundgesetzes, was zu einer Selbstbeschränkung und Anpassung an die Vorgaben des Grundgesetzes führte.[24] Es handelt sich bei diesen Verfassungen dementsprechend nicht mehr um ausführliche Vollverfassungen mit umfassenden Grundrechtskatalogen, sondern entweder um reine Organisationsstatute oder um kurz gefasste Vollverfassungen mit einzelnen Grundrechtsgewährleistungen.[25]

Auch in der sowjetischen Besatzungszone wurden schon bald nach Kriegsende Landesverfassungen geschaffen, namentlich in Thüringen,[26] Sachsen-Anhalt,[27] Brandenburg,[28] Mecklenburg[29] und Sachsen.[30] Diese Landesverfassungen orientierten sich an den Inhalten der Weimarer Reichsverfassung[31] und enthielten allesamt Grundrechtsbestimmungen.[32] Allerdings fielen sie faktisch der Errichtung des Einheitsstaates der DDR zum Opfer, ohne jemals förmlich aufgehoben worden zu sein.[33]

---

[17] *Menzel*, Landesverfassungsrecht, S. 329.

[18] Landessatzung für Schleswig-Holstein v. 13.12.1949, GVOBl.-Schl.-H. 1950, S. 3.

[19] Verfassung für das Land Nordrhein-Westfalen v. 28.06.1950, GV.NW., S. 127.

[20] Vorläufige Verfassung von Niedersachsen v. 13.04.1951, Nds.GVBl., S. 103.

[21] Verfassung der Freien und Hansestadt Hamburg v. 06.06.1952, HbgGVBl, S. 117.

[22] Verfassung des Landes Baden-Württemberg v. 11.11.1953, GBl., S. 173; ausführlich zur Entstehung s. *Schröder*, HGR VIII, § 245 Rn. 3.

[23] Verfassung von Berlin v. 01.10.1950, VOBl. I, S. 433.

[24] *Menzel*, Landesverfassungsrecht, S. 349.

[25] Vgl. *Menzel*, Landesverfassungsrecht, S. 349; *Pestalozza*, Verfassungen der deutschen Bundesländer, Einführung Rn. 27.

[26] Verfassung des Landes Thüringen v. 20.12.1946, RegBl., I, 1947, S. 1.; s. dazu *Brenner*, HGR VIII, § 260 Rn. 14 f.

[27] Verfassung der Provinz Sachsen-Anhalt v. 10.01.1947, GBl. I 1947, S. 9.

[28] Verfassung der Mark Brandenburg v. 06.02.1947, GVBl., S. 45.

[29] Verfassung des Landes Mecklenburg v. 16.01.1947, RegBl. 1947, S. 1.

[30] Verfassung des Landes Sachsen v. 28.02.1947, Gesetze/Befehle/Verordnungen/Bekanntmachungen 1947 I. Teil, S. 103.

[31] Vgl. dazu auch *Diercks*, LKV 1996, 231, 232; *Riegler*, Konflikte zwischen Grundgesetz und Länderverfassungen, S. 25 f.

[32] Ausführlich dazu *Braas*, Die Entstehung der Länderverfassungen in der Sowjetischen Besatzungszone Deutschlands 1946/47, S. 133 ff.

[33] S. Gesetz über die weitere Demokratisierung des Aufbaus und der Arbeitsweise der staatlichen Organe in den Ländern der DDR v. 23.07.1952, GBl., S. 613; vgl. auch *Pestalozza*, Verfassungen der deutschen Bundesländer, Einführung Rn. 13.

b) Situation nach der Wiedervereinigung

Im Zuge der Wiedervereinigung gaben sich die fünf neuen Bundesländer[34] sowie Berlin[35] neue Verfassungen, die zusammen eine Art „dritte Generation gliedstaatlicher Verfassungen" bilden[36] und die zumindest kurzzeitig das Landesverfassungsrecht aus seinem bis dahin andauernden „Dornröschenschlaf" weckten.[37] Grund für diese Dynamik seitens der neuen Bundesländer war nicht zuletzt der Umstand, dass die Wende in der DDR gerade auch eine Verfassungsbewegung darstellte.[38] Inhaltlich handelt es sich bei den Verfassungen der neuen Bundesländer um Vollverfassungen, die nicht nur den Landesstaatsapparat organisieren, sondern die, mit Ausnahme der Verfassung von Mecklenburg-Vorpommern, die in Bezug auf den Grundrechtsschutz vor allem auf die Grundrechte des Grundgesetzes verweist, darüber hinaus auch Grundrechte und Staatszielbestimmungen formulieren sowie eine Kultur-, Wirtschafts- und Sozialordnung definieren.[39] Auch in den westdeutschen Bundesländern kam es nach der Wiedervereinigung teilweise zu weit reichenden Verfassungsänderungen bis hin zu Totalrevisionen der jeweiligen Landesverfassung wie etwa in Schleswig-Holstein, Rheinland-Pfalz, Niedersachsen[40] und Hamburg.[41]

II. Verfassungsmäßige Grundrechtsgewährleistungen

1. Bundesebene

Nach anfänglichem Zögern[42] entschied sich der Parlamentarische Rat für die Schaffung eines Grundrechtskataloges, der den organisatorischen Bestimmungen

[34] Verfassung des Freistaates Sachsen v. 27.05.1992, SächsGVBl., 243; Verfassung des Freistaats Thüringen v. 25.10.1993, GVBl., S. 625; Verfassung des Landes Sachsen-Anhalt v. 16.07.1992, GVBl. LSA, S. 600; Verfassung des Landes Mecklenburg-Vorpommern v. 23.05.1993, GVOBl. M-V, S. 372; Verfassung des Landes Brandenburg v. 20.08.1992, GVBl. I, S. 298; zur Verfassungsgebung in den neuen Bundesländern s. *Dietlein*, Die Grundrechte in den Verfassungen der neuen Bundesländer, S. 61 ff.; speziell zu Mecklenburg-Vorpommern s. *Erbguth/Wiegand*, DÖV 1992, 770, 771 ff.

[35] Verfassung von Berlin v. 23.11.1995, GVBl., S. 779.

[36] *Isensee*, SächsVBl. 1994, 28, 31; zur Verfassungsgebung in den neuen Bundesländern s. auch *Rux*, NJ 1992, 147, 147 ff.; *Stiens*, Chancen und Grenzen der Landesverfassungen, S. 68 ff., 83 ff.

[37] So *Starck*, zit. bei *Stern*, JA 1984, 385, 390; vgl. auch *Hufen*, BayVBl. 1987, 513, 515; für ähnliche Beschreibungen s. *Isensee*, VVDStRL 46 (1988), 120, 121; *Stern*, Einführung, in: Starck/Stern (Hrsg.), Landesverfassungsgerichtsbarkeit, Bd. 1, S. 1, 15 f.; vgl. auch *Poscher*, NJ 1996, 351, 351; *Franke*, FS Mahrenholz, S. 923, 923; *Möstl*, AöR 130 (2005), 350, 354 m.w.N.

[38] *Poscher*, NJ 1996, 351, 351.

[39] *Pestalozza*, Verfassungen der deutschen Bundesländer, Einführung Rn. 30; *Menzel*, Landesverfassungsrecht, S. 365.

[40] Ausführlich dazu *Berlit*, NVwZ 1994, 11, 13 ff.; *Starck*, NdsVBl. 1994, 2, 7 ff.

[41] Näher dazu *Pestalozza*, Verfassungen der deutschen Bundesländer, Einführung Rn. 35.

[42] *Mußgnug*, HdStR I, § 8, Rn. 55.

des Grundgesetzes voran gestellt werden sollte. Zugleich verzichtete man auf die Aufnahme von sozialen Grundrechten und Aussagen zur Wirtschafts- und Gesellschaftsordnung,[43] so dass keine reinen Programmsätze im Grundgesetz verankert wurden. Stattdessen beschränkten sich die Verfassungsgeber im Wesentlichen auf die klassischen Individualrechte und gestalteten sämtliche Grundrechte als unmittelbar verbindliche Rechtsnormen aus, welche die Staatsgewalt nach Art. 1 Abs. 3 GG unabhängig von ihrer Umsetzung durch den Gesetzgeber binden, worin sich das Grundgesetz deutlich von der Weimarer Reichsverfassung unterscheidet. Auf Grund der Erfahrungen während der nationalsozialistischen Gewaltherrschaft wurde der Grundrechtskatalog zudem um das Recht auf Kriegsdienstverweigerung (Art. 4 Abs. 3 GG), die Unentziehbarkeit der deutschen Staatsangehörigkeit (Art. 16 Abs. 1 S. 1 GG), dem Schutz vor Auslieferung (Art. 16 Abs. 2 GG) sowie das Asylrecht (Art. 16 Abs. 2 bzw. Art. 16a GG) ergänzt.

Nachdem auch im Zuge der Wiedervereinigung der Grundrechtskatalog nur geringfügig um Art. 3 Abs. 2 S. 2 GG sowie Art. 3 Abs. 3 S. 2 GG erweitert worden war, finden sich heute im Grundgesetz nach wie vor weder echte soziale oder wirtschaftliche Grundrechte noch reine Programmsätze.

In Bezug auf die Einschränkungsmöglichkeiten lässt sich konstatieren, dass diese im Laufe der Zeit verschiedentlich ausgeweitet wurden. So wurde die Beschränkbarkeit des Brief-, Post- und Fernmeldegeheimnisses sowie der Freizügigkeit im Rahmen der Notstandsgesetzgebung aus dem Jahr 1968 erweitert.[44] Als Reaktion auf die grenzüberschreitende Kriminalität erfuhr auch Art. 13 GG im Jahr 1998 eine Ausdehnung der Beschränkungsmöglichkeiten.[45] Schließlich wurden Art. 16 Abs. 2 GG[46], Art. 16a GG[47] sowie Art. 12a GG[48] im Hinblick auf unionsrechtliche Vorgaben angepasst bzw. neu eingefügt.

Zusätzlich zu den ausdrücklich im Verfassungstext verankerten Grundrechtsgarantien hat das Bundesverfassungsgericht im Wege richterlicher Rechtsfortbildung das allgemeine Persönlichkeitsrecht entwickelt, welches spätestens seit der sog. „Mikrozensus"-Entscheidung aus dem Jahr 1969 allgemein anerkannt ist.[49] Dabei ist hervorzuheben, dass das Bundesverfassungsgericht das allgemeine Persönlichkeitsrecht von sich aus und nicht auf Grundlage landesverfassungsrechtlicher Vorbilder entwickelt hat, sondern im Gegenteil auf Landesebene zum Teil bis heute kein eigenständiges verfassungsrechtliches Persönlichkeitsrecht existiert.[50] In ähnlicher Weise hat das Bundesverfassungsgericht in der Folgezeit das

[43] Ausführlich dazu *Häberle* (Hrsg.), Entstehungsgeschichte der Artikel des Grundgesetzes, S. 44 f.

[44] 17. Gesetz zur Änderung des Grundgesetzes v. 24.06.1968, BGBl. I, S. 709.

[45] 45. Gesetz zur Änderung des Grundgesetzes v. 06.03.1998, BGBl. I, S. 610.

[46] 47. Gesetz zur Änderung des Grundgesetzes v. 29.11.2000, BGBl. I, S. 1633.

[47] 39. Gesetz zur Änderung des Grundgesetzes v. 28.06.1993, BGBl. I, S. 1002.

[48] 48. Gesetz zur Änderung des Grundgesetzes v. 19.12.2000, BGBl. I, S. 1755.

[49] BVerfGE 27, 1, 6 f.; vgl. auch BVerfGE 35, 202, 220.

[50] Vgl. etwa *Lindner*, in: Lindner/Möstl/Wolff, Verfassung des Freistaates Bayern, Art. 101 Rn. 27 für Bayern.

Recht auf informationelle Selbstbestimmung[51] und jüngerer Vergangenheit das Grundrecht auf Gewährleistung der Vertraulichkeit und Integrität informationstechnischer Systeme[52] geschaffen, wobei die nordrhein-westfälische Landesverfassung freilich schon seit 1978 ein Grundrecht auf Datenschutz gewährleistet hatte und damit dem Volkszählungsurteil als Vorbild dienen konnte.[53] Andererseits ist zu erwarten, dass in Zukunft der Rückgriff auf landesverfassungsrechtliche Vorbilder weitgehend unterbleiben wird, zumal sich das Bundesverfassungsgericht bei der Weiterentwicklung des Grundrechtsschutzes eher an den Vorgaben der Europäischen Grundrechte-Charta sowie der EMRK in ihrer Interpretation durch den EGMR orientieren dürfte.[54]

2. Landesebene

a) Normierungsphasen

aa) Normierung vor Inkrafttreten des Grundgesetzes

Die vor Inkrafttreten des Grundgesetzes entstandenen Landesverfassungen enthielten neben dem Staatsorganisationsrecht allesamt umfassende Grundrechtsverbürgungen sowie Aussagen zum Gemeinschaftsleben in sozialer, wirtschaftlicher und kultureller Hinsicht, mithin soziale Grundrechte und Staatszielbestimmungen.[55] Gründe für die Aufnahme umfangreicher Grundrechtskataloge in die in dieser Phase entstandenen Verfassungen waren das Fehlen einer gesamtstaatlichen Grundrechtssicherung, die Erfahrungen mit dem nationalsozialistischen Unrechtsregime sowie die Vorgaben der alliierten Besatzungsmächte.[56] Aus dieser Zeit sind die Verfassungen von Bayern,[57] Hessen,[58] Rheinland-Pfalz und Bremen bis heute in Kraft, wobei die jeweiligen Grundrechtsverbürgungen nur gelegentliche Modernisierungen erfuhren.[59] Auch die saarländische Verfassung mit ihren Grundrechtsgewährleistungen, sozialen Grundrechten und Verfassungs-

---

[51] BVerfGE 65, 1, 41 ff.; ausführlich zur Entwicklung des Rechts auf informationelle Selbstbestimmung s. *Hornung*, Grundrechtsinnovationen, S. 208 ff. u. 266 ff.

[52] BVerfGE 120, 274, 313.

[53] Näher dazu *Dietlein*, HGR VIII, § 254 Rn. 63.

[54] S. dazu etwa BVerfG, Beschl. v. 21.08.2006 – 1 BvR 2606/04 u.a. –, NJW 2006, 3406, 3408; zum parallelen Problem in der Schweiz s. *Kägi-Diener*, Grundrechtsschutz durch die Kantone, in: Thürer/Aubert/Müller (Hrsg.), Verfassungsrecht der Schweiz, § 53 Rn. 21.

[55] S. oben, § 6 I.2. a); s. auch *Peine*, LKV 2012, 385, 386; *Lübbe-Wolff*, JöR 53 N.F. (2005), 1, 4 f.; *Grawert*, NJW 1987, 2329, 2335 f.

[56] Vgl. *Wermeckes*, Der erweiterte Grundrechtsschutz in den Landesverfassungen, S. 29; *Holzheid*, BayVBl. 1997, 129, 129 f.; *v. Brünneck*, JöR 3 N.F. (1954), 213, 240; *Pietzcker*, JuS 1988, L 9, 10; *Grawert*, NJW 1987, 1229, 1334.

[57] *Leisner*, Die bayerischen Grundrechte, S. 34 ff.

[58] Näher dazu s. *Schrodt*, Die Rechtsprechung des hessischen Staatsgerichtshofs zu den Grundrechten der hessischen Verfassung, S. 11 ff.; *v. Zezschwitz*, FS 50 Jahre Hessische Verfassung, S. 70 ff.

[59] *Peine*, LKV 2012, 385, 386.

aufträgen gilt nach der Angliederung des Saarlandes an die Bundesrepublik Deutschland im Jahr 1957 bis heute fort, wobei es im Zuge der Eingliederung zu punktuellen Änderungen im Grundrechtsbereich kam.[60]

bb) Normierung kurz nach Inkrafttreten des Grundgesetzes

In denjenigen Verfassungen, die kurz nach Inkrafttreten des Grundgesetzes verabschiedet wurden, finden sich mit Rücksicht auf die Vorgaben des Grundgesetzes keine eigenen Grundrechtsformulierungen. Die stärkste Zurückhaltung bewiesen Schleswig-Holstein[61], Hamburg[62] und Niedersachsen[63], indem sie auf eigene Grundrechtsgewährleistungen vollständig verzichteten. Nordrhein-Westfalen entschied sich für eine statische Verweisung auf die Grundrechte des Grundgesetzes,[64] wobei die nordrhein-westfälische Landesverfassung von Anfang an auch eigene Landesgrundrechte enthielt, v.a. für den Schul- und Hochschulbereich sowie das Staatskirchenrecht. Entsprechendes galt für Baden-Württemberg, das jedoch im Jahr 1995 von der statischen Verweisung zu einer dynamischen Verweisung auf die Grundrechtsgewährleistungen des Grundgesetzes überging[65] und dessen Landesverfassung neben den im Wege der Verweisung inkorporierten Bundesgrundrechten ebenfalls von Anfang an zahlreiche eigene Landesgrundrechte verbürgte, welche u.a. den Schul- und Hochschulbereich sowie das Staatskirchenrecht betreffen.[66] Alle kurz nach Inkrafttreten des Grundgesetzes konzipierten Verfassungen sind bis heute in Geltung, wobei sich aber im Grundrechtsbereich verschiedene Änderungen ergeben haben. So enthält die niedersächsische Verfassung heute in Art. 3 Abs. 2 S. 1 eine dynamische Verweisung auf die Grundrechte des Grundgesetzes,[67] welche durch einige landesspezifische, gerichtlich jedoch nicht einklagbare Rechte wie das Recht auf Bildung[68] sowie um

---

[60] Näher dazu *Brosig*, Die Verfassung des Saarlandes, S. 130 ff., 220 ff.

[61] Landessatzung für Schleswig-Holstein v. 13.12.1949, GVOBl.-Schl.-H. 1950, S. 3.

[62] Verfassung der Freien und Hansestadt Hamburg v. 06.06.1952, HbgGVBl, S. 117.

[63] Vorläufige Verfassung von Niedersachsen v. 13.04.1951, Nds.GVBl., S. 103.

[64] Verfassung für das Land Nordrhein-Westfalen v. 28.06.1950, GV.NW., S. 127; *Wermekkes*, Der erweiterte Grundrechtsschutz, S. 40; für eine dynamische Verweisung hingegen *Sachs*, NWVBl. 1997, 161, 167.

[65] Gesetz zur Änderung der Verfassung v. 15.02.1995, GBl., S. 269; s. dazu auch *Krappel*, VBlBW 2013, 121, 128; differenzierend *Martina*, Die Grundrechte der nordrhein-westfälischen Landesverfassung, S. 43, der von einer statischen Transformation mit dynamischen Elementen ausgeht; in eine ähnliche Richtung *Schröder*, HGR VIII, Rn. 8, der in der Verweisung eine „Meistbegünstigungsklausel" sieht.

[66] *Zuck/Zuck*, Die Landesverfassungsbeschwerde in Baden-Württemberg, S. 48 ff.

[67] Ausführlich dazu *Starck*, NdsVBl. 1994, 2, 8; krit. *Ipsen*, HGR VIII, § 253 Rn. 11 f., der in Art. 3 Abs. 2 S. 1 NdsVerf stattdessen eine Inkorporationsnorm sieht.

[68] S. Art. 4 Abs. 1 NdsVerf; es handelt sich dabei nicht um ein echtes Grundrecht, da ein klagbares Recht auf Bildung mit dem Demokratieprinzip kaum zu vereinbaren wäre, vgl. *Haude*, Bildung für alle Kinder?, S. 65; zurückhaltend auch *Starck*, NdsVBl. 1994, 2, 8; *Shirvani*, HGR VIII, § 242 Rn. 52 ff.

Staatszielbestimmungen ergänzt werden.[69] Auch in Nordrhein-Westfalen existieren heute neben der dynamischen Verweisung auf die Grundrechte des Grundgesetzes und den ursprünglichen eigenen Grundrechtsgewährleistungen zahlreiche weitere Grundrechtsgarantien sowie nicht klagbare soziale Grundrechte und Staatszielbestimmungen.[70] Die Verfassung Hamburgs verzichtet noch heute sowohl auf eine Verweisung auf die Grundrechte des Grundgesetzes als auch auf einen eigenen Grundrechtskatalog, doch wurden nach der Wiedervereinigung punktuell grundrechtsähnliche Gewährleistungen wie die Rechtsweggarantie des Art. 61 HbgVerf und Verfassungsaufträge wie etwa die rechtliche und tatsächliche Gleichstellung von Frauen und Männern sowie einzelne soziale Staatszielbestimmungen in den Verfassungstext aufgenommen.[71] Die Verfassung von Schleswig-Holstein schließlich enthält heute in Art. 3 ebenfalls eine dynamische Verweisung auf die Grundrechte des Grundgesetzes,[72] welche durch ein gerichtlich einklagbares Grundrecht zum Schutz nationaler Minderheiten (Art. 6 Abs. 1 SchlHVerf)[73] sowie verschiedene eigene Staatszielbestimmungen flankiert wird. Im Zuge der Verfassungsänderung aus dem Jahr 2014 wurden weitere Verfassungsaufträge wie die Inklusion oder der Schutz der digitalen Privatsphäre in die Landesverfassung eingefügt,[74] wobei auf die Aufnahme landesspezifischer Grundrechte jedoch verzichtet wurde.[75]

cc) Normierung nach der Wiedervereinigung

Bei den nach der Wiedervereinigung geschaffenen Verfassungen der neuen Bundesländer und Berlins handelt es sich um Vollverfassungen mit eigenen Grundrechtsverbürgungen, wobei Mecklenburg-Vorpommern durch die dynamische Verfassung des Art. 5 Abs. 3 der Landesverfassung die Grundrechte des Grundgesetzes übernimmt und diese durch eigene Landesgrundrechte ergänzt, während

[69] S. dazu van *Nieuwland*, NdsVBl. 2014, 152, 153; für einen Grundrechtscharakter dieser Normen auch *Butzer*, NdsVBl. 2014, 155, 159; *Wahl*, AöR 112 (1987), 26, 29.

[70] Eingehend dazu *Martina*, Die Grundrechte der nordrhein-westfälischen Landesverfassung, S. 95 ff.; zur Frage der dynamischen Verweisung s. *Wermeckes*, Der erweiterte Grundrechtsschutz, S. 31 ff.; *Lange*, HGR III, § 83 Rn. 5; *Riegler*, Konflikte zwischen Grundgesetz und Länderverfassungen, S. 56; mit Rücksicht auf die Staatlichkeit der Länder sehr krit. zur Technik der dynamischen Verweisung s. *Fuchs*, Der Stellenwert und die Ausgestaltung von landesverfassungsrechtlichen Grundrechten, in: Fuchs (Hrsg.), Landesverfassungsrecht im Umbruch, S. 271, 284 f.; ähnlich *Dietlein*, HGR VIII, § 254 Rn. 49.

[71] Vgl. dazu *Kämmerer*, HGR VIII, § 250 Rn. 11 ff.; *Wermeckes*, Der erweiterte Grundrechtsschutz, S. 43 ff.

[72] Ausführlich dazu *Nordmann*, NordÖR 2009, 97, 97 ff.; *Caspar*, NordÖR 2008, 193, 197 ff.; für eine dynamische Verweisung in Art. 3 SchlHVerf auch *Becker*, HGR VIII, § 259 Rn. 12.

[73] S. dazu *Stiens*, Chancen und Grenzen der Landesverfassungen, S. 263; *Becker*, HGR VIII, § 259 Rn. 42.

[74] LT-Drs. 18/2115, S. 1, 14 u. 21, wo insoweit ausdrücklich von Staatszielen die Rede ist; s. dazu *Becker*, HGR VIII, § 259 Rn. 53 f., 59, 70 ff. u. 76 ff.

[75] Anders dazu noch LT-Drs. 18/715, S. 1 ff.

die übrigen vier neuen Länder sowie Berlin ausschließlich über eigene Grundrechtskataloge verfügen.[76] Flankiert werden diese Grundrechtskataloge durch eine große Zahl an sozialen Grundrechten und Verfassungsaufträgen, was sich damit erklären lässt, dass sowohl die kurz nach Kriegsende entstandenen ostdeutschen Landesverfassungen als auch die Verfassungen der DDR soziale Grundrechte enthielten und die Aufnahme sozialer Grundrechte in die jeweilige Landesverfassung entscheidend war für deren Akzeptanz in der Bevölkerung nach dem Zusammenbruch des Sozialismus und der damit einher gehenden sozialen Ungewissheit.[77] Auch die Betonung des Datenschutzes[78] in den ostdeutschen Verfassungen lässt sich mit den Erfahrungen des DDR-Regimes erklären,[79] wobei zusätzlich das Volkszählungsurteil des Bundesverfassungsgerichts als Vorbild für die entsprechenden landesverfassungsrechtlichen Grundrechtsgewährleistungen diente.

b) Inhalte

aa) Landesverfassungen mit eigenen Grundrechtskatalogen

In Bezug auf den Inhalt der Grundrechtsgewährleistungen unterscheiden sich die 16 Landesverfassungen erheblich. Während die hamburgische Verfassung keine echten Grundrechtsgewährleistungen enthält, sehen andere Landesverfassungen umfangreiche Grundrechtskataloge vor, deren Gewährleistungen sich teilweise mit den Grundrechtsgarantien des Grundgesetzes decken, zum Teil aber erheblich darüber hinaus gehen oder dahinter zurückbleiben bzw. völlig andere Grundrechte vorsehen. Deckungsgleich mit Art. 2 Abs. 1 GG in seiner Auslegung durch das Bundesverfassungsgericht etwa ist die in Art. 101 BayVerf verankerte allgemeine Handlungsfreiheit, wonach jedermann die Freiheit hat, innerhalb der Schranken der Gesetze und der guten Sitten alles zu tun, was anderen nicht schadet.[80] Derartige Übereinstimmungen mit dem Grundgesetz, die in vielen Fällen sogar in einer Textgleichheit des Grundrechts der Landesverfassung mit dem Grundrecht des Grundgesetzes gipfeln, finden sich insbesondere in den zeitlich vor dem Grundgesetz in Kraft getretenen Landesverfassungen, da sich die

[76] Ausführlich dazu *Häberle*, JöR 42 N.F. (1994), 149, 157 ff.; *Riegler*, Konflikte zwischen Grundgesetz und Länderverfassungen, S. 29 ff.; zum Prozess der Verfassungsgebung s. *Dietlein*, Die Grundrechte in den Verfassungen der neuen Bundesländer, S. 61 ff.; speziell zu Sachsen s. *Isensee*, SächsVBl. 1994, 28, 29 sowie *Degenhart*, LKV 1993, 33, 33 ff.; speziell zu Mecklenburg-Vorpommern s. *Classen*, HGR VIII, § 252 Rn. 16.

[77] *Feddersen*, DÖV 1992, 989, 997; *Diercks*, LKV 1996, 231, 232; *Wermeckes*, Der erweiterte Grundrechtsschutz, S. 31; *Dietlein*, Die Grundrechte in den Verfassungen der neuen Bundesländer, S. 59 f.; vgl. auch *Wallerath*, NdsVBl. 2005, Sonderheft, 43, 43 ff.

[78] Vgl. Art. 6 Abs. 1 MVVerf; Art. 33 SächsVerf; Art. 6 LSAVerf; Art. 6 Abs. 2 ThürVerf.

[79] *Wallerath*, NdsVBl. 2005, Sonderheft, 43, 43; *Classen*, HGR VIII, § 252 Rn. 26 speziell für Mecklenburg-Vorpommern.

[80] S. auch *Peine*, LKV 2012, 385, 387; *Lindner*, in: Lindner/Möstl/Wolff, Verfassung des Freistaates Bayern, Art. 101 Rn. 11 ff.

Mütter und Väter des Grundgesetzes an ihnen orientiert haben.[81] Allerdings enthält etwa auch die erst 1995 entstandene Verfassung Berlins zahlreiche Gewährleistungen, welche den Grundrechten des Grundgesetzes wortwörtlich gleichen, wie dies etwa bei der in Art. 7 BerlVerf garantierten allgemeinen Handlungsfreiheit der Fall ist.[82] Darüber hinaus wurden vorkonstitutionelle Verfassungen zur Herstellung von Grundrechtskongruenz punktuell nachträglich an den Wortlaut des Grundgesetzes angepasst, was sich eindrücklich am Beispiel der Menschenwürdegarantie des Art. 100 BayVerf ablesen lässt, die mit Wirkung zum 1. Januar 2004 exakt an den Wortlaut des Art. 1 Abs. 1 GG angepasst wurde.[83] Schließlich finden sich in einigen westdeutschen,[84] insbesondere jedoch in den ostdeutschen Landesverfassungen[85] geschriebene Grundrechte auf Datenschutz, welche sich augenscheinlich an die Rechtsprechung des Bundesverfassungsgerichts zum Recht auf informationelle Selbstbestimmung anlehnen,[86] woran sich eine Grundrechtsentwicklung „von oben nach unten" erkennen lässt.

Demgegenüber existiert auf Landesebene jedoch auch eine Grundrechtsvielfalt in Form von grundrechtlichen Mehr-, Minder- und „Aliud"-Gewährleistungen. Grundrechtliche Mehrgewährleistungen in den Landesverfassungen können sich insbesondere aus einer Erweiterung des Schutzbereichs sowie aus einer über das grundgesetzliche Maß hinausgehende Einengung von Schrankenvorbehalten ergeben.[87] In Bezug auf mögliche Erweiterungen des sachlichen Schutzbereichs im Vergleich zum korrespondierenden Bundesgrundrecht ist stets zu untersuchen, ob es um eine tatsächliche Ausdehnung oder nicht vielmehr um eine bloße deklaratorische Erweiterung handelt, welche die inhaltliche Deckungsgleichheit von Bundes- und Landesgrundrecht nicht tangiert. Lediglich klarstellend ist etwa die Formulierung des Art. 2 Abs. 2 LSAVerf,[88] wonach auch die seelische Unversehrtheit geschützt ist, da der Begriff der körperlichen Unversehrtheit in Art. 2 Abs. 2 S. 1 GG auch die Gesundheit im geistig-seelischen Sinn umfasst, ohne sie

---

[81] *Lange*, HGR III, § 83 Rn. 8.

[82] Vgl. dazu *Lange*, HGR III, § 83 Rn. 10.

[83] Vgl. Beschluss des Landtags v. 22.05.2003, LT-Drs. 14/12500, S. 1; Ergebnisse der Volksentscheide am 21. September 2003, BayStAnz. Nr. 44 v. 31.10.2003, S. 1, 1; Gesetze v. 10.11.2003, GVBl., S. 816, 817; s. dazu *Pestalozza*, HGR III, § 86 Rn. 46.

[84] Vgl. Art. 33 BerlVerf; Art. 12 BremVerf; Art. 4 Abs. 2 NWVerf; Art. 4a RPfVerf; Art. 2 S. 2 SaarlVerf.

[85] Art. 11 Abs. 1, 2 BbgVerf; Art. 6 Abs. 1 MVVerf; Art. 33 SächsVerf; Art. 6 Abs. 1 LSAVerf; Art. 6 Abs. 2 ThürVerf; zur Anlehnung an das Volkszählungsurteil s. *Poppenhäger*, in: Linck/Baldus/Lindner/Poppenhäger/Ruffert (Hrsg.), Die Verfassung des Freistaats Thüringen, Art. 6 Rn. 22.

[86] Vgl. *Riegler*, Konflikte zwischen Grundgesetz und Länderverfassungen, S. 201 f.; *Pestalozza*, HGR III, § 86 Rn. 85; *Hornung*, Grundrechtsinnovationen, S. 296 ff.; für Brandenburg s. *Hartge*, FS 20 Jahre Landesverfassung Brandenburg, S. 35, 35.

[87] Ausführlich dazu *Dietlein*, Die Grundrechte in den Verfassungen der neuen Bundesländer, S. 78 ff.; *Wermeckes*, Der erweiterte Grundrechtsschutz, S. 21 ff.; für Beispiele landesverfassungsrechtlicher Mehrgewährleistungen s. *Stiens*, Chancen und Grenzen der Landesverfassungen, S. 41 f.

[88] S. *Dietlein*, Die Grundrechte in den Verfassungen der neuen Bundesländer, S. 79.

freilich explizit zu erwähnen.[89] Eine konstitutive Erweiterung des sachlichen Schutzbereichs im Vergleich zum Bundesgrundrecht enthält dagegen beispielsweise Art. 19 Abs. 1 S. 1 BbgVerf, wonach neben dem grundgesetzlich geschützten Recht, sich aus allgemein zugänglichen Quellen ungehindert zu unterrichten, auch die Freiheit zur Unterrichtung aus sämtlichen anderen, rechtmäßig erschließbaren Quellen garantiert wird, was faktisch auf ein Recht auf Einsicht in Akten und sonstige amtliche Unterlagen von Behörden hinausläuft, das in Art. 21 Abs. 4 BbgVerf näher spezifiziert wird[90] und das im Grundgesetz keine Entsprechung findet.[91] Ferner kann der Kreis der Grundrechtsberechtigten im Vergleich zum Grundgesetz erweitert sein,[92] wie dies etwa bei den als Jedermann-Grundrechten ausgestalteten Grundrechten der Versammlungsfreiheit und der Berufsfreiheit des Art. 23 Abs. 1 SächsVerf bzw. Art. 28 SächsVerf der Fall ist.[93] Das Grundgesetz sieht demgegenüber in Art. 8 Abs. 1 GG bzw. Art. 12 Abs. 1 GG lediglich ein Deutschen-Grundrecht vor. Teilweise wird auch der Bereich der Grundrechtsverpflichteten erweitert. Technisch geschieht dies beispielsweise in Form von Art. 5 Abs. 1 BbgVerf, der auch Dritte als Grundrechtsverpflichtete bestimmt, soweit sich dies aus der Verfassung ergibt, was zum Beispiel im Hinblick auf die Meinungs- und Medienfreiheit des Art. 19 Abs. 1 S. 2 BbgVerf der Fall ist, der sich auf Rechte der Arbeitnehmer gegenüber den Arbeitgebern bezieht.[94] Eine andere Möglichkeit, den landesrechtlichen Grundrechtsschutz im Vergleich zu den Bundesgrundrechten zu verstärken, besteht in der Reduzierung der staatlichen Eingriffsmöglichkeiten auf ein Grundrecht. So sieht etwa die Schrankenbestimmung des Art. 14 Abs. 14 LSAVerf vor, dass Eingriffe in das Brief-, Post- und Fernmeldegeheimnis nur auf Grund eines Gesetzes angeordnet werden dürfen, während der Zusatz des Art. 10 Abs. 2 S. 2 GG, wonach per Gesetz bestimmt werden kann, dass der Betroffene von den Maßnahmen nicht informiert werden muss, wenn die Beschränkung dem Schutze der freiheitlichen demokratischen Grundordnung oder des Bestandes oder der Sicherung des Bundes oder eines Landes dient, völlig fehlt.[95] Ähnliches gilt für das brandenburgi-

---

[89] BVerfGE 56, 54, 75; *Murswiek*, in: Sachs, GG, Art. 2 Rn. 149.

[90] *Dietlein*, Die Grundrechte in den Verfassungen der neuen Bundesländer, S. 91; *Franke/Kneifel-Haverkamp*, JöR 42 N.F. (1994), 111, 118.

[91] *Hornung*, Grundrechtsinnovationen, S. 489.

[92] Zu solchen Erweiterungen s. auch *Wermeckes*, Der erweiterte Grundrechtsschutz, S. 22.

[93] *Degenhart*, LKV 1993, 33, 36; *Niedobitek*, HGR VIII, § 257 Rn. 34; *Rensmann*, Die Grundlagen- und Staatszielbestimmungen sowie die Grundrechte der Sächsischen Verfassung vom 27. Mai 1992, in: Uhle (Hrsg.), 20 Jahre Sächsische Verfassung, S. 37, 44; *Rozek*, in: Baumann-Hasske/Kunzmann (Hrsg.), Die Verfassung des Freistaates Sachsen, Art. 23 Rn. 1 u. Art. 28 Rn. 10.

[94] Vgl. *Peine*, LKV 2012, 385, 387; *Wermeckes*, Der erweiterte Grundrechtsschutz, S. 23; *Dietlein*, Die Grundrechte in den Verfassungen der neuen Bundesländer, S. 87 ff.

[95] Vgl. dazu *Dietlein*, Die Grundrechte in den Verfassungen der neuen Bundesländer, S. 93 ff.; *Wermeckes*, Der erweiterte Grundrechtsschutz, S. 22 f.

sche Grundrecht auf Asyl in Art. 18 Abs. 1 BbgVerf, das keine den Art. 16a Abs. 2–5 GG entsprechenden Einschränkungen enthält.[96]

Neben derartigen Mehrgewährleistungen existieren auf Landesebene auch grundrechtliche Mindergewährleistungen im Vergleich zum Grundgesetz, was rechtstechnisch durch eine Verengung des Schutzbereichs bzw. durch eine Erweiterung der Schrankenvorbehalte erreicht werden kann. Während eine Einschränkung des Schutzbereichs eines Landesgrundrechts im Vergleich zum korrespondierenden Bundesgrundrecht verhältnismäßig selten vorkommt, sind erweiterte Schrankenvorbehalte durchaus öfters anzutreffen. Als eine Verengung des Schutzbereichs interpretieren manche Stimmen in der Literatur Art. 26 Abs. 2 BbgVerf sowie Art. 12 Abs. 2 BerlVerf, die die Schutzbedürftigkeit anderer auf Dauer angelegter Lebensgemeinschaften als der Ehe anerkennen, da dadurch die in Art. 6 Abs. 1 GG vorgesehene Sonderstellung der Ehe[97] relativiert werden könne.[98] Ebenso gut lässt sich darin jedoch eine Mehrgewährleistung im Vergleich zum grundgesetzlichen Grundrechtsschutz erblicken.[99] Eine tatsächliche Reduzierung des Schutzbereichs im Vergleich zu Art. 13 GG ergibt sich hingegen bei Art. 15 BbgVerf und Art. 28 BerlVerf hinsichtlich des Schutzes vor heimlicher Wohnraumüberwachung.[100] Entsprechendes gilt in Bezug auf Art. 29 Abs. 5 HessVerf, der im Zusammenhang mit der Koalitionsfreiheit die Aussperrung als rechtswidrig deklariert[101] und daher vom Bundesarbeitsgericht als Verletzung der durch Art. 9 Abs. 3 GG garantierten Koalitionsfreiheit angesehen wurde.[102] Weiter gehende Schranken als das Grundgesetz enthält etwa die bayerische Verfassung, die anstelle eines gestuften Schrankenregimes in Art. 98 S. 2 BayVerf nur einen allgemeinen Gesetzesvorbehalt kennt, wonach Einschränkungen der durch die bayerische Verfassung gewährleisteten Grundrechte durch Gesetz nur zulässig sind, wenn die öffentliche Sicherheit, Sittlichkeit, Gesundheit und Wohlfahrt es zwingend erfordern, und sonstige Einschränkungen nach Art. 48 BayVerf nur bei drohender Gefährdung der öffentlichen Sicherheit und Ordnung erfolgen dürfen. Mit Hilfe der letztgenannten Vorschrift können bei Vorliegen der Tatbestandsvoraussetzungen das Recht der freien Meinungsäußerung, die Pressefreiheit, das

---

[96] Ausführlich dazu *Neubauer/Lörincz*, LKV 2013, 115, 116 ff.; zu weiter gehenden Asylgrundrechten auf Landesebene s. auch *Göbel-Zimmermann*, NVwZ 1995, 763, 764 ff.

[97] BVerfGE 9, 20, 34 f.; 36, 146, 165; 112, 50, 65; 105, 313, 345 f.; 128, 109, 125; *Jarass*, in: Jarass/Pieroth, GG, Art. 6 Rn. 5.

[98] Vgl. dazu *Dietlein*, Die Grundrechte in den Verfassungen der neuen Bundesländer, S. 104 ff.; *Stiens*, Chancen und Grenzen der Landesgrundrechte, S. 289; *v. Campenhausen*, VVDStRL 45 (1987), 7, 21; *Klumpp*, Verfassung gegen das Grundgesetz, Bayernkurier v. 02.05.1992, 2, 2.

[99] So auch *Peine*, LKV 2012, 385, 389; *Sacksofsky*, NVwZ 1993, 235, 237.

[100] LVerfGE 10, 157, 188 f.; *Lange*, HGR III, § 83 Rn. 33; *Guckelberger*, HGR VIII, § 235 Rn. 25; *Pfaff*, Die Landesverfassungsbeschwerden in den neuen Bundesländern, S. 76.

[101] *Badura*, BayVBl. 1997, 193, 194.

[102] BAGE 58, 138, 150 ff.; s. auch BVerfGE 84, 212, 229; vgl. dazu *Bothe*, FS 50 Jahre ATÖR, S. 189, 192; *Dreier*, Einheit und Vielfalt der Verfassungsordnungen im Bundesstaat, in: Schmidt (Hrsg.), Vielfalt des Rechts, S. 113, 142.

Brief-, Post-, Telegrafen- und Fernsprechgeheimnis sowie die Versammlungsfreiheit durch die Staatsregierung zunächst für eine Woche eingeschränkt oder aufgehoben werden.[103] Schließlich ist nach der Berliner Verfassung die Meinungsfreiheit stärker einschränkbar als unter dem Grundgesetz, da Art. 14 Abs. 1 BerlVerf die Meinungsfreiheit nur innerhalb der Gesetze gewährleistet. Mehr- und Mindergewährleistungen können in ein und demselben Grundrecht sogar zusammen fallen. Dies ist etwa bei der Freizügigkeitsgarantie des Art. 17 BbgVerf zu beobachten, der, anders als Art. 11 GG, für alle Menschen gilt, andererseits aber weiter gehende Beschränkungen zulässt als die grundgesetzliche Garantie.[104]

Neben den sog. Mehr- und Mindergewährleistungen existieren auf Landesebene sog. „Aliud"-Gewährleistungen, die im Grundgesetz keinerlei Entsprechung finden. Dazu zählen etwa das Recht auf politische Mitgestaltung in Art. 21 Abs. 1 BbgVerf, das Recht auf Akteneinsicht in Art. 21 Abs. 4 BbgVerf,[105] das Recht auf Auskunft über Umweltdaten in Art. 34 SächsVerf[106] bzw. Art. 33 ThürVerf[107] sowie das in Art. 141 Abs. 3 S. 1 BayVerf verankerte Recht auf Naturgenuss, bei dem es sich nach der Rechtsprechung des Bayerischen Verfassungsgerichtshofs nicht um einen bloßen Programmsatz, sondern vielmehr um ein klagbares Grundrecht handelt.[108] Dem Bereich der „Aliud"-Gewährleistungen lassen sich auch die sozialen Grundrechte und Staatsziele zuordnen, welche sich sowohl in älteren Landesverfassungen wie der hessischen Verfassung,[109] aber vor allem in den Verfassungen der neuen Bundesländer finden. So verbürgt die brandenburgische Landesverfassung u.a. das Recht auf Bildung (Art. 29), das Recht auf Freistellung zur Weiterbildung (Art. 33 Abs. 3), die Verpflichtung des Staates zur Förderung von Kunst, kulturellem Leben und Sport (Art. 34 und 35) sowie zur Verwirklichung des Rechts auf Arbeit im Rahmen der staatlichen Möglichkeiten (Art. 48). Schließlich kennen einige Landesverfassungen Rechte auf Schutz nationaler und ethnischer Minderheiten, etwa die sächsische Verfassung zu Gunsten der Sorben (Art. 5 und 6) oder die schleswig-holsteinische Verfassung zu Gunsten der dänischen Minderheit, der Volksgruppe der Sinti und Roma sowie der friesischen Volksgruppe (Art. 5 Abs. 2 S. 2). Allen diesen sozialen Garantien ist gemeinsam, dass sie sich im Zuge der Wiedervereinigung entwickelten und sich aus ihnen keine klagbaren Rechte zu Gunsten des Einzelnen

---

[103] *Lange*, HGR III, § 83 Rn. 38; *Menzel*, Landesverfassungsrecht, S. 460 f.

[104] *Wermeckes*, Der erweiterte Grundrechtsschutz, S. 24 f.; *Pfaff*, Die Landesverfassungsbeschwerden in den neuen Bundesländern, S. 76.

[105] Vgl. *Peine*, LKV 2012, 385, 387; *Kanther*, Die neuen Landesverfassungen im Lichte der Bundesverfassung, S. 155 f.; *Stiens*, Chancen und Grenzen der Landesverfassungen, S. 245 f.

[106] S. dazu *Degenhart*, LKV 1993, 33, 36; *Berlit*, in: Baumann-Hasske/Kunzmann (Hrsg.), Die Verfassung des Freistaates Sachsen, Art. 34 Rn. 3.

[107] Ausführlich dazu *Haedrich*, in: Linck/Baldus/Lindner/Poppenhäger/Ruffert, Verfassung des Freistaats Thüringen, Art. 33 Rn. 2 ff.

[108] BayVerfGHE 3, 2, 3; 7, 59, 63; 34, 199, 200; s. auch *Leisner*, Die bayerischen Grundrechte, S. 86; *Huber*, BayVBl. 2010, 389, 391.

[109] Ausführlich dazu *Lange*, HGR III, § 83 Rn. 46.

ableiten lassen.[110] Individuelle Grundrechte beinhalten lediglich Art. 37 Abs. 1 u. 2 LSAVerf sowie Art. 6 Abs. 1 SchlHVerf, welche allgemein das freie Bekenntnis zu einer kulturellen oder ethnischen Minderheit gewährleisten.[111]

bb) Landesverfassungen mit dynamischen Verweisen auf das Grundgesetz

In Bezug auf diejenigen Verfassungen, welche zur Herbeiführung einer Grundrechtskongruenz dynamische Verweise auf die Grundrechte des Grundgesetzes enthalten, stellt sich die Frage, ob durch die Rezeptionsklauseln die Rechtsprechung des Bundesverfassungsgerichts bezüglich der grundgesetzlichen Grundrechte ebenfalls mit rezipiert wird. In Rechtsprechung und Literatur wird dies mit dem Hinweis, dass es sich insoweit um ein und dasselbe Grundrecht handele, teilweise bejaht, so dass den Landesverfassungsgerichten kein Raum für eine eigenständige, unabhängige Interpretation der rezipierten Grundrechte verbliebe.[112] Nach einer anderen Auffassung sind die Landesverfassungsgerichte zwar zu einer abweichenden Grundrechtsinterpretation befugt, doch sollen sie in diesem Fall zur Divergenzvorlage nach Art. 100 Abs. 3 GG verpflichtet sein, da es sich um ein und dasselbe Grundrecht handele.[113] Eine dritte Ansicht lehnt unter Annahme zweier unabhängig voneinander bestehender Grundrechtsgewährleistungen die Bindung der Landesverfassungsgerichte an die bundesverfassungsgerichtliche Grundrechtsauslegung ab und verneint auch eine Vorlagepflicht gemäß Art. 100 Abs. 3 GG, da es sich bei den rezipierten Grundrechten um eigenständige Landesgrundrechte handele, deren Auslegung alleine dem Landesverfassungsgericht obliege, wobei vor dem Hintergrund von Art. 31 GG jedoch eine geltungsvernichtende Kollision vermieden werden müsse.[114] Letzteres über-

---

[110] So etwa *Mann*, HGR VIII, § 241 Rn. 44 f. in Bezug auf Art. 6 Abs. 2 S. 1 u. 2 SchlHVerf; *ders.*, HGR VIII, § 241 Rn. 81 hinsichtlich Art. 6 Abs. 2 SächsVerf (Rechte zu Gunsten der sorbischen Minderheit); so auch *Kunzmann*, in: Baumann-Hasske/Kunzmann (Hrsg.), Die Verfassung des Freistaates Sachsen, Art. 4 Rn. 8; a.A. hinsichtlich Art. 29 BbgVerf (Recht auf Bildung) aber wohl *Neubauer/Lörincz*, LKV 2013, 115, 116; a.A. hinsichtlich Art. 6 Abs. 2 SächsVerf *Müller*, Verfassung des Freistaates Sachsen, Art. 6, S. 81, wobei der Anspruch nur der sorbischen Minderheit als solcher zustehen soll.

[111] *Stiens*, Chancen und Grenzen der Landesverfassungen, S. 263; zu Art. 6 Abs. 1 SchlHVerf s. auch *Becker*, HGR VIII, § 259 Rn. 42.

[112] So etwa BWStGH, Urt. v. 19.10.1968 – 1/1967 –, JZ 1969, 514, 516; OVG Münster, Vorbesch. v. 13.12.1951 – V E 38/51 –, VerwRspr 5 (1953), 9, 13; *Jachmann*, BayVBl. 1998, 129, 130; *Starck*, NdsVBl. 1994, 2, 7 f.; zur Identität von Bundes- und Landesgrundrecht s. BVerfGE 1, 208, 232 f.; 22, 267, 271; ähnlich auch BVerfGE 6, 367, 375; offen gelassen jedoch in BVerfGE 96, 345, 368; für eine Identität s. auch *Rüfner*, DÖV 1967, 668, 669; so im Ergebnis auch *Friesenhahn*, FS 25 Jahre BVerfG, Bd. 1, S. 749, 767 u. 798, der allerdings von zwei Grundrechten auf zwei getrennten Verfassungsebenen ausgeht.

[113] Vgl. *Burmeister*, Vorlagen an das Bundesverfassungsgericht, in: Starck/Stern (Hrsg.), Landesverfassungsgerichtsbarkeit, Bd. 2, S. 399, 431; *Denninger*, in: AK, GG, Art. 142 Rn. 10; *Nordmann*, NordÖR 2009, 97, 100 ff.

[114] *Dietlein*, AöR 120 (1995), 1, 21 ff.; *v. Olshausen*, Landesverfassungsbeschwerde, S. 154 f.; *Wermeckes*, Der erweiterte Grundrechtsschutz, S. 41; *Caspar*, NordÖR 2008, 193, 199 f.; in diese Richtung auch *Riegler*, Konflikte zwischen Grundgesetz und Länderverfassungen, S. 51;

zeugt, da man andernfalls von einem einheitlichen Bundes- und Landesgrundrecht ausgehen müsste, was mit der Staatlichkeit der Länder nur schwer zu vereinbaren wäre.[115] Damit können auch im Falle einer dynamischen Verweisung auf die Grundrechte des Grundgesetzes eigenständige Akzentuierungen des Grundrechtsschutzes auf Landesebene entstehen, so dass die dynamische Verweisung alleine noch nicht zu einer Unitarisierung des Grundrechtsschutzes führt.

cc) Implizites Hineinwirken von Bundesgrundrechten in das Landesverfassungsrecht?

Fraglich ist schließlich, ob eine Grundrechtskonvergenz durch Rezeption der Grundrechte des Grundgesetzes in die Landesverfassung nur durch ausdrückliche statische oder dynamische Verweisung in Betracht kommt oder ob nicht vielmehr eine Landesverfassung auch eine implizite, stillschweigende Rezeption der Bundesgrundrechte bewirken kann. Letzteres hat der Berliner Verfassungsgerichtshof in seinem *Honecker*-Beschluss aus dem Jahr 1993 angenommen.[116] Er wollte angesichts der schweren Erkrankung des Angeklagten aus der Menschenwürdegarantie ein Verfahrenshindernis ableiten, wobei die Berliner Verfassung jedoch gar keine Menschenwürdegarantie enthielt. Das Gericht behalf sich deshalb mit folgender Argumentation: „Die Verfassung von Berlin enthält mithin abgeleitet einerseits aus dem in die Verfassung hineinwirkenden, grundgesetzlichen Bekenntnis zur Achtung der Menschenwürde, abgeleitet andererseits aber aus dem den Grundrechten der Verfassung von Berlin zugrundeliegenden Menschenbild, als ungeschriebenen Verfassungssatz das Bekenntnis zur Menschenwürde und die Verpflichtung aller staatlichen Gewalt, die Würde des Menschen zu achten und zu schützen."[117] Die so geschaffene Konstruktion vom Hineinwirken der Menschenwürdegarantie in die Landesverfassung überzeugt jedoch nicht, da schon keine Schutzlücke besteht, nachdem Art. 1 Abs. 1 S. 2 GG alle staatliche Gewalt bindet, also auch die Landesverfassungsgerichtsbarkeit.[118] Allein mit dem Argument, dass es andernfalls an einem hinreichenden Prüfungsmaßstab des Landesverfassungsgerichts und damit an seiner Prüfungskompetenz gefehlt hätte, lässt sich die Konstruktion des impliziten Hineinwirkens jedenfalls nicht rechtfertigen.[119]

Das Bundesverfassungsgericht ging in einigen Entscheidungen ebenfalls von einem Hineinwirken von Bestimmungen des Grundgesetzes in das Landesverfas-

---

Krappel, VBlBW 2013, 121, 128 f.; so im Ergebnis auch NWVerfGH, Urt. v. 29.09.1994 – VerfGH 7/94 –, DVBl. 1995, 153, 155 ff.; BWStGH, Urt. v. 17.06.2014 – 1 VB 15/13 –, BeckRS 2014, 52775.

[115] So auch *Lange*, HGR III, § 83 Rn. 3; *Löwer*, NdsVBl. 2010, 138, 139.

[116] BerlVerfGH, Beschl. v. 12.12.1993 – VerfGH 55/92 –, NJW 1993, 515, 517.

[117] BerlVerfGH, Beschl. v. 12.12.1993 – VerfGH 55/92 –, NJW 1993, 515, 517.

[118] Vgl. *Löwer*, NdsVBl. 2010, 138, 140; *ders.*, SächsVBl. 1993, 73, 76; *Pestalozza*, HGR III, § 86 Rn. 21.

[119] Vgl. *Löwer*, NdsVBl. 2010, 138, 140.

sungsrecht aus und nahm insoweit ungeschriebene Bestandteile der Landesverfassungen an.[120] Richtig an dieser Durchgriffskonstruktion ist allein, dass die fraglichen Normen des Grundgesetzes wie etwa Art. 5 Abs. 1,[121] Art. 21,[122] sowie Art. 25[123] auch die Landesstaatsgewalt unmittelbar binden, ohne dass es einer weiteren Umsetzung bedürfte. Zum Bestandteil der Landesverfassung werden die fraglichen Vorschriften des Grundgesetzes dadurch jedoch nicht,[124] so dass es nicht zu einer Unitarisierung des Grundrechtsschutzes durch ein implizites Hineinwirken von Bundesgrundrechten in das Landesverfassungsrecht kommen kann.

c) Verhältnis von Normierungszeitpunkt und Inhalt

Bei der Untersuchung der Korrelation von Zeitpunkt der Grundrechtsnormierung und Inhalt der Grundrechtsgewährleistungen lassen sich bezüglich der landesrechtlichen Grundrechtsgarantien zwei verschiedene „Blütezeiten" ausmachen: einmal vor Inkrafttreten des Grundgesetzes, als sich einige Länder in Ermangelung eines einheitlichen nationalen Grundrechtsschutzes um die Neugestaltung der Gesellschaft nach grundrechtlichen Wertentscheidungen auf Landesebene bemühten, und andererseits in den Jahren nach der Wiedervereinigung, als es im Zuge der Entstehung der Landesverfassungen in den neuen Bundesländern zu einem kurzzeitigen Wiederaufleben der Landesgrundrechte in ganz Deutschland kam.[125] Die letztgenannte Entwicklung hatte sich schon Ende der 1980er Jahre angedeutet, als sich beispielsweise die Vereinigung der Deutschen Staatsrechtslehrer im Jahr 1988 mit der Bedeutung des gliedstaatlichen Verfassungsrechts in der Gegenwart befasste.[126]

Nach einigen Jahren des Stillstandes Ende der 1990er Jahre und zu Beginn des neuen Jahrtausends ergaben sich in jüngerer Zeit wieder Bestrebungen zum Ausbau des landesrechtlichen Grundrechtsschutzes, die ihren vorläufigen Höhepunkt fanden in der im Jahr 2014 erfolgten Aufnahme spezifischer Landesgrundrechte in die schleswig-holsteinische Landesverfassung. Bereits in den Jahren zuvor war es hinsichtlich der Grundrechte und Staatszielbestimmungen zu punktuellen Ergänzungen in einigen Landesverfassungen gekommen.

Die genannten Phasen zeichnen sich durch die Entstehung einer großen Vielfalt an Landesgrundrechten aus, die von den klassischen Freiheits- und Gleich-

---

[120] BVerfGE 1, 208, 232 f.; 13, 54, 79 f.; 103, 332, 353.

[121] BVerfGE 13, 54, 80.

[122] BVerfGE 1, 208, 227; 4, 375, 378; 6, 367, 375; 23, 33, 39; 60, 53, 61; 66, 107, 114.

[123] BVerfGE 1, 208, 233.

[124] Krit. zur Rechtsprechung des Bundesverfassungsgerichts auch *März*, in: v. Mangoldt/Klein/Starck, GG, Art. 31 Rn. 95; *Wermeckes*, Der erweiterte Grundrechtsschutz, S. 66.

[125] Zur Grundrechtsentwicklung nach der Wiedervereinigung s. *Sacksofsky*, NVwZ 1993, 235, 235; *Möstl*, AöR 130 (2005), 350, 356 f.; *Stiens*, Chancen und Grenzen der Landesverfassungen, S. 308 ff.

[126] S. dazu insbesondere den Beitrag von *Vitzthum*, VVDStRL 46 (1988), 7 ff.

heitsrechten bis hin zu sozialen Grundrechten reichen und deren Gewährleistungsgehalt zum Teil weit über den der grundgesetzlichen Grundrechte hinaus geht. Während sich die Grundrechtsvielfalt der Nachkriegsverfassungen damit erklären lässt, dass zu dieser Zeit noch keine Unitarisierungswirkung durch das Grundgesetz ausgeübt wurde, handelt es sich bei den nach der Wiedervereinigung konzipierten Grundrechtskatalogen um die Früchte des eigenstaatlichen Selbstbewusstseins der Bundesländer[127] sowie um die Folgen der Verfassungsbewegung in der ehemaligen DDR.[128] Daher überrascht es nicht, dass gerade in dieser Zeit vielfach soziale Grundrechte, Grundrechte auf ein freies Bekenntnis zu kulturellen oder ethnischen Minderheiten sowie Grundrechte auf Akteneinsicht[129] und politische Mitgestaltung in die Landesverfassungen aufgenommen wurden. In jüngster Zeit fanden vor allem Vorschriften zum Schutz bestimmter nationaler und ethnischer Minderheiten Eingang in die deutschen Landesverfassungen, etwa in Art. 25 BbgVerf zum Schutze der Sorben oder in Art. 6 Abs. 2 SchlHVerf zum Schutz der dänischen Minderheit und der Bevölkerungsgruppe der Sinti und Roma, ohne dass mit denen meist als Staatszielbestimmungen und Fördergebote ausgestalteten Normen klagbare Rechte für den Einzelnen verbunden wären.[130] Schleswig-Holstein hat in seiner Landesverfassung aus dem Jahr 2014 zudem auf neue Herausforderungen wie den Umgang mit pflegebedürftigen Menschen reagiert und eine entsprechende Staatszielbestimmung in Art. 8 seiner neuen Landesverfassung aufgenommen. Ähnliches gilt für das Bedürfnis nach einer hinreichenden Versorgung mit Internetbasisdiensten, welches nunmehr über die Staatszielbestimmung des Art. 14 Abs. 1 Eingang in die schleswig-holsteinische Verfassung gefunden hat.

Das Vorhandensein landesverfassungsrechtlicher Grundrechtskataloge alleine sagt jedoch noch nichts über deren praktische Relevanz aus, so dass insbesondere im Zusammenhang mit den prozessualen Mechanismen zur Gewährleistung des Grundrechtsschutzes zu untersuchen bleibt, ob und inwiefern den Landesgrundrechten neben den Bundesgrundrechten tatsächlich rechtliche Bedeutung zukommt.[131]

---

[127] *Isensee*, SächsVBl. 1994, 28, 29.

[128] *Poscher*, NJ 1996, 351, 351.

[129] S. oben, § 6 II.2. b) aa).

[130] Für eine Interpretation von Art. 25 BbgVerf als Staatszielbestimmung BbgVerfG, Urt. v. 18.06.1998 – VfGBbg 27/97 –, LKV 1998, 395, 398 f.; *Peine*, HGR VIII, § 248 Rn. 61 f.; s. auch *Franke/Kier*, Die Rechte der sorbischen Minderheit, in: Simon/Franke/Sachs (Hrsg.), Handbuch der Verfassung des Landes Brandenburg, § 10 Rn. 5, wobei die Vorschrift auch eine subjektiv-rechtliche Komponente enthalten soll.

[131] Ausführlich dazu unten, § 6 V.3. u. 4.

III. Materiell-rechtliche Ansatzpunkte zur grundrechtsbezogenen Kollisions- und Konfliktvermeidung

1. Landesverfassungsrechtliche Konfliktvermeidungsregeln

Eine Kollision von Bundes- und Landesgrundrechten, die am Maßstab des Grundgesetzes zu lösen ist, setzt voraus, dass die fraglichen Landesgrundrechte überhaupt in den bundesrechtlich geregelten Raum hinein Wirkung entfalten.[132] Eine solche Wirkungsentfaltung kann dadurch ausgeschlossen sein, dass eine Landesverfassung eine freiwillige Selbstbeschränkung dahin gehend enthält, dass Landesverfassungsnormen, die mit Bundesverfassungsrecht kollidieren würden, von vornherein „außer Kraft" gesetzt werden. Entsprechende Regelungen finden sich in Art. 2 Abs. 5 BbgVerf, Art. 152 BremVerf, Art. 153 Abs. 2 HessVerf sowie in Art. 141 RPfVerf. Bei den fraglichen Normen der vorkonstitutionellen Verfassungen von Bremen, Hessen und Rheinland-Pfalz handelt es sich um eine Derogation von Landesverfassungsrecht im Sinne einer „Brechung", um die Wirkung des Art. 31 GG vorweg zu nehmen und damit eine Kollision mit dem Grundgesetz gar nicht erst entstehen zu lassen.[133] Dass die Vorschriften im Hinblick auf das zu erlassende Grundgesetz konzipiert wurden, ändert nichts an ihrer Wirkung als landesverfassungsrechtliche Derogationsnormen.[134] Fraglich ist indes, welche Wirkung diesen vorkonstitutionellen Derogationsnormen heute noch zukommt. Der Hessische Staatsgerichtshof etwa sieht Art. 153 Abs. 2 HessVerf angesichts der bundesrechtlichen Regelung des Art. 31 GG heute als gegenstandslos an.[135] Ähnliches wird für Art. 152 BremVerf angenommen.[136] Weiterhin wird argumentiert, dass die landesverfassungsrechtliche Selbstbeschränkung der vorkonstitutionellen Landesverfassungen im Falle eines Verstoßes von Landesgrundrechten gegen sonstiges, einfaches Bundesrecht ohnehin nicht eingreife, so dass insoweit alleine Art. 31 GG zu Anwendung komme.[137] Entsprechendes muss für Grundrechte gelten, die nach Inkrafttreten in die fraglichen Landesverfassungen aufgenommen wurden und die mit dem Grundgesetz kollidieren,[138] da sie vom Anwendungsbereich der Derogationsnormen schon dem Wortlaut nach nicht gedeckt sind. Daher kommt den vorkonstitutionellen Selbstbeschränkungsnormen, selbst wenn man von ihrer Fortgeltung ausgeht, heute allenfalls ein sehr begrenzter Anwendungsbereich zu, weshalb sie kaum zu einer Unitarisierung des Grundrechtsschutzes beitragen können.

---

[132] *Lemhöfer*, NJW 1996, 1714, 1716; *Ott*, Landesgrundrechte, S. 42.

[133] *März*, Bundesrecht bricht Landesrecht, S. 177 f.; *Ott*, Landesgrundrechte, S. 42.

[134] *Ott*, Landesgrundrechte, S. 42.

[135] HessStGH, StAnz 1950 Nr. 37 Beil. Nr. 7, 41, 44; HessStGH, Beschl. v. 09.09.1998 – P. St. 129950 –, NJW 1999, 49, 50; so auch *Stein*, in: Zinn/Stein, Verfassung des Landes Hessen, Bd. 2, Art. 153 Rn. 2; *Hinkel*, Verfassung des Landes Hessen, Art. 153, S. 242.

[136] *Neumann*, Die Verfassung der Freien Hansestadt Bremen, Art. 152 Rn. 3; *Spitta*, Kommentar zur Bremischen Verfassung von 1947, Art. 152, S. 268.

[137] *Wermeckes*, DÖV 2002, 110, 112.

[138] *Wermeckes*, DÖV 2002, 110, 112.

Anders als die vollumfänglich derogierenden Selbstbeschränkungsnormen der vorkonstitutionellen Verfassungen bewirkt Art. 2 Abs. 5 BbgVerf, wonach die Bestimmungen des Grundgesetzes denen der Landesverfassung vorgehen, lediglich eine Rücknahme des Regelungsanspruchs des Landesverfassungsrechts im Falle einer drohenden Normkollision, ohne dass es aber zu einer Brechung von Landesrecht käme. Rechtstechnisch nimmt man dafür einen Vergleich möglicherweise konfligierender Bundes- und Landesrechtsnormen vor, wobei im Falle eines Widerspruchs der Norminhalt des Landesrechts nach einer juristischen Sekunde so weit zurück genommen wird, dass kein Widerspruch mehr vorliegt und Art. 31 GG nicht eingreift.[139] Aus diesem Grund bleibt die betroffene Landesverfassungsnorm aus Sicht des Landesverfassungsrechts in Kraft und kann weiterhin als „Vorratslandesverfassungsrecht“ und Auslegungsdirektive herangezogen werden.[140] *Storr* sieht in Art. 2 Abs. 5 BbgVerf daher ein Gebot zur grundgesetzkonformen Auslegung des Landesverfassungsrechts.[141] *Wittreck* wendet gegen diese Art der Selbstbeschränkung ein, die Selbstbeschränkungsnorm ihrerseits werde bereits von Art. 31 GG gebrochen, da sie einen mit Art. 31 GG nicht zu vereinbarenden Normbefehl zur Auflösung einer Kollision zweier Rechtsnormen enthalte. Richtigerweise könne ihr daher nur deklaratorische Wirkung im Sinne einer Wiederholung des Geltungsvorrangs des Bundesrechts zukommen.[142] Dies erscheint auf den ersten Blick richtig, zumal andernfalls Rechtsunsicherheit diesbezüglich entstehen könnte, wie weit eine Landesrechtsnorm gerade noch gilt. Andererseits ist vor dem Hintergrund der Verfassungsautonomie der Länder zu bedenken, dass der Bund jenseits von Art. 28 Abs. 1 S. 1 GG den Gestaltungsspielraum der Länder bei der Verfassungsgebung zu wahren hat. Daher kann eine Klausel, mit deren Hilfe sicher gestellt werden soll, dass Bestimmungen der Landesverfassung nicht durch Art. 31 GG gebrochen werden, sondern in grundgesetzkonformer Weise fortgelten und nach Aufhebung der fraglichen Grundgesetznorm gegebenenfalls wieder eine andere Auslegung erfahren können, durchaus verfassungskonform sein. Im konkreten Fall des Art. 2 Abs. 5 BbgVerf spricht jedoch die Entstehungsgeschichte eher für eine rein deklaratorische Wirkung der Norm.[143] Art. 2 Abs. 5 BbgVerf wurde vor allem zur Klarstellung, dass

---

[139] *Wittreck*, DVBl. 2000, 1492, 1496; *Ott*, Landesgrundrechte, S. 42; *Iwers*, Entstehung, Bindungen und Ziele der materiellen Bestimmungen der Landesverfassung Brandenburg, S. 221, 227, 229, 713 f.; *Uerpmann*, Der Staat 35 (1996), 428, 439; *Sachs*, ThürVBl. 1993, 121, 124; *Franke/Kneifel-Haverkamp*, JöR 42 N.F. (1994), 111, 147.

[140] *Wittreck*, DVBl. 2000, 1492, 1496; *Ott*, Landesgrundrechte, S. 42.

[141] *Storr*, Verfassungsgebung, S. 169 u. 274.

[142] *Wittreck*, DVBl. 2000, 1492, 1498; krit. auch *Scholz*, Die Pflicht der Länder zur Bundestreue, in: Rüttgers/Oswald (Hrsg.), Die Zukunft des Grundgesetzes, S. 15, 19; *Magiera*, Diskussionsbeitrag, in: Stern (Hrsg.), Deutsche Wiedervereinigung, Bd. 3, S. 170; *Kanther*, Die neuen Landesverfassungen im Lichte der Bundesverfassung, S. 92.

[143] *Franke/Kneifel-Haverkamp*, Entstehung und wesentliche Strukturmerkmale der Brandenburgischen Landesverfassung, in: Simon/Franke/Sachs (Hrsg.), Handbuch der Verfassung des Landes Brandenburg, § 2 Rn. 10 f.; *Ott*, Landesgrundrechte, S. 43; *Wittreck*, DVBl. 2000, 1492, 1497.

sich im Konfliktfall das Bundesrecht gegenüber dem Landesverfassungsrecht durchsetzen würde, in die Verfassung aufgenommen, nachdem einige Normen der brandenburgischen Verfassung im Verdacht stehen, mit dem Grundgesetz unvereinbar zu sein.[144] Aus diesem Grund wird der Geltungsvorrang des Art. 31 GG im Fall der brandenburgischen Konfliktvermeidungsregelung ohnehin nicht tangiert.

Teilweise wird versucht, auch in Landesverfassungen, die keine normative Aussage dazu enthalten, einen Geltungsvorbehalt zu Gunsten des Bundesrechts hinein zu interpretieren, da der Landesverfassungsgeber keine bewusste Missachtung von Bundesrecht bezweckt haben könne.[145] Eine derartige Annahme ist jedoch abzulehnen, da dem Landesverfassungsgeber, ebenso wenig wie jedem anderen Gesetzgeber, nicht einfach unterstellt werden kann, er möchte sich ausschließlich rechtstreu verhalten.[146] Hinzu kommt, dass ein Landesverfassungsgeber, der sich eine Selbstbeschränkung auferlegen möchte, dies ausdrücklich tun kann.

Insgesamt lässt sich sagen, dass eine Selbstbeschränkung des Landesverfassungsgebers zur Vermeidung von Grundrechtskollisionen unter bestimmten Voraussetzungen möglich ist und teilweise auch praktiziert wird, wie man bezüglich des bundesstaatlichen Systems des Grundgesetzes am Vorliegen entsprechender Kollisionsnormen auf Landesverfassungsebene ablesen kann.

2. *Konfliktvermeidung nach dem Grundgesetz*

a) Art. 70 ff. GG

Kollisionen zwischen Bundesgrundrechten und Landesgrundrechten wären von vornherein ausgeschlossen, wenn der Landesverfassungsgeber an die Kompetenzvorschriften der Art. 70 ff. gebunden wäre, da die Frage der Zuständigkeit der Kollisionsproblematik denknotwendig vorgelagert ist.[147] Die immer noch überwiegende Zahl der Autoren jedoch lehnt bei der Verfassungsgebung eine Bindung der Länder an die Art. 70 ff. GG ab. Begründet wird dies in erster Linie mit der Eigenstaatlichkeit der Länder und der daraus folgenden Verfassungsautonomie,[148] die von Art. 28 Abs. 1 GG voraus gesetzt wird. Unterlägen die Inhalte

---

[144] *Franke/Kneifel-Haverkamp*, Entstehung und wesentliche Strukturmerkmale der Brandenburgischen Landesverfassung, in: Simon/Franke/Sachs (Hrsg.), Handbuch der Verfassung des Landes Brandenburg, § 2 Rn. 10 f.; *Wittreck*, DVBl. 2000, 1492, 1497.

[145] *Franke*, FS Mahrenholz, S. 923, 931 f.; *Sachs*, DÖV 1985, 469, 477; *ders*, ThürVBl. 1993, 121, 124; *ders.*, FS Stern, 475, 501 f. Fn. 127 f.; *Wermeckes*, Der erweiterte Grundrechtsschutz, S. 111 f.; *ders.*, DÖV 2002, 110, 113; *Uerpmann*, Der Staat 35 (1996), 428, 438.

[146] *Ott*, Landesgrundrechte, S. 43 f.

[147] Vgl. *Uerpmann*, Der Staat 35 (1996), 428, 434; *Klein/Haratsch*, JuS 2000, 209, 210; *Nettesheim*, EuR 2006, 737, 737 f.

[148] *Dreier*, in: Dreier, GG, Art. 31 Rn. 29; *Jutzi*, Landesverfassungsrecht und Bundesrecht, S. 21; *Dietlein*, Die Grundrechte in den Verfassungen der neuen Bundesländer, S. 44 f.; *Sacksofsky*, NVwZ 1993, 235, 239; *Schilling*, Rang und Geltung von Normen, S. 255, 429; *Jach-*

der Landesverfassungen den bundesstaatlichen Kompetenzvorschriften, wäre die Gestaltungsfreiheit der Länder auf Verfassungsebene sehr stark eingeschränkt.[149] Dagegen könnte man wiederum einwenden, die Gestaltungsfreiheit des Landesverfassungsgebers sei wegen der Kollisionsnorm des Art. 31 GG ohnehin stark beschnitten, so dass für eine übertriebene Kreativität der Länder von Anfang an kein Platz bleibe. Dies ist im Ergebnis richtig, doch darf nicht verkannt werden, dass sich die Verfassungs- und Grundrechtsentwicklung häufig „von unten nach oben" vollzieht und dass ein derartiger Prozess ausgeschlossen wäre, wenn man den Ländern über die Kompetenzverteilungsvorschriften die Möglichkeit nähme, als grundrechtliche „Experimentierwiese" zu dienen, von der zu einem späteren Zeitpunkt auch das Bundesverfassungsrecht profitieren kann.[150] Darüber hinaus ist die Landesverfassung von erheblicher Bedeutung für die Auslegung des einfachen Landesrechts, welche tangiert würde, wenn die Schaffung eigener Landesgrundrechte schon aus Kompetenzgründen ausgeschlossen wäre.[151] *Von Olshausen* schlägt vor, den Umfang der Staatlichkeit der Länder in einer Art „Spiegeloperation" zu bestimmen. Danach spiegle sich die Staatlichkeit der Länder in der Staatlichkeit des Bundes, während die Staatlichkeit der Länder ihrerseits alle Elemente reflektiere, die der Bund als Ausdruck seines spezifisch staatlichen Selbstverständnisses normiert habe.[152] Für die Kompetenzverteilung hätte dies zur Konsequenz, dass die Verfassungsgebung der Länder nicht an Art. 70 ff. GG gebunden wäre, nachdem auch die Verfassungsgesetzgebung des Bundes nicht den Art. 70 ff. unterfällt.[153]

Gegen eine Einbeziehung der Landesgrundrechte in das grundgesetzliche Kompetenzverteilungsregime spricht zudem, dass die Grundrechte ihrem Wesen nach „quer zu den einzelnen Kompetenztiteln" liegen und sich aus diesem Grund nicht trennscharf einem an Sachmaterien anknüpfenden Kompetenztitel zuordnen lassen.[154] Daneben lässt sich anführen, dass die Fortgeltung von Landes-

---

mann, BayVBl. 1997, 321, 323 ff.; *Wittreck*, DÖV 1999, 634, 639; *Menzel*, Landesverfassungsrecht, S. 160 ff.; 167 ff.; *v. Olshausen*, Landesverfassungsbeschwerde, S. 134 f. u. 157; *Franke*, FS Mahrenholz, S. 923, 929 f.; *März*, in: v. Mangoldt/Klein/Starck, Art. 31 Rn. 87 f.; *Wermeckes*, Der erweiterte Grundrechtsschutz, S. 84 f.; *Ott*, Landesgrundrechte, S. 45; *Sachs*, FS Stern, S. 475, 497 f.; *Iwers*, Entstehung, Bindungen und Ziele der materiellen Landesverfassung Brandenburg, S. 200; zur Bedeutung der Landesverfassung für die gliedstaatliche Identität s. auch *Backmann*, NordÖR 2009, 229, 232; *Tjarks*, Zur Bedeutung der Landesgrundrechte, S. 99 f.; *Martina*, Die Grundrechte der nordrhein-westfälischen Landesverfassung, S. 11 f.; *Peine*, LKV 2012, 385, 388; *Zierlein*, AöR 120 (1995), 205, 222; im Ergebnis auch *Jutzi*, ThürVBl. 1993, Sonderheft, B 15, B 16.

[149] *Ott*, Landesgrundrechte, S. 45 f.

[150] Vgl. *Discher*, Landesverfassungsgerichte, S. 63; *Ott*, Landesgrundrechte, S. 46; zur Rolle der Landesverfassungen bei der künftigen Verfassungsentwicklung s. auch *Franke/Kneifel-Haverkamp*, JöR 42 N.F. (1994), 111, 148; *Pestalozza*, NVwZ 1987, 744, 745 f.

[151] *Discher*, Landesverfassungsgerichte, S. 63; *Ott*, Landesgrundrechte, S. 46.

[152] *V. Olshausen*, Landesverfassungsbeschwerde, S. 60 u. 157.

[153] *V. Olshausen*, Landesverfassungsbeschwerde, S. 157.

[154] *Dreier*, in: Dreier, GG, Art. 31 Rn. 29; *März*, in: v. Mangoldt/Klein/Starck, GG, Art. 31 Rn. 87; *Poscher*, NJ 1996, 351, 354; *Ott*, Landesgrundrechte, S. 47; dies gesteht auch *Uerpmann*, Der Staat 35 (1996), 428, 435 ein, der sich für eine Anwendung von Art. 70 ff. GG auf das Landesverfassungsrecht ausspricht.

grundrechten in Art. 142 GG ausdrücklich anerkannt ist. Die Norm liefe ungeachtet ihres Verhältnisses zu Art. 31 GG von Anfang an leer, wenn es auf Grund der Unterwerfung der Landesverfassungsgebung unter die grundgesetzliche Kompetenzverteilung den Ländern faktisch unmöglich wäre, eigene Landesgrundrechte zu schaffen,[155] eine Konsequenz, die vom grundgesetzlichen Verfassungsgeber so nicht gewollt sein kann.

Die Gegenauffassung nimmt eine vollumfängliche Bindung des Landesverfassungsgebers an Art. 70 ff. GG an,[156] indem sie einen relevanten qualitativen Unterschied zwischen den einfachen Landesgesetzen und dem Landesverfassungsrecht verneint. Das Grundgesetz stelle in Art. 30 GG die Ausübung der staatlichen Aufgaben und Befugnisse unter den Vorbehalt seines eigenen Regelungsregimes.[157] Daneben legten Art. 79 und 100 GG nahe, dass es sich bei der Verfassungsgebung trotz der vorhandenen Besonderheiten um eine Form der Gesetzgebung handele, für die folglich auch Art. 70 ff. GG gelten müssten.[158] Eine besondere Qualität des Landesverfassungsrechts ergebe sich ferner nicht daraus, dass der Landesverfassungsgeber ein ungebundener Souverän sei,[159] denn er unterliege zumindest den Homogenitätsanforderungen des Art. 28 GG.[160] Gegen die Bindung des Landesverfassungsgebers an Art. 70 ff. GG lasse sich auch nicht die Überlegung des Bundesverfassungsgerichts ins Feld führen, wonach dem Landesverfassungsgeber durch Art. 28 Abs. 1 GG ein Freiraum gegeben sei, der ihm nicht durch andere Regelungen, *in concreto* Art. 31 GG, wieder genommen werden dürfe.[161] Zwar müsse dies dann auch für das Verhältnis von Art. 28 Abs. 1 GG zu den Kompetenzverteilungsvorschriften gelten, doch ließen sich aus der Homogenitätsklausel keine Rechte zu Gunsten der Länder ableiten.[162] Art. 28 Abs. 1 GG bleibe zudem selbst dann sinnvoll, wenn man das Landesverfassungsrecht der grundgesetzlichen Kompetenzordnung unterwerfe, da die Homogenitätsanforderungen ohnehin hauptsächlich das Landesstaatsorganisationsrecht beträfen, welches nach Art. 70 Abs. 1 GG in den Kompetenzbereich der Länder falle.[163] Gegen die von *von Olshausen* aufgestellte Spiegelthese spreche, dass das Grundgesetz nicht nur den Bund verfasse, sondern zugleich den Gesamtverband von Bund und Ländern konstituiere und die Grundrechte des Grundgesetzes ge-

[155] *Dreier*, in: Dreier, GG, Art. 31 Rn. 29; *Boehl*, Verfassunggebung im Bundesstaat, S. 208; *Klein/Haratsch*, JuS 2000, 209, 210; *Ott*, Landesgrundrechte, S. 47.

[156] So etwa *Uerpmann*, Der Staat 35 (1996), 428, 431 ff.; *Wiederin*, Bundesrecht und Landesrecht, S. 344 ff.; *Lemhöfer*, NJW 1996, 1714, 1716 ff.; *Sachs*, FS Stern, S. 475, 492 ff.; so wohl auch *Stiens*, Chancen und Grenzen der Landesverfassungen, S. 42 f.; *Vaulont*, Grundrechte und bundesstaatliches Homogenitätsprinzip, S. 123 f., der allerdings zugesteht, dass es „kumulative Kompetenzen“ im Grundrechtsbereich geben könne.

[157] Vgl. *Korioth*, in: MD, GG, Art. 31 Rn. 24.

[158] *Wiederin*, Bundesrecht und Landesrecht, S. 344; *Harbich*, Der Bundesstaat und seine Unantastbarkeit S. 77 f.; so im Ergebnis auch *Uerpmann*, Der Staat 35 (1996), 428, 431.

[159] *Isensee*, HdStR VI, § 126 Rn. 83.

[160] *Uerpmann*, Der Staat 35 (1996), 428, 431.

[161] BVerfGE 36, 342, 361 f.

[162] *Uerpmann*, Der Staat 35 (1996), 428, 432.

[163] *Uerpmann*, Der Staat 35 (1996), 428, 432.

rade auch den Gesamtstaat beträfen, weshalb eine Spiegelung mit den Landesgrundrechten nicht in Betracht komme.[164] Andernfalls erhielte der Landesgesetzgeber eine Kompetenz-Kompetenz, über die er nach dem Grundgesetz unbestrittenerweise nicht verfügt.[165] Ferner sei zu bedenken, dass Art. 31 GG selbst bei einer Anwendung der Kompetenzverteilungsvorschriften auf das Landesverfassungsrecht keineswegs gegenstandslos würde, sondern dann eingreife, wenn der Bund in einem Bereich, der ursprünglich landesrechtlich geregelt war, von seiner konkurrierenden Gesetzgebungskompetenz Gebrauch mache.[166] Schließlich verbleibe auch Art. 142 GG ein eigener Anwendungsbereich, da er als Ausnahme zu Art. 31 GG anordne, dass mit dem Grundgesetz übereinstimmende Landesgrundrechte weiter gelten.[167]

Das Bundesverfassungsgericht hat sich zu der Frage bisher nicht explizit geäußert. In einer Entscheidung aus dem Jahr 1974[168] ließ es aber immerhin durchblicken, dass es das Landesverfassungsrecht nicht den Kompetenzvorschriften der Art. 70 ff. GG unterstellt wissen möchte. Das Gericht argumentiert, dass der Vergleich inhaltsgleicher verfassungsrechtlicher Strukturnormen grundsätzlich auf einer höheren Stufe stattfinde als der Vergleich der in Verwirklichung jener Verfassungsstrukturnormen im Bund und in den Ländern erlassenen Gesetze.[169] Was sich für das Verhältnis von Bundesrecht und Landesrecht aus einer Kompetenzregel des Grundgesetzes ergebe, brauche sich keinesfalls aus einer allgemeinen Regel „Bundesrecht bricht Landesrecht" für das logisch vorausliegende und zuerst zu entscheidende Verhältnis von verfassungsrechtlichen Grundnormen im Grundgesetz und in der Landesverfassung zu ergeben.[170] Mit dieser Überlegung unterscheidet das Gericht die Ebenen des einfachen Gesetzesrechts und des Verfassungsrechts voneinander, wobei für Letztere die Kompetenzvorschriften nicht gelten sollen. Dieser Befund wird gestützt durch die Aussage des Gerichts, wonach die Ausführung und Konkretisierung gleich lautender Verfassungsnormen des Bundes- und Landesrechts durch einfaches Gesetz weiterhin nur nach Maßgabe der jeweils geltenden grundgesetzlichen Vorschriften über die Kompetenzverteilung für die Gesetzgebung zwischen Bund und Land statthaft ist.[171]

So einleuchtend einige der für eine Anwendbarkeit der Art. 70 ff. GG auch auf das Landesverfassungsrecht angeführten Argumente für sich genommen auch sein mögen, so spricht gegen die Unterwerfung des Landesverfassungsrechts unter die grundgesetzlichen Kompetenzvorschriften doch der Umstand, dass dieser Ansatz der Staatsqualität der Länder insgesamt zu wenig Rechnung trägt. Dies trifft insbesondere vor dem Hintergrund zu, dass der Bund trotz des Bemühens

164 *Uerpmann*, Der Staat 35 (1996), 428, 433 f.
165 *Wiederin*, Bundesrecht und Landesrecht, S. 345.
166 *Uerpmann*, Der Staat 35 (1996), 428, 436.
167 *Uerpmann*, Der Staat 35 (1996), 428, 439 f.
168 BVerfGE 36, 342, 342 ff.; näher dazu s. *Iwers*, Entstehung, Bindungen und Ziele, S. 196 ff.
169 BVerfGE 36, 342, 364.
170 BVerfGE 36, 342, 364 f.
171 BVerfGE 36, 342, 367 f.

um Gegensteuerung in Form einer Föderalismusreform im Laufe der Zeit immer mehr Kompetenzen an sich gezogen hat,[172] so dass für eigenständige Landesgrundrechte nur noch im Kultur- und Bildungsbereich sowie im Sicherheitsbereich, d.h. in Bezug auf Polizei und Landesverfassungsschutz, Raum verblieb. Dies gilt insbesondere für solche landesrechtlichen Grundrechte, Staatszielbestimmungen und Programmaussagen, welche die Länder aus Gründen der Vollständigkeit, Verstärkung oder Abrundung in ihre Verfassungen aufnehmen und die – was zumindest theoretisch denkbar ist – weder mit dem Grundgesetz noch mit sonstigem Bundesrecht kollidieren.[173] Darüber hinaus spricht die Entstehungsgeschichte des Grundgesetzes gegen die Unterwerfung der Landesverfassung unter die Art. 70 ff. GG. Im Falle einer Anwendbarkeit der Art. 70 ff. GG auch auf das Landesverfassungsrecht wäre es nicht nachvollziehbar, warum bei den Beratungen im Parlamentarischen Rat das Verhältnis von Bundes- und Landesgrundrechten im Rahmen von Art. 31 GG diskutiert wurde.[174] Jedenfalls aber hätte bei der Diskussion erwähnt werden müssen, dass das Verhältnis von Bundes- und Landesgrundrechten kein Regelungsgegenstand des Art. 31 GG sein könne, sondern vielmehr ausschließlich über die Kompetenzverteilungsnormen zu klären sei. Im Übrigen wäre zu erwarten gewesen, dass man sich von der in der Weimarer Republik vertretenen Auffassung, wonach Art. 13 Abs. 1 WRV auch auf Landesverfassungsrecht anwendbar war,[175] distanzieren würde, falls das Verhältnis zwischen Bundes- und Landesgrundrechten nunmehr allein nach Art. 70 ff. GG bestimmt werden sollte. Schließlich ließe sich bei einer Lösung über die Kompetenzverteilungsnormen die Vorschrift des Art. 142 GG nicht erklären, warum die Norm nach Systematik und Entstehungsgeschichte gerade nicht als Ausnahme zu Art. 31 GG, sondern vielmehr als deren Bestätigung zu sehen ist.[176]

Der Landesverfassungsgeber ist daher richtigerweise nicht an die Kompetenzordnung des Grundgesetzes gebunden. Teilweise wird trotz Ablehnung einer solchen Bindung eine Kompetenz der Länder kraft Natur der Sache angenommen,[177] was jedoch nicht überzeugend ist, da diese Rechtsfigur nur zur Begründung von Bundeskompetenzen heran gezogen werden kann, nachdem die Länder gemäß Art. 70 Abs. 1 GG ohnehin zuständig sind, soweit der Bund keine Kompetenzen besitzt.[178] Die Kompetenz der Länder zur Verfassungsgebung ergibt sich daher

---

[172] S. dazu oben, Einführung, II.2.a) u. c) aa).

[173] S. *März*, in: v. Mangoldt/Klein/Starck, GG, Art. 31 Rn. 87; so im Ergebnis auch BVerfGE 36, 342, 365 f.

[174] S. dazu die Beratungen zu Art. 31 GG in: Häberle (Hrsg.), Entstehungsgeschichte der Artikel des Grundgesetzes, S. 298 ff.

[175] Ausführlich dazu oben, § 4 II.2. a) u. 3. b).

[176] Vgl. *März*, Bundesrecht bricht Landesrecht, S. 195; näher dazu unten, § 6 III.2. f).

[177] So *Sachs*, DVBl. 1987, 857, 863; *ders.*, ThürVBl. 1993, 121, 122, wobei er diese Auffassung jedoch mittlerweile aufgegeben hat; für eine Kompetenz kraft Natur der Sache auch *Sacksofsky*, NVwZ 1993, 235, 239; *Franke*, FS Mahrenholz, S. 923, 930.

[178] *Boehl*, Verfassunggebung im Bundesstaat S. 207, Fn. 496; *Dreier*, in: Dreier, GG, 2. Aufl., Art. 31 Rn. 29 Fn. 98; *Ott*; Landesgrundrechte, S. 48.

richtigerweise unmittelbar aus deren Eigenstaatlichkeit,[179] die u.a. in Art. 30 ihre positivrechtliche Verankerung findet.[180] Nach alledem stellen die Kompetenzverteilungsvorschriften der Art. 70 ff. GG kein Instrument zur materiell-rechtlichen Konfliktvermeidung im Grundrechtsbereich dar.

b) Art. 28 Abs. 1 S. 1 GG

Als weiterer Anknüpfungspunkt für eine Vermeidung von Kollisionen zwischen Bundes- und Landesgrundrechten kommt grundsätzlich das Homogenitätsgebot des Art. 28 Abs. 1 S. 1 GG in Betracht, welches in Art. 17 WRV sein historisches Vorbild hat[181] und einen Ausgleich schafft zwischen der föderalen Vielfalt und Eigenstaatlichkeit der Länder einerseits und der bundesstaatlichen Geschlossenheit andererseits.[182] Die Vorschrift verlangt ein gewisses Maß an Homogenität,[183] ohne Konformität oder gar Uniformität herbeiführen zu wollen.[184] Art. 28 Abs. 1 S. 1 GG bezieht sich auf die gesamte verfassungsmäßige Ordnung der Länder, also auch auf die Landesgrundrechte.[185] Rechtsfolge eines Verstoßes gegen die Vorgaben der Homogenitätsklausel ist die Nichtigkeit derjenigen Landesrechtsnormen, welche ihr zuwider laufen.[186] Die Nichtigkeitsfolge lässt sich damit begründen, dass es sich bei Art. 28 Abs. 1 S. 1 GG vor dem Hintergrund des Stufenbaus der bundesstaatlichen Rechtsordnung um eine negative Kompetenzvorschrift handelt und der Landesgesetzgeber insoweit von vornherein in seiner Gestaltungsfreiheit beschränkt ist.[187]

Gegen eine Anwendung von Art. 28 Abs. 1 S. 1 GG im Grundrechtsbereich wird vorgebracht, dass Art. 142 GG insoweit als *lex specialis* anzusehen sei,[188] was

---

[179] So auch *Dreier*, in: Dreier, GG, Art. 28 Rn. 42; *Möstl*, AöR 130 (2005), 350, 358 f.; *Isensee*, HdStR VI, § 126 Rn. 80; *Ott*, Landesgrundrechte, S. 48; *Wermeckes*, Der erweiterte Grundrechtsschutz, S. 48 f.

[180] *Sacksofsky*, NVwZ 1993, 235, 239; s. auch oben, Einführung, II.2. a).

[181] S. dazu oben, § 4 II.3. c).

[182] *Dreier*, in: Dreier, GG, Art 28 Rn. 49; *Pieroth*, in: Jarass/Pieroth, GG, Art. 28 Rn. 1.

[183] BVerfGE 24, 367, 390; 36, 342, 361; 60, 175, 207 f.; 90, 60, 85; *Pieroth*, in: Jarass/Pieroth, GG, Art. 28 Rn. 1.

[184] BVerfGE 9, 268, 279; 41, 88, 119; 90, 60, 84 f.; 103, 332, 349 f.; *Dreier*, in: Dreier, GG, Art. 28 Rn. 49; *Möstl*, AöR 130 (2005), 350, 359; *Nierhaus*, in: Sachs, GG, Art. 28 Rn. 1.

[185] *Dreier*, in: Dreier, GG, Art. 28 Rn. 51; *Menzel*, Landesverfassungsrecht, S. 265 f.; *Tettinger/Schwarz*, in: v. Mangoldt/Klein/Starck, GG, Art. 28 Rn. 35.

[186] Zur Nichtigkeitsfolge s. BVerfGE 3, 45, 49; 83, 60, 61; *Pieroth*, in: Jarass/Pieroth, GG, Art. 28 Rn. 2; *Discher*, Die Landesverfassungsgerichte, S. 54 f.; a.A. aber BVerfGE 9, 277; *Riegler*, Konflikte zwischen Grundgesetz und Länderverfassungen, S. 103 f.; *Böckenförde/Grawert*, DÖV 1971, 119, 126.

[187] *März*, Bundesrecht bricht Landesrecht, S. 191; *Rozek*, Das Grundgesetz als Prüfungs- und Entscheidungsmaßstab, S. 117; *Iwers*, Entstehung, Bindungen und Ziele, S. 225; *Menzel*, Landesverfassungsrecht, S. 248 ff.

[188] *Leisner*, Die bayerischen Grundrechte, S. 20 Fn. 26; *Schneider*, DÖV 1987, 749, 752; *Merten*, Grundgesetz und Verfassungen der neuen deutschen Länder, in: Blümel/Magiera/Merten/Sommermann (Hrsg.), Verfassungsprobleme im vereinten Deutschland, S. 47, 56; in diese Richtung auch *Vaulont*, Grundrechte und bundesstaatliches Homogenitätsprinzip, S. 106 ff.

allerdings schon deshalb abzulehnen ist, weil Art. 142 GG nur für solche Landesgrundrechte eingreifen kann, die eine grundgesetzliche Entsprechung finden.[189] Andere Autoren wollen Art. 28 Abs. 1 S. 1 GG auf die Landesgrundrechte deshalb nicht anwenden, weil dafür angesichts des „negativen Homogenitätsprinzips“ des Art. 31 GG kein Bedürfnis bestehe.[190] Dies überzeugt jedoch nicht, da erstens schon Art. 28 Abs. 3 GG auf die Grundrechte rekurriert und zweitens allein durch das Vorhandensein einer Kollisionsnorm noch keine materielle Homogenität im Sinne einer republikanischen, demokratischen, rechtsstaatlichen und sozialstaatlichen Verfassungsordnung gewährleistet ist.[191]

Wenngleich sich die Vorschrift demnach auf die gesamte Landesverfassungsordnung bezieht, enthält sie keine Pflicht der Länder zur Verfassungsgebung[192] und dementsprechend auch keine Vorgabe zur Normierung von Landesgrundrechten.[193] Eine Bindung der Länder besteht nach Art. 28 Abs. 1 S. 1 GG nur an die Prinzipien der Republik, Demokratie, Sozialstaatlichkeit und Rechtsstaatlichkeit. Da die Landesverfassungen im Vergleich zum Grundgesetz eher weiter gehende Gewährleistungen enthalten, können die Grundsätze der Demokratie, des Rechtsstaates und des Sozialstaates berührt werden. Allerdings sind über die grundgesetzlichen Grundrechtsgarantien hinausreichende Landesgrundrechte tendenziell wenig geeignet, das Rechtsstaats- oder Demokratieprinzip zu verletzen, da beide Grundsätze durch einen erweiterten Grundrechtsschutz eher verstärkt werden.[194] Zu Problemen könnte es allenfalls dann kommen, wenn soziale Grundrechte wie etwa das Recht auf Bildung als subjektive Rechte ausgestaltet würden, da in solchen Fällen dem demokratisch legitimierten Gesetzgeber kaum mehr Handlungsspielräume verblieben.[195] Auch in Bezug auf das Sozialstaatsprinzip dürfte es kaum zu Konflikten durch weiter gehende landesrechtliche Leistungs- und Teilhaberechte kommen, da ein Teil der Landesverfassungen zwar über soziale Grundrechte verfügt, diese jedoch dem Einzelnen in der Regel keine subjektiven Rechte verleihen.[196] Hinzu kommt schließlich, dass Art. 28 Abs. 1 S. 1 GG von den Landesverfassungen lediglich eine Entsprechung in den Grundsätzen des republikanischen, demokratischen und sozialen Rechtsstaates verlangt, wodurch den Ländern ein weiter Spielraum für Modifikationen, auch im

---

[189] *Wermeckes*, Der erweiterte Grundrechtsschutz, Art. 67 ff.; *Ott*, Landesgrundrechte, S. 48 f.; so auch *Menzel*, Landesverfassungsrecht, S. 266 f.

[190] So etwa *Werner*, Wesensmerkmale des Homogenitätsprinzips und ihre Ausgestaltung im Bonner Grundgesetz, S. 81.

[191] So auch *Menzel*, Landesverfassungsrecht, S. 266; *Wermeckes*, Der erweiterte Grundrechtsschutz, S. 72 f.

[192] *Dreier*, in: Dreier, GG, Art. 28 Rn. 43; *Storr*, Verfassungsgebung in den Ländern, S. 178 ff.; *Sachs*, FS Stern, S. 475, 489 f.; a.A. *Löwer*, in: v. Münch/Kunig, GGK, Art. 28 Rn. 9; *Menzel*, Landesverfassungsrecht, S. 177 ff.

[193] BVerfGE 103, 332, 349; *Pieroth*, in: Jarass/Pieroth, GG, Art. 28 Rn. 3; *Merten*, HGR VIII, § 232 Rn. 3.

[194] *Wermeckes*, Der erweiterte Grundrechtsschutz, S. 69 f.; *Ott*, Landesgrundrechte, S. 49.

[195] Zurückhaltend insoweit auch *Stiens*, Chancen und Grenzen von Landesverfassungen, S. 252 ff.

[196] *Wermeckes*, Der erweiterte Grundrechtsschutz, S. 70.

Grundrechtsbereich, gegeben wird.[197] Das Homogenitätsgebot des Art. 28 Abs. 1 S. 1 GG ist demnach viel zu allgemein ausgestaltet, als dass es als Konfliktlösungsinstrument im Verhältnis von Bundes- und Landesgrundrechten herangezogen werden könnte.

c) Art. 28 Abs. 3 GG

Art. 28 Abs. 3 GG normiert die Pflicht des Bundes, die Einhaltung der Grundrechte auch in den Ländern zu gewährleisten[198] und könnte daher grundsätzlich als Kollisionsnorm im Verhältnis zwischen Bundes- und Landesgrundrechten in Betracht kommen. Indes besitzt die Vorschrift keine über Art. 31, 142 GG hinaus gehende Bedeutung, da sie nur das bekräftigt, was nach den genannten Grundgesetzartikeln ohnehin gilt.[199] Art. 28 Abs. 3 GG ermöglicht dem Bund ein repressives Einschreiten gegen ein Land, damit dieses, auch wenn es eigene Landesgrundrechte normiert, den Mindeststandard des Grundgesetzes einhält[200] oder damit dieses ein nach Art. 31 GG unwirksames Landesgrundrecht nicht mehr anwendet.[201] Eine Kollisionsregel für das Bund-Länder-Verhältnis im Grundrechtsbereich beinhaltet die Vorschrift jedoch nicht.

d) Art. 123 ff. GG

Regelungsgegenstand der Art. 123 ff. GG ist die Fortgeltung des vorkonstitutionellen Rechts sowie seine Zuordnung zum Bundesrecht oder Landesrecht. In Bezug auf die Grundrechte der vorkonstitutionellen Landesverfassungen wäre es deshalb denkbar, die Frage ihrer Fortgeltung den Übergangsvorschriften des Grundgesetzes zu unterwerfen.[202] Dagegen spricht jedoch entscheidend, dass Art. 142 GG, unabhängig von seinem Verhältnis zu Art. 31 GG, als *lex specialis* für den Grundrechtsbereich sowohl die Fortgeltung der Grundrechte als auch ihre Qualifizierung als Landesrecht anordnet.[203] Gegen eine Anwendung der Art. 123 ff. GG auf die vorkonstitutionellen Grundrechte spricht ferner, dass diese, soweit sie die ausschließliche und konkurrierende Gesetzgebung des Bun-

---

[197] *Dreier*, in: Dreier, GG, Art. 28 Rn. 49 u. 53; *Pieroth*, in: Jarass/Pieroth, GG, Art. 28 Rn. 3 ff.; *Nierhaus*, in: Sachs, GG, Art. 28 Rn. 10–12.

[198] Vgl. dazu *Pieroth*, in: Jarass/Pieroth, GG, Art. 28 Rn. 54.

[199] *Dreier*, in: Dreier, GG, Art. 28 Rn. 169.

[200] Vgl. *Kreim*, Popularklage und Bundesrecht, S. 553.

[201] *Martina*, Die Grundrechte der nordrhein-westfälischen Landesverfassung, S. 25.

[202] So etwa *Kratzer*, FS Laforet, S. 107, 113 f.; *Pestalozza*, Art. 142 GG, in: Macke (Hrsg.), Verfassung und Verfassungsgerichtsbarkeit auf Landesebene, S. 245, 251 f.; *Böckenförde/Grawert*, DÖV 1971, 119, 122.

[203] *Tjarks*, Zur Bedeutung der Landesgrundrechte, S. 16, 78 ff.; *Martina*, Die Grundrechte der nordrhein-westfälischen Landesverfassung, S. 26; *Dreier*, in: Dreier, GG, Art. 142 Rn. 32; *Uerpmann*, Der Staat 35 (1996), 428, 435 f.; *Ott*, Landesgrundrechte, S. 49.

des betreffen, nach Art. 124 und 125 GG nunmehr als Bundesrecht gelten würden[204] und damit dem Landesverfassungsrecht abhanden gekommen wären, was mit der Verfassungsautomie der Länder schlechthin unvereinbar wäre.[205]

e) Art. 1 Abs. 3 GG

Nach Art. 1 Abs. 3 GG, der in der Weimarer Reichsverfassung keine Entsprechung fand, binden die Grundrechte und grundrechtsgleichen Rechte des Grundgesetzes alle staatliche Gewalt, d.h. die Legislative, Exekutive und Judikative.[206] Als Ansatzpunkt für die Behandlung von Normkonflikten zwischen Bundes- und Landesgrundrechten kann die Vorschrift jedoch nur dann dienen, wenn der Landesgesetzgeber und insbesondere auch der Landesverfassungsgeber daran gebunden ist. Eine solche Bindung auch des Landesverfassungsgebers wird teilweise verneint mit der Begründung, dass Art. 28 Abs. 1 GG insoweit *lex specialis* sei und eine Verpflichtung des Landesverfassungsgebers gegen die gliedstaatliche Verfassungsautonomie verstoße.[207] Dagegen lässt sich einwenden, dass es sich auch bei der Landesverfassungsgebung um die Ausübung staatlicher Gewalt handelt und die Verfassungsautonomie der Länder insofern durch die Vorgaben des Grundgesetzes eingeschränkt ist.[208] Rechtstechnisch handelt es sich bei Art. 1 Abs. 3 GG richtigerweise um eine Durchgriffsnorm, über die die Grundrechte des Grundgesetzes in die Verfassungsordnung der Länder hinein wirken und diese mit prägen, ohne zugleich selbst die Qualität von Landesverfassungsrecht anzunehmen.[209] Eine Kollisionsnorm für das Verhältnis von Bundesgrundrechten und Landesgrundrechten stellt Art. 1 Abs. 3 GG allerdings nicht dar, da sie keine Vorrangregelung trifft, sondern Kollisionen allenfalls schon im Vorfeld verhindert.[210] Teilweise wird vertreten, bereits aus Art. 1 Abs. 3 GG folge, dass Landesrecht zu seiner Wirksamkeit mit den Inhalten der Bundesgrundrechte übereinstimmen müsse, ohne dass es dafür eines Rückgriffs auf Art. 31 GG bedürfe.[211]

---

[204] *Uerpmann*, Der Staat 35 (1996), 428, 435 f.; *Ott*, Landesgrundrechte, S. 49 f.; differenzierend insoweit *Riegler*, Konflikte zwischen Grundgesetz und Länderverfassungen, S. 107 f., der davon ausgeht, dass die vorkonstitutionellen Landesgrundrechte zwar in Bundesrecht transformiert wurden, sie jedoch gleichzeitig als inhaltsgleiches Landesverfassungsrecht weiter bestehen.

[205] *Ott*, Landesgrundrechte, S. 49 f.

[206] *Jarass*, in: Jarass/Pieroth, GG, Art. 1 Rn. 30 ff.

[207] *Discher*, Die Landesverfassungsgerichte, S. 61; *Wermeckes*, Der erweiterte Grundrechtsschutz, S. 56 ff.

[208] So im Ergebnis auch *Dreier*, in: Dreier, GG, Art. 1 Abs. 3 Rn. 37; *Starck*, in: v. Mangoldt/Klein/Starck, GG, Art. 1 Rn. 221 u. 224; *Herdegen*, in: MD, GG, Art. 1 Abs. 3 Rn. 93.

[209] BVerfGE 13, 54, 80; 27, 44, 55; 66, 107, 114; *März*, in: v. Mangoldt/Klein/Starck, GG, Art. 31 Rn. 99; *Boehl*, Verfassunggebung im Bundesstaat, S. 206; a.A. jedoch BVerfGE 1, 208, 232; s. dazu auch oben, § 6 II.2. b) cc).

[210] *Dreier*, in: Dreier, GG, Art. 31 Rn. 22.

[211] BVerfGE 97, 298, 314 f.; *März*, in: v. Mangoldt/Klein/Starck, GG, Art. 31 Rn. 101; *Ott*, Landesgrundrechte, S. 51; *Wittreck*, DVBl. 2000, 1492, 1494; *Vitzthum*, VVDStRL 46 (1988), 7, 33; *Dreier*, in: Dreier, GG, Art. 31 Rn. 21 f.

Begründet wird dies damit, dass, wenn schon im Falle des Art. 28 Abs. 1 S. 1 GG von einer Anwendung des Art. 31 GG abgesehen werden könne, dies erst recht für die viel präziser formulierte Norm des Art. 1 Abs. 3 GG gelten müsse.[212] Die Gegenauffassung lehnt eine Anwendung des Art. 1 Abs. 3 GG in solchen Fällen ab, da im Rahmen des einzelfallbezogenen Art. 1 Abs. 3 GG Kollisionsfälle unproblematisch über Art. 31 GG gelöst werden könnten, was bei der Rahmenvorschrift des Art. 28 Abs. 1 S. 1 GG nicht möglich sei, und deshalb auf einen unmittelbaren Durchgriff auf das Landesrecht verzichtet werden könne.[213] Konkrete Auswirkungen hat die Frage im Grundrechtsbereich lediglich in Bezug auf Landesgrundrechte, welche in ihrem Schutzgehalt hinter den Grundrechten des Grundgesetzes zurückbleiben. Ein solcher Fall dürfte freilich in der Praxis sehr selten vorkommen, nachdem die meisten Landesverfassungen Grundrechte enthalten, welche über die Grundrechtsgewährleistungen des Grundgesetzes hinaus gehen. Nimmt man dennoch die vereinzelten landesrechtlichen Mindergewährleistungen in den Blick,[214] überzeugt die Annahme der Nichtigkeit dieser Vorschriften alleine auf Grund von Art. 1 Abs. 3 GG nicht, da Art. 142 GG die Anwendbarkeit von Art. 31 GG auf landesverfassungsrechtliche Mindergewährleistungen voraus setzt, indem er die Anwendung von Art. 31 GG nur hinsichtlich solcher Vorschriften ausschließen möchte, die mit den Art. 1 bis 18 GG übereinstimmen. Art. 1 Abs. 3 GG selbst führt daher richtigerweise nicht zur Nichtigkeit landesverfassungsrechtlicher Mindergewährleistungen[215] und stellt demzufolge auch keine Kollisionsregel für die Auflösung von Konflikten zwischen Bundes- und Landesgrundrechten dar.

f) Art. 142 GG

aa) Bedeutung der Norm

Als Kollisionsnorm im Verhältnis von Bundes- und Landesgrundrechten kommt zumindest dem Wortlaut nach Art. 142 GG in Betracht. Die Norm schreibt vor, dass ungeachtet der Vorschrift des Artikels 31 die Bestimmungen der Landesverfassungen auch insoweit in Kraft bleiben, als sie in Übereinstimmung mit den Artikeln 1 bis 18 des Grundgesetzes Grundrechte gewährleisten. So offensichtlich es danach ist, dass Art. 142 GG die Fortgeltung von Grundrechten der Landesverfassungen regelt, so unklar ist die Bedeutung der Norm im Regelungsgefüge des Grundgesetzes. Wortlaut, Systematik und Entstehungsgeschichte sprechen zunächst dafür, dass es sich bei Art. 142 GG um eine *lex specialis* zu Art. 31

---

212 *Ott*, Landesgrundrechte, S. 52.

213 *Riegler*, Konflikte zwischen Grundgesetz und Länderverfassungen, S. 85 f.; *Dietlein*, Die Grundrechte der Verfassungen der neuen Bundesländer, S. 47 f.

214 S. oben, § 6 II.2. b) aa).

215 *Dietlein*, Die Grundrechte in den Verfassungen der neuen Bundesländer, S. 47 f.; *Riegler*, Konflikte zwischen Grundgesetz und Länderverfassungen, S. 85 f.

GG handelt. Hintergrund ist vor allem der Umstand, dass nach der Staatsrechtslehre der Weimarer Republik im Rahmen von Art. 13 Abs. 1 WRV, der Vorgängerbestimmung des Art. 31 GG, auch gleich lautendes Landesrecht durch Reichsrecht gebrochen wurde.[216] Noch in den Beratungen des Parlamentarischen Rates wurde darüber diskutiert, ob Art. 31 GG auch gleich lautendes Landesrecht brechen sollte, was sich daran zeigt, dass der Abgeordnete *Laforet* bei Art. 31 GG für eine Formulierung plädierte, nach der Bundesrecht nur entgegen stehendes Landesrecht brechen sollte.[217] Dieser Vorschlag konnte sich zwar nicht durchsetzen, doch wurde als Reaktion auf die Diskussion um die Brechung gleich lautender Landesgrundrechte auf Vorschlag des Fünferausschusses[218] Art. 142 GG in das Grundgesetz aufgenommen.[219]

Umstritten ist die Bedeutung von Art. 142 GG vor allem deshalb, weil das Bundesverfassungsgericht, ebenso wie die herrschende Meinung in der Literatur, heute Art. 31 GG so versteht, dass Landesverfassungsrecht durch gleich lautendes Bundesverfassungsrecht nicht gebrochen wird, da insoweit kein Normwiderspruch vorliege, der durch eine Kollisionsnorm wie Art. 31 GG aufgelöst werden müsse.[220] Entsprechendes gilt nach überwiegender, wenngleich vom Bundesverfassungsgericht nicht ausdrücklich bestätigter Auffassung für das Verhältnis von Bundesrecht zu einfachem Landesrecht.[221] Dies ist überzeugend, denn die Anwendbarkeit von Art. 31 GG als Kollisionsnorm setzt eine Normkollision voraus, die bei einer Inhaltsgleichheit von Bundes- und Landesrecht nicht existiert.[222] Hinzu kommt, dass in Bezug auf das Landesverfassungsrecht nur die Fortgeltung

---

[216] S. nur *Anschütz*, Kommentar zur Reichsverfassung, Art. 13 S. 104 f.; s. auch *Sachs*, DÖV 1985, 469, 470 Fn. 15; *Wiederin*, Bundesrecht und Landesrecht, S. 372 ff.; ausführlich dazu oben, § 4 II.3. b).

[217] S. *Laforet*, Parlamentarischer Rat, Hauptausschuss, 6. Sitzung v. 19.11.1948, Sten.Prot., S. 75; vgl. auch *Häberle* (Hrsg.), Entstehungsgeschichte der Artikel des Grundgesetzes, Art. 31, S. 298 und Art. 142 S. 910; ausführlich dazu auch *Wiederin*, Bundesrecht und Landesrecht, S. 287 ff.; *Sachs*, DÖV 1985, 469, 470 f.

[218] Ursprünglich als Art. 148 a in der Formulierung „Die Artikel 1 bis 20 b stehen Bestimmungen gleichen Inhaltes in den Länderverfassungen nicht entgegen", s. *Parlamentarischer Rat*, Hauptausschuss, 51. Sitzung v. 10.02.1949, Sten.Prot., S. 673.

[219] Ausführlich dazu *Korioth*, in: MD, GG, Art. 142 Rn. 6; s. dazu auch *Kratzer*, FS Laforet, S. 107, 109 ff.

[220] BVerfGE 36, 342, 360 ff.; 40 296, 327; 96, 345, 364 f.; *Zierlein*, AöR 120 (1995), 205, 221; *Dreier*, in: Dreier, GG, Art. 31 Rn. 40; *ders.*, Grundrechtsschutz durch Landesverfassungsgerichte, S. 17; *Bernhardt/Sacksofsky*, in: BK, GG, Art. 31 Rn. 64 ff., Stand: 84. Aktualisierung, März 1998; *Degenhart*, Staatsrecht I, Rn. 199; *März*, Bundesrecht bricht Landesrecht, S. 195; *Wittreck*, DVBl. 2000, 1492, 1495; *Pieroth*, in: Jarass/Pieroth, GG, Art. 142 Rn. 1; a.A. *Uerpmann*, Der Staat 35 (1996), 428, 436 f., der die Problematik schon auf der Ebene der Kompetenzverteilung lösen möchte; *Huber*, in: Sachs, GG, Art. 31 Rn. 11 f.; *Wiederin*, Bundesrecht und Landesrecht, S. 372.

[221] So ausdrücklich etwa BayVerfGHE 23, 155, 164; *Stern*, Staatsrecht I, § 19 III 7; *Bernhardt/Sacksofsky*, in: BK, GG, Art. 31 Rn. 64 ff.; *Dreier*, in: Dreier, GG, Art. 31 Rn. 40; *ders.*, Grundrechtsschutz durch Landesverfassungsgerichte, S. 17; a.A. aber *Huber*, in: Sachs, GG, Art. 31 Rn. 11 f.

[222] Zur Normkollision s. *Dreier*, in: Dreier, GG, Art. 31 Rn. 36 ff.

gleich lautender Landesgrundrechte der Verfassungsautonomie der Länder hinreichend Rechnung trägt,[223] da nur in diesem Fall gleich lautende Landesgrundrechte als Prüfungsmaßstab der Landesverfassungsgerichte im Rahmen einer Landesverfassungsbeschwerde dienen können.[224] Auf diese Weise können sich zwar Rechtsprechungsdivergenzen zwischen der Auslegung der Bundesgrundrechte durch das Bundesverfassungsgericht und der Interpretation der gleich lautenden Landesgrundrechte durch das jeweilige Landesverfassungsgericht ergeben, doch entsteht daraus keine Gefahr für die Homogenität im Bundesstaat oder die Rechtssicherheit, welcher durch die Anwendung von Art. 31 GG begegnet werden müsste.[225] Den Landesgrundrechten kommt vielmehr eine wichtige Funktion im Zusammenhang mit der Weiterentwicklung auch des Bundesrechts zu, welche nur wahrgenommen werden kann, wenn die Landesgrundrechte als Auslegungsgegenstand fortbestehen. Nach alledem lässt sich sagen, dass mit Bundesrecht übereinstimmendes Landesrecht auch ohne Art. 142 GG fortgelten würde[226] und dass es der Vorschrift an sich gar nicht bedürfte.

Selbst wenn man daher Art. 142 GG als *lex specialis* zu Art. 31 GG für den Grundrechtsbereich ansieht, kommt ihr keine konstitutive Bedeutung in Bezug auf die Rechtsfolgen zu, so dass *Dreier* Art. 142 GG zu Recht als „Ausdruck der Regel“, nicht als „Ausnahme von der Regel“ versteht.[227] Dagegen spricht auch nicht die Formulierung „ungeachtet der Vorschrift des Artikels 31“, welche lediglich besagt, dass die Fortgeltung der gleich lautenden Landesgrundrechte nicht von der Interpretation des Art. 31 GG abhängig gemacht werden darf.[228]

---

[223] BVerfGE 36, 342, 366; *Pieroth*, in: Jarass/Pieroth, GG, Art. 142 Rn. 1; *Dreier*, in: Dreier, GG, Art. 31 Rn. 40; *Ott*, Landesgrundrechte, S. 56.

[224] BVerfGE 96, 345, 369 f.; *Pieroth*, in: Jarass/Pieroth, GG, Art. 142 Rn. 1; vgl. auch *Clemens*, in: Umbach/Clemens, GG, Art. 142 Rn. 18; *Pietzcker*, HdStR VI, § 134 Rn. 66 ff.

[225] So im Ergebnis auch *Ott*, Landesgrundrechte, S. 56.

[226] Vgl. *Sacksofsky*, NVwZ 1993, 235, 237.

[227] *Dreier*, in: Dreier, GG, Art. 31 Rn. 40; *Sacksofsky*, in: BK, GG, Art. 142 Rn. 17; *März*, Bundesrecht bricht Landesrecht, S. 195; *ders*., in: v. Mangoldt/Klein/Starck, GG, Art. 31 Rn. 106 f.; *Wittreck*, DVBl. 2000, 1492, 1495; *Peine*, LKV 2012, 385, 388; *Wermeckes*, Der erweiterte Grundrechtsschutz, S. 88; *Kunig*, NJW 1994, 687, 687; *Krappel*, VBlBW 2013, 121, 126; wohl auch *Martina*, Die Grundrechte der nordrhein-westfälischen Landesverfassung, S. 15; a.A. *Pieroth*, in: Jarass/Pieroth, GG, Art. 142 Rn. 1, der in Art. 142 GG eine Ausnahmevorschrift zu Art. 31 GG sieht; ähnlich *Merten*, HGR VIII, § 232 Rn. 32; *Wiederin*, Bundesrecht und Landesrecht, S. 370 ff.; *Enders*, JuS 2001, 462, 465 f.; *Ott*, Landesgrundrechte, S. 57; *Leisner*, Die bayerischen Grundrechte, S. 16; für eine konstitutive Bedeutung auch *Riegler*, Konflikte zwischen Grundgesetz und Länderverfassungen, S. 60 ff.; *Korioth*, in: MD, GG, Art. 142 Rn. 3; *Fiedler*, Verfassungsgerichtsbarkeit im Bundesstaat, S. 183 ff.; *Storr*, Verfassungsgebung, S. 221; *Lindner*, BayVBl. 2004, 641, 646, der ein gestuftes Verhältnis zwischen Art. 142 GG und Art. 31 GG annimmt; differenzierend *Dietlein*, Die Grundrechte in den Verfassungen der neuen Bundesländer, S. 26 ff., der Art. 142 GG als inhaltliche Klarstellung zu Art. 31 GG versteht, in methodischer Hinsicht jedoch in Art. 142 GG eine *lex specialis* zu Art. 31 GG erblickt und daher der Vorschrift konstitutive Bedeutung beimisst.

[228] A.A. *Dietlein*, Die Grundrechte in den Verfassungen der neuen Bundesländer, S. 27.

bb) Anwendungsbereich

Wenngleich Art. 142 GG letztlich nur deklaratorischer Natur ist und daher eine Erörterung der Rechtsfolgen entbehrlich ist, lohnt sich ein Blick auf den Anwendungsbereich der Norm, da auf diese Weise diejenigen Vorschriften ausgemacht werden können, die der Verfassungsgeber in besonderem Maße geschützt wissen wollte. Nach dem Wortlaut, der von einem „Inkraftbleiben" spricht, und der systematischen Stellung von Art. 142 GG im Kontext der Übergangs- und Schlussbestimmungen läge es nahe, den Anwendungsbereich in zeitlicher Hinsicht nur auf die im Zeitpunkt des Inkrafttretens des Grundgesetzes bereits bestehenden Landesgrundrechte zu erstrecken.[229] Allerdings kann man den Begriff des „Inkraftbleibens" auch ontologisch verstehen und die Einordnung des Art. 142 GG in die Übergangs- und Schlussbestimmungen dem Kompromisscharakter der Norm zuschreiben,[230] so dass die herrschende Meinung zu Recht auch die Grundrechte nachkonstitutioneller Landesverfassungen einschließlich der in den Landesverfassungen der neuen Bundesländer verankerten Grundrechte in den Anwendungsbereich von Art. 142 GG einbezieht.[231]

In inhaltlicher Hinsicht erfasst Art. 142 GG trotz des entgegen stehenden Wortlauts auch diejenigen Grundgesetzartikel, die außerhalb der Artikel 1 bis 18 GG liegen und grundrechtsgleiche Rechte enthalten, etwa die in Art. 101, 103 und 104 GG verankerten Justizgrundrechte.[232] Dies lässt sich damit begründen, dass auch in diesen Bereichen den Landesgrundrechten Rechnung getragen werden soll, zumal die Bezugnahme auf die Art. 1 bis 18 GG ohnehin ungenau ist, nachdem Art. 17a und 18 GG keine Grundrechte enthalten, sondern besondere Voraussetzungen ihrer Beschränkung bzw. Verwirkung.[233]

---

229 So etwa *Gross*, DVBl. 1950, 5, 9; *Hamann/Lenz*, Das Grundgesetz für die Bundesrepublik Deutschland, Art. 142 Anm. 2.

230 *Korioth*, in: MD, GG, Art. 142 Rn. 9; *Ott*, Landesgrundrechte, S. 62; *Riegler*, Konflikte zwischen Grundgesetz und Länderverfassungen, S. 59 f.

231 BVerfGE 96, 345, 364 f.; *Dreier*, in: Dreier, GG, Art. 142 Rn. 36; *Pieroth*, in: Jarass/Pieroth, GG, Art. 142 Rn. 2; *Huber*, in: Sachs, GG, Art. 142 Rn. 9; *Korioth*, in: MD, GG, Art. 142 Rn. 9 m.w.N.; *Riegler*, Konflikte zwischen Grundgesetz und Länderverfassungen, S. 60; *Dietlein*, Die Grundrechte in den Verfassungen der neuen Bundesländer, S. 25 f.; *Tiedemann*, DÖV 1999, 200, 201; *Poscher*, NJ 1996, 351, 352.

232 BVerfGE 22, 267, 271; 96, 345, 364; BayVerfGHE 27, 109, 117; 31, 190, 192; HessStGH ESVGH 21, 1, 3; *Dietlein*, Jura 1994, 57, 58; *Huber*, in: Sachs, GG, Art. 142 Rn. 8; *Tilch*, Inhaltsgleiches Bundes- oder Landesverfassungsrecht als Prüfungsmaßstab, in: Starck/Stern (Hrsg.), Landesverfassungsgsgerichtsbarkeit, Bd. 2, S. 551, 554; *Böckenförde/Grawert*, DÖV 1971, 119, 120; *Korioth*, in: MD, GG, Art. 142 Rn. 12; *Riegler*, Konflikte zwischen Grundgesetz und Länderverfassungen, S. 66; enger jedoch *Dreier*, in: Dreier, GG, Art. 142 Rn. 38, der nur die in Art. 93 Abs. 1 Nr. 4a GG genannten Individualgewährleistungen erfasst haben möchte; a.A. auch *Pestalozza*, Art. 142 GG, in: Macke (Hrsg.), Verfassung und Verfassungsgerichtsbarkeit auf Landesebene, S. 245, 247, der in diesem Fall Art. 28 Abs. 3 GG anwenden möchte; für eine Beschränkung auf die Art. 1–18 GG offenbar auch *Sachs*, DÖV 1985, 469, 470.

233 *Korioth*, in: MD, GG, Art. 142 Rn. 12; *Dreier*, in: Dreier, GG, Art. 142 Rn. 37 f.; *Tjarks*, Zur Bedeutung der Landesgrundrechte, S. 39; *Ott*, Landesgrundrechte, S. 62.

Neben Abwehr-, Teilhabe-, Leistungs- und Mitwirkungsrechten erfasst Art. 142 GG auch Einrichtungsgarantien und soziale Grundrechte, sofern diese über subjektive Gehalte verfügen.[234] Nicht aufrecht erhalten bleiben hingegen mit dem Grundgesetz übereinstimmende Staatszielbestimmungen, Programmsätze und Verfassungsaufträge.[235] Zu bedenken ist schließlich, dass Art. 142 GG auch dann eingreifen soll, wenn eine Landesverfassung Grundrechte des Grundgesetzes im Wege einer dynamischen Verweisung übernimmt.[236]

cc) Erfordernis der Übereinstimmung mit den Art. 1 bis 18 GG

aaa) Begriff der Übereinstimmung

Art. 142 GG verlangt auf Tatbestandsseite eine Übereinstimmung des fraglichen Landesgrundrechts mit dem parallelen Grundrecht des Grundgesetzes. Unklar ist jedoch, wann eine solche Übereinstimmung vorliegt. Unstreitig erscheint, dass es insoweit nicht auf die Übereinstimmung des Wortlauts der beiden Grundrechtsvorschriften ankommen kann, sondern vielmehr die Übereinstimmung des rechtlichen Gehalts ausschlaggebend ist.[237] *Laforet* ging bei den Beratungen im Parlamentarischen Rat davon aus, dass ein Landesgrundrecht dann mit einem Bundesgrundrecht übereinstimme, wenn es „den gleichen Gegenstand im gleichen Sinne, mit gleichem Inhalt und in gleichem Umfang" regle.[238] Eine derart restriktive Auslegung ist jedoch kaum mit dem Sinn und Zweck des Art. 142 GG zu vereinbaren, da es sich bei der Norm nicht um eine Homogenitätsvorschrift handelt, sondern durch sie die Eigenständigkeit und die Innovationskraft der Landesgrundrechte gewährleistet sowie das Rechtsinstitut der Landesverfassungsbeschwerde erhalten werden soll.[239] Daher müssen nach Art. 142 GG solche Landesgrundrechte fortgelten, die im Einklang mit dem Grundgesetz ausgelegt werden können, d.h. die den Grundrechtsgewährleistungen des Grundgesetzes nicht widersprechen.[240]

---

[234] *Korioth*, in: MD, GG, Art. 142 Rn. 8; *Böckenförde/Grawert*, DÖV 1971, 119, 120; *Ott*, Landesgrundrechte, S. 62 f.; *Dietlein*, Die Grundrechte in den Verfassungen der neuen Bundesländer, S. 28 ff.; *Riegler*, Konflikte zwischen Grundgesetz und Länderverfassungen, S. 64 ff.; *Pieroth*, in: Jarass/Pieroth, GG, Art. 142 Rn. 2; weiter gehend hinsichtlich der Einrichtungsgarantien *Tjarks*, Zur Bedeutung der Landesgrundrechte, S. 44.

[235] *Korioth*, in: MD, GG, Art. 142 Rn. 8; *Dietlein*, Jura 1994, 57, 58; a.A. *Huber*, in: Sachs, GG, Art. 142 Rn. 10, der auch die objektiv-rechtliche Dimension der Grundrechte mit einbeziehen und daher auch übereinstimmende Grundsatznormen, Institutsgarantien und Optimierungsgebote aufrecht erhalten will.

[236] *Korioth*, in: MD, GG, Art. 142 Rn. 10.

[237] *Korioth*, in: MD, GG, Art. 142 Rn. 13; *Sachs*, DÖV 1985, 469, 471; *Domcke*, FS 25 Jahre BayVerfGH, S. 311, 313.

[238] *Laforet*, Parlamentarischer Rat, Hauptausschuss, 6. Sitzung v. 19.11.1948, Sten.Prot., S. 75.

[239] Vgl. *Korioth*, in: MD, GG, Art. 142 Rn. 13; *Tjarks*, Zur Bedeutung der Landesgrundrechte, S. 49; s. dazu auch *v. Brentano*, Schriftlicher Bericht, Übergangs- und Schlußbestimmungen, in: Parlamentarischer Rat, (Hrsg.), Schriftlicher Bericht zum Entwurf des GG, S. 61, 78.

[240] BVerfGE 96, 345, 365; *Dreier*, in: Dreier, GG, Art. 142 Rn. 43; *Klein*, DVBl. 1993, 1929, 1931; *Pieroth*, in: Jarass/Pieroth, GG, Art. 142 Rn. 3; *Sobota*, DVBl. 1994, 793, 801; *Jutzi*, DÖV

bbb) Inhaltsgleiche Grundrechte

Eine Übereinstimmung zwischen Landesgrundrecht und Bundesgrundrecht i.S.v. Art. 142 GG besteht zunächst dann, wenn zwischen beiden Grundrechtsgewährleistungen Inhaltsgleichheit besteht, wobei sprachliche Abweichungen unbeachtlich sind.[241] Eine inhaltliche Übereinstimmung liegt insbesondere in den Konstellationen vor, in denen die Grundrechte des Grundgesetzes, wie etwa in Baden-Württemberg oder Niedersachsen,[242] im Wege dynamischer Verweisung in die Landesverfassung übernommen werden.[243] Es handelt sich in diesen Fällen nicht etwa um ein und dasselbe Grundrecht, sondern vielmehr um zwei verschiedene Grundrechtsgewährleistungen.[244]

ccc) Landesverfassungsrechtliche Mehrgewährleistungen

Von landesverfassungsrechtlichen Mehrgewährleistungen spricht man, wenn das Landesgrundrecht gegenüber dem Bundesgrundrecht einen weiter gehenden Schutz gewährt.[245] Grundsätzlich ist der Landesverfassungsgeber nicht daran gehindert, einen über den grundgesetzlichen „Mindeststandard"[246] hinausgehenden Grundrechtsschutz auf Landesebene zu garantieren, da eine weiter reichende Grundrechtsbindung der Staatsgewalt zunächst einmal ein Mehr an Freiheit für den Bürger bedeutet.[247] Diese Logik greift jedoch nur im Verhältnis zwischen dem Staat und einem einzigen Grundrechtsträger. Sind hingegen an ein und demselben Rechtsverhältnis mehrere Grundrechtsträger beteiligt, führt die Ausweitung des Gewährleistungsgehalts eines Grundrechts zu Gunsten eines Grundrechtsträgers zwangsläufig zur Beschränkung des Grundrechtsschutzes eines anderen Grundrechtsträger, weil die Gesamtheit der individuellen Freiheit nicht beliebig erweiterbar ist.[248] In derar-

---

1983, 836; *Sachs*, ThürVBl. 1993, 121, 124; *Tjarks*, Zur Bedeutung der Landesgrundrechte, S. 51; *Winkelmann*, DVBl. 1991, 791, 793; *Rozek*, Das Grundgesetz als Prüfungs- und Entscheidungsmaßstab, S. 204; *Korioth*, in: MD, GG, Art. 142 Rn. 13; differenzierter *Huber*, in: Sachs, GG, Art. 142 Rn. 11 ff.; so im Ergebnis auch *Dreier*, Grundrechtsschutz durch Landesverfassungsgerichte, S. 19.

[241] *Korioth*, in: MD, GG, Art. 142 Rn. 14; *Pieroth*, in: Jarass/Pieroth, GG, Art. 142 Rn. 3; *Sacksofsky*, in: BK, GG, Art. 142 Rn. 37 f.

[242] Ausführlich dazu oben, § 6 II.2. a) bb).

[243] Vgl. *Dietlein*, Die Grundrechte in den Verfassungen der neuen Bundesländer, S. 36.

[244] Ausführlich dazu oben, § 6 II.2. b) bb).

[245] Für Beispiele solcher Mehrgewährleistungen s. oben, § 6 II.2. b) aa); s. auch das abweichende Sondervotum der Richter *Voßkuhle*, *Hermanns* und *Müller* zu BVerfGE 139, 321, abgedruckt bei BVerfGE 139, 321, 371, Rn. 1 ff.

[246] Zum Gedanken des Mindeststandards s. *Schmid*, Parlamentarischer Rat, Hauptausschuss, 6. Sitzung v. 19.11.1948, Sten.Prot., S. 75 f.

[247] Vgl. *Dreier*, Grundrechtsschutz durch Landesverfassungsgerichte, S. 21; *Zierlein*, AöR 120 (1995), 205, 223.

[248] *Korioth*, in: MD, GG, Art. 142 Rn. 14; *Dreier*, Grundrechtsschutz durch Landesverfassungsgerichte, S. 22; *Dreier*, Einheit und Vielfalt der Verfassungsordnungen im Bundesstaat, in: Schmidt (Hrsg.), Vielfalt des Rechts, S. 113, 139 ff.; s. dazu auch *Vaulont*, Grundrechte und bundesstaatliches Homogenitätsprinzip, S. 83 f.; *Zierlein*, AöR 120 (1995), 205, 223; *v. Coelln*, Anwendung von Bundesrecht, S. 239; *Rüfner*, DÖV 1967, 668, 670.

tigen Fällen liegt eine Kollision zwischen Landesgrundrecht und Bundesgrundrecht vor, da das vom Grundgesetz vorgesehene Schutzniveau in diesem Fall zugleich das Höchstmaß an Grundrechtsschutz markiert,[249] so dass Art. 142 GG angesichts der abweichenden Wertung auf Landesebene nicht eingreift und die Kollision nach Art. 31 GG aufzulösen ist.[250]

ddd) Landesverfassungsrechtliche Mindergewährleistungen

Landesverfassungsrechtliche Grundrechtsgewährleistungen, die hinter dem Schutzstandard des Grundgesetzes zurück bleiben,[251] stehen nicht im Widerspruch zu den Grundrechtsgewährleistungen des Grundgesetzes, so dass es der Auflösung einer Normkollision schon gar nicht bedarf.[252] Das Fehlen einer Normkollision ergibt sich daraus, dass zum einen die Landesstaatsgewalt wegen Art. 1 Abs. 3 GG ohnehin unmittelbar an die Grundrechte des Grundgesetzes gebunden ist und damit ein Schutzdefizit nicht entsteht und zum anderen es die landesverfassungsrechtlichen Grundrechtsgewährleistungen in der Regel nicht untersagen, die weiter gehenden Gewährleistungen des Grundgesetzes anzuwenden.[253] Hinzu kommt, dass die Bundesländer nach den Vorgaben des Grundgesetzes in ihren Landesverfassungen nicht zwingend eigene Grundrechte vorsehen müssen,[254] so dass es ihnen unbenommen bleiben muss, hinter dem Schutzstan-

---

[249] Vgl. *Rozek*, Das Grundgesetz als Prüfungs- und Entscheidungsmaßstab, S. 207; *Zierlein*, AöR 120 (1995), 205, 223; vgl. dazu auch *Sachs*, DÖV 1985, 469, 475 f.; *Böckenförde/Grawert*, DÖV 1971, 119, 121; *Poscher*, NJ 1996, 351, 352; *Neubauer/Lörincz*, LKV 2013, 115, 117 f.; zu pauschal für eine Fortgeltung landesverfassungsrechtlicher Mehrgewährleistungen hingegen *Tilch*, Inhaltsgleiches Bundes- oder Landesverfassungsrecht, in: Starck/Stern (Hrsg.), Landesverfassungsgerichtsbarkeit, Bd. 2, S. 551, 558.

[250] S. *Huber*, in: Sachs, GG, Art. 142 Rn. 13a; *Dreier*, Grundrechtsschutz durch Landesverfassungsgerichte, S. 22; a.A. *Wermeckes*, Der erweiterte Grundrechtsschutz, der in diesen Fällen dennoch allein auf die Erweiterung des Grundrechtsschutzes für einen der beteiligten Grundrechtsträger abstellt.

[251] Näher dazu oben, § 6 II.2. b) aa).

[252] BVerfGE 96, 345, 365 f. u. 368; SächsVerfGH, Urt. v. 21.07.2005 – Vf. 67-II-04 –, NVwZ 2005, 1310, 1313; *Leisner*, Die bayerischen Grundrechte, S. 21; *Sachs*, DÖV 1985, 469, 474 ff.; *v. Olshausen*, Landesverfassungsbeschwerde, S. 121 f.; *März*, Bundesrecht bricht Landesrecht, S. 199 ff.; *Huber*, in: Sachs, GG, Art. 142 Rn. 13; *Lindner*, BayVBl. 2004, 641, 645; *Lotz*, FS 50 Jahre BayVerfGH, S. 115, 123; *Pieroth*, in: Jarass/Pieroth, GG, Art. 142 Rn. 3; *Dreier*, Grundrechtsschutz durch Landesverfassungsgerichte, S. 20; *Korioth*, in: MD, GG, Art. 142 Rn. 14; *v. Campenhausen/Unruh*, in: v. Mangoldt/Klein/Starck, GG, Art. 142 Rn. 12; a.A. *Dietlein*, Jura 1994, 57, 60; *v. Münch*, in: v. Münch/Kunig, GGK, Art. 142 Rn. 9; *Stern*, Staatsrecht III/2, S. 1476; *Schlichter*, Die Zuständigkeit der Landesverfassungsgerichte bei gleichzeitiger Verletzung von sog. inhaltsgleichen Bundesgrundrechten und Landesgrundrechten, S. 12; *Rozek*, Das Grundgesetz als Prüfungs- und Entscheidungsmaßstab, S. 206 f.; *Pfaff*, Die Landesverfassungsbeschwerden in den neuen Bundesländern, S. 75 ff.; *Pestalozza*, Art. 142, in: Macke (Hrsg.), Verfassung und Verfassungsgerichtsbarkeit auf Landesebene, S. 245, 248 f.; in diese Richtung auch BVerfGE 42, 312, 325.

[253] *Dreier*, Grundrechtsschutz durch Landesverfassungsgerichte, S. 20; *Korioth*, in: MD, GG, Art. 142 Rn. 14; *Zierlein*, AöR 120 (1995), 209, 224; s. dazu auch *Lindner*, BayVBl. 2004, 641, 645; *Steinberg*, FS 50 Jahre Hessische Verfassung, S. 356, 367.

[254] Näher dazu oben, § 6 II.2. b).

dard des Grundgesetzes zurück bleibende Grundrechte zu verankern.[255] Ferner ist es auch bei einer Fortgeltung des schwächeren Landesgrundrechts möglich, dieses vor dem Landesverfassungsgericht des fraglichen Landes geltend zu machen, so dass es für den Bürger nicht zu einer Beschränkung seiner Rechtsschutzmöglichkeiten kommt.[256] Schließlich gebietet es die Verfassungsautonomie der Länder, Landesgrundrechte nicht unwirksam werden zu lassen, wo für das bundesstaatliche Verhältnis keinerlei Konflikte drohen, so dass insoweit der Anwendungsbereich des Art. 142 GG eröffnet ist, wobei die Normkollision freilich nach Art. 31 GG aufgelöst wird.

g) Art. 31 GG

aa) Bedeutung und Abgrenzung zu anderen Vorschriften

Der Wortlaut des Art. 31 GG, wonach Bundesrecht Landesrecht bricht, ist der Vorgängernorm des Art. 13 WRV nachgebildet[257] und bildet insoweit einen „Schlußpunkt in der historischen Entwicklung Deutschlands zu einem Bundesstaat“[258]. Im Rahmen der bundesstaatlichen Ordnung kommt Art. 31 GG die Rolle einer Grundsatznorm zu,[259] die den prinzipiellen Vorrang des Bundes im Bereich der Normsetzung zum Ausdruck bringt.[260] In diesem Zusammenhang erfüllt Art. 31 GG die Funktion einer Kollisionsnorm im Verhältnis von Bundes- und Landesrecht, welche die Widerspruchsfreiheit der Rechtsordnung sichert.[261] Eine für die Anwendung von Art. 31 GG erforderliche Normkollision setzt das Zusammentreffen von grundsätzlich gültigem Bundes- und Landesrecht voraus.[262] Eine solche Kollision kann sich in verschiedenen Konstellationen ergeben: Zum einen im Verhältnis von Bundesverfassungsrecht zu Landesverfassungsrecht, namentlich auch im Bereich der Grundrechte.[263] Die Auflösung dieser Kollision kann nach Art. 31 GG erfolgen, wobei es im Falle übereinstimmender

---

[255] *V. Olshausen*, Landesverfassungsbeschwerde, S. 122.

[256] Vgl. *Dreier*, Grundrechtsschutz durch Landesverfassungsgerichte, S. 21; so im Ergebnis auch *Fuchs*, Der Stellenwert und die Ausgestaltung von landesverfassungsrechtlichen Grundrechten, in: Fuchs (Hrsg.), Landesverfassungsrecht im Umbruch, S. 271, 285.

[257] Ausführlich dazu oben, § 4 II.3. b) u. IV.3.; zur Entstehung von Art. 31 GG s. auch *März*, in: v. Mangoldt/Klein/Starck, GG, Art. 31 Rn. 4 ff.; *Korioth*, in: MD, GG, Art. 31 Rn. 4 ff.

[258] *Papier*, Die Bedeutung der Landesverfassungsgerichtsbarkeit im Verhältnis zur Bundesverfassungsgerichtsbarkeit, in: Sodan (Hrsg.), Zehn Jahre Berliner Verfassungsgerichtsbarkeit, S. 19, 21.

[259] BVerfGE 36, 342, 362 u. 365; *Dreier*, in: Dreier, GG, Art. 31 Rn. 18; *Gubelt*, in: v. Münch/Kunig, GGK, Art. 31 Rn. 1; *Pieroth*, in: Jarass/Pieroth, GG, Art. 31 Rn. 1; *Huber*, in: Sachs, GG, Art. 31 Rn. 3; *v. Coelln*, Anwendung von Bundesrecht, S. 180; *März*, in: v. Mangoldt/Klein/Starck, GG, Art. 31 Rn. 18.

[260] *Dreier*, in: Dreier, GG, Art. 31 Rn. 18.

[261] *Korioth*, in: MD, GG, Art. 31 Rn. 1.

[262] Näher dazu unten, § 6 III.2. g) bb).

[263] *Gubelt*, in: v. Münch/Kunig, GGK, Art. 31 Rn. 2; *März*, in: v. Mangoldt/Klein/Starck, GG, Art. 31 Rn. 88; *Ott*, Landesgrundrechte, S. 72.

Grundrechte mangels Kollision einer Anwendung von Art. 31 GG nicht bedarf, was Art. 142 GG nochmals klar stellt.[264] Zum anderen ist Art. 31 GG anwendbar, wenn Landesverfassungsrecht mit einfachem Bundesrecht kollidiert.[265] Entsprechendes gilt im Verhältnis von Bundesrecht aus der konkurrierenden Gesetzgebung und einfachem Landesrecht, wenn der Bund die fragliche Materie nicht abschließend geregelt hat.[266] Ferner kann Art. 31 GG zur Anwendung kommen, wenn im Falle sich ausnahmsweise überschneidender Bundes- und Länderkompetenzen einfaches Landesrecht einfachem Bundesrecht widerspricht, etwa im Bereich der Informationskompetenzen von Bundesregierung und Landesregierungen.[267] Schließlich ist Art. 31 GG heran zu ziehen, wenn Landesrecht mit sonstigem Recht, welches im Rang von Bundesrecht steht, kollidiert, was etwa im Fall der EMRK gilt.[268] Nicht anwendbar ist Art. 31 GG hingegen auf bloße Einzelfallentscheidungen der Exekutive und Judikative, bei denen nicht die Rechtsnormen als solches bzw. deren Verhältnis zueinander von Interesse ist, sondern ausschließlich der Anwendungsakt im Einzelfall in Rede steht.[269] Dies setzt voraus, dass die Frage der Rechtsgeltung und -auslegung von der Frage der Rechtsanwendung unterschieden werden kann, was nach zutreffender Ansicht grundsätzlich möglich ist, nachdem die Frage der Gültigkeit und Auslegung einer Rechtsnorm ihrer Anwendung im Einzelfall zeitlich voran gehen muss.[270] Andererseits kann sich jedoch in bestimmten Fällen sehr wohl die Notwendigkeit ergeben, die Auslegung der betreffenden Normen und ihre Anwendung im Einzelfall insgesamt in den Blick zu nehmen, wenn sich anderweitig die Existenz einer Normkollision nicht ausmachen lässt.[271]

Darüber hinaus ist Art. 31 GG Ausdruck der Unterordnung des Landesrechts unter das Bundesrecht und insofern auch Rangordnungsnorm,[272] wobei sich das tendenziell hierarchische Verhältnis von Bund und Ländern nicht ausschließlich aus Art. 31 GG, sondern vielmehr aus einer Gesamtschau verschiedener grundge-

---

[264] Näher dazu oben, § 6 III.2. f) aa).

[265] S. dazu *Gubelt*, in: v. Münch/Kunig, GGK, Art. 31 Rn. 2; *Bernhardt/Sacksofsky*, in: BK, GG, Art. 31 Rn. 16 ff.

[266] *Gubelt*, in: v. Münch/Kunig, GGK, Art. 31 Rn. 2.

[267] BVerfGE 105, 252, 272; zu kumulativen Zuständigkeiten s. auch *März*, in: v. Mangoldt/Klein/Starck, GG, Art. 31 Rn. 64 ff.; *Gubelt*, in: v. Münch/Kunig, GGK, Art. 31 Rn. 2; *Dreier*, in: Dreier, GG; Art. 31 Rn. 60 ff.

[268] *Gubelt*, in: v. Münch/Kunig, GGK, Art. 31 Rn. 2; *Clemens*, in: Umbach/Clemens, Art. 31 Rn. 31.

[269] BVerfGE 96, 345, 364; *Wittreck*, DÖV 1999, 634, 640; *Clausen*, Landesverfassungsbeschwerde, S. 78; *Huber*, in: Sachs, GG, Art. 31 Rn. 18; *Gubelt*, in: v. Münch/Kunig, GGK, Art. 31 Rn. 3 u. 12 ff.; *Pieroth*, in: Jarass/Pieroth, GG, Art. 31 Rn. 4; *Hain*, JZ 1998, 620, 622; *Zierlein*, AöR 120 (1995), 205, 235; *Sobota*, DVBl. 1994, 793, 797.

[270] Ausführlich dazu unten, § 6 IV.1. b).

[271] *Klein/Haratsch*, JuS 2000, 209, 211; in diese Richtung auch *Jachmann*, BayVBl. 1997, 321, 323.

[272] *Huber*, in: Sachs, GG, Art. 31 Rn. 7; *Clemens*, in: Umbach/Clemens, GG, Art. 31 Rn. 10; *Gubelt*, in: v. Münch/Kunig, GGK, Art. 31 Rn. 1; *Šarčević*, Das Bundesstaatsprinzip, S. 119; *F. Kirchhof*, NVwZ 2014, 1537, 1540; *Storr*, Verfassungsgebung, S. 207 f.; *Schwan*, ThürVBl. 2012, 121, 126.

setzlicher Normen ergibt, zu denen Art. 31 GG, aber auch Art. 1 Abs. 3, Art. 28 Abs. 1 und Art. 70 ff. GG gehören.[273]

bb) Tatbestandliche Voraussetzungen

aaa) Bundesrecht

Art. 31 GG kann nur dann eingreifen, wenn „Bundesrecht" vorliegt, worunter das gesamte von Organen des Bundes gesetzte Recht jeglicher Rangstufe zu verstehen ist.[274] Problematisch ist in diesem Zusammenhang, ob es sich auch bei den auf bundesrechtlicher Grundlage ergehenden Entscheidungen von Fachgerichten um Bundesrecht i.S.v. Art. 31 GG handelt. In der Literatur wird dies teilweise bejaht, soweit es sich dabei um sog. Richterrecht und nicht um bloße Einzelfallentscheidungen handelt.[275] Das Bundesverfassungsgericht geht davon aus, dass jedenfalls Einzelfallentscheidungen der Gerichte nicht unter den Begriff des Bundesrechts in Art. 31 GG fallen sollen.[276] Dies überzeugt, da die Entscheidung des demokratisch legitimierten Gesetzgebers Vorrang vor Richterrecht jeder Rangstufe haben muss und andernfalls die Kompetenzverteilung im Bundesstaat durch den Übergriff von Bundesrichterrecht in den Geltungsbereich eines Landesgesetzes beeinträchtigt würde.[277]

bbb) Landesrecht

Unter den Begriff des Landesrechts i.S.v. Art. 31 GG fallen alle von Landesorganen geschaffenen Rechtssätze. Dies gilt auch für das Landesverfassungsrecht, so dass Art. 31 GG im Verhältnis zwischen Bundesrecht und Landesverfassungsrecht ebenfalls Anwendung findet,[278] sofern nicht schon speziellere Vorschriften wie Art. 1 Abs. 3 GG eingreifen.[279]

ccc) Gültigkeit des Bundes- und Landesrechts

Weitere Voraussetzung der Anwendbarkeit von Art. 31 GG ist, dass die fraglichen Rechtsnormen des Bundes- und Landesrechts jeweils gültig sind. Fehlt es

[273] S. oben, § 1 II.1.; gegen die Ableitung des hierarchischen Aufbaus des deutschen Bundesstaates aus Art. 31 GG aber *Dreier*, in: Dreier, GG, Art. 31 Rn. 18; *März*, in: v. Mangoldt/Klein/Starck, GG, Art. 31 Rn. 17; *Harbich*, Der Bundesstaat und seine Unantastbarkeit, S. 77 f.

[274] *Dreier*, in: Dreier, GG, Art. 31 Rn. 32; *Bernhardt/Sacksofsky*, in: BK, Art. 31 Rn. 36 ff.; *Huber*, in: Sachs, GG, Art. 31 Rn. 10; *März*, in: v. Mangoldt/Klein/Starck, GG, Art. 31 Rn. 25.

[275] *Huber*, in: Sachs, GG, Art. 31 Rn. 10; *Gubelt*, in: v. Münch/Kunig, GG, Art. 31 Rn. 4; *Dreier*, in: Dreier, GG, Art. 31 Rn. 34; a.A. *Korioth*, in: MD, GG, Art. 31 Rn. 17.

[276] BVerfGE 96, 345, 364; BerlVerfGH, Beschl. v. 02.12.1993 – VerfG 89/93 –, NJW 1994, 436, 437.

[277] *Pieroth*, in: Jarass/Pieroth, GG, Art. 31 Rn. 2; *Korioth*, in: MD, GG, Art. 31 Rn. 17; so im Ergebnis auch *Ott*, Landesgrundrechte, S. 101.

[278] BVerfGE 26, 116, 135; 36, 342, 363; 96, 345, 364.

[279] *Huber*, in: Sachs, GG, Art. 31 Rn. 13 f.; *Dreier*, in: Dreier, GG, Art. 31 Rn. 35; *März*, in: v. Mangoldt/Klein/Starck, Art. 31 Rn. 38.

nämlich schon aus anderen Gründen an der Gültigkeit von einer oder beider der in Rede stehenden Rechtsnormen, liegt keine Kollision vor, welche über Art. 31 GG gelöst werden müsste.[280] In diesem Zusammenhang ist daran zu erinnern, dass die Kompetenzfrage der Kollisionsfrage gedanklich vorgelagert ist, was angesichts der Verfassungsautonomie der Länder freilich nicht für das Landesverfassungsrecht gilt.[281]

ddd) Kollision von Bundes- und Landesrecht

Schließlich setzt Art. 31 GG eine Kollision zwischen Bundes- und Landesrecht voraus. Eine solche Kollision liegt vor, wenn die Bundes- und die Landesrechtsnorm auf denselben Sachverhalt anwendbar sind[282] und die Anwendung der beiden Normen im konkreten Fall zu unterschiedlichen Rechtsfolgen führt,[283] da das Vorliegen einer Normkollision nicht abstrakt, sondern nur in Bezug auf den jeweiligen Einzelfall beurteilt werden kann.[284] Ob in einem bestimmten Fall tatsächlich eine relevante Normkollision vorliegt, ist letztlich vom Bundesverfassungsgericht zu entscheiden, welches hinsichtlich des Landesgrundrechts die authentische Interpretation des betreffenden Landesverfassungsgerichts zu Grunde zu legen hat.[285]

Fraglich ist jedoch, wann eine derartige Kollision im Verhältnis von Bundesrecht und Landesgrundrechten in der Praxis zu erwarten ist. In diesem Zusammenhang ist zunächst der Fall der Inhaltsgleichheit von Bundesgrundrecht und Landesgrundrecht zu behandeln.[286] In dieser Konstellation sind das Bundes- und das Landesgrundrecht zwar auf denselben Sachverhalt anwendbar, es ergeben sich aber keine unterschiedlichen Rechtsfolgen, so dass kein Fall des Art. 31 GG vorliegt. Inhaltsgleiche Landesgrundrechte werden daher unter dem Grundgesetz entgegen der zu Art. 13 Abs. 1 WRV vertretenen Auffassung[287] durch das Bun-

---

[280] *Pieroth*, in: Jarass/Pieroth, GG, Art. 31 Rn. 3; *Huber*, in: Sachs, GG, Art. 31 Rn. 15; *Riegler*, Konflikte zwischen Grundgesetz und Länderverfassungen, S. 86 f.; *Dietlein*, Die Grundrechte in den Verfassungen der neuen Bundesländer, S. 48; *März*, Bundesrecht bricht Landesrecht, S. 170 ff.; *Jachmann*, BayVBl. 1997, 321, 323.

[281] *Pieroth*, in: Jarass/Pieroth, GG, Art. 31 Rn. 3; s. oben, § 6 III.2. a).

[282] BVerfGE 26, 116, 135 f.; 96, 345, 364; 98, 145, 159; *Pieroth*, in: Jarass/Pieroth, GG, Art. 31 Rn. 4.

[283] BVerfGE 36, 342, 363; 121, 317, 348; SächsVerfGH, Vorlagebeschl. v. 21.09.1995 – Vf. 1-IV-95 –, NJW 1996, 1736, 1737; für Beispiele einer Normkollision zwischen Landesverfassungsrecht und Bundesrecht s. *Stiens*, Chancen und Grenzen der Landesverfassungen, S. 37 f.; *Dietlein*, Jura 1994, 57, 61; ausführlich zum Vorliegen einer Normkollision s. oben, § 2 I.1. b).

[284] *Domcke*, FS 25 Jahre BayVerfGH, S. 311, 321; *März*, in: v. Mangoldt/Klein/Starck, GG, Art. 31 Rn. 41; *v. Mutius*, VerwArch 66 (1975), 161, 165 f.; *Ott*, Landesgrundrechte, S. 102; *Wermeckes*, Der erweiterte Grundrechtsschutz, S. 107.

[285] *Ott*, Landesgrundrechte, S. 103; *Discher*, Die Landesverfassungsgerichte in der bundesstaatlichen Rechtsprechungskompetenzordnung, S. 131.

[286] S. oben, § 6 III.2. f) cc) bbb).

[287] S. dazu oben, § 4 IV.3.

desrecht nicht gebrochen.[288] Bleibt der Schutzgehalt des Landesgrundrechts hinter dem des entsprechenden Bundesgrundrechts zurück, d.h., handelt es sich um eine landesgrundrechtliche Mindergewährleistung, liegt ebenfalls keine Kollision vor, da nicht anzunehmen ist, dass das Landesgrundrecht die Anwendung des weiter reichenden Bundesgrundrechts verbieten möchte.[289] Schwieriger gestaltet sich die Situation im Falle landesrechtlicher Mehrgewährleistungen. In diesen Fällen sind insbesondere in mehrpoligen Rechtsverhältnissen Kollisionen zwischen den Wertungen des Landesverfassungsrechts und denen des Grundgesetzes möglich, da die Gesamtmenge der persönlichen Freiheit nicht beliebig erweiterbar ist.[290] In derartigen Konstellationen wird das fragliche Landesgrundrecht durch Art. 31 GG derogiert, während weiter reichende Landesgrundrechte, die nicht mit Bundesgrundrechten kollidieren, von Art. 31 GG nicht gebrochen werden.[291] Art. 31 GG ist hingegen einschlägig, wenn Landesgrundrechte in Widerspruch zu einfachem Bundesrecht treten.[292] Derartige Kollisionen können sich ergeben, weil die Länder nach zutreffender Auffassung im Bereich des Verfassungsrechts nicht an die Kompetenzvorschriften der Art. 70 ff. GG gebunden sind[293] und sie daher in ihren Verfassungen auch auf solchen Gebieten Grundrechte verankern können, die in den Kompetenzbereich des Bundes fallen, etwa im Bereich des Wirtschafts- oder Arbeitsrechts.[294] Entsprechendes gilt für den Bereich des Natur- und Umweltschutzes. So enthält etwa die bayerische Verfassung in Art. 141 Abs. 3 S. 1 BayVerf ein Grundrecht auf Naturgenuss, welches mit bundesrechtlichen Vorgaben kollidieren kann, zumal nach Art. 74 Abs. 1 Nr. 29 GG dem Bund die konkurrierende Gesetzgebungskompetenz für den Naturschutz obliegt. In solchen Fällen ist jedoch stets zu prüfen, ob das einfache Bundesrecht nicht möglicherweise Raum für abweichendes Landesverfassungsrecht lassen will, mithin nur eine Mindestgarantie darstellt, die die Geltung weiter reichender Landesgrundrechte unberührt lässt.[295]

---

[288] BVerfGE 36, 342, 366 f.; für das Verhältnis zwischen Bundes- und Landesverfassungsrecht, ansonsten jedoch offen gelassen s. v.a. BVerfGE 36, 342, 367; 40, 296, 327; gegen eine Brechung auch BayVerfGHE 23, 155, 164; *Bernhardt/Sacksofsky*, in: BK, GG, Art. 31 Rn. 64 ff.; *Dreier*, in: Dreier, GG, Art. 31 Rn. 40 ff.; *Pieroth*, in: Jarass/Pieroth, GG, Art. 31 Rn. 6; *v. Coelln*, Anwendung von Bundesrecht, S. 187 ff.; *Gubelt*, in: v. Münch/Kunig, GGK, Art. 31 Rn. 23; a.A. *Huber*, in: Sachs, GG, Art. 31 Rn. 22; *Wiederin*, Bundesrecht und Landesrecht, S. 368 ff.

[289] S. oben, § 6 III.2. f) cc) ddd).

[290] *Böckenförde/Grawert*, DÖV 1971, 119, 121 f.; *Dreier*, Grundrechtsschutz durch Landesverfassungsgerichte, S. 22; vgl. oben, § 6 III.2. f) cc) ccc).

[291] *Dietlein*, Die Grundrechte in den Verfassungen der neuen Bundesländer, S. 51; *Dreier*, Grundrechtsschutz durch Landesverfassungsgerichte, S. 22; vgl. oben, § 6 III.2. f) cc) ccc).

[292] Vgl. *Wahl*, AöR 112 (1987), 26, 28.

[293] S. oben, § 6 III.2. a).

[294] In der Praxis handelt es sich hierbei freilich oft um soziale Grundrechte ohne klagbare Rechte zu Gunsten des Einzelnen, s. oben, § 6 II.2. b) aa); s. dazu auch *Stiens*, Chancen und Grenzen der Landesverfassungen, S. 267 f.

[295] Vgl. *Dietlein*, Die Grundrechte in den Verfassungen der neuen Bundesländer, S. 55.

cc) Rechtsfolgen

Sind die Tatbestandsvoraussetzungen des Art. 31 GG erfüllt, ist das entsprechende Landesrecht nichtig, d.h. es wird vollständig derogiert, nicht bloß suspendiert, so dass es auch nach Fortfall des entgegen stehenden Bundesrechts nicht wieder auflebt,[296] eine Rechtsfolge, die auch schon in Bezug auf Art. 2 S. 1 RV[297] sowie Art. 13 Abs. 1 WRV[298] mehrheitlich vertreten wurde. Die Rechtsfolge des Art. 31 GG betrifft sowohl Landesrecht, welches bei Erlass der fraglichen Bundesrechtsnorm bereits besteht, als auch solches, das erst nach Erlass der Bundesrechtsnorm zu Stande kommt.[299] Art. 31 GG ordnet darüber hinaus einen echten Geltungsvorrang des Bundesrechts an.[300] Das Bundesverfassungsgericht hat klar gestellt, dass „die Auffassung [...], in dem Wort ‚brechen' komme zum Ausdruck, dass eine besonders intensive, radikale Entscheidung gegen das Landesrecht gewollt sei, dass es ‚uneingeschränkt seiner Wirksamkeit beraubt' werden soll, nur verständlich [sei], wenn man das Wort sprachlich isoliert. Wenn man aber davon ausgeht, dass unser deutsches Recht Rechtsfiguren kennt, um Normkollisionen zu beheben, [...] bleibt durchaus offen, was ‚brechen" im Einzelfall bedeutet."[301] Damit hat das Gericht die grundsätzliche Rechtsfolge des Art. 31 GG, mithin die Nichtigkeit der in Rede stehenden Rechtsnorm, nicht angezweifelt.[302]

Die Gegenauffassung, die ursprünglich durch *von Olshausen* begründet wurde, möchte Art. 31 GG für den Bereich des Landesverfassungsrechts angesichts der Verfassungsautonomie der Länder lediglich eine Suspensionswirkung zukommen lassen.[303] Daraus folgt, dass nach dieser Ansicht die landesverfassungsrechtliche Vorschrift im ursprünglichen Umfang wieder zu aktueller Geltung aufleben

---

[296] BVerfGE 29, 11, 17; *Dreier*, in: Dreier, GG, Art. 31 Rn. 42 f.; *März*, in: v. Mangoldt/Klein/Starck, GG, Art. 31 Rn. 43.

[297] RGZ 19, 176, 181 f.; s. dazu oben, § 3 II.3. b).

[298] S. oben, § 4 II.3. b).

[299] *Dreier*, in: Dreier, GG, Art. 31 Rn. 42; *Bernhardt/Sacksofsky*, in: BK, GG, Art. 31 Rn. 57; *Pieroth*, in: Jarass/Pieroth, GG, Art. 31 Rn. 5; *März*, in: v. Mangoldt/Klein/Starck, GG, Art. 31 Rn. 43 ff.

[300] *Dreier*, in: Dreier, GG, Art. 31 Rn. 42 f.; *Pieroth*, in: Jarass/Pieroth, GG, Art. 31 Rn. 5; *Gubelt*, in: v. Münch/Kunig, GGK, Art. 31 Rn. 20; *Riegler*, Konflikte zwischen Grundgesetz und Länderverfassungen, S. 94 f.; *Dietlein*, Die Grundrechte in den Verfassungen der neuen Bundesländer, S. 56 f.; differenzierend *März*, Bundesrecht bricht Landesrecht, S. 203, der die Rechtsfolge von der konkreten Kollisionslage abhängig machen möchte.

[301] BVerfGE 36, 342, 365.

[302] Vgl. auch schon BVerfGE 26, 116, 135; s. *Jutzi*, Landesverfassungsrecht und Bundesrecht, S. 25.

[303] So *v. Olshausen*, Landesverfassungsbeschwerde, S. 125 ff.; daran anschließend auch *Erbguth/Wiegand*, DÖV 1992, 770, 778; *Sacksofsky*, NVwZ 1993, 235, 238 f.; *Franke*, FS Mahrenholz, S. 923, 931; *Endter*, EuGRZ 1995, 227, 228; *Bernhardt/Sacksofsky*, in: BK, GG, Art. 31 Rn. 60 ff.; *Clemens*, in: Umbach/Clemens, GG, Art. 31 Rn. 44; *v. Coelln*, Anwendung von Bundesrecht, S. 192 ff.; *Wermeckes*, Der erweiterte Grundrechtsschutz, S. 113 ff.; *ders.*; DÖV 2002, 110, 114; *Menzel*, Landesverfassungsrecht, S. 201 ff.; *Lindner*, BayVBl. 2004, 641, 646; so im Ergebnis auch *Fuchs*, Der Stellenwert und die Ausgestaltung von landesverfassungsrechtlichen Grundrechten, in: Fuchs (Hrsg.), Landesverfassungsrecht im Umbruch, S. 271, 286.

würde, nachdem das kollidierende Bundesrecht weggefallen ist.[304] *Von Coelln* bringt außerdem vor, ein Vergleich mit dem Verhältnis des nationalen Rechts zum Unionsrecht lege einen bloßen Anwendungsvorrang auch im Verhältnis zwischen Bundes- und Landesrecht zumindest nahe.[305]

Die Auffassung zu Gunsten einer bloßen Suspension der Landesverfassungsnorm überzeugt indes nicht, da Art. 31 GG das Ziel verfolgt, Rechtsklarheit zu schaffen, was am ehesten dadurch erreicht wird, dass die fragliche Landesrechtsnorm eindeutig derogiert wird, da es im Falle einer bloßen Suspension leicht zu Unklarheiten bezüglich der Geltung der Rechtsnorm kommen kann.[306] Ferner spricht die Entstehungsgeschichte des Art. 31 GG für die These vom Geltungsvorrang, da bezüglich der Vorgängernorm des Art. 13 Abs. 1 WRV von einer Aufhebung des fraglichen Landesrechts ausgegangen wurde[307] und aus den Beratungen des Parlamentarischen Rates nichts ersichtlich ist, was auf eine Abkehr von dieser Position unter Geltung des Art. 31 GG hindeuten könnte.[308] Im Gegenteil ging *Laforet* davon aus, dass entgegen stehendes Landesrecht durch Art. 31 GG „aufgehoben" sei,[309] was über eine bloße Suspension hinaus geht. Des Weiteren sprechen auch föderale Gründe nicht für eine bloße Suspension der fraglichen Landesrechtsnorm, da Letztere schon dadurch geschont wird, dass es im Falle der Inhaltsgleichheit mit Bundesrecht mangels Kollision nicht zur Derogation kommt.[310] Der durch *von Coelln* vorgebrachte Vergleich mit dem Verhältnis zwischen nationalem Recht und Unionsrecht schließlich überzeugt nicht, weil sich das föderale System der Union und das System des deutschen Bundesstaates trotz aller Ähnlichkeiten insoweit unterscheiden, als die Unionsrechtsordnung eine von der mitgliedstaatlichen Rechtsordnung autonome Rechtsordnung darstellt, während Bund und Länder eine Gesamtrechtsordnung bilden, in der für die Etablierung eines schonenderen Anwendungsvorrangs unter föderalen und grundnormbedingten Gesichtspunkten kein Bedürfnis besteht.

3. Zwischenergebnis

Im deutschen Bundesstaat finden sich Konfliktvermeidungsmechanismen sowohl auf Ebene der Landesverfassungen als auch auf Ebene des Grundgesetzes. Die Verfassungen der Länder enthalten zum Teil ausdrückliche Regeln zur Selbstbe-

[304] *V. Olshausen*, Landesverfassungsbeschwerde, S. 133.
[305] *V. Coelln*, Anwendung von Bundesrecht, S. 195 f.
[306] *Dreier*, in: Dreier, GG, Art. 31 Rn. 43; *Gubelt*, in: v. Münch/Kunig, GGK, Art. 31 Rn. 20; *Jutzi*, Landesverfassungsrecht und Bundesrecht, S. 25 ff.; *Riegler*, Konflikte zwischen Grundgesetz und Länderverfassungen, S. 95.
[307] S. oben, § 4 II.3. b).
[308] Vgl. die Diskussion zu Art. 31 GG im Parlamentarischen Rat, s. *Parlamentarischer Rat*, Hauptausschuss, 6. Sitzung v. 19.11.1948, Sten.Prot., S. 75 f.
[309] *Laforet*, Parlamentarischer Rat, Hauptausschuss, 6. Sitzung v. 19.11.1948, Sten.Prot., S. 75.
[310] *Dreier*, in: Dreier, GG, Art. 31 Rn. 43.

schränkung, wonach die Wirkung einer landesverfassungsrechtlichen Norm zurück genommen werden soll, wenn sie mit Bundesrecht kollidiert. Eine solche ausdrückliche Bindungsrücknahme findet sich vor allem in den vorkonstitutionellen Landesverfassungen und ist mit dem Grundgesetz vereinbar. Etwas anderes gilt indes für die Annahme einer ungeschriebenen, impliziten Selbstbeschränkung in der Landesverfassung, die mangels ausdrücklicher Normierung nicht als wirksam anzusehen ist.

Das Grundgesetz selbst enthält eine Reihe von Vorschriften, die der Konfliktvermeidung und -lösung im Bundesstaat dienen. An erster Stelle sind dabei die Kompetenzvorschriften der Art. 70 ff. GG zu nennen, die jedoch in Bezug auf das Landesverfassungsrecht keine Anwendung finden und daher keine Aussage zum Verhältnis von Bundesgrundrechten und Landesgrundrechten treffen können. Konflikte mit Art. 28 Abs. 1 S. 1 GG, der selbst keine Kollisionsregel beinhaltet, dürften kaum auftreten, da die Vorschrift den Ländern auch in Bezug auf ihre Grundrechte nur einen groben Rahmen vorgibt. Ebenso wenig enthält Art. 28 Abs. 3 GG eine Kollisionsregel. Art. 123 ff. GG werden, unabhängig von deren Verhältnis zu Art. 31 GG, durch die *lex specialis* des Art. 142 GG für den Grundrechtsbereich verdrängt, so dass auch sie in Kollisionsfällen nicht heran gezogen werden können. Art. 1 Abs. 3 GG stellt keine Kollisionsnorm dar, sondern wirkt insofern kollisionsvermeidend, als danach die Grundrechte des Grundgesetzes auch in den Ländern Anwendung finden, ohne dadurch zu Bestandteilen der Landesverfassungen zu werden. Kollisionen im Grundrechtsbereich werden im Verhältnis von Bundesrecht und Landesrecht daher durch Art. 142 GG bzw. Art. 31 GG entschieden, wobei Art. 142 GG als Ausdruck des allgemeinen Prinzips lediglich deklaratorische Wirkung entfaltet. Die eigentliche Kollisionsnorm findet sich somit in Art. 31 GG, mithin auf Bundesebene. Landesgrundrechte, die mit Bundesgrundrechten inhaltlich übereinstimmen, werden dabei mangels Kollision nicht durch Bundesrecht derogiert. Entsprechendes gilt für Landesgrundrechte, welche nach ihrem Schutzgehalt hinter dem Schutzgehalt des parallelen Bundesgrundrechtes zurück bleiben, zumindest so lange, wie sie die Anwendung des Bundesgrundrechtes in solchen Fällen nicht verbieten. Schwierigkeiten können sich indes im Verhältnis zwischen Bundesgrundrechten und landesgrundrechtlichen Mehrgewährleistungen ergeben, insbesondere in mehrpoligen Rechtsverhältnissen. Im Konfliktfall setzen sich hier die Wertungen des Grundgesetzes durch. Ähnliches gilt für das Verhältnis von Landesgrundrechten und einfachem Bundesrecht. In Bezug auf die Rechtsfolge ordnet Art. 31 GG einen echten Geltungsvorrang an, der im Konfliktfall die widersprechende Landesrechtsnorm nichtig werden lässt, so dass auch nach Wegfall der bundesrechtlichen Regelung das fragliche Landesgrundrecht nicht automatisch wieder auflebt.

IV. Grundrechtsbindung

1. Landesstaatsgewalt

a) Vorliegen einer Maßnahme der Landesstaatsgewalt

Ausschlaggebend für die Bindung an die Landesverfassung und deren Grundrechte ist die Frage, ob ein Organ der Landestaatsgewalt gehandelt hat.[311] Dies wird teilweise angezweifelt mit der Argumentation, dass es dafür allein auf die Rechtsebene, der die fragliche Rechtsnorm entstammt, ankommen könne, mit der Folge, dass Landesorgane bei der Anwendung von Bundesrecht nie an die Landesverfassung gebunden sein könnten.[312] Dies erscheint jedoch wenig sinnvoll, da in diesem Fall die Landesstaatsgewalt zumindest partiell von der sie konstituierenden Landesverfassung gelöst wäre.[313] Andererseits stellt sich die Frage, ob die Landesstaatsgewalt bei der Anwendung von Bundesrecht tatsächlich vollumfänglich an die Landesverfassung, insbesondere an die Landesgrundrechte, gebunden ist oder ob sich insoweit nicht Einschränkungen ergeben müssen. Zur Klärung dieses Problem ist vorab zu untersuchen, wann überhaupt von einem Handeln der Landesstaatsgewalt die Rede sein kann, in welchen Fällen die Landesstaatsgewalt tatsächlich Landesrecht anwendet und wann stattdessen eine Anwendung von Bundesrecht vorliegt.

Ausgangspunkt für die Beantwortung der Frage, ob überhaupt ein Handeln der Landesstaatsgewalt vorliegt, ist der Grundsatz, dass Bundesorgane Bundesstaatsgewalt und Landesorgane Landesstaatsgewalt ausüben.[314] Die Gegenauffassung, wonach im Falle vollständig durch Bundesrecht determinierter Entscheidungen keine Ausübung von Landesstaatsgewalt vorliegen solle,[315] überzeugt nicht, da dadurch die Annahme einer Organleihe für den Bund impliziert[316] und darüber hinaus die eigenständige Bedeutung des Rechtsanwendungsakts vollständig negiert würde.[317]

[311] *Klein/Haratsch*, JuS 2000, 209, 210 u. 212; *Möstl*, AöR 130 (2005), 350, 383; *Tiedemann*, DÖV 1999, 200, 201; *Pietzcker*, HdStR IV, 1990, § 99 Rn. 56; *Ott*, Landesgrundrechte, S. 111.

[312] *Discher*, Landesverfassungsgerichte, S. 78 f.; *März*, Bundesrecht bricht Landesrecht, S. 201 f.; *Tjarks*, Zur Bedeutung der Landesgrundrechte, S. 102; *Vaulont*, Grundrechte und Bundesstaatsrecht, S. 37 ff.; *Böckenförde/Grawert*, DÖV 1971, 119, 121; *Friesenhahn*, FS 25 Jahre BVerfG, Bd. 1, S. 748, 764.

[313] *Ott*, Landesgrundrechte, S. 111.

[314] BVerfGE 18, 407, 414; *Klein/Haratsch*, JuS 1994, 559, 560; *v. Olshausen*, Landesverfassungsbeschwerde, S. 39 f.; *Rozek*, Das Grundgesetz als Prüfungs- und Entscheidungsmaßstab, S. 191; *Jutzi*, DÖV 1983, 836, 839; *Kunig*, NJW 1994, 687, 688; *Menzel*, NVwZ 1999, 1314, 1316; *Dietlein*, Jura 2000, 19, 21.

[315] *Lange*, NJW 1998, 1278, 1281 f.; *Tiedemann*, DÖV 1999, 200, 201.

[316] Vgl. *Dietlein*, Jura 2000, 19, 21 f.; so im Ergebnis auch *Schöffler*, VBlBW 2014, 201, 202.

[317] *Ott*, Landesgrundrechte, S. 112 f.

b) Begriff der Rechtsanwendung

Falls nach diesen Grundsätzen ein Handeln der Landesstaatsgewalt vorliegt, ist zu klären, ob das fragliche Organ der Landesstaatsgewalt Landes- oder Bundesrecht anwendet. Umstritten ist indes, was unter dem Begriff der „Rechtsanwendung“ zu verstehen sein soll. Teilweise wird vertreten, dass sich der Begriff der Rechtsanwendung sowohl auf die Auslegung der einschlägigen Normen als auch auf eine etwaige Normkonkretisierung und auf die Subsumtion des Sachverhalts unter den so festgestellten Prüfungsmaßstab beziehe.[318] Nach anderer Ansicht soll die Auslegung von der Rechtsanwendung zu trennen sein, wobei sich der Begriff der Anwendung allein auf den Normvollzug, mithin die Subsumtion, beziehen soll.[319] Das Bundesverfassungsgericht seinerseits unterscheidet ebenfalls zwischen der Auslegung des Gesetzes und der Anwendung des ausgelegten Gesetzes auf den Einzelfall.[320] Diese Unterscheidung ist überzeugend, da sie zum Ausdruck bringt, dass die Auslegung der Anwendung denknotwendig zeitlich voran gehen muss.[321] Auslegung ist demnach das Bemühen, im Wege der Interpretation den Sinngehalt einer Norm zu erfassen.[322] Bei der Anwendung wird hingegen das Auslegungsergebnis im Hinblick auf einen bestimmten Lebenssachverhalt heran gezogen, mithin eine Subsumtion vorgenommen, bei der Recht und Realität miteinander in Berührung kommen.[323] Dies schließt es jedoch nicht aus, dass im Einzelfall Auslegung und Anwendung einer Norm faktisch ineinander übergehen.

Für das im vorliegenden Kontext interessierende Problem der Unterscheidung von Bundes- und Landesrecht ist die Frage nach der Definition des Begriffs der Rechtsanwendung insoweit von Bedeutung, als Bundes- und Landesgrundrechte grundsätzlich sowohl bei der Auslegung von Rechtsnormen als auch bei der Rechtsanwendung relevant werden können, es jedoch in gewissen Konstellationen angesichts der Vorgaben des bundesstaatlichen Systems ausgeschlossen sein kann, Grundrechte einer der beiden Ebenen bei der Auslegung einer Rechtsnorm heran zu ziehen, während eine Heranziehung im Rahmen der Rechtsanwendung durchaus möglich sein kann.[324]

Die Rechtsanwendung in diesem Sinn obliegt, ebenso wie die Auslegung, zunächst der Judikative, wobei jegliche Rechtsanwendung auch ein kreatives Moment in sich birgt.[325] Darüber hinaus fällt die Tätigkeit der Verwaltung unter den

---

[318] *Jachmann*, BayVBl. 1997, 321, 323.

[319] *V. Olshausen*, Landesverfassungsbeschwerde, S. 139; so im Ansatz auch *Dietlein*, Jura 2000, 19, 23.

[320] BVerfGE 63, 45, 67 f. u. 71; 64, 261, 280; 68, 256, 267 u. 270.

[321] *Knauff*, DÖV 2013, 375, 378.

[322] *Larenz/Canaris*, Methodenlehre, S. 133.

[323] *Knauff*, DÖV 2013, 375, 378; *Herzog*, FS Simon, 103, 103 ff.

[324] Näher dazu unten, § 6 V.3.

[325] Vgl. *Engisch*, Einführung in das juristische Denken, S. 35 f., 88 ff.; *Hesse*, Grundzüge des Verfassungsrechts der Bundesrepublik Deutschland, Rn. 550; vgl. auch BVerfGE 34, 269, 286 ff.; 96, 375, 394.

Begriff der Rechtsanwendung, die in diesem Fall nicht nur die bloße Subsumtion, sondern auch die Ausfüllung von Gestaltungsspielräumen beinhaltet.[326]

c) Rechtsanwendung durch die Landesstaatsgewalt

Landesbehörden und Landesgerichte wenden im Rahmen ihrer Rechtsanwendung sowohl materielles Recht als auch Verfahrensrecht an. In materieller Hinsicht wenden Landesbehörden sowohl Landes- als auch Bundesrecht an, wobei nach Art. 30 GG die Anwendung des materiellen Landesrechts den Landesbehörden vorbehalten ist. Zur Anwendung materiellen Bundesrechts durch Landesbehörden kommt es deshalb, weil die Ausführung von Bundesrecht nach Art. 83 GG grundsätzlich den Ländern obliegt, die Auftragsverwaltung nach Art. 85 GG ebenfalls den Vollzug von Bundesrecht durch Landesbehörden impliziert und Fälle der Bundesverwaltung gemäß Art. 86 und 87 GG vergleichsweise selten sind. Wendet eine Landesbehörde materielles Landesrecht an, richtet sich das Verwaltungsverfahren mangels Bundeskompetenz gemäß Art. 30, 70 GG nach dem Landesrecht. Weniger eindeutig ist die Situation bei der Anwendung materiellen Bundesrechts, bei der entweder Landes- oder Bundesverfahrensrecht zur Anwendung kommt, wobei die genaue Abgrenzung für die vorliegende Untersuchung nicht von Relevanz ist.[327]

Entscheidend ist die Abgrenzung der Anwendung von Landes- bzw. Bundesrecht hingegen bei der Rechtsanwendung durch die Landesgerichte. Die Rechtszüge der Fachgerichtsbarkeiten sind hierarchisch strukturiert, so dass es mit Ausnahme der Verwaltungs- und Sozialgerichtsbarkeit[328] in der ersten und teilweise auch noch in der zweiten Instanz zwingend zur Anwendung materiellen Bundesrechts durch Gerichte der Länder kommt.[329] Ferner sind Landesgerichte im Bereich des Verfahrensrechts zur Anwendung von Bundesrecht verpflichtet, da nach Art. 74 Abs. 1 Nr. 1 i.V.m. Art. 72 Abs. 2 GG dem Bund die Kompetenz zur Regelung des gerichtlichen Verfahrens obliegt. Der Bund hat von seiner Kompetenz in abschließender Weise Gebrauch gemacht, so dass die Länder insoweit außerhalb ausdrücklicher Vorbehalte zu ihren Gunsten keine Rechtssetzungsbefugnis besitzen.[330]

[326] *Pieroth*, in: Jarass/Pieroth, GG, Art. 83 Rn. 3.

[327] Ausführlich dazu *v. Coelln*, Anwendung von Bundesrecht, S. 43 f.

[328] Vgl. § 50 VwGO bzw. § 39 Abs. 2 SGG sowie einige weitere Sondervorschriften, die eine erstinstanzliche Zuständigkeit des Bundesverwaltungsgerichts bzw. des Bundessozialgerichts vorsehen; für das Bundessozialgericht s. *Berchtold/Lüdtke*, in: Lüdtke/Berchtold, SGG, § 39 Rn. 3 f.

[329] Ausführlich dazu *v. Coelln*, Anwendung von Bundesrecht, S. 45.

[330] Ein solcher Vorbehalt findet sich etwa in § 187 Abs. 1 VwGO und § 40 Abs. 1 S. 2 VwGO; s. dazu *Pieroth*, in: Jarass/Pieroth, GG, Art. 72 Rn. 9.

d) Grundrechtsbindung der Landesstaatsgewalt

aa) Allgemeine Richtlinien und Problemfälle

Die Unterscheidung zwischen der Ausübung von Bundes- und Landesstaatsgewalt ist im Rahmen der Rechtsanwendung deshalb von überragender Bedeutung, weil die Verfassungsbindung des handelnden Organs von der Zuordnung des fraglichen Rechtsakts abhängt. Während das Handeln des Bundes allein am Grundgesetz einschließlich seiner Grundrechte zu messen ist, muss die Landesstaatsgewalt neben dem Grundgesetz auch die jeweilige Landesverfassung und, sofern vorhanden, deren Grundrechte beachten. Daraus folgt, dass die Landesbehörden und -gerichte bei der Anwendung von Bundesrecht sowohl die Grundrechte des Grundgesetzes als auch etwaige Grundrechte der Landesverfassung zu wahren haben,[331] wobei in Bezug auf die Landesgerichte die Bindung an die Grundrechte des Grundgesetzes nicht automatisch dazu führt, dass sie die Einhaltung der Grundrechte des Grundgesetzes durch andere Stellen überprüfen müssten. Letzteres ist vielmehr eine Frage des Prüfungsmaßstabes.[332] Eine doppelte grundrechtliche Bindung besteht daneben auch für die Normsetzung auf Landesebene.[333] Im Falle der Anwendung von Landesrecht ist die Bindung der Landesstaatsgewalt an die Grundrechte der jeweiligen Landesverfassung unproblematisch zu bejahen,[334] es sei denn, das fragliche Grundrecht wurde bereits nach Art. 31 GG durch die Grundrechte des Grundgesetzes derogiert,[335] was freilich nur in Ausnahmefällen der Fall sein dürfte.

Weitaus problematischer ist die Bindung der Landesstaatsgewalt an die eigenen Landesgrundrechte hingegen im Falle der Anwendung von Bundesrecht, da der Bundesgesetzgeber seinerseits nach dem bundesstaatlichen System des Grundgesetzes ausschließlich an die Grundrechte des Grundgesetzes, nicht aber an die Grundrechte der Landesverfassungen gebunden ist.[336] Landesgrundrechte können in diesen Fällen daher nur dann zur Anwendung kommen, wenn die Normanwendung von der Normsetzung klar unterschieden werden kann, da andernfalls die Landesgrundrechte zugleich als Prüfungsmaßstab für die Gültigkeit der fraglichen Bundesnorm dienen würden, was unter bundesstaatlichen Gesichtspunkten unzulässig wäre.[337] Zu untersuchen ist daher, ob sich die Frage nach der Verfassungsmäßigkeit einer Norm einerseits und die Frage nach dem Normvollzug anderseits überhaupt trennen lassen. Nach der heute vorherrschenden

---

[331] *Rüfner*, DÖV 1967, 668, 668.
[332] S. dazu unten, § 6 V.3.
[333] Vgl. *v. Coelln*, Anwendung von Bundesrecht, S. 63.
[334] Vgl. *Klein*, DVBl. 1993, 1329, 1332.
[335] Ausführlich dazu oben, § 6 III.2. g).
[336] Ausführlich dazu unten, § 6 IV.2.
[337] S. *v. Coelln*, Anwendung von Bundesrecht, S. 65 f.; *v. Olshausen*, Landesverfassungsbeschwerde, S. 139 f.; *Zierlein*, AöR 120 (1995), 205, 230.

Lehre[338] ist die Vorstellung von der Lückenlosigkeit der Rechtsordnung ebenso überholt wie die Vorstellung vom Richter als „bouche qui prononce les paroles de la loi" im Sinne *Montesquieus*,[339] der die richterliche Tätigkeit auf die Aussprache des Bedeutungsgehalt des Gesetzes reduziert. Grund für die Unmöglichkeit der Trennung ist, dass sich der Inhalt einer Rechtsnorm erst durch ihre Auslegung und die Anwendung auf den konkreten Lebenssachverhalt ergibt.[340] Dies schließt es jedoch nicht aus, dass eine Bundesrechtsnorm zunächst ausschließlich im Kontext des Bundesrechts ausgelegt wird, bevor anschließend im Rahmen ihrer Anwendung zusätzlich die Landesgrundrechte herangezogen werden.

Von Olshausen trennt bezüglich der Anwendbarkeit von Landesgrundrechten klar zwischen Auslegung und Rechtsanwendung, indem er davon ausgeht, dass im Rahmen der *Auslegung* einer bundesrechtlichen Norm Landesgrundrechte keine Rolle spielen könnten, während bei der *Anwendung* der fraglichen Bundesrechtsnorm Landesverfassungsrecht und damit auch Landesgrundrechte sehr wohl zu berücksichtigen seien.[341] Eine verfassungskonforme Auslegung eines Bundesgesetzes im Lichte der Landesverfassung ist demnach von vornherein ausgeschlossen, was sich damit begründen lässt, dass die Landesverfassung gegenüber dem Bundesgesetz keinen Vorrang genießt.[342] Dagegen spricht auch nicht, dass nach Art. 20 Abs. 3 GG die Landesstaatsgewalt stets an die Landesgrundrechte gebunden ist,[343] da die Landesstaatsgewalt nur die vor dem Hintergrund von Art. 31 GG überhaupt möglichen Landesgrundrechtswirkungen umsetzen kann.[344]

Gegen den von *von Olshausen* vorgeschlagenen Ansatz wird indes eingewandt, dass häufig nicht klar sei, worin die Einflussmöglichkeiten von Landesgrundrechten jenseits der Auslegung bestünden und dass zumindest nicht in jeglichen Fällen der Anwendung von Bundesrecht eine landesgrundrechtliche Bindung bestünde.[345] Diese Kritik überzeugt nur insoweit, als *von Olshausen* keine klaren Fallgruppen möglicher Einfallstore für die Anwendung von Landesgrundrechten auflistet, ein Problem, das jedoch an der grundsätzlichen Überzeugungskraft seines Ansatzes nichts ändert. Deshalb können Landesgrundrechte angesichts der Doppelbindung der Landesstaatsgewalt richtigerweise im Rahmen der Anwendung von Bundesrecht durch die Landesstaatsgewalt heran gezogen werden, wo-

---

[338] *Kelsen*, Reine Rechtslehre, S. 250; *Berg*, Kassation gerichtlicher Urteile, in: Starck/Stern (Hrsg.) Landesverfassungsgerichtsbarkeit, Bd. 2, S. 529, 546; *Stern*, Staatsrecht I, § 20 IV 5; *Poscher*, NJ 1996, 351, 353; *v. Coelln*, Anwendung von Bundesrecht, S. 277.

[339] *Montesquieu*, De l'Esprit des lois, XI. Buch, 6. Kapitel.

[340] Vgl. *Clausen*, Landesverfassungsbeschwerde, S. 73; *Klein/Haratsch*, JuS 2000, 209, 211.

[341] *V. Olshausen*, Landesverfassungsbeschwerde, S. 139 f.

[342] *Dietlein*, Jura 2000, 19, 23; *Dreier*, in: Dreier, GG, Art. 142 Rn. 56 f.; *Möstl*, AöR 130 (2005), 350, 386; *Kunig*, NJW 1994, 687, 688 für den Fall der landesgrundrechtlichen Mindergewährleistungen; *Rozek*, AöR 119 (1994), 450, 466 f.; *Ott*, Landesgrundrechte, S. 124 f.; *Vitzthum*, VVDStRL 46 (1988), 7, 33 f.

[343] *Jutzi*, DÖV 1983, 836, 838.

[344] *Ott*, Landesgrundrechte, S. 125 f.

[345] *Ott*, Landesgrundrechte, S. 127 f.

bei es insoweit keinen Unterschied machen kann, ob es sich bei dem anzuwendenden Bundesrecht um materielles Recht oder Verfahrensrecht handelt, da zwischen den beiden Kategorien kein Unterschied besteht, der eine Differenzierung bei der Grundrechtsbindung rechtfertigen könnte.[346]

Unproblematisch ist die Bindung der Landesstaatsgewalt an Landesgrundrechte bei der Anwendung von Bundesrecht jedenfalls im Falle inhaltsgleicher Grundrechtsgewährleistungen auf Bundes- und Landesebene, so dass das handelnde Landesorgan hier beide Normschichten parallel anwenden kann und muss.[347] Entsprechendes wird im Falle landesverfassungsrechtlicher Mindergewährleistungen anzunehmen sein, während es bei landesverfassungsrechtlichen Mehrgewährleistungen und Landesgrundrechten, die keinerlei grundgesetzliche Entsprechung finden, zu Kollisionen mit sonstigem Bundesrecht kommen kann, welche nach Art. 31 GG aufzulösen sind.[348] Problematisch ist insbesondere diejenige Konstellation, in der die Anwendung einer nach dem Grundgesetz gültigen Bundesrechtsnorm durch eine Landesbehörde oder ein Landesgericht zwingend zu einer bestimmten Entscheidung führt, da in diesem Fall die Annahme eines Verstoßes gegen Landesgrundrechte zugleich die Verfassungswidrigkeit der Bundesnorm implizieren würde.[349]

bb) Art und Weise der Berücksichtigung von Landesgrundrechten bei der Anwendung von Bundesrecht

Die These, wonach die Landesstaatsgewalt bei der Anwendung von Bundesrecht auch an die Landesgrundrechte gebunden ist, wird gestützt durch die Überlegung, dass gerade die Rechtsprechung stets auch gestaltend wirkt[350] und sich daher insofern Anknüpfungspunkte für eine landesgrundrechtliche Bindung jenseits der Auslegung der Bundesrechtsnorm ergeben. Ferner räumen einige Rechtsnormen der Verwaltung und teilweise auch den Gerichten[351] Ermessensspielräume ein, so dass gerade in diesen Konstellationen Raum für eine Bindung der Organe der Landesstaatsgewalt an die Landesgrundrechte verbleibt.[352] Dies gilt darüber hinaus auch für diejenigen Fälle, in denen Bundesrecht den Landesnormgeber zur Schaffung von Landesrecht ermächtigt.[353]

---

[346] Vgl. *Tiedemann*, DÖV 1999, 200, 200; zu dieser Problematik im Zusammenhang mit der Prüfungskompetenz der Landesverfassungsgerichte s. unten, § 6 V.3.

[347] *V. Olshausen*, Landesverfassungsbeschwerde, S. 142.

[348] Ausführlich dazu oben, § 6 III.2. g).

[349] Vgl. *v. Coelln*, Anwendung von Bundesrecht, S. 65.

[350] *V. Coelln*, Anwendung von Bundesrecht, S. 66.

[351] Zum „Ermessen" des Richters, das von den Ermessensvorstellungen der Verwaltungsdogmatik zu unterscheiden ist s. *Warda*, Dogmatische Grundlagen des richterlichen Ermessens im Strafrecht, S. 8 ff.; *Engisch*, Einführung in das juristische Denken, S. 212 f.; *v. Coelln*, Anwendung von Bundesrecht, S. 258; zur Möglichkeit einer Ermessensentscheidung des Gerichts im Rahmen eines Antrags nach § 80 Abs. 5 VwGO s. *Schenke*, in: Kopp/Schenke, VwGO, § 80 Rn. 151.

[352] *V. Coelln*, Anwendung von Bundesrecht, S. 66.

[353] *V. Coelln*, Anwendung von Bundesrecht, S. 66.

Die Position der (Verfassungs-)Rechtsprechung bezüglich der Heranziehung von Landesgrundrechten bei der Anwendung von Bundesrecht, die stets im Kontext des Prozessrechts gesehen werden muss, ist wenig kongruent und zum Teil mehr an pragmatischen Erwägungen als an dogmatischen Überlegungen orientiert, so dass sie im Zusammenhang mit den prozessualen Mechanismen des Grundrechtsschutzes näher erläutert werden soll.[354] In der Literatur hingegen besteht große Einigkeit dahin gehend, dass die Landesstaatsgewalt jedenfalls dort an Landesgrundrechte gebunden ist, wo das Bundesrecht selbst Spielräume für deren Anwendung bereit hält,[355] doch lässt sich daraus alleine freilich noch nicht ableiten, in welchen Konstellationen genau bei der Anwendung von Bundesrecht eine Heranziehung von Landesgrundrechten tatsächlich möglich ist.[356]

Endter schlägt vor, die Berücksichtigung von Landesgrundrechten bei der Auslegung und Anwendung von Bundesrecht von der bundesstaatlichen Kompetenzverteilung abhängig zu machen.[357] Danach dürften Landesgrundrechte nicht berücksichtigt werden auf dem Gebiet der ausschließlichen Bundeskompetenzen sowie für den Fall, dass der Bund im Rahmen der konkurrierenden Gesetzgebung von seiner Gesetzgebungskompetenz umfassend Gebrauch gemacht hat.[358] Sei dies nicht der Fall, könnten Landesgrundrechte im Rahmen der Auslegung und Anwendung des fraglichen Bundesrechts sehr wohl heran gezogen werden.[359] Gegen diesen Ansatz spricht indes, dass der Landesverfassungsgeber nach zutreffender Auffassung gerade nicht an die Kompetenzvorschriften der Art. 70 ff. GG gebunden ist,[360] so dass Landesgrundrechte grundsätzlich auch in Kompetenzbereichen, die nach dem Grundgesetz dem Bund zugewiesen sind, existieren können. Wäre in diesen Fällen eine Bindung der Landesstaatsgewalt an die Landes-

---

[354] S. dazu unten, § 6 V.

[355] *V. Olshausen*, Landesverfassungsbeschwerde, S. 145 ff.; *Jutzi*, DÖV 1983, 836, 837 f.; *Erbguth/Wiegand*, DÖV 1992, 770, 777; *dies*., Die Verwaltung 1996, 159, 169 f.; *Möstl*, AöR 130 (2005), 350, 382 f.; *Pestalozza*, NVwZ 1993, 340, 344 f.; *ders*., Art. 142, in: Macke (Hrsg.), Verfassung und Verfassungsgerichtsbarkeit auf Landesebene, S. 245, 246; *Klein*, DVBl. 1993, 1329, 1332; *Sacksofsky*, NVwZ 1993, 235, 239; *Wilke*, NJW 1993, 887, 889; *Rozek*, AöR 119 (1994), 450, 467 Fn. 72; *Endter*, EuGRZ 1995, 227, 229 f.; *Göbel-Zimmermann*, NVwZ 1995, 763, 765 f.; *Held*, NVwZ 1995, 534, 537; *Franke*, FS Mahrenholz, S. 923, 937; *Huber*, in: Sachs, GG, Art. 142 Rn. 15; *Jachmann*, BayVBl. 1997, 321, 322 f.; *Hain*, JZ 1998, 620, 621 f.; *Pfaff*, Die Landesverfassungsbeschwerden in den neuen Bundesländern, S. 104 f.; *Menzel*, NVwZ 1999, 1314, 1316; *Tiedemann*, DÖV 1999, 200, 202 f.; *Klein/Haratsch*, JuS 2000, 209, 211; *Dreier*, Grundrechtsschutz durch Landesverfassungsgerichte, S. 30 ff.; *Ott*, Landesgrundrechte, S. 128 ff.; *v. Coelln*, Anwendung von Bundesrecht, S. 66 u. 256 ff.; *Jutzi*, ThürVBl. 1993, Sonderheft, B 15, B 19; *Krappel*, VBlBW 2013, 121, 130; *Poscher*, NJ 1996, 351, 355; zu möglichen Fallgruppen s. *Baldus*, Landesverfassungsrecht und Bundesverfassungsrecht, in: Die Verfassungsgerichte der Länder Brandenburg, Mecklenburg-Vorpommern, Sachsen, Sachsen-Anhalt und Thüringen (Hrsg.), 20 Jahre Verfassungsgerichtsbarkeit in den neuen Ländern, S. 19, 41; zu Schwächen des Spielraumansatzes s. *v. Wolff*, Das Grundgesetz als prinzipaler Entscheidungsmaßstab, S. 85 ff.

[356] Krit. bezüglich der „Spielraumtheorie" daher *Rozek*, HGR III, § 85 Rn. 45.

[357] *Endter*, EuGRZ 1995, 227, 230.

[358] *Endter*, EuGRZ 1995, 227, 230.

[359] *Endter*, EuGRZ 1995, 227, 230; so auch *März*, Bundesrecht bricht Landesrecht, S. 202.

[360] S. oben, § 6 III.2. a).

grundrechte ausgeschlossen, bliebe der Anwendungsbereich der Landesgrundrechte insgesamt äußerst beschränkt, was mit der Verfassungsautonomie der Länder schwer zu vereinbaren ist.[361]

Anknüpfungspunkt für die Beantwortung der Frage, ob Landesgrundrechte bei der Anwendung von Bundesrecht unter Kollisionsgesichtspunkten zum Tragen kommen können, müssen vielmehr die Ausgestaltung und der Charakter der Bundesrechtsnorm selbst sein. Bei bestimmten Rechtsbegriffen kommt mangels eigener Wertungsmöglichkeiten der Landesbehörden ausschließlich eine Auslegung im Lichte der Bundesgrundrechte in Betracht. Die überwiegende Zahl der Rechtsbegriffe ist hingegen zumindest teilweise unbestimmt. In Grenzfällen wird häufig problematisch sein, welche Interpretation die richtige ist, wobei zu beachten ist, dass es die „absolut richtige" und für alle Zeiten gültige Auslegung nie geben kann.[362] Fraglich ist allerdings, ob insoweit Landesgrundrechte herangezogen werden können. Zwar handelt es sich bei der Auslegung unbestimmter Rechtsbegriffe um Gesetzesauslegung, die im Falle von Bundesrecht grundsätzlich allein im Lichte des Grundgesetzes vorzunehmen ist, doch lassen sich Auslegung und Anwendung im Einzelfall oft kaum voneinander trennen, so dass im Rahmen des Wertungsvorgangs bei der Anwendung von unbestimmtem Bundesrecht Landesgrundrechte möglicherweise herangezogen werden könnten. Dagegen spricht allerdings, dass letztinstanzlich über die Auslegung von Bundesrecht in jedem Fall die Bundesgerichte entscheiden und diese allein Bundesgrundrechte anwenden, was aus Gründen der Einheitlichkeit des Prüfungsmaßstabs dementsprechend auch auf die Vorinstanzen zutreffen sollte.

Etwas anderes muss indes bei normativen unbestimmten Rechtsbegriffen gelten, welche zugleich einen Beurteilungsspielraum aufweisen.[363] Nach der von *Otto Bachof* entwickelten Lehre vom Beurteilungsspielraum wird der Verwaltungsbehörde durch die Verwendung unbestimmter Rechtsbegriffe ein Beurteilungsspielraum eingeräumt, so dass diese in dem fraglichen Bereich eigene, gerichtlich nicht weiter überprüfbare Entscheidungen treffen kann.[364] Begründet wird die Einräumung von Beurteilungsspielräumen damit, dass es in manchen Fällen nicht nur *eine* richtige Lösung geben könne, dass die Verwaltung in bestimmten Bereichen über die größere Sachkunde und Erfahrung verfüge, dass gewisse Entscheidungen unvertretbar bzw. unwiederholbar seien und dass es sich bei der Verwaltung um eine eigenständige Staatsgewalt handele, die auch gegenüber der Gerichtsbarkeit über einen eigenen Verantwortungsbereich verfügen müsse.[365]

---

361 So im Ergebnis auch *v. Olshausen*, Landesverfassungsbeschwerde, S. 156 ff.

362 *Larenz/Canaris*, Methodenlehre, S. 135.

363 *Ott*, Landesgrundrechte, S. 131 ff.; *Tiedemann*, DÖV 1999, 200, 203.

364 *Bachof*, JZ 1955, 97, 98 ff.; vgl. dazu auch *Maurer/Waldhoff*, Allgemeines Verwaltungsrecht, § 7 Rn. 31.

365 *Maurer/Waldhoff*, Allgemeines Verwaltungsrecht, § 7 Rn. 32 sowie Rn. 37 ff. mit Beispielen, in denen die Rechtsprechung einen Beurteilungsspielraum annimmt.

Gerade bei Ermessensentscheidungen, bei denen die Verwaltung bei Vorliegen der Tatbestandsvoraussetzungen einer Norm zwischen verschiedenen Verhaltensweisen wählen kann und ihr dementsprechend ein gewisser eigener Handlungsspielraum zukommt,[366] ist eine Berücksichtigung von Landesgrundrechten bei der Anwendung von Bundesrecht grundsätzlich möglich.[367] Nachdem im Falle von Ermessensentscheidungen die richterliche Kontrollbefugnis auf bestimmte Ermessensfehler beschränkt ist, liegt die Rechtsanwendung im Übrigen alleine bei der Behörde, so dass sich ein Einfallstor für Landesgrundrechte ergibt. Entsprechendes gilt für die Fälle richterlichen Ermessens, wobei hier eine richterliche Überprüfung teilweise sogar völlig ausgeschlossen ist.[368]

Allerdings darf eine uneingeschränkte Aktualisierung der Bindung an Landesgrundrechte bei Beurteilungsspielräumen und Ermessensentscheidungen richtigerweise nur angenommen werden, soweit das anzuwendende Bundesrecht selbst keine ermessens- oder beurteilungsleitenden Gesichtspunkte enthält, denen Abwägungsentscheidungen des Gesetzgebers, insbesondere zwischen den Grundrechtspositionen verschiedener Rechtsträger, zu Grunde liegen.[369] Daraus folgt, dass Landesgrundrechte etwa bei der Feststellung der Grenzen des Ermessens der Landesstaatsgewalt nicht heran gezogen werden können:[370] Dies wiederum ergibt sich daraus, dass Wertungen des Bundesrechts bezüglich des Ausgleichs von (Grund-)Rechtspositionen gerade in mehrpoligen Rechtsverhältnissen bei der Anwendung von Bundesrecht nicht durch die Heranziehung von Landesgrundrechten durch die Landesstaatsgewalt konterkariert werden dürfen. Schließlich können auch bei rein abwehrrechtlichen Konstellationen abschließende bundesrechtliche Vorgaben existieren, welche trotz der vom Grundgesetz vorgesehenen Föderalisierung im Verwaltungsbereich nicht durch landesverfassungsrechtliche Wertungen unterlaufen werden dürfen, da andernfalls eine „Anwendungsschieflage des Bundesrechts“[371] drohte. Die Gegenauffassung, die auch in den Fällen des sog. intendierten Ermessens[372] Landesgrundrechte uneingeschränkt zur Anwendung bringen möchte,[373] verkennt, dass dadurch der nach Art. 31 GG vorrangige Wille des Bundesgesetzgebers konterkariert würde.

---

[366] *Maurer/Waldhoff*, Allgemeines Verwaltungsrecht, § 7 Rn. 7.

[367] *Tiedemann*, DÖV 1999, 200, 203; *Ott*, Landesgrundrechte, S. 132; *Menzel*, NVwZ 1999, 1314, 1316; *Pestalozza*, NVwZ 1993, 340, 344 f.

[368] S. *Engisch*, Einführung in das juristische Denken, S. 200 f. Fn. 22.

[369] *Dreier*, in: Dreier, GG, Art. 142 Rn. 52; *Klein*, DVBl. 1993, 1329, 1332; *Vitzthum*, VVDStRL 46 (1988), 7, 34; *Jachmann*, BayVBl. 1997, 321, 323; *Möstl*, AöR 130 (2005), 350, 385; *Menzel*, Landesverfassungsrecht, S. 221; *Baldus*, Landesverfassungsrecht und Bundesverfassungsrecht, in: Die Verfassungsgerichte der Länder Brandenburg, Mecklenburg-Vorpommern, Sachsen, Sachsen-Anhalt und Thüringen (Hrsg.), 20 Jahre Verfassungsgerichtsbarkeit in den neuen Ländern, S. 19, 41.

[370] Vgl. dazu *Erbguth/Wiegand*, Die Verwaltung 1996, 159, 173, die die Landesverfassung jedoch als Interpretationsmaßstab heran ziehen wollen.

[371] *Klein*, DVBl. 1993, 1329, 1332; in diese Richtung auch *Poscher*, NJ 1996, 351, 353 f.; *Menzel*, NVwZ 1999, 1314, 1316; *Vitzthum*, VVDStRL 46 (1988), 7, 34 f.

[372] Zum Begriff BVerwGE 72, 1, 6; *Schenke*, in: Kopp/Schenke, VwGO, § 114 Rn. 10 u. 21 ff.

[373] So etwa *v. Coelln*, Anwendung von Bundesrecht, S. 258.

Unabhängig davon, auf welche Weise genau Landesgrundrechte bei der Ausfüllung von Beurteilungs- und Ermessensspielräumen heran gezogen werden können, kritisiert *Wittreck* grundsätzlich die Heranziehung von Landesgrundrechten bei der Anwendung von Bundesrecht mit dem Argument, dass es sich bei den dargelegten Spielräumen um „nebulöse Spielräume" handele.[374] Dagegen lässt sich einwenden, dass durch eine exakte Normauslegung im Einzelfall sehr wohl ausgemacht werden kann, ob und inwiefern eine Bundesrechtsnorm Raum für die Anwendung von Landesgrundrechten belässt. Ferner wird gegen die Heranziehung von Landesgrundrechten bei der Anwendung von Bundesrecht eingewandt, dass dadurch die Rechtseinheit im Bundesstaat gefährdet würde.[375] Diese Bedenken überzeugen jedoch nicht, da es dem Bundesgesetzgeber unbenommen bleibt, Vorgaben bezüglich der Ausfüllung von Beurteilungsspielräumen sowie der Ermessensausübung zu machen, so dass die hinter dem Bundesrecht stehenden Wertungen nicht durch grundrechtliche Mehrgewährleistungen der Länder ausgehebelt werden können.[376] Im Übrigen würde ein völliger Ausschluss der Berücksichtigung von Landesgrundrechten dem Grundsatz des Art. 83 GG widersprechen, wonach der Vollzug des Bundesrechts grundsätzlich Länderangelegenheit ist, nachdem die Landesstaatsgewalt in eigenen Angelegenheiten selbstverständlich Landesgrundrechte zu beachten hat.[377] Auch Art. 20 Abs. 3 GG, der den Bundesgesetzgeber nur an die Vorgaben des Grundgesetzes bindet, steht der Anwendbarkeit von Landesgrundrechten bei der Anwendung von Bundesrecht nicht entgegen, da durch die Landesgrundrechte nicht das Bundesgesetz selbst ergänzt, sondern lediglich seine Anwendung im Einzelfall beeinflusst wird.[378] Schließlich wird gegen eine Bindung der Landesstaatsgewalt an Landesgrundrechte bei der Anwendung von Bundesrecht eingewandt, dass höherrangiges Bundesrecht von vornherein nicht durch niederrangiges Landesrecht beeinflusst werden könne.[379] Auch diese Kritik geht fehl, da das bundesstaatliche System des Grundgesetzes zwar tendenziell hierarchisch konstruiert ist, diese Hierarchie jedoch keinen Selbstzweck darstellt, sondern im Einzelfall nach dem Willen des Bundes durchbrochen werden kann, indem der Bundesgesetzgeber von sich aus auf eine vollständige Determinierung des Verwaltungshandelns durch eine Rechtsnorm verzichtet.[380] Nicht zuletzt setzt die Kollisions- und Rangordnungsnorm des Art. 31 GG geradezu voraus, dass auch niederrangiges

[374] *Wittreck*, DÖV 1999, 634, 637; in diese Richtung auch *Steinberg*, FS 50 Jahre Hessische Verfassung, S. 356, 380 f., der das Potential für die Annahme von Spielräumen als gering ansieht.
[375] *Berkemann*, NVwZ 1993, 409; 414; vgl. dazu auch *v. Olshausen*, Landesverfassungsbeschwerde, S. 127 f.
[376] *Jutzi*, DÖV 1983, 836, 839; *Erbguth/Wiegand*, Die Verwaltung 1996, 159, 174.
[377] *Erbguth/Wiegand*, DÖV 1992, 770, 777.
[378] *Ott*, Landesgrundrechte, S. 146; a.A. aber *März*, Bundesrecht bricht Landesrecht, S. 201 f.; *Grimm*, Verfassungsrecht, in: Grimm/Papier (Hrsg.) Nordrhein-Westfälisches Staats- und Verwaltungsrecht, S. 1, 53; s. auch BVerfGE 1, 264, 280.
[379] Zu diesem Einwand s. *Möstl*, AöR 130 (2005), 350, 363.
[380] Vgl. *Denninger*, FS 50 Jahre Hessische Verfassung, S. 343, 354.

Recht zu beachten ist, so lange es dadurch nicht zu einer Kollision mit Bundesrecht kommt.[381]

Bejaht man die grundsätzliche Möglichkeit der Heranziehung von Landesgrundrechten bei der Anwendung von Bundesrecht, stellt sich weiterhin die Frage, ob nur Landesgrundrechte, welche mit Bundesgrundrechten inhaltsgleich sind, herangezogen werden können oder ob dies darüber hinaus auch für landesrechtliche Mehrgewährleistungen gilt. Dogmatisch überzeugend erscheint alleine Letzteres, da es im Ausgangspunkt nur auf das grundsätzliche Vorhandensein eines geeigneten Spielraums ankommen kann, während die Frage der Art des heranzuziehenden Landesgrundrechts von untergeordneter Bedeutung ist,[382] zumal sich Mehrgewährleistungen auch nicht immer scharf abgrenzen lassen, sondern beispielsweise mit Mindergewährleistungen zusammen fallen können.[383] Etwaige Kollisionen zwischen landesgrundrechtlichen Mehrgewährleistungen und Bundesrecht auf Normebene, welche der Anwendung im konkreten Einzelfall denknotwendig vorgelagert sein müssen, sind nach Art. 31 GG aufzulösen,[384] wobei Art. 31 GG auf die Ausfüllung des Spielraums selbst mangels Normkollision nicht anwendbar ist.

cc) Bindung an Landesgrundrechte außerhalb des Normvollzugs

Eine Bindung der Landesstaatsgewalt an Landesgrundrechte kommt nicht nur im Zusammenhang mit dem Vollzug von Rechtsnormen in Betracht, sondern kann sich vielmehr auch außerhalb des Normvollzugs ergeben, insbesondere dort, wo entweder keine oder nur lückenhafte gesetzliche Regelungen bestehen. Solche Lücken werden in der Regel im Wege der Auslegung, vor allem im Wege von Analogien, teleologischer Auslegung oder Extensionen geschlossen.[385] Fraglich ist jedoch, ob eine Heranziehung von Landesgrundrechten bei Gesetzeslücken möglich ist, die gerade durch bundesgrundrechtliche Einflüsse geschaffen wurden. Ein solcher Fall lag dem sog. *„Honecker"*-Beschluss des Berliner Verfassungsgerichtshofs zu Grunde,[386] in dem die Menschenwürdegarantie, welche nach der Rechtsprechung des Verfassungsgerichtshofs u.a. auf Grund grundgesetzlicher Einflüsse einen ungeschriebener Teil der Berliner Verfassung darstellte, das bundesrechtliche Verfahrensrecht ergänzen und ein Verfahrenshindernis für den Strafprozess begründen sollte. Gegen die Heranziehung von Landesgrundrechten in derartigen Fällen lässt sich jedoch einwenden, dass allein nach der Aus-

---

[381] *Möstl*, AöR 130 (2005), 350, 383.

[382] So etwa *Ott*, Landesgrundrechte, S. 134 f.; im Ergebnis auch *Wittreck*, DÖV 1999, 634, 637; anders hingegen BVerfGE 96, 345, 366 f., das nur inhaltsgleiche Landesgrundrechte heranziehen möchte; ausführlich dazu unten, § 6 V.3. a) aa).

[383] Vgl. oben, § 6 II.2. b) aa).

[384] S. *Burmeister*, NdsVBl. 1998, 53, 61; näher zu Art. 31 GG s. oben, § 6 III.2. g) aa).

[385] *Larenz/Canaris*, Methodenlehre, S. 245; *Engisch*, Einführung in das juristische Denken, S. 237 f.

[386] BerlVerfGH, Beschl. v. 12.01.1993 – VerfGH 55/92 –, NJW 1993, 515 ff.

legung der Bundesrechtsnorm eine Lücke nicht ersichtlich war, sondern diese erst mit Hilfe allgemeiner grundrechtlicher Erwägungen begründet wurde. Eine derartige Vorgehensweise kann zudem leicht dazu führen, dass bundesrechtliche Wertungen mit einem pauschalen Verweis auf übergeordnete Rechtsgrundsätze unterlaufen werden, was weder dem Gedanken des bundesstaatlichen Systems noch der Rechtssicherheit entspricht.[387]

e) Zwischenergebnis

Die Landesstaatsgewalt ist bei der Anwendung von Landesrecht unproblematisch an Landesgrundrechte gebunden. Etwas anderes gilt hingegen bei der Anwendung von Bundesrecht. Während Landesgrundrechte bei der Auslegung von Bundesrecht nicht heran gezogen werden dürfen, kommt eine Bindung der Landesstaatsgewalt an Landesgrundrechte bei der Anwendung von Bundesrecht dann in Betracht, wenn dieses Beurteilungs- oder Ermessensspielräume enthält. Auch in diesen Fällen sind jedoch etwaige bundesrechtliche Vorgaben bezüglich der Ausfüllung des fraglichen Beurteilungsspielraums sowie der Ermessensausübung zu beachten, um eine Aushöhlung bundesrechtlicher Wertungen durch Landesverfassungsrecht zu verhindern. Existiert ein hinreichender Spielraum für die Heranziehung von Landesgrundrechten, kann es keinen Unterschied machen, ob es sich insoweit um mit dem Grundgesetz übereinstimmende Landesgrundrechte oder um landesrechtliche Mehr- bzw. „Aliud"-Gewährleistungen handelt.

2. *Bundesstaatsgewalt*

Während die Landesstaatsgewalt in vielen Fällen sowohl an Bundes- als auch an Landesgrundrechte gebunden ist, erscheint die Annahme einer Bindung der Bundesstaatsgewalt an Bundes- und Landesgrundrechte zumindest auf den ersten Blick eher befremdlich. Diese Bedenken entsprechen der traditionellen Auffassung, welche eine Bindung der Bundesstaatsgewalt an Landesgrundrechte kategorisch ablehnt.[388] Begründet wird dies damit, dass im Grundrechtsbereich die Verfassungsräume von Bund und Ländern getrennt seien, woran selbst die in Art. 20 Abs. 3 GG verankerte Bindung des Bundesgesetzgebers an Recht und

---

[387] Für die Anwendung von Landesgrundrechten in solchen Fällen jedoch *Ott*, Landesgrundrechte, S. 142 f.

[388] So etwa *Ehard*, BayVBl. 1966, 73, 75; *Friesenhahn*, FS 25 Jahre BVerfG, Bd. 1, S. 748, 764; *Jachmann*, BayVBl. 1997, 321, 321; *Rozek*, Das Grundgesetz als Prüfungs- und Entscheidungsmaßstab, S. 190; *Vaulont*, Grundrechte und bundesstaatliches Homogenitätsprinzip, S. 40 f.; *Klein/Haratsch*, JuS 2000, 209, 212 f.; *Steinberg*, FS 50 Jahre Hessische Verfassung, S. 356, 373 f.; *Poscher*, NJ 1996, 351, 355; *Niedobitek*, HGR VIII, § 257 Rn. 24.

Gesetz nichts ändere.[389] Außerdem komme eine Bindung der Bundesstaatsgewalt an Landesgrundrechte wegen der Überordnung des Bundes über die Länder nicht in Betracht.[390] Schließlich würde die „Verfassungsbeliebigkeit" der Länder dem Bund sehr verschiedene grundrechtliche Bindungen auferlegen, was eine in sich stimmige Steuerung durch Bundesrecht unmöglich mache[391] und der Rechtszersplitterung Vorschub leiste.

Für eine Bindung der Bundesstaatsgewalt an die Landesgrundrechte wird hingegen vorgebracht, dass genau Art. 20 Abs. 3 GG eine solche Bindung begründen könne, da unter den Begriff des „Gesetzes" auch die Landesgrundrechte fielen.[392] Eine Ausnahme müsse insoweit lediglich für den Bundesgesetzgeber gemacht werden, der allein an die Grundrechte des Grundgesetzes gebunden sei.[393] Dies überzeugt grundsätzlich, da allein auf Grund der tendenziellen Überordnung des Bundes über die Länder die Vorschrift des Art. 20 Abs. 3 GG nicht außer Acht gelassen werden darf, sondern diejenigen Vorschriften, welche das Bund-Länder-Verhältnis konstituieren,[394] und Art. 20 Abs. 3 GG vielmehr nebeneinander betrachtet werden müssen. Vor diesem Hintergrund stünde eine materielle Bindung der Bundesstaatsgewalt auch an Landesgrundrechte[395] jedenfalls nicht im Widerspruch zur Annahme einer tendenziellen Überordnung des Bundes über die Länder, zumal diese nur eine *Tendenz*, nicht aber ein absolutes Dogma darstellt[396] und überdies der Bund selbst im Einzelfall Durchbrechungen zulassen kann. Darüber hinaus ergäbe sich aus einer materiellen Bindung der Bundesstaatsgewalt an Landesgrundrechte nicht automatisch die Befugnis der Landesverfassungsgerichte zur Überprüfung des Bundeshandelns am Maßstab der Landesverfassung.[397]

Gegen die Bejahung einer Bindung der Bundesstaatsgewalt auch an Landesgrundrechte sprechen indes praktische Gründe. So wäre bei einer Bundesbehörde wie der Bundesnetzagentur, deren örtliche Zuständigkeit sich auf das gesamte Bundesgebiet erstreckt, unklar, welche Landesgrundrechte sie heranziehen soll,

---

389 *Rozek*, Das Grundgesetz als Prüfungs- und Entscheidungsmaßstab, S. 190; *Pietzcker*, HdStR IV, 1990, § 99 Rn. 56; *Klein/Haratsch*, JuS 2000, 209, 213; *Šarčević*, Das Bundesstaatsprinzip, S. 117.

390 *Kölble*, DÖV 1962, 661, 663 f.; *Vaulont*, Grundrechte und bundesstaatliches Homogenitätsprinzip, S. 40 f.

391 *Klein/Haratsch*, JuS 2000, 209, 213.

392 *Discher*, Landesverfassungsgerichte, S. 136 f.; *Dreier*, in: Dreier, GG, Art. 142 Rn. 88; *Jutzi*, DÖV 1983, 836, 840 f.; *März*, Bundesrecht bricht Landesrecht, S. 201; *Sachs*, DÖV 1985, 469, 474; *Sobota*, DVBl. 1994, 793, 800 f.; *Zierlein*, AöR 120 (1995), 205, 217; so wohl auch *Sachs*, DÖV 1985, 469, 475; ähnlich im Ergebnis *Baldus*, Landesverfassungsrecht und Bundesverfassungsrecht, in: Die Verfassungsgerichte der Länder Brandenburg, Mecklenburg-Vorpommern, Sachsen, Sachsen-Anhalt und Thüringen (Hrsg.), 20 Jahre Verfassungsgerichtsbarkeit in den neuen Ländern, S. 19, 51 mit Hinweis auf den Grundsatz bundesfreundlichen Verhaltens.

393 *März*, Bundesrecht bricht Landesrecht, S. 201; vgl. auch *Sachs*, DÖV 1985, 469, 475.

394 S. dazu oben, Einführung, II.2. b).

395 Zur grundsätzlichen Bindung an die jeweils fachfremden Gesetze s. auch BVerwGE 29, 52, 58 f.

396 Vgl. auch *Jutzi*, DÖV 1983, 836, 841.

397 Ausführlich dazu unten, § 6 V.3.

wenn sie einen das gesamte Bundesgebiet betreffenden Sachverhalt regeln muss. Ebenso wäre fraglich, welche Landesgrundrechte beispielsweise die Bundespolizei anwenden müsste, wenn sie einem Terrorverdächtigen zur Verhinderung eines Anschlags die Bahnfahrt quer durch Deutschland verbieten möchte. Eine eindeutige Entscheidung könnte lediglich bei Einsätzen der Bundeswehr im Inland getroffen werden, bei denen die Bundeswehr im Wege der Amtshilfe für Landesbehörden tätig wird.[398] Hier muss die Bundeswehr das Polizeirecht desjenigen Landes beachten, in dem sie tätig wird.[399] Allerdings können Landesgrundrechte auch in diesem Fall nur dort Bindungswirkung entfalten, wo das Bundesrecht hinreichend Spielräume vorsieht.[400] Abgesehen von dem Sonderfall des Einsatzes der Bundeswehr im Inland spricht jedoch die mit der generellen Annahme einer Bindung der Bundesstaatsgewalt an Landesgrundrechte verbundene Rechtsunsicherheit dafür, eine derartige Bindung zu verneinen.

V. Prozessuale Mechanismen zur Gewährleistung des Grundrechtsschutzes

1. Bundesebene

a) Verfassungsgerichtsbarkeit

Beim Bundesverfassungsgericht handelt es sich um ein eigenständiges, nicht der Instanzgerichtsbarkeit zugeordnetes Verfassungsgericht, das alle drei staatlichen Gewalten am Maßstab des Grundgesetzes kontrolliert.[401] Zu seinen Kompetenzen gehören u.a. die Entscheidung von Organstreitigkeiten (Art. 93 Abs. 1 Nr. 1 GG) und föderativen Streitigkeiten (Art. 93 Abs. 1 Nr. 3 und 4 GG, Art. 99 GG), die abstrakte und konkrete Normenkontrolle (Art. 93 Abs. 1 Nr. 2 GG bzw. Art. 100 Abs. 1 GG), die Entscheidung über Verfassungsbeschwerden (Art. 93 Abs. 1 Nr. 4a GG) sowie die Durchführung besonderer Verfassungsschutzverfahren und Verfahren der Wahl- und Mandatsprüfung (u.a. Art. 21 Abs. 2 S. 2 GG und Art. 61 GG sowie Art. 41 Abs. 2 GG). Für den Grundrechtsschutz besonders relevant sind die Normenkontrollverfahren sowie die Verfassungsbeschwerde. Im Rahmen der abstrakten Normenkontrolle kann das Gericht die Vereinbarkeit einer Rechtsnorm mit dem Grundgesetz und dementsprechend auch mit den Grundrechten des Grundgesetzes überprüfen und so deren Einhal-

---

398 Näher dazu *Dietz*, DÖV 2012, 952, 953 ff.

399 *Knemeyer*, Polizei- und Ordnungsrecht, Rn. 351; vgl. auch *Heckmann*, Bayerisches Polizei- und Sicherheitsrecht, in: Becker/Heckmann/Kempen/Manssen (Hrsg.), Öffentliches Recht in Bayern, Rn. 183; vgl. auch *Jutzi*, DÖV 1983, 836, 840 f., der insoweit allerdings eine Bindung an das Recht desjenigen Landes annimmt, in dem die Verwaltungstätigkeit der Bundesstaatsgewalt nach außen wirkt.

400 Vgl. *Ott*, Landesgrundrechte, S. 152.

401 *Schlaich/Korioth*, Das Bundesverfassungsgericht, Rn. 4 ff.

tung gewährleisten. Des Weiteren ist eine Überprüfung von Landesrecht mit dem Grundgesetz, aber auch mit sonstigem Bundesrecht möglich, so dass mit Hilfe des Verfahrens der abstrakten Normenkontrolle der in Art. 31 GG verankerte Vorrang des Bundesrechts vor dem Landesrecht durchgesetzt werden kann. Insoweit ergeben sich deutliche Parallelen zum Normenkontrollverfahren nach Art. 13 Abs. 2 WRV.[402]

Im Rahmen der konkreten Normenkontrolle kann jedes staatliche Gericht dem Bundesverfassungsgericht ein formelles Gesetz zur Überprüfung vorlegen, wenn es die fragliche Norm für verfassungswidrig hält und es bei der Entscheidung im konkreten Fall auf die Gültigkeit des fraglichen Gesetzes ankommt. Für den Grundrechtsschutz ist die Richtervorlage nach Art. 100 Abs. 1 GG von großer Bedeutung, was sich nicht zuletzt daran ablesen lässt, dass die Entscheidungen in diesem Verfahren zahlenmäßig statistisch an zweiter Stelle hinter den Entscheidungen über eine Verfassungsbeschwerde liegen.[403]

Die Individualverfassungsbeschwerde selbst, die erst im Jahr 1951 ins Bundesverfassungsgerichtsgesetz aufgenommen[404] und noch einmal 18 Jahre später, im Jahre 1969, im Zusammenhang mit der Notstandsgesetzgebung im Grundgesetz verankert wurde[405], stellt mit etwa 5000 bis 6500 Verfahrenseingängen pro Jahr die zahlenmäßig wichtigste Verfahrensart dar, wobei sich gerade in den letzten Jahren eine Zunahme der eingereichten Beschwerden ausmachen lässt.[406] Dabei darf jedoch nicht übersehen werden, dass jährlich nur etwa 2% der entschiedenen Verfassungsbeschwerden stattgegeben wird.[407] Die Individualverfassungsbeschwerde ist ein außerordentlicher Rechtsbehelf,[408] mit dessen Hilfe der Einzelne eine Verletzung in seinen Grundrechten oder grundrechtsgleichen Rechten durch die öffentliche Gewalt geltend machen kann. Aus diesem Grund spielt sie eine wichtige Rolle bei der Realisierung des Grundrechtsschutzes, da sie trotz der geringen Erfolgsquote die Gerichte im Vorfeld dazu zwingt, bei ihren Entscheidungen Grundrechtsverstöße zu vermeiden bzw. zu beseitigen.[409]

---

402 S. dazu oben, § 4 VI.1.

403 *Schlaich/Korioth*, Das Bundesverfassungsgericht, Rn. 139.

404 § 90 BVerfGG, vgl. Gesetz über das Bundesverfassungsgericht v. 12.03.1951, BGBl. I, S. 243; s. auch *Kutscher*, FS Müller, S. 161, 164 ff.; *Hain*, Die Individualverfassungsbeschwerde, S. 67 ff.

405 Art. 93 Abs. 1 Nr. 4a GG, vgl. 19. Gesetz zur Änderung des Grundgesetzes v. 29.01.1969, BGBl. I, S. 97; näher dazu *Hain*, Die Individualverfassungsbeschwerde, S. 113 ff.

406 *Bundesverfassungsgericht*, Jahresstatistik 2015, Eingänge nach Verfahrensarten, abrufbar unter http://www.bundesverfassungsgericht.de/DE/Verfahren/Jahresstatistiken/2015/statistik_2015_node.html (zuletzt abgerufen am 06.11.2017).

407 *Bundesverfassungsgericht*, Jahresstatistik 2015, Anteil der stattgegebenen an den entschiedenen Verfassungsbeschwerden pro Jahr seit 1987, abrufbar unter http://www.bundesverfassungsgericht.de/DE/Verfahren/Jahresstatistiken/2015/statistik_2015_node.html (zuletzt abgerufen am 06.11.2017); s. auch *Zuck*, Das Recht der Verfassungsbeschwerde, Rn. 104; vgl. auch *Schlaich/Korioth*, Das Bundesverfassungsgericht, Rn. 195.

408 St. Rspr., s. BVerfGE 18, 315, 325; 49, 252, 258; 68, 376, 379 f.

409 *Schlaich/Korioth*, Das Bundesverfassungsgericht, Rn. 195.

Prüfungsmaßstab des Bundesverfassungsgerichts ist in sämtlichen Verfahrensarten ausschließlich das Grundgesetz, so dass die Einhaltung der Landesgrundrechte durch die Landesstaatsgewalt nicht vor dem Bundesverfassungsgericht durchgesetzt werden kann.[410] Einzige Ausnahme insoweit bildet die Vorschrift des Art. 99 1. Var. GG, nach der die Länder auf die Einrichtung eigener Verfassungsgerichte verzichten und stattdessen dem Bundesverfassungsgericht im Wege der Organleihe die Zuständigkeit zur Entscheidung über Landesstreitigkeiten am Maßstab des Landesverfassungsrechts[411] übertragen können.[412] Schleswig-Holstein hatte von dieser Möglichkeit bis zum Jahr 2008 Gebrauch gemacht, bevor es ein eigenes Landesverfassungsgericht einrichtete.[413]

In den Verfahrensarten, in denen das Bundesverfassungsgericht Landesrechtsakte am Maßstab der Grundrechte des Grundgesetzes überprüfen kann, d.h. bei der abstrakten Normenkontrolle, der konkreten Normenkontrolle und der Individualverfassungsbeschwerde, besteht die Gefahr einer Unitarisierung des Grundrechtsschutzes zu Gunsten der Bundesgrundrechte sowie einer Unitarisierung des Bundesstaates im Allgemeinen.[414] Dies zeigt sich etwa am Beispiel des Schulrechts, das nach der grundgesetzlichen Kompetenzverteilung in den Zuständigkeitsbereich der Länder fällt. Allerdings hat das Bundesverfassungsgericht unter Rückgriff auf Art. 4 Abs. 1 und 2 GG dem Landesgesetzgeber explizite Vorgaben bezüglich der religiös-weltanschaulichen Gestaltung des Schulwesens gemacht,[415] so dass der Spielraum für landesrechtliche Ausgestaltungen eingeschränkt ist und auch Landesgrundrechte in diesem Bereich keine eigenständige Wirkung mehr entfalten können.[416] Eine ähnliche Entwicklung lässt sich auf dem Gebiet des Rundfunkrechts beobachten, wo der Bund ebenfalls über keine eigene Rechtssetzungskompetenz verfügt, mit Hilfe der Rechtsprechung des Bundesverfassungsgerichts zu Art. 5 Abs. 1 S. 2 GG aber ein umfassendes bundesrechtliches Rundfunksystem etabliert wurde,[417] das für landesgrundrechtliche Spezifika kaum noch Raum lässt.[418]

---

[410] St. Rspr., vgl. nur BVerfGE 60, 175, 209.

[411] BVerfGE 41, 88, 119; 103, 332, 344 f.; *Schulze-Fielitz*, in: Dreier, GG, Art. 99 Rn. 12.

[412] *Pieroth*, in: Jarass/Pieroth, GG, Art. 99 Rn. 1 ff.; *Schulze-Fielitz*, in: Dreier, GG, Art. 99 Rn. 3 u. 7 ff.

[413] Gesetz über das Schleswig-Holsteinische Landesverfassungsgericht v. 10.01.2008, GVOBl., S. 25; ausführlich dazu *Caspar*, NordÖR 2008, 193, 193 ff.; *Schulze-Fielitz*, in: Dreier, GG, Art. 99 Rn. 11.

[414] *Starck*, FS 50 Jahre BayVerfGH, S. 229, 235; s. dazu auch *Menzel*, Landesverfassungsrecht, S. 550.

[415] BVerfGE 41, 29, 47; 93, 1, 15 ff.; 108, 282, 297 ff.; 138, 296, Rn. 80 ff.

[416] Ausführlich dazu unten, § 6 V.5. b).

[417] BVerfGE 12, 205, 259 ff.; 31, 314, 325 ff.; 57, 295, 319 ff.; 73, 118, 152 ff.; 74, 297, 325 ff.; 83, 238, 295 ff.; 87, 181, 196 ff.; 90, 60, 87 ff.; 95, 220, 234 ff.; 97, 228, 251 ff.; 107, 299, 312 ff.; zum Ganzen s. *Starck*, FS 50 Jahre BayVerfGH, S. 229, 238; *Bothe*, FS 50 Jahre ATÖR, S. 189, 193.

[418] S. dazu *Huber*, BayVBl. 2004, 609, 612 ff.; *Badura*, BayVBl. 2007, 193, 196 f.; ausführlich dazu unten, § 6 V.5. b).

Im Verhältnis zur Fachgerichtsbarkeit entscheidet das Bundesverfassungsgericht dort selbst, wo die Verletzung spezifischen Verfassungsrechts in Rede steht, während die Auslegung und Anwendung des einfachen Rechts in erster Linie Sache der Fachgerichte ist und nur der eingeschränkten Kontrolle durch das Bundesverfassungsgericht unterliegt.[419] Allerdings scheint sich in jüngster Zeit auch bei der Auslegung und Anwendung konfligierender Grundrechte in mehrpoligen Rechtsverhältnissen ein Entscheidungsspielraum zu Gunsten der Fachgerichte abzuzeichnen, nachdem das Bundesverfassungsgericht in seiner Entscheidung im Fall *Caroline von Hannover (Nr. 3)* betonte, dass es auf die Nachprüfung beschränkt sei, ob die Fachgerichte bei der Auslegung und Anwendung der Vorschriften des einfachen Rechts und insbesondere bei der Abwägung miteinander kollidierender Rechtsgüter den Grundrechtseinfluss ausreichend beachtet hätten.[420] Insoweit bestehen Parallelen zu dem vom EGMR entwickelten Konzept der *margin of appreciation*, welches auch in mehrpoligen Grundrechtsverhältnissen zur Anwendung kommen kann.[421]

b) Sonstige Bundesgerichte

Der Grundrechtsschutz auf Bundesebene obliegt nicht nur und nicht primär dem Bundesverfassungsgericht, sondern vor allem den obersten Bundesgerichten, die bei ihrer Tätigkeit nach Art. 1 Abs. 3 GG an die Grundrechte des Grundgesetzes gebunden sind. Sie sind dazu verpflichtet, Entscheidungen der Instanzgerichte zu überprüfen und etwaigen Grundrechtsverstößen abzuhelfen bzw. in einzelnen Fällen selbst erstinstanzlich zu entscheiden[422] und dabei Grundrechtsverletzungen der Exekutive zu beseitigen. Prüfungsmaßstab der obersten Bundesgerichte ist alleine das Bundesrecht, so dass die Beachtung der Landesgrundrechte durch die obersten Bundesgerichte nicht überwacht werden kann. Etwas anderes ergibt sich auch nicht aus Art. 99 2. Var. GG, wonach die Länder den obersten Gerichtshöfen des Bundes die Entscheidungskompetenz bei der Anwendung von einfachem Landesrecht im letzten Rechtszug übertragen können, falls der Bund nicht von seiner prozessrechtlichen Bundeskompetenz Gebrauch gemacht hat, da es in diesen Fällen gerade um die Anwendung von einfachem Landesrecht,[423] nicht aber um die Einhaltung der Landesgrundrechte geht.

Eine wichtige Rolle bei der Entwicklung des bundesrechtlichen Grundrechtsschutzes spielte und spielt das Bundesverwaltungsgericht, dessen Kompetenzen

---

[419] BVerfGE 18, 85, 92 f.; 40, 88, 94; 106, 28, 45.

[420] BVerfGE 120, 180, 209 f.; ausführlich dazu *Lübbe-Wolff*, Der Grundrechtsschutz nach der Europäischen Menschenrechtskonvention bei konfligierenden Individualrechten – Plädoyer für eine Korridor-Lösung, in: Hochhuth (Hrsg.) Nachdenken über Staat und Recht, S. 193, 206 ff.

[421] Näher dazu unten, § 12 IV.3.

[422] S. dazu oben, § 6 IV.2.

[423] *Detterbeck*, in: Sachs, GG, Art. 99 Rn. 7; *Schulze-Fielitz*, in: Dreier, GG, Art. 99 Rn. 13.

als Revisionsgericht gemäß § 137 Abs. 1 VwGO im Zuge der zunehmenden Beeinflussung der Rechtsordnung durch die Bundesgrundrechte signifikant erweitert wurden[424] und von dem regelmäßig wichtige Impulse für Entwicklung des Grundrechtsschutzes im Bundesstaat ausgehen.[425] Ein gutes Beispiel hierfür ist die bundesverwaltungsgerichtliche Rechtsprechung zum Kopftuchverbot an öffentlichen Schulen,[426] welche Auslöser[427] einer Grundsatzentscheidung des Bundesverfassungsgerichts[428] zu diesem Thema war und welche vor dem Hintergrund des daraufhin geänderten baden-württembergischen Schulgesetzes die Rechtsprechung des Bundesverfassungsgerichts in die Praxis umgesetzt hat.[429] Auf diese Weise kann das Bundesverwaltungsgericht die Grundrechtsentwicklung auf Bundesebene einerseits entscheidend beeinflussen, gleichzeitig aber auch dafür sorgen, dass der Spielraum der Landesverfassungsgerichte für die Herausbildung einer eigenen Landesgrundrechtsjudikatur zunehmend kleiner wird,[430] zumal im System des deutschen Bundesstaates die Landesstaatsgewalt stets auch an Bundesgrundrechte und deren Vorgaben gebunden ist und damit Bereiche, die, wie das Schulrecht, zur genuinen Zuständigkeit der Länder gehören, bundesgrundrechtlich durchdrungen werden. Ein ähnliches Bild zeigt sich im Übrigen auf den Gebieten des Prüfungs- und Berufsrechts, des Staatskirchenrechts sowie des Rundfunkrechts, wo das Grundgesetz ebenfalls einschlägige Grundrechte bereit hält, welche vom Bundesverwaltungsgericht als Revisionsmaßstäbe heran gezogen und mit unitarisierender Wirkung interpretiert werden können.[431]

2. Landesebene

a) Landesverfassungsgerichtsbarkeit

aa) Entwicklungsphasen

aaa) Bestehen einer Landesverfassungsgerichtsbarkeit vor Inkrafttreten des Grundgesetzes

Hinsichtlich der Entwicklung der Landesverfassungsgerichtsbarkeit in Deutschland nach dem Zweiten Weltkrieg lassen sich verschiedene Phasen ausmachen. Eine erste Generation von Landesverfassungsgerichten existierte bereits im Zeitpunkt des Inkrafttretens des Grundgesetzes im Jahr 1949. Zu dieser ersten Generation von Landesverfassungsgerichten, die schon bald nach Ende des Zweiten

---

424 *Gärditz*, JöR 61 N.F. (2013), 449, 451; *Schönberger*, „Verwaltungsrecht als konkretisiertes Verfassungsrecht", in: Stolleis (Hrsg.), Das Bonner Grundgesetz, S. 53, 61 ff.

425 Ausführlich dazu *Starck*, FS 50 Jahre BayVerfGH, S. 229, 239.

426 BVerwGE 116, 359, 360 ff. u. 121, 140, 144 ff.

427 BVerwGE 116, 359, 360 ff.

428 BVerfGE 108, 282, 294 ff.; s. auch BVerfGE 138, 296.

429 BVerwGE 121, 140, 144 ff.

430 Vgl. *Starck*, VVDStRL 46 (1988), 155, 157; *Krieger*, NdsVBl. 2010, 134, 136.

431 S. *Starck*, FS 50 Jahre BayVerfGH, S. 229, 239.

Weltkrieges eingerichtet wurden, gehören die Landesverfassungsgerichte von Bayern, Bremen, Hessen, und Rheinland-Pfalz, deren Wurzeln teilweise bis in die Zeit der Weimarer Republik zurückreichen.[432] Am stärksten ausgeprägt war die Tradition einer eigenen Landesverfassungsgerichtsbarkeit in Bayern, wo der Bayerische Verfassungsgerichtshof bereits in der Zeit der Weimarer Republik die Kompetenz zur Entscheidung über Verfassungsbeschwerden besaß.[433] Ein zweiter wichtiger Beweggrund für die Schaffung einer eigenen Landesverfassungsgerichtsbarkeit war der Umstand, dass der Schutz der Landesverfassungen bis 1949 bzw. bis zur Errichtung des Bundesverfassungsgerichts, vom Einfluss der Besatzungsmächte einmal abgesehen, ausschließlich Ländersache war und daher die Abwehr totalitärer Herrschaftsbestrebungen ein wichtiges Anliegen darstellte, dem mit der Einrichtung von Landesverfassungsgerichten Rechnung getragen werden sollte.[434]

bbb) Entstehung kurz nach Inkrafttreten des Grundgesetzes

Unmittelbar nach Inkrafttreten des Grundgesetzes entstand eine zweite Generation von Landesverfassungsgerichten, welcher die Landesverfassungsgerichte von Baden-Württemberg, Hamburg, Niedersachsen, Nordrhein-Westfalen und dem Saarland angehören und die durch Entstehung des Bundesverfassungsgerichts stark beeinflusst wurden.[435] Aus diesem Grund gelang es den Landesverfassungsgerichten dieser Generation bis zur Wiedervereinigung praktisch nicht, eine selbstbewusste Position gegenüber dem Bundesverfassungsgericht zu entwickeln.[436] Von den westdeutschen Bundesländern besaßen nur Schleswig-Holstein und Berlin vor der Wiedervereinigung kein eigenes Landesverfassungsgericht, wobei Schleswig-Holstein bis zum Jahr 2008 von der Organleihe nach Art. 99 1. Var. GG Gebrauch machte.[437] Die Länder in der sowjetischen Besatzungszone verzichteten bewusst auf die Errichtung von Landesverfassungsgerichten, nachdem die sowjetische Besatzungsmacht das jedweder Gerichtsbarkeit zu Grunde liegende Prinzip der Gewaltenteilung sowie die Überprüfung von Akten staatlicher Gewalt ablehnte.[438]

---

[432] Zur Entstehung der Landesverfassungsgerichtsbarkeit in dieser Phase s. *Fiedler*, Die Entstehung der Landesverfassungsgerichtsbarkeit nach dem Zweiten Weltkrieg, in: Starck/Stern (Hrsg.), Landesverfassungsgerichtsbarkeit, Bd. 1, S. 103 ff.; zur Einführung der Verfassungsbeschwerde in Bayern s. *Stern*, FS 50 Jahre BayVerfGH, S. 241, 242 f.

[433] S. dazu oben, § 4 VI.2. a); zur Geschichte der bayerischen Verfassungsgerichtsbarkeit s. auch *Huber*, BayVBl. 2008, 65, 65.

[434] *Heimann*, Die Entstehung der Verfassungsgerichtsbarkeit, S. 19.

[435] *Starck*, HdStR VI, § 130 Rn. 6 ff.; ausführlich zur Errichtung der Landesverfassungsgerichte auch *Fiedler*, Die Entstehung der Landesverfassungsgerichtsbarkeit nach dem Zweiten Weltkrieg, in: Starck/Stern (Hrsg.), Landesverfassungsgerichtsbarkeit, Bd. 1, S. 103 ff.

[436] Vgl. auch *Heimann*, Die Entstehung der Verfassungsgerichtsbarkeit, S. 19 f.

[437] S. oben, § 6 V.1. a).

[438] *Wolnicki*, in: Kluge/Wolnicki, Verfassungsgericht des Landes Brandenburg, S. 27, 33; *Sodan*, LKV 2010, 440, 441.

ccc) Entstehung nach der Wiedervereinigung

Eine regelrechte Renaissance erlebte die Landesverfassungsgerichtsbarkeit im Zuge der Wiedervereinigung, als die Länder Sachsen,[439] Sachsen-Anhalt,[440] Thüringen,[441] Mecklenburg-Vorpommern[442] und Brandenburg[443] zwischen 1993 und 1994 eigene Landesverfassungsgerichte einrichteten und auf diese Weise eine dritte Generation von Landesverfassungsgerichten schufen. Grund für den Aufschwung der Landesverfassungsgerichtsbarkeit in den Ländern der ehemaligen DDR war der Umstand, dass mit der Einrichtung eines unabhängigen und mit umfangreichen Kompetenzen ausgestatteten Verfassungsgerichts die Abkehr vom Totalitarismus der DDR und die Hinwendung zur Rechtsstaatlichkeit und sowie der damit verbundene Vorrang der Verfassung zum Ausdruck gebracht werden sollte.[444] Hinzu kommt, dass die Landesverfassungen gerade in den neuen Bundesländern ein spezifisches Grundrechtsbewusstsein widerspiegeln, dessen Schutz nur durch ein eigenes Landesverfassungsgericht Rechnung getragen werden kann.[445] Ferner wurden die neuen Bundesländer bei ihrer Verfassungsgebung durch das Modell des Bundesverfassungsgerichts und der westdeutschen Landesverfassungsgerichte inspiriert.[446] Ein weiterer Grund für das Aufblühen der Landesverfassungsgerichtsbarkeit in dieser Epoche war schließlich die Rechtsprechung des Bundesverfassungsgerichts, welches angesichts seiner eigenen Arbeitsüberlastung spätestens seit Mitte der 1990er Jahre bereit war, eine Übernahme von Aufgaben durch die Landesverfassungsgerichte zu akzeptieren.[447]

Zu der dritten Generation von Landesverfassungsgerichten gehört auch der Verfassungsgerichtshof des Landes Berlin,[448] wobei diesem jedoch eine gewisse

[439] Gesetz über den Verfassungsgerichtshof des Freistaates Sachsen v. 18.02.1993, SächsGVBl, S. 177, ber. S. 495; näher dazu *Rinken*, NVwZ 1994, 29 ff.; *Heimann*, Die Entstehung der Verfassungsgerichtsbarkeit, S. 13 ff.

[440] Gesetz über das Landesverfassungsgericht v. 23.08.1993, GVBl. LSA, S. 441; näher dazu *Pestalozza*, LKV 1994, 11 ff.; *Heimann*, Die Entstehung der Verfassungsgerichtsbarkeit, S. 15 f.

[441] Gesetz über den Thüringer Verfassungsgerichtshof v. 28.06.1994, GVBl., S. 781; näher dazu *Bauer*, LKV 1996, 385 ff.; *Heimann*, Die Entstehung der Verfassungsgerichtsbarkeit, S. 16 ff.

[442] Gesetz über das Landesverfassungsgericht Mecklenburg-Vorpommern v. 19.07.1994, GVOBl. M-V, S. 734; näher dazu *Hückstädt*, LKV 1997, 305 ff.; *Heimann*, Die Entstehung der Verfassungsgerichtsbarkeit, S. 10 ff.

[443] Gesetz über das Verfassungsgericht des Landes Brandenburg v. 22.11.1996, GVBl. I, S. 344; s. auch *Knoblich*, FS 10 Jahre Verfassungsgericht Brandenburg, S. 9, 9 f.; *Heimann*, Die Entstehung der Verfassungsgerichtsbarkeit, S. 8 ff.

[444] Vgl. *Rinken*, NVwZ 1994, 29, 29; *Fiedler*, Verfassungsgerichtsbarkeit im Bundesstaat, S. 113.; *Heimann*, Die Entstehung der Verfassungsgerichtsbarkeit, S. 21 ff.

[445] Vgl. dazu auch *Hückstädt*, LKV 1997, 305, 306; *Wallerath*, NdsVBl. 2005, Sonderheft, 43, 43.

[446] *Häberle*, JöR 45 N.F. (1997), 89, 105; *Heimann*, Die Entstehung der Verfassungsgerichtsbarkeit, S. 26 f.

[447] *Wallerath*, NdsVBl. 2005, Sonderheft, 43, 43; *Pestalozza*, Art. 142 GG, in: Macke (Hrsg.), Verfassung und Verfassungsgerichtsbarkeit auf Landesebene, S. 245, 262.

[448] Näher zu seiner Entstehung s. *Heimann*, Die Entstehung der Verfassungsgerichtsbarkeit, S. 4 ff.; *Körting/Schmidt*, LKV 1998, 121, 121 f.

Sonderstellung zukommt. Bereits die Berliner Verfassung aus dem Jahre 1950 hatte die Errichtung eines Verfassungsgerichtshofs vorgesehen, doch Streit über statusrechtliche Fragen verhinderten die Realisierung dieser verfassungsrechtlichen Vorgabe bis zur Wiedervereinigung.[449] Auch von der Möglichkeit des Art. 99 1. Var. GG wurde von Berlin kein Gebrauch gemacht. Erst nach der Wiedervereinigung war schließlich die Errichtung eines eigenen Landesverfassungsgerichts möglich, welche bereits im Jahr 1990 beschlossen worden war.[450]

Nach Abschluss der Konstitutierung der Landesverfassungsgerichte in den ostdeutschen Bundesländern und in Berlin folgte eine Zeit des Stillstandes im Hinblick auf die Landesverfassungsgerichtsbarkeit. Schleswig-Holstein, das einzige Bundesland, das zu dieser Zeit noch nicht über ein eigenes Verfassungsgericht verfügte, errichtete erst im Jahr 2008 ein eigenes Landesverfassungsgericht,[451] so dass heute alle 16 Bundesländer eigene Landesverfassungsgerichte besitzen, wobei die Bezeichnungen nicht einheitlich sind, sondern je nach Bundesland „Verfassungsgerichtshof",[452] „Staatsgerichtshof",[453] „Verfassungsgericht"[454] oder „Landesverfassungsgericht"[455] lauten.

bb) Kompetenzen

Wenngleich heute alle Bundesländer über eigene Verfassungsgerichte verfügen, so unterscheiden sich die Kompetenzen der einzelnen Landesverfassungsgerichte doch erheblich. In Bezug auf den Grundrechtsschutz sind vor allem die Verfahrensarten der abstrakten und konkreten Normenkontrolle sowie der Individualverfassungsbeschwerde von Bedeutung. *Sobota* geht insoweit zu Recht davon aus, dass die Landesverfassungsbeschwerde ein „Vehikel des föderalen Pluralismus"[456] darstellen kann, da durch sie den Grundrechten der Landesverfassungen erst zur praktischen Wirksamkeit verholfen wird.[457] Während alle Landesverfassungsgerichte die Kompetenz zur Entscheidung über abstrakte und konkrete Normenkontrollen besitzen,[458] stellt sich die Lage in Bezug auf die Verfassungsbeschwerde völlig anders dar. Obwohl § 90 Abs. 3 BVerfGG davon ausgeht, dass die Länder Verfassungsbeschwerden zu den Landesverfassungsgerichten vorsehen, haben bislang nur 11 Bundesländer das Instrument der Verfassungsbeschwerde eingeführt, wobei auch unter den Ländern mit Verfassungsbeschwerde

---

[449] Näher dazu *Körting/Schmidt*, LKV 1998, 121, 121 f.

[450] Gesetz über den Verfassungsgerichtshof v. 08.11.1990, GVBl., S. 2246.

[451] Ausführlich dazu oben, § 6 V.1. a); s. auch *Caspar*, NordÖR 2008, 193 ff.

[452] So in Bayern, Berlin, Nordrhein-Westfalen, Rheinland-Pfalz, dem Saarland, Sachsen und Thüringen.

[453] So in Baden-Württemberg, Bremen, Hessen und Niedersachsen.

[454] So in Brandenburg und Hamburg.

[455] So in Mecklenburg-Vorpommern, Sachsen-Anhalt und Schleswig-Holstein.

[456] *Sobota*, DVBl. 1994, 793, 794.

[457] S. *Merten*, HGR VIII, § 232 Rn. 5.

[458] S. dazu *Starck*, HdStR VI, § 130 Rn. 50 f.; für die neuen Bundesländer s. *Heimann*, Die Entstehung der Verfassungsgerichtsbarkeit, S. 140 ff.

erhebliche Unterschiede bezüglich der verfahrensmäßigen Ausgestaltung existieren.[459] Während in Bayern,[460] Baden-Württemberg,[461] Berlin,[462] Brandenburg,[463] Hessen,[464] Mecklenburg-Vorpommern,[465] Rheinland-Pfalz,[466] Sachsen,[467] Thüringen[468] und dem Saarland[469] gegen gerichtliche Entscheidungen nach Erschöpfung des Rechtsweges Verfassungsbeschwerde erhoben werden kann, ist in Sachsen-Anhalt[470] nur eine Verfassungsbeschwerde gegen ein Landesgesetz, durch das der Beschwerdeführer gegenwärtig und unmittelbar in seinen Grundrechten, grundrechtsgleichen oder staatsbürgerlichen Rechten verletzt sein kann, tauglicher Beschwerdegegenstand.[471] Anders als in den genannten Ländern ist in Schleswig-Holstein, Bremen, Hamburg, Niedersachsen und Nordrhein-Westfalen keine Verfassungsbeschwerde zum Schutze der Grundrechte des Einzelnen vorgesehen, so dass jedenfalls hinsichtlich der Durchsetzung der Landesgrundrechte, allen voran derjenigen, die über kein bundesverfassungsrechtliches Pendant verfügen, eine Rechtsschutzlücke besteht,[472] die durch den fachgerichtlichen Rechtsschutz und die konkrete Normenkontrolle nur teilweise geschlossen wird.

Auf die längste Tradition kann die Verfassungsbeschwerde in Bayern zurückblicken, wo schon in der Zeit der Weimarer Reichsverfassung die Institution der Individualverfassungsbeschwerde bekannt war.[473] Hessen und das Saarland etablierten die Verfassungsbeschwerde ebenfalls ziemlich bald im Zuge der Errichtung ihrer Landesverfassungsgerichte nach dem Zweiten Weltkrieg, während Rheinland-Pfalz,[474] ebenso wie die ostdeutschen Bundesländer und Berlin, erst nach der Wiedervereinigung die Individualverfassungsbeschwerde auf Landesebene einführte.[475] Als bisher letztes Bundesland hat Baden-Württemberg im Jahr 2013 die Möglichkeit zur Erhebung einer Verfassungsbeschwerde geschaffen, ohne diese Änderung allerdings explizit verfassungsrechtlich abzusi-

---

[459] S. dazu *Zuck*, Das Recht der Verfassungsbeschwerde, Rn. 215 ff.

[460] Art. 66, 120 BayVerf; Art. 51 ff. BayVerfGHG.

[461] §§ 55 ff. BWStGHG.

[462] Art. 84 Abs. 2 Nr. 5 BerlVerf; §§ 49 ff. BerlVerfGHG.

[463] Art. 6 Abs. 2, 113 Nr. 4 BbgVerf; §§ 12 Nr. 4, 45 ff. BbgVerfGG.

[464] Art. 131 HessVerf; §§ 43 ff. HessStGHG mit der Bezeichnung der Verfassungsbeschwerde als „Grundrechtsklage".

[465] Art. 53 Abs. 1 Nr. 6 u. Nr. 7 MVVerf; §§ 52 ff. MVVerfGG.

[466] Art. 130 a RPfVerf; §§ 44 RPfVerfGHG.

[467] Art. 81 Abs. 1 Nr. 4 SächsVerf; §§ 27 SächsVerfGHG.

[468] Art. 80 Abs. 1 Nr. 1 ThürVerf; §§ 31 ff. ThürVerfGHG.

[469] §§ 55 ff. SaarlVerfGHG.

[470] Art. 75 Nr. 6 LSAVerf; §§ 47 ff. LSAVerfGHG; zum Stellenwert der Landesverfassungsbeschwerde in Sachsen-Anhalt s. *Kluth*, HGR VIII, § 258 Rn. 79 f.

[471] S. dazu *Starck*, HdStR VI, § 130 Rn. 58.

[472] Vgl. *van Nieuwland*, NdsVBl. 152, 153 ff. in Bezug auf die Situation in Niedersachsen.

[473] Näher dazu oben, § 4 VI.2. a).

[474] Gesetz zur Änderung des Landesgesetzes über den Verfassungsgerichtshof v. 10.11.1992, GVBl., S. 319; ausführlich dazu *Held*, NVwZ 1995, 534 ff.

[475] S. dazu *Rozek*, HGR III, § 85 Rn. 5 f.

chern.[476] Grund für die Einführung einer Landesverfassungsbeschwerde in Hessen und Bayern noch vor Etablierung der Verfassungsbeschwerde auf Bundesebene war neben der verfassungsrechtlichen Tradition in Bayern sicher auch das Bedürfnis nach Stärkung des Grundrechtsschutzes auf Landesebene in Abwesenheit entsprechender prozessualer Möglichkeiten auf Bundesebene. Die Einführung der Individualverfassungsbeschwerde in Berlin, Rheinland-Pfalz und den ostdeutschen Bundesländern nach der Wiedervereinigung ist Ausdruck der allgemeinen Revitalisierung der Landesgrundrechte in dieser Phase, welche durch den Niedergang des Kommunismus in Osteuropa und die deutsche Wiedervereinigung hervorgerufen und erst ermöglicht worden war. Auffallend ist jedoch, dass die Stärkung der prozessualen Durchsetzbarkeit von Landesgrundrechten in eine Zeit fällt, in der sich auf europäischer Ebene ein verstärktes Grundrechtsbewusstsein entwickelte[477] und das Bundesverfassungsgericht seinerseits seine Prüfungskompetenz bezüglich des Gemeinschaftsrechts mittels der aus dem Jahr 1986 stammenden *Solange II*-Rechtsprechung zu Gunsten des Gemeinschaftsrechts erheblich zurück genommen hatte.[478] Daraus könnte man schließen, dass die Länder als Reaktion auf den allgemeinen europäischen Trend des Ausbaus des Grundrechtsschutzes und auf die Selbstbeschränkung des Bundesverfassungsgerichts zu Gunsten des Gemeinschaftsrechts ihren eigenen Grundrechtsschutz demonstrativ prozessual verstärken wollten,[479] wenngleich sich dadurch in Bezug auf das Verhältnis der nationalen Grundrechten zu den europäischen Grundrechten keine Änderungen ergaben. Für diese These spräche jedenfalls der Umstand, dass die Länder, die Kompetenzübertragungen auf die EU stets kritisch sahen und eine klarere Kompetenzverteilung zwischen EU und Mitgliedstaaten anmahnten,[480] einen Verlust ihrer Zuständigkeiten zu Gunsten der EU befürchteten. In ähnlicher Weise ließe sich die Einführung einer Individualverfassungsbeschwerde in Baden-Württemberg deuten. Auch hier könnte zumindest am Rande von Bedeutung gewesen sein, dass seit der Schaffung der Grundrechte-Charta auf EU-Ebene eigene Grundrechte existieren und die Rolle nationaler Grundrechte zunehmend unklar wird, wogegen mit der Einführung einer Landesverfassungs-

[476] LT-Drs. 15/2153, S. 1, 10 f.; ausführlich dazu *Krappel*, VBlBW 2013, 121, 122 ff.; *Zuck/Zuck*, Die Landesverfassungsbeschwerde in Baden-Württemberg, S. 26 ff.; Art. 68 Abs. 2 Nr. 4 BWVerf ermöglicht die Zuweisung von Angelegenheiten an den Verfassungsgerichtshof durch Landesgesetz.

[477] S. dazu auch *Vitzthum*, VVDStRL 46 (1988), 7, 47 ff.

[478] Näher dazu oben, § 1 II.2. b) aa) bbb) (1).

[479] Für einen Zusammenhang zwischen Fortschreiten der europäischen Integration und Bedeutungsgewinn des Grundrechtsschutzes auf Landesebene s. auch *Denninger*, FS 50 Jahre Hessische Verfassung, S. 343, 344.

[480] So etwa der Bundesrat in seiner Entschließung zur Kompetenzabgrenzung in der EU, s. *Deutscher Bundesrat*, Bundesrat fasst Entschließung zur Kompetenzabgrenzung in der zukünftigen Europäischen Union, Pressemitteilung v. 20.12.2001, abrufbar unter http://www.bundesrat.de/SharedDocs/pm/2001/306–2001.html (zuletzt abgerufen am 06.11.2017); vgl. auch die Lübecker Erklärung der deutschen Landesparlamente, Bekenntnis zum Föderalismus und zur Subsidiarität – Landesparlamente stärken!, angenommen auf dem Föderalismuskonvent der deutschen Landesparlamente am 31.03.2003 in der Hansestadt Lübeck, S. 2, Abschnitt 1.

beschwerde zum Schutz der Landesgrundrechte ein sichtbarer Akzent gesetzt werden sollte. Nicht umsonst spricht der Gesetzentwurf zur Einführung einer Landesverfassungsbeschwerde in Baden-Württemberg in seiner Begründung von der Aktivierung der grundrechtlichen Substanz der Landesverfassung, die deren praktische Relevanz und damit deren identitätsstiftende Wirkung steigere.[481] Freilich muss die Aufwertung des landesrechtlichen Grundrechtsschutzes auch in diesem Fall im Zusammenhang mit dem europäischen und internationalen Trend zur Ausweitung des Grundrechtsschutzes insgesamt gesehen werden, dem sich Baden-Württemberg nicht länger verschließen wollte.[482]

Verschwiegen werden darf indes nicht, dass auch auf Landesebene die Erfolgsquoten der Verfassungsbeschwerde gering sind. So hatte in Bayern in den Jahren 2013 und 2014 von 112 bzw. 107 eingereichten Verfassungsbeschwerden nur jeweils eine einzige Erfolg.[483] Kaum aussichtsreicher ist die Einlegung einer Landesverfassungsbeschwerde in Baden-Württemberg, wo im Jahr 2013 keine der 95 erledigten Verfassungsbeschwerden Erfolg hatte und im Jahr 2014 nur 2 von 79 erledigten Verfassungsbeschwerden erfolgreich waren.[484] Etwas besser stellt sich die Situation in Sachsen dar, wo immerhin zwischen fünf und zehn Prozent der eingelegten Verfassungsbeschwerden zu Gunsten der Beschwerdeführer entschieden werden.[485] Die übrigen Bundesländer, deren Verfassungen die Möglichkeit der Erhebung einer Verfassungsbeschwerde vorsehen, dürften keine besseren Quoten verzeichnen, woran deutlich wird, dass die Durchsetzung der Landesgrundrechte mittels Landesverfassungsbeschwerde nur in seltenen Fällen von Erfolg gekrönt ist.

Neben der Individualverfassungsbeschwerde kennt die bayerische Landesverfassung als Besonderheit die Popularklage gemäß Art. 98 S. 4 BayVerf, mit der der Einzelne geltend machen kann, eine Norm des bayerischen Landesrechts schränke die Grundrechte der bayerischen Verfassung verfassungswidrig ein. Dies kommt einer durch einen Einzelnen initiierten abstrakten Normenkontrolle gleich.[486] Dementsprechend bezweckt die Popularklage nicht in erster Linie den Schutz der Rechte des Einzelnen, sondern dient vielmehr der praktischen Durchsetzung der Grundrechte als Institution.[487] Dadurch wird die Wirksamkeit der bayerischen Grundrechte gestärkt, was der bayerischen Verfassungstradition voll und ganz entspricht.

---

[481] LT-Drs. 15/2153, S. 1.
[482] Vgl. LT-Drs. 15/2153, S. 1.
[483] Vgl. *Lindner*, BayVBl. 2015, 693, 693.
[484] Vgl. *Krappel*, VBlBW 2015, 137, 139.
[485] S. *Martens*, NdsVBl. 2014, 161, 161 f.
[486] *Kempen*, Bayerisches Verfassungsrecht, in: Becker/Heckmann/Kempen/Manssen (Hrsg.), Öffentliches Recht in Bayern, Rn. 219.
[487] *Kempen*, Bayerisches Verfassungsrecht, in: Becker/Heckmann/Kempen/Manssen (Hrsg.), Öffentliches Recht in Bayern, Rn. 219.

cc) Verhältnis zum Bundesverfassungsgericht

aaa) Grundsatz

Da das bundesstaatliche System des Grundgesetzes neben dem Bundesverfassungsgericht auch auf Landesebene Verfassungsgerichte kennt, stellt sich die Frage nach dem Verhältnis zwischen den beiden Ebenen der Verfassungsgerichtsbarkeit. Aus der Verfassungsautonomie der Länder folgt, dass das Bundesverfassungsgericht einerseits und die Landesverfassungsgerichte andererseits selbständig nebeneinander stehen. Für den Bürger bedeutet dies, dass er vor Einlegung einer Verfassungsbeschwerde zum Bundesverfassungsgericht nicht den Rechtsweg zu dem zuständigen Landesverfassungsgericht beschreiten muss, gleichzeitig aber auch die Anrufung des Landesverfassungsgerichts keine Auswirkungen auf die Frist der bundesverfassungsgerichtlichen Verfassungsbeschwerde haben kann.[488] Angesichts der grundsätzlichen Parallelität von Bundes- und Landesverfassungsbeschwerde ist das Bundesverfassungsgericht auch keine den Landesverfassungsgerichten übergeordnete Rechtsmittelinstanz zur umfassenden Kontrolle landesverfassungsgerichtlicher Entscheidungen.[489] Allerdings sind die Landesverfassungsgerichte Teil der öffentlichen Gewalt i.S.v. Art. 93 Abs. 1 Nr. 4a GG, so dass ihre Entscheidungen prinzipiell im Wege der Verfassungsbeschwerde vor dem Bundesverfassungsgericht angegriffen werden können, mit der Behauptung, dass diese gegen Grundrechte des Grundgesetzes, insbesondere gegen Art. 101 Abs. 1 S. 2 GG, Art. 103 Abs. 1 GG oder das Willkürverbot des Art. 3 Abs. 1 GG verstoßen.[490] Dies ist Ausdruck der tendenziellen Überordnung des Bundes über die Länder, welche sich auch auf Fragen der Verfassungsgerichtsbarkeit erstreckt. Auf diese Weise kann den Bundesgrundrechten gegenüber Entscheidungen der Landesverfassungsgerichte zur Geltung verholfen werden, was zugleich ein Instrument der Konfliktlösung im Bundesstaat zu Lasten der Länder impliziert. Allerdings kann die Verfassungsbeschwerde zum Bundesverfassungsgericht nicht zu einer Kontrolle der Entscheidungen des Landesverfassungsgerichts am Maßstab der Bundesgrundrechte führen, die für das Landesverfassungsgericht nicht Prüfungsmaßstab waren und insoweit von seiner Entscheidung nicht betroffen sein können.[491] Auch die Frage, ob ein Akt der Landesstaatsgewalt gegen die Lan-

[488] Vgl. *Voßkuhle*, JöR 59 N.F. (2011), 215, 223.

[489] BVerfGE 6, 445, 449; 36, 342, 357; 60, 175, 208; *Friesenhahn*, FS 25 Jahre BVerfG, Bd. 1, S. 748, 785; *Dreier*, Grundrechtsschutz durch Landesverfassungsgerichte, S. 37; krit. dazu *Schneider*, Entlastung des Bundesverfassungsgerichts, in: Bogs (Hrsg.), Urteilsverfassungsbeschwerde zum Bundesverfassungsgericht, S. 103, 108.

[490] BVerfGE 6, 445, 447; 13, 132, 140; 42, 312, 323; 85, 148, 157; *Starck*, HdStR VI, § 130 Rn. 83; *Jachmann*, BayVBl. 1997, 321, 326; ausführlich dazu auch *Schumann*, FS 50 Jahre BayVerfGH, S. 201, 211 ff.; *Voßkuhle*, JöR 59 N.F. (2011), 2015, 237 f.; *Kluth*, NdsVBl. 2010, 130, 133 f.

[491] BVerfG (1. Kammer des Ersten Senats), Beschl. v. 19.04.1993 – 1 BvR 744/91 –, NVwZ 1994, 59, 60; ähnliches gilt für Verfahren, in denen Beteiligte nicht als Grundrechtsträger auftreten, sondern „gesetzlich bestimmte Funktionen im Verfassungsleben" eines Bundeslandes wahrnehmen und das Landesverfassungsgericht in der Sache abschließend entschieden hat, vgl. BVerfGE 96, 231, 243 f.; s. *Tietje*, AöR 124 (1999), 282, 289 ff.; *Voßkuhle*, JöR 59 N.F. (2011), 215, 239.

desverfassung verstößt, kann nur vom jeweiligen Landesverfassungsgericht, nicht aber vom Bundesverfassungsgericht geklärt werden.[492]

Daneben können die Verfassungsgerichtsbarkeiten der beiden Ebenen auf Konflikte bezüglich ihrer Rechtsprechung stoßen, welche der Lösung bedürfen. Während in den Verfahren der abstrakten und konkreten Normenkontrolle Konflikte zwischen den Verfassungsgerichten der beiden Ebenen schon deshalb weitestgehend ausgeschlossen sind, weil sowohl Prüfungsgegenstand als auch Prüfungsmaßstab keine Berührungspunkte aufweisen, können sich bei der Landesverfassungsbeschwerde sehr wohl Konflikte ergeben, wenn das Landesverfassungsgericht in einem Verfahren das Grundgesetz auslegen muss, was insbesondere dann der Fall sein kann, wenn es bei der Anwendung von Bundesrecht über die Möglichkeit zur Berücksichtigung von Landesgrundrechten zu entscheiden hat. Aus § 90 Abs. 3 BVerfGG ergibt sich, dass Bundes- und Landesverfassungsbeschwerde grundsätzlich selbstständig nebeneinander erhoben und beide Verfahren unabhängig voneinander betrieben werden können,[493] so dass die Landesverfassungsbeschwerde in solchen Fällen nicht von vornherein ausgeschlossen ist, es sei denn, das Landesrecht selbst sieht einen solchen Ausschluss vor.[494] Um die Rechtseinheit im Bundesstaat nicht zu gefährden, braucht es Konfliktvermeidungs- bzw. -lösungsmechanismen im Verhältnis zwischen den Verfassungsgerichten der beiden Ebenen, zumal eine informelle Konfliktlösung zwischen den beteiligten Gerichten, etwa in Form eines mehr oder weniger institutionalisierten Dialoges, bislang, soweit ersichtlich, nicht stattfindet.

bbb) Vorlagepflichten

(1) Art. 100 Abs. 1 GG. Als erste Vorschrift zur Konfliktvermeidung bzw. -lösung ist die in Art. 100 Abs. 1 GG verankerte konkrete Normenkontrolle zu nennen, die auch den Landesverfassungsgerichten offen steht[495] und die, anders als die konkrete Normenkontrolle nach dem Landesverfassungsrecht, sehr wohl eine Verbindung zwischen Bundesverfassungsgericht und Landesverfassungsgerichten schafft. Nach Art. 100 Abs. 1 S. 1 GG ist ein Landesverfassungsgericht verpflichtet, das Ausgangsverfahren auszusetzen und die Entscheidung des Bundesverfassungsgerichts einzuholen, wenn es ein Bundesgesetz, auf dessen Gültigkeit es bei der Entscheidung ankommt, für verfassungswidrig hält. Allerdings kann im Rahmen von Art. 100 Abs. 1 S. 1 GG gerade nicht die Frage nach der Vereinbarkeit von Landesgrundrechten oder sonstigem Landesrecht mit Bundesrecht aufgeworfen werden, so dass diese Vorschrift keine Grundlage für einen Dialog zwischen Landesverfassungsgerichtsbarkeit und Bundesverfassungsgericht in Bezug

[492] BVerfGE 41, 88, 119 f.; 45, 400, 413.

[493] BVerfG, Beschl. v. 18.01.1996 – 1 BvR 1375/95 –, NJW 1996, 1464, 1464; *Stern*, FS 50 Jahre BayVerfGH, S. 241, 254.

[494] Näher zum Problem der Subsidiaritätsklauseln unten, § 6 V.2. a) cc) ccc).

[495] BVerfGE 69, 112, 117 f.; BerlVerfGH, LVerfGE 9, 45, 49 f.; ThürVerfGH, LVerfGE 9, 413, 429; *Pieroth*, in: Jarass/Pieroth, GG, Art. 100 Rn. 6.

auf die Grundrechte der Landesverfassungen sowie deren Grundgesetzkonformität und Anwendbarkeit dient, sondern vielmehr das Monopol des Bundesverfassungsgerichts bezüglich der Überprüfung formeller Bundesgesetze manifestiert und formellen Jurisdiktionskonflikten vorbeugt.

Etwas anderes gilt hingegen für Art. 100 Abs. 1 S. 2 GG, der einen Ansatzpunkt für einen Dialog zwischen Landesverfassungsgerichten und Bundesverfassungsgericht bietet. Danach sind die Gerichte, d.h. auch die Landesverfassungsgerichte, zu einer Vorlage an das Bundesverfassungsgericht verpflichtet, wenn die Verletzung des Grundgesetzes durch Landesrecht oder die Unvereinbarkeit eines Landesgesetzes mit einem Bundesgesetz in Rede steht. Diese beiden Konstellationen können vor allem im Zusammenhang mit Landesgrundrechten relevant werden, wenn diese mit Bundesgrundrechten oder einem einfachen Bundesgesetz kollidieren. Die Frage, ob die Landesverfassung durch das einfache Bundesrecht gebrochen wird, muss dem Bundesverfassungsgericht jedoch nur dann zur Entscheidung vorgelegt werden, wenn die Vorschrift der Landesverfassung jünger ist als das Bundesgesetz.[496]

Im Rahmen von Art. 100 Abs. 1 S. 2 GG ist problematisch, ob die Landesverfassungsgerichte, deren Prüfungsmaßstab grundsätzlich nur die Landesverfassung und damit die Landesgrundrechte sein können,[497] dazu befugt sind, Bundesrecht auf seine Vereinbarkeit mit dem Grundgesetz zu überprüfen, wobei sie nach § 31 BVerfGG an die Auslegung des Grundgesetzes durch das Bundesverfassungsgericht gebunden sind.[498] Grund dafür ist, dass in derartigen Konstellationen die Frage auftreten kann, ob das einfache Bundesgesetz überhaupt mit dem Landesgesetz kollidieren kann, was nicht der Fall wäre, wenn das Bundesgesetz seinerseits bereits nichtig ist. Dagegen könnte sprechen, dass der maßgebliche Fehler hier im Bereich der Normsetzung des Bundes liegt, weshalb es nach Auffassung des Bayerischen Verfassungsgerichtshofs dem Landesverfassungsgericht an der für eine Prüfung notwendigen Kompetenz fehlt.[499] Hiergegen lässt sich indes überzeugend einwenden, dass auch die Landesverfassungsgerichte nach Art. 1 Abs. 3 GG und Art. 20 Abs. 3 GG an das Grundgesetz gebunden sind, so dass sie einfaches Bundesrecht, welches gegen das Grundgesetz verstößt, nicht anwenden dürfen.[500] Kommen sie bei ihrer Vorprüfung zum Ergebnis, dass das Bundesgesetz gegen das Grundgesetz verstößt, sind sie verpflichtet, die Frage nach Art. 100 Abs. 1 S. 1 GG dem Bundesverfassungsgericht vorzulegen. Eine

---

[496] BVerfGE 10, 124, 128; 65, 359, 373.

[497] Zu dieser selbstverständlichen Prämisse s. nur *Kunig*, NJW 1994, 687, 689.

[498] BVerfGE 96, 345, 375.

[499] BayVerfGHE 42, 105, 108; 43, 156, 162; BayVerfGH, Entsch. v. 26.06.2013 – Vf. 35-VI-12 –; gegen eine Vorprüfung auch *Rozek*, AöR 119 (1994), 450, 468.

[500] *V. Coelln*, Anwendung v. Bundesrecht, S. 296; *Rozek*, AöR 119 (1994), 450, 462; *Friesenhahn*, FS 25 Jahre BVerfG, Bd. 1, S. 748, 798; *v. Olshausen*, Landesverfassungsbeschwerde, S. 153 f.; *Klein/Haratsch*, JuS 2000, 209, 213; a.A. BayVerfGH, Entsch. v. 28.03.1973 – Vf. 66 – VII-71 –, BayVBl. 1973, 292, 292 f., allerdings für den ähnlich gelagerten Fall der Popularklage; BremStGHE 2, 38, 75 f.; *Lerche*, FS 25 Jahre BayVerfGH, S. 247 ff. in Bezug auf die Vorfragenproblematik bei der Popularklage; *Pestalozza*, HGR III, § 86 Rn. 10 ff.

ähnliche Vorprüfungspflicht ergibt sich hinsichtlich der Frage, ob Landesrecht gegen das Grundgesetz oder gegen ein einfaches Bundesgesetz verstößt, zu deren Klärung das Landesverfassungsgericht das Grundgesetz und das einfache Bundesgesetz als Prüfungsmaßstab heranziehen darf.[501]

(2) Art. 100 Abs. 3 GG. Eine weitere Vorschrift betreffend das Verhältnis zwischen Landesverfassungsgerichten und Bundesgerichten stellt Art. 100 Abs. 3 GG dar, der der Wahrung der Einheitlichkeit der Rechtsanwendung im Verhältnis zwischen dem Bundesverfassungsgericht und den Landesverfassungsgerichten sowie zwischen den Landesverfassungsgerichten untereinander dient,[502] wobei unter Einheitlichkeit „Uniformität" zu verstehen ist.[503] Gemäß Art. 100 Abs. 3 GG muss ein Landesverfassungsgericht, das bei der Auslegung des Grundgesetzes von einer Entscheidung des Bundesverfassungsgerichts oder eines anderen Landesverfassungsgerichts abweichen will, die Entscheidung des Bundesverfassungsgerichts einzuholen. Nach Auffassung des Bundesverfassungsgerichts muss ein Landesverfassungsgericht durch Anwendung des Grundgesetzes auf den von ihm zu entscheidenden Fall prüfen, ob ein in der Landesverfassung gewährleistetes Grundrecht inhaltsgleich mit dem entsprechenden Grundrecht des Grundgesetzes ist,[504] was eine inzidente Vorprüfung nicht nur des anzuwendenden einfachen Bundesrechts am Maßstab des Grundgesetzes mit der eventuellen Folge einer Vorlage nach Art. 100 Abs. 1 S. 1 GG,[505] sondern auch des Landesgrundrechts am Maßstab des Grundgesetzes impliziert.[506] *Voßkuhle* spricht insoweit treffend vom Grundgesetz als „Prüfungsmaßstab des Entscheidungsmaßstabs".[507] Durch die Bejahung einer Vorlagepflicht in Fällen paralleler Grundrechtsgewährleistungen, in denen das Landesverfassungsgericht das fragliche Landesgrundrecht anders auslegen möchte als das entsprechende Bundesgrundrecht, hat das Bundesverfassungsgericht den Anwendungsbereich des Art. 100 Abs. 3 GG stark erweitert.[508] Sind zugleich die Voraussetzungen des Art. 100 Abs. 1 GG gegeben, hat

---

[501] S. dazu *v. Coelln*, Anwendung von Bundesrecht, S. 296 f.; *Klein/Haratsch*, JuS 2000, 210, 213.

[502] BVerfGE 3, 261, 265; *Pieroth*, in: Jarass/Pieroth, GG, Art. 100 Rn. 38.

[503] *Rozek*, AöR 199 (1994), 450, 472; *Fiedler*, Verfassungsgerichtsbarkeit im Bundesstaat, S. 93.

[504] BVerfGE 96, 345, 373 f. unterVerweis auf *v. Olshausen*, Landesverfassungsbeschwerde, S. 137 ff. u. *Grimm*, Verfassungsrecht, in: Grimm/Papier (Hrsg.), Nordrhein-Westfälisches Staats- und Verwaltungsrecht, S. 1, 53; s. auch *Kratzer*, FS Laforet, S. 107, 138 f.; *Friesenhahn*, FS 25 Jahre BVerfG, Bd. 1, S. 750, 796 ff.

[505] Vgl. *Heimann*, Die Entstehung der Verfassungsgerichtsbarkeit, S. 153.

[506] *Steinberg*, FS 50 Jahre Hessische Verfassung, S. 356, 372; *v. Olshausen*, Landesverfassungsbeschwerde, S. 152; *Rozek*, Das Grundgesetz als Prüfungs- und Entscheidungsmaßstab, S. 58 ff.; *Zierlein*, AöR 120 (1995), 205, 236; s. auch BVerfGE 103, 332, 352.

[507] *Voßkuhle*, JöR 59 N.F. (2011), 215, 226.

[508] *Dreier*, Grundrechtsschutz durch Landesverfassungsgerichte, S. 25; *Dietlein*, Jura 2000, 19, 24 f.; näher dazu unten, § 6 V.3. a).

das Landesverfassungsgericht Wahlfreiheit, nach welcher Vorschrift es vorlegen möchte.[509]

Wenngleich der Spielraum der Landesverfassungsgerichte für eine eigenständige Auslegung der Landesgrundrechte durch die Rechtsprechung des Bundesverfassungsgerichts beschränkt wird, darf andererseits nicht übersehen werden, dass dadurch den Landesverfassungsgerichten die Möglichkeit gegeben wird, Impulse für die Auslegung des Grundgesetzes zu geben.[510] Angesichts dieser Chance ist die Annahme eines Kooperationsverhältnisses zwischen Landesverfassungsgerichten und Bundesverfassungsgerichten ähnlich dem Verhältnis zwischen nationalen Gerichten und EuGH nach Art. 267 AEUV gerechtfertigt,[511] während von einer Vergleichbarkeit mit dem Verhältnis zwischen nationalen Verfassungsgerichten und EuGH hingegen nicht die Rede sein kann, nachdem die Landesverfassungsgerichte sich vor dem Hintergrund des bundesstaatlichen Systems insbesondere nicht die Prüfung vorbehalten können, ob auf Bundesebene ein im Wesentlichen vergleichbarer Grundrechtsschutz besteht.[512]

Nicht anwendbar ist Art. 100 Abs. 3 GG, soweit es um die unterschiedliche Interpretation des Grundgesetzes durch die Bundesgerichte und die Landesverfassungsgerichte geht,[513] so dass das Problem der Divergenz zwischen bundesgerichtlicher Revisionsinstanz und anschließender landesverfassungsrechtlicher Kontrolle mit Hilfe des Grundgesetzes nicht gelöst werden kann, zumal auch Art. 95 Abs. 3 GG in diesem Fall nicht anwendbar ist, da diese Vorschrift nur für die obersten Bundesgerichte gilt.[514] Schließlich können mit Hilfe von Art. 100 Abs. 3 GG keine Kompetenzstreitigkeiten zwischen Bundesverfassungsgerichtsbarkeit und Landesverfassungsgerichtsbarkeit gelöst werden, da die Norm voraussetzt, dass das betreffende Landesverfassungsgericht das Grundgesetz im Rahmen seiner Zuständigkeit abweichend auslegen möchte.[515]

ccc) Subsidiaritätsklauseln

Angesichts des komplizierten Verhältnisses von Bundes- und Landesverfassungsgerichtsbarkeit sehen einige Bundesländer in ihren Verfassungen in Bezug auf die Individualverfassungsbeschwerde sog. Subsidiaritätsklauseln vor, mit deren Hilfe eine Konkurrenzsituation mit dem Bundesverfassungsgericht und damit die

---

[509] BVerfGE 36, 342, 356; *Wieland*, in: Dreier, GG, Art. 100 Rn. 35; a.A. *Kreim*, Popularklage und Bundesrecht, S. 439, der in Bezug auf die Auslegung Art. 100 Abs. 3 GG als *lex specialis* ansieht; a.A. auch *Discher*, Die Landesverfassungsgerichte, S. 186, der aus Gründen der Prozessökonomie Art. 100 Abs. 1 GG für vorrangig hält.

[510] *Fiedler*, Verfassungsgerichtsbarkeit im Bundesstaat, S. 92 f.; *Stern*, FS 50 Jahre BayVerfGH, S. 241, 253; näher dazu unten, § 6 V.3.

[511] *Möstl*, AöR 130 (2005), 350, 379 Fn. 159; *Bryde*, NdsVBl. 2005, Sonderheft, 5, 7; *Kluth*, NdsVBl. 2010, 130, 134; zum Begriff des Kooperationsverhältnisses bezüglich des Verhältnisses Bundesverfassungsgericht-Landesverfassungsgerichte *Huber*, ThürVBl. 2003, 73, 77.

[512] *Schumann*, FS 50 Jahre BayVerfGH, S. 201, 222; *Möstl*, AöR 130 (2005), 350, 379 Fn. 159.

[513] *Poscher*, NJ 1996, 351, 355.

[514] Zu dieser Problematik s. auch *Poscher*, NJ 1996, 351, 354.

[515] *Rozek*, AöR 119 (1994), 450, 473.

Möglichkeit divergierender Entscheidungen von vornherein vermieden werden soll.[516] Eine Vorreiterrolle diesbezüglich nahm das Saarland ein, wo nach § 55 Abs. 3 SaarlVerfGHG a.F.[517] die Individualverfassungsbeschwerde zum Verfassungsgerichtshof unzulässig war, wenn wegen derselben Maßnahme in zulässiger Weise Verfassungsbeschwerde zum Bundesverfassungsgericht erhoben werden konnte. Auf Grund dieser Vorschrift blieb die Landesverfassungsbeschwerde im Saarland praktisch bedeutungslos, bis der saarländische Landesgesetzgeber die Subsidiaritätsklausel im Jahr 2000 schließlich aufhob.[518] In Mecklenburg-Vorpommern ist die Landesverfassungsbeschwerde nach Art. 53 Nr. 7 MVVerf i.V.m. § 58 Abs. 3 MVVerfGG gegenüber der Verfassungsbeschwerde zum Bundesverfassungsgericht subsidiär, es sei denn, sie richtet sich gegen ein Landesgesetz. In Baden-Württemberg, Berlin, Brandenburg und Hessen ist die Landesverfassungsbeschwerde nur zulässig, soweit nicht in derselben Sache Verfassungsbeschwerde zum Bundesverfassungsgericht erhoben wird oder worden ist, wobei diese Regel nach § 43 Abs. 1 S. 3 HessStGHG in Hessen dann nicht gilt, wenn die hessische Landesverfassung weiter reichende Grundrechte gewährleistet als das Grundgesetz.[519] Eine Subsidiaritätsklausel existiert daneben in Rheinland-Pfalz, wo nach § 44 Abs. 2 S. 1 RPfVerfGHG die Landesverfassungsbeschwerde unzulässig ist, soweit die öffentliche Gewalt des Landes Bundesrecht ausführt oder anwendet. Dies gilt nach § 44 Abs. 2 S. 2 RPfVerfGHG nicht für die Durchführung des gerichtlichen Verfahrens oder wenn die Landesverfassung weiter reichende Rechte als das Grundgesetz gewährleistet. Damit verbleibt für die Landesverfassungsbeschwerde in Rheinland-Pfalz nur ein vergleichsweise kleiner Anwendungsbereich, zumal weiter reichende Grundrechtsgarantien der Landesverfassung häufig nach Art. 31 GG wegen Verstoßes gegen Bundesrecht nichtig sein werden.[520] Allerdings prüft der Verfassungsgerichtshof stets, ob die angegriffene Entscheidung, in der Bundesrecht angewandt wurde, mit dem Willkürverbot und der richterlichen Bindung an das Gesetz in Einklang steht. Sind diese Voraussetzungen nicht gegeben, hat sich das Gericht außerhalb jeder Rechtsanwendung gestellt, mit der Folge, dass seiner Entscheidung auch kein (materielles) Bundesrecht zu Grunde liegt, dessen Anwendung nach § 44 Abs. 2 S. 1 RPfVerfGHG

---

516 Ausführlich dazu *Fiedler*, Verfassungsgerichtsbarkeit im Bundesstaat, S. 105 ff.

517 Vor der Neubekanntmachung des Saarländischen Gesetzes über den Verfassungsgerichtshof vom 19.11.1982, SaarlABl. 1982, S. 917, war die Subsidiaritätsklausel in § 49 Abs. 2 SaarlVerfGHG verankert.

518 Gesetz Nr. 1453 zur Änderung des Gesetzes über den Verfassungsgerichtshof v. 08.11.2000, Saarl.ABl. 2001, S. 94; s. dazu *Fiedler*, Verfassungsgerichtsbarkeit im Bundesstaat, S. 101 f.

519 Vgl. *Starck*, HdStR VI, § 130 Rn. 60; s. auch *Papier*, Die Bedeutung der Landesverfassungsgerichtsbarkeit im Verhältnis zur Bundesverfassungsgerichtsbarkeit, in: Sodan (Hrsg.), 10 Jahre Berliner Verfassungsgerichtsbarkeit, S. 19, 31; s. auch *Finkelnburg*, Doppelspuriger Rechtsschutz bei der Verfassungsbeschwerde, in: Macke (Hrsg.), Verfassung und Verfassungsgerichtsbarkeit auf Landesebene, S. 181, 184 ff.

520 *Stern*, FS 50 Jahre BayVerfGH, S. 241, 250.

der landesverfassungsgerichtlichen Kontrolle entzogen sein kann.[521] Aus diesem Grund und angesichts interessanter, rein landesrechtlicher Fragestellungen mit Grundrechtsbezug wird das Rechtsinstitut der Landesverfassungsbeschwerde in Rheinland-Pfalz nicht selten in Anspruch genommen.[522]

Die Landesverfassungsbeschwerde in den übrigen Ländern unterliegt keiner Kollisionsregel. Indes ist in Hessen nach § 44 Abs. 1 S. 3 HessStGHG die Landesverfassungsbeschwerde (Grundrechtsklage) unzulässig, wenn das höchste in der Sache zuständige Gericht kein Gericht des Landes Hessen ist, so dass bei zulässiger Revision, über die stets ein Bundesgericht entscheidet, keine Landesverfassungsbeschwerde möglich ist.

b) Sonstige Landesgerichte

Bei den Instanzgerichten der einzelnen Gerichtsbarkeiten handelt es sich um Teile der Landesstaatsgewalt, die sowohl an Bundes- als auch an Landesgrundrechte gebunden ist. Nachdem das Verfahrensrecht nach Art. 74 Abs. 1 Nr. 1 GG i.V.m. Art. 72 Abs. 2 GG in den Zuständigkeitsbereich des Bundes fällt und der Bund von seiner Gesetzgebungskompetenz in umfassender Weise Gebrauch gemacht hat, können Landesgrundrechte neben den Bundesgrundrechten nur in Ausnahmefällen als Prüfungsmaßstab herangezogen werden, wenn das Bundesrecht einen entsprechenden Spielraum dafür bietet.[523]

3. Landesgrundrechte als Prüfungsmaßstab bei der Anwendung von Bundesrecht

a) Rechtsprechung des Bundesverfassungsgerichts

aa) Beschluss des Bundesverfassungsgericht vom 15.10.1997

aaa) Sachverhalt

Der Beschluss des Bundesverfassungsgericht vom 15.10.1997,[524] in dem sich das Gericht in grundsätzlicher Weise zur Heranziehung von Landesgrundrechten als

---

[521] RPfVerfGH, Beschl. v. 24.10.2001 – VGH B 12/01 –, NVwZ 2002, 77, 77; s. dazu auch *Held*, Die Verfassungsbeschwerde zum Verfassungsgerichtshof von Rheinland-Pfalz, Vortrag bei der 14. Fortbildungsveranstaltung der Arbeitsgemeinschaft Verwaltungsrecht Rheinland-Pfalz in Koblenz am 29. April 2005, abrufbar unter https://verfgh.justiz.rlp.de/de/wir-ueber-uns/verfassungsbeschwerde/ (zuletzt abgerufen am 04.11.2017).

[522] So *Held*, Die Verfassungsbeschwerde zum Verfassungsgerichtshof von Rheinland-Pfalz, Vortrag bei der 14. Fortbildungsveranstaltung der Arbeitsgemeinschaft Verwaltungsrecht Rheinland-Pfalz in Koblenz am 29. April 2005, https://verfgh.justiz.rlp.de/de/wir-ueber-uns/verfassungsbeschwerde/ (zuletzt abgerufen am 04.11.2017).

[523] Ausführlich dazu oben, § 6 IV.1. d).

[524] BVerfGE 96, 345, 345 ff.

Prüfungsmaßstab bei der Anwendung von Bundesrecht äußerte, geht auf eine Divergenzvorlage des Sächsischen Verfassungsgerichtshof gemäß Art. 100 Abs. 3 GG zurück, welche die Auslegung von Art. 31 GG betraf. Hintergrund der Vorlage war, dass der Sächsische Verfassungsgerichtshof über eine Landesverfassungsbeschwerde zu entscheiden hatte, welche sich gegen ein nicht-rechtsmittelfähiges Urteil des Amtsgerichts Eilenburg richtete. In dem Verfahren vor dem Amtsgericht war ein angebotener Zeugenbeweis der späteren Beschwerdeführerin nach §§ 277 Abs. 1, 282 Abs. 1, 296 Abs. 1 ZPO als verspätet zurückgewiesen worden, wogegen die Beschwerdeführerin Verfassungsbeschwerde zum Sächsischen Verfassungsgerichtshof erhob, da sie sich durch die Entscheidung des Amtsgerichts in ihrem in Art. 78 Abs. 2 SächsVerf gewährleisteten Grundrecht auf rechtliches Gehör verletzt sah. Der Verfassungsgerichtshof überprüfte im Rahmen der Verfassungsbeschwerde, ob die Instanzgerichte des Landes bei der Anwendung der Zivilprozessordnung Grundrechte und grundrechtsgleiche Rechte der sächsischen Landesverfassung, welche inhaltsgleich mit Grundrechten des Grundgesetzes waren, beachtet hätten. Der Verfassungsgerichtshof kam dabei zu dem Ergebnis, dass das Amtsgericht in seinem Urteil das Recht der Beschwerdeführerin auf rechtliches Gehör verletzt habe, was an sich eine Aufhebung des amtsgerichtlichen Urteils zur Folge gehabt hätte. Allerdings sah sich der Verfassungsgerichtshof daran gehindert, eine derartige Entscheidung zu treffen, da der Hessische Staatsgerichtshof in solchen Konstellationen eine Überprüfung der Anwendung von Bundesrecht am Maßstab der Landesgrundrechte bislang ausgeschlossen hatte. Dementsprechend legte der Sächsische Verfassungsgerichtshof die Frage dem Bundesverfassungsgericht nach Art. 100 Abs. 3 2. Var. GG zur Entscheidung vor.

bbb) Entscheidung des Bundesverfassungsgerichts

Das Bundesverfassungsgericht beantwortete die Vorlagefrage dahin gehend, dass das Landesverfassungsgericht nicht daran gehindert sei, die Anwendung von Bundesverfahrensrecht durch Landesgerichte auf die Einhaltung der mit dem Grundgesetz inhaltsgleichen subjektiven Rechte des Landesverfassungsrechts zu prüfen, wobei die verfassungsrechtliche Beschwer des Beschwerdeführers ausschließlich auf der Entscheidung eines Landesgerichts – und nicht auch eines Bundesgerichts – beruhen dürfe.[525] Jedoch lasse die föderale Kompetenzordnung des Grundgesetzes die Anordnung einer Kassationsbefugnis des Landesverfassungsgerichts nur unter der Voraussetzung zu, dass die Landesverfassungsbeschwerde gegenüber dem fachgerichtlichen Rechtsweg subsidiär ist.[526]

Ausgangspunkt der Ausführungen des Bundesverfassungsgerichts ist die Auslegung von Art. 31 GG, da eine Kollision von Landesgrundrechten mit Bundesrecht in Rede stand. Das Bundesverfassungsgericht betont, dass Art. 142 GG den Fortbestand sowohl von inhaltsgleichen Landesgrundrechten als auch von lan-

525 BVerfGE 96, 345, 363.
526 BVerfGE 96, 345, 363.

desrechtlichen Mehr- und Mindergewährleistungen gewährleiste, da diese i.S.v. Art. 142 GG mit dem Grundgesetz „in Übereinstimmung“ stünden, so dass sie weder von Art. 142 GG selbst noch von Art. 31 derogiert würden.[527] Allerdings werde ein Landesgrundrecht, auch wenn es nach Art. 142 GG prinzipiell in Kraft bleibe, gemäß Art. 31 GG verdrängt, wenn sein Regelungsgehalt mit einfachem Bundesrecht kollidiere.[528] Anknüpfend an diese Überlegung geht das Gericht der Frage nach, wann eine solche Kollision vorliege. Ausgeschlossen sei eine Kollision jedenfalls dann, wenn Bundes- und Landesgrundrecht einen bestimmten Gegenstand in gleichem Sinn und mit gleichem Inhalt regelten.[529] In Bezug auf landesgrundrechtliche Mehrgewährleistungen kommt das Gericht zu dem Schluss, dass diese nicht mit einer bundesrechtlichen Regelung kollidierten, wenn Letztere Spielräume für die Berücksichtigung von weiter gehendem Landesrecht lasse.[530] Eine Bindung an Landesgrundrechte komme daher auch bei der richterlichen Anwendung des bundesrechtlich geregelten Verfahrensrechts in Betracht, sofern die fragliche Vorschrift einen hinreichenden Spielraum enthalte, obgleich die bundesrechtlichen Prozessordnungen grundsätzlich kodifikatorisch und damit dem Einfluss der Landesstaatsgewalt entzogen seien.[531] Dem Umstand, dass das Bundesverfassungsgericht klar unterscheidet zwischen Rechtsetzung und Rechtsanwendung[532] und eine landesverfassungsgerichtliche Überprüfung bezüglich der Beachtung von Landesgrundrechten allein bei der Anwendung des Verfahrensrechts annimmt, lässt sich im Umkehrschluss entnehmen, dass eine Anrufung des Landesverfassungsgerichts nicht in Frage kommt, soweit die Geltung der fraglichen Bundesverfahrensnorm Rede steht.[533] Ob all diese Grundsätze auch für das materielle Recht gelten sollen, wird hingegen ausdrücklich offen gelassen, nachdem das Bundesverfassungsgericht die Klärung dieser Frage für nicht erforderlich erachtete, zumal dies seiner Ansicht nach einen zusätzlichen Prüfungsaufwand erfordert hätte.[534] Argumente zur Begründung der Differenzierung zwischen Verfahrensrecht und materiellem Recht bringt das Gericht freilich nicht vor.

Sodann präzisiert das Bundesverfassungsgericht seinen Ansatz weiter dahin gehend, dass die Anrufung des Landesverfassungsgerichts gegen Entscheidungen eines Landesgerichts betreffend die Anwendung von Bundesverfahrensrecht nur unter bestimmten Voraussetzungen zulässig sei. Ausgeschlossen sei die Anrufung des Landesverfassungsgerichts erstens, soweit ein Bundesgericht den Streitgegenstand geprüft habe, da die Beschwer in diesem Fall nicht auf der Ausübung von

---

527 BVerfGE 96, 345, 364 f.
528 BVerfGE 96, 345, 365.
529 BVerfGE 96, 345, 365.
530 BVerfGE 96, 345, 365.
531 BVerfGE 96, 345, 366 f.
532 BVerfGE 96, 345, 367.
533 Vgl. *Menzel*, NVwZ 1999, 1314, 1315.
534 BVerfGE 96, 345, 362.

Landesstaatsgewalt beruhe.[535] Die gelte auch für die Entscheidung eines Landesgerichts, soweit diese nach einer Zurückverweisung unter Bindung an die Maßstäbe des Bundesgerichts ergangen sei.[536]

Zweitens könne eine Verfassungsbeschwerde zum Landesverfassungsgericht nur insoweit zulässig sein, als der Beschwerdeführer das Erfordernis der Rechtswegerschöpfung eingehalten habe.[537] Die dritte und wichtigste Einschränkung betrifft die Qualität des fraglichen Landesgrundrechts. Das Gericht geht insoweit davon aus, dass eine Prüfungsbefugnis des Landesverfassungsgerichts nur dann bestehe, wenn das betreffende Grundrecht der Landesverfassung mit dem entsprechenden Grundrecht des Grundgesetzes inhaltsgleich sei.[538] Die vom Bundesverfassungsgericht zuvor erwähnten landesrechtlichen Mehrgewährleistungen hingegen werden an dieser Stelle der Argumentation mit keinem Wort mehr erwähnt. Stattdessen konstatiert das Gericht, dass regelmäßig nur inhaltsgleiche Landesgrundrechte einen Konflikt mit der Bindung des Richters an Bundesrecht vermieden, da sie den gleichen Gegenstand im gleichen Sinn und mit gleichem Inhalt regelten.[539] Im Umkehrschluss bedeutet dies, dass das Gericht offenbar bei landesrechtlichen Mehrgewährleistungen stets den Eintritt eines Normenkonflikts zwischen Bundesrecht und dem Landesgrundrecht erwartet.[540]

Zur Feststellung der erforderlichen Inhaltsgleichheit zwischen Bundesgrundrecht und Landesgrundrecht gibt das Bundesverfassungsgericht dem Landesverfassungsgericht ein detailliertes, dreistufiges Prüfungsschema vor. In einem ersten Schritt müsse das Landesverfassungsgericht prüfen, ob das fragliche Landesgrundrecht überhaupt einschlägig sei.[541] In einem zweiten Schritt müsse sodann untersucht werden, zu welchem Ergebnis die Anwendung des parallelen Grundrechts des Grundgesetzes in dem fraglichen Fall führen würde.[542] Im dritten und letzten Schritt schließlich müsse das Landesverfassungsgericht entscheiden, ob das fragliche Landesgrundrecht im konkreten Fall zu demselben Ergebnis führt wie das Grundrecht des Grundgesetzes.[543] Ist dies der Fall, handele es sich um ein inhaltsgleiches Landesgrundrecht, das Prüfungsmaßstab einer zulässigen Verfassungsbeschwerde sein könne.[544] Daraus folgt nach Auffassung des Bundesverfassungsgerichts, dass, wenn die angegriffene Entscheidung mit den Grundrechten des Grundgesetzes zu vereinbaren ist, sie auch dem inhaltsgleichen Landesgrundrecht genüge.[545] Falls umgekehrt ein Grundrecht des Grundgesetzes verletzt sei,

---

535 BVerfGE 96, 345, 371.
536 BVerfGE 96, 345, 371.
537 BVerfGE 96, 345, 371.
538 BVerfGE 96, 345, 371.
539 BVerfGE 96, 345, 373.
540 *Dreier*, Grundrechtsschutz durch Landesverfassungsgerichte, S. 31 f.
541 BVerfGE 96, 345, 373.
542 BVerfGE 96, 345, 373.
543 BVerfGE 96, 345, 374.
544 BVerfGE 96, 345, 374.
545 BVerfGE 96, 345, 374.

gelte dies auch für das entsprechende Landesgrundrecht,[546] womit das Gericht der Sichtweise *von Olshausens* folgt, der in der verfassungswidrigen Anwendung einfachen Bundesrechts durch ein Landesgericht neben der Verletzung des einschlägigen Bundesgrundrechts immer auch einen Verstoß gegen das parallele Landesgrundrecht erblicken möchte.[547] Für den Fall, dass das Landesgrundrecht in der konkreten Fallgestaltung nicht zu demselben Ergebnis führe wie das grundgesetzliche Grundrecht, liege keine Inhaltsgleichheit vor, weshalb das Landesgrundrecht nicht Prüfungsmaßstab für die Anwendung des bundesrechtlichen Verfahrensrechts sein könne und die Landesverfassungsbeschwerde folglich unzulässig sei.[548] Das Bundesverfassungsgericht hebt in diesem Zusammenhang hervor, dass das Landesverfassungsgericht bei der Prüfung der Vorfrage, zu welchen Ergebnissen die Anwendung des Grundgesetzes in dem fraglichen Fall führen würde, das Grundgesetz auslegen müsse, ohne dass dieses zum Prüfungsmaßstab würde.[549] Bei dieser Auslegung sei das Landesverfassungsgericht gemäß § 31 BVerfGG an die Rechtsprechung des Bundesverfassungsgerichts gebunden, wobei der Bindung auch dann hinreichend Rechnung getragen werde, wenn das Landesverfassungsgericht dem Bundesverfassungsgericht die Auslegungsfrage nach Art. 100 Abs. 3 1. Var. GG vorlege.[550]

bb) Kritik

Die Entscheidung des Bundesverfassungsgerichts ist in der Literatur zum Teil auf heftige Kritik gestoßen, was sowohl für die dogmatische Herangehensweise als auch das Ergebnis gilt.[551] Kritisiert wird insbesondere, dass die Entscheidung in sich selbst nicht konsequent sei, sondern einen Bruch in der Argumentation enthalte.[552] So geht das Bundesverfassungsgericht zunächst in dogmatisch überzeugender Weise davon aus, dass Landesgrundrechte bei der Anwendung von bundesrechtlichem Verfahrensrecht dann zur Geltung kommen könnten, wenn dieses einen Spielraum für die Heranziehung von Landesgrundrechten enthalte.[553] An dieser Stelle ergibt sich allerdings bereits der erste Kritikpunkt, da nicht einzusehen ist, warum die Heranziehung von Landesgrundrechten im Bereich des

[546] BVerfGE 96, 345, 374.

[547] *V. Olshausen*, Landesverfassungsbeschwerde, S. 137 ff., 141 ff.

[548] BVerfGE 96, 345, 374.

[549] BVerfGE 96, 345, 374 f.

[550] BVerfGE 96, 345, 375.

[551] Kritisch v.a. *Dreier*, Grundrechtsschutz durch Landesverfassungsgerichte, S. 25 ff.; *Menzel*, NVwZ 1999, 1314, 1315 ff.; *Dietlein*, Jura 2000, 19 ff.; *Lange*, NJW 1998, 1278 ff.; *v. Coelln*, Anwendung von Bundesrecht, S. 153 ff.; zustimmend hingegen *Clausen*, Landesverfassungsbeschwerde, S. 97; ebenso *Jutzi*, NJ 1998, 252, 253; wenig kritisch auch *Hain*, JZ 1998, 620, 621 ff.; *Pabel*, BVerfGE 96, 345 – Landesverfassungsgerichte, in: Menzel/Müller-Terpitz (Hrsg.), Verfassungsrechtsprechung, S. 619, 622, kritisch aber S. 623 f.; *Sodan*, LKV 2010, 440, 448; differenzierend *Klein/Haratsch*, JuS 2000, 209, 210 ff.

[552] Vgl. *Dreier*, Grundrechtsschutz durch Landesverfassungsgerichte, S. 30.

[553] Zu diesem Konzept s. oben, § 6 IV.1. d) bb).

Verfahrensrechts möglich sein soll, während im Bereich des materiellen Rechts hingegen nicht automatisch dieselben Konsequenzen gezogen werden.[554] Das Verfahrensrecht fällt nach Art. 74 Abs. 1 Nr. 1 GG i.V.m. Art. 72 Abs. 2 GG in den Zuständigkeitsbereich des Bundes und ist kompetenzrechtlich nicht anders zu behandeln als die übrigen materiell-rechtlichen Zuständigkeiten des Bundes. Hinzu kommt, dass das Bundesverfassungsgericht den Ansatz des Bayerischen Verfassungsgerichtshof, nur die Verletzung von Verfahrensrecht zu prüfen, mit keinem Wort erwähnt.[555] Ferner ist an der Entscheidung zu kritisieren, dass das Bundesverfassungsgericht die Anrufung des Landesverfassungsgerichts ausschließt, soweit ein Bundesgericht den Streitgegenstand in der Sache geprüft hat, was in der Regel der Fall sein wird, nachdem die Revisionszuständigkeit grundsätzlich den obersten Bundesgerichten obliegt und das Bundesverfassungsgericht in unter Kompetenzgesichtspunkten fragwürdiger Weise[556] für die Erhebung der Landesverfassungsbeschwerde die Erschöpfung des bundesrechtlich eingeräumten Rechtswegs verlangt. Augenscheinlich wollte das Gericht mit dieser Vorgabe eine Korrektur von Entscheidungen der obersten Bundesgerichte durch die Landesverfassungsgerichte aus Gründen der Wahrung der Rechtseinheit von vornherein ausschließen. Dogmatisch überzeugend ist diese Einschränkung indes nicht, da sich die Prüfungsmaßstäbe der Bundesgerichte nicht mit denjenigen der Landesverfassungsgerichte decken. Während Erstere die Ausgangsentscheidung am Maßstab des Bundesrechts, insbesondere des Grundgesetzes überprüfen, nehmen Letztere nur eine Überprüfung am Maßstab der jeweiligen Landesverfassung vor, so dass eine widersprüchliche Anwendung ein und desselben Prüfungsmaßstabs ausgeschlossen ist.[557] Ebenso verfehlt ist die Annahme des Bundesverfassungsgerichts, in derartigen Fällen fehle es bereits an der Voraussetzung der Ausübung von Landesstaatsgewalt. Das Gericht übersieht hierbei, dass der Inhalt und das Ergebnis der Entscheidung alleine von einem Landesgericht stammen und lediglich bundesgerichtlich bestätigt wurden, wodurch jedoch der landesrechtliche Charakter der Ausgangsentscheidung nicht verloren geht.[558] Dies gilt erst recht deswegen, weil ein Instanzgericht nach Rückverweisung des Rechtsstreits durch ein Bundesgericht zwar den engen Bindungen der Revisionsent-

---

[554] *Menzel*, NVwZ 1999, 1314, 1315; *Ott*, Landesgrundrechte, S. 177; *Clausen*, Landesverfassungsbeschwerde, S. 103 ff.; *Hain*, JZ 1998, 620, 623; *Krappel*, VBlBW 2013, 121, 130; *v. Coelln*, Anwendung von Bundesrecht, S. 316 ff.; *v. Zezschwitz*, NJW 1999, 17, 19; *Gärditz*, LKRZ 2014, 187, 189; *Wallerath*, NdsVBl. 2005, Sonderheft, 43, 50; *Schwan*, ThürVBl. 2012, 121, 125; *Heimann*, Die Entstehung der Verfassungsgerichtsbarkeit, S. 154; *v. Wolff*, Das Grundgesetz als prinzipaler Entscheidungsmaßstab, S. 40 ff. möchte hingegen nicht ausschließen, dass sich die Argumentation des Bundesverfassungsgerichts auch auf das materielle Recht beziehen könnte.

[555] *Menzel*, NVwZ 1999, 1314, 1315; zur Argumentation des Bayerischen Verfassungsgerichtshofs s. unten, § 6 V.3. b) aa).

[556] *V. Coelln*, Anwendung von Bundesrecht, S. 348 ff.

[557] *Menzel*, NVwZ 1999, 1314, 1315; *v. Coelln*, Anwendung von Bundesrecht, S. 343 f.

[558] So auch *v. Coelln*, Anwendung von Bundesrecht, S. 343; *Pestalozza*, HGR III, § 86 Rn. 119, der den Landesverfassungsgerichten jedoch nur eine Prüfungs- nicht aber eine Aufhebungskompetenz zusprechen möchte; a.A. jedoch *Hain*, JZ 1998, 620, 624; ähnlich *Sodan*, LKV 2010, 440, 447; zu dem Problemkomplex s. auch *Starck*, HdStR VI, § 130 Rn. 62.

scheidung unterworfen ist, mangels Organleihe jedoch weiterhin als Gericht des Landes handelt.[559] Selbst wenn man jedoch die Position des Bundesverfassungsgerichts teilt und einen Akt der Landesstaatsgewalt verneint, wäre auf Grundlage der Überlegungen des Bundesverfassungsgerichts alleine die Folgerung konsequent gewesen, bei der Anwendung des Bundesverfahrensrechts verbleibe den Landesverfassungsgerichten auf Grund des abschließenden Charakters des Prozessrechts und der umfassenden Bindung der Landesgerichte an die bundesrechtlichen Vorgaben regelmäßig kein Spielraum für die Anwendung von Landesgrundrechten.[560]

Einen noch größeren Bruch weist die Argumentation des Bundesverfassungsgerichts jedoch an einer anderen Stelle auf. Während das Gericht zunächst bei der Anwendung von Bundesverfahrensrecht durch Landesverfassungsgerichte die Möglichkeit von Spielräumen für die Berücksichtigung von Landesgrundrechten erstmals ausdrücklich anerkannt hat, mit der Konsequenz, dass diese Spielräume in den einzelnen Ländern unter Stärkung der Landesgrundrechte unterschiedlich hätten ausgefüllt werden können, versucht das Gericht genau diese Folge nunmehr zu vermeiden. Eine unterschiedliche Auslegung bundesrechtlicher Verfahrensnormen infolge der Heranziehung unterschiedlicher Landesgrundrechte oder einer unterschiedlichen Auslegung paralleler Landesgrundrechte durch die Landesverfassungsgerichte soll danach um jeden Preis vermieden werden.[561] Das Gericht bedient sich dabei einer höchst fragwürdigen Argumentation. Zunächst wird für eine Heranziehung eines Landesgrundrechts dessen Inhaltsgleichheit mit dem entsprechenden Bundesgrundrecht verlangt, obwohl das Bundesverfassungsgericht zu Beginn der Entscheidungsbegründung noch ausdrücklich die Berücksichtigung landesgrundrechtlicher Mehrgewährleistungen für möglich gehalten hatte.[562] Unklar ist in diesem Zusammenhang auch, warum landesgrundrechtliche Mindergewährleistungen als Prüfungsmaßstab ausscheiden sollen, denn wenn die Rechtsanwendung in konkreten Fall schon gegen das hinter dem Bundesgrundrecht zurückbleibende Landesgrundrecht verstößt, muss erst recht ein Verstoß gegen das weiter reichende Bundesgrundrecht vorliegen.[563] Ferner ist nicht einzusehen, warum die Frage der Inhaltsgleichheit der Grundrechte in der fraglichen Konstellation schon für die Zulässigkeit der Verfassungsbeschwerde von Bedeutung sein soll, während die Frage der Grundrechtsverletzung ansons-

---

559 *Dietlein*, Jura 2000, 19, 22; *Lange*, NJW 1998, 1278, 1281 f.; so auch *Gärditz*, LKRZ 2014, 187, 189; *Heimann*, Die Entstehung der Landesverfassungsgerichtsbarkeit, S. 154; a.A. *Steinberg*, FS 50 Jahre Hessische Verfassung, S. 356, 374 f.

560 *Lange*, NJW 1998, 1278, 1281 f.; *Menzel*, NVwZ 1999, 1314, 1315; *Rozek*, HGR III, § 85 Rn. 44, der insoweit jedoch keinen Widerspruch zur der anfangs aufgestellten Prämisse von der Existenz von Spielräumen sehen möchte.

561 *Dreier*, Grundrechtsschutz durch Landesverfassungsgerichte, S. 30 f.; krit. auch *Schwan*, ThürVBl. 2012, 121, 123.

562 *Dreier*, Grundrechtsschutz durch Landesverfassungsgerichte, S. 31; *Dietlein*, Jura 2000, 19, 23; *Tiedemann*, DÖV 1999, 200, 202.

563 *Menzel*, NVwZ 1999, 1314, 1316.

ten stets im Rahmen der Begründetheitsprüfung zu untersuchen ist.[564] Am fragwürdigsten ist jedoch die weitere Argumentation des Bundesverfassungsgerichts, bei der das Erfordernis der Inhaltsgleichheit der zu berücksichtigenden Landesgrundrechte zum Erfordernis der Ergebnisgleichheit der Einzelfallentscheidung weiterentwickelt wird. Ein solches Vorgehen widerspricht schon der Logik, dass selbst inhaltsgleiche Normen im Rahmen ihrer Anwendung nicht in jedem konkreten Einzelfall dasselbe Ergebnis herbeiführen müssen.[565] Hinzu kommt, dass mit dieser Argumentation den Ländern jegliche Möglichkeit genommen wird, bestehende Spielräume innerhalb des Bundesrechts mit Landesgrundrechten auszufüllen. Das Instrument der Landesverfassungsbeschwerde ist damit bei der Anwendung von Bundesrecht vollkommen abhängig von den Vorgaben des Grundgesetzes und daher rein derivativ,[566] weil mit Bundesgrundrechten nicht inhaltsgleiche bzw. im konkreten Fall nicht ergebnisgleiche Landesgrundrechte nicht berücksichtigt werden können, sondern in jedem Fall alleine der vom Grundgesetz vorgegebene Schutzstandard maßgeblich ist.[567] Nach dieser *ratio* können selbst landesrechtliche „Aliud"-Gewährleistungen, die dem einfachen Bundesrecht nicht widersprechen, vom Landesverfassungsgericht niemals als Prüfungsmaßstab heran gezogen werden, was mit dem Grundsatz der Verfassungsautonomie der Länder kaum zu vereinbaren ist.[568] Eigenständige Grundrechtsinterpretationen im Sinne einer föderalen Vielfalt können sich daher auf Landesebene in den fraglichen Konstellationen kaum entwickeln,[569] obwohl das Bundesverfassungsgericht früher die Möglichkeit von Divergenzen durchaus anerkannt hatte.[570]

Erschwerend kommt hinzu, dass das Bundesverfassungsgericht die Vorlagepflicht des Art. 100 Abs. 3 GG systemwidrig auf den Fall der fehlenden Ergebnisgleichheit ausdehnt und so die Bindungswirkung des § 31 BVerfGG entscheidend erweitert.[571] Richtigerweise ist die Vorschrift des Art. 100 Abs. 3 GG indes gar nicht anwendbar, wenn es darum geht, die landesverfassungsgerichtliche Überprüfung der Anwendung von einfachem Bundesrecht durch die Landesorgane am Maßstab der Landesgrundrechte vom Bundesverfassungsgericht überwachen zu lassen. Dies ergibt sich bereits aus dem Wortlaut der Norm und wird zudem durch ihre Entstehungsgeschichte gestützt, da die in Art. 100 Abs. 3 GG a.F. vor-

---

[564] *Menzel*, NVwZ 1999, 1314, 1316; *Dreier*, Grundrechtsschutz durch Landesverfassungsgerichte, S. 32 Fn. 73; krit. *Wittreck*, DÖV 1999, 634, 636 Fn. 19; *Dietlein*, Jura 2000, 19, 22.

[565] *Dreier*, Grundrechtsschutz durch Landesverfassungsgerichte, S. 32; *Hain*, JZ 1998, 620, 622.

[566] *Rozek*, HGR III, § 85 Rn. 31.

[567] *Dreier*, Grundrechtsschutz durch Landesverfassungsgerichte, S. 33 f.; *v. Coelln*, Anwendung von Bundesrecht, S. 291 f.; *Lange*, NJW 1998, 1278, 1279; *Dietlein*, Jura 2000, 19, 21.

[568] Vgl. *Dietlein*, Jura 2000, 19, 22 f.

[569] *Dreier*, Grundrechtsschutz durch Landesverfassungsgerichte, S. 35; *Sacksofsky*, Verfassungsrecht, in: Hermes/Reimer (Hrsg.), Landesrecht Hessen, § 2 Rn. 48 f.

[570] So v.a. in BVerfGE 36, 342, 368 f.

[571] *Dreier*, Grundrechtsschutz durch Landesverfassungsgerichte, S. 32; *Ott*, Landesgrundrechte, S. 175 f.; vgl. auch *Rozek*, HGR III, § 85 Rn. 24.

gesehene Vorlagepflicht zum obersten Bundesgericht bei Abweichung eines Landesverfassungsgerichts von der Entscheidung des obersten Bundesgerichts oder eines oberen Bundesgerichts in Bezug auf einfaches Bundesrecht im Jahr 1968 ersatzlos gestrichen worden war.[572]

Ein weiterer Systembruch liegt darin, dass durch das Erfordernis der Ergebnisgleichheit im Einzelfall die Vorschrift des Art. 31 GG entgegen den Beteuerungen des Bundesverfassungsgerichts zu einer Kollisionsnorm für den Bereich der Rechtsanwendung umfunktioniert wird,[573] was weder mit dem Sinn und Zweck der Norm noch mit den bundesstaatlichen Vorgaben zu vereinbaren ist, welche jedenfalls keine Synchronisierung von Einzelfallentscheidungen verlangen. Schließlich bietet die Entscheidung zumindest grundsätzlich das Potential dafür, dass ein Teil der Arbeitslast des Bundesverfassungsgerichts auf die Landesverfassungsgerichte abgewälzt wird und diese zu „regionalen Hilfssenaten des Bundesverfassungsgerichts"[574] verkommen, nachdem sich die Prüfungsmaßstäbe bei Verfassungsbeschwerden, mit denen eine Verletzung des rechtlichen Gehörs gerügt wird, eins zu eins decken.[575] Dies wiederum mag das Bundesverfassungsgericht selbst entlasten, eine Stärkung der Landesverfassungsgerichte ist damit jedenfalls nicht verbunden, da eine derartige Rechtsprechungstätigkeit deren Ressourcen für die eigentlichen landesverfassungsrechtlichen Aufgaben beeinträchtigt.[576] Hinzu kommt, dass sich ein großer Teil der Verfassungsbeschwerden zum Bundesverfassungsgericht auf Verfahrensrügen stützt[577] und die Landesverfassungsgerichte kein mit dem Annahmeverfahren vor dem Bundesverfassungsgericht vergleichbares Annahmeverfahren für Verfassungsbeschwerden kennen.[578] Aller-

---

572 16. Änderungsgesetz zum Grundgesetz v. 18.06.1968, BGBl. I, S. 657; s. dazu *Rozek*, AöR 119 (1994), 450, 473 f.; *v. Coelln*, Anwendung von Bundesrecht, S. 316 f.

573 *Dreier*, Grundrechtsschutz durch Landesverfassungsgerichte, S. 32; vgl. auch *Hain*, JZ 1998, 620, 622 f.

574 *V. Coelln*, Anwendung von Bundesrecht, S. 291 f.; s. auch *Sobota*, DVBl. 1994, 793, 801; *Hain*, JZ 1998, 620, 621; *Huber*, ThürVBl. 2003, 73, 77.

575 *Dreier*, Grundrechtsschutz durch Landesverfassungsgerichte, S. 34 f.; *Dietlein*, Jura 2000, 19, 24; zu möglichen Entlastungsabsichten seitens des Bundesverfassungsgerichts s. auch *Rozek*, HGR III, § 85 Rn. 21.

576 *Lange*, NJW 1998, 1278, 1282; *v. Wolff*, Das Grundgesetz als prinzipaler Entscheidungsmaßstab, S. 46; *v. Zezschwitz*, NJW 1999, 17, 19; a.A. jedoch *Tiedemann*, DÖV 1999, 200, 200, der sich von dem Beschluss des Bundesverfassungsgerichts eine Stärkung der Landesverfassungsgerichte erhofft, gleichzeitig aber die dadurch bezweckte Instrumentalisierung der Landesverfassungsgerichte kritisiert (S. 202); a.A. auch *Lange*, FS 50 Jahre BVerfG, Bd. 1, S. 289, 307, der eine Entlastungswirkung verneint; in diese Richtung auch *Papier*, Die Bedeutung der Landesverfassungsgerichtsbarkeit, in: Sodan (Hrsg.), Zehn Jahre Berliner Verfassungsgerichtsbarkeit, S. 19, 28 f.

577 Vgl. *Benda*, Entlastung des Bundesverfassungsgerichts – Vorschläge der Entlastungskommission, S. 16, wobei davon auszugehen ist, dass diesbezüglich in den letzten Jahren keine wesentlichen Änderungen eintraten; s. auch *Klein/Haratsch*, JuS 2000, 209, 214; *Tietje*, AöR 124 (1999), 282, 287 f.; aus neuerer Zeit *Kenntner*, DÖV 2005, 269, 276; *Zuck*, NVwZ 2012, 479, 479.

578 *Möstl*, AöR 130 (2005), 350, 388; *Baldus*, Landesverfassungsrecht und Bundesverfassungsrecht, in: Die Verfassungsgerichte der Länder Brandenburg, Mecklenburg-Vorpommern, Sachsen, Sachsen-Anhalt und Thüringen (Hrsg.), 20 Jahre Verfassungsgerichtsbarkeit in den

dings obliegt es den Landesverfassungsgerichten selbst, dieser Gefahr entgegen zu wirken, da sie durch den Beschluss nicht zur Überprüfung der Anwendung des Bundesrechts am Maßstab der Landesverfassung verpflichtet werden, was schon deshalb nicht möglich wäre, weil die Länder bei der Ausgestaltung einer Landesverfassungsbeschwerde angesichts ihrer Verfassungsautonomie frei sind.[579]

cc) Folgen

Seit dem Beschluss des Bundesverfassungsgerichts aus dem Jahr 1997 sind nunmehr 20 Jahre vergangen, so dass sich die konkreten Folgen dieser Rechtsprechung heute deutlicher ausmachen lassen als in der Zeit unmittelbar nach Veröffentlichung dieser richtungsweisenden Entscheidung. Zunächst lässt sich konstatieren, dass die Landesverfassungsgerichte auf Grund des Erfordernisses der Ergebnisgleichheit zwischen Bundesgrundrecht und Landesgrundrecht im konkreten Fall bei der Anwendung von Bundesverfahrensrecht landesrechtliche Mehrgewährleistungen nicht als Prüfungsmaßstab im Rahmen einer Landesverfassungsbeschwerde heran ziehen können, sondern eine Landesverfassungsbeschwerde bei fehlender Ergebnisgleichheit von vornherein unzulässig ist. Selbst wenn man zu Grunde legt, dass Landesgrundrechte auch bei der Anwendung von materiellem Bundesrecht herangezogen werden können – eine Frage, die das Bundesverfassungsgericht in seiner Entscheidung ausdrücklich offen gelassen hat und die vom damaligen Präsidenten des Bundesverfassungsgerichts noch im Jahr 2002 als offen bezeichnet wurde[580] –, ändert sich im Hinblick auf die Rolle der Landesgrundrechte wenig, da davon auszugehen ist, dass das Kriterium der Ergebnisgleichheit hier ebenfalls Anwendung findet, so dass letztlich auch im Bereich des materiellen Bundesrechts den Landesgrundrechten keine eigenständige Bedeutung zukommt, was selbst dann gelten dürfte, wenn und soweit bundesrechtlich gewährte Spielräume existieren.[581] Die Landesverfassungsgerichte sind nach Art. 100 Abs. 3 GG gezwungen, der Rechtsprechung des Bundesverfas-

---

neuen Ländern, S. 19, 46; *Finkelnburg*, Doppelspuriger Rechtsschutz bei der Verfassungsbeschwerde, in: Macke (Hrsg.), Verfassung und Verfassungsgerichtsbarkeit auf Landesebene, S. 181, 182; Vorschriften wie § 43a HessStGHG, wonach der Hessische Staatsgerichtshof die Annahme einer Grundrechtsklage einstimmig ablehnen kann, wenn diese offensichtlich unzulässig oder offensichtlich unbegründet ist oder wenn ihre Annahme aus anderen Gründen, insbesondere wegen fehlender verfassungsrechtlicher Bedeutung oder deshalb offensichtlich nicht angezeigt ist, weil durch ihre Ablehnung kein schwerwiegender Nachteil entsteht, konstituieren kein echtes Nichtannahmeverfahren i.S.v. § 93a BVerfGG, da die Vorschrift lediglich das Verfahren betrifft und die Möglichkeit der Erhebung einer Grundrechtsklage unberührt lässt, vgl. HessStGH, Beschl. v. 11.04.2002 – P. St. 1688 –, NVwZ-RR 2002, 617, 618.

[579] Vgl. *v. Wolff*, Das Grundgesetz als prinzipaler Entscheidungsmaßstab, S. 43 ff.; *Menzel*, NVwZ 1999, 1314, 1316 f.; *Rozek*, HGR III, § 85 Rn. 32; a.A. aber *v. Olshausen*, Landesverfassungsbeschwerde, S. 142.

[580] *Papier*, Die Bedeutung der Landesverfassungsgerichtsbarkeit, in: Sodan (Hrsg.), Zehn Jahre Berliner Verfassungsgerichtsbarkeit, S. 19, 29 f.

[581] Vgl. dazu *Pestalozza*, HGR III, § 86 Rn. 159.

sungsgerichts Folge zu leisten und haben es getan,[582] so dass *Gärditz* zu Recht von „Landesverfassungsgerichten ‚im Gravitationsfeld des Bundesverfassungsgerichts'" spricht.[583] Für eine eigenständige Weiterentwicklung der Landesgrundrechte bleibt daher zumindest in denjenigen Konstellationen, bei denen die Anwendung von Bundesrecht in Rede steht, kein Raum.[584] Ebenso wenig können die Landesgrundrechte hier eine Impulswirkung in Richtung der Grundrechte des Grundgesetzes entfalten. Hinzu kommt, dass sich die Grundrechtsangleichung nicht auf den Bereich der Verfassungsbeschwerde gegen gerichtliche Entscheidungen beschränkt, da ein Landesverfassungsgericht einem Landesgrundrecht keine unterschiedlichen Inhalte beimessen kann, je nachdem, ob es im Rahmen einer Urteilsverfassungsbeschwerde oder in einem vom Bundesrecht unabhängigen Kontrollverfahren wie der konkreten oder abstrakten Normenkontrolle nach Landesrecht angewendet wird.[585] Lediglich dort, wo das Bundesverfassungsgericht bisher keine Möglichkeit hatte, eine eigene Rechtsprechung zu einem Bundesgrundrecht zu entwickeln, verbleibt den Landesverfassungsgerichten ein Gestaltungsspielraum, doch darf nicht übersehen werden, dass dieser Spielraum angesichts der über lange Jahre hinweg fein ausdifferenzierten Grundrechtsrechtsprechung des Bundesverfassungsgerichts eher theoretischer Natur ist.[586] Zudem ist die Jurisdiktionsgewalt der Landesverfassungsgerichte bei bundesgerichtlich überprüften Entscheidungen ausgeschlossen, so dass sich die Möglichkeiten der Erhebung einer zulässigen Landesverfassungsbeschwerde bei der Anwendung von Bundesrecht weiter reduzieren. Ferner sind nunmehr mit der Anhörungs-[587] und Verzögerungsrüge[588] die Folgen einer Verletzung des grundgesetzlich gewährleisteten Rechts auf rechtliches Gehör im einfachen Prozessrecht des Bundes geregelt, so dass es, wenn man diese Regelung mit guten Gründen als abschließend versteht, unabhängig von dem Beschluss des Bundesverfassungsgerichts schon an dem notwendigen Einfallstor für die Heranziehung von Landesgrundrechten bei der Anwendung von Bundesverfahrensrecht fehlen würde.[589] Schließlich führt der Umstand, dass eine Zuständigkeit der Landesverfassungsgerichte ausgeschlossen ist, wenn die landesgerichtliche Ausgangsentscheidung von einem Bundesgericht sachlich überprüft wurde, dazu, dass die Landesverfassungsgerichte von einer gerichtlichen Überprüfung gerade in denjenigen Fällen ausgeschlossen sind, welche grundlegende Verfassungsrechtsfragen betreffen.[590] Hintergrund ist, dass die Revision zuzulassen ist, wenn die Rechtssache grund-

---

[582] S. dazu unten, § 6 V.3. b).
[583] *Gärditz*, JöR 61 N.F. (2013), 449, 451.
[584] *Rozek*, HGR III, § 85 Rn. 26; so auch *Huber*, in: Sachs, GG, Art. 142 Rn. 7.
[585] *Gärditz*, LKRZ 2014, 187, 189; s. auch *Krieger*, NdsVBl. 2010, 134, 137.
[586] *Finkelnburg*, LKV 2004, 17, 17.
[587] § 321a ZPO; §§ 33a, 311a, 356a StPO; § 55 Abs. 4 JGG; § 44 FamFG; § 78a ArbGG; § 152a VwGO; § 178a SGG; § 133a FGO; § 29a FGG; § 69a GKG.
[588] §§ 198–201 GVG; §§ 97a-97e BVerfGG.
[589] Vgl. *Schwan*, ThürVBl. 2012, 121, 124 f.
[590] *Krieger*, NdsVBl. 2010, 134, 136.

sätzliche Bedeutung hat,[591] was nach der Rechtsprechung des Bundesverwaltungsgerichts dann der Fall ist, wenn die Entscheidung im Revisionsverfahrung zur Erhaltung der Einheitlichkeit der Rechtsprechung oder zu einer gewichtigen Weiterentwicklung des Rechts geboten scheint.[592] Die unitarisierende Wirkung der Bundesgrundrechte wird auf diese Weise durch die unitarisierende Wirkung der Fachgerichtsbarkeiten, insbesondere des Bundesverwaltungsgerichts, welches zum Revisionsgericht für Landesrecht geworden ist, weiter verstärkt.[593]

Graf Vitzthum hatte die Vereinheitlichung des Grundrechtsschutzes im Bundesstaat bereits im Jahr 1987 als „integrationspolitisches Juwel in der Krone föderaler Verfassungsstaatlichkeit" bezeichnet.[594] Dieses Ziel kann mit Hilfe des Beschlusses vom 15.10.1997 sehr gut erreicht werden, allerdings auf Kosten der Landesgrundrechte, die zumindest im Bereich der Anwendung von Bundesrecht jeglicher Möglichkeiten zur eigenständigen Fortentwicklung beraubt wurden.[595] *Rozek* bezeichnet die Landesgrundrechte daher zu Recht als „rein prozessuale Derivate der Bundesgrundrechte".[596]

Nicht erfüllt haben sich hingegen die Befürchtungen, die Landesverfassungsgerichte könnten zu „Handlangern" des Bundesverfassungsgerichts instrumentalisiert werden, auf die ein Großteil der Verfassungsbeschwerden abgewälzt wird. Wenngleich dem Bürger in Folge der Entscheidung des Bundesverfassungsgerichts neben der Verfassungsbeschwerde zum Bundesverfassungsgericht mit der Landesverfassungsbeschwerde eine zweite, grundrechtsspezifische Rechtsschutzmöglichkeit zur Verfügung steht,[597] so spricht schon die Tatsache, dass die Zahl der Verfassungsbeschwerden gegen Gerichtsentscheidungen vor dem Bundesverfassungsgericht seit dem Beschluss keineswegs gesunken, sondern stetig angestiegen ist,[598] gegen die Annahme einer Aufgabenverlagerung. Zwar ist die Zahl der Verfassungsbeschwerden vor den Landesverfassungsgerichten seit dem Jahr 1997 ebenfalls stetig angestiegen, was auch für den Bereich der Verfahrensrügen gilt,

---

[591] Vgl. etwa § 132 Abs. 2 Nr. 1 VwGO; § 543 Abs. 2 Nr. 1 ZPO.

[592] St. Rspr., vgl. BVerwGE 13, 90, 91 f.; *Schenke*, in: Kopp/Schenke, VwGO, § 132 Rn. 9 m.w.N.

[593] *Krieger*, NdsVBl. 2010, 134, 136; *Oeter*, Integration und Subsidiarität im deutschen Bundesstaatsrecht, S. 430 ff.; *Starck*, VVDStR 46 (1988), Aussprache, 155, 157.

[594] *Vitzthum*, VVDStRL 46 (1988), 7, 33.

[595] S. dazu auch *Schneider*, Entlastung des Bundesverfassungsgerichts, in: Bogs (Hrsg.), Urteilsverfassungsbeschwerde zum Bundesverfassungsgericht, S. 103, 107, der grundsätzlich die Orientierung der Landesverfassungsgerichte an die Rechtsprechung des Bundesverfassungsgerichts im Grundrechtsbereich betont.

[596] *Rozek*, HGR III, § 85 Rn. 26.

[597] Vgl. *Huber*, ThürVBl. 2003, 73, 77.

[598] S. *Bundesverfassungsgericht*, Jahresstatistik 2015, Verfassungsbeschwerden gegen Gerichtsentscheidungen seit 1991, abrufbar unter http://www.bundesverfassungsgericht.de/DE/Verfahren/Jahresstatistiken/2015/statistik_2015_node.html (zuletzt abgerufen am 06.11.2017) sowie *Bundesverfassungsgericht*, Jahresstatistik 2015, Anteil der stattgegebenen an den entschiedenen Verfassungsbeschwerden pro Jahr seit 1987, abrufbar unter http://www.bundesverfassungsgericht.de/DE/Verfahren/Jahresstatistiken/2015/statistik_2015_node.html (zuletzt abgerufen am 06.11.2017); s. auch *Zuck*, Das Recht der Verfassungsbeschwerde, Rn. 103.

doch lässt sich etwa im Falle des Bayerischen Verfassungsgerichtshofs für die Zeit unmittelbar nach 1997 kein signifikanter Anstieg der entschiedenen Verfahrensrügen ausmachen.[599] Der Anstieg der vom Bayerischen Verfassungsgerichtshof entschiedenen Verfahrensrügen in jüngerer Zeit hingegen fällt mit dem allgemeinen Anstieg an eingelegten Verfassungsbeschwerden zusammen und ist insofern wenig aussagekräftig. Ein ähnliches Bild zeigt sich für den Verfassungsgerichtshof von Berlin, dessen Arbeitsbelastung in Folge der Entscheidung des Bundesverfassungsgerichts ebenfalls nicht signifikant zugenommen hat.[600] Vergleichbares gilt für den Sächsischen Verfassungsgerichtshof.[601] Ein deutlicher Anstieg bei den eingelegten Verfassungsbeschwerden zeigte sich unmittelbar nach der Entscheidung des Bundesverfassungsgerichts lediglich in Hessen, wo sich die Zahl der Verfassungsbeschwerden von 1997 bis 1998 mehr als verdoppelt hatte,[602] woraufhin sich der Landesgesetzgeber zur Einführung der relativen Subsidiaritätsklausel des § 43 Abs. 1 S. 2 und 3 HessStGH genötigt sah.[603] Seit dem Jahr 2002 lässt sich allerdings auch in Hessen wieder ein deutlicher Rückgang bei den entschiedenen Verfassungsbeschwerden ausmachen.[604] Kehrseite der Medaille ist freilich, dass die von einigen Autoren beschworene Aufwertung der Landesverfassungsgerichtsbarkeit[605] in Folge des Beschlusses vom 15.10.1997 somit augenscheinlich ausgeblieben ist.[606]

b) Rechtsprechung der Landesverfassungsgerichte

aa) Bayern

Gemäß Art. 66, 120 BayVerf i.V.m. Art. 2 Nr. 6, 51 ff. BayVerfGHG kann jeder Bewohner Bayerns, der sich durch eine Behörde in seinen verfassungsmäßigen Rechten verletzt fühlt, Verfassungsbeschwerde zum Bayerischen Verfassungsgerichtshof erheben. Taugliche Beschwerdegegenstände sind Verwaltungsakte

---

599 Dies ergab eine Recherche in der Datenbank „Beck-Online", die einen Anstieg an entschiedenen Verfahrensrügen vor dem Bayerischen Verfassungsgerichtshof erst ab dem Jahr 2008 zu Tage brachte; s. auch *Heimann*, Die Entstehung der Verfassungsgerichtsbarkeit, S. 146 ff. u. im Vergleich dazu *Huber*, BayVBl. 2008, 389, 391; *Lindner*, BayV Bl. 2013, 549, 550.

600 Dies ergab eine Recherche in der Datenbank „Beck-Online"; s. auch *Heimann*, Die Entstehung der Verfassungsgerichtsbarkeit, S. 144 ff.

601 S. dazu *Heimann*, Die Entstehung der Verfassungsgerichtsbarkeit, S. 145 sowie *Martens*, NdsVBl. 2014, 161, 161, wo jedoch auf die starken Schwankungen bei den eingegangenen Verfassungsbeschwerden hingewiesen wird.

602 S. *Heimann*, Die Entstehung der Verfassungsgerichtsbarkeit, S. 147 f.; s. auch *Sacksofsky*, Verfassungsrecht, in: Hermes/Reimer (Hrsg.), Landesrecht Hessen, § 2 Rn. 43, die sogar von einem Anstieg von jährlich ca. 26 Verfahren auf über jährlich 100 Verfahrenseingänge in den Jahren 1999 bis 2003 spricht.

603 *Günther*, Verfassungsgerichtsbarkeit in Hessen, Einl. zu §§ 43- 47 Rn. 3.

604 Dies ergab eine Recherche in der Datenbank „Beck-Online".

605 So etwa *Tietje*, AöR 124 (1999), 282, 288.

606 So im Ergebnis auch *Heimann*, Die Entstehung der Verfassungsgerichtsbarkeit, S. 161 ff.; etwas positiver *Gärditz*, AöR 129 (2004), 584, 616.

bayerischer Landesbehörden und Entscheidungen bayerischer Gerichte,[607] während Entscheidungen von Bundesgerichten vor dem Bayerischen Verfassungsgerichtshof auch dann nicht angegriffen werden können, wenn diese ihren Sitz in Bayern haben bzw. bayerisches Landesrecht anwenden.[608] Hat im Rahmen des Instanzenzuges ein Bundesgericht die voraus gegangene landesgerichtliche Entscheidung nach sachlicher Prüfung bestätigt oder abgeändert, kommt daher eine Überprüfung durch den Bayerischen Verfassungsgerichtshofs nicht in Betracht, was auch für die zuvor getroffenen landesgerichtlichen Entscheidungen gilt.[609] Der Verfassungsgerichtshof begründet dies damit, dass im Falle einer bundesgerichtlichen Entscheidung die hoheitliche, verbindliche Wirkung nicht mehr auf der Entscheidung des Landesgerichts, sondern auf der Entscheidung des obersten Bundesgerichts beruhe, dessen Tätigkeit nicht der Kontrolle des Bayerischen Verfassungsgerichtshofs unterliege.[610] Etwas anderes gilt lediglich dann, wenn der Bayerische Verfassungsgerichtshof einen Maßstab anzulegen hat, der dem Bundesgericht nicht zur Verfügung stand, da es in einem solchen Fall nicht zu einer Kontrolle des Bundesgerichts durch den Verfassungsgerichtshof kommen kann.[611] Letzteres ist etwa im Fall landesverfassungsrechtlicher Mehrgewährleistungen gegeben.

Bayerische Rechtsnormen können nicht mit der Verfassungsbeschwerde, sondern nur im Wege der Popularklage gemäß Art. 98 S. 4 BayVerf angegriffen werden. Prüfungsmaßstab im Rahmen der Verfassungsbeschwerde sind ausschließlich verfassungsmäßige Rechte der bayerischen Landesverfassung, zu denen in erster Linie die Landesgrundrechte gehören.[612] Nach Art. 51 Abs. 2 S. 1 BayVerfGHG ist vor der Erhebung der Verfassungsbeschwerde der Rechtsweg zu erschöpfen, so dass der Beschwerdeführer zunächst Revision zum zuständigen obersten Bundesgericht einlegen bzw. eine gesetzlich vorgesehene Nichtzulassungsbeschwerde erheben muss,[613] wodurch zwangsläufig eine bundesgerichtli-

---

[607] *Wolff*, in: Lindner/Möstl/Wolff, Verfassung des Freistaates Bayern, Art. 120 Rn. 19 ff.; *Müller*, in: Meder/Brechmann, Verfassung des Freistaates Bayern, Art. 120 Rn. 10.

[608] BayVerfGHE 26, 127, 139; *Müller*, in: Meder/Brechmann, Verfassung des Freistaates Bayern, Art. 120 Rn. 15.

[609] BayVerfGHE 22, 124, 125 f.; 24, 48, 51 f.; 25, 143, 145; 26, 127, 139; 28, 13, 14; 28, 14, 22; 39, 9, 15; 46, 21, 29; 46, 257, 262 f.; 55; 75, 78; 61, 16, 19 f.; *Wolff*, in: Lindner/Möstl/Wolff, Verfassung des Freistaates Bayern, Art. 120 Rn. 24; *Müller*, in: Meder/Brechmann, Verfassung des Freistaates Bayern, Art. 120 Rn. 15.

[610] BayVerfGHE 22, 124, 125 f.; 26, 127, 139; 39, 9, 15 f.; 46, 257, 263; BayVerfGH, Entsch. v. 03.04.2008 – Vf. 57-VI-07 –, BeckRS 2008, 34744.

[611] So implizit BayVerfGHE 62, 178, 187 f.; *Lindner*, BayVBl. 2004, 641, 648 ff.

[612] BayVerfGHE 44, 28, 30; 54, 85, 89 ff.; 54, 104, 106; 58, 168, 173; *Wolff*, in: Lindner/Möstl/Wolff, Verfassung des Freistaates Bayern, Art. 120 Rn. 94 f.; *Müller*, in: Meder/Brechmann, Verfassung des Freistaates Bayern, Art. 120 Rn. 36; zur Frage, ob Unionsrecht mittelbarer Prüfungsmaßstab sein kann s. BayVerfGHE 63, 188, 195 (offen gelassen); offen gelassen auch in BayVerfGHE 65, 268, 275; s. dazu auch *Lindner*, BayVBl. 2013, 549, 551.

[613] BayVerfGHE 24, 48, 51; 28, 14, 22 u. 24; 28, 181, 182; 38, 9, 10; 42, 117, 120; 46, 273, 277; 49, 67, 69; 51, 27, 31; *Müller*, in: Meder/Brechmann, Verfassung des Freistaates Bayern, Art. 120 Rn. 26.

che Entscheidung herbei geführt wird. Wurde die Nichtzulassungsbeschwerde jedoch durch das Bundesgericht zurückgewiesen, liegt darin nach Ansicht des Verfassungsgerichtshofs keine Entscheidung in der Sache, so dass die voraus gegangenen landesgerichtlichen Entscheidungen am Maßstab der bayerischen Verfassung überprüft werden können.[614] Eine Ausnahme vom Erfordernis der Rechtswegerschöpfung bzw. der Einlegung einer Nichtzulassungsbeschwerde macht der Bayerische Verfassungsgerichtshof für den Fall, dass dies für den Beschwerdeführer unzumutbar wäre.[615] In diesem Zusammenhang unterscheidet der Verfassungsgerichtshof danach, ob eine Verletzung eines Landesgrundrechts in Rede steht, das eine grundgesetzliche Entsprechung kennt oder ob eine Verletzung eines Landesgrundrechts gerügt wird, welches von der bayerischen Verfassung, nicht aber vom Grundgesetz gewährleistet wird. Nur im erst genannten Fall muss der Beschwerdeführer zuerst das zuständige Bundesgericht anrufen,[616] während im zweiten Fall ein Revisionsverfahren ohnehin nicht zum Erfolg führen könne und daher unzumutbar sei. In diesem Fall könne gegen die letzte landesgerichtliche Entscheidung sofort Verfassungsbeschwerde zum Verfassungsgerichtshof eingelegt werden.[617] Dies gilt beispielsweise bei einer Verletzung des in Art. 141 Abs. 3 S. 1 BayVerf gewährleisteten Grundrechts auf Naturgenuss.[618] Unabhängig vom Ausschluss der Überprüfung bundesgerichtlicher Entscheidungen und dem Erfordernis der Rechtswegerschöpfung ist eine Verfassungsbeschwerde zum Bayerischen Verfassungsgerichtshof auch dann möglich, wenn parallel Verfassungsbeschwerde zum Bundesverfassungsgericht erhoben wurde.[619]

Der Bayerische Verfassungsgerichtshof sah sich trotz des Umstandes, dass das gerichtliche Verfahren durch nach Art. 31 GG vorrangiges Bundesrecht geregelt ist, von Anfang an dazu befugt, gerichtliche Entscheidungen bayerischer Landesgerichte am Maßstab der bayerischen Verfassung zu überprüfen.[620] Entgegen seiner früheren Rechtsprechung[621] nimmt der Verfassungsgerichtshof heute zudem die Kompetenz für sich in Anspruch, fachgerichtliche Entscheidungen, welche in

---

614 BayVerfGHE 23, 190, 191; 24, 48, 51 f.; 28, 181, 183; 37, 89, 92 f.; 44, 33, 35; 46, 21, 29; 55, 12, 17; 55, 75, 78; 64, 177, 179; zu ähnlich gelagerten Fällen s. BayVerfGHE 37, 89, 93 u. 28, 14, 22 f.; s. *v. Coelln*, Anwendung von Bundesrecht, S. 90; *Wolff*, in: Lindner/Möstl/Wolff, Verfassung des Freistaates Bayern, Art. 120, Rn. 25; *Müller*, in: Meder/Brechmann, Verfassung des Freistaates Bayern, Art. 120 Rn. 15 Fn. 50.

615 Vgl. BayVerfGHE 6, 27, 35; 18, 76, 78; 21, 11, 12; 28, 14, 23; 41, 113; 115; 49, 67, 70.

616 Vgl. BayVerfGHE 28, 181, 182 f.; 49, 67, 69; 51, 27, 31.

617 BayVerfGHE 24, 48, 51; *Wolff*, in: Lindner/Möstl/Wolff, Verfassung des Freistaates Bayern, Art. 120 Rn. 63.

618 Vgl. BayVerfGHE 28, 181 ff.; *Wolff*, in: Lindner/Möstl/Wolff, Verfassung des Freistaates Bayern, Art. 120 Rn. 63; *v. Coelln*, Anwendung von Bundesrecht, S. 91.

619 BayVerfGHE 11, 11, 15; 11, 90, 97 f.; 12, 64, 68; 16, 15, 16; 18, 140, 150; 20, 87, 91; vgl. *Huber*, BayVBl. 2010, 389, 391; *Müller*, in: Meder/Brechmann, Verfassung des Freistaates Bayern, Art. 120 Rn. 4.

620 BayVerfGHE 11, 90, 96; 19, 30, 31.

621 BayVerfGHE 1, 101, 108; 2, 9, 13 f.; 11, 90, 96 f.; 12, 64, 68 f.; 14, 49, 53 f.; 17, 59, 59; 18, 104, 104; 19, 30, 31; 20, 87, 91; offen gelassen in BayVerfGHE 23, 143, 153.

einem bundesrechtlich geregelten Verfahren ergangen sind, aufzuheben.[622] Er begründet dies u.a. damit, dass Art. 142 GG die Landesgrundrechte nicht nur materiell-rechtlich garantieren, sondern vor allem ihre prozessuale Durchsetzung im Wege der Verfassungsbeschwerde gewährleisten möchte.[623] Im Bereich der bundesrechtlichen Verfahrensrechts prüft der Bayerische Verfassungsgerichtshof seit Beginn seiner Rechtsprechungstätigkeit, ob das zur bayerischen Landesstaatsgewalt gehörende Fachgericht ein Verfahrensgrundrecht der bayerischen Verfassung verletzt hat, welches mit gleichem Inhalt im Grundgesetz gewährleistet ist,[624] wobei ein Verstoß gegen das grundgesetzliche Grundrecht zugleich einen Verstoß gegen das bayerische Landesgrundrecht darstellen soll.[625] Im Fall der Verfahrensgrundrechte auf rechtliches Gehör (Art. 91 Abs. 1 BayVerf) sowie auf den gesetzlichen Richter (Art. 86 Abs. 1 S. 2 BayVerf) besteht Inhaltsgleichheit mit den entsprechenden Bundesgrundrechten, so dass eine Prüfung am Maßstab der Verfahrensgrundrechte der bayerischen Verfassung im Vergleich zu einer Prüfung am Maßstab des Grundgesetzes keine abweichenden Ergebnisse liefern wird.[626] Konkret ablesen lässt sich dies etwa an der Rechtsprechung des Bayerischen Verfassungsgerichtshofs hinsichtlich der Vorlagepflicht des Art. 267 Abs. 3 AEUV, wo der Verfassungsgerichtshof eine Verletzung von Art. 86 Abs. 1 S. 2 BayVerf nur annimmt, wenn einer Partei der gesetzliche Richter durch eine willkürliche, offensichtlich unhaltbare Entscheidung entzogen wird,[627] was der Rechtsprechung des Bundesverfassungsgerichts zu Art. 101 GG sehr nahe kommt.[628]

Daneben überprüft der Bayerische Verfassungsgerichtshof die Entscheidungen der Landesgerichte auf das Vorliegen von Willkür. Das Willkürverbot entnimmt der Gerichtshof dabei dem allgemeinen Gleichheitssatz des Art. 118 Abs. 1 BayVerf,[629] wobei Willkür nicht schon dann angenommen wird, wenn die Tatsachen-

[622] St. Rspr. seit BayVerfGHE 26, 127, 138 ff.; 27, 35, 43 ff.; BayVerfGH, Entsch. v. 13.12.2012 – Vf. 73-VI-11 –, BayVBl. 2013, 510, 510; *Müller*, in: Meder/Brechmann, Verfassung des Freistaates Bayern, Art. 120 Rn. 67.

[623] BayVerfGHE 27, 35, 43 ff.

[624] BayVerfGHE 3, 67, 78; 29, 11, 14 f.; 31, 190, 191 f.; 41, 54, 57; 43, 12, 18; 43, 143, 146; 44, 18, 20; 46, 185, 187; 47, 47, 51; 49, 67, 71; 49, 74, 75; 49, 103, 107; 49, 126, 129; 50, 9, 12; 50, 60, 62; 51, 49, 53; 51, 119, 122; 51, 126, 128; 51, 160, 162; 60, 14, 21; 62, 178, 186; 63, 62, 67; 64, 52, 57; 64, 61, 66; BayVerfGH, Entsch. v. 26.09.2011 – Vf. 99-VI-10 –, BeckRS 2011, 54748; BayVerfGH, Entsch. v. 28.02.2011 – Vf. 84-VI-10 –, BayVBl. 2011, 530, 531; BayVerfGH, Entsch. v. 29.05.2012 – Vf. 116-VI-11 –, BeckRS 2012, 53075; BayVerfGH, Entsch. v. 26.06.2013 – Vf. 35-VI-12 –; s. dazu auch *v. Coelln*, Anwendung von Bundesrecht, S. 83; *Jachmann*, BayVBl. 1997, 321, 321.

[625] BayVerfGHE 17, 59, 59; 27, 109, 118; 29, 11, 14 f.

[626] Vgl. *Huber*, BayVBl. 2010, 398, 391 f.; s. dazu auch *Lindner*, BayVBl. 2015, 693, 699.

[627] BayVerfGHE 42, 65, 69; 66, 22, 27 f.

[628] S. etwa BVerfGE 126, 286, 315 f.

[629] BayVerfGHE 12, 127, 128; 12, 165, 165 f.; 14, 49, 53 f.; 16, 10, 13 f.; 18, 9, 12; 18, 104, 107; 19, 30, 33; 20, 87, 91; 23, 143, 147; 24, 109, 110; 26, 118, 121; 26, 127, 133; 27, 1, 1; 30, 19, 21; 30, 67, 71; 36, 157, 159; 42, 54, 59; 58, 168, 174; BayVerfGH, Entsch. v. 12.07.2012 – Vf. 56-VI-11 –, BayVBl. 2013, 575, 576.

würdigung oder die Rechtsanwendung Fehler enthalten, sondern hinzukommen muss, dass die Entscheidung bei verständiger Würdigung der die bayerische Verfassung beherrschenden Gedanken nicht mehr verständlich ist und sich der Schluss aufdrängt, dass sie auf sachfremden Erwägungen beruht und deshalb unter keinem rechtlichen Gesichtspunkt vertretbar, sondern schlechthin unhaltbar, offensichtlich sachwidrig und eindeutig unangemessen ist.[630] Dies freilich sind strenge Kriterien, so dass der Bayerische Verfassungsgerichtshof in der Praxis das Vorliegen von Willkür nur sehr selten bejaht.[631] Eine Willkürprüfung ist sowohl hinsichtlich der gerichtlichen Verfahrensgestaltung, d.h. der Anwendung von Bundesverfahrensrecht, als auch hinsichtlich der Anwendung des materiellen Rechts möglich. Steht die Anwendung von materiellem Landesrecht in Rede, kann diese sowohl am Maßstab des Willkürverbots als auch der sonstigen bayerischen Landesgrundrechte überprüft werden. Etwas anderes gilt hingegen bei der Anwendung von materiellem Bundesrecht, wo der Bayerische Verfassungsgerichtshof zunächst lediglich prüft, ob sich das Instanzgericht in willkürlicher Weise außerhalb jeder Rechtsanwendung gestellt hat.[632] Den materiellen Grundrechten der bayerischen Verfassung kommt daher bei der Anwendung von Bundesrecht grundsätzlich keine unmittelbare Bedeutung zu, was der Verfassungsgerichtshof mit dem Vorrang des Bundesrechts gegenüber dem Landesrecht gemäß Art. 31 GG begründet.[633] Die von ihm gemachte Ausnahme für den Fall, dass tatsächlich einmal Willkür vorliegt, mit der Folge, dass auch die übrigen materiellen Landesgrundrechte als Prüfungsmaßstab herangezogen werden können, führt der Verfassungsgerichtshof darauf zurück, dass sich das Instanzgericht diesem Fall außerhalb jeder Rechtsanwendung gestellt habe, so dass der Entscheidung in Wahrheit gar kein Recht, d.h. auch kein Bundesrecht zu Grunde liege.[634] Dies erscheint bei näherer Betrachtung allerdings wenig überzeugend, da auch eine offensichtlich sachwidrige Anwendung des Bundesrechts Rechtsanwendung

[630] BayVerfGHE 12, 64, 70; 16, 10, 13 f.; 18, 9, 14; 19, 30, 34; 24, 109, 110; 26, 127, 133; 30, 19, 22; 34, 157, 159; 40, 1, 5; 40, 78, 79 f.; 40, 108, 111; 40, 132, 137; 40, 144, 148; 41, 54, 58 f.; 41, 78, 82; 42, 54, 61; 42, 79, 82; 42, 117, 121; 43, 12, 18; 44, 18, 20; 44, 33, 36; 50, 219, 224; 51, 49, 55; 51, 67, 69; 51, 71, 72; 51, 119, 123 f.; 51, 126, 129; 51, 144, 149; 51, 151, 153; 52, 4, 8; 54, 59, 60; s. dazu *Huber*, BayVBl. 2010, 389, 392.

[631] So etwa in BayVerfGHE 40, 78, 79 f.; 51, 151, 153; vgl. *v. Coelln*, Anwendung von Bundesrecht, S. 86.

[632] BayVerfGHE 14, 49, 53 f.; 40, 1, 5; 40, 108, 111; 42, 117, 121; 46, 185, 187; 47, 47, 51; 50, 219, 223; BayVerfGH, Entsch. v. 11.07.2011 – Vf. 75-VI-10 –, BayVBl. 2012, 531 531 f.; BayVerfGHE 66, 94, 97 f.; BayVerfG, Urt. v. 25.11.2014 – Vf. 21-VI-14 –, BayVBl. 2015, 321, 321 f.; *Wolff*, in: Lindner/Möstl/Wolff, Verfassung des Freistaates Bayern, Art. 120 Rn. 42.

[633] BayVerfGHE 12, 64, 70; 12, 165, 165 f.; 14, 49, 54; 16, 142, 143; 18, 9, 12; 19, 30, 33 f.; 24, 109, 110; 26, 118, 121; 29, 11, 14 f.; 58, 168, 174; s. auch BayVerfGH, Entsch. v. 02.05.2016 – Vf. 93-VI-14 –, BeckRS 2016, 47200, Rn. 46.

[634] BayVerfGHE 12, 64, 70; 16, 10, 13 f.; 18, 9, 14; 19, 30, 34; 24, 109, 110; 26, 127, 133; 30, 19, 22; 34, 157, 159; 40, 1, 5; 40, 78, 79 f.; 40, 108, 111; 40, 132, 137; 40, 144, 148; 41, 54, 58 f.; 41, 78, 82; 42, 54, 61; 42, 79, 82; 42, 117, 121; 43, 12, 18; 44, 18, 20; 50, 219, 224; 51, 49, 55; 51, 67, 69; 51, 71, 72; 51, 119, 123 f.; 51, 126, 129; 51, 144, 149; 51, 151, 153; 52, 4, 8; 57, 16, 20; BayVerfGH, Entsch. v. 12.07.2012 – Vf. 56-VI-11 –, BayVBl. 2013, 575, 576; BayVerfGHE 66, 94, 98 f.

bleibt.[635] Mit diesem Argument setzt sich der Verfassungsgerichtshof jedoch gar nicht auseinander, sondern er betont vielmehr, dass in dem speziellen Fall der Willkür bei der Anwendung von Bundesrecht auch die Verletzung anderer als der Verfahrensgrundrechte der bayerischen Verfassung erfolgreich gerügt werden könne.[636] Der Verstoß gegen das Willkürverbot dient somit als „Türöffner" für die Prüfung am Maßstab der übrigen materiellen Landesgrundrechte.[637] Auffällig und zu kritisieren ist allerdings, dass der Bayerische Verfassungsgerichtshof, ebenso wie das Bundesverfassungsgericht, keine Begründung dafür abgibt, warum die Anwendung von Bundesverfahrensrecht durch ein Landesgericht auch ohne Verstoß gegen das Willkürverbot am Maßstab der Landesverfahrensgrundrechte überprüfbar sein soll, während die Anwendung von materiellem Bundesrecht nicht am Maßstab der Landesgrundrechte kontrolliert werden darf.[638] *Steinberg* äußert die Vermutung, die Differenzierung könne sich daraus ergeben, dass bei der Beurteilung des Verfahrens das Handeln des Landesorgans gegenüber der Bundesrechtsgrundlage stärker in den Vordergrund trete als bei der Anwendung des materiellen Rechts.[639]

Die Entscheidung des Bundesverfassungsgerichts vom 15.10.1997 hatte auf die Rechtsprechung des Bayerischen Verfassungsgerichtshofs keine Auswirkungen, da der Verfassungsgerichtshof bereits zuvor bei der Anwendung von Bundesverfahrensrecht geprüft hatte, ob Landesgrundrechte inhaltsgleich mit dem entsprechenden grundgesetzlichen Grundrecht sind, so dass im Falle einer Verletzung des Bundesgrundrechts automatisch auch eine Verletzung des fraglichen Landesgrundrechts angenommen wurde. Dadurch wird dem vom Bundesverfassungsgericht aufgestellten Kriterium der Ergebnisgleichheit hinreichend Rechnung getragen. Die Durchführung einer Willkürprüfung durch den Verfassungsgerichtshof im Bereich des materiellen Bundesrechts steht ebenfalls nicht im Widerspruch zum Beschluss des Bundesverfassungsgerichts, nachdem sich das Bundesverfassungsgericht zur Frage der Anwendbarkeit von Landesgrundrechten bei der Anwendung von materiellem Bundesrecht ausdrücklich nicht geäußert hat.[640] Dementsprechend ist der Bayerische Verfassungsgerichtshof nicht verpflichtet, bei der Anwendung von materiellem Bundesrecht jenseits der ohnehin schon überobligatorischen Willkürprüfung Landesgrundrechte als Prüfungsmaßstab heranzuziehen,[641] ebenso wenig, wie es ihm untersagt ist, die fragliche Willkürprüfung

---

[635] Krit. auch *Sodan*, LKV 2010, 440, 449; *Steinberg*, FS 50 Jahre Hessische Verfassung, S. 356, 379.

[636] BayVerfGHE 34, 157, 159; 36, 44, 46; 40, 1, 5; 40, 108, 110; 42, 28, 33; 42, 50, 53; 43, 12, 20; 44, 18, 22; 46, 185, 190; 46, 273, 281; 47, 47, 53; 50, 219, 223 f. u. 226; 51, 71, 73; 51, 144, 150; BayVerfGH, Entsch. v. 26.10.2012 – Vf. 23-VI-11 –, NJW 2013, 368, 368; BayVerfGHE 66, 94, 97 ff.

[637] *Müller*, in: Meder/Brechmann, Verfassung des Freistaates Bayern, Art. 120 Rn. 63.

[638] Vgl. dazu *v. Coelln*, Anwendung von Bundesrecht, S. 87 f.; *Jachmann*, BayVBl. 1997, 321, 323.

[639] *Steinberg*, FS 50 Jahre Hessische Verfassung, S. 356, 379; s. auch *Dietlein*, NVwZ 1994, 6, 10.

[640] S. dazu oben, § 6 V.3. a) aa).

[641] BayVerfGH, Entsch. v. 26.06.2013 – Vf. 35-VI-12 –.

durchzuführen und als „Türöffner" für eine etwaige weiter gehende Prüfung am Maßstab materieller Landesgrundrechte zu verwenden.

Nicht ganz klar ist, ob und inwieweit jenseits des Vorliegens von Willkür mit der Landesverfassungsbeschwerde gerügt werden kann, dass durch die Anwendung von Bundesverfahrensrecht materielle Landesgrundrechte verletzt worden seien. Zwar geht der Verfassungsgerichtshof in ständiger Rechtsprechung davon aus, dass ohne Verstoß gegen das Willkürverbot materielle Landesgrundrecht nicht als Prüfungsmaßstab heran gezogen werden könnten,[642] doch deutete er in einer Entscheidung aus dem Jahr 1980 an, dass im Einzelfall bei der Verletzung eines Landesverfahrensgrundrechts zugleich ein materielles Landesgrundrecht mit betroffen sein könnte.[643] Dies lässt sich jedoch kaum verallgemeinern, so dass sich durch diese Entscheidung nichts an dem Grundsatz ändert, wonach materielle Landesgrundrechte nur bei einem Verstoß gegen das Willkürverbot als Prüfungsmaßstab des Bayerischen Verfassungsgerichtshofs heran gezogen werden können.

bb) Hessen

Gemäß Art. 131 Abs. 1 HessVerf entscheidet der Hessische Staatsgerichtshof über die Verletzung der Grundrechte der hessischen Landesverfassung. Eine Verfassungsbeschwerde, in Hessen „Grundrechtsklage" genannt, kann gemäß § 43 Abs. 1 HessStGHG erheben, wer geltend macht, durch die öffentliche Gewalt in einem durch die hessische Landesverfassung gewährten Grundrecht verletzt worden zu sein. Die Grundrechtsklage kann sich daher sowohl gegen Legislativ- als auch gegen Exekutiv- und Judikativakte richten. Unzulässig ist die Grundrechtsklage nach § 43 Abs. 1 S. 2 HessStGHG, wenn in derselben Sache Verfassungsbeschwerde zum Bundesverfassungsgericht erhoben ist oder wird. Dies gilt nach § 43 Abs. 1 S. 3 HessStGHG nur dann nicht, wenn die hessische Landesverfassung weiter reichende Grundrechte gewährleistet als das Grundgesetz.[644] Vor Erhebung der Grundrechtsklage ist nach § 44 Abs. 1 S. 1 HessStGHG der Rechtsweg zu den Fachgerichten zu erschöpfen. Gemäß § 44 Abs. 1 S. 2 HessStGHG prüft der Staatsgerichtshof nur, ob die Entscheidung des höchsten in der Sache zuständigen Gerichts auf der Verletzung eines hessischen Landesgrundrechts beruht. Die Grundrechtsklage ist darüber hinaus nach § 44 Abs. 1 S. 3 HessStGHG unzulässig, wenn das höchste in der Sache zuständige Gericht kein Gericht des Landes Hessen ist. Daraus folgt, dass bundesgerichtliche Entscheidungen nicht der Überprüfung durch den Hessischen Staatsgerichtshof unterliegen und auch landesgerichtliche Entscheidungen grundsätzlich nicht vom Staatsgerichtshof überprüft werden können, falls der fachgerichtliche Instanzenzug bei einem Bun-

[642] St. Rspr. so etwa BayVerfGH, Entsch. v. 15.09.2011 – Vf. 137-VI/10 –, BeckRS 2011, 54409; BayVerfGH, Entsch. v. 26.09.2011 – Vf. 47-VI/11 –, BeckRS 2011, 54747.

[643] BayVerfGHE 33, 165, 167; s. dazu *Pfaff*, Die Landesverfassungsbeschwerden in den neuen Bundesländern, S. 88 f.

[644] Zu dieser Frage s. HessStGH, Urt. v. 10.05.2017 – P.St. 2545 –, NZA 2017, 727.

desgericht endet. Etwas anderes kann sich nur dann ergeben, wenn ausnahmsweise eine Vorabentscheidung gemäß § 44 Abs. 2 HessStGHG in Betracht kommt.[645] Ebenso ausgeschlossen ist die Überprüfung von Maßnahmen von Bundesbehörden, da es sich insoweit nicht um die Ausübung von Landesstaatsgewalt handelt.[646]

Der Hessische Staatsgerichtshof verfolgte, anders als der Bayerische Verfassungsgerichtshof, bis zur Grundsatzentscheidung des Bundesverfassungsgerichts eine sehr restriktive Linie bezüglich der Heranziehung von Landesgrundrechten bei der Auslegung und Anwendung von Bundesrecht, was er mit der Höherrangigkeit des Bundesrechts gegenüber dem Landesrecht nach Art. 31 GG begründete.[647] Danach waren Anwendung und Auslegung von Bundesrecht durch Landesgerichte nicht mit der Grundrechtsklage überprüfbar, da Bundesrecht und dessen Anwendung vor dem Hintergrund der Normenhierarchie nur am Maßstab des Grundgesetz überprüft werden könne, dem Staatsgerichtshof allein die Grundrechte der hessischen Verfassung als Prüfungsmaßstab zur Verfügung stünde[648] und überdies die hessische Landesstaatsgewalt bei der Anwendung von Bundesrecht gar nicht an die hessischen Landesgrundrechte, sondern allein an das Grundgesetz gebunden sei.[649] Eine Divergenzvorlage an das Bundesverfassungsgericht nach Art. 100 Abs. 3 GG wegen der Diskrepanz zur Rechtsprechung des Bayerischen Verfassungsgerichtshofs hielt der Staatsgerichtshof jedoch mangels Entscheidungserheblichkeit in den konkreten, von ihm zu entscheidenden Einzelfällen stets für entbehrlich.[650]

In Folge der Entscheidung des Bundesverfassungsgerichts vom 15.10.1997[651] sieht sich der Staatsgerichtshof angesichts deren Bindungswirkung nach § 31 Abs. 1 BVerfGG nunmehr dazu befugt, die Anwendung der hessischen Landesgrundrechte in einem bundesrechtlich geregelten Verfahren zu überprüfen,[652] sofern das fragliche Landesgrundrecht inhaltsgleich mit dem parallelen Bundesgrundrecht ist, d.h. wenn beide Grundrechte im konkreten Fall zum selben Ergebnis führen.[653] Ob sich die Rechtsprechungsänderung auch auf die Anwendung

---

[645] *V. Coelln*, Anwendung von Bundesrecht, S. 94 Fn. 297.

[646] HessStGH, Entsch. v. 21.08.1953 – P.St. 131–, juris; HessStGH, Beschl. v. 13.09.2000 – P.St. 1553 –, BeckRS 2008, 36947,

[647] HessStGH ESVGH 34, 12, 13; 40, 75; s. dazu *Steinberg*, FS 50 Jahre Hessische Verfassung, S. 356, 377; *Gehb*, Verfassung, Zuständigkeiten und Verfahren des Hessischen Staatsgerichtshofs, S. 224 f.

[648] HessStGH ESVGH 11 II 21; 22, 135, 135; 24, 1, 5; 35, 1, 2; 35, 73; 39, 1, 2; 40, 1, 3; 40, 75; 43, 1, 2 f.

[649] HessStGH ESVGH 31, 174, 175.

[650] HessStGH, Beschl. v. 14.04.1989 – P.St. 1076 –, HessStAnz. 1989, 1661, 1663; Beschl. v. 22.12.1993 – P.St. 1166 –, HessStAnz. 1994, 738, 739; Beschl. v. 11.04.1994 – P.St. 1181–, HessStAnz. 1994, 1488, 1490; HessStGH, LVerfGE 4, 240, 243.

[651] BVerfGE 96, 345 ff.; ausführlich dazu oben, § 6 V.3. a).

[652] HessStGH, LVerfGE 9, 195, 197; 9, 200, 208.

[653] HessStGH, LVerfGE 9, 195, 197; ähnlich auch HessStGH, Beschl. v. 12.08.2015 – P.St. 2482 –; für eine Liste inhaltsgleicher Landesgrundrechte s. *Günther*, Verfassungsgerichtsbarkeit in Hessen, § 43 Rn. 57.

von materiellem Bundesrecht bezieht, lässt der Staatsgerichtshof ausdrücklich offen,[654] was auch für das Urteil zur Anwendbarkeit des landesverfassungsrechtlichen Streikrechts im Rahmen von §§ 823, 1004 BGB gilt, in dem der Staatsgerichtshof die entsprechende Grundrechtsklage mangels bundesrechtlichem Entscheidungsspielraum bereits für unzulässig befand.[655] Der Staatsgerichtshof prüft zwar in ständiger, schon vor dem Beschluss des Bundesverfassungsgerichts gefestigter Rechtsprechung, ob die Landesgerichte gegen das aus dem Gleichheitssatz des Art. 1 HessVerf abgeleitete Willkürverbot verstoßen haben und sieht sich im Falle eines Verstoßes zur Überprüfung auch am Maßstab der materiellen Landesgrundrechte befugt,[656] doch begründet er dies damit, dass in diesem speziellen Fall schon keine Anwendung von Bundesrecht vorliege und eine Überprüfung im Hinblick auf Art. 31 GG daher möglich sei.[657] Eine grundsätzliche Kontrolle der Anwendung von materiellem Bundesrecht auch am Maßstab der materiellen Landesgrundrechte kommt deshalb nach der Rechtsprechung des Hessischen Staatsgerichtshofs bislang nicht in Betracht.

cc) Saarland

Gemäß § 55 Abs. 1 SaarlVerfGHG kann jedermann Verfassungsbeschwerde zum Saarländischen Verfassungsgerichtshof erheben mit der Behauptung, durch die saarländische öffentliche Gewalt in einem seiner Grundrechte oder sonstigen verfassungsmäßigen Rechte verletzt zu sein. Eine verfassungsrechtliche Absicherung kennt die saarländische Landesverfassungsbeschwerde nicht. Sie beruht vielmehr auf der Vorschrift des Art. 97 Nr. 4 SaarlVerf, wonach eine Aufgabenzuweisung an den Verfassungsgerichtshof durch Verfassung oder Gesetz zulässig ist. Aus § 56 Abs. 1 und 2 SaarlVerfGHG ergibt sich, dass tauglicher Beschwerdegegenstand sowohl Legislativ-, als auch Exekutiv- und Judikativakte sein können. Nach Streichung des § 55 Abs. 3 SaarlVerfGHG a.F. kann eine Verfassungsbeschwerde zum Saarländischen Verfassungsgerichtshof nunmehr auch dann erhoben werden, wenn in derselben Sache eine Verfassungsbeschwerde vor dem Bundesverfassungsgericht zulässig ist.[658] § 55 Abs. 3 SaarlVerfGHG verlangt jedoch

---

[654] Ausdrücklich offen gelassen in HessStGH, Beschl. v. 30.07.1999 – P. St. 1405 –, HessStAnz. 1999, 2573, 2575; Beschl. v. 18.08.1999 – P.St. 1391 –, HessStAnz. 1999, 2834, 2836; Beschl. v. 15.06.2000 – P.St.
1494 –, BeckRS 2008, 36942; Beschl. v. 18.10.2000 – P.St. 1579 –, BeckRS 2008, 37024.

[655] HessStGH, Urt. v. 10.05.2017 – P.St. 2545 –, NZA 2017, 727, Rn. 36 u. 47; krit. zu dem Urteil insgesamt das Sondervotum der Richter *Sacksofsky*, *Gasper* und *Giani*, NZA 2017, 730 f.

[656] St. Rspr., s. HessStGH,Beschl. v. 24.01.1964 – P.St. 385; Beschl. v. 20.03.1985 – P.St. 1015 – ; Beschl. v. 14.04.1989 – P.St. 1076 –, HessStAnz. 1989, 1661, 1663; Beschl. v. 10.10.2012 – P.St. 2358 –, NJW-RR 2013, 181, 183; s. dazu *Gehb*, Verfassung, Zuständigkeiten und Verfahren des Hessischen Staatsgerichtshofs, S. 228.

[657] Vgl. dazu *Sacksofsky*,Verfassungsrecht, in: Hermes/Reimer (Hrsg.), Landesrecht Hessen, § 2 Rn. 42.

[658] S. dazu oben, § 6 V.2. a) cc) ccc); zu den Folgen der Streichung des § 55 Abs. 3 SaarlVerfGHG a.F. s. *Krause*, JöR 51 N.F. (2003), 403, 436 f.

grundsätzlich die Erschöpfung des Rechtsweges, bevor eine Landesverfassungsbeschwerde in zulässiger Weise erhoben werden kann. Der Saarländische Verfassungsgerichtshof verneint indes eine Kompetenz zur Kontrolle landesgerichtlicher Verfahren und Entscheidungen, wenn ihnen eine Interpretation des Verfahrensrechts des Bundes durch ein Bundesgericht zu Grunde liegt.[659] Nach § 61 Abs. 2 SaarlVerfGHG kann der Verfassungsgerichtshof eine Entscheidung aufheben, wenn der Verfassungsbeschwerde stattgegeben wurde. Dies bedeutet, dass auch landesgerichtliche Urteile, welche in einem bundesrechtlich geregelten Verfahren ergangen sind, vom Saarländischen Verfassungsgerichtshof kassiert werden können.[660]

Nachdem auf Grund von § 55 Abs. 3 SaarlVerfGHG a.F. bis zum Jahr 2000 eine Landesverfassungsbeschwerde zum Saarländischen Verfassungsgerichtshof unzulässig war, wenn in derselben Sache eine Verfassungsbeschwerde vor dem Bundesverfassungsgericht in zulässiger Weise erhoben werden konnte, war eine Landesverfassungsbeschwerde lange Zeit nur erfolgversprechend, wenn sie auf die Verletzung einer landesverfassungsrechtlichen Mehrgewährleistung gestützt wurde.[661] So erachtete der Verfassungsgerichtshof eine Verfassungsbeschwerde für zulässig, mit der eine Verletzung des in Art. 33 Abs. 3 S. 1 SaarlVerf als Jedermann-Grundrecht ausgestalteten Rechts auf Hochschulzugang gerügt wurde.[662] In der Begründetheitsprüfung ging der Verfassungsgerichtshof sodann davon aus, dass das über Art. 12 GG hinaus gehende Landesgrundrecht nicht nach Art. 31 GG durch vorrangiges Bundesrecht verdrängt werde.[663] Zur Frage, ob und gegebenenfalls inwieweit bei der Anwendung von Bundesrecht auch Landesgrundrechte herangezogen werden könnten, äußerte sich der Saarländische Verfassungsgerichtshof vor der Aufhebung von § 55 Abs. 3 SaarlVerfGHG a.F. damit nur insoweit, als er sich dazu befugt sah, landesgerichtliche Entscheidungen, die in einem bundesgerichtlichen Verfahren ergangen sind, aufzuheben, ohne freilich das Problem der Anwendbarkeit der Landesgrundrechte im Bereich des Bundesrechts konkret zu benennen oder zu thematisieren.[664]

In Folge des Beschlusses des Bundesverfassungsgerichts vom 15.10.1997[665] und nach der Aufhebung von § 55 Abs. 3 SaarlVerfGHG a.F. geht der Verfassungsgerichtshof heute davon aus, dass im Anwendungsbereich von Bundesverfahrensrecht saarländische Landesgrundrechte heran gezogen werden müssen, sofern

---

[659] SaarlVerfGH, Besch. v. 15.09.2005 – Lv 1/05 –, DÖV 2006, 261, 261 f.; Beschl. v. 28.06.2007 – Lv 6/07 –; SaarlVerfGH, Beschl. v. 28.06.2007 – Lv 6/07 –; SaarlVerfGH, Beschl. v. 15.04.2010 – Lv 5/09 –, BeckRS 2010, 48326.

[660] S. dazu schon SaarlVerfGH, Urt. v. 02.05.1983 – Lv 2–4/82 –, NVwZ 1983, 604, 605.

[661] Vgl. *v. Coelln*, Anwendung von Bundesrecht, S. 111 f.

[662] SaarlVerfGH, Urt. v. 02.05.1983 – Lv 2–4/82 –, NVwZ 1983, 604, 605.

[663] SaarlVerfGH, Urt. v. 02.05.1983 – Lv 2–4/82 –, NVwZ 1983, 604, 606.

[664] Vgl. *v. Coelln*, Anwendung von Bundesrecht, S. 112.

[665] BVerfGE 96, 345 ff.; ausführlich dazu oben, § 6 V.3. a).

diese mit den entsprechenden Bundesgrundrechten inhaltsgleich sind.[666] Dabei kommen nicht nur klassische Verfahrensgrundrechte wie das Grundrecht auf rechtliches Gehör,[667] sondern auch inhaltsgleiche materielle Landesgrundrechte wie die Eigentumsfreiheit[668] oder das Grundrecht auf Schutz personenbezogener Daten[669] als Prüfungsmaßstab in Betracht. Ob die genannten Grundsätze auch für die Anwendung von materiellem Bundesrecht gelten sollen, hat der Verfassungsgerichtshof ausdrücklich offen gelassen.[670] Etwas anderes ergibt sich auch nicht aus einer Entscheidung des Verfassungsgerichtshofs aus dem Jahr 2013, in der der Gerichtshof angedeutete, dass er prüfe, ob im Rahmen der bundesrechtlichen Vorgaben und ihrer auf Bundesrecht beruhenden administrativen Ausgestaltung die handelnde Landesbehörde das ihr dort eingeräumte Ermessen so, wie seine Maßstäbe und Grenzen in der Auslegung von Bundesrecht durch Bundesgerichte bestimmt worden seien, unter Beachtung der auch die saarländischen Landesbehörden bindenden Grundrechte der Verfassung des Saarlandes ausgeübt habe.[671] Die fragliche Entscheidung betraf die Auslegung und Anwendung der landesrechtlichen Strafvollstreckungsordnung, mithin eine Verwaltungsvorschrift des Landesrechts, so dass gerade nicht die Anwendung der bundesrechtlichen Strafprozessordnung und des Strafvollzugsgesetzes, welches im Saarland im Zeitpunkt der verfassungsgerichtlichen Entscheidung nach Art. 125a Abs. 1 S. 1 GG nach der Föderalismusreform noch als Bundesrecht fort galt, in Rede stand. Der Saarländische Verfassungsgerichtshof scheint insoweit dem Vorbild des Bayerischen Verfassungsgerichtshof zu folgen, als er eine Willkürprüfung am Maßstab des in Art. 12 Abs. 1 SaarVerf verankerten allgemeinen Gleichheitssatzes vornimmt, doch bezieht sich diese Willkürprüfung nur auf die Anwendung des bundesrechtlichen Verfahrensrechts und des materiellen Landesrechts.[672] Inwieweit im Falle von Willkür auch die Anwendung von materiellem Bundesrecht einer Überprüfung am Maßstab der materiellen Landesgrundrechte zugänglich sein soll, ist bislang nicht geklärt.[673] Es gibt allerdings derzeit keine Anzeichen dafür, dass der Saarländische Verfassungsgerichtshof insoweit dem Bayerischen Verfassungsgerichtshof folgen und im Falle von Willkür auch die Anwendung von materiellem Bundesrecht am Maßstab der Landesgrundrechte prüfen könnte.

---

[666] SaarlVerfGH, Beschl. v. 19.03.2004 – Lv 6/03 – BeckRS 2004, 19311, Rn. 17; Beschl. v. 28.06.2007 – Lv 6/07 –; Beschl. v. 15.04.2010 – Lv 5/09 –, BeckRS 2010, 48326; Beschl. v. 19.04.2016 – Lv 12/14 –, NVwZ-RR 2016, 641, 642; vgl. auch SaarlVerfGH, Urt. v. 08.07.2014 – Lv 6/13 –, BeckRS 2014, 53649, wobei der Gerichtshof auf eine Inhaltsgleichheit mit den entsprechenden Bundesgrundrechten gar nicht eingeht.

[667] S. dazu SaarlVerfGH, Beschl. v. 05.06.2003 – Lv 7/02 –.

[668] S. SaarlVerfGH, Beschl. v. 19.03.2004 – Lv 7/03 –.

[669] SaarlVerfGH, Beschl. v. 18.12.2015 – Lv 4/15 –, BeckRS 2016, 51118.

[670] SaarlVerfGH, Beschl. v. 19.03.2004 – Lv 8/03 –; Beschl. v. 19.03.2004 – Lv 6/03 –, BeckRS 2004, 19311, Rn. 17.

[671] Vgl. SaarlVerfGH, Urt. v. 18.03.2013 – Lv 6/12 –, BeckRS 2013, 48404.

[672] SaarlVerfGH, Urt. v. 08.07.2014 – Lv 6713 –, NVwZ-RR 2014, 865, 866 ff.; Beschl. v. 19.04.2016 – Lv 12/14 –, NVwZ-RR 2016, 641, 642; zur Willkürprüfung in Bezug auf das Verfahrensrecht s. auch SaarlVerfGH, Besch. v. 17.01.2008 – Lv 5/07 –.

[673] SaarlVerfGH, Urt. v. 08.07.2014 – Lv 6713 –, NVwZ-RR 2014, 865, 866 ff.

dd) Rheinland-Pfalz

Die Verfassungsbeschwerde zum Verfassungsgerichtshof Rheinland-Pfalz wurde mit Gesetz vom 10.11.1992[674] neu eingeführt und erst im Jahr 2000 in Art. 130a RPfVerf verfassungsrechtlich verankert.[675] Danach kann jeder mit der Behauptung, durch die öffentliche Gewalt des Landes in einem in der Landesverfassung enthaltenen Rechte verletzt zu sein, Verfassungsbeschwerde zum Verfassungsgerichtshof erheben. Tauglicher Beschwerdegegenstand können nach §§ 44 Abs. 1, 46 Abs. 3, 48 Abs. 1–3 RPfVerfGHG sowohl Legislativ- als auch Exekutiv- und Judikativakte sein. Gemäß § 44 Abs. 3 RPfVerfGHG ist vor Erhebung der Verfassungsbeschwerde grundsätzlich der Rechtsweg zu erschöpfen. Bejaht der Verfassungsgerichtshof eine Grundrechtsverletzung, kann er die angegriffene Entscheidung nach § 49 Abs. 3 RPfVerfGHG aufheben.

Eine Besonderheit im Zusammenhang mit der rheinland-pfälzischen Landesverfassungsbeschwerde stellt § 44 Abs. 2 S. 1 RPfVerfGHG dar, wonach eine Verfassungsbeschwerde unzulässig ist, soweit die öffentliche Gewalt des Landes Bundesrecht ausführt oder anwendet.[676] Dies gilt nach § 44 Abs. 2 S. 2 RPfVerfGHG indes nicht für die Durchführung des gerichtlichen Verfahrens oder wenn die Landesverfassung weiter reichende Rechte als das Grundgesetz gewährleistet. Mit dieser Regelung wollte die rheinland-pfälzische Landesregierung, die den Gesetzentwurf eingebracht hatte, auf die Unterschiede zwischen der Rechtsprechung des Bayerischen Verfassungsgerichtshofs und des Hessischen Staatsgerichtshofs bezüglich der Heranziehung von Landesgrundrechten bei der Anwendung von Bundesrecht reagieren und potentielle verfahrensrechtliche Konsequenzen vermeiden, welche durch die uneingeschränkte Bereitstellung einer zusätzlichen Rechtsschutzmöglichkeit für den Bürger, etwa im Bereich des Asylrechts, hervorgerufen werden könnten.[677] Wo die rheinland-pfälzische Landesverfassung hingegen echte grundrechtliche Mehrgewährleistungen bereit halte, solle auch wegen der Anwendung von Bundesrecht der Verfassungsgerichtshof angerufen werden können, wenn das Bundesrecht für eine Beachtung der Landesverfassung Raum belasse, da der in Art. 31 GG zum Ausdruck gebrachte Vorrang des Bundesrechts einer solchen Prüfung nicht entgegen stehe.[678] Damit rekurriert die Landesregierung augenscheinlich auf die in der Literatur vertretene Spielraumtheorie.[679] Auf eine Differenzierung zwischen der Anwendung von Bundesverfahrensrecht und materiellem Bundesrecht verzichtet die Landesregierung in ihrer Begründung hingegen, obwohl die Landesverfassung sowohl Ver-

[674] Landesgesetz zur Änderung des Landesgesetzes über den Verfassungsgerichtshof, RhPf-GVBl., S. 317.
[675] S. dazu *Gusy/Wagner*, JöR 51 N.F. (2003), 385, 399 f.
[676] Vgl. *Held*, NVwZ 1995, 534, 537 f.
[677] LT-Drs. 12/1643, S. 11.
[678] LT-Drs. 12/1643, S. 11; vgl. auch RPfVerfGH, Beschl. v. 16.08. 1994 – VGH B 15/93 –, NJW 1995, 444, 445.
[679] S. dazu oben, § 6 IV.1. d) bb).

fahrensgrundrechte als auch materielle Grundrechte enthält.[680] Bemerkenswert ist ferner, dass die Begründung zu dem in § 44 Abs. 3 RPfVerfGHG verankerten Gebot der Rechtswegerschöpfung ausführt, eine Landesverfassungsbeschwerde sei auch dann nicht ausgeschlossen, wenn sie sich gegen eine landesgerichtliche Entscheidung richte, welche von einem Bundesgericht sachlich geprüft wurde, da das Bundesgericht die Vereinbarkeit einer Entscheidung mit landesgrundrechtlichen Mehrgewährleistungen nicht prüfen könne.[681]

Der Verfassungsgerichtshof Rheinland-Pfalz argumentiert in einer Entscheidung aus dem Jahr 2000, dass sich bei der Anwendung von Bundesrecht nach § 44 Abs. 2 S. 2 RPfVerfGHG ein spezifisch landesverfassungsrechtlicher Maßstab ergebe, wenn die Landesgrundrechte einen weiter gehenden Schutz gewährleisteten als das Grundgesetz.[682] Eine Heranziehung von Landesgrundrechten komme im Rahmen der Anwendung von Bundesrecht jedoch nur in Betracht, wenn das Bundesrecht hierfür Raum belasse.[683] Enthalte das einfache Bundesrecht eine abschließende Regelung, was bei der Gestaltung des gerichtlichen Verfahrens „regelmäßig" anzunehmen sei, setze sich das Bundesrecht gemäß Art. 31 GG gegen weiter gehende landesverfassungsrechtliche Gewährleistungen durch, wobei in diesem Fall allerdings noch Raum für die Beachtung derjenigen Landesgrundrechte bleibe, die den gleichen Inhalt wie Bundesgrundrechte hätten.[684] Diese Aussage ist insoweit missverständlich, als man daraus die Inanspruchnahme einer Prüfungskompetenz am Maßstab inhaltsgleicher Landesgrundrechte ableiten könnte, ein Ergebnis, das der Verfassungsgerichtshof in der konkreten Entscheidung jedoch ausdrücklich verneint.[685] Darüber hinaus erwägt der Verfassungsgerichtshof in der Entscheidung, dass möglicherweise gar keine Anwendung von Bundesrecht vorliege, welche die Zulässigkeit der Verfassungsbeschwerde ausschließe, wenn die Instanzgerichte willkürlich entschieden hätten.[686] Es scheint, als ob der Verfassungsgerichtshof damit dem Ansatz des Bayerischen Verfassungsgerichtshof zur Willkürprüfung[687] folgen würde, wobei die Frage mangels Entscheidungserheblichkeit in der fraglichen Entscheidung letztlich offen blieb. Grund dafür ist, dass die Verfassungsbeschwerde nach Ansicht des Verfassungsgerichtshofs bereits deswegen unzulässig war, weil ein Bundesgericht die Entscheidung des Landesgerichts in der Sache bestätigt habe,[688] womit der Verfassungsgerichtshof den Vorgaben des Bundesverfassungsgerichts aus dem Beschluss vom 15.10.1997[689] Rechnung trägt.

---

680 S. *v. Coelln*, Anwendung von Bundesrecht, S. 115.

681 LT-Drs. 12/1643, S. 11 f.; vgl. auch RPfVerfGH, Beschl. v. 16.08. 1994 – VGH B 15/93 –, NJW 1995, 444, 445.

682 RPfVerfGH, Beschl. v. 15.11.2000 – VGH B 10/00 –, DÖV 2001, 209, 209.

683 RPfVerfGH, Beschl. v. 15.11.2000 – VGH B 10/00 –, DÖV 2001, 209, 209.

684 RPfVerfGH, Beschl. v. 15.11.2000 – VGH B 10/00 –, DÖV 2001, 209, 209.

685 RPfVerfGH, Beschl. v. 15.11.2000 – VGH B 10/00 –, DÖV 2001, 209, 210.

686 RPfVerfGH, Beschl. v. 15.11.2000 – VGH B 10/00 –, DÖV 2001, 209, 210.

687 S. dazu oben, § 6 V.3. b) aa).

688 RPfVerfGH, Beschl. v. 15.11.2000 – VGH B 10/00 –, DÖV 2001, 209, 210.

689 BVerfGE 96, 345 ff.; ausführlich dazu oben, § 6 V. 3. a).

Als weitere Reaktion auf den Beschluss des Bundesverfassungsgerichts hat der Verfassungsgerichtshof Rheinland-Pfalz seine Rechtsprechung in der Folgezeit präzisiert und klar gestellt, dass die Durchführung des bundesrechtlich geregelten Verfahrens durch die Gerichte entsprechend der Ausnahme des § 44 Abs. 2 S. 2 1. Var. RPfVerfGHG an den Grundrechten der Landesverfassung zu messen sei, soweit diese den gleichen Inhalt hätten wie die entsprechenden Grundrechte des Grundgesetzes.[690] In einer anderen Entscheidung betonte der Verfassungsgerichtshof, dass eine Landesverfassungsbeschwerde bei der Anwendung von (materiellem) Bundesrecht nach § 44 Abs. 2 S. 1 RPfVerfGHG vorbehaltlich eines im Vergleich zum Grundgesetz weiter reichenden Schutzes durch die Landesverfassung unzulässig sei und der Verfassungsgerichtshof in diesen Fällen lediglich zu der Prüfung befugt wäre, ob die angegriffene Entscheidung gegen das in Art. 17 Abs. 2 RPfVerf enthaltene Willkürverbot verstoße.[691] Falls Willkür gegeben sei, so liege der Entscheidung in Wahrheit kein (materielles) Bundesrecht zugrunde,[692] so dass dem Verfassungsgerichtshof auch die Befugnis zukomme, einen Verstoß gegen die Bindung des Richters an Gesetz und Recht (Art. 77 Abs. 2 RPfVerf), der eine Verletzung der allgemeinen Handlungsfreiheit (Art. 1 Abs. 1 und 2 RPfVerf) begründen könne, zu prüfen.[693]

In einer Entscheidung aus dem Jahr 2012 bejahte der Gerichtshof zunächst unter Rückgriff auf § 44 Abs. 2 S. 2 1. Var. RPfVerfGHG seine Prüfungsbefugnis bezüglich des durch die Prozessordnungen des Bundes geregelten Verfahrens, soweit die Landesgrundrechte mit den entsprechenden Grundrechten des Grundgesetzes inhaltsgleich seien, ging anschließend jedoch noch einen Schritt weiter. Er beschränkte in der fraglichen Entscheidung seine Prüfung nämlich nicht auf die Verfahrensgrundrechte, sondern zog unabhängig vom Vorliegen von Willkür auch das in Art. 25 Abs. 1 RPfLVerf garantierte elterliche Erziehungsrecht als Prüfungsmaßstab heran, wobei er allerdings betonte, dass die in Art. 25 Abs. 1 S. 1 RPfVerf genannten Erziehungsziele außer Acht zu lassen seien, soweit sie über die durch die Rechtsprechung des Bundesverfassungsgerichts zu Art. 6 Abs. 2 GG aufgestellten Grundsätze hinaus weiterreichende Rechte des Grundrechtsadressaten oder Grundrechtschranken vermittelten.[694]

Diese Rechtsprechungslinie hat der Verfassungsgerichtshof nunmehr präzisiert und fortentwickelt, indem er in einer Entscheidung aus dem Jahr 2014 ohne Vorliegen von Willkür auch die Anwendung von materiellem Bundesrecht am Maß-

---

[690] RPfVerfGH, Beschl. v. 16.03.2001 – VGH B 14/00 –, NJW-RR 2001, 1218, 1219; s. auch Beschl. v. 11.05. 2006 – VGH B 6/06 –, NJW 2006, 3341, 3342; s. dazu *Jutzi*, Staatsrecht, in: Hendler/Hufen/Jutzi (Hrsg.), Landesrecht Rheinland-Pfalz, § 1 Rn. 124 f.; *Held*, in: Grimm/ Caesar, Verfassung für Rheinland-Pfalz, Art. 130 a Rn. 31.

[691] RPfVerfGH, Beschl. v. 11.02.2004 – VGH B 23/03 –; Beschl. v. 19.12.2006 – VGH B 7/ 06 –, BeckRS 2007, 20650; Beschl. v. 21.12.2009 – VGH B 13/09 –, BeckRS 2010, 45465; Beschl. v. 15.07.2015 – VGH B 19/15 –, BeckRS 2015, 55030.

[692] RPfVerfGH, Beschl. v. 11.02.2004 – VGH B 23/03 –.

[693] RPfVerfGH, Beschl. v. 06.08.2007 – VGH B 12/07 –, BeckRS 2012, 58117.

[694] RPfVerfG, Beschl. v. 13.07.2012 – VGH B 10/12 –, NJW-RR 2012, 1345, 1346.

stab des Rechts auf informationelle Selbstbestimmung (Art. 4a RPfVerf) und des Rechts auf Unverletzlichkeit der Wohnung (Art. 7 RPfVerf) – beides materielle Gewährleistungen der Landesverfassung – überprüfte und auf die Inhaltsgleichheit dieser Garantien mit den grundgesetzlichen Gewährleistungen verwies.[695] Zwar betonte der Gerichtshof, dass nicht die Entscheidung in der Sache selbst, sondern die Durchführung des gerichtlichen Verfahrens überprüft werde,[696] doch ändert dies nichts daran, dass die fraglichen Landesgrundrechte keine Prozessgrundrechte im eigentlichen Sinn darstellen.[697] Interessant in Bezug auf die genannte Entscheidung ist ferner, dass der Verfassungsgerichtshof im Hinblick auf die Anwendung der materiell-rechtlichen Normen des Strafgesetzbuchs prüfte, ob diese vor dem Hintergrund der genannten Landesgrundrechte noch „vertretbar" sei, was einer Verfeinerung des Willkürmaßstabes gleich kommt und eine Ausdehnung des Kontrollzugriffs des Verfassungsgerichtshofs auf die Anwendung von materiellem Bundesrecht mit sich bringt, zumindest insoweit, als es um eine Vertretbarkeitskontrolle geht.[698] Rheinland-pfälzische Landesgrundrechte erhalten damit ein breiteres Anwendungsfeld, wenngleich nicht übersehen werden darf, dass der Verfassungsgerichtshof Rheinland-Pfalz diese Verfeinerung des Willkürmaßstabs in einem Beschluss aus dem Jahr 2015 zur Berücksichtigung landesrechtlicher Verfahrensgrundrechte in einem beamtenrechtlichen Konkurrentenstreit, mithin bei der Anwendung von materiellem Bundesrecht, nicht beibehielt, sondern stattdessen zu seinem ursprünglichen Maßstab zur Feststellung von Willkür zurückkehrte.[699] Bemerkenswert an der letztgenannten Entscheidung ist indes, dass der Verfassungsgerichtshof trotz der Verneinung von Willkür die Anwendung des materiellen Bundesrechts am Maßstab der landesverfassungsrechtlich garantierten Unschuldsvermutung des Art. 6 Abs. 4 S. 2 RPfVerf überprüfte, welche im Grundgesetz kein explizites Pendant hat, sondern dort aus dem Rechtsstaatsprinzip hergeleitet wird.[700] Trotz dieser Erweiterung des Anwendungsbereichs der rheinland-pfälzischen Landesgrundrechte hat es aber auch der Verfassungsgerichtshof Rheinland-Pfalz bislang nicht gewagt, vom Kriterium der Inhalts- und Ergebnisgleichheit abzuweichen.

ee) Brandenburg

Gemäß Art. 6 Abs. 2, 113 Nr. 4 BbgVerf i.V.m. §§ 12 Nr. 4, 45 ff. BbgVerfGG kann jeder mit der Behauptung, durch die öffentliche Gewalt des Landes Brandenburg in einem in der Verfassung gewährleisteten Grundrecht verletzt zu sein, Verfassungsbeschwerde zum Brandenburgischen Verfassungsgericht erheben, so-

[695] RPfVerfG, Beschl. v. 24.02.2014 – VGH B 26/13 –, BeckRS 2014, 47776.
[696] RPfVerfG, Beschl. v. 24.02.2014 – VGH B 26/13 –, BeckRS 2014, 47776.
[697] *Gärditz*, LKRZ 2014, 187, 189.
[698] *Gärditz*, LKRZ 2014, 187, 191 f.
[699] RPfVerfG, Beschl. v. 15.07.2015 – VGH B 19/15 –, BeckRS 2015, 55030, Rn. 20.
[700] RPfVerfG, Beschl. v. 15.07.2015 – VGH B 19/15 –, BeckRS 2015, 55030, Rn. 22 ff.

weit nicht in derselben Sache[701] Verfassungsbeschwerde zum Bundesverfassungsgericht erhoben ist oder wird. Tauglicher Beschwerdegegenstand der brandenburgischen Landesverfassungsbeschwerde sind gemäß §§ 47 Abs. 3 BbgVerfGG, 49 Abs. 1 bis 3 BbgVerfGG Akte der Legislative, Exekutive und Judikative. Vor Erhebung der Verfassungsbeschwerde ist nach § 45 Abs. 2 BbgVerfGG grundsätzlich der Rechtsweg zu erschöpfen. Das Brandenburgische Verfassungsgericht kann im Falle einer erfolgreichen Verfassungsbeschwerde die angegriffene gerichtliche Entscheidung nach § 50 Abs. 3 BbgVerfGG aufheben.

Zu Beginn seiner Rechtsprechungstätigkeit hatte das Brandenburgische Verfassungsgericht die Anwendung von Bundesverfahrensrecht und materiellem Bundesrecht am Maßstab der Landesgrundrechte überprüft, ohne auf die damit verbundenen bundesstaatlichen Implikationen einzugehen.[702] So ging es davon aus, Art. 47 Abs. 2 BbgVerf, der als landesrechtliche Mehrgewährleistung die Möglichkeit zur Räumung von Wohnungen einschränkt, wirke sich im Bereich der Zwangsvollstreckung aus, wenn und soweit die bundesrechtliche Regelung hierfür Spielraum lasse.[703] Das Grundrecht greife auf, was sich bereits aus Art. 1 i.V.m. Art. 20 GG ergebe, doch lag im konkreten Fall keine Grundrechtsverletzung vor,[704] so dass sich die Frage nach der Reichweite der Prüfungskompetenz gar nicht erst stellte. Allerdings lässt sich der Hinweis auf den bundesrechtlich eingeräumten Spielraum so verstehen, als ob das Brandenburgische Verfassungsgericht zu Beginn einer Rechtsprechungstätigkeit der in der Literatur vertretenen Spielraumtheorie zugeneigt gewesen sei.[705]

In der Folgezeit ging das Brandenburgische Verfassungsgericht dazu über, die Frage seiner Prüfungskompetenz bezüglich der Heranziehung von Landesgrundrechten bei der Anwendung von Bundesrecht ausdrücklich offen zu lassen, was sowohl für die Anwendung von Bundesverfahrensrecht als auch von materiellem Bundesrecht galt, wobei die Frage jeweils in der Begründetheitsprüfung thematisiert wurde.[706] In Bezug auf das Bundesverfahrensrecht ging das Verfassungsgericht davon aus, dass Landesgrundrechte lediglich im Rahmen bundesverfahrensrechtlicher Handlungs- und Ermessensspielräume heran gezogen werden könne, während eine Prüfung am Maßstab der Landesverfassung ausgeschlossen sein sollte, soweit die Verfahrensordnung des Bundes abschließend und zwingend sei.[707] Wann

---

[701] Zur Problematik, wann eine Verfassungsbeschwerde „in derselben Sache" vorliegt, s. *Stern*, FS 50 Jahre BayVerfGH, S. 241, 249.

[702] BbgVerfG, Beschl. v. 17.03.1994 – VfGBbg 1/94 –, LVerfGE 2, 88, 92; BbgVerfG, Beschl. v. 19.05.1994 – VfGBbg 6/93; 6/93 EA –, LKV 1994, 443 ff.; *v. Coelln*, Anwendung von Bundesrecht, S. 121.

[703] BbgVerfG, Beschl. v. 19.05.1994 – VfGBbg 6/93; 6/93 EA –, LKV 1994, 443, 444; so auch *Franke/Kneifel-Haverkamp*, JöR 42 N.F. (1994), 111, 147.

[704] BbgVerfG, Beschl. v. 19.05.1994 – VfGBbg 6/93; 6/93 EA –, LKV 1994, 443, 444.

[705] Zur Spielraumtheorie s. oben, § 6 IV.1. d) bb).

[706] Beschl. v. 14.08.1996 – VfGBbg 23/95 –, NStZ-RR 1997, 136, 137; *v. Coelln*, Anwendung von Bundesrecht, S. 122.

[707] BbgVerfG, Beschl. v. 15.09.1994 – VfGBbg 10/93 –, NJW 1995, 1018, 1019; Beschl. v. 19.01.1995 – VfGBbg 9/94 –; Beschl. v. 21.08.1995 – VfGBbg 8/95 –.

ein solcher Spielraum vorliegen solle, erläuterte das Verfassungsgericht nicht, sondern es erwähnte den Punkt vielmehr nur dann, wenn es die bundesrechtliche Verfahrensordnung in den entscheidungserheblichen Punkten für abschließend hielt.[708] Außerdem nahm das Verfassungsgericht in den fraglichen Fällen nie eine Verletzung eines Landesgrundrechtes an, so dass die Frage stets als nicht entscheidungserheblich offen gelassen werden konnte.[709]

Ein ganz ähnliches Bild zeigt sich bei der Frage nach Prüfungskompetenz bei der Anwendung von materiellem Bundesrecht. Das Verfassungsgericht betonte, dass auch diesbezüglich offen bleibe, ob Grundrechtsverletzungen, die im Rahmen eines bundesrechtlich geordneten Verfahren erfolgt sind, am Maßstab der Landesverfassung geprüft werden könnten.[710] Jedenfalls könnten Landesgrundrechte bei der Anwendung von materiellem Bundesrecht aber nur dort heran gezogen werden, wo die bundesrechtliche Vorschrift einen entsprechenden Wertungs- und Ermessensspielraum belasse.[711]

Als Reaktion auf den Beschluss des Bundesverfassungsgerichts vom 15.10.1997[712] bejaht das Brandenburgische Verfassungsgericht nunmehr in ständiger Rechtsprechung seine Kompetenz zur Heranziehung von Grundrechten der Landesverfassung bei der Anwendung von Bundesverfahrensrecht.[713] Das Verfassungsgericht rekurriert auch in diesem Zusammenhang auf die Prinzipien der Spielraumtheorie, indem es davon ausgeht, dass die Landesgerichte innerhalb bundesverfahrensrechtlich eröffneter Wertungsspielräume an die mit dem Grundgesetz inhaltsgleichen Landesgrundrechte gebunden seien, worauf sich folgerichtig die Prüfungskompetenz des Verfassungsgerichts beziehe.[714] In neueren Entscheidungen finden sich trotz augenscheinlicher Beibehaltung des grundlegenden Konzeptes aller-

[708] BbgVerfG, Beschl. v. 15.09.1994 – VfGBbg 10/93 –, NJW 1995, 1018; 1019; Beschl. v. 21.11.1996 – VfGBbg 17/96 –; BbgVerfG, Beschl. v. 21.11.1996 – VfGBbg 18/96 –; zum Ganzen s. *v. Coelln*, Anwendung von Bundesrecht, S. 122.

[709] BbgVerfG, Beschl. v. 15.09.1994 – VfGBbg 10/93 –, NJW 1995, 1018; 1019; Beschl. v. 19.01.1995 – VfGBbg 9/94 –; Beschl. v. 21.08.1995 – VfGBbg 8/95 –; Beschl. v. 23.05.1996 – VfGBbg 11/95 –; Beschl. v. 14.08.1996 – VfGBbg 23/95 –, NVwZ-RR 1997, 136, 137; Beschl. v. 21.08.1997 – VfGBbg 21/97 –.

[710] BbgVerfG, Beschl. v. 20.04.1995 – VfGBbg 11/94 –; Beschl. v. 17.10.1996 – VfGBbg 19/95 –; Beschl. v. 20.02.1997 – VfGBbg 45/96 –; Beschl. v. 21.08.1997 – VfGBbg 21/97 –; Beschl. v. 21.08.1997 – VfGBbg 13/97 –.

[711] BbgVerfG, Beschl. v. 21.11.1996 – VfGBbg 18/96 –; zum Ganzen s. *v. Coelln*, Anwendung von Bundesrecht, S. 123.

[712] BVerfGE 96, 345 ff.; ausführlich dazu oben, § 6 V.3. a).

[713] BbgVerfG, Beschl. v. 16.04.1998 – VfGBbg 1/98 –; Beschl. v. 17.09.1998 – VfGBbg 17/98 –; Beschl v. 17.09.1998 – VfGBbg 18/98 –; 22/98 –; Beschl. v. 21.10.1999 – VfGBbg 26/99 –, NVwZ 2000, 60, 61; Beschl. v. 15.11.2001 – VfGBbg 49/01 –; Beschl. v. 16.05.2002 – VfGBbg 46/02 –; Beschl. v. 19.11.2009 – VfGBbg 17/09; Beschl. v. 27.05.2011 – VfGBbg 59/10; Beschl. v. 24.01.2014 – VfGBbg 13/13 –; s. dazu auch *Buchheister*, LKV 1999, 138, 139; *ders.*, LKV 2000, 143, 144.

[714] BbgVerfG, Beschl. v. 17.09.1998 – VfGBbg 17/98 –; Beschl v. 17.09.1998 – VfGBbg 18/98 –, BeckRS 1998, 17118; BbgVerfG, Beschl v. 17.09.1998 – VfGBbg 22/98 –, NStZ-RR 1998, 366, 366 f.; Beschl. v. 21.10.1999 – VfGBbg 26/99 –, NVwZ 2000, 60, 61; vgl. *v. Coelln*, Anwendung von Bundesrecht, S. 123.

dings kaum mehr Hinweise auf die Spielraumtheorie.[715] Darüber hinaus hielt sich das Brandenburgische Landesverfassungsgericht nach dem Beschluss des Bundesverfassungsgerichts für befugt, nicht hinreichend bestimmte gerichtliche Durchsuchungsanordnungen wegen Verstoßes gegen das Grundrecht auf Unverletzlichkeit der Wohnung (Art. 15 Abs. 1 BbgVerf) aufzuheben,[716] was in der Sache einer Anwendung von materiellen Landesgrundrechten im Rahmen von Bundesverfahrensrecht, aber außerhalb des eigentlichen gerichtlichen Verfahrensrechts, gleich kommt.[717] In diesem Zusammenhang ist zudem anzumerken, dass das Brandenburgische Verfassungsgericht bei der Anwendung von Bundesverfahrensrecht das landesrechtlich in Art. 52 Abs. 3 BbgVerf garantierte Willkürverbot als Prüfungsmaßstab heranzieht, wobei er angesichts der speziell auf das gerichtliche Verfahren zugeschnittenen Vorschrift des Art. 52 Abs. 3 BbgVerf, anders als der Bayerische Verfassungsgerichtshof,[718] nicht den allgemeinen Gleichheitssatz als Begründung heran ziehen muss.

Seine Beschränkung der Heranziehung von Landesgrundrechten auf die Anwendung von Bundesverfahrensrecht hat das Verfassungsgericht nunmehr allerdings Schritt für Schritt aufgegeben, womit es sich wieder seiner zu Beginn der Rechtsprechungstätigkeit vertretenen Linie annähert. So führt das Gericht in einer Entscheidung aus dem Jahr 2005 aus, dass die vom Bundesverfassungsgericht geforderten Voraussetzungen auch dann gegeben seien, wenn bei der Anwendung von materiellem Bundesrecht ein Landesverfahrensgrundrecht, das inhaltsgleich mit einem Verfahrensgrundrecht des Grundgesetzes ist, verletzt werde, da aus Art. 31 GG ein struktureller Unterschied zwischen der Kompetenz der Landesverfassungsgerichte zur Überprüfung materiellen Bundesrechts einerseits und Bundesverfahrensrechts andererseits – jeweils anhand von Landesverfahrensgrundrechten – nicht ableitbar sei.[719] In einer Entscheidung aus dem Jahr 2010 schließlich hob das Gericht hervor, dass kein Grund für die Annahme bestehe, die Befugnis der Landesverfassungsgerichte könne im Falle der Anwendung materiellen Bundesrechts durch Landesgerichte darauf beschränkt sein, ihre Vereinbarkeit mit Landes*verfahrens*grundrechten zu überprüfen.[720] Vielmehr gölten die Erwägungen zum Prüfungsmaßstab gleichermaßen, wenn die Verletzung von materiellen Landesgrundrechten bei der Anwendung von materiellem Bundes-

---

715 Beschl. v. 19.11.2009 – VfGBbg 17/09 –; Beschl. v. 27.05.2011 – VfGBbg 59/10 –; Beschl. v. 24.01.2014 – VfGBbg 13/13 –.

716 BbgVerfG, Beschl v. 17.09.1998 – VfGBbg 22/98 –, NStZ-RR 1998, 366, 366 f.

717 Für ähnlich gelagerte Fälle s. BbgVerfG, Beschl. v. 15.11.2001 – VfGBbg 49/01 –, LKV 2002, 131 f. im Hinblick auf das Recht auf informationelle Selbstbestimmung; BbgVerfG, Beschl. v. 25.09.2002 – VfGBbg 79/02 –, LKV 2003, 27 ff., wo neben dem Recht auf informationelle Selbstbestimmung auch die Eigentumsfreiheit Prüfungsmaßstab war; vgl. zudem BbgVerfG, Beschl. v. 17.02.2000 – VfGBbG 45/99 –, NStZ-RR 2000, 185 ff. hinsichtlich des Rechts, im Falle einer Verhaftung unverzüglich eine Person des Vertrauens zu benachrichtigen; s. dazu *Klein*, FG Verfassungsgericht Brandenburg, S. 29, 34.

718 S. dazu oben, § 6 V.3. b) aa).

719 BbgVerfG, LVerfGE 16, 149, 153 ff.

720 BbgVerfG, LVerfGE 21, 97, 107 f.

recht gerügt werde,[721] wobei die Frage in dem zu entscheidenden Fall freilich nicht entscheidungserheblich war. In einem Beschluss aus dem Jahr 2015 gibt das Brandenburgische Verfassungsgericht darüber hinaus zu erkennen, dass die Anwendung von Bundesverfahrensrecht am Maßstab der materiellen Landesgrundrechte, *in concreto* dem Recht der Eltern auf Pflege und Erziehung ihrer Kinder, überprüft werden könne.[722] Damit ist nach der Rechtsprechung des Brandenburgischen Verfassungsgerichts nunmehr jede Form von Bundesrecht am Maßstab der Landesgrundrechte überprüfbar, worin möglicherweise eine Abweichung zur Rechtsprechung anderer Landesverfassungsgerichte liegt.[723] Das Brandenburgische Verfassungsgericht ist sich dieser Problematik sehr wohl bewusst, wobei es in erster Linie eine Abweichung zur Rechtsprechung des Bayerischen Verfassungsgerichtshofs annimmt, der jedoch, wie das Brandenburgische Verfassungsgericht betont, ebenfalls eine Überprüfung von Bundesrecht zumindest am Willkürmaßstab vornehme.[724] Der Verweis auf den Bayerischen Verfassungsgerichtshof erscheint indes wenig überzeugend, da die eigentliche Diskrepanz zur Rechtsprechung des Hessischen Staatsgerichtshofs besteht, welcher bislang nicht bereit ist, bei der Anwendung von Bundesrecht materielle Landesgrundrechte heranzuziehen.[725] Eine Vorlage an das Bundesverfassungsgericht nach Art. 100 Abs. 3 GG ist bislang nicht erfolgt, weil die Frage nach dem landesverfassungsgerichtlichen Prüfungsmaßstab in den zu entscheidenden Fällen nicht entscheidungserheblich war, doch wird sich eine Vorlage auf lange Sicht nicht vermeiden lassen, wenn das Brandenburgische Verfassungsgericht seine proaktive Linie bezüglich der Heranziehung von Landesgrundrechten bei der Anwendung von materiellem Bundesrecht beibehalten möchte.[726] Freilich sind auch bei der Anwendung materieller Landesgrundrechte im Rahmen des Bundesrechts keine großartigen Impulse für das brandenburgische Landesverfassungsrecht zu erwarten, da es keine Anzeichen gibt, dass das Bundesverfassungsgericht von dem von ihm aufgestellten Kriterium der Inhaltsgleichheit in Form einer Ergebnisgleichheit abweichen wird.

ff) Mecklenburg-Vorpommern

Gemäß Art. 53 Nr. 6 MVVerf, §§ 11 Abs. 1 Nr. 8, 52 ff. MVVerfGG kann jeder mit der Behauptung, durch ein Landesgesetz unmittelbar in seinen Grundrechten oder staatsbürgerlichen Rechten verletzt zu sein, Verfassungsbeschwerde zum Landesverfassungsgericht erheben. Gegen sonstige Akte der Landesstaatsgewalt, d.h. Exekutiv- und Judikativakte sowie Rechtsnormen, die nicht Art. 53 Nr. 6

---

[721] BbgVerfG, LVerfGE 21, 97, 107 f.; für die Anwendung von materiellen Landesgrundrechten im Rahmen von Bundesverfahrensrecht s. auch BbgVerfG, Beschl. v. 27.05.2011 – VfGBbg 59/10 –, BeckRS 2011, 52853.

[722] BbgVerfG, Beschl. v. 20.02.2015 – VfGBbg 44/14 –, BeckRS 2015, 43430.

[723] S. *Otto*, LKV 2011, 126, 127.

[724] BbgVerfG, LVerfGE 21, 97, 108; s. dazu oben, § 6 V.3. b) aa).

[725] S. dazu oben, § 6 V.3. b) bb).

[726] Vgl. *Otto*, LKV 2011, 126, 127.

MVVerf unterfallen, kann der Einzelne nach Art. 53 Nr. 7 MVVerf, §§ 11 Abs. 1 Nr. 9, 58 ff. MVVerfGG Verfassungsbeschwerde mit der Behauptung erheben, durch die öffentliche Gewalt in einem seiner in Artikel 6 bis 10 der durch die Landesverfassung gewährten Grundrechte verletzt zu sein, soweit eine Zuständigkeit des Bundesverfassungsgerichts nicht gegeben ist. Daraus folgt, dass die Beachtung der durch Art. 5 Ab. 3 MVVerf in die Landesverfassung inkorporierten Grundrechte des Grundgesetzes im Wege der Landesverfassungsbeschwerde nach Art. 53 Nr. 7 MVVerf nicht überprüft werden kann.[727] Bei den Grundrechten, deren Einhaltung mit der Verfassungsbeschwerde geprüft werden kann, handelt es sich um Datenschutz- und Informationsrechte, die Freiheit von Kunst und Wissenschaft, die Chancengleichheit im Bildungswesen, die Inkorporation der staatskirchenrechtlichen Bestimmungen der Weimarer Reichsverfassung sowie das Petitionsrecht. Daraus folgt, dass eine Landesverfassungsbeschwerde nach Art. 53 Nr. 7 MVVerf zum Schutze zentraler Grundrechte wie der Meinungs- oder Berufsfreiheit in Mecklenburg-Vorpommern nicht möglich ist.

Nach § 58 Abs. 2 MVVerfGG ist vor Erhebung der Verfassungsbeschwerde grundsätzlich der Rechtsweg zu erschöpfen. Das Landesverfassungsgericht hebt gemäß § 64 Abs. 2 MVVerfGG eine gerichtliche Entscheidung, die mit der Verfassungsbeschwerde erfolgreich angefochten wurde, auf. Nach Art. 53 Nr. 7 MVVerf, § 58 Abs. 3 MVVerfGG ist eine Landesverfassungsbeschwerde nicht zulässig, soweit eine Zuständigkeit des Bundesverfassungsgerichts gegeben ist, so dass eine Landesverfassungsbeschwerde nur dann in zulässiger Weise erhoben werden kann, wenn eine Verletzung solcher in Art. 6 bis 10 der Landesverfassung verankerten Grundrechte gerügt wird, welche über die grundgesetzlichen Grundrechtsgewährleistungen hinaus gehen.[728] In einem Urteil aus dem Jahr 2008 hat das Landesverfassungsgericht von Mecklenburg-Vorpommern diesbezüglich entschieden, dass das Grundrecht auf Schutz der persönlichen Daten gemäß Art. 6 Abs. 1 MVVerf keinen über das Grundgesetz, *in concreto* über das in Art. 2 Abs. 1 i.V.m. Art. 1 Abs. 1 GG verankerte Grundrecht auf informationelle Selbstbestimmung, hinaus gehenden Grundrechtsschutz gewähre, so dass die darauf gestützte Verfassungsbeschwerde unzulässig sei.[729] Daher konnte das Gericht die Frage, ob und gegebenenfalls inwieweit Entscheidungen, die in einem bundesrechtlich geregelten Verfahren vor Gerichten des Landes ergehen, nicht die Grundrechte des Grundgesetzes, sondern auch die Grundrechte des Landes wahren müssen und inwieweit dies durch das Landesverfassungsgericht überprüft werden kann, ausdrücklich offen lassen.[730] In der Folgezeit hatte das Gericht wegen des engen Anwendungsbereichs der Landesverfassungsbeschwerde gegen gerichtliche Entscheidungen keine Gelegenheit mehr, sich zu der Problematik zu äußern. Der enge Anwendungsbereich der Landesverfassungsbeschwerde nach

[727] Vgl. *v. Coelln*, Anwendung von Bundesrecht, S. 124 f.
[728] MVVerfG, Urt. v. 27.11.2008 – LVerfG 7/07 –.
[729] MVVerfG, Urt. v. 27.11.2008 – LVerfG 7/07 –.
[730] MVVerfG, Urt. v. 27.11.2008 – LVerfG 7/07 –.

Art. 53 Nr. 7 MVVerf ist neben dem äußerst reduzierten Katalog an eigenen, d.h. nicht inkorporierten Landesgrundrechten auch der Hauptgrund, warum in Mecklenburg-Vorpommern Landesgrundrechte bei der Anwendung von Bundesrecht keine Rolle spielen können.

gg) Thüringen

Gemäß Art. 80 Abs. 1 Nr. 1 ThürVerf kann jedermann mit der Behauptung, durch die öffentliche Gewalt in seinen Grundrechten, grundrechtsgleichen Rechten oder staatsbürgerlichen Rechten verletzt zu sein, Verfassungsbeschwerde zum Thüringer Verfassungsgerichtshof erheben. Aus §§ 33, 36 Abs. 2 bis 4 ThürVerfGHG ergibt sich, dass tauglicher Beschwerdegegenstand sowohl Legislativ-, als auch Exekutiv- und Judikativakte der Landesstaatsgewalt sein können. Nach der Rechtsprechung des Thüringer Verfassungsgerichtshofs kommt eine Landesverfassungsbeschwerde gegen die Entscheidung des Gerichts eines Landes nicht in Betracht kommt, soweit diese Entscheidung durch ein Bundesgericht in der Sache ganz oder teilweise bestätigt worden ist, da die Beschwer in diesem Fall jedenfalls nicht mehr maßgeblich auf der Entscheidung des Landesgerichts und damit nicht mehr auf einem Akt der Landesstaatsgewalt, sondern auf der Entscheidung des Bundesgerichts beruhe.[731] Etwas anderes gilt lediglich dann, wenn der Thüringer Verfassungsgerichtshof einen Maßstab anzulegen hat, der dem Bundesgericht nicht zur Verfügung stand, da es in einem solchen Fall nicht zu einer Kontrolle des Bundesgerichts durch den Verfassungsgerichtshof kommen kann.[732] Vor Erhebung der Verfassungsbeschwerde ist nach § 31 Abs. 3 ThürVerfGHG grundsätzlich der Rechtsweg zu erschöpfen. Gemäß § 37 Abs. 3 ThürVerfGHG kann der Verfassungsgerichtshof im Falle einer erfolgreichen Verfassungsbeschwerde die angegriffene Entscheidung aufheben.

Inhaltlich folgt der Thüringer Verfassungsgerichtshof den Vorgaben des Bundesverfassungsgerichts dem Beschluss vom 15.10.1997[733], indem er die Anwendung von Bundesverfahrensrecht am Maßstab der thüringischen Landesverfahrensgrundrechte überprüft, wenn und soweit diese inhaltsgleich mit den entsprechenden grundgesetzlichen Gewährleistungen sind.[734] Materielle Landesgrundrechte hingegen können bei der Anwendung von Bundesrecht nur herangezogen werden, sofern ein Verstoß gegen das Willkürverbot vorliegt.[735] Insoweit ergeben

---

[731] St. Rspr., s. ThürVerfGH, Beschl. vom 29.10.1999 – VerfGH 23/97 –; Beschl. vom 28.10.2003 – VerfGH 19/01 –; Beschl. v. 30. 03 2011 – VerfGH 14/07 –; Beschl. v. 24. 02 2009 – VerfGH 5/07 –; Beschl. v. 19.11.2014 – VerfGH 24/12 –.

[732] Vgl. *Jutzi*, in: Linck/Baldus/Lindner/Poppenhäger/Ruffert, Verfassung des Freistaats Thüringen, Art. 80 Rn. 26.

[733] BVerfGE 96, 345 ff.; ausführlich dazu oben, § 6 V.3. a).

[734] St. Rspr. s. ThürVerfGH, Beschl. v. 28.09.2010 – VerfGH 9/10 –; Beschl. v. 07.09.2011 – ThürVBl. 2012, 31, 31; zum Ganzen s. auch *Schwan*, ThürVBl. 2012, 121, 121.

[735] St. Rspr., s. ThürVerfGH, Beschl. v. 06.01.2009 – VerfGH 19/08 u. 20/08 –; Beschl. v. 30.03.2011 – VerfGH 14/07 –; s. auch *Schwan*, ThürVBl. 2012, 121, 125; *Jutzi*, in: Linck/Baldus/Lindner/Poppenhäger/Ruffert, Verfassung des Freistaats Thüringen, Art. 80 Rn. 22.

sich keine Unterschiede zur Rechtsprechung des Bayerischen Verfassungsgerichtshofs.[736]

hh) Berlin

Nach Art. 84 Abs. 2 Nr. 5 BlnVerf, §§ 14 Nr. 6, 49 BlnVerfGHG entscheidet der Berliner Verfassungsgerichtshof über Verfassungsbeschwerden, die nach § 49 Abs. 1 BlnVerfGHG von jedermann mit der Behauptung, durch die öffentliche Gewalt des Landes Berlin in einem seiner in der Verfassung von Berlin enthaltenen Rechte verletzt zu sein, erhoben werden kann, soweit nicht Verfassungsbeschwerde zum Bundesverfassungsgericht erhoben ist oder wird. Wenn sowohl eine Verfassungsbeschwerde zum Bundesverfassungsgericht als auch eine Landesverfassungsbeschwerde möglich ist, besitzt der Beschwerdeführer ein Wahlrecht, das mit Einlegung der Verfassungsbeschwerde zum Bundesverfassungsgericht ein für allemal verbraucht ist,[737] was ein absolutes Zulässigkeitshindernis für die Landesverfassungsbeschwerde begründet.[738]

Tauglicher Beschwerdegegenstand sind gemäß §§ 51 Abs. 2, 53 BlnVerf Akte aller drei Staatsgewalten. Liegt jedoch eine Entscheidung eines Bundesgerichts in der Sache vor, ist die Überprüfung der voran gegangenen Entscheidungen der Landesgerichte im Wege der Landesverfassungsbeschwerde ausgeschlossen.[739] Vor Erhebung der Verfassungsbeschwerde ist nach § 49 Abs. 2 BlnVerfGHG grundsätzlich der Rechtsweg zu erschöpfen. Nach § 54 Abs. 3 BlnVerfGHG hebt der Verfassungsgerichtshof die gerichtliche Entscheidung, welche erfolgreich mit der Verfassungsbeschwerde angefochten wurde, auf.[740]

In inhaltlicher Hinsicht kontrollierte der Berliner Verfassungsgerichtshof zu Beginn seiner Rechtsprechungstätigkeit die Anwendung von Bundesrecht am Maßstab der Landesverfassung mit größerer Intensität als alle übrigen Landesverfassungsgerichte. Bereits in einer Entscheidung vom Dezember 1992 überprüfte der Berliner Verfassungsgerichtshof die Anwendung von Bundesrecht erstmalig am Maßstab der Landesgrundrechte,[741] womit er „verfassungsrechtliches Neuland“[742] betrat. Für weitaus größere Aufmerksamkeit jedoch sorgte die Inanspruchnahme dieser Prüfungskompetenz in dem zunächst vor dem Landgericht Berlin geführten Strafverfahren gegen den ehemaligen Staatsratsvorsitzenden der DDR, *Erich Honecker*. Der Verfassungsgerichtshof stellte in seiner Entscheidung, die in der Li-

[736] S. dazu oben, § 6 V.3. b) aa).

[737] BerlVerfGH, LVerfGE 1, 152, 154 f.; 2, 3, 4 f.; 2, 14, 15.

[738] BerlVerfGH, LVerfGE 1, 152, 154 f.; 2, 3, 5; 2, 14, 15; krit. dazu *Gärditz*, AöR 129 (2004), 584, 598 f.

[739] BerlVerfGH, LVerfGE 1, 169, 183; 10, 51, 56; BerlVerfGH, Beschl. v. 14.05.2014 – 7/14 –.

[740] S. Dazu *v. Coelln*, Anwendung von Bundesrecht, S. 128.

[741] BerlVerfGH, LVerfGE 1, 44, 50 ff.

[742] *Berkemann*, NVwZ 1993, 409, 414 in Bezug auf den im *Honecker*-Beschluss angewandten Prüfungsmaßstab, der jedoch schon in dieser Entscheidung heran gezogen wurde; ähnlich *Gärditz*, AöR 129 (2004), 584, 585, der von einem „bundesstaatsrechtliche[n] Paukenschlag“ spricht.

teratur auf heftige Kritik stieß,[743] darauf ab, dass die angegriffenen Urteile der Landesstaatsgewalt zuzurechnen seien und deshalb eine Überprüfung am Maßstab der Landesverfassung in Betracht komme, obwohl die Urteile auf Vorschriften der Strafprozessordnung und damit auf Bundesrecht beruhten.[744] Im konkreten Fall nahm der Verfassungsgerichtshof einen Verstoß gegen die in der Landesverfassung gar nicht verankerte Menschenwürdegarantie an, welche er in seiner Entscheidung der Landesverfassung als ungeschriebenes Grundrecht im Wege der Interpretation entnahm.[745] Auch in seiner Entscheidung im Fall des ehemaligen Ministers für Staatssicherheit der DDR, *Erich Mielke*,[746] bejahte der Verfassungsgerichtshof wenig später, ebenso wie in zahlreichen weiteren Fällen,[747] eine Befugnis zur Anwendung des bundesrechtlichen Verfahrensrechts am Maßstab der Berliner Landesverfassung. Der Verfassungsgerichtshof begründete seine Auffassung damit, dass die Überprüfung der Anwendung einer Norm etwas anderes sei als die Überprüfung der Norm selbst,[748] weshalb er die Anwendung prozessualen und materiellen Bundesrechts am Maßstab der Landesverfassung überprüfen dürfe, ohne gegen Grundsätze des bundesstaatlichen Verhältnisses zu verstoßen.[749] Insbesondere sei Art. 31 GG nicht anwendbar, da die Norm keine Kollisionsvorschrift für die Rechtsprechung darstelle.[750] Auch der Grundsatz der Bundestreue werde nicht verletzt, da die Harmonie der Rechtsprechung in Bund und Ländern angesichts der vielfältigen Sicherungen des Grundgesetzes nicht bedroht sei.[751]

Ausdrücklich nimmt der Gerichtshof für sich die Kompetenz in Anspruch, die Anwendung materiellen Bundesrechts auf ihre Vereinbarkeit mit den materiellen Grundrechten der Landesverfassung zu überprüfen, ohne dass es dabei auf einen Verstoß gegen das Willkürverbot ankäme.[752] Als einzige Einschränkung für die Überprüfung prozessualen und materiellen Bundesrechts am Maßstab der Landesgrundrechte setzt der Verfassungsgerichtshof voraus, dass das fragliche Landesgrundrecht inhaltsgleich ist mit dem entsprechenden Grundrecht des Grundgesetzes.[753] Anders als der Bayerische Verfassungsgerichtshof[754] hält sich der Ber-

---

[743] S. dazu etwa *Berkemann*, NVwZ 1993, 409, 413 ff.; *Starck*, JZ 1993, 231, 232 ff.; *Pestalozza*, NVwZ 1993, 340, 343 ff.; *Wilke*, NJW 1993, 887, 888 f.

[744] BerlVerfGH, LVerfGE 1, 56, 62 f.

[745] BerlVerfGH, LVerfGE 1, 56, 60 ff.

[746] BerlVerfGH, LVerfGE 1, 169, 179 ff.

[747] S. etwa BerlVerfGH, LVerfGE 3, 3, 5; 3, 38, 40; 3, 83, 85; 3, 99, 102; 3, 121, 124; 4, 20, 23; 5, 30, 34; 5, 58, 60; 6, 19, 20 f.; 6, 22, 26; 6, 63, 65; 7, 11, 14; 7, 19, 22; 7, 26, 30; 7, 60, 64; 9, 41, 43; 9, 45, 48; 9, 59, 63; s. *v. Coelln*, Anwendung von Bundesrecht, S. 130.

[748] BerlVerfGH, LVerfGE 1, 44, 51; 1, 81, 87.

[749] BerlVerfGH, LVerfGE 1, 44, 51.

[750] BerlVerfGH, LVerfGE 1, 169, 181 f.

[751] BerlVerfGH, LVerfGE 1, 169, 183.

[752] BerlVerfGH, LVerfGE 1, 145, 148; BerlVerfGH, Beschl. v. 25.04.1994 – VerfGH 8/94 –, JR 1995, 13, 14; BerlVerfGH, LVerfGE 9, 59, 63.

[753] BerlVerfGH, LVerfGE 1, 44, 50 f.; 1, 56, 62 f.; 1, 65, 67; 1, 68, 72; 1, 81, 86 f.; 1, 145, 148; 1, 169, 179; 2, 16, 17 f.; 2, 19, 23; 3, 3, 5; 3, 10, 13; 3, 38, 40; 3, 99, 102; 3, 104, 107; 3, 113, 116; 3, 121, 124; 4, 20, 23 f.; 4, 40, 43; 4, 65, 69 f.; 7, 49, 53; 9, 45, 48; 9, 59, 63.

[754] S. dazu oben, § 6 V.3. b, aa).

liner Verfassungsgerichtshof indes für befugt, inzident zu prüfen, ob das Bundesgesetz, auf dem die angegriffene instanzgerichtliche Entscheidung beruht, gegen das Grundgesetz verstößt, wobei im Falle der Annahme eines Verstoßes eine Vorlage zum Bundesverfassungsgericht nach Art. 100 Abs. 1 GG erfolgen müsse.[755] Eine Vorlage zum Bundesverfassungsgericht nach Art. 100 Abs. 3 GG im Hinblick auf die Divergenz zu anderen Landesverfassungsgerichten bezüglich der Reichweite der Überprüfung im Bereich des materiellen Rechts lehnt der Berliner Verfassungsgerichtshof allerdings ab, da ein verfassungsgerichtlich relevanter Fehler in der Regel so schwerwiegend sei, dass Willkür vorliege, so dass sich schon gar keine Divergenz etwa zur Rechtsprechung des Bayerischen Verfassungsgerichtshofs[756] ergebe.[757]

Der Beschluss des Bundesverfassungsgerichts vom 15.10.1997[758] hatte für die Rechtsprechung des Berliner Verfassungsgerichtshofs keine Konsequenzen, da der Verfassungsgerichtshof die Anwendung von Bundesverfahrensrecht ohnehin am Maßstab der Landesverfahrensgrundrechte prüfte und der Beschluss die Befugnis zur Überprüfung der Anwendung von Bundesrecht im Bereich des materiellen Rechts keine Aussage enthält, mithin eine solche Überprüfung auch nicht verbietet.[759] Damit ist der Berliner Verfassungsgerichtshof, zusammen mit dem Brandenburgischen Verfassungsgericht und dem Sächsischen Verfassungsgerichtshof, das Landesverfassungsgericht mit dem am weitesten reichenden Prüfungsumfang. Dieser Aufgeschlossenheit gegenüber einer extensiven Kontrolle der Anwendung des Bundesrechts am Maßstab der Landesgrundrechte entspricht es, dass der Berliner Verfassungsgerichtshof in seinen Entscheidungen seit langem keine Begründung mehr gibt für seine Rechtsprechung bezüglich der Überprüfung der Anwendung von Bundesrecht,[760] was darauf hindeutet, dass er insoweit keine dogmatischen Bedenken sieht.

ii) Sachsen

Der Sächsische Verfassungsgerichtshof entscheidet gemäß Art. 81 Abs. 1 Nr. 4 SächsVerf über Verfassungsbeschwerden, die von jeder Person erhoben werden können, die sich durch die Landesstaatsgewalt in einem ihrer in der sächsischen Verfassung niedergelegten Grundrechte (Artikel 4, 14 bis 38, 41, 78, 91, 102, 105

[755] BerlVerfGHE, LVerfGE 1, 44, 51; 2, 19, 27; 3, 50, 54; 3, 72, 74; 3, 104, 107; 9, 45, 49; vgl. *v. Coelln*, Anwendung von Bundesrecht, S. 137.

[756] S. dazu oben, § 6 V.3. b) aa).

[757] BerlVerfGH, LVerfGE 1, 169, 183 f.

[758] BVerfGE 96, 345 ff.; ausführlich dazu oben, § 6 V.3. a).

[759] S. dazu oben, § 6 V.3. a).

[760] So etwa in BerlVerfGH, Beschl. v. 31.10.2002 – 66/02, 66 A/02 –; Beschl. v. 02.07.2007 – 136/02 –; Beschl. v. 19.12.2013 – 152/11 –; Beschl. v. 14.05.2014 – 80/12 –; Beschl. v. 14.05.2014 – 85/12 –; Beschl. v. 16.01.2015 – 175/14, 175 A/14 –; mit Begründung beispielsweise noch in BerlVerfGH, Beschl. v. 28.01.1998 – 65/97, 65 A/97 –; Beschl. v. 23.11.2000 – 72/00 –.

und 107) verletzt fühlt.[761] Die Aufzählung ist abschließend, so dass Bundesgrundrechte und Bestimmungen der Landesverfassung ohne Grundrechtscharakter nicht mit der Landesverfassungsbeschwerde gerügt werden können.[762] Gemäß § 27 Abs. 1 SächsVerfGHG muss mit der Verfassungsbeschwerde eine Grundrechtsverletzung durch die sächsische Landesstaatsgewalt geltend gemacht werden, wobei nach §§ 29 Abs. 3, 30 Abs. 2, 3 SächsVerfGHG sowohl Legislativ-, als auch Exekutiv- und Judikativakte taugliche Beschwerdegegenstände darstellen. Fraglich ist, ob und gegebenenfalls inwieweit auch bundesgerichtliche Entscheidungen einer Überprüfung unterliegen sollen. Der Verfassungsgerichtshof führte dazu aus, dass eine Entscheidung eines Bundesgerichts jedenfalls dann, wenn und soweit sie nicht auf sächsischem Landesrecht beruhe, nicht der Kontrolle am Maßstab der Landesverfassung unterliege,[763] was darauf hindeuten könnte, dass der Verfassungsgerichtshof für sich die Befugnis in Anspruch nehme, bundesgerichtliche Entscheidungen, welche auf der Anwendung von sächsischem Landesrecht beruhen, zu überprüfen. In einer späteren Entscheidung betonte der Verfassungsgerichtshof allerdings, er sei zu einer Überprüfung landesgerichtlicher Entscheidungen, die sich in der inhaltlichen Bestätigung einer in Anwendung von materiellem Bundesrecht ergangenen Maßnahme einer Bundesbehörde erschöpften, nicht befugt, weil nach der grundgesetzlichen Kompetenzordnung eine Kontrolle der Bundesstaatsgewalt durch den Verfassungsgerichtshof jedenfalls dann zu unterbleiben habe, wenn deren Entscheidung auf Bundesrecht beruhe.[764] Im Umkehrschluss könnte daraus folgen, dass die Bundesstaatsgewalt vom Verfassungsgerichtshof sehr wohl kontrolliert werden könne, wenn und soweit sie Landesrecht anwende.[765] § 27 Abs. 2 SächsVerfGHG verlangt, dass vor Erhebung der Verfassungsbeschwerde grundsätzlich der Rechtsweg erschöpft wird. Nach § 31 Abs. 2 SächsVerfGHG hebt der Verfassungsgerichtshof im Falle einer erfolgreichen Verfassungsbeschwerde die angegriffene Entscheidung auf.

Der richtungsweisende Beschluss des Bundesverfassungsgerichts vom 15.10. 1997[766] wurde erst durch eine Divergenzvorlage[767] des Sächsischen Verfassungsgerichtshofs nach Art. 100 Abs. 3 GG ermöglicht. Der Verfassungsgerichtshof sah sich zu der Vorlage gezwungen, weil er in Art. 31 GG kein Hindernis für eine Überprüfung landesgerichtlicher Entscheidungen am Maßstab inhaltsgleicher landesrechtlicher Verfahrensgrundrechte sah, selbst wenn die fraglichen Entschei-

[761] Ausführlich zum Verfahren der Landesverfassungsbeschwerde s. *Rinken*, NVwZ 1994, 29, 33 ff.

[762] SächsVerfGH, LVerfGE 8, 273, 278; SächsVerfGH, Beschl. v. 22.06.1995 – Vf. 24-IV-93 – , LKV 1995, 402 (Ls.).

[763] SächsVerfGH, Beschl. v. 17.04.1997 – Vf. 9-IV-93 –, VIZ 1997, 533, 534.

[764] SächsVerfGH, LVerfGE 9, 270, 272; SächsVerfGH, Beschl. v. 17.09.1998 – Vf. 21-IV-98 –; SächsVerfGH, Entsch. v. 29.03.2010 – Vf. 19-IV-10 (HS), 20-IV-10 (e.A.), Vf. 19, 20-IV/10 –, BeckRS 2011, 45032.

[765] *V. Coelln*, Anwendung von Bundesrecht, S. 145; *Klein/Haratsch*, JuS 2000, 209, 214.

[766] BVerfGE 96, 345 ff.; ausführlich dazu oben, § 6 V.3. a).

[767] SächsVerfGH, Vorlagebeschl. v. 21.09.1995 – Vf. 1-IV-95 –, NJW 1996, 1736 ff.

dungen die Anwendung von Bundesrecht zum Gegenstand hatten.[768] Dabei hatte der Verfassungsgerichtshof jedoch offen gelassen, ob er seine Prüfungsbefugnis auf inhaltsgleiche Grundrechte beschränken wollte, nachdem er davon sprach, dass seine Prüfungskompetenz insbesondere für inhaltsgleiche Grundrechte gelte und Art. 31 GG einer Überprüfung jedenfalls dann nicht entgegen stehe, wenn das fragliche Landesgrundrecht den gleichen Inhalt habe wie seine grundgesetzliche Entsprechung.[769] Damit hatte sich der Sächsische Verfassungsgerichtshof in Widerspruch zum Hessischen Staatsgerichtshof gesetzt, der seinerseits eine Überprüfung der Anwendung von Bundesrecht am Maßstab inhaltsgleicher landesrechtlicher Verfahrensgrundrechte kategorisch ablehnte.[770] Offen gelassen hatte der Sächsische Verfassungsgerichtshof außerdem, ob eine Überprüfung am Maßstab der Landesgrundrechte auch dann in Betracht kommen solle, wenn die Anwendung von materiellem Bundesrecht in Rede stand.[771]

Der Sächsische Verfassungsgerichtshof wurde durch den Beschluss des Bundesverfassungsgerichts[772] in seiner Rechtsauffassung bestätigt. Dementsprechend überprüft der Verfassungsgerichtshof heute in ständiger Rechtsprechung die Anwendung von Bundesverfahrensrecht am Maßstab inhaltsgleicher Landesgrundrechte.[773] Zusätzlich ist der Verfassungsgerichtshof dazu übergegangen, auch die Anwendung von materiellem Bundesrecht am Maßstab der Landesgrundrechte zu kontrollieren.[774] Eine Begründung hierfür gibt der Verfassungsgerichtshof nicht, wenngleich er sich bewusst ist, dass er mit seiner Rechtsprechung etwa von der ständigen Rechtsprechung des Hessischen Staatsgerichtshofs abweicht.[775] Eine Vorlage zum Bundesverfassungsgericht nach Art. 100 Abs. 3 GG lehnte der Verfassungsgerichtshof jedoch stets ab, da die Frage in den zu entscheidenden Fällen jeweils nicht entscheidungserheblich gewesen sei.[776] Eine Überprüfung am Maßstab der Landesgrundrechte soll allein ausgeschlossen sein, soweit die Anwendung von Bundesrecht durch Bundesbehörden fachgerichtlich angegriffen

[768] SächsVerfGH, LVerfGE 8, 301, 306; SächsVerfGH, Vorlagebeschl. v. 21.09.1995 – Vf. 1-IV-95 –, NJW 1996, 1736, 1737.

[769] SächsVerfGH, Vorlagebeschl. v. 21.09.1995 – Vf. 1-IV-95 –, NJW 1996, 1736, 1736 f.

[770] S. dazu oben, § 6 V.3. b) bb).

[771] SächsVerfGH, Beschl. v. 17.04.1997 – Vf. 9-IV-93 –, VIZ 1997, 533, 535.

[772] BVerfGE 96, 345 ff.; ausführlich dazu oben, § 6 V.3. a).

[773] SächsVerfGH, LVerfE 8, 301, 306; 8, 320, 324; 9, 250, 252; 9, 255, 257 f.; 9, 266, 268.

[774] SächsVerfGH, LVerfE 8, 320, 324; Beschl. v. 09.03.2000 – Vf. 59-IV-97 –; Beschl. v. 15.11.2013 – Vf. 53-IV-13 –, in Bezug auf eine Überprüfung am Maßstab des landesverfassungsrechtlichen Willkürverbots; offen gelassen noch in SächsVerfGH, Beschl. v. 18.11.1999 – Vf. 58-IV-98 –; zur Prüfungsbefugnis hinsichtlich der Anwendung von materiellem Bundesrecht s. *Sodan*, LKV 2010, 440, 448.

[775] SächsVerfGH, Beschl. v. 13.04.2000 – Vf. 1-IV-99 –; Beschl. v. 12.07.2001 – Vf. 3-IV-01 –; Beschl. v. 12.07.2001 – Vf. 94-IV-00 –; Beschl. v. 20.09.2001 – Vf. 37-IV-01 –; Beschl. v. 29.01.2004 – Vf. 22-IV-03 –.

[776] SächsVerfGH, Beschl. v. 13.04.2000 – Vf. 1-IV-99 –; Beschl. v. 12.07.2001 – Vf. 3-IV-01 –; Beschl. v. 12.07.2001 – Vf. 94-IV-00 –; Beschl. v. 20.09.2001 – Vf. 37-IV-01 –; Beschl. v. 29.01.2004 – Vf. 22-IV-03 –; s. dazu auch *Lenz/Meng*, SächsVBl. 2003, 153, 157.

wird.[777] Damit folgt der Sächsische Verfassungsgerichtshof dem Vorbild des Berliner Verfassungsgerichtshofs, der sich ebenfalls zu einer Überprüfung der Anwendung materiellen Bundesrechts durch die Landesstaatsgewalt am Maßstab der Landesgrundrechte befugt sieht.[778] An der Tatsache, dass neben dem Verfassungsgericht Brandenburgs mit dem Sächsischen Verfassungsgerichtshof ein weiteres ostdeutsches Verfassungsgericht eine solche Prüfungskompetenz für sich beansprucht,[779] wird deutlich, dass insbesondere die Landesverfassungsgerichte der dritten Generation versuchen, ihre Prüfungskompetenz möglichst weit zu interpretieren.

jj) Baden-Württemberg

Nach § 55 Abs. 1 BWStGHG i.V.m. Art. 68 Abs. 1 S. 2 Nr. 4 BWVerf kann jeder mit der Behauptung, durch die öffentliche Gewalt des Landes in einem seiner in der Landesverfassung enthaltenen Rechte verletzt zu sein, Verfassungsbeschwerde zum Staatsgerichtshof erheben, soweit nicht Verfassungsbeschwerde zum Bundesverfassungsgericht erhoben ist oder wird. Tauglicher Beschwerdegegenstand können nach §§ 56 Abs. 2 und 4, 57 Abs. 2 bis 4 BWStGHG sowohl Legislativ-, als auch Exekutive- und Judikativakte der Landesstaatsgewalt sein. Gemäß § 55 Abs. 2 BWStGHG kann die Verfassungsbeschwerde grundsätzlich erst nach Erschöpfung des Rechtsweges eingelegt werden. Nicht statthaft ist eine Landesverfassungsbeschwerde gegen eine landesgerichtliche Entscheidung, mit der eine Entscheidung eines Bundesgerichts bestätigt wird, weil es insoweit an einem Akt der Landesstaatsgewalt fehlt.[780] Im Fall einer erfolgreichen Verfassungsbeschwerde hebt der Staatsgerichtshof die angegriffene Entscheidung gemäß § 59 BWStGHG auf.

Eine Besonderheit der baden-württembergischen Landesverfassung liegt darin, dass Art. 2 Abs. 1 BWVerf im Wege einer dynamischen Verweisung auf die Grundrechte des Grundgesetzes verweist. Dadurch werden die Bundesgrundrechte zum Bestandteil der Landesverfassung, wobei sie eigene Normen des Landesverfassungsrechts mit selbständigen, positivierten Grundrechtsgewährleistungen darstellen. Daher können diese inkorporierten Grundrechte grundsätzlich vom Staatsgerichtshof anders ausgelegt werden als die entsprechenden Grundrechte des Grundgesetzes vom Bundesverfassungsgericht, wobei freilich die Grenzen des Art. 31 GG zu beachten sind. Einzig bei der Vorfrage, ob der Staatsgerichtshof die von ihm ausgelegten Landesgrundrechte zu seinem Prüfungsmaßstab machen darf, weil sie dem Bundesrecht nicht widersprechen, ist er nach § 31 Abs. 1 BVerfGG, der auch für den Staatsgerichtshof gilt,[781] an die Entscheidungen

[777] SächsVerfGH, LVerfGE 9, 270, 272.

[778] S. dazu oben, § 6 V.3. b) hh).

[779] S. dazu oben, § 6 V.3. b) ii).

[780] BWStGH, Beschl. v. 04.09.2013 – 1 VB 81/13 –, BeckRS 2014, 46347; Beschl. v. 02.02.2015 – 1 VB 48/14 –, KommJur 2015, 172, 173; vgl. *Krappel*, VBlBW 2013, 121, 123.

[781] *Lenz/Hansel*, Bundesverfassungsgericht, § 31 Rn. 32.

des Bundesverfassungsgerichts gebunden, so dass er zur Vorlage nach Art. 100 Abs. 3 1. Var. GG verpflichtet ist,[782] wenn er von der Rechtsprechung des Bundesverfassungsgerichts abweichen möchte.[783] Neben den im Wege der dynamischen Verweisung in Bezug genommenen Grundrechten des Grundgesetzes enthält die baden-württembergische Landesverfassung jedoch noch zahlreiche spezifische Landesgrundrechte, welche u.a. den Schul- und Hochschulbereich sowie das Staatskirchenrecht betreffen und die im Wege der Landesverfassungsbeschwerde geltend gemacht werden können.[784]

Inhaltlich folgt der Staatsgerichtshof den Vorgaben des Beschlusses des Bundesverfassungsgerichts vom 15.10.1997,[785] indem er Landesverfahrensgrundrechte bei der Anwendung von Bundesverfahrensrecht als Prüfungsmaßstab heran zieht, soweit sie mit den entsprechenden grundgesetzlichen Gewährleistungen inhaltsgleich sind.[786] In jüngster Zeit erstreckt der Staatsgerichtshof darüber hinaus seine Prüfungsbefugnis auch auf die Anwendung materiellen Bundesrechts durch die Landesstaatsgewalt, wobei im konkreten Fall die Anwendung von Vorschriften des BGB in Rede stand.[787] Damit befindet er sich auf einer Linie insbesondere mit den ostdeutschen Landesverfassungsgerichten, was wiederum unterstreicht, dass gerade diejenigen Landesverfassungsgerichte, die nach der Wiedervereinigung eingerichtet bzw. deren Kompetenzen im Bereich des Grundrechtsschutzes in jüngster Zeit ausgebaut wurden, über ein größeres Selbstbewusstsein bei der Heranziehung der Landesgrundrechte verfügen als die schon länger existierenden Landesverfassungsgerichte.

c) Zwischenergebnis

Der Beschluss des Bundesverfassungsgerichts vom 15.10.1997[788] hat dazu geführt, dass Landesgrundrechte im Rahmen der Anwendung von Bundesverfahrensrecht von den Landesverfassungsgerichten zwar als Prüfungsmaßstab heran gezogen werden können, inhaltlich aber kein Raum mehr für die Geltendmachung genuin landesrechtlicher Grundrechtsgehalte verbleibt, da das Bundesverfassungsgericht für eine derartige Prüfung im konkreten Fall die Inhalts- und Ergebnisgleichheit des Landesgrundrechts mit dem entsprechenden Grundrecht des Grundgesetzes

---

[782] *Heusch*, in: Burkiczak/Dollinger/Schorkopf, BVerfGG, § 31 Rn. 64; *Meyer*, in: v. Münch/Kunig, GGK, Art. 100 Rn. 35.

[783] S. *Krappel*, VBlBW 2013, 121, 129.

[784] Vgl. *Zuck/Zuck*, Die Landesverfassungsbeschwerde in Baden-Württemberg, S. 48 f.; *Zuck*, VBlBW 2014, 1, 2.

[785] BVerfGE 96, 345 ff.; ausführlich dazu oben, § 6 V.3. a).

[786] BWStGH, Beschl. v. 04.09.2013 – 1 VB 81/13 –, BeckRS 2014, 46347; Beschl. v. 17.07.2014 – 1 VB 131/13 –, BeckRS 2014, 54194 ; BWStGH, Urt. v. 23.03.2015 – 1 VB 1/15 –; BWStGH, Urt. v. 23.03.2015 – 1 VB 2/15 –, BeckRS 2015, 44905.

[787] BWStGH, Urt. v. 02.11.2015 – 1 VB 28/15 –, BeckRS 2015, 54936; dafür auch schon *Krappel*, VBlBW 2015, 137, 144.

[788] BVerfGE 96, 345 ff.; ausführlich dazu oben, § 6 V.3. a).

verlangt. Die Landesverfassungsgerichte folgen den vom Bundesverfassungsgericht aufgestellten Grundsätzen, wobei der Berliner Verfassungsgerichtshof, der Sächsische Verfassungsgerichtshof, das Brandenburgische Verfassungsgericht und der Baden-Württembergische Staatsgerichtshof insoweit abweichen, als sie auch die Anwendung materiellen Bundesrechts am Maßstab der Landesgrundrechte überprüfen. Andere Landesverfassungsgerichte wie etwa der Bayerische Verfassungsgerichtshof hingegen halten sich ein Stück weit zurück und nehmen eine derartige Prüfungskompetenz im materiellen Bereich nur dann für sich in Anspruch, wenn ein Verstoß gegen das Willkürverbot vorliegt. Allerdings ist es bislang – so weit ersichtlich – in keinem Fall dazu gekommen, dass ein Landesverfassungsgericht eine Verfassungsbeschwerde wegen fehlender Inhaltsgleichheit der in Rede stehenden Grundrechte als unzulässig abgewiesen hätte.[789]

Insgesamt lässt sich sagen, dass Landesgrundrechte im Rahmen der Urteilsverfassungsbeschwerde nach Landesrecht selbst dort, wo eine weit reichende Prüfungsbefugnis angenommen wird, angesichts der Rechtsprechung des Bundesverfassungsgerichts keine eigenständige Wirkung entfalten können. Indes wird das Bundesverfassungsgericht durch die Möglichkeit derartiger Verfassungsbeschwerden vor den Landesverfassungsgerichten zumindest etwas entlastet, was den Landesverfassungsgerichten ihrerseits eine gewisse Relevanz verschafft. Impulse für die Weiterentwicklung des Grundrechtsschutzes auf Landesebene im Sinne eines vom Grundrechtsbestand des Grundgesetzes unabhängigen und möglicherweise sogar davon abweichenden Grundrechtsschutzes auf Landesebene ergeben sich daraus jedoch nicht. Schließlich ist zu bedenken, dass sich die Unitarisierung der Grundrechtsgewährleistungen nicht auf das Verfahren der Landesverfassungsbeschwerde beschränkt, sondern jegliche Grundrechtsauslegung und -anwendung betrifft, da die Landesverfassungsgerichte ihre Grundrechtsinterpretation nicht von der jeweiligen Verfahrensart abhängig machen können, so dass durch die Rechtsprechung des Bundesverfassungsgerichts zur Grundrechtsanwendung im Rahmen von Bundesverfahrensrecht der Grundrechtsvereinheitlichung Vorschub geleistet wird.

Nicht betroffen von der Rechtsprechung des Bundesverfassungsgerichts sind diejenigen Landesverfassungsgerichte, die keine Zuständigkeit für das Verfahren der Urteilsverfassungsbeschwerde besitzen. Hier können Landesgrundrechte unter keinen Umständen als Prüfungsmaßstab bei der Anwendung von Bundesrecht heran gezogen werden, weshalb ihre praktische Relevanz noch geringer ist als diejenige der Landesgrundrechte, deren Einhaltung durch die Landesurteilsverfassungsbeschwerde überwacht werden kann.[790]

---

[789] *Hornung*, Grundrechtsinnovationen, S. 499 f.; *Rozek*, HGR III, § 85 Rn. 40.

[790] Zum Zusammenhang zwischen Individualverfassungsbeschwerde und Bedeutung der Landesgrundrechte s. auch *Korioth*, in: MD, GG, Art. 142 Rn. 7.

4. Landesgrundrechte als Prüfungsmaßstab bei der Überprüfung von Landesrechtsnormen auf bundesrechtlicher Grundlage

Auf Grund ihrer Zugehörigkeit zur Landesstaatsgewalt sind landesrechtliche Normgeber stets an die Landesverfassung und deren Grundrechte gebunden.[791] Dementsprechend kann im Rahmen eines landesverfassungsrechtlichen Normenkontrollverfahrens das gesamte Landesrecht am Maßstab der Landesverfassung, also auch der Landesgrundrechte überprüft werden,[792] während Bundesrecht, insbesondere die Bundesgrundrechte, kein tauglicher Prüfungsmaßstab der Landesverfassungsgerichte hinsichtlich des Entscheidungsgegenstandes ist.[793] Allerdings muss vor dem Hintergrund von Art. 31 GG ein Verstoß gegen die Landesverfassung ausscheiden, soweit die landesrechtliche Norm durch Bundesrecht determiniert ist.[794] Belässt die bundesrechtliche Ermächtigungsgrundlage dem Landesnormgeber einen Entscheidungsspielraum, ist dieser insoweit an die Landesverfassung gebunden, während hinsichtlich der bundesrechtlichen Vorgaben eine Bindung an die Grundrechte des Grundgesetzes besteht.[795] Eine Prüfungsbefugnis des Landesverfassungsgerichts am Maßstab der Landesverfassung besteht jedoch nur in Bezug auf das Landesrecht.[796] Existiert dagegen kein Spielraum des Landesnormgebers in Bezug auf das „Ob" bzw. das „Wie" der Normsetzung, ist eine Bindung an die Landesgrundrechte insoweit ebenso ausgeschlossen wie eine Überprüfung durch das Landesverfassungsgericht am Maßstab der Landesverfassung.[797] Erschöpft sich der Regelungsgehalt der Landesrechtsnorm schließlich in der inhaltlichen Wiederholung der zu Grunde liegenden Bundesrechtsnorm, ist in Bayern die Erhebung einer Popularklage ausgeschlossen.[798] Ein selbständiger Rechtsgehalt der Landesrechtsnorm ist jedoch bereits dann anzunehmen, wenn der bayerische Landesnormgeber zur Normgebung bundesrechtlich nicht verpflichtet war, sondern vielmehr eine eigene Entscheidung zu Gunsten der Normsetzung getroffen hat.[799]

Landesgrundrechte können daher hinsichtlich der Überprüfung von Landesrechtsnormen, welche auf einer bundesrechtlichen Ermächtigungsgrundlage beruhen, immer dann als Prüfungsmaßstab zur Anwendung kommen, wenn der

---

[791] Für eine solche Bindung s. etwa BayVerfGHE 49, 160, 166 f.; HessStGH, ESVGH 20, 217, 222; vgl. *v. Coelln*, Anwendung von Bundesrecht, S. 146.

[792] Vgl. *v. Coelln*, Anwendung von Bundesrecht, S. 146; für die Popularklage nach Art. 98 S. 4 BayVerf s. *Müller*, in: Meder/Brechmann, Verfassung des Freistaates Bayern, Art. 98 Rn. 29.

[793] Vgl. *Krappel*, VBlBW 2015, 137, 142; *Voßkuhle*, JöR 59 N.F. (2011), 215, 226.

[794] BayVerfGHE 10, 86, 92; 11, 164, 171; 27, 101, 105 f.; *Müller*, in: Meder/Brechmann, Verfassung des Freistaates Bayern, Art. 98 Rn. 14.

[795] Vgl. BayVerfGHE 31, 212, 216; 41, 69, 72; 45, 97, 100.

[796] S. dazu *v. Coelln*, Anwendung von Bundesrecht, S. 147.

[797] BayVerfGHE 37, 140, 148; 45, 97, 100.

[798] BayVerfGHE 19, 8, 11; 25, 57, 63 f; 26, 9, 14; 27, 101, 105 f.; 29, 173, 178; 31, 17, 27 f.; 35, 56, 62; 41, 151, 155; 57, 129, 135; 60, 131, 138; 61, 187, 194; *Müller*, in: Meder/Brechmann, Verfassung des Freistaates Bayern, Art. 98 Rn. 15.

[799] BayVerfGHE 27, 101, 106; 35, 77, 79.

Landesnormgeber einen Entscheidungsspielraum hatte. Insoweit greift das vom Bundesverfassungsgericht im Zusammenhang mit der Heranziehung von Landesgrundrechten bei der Anwendung von Bundesverfahrensrecht aufgestellte Kriterium der Inhaltsgleichheit nicht ein,[800] so dass Landesgrundrechte in diesen speziellen Konstellationen eine eigenständige Wirkung entfalten können.

5. Rolle der Landesverfassungsgerichte bei der Überprüfung von Landesrecht und dessen Anwendung durch die Landesstaatsgewalt

a) Gesetzgebungskompetenzen der Länder

Die Länder können nur in denjenigen Bereichen Landesgesetze erlassen, in denen sie nach der bundesstaatlichen Kompetenzverteilung gemäß Art. 70 ff. GG zur Gesetzgebung befugt sind. In der Praxis verfügt der Bund bei den Gesetzgebungskompetenzen über sehr weit reichende Zuständigkeiten, so dass den Ländern nur wenige Bereiche für eine eigenständige Landesgesetzgebung verbleiben. Daran hat auch die Föderalismusreform im Jahr 2006[801] kaum etwas geändert, zumal dadurch der Anwendungsbereich der Erforderlichkeitsklausel des Art. 72 Abs. 2 GG deutlich eingeschränkt wurde, so dass der Bund heute faktisch freien Zugriff auf eine Reihe wichtiger Kompetenztitel wie das bürgerliche Recht, das Strafrecht (Art. 74 Abs. 1 Nr. 1 GG) oder das Arbeitsrecht (Art. 74 Abs. 1 Nr. 12) besitzt, was die Zentralisierung bei der Gesetzgebung begünstigt.[802] Hinzu kommt, dass die Föderalismusreform trotz der teilweisen Rückführung von Gesetzgebungskompetenzen auf die Länder im Wege der Rückholklauseln der Art. 125a Abs. 1 und 2 GG bzw. Art. 72 Abs. 4 GG[803] an der Übermacht des Bundes bei der Gesetzgebung nichts geändert hat,[804] zumal die Länder von ihren neu gewonnen Gesetzgebungskompetenzen bislang nur teilweise Gebrauch gemacht haben.[805] Zu den im Wege der Föderalismusreform an die Länder übertragenen

---

[800] S. dazu oben, § 6 V.3. a).

[801] 52. Gesetz zur Änderung des Grundgesetzes v. 28.08.2006, BGBl. I, S. 2034.

[802] *Isensee*, HdStR VI, § 126 Rn. 200; s. auch *Hofmann*, DÖV 2008, 833, 834; *Degenhart*, NVwZ 2006, 1209, 1210; *v. Danwitz*, AöR 131 (2006), 510, 527; weniger kritisch *Meyer*, Die Föderalismusreform 2006, S. 160 ff. u. 383; *Rozek*, Hintergründe, Motive und Ziele der Föderalismusreform von 2006, in: Heintzen/Uhle (Hrsg.), Neuere Entwicklungen im Kompetenzrecht, S. 11, 22 ff.; s. dazu oben, Einführung, II.2. c) aa).

[803] *Degenhart*, NVwZ 2006, 1209, 1211.

[804] *Pieroth*, in: Jarass/Pieroth, GG, Art. 70 Rn. 1; *Isensee*, HdStR VI, § 126 Rn. 200; eine nur geringe Auswirkung der Föderalismusreform konstatiert auch *Oeter*, Die von der Föderalismusreform tangierten Sachbereiche der konkurrierenden Gesetzgebungskompetenz im Einzelnen, in: Heintzen/Uhle (Hrsg.), Neuere Entwicklungen im Kompetenzrecht, S. 159, 187 f.; deutlich positiver dagegen *Schneider*, Der neue deutsche Bundesstaat, S. 736 f., der freilich die Problematik des Art. 72 Abs. 2 GG erkennt, s. S. 740.

[805] *Huber/Uhle*, Die Sachbereiche der Landesgesetzgebung nach der Föderalismusreform, in: Heintzen/Uhle (Hrsg.), Neuere Entwicklungen im Kompetenzrecht, S. 83, S. 156 ff.; ausführlich dazu *Schneider*, Der neue deutsche Bundesstaat, S. 737 ff.

Gesetzgebungskompetenzen zählen u.a. das Versammlungsrecht, das Dienst-, Besoldungs- und Versorgungsrecht der Landes- und Kommunalbeamten, das Strafvollzugsrecht, das Ladenschluss- und Gaststättenrecht sowie das Presserecht.[806] Daneben wurde den Ländern im Zuge der Föderalismusreform im Bereich des Umwelt- und Hochschulrechts (Art. 72 Abs. 3 GG) ein Abweichungsrecht eingeräumt, mit dessen Hilfe sie von den bundesgesetzlichen Vorgaben abweichende, eigene Landesgesetze in Kraft setzen können.[807] Weitere Bereiche originärer Landeszuständigkeit stellen, wie schon vor der Föderalismusreform, das Schulrecht, das Rundfunkrecht, das Polizei- und Ordnungsrecht, das Staatskirchenrecht sowie der Bereich des kulturellen Lebens dar.[808] Auf diesen Gebieten können die Länder selbständig gesetzgeberisch tätig werden, weshalb rein nach der bundesstaatlichen Aufgabenverteilung zu erwarten ist, dass hier die einschlägigen Landesgrundrechte, die den Landesverfassungsgerichten als Prüfungsmaßstab dienen, die größte Bedeutung entfalten können, insbesondere dann, wenn ihre Einhaltung durch eine Individualverfassungsbeschwerde kontrolliert werden kann.[809] Die Föderalismusreform hat damit zumindest auf dem Papier den Anwendungsbereich der Landesgrundrechte erweitert,[810] wobei sich ihr tatsächlicher Einfluss alleine in der verfassungsgerichtlichen Praxis zeigen kann.[811]

b) Grundrechtsbezogene Rechtsprechung des Bundesverfassungsgerichts als Beschränkung der Gesetzgebungstätigkeit der Länder

Selbst wenn die Länder für einen bestimmten Bereich die Gesetzgebungskompetenz besitzen, ergibt sich daraus noch nicht automatisch, dass Landesgrundrechten insoweit ein eigenständiger Anwendungsbereich zukommt. Grund dafür ist, dass insbesondere die verfahrens- und organisationsrechtlichen Ableitungen aus den Bundesgrundrechten den Landesgesetzgeber auf seinem ureigenen Kompetenzterrain präjudizierend einengen und dadurch einen erheblichen Unitarisierungsdruck erzeugen können.[812] Daraus folgt wiederum, dass von den Vorgaben

[806] Gesetz zur Änderung des Grundgesetzes (Artikel 22, 23, 33, 52, 72, 73, 74, 74a, 75, 84, 85, 87c, 91a, 91b, 93, 98, 104a, 104b, 105, 107, 109, 125a, 125b, 125c, 143c) v. 28. August 2006, BGBl. I, 2034 ff.

[807] Gesetz zur Änderung des Grundgesetzes (Artikel 22, 23, 33, 52, 72, 73, 74, 74a, 75, 84, 85, 87c, 91a, 91b, 93, 98, 104a, 104b, 105, 107, 109, 125a, 125b, 125c, 143c) v. 28. August 2006, BGBl. I, 2034 ff.

[808] Ausführlich zu den Länderkompetenzen s. *Uhle*, in: MD, GG, Art. 70 Rn. 86 ff.

[809] Vgl. *Huber*, BayVBl. 2008, 65, 68; *Steinberg*, FS 50 Jahre HessVerf, S. 356, 370; *Zuck*, VBlBW 2014, 1, 2.

[810] Für eine Ausdehnung des Anwendungsbereichs der Landesgrundrechte durch die Föderalismusreform s. *Huber*, in: Sachs, GG, Art. 142 Rn. 6; ähnlich auch die Begründung zur Einführung einer Landesverfassungsbeschwerde in Baden-Württemberg, LT-Drs. 15/2153, S. 1, 10; zurückhaltender *Korioth*, in: MD, GG, Art. 142 Rn. 7.

[811] Ausführlich dazu unten, § 6 V.5. b) u. c).

[812] *Starck*, FS 50 Jahre BayVerfGH, S. 229, 235; *Boysen*, Gleichheit im Bundesstaat, S. 87 f. u. 193; *Krieger*, NdsVBl. 2010, 134, 135.

der Bundesgrundrechte abweichende Landesgrundrechte auf Grund von Art. 31 GG keine Wirkung entfalten können. Zur Wehr setzen können sich die Länder gegen die Rechtsprechung des Bundesverfassungsgerichts nicht, da die grundgesetzlichen Grundrechte und ihre Auslegung durch das Bundesverfassungsgericht nach Art. 1 Abs. 3 GG am Vorrang der Verfassung teilnehmen und deswegen die Bundeskompetenzen insoweit nicht überschritten sein können.[813] Bestes Beispiel für die unitarisierende Wirkung der Grundrechtsrechtsprechung des Bundesverfassungsgerichts ist das *Numerus-clausus*-Urteil, in dem das Bundesverfassungsgericht aus dem Grundrecht auf Zulassung zum Hochschulstudium (Art. 12 GG) eine subsidiäre Pflicht der Länder abgeleitet hat, gemeinsam eine „Mitverantwortung für eine kooperative Verwirklichung des Grundrechtsschutzes" zu übernehmen, indem alle freien Studienplätze durch Koordinierungsmaßnahmen in Form einer überregionalen Stelle unter Anwendung einheitlicher Auswahlkriterien verteilt werden.[814] Mit dieser Entscheidung wurde die spätere, auf Art. 75 Abs. 1 S. 1 Nr. 1a GG a.F. gestützte Rahmengesetzgebung des Bundes auf dem Gebiet des Hochschulrechts vorweg genommen.[815]

Ein weiteres Beispiel für die unitarisierende Wirkung der Rechtsprechung des Bundesverfassungsgerichts stellt das Rundfunkrecht dar. Diesbezüglich hat das Bundesverfassungsgericht entschieden, dass ein funktionierendes System der Verbreitung von Rundfunk von einer Koordination der Länder abhänge und die Länder nach Art. 5 Abs. 1 S. 2 GG in Verbindung mit dem Grundsatz des bundesfreundlichen Verhaltens zur Kooperation verpflichtet seien.[816] Darüber hinaus hat das Bundesverfassungsgericht auf Grundlage von Art. 5 Abs. 1 S. 2 GG trotz des alleinigen Gesetzgebungsrechts der Länder im Bereich des Rundfunkrechts ein umfassendes bundesrechtliches Rundfunksystem entwickelt.[817]

Auch die in Art. 5 Abs. 3 S. 1 GG verankerte Freiheit von Wissenschaft, Forschung und Lehre trug zu einer Unitarisierung der Landesgesetzgebung bei, da das Bundesverfassungsgericht daraus Maßstäbe für die Hochschulorganisation abgeleitet hat.[818] Ähnliches gilt für die Befugnisnormen über die Erhebung und Verbreitung personenbezogener Daten im Bereich des Polizei- und Ordnungsrechts, wofür das Bundesverfassungsgericht mit seiner Rechtsprechung zum Grundrecht auf informelle Selbstbestimmung ebenfalls umfangreiche Vorgaben gemacht hat.[819] Schließlich schränkte das Bundesverfassungsgericht mit seinem Kopftuch-Urteil vom Januar 2015 den Spielraum des Landesgesetzgebers im Bereich des Schulrechts weiter ein, indem es entgegen seiner früheren Rechtspre-

[813] *Starck*, FS 50 Jahre BayVerfGH, S. 229, 235; *Hornung*, Grundrechtsinnovationen, S. 501.
[814] BVerfGE 33, 303, 357 f.; s. dazu *Starck*, FS 50 Jahre BayVerfGH, S. 229, 236; , NdsVBl. 2010, 134, 135.
[815] Hochschulrahmengesetz v. 26.01.1976, BGBl. I, S. 185.
[816] BVerfGE 73, 118, 152 u. 196 f.
[817] Vgl. *Badura*, BayVBl. 2007, 193, 196 f.; *Starck*, FS 50 Jahre BayVerfGH, S. 229, 238; s. dazu oben, § 6 V.1. a).
[818] BVerfGE 35, 79, 112 ff.; 111, 333, 353 ff.; 127, 87, 114 ff.; 141, 143, Rn. 46 ff.; s. *Badura*, BayVBl. 2007, 193, 196.
[819] BVerfGE 65, 1, 41 ff.; *Starck*, FS 50 Jahre BayVerfGH, S. 229, 238 f.

chung[820] ein generelles Verbot einer äußeren religiösen Bekundung vor dem Hintergrund von Art. 4 Abs. 1, 2 GG für verfassungswidrig befand und die Zulässigkeit eines Verbots religiöser Symbole in der Schule vom Vorliegen einer hinreichend konkreten Gefahr für den Schulfrieden abhängig machte.[821]

Selbst dort, wo die Länder durch die Föderalismusreform neue Kompetenzen übertragen bekamen, bleibt wenig Platz für eine von den Bundesgrundrechten abweichende Interpretation der Landesgrundrechte. Dies gilt angesichts der detaillierten Rechtsprechung des Bundesverfassungsgerichts insbesondere für das Versammlungsrecht mit seinen Einzelabwägungen,[822] auch wenn sich beispielsweise das bayerische Versammlungsgesetz „als Verwirklichung eines eigenständigen rechts- und ordnungspolitischen Konzepts, das gezielt dem Versammlungsrecht eigene Akzente verleihen will" sieht.[823] Ferner sind in diesem Zusammenhang die Vorgaben des Bundesverfassungsgerichts zur Berufsfreiheit zu nennen, welche zur Unvereinbarkeit der Nichtraucherschutzgesetze von Baden-Württemberg und Berlin mit dem Grundgesetz geführt haben.[824] Ähnliches gilt schließlich im Hinblick auf Art. 4 Abs. 1, 2 GG und Art. 140 GG i.V.m. Art. 139 WRV für die Berliner Regelung über die Ladenöffnungszeiten an den Adventssonntagen.[825]

Eine gegenläufige Tendenz lässt sich alleine beim Wahlrecht ausmachen, wo das Bundesverfassungsgericht seine bisherige Rechtsprechung, wonach die Verletzung der Allgemeinheit und Gleichheit der Wahl zu den Volksvertretungen der Länder mit der Bundesverfassungsbeschwerde, gestützt auf Art. 3 Abs. 1 GG, geltend gemacht werden konnte,[826] im Jahr 1998 aufgab.[827] Allerdings handelt es sich hierbei eher um einen punktuellen Rückzug des Bundesverfassungsgerichts, welcher überdies starke Bezüge zum Bereich des Staatsorganisationsrechts aufweist.

c) Grundrechtsbezogene Rechtsprechung der Landesverfassungsgerichte

Besonders deutlich tritt die landesverfassungsgerichtliche Grundrechtsinterpretation dort zu Tage, wo Landesrecht am Maßstab der Landesgrundrechte überprüft wird. Wenngleich die Landesverfassungen zum Teil Grundrechte enthalten,

[820] BVerfGE 93, 1, 22 ff. zum Anbringen von Kreuzen im Klassenzimmer staatlicher Schulen; 108, 282, 303 explizit zum Tragen eines Kopftuches einer Lehrkraft.

[821] BVerfGE 138, 296, Rn. 97 ff.; eine ähnliche Einschränkung zeigt sich beim Feiertagsrecht, s. BVerfGE 143, 161, Rn. 96 ff.

[822] *Depenheuer*, in: MD, GG, Art. 8 Rn. 29; s. dazu auch *Schulze-Fielitz*, in: Dreier, GG, Art. 8 Rn. 77 ff.

[823] BVerfGE 122, 360; *Krieger*, NdsVBl. 2010, 134, 135.

[824] BVerfGE 121, 317, 344; *Krieger*, NdsVBl. 2010, 134, 135; vgl. auch BVerfGE 130, 131, 140 in Bezug auf das hamburgische Passivraucherschutzgesetz.

[825] BVerfGE 125, 39, 77; *Krieger*, NdsVBl. 2010, 134, 135; s. auch BVerfGE 143, 161 Rn. 88 ff. zum Schutz des Karfreitags.

[826] So etwa BVerfGE 1, 208, 237 u. 242; 3, 383, 390 f.; 12, 10, 25; 51, 222, 232; 69, 92, 106; 85, 148, 157.

[827] BVerfGE 99, 1, 8 ff.; vgl. etwa *Pestalozza*, HGR III, § 86 Rn. 82.

deren Formulierung erheblich von derjenigen der grundgesetzlichen Gewährleistungen abweicht bzw. die im Grundgesetz überhaupt keine Entsprechung finden, weist die Rechtsprechung der Landesverfassungsgerichte zu den Landesgrundrechten jedoch eine erstaunlich große Übereinstimmung mit der grundrechtsbezogenen Rechtsprechung des Bundesverfassungsgerichts auf.[828] Dies gilt zum einen für diejenigen Landesverfassungen, welche vor Inkrafttreten des Grundgesetzes entworfen worden waren. In diesen Ländern haben sich die Landesverfassungsgerichte besonders in Bezug auf die klassischen Freiheits- und Gleichheitsrechte an die Rechtsprechung des Bundesverfassungsgerichts weitestgehend angelehnt. So hat der Bayerische Verfassungsgerichtshof zu den Grundrechten der bayerischen Landesverfassung keine eigene Dogmatik entworfen, obwohl Art. 98 S. 2 BayVerf dies durchaus nahe gelegt hätte.[829] Daher entspricht beispielsweise die Rechtsprechung des Bayerischen Verfassungsgerichtshofs zur Eigentumsgarantie im Hinblick auf den Schutzbereich und die Abgrenzung der Enteignung zu sonstigen Eingriffen im Wesentlichen der Rechtsprechung des Bundesverfassungsgerichts zu Art. 14 GG.[830] Vergleichbares lässt sich in Bezug auf das Brandenburgische Verfassungsgericht feststellen, das Art. 41 Abs. 1 BbgVerf im Lichte von Art. 14 Abs. 1 GG interpretiert, insbesondere hinsichtlich der Einbeziehung des Besitzrechts des Mieters bzw. Pächters in den Eigentumsschutz.[831] Ähnliche Parallelen zwischen Bundes- und Landesgrundrecht zeigen sich in Bezug auf das Grundrecht der Berufsfreiheit, was in jüngerer Vergangenheit an der Rechtsprechung des Bayerischen Verfassungsgerichtshofs zum Nichtraucherschutz deutlich wurde. Der Verfassungsgerichtshof hat in der fraglichen Entscheidung fast vollständig die Begründung des Urteils des Bundesverfassungsgerichts aus dem Jahr 2008 übernommen und auf eine differenziertere Anwendung des Verhältnismäßigkeitsgrundsatzes verzichtet,[832] obwohl die Gesetzgebungskompetenz für den Bereich des Nichtraucherschutzes in Gaststätten bzw. Spielhallen nach der Föderalismusreform nach der Rechtsprechung des Bundesverfassungsgerichts den Ländern zukommt.[833] Eine ähnliche Linie verfolgten die Landesverfassungsgerichte von Sachsen, Thüringen und dem Saarland, als sie mit dem Bundesverfassungsgericht von der Zulässigkeit eines umfas-

---

[828] Vgl. *Lange*, FS 50 Jahre BVerfG, Bd. 1, S. 289, 293; *Hornung*, Grundrechtsinnovationen, S. 496 f.

[829] Vgl. *Lindner*, Bayerisches Staatsrecht, Rn. 453 ff.; *ders.*, BayVBl. 2013, 549, 549.

[830] Vgl. BayVerfGHE 49, 160, 168; 53, 196, 214 f.; *Funke*, in: Meder/Brechmann, Verfassung der Freistaates Bayern, Art. 103 Rn. 1 f.; s. auch *Lange*, HGR III, § 83 Rn. 9; *Lindner*, BayVBl. 2013, 549, 557.

[831] BbgVerfG, Beschl. v. 16.03.2000 – VfGBbg 2/00 –; Beschl. v. 20.12.2001 – VfGBbg 32/01 –; vgl. *Klein*, FS 10 Jahre Verfassungsgericht Brandenburg, S. 29, 34.

[832] BayVerfGHE 64, 39, 44 ff. unter Bezugnahme auf BVerfGE 121, 317; BayVerfGHE 64, 159, 170 ff.; s. auch BayVerfGHE 65, 61, 65 ff.; vgl. *Lindner*, BayVBl. 2013, 549, 555.

[833] BVerfGE 121, 317, 347 f. in Bezug auf die Rechtsetzungskompetenz für Gaststätten; explizit zur Rechtssetzungskompetenz in Bezug auf Spielhallen s. SächsVerfG, Beschl. v. 20.11.2008 – Vf. 63-IV/08 –, BeckRS 2008, 40613 sowie BVerfG, Beschl. v. 11.03.2015 – 1 BvL 8/14 –, BeckRS 2015, 50522, Rn. 20 ff.

senden Rauchverbotes ausgingen und lediglich die Voraussetzungen von Ausnahmen näher präzisierten.[834] Der Thüringische Verfassungsgerichtshof hat zudem in seiner Entscheidung zur Vereinbarkeit des thüringischen Ladenöffnungsgesetzes mit der in Art. 35 ThürVerf verankerten Berufsfreiheit die Wertungen des Bundesverfassungsgerichts zu Art. 12 Abs. 1 GG weitgehend unreflektiert übernommen,[835] obwohl er zuvor betont hatte, an die Rechtsprechung des Bundesverfassungsgerichts zu Art. 12 GG nicht gebunden zu sein.[836] Ein weiteres Grundrecht, bei dem sich der Bayerische Verfassungsgerichtshof eng an die Rechtsprechung des Bundesverfassungsgerichts anlehnt, ist das in Art. 100 i.V.m. Art. 101 BayVerf verankerte Recht auf informationelle Selbstbestimmung.[837] Die diesbezügliche Tendenz zur Angleichung an die Rechtsprechung des Bundesverfassungsgerichts wird von den anderen Landesverfassungsgerichten geteilt, wenngleich sich die textlichen Vorgaben der Landesverfassungen von denen des Grundgesetzes durchaus unterscheiden.[838] So verweist etwa das Brandenburgische Verfassungsgericht zum Verständnis von Art. 11 Abs. 1 S. 1 BbgVerf auf das Volkszählungsurteil des Bundesverfassungsgerichts[839] und zitiert ausführlich daraus,[840] was eine intensive Rezeption der einschlägigen Rechtsprechung des Bundesverfassungsgerichts impliziert.

Eine vergleichbare Anlehnung an die Rechtsprechung des Bundesverfassungsgerichts lässt sich exemplarisch an der Judikatur des Bayerischen Verfassungsgerichtshofs zur Rundfunkfreiheit nachweisen,[841] wobei hier die Besonderheit besteht, dass es sich beim Rundfunkrecht um ein Aufgabengebiet handelt, das der Gesetzgebungskompetenz der Länder unterfällt und deshalb eine Dominanz der bundesverfassungsgerichtlichen Rechtsprechung an sich nicht zu erwarten wäre. Konkret geht es dabei um die Vorschrift des Art. 111a Abs. 2 S. 1 BayVerf, wonach der Rundfunk im Freistaat Bayern, anders als in den anderen Bundesländern, in öffentlicher Verantwortung und in öffentlich-rechtlicher Trägerschaft betrieben wird. Rein nach dem Wortlaut dieser Vorschrift müssten private Anbieter in Bayern nicht zugelassen werden. Das Bundesverfassungsgericht entschied jedoch, dass Art. 5 Abs. 1 S. 2 GG auch private Rundfunkanbieter schütze und

[834] ThürVerfGH, Beschl. v. 05.12.2008 – VerfGH 26/08 und 34/08 –, BeckRS 2009, 30175; SächsVerfGH, Beschl. v. 20.11.2008 – Vf. 26-IV-08 (HS) u.a. –, BeckRS 2008, 40333; SaarlVerfGH, Beschl. v. 21.06.2010 – Lv 3, 4 und 6/10 e.A. –; s. dazu *Kluth*, NdsVBl. 2010, 130, 130.

[835] Krit. dazu auch *Sachs*, JuS 2017, 1039, 1040.

[836] ThürVerfGH, Beschl. v. 07.12.2016 – VerfGH 28/12 –, BeckRS 2016, 112604.

[837] BayVerfGHE 38, 74, 81; 47, 241, 254 f.; 57, 113, 119; 50, 226, 242; zum Recht auf informationelle Selbstbestimmung nach dem Grundgesetz s. BVerfGE 65, 1, 41 ff.; vgl. *Lindner*, in: Lindner/Möstl/Wolff, Verfassung des Freistaates Bayern, Art. 101 Rn. 29 f.

[838] Für Rheinland-Pfalz s. etwa RPfVerfGH, Urt. v. 22.06.2004 – VGH B 2/04 –, DVBl. 2004, 1111, 1111 ff.; RPfVerfGH, Urt. v. 28.05.2009 – VGH B 45/08 –, NJW-RR 2009, 1588, 1588 ff.

[839] BVerfGE 65, 1 ff.

[840] BbgVerfG, LVerfGE 4, 179, 186 f.; vgl. *Klein*, FS 10 Jahre Verfassungsgericht Brandenburg, S. 29, 34.

[841] Vgl. *Vitzthum*, VVDStRL 46 (1988), 7, 36; *Bothe*, FS 50 Jahre ATÖR, S. 189, 197; zum Landesmedienrecht s. *Wahl* AöR 112 (1987), 26, 51.

diese daher in Bayern nicht vom Rundfunkbetrieb ausgeschlossen werden dürften.[842] Dadurch wurde der Bayerische Verfassungsgerichtshof gezwungen, seine bisherige Judikatur zu Art. 111a Abs. 2 S. 1 BayVerf[843] aufzugeben und die Wertungen des Art. 5 Abs. 1 S. 2 GG bei der Auslegung der Vorschrift zu berücksichtigen,[844] wodurch es zu einer Angleichung von Bundesgrundrecht und bayerischem Landesgrundrecht in Bezug auf den Zugang privater Anbieter zum Rundfunkbetrieb kam.[845]

Auch im Bereich des Versammlungsrechts, welches seit der Föderalismusreform nach Art. 70 Abs. 1 i.V.m. Art. 125a GG in den Kompetenzbereich der Länder fällt, zeigt sich eine enge Orientierung der Landesverfassungsgerichte an der Rechtsprechung des Bundesverfassungsgerichts. So verweist der Verfassungsgerichtshof von Berlin in seiner Entscheidung zur Zulässigkeit der Anfertigung von Übersichtsaufnahmen bei Versammlungen bei der Auslegung der von Art. 26 BlnVerf geschützten Versammlungsfreiheit mehrfach auf die Rechtsprechung des Bundesverfassungsgerichts zu Art. 8 GG und betont überdies, dass die beiden parallelen Grundrechtsgewährleistungen weitgehend übereinstimmten.[846] Schließlich orientiert sich die Rechtsprechung sämtlicher Landesverfassungsgerichte zum Recht auf rechtliches Gehör stark an der restriktiven Rechtsprechung des Bundesverfassungsgerichts.[847] Hervorzuheben ist in diesem Zusammenhang auch, dass der Hessische Staatsgerichtshof Art. 3 HessVerf, wonach Leben und Gesundheit, Ehre und Würde des Menschen unantastbar sind, mit dem „der Hessischen Verfassung innewohnenden", d.h. nicht ausdrücklich verankerten Rechtsstaatsprinzip zu einem Grundrecht nach dem Vorbild des Art. 103 Abs. 1 GG kombiniert,[848] obwohl die Hessische Verfassung in Art. 20 Abs. 1 S. 1 HessVerf ohnehin das Recht auf den gesetzlichen Richter verbürgt. An diesem Beispiel lässt sich die landesverfassungsgerichtliche Orientierung am Grundgesetz und dessen Interpretation durch das Bundesverfassungsgericht deutlich ablesen.

Auch die nach Inkrafttreten des Grundgesetzes verabschiedeten Landesverfassungen einschließlich der Landesverfassungen der neuen Bundesländer werden von den Landesverfassungsgerichten trotz Diskrepanzen bei der textlichen Grundlage zumindest im Bereich der klassischen Freiheits- und Gleichheitsrechte weitestgehend in Übereinstimmung mit der Rechtsprechung des Bundes-

---

842 BVerfGE 97, 298, 312 ff.

843 BayVerfGHE 47, 66, 71 ff.

844 BayVerfGH, Entsch. v. 30.05.2005 – VerfGH 23-VI-04 –, NVwZ 2006, 82, 83.

845 S. dazu *Kingreen*, JZ 2013, 801, 807.

846 BerlVerfGH, Urt. v. 11.04.2014 – VerfGH 129/13 –, NVwZ-RR 2014, 577, 579 f.

847 BayVerfGHE 20, 60, 61; 26, 118, 123; 27, 35, 42; 29, 98, 101; 53, 16, 19; 53, 162, 165; HessStGH, Urt. v. 20.10.1999 – P. St. 1356 –, HessStAnz. 1999, S. 3410, 3413 = BeckRS 1999, 22894; zum Recht auf rechtliches Gehör nach dem Grundgesetz s. BVerfGE 22, 267, 274; 28, 17, 19 f.; 89, 381, 392; *Lange*, HGR III, § 83 Rn. 9; für Bayern, vgl. *Lindner*, BayVBl. 2013, 549, 555.

848 HessStGH, Beschl. v. 13.01.1988 – P. St. 1039 –, HessStAnz. 1988, S. 1873, 1874; Beschl. v. 14.10.1997 – P. St. 1269 –, HessStAnz. 1997, S. 3334, 3335; Urt. v. 09.06.1999 – P. St. 1299 –, HessStAnz. 1999, S. 2380, 2382 = BeckRS 1999, 21596; Beschl. v. 10.12.2003 – P.St. 1609 –, HessStAnz. 2003, S. 742, 744 f.; vgl. *Pestalozza*, HGR III, § 86 Rn. 51.

verfassungsgerichts zu den Grundrechten des Grundgesetzes interpretiert,[849] wobei ins Auge fällt, dass selbst der Staatsgerichtshof von Baden-Württemberg, der auf Grund der Neueinführung der landesrechtlichen Individualverfassungsbeschwerde die Möglichkeit hätte, eine eigenständige Grundrechtsjudikatur zu entwickeln, in seinen ersten einschlägigen Entscheidungen intensiv auf die Rechtsprechung des Bundesverfassungsgerichts rekurriert und dementsprechend etwa die Drei-Stufen-Theorie, die Unterscheidung zwischen echter und unechter Rückwirkung sowie den Enteignungsbegriff des Bundesverfassungsgerichts übernimmt.[850]

Insgesamt lässt sich nach dem bislang Gesagten die These aufstellen, dass sich trotz der bundesverfassungsgerichtlichen Dominanz etwa im Bereich der Rundfunkfreiheit eine eigenständige Grundrechtsdogmatik auf Landesebene am ehesten dort entwickeln konnte, wo den Ländern entsprechende Gesetzgebungskompetenzen zukommen,[851] wobei die Föderalismusreform aus dem Jahr 2006 bislang nicht zu einer substantiellen Entwicklung und Ausdifferenzierung der Landesgrundrechte in den auf die Länder übergegangenen Kompetenzbereiche geführt hat,[852] was sich insbesondere an der Zurückhaltung der Landesverfassungsgerichte beim Versammlungsrecht und beim Nichtraucherschutz ablesen lässt. Weiterhin lässt sich konstatieren, dass gerade diejenigen Länder, in denen die Möglichkeit der Erhebung einer Individualverfassungsbeschwerde besteht, über eine ausdifferenzierte Landesgrundrechtsprechung verfügen. So gewährt nach der Rechtsprechung des Hessischen Staatsgerichtshofs das elterliche Erziehungsrecht des Art. 55 S. 1 HessVerf im Bereich der schulischen Ausbildung einen über Art. 6 Abs. 2 GG hinaus reichenden Grundrechtsschutz.[853] Während Art. 6 Abs. 2 GG nach der Rechtsprechung des Bundesverfassungsgerichts den Eltern kein Recht zur Bestimmung der organisatorischen Gliederung der Schule, der inhaltlichen Festlegung der Ausbildungsgänge, der Unterrichtsziele und des Unterrichtsstoffs verleiht,[854] ergibt sich nach der Rechtsprechung des Hessischen Staatsgerichtshofs aus Art. 55 S. 1 HessVerf ein Recht auf eine bestimmte inhaltliche Festlegung des Ausbildungsgangs bis hin zu einem Recht auf ein bestimmtes Fächerangebot,[855] womit sich der Staatsgerichtshof in Widerspruch zur Judikatur

---

[849] Ausführlich dazu *Lange*, HGR III, § 83 Rn. 13 ff.; so auch *Kunig*, VVDStRL 61 (2002), 34, 42 f.; speziell zu Brandenburg, vgl. *Sachs*, FS 10 Jahre Verfassungsgericht Brandenburg, S. 103, 121 ff.

[850] BWStGH, Urt. v. 17.06.2014 – 1 VB 15/13 –, BeckRS 2014, 52775; so auch *Schröder*, HGR VIII, § 245 Rn. 12.

[851] In diese Richtung auch *Korioth*, MD, GG, Art. 142 Rn. 7; *Bachof*, VVDStRL 46 (1988), Anmerkung, 141, 141, der insbesondere auf das Polizeirecht, das Schul- und Hochschulrecht sowie das Gemeindeverfassungsrecht verweist.

[852] So jedoch die vorsichtige Prognose von *Korioth*, in: MD, GG, Art. 142 Rn. 7; für eine Steigerung der Bedeutung der Landesverfassungsgerichte in Folge der Föderalismusreform auch *Gärditz*, JöR 61 N.F. (2013), 449, 453 f.

[853] HessStGH, ESVGH 32, 1, 7 ff. im Vergleich zu BVerfGE 34, 165, 182 f.; s. *Löhr*, Die Rechte des Menschen in der Verfassung des Landes Hessen im Lichte des Grundgesetzes, S. 179.

[854] BVerfGE 34, 165, 182 f.

[855] HessStGH, ESVGH 32, 1, 7 ff.

des Bundesverfassungsgerichts gesetzt hat.[856] Nach Ansicht des Staatsgerichtshofs folgt die Erweiterung des Schutzbereichs gegenüber dem grundgesetzlichen Grundrecht aus der Formulierung der Erzielungsziele „Gemeinsinn, leibliche, geistige und seelische Tüchtigkeit", die durch Art. 56 Abs. 4 und 5 HessVerf noch verstärkt würden.[857]

Auf das Hochschulrecht, mithin ebenfalls auf eine genuine Landeskompetenz, bezog sich die Entscheidung des Saarländischen Verfassungsgerichtshofs zu Art. 33 Abs. 3 S. 1 SaarlVerf, wonach jedermann ein Grundrecht auf Hochschulzugang besitzt.[858] Im Gegensatz dazu erstreckt sich die grundgesetzliche Gewährleistung des Art. 12 Abs. 1 GG nur auf deutsche Staatsbürger. Der Saarländische Verfassungsgerichtshof geht von einer Fortgeltung der Landesnorm aus, da Art. 31 GG die Gewährung weiter gehender Landesgrundrechte nicht verbiete und eine Kollision mit Bundesrecht nicht anzunehmen sei,[859] mit der Folge, dass Studienbewerber aller Nationalitäten ein subjektives Recht auf Hochschulzugang geltend machen können und die von Art. 12 GG intendierte Bevorzugung deutscher Studienplatzbewerber in sog. *Numerus-clausus*-Fächern auf diese Weise ausgehebelt werden kann.[860] Andere Landesverwaltungs- und Landesverfassungsgerichte kamen auf der Basis ähnlicher Landesverfassungsbestimmungen indes zu anderen Ergebnissen. So spricht etwa der Bayerische Verfassungsgerichtshof Art. 128 Abs. 1 und 2 BayVerf, wonach jeder Bewohner Bayerns Anspruch darauf hat, eine seinen erkennbaren Fähigkeiten und seiner inneren Berufung entsprechende Ausbildung zu erhalten und wonach Begabten der Besuch von Schulen und Hochschulen, nötigenfalls aus öffentlichen Mitteln, zu ermöglichen ist, die Qualität eines subjektiven Grundrechts auf Ausbildung ab[861] oder lässt die Frage zumindest ausdrücklich offen,[862] so dass letztlich im Vergleich zu Art. 12 GG keine landesgrundrechtliche Mehrgewährleistung existiert.[863]

Auf das Gebiet des Hochschulrechts bezogen sich in jüngerer Vergangenheit zudem die Entscheidung des Bayerischen Verfassungsgerichtshofs zur Verfassungsmäßigkeit des Bayerischen Hochschulgesetzes[864] sowie das Urteil des Hes-

---

[856] Vgl. *Krieger*, NdsVBl. 2010, 134, 137.

[857] HessStGH, ESVGH 32, 1, 7 ff.; zum Ganzen s. auch *Sacksofsky*, Verfassungsrecht, in: Hermes/Reimer (Hrsg.), Landesrecht Hessen, § 2 Rn. 33; *Denninger*, FS 50 Jahre Hessische Verfassung, S. 343, 347.

[858] SaarlVerfGH, Urt. v. 02.05.1983 – Lv 2–4/82 –, NVwZ 1983, 604, 605 ff.

[859] SaarlVerfGH, Urt. v. 02.05.1983 – Lv 2–4/82 –, NVwZ 1983, 604, 606 f.

[860] Vgl. BVerfGE 33, 303, 333 ff.; näher dazu *Dreier*, Einheit und Vielfalt der Verfassungsordnungen im Bundesstaat, in: Schmidt (Hrsg.), Vielfalt des Rechts, S. 113, 143 f.

[861] BayVerfGHE 23, 181, 185; 35, 126, 130 f.; 41, 4, 12; 59, 63, 79; *Möstl*, in: Lindner/Möstl/Wolff, Verfassung des Freistaates Bayern, Art. 128 Rn. 5.

[862] BayVerfGHE 28, 143, 162 f.; 34, 14, 20; 35, 126, 130 f.; 38, 16, 26 f.; 51, 109, 118.

[863] Ähnlich auch VGH Kassel, NVwZ 1989, 387, der eine Teilnichtigkeit von Art. 52 Abs. 2 HessVerf annimmt; BWVGH, ESVGH 20, 23, 26 f.; 26, 216, 223; vgl. *Dreier*, Einheit und Vielfalt der Verfassungsordnungen im Bundesstaat, in: Schmidt (Hrsg.), Vielfalt des Rechts, S. 113, 143 f.

[864] BayVerfGHE 61, 103, 112 ff.

sischen Staatsgerichtshofs zur Zulässigkeit von Studienbeiträgen.[865] In beiden Fällen stützten die Gerichte ihre Argumentation auch auf spezifisch landesverfassungsrechtliche Grundrechtsgarantien wie das Recht auf akademische Selbstverwaltung nach Art. 138 Abs. 2 BayVerf bzw. das Recht auf unentgeltlichen Hochschulzugang gemäß Art. 59 Abs. 1 HessVerf.[866] Ähnliches gilt für die Entscheidung des Verfassungsgerichtshofs Rheinland-Pfalz, der auf Art. 39 Abs. 5 S. 1 RPfVerf, welcher jedermann den Zugang zum Hochschulstudium gewährleistet, Bezug nahm, im Ergebnis aber einen allgemeinen Anspruch auf Kostenfreiheit des Hochschulstudiums verneinte.[867] Hieran wird deutlich, dass landesgrundrechtliche Besonderheiten im Kompetenzbereich der Länder die Entscheidung der Landesverfassungsgerichte beeinflussen können. Jahrzehnte zuvor hatte bereits der Baden-Württembergische Staatsgerichtshof[868] zur Frage der Verfassungsmäßigkeit der Auflösung pädagogischer Hochschulen Stellung bezogen und auf diese Weise erste landesrechtliche Vorgaben auf dem Gebiet des Hochschulrechts entwickelt.

Ein weiterer Bereich, in dem der Landesgesetzgeber über eine Gesetzgebungsbefugnis verfügt, ist das Naturschutzrecht, das, obwohl bundesrechtlich geprägt, nach Art. 72 Abs. 3 Nr. 2 GG gegenständlich beschränkt der Abweichungsgesetzgebung unterliegt und bei dem sich ein deutlicher Zusammenhang zwischen Gesetzgebungskompetenz und Relevanz der Landesgrundrechte nachweisen lässt. Eine bayerische Besonderheit in diesem Kontext Art. 141 Abs. 3 S. 1 BayVerf stellt dar, wonach der Genuss der Naturschönheiten und die Erholung in der freien Natur, insbesondere das Betreten von Wald und Bergweide, das Befahren der Gewässer und die Aneignung wildwachsender Waldfrüchte in ortsüblichem Umfang jedermann gestattet ist. Bei der Vorschrift handelt es sich um ein Grundrecht,[869] zu dem der Bayerische Verfassungsgerichtshof eine ausdifferenzierte Rechtsprechung entwickelt hat.[870] Allerdings darf die Vorschrift des Art. 141 Abs. 3 S. 1 BayVerf, welche unmittelbare Drittwirkung entfaltet[871] und im Grundgesetz keine explizite Entsprechung findet, vor dem Hintergrund von Art. 31 GG nicht so interpretiert werden, dass ein Widerspruch zu Grundrechten des Grundgesetzes, insbesondere zum Eigentumsgrundrecht des Art. 14 GG sowie zu der

---

865 HessStGH, Urt. v. 11.06.2008 – P.St. 2133, P.St. 2158 –, NVwZ 2008, 883, 884 ff.

866 *Huber*, in: Sachs, GG, Art. 142 Rn. 6; *Müller-Franken*, HGR VIII, § 251 Rn. 60; ausführlich zur Rechtslage in Hessen im Vergleich zum Grundgesetz vgl. *Löhr*, Die Rechte des Menschen in der Verfassung des Landes Hessen im Lichte des Grundgesetzes, S. 339 ff.; *Friehe*, LKRZ 2015, 305, 306 ff.

867 RPfVerfGH, Beschl. v. 13.12.2004 – VGH B 16/04 –, DÖV 2005, 295, 296.

868 BWStGH, Urt. v. 28.08.1981 – GR 1/81 –, NVwZ 1982, 32, 32 ff.; s. dazu *Feuchte*, JöR 36 N.F. (1987), 315, 341 f.

869 St. Rspr., vgl. BayVerfGHE 29, 181, 183; 47, 54, 56; *Möstl*, in: Lindner/Möstl/Wolff, Verfassung des Freistaates Bayern, Art. 141 Rn. 15; *Müller-Terpitz*, HGR VIII, § 246 Rn. 93.

870 Ausführlich dazu *Möstl*, in: Lindner/Möstl/Wolff, Verfassung des Freistaates Bayern, Art. 141 Rn. 15 ff.

871 Vgl. *Möstl*, in: Lindner/Möstl/Wolff, Verfassung des Freistaates Bayern, Art. 141 Rn. 15; *Lange*, HGR III, § 83 Rn. 16.

durch Art. 2 Abs. 1 GG geschützten allgemeinen Handlungsfreiheit entsteht.[872] Der Bayerische Verfassungsgerichtshof hat in diesem Zusammenhang entschieden, dass Beschränkungen des Rechts auf Naturgenuss dort zulässig sind, wo die Gemeinschaftsbezogenheit des Menschen oder andere schutzwürdige Güter, insbesondere solche mit Verfassungsrang, dies erfordern, was sich nicht zuletzt aus dem Gesetzesvorbehalt des Art. 141 Abs. 3 S. 2 BayVerf ergebe, wonach jedermann verpflichtet ist, mit Natur und Landschaft pfleglich umzugehen.[873] Daraus folgert der Verfassungsgerichtshof, dass die einzelnen Grundeigentümer trotz der Sozialbindung ihres Eigentums als Auswirkung des Rechts auf Erholung in der freien Natur und der hierfür eingeräumten Betretungsbefugnisse nicht Schäden hinzunehmen brauchen, die über ein zumutbares Maß hinaus gehen.[874] Im Ergebnis reicht damit vor dem Hintergrund von Art. 14 GG und der Sozialbindung des Eigentums die Schutzwirkung des Art. 141 Abs. 3 S. 1 BayVerf nach der Rechtsprechung des Bayerischen Verfassungsgerichtshofs in Konstellationen wie dem vom Bundesverfassungsgericht entschiedenen Fall „Reiten im Walde"[875] kaum weiter als die des Art. 2 Abs. 1 GG in der Auslegung durch das Bundesverfassungsgericht, wenngleich der Schutz des Art. 2 Abs. 1 GG gegenüber Art. 141 Abs. 3 S. 1 BayVerf *prima facie* inhaltlich schwächer ist.[876] Etwas anderes mag sich in den Fällen der Aneignung wildwachsender Waldfrüchte ergeben, wobei auch in diesem Fall das Eigentumsrecht Dritter im Wege einer auf Anpassung an die grundrechtlichen Standards ausgerichteten, grundgesetzkonformen Auslegung stets zu berücksichtigen ist,[877] so dass eine Kollision mit den grundgesetzlichen Vorgaben, insbesondere Art. 14 GG, nicht gegeben ist. In den genannten Konstellationen kann Art. 141 Abs. 3 S. 1 BayVerf jedoch im Rahmen der Abwägung heran gezogen werden und so seinerseits zur Konturierung des bundesrechtlichen Eigentumsrechts beitragen.[878]

Abgesehen von der verfassungsgerichtlichen Perspektive besteht auch kein Widerspruch zwischen Art. 141 Abs. 3 S. 1 BayVerf und dem einfachen Bundesrecht, insbesondere § 1004 BGB, da die zivilrechtlichen Eigentümerrechte insoweit durch die nach § 1004 Abs. 2 BGB beachtlichen öffentlich-rechtlichen Duldungspflichten überlagert werden.[879] Zwar wirkt sich das Landesgrundrecht in dieser Konstellation auf mehrpolige Rechtsverhältnisse aus, das Eigentum i.S.v. § 903 S. 1 BGB ist aber von vornherein durch die auf dem Landesgrundrecht be-

[872] *Möstl*, in: Lindner/Möstl/Wolff, Verfassung des Freistaates Bayern, Art. 141 Rn. 7.
[873] BayVerfGHE 32, 130, 137; 43, 67, 75 f.; 51, 94, 101.
[874] BayVerfGHE 53, 137, 142.
[875] BVerfGE 80, 137, 152 ff.
[876] *Möstl*, in: Lindner/Möstl/Wolff, Verfassung des Freistaates Bayern, Art. 141 Rn. 7.
[877] BayVerfGHE 28, 107, 120; *Müller*, in: Meder/Brechmann, Die Verfassung des Freistaates Bayern, Art. 141 Rn. 27.
[878] Vgl. *Pietzcker*, HdStR IV, 1990, § 99 Rn. 41, der jedoch zugleich auf die Dominanz des Bundesrechts verweist; *Klein*, FS 10 Jahre Verfassungsgericht Brandenburg, S. 29, 35.
[879] BayObLG, Urt. v. 25.05.2004 – 1Z RR 2/03 –, NVwZ-RR 2005, 239, 241.

ruhenden Inhalts- und Schrankenbestimmungen beschränkt.[880] Außerdem stehen die von der Rechtsprechung auf Basis des landesgrundrechtlichen Einflusses getroffenen Wertungen nicht im Widerspruch zu den Folgerungen, die sich aus der Heranziehung grundgesetzlicher Grundrechte, insbesondere von Art. 14 und Art. 2 Abs. 1 GG, ergeben würden. Das Beispiel des Art. 141 Abs. 3 S. 1 BayVerf zeigt, dass sich dort, wo der Landesgesetzgeber über eigene Kompetenzen verfügt, am ehesten eine landesverfassungsrechtliche Rechtsprechung entwickeln kann, welche sich auf landesgrundrechtliche Besonderheiten stützt, ohne dass dadurch freilich Kollisionen mit den grundrechtlichen Vorgaben des Grundgesetzes entstehen dürfen, weshalb des Landesgrundrecht gegebenenfalls bundesrechtskonform zu interpretieren ist.

Ein weiteres Beispiel für die vorsichtige Entwicklung einer eigenständigen Grundrechtsinterpretation auf Landesebene stellt die Entscheidung des Verfassungsgerichtshofs Rheinland-Pfalz über das rheinland-pfälzische Nichtrauchergesetz dar. Anders als der Bayerische Verfassungsgerichtshof und andere Landesverfassungsgerichte in parallelen Fällen hat der Verfassungsgerichtshof Rheinland-Pfalz bei seiner Entscheidung über die Verfassungsmäßigkeit des landesrechtlichen Nichtrauchergesetzes die Argumentation des Bundesverfassungsgerichts[881] nicht eins zu eins übernommen, sondern er nahm vielmehr eine Auslegung der landesverfassungsrechtlichen Berufsfreiheit im Lichte der Gewährleistung der wirtschaftlichen Freiheit des Einzelnen nach Art. 52 Abs. 1 RPfVerf vor, welche in der rheinland-pfälzischen Landesverfassung besonders zum Ausdruck komme.[882] Der Grundrechtsverstoß im konkreten Fall resultierte dementsprechend gerade aus der Heranziehung dieses Prüfungsmaßstabs, der nach Auffassung des Verfassungsgerichtshofs das besondere Schutzanliegen der Landesverfassung zu Gunsten der spezifisch mittelständisch geprägten wirtschaftlichen Struktur von Rheinland-Pfalz widerspiegle.[883] Wenngleich es sich insoweit lediglich um eine argumentative Ergänzung handelt, kommt in dem Urteil dennoch zum Ausdruck, dass der Verfassungsgerichtshof Rheinland-Pfalz gewillt ist, eine eigenständige, landesrechtliche Grundrechtsinterpretation zu entwickeln,[884] was durch die Föderalismusreform sicher begünstigt wurde.

Als Bereich, in dem sich mangels Bundeskompetenz eine eigenständige landesverfassungsgerichtliche Grundrechtsjudikatur entwickeln konnte, ist schließlich das Staatskirchenrecht zu nennen. So hatte der Hessische Staatsgerichtshof bereits im Jahr 1965 auf Grundlage von Art. 9 und 48 Abs. 2 HessVerf entschieden, dass das obligatorische – wenn auch konfessionell neutrale – Schulgebet vor dem Hintergrund der negativen Religionsfreiheit mit der hessischen Landesverfassung

[880] Zur inhaltlichen Bestimmung des Eigentumsrechtes durch einfache Gesetze s. BVerfGE 80, 300, 328 ff.; *Herrler*, in: Palandt, BGB, Überbl. v. § 903 Rn. 2.

[881] BVerfGE 121, 317, 344 ff.

[882] RPfVerfGH, Urt. v. 30.09.2008 – VGH B 31/07 u.a. –, BeckRS 9998, 90163.

[883] RPfVerfGH, Urt. v. 30.09.2008 – VGH B 31/07 u.a. –, BeckRS 9998, 90163.

[884] *Krieger*, NdsVBl. 2010, 134, 137; *Hornung*, Grundrechtsinnovationen, S. 45.

nicht zu vereinbaren sei.[885] Das Bundesverfassungsgericht seinerseits hat in seiner Rechtsprechung zur christlichen Gemeinschaftsschule aus dem Jahr 1975 stärker die positive Religionsfreiheit, andererseits aber auch die Notwendigkeit des Ausgleichs zwischen positiver und negativer Religionsfreiheit betont,[886] so dass der Hessische Staatsgerichtshof zur damaligen Zeit insoweit eine eigenständige Position vertrat. Eine umfassende staatskirchenrechtliche Rechtsprechung findet sich auf Landesebene indes nur in Bayern.[887] Exemplarisch anzuführen ist in diesem Zusammenhang die Entscheidung des Bayerischen Verfassungsgerichtshofs aus dem Jahr 1969, in der der Verfassungsgerichtshof unter Berufung auf das Grundrecht des Art. 135 BayVerf entschieden hatte, dass der christliche Charakter der als Gemeinschaftsschulen ausgestalteten öffentlichen Volksschulen nicht beeinträchtigt werden dürfe.[888] Das Bundesverfassungsgericht seinerseits hat in dem fraglichen Fall den landesverfassungsrechtlichen Spielraum akzeptiert, indem es bekräftigte, dass eine Schulform, die weltanschaulich-religiöse Zwänge soweit wie irgend möglich ausschalte sowie Raum für eine sachliche Auseinandersetzung mit allen religiösen und weltanschaulichen Auffassungen – wenn auch von einer christlich bestimmten Orientierungsbasis her – biete und dabei das Toleranzgebot beachte, diejenigen Eltern und Kinder, die eine religiöse Erziehung ablehnten, nicht in einen verfassungsrechtlich unzumutbaren Glaubens- und Gewissenskonflikt führe.[889] Wesentlich stärker beschränkt wurde hingegen der landesrechtliche Gestaltungsspielraum bei der Frage der Schulkreuze im Klassenzimmer, wo das Bundesverfassungsgericht es den Ländern untersagte, in ihren öffentlichen Schulen das Kreuz prinzipiell verbindlich vorzuschreiben,[890] so dass die Garantie des Art. 135 S. 2 BayVerf insoweit leer läuft. Allerdings hat der Bayerische Verfassungsgerichtshof seinerseits in seiner Entscheidung zu Art. 7 Abs. 3 und 4 BayEUG die im Vergleich zur fraglichen Entscheidung des Bundesverfassungsgerichts andere normative Ausgangslage betont, wonach im Falle des Art. 7 Abs. 3 und 4 BayEUG Andersdenkende die Möglichkeit haben, die Abnahme des Kreuzes zu erreichen, so dass sie insoweit keinem durchgreifenden Zwang unterworfen seien.[891] Daran wird deutlich, dass es dem Bayerischen Verfassungsgerichtshof ein großes Anliegen war, den Vorgaben der bayerischen Verfassung auch vor dem Hintergrund der bundesverfassungsgerichtlichen Recht-

---

[885] HessStGH, Urt. v. 27.10.1965 – P.St. 388 – NJW 1966, 31, 31 ff.; s. dazu *v. Campenhausen*, Das Staatskirchenrecht in der Rechtsprechung der Landesverfassungsgerichte, in: Starck/Stern (Hrsg.), Landesverfassungsgerichtsbarkeit, Bd. 3, S. 403, 414 f.

[886] BVerfGE 41, 29; 41, 65, 77 ff.; 41, 88, 106 ff. s. dazu *v. Campenhausen*, Das Staatskirchenrecht in der Rechtsprechung der Landesverfassungsgerichte, in: Starck/Stern (Hrsg.), Landesverfassungsgerichtsbarkeit, Bd. 3, S. 403, 414 f.; *Wahl*, AöR 112 (1987), 26, 52 f.

[887] *V. Campenhausen*, Das Staatskirchenrecht in der Rechtsprechung der Landesverfassungsgerichte, in: Starck/Stern (Hrsg.), Landesverfassungsgerichtsbarkeit, Bd. 3, S. 403, 403; dies gilt auch noch heute.

[888] BayVerfGHE 22, 43, 46 f.

[889] BVerfGE 41, 29, 49 ff.; 41, 65, 83 ff.

[890] BVerfGE 93, 1, 23 f.

[891] BayVerfGHE 50, 156, 179 f.

sprechung Rechnung zu tragen, freilich unter Betonung der Bedeutung religiöser Toleranz und Ausweichmöglichkeiten für Andersdenkende. Eigene Akzente hat der Bayerische Verfassungsgerichtshof schließlich auf dem Gebiet des Feiertagsschutzes gesetzt, indem er unter Rückgriff auf Art. 147 BayVerf das gesetzliche Verbot von musikalischen Darbietungen jeder Art am Karfreitag in Räumen mit Schankbetrieb für verfassungsgemäß befand,[892] während das Bundesverfassungsgericht ein solch generelles Verbot in einer späteren Entscheidung für mit dem Grundgesetz nicht vereinbar hielt.[893]

Andere Landesverfassungsgerichte haben sich zum einen nur punktuell mit Fragen des Staatskirchenrechts befasst und orientieren sich zum anderen häufig an den Vorgaben des Bundesverfassungsgerichts bezüglich der grundgesetzlichen Vorschriften. Dies wird besonders deutlich in einer Entscheidung des Brandenburgischen Verfassungsgerichts zum Anspruch einer Religionsgemeinschaft auf staatliche Förderung, in der Art. 13 BbgVerf in Anlehnung an Art. 4 Abs. 1 und 2 GG interpretiert wird.[894] Ähnliches gilt für Art. 13 Abs. 1 BbgVerf i.V.m. Art. 12 BbgVerf und die staatskirchenrechtlichen Grundsätze der religiös-weltanschaulichen Neutralität und Parität, für deren Interpretation das Brandenburgische Verfassungsgericht auf parallele Entscheidungen des Bundesverfassungsgerichts sowie auf Literatur zum Bundesrecht zurückgriff.[895] Das Landesverfassungsgericht von Sachsen-Anhalt wiederum berief sich in einem Fall bezüglich der Verteilung staatlicher Fördermittel auf jüdische Gemeinden auf die Rechtsprechung des Brandenburgischen Verfassungsgerichts sowie auf einschlägige Vorgaben des Bundesverfassungsgerichts,[896] ohne dass den einschlägigen Landesgrundrechten von Sachsen-Anhalt eine eigenständige Bedeutung beigemessen würde.[897] Letztlich konnte sich damit auf dem Gebiet des Staatskirchenrechts nur in einigen Bundesländern eine eigenständige Grundrechtsjudikatur entwickeln.

Der Befund einer Entwicklung einer eigenständigen Landesgrundrechtsprechung in einzelnen landesgesetzlich geregelten Bereichen wie dem Hochschulrecht darf jedoch nicht darüber hinweg täuschen, dass viele landesgrundrechtliche Mehrgewährleistungen bis heute wirkungslos geblieben sind. Dies liegt zum einen daran, dass die Landesverfassungsgerichte in manchen Fällen das Vorliegen eines Grundrechts verneinten und stattdessen lediglich einen Programmsatz oder Verfassungsauftrag annahmen. So entschied der Saarländische Verfassungsgerichtshof, dass das durch Art. 45 S. 2 SaarlVerf gewährleistete Recht auf Arbeit kein verfassungsbeschwerdefähiges Grundrecht und auch kein anderes verfassungsmäßiges Recht, auf das eine Verfassungsbeschwerde gestützt werden könne, enthalte,[898] wohingegen er in Bezug auf Art. 45 S. 1 SaarlVerf, der die menschliche Arbeits-

[892] BayVerfGHE 60, 52, 56 f.
[893] BVerfGE 143, 161, Rn. 93 ff.
[894] BbgVerfG, Urt. v. 24.04.2012 – VfGBbg 47/11 –, NVwZ-RR 2012, 577, 578 ff.
[895] BbgVerfG, Urt. v. 24.04.2012 – VfGBbg 47/11 –, NVwZ-RR 2012, 577, 578 ff.
[896] Vgl. BVerfGE, 123, 148, 179 ff.
[897] LSAVerfG, Urt. v. 15.01.2013 – LVG 2/12 –, NVwZ-RR 2013, 393, 394 ff.
[898] SaarlVerfGH, LVerfGE 3, 233, 237 ff. = NJW 1996, 383, 384.

kraft dem Schutz des Staates unterstellt, sehr wohl eine grundrechtliche Gewährleistung annahm.[899] Der Hessische Staatsgerichtshof verneinte hinsichtlich Art. 28 Abs. 2 HessVerf das Vorliegen eines subjektiven Rechts auf Arbeit.[900] Ähnlich äußerte sich das Brandenburgische Verfassungsgericht in Bezug auf das in Art. 48 Abs. 1 BbgVerf verbürgte Recht auf Arbeit,[901] wobei es allerdings hinsichtlich des Rechts, seinen Lebensunterhalt durch frei gewählte Arbeit selbst zu verdienen, ein subjektives Recht annahm.[902] In Bezug auf die bayerische Verfassung lässt sich sagen, dass die Grundrechte des 4. Hauptteils („Wirtschaft und Arbeit") in der Rechtsprechung des Bayerischen Verfassungsgerichtshofs traditionell eine untergeordnete Rolle spielen, da die Mehrzahl der dort verankerten Vorschriften vom Verfassungsgerichtshof als bloße Programmsätze verstanden werden.[903] Auffällig ist jedoch, dass der Bayerische Verfassungsgerichtshof zumindest hinsichtlich des Rechts auf betriebliche Mitbestimmung (Art. 175 S. 1 1. Var. BayVerf) ein Grundrecht annimmt.[904] Substanzielle Folgen im Sinne der Entwicklung einer eigenständigen Grundrechtssprechung auf Landesebene ergeben sich daraus jedoch nicht, da die Gesetzgebungskompetenz für das Arbeitsrecht im weiteren Sinn nach Art. 74 Abs. 1 Nr. 12 GG dem Bund zukommt und der Bundesgesetzgeber im Bereich des Betriebsverfassungs- und Mitbestimmungsrechts abschließend von seiner konkurrierenden Gesetzgebungskompetenz Gebrauch gemacht hat,[905] was der zweite Grund für die weit verbreitete Bedeutungslosigkeit landesverfassungsrechtlicher Mehrgewährleistungen auf diesem Gebiet ist. Den Ländern ist es in solchen Fällen auf Grund der Existenz von einfachem Bundesrecht und der Kollisionsnorm des Art. 31 GG verwehrt, den Landesgrundrechten Schutzgehalte zu entnehmen, welche mit Bundesrecht kollidieren. Dem entspricht es, dass das Brandenburgische Verfassungsgericht Art. 47 Abs. 2 S. 1 BbgVerf, wonach die Räumung einer Wohnung nur dann vollzogen werden darf, wenn Ersatzwohnraum zur Verfügung steht, zwar als Grundrechtsgewährleistung versteht, aber gleichzeitig argumentiert, dass nach bundesrechtskonformer Auslegung eine Auswirkung im Bereich der nach Art. 74 Abs. 1 Nr. 1 i.V. Art. 72 Abs. 2 GG in den Kompetenzbereich des Bundes fallenden Zwangsvollstreckung nur möglich sei, wenn und soweit die bundesrechtlichen Regelungen hierfür Spielraum ließen.[906] Faktisch wird das Landesgrundrecht damit nur im engen Bereich des Ordnungs-

[899] SaarlVerfGH, Urt. v. 18.03.2013 – Lv 6/12 –, BeckRS 2013, 48404.

[900] HessStGH, Urt. v. 06.09.1972 – P.St. 647 –, HessStAnz. 1972, 1817, 1823; vgl. auch *Löhr*, Die Rechte des Menschen in der Verfassung des Landes Hessen, S. 344.

[901] BbgVerfGH, Beschl. v. 21.11.1996 – VfGBbg 26/96 –, LKV 1997, 168, 169 f.; Urt. v. 18.06.1998 – VfGBbg 27/97 –, LKV 1998, 395, 401 f.; s. dazu auch *Shirvani*, HGR VIII, § 242 Rn. 45.

[902] BbgVerfG, Beschl. v. 04.08.2000 – VfGBbg 21/00 –.

[903] Exemplarisch dazu vgl. BayVerfGHE 63, 133, 143 f. zu Art. 166, 167 und 168 BayVerf; BayVerfGHE 63, 188, 195 zu Art. 166 BayVerf; vgl. *Lindner*, BayVBl. 2013, 549, 558.

[904] BayVerfGHE 12, 37, 40; BayVerfGHE 64, 10, 15.

[905] *Lindner*, in: Lindner/Möstl/Wolff, Verfassung des Freistaates Bayern, Art. 175 Rn. 3.

[906] BbgVerfG, LVerfGE 2, 105, 110 f.

behördenrechts relevant,[907] während im Übrigen richtigerweise von einer Derogation durch Bundesrecht nach Art. 31 GG auszugehen ist.[908]

Ein weiteres Beispiel für die Interpretation als bloße Staatszielbestimmung ergibt sich schließlich aus der in der brandenburgischen Verfassung verankerten Vorschrift zum Schutz der Sorben. So nahm das Brandenburgische Verfassungsgericht in Bezug auf Art. 25 Abs. 1 S. 1 BbgVerf, wonach das Recht des sorbischen Volkes auf Schutz, Erhaltung und Pflege seiner nationalen Identität und seines angestammten Siedlungsgebietes gewährleistet wird, kein Grundrecht im Sinne eines Abwehrrechts, sondern lediglich eine Staatszielbestimmung von herausgehobenem Stellenwert an, was zumindest so lange gelten solle, als kein gezielt gegen das Sorbentum gerichteter Eingriff in Rede stehe.[909]

d) Rolle der Landesverfassungsgerichte im Rahmen der europäischen Integration

Nachdem die Bedeutung der Landesverfassungsgerichte eng mit den Gesetzgebungskompetenzen der Länder verknüpft ist, stellt sich die Frage, welche Rolle den Landesverfassungsgerichten im Rahmen der europäischen Integration zukommt. Dies gilt insbesondere vor dem Hintergrund, dass in der Vergangenheit immer mehr Kompetenzen von den Mitgliedstaaten auf die EU übertragen wurden und die EU über die Zuständigkeit für die Errichtung des Binnenmarktes nach Art. 114 Abs. 1 AEUV auch ohne Änderung der Verträge ihre Zuständigkeiten weiter ausdehnen kann, wodurch Bereiche wie das Rundfunkrecht oder der Kulturbereich tangiert werden, die nach der Kompetenzordnung des deutschen Bundesstaates in den Zuständigkeitsbereich der Länder fallen. Ist der Anwendungsbereich des Unionsrechts eröffnet, finden die Unionsgrundrechte grundsätzlich Anwendung,[910] so dass die Landesgrundrechte in diesen Fällen von einer weiteren Grundrechtsebene überlagert und gegebenenfalls vollständig verdrängt werden. Daher ist zu erwarten, dass die Bedeutung der Landesgrundrechte gerade in den Bereichen, für die eine Rechtssetzungskompetenz der EU besteht, weiter abnehmen wird. Zudem ist eine Übertragung der *Solange II*-Formel auf die Rechtsprechung der Landesverfassungsgerichte geboten, d.h. diese dürfen im Falle eines unionsrechtlichen determinierten Akts der Landesstaatsgewalt ihre Prüfungsbefugnis nicht mehr wahrnehmen,[911] zumal ein grundsätzliches

[907] *Lieber*, in: Lieber/Iwers/Ernst, Verfassung des Landes Brandenburg, Art. 47 S. 318.

[908] So auch *Kanther*, Die neuen Landesverfassungen im Lichte der Bundesverfassung, S. 199 f.; *Riegler*, Konflikte zwischen Grundgesetz und Länderverfassungen, S. 212 f.

[909] BbgVerfG, Urt. v. 18.06.1998 – VfGBbg 27/97 –, LKV 1998, 395, 398 f.; s. dazu *Peine*, HGR VIII, § 248 Rn. 62.

[910] EuGH, Rs. C-617/10, Åkerberg Fransson, digit. Slg., Rn. 20; ausführlich dazu unten, § 11 IV.1. b) cc).

[911] Hierzu s. *Schmahl*, Die Verzahnung der deutschen, europäischen und internationalen Rechtsebenen bei der Gewährleistung von Grund- und Menschenrechten, in: Bauschke et al. (Hrsg.), 42. ATÖR – Pluralität des Rechts, S. 163, 172 f.

Absinken des unionalen Grundrechtsstandards unter Geltung der Grundrechte-Charta kaum mehr zu befürchten ist.

6. *Exkurs: Kontrolle von Umsetzung, Vollzug und Anwendung des Unionsrechts durch die Landesverfassungsgerichte*

Bei der Umsetzung, Vollziehung und Anwendung von Unionsrecht üben die Länder Landesstaatsgewalt aus und sind daher grundsätzlich an die jeweilige Landesverfassung gebunden, so dass an sich eine Überprüfung der Maßnahmen der Landesstaatsgewalt am Maßstab der Landesverfassung in Betracht käme.[912] Allerdings kommt dem Unionsrecht gegenüber der Landesverfassung Anwendungsvorrang zu, weshalb eine Kontrolle ausscheiden muss, wenn und soweit die Umsetzung, der Vollzug oder die Anwendung durch das zu Grunde liegende Unionsrecht determiniert ist,[913] wobei auch die Landesverfassungsgerichte – wie der Hessische Staatsgerichtshof im Jahr 1997[914] – zu einer Vorlage an den EuGH nach Art. 267 AEUV verpflichtet sein können.[915] Eine Kontrolle am Maßstab der Landesverfassung ist hingegen möglich, wenn den Mitgliedstaaten bei der Umsetzung, beim Vollzug oder der Anwendung des Unionsrechts ein Spielraum zukommt. In diesen Fällen müssen von Art. 31 GG nicht derogierte Landesgrundrechte von der Landesstaatsgewalt grundsätzlich beachtet werden, was der Kontrolle der Landesverfassungsgerichte unterliegt. Allerdings stellt sich in diesem Zusammenhang die Frage, ob die parallele Bindung der Mitgliedstaaten an die Unionsgrundrechte die Bindung an die nationalen Grundrechte und damit auch an die Landesgrundrechte vollständig verdrängt. Die Antwort darauf ergibt sich aus der *Melloni*-Entscheidung des EuGH, wonach die Heranziehung weiter gehender nationaler Gewährleistungen zulässig ist, sofern dadurch weder das Schutzniveau der Charta, wie sie vom Gerichtshof ausgelegt wird, noch der Vorrang, die Einheit oder die Wirksamkeit des Unionsrechts beeinträchtigt werden.[916] Danach können Landesgrundrechte grundsätzlich heran gezogen werden, wenn und soweit die Umsetzung, der Vollzug oder die Anwendung des Unionsrechts den Ländern obliegt und die *Melloni*-Kriterien eingehalten werden.

Eine Landesverfassungsbeschwerde gegen Unionsrecht bzw. dessen Anwendbarkeit ist hingegen unzulässig, da Unionsrecht, welches über die Brücke der bundesrechtlichen Zustimmungsgesetze gemäß Art. 23 Abs. 1 S. 2 und 3 GG i.V.m. Art. 79 Abs. 3 GG in das innerstaatliche Recht gelangt ist, unbedingten Anwendungsvorrang vor dem Landesverfassungsrecht genießt,[917] so dass die

---

912 *Schöffler*, VBlBW 2014, 201, 206.

913 *Schöffler*, VBlBW 2014, 201, 206.

914 HessStGH, Beschl. v. 16.04.1997 – P.St. 1202 –, BeckRS 1997, 21378.

915 S. dazu *Voßkuhle*, JöR 59 N.F. (2011), 215, 236 f.; *Lindner*, BayVBl. 2017, 666, 667.

916 EuGH, Rs. C-399/11, Melloni, digit. Slg., Rn. 60; s. dazu auch EuGH, Rs. C-198/13, Hernández, digit. Slg., Rn. 47; ausführlich dazu unten § 11 III.1. d) u. § 11 III.1. b) dd) ggg).

917 Vgl. *Schöffler*, VBlBW 2014, 201, 205; *Jutzi*, LKRZ 2014, 13, 14 ff.; ausführlich zum Anwendungsvorrang des Unionsrechts unten, § 10 III.2.

Landesverfassung keinen tauglichen Prüfungsmaßstab für das Unionsrecht und dessen Anwendung bildet.

Ebenso wenig ist Unionsrecht bislang unmittelbarer Prüfungsmaßstab der Landesverfassungsgerichte.[918] Allerdings hält etwa der Bayerische Verfassungsgerichtshof die Heranziehung des Unionsrechts als mittelbaren Prüfungsmaßstab im Rahmen der unmittelbaren Prüfung des in Art. 3 Abs. 1 BV verankerten Rechtsstaatsprinzips für grundsätzlich möglich, doch lässt er die Frage, ob er Unionsrecht tatsächlich als mittelbaren Prüfungsmaßstab heranzieht regelmäßig mit der Begründung offen, dass ein gewichtiger Verstoß gegen Unionsrecht im konkreten Fall nicht ersichtlich sei,[919] was freilich darauf hindeutet, dass EU-Recht mittelbarer Prüfungsmaßstab ist.[920]

7. Orientierung des Bundesverfassungsgerichts an landesverfassungsgerichtlichen Entscheidungen

Bemerkenswert bezüglich des Verhältnisses zwischen Bundesverfassungsgericht und Landesverfassungsgerichten ist schließlich, dass sich nicht nur die Landesverfassungsgerichte in ihrer Rechtsprechung eng an der Grundrechtejudikatur des Bundesverfassungsgerichts orientieren, sondern auch das Bundesverfassungsgericht selbst immer wieder Bezug auf Entscheidungen der Landesverfassungsgerichte nimmt.[921] Diese Bezugnahme beschränkt sich freilich in der Regel auf Problemkreise wie die Auslegung von Rechtsbegriffen,[922] staatsorganisationsrechtliche Fragen im weiteren Sinn[923] oder die Auslegung der gemeindlichen Selbstverwaltungsgarantie,[924] während im Grundrechtsbereich Verweise des Bundesverfassungsgerichts auf die Rechtsprechung von Landesverfassungsgerichten sehr selten zu finden sind.[925] Eine solche Ausnahme bildet beispielsweise die Entscheidung des Bundesverfassungsgerichts zur Zulässigkeit des Großen Lauschangriffs, in der das Gericht bei der Prüfung des Eingriffs in Art. 13 Abs. 1 GG und Art. 2 Abs. 1 i.V.m. Art. 1 Abs. 1 GG auf eine Entscheidung des Sächsischen Verfassungsgerichtshofs rekurriert,[926] wenngleich eine echte Orientierung an der

---

[918] So etwa die st. Rechtsprechung des Bayerischen Verfassungsgerichtshofs; s. BayVerfGH, Entsch. v. 19.07.2016 – Vf. 1-VII-16 –, BayVBl. 2017, 121 Rn. 51.

[919] St. Rspr., s. etwa BayVerfGH, Entsch. v. 19.07.2016 – Vf. 1-VII-16 –, BayVBl. 2017, 121 Rn. 50 f.

[920] So auch *Lindner*, BayVBl. 2017, 666, 668.

[921] Vgl. dazu *Bryde*, NdsVBl. 2005, Sonderheft, 5, 5; *Steinberg*, FS 50 Jahre Hessische Verfassung, 356, 370.

[922] Vgl. etwa BVerfGE 4, 178, 188 f.; 103, 21, 33 f.

[923] So etwa BVerfGE 102, 176, 189; 103, 332, 361 ff.; 104, 310, 328.

[924] BVerfGE 50, 195, 203 f.

[925] *Klein*, FS 10 Jahre Verfassungsgericht Brandenburg, S. 29, 34 f.

[926] BVerfGE 109, 279, 327 mit Verweis auf SächsVerfGH, LVerfGE 4, 303, 383; für ein weiteres Beispiel s. die Bezugnahme des Bundesverfassungsgerichts auf die Rechtsprechung des Bayerischen Verfassungsgerichtshof zu den Altersgrenzen bei kommunalen Wahlbeamten s. BVerfG, Beschl. v. 26.08.2013 – 2 BvR 441/13 –, NVwZ 2013, 1540, 1541.

Grundrechtsjudikatur des Sächsischen Verfassungsgerichtshof darin freilich nicht zu sehen ist. Dies unterstreicht, dass die Entwicklung der Grundrechtsjudikatur in Deutschland unter dem Grundgesetz, wie auch schon unter der Weimarer Reichsverfassung, fast ausschließlich „von oben nach unten" verläuft.

8. Zusammenfassung

In Bezug auf die prozessualen Mechanismen zur Gewährleistung des Grundrechtsschutzes lässt sich festhalten, dass sowohl auf Bundes- als auch auf Länderebene die Beachtung der Grundrechte verfassungsgerichtlich überprüft wird. Bereits vor Errichtung des Bundesverfassungsgerichts existierten ein einigen Bundesländern Landesverfassungsgerichte mit zum Teil weit reichenden Kompetenzen, zu denen u.a. die Entscheidung über Verfassungsbeschwerden zählte. Während diese Landesverfassungsgerichte als Vorbild für die Konstituierung des Bundesverfassungsgerichts dienten, standen die kurz nach Errichtung des Bundesverfassungsgerichts entstandenen Verfassungsgerichte weitgehend im Schatten des Bundesverfassungsgerichts, was sich äußerlich etwa in dem Verzicht auf die Einführung einer Landesverfassungsbeschwerde niederschlug. Aus diesem Grund sowie angesichts der ausdifferenzierten Judikatur des Bundesverfassungsgerichts im Grundrechtsbereich kam den Landesverfassungsgerichten im Bereich der Grundrechte lange Zeit so gut wie keine Bedeutung zu. Dies änderte sich erst mit der Wiedervereinigung, als in den ostdeutschen Bundesländern Landesverfassungen mit umfangreichen Grundrechtsgarantien sowie Landesverfassungsgerichte mit der Kompetenz zur Entscheidung über Verfassungsbeschwerden geschaffen wurden, eine Entwicklung, die auch in einigen westdeutschen Bundesländern zur Einführung einer Landesverfassungsbeschwerde führte. In dieser Zeit kam es zu einem Aufschwung der Landesverfassungsgerichtsbarkeit, der sich gerade auch auf den Grundrechtsbereich erstreckte und der etwa in der Entscheidung des Berliner Verfassungsgerichtshofs in der Rechtssache *Honecker* zum Ausdruck kam, wo der Verfassungsgerichtshof bei der Anwendung von Bundesverfahrensrecht eine Prüfungsbefugnis am Maßstab der Landesgrundrechte beanspruchte. Das Bundesverfassungsgericht reagierte im Jahr 1997 auf diesen Vorstoß, indem es die Heranziehung von Landesgrundrechten im Rahmen der Anwendung von Bundesverfahrensrecht nur billigte, soweit die fraglichen Landesgrundrechte mit den entsprechenden Bundesgrundrechten inhaltsgleich sind, was nur dann der Fall sei, wenn die Anwendung des Landesgrundrechts das gleiche Ergebnis zur Folge hat wie die Anwendung des parallelen Bundesgrundrechts. Ein Spielraum für die Anwendung von Landesgrundrechten besteht damit faktisch nicht. Die Grundsatzentscheidung des Bundesverfassungsgerichts hat zur Folge, dass den Landesgrundrechten bei der Anwendung von Bundesrecht durch die Landesstaatsgewalt keine eigenständige Bedeutung mehr zukommt und darüber hinaus die Entwicklung einer eigenständigen Grundrechtejudikatur auf Landesebene insgesamt gestoppt wurde, da das Kriterium der Inhaltsgleichheit auch außerhalb der Anwendung von Bundesrecht durchschlägt, nachdem die Landesverfassungsgerichte bei der Interpretation eines Grundrechts kaum danach unterscheiden können, in welcher Verfahrensart und in welcher Konstellation es geltend gemacht wird. Inhaltliche Divergenzen zwischen Bundes- und Landesgrundrechten werden damit durch eine vom Bundesverfassungsgericht verordnete Grundrechtskonvergenz vermieden. Normativ wird diese Kongruenz durch Art. 100 Abs. 3 GG untermauert, wonach ein Landesverfassungsgericht, welches bei der Auslegung des Grundgesetzes von der Rechtsprechung des Bundesverfassungsgerichts oder eines anderen Landesverfassungsgerichts abweichen möchte, zur Vorlage an das Bundesverfassungsgericht verpflichtet ist.

Die Landesverfassungsgerichte sind der Grundsatzentscheidung des Bundesverfassungsgerichts gefolgt, wobei einige Landesverfassungsgerichte Landesgrundrechte grundsätzlich auch bei der Anwendung von materiellem Bundesrecht heran ziehen oder eine solche Heranziehung vom Verstoß gegen das Willkürverbot abhängig machen. Wenngleich die Zahl der Landesverfassungsbeschwerden nach der Grundsatzentscheidung des Bundesverfassungsgerichts gleich geblieben oder sogar gestiegen ist, hatte die Entscheidung negative Auswirkungen auf die grundsätzliche Bedeutung der Landesverfassungsgerichte, weil diese weitgehend zu Handlangern des Bundesverfassungsgerichts bei der Verletzung von Verfahrensgrundrechten degradiert wurden.

Eine eigenständige Rolle kommt den Landesgrundrechten nur bei der Überprüfung von Landesrecht am Maßstab der Landesverfassung zu, wobei sich auch hier der beherrschende Einfluss des Bundesverfassungsgerichts und seiner Rechtsprechung zeigt. So hat das Bundesverfassungsgericht etwa auf dem Gebiet des Rundfunkrechts eine umfassende Rechtsprechung entwickelt, so dass für die Entwicklung eines eigenständigen, landesrechtlichen Schutzstandards in diesem Bereich, der nach der Verteilung der Gesetzgebungskompetenzen in die Zuständigkeit der Länder fällt, kaum noch Raum verbleibt. Ferner lässt sich konstatieren, dass Landesgrundrechte dort die größte Bedeutung entfalten, wo die Länder über eigene Gesetzgebungskompetenzen verfügen, wie dies etwa beim Schul- und Hochschulrecht der Fall ist. Andererseits hat die Föderalismusreform bislang nicht zu einer spürbaren Aufwertung der Landesgrundrechte geführt, was daran liegt, dass sich die Landesverfassungsgerichte insbesondere im Rahmen der klassischen Freiheits- und Gleichheitsrechte seit jeher weitgehend an der Rechtsprechung des Bundesverfassungsgerichts orientieren und eine Emanzipation, wenn überhaupt, nur langsam von Statten gehen kann. Landesverfassungsrechtliche Mehrgewährleistungen wie das Recht auf Arbeit laufen deshalb häufig faktisch leer, weil sie von den Landesverfassungsgerichten entweder als bloße soziale Grundrechte bzw. Staatszielbestimmungen interpretiert werden oder sie, selbst wenn ihnen der Charakter eines subjektiven Rechts zuerkannt wird, entweder bundesrechtskonform auszulegen oder bedeutungslos sind, weil die Länder in dem fraglichen Bereich nicht über die Gesetzgebungskompetenz verfügen und es daher zu einer Derogation gemäß Art. 31 GG kommen kann. Eine Bezugnahme des Bundesverfassungsgerichts auf die Grundrechtsjudikatur der Länderverfassungsgerichte findet hingegen kaum statt, so dass der Grundrechtstransfer in Deutschland fast ausschließlich „von oben nach unten" verläuft.

Ansätze für eine Belebung der Landesgrundrechte könnten sich daraus ergeben, dass mit Baden-Württemberg vor Kurzem ein weiteres Bundesland die Landesverfassungsbeschwerde eingeführt hat[927] und einzelne Landesverfassungsgerichte wie der Verfassungsgerichtshof Rheinland-Pfalz im Fall der Entscheidung über das Nichtraucherschutzgesetz es zumindest bei der Überprüfung von Landesrecht wagen, statt der blinden Bezugnahme auf die Rechtsprechung des Bundesverfassungsgerichts eine an der jeweiligen Landesverfassung orientierte Argumentation zu entwickeln.

VI. Zwischenergebnis

In Bezug auf den Grundrechtsschutz im Mehrebenensystem des Grundgesetzes zeigt sich eine Dominanz der Bundesgrundrechte und der Rechtsprechung des Bundesverfassungsgerichts im Verhältnis zu den Landesgrundrechten und ihrer Interpretation durch die Landesverfassungsgerichte, welche mit einer starken Unitarisierung des Grundrechtsschutzes einher geht. Wenngleich nach Ende des Zweiten Weltkrieges zunächst in einigen Ländern Grundrechtskataloge entstanden und in Bezug auf die Ausarbeitung des Grundgesetzes eine gewisse Vorreiterrolle übernahmen, konnte sich unmittelbar nach Inkrafttreten des Grundgesetzes auf Landesebene kein selbstständiger Grundrechtsschutz entwickeln, zumal die in dieser Zeit entstandenen Verfassungen auf eigene Grundrechte entweder völlig verzichteten oder sich jedenfalls auf einzelne Gewährleistungen beschränkten. Eine Renaissance erlebte der Grundrechtsschutz auf Landesebene erst mit der Entstehung der ostdeutschen Landesverfassungen nach der Wiedervereinigung, welche auf Grund der Erfahrungen mit dem DDR-Regime allesamt über umfangreiche Grundrechtskataloge sowie soziale Grundrechte und Staatszielbestimmungen verfügen. Gerade in diesen Landesverfassungen finden sich im Vergleich zum Grundgesetz zahlreiche grundrechtliche Mehrgewährleistungen.

Mechanismen zur Vermeidung von Konflikten zwischen Bundesgrundrechten und Landesgrundrechten finden sich sowohl auf Landes- als auch auf Bundesebene. So enthalten einzelne vorkonstitutionelle Landesverfassungen eine ausdrückliche Selbstbeschränkung in der Form, dass Landesverfassungsrecht, welches mit dem Grundgesetz zu kollidieren droht, automatisch außer Kraft gesetzt wird, wobei diese Kollisionsnormen angesichts von Art. 31 GG heute gegenstandslos sind. Praktiziert wird die Unterwerfung unter die übergeordnete Rechtsordnung im Wege der Selbstbeschränkung jedoch noch in der Form, dass Bestimmungen des Grundgesetzes denen der Landesverfassung vorgehen, was lediglich eine Rücknahme des Regelungsanspruchs des Landesverfassungsrechts im Falle einer drohenden Normkollision impliziert, ohne dass es aber zu einer Bre-

[927] So auch *Merten*, HGR VIII, § 232 Rn. 5.

chung von Landesrecht käme. Zum Schutze der Einheit der Rechtsordnung weitaus wichtiger als die landesverfassungsrechtlichen Kollisionsnormen ist indes die bundesverfassungsrechtliche Kollisionsnorm des Art. 31 GG, welche sich richtigerweise auch auf den Grundrechtsbereich bezieht. Dies gilt vor allem, da angesichts des rechtsmaterienübergreifenden Charakters der Grundrechte und der Verfassungsautonomie der Länder eine Konfliktlösung durch Kompetenzausscheidung nach Art. 70 ff. GG nicht in Betracht kommt. Die Kollisionsnorm im bundesstaatlichen System des Grundgesetzes findet sich demnach auf der übergeordneten Ebene.

In Bezug auf die Grundrechtsbindung lässt sich sagen, dass die Landesstaatsgewalt grundsätzlich sowohl an Bundes- als auch an Landesgrundrechte gebunden ist. Während diese doppelte Bindung bei der Anwendung von Landesrecht unproblematisch ist, stellt sich bei der Anwendung von Bundesrecht die Frage, ob und inwieweit die Landesstaatsgewalt in diesem Fall an Landesgrundrechte gebunden ist. Richtigerweise ist eine Bindung an Landesgrundrechte dann anzunehmen, wenn das Bundesrecht einen Spielraum dafür bereit hält, was bei der Ausfüllung von Beurteilungsspielräumen sowie bei der Ermessensausübung der Fall ist. Umgekehrt ist die Bundesstaatsgewalt ihrerseits aus Gründen der Rechtssicherheit grundsätzlich nur an Bundesgrundrechte gebunden. Die materielle Grundrechtsbindung zeitigt unmittelbare Auswirkungen auf die Jurisdiktionsbefugnis der beteiligten Gerichte, d.h. des Bundesverfassungsgerichts und der Landesverfassungsgerichte, so dass deren Kompetenzen im System des deutschen Bundesstaates zumindest theoretisch vergleichsweise leicht abzugrenzen sind, nachdem die Grundrechtsbindung einer klaren Regelung folgt.

Die tatsächliche Bedeutung der Landesgrundrechte ergibt sich aus der Rechtsprechung des Bundesverfassungsgerichts und der Landesverfassungsgerichte. Während viele Landesverfassungsgerichte in den 1990er Jahren vor dem Hintergrund der Wiedervereinigung und einem gestärkten Grundrechtsbewusstsein, welches durch die europäische Integration zusätzlich gefördert wurde, durchaus bestrebt waren, einen eigenständigen Grundrechtsschutz auf Landesebene zu entwickeln, wurde dieses Ansinnen mit dem Beschluss des Bundesverfassungsgerichts zur Überprüfbarkeit der Anwendung von Bundesverfahrensrecht am Maßstab der Landesverfahrensgrundrechte quasi mit einem Schlag zunichte gemacht. Mit seiner Forderung nach Inhaltsgleichheit zwischen Bundes- und Landesgrundrechten im Sinne einer Ergebnisgleichheit als Voraussetzung für die Heranziehung von Landesgrundrechten bei der Anwendung von Bundesverfahrensrecht verordnet das Bundesverfassungsgericht faktisch eine Konvergenz von Bundes- und Landesgrundrechten, so dass die Einschätzung *Oeters*, das Bundesverfassungsgericht treibe „wie eine Dampfwalze" die Unitarisierung der Rechtsordnung voran, nicht unbegründet ist.[928] Vom Grundgesetz abweichende landesgrundrechtliche Wertungen können jedenfalls bei der Anwendung von Bundes-

[928] *Oeter*, Die EMRK und der Föderalismus in Deutschland, in: Besson/Belser (Hrsg.), Die Europäische Menschenrechtskonvention und die Kantone, S. 311, 313.

verfahrensrecht nicht einfließen, weshalb es nicht verwunderlich ist, dass die Landesverfassungsgerichte gerade in dieser Phase kaum Ansätze für eine eigenständige Grundrechtsinterpretation entwickelt haben und sich bis heute weitgehend an der Grundrechtsjudikatur des Bundesverfassungsgerichts orientieren, auch in Konstellationen, in denen ausschließlich die Überprüfung von Landesrecht in Rede steht und deshalb eine vollständige Übernahme der Rechtsprechung des Bundesverfassungsgerichts gar nicht erforderlich wäre.

Noch restriktiver gestaltet sich die Situation bezüglich der Heranziehung materieller Landesgrundrechte als Prüfungsmaßstab bei der Anwendung von materiellem Bundesrecht, nachdem das Bundesverfassungsgericht diesbezüglich ausdrücklich offen gelassen hat, ob Landesgrundrechte hier überhaupt Anwendung finden können. Das Bundesverfassungsgericht verzichtet damit auf die Anwendung des Konfliktvermeidungsmechanismus der Zugestehung eigener Beurteilungsspielräume an die Landesverfassungsgerichte, sondern versucht stattdessen, Normkollisionen durch das Erfordernis der Inhaltsgleichheit von vornherein zu verhindern.

Normativ abgesichert wird die rechtsvereinheitlichende Rolle des Bundesverfassungsgerichts und seiner Rechtsprechung durch den prozessualen Konfliktvermeidungsmechanismus des Art. 100 Abs. 1 und 3 GG, wodurch die Landesverfassungsgerichte im Falle eines mutmaßlichen Verstoßes einer Landesverfassungsnorm gegen das Grundgesetz oder einer Abweichung von der Rechtsprechung des Bundesverfassungsgerichts oder eines anderen Landesverfassungsgerichts bei der Auslegung des Grundgesetzes zur Vorlage an des Bundesverfassungsgericht verpflichtet sind.

Raum für die Entwicklung einer eigenständigen Grundrechtsjudikatur zum Zwecke der Berücksichtigung landesrechtlicher Besonderheiten verbleibt den Landesverfassungsgerichten demnach nur bei Überprüfung von Landesrecht und dessen Anwendung am Maßstab der Landesverfassung, wobei die Landesverfassungsgerichte zur Vermeidung von Kollisionen der Landesgrundrechte mit dem Bundesrecht nicht selten zum Konfliktvermeidungsmechanismus der bundesrechtskonformen Auslegung greifen. Die Untersuchung hat gezeigt, dass die Herausbildung einer landesrechtlichen Grundrechterechtsprechung am ehesten dort möglich ist, wo die Länder über entsprechende Gesetzgebungskompetenzen verfügen, d.h. insbesondere im Schul- und Hochschulrecht. Allerdings tritt auch in diesem Zusammenhang der Einfluss des Bundesverfassungsgerichts zu Tage, welches zu einzelnen Bereichen, die an sich in die Gesetzgebungszuständigkeit der Länder fallen, eine dezidierte Grundrechtsjudikatur entwickelt hat. Dies wiederum führt häufig zur faktischen Unmöglichkeit eigenständiger landesgrundrechtlicher Ansätze. Die Föderalismusreform mit ihrer Rückübertragung von Gesetzgebungskompetenzen auf die Länder hat nicht zu einem substanziellen Aufschwung der landesrechtlichen Grundrechtsjudikatur geführt, wobei es gerade in den letzten Jahren einzelne vorsichtige Zeichen für ein gestiegenes Selbstbewusstsein auf Seiten der Landesverfassungsgerichte gibt. Hinzu kommt, dass im Jahre 2013 in Baden-Württemberg die Landesverfassungsbeschwerde neu eingeführt, was zur Herausbildung einer eigenständigen Grundrechtsrechtsprechung in diesem Land beitragen kann. Es wurde nämlich deutlich, dass das Ausmaß und die Qualität der grundrechtsbezogenen Rechtsprechung auf Landesebene unmittelbar von der Möglichkeit der Erhebung einer Landesverfassungsbeschwerde abhängen, weshalb in denjenigen Ländern, die über eine Individualverfassungsbeschwerde verfügen, eine wesentlich ausdifferenziertere Grundrechtsrechtsprechung vorzufinden ist als in Ländern ohne Verfassungsbeschwerde. Andererseits ist zu erwarten, dass mit einer zunehmenden Ausdehnung der Kompetenzen der EU die Rolle der Landesverfassungsgerichte weiter geschwächt wird, insbesondere, wenn originäre Länderkompetenzen davon berührt werden. Daher dürfte auch in Zukunft nur in sehr begrenztem Umfang Raum für eine landeseigene Grundrechtsjudikatur verbleiben. Allerdings könnte das Voranschreiten der europäischen Integration auch eine Chance für den Grundrechtsschutz auf Landesebene darstellen. Daher ist es für die Zukunft zumindest nicht ausgeschlossen, dass den Landesverfassungsgerichten die Rechtsprechungstätigkeit des EuGH im Grundrechtsbereich langfristig zu Gute kommen könnte.

VII. Zusammenfassung zum 2. Teil

Obwohl schon die gescheiterte Paulskirchenverfassung von 1848 einen umfassenden Grundrechtskatalog vorgesehen hatte, verlief die Grundrechtsentwicklung in Deutschland in der zweiten Hälfte des 19. Jahrhunderts zunächst „von unten nach oben", da die Verfassung des Deutschen Reiches nur einzelne wenige Grundrechte verbürgte und sich reichseigene Grundrechtsgewährleistungen erst im Laufe der Zeit außerhalb der Verfassungsurkunde im einfachen Gesetzesrecht herausbildeten, während die Länder ihrerseits in ihren Landesverfassungen überwiegend über umfangreiche Grundrechtskataloge verfügten. Der Befund einer Grundrechtsentwicklung im Kaiserreich „von unten nach oben" wird ferner bestätigt durch den Umstand, dass das Reichsgericht auf Grundlage der vorhandenen landesverfassungsrechtlichen Gewährleistungen ungeschriebene Reichsgrundrechte entwickelte, zu denen etwa die Eigentumsfreiheit zählte. Trotz der Herausbildung eines reichseigenen Grundrechtsschutzes behielten die Landesgrundrechte jedoch zumindest zum Teil weiterhin Relevanz, da die Reichsgrundrechte nur im Rahmen der Kompetenzausübung durch das Reich anwendbar waren, während auf denjenigen Sachgebieten, für die nach der reichsverfassungsrechtlichen Kompetenzverteilung die Länder zuständig blieben, die Landesgrundrechte eigenständige Bedeutung entfalten konnten. Nachdem die Grundrechte lediglich als Ausdruck des allgemeinen Grundsatzes vom Vorbehalt des Gesetzes, nicht aber als subjektive Rechte angesehen wurden und sie daher durch den Gesetzgeber ohne Weiteres eingeschränkt werden konnten, war es möglich, die Grundrechte den einzelnen Kompetenztiteln der Reichsverfassung eindeutig zuzuordnen und so eine Abgrenzung der Anwendungsbereiche der Reichs- und Landesgrundrechte vorzunehmen.

Die Relevanz der Landesgrundrechte wurde ferner dadurch geschmälert, dass das Reich im Laufe der Zeit immer mehr Gesetzgebungskompetenzen an sich zog und so der faktische Anwendungsbereich der Landesgrundrechte immer kleiner wurde. Darüber hinaus wurden die Grundrechte von den Gerichten äußerst restriktiv interpretiert, so dass von den dem Papier nach zunächst großzügig erscheinenden Grundrechtsgewährleistungen nur noch wenig übrig blieb, weshalb der Grundrechtsschutz im föderalen System des Kaiserreichs keinesfalls den heutigen Standards genügte.

Kollisionen zwischen Reichsrecht und Landesgrundrechten wurden mit Hilfe der auf der in dem föderalen Mehrebenensystem übergeordneten Ebene angesiedelten materiell-rechtlichen Kollisionsregel des Art. 2 S. 1 RV aufgelöst, wobei, anders als unter dem Grundgesetz, auch mit dem Reichsrecht übereinstimmende Landesgrundrechte derogiert wurden. In der Rechtsprechung des späten 19. und frühen 20. Jahrhunderts spielten Grundrechte noch eine vergleichsweise kleine Rolle, wobei das Reichsgericht sowohl Reichs- als auch Landesgrundrechte als Prüfungsmaßstab heranzog, Reichsrecht allerdings ausschließlich am Maßstab der Reichsgrundrechte überprüfte. Die Gerichte der Länder griffen in erster Linie auf die Reichsgrundrechte als Prüfungsmaßstab zurück, während Landesgrundrechte nur dort eine eigenständige Bedeutung entfalteten, wo, wie etwa beim Staatskirchenrecht, jedenfalls keine geschriebenen Reichsgrundrechte existierten.

Prozessualer Grundrechtsschutz war auf Reichsebene allenfalls marginal gewährleistet, nachdem weder eine Verfassungsbeschwerde zum Reichsgericht vorgesehen war noch die Gerichte ein materielles Prüfungsrecht gegenüber den Reichsgesetzen besaßen. Lediglich die Gesetze der Länder konnten einer auch materiellen gerichtlichen Überprüfung unterzogen werden, wobei Kollisionen zwischen Reichsgrundrechten und Landesgrundrechten trotz teilweise voneinander abweichender Formulierungen und Inhalte in der Praxis keinerlei Rolle spielten. Auf Landesebene existierte eine Verfassungsbeschwerde lediglich in Bayern, wobei über sie nicht in einem gerichtlichen Verfahren entschieden wurde. Eine Prüfung von Grundrechtsverletzungen durch die Landesgerichte war zwar möglich, erlangte jedoch kaum praktische Relevanz, zumal die Rüge der Verletzung subjektiver Rechte vor dem Hintergrund des damals vorherrschenden Grundrechtsverständnisses nur in den süddeutschen Bundesländern möglich war. Aus diesem Grund bestand auch kein Anlass für einen Dialog zwischen den Gerichten von Bund und Ländern im Grundrechtsbereich.

Anders als die Verfassungsurkunde des Kaiserreichs enthielt die Weimarer Reichsverfassung einen umfassenden Grundrechtskatalog, auf dessen Einführung die meisten Länder mit der Reduzierung bzw. völligen Abschaffung ihrer eigenen Grundrechtskataloge reagierten, was als Zeichen für eine Grundrechtsentwicklung „von oben nach unten" gewertet werden kann und der Unitarisierung des Grundrechtsschutzes in der Weimarer Republik Vorschub leistete.

Kollisionen zwischen Reichs- und Landesgrundrechten wurden mit Hilfe der auf Reichsebene angesiedelten materiell-rechtlichen Kollisionsregel des Art. 13 Abs. 1 WRV aufgelöst, wobei sowohl dem Reichsrecht widersprechende als auch mit ihm inhaltsgleiche Landesgrundrechte nichtig sein sollten. Durch diese extensive Interpretation der Kollisionsnorm wurde der Grundrechtsschutz auf Landesebene noch weiter zurückgedrängt, weshalb den Landesgrundrechten nur noch dort eine eigenständige Bedeutung zukommen konnte, wo auf Reichsebene keine entsprechenden Garantien existierten, was etwa im Bereich des Schulwesens oder beim Staatskirchenrecht der Fall war.

Das Reichsgericht zog als Prüfungsmaßstab grundsätzlich nur die Reichsgrundrechte heran, so dass zumindest durch den gerichtlichen Prüfungsmaßstabe keine Vereinheitlichung der Grundrechte bewirkt wurde. Die Landesgerichte ihrerseits zogen sowohl die Reichs- als auch Landesgrundrechte heran, wobei Landesgrundrechte nur dort eine eigenständige Bedeutung entfalteten, wo keine Reichsgrundrechte existierten. Die Problematik der Prüfung der Anwendung von Reichsrecht durch die Landesbehörden am Maßstab der Landesgrundrechte gemessen wurde, stellte sich unter Geltung der Weimarer Reichsverfassung in der Praxis nicht, da nur wenige Länder überhaupt über eigene Landesgrundrechte verfügten und diese zudem in den für die Kollisionsproblematik entscheidenden Bereichen meist hinter dem reichsrechtlichen Grundrechtsschutzniveau zurück blieben.

Im Vergleich zum Kaiserreich hat der prozessuale Grundrechtsschutz in der Weimarer Republik insoweit eine Erweiterung erfahren, als nunmehr auch eine inzidente materielle Überprüfung von Reichsgesetzen möglich war, wobei sich das Reichsgericht bei der Wahrnehmung dieser für sich beanspruchten Kompetenz so stark zurückhielt, dass der Grundrechtsschutz in der Praxis dadurch nicht intensiviert wurde. Der prozessuale Grundrechtsschutz wurde indes ergänzt durch die vom Staatsgerichtshof vorgenommene Prüfung des Landesrechts am Maßstab der Reichsgrundrechte, wobei das Instrument der Verfassungsbeschwerde auf Reichsebene in der Weimarer Republik noch unbekannt war. Auf Landesebene existierte die Möglichkeit der Erhebung einer Verfassungsbeschwerde durch den Einzelnen nur in Bayern, wodurch sich im Freistaat eine ausdifferenzierte Grundrechtsjudikatur des Bayerischen Verfassungsgerichtshofs entwickeln konnte, die etwa hinsichtlich der Eigentumsfreiheit von der Rechtsprechung des Reichsgerichts zur parallelen Gewährleistung in der Reichsverfassung zumindest punktuell abwich. Der Bayerische Verwaltungsgerichtshof hingegen zog als Prüfungsmaßstab sowohl die Grundrechte der Reichsverfassung als auch diejenigen der bayerischen Landesverfassung heran, was dazu führte, dass den Landesgrundrechten kaum eigenständige Bedeutung zukam. In den übrigen Bundesländern konnte sich schon auf Grund des Fehlens eines eigenständigen Grundrechtskataloges in den meisten Landesverfassungen sowie auf Grund der restriktiven Linie der Landesgerichte bei der Grundrechtsanwendung keine eigenständige Grundrechtsjudikatur herausbilden.

Gerade vor dem Hintergrund der Erfahrungen mit dem Nationalsozialismus und der damit verbundenen Abschaffung der föderalen Struktur sowie der Außerkraftsetzung der Grundrechte in Deutschland sah das Grundgesetz in Anlehnung an die Weimarer Reichsverfassung von Anfang an einen umfassenden Grundrechtskatalog vor. Während diejenigen Bundesländer, deren Landesverfassungen vor Inkrafttreten des Grundgesetzes ausgearbeitet worden war, über ausdifferenzierte Grundrechtskataloge verfügten, verzichteten die Bundesländer, deren Landesverfassungen erst nach Inkrafttreten des Grundgesetzes konzipiert wurden, vor dem Hintergrund des umfassenden bundesverfassungsrechtlichen Grundrechtsschutzes weitgehend auf die Verankerung eigener Grundrechte. Dies implizierte eine Fortsetzung der Grundrechtsentwicklung „von oben nach unten" im Sinne einer Grundrechtskonvergenz zu Gunsten der Bundesgrundrechte und kann als Beleg für die These gewertet werden, dass sich ein eigenständiger gliedstaatlicher Grundrechtsschutz in einem föderalen System nur entwickeln kann, wenn, wie im Kaiserreich, auf der übergeordneten Ebene kein umfassender Grundrechtskatalog existiert. Neue Dynamik erlangte der landesrechtliche Grundrechtsschutz erst mit der Ausarbeitung der Landesverfassungen in den neuen Bundesländern nach der Wiedervereinigung, nachdem die ostdeutschen Bundesländer allesamt umfassende Grundrechtskataloge in ihre Landesverfassungen aufgenommen haben. Daneben ergaben sich auch bei den übrigen Landesverfassungen seit Mitte der 1990er Jahre Weiterentwicklungen im Bereich des Grundrechtsschutzes, was sich etwa durch die Aufnahme neuer Grundrechte wie dem Recht auf Schutz der digitalen Privatsphäre zeigt und als Grundlage für eine Durchbrechung der einseitigen Grundrechtsentwicklung „von oben nach unten" dienen könnte.

Kollisionen zwischen Landesrecht, d.h. auch den Landesgrundrechten und dem Bundesrecht werden unter Geltung des Grundgesetzes mit Hilfe der auf Bundesebene angesiedelten materiell-rechtlichen Kollisionsnorm des Art. 31 GG aufgelöst, wobei die Vorschrift des Art. 142 GG lediglich deklaratorische Wirkung entfaltet. Daneben finden sich in den Verfassungen einzelner Bundesländer Kollisisionsvermeidungsnormen von Seiten des Landesverfassungsgebers, welche unter bestimmten Voraussetzungen als wirksam anzusehen sind, so dass unter dem föderalen System des Grundgesetzes materielle Kollisionsnormen sowohl auf der übergeordneten als auch auf der untergeordneten Ebene bestehen. Eine der Kollisionsauflösung vorgelagerte Kompetenzausscheidung kommt für den Grundrechtsbereich hingegen schon auf Grund der fehlenden Abgrenzbarkeit der von den Grundrechten berührten Regelungsmaterien nicht in Betracht.

In Bezug auf die Grundrechtsbindung lässt sich sagen, dass die Landesstaatsgewalt sowohl an Bundes- als auch an Landesgrundrechte gebunden ist, wobei die Berücksichtigung von Landesgrundrechten bei der Anwendung von Bundesrecht zumindest prinzipiell möglich ist. Die Bundesstaatsgewalt ihrerseits ist grundsätzlich nur an Bundesgrundrechte gebunden.

Der prozessuale Grundrechtsschutz wird unter Geltung des Grundgesetzes auf Bundesebene in erster Linie durch das Bundesverfassungsgericht, aber auch durch die übrigen Bundesgerichte sichergestellt. Anders als die Verfassungen des Kaiserreichs und der Weimarer Republik sieht das Grundgesetz neben anderen, für den Grundrechtsschutz relevanten Verfahrensarten wie der abstrakten und konkreten Normenkontrolle die Möglichkeit der Erhebung einer Verfassungsbeschwerde vor, was einen entscheidenden Beitrag zur Entwicklung einer ausdifferenzierten Grundrechtsjudikatur auf Bundesebene geleistet und damit auch zur Verdrängung der Landesgrundrechte beigetragen hat. Auf Landesebene verfügen heute alle Bundesländer über ein eigenes Landesverfassungsgericht, wobei die Möglichkeit der Erhebung einer Landesverfassungsbeschwerde nicht überall besteht. Prüfungsmaßstab der Landesverfassungsgerichte, die freilich auch an die Bundesgrundrechte gebunden sind, ist allein die jeweilige Landesverfassung, so dass es insoweit nicht zu einer Marginalisierung der Landesgrundrechte durch die vorrangige Heranziehung von Bundesgrundrechten oder Grundrechten der EMRK kommt. Jurisdiktionskonflikte zwischen dem Bundesverfassungsgericht und den übrigen Gerichten, d.h. auch den Landesverfassungsgerichten, werden mit Hilfe der Vorlageverfahren des Art. 100 Abs. 1 S. 1 GG und Art. 100 Abs. 3 GG vermieden. Daneben sehen die Landesverfassungen einiger Bundesländer sog. Subsidiaritätsklauseln zur Vermeidung von Konflikten mit dem Bundesverfassungsgericht vor.

Nach der Rechtsprechung des Bundesverfassungsgerichts können Landesgrundrechte bei der Anwendung von Bundesverfahrensrecht durch die Landesinstanzen von den Landesverfassungsgerichten nur bei Inhaltsgleichheit mit der parallelen grundgesetzlichen Grundrechtsgarantie als Prüfungsmaßstab herangezogen werden. Die Landesverfassungsgerichte folgen überwiegend der Linie des Bundesverfassungsgerichts, greifen jedoch darüber hinaus vereinzelt auch bei der Anwendung von materiellem Bundesrecht auf die Landesgrundrechte zurück. Eigenständige Bedeutung konnten die Landesgrundrechte letztlich nur dort erlangen, wo die Länder über eigene Gesetzgebungskompetenzen verfügen und die Landesverfassungsgerichte dementsprechend Landesrecht am Maßstab der Landesgrundrechte überprüfen können. Allerdings zeigt sich auch dort, dass die Mehrheit der Landesverfassungsgerichte die Grundrechte der jeweiligen Landesverfassung sehr stark in Anlehnung an die parallelen bundesrechtlichen Grundrechtsgarantien auslegt, weshalb nur wenige genuin landesverfassungsrechtliche Grundrechtsinterpretationen existieren und von einer konformen Auslegung zu Gunsten der Bundesgrundrechte gesprochen werden kann. Hinzu kommt, dass auch in Bereichen wie dem Rundfunkrecht, das an sich in den Zuständigkeitsbereich der Länder fällt, das Bundesverfassungsgericht eine ausdifferenzierte Grundrechtsjudikatur entwickelt hat, durch die die einschlägigen Landesgrundrechte marginalisiert wurden. Erst in jüngster Zeit zeigt sich eine gewisse Bereitschaft der Landesverfassungsgerichte, bei der Auslegung von Landesgrundrechten eine von der Rechtsprechung des Bundesverfassungsgerichts zu dem parallelen Bundesgrundrecht abweichende, eigene Judikatur zu entwickeln. Dies ändert jedoch nichts an dem Befund, dass unter der Geltung des Grundgesetzes die Grundrechtsentwicklung bislang fast ausschließlich „von oben nach unten" verlaufen ist, was sich nicht zuletzt mit der weitgehenden Passivität der Landesverfassungsgerichte erklären lässt, woraus sich im Umkehrschluss ableiten lässt, dass ein ausgeprägter eigenständiger landesverfassungsrechtlicher Grundrechtsschutz nur dort existieren kann, wo eine mit weitreichenden Kompetenzen ausgestattete und selbstbewusste Landesverfassungsgerichtsbarkeit besteht.

Insgesamt kann man konstatieren, dass in Deutschland zunächst eine Grundrechtsentwicklung „von unten nach oben“ stattfand, die in dem Moment in eine Grundrechtsentwicklung „von oben nach unten“ umschlug, als mit der Weimarer Reichsverfassung auf gesamtstaatlicher Ebene eine Verfassungsordnung mit einem umfassenden Grundrechtskatalog eingeführt wurde. Diese Entwicklungsrichtung setzt sich auch unter Geltung des Grundgesetzes fort, so dass in Deutschland die Bundesgrundrechte als „Motor“ einer Unitarisierung des Grundrechtsschutzes auf Kosten der Landesgrundrechte ausgemacht werden können.

3. Teil

Grundrechtsschutz im Mehrebenensystem des schweizerischen Bundesstaats

§ 7 Grundrechtsschutz im System des schweizerischen Bundesstaates auf Grundlage der Bundesverfassung von 1848

I. Historische Wurzeln und Entstehungsgeschichte

Die Entstehung der Schweizer Bundesverfassung von 1848 lässt sich ohne einen kurzen Blick auf die schweizerische Verfassungsentwicklung seit dem 13./14. Jahrhundert nur schwer nachvollziehen, da Kernelemente der Bundesverfassung von 1848 wie etwa die kantonale Struktur in dieser Zeit ihren Ursprung haben. Die bis 1798 bestehende Alte Eidgenossenschaft, ein loser Staatenbund[1] der 13 alten Orte bzw. Kantone, beruhte nicht auf einer Verfassung im heutigen Sinn, sondern vielmehr auf einer Vielzahl von Einzelverträgen, die zum Teil bis ins 13. Jahrhundert zurück reichten, so dass die Rechtsstellung der einzelnen, grundsätzlich souveränen Orte keineswegs einheitlich war.[2] Auf der Ebene des Staatenbundes existierte mit der Eidgenössischen Tagsatzung, einem Gesandtenkongress, nur ein einziges Organ, welches nach dem Einstimmigkeitsprinzip agierte. Freiheitsrechte des Einzelnen waren in dieser Zeit, ebenso wie Gleichheitsrechte, mangels individualistischen Staatsdenkens in der Schweiz noch unbekannt.[3]

Die Alte Eidgenossenschaft endete im Jahr 1798 mit der Entstehung der Helvetischen Republik, welche von 1798 bis 1803 Bestand hatte und in deren Verfassung zum ersten Mal in der schweizerischen Geschichte Freiheitsrechte wie die persönliche Freiheit, die Meinungsäußerungsfreiheit, die Presse- und Niederlassungsfreiheit, die Religionsfreiheit sowie die Handels- und Gewerbefreiheit verankert wurden.[4] Bei dieser Verfassung, die dem Prinzip der geschriebenen Verfassung folgte, handelte es sich um eine streng zentralistische Verfassung nach französischem Vorbild, welche einen Einheitsstaat etablierte und damit einen klaren Bruch mit der Tradition des Staatenbundes der Alten Eidgenossenschaft vor 1798 darstellte, weshalb sie vor dem Hintergrund des Gegensatzes zwischen fort-

---

[1] *Peyer*, Verfassungsgeschichte der alten Schweiz, S. 143 ff. nimmt spätestens seit 1648 einen Staatenbund an.

[2] Vgl. dazu *Häfelin/Haller/Keller/Thurnherr*, Schweizerisches Bundesstaatsrecht, Rn. 33 f.; *Kölz*, Geschichtliche Grundlagen, in: Thürer/Aubert/Müller (Hrsg.), Verfassungsrecht der Schweiz, § 7 Rn. 1; *Auer*, Staatsrecht der schweizerischen Kantone, Rn. 516 ff.

[3] S. *Kölz*, Neuere Schweizerische Verfassungsgeschichte, Ende der Alten Eidgenossenschaft bis 1848, S. 6.

[4] Für die Verfassung der Helvetischen Republik s. Helvetische Staatsverfassung, Bern 1802, Staatsarchiv des Kantons Bern (St.A.B. BA 1643).

schrittlich-unitarischen und reaktionär-föderalistischen Kräften in der Schweiz nach kurzer Zeit scheiterte.[5]

Die Mediation ab 1803 war durch die Rückkehr der Schweiz zum Staatenbund gekennzeichnet, welcher vereinzelte bundesstaatliche Elemente enthielt, ohne dass darin bereits ein Vorläufer der Bundesverfassung von 1848 erblickt werden könnte.[6] Die in der Mediationsakte von 1803 enthaltene „Bundesverfassung"[7] sah nur wenige Rechte des Bundes vor, während wichtige Errungenschaften der Helvetischen Republik wie die Freiheit des Einzelnen, die Gewaltenteilung, die Demokratie und die Gleichheit inhaltlich entleert wurden.[8] Wichtigstes Organ des Bundes wurde in dieser Epoche wieder die Eidgenössische Tagsatzung. Die Restaurationszeit von 1815 bis 1830 war durch den Abschluss des Bundesvertrags im Jahr 1815 geprägt, welcher die völkerrechtliche Grundlage der schweizerischen Eidgenossenschaft bildete und einen noch lockereren Staatenbund zwischen den Kantonen vorsah als die Mediationsakte.[9] Auf Freiheitsrechte des Einzelnen verzichtete der Bundesvertrag vollständig. Diese, ebenso wie das Prinzip der Rechtsgleichheit, fanden erst in der Zeit der Regeneration ab 1830 Eingang in einige der in dieser Zeit neu konzipierten Kantonsverfassungen,[10] so dass die betreffenden Kantone zu „Biotopen für liberale Verfassungsexperimente"[11] avancieren konnten. In diesen Kantonen entwickelte sich in der Folgezeit der Wunsch nach einer Revision des Bundesvertrages nach dem Vorbild der liberalen Kantonsverfassungen, doch scheiterte dieses Bestreben zunächst am Widerstand der konservativen Kantone, ein Konflikt, der schließlich in den Sonderbundskrieg von 1847 mündete.[12] Nach dem Ende dieses Bürgerkrieges und dem militärischen Sieg der liberalen Kräfte war der Weg frei für eine Bundesreform, welche die Aus-

---

[5] Vgl. *Kölz*, Geschichtliche Grundlagen, in: Thürer/Aubert/Müller (Hrsg.), Verfassungsrecht der Schweiz, § 7 Rn. 3 ff.; *ders.*, Neuere Schweizerische Verfassungsgeschichte, Ende der Alten Eidgenossenschaft bis 1848, S. 107 ff.; *Häfelin/Haller/Keller/Thurnherr*, Schweizerisches Bundesstaatsrecht, Rn. 35 ff.; s. dazu auch *Hafner*, ZSR 2001 I, 11, 14 f.

[6] *Kölz*, Neuere Schweizerische Verfassungsgeschichte, Ende der Alten Eidgenossenschaft bis 1848, S. 152.

[7] Für den Text dieser Verfassung s. Kanton Aargau (Hrsg.), Acte de médiation fait par le Premier Consul de la République française, entre les partis qui divisent la Suisse, Nachdruck; zur Mediationsakte s. *Wernle*, Bonapartes Mediationsakte, in: König (Hrsg.), Die Schweiz unterwegs 1798-?, S. 116, 116 ff.; *Vogt*, Zur Charakteristik der Schweizerischen Mediationsakte, S. 5 ff.

[8] *Kölz*, Geschichtliche Grundlagen, in: Thürer/Aubert/Müller (Hrsg.), Verfassungsrecht der Schweiz, § 7 Rn. 11; s. dazu auch *Häfelin/Haller/Keller/Thurnherr*, Schweizerisches Bundesstaatsrecht, Rn. 39 ff.

[9] *Kölz*, Geschichtliche Grundlagen, in: Thürer/Aubert/Müller (Hrsg.), Verfassungsrecht der Schweiz, § 7 Rn. 14; *ders.*, Neuere Schweizerische Verfassungsgeschichte, Ende der Alten Eidgenossenschaft bis 1848, S. 184 ff.

[10] *Kölz*, Geschichtliche Grundlagen, in: Thürer/Aubert/Müller (Hrsg.), Verfassungsrecht der Schweiz, § 7 Rn. 16; *Häfelin/Haller/Keller/Thurnherr*, Schweizerisches Bundesstaatsrecht, Rn. 45; *ders.*, Neuere Schweizerische Verfassungsgeschichte, Ende der Alten Eidgenossenschaft bis 1848, S. 323 ff.

[11] *Hafner*, ZSR 2001 I, 11, 20.

[12] S. dazu *Häfelin/Haller/Keller/Thurnherr*, Schweizerisches Bundesstaatsrecht, Rn. 46 f.

arbeitung einer Bundesverfassung durch die Tagsatzung implizierte. Diese Bundesverfassung wurde von der Mehrheit der Kantone und der Mehrheit der Bevölkerung angenommen und trat schließlich am 16. November 1848 in Kraft.[13] Es handelte sich dabei um eine moderne, demokratische und rechtsstaatlich ausgerichtete Verfassung, welche eine „Antithese"[14] zu den damals in Europa vorherrschenden restaurativen Tendenzen bildete.[15] In rechtlicher Hinsicht ist davon auszugehen, dass die Bundesverfassung von 1848 einen Akt originärer Verfassungsgebung darstellt und nicht aus dem Bundesvertrag von 1815 abgeleitet werden kann, da eine Reform des Bundesvertrages angesichts seiner rechtlichen Qualität als Grundlage eines Staatenbundes der Zustimmung aller Bundesglieder bedurft hätte,[16] welche angesichts der Ablehnung der Bundesverfassung durch die Kantone Uri, Schwyz, Obwalden, Nidwalden, Zug, Appenzell Innerrhoden, Tessin und Wallis nicht gegeben war. Mit Annahme der Bundesverfassung von 1848 wurde die Eidgenossenschaft zu einem demokratischen Bundesstaat, der den teilweise noch aristokratisch geprägten Staatenbund des Bundesvertrages ablöste.[17]

II. Die Schweiz auf Grundlage der Bundesverfassung von 1848 als föderales bundesstaatliches System

1. Föderale Elemente

Die bundesstaatlich ausgestaltete Schweizer Bundesverfassung von 1848 stimmt in den wesentlichen Punkten mit der Verfassung des schweizerischen Bundesstaats von 1999 überein,[18] wenngleich die föderalen Momente damals noch stärker ausgeprägt waren als dies heute der Fall ist. Art. 3 BV 1848 sah vor, dass die Kantone souverän sein sollten, soweit ihre Souveränität nicht durch die Bundesverfassung beschränkt sei, und sie sollten als solche alle Rechte ausüben, welche nicht der Bundesgewalt übertragen waren. Die Bundesverfassung von 1848 übertrug dem Bund die Kompetenz für die Außenpolitik, das Zollwesen, das Postwesen, das Münzwesen, für Maße und Gewichte, für die Erstellung öffentlicher Werke, für die Errichtung einer Universität und einer polytechnischen Schule sowie teilweise für die Armee, wenngleich eine gesamtschweizerische Armee in der Verfassung von 1848 noch nicht vorgesehen war. Im Bereich der Außenpolitik behielten die Kantonen nach Art. 9 BV 1848 die Befugnis, Verträge über Gegen-

---

[13] Ausführlich dazu *Kölz*, Neuere Schweizerische Verfassungsgeschichte, Ende der Alten Eidgenossenschaft bis 1848, S. 610 f.

[14] *Lüthy*, Die Schweiz als Antithese.

[15] *Hafner*, ZSR 2001 I, 11, 25.

[16] *Häfelin/Haller/Keller/Thurnherr*, Schweizerisches Bundesstaatsrecht, Rn. 49; s. dazu auch *Tschannen*, Staatsrecht, § 2 Rn. 11; *Hafner*, ZSR 2001 I, 11, 25.

[17] Vgl. *Tschannen*, Staatsrecht, § 2 Rn. 12.

[18] Ausführlich dazu oben, Einführung, II.3.

stände der Staatswirtschaft, des nachbarlichen Verkehrs und der Polizei mit dem Ausland abzuschließen, soweit diese keinen Inhalt hatten, der dem Bund oder den Rechten anderer Kantone zuwider laufen konnte. Insgesamt verblieben damit den Kantonen wesentlich mehr Gesetzgebungskompetenzen als dies unter der Verfassung von 1999 der Fall ist, so dass die Kompetenzverteilung in der Bundesverfassung von 1848 eindeutig föderale Züge trug, eine Tendenz, die sich im Übrigen auch für das Deutsche Kaiserreich von 1871 beobachten lässt.[19]

In Bezug auf die Mitwirkungsrechte der Kantone auf Bundesebene lässt sich sagen, dass bereits unter der Bundesverfassung von 1848 im Ständerat Abgeordnete aus den Kantonen saßen, wobei diese, ebenso wie unter der geltenden Verfassung, nicht weisungsabhängig waren und gerade nicht die Kantone als solche vertraten.[20] Allerdings sah bereits die Bundesverfassung von 1848 in Art. 78 das Ständemehr vor, so dass den Kantonen in ihrer Gesamtheit eine Vetoposition in Bezug auf die Bundespolitik zukam. Auch die Standesinitiative existierte damals bereits, nachdem Art. 81 Abs. 2 BV 1848 den Kantonen ein entsprechendes Recht einräumte. Das fakultative Referendum hingegen wurde erst im Rahmen der Totalrevision von 1874 eingeführt.

Hinsichtlich der Verwaltung fällt auf, dass die Bundesverfassung von 1848 nur wenige Normen über die Verwaltung des Bundes enthielt, was sich damit begründen lässt, dass die finanziellen Mittel des Bundes für eine Bundesverwaltung damals noch begrenzt waren.[21] Allerdings schuf der Bundesgesetzgeber in den ersten Jahren nach 1848 verschiedene zentrale Verwaltungsstellen des Bundes, etwa die Zollverwaltung, die Post- und Telegrafenverwaltung, die Münzverwaltung und zentrale Teile der Militärverwaltung.[22] Im Übrigen oblag der Vollzug des Bundesrechts den kantonalen Behörden, was im Laufe der Zeit im Sinne einer stärkeren Föderalisierung noch weiter ausgedehnt wurde.[23]

Die Judikative befand sich unter der Verfassung von 1848 überwiegend in der Hand der Kantone, welche über kantonale Zivil- und Strafgerichte verfügten.[24] Verwaltungsrechtliche Streitigkeiten hingegen wurden von kantonalen Verwaltungsbehörden bzw. den kantonalen politischen Behörden wie dem Regierungsrat entschieden, wobei insbesondere Streitigkeiten mit eigentumsrechtlichen Bezügen den Zivilgerichten zugewiesen waren, nachdem die Abgrenzung zwischen Zivilrecht und Verwaltungsrecht damals noch nicht nach den heute gültigen Maßstäben erfolgte.[25] Auf Bundesebene wurde durch Art. 94 BV 1848 ein einheitliches Bundesgericht geschaffen, welches jedoch kein ständiges, sondern ein nur von Fall zu Fall zusammentretendes Gericht war und nur über wenige Zuständig-

---

[19] S. dazu oben, § 3 II.2. a).
[20] S. dazu oben, Einführung, II.3. b).
[21] *His*, Geschichte des neuern Schweizerischen Staatsrechts, Bd. 3, S. 422.
[22] *His*, Geschichte des neuern Schweizerischen Staatsrechts, Bd. 3, S. 425.
[23] *His*, Geschichte des neuern Schweizerischen Staatsrechts, Bd. 3, S. 426.
[24] *His*, Geschichte des neuern Schweizerischen Staatsrechts, Bd. 3, S. 478 ff., 495.
[25] Vgl. dazu *His*, Geschichte des neuern Schweizerischen Staatsrechts, Bd. 3, S. 495.

keiten verfügte, insbesondere im Bereich des Zivil- und Strafrechts.[26] In diesem Zusammenhang ist zu erwähnen, dass das Bundesgericht als eidgenössisches Kassationsgericht gegen erstinstanzliche Urteile kantonaler Strafgerichte fungierte, soweit die Verletzung von Strafbestimmungen der polizeilichen und fiskalischen Bundesgesetze in Rede stand, wodurch die einheitliche Anwendung der Strafbestimmungen der polizeilichen und fiskalischen Bundesgesetze sicher gestellt werden sollte.[27] Weiter gehende Zuständigkeiten zum Zwecke der Rechtsvereinheitlichung besaß das Bundesgericht unter der Bundesverfassung von 1848 hingegen noch nicht.[28]

Zur Entscheidung über die Verletzung von in der Bundesverfassung garantierten Rechten konnte das Gericht nach Art. 105 BV 1848 nur zusammen treten, wenn dies von der Bundesversammlung beschlossen worden war, was zwischen 1848 und 1874 nur ein einziges Mal geschah.[29] Im Übrigen oblag die Entscheidung in staatsrechtlichen Angelegenheiten auf Bundesebene dem Bundesrat und der Bundesversammlung, welche u.a. für die Durchsetzung der verfassungsmäßigen Rechte Privater gegenüber den Bundesbehörden und -gerichten sowie den kantonalen Regierungen und Gerichten zuständig waren.[30] Eine gerichtliche bzw. bundesbehördliche Kompetenz zur Verwerfung von Bundesgesetzen allerdings bestand nach der Verfassung von 1848 nicht. Die Organisation der Judikative war unter der Bundesverfassung von 1848 zwar grundsätzlich föderal ausgestaltet, insbesondere die Möglichkeit der Überprüfung kantonaler Entscheide bezüglich der durch die Bundesverfassung gewährleisteten Rechte durch Bundesrat bzw. Bundesversammlung sowie die Möglichkeit der autonomen Auslegung der kantonalen Verfassungen durch Bundesrat und Bundesregierung bewirkten aber eine Vereinheitlichung der Rechtsprechung im Sinne der bundesrechtlichen Vorgaben.[31]

In Bezug auf das Finanzwesen lässt sich sagen, dass nach der Bundesverfassung von 1848 sowohl der Bund als auch die Kantone über eigene Einnahmequellen verfügten, wobei die bedeutendste Einnahmequelle des Bundes die Zölle waren. Den Kantonen verblieb demgegenüber das ausschließliche Recht der Erhebung

---

[26] *His*, Geschichte des neuern Schweizerischen Staatsrechts, Bd. 3, S. 461 ff.; *Kölz*, Neuere Schweizerische Verfassungsgeschichte: Ihre Grundlinien in Bund und Kantonen seit 1848, S. 488; die Abgrenzung zwischen Zivilrecht und öffentlichem Recht erfolgt damals freilich noch anders als heute, so dass etwa vermögensrechtliche Streitigkeiten, welche heute dem öffentlichen Recht zugeordnet werden, als zivilrechtliche Streitigkeiten verstanden wurden, s. *His*, Geschichte des neuern Schweizerischen Staatsrechts, Bd. 3, S. 29.

[27] S. Bundesgesetz betreffend das Verfahren bei Übertretungen fiskalischer und polizeilicher Bundesgesetze v. 26.07.1849, BBl 1849 II, 288 ff.; ausführlich dazu *Seferovic*, Das Schweizerische Bundesgericht 1848–1874, S. 217 ff.

[28] Vgl. *Seferovic*, Das Schweizerische Bundesgericht 1848–1874, S. 225 f.

[29] Näher dazu *Kölz*, Neuere Schweizerische Verfassungsgeschichte: Ihre Grundlinien in Bund und Kantonen seit 1848, S. 489; *Seferovic*, Das Schweizerische Bundesgericht 1848–1874, S. 23; s. auch unten, § 7 VI.1.

[30] *Kölz*, Neuere Schweizerische Verfassungsgeschichte: Ihre Grundlinien in Bund und Kantonen seit 1848, S. 489.

[31] Näher dazu unten, § 7 VI.1.

direkter Steuern, doch waren sie andererseits dazu verpflichtet, auf Grundlage einer von der Bundesversammlung festgesetzten Geldskala Beiträge an den Bund zu leisten. Wenngleich der Bund in der Zeit unmittelbar nach 1848 in finanziellen Fragen noch vom Wohlwollen der Kantone abhängig war, änderte sich dieser Zustand sehr bald und der Bund wurde zum finanziellen Unterstützer der Kantone.[32] Insoweit besteht ein Unterschied zum Deutschen Kaiserreich, in dem das Reich noch bis etwa 1906 in großem Umfang von der finanziellen Unterstützung durch die Länder abhängig blieb,[33] so dass die Finanzverfassung nach der Schweizer Bundesverfassung von 1848 weniger föderal geprägt war als diejenige des Deutschen Kaiserreiches. Schließlich bleibt zu konstatieren, dass die Schweizer Bundesverfassung von 1848, anders als die geltende Bundesverfassung von 1999, keine weiteren geschriebenen föderalen Elemente wie die Prinzipien der Subsidiarität oder der Bundestreue enthielt.

Bezeichnend ist indes, dass nach 1848 eine stärkere Zentralisierung der Bundesverfassung zunächst misslang. So wurden im Rahmen der partialen Verfassungsreform von 1866 sämtliche Vorlagen, die eine stärkere Zentralisierung mit sich gebracht hätten, von Volk und Ständen zurückgewiesen. Konkret galt dies u.a. für die Verankerung zusätzlicher Bundeskompetenzen in der Bundesverfassung, etwa im Bereich des geistigen Eigentums.[34] Ähnliches gilt für die Reformvorlage von 1872, die die nahezu vollständige Zentralisierung des Militärwesens, eine Bundeskompetenz für das gesamte Zivil- und Strafrecht einschließlich des Prozessrechts sowie für den Arbeiterschutz und schließlich eine Erweiterung der Kompetenzen des Bundesgerichts vorsah. Auch sie wurde von Volk und Ständen verworfen.[35] Zusammenfassend kann man daher festhalten, dass die Bundesverfassung von 1848 deutlich föderal geprägt war und vorhandene Unitarisierungstendenzen, insbesondere im Bereich der Kompetenzverteilung, sich letztlich kaum durchsetzen konnten.

2. *Unitarische Elemente*

Neben all den föderalen Elementen finden sich in der Bundesverfassung von 1848 jedoch auch unitarische Elemente. So besaß der Bund, wie in den deutschen bundesstaatlichen Systemen, nach Art. 3 BV 1848 die sog. Kompetenz-Kompetenz, unter deren Vorbehalt die Souveränität der Kantone stand. Hinzu kommt, dass die Kompetenzen des Bundes in der Bundesverfassung von 1848 im Vergleich zu den Kompetenzen der als Staatenbund organisierten Eidgenossenschaft auf Grundlage des Bundesvertrags von 1815 erheblich erweitert worden waren. Dar-

---

[32] *His*, Geschichte des neuern Schweizerischen Staatsrechts, Bd. 3, 2. Halbbd., S. 657.

[33] S. dazu oben, § 3 II.2. f).

[34] Vgl. *Rappard*, Die Bundesverfassung der Schweizerischen Eidgenossenschaft, S. 312; *Hafner*, ZSR 2001 I, 11, 27.

[35] Näher dazu *Rappard*, Die Bundesverfassung der Schweizerischen Eidgenossenschaft, S. 318.

über hinaus neigte der Bund dazu, die ihm von der Verfassung von 1848 übertragenen Kompetenzen extensiv zu interpretieren. Bestes Beispiel hierfür ist die Gesetzgebung des Bundes im Bereich der gemischten Ehen. Nach Art. 44 Abs. 1 BV 1848 war den anerkannten christlichen Konfessionen die freie Ausübung des Gottesdienstes im ganzen Umfang der Eidgenossenschaft gewährleistet, was die Kultusfreiheit zu Gunsten der christlichen Konfessionen implizierte. Art. 44 Abs. 2 BV 1848 sah vor, dass es den Kantonen sowie dem Bund vorbehalten bleiben sollte, zur Handhabung der öffentlichen Ordnung und des Friedens unter den Konfessionen die geeigneten Maßnahmen zu treffen. Eine Kompetenz zur Regelung der Zulassung gemischt-konfessioneller Ehen war damit explizit nicht verbunden.[36] Nachdem in einigen Kantonen die Eingehung einer gemischt-konfessionellen Ehe für verboten erklärt worden war, kam die Forderung auf, derartige Eheschließungen bundesrechtlich zuzulassen. Daraufhin verabschiedete die Bundesversammlung trotz kompetenzrechtlicher Einwände, gestützt auf Art. 44 Abs. 2 BV 1848, ein Bundesgesetz, welches die Schließung gemischt-konfessioneller Ehen bundesrechtlich gestattete und kantonale Regelungen, die derartige Eheschließungen erschwerten, für aufgehoben erklärte.[37] Im Jahr 1862 verabschiedete die Bundesversammlung schließlich ein Nachtragsgesetz betreffend die gemischten Ehen,[38] wodurch die Zuständigkeit des Bundesgerichts begründet wurde, sofern die Klage auf Scheidung einer gemischten Ehe nicht vor dem bürgerlichen Richter verhandelt werden konnte, weil auf kantonaler Ebene kein System des bürgerlichen Eherechts, sondern nur konfessionelle Systeme existierten.[39] An der bundesrechtlichen Regelung der gemischt-konfessionellen Ehen und deren Scheidung wird deutlich, dass der Bund auch dort Gesetzgebungskompetenzen für sich beanspruchte, wo ihm von der Verfassung an sich keine Kompetenz zugewiesen worden war, so dass bereits in der Anfangszeit des Bundesstaates gewisse Vereinheitlichungstendenzen wahrgenommen werden konnten.

Als weiteres unitarisches Element ist der Umstand zu nennen, dass die Kantonsverfassungen nach Art. 6 BV 1848 der Gewährleistung des Bundes bedurften, eine Regelung, die sich auch in der Bundesverfassung von 1999 wiederfindet. Ebenso wie nach der Bundesverfassung von 1999 besaß der Bund auch schon nach der Bundesverfassung von 1848 Aufsichtsbefugnisse über die Kantone, wenngleich diese nur punktuell ausgestaltet waren, etwa nach Art. 7 Abs. 2 BV 1848 hinsichtlich des Abschlusses interkantonaler Verträge oder nach Art. 90 Abs. 1 Nr. 13 BV 1848 in Bezug auf die Aufsicht über kantonale Gesetze und

[36] *Seferovic*, Das Schweizerische Bundesgericht 1848–1874, S. 183; *Burckhardt*, Kommentar zur Bundesverfassung der Schweizerischen Eidgenossenschaft, S. 448 f.; vgl. dazu auch den Bericht der Mehrheit der Kommission des Bundestags, gemischte Ehen betreffend, BBl 1850 III, 1, 13 ff.

[37] Bundesgesetz, die gemischten Ehen betreffend v. 3. Dezember 1850, AS II, S. 130 f.; ausführlich zum Ganzen *Seferovic*, Das Schweizerische Bundesgericht, S. 183 ff.

[38] Nachtragsgesetz betreffend die gemischten Ehen v. 3. Februar 1862, AS IV, S. 126 f.

[39] Ausführlich dazu *Seferovic*, Das Schweizerische Bundesgericht, S. 195 ff.

Verordnungen sowie über die kantonale Verwaltung, soweit dem Bund insoweit Aufsichtsbefugnisse zukamen.

Etwas komplexer gestaltete sich die Frage nach einer Kollisionsregel für das Verhältnis von Bundesrecht und kantonalem Recht. Zwar enthielt Art. 4 Abs. 2 der Übergangsbestimmungen zu BV 1848 die Vorgabe, dass diejenigen Vorschriften der Kantonalverfassungen, welche mit den Bestimmungen der Bundesverfassung im Widerspruch stünden, von dem Tage an, mit welchem Letztere als angenommen erklärt würde, aufgehoben seien, doch bezog sich die Vorschrift alleine auf früheres, der bundesrechtlichen Regelung vorausgehendes kantonales Recht, während späteres bundesrechtswidriges kantonales Recht nach dieser Vorschrift nicht derogiert wurde.[40] Dennoch ging die Staatsrechtslehre davon aus, dass auch ohne positivrechtliche Verankerung einer derartigen Kollisionsnorm späteres bundesrechtswidriges kantonales Recht ebenfalls derogiert würde, da die derogatorische Kraft des Bundesrechts ein Wesensmerkmal eines jeden Bundesstaates sei.[41] Ein weiteres unitarisches Merkmal der Bundesverfassung von 1848 ist schließlich darin zu sehen, dass die politischen Bundesbehörden im Rahmen von Rekursverfahren eine autonome Auslegung der Kantonsverfassungen vornehmen und diese somit an die bundesrechtlichen Vorgaben angleichen konnten.[42]

III. Grundrechtsverbürgungen

1. Bundesverfassung von 1848

Die Bundesverfassung von 1848 enthielt noch keinen umfassenden Katalog mit verfassungsmäßigen Rechten des Einzelnen, sondern vielmehr einzelne Grundrechtsgewährleistungen, welche über die ganze Verfassung hinweg verstreut waren. Hintergrund war, dass vor allem diejenigen Grundrechte in der Bundesverfassung verankert werden sollten, die auf Grund der unterschiedlich ausgestalteten Kantonsverfassungen mancherorts entweder gar nicht oder jedenfalls nur unvollkommen gewährleistet waren oder deren Inhalt und Reichweite umstritten war[43] bzw. deren Geltung, wie im Fall der Kultusfreiheit, gesamtstaatliche Bedeutung besaß.[44] Hinzu kommt, dass die kantonalen Verfassungen weitere Grund-

---

[40] Zum ähnlich gelagerten Problem in der Verfassung von 1874 s. *Imboden*, Bundesrecht bricht kantonales Recht, S. 72.

[41] So etwa *Imboden*, Bundesrecht bricht kantonales Recht, S. 69; *Giacometti*, SJZ 26 (1929/30), 292, 293 f.; *Burckhardt*, Kommentar der schweizerischen Bundesverfassung vom 29. Mai 1874, Art. 2 Übergangsbestimmung zu BV 1874; s. dazu auch *Blumer*, Handbuch des Schweizerischen Bundesstaatsrechtes, Bd. 1, S. 224; ausführlich dazu unten, § 7 IV.

[42] Ausführlich dazu unten, § 7 VI.1.

[43] *Thürer*, HGR VII/2, § 203 Rn. 28; *Aubert*, Bundesstaatsrecht der Schweiz, Fassung von 1967, Bd. 1, Rn. 79; *Kägi*, ZSR 1952 I, 173, 184 Fn. 23; ausführlich dazu hinsichtlich der Kultusfreiheit *Blumer*, Handbuch des schweizerischen Bundesstaatsrechts, Bd. 1, S. 252 f.

[44] *Kägi-Diener*, Grundrechtsschutz durch die Kantone, in: Thürer/Aubert/Müller (Hrsg.), Verfassungsrecht der Schweiz, § 53 Rn. 6.

rechte enthielten und diese Grundrechte nach Art. 5 BV 1848 von Bundes wegen gewährleistet waren,[45] so dass ein ausbalanciertes System mit je eigenständigen kantonalen und bundesrechtlichen Grundrechtsgewährleistungen entstand.[46] So garantierte die Bundesverfassung lediglich eine beschränkte Handelsfreiheit (Art. 29), die Niederlassungsfreiheit für christliche Schweizerbürger (Art. 41), die Petitionsfreiheit (Art. 47), die Pressefreiheit (Art. 45), die Vereinsfreiheit (Art. 46) sowie die auf die christlichen Konfessionen beschränkte Kultusfreiheit (Art. 44), wobei andererseits der Jesuitenorden offiziell verboten wurde (Art. 58). Darüber hinaus wurde dem zahlungsfähigen Beklagten der Gerichtsstand des Wohnortes für persönliche Klagen garantiert (Art. 50). In Art. 53 und 54 fanden sich weitere justizielle Gewährleistungen, etwa das Verbot der Einführung von Ausnahmegerichten sowie die Abschaffung der Todesstrafe für politische Vergehen. Daneben sah Art. 4 BV 1848 die Gleichheit aller Schweizer vor dem Gesetz vor. Die Vorschrift wurde ergänzt durch Art. 48 BV 1848, wonach die Kantone verpflichtet waren, alle Schweizerbürger christlicher Konfession in der Gesetzgebung und im gerichtlichen Verfahren genauso zu behandeln wie die Bürger des eigenen Kantons. Im Jahr 1866 erfolgte die einzige Änderung der Bundesverfassung von 1848, welche die Niederlassungsfreiheit des Art. 41 BV 1848 auf die Schweizer Juden erweiterte und so die bis zu diesem Zeitpunkt bestehende Inländerdiskriminierung der jüdischen Bürger beseitigte.[47]

Die Freiheitsrechte der Bundesverfassung waren überwiegend mit einem Gesetzesvorbehalt zu Gunsten des Bundes bzw. der Kantone ausgestaltet, so dass der kantonalen Gesetzgebung ein gewisser Ausgestaltungsspielraum hinsichtlich des tatsächlichen Schutzgehaltes der in Rede stehenden bundesrechtlichen Grundrechtsgarantie verblieb. Dies galt insbesondere hinsichtlich der Pressefreiheit des Art. 45 BV 1848, der in Absatz 2 die Kantone dazu ermächtigte, Bestimmungen gegen den Missbrauch der Pressefreiheit zu erlassen, die jedoch der Genehmigung des Bundesrates bedurften. Streit diesbezüglich entstand etwa anlässlich der Frage der Genehmigung des Pressegesetzes des Kantons Bern aus dem Jahr 1852, bei dem die zur Prüfung beauftragte ständerätliche Kommission zugab, dass Art. 45 Abs. 2 BV 1848 dem kantonalen Gesetzgeber einen gewissen Spielraum belasse,[48] woran deutlich wird, dass die Kantone in Bezug auf die tatsächliche Reichweite der bundesrechtlichen Grundrechtsgarantie durchaus eigene Akzente setzen konnten.

---

[45] *Kägi*, ZSR 1952 I, 173, 184 Fn. 23; zur Bedeutung der Gewährleistung durch den Bund s. *Burckhardt*, Kommentar der schweizerischen Bundesverfassung, Art. 5, S. 94 f. zur entsprechenden Vorschrift in der Bundesverfassung von 1874.

[46] *Kägi-Diener*, Grundrechtsschutz durch die Kantone, in: Thürer/Aubert/Müller (Hrsg.), Verfassungsrecht der Schweiz, § 53 Rn. 6.

[47] Näher dazu *Kölz*, Neuere Schweizerische Verfassungsgeschichte: Ihre Grundlinien in Bund und Kantonen seit 1848, S. 507 f.

[48] *Bundesrat*, Bericht der ständerätlichen Kommission über das bernische Pressegesetz v. 24.06.1853, BBl 1853 III, 357, 376; *Blumer*, Handbuch des Schweizerischen Bundesstaatsrechtes, Bd. 1, S. 268.

Im Zusammenhang mit den Grundrechtsgarantien ist darauf hinzuweisen, dass in der schweizerischen Staatsrechtslehre der Begriff des verfassungsmäßigen Rechts in einem umfassenderen Sinn verstanden wird, als dies bezüglich des Begriffs des Grundrechtes in der deutschen Staatsrechtslehre der Fall ist, so dass zu den verfassungsmäßigen Rechten i.S.v. Art. 5 BV 1848 nicht nur die klassischen Freiheits- und Gleichheitsrechte, sondern auch die politischen Rechte sowie einzelne organisatorische Prinzipien gerechnet werden.[49] Diese Tendenz, den Begriff des verfassungsmäßigen Rechtes weit zu verstehen, hält bis heute an, was sich daran zeigt, dass die Rechtsprechung heute unter den verfassungsmäßigen Rechten „justiziable Rechtsansprüche, die nicht ausschliesslich öffentliche Interessen, sondern auch Interessen und Schutzbedürfnisse des Einzelne betreffen und deren Gewicht so gross ist, dass sie nach dem Willen des demokratischen Verfassungsgebers verfassungsrechtlichen Schutzes bedürfen“[50], versteht. Danach zählen zu den verfassungsmäßigen Rechten nicht nur sämtliche Grundrechte, unabhängig davon, ob sie im nationalen Verfassungsrecht oder in von der Schweiz ratifizierten internationalen Abkommen enthalten sind, sondern auch objektive Verfassungsnormen rechtsstaatlicher und bundesstaatlicher Natur, sofern ihnen eine individualrechtliche Komponente zukommt.[51] Daher kann etwa auch der durch Art. 49 Abs. 1 BV garantierte Vorrang des Bundesrechts vor dem kantonalen Recht durch den Einzelnen als verfassungsmäßiges Recht vor Gericht geltend gemacht werden.[52] Der Fokus der vorliegenden Untersuchung soll indes auf denjenigen verfassungsmäßigen Rechten liegen, welche zugleich Grundrechte darstellen.

2. *Kantonale Verfassungen*

a) Vor 1848

Ein Teil der Kantone hatte schon in der Zeit der Regeneration Grundrechte in die jeweilige kantonale Verfassung aufgenommen, während der Bundesvertrag von 1815 noch keinerlei grundrechtliche Gewährleistungen enthielt. Diese Entwicklung ist durchaus vergleichbar mit derjenigen der süddeutschen Länder in der Zeit des Frühkonstitutionalismus.[53] So gewährleisteten die Verfassungen von Zü-

---

[49] *Kägi*, ZSR 1952 I, 173, 213 Fn. 96; *Giacometti*, Die Verfassungsgerichtsbarkeit des Schweizerischen Bundesgerichtes, S. 46 ff., 49 ff.; *Bernheimer*, Der Begriff und die Subjekte der verfassungsmäßigen Rechte nach der Praxis des Bundesgerichtes, S. 123 ff.; ausführlich zum Begriff der verfassungsmäßigen Rechte und dessen Verwendung im eidgenössischen und im kantonalen Staatsrecht s. *Auer*, Staatsrecht der schweizerischen Kantone, Rn. 1432 ff.

[50] BGE 137 I 77, 79 f. E. 1.3.1; eine Gleichsetzung von verfassungsmässigen Rechten und Grundrechten ablehnend auch BGE 136 I 241, 248 E. 2.2.

[51] *Haller*, in: St. Galler Kommentar zu Art. 189 BV, Rn. 47; *Marti*, Die staatsrechtliche Beschwerde, S. 33 ff.

[52] BGE 137 I, 31, 41 E. 4.1; 138 I, 356, 361 E. 5.4.2; ausführlich dazu unten, § 9 III.2.

[53] S. dazu oben, § 3 III.4. b).

rich,[54] Bern,[55] Glarus,[56] Thurgau[57] und Basel-Landschaft[58] die Glaubens- und/oder Gewissensfreiheit, wobei die Anhänger der beiden großen Kirchen in der Praxis privilegiert wurden.[59] Ausschließlich auf die beiden großen christlichen Konfessionen beschränkt war die Glaubensfreiheit etwa in Graubünden,[60] St. Gallen[61] und im Aargau.[62] Die Kultusfreiheit wurde in der Regenerationszeit bzw. vor Ausarbeitung der Bundesverfassung lediglich in die Verfassungen von Basel-Stadt,[63] Bern,[64] Genf[65] und Neuenburg[66] aufgenommen,[67] während die Pressefreiheit in der Zeit der Regeneration Eingang in sämtliche kantonale Verfassungen gefunden hatte.[68] *His* geht daher davon aus, dass die Pressefreiheit schon vor 1844 als allgemeiner schweizerischer Grundsatz bezeichnet werden konnte.[69] Ferner fand sich die Garantie der freien Meinungsäußerung bereits in acht kantonalen Verfassungen wieder.[70] Die Versammlungsfreiheit hingegen wurde in die Regenerationsverfassungen der 1830er Jahre nicht ausdrücklich aufgenommen, sondern wurde aus der Volkssouveränität abgeleitet,[71] so dass dieses Grundrecht auf kantonaler Ebene schon damals existierte. Die Vereinsfreiheit wurde von mehreren kantonalen Verfassungen ausdrücklich gewährleistet, doch stand sie dabei stets unter dem Vorbehalt der Rechtswidrigkeit und Staatsgefährlichkeit bzw. zumindest der Rechtswidrigkeit.[72] Weiterhin fand sich das Petitionsrecht in den kantonalen Verfassungen aus dieser Epoche.[73] Die Niederlassungsfreiheit hingegen wurde überwiegend nur eingeschränkt gewährleistet und etwa den Angehörigen

---

[54] Art. 4 KV Zürich 1831.

[55] § 11 KV Bern 1831; ausführlich zu den Grundrechten der bernischen Kantonsverfassung von 1831 *Nuspliger/Mäder*, Bernisches Staatsrecht, S. 67.

[56] § 4 KV Glarus 1836 bzw. 1842.

[57] Art. 21 KV Thurgau 1831 bzw. 1837.

[58] § 10 KV Basel-Landschaft 1832.

[59] Vgl. *His*, Geschichte des neuern Schweizerischen Staatsrechts, Bd. 3, S. 543; *Huber*, ZSR 1936, 1a, 37a.

[60] Art. 27 KV Graubünden 1814.

[61] Art. 8 KV St. Gallen 1831.

[62] Art. 13 KV Aargau 1831 bzw. 1841; die Gewissensfreiheit wurde jedoch im Aargau schon damals allgemein gewährleistet.

[63] § 15 KV Basel-Stadt 1833.

[64] § 80 KV Bern 1846.

[65] Art. 10 KV Genf 1847.

[66] Art. 14 KV Neuenburg 1848.

[67] Ausführlich dazu *Steiner*, Die religiöse Freiheit und die Gründung des Schweizerischen Bundesstaates, S. 397 ff.

[68] *Huber*, ZSR 1936, 1a, 37a; *His*, Geschichte des neuern Schweizerischen Staatsrechts, Bd. 3, S. 552.

[69] *His*, Geschichte des neuern Schweizerischen Staatsrechts, Bd. 3, S. 552.

[70] *Brühwiler*, Die Freiheitsrechte der Kantonsverfassungen, S. 8.

[71] *Huber*, ZSR 1936, 1a, 37a; *Brühwiler*, Die Freiheitsrechte der Kantonsverfassungen, S. 8.

[72] So etwa in § 4 Abs. 2 KV Basel-Landschaft 1832; ähnlich § 78 KV Bern 1846; vgl. *Huber*, ZSR 1936, 1a, 38a; vgl. auch *His*, Geschichte des neuern Schweizerischen Staatsrechts, Bd. 3, S. 559 f.

[73] So etwa in § 77 KV Bern 1846; ähnlich auch schon § 17 KV Bern 1831; Art. 11 KV St. Gallen 1831; *His*, Geschichte des neuern Schweizerischen Staatsrechts, Bd. 3, S. 565.

derjenigen Kantone vorbehalten, die sich an dem Konkordat der zwölf Kantone aus dem Jahre 1819 beteiligt hatten.[74] Eine uneingeschränkte Niederlassungsfreiheit für alle Schweizer sahen nur die Kantone St. Gallen,[75] Thurgau,[76] Bern[77] und Basel-Landschaft[78] vor.[79] Auch die Handels- und Gewerbefreiheit war in den vor 1848 entstandenen kantonalen Verfassungen teilweise schon bekannt.[80] Schließlich fanden sich in einzelnen kantonalen Verfassungen aus dieser Zeit die persönliche Freiheit,[81] die Unterrichtsfreiheit,[82] die Ehefreiheit[83] sowie die Eigentumsgarantie[84].[85] Bemerkenswert ist, dass im Jahr 1846, welches von der durch die Sonderbundsgründung verursachten politischen Krise gekennzeichnet war, im Kanton Bern der Katalog der Freiheitsrechte um die Vereins- und Versammlungsfreiheit, das Hausrecht sowie die Meinungsfreiheit und die allgemeine Kultusfreiheit erweitert wurde,[86] worin eine Bestätigung der Tendenz der Kantone zum Ausbau des Grundrechtsschutzes selbst in Zeiten innenpolitischer Wirren gesehen werden kann. Insgesamt lässt sich sagen, dass die vor Ausarbeitung der Bundesverfassung von 1848 erfolgten Änderungen der Kantonsverfassungen sich allesamt in wesentlichen Zügen in das Leitbild der Verfassungen der Regenerationszeit einfügten.[87]

Die Kantonsverfassungen der Regenerationszeit sahen neben Freiheitsrechten auch Gleichheitsrechte vor, wobei Gleichheit in dieser Epoche in erster Linie staatsbürgerliche Gleichheit bedeutete, d.h. die Gleichheit vor dem Gesetz erstreckte sich regelmäßig allein auf die Bürger eines Kantons.[88] Dieser Umstand

---

[74] *Huber*, ZSR 1936, 1a, 38a; *His*, Geschichte des neuern Schweizerischen Staatsrechts, Bd. 3, S. 569 f.

[75] Dies ergibt sich implizit aus § 16 KV St. Gallen 1831.

[76] Art. 12 KV Thurgau 1831 bzw. 1837.

[77] § 79 KV Bern 1846.

[78] § 15 Abs. 2 KV Basel-Landschaft 1832.

[79] *Huber*, ZSR 1936, 1a, 38a.

[80] So etwa in § 79 Abs. 2 KV Bern 1846; Art. 16 Abs. 1 KV St. Gallen 1831; Art. 12 KV Thurgau 1831; Art. 15 KV Aargau 1831 bzw. § 17 KV Aargau 1841; *His*, Geschichte des neuern Schweizerischen Staatsrechts, Bd. 3, S., 593 f.

[81] So etwa in Art. 12 KV Aargau 1831 bzw. § 11 KV Aargau 1841; vgl. auch *His*, Geschichte des neuern Schweizerischen Staatsrechts, Bd. 3, S. 616 f.

[82] So etwa § 11 KV Basel-Landschaft 1832; vgl. *His*, Geschichte des neuern Schweizerischen Staatsrechts, Bd. 3, S. 618 ff.

[83] So etwa § 5 KV Glarus 1836 bzw. 1842; Art. 9 KV St. Gallen 1831 hinsichtlich des Rechts auf Eingehung von Mischehen; vgl. auch *His*, Geschichte des neuern Schweizerischen Staatsrechts, Bd. 3, S. 626 ff.

[84] So etwa § 7 KV Glarus 1836 bzw. 1842; Art. 14 KV Thurgau 1831 bzw. 1837; vgl. dazu auch *His*, Geschichte des neuern Schweizerischen Staatsrechts, Bd. 3, S. 637; *Kaiser*, Schweizerisches Staatsrecht, S. 164 ff.

[85] *Huber*, ZSR 1936, 1a, 38a; zum Ganzen s. auch *Schefer/Ziegler*, Die Grundrechte der Kantonsverfassung Basel-Stadt, in: Buser (Hrsg.), Neues Handbuch des Staats- und Verwaltungsrechts des Kantons Basel-Stadt, S. 57, 63 f.

[86] §§ 78, 75, 76 und 80 KV Bern 1846; vgl. *Brühwiler*, Die Freiheitsrechte der Kantonsverfassungen, S. 9; *Steiner*, Die religiöse Freiheit, S. 492 f.

[87] *Brühwiler*, Die Freiheitsrechte der Kantonsverfassungen, S. 9.

[88] So etwa Art. 9 KV Thurgau 1831/37; § 5 Abs. 3 KV Basel-Landschaft 1831; Art. 3 KV Zürich 1831; s. dazu auch *His*, Geschichte des neuern Schweizerischen Staatsrechts, Bd. 3, S. 503.

ändert jedoch nichts daran, dass das Prinzip der Rechtsgleichheit auf kantonaler Ebene bereits vor 1848 bekannt war.

Bei der Analyse der Freiheits- und Gleichheitsrechte der Regenerationsverfassungen darf andererseits nicht übersehen werden, dass in der fraglichen Epoche zahlreiche Kantone entweder überhaupt keine geschriebene Verfassung besaßen oder die Verfassungen dieser Kantone jedenfalls keine oder allenfalls vereinzelte grundrechtliche Gewährleistungen enthielten. So fanden sich etwa in der Verfassung des Tessin von 1830 nur einige verfassungsmäßige Rechte des Einzelnen wie etwa die Handels- und Gewerbefreiheit, die Pressefreiheit, das Petitionsrecht sowie prozessuale Grundrechte,[89] während die Verfassung von Appenzell Innerrhoden von 1829, ebenso wie die Verfassung von Obwalden von 1814, als reines Organisationsstatut keinerlei Individualrechte garantierte.[90] Die Kantone Uri und Nidwalden verzichteten vor 1848 gänzlich auf geschriebene Verfassungen, was jedoch andererseits nicht bedeutete, dass die Ausübung von Freiheitsrechten in diesen Kantonen unmöglich gewesen wäre.[91] Schließlich hatten nicht wenige Kantone in dieser Epoche mit Hilfe ihrer Verfassungen eine ausschließliche Religion des Kantons bzw. eine Staatskirche etabliert.[92]

Zusammenfassend kann man dennoch konstatieren, dass sich die Idee der Grundrechte und die Befreiung des Einzelnen von den Fesseln des Obrigkeitsstaates zuerst in den Kantonen und gerade nicht im Bund durchsetzte, wobei die einzige Ausnahme insoweit die religiöse Freiheit war.[93] Es existierten schon vor 1848 auf kantonaler Ebene vor dem Hintergrund der Regeneration zum Teil sehr weit reichende Grundrechtsgarantien, welche der Bundesverfassung als Vorbild dienen konnten,[94] was auch nicht dadurch relativiert wird, dass in einigen Kantonen die Idee der verfassungsmäßigen Rechte des Einzelnen noch keinen Eingang in die jeweiligen Verfassungen gefunden hatte. *Eichenberger* kommt daher völlig zu Recht zu dem Schluss, dass „die Kantonsverfassungen namentlich zwischen 1830 und 1890 die grossen Errungenschaften für die politische Welt der Eidgenossenschaft" trugen, zu denen gerade auch die Ausbreitung der Freiheitsrechte zu zählen ist.[95]

---

[89] Art. 6, 10, 11 u. 12 KV Tessin 1830.

[90] Vgl. dazu *Brühwiler*, Die Freiheitsrechte der Kantonsverfassungen, S. 10.

[91] Vgl. *Brühwiler*, Die Freiheitsrechte der Kantonsverfassungen, S. 10, insbesondere Fn. 45.

[92] So etwa Art. 10 KV Schwyz 1833; § 2 KV Schaffhausen 1834; Art. 4 KV Zürich 1831; erster Artikel KV Appenzell Innerrhoden 1829; Art. 2 KV Luzern 1831; Art. 7 KV Freiburg 1831; Art. 2 KV Wallis 1839.

[93] *Brühwiler*, Die Freiheitsrechte der Kantonsverfassungen, S. 7 Fn. 32; s. auch *Giacometti*, Das Staatsrecht der schweizerischen Kantone, S. 172.

[94] Vgl. *Häfelin*, Die Grundrechte in den Schweizer Kantonsverfassungen, in: Novak/Sutter/Hasiba (Hrsg.), Der Föderalismus und die Zukunft der Grundrechte, S. 27, 30.

[95] *Eichenberger*, Der Verfassungsbegriff auf Bundes- und Kantonsebene, in: Eichenberger et al. (Hrsg.), Die Baselstädtische Kantonsverfassung, S. 33, 49.

b) Nach 1848

Das Inkrafttreten der Bundesverfassung im Jahr 1848 blieb nicht ohne Auswirkungen auf die kantonalen Verfassungen. Teilweise wurden als Reaktion auf die Verabschiedung der Bundesverfassung Grundrechtsgewährleistungen aus den kantonalen Verfassungen gestrichen, wohl in der Annahme, dass die Garantien der Bundesverfassung genügten.[96] Konkret geschah dies in Graubünden, wo 1854 die zuvor geltenden Garantien aufgehoben wurden und lediglich die Kultusfreiheit und das Recht auf freie Meinungsäußerung erhalten blieben.[97] Basel-Stadt, dessen Verfassung von 1833 noch die Handels- und Niederlassungsfreiheit gewährleistet hatte, verzichtete in seiner neuen Verfassung aus dem Jahre 1858 auf die Verankerung dieses Rechts.[98]

Die überwiegende Zahl der Kantone zeigte jedoch eine Tendenz der Angleichung an die Gewährleistungen der Bundesverfassung, was regelmäßig zu einer Ausweitung der grundrechtlichen Gewährleistungen auf kantonaler Ebene führte. So wurde die Vereinsfreiheit, nachdem sie in der Bundesverfassung anerkannt worden war, nunmehr explizit in die Verfassungen der Urkantone Uri[99] und Obwalden[100] sowie von Luzern,[101] Freiburg,[102] Solothurn,[103] St. Gallen,[104] Aargau,[105] Thurgau[106] und Waadt[107] aufgenommen.[108] Ähnliches galt für die Kultusfreiheit, welche nun auch Eingang in die Verfassungen von Luzern,[109] Freiburg,[110] Solothurn[111] und Waadt[112] fand, während etwa Schaffhausen[113] zudem die Glaubens- und Gewissensfreiheit garantierte.[114] Auch die Niederlassungsfreiheit für christliche Schweizerbürger wurde in vielen Kantonen erst im Zuge der Bundesverfassung erstmals garantiert, wobei allerdings regelmäßig noch zwischen

---

96 *Brühwiler*, Die Freiheitsrechte der Kantonsverfassungen, S. 10; *Filli*, Die Grundrechte der Kantonsverfassungen im Gefüge des schweizerischen Staatsrechts, S. 11.

97 S. Staatsverfassung des Kantons Graubünden v. 24. Weinmonat 1853.

98 S. Staatsverfassung des Kantons Basel-Stadt v. 08.03.1858.

99 § 12 KV Uri 1850.

100 § 12 KV Obwalden 1850.

101 § 9 KV Luzern 1863.

102 Art. 10 KV Freiburg 1857.

103 § 6 KV Solothurn 1856.

104 Art. 11 KV St. Gallen 1861.

105 § 15 KV Aargau 1852.

106 § 13 KV Thurgau 1849.

107 § 8 KV Waadt 1861.

108 *Brühwiler*, Die Freiheitsrechte der Kantonsverfassungen, S. 11.

109 § 3 Abs. 2 KV Luzern 1863.

110 Art. 2 KV Freiburg 1857.

111 § 3 KV Solothurn v. 31.12.1850.

112 §§ 10–12 KV Waadt 1861.

113 § 2 KV Schaffhausen 1852.

114 *Brühwiler*, Die Freiheitsrechte der Kantonsverfassungen, S. 11; *His*, Geschichte des neuern Schweizerischen Staatsrechts, Bd. 3, S. 542 f.; zu dieser Entwicklung s. auch *Steiner*, Die religiöse Freiheit und die Gründung des Schweizerischen Bundesstaates, S. 975 ff.

Kantonsbürgern und anderen Schweizern differenziert wurde.[115] In diesem Zusammenhang ist schließlich noch zu erwähnen, dass die Bundesverfassung auch hinsichtlich des Wahlrechts Auswirkungen auf die kantonalen Verfassungsbestimmungen hatte. So wurde etwa die Vorschrift des § 27 lit. a) der luzernischen Verfassung von 1848, wonach das Stimmrecht römisch-christkatholischen Bürgern vorbehalten blieb, mit Inkrafttreten der Bundesverfassung von 1848 hinfällig und schließlich im Zuge der Verfassungsrevision im Jahre 1863 aus der Kantonsverfassung entfernt, wodurch die grundrechtlichen Vorgaben der Bundesverfassung umgesetzt wurden.[116]

Hinsichtlich der Handels- und Gewerbefreiheit gingen einige Kantone, *in concreto* Freiburg,[117] Waadt[118] und Wallis,[119] nach 1848 über die Vorgaben der Bundesverfassung hinaus, indem sie die volle Handels- und Gewerbefreiheit gewährleisteten.[120] Darüber hinaus wurden in die kantonalen Verfassungen aus dieser Zeit auch Grundrechte aufgenommen, welche in der Bundesverfassung keine Entsprechung fanden wie etwa die Eigentumsfreiheit in den Kantonen Uri,[121] Schwyz,[122] Obwalden,[123] Nidwalden,[124] Freiburg[125] und Luzern[126].[127] Ähnliches galt für die Einführung des Hausrechts, die Meinungs- und Versammlungsfreiheit, die Kunstfreiheit sowie für die Unterrichtsfreiheit einschließlich der Freiheit zur Errichtung und zum Betreiben von Privatschulen,[128] welche sich, wie die Garantie des Hausrechts, nicht selten aus der kantonalen Verwaltungs- und Justizpraxis heraus entwickelt hatten.[129] In Bezug auf die Rechtsgleichheit lässt sich feststellen, dass diese in den kantonalen Verfassungen nunmehr nicht mehr stets

---

[115] Vgl. etwa § 22 Abs. 2 KV Luzern 1848; Art. 7 KV Wallis 1852; Art. 15 Abs. 1 KV Neuenburg 1848; § 9 Abs. 1 KV Uri 1850; § 5 KV Obwalden 1850; Art. 11 KV Freiburg 1848; vgl. *Brühwiler*, Die Freiheitsrechte der Kantonsverfassungen, S. 11; *His*, Geschichte des neuern Schweizerischen Staatsrechts, Bd. 3, S. 587.

[116] Vgl. dazu *Bossard-Borner*, Kleine Verfassungsgeschichte des Kantons Luzern, S. 1, 16, abrufbar unter https://staatsarchiv.lu.ch/-/media/Staatsarchiv/Dokumente/luzerner_geschichte/verfassungsgeschichte.pdf?la=de-CH (zuletzt abgerufen am 04.11.2017).

[117] Art. 11 KV Freiburg 1848 bzw. 1857.

[118] § 16 KV Waadt 1861.

[119] Art. 7 KV Wallis 1852.

[120] *Brühwiler*, Die Freiheitsrechte der Kantonsverfassungen, S. 11.

[121] § 22 KV Uri 1850.

[122] § 20 KV Schwyz 1848.

[123] § 21 KV Obwalden 1850.

[124] § 13 KV Nidwalden 1850.

[125] Art. 13 KV Freiburg 1848.

[126] § 10 KV Luzern 1848.

[127] *Brühwiler*, Die Freiheitsrechte der Kantonsverfassungen, S. 12; ausführlich dazu auch *His*, Geschichte des neuern Schweizerischen Staatsrechts, Bd. 3, S. 637 f.

[128] Vgl. dazu etwa § 10 KV Uri 1850 zur Meinungsfreiheit; §§ 5, 8 Abs. 2 u. 13 KV Waadt 1861 zum Hausrecht, zur Versammlungsfreiheit und zur Unterrichtsfreiheit; Art. 7 Abs. 1 KV Wallis v. 23.12.1852 zur Kunstfreiheit; *Brühwiler*, Die Freiheitsrechte der Kantonsverfassungen, S. 12; ausführlich zur Unterrichtsfreiheit *His*, Geschichte des neuern Schweizerischen Staatsrechts, Bd. 3, S. 620 f.; zur Bedeutung der kantonal gewährleisteten Unterrichtsfreiheit s. auch *Wahl*, AöR 112 (1987), 26, 35.

[129] *Bossard-Borner*, Im Spannungsfeld von Politik und Religion, Teilbd. 2, S. 528.

auf die Bürger des jeweiligen Kantons beschränkt war, sondern wenigstens in manchen Kantonen auf alle Schweizerbürger ausgedehnt wurde.[130] Freilich enthielt eine Vielzahl der kantonalen Verfassungen weiterhin eine Beschränkung der Gleichheit auf die staatsbürgerlichen Rechte bzw. auf die Bürger des eigenen Kantons,[131] was mit Art. 4 BV 1848 an sich unvereinbar war.[132] Bemerkenswert ist schließlich, dass auf kantonaler Ebene schon sehr früh soziale Grundrechte entstanden, etwa § 25 der Staatsverfassung des Kantons Aargau, der eine „zweckmässige Erziehung armer Kinder und eine angemessene Organisation des Auswanderungswesens" vorsah, ohne freilich ein einklagbares Recht zu enthalten.[133]

Insgesamt betrachtet vollzog sich die Entwicklung der grundrechtlichen Gewährleistungen zwar „von unten nach oben", d.h. von den Kantonsverfassungen hin zur Bundesverfassung, doch darf andererseits nicht übersehen werden, dass die kantonalen Verfassungen hinsichtlich der Niederlassungs-, Kultus- und Vereinsfreiheit wesentlich durch die Bundesverfassung von 1848 geprägt wurden.[134] So fühlten sich die Kantone vielfach gezwungen, den Vorgaben der Bundesverfassung zu folgen, was sich daran zeigt, dass sie in ihren grundrechtlichen Gewährleistungen auf die entsprechenden Gewährleistungen der Bundesverfassung verwiesen.[135] Dadurch sollte zum Ausdruck gebracht werden, dass die kantonalen Gewährleistungen mit den parallelen Garantien der Bundesverfassung von 1848 übereinstimmten, eine Technik, die freilich auch auf kantonale Gewährleistungen angewandt wurde, die schon vor Inkrafttreten der Bundesverfassung bestanden hatten.[136] Alles in allem fand damit jedenfalls hinsichtlich derjenigen Grundrechte, welche in der Bundesverfassung anerkannt waren, eine Angleichung der kantonalen Grundrechte an die Gewährleistungen der Bundesverfassung statt, wobei die kantonalen Verfassungen auch weiterhin eigenständige kantonale Grundrechtsgehalte aufwiesen.[137]

3. Rechtsnatur und rechtliche Wirkung der Grundrechtsgewährleistungen

Die Frage, ob Grundrechtsgewährleistungen subjektive Rechte zu Gunsten des Einzelnen enthielten, wurde, anders als im Deutschen Kaiserreich,[138] in der Schweiz in der Zeit zwischen 1848 und 1874 kaum thematisiert. Zwar wurde in

[130] Vgl. etwa § 11 KV Aargau 1852.
[131] Vgl. etwa § 2 Abs. 1 KV Waadt 1861; Art. 3 KV Wallis 1852.
[132] S. dazu *His*, Geschichte des neuern Schweizerischen Staatsrechts, Bd. 3, S. 503.
[133] Vgl. *Kägi-Diener*, Grundrechtsschutz durch die Kantone, in: Thürer/Aubert/Müller (Hrsg.), Verfassungsrecht der Schweiz, § 53 Rn. 8.
[134] *Brühwiler*, Die Freiheitsrechte der Kantonsverfassungen, S. 12.
[135] So etwa der Verweis in Art. 2 KV Freiburg 1848 auf die verfassungsmäßige Ordnung des Bundes; s. auch § 16 KV Waadt 1861; Art. 15 Abs. 2 KV Neuenburg 1848; § 9 KV Nidwalden 1850, der auf Art. 41 und 42 BV 1848 verweist; ähnlich § 5 KV Nidwalden 1850 im Hinblick auf Art. 44 BV 1848; vgl. auch *Brühwiler*, Die Freiheitsrechte der Kantonsverfassungen, S. 12.
[136] *Brühwiler*, Die Freiheitsrechte der Kantonsverfassungen, S. 12 f.
[137] Vgl. *Buser*, Kantonales Staatsrecht, § 30 Rn. 533.
[138] S. dazu oben, § 3 III.1.

späterer Zeit in der Literatur auf die Problematik durchaus hingewiesen,[139] doch ergaben sich aus der Unterscheidung zwischen subjektiven öffentlichen Rechten und bloß objektivem Recht mit Reflexwirkung letztlich keine Konsequenzen für die gerichtliche Durchsetzbarkeit von verfassungsmäßig gewährleisteten Grundrechten. Auch das Bundesgericht hat die Theorie der subjektiven Rechte nicht näher thematisiert; insbesondere hat es nach 1874 die Legitimation zur Erhebung einer staatsrechtlichen Beschwerde nicht von der Unterscheidung zwischen subjektivem Recht und objektivem Recht mit Reflexwirkung abhängig gemacht.[140] Dies spricht dafür, dass es auch im Zeitraum zwischen 1848 und 1874, in dem es keine staatsrechtliche Beschwerde gab und sich die Problematik vor dem Bundesgericht daher so nicht stellte, den subjektiv-öffentlichen Charakter der Grundrechte zumindest nicht negierte. Diese Vermutung wird untermauert durch den Umstand, dass das Bundesgericht im Fall *Dupré*, welcher ihm als einziger Fall nach Art. 105 BV 1848 von der Bundesversammlung zur Entscheidung übertragen worden war, dem durch die Verfassung zugesicherten Recht auf Gleichheit mit anderen Staatsangehörigen vor dem Gesetz ein subjektives Recht entnommen hat.[141] Daher ist anzunehmen, dass sowohl Freiheits- als auch Gleichheitsrechte in der Schweiz von der Literatur[142] und auch von den staatlichen Instanzen grundsätzlich als subjektive öffentliche Rechte verstanden wurden,[143] ein Befund, der durch die umfangreiche Rechtsprechungstätigkeit der politischen Behörden in Rekursangelegenheiten mit grundrechtlichem Bezug bestätigt wird.[144]

In Bezug auf die rechtlichen Wirkungen der Grundrechte lässt sich sagen, dass diese, anders als im Deutschen Kaiserreich, nicht auf das Erfordernis einer gesetzlichen Eingriffsgrundlage reduziert wurden, sondern ihnen vielmehr eine abwehrrechtliche Dimension beigemessen wurde. So hat der für den Rekurs im Falle der Verletzung verfassungsmäßiger Rechte durch kantonale Behörden zuständige Bundesrat in einem Rekursverfahren aus dem Jahr 1874, welches noch auf Grundlage der Bundesverfassung von 1848 durchgeführt wurde, entschieden,

---

[139] Vgl. die Übersicht bei *Bernheimer*, Der Begriff und die Subjekte der verfassungsmässigen Rechte nach der Praxis des Bundesgerichtes, S. 9 ff.; für eine spätere Untersuchung, in der Grundrechten der Charakter subjektiver Rechte abgesprochen wurde, s. *Huber*, ZSR 1936, 1a, 61a ff.; *Brenner*, Der Schutz der in den schweizerischen kantonalen Verfassungen enthaltenen Rechte durch die Bundesgewalt, S. 15 ff.; *Bernheimer*, Der Begriff und die Subjekte der verfassungsmässigen Rechte nach der Praxis des Bundesgerichtes, S. 89 ff.; *Nägeli*, Die Entwicklung der Bundesrechtspflege seit 1815, S. 104 f.

[140] BGE 22, 1008, 1011 f.; 32 I, 305, 308 f. E. 2; s. aber andererseits BGE 27 I, 490, 492 ff. E. 1, wo das Bundesgericht für die Erhebung eines staatsrechtlichen Rekurses das Vorliegen eines subjektiven öffentlichen Rechts verlangte und dementsprechend das Wesen der subjektiven öffentlichen Rechte diskutierte; vgl. auch *Huber*, ZSR 1936, 1a, 61a.

[141] BGer, Urt. v. 03.07.1852, abgedruckt in ZSR 1853, 41, 46; vgl. dazu auch *Silbernagel*, ZSR 1902, 85, 87 f.

[142] So etwa, wenngleich erst im Jahre 1930, *Bernheimer*, Der Begriff und die Subjekte der verfassungsmässigen Rechte nach der Praxis des Bundesgerichtes, S. 91; ähnlich auch *Nägeli*, Die Entwicklung der Bundesrechtspflege seit 1815, S. 104 f.

[143] S. auch *Kaiser*, Schweizerisches Staatsrecht, S. 106.

[144] Näher dazu unten, § 7 VI.

dass ein kantonales Pressegesetz nur dann gegen eine Zeitschrift angewendet werden dürfe, wenn es zuvor vom Bundesrat als mit dem Grundsatz der Pressefreiheit vereinbar erklärt und nicht ausdrücklich sanktioniert wurde und andernfalls eine Verletzung der in Art. 45 BV 1848 gewährleisteten Pressefreiheit vorliege, auf die sich der Beschwerdeführer berufen könne.[145] Noch deutlicher wird die abwehrrechtliche Dimension der Grundrechte im Falle der Entscheidung über eine Beschwerde gegen eine Stempelabgabe für Zeitungen, in der sich der Bundesrat inhaltlich mit der Reichweite der kantonal durch Art. 5 der Zürcher Kantonsverfassung und bundesrechtlich durch Art. 45 BV 1848 gewährleisteten Pressefreiheit auseinander setzte, was darauf schließen lässt, dass den grundrechtlichen Gewährleistungen ein spezifisch abwehrrechtlicher Charakter entnommen wurde.[146] Diese Annahme wird ferner bestätigt durch die Verlautbarung des Bundesrates an die gesetzgebenden Räte über eine die Pressefreiheit betreffende Petition des *Helvetia-Ausschusses* aus dem Jahr 1860, wonach sicher gestellt werden müsse, dass durch die kantonalen Bestimmungen über den Missbrauch der Presse nicht auch der rechtmäßige Gebrauch, welcher durch Art. 45 BV 1848 gewährleistet sei, verhindert oder zumindest in hohem Maße gefährdet werde.[147]

Ein weiteres Beispiel dafür, dass Grundrechte damals bereits als Abwehrrechte verstanden wurden, stellt der Beschluss des Bundesrates in einer Rekurssache aus dem Jahr 1861 dar, in der der Bundesrat Ausführungen zur Reichweite des Grundrechts der Vereinsfreiheit machte und es der kantonalen Polizeigesetzgebung untersagte, Bestimmungen zu treffen, welche die Vereinsfreiheit aushöhlen würden.[148] Ähnliche Erwägungen bezüglich der abwehrrechtlichen Dimension gelten hinsichtlich der in Art. 44 BV 1848 gewährleisteten Kultusfreiheit, in Bezug auf die der Bundesrat in einem Rekursverfahren gegen ein kantonales Verbot, welches bestimmten Geistlichen das Tragen des Ornats eines staatlich anerkannten katholischen Pfarrgeistlichen verboten hatte, eine Verletzung verneint hat.[149]

---

[145] Bundesratsbeschluss über den Rekurs der Herren Traversa und Degiorgi in Lugano, betreffend Verletzung der Pressfreiheit v. 02.09.1874, BBl 1874 III, 842, 850 f.

[146] Bundesrat, Beschluss über den Rekurs von Herrn Utzinger, betreffend Beschwerde v. 21.11.1862, BBl 1862 II, 251 f.; vgl. auch *Ullmer*, Die staatsrechtliche Praxis der schweizerischen Bundesbehörden aus den Jahren 1848–1863, Bd. 2, Nr. 837, S. 135 f.; zur abwehrrechtlichen Dimension der Pressefreiheit s. auch Beschluss des Bundesrates v. 18.10.1854, vgl. *Ullmer*, Die staatsrechtliche Praxis der schweizerischen Bundesbehörden aus den Jahren 1848–1860, Bd. 1, Nr. 180, S. 166 f.

[147] Bericht des Bundesrates an die gesetzgebenden Räte der Eidgenossenschaft über eine die Pressfreiheit betreffende Petition des Helvetia-Ausschusses v. 09.04.1860, BBl 1860 II, 427, 432 ff.; vgl. *Ullmer*, Die staatsrechtliche Praxis der schweizerischen Bundesbehörden aus den Jahren 1848–1860, Bd. 1, Nr. 189, S. 170 f.

[148] Beschluss des Bundesrates, BBl 1861 I, 352, 354 f.; vgl. *Ullmer*, Die staatsrechtliche Praxis der schweizerischen Bundesbehörden aus den Jahren 1848–1860, Bd. 1, Nr. 196, S. 189 ff.

[149] Bundesrat, Beschluss über den Rekurs der Herren Folletête und Consorten gegen die Verordnung des Regierungsrats des Kantons Bern vom 6. Dezember 1873, betreffend den Gottesdienst in den katholischen Gemeinden des neuen Kantonsteils v. 26.03.1874, BBl 1874 I, 504, 508 f.; für ein weiteres Beispiel für die abwehrrechtliche Dimension des Grundrechts s. Beschluss des Bundesrates, BBl 1856 I, 506, 506 f., vgl. *Ullmer*, Die staatsrechtliche Praxis der schweizerischen Bundesbehörden aus den Jahren 1848–1860, Bd. 1, Nr. 175, S. 159 f.

In den Beratungen über den Rekurs des schweizerischen Bischofs *Mermillod* gegen den vom Bundesrat gegen ihn getroffenen Ausweisungsbeschluss rekurriert die Minderheit der in der fraglichen Rechtssache eingerichteten nationalrätlichen Kommission ebenfalls u.a. auf Art. 44 BV 1848, um die Rechtswidrigkeit des Ausweisungsbeschlusses zu begründen.[150] Aus dem Minderheitsbericht ergibt sich ferner, dass auch der Niederlassungsfreiheit des Art. 41 BV 1848 sowie dem Recht auf den gesetzlichen Richter (Art. 53 BV 1848) abwehrrechtliche Gehalte entnommen wurden.[151] Insoweit besteht ein deutlicher Unterschied zur Staatsrechtslehre und Rechtsprechung des Kaiserreichs, wobei freilich zu bedenken ist, dass die Epoche nach 1848 noch stärker vom Geist des Liberalismus geprägt war als dies bei der Zeit nach 1871 der Fall war. Daneben existierten auch im schweizerischen Recht Gewährleistungen, denen trotz gegenteiligen Anscheins kein Individualrecht entnommen wurde, was etwa für die Pflicht des Staats zur Armenfürsorge galt.[152]

Für die Untersuchung der Wirkung der Grundrechte auf kantonaler Ebene ist mangels einer selbständigen kantonalen Verwaltungs- oder Verfassungsgerichtsbarkeit vorwiegend auf die Rechtsprechungstätigkeit der kantonalen Parlamente und Regierungen in Rekursangelegenheiten sowie auf die Urteile der kantonalen Zivilgerichte abzustellen. Für den diesbezüglich exemplarisch näher untersuchten Kanton Bern ergibt sich, dass kantonalen Grundrechten zwar eine abwehrrechtliche Dimension zuerkannt wurde, die jeweiligen Grundrechtsgewährleistungen jedoch meist zusammen mit den entsprechenden bundesverfassungsrechtlichen Gewährleistungen zitiert wurden, falls solche vorhanden waren, so dass den kantonalen Garantien keine eigenständige Bedeutung zukam. So zitierte der Regierungsrat des Kantons Bern in einem Beschluss betreffend die Ausweisung katholischer Geistlicher aus dem Jura aus dem Jahr 1874, welcher noch auf Grundlage der Bundesverfassung von 1848 ergangen war, die Kultusfreiheit des § 80 der bernischen Verfassung von 1846 erst nach Erwähnung der in Art. 44 BV 1848 gewährleisteten Kultusfreiheit,[153] wobei die grundrechtlichen Gewährleistungen in dem fraglichen Fall jedoch nicht zu Gunsten der von der Ausweisung betroffenen Geistlichen herangezogen werden, sondern im Zusammenhang mit weiteren Vorschriften als Grundlage für die Ausweisung und die damit bezweckte Aufrechterhaltung des religiösen Friedens dienen sollen. In seiner Rekursentscheidung in der fraglichen Rechtssache setzte sich der bernische Regierungsrat intensiv mit § 79 der bernischen Verfassung von 1846 ausein-

[150] Bericht der Minderheit der nationalrätlichen Kommission in Sachen der Ausweisung Mermillod v. 26.07.1873, abgedruckt in BBl 1873 III, 443, 448.

[151] Bericht der Minderheit der nationalrätlichen Kommission in Sachen der Ausweisung Mermillod v. 26.07.1873, abgedruckt in BBl 1873 III, 443, 448 f.

[152] *Brenner*, Der Schutz der in den schweizerischen kantonalen Verfassungen enthaltenen Rechte durch die Bundesgewalt, S. 19.

[153] Regierungsrat des Kantons Bern, Beschluss betreffend Massnahmen zur Aufrechterhaltung der öffentlichen Ordnung und des konfessionellen Friedens im Jura v. 30.01.1874, abgedruckt in: Kirchenpolitische Rekurse 1873–1875.

ander, woran deutlich wird, dass der kantonalen Niederlassungsfreiheit ein abwehrrechtlicher Charakter zukommen sollte.[154]

IV. Materiell-rechtliche Ansatzpunkte zur grundrechtsbezogenen Kollisions- und Konfliktvermeidung

Kollisionen zwischen Bundesgrundrechten und kantonalen Grundrechten wurden unter der Bundesverfassung von 1848 nicht nach dem Prinzip der Kompetenzabgrenzung zwischen Bund und Kantonen im Bereich des Verfassungsrechts, sondern vielmehr mit Hilfe der bundesverfassungsrechtlichen Kollisionsnorm des Art. 4 Abs. 2 der Übergangsbestimmungen der Bundesverfassung von 1848 aufgelöst, was nicht zuletzt damit begründet wurde, dass keine Verfassungsgerichtsbarkeit existierte, welche die Einhaltung der Kompetenzvorschriften hätte überwachen können.[155] Danach waren diejenigen Vorschriften der Kantonalverfassungen, welche mit der Bundesverfassung im Widerspruche standen, von dem Tage an, mit welchem diese Letztere als angenommen erklärt wurde, aufgehoben. Der Wortlaut der Vorschrift ist indes zweideutig, weshalb *Burckhardt* hinsichtlich der parallelen Vorschrift in der Bundesverfassung von 1874 davon ausging, die Norm regle lediglich den Zeitpunkt des Inkrafttretens der Bundesverfassung.[156] Richtig daran ist, dass die Norm nur auf solche kantonalen Verfassungsbestimmungen direkt anwendbar war, welche im Zeitpunkt des Inkrafttretens der Bundesverfassung bereits existierten, doch ist nach Sinn und Zweck der Vorschrift davon auszugehen, dass grundsätzlich auch der Bundesverfassung widersprechende kantonale Verfassungsnormen, welche erst nach Inkrafttreten der Bundesverfassung von 1848 geschaffen wurden, der Derogationswirkung unterfielen, Art. 4 Abs. 2 BV 1848 mithin eine echte Kollisionsnorm darstellte.[157] Die Derogation nachkonstitutioneller kantonaler Verfassungsnormen dürfte allerdings nur selten praktische Relevanz gehabt haben, da nach Art. 6 Abs. 1 BV 1848 die nach Inkrafttreten der Bundesverfassung entstandenen kantonalen Verfassungen vom Bund gewährleistet werden mussten und die Gewährleistung gemäß Art. 6 Abs. 2 lit. a) BV 1848 nur dann erteilt wurde, wenn die fragliche Kantonsverfassung der Bundesverfassung nicht widersprochen hat, so dass hinsichtlich nachkonstitutioneller Kantonsverfassungen Kollisionen mit der Bundesverfassung zumindest theoretisch sehr selten, wenn auch nicht ausge-

---

[154] Regierungsrat des Kantons Bern, Der Regierungsrat des Kantons Bern an den Schweizerischen Bundesrat, Rekursentscheid v. 16.02.1874, abgedruckt in: Kirchenpolitische Rekurse 1873–1875.

[155] Grundlegend dazu *Imboden*, Bundesrecht bricht kantonales Recht, S. 57 ff.

[156] *Burckhardt*, Kommentar der schweizerischen Bundesverfassung, Art. 2 der Übergangsbestimmungen, S. 825 f.

[157] So auch *Kaiser*, Schweizerisches Staatsrecht, S. 106; vgl. auch *Schollenberger*, Das Bundesstaatsrecht der Schweiz, S. 149 hinsichtlich der entsprechenden Übergangsbestimmung in der Bundesverfassung von 1874.

schlossen waren.[158] Unabhängig davon ist Art. 4 Abs. 2 der Übergangsbestimmungen zur Bundesverfassung von 1848 Ausdruck des allen Bundesstaaten eigenen Prinzips, wonach Bundesrecht dem Recht der Gliedstaaten vorgeht.[159] Dementsprechend hat das Bundesgericht nach 1874 die ähnlich lautende Vorschrift des Art. 2 der Übergangsbestimmungen zur Bundesverfassung von 1874 auch als Ausdruck des allgemeinen Grundsatzes, wonach eidgenössisches Recht kantonales Recht bricht, interpretiert.[160] Folgerichtig kam es bereits unter der Bundesverfassung von 1848 nicht nur dann zur Derogation von kantonalem Recht, wenn kantonales Verfassungsrecht der Bundesverfassung widersprach, sondern auch, wenn sonstiges kantonales Recht dem Bundesrecht widersprach.[161] Exemplarisch ablesen lässt sich dieser Grundsatz am Beispiel des Bundesgesetzes die gemischten Ehen betreffend, in dem kantonale Regelungen für aufgehoben erklärt wurden, welche die Eheschließung zwischen Brautleuten unterschiedlicher christlicher Konfessionen erschwerten.[162]

Kantonales (Verfassungs-)recht wurde vom Bundesrecht jedoch nur dann derogiert, wenn es mit Letzterem im Widerspruch stand. Art. 4 Abs. 2 der Übergangsbestimmungen zur Bundesverfassung von 1848 enthielt keine Aussage darüber, wann ein solcher Widerspruch vorliegen sollte, insbesondere, unter welchen Voraussetzungen ein Widerspruch zwischen Bundesgrundrechten und kantonalen Grundrechten angenommen werden konnte. Aus der Beschluss- und Gutachtertätigkeit des Bundesrats ergibt sich, dass ein nach Art. 4 Abs. 2 der Übergangsbestimmungen relevanter Widerspruch jedenfalls dann vorlag, wenn der Schutzgehalt der kantonalen Grundrechtsgarantie hinter der Grundrechtsgarantie der Bundesverfassung zurückblieb. Konkret hatte der Bundesrat darauf hingewiesen, dass Art. 78 der bernischen Verfassung von 1846 von Art. 46 BV 1848 derogiert würde, da Art. 78 der bernischen Verfassung nur die öffentlichen Vereine gewährleiste, während Art. 46 BV 1848 keine derartige Beschränkung enthalte.[163] Im Falle übereinstimmender Grundrechtsgarantien hingegen wurde die kantonale Grundrechtsgewährleistung nicht gebrochen, sondern neben der entsprechenden bundesrechtlichen Garantie herangezogen. So rekurrierte der Bundesrat in einer Beschwerdeentscheidung zur Gewerbefreiheit zunächst auf die bundesrechtliche Vorschrift des Art. 29 BV 1848, bevor er feststellte, dass die „nämliche Bestimmung […] auch in Art. 9 der Verfassung des Kantons Uri enthalten“ sei,[164]

[158] Vgl. dazu *Schollenberger*, Das Bundesstaatsrecht der Schweiz, S. 143 ff.; *Bickel*, Kantonales Verfassungsrecht in den Entscheidungen des schweizerischen Bundesgerichts, S. 9 f.

[159] Vgl. *Imboden*, Bundesrecht bricht kantonales Recht, S. 59.

[160] Vgl. dazu *Burckhardt*, Kommentar der schweizerischen Bundesverfassung, Art. 2 Übergangsbestimmungen, S. 826.

[161] *Schollenberger*, Das Bundesstaatsrecht der Schweiz, S. 149 zur entsprechenden Rechtslage unter der Bundesverfassung von 1874.

[162] Art. 8 des Bundesgesetzes die gemischten Ehen betreffend v. 3. Dezember 1850, AS II, S. 130 f.

[163] Bundesrat, Bericht und Gutachten v. 28.01.1854, BBl 1854 I, 485, 508.

[164] Bundesrat, Entscheidung v. 27.06.1851, widergegeben bei *Ullmer*, Die staatsrechtliche Praxis der schweizerischen Bundesbehörden aus den Jahren 1848–1863, Bd. 2, Nr. 1114, S. 461.

was darauf schließen lässt, dass im Fall der Übereinstimmung jedenfalls keine förmliche Derogation der kantonalen Vorschrift stattfinden sollte. Entsprechendes ergibt sich aus einer Entscheidung des Bundesrats aus dem Jahr 1861, in der der Bundesrat die bundesverfassungsrechtliche Pressefreiheit des Art. 45 BV 1848 ohne jegliche Begründung neben der parallelen Gewährleistung in Art. 5 der Zürcher Kantonsverfassung von 1831 zitierte.[165] Für die Fortgeltung gleichlautender kantonaler Grundrechte spricht schließlich der Bericht der nationalrätischen Minderheit in der Rechtssache *Mermillod*, die neben den bundesverfassungsrechtlichen Grundrechten die parallelen Grundrechtsgewährleistungen der Verfassung des Kantons Genf von 1847 anführte, ohne eine Derogation durch die Bundesverfassung anzunehmen.[166] Damit ist freilich nicht gesagt, dass im Falle gleichlautender Grundrechtsgewährleistungen auf kantonaler und auf Bundesebene ein Rekurs alleine auf die Verletzung der kantonalen Gewährleistung gestützt werden konnte. Wenngleich diese Problematik, soweit ersichtlich, praktisch nicht relevant wurde und letztlich keine Folgen in Bezug auf den Rechtsweg damit verbunden gewesen wären, spricht angesichts der bundesgerichtlichen Rechtsprechung zur Bundesverfassung von 1874 Vieles dafür, dass ein selbstständiger Rekurs beschränkt auf die Verletzung der kantonalen Garantie auch unter der Bundesverfassung von 1848 nicht statthaft gewesen wäre.[167]

Die nationalrätische Minderheit zog in ihrem Bericht in der Rechtssache *Mermillod* überdies Grundrechte wie die persönliche Freiheit und das Hausrecht heran, welche nur in der Genfer Kantonsverfassung, nicht aber in der Bundesverfassung von 1848 verbürgt waren.[168] Daran lässt sich ablesen, dass kantonale Grundrechte, welche in der Bundesverfassung keine Entsprechung fanden, von dieser nicht derogiert wurden. Dieses Ergebnis lässt sich im Übrigen bereits daraus ableiten, dass viele der nachkonstitutionellen kantonalen Verfassungen „Aliud"-Gewährleistungen wie etwa die Eigentums- oder die Meinungsfreiheit enthielten und diese Kantonsverfassungen dennoch nach Art. 6 BV 1848 vom Bund gewährleistet wurden. Im Erst-recht-Schluss folgt hieraus, dass auch kantonale Grundrechte, welche zwar eine Entsprechung in der Bundesverfassung fanden, jedoch über die bundesverfassungsrechtliche Gewährleistung hinaus gingen, nicht nach dem Grundsatz „Bundesrecht bricht kantonales Recht" derogiert wurden, solange sich aus der Bundesverfassung nicht ergab, dass die fragliche Materie in die-

---

[165] Bundesrat, Beschluss über den Rekurs von Herrn Utzinger, betreffend Beschwerde v. 21.11.1862, BBl 1862 II, 251 f.; vgl. auch *Ullmer*, Die staatsrechtliche Praxis der schweizerischen Bundesbehörden aus den Jahren 1848–1863, Bd. 2, Nr. 837, S. 135.

[166] Bericht der Minderheit der nationalrätlichen Kommission in Sachen der Ausweisung Mermillod v. 26.07.1873, abgedruckt in BBl 1873 III, 443, 449.

[167] BGE 11, 156, 158 E. 2; vgl. *Brenner*, Der Schutz der in den schweizerischen kantonalen Verfassungen enthaltenen Rechte durch die Bundesgewalt, S. 14 zur Rechtslage unter der Verfassung von 1874; ebenso *Bickel*, Kantonales Verfassungsrecht, S. 23; *Bernheimer*, Der Begriff und die Subjekte der verfassungsmässigen Rechte nach der Praxis des Bundesgerichtes, S. 53 f.

[168] Bericht der Minderheit der nationalrätlichen Kommission in Sachen der Ausweisung Mermillod v. 26.07.1873, abgedruckt in BBl 1873 III, 443, 449.

ser erschöpfend geordnet und dementsprechend der kantonalen Gesetzgebung vollständig entzogen sein sollte.[169] Praktisch bedeutsam wurde dies vor allem hinsichtlich der Handels- und Gewerbefreiheit, hinsichtlich der etwa die Kantone Freiburg,[170] Waadt[171] und Wallis[172] über die Vorgaben der Bundesverfassung hinaus gingen, indem sie die volle Handels- und Gewerbefreiheit gewährleisteten.[173] Ähnliches galt für die in Art. 7 der waadtländischen Verfassung von 1845 verbürgte Pressefreiheit, welche über die Vorgaben des Art. 45 BV 1848 hinaus ging, indem sie, anders als die Bundesverfassung, Präventiv-Maßregeln ausdrücklich untersagte.[174] Schließlich gingen auch im Bereich der Vereinigungsfreiheit einzelne Kantone dadurch weiter als die Bundesverfassung, dass sie etwa den Verbotsgrund der Staatsgefährlichkeit nicht in ihre Verfassungen aufnahmen.[175] Kollisionen mit sonstigem Bundesrecht, insbesondere in mehrpoligen Grundrechtsverhältnissen, wurden in dieser Zeit, soweit ersichtlich, hingegen noch nicht diskutiert.

Hinsichtlich der Rechtsfolge von Art. 4 Abs. 2 der Übergangsbestimmungen zur Bundesverfassung von 1848 bzw. des allgemeinen Grundsatzes, wonach Bundesrecht kantonales Recht bricht, ergibt sich, dass unter der Bundesverfassung von 1848 widersprechendes kantonales Recht als aufgehoben galt, so dass es nicht automatisch wieder in Kraft trat, wenn das entgegen stehende Bundesrecht wegfiel, sondern es allenfalls neu erlassen werden konnte.[176] Insoweit besteht kein Unterschied zur Rechtslage nach der Bismarckschen Reichsverfassung, der Weimarer Reichsverfassung und auch des Grundgesetzes, wo ebenfalls von der Nichtigkeit der derogierten landesrechtlichen Norm ausgegangen wird.[177]

---

[169] *Kaiser*, Schweizerisches Staatsrecht, S. 106; vgl. BGE 7, 502, 512 E. 2; 5, 334, 335, E. 1 u. 2. zur insoweit parallelen Rechtslage unter der Bundesverfassung von 1874; s. dazu auch *Brenner*, Der Schutz der in den schweizerischen kantonalen Verfassungen enthaltenen Rechte durch die Bundesgewalt, S. 13.

[170] Art. 11 KV Freiburg 1857.

[171] § 16 KV Waadt 1861.

[172] Art. 7 KV Wallis 1852.

[173] *Brühwiler*, Die Freiheitsrechte der Kantonsverfassungen, S. 11.

[174] Art. 7 KV Waadt 1845; s. dazu auch Bericht und Antrag der Minderheit der Petitionskommission des Ständerates über die Beschwerde des Eugen Jaccard in Lausanne, Redaktor und Herausgeber des Progrès, Journal der allgemeinen ud gesellschaftlichen Revolution, betreffend Pressefreiheit v. 20.07.1860, BBl 1860 III, 139, 141; s. demgegenüber § 7 KV Waadt 1861, der Präventiv-Maßnahmen im Bereich der Pressefreiheit ausdrücklich erlaubte.

[175] S. dazu etwa Art. 11 KV Neuenburg 1858; ausführlich dazu *Kaiser*, Schweizerisches Staatsrecht, S. 232 f.

[176] So zu Art. 2 der Übergangsbestimmungen zur Verfassung von 1874 *Burckhardt*, Kommentar der schweizerischen Bundesverfassung, Art. 2 der Übergangsbestimmungen, S. 826, wobei davon auszugehen ist, dass dieser Grundsatz auch schon unter der Bundesverfassung von 1848 gegolten hatte.

[177] S. dazu oben, § 3 II.3. b); § 4 IV.3.; § 6 III.2. g).

V. Grundrechtsbindung

Nach der Bundesverfassung von 1848 entfalteten die Grundrechte Bindungswirkung sowohl gegenüber der Exekutive und der Judikative als auch gegenüber dem Gesetzgeber. Während die Grundrechtsbindung von Exekutive und Judikative auch im Deutschen Kaiserreich anerkannt war, ergibt sich hinsichtlich der Grundrechtsbindung der Legislative ein deutlicher Unterschied dahin gehend, dass diese in der Schweiz bereits in der Epoche ab 1848 angenommen wurde. So überprüfte der Bundesrat eine Vorschrift des Pressegesetzes des Kantons Zürich aus dem Jahr 1857 auf seine Vereinbarkeit mit Art. 45 BV 1848 sowie der kantonalen Garantie der Pressefreiheit,[178] was darauf hindeutet, dass der kantonale Gesetzgeber nicht nur an die Pressefreiheit der Bundesverfassung gebunden war, was nach dem Prinzip des Vorrangs des Bundesrechts ohnehin als Selbstverständlichkeit zu betrachten ist,[179] sondern darüber hinaus auch die durch die Kantonsverfassung gewährleistete Pressefreiheit zu beachten hatte. Entsprechendes lässt sich aus einer Entscheidung des Bundesrates hinsichtlich eines Urner Gesetzes aus dem Jahr 1851 ablesen, in der der Bundesrat eine Verletzung der bundesverfassungsrechtlich durch Art. 29 BV 1848 garantierten, beschränkten Handels- und Gewerbefreiheit ebenso verneinte wie eine Verletzung der mit der Garantie in der Bundesverfassung übereinstimmenden Gewährleistung der Kantonsverfassung des Kantons Uri.[180] Auch hinsichtlich des allgemeinen Gleichheitssatzes vertraten die Bundesbehörden eine Bindung des kantonalen Gesetzgebers, was allerdings wiederum schon mit dem Grundsatz des Vorrangs des Bundesrechts vor dem kantonalen Recht zu erklären ist.[181] So wurde etwa eine Gesetzesbestimmung aus dem Kanton Freiburg für zulässig erklärt, wonach in vorwiegend katholischen Gegenden jedermann an katholischen Feiertagen, in vorwiegend protestantischen Gegenden jedermann an protestantischen Feiertagen Arbeit, welche den Kirchenkultus störe, zu unterlassen habe.[182]

In Bezug auf den Bundesgesetzgeber lässt sich ein entsprechender Nachweis einer Bindung an die verfassungsmäßigen Rechte der Bundesverfassung von 1848 mangels Existenz einer richterlichen Kontrollinstanz gegenüber dem Bundesge-

---

[178] Bundesrat, Beschluss über den Rekurs von Herrn Utzinger, betreffend Beschwerde v. 21.11.1862, BBl 1862 II, 251 f.; vgl. auch *Ullmer*, Die staatsrechtliche Praxis der schweizerischen Bundesbehörden aus den Jahren 1848–1863, Bd. 2, Nr. 837, S. 135 f.

[179] S. dazu oben, § 7 IV.

[180] Bundesrat, Beschluss v. 27.06.1851, vgl. *Ullmer*, Die staatsrechtliche Praxis der schweizerischen Bundesbehörden aus den Jahren 1848–1863, Bd. 2, Nr. 1114, S. 461.

[181] Vgl. dazu *Affolter*, Die individuellen Rechte nach der bundesgerichtlichen Praxis, S. 83 Fn. 2, allerdings zur Bundesverfassung von 1874, wobei sich insoweit gegenüber der Bundesverfassung von 1848 kein Unterschied ergibt.

[182] Bericht der ständerätlichen Kommission über die Beschwerde aus dem Kanton Freiburg, betreffend das dortige Gesetz über die Heiligung der Sonn- und Festtage v. 21.07.1861, BBl 1861 II, 782; Zweiter Bericht der nationalrätlichen Kommission über die Beschwerde mehrerer Ansetzen und Gutsbesitzer aus dem Sense- und Saanenbezirke des Kantons Freiburg, betreffend das dortige Gesetz über die Heiligung der Sonn- und Feiertage v. 11.01.1862, BBl 1862 I, 377; vgl. *Silbernagel*, ZSR 1902, 85, 113.

setzgeber nur schwer führen,[183] doch ist davon auszugehen, dass nach wohl herrschender Meinung in der schweizerischen Staatsrechtslehre und -praxis auch der Gesetzgeber selbst grundsätzlich an die Grundrechte der Bundesverfassung gebunden war. *Silbernagel* nahm dementsprechend im Jahr 1902 an, dass die Vorschrift der Gleichheit vor dem Gesetz nicht bloß eine Gleichheit vor dem Gericht und den Verwaltungsbehörden implizierte, sondern sich trotz des entgegen stehenden Wortlauts vielmehr auch an den Gesetzgeber richtete,[184] ohne auf eine etwaige anderslautende herrschende Rechtsüberzeugung in früherer Zeit einzugehen. Dabei darf allerdings nicht übersehen werden, dass etwa *Bluntschli* im Hinblick auf Art. 4 BV 1848, wonach alle Schweizer vor dem Gesetz gleich waren, noch davon ausgegangen war, dass sich der allgemeine Gleichheitssatz nur an den Richter wende.[185] Trotz dieser Unklarheiten um die Reichweite der Bindungswirkung des allgemeinen Gleichheitssatzes darf man jedoch annehmen, dass eine grundsätzliche Bindung des Gesetzgebers an die Freiheits- und Gleichheitsgrundrechte der Bundesverfassung von Rechtspraxis und Lehre nicht ernsthaft bestritten wurde, der Gesetzgeber sich jedoch mangels richterlicher Kontrollmöglichkeit gegenüber formellen Bundesgesetzen, ebenso wie nach geltendem Recht,[186] über die Verfassungsbindung hinweg setzen konnte.[187]

Hinsichtlich der Unterscheidung zwischen der Bindung an Bundesgrundrechte und kantonale Grundrechte lässt sich sagen, dass kantonale Behörden sowohl an die Grundrechte des jeweiligen Kantons als auch an die Grundrechte der Bundesverfassung gebunden waren. Einen ersten Hinweis auf die Bindung an die Bundesverfassung und deren Reichweite bezüglich der Religionsfreiheit bietet eine Entscheidung des Regierungsrates von St. Gallen aus dem Jahr 1852, in der die Übertragung von Töchterinstituten an auswärtige Orden oder an Filialverzweigungen derselben unter Berufung auf Art. 58 BV 1848 für unzulässig erklärt wurde.[188] Bundesbehörden hingegen waren grundsätzlich nur an Bundesgrundrechte, nicht aber an kantonale Grundrechte gebunden. Dies ergibt sich exemplarisch aus dem Bericht der Minderheit der nationalrätlichen Kommission in der Rechtssache *Mermillod*, in dem die Bindung der Regierung von Genf an die kan-

---

[183] *Curti* nimmt angesichts der Tatsache, dass dem Bundesgericht eine Entscheidung über die Verletzung verfassungsmäßiger Rechte durch den Gesetzgeber wegen Art. 113 BV 1874 (bzw. heute Art. 190 Abs. 1 BV) untersagt ist, an, dass eine formelle Verletzung der Bundesverfassung durch den eidgenössischen Gesetzgeber und damit auch ein Verstoß des Bundesgesetzgebers gegen den allgemeinen Gleichheitssatz gesetzlich ausgeschlossen sei, vgl. *Curti*, Das Princip der Gleichheit vor dem Gesetze, S. 51 f.

[184] *Silbernagel*, ZSR 1902, 85, 97; so auch *Affolter*, Die individuellen Rechte nach der bundesgerichtlichen Praxis, S. 83 Fn. 2, der ebenfalls auf Art. 113 BV 1874 verweist.

[185] *Bluntschli*, Allgemeines Staatsrecht, Bd. 2, S. 527 f.

[186] Näher dazu unten, § 9 V.1. a).

[187] Zum insoweit parallel liegenden Problem unter der Bundesverfassung von 1874 speziell zur Rechtsgleichheit s. *Meyer*, Das Prinzip der Rechtsgleichheit in historischer und dogmatischer Betrachtung, S. 85.

[188] Vgl. Regierungsrat St. Gallen, Amtsbericht über das Jahr 1852, 48, abgedruckt bei Müller (Hrsg.), St. Gallisches Verwaltungs-Recht, Nr. 493, S. 138.

tonalen Grundrechte angemahnt wird, während in Bezug auf den Bundesratsbeschluss einzig die Grundrechte der Bundesverfassung von 1848 heran gezogen werden.[189]

VI. Prozessuale Mechanismen zur Gewährleistung des Grundrechtsschutzes

1. Bundesebene

Unter der Schweizer Bundesverfassung von 1848 existierte auf Bundesebene kein eigenständiges Verfassungsgericht. Ebensowenig bestand ein ständiges Bundesgericht, sondern das Bundesgericht, welches nur mit sehr beschränkten Zuständigkeiten ausgestattet war, hatte keinen festen Sitz und trat ausschließlich im Bedarfsfall zusammen.[190] Nach Art. 105 BV 1848 war die Zuständigkeit des Bundesgerichts gegeben, wenn die Bundesversammlung im Falle einer Klage bezüglich der Verletzung von durch die Bundesverfassung garantierten Rechten den Rechtsstreit an das Bundesgericht verwies. Letzteres geschah zwischen 1848 und 1874 allerdings nur ein einziges Mal, nämlich im Fall *Dupré* aus dem Jahr 1852.[191] In den übrigen Rekursfällen, welche Beschwerden gegen Entscheide kantonaler Instanzen wegen Verletzung individueller verfassungsmäßiger Rechte zum Gegenstand hatten, waren erstinstanzlich der Bundesrat und zweitinstanzlich die Bundesversammlung zuständig. Grund für die Übertragung der Zuständigkeit zur Entscheidung staatsrechtlicher Angelegenheiten auf die politischen Behörden war, dass nach dem damals in der Schweiz vorherrschenden Verständnis in erster Linie das demokratisch gewählte Parlament dazu berufen sei, die individuellen Rechte der Bürger zu schützen.[192] Dementsprechend gab es auf Bundesebene auch kein Verwaltungsgericht, zumal der Bund in diesem Bereich ohnehin nur über sehr begrenzte Zuständigkeiten verfügte, ein Schutzbedürfnis gegenüber der Bundesgewalt mithin nicht bestand,[193] was sich auch daran zeigt, dass sich zwischen 1848 und 1874 Rekurse fast ausschließlich gegen kantonale Akte richteten.[194] Darüber hinaus musste die Autonomie der Kantone im Justizbereich re-

---

[189] Bericht der Minderheit der nationalrätlichen Kommission in Sachen der Ausweisung Mermillod v. 26.07.1873, abgedruckt in BBl 1873 III, 443, 449.

[190] Vgl. das Bundesgesetz über die Organisation der Bundesrechtspflege v. 05.06.1849, AS I, S. 65; vgl. *Kölz*, Neuere Schweizerische Verfassungsgeschichte: Ihre Grundlinien in Bund und Kantonen seit 1848, S. 488.

[191] BGer, Urt. v. 02.07.1852, abgedruckt in: ZSR 1853, 41 ff.; vgl. *Ullmer*, Die staatsrechtliche Praxis der schweizerischen Bundesbehörden aus den Jahren 1848–1860, Bd. 1, Nr. 375, S. 367 ff.

[192] *Kölz*, Neuere Schweizerische Verfassungsgeschichte: Ihre Grundlinien in Bund und Kantonen seit 1848, S. 488 f.

[193] *Giacometti*, Die Verfassungsgerichtsbarkeit des Schweizerischen Bundesgerichtes, S. 34.

[194] *Giacometti*, Die Verfassungsgerichtsbarkeit des Schweizerischen Bundesgerichtes, S. 43; vgl. *Ullmer*, Die staatsrechtliche Praxis der schweizerischen Bundesbehörden aus den Jahren 1848–1860, Bd. 1 u. *ders.*, Die staatsrechtliche Praxis der schweizerischen Bundesbehörden aus den Jahren 1848–1863, Bd. 2.

spektiert werden.[195] Immerhin übernahm das Bundesgericht jenseits der Zuweisung nach Art. 105 BV 1848 auf Grund seiner in Art. 101 und 102 BV 1848 verankerten Zuständigkeit als Zivilgericht im Bereich des Eherechts die Rolle einer gerichtlichen Kontrollinstanz des Bundes gegenüber den Kantonen, nachdem das Nachtragsgesetz betreffend die gemischten Ehen[196] aus dem Jahr 1862 die Zuständigkeit des Bundesgerichts vorsah, sofern die Klage auf Scheidung einer gemischt-konfessionellen Ehe in einem Kanton nicht vor dem bürgerlichen Richter verhandelt werden konnte,[197] wodurch letztlich der Schutz sowohl der Glaubensfreiheit als auch der verfassungsrechtlich in dieser Zeit nicht verbürgten Ehefreiheit dem Bundesgericht übertragen wurde. Schließlich ist zu erwähnen, dass unter der Bundesverfassung von 1848 auf Bundesebene, ebenso wie auf kantonaler Ebene, keine abstrakte Normenkontrolle gegen formelle Gesetze möglich war, was schon damit zu begründen ist, dass nach dem bis heute gültigen Verständnis der schweizerischen Staatsrechtslehre und Staatspraxis zumindest der Bundesgesetzgeber keiner richterlichen Kontrolle dergestalt unterworfen sein soll, dass diese die Entscheidungen des Gesetzgebers gegebenenfalls auch korrigieren kann.[198] Eine Überprüfung von Verordnungen des Bundesrates und einfacher Bundesbeschlüsse auf Grundrechtsverletzungen durch das Bundesgericht wäre demnach grundsätzlich möglich gewesen, doch konnte das Bundesgericht nach Art. 105 BV 1848 über die Verletzung verfassungsmäßiger Rechte nur dann entscheiden, wenn eine Zuweisung durch die Bundesversammlung erfolgt ist, was praktisch freilich nur ein einziges Mal relevant wurde. Die politischen Bundesbehörden hingegen hatten im Rahmen eines konkreten Rekursverfahrens die Kompetenz zur Überprüfung kantonaler Gesetze und anderer kantonaler Rechtsvorschriften mit Bundesgrundrechten bzw. kantonalen Grundrechten, so dass insoweit eine inzidente Normenkontrolle möglich war.[199]

In Bezug auf die Rechtsprechung der politischen Bundesbehörden lässt sich konstatieren, dass die meisten Beschwerden die in Art. 41 BV 1848 garantierte Niederlassungs- und Gewerbefreiheit betrafen.[200] Die Entscheide der politischen Bundesbehörden über den Schutz der verfassungsmäßigen Rechte dienten vielfach als Fundament für die spätere Entwicklung der Rechtsprechung des Bundesgerichts.[201] Bei der Analyse der grundrechtlich relevanten Entscheide der politischen Bundesbehörden, insbesondere des Bundesrates, fällt auf, dass neben der in

---

[195] Vgl. *Kägi*, ZSR 1952 I, 173, 186.

[196] Nachtragsgesetz, betreffend die gemischten Ehen v. 03.02.1862, AS IV, S. 126 f.

[197] Ausführlich dazu *Seferovic*, Das Schweizerische Bundesgericht 1848–1874, S. 181 ff.

[198] Ausführlich dazu unten, § 8 III.5. a).

[199] Vgl. nur Bundesrat, Beschluss über den Rekurs von Herrn Utzinger, betreffend Beschwerde v. 21.11.1862, BBl 1862 II, 251 f. gegen das Gesetz des Kantons Zürich betreffend die Stempelabgabe vom 02.07.1857; *Brenner*, Der Schutz der in den schweizerischen kantonalen Verfassungen enthaltenen Rechte durch die Bundesgewalt, S. 39.

[200] *Kölz*, Neuere Schweizerische Verfassungsgeschichte: Ihre Grundlinien in Bund und Kantonen seit 1848, S. 802.

[201] *Kölz*, Neuere Schweizerische Verfassungsgeschichte: Ihre Grundlinien in Bund und Kantonen seit 1848, S. 489 u. 802.

Rede stehenden bundesverfassungsrechtlichen Garantie häufig auch die parallele kantonale Vorschrift zitiert wurde, ohne dass das Verhältnis der fraglichen Vorschriften zueinander näher thematisiert worden wäre.[202] Eine Ausnahme insoweit bildet der Beschluss des Bundesrats in der Rechtssache *Ryniker*, in der der Beschwerdeführer neben der Verletzung von Art. 45 BV 1848 auch eine Verletzung der in § 10 der Urner Verfassung von 1850 garantierten Meinungsäußerungsfreiheit geltend machte.[203] Der Bundesrat beschränkte sich in seiner Entscheidung auf eine Erörterung der Reichweite von Art. 45 BV 1848, ohne auf die Grundrechtsgewährleistung der Urner Kantonsverfassung einzugehen.[204]

Darüber hinaus sah sich der Bundesrat zur Überprüfung der Beachtung der kantonalen Grundrechte befugt, wenngleich er darauf verwies, dass er eine Verletzung kantonaler Grundrechtsgewährleistungen nur dann feststellen könne, wenn die vorangehenden kantonalen Instanzen eine derartige Verletzung angenommen hätten[205] und eine Intervention des Bundesrats nur dann in Betracht käme, wenn in der Auslegung der Kantonsverfassung durch die obersten kantonalen Behörden „Unbill, Gefährde oder Unterdrückung" läge.[206] Dem entspricht es, dass der Bundesrat über Rekursbeschwerden oft nur dann entschieden hat, wenn der Rekurrent den von dem kantonalen Recht vorgesehenen Instanzenzug ohne Erfolg durchschritten hatte, was insbesondere in Bezug auf Beschwerden in Angelegenheiten der gemischt-konfessionellen Ehen sowie hinsichtlich der alleine auf kantonaler Ebene gewährleisteten Grundrechte galt.[207] Die Überprüfung der Einhaltung auch der in den Kantonsverfassungen garantierten Grundrechte durch die politischen Bundesbehörden lässt sich damit erklären, dass nach Art. 5 BV 1848 der Bund die verfassungsmäßigen Rechte des Bürgers gewährleistete, was sich sowohl auf die durch die Bundesverfassung von 1848 als auch durch die

---

[202] So etwa in Bundesrat, Beschluss über den Rekurs von Herrn Utzinger, betreffend Beschwerde v. 21.11.1862, BBl 1862 II, 251 f.; s. auch oben, § 7 IV.

[203] Bundesrat, Beschluss in Sachen des J.J. Ryniker, Buchdrucker, von Schinznach, dato in Bern, betreffend dessen Bestrafung in Uri, und Entschädigungsbegehren v. 28.02.1866, BBl 1866 II, 393, 394.

[204] Bundesrat, Beschluss in Sachen des J.J. Ryniker, Buchdrucker, von Schinznach, dato in Bern, betreffend dessen Bestrafung in Uri, und Entschädigungsbegehren v. 28.02.1866, BBl 1866 II, 393, 396.

[205] Bundesrat, Beschluss über den Rekurs der Herren Folletête und Consorten gegen die Verordnung des Regierungsrats des Kantons Bern vom 6. Dezember 1873, betreffend den Gottesdienst in den katholischen Gemeinden des neuen Kantonsteils v. 26.03.1874, BBl 1874 I, 504, 515 f.; Bundesrat, Bericht in der Rekurssache des Vorstandes des Vereins freisinniger Katholiken in Luzern gegen den Beschluss der Regierung des Kantons Luzern vom 4. November 1872, betreffend Verletzung konfessioneller Rechte v. 04.07.1873, BBl 1873 II, 1119, 1129.

[206] Bundesrat, Beschluss betreffend den Rekurs von jurassischen Großräten in Sachen der Lehrschwestern v. 27.05.1868, BBl 1868 II, 802, 807; allgemein zur Rekurspraxis der politischen Bundesbehörden s. *Vogt*, Die Überprüfungsbefugnis des Bundesgerichtes bei der Auslegung des kantonalen Verfassungsrechts, S. 23 ff.

[207] Exemplarisch dazu Bundesrat, Bericht, BBl 1851 II, 496, 500; vgl. *Kaiser*, Schweizerisches Staatsrecht, S. 259 u. 265 f.; *Blumer*, Handbuch des Schweizerischen Bundesstaatsrechtes, Bd. 1, S. 323; *Ullmer*, Die staatsrechtliche Praxis der schweizerischen Bundesbehörden aus den Jahren 1848–1863, Bd. 2, Nr. 1124, S. 477.

Kantonsverfassungen verliehenen Rechte bezog.[208] Allerdings wurde es den politischen Bundesbehörden auf diese Weise ermöglicht, Einfluss auf die Auslegung der kantonalen Grundrechte zu nehmen,[209] wenngleich die Bundesbehörden ihre Auslegung der kantonalen Grundrechte im konkreten Fall regelmäßig von der Entscheidung der zuständigen kantonalen Instanzen abhängig machten und diesen damit eine Art Auslegungsprimat bezüglich ihrer eigenen Verfassungen einräumten.[210] Diese Zurückhaltung ändert jedoch nichts daran, dass die politischen Bundesbehörden über die Reichweite des Schutzgehaltes einer kantonalen Grundrechtsgarantie mitbestimmen und diese unter Umständen an die parallele bundesrechtliche Garantie angleichen konnten, falls eine solche vorhanden war.[211] Hinsichtlich des Prüfungsmaßstabes besteht somit ein großer Unterschied nicht nur zum Rechtsschutzsystem des Grundgesetzes, sondern auch zu dem der Bismarckschen Reichsverfassung und der Weimarer Reichsverfassung, wo Bundesgerichte ausschließlich über die Einhaltung der Bundesgrundrechte, nicht aber auch der Landesgrundrechte wachten bzw. wachen.

Hinzu kommt, dass in einem Rekursverfahren der Bericht der Kommission des Ständerates, welcher die Grundlage für die spätere Entscheidung der Bundesversammlung bildete, explizit hervorgehoben hatte, dass der Beschwerdeführer im konkreten Fall sich nicht auf kantonale Grundrechte der luzernischen Verfassung berufen habe.[212] Daraus kann man schließen, dass die Einhaltung kantonaler Grundrechte von den Bundesbehörden nur bzw. in erster Linie dann geprüft wurde, wenn der Beschwerdeführer im konkreten Fall sich darauf berufen hatte, wobei in dem fraglichen Fall die Bundesversammlung die Verletzung kantonaler Grundrechte trotz der fehlenden Berufung des Beschwerdeführers darauf zumindest angeprüft, sie letztlich aber verneint hat.[213] Daraus lässt sich ein Rügeprinzip

---

[208] Vgl. *Blumer*, Handbuch des Schweizerischen Bundesstaatsrechtes, Bd. 1, S. 310; *Burckhardt*, Kommentar der schweizerischen Bundesverfassung, Art. 5, S. 95 in Bezug auf die inhaltsgleiche Vorschrift der Bundesverfassung von 1874; *Brenner*, Der Schutz der in den schweizerischen kantonalen Verfassungen enthaltenen Rechte durch die Bundesgewalt, S. 20.

[209] So deutlich in Bundesrat, Beschluss betreffend den Rekurs von jurassischen Großräten in Sachen der Lehrschwestern v. 27.05.1868, BBl 1868 II, 802, 807 f.; zur insoweit parallelen Situation unter der Bundesverfassung von 1874 *Brenner*, Der Schutz der in den schweizerischen kantonalen Verfassungen enthaltenen Rechte durch die Bundesgewalt, S. 50; vgl. auch BGE 8, 68, 71 f. E. 1.

[210] Vgl. dazu auch BGE 7, 316, 319; 12, 88, 92 E. 1 zur Bundesverfassung von 1874; s. *Burckhardt*, Kommentar der schweizerischen Bundesverfassung, Art. 113, S. 802; vgl. auch *Leuthold*, Die Prüfungsdichte des Bundesgerichts im Verfahren der staatsrechtlichen Beschwerde wegen Verletzung verfassungsmässiger Rechte, S. 129 f.; *Vogt*, Die Überprüfungsbefugnis des Bundesgerichtes bei der Auslegung des kantonalen Verfassungsrechts, S. 25.

[211] Zu dieser Tendenz bezüglich Art. 44 BV 1848 bzw. § 80 KV Bern 1846 s. Bundesrat, Beschluss in Sachen des Rekurses von jurassischen Großräten, betreffend die katholischen Feiertage v. 04.05.1868, BBl 1868 II, 793, 801.

[212] Bericht der ständerätlichen Kommission, BBl 1862 I, 170, 173; s. auch Bundesversammlung, Beschluss in der Rechtssache Konrad Kneubühler, BBl 1862 II, 252, 253 f.; s. dazu auch *Boesch*, Zur Geschichte der politischen Presse im Kanton Luzern von 1848–1914, S. 22.

[213] Bundesversammlung, Beschluss in der Rechtssache Konrad Kneubühler, BBl 1862 II, 252, 253 f.

dahin gehend ableiten, dass kantonale Grundrechte in einem gerichtlichen bzw. verwaltungsrechtlichen Verfahren nur dann Bedeutung erlangen konnten, wenn sich der Beschwerdeführer darauf berufen hat, was angesichts der Anwendbarkeit der bundesverfassungsrechtlichen Grundrechtsgarantien auch vor den kantonalen Behörden zumindest nicht zwingend erforderlich war. Raum für die Heranziehung kantonaler Grundrechte verblieb daher vor allem dort, wo eine entsprechende Garantie auf Bundesebene fehlte, wie etwa hinsichtlich des Schutzes der individuellen Glaubensfreiheit, der Eigentums- oder Lehrfreiheit bzw. des Hausrechts, wobei im Bereich der Lehrfreiheit angesichts der Thematik der zu entscheidenden Fälle häufig auf die bundesrechtlich gewährleistete Kultusfreiheit zurückgegriffen wurde.[214] Hinsichtlich der rein kantonalen Grundrechtsgarantien hatte sich der Ständerat beispielsweise in dem Rekurs des evangelischen Schulrates der Stadt St. Gallen gegen eine steuerrechtliche Vorschrift des Kantons St. Gallen alleine mit dem Inhalt und der Reichweite der durch die Kantonsverfassung gewährleisteten Eigentumsfreiheit auseinander zu setzen,[215] nachdem es an einer entsprechenden Gewährleistung auf Bundesebene fehlte. In einem anderen Fall waren Bundesrat und Ständerat mit einem Rekurs des Armen- und Waisenrates der Stadt Luzern betreffend die Verwaltung des Ursulinenfonds befasst, in dem ebenfalls alleine auf die kantonale Grundrechtsgarantie des Art. 10 der Luzerner Verfassung von 1863 abstellt wurde, nachdem die Bundesverfassung von 1848 die Eigentumsfreiheit nicht gewährleistete.[216] In der Rekurssache der jurassischen Großräte in Sachen der Lehrschwestern stellte der Bundesrat schließlich in Bezug auf die Lehrfreiheit mangels einschlägiger Grundrechtsgarantie auf Bundesebene alleine auf die in der bernischen Verfassung von 1846 gewährleistete Lehrfreiheit ab, wobei er eine autonome Auslegung von §§ 81, 82 der bernischen Verfassung vornahm und so den Inhalt der kantonalen Grundrechtsgarantie mit bestimmte.[217]

---

[214] So etwa Bundesrat, Beschluss in Sachen des Rekurses des Herrn Advokat Gendre u.a. in Freiburg, betreffend Verfassungsverletzung durch das Schulgesetz des Kantons Freiburg vom Jahr 1870 v. 28.04.1871, BBl 1871 III, 391, in dem der Bundesrat die von den Beschwerdeführern geltend gemachte Verletzung der in Art. 17 der freiburgischen Verfassung garantierten Lehrfreiheit gar nicht erst thematisierte; zur Bedeutung der kantonalen Gewährleistungen in diesen Bereichen auch *Kaiser*, Schweizerisches Staatsrecht, S. 106.

[215] Vgl. Bericht des Herrn Ständerat Häberlin über den Rekurs des evangelischen Schulrates der Stadt St. Gallen v. 20.07.1858, BBl 1858 II, 499, 506.

[216] Vgl. den Bericht der ständerätlichen Kommission über den Rekurs des Armen- und Waisenrates der Stadt Luzern, betreffend die Verwaltung des Ursulinenfonds v. 10.07.1863, BBl 1863 III, 172, 174 f.

[217] Bundesrat, Beschluss betreffend den Rekurs von jurassischen Großräten in Sachen der Lehrschwestern v. 27.05.1868, BBl 1868 II, 802, 807 f.; ähnlich auch der Bundesrat in der Rechtssache betreffend die Genehmigung des bernischen Pressegesetzes, wo alleine § 63 KV Bern 1846 (Einsatz von Geschworenengerichten) als durch das Pressegesetz verletzt angesehen wird, vgl. Bundesrat, Bericht, BBl 1853 II, 606, 616; anders freilich die ständerätliche Kommission, Bericht der ständerätlichen Kommission über das bernische Pressegesetz v. 24.06.1853, BBl 1853 III, 357 ff., wo § 74 KV Bern (Recht auf den gesetzlichen Richter) neben Art. 45 BV 1848 nur eine geringe Rolle spielt.

Andererseits ist zu bedenken, dass derartige Grundrechtsgewährleistungen in den damals von den politischen Kantonsbehörden zu entscheidenden Fällen oft keine Rolle spielten, sondern die entsprechenden Rekursentscheide auf kantonaler Ebene häufig ausschließlich auf Grundlage des einfachen Gesetzesrechts getroffen wurden, wenngleich die Berücksichtigung von Grundrechten in manchen Fällen durchaus nahe gelegen hätte. Dies gilt insbesondere für die Rekurse im Bereich des Baurechts, wo etwa der Regierungsrat des Kantons Zürich ausschließlich das einfache Gesetzesrecht heranzog, ohne auf die zu Grunde liegende und in § 15 der Kantonsverfassung von 1831 ausdrücklich garantierte Eigentumsfreiheit zu rekurrieren, obwohl eine Einschränkung der Baufreiheit der Grundstückseigentümer in Rede stand.[218] Der Mangel an einschlägiger kantonaler Grundrechtsjudikatur wiederum führte dazu, dass die politischen Bundesbehörden ihrerseits kantonale Grundrechte in ihrer Rechtsprechung gegenüber den Entscheidungen kantonaler Behörden oft nur unter Schwierigkeiten heranziehen konnten und sie letztlich dazu gezwungen waren, eine autonome Auslegung der fraglichen kantonalen Garantie zu entwickeln. All dies trug entscheidend dazu bei, dass in der Praxis in den Verfahren vor den politischen Bundesbehörden den Grundrechten der Bundesverfassung in ihrer Interpretation durch die politischen Bundesbehörden eine weitaus größere Bedeutung zukam als den kantonalen Grundrechtsgarantien und selbst dort, wo, wie etwa im Bereich der Eigentumsfreiheit, keine entsprechende bundesverfassungsrechtliche Gewährleistung bestand, der Einfluss der Bundesbehörden auf die Auslegung des kantonalen Verfassungsrechts extrem groß war, wenngleich die kantonale Garantie in diesen Fällen dennoch eine eigenständige Bedeutung entfaltete. Im Gegensatz dazu wurden die kantonalen Grundrechtsgarantien, für die parallele Garantien in der Bundesverfassung existierten, von den politischen Bundesbehörden meist im Einklang mit den Bundesgrundrechten ausgelegt, weshalb sie ihre Relevanz einbüßten.

2. *Kantonale Ebene*

Die Kantonsverfassungen aus der Regenerationszeit enthielten in der Regel zahlreiche Grundrechtsgewährleistungen, so dass sich der Gedanke des Grundrechtsschutzes auf kantonaler Ebene schon vor Inkrafttreten der Bundesverfassung im Jahr 1848 prozessual manifestieren konnte. Konkret deutlich wurde dies etwa daran, dass im Kanton Bern im Zusammenhang mit einem Strafverfahren Bürger verschiedene Petitionen einreichten, um angesichts der langen Verfahrensdauer eine Amnestie zu Gunsten der Angeklagten vorzuschlagen, was nur deshalb möglich war, weil Art. 17 der bernischen Verfassung von 1831, anders als der auf die Errichtung eines Staatenbundes ausgerichtete Bundesvertrag von 1815, das

[218] Regierungsrat des Kantons Zürich, begründet erklärter Rekurs des Stadtrates Zürich i.S. seiner gegen die Herren Gebrüder Bänninger, dahier, betr. Untersagung einer Baute v. 25.07.1863, online einsehbar über das Staatsarchiv des Kantons Zürich (Signatur: StAZH MM 2.161 RRB 1863/1332).

Recht zur Einreichung einer Petition verbürgte.[219] Im Kanton Zürich konnte sich der Einzelne schon unter der Verfassung von 1831 auf die Glaubensfreiheit berufen, was etwa im Fall des Rekurses des *S. Fröhlich v. Brugg* gegen seine Ausweisung durch den Polizeirat deutlich wurde, wenngleich der Regierungsrat, wie viele Behörden und Gerichte in dieser Zeit, in seiner Entscheidungsbegründung im konkreten Fall nicht auf Grundrechte einging.[220] Indes folgt bereits aus der Berufung der Petitionsführer bzw. Rekurrenten auf kantonale Grundrechte, dass deren Geltendmachung in einigen Kantonen schon für die Zeit vor 1848 nachgewiesen werden kann.

Unter der Bundesverfassung von 1848 oblag der Rechtsschutz und damit auch die Überwachung der Einhaltung der Grundrechte vorwiegend den Kantonen,[221] nachdem das Bundesgericht allenfalls punktuell über Grundrechtsfragen entscheiden konnte und die politischen Bundesbehörden erst als Beschwerdeinstanz gegen die Entscheide der kantonalen Behörden eingeschaltet werden konnten.

Allerdings gestaltet sich die Untersuchung der Art und Weise der Grundrechtsanwendung durch kantonale Stellen für den hier interessierenden Zeitraum ab 1848 im Detail aus mehreren Gründen schwierig. Ein Grund dafür liegt darin, dass es im Bereich des Verwaltungsrechts auf kantonaler Ebene noch keine Verwaltungsgerichte gab. Verwaltungsrechtliche Streitigkeiten wurden vielmehr entweder zunächst innerhalb der Verwaltung selbst bzw. anschließend von den politischen Behörden des jeweiligen Kantons behandelt und entschieden oder kamen vor den Zivilgerichten zur Entscheidung.[222] Rechtinstitute wie die Verfassungsbeschwerde oder auch die verwaltungsrechtliche Klage waren dem kantonalen Rechtsschutzsystem dementsprechend fremd. Die Betroffenen blieben im Falle einer Rechtsverletzung durch die Verwaltung stattdessen darauf verwiesen, Rekurs einzureichen, über den in der Regel die politischen Behörden des jeweiligen Kantons, *in concreto* der vom Volk gewählte Regierungsrat, entschieden.[223] Im Kanton Bern etwa hatte nach § 42 der Kantonsverfassung von 1846 der Regierungsrat letztinstanzlich alle reinen Verwaltungsstreitigkeiten, die nicht in die Kompetenz des Regierungsstatthalters fielen, zu entscheiden, so dass die Zuständigkeit für Rekursverfahren beim kantonalen Regierungsrat lag.[224] Teilweise waren auch die kantonalen Zivilgerichte zur Entscheidung an sich verwaltungsgerichtlicher Streitigkeiten zuständig, da die Abgrenzung zwischen Zivilrechtsweg

219 Ausführlich zu diesem Fall s. *Junker*, Geschichte des Kantons Bern seit 1798, Bd. 2, S. 69 f.

220 Regierungsrat des Kantons Zürich, Abgewiesener Rekurs des S. Fröhlich v. Brugg, betreffend dessen Ausweisung durch den Polizeirat v. 08.04.1843, online einsehbar über das Staatsarchiv Zürich (Signatur MM 2.76 RRB 1843/0594).

221 Vgl. *Kägi*, ZSR 1952 I, 173, 186.

222 Vgl. dazu *His*, Geschichte des neuern Schweizerischen Staatsrechts, Bd. 3, S. 495 f.

223 Vgl. *Kölz/Häner/Bertschi*, Verwaltungsverfahren ud Verwaltungsrechtspflege des Bundes, Rn. 287.

224 Näher dazu *Rennefahrt*, Grundzüge der bernischen Rechtsgeschichte, IV. Teil, S. 131 f.; *Hofer*, Der lange Weg zum bernischen Verwaltungsgericht, in: Herzog/Feller (Hrsg.), Bernische Verwaltungsgerichtsbarkeit in Geschichte und Gegenwart, S. 1, 9 f.

und Verwaltungsrechtsweg noch nicht nach den heute üblichen Kriterien erfolgte, sondern vielmehr verwaltungsrechtliche Rechtssachen mit einer vermögensrechtlichen Komponente nach der sog. Fiskus-Theorie, wonach das Vermögen des Staates als ein eigenständiges Subjekt betrachtet und daher dem Privatrecht zugeordnet wurde,[225] einer Tradition aus der Regenerationszeit folgend häufig den Zivilgerichten zugewiesen waren, wobei auch hier erhebliche Unterschiede zwischen den einzelnen Kantonen bestanden.[226] Im Kanton Bern etwa sah § 83 Abs. 3 der Verfassung von 1846 vor, dass „der Staat schuldig [sei], über jede gegen ihn angebrachte Klage, welche einen Gegenstand des Mein und Dein betrifft, vor den Gerichten Recht zu nehmen, der Grund der Klage sei welcher er wolle; mit Ausnahme jedoch des Falles, wo wegen eines verfassungsmäßig erlassenen Gesetzes geklagt wird". Konkret bedeutete dies, dass vor allem bei Schadensersatzansprüchen bei Eigentumsverletzungen durch Verwaltungshandeln die Entscheidung den Zivilgerichten oblag.[227] Streitigkeiten über öffentliche Leistungen hingegen wurden durch Gesetz dem Regierungsstatthalter bzw. dem Regierungsrat zugewiesen,[228] was insbesondere für Verfahren hinsichtlich Unterhaltspflichten für öffentliche Straßen und Brücken sowie hinsichtlich Staats- und Gemeindeabgaben relevant wurde.[229]

Ein weiterer Grund, warum die Untersuchung der verfahrensmäßigen Durchsetzung kantonaler Grundrechte bisweilen schwierig ist, liegt darin, dass die Instanzgerichte, d.h. die Zivil- und Strafgerichte, bei denen es sich um kantonale Behörden handelte, sowie die Verwaltungsbehörden damals, d.h. zwischen 1848 und 1874, aber auch schon zuvor, in ihren Entscheiden selten explizit auf Grundrechte eingingen. Exemplarisch hierfür sind die Verfahren gegen *Friedrich Jenni* wegen Pressevergehen im Kanton Bern, die auf dem Gebiet des Strafrechts angesiedelt waren und in denen das Amtsgericht Bern[230] und das kantonale Obergericht[231] ihre Urteile gegen *Jenni* alleine auf die geltenden Straf- und Pressegesetze stützten, wobei sie weder das kantonale noch das bundesverfassungsrechtliche Grundrecht der Pressefreiheit erwähnten, obwohl dies im Sinne einer rechtsstaatlichen Maßnahmen genügenden Entscheidung zumindest aus heutiger Sicht

[225] Vgl. *His*, Geschichte des neuern Schweizerischen Staatsrechts, Bd. 3, S. 495; *Schwank*, Das verwaltungsinterne Rekursverfahren des Kantons Basel-Stadt, S. 14.

[226] Ausführlich dazu *Imboden*, ZSR 1947, 1a, 16a ff.; *His*, Geschichte des neuern Schweizerischen Staatsrechts, Bd. 3, S. 495 f.

[227] Vgl. *Hofer*, Der lange Weg zum bernischen Verwaltungsgericht, in: Herzog/Feller (Hrsg.), Bernische Verwaltungsgerichtsbarkeit in Geschichte und Gegenwart, S. 1, 12 f.

[228] Gesetz über das Verfahren bei Streitigkeiten über öffentliche Leistungen vom 20.03.1854.

[229] *Hofer*, Der lange Weg zum bernischen Verwaltungsgericht, in: Herzog/Feller (Hrsg.), Bernische Verwaltungsgerichtsbarkeit in Geschichte und Gegenwart, S. 1, 18 f.

[230] Urt. des Amtsgerichts Bern v. 21.02.1849, Az. Nr. 8025, einsehbar im Staatsarchiv des Kantons Bern (Signatur: BB IX 1637); ähnlich auch schon Urt. des Amtsgerichts Bern v. 16.07.1847, Az. Nr. 7273, einsehbar im Staatsarchiv des Kantons Bern (Signatur: BB IX 1637).

[231] Urt. des Obergerichts des Kantons Bern v. 30.04.1849, Az. Nr. 8025, einsehbar im Staatsarchiv des Kantons Bern (Signatur: BB IX 1637); ähnlich auch schon Obergericht des Kantons Bern, Urt v. 22.01.1848, Az. Nr. 7273, einsehbar im Staatsarchiv des Kantons Bern (Signatur: BB IX 1637).

durchaus nahe gelegen hätte. Ähnliches gilt für den Beschluss des Regierungsrates des Kantons Bern vom 11. Juli 1854 über die Aufhebung des Verbotes des *Grütlivereins*, welcher alleine auf die tatsächlichen Umstände des Falles eingeht,[232] ohne sich mit der grundrechtlichen Komponente auseinander zu setzen, obwohl der Bundesrat zuvor in seinem Bericht und Gutachten an die Bundesversammlung sehr wohl auf die Reichweite der bundesrechtlich und kantonal gewährleisteten Vereinsfreiheit eingegangen war.[233]

Andererseits ergingen im Kanton Bern durchaus Entscheidungen, in denen sich die zuständigen Behörden, insbesondere der Regierungsrat, intensiv mit dem Gehalt der kantonalen Grundrechtsgarantien auseinander setzten. So ging der bernische Regierungsrat in einer Rekursentscheidung aus dem Jahr 1874 betreffend die Ausweisung katholischer Geistlicher aus dem bernischen Jura zunächst auf die in § 80 der bernischen Verfassung von 1846 garantierte Kultusfreiheit ein, wobei der kantonalen Grundrechtsgarantie in diesem Fall allerdings keine eigenständige Bedeutung zuerkannt wurde.[234] Vielmehr wurde sie ausschließlich zusammen mit Art. 44 BV 1848 zitiert, wobei sich die Ausführungen des Regierungsrates in erster Linie auf Art. 44 BV 1848 beziehen.[235] Hinsichtlich der Niederlassungsfreiheit hingegen stellte der bernische Regierungsrat allein auf § 79 der bernischen Verfassung von 1846 ab, da die bundesrechtliche Garantie des Art. 41 BV 1848 nur die interkantonale Niederlassungsfreiheit regelte, während in Bezug auf die innerkantonale Niederlassungsfreiheit ausschließlich § 79 der bernischen Verfassung einschlägig gewesen sei.[236] Insoweit entfaltete die kantonale Garantie in der Rechtsprechung des Regierungsrates selbstständige Wirkung.

Interessant ist ferner, dass der Appellations- und Kassationshof des Kantons Bern, welcher ebenfalls mit der Frage nach der Rechtmäßigkeit der Abberufung katholischer Geistlicher befasst war, in seiner Entscheidung zuerst auf § 80 der bernischen Verfassung und erst anschließend auf Art. 44 BV 1848 einging.[237] Dies alles zeigt, dass kantonale Grundrechtsgewährleistungen von den kantonalen Instanzen sehr wohl ernst genommen wurden, sogar dann, wenn ihr Inhalt deckungsgleich mit dem der entsprechenden bundesrechtlichen Gewährleistung war.

---

[232] Regierungsrat des Kantons Bern, Dekret v. 11.07.1854, abgedruckt bei *Ullmer*, Die staatsrechtliche Praxis der schweizerischen Bundesbehörden aus den Jahren 1848–1860, Bd. 1, Nr. 194, S. 187.

[233] Bundesrat, Bericht und Gutachten v. 28.01.1854, BBl 1854 I, 441, 445 ff. sowie BBl 1854 I, 485, 508 ff.

[234] Regierungsrat des Kantons Bern, Der Regierungsrat des Kantons Bern an den Schweizerischen Bundesrat, Rekursentscheid v. 16.02.1874, abgedruckt in: Kirchenpolitische Rekurse 1873–1875.

[235] Regierungsrat des Kantons Bern, Der Regierungsrat des Kantons Bern an den Schweizerischen Bundesrat, Rekursentscheid v. 16.02.1874, abgedruckt in: Kirchenpolitische Rekurse 1873–1875.

[236] Regierungsrat des Kantons Bern, Der Regierungsrat des Kantons Bern an den Schweizerischen Bundesrat, Rekursentscheid v. 16.02.1874, abgedruckt in: Kirchenpolitische Rekurse 1873–1875.

[237] Appellations- und Kassationshof des Kantons Bern v. 15.09.1873, Abberufungsverfahren gegen Vautrey et al.

Hinsichtlich der ehemaligen Sonderbundskantone fällt auf, dass die dortigen Behörden zum Teil bereitwillig auf die Vorgaben der jeweiligen kantonalen Verfassung Bezug nahmen, insbesondere, wenn die Bundesverfassung keine entsprechende Gewährleistung enthielt. So zog die Regierung des Kantons Luzern in der Rekurssache des Vorstandes des *Vereins freisinniger Katholiken* in Luzern von Amts wegen Art. 3 der im Jahr 1869 revidierten Luzerner Verfassung heran, wonach die individuelle Glaubensfreiheit gewährleistet war, die freie Ausübung des Kultus der anerkannten Konfessionen gewahrt und der Gottesdienst anderer Religionsgesellschaften gegenüber Störungen gesichert werden mussten sowie die römisch-christkatholischen Konfession den vollen Schutz des Staates genoss. Die Regierung von Luzern begründete ihren Rückgriff auf Art. 3 der Luzerner Kantonsverfassung damit, dass dies zum Schutze der katholischen Konfession gegen die Aktivitäten des *Vereins freisinniger Katholiken* erforderlich gewesen sei.[238] Hinzu kommt, dass die Regierung von Luzern zu Gunsten des Vereins die individuelle Glaubensfreiheit heranzog, welche nur in der im Jahr 1869 revidierten Luzerner Kantonsverfassung, nicht aber in der Bundesverfassung von 1848 verbürgt war.[239] Hieran wird deutlich, dass die kantonalen Grundrechte in der Rechtsprechungstätigkeit der Kantonsregierung, insbesondere im Religionsbereich, eine eigenständige Bedeutung besaßen. Außerdem zeigt die Stellungnahme der Luzerner Kantonsregierung, dass kantonale Grundrechte auch dann ins Spiel gebracht werden konnten, wenn sich der Beschwerdeführer, im konkreten Fall der *Verein freisinniger Katholiken*, ursprünglich gar nicht darauf berufen hatte. In Bezug auf die Glaubensfreiheit darf jedoch nicht übersehen werden, dass die politischen Behörden des Kantons Luzern in Angelegenheiten betreffend gemischtkonfessionelle Ehen das einfache Gesetzesrecht häufig zu Lasten der Glaubensfreiheit anwandten, indem sie trotz Geltung des Bundesgesetzes über die Mischehen von 1850 die Schließung gemischt-konfessioneller Ehen erschwerten, die kantonsverfassungsrechtlich gewährleistete Glaubensfreiheit mithin vollständig unberücksichtigt ließen.[240]

Auch im Kanton St. Gallen rekurrierte die dortige Regierung in einem Rekursfall betreffend die Verweigerung der Bewilligung einer gemischt-konfessionellen Ehe zu Gunsten der katholischen Kirche alleine auf Art. 8 der St. Galler Verfassung aus dem Jahr 1831, wonach die freie Ausübung des katholischen und evan-

---

[238] Vgl. Bundesrat, Bericht in der Rekurssache des Vorstandes des Vereins freisinniger Katholiken in Luzern gegen den Beschluss der Regierung des Kantons Luzern vom 4. November 1872, betreffend Verletzung konfessioneller Rechte v. 04.07.1873, BBl 1873 II, 1119, 1123 ff., in dem die Haltung der Kantonsregierung von Luzern referiert wird.

[239] Vgl. Bundesrat, Bericht in der Rekurssache des Vorstandes des Vereins freisinniger Katholiken in Luzern gegen den Beschluss der Regierung des Kantons Luzern vom 4. November 1872, betreffend Verletzung konfessioneller Rechte v. 04.07.1873, BBl 1873 II, 1119, 1124, in dem die Haltung der Kantonsregierung von Luzern referiert wird.

[240] Vgl. dazu etwa den Bericht der ständerätlichen Kommission über den Rekurs der Regierung von Luzern gegen den Beschluss des Bundesrates in Sache des Anton Bisang von Egolzwyl v. 18.07.1862, BBl 1862 III, 217, 222; näher dazu *Blumer*, Handbuch des schweizerischen Bundesstaatsrechts, Bd. 1, S. 258 f.

gelischen Glaubensbekenntnisses geschützt war, nachdem auf Bundesebene eine entsprechende Garantie fehlte.[241] Damit konnte die kantonale Grundrechtsgarantie in diesem Zusammenhang eine eigenständige Bedeutung entfalten, auch wenn dies im konkreten Fall freilich nicht zu Gunsten des Beschwerdeführers geschah.

Ein weiteres Grundrecht der Luzerner Kantonsverfassung von 1863, welches eigenständige Bedeutung entfaltete, war die in Art. 10 garantierte Eigentumsfreiheit, die etwa im Fall des Rekurses des Armen- und Waisenrates der Stadt Luzern betreffend die Verwaltung des *Ursulinenfonds* geltend gemacht wurde, da sich der Beschwerdeführer mangels paralleler bundesverfassungsrechtlicher Garantie nur auf die kantonale Gewährleistung berufen konnte.[242] Insgesamt lässt sich daher sagen, dass auch und gerade in den ehemaligen Sonderbundskantonen die kantonalen Grundrechte vor allem dort eigenständige Bedeutung entfalten konnten, wo eine entsprechende Gewährleistung auf Bundesebene fehlte.

Hinsichtlich des Prüfungsmaßstabs ergibt sich aus den genannten Entscheiden, insbesondere aus dem Entscheid des bernischen Regierungsrates in der Rekurssache betreffend die Ausweisung katholischer Geistlicher aus dem bernischen Jura,[243] dass kantonale Behörden sowohl an Bundesgrundrechte als auch an kantonale Grundrechte gebunden waren und sich der Prüfungsmaßstab kantonaler Instanzen sowohl auf Bundesgrundrechte als auch auf kantonale Grundrechte erstreckte, mit der Folge, dass vor den kantonalen Beschwerdeinstanzen die Verletzung sowohl von Bundesgrundrechten als auch von kantonalen Grundrechten gerügt werden konnte. Insoweit ergibt sich mangels eigenständiger kantonaler Verfassungsgerichte ein deutlicher Unterschied zum Rechtsschutzsystem im Deutschen Kaiserreich, in dem etwa mit der Verfassungsbeschwerde auf Grundlage der Bayerischen Verfassung von 1818 nur eine Verletzung bayerischer Landesgrundrechte, nicht auch von Grundrechten des Reiches gerügt werden konnte.[244] Die Tatsache, dass auf kantonaler Ebene keine Instanz existierte, welche ausschließlich mit der Überwachung der Einhaltung kantonaler Grundrechte betraut war, führte daher dazu, dass sich keine genuin kantonale Rechtsprechung zu kantonalen Grundrechten herausbildete. Deshalb verwundert es nicht, dass dort, wo Bundesgrundrechte existierten, den kantonalen Grundrechtsgewährleistungen kaum noch eine eigenständige Bedeutung zukam.

---

241 S. Bundesrat, Bericht, BBl 1856 I, 520, 520 f.

242 Vgl. den Bericht der ständerätlichen Kommission über den Rekurs des Armen- und Waisenrates der Stadt Luzern, betreffend die Verwaltung des Ursulinenfonds v. 10.07.1863, BBl 1863 III, 172, 174 f.

243 Regierungsrat des Kantons Bern, Der Regierungsrat des Kantons Bern an den Schweizerischen Bundesrat, Rekursentscheid v. 16.02.1874, abgedruckt in: Kirchenpolitische Rekurse 1873–1875.

244 Ausführlich dazu oben, § 3 VI.2. a).

VII. Zwischenergebnis

Die Schweizer Bundesverfassung von 1848, die in der Schweiz erstmals ein bundesstaatliches System etablierte und die in ihren wesentlichen staatsorganisationsrechtlichen Grundzügen mit der Bundesverfassung von 1999 übereinstimmt, wies, ähnlich wie die Bismarcksche Reichsverfassung, stark föderale Tendenzen auf, was sich insbesondere an der Kompetenzverteilung zeigt, die den Kantonen vergleichsweise viele Zuständigkeiten beließ und die etwa dazu führte, dass die Judikative zu einem großen Teil in der Hand der Kantone lag. Andererseits war auch schon in der Bundesverfassung von 1848 die Kollisionsregel „Bundesrecht bricht kantonales Recht" verankert, wodurch der Geltungsvorrang des Bundesrechts gegenüber dem kantonalen Recht abgesichert wurde. In Bezug auf die Grundrechtsentwicklung fällt auf, dass zahlreiche Kantone bereits in der Regenerationszeit ab 1830 Grundrechtsgewährleistungen in ihre Verfassungen aufgenommen hatten, während der Bundesvertrag von 1815 als völkerrechtliche Grundlage der Schweizerischen Eidgenossenschaft noch keinerlei Grundrechtsgarantien enthielt. Aus diesem Grund kann man sagen, dass die Grundrechtsentwicklung in der Schweiz, ebenso wie in Deutschland, auf gliedstaatlicher Ebene ihren Anfang nahm. In die Bundesverfassung von 1848 fanden allerdings insbesondere solche Grundrechtsgewährleistungen Eingang, die auf kantonaler Ebene zwar schon teilweise, aber noch nicht überall verwirklicht waren bzw. die, wie die Kultusfreiheit, gesamtstaatliche Bedeutung hatten. Die Verankerung von Grundrechten auf Bundesebene hatte zur Folge, dass einzelne Kantone einige ihrer zuvor vorhandenen kantonalen Grundrechtsgewährleistungen aus ihren Verfassungen strichen, da diese nunmehr auf Bundesebene verbürgt waren. Andererseits führte das Inkrafttreten der Bundesverfassung dazu, dass auch in denjenigen Kantonen, die vor 1848 keine oder nur wenige Grundrechte verfassungsrechtlich gewährleistet hatten, der verfassungsrechtliche Grundrechtsschutz im Sinne einer Angleichung an die Bundesverfassung, mithin einer Grundrechtskonvergenz, ausgeweitet wurde. Daher kann für die Zeit unmittelbar nach 1848 von einer Grundrechtsentwicklung „von oben nach unten" gesprochen werden. Andererseits nahmen in dieser Zeit zahlreiche Kantone in ihre Verfassungen Grundrechtsgarantien auf, welche in der Bundesverfassung kein Vorbild fanden, was etwa für den Schutz des Hausrechts oder die Meinungsäußerungsfreiheit galt. Außerdem gingen einige Kantone in ihren Verfassungen über das Schutzniveau der in der Bundesverfassung verankerten Grundrechte hinaus, indem sie etwa den geschützten Personenkreis erweiterten.

In Bezug auf die rechtliche Wirkung der Grundrechte lässt sich sagen, dass in der Schweiz zwischen 1848 und 1874 die Grundrechte von Staatsrechtslehre und Praxis überwiegend als echte subjektive Rechte verstanden wurden, auf die sich der Einzelne in Rekursverfahren berufen konnte und die grundsätzlich auch den Gesetzgeber verpflichteten, so dass der Grundrechtsschutz in der Schweiz in dieser Zeit weiter ging als später etwa im Deutschen Kaiserreich, wo sämtliche Grundrechte auf die Lehre vom Gesetzesvorbehalt reduziert wurden.

Der Vorrang der Bundesgrundrechte vor den kantonalen Grundrechten wurde mit Hilfe der in der übergeordneten Rechtsordnung verankerten Kollisionsnorm des Art. 4 Abs. 2 der Übergangsbestimmungen zur Bundesverfassung von 1848 abgesichert, welche nicht nur auf vorkonstitutionelles kantonales Verfassungsrecht, sondern allgemein auf jegliches kantonales Recht Anwendung fand. Die Vorschrift bewirkte einen echten Geltungsvorrang des Bundesrechts vor dem kantonalen Recht, so dass hinter den bundesrechtlichen Vorgaben zurückbleibende kantonale Grundrechte automatisch außer Kraft traten. Gleich lautende und weiter reichende kantonale Grundrechte hingegen blieben vorbehaltlich einer etwaigen Kollision mit einfachem Bundesrecht in Kraft, wobei das Problem der mehrpoligen Grundrechtsverhältnisse in der damaligen Rechtslehre und -praxis keinerlei Rolle spielte. An der Anwendung der Kollisionsnorm auch auf Grundrechte zeigt sich, dass die Abgrenzung zwischen Bundesgrundrechten und kantonalen Grundrechten unter der Bundesverfassung von 1848 nicht etwa im Rahmen einer vorgelagerten Kompetenzausscheidung, sondern, wie in den verschiedenen deutschen bundesstaatlichen Systemen, mit Hilfe einer Kollisionsregel gelöst wurde.

Die verfahrensrechtliche Absicherung des Grundrechtsschutzes vollzog sich in der Zeit zwischen 1848 und 1874 in erster Linie vor den politischen Behörden, nachdem das in dieser Zeit nur *ad hoc* zusammen tretende Bundesgericht lediglich ausnahmsweise mit grundrechtlich relevanten Konstellationen befasst werden konnte und weder auf Bundesebene noch auf kantonaler Ebene eigenständige Verfassungs- oder Verwaltungsgerichte existierten. Rekurse des Einzelnen gegen Akte kantonaler Behörden wurden daher innerhalb der kantonalen Verwaltung bzw. vor den kantonalen politischen Instanzen behandelt, wobei im Anschluss eine Weiterziehung an die politischen Behörden des Bundes, d.h. den Bundesrat und die Bundesversammlung möglich war und in der Praxis nicht selten vorkam.[245] Zu bedenken ist in diesem Zusammenhang, dass die kantonalen Beschwerdeinstanzen als Prüfungsmaßstab sowohl kantonale Grundrechte als auch Bundesgrundrechte heranzogen, was dazu führte, dass kantonalen Grundrechten nicht selten nur dort selbständige Bedeutung zukam, wo eine entsprechende Garantie auf Bundesebene fehlte. Dies gilt umso mehr, als auf kantonaler Ebene keine Verfassungsgerichte bestanden, welche ausschließlich mit der Anwendung der jeweiligen kantonalen Verfassung betraut gewesen wären. Hinzu kommt, dass kantonale Zivilgerichte und politische Behörden in der Zeit zwischen 1848 und 1874 keineswegs immer die grundrechtlichen Bezüge des konkret zu entscheidenden Falles hinreichend herausgearbeitet haben, so dass die Anwendung kantonaler Grundrechte auch aus diesem Grund beschränkt blieb. Die Möglichkeit einer Gültigkeits- bzw. Divergenzvorlage der Kantonsbehörden und -gerichte zu einer Instanz des Bundes bestand nicht, da zum einen Bundesgesetze nach dem schweizerischen Staatsrechtsverständnis ohnehin von der gerichtlichen

[245] Vgl. die Übersicht über die Rekurspraxis der politischen Bundesbehörden 1859–1912 bei *Nägeli*, Die Entwicklung der Bundesrechtspflege seit 1815, S. 135.

Überprüfung ausgeschlossen waren und zum anderen die kantonalen Behörden und Gerichte nach dem Modell der integrierten Verfassungsgerichtsbarkeit und angesichts des Fehlens eines spezialisierten Verfassungsgerichts sämtliche Rechtsnormen selbst verbindlich auslegen und am Maßstab der kantonalen Verfassung überprüfen durften, eine Möglichkeit, von der sie freilich kaum Gebrauch machten.[246] Darüber hinaus war gegen die staatsrechtlichen Entscheide der kantonalen Behörden grundsätzlich ein Rekurs vor den Bundesinstanzen möglich, so dass eine uneinheitliche Interpretation des Bundesrechts, insbesondere der Bundesverfassung, zumindest durch die politischen Kantonsbehörden nicht drohte. Gegen Urteile der kantonalen Zivil- und Strafgerichte existierte mit Ausnahme der Angelegenheiten bezüglich der Strafbestimmungen der polizeilichen und fiskalischen Bundesgesetze kein Rechtsweg zum Bundesgericht, so dass insoweit eine uneinheitliche Interpretation des Bundesrechts durch die Heranziehung kantonaler Grundrechte grundsätzlich möglich gewesen wäre, doch darf nicht übersehen werden, dass weite Teile des Zivilrechts sowie der Großteil des Strafrechts in die Gesetzgebungskompetenz der Kantone fiel und insoweit ohnehin kein Bundesrecht existierte. Eine divergierende Auslegung der Bundesverfassung selbst und damit der Bundesgrundrechte durch die verschiedenen kantonalen Gerichte wäre hingegen denkbar gewesen, doch wandten diese ohnehin nur äußerst selten überhaupt Grundrechte an, so dass das Fehlen einer zentralen Bundesinstanz zur Gewährleistung der Rechtseinheit kaum ins Gewicht fiel.

In Bezug auf die Grundrechtsanwendung durch die politischen Instanzen des Bundes lässt sich sagen, dass diese, sofern sich der Beschwerdeführer darauf berufen hatte, neben den Bundesgrundrechten häufig ohne jegliche Diskussion über das Verhältnis der Normen zueinander auch die entsprechenden kantonalen Grundrechte zitierten, ohne dass den kantonalen Grundrechten dabei jedoch eine eigenständige Bedeutung zugekommen wäre. Etwas anderes galt nur dort, wo auf Bundesebene keine einschlägigen Grundrechte existierten, etwa im Bereich der Eigentumsfreiheit, der individuellen Glaubensfreiheit sowie der Lehrfreiheit. Hier rekurrierten die Bundesbehörden ausschließlich auf die einschlägige kantonale Gewährleistung, so dass dieser trotz Geltung der Bundesverfassung eine eigenständige Bedeutung zukam. Sehr stark rechtsvereinheitlichend im Sinne einer Anpassung der kantonalen Grundrechtsgarantien an die parallelen Gewährleistungen des Bundes wirkte neben dem Fehlen einer spezialisierten Verfassungsgerichtsbarkeit auf kantonaler Ebene der Umstand, dass die politischen Instanzen des Bundes dazu befugt waren, eine autonome Auslegung der kantonalen Garantien vorzunehmen. Die Zurückhaltung der Bundesbehörden, die sich im Sinne eine Konfliktvermeidung durch freiwillige Selbstbeschränkung in der Regel an der Grundrechtsinterpretation der kantonalen Stellen orientierten, vermochte nur wenig daran zu ändern, dass diese Besonderheit des schweizerischen Systems zum Bedeutungsverlust der kantonalen Grundrechte in der Zeit nach 1848 mit

[246] Vgl. dazu allgemein *Kägi-Diener*, Grundrechtsschutz durch die Kantone, in: Thürer/Aubert/Müller (Hrsg.), Verfassungsrecht der Schweiz, § 53 Rn. 14 Fn. 35.

beitrug. Auch dort, wo keine Bundesgrundrechte vorhanden waren, konnten die grundrechtsbezogenen Vorstellungen der Bundesorgane eingebracht werden, was langfristig zu einer Vereinheitlichung der Auslegung auch der spezifisch kantonalen Grundrechtsgewährleistungen führte. Den kantonalen Grundrechten in der Schweiz verblieb damit unter der Bundesverfassung von 1848 noch weniger Enfaltungspotential als den Landesgrundrechten im Deutschen Kaiserreich, obwohl unter der Schweizer Bundesverfassung von 1848 auf Bundesebene nur einige, aber keineswegs sämtliche Grundrechte verbürgt waren und die Kantone überdies über vergleichsweise weit reichende Gesetzgebungskompetenzen verfügten. Daraus ergibt sich, dass Bedeutung und Eigenständigkeit der Grundrechte der untergeordneten Rechtsordnung nicht unbedingt nur von der bundesstaatlichen Kompetenzverteilung, sondern daneben auch sehr stark von der Ausgestaltung der verfahrensrechtlichen Kontrollmechanismen abhängen, wenngleich andererseits zu konstatieren ist, dass das Fehlen zentraler grundrechtlicher Gewährleistungen auf Bundesebene die Relevanz der Grundrechte der untergeordneten Ebene steigert, sofern die entsprechenden Garantien dort verbürgt sind.

§ 8 Grundrechtsschutz im System des schweizerischen Bundesstaats auf Grundlage der Bundesverfassung von 1874

I. 1874–1918

1. Geschichtliche Entwicklungen

a) Bundesebene

aa) Entstehungsgeschichte der Bundesverfassung

Nachdem im Jahr 1872 der Entwurf für eine Totalrevision der Bundesverfassung,[1] welcher die Vereinheitlichung der Armee, die Übertragung der Gesetzgebungskompetenz für das Straf- und Zivilrecht einschließlich des Prozessrechts auf den Bund, die bundesrechtliche Regelung des Arbeiterschutzes, die Einführung des Gesetzesreferendums und der Gesetzesinitiative, die Erweiterung der Kompetenzen des Bundesgerichts sowie Ansätze zur Entwicklung eines Sozialstaates vorgesehen hatte, vom Volk und den Ständen aus Angst vor einer zu großen Zentralisierung des Staatswesens verworfen worden war,[2] wurde im Jahr 1874 ein neuer Entwurf für eine Totalrevision der Bundesverfassung ausgearbeitet. Dieser Entwurf wurde schließlich am 29. Mai 1874 für angenommen erklärt, nachdem sich Volk und Stände jeweils mit Mehrheit für den Entwurf ausgesprochen hatten.[3] Im Gegensatz zum gescheiterten Entwurf von 1872 waren im angenommenen Entwurf von 1874 u.a. die Bundeskompetenzen für die Zivil- und Strafgesetzgebung nicht mehr enthalten, womit der Angst vor einer allzu großen Zentralisierung Rechnung getragen wurde.[4] Die Motive für die Totalrevision von 1874 waren vielfältig. Zum einen sollte damit das Ideal des demokratischen Einheitsstaates verwirklicht sowie die Demokratisierung des Bundes insgesamt voran gebracht, gleichzeitig aber auch die Allmacht des Parlamentes gebrochen

---

[1] Abgedruckt bei *Kölz* (Hrsg.), Quellenbuch zur neueren Schweizerischen Verfassungsgeschichte, S. 128 ff.

[2] Vgl. dazu *Kölz*, Geschichtliche Grundlagen, in: Thürer/Aubert/Müller (Hrsg.), Verfassungsrecht der Schweiz, § 7 Rn. 33; *Hafner*, ZSR 2001 I, 11, 29; *Schollenberger*, Das Bundesstaatsrecht der Schweiz, S. 130; zum Ergebnis der Abstimmung von Volk und Ständen s. *Rappard*, Die Bundesverfassung der Schweizerischen Eidgenossenschaft 1848–1948, S. 318.

[3] Vgl. *Bundesrat*, Botschaft an die hohe Bundesversammlung, betreffend die Abstimmung vom 19. April 1874 über die abgeänderte Bundesverfassung v. 20.05.1874, BBl 1874 I, 699 ff.

[4] Vgl. *Hafner*, ZSR 2001 I, 11, 30.

werden.[5] Zum anderen sollte die Totalrevision die wirtschaftlichen Bedürfnisse des Landes berücksichtigen und insbesondere eine Erleichterung des nationalen Handelsverkehrs bewirken.[6] Ein weiteres Motiv der Totalrevision war schließlich der Kampf gegen Übergriffe der römisch-katholischen Kirche auf den modernen, weltlichen Staat,[7] welcher seinerseits in einem übersteigerten Antiklerikalismus zum Ausdruck kam und in dessen Folge die Laizisierung des Staates angestrengt und die individuellen Freiheitsrechte gestärkt wurden.[8]

bb) Im Jahr 1874 vorgenommene Verfassungsänderungen

aaa) Gesetzgebungskompetenzen des Bundes

Nachdem der Entwurf von 1872 angesichts der darin vorgesehenen Erweiterung der Bundeskompetenzen nicht nur von den sieben Sonderbundskantonen und den welschen Kantonen, sondern auch von den föderalistisch geprägten Kantonen Appenzell und Graubünden abgelehnt worden war,[9] konnte der Ausbau der Bundeskompetenzen nicht in der ursprünglich angedachten Form erfolgen, sondern musste etwas abgeschwächt werden. Daher beschränkte sich die Übertragung der Gesetzgebungskompetenzen auf den Bund auf dem Gebiet des Zivilrechts beispielsweise auf Teilbereiche, wobei das Strafrecht sowie das gesamte Prozessrecht auch nach der Totalrevision von 1874 in der Kompetenz der Kantone verblieben. Dennoch liegt *Rappard* richtig, wenn er meint, die Ausweitung des Machtbereiches des Bundes sei eines der Hauptmerkmale der Totalrevision von 1874.[10] Die Ausdehnung der Bundeskompetenzen vollzog sich dabei überwiegend durch eine Übertragung von ursprünglich den Ländern vorbehaltenen Kompetenzen auf den Bund. So wurde etwa die Sorge für die gesamte militärische Ausbildung und die Bewaffnung dem Bund übertragen, was die Aufstellung eines einheitlichen schweizerischen Bundesheeres ermöglichte.[11] Auch in Bereichen wie Jagd und Fischerei, Arbeiterschutz, Maße und Gewichte, Verleihung des Bürgerrechts, Doppelbesteuerung, Niederlassung und Ausübung der politischen

[5] *Kölz*, Geschichtliche Grundlagen, in: Thürer/Aubert/Müller (Hrsg.), Verfassungsrecht der Schweiz, § 7 Rn. 34; *Kreis*, Totalrevisionen als soziale Bewegungen, in: Sitter-Liver (Hrsg.), Herausgeforderte Verfassung, S. 169, 175.

[6] *Kölz*, Geschichtliche Grundlagen, in: Thürer/Aubert/Müller (Hrsg.), Verfassungsrecht der Schweiz, § 7 Rn. 34.

[7] *Kölz*, Geschichtliche Grundlagen, in: Thürer/Aubert/Müller (Hrsg.), Verfassungsrecht der Schweiz, § 7 Rn. 34.

[8] *Kölz*, Geschichtliche Grundlagen, in: Thürer/Aubert/Müller (Hrsg.), Verfassungsrecht der Schweiz, § 7 Rn. 34 f; *Kreis*, Totalrevisionen als soziale Bewegungen, in: Sitter-Liver (Hrsg.), Herausgeforderte Verfassung, S. 169, 175.

[9] Näher dazu *Rappard*, Die Bundesverfassung der Schweizerischen Eidgenossenschaft 1848–1948, S. 318; *Häfelin/Haller/Keller/Thurnherr*, Schweizerisches Bundesstaatsrecht, Rn. 53.

[10] *Rappard*, Die Bundesverfassung der Schweizerischen Eidgenossenschaft 1848–1948, S. 323.

[11] Art. 18–22 BV 1874; s. dazu *Kölz*, Neuere schweizerische Verfassungsgeschichte: Ihre Grundlinien in Bund und Kantonen seit 1848, S. 613 f.

Rechte, Krankheits- und Begräbniskosten von Armen außerhalb ihres Heimatkantons, Steuern für Kultuszwecke, religiöse Orden, Zivilstand, Heirat, persönliche Handlungsfähigkeit, Obligationenrecht einschließlich des Handels- und Wechselrechts, Urheberrecht an Werken der Literatur und Kunst, Betreibungsverfahren und Konkursrecht sowie Verlust der politischen Rechte wurde eine Kompetenzübertragung auf den Bund auf Kosten der Kantone vorgenommen.[12] Daher konnte der Bund im Jahr 1881 zur Vereinheitlichung des Zivilrechts das Bundesgesetz über das Obligationenrecht erlassen, welches 1883 in Kraft trat und zugleich das Handels- und Wechselrecht in sich fasste.[13] Hinzu kommt, dass auf Grund verschiedener technischer Entwicklungen rechtliche Regelungen erforderlich wurden. Dies galt insbesondere für die Bereiche der Eisenbahnen, des Telegrafenwesens sowie des Papiergeldwesens, für die dem Bund und nicht den Kantonen die Kompetenz übertragen wurde.[14] Eine Folge der Erweiterung der Gesetzgebungskompetenzen des Bundes war allerdings, dass mit Hilfe der auf dieser Grundlage erlassenen Bundesgesetze die kantonalen Freiheitsrechte eingeschränkt und damit ein Stück weit entwertet werden konnten.[15]

bbb) Verwaltung

Die Totalrevision von 1874 erweiterte den Zuständigkeitsbereich des Bundes nicht nur bei der Gesetzgebung, sondern auch auf dem Gebiet der Verwaltung. So erhielt der Bund im Zuge der Totalrevision beispielsweise die Oberaufsicht über die kantonalen Militärverwaltungen sowie über die Wasserbau- und Forstpolizei im Hochgebirge. Auch der Primarunterricht unterstand insoweit der Bundesverwaltung, als die Kantone in Art. 27 Abs. 2 BV 1874 dazu verpflichtet wurden, für genügenden Primarunterricht zu sorgen, welcher ausschließlich unter staatlicher Leitung stehen sollte.

ccc) Individuelle Freiheitsrechte

Ein anderes Charakteristikum der Bundesverfassung von 1874 stellt die Verankerung weiterer individueller Freiheitsrechte dar, welche nach der Bundesverfassung von 1848 auf Bundesebene noch nicht gewährleistet waren.[16] So wurde die Handels- und Gewerbefreiheit mit der Bundesverfassung von 1874 auf Bundesebene erstmals vollständig gewährleistet (Art. 31 BV 1874). Entsprechendes gilt für das Stimmrecht (Art. 43 Abs. 2 BV 1874). Neu aufgenommen wurde das Post-

---

[12] Vgl. *Rappard*, Die Bundesverfassung der Schweizerischen Eidgenossenschaft 1848–1948, S. 324; *Kölz*, Geschichtliche Grundlagen, in: Thürer/Aubert/Müller (Hrsg.), Verfassungsrecht der Schweiz, § 7 Rn. 35.

[13] Bundesgesetz über das Obligationenrecht v. 14.06.1881, BBl 1881 III, 109 ff.

[14] Vgl. *Rappard*, Die Bundesverfassung der Schweizerischen Eidgenossenschaft 1848–1948, S. 325.

[15] *Rappard*, Die Bundesverfassung der Schweizerischen Eidgenossenschaft 1848–1948, S. 325.

[16] S. dazu *Kägi*, ZSR 1952 I, 173, 188 ff.

und Telegraphengeheimnis (Art. 36 Abs. 4 BV 1874). Die Niederlassungsfreiheit (Art. 45 BV 1874), welche schon im Rahmen der Verfassungsrevision von 1866 auf alle Schweizerbürger ausgedehnt worden war, wurde mit der Totalrevision von 1874 nunmehr nochmals erweitert, indem für die freie Niederlassung ein Zeugnis sittlicher Aufführung nicht mehr verlangt werden konnte. Auch die umfassende Glaubens- und Gewissensfreiheit für alle Bekenntnisse (Art. 49 BV 1874) sowie die nunmehr für alle Konfessionen geltende Kultusfreiheit (Art. 50 BV 1874) als Ausdruck der Laizisierung des Staates fanden 1874 erstmals Eingang in die Bundesverfassung.[17] Ebenso war nunmehr der bekenntnisfreie Primarschulunterricht als soziales Recht verfassungsrechtlich garantiert (Art. 27 Abs. 2 BV 1874). Dementsprechend hatten die Kantone für unentgeltlichen Volksschulunterricht unter staatlicher Leitung Sorge zu tragen. In Art. 54 BV 1874 wurde zudem das Recht auf Eheschließung erstmals bundesverfassungsrechtlich garantiert, wobei die Feststellung und Beurkundung des Zivilstandes den staatlichen Behörden zugewiesen wurden, welche auch dafür zu sorgen hatten, dass jeder Verstorbene „schicklich" beerdigt werden konnte (Art. 53 BV 1874). Letzteres wiederum implizierte ein soziales Grundrecht des Einzelnen. Ebenso wie schon die Bundesverfassung von 1848 sah die neue Bundesverfassung in Art. 51 ein Verbot des Jesuitenordens sowie der ihm angeschlossenen Gesellschaften vor. Außerdem war die Errichtung neuer und die Wiederherstellung aufgehobener Klöster oder religiöser Orden unzulässig (Art. 52 BV 1874), was ebenfalls auf den Einfluss der radikaldemokratischen Kräfte auf die Verfassungsgebung und die verbreitete Kulturkampfstimmung zurückzuführen ist.[18]

Weitere Neuerungen im Bereich der Freiheitsrechte betrafen die justiziellen Gewährleistungen (Art. 58–61 BV 1874), wobei insbesondere die verfassungsrechtliche Abschaffung der geistlichen Gerichtsbarkeit hervorzuheben ist (Art. 58 Abs. 2 BV 1874). Schließlich ist im Zusammenhang mit den Freiheitsrechten noch zu erwähnen, dass mit der neuen Bundesverfassung die Todes- und Körperstrafe vollständig abgeschafft wurde (Art. 65 BV 1874), wobei die Todesstrafe außerhalb politischer Vergehen freilich schon 1879 wieder zugelassen wurde.

ddd) Errichtung eines ständigen Bundesgerichts

Art. 106 Abs. 1 der neuen Bundesverfassung sah die Einrichtung eines ständigen Bundesgerichtes vor, welches für die Ausübung der Rechtspflege zuständig sein sollte, soweit diese in den Zuständigkeitsbereich des Bundes fiel. Damit wandelte sich das Bundesgericht zur obersten Instanz in den der Rechtsvereinheitlichung unterstellten Materien.[19] Ihm wurde u.a. die Kompetenz zur Entscheidung über

---

[17] S. dazu *Rappard*, Die Bundesverfassung der Schweizerischen Eidgenossenschaft 1848–1948, S. 325; Geschichtliche Grundlagen, in: Thürer/Aubert/Müller (Hrsg.), Verfassungsrecht der Schweiz, § 7 Rn. 35; *His*, Geschichte des neuern Schweizerischen Staatsrechts, Bd. 3, S. 544.

[18] *Kölz*, Geschichtliche Grundlagen, in: Thürer/Aubert/Müller (Hrsg.), Verfassungsrecht der Schweiz, § 7 Rn. 35.

[19] *Häfelin/Haller/Keller/Thurnherr*, Schweizerisches Bundesstaatsrecht, Rn. 56.

staatsrechtliche Streitigkeiten zwischen den Kantonen sowie zwischen dem Bund und den Kantonen sowie die Kompetenz zur Entscheidung über staatsrechtliche Beschwerden der Bürger wegen Verletzung verfassungsmäßiger Rechte übertragen, wobei durch Bundesgesetz näher zu bestimmende Administrativstreitigkeiten nach Art. 113 Abs. 2 BV 1874, deren Entscheidung weiterhin dem Bundesrat bzw. der Bundesversammlung oblag, ausgenommen sein sollten. Art. 59 des Organisationsgesetzes über die Bundesrechtspflege von 1874 (OG 1874)[20] sah insoweit vor, dass u.a. die Entscheidung über Rekurse betreffend die Verletzung der Glaubens- und Gewissensfreiheit, der Kultusfreiheit, der Handels- und Gewerbefreiheit, der Niederlassungsfreiheit sowie über Streitigkeiten über kantonale Wahlen und Abstimmungen nach wie vor den politischen Bundesbehörden vorbehalten bleiben sollte, da Letztere die Fortbildung der Bundesverfassung in den eigenen Händen behalten wollten.[21] Dies änderte sich erst mit der schrittweisen Beseitigung der Kognitionsbeschränkung[22] des Bundesgerichts gegenüber Maßnahmen von Bundesbehörden in Folge der Änderung des Organisationsgesetzes in den Jahren 1893 und 1911. Während in Folge der Änderung des Organisationsgesetzes aus dem Jahr 1893 dem Bundesgericht die Entscheidung über Beschwerden betreffend das Stimmrecht, die Niederlassungsfreiheit sowie die Glaubens-, Gewissens- und Kultusfreiheit übertragen wurde,[23] konnte das Bundesgericht über Beschwerden in Fragen der Handels- und Gewerbefreiheit sowie der politischen Stimmberechtigung und der kantonalen Wahlen und Abstimmungen erst ab 1911 selbst entscheiden.[24] Hinzu kommt, dass nach Art. 113 Abs. 3 BV 1874 die von der Bundesversammlung erlassenen Gesetze und allgemein verbindlichen Beschlüsse sowie die von ihr genehmigten Staatsverträge für das Bundesgericht maßgebend waren, so dass Letzteres keine Befugnis zur Normenkontrolle gegenüber dem Bundesgesetzgeber besaß. Daher war das Bundesgericht im Bereich der staatsrechtlichen Beschwerde ausschließlich für Beschwerden des Einzelnen gegen kantonale Maßnahmen und damit im Sinne einer Zentralisierung der Staatsgewalt für die bundesrechtliche Kontrolle den Kantonen gegenüber zuständig, was wiederum die Position des Bundes im bundesstaatlichen Gefüge stärkte.[25] *Kölz* spricht insoweit zur Recht von der staatsrechtlichen Beschwerde als der „erste[n] Form der Verfassungsgerichtsbarkeit in Europa überhaupt", welche eine massive Intervention des Bundes in die inneren Verhältnisse der Kantone im-

---

[20] Bundesgesetz über die Organisation der Bundesrechtspflege v. 27.06.1874, BBl 1874 II, 425 ff. = AS I, S. 136.

[21] *Giacometti*, Die Verfassungsgerichtsbarkeit des Schweizerischen Bundesgerichtes, S. 40.

[22] Zum Begriff der Kognition s. *Kälin*, Das Verfahren der staatsrechtlichen Beschwerde, S. 157 ff.

[23] Bundesgesetz über die Organisation der Bundesrechtspflege v. 22.03.1893, BBl 1893 I, 1107 ff.

[24] Bundesgesetz betreffend Änderung der Organisation der Bundesrechtspflege v. 06.10.1911, BBl 1911 III, 55 ff.

[25] *Kägi*, ZSR 1952 I, 173, 202 f.; s. dazu auch *Giacometti*, Die Verfassungsgerichtsbarkeit des Schweizerischen Bundesgerichtes, S. 39 ff.

pliziert habe.[26] Eine gerichtliche Kontrolle der Bundesstaatsgewalt hingegen war ausgeschlossen, was nicht nur hinsichtlich formeller Bundesgesetze, sondern auch hinsichtlich der Verwaltungsentscheide der Bundesbehörden galt, da insoweit stets eine Beeinträchtigung von Verwaltungsvorschriften des Bundes in Rede gestanden hätte, in Bezug auf die das Bundesgericht nach Art. 113 Abs. 2 BV 1874 keine Ahndungskompetenz besaß.[27] Schließlich war das Bundesgericht ab 1893 Beschwerde- und Berufungsinstanz gegen Entscheide kantonaler Gerichtsbehörden in Zivil- und Strafsachen,[28] wodurch die Vereinheitlichung der Rechtsprechung ebenfalls voran getrieben wurde.

eee) Finanzverfassung

Auch im Bereich der Finanzverfassung verschoben sich die Gewichte durch die Totalrevision der Bundesverfassung zu Gunsten des Bundes. So wurden die den Kantonen seit 1848 gezahlten Entschädigungen für die losgekauften Zölle, Weg- und Brückengelder sowie die Kaufhaus- und anderen Gebühren mit der Bundesverfassung von 1874 gestrichen.[29] Zwar ergab sich ein finanzieller Ausgleich für die erlittenen Einbußen im militärischen Bereich, der verloren gegangene politische Einfluss der Kantone konnte dadurch aber nicht ausgeglichen werden.[30]

fff) Einführung des fakultativen Referendums

Als Ausgleich für die Zunahme der Bundeskompetenzen wurde im Rahmen der Totalrevision von 1874 das fakultative Gesetzes- und Beschlussreferendum eingeführt, wonach Bundesgesetze sowie allgemein verbindliche Bundesbeschlüsse, die nicht dringlicher Natur waren, dem Volke zur Annahme oder Verwerfung vorgelegt werden sollten, wenn es von 30 000 stimmberechtigten Schweizer Bürgern oder von 8 Kantonen verlangt wurde (Art. 89 Abs. 2 BV 1874).[31] Ohne Aufnahme dieses demokratischen Elements in die Bundesverfassung wäre eine Zustimmung der welschen und deutschschweizerischen Kantone wohl kaum denkbar gewesen.[32]

---

[26] *Kölz*, Neuere Schweizerische Verfassungsgeschichte: Ihre Grundlinien in Bund und Kantonen seit 1848, S. 625; ähnlich *Giacometti*, Die Verfassungsgerichtsbarkeit des Schweizerischen Bundesgerichtes, S. 267, der das Bundesgericht als „bundesstaatliche Institution“ versteht.

[27] *Giacometti*, Die Verfassungsgerichtsbarkeit des Schweizerischen Bundesgerichtes, S. 43.

[28] Vgl. das Bundesgesetz über die Organisation der Bundesrechtspflege v. 22.03.1893, BBl 1893 I, 1107 ff.; unter der Bundesverfassung von 1848 war das Bundesgericht nur im Falle der Strafbestimmungen der polizeilichen und fiskalischen Bundesgesetze Kassationsgericht, s. dazu oben, § 7 VI.1.

[29] *Rappard*, Die Bundesverfassung der Schweizerischen Eidgenossenschaft 1848–1948, S. 325; eine Ausnahme diesbezüglich bestand lediglich für die Kantone Uri, Graubünden, Tessin und Wallis, denen aus „Rücksicht auf ihre internationalen Alpenstraßen“ durch Art. 30 Abs. 3 BV 1874 eine jährliche Entschädigung zugesichert wurde.

[30] *Rappard*, Die Bundesverfassung der Schweizerischen Eidgenossenschaft 1848–1948, S. 326.

[31] Ausführlich dazu *Kölz*, Neuere Schweizerische Verfassungsgeschichte: Ihre Grundlinien in Bund und Kantonen seit 1848, S. 614 ff.

[32] *Kölz*, Geschichtliche Grundlagen, in: Thürer/Aubert/Müller (Hrsg.), Verfassungsrecht der Schweiz, § 7 Rn. 35.

cc) Nach 1874 vorgenommene Verfassungsänderungen mit potentiellen Auswirkungen auf den Grundrechtsschutz

Die Totalrevision der Bundesverfassung aus dem Jahr 1874 bildete keineswegs einen Schlusspunkt für etwaige Verfassungsänderungen, sondern es kam in der Folgezeit zu weiteren punktuellen Verfassungsänderungen, welche sich auf das bundesstaatliche Gefüge und damit zumindest indirekt auch auf das Verhältnis zwischen bundesrechtlichem und kantonalem Grundrechtsschutz auswirkten. In diesem Zusammenhang ist zunächst die Schaffung einer Bundeskompetenz zur Vereinheitlichung des gesamten materiellen Zivil- und Strafrechts im Jahr 1898 zu nennen,[33] auf dessen Grundlage im Jahr 1907 das schweizerische Zivilgesetzbuch erlassen wurde,[34] welches 1912 in Kraft trat. Dies führte zu einer noch stärkeren Rechtsvereinheitlichung im Sinne des Bundesrechts, wodurch die Zuständigkeiten der Kantone weiter zurück gedrängt wurden. Hinzu kam der stetige Ausbau des Sozialstaates, in dessen Folge im Jahr 1890 eine Verfassungsgrundlage für die Kranken- und Unfallversicherung geschaffen wurde.[35] Auch zur Regelung des Gewerberechts erhielt der Bund im Jahr 1908 eine eigene Kompetenz.[36] Entsprechendes gilt für den Verkehr mit Nahrungs- und Genussmitteln und den Verkehr mit anderen Gebrauchs- und Verbrauchsgegenständen, soweit solche lebens- oder gesundheitsgefährdend waren.[37] Außerdem wurde dem Bund im Jahr 1908 die Befugnis zur Schaffung allgemeiner Regelungen für die Nutzung der Wasserkraft erteilt, was wiederum Auswirkungen auf die eigentumsrechtlichen Positionen des Einzelnen mit sich bringen konnte.[38] Nicht direkt im Zusammenhang mit dem Grundrechtsschutz stand die Einführung von direkten Bundessteuern unter dem Eindruck des 1. Weltkrieges in den Jahren 1915[39] und 1917[40], doch wurde da-

[33] Bundesbeschluss betreffend Revision des Artikels 64 der Bundesverfassung v. 30.06.1898, BBl 1898 IV, 13 ff.; s. dazu *Rappard*, Die Bundesverfassung der Schweizerischen Eidgenossenschaft 1848–1948, S. 359 ff.

[34] Schweizerisches Zivilgesetzbuch v. 10.12.1907, BBl 1907 VI, 589 ff.

[35] Bundesbeschluss betreffend Ergänzung der Bundesverfassung vom 29. Mai 1874 durch einen Zusatz bezüglich des Gesetzgebungsrechtes über Unfall- und Krankenversicherung v. 13.06.1890, BBl 1890 III, 644 f.

[36] Vgl. Bundesbeschluss betreffend Ergänzung der Bundesverfassung bezüglich des Rechts der Gesetzgebung über das Gewerbewesen, BBl 1908 IV, 571 ff.; *Rappard*, Die Bundesverfassung der Schweizerischen Eidgenossenschaft 1848–1948, S. 363.

[37] Bundesbeschluss betreffend Bundesgesetzgebung über den Verkehr mit Nahrungs- und Genussmitteln und mit solchen Gebrauchs- und Verbrauchsgegenständen, welche das Leben oder die Gesundheit gefährden können v. 26.03.1897, BBl 1897 III, 233 f.

[38] Bundesbeschluss betreffend die Aufnahme eines Zusatzartikels 24bis in die Bundesverfassung betreffend die Gesetzgebung des Bundes über die Nutzbarmachung der Wasserkräfte und über die Fortleitung und die Abgabe der elektrischen Energie, in Kraft getreten am 22.12.1908; s. dazu auch *Rappard*, Die Bundesverfassung der Schweizerischen Eidgenossenschaft 1848–1948, S. 354 f.

[39] Bundesbeschluss betreffend Erlass eines Artikels der Bundesverfassung zur Erhebung einer einmaligen Kriegssteuer v. 15.04.1915, BBl 1915 II, 1 ff.

[40] Bundesbeschluss betreffend die Einfügung eines Art. 41bis und eines Art. 42 lit. g) in die Bundesverfassung (Stempelabgaben) v. 29.03.1917, BBl 1917 I, 448 f.

durch sowohl der Aktionsradius des Bundes in der Kriegszeit erweitert als auch ein Präzedenzfall geschaffen, welcher in der Folgezeit mehrfach als Vorbild bemüht wurde,[41] was letztlich zu einer Verschiebung des Machtgefüges zwischen Bund und Kantonen zu Gunsten des Bundes führen musste. Hinzu kam, dass während des 1. Weltkrieges, an dem die Schweiz selbst zwar nicht aktiv beteiligt war, der aber dennoch vor allem im wirtschaftlichen Bereich erhebliche Auswirkungen auf die Schweiz hatte, der Bundesrat auf Grund des sog. Vollmachtenbeschlusses,[42] welcher ihm weit reichende Vollmachten verlieh, mittels Notverordnungen beispielsweise das Wirtschaftsleben weitgehend selbständig regeln konnte, auch auf Gebieten, für die an sich die Kantone zuständig waren.[43]

Durch die Erweiterung der Bundeskompetenzen und die damit verbundene Zunahme des einfachen Bundesrechts stieg der Anreiz für eine ausschließliche Heranziehung von Bundesgrundrechten in Beschwerdeverfahren, wenngleich eine explizite Berufung auf kantonale Grundrechte gegenüber den ausführenden kantonalen Instanzen weiterhin möglich blieb. Zudem erhielt der Bund auch im Bereich der Judikative immer mehr Kompetenzen, was sich etwa an der Schaffung einer Verfassungsgrundlage für die Verwaltungsgerichtsbarkeit des Bundes im Jahr 1914 ablesen lässt,[44] die jedoch erst 1928 verwirklicht wurde.[45]

Einen unmittelbaren Bezug zum Grundrechtsschutz, insbesondere hinsichtlich der Religionsfreiheit von Juden und Muslimen, hatte schließlich die 1893 erfolgte Einfügung von Art. 25a in die Bundesverfassung, wonach das Schächten ausnahmslos verboten wurde.[46] Entsprechendes gilt für die im Jahr 1879 erfolgte Einschränkung der Abschaffung der Todesstrafe, welche fortan nur noch bei politischen Vergehen ausgeschlossen war.

b) Kantonale Ebene

Die kantonale Verfassungsentwicklung zeichnet sich dadurch aus, dass zum einen in den Jahren unmittelbar vor der Totalrevision der Bundesverfassung im Jahr

---

[41] *Rappard*, Die Bundesverfassung der Schweizerischen Eidgenossenschaft 1848–1948, S. 365 ff.

[42] Vgl. *Bundesrat*, Botschaft an die Bundesversammlung betreffend Massnahmen zum Schutze des Landes und zur Aufrechterhaltung der Neutralität v. 02.08.1914, BBl 1914 IV, 5 ff.

[43] *Kölz*, Neuere Schweizerische Verfassungsgeschichte: Ihre Grundlinien in Bund und Kantonen seit 1848, S. 815; vgl. dazu den Bericht des Bundesrates an die Bundesversammlung betreffend die zurzeit geltenden, auf dem Notverordnungsrecht beruhenden Bestimmungen v. 23.05.1919, BBl 1919 III, 277 ff.

[44] Bundesbeschluss betreffend Revision von Art. 103 der Bundesverfassung und Aufnahme eines Artikels 114bis in die Bundesverfassung v. 20.06.1914, BBl 1914 III, 627 f.; *Rappard*, Die Bundesverfassung der Schweizerischen Eidgenossenschaft 1848–1948, S. 364 ff.

[45] S. dazu Art. 1 des Bundesgesetzes über die eidgenössische Verwaltungs- und Disziplinarrechtspflege v. 11.06.1928, AS 44, S. 779; vgl. *Rhinow/Koller/Kiss/Thurnherr/Brühl-Moser*, Öffentliches Prozessrecht, Rn. 778.

[46] S. dazu *Bundesrat*, Botschaft an die Bundesversammlung, betreffend die eidgenössische Volksabstimmung vom 20. August 1893 v. 13.10.1893, BBl 1893 IV, 399 ff.

1874 auf kantonaler Ebene viele Totalrevisionen der Kantonsverfassungen vorgenommen wurden, die der Totalrevision auf Bundesebene als Vorbilder dienten,[47] zum anderen aber die kantonale Verfassungsentwicklung nach 1874 ihrerseits sehr stark durch die neue Bundesverfassung beeinflusst wurde, was dazu führte, dass nach 1874 in vielen Kantonen eine Totalrevision der Kantonsverfassung erforderlich wurde.[48] Im Kanton Zürich etwa wurde im Jahr 1869 eine neue Kantonsverfassung verabschiedet,[49] welche ein äußerst weit gehendes Initiativ- und Referendumsrecht des Volkes enthielt.[50] Auch die unbeschränkte Garantie der individuellen Glaubens-, Kultus- und Lehrfreiheit des Einzelnen und des Ausschlusses jeglichen kirchlichen Zwanges bei gleichzeitiger Beibehaltung der bisherigen Rechts- und Organisationsform der reformierten Landeskirche[51] konnte in gewisser Weise Vorbildcharakter für die spätere Bundesverfassung entfalten.[52] Damit einher ging die verfassungsrechtliche Verankerung des Rechts der Bürger auf Eheschließung vor einem bürgerlichen Zivilstandsbeamten, was freilich noch nicht die Einführung der obligatorischen Zivilehe implizierte.[53] Die Führung der Eheregister wurde hingegen dem Staat übertragen, ein Modell, welches 1874 von der Bundesverfassung übernommen wurde. Auch wirtschaftliche und soziale Fragen wurden in der Zürcher Verfassung von 1869 geregelt, wobei insbesondere der Arbeiterschutzartikel des Art. 23 in der Schweiz eine „sozialpolitisch geprägte Verfassungsgebung" einleitete, welche die Bundesverfassung von 1874 in erheblichem Maße beeinflusste.[54] In Bezug auf die Garantie von Freiheitsrechten hatte die Zürcher Kantonsverfassung für die künftige Bundesverfassung teilweise Vorbildcharakter, etwa, indem sie die Handels- und Gewerbefreiheit vollständig gewährleistete, teilweise ging sie aber über das später auf Bundesebene Verwirklichte weit hinaus, beispielsweise, indem sie die Versammlungsfreiheit sowie die Kunst- und Wissenschaftsfreiheit garantierte.[55] Vorbildcharakter entfaltete die Zürcher Kantonsverfassung schließlich auch dadurch, dass sie die Todes- und Kettenstrafe vollständig abschaffte.

---

[47] *Kreis*, Totalrevisionen als soziale Bewegungen, in: Sitter-Liver (Hrsg.), Herausgeforderte Verfassung, S. 169, 189.

[48] Abgeschlossen wurde der Prozess der kantonalen Totalrevisionen erst mit der Totalrevision der Kantonsverfassung von Nidwalden im Jahr 1913, vgl. *Kurer*, Die kantonalen Grundrechtsgarantien und ihr Verhältnis zum Bundesrecht, S. 2.

[49] Verfassung des Kantons Zürich v. 18.04.1869.

[50] Ausführlich dazu *Kölz*, Neuere Schweizerische Verfassungsgeschichte: Ihre Grundlinien in Bund und Kantonen seit 1848, S. 60 ff.

[51] Näher dazu *Kölz*, Neuere Schweizerische Verfassungsgeschichte: Ihre Grundlinien in Bund und Kantonen seit 1848, S. 73 f.

[52] S. dazu *His*, Geschichte des neuern Schweizerischen Staatsrechts, Bd. 3, S. 543.

[53] *Kölz*, Neuere Schweizerische Verfassungsgeschichte: Ihre Grundlinien in Bund und Kantonen seit 1848, S. 74.

[54] *Kölz*, Neuere Schweizerische Verfassungsgeschichte: Ihre Grundlinien in Bund und Kantonen seit 1848, S. 79.

[55] *Kölz*, Neuere Schweizerische Verfassungsgeschichte: Ihre Grundlinien in Bund und Kantonen seit 1848, S. 80.

Eine Erweiterung der Volksrechte hat es im Jahr 1869 auch im Kanton Solothurn gegeben, wo im Wege einer faktischen Totalrevision auf vielen Gebieten ein obligatorisches Referendum eingeführt wurde.[56] Ähnliches gilt etwa für den Aargau, wo 1870 eine entsprechende Verfassungsänderung vorgenommen wurde.[57] Die Verfassung von Thurgau aus dem Jahr 1869[58] enthielt ebenfalls bereits eine unbeschränkte Garantie der Glaubens- und Kultusfreiheit.

In anderen Kantonen hingegen war die Verfassungsentwicklung vor 1874 eher konservativ geprägt. Dazu zählte beispielsweise der Kanton Zug, der in seiner neuen Verfassung aus dem Jahr 1873 konfessionell getrennte Schulgemeinden vorsah und die Religionsfreiheit für Nichtkatholiken nur unzureichend gewährleistete.[59] Auch in Appenzell Innerrhoden verwirklichte die neue Kantonsverfassung von 1872 die Gewaltenteilung nur rudimentär.[60] Überdies genoss nach Art. 3 der Kantonsverfassung die katholische Religion als Religion des Volkes die Gewährleistung und den Schutz des Staates, wobei andere Glaubensbekenntnisse nur geduldet wurden.[61] In Kantonen wie etwa Freiburg waren Verfassungsänderungen in den Jahren vor 1874 noch gescheitert,[62] so dass die aus den 1850er Jahren stammenden Kantonsverfassungen, welche beispielsweise die Religionsfreiheit oft nur mit Einschränkungen gewährleisteten, weiterhin in Kraft blieben.

Im Zuge der Totalrevision der Bundesverfassung 1874 kam es in vielen Kantonen zu einer Änderung der jeweiligen Kantonsverfassung, um den neuen bundesrechtlichen Vorgaben Rechnung zu tragen,[63] wobei auffällt, dass die Totalrevision von 1874 den Kantonen zu Änderungen in ihren Grundrechtskatalogen wesentlich weniger Anlass gab als die Bundesverfassung von 1848.[64] Änderungen in den Kantonsverfassungen gab es im Zuge der Totalrevision der Bundesverfassung etwa im Bereich der Religionsfreiheit, wo bislang insbesondere in den Bergkantonen von Verfassungs wegen die katholische Religion als „die Religion des Staates" proklamiert worden war.[65] Diese Formulierung wurde nach Inkrafttreten der neuen Bundesverfassung in den betreffenden Kantonsverfassungen dahin gehend

---

[56] Näher dazu *Kölz*, Neuere Schweizerische Verfassungsgeschichte: Ihre Grundlinien in Bund und Kantonen seit 1848, S. 122 f.

[57] *Kölz*, Neuere Schweizerische Verfassungsgeschichte: Ihre Grundlinien in Bund und Kantonen seit 1848, S. 171 f.

[58] § 17 KV Thurgau 1869.

[59] *Kölz*, Neuere Schweizerische Verfassungsgeschichte: Ihre Grundlinien in Bund und Kantonen seit 1848, S. 295 f.

[60] *Kölz*, Neuere Schweizerische Verfassungsgeschichte: Ihre Grundlinien in Bund und Kantonen seit 1848, S. 320 f.

[61] Verfassung für den eidgenössischen Stand Appenzell Innerrhoden v. 24.11.1872.

[62] So etwa die Einführung eines Referedums im Kanton Freiburg im Jahr 1873, vgl. *Kölz*, Neuere Schweizerische Verfassungsgeschichte: Ihre Grundlinien in Bund und Kantonen seit 1848, S. 335.

[63] Ausführlich dazu *Brühwiler*, Die Freiheitsrechte der Kantonsverfassungen, S. 13.

[64] *Brühwiler*, Die Freiheitsrechte der Kantonsverfassungen, S. 13.

[65] So etwa § 3 Abs. 1 KV Uri 1850; ähnlich auch § 2 KV Schwyz 1848; vgl. *His*, Geschichte des neuern Schweizerischen Staatsrechts, Bd. 3, S. 544 f.

geändert, dass die katholische Religion nunmehr als die „Religion der Mehrheit des Volkes“ bezeichnet wurde.[66]

Auch im Bereich des Schulwesens diente die totalrevidierte Bundesverfassung als Maßstab für die Kantonsverfassungen. So sah etwa die totalrevidierte Verfassung von Luzern aus dem Jahr 1875 in § 3 Abs. 1 vor, dass der Kanton unter Beachtung der Vorschriften des Art. 27 BV 1874 für öffentlichen Unterricht zu sorgen habe.[67] Eine ähnliche Bestimmung fand sich auch in Art. 26 der totalrevidierten Verfassung von Nidwalden aus dem Jahr 1877, wobei hervorzuheben ist, dass sich der Kanton nicht mit der Umsetzung der bundesverfassungsrechtlichen Vorgaben begnügte, sondern mit dem Hausrecht vielmehr eine grundrechtliche Garantie in seine Verfassung aufnahm, welche auf Bundesebene keine Entsprechung kannte.[68] Die Verfassung von Basel-Stadt aus dem Jahr 1875 verankerte in § 13 ebenfalls die öffentliche, unentgeltliche und konfessionslose Primarschule.[69] Indes ging der Kanton noch einen Schritt weiter, indem er in § 10 der Verfassung von 1875 vorsah, dass sämtliche der von der Bundesverfassung aufgestellten allgemeinen Bestimmungen für die kantonale Verfassung gelten sollten.[70] Ein kantonaler Grundrechtkatalog wurde aus diesem Grund entbehrlich, weshalb die Verfassung von Basel-Stadt aus dem Jahr 1875 weder den allgemeinen Gleichheitssatz noch die Pressefreiheit und die Handels- und Gewerbefreiheit enthielt.[71] Hieran wird deutlich, dass die Grundrechtsentwicklung auf Bundesebene im Einzelfall dazu führen konnte, dass unter dem Eindruck der Bundesverfassung und deren Grundrechtsgewährleistungen auf kantonaler Ebene auf eine Ausarbeitung eines eigenständigen Grundrechtsschutzes freiwillig verzichtet wurde, wenngleich die Verfassung von Basel-Stadt mit der Eigentumsfreiheit sehr wohl eine über die Bundesverfassung hinausgehende Garantie enthielt. Eine mit § 10 der baselstädtischen Verfassung vergleichbare Bestimmung enthielt Art. 21 der Verfassung von Appenzell Ausserrhoden aus dem Jahr 1876, wobei diese Kantonsverfassung allerdings die bereits in der Bundesverfassung verbürgten Grundrechte mit Ausnahme der Pressefreiheit noch einmal selbst explizit auflistet.

Teilweise wurden die Vorgaben der neuen Bundesverfassung auf kantonaler Ebene jedoch nicht sofort realisiert. Im Kanton St. Gallen etwa wurde noch 1875 eine Anpassung der kantonalen Verfassungsbestimmungen zum Schulwesen an die Vorgaben der Bundesverfassung vom Volk abgelehnt. Eine Umsetzung der bundesverfassungsrechtlichen Vorgaben fand im Kanton St. Gallen erst im Jahre

---

[66] § 2 Abs. 1 KV Schwyz 1876; Art. 3 KV Nidwalden 1877; Art. 2 Abs. 1 KV Uri 1888; Art. 3 Abs. 1 KV Obwalden 1902; vgl. *His*, Geschichte des neuern Schweizerischen Staatsrechts, Bd. 3, S. 545.

[67] S. Staatsverfassung des Kantons Luzern v. 29.01.1875.

[68] Verfassung des Kantons Nidwalden v. 02.04.1877; ähnlich auch § 5 KV Schwyz 1876, § 8 Abs. 1 KV Zug 1873/1876, § 31 KV Solothurn 1875 und § 4 KV Basel-Stadt 1875; ausführlich dazu *Brühwiler*, Die Freiheitsrechte der Kantonsverfassungen, S. 13.

[69] Verfassung des Kantons Basel-Stadt v. 10.05.1875.

[70] S. dazu unten, § 8 I.2. b).

[71] *Kölz*, Neuere Schweizerische Verfassungsgeschichte: Ihre Grundlinien in Bund und Kantonen seit 1848, S. 348.

1890 statt.[72] Eine etwas verzögerte Übernahme der bundesverfassungsrechtlichen Grundsätze zeigte sich auch im Kanton Uri, wo das Primarschulwesen ebenfalls erst mit der neuen Verfassung von 1888 nach deren Vorgaben geregelt wurde.[73] Im Kanton Obwalden wurde die Religionsfreiheit, ebenso wie die bundesverfassungsrechtlichen Vorgaben zum Schulwesen, erst mit der Verfassung von 1902 umgesetzt.[74] Im Kanton Waadt schließlich wurde die Todesstrafe nach dem Vorbild der Bundesverfassung von 1874 trotz ihrer späteren Wiedereinführung auf Bundesebene mit der Totalrevision der Kantonsverfassung von 1885 abgeschafft.[75]

Wie bereits am oben genannten Beispiel von Nidwalden deutlich wurde, gingen die kantonalen Verfassungsrevisionen nach 1874 nicht ausschließlich im Schatten der Bundesverfassung vonstatten, sondern es wurden nach 1874 in die Kantonsverfassungen auch Freiheitsrechte aufgenommen, welche in der totalrevidierten Bundesverfassung keine Entsprechung fanden. So garantierte die im Jahr 1875 totalrevidierte Verfassung von Solothurn erstmals u.a. das Recht auf persönliche Freiheit, das Hausrecht sowie die Eigentumsgarantie, mithin Grundrechte, für die kein bundesrechtliches Äquivalent existierte.[76] Im Tessin wurde im Wege einer Teilrevision der Kantonsverfassung im Jahr 1875 die Lehrfreiheit privater Schulen verfassungsrechtlich verankert,[77] obwohl die Bundesverfassung von 1874 kein Recht auf Unterrichts- und Lehrfreiheit enthielt. Ähnliches galt für die Kantone Luzern, Zug und Wallis, wodurch den Schulen der religiösen Orden eine entsprechende Garantie verschafft werden sollte.[78]

Nachdem sich die Verfassungsentwicklung in den Kantonen daher nicht ausschließlich am Vorbild des Bundes orientierte, wurden auch weit nach 1874 auf kantonaler Ebene punktuell weitere grundrechtliche Gewährleistungen in die Verfassungen aufgenommen. Dies gilt beispielsweise für das Wallis, wo mit der Totalrevision der Verfassung von 1907 erstmals die Meinungsäußerungsfreiheit sowie die Freiheit der wissenschaftlichen Berufe aufgenommen wurde, mithin Garantien, denen keine bundesverfassungsrechtliche Entsprechung gegenüber stand.[79]

Zusammenfassend lässt sich zur Verfassungsentwicklung auf kantonaler Ebene sagen, dass sich die Bundesverfassung von 1874 in weiten Teilen an den kantonalen Verfassungen orientierte, was auch und gerade für den Bereich der Grund-

---

[72] Verfassung des Kantons St. Gallen v. 16.11.1890; näher dazu *Kölz*, Neuere Schweizerische Verfassungsgeschichte: Ihre Grundlinien in Bund und Kantonen seit 1848, S. 206 ff.

[73] Verfassung des Kantons Uri v. 06.05.1888; vgl. *Kölz*, Neuere Schweizerische Verfassungsgeschichte: Ihre Grundlinien in Bund und Kantonen seit 1848, S. 237 f.

[74] Verfassung des Kantons Obwalden v. 27.04.1902; näher dazu *Kölz*, Neuere Schweizerische Verfassungsgeschichte: Ihre Grundlinien in Bund und Kantonen seit 1848, S. 261.

[75] Art. 11 KV Waadt 1885.

[76] Verfassung des Kantons Solothurn v. 12.12.1875; vgl. *Kölz*, Neuere Schweizerische Verfassungsgeschichte: Ihre Grundlinien in Bund und Kantonen seit 1848, S. 125.

[77] Verfassungsdekret der Republik und des Kantons Tessin v. 20.11.1875.

[78] *Brühwiler*, Die Freiheitsrechte der Kantonsverfassungen, S. 14; vgl. § 3 Abs. 3 KV Luzern 1875; § 4 Abs. 2 KV Zug 1873/1876; Art. 11 Abs. 3 KV Wallis 1875.

[79] Verfassung des Kantons Wallis v. 08.03.1907.

rechtsgewährleistungen gilt. Andererseits diente die Bundesverfassung ihrerseits jedoch den kantonalen Verfassungen als Maßstab, weshalb diese nach 1874 vielfach an die Bundesverfassung angepasst werden mussten. Im Einzelfall führte dieser Anpassungsdruck so weit, dass die bundesverfassungsrechtlichen Grundrechtsgewährleistungen zum Bestandteil der jeweiligen kantonalen Verfassung erklärt wurden, was zwangsläufig zur Unitarisierung des Grundrechtsschutzes führen musste. Indes darf jedoch nicht übersehen werden, dass es auch nach 1874 eine eigenständige Verfassungs- und Grundrechtsentwicklung auf kantonaler Ebene gab, wobei sich der kantonale Grundrechtsschutz vor allem dort entfaltete, wo die Bundesverfassung keine geschriebenen Grundrechte garantierte.

2. *Grundrechtsverbürgungen*

a) Bundesverfassung

Die Bundesverfassung von 1874 enthielt, ebenso wie die Bundesverfassung von 1848, keinen umfassenden Grundrechtskatalog, sondern nur einige wesentliche, über den gesamten ersten Abschnitt der Verfassung verteilte Grundrechtsgarantien, namentlich die Rechtsgleichheit (Art. 4 BV 1874), die Glaubens- und Gewissensfreiheit (Art. 49 BV 1874), die Kultusfreiheit (Art. 50 BV 1874), die Pressefreiheit (Art. 55 BV 1874), die Vereinsfreiheit (Art. 56 BV 1874), das Petitionsrecht (Art. 57 BV 1874), die Niederlassungsfreiheit (Art. 45 BV 1874) sowie die Handels- und Gewerbefreiheit (Art. 31 BV 1874) sowie das Post- und Telegraphengeheimnis (Art. 36 Abs. 4 BV 1874). In engem Zusammenhang mit den grundrechtlichen Gewährleistungen standen die in der Bundesverfassung von 1848 nur teilweise verwirklichte Abschaffung der Todesstrafe als Ausdruck der persönlichen Freiheit (Art. 65 BV 1874), welche jedoch schon 1879 wieder teilweise zurückgenommen wurde, der Schutz des Eherechts (Art. 54 BV 1874), die soziale Garantie des unentgeltlichen staatlichen Primarunterrichts (Art. 27 Abs. 2 BV 1874) sowie die prozessualen Garantien (Art. 58 ff. BV 1874), zu denen daneben auch der Anspruch auf rechtliches Gehör zählte, den das Bundesgericht – neben einiger anderer Verfahrensrechte – in schöpferischer Rechtsprechung aus Art. 4 BV 1874 ableitete.[80] Andererseits enthielt die Bundesverfassung von 1874 jedoch zahlreiche Einschränkungen von Grundrechten, etwa das Verbot des Jesuitenordens sowie der mit ihm affiliierten Gesellschaften (Art. 51 BV 1874), das Verbot der Errichtung neuer und die Wiederherstellung aufgehobener Klöster und religiöser Orden (Art. 52 BV 1874) sowie ab 1893 das Schächtverbot (Art. 25a BV 1874). Andere Grundrechte wie etwa die Garantie der persönlichen Freiheit oder die Eigentumsfreiheit waren unter der Bundesverfassung von 1874

[80] BGE 22, 909, 910; 28 I, 229, 232 E. 1; 34, 207, 212 E. 2; ausführlich dazu *Kölz*, Neuere Schweizerische Verfassungsgeschichte: Ihre Grundlinien in Bund und Kantonen seit 1848, S. 808 ff.

auf Bundesebene noch nicht verfassungsrechtlich verankert, so dass man weiterhin von einem lückenhaften Grundrechtsschutz auf Bundesebene sprechen kann. Grund dafür ist, dass der Verfassungsgeber von 1874 zwar beispielsweise der auf kantonaler Ebene noch nicht überall gewährleisteten Handels- und Gewerbefreiheit in der gesamten Schweiz zum Durchbruch verhelfen wollte, für eine bundesrechtliche Normierung der persönlichen Freiheit oder des Hausrechts angesichts der flächendeckenden kantonalen Gewährleistungen in diesem Bereich jedoch kein Bedürfnis gesehen wurde, zumal diese Freiheiten ohnehin vor allem durch das kantonale Strafprozessrecht bedroht schienen.[81]

Grundsätzlich unbekannt waren der Bundesverfassung von 1874 schließlich soziale Rechte im Sinne von verfassungsmäßigen Ansprüchen auf eine bestimmte staatliche Leistung.[82] Eine Ausnahme insoweit stellte Art. 27 Abs. 2 BV 1874 dar, wonach der Einzelne einen Anspruch auf unentgeltlichen Primarschulunterricht an öffentlichen Schulen geltend machen konnte. Entsprechendes gilt für Art. 53 Abs. 2 S. 2 BV 1874, wonach jeder Verstorbene Anspruch auf eine „schickliche" Beerdigung hatte.

b) Kantonale Verfassungen

Die Kantonsverfassungen enthielten in der fraglichen Zeit allesamt Grundrechtsgarantien, wobei die Zahl und die Umschreibung der gewährleisteten Grundrechte in den einzelnen Kantonen höchst unterschiedlich waren.[83] So fanden sich etwa in den Kantonsverfassungen von Zürich, Bern und Luzern umfangreiche Grundrechtskataloge, während beispielsweise die Kantone Basel-Landschaft, Graubünden und Tessin nur einzelne Grundrechtsgewährleistungen in ihre Kantonsverfassungen aufgenommen hatten, so dass in diesen Kantonen nicht einmal die auf Bundesebene garantierten Grundrechte zwingend eine kantonale Entsprechung fanden. In der Mehrzahl der Kantone waren die Grundrechtsgarantien in einem einzigen Abschnitt zusammengefasst und nicht über die gesamte Verfassung hinweg verstreut.[84] Teilweise findet sich in den kantonalen Verfassungen ein Hinweis auf die Bundesverfassung bzw. auf die darin enthaltenen parallelen Grundrechtsgewährleistungen des Bundes,[85] wonach sich die kantonale Grundrechtsgewährleistung ausschließlich nach der entsprechenden Garantie der Bun-

[81] *Haller*, ZSR 1976 I, 113, 115; *Fleiner/Giacometti*, Schweizerisches Bundesstaatsrecht, S. 241; vgl. auch *Brühwiler*, Die Freiheitsrechte der Kantonsverfassungen, S. 72.

[82] *Häfelin*, Die Grundrechte in den Schweizer Kantonsverfassungen, in: Novak/Sutter/Hasiba (Hrsg.), Der Föderalismus und die Zukunft der Grundrechte, S. 27, 35.

[83] *Häfelin*, Die Grundrechte in den Schweizer Kantonsverfassungen, in: Novak/Sutter/Hasiba (Hrsg.), Der Föderalismus und die Zukunft der Grundrechte, S. 27, 31.

[84] Vgl. *Häfelin*, Die Grundrechte in den Schweizer Kantonsverfassungen, in: Novak/Sutter/Hasiba (Hrsg.), Der Föderalismus und die Zukunft der Grundrechte, S. 27, 32; näher dazu *Brühwiler*, Die Freiheitsrechte der Kantonsverfassungen, S. 14 f.

[85] So etwa in § 30 KV Solothurn 1875; Art. 10, 11, 15, 16 KV Schaffhausen 1876; Art 27 KV St. Gallen 1890; Art. 21 KV Aargau 1885; Art. 3, 5, 6, 7 KV Obwalden 1867; Art. 3, 4, 8, 9 KV Nidwalden 1877.

desverfassung richten sollte.[86] Zum Ausdruck kommt dies durch Formulierungen wie „nach Maßgabe der Bundesverfassung"[87] oder „im Sinne der Bundesverfassung".[88] Hieran wird deutlich, dass nach dem Willen der kantonalen Verfassungsgeber die kantonalen Gewährleistungen in Inhalt und Umfang mit der entsprechenden bundesverfassungsrechtlichen Garantie übereinstimmen sollten,[89] was dem Konfliktvermeidungsinstrument der weitest gehenden Angleichung an die Vorgaben der übergeordneten Ebene im Sinne einer Grundrechtskonvergenz gleich kommt. Im Bereich der Pressefreiheit wiesen die kantonalen Garantien zwar teilweise von der Bundesverfassung abweichende Formulierungen auf, doch hatten auch diese keine andere Tragweite als das bundesverfassungsrechtliche Pendant.[90] Etwas anderes konnte allenfalls für die Garantie der Pressefreiheit in der Verfassung des Tessin gelten, die nur gewährleistet war „in guisa [...] che non offenda i buoni costumi, né la religione del Cantone, né le relazioni colla Confederazione e colle Potenze amiche".[91]

Anders gestaltete sich die Situation bei der Kultusfreiheit, wo gewisse Unterschiede zwischen der bundesrechtlich gewährleisteten Kultusfreiheit und der Kultusfreiheit in den Kantonsverfassungen bestanden, nachdem die Organisation des Kirchenwesens nach Art. 50–52 BV 1874 in die Kompetenz der Kantone fiel und diese daher den Bereich grundsätzlich autonom regeln konnten.[92] Deshalb war es den Kantonen auch erlaubt, bei der Gewährung der Kultusfreiheit weiter zu gehen als der Bund und die katholische bzw. evangelische Kirche etwa mit den Rechten öffentlich-rechtlicher Organisationen auszustatten.[93] Die Kantonsverfassung von Schaffhausen von 1876 gewährte in Art. 53 darüber hinaus den privaten Religionsgemeinschaften das Recht auf eine selbständige äußere Organisation, eine Garantie, die der Bundesverfassung fremd war. Andererseits blieb die Kultusfreiheit in Bezug auf ihre Reichweite in einigen Kantonen hinter der bundesrechtlichen Garantie zurück. Dies gilt insbesondere für die Kantone St. Gallen und Freiburg, wo lediglich den katholischen und evangelischen Glaubensbekenntnissen die freie Ausübung garantiert war.[94]

In Bezug auf die Vereinsfreiheit fällt auf, dass einige Kantonsverfassungen nur rechtswidrige Vereine von der Garantie ausnahmen,[95] während die Bundesverfas-

---

[86] So etwa im Falle von Art. 8 KV Nidwalden 1877 hinsichtlich der Niederlassungsfreiheit; Art. 7 KV Obwalden 1867 hinsichtlich der Handels- und Gewerbefreiheit.

[87] So etwa Art. 9 KV Waadt 1885 hinsichtlich der Handels- und Gewerbefreiheit; ähnlich Art. 13 KV Glarus 1887 zur Niederlassungsfreiheit.

[88] Art. 21 lit. a) KV Aargau 1885 hinsichtlich der Handels- und Gewerbefreiheit.

[89] *Brühwiler*, Die Freiheitsrechte der Kantonsverfassungen, S. 18.

[90] Ausführlich dazu *Brühwiler*, Die Freiheitsrechte der Kantonsverfassungen, S. 29 ff.

[91] Vgl. *Brühwiler*, Die Freiheitsrecht der Kantonsverfassungen, S. 31 f.

[92] *Brühwiler*, Die Freiheitsrechte der Kantonsverfassungen, S. 28.

[93] Dies ergibt sich etwa aus Art. 2 Abs. 3 KV Freiburg 1857, wonach das Verhältnis des Staates zur katholischen Kirche mittels Konkordat geregelt werden sollte; vgl. auch § 19 KV Basel-Stadt 1889; Art. 50 KV Schaffhausen 1876.

[94] Art. 23 KV St. Gallen 1890; Art. 2 KV Freiburg 1857.

[95] § 78 KV Bern 1846; § 12 KV Schwyz 1876; Art. 11 KV Nidwalden 1877; Art. 11 KV Neuenburg 1858.

sung daneben auch staatsgefährlichen Vereinen den Schutz versagte. Allerdings ist nicht anzunehmen, dass die Kantone Vereine garantieren wollten, welche ihre eigene Existenz gefährdeten, so dass insoweit trotz des unterschiedlichen Wortlauts von einer inhaltlichen Übereinstimmung mit dem bundesverfassungsrechtlichen Grundrecht auszugehen ist.[96] Hinsichtlich des geschützten Personenkreises gingen einige Kantonsverfassungen weiter als die Bundesverfassung, indem sie die Vereinsfreiheit nicht nur den „Bürgern", sondern jedermann zugestanden.[97] Die Garantie der Vereinsfreiheit in den Kantonsverfassungen von Bern und Neuenburg hingegen blieb zumindest dem Wortlaut nach hinter der parallelen bundesverfassungsrechtlichen Garantie zurück, indem sie nur „öffentliche Vereine" schützte, wobei freilich in der Praxis kaum eine Einschränkung anzunehmen ist, da Vereine in der Regel ohnehin öffentlich auftreten und Vereine mit einem freien Eintrittsrecht kaum denkbar sind.[98] Weiter reichende Einschränkungen als in der Bundesverfassung existierten auf kantonaler Ebene schließlich auch im Hinblick auf das Petitionsrecht, wo etwa nur das Petitionsrecht an den Großen Rat zugesichert wurde und/oder die Stimmberechtigung als Voraussetzung für die Einreichung einer Petition angesehen wurde.[99] Auf kantonaler Ebene überhaupt nicht gewährleistet war das Recht auf Eheschließung.

Ein Spezifikum ergibt sich für den Kanton Basel-Stadt, in dem nach § 10 der Kantonsverfassung aus dem Jahr 1889 sämtliche von der Bundesverfassung aufgestellten allgemeinen Bestimmungen, mithin u.a. die Grundrechte auch für die kantonale Verfassung gelten sollten, was einer Inkorporation der bundesverfassungsrechtlichen Grundrechte gleich kommt.[100] Eine ähnliche Bestimmung findet sich in Art. 21 der Verfassung von Appenzell Ausserrhoden aus dem Jahr 1876, wonach zusätzlich zu den kantonalen Vorgaben sämtliche von der Bundesverfassung vorgesehenen allgemeinen Bestimmungen auch für die kantonale Verfassung gelten sollten.

In der Regel enthielten die Kantonsverfassungen neben den schon von der Bundesverfassung garantierten Grundrechten weitere Gewährleistungen, welche in der Bundesverfassung keinerlei Entsprechung fanden. In diesem Zusammenhang ist zunächst die Unterrichtsfreiheit zu nennen, welche die Freiheit, Unterricht zu erteilen und Unterricht zu erhalten, umschrieb.[101] Nachdem der Bundesverfassungsgeber ausweislich der Entstehungsgeschichte von Art. 27 Abs. 2 BV

---

[96] So *Brühwiler*, Die Freiheitsrechte der Kantonsverfassungen, S. 36 f.

[97] So etwa § 8 KV Luzern 1875; Art. 3 KV Zürich 1869; § 78 KV Bern 1846; § 12 KV Schwyz 1876; Art. 11 KV Nidwalden 1877; § 9 KV Zug 1873/1876; Art. 12 KV Schaffhausen 1876; Art. 10 KV Appenzell Ausserrhoden 1876; Art. 2 KV Appenzell Innerrhoden 1872; Art. 28 KV St. Gallen 1890; Art. 18 KV Aargau 1885; § 13 KV Thurgau 1869; Art. 8 KV Waadt 1885; Art. 10 Abs. 1 KV Wallis 1875; Art. 9 KV Neuenburg 1858.

[98] § 78 KV Bern 1846; so auch Art. 11 KV Neuenburg 1858; vgl. dazu *Kurer*, Die kantonalen Grundrechtsgarantien, S. 77.

[99] § 11 KV Schwyz 1876; Art. 3 Abs. 4 KV Graubünden 1880.

[100] Vgl. *Kurer*, Die kantonalen Grundrechtsgarantien, S. 52.

[101] Vgl. *Giacometti*, Das Staatsrecht der schweizerischen Kantone, S. 161; *Martin*, La liberté d'enseignement en Suisse, S. 11.

1874 lediglich den unentgeltlichen staatlichen Primarunterricht verbürgt, gleichzeitig aber auf eine Garantie der Unterrichtsfreiheit absichtlich verzichtet und die Gewährleistung dieses Rechts zusammen mit der Regelung des Schulwesens den Kantonen überlassen hatte, oblag es den Kantonen, diesen Bereich grundrechtlich abzusichern.[102] Von dieser Möglichkeit hat eine Vielzahl der Kantone schließlich auch Gebrauch gemacht.[103] Ferner garantierten viele Kantonsverfassungen das sog. Hausrecht,[104] d.h. das Recht auf Unverletzlichkeit der Wohnung als Ergänzung des Rechts der persönlichen Freiheit,[105] welches ebenfalls in vielen Kantonsverfassungen – oft im Zusammenhang mit dem Recht der persönlichen Freiheit – verbürgt war.[106] Weitere rein kantonale Grundrechte stellten die Meinungsäußerungsfreiheit,[107] die Kunstfreiheit,[108] die Versammlungsfreiheit,[109] sowie die Eigentumsgarantie[110] dar, welche in allen Kantonsverfassungen mit Ausnahme derjenigen des Tessins enthalten waren.[111] Eine Besonderheit bildete die Vorschrift des § 4 der Verfassung von Basel-Landschaft, wonach die Rechte des Menschen auf Leib, Leben, Ehre und Vermögen gewährleistet waren, da sie zumindest dem

---

[102] S. dazu *Brühwiler*, Die Freiheitsrechte der Kantonsverfassungen, S. 89 f.

[103] S. etwa § 81 Abs. 1 KV Bern 1846; § 3 Abs. 3 KV Luzern 1875; Art. 6 KV Uri 1888; § 4 Abs. 2 KV Zug 1873/1876; Art. 18 KV Freiburg 1857; Art. 3 Abs. 4 KV St. Gallen 1890; Art. 16 KV Waadt 1885; Art. 11 Abs. 3 KV Wallis 1875; Art. 15 Abs. 1 KV Neuenburg 1858; Art. 11 Abs. 1 KV Genf 1847; s. dazu auch *Häfelin*, Die Grundrechte in den Schweizer Kantonsverfassungen, in: Novak/Sutter/Hasiba (Hrsg.), Der Föderalismus und die Zukunft der Grundrechte, S. 27, 33.

[104] Vgl. u.a. etwa Art. 8 KV Zürich 1869; § 75 KV Bern 1846; § 5 Abs. 1 KV Luzern 1875; § 5 KV Schwyz 1876; Art. 9 Abs. 1 KV Obwalden 1867; Art. 5 KV Nidwalden 1877; Art. 4 Abs. 1 KV Genf 1847; Art. 9 Abs. 3 KV Graubünden 1880.

[105] Vgl. *Giacometti*, Das Staatsrecht der schweizerischen Kantone, S. 160.

[106] Vgl. u.a. etwa Art. 7 Abs. 1 KV Zürich 1869; § 72 Abs. 1 KV Bern 1846; § 5 Abs. 1 KV Luzern 1875; § 5 KV Schwyz 1876; Art. 9 Abs. 1 KV Obwalden 1867; Art. 5 KV Nidwalden 1877; Art. 3 Abs. 1 KV Genf 1847; Art. 9 Abs. 1 KV Graubünden 1880.

[107] Vgl. Art. 3 KV Zürich 1869; § 76 KV Bern 1846; § 6 KV Luzern 1875; § 10 KV Schwyz 1876; Art. 12 KV Nidwalden 1877; § 9 KV Zug 1873/1876; Art. 9 Abs. 1 KV Schaffhausen 1876; Art. 8 KV Appenzell Ausserrhoden 1876; Art. 2 KV Appenzell Innerrhoden 1872; Art. 18 Abs. 1 KV Aargau 1885; § 12 KV Thurgau 1869.

[108] So beispielsweise in Art. 10 Abs. 1 KV Wallis 1875.

[109] Vgl. Art. 3 KV Zürich 1869; § 78 KV Bern 1846; Art. 12 KV Nidwalden 1877; § 9 KV Zug 1873/1876; Art. 12 KV Schaffhausen 1876; Art. 2 KV Appenzell Innerrhoden 1872; Art. 18 Abs. 1 KV Aargau 1885; § 13 KV Thurgau 1869; Art. 8 Abs. 2 KV Waadt 1885; Art. 10 KV Wallis 1875; Art. 11 KV Neuenburg 1858.

[110] Art. 4 KV Zürich 1869; § 83 KV Bern 1846; § 9 KV Luzern 1875; Art. 10 KV Uri 1888; § 13 KV Schwyz 1876; Art. 10 KV Obwalden 1867; Art. 13 KV Nidwalden 1877; Art. 8 KV Glarus 1887; § 10 KV Zug 1873/1876; Art. 12 KV Freiburg 1857; § 32 KV Solothurn 1875; § 5 KV Basel-Stadt 1889; § 23 KV Basel-Landschaft 1868; Art. 19 KV Schaffhausen 1876; Art. 7 KV Appenzell Ausserrhoden 1876; Art. 4 KV Appenzell Innerrhoden 1872; Art. 31 KV St. Gallen 1890; Art. 9 Abs. 3 KV Graubünden 1880; Art. 22 KV Aargau 1885; § 11 KV Thurgau 1869; Art. 6 KV Waadt 1885; Art. 6 KV Wallis 1875; Art. 8 KV Neuenburg 1858; Art. 6 KV Genf 1847; s. dazu *Giacometti*, Das Staatsrecht der schweizerischen Kantone, S. 161; *Huber*, ZSR 1936, 1a, 117a spricht insoweit allerdings nicht von einem Freiheitsrecht, da die Eigentumsgarantie nur nach Maßgabe der Gesetze garantiert sei.

[111] Ausführlich dazu *Giacometti*, Das Staatsrecht der schweizerischen Kantone, S. 156 f.

Wortlaut nach über die in den anderen Kantonen üblichen Grundrechtsgarantien hinaus ging und u.a. auch den Ehrschutz mit einbezog. Keine echte Erweiterung der Meinungsäußerungsfreiheit, sondern vielmehr lediglich eine Präzisierung enthielt schließlich die Freiheit der Mitteilung von Gedanken durch bildliche Darstellung, welche sich in Art. 77 Abs. 1 der bernischen Verfassung von 1893 fand,[112] welche sich aber in der Praxis als bedeutungslos erwies.[113] Jenseits der klassischen Freiheitsgrundrechte fanden sich auf kantonaler Ebene weitere Grundrechte, welche in der Bundesverfassung keine Entsprechung hatten. Dazu zählen etwa die Sprachenfreiheit,[114] das Recht auf freien Zugang zu öffentlichen Ämtern,[115] das Recht, sich in Rechtssachen vertreten zu lassen,[116] das Recht auf Einbürgerung[117] sowie die Freiheit des Landbaus,[118] wobei Letztere auch als Unterfall der Handels- und Gewerbefreiheit verstanden werden kann.[119]

Wie schon auf Bundesebene waren im fraglichen Zeitraum auf Kantonsebene kaum soziale Grundrechte anzutreffen. Eine Ausnahme insoweit stellte die Verfassung von St. Gallen dar, welche in Art. 3 Abs. 3 einen Anspruch auf öffentliche Schullokale für den Religionsunterricht sowie in Art. 10 ein Recht auf Stipendien für begabte, aber mittellose Schüler vorsah.[120] In Bezug auf Letzteres wird man von einem echten subjektiven Recht ausgehen können, da die Verfassung selbst die für die Stipendiengewährung erforderlichen Voraussetzungen „Begabung" und „Mittellosigkeit" auflistete.[121] Kein subjektives Recht konnte hingegen § 11 der baselstädtischen Verfassung von 1889 entnommen werden, wonach der Staat nach Kräften für die Wohlfahrt des Volkes und dessen Erwerbsfähigkeit hinwirken sollte, doch kann man die Vorschrift immerhin als frühe Ausprägung des Sozialstaatsprinzips verstehen.[122]

Insgesamt lässt sich sagen, dass sich viele Kantonsverfassungen an das Vorbild der Bundesverfassung von 1874 anlehnten und in ihren Verfassungen auf die bundesverfassungsrechtlichen Grundrechte verwiesen, soweit solche existierten. Teilweise wurden Grundrechtskataloge auf kantonaler Ebene angesichts der Bundesverfassung für entbehrlich gehalten, ein Phänomen, welches auch in Deutschland unter Geltung der Weimarer Reichsverfassung und später unter dem

---

[112] Vgl. *Kurer*, Die kantonalen Grundrechtsgarantien, S. 61.

[113] Vgl. *His*, Geschichte des neuern Schweizerischen Staatsrechts, Bd. 3, S. 558.

[114] Vgl. Art. 12 KV Wallis 1907.

[115] Art. 6 KV Neuenburg 1858.

[116] § 20 KV Luzern 1875.

[117] § 14 KV Thurgau 1869.

[118] Art. 81 KV Bern 1893.

[119] So *Brühwiler*, Die Freiheitsrechte der Kantonsverfassungen, S. 20.

[120] Verfassung von St. Gallen v. 16.11.1890; vgl. auch *Häfelin*, Die Grundrechte in den Schweizer Kantonsverfassungen, in: Novak/Sutter/Hasiba (Hrsg.), Der Föderalismus und die Zukunft der Grundrechte, S. 27, 35.

[121] Vgl. *Kurer*, Die kantonalen Grundrechtsgarantien, S. 113 f. zu der ab 1961 geltenden Version, doch wird man auch bezüglich der früheren Fassung ein subjektives Recht annehmen können.

[122] Vgl. *Eichenberger*, Der Verfassungsbegriff auf Bundes- und Kantonsebene, in: Eichenberger et al. (Hrsg.), Die Baselstädtische Kantonsverfassung, S. 33, 51.

Grundgesetz anzutreffen war.[123] Eine Parallele zur Verfassungsentwicklung im Deutschen Kaiserreich[124] besteht schließlich darin, dass die Kantone in der Schweiz auch Grundrechte gewährleisteten, welche in der Bundesverfassung keine Entsprechung fanden, so dass man insoweit von einer anhaltenden eigenständigen Grundrechtsentwicklung auf Kantonsebene sprechen kann.

3. Materiell-rechtliche Ansatzpunkte zur grundrechtsbezogenen Kollisions- und Konfliktvermeidung

a) Kompetenzverteilungsnormen

Als Ansatzpunkt für eine Vermeidung von Kollisionen und Konflikten zwischen Bundesgrundrechten und kantonalen Grundrechten kommt unter der Bundesverfassung von 1874 zunächst die bundesstaatliche Kompetenzverteilung in Betracht. Danach lag die Zuständigkeit nach Art. 3 BV 1874 für einen Bereich beim Bund, wenn und soweit ihm in der Bundesverfassung die Kompetenz dafür zugewiesen wurde, während im Übrigen die Kantone zuständig waren. Als Ansatzpunkt für eine ausschließliche Bundeskompetenz im Grundrechtsbereich könnte man grundsätzlich Art. 2 BV 1874 heran ziehen, wonach dem Bund u.a. der Schutz der Freiheit und der Rechte der Eidgenossen oblag, doch ist die Vorschrift viel zu allgemein gehalten, als dass sich daraus konkrete Folgen für die bundesstaatliche Kompetenzverteilung hätten ableiten lassen.[125] Allerdings hat der Bund in der Verfassung von 1874 selbst eine Reihe von Grundrechten verankert, so dass den Kantonen die Gewährleistung paralleler, sog. unselbständiger Grundrechte verwehrt gewesen sein könnte, ein Ergebnis, welches sich letztlich aus Art. 3 BV 1874 ergeben hätte. So weit ersichtlich, spielte diese Problematik zwischen 1874 und 1918 in Literatur und Praxis indes kaum eine Rolle. Später allerdings, wenn auch hauptsächlich erst ab den 1920er Jahren, wurde argumentiert, dass durch die Freiheitsrechte in der Bundesverfassung die Kompetenz zur Aufstellung der fraglichen Freiheitsrechte auf den Bund übergegangen sei, so dass die Kantone für diesen Bereich keine Gesetzgebungskompetenz mehr besessen hätten.[126] Gegen diese Auffassung spricht jedoch entscheidend, dass die Bundesversammlung im hier interessierenden Zeitraum zwischen 1874 und 1918 kantonale Verfassungen mit Grundrechten, welche sich auch in der Bundesverfassung wieder fanden, ohne Weiteres gewährleistet hat, was sicher nicht der Fall gewesen wäre, wenn die Bundesversammlung in den unselbständigen kantonalen Grundrechtsgarantien einen Verstoß gegen die bundesstaatliche Kompetenzord-

---

[123] S. dazu oben, § 4 III.3. sowie § 6 II.2.

[124] S. dazu oben, § 3 III.3. u. 4.

[125] Vgl. *Burckhardt*, Kommentar der schweizerischen Bundesverfassung, Art. 2, S. 46 f.; *Fleiner*, Schweizerisches Bundesstaatsrecht, S. 43.

[126] So etwa *Giacometti*, SJZ 26 (1929/30), 292, 294 ff.; *Imboden*, Bundesrecht bricht kantonales Recht, S. 9 ff.; vgl. auch *Fleiner*, Schweizerisches Bundesstaatsrecht, S. 421 mit Fn. 7.

nung erblickt hätte.[127] *Brühwiler* argumentierte im Jahr 1948, aber durchaus auch im Hinblick auf die Zeit nach 1874, dass die Freiheitsrechte die Kompetenz des Gesetzgebers nicht gegenüber der Kompetenz des anderen Gesetzgebers in der gleichen Rechtsordnung abgrenzten, sondern vielmehr schlechthin eine Schranke für die Gesetzgebungskompetenz darstellten.[128] Gegen eine Anwendung der Kompetenzvorschriften auf die unselbständigen Grundrechte spricht schließlich, dass es den Kantonen nicht verwehrt war, bundesrechtlich verbürgte Freiheitsrechte auf kantonaler Ebene in weiterem Umfang zu garantieren, als dies bundesverfassungsrechtlich der Fall war. Dies wäre freilich nicht möglich gewesen, wenn die fragliche Materie der Kompetenz der Kantone durch die Verankerung einer entsprechenden bundesverfassungsrechtlichen Gewährleistung entzogen worden wäre.[129] Aus diesem Grund lässt sich trotz fehlender ausdrücklicher Auseinandersetzung mit der Thematik in der zeitgenössischen Literatur sagen, dass unter der Bundesverfassung von 1874 im Zeitraum zwischen 1874 und 1918 – ebenso wie unter der Bismarckschen Reichsverfassung, der Weimarer Reichsverfassung und dem Grundgesetz – im Grundrechtsbereich in der Praxis keine Konfliktvermeidung durch Kompetenzabgrenzung vorgenommen wurde.

b) Bundesrecht bricht kantonales Recht

Nachdem die Kompetenzverteilungsvorschriften auf die kantonalen Grundrechte nicht angewandt wurden, stellt sich die Frage, ob und gegebenenfalls inwieweit die kantonalen Grundrechte durch den Grundsatz „Bundesrecht bricht kantonales" Recht verdrängt wurden. In der Bundesverfassung von 1874 wurde der Grundsatz „Bundesrecht bricht kantonales Recht" nirgends ausdrücklich angesprochen.[130] Allerdings sah Art. 2 der Übergangsbestimmungen vor, dass diejenigen Bestimmungen der eidgenössischen Gesetzgebung, der Konkordate, der kantonalen Verfassungen und Gesetze, welche mit der neuen Bundesverfassung in Widerspruch stünden, mit Annahme derselben bzw. der Erlassung der darin in Aussicht genommenen Bundesgesetze außer Kraft träten. Wenngleich die Vorschrift in erster Linie den Zeitpunkt des Inkrafttretens der Bundesverfassung be-

---

[127] Vgl. *Brühwiler*, Die Freiheitsrechte der Kantonsverfassungen, S. 46; *Filli*, Die Grundrechte der Kantonsverfassungen im Gefüge des schweizerischen Staatsrechts, S. 53, 61 ff.; a.A. jedoch *Kurer*, Die kantonalen Grundrechtsgarantien und ihr Verhältnis zum Bundesrecht, S. 140, der der Gewährleistung durch die Bundesversammlung kein allzu großes Gewicht beimessen möchte, da der Bund die kantonalen Grundrechtsnormen auch als „juristisch irrelevante Freiheitsverbürgungen" betrachtet haben könnte.

[128] *Brühwiler*, Die Freiheitsrechte der Kantonsverfassungen, S. 46 f.; a.A. *Kurer*, Die kantonalen Grundrechtsgarantien, S. 140, der die Grundrechtsgarantien nicht als negative Gewährleistungen, sondern als Verhaltensnormen betrachtet.

[129] *Brühwiler*, Die Freiheitsrechte der Kantonsverfassungen, S. 47 f.

[130] *Fleiner*, VVDStRL 6 (1929), 2, 4 betrachtet diese Tatsache als „charakteristisch" für das schweizerische System.

stimmen wollte,[131] ging das Bundesgericht in ständiger Rechtsprechung davon aus, dass Art. 2 der Übergangsbestimmungen der Grundsatz zu entnehmen sein sollte, wonach die der Bundesverfassung widersprechenden Vorschriften *ipso iure* unwirksam sein sollten.[132] Dies galt auch für kantonales Recht, welches dem Bundesrecht widersprach, wobei wegen Art. 113 Abs. 3 BV 1874 sogar kompetenzwidrig erlassene Bundesgesetze dem verfassungsrechtlich angeordneten Vorrang unterfielen.[133] Art. 2 der Übergangsbestimmungen sollte mithin dazu führen, dass das widersprechende kantonale Recht nicht nur für die Zeit der Geltung des Bundesrechts suspendiert, sondern vollständig derogierte wurde, so dass ein Wiederaufleben der fraglichen kantonalen Norm nach Wegfall der bundesrechtlichen Vorschrift nicht in Betracht kam[134] und auch die Entstehung von bundesrechtswidrigem kantonalen Recht für die Zukunft verhindert wurde. Für den Grundrechtsbereich bedeutete dies, dass kantonale Grundrechte, welche in ihrem Schutzgehalt hinter den bundesrechtlichen Grundrechten zurück blieben, derogiert wurden.[135] Diesbezüglich ergibt sich eine Parallele zur herrschenden Lehre und Praxis in der Weimarer Republik,[136] während unter dem Grundgesetz nicht von der Nichtigkeit von hinter dem Schutzgehalt des Grundgesetzes zurückbleibenden Landesgrundrechten ausgegangen wird.[137]

Während die Rechtslage hinsichtlich kantonaler Mindergewährleistungen vergleichsweise eindeutig war, blieb offen, ob auch kantonale Grundrechte, welche mit einem Bundesgrundrecht inhaltlich übereinstimmten, nach dem Grundsatz „Bundesrecht bricht kantonales Recht" derogiert wurden oder ob sie, wie unter der Bundesverfassung von 1848 zumindest angedeutet,[138] neben der bundesrechtlichen Garantie fortgalten. Ausgangspunkt sämtlicher Überlegungen ist der Umstand, dass Art. 2 der Übergangsbestimmungen einen Widerspruch zwischen der bundesrechtlichen und der kantonalen Vorschrift voraus setzte. In der Literatur wurde insbesondere von *Giacometti*[139] und *Imboden*[140] – zeitlich allerdings erst

---

[131] So *Burckhardt*, Kommentar der schweizerischen Bundesverfassung, Art. 2 der Übergangsbestimmungen, S. 826; aus späterer Zeit auch *Saladin*, in: Aubert et al., Kommentar zur Bundesverfassung der Schweizerischen Eidgenossenschaft, Bd. 4, Art. 2 UeB, Rn. 3 ff.

[132] So etwa in BGE 15, 157, 164 E. 4.; 15, 166, 170 E. 2.

[133] *Fleiner/Giacometti*, Schweizerisches Bundesstaatsrecht, S. 94; *Fleiner*, VVDStRL 6 (1929), 2, 5, was jedoch bereits für die Zeit ab 1874 galt.

[134] *Fleiner*, Schweizerisches Bundesstaatsrecht, S. 421 f.

[135] Vgl. *Fleiner/Giacometti*, Schweizerisches Bundesstaatsrecht, S. 92 ff.; *Häfelin*, Die Grundrechte in den Schweizer Kantonsverfassungen, in: Novak/Sutter/Hasiba (Hrsg.), Der Föderalismus und die Zukunft der Grundrechte, S. 27, 39; *Bickel*, Kantonales Verfassungsrecht, S. 23; *Bernheimer*, Der Begriff und die Subjekte der verfassungsmässigen Rechte nach der Praxis des Bundesgerichtes, S. 57, die davon spricht, dass in diesem Fall der kantonalen Bestimmung die Gewährleistung durch die Bundesversammlung zu versagen sei; ähnlich *Kurer*, Die kantonalen Grundrechtsgarantien und ihr Verhältnis zum Bundesrecht, S. 145 f.

[136] Näher dazu oben, § 4 IV.3.

[137] Näher dazu oben, § 6 III.2. f) cc) ddd).

[138] S. oben, § 7 IV.

[139] *Giacometti*, SJZ 26 (1929/30), 292, 294; *ders.*, ZSR 1955 I, 149, 171; *Fleiner/Giacometti*, Schweizerisches Bundesstaatsrecht, S. 93 f.

[140] *Imboden*, Bundesrecht bricht kantonales Recht, S. 97 ff.

etwas später, *in concreto* ab den 1920er Jahren – ein solcher Widerspruch auch im Falle inhaltsgleicher kantonaler Grundrechte bejaht, da in ihren Augen jede Rechtsetzung eines Kantons in einem vom Bund geregelten Bereich einen Kompetenzübergriff und damit eine Bundesrechtswidrigkeit darstellte. An dieser Argumentation wird deutlich, dass die fraglichen Autoren den Grundsatz „Bundesrecht bricht kantonales Recht" nicht als Kollisionsregel, sondern als Auflösungsnorm für einen Kompetenzkonflikt betrachteten.[141] Nach der Gegenauffassung sollte im Falle einer Übereinstimmung von Bundesgrundrecht und kantonalem Grundrecht Letzteres lediglich suspendiert werden und damit latent gültig bleiben, so dass die kantonale Garantie im Falle des Wegfalls der bundesverfassungsrechtlichen Gewährleistung automatisch wieder aufgelebt wäre.[142] Das Bundesgericht seinerseits ging davon aus, dass den gleichlautenden Grundrechtsgewährleistungen in den Kantonsverfassungen „für die Dauer der Bundesverfassung keine selbständige Bedeutung" zukomme,[143] was für eine latente Fortgeltung der in Rede stehenden kantonalen Garantie und damit für eine Interpretation von Art. 2 der Übergangsbestimmungen als Kollisionsnorm spricht.[144] Der Bundesrat hatte schon zuvor eine ähnliche Position eingenommen, indem auch er eine selbständige Bedeutung gleich lautender kantonaler Grundrechte verneinte.[145] Praktische Bedeutung hatte der Streit um die Fortgeltung gleich lautender kantonaler Grundrechtsgewährleistungen vor allem deshalb, weil nach dem auf Grundlage von Art. 113 Abs. 2 BV 1874 erlassenen OG 1874 staatsrechtliche Beschwerden wegen Verletzung einiger in der Bundesverfassung garantierter Grundrechte, etwa der Handels- und Gewerbefreiheit, an den Bundesrat bzw. in zweiter Instanz an die Bundesversammlung zu richten waren, während das Bundesgericht über die Verletzung aller in den Kantonsverfassungen gewährleisteten Grundrechte zu entscheiden hatte.[146] Im Falle der Verbürgung eines Grundrechtes so-

---

[141] *Imboden*, Bundesrecht bricht kantonales Recht, S. 96 f.; vgl. dazu auch *Brühwiler*, Die Freiheitsrechte der Kantonsverfassungen, S. 51.

[142] So etwa *Burckhardt*, Kommentar der schweizerischen Bundesverfassung, 3. Aufl., Art. 2 der Übergangsbestimmungen, S. 823; *Bickel*, Kantonales Verfassungsrecht, S. 23; *Bernheimer*, Der Begriff und die Subjekte der verfassungsmässigen Rechte nach der Praxis des Bundesgerichtes, S. 53; später auch *Häfelin*, Die Grundrechte in den Schweizer Kantonsverfassungen, in: Novak/Sutter/Hasiba (Hrsg.), Der Föderalismus und die Zukunft der Grundrechte, S. 27, 43; *Kälin*, ZBl. 1987, 233, 247; *Hangartner*, Grundzüge des schweizerischen Staatsrechts, Bd. 1, S. 68; *Filli*, Die Grundrechte der Kantonsverfassungen, S. 52 ff.

[143] St. Rspr. siehe nur BGE 5, 334, 336 f. E. 2; 11, 156, 158 E. 2; 11, 480, 483 E. 2; 12, 93, 106 E. 2; 15, 730, 733 f. E. 1 u. 2; vgl. *Brühwiler*, Die Freiheitsrechte der Kantonsverfassungen, S. 52; speziell zum allgemeinen Gleichheitssatz s. *Silbernagel*, ZSR 1902, 85, 94 f.

[144] Vgl. *Brühwiler*, Die Freiheitsrechte der Kantonsverfassungen, S. 52; *Kurer*, Die kantonalen Grundrechtsgarantien und ihr Verhältnis zum Bundesrecht, S. 143.

[145] Botschaft des Bundesrates an die beiden gesetzgebenden Räte der schweizerischen Eidgenossenschaft betreffend die Gewährleistung der Verfassung des Kantons Wallis v. 17.06.1857, BBl 1854 III, 30, wo davon die Rede ist, dass die Verfassung des Kantons Wallis „fortbestehen" könne, auch wenn Veränderungen in der Bundesverfassung eintreten sollten.

[146] S. Art. 59 des Bundesgesetzes über die Organisation der Rechtspflege v. 27.06.1874, AS I, S. 136 = BBl 1874 II, 425 ff.; näher zur staatsrechtlichen Beschwerde unten, § 8 I.5. a) aa) aaa).

wohl in der Bundesverfassung als auch in der Kantonsverfassung stellte sich daher die Frage, vor welcher Instanz Beschwerde zu erheben war. Um die damals so gewollte ausschließliche Zuständigkeit der politischen Behörden im Falle der Verletzung bestimmter Garantien der Bundesverfassung nicht anzutasten, sprach das Bundesgericht den gleich lautenden kantonalen Gewährleistungen jegliche selbstständige Bedeutung ab, da andernfalls eine Beschwerde alleine auf Grund der Verletzung einer parallelen kantonalen Grundrechtsgarantie vor dem Bundesgericht Erfolg gehabt hätte, wodurch der Alleinentscheidungsanspruch der politischen Bundesbehörden untergraben worden wäre.[147] An der Position des Bundesgerichts änderte sich auch dann nichts, als das prozessuale Problem mit den Gesetzesrevisionen von 1893 (OG 1893)[148] und 1911 (OG 1911)[149] weggefallen war und die Verletzung aller wichtigen Freiheitsrechte der Bundesverfassung nunmehr vor dem Bundesgericht geltend gemacht werden musste.[150] Unabhängig von diesen Erwägungen führte die Position des Bundesgerichts und der politischen Behörden jedoch dazu, dass denjenigen kantonalen Garantien, welche eine bundesverfassungsrechtliche Entsprechung hatten, keine Bedeutung mehr zukommen konnte, solange die entsprechende bundesverfassungsrechtliche Garantie in Kraft war.

Hinsichtlich kantonaler Grundrechte, welche über den Schutzgehalt des entsprechenden Bundesgrundrechts hinaus gingen, lässt sich sagen, dass diese wirksam blieben, sofern die Bundesverfassung eine Materie nicht abschließend normieren wollte[151] und soweit sie nicht sonstigem Bundesrecht widersprachen,[152] was darauf schließen lässt, dass die Kantone die Zuständigkeit für die Verbürgung inhaltsgleicher Grundrechte jedenfalls nicht vollständig verloren hatten. Entsprechendes galt für kantonale „Aliud"-Garantien, d.h. für selbstständige Gewährleistungen, welche in der Bundesverfassung kein Pendant hatten.[153] Dadurch konnte es vor allem in mehrpoligen Grundrechtsverhältnissen zu ebenenübergreifenden Grundrechtskonflikten kommen, nachdem eine Erweiterung der Freiheit des einen Grundrechtsträgers zwangsläufig mit der Beschränkung der Freiheit eines anderen Grundrechtsträgers einher geht. Indes wurde das Problem der

---

[147] *Brühwiler*, Die Freiheitsrechte der Kantonsverfassungen, S. 57 f.; *Soldan*, ZSR 1886, 185, 224 ff.; zu dem Problem s. auch *Brenner*, Der Schutz der in den schweizerischen kantonalen Verfassungen enthaltenen Rechte durch die Bundesgewalt, S. 13 f.; *Giacometti*, Die Verfassungsgerichtsbarkeit des Schweizerischen Bundesgerichtes, S. 40 ff.

[148] Art. 189 des Bundesgesetzes über die Organisation der Bundesrechtspflege v. 22.03.1893, BBl 1893 I, 1107 ff.

[149] Art. 189 des Bundesgesetzes betreffend die Änderung der Organisation der Bundesrechtspflege v. 06.10.1911, BBl 1911 IV, 287 ff.

[150] Vgl. *Häfelin*, Die Grundrechte in den Schweizer Kantonsverfassungen, in: Novak/Sutter/Hasiba (Hrsg.), Der Föderalismus und die Zukunft der Grundrechte, S. 27, 41.

[151] BGE 11, 156, 158 E. 2; vgl. auch *Brenner*, Der Schutz der in den schweizerischen kantonalen Verfassungen enthaltenen Rechte durch die Bundesgewalt, S. 13 f.

[152] Vgl. *Huber*, ZSR 1936, 1a, 114a.

[153] BGE 11, 156, 158 E. 2; vgl. *Bickel*, Kantonales Verfassungsrecht, S. 23; *Schollenberger*, Das Bundesstaatsrecht der Schweiz, S. 214.

mehrpoligen Grundrechtsverhältnisse als solches Ende des 19. bzw. zu Beginn des 20. Jahrhunderts in der Schweiz in Wissenschaft und Praxis, so weit ersichtlich, nicht diskutiert, was sich bereits damit erklären lässt, dass die Grundrechte damals in erster Linie als negative Kompetenznormen[154] und nicht auch als objektive Verfassungsnormen verstanden wurden.[155]

Der Grundsatz „Bundesrecht bricht kantonales Recht" stellte nach der Bundesverfassung von 1874 – anders als im deutschen Recht – schließlich keine bloß objektiv-rechtliche wirkende Kollisionsregel dar, sondern wurde vom Bundesgericht darüber hinaus als selbständiges verfassungsmäßiges Recht angesehen, dessen Verletzung der Einzelne mit Hilfe der staatsrechtlichen Beschwerde geltend machen konnte.[156] Für den Schutz der Grundrechte hatte dies allerdings kaum Bedeutung, da im Falle einer mutmaßlichen Verletzung einer bundesrechtlichen Grundrechtsgarantie durch kantonales Recht dem Beschwerdeführer ohnehin ein subjektives Recht zustand.

4. Grundrechtsbindung und Prüfungsmaßstab

In Bezug auf die Grundrechtsbindung lässt sich sagen, dass grundsätzlich sowohl Legislative, Exekutive und Judikative an die Bundesgrundrechte gebunden waren. Hervorzuheben ist, dass das Bundesgericht schon 1880 eine Bindung auch des Gesetzgebers an den allgemeinen Gleichheitssatz des Art. 4 BV 1874 annahm,[157] worin ein großer Unterschied zur Rechtspraxis im Deutschen Reich bestand.[158] Die Bindungswirkung der Freiheitsgrundrechte allen drei Gewalten gegenüber wurde, wie schon unter der Bundesverfassung von 1848,[159] ohnehin nicht bestritten. Allerdings ergab sich wegen Art 113 Abs. 3 BV 1874 die Besonderheit, dass das Bundesgericht Bundesgesetze nicht auf ihre Vereinbarkeit mit der Bundesverfassung überprüfen konnte, so dass der Bundesgesetzgeber faktisch Grundrechte verletzen konnte, ohne dafür sanktioniert zu werden, weshalb die Einschätzung von *Huber* aus den 1930er Jahren, wonach auf Grund von Art. 113 Abs. 3 BV 1874 den Kantonen beinahe „täglich untersagt werden [konnte], was der Bund sich unter der gleichen Verfassung fast täglich erlaubt[e]"[160], schon für die Zeit nach 1874 nicht ganz falsch war. Eine Bindung der Bundesorgane an kantonale Grundrechte bestand insofern, als die Bundesorgane nicht gegen geltendes

[154] S. *Brühwiler*, Die Freiheitsrechte der Kantonsverfassungen, S. 46.

[155] Vgl. *Kurer*, Die kantonalen Grundrechtsgarantien und ihr Verhältnis zum Bundesrecht, S. 125.

[156] BGE 28 I, 35, 38 E. 2; 48 I, 229, 232 E. 1; s. dazu *Huber*, ZSR 1936, 1a, 129a.

[157] BGE 6, 171, 172 E. 1; vgl. *Kölz*, Neuere Schweizerische Verfassungsgeschichte: Ihre Grundlinien in Bund und Kantonen seit 1848, S. 807; *Meyer*, Das Prinzip der Rechtsgleichheit, S. 92 f.

[158] S. oben, § 3 V.

[159] S. oben, § 7 V.

[160] *Huber*, ZSR 1936, 1a, 190a.

Recht verstoßen durften, was sich schon aus dem der Bundesverfassung von 1874 immanentem Rechtsstaatsprinzip ergab.[161] Demgegenüber oblag es dem Bundesgericht, die Einhaltung der kantonalen Grundrechtsgarantien gegenüber den kantonalen Behörden zu überwachen, wozu es die jeweilige Kantonsverfassung als Prüfungsmaßstab heran ziehen und konsequenterweise auch beachten musste. Das Bundesgericht war auch dann zur Heranziehung kantonaler Grundrechte verpflichtet, wenn sich der Beschwerdeführer im konkreten Fall nicht darauf berufen hatte, da das geltende objektive Recht, zu dem die kantonalen Verfassungen gehörten, von Amts wegen zur Anwendung zu bringen war.[162] Fraglich ist in diesem Zusammenhang, ob kantonale Grundrechte auch dann berücksichtigt werden konnten, wenn die Entscheidung einer kantonalen Behörde durch Bundesrecht beeinflusst oder sogar vollständig determiniert war. Soweit ersichtlich, wurde das Problem in der zeitgenössischen Rechtsprechung nicht thematisiert, was schon daran liegt, dass zwischen 1874 und 1918 keine bundesrechtliche Zivil- und Strafprozessordnung existierte und kantonalen Grundrechten nach der Rechtsprechung des Bundesgerichts zu den gleich lautenden Grundrechtsgarantien vor allem dort eine eigenständige Bedeutung verblieb, wo es keine parallelen Bundesgrundrechte gab. Dies galt insbesondere für die Meinungsfreiheit, das Hausrecht sowie die persönliche Freiheit, mithin für Grundrechte, in die die kantonalen Behörden auf Grund kantonaler Gesetze eingriffen wie etwa im Bereich des Polizeirechts. Darüber hinaus lässt sich sagen, dass bei einer vollständigen Determination durch Bundesgesetz eine Überprüfung der kantonalen Rechtsanwendung durch das Bundesgericht wegen Art. 113 Abs. 3 BV 1874 ohnehin nicht statthaft gewesen wäre. Schließlich ergab sich aus Art. 182 Abs. 1 OG 1893, dass wegen der Verletzung privatrechtlicher oder strafrechtlicher Vorschriften des eidgenössischen Rechts durch Entscheide von Kantonsbehörden keine staatsrechtliche Beschwerde beim Bundesgericht erhoben werden konnte, sondern der Beschwerdeführer stattdessen auf die neu geschaffenen Rechtsmittel vor dem Bundesgericht in Zivil- und Strafsachen verwiesen blieb. Dadurch konnte und musste das Bundesgericht zwar, sofern die Zuständigkeit dafür nicht nach Art. 189 Abs. 2 OG 1893 beim Bundesrat bzw. der Bundesversammlung lag, grundsätzlich über die verfassungskonforme Auslegung und Anwendung der Bundesgesetze durch die kantonalen Behörden wachen,[163] so dass insoweit theoretisch auch kantonale Grundrechte zu berücksichtigen waren, doch war der Fokus in solchen Verfahren in der Regel ein anderer, wenngleich selbstverständlich auch in zivil- oder straf-

---

[161] Allgemein zur Unterstellung des Bundes unter kantonales Recht s. *Rhinow/Schefer/Uebersax*, Schweizerisches Verfassungsrecht, Rn. 775, wobei die dort genannten Grundsätze auch schon für die Zeit nach 1874 galten; zum Rechtsstaatsprinzip s. BGE 6, 171, 173 E. 1.

[162] BGE 7, 663, 667 E. 2.

[163] Zur identischen Problematik im geltenden Recht s. *Hangartner/Looser*, in: St. Galler Kommentar zu Art. 190 BV Rn. 26; unter dem Bundesgesetz über die Organisation der Bundesrechtspflege aus dem Jahr 1874 ergab sich die entsprechende Zuständigkeit des Bundesrats bzw. der Bundesversammlung aus Art. 102 Nr. 2 BV 1874 i.V.m. Art. 59 Abs. 2 u. 3 OG 1874.

rechtlichen Verfahren schon damals Grundrechte heran gezogen wurden.[164] Indes verwundert es vor diesem Hintergrund wenig, dass das Problem der Anwendung kantonaler Grundrechte im Rahmen bundesrechtlicher Vorschriften von der zeitgenössischen Literatur und Praxis nicht thematisiert wurde.

Die kantonale Staatsgewalt war sowohl an die Bundesgrundrechte als auch an die kantonalen Grundrechte gebunden, wobei selbst der Gesetzgeber einer umfassenden Grundrechtsbindung unterworfen war.[165] Hinsichtlich des Prüfungsmaßstabes hatten kantonale Gerichte und politische Stellen bei ihrer Entscheidung in Rechtssachen sowohl die Bundesverfassung als auch die jeweilige kantonale Verfassung heran zu ziehen, zumal zur damaligen Zeit auf kantonaler Ebene keine Verfassungsgerichte existierten, deren Prüfungsmaßstab allein auf die jeweilige Kantonsverfassung beschränkt gewesen wäre. Damit waren sämtliche kantonalen Gerichte und politischen Behörden parallel an Bundesgrundrechte und an kantonale Grundrechte gebunden, wobei der Prüfungsmaßstab der Grundrechtsbindung entsprach. Angesichts des Fehlens einer spezialisierten Verfassungsgerichtsbarkeit war es den kantonalen Gerichten und politischen Behörden erlaubt, die Bundesverfassung selbst zu interpretieren, ohne dass eine Vorlage an das Bundesgericht nach dem Vorbild von Art. 100 GG möglich bzw. nötig gewesen wäre. Die kantonalen Instanzgerichte hatten bei ihrer Rechtsprechungstätigkeit neben dem kantonalen Recht auch Bundesrecht anzuwenden, so dass sich die Problematik der Heranziehung von kantonalen Grundrechten bei der Anwendung von Bundesrecht als Prüfungsmaßstab theoretisch gestellt haben könnte. Praktisch relevant wurde diese Frage, soweit ersichtlich, damals jedoch nicht, was sich u.a. damit begründen lässt, dass nur selbständige kantonale Grundrechte wie die Eigentumsfreiheit oder das Hausrecht eine eigenständige Bedeutung entfalten konnten und in diesen Bereichen die Gesetzgebungskompetenz überwiegend in der Hand der Kantone lag, zumal auch das Verfahrensrecht nach 1874 weiterhin in die Zuständigkeit der Kantone fiel.

5. Prozessuale Mechanismen zur Gewährleistung des Grundrechtsschutzes

a) Bundesebene

aa) Bundesgericht

aaa) Zuständigkeiten und prozessuale Vorgaben

In Art. 113 Abs. 1 Nr. 3 BV 1874 wurde dem Bundesgericht die Kompetenz zur Entscheidung über Beschwerden betreffend die Verletzung verfassungsmäßiger Rechte der Bürger übertragen, so dass das Gericht, anders als noch unter der

[164] Vgl. etwa BGE 4, 434, 435 E. 2.
[165] Vgl. etwa BGE 3, 512, 516 E. 1.

Bundesverfassung von 1848, ab sofort auch im Grundrechtsbereich über eine unmittelbare Entscheidungskompetenz verfügte und grundrechtliche Fragen trotz des Fehlens einer bundesrechtlichen Verwaltungsgerichtsbarkeit[166] nicht nur am Rande in zivil- oder strafrechtlichen Streitigkeiten zum Tragen kommen konnten. Allerdings besaß das Bundesgericht nach Art. 113 Abs. 2 BV 1874 keine Zuständigkeit für die durch die Bundesgesetzgebung näher zu definierenden Administrativstreitigkeiten. Art. 59 OG 1874[167] sah diesbezüglich vor, dass u.a. die Entscheidung über Rekurse betreffend das Schulwesen der Kantone (Art. 59 Abs. 2 Nr. 2), die Handels- und Gewerbefreiheit (Art. 59 Abs. 2 Nr. 3), die Niederlassungsfreiheit (Art. 59 Abs. 2 Nr. 5) sowie die Glaubens-, Gewissens- und Kultusfreiheit (Art. 59 Abs. 2 Nr. 6) dem Bundesrat bzw. der Bundesversammlung vorbehalten bleiben sollte. Damit war dem Bundesgericht zumindest in der Anfangszeit die Entscheidungsbefugnis über staatsrechtliche Beschwerden betreffend die Verletzung zentraler Freiheitsgrundrechte der Bundesverfassung weiterhin entzogen, während es für Rekurse betreffend die Verletzung des Gleichheitssatzes des Art. 4 BV 1874 schon ab 1874 zuständig war, soweit keine Freiheitsrechte in Rede standen, deren Einhaltung den politischen Bundesbehörden oblag.[168] Für die Verletzung genuin kantonaler Grundrechtsgarantien bestand indes eine Zuständigkeit des Bundesgerichts. Das OG 1893 brachte hinsichtlich der Entscheidungskompetenz bezüglich der Verletzung von Freiheitsrechten insoweit Fortschritte, als dem Bundesgericht darin die Zuständigkeit für staatliche Beschwerden betreffend die Niederlassungsfreiheit sowie die Glaubens-, Gewissens- und Kultusfreiheit übertragen wurden, wobei Rekurse bezüglich des bundesverfassungsrechtlichen Jesuitenverbots weiterhin den politischen Bundesbehörden vorbehalten blieben.[169] Eine wirkliche Ausweitung der Kompetenzen des Bundesgerichts erfolgte erst mit dem OG 1911, in dem dem Bundesgericht die Entscheidungskompetenz für staatsrechtliche Beschwerden bezüglich aller wichtigen Freiheitsrechte der Bundesverfassung zugewiesen wurde, wenn man von der Organisation des kantonalen Schulwesens und dem bundesverfassungsrechtlichen Jesuitenverbot einmal absieht.[170] Daher überrascht es nicht, dass die Zahl der beim Bundesgericht eingereichten

---

[166] S. dazu oben, § 8 I.1. a) bb) ddd).

[167] Bundesgesetz über die Organisation der Bundesrechtspflege v. 27.06.1874, AS I, S. 136 = BBl 1874 II, 425 ff.

[168] Vgl. dazu *Meyer*, Das Prinzip der Rechtsgleichheit, S. 89 u. 97 f.

[169] Art. 189 des Bundesgesetzes über die Organisation der Bundesrechtspflege v. 22.03.1893, BBl 1893 I, 1107 ff.; s. dazu *Nägeli*, Die Entwicklung der Bundesrechtspflege seit 1815, S. 117 f.

[170] Art. 189 des Bundesgesetzes betreffend Änderung der Organisation der Bundesrechtspflege v. 06.10.1911, BBl 1911 IV, 287 ff.; ausführlich zur Verteilung der Zuständigkeiten zwischen Bundesgericht und politischen Bundesbehörden *de Jongheere*, Der Rechtsschutz in Verfassungsstreitigkeiten durch die politischen Bundesbehörden, S. 69 ff.

staatsrechtlichen Beschwerden von 140 im Jahr 1880[171] über 291 im Jahr 1900[172] auf 362 im Jahr 1918[173] angestiegen war.[174]

Parteifähig im Rahmen der staatsrechtlichen Beschwerde waren nach Art. 113 BV i.V.m. Art. 59 Abs. 1 OG 1874, Art. 178 Nr. 2 OG 1893 „Private“ und „Korporationen“. Zu Letzteren gehörten alle juristischen Personen des Privatrechts sowie die selbständigen Rechtsträger des öffentlichen Rechts.[175] Tauglicher Beschwerdegegenstand waren nach Art. 178 Nr. 1 OG 1893 nur kantonale Verfügungen und Erlasse, d.h. der Einzelne konnte sich mit der staatsrechtlichen Beschwerde vor dem Bundesgericht nur gegen Maßnahmen der kantonalen Staatsgewalt, nicht aber gegen solche von Bundesbehörden zur Wehr setzen. Dies lässt sich damit erklären, dass der Bund insbesondere in der Zeit unmittelbar nach 1874 noch über vergleichsweise wenige Verwaltungskompetenzen verfügte[176] und daher diesbezüglich keine Notwendigkeit für die Einführung einer gerichtlichen Kontrolle gesehen wurde. Zu den Verfügungen kantonaler Behörden zählten neben den Entscheiden der kantonalen politischen Behörden und den kantonalen Gerichtsurteilen auch kantonale Gesetze sowie die Kantonsverfassungen.[177] Nach der Rechtsprechung des Bundesgerichts konnten kantonale Verfassungsbestimmungen jedoch nicht Anfechtungsobjekt im Rahmen der staatsrechtlichen Beschwerde sein, da Art. 6 BV und 85 BV 1874 betreffend die Gewährleistung der Kantonsverfassungen durch die Bundesversammlung *leges speciales* zu Art. 113 BV 1874 darstellten und eine bundesgerichtliche Kontrolle insoweit ausgeschlossen sein sollte.[178] Wenngleich diese Argumentation angesichts der unterschiedlichen Zielrichtungen des Gewährleistungsverfahrens und eines gerichtlichen Verfahrens wenig überzeugt,[179] ist zuzugeben, dass mit der richterlichen Zurückhaltung der Autorität der politischen Bundesbehörden Rechnung getragen wurde. Etwas anderes hinsichtlich der Anfechtbarkeit im Rahmen der staatsrechtlichen Beschwerde galt hingegen in Bezug auf kantonale Gesetze und Verordnungen, welche nach Art. 102 Nr. 2 und 13 BV 1874 der Genehmigung durch den Bundes-

---

171 Schweizerisches Bundesgericht, Bericht an die Bundesversammlung über seine Geschäftsführung im Jahre 1880 v. 04.03.1881, BBl 1881 II, 307, 314.

172 Schweizerisches Bundesgericht, Bericht an die Bundesversammlung über seine Geschäftsführung im Jahre 1900 v. 01.03.1901, BBl 1901 II, 93, 111.

173 Schweizerisches Bundesgericht, Bericht an die Bundesversammlung über seine Geschäftsführung im Jahre 1918 v. 24.02.1919, BBl 1919 I, 439, 452.

174 Vgl. dazu auch *Giacometti*, Die Verfassungsgerichtsbarkeit des Schweizerischen Bundesgerichtes, S. 266.

175 *Marti*, Die staatsrechtliche Beschwerde, S. 55, wobei sich die Ausführungen auf das OG 1874 übertragen lassen.

176 *Kägi*, ZSR 1952 I, 173, 203.

177 Ausführlich dazu *Giacometti*, Die Verfassungsgerichtsbarkeit des Schweizerischen Bundesgerichtes, S. 104 ff.

178 BGE 1, 343, 347 E. 6; 17, 622, 630 E. 4; 22, 1, 4 E. 2; vgl. *Giacometti*, Die Verfassungsgerichtsbarkeit des Schweizerischen Bundesgerichtes, S. 111; ausführlich dazu *Gut*, Die Gewährleistung der Kantonsverfassungen durch den Bund, S. 31 f.

179 Krit. dazu auch *Giacometti*, Die Verfassungsgerichtsbarkeit des Schweizerischen Bundesgerichtes, S. 111 ff.; *Marti*, Die staatsrechtliche Beschwerde, S. 90 f.

rat bedurften. Insoweit war das Bundesgericht nicht an die Auffassung des Bundesrates gebunden, es sei denn, dieser hatte ausdrücklich eine Übereinstimmung des in Rede stehenden kantonalen Aktes mit dem Bundesrecht festgestellt.[180]

Nach Art. 178 Nr. 2 OG 1893 musste der Beschwerdeführer eine Rechtsverletzung geltend machen, die er durch eine allgemein verbindliche oder eine ihn persönlich betreffende Verfügung oder einen Erlass bzw. dessen Anwendung erlitten hatte, so dass die Erhebung einer Popularklage ausgeschlossen war.[181] Unabhängig davon, wie weit man den Begriff der verfassungsmäßigen Rechte i.S.v. Art. 113 Abs. 1 Nr. 3 BV 1874 fasste, bleibt zu konstatieren, dass eine behauptete Grundrechtsverletzung in jedem Fall darunter fiel.[182] Weder das Organisationsgesetz von 1874 noch das Organisationsgesetz von 1893 sah die Erschöpfung des Rechtswegs als Voraussetzung für die Erhebung einer staatsrechtlichen Beschwerde vor, so dass sich die Frage stellte, ob der Beschwerdeführer zuerst den kantonalen Instanzenzug durchlaufen musste, bevor er sich an das Bundesgericht wenden konnte. Das Bundesgericht verzichtete in Anlehnung an die Praxis des Bundesrates unter der Bundesverfassung von 1848 bei staatsrechtlichen Beschwerden wegen Verletzung von Individualrechten, welche durch die Bundesverfassung garantiert wurden, tendenziell auf die vorherige Erschöpfung des kantonalen Rechtsweges,[183] während bei Grundrechten, die lediglich auf kantonaler Ebene gewährleistet waren, vor Erhebung der staatsrechtlichen Beschwerde entsprechend der bundesrätlichen Praxis vor 1874[184] der kantonale Rechtszug in der Regel durchlaufen werden musste,[185] um den kantonalen Behörden die Möglichkeit zur Auslegung ihrer Verfassung zu geben. Daher behielt sich das Bundesgericht stets das Recht vor, im Falle einer Umgehung der oberen kantonalen Instan-

[180] S. dazu *Auer*, Die schweizerische Verfassungsgerichtsbarkeit, S. 143 f., wobei die dort angestellten Erwägungen auch schon für die Zeit nach 1874 galten.

[181] *Reichel*, Das Bundesgesetz über die Organisation der Bundesrechtspflege, Art. 178, S. 142.

[182] Vgl. *Burckhardt*, Kommentar der schweizerischen Bundesverfassung, Art. 113, S. 794 ff.; *Marti*, Die staatsrechtliche Beschwerde, S. 33 ff.; *Giacometti*, Die Verfassungsgerichtsbarkeit des Schweizerischen Bundesgerichtes, S. 166 ff.; zum Begriff der verfassungsmäßigen Rechte s. auch oben, § 7 III.1.

[183] BGE 1, 173, 176 E. 4; 1, 229, 230 f. E. 3; 2, 377, 379 E. 1; 3, 74, 78 E. 3; 7, 658, 661 E. 2; 9, 34, 37 E. 1; 9, 139, 141 E. 1; 10, 74, 77 E. 1; 16, 294, 297 E. 1; 16, 653, 656 E. 1; 18, 75, 79 E. 2; 29 I, 441, 443 E. 1; *Soldan*, S. 59 f.; s. dazu *Giacometti*, Die Verfassungsgerichtsbarkeit des Schweizerischen Bundesgerichtes, S. 122 f.

[184] S. etwa *Ullmer*, Die staatsrechtliche Praxis der schweizerischen Bundesbehörden aus den Jahren 1848–1863, Bd. 2, Nr. 1124, S. 477; *v. Salis*, Schweizerisches Bundesrecht, Bd. 2, Nr. 280, S. 28 f.; näher dazu oben, § 7 VI.1.

[185] BGE 1, 317, 320 E. 5; 2, 70, 71 E. 2; 3, 318, 320; 3, 461, 462 f.; 5, 312, 314 E. 4; 6, 581, 585 E. 3b; 8, 68, 71 f. E. 1; 18, 69, 72 E. 1, wo das Bundesgericht zwar darauf hinweist, dass es in bestimmten Fällen wünschenswert sein könne, die Position der kantonalen Behörden zu kennen, es dies aber im konkreten Fall nicht für erforderlich hält und deshalb in die Sachprüfung einsteigt; 36, 32, 35 E. 1; anders dahingehend, dass eine Rechtswegerschöpfung nicht verlangt wurde BGE 5, 531, 532 f. E. 1; 17, 45, 49 f. E. 1; 19, 105, 109 f. E. 1; vgl. zum Ganzen *Affolter*, Die individuellen Rechte nach der bundesgerichtlichen Praxis, S. 159; *Giacometti*, Die Verfassungsgerichtsbarkeit des Schweizerischen Bundesgerichtes, S. 123.

zen die staatsrechtliche Beschwerde an diese zurück zu weisen.[186] Allerdings handelte es sich hierbei lediglich um eine grobe Leitlinie, da das Bundesgericht das Erfordernis der Rechtswegerschöpfung oft vom konkreten Einzelfall abhängig machte.[187] Ab 1910 ging es allerdings dazu über, die vorherige Erschöpfung des kantonalen Rechtswegs als zwingende Voraussetzung für die Erhebung einer staatsrechtlichen Beschwerde anzusehen.[188]

Schließlich war die Beschwerde nach Art. 178 Nr. 3 OG 1893 fristgebunden. Danach musste die staatsrechtliche Beschwerde innerhalb von 60 Tagen nach Eröffnung oder Mitteilung der Verfügung oder des Erlasses beim Bundesgericht eingereicht werden. Art. 178 Nr. 3 OG 1893 verlangte für die Einreichung der Beschwerde die Schriftform und sah vor, dass die Beschwerde die Anträge des Beschwerdeführers sowie deren Begründung enthalten sollte.[189]

Nach Art. 113 Abs. 3 BV 1874 war die bundesgerichtliche Überprüfungsbefugnis dahin gehend beschränkt, dass die von der Bundesversammlung erlassenen Gesetze und allgemein verbindlichen Beschlüsse sowie die von ihr genehmigten Staatsverträge für das Bundesgericht maßgebend waren.[190] Eine Überprüfung oder gar Aufhebung von Bundesgesetzen durch das Bundesgericht kam daher nicht in Betracht, so dass Grundrechtsverstöße des Bundesgesetzgebers vom Bundesgericht nicht beanstandet werden konnten und der Einzelne insoweit schutzlos stand. Ausnahmen diesbezüglich ergaben sich lediglich hinsichtlich der Überprüfung auf formelle Mängel sowie des Vorranges des jüngeren unmittelbar anwendbaren Verfassungsrechts.[191]

Der Umfang der verfassungsgerichtlichen Kontrolle wurde in der Praxis durch den Beschwerdeführer bestimmt, da das Bundesgericht entsprechend dem Rügeprinzip nur die in der Beschwerde geltend gemachten Verletzungen verfassungsmäßiger Rechte prüfte.[192] Dies bedeutete jedoch nicht, dass das Bundesgericht auch hinsichtlich der rechtlichen Würdigung an das Vorbringen des Beschwerdeführers gebunden gewesen wäre. So zog das Bundesgericht in einem Fall Art. 16 Abs. 2 der aargauischen Verfassung von 1852, wonach niemand anders als in den durch das Gesetz bezeichneten Fällen und in der durch dasselbe vorgeschriebe-

[186] BGE 10, 74, 77 E. 1; *Brenner*, Der Schutz der in den schweizerischen kantonalen Verfassungen enthaltenen Rechte durch die Bundesgewalt, S. 50.

[187] Vgl. dazu nur BGE 19, 105, 109 f. E. 1.

[188] Grundlegend dazu BGE 36 I, 379, 381 E. 1; 48 I, 103, 105 E. 2; anders jedoch BGE 39 I, 208, 210 E. 1; s. dazu *Giacometti*, Die Verfassungsgerichtsbarkeit des Schweizerischen Bundesgerichtes, S. 123.

[189] Zu den Formalien s. *Reichel*, Das Bundesgesetz über die Organisation der Bundesrechtspflege, Art. 178, S. 142.

[190] S. dazu BGE 20, 741, 744 E. 1; 29 I, 432, 436 E. 1.

[191] S. dazu *Haller*, in: Aubert et al., Kommentar zur Bundesverfassung der Schweizerischen Eidgenossenschaft, Bd. 4, Art. 113 Rn. 207 ff. u. 219, wobei diese Ausnahmen nach den allgemeinen Regeln schon ab 1874 galten; vgl. auch *Burckhardt*, Kommentar der schweizerischen Bundesverfassung, 3. Aufl., Art. 113, S. 788.

[192] BGE 7, 57, 75. E. 4; 30 I, 342, 349 E. 1; 35 I, 21, 23 E. 1; 36 I, 39, 41 E. 2; 36 I, 497, 533 f. E. 1; 38 I, 7, 10 E. 2; 42 I, 385, 391 f. E. 1; 43 I, 268, 275 E. 2; vgl. *Giacometti*, Die Verfassungsgerichtsbarkeit des Schweizerischen Bundesgerichtes, S. 237 f.

nen Form gerichtlich verfolgt oder verhaftet werden sollte, als Argumentationsgrundlage heran, nachdem es eine Verletzung von Art. 56 BV 1874 verneint hatte.[193] Hinsichtlich der Wahl der Verfahrensart ergab sich die Besonderheit, dass dann, wenn ein Grundrecht der Bundesverfassung oder einer kantonalen Verfassung durch die Bundesgesetzgebung bzw. die kantonale Gesetzgebung näher ausgestaltet worden war, die Verletzung dieses Grundrechts nicht mehr mit der staatsrechtlichen Beschwerde gerügt werden konnte, sondern vielmehr die Verletzung der ausführenden Gesetzesnorm im Rahmen anderer bundesrechtlicher Rechtsbehelfe zu rügen war.[194]

In Bezug auf die Kognition des Bundesgerichts, d.h. den Maßstab, mit dem die Richter die in einem Verfahren vorgebrachten Rügen zu beurteilen hatten, ergab sich schon damals eine Unterscheidung von freier und beschränkter Kognition.[195] Im Rahmen der staatsrechtlichen Beschwerde prüfte das Bundesgericht die Verletzung eines Grundrechts bei der Anwendung eines Gesetzes regelmäßig nur unter dem Gesichtspunkt der Willkür, d.h. dahin gehend, ob bei der Auslegung und Anwendung des fraglichen kantonalen Gesetzes oder Bundesgesetzes[196] das in Art. 4 BV 1874 verankerte Willkürverbot verletzt wurde,[197] wobei die Frage der Verfassungsmäßigkeit eines Bundesgesetzes selbst freilich kein tauglicher Beschwerdegrund im Rahmen der staatsrechtlichen Beschwerde sein konnte. Die Willkürprüfung kam ferner zur Anwendung bei der Ermittlung des Sachverhaltes sowie der Ermessensausübung.[198] Im Hinblick auf die Auslegung von kantonalem Gesetzesrecht und dessen Anwendung bedeutete dies, dass den kantonalen Behörden jenseits der Willkür ein erheblicher Spielraum verblieb,[199] in dem die Wertungen kantonaler Grundrechte zumindest theoretisch zum Tragen kommen konnten, kantonale Grundrechte andererseits aber auch entwertet werden konnten, wenn die kantonalen Behörden selbst sie – was häufig der Fall war – bei ihren Entscheidungen nicht angemessen berücksichtigten. Etwas anderes ergab sich

---

[193] BGE 6, 206, 209 E. 2; 7, 663, 667 E. 2.

[194] *Marti*, Die staatsrechtliche Beschwerde, S. 38 f.

[195] Zum Begriff der Kognition s. *Kälin*, Das Verfahren der staatsrechtlichen Beschwerde, S. 157 f.

[196] Für die Auslegung und Anwendung von Bundesgesetzen und kantonalen Gesetzen galten im Rahmen der staatsrechtlichen Beschwerde jeweils die gleichen Kognitionsregeln, vgl. dazu aus späterer Zeit BGE 107 II 301, 303 E. 5; 108 Ia 178, 180 E. 2; 120 II 384, 387 E. 5b); näher dazu *Kälin*, Das Verfahren der staatsrechtlichen Beschwerde, S. 177; *Misic*, Verfassungsbeschwerde, S. 283.

[197] Vgl. BGE 40 I, 370, 377 E. 4; *Marti*, Die staatsrechtliche Beschwerde, S. 39; *Huber*, ZSR 1936, 1a, 99a; in der Praxis stellte die Rüge der Verletzung des Willkürverbotes durch die kantonalen Behörden daher den Hauptfall der staatsrechtlichen Beschwerden dar, vgl. *Giacometti*, Die Verfassungsgerichtsbarkeit des Schweizerischen Bundesgerichtes, S. 267 f.; für eine freie Prüfung bei der Gesetzesauslegung s. allerdings BGE 39 I 320, 324 f. E. 4; 48 I 149, 152 E. 1.

[198] *Giacometti*, Die Verfassungsgerichtsbarkeit des Schweizerischen Bundesgerichtes, S. 67, 175 f. u. 234; vgl. auch BGE 51 I, 32, 39 E. 3, wobei anzunehmen ist, dass dieser Grundsatz schon früher galt.

[199] Vgl. *Filli*, Die Grundrechte der Kantonsverfassungen im Gefüge des schweizerischen Staatsrechts, S. 79.

hingegen unmittelbar für die Auslegung der Bundesgrundrechte und der kantonalen Grundrechte durch die kantonalen Behörden und Gerichte, wo das Bundesgericht grundsätzlich eine freie, d.h. auf der eigenen Rechtsauffassung basierende Überprüfung vornahm.[200] In Bezug auf die Auslegung von kantonalen Grundrechten fällt auf, dass das Bundesgericht dabei den kantonalen Instanzen gegenüber, anders als noch vor 1874, zumindest jenseits der Grundrechte der persönlichen Freiheit, der Meinungsäußerungsfreiheit und der Eigentumsfreiheit nicht selten wenig Zurückhaltung bewies, sondern vielmehr „ohne Rücksicht auf die Meinung der kantonalen Behörden seine eigene Rechtsüberzeugung zur Geltung brachte“[201]. Eine freie Prüfung vollzog das Bundesgericht grundsätzlich ferner im Rahmen der abstrakten und inzidenten Normenkontrolle, d.h. wenn im Rahmen der staatsrechtlichen Beschwerde die Vereinbarkeit eines kantonales Gesetzes mit der Bundesverfassung bzw. der kantonalen Verfassung in Rede stand,[202] während andererseits in der Praxis jedoch bei kantonalen Gesetzen, welche auf Grundlage eines Gesetzesvorbehalts in einem kantonalen Grundrecht erlassen worden waren, das Bundesgericht mit Rücksicht auf die kantonale Autonomie in der Regel die Prüfungsdichte reduzierte und eine verfassungskonforme Auslegung vornahm, bei der Verhältnismäßigkeitsprüfung große Zurückhaltung walten ließ bzw. das angegriffene kantonale Gesetz nur auf das Vorliegen von Willkür prüfte.[203] Im Falle der Zulässigkeit und Begründetheit der staatsrechtlichen Beschwerde hob das Bundesgericht den angefochtenen kantonalen Hoheitsakt auf.[204]

Selbstverständlich konnte sich das Bundesgericht auch außerhalb der staatsrechtlichen Beschwerde mit grundrechtlichen Fragen befassen, insbesondere im Rahmen seiner Kompetenz zur Entscheidung in zivil- und strafrechtlichen Angelegenheiten[205] sowie in den Fällen, in denen das Bundesgericht über verwaltungsgerichtsähnliche Kompetenzen verfügte.[206] Allerdings spielten Grundrechte in

---

[200] Vgl. etwa BGE 40 I, 370, 375 ff. E. 4 in Abgrenzung zur bloßen Willkürprüfung bei der Auslegung des kantonalen Strafrechts; BGE 38 I, 78, 82 ff. E. 3; *Vogt*, Die Überprüfungsbefugnis des Bundesgerichtes bei der Auslegung des kantonalen Verfassungsrechts, S. 45 ff.

[201] *Vogt*, Die Überprüfungsbefugnis des Bundesgerichts bei der Auslegung des kantonalen Verfassungsrechts, S. 43 ff.; so auch *Leuthold*, Die Prüfungsdichte des Bundesgerichts im Verfahren der staatsrechtlichen Beschwerde wegen Verletzung verfassungsmässiger Rechte, S. 80.

[202] *Marti*, Die staatsrechtliche Beschwerde, S. 159, wobei dieser Grundsatz auch schon früher galt; vgl. *Huber*, ZSR 1936, 1a, 99a, der auf einen unveröffentlichten Entscheid des Bundesgerichts aus dem Jahr 1933 hinweist (Migros AG ca. Schaffhausen Regierungsrat), wo das Bundesgericht ausgeführt habe, dass frei zu prüfen sei, ob ein kantonales Gesetz einen unzulässigen Eingriff in die Gewerbefreiheit bedeute; aus späterer Zeit, jedoch mit Gültigkeit bereits ab 1874 s. auch *Kälin*, Das Verfahren der staatsrechtlichen Beschwerde, S. 174; *Schweizer*, HGR VII/2, § 229 Rn. 29.

[203] So etwa aus späterer Zeit BGE 55 I, 226, 227 E. 4, wobei die Erwägungen zur richterlichen Kognition auch schon zwischen 1874 und 1918 gegolten haben dürften; zur späteren Praxis s. auch *Kälin*, Das Verfahren der staatsrechtlichen Beschwerde, S. 198 ff.

[204] Vgl. BGE 26 I, 403, 406 E. 1; 30 I, 502, 506 E. 1; ausführlich dazu *Giacometti*, Die Verfassungsgerichtsbarkeit des Schweizerischen Bundesgerichtes, S. 241 ff.

[205] Vgl. etwa BGE 4, 434, 435 E. 2.

[206] Vgl. etwa Art. 180 Nr. 1, 2, und 4 OG 1893 sowie Art. 50 OG 1893; vgl. *Nägeli*, Die Entwicklung der Bundesrechtspflege, S. 126.

solchen Verfahren regelmäßig nur am Rande eine Rolle, so dass die Mehrzahl der grundrechtlich relevanten Fragestellungen im Rahmen der staatsrechtlichen Beschwerde entschieden wurde.

bbb) Bundesgrundrechte und kantonale Grundrechte in der bundesgerichtlichen Rechtsprechung

Insbesondere in der Zeit unmittelbar nach 1874 besaß das Bundesgericht nur sehr eingeschränkte Kompetenzen bei der Entscheidung über staatsrechtliche Beschwerden betreffend die Verletzung von Bundesgrundrechten. Die Verletzung kantonaler Grundrechte hingegen konnte bereits damals im Rahmen der staatsrechtlichen Beschwerde umfassend geprüft werden, was jedoch nur dann galt, wenn den kantonalen Grundrechten selbständige Bedeutung zukam, weil sie andere oder weiter gehende Gewährleistungen als die Bundesgrundrechte enthielten. Im Falle der Inhaltsgleichheit von bundesverfassungsrechtlicher und kantonaler Garantie sprach das Bundesgericht der kantonalen Gewährleistung jegliche selbständige Bedeutung ab, weshalb insoweit keine Ausführungen zur Auslegung der kantonalen Vorschrift erfolgten.[207] Die Entscheidung, ob im Falle paralleler Grundrechte tatsächlich eine kantonale Mehrgewährleistung vorlag mit der Folge, dass das Bundesgericht trotz des in Art. 113 Abs. 2 BV 1874 angeordneten Prüfungsausschlusses hinsichtlich der entsprechenden bundesrechtlichen Gewährleistung im Rahmen der staatsrechtlichen Beschwerde eine Grundrechtsprüfung vornehmen konnte, blieb indes dem Bundesgericht selbst vorbehalten. Durch die Befugnis des Bundesgerichts zur Auslegung der kantonalen Grundrechte freilich konnten deren Bedeutungsgehalte nivelliert werden, zumal das Bundesgericht dazu tendierte, parallele kantonale Garantien, auch wenn diese dem Wortlaut nach mit der bundesverfassungsrechtlichen Garantie nicht deckungsgleich waren, entsprechend der bundesrechtlichen Gewährleistung zu interpretieren.[208] So betonte das Bundesgericht, dass Art. 22 der Verfassung von St. Gallen aus dem Jahr 1861, wonach die Kantonsbürger und die im Kanton niedergelassenen Schweizer volle Gewerbefreiheit genossen und Beschränkungen, „insoweit sie im Interesse der Gesamtheit und des einheimischen Gewerbsfleißes erforderlich und zulässig" waren, von der Gesetzgebung auszusprechen waren, keinen weiter reichenden Schutz gewährte als die Gewerbefreiheit des Art. 31 BV 1874, der in Absatz 2 lit. a) u.a. die Erhebung bestimmter Verbrauchssteuern ausdrücklich vorbehielt.[209] Begründet wurde dies damit, dass sich die Gewerbefreiheit des Art. 22 der St. Galler Verfassung überhaupt nicht auf das Besteuerungsrecht des Staates bezöge,[210] weshalb die kantonale Gewährleistung trotz ihrer weiteren Formulierung keinen weiter gehenden Schutzgehalt zugesprochen bekam als die bundesverfassungsrechtliche Parallelvorschrift. Dies galt ebenso für

---

[207] BGE 38 I, 66, 72 E. 3; s. dazu oben, § 8 I.3. b).
[208] Vgl. *Hottelier*, HGR VII/2, § 207 Rn. 10.
[209] BGE 5, 334, 337 f. E. 3.
[210] BGE 5, 334, 338 E. 3.

Art. 27 der Verfassung von St. Gallen aus dem Jahr 1890, wonach die Freiheit des Handels und der Gewerbe gewährleistet war und die Gesetzgebung innerhalb der Schranken der Bundesverfassung Beschränkungen treffen konnte, insbesondere zur Bekämpfung des unreellen und gemeinschädlichen Geschäftsverkehrs. Das Bundesgericht entschied in Bezug auf diese Vorschrift, dass sie keinen weiter reichenden Schutzgehalt aufweise als Art. 31 BV 1874, was sich schon aus der Bezugnahme auf die Bundesverfassung ergebe,[211] so dass der kantonalen Garantie, obwohl diese, anders als die Bundesverfassung, keine Auflistung der vorbehaltenen Gegenstände enthielt, keine über die Bundesverfassung hinaus reichende Bedeutung zukam.

Ähnliches ergab sich hinsichtlich Art. 21 der Zürcher Verfassung aus dem Jahr 1869, wonach die Ausübung jeder Berufsart in Kunst und Wissenschaft, Handel und Gewerbe frei war. Vorbehalten waren in der Norm die gesetzlichen und polizeilichen Vorschriften, welche das öffentliche Wohl erforderte. Das Bundesgericht nahm an, dass die kantonale Grundrechtsbestimmung trotz ihrer scheinbar weiteren Formulierung keinen weiter reichenden Schutz gewährleistete als Art. 31 und 33 BV 1874, da auch nach der Zürcher Verfassung der Gesetzgeber darüber habe entscheiden können, ob er die Ausübung eines wissenschaftlichen Berufes im Hinblick auf das öffentliche Wohl freigeben wollte oder nicht.[212] Ein weiteres Beispiel für die Angleichung kantonaler Grundrechtsgewährleistungen an die Bundesverfassung stellt die Entscheidung des Bundesgerichts zu Art. 49 der Verfassung von Schaffhausen aus dem Jahr 1876 dar, wonach die religiösen Korporationen und Gesellschaften ihre inneren Verhältnisse (Lehre, Kultus usw.) selbstständig ordneten. Das Bundesgericht nahm jedenfalls hinsichtlich privater Religionsgemeinschaften eine inhaltliche Übereinstimmung mit der bundesverfassungsrechtlichen Garantie der Kultusfreiheit (Art. 50 BV 1874) an,[213] so dass der kantonalen Garantie insoweit keine Bedeutung mehr zukam. Etwas anderes ergab sich indes hinsichtlich der in Art. 53 der Verfassung von Schaffhausen verbürgten Unabhängigkeit der äußeren Organisation privater Religionsgesellschaften gegenüber staatlicher Einwirkung, welcher das Bundesgericht eine selbstständige Bedeutung neben der bundesverfassungsrechtlichen Kultusfreiheit zuerkannte.[214] Einen über die Bundesverfassung hinaus gehenden Bedeutungsgehalt billigte das Bundesgericht schließlich auch Art. 3 der Zürcher Verfassung von 1869 zu, wonach die freie Meinungsäußerung durch Wort und Schrift, das Vereinsrecht und das Versammlungsrecht gewährleistet waren, deren Ausübung keinen anderen Beschränkungen unterlag als denjenigen des allgemeinen Rechts. Das Gericht ging davon aus, dass die kantonale Garantie der Vereinsfreiheit nach Wortlaut, Systematik sowie Sinn und Zweck nicht auf Staatsbürger beschränkt sei, sondern auch auf ausländische Staatseinwohner angewandt werden könne,

---

[211] BGE 38 I, 66, 71 E. 2.
[212] BGE 11, 156, 158 f. E. 2.
[213] BGE 15, 730, 734 E. 2; vgl. *Bickel*, Kantonales Verfassungsrecht, S. 24 f.
[214] BGE 15, 730, 734 f. E. 3; vgl. *Bickel*, Kantonales Verfassungsrecht, S. 24 f.

während Art. 56 BV 1874 die Vereinsfreiheit nur den Schweizer Staatsbürgern garantierte.[215]

Bemerkenswert im Hinblick auf die Anwendung von Bundesgrundrechten und kantonalen Grundrechten durch das Bundesgericht ist darüber hinaus, dass das Gericht eine parallele kantonale Gewährleistung durchaus erwähnte, auch wenn dieser keine selbständige Bedeutung zukam. Dies galt zwar nicht ausnahmslos, was sich etwa in einer Entscheidung zum solothurnischen Strafrecht zeigte, in der das Bundesgericht alleine auf Art. 4 BV 1874 abstellte und die kantonale Garantie, die freilich nicht mehr als eine Wiederholung der Bundesgarantie enthielt, nicht einmal erwähnte,[216] doch existieren aus der Zeit zwischen 1874 und 1918 sehr wohl Urteile, in denen sich das Bundesgericht im Falle paralleler Gewährleistungen auch auf das kantonale Grundrecht bezog. So betonte das Bundesgericht in einer eherechtlichen Streitigkeit, dass sich sowohl der Kläger als auch die Beklagte auf die Glaubens- und Gewissensfreiheit des Art. 49 BV 1874 bzw. des Art. 17 der thurgauischen Verfassung berufen könnten.[217] Daran zeigt sich, dass das Bundesgericht durchaus eine Sensibilität für kantonale Grundrechtsgarantien besaß und diese zumindest nicht vollständig ignorierte. Das Bundesgericht konnte in dem fraglichen Fall die Glaubens- und Gewissensfreiheit deshalb heranziehen, weil es sich nicht um eine Administrativstreitigkeit handelte, deren Entscheidung den politischen Bundesbehörden zugewiesen war. Die genannte Entscheidung ist noch aus einem anderen Grund interessant, und zwar, weil das Bundesgericht hervorhebt, dass sich sowohl Kläger als auch Beklagter auf die bundesrechtliche und die von der thurgauischen Verfassung garantierten Glaubens- und Gewissensfreiheit berufen konnten. Damit wird die Problematik der mehrpoligen Grundrechtskonstellationen angedeutet, welche in der zeitgenössischen Rechtsprechung des Bundesgerichts im Übrigen kaum eine Rolle gespielt hat und die in den wenigen Fällen, wo sie aktuell wurde, vom Bundesgericht ohne dogmatische Überlegungen pragmatisch im Rahmen der Verhältnismäßigkeit gelöst wurde.[218] Besonders eindrücklich zeigte sich die Bedeutung, die das Bundesgericht den kantonalen Grundrechten im Einzelfall beimaß ferner, als das Bundesgericht im Rahmen der Entscheidung über eine staatsrechtliche Beschwerde ohne entsprechende Rechtsausführungen des Beschwerdeführers auf den in Art. 16 Abs. 2 der aargauischen Verfassung von 1852 verbürgten Grund-

---

[215] BGE 7, 502, 512 ff. E. 2; BGE 12, 93, 105 ff. E. 2 ff.; a. A. *Burckhardt*, Kommentar der schweizerischen Bundesverfassung, Art. 56, S. 543; zum Ganzen s. auch *Schefer/Ziegler*, Die Grundrechte der Kantonsverfassung Basel-Stadt, in: Buser, Neues Handbuch des Staats- und Verwaltungsrechts des Kantons Basel-Stadt, S. 57, 66.

[216] BGE 6, 171, 172 f. E. 1.

[217] So etwa BGE 4, 434, 435 E. 2; ähnlich auch BGE 19, 20, 23 E. 2 hinsichtlich der bundesrechtlich und der durch die Genfer Kantonsverfassung garantierten Pressefreiheit.

[218] Zur Bedeutung mehrpoliger Grundrechtskonstellationen in der bundesgerichtlichen Rechtsprechung s. *Kurer*, Die kantonalen Grundrechtsgarantien, S. 98 f.; die Problematik der Horizontalwirkung von Grundrechten, *in concreto* der Kultusfreiheit, jedoch problematisierend BGE 20, 274, 280 f. E. 2; s. dazu auch *Saladin*, Grundrechte in Wandel, S. 27 f.

satz „nulla poena sine lege“ rekurrierte, nachdem es zuvor eine Verletzung der in Art. 56 BV 1874 garantierten Vereinsfreiheit verneint hatte.[219]

Unabhängig von derartigen Fällen konnten die kantonalen Grundrechte eine wirklich eigenständige Bedeutung aber nur dort entfalten, wo die Bundesverfassung keine parallele Gewährleistung enthielt, etwa bei der Meinungsäußerungsfreiheit. Betrachtet man die Behandlung der selbständigen kantonalen Grundrechte durch das Bundesgericht etwas näher, fällt zunächst auf, dass das Bundesgericht bei der Prüfung der Grundrechtsverletzung trotz seiner oft wenig kantonsfreundlichen Tendenzen bei der Interpretation anderer kantonaler Grundrechte[220] hier auf die Auslegung abstellte, welche die kantonalen Behörden, allen voran der kantonale Gesetzgeber, der betreffenden kantonalen Grundrechtsnorm beigemessen haben.[221] Dies führte beispielsweise dazu, dass das Bundesgericht im Zusammenhang mit der Auslegung der kantonalen Eigentumsfreiheit Expropriationen, d.h. Enteignungen aus Gründen des öffentlichen Wohls oder öffentlichen Interesses, selbst dann für zulässig erklärt hat, wenn die kantonalen Behörden rein ästhetische Gesichtspunkte als hinreichend bezeichnet hatten.[222] Eine Abweichung von der Auslegung der kantonalen Behörden kam dann nur aus zwingenden Gründen in Betracht, insbesondere, wenn die Auffassung der kantonalen Stellen offensichtlich unrichtig erschien.[223] Insoweit reduzierte sich die Prüfungsdichte des Bundesgerichts, mithin die tatsächliche Intensität der bundesgerichtlichen Überprüfung,[224] mitunter auch in Fällen wie der Auslegung kantonaler Grundrechte, in denen nach den vom Bundesgericht angewandten Kognitionsgrundsätzen,[225] d.h. nach der Unterscheidung von freier Kognition und Willkürkognition,[226] an sich eine freie Prüfung möglich war, auf die Prüfung der Verletzung des Willkürverbots, womit der kantonalen Autonomie Rechnung getragen werden sollte. Durch diese Rücknahme der Prüfungsdichte durch das Bundesgericht wurde einerseits die Eigenständigkeit der selbständigen kantonalen Grundrechte gestärkt, da es nunmehr den kantonalen Instanzen oblag, den kantonalen Grundrechtsgarantien Konturen zu verleihen. Andererseits aber wurde einer inhaltlichen Entwertung der kantonalen Grundrechte durch die kantonalen Instanzen Vorschub geleistet, weil sich das Bundesgericht insoweit auf eine Prüfung der Verletzung des Willkürverbots beschränkte. Letzteres galt noch stärker für die

---

[219] BGE 7, 663, 667 E. 2.

[220] S. oben, § 8 I.5. a) aa) aaa).

[221] BGE 1, 314, 316 E. 4; 12, 88, 92 E. 1; 30, 59, 70 E. 3; *Giacometti*, Die Verfassungsgerichtsbarkeit des Schweizerischen Bundesgerichtes, S. 233.

[222] BGE 10, 233, 242 E. 5; *Brenner*, Der Schutz der in den schweizerischen kantonalen Verfassungen enthaltenen Rechte durch die Bundesgewalt, S. 55.

[223] BGE 1, 314, 316 E. 4; 1, 356, 367 E. 9; 2, 234, 242 E. 7; 3, 264, 269 E. 4; 12, 88, 92 E. 1; 23, 991, 995 E. 2; 25 I, 459, 470 f. E. 3; 34 I, 436, 441 f. E. 2; *Giacometti*, Die Verfassungsgerichtsbarkeit des Schweizerischen Bundesgerichtes, S. 233.

[224] Zum Begriff s. *Kälin*, Das Verfahren der staatsrechtlichen Beschwerde, S. 159; *Kiener/Rütsche/Kuhn*, Öffentliches Verfahrensrecht, Rn. 1526, 1535 ff. u. 1577 f.

[225] S. dazu oben, § 8 I.5. a) aa) aaa).

[226] Vgl. *Kälin*, Das Verfahren der staatsrechtlichen Beschwerde, S. 157 f.

Fälle, in denen das Bundesgericht unter Kognitionsgesichtspunkten in der Regel ohnehin nur eine Willkürprüfung i.S.v. Art. 4 BV 1874 vornahm,[227] etwa hinsichtlich der Anwendung eines zur Einschränkung einer grundrechtlichen Gewährleistung erlassenen kantonalen Gesetzes durch die kantonalen Behörden.[228] Das Bundesgericht begründete hier seine Zurückhaltung damit, dass die zur Einschränkung der kantonalen Grundrechtsnorm erlassenen kantonalen Gesetzesvorschriften keinen Bestandteil des Verfassungsrechts bildeten und ihre unrichtige Auslegung bzw. Anwendung daher keine Verfassungsverletzung darstellen könnte, sondern eine Verfassungsverletzung nur dann vorläge, wenn durch die Auslegung bzw. Anwendung die Grundrechtsnorm selbst direkt oder indirekt verletzt sei.[229] Durch diese selbstauferlegte Beschränkung der bundesgerichtlichen Kognition wurden die selbständigen kantonalen Grundrechte für die Grundrechtsträger faktisch zu besonderen Anwendungsfällen des Art. 4 BV 1874 degradiert,[230] zumal in vielen Fällen nicht die Auslegung einer kantonalen Grundrechtsgarantie selbst, sondern die Überprüfung der Gesetzesanwendung durch die kantonalen Behörden in Rede stand. Es oblag daher in erster Linie den rechtsanwendenden kantonalen Behörden, zu entscheiden, ob die Wertungen der kantonalen Grundrechte im Rahmen der Rechtsanwendung zum Tragen kommen sollten. Die Gefahr des Substanzverlusts auch der selbständigen kantonalen Garantien bestand umso mehr, als das Bundesgericht hinsichtlich der kantonalen Grundrechtsgewährleistungen eine Verletzung häufig selbst dann verneinte, wenn einer kantonalen Instanz im Rahmen der Rechtsanwendung bei der Ermittlung des zu Grunde liegenden Sachverhalts ein Fehler unterlaufen war.[231] Besonders deutlich zeigt sich die Reduzierung der selbständigen kantonalen Grundrechte auf ein bloßes Willkürverbot am Beispiel der kantonal gewährleisteten persönlichen Freiheit, in Bezug auf die an sich den kantonalen Instanzen das Primat der Auslegung zukommen sollte. Das Bundesgericht hat in seiner Rechtsprechung die in den kantonalen Verfassungen verankerte persönliche Freiheit indes zumindest teilweise nur nach Maßgabe des Gesetzes anerkannt, so dass in den Fällen einer Anerkennung als nur gesetzeskräftig theoretisch jedes Gesetz, selbst wenn es nicht dem Schutze öffentlicher Interessen gegenüber dem Freiheitsrecht

[227] Näher zur Interpretation von Art. 4 BV 1874 in der bundesgerichtlichen Rechtsprechung s. *Kägi*, ZSR 1952 I, 173, 194; *His*, Geschichte des neuern Schweizerischen Staatsrechts, Bd. 3, S. 504 f.; *Burckhardt*, Kommentar der schweizerischen Bundesverfassung, Art. 4, S. 58 ff.; *Imboden*, Der Schutz vor staatlicher Willkür, S. 11 ff.

[228] BGE 12, 508, 513 E. 3; ähnlich auch BGE 2, 459, 465 f. E. 3; instruktiv BGE 8, 483, 487 f. E. 2; 8, 490, 494 E. 2; 9, 64, 66 f. E. 2; *Giacometti*, Die Verfassungsgerichtsbarkeit des Schweizerischen Bundesgerichtes, S. 234, insbesondere auch Fn. 10; näher zur Willkürprüfung im 19. Jahrhundert s. *Huber*, ZSR 1936, 1a, 160a f.; *Rohner*, Über die Kognition des Bundesgerichtes bei der staatsrechtlichen Beschwerde wegen Verletzung verfassungsmässiger Rechte, Rn. 130 f.

[229] BGE 8, 483, 488 E. 2.

[230] *Giacometti*, Die Verfassungsgerichtsbarkeit des Schweizerischen Bundesgerichtes, S. 234.

[231] *Giacometti*, Die Verfassungsgerichtsbarkeit des Schweizerischen Bundesgerichtes, S. 67 f. u. 234.

diente, die persönliche Freiheit beschränken oder beseitigen konnte[232] und nur die Rechtsanwendung im konkreten Fall dem Willkürverbot genügen musste. In Bezug auf § 72 der bernischen Verfassung von 1846 etwa hat das Bundesgericht entschieden, dass die Norm die Bürger nur vor willkürlichen, d.h. nicht im Voraus gesetzlich bestimmten Freiheitsbeschränkungen schützen wolle und keineswegs den Sinne habe und haben könne, dass die Bürger nicht auf dem Weg der Gesetzgebung zu gewissen Leistungen gezwungen werden könnten.[233] Dementsprechend bestand kein Schutz gegen Freiheitsbeschränkungen von Seiten des Gesetzgebers, so dass beispielsweise im Falle einer zwangsweisen Einweisung in eine Armenanstalt keine Verletzung der persönlichen Freiheit vorlag, so lange die Maßnahme auf einer gesetzlichen Grundlage beruhte und die Anwendung der gesetzlichen Grundlage nicht willkürlich erfolgte.[234] Eine ähnliche Linie vertrat das Bundesgericht unter Kognitionsgesichtspunkten u.a. in Bezug auf die kantonal gewährleistete Meinungsfreiheit, wo es die Anwendung eines die Meinungsfreiheit beschränkenden kantonalen Gesetzes durch die Kantonsbehörden sowie deren Überprüfung durch die kantonalen Gerichte im Hinblick auf die kantonale Meinungsfreiheit lediglich einer Willkürprüfung unterzog.[235] Ferner sollte lediglich eine Willkürprüfung vorgenommen werden, wenn der Beschwerdeführer, was mangels einschlägiger bundesrechtlicher Garantie regelmäßig geschah,[236] eine Verletzung der kantonalen Eigentumsfreiheit durch den kantonalen Gesetzgeber rügte.[237] Zumindest aber mussten, wenn die kantonale Eigentumsgarantie unter dem Vorbehalt der gesetzlichen Ausnahmen gewährleistet war, nach der Rechtsprechung des Bundesgerichts diejenigen Restriktionen zulässig sein, welche in anderen Kantonsverfassungen schon von Verfassungs wegen zugelassen waren, wobei die Eigentumsgarantie freilich nicht nach Belieben durch den Gesetzgeber außer Kraft gesetzt werden durfte.[238] Dadurch wurde dem kantonalen Gesetzgeber auch bei der Grundrechtsausgestaltung und -auslegung eine weite Einschätzungsprärogative eingeräumt. Das Bundesgericht begründete seine Zurückhaltung damit, dass die Reichweite der Eigentumsfreiheit mit der Verfassung alleine noch nicht feststand, sondern der gesetzlichen Konkretisierung bedurfte.[239] Im

---

[232] *Giacometti*, Das Staatsrecht der schweizerischen Kantone, S. 178; vgl. auch *Kurer*, Die kantonalen Grundrechtsgarantien, S. 9; ausführlich dazu *Vogt*, Die Überprüfungsbefugnis des Bundesgerichtes bei der Auslegung des kantonalen Verfassungrechts, S. 47 f.

[233] BGE 4, 380, 396 E. 8; ähnlich BGE 8, 249, 253 f. E. 3; parallel dazu zu Art. 31 KV Solothurn 1875 s. BGE 8, 490, 494 E. 2.

[234] BGE 13, 444, 446 f.; vgl. auch *Giacometti*, Das Staatsrecht der schweizerischen Kantone, S. 179.

[235] BGE 12, 508, 513 f. E. 3; näher zur Willkürprüfung im 19. Jahrhundert *Huber*, ZSR 1936, 1a, 160a f.; *Rohner*, Über die Kognition des Bundesgerichtes bei der staatsrechtlichen Beschwerde wegen Verletzung verfassungsmässiger Rechte, Rn. 130 f.; näher zur Kognition des Bundesgerichts bei der staatsrechtlichen Beschwerde oben, § 8 I.5. a) aa) aaa).

[236] Vgl. beispielsweise BGE 42 I, 195 ff.; 44 I, 158, 165.

[237] *Burckhardt*, Kommentar der schweizerischen Bundesverfassung, Art. 113, S. 798.

[238] BGE 37 I, 503, 520 E. 3.

[239] Vgl. *Burckhardt*, Kommentar der schweizerischen Bundesverfassung, Art. 113, S. 798; über eine bloße Willkürprüfung hinaus gehend jedoch BGE 44 I, 158, 172 f.

Falle einer mutmaßlichen Verletzung der kantonalen Eigentumsfreiheit durch die kantonalen Verwaltungsbehörden und die kantonalen Gerichte prüfte das Bundesgericht ebenfalls nur, ob die gesetzliche Eingriffsgrundlage willkürfrei angewandt worden war.[240] Abgesehen von der Kognitionsproblematik ist im Zusammenhang mit der ausschließlich kantonal gewährleisteten Eigentumsfreiheit bemerkenswert, dass diesbezüglich das Bundesgericht schon 1909 erstmals die Möglichkeit der Entwicklung ungeschriebener Grundrechte aus den Kantonsverfassungen durchblicken ließ. Im konkreten Fall war die Eigentumsfreiheit im Kanton Freiburg zwar ausdrücklich gewährleistet, doch ging das Bundesgericht davon aus, dass sich die Eigentumsfreiheit ohnehin automatisch aus dem „état de société" ableiten lasse.[241]

Zusammenfassend lässt sich in Bezug auf die bundesgerichtliche Grundrechtsjudikatur sagen, dass das Bundesgericht in der Zeit zwischen 1874 und 1918 lange Zeit keine Kompetenz hatte, im Rahmen einer staatsrechtlichen Beschwerde sich mit zentralen bundesrechtlichen Freiheitsgrundrechten auseinander zu setzen, so dass es insoweit an Judikatur fehlt. In Bezug auf die Verletzung kantonaler Grundrechte hingegen verfügte das Bundesgericht über eine Entscheidungsbefugnis, welche es dazu nutzte, die kantonalen Grundrechtsgarantien weitestgehend an die bundesrechtlichen Gewährleistungen anzugleichen, was letztlich zu einer Vereinheitlichung des Grundrechtsschutzes führte. Die Schutzwirkung der kantonalen Grundrechte für die Beschwerdeführer sank schließlich deshalb, weil das Bundesgericht hier, anders als bei den Bundesgrundrechten, in der Regel diejenige Auslegung zu Grunde legte, welche die kantonalen Instanzen dem entsprechenden Grundrecht gegeben hatten und sich Letztere nicht selten wenig grundrechtsaffin zeigten. Darüber hinaus wurden die selbständigen kantonalen Grundrechte bei der Gesetzesanwendung durch kantonale Behörden selbst häufig zu einem bloßen Willkürverbot degradiert, so dass kantonale Grundrechte, wenngleich sie vom Bundesgericht durchaus aufgegriffen wurden, den Ausgang des bundesgerichtlichen Verfahrens nur in wenigen Fällen entscheidend zu beeinflussen vermochten. Dem entspricht es, dass sich zwischen 1906 und 1917 rund 85% der eingereichten Rekurse auf die Bundesverfassung bezogen und die Verletzung kantonaler Grundrechte vergleichsweise selten gerügt wurde.[242] Andererseits wurde es den kantonalen Behörden und Gerichten durch die bundesgerichtliche Zurückhaltung zumindest grundsätzlich ermöglicht, den selbständigen kantonalen Grundrechten eigene Konturen zu verschaffen, eine Chance, die diese jedoch eher selten nutzten.

---

240 So etwa BGE 3, 256, 259 f. E. 5; 31 I 303, 306 f. E. 2.; 34 I 199, 204 f. E. 2.

241 Vgl. BGE 35 I, 559, 571 E. 4; vgl. *Giacometti*, ZSR 1955 I, 149, 168; *Huber*, ZSR 1936, 1a, 156a; s. in diesem Zusammenhang auch BGE 45 I, 119, 132 ff. E. 6, wo das Bundesgericht aus dem verfassungsrechtlich garantierten Willkürverbot ein kantonalverfassungsrechtlich nicht ausdrücklich gewährleistetes Recht auf Feuerbestattung ableitete.

242 Vgl. *Nägeli*, Die Entwicklung der Bundesrechtspflege, S. 120 f.

bb) Sonstige Gerichte des Bundes

Die Bundesverfassung enthielt ab 1914 in Art. 114bis BV 1874 die notwendigen Voraussetzungen für die Einrichtung eines Eidgenössischen Verwaltungsgerichts,[243] das die in den Bereich des Bundes fallenden Administrativstreitigkeiten beurteilen sollte, welche ihm die Bundesgesetzgebung zuwies. Zuvor war, abgesehen von einigen Spezialfällen wie der Militärversicherung, kein gerichtlicher Rechtsschutz gegen Maßnahmen von Verwaltungsbehörden des Bundes vorgesehen gewesen, sondern es bestand insoweit ausschließlich die Möglichkeit der Beschwerde an die nächsthöhere Behörde bis hin zum Bundesrat.[244] Grund dafür war, dass für eine Verwaltungsgerichtsbarkeit auf Bundesebene kein Bedürfnis bestanden hatte, so lange der Bund keine direkten Steuern erhob und der Großteil der Bundesgesetze durch die kantonalen Behörden vollzogen wurde.[245] Allerdings wurde auf Grundlage von Art. 114bis BV 1874 kein eigenständiges Verwaltungsgericht eingerichtet, sondern die Entscheidung von Verwaltungsrechtsstreitigkeiten im Bereich des Bundes wurde ab 1928 dem Bundesgericht übertragen,[246] so dass zwischen 1874 und 1918 auf Bundesebene neben dem Bundesgericht keine weiteren gerichtlichen Organe existierten, welche die Einhaltung der Grundrechte hätten garantieren können, wenn man einmal von dem 1917 eingesetzten Eidgenössischen Versicherungsgericht absieht,[247] welches allenfalls am Rande mit grundrechtlichen Fragestellungen befasst werden konnte.

cc) Politische Bundesbehörden

Wie schon unter der Bundesverfassung von 1848 waren die politischen Bundesbehörden, d.h. der Bundesrat und die Bundesversammlung, auch unter der Bundesverfassung von 1874 zunächst noch in weiten Teilen für die Überwachung der Einhaltung der bundesrechtlichen Freiheitsgrundrechte zuständig. Dies ergab sich aus Art. 113 Abs. 2 BV 1874 i.V.m. der Aufzählung in Art. 59 Abs. 2 OG 1874, wonach den politischen Bundesbehörden u.a. die Entscheidung von Rekursen betreffend das kantonale Schulwesen, die Handels- und Gewerbefreiheit, die Niederlassungsfreiheit, die Glaubens- und Gewissensfreiheit sowie die Kultusfreiheit vorbehalten blieb. Darin ist ein Zugeständnis an diejenigen politischen Kräfte zu sehen, die sich mit der Totalrevision nicht hatten anfreunden können

---

243 S. dazu *Nägeli*, Die Entwicklung der Bundesrechtspflege, S. 128 f.

244 Vgl. *Burckhardt*, Kommentar der schweizerischen Bundesverfassung, 3. Aufl., Art. 114bis, S. 795.

245 *Burckhardt*, Kommentar der schweizerischen Bundesverfassung, 3. Aufl., Art. 114bis, S. 795.

246 Bundesgesetz über die eidgenössische Verwaltungs- und Disziplinarrechtspflege v. 11.06.1928, AS 44, S. 779.

247 Bundesbeschluss betreffend die Organisation und das Verfahren des eidgenössischen Versicherungsgerichtes v. 28.03.1917, AS 1917, Bd. XXXIII, S. 517 u. 548; vgl. *Nägeli*, Die Entwicklung der Bundesrechtspflege, S. 126; *Kölz/Häner/Bertschi*, Verwaltungsverfahren und Verwaltungsrechtspflege des Bundes, Rn. 291.

und die der Übertragung der Rechtsprechung in grundrechtsrelevanten Fragen des täglichen Lebens auf ein Gericht noch immer misstrauten.[248] Inhaltlich zeigt sich eine große Kontinuität zwischen der grundrechtsbezogenen Rechtsprechung der politischen Bundesbehörden vor 1874 und nach 1874, was insbesondere hinsichtlich der grundlegenden, von den Bundesbehörden entwickelten Prinzipien gilt.[249] Das Bundesgericht seinerseits knüpfte nach 1893 bzw. 1911 an die Judikatur der politischen Bundesbehörden an, so etwa im Bereich der Handels- und Gewerbefreiheit, so dass sich insoweit eine einheitliche Rechtsprechungslinie ergab.[250]

Hinsichtlich der prozessualen Voraussetzungen standen die Verfahren vor dem Bundesrat und der Bundesversammlung ebenfalls in großer Kontinuität zu den Verfahren vor den politischen Bundesbehörden aus der Zeit vor 1874. Wie schon vor 1874 wich der Bundesrat in seinen Entscheiden auch nach 1874 regelmäßig nicht von der Auslegung kantonaler Vorschriften durch die kantonalen Behörden ab, so lange diese nicht willkürlich war, wobei er nur Letzteres zu überprüfen hatte.[251] Dementsprechend verlangte der Bundesrat weiterhin in der Regel die Erschöpfung des kantonalen Rechtsweges, bevor er inhaltlich über einen Rekurs entschied.[252] Neu eingeführt durch OG 1893 wurde indes eine 60-tägige Rekursfrist für die Erhebung der staatsrechtlichen Beschwerde zum Bundesrat (Art. 190 Abs. 1 i.V.m. Art. 178 Nr. 3 OG 1893) bzw. für die Weiterziehung an die Bundesversammlung (Art. 192 OG 1893).

Bei der Argumentation in seinen Entscheiden zeigen sich jedoch gewisse Unterschiede im Vergleich zu der Zeit vor 1874. Nachdem die Prüfung der Verletzung kantonaler Grundrechte nunmehr dem Bundesgericht übertragen war, konnte der Bundesrat an sich nicht mehr auf kantonale Grundrechtsgarantien rekurrieren. Daher ist es wenig verwunderlich, dass der Bundesrat, anders als noch vor 1874,[253] in seinen Entscheiden nur noch auf die einschlägige bundesverfassungsrechtliche Grundrechtsgarantie Bezug nahm und die parallele kantonale

[248] Vgl. *Nägeli*, Die Entwicklung der Bundesrechtspflege, S. 115.

[249] Vgl. *de Joncheere*, Der Rechtsschutz in Verfassungsstreitigkeiten durch die politischen Bundesbehörden, S. 62.

[250] Vgl. *Kölz*, Neuere Schweizerische Verfassungsgeschichte: Ihre Grundlinien in Bund und Kantonen seit 1848, S. 814 f.

[251] Vgl. Bundesrat, Verhandlungen (09.05.1899), BBl 1899 III, 81, 82; *v. Salis*, Schweizerisches Bundesrecht, Bd. 2, Nr. 320, S. 57; Bundesrat, Beschluss über die Beschwerde des F. Glarner-Fieger wegen Verletzung der Handels- und Gewerbefreiheit v. 11.07.1902, BBl 1902 IV, 16, 21.

[252] Bundesrat, Bericht an die Bundesversammlung über seine Geschäftsführung im Jahre 1875, BBl 1876 II, 233, 258; Bundesrat, Bericht an die Bundesversammlung über seine Geschäftsführung im Jahre 1875, BBl 1876 II, 311, 317 f.; Bundesrat, Bericht an die Bundesversammlung über seine Geschäftsführung im Jahre 1876, BBl 1877 II, 501,519; Bundesrat, Bericht an die Bundesversammlung über seine Geschäftsführung in Jahr 1877, BBl 1878 II, 557, 571 f.; Bundesrat, Beschluss über die Rekursbeschwerde betreffend die Gemeinderatswahlen in Locarno vom 1. Mai 1887 v. 08.06.1891, BBl 1891 III, 777, 807; Bundesrat, Bericht an die Bundesversammlung über seine Geschäftsführung im Jahr 1900, BBl 1901 II, 1, 41 f.; Bundesrat, Bericht an die Bundesversammlung über seine Geschäftsführung im Jahre 1901, BBl 1902 I, 797, 821; vgl. auch *v. Salis*, Schweizerisches Bundesrecht, Bd. 2, Nr. 280, S. 29.

[253] S. dazu oben, § 7 VI.1.

Gewährleistung, auch wenn deren Verletzung vom Beschwerdeführer gerügt worden war, in der Regel gar nicht mehr erwähnte. Deutlich wurde dies beispielsweise im Rekursverfahren des *Johann Kaspar Loosli* gegen ein Urteil des Bezirksgerichts Zofingen betreffend Propaganda für den Mormonismus als Vergehen gegen die öffentliche Ordnung und Sittlichkeit aus dem Jahr 1887. Wenngleich der Beschwerdeführer eine Verletzung der Art. 49, 50 und 56 BV 1874 sowie der Art. 18 und 21 der aargauischen Verfassung aus dem Jahr 1885 gerügt hatte, ging der Bundesrat in der Sache nur auf Art. 49 und 50 BV 1874 ein, da sowohl für Art. 56 BV 1874 als auch für eine etwaige Verletzung kantonaler Grundrechte ausschließlich das Bundesgericht zuständig sei.[254] Eine Ausnahme insoweit stellt der Rekursentscheid in der Rechtssache *Béguin* dar, wo der Bundesrat hervorhob, dass der Kirchenaustritt sowohl nach Art. 49 Abs. 2 BV 1874 als auch durch die Kantonsverfassung von Freiburg geschützt sei.[255]

Auffällig ist weiterhin, dass sich nach 1874 viele Rekurrenten in ihren Rekursschriften an den Bundesrat folgerichtig gar nicht mehr auf kantonale Grundrechte beriefen, sondern sie einzig eine Verletzung von Grundrechten der Bundesverfassung rügten. Exemplarisch genannt sei in diesem Zusammenhang der Rekurs von 25 Abgeordneten des Großen Rates des Kantons Bern und von 29 römisch-katholischen Priestern gegen das bernische Gesetz vom 14. September 1875 über die Bestrafung konfessioneller Friedensstörungen, das ihrer Ansicht nach die in der Bundesverfassung gewährleistete Gewissens-, Kultus-, Niederlassungs- und Gewerbefreiheit verletzte.[256] Die Beschwerdeführer rügten ausschließlich eine Verletzung der Bundesverfassung, während kantonale Grundrechte nicht einmal erwähnt wurden, obwohl die Berner Verfassung von 1846 zumindest die Kultusfreiheit und, mit Einschränkungen, auch die Niederlassungs- und Gewerbefreiheit gewährleistete. Ein weiteres Beispiel für eine ausschließliche Berufung auf Bundesgrundrechte trotz der Existenz eines inhaltsgleichen kantonalen Grundrechts stellt der Rekurs des *J. Lenz* aus dem Jahr 1878 gegen eine Vorschrift der thurgauischen Zivilprozessordnung dar, die eine Eidesleistung unter Berufung auf Gott vorschrieb. Der Beschwerdeführer rügte in dem fraglichen Fall ausschließlich einen Verstoß gegen Art. 49 BV 1874, obwohl die thurgauische Verfassung aus dem Jahr 1869 die Glaubensfreiheit ebenfalls garantierte.[257]

---

[254] Bundesrat, Beschluss über den Rekurs von Johann Kaspar Loosli betreffend Propaganda für den Mormonismus als Vergehen gegen die öffentliche Ordnung und Sittlichkeit v. 07.10.1887, BBl 1887 VI, 175, 179 f.

[255] Bundesrat, Bericht an die Bundesversammlung betreffend seine Tätigkeit im Jahre 1880, BBl 1881 II, 647, 693 f.

[256] Bundesrat, Bericht an die Bundesversammlung über seine Geschäftsführung im Jahre 1876, BBl 1877 II, 1 17 f.

[257] Bundesrat, Bericht an die Bundesversammlung über seine Geschäftsführung im Jahr 1878, BBl 1879 II, 569, 603 f.; ähnlich auch Bundesrat, Bericht an die Bundesversammlung über seine Geschäftsführung im Jahre 1876, BBl 1877 II, 501, 530, wo der Beschwerdeführer nur eine Verletzung von Art. 49 BV 1874 gerügt hatte, obwohl die Walliser Kantonsverfassung von 1875 die Glaubens- und Gewissensfreiheit in Art. 2 Abs. 2 ausdrücklich garantierte.

Durch die Verlagerung der Zuständigkeit zur Entscheidung über die Verletzung kantonaler Grundrechte auf das Bundesgericht war es den politischen Bundesbehörden damit verwehrt, selbst kantonale Grundrechte heran zu ziehen. Die politischen Bundesbehörden hielten sich, wie die angeführten Beispiele belegen, an diese verfassungsrechtliche Vorgabe auch dann, wenn die Verletzung unselbständiger kantonaler Grundrechte in Rede stand, so dass kantonale Grundrechte in der Rechtsprechungstätigkeit der politischen Bundesbehörden keinerlei Bedeutung mehr entfalten konnten. Durch die Aufteilung der Rechtsprechungskompetenzen im staatsrechtlichen Bereich auf Bundesgericht und Bundesrat wurde daher erreicht, dass parallele kantonale Grundrechte zumindest in der Zeit bis 1893 bzw. 1911 überhaupt nicht mehr berücksichtigt wurden, zumal auch das Bundesgericht derartige Garantien nur dann heranzog, wenn diese hinsichtlich des Schutzgehalts über das entsprechende Bundesgrundrecht hinaus gingen.[258] Inhaltlich mochte dies zu vernachlässigen sein, da tatsächlich deckungsgleiche kantonale Grundrechte ohnehin keine Impulse für die Grundrechtsentwicklung auf Bundesebene geben konnten, doch darf die symbolische Wirkung der Zitierung auch des einschlägigen kantonalen Grundrechts nicht übersehen werden, welche immerhin dazu führt, dass der kantonalen Garantie in der Außenwirkung ein gewisser Stellenwert beigemessen wird.

b) Kantonale Ebene

Die Institution einer selbständigen Verwaltungsgerichtsbarkeit war in der Schweiz gegen Ende des 19. und zu Beginn des 20. Jahrhunderts auf kantonaler Ebene noch weitestgehend unbekannt, u.a., weil man die demokratische Kontrolle der Exekutive für ausreichend hielt und man die Schaffung neuer Behörden vermeiden wollte.[259] Über verwaltungsrechtliche Streitigkeiten wurde stattdessen in Rekursverfahren vor den kantonalen Verwaltungsbehörden selbst bzw. letztinstanzlich von den politischen Kantonsbehörden und zum Teil von den Zivilgerichten entschieden.[260] Als erster Kanton überhaupt hat der Kanton Wallis im Jahr 1877 auf Grundlage von Art. 53 Abs. 1 der Kantonsverfassung von 1875 ein Verwaltungsgericht konstituiert,[261] welches sich aus Mitgliedern des Appellations- und Kassationsgerichts zusammen setzte und nur über einige wenige Kompetenzen verfügte. Daher spielte dieses Gericht eine nur „ganz unbedeutende Rolle“,[262]

---

[258] S. dazu oben, § 8 I.5. a) aa) bbb).

[259] Vgl. dazu und zu weiteren Gründen *Rhinow/Koller/Kiss/Thurnherr/Brühl-Moser*, Öffentliches Prozessrecht, Rn. 772.

[260] Vgl. *His*, Geschichte des neuern Schweizerischen Staatsrechts, Bd. 3, S. 495 f.; *Bickel*, Kantonales Verfassungsrecht, S. 119, 136.

[261] S. dazu Art. 8 des Gesetzes betreffend Organisation und Amtsbefugnisse des Gerichts über Verwaltungsstreitigkeiten v. 01.12.1877; vgl. *His*, Geschichte des neuern Schweizerischen Staatsrechts, Bd. 3, S. 496.

[262] *Schilling*, Die Unterstellung von Regierungsentscheiden unter die Verwaltungsgerichtsbarkeit, S. 45.

oder, um es mit den Worten von *Peter Alexander Müller* auszudrücken, es fristete „ein embryonales Dasein".[263] Ein etwas anderes Bild zeigt sich für den Kanton Basel-Stadt, wo im Jahr 1905 dem Appellationsgericht die zusätzliche Funktion eines Verwaltungsgerichts übertragen wurde.[264] Dadurch wurde der Regierungsrat erstmals einer verwaltungsgerichtlichen Kontrolle unterstellt. Die verwaltungsgerichtliche Zuständigkeit des Appellationsgerichts erstreckte sich allerdings lediglich auf die Bereiche Steuer-, Fürsorge-, Besoldungs- und Pensionskassenangelegenheiten, Anstaltsversorgung, Bau- und Straßenrecht sowie auf sanitätspolizeiliche Angelegenheiten,[265] während Streitigkeiten, die an die Bundesbehörden weiter gezogen werden konnten, nicht anfechtbar waren. Daher unterlagen keineswegs alle Entscheidungen des kantonalen Regierungsrates der Anfechtung vor dem Verwaltungsgericht, sondern viele Rechtsgebiete blieben auch nach 1905 von der verwaltungsgerichtlichen Kontrolle ausgenommen.[266] Hinzu kam, dass das Verwaltungsgericht nur die korrekte Rechtsanwendung, nicht aber das freie Ermessen der Verwaltungsbehörden überprüfen durfte.[267] Noch zurückhaltender begegnete man der Idee einer Verwaltungsgerichtsbarkeit im Kanton Bern, wo 1909 auf Grundlage von Art. 40 der Verfassung von 1893 zwar ein Verwaltungsgericht eingerichtet wurde, dessen sachliche Kompetenz aber nach dem Enumerationsprinzip im Wesentlichen auf die Entscheidung fiskalischer Verwaltungsstreitigkeiten beschränkt war,[268] während Verwaltungsverfügungen nicht der verwaltungsgerichtlichen Kontrolle unterlagen, sondern weiterhin Gegenstand der verwaltungsinternen Rechtspflege blieben.[269] Eine Unterwerfung der Verwaltung, insbesondere des Regierungsrates, unter die verwaltungsgerichtliche Kontrolle wurde ferner dadurch vermieden, dass das Verwaltungsgericht für die fraglichen fiskalischen Angelegenheiten als einzige Instanz zuständig war.[270] Al-

[263] *Müller*, Die Verwaltungsrechtspflege im Kanton Wallis, S. 13.

[264] Gesetz v. 09.03.1905 über die Verwaltungsrechtspflege.

[265] S. *Schwank*, Das verwaltungsinterne Rekursverfahren des Kantons Basel-Stadt, S. 16 Fn. 129; *Schilling*, Die Unterstellung von Regierungsentscheiden unter die Verwaltungsgerichtsbarkeit, S. 11 Fn. 33.

[266] *Schwank*, Das verwaltungsinterne Rekursverfahren des Kantons Basel-Stadt, S. 16 f.; *Schilling*, Die Unterstellung von Regierungsentscheidung unter die Verwaltungsgerichtsbarkeit, S. 11.

[267] *Schwank*, Das verwaltungsinterne Rekursverfahren des Kantons Basel-Stadt, S. 17.

[268] Vgl. *His*, Geschichte des neuern Schweizerischen Staatsrechts, Bd. 3, S. 496; *Schilling*, Die Unterstellung von Regierungsentscheiden unter die Verwaltungsgerichtsbarkeit, S. 14; s. auch *Hofer*, Der lange Weg zum bernischen Verwaltungsgericht, in: Herzog/Feller (Hrsg.), Bernische Verwaltungsgerichtsbarkeit in Geschichte und Gegenwart, S. 1, 25 ff.; *Genner*, Zuständigkeitsfragen in den Anfängen der bernischen Verwaltungsgerichtsbarkeit, in: Herzog/Feller (Hrsg.), Bernische Verwaltungsgerichtsbarkeit in Geschichte und Gegenwart, S. 47, 54 ff.; *Daum*, Die bernische Verwaltungsrechtspflege im Jahr 2009, in: Herzog/Feller (Hrsg.), Bernische Verwaltungsgerichtsbarkeit in Geschichte und Gegenwart, S. 229, 231 ff.

[269] Näher dazu *Daum*, Die bernische Verwaltungsrechtspflege im Jahr 2009 – Ein Rück- und Ausblick, in: Herzog/Feller (Hrsg.), Bernische Verwaltungsgerichtsbarkeit in Geschichte und Gegenwart, S. 229, 231 f.

[270] Vgl. *Hofer*, Der lange Weg zum bernischen Verwaltungsgericht, in: Herzog/Feller (Hrsg.), Bernische Verwaltungsgerichtsbarkeit in Geschichte und Gegenwart, S. 1, 32.

lerdings darf nicht übersehen werden, dass das bernische Verwaltungsgericht das erste Verwaltungsgericht der Schweiz war, welches in personeller und organisatorischer Hinsicht von der ordentlichen Gerichtsbarkeit vollständig getrennt war, weshalb ihm eine gewisse Vorreiterrolle zukam.[271]

Trotz der genannten Restriktionen hielt die Institution der Verwaltungsgerichtsbarkeit zu Beginn des 20. Jahrhunderts in das kantonale schweizerische Gerichtswesen damit zumindest langsam Einzug. Noch völlig unbekannt hingegen war damals auf kantonaler Ebene – ebenso wie auf Bundesebene – die Einrichtung einer Verfassungsgerichtsbarkeit im Sinne eines justizförmigen Verfahrens zur Kontrolle der Verfassungsmäßigkeit kantonaler Erlasse und Verfügungen durch kantonale Organe am Maßstab der Bundes- oder Kantonsverfassung.[272] Daher oblag der Grundrechtsschutz auf kantonaler Ebene trotz der Einrichtung einzelner Verwaltungsgerichte insbesondere den kantonalen Verwaltungsbehörden selbst sowie den kantonalen politischen Behörden,[273] welche bereits vor 1874 für die Durchsetzung kantonaler Grundrechte zuständig gewesen waren.[274] Daneben waren auch sämtliche kantonalen Zivil- und Strafgerichte, allen voran die kantonalen Obergerichte, zur Überwachung der Einhaltung der Grundrechte angehalten. Allerdings fällt bei der Durchsicht einschlägiger Urteile auf, dass die kantonalen Zivil- und Strafgerichte nur selten auf Grundrechte rekurrierten, teilweise selbst dann nicht, wenn dies aus heutiger Sicht angebracht gewesen wäre. So hat beispielsweise das Obergericht des Kantons Luzern, welches in seiner Judikatur ohnehin eher selten Grundrechte heranzog, bei der strafrechtlichen Beurteilung einer angeblichen Beleidigung die Meinungsfreiheit außen vor gelassen, obwohl § 6 Abs. 1 der Luzerner Verfassung von 1875 das Grundrecht ausdrücklich garantierte.[275] In einem anderen Fall betreffend den grundrechtlichen Schutz von Reklame stellte es ausschließlich auf die in Art. 55 BV 1874 garantierte Pressefreiheit ab, obwohl § 6 Abs. 1 der Luzerner Verfassung von 1875 das Grundrecht ebenfalls gewährleistete.[276]

Etwas sensibler für die Anwendung von Grundrechten zeigte sich das Obergericht des Kantons Zürich, wenngleich auch hier die Heranziehung von Grundrechten im fraglichen Zeitraum insgesamt eher die Ausnahme blieb. So nahm etwa die Appellationskammer des Zürcher Obergerichts in einem Fall, in dem der

[271] Näher dazu *Schindler*, Das Verwaltungsgericht um 1909 – ein Portrait, in: Herzog/Feller (Hrsg.), Bernische Verwaltungsgerichtsbarkeit in Geschichte und Gegenwart, S. 35, 37.

[272] Zur Definition von Verfassungsgerichtsbarkeit s. *Kälin*, ZBl. 1987, 233, 234 f.; vgl. auch *Auer*, Die schweizerische Verfassungsgerichtsbarkeit, S. 5.

[273] Eine verwaltungsunabhängige Kontrolle durch Rekurskommissionen fand lediglich im Steuerrecht statt; ausführlich dazu *Jaag*, ZBl. 1998, 497, 498 f.

[274] S. dazu oben, § 7 VI.2.

[275] S. dazu die Entscheidung des Obergerichts Luzern v. September 1890, abgedruckt in: Entscheidungen des Obergerichts und der Justizkommission des Kantons Luzern, Bd. 3 (1881–1890), Nr. 815, S. 84 ff.; ähnlich auch die Entscheidung des Obergerichts des Kanton Luzern v. Oktober 1880, abgedruckt in: Auszüge aus den Verhandlungen des Obergerichts Luzern 1871–1880, Nr. 671, S. 777.

[276] Vgl. BGE 42 I, 74, 78.

Angeklagte sich aus religiösen Gründen geweigert hatte, seine Kinder am Samstag zur Schule zu schicken, auf Art. 49 BV 1874 Bezug, nachdem der Angeklagte sich in seiner Appellation darauf berufen hatte.[277] Ferner rekurrierte das Zürcher Kassationsgericht in einem wertpapierrechtlichen Fall auf Art. 31 BV 1874, da sich der Beschwerdeführer auf die Vorschrift berufen hatte.[278] Das aargauische Obergericht zog in einem kirchensteuerrechtlichen Fall ebenfalls alleine Art. 49 BV 1874 als Begründung für die Abweisung der Klage heran,[279] wobei im Aargau die Besonderheit bestand, dass Art. 21 lit. b) der Kantonsverfassung von 1885 lediglich auf Art. 49 BV 1874 verwies und damit ohnehin keinen weiter gehenden Schutz gewährleisten wollte.

Auffällig ist in diesem Zusammenhang, dass sich die Beschwerdeführer in den genannten Entscheidungen ausschließlich auf Bundesgrundrechte berufen hatten und sich die kantonalen Gerichte dementsprechend auf die Erörterung dieser Vorschriften beschränkten, was darauf schließen lässt, dass sowohl die Bevölkerung als auch die kantonalen Zivil- und Strafgerichte den kantonalen Grundrechten keine eigenständige Bedeutung mehr beimaßen. Dies galt in besonderem Maße für die unselbständigen kantonalen Grundrechtsgarantien. Selbständige kantonale Grundrechte wie etwa die Eigentumsfreiheit, welche auf Bundesebene kein Pendant hatten, entfalteten in Verfahren vor den kantonalen Instanzgerichten zumindest ab und zu eigenständige Wirkung. Dies zeigt sich beispielsweise in einem Verfahren vor dem aargauischen Obergericht, in dem sich der Kläger gegen die von den Behörden angeordnete Beseitigung eines auf seinem Grundstück befindlichen Jauchebehälters wehrte und sich dabei auf § 19 der aargauischen Kantonsverfassung von 1852 berief, welcher die Unverletzlichkeit des Privateigentums gewährleistete, wobei das kantonale Obergericht seinerseits sich in seiner Urteilsbegründung zwar mit der fraglichen Verfassungsbestimmung befasste, die Klage jedoch letztlich abwies.[280]

Während die kantonalen Zivil- und Strafgerichte – wie im Übrigen auch die Rekursbehörden innerhalb der Verwaltung – insgesamt nur eher selten auf Grundrechte Bezug nahmen, gestaltete sich die Rechtsprechungs- und Beschlusspraxis der kantonalen politischen Behörden etwas aufgeschlossener hin-

[277] Obergericht Zürich, Appellationskammer, Entscheidung v. 05.02.1914, abgedruckt in: Blätter für Zürcherische Rechtsprechung, Bd. XIV (1915), Nr. 115, S. 244.

[278] Kassationsgericht Zürich, Entscheidung v. 04.07.1910, abgedruckt in: Blätter für Zürcherische Rechtsprechung, Bd. X (1911), Nr. 209, S. 370, 374.

[279] Obergericht des Kantons Aargau, Urt. v. 10.09.1891, abgedruckt in: Schneider (Hrsg.), Entscheidungen des aargauischen Obergerichts auf dem Gebiete des Zivilrechts 1872–1897, Bd. 2, Nr. 485, S. 678 f.; ähnlich auch Obergericht des Kantons Aargau, ohne Datum, abgedruckt in: Schneider (Hrsg.), Entscheidungen des aargauischen Obergerichts auf dem Gebiete des Zivilrechts 1872–1897, Bd. 2, Nr. 487, S. 681; Obergericht des Kantons Aargau, Urt. v. 29.05.1896, abgedruckt in: Schneider (Hrsg.), Entscheidungen des aargauischen Obergerichts auf dem Gebiete des Zivilrechts 1872–1897, Bd. 2, Nr. 488, S. 681 f.

[280] Obergericht des Kantons Aargau, Urt. v. 20.06.1879, abgedruckt in: Schneider (Hrsg.), Entscheidungen des aargauischen Obergerichts auf dem Gebiete des Zivilrechts 1872–1897, Bd. 2, Nr. 111, S. 170 f.

sichtlich der Anwendung von Grundrechten. So erwähnte der Kantonsrat von Solothurn in seinem Beschluss über eine Petition, welche vom *Konservativen Verein des Kantons Solothurn*, einigen Solothurner Gemeinden sowie Solothurner Einwohner eingereicht worden war, um die Zulassung der Spendung des Firmsakraments durch den zuvor des Amtes enthobenen Bischof *Lachat* zu erwirken, sowohl Art. 49 und 50 BV 1874 als auch § 30 der Solothurner Kantonsverfassung, welcher die Glaubens- und Gewissensfreiheit garantierte.[281] Die Petenten hatten sich in ihrem Schreiben zuvor ebenfalls sowohl auf die Bundesgrundrechte als auch auf das inhaltsgleiche kantonale Grundrecht berufen.[282] Bemerkenswert ist, dass die kantonalen politischen Behörden bei ihren Rekursentscheidungen bzw. ihren Vernehmlassungen im Vorfeld eines Bundesratsbeschlusses in der Regel in erster Linie auf die Grundrechte der Bundesverfassung abstellten und unselbständigen kantonalen Gewährleistungen kaum Beachtung schenkten. Dies lässt sich zwar teilweise damit erklären, dass kantonale Grundrechte nach der Zuständigkeitsverteilung zwischen Bundesgericht und politischen Bundesbehörden in Rekursverfahren vor dem Bundesrat unberücksichtigt bleiben mussten und daher auch in den vorgelagerten Vernehmlassungen der kantonalen Instanzen nicht alleine ausschlaggebend sein konnten, doch wäre zumindest ein symbolischer Verweis auf gleich lautende kantonale Grundrechte nicht ausgeschlossen gewesen. Die Zurückhaltung der kantonalen politischen Behörden zeigt sich exemplarisch an der Vernehmlassung des bernischen Regierungsrates bezüglich eines Rekurses gegen seine zuvor getroffenen Verfügungen gegen die Heilsarmee, in der der Regierungsrat schwerpunktmäßig auf Art. 50 BV 1874 einging und seine Verfügungen damit rechtfertigte, während die Beschwerdeführer neben einer Verletzung von Art. 50 BV 1874 zusätzlich einen Verstoß gegen Art. 75 Abs. 1 sowie Art. 78 der bernischen Verfassung von 1846 gerügt hatten.[283] Der Umstand, dass der Regierungsrat die kantonale Garantie der Kultusfreiheit überhaupt nicht erwähnte, zeigt, dass zumindest dort, wo parallele Bundesgrundrechte existierten, den kantonalen Grundrechtsgewährleistungen keine Bedeutung mehr beigemessen wurde. Ähnliches lässt sich für den Genfer Staatsrat konstatieren, der in einem Verfahren bezüglich der angeblichen Verletzung der kantonal und bundesrechtlich gewährleisteten Pressefreiheit im Wesentlichen auf den Inhalt der Pressefreiheit als solches einging, ohne explizit zwischen kantonaler und bundesrechtlicher Garantie zu unterscheiden,[284] was darauf schließen lässt, dass der Staatsrat der kantonalen Gewährleistung keine weiter reichenden Schutzgehalte entnahm, obwohl diese, anders als Art. 55 BV 1874, ausdrücklich

[281] Kantonsrat von Solothurn, Beschluss v. 30.05.1877, abgedruckt in: Aktenstücke betreffend die Amtsenthebung des Herrn Eugen Lachat, gewesener Bischof von Basel, S. 19, 20.

[282] Vgl. Kantonsrat von Solothurn, Beschluss v. 30.05.1877, abgedruckt in: Aktenstücke betreffend die Amtsenthebung des Herrn Eugen Lachat, gewesener Bischof von Basel, S. 19, 20.

[283] Vgl. Bundesrat, Beschluss über den Rekurs von E. Genillard und Konsorten, und von P. Thonney und A. Kunz, betreffend das von der Regierung des Kantons Bern ausgesprochene Verbot von Versammlungen der Heilsarmee v. 03.06.1885, BBl 1885 III, 397, 398 f.

[284] Vgl. BGE 19, 20, 21 f.

die präventive Zensur untersagte. Der Staatsrat des Tessin schließlich nahm in seiner Stellungnahme zu einem Rekurs gegen das Verbot des Verkaufs von Prämienobligationen alleine auf Art. 31 BV 1874 Bezug, obwohl die Kantonsverfassung des Tessin aus dem Jahr 1830 in Art. 6 die Handels- und Gewerbefreiheit ebenfalls ausdrücklich garantierte.[285]

Etwas anderes galt indes für die selbständigen kantonalen Grundrechtsgarantien, welche, wie etwa die Eigentumsfreiheit, über kein bundesrechtliches Pendant verfügten und die zumindest in einigen Fällen eigenständige Bedeutung entfalteten. Dies zeigt sich beispielsweise daran, dass der Regierungsrat des Kantons Zürich in einer eigentumsrechtlichen Rechtssache insoweit auf Art. 4 der Zürcher Kantonsverfassung von 1869 einging, als er ausführte, dass die Beschwerdeführerin für den Schaden, der ihr aus der Einschränkung ihres Eigentumsrechtes entstehe, vollen Ersatz verlangen könne.[286] Ähnliches gilt für eine Vernehmlassung des Zürcher Regierungsrats bezüglich einer angeblichen Verletzung wohlerworbener Privatrechte, in der der Regierungsrat die in Art. 4 der Zürcher Kantonsverfassung gewährleistete Eigentumsfreiheit als einzige Grundrechtsgarantie überhaupt erwähnte.[287]

Insgesamt lässt sich sagen, dass die kantonalen Gerichte und politischen Behörden, soweit sie in ihren Entscheidungen überhaupt auf Grundrechte Bezug nahmen, ihre Argumentation vorwiegend auf die Bundesgrundrechte stützten und inhaltsgleiche kantonale Grundrechte, wenn überhaupt, nur zusammen mit diesen erwähnten, ohne ihnen eine weiter gehende Bedeutung beizumessen oder Abweichungen von den Grundrechten der Bundesverfassung herauszuarbeiten. Etwas anderes galt lediglich hinsichtlich derjenigen kantonalen Grundrechtsbestimmungen, welche auf Bundesebene über kein Pendant verfügten. Sie konnten in der Rechtsprechung der kantonalen Gerichte und Behörden selbstständige Wirkung entfalten.

6. *Zwischenergebnis*

Der Zeitraum zwischen 1874 und 1918 war in der Schweiz zunächst geprägt durch die Totalrevision der Bundesverfassung, durch die die Kompetenzen des Bundes, insbesondere im Bereich der Gesetzgebung, zu Lasten der Kantone erheblich ausgeweitet worden waren. Diese Entwicklung setzte sich auch nach 1874 weiter fort. Im Zuge der Totalrevision der Bundesverfassung wurde der Grundrechtsschutz auf Bundesebene erweitert, wenngleich von einem umfassenden Grundrechte-Katalog in der Bundesverfassung nach wie vor keine Rede sein konnte. Auf kantonaler Ebene war es bereits vor 1874 vereinzelt zu Totalrevisio-

---

[285] Vgl. Bundesrat, Beschluss über die Beschwerde des Louis-Alfred Jaquet, Agenten in Bellinzona, gegen das Verbot des Verkaufes von Prämienobligationen im Kanton Tessin v. 31.07.1900, BBl 1900 III, 781, 783.

[286] Vgl. BGE 41 I, 468, 475.

[287] Vgl. die in BGE 39 I, 73, 75 f. wiedergegebene Vernehmlassung des Zürcher Kantonsrats.

nen der Kantonsverfassungen gekommen, welche für die Totalrevision der Bundesverfassung als Vorbild dienten. Andererseits waren zahlreiche Kantone nach 1874 dazu gezwungen, ihre Verfassungen an die neue Bundesverfassung anzupassen, was insbesondere in Bezug auf die Glaubens- und Gewissensfreiheit galt, wobei jedoch nicht übersehen werden darf, dass der Anpassungsbedarf nach 1874 geringer war als nach 1848. Trotzdem orientierte sich die kantonale Grundrechtsentwicklung nach 1874 stark an der Bundesverfassung, wobei manche Kantone im Sinne einer Konfliktvermeidung durch weitestgehende Angleichung der beteiligten Rechtsordnungen in ihren Verfassungen einfach auf die Grundrechtsgarantien der Bundesverfassung verwiesen. Allerdings fanden in dieser Zeit in zahlreiche Kantonsverfassungen auch Grundrechte Eingang, die auf Bundesebene nicht gewährleistet waren wie etwa die Meinungsfreiheit oder das Hausrecht. Daher verfügten sehr viele Kantonsverfassungen über umfassende Grundrechtskataloge, während auf Bundesebene weiterhin ein lediglich fragmentarischer Grundrechtsschutz existierte.

Konflikte zwischen Bundesgrundrechten und kantonalen Grundrechten wurden dadurch gelöst, dass Art. 2 der Übergangsbestimmungen zur Bundesverfassung von 1874 ein Geltungsvorrang des Bundesrechts vor kollidierendem kantonalen Recht und damit auch vor kollidierenden kantonalen Grundrechten entnommen wurde, so dass sich die Konfliktlösung im Grundrechtsbereich im schweizerischen System – wie auch im System der Weimarer Republik und des Grundgesetzes – nicht durch eine klare Abgrenzung der Kompetenzbereiche, sondern mit Hilfe einer Kollisionsnorm vollzog. Während kantonale Mehrgewährleistungen vorbehaltlich eines Konfliktes mit sonstigem Bundesrecht von den Bundesgrundrechten nicht verdrängt wurden, ging das Bundesgericht hinsichtlich kantonaler Mindergewährleistungen von einer Derogation aus. Kantonalen Grundrechten, welche mit Bundesgrundrechten inhaltsgleich waren, sollte jedenfalls für die Zeit der Geltung des entsprechenden Bundesgrundrechts keine selbstständige Bedeutung zukommen. Diese Rechtsprechung des Bundesgerichts ließ sich zunächst mit der Zuständigkeitsverteilung zwischen Bundesgericht und politischen Bundesbehörden und den daraus resultierenden Problemen erklären, wurde jedoch auch nach Übertragung fast aller Rechtsprechungskompetenzen im Bereich der Freiheitsgrundrechte auf das Bundesgericht im Jahr 1911 beibehalten, was unweigerlich zum Bedeutungsverlust inhaltsgleicher kantonaler Grundrechte führte.

Hinsichtlich der Grundrechtsbindung ergibt sich, dass in der Schweiz zwischen 1874 und 1918 grundsätzlich sämtliche staatlichen Stellen, also auch der Gesetzgeber selbst, an Freiheits- und Gleichheitsgrundrechte gebunden waren, worin ein deutlicher Unterschied im Vergleich zum Deutschen Kaiserreich liegt. Eine weitere schweizerische Besonderheit bestand darin, dass Bundesgesetze vom Bundesgericht nicht auf ihre Vereinbarkeit mit der Bundesverfassung überprüft werden konnten, so dass der Bundesgesetzgeber Bundesgrundrechte faktisch sanktionslos missachten konnte und damit die Unterschiede zum deutschen System in der Praxis weniger groß waren als dies vielleicht *prima facie* erscheinen mag. Angesichts des Fehlens einer spezialisierten Verfassungsgerichtsbarkeit auf Bundesebene waren auch die kantonalen Gerichte zur eigenständigen Auslegung der Bundesgrundrechte befugt, ohne dass es einer Vorlage an das durch die Verfassung von 1874 als ständiges Gericht ausgestaltete Bundesgericht bedurft hätte. Auf kantonaler Ebene führte das Fehlen einer spezialisierten kantonalen Verfassungsgerichtsbarkeit dazu, dass kantonale Grundrechte nicht durch eine darauf spezialisierte Instanz letztverbindlich interpretiert werden konnten, sondern in letzter Instanz der Auslegung durch das Bundesgericht unterlagen. Das Bundesgericht trug der kantonalen Grundrechtsautonomie insoweit Rechnung, als es bei der Prüfung im Rahmen der staatsrechtlichen Beschwerde den kantonalen Grundrechten in der Regel die Auslegung zu Grunde legte, welche die kantonalen Behörden und die kantonalen zivil- und strafgerichtlichen Instanzgerichte, denen angesichts des Fehlens einer Verwaltungsgerichtsbarkeit auf Bundes- wie auf kantonaler Ebene der prozessuale Grundrechtsschutz in erster Linie oblag, vorgegeben hatten. Auch im Übrigen ging das Bundesgericht im Rahmen der staatsrechtlichen Beschwerde den Weg der Konfliktvermeidung durch *judicial self-restraint*, indem es hinsichtlich der Vereinbarkeit von kantonalen Gesetzen mit kantonalen Grundrechten sowie bei der Rechtsanwendung durch die kantonalen Stellen seine Kognition entsprechend beschränkte bzw. seine Prüfungsdichte weitestgehend auf eine Verletzung der Prüfung des Willkürverbots reduzierte. Daher wurden Konflikte zwischen Bund und Kantonen, welche durch die weit reichende Überprüfbarkeit kantonaler Gerichtsentscheide und Entscheide der kantonalen politischen Behörden durch das Bundesgericht hätten entstehen können, im Vorfeld entschärft, andererseits aber die selbständigen kantonalen Grundrechtsgarantien mangels rechtlicher Substanz und gerichtlicher Durchsetzbarkeit für die Betroffenen häufig auch entwertet. Letzteres galt insbesondere dann, wenn auf kantonaler Ebene trotz entsprechender verfassungsrechtlicher Gewährleistungen noch keine hinreichende Sensibilität für Grundrechte und deren Schutzwirkung bestand.

In inhaltlicher Hinsicht fällt auf, dass kantonale Grundrechte vor dem Bundesgericht nur dort eigenständige Bedeutung entfalten konnten, wo keine parallele bundesrechtliche Garantie existierte. Ein ähnliches Bild ergibt sich für die kantonalen Gerichte und die kantonalen politischen Instanzen, die kantonale Grundrechte fast ausschließlich dort thematisierten, wo kein bundesrechtliches Pendant bestand. Selbst auf die unter der Bundesverfassung von 1848 noch üblichen symbolischen Verweise auf gleich lautende kantonale Grundrechte wurde ab 1874 nunmehr weitestgehend verzichtet, was darauf schließen lässt, dass die kantonalen Grundrechte durch die Ausweitung des bundesrechtlichen Grundrechtsschutzes ein Stück weit verdrängt wurden und nur noch in bestimmten Bereichen wie etwa beim Eigentumsschutz tatsächlich von Relevanz waren. Kein besonders einflussreicher Faktor bei der Zurückdrängung der kantonalen Grundrechte war in der Schweiz – anders als in den deutschen Systemen – hingegen die Ausweitung der Bundeskompetenzen im Zuge der Totalrevision von 1874. Dies lässt sich damit erklären, dass es in der Schweiz keine spezialisierte Verfassungsgerichtsbarkeit gab und gibt und daher ohnehin keine Bereiche existierten, in denen gliedstaatliche Grundrechte in der authentischen Interpretation durch das zuständige gliedstaatliche Verfassungsgericht in einem geschützten Raum eine eigenständige Bedeutung hätten entfalten können.[288]

II. 1919–1945

1. Geschichtliche Entwicklungen

a) Bundesebene

Wenngleich die Schweiz selbst nicht unmittelbar am 1. Weltkrieg beteiligt war, beeinflussten das Kriegsgeschehen und seine Nachwirkungen das Land dennoch erheblich. Daher verwundert es nicht, dass auch in der Schweiz in den Kriegsjahren auf Grundlage eines sog. Vollmachtenbeschlusses durch den Bundesrat Notverordnungen erlassen wurden, die teilweise bis weit in die 1920er Jahre hinein in Kraft blieben und die den Grundrechtsschutz erheblich einschränkten.[289] Darüber hinaus entstanden in der Umbruchsphase nach Ende des 1. Weltkrieges Initiativen für eine Totalrevision der Bundesverfassung, wodurch die Volksrechte ausgebaut sowie notwendige Reformen im Bereich der Sozialrechte verfassungsrechtlich abgesichert werden sollten.[290] Allerdings scheiterten sämtliche auf eine Totalrevision der Bundesverfassung gerichteten Initiativen, so dass die angestrebten Sozialreformen mit Hilfe von Teilrevisionen der Bundesverfassung umgesetzt werden mussten.[291] Im Wege einer solchen Teilrevision wurde 1925 die Verfassungsgrundlage für die Einführung einer Alters-, Hinterlassenen- und Invalidenversicherung (Art. 34^{quater} BV 1874) geschaffen, was dem gesamteuropäischen Trend hin zu einer Sozialstaatsentwicklung entsprach.[292] Zu Beginn der 1930er Jahre wurden im Zuge der Weltwirtschaftskrise und der nationalsozialistischen Machtergreifung in Deutschland erneut von verschiedenen Seiten Initiativen zur Totalrevision der Bundesverfassung ergriffen. Einer dieser Vorstöße zielte auf die Neuausrichtung der Staatsorganisation nach dem Vorbild des Führerprinzips, verbunden mit der Einführung antisemitischen Gedankenguts,[293] während sich

---

[288] S. dazu aber unten, § 8 III.5. b) aa).

[289] S. dazu *Bundesrat*, Botschaft an die Bundesversammlung betreffend die Aufhebung der ausserordentlichen Vollmachten v. 24.05.1921, BBl 1921 III, 221, 222; Bundesrat, Bericht an die Bundesversammlung über die von ihm auf Grund der Bundesbeschlüsse vom 3. August 1914, 3. April 1919 und 19. Oktober 1921 getroffenen Massnahmen v. 29.05.1923, BBl 1923 II, 338 ff.; *Kölz*, Neuere Schweizerische Verfassungsgeschichte: Ihre Grundlinien in Bund und Kantonen seit 1848, S. 677 f.; zu den Rechtsgrundlagen für die Notverordnungen s. oben, § 8 I.1. a) cc).

[290] Näher dazu *Hafner*, ZSR 2001 I, 11, 31 f.

[291] Ausführlich dazu *Hafner*, ZSR 2001 I, 11, 31 f.

[292] *Kölz*, Geschichtliche Grundlagen, in: Thürer/Aubert/Müller (Hrsg.), Verfassungsrecht der Schweiz, § 7 Rn. 38.

[293] Ausführlich dazu *Kölz*, Neuere Schweizerische Verfassungsgeschichte: Ihre Grundlinien in Bund und Kantonen seit 1848, S. 753 f.

eine andere Reformbewegung an den Prinzipien der päpstlichen Soziallehre orientierte und die Einführung einer korporativ-berufsständischen Ordnung sowie die Stärkung des Föderalismus anstrebte.[294] Letztlich hatte keine dieser Initiativen Erfolg,[295] so dass die Bundesverfassung trotz einiger Teilrevisionen[296] und weiterer Totalrevisionsversuche nach Kriegsbeginn[297] bis zum Ende des 2. Weltkrieges in ihren wesentlichen Zügen unverändert fort galt. Im Grundrechtsbereich blieben Änderungen zumindest dem Papier nach vollständig aus. Hervorzuheben ist indes, dass der Bund nach dem Ausbruch der Weltwirtschaftskrise im Wirtschaftsbereich zunehmend interventionistisch agierte[298] und es insgesamt zu einer Machtverschiebung zu Gunsten der Exekutive kam, welche zu Lasten der Bundesversammlung ging und die angesichts der auf Art. 89 BV 1874 gestützten Praxis der Dringlichkeitsbeschlüsse zu einer Einschränkung des Gesetzesreferendums führte.[299] Die Dringlichkeitspraxis stand überdies im Widerspruch zur bundesstaatlichen Kompetenzverteilung, da der Bund auf diesem Weg einen Großteil der Kompetenzen im Bereich des Wirtschafts- und Sozialrechts an sich zog, obwohl nach der Bundesverfassung die Zuständigkeit für dieses Gebiet eigentlich bei den Kantonen verbleiben sollte.[300] Nach Ausbruch des 2. Weltkrieges ergingen bis zum 30. September 1945 mehrere Hundert Vollmachtenbeschlüsse,[301] durch die die verfassungsmäßigen Rechte des Einzelnen beschränkt oder sogar ganz aufgehoben wurden.[302] Gleichzeitig wurden dadurch die Rechtssetzungskompetenzen der Kantone weitgehend ignoriert, so dass diese zu „reinen Vollzugsinstanzen des Bundesrechts“ verkamen.[303] Damit zeigte sich sowohl in der

[294] *Kölz*, Neuere Schweizerische Verfassungsgeschichte: Ihre Grundlinien in Bund und Kantonen seit 1848, S. 754 f.

[295] *Kölz*, Neuere Schweizerische Verfassungsgeschichte: Ihre Grundlinien in Bund und Kantonen seit 1848, S. 757; s. dazu auch *Dreier*, HGR I, § 4 Rn. 68 f.

[296] Dazu zählt etwa die 1938 in Art. 116 BV 1874 verankerte Anerkennung der rätoromanischen Sprache sowie der 1929 zur Sicherstellung der Getreideversorgung eingefügte Art. 23a; ausführlich zu sämtlichen Teilrevisionen *Rappard*, Die Bundesverfassung der Schweizerischen Eidgenossenschaft, S. 369 ff.

[297] Näher dazu *Hafner*, ZSR 2001 I, 11, 34 f.

[298] *Kölz*, Neuere Schweizerische Verfassungsgeschichte: Ihre Grundlinien in Bund und Kantonen seit 1848, S. 763 ff.

[299] *Kölz*, Geschichtliche Grundlagen, in: Thürer/Aubert/Müller (Hrsg.), Verfassungsrecht der Schweiz, § 7 Rn. 38; *ders.*, Neuere Schweizerische Verfassungsgeschichte: Ihre Grundlinien in Bund und Kantonen seit 1848, S. 763 ff.; *Thürer*, ZBJV, Sonderband 137bis (2002), 179, 187.

[300] Vgl. *Kölz*, Neuere Schweizerische Verfassungsgeschichte: Ihre Grundlinien in Bund und Kantonen seit 1848, S. 768 u. 824.

[301] Als Grundlage hierfür diente der Grundlagenbeschluss v. 30.08.1939 über Maßnahmen zum Schutze des Landes und zur Aufrechterhaltung der Neutralität, nachdem die Schweizer Bundesverfassung von 1874 über keinen Notstandsartikel verfügte, vgl. dazu auch *Thürer*, ZBJV, Sonderband 137bis (2002), 179, 187 ff.

[302] *Kölz*, Neuere Schweizerische Verfassungsgeschichte: Ihre Grundlinien in Bund und Kantonen seit 1848, S. 773 f.; *Thürer*, ZBJV, Sonderband 137bis (2002), 179, 187 f.; *Kägi*, ZSR 1952 I, 173, 218 ff.

[303] *Kölz*, Neuere Schweizerische Verfassungsgeschichte: Ihre Grundlinien in Bund und Kantonen seit 1848, S. 775; sehr krit. zu dieser Entwicklung aus zeitgenössischer Sicht *Giacometti*, Das Staatsrecht der schweizerischen Kantone, S. 552 f.

Zwischenkriegszeit als auch nach Ausbruch des 2. Weltkrieges eine deutliche Machtverschiebung zu Gunsten des Bundes, welche im Wesentlichen ohne Änderungen des Wortlauts der Bundesverfassung vor sich ging. Der Zentralisierung des Rechts entspricht es schließlich, dass im Jahr 1942 das Schweizerische Strafgesetzbuch in Kraft trat, welches auf Grundlage von Art. 64a BV 1874 erlassen wurde und die bis dahin geltenden kantonalen Strafgesetzbücher ablöste.[304]

b) Kantonale Ebene

Auf kantonaler Ebene fanden zwischen 1919 und 1945 keinerlei Verfassungstotalrevisionen statt, sondern die Kantone begnügten sich mit Teilrevisionen ihrer Verfassungen. Allerdings bezogen sich diese Teilrevisionen hauptsächlich auf die Staatsorganisation[305] und weniger auf den Grundrechtsbereich, so dass der Grundrechtsstandard im Vergleich zur Jahrhundertwende kaum verändert wurde.[306] Eine Ausnahme hiervon stellte beispielsweise der Kanton Neuenburg dar, der 1941 das Staat-Kirchen-Verhältnis neu regelte und für eine Erweiterung der Rechte der christlichen Kirchen sorgte.[307] Hingegen kam es punktuell zu einer Herabsetzung des Schutzstandards, wenn etwa, wie im Kanton Waadt im Jahr 1938 hinsichtlich von kommunistischen Vereinen und Organisationen, deren Tätigkeit der öffentlichen Ordnung zuwider lief, ein verfassungsrechtliches Verbot gegenüber bestimmten Gruppierungen eingefügt wurde.[308] Im Bereich der Gesetzgebungskompetenzen hatte sich das Gewicht in Folge der Weltwirtschaftskrise sowie der beiden Weltkriege, verbunden mit der Sozialstaatsgesetzgebung des Bundes, sehr stark zu Gunsten des Bundes verschoben, so dass dem kantonalen Verfassungsleben in der ersten Hälfte des 20. Jahrhunderts insgesamt immer weniger Bedeutung zukam.[309] Schließlich wurden neue Entwicklungen auf kantonaler Ebene nicht in den Verfassungen, sondern vielmehr in Gesetzen, Verordnungen und Realakten kodifiziert, weshalb entscheidende Änderungen der Kantonsverfassungen in dieser Zeit ausblieben.[310]

---

[304] Schweizerisches Strafgesetzbuch v. 21.12.1937, BBl 1937 III, 625 ff. = SR 311.0.

[305] S. dazu etwa die Teilrevision der bernischen Verfassung von 1921, Revision der Staatsverfassung (Art. 10, 11, 45, 46, 47, 56, 57) vom 4. Dezember 1921 betreffend Vereinfachung der Bezirksverwaltung, Gesetze, Dekrete und Verordnungen des Kantons Bern 21 (1921), 270.

[306] Vgl. *Filli*, Die Grundrechte der Kantonsverfassungen, S. 14 f.

[307] Vgl. die Änderung von Art. 71 KV Neuenburg 1858 durch Volksabstimmung v. 05.07.1941.

[308] Art. 8bis KV Waadt 1885, eingefügt durch Volksabstimmung v. 29.01.1938.

[309] Vgl. *Buser*, Kantonales Staatsrecht, Rn. 40 ff.

[310] *Eichenberger*, Der Verfassungsbegriff auf Bundes- und Kantonsebene, in: Eichenberger et al. (Hrsg.), Die Baselstädtische Kantonsverfassung, S. 33, 49 u. 54.

2. *Grundrechtsverbürgungen*

Ebenso wie auf kantonaler Ebene gab es auch auf Bundesebene zwischen 1919 und 1945 keine Verfassungsänderungen im Bereich der Grundrechte, so dass die unter der Bundesverfassung von 1874 garantierten Grundrechte zumindest dem Buchstaben nach in der Zwischenkriegszeit und der Zeit des 2. Weltkriegs unverändert fortgalten. Als einzige Ausnahme hierzu lässt sich Art. 44 BV 1874 anführen, der das Bürgerrecht regelte und der 1928 hinsichtlich seiner Schutzwirkung etwas erweitert wurde.[311] Dies darf jedoch nicht darüber hinweg täuschen, dass die zu dieser Zeit in ganz Europa auftretenden grundrechtsfeindlichen Entwicklungen auch an der Schweiz nicht spurlos vorüber gegangen sind. Sehr gut ablesen lässt sich dies an dem 1936 unter dem Titel „Die Garantie der individuellen Rechte" in der *Zeitschrift für Schweizerisches Recht* erschienenen Beitrag von *Hans Huber*.[312] Darin heißt es:

„Die Grundrechte als subjektive Rechte sind der Überwindung der subjektiven Rechte ebenfalls zum Opfer gefallen, sie sind dogmengeschichtlich betrachtet nicht nur positiviert, sondern auch objektiviert worden. Sie sind nur noch objektive Schranke der Staatsgewalt. Ihre Bedeutung hat sich gewandelt, weil die Ideologie des Liberalismus gefallen ist und damit auch die Spiegelung dieser Ideologie im theoretischen Unterbau praktischer Forderungen".[313]

Die Grundrechte wurden danach zu rein objektiven Rechten degradiert. Dies änderte jedoch nichts daran, dass die Grundrechtsgewährleistungen weiterhin einklagbar waren, da ihnen eine Reflexwirkung zu Gunsten des Einzelnen zugesprochen wurde, wobei es dem entscheidenden Richter obliegen sollte, im konkreten Fall über die Schutzwirkung einer Grundrechtsgewährleistung zu Gunsten des Einzelnen zu entscheiden.[314] Dessen ungeachtet erinnert die schweizerische Position zur Rechtsnatur der Grundrechte an die Staatsrechtslehre und -praxis im Deutschen Kaiserreich Ende des 19. Jahrhunderts[315] und lässt beinahe vergessen, dass in der Schweiz die Grundrechte schon unter der Verfassung von 1848 als subjektive Rechte anerkannt waren.[316] Hinzu kommt, dass während des 2. Weltkrieges in Folge der Vollmachtsbeschlusspraxis die Grundrechte weitgehend suspendiert wurden, wenngleich der Verfassungstext in dieser Zeit unverändert blieb.[317] Ferner kooperierte insbesondere die Verwaltung des Bundes eng mit den Institutionen des NS-Regimes, vor allem im Bereich der Fremdenpolizei, der Eisenbahnverwaltung sowie der Nationalbank, ohne dabei auf Grundrechte Rücksicht zu nehmen.[318] Andererseits protestierten zahlreiche Schweizer Rechtswis-

---

[311] Art. 44 BV 1874, geändert durch Volksabstimmung v. 29.09.1928.
[312] *Huber*, ZSR 1936, 1a ff.
[313] *Huber*, ZSR 1936, 1a, 61a.
[314] *Huber*, ZSR 1936, 1a, 60a ff. u. 153a ff.
[315] S. dazu oben, § 3 III.1.
[316] S. dazu oben, § 7. III.3.
[317] S. dazu oben, § 8 II.1. a).
[318] Vgl. *Thürer*, ZBJV, Sonderband 137bis (2002), 179, 205.

senschaftler, allen voran *Zaccaria Giacometti*, gegen das Vollmachtenregime und die damit verbundene Aushöhlung von Demokratie und Freiheitsrechten.[319] Angesichts dieser vielen unterschiedlichen Facetten der schweizerischen Rechtslehre und -praxis in der Zwischenkriegszeit und der Zeit des 2. Weltkrieges stellt *Dreier* völlig zu Recht fest, dass die Einschätzung, wonach die schweizerische Staatsrechtswissenschaft in der Zeit des Nationalsozialismus „die Fahne der Grundrechtsdogmatik hochhalten konnte"[320], der Relativierung und Differenzierung bedarf.[321]

3. Materiell-rechtliche Ansatzpunkte zur grundrechtsbezogenen Kollisions- und Konfliktvermeidung

Ebenso wenig wie sich die Verfassungsänderungen der Zwischenkriegszeit und der Zeit des 2. Weltkrieges auf den Grundrechtsbereich bezogen, ergaben sich hinsichtlich der grundrechtsbezogenen Kollisions- und Konfliktvermeidung wesentliche Unterschiede im Vergleich zur Zeit zwischen 1874 und 1918.[322] Es galt daher der aus Art. 2 der Übergangsbestimmungen zur Bundesverfassung von 1874 abgeleitete Grundsatz, wonach Bundesrecht entgegen stehendes kantonales Recht brach, weiterhin fort, mit der Folge, dass kantonale Grundrechte, welche in ihrer Schutzwirkung hinter dem parallelen Bundesgrundrecht zurückblieben, derogiert wurden und die mit den Grundrechten der Bundesverfassung inhaltsgleichen kantonalen Grundrechten jedenfalls keine selbständige Bedeutung mehr besaßen. Hervorzuheben ist indes, dass sich ab Mitte der 1920er Jahre in der Schweizer Staatsrechtslehre zunehmend die Auffassung durchsetzte, dass durch die Freiheitsrechte in der Bundesverfassung die Kompetenz zur Aufstellung inhaltsgleicher Freiheitsrechte auf den Bund übergegangen sei, so dass die Kantone für diesen Bereich keine Gesetzgebungskompetenz mehr besessen hätten,[323] die Frage der Geltung der fraglichen kantonalen Grundrechte mithin ein der Normkollision vorgelagertes Kompetenzproblem gewesen wäre.[324] Allerdings sollte zur Lösung des Kompetenzkonflikts ebenfalls Art. 2 der Übergangsbestimmungen zur Bundesverfassung von 1874, den man auch als Norm zur Auflösung einer Kompetenzkonkurrenz verstand, heran zu ziehen sein,[325] obwohl sich der Grundsatz der derogatorischen Kraft des Bundesrechts gegenüber kompetenzwidrig er-

---

[319] Vgl. *Giacometti*, Die gegenwärtige Verfassungslage der Eidgenossenschaft, Schweizerische Hochschulzeitung 16 (1942), 139, 142 f.

[320] So aber *Stern*, FS 50 Jahre BVerfG, Bd. 2, S. 1, 5; vgl. dazu *Thürer*, ZBJV, Sonderband 137bis (2002), 179, 189.

[321] *Dreier*, HGR I, § 4 Rn. 70.

[322] S. dazu oben, § 8 I.3.

[323] So etwa *Giacometti*, SJZ 26 (1929/30), 292, 294 ff.; *Imboden*, Bundesrecht bricht kantonales Recht, S. 9 ff. u. 60 f.; vgl. auch *Fleiner*, Schweizerisches Bundesstaatsrecht, S. 421 mit Fn. 7; s. dazu oben, § 8 I.3.

[324] Vgl. *Huber*, Der Kompetenzkonflikt zwischen dem Bund und den Kantonen, S. 20.

[325] Vgl. *Imboden*, Bundesrecht bricht kantonales Recht, S. 60 f.

lassenem kantonalem Recht an sich primär aus Art. 3 BV 1874 ergeben hätte.[326] Das Bundesgericht hielt sich in dieser Frage bedeckt, doch indem es davon ausging, dass gleich lautenden kantonalen Grundrechten für die Zeit der Geltung des Bundesgrundrechts lediglich keine selbstständige Bedeutung zukommen sollte, deutete es an, dass die Problematik inhaltsgleicher Grundrechte eher als eine Frage der Normkonkurrenz und nicht der Kompetenzkonkurrenz verstand.[327] Inhaltlich ergaben sich keine Unterschiede zwischen den beiden Auffassungen, zumal Art. 2 der Übergangsbestimmungen zur Bundesverfassung von 1874 auch von denjenigen Autoren, die eine Kompetenzkonkurrenz annahmen, zu deren Auflösung heran gezogen wurde. Insoweit besteht ein Unterschied zum Streitstand hinsichtlich der identischen Problematik unter dem Grundgesetz, wo die Verfechter einer Kompetenzausscheidungslösung die Kompetenznormen als Basis für ihre Argumentation heran ziehen, während diejenigen, die in der fraglichen Konstellation eine Normkollision annehmen, diese mit Hilfe von Art. 31 GG lösen wollen.[328]

4. Grundrechtsbindung und Prüfungsmaßstab

Hinsichtlich der Grundrechtsbindung von Bundesgewalt und kantonaler Gewalt ergaben sich keine Unterschiede im Vergleich zum Zeitraum zwischen 1874 und 1918, so dass die für diesen Zeitraum angestellten Erwägungen auch nach 1919 gelten.[329] Auch die Tatsache, dass die Grundrechte in der Zwischenkriegszeit und während des 2. Weltkrieges nicht mehr als subjektive Rechte verstanden wurden, ändert daran nichts. Dies lässt sich u.a. daran ablesen, dass selbst *Huber* in seinem Beitrag aus dem Jahr 1936 die Grundrechte weiterhin als Schranken sowohl für den Gesetzgeber als auch für die rechtsanwendenden Behörden interpretierte.[330] Durch das Inkrafttreten des Schweizerischen Strafgesetzbuchs im Jahr 1942 konnte sich nunmehr leichter das Problem der Heranziehung kantonaler Grundrechte als Prüfungsmaßstab bei der Anwendung von Bundesrecht stellen. Allerdings zeigt beispielsweise eine Entscheidung des Zürcher Obergerichts betreffend den Straftatbestand der Störung der Glaubens- und Kultusfreiheit, dass kantonale Grundrechte in diesem Zusammenhang gar nicht angewandt wurden, sondern das Gericht alleine auf Art. 50 BV 1874 abstellte,[331] weshalb die Problematik in der zeitgenössischen schweizerischen Rechtspraxis nicht relevant wurde.

---

[326] Vgl. dazu *Waldmann*, FS Jaag, S. 533, 536 in Bezug auf die parallele Problematik unter Art. 49 BV; zur Anwendung von Art. 49 BV auf Normkonflikte und Kompetenzkonflikte s. auch *Ruch*, in: St. Galler Kommentar zu Art. 49 BV, Rn. 8.

[327] Vgl. *Imboden*, Bundesrecht bricht kantonales Recht, S. 173.

[328] S. dazu oben, § 6 III.2. a) u. g).

[329] S. dazu oben, § 8 I.4.

[330] *Huber*, ZSR 1936, 1a, 116a f.

[331] Obergericht Zürich, III. Kammer B., Urt. v. 09.04.1943, abgedruckt in: Blätter für Zürcherische Rechtsprechung, Bd. XLII (1943), Nr. 65, S. 209.

5. Prozessuale Mechanismen zur Gewährleistung des Grundrechtsschutzes

a) Bundesebene

In Bezug auf die prozessualen Mechanismen zur Gewährleistung des Grundrechtsschutzes ist zunächst zu erwähnen, dass ab 1928 wegen der Verletzung von Bundesrecht verwaltungsgerichtlicher Rechtsschutz gegen Akte von Bundesbehörden, insbesondere gegen Entscheidungen von Departementen des Bundesrates, sowie gegen letztinstanzliche Akte kantonaler Behörden gewährt wurde. Dieser Schritt, der auf der Einfügung von Art. 114bis in die Bundesverfassung im Jahr 1914 beruhte, war angesichts des Ausbaus der Bundesverwaltung im Zuge der immer weiter fortschreitenden Zentralisierung im Bundesstaat erforderlich geworden. Zuständig für den verwaltungsgerichtlichen Rechtsschutz war nach Art. 1 des Bundesgesetzes über die eidgenössische Verwaltungs- und Disziplinarrechtspflege von 1928 das Bundesgericht.[332] Allerdings blieb der verwaltungsgerichtliche Kompetenzbereich des Bundesgerichts beschränkt, da das OG 1928, welches mit unbedeutenden Änderungen in das neue Bundesgesetz über die Organisation der Bundesrechtspflege von 1943[333] (OG 1943) eingebaut wurde, die Zuständigkeit des Bundesgerichts im Rahmen der Verwaltungsgerichtsbeschwerde nach dem Enumerationsprinzip bestimmte und auf eine Generalklausel verzichtete. Deshalb konnte das Bundesgericht nur in einzelnen, eher zufällig ausgewählten Sachbereichen wie dem bundesrechtlichen Abgabenwesen oder bei Streitigkeiten aus einem bundesrechtlichen Beamtenverhältnis als Verwaltungsgericht fungieren.[334] Im Übrigen oblag der Verwaltungsrechtsschutz bezüglich der Verletzung von Bundesrecht weiterhin dem Bundesrat, was unter rechtsstaatlichen Gesichtspunkten problematisch war. An diesem Vorrang der verwaltungsinternen Verwaltungsrechtspflege änderte auch das OG 1943 nichts,[335] weshalb man für die Zeit von 1919 bis 1945 auf Bundesebene nicht von einer eigenständigen Verwaltungsgerichtsbarkeit sprechen kann. Hinzu kommt, dass in den Bereichen, für die das Bundesgericht tatsächlich eine verwaltungsgerichtliche Zuständigkeit besaß, die Grundrechte der Bundesverfassung in der Regel mangels Einschlägigkeit keine Relevanz hatten und vom Bundesgericht dementsprechend auch nicht herangezogen wurden. Abgesehen davon ist für die Untersuchung des Verhältnisses von Bundesgrundrechten und kantonalen Grundrechten hauptsächlich die staatsrechtliche Beschwerde von Relevanz, da in diesem Verfahren neben den Bundesgrundrechten zumindest in einigen Fällen auch kantonale

[332] Vgl. dazu das Bundesgesetz über die eidgenössische Verwaltungs- und Disziplinarrechtspflege v. 11.06.1928, AS 44, S. 779.

[333] Bundesgesetz über die Organisation der Bundesrechtspflege v. 16.12.1943, BBl 1944 I, 1 ff. = AS 60, S. 271.

[334] Vgl. dazu *Kölz/Häner/Bertschi*, Verwaltungsverfahren und Verwaltungsrechtspflege des Bundes, Rn. 292.

[335] S. Bundesgesetz über die Organisation der Bundesrechtspflege v. 16.12.1943, BBl 1944 I, 1 ff. = AS 60, S. 271; s. dazu *Kölz/Häner/Bertschi*, Verwaltungsverfahren und Verwaltungsrechtspflege des Bundes, Rn. 292.

Grundrechte zu berücksichtigen waren, während das Handeln der Bundesstaatsgewalt zwar grundsätzlich kantonale Grundrechte zu beachten hatte, derartige Verstöße in der Praxis jedoch kaum relevant wurden.

In Bezug auf die staatsrechtliche Beschwerde lässt sich sagen, dass die vor 1919 aufgestellten Grundsätze im Wesentlichen beibehalten blieben.[336] Lediglich in verfahrensrechtlicher Hinsicht kam es zu einzelnen Änderungen. So wurde etwa durch Art. 87 OG 1943 festgelegt, dass die staatsrechtliche Beschwerde wegen Verletzung von Art. 4 BV 1874 grundsätzlich erst gegen letztinstanzliche Entscheide zulässig sein sollte, was eine Erschöpfung des Rechtsweges in diesen Fällen zwingend voraussetzte. Inhaltlich bedeutete die Anknüpfung an die Zeit vor 1919, dass unselbständigen kantonalen Grundrechten keine Bedeutung mehr zukam, wenn sie keinen über das parallele Bundesgrundrecht hinaus gehenden Schutzgehalt aufwiesen.[337] Das Bundesgericht erwähnte potentiell inhaltsgleiche kantonale Grundrechte nur ausnahmsweise, etwa dann, wenn wie im Fall des Art. 56 BV nicht ganz klar war und bewusst offen gelassen werden sollte, ob öffentliche Versammlungen von der Vereinsfreiheit bundesgrundrechtlich geschützt sein sollten oder ob insoweit allein auf die kantonale Garantie zurückgegriffen werden musste.[338] Eine inhaltsgleiche kantonale Garantie wurde vom Bundesgericht darüber hinaus erwähnt, wenn der Beschwerdeführer, wie im Fall der Zürcher Frontistenbewegung, sich ausdrücklich darauf berufen hatte, wobei dem kantonalen Grundrecht, *in concreto* der Vereinsfreiheit, trotz allem keine eigenständige Bedeutung zukam.[339] Teilweise ging das Bundesgericht jedoch in derartigen Fällen auf die unselbständige kantonale Garantie selbst dann nicht ein, wenn sich der Beschwerdeführer darauf berufen hatte.[340]

Selbständige Grundrechte wie die Eigentumsfreiheit[341] oder die persönliche Freiheit[342] hingegen wurden vom Bundesgericht wie schon vor 1919 letztverbindlich interpretiert und zur Entscheidungsfindung herangezogen, wenn sich der Beschwerdeführer nur auf die entsprechende kantonale Garantie berufen hatte.[343] Teilweise neigte das Bundesgericht jedoch dazu, selbstständige kantonale Grundrechte restriktiv auszulegen und anzuwenden, was am Beispiel der von Art. 6 der luzernischen Kantonsverfassung geschützten Meinungsfreiheit deutlich wird, in Bezug auf den das Bundesgericht offen ließ, ob er überhaupt gegen ein strafrichterliches Urteil angerufen werden konnte.[344] Nicht ganz so eindeutig war die Position des Bundesgerichts hinsichtlich der in Art. 7 der Zürcher Kantonsverfassung geschützten persönlichen Freiheit, in Bezug auf die das Bundesgericht es of-

---

336 S. dazu oben, § 8 I.5. a) aa) aaa).
337 S. dazu etwa BGE 51 I, 485, 498 E. 2.
338 BGE 61 I, 32, 35 ff. E. 2 ff.; 61 I, 103, 107 E. 2.
339 BGE 60 I 349, 351 E. 1; ähnlich auch schon BGE 51 I, 371, 373 E. 1.
340 So etwa in BGE 70 I, 10, 17 u. 20 E. 3 hinsichtlich des allgemeinen Gleichheitssatzes.
341 So etwa BGE 57 I, 207, 209 ff. E. 1 ff.; 57 I, 382, 385 ff. E. 1 ff.
342 BGE 51 I, 485, 497 E. 2.
343 BGE 57 I, 266, 272 ff.; 58 I, 84, 90 ff. E. 1 ff.
344 BGE 51 I, 169, 184 E. 2.

fenkundig nicht überzeugend fand, sie als Garantie eines über die individuelle Bewegungsfreiheit hinausgehenden Persönlichkeitsrechts zu interpretieren, diese Möglichkeit andererseits aber auch nicht ausschloss,[345] was auf eine gewisse Offenheit bezüglich der Auslegung der persönlichen Freiheit schließen lässt. Für eine weite Interpretation der persönlichen Freiheit spricht ferner der Umstand, dass das Bundesgericht die Art der Bestattung als Ausfluss der individuellen Freiheit des Bürgers ansah,[346] wobei es diese Auffassung freilich sehr bald in einer ähnlichen Entscheidung relativierte.[347]

Interessant ist in diesem Zusammenhang weiterhin, dass das Bundesgericht seine Kognition den Kantonen gegenüber zumindest punktuell ausdehnte. Dies lässt sich etwa daran ablesen, dass das Bundesgericht in einem Fall, in dem eine Verletzung der bundesrechtlichen Glaubensfreiheit in Rede stand, die vom kantonalen Strafgericht vorgenommene Auslegung und Anwendung des kantonalen Strafrechts durch seine eigene Einschätzung ergänzte, was auf eine freie Kognition gegenüber der kantonalen Gesetzesanwendung hindeutet.[348] In den allermeisten Fällen hingegen beschränkte sich das Bundesgericht den kantonalen Behörden gegenüber bei der Überprüfung der Gesetzesanwendung weiterhin auf die Vornahme einer Willkürprüfung, etwa hinsichtlich der Anwendung des St. Galler Hausiergesetzes durch die Kantonsbehörden[349] und sogar bei der Interpretation der Schranken der in Art. 18 der aargauischen Kantonsverfassung gewährleisteten Versammlungsfreiheit,[350] in Bezug auf die nach den allgemeinen Kognitionsgrundsätzen eine freie Prüfung möglich gewesen wäre. Entsprechendes gilt für die Prüfung der Verletzung der kantonalen Eigentumsgarantie, hinsichtlich der das Bundesgericht betonte, dass im Falle des Vorliegens einer gesetzlichen Eingriffsgrundlage nur geprüft werden könne, ob der angefochtene Eingriff auf willkürlicher Auslegung oder Anwendung der Gesetzesvorschrift beruhe.[351] Andererseits finden sich Entscheidungen, in denen das Bundesgericht im Falle einer angeblichen Verletzung der Eigentumsfreiheit selbst eine umfassende, über eine bloße Willkürprüfung hinausgehende Prüfung vorgenommen hat.[352] Hinsichtlich kantonaler Gesetze, welche die kantonal garantierte persönliche Freiheit tangier-

---

[345] BGE 50 I, 157, 163 f. E. 3; vgl. dazu *Kurer*, Die kantonalen Grundrechtsgarantien, S. 9.

[346] BGE 45 I, 119, 132 f. E. 6.

[347] BGE 46 I, 283, 292 E. 3.

[348] BGE 57 I, 112, 117 E. 2.

[349] BGE 50 I, 369, 376 ff. E. 2.; ähnlich auch BGE 50 I, 157, 164 f. E. 3 hinsichtlich einer möglichen Verletzung von Art. 4 und 7 der Zürcher Kantonsverfassung.

[350] BGE 57 I, 266, 272 f.; 58 I, 219, 227 E. 1 u. 2; ähnlich in Bezug auf die kantonalen Sachverhaltsermittlungen im Falle einer angeblichen Verletzung von Art. 31 BV 1874 BGE 67 I, 321, 328 E. 4b).

[351] Vgl. BGE 57 I, 207, 210 E. 2; 57 I, 382, 385 E. 1; 64 I, 205, 208 E. 1; 60 I, 268, 273 E. 2b); 69 I, 234, 240 E.2; zur bundesgerichtlichen Zurückhaltung bei Beschwerden wegen Verletzung der kantonalen Eigentumsgarantie s. *Kälin*, Das Verfahren der staatsrechtlichen Beschwerde, S. 206.

[352] So etwa BGE 55 I, 397, 399 ff. E. 4; 56 I, 256, 266 E. 2.

ten, hielt sich das Bundesgericht weiterhin zurück und beschränkte sich auf eine Willkürprüfung.[353]

Insgesamt fällt auf, dass die Entscheide des Bundesgerichts im Rahmen der staatsrechtlichen Beschwerde im Zeitraum von 1919 bis 1945 ausführlicher und eingehender begründet wurden als in früherer Zeit, was sich einerseits damit erklären lässt, dass die Sachverhalte speziell im Wirtschaftsbereich teilweise komplexer geworden waren, was andererseits aber auch impliziert, dass sich das Bundesgericht mit der zu entscheidenden Problematik intensiver auseinander setzte als früher. Dies bedeutet jedoch nicht, dass den Grundrechten dadurch automatisch eine größere Schutzwirkung beigemessen worden wäre. Vielmehr ist vom Gegenteil auszugehen, was beispielsweise daran deutlich wird, dass das Bundesgericht in einer Entscheidung aus dem Jahr 1934 die Vorzensur bzw. die vorübergehende Unterdrückung der Zeitung der Kommunistischen Partei der Schweiz durch die Behörden des Kantons Zürich im Hinblick auf Art. 55 BV 1878 ausdrücklich billigte.[354] Derartige Entscheide lassen sich vor dem Hintergrund der damaligen Zeit erklären, in der das Bundesgericht versuchte, die schweizerische Rechtsordnung gegen die damals aufkommenden Ideologien zu verteidigen. Besonders deutlich wird dies im Zusammenhang mit den Entscheiden über staatliche Beschwerden, welche schweizerische Frontistenbewegungen gegen kantonale Vereinsverbote sowie gegen gerichtliche Verbote von antisemitischen Publikationen eingereicht hatten.[355] In sämtlichen Fällen verneinte das Bundesgericht eine Verletzung der Vereinsfreiheit, da sich diese seiner Ansicht nach unmöglich auf Vereinigungen beziehen konnte, deren Existenz die staatliche Gemeinschaft zu bedrohen geeignet war.[356] Ebenso wies es die Beschwerden gegen das Verbot judenfeindlicher Publikationen ab, indem es eine Verletzung der Handels- und Gewerbefreiheit bzw. der Pressefreiheit mit der Begründung verneinte, dass die Freiheitsrechte nicht missbraucht werden dürften.[357] In Bezug auf die Kriegszeit lässt sich schließlich konstatieren, dass angesichts der starken Einschränkung der Freiheitsrechte durch das Vollmachtenregime bundesgerichtliche Entscheidungen zur Presse-, Vereins- und Glaubensfreiheit sowie zur Kultusfreiheit vollständig fehlten und sich die grundrechtsbezogenen Urteile stattdessen auf die Handels- und Gewerbefreiheit, die Niederlassungsfreiheit, die Eigentumsfreiheit sowie den allgemeinen Gleichheitssatz konzentrierten. Dies wiederum führte dazu, dass einige selbständige kantonale Grundrechte wie die Versammlungsfreiheit keine Wirkung mehr entfalten konnten.

---

353 So etwa BGE 46 I, 283, 292 f. E. 3.

354 BGE 60 I, 108, 121 ff. E. 3.

355 Ausführlich dazu *Haeflinger*, ZBJV, Sonderband 137bis (2002), 75, 83 ff.

356 BGE 60 I, 349, 351 E. 1; 61 I, 103, 107 ff. E. 2 ff.

357 BGE 58 I, 219, 227 ff. E. 1 ff.; 62 I, 218, 224 ff. E. 2 ff.

b) Kantonale Ebene

Nachdem auf kantonaler Ebene auch zwischen 1919 und 1945 keine Verfassungsgerichte existierten und dort, wo es bereits Verwaltungsgerichte gab, diese nur über sehr beschränkte Zuständigkeiten verfügten, vollzog sich der Schutz der Grundrechte auf kantonaler Ebene in diesem Zeitraum vorwiegend vor den kantonalen Zivil- und Strafgerichten sowie innerhalb der Kantonsverwaltung und vor den kantonalen politischen Behörden. Dabei ist zu konstatieren, dass die Zahl der Verfahren, in denen die kantonalen Zivil- und Strafgerichte Grundrechte erwähnten, in der Zwischenkriegszeit langsam zugenommen hat, während sich dieser Trend während des 2. Weltkrieges nicht fortsetzte, sondern Grundrechte in dieser Zeit nur noch selten herangezogen wurden, was sich u.a. mit der Außerkraftsetzung bestimmter Grundrechtsgarantien durch die Vollmachtenpraxis erklären lässt und insbesondere hinsichtlich der selbständigen kantonalen Gewährleistungen wie etwa der Versammlungsfreiheit von Relevanz war. Abgesehen davon ist zu beobachten, dass den unselbständigen kantonalen Grundrechten vor den kantonalen Gerichten, wie schon zwischen 1874 und 1919, wenig bis gar keine Bedeutung zukam. Das luzernische Obergericht etwa entschied in einem Fall aus dem Jahr 1938, dass eine kantonale zivilrechtliche Rechtsnorm nicht gegen die Handels- und Gewerbefreiheit verstoße, wobei es die entsprechende kantonale Garantie nicht ausdrücklich erwähnte.[358] Noch im Jahr 1940 setzte sich das luzernische Obergericht mit der Frage der Reichweite der Glaubens- und Gewissensfreiheit auseinander, wobei es sowohl auf Art. 49 und 50 BV 1874 als auch auf den inhaltsgleichen § 2 der Luzerner Kantonsverfassung abstellte,[359] ohne dass der kantonalen Garantie jedoch ein weiter gehender Schutzgehalt beigemessen worden wäre. In Fällen einer angeblichen Verletzung der Pressefreiheit rekurrierte das Zürcher Obergericht in den 1930er Jahren ausschließlich auf Art. 55 BV 1874, obwohl die Zürcher Kantonsverfassung von 1869 die freie Meinungsäußerung in Wort und Schrift in Art. 3 ausdrücklich schützte.[360] Eigenständige Bedeutung entfaltete hingegen die kantonale Eigentumsfreiheit in einem Urteil des luzernischen Obergerichts bezüglich der Reichweite privater Fischereirechte aus dem Jahr 1937.[361] Ähnliches gilt für das kantonal gewährleistete Hausrecht, mit

[358] Obergericht Luzern, Urt. v. 28.09.1938, II. K., abgedruckt in: Obergericht Luzern, Grundsätzliche Entscheidungen des Luzernischen Obergerichts und seiner Abteilungen, Bd. 8 (01.01.1931–31.12.1940), Nr. 739, S. 968 ff., 970.

[359] Obergericht Luzern, Urt. v. 13.06.1940, II. K., abgedruckt in: Obergericht Luzern, Grundsätzliche Entscheidungen des Luzernischen Obergerichts und seiner Abteilungen, Bd. 8 (01.01.1931–31.12.1940), Nr. 873, S. 1108 f.

[360] Obergericht Zürich, III. Kammer Str., Urt. v. 07.12.1933, abgedruckt in: Blätter für Zürcherische Rechtsprechung, Bd. XXXIII (1934), Nr. 140, S. 304, 305; ohne Erwähnung der kantonal gewährleisteten Vereinsfreiheit auch Obergericht Zürich, IV. Kammer, Urt. v. 04.03.1936, abgedruckt in: Blätter für Zürcherische Rechtsprechung, Bd. XXXVI (1937), Nr. 155, S. 301 ff.

[361] Obergericht Luzern, Urt. v. 28.01.1937, I. K., abgedruckt in: Obergericht Luzern, Grundsätzliche Entscheidungen des Luzernischen Obergerichts und seiner Abteilungen, Bd. 8 (01.01.1931–31.12.1940), Nr. 170, 243, 253 ff.

dessen Bedeutung sich das kantonale Obergericht von Zürich im Jahr 1933 in einem strafrechtlichen Verfahren beschäftigte.[362]

Die Beschwerdeführer selbst beriefen sich zum Teil nach wie vor neben der bundesrechtlichen Gewährleistung auch auf die inhaltsgleiche kantonale Grundrechtsgarantie,[363] wobei in der Mehrzahl der Fälle trotz des Vorhandenseins einer parallelen kantonalen Gewährleistung ausschließlich eine Verletzung der einschlägigen bundesverfassungsrechtlichen Garantie gerügt wurde.[364] Dies wiederum trug dazu bei, dass, wie schon zwischen 1874 und 1918, kantonale Grundrechte in der Spruchpraxis der kantonalen Zivil- und Strafgerichte nur dort von Relevanz waren, wo keine inhaltsgleiche Gewährleistung auf Bundesebene existierte.

Ein ganz ähnliches Bild zeigt sich für die Rechtsprechungstätigkeit der kantonalen politischen Behörden. So verwarf der Regierungsrat des Kantons Zürich einen Rekurs gegen das Verbot einer Fronleichnamsprozession, indem er alleine auf Art. 50 BV 1874 einging und dessen Reichweite erörterte, obwohl sich der Beschwerdeführer auch auf die parallele Garantie in Art. 63 der Zürcher Kantonsverfassung berufen hatte.[365] Im Tessin bezog sich der dortige Staatsrat in einem Verfahren bezüglich der Verfassungsmäßigkeit des Tessiner Ladenschlussgesetzes alleine auf den bundesverfassungsrechtlich verankerten Gleichheitssatz des Art. 4 BV 1874, was sich freilich damit erklären lässt, dass die Tessiner Staatsverfassung von 1830 keinen allgemeinen Gleichheitssatz enthielt.[366] Der Regierungsrat von Zürich argumentierte in einem Entscheid zur Bestätigung eines Verbotes der Eröffnung eines Lichtspieltheaters lediglich mit dem Schutzgehalt von Art. 31 BV 1874, obwohl die Zürcher Kantonsverfassung in Art. 21 eine inhaltsgleiche Garantie enthielt.[367]

Dieser Tendenz zur ausschließlichen Heranziehung der Bundesgrundrechte entspricht es, dass sich die Beschwerdeführer auch vor den kantonalen politischen Instanzen nur noch auf die bundesrechtlichen Grundrechte beriefen, obwohl auf kantonaler Ebene überwiegend entsprechende Gewährleistungen bestanden.[368] Eigenständige Bedeutung vor den kantonalen politischen Instanzen entfalteten alleine die selbständigen kantonalen Grundrechte, allen voran die Eigentumsfreiheit. So beschäftigte sich der bernische Regierungsrat in einem Rekursentscheid betreffend die Kürzung der Lehrerpensionen mit der in Art. 89 der bernischen Verfassung verbürgten Eigentumsgarantie, wenngleich diese im konkreten Fall als nicht verletzt betrachtet wurde.[369] Entsprechendes galt für das kan-

[362] Obergericht Zürich, III. Kammer Str., Urt. v. 29.08.1933, abgedruckt in: Blätter für Zürcherische Rechtsprechung, Bd. XXXIII (1934), Nr. 168, S. 372.
[363] Vgl. BGE 46 I, 313, 316.
[364] Vgl. exemplarisch dazu BGE 46 I, 250, 253; 57 I, 112,115.
[365] Vgl. BGE 49 I, 138, 140 f.
[366] Vgl. BGE 49 I, 228, 231 E. 2b).
[367] Vgl. BGE 47 I, 34, 37.
[368] S. dazu 50 I, 369, 372; 55 I, 228, 231 E. 2; 56 I, 431, 434 f.
[369] Vgl. BGE 70 I, 10, 17.

tonale Willkürverbot des Art. 72 der bernischen Verfassung, welches jedoch neben Art. 4 BV 1874 in der Entscheidungsbegründung des Regierungsrates in dem fraglichen Fall keine selbständige Bedeutung entfaltete.[370] An alledem wird deutlich, dass sich die kantonalen Instanzen zwischen 1919 und 1945 nur sehr selten überhaupt mit den Inhalten der kantonalen Grundrechtsgarantien und ihrer Tragweite befassten bzw. dazu neigten, den kantonalen Grundrechten nur wenig Bedeutung beizumessen.[371]

6. *Zwischenergebnis*

Die Zeit zwischen 1919 und 1945 zeichnet sich in der Schweiz durch eine immer weiter voran schreitende Zentralisierung aus, verbunden mit einer Machtverschiebung zu Gunsten des Bundes, was sowohl durch die Sozialstaatsgesetzgebung der Zwischenkriegszeit, vor allem aber durch das Vollmachtenregime nach Kriegsbeginn bedingt wurde. Hinsichtlich der verfassungsrechtlichen Verbürgung der Grundrechte gab es in der fraglichen Zeit keine nennenswerten Änderungen. Allerdings war auch in der Schweiz ab Mitte der 1930er Jahre eine allgemein grundrechtsfeindliche Tendenz zu spüren, was dazu führte, dass den Grundrechten nunmehr der Charakter subjektiver Rechte abgesprochen wurde. Gleichwohl blieben sie weiterhin gerichtlich einklagbar. Jedoch wurden im Zuge der Vollmachtenpraxis nach Kriegsbeginn die Grundrechte und ihre Geltung massiv beschnitten, weshalb es nicht verwundert, dass in den zeitgenössischen Gerichtsentscheiden viele Grundrechte keine Rolle mehr spielten. Keine Änderungen ergaben sich hinsichtlich der Lösung von Konflikten zwischen Bundesgrundrechten und kantonalen Grundrechten, wenngleich Art. 2 der Übergangsbestimmungen zur Bundesverfassung von 1874 in der Rechtslehre nunmehr zunehmend als Kompetenzausscheidungsnorm und nicht mehr als Kollisionsnorm verstanden wurde, eine Position, die das Bundesgericht so nicht teilte. Auch hinsichtlich der Grundrechtsbindung der Bundesstaatsgewalt und der kantonalen Staatsgewalt ergaben sich keine Änderungen im Vergleich zur der Zeit vor 1919. In Bezug auf die prozessualen Mechanismen zur Gewährleistung des Grundrechtsschutzes fällt zunächst auf, dass die Übertragung verwaltungsgerichtlicher Zuständigkeiten auf das Bundesgericht wenig an der bisherigen Praxis des Überwiegens des innerverwaltungsrechtlichen Rechtsschutzes geändert hat. Wie schon vor 1919 kam den unselbständigen kantonalen Grundrechtsgarantien in der Rechtsprechung des Bundesgerichts und der politischen Instanzen des Bundes keine eigenständige Bedeutung mehr zu, während die selbständigen kantonalen Gewährleistungen, allen voran die Eigentumsfreiheit, ihre Relevanz behielten. Hinsichtlich der Kognition des Bundesgerichts und der davon zu unterscheidenden Prüfungsdichte lässt sich sagen, dass das Bundesgericht an seinem Kurs des

[370] Vgl. BGE 70 I, 10, 17.
[371] Vgl. *Kurer*, Die kantonalen Grundrechtsgarantien, S. 8.

judicial self-restraint gegenüber den kantonalen Gerichten und politischen Behörden festhielt, wenngleich auffällt, dass es in einzelnen Entscheidungen seine Überprüfung intensivierte und gerade bei der Prüfung der Verletzung der Eigentumsfreiheit an Stelle einer bloßen Willkürprüfung eine ausführliche eigene Prüfung vornahm. Von einer Intensivierung der Überprüfung der Rechtsprechung der kantonalen Instanzen im Sinne einer verstärkten Zentralisierung bzw. Unitarisierung der Rechtsprechung kann insoweit für den Zeitraum von 1919 bis 1945 jedoch nicht gesprochen werden, so dass sich in Bezug auf die Rechtsprechung ein anderes Bild ergibt als hinsichtlich der Gesetzgebung und die Kantone insbesondere der Eigentumsfreiheit weiterhin eigene Konturen verleihen konnten. Insgesamt bleibt daher zu konstatieren, dass sich die Zeit zwischen 1919 und 1945 hinsichtlich des Verhältnisses von Bundesgrundrechten zu den kantonalen Grundrechten eher durch Kontinuität als durch tiefgreifende Veränderungen auszeichnete, wenngleich sich das politische Klima der damaligen Zeit, verbunden mit der Vollmachtenpraxis des Bundes, auch auf die kantonalen Grundrechte und ihren Stellenwert im politischen System auswirkte.

III. 1946–1999

1. Geschichtliche Entwicklungen

a) Bundesebene

aa) Beseitigung des Notrechts

Obwohl die Schweiz nicht an den Kriegshandlungen des 2. Weltkrieges beteiligt gewesen war, stand die Nachkriegszeit zunächst unter dem Eindruck der Beseitigung des kriegsbedingt eingeführten Notrechts – ein Unterfangen, welches sich als sehr langwierig und schwierig erweisen sollte,[372] da der Bundesrat die Vollmachtenpraxis nach Kriegsende weiterführte und das Bundesgericht sich weigerte, die entsprechenden Beschlüsse zu überprüfen.[373] Nachdem 1945 mit dem „Bundesbeschluss über den Abbau der ausserordentlichen Vollmachten des Bundesrates“[374] kein wirklicher Abbau der Vollmachtenbeschlüsse erreicht werden konnte und im Jahr 1950 immer noch 46 dieser Beschlüsse in Kraft waren,[375] beschloss die Bundesversammlung, dass bis Ende 1952 – von einigen wenigen Ausnahmen abgesehen – alle Vollmachtenbeschlüsse, welche nicht dem fakultativen

---

[372] Vgl. *Kölz*, Neuere Schweizerische Verfassungsgeschichte: Ihre Grundlinien in Bund und Kantonen seit 1848, S. 779.

[373] BGE 68 II, 308, 320 f. E. 2b).

[374] Bundesbeschluss über den Abbau der ausserordentlichen Vollmachten des Bundesrates v. 06.12.1945, AS 61, S. 1049.

[375] *Kreis*, FS 700-Jahr-Feier der Eidgenossenschaft, S. 301, 319; *Kölz*, Neuere Schweizerische Verfassungsgeschichte: Ihre Grundlinien in Bund und Kantonen seit 1848, S. 781.

Referendum unterfielen, außer Kraft treten sollten.[376] Trotz dieses Beschlusses dauerte es jedoch noch mehrere Jahrzehnte, bis sämtliche Vollmachtenbeschlüsse tatsächlich beseitigt waren.[377] Letztlich ist es der Schweiz aber gelungen, von der notstandsrechtlichen Vollmachtenpraxis wieder zu einem demokratischen System auf Basis der geltenden Verfassung und der Achtung der verfassungsrechtlich verbürgten Freiheitsrechte zurück zu kehren.

bb) Versuche einer Totalrevision der Bundesverfassung

Wie bereits nach Ende des 1. Weltkrieges, entstanden auch nach Ende des 2. Weltkrieges verschiedene Initiativen für eine Totalrevision der Bundesverfassung, zu denen die Standesinitiative des Kantons Basel-Stadt aus dem Jahr 1946[378] sowie ein weiterer parlamentarischer Vorstoß aus dem Jahr 1965[379] zählten. Letzterer mündete im Jahr 1977 in die Ausarbeitung eines Vorentwurfes für eine Totalrevision,[380] welcher jedoch letztlich wieder verworfen wurde. Erst im Jahr 1987 wurde von parlamentarischer Seite auf Grundlage eines Vorschlages des Staatsrechtslehrers *Kurt Eichenberger* erneut über eine Totalrevision nachgedacht, welche im Wesentlichen in der Nachführung der Bundesverfassung bestehen sollte.[381] Nachdem im Juni 1995 ein entsprechender Entwurf vorgelegt worden war, der bis zum Februar 1996 einer breiten Volksdiskussion unterzogen wurde,[382] stimmten die beiden Räte im Jahr 1998 der neuen Bundesverfassung zu, welche schließlich in der Volksabstimmung vom 18. April 1999 vom Volk und den Ständen angenommen wurde.[383] Erst dadurch konnte die Bundesverfassung von 1874 abgelöst werden, nachdem zuvor sämtliche Totalrevisionsversuche gescheitert waren.

---

376 *Kreis*, FS 700-Jahr-Feier der Eidgenossenschaft, S. 301, 319.

377 *Kölz*, Neuere Schweizerische Verfassungsgeschichte: Ihre Grundlinien in Bund und Kantonen seit 1848, S. 782; s. auch *Kley*, in: St. Galler Kommentar zur Bundesverfassung, Geschichtliche Einleitung, Rn. 28 f.

378 S. dazu den Bericht des Bundesrates an die Bundesversammlung über das Initiativbegehren des Kantons Basel-Stadt betreffend die Totalrevision der Bundesverfassung v. 27.11.1959, BBl 1959 II, 1294 ff.; vgl. dazu auch *Hafner*, ZSR 2001 I, 11, 35 f

379 Näher dazu *Hafner*, ZSR 2001 I, 11, 36 f.

380 Expertenkommission für die Vorbereitung einer Totalrevision der Bundesverfassung, Bericht, S. 21 ff.

381 Bundesbeschluss über die Totalrevision der Bundesverfassung v. 03.06.1987, BBl 1987 II, 963; s. auch *Bundesrat*, Botschaft über eine neue Bundesverfassung v. 20.11.1996, BBl 1997 I, 1, 42; s. dazu *Häfelin/Haller/Keller/Thurnherr*, Schweizerisches Bundesstaatsrecht, Rn. 63; *Kley*, in: St. Galler Kommentar zur Bundesverfassung, Geschichtliche Einleitung, Rn. 40; *Ehrenzeller*, Reformprozesse im Verfassungsrecht von Bund und Kantonen, in: Thürer/Aubert/Müller (Hrsg.), Verfassungsrecht der Schweiz, § 12 Rn. 5 ff., 13 ff.

382 S. *Kley*, in: St. Galler Kommentar zur Bundesverfassung, Geschichtliche Einleitung, Rn. 42.

383 Bundesrat, Beschluss über das Ergebnis der Volksabstimmung vom 18. April 1999 v. 11.08.1999, BBl 1999 IV, 5986 f.; ausführlich zum Ganzen *Hafner*, ZSR 2001 I, 11, 39 ff.; *Rhinow/Schefer/Uebersax*, Schweizerisches Verfassungsrecht, Rn. 98 ff.

cc) Partialrevisionen der Bundesverfassung

Verfassungsänderungen zwischen 1946 und 1999 beschränkten sich auf Grund des Scheiterns sämtlicher Totalrevisionsversuche vor 1999 auf Teilrevisionen der Bundesverfassung von 1874. Angesichts der Vielzahl der in dem fraglichen Zeitraum vorgenommenen Verfassungsänderungen soll sich die Analyse im Folgenden auf diejenigen Änderungen konzentrieren, welche für den Bereich des Grundrechtsschutzes und das Verhältnis des Bundes zu den Kantonen von Bedeutung sind. In diesem Zusammenhang ist zunächst die Neuregelung des Wirtschaftsverfassungsrechts zu nennen, welche die Handels- und Gewerbefreiheit neu ausgestaltete und dem Bund weit reichende Kompetenzen im Bereich der Wirtschaftsförderung, der Bekämpfung von Wirtschaftskrisen, der Arbeitsbeschaffung sowie beim Arbeitnehmerschutz und der Arbeitslosenversicherung einräumte.[384] Diese Verfassungsänderung trug insgesamt interventionistische Züge und führte zu einer Zentralisierung des ursprünglich sehr liberalen schweizerischen Wirtschaftsrechts.[385]

Eine weitere Machtverschiebung zu Gunsten des Bundes ergab sich in der Folgezeit auf Grund zahlreicher Änderungen im Bereich der Gesetzgebungskompetenzen. So bekam der Bund sukzessive neue Gesetzgebungs- und Verwaltungskompetenzen zugwiesen, insbesondere in Bereichen, die sich, wie etwa der Umweltschutz oder das Rundfunkwesen, als neue politische und gesellschaftliche Herausforderungen erwiesen. Konkret erhielt der Bund u.a. die Gesetzgebungskompetenz für den Gewässerschutz,[386] die Raumplanung,[387] den Umweltschutz,[388] den Schutz gegen Missbräuche der Fortpflanzungs- und Gentechnologie,[389] den Schutz des Alpengebietes vor den negativen Auswirkungen des Transitverkehrs,[390] die Wasserwirtschaft,[391] die Energieversorgung und -nutzung,[392] die Nutzung der Atomenergie,[393] das Filmwesen,[394] das Stipendienwesen,[395] die Förderung der wissenschaftlichen Forschung[396] sowie das Radio- und Fernsehwesen[397].[398] Diese Kompetenzerweiterung zu Gunsten des Bundes führte zwang-

---

[384] Bundesbeschluss über eine Revision der Wirtschaftsartikel der Bundesverfassung v. 04.04.1946, BBl 1946 I, 894 ff.

[385] S. dazu *Kölz*, Neuere Schweizerische Verfassungsgeschichte: Ihre Grundlinien in Bund und Kantonen seit 1848, S. 869.

[386] Art. 24bis, angenommen in der Volksabstimmung v. 07.12.1975.

[387] Art. 22^quater^, angenommen in der Volksabstimmung v. 14.09.1969.

[388] Art. 24^septies^, angenommen in der Volksabstimmung v. 24.06.1971.

[389] Art. 24^novies^, angenommen in der Volksabstimmung v. 17.05.1992.

[390] Art. 36^sexies^, angenommen in der Volksabstimmung v. 20.02.1994.

[391] Art. 24bis, angenommen in der Volksabstimmung v. 07.12.1975.

[392] Art. 24^octies^, angenommen in der Volksabstimmung v. 23.09.1990.

[393] Art. 24^quinquies^, angenommen in der Volksabstimmung v. 24.11.1957.

[394] Art. 27ter, angenommen in der Volksabstimmung v. 06.07.1958.

[395] Art. 27^quater^, angenommen in der Volksabstimmung v. 08.12.1963.

[396] Art. 27^sexies^, angenommen in der Volksabstimmung v. 04.03.1973.

[397] Art. 55bis, angenommen in der Volksabstimmung v. 02.12.1984.

[398] Zum Ganzen s. auch *Häfelin/Haller/Keller/Thurnherr*, Schweizerisches Bundesstaatsrecht, Rn. 57.

läufig zu einer Verengung des Spielraums der Kantone für die Gewährleistung eigener kantonaler Grundrechte, da im Falle über die Grundrechte der Bundesverfassung hinaus gehender kantonaler Grundrechte eine Kollision mit einfachem Bundesrecht drohte.[399]

Von Interesse für den Grundrechtsbereich ist des Weiteren die Einführung des Stimm- und Wahlrechts für die Frauen[400] sowie die in Art. 4 Abs. 2 BV 1874 verankerte verfassungsrechtliche Verankerung der Gleichberechtigung von Mann und Frau[401]. Entsprechendes gilt für die im Jahr 1969 im Anschluss an die bundesgerichtliche Rechtsprechung zur Anerkennung ungeschriebener Grundrechte erfolgte verfassungsrechtliche Verankerung der Eigentumsfreiheit.[402] Ferner wurde das religiöse Leben dadurch liberalisiert, dass im Jahr 1973 das zu Zeiten des Kulturkampfes in die Verfassung aufgenommene Jesuitenverbot sowie das Verbot der Errichtung neuer und die Wiederherstellung aufgehobener Klöster und religiöser Orden aus der Verfassung entfernt wurde.[403] Eine Revision erfuhr darüber hinaus die Niederlassungsfreiheit des Art. 45 BV 1874 im Jahr 1975, indem sämtliche Beschränkungen, welche ursprünglich in den Verfassungsartikel aufgenommen worden waren, gestrichen wurden.[404] Nicht unbedeutend für den Grundrechtsbereich war schließlich die Schaffung des Kantons Jura im Jahr 1979,[405] da die in der Folgezeit geschaffene jurassische Kantonsverfassung über einen umfangreichen Grundrechtskatalog verfügte und deshalb auch für die Grundrechtsentwicklung in anderen Kantonen sowie im Bund von Relevanz war.

dd) Ausbau des verwaltungsgerichtlichen Rechtsschutzes

Nachdem das bundesrechtliche Verwaltungs- und Verwaltungsbeschwerdeverfahren bislang nur fragmentarisch geregelt war und das Bundesgericht im Bereich der Verwaltungsgerichtsbarkeit nur über eine eng begrenzte Zuständigkeit verfügte, wurde nach dem 2. Weltkrieg der Ruf nach einer Neuordnung des Verwaltungsverfahrens sowie nach einem gerichtlichen Rechtsschutz in verwaltungsrechtlichen Streitigkeiten immer lauter.[406] Aus diesem Grund wurde 1968 das Verwaltungsverfahrensgesetz des Bundes (VwVG) erlassen, welches die Regelung und Vereinheitlichung des nichtstreitigen Verwaltungs- und Verwal-

[399] Zu dieser Gefahr s. *Saladin*, ZSR 1984 II, 431, 470 ff.

[400] Art. 74, angenommen in der Volksabstimmung v. 07.02.1971.

[401] Art. 4 Abs. 2, angenommen in der Volksabstimmung v. 14.06.1981.

[402] Art. 22ter, angenommen in der Volksabstimmung v. 14.09.1969; näher zur bundesgerichtlichen Anerkennung ungeschriebener Grundrechte unten, § 8 III.2. a).

[403] Aufgehoben durch Volksabstimmung v. 20.05.1973.

[404] Angenommen in der Volksabstimmung v. 07.12.1975.

[405] Art. 1, angenommen in der Volksabstimmung v. 24.08.1978, in Kraft getreten am 01.01.1979.

[406] Vgl. *Kölz/Häner/Bertschi*, Verwaltungsverfahren und Verwaltungsrechtspflege des Bundes, Rn. 293.

tungsbeschwerdeverfahrens bezweckte.[407] Gleichzeitig kam es zu einer Änderung des Bundesgesetzes über die Organisation der Bundesrechtspflege,[408] welche die Zuständigkeit des Bundesgerichts in Verwaltungsrechtsstreitigkeiten im Wege der Einführung einer Generalklausel erweiterte. Eine umfassende Zuständigkeit des Bundesgerichts in Verwaltungsstreitigkeiten ergab sich dadurch jedoch nicht,[409] da das Gesetz gleichzeitig einen umfassenden Katalog mit Fällen enthielt, die der Gerichtsbarkeit des Bundesgerichts im Rahmen der Verwaltungsgerichtsbeschwerde entzogen bleiben sollten, darunter u.a. bestimmte Arten von Ermessensverfügungen. Allerdings nahmen nunmehr die rund 34 eidgenössischen Rekurskommissionen als erstinstanzliche und unabhängige Organe der nachträglichen Verwaltungsrechtspflege auf Bundesebene eine zentrale Rolle bei der Durchsetzung der Grundrechte gegenüber den Bundesverwaltungsinstanzen ein.[410] Die genannten Rechtsänderungen traten schließlich am 1. Oktober 1969 in Kraft.

Zu weiteren Änderungen im Bereich der Verwaltungsgerichtsbarkeit kam es schließlich im Jahr 1991,[411] nachdem im Zuge des EMRK-Beitritts der Schweiz 1974 die Schaffung weiterer verwaltungsunabhängiger Beschwerdeinstanzen des Bundes sowie eine Verpflichtung der Kantone, für Streitigkeiten aus dem Vollzug von Bundesverwaltungsrecht unabhängige Rechtsschutzinstanzen einzurichten, nötig geworden war. Eine umfassende Verwaltungsgerichtsbarkeit auf Bundesebene entstand durch die 1992 bzw. 1994 in Kraft getretene Revision jedoch nicht.

ee) Beitritt zur EMRK und zum UNO-Pakt II

Die Schweiz trat im Jahr 1974 der EMRK bei, doch wirkte sich der Beitritt in der Folgezeit zunächst praktisch wenig aus.[412] Im Laufe der Zeit mussten jedoch vor dem Hintergrund der EMRK, welche in der Schweiz unmittelbare Anwendung

---

[407] Bundesgesetz über das Verwaltungsverfahren v. 20.12.1968, BBl 1968 II, 1222 ff. = SR 172.021; s. dazu auch *Bundesrat*, Botschaft an die Bundesversammlung über das Verwaltungsverfahren (Bundesverwaltungsverfahren) v. 24.09.1965, BBl 1965 II, 1348 ff.; s. dazu *Kölz/Häner/Bertschi*, Verwaltungsverfahren und Verwaltungsrechtspflege des Bundes, Rn. 293.

[408] Art. 97 ff. OG 1943 i.d.F. v. 20.12.1968, AS 1969, 767, 1969 in Kraft gesetzt; s. dazu auch *Bundesrat*, Botschaft an die Bundesversammlung über den Ausbau der Verwaltungsgerichtsbarkeit im Bunde v. 24.09.1965, BBl 1965 II, 1265 ff.

[409] Vgl. *Kölz/Häner/Bertschi*, Verwaltungsverfahren und Verwaltungsrechtspflege des Bundes, Rn. 293.

[410] Vgl. *Schweizer*, HGR VII/2, § 229 Rn. 15; *Kölz/Häner*, Verwaltungsverfahren und Verwaltungsrechtspflege des Bundes, Rn. 14.

[411] *Bundesrat*, Botschaft betreffend die Änderung des Bundesgesetzes über die Organisation der Bundesrechtspflege sowie die Änderung des Bundesbeschlusses über eine vorübergehende Erhöhung der Zahl der Ersatzrichter und der Urteilsredaktoren des Bundesgerichts v. 18.03.1991, BBl 1991 II, 465 ff.; s. dazu *Kölz/Häner/Bertschi*, Verwaltungsverfahren und Verwaltungsrechtspflege des Bundes, Rn. 296.

[412] Vgl. *Kölz*, Neuere Schweizerische Verfassungsgeschichte: Ihre Grundlinien in Bund und Kantonen seit 1848, S. 819; ausführlich dazu unten, § 13 II.2. a) u. c).

findet,[413] zahlreiche Gesetzes- und Rechtsprechungsänderungen vorgenommen werden, welche vor allem die Unabhängigkeit der Gerichte und das faire Verfahren, aber auch die persönliche Freiheit betrafen.[414] Der große Einfluss der EMRK auf die schweizerische Rechtsordnung beruht in erster Linie darauf, dass die Konventionsgrundrechte innerstaatlich unmittelbar anwendbar sind und das Bundesgericht seit 1975 den in der EMRK garantierten Rechten einen verfassungsmäßigen Inhalt beimisst, was in prozessualer Hinsicht dazu führt, dass die EMRK-Garantien mit den in der Bundesverfassung verankerten Rechten auf gleicher Stufe stehen[415] bzw. nach neuerer Rechtsprechung des Bundesgerichts die EMRK-Grundrechte im Konfliktfall sogar Vorrang vor der Bundesverfassung genießen.[416] Während das Bundesgericht zwischen 1975 und 1987 häufig darauf hinwies, dass die in der EMRK verankerten Rechte in ihrer Bedeutung und Tragweite nicht über die verfassungsmäßigen Rechte der Bundesverfassung hinaus gingen,[417] spricht das Gericht heute davon, dass die Bundesverfassung keinen weitergehenden Schutz gewährleiste als die EMRK bzw. wendet vielfach sogar ausschließlich die Konvention an.[418] Nicht selten passt das Bundesgericht zudem den Schutzbereich einer Verfassungsbestimmung an den Schutzbereich der entsprechenden EMRK-Garantie an, was sich exemplarisch an der bundesgerichtlichen Rechtsprechung zur richterlichen Unabhängigkeit (Art. 30 Abs. 1 BV) und deren Orientierung an Art. 6 Abs. 1 S. 1 EMRK nachweisen lässt.[419] Darüber hinaus ging das Bundesgericht dazu über, die Anwendung von Bundesgesetzen am Maßstab der EMRK zu überprüfen,[420] während die Feststellung einer Verletzung der Bundesverfassung durch ein Bundesgesetz wegen Art. 113 Abs. 3 BV 1874 nicht in Betracht kam, so dass mit Hilfe der EMRK-Garantien faktisch eine beschränkte Verfassungsgerichtsbarkeit des Bundesgerichts gegenüber Bundesgesetzen etabliert werden konnte.[421] Vor dem Hintergrund dieser Aspekte wird

---

[413] Vgl. etwa BGE 124 II 480, 487 E. 3a); ausführlich dazu unten, § 13 II.1.

[414] *Kölz*, Neuere Schweizerische Verfassungsgeschichte: Ihre Grundlinien in Bund und Kantonen seit 1848, S. 819; ausführlich dazu unten, § 13 II.2. a).

[415] So die Grundsatzentscheidung in BGE 101 Ia, 67, 69 E. 2; bestätigt durch 116 Ia, 433, 439 E. 4a); 132 I, 229, 240 E. 6.5; vgl. *Hottelier/Mock/Puéchavy*, La Suisse devant la Cour européenne des droits de l'homme, S. 12 f.

[416] BGE 139 I 16, 29 E. 5.2; ausführlich dazu unten, § 13 II.1.

[417] Vgl. beispielsweise BGE 102 Ia, 196, 200 E. 3; 103 V 190, 193 E. 2; 104 Ia 17, 18 E. 2; 105 Ia, 172, 180 E. 6; 109 Ia, 177, 178 E. 3; s. dazu *Hottelier/Mock/Puéchavy*, La Suisse devant la Cour européenne des droits de l'homme, S. 38 f.

[418] Aus neuerer Zeit vgl. BGE 129 I 139, 141 ff. E. 2 ff.; 129 I 151, 153 E. 3.1; 127 I, 213, 215 E. 3a); 126 I, 26, 27 E. 1; 126 I, 36, 38 ff. E. 1; vgl. *Hottelier*, HGR VII/2, § 207 Rn. 16.

[419] S. dazu etwa BGE 112 Ia 290, 293 E. 3b); 115 Ia 224, 226 f. E. 5; 126 I 68, 73 E. 3a); vgl. *Schlegel/Both*, Warum die Schweiz und die Europäische Menschenrechtskonvention aufeinander angewiesen sind, in: Altermatt/Casasus (Hrsg.), 50 Jahre Engagement der Schweiz im Europarat, S. 121, 128; *Keller*, Rezeption des Völkerrechts, S. 623 f.; ausführlich dazu unten, § 13 II.2. a).

[420] Vgl. etwa BGE 118 Ib, 277, 280 f. E. 3b); 124 II, 480, 487 E. 3a); 125 II, 417, 424 E. 4c).

[421] Vgl. *Hottelier*, HGR VII/2, § 207 Rn. 17; ausführlich dazu unten, § 13 II.1.

deutlich, dass und inwiefern die EMRK eine erhebliche Wirkung bei der Grundrechtsentwicklung in der Schweiz entfaltete.[422]

Darüber hinaus ratifizierte die Schweiz im Jahr 1992 den Internationalen Pakt über bürgerliche und politische Rechte (UNO-Pakt II). Allerdings ratifizierte die Schweiz das 1. Fakultativprotokoll zu diesem Pakt, auf dessen Grundlage der Ausschuss für Menschenrechte von Einzelpersonen angerufen werden kann, bislang nicht, so dass die Vereinbarkeit von schweizerischem Recht mit dem Pakt nicht in einem internationalen Verfahren überprüfbar ist und der UNO-Pakt II keinen entscheidenden Einfluss auf das schweizerische Grundrechtssystem ausüben konnte.[423]

b) Kantonale Ebene

Die Verfassungsentwicklung auf kantonaler Ebene zeichnete sich bis zur Mitte der 1960er Jahre durch eine Vielzahl an – überwiegend grundrechtlich nicht relevanten – Teilrevisionen aus,[424] ehe die Kantone Nidwalden[425] und Obwalden[426] in den Jahren 1965 bzw. 1968 eine Totalrevision ihrer Kantonsverfassungen vornahmen und so einen Prozess der Totalrevisionen auf kantonaler Ebene einläuteten, welcher über die Totalrevision der Bundesverfassung 1999 hinaus fortdauert. Auffällig ist, dass, ebenso wie in Deutschland auf Landesebene, auch in der Schweiz in den 1980er Jahren eine Erneuerung des kantonalen Verfassungslebens stattfand. In diesem Zusammenhang sind insbesondere die Totalrevisionen in den Kantonen Aargau,[427] Basel-Landschaft,[428] Uri,[429] Solothurn,[430] Thurgau[431] und Glarus[432] zu nennen. Einen „wichtigen Meilenstein“[433] in der kantonalen Verfassungsentwicklung stellte die neue Verfassung des Kantons Bern[434] aus dem Jahr 1993 dar, welche nicht nur für anschließende Totalrevisionen auf Kantonsebene ein Vorbild war, sondern auch die Totalrevision auf Bundesebene erheblich beein-

[422] Ausführlich dazu etwa *Aemisegger*, Die Bedeutung der Rechtsprechung des Bundesgerichts zur EMRK für die Kantone, in: Besson/Belser (Hrsg.), Die Europäische Menschenrechtskonvention und die Kantone, S. 113, 113 ff.; *Herzog/Looser*, Der Einfluss der EMRK im öffentlich-rechtlichen Verfahrensrecht. Eine Analyse der bundesgerichtlichen Rechtsprechung, in: Sutter/Zelger (Hrsg.), 30 Jahre EMRK-Beitritt der Schweiz, S. 131 ff.; ausführlich dazu unten, § 13 II.2. a).

[423] Vgl. *Hottelier*, HGR VII/2, § 207 Rn. 20; s. dazu auch BGE 125 I, 289, 298 f. E. 7.

[424] Ausführlich dazu *Kurer*, Die kantonalen Grundrechsgarantien, S. 3 ff., insbesondere zu den grundrechtlich relevanten Teilrevisionen.

[425] Verfassung des Kantons Unterwalden nid dem Wald v. 10.10.1965, SR 131.216.2.

[426] Verfassung des Kantons Unterwalden ob dem Wald v. 19.05.1968, SR 131.216.1.

[427] Verfassung des Kantons Aargau v. 25.06.1980, SR 131.227.

[428] Verfassung des Kantons Basel-Landschaft v. 17.05.1984, SR 131.222.2.

[429] Verfassung des Kantons Uri v. 28.10.1984, SR 131.214.

[430] Verfassung des Kantons Solothurn v. 08.06.1986, SR 131.221.

[431] Verfassung des Kantons Thurgau v. 16.03.1987, SR 131.228.

[432] Verfassung des Kantons Glarus v. 01.05.1988, SR 131.217.

[433] *Ehrenzeller/Nobs*, ZBl. 2009, 1, 3.

[434] Verfassung des Kantons Bern v. 06.06.1993, SR 131.212.

flusste. In den 1990er Jahren nahmen darüber hinaus die Kantone Appenzell Ausserrhoden[435] und Tessin[436] eine Totalrevision ihrer Kantonsverfassungen vor, während der Kanton Wallis seine verfassungsrechtlichen Vorschriften über die Volksrechte sowie die Legislative und Exekutive im Wege der Teilrevision überarbeitete[437] und so für eine „Gesamtrevision in Etappen"[438] sorgte. Die übrigen Kantone leiteten erst nach der Totalrevision der Bundesverfassung eine Totalrevision ihrer Verfassungen ein bzw. verzichteten gänzlich auf eine Totalrevision der Kantonsverfassung.[439] Einen Sonderfall stellt der Kanton Jura dar, der erst 1977 gegründet wurde und der sich eine Kantonsverfassung gab, welche sich durch einen umfassenden Grundrechtskatalog ähnlich dem eines eigenständigen Staates auszeichnet.[440]

Die wichtigsten Motive für die Vornahme einer Totalrevision auf kantonaler Ebene waren zunächst die Anpassung der oft veralteten Sprache in den Kantonsverfassungen an die gegenwärtige Ausdrucksweise, die Neuordnung der durch die vielen Teilrevisionen verunstalteten Systematik sowie die Beseitigung vieler veralteter oder gegenstandslos gewordener Normen.[441] Hinzu kommt, dass viele der aus dem 19. Jahrhundert stammenden Kantonsverfassungen lückenhaft und unvollständig waren, so dass auch insoweit eine Aktualisierung im Sinne einer Angleichung von Verfassungsrecht und Verfassungswirklichkeit angezeigt war.[442] Wenngleich Form und Inhalt der totalrevidierten Kantonsverfassungen häufig weitgehend übereinstimmen, unterscheiden sich die kantonalen Verfassungen jedoch insoweit, als die bis Mitte der 1990er Jahre revidierten Kantonsverfassungen als eigentliche Vollverfassungen konzipiert sind, während sich die danach revidierten kantonalen Verfassungen als „erweiterte Kernverfassungen"[443] begreifen lassen, welche weder Vollverfassungen noch bloße Organisationsstatute darstellen, sondern sich vor allem auf diejenigen Bereiche konzentrieren, in denen die Kantone über eigene Handlungsspielräume verfügen.[444] Bezüglich des Grundrechtsbereichs fällt auf, dass die meisten der vor 1999 totalrevidierten Kantonsverfassungen einen ausführlichen Grundrechtskatalog besitzen, wobei das Tessin sämtliche Individualrechte in einer Liste aufführte.[445] Außerdem hat nunmehr die Garantie der Menschenwürde in die totalrevidierten kantonalen Verfassungen

---

[435] Verfassung des Kantons Appenzell Ausserrhoden v. 30.04.1995, SR 131.224.1.

[436] Verfassung von Republik und Kanton Tessin v. 14.12.1997, SR 131.229.

[437] Vgl. *Bundesrat*, Botschaft über die Gewährleistung der geänderten Vefassungen der Kantone Glarus, Solothurn, Appenzell Innerrhoden, St. Gallen und Wallis v. 02.11.1994, BBl 1995 I, 980 ff.

[438] *Buser*, Kantonales Staatsrecht, Rn. 36.

[439] Letzteres gilt für die Kantone Appenzell Innerrhoden und Zug, die weiterhin den Weg der Teilrevisionen verfolgen, vgl. *Buser*, Kantonales Staatsrecht, Rn. 36.

[440] Verfassung der Republik und des Kantons Jura v. 20.03.1977, SR 131.235.

[441] Vgl. *Ehrenzeller/Nobs*, ZBl. 2009, 1, 4.

[442] *Ehrenzeller/Nobs*, ZBl. 2009, 1, 4 f.

[443] So die Bezeichnung bei *Betschart*, FS 500 Jahre Schaffhausen im Bund, S. 71, 75.

[444] Vgl. *Nuspliger*, ZBl. 2005, 393, 395.

[445] Art. 8 KV Tessin 1997.

Einzug gehalten.[446] Abgesehen von den Grundrechtskatalogen enthalten viele der totalrevidierten Kantonsverfassungen einen eigenen Katalog mit Staatszielen, beispielsweise in Bezug auf die öffentliche Ordnung, die soziale Sicherheit, die Gesundheit, die Bildung und Kultur, die Umwelt, Raumordnung, den Verkehr und die Wirtschaft.[447] Schließlich wurde im Kanton Nidwalden im Zuge der Totalrevision der Kantonsverfassung ein Verfassungsgericht geschaffen.[448]

Neben den beschriebenen Totalrevisionen der kantonalen Verfassungen kam es gerade in den 1970er Jahren auf kantonaler Ebene zu Verfassungsteilrevisionen mit Grundrechtsbezug, in deren Folge etwa die Staatshaftung verfassungsrechtlich verankert[449] sowie die Grundlage für die Einführung einer kantonalen Verwaltungsgerichtsbarkeit[450] geschaffen wurde. Weitere grundrechtsrelevante Teilrevisionen betrafen die Sprachenfreiheit im Kanton Bern[451] sowie das Stipendienwesen im Kanton St. Gallen, wo im Jahr 1961 die Anspruchsberechtigung für Stipendien zunächst ausgedehnt[452] und im Jahr 1967 zudem das Stipendienwesen für Schüler in nicht-kantonseigenen Schulen neu geregelt wurde.[453] Andererseits wurde im Tessin im Jahr 1976 die Pressefreiheit aus der Kantonsverfassung gestrichen, da man offenbar der Ansicht war, dass es angesichts von Art. 55 BV 1874 einer inhaltsgleichen kantonalen Garantie nicht mehr bedürfte.[454] An all diesen Entwicklungen zeigt sich, dass die kantonale Verfassungsentwicklung zwischen 1946 und 1999 keineswegs stagnierte, sondern sich zumindest ab den 1960er Jahren durchaus als innovativ erwies.

---

[446] Vgl. *Ehrenzeller/Nobs*, ZBl. 2009, 1, 11.

[447] Vgl. etwa §§ 62 ff. KV Thurgau 1987.

[448] Art. 69 KV Nidwalden 1965, wonach das Obergericht als Verfassungsgericht fungieren soll; ähnlich auch § 86 KV Basel-Landschaft 1984, wodurch dem Kantonsgericht die Funktion der Verfassungsgerichtsbarkeit übertragen wird.

[449] Vgl. Art. 10 KV Zürich 1869, geändert am 14.09.1969; § 45 KV Schwyz 1898, geändert am 31.12.1970; Art. 21 KV Wallis 1907, geändert am 26.09.1976; § 19 KV Zug 1894, geändert am 20.05.1979; Art. 14 KV Freiburg 1857, geändert am 02.03.1980; ausführlich dazu *Häberle*, JöR 84 N.F. (1985), 303, 363.

[450] Vgl. etwa § 55 KV Zug 1894, geändert am 13.06.1976; Art. 65 KV Freiburg 1857, geändert am 24.09.1978; ausführlich dazu *Häberle*, JöR 84 N.F. (1985), 303, 363.

[451] Vgl. dazu die Änderungen des Art. 17 KV Bern 1893 v. 29.10.1950 sowie die Einfügung der Art. 17bis und 17ter vom 26.02.1978.

[452] Art. 10 KV St. Gallen 1890, geändert durch Volksabstimmung v. 16.04.1961.

[453] Art. 10 Abs. 2 lit. c) KV St. Gallen 1890, geändert durch Volksabstimmung v. 28.05.1967; s. dazu auch *Kurer*, Die kantonalen Grundrechtsgarantien, S. 8.

[454] Vgl. *Kurer*, Die kantonalen Grundrechtsgarantien, S. 5.

2. *Grundrechtsverbürgungen*

a) Bundesebene

aa) Entwicklung ungeschriebener Bundesgrundrechte

aaa) Ansatz von Giacometti

Die Bundesverfassung von 1874 enthielt nur einen lückenhaften Grundrechtskatalog, dessen Unzulänglichkeiten angesichts der ständig fortschreitenden wirtschaftlichen, technischen und sozialen Entwicklung nach 1945 immer deutlicher hervor traten. Aus diesem Grund entwickelte der Zürcher Staatsrechtslehrer *Giacometti* auf Grundlage des freiheitlichen politischen Wertesystems die Idee eines sachlich lückenlosen Freiheitsrechtskataloges, der alle Freiheiten zu einer abschließenden rechtlichen Ordnung zusammen fasse und daher gleichsam die Kodifikation der individuellen Freiheit als solcher darstelle.[455] Daher seien nicht nur die in den Verfassungsurkunden ausdrücklich aufgezählten oder die sich daraus ergebenden Freiheitsrechte garantiert, „sondern vielmehr jede individuelle Freiheit, die überhaupt einmal rechtlich relevant werden kann"[456]. *Giacometti* begründet seinen Ansatz damit, dass in den klassischen Katalogen der Freiheitsrechte der Bundesverfassung und der Kantonsverfassungen die rechtlich garantierte individuelle Freiheit in solche einzelnen Freiheiten zerlegt worden sei, welche zur damaligen Zeit aktuell waren, d.h. durch die Staatsgewalt besonders gefährdet schienen.[457] Durch eine Veränderung der äußeren Umstände könnten im Laufe der Zeit jedoch andere Freiheitsrechte relevant werden und eines entsprechenden verfassungsrechtlichen Schutzes bedürfen.[458] Daher könne die Zerlegung der individuellen Freiheit in einzelne Freiheitsgrundrechte, wie sie in den Verfassungen vorzufinden sei, niemals eine endgültige sein, sondern es müssten sich aus den Freiheitsrechtskatalogen die entsprechenden neuen Freiheitsrechte ableiten lassen, es sei denn, die Verfassung verbiete eine solche Ableitung ausdrücklich.[459] Daher seien auch die persönliche Freiheit, die Unverletzlichkeit der Wohnung, die Versammlungsfreiheit sowie jede andere Freiheit des Individuums, welche in Zukunft rechtlich beschränkt oder verboten werden könne,[460] von der schweizerischen Bundesverfassung von 1874 geschützt, obwohl diese keine entsprechenden geschriebenen Garantien enthalte.[461] Allerdings seien die unge-

[455] *Giacometti*, ZSR 1955 I, 149, 171; *ders.*, Das Staatsrecht der schweizerischen Kantone, S. 169.

[456] *Giacometti*, Das Staatsrecht der schweizerischen Kantone, S. 169.

[457] *Giacometti*, Das Staatsrecht der schweizerischen Kantone, S. 169.

[458] *Giacometti*, Das Staatsrecht der schweizerischen Kantone, S. 169.

[459] *Giacometti*, Das Staatsrecht der schweizerischen Kantone, S. 169.

[460] Für Beispiele solcher möglicher Freiheitsbeschränkungen s. *Giacometti*, ZSR 1955 I, 149, 158.

[461] *Giacometti*, Das Staatsrecht der schweizerischen Kantone, S. 170; zustimmend z.B. *Hangartner*, ZBl. 1969, 337 f.; *Kägi*, ZSR 1952 I, 173, 192; a.A. jedoch *Müller*, Die Grundrechte der Verfassung und der Persönlichkeitsschutz des Privatrechts, S. 137 f.; *Saladin*, Grundrechte im Wandel, S. 289; *Häfelin*, ZSR 1974 II, 75, 80; *Haller*, ZSR 1976 I, 113, 120 f.

schriebenen Freiheitsrechte, ebenso wie die geschriebenen, nur unter dem Vorbehalt der gesetzlichen Beschränkungen, allen voran zum Schutze der öffentlichen Sicherheit und Ordnung gewährleistet, so dass es sich mithin nicht um schrankenlos gewährleistete Freiheitsrechte handle.[462]

bbb) Ansatz von Huber

Huber versteht demgegenüber in seinem im Jahr 1936 veröffentlichten Aufsatz zur „Garantie der individuellen Verfassungsrechte" die Freiheitsrechte als punktuelle, konkrete Postulate und Programme, welche kein geschlossenes System von Normen bildeten und daher auch keine echten Lücken enthalten könnten.[463] Das Fehlen eines Freiheitsrechtes führe dann zur sachlichen Unrichtigkeit der Verfassung, wenn der Verfassungsrichter die Freiheitsrechte in Individualrechte umwandeln müsse, wie dies nach Art. 113 Nr. 3 BV 1874 vorgesehen sei.[464] Da die Rechtsprechung des Bundesgerichts Verfassungsgesetzgebung sei, dürfe das Bundesgericht neue Freiheiten als Postulat aufstellen und diese in einen Rechtssatz verwandeln.[465] Daher müsse das Bundesgericht in Bezug auf die Eigentumsfreiheit und die Versammlungsfreiheit von einer Programmlücke ausgehen und diese durch ein Individualrecht auffüllen.[466] Dagegen sei die Theorie der Verbürgung aller Freiheitsrechte, welche je einmal relevant werden könnten, abzulehnen, da andernfalls der Trugschluss unbegrenzter Möglichkeiten im Sinne einer unbegrenzten Fortgestaltung der Verfassung durch die Gerichte zu befürchten sei.[467]

ccc) Entwicklung ungeschriebener Bundesgrundrechte durch das Bundesgericht

Auf der Grundlage dieser theoretischen Erwägungen, aber ohne eigenes dogmatisches Fundament[468] hat das Bundesgericht seit 1959 neben den ausdrücklich in der Bundesverfassung verankerten Grundrechten sukzessive eine Reihe ungeschriebener Grundrechte anerkannt. Voraussetzung für die Anerkennung eines ungeschriebenen Grundrechts war nach der Rechtsprechung des Bundesgerichts, dass das fragliche Grundrecht Voraussetzung für die Ausübung anderer in der Verfassung genannter Freiheitsrechte war oder sonst als unentbehrlicher Bestandteil der demokratischen und rechtsstaatlichen Ordnung des Bundes erschien.[469] Um die dem Verfassungsrichter gesetzten Schranken nicht zu überschreiten, hat das Bundesgericht später zusätzlich noch geprüft, ob die in Frage stehende Gewährleistung bereits einer weit verbreiteten Verfassungswirklichkeit

---

462 *Giacometti*, ZSR 1955 I, 149, 152 u. 169 f.
463 *Huber*, ZSR 1936, 1a, 153a.
464 *Huber*, ZSR 1936, 1a, 154a.
465 *Huber*, ZSR 1936, 1a, 155a.
466 *Huber*, ZSR 1936, 1a, 156a.
467 *Huber*, FG für den Schweizerischen Juristenverein, S. 95, 105 Fn. 1.
468 Vgl. *Müller*, HGR VII/2, § 202 Rn. 26.
469 BGE 121 I, 367, 370 ff. E. 2.

in den Kantonen entspreche und von einem allgemeinen Konsens getragen sei,[470] ein Vorgehen, das an die Entwicklung europäischer Grundrechte als allgemeine Rechtsgrundsätze des Europarechts durch den EuGH erinnert.[471] In Anwendung dieser Voraussetzungen hat das Bundesgericht die Eigentumsgarantie,[472] die Meinungsäußerungsfreiheit[473] einschließlich des Rechts auf Empfang von Meinungen aus allgemein zugänglichen Quellen,[474] die Sprachenfreiheit,[475] die persönliche Freiheit[476] einschließlich des Rechts auf informationelle Selbstbestimmung,[477] die Versammlungsfreiheit,[478] sowie das Recht auf Existenzsicherung[479] als ungeschriebene Grundrechte der Bundesverfassung anerkannt. Entsprechendes gilt für den Grundsatz der Gleichberechtigung von Mann und Frau im Sinne des Grundsatzes „Gleicher Lohn für gleichwertige Arbeit", wobei das Bundesgericht in diesem Fall nicht auf kantonale Gewährleistungen, sondern vielmehr auf internationale Standards rekurrierte,[480] eine Tendenz, die sich auch im Zusammenhang mit anderen Neuschöpfungen wie dem Recht auf informationelle Selbstbestimmung zeigte.[481] Nicht als ungeschriebene Bundesgrundrechte anerkannt wurden hingegen beispielsweise ein Recht auf freie Grabmalgestaltung,[482] ein Recht auf

---

[470] BGE 104 Ia, 88, 96, E. 5c); 115 Ia, 234, 268 E. 10; 121 I, 367, 370 E. 2; ausführlich dazu *Kälin*, Das Verfahren der staatsrechtlichen Beschwerde, S. 55; s. auch *Schefer/Ziegler*, Die Grundrechte der Kantonsverfassung Basel-Stadt, in: Buser, Neues Handbuch des Staats- und Verwaltungsrechts des Kantons Basel-Stadt, S. 57, 70.

[471] S. dazu unten, § 10 II.1. a).

[472] BGer, Urt. v. 11.05.1960, ZBl. 1961, 69, 72 E. 2; vgl. aber zuvor schon die unveröffentlichten Entscheide Oberhänsli v. 24.06.1959 und Heinrich v. 21.10.1959, die die Eigentumsfreiheit ebenfalls als ungeschriebenes Bundesgrundrecht anerkannten, s. dazu *Kurer*, Die kantonalen Grundrechtsgarantien, S. 87; *Zürcher-Lorenz*, Die Begründung der Anerkennung ungeschriebener Grundrechte in der Praxis des schweizerischen Bundesgerichts, S. 16 ff.; *Schäfer*, Die ungeschriebenen Freiheitsrechte in der schweizerischen Bundesverfassung von 1874 im Vergleich mit dem Grundgesetz, S. 33 ff.

[473] BGE 87 I, 114, 117 E. 2; s. dazu *Kurer*, Die kantonalen Grundrechtsgarantien, S. 60 f.

[474] BGE 104 Ia, 88, 94 E. 4b); 107 Ia, 234, 236 E. 2.

[475] BGE 91 I, 480, 485 f. E. 1.

[476] BGE 89 I, 92, 98 E. 3; s. dazu *Zürcher-Lorenz*, Die Begründung der Anerkennung ungeschriebener Grundrechte, S. 20 ff.; *Belser*, Kantonale Grundrechte und ihre Bedeutung für die Verwirklichung der Menschenrechte im mehrstufigen Staat, in: Besson/Belser (Hrsg.), Die Europäische Menschenrechtskonvention und die Kantone, S. 67, 71 ff.

[477] BGE 113 Ia, 1, 6, E. 4b)bb); 113 Ia, 257, 263, E. 4b).

[478] BGE 96 I, 219, 218 f. E. 4.

[479] BGE 121 I, 367, 370 f. E. 2; ausführlich dazu *Gysin*, Der Schutz des Existenzminimus in der Schweiz, S. 12 ff.; *Müller/Schefer*, Grundrechte in der Schweiz, S. 764 f.; *Bigler-Eggenberger*, FS Hangartner, S. 497, 506 ff.

[480] BGE 103 Ia, 517, 521 ff. E. 4; s. dazu *Arroyo*, Die Praxis des Bundesgerichts zur Gleichberechtigung von Mann und Frau (1848–1981), S. 47 f.

[481] BGE 113 Ia, 1, 6 f. E. 4b)bb); s. auch BGE 125 III, 277, 281 ff. E. 2d) hinsichtlich der Ableitung eines Rechts auf Streik aus Art. 8 Abs. 1 lit. d) des Internationalen Paktes über wirtschaftliche, soziale und kulturelle Rechte.

[482] BGE 96 I, 104, 107 E. 1; zur Bedeutung der EMRK für die Grundrechtsentwicklung s. *Müller*, HGR VII/2, § 202 Rn. 28; *Hornung*, Grundrechtsinnovationen, im Hinblick auf das Recht auf informationelle Selbstbestimmung, S. 234.

Bildung,[483] eine allgemeine Demonstrationsfreiheit[484] sowie eine allgemeine Informationsfreiheit im Sinne eines Rechts auf Unterrichtung durch die Behörden über deren Tätigkeit[485]. Die Anerkennung einer allgemeinen Handlungsfreiheit im Sinne der Lehre *Giacomettis* und nach dem Vorbild von Art. 2 Abs. 1 GG lehnte das Bundesgericht ebenfalls stets ab,[486] wenngleich nicht übersehen werden darf, dass durch eine teilweise massive inhaltliche Ausdehnung der Grundrechte der Bundesverfassung dieses Ergebnis faktisch erreicht wurde.[487] Dieser Linie des Bundesgerichts entspricht es, dass Art. 4 BV 1874 vom Bundesgericht zur Ableitung verschiedener rechtsstaatlicher Garantien herangezogen wurde, eine Tendenz, die bereits in früheren Zeiten vorhanden gewesen war[488] und die die Bedeutung der kantonalen Grundrechte schmälerte.[489] Insgesamt zeigt sich bei der Grundrechtsentwicklung auf Bundesebene, dass das Bundesgericht ungeschriebene Bundesgrundrechte insbesondere auf Basis der schon vorhandenen geschriebenen kantonalen Grundrechte entwickelte, weshalb man mit *Kägi-Diener* von den kantonalen Grundrechten als „Experimentierfelder[n] mit Initialfunktion für die Grundrechte des Bundes“[490], mithin also von einer Vorbildfunktion des kantonalen Verfassungsrechts für die bundesrechtliche Entwicklung sprechen kann.

bb) Punktuelle Ergänzungen des Verfassungstextes

Hinsichtlich der Eigentumsfreiheit blieb es nicht bei der Entwicklung eines ungeschriebenen Grundrechts durch das Bundesgericht. Stattdessen vollzog der Gesetzgeber die richterliche Rechtsschöpfung nach, indem er im Jahr 1969 mit Art. 22ter eine entsprechende Garantie in die Bundesverfassung aufnahm.[491] Ebenfalls eine Ergänzung im Sinne einer verfassungsrechtlichen Fixierung der Bundesgerichtsrechtsprechung stellt die Aufnahme von Art. 4 Abs. 2 in die Bundesverfassung im Jahr 1981 dar, wonach Männer und Frauen gleichberechtigt sind und Anspruch auf gleichen Lohn für gleichwertige Arbeit haben.[492] Zuvor hatte das Bundesgericht, wie oben dargelegt,[493] aus dem allgemeinen Gleichheitssatz des

483 BGE 103 Ia, 369, 377 f. E. 4a).

484 BGE 100 Ia, 392, 399 f. E. 4b).

485 BGE 104 Ia, 88, 93 f. E. 4; näher dazu *Zürcher-Lorenz*, Die Begründung der Anerkennung ungeschriebener Grundrechte, S. 31 ff.

486 BGE 97 I, 45, 49 ff. E. 3; 107 Ia, 52, 55 ff. E. 3.

487 Vgl. *Kurer*, Die kantonalen Grundrechtsgarantien, S. 28 f.

488 S. dazu oben, § 8 I.2. a).

489 *Schefer/Ziegler*, Die Grundrechte der Kantonsverfassung Basel-Stadt, in: Buser, Neues Handbuch des Staats- und Verwaltungsrechts des Kantons Basel-Stadt, S. 57, 68 f.

490 *Kägi-Diener*, Grundrechtsschutz durch die Kantone, in: Thürer/Aubert/Müller (Hrsg.), Verfassungsrecht der Schweiz, § 53 Rn. 20.

491 Art. 22ter, angenommen in der Volksabstimmung v. 14.09.1969; zu den Hintergründen s. *Zürcher-Lorenz*, Die Begründung der Anerkennung ungeschriebener Grundrechte in der Praxis des schweizerischen Bundesgerichtes, S. 13.

492 Art. 4 Abs. 2 BV 1874, angenommen durch Volksabstimmung v. 14.06.1981.

493 S. oben, § 8 III.2. a) aa) ccc).

Art. 4 Abs. 1 BV 1874 den Grundsatz „Gleicher Lohn für gleichwertige Arbeit" abgeleitet,[494] wobei es allerdings nicht auf entsprechende kantonale Verfassungsbestimmungen, sondern primär auf den Inhalt internationaler Verträge wie der Europäischen Sozialcharta abstellte.

b) Kantonale Ebene

aa) Geschriebene Grundrechte

aaa) Totalrevidierte Verfassungen

Wichtige Impulse für die kantonale Grundrechtsentwicklung ergaben sich im Zusammenhang mit den ab Mitte der 1960er Jahren einsetzenden Totalrevisionen zahlreicher Kantonsverfassungen.[495] Während der Grundrechtskatalog der Verfassung von Nidwalden im Zuge der Totalrevision von 1965 in seiner Substanz nicht erweitert, sondern nur um das grundlegende Postulat der Unverletzlichkeit der Freiheit und der Würde des Menschen ergänzt wurde, ergaben sich bei der Totalrevision in Obwalden von 1968 einige inhaltliche Änderungen bezüglich des Grundrechtsteils. So wurden etwa die Presse- und Meinungsfreiheit[496] sowie die Vereins- und Versammlungsfreiheit[497] neu in die Kantonsverfassung eingefügt, wobei auch, ähnlich wie in Nidwalden, das Postulat der Unverletzlichkeit der Persönlichkeit sowie der Freiheit und der Würde des Menschen in die Verfassung Eingang fanden.[498] Auffällig ist, dass in beiden Kantonen die Aufzählung der Freiheitsrechte mit der Formulierung „insbesondere" eingeleitet wird, was darauf schließen lässt, dass der Katalog nicht abschließend sein, sondern vielmehr für die Entwicklung neuer Freiheitsrechte im Sinne der Lehre *Giacomettis* offen bleiben sollte.[499]

Die totalrevidierte Verfassung des Kantons Uri von 1984 erhielt ebenfalls einen stichwortartigen Grundrechtskatalog, welcher neben den klassischen Freiheitsrechten u.a. das Recht auf Leben, körperliche und geistige Unversehrtheit,[500] das Recht auf Ehe und Familie,[501] den Schutz der Privatsphäre[502] sowie die Freiheit von Lehre, Forschung und Kunst[503] garantiert. Flankiert wird der Grundrechtskatalog der Urner Kantonsverfassung durch die allgemeine Garantie der Menschenwürde in Art. 10, den allgemeinen Gleichheitssatz des Art. 11 Abs. 1, sowie

---

[494] BGE 103 Ia, 521 ff. E. 4.

[495] Zur Bedeutung der kantonalen Totalrevisionen allgemein s. *Buser*, Kantonales Staatsrecht, Rn. 42 f.; *Auer*, ZBl. 1990, 14, 22.

[496] Art. 13 lit. b) und c) KV Obwalden 1968.

[497] Art. 13 lit. d) KV Obwalden 1968.

[498] Art. 10 KV Obwalden 1968.

[499] Vgl. *Kurer*, Die kantonalen Grundrechtsgarantien, S. 43.

[500] Art. 12 lit. a) KV Uri 1984.

[501] Art. 12 lit. b) KV Uri 1984.

[502] Art. 12 lit.) c) KV Uri 1984.

[503] Art. 12 lit. i) KV Uri 1984.

die besonderen Gleichheitssätze des Art. 11 Abs. 2, die eine Benachteiligung oder Bevorzugung u.a. wegen des Geschlechts, der Rasse oder der sozialen Stellung verbieten.

Der Grundrechtsteil der aargauischen Kantonsverfassung erfuhr durch die Totalrevision aus dem Jahr 1980 durchgreifende Veränderungen. So wurden beispielsweise die Lehr-, Forschungs- und Kunstfreiheit,[504] das Brief- und Fernmeldegeheimnis,[505] sowie die Meinungsbildungs- und Informationsfreiheit[506] neu eingefügt. Hinzu kam die Verankerung des Rechts auf Leben, körperliche und geistige Unversehrtheit, der Bewegungsfreiheit sowie der Garantie des Privat- und Familienlebens. Eine Besonderheit im Vergleich zu den übrigen kantonalen Verfassungen besteht schließlich darin, dass die aargauische Verfassung erstmals den Schutz vor Datenmissbrauch als eigenständiges Grundrecht anerkannte.[507] Ähnliches gilt, obwohl es sich insoweit nicht um ein Freiheitsrecht handelt, für die Garantie des § 28 Abs. 1 der aargauischen Kantonsverfassung, wonach jedes Kind einen Anspruch auf eine seinen Fähigkeiten angemessene Schulbildung hat. Den Freiheitsrechten vorangestellt ist im Aargau, wie in den anderen totalrevidierten Kantonsverfassungen, der allgemeine Grundsatz der Achtung der Menschenwürde.[508] Daneben enthält die aargauische Verfassung in § 10 neben dem allgemeinen Gleichheitssatz zahlreiche besondere Gleichheitssätze, welche eine Diskriminierung u.a. wegen des Geschlechts verbieten, was faktisch die erstmalige Anerkennung der Gleichberechtigung von Mann und Frau auf kantonaler Ebene implizierte. Auffällig ist schließlich, dass die aargauische Kantonsverfassung, ebenso wie andere totalrevidierte Kantonsverfassungen,[509] in § 7 Abs. 2 eine Drittwirkung der Grundrechte vorsieht, soweit diese ihre Wesen nach dazu geeignet sind, was der zeitgenössischen schweizerischen Rechtsprechung[510] und Lehre[511] entspricht, welche eine Abkehr vom rein negatorischen Grundrechtsverständnis vollzog und eine Horizontalwirkung der Grundrechte im Sinne einer mittelbaren Drittwirkung grundsätzlich bejahte.

Einen ähnlich weit reichenden Grundrechtskatalog wie die aargauische Verfassung erhielt die Verfassung von Solothurn durch die Totalrevision von 1986. Neben den klassischen Freiheitsrechten enthält die Solothurner Kantonsverfassung in Art. 8 Abs. 2 den Schutz der Privat- und Geheimsphäre, namentlich den Schutz vor Datenmissbrauch. In Art. 9 wird ferner das Recht auf Ehe und Familie

---

504 § 14 KV Aargau 1980.

505 § 15 Abs. 2 KV Aargau 1980.

506 § 13 Abs. 1 u. 2 KV Aargau 1980.

507 § 15 Abs. 2 KV Aargau 1980.

508 § 9 KV Aargau 1980.

509 S. dazu *Müller*, ZBJV 1993, 153, 159 ff.

510 So etwa BGE 111 II, 245, 253 f. E. 4b); 118 Ia, 46, 56 E. 4c) in Bezug auf die Drittwirkung von Bundesgrundrechten.

511 Statt vieler s. *Müller*, Die Grundrechte der Verfassung und der Persönlichkeitsschutz des Privatrechts, S. 170 ff.; *Müller*, ZBl. 1978, 233, 237 m.w.N.; *ders.*, ZBJV 1993, 153, 157 f.; s. auch *Kurer*, Die kantonalen Grundrechtsgarantien, S. 13; *Egli*, Drittwirkung von Grundrechten, S. 140 ff.

ausdrücklich verbürgt. Anders als die übrigen totalrevidierten Kantonsverfassungen erkennt die Verfassung von Solothurn in Art. 12 Abs. 1 zudem explizit die Freiheit der Medien an. Entsprechendes gilt für das Streikrecht im privaten Arbeitsverhältnis.[512] Dem Solothurner Grundrechtskatalog vorangestellt ist, wie in den anderen totalrevidierten Kantonsverfassungen, eine allgemeine Garantie der Menschenwürde.[513] In Art. 20 Abs. 3 findet sich darüber hinaus ein Hinweis auf die Drittwirkung der Grundrechte, die zum Tragen kommen soll, soweit die Grundrechte ihrem Wesen nach dazu geeignet sind. Abgesehen von den Grundrechten enthält die solothurnische Verfassung einen Katalog mit sozialen Zielen, zu denen etwa der Schutz bedürftiger Menschen sowie die Förderung der Bildung gehören.[514]

Die 1984 totalrevidierte Verfassung von Basel-Landschaft gewährleistet neben den klassischen Freiheitsgrundrechten, die in einem Katalog aufgelistet werden, welcher mit der Formulierung „insbesondere" eingeleitet wird, ebenfalls bereits ein Recht auf Schutz der Privatsphäre[515] sowie auf Schutz vor Datenmissbrauch.[516] Der Katalog enthält ferner die ausdrückliche Anerkennung der Kundgebungsfreiheit[517] sowie der Freiheit der wissenschaftlichen Lehre und Forschung.[518] Explizit verankert wurde daneben in § 8 Abs. 1 die Gleichberechtigung von Mann und Frau. Darüber hinaus findet sich in der basellandschaftlichen Verfassung die Verpflichtung zum Schutz der Menschenwürde[519] sowie ein Hinweis auf die Drittwirkung der Grundrechte.[520] Zudem enthält die Verfassung in § 16 Abs. 1 ein als „Sozialrecht" bezeichnetes Recht auf Hilfe und Betreuung in Notlagen und auf die für ein menschenwürdiges Leben erforderlichen Mittel, was in der Sache die Garantie des Existenzminimums bedeutete.[521] Insoweit übernahm der Kanton Basel-Landschaft eine Vorreiterrolle im Vergleich zu den übrigen Kantonsverfassungen, aber auch zum Bund, wo das Bundesgericht auf der Grundlage der basellandschaftlichen und ähnlicher, später eingefügter Garantien in anderen Kantonen im Jahr 1995 den Schutz des Existenzminimums als ungeschriebenes Bundesgrundrecht anerkannte.[522] Daneben findet sich in § 17 ein „Recht auf Bildung, Arbeit und Wohnung", welches allerdings unter dem Vorbehalt der vorhandenen Mittel steht.

Die im Jahr 1988 totalrevidierte Verfassung des Kantons Glarus weist im Grundrechtsteil große Ähnlichkeit mit den übrigen totalrevidierten Kantonsver-

---

512 Art. 17 Abs. 3 KV Solothurn 1986.
513 Art. 6 KV Solothurn 1986.
514 Art. 22 KV Solothurn 1986.
515 § 6 Abs. 2 lit. f) KV Basel-Landschaft 1984.
516 § 6 Abs. 2 lit. g) KV Basel-Landschaft 1984.
517 § 6 Abs. 2 lit. d) KV Basel-Landschaft 1984.
518 § 6 Abs. 2 lit. e) KV Basel-Landschaft 1984.
519 § 5 Abs. 1 KV Basel-Landschaft 1984.
520 § 14 Abs. 2 KV Basel-Landschaft 1984.
521 Vgl. *Buser*, Kantonales Staatsrecht, Rn. 535.
522 S. dazu oben, § 8 III.2. a) aa) ccc).

fassungen auf. Erwähnenswert ist, dass die Glarner Kantonsverfassung neben dem Recht auf Leben, körperliche und geistige Unversehrtheit und der Bewegungsfreiheit auch die persönliche Sicherheit sowie die Gesundheit schützt und darüber hinaus ein Recht auf Schutz vor Datenmissbrauch gewährt.[523] Hinzu kommt ein explizit garantiertes Recht auf Schutz des Privatlebens.[524] Ebenso enthält die Glarner Verfassung eine allgemeine Medienfreiheit,[525] die Freiheit von Kultur und Kunst[526] sowie die Unterrichts- und Lehrfreiheit.[527] Ebenso wie in den anderen totalrevidierten Kantonsverfassungen findet sich auch in der Glarner Verfassung in Art. 2 Abs. 2 ein Hinweis darauf, dass jeder bei der Ausübung der Grundrechte die Grundrechte der anderen beachten soll.

Einen etwas anderen Weg bei der Totalrevision ging man indessen im Kanton Thurgau, indem man dort unter Titel „Grundrechte“ nur die Menschenwürde, einen exemplarischen Katalog mit überwiegend klassischen Freiheitsrechten, zu denen u.a. der Schutz des Privat- und Geheimbereichs gehört,[528] sowie die Eigentumsfreiheit auflistete. Begründen lässt sich diese Vorgehensweise damit, dass in die thurgauische Verfassung ursprünglich nur die Menschenwürde, die Rechtsgleichheit sowie die persönliche Freiheit aufgenommen werden sollten, was mit der „äußerst geringen normativen Bedeutung“ ausführlicher kantonaler Grundrechtsgarantien begründet wurde.[529] Weiterhin argumentierte man, dass es seit der bundesgerichtlichen Anerkennung der persönlichen Freiheit als ungeschriebenes Freiheitsgrundrecht des Bundes kaum mehr Grundrechte gäbe, die nicht schon bundesrechtlich gewährleistet seien.[530] Dessen ungeachtet enthält die thurgauische Verfassung in § 9 die Anordnung einer sinngemäßen Geltung der Grundrechte auch unter Privaten.

Wegweisend für spätere Totalrevisionen auf kantonaler Ebene wie auch für die Totalrevision der Bundesverfassung war die neue Verfassung des Kantons Bern aus dem Jahr 1993.[531] Der Grundrechtsteil der totalrevidierten Berner Verfassung zeichnet sich durch einen umfassenden Katalog von Freiheits- und Gleichheitsrechten sowie durch die Aufnahme einiger sozialer Grundrechte aus. Neben den

---

[523] Art. 5 Abs. 1 KV Glarus 1988.
[524] Art. 5 Abs. 2 KV Glarus 1988.
[525] Art. 9 Abs. 1 KV Glarus 1988.
[526] Art. 10 KV Glarus 1988.
[527] Art. 11 KV Glarus 1988.
[528] § 6 Nr. 2 KV Thurgau 1987.
[529] Regierungsrat des Kantons Thurgau, Verfassung des Kantons Thurgau, Entwurf 1979, Begleitbericht, S. 47; vgl. auch *Häfelin*, Die Grundrechte in den Schweizer Kantonsverfassungen, in: Novak/Sutter/Hasiba (Hrsg.), Der Föderalismus und die Zukunft der Grundrechte, S. 27, 39.
[530] Regierungsrat des Kantons Thurgau, Verfassung des Kantons Thurgau, Entwurf 1979, Begleitbericht, S. 48.
[531] Ausführlich dazu *Bolz/Kälin*, Die neue Verfassung des Kantons Bern, in: Kälin/Bolz (Hrsg.), Handbuch des bernischen Verfassungsrechts, S. 5, 6 ff.; *Nuspliger/Mäder*, Bernisches Staatsrecht, S. 68 ff.; s. auch *Auer*, Staatsrecht der schweizerischen Kantone, Rn. 563, der die bernische Verfassung von 1993 als „eigentliche[n] Angelpunkt der Revisionsvorhaben im Bund und in den Kantonen“ bezeichnet.

klassischen Freiheitsrechten enthält die bernische Kantonsverfassung die Garantie der Sprachenfreiheit,[532] welche nach einer Partialrevision im Hinblick auf den französischsprachigen Jura bereits seit 1950 in der Verfassung von 1893 angelegt gewesen war,[533] eine weit reichende Gewährleistung der Informationsfreiheit,[534] ein Recht auf Akteneinsicht[535] und auf Datenschutz[536] sowie das Petitionsrecht, welches die Behörden zur Prüfung und Beantwortung einer Petition innerhalb einer Jahresfrist verpflichtet[537]. Bemerkenswert ist in diesem Zusammenhang, dass das Bundesgericht bereits Ende der 1980er Jahre ein Recht auf Akteneinsicht in und außerhalb eines Verfahrens aus Art. 4 BV 1874 abgeleitet hatte,[538] es sich bei der bernischen Grundrechtsgarantie mithin nur insoweit um ein wirkliches Novum des schweizerischen Grundrechtsschutzes handelte, als die Schaffung eines allgemeinen Akteneinsichtsrechts in Art. 17 Abs. 3 der bernischen Verfassung in Rede stand, welches ein Recht auf Einsicht in die gesamte amtliche Tätigkeit gewährt[539]. Eine weitere Innovation stellte die ausdrückliche Verankerung des Anspruchs auf Schutz vor willkürlicher Behandlung in Art. 11 Abs. 1 der bernischen Kantonsverfassung dar, welcher gegen jede mögliche Form von staatlicher Willkür schützen soll und unabhängig von anderen Grundrechten geltend gemacht werden kann,[540] während das Bundesgericht im Rahmen der staatsrechtlichen Beschwerde davon ausging, die willkürliche Anwendung eines Gesetzes könne nur dann gerügt werden, wenn die fragliche Gesetzesbestimmung dem Beschwerdeführer Rechte einräume oder zumindest auch zum Schutze seiner privaten Interessen erlassen worden sei.[541] Ähnlich innovativ ist der Schutz der Ehe und des gemeinschaftlichen Zusammenlebens in Art. 13 der bernischen Kantonsverfassung, wodurch neben der Ehe andere Lebensformen des Zusammenlebens anerkannt werden, etwa nichteheliche Lebensgemeinschaften oder homosexuelle Partner-

---

532 Art. 15 KV Bern 1993.

533 Näher dazu *Kurer*, Die kantonalen Grundrechtsgarantien, S. 7; vgl. insoweit auch die Verfassungsänderungen im Zusammenhang mit der Abspaltung des Jura v. 26.02.1978.

534 Art. 17 Abs. 3 KV Bern 1993; näher dazu *Müller*, Grundrechte, in: Kälin/Bolz (Hrsg.), Handbuch des bernischen Verfassungsrechts, S. 29, 41.

535 Art. 17 Abs. 3 (allgemeines Einsichtsrecht in amtliche Akten), Art. 18 Abs. 1 (Daten, die, den um Einsicht Nachsuchenden selbst betreffen) und Art. 26 Abs. 2 KV Bern 1993 (Einsicht von Parteien in Akten in Zusammenhang mit einem Verfahren); näher dazu *Müller*, Grundrechte, in: Kälin/Bolz (Hrsg.), Handbuch des bernischen Verfassungsrechts, S. 29, 41 ff.

536 Art. 18 KV Bern 1993; ausführlich dazu *Müller*, Grundrechte, in: Kälin/Bolz (Hrsg.), Handbuch des bernischen Verfassungsrechts, S. 29, 42 f.

537 Art. 20 KV Bern 1993; ebenfalls eine Jahresfrist verankerte zuvor schon Art. 26 KV Solothurn 1986.

538 BGE 113 Ia, 1, 4 E. 4a); s. dazu schon BGE 110 Ia, 83, 85 E. 4a).

539 Ausführlich dazu *Müller*, Grundrechte, in: Kälin/Bolz (Hrsg.), Handbuch des bernischen Verfassungsrechts, S. 29, 41.

540 Vgl. *Müller*, Grundrechte, in: Kälin/Bolz (Hrsg.), Handbuch des bernischen Verfassungsrechts, S. 29, 37 ff.; s. dazu auch *Bundesrat*, Botschaft über die Gewährleistung der Verfassung des Kantons Bern v. 06.12.1993, BBl 1994 I, 401, 407.

541 St. Rspr., vgl. nur BGE 117 Ia, 90, 93 E. 2b); 119 Ia, 445, 447 E. 1a)aa); 120 Ia, 110, 111 E. 1a); 121 Ia, 267, 269 E. 2; *Kälin*, recht 1996, 76, 76.

schaften,[542] was als Vorbild für Totalrevisionen in anderen Kantonen diente.[543] Daneben bekennt sich die bernische Verfassung zu Grundrechten wie der Koalitionsfreiheit, welche zwar keine Innovation darstellen, die jedoch bislang nicht in jeder Kantonsverfassung verankert waren.[544] Das Recht auf Streik ergibt sich aus Art. 39 Abs. 3 der bernischen Verfassung, der Kanton und Gemeinden bei rechtmäßigen Kampfmaßnahmen zwischen Sozialpartnern zur Neutralität verpflichtet und damit das Recht auf Streik und Aussperrung stillschweigend voraussetzt.[545] Ferner finden sich in Art. 25 und 26 der bernischen Verfassung prozessuale Garantien wie die Unschuldsvermutung, welche sich an Art. 5 und 6 EMRK sowie die Rechtsprechung des Bundesgerichts zu Art. 4 BV 1874 anlehnen.[546] In gleichheitsrechtlicher Hinsicht ist Art. 10 Abs. 1 der Kantonsverfassung von Interesse, der die Rechtsgleichheit gebietet sowie Diskriminierungen jeglicher Art, insbesondere auf Grund von Rasse, Hautfarbe, Geschlecht, Sprache, Herkunft, Lebensform sowie politischer und religiöser Überzeugung verbietet. Art. 10 Abs. 2 garantiert daneben explizit die Gleichberechtigung von Mann und Frau sowie das Recht auf gleichen Zugang zu öffentlichen Bildungseinrichtungen und Ämtern, auf gleiche Ausbildung sowie auf gleichen Lohn für gleichwertige Arbeit, während Art. 10 Abs. 3 einen Förderauftrag an Kanton und Gemeinden hinsichtlich der tatsächlichen Gleichstellung von Mann und Frau enthält. Bemerkenswert ist schließlich, dass die bernische Verfassung neben den Freiheits- und Gleichheitsrechten in Art. 29 auch einklagbare[547] soziale Grundrechte garantiert. Dazu gehört der Anspruch auf ein Obdach bei Notlagen, auf die für ein menschenwürdiges Leben notwendigen Mittel sowie auf eine grundlegende medizinische Versorgung. Auf der Basis dieses innovativen kantonalen Sozialrechts entwickelte das Bundesgericht im Jahr 1995 die Gewährleistung des Existenzminimums.[548] In Art. 29 Abs. 2 garantiert die bernische Verfassung zudem jedem Kind einen Anspruch auf Schutz, Fürsorge sowie auf eine seinen Fähigkeiten entsprechende, unentgeltliche Schulbildung. Nach Art. 29 Abs. 3 schließlich sollen Opfer schwerer Straftaten einen Anspruch auf Hilfe zur Überwindung ihrer Schwierigkeiten haben. Ein gerichtlich einklagbares Recht auf Arbeit enthält die bernische Verfassung demgegenüber nicht, da es sich bei den entsprechenden Vorgaben in Art. 30 der bernischen Verfassung lediglich um primär an den Gesetzgeber gerichtete So-

---

542 Näher dazu *Müller*, Grundrechte, in: Kälin/Bolz (Hrsg.), Handbuch des bernischen Verfassungsrechts, S. 29, 39 f.

543 *Buser*, BJM 2006, 173, 176.

544 Vgl. Art. 23 Abs. 1 KV Bern 1993.

545 *Nuspliger*, Wechselwirkungen zwischen neueren Kantonsverfassungen und der Bundesverfassung, in: Zimmerli (Hrsg.), Die neue Bundesverfassung, S. 63, 92; *Kälin/Bolz*, Handbuch des bernischen Verfassungsrechts, Art. 39 Rn. 5a).

546 Vgl. *Müller*, Grundrechte, in: Kälin/Bolz (Hrsg.), Handbuch des bernischen Verfassungsrechts, S. 29, 43 ff.

547 *Müller*, Grundrechte, in: Kälin/Bolz (Hrsg.), Handbuch des bernischen Verfassungsrechts, S. 29, 46.

548 S. dazu oben, § 8 III.2. a) aa) ccc).

zialziele handelt.[549] Nach Art. 27 der bernischen Verfassung gelten die Grundrechte in der ganzen Rechtsordnung, was eine mittelbare Drittwirkung der kantonalen Grundrechte impliziert.[550] Interessant ist nicht zuletzt die systematische Verankerung von grundrechtlichen Kerngehalten, insbesondere in der allgemeinen Vorschrift des Art. 28 der bernischen Verfassung.[551]

Die totalrevidierte Verfassung des Tessin aus dem Jahr 1997 lehnt sich im Grundrechtsbereich offenkundig an die bernische Kantonsverfassung von 1993 an, wobei ihr in exemplarischer Form konzipierter Freiheitsrechtskatalog sogar noch umfangreicher ist als derjenige der bernischen Verfassung. So werden in der Tessiner Verfassung neben den klassischen Freiheitsrechten nicht nur der Schutz der Privatsphäre und der persönlichen Daten, das Recht jeder Person auf Einsicht in die sie betreffenden amtlichen oder privaten Datensammlungen, auf die Berichtigung unrichtiger Daten sowie das Recht auf den Schutz vor dem Missbrauch der persönlichen Daten gewährleistet,[552] sondern daneben auch die Kundgebungsfreiheit,[553] das Recht auf Streik bzw. Aussperrung,[554] die Freiheit der Eltern, für ihre Kinder andere als die öffentlichen Schulen zu wählen, wenn solche hinsichtlich des Unterrichts den vom Staat aufgestellten Mindestanforderungen genügen,[555] sowie die Freiheit, ihre Kinder nach der eigenen Überzeugung religiös und ethisch zu erziehen,[556] wobei eine Garantie zu Gunsten von Ehe und Familiengründung, anders als in der bernischen Verfassung, in der Tessiner Verfassung hingegen fehlt.[557] Auch bezüglich der Gleichheitsrechte bestehen Parallelen zur bernischen Verfassung, wobei die besonderen Diskriminierungsverbote um den Schutz vor Diskriminierung wegen des Gesundheitszustandes erweitert werden,[558] während andererseits ein Diskriminierungsverbot zu Gunsten nichtehelicher Partnerschaften fehlt. In Bezug auf die sozialen Grundrechte besteht schließlich ebenfalls eine Ähnlichkeit zur bernischen Verfassung.[559] So erkennt die totalrevidierte Tessiner Verfassung in Art. 13 ausdrücklich den Anspruch jeder bedürftigen Person auf ein Obdach, auf die für ein menschenwürdiges Leben notwendigen Mittel und auf die medizinische Grundversorgung an. Außerdem wird jedem Kind ein Anspruch auf Schutz, Fürsorge und Betreuung sowie ein

[549] *Müller, Grundrechte*, in: Kälin/Bolz (Hrsg.), Handbuch des bernischen Verfassungsrechts, S. 29, 46.

[550] *Müller*, ZBJV 1993, 153, 163.

[551] Ausführlich zur Figur der Kerngehaltsgarantie s. *Wiederkehr*, Die Kerngehaltsgarantie am Beispiel kantonaler Grundrechte, S. 5 ff.

[552] Art. 8 Abs. 2 lit. d) KV Tessin 1997.

[553] Art. 8 Abs. 2 lit. e) KV Tessin 1997.

[554] Art. 8 Abs. 2 lit. f) KV Tessin 1997.

[555] Art. 8 Abs. 2 lit. m) KV Tessin 1997.

[556] Art. 8 Abs. 2 lit. m) KV Tessin 1997.

[557] Vgl. dazu *Malinverni*, La conformità del progetto di revisione totale della Costituzione ticinese con le convenzioni internazionali di tutela dei diritti dell'uomo, in: Aubert et al. (Hrsg.) La revisione totale della costituzione ticinese, S. 29, 31.

[558] Art. 7 Abs. 1 KV Tessin 1997.

[559] Vgl. *Nuspliger*, Wechselwirkungen zwischen neueren Kantonsverfassungen und der Bundesverfassung, in: Zimmerli (Hrsg.), Die neue Bundesverfassung, S. 63, 91.

Anspruch auf eine seinen Fähigkeiten entsprechende, unentgeltliche Schulbildung eingeräumt. Allerdings ist fraglich, inwieweit es sich bei den genannten sozialen Rechten tatsächlich um gerichtlich einklagbare Ansprüche handelt.[560]

Eng angelehnt an das Vorbild der bernischen Verfassung ist schließlich auch die im Jahr 1995 totalrevidierte Kantonsverfassung von Appenzell Ausserrhoden.[561] Neben den klassischen Freiheitsrechten finden sich in der Appenzeller Verfassung u.a. das Recht auf Schutz vor staatlicher Willkür,[562] der Schutz von Ehe und Familie, aber auch von anderen Formen des Zusammenlebens,[563] das Recht auf Akteneinsicht[564] sowie das Recht auf Datenschutz[565]. In gleichheitsrechtlicher Hinsicht ergeben sich ebenfalls weit reichende Übereinstimmungen, wobei die Appenzeller Verfassung zusätzlich Diskriminierungen auf Grund der körperlichen oder geistigen Anlagen einer Person verbietet.[566] Im Hinblick auf die Gewährleistung sozialer Grundrechte besteht schließlich Deckungsgleichheit mit der bernischen Verfassung, so dass u.a. das Recht auf die Gewährung des Existenzminimums gewährleistet ist.[567]

An dieser Analyse der Inhalte der einzelnen totalrevidierten Kantonsverfassungen wird deutlich, dass seit den 1960er der Grundrechtsschutz auf kantonaler Ebene massiv ausgebaut wurde,[568] ohne dass es ein entsprechendes Vorbild auf Bundesebene in Form von ausdifferenzierten geschriebenen Grundrechten gegeben hätte, wobei das Bundesgericht seinerseits freilich den bundesrechtlichen Grundrechtsschutz durch eine weite Auslegung geschriebener Grundrechte bzw. durch die Schaffung ungeschriebener Grundrechte erweiterte. Auffällig ist allerdings, dass sich die Kantone der vielfältigen neuen Herausforderungen wie etwa dem Datenschutz, der Transparenz der Verwaltung, oder den nichtehelichen Lebensgemeinschaften auf Verfassungsebene schon zu einer Zeit annahmen, als diese auf Bundesebene entweder noch gar keine grundrechtliche Berücksichtigung fanden bzw. nur punktuell in der schöpferischen Grundrechtsjudikatur des Bundesgerichts aufgegriffen wurden.

bbb) Verfassung des Kantons Jura

Der Kanton Jura, welcher durch die Abspaltung der drei Bezirke Delémont, Franche-Montagnes und Porrentruy sowie einiger Gemeinden der angrenzenden

---

[560] Ablehnend insoweit *Borghi*, Diritti sociali e controllo giudiziario di costituzionalità: una costituzione per garantire l'effettività sociale dei diritti individuali, in: Aubert et al. (Hrsg.) La revisione totale della costituzione ticinese, S. 67, 72.

[561] S. dazu *Haller*, FS Fleiner, S. 311, 315.

[562] Art. 8 Abs. 1 KV Appenzell Ausserrhoden 1995.

[563] Art. 10 KV Appenzell Ausserrhoden 1995.

[564] Art. 12 Abs. 3 KV Appenzell Ausserrhoden 1995.

[565] Art. 15 KV Appenzell Ausserrhoden 1995.

[566] Art. 5 Abs. 2 KV Appenzell Ausserrhoden 1995.

[567] Art. 24a KV Appenzell Ausserrhoden 1995.

[568] Zur gesamten Entwicklung s. auch *Wiederkehr*, Die Kerngehaltsgarantie am Beispiel kantonaler Grundrechte, S. 135 ff.

Bezirke vom Kanton Bern im Jahr 1979 neu geschaffen wurde, konnte nicht auf eine ältere Verfassung als Grundgerüst zurück greifen, sondern stand vor der Aufgabe, eine genuin neue Kantonsverfassung entwickeln zu müssen. Am Ende des Verfassungsgebungsprozesses stand eine Kantonsverfassung ähnlich der Verfassung eines selbständigen Staates,[569] die in der Schweiz keine Parallele fand und die sich durch einen sehr großzügigen Grundrechtskatalog auszeichnet.[570] Als Grundlage dienen dabei nach Art. 7 der im Jahr 1977 beschlossenen Kantonsverfassung die Garantie der Menschenwürde sowie das Recht eines jeden Menschen auf freie Entfaltung seiner Persönlichkeit und auf Chancengleichheit. Im Anschluss daran listet die jurassische Verfassung in Art. 8 neben den klassischen Freiheitsrechten wie der Gewissens- und Religionsfreiheit u.a. das Recht auf Leben und körperliche und geistige Unversehrtheit, das Recht auf Achtung der Privatsphäre und der Wohnung, das Recht auf Familie, das Recht auf Pflege und Erziehung der Kinder, die Demonstrationsfreiheit, die Freiheit des Lernens und des Lehrens, die Freiheit von Kunst und Forschung sowie den freien Zugang zu öffentlichen Ämtern auf. Die Eigentumsfreiheit ist daneben in Art. 12 der Kantonsverfassung verankert. Art. 20 lit. g) der Kantonsverfassung garantierte darüber hinaus das Streikrecht, was zur damaligen Zeit in der Schweiz einzigartig war.[571] Nach Art. 14 Abs. 1 der Kantonsverfassung sollen die Grundrechte alle Staatsgewalt binden, während Art. 14 Abs. 2 die Bürger dazu verpflichtet, bei der Ausübung ihrer Grundrechte die Grundrechte der Anderen zu achten, womit das rein negatorische Grundrechtsverständnis aufgegeben und eine Drittwirkung der Grundrechte impliziert wird.[572]

Über die Freiheitsrechte hinaus enthält die jurassische Kantonsverfassung in dem Abschnitt „Aufgaben des Staates" zahlreiche soziale Rechte wie das Recht auf Arbeit,[573] das Recht auf Wohnung[574] und das Recht auf Ausbildung,[575] wobei der jurassische Verfassungsgeber selbst klar gestellt hatte, dass es sich insoweit nicht um individualrechtliche Ansprüche gegenüber dem Staat, sondern vielmehr um bloße Vorgaben für den Gesetzgeber handeln soll.[576] Insgesamt wird deutlich, dass die jurassische Verfassung von 1977 bereits viele Elemente enthielt, welche später in den Totalrevisionsprozessen anderer Kantone und auch der Bundesverfassung als Vorbild aufgegriffen wurden.

---

569 *Thürer*, HGR VII/2, § 203 Rn. 29.

570 Vgl. *Kurer*, Die kantonalen Grundrechtsgarantien, S. 16 f.; *Kurer*, Die kantonalen Grundrechtsgarantien, S. 15 f.

571 Vgl. *Nuspliger*, Wechselwirkungen zwischen neueren Kantonsverfassungen und der Bundesverfassung, in: Zimmerli (Hrsg.), Die neue Bundesverfassung, S. 63, 92.

572 Vgl. *Kurer*, Die kantonalen Grundrechtsgarantien, S. 16; *Häfelin*, Die Grundrechte in den Schweizer Kantonsverfassungen, in: Novak/Sutter/Hasiba (Hrsg.), Der Föderalismus und die Zukunft der Grundrechte, S. 27, 38; ausführlich zur Problematik der Drittwirkung der Grundrechte in der Schweiz, s. etwa *Müller*, ZBl. 1978, 233 ff.

573 Art. 19 Abs. 1 KV Jura 1977.

574 Art. 22 Abs. 1 KV Jura 1977.

575 Art. 40 Abs. 1 KV Jura 1977.

bb) Ungeschriebene Grundrechte

Ebenso wie auf Bundesebene kam es zwischen 1946 und 1999 auch auf kantonaler Ebene zur Anerkennung ungeschriebener Grundrechte, jedoch praktisch ausschließlich durch die kantonalen Rechtsprechungsorgane. Als wichtigstes Beispiel ist in diesem Zusammenhang die Anerkennung der Lehrfreiheit als ungeschriebenes Grundrecht der Zürcher Verfassung durch das Verwaltungsgericht des Kantons Zürich im Jahr 1974 zu nennen.[577] Allerdings gestaltete sich die Position kantonaler Gerichte bezüglich der Anerkennung ungeschriebener kantonaler Grundrechte keineswegs einheitlich. So ging etwa das Verwaltungsgericht des Kantons Basel-Landschaft in einem Entscheid aus dem Jahr 1993 davon aus, dass es ihm verwehrt sei, neue ungeschriebene kantonale Grundrechte anzuerkennen, da eine solche Anerkennung aus bundesstaatlichen Gründen ausschließlich dem Bundesgericht vorbehalten sei.[578]

Das Bundesgericht seinerseits hielt sich bei der Anerkennung ungeschriebener kantonaler Grundrechte in der Regel zurück. So verwies es bei der Frage der Anerkennung der Lehrfreiheit als ungeschriebenes Grundrecht der Zürcher Verfassung darauf, dass diese Frage angesichts der bundesrechtlich als ungeschriebenes Grundrecht geltenden Sprachenfreiheit im konkreten Fall offen bleiben könne.[579] In ähnlicher Weise entschied das Bundesgericht bei der Frage nach der Anerkennung der persönlichen Freiheit als ungeschriebenes Grundrecht der baselstädtischen Kantonsverfassung, da die persönliche Freiheit auf Bundesebene als ungeschriebenes Grundrecht gelte.[580] Daran wird deutlich, dass das Bundesgericht seine schöpferische Rechtsfortbildung auf die Bundesgrundrechte beschränkte, während es eine Weiterentwicklung der kantonalen Grundrechte durch Schaffung ungeschriebener kantonaler Grundrechte regelmäßig ablehnte und so eine potenzielle Stärkung des kantonalen Grundrechtsschutzes unterließ.

c) Zwischenergebnis

In Bezug auf die Grundrechtsentwicklung zwischen 1946 und 1999 lässt sich festhalten, dass sich der Bund, *in concreto* das Bundesgericht, bei der Entwicklung

---

576 Vgl. *Cattin u. Etique*, in: Journal officiel de l'Assemblée constituante de la République et Canton du Jura, 1976, No. 5, S. 16 f. sowie *Theubet u. Friedli*, in: Journal officiel de l'Assemblée constituante de la République et Canton du Jura, 1976, No. 6, S. 3; für die Annahme eines subjektiven Rechts, jedoch gegen eine Einklagbarkeit des Rechts auf Arbeit *Moritz*, Commentaire de la constitution jurassienne, Bd. 1, Art. 19 Rn. 2, wobei hinsichtlich des Rechts auf Wohnung ein einklagbares subjektives Recht angenommen wird, s. Art. 19 Rn. 2.

577 VG Zürich, Urt. v. 21.02.1974, ZBl. 1974, 316, 317; vgl. *Kurer*, Die kantonalen Grundrechtsgarantien, S. 11.

578 BLVGE 1993, 28, 31 E. 3d); s. dazu *Biaggini/Gutmannsbauer*, Die Bedeutung der Grundrechtsgarantien der basellandschaftlichen Kantonsverfassung in der Verfassungsrechtsprechung, in: Biaggini et al. (Hrsg.), Staats- und Verwaltungsrecht des Kantons Basel-Landschaft II, S. 5, 32.

579 BGE 91 I, 487 f. E. 2.

580 BGE 89 I, 92, 98 E. 3.

ungeschriebener Bundesgerichte sehr stark an die kantonalen Verfassungen angelehnt hat, welche Grundrechte wie die Eigentumsfreiheit, die persönliche Freiheit oder die Meinungs- und Versammlungsfreiheit überwiegend schon im 19. bzw. im frühen 20. Jahrhundert in ihre Verfassungen aufgenommen hatten. Auch in Bezug auf die Sprachenfreiheit ist anzunehmen, dass sich das Bundesgericht an den kantonalen Gewährleistungen, etwa im Wallis oder im Kanton Bern orientiert hat, wenngleich dies in der fraglichen Entscheidung nirgendwo erwähnt wird, sondern das Bundesgericht in der fraglichen Entscheidung die Sprachenfreiheit allein aus dem Umstand ableitet, dass diese Voraussetzung für die Ausübung sämtlicher anderer Freiheitsrechte wie der Meinungsfreiheit sei.[581] Demgegenüber hat das Bundesgericht ausdrücklich bekräftigt, dass es das Recht auf Existenzsicherung u.a. auf Grundlage der einschlägigen Garantien in den kantonalen Verfassungen entwickelt hat,[582] wobei es freilich zusätzlich auf seine Rechtsprechung zum interkantonalen Armenrecht aus dem frühen 20. Jahrhundert zurückgreifen konnte.[583] Daher kann man zu Recht davon sprechen, dass die kantonalen Grundrechte die Entwicklung des Grundrechtsschutzes auf Bundesebene erheblich beeinflusst und auch forciert haben, worin eine deutliche Parallele zur Situation im Deutschen Kaiserreich[584] und auch in der EU[585] besteht. Andererseits darf jedoch nicht übersehen werden, dass auch die Kantone sich zumindest punktuell von der Grundrechtsentwicklung auf Bundesebene beeinflussen ließen. Dies gilt insbesondere für die Garantie der Ehefreiheit, welche schon 1874 in die Bundesverfassung aufgenommen wurde und im Zuge der kantonalen Totalrevisionen nunmehr Eingang in zahlreiche kantonale Verfassungen fand. Entsprechendes kann man für das Recht auf Akteneinsicht im Zusammenhang mit einem Verfahren sagen, das vom Bundesgericht schon in den 1980er Jahren aus Art. 4 BV 1874 abgeleitet wurde und in den 1990er Jahren in die totalrevidierten Kantonsverfassungen Eingang fand. Eine Fortentwicklung des kantonalen Grundrechtsschutzes durch die Schaffung ungeschriebener kantonaler Grundrechte seitens des Bundesgerichts unterblieb jedoch, was dazu führte, dass sich der kantonale Grundrechtsschutz in erster Linie durch Total- und Partialrevisionen der Kantonsverfassungen weiter entwickeln konnte.

3. Materiell-rechtliche Ansatzpunkte zur grundrechtsbezogenen Kollisions- und Konfliktvermeidung

In Bezug auf die materiell-rechtlichen Ansatzpunkte zur grundrechtsbezogenen Kollisions- und Konfliktvermeidung ergeben sich keine substanziellen Unter-

581 BGE 91 I, 480, 485 ff. E. 1.
582 BGE 121 I, 367, 370 ff. E. 2b).
583 Vgl. dazu *Müller/Schefer*, Grundrechte in der Schweiz, S. 765.
584 S. dazu oben, § 3 III.
585 S. dazu unten, § 10 II.1. a).

schiede im Vergleich zur Zeit vor 1946.[586] Das Bundesgericht ging nach wie vor in ständiger Rechtsprechung davon aus, dass kantonalen Grundrechten, welche mit einem Bundesgrundrecht inhaltsgleich waren, keine selbständige Bedeutung mehr zukommen sollte.[587] Neu war einzig, dass nach dem Beitritt der Schweiz zur EMRK im Jahr 1974 die Konventionsrechte unmittelbar geltende verfassungsmäßige Rechte darstellten und daher den kantonalen Grundrechten nach der Rechtsprechung des Bundesgerichts auch dann keine selbständige Bedeutung mehr zukommen sollte, wenn im Einzelfall zwar keine inhaltsgleiche bundesverfassungsrechtliche Garantie, aber eine entsprechende EMRK-Gewährleistung existierte.[588] Die herrschende Meinung in der Literatur nahm demgegenüber in Fällen der Übereinstimmung zwischen Bundesgrundrecht und kantonalem Grundrecht einen kantonalen Übergriff in eine Bundeskompetenz, mithin eine Kompetenzkollision an, weshalb die kantonale Garantie nach dem Grundsatz „Bundesrecht bricht kantonales Recht" derogiert worden sei.[589] Andere Stimmen in der Literatur gingen davon aus, dass kantonale Grundrechte durch gleichlautende Bundesgrundrechte nicht „suspendiert, sondern gegebenenfalls nur in ihrer Wirkung überrollt" würden.[590] *Wiederkehr* meint, dass der Grundsatz „Bundesrecht bricht kantonales Recht" nur für den Fall eines Normanwendungskonflikts gelte, nicht aber, wenn die Geltungsqualität der Grundrechte zu beurteilen sei, da Kompetenzkonflikte zwischen Bundesrecht und kantonalem Recht alleine nach Art. 3 BV 1874 aufzulösen seien.[591] Da jedoch von einer Parallelkompetenz von Bund und Kantonen im Grundrechtsbereich ausgegangen werden müsse, mithin kein Kompetenzkonflikt vorliege und es daher nur selbständige kantonale Grundrechte geben könne, sei im Fall inhaltsgleicher Grundrechte lediglich eine Überlagerung des kantonalen Grundrechts durch das inhaltsgleiche Bundesgrundrecht anzunehmen.[592] Dabei dürfe jedoch nicht vorschnell die Bedeutungslosigkeit des kantonalen Grundrechts postuliert werden, sondern es müsse vielmehr auf Grundlage der Konkretisierung durch die kantonalen Gerichte entschieden werden, ob dem kantonalen Grundrecht noch eine selbständige Bedeutung zukomme oder nicht.[593]

---

[586] S. dazu oben, § 8 I.3. sowie § 8 II.3.

[587] Exemplarisch hierzu s. BGE 73 I, 110, 114 E. 3; 97 I, 45, 49 E. 2; 103 Ia, 169, 171 E. 2; 104 Ia, 480, 485 E. 3d); ähnlich auch *Saladin*, in: Aubert et al., Kommentar zur Bundesverfassung der Schweizerischen Eidgenossenschaft, Bd. 4, Art. 2 UeB, Rn. 26; zur Problematik s. auch *Häfelin/Haller*, Schweizerisches Bundesstaatsrecht, 2. Aufl., Rn. 382

[588] BGE 113 Ia, 412, 415 E. 2; vgl. *Häfelin/Haller*, Schweizerisches Bundesstaatsrecht, 2. Aufl., Rn. 1076.

[589] So etwa *Häfelin/Haller*, Schweizerisches Bundesstaatsrecht, 2. Aufl., Rn. 382 f.

[590] So etwa *Kägi-Diener*, Grundrechtsschutz durch die Kantone, in: Thürer/Aubert/Müller (Hrsg.), Verfassungsrecht der Schweiz, § 53 Rn. 19 zu Art. 49 Abs. 1 BV, wobei die dort angestellten Erwägungen auch für die Rechtslage vor der Totalrevision 1999 gelten.

[591] *Wiederkehr*, Die Kerngehaltsgarantie am Beispiel kantonaler Grundrechte, S. 126.

[592] *Wiederkehr*, Die Kerngehaltsgarantie am Beispiel kantonaler Grundrechte, S. 127.

[593] *Wiederkehr*, Die Kerngehaltsgarantie am Beispiel kantonaler Grundrechte, S. 127.

Unabhängig davon, welchem der genannten dogmatischen Ansätze man folgt, lässt sich sagen, dass inhaltsgleichen kantonalen Grundrechten in der Praxis keine selbstständige Bedeutung mehr zukam. In Bezug auf kantonale Mindergewährleistungen wurde auch nach 1946 nach wie vor eine Derogation durch Bundesrecht angenommen, so dass das kantonale Grundrecht als von Anfang an ungültig anzusehen war,[594] während in Bezug auf kantonale Mehr- und „Aliud"-Gewährleistungen grundsätzlich von einer Fortgeltung auszugehen war.[595] Intensiver thematisiert wurde in jüngerer Zeit indes die Möglichkeit einer Kollision weiter gehender kantonaler Grundrechte mit dem einfachen Bundesrecht, wobei im Fall eines Widerspruchs das kantonale Grundrecht derogiert werden sollte.[596] Besondere Bedeutung konnte die Problematik dadurch erlangen, dass dem Bund einerseits immer mehr Kompetenzen übertragen wurden und er daher nunmehr auch in Bereichen zur Rechtssetzung befugt war, die früher den Kantonen vorbehalten waren, und andererseits nicht wenige totalrevidierte Kantonsverfassungen nunmehr über umfangreiche Grundrechtskataloge verfügten, welche neuartige Grundrechte wie das Recht auf Akteneinsicht oder weit reichende soziale Rechte beinhalteten. In Bezug auf das Recht auf Akteneinsicht ist angesichts des Vorrangs des Bundesrechts vor dem kantonalen Recht davon auszugehen, dass es jedenfalls insoweit derogiert wurde, als Akten des Bundes davon betroffen waren und insoweit keine entsprechende einfach-gesetzliche Vorschrift auf Bundesebene bestand.[597]

4. Grundrechtsbindung und Prüfungsmaßstab

Eine weitgehende Kontinuität zeigte sich darüber hinaus bei der Grundrechtsbindung der staatlichen Organe sowie beim Prüfungsmaßstab der beteiligten Gerichte und politischen Behörden, so dass die für die Zeit vor 1946 angestellten Erwägungen für den Zeitraum zwischen 1946 und 1999 entsprechend gelten.[598] Zu betonen ist jedoch, dass die Kantone auch auf Gebieten, die, wie beispielsweise das Verfahrens-, Straßen- und Staatskirchenrecht, grundsätzlich zu ihrem „domaine réservé"[599] gehörten, an Bundesgrundrechte gebunden waren und diese Bindung durch die Entwicklung ungeschriebener Bundesgrundrechte durch das Bundesgericht stetig erweitert wurde, was zwangsläufig zu Lasten der kantonalen Grundrechte gehen musste, die die kantonalen Instanzen selbstverständlich nach

---

594 Ausführlich zu dieser Rechtsfolge *Saladin*, in: Aubert et al., Kommentar zur Bundesverfassung der Schweizerischen Eidgenossenschaft, Bd. 4, Art. 2 UeB, Rn. 41 f.

595 Ausführlich zum Ganzen s. *Wiederkehr*, Die Kerngehaltsgarantie am Beispiel kantonaler Grundrechte, S. 128 f.

596 Ausführlich zum Ganzen s. *Wiederkehr*, Die Kerngehaltsgarantie am Beispiel kantonaler Grundrechte, S. 129 f.; *Saladin*, ZSR 1984 II, 431, 470 ff.; zur Problematik s. auch BGE 112 Ia, 382, 385 ff. E. 4 f.

597 Vgl. *Wiederkehr*, Die Kerngehaltsgarantie am Beispiel kantonaler Grundrechte, S. 129.

598 S. dazu oben, § 8 II.4.

599 *Saladin*, ZSR 1984 II, 431, 476.

wie vor zu beachten hatten. Der Umstand, dass die Kantone angesichts der zunehmenden Verlagerung von Gesetzgebungskompetenzen auf den Bund immer mehr mit dem Erlass ausführender, untergesetzlicher Normen sowie mit dem Vollzug von Bundesnormen betraut wurden, wirft zusätzlich die Frage auf, ob und inwieweit die kantonalen Behörden bei dieser Gelegenheit Umsetzungsspielräume, die das Bundesrecht bot, zur Heranziehung kantonaler Grundrechte nutzen konnten bzw. tatsächlich nutzten.[600] In Bezug auf die Rechtsanwendung durch kantonale Behörden und Gerichte war eine Heranziehung kantonaler Grundrechte im Rahmen von bundesrechtlichen Auslegungs- und Anwendungsspielräumen möglich, insbesondere vor dem Hintergrund der kantonalen Ergänzungsmöglichkeit im Bereich des Zivilrechts nach Art. 6 Abs. 1 des Schweizerischen Zivilgesetzbuchs (ZGB)[601].[602] Inwiefern davon allerdings in der Praxis Gebrauch gemacht wurde, bedarf der näheren Analyse im Zusammenhang mit den prozessualen Mechanismen zur Durchsetzung des Grundrechtsschutzes.[603] Hinsichtlich der nachgeordneten Gesetzgebung durch kantonale Behörden ist der Einfluss kantonaler Grundrechte mangels konkreter Kriterien nur schwer nachvollziehen, zumal es sich, wenn überhaupt, um eine indirekte Wirkung kantonaler Grundrechte gehandelt haben dürfte.

5. Prozessuale Mechanismen zur Gewährleistung des Grundrechtsschutzes

a) Bundesebene

Auf Bundesebene war auch nach 1946 in erster Linie das Bundesgericht für die Überwachung der Einhaltung der Bundesgrundrechte und der kantonalen Grundrechte zuständig. Grundrechtsschutz wurde dabei, wie schon vor 1946, vor allem im Rahmen der staatsrechtlichen Beschwerde nach Art. 113 Nr. 3 BV 1874 i.V.m. Art. 84 OG 1943 gewährt, mit deren Hilfe Gesetze und sonstige Maßnahmen kantonaler Behörden und Gerichte auf Grundrechtsverletzungen überprüft werden konnten. Ausgeschlossen war im Rahmen der staatsrechtlichen Beschwerde hingegen eine Überprüfung von Maßnahmen der Bundesbehörden, welche lediglich Gegenstand einer Verwaltungsgerichtsbeschwerde zum Bundesgericht sein konnten. Allerdings war der Anwendungsbereich der Verwaltungsgerichtsbeschwerde mangels Generalklausel bis 1969 auf wenige Sachbereiche beschränkt, was angesichts der stetigen Ausweitung des Verwaltungshandelns des Bundes zunehmend als unbefriedigend empfunden wurde. Mit der 1969 in Kraft getretenen Änderung des Bundesgesetzes über die Organisation der Bundesrechtspflege wurde der Anwendungsbereich der Verwaltungsgerichtsbe-

---

[600] Allgemein zu dieser Problematik *Kägi-Diener*, Grundrechtsschutz durch die Kantone, in: Thürer/Aubert/Müller (Hrsg.), Verfassungsrecht der Schweiz, § 53 Rn. 15.

[601] Schweizerisches Zivilgesetzbuch v. 10.12.1907, SR 210.

[602] S. dazu oben, § 8 I.4.

[603] Näher dazu unten, § 8 III.5. b).

schwerde zwar erweitert, doch änderte dies nichts daran, dass auf Bundesebene nach wie vor kein vollumfänglicher verwaltungsgerichtlicher Rechtsschutz existierte,[604] so dass die gerichtliche Auslegung der Bundesgrundrechte weiterhin vor allem im Rahmen der staatsrechtlichen Beschwerde sowie im Rahmen der bundesgerichtlichen Zivil- und Strafrechtspflege zu erfolgen hatte, während Grundrechtsschutz gegenüber den Bundesverwaltungsinstanzen vor allem durch die eidgenössischen Rekurskommissionen gewährt wurde.[605] Abgesehen davon ist für die Untersuchung des Verhältnisses von Bundesgrundrechten und kantonalen Grundrechten nach wie vor hauptsächlich die staatsrechtliche Beschwerde von Relevanz, da nur in diesem Verfahren neben den Bundesgrundrechten regelmäßig auch kantonale Grundrechte berücksichtigt wurden.[606] In Bezug auf die staatsrechtliche Beschwerde ist hervorzuheben, dass das Bundesgericht insoweit eine Rechtsprechungsänderung vollzogen hat, als es ab 1985 kantonale Verfassungsbestimmungen trotz vorangegangener Gewährleistung durch die Bundesversammlung im Rahmen eines konkreten Anwendungsfalles auf ihre Vereinbarkeit mit der EMRK prüfte, soweit die fragliche kantonale Verfassungsbestimmung vor dem Inkrafttreten der EMRK gewährleistet worden war.[607] Im Jahr 1990 dehnte das Bundesgericht seine Überprüfungsbefugnis weiter aus, indem es nunmehr kantonale Verfassungsbestimmungen auch auf ihre Vereinbarkeit mit der Bundesverfassung prüfte, soweit die in Rede stehende bundesverfassungsrechtliche Vorschrift nach der Gewährleistung in Kraft getreten war.[608] Im Jahr 1995 schließlich ging das Bundesgericht noch einen Schritt weiter und führte aus, dass als Prüfungsmaßstab für kantonale Verfassungen auch ungeschriebene und sich weiter entwickelnde bundesrechtliche Verfassungsgrundsätze heran zu ziehen seien.[609] Eine abstrakte Normenkontrolle gegen Änderungen kantonaler Verfassungsbestimmungen unmittelbar nach deren Erlass blieb hingegen weiterhin ausgeschlossen.[610] Im Hinblick auf die Kognition des Bundesgerichts ergaben sich keine nennenswerten Unterschiede in Vergleich zur Zeit bis 1945, sondern das Bundesgericht hielt an seiner Unterscheidung zwischen freier Kognition und Willkürkognition fest, so dass die Auslegung eines kantonalen Grundrechts oder Bundesgrundrechts stets in freier Kognition geprüft wurde, was auch für die abstrakte Normenkontrolle gegenüber kantonalen Rechtsakten galt. Allerdings kam es zu einzelnen Präzisierungen, etwa bezüglich besonders schwerer Grund-

[604] S. dazu oben § 8 III.1. a) dd).

[605] Ausführlich dazu *Kölz/Häner*, Verwaltungsverfahren und Verwaltungsrechtspflege des Bundes, Rn. 14.

[606] S. dazu oben, § 8 II.5. a).

[607] BGE 111 Ia, 239, 241 f. E. 3; zum Ganzen s. *Auer*, Staatsrecht der schweizerischen Kantone, Rn. 603 ff.

s. dazu auch unten, § 13 II.2. a).

[608] BGE 116 Ia, 359, 366 f. E. 4b).

[609] BGE 121 I, 138, 147 E. 5c); ausführlich zum Ganzen s. *Töndury*, Bundesstaatliche Einheit und kantonale Demokratie, S. 144.

[610] BGE 118 Ia, 124, 127 f. E. 3b).

rechtseingriffe bei der Rechtsanwendung,[611] wo das Bundesgericht nunmehr statt einer Willkürprüfung eine freie Prüfung vornahm[612] und auf diese Weise die Kontrolle gegenüber den kantonalen Behörden und Gerichten verschärfte, was der Durchsetzung sowohl der Bundesgrundrechte als auch der kantonalen Grundrechte diente. In Bezug auf die Überprüfung der Auslegung und Anwendung kantonaler Grundrechte, wo grundsätzlich eine freie Prüfung vorzunehmen war, ergibt sich seit einem Bundesgerichtsentscheid aus dem Jahr 1978, dass sich das Bundesgericht „in ausgesprochenen Zweifelsfällen" der von der obersten kantonalen Behörde vertretenen Auslegung anschließt,[613] was die Position der kantonalen Instanzen gegenüber dem Bundesgericht stärkte. In ähnlicher Weise hatte das Bundesgericht zuvor schon davon gesprochen, nicht „ohne Not" von der Auslegung der höchsten kantonalen Autorität abweichen zu wollen, wobei sich der Entscheid, in dem diese Position begründet wurde, allerdings auf eine organisationsrechtliche Verfassungsnorm bezog[614] und deshalb für den Grundrechtsbereich nur eine sehr beschränkte Aussagekraft besitzt. Hinsichtlich der von der Kognition zu unterscheidenden Prüfungsdichte ist festzustellen, dass sich das Bundesgericht bei der Prüfung der Verfassungsmäßigkeit kantonaler Einzelakte aus Rücksicht auf die kantonalen Instanzen und deren größere Sachnähe[615] teilweise auch dort zurückhielt, wo eine schwere Grundrechtsverletzung im Raum stand und das Gericht grundsätzlich eine freie Prüfung hätte vornehmen können,[616] was vor allem die Wirkung der Bundesgrundrechte schwächte, allerdings nicht zu Gunsten der kantonalen Grundrechte, welche ohnehin nur noch in bestimmten Fällen tatsächliche Relevanz hatten. Demgegenüber erhöhte es seine Prüfungsdichte bei der Prüfung der Beachtung ideeller Freiheitsrechte, denen das

---

611 BGE 104 Ia 336, 338 E. 2; 116 V 198, 207 f. E. 2a) u. b); *Rohner*, Über die Kognition des Bundesgerichtes bei der staatsrechtlichen Beschwerde wegen Verletzung verfassungsmässiger Rechte, S. 171.

612 S. etwa BGE 106 Ia, 299, 303 f., E. 2b)aa)); 112 Ia, 248, 249 E. 3; 124 I, 80, 81 f. E. 2c); *Schweizer*, HGR VII/2, § 229, Rn. 29; *Kälin*, Das Verfahren der staatsrechtlichen Beschwerde, S. 164 ff.; *Haller*, in: Aubert et al., Kommentar zur Bundesverfassung der Schweizerischen Eidgenossenschaft, Bd. 4, Art. 113, Rn. 99 m.w.N.; vgl. dazu *Müller/Schefer*, Grundrechte in der Schweiz, S. 20; *Zimmerli/Kälin/Kiener*, Grundlagen des öffentlichen Verfahrensrechts, S. 186 ff.

613 BGE 104 Ia 284, 286 E. 2a); s. dazu *Leuthold*, Die Prüfungsdichte des Bundesgerichts im Verfahren der staatsrechtlichen Beschwerde wegen Verletzung verfassungsmässiger Rechte, S. 80 f.; für eine Berücksichtigung der Auslegung der kantonalen Behörden bei der Auslegung des kantonalen Verfassungsrechts s. auch BGE 131 I 366, 369 ff. E. 2.4; *Kölz/Häner/Bertschi*, Verwaltungsverfahren und Verwaltungsrechtspflege des Bundes, Rn. 1580; anders indes noch BGE 100 Ia 263, 267 f. E. 3a) *e contrario*, wo im Falle der Prüfung einer Verletzung von Individualrechten der Auffassung der kantonalen Instanzen keine maßgebliche Bedeutung beizumessen war.

614 BGE 99 Ia 294, 297 E. 2.

615 Näher zu den Motiven für die Zurückhaltung des Bundesgerichts s. unten, § 15 V.5. a).

616 BGE 99 Ia, 262, 271 E. 5; 106 Ia 254, 260 E. 4a); 113 Ia 257, 261 E. 3b); s. auch BGE 126 I 133, 140 E. 4d) kurz nach Inkrafttreten der neuen Bundesverfassung; *Kälin*, Das Verfahren der staatsrechtlichen Beschwerde, S. 198 ff.; *ders.*, Verfassungsgerichtsbarkeit in der Demokratie, S. 46; *Leuthold*, Die Prüfungsdichte des Bundesgerichts im Verfahren der staatsrechtlichen Beschwerde wegen Verletzung verfassungsmässiger Rechte, S. 226 ff.

Bundesgericht eine „preferred position" zuschrieb.[617] Eine stärkere Zurückhaltung legte das Bundesgericht jedoch bei der Prüfung von Verletzungen der Eigentumsfreiheit sowie bei der Handels- und Gewerbefreiheit an den Tag.[618] Bei der Prüfung der Verfassungsmäßigkeit einer kantonalen Rechtsnorm tendierte das Bundesgericht zu einer auf Konvergenz ausgerichteten verfassungskonformen Auslegung, so dass eine kantonale Norm nur dann aufgehoben wurde, wenn sie sich jeder verfassungskonformen Auslegung entzog, jedoch nicht, wenn sie einer solchen in vertretbarer Weise zugänglich war,[619] was weitergehenden kantonalen Grundrechten im Verhältnis zum einfachen Bundesrecht zu Gute kommen konnte.

Hinsichtlich der in Art. 113 Abs. 3 BV 1874 angeordnete Beschränkung der Normenkontrolle gegenüber Bundesgesetzen und allgemein verbindlichen Bundesbeschlüssen sowie Staatsverträgen zeigt sich, dass das Bundesgericht entgegen seiner früheren Praxis[620] insbesondere seit Anfang der 1990er Jahre verstärkt dazu über ging, Bundesgesetze zu kritisieren und den Gesetzgeber dazu einzuladen, verfassungs- oder konventionswidrige Normen zu ändern, so dass Art. 113 Abs. 3 BV 1874 ein bloßes Anwendungsgebot, nicht aber ein Prüfungsverbot darstellte.[621] Daher war eine Überprüfung von Bundesgesetzen am Maßstab der Bundesgrundrechte nicht mehr von vornherein ausgeschlossen, sondern wurde, wenn es dem Gericht opportun erschien, durchgeführt,[622] wobei das Bundesgericht zur Abmilderung der „Immunisierung" der Bundesgesetze seither zudem auf die Instrumente der verfassungskonformen Auslegung, des Auf-

---

[617] So etwa BGE 96 I 586, 592 E. 6; BGE 104 Ib 412, 427 E. 6c); *Kälin*, Das Verfahren der staatsrechtlichen Beschwerde, S. 206; *Leuthold*, Die Prüfungsdichte des Bundesgerichts im Verfahren der staatsrechtlichen Beschwerde wegen Verletzung verfassungsmässiger Rechte, S. 45.

[618] S. etwa BGE 104 Ib 412, 427 E. 6c); *Kaufmann*, Die beiden Brillen des Bundesgerichts, in: Juristische Abteilung der Hochschule St. Gallen für Wirtschafts- und Sozialwissenschaften/St. Gallischer Juristenverein (Hrsg.), Beiträge zur Methode des Rechts, S. 165, 176; *Leuthold*, Die Prüfungsdichte des Bundesgerichts im Verfahren der staatsrechtlichen Beschwerde wegen Verletzung verfassungsmässiger Rechte, S. 185; *Kälin*, Das Verfahren der staatsrechtlichen Beschwerde, S. 206.

[619] *Schweizer*, HGR VII/2, § 229 Rn. 7; *Ziegler*, Von der Rechtsmittelvielfalt zur Einheitsbeschwerde, S. 233; zur verfassungskonformen Auslegung s. beispielsweise BGE 111 Ia, 270, 271 E. 2; 122 I, 18, 20 E. 2a); 123 I, 112, 116 E. 2a); 124 I, 193, 195 f. E. 3c).

[620] So beispielsweise noch BGE 106 Ib, 47, 50 E. 4b); 110 Ib, 141, 144 E. 3b); s. andererseits aber BGE 103 Ia, 53, 55 E. 1, wo das Bundesgericht explizit auf einen Verfasssungsverstoß hinwies.

[621] Vgl. dazu BGE 111 Ib, 1, 3 E. 1a); 115 II, 193, 197 E. 4b); 116 Ib, 270, 283 f. E. 7c); 117 Ib, 367, 373 E. 2f) hinsichtlich Art. 114bis Abs. 3 BV 1874 bezüglich der Verwaltungsgerichtsbarkeit; ausführlich dazu *Haller*, in: Aubert et al., Kommentar zur Bundesverfassung der Schweizerischen Eidgenossenschaft, Bd. 4, Art. 113 Rn. 205 f.; *Weber-Dürler*, FS Bigler-Eggenberger, S. 337, 345 zur Prüfung der Vereinbarkeit mit Art. 4 Abs. 2 BV 1874; *Caveltì/Birri*, FS Hangartner, S. 155, 158 ff.; zur Problematik s. auch oben, Einführung, I.

[622] Ausführlich dazu *Scherrer*, Geschichte und Auslegung des Massgeblichkeitsgebots von Art. 190 BV, S. 311, 318 ff.; offen gelassen wurde die Frage der Verfassungsmäßigkeit eines Bundesgesetzes jedoch im Hinblick auf Art. 113 Abs. 3 BV 1874 beispielsweise in BGE 116 IV 262, 268 E. 3b)cc).

zeigens einer Gesetzeslücke sowie des Abstellens auf allgemeine Rechtsgrundsätze zurückgreift.[623]

Darüber hinaus wurden die Ausnahmen vom Anwendungsgebot[624] insofern erweitert, als das Bundesgericht seit den 1990er Jahren entgegen seiner früheren, uneinheitlichen Praxis[625] nunmehr grundsätzlich vom Vorrang des Völkerrechts ausging und Bundesgesetze dementsprechend nicht anwandte, wenn diese Völkerrecht, das den Schutz von Menschenrechten bezweckte, wie dies bei der unmittelbar anwendbaren EMRK der Fall ist, widersprachen.[626] Damit kam es zu einer eingeschränkten Verfassungsgerichtsbarkeit gegenüber Bundesgesetzen, nachdem die bundesverfassungsrechtlichen Grundrechte vielfach mit den EMRK-Garantien übereinstimmen.[627] Diese seit dieser Zeit geltende Praxis des Bundesgerichts führt andererseits jedoch zu einer unbefriedigenden Aufteilung der Grundrechte in zwei Kategorien: Grundrechte, die ein Pendant in der EMRK besitzen und für die das Anwendungsgebot des Art. 113 Abs. 3 BV 1874 bzw. heute des Art. 190 BV nicht gilt und Grundrechte, die über keine Entsprechung in der EMRK verfügen und die sich daher nicht gegen Bundesgesetze durchsetzen,[628] es sei denn, es fände sich eine entsprechende Gewährleistung in einem der anderen unmittelbar anwendbaren völkerrechtlichen Abkommen.

Unklar blieb allerdings, wie sich diese Rechtsprechung zu Gunsten des Vorrangs des Völkerrechts zu der im Jahr 1973 begründeten *Schubert*-Praxis verhalten sollte,[629] wonach sich das Bundesgericht ausnahmsweise an ein völkerrechtswidriges Bundesgesetz gebunden sieht, wenn der Bundesgesetzgeber bewusst gegen das Völkerrecht verstoßen oder den Völkerrechtsverstoß bewusst in Kauf genommen hatte.[630] Aus dem *PKK*-Urteil des Bundesgerichts aus dem Jahr 1999[631] ergibt sich augenscheinlich, dass die *Schubert*-Praxis eine Einschränkung erfahren und grundsätzlich vom Vorrang des Völkerrechts auszugehen sein sollte,

---

[623] Zur identischen Situation unter der Bundesverfassung von 1999 s. *Biaggini*, Bundesverfassung, Art. 190 Rn. 15; *Mahon*, in: Aubert/Mahon, Petit Commentaire de la Constitution fédérale de la Confédération suisse, Art. 190 Rn. 15.

[624] S. dazu oben, § 8 I.5. a) aa) aaa).

[625] Vgl. etwa BGE 59 II, 331, 337 f. E. 4 unter Anwendung der *lex posterior*-Regel sowie BGE 96 V, 140, 141 unter Anwendung der *lex specialis*-Regel; für einen Vorrang des Völkerrechts andererseits BGE 110 V 72, 76 E. 2b).

[626] BGE 122 II, 234, 239 E. 4e); 122 II, 485, 487 E. 3a); 124 II, 480, 486 f. E. 3a); 125 II, 417, 420 ff. E. 4; 130 I, 312, 318 E. 1.1 sowie 327 f. E. 4.3.1; s. dazu *Hangartner/Looser*, in: St. Galler Kommentar zu Art. 190 BV, Rn. 34; zur weiteren Ausnahme von der Anwendungspflicht im Falle eines Verstoßes gegen *ius cogens* s. *Hangartner/Looser*, in: St. Galler Kommentar zu Art. 190 BV, Rn. 41 u. *Tschannen*, Staatsrecht, § 9 Rn. 35; s. dazu oben, Einführung, I.

[627] Vgl. *Rhinow*, Die Bundesverfassung 2000, S. 196.

[628] Krit. zu dieser Folge *Rhinow*, Die Bundesverfassung 2000, S. 197; *Biaggini*, Bundesverfassung, Art. 190 Rn. 16; ausführlich dazu auch *Looser*, Verfassungsgerichtliche Rechtskontrolle gegenüber schweizerischen Bundesgesetzen, S. 964 ff. m.w.N.

[629] BGE 99 Ib, 39, 43 f. E. 3; näher dazu unten, § 13 II.1.

[630] Näher dazu *Looser*, Verfassungsgerichtliche Rechtskontrolle gegenüber schweizerischen Bundesgesetzen, S. 945 ff.; *Hangartner*, SJZ 1998, 201, 205.

[631] BGE 125 II, 417, 425, E. 4d).

insbesondere dann, wenn dieses dem Schutz der Menschenrechte dient,[632] was wohl eine Verurteilung der Schweiz durch den EGMR verhindern sollte.[633] Zwingend ist die Annahme einer Einschränkung der *Schubert*-Praxis durch das *PKK*-Urteil indes nicht, zumal das genaue Verhältnis von *Schubert*-Praxis und *PKK*-Urteil unklar blieb und auch heute noch nicht eindeutig geklärt ist,[634] wenngleich der Bundesgerichtsentscheid zu den auf der Ausschaffungsinitiative beruhenden Regelungen neuerdings für eine Aufgabe der *Schubert*-Praxis spricht.[635] Insgesamt lässt sich sagen, dass hinsichtlich der Reichweite des Art. 113 Abs. 3 BV 1874 bis zur Totalrevision der Bundesverfassung im Jahr 1999 im Detail noch viele Fragen unbeantwortet waren,[636] die Norm aber nicht als Prüfungsverbot bezüglich von Bundesgesetzen verstanden wurde, so dass diese vom Bundesgericht zwar angewandt werden mussten, eine Überprüfung am Maßstab der Bundesgrundrechte, deren tatsächliche Vornahme im Belieben des Bundesgerichts stand, jedoch grundsätzlich immer möglich war.

Bei der Analyse der grundrechtsrelevanten Entscheide des Bundesgerichts nach 1946 fällt auf, dass selbständige kantonale Grundrechte wie die Eigentumsfreiheit oder die persönliche Freiheit – in Fortführung der bundesgerichtlichen Rechtsprechung bis 1945 – zunächst noch eine eigenständige Bedeutung besaßen. So ging das Bundesgericht in einem Entscheid über die Rechtmäßigkeit der Schaffung von Grünzonen aus städtebaulichen Gründen aus dem Jahr 1951 explizit auf die in Art. 4 der Zürcher Kantonsverfassung gewährleistete Eigentumsfreiheit ein, wobei das Bundesgericht seine Kognition unter Beibehaltung seiner ständigen Rechtsprechung[637] insoweit beschränkte, als es bezüglich der Auslegung und Anwendung der kantonalen Gesetzesvorschrift lediglich eine Willkürprüfung vornahm.[638] Den mit den Bundesgrundrechten schon damals inhaltsgleichen kantonalen Grundrechten kam hingegen auch nach 1945 keine selbständige Bedeutung mehr zu,[639] wobei das Bundesgericht insbesondere seit Mitte der 1980er Jahre dazu über ging, neben Bundesgrundrechten wie der Glaubens- und Gewissensfreiheit explizit die entsprechende EMRK-Garantie zu zitieren, was dazu

[632] Vgl. dazu *Schürer*, ZBl. 2015, 115, 116.

[633] So die Vermutung des Bundesrates, s. Zusatzbericht des Bundesrates v. 30. März 2011 zu seinem Bericht vom 5. März 2010 über das Verhältnis von Völkerrecht und Landesrecht, BBl 2011, 3613, 3656; ähnlich *Biaggini*, ZBl. 2013, 316, 331 f.

[634] S. dazu *Schürer*, ZBl. 2015, 115, 116 f.

[635] BGE 139 I 16, 28 E. 5.1; näher dazu unten, § 13 II.1; für eine Aufgabe der *Schubert*-Praxis auch BGE 142 II, 35, 39 f. E. 3.2.

[636] Ausführlich dazu *Hangartner/Looser*, in: St. Galler Kommentar zu Art. 190 BV, Rn. 34 ff.; *Haller*, in: Aubert et al., Kommentar zur Bundesverfassung der Schweizerischen Eidgenossenschaft, Bd. 4, Art. 113 Rn. 219 ff.

[637] S. dazu oben, § 8 I.5. a) aa) bbb).

[638] BGE 77 I, 211, 218 E. 2; ähnlich auch BGE 74 I, 147, 150 f. E. 2 f.; 74 I, 465, 470 ff. E. 3; 76 I, 329, 334 E. 2 f.; 78 I, 424, 427 f. E. 1 f.

[639] BGE 73 I, 110, 114 E. 3 in Bezug auf § 4 der Luzerner Kantonsverfassung, welcher, ebenso wie Art. 4 BV 1874, die allgemeine Rechtsgleichheit garantierte.

führte, dass derartige kantonale Grundrechte in den Entscheiden so gut wie gar nicht mehr erwähnt wurden.[640]

Mit der rechtsschöpferischen Entwicklung ungeschriebener Bundesgrundrechte durch das Bundesgericht zu Beginn der 1960er Jahre verloren allerdings auch die bislang selbständigen kantonalen Grundrechte wie die Eigentumsfreiheit ihre Bedeutung, da das Bundesgericht diesbezüglich nunmehr ebenfalls davon ausging, dass sie neben der entsprechenden bundesrechtlichen Garantie keine selbständige Relevanz mehr entfalteten.[641] So hat das Bundesgericht hinsichtlich Art. 4 der Zürcher Kantonsverfassung, welche die Eigentumsfreiheit garantiert, angenommen, diese Garantie gehe nicht weiter als die als ungeschriebenes Bundesrecht anerkannte Eigentumsfreiheit, weshalb der kantonalen Gewährleistung keine selbständige Bedeutung mehr zukomme.[642] In ähnlicher Weise hat das Bundesgericht nach der verfassungsrechtlichen Verbürgung der Eigentumsfreiheit in Art. 22ter BV 1874 etwa in Bezug auf § 9 der Luzerner Kantonsverfassung entschieden. Die dort verankerte Eigentumsfreiheit enthalte kein ausgedehnteres Recht als Art. 22ter BV 1874, weshalb ihr keine eigene Tragweite zukomme und die Prüfung auf eine Verletzung von Art. 22ter BV 1874 beschränkt werden könne.[643] Teilweise wurde in den Entscheiden des Bundesgerichts zwischen der bundesrechtlich und der kantonal garantierten Eigentumsfreiheit gar nicht mehr differenziert, sondern pauschal von einer „Verletzung der Eigentumsfreiheit" gesprochen, wobei schon die Beschwerdeführer selbst offenbar keine Unterscheidung mehr vornahmen.[644] Daraus lässt sich schließen, dass die Bedeutung der kantonal gewährleisteten Eigentumsfreiheit mit der Anerkennung der Eigentumsfreiheit als ungeschriebenes Bundesrecht verloren ging, wobei das Bundesgericht die kantonalen Garantien der Eigentumsfreiheit auch schon unmittelbar nach 1945 zunehmend nivelliert hatte, indem es, anders als in früherer Zeit,[645] auf die verschiedenen Formulierungen in den Kantonsverfassungen keine Rücksicht mehr nahm und erklärte, der Eigentumsfreiheit komme in den verschiedenen Kantonsverfassungen stets die gleiche Bedeutung zu.[646]

Ein ähnliches Bild wie für die Eigentumsfreiheit zeigt sich für die ursprünglich nur kantonal gewährleistete persönliche Freiheit. Das Bundesgericht entschied

---

[640] So etwa in BGE 125 I, 347, 354 E. 3a).

[641] S. dazu auch *Kägi-Diener*, Grundrechtsschutz durch die Kantone, in: Thürer/Aubert/Müller (Hrsg.), Verfassungsrecht der Schweiz, § 53 Rn. 19 mit Fn. 40 sowie allgemein Rn. 22; allgemein zum Bedeutungsverlust kantonaler Grundrechte auf Grund der bundesgerichtlichen Rechtsprechung s. *Auer*, ZBl. 1990, 14, 19.

[642] BGE 93 I, 130, 137 E. 3.

[643] BGer, Urt. v. 27.04.1977, ZBl. 1978, 18, 20; BGE 112 Ia, 124, 126 E. 3a); allgemein zur bundesgerichtlichen Rechtsprechung zur kantonalen und bundesrechtlichen Eigentumsfreiheit s. *Kurer*, Die kantonalen Grundrechtsgarantien, S. 90.

[644] Exemplarisch dazu s. BGE 92 I, 503, 507 u. 509 E. 2a).

[645] Vgl. etwa BGE 37 I, 503, 516 E. 2; 47 II, 497, 511 E. 4.

[646] BGE 74 I, 465, 470 E. 3a); s. dazu *Häfelin*, Die Grundrechte in den Schweizer Kantonsverfassungen, in: Novak/Sutter/Hasiba (Hrsg.), Der Föderalismus und die Zukunft der Grundrechte, S. 27, 45.

diesbezüglich, dass den kantonalen Verbürgungen der persönlichen Freiheit nach der Anerkennung der persönlichen Freiheit als ungeschriebenes Bundesgrundrecht keine selbständige Bedeutung mehr zukomme, soweit sie nicht weiter gingen als das Bundesrecht.[647] Eine kantonale Gewährleistung der persönlichen Freiheit, welche eine ausgedehntere Bedeutung hatte als die entsprechende bundesrechtliche Garantie war indes schwer denkbar, nachdem das Bundesgericht sukzessive dazu übergegangen war, die bundesrechtliche Freiheitsgarantie extrem weit zu interpretieren. So sollte die bundesrechtliche persönliche Freiheit neben der Bewegungsfreiheit und der körperlichen Integrität auch die Willens- und Entscheidungsfreiheit des Einzelnen schützen, mithin die Fähigkeit, eine gegebene Lage zu würdigen und sich danach zu verhalten.[648] In einer Folgeentscheidung interpretierte das Bundesgericht die persönliche Freiheit als „verfassungsrechtlichen Leitgrundsatz", der alle Freiheiten gewährleiste, „welche elementare Erscheinungen der Persönlichkeitsentfaltung des Menschen darstellen"[649]. In einer anderen Entscheidung ging das Bundesgericht sogar noch weiter, indem es argumentierte, die persönliche Freiheit biete einen umfassenden Grundrechtsschutz, der sich auf Inhalt und Umfang der übrigen verfassungsmäßigen Freiheitsrechte entscheidend auswirke und den Bürger daher auch in seiner Freiheit schütze, über seine Lebensweise zu entscheiden, insbesondere, seine Freizeit zu gestalten, Beziehungen zu seinen Mitmenschen anzuknüpfen und sich Kenntnis über das Geschehen in seiner näheren und weiteren Umgebung zu verschaffen.[650] Es handle sich bei der bundesrechtlich gewährleisteten persönlichen Freiheit daher um „une garantie générale et subsidiaire à laquelle le citoyen peut se référer lorsque les droits fondamentaux dont il allègue la violation ne font pas l'objet de garanties particulières"[651]. Dem entspricht es, dass das Bundesgericht auch die Menschenwürde,[652] das Recht auf informationelle Selbstbestimmung[653] sowie das Recht auf Intimsphäre[654] unter das Recht der persönlichen Freiheit subsumierte. Diese derart weite Interpretation der bundesrechtlich garantierten Freiheit führte dazu, dass den entsprechenden kantonalen Garantien keine eigenständige Bedeutung mehr zukommen konnte. Dem entspricht es, dass sich die Beschwerdeführer im Regelfall gar nicht mehr auf die kantonale Garantie der persönlichen Frei-

[647] BGE 90 I, 34, E. 3; 97 I, 839, 841 f. E. 3; 98 Ia, 418, 423 E. 4; 99 Ia, 262, 266 E. 2; 118 Ia, 427, 433 f. E. 4a).

[648] BGE 90 I, 34 f., E. 3a).

[649] BGE 97 I, 45, 49 E. 3.

[650] BGE 97 I, 839, 842 E. 3; ähnlich BGE 101 Ia, 46, 50 E. 4.

[651] BGE 123 I, 112, 118 E. 4a); ähnlich zuvor auch schon BGE 97 I, 45, 49 f. E. 3; 101 Ia, 336, 346, E. 7a); 114 Ia, 350, 357 E. 5; allgemein zur bundesgerichtlichen Judikatur zur persönlichen Freiheit s. *Schweizer*, Verfasssungsrechtlicher Persönlichkeitsschutz, in: Thürer/Aubert/Müller (Hrsg.), Verfassungsrecht der Schweiz, § 43.

[652] BGE 111 Ia, 231, 233 E. 3b), wobei auch die übrigen Grundrechte, je in ihrem Bereich, den Schutz der Menschenwürde beinhalten sollten, vgl. *Kurer*, Die kantonalen Grundrechtsgarantien, S. 51 Fn. 6.

[653] BGE 113 Ia, 1, 6 E. 4b)bb); 113 Ia, 257, 263, E. 4b).

[654] BGE 107 Ia, 148, 150 E. 2.

heit beriefen, sondern stattdessen entweder ausschließlich eine Verletzung des ungeschriebenen Bundesgrundrechts geltend machten oder sich zusätzlich statt auf die kantonale Garantie noch auf die entsprechende EMRK-Garantie, i.d.R. Art. 8 EMRK oder Art. 6 EMRK, beriefen.[655] Dies wiederum hatte zur Folge, dass sich das Bundesgericht intensiv mit den Konventionsgarantien auseinander setzte und auf die kantonalen Garantien inhaltlich nicht mehr einging,[656] zumal das Gericht im Rahmen der staatsrechtlichen Beschwerde sich wegen des Rügeprinzips in der Regel nicht für befugt hielt, von sich aus nicht angerufene (kantonale) Grundrechte heran zu ziehen[657] und sich eine innerstaatlich ausdifferenzierende Grundrechtsrechtsprechung überdies wohl nur schlecht mit dem Streben nach einer Anpassung des schweizerischen Grundrechtsschutzes an internationale Standards vertragen hätte.[658] Daher kann man sagen, dass auch die Konventionsgrundrechte und deren unmittelbare Anwendbarkeit[659] nicht unwesentlich zum Bedeutungsverlust der kantonalen Grundrechte beigetragen haben. Hinzu kommt, dass das Bundesgericht insbesondere im Hinblick auf die persönliche Freiheit auf die oft ausdifferenzierteren kantonalen Garantien zurückgriff, um die ungeschriebene bundesrechtliche Garantie fortzuentwickeln,[660] was jedoch letztlich zum Bedeutungsverlust der kantonalen Garantien selbst führte. Ein ähnliches Schicksal wie die Eigentumsfreiheit und die persönliche Freiheit erfuhr schließlich die in Art. 77 der bernischen Kantonsverfassung von 1893 verankerte Meinungsfreiheit, der vom Bundesgericht, ebenso wie der in Art. 3 Abs. 1 der Zürcher Verfassung verbürgten Meinungsfreiheit, jegliche selbständige Bedeutung abgesprochen wurde.[661]

---

[655] Vgl. BGE 118 Ia, 427, 432 ff. E. 3 ff.; 120 Ia, 147, 149 ff. E. 2; s. auch BGE 119 Ia, 71, 73 E. 3 hinsichtlich der Meinungsfreiheit und des Anspruchs auf Achtung des Briefverkehrs; BGE 117 Ia, 472, 477 E. 3b) hinsichtlich der Meinungs- und Versammlungsfreiheit; zur Praxis der Beschwerdeführer s. *Kurer*, Die kantonalen Grundrechtsgarantien, S. 41.

[656] Ganz besonders deutlich wird dies in BGE 118 Ia, 427, 432 ff. E. 3 ff., wo der Schutzgehalt von Art. 8 EMRK ausführlich thematisiert wird, während die Frage der Anwendbarkeit der kantonalen Garantie in einem einzigen Satz abgehandelt wird; allgemein zur Bedeutung der kantonalen Garantie der persönlichen Freiheit in der bundesgerichtlichen Rechtsprechung s. *Belser*, Kantonale Grundrechte und ihre Bedeutung für die Verwirklichung der Menschenrechte im mehrstufigen Staat, in: Besson/Belser (Hrsg.), Die Europäische Menschenrechtskonvention und die Kantone, S. 67, 78 ff.

[657] *Kägi-Diener*, Grundrechtsschutz durch die Kantone, in: Thürer/Aubert/Müller (Hrsg.), Verfassungsrecht der Schweiz, § 53 Rn. 24; s. auch *Meyer/Dormann*, in: BSK, BGG, Art. 106 Rn. 19, die jedoch auf die bis zum Inkrafttreten von Art. 106 Abs. 2 BGG uneinheitliche Rechtsprechung des Bundesgerichts hinweisen.

[658] Vgl. *Kägi-Diener*, Grundrechtsschutz durch die Kantone, in: Thürer/Aubert/Müller (Hrsg.), Verfassungsrecht der Schweiz, § 53 Rn. 21.

[659] Näher dazu unten, § 13 II.1.

[660] So etwa in BGE 98 Ia, 98, 100 f. E. 3 in Bezug auf die in Art. 12 der Genfer Verfassung gewährleistete persönliche Freiheit; ähnlich auch BGE 101 Ia, 46, 56 E. 7d); 106 Ia, 404, 405 E. 4; vgl. *Kurer*, Die kantonalen Grundrechtsgarantien, S. 54, der davon ausgeht, dass die Garantie der persönlichen Freiheit in der Genfer Verfassung im strafprozessualen Bereich über den Schutzgehalt der bundesrechtlichen persönlichen Freiheit hinaus ging.

[661] BGE 104 Ia, 480, 485 E. 3d) bzw. 107 Ia, 226, 229 f. E. 4b) und 108 Ia, 172, 175 E. 4b).

Indes verloren die kantonalen Grundrechte nicht nur dort ihre Relevanz, wo explizit eine inhaltsgleiche bundesrechtliche Garantie existierte, sondern das Bundesgericht interpretierte die geschriebenen und ungeschriebenen Bundesgrundrechte derart weit, dass auch auf den ersten Blick nicht inhaltsgleiche kantonale Grundrechte ihre selbständige Bedeutung verloren. Dies galt insbesondere für die Wissenschafts- und Lehrfreiheit, welche auf Bundesebene weder als geschriebenes noch als ungeschriebenes Grundrecht anerkannt war, die jedoch in verschiedene kantonale Verfassungen Eingang gefunden hatte, beispielsweise in die der Kantone Jura und Basel-Landschaft. Das Bundesgericht nahm in Bezug auf die Wissenschafts- und Lehrfreiheit an, dass sie einen besonderen Aspekt der Meinungsfreiheit bzw. der persönlichen Freiheit darstelle, so dass nach der bundesgerichtlichen Anerkennung der Meinungsfreiheit bzw. der persönlichen Freiheit als ungeschriebene Bundesgrundrechte insoweit auf Bundesebene entsprechende Garantien existierten.[662] Ein Rückgriff auf die fragliche kantonale Garantie wurde damit ebenso entbehrlich wie eine Heranziehung der kantonal gewährleisteten Meinungsfreiheit, auf die das Bundesgericht vor der Anerkennung der Meinungsfreiheit als ungeschriebenes Bundesgrundrecht in solchen Fällen rekurriert hatte.[663] Einen ähnlichen Weg ging das Bundesgericht im Falle der in § 32 der damals geltenden basellandschaftlichen Verfassung verankerten Informationsfreiheit. Die kantonale Verfassungsvorschrift enthielt eine detaillierte Regelung der Informationsfreiheit, was das Bundesgericht zum Anlass nahm, die bundesrechtlich als ungeschriebenes Grundrecht geltende Meinungsfreiheit um einen Informationsanspruch zu erweitern,[664] wodurch letztlich die kantonale Garantie als solche ihrer Relevanz beraubt wurde.

Zum Bedeutungsverlust der kantonalen Grundrechte trug ferner bei, dass das Bundesgericht genuin kantonale Grundrechte, die auf Bundesebene rein nach dem Wortlaut keine Entsprechung fanden, in der Regel äußerst restriktiv interpretierte und ihnen so jede über die Bundesgrundrechte hinaus gehende Bedeutung absprach.[665] Konkret gilt das etwa für Art. 18 der Solothurner Kantonsverfassung, wonach jeder Anspruch auf Rechtschutz hat. Aus dem Entwurf für eine neue Solothurner Kantonsverfassung ergibt sich, dass darunter der richterliche Schutz aller Rechte und damit eine richterliche Rechtsschutzgarantie zu verstehen sei,[666] während die Materialien des Verfassungsrates selbst weniger eindeutig sind bzw. eher das Gegenteil implizieren.[667] Das Bundesgericht schloss sich jedenfalls der restriktiven Sichtweise an und verneinte einen Anspruch auf gericht-

---

[662] BGE 115 Ia, 234, 268 f. E. 10; 119 Ia, 460, 501 E. 12b); näher dazu *Müller/Schefer*, Grundrechte in der Schweiz, S. 542 f.

[663] So etwa noch in BGer, Urt. v. 19.09.1962, ZBl. 1963, 363, 365 E. 3, wo das Bundesgericht die Wissenschafts- u. Kunstfreiheit noch aus § 6 der Luzerner Verfassung ableiten wollte, der den Schutz der Meinungsäußerungsfreiheit gewährleistete.

[664] BGE 105 Ia, 181, 182 E. 2.

[665] Vgl. *Hottelier*, HGR VII/2, § 207 Rn. 11; vgl. auch *Auer*, ZBl. 1990, 14, 19 f.

[666] Vgl. Verfassungsrat des Kantons Solothurn, Verhandlungen 1981–1986, S. 513.

[667] Vgl. dazu BGE 123 Ia, 25, 29 f. E. 2b)cc).

lichen Rechtsschutz aus der Solothurner Kantonsverfassung,[668] was im Ergebnis der bundesrechtlichen Rechtslage außerhalb der staatlichen Beschwerde gemäß Art. 113 Abs. 1 Nr. 3 BV 1874 entsprach, wonach dem Einzelnen im Falle der Verletzung eines verfassungsmäßigen Rechts – aber eben nur dann – der Zugang zum Bundesgericht eröffnet war.[669] Freilich ging es in dem konkreten Fall nicht um das Verhältnis des kantonalen Grundrechts zu einem inhaltsgleichen Bundesgrundrecht, sondern vielmehr allgemein um die Tragweite von Art. 18 der Solothurner Verfassung, doch lässt sich daran sehr gut die grundsätzliche Haltung des Bundesgerichts zu den kantonalen Grundrechten und seine Tendenz zu Gunsten einer Interpretation im Sinne einer allgemeinen schweizerischen Rechtsauffassung ablesen.[670]

Noch deutlicher wird die Neigung des Bundesgerichts zur Nivellierung kantonaler Grundrechtsgarantien indes an einer Entscheidung zur Reichweite des allgemeinen Willkürverbots in Art. 11 Abs. 1 der neuen bernischen Kantonsverfassung aus dem Jahr 1993. In dem konkreten Fall war den Beschwerdeführern durch die Fremdenpolizei der Stadt Bern die Verlängerung ihrer Aufenthaltsbewilligung versagt worden, eine Entscheidung, die von der Polizei- und Militärdirektion des Kantons Bern als letzter kantonaler Instanz bestätigt wurde. Daraufhin erhoben die Beschwerdeführer staatsrechtliche Beschwerde zum Bundesgericht, gestützt auf Art. 4 BV 1874 sowie Art. 11 Abs. 1 KV Bern 1993. Das Gericht erklärte die Beschwerde hinsichtlich von Art. 4 BV 1874 für unzulässig, da das Willkürverbot alleine keine geschützte Rechtsstellung verschaffe und die Beschwerdeführer auch aus dem Ausländerrecht kein geschütztes eigenes Interesse ableiten könnten.[671] In Bezug auf das Willkürverbot des Art. 11 Abs. 1 KV Bern 1993 führte das Bundesgericht zunächst aus, dass kantonale Grundrechte angerufen werden könnten, wenn diese über den Schutz der Bundesverfassung und der EMRK hinaus gingen.[672] Eine solche weiter gehende Bedeutung sei jedoch zu verneinen, da die Reglung der Legitimation zur staatsrechtlichen Beschwerde in der Kompetenz des Bundesgesetzgebers und nicht in jener der Kantone liege, weshalb die Frage, ob ein Beschwerdeführer durch eine behauptete Verfassungsverletzung hinreichend betroffen sei, um in zulässiger Weise eine staatsrechtliche Beschwerde erheben zu können, sich alleine nach Art. 88 OG 1943 und gerade nicht nach kantonalem Recht bestimme.[673] Das Gericht betonte schließlich, dass, selbst wenn der Kreis der zur Anrufung des kantonalrechtlichen Willkürverbots Berechtigten weiter zu ziehen wäre als dies nach der bisherigen

[668] Der Kanton Nidwalden hatte bereits 1965 eine Rechtsweggarantie in Art. 3 Abs. 4 seiner Kantonsverfassung aufgenommen, welche jedoch 2010 wieder gestrichen wurde.

[669] Vgl. *Bundesrat*, Botschaft über eine neue Bundesverfassung v. 20. November 1996, BBl 1997 I, 1, 501.

[670] S. dazu *Kägi-Diener*, Grundrechtsschutz durch die Kantone, in: Thürer/Aubert/Müller (Hrsg.), Verfassungsrecht der Schweiz, § 53 Rn. 22.

[671] BGE 121 I, 267, 268 E. 2.

[672] BGE 121 I, 267, 269 E. 3a).

[673] BGE 121 I, 267, 270 E. 3c) u. d).

Rechtsprechung des Bundesgerichts der Fall sei, dennoch nach Maßgabe des Bundesrechts eine Grenze gezogen werden müsse, da nicht jeder bloß entfernt oder indirekt Betroffene eine staatsrechtliche Beschwerde erheben könne, sondern die Geltendmachung einer Verletzung des Willkürverbots in der Rechtsanwendung nur dort zulässig sei, wo die betreffenden Vorschriften (auch) dem Schutz des Betroffenen dienten oder Ansprüche desselben begründeten.[674] Allerdings sei es dem Kanton Bern freigestellt, zur Verwirklichung seiner kantonalen Grundrechte ein eigenes Verfassungsgericht einzurichten, dessen Inanspruchnahme nicht an die für die staatsrechtliche Beschwerde geltenden Schranken gebunden sei.[675] Wenngleich die Entscheidung im Ergebnis einer Derogation von Art. 11 Abs. 1 der bernischen Verfassung nach dem Grundsatz „Bundesrecht bricht kantonales Recht" gleich kam, erwähnte das Bundesgericht diesen Verfassungsgrundsatz mit keinem einzigen Wort, sondern ging stattdessen den wenig dogmatischen Weg der nivellierenden Interpretation des kantonalen Grundrechts, der dem Bundesgericht angesichts des Umstands, dass es für die Auslegung auch des kantonalen Verfassungsrechts zuständig ist, offen stand. Mit dieser Entscheidung verhinderte das Bundesgericht, dass dem im Jahr 1993 in die bernische Verfassung aufgenommenen Willkürverbot im Rahmen der staatsrechtlichen Beschwerde eine eigenständige Bedeutung zukam, was gleich zu setzen ist mit der Negation jeglicher eigenständiger Bedeutung dieses Grundrechts, nachdem im Kanton Bern weder damals noch heute ernsthaft die Absicht der Errichtung einer kantonalen Verfassungsgerichtsbarkeit bestand, welche der kantonalen Garantie eine eigenständige Relevanz verleihen könnte.[676] *Kälin* kritisiert daher zu Recht, dass das Bundesgericht mit seinem Urteil einen bewussten Entscheid eines kantonalen Verfassungsgebers vereitelte.[677] In seinen Augen könne es nicht angehen, dass Art. 88 OG 1943 bestimme, was kantonale verfassungsmäßige Rechte seien, zumal das Bundesgericht selbst betone, dass die Kantone über die Rechte der Bundesverfassung und der EMRK hinaus gehende verfassungsmäßige Rechte gewährleisten könnten.[678] Schließlich hätten sowohl der Bundesrat als auch die Bundesversammlung bei ihrer Gewährleistung der bernischen Kantonsverfassung anerkannt, dass Art. 11 Abs. 1 der Verfassung eine selbständige Bedeutung zukomme und auf die fragliche Norm eine staatsrechtliche Beschwerde gestützt werden könne.[679] An dieser berechtigten Kritik wird deutlich, wie das Bundesgericht trotz gegenteiliger Auffassung von kantonalem Verfassungsgeber,[680] Bun-

[674] BGE 121 I, 267, 270 f. E. 3d) u. e).

[675] BGE 121 I, 267, 272 E. 3 f).

[676] Zum Ganzen s. *Kägi-Diener*, Grundrechtsschutz durch die Kantone, in: Thürer/Aubert/Müller (Hrsg.), Verfassungsrecht der Schweiz, § 53 Rn. 19.

[677] *Kälin*, recht 1996, 76, 78.

[678] *Kälin*, recht 1996, 76, 79 f.

[679] *Kälin*, recht 1996, 76, 80; s. dazu *Bundesrat*, Botschaft über die Gewährleistung der Verfassung des Kantons Bern v. 06.12.1993, BBl 1994 I, 401, 407.

[680] S. dazu die Abstimmungsbotschaft des Grossen Rates des Kantons Bern zur kantonalen Volksabstimmung v. 06.06.1993, S. 15.

desrat und Bundesversammlung einem kantonalen Grundrecht eine über die Grundrechte der Bundesverfassung hinaus gehende Bedeutung im Verfahren der staatsrechtlichen Beschwerde absprach und somit ein an sich als Innovation gedachtes kantonales Grundrecht jeglicher Relevanz beraubte.[681] Hinzu kommt, dass die bundesgerichtliche Tendenz der Einebnung kantonaler Grundrechte nicht durch die Rechtsprechung kantonaler Verfassungsgerichte ausgeglichen werden konnte und kann, da solche erstens nur in einigen Kantonen als besondere Abteilungen der Instanzgerichtsbarkeit bestehen und zweitens diese Gerichte selten schwerpunktmäßig mit grundrechtsrelevanten Konstellationen befasst sind.[682]

Fälle, in denen das Bundesgericht einem kantonalen Grundrecht eine über die Bundesverfassung hinaus gehende Bedeutung beimaß, sind demgegenüber äußerst rar. Ein solch seltenes Beispiel stellt das in Art. 5 der Verfassung von Nidwalden verankerte Rückwirkungsverbot dar, in Bezug auf das das Bundesgericht eine über Art. 4 BV 1874 hinaus gehende Bedeutung annahm und konsequenterweise in der fraglichen Entscheidung ausschließlich eine Verletzung dieser kantonalen Bestimmung prüfte.[683]

Zusammenfassend lässt sich sagen, dass das Bundesgericht mit der Entwicklung ungeschriebener Bundesgerichte den Bedeutungsverlust der kantonalen Grundrechte erheblich forcierte, da auf diese Weise auch bislang selbständige kantonale Garantien ihre eigenständige verfahrensrechtliche Bedeutung verloren.[684] Ferner legte das Bundesgericht die Bundesgrundrechte tendenziell sehr weit aus, so dass für kantonale Gewährleistungen kaum mehr Spielraum verblieb. Außerdem entwickelte das Bundesgericht die Bundesgrundrechte nicht selten im Lichte der oft detaillierteren kantonalen Grundrechte fort und nahm auch auf diese Weise den kantonalen Grundrechten ihre Bedeutung. Schließlich sprach das Bundesgericht selbst kantonalen Grundrechten, die keine unmittelbare Entsprechung in der Bundesverfassung fanden, eine eigenständige Relevanz ab bzw. legte sie im Sinne einer Konvergenz des schweizerischen Grundrechtsschutzes restriktiv aus. Insoweit geht *Kägi-Diener* zu Recht davon aus, dass die Rechtsprechung des Bundesgerichts systemische Auswirkungen dahin gehend zeitigte, dass die damit zum Ausdruck gebrachte Harmonisierungstendenz von einem Zentralisierungseffekt zu Gunsten des Bundesgrundrechtsschutzes begleitet worden sei.[685] Dem entspricht es, dass die Beschwerdeführer sich kaum noch alleine auf kantonale Grundrechte beriefen, was wiederum dazu führte, dass das Bundesgericht diese Grundrechte im Verfahren nicht anwenden durfte und eine inhaltliche Konkretisierung der kantonalen Garantien meist ausblieb. Deshalb könnte man sa-

---

[681] Zu dieser Tendenz des Bundesgerichts s. auch *Kley-Struller*, Der richterliche Rechtsschutz gegen die öffentliche Verwaltung, S. 104.

[682] Näher dazu unten, § 8 III.5. b) aa).

[683] BGE 101 Ia, 82, 83 f. E. 1.

[684] Vgl. *Auer*, ZBl. 1990, 14, 19 f.

[685] *Kägi-Diener*, Grundrechtsschutz durch die Kantone, in: Thürer/Aubert/Müller (Hrsg.), Verfassungsrecht der Schweiz, § 53 Rn. 22.

gen, dass die verschiedenen Faktoren, die zu einem Verlust der verfahrensrechtlichen Bedeutung der kantonalen Grundrechte beitrugen, sich im Sinne eines *circulus vitiosus* gegenseitig beeinflussten und verstärkten.

b) Kantonale Ebene

aa) Verfassungsgerichte

Im Zuge der Totalrevision ihrer Kantonsverfassung richteten ab den 1960er Jahren einzelne Kantone Verfassungsgerichte, d.h. Organe zur justizförmigen Kontrolle der Verfassungsmäßigkeit kantonaler Erlasse und Verfügungen am Maßstab der Bundes- oder Kantonsverfassung,[686] ein, so dass nunmehr weitere Akteure vorhanden waren, welche für den Grundrechtsschutz, insbesondere für die Durchsetzung kantonaler Grundrechte von Bedeutung sein konnten. Den Anfang machte dabei der Kanton Nidwalden, wo im Zuge der Totalrevision der Kantonsverfassung im Jahr 1965 auf Grundlage von Art. 69 der neuen Kantonsverfassung eine Verfassungsgerichtsbarkeit eingerichtet wurde, die durch das Obergericht ausgeübt werden sollte und die damit nicht einem eigenen, spezialisierten Organ übertragen war. In grundrechtlicher Hinsicht ist alleine die Zuständigkeit des Nidwaldner Verfassungsgerichts für die abstrakte Normenkontrolle gegenüber kantonalen Gesetzen und Verordnungen nach Art. 69 Abs. 2 Nr. 2 1. Var. der Kantonsverfassung von 1965 von Bedeutung. Im Rahmen der abstrakten Normenkontrolle überprüft das kantonale Verfassungsgericht nach § 4 Abs. 1 der Verordnung über das Verfahren vor dem Verfassungsgericht die Vereinbarkeit der tauglichen Beschwerdegegenstände mit höherrangigem Recht, d.h. mit Bundesrecht, der Kantonsverfassung oder mit übergeordneten kantonalen und kommunalen Erlassen, wobei das Gericht nach § 4 Abs. 2 der Verfassungsgerichtsverordnung an die vorgebrachten Gründe in der Regel gebunden ist. Daraus folgt, dass das Nidwaldner Verfassungsgericht kantonale Gesetze nicht nur am Maßstab der Kantonsverfassung, sondern auch am Maßstab der Bundesverfassung zu überprüfen hat, so dass die kantonalen Grundrechte, anders als die Landesgrundrechte für die deutschen Landesverfassungsgerichte,[687] nicht den alleinigen Prüfungsmaßstab des Nidwaldner Verfassungsgerichts bilden. Dies wiederum führte dazu, dass das Nidwaldner Verfassungsgericht in grundrechtsbezogenen Entscheidungen nicht in erster Linie auf die Grundrechte der Kantonsverfassung, sondern vor allem auf diejenigen der Bundesverfassung rekurrierte. Besonders deutlich wird dies an einer Entscheidung zum kantonalen Schulgesetz, welches eine „gleichwertige“, nicht aber eine „gleiche“ Ausbildung für Jungen und Mädchen vorsah. Das Nidwaldner Verfassungsgericht entschied, die Bestimmung könne dahin gehend verfassungskonform interpretiert werden, dass der beson-

[686] Vgl. *Kälin*, ZBl. 1987, 233, 234 f.; *Auer*, Die schweizerische Verfassungsgerichtsbarkeit, S. 5.

[687] Im Hinblick auf Baden-Württemberg etwa s. *Krappel*, VBlBW 2015, 137, 142.

dere Gleichheitssatz des Art. 4 Abs. 2 BV 1874 nicht verletzt werde, wobei eine Verletzung von Grundrechten der Nidwaldner Kantonsverfassung nicht thematisiert wurde.[688] Die Tatsache, dass das Verfassungsgericht in erster Linie auf Art. 4 Abs. 2 BV 1874 und nicht auf eine Bestimmung der Kantonsverfassung abstellte, lässt sich zum einen damit begründen, dass die Nidwaldner Verfassung zum damaligen Zeitpunkt keinen entsprechenden besonderen Gleichheitssatz enthielt, deutet jedoch zum anderen auch darauf hin, dass die Beschwerdeführer die Grundrechte der Bundesverfassung als maßgeblichen Grundrechtsstandard ansahen, weshalb sie den allgemeinen Gleichheitssatz der Kantonsverfassung gar nicht erst bemühten. In einer anderen Entscheidung im Verfahren der abstrakten Normenkontrolle war es das Verfassungsgericht selbst, das eine selbständige Bedeutung kantonaler Grundrechte negierte. Konkret ging es dabei um die Frage der Verfassungsmäßigkeit des Nidwaldner Reglements über die Information der Öffentlichkeit durch den Regierungsrat und die Verwaltung aus dem Jahr 1980. Das kantonale Verfassungsgericht verneinte eine Verletzung der in Art. 1 Abs. 2 Nr. 2 der Nidwaldner Kantonsverfassung gewährleisteten Freiheit der Meinungsbildung, Meinungsäußerung und Meinungsverbreitung, zu der insbesondere die Pressefreiheit zählt, da die genannten kantonalen Freiheitsrechte nicht weiter reichten als die entsprechenden Grundrechte der Bundesverfassung.[689] Schon die Beschwerdeführer hatten lediglich eine Verletzung von Art. 55 BV 1874, nicht aber einen Verstoß gegen kantonale Grundrechte gerügt, wenn man von der Rüge der Verletzung des in der Kantonsverfassung verankerten und als verfassungsmäßiges Recht ausgestalteten Prinzips der Gewaltentrennung einmal absieht.[690] Daran lässt sich ablesen, dass kantonale Grundrechte weder in den Anträgen der Beschwerdeführer noch in den Ausführungen des Nidwaldner Verfassungsgerichtes praktische Relevanz besaßen. Unabhängig von der konkreten grundrechtsbezogenen Gerichtspraxis besteht ein weiterer Grund, warum das Nidwaldner Verfassungsgericht nicht zu einem Hüter der kantonalen Grundrechte werden konnte, darin, dass das Gericht von 1965 bis 2014 im Verfahren der abstrakten Normenkontrolle insgesamt nur neun Fälle zu entscheiden hatte, von denen zwar die meisten, aber wiederum nicht alle einen Bezug zu Grundrechten aufwiesen.[691]

Abgesehen vom Verfahren der abstrakten Normenkontrolle besitzt das Verfassungsgericht nach Art. 66 Abs. 2 der Kantonsverfassung die Kompetenz und auch die Pflicht zur konkreten Normenkontrolle. Insoweit ergibt sich jedoch nichts anderes als für die übrigen kantonalen Gerichte, die nach dem Grundsatz „Bundesrecht bricht kantonales Recht“ und der Rechtsprechung des Bundesge-

[688] Obergericht des Kantons Nidwalden (Verfassungsgericht), Urt. v. 17.10.1985 – OG 1/85 VG –; s. dazu *Bolkensteyn*, Le contrôle des normes, spécialment par les cours constitutionnelles cantonales, S. 179.

[689] Obergericht Nidwalden (Verfassungsgericht), Urt. v. 28.11.1980 – 801/12/80 –.

[690] Obergericht Nidwalden (Verfassungsgericht), Urt. v. 28.11.1980 – 801/12/80 –.

[691] Vgl. *Bolkensteyn*, Le contrôle des normes, S. 185; *Ruf*, Staats- und Verwaltungsrechtspflege im Kanton Nidwalden, S. 135.

richts zur akzessorischen Prüfung der Vereinbarkeit des von ihnen anzuwendenden kantonalen Rechts mit dem übergeordneten Recht, d.h. insbesondere mit der Bundesverfassung und der EMRK verpflichtet sind.[692] Darüber hinaus ist nach Art. 66 Abs. 2 der Nidwaldner Kantonsverfassung i.V.m. § 4 Abs. 1 der bereits erwähnten Verordnung über das Verfahren vor dem Verfassungsgericht bei der konkreten Normenkontrolle eine Überprüfung des einfachen kantonalen Rechts auch am Maßstab der Kantonsverfassung vorzunehmen. Ohne eine solche explizite verfassungsrechtliche Anordnung ist eine konkrete Normenkontrolle am Maßstab der Kantonsverfassung im Übrigen mangels derogatorischer Wirkung der Kantonsverfassung nicht selbstverständlich,[693] wenngleich sich zahlreiche kantonale Gerichte, etwa in Genf, Zürich und Bern,[694] dennoch für befugt hielten, eine derartige Prüfung vorzunehmen.[695] Im Kanton Schwyz war demgegenüber eine vorfrageweise Normenkontrolle am Maßstab der Kantonsverfassung explizit ausgeschlossen.[696]

Nachdem das Nidwaldner Verfassungsgericht im Rahmen der konkreten Normenkontrolle auch Aufgaben der bundesrechtlichen Verfassungsgerichtsbarkeit wahrnahm,[697] ergaben sich aus dieser Verfahrensart keine besonderen verfassungsgerichtliche Kompetenzen im Hinblick auf den Schutz der kantonalen Grundrechte. Hinzu kommt, dass die Urteile des Nidwaldner Verfassungsgerichts – wie im Übrigen die Entscheide sämtlicher kantonaler Höchst- und Verfassungsgerichte – wegen der Möglichkeit des Weiterzugs an das Bundesgericht nicht letztinstanzlich sind und daher dem Nidwaldner Verfassungsgericht auch in Fragen der Auslegung kantonaler Grundrechte grundsätzlich nicht das „letzte Wort" zustand.[698] Deshalb überrascht es kaum, dass das Nidwaldner Verfassungsgericht zwischen 1965 und 1999 insgesamt keinen wesentlichen Beitrag zum Schutz und zur Aufwertung kantonaler Grundrechte leisten konnte.[699]

Ein weiterer Kanton, in dem eine Verfassungsgerichtsbarkeit eingerichtet wurde, ist der Kanton Jura, wo die 1977 konzipierte Kantonsverfassung in Art. 104 das Bestehen eines Verfassungsgerichtshofs beim Kantonsgericht vorsieht. Damit ist jedoch auch der jurassische Verfassungsgerichtshof nicht als in personeller

---

[692] BGE 82 I, 217, 219 E. 1; 91 I, 312, 314 E. 3a); speziell zur konkreten Normenkontrolle des Nidwaldner Verfassungsgerichts s. *Bolkensteyn*, Le contrôle des normes, 180 f.

[693] S. dazu BLVGE 1994, 59, 61 f.; *Dubs*, FS Eichenberger, S. 615, 618 f.; *Kälin*, ZBl. 1987, 233, 237.

[694] Seit 1993 enthält die bernische Kantonsverfassung in Art. 66 Abs. 3 hierfür eine explizite Ermächtigung.

[695] Vgl. *Buser*, Kantonales Verfassungsrecht, Rn. 520; *Biaggini*, Erste Erfahrungen mit der Kantonsverfassung des Kantons Basel-Landschaft von 1984, in: Jenny et al. (Hrsg.), Staats- und Verwaltungsrecht des Kantons Basel-Landschaft, 1998, S. 9, 28 mit Fn. 3; *Kälin*, ZBl. 1987, 233, 237 f.; *Auer*, Die schweizerische Verfassungsgerichtsbarkeit, S. 293.

[696] § 26 Abs. 4 a.F. der Verordnung über die Verwaltungsrechtspflege v. 06.06.1974; vgl. *Kälin*, ZBl. 1987, 233, 237.

[697] Allgemein dazu s. *Buser*, Kantonales Verfassungsrecht, Rn. 518.

[698] Zur Problematik des „letzten Wortes" s. auch *Kälin*, ZBl. 1987, 233, 239 f.

[699] Vgl. auch *Häfelin*, Die Grundrechte in den Schweizer Kantonsverfassungen, in: Novak/Sutter/Hasiba (Hrsg.), Der Föderalismus und die Zukunft der Grundrechte, S. 27, 46 f.

Hinsicht von der Instanzgerichtsbarkeit völlig losgelöstes Organ konzipiert.[700] Neben weiteren, nicht grundrechtsrelevanten Kompetenzen besitzt der jurassische Verfassungsgerichtshof nach Art. 104 Abs. 1 der Kantonsverfassung die Kompetenz zur Überprüfung der Verfassungsmäßigkeit der Gesetze vor deren Inkrafttreten im Sinne einer abstrakten, präventiven Normenkontrolle, wobei der Gerichtshof nur auf Antrag tätig wird.[701] Prüfungsmaßstab ist dabei insbesondere das Bundesrecht einschließlich der Bundesverfassung, das internationale Recht, v.a. die EMRK, sowie die kantonale Verfassung.[702] Ferner ist der jurassische Verfassungsgerichtshof nach Art. 104 Abs. 2 lit. a) der Kantonsverfassung zur Überprüfung der Rechtmäßigkeit kantonaler und kommunaler Dekrete, Beschlüsse, Verordnungen und Reglemente am Maßstab höherrangigen Rechts befugt, d.h. insbesondere am Maßstab des Bundesrechts einschließlich der Bundesverfassung, des internationalen Rechts sowie der kantonalen Verfassung,[703] was einer abstrakten Normenkontrolle gleich kommt. Nach der jurassischen Verwaltungs- und Verfassungsprozessordnung schließlich kann jede Behörde, falls sie die Gültigkeit der relevanten Gesetzes- oder Verordnungsbestimmung nicht selbst vorfrageweise prüfen will, ihren Entscheid aufschieben und das Verfassungsgericht ersuchen, die ihr gestellte Rechtsfrage zu entscheiden,[704] was die Durchführung einer konkreten Normenkontrolle durch das Verfassungsgericht impliziert.

Ebenso wie in Nidwalden ist auch im Jura der Verfassungsgerichtshof grundsätzlich an die vom Beschwerdeführer geltend gemachten Gründe gebunden,[705] so dass eine Heranziehung kantonaler Grundrechte nur möglich ist, wenn der Beschwerdeführer sich darauf beruft. Der jurassische Verfassungsgerichtshof hatte seit seiner Einrichtung bis zum Jahr 2014 über 39 Verfahren der abstrakten Normenkontrolle zu entscheiden,[706] was durchschnittlich etwa einem Verfahren pro Jahr entspricht, von denen jedoch nicht alle grundrechtsrelevante Fragestellungen betrafen.[707] Darüber hinaus war der Verfassungsgerichtshof, wie die übrigen kantonalen Gerichte auch, in seinen Verfahren zur inzidenten Normenkont-

[700] Zur Zusammensetzung des jurassischen Verfassungsgerichthofs s. *Moritz*, La juridiction constitutionnelle dans le Canton du Jura, S. 18 f.; *Bolkensteyn*, Le contrôle des normes, spécialment par les cours constitutionnelles cantonales, S. 193 f.

[701] Vgl. dazu *Kälin*, ZBl. 1987, 233, 239.

[702] S. Art. 185 Abs. 1 der jurassischen Verwaltungs- und Verfassungsprozessordnung v. 30.11.1978.

[703] S. Art. 185 Abs. 1 der jurassischen Verwaltungs- und Verfassungsprozessordnung v. 30.11.1978.

[704] Art. 71 Abs. 4 der jurassischen Verwaltungs- und Verfassungsprozessordnung v. 30.11.1978.

[705] Art. 185 Abs. 2 der jurassischen Verwaltungs- und Verfassungsprozessordnung v. 30.11.1978.

[706] S. dazu *Bolkensteyn*, Le contrôle des normes, spécialment par les cours constitutionnelles cantonales, S. 217.

[707] S. dazu die Übersicht bei *Moritz*, La juridiction constitutionnelle dans le Canton du Jura, S. 103 ff. für die Zeit bis 1993.

rolle verpflichtet,[708] in deren Rahmen die Bundesgrundrechte und die kantonalen Grundrechte ebenfalls von Relevanz sein konnten.

Bei der Durchsicht der entschiedenen Fälle wird indes deutlich, dass der jurassische Verfassungsgerichtshof praktisch keine eigenständige Judikatur zu den Grundrechten der Kantonsverfassung entwickelt, sondern das entsprechende kantonale Grundrecht neben dem einschlägigen Grundrecht der Bundesverfassung fast immer nur der Vollständigkeit halber erwähnt hat, ohne dass sich daraus inhaltliche Konsequenzen ergeben hätten.[709] Besonders deutlich wird dies in einem Fall betreffend die Eigentumsfreiheit, in dem der Verfassungsgerichtshof zu dem Ergebnis kam, dass Art. 12 der jurassischen Verfassung mit Art. 22ter der Bundesverfassung inhaltlich übereinstimmt und er den Fall anhand der bundesgerichtlichen Rechtsprechung zur Eigentumsfreiheit entschied.[710] Teilweise wurde auf eine Anführung des kantonalen Grundrechts sogar ganz verzichtet, etwa in einem Fall betreffend die Begrenzung von Zweitwohnsitzen, in dem der Verfassungsgerichtshof alleine auf die bundesrechtliche Eigentumsfreiheit des Art. 22ter BV 1874 zurück griff, ohne die kantonale Garantie des Art. 12 der jurassischen Verfassung überhaupt zu erwähnen.[711] Einzig das aus Art. 8 lit. m) der jurassischen Verfassung folgende Recht auf freien Zugang zu öffentlichen Ämtern wurde von den Beschwerdeführern in einem konkreten Fall einmal ohne Rückgriff auf ein inhaltsgleiches Bundesrecht gerügt, nachdem in bundesrechtlicher Hinsicht nur der allgemeine Gleichheitssatz des Art. 4 BV 1874 als möglicherweise verletzt angeführt werden konnte.[712] Im Ergebnis freilich blieb das kantonale Grundrecht wirkungslos, nachdem der Verfassungsgerichtshof sich vorrangig mit der Prüfung der Verletzung einfachen Rechts beschäftigte und einen Verstoß gegen Art. 8 lit. m) der Kantonsverfassung bzw. Art. 4 BV 1874 erst gar nicht mehr prüfte.[713] Rechtsprechung zu spezifisch jurassischen Grundrechten wie etwa der in Art. 8 lit. g) 3. Var. der Kantonsverfassung verankerten Demonstrationsfreiheit ist für den fraglichen Zeitraum ebenfalls nicht ersichtlich, so dass der jurassische Verfassungsgerichtshof trotz umfangreicher Grundrechtsgarantien in der Kantonsverfassung letztlich kaum etwas zur Herausbildung einer eigenständigen kantonalen Grundrechtsjudikatur beitragen konnte.

Die übrigen Kantone besaßen vor dem Jahr 2000 keine Verfassungsgerichtsgerichtsbarkeit im eigentlichen Sinn. So war im Kanton Graubünden lediglich eine

[708] BGE 82 I, 217, 219 E. 1; 91 I, 312, 314 E. 3a); s. Art. 71 der jurassischen Verwaltungs- und Verfassungsprozessordnung v. 30.11.1978 hinsichtlich der Prüfungspflicht am Maßstab der kantonalen Verfassung.

[709] Vgl. Verfassungsgerichtshof des Kantons Jura, Urt. v. 09.08.1989, RJJ 1991, 32, 34 E. 2; Urt. v. 22.03.1991, RJJ 1991, 115, 116 ff. E. 3a), b) u. f) hinsichtlich des allgemeinen Gleichheitssatzes sowie der Handels- und Gewerbefreiheit; Urt. v. 17.08.1998, RJJ 1998, 262, 266 ff. E. 1a) u. E. 5b) hinsichtlich der Handels- und Gewerbefreiheit; Urt. v. 23.05.1996, RJJ 1996, 308, 313 E. 2.

[710] Verfassungsgerichtshof des Kantons Jura, Urt. v. 09.08.1989, RJJ 1991, 32, 34 E. 2.

[711] Verfassungsgerichtshof des Kantons Jura, Urt. v. 21.01.1993, RJJ 1993, 133, 136 E. 3.

[712] Verfassungsgerichtshof des Kantons Jura, Urt. v. 01.07.1998, RJJ 1998, 215, 219 E. 3b).

[713] Verfassungsgerichtshof des Kantons Jura, Urt. v. 01.07.1998, RJJ 1998, 215, 225 E. 8.

verfassungsrechtliche Beschwerde gegen rechtssetzende Erlasse von Gemeinden, von anderen Körperschaften und von selbständigen Anstalten des kantonalen öffentlichen Rechts möglich, wobei über diese Beschwerden nicht ein selbständiges Gericht, sondern die Regierung entschied.[714] Im Aargau existierte seit 1968 die Möglichkeit einer abstrakten Normenkontrolle vor dem Verwaltungsgericht, allerdings nur hinsichtlich des einfachen kantonalen Rechts,[715] so dass man insoweit nicht von einer kantonalen Verfassungsgerichtsbarkeit sprechen kann. Im Kanton Basel-Stadt schließlich übte unter der Verfassung von 1984 nach § 86 Abs. 1 das Kantonsgericht die Verfassungsgerichtsbarkeit aus, nach § 86 Abs. 2 und 3 jedoch, ohne zur abstrakten Normenkontrolle auch gegenüber kantonalen Gesetzen befugt zu sein,[716] so dass auch in diesem Kanton keine ausgebaute, spezialisierte Verfassungsgerichtsbarkeit bestand, die eine autonome Interpretation der kantonalen Grundrechte hätte gewährleisten können.

bb) Verwaltungsgerichte

Der Schutz der kantonalen Grundrechte musste daher nach wie vor in erster Linie durch die kantonalen Instanzgerichte sowie durch die verwaltungsinternen Rekurskommissionen und die kantonalen politischen Behörden gewährleistet werden. In diesem Zusammenhang ist zu erwähnen, dass in der zweiten Hälfte des 20. Jahrhunderts auf kantonaler Ebene auch jenseits der Kantone Basel-Stadt und Bern mit der Einrichtung von Verwaltungsgerichten begonnen wurde. Den Anfang hierbei machte der Kanton Zürich, der im Jahr 1959 ein Verwaltungsgericht schuf.[717] Die anderen Kantone zogen in den darauf folgenden vier Jahrzehnten nach, zuletzt der Kanton Appenzell Innerrhoden im Jahr 1996.[718]

Die Ausgestaltung der Verwaltungsgerichtsbarkeit unterscheidet sich jedoch von Kanton zu Kanton sehr stark. Während die Mehrzahl der Kantone ein eigenes Verwaltungsgericht eingerichtet hat, wurde in einigen Kantonen die Zuständigkeit für die Verwaltungsgerichtsbarkeit dem Appellations- oder Obergericht oder einer besonderen Kammer desselben übertragen.[719] Darüber hinaus unterschieden sich die kantonalen Verwaltungsgerichte hinsichtlich ihrer Kompetenzen vor allem am Anfang sehr stark. Während einige Kantone von Anfang an eine

---

714 S. dazu *Bolkensteyn*, Le contrôle des normes, spécialment par les cours constitutionnelles cantonales, S. 267.

715 § 68 des aargauischen Gesetzes über die Verwaltungsrechtspflege v. 09.06.1968.

716 Ausführlich dazu *Bolkensteyn*, Le contrôle des normes, spécialment par les cours constitutionnelles cantonales, S. 146.

717 Vgl. §§ 32 ff. des Verwaltungsrechtspflegegesetzes des Kantons Zürich v. 24.05.1959.

718 S. dazu *Jaag*, ZBl. 1998, 497, 499; ausführlich auch *Kölz/Häner/Bertschi*, Verwaltungsverfahren und Verwaltungsrechtspflege des Bundes, S. 106 ff.

719 So etwa in Basel-Stadt, § 1 Abs. 1 des baselstädtischen Gesetzes über die Verfassungs- und Verwaltungsrechtspflege; Schaffhausen, Art. 39 des Schaffhauser Justizgesetzes, Appenzell Innerrhoden, Art. 94 Abs. 1 lit. c) der Kantonsverfassung sowie im Kanton Uri, Art. 33 Abs. 2 des Urner Gerichtsorganisationsgesetzes; s. dazu *Jaag*, ZBl. 1998, 497, 498.

umfassende Generalklausel vorsahen,[720] beschränkten sich andere Kantone auf eine mit Ausnahmen versehene Generalklausel[721] oder begrenzten die Zuständigkeit des Verwaltungsgerichts nach dem Enumerationsprinzip, d.h. mit Hilfe eines Kataloges möglicher Beschwerdefälle.[722] Außerdem waren in den meisten Kantonen nur individuell-konkrete Anordnungen vor dem kantonalen Verwaltungsgericht anfechtbar, während eine abstrakte Normenkontrolle meist nicht vorgesehen war.[723] Zudem konnten in einigen Kantonen Entscheide der Regierung nicht vom kantonalen Verwaltungsgericht überprüft werden.[724]

Unter dem Einfluss von Art. 6 Abs. 1 und 2 EMRK sowie des Bundesrechts kam es jedoch im Laufe der Jahre zu einem stetigen Ausbau der Verwaltungsgerichtsbarkeit auf kantonaler Ebene, was sich beispielsweise im Kanton Bern daran ablesen lässt, dass mit der Totalrevision des Verwaltungsrechtspflegegesetzes im Jahr 1989 die Zuständigkeit des Verwaltungsgerichts erstmals im Wege einer Generalklausel bestimmt wurde, nachdem das Verwaltungsrechtspflegegesetz von 1961 lediglich eine Teilgeneralklausel vorgesehen hatte.[725] Infolge des Ausbaus der kantonalen Verwaltungsgerichtsbarkeit waren die kantonalen Verwaltungsgerichte Ende der 1990er Jahre nicht nur mit der Anwendung von weiten Teilen des kantonalen Verwaltungsrechts betraut, sondern ihnen oblag auch die Überwachung der Anwendung großer Bereiche des Bundesverwaltungsrechts durch die kantonalen Behörden.[726] *Jaag* liegt daher richtig, wenn er meint, es sei eine „sehr beachtliche Leistung“, dass „dieser Quantensprung ohne grössere Probleme gelungen ist“.[727] Für den Grundrechtsschutz auf kantonaler Ebene bedeutete der Ausbau der kantonalen Verwaltungsgerichtsbarkeit, dass nunmehr vor allem Gerichte und nicht mehr die kantonale Verwaltung sowie die kantonalen politischen Behörden für die Anwendung kantonaler Grundrechte neben den Bundesgrundrechten zuständig waren.

Allerdings zeigt eine Analyse der Rechtsprechung des bernischen Verwaltungsgerichts, dass kantonale Grundrechte in der Rechtsprechung der kantonalen Verwaltungsgerichtsbarkeit, insbesondere nach der Entwicklung ungeschriebener Grundrechte auf Bundesebene, zunächst kaum mehr eine Rolle spielten. So

[720] So etwa Nidwalden, Obwalden, Zug, Schaffhausen und Appenzell Ausserrhoden, vgl. *Jaag*, ZBl. 1998, 497, 500; *Kley-Struller*, Der richterliche Rechtsschutz gegen die öffentliche Verwaltung, S. 98 f.

[721] So etwa Luzern, Jura, Freiburg, Bern, Wallis, Glarus, Basel-Landschaft, Schwyz, Thurgau und Solothurn, vgl. *Jaag*, ZBl. 1998, 497, 500; *Kley-Struller*, AJP 1994, 23, 37.

[722] So etwa in den Kantonen Zürich, St. Gallen, Aargau, Genf, Graubünden und Tessin, vgl. *Kley-Struller*, AJP 1994, 23 36.

[723] Vgl. *Jaag*, ZBl. 1998, 497, 500.

[724] So etwa im Kanton Waadt (Art. 4 Abs. 2 Loi sur la juridiction et la procédure administratives v. 18.12.1989), vgl. *Buser*, Kantonales Staatsrecht, Rn. 510.

[725] Ausführlich dazu *Daum*, Die bernische Verwaltungsrechtspflege im Jahr 2009, in: Herzog/Feller (Hrsg.), Bernische Verwaltungsgerichtsbarkeit in Geschichte und Gegenwart, S. 229, 236 ff.

[726] S. dazu *Jaag*, ZBl. 1998, 497, 503.

[727] *Jaag*, ZBl. 1998, 497, 503.

zog das bernische Verwaltungsgericht in den 1970er Jahren in Fällen, in denen eine Verletzung der Eigentumsfreiheit in Rede stand, in der Regel alleine Art. 22ter BV 1874 heran,[728] obwohl die bernische Verfassung von 1893 in § 89 die Eigentumsfreiheit garantierte. Ein ähnliches Bild zeigt sich für die Glaubensfreiheit,[729] die Handels- und Gewerbefreiheit[730] sowie für die Rechtsgleichheit.[731] Begründen lässt sich diese Tendenz vor allem damit, dass sich die Beschwerdeführer meist alleine auf die Bundesgrundrechte beriefen und selten alleine oder zumindest zusätzlich eine Verletzung kantonaler Grundrechtsgarantien rügten. Dies jedoch ist wiederum darauf zurück zu führen, dass die kantonalen Gerichte, ebenso wie das Bundesgericht, kantonale Grundrechte bereits in der Vergangenheit allenfalls punktuell berücksichtigt und auf diese Weise deren Bedeutung in der Öffentlichkeit nicht gerade gestärkt hatten. Ein weiterer Grund für die Nichtberücksichtigung kantonaler Grundrechte in der kantonalen verwaltungsgerichtlichen Rechtsprechung besteht darin, dass die bernische Kantonsverfassung vor der Totalrevision im Jahr 1993 angesichts der Schaffung zahlreicher ungeschriebener Bundesgrundrechte durch das Bundesgericht keine selbständigen Grundrechtsgewährleistungen mehr enthielt. Daher verwundert es nicht, dass sich die Bedeutungslosigkeit der kantonalen Grundrechte in der bernischen Verwaltungsgerichtsrechtsprechung auch in den 1980er bis in die frühen 1990er Jahre hinein weiter fortsetzte und das kantonale Verwaltungsgericht fast ausschließlich auf die jeweils einschlägige bundesrechtliche Garantie rekurrierte.[732]

Ein etwas anderes Bild zeigte sich erst nach der Totalrevision der bernischen Kantonsverfassung von 1993 und dem damit verbundenen Ausbau des kantonalen Grundrechtskataloges. Durch diesen Schritt erlangten diejenigen neu in die Verfassung aufgenommenen, kantonalen Grundrechte, welche auf Bundesebene keine Entsprechung fanden, in der bernischen verwaltungsgerichtlichen Rechtsprechung eine eigenständige Bedeutung. Die gilt insbesondere für den aus Art. 29 Abs. 1 der bernischen Verfassung von 1993 folgenden Anspruch auf die für ein menschenwürdiges Leben notwendigen Mittel. Das bernische Verwaltungsgericht hat in einem Entscheid aus dem Jahr 1995 erstmals anerkannt, dass sich aus Art. 29 Abs. 1 der totalrevidierten bernischen Verfassung in Notlagen grundsätzlich ein einklagbarer Anspruch auf die Gewährung finanzieller Mittel

---

[728] VG Bern, Urt. v. 05.06.1978, BVR 1978, 367, 375 f.; VG Bern, Urt. v. 09.06.1975, BVR 1976, 311, 315 ff.; VG Bern, Urt. v. 20.12.1976, BVR 1977, 406, 409.

[729] Entscheid der Kantonalen Rekurskommission v. 01.03.1977, BVR 1977, 262, 269.

[730] VG Bern, Urt. v. 05.06.1978, BVR 1978, 367, 375 f.

[731] Entscheid des Regierungsrates Nr. 1181 v. 26.03.1975, BVR 1976, 139, 147; VG Bern, Urt. v. 23.08.1976, BVR 1977, 39, 46.

[732] S. nur VG Bern, Urt. v. 30.07.1987, BVR 1987, 431, 431 f. hinsichtlich des Willkürverbots; VG Bern, Urt. 25.09.1991, BVR 1992, 166, 170 f. hinsichtlich der Glaubens- und Kultusfreiheit; VG Bern, Urt. v. 08.07.1991, BVR 1992, 23, 27 hinsichtlich der Eigentumsfreiheit; VG Bern, Urt. v. 04.07.1994, BVR 1995, 286, 289 hinsichtlich der Eigentumsfreiheit; VG Bern, Urt. v. 21.02.1994, BVR 1996, 99 f. hinsichtlich der Handels- und Gewerbefreiheit; vgl. auch den Regierungsrat des Kantons Bern v. 21.09.1994, BVR 1995, 249, 254 f. bezüglich der Glaubens- und Kultusfreiheit.

für ein menschenwürdiges Leben ergeben könne.[733] Mangels entsprechender bundesrechtlicher Garantie – das Bundesgericht entwickelte seine Rechtsprechung zum ungeschriebenen Grundrecht auf Existenzsicherung erst wenige Monate später – rekurrierte das bernische Verwaltungsgericht in dem fraglichen Entscheid alleine auf die kantonale Verfassungsbestimmung, so dass diese eine selbständige Wirkung entfaltete. Auffällig ist, dass das bernische Verwaltungsgericht an seiner Praxis, einen entsprechenden Anspruch auf die für ein menschenwürdiges Leben notwendigen Mittel alleine aus Art. 29 Abs. 1 der Kantonsverfassung abzuleiten, auch nach der bundesrechtlichen Anerkennung eines entsprechenden Bundesgrundrechts festhielt,[734] was von einem gewissen Selbstbewusstsein gegenüber dem Bundesgericht zeugt.

Eine eigenständige Bedeutung entfaltete auch das in Art. 17 Abs. 3 der bernischen Kantonsverfassung neu aufgenommene allgemeine Recht auf Einsicht in sämtliche amtliche Akten. Mit dieser Grundrechtsgewährleistung beschäftigte sich das bernische Verwaltungsgericht in einer Entscheidung aus dem Jahr 1996, wo das Gericht davon ausging, aus der Verfassungsbestimmung folge das verfassungsmäßige Recht auf die Öffentlichkeit der Verwaltung.[735] Mangels entsprechender bundesrechtlicher Garantie entfaltete das kantonale Grundrecht in dem fraglichen Fall selbständige Wirkung, wenngleich die Beschwerde im Ergebnis abgewiesen wurde. Interessant an der Entscheidung ist weiterhin, dass das bernische Verwaltungsgericht das in Art. 18 der Kantonsverfassung verankerte Recht auf Datenschutz als kollidierendes, kantonal gewährleistetes Grundrecht, welches einem Informationsanspruch entgegen stehen könne, ins Spiel brachte und damit das Problem der mehrpoligen Grundrechtskonstellationen aufwarf.[736] Daran wird deutlich, dass die Verankerung neuartiger Grundrechte nicht automatisch zu einem Mehr an Freiheit führt. Vielmehr arbeitete das bernische Verwaltungsgericht sehr klar heraus, dass sowohl der Grundsatz der Öffentlichkeit als auch der Datenschutz verfassungsrechtlich geschützte Grundrechte darstellten, die miteinander in Ausgleich gebracht werden müssten,[737] woran sich ablesen lässt, dass die Verankerung ausdifferenzierter kantonaler Grundrechte alleine gerade im Hinblick auf mehrpolige Grundrechtskonstellationen den Grundrechtsstandard insgesamt nicht unbedingt erhöht, sondern auf diese Weise allenfalls die Abwägung der einzelnen Grundrechtspositionen erleichtert wird. Das Verwaltungsgericht entschied den Fall pragmatisch im Wege einer umfangreichen und umfassenden Verhältnismäßigkeitsprüfung, ohne zu dem Problem der mehrpoligen Grundrechtsverhältnisse in dogmatischer Hinsicht Stellung zu nehmen. Dies

---

[733] VG Bern, Urt. v. 03.04.1995, BVR 1995, 565, 566 f.; bestätigt in VG Bern, Urt. v. 06.07.1995, BVR 1996, 321, 323; VG Bern, Urt. v. 08.12.1997, BVR 1998, 319, 323 f.; VG Bern, Urt. v. 15.09.1997, BVR 1998, 179, 181 ff.; VG Bern, Urt. v. 01.10.1998, BVR 1999, 189, 191.

[734] VG Bern, Urt. v. 08.12.1997, BVR 1998, 319, 323 f.; VG Bern, Urt. v. 15.09.1997, BVR 1998, 179, 181 ff.; VG Bern, Urt. v. 01.10.1998, BVR 1999, 189, 191.

[735] VG Bern, Urt. v. 26.08.1996, BVR 1997, 241, 245.

[736] VG Bern, Urt. v. 26.08.1996, BVR 1997, 241, 247 u. 251.

[737] VG Bern, Urt. v. 26.08.1996, BVR 1997, 241, 251.

wiederum entspricht der schweizerischen Rechtsprechungstradition, der auch das Bundesgericht folgte, indem es die Problematik mehrpoliger Grundrechtskonstellationen kaum dogmatisch aufarbeitete, sondern in der Tendenz pragmatisch im Rahmen einer Verhältnismäßigkeitsprüfung eine Entscheidung traf.[738] Art. 17 Abs. 3 der bernischen Kantonsverfassung und seine Reichweite waren schließlich im Jahr 1999 noch einmal Gegenstand einer Entscheidung des bernischen Verwaltungsgerichts, in der das kantonale Grundrecht ebenfalls selbständige Bedeutung entfaltete, wenngleich die Beschwerde auch hier im Ergebnis abgewiesen wurde.[739]

Das kantonale Recht auf Datenschutz spielte seinerseits in einer weiteren Entscheidung des bernischen Verwaltungsgerichts eine Rolle, wo das Verwaltungsgericht im Tenor konstatierte, dass das Anlegen einer Krankengeschichte durch den Arzt ein Bearbeiten von besonders schützenswerten Personendaten darstelle, welches das in Art. 12 der Kantonsverfassung geschützte Recht der persönlichen Freiheit berühre.[740] Interessant ist jedoch, dass das Gericht in den Erwägungen ausschließlich auf das entsprechende bundesverfassungsrechtliche Grundrecht bzw. die bundesgerichtliche Rechtsprechung dazu rekurrierte und den Inhalt der kantonalen Garantie nicht autonom bestimmte.[741] Eigenständige Wirkung entfaltete in der fraglichen Entscheidung hingegen das in Art. 18 Abs. 1 gewährleistete Recht des Einzelnen, die über ihn bearbeiteten Akten einzusehen und zu verlangen, dass unrichtige Daten berichtigt und ungeeignete oder unnötige Daten vernichtet werden,[742] obwohl das Bundesgericht kurz zuvor einen entsprechenden Anspruch auf Bundesebene aus Art. 4 BV 1874, dem ungeschriebenen Grundrecht der persönlichen Freiheit sowie Art. 8 EMRK abgeleitet hatte.[743] Dies ändert jedoch nichts an der grundsätzlichen Tendenz, dass in der Regel nur diejenigen kantonalen Grundrechte praktische Relevanz hatten, welche auf Bundesebene keine exakte Entsprechung fanden, während denjenigen kantonalen Grundrechten, die auch auf Bundesebene garantiert waren, keine Bedeutung mehr zukam. Allenfalls in Einzelfällen wurden derartige kantonale Grundrechte noch zusätzlich zu dem einschlägigen Bundesgrundrecht zitiert, etwa die in Art. 16 der bernischen Kantonsverfassung garantierte Niederlassungsfreiheit in einem Entscheid des Verwaltungsgerichts zur Niederlassungsfreiheit, ohne dass die kantonale Garantie darin freilich eine selbständige Bedeutung gehabt hätte.[744]

Allen Entscheiden, in denen kantonale Grundrechte selbständige Bedeutung entfalteten, ist gemeinsam, dass sie sich, soweit ersichtlich, auf Rechtsgebiete be-

---

738 S. dazu oben, § 8 I.5. a) aa) bbb); für die Zeit nach 1945 s. exemplarisch BGE 113 Ia, 1, 4 ff. E. 4 für das Verhältnis von Akteneinsichtsrecht und Privatsphäre der Bürger; ähnlich BGE 113 Ia, 257, 261 ff. E. 4.

739 VG Bern, Urt. v. 28.07.1999, BVR 2000, 1, 2 ff.

740 VG Bern, Urt. v. 28.01.1998, BVR 1998, 529, 529.

741 VG Bern, Urt. v. 28.01.1998, BVR 1998, 529, 531.

742 VG Bern, Urt. v. 28.01.1998, BVR 1998, 529, 532.

743 BGE 122 I, 153, 161 f. E. 6b).

744 VG Bern, Urt. v. 26.03.1999, BVR 1999, 337, 340.

zogen, für die die Kantone die Gesetzgebungskompetenz besitzen, wie zum Beispiel das Fürsorgewesen, das Gesundheitswesen oder den kantonalen Datenschutz. Daher trat das Problem der Heranziehung kantonaler Grundrechte bei der Anwendung von Bundesrecht nicht auf, so dass die Existenz der Grundrechte der bernischen Kantonsverfassung nicht zu einer Ausfüllung bundesrechtlicher Ermessens- und Beurteilungsspielräume im Lichte kantonaler Grundrechte genutzt werden konnte. Auffällig ist schließlich, dass das bernische Verwaltungsgericht sich in vielen Entscheiden mit den Garantien der EMRK und deren Reichweite auseinander setzte,[745] während der Großteil der in der neuen Kantonsverfassung verankerten Grundrechte wie etwa die Meinungsfreiheit, die Presse- und Versammlungsfreiheit oder die Wirtschaftsfreiheit in den verwaltungsgerichtlichen Entscheidungen überhaupt nicht von Relevanz war.

Ein ganz ähnlicher Befund ergibt sich für die grundrechtsbezogene Verwaltungsrechtsprechung im Kanton Basel-Landschaft, der seit 1984 über eine totalrevidierte Verfassung mit umfangreichen und zum Teil innovativen Grundrechtsgarantien verfügte.[746] Überhaupt keine Berücksichtigung in der Rechtsprechung des basellandschaftlichen Verwaltungsgerichts sowie des Obergerichts fanden diejenigen kantonalen Grundrechte, die, wie die Glaubens- und Gewissensfreiheit, die Meinungs- und Pressefreiheit, die Vereinigungsfreiheit sowie die Versammlungsfreiheit, eine Entsprechung auf Bundesebene besaßen.[747] Selbiges gilt u.a. für die Kunstfreiheit, die Wissenschaftsfreiheit, den Schutz vor Datenmissbrauch sowie für die Kundgebungsfreiheit, obwohl gerade die beiden letztgenannten Gewährleistungen über kein bundesrechtliches Pendant verfügten. Oft war es das basellandschaftliche Verwaltungsgericht selbst, das sich in einer Entscheidung zwar mit dem Verhältnis des einschlägigen kantonalen Grundrechts zu den Bundesgrundrechten beschäftigte, dem kantonalen Grundrecht aber sogleich einen über die Bundesgrundrechte hinaus gehenden Bedeutungsgehalt absprach. Deutlich wird dies zum Beispiel in einer Entscheidung aus dem Jahr 1999, in der das basellandschaftliche Verwaltungsgericht im Zusammenhang mit der gerichtlichen Beurteilung der Rechtmäßigkeit der Zulassung des Schießens an Banntagen und der Beschaffung des Schießpulvers eine eigenständige Bedeutung des von der Beschwerdeführerin angerufenen § 6 Abs. 1 lit. a) der basellandschaftlichen Kantonsverfassung, welcher das Recht auf Leben, die psychische und physische Integrität sowie die Bewegungsfreiheit schützt, verneinte, da die kantonale Garantie nicht weiter gehe als das entsprechende Bundesgrundrecht.[748] Ähnliches lässt sich in Bezug auf die in §§ 7, 8 der basellandschaftlichen Verfassung gewährleistete Gleichberechtigung von Frau und Mann sagen, hinsichtlich der das basellan d-

[745] Exemplarisch dazu s. VG Bern, Urt. v. 06.04.1998, BVR 1998, 452, 454; Urt. v. 06.08.1998, 26, 28 zu Art. 6 Ziff. 1 EMRK; Urt. v. 14.04.1999, BVR 1999, 385, 386 ff. zu Art. 8 EMRK.

[746] Ausführlich dazu oben, § 8 III.2. b) aa) aaa).

[747] *Biaggini/Gutmannsbauer*, Die Bedeutung der Grundrechtsgarantien der basellandschaftlichen Kantonsverfassung in der Verfassungsrechtsprechung, in: Biaggini et al. (Hrsg.), Staats- und Verwaltungsrecht des Kantons Basel-Landschaft II, S. 5, 11 f.

[748] BLVGE 1998/1999, 132, 146 ff. E. 9.

schaftliche Verwaltungsgericht ebenfalls zur Erkenntnis kam, dass sie nicht über die entsprechende bundesrechtliche Garantie hinaus gehe.[749] Ebenfalls keine Berücksichtigung in der kantonalen verwaltungsgerichtlichen Rechtsprechung fand die in § 6 Abs. 2 lit. c) der Kantonsverfassung verbürgte Informationsfreiheit. So rekurrierte das basellandschaftliche Verwaltungsgericht in einem Urteil aus dem Jahr 1992 bezüglich der Zulässigkeit eines Verbots von Dachantennen ausschließlich auf die ungeschriebene bundesverfassungsrechtliche Garantie der Informationsfreiheit und konkretisierte deren Schutzbereich unter Rückgriff auf Art. 10 EMRK, ohne die kantonale Gewährleistung mit einem einzigen Wort zu erwähnen.[750] In ähnlicher Weise reduzierte das basellandschaftliche Verwaltungsgericht von vorneherein den Bedeutungsgehalt von § 9 Abs. 3 der kantonalen Verfassung, welcher dem Einzelnen im Wesentlichen ein Recht auf ein faires Verfahren gewährleistet, indem er einen Anspruch auf rechtliches Gehör, auf eine faire Behandlung, auf eine Begründung sowie eine Rechtsmittelbelehrung verleiht. Das Gericht betonte dabei stets, dass § 9 Abs. 3 der Kantonsverfassung trotz seines weit reichenden Wortlauts nicht über die aus Art. 4 BV 1874 abgeleiteten Garantien der Bundesverfassung hinaus gehe.[751] Lediglich im Falle einer fehlenden oder unrichtigen Rechtsmittelbelehrung etablierte das kantonale Verwaltungsgericht einen kantonalen Standard, welcher für den Rechtssuchenden großzügiger war als der vom Bundesgericht entwickelte Standard.[752]

Insgesamt rar sind diejenigen Fälle, in denen das basellandschaftliche Verwaltungsgericht einer kantonalen Grundrechtsgarantie eine eigenständige Bedeutung beimaß. Ein solches Beispiel stellt ein Urteil aus dem Jahr 2000 zur Frage der Verletzung des allgemeinen Gleichheitssatzes im Zusammenhang mit Einbürgerungen dar, in dem die Anwendung kantonaler Grundrechte freilich in erster Linie darauf beruhte, dass nicht ganz klar war, ob die alte Bundesverfassung oder die zum 1.1. 2000 in Kraft getretene, neue Bundesverfassung anwendbar sein sollte. Das basellandschaftliche Verwaltungsgericht führte in der fraglichen Entscheidung aus, dass dahin stehen könne, ob die alte oder die neue Bundesverfassung anwendbar sei, da das Gebot der Rechtsgleichheit auch in § 7 der basellandschaftlichen Kantonsverfassung enthalten sei.[753] An dieser Entscheidung wird beson-

[749] BLVGE 1994, 84, 89 E. 3a).

[750] BLVGE 1992, 107, 108 f. E. 2; ähnlich auch BLVGE 1994, 104, 107 E. 3; BLVGE 1991, 80, 81 f. E. 1 f.; s. dazu *Biaggini/Gutmannsbauer*, Die Bedeutung der Grundrechtsgarantien der basellandschaftlichen Kantonsverfassung in der Verfassungsrechtsprechung, in: Biaggini et al. (Hrsg.), Staats- und Verwaltungsrecht des Kantons Basel-Landschaft II, S. 5, 15.

[751] BLVGE 1992, 63, 64 f. E. 2; 1994, 59, 59 ff. E. 2; 1997, 106, 108 E. 2.

[752] BLVGE 1988, 18, 20 E. 2; 1992, 39, 39 f. E. 2; vgl. *Biaggini/Gutmannsbauer*, Die Bedeutung der Grundrechtsgarantien der basellandschaftlichen Kantonsverfassung in der Verfassungsrechtsprechung, in: Biaggini et al. (Hrsg.), Staats- und Verwaltungsrecht des Kantons Basel-Landschaft II, S. 5, 24.

[753] BLVGE 2000, 16, 30 E. 7.2.1; vgl. dazu *Biaggini/Gutmannsbauer*, Die Bedeutung der Grundrechtsgarantien der basellandschaftlichen Kantonsverfassung in der Verfassungsrechtsprechung, in: Biaggini et al. (Hrsg.), Staats- und Verwaltungsrecht des Kantons Basel-Landschaft II, S. 5, 20 f.

ders deutlich, dass kantonale Grundrechte fast ausschließlich dann von Relevanz waren, wenn auf Bundesebene kein entsprechender Grundrechtsschutz bestand oder zumindest eine gewisse Unsicherheit hinsichtlich der bundesrechtlichen Rechtslage herrschte. Eine Ausnahme insoweit ergab sich bezüglich § 16 der basellandschaftlichen Kantonsverfassung, der dem Einzelnen einen Anspruch auf Existenzsicherung gewährt und der auf Bundesebene seit 1995 sein Pendant in der ungeschriebenen Garantie des Existenzminimums hatte. Das basellandschaftliche Verwaltungsgericht entschied diesbezüglich im Jahr 1997, dass es sich bei § 16 der Kantonsverfassung um ein klagbares Grundrecht handle und bestimmte dessen Reichweite, obwohl eine entsprechende bundesrechtliche Gewährleistung existierte.[754] Interessant an dieser Entscheidung ist ferner, dass das basellandschaftliche Verwaltungsgericht das in § 17 lit. d) der Kantonsverfassung verankerte Recht auf Wohnung nicht als Grundrecht anerkannte, sondern darin lediglich einen Auftrag an den Kanton und die Gemeinden erblickte,[755] wodurch das Gericht einen Konflikt zwischen dem kantonalen Grundrecht und dem Bundesrecht geschickt vermied, nachdem die Gesetzgebungskompetenz für den fraglichen Bereich, wie im Übrigen auch hinsichtlich eines Rechts auf Arbeit, überwiegend beim Bund lag und den Kantonen daher kaum ein Gestaltungsspielraum zukam.[756] Eine noch zurückhaltendere Position den kantonalen Grundrechten gegenüber als das basellandschaftliche Verwaltungsgericht nahm das basellandschaftliche Obergericht ein, indem es sich mit der Tragweite der kantonalen Garantie der persönlichen Freiheit etwa gar nicht erst auseinander setzte, sondern stets allein auf das ungeschriebene Bundesgrundrecht Bezug nahm.[757]

Insgesamt lässt sich daher mit *Biaggini/Gutmannsbauer* sagen, dass die basellandschaftlichen Grundrechtsgarantien in der kantonalen Rechtsprechung nur eine marginale Rolle spielten und die kantonalen Gerichte stattdessen auf die Bundesgrundrechte oder die EMRK abstellten, häufig, ohne die kantonalen Gewährleistungen überhaupt zu erwähnen.[758] *Biaggini/Gutmannsbauer* machen für die „bundesrechtliche[r] Auszehrung“[759] der kantonalen Grundrechte neben der schöpferischen Grundrechtsjudikatur des Bundesgerichts und dem Wirksamwerden der EMRK vor allem den Umstand verantwortlich, dass auf kantonaler

754 BLVGE 1997, 113, 116 E. 5b).

755 BLVGE 1997, 113, 115 E. 4a) u. b); zum Ganzen s. *Biaggini/Gutmannsbauer*, Die Bedeutung der Grundrechtsgarantien der basellandschaftlichen Kantonsverfassung in der Verfassungsrechtsprechung, in: Biaggini et al. (Hrsg.), Staats- und Verwaltungsrecht des Kantons Basel-Landschaft II, S. 5, 26.

756 Vgl. *Kurer*, Die kantonalen Grundrechtsgarantien, S. 162.

757 S. dazu die Beispiele bei *Biaggini/Gutmannsbauer*, Die Bedeutung der Grundrechtsgarantien der basellandschaftlichen Kantonsverfassung in der Verfassungsrechtsprechung, in: Biaggini et al. (Hrsg.), Staats- und Verwaltungsrecht des Kantons Basel-Landschaft II, S. 5, 14.

758 *Biaggini/Gutmannsbauer*, Die Bedeutung der Grundrechtsgarantien der basellandschaftlichen Kantonsverfassung in der Verfassungsrechtsprechung, in: Biaggini et al. (Hrsg.), Staats- und Verwaltungsrecht des Kantons Basel-Landschaft II, S. 5, 30.

759 *Biaggini/Gutmannsbauer*, Die Bedeutung der Grundrechtsgarantien der basellandschaftlichen Kantonsverfassung in der Verfassungsrechtsprechung, in: Biaggini et al. (Hrsg.), Staats- und Verwaltungsrecht des Kantons Basel-Landschaft II, S. 5, 30.

Ebene, *in concreto* im Kanton Basel-Landschaft, keine rein kantonale Verfassungsgerichtsbarkeit existierte, sondern kantonale Rechtsakte auch am Maßstab der Bundesgrundrechte und der EMRK zu überprüfen waren bzw. sind.[760] Ein weiterer Faktor sei die oft allzu defensive kantonale Rechtsprechung, die den kantonalen Grundrechten einen über die Bundesgrundrechte hinausgehenden Gehalt allzu rasch abgesprochen habe.[761] Schließlich könne die marginale Rolle der kantonalen Grundrechte darauf zurück zu führen sein, dass sich die kantonalen Grundrechte noch nicht hinreichend im Bewusstsein der basellandschaftlichen Rechtsgemeinschaft, insbesondere der Beschwerdeführer und ihrer Rechtsvertreter, festgesetzt hätten.[762] Aus der „eher marginale[n] Rolle der kantonalen Grundrechte in der Rechtsprechung" dürfe nach *Biaggini/Gutmannsbauer* jedoch nicht automatisch auf eine mangelnde Effektivität der kantonalen Grundrechte geschlossen werden, da diese auch ein Zeichen dafür sein könne, dass die kantonale Gesetzgebungs- und Verwaltungspraxis rechtsstaatlichen Standards genüge und daher eine Berufung auf kantonale Grundrechte als „letzte[n] Rettungsanker" entbehrlich erscheine.[763]

Unabhängig von möglichen Ursachen der Zurückdrängung der kantonalen Grundrechte in der Rechtsprechung insgesamt wird deutlich, dass die Bilanz der Anwendung kantonaler Grundrechte beispielsweise im Tessin noch dürftiger ausfällt als etwa im Kanton Basel-Landschaft. Bei der Durchsicht der Entscheide der tessinischen Gerichte fällt auf, dass Grundrechte der 1997 totalrevidierten Kantonsverfassung bis zum Jahr 2000 nur selten Berücksichtigung fanden, während die EMRK vergleichsweise häufig als Prüfungsmaßstab heran gezogen

[760] *Biaggini/Gutmannsbauer*, Die Bedeutung der Grundrechtsgarantien der basellandschaftlichen Kantonsverfassung in der Verfassungsrechtsprechung, in: Biaggini et al. (Hrsg.), Staats- und Verwaltungsrecht des Kantons Basel-Landschaft II, S. 5, 30; diese Ursache für die geringe praktische Bedeutung kantonaler Grundrechte erwägt auch *Eichenberger*, Der Verfassungsbegriff auf Bundes- und Kantonsebene, in: Eichenberger et al. (Hrsg.), Die Baselstädtische Kantonsverfassung, S. 33, 48; ähnlich auch *Auer/Malinverni/Hottelier*, Droit constitutionnel, Vol. 2, Rn. 88; *Auer*, ZBl. 1990, 14, 20 f.; *Borghi*, Diritti sociali e controllo giudiziario di costituzionalità: una costituzione per garantire l'effettività sociale dei diritti individuali, in: Aubert et al. (Hrsg.) La revisione totale della costituzione ticinese, S. 67, 75 f.; *Thürer*, ZBl. 1996, 433, 441 f.; *Dépraz*, SJZ 2002, 293, 294.

[761] *Biaggini/Gutmannsbauer*, Die Bedeutung der Grundrechtsgarantien der basellandschaftlichen Kantonsverfassung in der Verfassungsrechtsprechung, in: Biaggini et al. (Hrsg.), Staats- und Verwaltungsrecht des Kantons Basel-Landschaft II, S. 5, 31; ähnlich allgemein auch *Schefer/Ziegler*, Die Grundrechte der Kantonsverfassung Basel-Stadt, in: Buser, Neues Handbuch des Staats- und Verwaltungsrechts des Kantons Basel-Stadt, S. 57, 75 f.

[762] *Biaggini/Gutmannsbauer*, Die Bedeutung der Grundrechtsgarantien der basellandschaftlichen Kantonsverfassung in der Verfassungsrechtsprechung, in: Biaggini et al. (Hrsg.), Staats- und Verwaltungsrecht des Kantons Basel-Landschaft II, S. 5, 31; ähnlich auch *Kurer*, Die kantonalen Grundrechtsgarantien, S. 41; *Schefer/Ziegler*, Die Grundrechte der Kantonsverfassung Basel-Stadt, in: Buser, Neues Handbuch des Staats- und Verwaltungsrechts des Kantons Basel-Stadt, S. 57, 75 f.

[763] *Biaggini/Gutmannsbauer*, Die Bedeutung der Grundrechtsgarantien der basellandschaftlichen Kantonsverfassung in der Verfassungsrechtsprechung, in: Biaggini et al. (Hrsg.), Staats- und Verwaltungsrecht des Kantons Basel-Landschaft II, S. 5, 31.

wurde.[764] Wurden kantonale Grundrechte tatsächlich einmal erwähnt, dann oft nur zusammen mit der entsprechenden bundesrechtlichen Garantie, so dass der kantonalen Gewährleistung keine eigenständige Bedeutung zukam.[765] Eine Ausnahme insoweit stellt lediglich das in Art. 13 Abs. 1 der Kantonsverfassung verankerte Recht auf das Existenzminimum, insbesondere auf ein Obdach, dar, welches vom Tessiner Appellationsgericht in einer Entscheidung heran gezogen wurde, um einen Anspruch auf Prozesskostenhilfe zu bejahen, obwohl die Beschwerdeführer über eine Wohnung verfügten, da der Besitz einer Wohnung zu dem in Art. 13 Abs. 1 der Kantonsverfassung geschützten Existenzminimum zähle.[766] Interessant an der Entscheidung ist, wie das Tessiner Gericht das kantonale Grundrecht im Rahmen der Anwendung der kantonalen Zivilprozessordnung von 1971 schulmäßig als Auslegungshilfe für das Kriterium der Bedürftigkeit im konkreten Fall heran zog.[767] Insoweit kann man davon sprechen, dass ein kantonales Grundrecht bei der Auslegung eines kantonalrechtlichen unbestimmten Rechtsbegriffs eigenständige Bedeutung entfaltete, was beweist, dass kantonale Grundrechte dann Relevanz haben konnten, wenn die kantonalen Gerichte bereit waren, sie zur Anwendung zu bringen, wobei in dem fraglichen Fall zusätzlich der Umstand eine Rolle gespielt haben mag, dass der zu entscheidende Sachverhalt einen Bereich betraf, der in die Gesetzgebungszuständigkeit der Kantone fiel. Dennoch unterstreicht der Fall aber die Bedeutung der kantonalen Gerichte für die Aktualisierung der kantonalen Grundrechte.

Eine mutige Entscheidung hat schließlich das Verwaltungsgericht des Kantons Aargau getroffen, indem es der Systematik der Kantonsverfassung einen über die entsprechende bundesrechtliche Garantie hinaus gehenden Schutzgehalt eines kantonalen Grundrechts entnahm. Konkret ging es in dem Fall um die Frage der Einstufung des Verteilens von Druckschriften auf öffentlichem Grund als bewilligungspflichtigen, gesteigerten Gemeingebrauch. Das aargauische Verwaltungsgericht entschied, dass die Einbeziehung der Pressefreiheit als Teilaspekt der in Art. 18 Abs. 1 der Kantonsverfassung garantierten Meinungsäußerungsfreiheit bewirke, dass die Schutzwirkung zu Gunsten des Verteilers von Druckschriften auf öffentlichem Grund nach kantonalem Verfassungsrecht weiter gehe als nach Art. 55 BV 1874, da die Kantonsverfassung, anders als das Bundesrecht, das Pressewesen keinen besonderen Beschränkungen unterwerfe.[768] An diesem Urteil wird besonders deutlich, dass kantonale Grundrechte dann eine eigenständige

---

[764] S. dazu die Auflistung bei *Borghi*, Massimario e indici, Giurisprudenza amministrativa (1976–2003) e tributaria (1991–2003) ticinese, S. 470 ff. sowie S. 689.

[765] Vgl. etwa Versicherungsgericht des Kantons Tessin, Urt. v. 05.03.1998 – N.39.97.00046–47 –, Rivista di diritto amministrativo e tributario ticinese II-1998, 28, 29 f.

[766] Appellationsgericht des Kantons Tessin, Urt. v. 12.02.1999 – N.11.99.6 –, Rivista di diritto amministrativo e tributario ticinese II-1999, 45, 46.

[767] Appellationsgericht des Kantons Tessin, Urt. v. 12.02.1999 – N.11.99.6 –, Rivista di diritto amministrativo e tributario ticinese II-1999, 45, 46.

[768] Verwaltungsgericht des Kantons Aargau, Urt. v. 11.08.1975, ZBl. 1976, 36, 38 f. E. 2c).; vgl. dazu *Kälin*, ZBl. 1987, 233, 246 f.

Wirkung entfalten konnten, wenn die kantonalen Gerichte willens waren, eine sowohl mutige als auch dogmatisch fundierte Interpretation der Kantonsverfassung vorzunehmen.

6. Zwischenergebnis

Die Zeit zwischen 1946 und 1999 ist gekennzeichnet einerseits durch eine zunehmende Verlagerung von Kompetenzen auf den Bund, insbesondere im Bereich der Gesetzgebung, und andererseits durch die Weiterentwicklung und den Ausbau des Grundrechtsschutzes auf Bundesebene wie auf kantonaler Ebene. Bevor eine derartige Fortentwicklung des Grundrechtsschutzes ihren Anfang nehmen konnte, galt es zunächst, das während des 2. Weltkrieges eingeführte Notrecht zu beseitigen, was erst im Laufe der 1950er Jahre gelang. Weitere wichtige Bausteine im Zusammenhang mit der Ausdifferenzierung des Grundrechtsschutzes stellten der Ausbau der Verwaltungsgerichtsbarkeit in Bund und Kantonen sowie vor allem der Beitritt der Schweiz zur EMRK im Jahr 1974 dar. Den wichtigsten Beitrag zum Ausbau des Grundrechtsschutzes auf Bundesebene lieferte jedoch das Bundesgericht, als es im Jahr 1960 damit begann, auf Grundlage der kantonalen Grundrechtsverbürgungen sowie des Einflusses internationaler Menschenrechtspakte den damals noch lückenhaften Grundrechtskatalog auf Bundesebene durch die Entwicklung ungeschriebener Bundesgrundrechte zu ergänzen und auszubauen. Auf diese Weise wurden die Eigentumsfreiheit, die die Meinungsäußerungsfreiheit einschließlich des Rechts auf Empfang von Meinungen aus allgemein zugänglichen Quellen, die Sprachenfreiheit, die persönliche Freiheit einschließlich des Rechts auf informationelle Selbstbestimmung, die Versammlungsfreiheit, die Gleichberechtigung von Mann und Frau sowie das Recht auf Existenzsicherung zum Bestandteil des bundesrechtlichen Grundrechtekataloges, wobei die Eigentumsfreiheit und die Gleichberechtigung von Mann und Frau später explizit Eingang in die Bundesverfassung fanden.

Auch auf kantonaler Ebene erfuhr der Grundrechtsschutz im fraglichen Zeitraum eine Fortentwicklung, was zum einen an der Totalrevision verschiedener Kantonsverfassungen und zum anderen an der Neuschaffung der jurassischen Kantonsverfassung lag. Mitte der 1960er begann mit Nidwalden der erste Kanton damit, seine Verfassung einer Totalrevision zu unterziehen. Zahlreiche weitere Kantone folgten, so dass sich bis zum Jahr 2000 der Grundrechtsschutz auf kantonaler Ebene erheblich weiterentwickelt und ausdifferenziert hatte. Insbesondere im Bereich der Freiheitsrechte kam es zu Fortentwicklungen, etwa durch die Aufnahme von Grundrechten wie dem Recht auf Leben sowie auf körperliche und geistige Unversehrtheit, dem Recht auf Ehe und Familie, den Schutz der Privatsphäre sowie der Freiheit von Lehre, Forschung und Kunst. Darüber hinaus fanden besondere Gleichheitssätze und soziale Grundrechte wie das Recht auf das Existenzminimum Eingang in die totalrevidierten Kantonsverfassungen, wobei speziell im Kanton Bern neuartige Grundrechte wie ein allgemeiner Anspruch auf Akteneinsicht sowie ein allgemeines Willkürverbot hinzu kamen. Die jurassische Kantonsverfassung von 1977 setzte ebenfalls neue Impulse beim kantonalen Grundrechtsschutz, nachdem sie einen Grundrechtskatalog gleich dem einer Verfassung eines Staates enthielt.

Während sich bei den Ansatzpunkten zur grundrechtsbezogenen Kollisions- und Konfliktvermeidung sowie bei der Grundrechtsbindung und dem Prüfungsmaßstab kaum Veränderungen im Vergleich zur Zeit vor 1945 zeigten und die Kollisionsregel vom Vorrang des Bundesrechts vor den kantonalen Grundrechten nach wie vor zur Zurückdrängung der kantonalen Grundrechte beitrug,[769] erwiesen sich die Gerichte als entscheidender Faktor für die Entwicklung des Verhältnisses von Bundesgrundrechten und kantonalen Grundrechten. Das Bundesgericht sorgte durch die Schaffung ungeschriebener Bundesgrundrechte auf Basis des bestehenden kantonalen Grundrechtsschutzes sowie internationaler Grundrechtsübereinkommen wie der EMRK für eine weitestgehende Angleichung von Bundesgrundrechten und kantonalen Grundrechten, wodurch den kantonalen Grundrechten zwar eine Schrittmacher- und Vorbildfunktion für die Bundesgrundrechte zukam, ihnen jedoch zugleich für die Zukunft jegliche eigenständige Bedeutung genommen wurde.[770] Hinzu kam die weite Auslegung der Bundesgrundrechte durch das Bundesgericht, welche ebenfalls dazu beitrug, dass die allermeisten kantonalen Grundrechte ihre eigenständige Relevanz einbüßten. Auf Grund der im Vergleich zum deutschen und zum unionsrechtlichen System bestehenden schweizerischen Besonderheit, wonach das Bundesgericht auch für die letztverbindliche Auslegung kantonaler Grundrechte zuständig ist und darüber in freier Kognition entscheidet, konnte das Bundesgericht auch dort, wo auf dem Papier weiter gehende kantonale Grundrechte existierten, eine Angleichung an den bundesrechtlichen Standard im Sinne einer konformen Auslegung vornehmen, so dass etwaige Konflikte zwischen kantonalen Grundrechten und den Bundesgrundrechten oder sonstigem Bundesrecht von vornherein vermieden wurden. Daran änderte auch der Umstand nichts, dass das Bundesgericht seine Prüfungsdichte in Fällen mit föderalem Bezug mit Rücksicht auf die größere Sachnähe der kantonalen Instanzen mitunter reduzierte und zumindest seit den 1970er Jahren als Ausgangspunkt meist diejenige Auslegung der kantonalen Grundrechte zu Grunde legte, von der das oberste kantonale Gericht im konkreten Fall ausgegangen war. Allerdings existierte zu der Mehrzahl der kantonalen Grundrechte keine eigene, gefestigte kantonale Judikatur, auf die das Bundesgericht hätte zurückgreifen können, was nicht zuletzt darauf zurück zu führen ist, dass auf kantonaler Ebene zwischen 1945 und 1999 in den allermeisten Kantonen keine Verfassungsgerichtsbarkeit existierte, die eine autonome Auslegung der kantonalen Grundrechtsgarantien hätte vornehmen können und die richterliche Erst-Auslegung des kantonalen Verfassungsrechts deshalb „zu einem nicht un-

---

[769] So auch *Auer*, ZBl. 1990, 14, 18.

[770] Vgl. auch *Schefer/Ziegler*, Die Grundrechte der Kantonsverfassung Basel-Stadt, in: Buser, Neues Handbuch des Staats- und Verwaltungsrechts des Kantons Basel-Stadt, S. 57, 70.

wesentlichen Teil nach ‚Lausanne'" abwanderte.[771] Hinzu kommt, dass selbst in den Kantone Nidwalden und Jura, die über eine Verfassungsgerichtsbarkeit verfügten, diese nicht auf ein eigens dafür eingerichtetes Organ übertragen wurde, sondern vielmehr beim jeweiligen Kantonsgericht angesiedelt war, weshalb enge personelle Verbindungen mit der kantonalen Instanzgerichtsbarkeit bestanden, welche die Herausbildung einer autonomen verfassungsgerichtlichen Rechtsprechung erschwerten.

Die Auslegung der jeweiligen Kantonsverfassung oblag damit grundsätzlich allen kantonalen Gerichten, die jedoch wiederum zu großer Zurückhaltung neigten, was die Interpretation der jeweiligen kantonalen Grundrechte anbetrifft und nicht selten selbst großzügig formulierte Grundrechtsbestimmungen im Sinne einer bundesrechtskonformen Auslegung bzw. einer Angleichung an die bundesgerichtliche Rechtsprechung auf ein bundesrechtlich akzeptiertes Minimum reduzierten.[772] Darüber hinaus wurden von den kantonalen Gerichten neben den Bundesgrundrechten an Stelle der kantonalen Grundrechte im Sinne einer Konfliktvermeidung durch Übernahme eines fremden Prüfungsmaßstabes häufig die einschlägigen Grundrechte der EMRK zitiert, was sich bereits damit begründen lässt, dass schon die Beschwerdeführer von sich aus nur äußerst selten eine Verletzung kantonaler Grundrechte rügten. Eigenständige Bedeutung konnten die kantonalen Grundrechtsgarantien daher allenfalls dort erlangen, wo auf Bundesebene keine entsprechende Garantie bestand, etwa beim allgemeinen Recht auf Akteneinsicht, wo die kantonalen Gerichte sich vorrangig auf die kantonalen Verfassungsbestimmungen stützten, wie dies etwa beim Recht auf Existenzsicherung der Fall war, oder wo die kantonalen Gerichte im Einzelfall eine mutige Interpretation eines kantonalen Grundrechts wagten. Auffällig ist in diesem Zusammenhang ferner, dass kantonale Grundrechte vor allem dann alleine zitiert wurden, wenn die Kantone, wie etwa beim Fürsorgerecht, in dem fraglichen Bereich über die Gesetzgebungskompetenz verfügten,[773] was darauf schließen lässt, dass trotz des Fehlens einer spezialisierten Verfassungsgerichtsbarkeit auch in der Schweiz zumindest in dieser Epoche die Verteilung der Gesetzgebungskompetenzen Einfluss auf die Bedeutung der kantonalen Grundrechte besaß. Die kantonalen Gerichte hatten grundsätzlich die Möglichkeit, kantonale Grundrechte bei der Anwendung von Bundesrecht heran zu ziehen, sofern sich entsprechende Spielräume hierfür ergaben, doch wurde von dieser Möglichkeit, soweit ersichtlich, kein Gebrauch gemacht. Zu Zuständigkeits- oder Jurisdiktionskonflikten zwischen den beteiligten Gerichten kam es indes nicht, da die Rechtsprechungskompetenzen zwischen Bundesgericht und kantonalen Gerichten klar verteilt waren. Das Problem der mehrpoligen Grundrechtskonstellationen schließlich

[771] Vgl. *Biaggini*, Verfassungsvergleichung im Dienst der Verfassungserneuerung, in: Dähler/Kölz/Notter (Hrsg.), Wozu eine neue Kantonsverfassung?, S. 105, 121 f.; s. auch *Häfelin*, Die Grundrechte in den Schweizer Kantonsverfassungen, in: Novak/Sutter/Hasiba (Hrsg.), Der Föderalismus und die Zukunft der Grundrechte, S. 27, 45.

[772] So auch *Knapp*, ZSR 1984 II, 275, 338 f.

[773] So im Ergebnis auch *Buser*, Kantonales Staatsrecht, Rn. 550.

stellte sich sowohl auf Bundesebene als auch auf kantonaler Ebene und wurde in beiden Fällen auf pragmatische Art und Weise im Rahmen einer Verhältnismäßigkeitsprüfung gelöst.

Insgesamt lässt sich sagen, dass die kantonalen Grundrechte zwischen 1946 und 1999 insbesondere durch das Fehlen einer spezialisierten und personell unabhängigen kantonalen Verfassungsgerichtsbarkeit sowie durch die von den kantonalen Gerichten angewandten Instrumente der Selbstbeschränkung und der schöpferischen Rechtsprechung des Bundesgerichts im Grundrechtsbereich, verbunden mit dem Streben nach Grundrechtskonvergenz, in ihrer praktischen Relevanz immer weiter zurück gedrängt wurde, wobei jedoch andererseits nicht übersehen werden darf, dass es die kantonalen Grundrechte waren, welche eine wichtige Schrittmacher- und Vorbildfunktion für die Bundesebene ausübten und die grundrechtsbezogene Rechtsprechung des Bundesgerichts in erheblichem Maße inspiriert und vorwärts gebracht haben.

IV. Zusammenfassung

Der Grundrechtsschutz im System der schweizerischen Bundesverfassung von 1874 zeichnet sich durch eine immer weiter voranschreitende Grundrechtsvereinheitlichung zu Gunsten der Bundesgrundrechte aus, welche ihrerseits allerdings in wesentlichen Teilen durch die kantonalen Grundrechte inspiriert wurde. Durch die Totalrevision der Bundesverfassung im Jahr 1874 wurde der Grundrechtsschutz auf Bundesebene erweitert, was dazu führte, dass die Kantone ihre Grundrechte mehrheitlich an den Bundesgrundrechten orientierten bzw. in einigen Fällen sogar auf die Verbürgung eigener Grundrechte verzichteten. Andererseits jedoch existierte zu dieser Zeit auf kantonaler Ebene eine Vielzahl an Grundrechten, die auf Bundesebene kein Pendant besaßen, nachdem die Bundesverfassung selbst auch nach der Totalrevision keinen umfassenden Grundrechtskatalog enthielt. Neben den Änderungen beim Grundrechtsschutz kam es im Zuge der Totalrevision zu einer Ausdehnung der Bundeskompetenzen, die sich in den folgenden Jahrzehnten, insbesondere während der beiden Weltkriege, aber auch danach immer weiter verstärkte und die ihrerseits die Zurückdrängung der kantonalen Grundrechte begünstigte. Zu Lasten der kantonalen Grundrechte wirkte sich zudem der Umstand aus, dass die Bundesverfassung in Art. 2 der Übergangsbestimmungen eine Kollisionsregel zu Gunsten des Bundesrechts enthielt, wonach die dem Bundesrecht widersprechenden kantonalen Grundrechte derogiert und inhaltsgleiche kantonalen Grundrechte nach der Rechtsprechung des Bundesgerichts jedenfalls keine eigenständige Bedeutung mehr hatten. Hinzu kommt, dass das Bundesgericht zur letztverbindlichen Auslegung der kantonalen Grundrechte befugt war, was deren Angleichung an die Bundesgrundrechte begünstigte, wenngleich das Bundesgericht sich regelmäßig an der Interpretation durch die kantonalen Instanzen orientierte. Diese allerdings vermochten keine eigenständige kantonale Grundrechtsjudikatur zu entwickeln, was vor allem darauf zurückzuführen ist, dass auf kantonaler Ebene keine spezialisierten Verfassungsgerichte existierten, sondern die kantonalen Gerichte sowohl Bundes- als auch kantonale Grundrechte anwandten, wobei sie sich regelmäßig auf die Heranziehung des einschlägigen Bundesgrundrechts beschränkten. Etwas anderes galt nur für diejenigen Bereiche, in denen die Bundesverfassung keine Grundrechte vorsah. Allerdings verloren auch hier die kantonalen Grundrechte an Bedeutung, als das Bundesgericht in den 1960er Jahren damit begann, auf Grundlage der kantonalen Grundrechte und der Garantien der internationalen Menschenrechtspakte ungeschriebene Grundrechte des Bundes zu entwickeln sowie nach dem Beitritt der Schweiz zur EMRK die Konventionsrechte als unmittelbaren Prüfungsmaßstab heran zu ziehen. Die Kantone ihrerseits unterzogen insbesondere ab Beginn der 1990er Jahre ihre Verfasssungen Totalrevisionen, die mit der Aufnahme neuer Grundrechte einher gingen. Belebung in die kantonale Grundrechtsentwicklung hatte zuvor schon das Inkrafttreten der Kantonsverfassung des Jura nach dessen Abspaltung vom Kanton Bern gebracht. Diese Entwicklungen auf kantonaler Ebene leisteten einen wichtigen Beitrag zur Kodifikation der Bundesgrundrechte in der Totalrevision der Bundesverfassung von 1999, so dass der kantonale Grundrechtsschutz trotz seiner geringen prozessualen Bedeutung, insbesondere ab den 1960er Jahren, dennoch einen wichtigen Beitrag zur Weiterentwicklung der Bundesgrundrechte leistete.

§ 9 Grundrechtsschutz im System der schweizerischen Bundesverfassung von 1999

I. Geschichtliche Entwicklungen

1. Bundesebene

a) Totalrevision der Bundesverfassung

Die neue Bundesverfassung von 1999, in Kraft getreten am 1. Januar 2000, beinhaltete im Wesentlichen eine Aktualisierung, die „das geltende geschriebene und ungeschriebene Verfassungsrecht nachführen, es verständlich darstellen, systematisch ordnen sowie Dichte und Sprache vereinheitlichen“ sollte.[1] Sie gibt das Verfassungsrecht, welches sich durch die zahlreichen Teilrevisionen und die Rechtspraxis bis zum Jahr 1999 herausgebildet hatte, in einer leicht verständlichen Sprache wieder und erleichtert durch eine übersichtliche Gliederung das Auffinden von Normen.[2] Insbesondere wurde ungeschriebenes Verfassungsrecht, das sich vor allem im Grundrechtsbereich entwickelt hatte, nunmehr in den Verfassungstext aufgenommen. Daneben weist die totalrevidierte Bundesverfassung auch punktuelle, inhaltliche Änderungen auf, die in erster Linie das Verhältnis zwischen Bund und Kantonen betreffen.[3] Unter anderem wurden neue Bundeskompetenzen begründet, etwa in den Bereichen Sicherheit, Berufsbildung, Jugendarbeit und Erwachsenenbildung, Kulturförderung, Finanzdienstleistungen sowie in Bezug auf das Verbot des Klonens,[4] wodurch die Rechtssetzungskompetenzen des Bundes eine weitere Ausdehnung erfuhren. Gleichzeitig wurde in Art. 42 Abs. 2 der neuen Bundesverfassung das Subsidiaritätsprinzip verankert,[5] wonach der Bund diejenigen Aufgaben übernehmen sollte, die einer einheitlichen Regelung bedürfen. Diese Klausel sollte die Art und Weise der Kompetenzausübung durch den Bund regeln, wobei sie weniger dem Schutz der kantonalen Kompe-

---

[1] Art. 3 des Bundesbeschlusses über die Totalrevision der Bundesverfassung, BBl 1987 II, 963,

[2] *Häfelin/Haller/Keller/Thurnherr*, Schweizerisches Bundesstaatsrecht, Rn. 68; s. auch *Bigler-Eggenberger*, FS Hangartner, S. 497, 499 f.

[3] Vgl. *Häfelin/Haller/Keller/Thurnherr*, Schweizerisches Bundesstaatsrecht, Rn. 69; *Rhinow/Schefer/Uebersax*, Schweizerisches Verfassungsrecht, Rn. 153.

[4] S. *Schweizer*, AJP 1999, 666, 672 Fn. 59 u. 673 f.

[5] Aufgehoben in der Volksabstimmung v. 28.11.2004, vgl. Bundesrat, Beschluss über das Ergebnis der Volksabstimmung v. 28.11.2004, BBl 2005, 951.

tenzen diente, als vielmehr eine Aufgabenübernahme durch den Bund erleichterte.[6] Daneben wurden die Zuständigkeiten der Kantone in der eigenen Außenpolitik sowie ihre Stellung und Mitwirkungsbefugnisse im Rahmen der Außenpolitik des Bundes schriftlich fixiert und ausgebaut.[7] Einen weiteren wichtigen Punkt für das bundesstaatliche Verhältnis stellte schließlich die Aufnahme von Art. 41 in die Bundesverfassung dar, wodurch der kantonale Verfassungs- und Gesetzgeber verpflichtet wird, die Grundlagen der kantonalen Sozialordnung systematisch zu erfassen und darzustellen.[8]

b) Nach 1999 vorgenommene Änderungen der Bundesverfassung

aa) Justizreform

Die Verfassungsreform von 1999 beinhaltete neben der Nachführung der Bundesverfassung zwei weitere Reformprojekte: eine Reform der Justiz und eine Reform der Volksrechte. Die Justizreform wurde im Oktober 1999 vom Parlament verabschiedet[9] und am 12. März 2000 von Volk und Ständen angenommen.[10] Das Inkrafttreten erfolgte indes stufenweise, so dass erst mit dem 1. Januar 2007 sämtliche Teile der Justizreform in Kraft getreten waren.[11] Konkret brachte die Justizreform insbesondere einen Anspruch des Einzelnen auf Beurteilung einer Rechtsstreitigkeit durch eine richterliche Behörde, mithin eine Rechtsweggarantie, welche in Art. 29a BV verankert ist und nur in Ausnahmefällen und nur durch Gesetz ausgeschlossen werden kann. Daneben erhielt der Bund die Kompetenz für eine Vereinheitlichung des Zivil- und Strafprozessrechts,[12] was den Erlass landeseinheitlicher Prozessordnungen ermöglichte, welcher zum 1. Januar 2011 realisiert wurde.[13] Die Organisation der Gerichte und die Rechtsprechung hingegen obliegen weiterhin den Kantonen. Entsprechendes gilt für das Verwaltungsprozessrecht, soweit es um das Verwaltungsverfahren vor kantonalen Behörden und um das kantonale Verwaltungsjustizverfahren geht. Überdies wurde die Stimmrechtsbeschwerde auf eidgenössische Wahlen und Abstimmungen ausgedehnt.[14] Ferner wurde der Zugang zum Bundesgericht beschränkt,[15] u.a. durch die Vorschaltung richterlicher Vorinstanzen des Bundes, zu denen das neu eingerichtete

---

[6] Vgl. *Schweizer*, AJP 1999, 666, 672.

[7] Vgl. hierzu *Rhinow*, Die Bundesverfassung 2000, S. 35.

[8] S. *Bundesrat*, Botschaft über eine neue Bundesverfassung v. 20. November 1996, BBl 1997 I, 1, 198 ff.; vgl. *Schweizer*, AJP 1999, 666, 675.

[9] Bundesbeschluss über die Reform der Justiz v. 08.10.1999, BBl 1999, 8633.

[10] Bundesrat, Beschluss über das Ergebnis der Volksabstimmung v. 12.03.2000, BBl 2000, 2990.

[11] Näher dazu *Tschannen*, Staatsrecht, § 2 Rn. 30.

[12] Art. 122 u. 123 BV.

[13] Schweizerische Zivilprozessordnung v. 19.12.2008, SR 272 u. Schweizerische Strafprozessordnung v. 05.07.2007, SR 312.0.

[14] Art. 189 Abs. 1 lit. f) BV.

[15] Art. 191 BV.

Bundesverwaltungsgericht zählt,[16] welches am 1. Januar 2007 seine Arbeit aufnahm. Des Weiteren wurden die Kantone zur Bestellung richterlicher Behörden für die Beurteilung zivilrechtlicher und öffentlich-rechtlicher Streitigkeiten sowie von Straffällen verpflichtet,[17] was die letzten Lücken im kantonalen Rechtsschutz beseitigte.[18] Schließlich fand der Grundsatz der richterlichen Unabhängigkeit, welcher früher zum ungeschriebenen Verfassungsrecht des Bundes zählte, Eingang in die Bundesverfassung.[19] Die vom Bundesrat vorgeschlagene Einführung einer Normenkontrolle durch das Bundesgericht[20] ist indessen von den Räten verworfen worden, so dass die Schweiz zumindest formell nach wie vor keine Verfassungsgerichtsbarkeit gegenüber dem Bundesgesetzgeber kennt.[21]

bb) Reform der Volksrechte

Die Reform der Volksrechte, die am 9. Februar 2003 von Volk und Ständen angenommen wurde,[22] beschränkte sich angesichts des Widerstandes beider Räte gegen eine Erhöhung der Unterschriftenzahlen für Volksbegehren auf die Erweiterung des Staatsvertragsreferendums und die Einführung der „Paketabstimmung" über Staatsvertrag und Ausführungsgesetzgebung.[23]

cc) Föderalismusreform

Ähnlich wie in Deutschland wurde auch in der Schweiz zu Beginn des neuen Jahrtausends eine Föderalismusreform durchgeführt, welche für eine bessere Aufgaben- und Finanzierungsentflechtung zwischen Bund und Kantonen sorgen sowie die bundesstaatliche Zusammenarbeit und den Finanzausgleich unter den Kantonen verbessern sollte.[24] Die Verfassungsvorlage zur Neugestaltung des Finanzausgleichs und der Aufgabenverteilung zwischen Bund und Kantonen (NFA) wurde von Volk und Ständen am 28. November 2004 angenommen[25] und ist seit 1. Januar 2008 in Kraft. Die Föderalismusreform bezog sich insbesondere auf das Zuständigkeitskapitel der Bundesverfassung und enthielt zunächst eine nähere Ausgestaltung des in der neuen Bundesverfassung verankerten Subsidiari-

---

16 Art. 191a BV.

17 Art. 191b Abs. 1 BV.

18 *Tschannen*, Staatsrecht, § 2 Rn. 32.

19 Art. 191c BV.

20 Vgl. Art. 178 des Verfassungsentwurfs aus dem Jahr 1997, *Bundesrat*, Botschaft über eine neue Bundesverfassung v. 20. November 1996, BBl 1997 I, 641.

21 Ausführlich zu dieser Problematik s. *Seiler*, ZSR 2010 II, 381, 390 ff.

22 Bundesrat, Beschluss über das Ergebnis der Volksabstimmung v. 09.02.2003, BBl 2003, 3111.

23 Ausführlich dazu *Tschannen*, Staatsrecht, § 2 Rn. 29.

24 *Bundesrat*, Botschaft zur Neugestaltung des Finanzausgleichs und der Aufgaben zwischen Bund und Kantonen (NFA) v. 14.11.2001, BBl 2002, 2291, 2293.

25 Bundesrat, Beschluss über das Ergebnis der Volksabstimmung v. 28.11.2004, BBl 2005, 951.

tätsprinzips. Danach übernimmt der Bund neue Aufgaben nur, wenn die Kantone überfordert sind oder sonst eine landesweit einheitliche Regelung erforderlich ist.[26] Außerdem belässt der Bund den Kantonen ausreichend eigene Aufgaben und Finanzierungsquellen und beachtet ihre Organisationsautonomie.[27] Bei der Zuweisung und Erfüllung staatlicher Aufgaben ist nunmehr allgemein der Grundsatz der Subsidiarität zu beachten.[28] Daneben wurde der Grundsatz der fiskalischen Äquivalenz in die Verfassung aufgenommen, d.h. das Gemeinwesen, in dem der Nutzen einer staatlichen Leistung anfällt, trägt deren Kosten, und das Gemeinwesen, das die Kosten einer staatlichen Leistung trägt, kann über diese bestimmen.[29] Weitere Änderungen im Rahmen der Föderalismusreform betrafen die Vollziehungsvereinbarungen zwischen Bund und Kantonen[30] sowie die interkantonale Zusammenarbeit.[31] Insgesamt lässt sich sagen, dass die Föderalismusreform trotz ihrer hoch gesteckten Ziele die vorhandenen Zentralisierungs- und Unitarisierungstendenzen nicht aufhalten konnte und die Kantone weiterhin eine Aushöhlung ihrer Kompetenzen befürchten müssen.[32]

2. *Kantonale Ebene*

Auch nach Inkrafttreten der neuen Bundesverfassung nahmen zahlreiche Kantone eine Totalrevision ihrer Verfassung vor. Den Anfang machte dabei der Kanton Neuenburg,[33] gefolgt von den Kantonen St. Gallen,[34] Schaffhausen,[35] Waadt,[36] Graubünden,[37] Freiburg,[38] Zürich,[39] Basel-Stadt,[40] Luzern,[41] Schwyz[42] und schließlich Genf,[43] wo eine Totalrevision der Kantonsverfassung erst im Jahr 2012 stattfand.[44] Der Umstand, dass so viele Kantone in jüngster Zeit eine Totalrevision ihrer Verfassung vornahmen, ist nicht nur dem Bedürfnis nach formaler und

---

26 Art. 43a Abs. 1 BV.
27 Art. 47 Abs. 2 BV.
28 Art. 5a BV.
29 Art. 43a Abs. 2 u. 3 BV.
30 Art. 46 BV.
31 Art. 48 Abs. 4 BV; Art. 48a BV.
32 S. dazu oben, Einführung, II.3. d).
33 Verfassung von Republik und Kanton Neuenburg v. 24.09.2000, SR 131.233.
34 Verfassung des Kantons St. Gallen v. 10.06.2001, SR 131.225.
35 Verfassung des Kantons Schaffhausen v. 17.06.2002, SR 131.223.
36 Verfassung des Kantons Waadt v. 14.04.2003, SR 131.231.
37 Verfassung des Kantons Graubünden v. 18.05.2003/14.09.2003, SR 131.226.
38 Verfassung des Kantons Freiburg v. 16.05.2004, SR 131.219.
39 Verfassung des Kantons Zürich v. 27.02.2005, SR 131.211.
40 Verfassung des Kantons Basel-Stadt v. 23.03.2005, SR 131.222.1.
41 Verfassung des Kantons Luzern v. 30.01.2007, SR 131.213.
42 Verfassung des Kantons Schwyz v. 24.11.2010, SR 131. 131.215.
43 Verfassung der Republik und des Kantons Genf v. 14.10.2012, SR 131.234.
44 Ausführlich zum Ablauf der Totalrevisionen s. *Nuspliger*, Wechselwirkungen zwischen neueren Kantonsverfassungen und der Bundesverfassung, in: Zimmerli (Hrsg.), Die neue Bundesverfassung, S. 63, 66 ff.; *Nuspliger/Mäder*, Bernisches Staatsrecht, S. 37 f.

sprachlicher Erneuerung geschuldet, sondern deutet auch darauf hin, dass die Kantone nach wie vor über ein gewisses Maß an Selbstbewusstsein verfügen und gerade in Zeiten der Globalisierung als eigenständige Staatsgebilde wahrgenommen werden möchten.[45] Ein Blick in die in jüngerer Zeit totalrevidierten Kantonsverfassungen zeigt, dass diese allesamt neben Aussagen zu den Kerngebieten kantonaler Verfassungsautonomie wie den politischen Rechten, der Behördenstruktur, der Finanzordnung, der Gemeindestruktur und dem Revisionsmodus der Kantonsverfassung auch eine Definition der Position des Kantons innerhalb des Bundesstaates enthalten und sich darüber hinaus zu den aktuellen gesellschaftlichen Fragen äußern,[46] häufig im Zusammenhang mit der Gewährleistung von Grundrechten. Durchweg wird der Anschluss an die Verfassungstradition des jeweiligen Kantons gesucht, während die prospektive Dimension eher in den Hintergrund tritt.[47] In formeller Hinsicht fällt schließlich auf, dass diejenigen Kantone, die nach Inkrafttreten der Bundesverfassung ihre Kantonsverfassung revidierten – ebenso wie bereits zuvor das Tessin – überwiegend den Ansatz eines Mittelweges verfolgten und weder eine eigentliche Vollverfassung etablierten noch sich mit einem bloßen Organisationsstatut begnügten.[48] Die einzige Ausnahme in diesem Zusammenhang bildet der Kanton Genf, der sich im Jahr 2012 eine zum 1. Juni 2013 in Kraft getretene Vollverfassung mit einem umfassenden Grundrechtskatalog nach dem Vorbild eines selbstständigen Staates gegeben hat.[49]

II. Grundrechtsverbürgungen

1. Bundesebene

Die Bundesverfassung von 1999 enthält im ersten Kapitel des 2. Titels einen ausführlichen Grundrechtskatalog (Art. 7–36 BV), der in inhaltlicher Hinsicht im Wesentlichen den vor der Totalrevision vorhandenen Grundrechtsgarantien entspricht,[50] in formeller Hinsicht jedoch eine deutliche Abkehr von der bisherigen Tradition mit sich bringt. Während in der Bundesverfassung von 1874 die Grund-

---

[45] *Buser*, Kantonales Staatsrecht, Rn. 38; vgl. auch *Nuspliger*, Wechselwirkungen zwischen neueren Kantonsverfassungen und der Bundesverfassung, in: Zimmerli (Hrsg.), Die neue Bundesverfassung, S. 63, 70; *Eichenberger*, Der Verfassungsbegriff auf Bundes- und Kantonsebene, in: Eichenberger et al. (Hrsg.), Die Baselstädtische Kantonsverfassung, S. 33, 54 ff.

[46] *Buser*, Kantonales Staatsrecht, Rn. 39; *dies.*, BJM 2006, 173, 177 ff.; zu den Aufgaben einer modernen Kantonsverfassung s. auch *Richli*, ZBJV 2004, 801, 802; *Häberle*, ZBl. 1997, 97, 98 ff.; *Nuspliger*, Wechselwirkungen zwischen neueren Kantonsverfassungen und der Bundesverfassung, in: Zimmerli (Hrsg.), Die neue Bundesverfassung, S. 63, 79 ff.

[47] *Ehrenzeller/Nobs*, ZBl. 2009, 1, 5; für Genf s. auch *Auer*, AJP 2008, 683, 685 f.

[48] *Ehrenzeller/Nobs*, ZBl. 2009, 1, 6; s. auch *Thürer*, HGR VII/2, § 203 Rn. 29.

[49] Ausführlich zur neuen Genfer Verfassung s. *Hottelier/Tanquerel*, La Constitution genevoise du 14 Octobre 2012, SJ 2014 II, 314 ff.

[50] *Häfelin/Haller/Keller/Thurnherr*, Schweizerisches Bundesstaatsrecht, Rn. 221.

rechte noch über die ganze Verfassung verstreut waren, werden sie in der neuen Bundesverfassung in einem eigenen Abschnitt zusammen gefasst. Noch bedeutsamer ist allerdings, dass die ehemals vom Bundesgericht entwickelten ungeschriebenen Grundrechte nunmehr ausdrücklich im Verfassungstext verankert wurden. Entsprechendes gilt für die sich aus internationalen Konventionen wie der EMRK ergebenden grundrechtlichen Garantien, die im Rahmen der Totalrevision in den Verfassungstext Eingang fanden.

An der Spitze des bundesverfassungsrechtlichen Grundrechtskataloges – in Art. 7 BV – steht die Garantie der Menschenwürde. Unter der Bundesverfassung von 1874 war die Menschenwürde noch als ungeschriebener Verfassungsgrundsatz betrachtet und insbesondere bei der Konkretisierung der persönlichen Freiheit, aber auch im Zusammenhang mit anderen Grundrechten heran gezogen worden.[51] Die Kantone Bern und Appenzell Ausserrhoden hatten jedoch im Rahmen der Totalrevision ihrer Kantonsverfassungen die Menschenwürde in derselben Formulierung, wie sie nun in der Bundesverfassung zu finden ist, als verfassungsrechtliche Garantie in ihre Verfassungen aufgenommen, weshalb trotz des Fehlens eines diesbezüglichen Hinweises in der Botschaft des Bundesrates[52] davon auszugehen ist, dass der Bundesverfassungsgeber sich an den beiden kantonalen Vorbildern orientiert hat,[53] wobei freilich zuvor schon andere Kantone wie etwa der Jura oder der Aargau eine entsprechende Garantie in ihre totalrevidierten Verfassungen aufgenommen hatten.[54] Art. 8 Abs. 1 BV enthält den allgemeinen Gleichheitssatz, wonach alle Menschen vor dem Gesetz gleich sind, was der bundesgerichtlichen Rechtsprechung zu Art. 4 Abs. 1 BV 1874 entspricht, die entgegen dem Wortlaut den allgemeinen Gleichheitssatz nicht nur auf alle Schweizer, sondern auf alle Menschen anwandte.[55] Die übrigen, vom Bundesgericht aus Art. 4 Abs. 1 BV 1874 abgeleiteten Garantien wurden in eigenen Artikeln explizit verankert, so etwa das Willkürverbot in Art. 9 BV, der Anspruch auf rechtliches Gehör in Art. 29 BV und der Grundsatz „nulla poena sine lege“ in Art. 32 Abs. 1 BV. Neu in die Bundesverfassung aufgenommen wurden die besonderen Diskriminierungsverbote des Art. 8 Abs. 2 BV, wonach niemand diskriminiert werden darf, namentlich nicht wegen der Herkunft, der Rasse, des Geschlechts, des Alters, der Sprache, der sozialen Stellung, der Lebensform, der religiösen, weltanschaulichen oder politischen Überzeugung oder wegen einer körperlichen, geistigen oder psychischen Behinderung. Neu ist auch der Gleichstellungsauftrag in Art. 8 Abs. 3 S. 2 BV, der Bund und Kantone zur Verwirklichung der tatsächlichen Gleichstellung von Mann und Frau in sämtlichen Lebensbereichen ver-

---

[51] S. dazu oben, § 8 III.5. a).

[52] S. *Bundesrat*, Botschaft über eine neue Bundesverfassung v. 20. November 1996, BBl 1997 I, 1, 139 ff.

[53] Vgl. *Nuspliger*, Wechselwirkungen zwischen neueren Kantonsverfassungen und der Bundesverfassung, in: Zimmerli (Hrsg.), Die neue Bundesverfassung, S. 63, 88.

[54] Vgl. *Mastronardi*, in: St. Galler Kommentar zu Art. 7 BV, Rn. 3.

[55] Vgl. dazu *Misic*, Der Grundrechtskatalog, in: Fleiner/Forster/Misic/Thalmann (Hrsg.), BV – CF 2000, S. 71, 78.

pflichtet. Schließlich sieht Art. 8 Abs. 4 BV vor, dass mit Hilfe gesetzlicher Maßnahmen die Benachteiligungen von Behinderten beseitigt werden sollen. Die Vorschrift beruht auf dem Vorbild der kantonalen Raumplanungs- und Baugesetze zum behindertengerechten Bauen sowie von völkerrechtlichen Abkommen, namentlich des UNO-Pakts II, nicht aber auf der textlichen Grundlage einer Kantonsverfassung.[56] Im Wesentlichen auf bundesgerichtlicher Rechtsprechung beruht Art. 9 BV, wonach jede Person Anspruch darauf hat, von den staatlichen Organen ohne Willkür und nach Treu und Glauben behandelt zu werden,[57] doch ist die Garantie in ihrer Formulierung augenscheinlich Art. 11 der insoweit richtungsweisenden bernischen Verfassung von 1993 nachgebildet. Art. 10 BV verankert das Recht auf Leben und auf persönliche Freiheit, mithin Garantien, die vom Bundesgericht bereits als ungeschriebene Bundesgrundrechte entwickelt worden waren.[58] Neu ist hingegen Art. 11 Abs. 1 BV, wonach Kinder und Jugendliche Anspruch auf besonderen Schutz ihrer Unversehrtheit und auf Förderung ihrer Entwicklung haben. Eine ähnliche Bestimmung zum Schutz von Kindern findet sich bereits in Art. 29 Abs. 2 der bernischen Verfassung von 1993 sowie in Art. 24 Abs. 2 der Verfassung von Appenzell Ausserrhoden und Art. 13 Abs. 2 der Tessiner Verfassung, so dass diesbezüglich ebenfalls davon auszugehen ist, dass die bernische Verfassung eine Vorbildfunktion auf die später entstandenen Verfassungen ausgeübt hat. Allerdings gehen die kantonalen Verfassungsbestimmungen insoweit über Art. 11 Abs. 1 BV hinaus, als sie einen Anspruch auf unentgeltliche Schulbildung jenseits der Grundschule gewähren,[59] ein Recht, welches im Übrigen auch nicht in Art. 19 BV, der die Unentgeltlichkeit des Grundschulunterrichts verbürgt, gewährleistet wird. Art. 12 BV wiederum knüpft an das ungeschriebene bundesverfassungsrechtliche Grundrecht auf Existenzsicherung an, indem er demjenigen, der in Not gerät und nicht in der Lage ist, für sich zu sorgen, einen Anspruch auf Hilfe und Betreuung und auf die Mittel, die für ein menschenwürdiges Dasein unerlässlich sind, verleiht. Entsprechende Gewährleistungen finden sich auch in den im Laufe der 1990er Jahre totalrevidierten Kantonsverfassungen, namentlich in Art. 29 Abs. 1 der bernischen Verfassung, wo das Recht auf Existenzsicherung erstmals als Sozialrecht verankert wurde, sowie in den Verfassungen von Appenzell Ausserrhoden und des Tessin. Großen Einfluss auf die Konzeption eines Rechts auf Existenzsicherung in der Bundesverfassung hatte daher vor allem das Beispiel der Berner Verfassung,[60] wenngleich sich in den

---

[56] S. dazu *Misic*, Der Grundrechtskatalog, in: Fleiner/Forster/Misic/Thalmann (Hrsg.), BV – CF 2000, S. 71, 80; *Bigler-Eggenberger/Kägi-Diener*, in: St. Galler Kommentar zu Art. 8 BV, Rn. 133.

[57] Näher dazu *Müller/Schefer*, Grundrechte in der Schweiz, Art. 9, S. 7.

[58] S. dazu oben, § 8 III.5. a); ausführlich dazu auch *Schweizer*, Verfassungsrechtlicher Persönlichkeitsschutz, in: Thürer/Aubert/Müller (Hrsg.), Verfassungsrecht der Schweiz, § 43 Rn. 7 ff.

[59] S. *Nuspliger*, Wechselwirkungen zwischen neueren Kantonsverfassungen und der Bundesverfassung, in: Zimmerli (Hrsg.), Die neue Bundesverfassung, S. 63, 93.

[60] Vgl. *Nuspliger*, Wechselwirkungen zwischen neueren Kantonsverfassungen und der Bundesverfassung, in: Zimmerli (Hrsg.), Die neue Bundesverfassung, S. 63, 91.

Materialien zur Totalrevision der Bundesverfassung kein entsprechender Hinweis findet.[61]

Art. 13 Abs. 1 BV verleiht dem Einzelnen einen Anspruch auf Achtung seines Privat- und Familienlebens, seiner Wohnung, sowie seines Brief-, Post- und Fernmeldeverkehrs, während Art. 13 Abs. 2 BV jeder Person einen Anspruch auf Schutz vor Missbrauch ihrer persönlichen Daten gewährt. Art. 13 Abs. 1 BV entspricht nach Wortlaut und Schutzbereich im Wesentlichen Art. 8 Abs. 1 EMRK, so dass in diesem Fall ein völkerrechtlicher Vertrag als Vorbild für die schweizerische Grundrechtsgewährleistung diente.[62] Bezüglich des Anspruches auf Schutz der Wohnung konnte der Bundesverfassungsgeber darüber hinaus auf die einschlägigen Bestimmungen in zahlreichen Kantonsverfassungen zurückgreifen.[63] Hinsichtlich des Rechts auf Datenschutz orientierte sich der Bundesverfassungsgeber an der bisherigen Rechtsprechung des Bundesgerichts zum ungeschriebenen Bundesgrundrecht auf Schutz der persönlichen Freiheit sowie an Art. 8 Abs. 1 EMRK und der diesbezüglichen Rechtsprechung des EGMR.[64] Außerdem war das Recht auf Datenschutz in einigen totalrevidierten Kantonsverfassungen, u.a. in Art. 18 der bernischen Verfassung, verankert, so dass der Bundesverfassungsgeber mit ziemlicher Sicherheit bei der Konzeption von Art. 13 Abs. 2 BV auch auf die kantonalen Erfahrungen zurückgegriffen hat. Art. 14 BV hingegen, der das Recht auf Ehe und Familie gewährleistet, wurde in einer neuen redaktionellen Fassung aus der Bundesverfassung von 1874 übernommen.[65] Ausweislich der Verfassungsmaterialien zur Bundesverfassung bewusst nicht aufgegriffen wurde indes das Vorbild der bernischen Verfassung, die in Art. 13 Abs. 2 auch die freie Wahl einer anderen Form des gemeinschaftlichen Zusammenlebens schützt.[66] Ebenfalls bereits in der alten Bundesverfassung enthalten war das nunmehr in Art. 15 BV garantierte Grundrecht auf Glaubens- und Gewissensfreiheit, während das Säkularisierungsprogramm der alten Bundesverfassung nicht in den neuen Verfassungstext übernommen wurde.[67] Die in Art. 16 BV verankerte Meinungs- und Informationsfreiheit fixiert das vom Bundesgericht entwickelte ungeschriebene Grundrecht der Meinungsfreiheit sowie die vom Bundesgericht als Bestandteil der Meinungs- und Pressefreiheit verstandene Informationsfrei-

---

[61] *Bundesrat*, Botschaft über eine neue Bundesverfassung v. 20. November 1996, BBl 1997 I, 1, 149 ff.

[62] Vgl. *Bundesrat*, Botschaft über eine neue Bundesverfassung v. 20. November 1996, BBl 1997 I, 1, 152.

[63] Vgl. *Bundesrat*, Botschaft über eine neue Bundesverfassung v. 20. November 1996, BBl 1997 I, 1, 153.

[64] Vgl. *Schweizer*, in: St. Galler Kommentar zu Art. 13 BV, Rn. 70 f.; *Bundesrat*, Botschaft über eine neue Bundesverfassung v. 20. November 1996, BBl 1997 I, 1, 153 f.

[65] Vgl. *Bundesrat*, Botschaft über eine neue Bundesverfassung v. 20. November 1996, BBl 1997 I, 1, 154; *Reusser*, in: St. Galler Kommentar zu Art. 14 BV, Rn. 1.

[66] Vgl. *Bundesrat*, Botschaft über eine neue Bundesverfassung v. 20. November 1996, BBl 1997 I, 1, 155.

[67] *Bundesrat*, Botschaft über eine neue Bundesverfassung v. 20. November 1996, BBl 1997 I, 1, 155; *Cavelti/Kley*, in: St. Galler Kommentar zu Art. 15 BV, Rn. 1 f.

heit[68],[69] so dass insoweit ein Rückgriff auf kantonale Vorbilder entbehrlich war. Ähnliches gilt für die Medienfreiheit des Art. 17 BV einschließlich des in Art. 17 Abs. 3 verankerten Redaktionsgeheimnisses, wobei der Bundesgesetzgeber hierbei noch die zu Art. 10 EMRK entwickelte Rechtsprechung des EGMR mit einbezog.[70] Die Sprachenfreiheit des Art. 18 BV stellt ebenfalls eine verfassungsrechtliche Verankerung eines bisherigen ungeschriebenen Bundesgrundrechts dar. Art. 19 BV, der einen Anspruch auf ausreichenden und unentgeltlichen Grundschulunterricht gewährt, tritt an die Stelle von Art. 27 Abs. 2 BV 1874, welcher die Kantone zu einem genügenden, obligatorischen und unentgeltlichen Primarunterricht verpflichtet hatte. Obwohl die Wissenschafts- und Kunstfreiheit des Art. 20 bzw. 21 BV unter der alten Bundesverfassung nicht als ungeschriebene Grundrechte anerkannt waren, kann man insoweit von einer Nachführung sprechen, da das Bundesgericht beide Grundrechte als Bestandteile der weit verstandenen Meinungsäußerungsfreiheit interpretierte.[71] Daher war ein Rückgriff auf kantonale Vorbilder insoweit entbehrlich, wenngleich auf kantonaler Ebene zahlreiche Verfassungen die Wissenschafts- und Kunstfreiheit explizit garantierten.[72] Ähnliches gilt für die seit 1970 als ungeschriebenes Bundesgrundrecht anerkannte Versammlungsfreiheit, welche nun in Art. 22 BV Eingang in die Bundesverfassung gefunden hat. Anders als der bernische Verfassungsgeber verzichtete der Bundesverfassungsgeber jedoch auf eine weiter gehende Gewährleistung bezüglich Kundgebungen auf öffentlichem Grund, die nach Art. 19 Abs. 2 der bernischen Verfassung durch Gesetz oder Gemeindereglement bewilligungspflichtig erklärt werden können und zu gestatten sind, wenn ein geordneter Ablauf gesichert und die Beeinträchtigung der anderen Benutzerinnen und Benutzer zumutbar erscheint, so dass im Falle der Erfüllung der genannten Voraussetzungen ein Rechtsanspruch auf die Bewilligung der Kundgebung besteht.[73]

Die Vereinigungsfreiheit des Art. 23 BV übernahm den grundsätzlichen Inhalt von Art. 56 BV 1874, verzichtete jedoch auf ein ausdrückliches Verbot rechtswidriger oder staatsgefährlicher Vereine sowie auf einen Verweis auf die kantonale Kompetenz zur Bekämpfung von Missbräuchen.[74] Auch die Niederlassungsfreiheit des Art. 24 BV beruht im Wesentlichen auf der entsprechenden Garantie in Art. 45 BV 1874, die in Absatz 2 darüber hinaus ein Ausweisungsverbot für Personen mit Schweizer Bürgerrecht vorsah. Letzteres wurde nunmehr in Art. 25

---

[68] BGE 104 Ia, 88, 94 ff. E. 4b) u. 5c).

[69] S. *Kley/Tophinke*, in: St. Galler Kommentar zu Art. 16 BV, Rn. 1.

[70] *Bundesrat*, Botschaft über eine neue Bundesverfassung v. 20. November 1996, BBl 1997 I, 1, 159 f.

[71] Vgl. *Bundesrat*, Botschaft über eine neue Bundesverfassung v. 20. November 1996, BBl 1997 I, 1, 163 ff.

[72] S. dazu oben, § 8 III.2. b) aa).

[73] Ausführlich dazu *Nuspliger*, Wechselwirkungen zwischen neueren Kantonsverfassungen und der Bundesverfassung, in: Zimmerli (Hrsg.), Die neue Bundesverfassung, S. 63, 90; *Kälin/Bolz*, Handbuch des bernischen Verfassungsrechts, Art. 19 Rn. 4 ff.

[74] *Bundesrat*, Botschaft über eine neue Bundesverfassung v. 20. November 1996, BBl 1997 I, 1, 167 ff.

Abs. 1 BV aufgenommen, wobei das in Art. 25 Abs. 2 BV verankerte Rückschiebungsverbot für Flüchtlinge sowie das in Art. 25 Abs. 3 BV verbürgte Auslieferungs- und Ausschaffungsverbot bei drohender Folter auf Grund der Vorgaben internationaler Abkommen, u.a. der EMRK, in die neue Bundesverfassung eingefügt wurden.[75] Die Eigentumsfreiheit des Art. 26 BV wiederum entspricht inhaltlich Art. 22ter BV 1874, während die Wirtschaftsfreiheit des Art. 27 BV zwar grundsätzlich auf der Handels- und Gewerbefreiheit des Art. 31 BV 1874 beruht, im Rahmen der Nachführung jedoch einige systematische Änderungen erfuhr, ohne dass dabei auf Vorbilder in den Kantonsverfassungen zurückgegriffen worden wäre.[76] Die Koalitionsfreiheit des Art. 28 BV, welche in Absatz 3 das Recht auf Streik und Aussperrung mit einschließt, wurde demgegenüber sehr wohl durch entsprechende kantonale Garantien beeinflusst, wenngleich die Koalitionsfreiheit als solche bereits unter der alten Bundesverfassung als aus der Vereinigungsfreiheit abzuleitendes Recht anerkannt war.[77] Im Zusammenhang mit der Entstehung des bundesverfassungsrechtlichen Rechts zur Durchführung von Arbeitskampfmaßnahmen hingegen ist zum einen das in der jurassischen Verfassung garantierte Streikrecht zu nennen.[78] Hinzu kommt die Anerkennung des Rechts auf Streik und Aussperrung durch die totalrevidierten Verfassungen der Kantone Bern und Tessin.[79] Auf dieser Basis hatte das Bundesgericht die Frage, ob das Streikrecht verfassungsrechtlichen Schutz genieße, im Jahr 1999 bejaht, allerdings im Hinblick auf eine Vorwirkung der neuen Bundesverfassung,[80] so dass das bundesverfassungsrechtliche Recht auf Streik im Wesentlichen auf den einschlägigen kantonalen Grundrechten sowie auf Art. 11 Abs. 1 EMRK einschließlich der dazu ergangenen EGMR-Rechtsprechung beruht.[81] Die verfahrensrechtliche Garantien der Art. 29, 30, 31 und 32 BV basieren im Wesentlichen auf der bundesgerichtlichen Rechtsprechung zu Art. 4 BV 1874 und den Einflüssen der EMRK auf das schweizerische Verfahrensrecht, jedoch kaum auf kantonalen Vorlagen.[82] Entsprechendes gilt für die Rechtsweggarantie des Art. 29a BV, welcher von Art. 6 Abs. 1 EMRK und der parallelen Garantie des Art. 14 Abs. 1 des UNO-Pakts II

[75] Ausführlich dazu *Breitenmoser*, in: St. Galler Kommentar zu Art. 25 BV, Rn. 1.

[76] Ausführlich dazu *Vallender*, in: St. Galler Kommentar zu Art. 27 BV, Rn. 1 ff.

[77] S. dazu *Vallender/Hettich*, in: St. Galler Kommentar zu Art. 28 BV, Rn. 1.

[78] S. oben, § 8 III.2. b) aa) bbb).

[79] S. oben, § 8 III.2. b) aa) aaa).

[80] BGE 125 III, 277, 283 E. 2e).

[81] Zum Einfluss der bernischen Verfassung s. *Nuspliger*, Wechselwirkungen zwischen neueren Kantonsverfassungen und der Bundesverfassung, in: Zimmerli (Hrsg.), Die neue Bundesverfassung, S. 63, 92; insgesamt zur Entstehungsgeschichte von Art. 28 BV s. *Bundesrat*, Botschaft über eine neue Bundesverfassung v. 20. November 1996, BBl 1997 I, 1, 177 ff.; allgemein zu den Vorbildern des bundesverfassungsrechtlichen Streikrechts s. *Müller/Schefer*, Grundrechte in der Schweiz, Art. 28, S. 1091 ff.

[82] S. dazu *Steinmann*, in: St. Galler Kommentar zu Art. 29 BV, Rn. 1 ff.; *Kley*, ZBJV 1999, 301, 345; *Kiener*, Der Einfluss der EMRK auf die BV 1999, in: Jaag/Kaufmann (Hrsg.), 40 Jahre Beitritt der Schweiz zur EMRK, S. 53, 62 ff.

beeinflusst wurde.[83] Das Petitionsrecht des Art. 33 BV schließlich wurde im Vergleich zur alten Bundesverfassung etwas präzisiert, im Wesentlichen jedoch daraus übernommen.[84] Ein Recht auf Antwort durch die Behörde, ebenso wie eine Bearbeitungsfrist, ergibt sich aus Art. 33 BV indes nicht, so dass die bundesverfassungsrechtliche Garantie in diesen Punkten hinter den meisten kantonalen Gewährleistungen, etwa in Art. 20 der bernischen Verfassung, zurückbleibt.[85] Ebenfalls nicht in die neue Bundesverfassung aufgenommen wurde das beispielsweise in Art. 17 Abs. 3 der bernischen Verfassung verankerte Öffentlichkeitsprinzip, wonach jede Person ein Recht auf Einsicht in amtliche Akten besitzt, soweit keine überwiegenden öffentlichen oder privaten Interessen entgegen stehen. Allerdings hatte der Bundesrat in einem Vorentwurf aus dem Jahr 1995 in einer Variante zu Art. 154 Abs. 2 BV noch eine Einführung des Öffentlichkeitsprinzips auf Bundesebene vorgeschlagen, was darauf hindeutet, dass die bernische Verfassungsbestimmung die Beratungen über die Bundesverfassung zumindest beeinflusst hat.[86] Auf Bundesebene ergibt sich ein Auskunfts- und Einsichtsanspruch gegenüber Bundesbehörden nunmehr einfachgesetzlich aus Art. 6 Abs. 1 des Bundesgesetzes über das Öffentlichkeitsprinzip der Verwaltung.[87]

Nach Art. 35 Abs. 3 BV sorgen die Behörden dafür, dass die Grundrechte, soweit sie sich dazu eignen, auch unter Privaten wirksam werden. Aus dieser vom Gesetzgeber und der Rechtsprechung zu konkretisierenden Verpflichtung ergibt sind eine indirekte Drittwirkung der Bundesgrundrechte dahin gehend, dass bei der Auslegung unbestimmter Rechtsbegriffe die Grundrechte heran zu ziehen sind,[88] während sich eine unmittelbare Drittwirkung der Bundesgrundrechte aus der Vorschrift nicht ableiten lässt.[89] Das Bundesgericht hat die genaue Tragweite der Vorschrift indes offen gelassen.[90]

Insgesamt lässt sich sagen, dass die Bundesverfassung von 1999 einen umfassenden Grundrechtskatalog besitzt.[91] Dieser sollte in erster Linie eine Nachführung der bisherigen Bundesgerichtsrechtsprechung darstellen sowie die durch internationale Verträge gemachten Vorgaben auf verfassungsrechtlicher Ebene umsetzen, doch kann man nicht leugnen, dass der bundesverfassungsrechtliche Grundrechtskatalog in vielfältiger Weise von bereits bestehenden kantonalen

83 S. dazu *Kley*, in: St. Galler Kommentar zu Art. 29a BV, Rn. 3; ausführlich dazu unten, § 13 II.2. a).

84 *Bundesrat*, Botschaft über eine neue Bundesverfassung v. 20. November 1996, BBl 1997 I, 1, 188 f.

85 *Bundesrat*, Botschaft über eine neue Bundesverfassung v. 20. November 1996, BBl 1997 I, 1, 189.

86 *Nuspliger*, Wechselwirkungen zwischen neueren Kantonsverfassungen und der Bundesverfassung, in: Zimmerli (Hrsg.), Die neue Bundesverfassung, S. 63, 89.

87 Bundesgesetz über das Öffentlichkeitsprinzip der Verwaltung v. 17.12.2004, SR 152.3.

88 Vgl. dazu etwa BGE 136 I, 178, 179 E. 5.1.

89 Vgl. *Häfelin/Haller/Keller/Thurnherr*, Schweizerisches Bundesstaatsrecht, Rn. 281 ff.

90 BGE 129 III, 35, 41 f. E.5.4; krit. dazu *Müller*, HGR VII/2, § 202, Rn. 30.

91 S. *Kägi-Diener*, Grundrechtsschutz durch die Kantone, in: Thürer/Aubert/Müller (Hrsg.), Verfassungsrecht der Schweiz, § 53 Rn. 20.

Grundrechten beeinflusst wurde.[92] Dies gilt allen voran für die bernische Kantonsverfassung aus dem Jahr 1993, so dass *Haller* zuzustimmen ist, wenn er konstatiert, dass, wenn man die Grundrechtskataloge der bernischen Verfassung und der neuen Bundesverfassung nebeneinander hält, deutlich wird, „dass der Bundesverfassungsgeber das kantonale Muster nicht nur als Checkliste, sondern streckenweise auch als Abschreibe-Vorlage benützte".[93] Hieran wird der Einfluss sichtbar, den die kantonalen Grundrechtsgarantien als „Schrittmacher"[94] bei der Konzeption der bundesverfassungsrechtlichen Grundrechte ausübten, so dass die kantonalen Grundrechte als solche keineswegs als wirkungslos oder gar überflüssig bezeichnet werden können. Ob neben dem bundesverfassungsrechtlichen Grundrechtskatalog indes Raum für die Herausbildung neuer ungeschriebener Bundesgrundrechte durch das Bundesgericht besteht, bleibt abzuwarten, ist aber nicht von vorne herein ausgeschlossen,[95] etwa im Hinblick auf den Schutz anderer Lebensgemeinschaften als der Ehe.[96]

2. *Kantonale Ebene*

Alle nach 1999 totalrevidierten Kantonsverfassungen verfügen über einen Grundrechtsteil, dessen konkrete Ausgestaltung jedoch sehr variiert. Im Wesentlichen lassen sich drei verschiedene Konzepte unterscheiden:[97] Die erste Gruppe, zu der die Verfassungen von Neuenburg, Waadt, Freiburg und Genf gehören, verfügt über einen ausführlichen Grundrechtskatalog, während die zweite Gruppe, zu der die Verfassungen von St. Gallen, Schaffhausen, Zürich und Basel-Stadt zählen, auf einen umfassenden Grundrechtskatalog verzichtet und die Grundrechtsgarantien stattdessen in Form einer Liste aufführt, wobei überwiegend auf die Bundesverfassung und auf die für die Schweiz verbindlichen internationalen Abkommen verwiesen wird.[98] Zusätzlich enthalten die Verfassungen der zweiten Gruppe in der Regel die zentralen Garantien der Menschenwürde[99] und

---

[92] Vgl. *Nuspliger*, ZBl. 2005, 393, 394.

[93] *Haller*, FS Fleiner, S. 311, 315; vgl. dazu auch *Nuspliger*, Wechselwirkungen zwischen neueren Kantonsverfassungen und der Bundesverfassung, in: Zimmerli (Hrsg.), Die neue Bundesverfassung, S. 63, 86 ff.; mit der Hoffnung auf eine Impulsfunktion der bernischen Verfassung auch schon *Bolz/Kälin*, Die neue Verfassung des Kantons Bern, in: Kälin/Bolz (Hrsg.), Handbuch des bernischen Verfassungsrechts, S. 5, 8.

[94] Vgl. *Bolz/Kälin*, Die neue Verfassung des Kantons Bern, in: Kälin/Bolz (Hrsg.), Handbuch des bernischen Verfassungsrechts, S. 5, 6.

[95] So auch *Schweizer*, HGR VII/2, § 203 Rn. 12; befürwortend auch *Kley*, ZBJV 1999, 301, 305 f.

[96] In diese Richtung *Göksu/Petrig*, Die Grund- und Sozialrechte, Freiburger Zeitschrift für Rechtsprechung, Sondernummer 2005, Die neue Freiburgische Verfassung, 123, 131.

[97] Vgl. *Ehrenzeller/Nobs*, ZBl. 2009, 1, 11; ausführlich dazu s. auch *Auer*, Staatsrecht der schweizerischen Kantone, Rn. 1440 ff.

[98] Vgl. Art. 2, 4 und 5 KV St. Gallen; Art. 10 KV Zürich; § 11 Abs. 1 u. § 12 KV Basel-Stadt; Art. 12 KV Schaffhausen; vgl. *Ehrenzeller/Nobs*, ZBl. 2009, 1, 11.

[99] Art. 10 KV Schaffhausen; Art. 9 KV Zürich; § 7 KV Basel-Stadt; Art. 2 lit. a) KV St. Gallen, wobei die Menschenwürdegarantie innerhalb der Grundrechtsauflistung angesiedelt ist.

der Rechtsgleichheit[100] sowie Konkretisierungen und Erweiterungen des Schutzbereichs von Bundesgrundrechten.[101] Mitunter werden die Bundesgrundrechte überdies durch spezifische kantonale Grundrechte ergänzt.[102] Eine Sonderstellung innerhalb dieser zweiten Gruppe nimmt die Zürcher Verfassung ein, die auf eine Aufzählung von Grundrechten verzichtet und stattdessen in Art. 10 auf die Bundesverfassung sowie die für die Schweiz verbindlichen internationalen Abkommen verweist. Daneben allerdings enthält die Zürcher Verfassung Grundrechte, welche in der Bundesverfassung und auf internationaler Ebene keine Entsprechung finden,[103] so dass man in Bezug auf die Zürcher Verfassung dennoch von einer grundrechtsgeprägten Verfassung sprechen kann. Etwas anderes gilt hingegen für die dritte Gruppe der Kantonsverfassungen, zu der die Verfassungen von Graubünden, Luzern und Schwyz gehören, welche sich mit einem schlichten Verweis auf die Bundesverfassung und auf die für die Schweiz verbindlichen internationalen Abkommen begnügen.[104] Spezifische kantonale Grundrechte bzw. grundrechtsähnliche Bestimmungen finden sich in diesen Verfassungen allenfalls am Rande.[105] Insoweit ergeben sich deutliche Parallelen zu einigen unmittelbar nach Inkrafttreten des Grundgesetzes entstandenen Landesverfassungen, welche unter dem Eindruck des Grundgesetzes mit seinem ausführlichen Grundrechtskatalog ebenfalls weitestgehend auf eigene Grundrechte verzichteten.[106]

Untersucht man die einzelnen nach 1999 totalrevidierten Kantonsverfassungen genauer, fällt auf, dass die Verfassung von Neuenburg, welche in ihrem Grundrechtsteil sämtliche bundesverfassungsrechtlichen Grundrechte wiederholt, in Art. 8 Abs. 2 den Grundsatz der Gleichberechtigung von Frauen und Männern näher konkretisiert und über die Gewährleistung der Bundesverfassung hinaus einen Anspruch auf gleichberechtigten Zugang zu öffentlichen Ämtern gewährt. Über den Schutzgehalt der Bundesverfassung hinaus geht sie auch insoweit, als sie in Art. 12 Abs. 2 die freie Wahl einer anderen Form des gemeinschaftlichen Zusammenlebens als der Ehe anerkennt. Entsprechendes gilt hinsichtlich des Anspruchs auf ein Obdach und auf die notwendige medizinische Versorgung für Be-

---

[100] Art. 11 KV Schaffhausen; Art. 11 KV Zürich; § 9 KV Basel-Stadt; Art. 2 lit. b) KV St. Gallen, wobei die Garantie der Rechtsgleichheit in der Grundrechtsauflistung zu finden ist.

[101] Vgl. etwa § 9 Abs. 2 KV Basel-Stadt zum Recht von Frauen und Männern auf gleichen Zugang zu öffentlichen Bildungseinrichtungen und Ämtern sowie auf gleiche Ausbildung; s. dazu *Ehrenzeller/Nobs*, ZBl. 2009, 1, 12.

[102] Vgl. etwa Art. 3 lit. a)-c) KV St. Gallen, die ein Recht, Privatschulen zu gründen, zu führen und zu besuchen, einen Anspruch bedürftiger Schulpflichtiger auf Unterstützung beim Schulbesuch sowie ein Recht auf Stipendien vorsehen.

[103] So etwa die über Art. 8 BV hinaus gehenden Diskriminierungsverbote in Art. 11 KV Zürich.

[104] Art. 7 KV Graubünden; § 10 Abs. 2 KV Luzern, wobei in § 10 Abs. 1 alleine die Menschenwürde ausdrücklich erwähnt wird; § 10 KV Schwyz.

[105] So beispielsweise § 10 Abs. 1 KV Luzern (Garantie der Menschenwürde); Art. 10 KV Graubünden (Stimmrecht); Art. 53 KV Graubünden (Öffentlichkeit der Parteiverhandlungen vor Gericht).

[106] S. dazu oben, § 6 II.2. a) bb).

dürftige, welche als einklagbare Rechte ausgestaltet sind.[107] Über die Bundesverfassung hinaus geht ferner die Garantie einer unentgeltlichen Schulbildung, welche nach Art. 14 Abs. 2 der Neuenburger Verfassung, anders als nach der Bundesverfassung, nicht auf den Grundschulbereich beschränkt bleibt. Ein selbständiges kantonales Grundrecht beinhaltet ferner Art. 18 der Neuenburger Verfassung, der, wie zuvor schon Art. 17 Abs. 3 der bernischen Verfassung, jedermann ein Recht auf Einsicht in amtliche Akten gewährt, soweit kein überwiegendes öffentliches oder privates Interesse entgegensteht. Daneben verbürgt die Neuenburger Kantonsverfassung in Art. 20 über die Bundesverfassung hinaus gehend eine spezielle Kundgebungsfreiheit, in Bezug auf die Kundgebungen auf öffentlichem Grund nur durch Gesetz oder Gemeindereglement bewilligungspflichtig erklärt werden dürfen – ein Gesetzesvorbehalt, der im Übrigen auch für die ebenfalls in Art. 20 geregelte kantonale Versammlungsfreiheit gilt. Über den Schutzgehalt der Bundesverfassung hinaus geht schließlich auch das in Art. 21 der Neuenburger Kantonsverfassung verankerte Petitionsrecht, welches in Absatz 2 ein Recht auf möglichst zeitnahe Antwort durch die Behörde beinhaltet.

Die totalrevidierte Verfassung des Kantons Waadt, die, ebenso wie die Bundesverfassung, einen umfassenden Grundrechtskatalog enthält, ergänzt die bundesverfassungsrechtlichen Diskriminierungsverbote in Art. 10 Abs. 2 der Kantonsverfassung um ein Diskriminierungsverbot auf Grund genetischer Merkmale und zeigt insoweit ein Gespür für aktuelle und künftige gesellschaftliche und medizinische Entwicklungen. Auch Art. 14 Abs. 2 der waadtländischen Verfassung geht über die Bundesverfassung hinaus, indem er das Recht, eine andere Form des Zusammenlebens jenseits der Ehe zu wählen, anerkennt.[108] Ferner wird in Art. 17 Abs. 2 lit. c) der Kantonsverfassung ein Recht auf Zugang zu amtlichen Unterlagen garantiert, welches in der Bundesverfassung keine Entsprechung findet.[109] Art. 21 der waadtländischen Verfassung sieht darüber hinaus neben der Versammlungsfreiheit auch die Kundgebungsfreiheit vor, wobei hinsichtlich Versammlungen und Kundgebungen auf öffentlichem Grund besondere Modalitäten bezüglich der Bewilligung und des Verbots beigefügt sind.[110] Art. 23 der waadtländischen Verfassung, der die Koalitionsfreiheit garantiert, geht in Absatz 5 insoweit über Art. 28 BV hinaus, als nach der waadtländischen Verfassung Streik und Aussperrung nur zur Sicherstellung der Mindestdienstleistungen gesetzlich begrenzt werden können, während in Art. 28 Abs. 4 BV bestimmten Kategorien von Personen der Streik gesetzlich verboten werden kann.[111] In Bezug auf die Pe-

[107] *Buser*, BJM 2006, 173, 193.

[108] Näher dazu *Luisier Brodard*, Les droits fondamentaux, in: Moor (Hrsg.) La Constitution vaudoise du 14 avril 2003, S. 91, 96 ff.

[109] Vgl. *Luisier Brodard*, Les droits fondamentaux, in: Moor (Hrsg.) La Constitution vaudoise du 14 avril 2003, S. 91, 100 f.

[110] Vgl. dazu *Luisier Brodard*, Les droits fondamentaux, in: Moor (Hrsg.) La Constitution vaudoise du 14 avril 2003, S. 91, 103 ff.

[111] Ausführlich dazu *Luisier Brodard*, Les droits fondamentaux, in: Moor (Hrsg.) La Constitution vaudoise du 14 avril 2003, S. 91, 106 ff.

titionsfreiheit gewährt die waadtländische Verfassung, anders als die Bundesverfassung, in Art. 31 Abs. 2 ein Recht auf Antwort durch die Behörde.[112] Eine Konkretisierung bzw. Erweiterung des bundesverfassungsrechtlichen Rechts auf Existenzsicherung enthalten Art. 33 und 34 Abs. 1 der waadtländischen Kantonsverfassung, die neben dem Anspruch auf die notwendigen Mittel für ein menschenwürdiges Dasein Bedürftigen zusätzlich einen Anspruch auf eine angemessene Notwohnung gewähren bzw. einen Anspruch auf medizinische Grundversorgung und auf den notwendigen Beistand vorsehen. Art. 34 Abs. 2 der Kantonsverfassung indes verankert ein selbständiges kantonales Grundrecht, indem er Jedermann ein Recht auf Sterben in Würde einräumt. Fraglich ist indes der Grundrechtscharakter von Art. 35 der waadtländischen Verfassung, wonach jede Frau einen Anspruch auf materielle Sicherheit vor und nach der Niederkunft besitzt, da ihre Formulierung zu vage erscheint, um daraus konkrete Ansprüche abzuleiten.[113] Ohne bundesverfassungsrechtliches Pendant sind daneben die Grundrechte in Art. 36 Abs. 3 und Art. 37 der Kantonsverfassung, die die freie Wahl des Unterrichts bzw. ein Recht auf Unterstützung bei der beruflichen Erstausbildung garantieren.[114] Insbesondere an den zuletzt genannten Grundrechten, welche angesichts ihrer Verankerung im Grundrechtsabschnitt als direkt anwendbare und einklagbare Rechte anzusehen sind,[115] wird deutlich, dass die waadtländische Verfassung gerade im Bereich der sozialen Grundrechte über die Bundesverfassung zum Teil deutlich hinaus geht.

Die totalrevidierte Verfassung des Kantons Freiburg enthält ebenfalls einen umfassenden Grundrechtskatalog, der in vielen Punkten die bundesverfassungsrechtlichen Grundrechte wiederholt, an manchen Stellen jedoch explizit einen weiter reichenden Schutz gewährt. Konkret gilt dies für Art. 9 Abs. 2 der Freiburger Verfassung, der Frauen und Männern eine größtmögliche Gleichstellung auch beim Zugang zu öffentlichen Ämtern garantiert. Von der Bundesverfassung abweichend ausgestaltet ist daneben Art. 14 der Kantonsverfassung, der die Freiheit, eine andere gemeinschaftliche Form als die Ehe zu wählen, anerkennt und zudem ein Recht zur Eintragung einer Partnerschaft für gleichgeschlechtliche Paare gewährleistet. Art. 17 Abs. 2 präzisiert die auch bundesrechtlich geltende Sprachenfreiheit dahin gehend, dass jeder, der sich an eine für den ganzen Kanton zuständige Behörde wendet, dies in der kantonalen Amtssprache seiner Wahl tun kann. Art. 19 Abs. 2 der Freiburger Verfassung garantiert darüber hinaus, anders als die Bundesverfassung, ein Recht auf Einsicht in amtliche Dokumente. Art. 24 der Kantonsverfassung enthält neben der Versammlungsfreiheit auch die Garan-

[112] Vgl. *Luisier Brodard*, Les droits fondamentaux, in: Moor (Hrsg.) La Constitution vaudoise du 14 avril 2003, S. 91, 108 f.

[113] So auch *Luisier Brodard*, Les droits fondamentaux, in: Moor (Hrsg.) La Constitution vaudoise du 14 avril 2003, S. 91, 113 ff.

[114] S. *Luisier Brodard*, Les droits fondamentaux, in: Moor (Hrsg.) La Constitution vaudoise du 14 avril 2003, S. 91, 117 ff.

[115] So auch *Ehrenzeller/Nobs*, ZBl. 2009, 1, 12; *Dépraz*, SJZ 2002, 293, 294; *Buser*, BJM 2006, 173, 193.

tie der Demonstrationsfreiheit, wobei für Versammlungen und Demonstrationen auf öffentlichem Grund Modalitäten zur Bewilligung bzw. Einschränkung vorgesehen sind. Ebenso wie in anderen Kantonen, die ihre Verfassungen in der fraglichen Zeit einer Totalrevision unterzogen haben, gibt der Freiburger Verfassungsgeber dem Einzelnen nach Art. 25 der Kantonsverfassung im Falle der Einreichung einer Petition ein Recht auf Antwort durch die Behörde. Außerdem enthält die Freiburger Verfassung ein eigenes Kapitel mit Sozialrechten, in Bezug auf die nicht auf den ersten Blick erkennbar ist, welche von ihnen tatsächlich einklagbare Rechte gewähren. Art. 36 der Kantonsverfassung garantiert Bedürftigen eine angemessene Unterkunft, eine medizinische Grundversorgung sowie die für ein menschenwürdiges Dasein unerlässlichen Mittel. Außerdem garantiert er Opfern einer schweren Straftat, einer Naturkatastrophe oder ähnlicher Ereignisse einen Anspruch auf angemessene Unterstützung. Hinzu kommt ein Anspruch von Kindern und Jugendlichen, die Opfer von Straftaten sind, auf besondere Hilfe. Angesichts des Inhalts und der eindeutigen Formulierung dieses Artikels als Anspruch, der weit über die parallele bundesrechtliche Garantie der Existenzsicherung hinaus geht, besteht kein Zweifel bezüglich der Einklagbarkeit der darin aufgezählten Rechte.[116] Etwas anderes gilt hingegen im Hinblick auf Art. 33 der Freiburger Verfassung. Während Art. 33 Abs. 1, der jeder Frau einen Anspruch auf Leistungen, die ihre materielle Sicherheit vor und nach der Geburt gewährleisten, zugesteht, erkennbar als einklagbares Grundrecht ausgestaltet ist, kann aus Absatz 2, der die Schaffung einer Mutterschaftsversicherung zur Deckung des Erwerbsausfalls vorsieht, kein einklagbares Recht abgeleitet werden, da es sich insoweit um einen bloßen Auftrag an den kantonalen Gesetzgeber handelt.[117] Ebenfalls nicht gerichtlich einklagbar dürfte Art. 33 Abs. 3 sein, der nicht erwerbstätigen Müttern Leistungen, die mindestens dem Grundbetrag des Existenzminimums entsprechen, garantiert.[118] Entsprechendes gilt hinsichtlich Art. 34 und 35 der Freiburger Verfassung, die Kindern und Jugendlichen subsidiär zur Rolle der Familie einen Anspruch auf Hilfe, Ermutigung und Betreuung auf ihrem Weg zu verantwortungsbewussten Menschen bzw. älteren Menschen einen Anspruch auf Mitwirkung, Autonomie, Lebensqualität und Achtung ihrer Persönlichkeit gewähren.[119] Hieran wird deutlich, dass die Freiburger Verfassung zwar in zahlreichen Punkten über die Grundrechtsgarantien der Bundesverfassung hinaus geht, andererseits jedoch nicht sämtliche als sozialen Rechte deklarierte Rechte als einklagbare Grundrechte verstanden werden dürfen.

Die Verfassung des Kantons Genf als jüngste der totalrevidierten Kantonsverfassungen enthält ebenfalls einen umfassenden Grundrechtskatalog, der in einigen Punkten weiter reicht als die Garantien der Bundesverfassung bzw. diese prä-

[116] So auch *Aubert/Mahon*, FZR 2005 I (Sonderheft), 49, 52 f.; *Buser*, BJM 2006, 173, 193.

[117] *Aubert/Mahon*, FZR 2005 I (Sonderheft), 49, 53.

[118] *Aubert/Mahon*, FZR 2005 I (Sonderheft), 49, 53 f.; a.A. hingegen *Göksu/Petrig*, FZR 2005 I (Sonderheft), 123, 146, die von einer Justiziabilität ausgehen, da der Anspruch präziser ausgestaltet sei als etwa Art. 35 KV Waadt.

[119] *Aubert/Mahon*, FZR 2005 I (Sonderheft), 49, 54 f.

zisiert. Dies gilt etwa im Hinblick auf Art. 15 Abs. 2 der Genfer Verfassung, der zusätzlich eine Diskriminierung auf Grund der sexuellen Orientierung verbietet, ein Diskriminierungsverbot, das auf Bundesebene dem Verbot der Diskriminierung auf Grund der Lebensform unterfällt.[120] Art. 16 der Genfer Verfassung konkretisiert und erweitert zudem den in Art. 8 Abs. 3 der Bundesverfassung enthaltenen Gesetzgebungsauftrag zu Gunsten Behinderter insoweit, als er Behinderten den Zugang zu Bauten und Anlagen sowie die Inanspruchnahme von Einrichtungen und Leistungen, die für die Öffentlichkeit bestimmt sind, gewährleistet, ihnen im Verhältnis zum Staat einen Anspruch darauf einräumt, Informationen zu erhalten und in einer ihren Bedürfnissen und Fähigkeiten entsprechenden Form zu kommunizieren sowie die Gebärdensprache anerkennt. Als eigenständiges Grundrecht kennt die Genfer Verfassung darüber hinaus in Art. 19 ein Recht auf eine gesunde Umwelt. Art. 22 der Genfer Verfassung geht ebenfalls weiter als die Bundesverfassung, indem er auch das Recht auf Begründung einer eingetragenen Partnerschaft sowie die Wahl einer anderen Lebensform als die Ehe schützt. Art. 23 der Kantonsverfassung präzisiert und ergänzt die bundesverfassungsrechtlich ebenfalls gewährleisteten Rechte des Kindes, indem er Kindern u.a. einen Schutz vor Misshandlung, Ausbeutung, widerrechtlichem Verbringen oder Prostitution gewährt sowie einen Anspruch auf eine Geburts- oder Adoptionszulage und auf eine monatliche Zulage für jedes Kind gewährleistet. Auch Art. 24 der Kantonsverfassung geht über die bundesverfassungsrechtlichen Grundrechte hinaus, indem er eine unentgeltliche öffentliche Schulbildung jenseits des Primarbereichs garantiert und Bedürftigen einen Anspruch auf die Gewährung staatlicher Stipendien gewährleistet. Angesichts der systematischen Stellung der genannten sozialen Rechte und ihrer Formulierung ist anzunehmen, dass es sich insoweit um direkt einklagbare Rechte handelt. Keine unmittelbare Entsprechung in der Bundesverfassung findet ferner das in Art. 26 Abs. 3 der Kantonsverfassung verankerte Recht auf staatlichen Schutz, wenn eine Person zum Schutz des öffentlichen Interesses dem zuständigen Organ rechtmäßig festgestelltes gesetzeswidriges Verhalten meldet. Ebenso wie andere in jüngerer Zeit totalrevidierte Kantonsverfassungen enthält die Genfer Verfassung darüber hinaus in Art. 28 Abs. 2 ein Recht auf Zugang zu amtlichen Dokumenten. An anderen jüngeren Kantonsverfassungen orientiert sich darüber hinaus die in Art. 32 verankerte Kundgebungsfreiheit. Das in Art. 33 Abs. 2 garantierte Petitionsrecht verpflichtet die zuständige Behörde zur möglichst zeitnahen Abgabe einer Stellungnahme, worin ebenfalls ein Mehr im Vergleich zur Bundesverfassung zu sehen ist. Schließlich geht die Genfer Verfassung im Bereich der sozialen Rechte über den Schutzgehalt der Bundesverfassung hinaus, indem sie in Art. 19 ein Recht auf ein Leben in einer gesunden Umwelt verbürgt, in Art. 38 Bedürftigen ein Recht auf eine angemessene Unterkunft gewährleistet und in Art. 39 neben dem Existenzminimum einen Anspruch auf persönliche Pflege und Unterstützung vorsieht,

---

120 Vgl. dazu *Schefer/Ziegler*, Die Grundrechte der Kantonsverfassung Basel-Stadt, in: Buser (Hrsg.), Neues Handbuch des Staats- und Verwaltungsrechts des Kantons Basel-Stadt, S. 57, 98.

wenn dies aus Gründen der Gesundheit, des Alters oder einer Behinderung erforderlich ist.

Wenngleich die totalrevidierte Verfassung von St. Gallen in ihrem Grundrechtsteil in erster Linie auf die Grundrechte der Bundesverfassung sowie der für die Schweiz verbindlichen internationalen Abkommen verweist, findet sich in Art. 3 der Kantonsverfassung eine Reihe selbständiger kantonaler Grundrechte. Dazu zählen das Recht auf Gründung, Führung und Besuch von Privatschulen, der Anspruch von Schulpflichtigen auf Unterstützung, wenn sie bei Schulbesuch wegen der Lage ihres Wohnortes, wegen Behinderung oder aus sozialen Gründen benachteiligt sind, ein Anspruch auf Stipendien unter Berücksichtigung der wirtschaftlichen Verhältnisse des Bewerbers sowie das Recht, auf eine Petition innerhalb angemessener Frist eine Antwort zu erhalten. Ein Anspruch auf Zugang zu amtlichen Dokumenten schließlich ergibt sich außerhalb des Grundrechtsbereichs aus Art. 60 der Kantonsverfassung.

Einen ähnlichen Weg wie der Kanton St. Gallen ging der Kanton Schaffhausen,[121] der zusätzlich zu den bundesrechtlich gewährleisteten Grundrechten in Art. 12 Abs. 1 lit. c) andere Formen des Zusammenlebens jenseits der Ehe schützt. Daneben räumt Art. 16 der Schaffhauser Verfassung Personen, die in Folge einer Straftat in ihrer körperlichen, psychischen oder sexuellen Unversehrtheit beeinträchtigt worden sind, einen Anspruch auf Hilfe und gegebenenfalls auf eine angemessene Entschädigung ein. Ein nicht als Grundrecht ausgestalteter Rechtsanspruch auf Einsicht in amtliche Akten ergibt sich schließlich aus Art. 47 Abs. 3 der Kantonsverfassung.[122]

Der Kanton Basel-Stadt sieht in seiner totalrevidierten Verfassung neben den auch bundesverfassungsrechtlich gewährleisteten Diskriminierungsverboten in § 8 Abs. 2 zusätzlich ein Verbot der Diskriminierung wegen der genetischen Merkmale[123] und der sexuellen Orientierung vor. Ferner gibt § 8 Abs. 3 der baselstädtischen Kantonsverfassung über den Schutzgehalt der Bundesverfassung hinaus Behinderten einen Anspruch auf Zugang zu Bauten und Anlagen sowie auf Inanspruchnahme von Einrichtungen und Leistungen, die für die Öffentlichkeit bestimmt sind, soweit dies wirtschaftlich zumutbar ist.[124] Zudem gewährt die baselstädtische Verfassung in § 9 Abs. 2 Frauen und Männern ein Recht auf gleichen Zugang zu öffentlichen Bildungseinrichtungen und Ämtern sowie auf gleiche Ausbildung.[125] In § 11 Abs. 1 lit. n) findet sich das Recht auf Bildung, während

---

[121] S. dazu *Nuspliger*, ZBl. 2005, 393, 401 f.

[122] Vgl. *Buser*, BJM 2006, 173, 184.

[123] Näher dazu *Schefer/Ziegler*, Die Grundrechte der Kantonsverfassung Basel-Stadt, in: Buser (Hrsg.), Neues Handbuch des Staats- und Verwaltungsrechts des Kantons Basel-Stadt, S. 57, 94 f.

[124] Ausführlich dazu *Schefer/Ziegler*, Die Grundrechte der Kantonsverfassung Basel-Stadt, in: Buser (Hrsg.), Neues Handbuch des Staats- und Verwaltungsrechts des Kantons Basel-Stadt, S. 57, 100 ff.

[125] Näher dazu *Schefer/Ziegler*, Die Grundrechte der Kantonsverfassung Basel-Stadt, in: Buser (Hrsg.), Neues Handbuch des Staats- und Verwaltungsrechts des Kantons Basel-Stadt, S. 57, 108 ff.

§ 11 Abs. 1 lit. o) das einklagbare Recht, nichtstaatliche Schulen zu errichten, zu führen und zu besuchen, gewährleistet.[126] Auch in Bezug auf § 11 Abs. 1 lit. n) der baselstädtischen Verfassung ist davon auszugehen, dass die Vorschrift ein unmittelbar einklagbares kantonales Recht auf Bildung enthält, welches über Art. 19 BV hinaus geht und neben dem Zugang zur Mittelschule und zur Universität auch den Besuch staatlicher Institutionen der Berufsbildung erfasst.[127] Ebenfalls über den Schutzgehalt hinaus geht § 11 Abs. 1 lit. i) der baselstädtischen Verfassung, der neben der Ehe auch andere familienähnliche Formen des Zusammenlebens schützt.[128] Entsprechendes gilt für die Kundgebungsfreiheit in § 11 Abs. 1 lit. m). § 11 Abs. 2 schließlich verbürgt ein spezifisch kantonales, direkt einklagbares Recht des Einzelnen auf familienergänzende Tagesbetreuung für Kinder sowie ein Recht auf Antwort auf eine Petition innerhalb einer angemessenen Frist.[129] Ersteres ist bislang schweizweit als einmalig anzusehen.[130]

Der Kanton Zürich, der in seiner totalrevidierten Verfassung[131] auf eine Wiederholung bereits bundesverfassungsrechtlich gewährleisteter Grundrechte größtenteils verzichtet, geht in Art. 11 Abs. 2 der Kantonsverfassung insoweit über die Bundesverfassung hinaus, als er zusätzlich eine Diskriminierung auf Grund genetischer Merkmale oder der sexuellen Orientierung untersagt. Darüber hinaus wird in Art. 11 Abs. 3 Frauen und Männern zusätzlich zu den bundesverfassungsrechtlichen Rechten ein Anspruch auf gleichen Zugang zu Bildungseinrichtungen und Ämtern sowie auf gleiche Ausbildung eingeräumt. Behinderte schließlich erhalten in Art. 11 Abs. 4 der Zürcher Kantonsverfassung zusätzlich einen Anspruch auf Zugang zu öffentlichen Bauten, Anlagen, Einrichtungen und Leistungen, soweit dies wirtschaftlich zumutbar ist. Dem verfassungsrechtlichen Anliegen des Schutzes Behinderter entspricht es, dass nach Art. 12 der Kantonsverfassung die Sprachenfreiheit ausdrücklich auch die Gebärdensprache umfasst, was eine Präzisierung im Vergleich zur Bundesverfassung darstellt. Anders als die Bundesverfassung gewährt Art. 13 der Zürcher Kantonsverfassung das Recht auf freie Wahl des partnerschaftlichen Zusammenlebens, auch jenseits der Ehe. Auch das in Art. 14 der Kantonsverfassung verankerte Recht auf Bildung geht über den Schutzgehalt der Bundesverfassung hinaus, wobei noch nicht ganz klar ist, ob es

---

[126] *Schefer/Ziegler*, Die Grundrechte der Kantonsverfassung Basel-Stadt, in: Buser (Hrsg.), Neues Handbuch des Staats- und Verwaltungsrechts des Kantons Basel-Stadt, S. 57, 118 f.

[127] Vgl. *Schefer/Ziegler*, Die Grundrechte der Kantonsverfassung Basel-Stadt, in: Buser (Hrsg.), Neues Handbuch des Staats- und Verwaltungsrechts des Kantons Basel-Stadt, S. 57, 117; *Ehrenzeller/Nobs*, ZBl. 2009, 1, 13 Fn. 61.

[128] *Schefer/Ziegler*, Die Grundrechte der Kantonsverfassung Basel-Stadt, in: Buser (Hrsg.), Neues Handbuch des Staats- und Verwaltungsrechts des Kantons Basel-Stadt, S. 57, 115 f.

[129] *Schefer/Ziegler*, Die Grundrechte der Kantonsverfassung Basel-Stadt, in: Buser (Hrsg.), Neues Handbuch des Staats- und Verwaltungsrechts des Kantons Basel-Stadt, S. 57, 119 ff.; speziell zum Recht auf Tagesbetreuung und dessen Folgen s. *Engelberger*, BJM 2007, 285, 301 f.

[130] Vgl. *Buser*, BJM 2006, 173, 213.

[131] Näher dazu und zu den einzelnen darin verankerten Grundrechten s. *Notter*, SJZ 2006, 421, 423 f.

sich insoweit wirklich um ein einklagbares Recht handelt.[132] Ebenfalls weiter als die Bundesverfassung gehen das in Art. 15 der Kantonsverfassung verankerte Recht auf Gründung, Organisation und Besuch privater Bildungsstätten[133] sowie das in Art. 16 verbürgte Petitionsrecht, welches dem Betroffenen ein Recht auf Stellungnahme innerhalb von sechs Monaten gewährt. Über die Bundesverfassung hinaus geht zudem das in Art. 17 gewährleistete Recht auf Zugang zu amtlichen Dokumenten. Kein unmittelbares bundesverfassungsrechtliches Pendant findet schließlich der in Art. 18 der Zürcher Kantonsverfassung aufgenommene Anspruch von Verfahrensparteien auf einen begründeten Entscheid mit Rechtsmittelbelehrung.

Insgesamt fällt auf, dass die kantonalen Grundrechte im Rahmen der Totalrevisionen um die Jahrtausendwende herum einen echten Aufschwung erlebten und sich in den Grundrechtskatalogen – soweit vorhanden – daher heute viele spezifisch kantonale bzw. die Bundesverfassung ergänzende Garantien finden,[134] eine Entwicklung, die der deutschen Grundrechtsentwicklung nach der Wiedervereinigung nicht unähnlich ist. Dem entspricht es, dass fast alle totalrevidierten Verfassungen das Recht auf andere Formen des gemeinschaftlichen Zusammenlebens jenseits der Ehe[135] sowie ein erweitertes Petitionsrecht, welches einen Anspruch auf Antwort der Behörden umfasst, als spezifisch kantonale Grundrechte garantieren.[136] Ähnliches gilt für das Recht auf Zugang zu amtlichen Dokumenten, wobei diesen Anspruch nicht alle Kantone als Grundrecht oder zumindest auf einfach-gesetzlicher Ebene ausgestaltet haben.[137] Zahlreiche Kantone gewährleisten darüber hinaus neben der Versammlungsfreiheit auch die Kundgebungsfreiheit. In Bezug auf die Gleichheitsrechte zeigt sich, dass die bundesrechtlichen Diskriminierungsverbote nicht selten um weiter gehende, zukunftsgerichtete Diskriminierungsverbote wie das Verbot der Diskriminierung auf Grund genetischer Merkmale erweitert werden. Ähnliches gilt für die Gleichstellung von Frauen und Männern sowie für den Schutz Behinderter. Im Bereich der sozialen Rechte schließlich zeigen sich die größten Unterschiede zwischen der Bundesverfassung und den totalrevidierten Kantonsverfassungen, wobei Letztere teilweise deutlich über die Schutzgehalte der Bundesverfassung hinaus gehen und, anders als die diesbezüglich in Art. 41 BV verankerten Sozialziele, einklagbare Ansprüche auf

---

[132] So aber wohl *Biaggini*, in: Häner/Rüssli/Schwarzenbach (Hrsg.), Kommentar zur Zürcher Kantonsverfassung, Art. 14 Rn. 2 u. 17 ff.; s. auch *Ehrenzeller/Nobs*, ZBl. 2009, 1, 13.

[133] Vgl. dazu *Biaggini*, in: Häner/Rüssli/Schwarzenbach (Hrsg.), Kommentar zur Zürcher Kantonsverfassung, Art. 15 Rn. 6, der der Vorschrift in erster Linie klar stellenden Charakter beimisst, es jedoch nicht ausschließt, dass ihr von der Rechtsprechung weiter gehende Inhalte beigemessen werden.

[134] Zusammenfassend dazu *Buser*, Kantonales Staatsrecht, Rn. 543 ff.; *Thürer*, HGR VII/2, § 203 Rn. 30 ff.; für einen guten Überblick über spezifisch kantonale Grundrechtsgarantien s. auch *Nuspliger/Mäder*, Bernisches Verafssungsrecht, S. 41.

[135] Vgl. *Buser*, BJM 2006, 173, 176.

[136] Vgl. *Ehrenzeller/Nobs*, ZBl. 2009, 1, 12 f.

[137] *Ehrenzeller/Nobs*, ZBl. 2009, 1, 13; *Buser*, BJM 2006, 173, 183 ff.

staatliche Leistungen gewähren.[138] An der Verweisung auf die Grundrechte der Bundesverfassung in zahlreichen Kantonsverfassungen wird jedoch andererseits erkennbar, dass nicht nur die Bundesverfassung von den vor 1999 totalrevidierten Kantonsverfassungen beeinflusst wurde, sondern die Bundesverfassung ihrerseits großen Einfluss auf die nach 1999 totalrevidierten Kantonsverfassungen ausübte, so dass man mit *Nuspliger* von einem „wechselhafte[n] Lernprozess" zwischen Bundesverfassung und kantonalen Verfassungen sprechen kann.[139]

III. Materiell-rechtliche Ansatzpunkte zur grundrechtsbezogenen Kollisions- und Konfliktvermeidung

1. Art. 3 Abs. 1 i.V.m. Art. 2 Abs. 1 BV

Als materiell-rechtlicher Anknüpfungspunkt zur grundrechtsbezogenen Kollisions- und Konfliktvermeidung kommt unter der neuen Bundesverfassung zunächst Art. 3 2. HS BV in Betracht, wonach die Kantone alle Rechte ausüben, die nicht dem Bund übertragen sind. Art. 2 Abs. 1 BV seinerseits überträgt dem Bund u.a. die Pflicht zum Schutz der Freiheit und der Rechte des Volkes, so dass man daraus eine ausschließliche Kompetenz des Bundes für den Grundrechtsbereich ableiten könnte. Allerdings ist die Vorschrift des Art. 2 Abs. 1 BV, wie bereits unter der alten Bundesverfassung, viel zu allgemein gehalten, als dass daraus konkrete Aussagen zur Kompetenzverteilung im Grundrechtsbereich entnommen werden könnten.[140]

2. Art. 49 Abs. 1 BV

Daher kommt alleine Art. 49 Abs. 1 BV, wonach Bundesrecht entgegenstehendem kantonalem Recht vorgeht, als Ansatzpunkt für Kollisionen zwischen Bundesrecht und kantonalen Grundrechten in Betracht. Art. 49 Abs. 1 BV ist eine „normative Fortentwicklung"[141] von Art. 2 der Übergangsbestimmungen zur alten Bundesverfassung. Außerdem soll die Vorschrift auf Art. 3 BV 1874 beruhen, der die Zuständigkeitsaufteilung zwischen Bund und Kantonen regelte und in-

[138] *Nuspliger*, Wechselwirkungen zwischen neueren Kantonsverfassungen und der Bundesverfassung, in: Zimmerli (Hrsg.), Die neue Bundesverfassung, S. 63, 72 f.

[139] *Nuspliger*, Wechselwirkungen zwischen neueren Kantonsverfassungen und der Bundesverfassung, in: Zimmerli (Hrsg.), Die neue Bundesverfassung, S. 63, 65; s. dazu auch *Haller*, FS Fleiner, S. 311, 315.

[140] S. dazu oben, § 8 I.3. a); zu den Unklarheiten bezüglich der Anwendbarkeit von Art. 3 BV im Grundrechtsbereich s. *Besson*, Droits de l'homme et fédéralisme: une introduction thématique, in: Besson/Belser (Hrsg.), Die Europäische Menschenrechtskonvention und die Kantone, S. 7, 26.

[141] *Ruch*, in: St. Galler Kommentar zu Art. 49 BV, Rn. 1.

haltlich unverändert in Art. 3 BV übernommen wurde.[142] Dem Wortlaut nach handelt es sich bei Art. 49 Abs. 1 BV um eine Kollisionsregel zur Auflösung von Normkonflikten zwischen Bundesrecht und kantonalem Recht, d.h. für Fälle, in denen bundesrechtliche und kantonale Rechtsnormen ein und denselben Gegenstand unterschiedlich regeln.[143] Ursache eines solchen Widerspruchs ist in der Regel, dass ein Kanton eine Bundeskompetenz nicht beachtet hat,[144] weshalb in der schweizerischen Staatsrechtslehre und Rechtsprechung überwiegend angenommen wird, Art. 49 Abs. 1 BV löse im Grunde Kompetenzkonflikte, nicht Normkonflikte auf.[145] Die dogmatische Frage, ob im Falle eines Widerspruchs zwischen einem kantonalen Grundrecht und Bundesrecht ein Kompetenzkonflikt oder ein Normkonflikt vorliegt, kann jedoch, wenngleich die Kantone richtigerweise zur Verankerung eigener Grundrechte berechtigt sind und eine Konfliktlösung daher nicht im Wege der Kompetenzabgrenzung stattfinden kann,[146] im Hinblick auf Art. 49 Abs. 1 BV dahinstehen, da die Vorschrift in derartigen Konstellationen nach herrschender Meinung in jedem Fall Anwendung findet.[147] Dies hat zur Folge, dass kantonale Grundrechte, die über die entsprechende bundesrechtliche Garantie hinaus gehen bzw. in der Bundesverfassung keinerlei Pendant finden, Gefahr laufen, der Rechtswirkung des Art. 49 Abs. 1 BV zu unterfallen, wenn sie eine Kompetenz des Bundes verletzen, beispielsweise die ausschließliche Zivilrechtskompetenz des Bundes oder Bundeskompetenzen im Bereich des Sozialrechts.[148] Der Vorrang des Bundesrechts schließt nach der Rechtsprechung des Bundesgerichts in Sachgebieten, die das Bundesrecht abschließend geregelt hat, eine Rechtssetzung durch die Kantone grundsätzlich aus, während die Kantone in Bereichen, die das Bundesrecht nicht abschließend ordnet, nur solche Vorschriften erlassen dürfen, die nicht gegen den Sinn und Geist des Bundesrechts verstoßen und dessen Zweck nicht beeinträchtigen oder vereiteln.[149] Selbst wenn jedoch das Bundesrecht ein gewisses Gebiet an sich abschließend regle, könne

---

[142] *Rhinow/Schefer/Uebersax*, Schweizerisches Verfassungsrecht, Rn. 743; *Forster*, Eigenständigkeit der Kantone, Vorrang und Einhaltung des Bundesrechts und Bundesgarantien, in: Fleiner/Forster/Misic/Thalmann (Hrsg.), BV – CF 2000, S. 131, 134.

[143] Vgl. *Waldmann*, FS Jaag, S. 533, 536; *Ruch*, in: St. Galler Kommentar zu Art. 49 BV, Rn. 8; *Rhinow/Schefer/Uebersax*, Schweizerisches Verfassungsrecht, Rn. 744.

[144] *Rhinow/Schefer/Uebersax*, Schweizerisches Verfassungsrecht, Rn. 744; vgl. auch *Ruch*, in: St. Galler Kommentar zu Art. 49 BV, Rn. 8.

[145] *Forster*, Eigenständigkeit der Kantone, Vorrang und Einhaltung des Bundesrechts und Bundesgarantien, in: Fleiner/Forster/Misic/Thalmann (Hrsg.), BV – CF 2000, S. 131, 134; *Ruch*, St. Galler Kommentar zu Art. 49 BV, Rn. 8; BGE 120 Ia, 286, 290 E. 2c)aa).

[146] S. oben, § 8 I.3. a).

[147] A.A. jedoch *Waldmann*, FS Jaag, S. 533, 536 f., der im Falle eines Kompetenzkonfliktes Art. 3 BV anwenden möchte und Art. 49 Abs. 1 BV dementsprechend nur bei Normkollisionen heran zieht, mit der Folge, dass es im Falle mit Bundesrecht gleich lautender kantonaler Bestimmungen mangels eines Widerspruchs nicht zu einer Derogation nach Art. 49 Abs. 1 BV kommen könne.

[148] Zu solchen Kompetenzkonflikten s. *Ruch*, in: St. Galler Kommentar zu Art. 49 BV, Rn. 11 ff.

[149] St. Rspr., vgl. BGE 130 I, 82, 87 E. 2.2; 139 I, 242, 248 E. 3.2.

kantonales Recht auf demselben Gebiet unter Umständen weiter bestehen, insbesondere dann, wenn es nachweislich andere Ziele verfolge als die bundesrechtliche Regelung,[150] wobei aber der Zweck des Bundesrechts nicht beeinträchtigt werden dürfe.[151] Daher können den Kantonen selbst bei abschließender bundesrechtlicher Regelung Handlungsspielräume verbleiben, es sei denn, die Bundesgesetzgebung für einen bestimmten Bereich hat sowohl umfassenden als auch ausschließlichen Charakter.[152] Für kantonale „Aliud"- und Mehrgewährleistungen im Grundrechtsbereich bedeutet dies, dass sie unter Umständen weiter bestehen können, selbst wenn für den fraglichen Bereich grundsätzlich der Bund zur Gesetzgebung befugt ist. Dies gilt umso mehr, als nach Art. 6 ZGB die öffentlich-rechtlichen Befugnisse der Kantone durch das Bundeszivilrecht nicht beschränkt werden, so dass die Kantone im öffentlichen Interesse Vorschriften aufstellen können, die die zivilrechtliche Ordnung ergänzen, sofern der Bundesgesetzgeber mit seinen Regelungen nicht eine abschließende Ordnung geschaffen hat, die kantonalen Bestimmungen einem schutzwürdigem öffentlichen Interesse entsprechen und nicht gegen Sinn und Geist des Bundeszivilrechts verstoßen.[153] Im Falle der Kollision von weiter reichenden kantonalen Grundrechten und Bundesgrundrechten schließlich ist auf das Prinzip der praktischen Konkordanz zurück zu greifen, wobei das kantonale Grundrecht im Konfliktfall nach Art. 49 Abs. 1 zurückweichen muss,[154] d.h. entsprechend der von der herrschenden Lehre der Vorschrift des Art. 49 Abs. 1 BV beigemessenen Rechtsfolge nichtig ist.[155]

In Bezug auf kantonale Grundrechte, welche mit Bundesgrundrechten übereinstimmen, ergibt sich, dass, wenn man mit der herrschenden Meinung davon ausgeht, dass Art. 49 Abs. 1 BV auch Kompetenzkonflikte erfasst, der kantonale Gesetzgeber für den Erlass des entsprechenden Grundrechts nicht zuständig war[156] und dieses daher nichtig ist.[157] Dagegen wird freilich eingewandt, dass Art. 49 Abs. 1 BV nunmehr klar stelle, dass Bundesrecht nur *entgegen stehendem*

---

[150] BGE 133 I, 110, 116 E. 4.1; 138 I, 410, 414 f. E. 3.1; 139 I, 242, 248 E. 3.2.

[151] BGE 138 I, 435, 446 E. 3.1; 139 I, 242, 248 E. 3.2.

[152] BGE 138 I, 410, 414 E. 3.1; 138 I, 435, 446 E. 3.1; 139 I, 242, 248 E. 3.2.

[153] Vgl. etwa BGE 137 I, 135, 140 E. 2.5.2 m.w.N.

[154] *Schefer/Ziegler*, Die Grundrechte der Kantonsverfassung Basel-Stadt, in: Buser (Hrsg.), Neues Handbuch des Staats- und Verwaltungsrechts des Kantons Basel-Stadt, S. 57, 79.

[155] Zur Rechtsfolge des Art. 49 Abs. 1 BV s. *Ruch*, in: St. Galler Kommentar zu Art. 49 BV, Rn. 21; *Rhinow/Schefer/Uebersax*, Schweizerisches Verfassungsrecht, Rn. 754; *Schweizer*, Homogenität und Vielfalt im schweizerischen Staatsrecht, in: Thürer/Aubert/Müller (Hrsg.), Verfassungsrecht der Schweiz, § 10 Rn. 12; differenzierend hingegen *Waldmann*, FS Jaag, S. 533, 539 ff.; ebenfalls differenzierend *Biaggini*, Bundesverfassung, Art. 49 Rn. 8; für eine bundesgerichtliche Ungültigerklärung bei abstrakter Normenkontrolle bzw. Nichtanwendung des kantonalen Rechts im Fall der Anfechtung von Vollzugsakten hingegen *Hangartner*, ZSR 2009 I, 431, 446.

[156] Vgl. etwa BGE 139 I, 242, 248 E. 3.2; *Ruch*, in: St. Galler Kommentar zu Art. 49 BV, Rn. 15; *Rhinow/Schefer/Uebersax*, Schweizerisches Verfassungsrecht, Rn. 766.

[157] So zur alten Bundesverfassung *Kurer*, Die kantonalen Grundrechtsgarantien, S. 142 ff.

kantonalem Recht vorgehe, wozu gleich lautendes Recht nicht gehöre.[158] Die Kantone dürften danach mit Bundesrecht übereinstimmende Regelungen erlassen, obwohl sie für den fraglichen Bereich keine Sachzuständigkeit mehr besitzen.[159] Für den Grundrechtsbereich würde dies bedeuten, dass die kantonale Rechtsprechung bei übereinstimmenden Grundrechten aus der Kantonsverfassung Grundrechtsansprüche ableiten könnte, welche das Bundesgericht für das entsprechende Bundesgrundrecht noch nicht anerkannt hat.[160] Das Bundesgericht selbst geht auch unter Geltung der neuen Bundesverfassung davon aus, dass mit Bundesgrundrechten übereinstimmende kantonale Grundrechte zwar nicht formell derogiert werden, sie jedoch keine selbständige Bedeutung besitzen,[161] eine Auffassung, die in der Literatur etwa von *Hangartner* geteilt wird, der ebenfalls von der Fortgeltung inhaltsgleicher kantonaler Grundrechte ausgeht.[162] Hinter den Bundesgrundrechten zurück bleibende kantonale Grundrechte hingegen sollen unter der neuen Bundesverfassung fortgelten und nicht der derogierenden Wirkung des Art. 49 Abs. 1 BV unterfallen, wenngleich es für den Beschwerdeführer sinnlos ist, sich im Prozess auf derartige Garantien zu berufen.[163]

Der Vorrang des Bundesrechts ist von Amts wegen zu beachten und kann als verfassungsmäßiges Recht des Einzelnen vor dem Bundesgericht geltend gemacht werden.[164] Bezüglich der Durchsetzung kantonaler Grundrechte gegenüber dem Bundesrecht ist jedoch eher die umgekehrte Konstellation von Bedeutung, nämlich, dass der Bund kompetenzwidriges Bundesrecht erlassen hat und dieses dem Wirksamwerden kantonaler Grundrechte entgegen steht. Allerdings ist das Bundesgericht wegen Art. 190 BV trotz der Möglichkeit zur Beifügung eines entsprechenden Hinweises zur Anwendung des kompetenzwidrig erlassenen Bundesrechts verpflichtet, so dass das kompetenzgemäß erlassene kantonale Grundrecht in diesem Fall in rechtsstaatlich bedenklicher Weise faktisch verdrängt wird,[165] was wiederum das Steuerungspotential kantonaler Grundrechte insgesamt schwächt.

---

[158] *Häfelin/Haller/Keller/Thurnherr*, Schweizerisches Bundesstaatsrecht, Rn. 1183; *Tschannen*, Staatsrecht, § 22 Rn. 24; *Biaggini*, Bundesverfassung, Art. 49 Rn. 10.

[159] *Tschannen*, Staatsrecht, § 22 Rn. 24; a.A. *Aubert*, in: Aubert/Mahon, Petit Commentaire de la Constitution fédérale de la Confédération suisse, Art. 49 Rn. 6; *Biaggini*, Bundesverfassung, Art. 49 Rn. 10.

[160] *Tschannen*, Staatsrecht, § 22 Rn. 26; *Thürer*, HGR VII/2, § 203 Rn. 31.

[161] So ausdrücklich noch unter der alten Bundesverfassung BGE 121 I, 196, 200 E. 2d) zur Sprachenfreiheit; unter Geltung der neuen Bundesverfassung implizit s. etwa BGE 136 I, 254, 258 ff. E. 3 sowie E. 4.1 u. E. 6.2.

[162] *Hangartner*, ZSR 2009 I, 431, 435 f.

[163] *Schefer/Ziegler*, Die Grundrechte der Kantonsverfassung Basel-Stadt, in: Buser (Hrsg.), Neues Handbuch des Staats- und Verwaltungsrechts des Kantons Basel-Stadt, S. 57, 78.

[164] St. Rspr., s. nur BGE 127 I, 60, 68 E. 4a); 130 I, 82, 86 E. 2.2.

[165] Vgl. *Ruch*, in: St. Galler Kommentar zu Art. 49 BV, Rn. 6.

IV. Grundrechtsbindung und Prüfungsmaßstab

In Bezug auf die Grundrechtsbindung der Bundesbehörden und der kantonalen Behörden brachte die neue Bundesverfassung keine Änderungen. So wurde in der Botschaft über die neue Bundesverfassung lediglich noch einmal bekräftigt, dass neben dem Bund auch die Kantone an die Bundesgrundrechte gebunden seien,[166] ein Grundsatz, der bereits unter den früheren Bundesverfassungen selbstverständlich war[167] und sich unter der neuen Bundesverfassung daraus ergibt, dass die Grundrechte und Sozialziele vor dem 3. Titel mit der Überschrift „Bund, Kantone und Gemeinden" platziert wurden.[168] Die kantonalen Grundrechte hingegen binden nach wie vor in erster Linie die kantonale Staatsgewalt, wobei diese Art der Grundrechtsbindung vor allem dann Bedeutung erlangt, wenn ein kantonales Recht über die entsprechende bundesverfassungsrechtliche Garantie hinaus geht bzw. kein bundesverfassungsrechtliches Pendant kennt.[169] In Folge der Schaffung einheitlicher bundesrechtlicher Prozessordnungen für das Zivil- und das Strafverfahren stellt sich nunmehr die Frage, ob und gegebenenfalls inwieweit kantonale Gerichte bei der Anwendung derartiger bundesrechtlicher Normen kantonale Grundrechte als Prüfungsmaßstab heran ziehen dürfen. Nach allgemeinen dogmatischen Grundsätzen wäre eine derartige Heranziehung kantonaler Grundrechte zumindest nicht ausgeschlossen, doch kann die tatsächliche Relevanz dieser Frage und damit die Reichweite der Bindung kantonaler Instanzen an kantonale Grundrechte nur durch eine Analyse der einschlägigen Rechtsprechung geklärt werden.[170] Der Bund selbst ist insoweit an kantonale Grundrechte gebunden, als er nach dem Rechtsstaatsprinzip nicht gegen geltendes Recht verstoßen darf und daher zur Beachtung des kantonalen Recht angehalten ist,[171] wobei er freilich nicht zur Umsetzung spezifisch kantonaler Grundrechtsgarantien wie dem Recht auf Bildung verpflichtet sein kann.[172]

---

[166] *Bundesrat*, Botschaft über eine neue Bundesverfassung v. 20. November 1996, BBl 1997 I, 1, 137.

[167] S. dazu oben, § 7 V. u. § 8 I.4.

[168] *Bundesrat*, Botschaft über eine neue Bundesverfassung v. 20. November 1996, BBl 1997 I, 1, 137.

[169] *Buser*, Kantonales Staatsrecht, Rn. 544.

[170] S. dazu unten, § 9 V.2.

[171] *Rhinow/Schefer/Uebersax*, Schweizerisches Verfassungsrecht, Rn. 775.

[172] Vgl. *Hottelier*, HGR VII/2, § 207 Rn. 8.

V. Prozessuale Mechanismen zur Gewährleistung des Grundrechtsschutzes

1. Bundesebene

a) Bundesgericht

Durch die im Jahr 2000 angenommene Justizreform wurden sowohl die Organisation und das Verfahren vor dem Bundesgericht als auch die zur Verfügung stehenden Rechtsmittel und die Organisation der Vorinstanzen neu ausgestaltet.[173] Eine erste zentrale Änderung betrifft die Einführung der Einheitsbeschwerde in Strafsachen, Zivilsachen und öffentlich-rechtlichen Angelegenheiten, die nach Art. 95 BGG identische Beschwerdegründe besitzt und die die früher notwendige Unterscheidung der Beschwerdevoraussetzungen je nach Rechtsgebiet obsolet macht. Ergänzt wird die Einheitsbeschwerde nunmehr durch eine subsidiäre Verfassungsbeschwerde, welche Lücken des Grundrechtsschutzes im neuen Rechtsmittelsystem füllen und insoweit im Wesentlichen die Funktion der staatsrechtlichen Beschwerde übernehmen soll.[174] Außerdem wurde die Einheitsbeschwerde in öffentlich-rechtlichen Angelegenheiten mit der früheren verwaltungsgerichtlichen Beschwerde zusammengelegt, so dass eine Entscheidung, ob der angegriffene Hoheitsakt sich auf Bundesrecht oder auf kantonales Recht stützt, entbehrlich wurde.[175] Für den Grundrechtsbereich von Relevanz ist schließlich die durch Art. 86 Abs. 2 BGG eingeführte Neuerung, wonach die Kantone für den gesamten Bereich, der von der Einheitsbeschwerde in öffentlich-rechtlichen Angelegenheiten abgedeckt wird, eine gerichtliche Vorinstanz mit voller Kognition i.S.v. Art. 110 BGG einführen müssen, so dass insbesondere kantonale Entscheide, die sich auf kantonales Recht stützen und die früher nur mit der staatsrechtlichen Beschwerde angegriffen werden konnten, nunmehr auch vor einer kantonalen Instanz überprüfbar sind.[176]

Die für den Grundrechtsschutz besonders relevante Einheitsbeschwerde in öffentlich-rechtlichen Angelegenheiten, die ihre verfassungsrechtliche Grundlage in Art. 189 Abs. 1 BV findet, vereint Elemente der staatsrechtlichen Beschwerde mit Elementen der Verwaltungsgerichtsbeschwerde.[177] Nach Art. 95 BGG kann mit der Einheitsbeschwerde u.a. eine Verletzung von Bundesrecht (lit. a)), von kantonalen verfassungsmäßigen Rechten (lit. c)) sowie von in internationalen Verträgen garantierten Grundrechten (lit. b)) gerügt werden,[178] so dass das Bun-

---

[173] S. dazu *Schweizer*, HGR VII/2, § 229 Rn. 64 ff.

[174] *Schweizer*, HGR VII/2, § 229 Rn. 68.

[175] Vgl. *Rhinow/Koller/Kiss/Thurnherr/Brühl-Moser*, Öffentliches Prozessrecht, Rn. 1855.

[176] *Schweizer*, HGR VII/2, § 229 Rn. 67.

[177] Ausführlich dazu *Aemisegger*, Der Beschwerdegang in öffentlich-rechtlichen Angelegenheiten, in: Ehrenzeller/Schweizer (Hrsg.), Reorganisation der Bundesrechtspflege, S. 103, 107 ff.; *Schweizer*, HGR VII/2, § 229 Rn. 75.

[178] Ausführlich dazu *Häfelin/Haller/Keller/Thurnherr*, Schweizerisches Bundesstaatsrecht, Rn. 1969 ff.

desgericht auch nach der Justizreform über die Einhaltung der kantonalen Grundrechte wacht. Mögliche Anfechtungsgegenstände im Rahmen der Einheitsbeschwerde in öffentlich-rechtlichen Angelegenheiten sind nach Art. 82 BGG i.V.m. Art. 90 BGG Entscheide in Sachen des öffentlichen Rechts (Art. 82 lit. a) BGG), kantonale Erlasse (Art. 82 lit. b) BGG) sowie Akte, die die politischen Rechte betreffen (Art. 82 lit. c) BGG), während die öffentlich-rechtliche Beschwerde gegen Bundesgesetze wegen Art. 190 BV nach wie vor ausgeschlossen bleibt. Zu den Entscheiden in Sachen des öffentlichen Rechts gehören vor allem die Urteile kantonaler Gerichte, während unter „kantonalen Erlassen" sämtliche kantonalen Rechtsnormen zu verstehen sind.[179] Art. 83 BGG sieht nach dem Vorbild der früheren Regelungen zur verwaltungsgerichtlichen Beschwerde vor, dass zahlreiche Sachbereiche vom Anwendungsbereich der öffentlich-rechtlichen Beschwerde ausgenommen bleiben sollen.[180] Allerdings beziehen sich die Ausschlussgründe des Art. 83 BGG nur auf „Entscheide", so dass im Bereich der abstrakten Normenkontrolle gegenüber kantonalen Erlassen keine Beschränkung stattfindet, wobei jedoch eine vorfrageweise Überprüfung der kantonalen Erlasse in den von Art. 83 BGG erfassten Sachbereichen zwangsläufig ausscheiden muss.[181] Art. 89 BGG verlangt neben dem Vorliegen einer formellen Beschwer (lit. a)) auch eine materielle Beschwer (lit. b) und c)) sowie ein aktuell praktisches Interesse des Beschwerdeführers an der Entscheidung (lit. c)). Aus Art. 86 bis 88 BGG ergibt sich, dass vor Erhebung der öffentlich-rechtlichen Beschwerde grundsätzlich zuerst der Rechtsweg voll ausgeschöpft werden muss. Die Frist für eine Beschwerde gegen Entscheide beträgt nach Art. 100 Abs. 1 BGG grundsätzlich 30 Tage ab Eröffnung der vollständigen Ausfertigung, während die Beschwerdefrist hinsichtlich kantonaler Erlasse nach Art. 101 BGG 30 Tage ab der nach dem kantonalen Recht maßgebenden Veröffentlichung beträgt. In Bezug auf die Kognition des Bundesgerichts im Rahmen der Einheitsbeschwerde in öffentlich-rechtlichen Angelegenheiten lässt sich konstatieren, dass die vom Bundesgericht bezüglich der staatsrechtlichen Beschwerde entwickelten Grundsätze weitgehend fortgelten,[182] so dass die Kognition bei der Prüfung der Anwendung und Auslegung von kantonalem Gesetzesrecht jenseits des Vorliegens eines schweren Grundrechtseingriffs grundsätzlich auf eine Willkürprüfung beschränkt ist[183] und eine Berücksichtigung kantonaler Besonderheiten weiterhin durch eine Variation der Prüfungsdichte im Bereich der freien Kognition im Sinne eines *judicial self-*

---

[179] Ausführlich zum Ganzen, *Bundesrat*, Botschaft zur Totalrevision der Bundesrechtspflege v. 28.02.2001, BBl 2001, 4202, 4319 ff.; *Schweizer*, HGR VII/2, § 229 Rn. 79 ff.

[180] Ausführlich dazu *Rhinow/Koller/Kiss/Thurnherr/Brühl-Moser*, Öffentliches Prozessrecht, Rn. 1879 ff.

[181] *Bundesrat*, Botschaft zur Totalrevision der Bundesrechtspflege v. 28.02.2001, BBl 2001, 4202, 4320 ff., *Waldmann*, AJP 2003, 747, 753; *Schweizer*, HGR VII/2, § 229 Rn. 84.

[182] Vgl. *Rohner*, in: St. Galler Kommentar zu Art. 9 BV Rn. 27 ff.

[183] Vgl. etwa BGE 134 I 153, 175 f. E. 4.2.1; *Kiener/Rütsche/Kuhn*, Öffentliches Verfahrensrecht, Rn. 1560; krit. dazu *Hofstetter*, Das Verhältnismässigkeitsprinzip als Grundsatz rechtsstaatlichen Handelns (Art. 5 Abs. 2 BV), S. 319 ff.

restraint möglich bleibt,[184] wobei bei der Anwendung von Bundesrecht jedoch bezüglich des Verhältnismäßigkeitsprinzips unter der neuen Bundesverfassung nunmehr eine freie Prüfung erfolgt.[185] Relevant ist dies u.a. insofern, als im Rahmen der Einheitsbeschwerde nunmehr auch kantonale Entscheide angefochten werden können, die sich auf Bundesrecht stützen.[186] Im Zusammenhang mit der kantonalen Autonomie ist ferner zu beachten, dass das Bundesgericht im Rahmen der Einheitsbeschwerde nach Art. 97 i.V.m. Art. 105 BGG in der Regel auf eine Rechtskontrolle beschränkt ist. Schließlich wird eine Verletzung von Grundrechten und von kantonalem Recht nach dem in Art. 106 Abs. 2 BGG verankerten Rügeprinzip vom Bundesgericht nur insofern geprüft, als der Beschwerdeführer eine entsprechende Rüge vorgebracht hat,[187] was die Aktualisierung kantonaler Grundrechte insoweit erschwert, als sich viele Beschwerdeführer primär auf eine Verletzung des entsprechenden Bundesgrundrechts berufen. Bei der Prüfung der Verfassungsmäßigkeit einer kantonalen Rechtsnorm tendiert das Bundesgericht aus Rücksicht auf den kantonalen Gesetzgeber zu einer verfassungskonformen Auslegung dahin gehend, dass eine kantonale Norm nur dann aufgehoben wird, wenn sie sich jeder verfassungskonformen Auslegung entzieht, jedoch nicht, wenn sie einer solchen in vertretbarer Weise zugänglich ist,[188] was grundsätzlich auch weitergehenden kantonalen Grundrechten im Verhältnis zum einfachen Bundesrecht zu Gute kommen kann. Die Entscheidung des Bundesgerichts im Rahmen der öffentlich-rechtlichen Beschwerde kann sowohl kassatorisch als auch reformatorisch ausfallen.[189]

---

[184] Vgl. *Waldmann*, AJP 2003, 747, 757 f.; *Schweizer*, HGR VII/2, § 229 Rn. 76; *Looser*, Verfassungsgerichtliche Rechtskontrolle gegenüber schweizerischen Bundesgesetzen, S. 681; *Hangartner*, Richterliche Zurückhaltung in der Überprüfung von Entscheiden von Vorinstanzen, in: Schindler/Sutter (Hrsg.), Akteure der Gerichtsbarkeit, S. 159, 167 f.; *Ziegler*, Von der Rechtsmittelvielfalt zur Einheitsbeschwerde, S. 231 u. 235, der die Praxis der Zurückhaltung als Folge der inzwischen aufgegebenen „Ohne-Not"-Praxis des Bundesgerichts bezeichnet, einem „Mittelding zwischen freier und beschränkter Kognition"; ausführlich zu diesen Beschränkungen s. oben, § 8 I.5. a) aa) aaa) u. 8 III.5. a) sowie *Leuthold*, Die Prüfungsdichte des Bundesgerichts im Verfahren der staatsrechtlichen Beschwerde wegen Verletzung verfassungsmässiger Rechte, S. 75 ff.; zur freiwilligen Beschränkung der Kognition im Rahmen einer abstrakten Normenkontrolle bezüglich einer kantonalen Rechtsnorm s. beispielsweise BGE 129 I, 12, 15 E. 3.2 sowie BGE 129 I, 35, 43 E. 8.2.

[185] BGE 134 I 153, 156 ff. E. 4; *Rhinow/Koller/Kiss/Thurnherr/Brühl-Moser*, Öffentliches Prozessrecht, Rn. 1957; zur Prüfung des Verhältnismäßigkeitsprinzips außerhalb grundrechtlich geschützter Positionen; *Weber-Dürler*, FS Moor, S. 593, 608; s. zu dem Entscheid *Kaufmann*, Der öffentlichrechtliche Anspruch unter besonderer Berücksichtigung seiner Rolle im Prozessrecht, S. 300, 304 f.; *Hofstetter*, Das Verhältnismässigkeitsprinzip als Grundsatz rechtsstaatlichen Handelns (Art. 5 Abs. 2 BV), S. 319 ff.

[186] *Misic*, Verfassungsbeschwerde, S. 283.

[187] Vgl. BGE 137 II 305, 310 E. 3.3; 133 II 249, 254 E. 1.2.2; s. dazu *Rhinow/Koller/Kiss/Thurnherr/Brühl-Moser*, Öffentliches Prozessrecht, Rn. 2031.

[188] *Schweizer*, HGR VII/2, § 229 Rn. 7; *Ziegler*, Von der Rechtsmittelvielfalt zur Einheitsbeschwerde, S. 233; zur verfassungskonformen Auslegung s. beispielsweise BGE 130 II, 65, 71 E. 4.2; 131 II, 697, 703 E. 4.1; 140 I, 353, 358 E. 3; s. dazu schon oben, § 8 III.5. a).

[189] *Schweizer*, HGR VII/2, § 229 Rn. 90.

Die subsidiäre Verfassungsbeschwerde nach Art. 113 BGG, die als außerordentliches Rechtsmittel Elemente der bisherigen staatsrechtlichen Beschwerde mit Elementen der neu geschaffenen Einheitsbeschwerde verbindet,[190] ist gegen Entscheide letzter kantonaler Instanzen möglich, soweit die Einheitsbeschwerde im konkreten Fall ausgeschlossen ist. Im Bereich des öffentlichen Rechts kommt die subsidiäre Verfassungsbeschwerde damit in Sachgebieten in Betracht, die dem Ausnahmekatalog des Art. 83 BGG unterfallen, ferner in vermögensrechtlichen Angelegenheiten unterhalb der in Art. 85 BGG festgelegten Streitwertgrenzen, wobei daneben keine Rechtsfrage von grundsätzlicher Bedeutung berührt sein darf und der fragliche Entscheid in die Zuständigkeit der Kantone fallen muss.[191] Eine Verfassungsbeschwerde gegen Entscheide des Bundesverwaltungsgerichts bleibt indes ausgeschlossen, was als Rechtsschutzlücke anzusehen ist.[192]

Beschwerdegrund bei der subsidiären Verfassungsbeschwerde ist nach Art. 116 BGG die Verletzung verfassungsmäßiger Rechte, zu denen insbesondere die Grundrechte zählen. Art. 115 BGG verlangt für die Erhebung einer subsidiären Verfassungsbeschwerde das Vorliegen einer formellen und einer materiellen Beschwer. In Bezug auf die Subsidiarität der Verfassungsbeschwerde und die Kognition des Bundesgerichts gilt grundsätzlich das zur Einheitsbeschwerde Gesagte entsprechend, so dass der kantonale Instanzenzug vorab ausgeschöpft werden muss[193] und die Anwendung von Bundes- und kantonalem Verfassungsrecht grundsätzlich mit freier Kognition überprüft wird, während die Auslegung und Anwendung des einfachen Gesetzesrechts jenseits des Vorliegens eines schweren Grundrechtseingriffs lediglich der Willkürkognition unterliegt.[194]

In Bezug auf die in Art. 190 BV angeordnete Maßgeblichkeit von Bundesgesetzen sind die zu Art. 113 Abs. 3 BV 1874 entwickelten Grundsätze zu beachten, wonach die Vorschrift zwar ein Anwendungsgebot, jedoch kein Prüfungsverbot bezüglich der Bundesgesetze enthält.[195] Daher hat das Bundesgericht in jüngerer Vergangenheit in einigen Fällen ausdrücklich Kritik an Bundesgesetzen geübt, etwa in Bezug auf die zivilrechtliche Regelung zur Weitergabe des Bürgerrechts und des Familiennamens.[196] Die Erfahrung zeigt, dass der Gesetzgeber die Kritik des Bundesgerichts häufig aufgreift und – wenn auch manchmal erst nach einiger

---

[190] *Schweizer*, HGR VII/2, § 229 Rn. 93.

[191] *Rhinow/Koller/Kiss/Thurnherr/Brühl-Moser*, Öffentliches Prozessrecht, Rn. 2081; *Suter*, Der neue Rechtsschutz in öffentlich-rechtlichen Angelegenheiten vor dem Bundesgericht, S. 232 f.

[192] *Schweizer*, HGR VII/2, § 229 Rn. 96.

[193] *Rhinow/Koller/Kiss/Thurnherr/Brühl-Moser*, Öffentliches Prozessrecht, Rn. 2090; *Suter*, Der neue Rechtsschutz in öffentlich-rechtlichen Angelegenheiten vor dem Bundesgericht, S. 219; zur Kognitionsproblematik s. *Schweizer*, Die subsidiäre Verfassungsbeschwerde nach dem neuen Bundesgerichtsgesetz, in: Ehrenzeller/Schweizer (Hrsg.), Die Reorganisation der Bundesrechtspflege – Neuerungen und Auswirkungen in der Praxis, S. 211, 239 f.

[194] BGE 137 I 209, 212 E. 4.3; *Kiener/Rütsche/Kuhn*, Öffentliches Verfahrensrecht, Rn. 1890.

[195] So aus jüngerer Zeit BGE 136 I 65, 70 E. 3.2; 136 II 120, 130 E. 3.5.1; s. oben, § 8 III.5 a) sowie Einführung, I.

[196] BGE 125 III 209, 216 E. 5; 126 I 1, 4 E. 2e); 132 I, 68, 78 E. 4.3.1.

Zeit – eine entsprechende Änderung des fraglichen Bundesgesetzes vornimmt,[197] so auch im Falle der Vorschriften zur Weitergabe des Bürgerrechts und des Familiennamens, die der Gesetzgeber – nach einer zusätzlichen Verurteilung durch den EGMR[198] – mit Bundesgesetz vom 30. September 2011 verfassungskonform ausgestaltet hat.[199] Entsprechendes gilt etwa hinsichtlich Art. 32e des schweizerischen Umweltschutzgesetzes, in Bezug auf den das Bundesgericht ebenfalls verfassungsrechtliche Bedenken angemeldet hatte[200] und der nunmehr vom Bundesgesetzgeber entsprechend geändert wurde.[201] An diesen Beispielen wird deutlich, dass das Bundesgericht, obwohl es laut Bundesverfassung nicht zur Nichtigerklärung bzw. Nichtanwendung als verfassungswidrig erkannter Bundesgesetze befugt ist, faktisch, wenn ihm daran gelegen ist, durchaus eine Änderung von Bundesgesetzen erreichen kann, wenngleich nicht übersehen werden darf, dass sich die Bundesrichter dem Gesetzgeber gegenüber häufig stark zurückhalten und trotz entsprechender Rüge keine Überprüfung des fraglichen Bundesgesetzes vornehmen.[202] Insgesamt lässt sich jedoch sagen, dass sich der praktische Einfluss des Bundesgerichts zumindest punktuell nicht so sehr von dem des Bundesverfassungsgerichts unterscheidet wie dies vielleicht auf den ersten Blick erscheinen mag. Zudem kommt die Inanspruchnahme der Prüfungsbefugnis durch das Bundesgericht den Kantonen, insbesondere dem kantonalen Gesetzgeber zu Gute, im Vergleich zu dem der Bundesgesetzgeber durch die Überprüfung auch von Bundesgesetzen nicht mehr unbegrenzt privilegiert ist.[203] Außerdem erhalten kantonale Grundrechte auf diese Weise zumindest theoretisch einen größeren Entfaltungsspielraum, wenn sie nicht durch bundesverfassungswidriges Bundesrecht derogiert werden.

Eine gewisse Weiterentwicklung der bundesgerichtlichen Rechtsprechung im Sinne einer Konsolidierung ergab sich in jüngster Zeit hinsichtlich der Maßgeblichkeit bundesgesetzlicher Bestimmungen, welche in Widerspruch zu internationalem Recht stehen, wobei in diesem Bereich noch immer Unklarheiten bestehen.[204] So bekannte sich das Bundesgericht zum Primat des Völkerrechts,[205] während es in anderen Entscheiden an der *Schubert*-Praxis festhielt,[206] so dass das *PKK*-Urteil aus dem Jahr 1999 insoweit letztlich keine entscheidende Wende ge-

[197] Vgl. *Häfelin/Haller/Keller/Thurnherr*, Schweizerisches Bundesstaatsrecht, Rn. 2089.

[198] EGMR, Urt. v. 22.02.1994 – 16213/90 – Burghartz/Schweiz, A280-B.

[199] Zivilgesetzbuch, SR 210, Änderung v. 30.09.2011, AS 2012, S. 2569, 2569 f.

[200] BGE 131 II, 271, 287 E. 7.4; für Beispiele bundesgerichtlicher Kritik s. auch BGE 132 I, 181, 186 f. E. 2.3; 131 II, 697, 705 f. E. 4.4; vgl. dazu *Biaggini*, Bundesverfassung, Art. 190 Rn. 13.

[201] Bundesgesetz über den Umweltschutz, SR 814.01, Änderung v. 26.09.2014, AS 2015, S. 865, 865 f.

[202] Vgl. etwa BGE 133 V 559, 574 E. 5.5; 138 I, 225, 229 E. 3.5.

[203] Zu dieser Problematik s. auch *Caveltil/Birri*, FS Hangartner, S. 155, 160; *Hangartner/Looser*, in: St. Galler Kommentar zu Art. 190 BV, Rn. 49.

[204] Vgl. *Hangartner/Looser*, in: St. Galler Kommentar zu Art. 190 BV, Rn. 34; ausführlich dazu s. *Meyer*, Die Rolle der Verfassungsgerichtsbarkeit zwischen Recht und Politik, S. 353 ff.

[205] BGE 130 I, 312, 318 E. 1.1; 136 II, 241, 255 E. 16.1; 139 I, 16, 28 f. E. 5.1.

[206] BGE 133 V, 367, 387 f. E. 11.1.2; 136 III, 168, 172 f. E. 3.3.4.

bracht hatte.[207] Sicher war nach dem *PKK*-Urteil nur, dass die *Schubert*-Praxis keine Anwendung finden würde hinsichtlich bundesgesetzlicher Normen, die nach dem Beitritt der Schweiz zur EMRK entstanden sind und die von der EMRK abwichen,[208] so dass die völkerrechtliche EMRK-Vorschrift in solchen Fällen in jedem Fall den Vorzug genoss.[209] Etwas mehr Klarheit bezüglich der Fortgeltung der *Schubert*-Praxis brachte erst das kontroverse *obiter dictum* zu einem Entscheid aus dem Jahr 2012,[210] in dem das Gericht betreffend die auf die Ausschaffungsinitiative zurückgehenden Regelung des Art. 121 Abs. 3–6 BV entschied, dass eine dem Völkerrecht entgegenstehende Bundesgesetzgebung regelmäßig unanwendbar bleibe, was mit großer Wahrscheinlichkeit das Ende der *Schubert*-Praxis bedeutet,[211] wenngleich einige Autoren dieser Einschätzung bislang noch widersprechen.[212]

Bei der Analyse der bundesgerichtlichen Rechtsprechung zu den kantonalen Grundrechten seit dem Jahr 2000 fällt auf, dass kantonale Grundrechte in den Entscheiden des Bundesgerichts kaum noch zitiert werden und schon gar keine tragende Bedeutung mehr entfalten, was daran liegt, dass auf Bundesebene nunmehr ein umfassender Grundrechtskatalog existiert. Das Bundesgericht macht sich häufig nicht einmal mehr die Mühe, die Reichweite einer kantonalen Grundrechtsgarantie genauer zu bestimmen, sondern geht ohne nähere Begründung davon aus, dass diese nicht weiter geht als die entsprechende Gewährleistung in der Bundesverfassung.[213] So nimmt das Bundesgericht etwa in Bezug auf Art. 11 der waadtländischen Kantonsverfassung, der dem Einzelnen einen Anspruch auf Behandlung nach Treu und Glauben durch die Behörden einräumt, ohne weitere Begründung an, dass diese Garantie nicht weiter gehe als die entsprechende Garantie des Art. 9 BV.[214]

Hinzu kommt, dass das Bundesgericht selbst dann, wenn sich ein Beschwerdeführer explizit auf kantonale Grundrechte berufen hat, die entsprechende bundesverfassungsrechtliche Garantie und/oder die einschlägige EMRK-Gewährleistung heran zieht, ohne sich im Folgenden näher mit der angerufenen kantonalen Garantie auseinander zu setzen. So ging das Bundesgericht in einem Fall

[207] Ausführlich dazu etwa *Schürer*, ZBl. 2015, 115 ff.

[208] BGE 125 II, 417, 425 E. 4d); bestätigt in BGE 139 I, 16, 28, E. 5.1.

[209] S. dazu oben, Einführung, I.

[210] BGE 139 I 16, 28 ff. E. 5.

[211] So etwa *Hangartner*, AJP 2013, 698, 701 f.; in diese Richtung auch BGE 142 II 35, 39 f. E. 3.2, wonach auch bilaterale Abkommen mit der EU Vorrang gegenüber der Bundesverfassung haben sollen.

[212] So beispielswiese *Schürer*, ZBl. 2015, 115, 117; näher dazu unten, § 13 II.1.

[213] So etwa in BGE 136 I, 254, 258 E. 4.2; ähnlich auch BGE 138 I, 331, 337 E. 5.1. hinsichtlich von Art. 18 Abs. 2 KV Bern im Verhältnis zu Art. 13 Abs. 2 u. Art. 10 Abs. 2 BV; BGE 139 I, 218, 220 E. 3.1. hinsichtlich von Art. 12 BV und Art. 29 Abs. 1 KV Bern; BGE 132 I, 49, 56 E. 5.3. hinsichtlich Art. 19 Abs. 1 KV Bern und Art. 22 BV; s. dazu *Belser*, Kantonale Grundrechte und ihre Bedeutung für die Verwirklichung der Menschenrechte im mehrstufigen Staat, in: Besson/Belser (Hrsg.), Die Europäische Menschenrechtskonvention und die Kantone, S. 67, 80 f.

[214] BGE 136 I, 254, 261 E. 5.2.

betreffend das Recht auf Hilfe in Notlagen alleine auf Art. 12 und 10 BV ein, da Art. 33 der waadtländischen Kantonsverfassung nicht über Art. 12 BV hinaus gehe, obwohl sich der Beschwerdeführer ausschließlich auf Grundrechte der waadtländischen Kantonsverfassung sowie auf Art. 3 und 8 EMRK berufen hatte.[215] Am Schluss des Urteils wird mit dem Verweis auf die Ausführungen zu den Bundesgrundrechten eine Verletzung der Grundrechte der waadtländischen Verfassung in einem Satz verneint.[216]

Eng mit dieser Praxis zusammen hängt die Tendenz die Tendenz des Bundesgerichts, kantonale Grundrechtsbestimmungen restriktiv und in Übereinstimmung mit entsprechenden Bestimmungen im Bund und in anderen Kantonen zu interpretieren, was eine Konfliktvermeidung durch konforme Auslegung impliziert. So entschied das Bundesgericht, dass Art. 29 Abs. 1 der bernischen Kantonsverfassung, der jeder Person bei Notlagen Anspruch auf ein Obdach, auf die für ein menschenwürdiges Leben notwendigen Mittel und auf grundlegende medizinische Versorgung gibt und damit zumindest dem Wortlaut nach über Art. 12 BV, der in Notlagen nur einen Anspruch auf Hilfe und Betreuung sowie auf die Mittel, die für ein menschenwürdiges Dasein unerlässlich sind, gibt, hinaus geht, dass trotz der expliziten Einbeziehung des Obdaches und der medizinischen Versorgung in seinem Schutzgehalt nicht weiter als Art. 12 BV reiche.[217] Ein weiteres Beispiel für die restriktive Auslegung kantonaler Grundrechte durch das Bundesgericht bietet Art. 6 Abs. 2 der Walliser Kantonsverfassung, wonach bei Eingriffen in das Eigentum eine „gerechte“ Entschädigung zu leisten ist. Der Beschwerdeführer brachte vor, die kantonale Garantie gehe über Art. 26 BV hinaus, welcher eine „volle“ Entschädigung gewährleistet.[218] Das Bundesgericht widersprach indes einer derartigen Interpretation, indem er auf die französische Sprachfassung, die Entstehungsgeschichte der Norm sowie die Formulierungen in anderen Kantonsverfassungen verwies,[219] so dass der Eigentumsgarantie der Walliser Kantonsverfassung letztlich keine über Art. 26 BV hinaus gehende Bedeutung zukam. Dies wiederum entspricht der früheren bundesgerichtlichen Praxis, die sich ebenfalls um eine größtmögliche Angleichung der Schutzgehalte paralleler Grundrechte im schweizerischen Bundesstaat bemühte,[220] und demonstriert, dass das auf Art. 189 Abs. 1 lit. d) BV basierende System der bundesgerichtlichen Auslegung kantonaler Grundrechte, welches der deutschen und auch der Unionsrechtsordnung fremd ist, langfristig zu deren Vereinheitlichung führt und ihren Bedeutungsverlust begünstigt.

Andererseits neigt das Bundesgericht auch unter Geltung der neuen Bundesverfassung dazu, die bundesverfassungsrechtlichen Grundrechte extensiv zu interpretieren, was wiederum den Spielraum für eigenständige kantonale Grund-

[215] BGE 136 I, 254, 258 ff. E. 3 sowie E. 4.1 u. E. 6.2.
[216] BGE 136 I, 254, 264 E. 6.6.
[217] So etwa aus jüngerer Zeit BGE 139 I, 218, 220 E. 3.1.
[218] BGE 127 I, 185, 188 E. 3.
[219] BGE 127 I, 185, 188 f. E. 3.
[220] S. dazu oben, § 8 III.5. a).

rechte begrenzt. So führte das Bundesgericht in einer Entscheidung zu Art. 16 und 22 BV aus, dass die Meinungs- und Versammlungsfreiheit im Zusammenhang mit Demonstrationen einen über reine Abwehrrechte hinaus gehenden Charakter enthalte und ein gewisses Leistungselement aufweise.[221] Wenngleich die Behörde im Bewilligungsverfahren die gegen die Kundgebung sprechenden polizeilichen Gründe, die zweckmäßige Nutzung der vorhandenen öffentlichen Anlagen im Interesse der Allgemeinheit und der Anwohner und die mit der Kundgebung verursachten Beeinträchtigungen von Freiheitsrechten Dritter mitberücksichtigen dürfe, ergebe sich aus der bundesverfassungsrechtlichen Meinungs- und Versammlungsfreiheit grundsätzlich ein bedingter Anspruch darauf, für Kundgebungen mit Appellwirkung öffentlichen Grund zu benützen.[222] Im Ergebnis wandte das Bundesgericht Art. 16 und 22 BV neben der parallelen Garantie des Art. 19 Abs. 2 der bernischen Verfassung an, die unbestritten einen derartig weiten Anspruch enthält,[223] was dazu führt, dass die kantonale Verfassungsbestimmung ihren Alleinstellungscharakter und damit letztlich ihre Relevanz verliert.

Bei der Analyse der bundesgerichtlichen Rechtsprechung seit 2000 wird überdies deutlich, dass sich die Beschwerdeführer neben den Bundesgrundrechten immer häufiger auf die Garantien der EMRK berufen, so dass die Anzahl der bundesgerichtlichen Entscheide, in denen EMRK-Vorschriften eine Rolle spielen, in den Bänden der amtlichen Sammlung des Bundesgerichts im Regelfall wesentlich größer ist als die Zahl derjenigen, in denen kantonale Grundrechte angewandt werden.[224] So beriefen sich etwa die Beschwerdeführer in einem Fall betreffend einen Anspruch auf Dispensation vom Besuch des gemischtgeschlechtlichen Schwimmunterrichts aus Glaubens- und Gewissensgründen ausschließlich auf Art. 15 BV und Art. 9 EMRK,[225] obwohl die Schaffhauser Kantonsverfassung in Art. 12 Abs. 1 lit. d) die Glaubens- und Gewissensfreiheit ebenfalls gewährleistet. Auch in einem Fall betreffend die Verwertbarkeit von Videoaufnahmen in einem Strafverfahren rekurrierte der Beschwerdeführer alleine auf das Recht auf ein faires Verfahren aus Art. 29 Abs. 1 BV bzw. Art. 6 EMRK sowie auf das Recht auf Schutz des Privatlebens aus Art. 13 BV bzw. Art. 8 EMRK, obwohl auch die basellandschaftliche Kantonsverfassung in § 9 Abs. 3 bzw. § 6 Abs. 2 lit. f) über entsprechende Garantien verfügt.[226] Daran wiederum wird deutlich, wie die kanto-

---

[221] BGer, Urt v. 17.03.2009 – 1C_140/2008 –, BBl 2010, 42, 46 E. 5.

[222] BGer, Urt v. 17.03.2009 – 1C_140/2008 –, BBl 2010, 42, 46 f. E. 5.

[223] S. dazu unten, § 9 V.2.

[224] Vgl. exemplarisch die Entscheidungssammlung BGE 135 I, wo kantonales Verfassungsrecht schon nach der Inhaltsübersicht in nur drei Fällen überhaupt eine Rolle spielte, während EMRK-Garantien in elf Fällen relevant wurden.

[225] BGE 135 I, 79, 81 E. 2.1; ähnlich BGE 134 I, 49, 50, obwohl die aargauische Kantonsverfassung in § 11 die Glaubens- und Gewissensfreiheit ebenfalls garantiert; ähnlich auch BGE 132 I, 167, 169 E. 3, obwohl die basellandschaftliche Kantonsverfassung in § 6 Abs. 2 lit. b) die Glaubens- und Gewissensfreiheit ebenfalls garantiert.

[226] BGE 131 I, 272, E. 3.2; ebenso BGE 140 I, 77, 81 E. 5.3, wo in einem rentenversicherungsrechtlichen Fall alleine auf Art. 14 BV und Art. 8 EMRK abgestellt wird, obwohl auch die Freiburger Kantonsverfassung entsprechende Gewährleistungen enthält.

nale Zurückhaltung bei der Gewährleistung von Grundrechten in der Kantonsverfassung zum Bedeutungsverlust kantonaler Grundrechte beiträgt.

Allenfalls werden die kantonalen Grundrechte vom Bundesgericht dann, wenn sich der Beschwerdeführer explizit darauf berufen hat, neben den entsprechenden Bundesgrundrechten zitiert, wobei das Zitat entweder in Klammern gesetzt oder jedenfalls so gestaltet wird, dass klar ist, dass den kantonalen Garantien keine eigenständige Bedeutung zukommt.[227] In einzelnen Fällen nennt das Bundesgericht die kantonale Grundrechtsgarantie als eigenständiges Grundrecht, ohne im Folgenden weiter darauf einzugehen. So wurde im Zusammenhang mit einem möglichen Anspruch auf Sonderschulunterricht am Wohnort zwar Art. 39 Abs. 1 der Glarner Verfassung, wonach geistig und körperlich behinderte Kinder unentgeltlich eine angemessene Erziehung und Ausbildung erhalten, ausdrücklich zitiert und konkretisiert, der Fall im Folgenden aber ausschließlich auf Grundlage von Art. 19, Art. 8 Abs. 2 und Art. 13 Abs. 1 BV gelöst,[228] was darauf schließen lässt, dass das Bundesgericht dem kantonalen Grundrecht keinerlei Bedeutung beigemessen hat.

Einen der seltenen Fälle, in denen ein kantonales Grundrecht eine eigenständige Bedeutung entfaltete, stellt Art. 17 Abs. 2 der Freiburger Verfassung dar, wonach derjenige, der sich an eine für den ganzen Kanton zuständige Behörde wendet, dies in der kantonalen Amtssprache seiner Wahl, d.h. auf Deutsch oder Französisch tun kann. Zwar ging das Bundesgericht in der fraglichen Entscheidung von der bundesverfassungsrechtlich in Art. 18 BV garantierten Sprachenfreiheit sowie vom besonderen Diskriminierungsverbot in Bezug auf Sprachen gemäß Art. 8 Abs. 2 BV aus,[229] die letztlich streitentscheidende Norm zu Gunsten des Beschwerdeführers war jedoch Art. 17 Abs. 2 der Freiburger Kantonsverfassung.[230] Der Grund für die Relevanz des kantonalen Grundrechts in dem fraglichen Fall liegt darin, dass die Bundesverfassung zwar die Sprachenfreiheit kennt, jedoch kein spezifisches Recht auf Wahl der Sprache bei der Kommunikation mit den Kantonsbehörden einräumt,[231] mithin Art. 17 Abs. 2 der Freiburger Verfassung hinsichtlich der Kantonsbehörden das speziellere Grundrecht ist.

Ebenfalls eine eigenständige Bedeutung entfaltete Art. 17 der Zürcher Kantonsverfassung, der jeder Person das Recht auf Zugang zu amtlichen Dokumenten gewährleistet, soweit nicht überwiegende öffentliche oder private Interessen entgegen stehen. In dem konkreten Fall ging es um einen Anspruch auf Einsicht in eine rechtskräftige Einstellungsverfügung in einem Strafverfahren, wobei sich die Beschwerdeführer auf die Rechtsweggarantie des Art. 29a BV, das Öffentlichkeitsprinzip und die Kontrollfunktion der Medien (Art. 30 Abs. 3 BV sowie Art. 6 Abs. 1 EMRK) sowie auf den Öffentlichkeitsanspruch des Art 17 der Zür-

227 So etwa in BGE 132 I, 49, 54 E. 5.1 u. 55 E. 5.2; 130 I, 71, 75 E. 4.2.

228 BGE 130 I, 352, 355 ff. E. 4.1, 5, 6.1.1. u. 6.2.

229 BGE 136 I, 149, 152 E. 4.1.

230 BGE 136 I, 149, 158 E. 8.

231 Zur Reichweite der Sprachenfreiheit bei der Kommunikation mit Bundesbehörden s. *Kägi-Diener*, in: St. Galler Kommentar zu Art. 18 BV, Rn. 17.

cher Kantonsverfassung beriefen.[232] Das Bundesgericht leitete den Anspruch auf Einsichtnahme in dem fraglichen Fall aus Art. 17 der Zürcher Kantonsverfassung bzw. dessen einfach-gesetzlicher Umsetzung in dem kantonalen Gesetz über die Information und den Datenschutz ab,[233] was sich darauf zurückführen lässt, dass auf Bundesebene kein derart weit reichendes Grundrecht auf Einsichtnahme in amtliche Dokumente existiert. Auffällig ist allerdings, dass das Bundesgericht es unterlässt, den weiter gehenden Schutzgehalt der Kantonsverfassung explizit her-vor zu heben, was darauf hindeuten könnte, dass die diesbezügliche Lücke beim bundesrechtlichen Grundrechtsschutz nicht eigens betont werden sollte.

Eine eigenständige, über die Bundesverfassung hinaus gehende Bedeutung wurde vom Bundesgericht ferner Art. 29 Abs. 2 der bernischen Verfassung zugesprochen, da die Vorschrift, anders als die parallele Garantie in Art. 19 BV, nicht nur einen unentgeltlichen Grundschulunterricht gewährleiste, sondern die Unentgeltlichkeit auf alle Schulen innerhalb der obligatorischen Schulpflicht ausdehne.[234] Des Weiteren gehe Art. 29 Abs. 2 der bernischen Kantonsverfassung insoweit über Art. 19 BV hinaus, als die kantonale Gewährleistung gleichzeitig weiter gehende Ansprüche des Kindes auf Schutz, Fürsorge und Betreuung begründe, welche teilweise gar nicht bundesverfassungsrechtlich abgesichert seien.[235] An den genannten Entscheidungen wird deutlich, dass kantonale Grundrechte nach Inkrafttreten der neuen Bundesverfassung nur noch in den ganz wenigen Fällen eine eigenständige Bedeutung entfalten können, in denen bundesverfassungsrechtliche Schutzlücken bestehen, insbesondere im Bereich der sozialen Rechte sowie im Bereich der staatlichen Transparenz, wobei bundesgerichtliche Entscheide zu innovativen kantonalen Grundrechten wie dem baselstädtischen Grundrecht auf eine finanzielle tragbare Tagesbetreuung für Kinder bislang, so weit ersichtlich, fehlen.

Eine gewisse Bedeutung erlangen kantonale Grundrechte schließlich noch dann, wenn sie, was ebenfalls höchst selten vorkommt, vom Bundesgericht trotz einer nahezu deckungsgleichen bundesrechtlichen Garantie ausdrücklich in Verbindung mit dem entsprechenden Bundesgrundrecht zitiert werden. Konkret lässt sich dies in einem Fall feststellen, in dem das Bundesgericht auf eine entsprechende Rüge der Beschwerdeführerinnen hin[236] § 5 Abs. 2 der Zuger Kantonsverfassung, wonach der Kanton die Verwirklichung der tatsächlichen Gleichstellung von Mann und Frau fördert, in Verbindung mit Art. 2 des UN-Übereinkommens zur Beseitigung jeder Form von Diskriminierung der Frau und Art. 8 Abs. 2 S. 2 BV zitierte, wobei in dem fraglichen Fall die kantonale Bestimmung letztlich wohl nur unterstützende bzw. bekräftigende Wirkung entfaltete.[237]

---

[232] BGE 136 I, 80, 83 E. 2.
[233] BGE 136 I, 80, 84, E. 2.2.
[234] BGE 129 I, 12, 17 f. E. 5.2.
[235] BGE 129 I, 12, 18 E. 5.3.
[236] BGE 137 I, 305, 317 E. 3.
[237] Vgl. BGE 137 I, 305, 326 E. 7.

Nachdem kantonale Grundrechtsgarantien in der Rechtsprechung des Bundesgerichts nur sehr selten eigenständige Bedeutung besitzen und in den wenigen Fällen, in denen dies in der Vergangenheit anders war, überdies keine mehrpoligen Grundrechtskonstellationen betroffen waren bzw. im konkreten Fall vom Bundesgericht keine eigene inhaltliche Prüfung vorzunehmen war, stellte sich das Problem der Anwendung weiter gehender kantonaler Grundrechte im Bereich mehrpoliger Grundrechtsverhältnisse erst gar nicht. Sollten in der Zukunft angesichts weiter gehender kantonaler Grundrechte derartige Konstellationen jedoch relevant werden, ist davon auszugehen, dass das Bundesgericht unter Beachtung der von ihm aufgestellten Kognitionsgrundsätze eine Abwägung im Rahmen einer Verhältnismäßigkeitsprüfung vornimmt, ohne auf die zu Grunde liegenden dogmatischen Fragestellungen näher einzugehen,[238] wobei zu beachten ist, dass im schweizerischen Recht die entsprechenden Wertungen meist bereits auf einfach-gesetzlicher Ebene vorgegeben sind.

Als Resümee ergibt sich daher, dass die Kantonsverfassungen seit Inkrafttreten der neuen Bundesverfassung in der Praxis des Bundesgerichts mehr denn je ein „schmückendes Beiwerk“ sind, dem neben der Bundesverfassung und der EMRK kaum mehr eine eigenständige Bedeutung beim Schutz der Grundrechte zukommt. Etwas anderes gilt lediglich im Hinblick auf die wenigen Bereiche, in denen sich nach wie vor bundesgrundrechtliche Schutzlücken finden, namentlich bei den sozialen Rechten sowie beim Grundrecht auf Zugang zu amtlichen Dokumenten. Letztlich kann man damit sagen, dass die neue Bundesverfassung den kantonalen Grundrechten bezüglich ihrer Wirkung in der bundesgerichtlichen Rechtsprechung zumindest vorübergehend einen Todesstoß versetzt hat,[239] was freilich nicht mit absoluter Bedeutungslosigkeit gleich gesetzt werden darf, nachdem die kantonalen Gewährleistungen im Hinblick auf eine etwaige Weiterentwicklung der Bundesverfassung angesichts zahlreicher innovativer Grundrechtsverbürgungen noch immer eine Schrittmacherfunktion ausüben können.

b) Bundesverwaltungsgericht

Das Schweizerische Bundesverwaltungsgericht, das auf Grundlage der im Jahr 2000 verabschiedeten Justizreform zum 1. Januar 2007 seine Tätigkeit aufgenommen hat und das die bisher bestehenden 34 Rekurskommissionen zu einer einzigen Behörde vereint, soll den Grundrechtsschutz in der Verwaltungsrechtspflege

---

[238] Für eine Entscheidung in einer mehrpoligen Grundrechtskonstellation vgl. etwa BGE 129 I, 173, 180 ff. E. 5 ff.; 137 I, 209, 217 ff. E. 4.10 ff.; aus der neueren Rechtsprechung s. auch BGE 140 I, 201, 212 ff. E. 6.6 f., wobei die Annahme eines mehrpoligen Grundrechtsverhältnisses in dem konkreten Fall eigentlich verfehlt ist; zur Problematik der mehrpoligen Grundrechtsverhältnisse s. auch *Hottelier*, HGR VII/2, § 207 Rn. 39 ff.

[239] Vgl. auch *Belser*, Kantonale Grundrechte und ihre Bedeutung für die Verwirklichung der Menschenrechte im mehrstufigen Staat, in: Besson/Belser (Hrsg.), Die Europäische Menschenrechtskonvention und die Kantone, S. 67, 82; ähnlich auch *Auer*, Staatsrecht der schweizerischen Kantone, Rn. 1453.

des Bundes weiter stärken.[240] Insbesondere wurde durch die Einrichtung des Bundesverwaltungsgerichts der verwaltungsinterne Beschwerdeweg auf Bundesebene durch eine unabhängige gerichtliche Kontrollinstanz ersetzt,[241] was der Umsetzung der in Art. 29a BV verankerten Rechtsweggarantie dient. Für das Verhältnis der Bundesgrundrechte zu den kantonalen Grundrechten kommt dem Bundesverwaltungsgericht indes keine entscheidende Rolle zu, da das Bundesverwaltungsgericht nur Rechtsakte von Bundesbehörden überprüft und diese die kantonalen Grundrechte allgemein nur insoweit zu beachten haben, als sie nicht gegen das Rechtsstaatsprinzip verstoßen dürfen.

2. Kantonale Ebene

Nach Art. 191b BV sind die Kantone zur Einrichtung richterlicher Behörden für die Beurteilung von zivilrechtlichen und öffentlich-rechtlichen Streitigkeiten sowie von Straffällen verpflichtet. Darüber hinaus gewährt die Rechtsweggarantie des Art. 29a BV dem Einzelnen bei Rechtsstreitigkeiten einen Anspruch auf Beurteilung durch eine richterliche Behörde, so dass die Kantone unter der neuen Bundesverfassung u.a. zur Einrichtung einer Verwaltungsgerichtsbarkeit verpflichtet sind, welche im Zusammenhang mit dem Grundrechtsschutz in der Regel von besonderer Relevanz ist. Eine Beschränkung der Verwaltungsgerichtsbarkeit auf bestimmte Sachbereiche im Wege des Enumerationsprinzips oder durch beschränkte Generalklauseln ist damit nunmehr ausgeschlossen.

Die konkrete Ausgestaltung der Verwaltungsgerichtsbarkeit jedoch variiert von Kanton zu Kanton. Während die meisten Kantone heute über ein eigenes, spezialisiertes Verwaltungsgericht verfügen, ist in einzelnen Kantonen die Verwaltungsgerichtsbarkeit nach wie vor beim Obergericht oder einer besonderen Kammer dieses Gerichts angesiedelt.[242] Taugliche Beschwerdegegenstände vor den kantonalen Verfassungs- und Verwaltungsgerichten sind in den meisten Kantonen nur kantonale Verfügungen, während abstrakt-generelle Regelungen, insbesondere kantonale Gesetze, von einer gerichtlichen Überprüfung ausgenommen bleiben.[243] Dies gilt nicht selten sogar in denjenigen Kantonen, die, wie etwa der Kanton Basel-Stadt, nach dem Wortlaut der Verfassung über eine Verfassungsgerichtsbarkeit verfügen.[244] Andererseits ist nunmehr beispielsweise im Aargau, wo keine kantonale Verfassungsgerichtsbarkeit existiert, nach § 70

---

[240] *Schweizer*, HGR VII/2, Rn. 72.

[241] *Schweizer*, HGR VII/2, Rn. 73; *Koller*, ZBl. 2006, 57, 71 ff.

[242] So etwa im Kanton Basel-Stadt, s. § 1 Abs. 1 des Gesetzes über die Verfassungs- und Verwaltungsrechtspflege im Kanton Basel-Stadt, der die Verfassungs- und Verwaltungsgerichtsbarkeit dem Appelationsgericht zuweist; vgl. *Buser*, Kantonales Staatsrecht, Rn. 508.

[243] So etwa im Kanton Zürich nach Art. 79 Abs. 2 KV Zürich i.V.m. § 19 Abs. 1 lit. d) des Zürcher Verwaltungsrechtspflegegesetzes; § 86 Abs. 3 lit. a) KV Basel-Landschaft; allgemein vgl. *Buser*, Kantonales Staatsrecht, Rn. 511; *Bolkensteyn*, Le contrôle des normes, S. 122 ff.

[244] Vgl. 116 Abs. 2 lit. b) KV Basel-Stadt; § 86 Abs. 3 lit. a) KV Basel-Landschaft.

Abs. 1 des aargauischen Verwaltungsrechtspflegegesetzes eine abstrakte Normenkontrolle gegen kantonale Gesetze vor dem kantonalen Verwaltungsgericht zulässig.[245]

Davon abgesehen ist eine abstrakte Normenkontrolle gegenüber kantonalen Gesetzen regelmäßig dort möglich, wo eine kantonale Verfassungsgerichtsbarkeit mit entsprechenden Befugnissen besteht, welche wiederum vom kantonalen Obergericht oder von einem spezialisierten Verfassungsgericht wahrgenommen werden kann.[246] Neben den Kantonen Nidwalden und Jura, welche schon vor dem Jahr 2000 über eine beim jeweiligen kantonalen Obergericht angesiedelte Verfassungsgerichtsbarkeit verfügten,[247] haben nunmehr auch die Kantone Graubünden, Waadt und Genf eine solche weit reichende, die abstrakte Normenkontrolle beinhaltende kantonale Verfassungsgerichtsbarkeit eingerichtet. In Graubünden beurteilt nach Art. 55 Abs. 2 und 3 der Kantonsverfassung aus dem Jahr 2003 das Verwaltungsgericht als Verfassungsgericht Beschwerden u.a. wegen Verletzung von verfassungsmäßigen Rechten sowie des Grundsatzes des Vorrangs von übergeordnetem Recht, wobei Gesetze und Verordnungen sowohl unmittelbar angefochten als auch im Anwendungsfall überprüft werden können, mithin sowohl eine abstrakte als auch eine konkrete Normenkontrolle statthaft ist.[248] Angesichts der Ansiedelung der Verfassungsgerichtsbarkeit im kantonalen Verwaltungsgericht existiert jedoch auch in Graubünden kein unabhängiges, als eigenständiges Organ ausgestaltetes Verfassungsgericht. Bei der Analyse der verfassungsgerichtlichen Rechtsprechung fällt auf, dass mehr als die Hälfte der Entscheide Streitigkeiten über die Reichweite und Ausübung der politischen Rechte betrifft.[249] Selbst in denjenigen Fällen, in denen Grundrechte relevant wurden, konnte das kantonale Verfassungsgericht nicht auf kantonale Grundrechte rekurrieren, sondern musste die Grundrechte der Bundesverfassung heran ziehen,[250] nachdem die Bündner Verfassung so gut wie keine eigenen kantonalen Grundrechte vorsieht.

Im Kanton Waadt existiert unter der Kantonsverfassung von 2003 nach Art. 136 Abs. 1 ebenfalls eine Verfassungsgerichtsbarkeit, welche zum 1. Januar 2005 ihre Tätigkeit aufgenommen hat und die von einer Abteilung des Kantonsgerichts wahrgenommen wird. Nach Art. 136 Abs. 2 lit. a) der Kantonsverfassung überprüft das waadtländische Verfassungsgericht die Übereinstimmung kantonaler Vorschriften mit dem übergeordneten Recht, wobei ein entsprechen-

---

[245] Ausführlich dazu *Bolkensteyn*, Le contrôle des normes, S. 154 ff.

[246] Für eine Übersicht dazu s. *Auer*, Staatsrecht der schweizerischen Kantone, Rn. 1518 ff.; ein Ausschluss der abstrakten Normenkontrolle auf kantonaler Ebene analog Art. 190 BV findet sich heute in keinem Kanton mehr, obwohl das Bundesgericht den Kantonen diese Möglichkeit grundsätzlich zugesteht, s. BGer, Entsch. v. 08.10.1986 – RDAF 1987, 433 E. 3b –.

[247] S. dazu oben, § 8 III.5. b) aa).

[248] Ausführlich dazu *Bolkensteyn*, Le contrôle des normes, S. 267 ff.

[249] *Bolkensteyn*, Le contrôle des normes, S. 288.

[250] Vgl. etwa Verwaltungsgericht Graubünden (Verfassungsgericht), Urt. v. 20.01.2006 – U 05 62 –.

der Antrag innerhalb von 20 Tagen nach Veröffentlichung des Gesetzes zu stellen ist.[251] Das waadtländische Verfassungsgericht ist damit zur abstrakten Normenkontrolle gegenüber kantonalen Gesetzen befugt, während eine konkrete Normenkontrolle durch das Verfassungsgericht nicht explizit vorgesehen ist, sondern im Gegenteil im Rahmen der Beratungen zur Ausarbeitung der neuen Kantonsverfassung der Vorschlag zur Übertragung der alleinigen Entscheidungsbefugnis im Bereich der konkreten Normenkontrolle auf das kantonale Verfassungsgericht verworfen wurde.[252] Ein Blick in die Statistik zeigt, dass das waadtländische Verfassungsgericht zwischen 2005 und 2013 insgesamt 13 Verfahren der abstrakten Normenkontrolle gegen kantonale Gesetze sowie 30 Verfahren gegen sonstiges kantonales Recht durchgeführt hat.[253] Allerdings nehmen die kantonalen Grundrechte in den Verfahren vor dem waadtländischen Verfassungsgericht keine herausragende Rolle ein, da das Gericht auch die Vereinbarkeit kantonaler Rechtsnormen mit dem Bundesrecht und der EMRK prüft, so dass in den Verfahren regelmäßig die bundesverfassungsrechtlichen Grundrechte sowie die EMRK-Garantien, nicht aber die kantonalen Grundrechte der maßgebliche Prüfungsmaßstab sind. So ging das kantonale Verfassungsgericht in einem Entscheid betreffend Pensionsansprüche auf ein entsprechendes Vorbringen der Beschwerdeführer hin auf eine mögliche Verletzung von Art. 28 BV und Art. 11 EMRK ein, ohne die entsprechende kantonale Grundrechtsgarantie auch nur zu erwähnen.[254] Im Falle gleichlautender Grundrechtsgarantien wird die kantonale Garantie allenfalls neben der bundesverfassungsrechtlichen Garantie zitiert.[255] Eine eigenständige Rechtsprechung zu den kantonalen Grundrechtsgarantien hat das waadtländische Verfassungsgericht indes bislang nicht entwickelt.

Die zum 1. Juni 2013 in Kraft getretene Verfassung des Kantons Genf sieht in Art. 124 lit. a) vor, dass der Verfassungsgerichtshof auf Antrag die Übereinstimmung kantonaler Vorschriften mit dem übergeordneten Recht überprüft, mithin eine abstrakte Normenkontrolle durchführt.[256] Der Verfassungstext enthält keine näheren Angaben bezüglich der organisatorischen Ausgestaltung des kantonalen Verfassungsgerichtshofs, so dass der Genfer Gesetzgeber einen großen Gestaltungsspielraum besaß, wobei er sich letztlich für eine Ausgestaltung des Verfassungsgerichtshofs als Kammer des Genfer Obergerichts entschieden hat, was eine enge personelle Verbindung mit der kantonalen Instanzgerichtsbarkeit mit sich bringt. Von einem eigenständigen, von der kantonalen Justiz unabhängigen Verfassungsgericht kann daher auch im Kanton Genf keine Rede sein. In den bislang getroffenen Entscheidungen befasste sich der Genfer Verfassungsgerichtshof ver-

---

[251] Näher dazu *Bolkensteyn*, Le contrôle des normes, S. 227 f.

[252] Näher dazu *Bolkensteyn*, Le contrôle des normes, S. 252.

[253] *Bolkensteyn*, Le contrôle des normes, S. 262.

[254] S. Kantonsgericht (Verfassungsgericht) des Kantons Waadt, Urt. v. 12.12.2013 – CCST.2013.0004 – E. 3.

[255] Kantonsgericht (Verfassungsgericht) des Kantons Waadt, Urt. v. 04.09.2009 – CCST.2008.0012 – E. 3a); Urt. v. 16.02.2007 – CCST.2006.0007 – E. 2.

[256] Näher dazu *Bolkensteyn*, Le contrôle des normes, S. 309 ff.

gleichsweise selten mit Grundrechten, sondern wesentlich häufiger mit den auf Bundesebene in Art. 34 BV und auf kantonaler Ebene in Art. 44 der Genfer Verfassung garantierten politischen Rechten.[257] Eine Ausnahme insoweit bildet beispielsweise ein Entscheid aus dem Jahr 2015 betreffend die Bereitstellung von Dokumenten im Strafverfahren, in dem der Verfassungsgerichtshof jedoch ausschließlich auf Art. 29 Abs. 2 BV und Art. 6 Abs. 1 EMRK rekurrierte, ohne die entsprechende kantonale Garantie in Art. 40 Abs. 2 der Kantonsverfassung überhaupt zu erwähnen.[258] Ähnliches gilt für einen Entscheid aus dem Jahr 2016 betreffend die Reichweite des Anspruchs auf rechtliches Gehör, in dem der Verfassungsgerichtshof ebenfalls alleine Art. 29 Abs. 2 BV und Art. 6 Abs. 1 EMRK sowie die in Art. 28 BV garantierte Koalitionsfreiheit zitierte.[259] Wenngleich sich danach eine Tendenz zur Außerachtlassung der Genfer Grundrechtsgarantien ausmachen lässt, sind die vom Genfer Verfassungsgerichtshof entschiedenen Fälle mit Grundrechtsbezug noch viel zu selten, als dass auf dieser Grundlage konkrete Aussagen zur Rechtsprechungspraxis des Genfer Verfassungsgerichtshofs zu kantonalen Grundrechten und ihrem Verhältnis zu den Bundesgrundrechten bzw. zur EMRK getroffen werden könnten.[260]

Unabhängig vom Bestehen einer kantonalen Verfassungsgerichtsbarkeit besitzen die kantonalen Gerichte, die nach dem Grundsatz „Bundesrecht bricht kantonales Recht" und der Rechtsprechung des Bundesgerichts zur akzessorischen Prüfung der Vereinbarkeit des von ihnen anzuwendenden kantonalen Rechts mit dem übergeordneten Recht, d.h. insbesondere mit der Bundesverfassung und der EMRK verpflichtet sind,[261] das Recht und auch die Pflicht zur Durchführung einer konkreten Normenkontrolle. Darüber hinaus ist in zahlreichen Kantonen nach Maßgabe der jeweiligen kantonalen Verfassung bzw. des kantonalen Verfahrensrechts eine vorfrageweise Überprüfung des einfachen kantonalen Rechts am Maßstab der Kantonsverfassung vorzunehmen.[262] Namentlich gilt dies etwa für die Kantone Solothurn,[263] Bern,[264] Nidwalden,[265] Appenzell Ausserrhoden,[266] St.

[257] So etwa Obergericht des Kantons Genf (Verfassungsgerichtshof), Urt. v. 31.03.2015 – A/189/2015-ABST ACST/7/2015; ebenso Obergericht des Kantons Genf (Verfassungsgerichtshof), Urt. v. 15.06.2015 – A/3687/2014-ABST ACST 12/2015 – E. 7c) zu Art. 29a BV, Art. 6 Abs. 1 EMRK.

[258] Obergericht des Kantons Genf (Verfassungsgerichtshof), Urt. v. 15.10.2015 – A/348/2015-ABST ACST/19/2015 – E. 2b).

[259] Obergericht des Kantons Genf (Verfassungsgerichtshof), Urt. v. 19.05.2016 – A/4326/2015-ABST ACST/6/2016 – E. 5a)-c); ähnlich Urt. v. 27.06.2016 – A/4326/2015-ABST ACST/6/2016 – E. 5a).

[260] Zum Verhältnis der kantonalen Garantien zur EMRK s. auch § 13 II.2. c).

[261] Grundlegend dazu BGE 82 I, 217, 219 E. 1; 91 I, 312, 314 E. 3a); s. auch oben, § 8 III.5.b).

[262] Vgl. dazu *Biaggini*, Verfassungsvergleichung im Dienst der Verfassungserneuerung, in: Dähler/Kölz/Notter (Hrsg.), Wozu eine neue Kantonsverfassung?, S. 105, 121.

[263] Art. 88 Abs. 3 KV Solothurn.

[264] Art. 66 Abs. 3 KV Bern; s. dazu *Kälin/Bolz*, Handbuch des bernischen Verfassungsrechts, Art. 66, S. 423.

[265] Art. 66 Abs. 2 KV Nidwalden.

[266] Art. 61bis Abs. 1 KV Appenzell Ausserrhoden.

Gallen,[267] Graubünden,[268] Tessin,[269] Schwyz[270] und Aargau[271]. Ohne eine solche explizite verfassungsrechtliche Anordnung ist bei der konkreten Normenkontrolle eine Prüfung am Maßstab der Kantonsverfassung nicht selbstverständlich,[272] wenngleich sich die Mehrzahl der kantonalen Gerichte für befugt hält, eine derartige Prüfung vorzunehmen.[273] So hat etwa das Zürcher Verwaltungsgericht entschieden, dass eine akzessorische Überprüfung des kantonalen Verordnungs- und Gesetzesrechts mit höherrangigem Recht, d.h. auch mit der Kantonsverfassung möglich ist.[274]

In Bezug auf die kantonalen Instanzgerichte fällt auf, dass in ihrer Rechtsprechungstätigkeit kantonale Grundrechte ebenfalls nur eine sehr kleine Rolle spielen. Konkret gilt dies etwa für das Verwaltungsgericht des Kantons St. Gallen, das in einer Entscheidung bezüglich einer Impfpflicht für Spitalangestellte alleine auf Art. 10 Abs. 2 BV rekurrierte, obwohl die St. Galler Verfassung in Wiederholung der bundesverfassungsrechtlichen Gewährleistung das Recht auf körperliche Unversehrtheit in Art. 2 lit. d) ebenfalls garantiert.[275] Vereinzelt werden die kantonalen Grundrechte vom St. Galler Verwaltungsgericht immerhin neben den bundesverfassungsrechtlichen Grundrechten zitiert.[276] Eine eigenständige Wirkung in der Rechtsprechung des St. Galler Verwaltungsgericht entfaltet lediglich das in Art. 60 Abs. 1 der Kantonsverfassung verankerte Öffentlichkeitsprinzip, welches in der Bundesverfassung selbst keine Entsprechung findet und welches im konkreten Fall ein Einsichtsrecht der Beschwerdeführerin gegenüber dem Tiefbauamt begründete.[277] Eine ähnliche Tendenz lässt sich im Hinblick auf das waadtländische Verwaltungsgericht ausmachen, welches zwar das kantonale Öffentlichkeitsprinzip betont, gleichzeitig aber auf die einfach-gesetzliche Ausgestaltung auf Bundesebene in Art. 6 Abs. 1 des Bundesgesetzes über das Öffentlichkeitsprinzip der Verwaltung verweist und so die Bedeutung der kantonalen Verfassungsgarantie relativiert.[278] Meist ebenfalls nur neben der bundesrechtlichen Garantie auf Ge-

---

267 Art. 81 KV St. Gallen.

268 Art. 55 Abs. 3 KV Graubünden.

269 Art. 73 Abs. 2 2. HS KV Tessin.

270 § 26 Abs. 4 der Verordnung über die Verwaltungsrechtspflege v. 06.06.1974 i.d.F. v. 17.12.2013.

271 § 95 Abs. 2 KV Aargau.

272 S. dazu BLVGE 1994, 59, 61 f.; *Dubs*, FS Eichenberger, S. 615, 618 f.

273 Vgl. *Buser*, Kantonales Verfassungsrecht, Rn. 520; *Biaggini*, Erste Erfahrungen mit der Kantonsverfassung des Kantons Basel-Landschaft von 1984, in: Jenny et al. (Hrsg.), Staats- und Verwaltungsrecht des Kantons Basel-Landschaft, S. 9, 28 mit Fn. 3.

274 VG Zürich, Urt. v. 19.09.2013 – AN.2013.00001 –.

275 VG St. Gallen, Urt. v. 19.10.2006, GVP 2006, Nr. 1, S. 1 ff.; ähnlich beispielsweise auch Urt. v. 09.05.2006, GVP 2006, Nr. 2, S. 10 ff. hinsichtlich des Rechts auf Schutz vor Missbrauch der persönlichen Daten; Urt. v. 28.04.2008, GVP 2008, Nr. 3, S. 18 ff. bezüglich der Eigentumsfreiheit.

276 So etwa VG St. Gallen, Urt. v. 22.05.2008, GVP 2008, Nr. 4, S. 23 ff. bezüglich der Glaubens- und Gewissensfreiheit.

277 Vgl. etwa VG St. Gallen, Urt. v. 16.12.2010, GVP 2010, Nr. 5, S. 12 ff.

278 S. Verwaltungsgericht des Kantons Waadt, Urt. v. 31.05.2012 – GE.2011.0159 –.

währleistung des Existenzminimums werden Art. 33 und 34 der waadtländischen Verfassung heran gezogen, die dem Wortlaut nach zusätzlich ein Recht auf eine Notwohnung sowie auf eine medizinische Grundversorgung einräumen, in der Sache jedoch nach der Interpretation des waadtländischen Verwaltungsgerichts nicht über Art. 12 BV hinaus gehen.[279] Letztlich besitzen die kantonalen Grundrechte trotz des breiten Raums, den sie in der Kantonsverfassung einnehmen, damit auch in der Praxis der waadtländischen Verwaltungsgerichtsbarkeit keine eigenständige Relevanz.

Interessant ist, dass der jurassische Verfassungsgerichtshof in einer Entscheidung bezüglich der Verfassungsmäßigkeit eines Gesetzes zur Einführung eines obligatorischen Religionsgeschichteunterrichts zuerst die kantonale Garantie der Religionsfreiheit zitierte, bevor er auf die entsprechenden Garantien der Bundesverfassung und der EMRK einging.[280] In der Sache entfaltete das kantonale Grundrecht freilich keine eigenständige Bedeutung, doch zeigt das Vorgehen, des jurassischen Verfassungsgerichtshofs, dass er darum bemüht ist, die kantonalen Grundrechte als symbolisch erste Zugriffsquelle zumindest ergänzend heran zu ziehen.

Sehr zurückhaltend bezüglich der Anwendung kantonaler Grundrechte zeigen sich hingegen die Instanzgerichte im Tessin, in deren Judikatur kantonale Grundrechtsgewährleistungen trotz des umfangreichen Grundrechtskatalogs in der Tessiner Verfassung so gut wie keine Bedeutung besitzen. Daher hat es Seltenheitswert, wenn die Kammer für Rekurse in Strafsachen des Tessiner Appellationsgerichts in einem Entscheid aus dem Jahr 2004 neben der bundesverfassungsrechtlich in Art. 10 Abs. 2 BV garantierten persönlichen Freiheit die in Art. 8 Abs. 2 lit. a) der Tessiner Verfassung garantierte persönliche Freiheit sowie das in Art. 8 Abs. 1 der Tessiner Verfassung verbürgte Recht auf Ausdruck der Persönlichkeit erwähnte.[281] Ähnliches gilt für eine Entscheidung, in der die die Kammer für Rekurse in Strafsachen des Tessiner Appellationsgerichts neben der bundesverfassungsrechtlich in Art. 7 BV verankerte Menschenwürdegarantie die inhaltsgleiche Garantie des Art. 6 Abs. 2 der Tessiner Kantonsverfassung zitierte,[282] wobei der kantonalen Verfassungsnorm hier, ebenso wenig wie in der anderen erwähnten Entscheidung, eine eigenständige Bedeutung zukam.

Als vergleichsweise mutig kann man die Rechtsprechung der bernischen kantonalen Gerichtsbarkeit zu den kantonalen Grundrechten bezeichnen, die zumindest in einigen Entscheiden kantonalen Grundrechten eine über die Bundesverfassung hinaus gehende Wirkung beigemessen hat. So erläuterte das bernische Verwaltungsgericht in einem Urteil betreffend die Rechtmäßigkeit einer Teilrevi-

[279] Vgl. nur Verwaltungsgericht des Kantons Waadt, Urt. v. 24.09.2014 – PS. 2014.0014 – E. 2a); ähnlich Urt. v. 11.03.2009 – PS. 2007.0038 – E. 3c) u. d).

[280] Verfassungsgerichtshof des Kantons Jura, Urt. v. 07.03.2008, RJJ 2008, 21, 23 E. 2.2.

[281] Appellationsgericht des Kantons Tessin (Kammer für Rekurse in Strafsachen), Urt. v. 26.05.2004 – N. 60.04.173, Rivista ticinese di diritto, II-2004, 19, 20.

[282] Appellationsgericht des Kantons Tessin (Kammer für Rekurse in Strafsachen), Urt. v. 18.11.2004 – N. 60.2004.362 –, Rivista ticinese di diritto I-2005, 56, 59.

sion des Reglements der Stadt Bern über Kundgebungen auf öffentlichem Grund, dass bei gegebenen Voraussetzungen sich aus Art. 19 Abs. 2 der bernischen Verfassung, wonach Kundgebungen auf öffentlichem Grund, die durch Gesetz oder Gemeindereglement für bewilligungspflichtig erklärt werden können, zu gestatten sind, wenn ein geordneter Ablauf gesichert und die Beeinträchtigung der anderen Benutzerinnen und Benutzer zumutbar erscheint, ein Rechtsanspruch auf Bewilligung einer Kundgebung ergebe.[283] Soweit Art. 19 Abs. 2 der bernischen Verfassung explizit einen bedingten Anspruch auf Erteilung einer Bewilligung zur Durchführung einer Kundgebung auf öffentlichem Grund kenne, gehe die Kantonsverfassung über die Grundrechte der Bundesverfassung, *in concreto* über die in Art. 16 BV bzw. Art. 22 BV gewährleistete Meinungs- bzw. Versammlungsfreiheit, hinaus.[284] Einschränkend fügte das bernische Verwaltungsgericht indes hinzu, dass angesichts der bundesgerichtlichen Rechtsprechung zu Art. 16 und 22 BV und ihrer weiten Interpretation der beiden Grundrechtsgarantien,[285] mit der sich das Verwaltungsgericht zunächst ausführlich auseinander gesetzt hatte, offen bleiben könne, ob die kantonale Garantie materiell-rechtlich tatsächlich weiter reiche und gegenüber den Garantien der Bundesverfassung eine eigenständige Bedeutung entfalte.[286] Dies ändert jedoch nichts an dem Umstand, dass es sich insoweit um eine gegenüber den kantonalen Grundrechten sehr aufgeschlossene Entscheidung handelt, zumal die entsprechenden Grundrechte der EMRK im Anschluss an die Ausführungen zur kantonalen Versammlungsfreiheit nur kurz erwähnt werden.[287]

Zuvor hatte schon der bernische Regierungsrat in einem Entscheid aus dem Jahr 2008 ausgeführt, dass Art. 19 Abs. 2 der bernischen Verfassung, über die Versammlungsfreiheit des Art. 22 BV insoweit hinaus gehe, als er einen bedingten Anspruch auf Erteilung einer Bewilligung zur Durchführung einer Demonstration vermittle.[288] Art. 19 Abs. 2 der bernischen Verfassung komme daher neben der Bundesverfassung selbständige Bedeutung zu.[289] An den beiden Entscheiden wird deutlich, dass kantonale Grundrechte trotz des umfassenden Grundrechtskataloges der Bundesverfassung auch heute noch von Relevanz sein können, zumindest dann, wenn die kantonalen Instanzen den Mut besitzen, die weiter gehenden Gehalte des fraglichen kantonalen Grundrechts gegenüber der Bundesverfassung akribisch heraus zu arbeiten und ihrer Entscheidung zu Grunde zu legen. Dies wiederum wurde durch die flächendeckende Einrichtung von Verwaltungsgerichten auf kantonaler Ebene erleichtert, da gerichtliche Instanzen ten-

283 VG Bern, Urt. v. 18.02.2010, BVR 2010, 209, 216.
284 VG Bern, Urt. v. 18.02.2010, BVR 2010, 209, 216.
285 S. dazu oben, § 9 V.1. a).
286 VG Bern, Urt. v. 18.02.2010, BVR 2010, 209, 216.
287 VG Bern, Urt. v. 18.02.2010, BVR 2010, 209, 216.
288 Regierungsrat des Kantons Bern, Entscheid v. 13.02.2008, BVR 2009, 193, 199.
289 Regierungsrat des Kantons Bern, Entscheid v. 13.02.2008, BVR 2009, 193, 199.

denziell eher bereit sein werden, eine derartige Auslegung des kantonalen Verfassungsrechts vorzunehmen.[290]

Eine eigenständige Bedeutung nach dem Inkrafttreten der neuen Bundesverfassung entfaltete auch Art. 17 Abs. 3 der bernischen Kantonsverfassung, der ein generelles Recht auf Einsicht in amtliche Akten gewährt und auf Bundesebene keine verfassungsrechtliche Entsprechung findet. Dies gilt sowohl für die kantonale verwaltungsgerichtliche Rechtsprechung[291] als auch für die administrative Tätigkeit des Großen Rates, der sich in einer Verfügung betreffend eines Gesuches um Einsicht in Akten von Parlamentarischen Untersuchungskommissionen ausführlich mit dem Schutzgehalt und den Grenzen von Art. 17 Abs. 3 der Kantonsverfassung auseinander setzte.[292] Das bernische Verwaltungsgericht betonte, dass das bundesrechtliche Akteneinsichtsrechts des Art. 29 Abs. 2 BV ein besonderes schutzwürdiges Interesse verlange und darüber hinaus der Einsichtnahme keine öffentlichen Interessen des Staates oder berechtigte Geheimhaltungsinteressen entgegen stehen dürften, während Art. 17 Abs. 3 der bernischen Verfassung weder den Nachweis eines Interesses an der Akteneinsicht noch einen Bezug der fraglichen Akten zur eigenen Person oder den Nachweis eines Zusammenhangs mit einem Verfahren erfordere und insoweit weiter gehe als die bundesverfassungsrechtliche Gewährleistung.[293]

In anderen Fällen hingegen wandte das bernische Verwaltungsgericht jedoch auch die zuerst in den Kantonen entstandenen Grundrechte wie das Recht auf Sicherung des Existenzminimums nur neben der entsprechenden bundesverfassungsrechtlichen Garantie an, da die kantonale Garantie nicht über die bundesrechtliche Garantie hinaus gehe.[294] *Amstutz* interpretiert die Rechtsprechung des bernischen Verwaltungsgerichts dahin gehend, dass das Gericht von seiner anfänglich tendenziell extensiven Auslegung des Art. 29 der Kantonsverfassung abgerückt ist und nunmehr eine restriktivere, mit der bundesgerichtlichen Praxis zu Art. 12 BV übereinstimmende Interpretation vertritt, eine Tendenz, die möglicherweise auch unter dem Eindruck der eher restriktiven Interpretation von Art. 12 BV in der politischen Praxis eingeschlagen worden sei.[295] Freiheitsrechte wie die Eigentumsfreiheit, die Meinungsfreiheit oder die Unverletzlichkeit der Wohnung, in Bezug auf die die kantonale Garantie eindeutig nicht weiter geht als die bundesverfassungsrechtliche Gewährleistung, werden vom bernischen Verwaltungsgericht in seinen Entscheidungen oft gar nicht einmal mehr er-

[290] Vgl. *Thürer*, HGR VII/2, § 203 Rn. 32; *Kägi-Diener*, Grundrechtsschutz durch die Kantone, in: Thürer/Aubert/Müller (Hrsg.), Verfassungsrecht der Schweiz, § 53 Rn. 12.

[291] VG Bern, Urt. v. 28.06.2004, BVR 2005, 193, 196.

[292] Büro des Großen Rates des Kantons Bern, Verfügung v. 23.08.2010, BVR 2011, 385, 388 ff.

[293] VG Bern, Urt. v. 28.06.2004, BVR 2005, 193, 196.

[294] VG Bern, Urt. v. 27.04.2001, BVR 2002, 34, 35 ff.; Urt. v. 13.06.2005, BVR 2006, 22, 24; Urt. v. 11.03.2005, BVR 2006, 29, 31; Urt. v. 07.05.2009, BVR 2009, 415, 417; Urt. v. 16.10.2013, BVR 2014, 147, 149.

[295] *Amstutz*, Das Grundrecht auf Existenzsicherung, S. 40.

wähnt.[296] Bemerkenswert ist schließlich, dass das bernische Verwaltungsgericht in manchen Urteilen, insbesondere im Zusammenhang mit den Verfahrensgrundrechten, im Hinblick auf das so ausgestaltete Vorbringen der Beschwerdeführer nur noch Art. 6 Abs. 1 EMRK zitiert und sogar das entsprechende Grundrecht der Bundesverfassung unerwähnt lässt[297] bzw. nur der Vollständigkeit halber erwähnt,[298] wobei kantonale Grundrechte in diesen Fällen überhaupt keine Rolle spielen.

In Bezug auf die Problematik der Heranziehung kantonaler Grundrechte bei der Anwendung von Bundesrecht durch kantonale Behörden lässt sich sagen, dass die Frage nach Inkrafttreten der bundesrechtlichen Prozessordnungen für das Zivilrecht und das Strafrecht im Jahr 2011 nunmehr zumindest theoretisch häufiger auftreten müsste. Eine Analyse der im Gegensatz zu anderen kantonalen Obergerichten gut dokumentierten Rechtsprechung des Zürcher Obergerichts zeigt jedoch, dass kantonale Grundrechte, insbesondere kantonale Verfahrensrechte, darin keinerlei praktische Relevanz haben, sondern stattdessen auf die Verfahrensgarantien der Bundesverfassung bzw. auf Art. 6 Abs. 1 EMRK zurück gegriffen wird.[299] Dies lässt sich teilweise mit dem Fehlen eines umfassenden Grundrechtskataloges in der Zürcher Kantonsverfassung erklären, doch enthält diese in Art. 18 immerhin einzelne Verfahrensgarantien sowie im Übrigen einige weitere Grundrechte, so dass eine Heranziehung kantonaler Grundrechte nicht von vornherein ausgeschlossen wäre. Auch in der Rechtsprechung des waadtländischen Kantonsgerichts spielen kantonale Grundrechte bei der Anwendung der Straf- und Zivilprozessordnung keine Rolle, sondern es werden stattdessen die Grundrechte der Bundesverfassung sowie der EMRK herangezogen.[300] Die kantonalen Verfahrensgrundrechte werden in diesem Zusammenhang allenfalls ergänzend zitiert, ohne dass ihnen eine eigenständige Bedeutung zukäme.[301] Etwas

---

[296] Vgl. etwa VG Bern, Urt. v. 15.05.2006, BVR 2007, 115, 118 ff.; Urt. v. 31.08.2006, BVR 2006, 538, 544 f.; Urt. v. 18.09.2013, BVR 2014, 327, 333; s. auch Bau-, Verkehrs- und Energiedirektion des Kantons Bern, Entsch. v. 04.02.2004, BVR 2005, 168, 169; ähnlich auch VG Bern, Urt. v. 25.08.2003, BVR 2004, 117, 121 ff. in Bezug auf das Willkürverbot und das Prinzip der Rechtsgleichheit; VG Bern, Urt. v. 10.02.2014, BVR 2015, 15, 19 f. in Bezug auf den Grundsatz von Treu und Glauben; VG Bern, Urt. v. 13.02.2015, BVR 2015, 309, 315 in Bezug auf das Recht auf Privat- und Familienleben.

[297] So etwa VG Bern, Urt. v. 05.03.2007, BVR 2007, 344, 346 ff. bezüglich der Rechtsweggarantie, die seit 01.01.2007 in Art. 29a BV bundesverfassungsrechtliche Geltung besitzt; ähnlich auch VG Bern, Urt. v. 20.05.2009, BVR 2009, 443, 457 hinsichtlich des Anspruchs auf Durchführung einer öffentlichen Verhandlung.

[298] So etwa VG Bern, Urt. v. 29.07.2007, BVR 2007, 529, 532 ff. im Hinblick auf Art. 8 EMRK bzw. Art. 13 Abs. 1 BV; ähnlich auch Urt. v. 22.10.2010, BVR 2011, 289, 293 f.

[299] So etwa Obergericht des Kantons Zürich, Urt. v. 25.03.2013 – LB090080/U –, E. 3b) u. d), wo; Beschl. v. 29.02.2012 – VV110025-O/U –, E. 5; Beschl. v. 20.02.2012 – VV110019-O/U –, E. 5.

[300] S. exemplarisch Kantonsgericht des Kantons Waadt (Kammer für strafrechtliche Rekurse), Entsch. v. 16.07.2015 – Décision/2015/556 –, E. 2.1; Urt. v. 06.07.2015 – Décision/2015/520 –, E. 2.2.

[301] Vgl. Kantonsgericht des Kantons Waadt (Kammer für strafrechtliche Rekurse), Entsch. v. 27.05.2015 – Décision/2015/409 –, E. 2.3; Entsch. v. 18.08.2014 – Décision/2014/912 –, E. 2.2.

anderes gilt hingegen hinsichtlich der Auslegung des Beleidigungstatbestandes des Schweizerischen Strafgesetzbuches. Hier hat das waadtländische Appellationsgericht in Strafsachen explizit das in Art. 23 Abs. 4 der Kantonsverfassung garantierte und über die entsprechende Garantie der Bundesverfassung hinaus gehende Streikrecht aufgegriffen, um eine Auslegung des Straftatbestandes der üblen Nachrede zu Gunsten des Beschwerdeführers zu begründen und den Vorwurf der Diffamierung mit Hinweis auf die Meinungsäußerungsfreiheit eines Gewerkschaftsfunktionärs zurück zu weisen, wobei zusätzlich schwerpunktmäßig freilich auch die entsprechenden, in Art. 10 und 11 EMRK verankerten Konventionsgarantien heran gezogen wurden.[302] Dogmatische Erwägungen zur Zulässigkeit der Heranziehung der kantonalen Grundrechtsgarantie bei der Auslegung der bundesrechtlichen Strafrechtsnorm stellte das waadtländische Appellationsgericht dabei nicht an, was auf eine pragmatische Herangehensweise bezüglich der Heranziehung kantonaler Grundrechte im Anwendungsbereich des Bundesrechts schließen lässt. An der Entscheidung wird allerdings deutlich, dass weiter gehende kantonale Grundrechte, wenn sie denn einmal Berücksichtigung finden, die Auslegung des Bundesrechts sehr wohl beeinflussen können. Ferner zeigt die Entscheidung, dass weiter gehende kantonale Grundrechte, ebenso wie die Garantien der EMRK, in mehrpoligen Grundrechtsverhältnissen die durch die Bundesverfassung getroffenen Wertungen ein Stück weit verschieben können. Ein Problem sah das waadtländische Appellationsgericht darin allerdings nicht, was allerdings auch damit zusammen hängen könnte, dass das Gericht neben dem kantonalen Grundrecht auf EMRK-Garantien rekurrierte und die EMRK in der Schweiz ohnehin mindestens Verfassungsrang bzw. sogar Vorrang vor der Bundesverfassung genießt.[303]

Von diesem Einzelfall einmal abgesehen stellt sich die Problematik der Heranziehung weiter gehender kantonaler Grundrechte als Prüfungsmaßstab bei der Anwendung von Bundesrecht gegenwärtig angesichts der großen Zurückhaltung der kantonalen Zivil- und Strafgerichte gegenüber jeglicher Anwendung kantonaler Grundrechte eher selten und wird, wenn sie auftritt, pragmatisch zu Gunsten der Anwendbarkeit kantonaler Grundrechte gelöst, worin ein Unterschied zum deutschen System besteht, wenngleich auch die deutschen Landesverfassungsgerichte diesbezüglich in den letzten Jahrzehnten selbstbewusster geworden sind.[304]

Insgesamt lässt sich festhalten, dass in der Schweiz auf kantonaler Ebene nach wie vor nur wenige Gerichte mit verfassungsgerichtlichen Kompetenzen existieren und die entsprechenden Gerichte darüber hinaus keine von der Instanzgerichtsbarkeit völlig losgelösten Gerichte darstellen, sondern in der Regel vielmehr

---

[302] Appellationsgericht in Strafsachen des Kantons Waadt, Urt. v. 10.04.2013 – Jug/2013/112 –, E. 4.3.2 ff.

[303] BGE 101 Ia, 67, 69 E. 2c); 116 Ia, 433, 439 E. 4a); 132 I, 229, 240 E. 6.5; vgl. *Hottelier/Mock/Puéchavy*, La Suisse devant la Cour européenne des droits de l'homme, S. 12 f.; ausführlich dazu unten, § 13 II.1.

[304] S. dazu oben, § 6 V.3. b).

enge personelle Verflechtungen zwischen kantonaler Instanzgerichtsbarkeit und Verfassungsgerichtsbarkeit bestehen. Dies wiederum führt dazu, dass sich auf kantonaler Ebene keine spezialisierte Verfassungsrechtsprechung entwickeln konnte. Dementsprechend wenden die kantonalen Verfassungs- und Verwaltungsgerichte kantonale Grundrechte in der Regel nur sehr selten und sehr zurückhaltend an,[305] was auch damit zusammen hängt, dass sich die Beschwerdeführer vor den kantonalen Gerichten schon gar nicht auf kantonale Grundrechte, sondern ausschließlich auf Bundesgrundrechte bzw. die EMRK berufen. Vergleichsweise mutig zeigte sich hingegen das bernische Verwaltungsgericht, das der kantonalen Garantie der Versammlungsfreiheit einen über die entsprechende bundesverfassungsrechtliche Garantie hinaus gehenden Schutzgehalt entnahm. Im Übrigen entfalteten kantonale Grundrechte in der Rechtsprechung der kantonalen Instanzgerichte nur dann eigenständige Bedeutung, wenn auf Bundesebene kein entsprechendes Grundrecht existiert, was vor allem in Bezug auf das allgemeine Recht auf Einsicht in amtliche Akten der Fall ist, während bei den sozialen Rechten wie der Sicherung des Existenzminimums die kantonalen Gerichte trotz des manchmal weiter reichenden Wortlauts der kantonalen Garantie meist eine Übereinstimmung mit der bundesverfassungsrechtlichen Garantie annahmen. Letztlich kommt den kantonalen Grundrechten daher auch in der Rechtsprechung der kantonalen Instanzgerichte nur noch eine geringe Bedeutung zu.

VI. Zwischenergebnis

Das Inkrafttreten der neuen Schweizer Bundesverfassung zum 1. Januar 2000 markiert einen Meilenstein in der Geschichte der schweizerischen Grundrechtsentwicklung. Zum ersten Mal existiert nunmehr auf Bundesebene eine Verfassung mit einem umfassenden geschriebenen Grundrechtskatalog. Zahlreiche Kantone reagierten auf die Totalrevision der Bundesverfassung, indem sie ihre kantonalen Verfassungen ebenfalls einer Totalrevision unterzogen, primär, um ihrer eigenen Staatlichkeit Ausdruck zu verleihen und um aktuelle politische und gesellschaftliche Entwicklungen aufzugreifen, andererseits aber auch, um Vorgaben der Bundesverfassung auf kantonaler Ebene nachzuvollziehen. Im Grundrechtsbereich äußerte sich dies dahin gehend, dass einige Kantone wie etwa der Kanton Waadt eine Vollverfassung mit einem umfassenden und über die Bundesverfassung hinaus gehenden Grundrechtskatalog verabschiedeten, während andere Kantone wie etwa der Kanton St. Gallen einen Mittelweg wählten und die Grundrechte der Bundesverfassung wiederholten, darüber hinaus aber eigene, genuin kantonale Garantien in ihren Verfassungen verankerten. Eine dritte Gruppe von Kantonen schließlich, zu der u.a. der Kanton Schwyz zählt, verzichtete in ihren totalrevidierten Verfassungen auf einen eigenen Grundrechtskatalog und verwies stattdes-

[305] Vgl. *Besson*, Droits de l'homme et fédéralisme: une introduction thématique, in: Besson/Belser (Hrsg.), Die Europäische Menschenrechtskonvention und die Kantone, S. 7, 31.

sen zur Herstellung einer größtmöglichen Grundrechtskonvergenz lediglich auf die Grundrechte der Bundesverfassung. An dem Verzicht einiger Kantone auf einen eigenen Grundrechtskatalog wird deutlich, wie die Verankerung eines umfassenden Grundrechtskataloges auf Bundesebene die kantonale Grundrechtsentwicklung vielerorts faktisch zum Stillstand bringen konnte. Über die Bundesverfassung hinaus gehende Grundrechtsgewährleistungen finden sich in den Kantonsverfassungen in erster Linie im Bereich des gemeinschaftlichen Zusammenlebens jenseits der Ehe, bei den speziellen Diskriminierungsverboten, beim Recht auf Zugang zu amtlichen Dokumenten, bei der Demonstrationsfreiheit, bei der Demonstrationsfreiheit, beim Petitionsrecht sowie insbesondere bei den sozialen Rechten.

Nach Art. 49 Abs. 1 BV geht Bundesrecht entgegen stehendem kantonalen Recht vor. Unabhängig davon, ob man die Vorschrift als Kollisionsregel zur Auflösung von Normkonflikten und/oder von Kompetenzkonflikten versteht, befindet sich die Kollisionsregel somit auf der übergeordneten Ebene des schweizerischen Mehrebenensystems. Für den Grundrechtsbereich bedeutet dies, dass kantonale Grundrechte, welche über die Bundesverfassung hinaus gehen und in Widerspruch zu einfachem Bundesrecht stehen, nach Art. 49 Abs. 1 BV derogiert werden. In Bezug auf mit Bundesgrundrechten übereinstimmende kantonale Grundrechte gilt auch unter der neuen Bundesverfassung, dass diese keine eigenständige Bedeutung mehr entfalten.

Hinsichtlich der Grundrechtsbindung zeigen sich keine Änderungen im Vergleich zu der Zeit vor dem Jahr 2000. Zwar kann sich nach Inkrafttreten der bundesrechtlichen Prozessordnungen für das Zivilrecht und das Strafrecht im Jahr 2011 nunmehr das Problem der Heranziehung von über die Bundesverfassung hinaus gehenden kantonalen Grundrechten als Prüfungsmaßstab bei der Anwendung von Bundesprozessrecht durch die kantonalen Behörden vermehrt stellen, doch zeigt ein Blick in die Praxis, dass kantonalen Grundrechten in derartigen Konstellationen nur selten Relevanz zukommt. Werden sie jedoch ausnahmsweise einmal im Rahmen der Anwendung von Bundesrecht heran gezogen, geschieht dies ohne dogmatische Bedenken, so dass bundesrechtlich eingeräumte Anwendungs- und Auslegungsspielräume bei entsprechender Offenheit der kantonalen Instanzgerichte durchaus einen Anwendungsbereich für weiter gehende kantonale Grundrechte bilden können.

Bezüglich der prozessualen Mechanismen zur Gewährleistung des Grundrechtsschutzes zeigt sich, dass das Bundesgericht auch nach Einführung der Einheitsbeschwerde bzw. der subsidiären Verfassungsbeschwerde nach wie vor an seiner Kognitionspraxis, welche den kantonalen Instanzen insbesondere bei der Anwendung von kantonalem Recht gewisse Freiheiten einräumt, weitgehend festhält. Entsprechendes gilt hinsichtlich der Prüfungsdichte in Fällen mit Bezug zu kantonalem Recht, so dass kantonalen Besonderheiten, insbesondere bei der Auslegung der kantonalen Grundrechte, durchaus Rechnung getragen werden kann. Schließlich versucht das Bundesgericht, mit Hilfe des Konfliktvermeidungsinstruments der verfassungskonformen Auslegung des kantonalen Rechts den kantonalen Besonderheiten, auch im Grundrechtsbereich, Rechnung zu tragen. Andererseits jedoch ging das Bundesgericht unter Geltung der neuen Bundesverfassung noch mehr dazu über, kantonalen Grundrechten jegliche selbständige Bedeutung abzusprechen. Die geschieht zum einen durch eine extensive Auslegung der Bundesgrundrechte und zum anderen durch eine restriktive Interpretation von kantonalen Grundrechten, auch von solchen, die nach ihrem Wortlaut an sich über das entsprechende Grundrecht der Bundesverfassung hinaus gehen. Die kantonalen Gerichte ihrerseits vermögen dem wenig entgegen zu halten, zumal nur in wenigen Kantonen eine Verfassungsgerichtsbarkeit existiert und diese zudem in der Regel zumindest personell eng mit der Instanzgerichtsbarkeit verbunden ist, so dass von unabhängigen, spezialisierten Verfassungsgerichten auf kantonaler Ebene nach wie vor keine Rede sein kann und eine richtungsweisende kantonalgerichtliche „Erst-Auslegung" der kantonalen Grundrechte daher kaum stattfindet. Darüber hinaus neigen die kantonalen Gerichte dazu, die Grundrechte der jeweiligen Kantonsverfassung in Übereinstimmung mit den Grundrechten der Bundesverfassung zu interpretieren, was einer Konfliktvermeidung durch konforme Auslegung gleich kommt, die durch die Konfliktvermeidungsstrategie der Übernahme externer Prüfungsmaßstäbe ergänzt wird, nachdem die kantonalen Verfassungsgerichte auf Grund der Vorgaben des kantonalen Rechts in der Regel zugleich die Grundrechte der Bundesverfassung als Prüfungsmaßstab anzuwenden haben. Eigenständige Bedeutung erlangen kantonale Grundrechte daher nur punktuell, insbesondere dort, wo keine entsprechende bundesverfassungsrechtliche Garantie besteht, namentlich beim allgemeinen Recht auf Zugang zu amtlichen Akten. Angesichts der nur geringen Bedeutung weiter gehender kantonaler Grundrechte stellt sich das Problem des Ausgleichs von Grundrechtspositionen in mehrpoligen Grundrechtsverhältnissen allein auf Grund weiter gehender kantonaler Grundrechte allerdings wenig bis gar nicht.

Trotz der nur marginalen Bedeutung der kantonalen Grundrechte in der Rechtsprechung wäre es jedoch verfehlt, von einer vollständigen Bedeutungslosigkeit kantonaler Grundrechte zu sprechen. *Schmid* etwa meint, dass Grundrechtsgarantien in den Kantonsverfassungen heute redundant wären, da die Grundrechtsentwicklung nach der Kodifizierung eines umfassenden Grundrechtskataloges auf Bundesebene heute ausschließlich „von oben nach unten" verlaufe.[306] Dem ist jedoch zu widersprechen, da eine Grundrechtsentwicklung schon auf Grund des Auftretens neuer politischer, gesellschaftlicher und technischer Herausforderungen wie etwa der stetigen Weiterentwicklung des Internets und der damit verbundenen Datenschutzproblematik sowie dem Schutz von Ausländern und Flüchtlingen[307] nie als abgeschlossen betrachtet werden kann, sondern angesichts derartiger neuer Fragen weitere Grundrechte oder zumindest

[306] *Schmid*, Verfassungsrealismus, in: Dähler/Kölz/Notter (Hrsg.), Wozu eine neue Kantonsverfassung, S. 77, 85.

[307] Vgl. *Buser*, Kantonales Staatsrecht, Rn. 551.

Ausdifferenzierungen bereits existierender Grundrechte geschaffen werden müssen. Hier können die Kantonsverfassungen trotz der rechtsschöpferischen Tätigkeit des Bundesgerichts und der Grundrechtsjudikatur des EGMR als „Experimentierwerkstatt“ eine wichtige Funktion erfüllen, zumal die Herausbildung neuer Bundesgrundrechte in der Regel einen längeren Zeitraum in Anspruch nimmt und überdies regionalen Besonderheiten im Sinne einer Grundrechtsvielfalt damit kaum Rechnung getragen werden kann. Schließlich werden die kantonalen Behörden durch die kantonalen Grundrechte zusätzlich an die Schranken ihrer Befugnisse erinnert,[308] was für den Bürger nicht von Nachteil sein dürfte, wenn man bedenkt, dass der Wille, kantonales Recht zu befolgen, bei den Kantonsbehörden regelmäßig stärker ausgeprägt sein wird als die Bereitschaft, sich dem Bundesrecht oder der EMRK unterzuordnen.

VII. Zusammenfassung zum 3. Teil

Die Analyse der schweizerischen Grundrechtsentwicklung zeigt, dass in der Schweiz, ebenso wie in Deutschland, die Grundrechtsentwicklung zunächst „von unten nach oben“ verlief. Während in der Zeit der Helvetik auf Bundesebene Grundrechte noch völlig unbekannt waren, fanden sich auf kantonaler Ebene schon damals in einigen Kantonsverfassungen Grundrechte, insbesondere Freiheitsrechte, als Abwehrrechte gegenüber dem Staat. Die Bundesverfassung von 1848 sah nur wenige Grundrechte vor, während zahlreiche Kantonsverfassungen bereits über einen vergleichsweise ausgeprägten Grundrechtsbestand verfügten. Eigenständige Bedeutung entfalteten die kantonalen Grundrechte vor allem dort, wo keine bundesverfassungsrechtlichen Grundrechte existierten, wobei die Relevanz kantonaler Grundrechte dadurch geschmälert wurde, dass in erster Linie die Instanzen des Bundes über die Auslegung kantonaler Gewährleistungen entschieden und sich auf kantonaler Ebene kaum eine autonome Interpretation der kantonalen Grundrechte entwickelte. Das Verhältnis zwischen Bundesrecht und den kantonalen Grundrechten wurde schon damals – wie im Übrigen auch später unter den Bundesverfassungen von 1874 und 1999 – mit Hilfe der auf Bundesebene angesiedelten Kollisionsregel „Bundesrecht bricht kantonales Recht“ zu Gunsten des Bundesrechts gelöst.

Mit Inkrafttreten der Bundesverfassung von 1874 kam es zu einer Ausweitung der Bundeskompetenzen sowie zu einer geringfügigen Erweiterung des Grundrechtsschutzes auf Bundesebene, wobei die Einrichtung eines ständigen Bundesgerichts die Entwicklung einer konsistenten Judikatur zu den Bundesgrundrechten begünstigte, während es auf kantonaler Ebene weiterhin an einer autonomen Auslegung der kantonalen Grundrechte fehlte und das Bundesgericht letztlich über die Reichweite der kantonalen Grundrechte entschied. Eine eigenständige

[308] Vgl. *Jaag*, Wozu eine neue Kantonsverfassung?, in: Dähler/Kölz/Notter (Hrsg.), Wozu eine neue Kantonsverfassung?, S. 9, 19.

Bedeutung kam Letzteren ohnehin nur noch dann zu, wenn auf Bundesebene kein entsprechendes, inhaltsgleiches Grundrecht existierte. Weiter an praktischer Bedeutung verloren die kantonalen Grundrechte durch die u.a. auf die bereits vorhandenen kantonalen Grundrechte gestützte Entwicklung ungeschriebener Bundesgrundrechte durch das Bundesgericht. Zahlreiche Kantone versuchten, diesem Trend mit einer Totalrevision ihrer Kantonsverfassungen entgegen zu wirken, in deren Folge nicht selten neuartige Grundrechte wie der Schutz des Existenzminimums oder ein allgemeines Recht auf Zugang zu amtlichen Dokumenten in die Kantonsverfassung aufgenommen wurden. Allerdings fehlte es trotz der Entwicklung von Verfassungsgerichten auf kantonaler Ebene weiterhin an einer autonomen kantonalen Grundrechtsjudikatur, was nicht zuletzt darauf zurück zu führen ist, dass es sich bei den kantonalen Verfassungsgerichten bis heute nicht um selbständige, spezialisierte Verfassungsgerichte handelt, sondern die kantonalen Verfassungsgerichte stets personell eng mit der kantonalen Instanzgerichtsbarkeit verbunden sind. Hierin liegt eine der Hauptursachen, warum kantonale Grundrechte im schweizerischen System in der Rechtspraxis eine solch marginale Rolle spielen, wobei zudem nicht übersehen werden darf, dass auch im Falle einer effizienten kantonalen Verfassungsgerichtsbarkeit der kantonale Spielraum gering wäre, nachdem der Bund durch eine immer weiter fortschreitende Ausdehnung seiner Gesetzgebungskompetenzen in vielen Bereichen zum Erlass von Bundesrecht befugt ist und kantonale Grundrechte im Kollisionsfall trotz der Existenz einer selbstbewussten kantonalen Verfassungsgerichtsbarkeit vom einfachen Bundesrecht vielfach derogiert würden. Ferner griffen und greifen die kantonalen Verfassungs- und Instanzgerichte allzu schnell zum Instrument der Konfliktvermeidung durch Angleichung, indem sie auf eine selbstbewusste Interpretation der Kantonsverfassung verzichten und stattdessen die bundesrechtliche Judikatur zu dem in Frage stehenden Grundrecht einfach übernehmen bzw. durch das Konfliktvermeidungsinstrument der Anwendung eines fremden Prüfungsmaßstabes, *in concreto* der Bundesverfassung, die Chance, im Grundrechtsbereich eigene Akzente zu setzen, verstreichen lassen. Außerdem kam ab Ende der 1970er Jahren mit der EMRK eine neue Rechtsquelle des Grundrechtsschutzes hinzu, welche die Bedeutung kantonaler Garantien weiter schwächte. All diese Faktoren führten dazu, dass sich die Beschwerdeführer im Rahmen der staatsrechtlichen Beschwerden nur noch sehr selten überhaupt auf kantonale Grundrechte beriefen, was auf fehlendes Vertrauen der Bevölkerung in die Durchschlagskraft kantonaler Grundrechte hinweist. Überdies werden als Folge der an sich der Wahrung der bundesverfassungsrechtlichen Zuständigkeitsordnung dienenden[309] bundesgerichtlichen Kognitionspraxis kantonale Interessen berücksichtigt, wobei das Bundesgericht in manchen Fällen zusätzlich die Prüfungsdichte zu Gunsten der Einschätzung der kantonalen Gerichte und damit auch der Interpretation der kantonalen Grundrechte durch die kantonalen In-

[309] Vgl. *Leuthold*, Die Prüfungsdichte des Bundesgerichts im Verfahren der staatsrechtlichen Beschwerde wegen Verletzung verfassungsmässiger Rechte, S. 63.

stanzen herabsetzt. Dennoch fehlt es bis heute an einem echten, institutionalisierten Dialog zwischen Bundesgericht und kantonalen Gerichten, welcher nicht nur den bundesrechtlichen, sondern auch den kantonalen Grundrechtsschutz befruchten könnte.[310] Begründen lässt sich dies u.a. damit, dass das schweizerische System kein Vorlageverfahren analog Art. 100 Abs. 1 und 3 GG bzw. Art. 267 AEUV kennt, sondern sämtliche Gerichte selbständig über die Auslegung der Bundesverfassung entscheiden, mithin ein System der diffusen Verfassungsgerichtsbarkeit vorliegt. Infolgedessen können die kantonalen Instanzgerichte zwar selbstständig und autonom über die Auslegung von Bundesrecht und damit auch der Bundesgrundrechten entscheiden und auf diese Weise theoretisch die Wertungen der kantonalen Grundrechte mit einfließen lassen, in der Praxis aber orientieren sich die kantonalen Gerichte im Grundrechtsbereich überwiegend an der bundesgerichtlichen Rechtsprechung, so dass insoweit wenige Impulse „von unten nach oben" gesetzt werden, letztlich wohl sogar weniger als in einem System mit Divergenzvorlage wie dem deutschen, wo die Gerichte der Länder nicht autonom über die Auslegung von Bundesrecht und bzw. des Grundgesetzes entscheiden können.

Die Bundesverfassung von 1999 sorgte zum ersten Mal in der schweizerischen Geschichte für eine umfassende Kodifikation von Grundrechten auf Bundesebene, was den Spielraum der kantonalen Verfassungsgeber weiter einschränkte. Zwar nahmen auch nach Inkrafttreten der neuen Bundesverfassung zahlreiche Kantone Grundrechte in ihre totalrevidierten Verfassungen auf, doch tatsächliche praktische Bedeutung im gerichtlichen Verfahren kommt lediglich den wenigen kantonalen Grundrechten zu, die über kein bundesverfassungsrechtliches Pendant verfügen. Vollkommen irrelevant sind die kantonalen Verfassungen mit ihren Grundrechten deshalb jedoch nicht, da sie eine wichtige Schrittmacherfunktion bei der Entwicklung etwaiger neuer Bundesgrundrechte, mithin bei der Aufrechterhaltung der Grundrechtsvielfalt, einnehmen und punktuell für eine Grundrechtsentwicklung „von unten nach oben" sorgen können. Schließlich darf nicht übersehen werden, dass die Grundrechte in der Schweiz bis heute nicht alleine von ihrem gerichtlich durchsetzbaren Charakter her verstanden werden, sondern ihre Vermittlung sich zudem, anders als in Deutschland und von außen kaum sichtbar, durch Verhandlungen und im Wege der demokratischen Konsensfindung vollzieht,[311] so dass das Ergebnis der vorliegenden Analyse zwar die Grundrechtsentwicklung in der Schweiz sowie die für die gerichtliche Relevanz kantonaler Grundrechte entscheidenden Faktoren beschreibt, den subtilen Einfluss kantonaler Grundrechte auf die Konsensfindung indes unberücksichtigt lassen muss.

[310] Vgl. *Schefer/Ziegler*, Die Grundrechte der Kantonsverfassung Basel-Stadt, in: Buser (Hrsg.), Neues Handbuch des Staats- und Verwaltungsrechts des Kantons Basel-Stadt, S. 57, 76 f.

[311] Vgl. *Müller*, HGR VII/2, § 202 Rn. 31

4. Teil

Grundrechtsschutz im unionalen Mehrebenensystem

§ 10 Grundrechtsschutz in der EG/EU vor Inkrafttreten der Grundrechte-Charta

I. Entwicklung der Kompetenzverteilung zwischen EG/EU und Mitgliedstaaten

Mitentscheidend für die Ausgestaltung des Grundrechtsschutzes in föderalen Systemen ist die Kompetenzverteilung der beteiligten Ebenen. Die Entwicklung der Kompetenzverteilung zwischen der EG/EU und den Mitgliedsstaaten lässt sich anhand von zwei Merkmalen charakterisieren: Erstens erfolgte die Kompetenzabgrenzung von Beginn an nicht nach einem feststehenden, abstrakten Plan, sondern sie entwickelte sich vielmehr aus der Praxis heraus,[1] und zweitens zeichnet sich diese Entwicklung durch einen steten Zuwachs der Gemeinschafts- bzw. Unionskompetenzen aus, insbesondere im Bereich der Rechtssetzung, während die Bereiche des Normvollzugs und der Normumsetzung weiterhin größtenteils den Mitgliedstaaten obliegen, nicht zuletzt dank entsprechender Ausschlussklauseln in den Verträgen.[2] Diese Charakteristika lassen sich darauf zurück führen, dass die Kompetenzabgrenzung, anders als nach dem deutschen oder schweizerischen System, jedenfalls bis zum Inkrafttreten des Vertrags von Lissabon nicht an Hand von Kompetenzkatalogen erfolgte, sondern sich die Kompetenzen der EG/EU, die sich nur teilweise als klar abgrenzbare Sachbereiche umschreiben lassen, in erster Linie an der Erreichung eines Zustandes oder Zieles orientierten, mithin funktional ausgerichtet waren und daher sachbereichsoffen verschiedene Politikbereiche gleichzeitig tangieren konnten,[3] was heute zumindest teilweise noch immer der Fall ist. Die einzelnen Kompetenzen sind dabei weit und unscharf formuliert und gerade in der Anfangszeit ließ sich mangels eindeutiger Angaben in den

---

[1] Vgl. dazu *Vedder*, Das System der Kompetenzen in der EU unter dem Blickwinkel einer Reform, in: Götz/Martínez Soria (Hrsg.), Kompetenzverteilung zwischen der Europäischen Union und den Mitgliedstaaten, S. 9, 10; allgemein zur Kompetenzentwicklung s. *Schorkopf*, Die Politizität der europäischen Kompetenzordnung als Rechtsproblem, in: Hendler/Ibler/Martínez (Hrsg.), Herausforderungen an die Kompetenzordnung der EU, S. 11, 14 ff.

[2] Vgl. etwa Art. 165 Abs. 4 1. Spstr. AEUV (ex Art. 149 Abs. 4 1. Spstr. EGV); Art. 167 Abs. 5 1. Spstr. AEUV (ex Art. 151 Abs. 5 1. Spstr. EGV).

[3] Allgemein dazu s. *Breuer*, FS Starck, S. 165, 182 f.; *Eilmansberger*, Vertikale Kompetenzverteilung, in: Hummer/Obwexer (Hrsg.), Der Vertrag von Lissabon, S. 189, 204; s. auch oben, Einführung, II.4. a) cc).

Verträgen zudem häufig nicht sagen, ob es sich um ausschließliche oder konkurrierende Zuständigkeiten der EG/EU handelte.[4]

Ausgangspunkt der Kompetenzabgrenzung zwischen EG/EU ist das von Generalanwalt *Lagrange* in der Rechtssache *Algera* im Jahr 1957 im Hinblick auf den EGKS-Vertrag entwickelte Prinzip der begrenzten Einzelermächtigung, wonach die Gemeinschaft nur handeln darf, soweit der Vertrag selbst eine Kompetenzgrundlage dafür enthält.[5] Eine Kompetenz-Kompetenz der EG/EU besteht damit nicht, sondern die Gemeinschaft/Union ist nur dann zum Handeln, insbesondere zur Rechtssetzung befugt, wenn die Verträge eine entsprechende Kompetenz vorsehen.[6] Während nach dem EGKS-Vertrag Beschlüsse der Gemeinschaft gegen den Willen eines Mitgliedstaates nur im Bereich der Kohle- und Stahlindustrie getroffen werden konnten, enthielt der EWG-Vertrag als Teil der Römischen Verträge bereits eine Gemeinschaftskompetenz für den Zollbereich sowie für die Errichtung eines Gemeinsamen Marktes. Hinzu kamen weitere Gemeinschaftskompetenzen im Bereich der Agrar-, Verkehrs- und Handelspolitik sowie eine in Art. 235 EWG-Vertrag verankerte Kompetenzergänzungsvorschrift[7] für den Fall, dass ein Tätigwerden der Gemeinschaft zur Verwirklichung des Gemeinsamen Marktes erforderlich war. Während in der Anfangsphase von dieser Lückenfüllungskompetenz kaum Gebrauch gemacht wurde, änderte sich dies im Jahr 1972, als die Staats- und Regierungschefs die Absicht bekundeten, die Tätigkeit der Gemeinschaft auf neue Sachbereiche auszudehnen und dabei alle Bestimmungen der Verträge einschließlich des Art. 235 EWG-Vertrages „weitestgehend auszuschöpfen".[8] In der Folgezeit ergingen dementsprechend zahlreiche Maßnahmen der Gemeinschaft auf den Gebieten der Zoll- und Agrarpolitik, der Sozialpolitik, der Umweltpolitik, der Forschungspolitik sowie der Regionalpolitik, obwohl die Gemeinschaft nach den Verträgen zum großen Teil keine Kompetenzen dafür besaß.[9] Maßgeblich unterstützt wurde die erweiternde Auslegung der Gemeinschaftskompetenzen durch den EuGH, der, indem er zur Feststellung der Kompetenzgrenzen regelmäßig auf den „gegenwärtigen Entwicklungsstand des Gemeinschaftsrechts" rekurrierte,[10] die dynamische Komponente der Kom-

---

[4] *Boeck*, Die Abgrenzung der Rechtsetzungskompetenzen von Gemeinschaft und Mitgliedstaaten in der Europäischen Union, S. 62 m.w.N.

[5] Schlussanträge des Generalanwalts Lagrange zu verb. Rs. 7/56 u. 3/57 bis 7/57, Algera u.a., Slg. 1957, 167.

[6] S. dazu EuGH, Gutachten 2/94, EMRK, Slg. 1996 I-1763, Rn. 23 im Hinblick auf Art. 3b EGV.

[7] So *Geiger*, EUV/EGV, Art. 308 EGV Rn. 1; zu weiteren zur Beschreibung der Norm verwendeten Begrifflichkeiten s. *Rossi*, in: Calliess/Ruffert, EUV/AEUV, Art. 352 AEUV Rn. 11.

[8] Erklärung der Konferenz der Staats- bzw. Regierungschefs der Mitgliedstaaten der erweiterten Europäischen Gemeinschaften in Paris am 19. und 20. Oktober 1972, Ziff. 15, Europa Archiv 1972, 502, 508; s. dazu *Boeck*, Die Abgrenzung der Rechtsetzungskompetenzen, S. 106 f.

[9] *Rossi*, in: Calliess/Ruffert, EUV/AEUV, Art. 352 AEUV Rn. 18.

[10] Vgl. EuGH, Rs. 61/79, Amministrazione delle Finance/Denkavit italiana Srl., Slg. 1980, 1205, Rn. 27; verb. Rs. 205–215/82, Deutsche Milchkontor GmbH u.a./Deutschland, Slg. 1983, 2633, Rn. 25; verb. Rs. 281, 283–285 u. 287/85, Deutschland u.a./Kommission, Slg. 1987, 3203, Rn. 30.

petenzordnung betonte,[11] wobei er durch das Prinzip der begrenzten Einzelermächtigung nicht daran gehindert ist, die Gemeinschafts- bzw. Unionskompetenzen expansiv auszulegen, so lange die anerkannten Auslegungsmethoden nicht verletzt werden.[12] Des Weiteren hat der Gerichtshof durch die sog. *AETR*-Rechtsprechung den Zuständigkeitsbereich der Gemeinschaft/Union erweitert. Danach kann sich eine Verbandskompetenz der EG/EU zum Abschluss völkerrechtlicher Verträge nicht nur aus den ausdrücklich in den Verträgen vorgesehenen Zuständigkeiten, sondern auch aus ungeschriebenen, aus dem System der Verträge hervorgehenden und damit impliziten Zuständigkeiten der EG/EU ergeben,[13] was sogar dann gelten soll, wenn die EG/EU von ihrer Innenkompetenz noch keinen Gebrauch gemacht hat.[14] Anders als die durch die Kompetenzergänzungsklausel des Art. 235 EWG-Vertrag begründeten Kompetenzen stellen die im Rahmen der *implied powers*-Lehre den Verträgen entnommenen Kompetenzen damit originäre, in den Verträgen verankerte Kompetenzen der Gemeinschaft dar. Eine implizite Kompetenz darf nach der Rechtsprechung des EuGH jedoch nur dann angenommen werden, wenn dies im Einzelfall für die wirksame Umsetzung einer internen Regelungsbefugnis zwingend erforderlich ist,[15] wodurch der Gerichtshof den Anwendungsbereich der *implied powers*-Lehre stark einschränkte. Begünstigt wurde die Kompetenzerweiterung der EG/EU hingegen dadurch, dass die EG/EU nach dem Grundsatz des *effet utile*[16] von all ihren Kompetenzen inhaltlich umfassend Gebrauch machen darf, um dem Gemeinschafts- bzw. Unionsrecht zu bestmöglicher Wirksamkeit zu verhelfen.

Auf Grundlage dieser Praxis wurden die Kompetenzen der Gemeinschaft in der Einheitlichen Europäischen Akte (EEA) signifikant ausgebaut, insbesondere in den Bereichen Umwelt, Forschung und Technologie. Die bedeutendste Kompetenzerweiterung durch die EEA erfuhr die Gemeinschaft jedoch durch die Einführung von Art. 100a EWG-Vertrag (Art. 95 EGV, Art. 114 AEUV), der eine Harmonisierungskompetenz der EG im Hinblick auf den Binnenmarkt vorsah und für die darauf gestützten Rechtsakte das Mehrheitsprinzip verankerte. Es handelt sich dabei um eine Art Generalklausel für den Bereich des Binnenmarktes, die mit dem Prinzip der begrenzten Einzelermächtigung nur schwer vereinbar ist und zu einer erheblichen Erweiterung der EG/EU-Kompetenzen geführt

---

[11] Vgl. dazu *Boeck*, Die Abgrenzung der Rechtsetzungskompetenzen, S. 62 f.

[12] *Vedder*, Das System der Kompetenzen in der EU unter dem Blickwinkel einer Reform, in: Götz/Martínez Soria (Hrsg.), Kompetenzverteilung, S. 9, 11; zurückhaltender im Hinblick auf Unionskompetenzen im Bereich des Verfahrensrechts *König*, Der Äquivalenz- und Effektivitätsgrundsatz in der Rechtsprechung des Europäischen Gerichtshofs, S. 37 f.

[13] EuGH, Rs. 22/70, AETR, Slg. 1971, 263, Rn. 15/19.

[14] EuGH, Gutachten 1/76 über die Vereinbarkeit des Europäischen Stilllegungsfonds für die Binnenschifffahrt, Slg. 1977, 741, Rn. 4.

[15] EuGH, Gutachten 2/91 zum ILO-Übereinkommen, Slg. 1993, I-1061, Rn. 7 ff.; Gutachten 1/94, WTO, Slg. 1994, I-5267, Rn. 77; Gutachten 2/92, OECD-Beschluss, Slg. 1995, I-521, Rn. 31.

[16] S. dazu EuGH, Rs. 8/81, Becker, Slg. 1992, 53, Rn. 23; ausführlich zum Grundsatz des *effet utile Seyr*, Der effet utile in der Rechtsprechung des Europäischen Gerichtshofs, S. 94 ff.

hat. So wurden vor dem Inkrafttreten des Vertrages von Maastricht auf die Binnenmarktkompetenz des Art. 100a EWG-Vertrag das gesamte öffentliche und private Wirtschaftsrecht,[17] Rechtsakte zum Gesundheits-[18] und Verbraucherschutz[19] sowie zur Schaffung von europäischen Rechtsformen des Gesellschaftsrechts[20] gestützt. Daher ist kaum verwunderlich, dass der EuGH beispielsweise in seiner Entscheidung zur Rechtmäßigkeit der Tabakwerbe-Richtlinie aus dem Jahr 2000 eine Kompetenzüberschreitung der Gemeinschaft mit der Begründung festgestellt hat, dass von der Binnenmarktkompetenz des Art. 100a EWG-Vertrag nur zur Beseitigung spürbarer Wettbewerbsvoraussetzungen Gebrauch gemacht werden dürfe, weil andernfalls der Zuständigkeit des Gemeinschaftsgesetzgebers praktisch keine Grenzen gezogen wären.[21]

Durch den Vertrag von Maastricht wurde die Problematik der großen Reichweite des Art. 100a EGV etwas entschärft, indem für die jeweiligen Sachbereiche spezielle Ermächtigungsnormen zur Rechtsangleichung bzw. zur Koordinierung der einzelnen mitgliedstaatlichen Politiken geschaffen wurden, etwa Art. 129a Abs. 1 lit. a) EGV für den Bereich des Verbraucherschutzes, so dass entsprechende Rechtsakte fortan nicht mehr auf Art. 100a EGV gestützt werden konnten. Weiterhin wurde die Zuständigkeit der Gemeinschaft im Bereich der Bildungspolitik, der Kultur und des Gesundheitsschutzes durch den Vertrag von Maastricht auf „Fördermaßnahmen unter Ausschluss jeglicher Harmonisierung" beschränkt,[22] wodurch einer extensiven Auslegung von Art. 100a EGV ebenfalls entgegen gewirkt werden sollte, was langfristig freilich nur teilweise gelang, wie alleine die Notwendigkeit eines Verfahrens über die Rechtmäßigkeit der Tabakwerbe-Richtlinie beweist. Nicht übersehen werden darf zudem, dass die Kompetenzen der EG/EU durch den Vertrag von Maastricht sehr wohl erweitert wurden, insbesondere um den Bereich der Währungsunion sowie gerade auch im Kultur- und Bildungsbereich. Der Ausbau der Gemeinschaftskompetenzen mag mit dazu beigetragen haben, dass der Rückgriff auf die Lückenfüllungskompetenz des Art. 235 EGV nach Inkrafttreten des Vertrags von Maastricht spürbar

---

[17] Vgl. etwa RL 89/665/EWG zur Koordinierung der Rechts- und Verwaltungsvorschriften für die Anwendung der Nachprüfungsverfahren im Rahmen der Vergabe öffentlicher Liefer- und Bauaufträge v. 21.12.1989, ABl. EG 1989 Nr. L 395, S. 33; RL 89/592/EWG zur Koordinierung der Vorschriften betreffend Insider-Geschäfte v. 13.11.1989, ABl. EG 1989 Nr. L 334, S. 30.

[18] RL 89/622/EWG zur Angleichung der Rechts- und Verwaltungsvorschriften der Mitgliedstaaten über die Etikettierung von Tabakerzeugnissen v. 13.11.1989, ABl. EG 1989 Nr. L 359, S. 1.

[19] RL 87/102/EWG zur Angleichung der Rechts- und Verwaltungsvorschriften der Mitgliedstaaten über den Verbraucherkredit v. 22.12.1986, ABl. EG 1987 Nr. L 42, S. 48 (erlassen auf Grundlage von Art. 100 EWG-Vertrag); s. dazu *Boeck*, Die Abgrenzung der Rechtsetzungskompetenzen, S. 67.

[20] Vorschlag für eine Verordnung über das Statut der Europäischen Aktiengesellschaft v. 25.08.1989, ABl. EG 1989 Nr. C 263, S. 41.

[21] EuGH, Rs. C-376/98, Tabakwerbung, Slg. 2000, I-8419, Rn. 106 f.

[22] Vgl. Art. 126 Abs. 4 1. Spstr. EGV; Art. 128 Abs. 5 1 Spstr. EGV; Art. 129 Abs. 4 lit. a) EGV.

zurück gegangen ist[23] und auch der EuGH bei der Anwendung der Vorschrift, etwa in seinem Gutachten bezüglich eines Beitritts der Gemeinschaft zur EMRK, zunehmend Zurückhaltung walten ließ.[24]

Der Ausbau der EG-Kompetenzen setzte sich durch das Inkrafttreten des Vertrags von Amsterdam fort, insbesondere durch die Überführung eines Großteils der bisherigen, intergouvernemental ausgestalteten, dritten Säule des Maastrichter Vertrages in die supranational verfasste, erste Säule. Konkret wurde die Gemeinschaft insbesondere in den Bereichen Asyl, Einwanderung und Visa mit weitreichenden Kompetenzen ausgestattet,[25] was dazu führte, dass für die fraglichen Sachgebiete fortan die Zuständigkeit des EuGH begründet war. Hinzu kamen punktuelle Kompetenzerweiterungen in den Bereichen Beschäftigung, Gesundheit, Soziales, Umwelt, Außenwirtschaft und Unionsbürgerschaft sowie beim Grundrechtsschutz und den Diensten von allgemeinem wirtschaftlichem Interesse, wobei die fraglichen Kompetenzerweiterungen in der Praxis kaum zu einer substanziellen Zuständigkeitsverschiebung zu Gunsten der Gemeinschaft beitrugen, was u.a. damit zu erklären ist, dass sie kaum über den bisherigen *acquis communautaire* hinaus gingen.[26] Zur Begrenzung der Gemeinschaftskompetenzen wurde mit dem Vertrag von Amsterdam das sog. Subsidiaritäts-Protokoll[27] verabschiedet, welches dem bereits durch den Vertrag von Maastricht explizit eingeführten und nunmehr in Art. 5 Abs. 2 EGV verankerten Subsidiaritätsprinzip zur rechtlichen und tatsächlichen Wirksamkeit verhelfen und einer weiteren Ausdehnung der EG-Kompetenzen Einhalt gebieten sollte, was allerdings in der Praxis kaum von Erfolg gekrönt war.[28]

Anders als der Vertrag von Amsterdam brachte der Vertrag von Nizza keine nennenswerten Verschiebungen bei der Kompetenzverteilung zwischen EG/EU und Mitgliedstaaten mit sich. Einzig die Gemeinsame Handelspolitik wurde auf den Handel mit Dienstleistungen sowie auf die Handelsaspekte des geistigen Eigentums ausgedehnt.[29] Substanzielle Änderungen bei der Zuständigkeitsvertei-

---

[23] Bericht der Bundesregierung über die Anwendung von Art. 235 EG-Vertrag v. 03.04.1998, BR-Drs. 359/98, 4 ff. u. 9 ff.; *Everling*, Kompetenzordnung und Subsidiarität, in: Weidenfeld (Hrsg.) Reform der Europäischen Union, S. 166, 170; *Boeck*, Die Abgrenzung der Rechtsetzungskompetenzen, S. 108.

[24] EuGH, Gutachten 2/94, EMRK, Slg. 1996, I-1759, Rn. 31 ff.

[25] Ausführlich dazu *Karpenstein*, DVBl. 1998, 942, 963 f.

[26] Vgl. *Karpenstein*, DVBl. 1998, 942, 945 f.

[27] Protokoll (Nr. 30) über die Anwendung der Grundsätze der Subsidiarität und der Verhältnismäßigkeit v. 02.10.1997, ABl. EG 1997 Nr. C 340, S. 105.

[28] Zur Bedeutung des Subsidiaritätsprinzips in der Rechtsprechung des EuGH s. EuGH, Rs. C-84/94, Großbritannien/Rat, Slg. 1996, I-5755, Rn. 46; Rs. C-233/94, Deutschland/Europäisches Parlament u. Rat, Slg. 1997, I-2405, Rn. 28; Rs. C-377/98, Niederlande/Parlament und Rat, Slg. 2001, I-7079, Rn. 30 ff.; s. dazu *Boeck*, Die Abgrenzung der Rechtsetzungskompetenzen, S. 100 ff.; *Kämmerer*, Föderale Kompetenzkonflikte und Grundrechtsjudikatur in Europa, in: Vitzthum (Hrsg.), Europäischer Föderalismus, S. 37, 41 f.

[29] Art. 133 Abs. 5 UAbs. 1 EGV; vgl. *Geiger*, EUV/EGV, Art. 133 EGV Rn. 4.

lung ergaben sich dementsprechend erst wieder mit Inkrafttreten des Vertrags von Lissabon.[30]

Insgesamt lässt sich daher sagen, dass sich die Kompetenzverteilung im föderalen System der EG/EU, ähnlich wie in den föderalen Systemen Deutschlands und der Schweiz, durch eine zunehmende Verlagerung der Rechtssetzungskompetenzen auf die Gemeinschafts- bzw. Unionsebene zu Lasten der Mitgliedstaaten auszeichnet,[31] wenngleich sich die Logik der Kompetenzverteilung in der EG/EU von der Logik der Kompetenzzuweisung in staatlich organisierten föderalen Systemen durchaus unterscheidet. Im Bereich des Rechtsvollzugs und der Rechtsumsetzung hingegen verfügt die EU bis heute nur über sehr wenige eigene Kompetenzen, die ihrem Umfang nach zudem hinter den Vollzugskompetenzen des Bundes in Deutschland und der Schweiz zurück bleiben,[32] wo der Rechtsvollzug zwar jeweils ebenfalls den Gliedstaaten obliegt, der Bund jedoch zumindest punktuell eigene Vollzugskompetenzen besitzt.

II. Grundrechtsschutz

1. EG/EU-Ebene

a) Entwicklung der Gemeinschaftsgrundrechte als ungeschriebene Rechtsgrundsätze

Die Entwicklung des Grundrechtsschutzes auf EG/EU-Ebene vor Inkrafttreten der Europäischen Grundrechte-Charta zeichnet sich aus durch die Schaffung ungeschriebener Gemeinschaftsgrundrechte als allgemeine Rechtsgrundsätze des Gemeinschaftsrechts durch den EuGH im Wege der Lückenfüllung, ergänzt um die sukzessive Aufnahme punktueller Grundrechtsgarantien in die Verträge. Der EGKS-Vertrag sah noch keine ausdrücklichen Grundrechtsverbürgungen vor, während der EWG-Vertrag immerhin bereits einzelne spezifische, auf den Gemeinsamen Markt ausgerichtete Grundrechte enthielt, etwa ein marktbezogenes Diskriminierungsverbot aus Gründen der Staatsangehörigkeit (Art. 7 Abs. 1 EWG-Vertrag), ein Verbot der geschlechtsbezogenen Lohndiskriminierung (Art. 48 Abs. 2 EWG-Vertrag), verbunden mit der Verpflichtung der Mitgliedstaaten zur Sicherstellung der Gleichbehandlung von Männern und Frauen in Bezug auf das Arbeitsentgelt (Art. 119 EWG-Vertrag). Dies darf jedoch nicht darüber hinweg täuschen, dass auch der EWG-Vertrag jenseits der genannten markt-

---

[30] Ausführlich dazu unten, § 11 I.1.

[31] Vgl. *Kämmerer*, Föderale Kompetenzkonflikte und Grundrechtsjudikatur in Europa, in: Vitzthum (Hrsg.), Europäischer Föderalismus, S. 37, 40, der insoweit von der „Allzuständigkeit eines souveränen (Zentral)Staates" spricht; s. auch *Tietje*, VVDStRL 66 (2007), 45, 71 f. u. 77.

[32] *Von Danwitz* spricht insoweit von einer „Recht*setzungs*gemeinschaft", s. *v. Danwitz*, DVBl. 1998, 421, 431; näher zu den Verwaltungskompetenzen der EU s. *v. Danwitz*, Europäisches Verwaltungsrecht, S. 315 ff.

bezogenen Gewährleistungen keinerlei Grundrechtsgarantien verbürgte, was sich damit erklären lässt, dass bei der Gründung der Gemeinschaft die potentielle Grundrechtsrelevanz des Gemeinschaftshandelns noch nicht absehbar war, zumal der Fokus der Gemeinschaften zunächst auf der Schaffung eines Gemeinsamen Marktes lag, in deren Folge eine Verletzung von Grundrechten des Einzelnen zunächst wenig wahrscheinlich erschien.[33] Dabei wurde jedoch außer Acht gelassen, dass die Gemeinschaft als solche Trägerin autonomer Hoheitsgewalt war,[34] deren Maßnahmen sowohl das Individuum als auch Unternehmen treffen konnten und gegenüber der deshalb nach rechtsstaatlichen Grundsätzen ein wirksamer Grundrechtsschutz gewährleistet werden musste.[35] Dieser Grundrechtsschutz musste notwendigerweise ein gemeinschaftlicher sein, da das Gemeinschaftsrecht allgemeine und gleichmäßige Geltung in der gesamten Gemeinschaft beanspruchte[36] und die Heranziehung nationaler Grundrechte deshalb zu einer Aufspaltung des Gemeinschaftsrechts geführt und so dessen Durchsetzung gehemmt hätte.[37] Der EuGH versuchte, dieser Gefahr entgegen zu wirken, indem er auf Grundlage der gemeinsamen Überzeugungen und Verfassungsüberlieferungen der Mitgliedstaaten sowie der Grundrechte der EMRK, gemeinschaftsrechtliche Grundrechte entwickelte. Erstmals anerkannt wurde die Existenz von Gemeinschaftsgrundrechten durch den EuGH in der Rechtssache *Stauder*, wo der Gerichtshof den Grundrechtsschutz zu den allgemeinen ungeschriebenen Rechtsgrundsätzen der Gemeinschaft zählte.[38] Richtungsweisend für die Art und Weise der Entwicklung der Gemeinschaftsgrundrechte waren in der Folgezeit die Entscheidungen in den Rechtssachen *Internationale Handelsgesellschaft* und *Nold*, wo der EuGH die gemeinschaftsrechtlichen Grundrechte aus den gemeinsamen Verfassungsüberlieferungen der Mitgliedstaaten, so wie sie sich aus deren Verfassungsurkunden ergaben, sowie aus den internationalen Verträge über den Schutz der Menschenrechte, an deren Abschluss die Mitgliedstaaten beteiligt waren oder denen sie beigetreten sind und die im Rahmen des Gemeinschaftsrechts zu berücksichtigen waren, herleitete.[39] Diese Rechte genießen nach Auffassung des EuGH jedoch keinen uneingeschränkten Vorrang, sondern sie müssen vielmehr im Hinblick auf die soziale Funktion der geschützten Rechtsgüter und Tätigkeiten gesehen werden, weshalb sie in der Regel nur unter dem Vorbehalt von Einschränkungen geschützt sind, die im öffentlichen Interesse liegen.[40] Daraus folgt, dass sich die gemeinschafts- bzw. unionsrechtlichen Grundrechte in die Ge-

---

[33] Vgl. *Nicolaysen*, EuR 2003, 719, 721; *Bahlmann*, EuR 1982, 1, 3.

[34] S. dazu oben, § 1 II.2. b) bb).

[35] *Nicolaysen*, EuR 2003, 719, 719 f.; *Ehlers*, in: Ehlers (Hrsg.), Europäische Grundrechte und Grundfreiheiten, § 14 Rn. 3.

[36] Vgl. EuGH, Rs. 6/64, Costa/E.N.E.L., Slg. 1964, 1251, 1269 f.

[37] EuGH, Rs. 11/70, Internationale Handelsgesellschaft, Slg. 1970, 1125, Rn. 3; *Nicolaysen*, EuR 2003, 719, 720.

[38] EuGH, Rs. 29/69, Stauder, Slg. 1969, 419, Rn. 1 u. 7.

[39] EuGH, Rs. 11/70, Internationale Handelsgesellschaft, Slg. 1970, 1125, Rn. 4; Rs. 4/73, Nold, Slg. 1974, 491, Rn. 13.

[40] EuGH, Rs. 4/73, Nold, Slg. 1974, 491, Rn. 13.

meinschafts- bzw. Unionsrechtsordnung einfügen müssen, was darauf hin deutet, dass der EuGH die nationalen Verfassungen und die internationalen Menschenrechtsübereinkommen, insbesondere die EMRK, auf die der Gerichtshof im Jahr 1979 in der Rechtssache *Hauer* ausdrücklich Bezug nahm,[41] nicht als Rechtsquellen, sondern lediglich als Rechtserkenntnisquellen ansah, aus denen er im Wege des Rechtsvergleichs unter Berücksichtigung gemeinschaftsrechtlicher Besonderheiten autonom die Gemeinschaftsgrundrechte herleitete.[42] Auch unter einem anderen Gesichtspunkt war die Entscheidung in der Rechtssache *Hauer* relevant für die Entwicklung des gemeinschaftsrechtlichen Grundrechtsschutzes, nämlich insoweit, als der EuGH in dem fraglichen Urteil auf die in der Entscheidung in der Rechtssache *Nold* aufgestellten Grundsätze zurückgriff und eine schematische Grundrechtsprüfung vornahm, welche sich an den Vorgaben der mitgliedsstaatlichen Rechtsordnungen orientierte und welche bereits eine Prüfung des Vorliegens eines Gemeinwohlziels, der Erforderlichkeit sowie der Beachtung der Wesensgehaltsgarantie beinhaltete.[43] Mit diesem Vorgehen unterstrich der Gerichtshof implizit seine Wertschätzung gegenüber den nationalen Rechtsordnungen,[44] wobei andererseits nicht übersehen werden darf, dass die Gemeinschaftsgrundrechte für den EuGH langfristig zugleich einen wichtigen Hebel bei der Ausdehnung des Anwendungsbereichs des Gemeinschaftsrechts darstellten.[45]

b) Grundrechtsrelevante Erklärungen und Dokumente

Unterstützung erfuhr die rechtsschöpferische Grundrechtsrechtsprechung des EuGH durch die gemeinsame Erklärung von Europäischem Parlament, Rat und Kommission vom 5. April 1977, in der sich die Gemeinschaftsorgane feierlich zur Achtung der Grundrechte bekannten.[46] Mangels Rechtsaktsqualität handelte es sich dabei freilich nur um eine deklaratorische Erklärung, doch darf die rechtspolitische Bedeutung des Papiers nicht unterschätzt werden.[47] Ähnliches gilt für die Entschließung des Europäischen Parlaments zur den Grundrechten und Grundfreiheiten aus dem Jahr 1989,[48] welche erstmals einen ausgearbeiteten Grund-

[41] EuGH, Rs. 44/79, Hauer, Slg. 1979, 3727, Rn. 15.

[42] *Streinz*, Europarecht, Rn. 757; vgl. dazu auch *Pernice*, Grundrechtsgehalte im Europäischen Gemeinschaftsrecht, S. 31; *Mayer*, Der Einfluss mitgliedstaatlicher Grundrechtsgewährleistungen auf die Charta der Grundrechte, in: König/Uwer (Hrsg.), Grenzen europäischer Normgebung, S. 95, 98; *Schmid*, From Pont d'Avignon to Ponte Vecchio, S. 415, 422.

[43] EuGH, Rs. 44/79, Hauer, Slg. 1979, 3727, Rn. 17 ff.

[44] S. dazu *Gerards*, ELJ 17 (2011), 80, 85.

[45] Krit. zum Vorgehen des EuGH insoweit *Coppel/O'Neill*, Legal Studies 12 (1992), 227, 245.

[46] Gemeinsame Erklärung des Europäischen Parlaments, des Rates und der Kommission v. 05.04.1977, ABl. EG Nr. C 103, S. 1; s. dazu *Wetter*, Die Grundrechtscharta des Europäischen Gerichtshofes, S. 24 f.

[47] *Nicolaysen*, EuR 2003, 719, 733.

[48] Europäisches Parlament, Entschließung zur Erklärung der Grundrechte und Grundfreiheiten v. 12.04.1989, ABl. EG Nr. C 120, S. 51 f.; s. dazu *Wetter*, Die Grundrechtscharta des Europäischen Gerichtshofes, S. 21.

rechtskatalog für die Gemeinschaft enthielt, dessen Gewährleistungen teilweise sogar über die auf mitgliedstaatlicher Ebene gewährleisteten Grundrechte hinaus reichten.

Die erste rechtsverbindliche Erwähnung in einem Gemeinschaftsvertrag erfuhren die Grundrechte in der EEA aus dem Jahr 1986, deren Präambel ein Bekenntnis zu den Grundrechten, insbesondere zur Freiheit, Gleichheit und sozialen Gerechtigkeit enthielt. Eine ähnliche Formulierung findet sich in der Präambel des Vertrags von Maastricht, wobei der Vertrag über die Europäische Union in Art. F Abs. 2 (Art. 6 Abs. 2 EUV/Amsterdam) die Union zudem zur Achtung der Grundrechte verpflichtete. In der fraglichen Vorschrift wird konkret Bezug genommen auf die Grundrechtsgewährleistungen der EMRK sowie auf die allgemeinen Grundsätze des Gemeinschaftsrechts, wie sie sich aus den gemeinsamen Verfassungsüberlieferungen der Mitgliedstaaten ergeben. Durch diese Formulierung wird klar, dass der Vertrag über die Europäische Union nicht zu einer Änderung der bisherigen EuGH-Rechtsprechung führen konnte.[49]

In der Folgezeit wurde der Grundrechtsschutz auf europäischer Ebene dadurch verstärkt, dass nach Art. 46 lit. d) EUV/Amsterdam die Zuständigkeit des EuGH für die Grundrechtskontrolle in Bezug auf die Handlungen der Organe begründet wurde, sofern der Gerichtshof nach den Vorgaben von EGV und EUV dafür zuständig war. Eine Verbesserung des Grundrechtsschutzes stellte zudem die Begründung einer Kompetenz der Gemeinschaft in Bezug auf Antidiskriminierungsmaßnahmen in Art. 13 EGV dar, auf deren Grundlage die Gemeinschaft geeignete Vorkehrungen treffen konnte, um Diskriminierungen aus Gründen des Geschlechts, der Rasse, der ethnischen Herkunft, der Religion, der Weltanschauung, einer Behinderung, des Alters oder der sexuellen Ausrichtung zu bekämpfen. Daneben wurden mit der Unionsbürgerschaft (Art. 17–22 EGV), dem Petitionsrecht beim Europäischen Parlament (Art. 21 EGV) und dem allgemeinen Freizügigkeitsrecht (Art. 18 EGV) sowie den Zugangsrechten zu Dokumenten (Art. 255) und dem Datenschutzrecht (Art. 286 EGV) weitere grundrechtliche Gehalte im Primärrecht geschaffen. Schließlich wurde durch den Vertrag von Amsterdam das Protokoll über die Sozialpolitik, welches 1992 von elf Mitgliedstaaten unterzeichnet worden war und soziale Grundrechte der Arbeitnehmer enthielt, in das europäische Primärrecht integriert.[50]

All diese grundrechtsbezogenen Regelungen dürfen jedoch nicht darüber hinweg täuschen, dass die EG/EU weder nach dem Vertrag von Maastricht noch nach dem Vertrag von Amsterdam über einen eigenen ausdifferenzierten Grundrechtskatalog verfügte, sondern ein solcher erst mit dem Vertrag von Lissabon am 1. Dezember 2009 in Kraft trat.

---

[49] EuGH, Rs. C-17/98, Emesa Sugar, Slg. 2000, I-665, Rn. 9; Rs. C-7/98, Krombach, Slg. 2000, I-1935, Rn. 27; vgl. auch *Nicolaysen*, EuR 2003, 719, 734 f.

[50] S. Art. 136–145 EGV; näher dazu *Geiger*, EUV/EGV, Art. 136 EGV Rn. 1 f.

c) Inhalte und Reichweite des gemeinschaftsrechtlichen/unionalen Grundrechtsschutzes

Seit Beginn seiner grundrechtsbezogenen Rechtsprechung Ende der 1960er Jahre hat der EuGH die meisten der klassischen Freiheits- und Gleichheitsrechte als ungeschriebene Rechtsgrundsätze des Gemeinschaftsrechts anerkannt. Darüber hinaus entwickelte der Gerichtshof Gemeinschaftsgrundrechte, die nicht zum Kanon der klassischen Freiheits- und Gleichheitsgrundrechte zählen und die daher nicht in allen mitgliedstaatlichen Verfassungen verbürgt sind.

Bereits in der Rechtssache *Stauder* beschäftigte sich der EuGH in der Sache mit dem allgemeinen Gleichheitssatz als Gemeinschaftsgrundrecht,[51] wenngleich es zur offiziellen Anerkennung dieses Gemeinschaftsgrundrechts erst in der Rechtssache *Moulins Pont-à-Mousson* kam. In der Rechtssache *Internationale Handelsgesellschaft* erkannte der EuGH dann implizit die Grundrechte der Entfaltungs- und Dispositionsfreiheit sowie der Wirtschaftsfreiheit als allgemeine Grundsätze des Gemeinschaftsrechts an,[52] während sich der Gerichtshof in der Rechtssache *Nold* zur „Freiheit der Arbeit, des Handels und anderer Berufstätigkeiten" sowie zum „Schutz des Unternehmens", mithin zur Berufsfreiheit[53] bekannte,[54] was zudem die Anerkennung der Eigentumsfreiheit als Gemeinschaftsgrundrecht implizierte,[55] welche später in der Rechtssache *Hauer* ausdrücklich bestätigt wurde.[56] Hinzu kam die Entwicklung verschiedener anderer Gemeinschaftsgrundrechte wie der allgemeinen Handlungsfreiheit,[57] dem Recht auf Schutz der Privatsphäre,[58] auf Unverletzlichkeit der Wohnung,[59] auf Schutz des Familienlebens,[60] auf Schutz personenbezogener Daten,[61] dem Grundrecht der Reli-

[51] EuGH, Rs. 29/69, Stauder, Slg. 1969, 419, Rn. 1 ff.; verb. Rs. 124/76 u. 20/77, Moulins Pont-à-Mousson, Slg. 1977, 1795, Rn. 14/17.

[52] EuGH, Rs. 11/70, Internationale Handelsgesellschaft, Slg. 1970, 1125, 1134 ff.; vgl. auch Rs. 25/70, Köster, Slg. 1970, 1161, Rn. 20 ff.

[53] Unter Verwendung dieses Begriffes s. auch EuGH, Rs. 44/79, Hauer, Slg. 1979, 3727, Rn. 16.

[54] EuGH, Rs. 4/73, Nold, Slg. 1974, 491, Rn. 12 ff.; s. auch EuGH, Rs. C-280/93, Deutschland/Rat, Slg. 1994, I-4973, Rn. 81 ff.

[55] *Pernice*, Grundrechtsgehalte im Europäischen Gemeinschaftsrecht, S. 53.

[56] EuGH, Rs. 44/79, Hauer, Slg. 1979, 3727, Rn. 16 ff.; s. auch EuGH, Rs. C-280/93, Deutschland/Rat, Slg. 1994, I-4973, Rn. 78; Rs. C-368/96, Generics, Slg. 1998, I-8001, Rn. 79; verb. Rs. C-402/05 P u. C-415/05 P, Kadi I, Slg. 2008, I-6351, Rn. 355.

[57] EuGH, Rs. C-133/85, Rau, Slg. 1987, 2289, Rn. 15 u. 19.

[58] EuGH, verb. Rs. 97–99/87, Dow Chemical u.a., Slg. 1989, 3165, Rn. 14; Rs. C-94/00, Roquette Frères, Slg. 2002, I-9011, Rn. 27.

[59] EuGH, Rs. 46/87, Hoechst/Kommission, Slg. 1989, 2859, Rn. 17; EuGH, verb. Rs. 97–99/87, Dow Chemical u.a., Slg. 1989, 3165, Rn. 14.

[60] EuGH, Rs. C-60/00, Carpenter, Slg. 2002, I-6279, Rn. 38; Rs. C-109/01, Akrich, Slg. 2003, I-9607, Rn. 58 f.; Rs. C-482/01, Orfanopoulos u. Oliveri, Slg. 2004, I-5257, Rn. 85.

[61] EuGH, Rs. C-101/01, Lindqvist, Slg. 2003, I-12971, Rn. 79 ff.; verb. Rs. C-465/00, C-138/01 u. C-139/01, Österreichischer Rundfunk u.a., Slg. 2003, I-4989, Rn. 73 ff.; Rs. C-274/06, Promusicae, Slg. 2008, I-271, Rn. 65 ff.

gionsfreiheit,[62] der Meinungs-,[63] Informations- und Medienfreiheit,[64] der Versammlungs-[65] und Vereinigungsfreiheit,[66] sowie den verschiedenen Justiz- und Verfahrensgrundrechten,[67] wobei teilweise, wie etwa bei der Entwicklung des Datenschutzgrundrechtes, unmittelbar auf die Rechtsprechung der nationalen Verfassungs- und Höchstgerichte, im konkreten Fall auf die des Bundesverfassungsgerichts,[68] sowie auf die Rechtsprechung des EGMR[69] verwiesen wurde. Darüber hinaus erkannte der EuGH den Schutz der Menschenwürde als objektiven Grundsatz und als Grundrecht[70] sowie verschiedene weitere Grundrechte, u.a. das Recht auf Kollektivverhandlungen und Kollektivmaßnahmen,[71] an, wobei er über die Vorgaben der nationalen Verfassungen, beispielsweise des Grundgesetzes, zum Teil deutlich hinaus ging. Dieser Befund gilt insbesondere für die Entwicklung eines ungeschriebenen, gemeinschaftsrechtlichen Verbots der Altersdiskriminierung in der Rechtssache *Mangold*,[72] in der der EuGH das Verbot der Diskriminierung aus Gründen des Alters als allgemeinen Grundsatz des Gemeinschaftsrechts schuf. Er berief sich dabei auf die in den Erwägungsgründen 1 und 4 der Richtlinie 2000/78/EG und in Art. 6 Abs. 2 EUV erwähnten Verfas-

---

[62] EuGH, Rs. 130/75, Prais, Slg. 1976, 1589, Rn. 6/9 ff., wo zumindest indirekt das Gemeinschaftsgrundrecht der Religionsfreiheit anerkannt wurde; vgl. auch *Bausback*, EuR 2000, 261, 269 f.

[63] EuGH, Rs. 60/84, Cinéthèque, Slg. 1985, 2605, Rn. 25; Rs. C-260/89, ERT, Slg. 1991, I-2925, Rn. 44; Rs. C-288/89, Stichting Collectieve Antennevoorziening Gouda, Slg. 1991, I-4069, Rn. 23; Rs. C-245/01, RTL Television, Slg. 2003, I-12489, Rn. 68.

[64] EuGH, Rs. 43/82, VBVB u. VBB, Slg. 1984, 19, Rn. 34; Rs. C-368/95, Familiapress, Slg. 1997, I-3689, Rn. 25 ff.

[65] EuGH, Rs. C-112/00, Schmidberger, Slg. 2003, I-5659, Rn. 77.

[66] EuGH, Rs. 175/73, Gewerkschaftsbund, Slg. 1974, 917, Rn. 14/16; Rs. 18/74, Allgemeine Gewerkschaft, Slg. 1974, 933, Rn. 10/12; Rs. C-438/05, International Transport Workers' Federation, Slg. 2007, I-10779, Rn. 44 f. unter Anerkennung eines spezifischen Grundrechts auf Streik.

[67] So etwa EuGH, Rs. 19/70, Almini, Slg. 1971, 630, Rn. 8/11 (rechtliches Gehör bei Ermessensentscheidungen im Beamtenrecht); Rs. 222/84, Johnston, Slg. 1986, 1651, Rn. 18 (Recht auf Zugang zum Gericht); Rs. C-17/98, Emesa Sugar, Slg. 2000, I-665, Rn. 18 (rechtliches Gehör); Rs. C-50/00 P, Unión de Pequeños Agricultores, Slg. 2002, I-6677, Rn. 62 (Recht auf Zugang zu Gemeinschaftsgerichten); Rs. C-105/03, Pupino, Slg. 2005, I-5285, Rn. 59 (Recht auf ein faires Verfahren).

[68] Vgl. die Schlussanträge der Generalanwältin Kokott in der Rechtssache Promusicae, Rs. C-275/06, Promusicae, Slg. 2008, I-271, Rn. 57, die auf BVerfGE 106, 28, 37 verweist; vgl. *Britz*, EuGRZ 2009, 1, 8.

[69] So etwa EuGH, verb. Rs. C-465/00, C-138/01 u. C-139/01, Österreichischer Rundfunk u.a., Slg. 2003, I-4989, Rn. 76 f.; s. dazu *Tsiliotis*, Das Verhältnis zwischen den Europäischen Gerichtshöfen in Luxemburg und Straßburg vor und nach dem Beitritt der Europäischen Union zur EMRK, in: Iliopoulos-Strangas/Pereira da Silva/Potacs (Hrsg.), Der Beitritt der Europäischen Union zur EMRK, S. 51, 74 f.

[70] EuGH, Rs. C-377/98, Niederlande/Parlament u. Rat, Slg. 2001, I-7079, Rn. 70 f.; explizit danach EuGH, Rs. C-36/03, Omega, Slg. 2004, I-9609, Rn. 34; näher dazu *Wallau*, Die Menschenwürde in der Grundrechtsordnung der Europäischen Union, S. 81 ff.

[71] EuGH, Rs. C-341/05, Laval, Slg. 2007, I-11767, Rn. 90 ff.; Rs. C-438/05, International Transport Workers' Federation, Slg. 2007, I-10779, Rn. 44 f.

[72] EuGH, Rs. C-144/04, Mangold, Slg. 2005, I-9981, Rn. 75.

sungsüberlieferungen der Mitgliedstaaten bzw. auf die völkerrechtlichen Verträge zum Schutz der Menschenrechte.[73] Diese Argumentation geht jedoch fehl, da eine solche gemeinsame Verfassungslieferung der Mitgliedstaaten bezüglich eines Verbots der Altersdiskriminierung in Wirklichkeit gar nicht existierte, da alleine die finnische Verfassung in § 6 Abs. 2 ein ausdrückliches Verbot der Altersdiskriminierung vorsah und zudem in Art. 59 Abs. 1 der portugiesischen Verfassung lediglich hinsichtlich der Arbeitsbedingungen ein Verbot aus Altersgründen erwähnt wurde.[74] Hinzu kommt, dass auch die vom EuGH angesprochenen völkerrechtlichen Verträge kein Verbot bezüglich einer Diskriminierung aus Altersgründen enthielten.[75] Auf die Grundrechte-Charta, welche in Art. 21 ein Verbot der Altersdiskriminierung statuiert, hat der Gerichtshof hingegen nicht zurück gegriffen, was sich damit begründen lässt, das diese in dem fraglichen Zeitpunkt noch nicht rechtsverbindlich war. Auch eine Vorwirkung der Charta dahin gehend, dass Art. 21 GRC Ausdruck der gemeinsamen Verfassungsüberlieferung der Mitgliedstaaten sei, hat der EuGH in der fraglichen Entscheidung nicht in Erwägung gezogen. An alledem wird erkennbar, dass sich der Gerichtshof bei der Entwicklung von Gemeinschaftsgrundrechten nicht immer streng an die mitgliedstaatlichen Verfassungsüberlieferungen hielt, sondern insbesondere in der jüngeren Vergangenheit durchaus eigene, von den mitgliedstaatlichen Vorbildern losgelöste Grundrechte schuf, freilich unter dem Vorwand eines Rückgriffs auf die nationalen Verfassungen. Unabhängig von der Entscheidung in der Rechtssache *Mangold* fällt auf, dass der EuGH bei der Entwicklung ungeschriebener Gemeinschaftsgrundrechte grundsätzlich wenig systematisch vorging und nicht selten die Existenz einer entsprechenden gemeinsamen Verfassungsüberlieferung der Mitgliedstaaten apodiktisch behauptete, ohne dafür konkrete Nachweise zu bringen,[76] was selbst dann galt, wenn eine derartige mitgliedstaatliche Tradition tatsächlich existierte.

Auch wenn der Gerichtshof in der Rechtssache *Mangold* die Grundrechte-Charta nicht erwähnte, finden sich andere Entscheidungen, in denen sich der EuGH schon vor Inkrafttreten der Charta auf diese berief,[77] was faktisch einer Art „Vorwirkung" der Charta gleichkommt.[78] Dadurch wurde es dem Gerichtshof ermöglicht, auf eine Begründung des entsprechenden Grundrechtsgehalts aus den gemeinsamen Verfassungsüberlieferungen der Mitgliedstaaten zu verzichten,

---

[73] EuGH, Rs. C-144/04, Mangold, Slg. 2005, I-9981, Rn. 74.

[74] Vgl. *Streinz/Herrmann*, RdA 2007, 165, 168; s. dazu auch *Mayer*, Der Einfluss mitgliedstaatlicher Grundrechtsgewährleistungen auf die Charta der Grundrechte, in: König/Uwer (Hrsg.), Grenzen europäischer Normgebung, S. 95, 101 f.; sehr krit. zur *Mangold*-Entscheidung des EuGH auch der dänische Oberste Gerichtshof, s. Højesteret, Urt. v. 06.12.2016 – 15/2014 –.

[75] *Streinz/Herrmann*, RdA 2007, 165, 168; *Preis*, NZA 2006, 401, 406 f.

[76] EuGH, Rs. 222/84, Johnston, Slg. 1986, 1651, Rn. 18 im Hinblick auf das Recht auf Zugang zum Gericht; Rs. C-36/03, Omega, Slg. 2004, I-9609, Rn. 34 im Hinblick auf die Menschenwürde unter Bezugnahme auf die Schlussanträge der Generalanwältin Stix-Hackl.

[77] EuGH, Rs. C-540/03, Europäisches Parlament/Rat, Slg. 2006, I-5769, Rn. 58.

[78] Vgl. *Pernice/Mayer*, in: Grabitz/Hilf, Das Recht der Europäischen Union, 40. Aufl. 2009, Charta der Grundrechte, Rechtsnatur und Rechtswirkungen der Charta, Rn. 24.

wenngleich nicht übersehen werden darf, dass die Charta diese in weiten Teilen widerspiegelt.[79]

Allerdings hat der EuGH vor Inkrafttreten der Grundrechte-Charta keineswegs alle der zumindest in einigen nationalen Verfassungen verankerten Grundrechte als gemeinschaftsrechtliche Grundrechte anerkannt. Dies gilt etwa für das in einer Reihe von Mitgliedstaaten ausdrücklich verbürgte Grundrecht der Wissenschaftsfreiheit,[80] das der Gerichtshof – anders als die Generalanwälte[81] – nicht als eigenständiges Grundrecht betrachtete.[82] Dementsprechend leitete der EuGH etwa einen Anspruch auf diskriminierungsfreien Hochschulzugang alleine aus dem Diskriminierungsverbot in Verbindung mit dem Recht auf Freizügigkeit her,[83] ohne auf eine etwaige Einschlägigkeit der Wissenschaftsfreiheit überhaupt einzugehen. Andere Teilaspekte der Wissenschaftsfreiheit, beispielsweise das Recht zur Publikation wissenschaftlicher Erkenntnisse,[84] entnahm der Gerichtshof der gemeinschaftsrechtlich anerkannten Meinungsfreiheit. Bezüglich der Verwertung wissenschaftlicher Ergebnisse wurde schließlich die Eigentumsfreiheit herangezogen.[85] Ein allgemeines Grundrecht der Wissenschaftsfreiheit, auf das sich auch die Hochschulen hätten berufen können, existierte damit auf Gemeinschaftsebene vor Inkrafttreten der Grundrechte-Charta nicht, so dass der gemeinschaftsrechtliche Grundrechtsschutz in dem fraglichen Bereich hinter dem nationalen Grundrechtsstandard zurück blieb. Relevant wurde dies insbesondere vor dem Hintergrund, dass die Gemeinschaft im Bereich des Umwelt-, Gesundheits- und Technikrechts über eigene Kompetenzen verfügte.[86]

Außerdem wurde beispielsweise die Kunstfreiheit vom EuGH nicht als eigenständiges Grundrecht anerkannt. Dies lässt sich zum einen damit erklären, dass viele der einschlägigen Sachverhalte einen engen Wirtschaftsbezug aufwiesen und der EuGH deshalb die entsprechenden Wirtschaftsgrundrechte heran zog.[87] Zum anderen wurde die Meinungsfreiheit vom Gerichtshof als eine Art allgemeines

---

[79] Näher dazu unten, § 11 II.1.

[80] Zum Grundrecht der Wissenschaftsfreiheit auf mitgliedstaatlicher Ebene s. *Wagner*, DÖV 1999, 129, 130 ff.; *Fink*, EuGRZ 2001, 193, 198 ff.

[81] So etwa Generalanwalt Trabucchi in seinen Schlussanträgen in der Rechtssache Guillot, vgl. Rs. 53/72, Guillot, Slg. 1974, 791, 807.

[82] Vgl. etwa EuGH, Rs. 35/72, Kley, Slg. 1973, 679, 688 ff.; Rs. 53/72, Guillot, Slg. 1974, 791, 802 ff.; Rs. 43/74, Guillot, Slg. 1977, 1309, 1326 ff.; Rs. C-287/00, Kommission/Deutschland, Slg. 2002, I-5811, Rn. 38 ff.; Rs. C-473/08, Eulitz, Slg. 2010, I-907, Rn. 18 ff.

[83] EuGH, Rs. 293/83, Gravier, Slg. 1985, I-593, Rn. 15 ff.; vgl. *Pünder*, Kunst- und Wissenschaftsfreiheit, Recht auf Bildung, in: Ehlers (Hrsg.), Europäische Grundrechte und Grundfreiheiten, § 18 Rn. 9.

[84] EuGH, Rs. C-340/00 P, Cwik, Slg. 2001, I-10269, Rn. 14 ff. u. 23 ff.

[85] Vgl. EuGH, Rs. C-368/96, Generics, Slg. 1998, I-7967, Rn. 77 ff.

[86] Vgl. *Pünder*, Kunst- und Wissenschaftsfreiheit, Recht auf Bildung, in: Ehlers (Hrsg.), Europäische Grundrechte und Grundfreiheiten, § 18 Rn. 9; *Wagner*, DÖV 1999, 129, 129 ff.

[87] Vgl. etwa EuGH, Rs. C-92/92, Phil Collins u.a., Slg. 1993, I-5145, Rn. 20 ff.; näher zur Bedeutung der wirtschaftlichen Grundrechte, *Crones*, Grundrechtlicher Schutz von juristischen Personen im europäischen Gemeinschaftsrecht, S. 109 ff.; *Hoppe*, Die Kunstfreiheit als EU-Grundrecht, S. 62 f.

Grundrecht angesehen, in dessen Schutzbereich auch die Kunstfreiheit fallen sollte.[88] Etwas anderes ergibt sich lediglich aus den Schlussanträgen von Generalanwalt *Jacobs* in der Rechtssache *RTL Television*, der explizit auf eine von der Meinungsfreiheit zu unterscheidende Kunstfreiheit rekurrierte.[89] Selbst wenn sich aus der Praxis des EuGH keine grundsätzlichen Schutzlücken ergaben, bestand dennoch die Möglichkeit, dass sich in Einzelfällen der gemeinschaftsrechtlich gewährleistete Schutzstandard im Vergleich zu den nationalen Standards als weniger weit reichend erwies, so dass etwaige Kollisionen nicht schon im Vorfeld durch die Konfliktvermeidungsstrategie der weitestgehenden Angleichung der Schutzstandards vermieden wurden.

Insgesamt lässt sich sagen, dass die Entwicklung des Grundrechtsschutzes auf gemeinschaftlicher bzw. unionaler Ebene insbesondere mit der Herausbildung des Grundrechtsschutzes auf der Ebene der schweizerischen Bundesverfassung vergleichbar ist, da sowohl in der EG/EU als auch in der Schweiz der Grundrechtsschutz zunächst auf mitgliedstaatlicher bzw. gliedstaatlicher Ebene abgesichert war, bevor das jeweilige Höchstgericht damit begann, im Wege der Rechtsschöpfung aus den gemeinsamen Verfassungsüberlieferungen der Mitglieds- bzw. Gliedstaaten eigene, ungeschriebene Grundrechte der Gemeinschafts- bzw. Bundesebene zu entwickeln. Etwas anderes gilt freilich für die Rechtssache *Mangold*, wo der Gerichtshof unter dem Vorwand des Rückgriffs auf gemeinsame Verfassungsüberlieferungen eine autonome Grundrechtsfortbildung betrieb, welche in Bezug auf die Mitgliedstaaten potentiell zu einer Grundrechtsentwicklung „von oben nach unten" führen konnte,[90] während in anderen Bereichen wie etwa der Wissenschaftsfreiheit der Grundrechtsschutz zumindest in einer Reihe von Mitgliedstaaten differenzierter ausgestaltet war als auf EG/EU-Ebene.

2. *Mitgliedstaatliche Ebene*

Anders als die EG/EU vor Inkrafttreten der EU-Grundrechte-Charta enthalten die allermeisten mitgliedstaatlichen Verfassungen umfangreiche Grundrechtskataloge, welche bereits vor Ausarbeitung der Grundrechte-Charta entstanden waren und die seit den 1940er bzw. 1950er Jahre, oder, im Fall der Mehrzahl der mittel- und osteuropäischen Mitgliedstaaten, seit den 1990er Jahre unverändert bzw. nahezu unverändert Geltung beanspruchen. Ausnahmen insoweit stellen das Vereinigte Königreich und Österreich dar, die jeweils keine Verfassungsurkunde mit einem umfassenden Grundrechtskatalog besitzen. Im Fall des Vereinigten König-

---

[88] So etwa EuGH, Rs. C-479/04, Laserdisken, Slg. 2006, I-8089, Rn. 63; Rs. C-245/01, RTL Television, Slg. 2003, I-12489, Rn. 69 ff.; *Hoppe*, Die Kunstfreiheit als EU-Grundrecht, S. 63.

[89] Schlussanträge des Generalanwalts Jacobs, Rs. C-245/01, RTL Television, Slg. 2003, I-12489, Rn. 38; vgl. dazu *Hoppe*, Die Kunstfreiheit als EU-Grundrecht, S. 65.

[90] S. dazu auch *Kämmerer*, Föderale Kompetenzkonflikte und Grundrechtsjudikatur in Europa, in: Vitzthum (Hrsg.), Europäischer Föderalismus, S. 37, 47 im Hinblick auf die Rechtssache *Tanja Kreil*.

reichs ergeben sich die Grundrechtsgewährleistungen stattdessen aus verschiedenen Rechtsakten, etwa aus der *Habeas-Corpus*-Akte von 1679, der Bill of Rights von 1689 sowie aus dem Human Rights Act 1998,[91] durch den die EMRK zu innerstaatlichem Recht wurde, so dass das Vereinigte Königreich heute sehr wohl über einen umfassenden, wenn auch stark konventionsrechtlich geprägten Grundrechtskatalog verfügt.[92] Auch die österreichische Verfassung enthält lediglich einzelne Grundrechtsbestimmungen wie den allgemeinen Gleichheitssatz (Art. 7 Abs. 1 BV-G) oder das Recht auf den gesetzlichen Richter (Art. 83 Abs. 2 BV-G), jedoch keinen eigenen Grundrechtsteil. Stattdessen ergeben sich die Grundrechtsgewährleistungen in Österreich aus verschiedenen Gesetzen, etwa aus dem Staatsgrundgesetz über die allgemeinen Rechte der Staatsbürger, dem Gesetz zum Schutze des Hausrechts, auf die das Bundesverfassungsgesetz in Art. 149 explizit verweist, sowie aus der EMRK, die innerstaatlich Verfassungsrang besitzt.

In inhaltlicher Hinsicht fällt auf, dass die Mitgliedstaaten durchweg die klassischen Freiheits- und Gleichheitsrechte gewährleisten, so dass der EuGH auf dieser Basis die entsprechenden Gemeinschaftsgrundrechte entwickeln konnte. Die vom EuGH als allgemeiner Rechtsgrundsatz anerkannte Garantie der Menschenwürde hingegen findet sich als Grundrecht nur in wenigen mitgliedstaatlichen Verfassungen, während die übrigen Mitgliedstaaten die Menschenwürde lediglich als Grundsatz betrachten.[93] Dies ändert jedoch nichts daran, dass der EuGH bei der Entwicklung der gemeinschaftsrechtlichen Menschenwürdegarantie auf die mitgliedstaatlichen Verfassungen zurück greifen konnte.[94] Ebenfalls den mitgliedstaatlichen Verfassungslieferungen entnommen werden konnte das Recht zur Ergreifung von Kollektivmaßnahmen, nachdem sämtliche Mitgliedstaaten die Vereinigungsfreiheit gewährleisten und zudem viele mitgliedstaatliche Verfassungen ein eigenständiges Recht auf Streik explizit anerkennen.[95]

Andererseits finden sich in den Verfassungen zahlreicher Mitgliedstaaten Grundrechte wie die Wissenschaftsfreiheit und die Kunstfreiheit, welche vom EuGH vor Inkrafttreten der Grundrechte-Charta nicht als eigenständige Grundrechte anerkannt worden waren. Konkret enthalten etwa die Verfassungen Deutschlands (Art. 5 Abs. 3), Estlands (§ 38), Finnlands (§ 16 Abs. 3), Griechenlands (Art. 16 Abs. 1), Italiens (Art. 33 S. 1), Lettlands (Art. 113), Litauens (Art. 42), Polens (Art. 73), Portugals (Art. 42 Abs. 1), der Slowakei (Art. 43 Abs. 1), Sloweniens (Art. 59), Spaniens (Art. 20 Abs. 1 lit. b)) und Ungarns

---

[91] Human Rights Act 1998 v. 09.11.1998 – 1998 c. 42 –.

[92] S. dazu *Masing*, JZ 2015, 477, 479; zum Grundrechtsschutz im Vereinigten Königreich s. *Grote*, ZaöRV 58 (1998), 309, 309 f.

[93] Art. 1 GG; Art. 30 VerfPolen; Art. 19 Abs. 1 VerfSlowakei; Art. 21 Abs. 1 VerfSlowenien; Art. II VerfUngarn; s. *Borowsky*, in: Meyer, Grundrechte-Charta, Art. 1 Rn. 2; ausführlich dazu *Wallau*, Die Menschenwürde in der Grundrechtsordnung der Europäischen Union, S. 63 ff.

[94] S. dazu *Borowsky*, in: Meyer, Grundrechte-Charta, Art. 1 Rn. 5.

[95] So etwa Art. 23 Abs. 2 VerfGriechenland; Art. 40 VerfItalien; Art. 108 Verf Lettland; Art. 51 Abs. 1 VerfLitauen; Art. 59 Abs. 3 VerfPolen; Art. 57 Abs. 1 VerfPortugal; § 17 VerfSchweden; Art. 37 Abs. 4 VerfSlowakei; Art. 77 VerfSlowenien; Art. 37 Abs. 2 VerfSpanien; Art. 27 Abs. 4 VerfTschechien; Art. XVII Abs. 2 VerfUngarn; Art. 27 Abs. 1 VerfZypern.

(Art. X Abs. 1 u. 3, ehemals Art. 70g) sowie das österreichische Staatsgrundgesetz (Art. 17 Abs. 1 u. Art. 17a) entsprechende Gewährleistungen.[96] Darüber hinaus enthalten die mitgliedstaatlichen Verfassungen zahlreiche weitere Grundrechte, welche vom EuGH nicht als eigenständige Rechtsgrundsätze des Gemeinschaftsrechts anerkannt worden waren, u.a. das Recht auf Akteneinsicht, welches etwa in Art. 61 Abs. 1 der polnischen Verfassung und in § 12 Abs. 2 der finnischen Verfassung verbürgt ist. Ähnliches gilt für das Recht auf Information über den Zustand der Umwelt, das vor allem in den Verfassungen der mittel- und osteuropäischen Mitgliedstaaten zu finden ist.[97] Nicht zuletzt gewährleisten zahlreiche mitgliedstaatliche Verfassungen soziale Grundrechte wie ein Recht auf Bildung und Unterricht,[98] Gesundheitsversorgung[99] oder Arbeit[100] Rechte zu Gunsten von Kindern[101] und älteren Menschen[102] sowie Rechte zu Gunsten bestimmter nationaler Minderheiten,[103] in Bezug auf die freilich im Einzelfall zu prüfen ist, ob sie tatsächlich Grundrechtsqualität besitzen.

III. Materiell-rechtliche Ansatzpunkte zur grundrechtsbezogenen Kollisionsvermeidung

1. Kompetenzabgrenzung im Grundrechtsbereich

Nachdem in inhaltlicher Hinsicht deutliche Diskrepanzen zwischen den Gemeinschaftsgrundrechten und den nationalen Grundrechten bestanden und aus diesem Grund eine Konfliktvermeidung durch eine weitestgehende Angleichung der beiden Grundrechtsebenen keine hinreichende Option darstellte, blieb zu überlegen, ob Kollisionen zwischen EG/EU-Grundrechten und mitgliedstaatlichen Grundrechten durch eine der Auflösung von Kollisionen auch im Europarecht denknotwendig vorgelagerte,[104] strikte Abgrenzung der Kompetenzen zwischen Gemeinschaft bzw. Union und Mitgliedstaaten im Grundrechtsbereich er-

---

[96] S. dazu *Bernsdorff*, in: Meyer, Grundrechte-Charta, Art. 13 Rn. 2.

[97] Vgl. etwa Art. 115 VerfLettland; Art. 74 Abs. 3 VerfPolen; Art. 45 VerfSlowakei; Art. 35 Abs. 2 VerfTschechien.

[98] Vgl. etwa Art. 34 Abs. 1 VerfItalien; Art. 23 Abs. 1 VerfLuxemburg; Art. 73 Abs. 1 u. 74 Abs. 1 VerfPortugal; Art. 112 VerfLettland; Art. 41 VerfLitauen; Art. 70 Abs. 1 VerfPolen; Art. 42 VerfSlowakei; Art. 33 Abs. 1 VerfTschechien; Art. XI VerfUngarn.

[99] So etwa § 19 Abs. 3 VerfFinnland; Art. 111 VerfLettland; Art. 53 Abs. 1 VerfLitauen; Art. 68 Abs. 2 VerfPolen; Art. 64 Abs. 1–3 VerfPortugal; Art. 40 VerfSlowakei; Art. 51 VerfSlowenien; Art. 43 Abs. 2 VerfSpanien; Art. 31 VerfTschechien.

[100] So beispielweise § 18 Abs. 1 VerfFinnland; Art. 58 Abs. 1 VerfPortugal; Art. 35 Abs. 3 VerfSlowakei; Art. 26 Abs. 3 VerfTschechien.

[101] So etwa Art. 22bis VerfBelgien; Art. 69 VerfPortugal; Art. 56 VerfSlowenien; Art. 32 VerfTschechien; Art. XV Abs. 5 u. Art. XVI Abs. 1 VerfUngarn.

[102] Vgl. Art. 72 Abs. 1 VerfPortugal.

[103] So etwa 64 VerfSlowenien; Art. 6 VerfRumänien; Art. 15 VerfKroatien.

[104] S. dazu EuGH, verb. Rs. 6 u. 11/69, Kommission/Frankreich, Slg. 1969, 523, Rn. 13; *Schroeder*, AöR 129 (2004), 3, 28.

reicht werden konnte. Dies setzt voraus, dass die Kompetenz zum Erlass von Grundrechten entweder der EG/EU oder den Mitgliedstaaten zugewiesen ist, wobei sich die Kompetenzverteilung im Grundrechtsbereich nach der in den Verträgen niedergelegten Kompetenzverteilung für die einzelnen Sachbereiche richten könnte. Eine solche Aufteilung scheint indes für die EG/EU im Verhältnis zu den Mitgliedstaaten noch weniger praktikabel als für den Bund im Verhältnis zu den deutschen bzw. schweizerischen Gliedstaaten, da die Zuständigkeiten von EG/EU, anders als die Zuständigkeiten des Bundes in Deutschland und der Schweiz, seit jeher weniger an einzelnen Sachmaterien ausgerichtet, sondern vielmehr schon immer funktional und damit sachgebietsübergreifend zu verstehen waren. Schon aus diesem Grund wäre eine Kompetenzabgrenzung im Grundrechtsbereich an Hand der einzelnen Sachbereiche kaum möglich gewesen.[105] Im Übrigen hat auch der EuGH eine solche Zuständigkeitsverteilung nie erwogen. Darüber hinaus musste eine Kompetenzaufteilung dergestalt, dass entweder nur die EG/EU oder nur die Mitgliedstaaten für die Verankerung von Grundrechten zuständig gewesen wären, ausscheiden, da einerseits die EG/EU im Rahmen ihres Handelns dem Bürger gegenüber an Grundrechte gebunden sein musste und andererseits die Mitgliedstaaten nicht auf die Verankerung eigener Grundrechte verzichten konnten, nachdem nach dem Prinzip der begrenzten Einzelermächtigung große Teile der Legislativ- sowie fast die gesamten Exekutivkompetenzen weiterhin bei den Mitgliedstaaten verblieben. Hinzu kommt, dass nach Überzeugung der überwiegenden Zahl der nationalen Verfassungs- und Höchstgerichte die Mitgliedstaaten auf Grund ihrer originären Staatsgewalt ihre Legislativbefugnisse trotz einer etwaigen „Übertragung“ auf die EU in vollem Umfang behalten haben und die Mitgliedstaaten aus Sicht des Unionsrechtsrechts durch Art. 4 Abs. 3 EUV lediglich dazu verpflichtet werden, das Unionsrecht verletzende Rechtsakte zu unterlassen.[106] Andererseits gibt es auch für eine ausschließliche Zuständigkeit der Mitgliedstaaten zum Erlass von Grundrechten keine Anhaltspunkte. Zwar sahen die Gemeinschaftsverträge vor dem Inkrafttreten des Vertrags von Maastricht keine ausdrückliche Bindung der Gemeinschaft an die Grundrechte vor und es ergab sich auch aus dem Prinzip der begrenzten Einzelermächtigung keine Kompetenz der Gemeinschaft zur Verbürgung von Grundrechten, doch ging der EuGH in der Rechtssache *Stauder* wie selbstverständlich davon aus, dass die Gemeinschaft an Grundrechte gebunden sein könne,[107] wodurch die Kompetenz der Gemeinschaft zur Entwicklung von Grundrechten begründet wurde, ein Befund, den auch die Mitgliedstaaten nicht bestritten.

---

[105] S. dazu auch *Dubout*, The Protection of Fundamental Rights and the Allocation of Competences in the EU: A Clash of Constitutional Logics, in: Azoulai (Hrsg.) The Question of Competence in the European Union, S. 193, 198.

[106] *Kruis*, Der Anwendungsvorrang des EU-Rechts, S. 29; *Streinz*, in: Sachs, GG, Art. 23 Rn. 59 f.; in diese Richtung wohl auch *Nettesheim*, Kompetenzen, in: v. Bogdandy/Bast, Europäisches Verfassungsrecht, S. 389, 410 f.

[107] EuGH, Rs. 29/69, Stauder, Slg. 1969, 419, Rn. 1 u. 7.

Art. F Abs. 2 des Vertrags von Maastricht sah erstmals eine konkrete Bindung der EG/EU an die EG/EU-Grundrechte in ihrer Qualität als allgemeine Rechtsgrundsätze vor, ohne dass damit den Mitgliedstaaten die Kompetenz zur Verankerung eigener Grundrechte abgesprochen worden wäre. Nichts an der Kompetenz der EG/EU zur Entwicklung eigener Grundrechte änderten die Aussagen des EuGH in seinem Gutachten zur Möglichkeit eines EMRK-Beitritts der EG aus dem Jahr 1994, in dem der Gerichtshof davon ausging, dass sich aus den Verträgen keine allgemeine Befugnis der Gemeinschaft ergebe, Vorschriften auf dem Gebiet der Menschenrechte zu erlassen oder völkerrechtliche Verträge in diesem Bereich zu schließen.[108] Grund für die Neutralität des EuGH-Gutachtens in Bezug auf die Normsetzungsbefugnisse der Gemeinschaft im Grundrechtsbereich ist, dass der Gerichtshof darin lediglich die Möglichkeit eines EMRK-Beitritts der EG ausgeschlossen, nicht aber der Gemeinschaft jegliche Normsetzungsbefugnisse im Bereich der Grundrechte abgesprochen hat, sondern dem Gutachten ist vielmehr zu entnehmen, dass sehr wohl eine sachbezogene Regelungskompetenz der Gemeinschaft im Grundrechtsbereich bestehe.[109] Zusammenfassend lässt sich daher festhalten, dass vor Inkrafttreten des Vertrags von Lissabon, ebenso wie heute, sowohl die EG/EU als auch die Mitgliedstaaten eine Rechtssetzungsbefugnis im Bereich der Grundrechte besaßen.

2. *Vorrang des Gemeinschafts- bzw. Unionsrechts*

a) Begründung durch den EuGH und dogmatische Einordnung

Etwaige Kollisionen zwischen EG/EU-Grundrechten und mitgliedstaatlichen Grundrechten sowie zwischen mitgliedstaatlichen Grundrechten und sonstigem Gemeinschafts- bzw. Unionsrecht, welche sich im Wege der europarechtskonformen Auslegung des nationalen Rechts[110] nicht vermeiden lassen, müssen mangels Möglichkeit zur Kompetenzabgrenzung im Grundrechtsbereich anderweitig aufgelöst werden. Der EuGH hat zu diesem Zweck in der Entscheidung in der Rechtssache *Costa/E.N.E.L.* den „Grundsatz des Vorrangs des Gemeinschaftsrechts"[111] entwickelt, welcher nach Inkrafttreten des Vertrags von Lissabon zum „Grundsatz des Vorrangs des Unionsrechts"[112] wurde. Der Gerichtshof ist der Überzeugung, dass „dem vom Vertrag geschaffenen, somit aus einer autonomen Rechtsquelle fließenden Recht wegen dieser seiner Eigenständigkeit keine wie

[108] EuGH, Gutachten, 2/94, EMRK-Beitritt, Slg. 1996, I-1759, Rn. 27.

[109] *Eeckhout*, CMLR 39 (2002), 945, 982 f.; *Bleckmann*, Nationale Grundrechte im Anwendungsbereich des Rechts der Europäischen Union, S. 55 f.

[110] Zur europarechtskonformen Auslegung als Interferenz-Regel s. *Desens*, Auslegungskonkurrenzen im europäischen Mehrebenensystem, in: Matz-Lück/Hong (Hrsg.), Grundrechte und Grundfreiheiten im Mehrebenensystem, S. 203, 210.

[111] Vgl. EuGH, Rs. 6/64, Costa/E.N.E.L., Slg. 1964, 1251, 1270; Rs. 106/77, Simmenthal II, Slg. 1978, 629, Rn. 17/18.

[112] Vgl. etwa EuGH, Rs. C-409/06, Winner Wetten, Slg. 2010, I-8015, Rn. 53 u. 60.

immer gearteten innerstaatlichen Rechtsvorschriften vorgehen können, wenn ihm nicht sein Charakter als Gemeinschaftsrecht aberkannt und wenn nicht die Rechtsgrundlage der Gemeinschaft selbst in Frage gestellt werden soll".[113] Der EuGH begründet den Vorrang des Gemeinschaftsrechts daher in erster Linie mit dessen Qualität als eigenständige Rechtsordnung.[114] Als weiteres, teleologisches Argument führt der Gerichtshof an, dass die in Art. 5 Abs. 2 EWG-Vertrag genannten Ziele nicht verwirklicht werden könnten und ein Verstoß gegen das in Art. 7 EWG-Vertrag verankerte Diskriminierungsverbot drohe, wenn das Gemeinschaftsrecht, abhängig von der nachträglichen innerstaatlichen Gesetzgebung, in den einzelnen Mitgliedstaaten eine unterschiedliche Geltung besäße,[115] weshalb *Ipsen* das Vorrangpostulat als „Prinzip der Funktionsfähigkeit der Union"[116] bezeichnete. *Fabbrini* führt zur Begründung des Anwendungsvorrangs das heute in Art. 4 Abs. 1 S. 1 EUV verankerte Prinzip der Gleichheit der Mitgliedstaaten an, da der Anwendungsvorrang eine vom Gutdünken der einzelnen Mitgliedstaaten abhängige Anwendung des Gemeinschaftsrechts verhindere.[117]

Auch in systematischer Hinsicht lasse sich der Vorrang des Gemeinschaftsrechts nach Ansicht des EuGH begründen, da nach Art. 189 EGW-Vertrag die Verordnung „verbindlich" sei und „unmittelbar in jedem Mitgliedstaat" gelte, was eine bedeutungslose Regelung darstelle, wenn die Mitgliedstaaten die Gemeinschaftsrechtsakte einseitig durch eigene nationale Gesetzgebungsakte ihrer Wirkung berauben könnten.[118] Aus den Verträgen selbst hingegen ergab und ergibt sich der Vorrang des Gemeinschafts- bzw. Unionsrechts nicht. Art. 258, 259 und 267 AEUV (Art. 226, 227 und 234 EGV) implizieren zwar, dass nationale Vorschriften die Gemeinschafts- bzw. Unionsverträge verletzen können, doch ergeben sich daraus keine Anhaltspunkte bezüglich der Folgen eines Widerspruchs zwischen EG/EU-Recht und nationalem Recht.[119] Erwähnt wurde die Rechtsprechung des EuGH hinsichtlich des Vorrangs des EG-/EU-Rechts lediglich in Ziffer 2 des dem Vertrag von Amsterdam beigefügten Protokolls über die Anwendung der Grundsätze der Subsidiarität und der Verhältnismäßigkeit, wonach „die vom Gerichtshof aufgestellten Grundsätze für das Verhältnis zwischen einzelstaatlichem Recht und Gemeinschaftsrecht nicht berührt" werden,[120] doch kann man darin angesichts des eher beiläufigen Charakters des Zusatzprotokolls keine primärrechtliche Verankerung eines für die Gemeinschafts- bzw. Unions-

---

[113] EuGH, Rs. 6/64, Costa/E.N.E.L., Slg. 1964, 1251, 1270.

[114] *Kruis*, Der Anwendungsvorrang des EU-Rechts, S. 47.

[115] EuGH, Rs. 6/64, Costa/E.N.E.L., Slg. 1964, 1251, 1270.

[116] *Ipsen*, Das Verhältnis des Rechts der europäischen Gemeinschaft zum nationalen Recht, in: Ballerstedt/Steindorff (Hrsg.), Aktuelle Fragen des Europäischen Gemeinschaftsrechts, S. 1, 20.

[117] *Fabbrini*, GLJ 16 (2015), 1003, 1013 ff.

[118] EuGH, Rs. 6/64, Costa/E.N.E.L., Slg. 1964, 1251, 1270.

[119] Vgl. *Schroeder*, Das Gemeinschaftsrechtssystem, S. 384; a.A. *Frank*, ZÖR 55 (2000), 1, 17, der den Anwendungsvorrang aus Art. 267 AEUV (ex Art. 234 EGV) ableiten möchte.

[120] Protokoll (Nr. 30) über die Anwendung der Grundsätze der Subsidiarität und der Verhältnismäßigkeit, ABl. EG 1997 Nr. C 340, S. 105.

rechtsordnung so zentralen Prinzips wie dem des Vorrangpostulats erblicken.[121] Der Vertrag über eine Verfassung für Europa enthielt in Art. I-6 eine primärrechtliche Verankerung des Vorrangprinzips, indem er festschrieb, dass „die Verfassung und das von den Organen der Union in Ausübung der der Union übertragenen Zuständigkeiten gesetzte Recht […] Vorrang vor dem Recht der Mitgliedstaaten“ haben sollten. Nachdem der Verfassungsvertrag jedoch nie in Kraft getreten ist und der Vertrag von Lissabon keine entsprechende Vorschrift enthält, gilt der Grundsatz des Vorrangs des Gemeinschafts- bzw. Unionsrechts bis heute als ungeschriebener Rechtsgrundsatz des Unionsrechts.[122]

Weniger eindeutig als seine Begründung ist die dogmatische Einordnung des Grundsatzes. Teilweise wird angenommen, beim Vorrangpostulat handle es sich um eine Rangnorm, da sich daraus bereits eine hierarchisierende Grundentscheidung zu Gunsten des Gemeinschafts- bzw. Unionsrechts ergebe, welche von einer etwaigen Einzelfallwertung unabhängig sei.[123] Die Gegenauffassung entnimmt dem Grundsatz des Vorrangs des Gemeinschafts- bzw. Unionsrechts lediglich eine Kollisionsregel, die dem Rechtsanwender vorgibt, welche der miteinander kollidierenden Normen er auf den konkreten Sachverhalt anwenden soll.[124] Zum Teil wird der Vorrang-Grundsatz sogar als besondere Ausprägung des *lex specialis*-Grundsatzes verstanden,[125] wogegen jedoch einzuwenden ist, dass Bindungen einer Rechtsordnung an eine andere Rechtsordnung rechtstheoretisch auch außerhalb eines Hierarchieverhältnisses bestehen können.[126] Für die Einordnung des Vorrangpostulats als bloße Kollisionsregel spricht indes, dass im

---

[121] *Kruis*, Der Anwendungsvorrang des EU-Rechts, S. 73; a.A. aber *Beljin*, EuR 2002, 351, 351, der in der Erwähnung des Anwendungsvorrangs in dem Protokoll zum Vertrag von Amsterdam eine primärrechtliche Verankerung sieht.

[122] Ausführlich zum Versuch einer primärrechtlichen Verankerung des Anwendungsvorrangs *de Witte*, Direct Effect, Primacy and the Nature of the Legal Order, in: Craig/de Búrca (Hrsg.), The Evolution of EU Law, S. 323, 345; zur Rechtslage nach dem Vertrag von Lissabon s. unten, § 11 III.2.

[123] *Burchardt*, Die Rangfrage im europäischen Normenverbund, S. 253 f.; *Niedobitek*, VerwArch 92 (2001), 58, 63; *Dederer*, ZaöRV 66 (2006), 575, 582; in diese Richtung auch *Jestaedt*, GS Blomeyer, S. 637, 664 ff., der den Anwendungsvorrang des EU-Rechts jedoch als Konkretisierung der *lex superior*-Regel versteht; ähnlich *Schroeder*, AöR 129 (2004), 3, 25 f.; *Müller*, Form follows function? Eine rechtstheoretische Kritik am Europäischen Verfassungsverbund, in: Klatt (Hrsg.), Jurisdiktionskonflikte, S. 87, 107.

[124] *Kruis*, Der Anwendungsvorrang des EU-Rechts, S. 94 ff.; *Schroeder*, Das Gemeinschaftsrechtssystem, S. 384; *Zuleeg*, Das Recht der Europäischen Gemeinschaften im innerstaatlichen Bereich, S. 136 ff., der den Anwendungsvorrang als „einfache Kollisionsregel“ versteht; *Huber*, VVDStRL 60 (2001), 194, 182 f.; *Sauer*, Grundrechtskollisionsrecht für das europäische Mehrebenensystem, in: Matz-Lück/Hong (Hrsg.), Grundrechte und Grundfreiheiten im Mehrebenensystem, S. 1, 33; *Funke*, DÖV 2007, 733, 735; *Büdenbender*, Das Verhältnis des Europäischen Gerichtshofs zum Bundesverfassungsgericht, S. 13 f.; *Proelss*, Bundesverfassungsgericht und überstaatliche Gerichtsbarkeit, S. 89.

[125] *Huber*, Das Recht der europäischen Integration, § 9 Nr. 17; *Frank*, ZÖR 55 (2000), 1, 21; *Desens*, Auslegungskonkurrenzen im europäischen Mehrebenensystem, in: Matz-Lück/Hong (Hrsg.), Grundrechte und Grundfreiheiten im Mehrebenensystem, S. 203, 211; *Funke*, DÖV 2007, 733, 735 ff.

[126] S. *Sauer*, Rechtstheorie 44 (2013), 503, 525; zur *lex specialis*-Regel s. oben, § 2 II.1. a) bb).

Fall der Annahme einer Rangordnungsnorm die verdrängte Rechtsnorm *eo ipso* unwirksam wäre und in keinem Fall mehr angewandt werden dürfte,[127] was über die Zielsetzung des Vorrangpostulats, die Einheitlichkeit der Gemeinschafts- bzw. Unionsrechtsordnung zu wahren, weit hinaus ginge. Selbst die Annahme einer relativen Rechtswidrigkeit für den Fall, dass der Anwendungsbereich des Unionsrechts eröffnet ist und die nationale Norm gegen dessen Vorgaben verstößt,[128] wäre verfehlt, da ein Rechtsakt für sich genommen nur entweder rechtmäßig oder rechtswidrig sein kann.[129] Hinzu kommt, dass eine *eo ipso*-Nichtigkeit der nationalen Rechtsnorm an der gegenwärtigen Praxis vorbei ginge, wenngleich nicht übersehen werden darf, dass eine durch den Anwendungsvorrang des Unionsrechts in unionsrechtlich relevanten Fallen verdrängte nationale Norm in der Regel auf Dauer keinen Bestand haben wird.[130] Rechtswidrig ist daher nicht die im Wege des Anwendungsvorrangs verdrängte nationale Rechtsnorm, sondern allein deren Anwendung im Widerspruch zum Unionsrecht,[131] ein Szenario, das mit Hilfe des Anwendungsvorrangs, der als Kollisionsregel im weiteren Sinn einzustufen und für ein föderales System durchaus typisch[132] ist, aufgelöst werden kann.

b) Inhalt und Reichweite aus unionsrechtlicher Sicht

Voraussetzung für die Anwendbarkeit der Kollisionsregel des Anwendungsvorrangs, dessen Systematik unter dem Unionsrecht im Vergleich zum Gemeinschaftsrecht unverändert blieb, ist zunächst die Gültigkeit und Anwendbarkeit der betroffenen nationalen Rechtsnorm. Der Umstand, dass ein Widerspruch zum Unionsrecht vorliegt, ändert nichts am kompetenzgemäßen Zustandekommen der nationalen Vorschrift, da die Mitgliedstaaten durch die Kompetenzübertragung ihre Rechtssetzungskompetenzen nicht unwiederbringlich verloren haben,[133] so dass im Falle einer Kollisionslage das betroffene nationale Grundrecht nicht bereits wegen fehlender Rechtssetzungskompetenz des Mitgliedstaates nichtig ist. Daneben muss auch die fragliche Unionsrechtsnorm selbst Gültigkeit besitzen, worüber alleine der EuGH zu befinden hat.[134] Weiterhin muss sie unmittelbare Wirkung entfalten,[135] da sie andernfalls keine Durchgriffswirkung besitzt und einen etwaigen Konflikt mit nationalem Recht daher nicht zu ihren

[127] Vgl. *Funke*, DÖV 2007, 733, 735; grundsätzlich zur Unterscheidung von Kollisions- und Rangordnungsnorm s. *Sauer*, Rechtstheorie 44 (2013), 503, 514.
[128] So *Niedobitek*, VerwArch 92 (2001), 58, 65.
[129] *Funke*, DÖV 2007, 733, 737.
[130] Näher dazu unten, § 10 III.2. b).
[131] *Funke*, DÖV 2007, 733, 735.
[132] *Sacerdoti*, CJEL 8 (2002), 37, 48.
[133] S. oben, § 10 III.1.; *Kruis*, Der Anwendungsvorrang des EU-Rechts, S. 107 ff.
[134] EuGH, Rs. 314/85, Foto-Frost, Slg. 1987, 4199, Rn. 15 ff.
[135] So etwa EuGH, Rs. C-18/95, Terhoeve, Slg. 1999, I-345, Rn. 55 f.

Gunsten entscheiden kann.[136] Hinsichtlich der EU-Grundrechte kann dies ohne Weiteres bejaht werden, was im Übrigen bereits für die vom EuGH entwickelten Grundrechte als Rechtsgrundsätze des Gemeinschaftsrechts galt.[137] Im Falle einer Kollision zwischen sonstigem Unionsrecht und nationalen Grundrechten muss hingegen im Einzelfall untersucht werden, ob und inwieweit die Unionsrechtsnorm unmittelbar anwendbar ist.

Die Rechtsfolgen des Vorrangpostulats ergeben sich nicht aus dessen dogmatischer Einordnung, sondern sind vielmehr gesondert zu bestimmen. In seiner Grundsatzentscheidung in der Rechtssache *Costa/E.N.E.L.* sprach der EuGH lediglich vom „Vorrang" des Gemeinschaftsrechts, ohne näher zu spezifizieren, ob es sich dabei um einen Anwendungsvorrang oder um einen Geltungsvorrang handeln sollte.[138] Heute hingegen ist unbestritten, dass das Unionsrecht lediglich Anwendungsvorrang vor dem nationalen Recht besitzt, was der EuGH in den Rechtssachen *Nimz*[139] und *IN.CO.GE. '90* ausdrücklich klar gestellt hat.[140] Daher bleibt widersprechendes nationales Recht weiterhin in Kraft, darf jedoch im Anwendungsbereich des Unionsrechts nicht mehr angewendet werden. In der Praxis macht die theoretische Unterscheidung zwischen Anwendungsvorrang und Geltungsvorrang keinen signifikanten Unterschied, da die fragliche nationale Rechtsnorm in Fällen mit Unionsrechtsbezug nicht mehr zur Anwendung kommen kann und im Übrigen der nationale Gesetzgeber im Falle eines Widerspruchs zum Unionsrecht die fragliche innerstaatliche Rechtsnorm aus Gründen der Rechtssicherheit in der Regel ohnehin früher oder später aufheben wird,[141] so dass sich der unionsrechtliche Anwendungsvorrang insoweit kaum vom Geltungsvorrang des Art. 31 GG und des Art. 49 Abs. 1 BV unterscheidet. Exemplarisch ablesen lässt sich dies am Vorgehen des deutschen Gesetzgebers hinsichtlich von § 14 Abs. 3 S. 4 TzBfG a.F., den der EuGH in der Rechtssache *Mangold* als mit dem Gemeinschaftsrecht nicht vereinbar angesehen hat[142] und der daraufhin vom deutschen Gesetzgeber zwar nicht sofort, aber doch innerhalb von zwei Jahren nach Ergehen des EuGH-Urteils neu gefasst wurde.[143] Der betroffene Mit-

---

136 Vgl. *Kadelbach*, Allgemeines Verwaltungsrecht unter europäischem Einfluss, S. 57.

137 Vgl. etwa EuGH, Rs. 29/69, Stauder, Slg. 1969, 419, Rn. 1 u. 7; Rs. C-144/04, Mangold, Slg. 2005, I-9981, Rn. 75 ff.

138 EuGH, Rs. 6/64, Costa/E.N.E.L., Slg. 1964, 1251, 1270.

139 EuGH, Rs. C-184/89, Nimz, Slg. 1991, I-297, Rn. 19.

140 EuGH, verb. Rs. C-10–22/97, IN.CO.GE. '90, Slg. 1998, I-6307, Rn. 21; missverständlich noch EuGH, Rs. 106/77, Simmenthal II, Slg. 1978, 629, Rn. 13 ff., wo der EuGH hinsichtlich einer nach der Gemeinschaftsrechtsnorm erlassenen nationalen Rechtsnorm Nichtigkeit annahm, während er im Falle einer früher erlassenen nationalen Norm lediglich von deren Unanwendbarkeit ausging; für die Bejahung eines Geltungsvorrangs des Gemeinschafts- bzw. Unionsrechts jedoch beispielsweise *Hwang*, EuR 2016, 355, 363 ff.

141 Für eine Aufhebung der fraglichen Rechtsnorm durch die nationalen Instanzen aus Rechtssicherheitsgründen auch *de Witte*, Direct Effect, Primacy and the Nature of the Legal Order, in: Craig/de Búrca (Hrsg.), The Evolution of EU Law, S. 323, 341; zu den faktischen Auswirkungen des Anwendungsvorrangs s. *Fisahn/Ciftci*, JA 2016, 364, 367.

142 EuGH, Rs. C-144/04, Mangold, Slg. 2005, I-9981, Rn. 78.

143 Vgl. Gesetz v. 19.04.2007, BGBl. 2007, S. 538.

gliedstaat ist schon deshalb zu einer Aufhebung bzw. Änderung der dem Unionsrecht widersprechenden Norm gehalten, da ein entsprechendes, im Rahmen eines Vorabentscheidungsverfahrens ergangenes EuGH-Urteil nach Art. 19 Abs. 1 EUV, Art. 267 AEUV i.V.m. Art. 4 Abs. 3 EUV *erga omnes*-Wirkung besitzt und somit alle Instanzgerichte daran gebunden sind, was nach der *CILFIT*-Rechtsprechung des EuGH darüber hinaus für vergleichbare Sachverhalte gilt.[144] Im Falle der Nichtaufhebung der betroffenen Norm droht daher die Einleitung eines Vertragsverletzungsverfahrens, nachdem nicht auszuschließen ist, dass die fragliche Rechtsnorm auch weiterhin in Fällen mit Unionsrechtsbezug angewandt werden müsste. Es liegt deshalb nahe, dass die Annahme eines bloßen Anwendungsvorrangs auf der Rücksichtnahme auf nationale Empfindlichkeiten beruht,[145] wobei ein strikter Geltungsvorrang aus Sicht des Unionsrechts auch nicht erforderlich wäre.

Problematisch ist indes die Reichweite der Unanwendbarkeit der nationalen Rechtsvorschrift. Grundsätzlich gilt, dass die betroffene nationale Norm nur so weit unanwendbar bleibt, wie ihre Unvereinbarkeit mit dem Unionsrecht reicht.[146] Für die nationale Rechtsnorm, insbesondere die nationalen Grundrechte, bedeutet dies, dass sie uneingeschränkt anwendbar bleiben, soweit der Anwendungsbereich des Unionsrechts nicht eröffnet ist. Daneben kann eine an sich dem Unionsrecht widersprechende nationale Vorschrift auch in dessen Anwendungsbereich weiterhin anwendbar bleiben, wenn ihre Nichtanwendung in Einzelfällen hinreichend erscheint.[147] Für den Grundrechtsbereich folgt daraus, dass das fragliche mitgliedstaatliche Grundrecht grundsätzlich weiterhin Anwendung findet, bei der Durchführung von Unionsrecht aber in Einzelfällen verdrängt werden kann. Schließlich darf eine nationale Rechtsnorm, die im Widerspruch zum Unionsrecht steht, auch dann in dessen Anwendungsbereich weiter angewendet werden, wenn jenseits des unionsrechtswidrigen Gehaltes ein eigenständig anwendbarer Restgehalt verbleibt.[148] In Bezug auf die nationalen Grundrechte ist dies vor allem dann denkbar, wenn die nationale Garantie lediglich in einem bestimmten Punkt über die unionale Gewährleistung hinaus geht und dadurch mit sonstigem Unionsrecht in Konflikt gerät.

Umstritten ist weiterhin, ob der Anwendungsvorrang des Unionsrechts auch gegenüber nationalen Grundrechten gilt. Der EuGH ging bereits in der Rechtssache *Internationale Handelsgesellschaft* davon aus, dass der Vorrang des Gemeinschaftsrechts nationale Grundrechte verdrängen könne, da andernfalls die einheitliche Geltung des Gemeinschaftsrechts beeinträchtigt würde.[149] Dieser Prämisse folgend nahm der Gerichtshof in der Rechtssache *Testa* zumindest im-

---

[144] EuGH, Rs. 283/81, CILFIT, Slg. 1982, 3415, Rn. 13.

[145] *Isensee*, FS Stern, 1239, 1243; *Frank*, ZÖR 55 (2000), 1, 32.

[146] *Kruis*, Der Anwendungsvorrang des EU-Rechts, S. 124.

[147] EuGH, Rs. C-446/03, Marks & Spencer, Slg. 2006, I-10837, Rn. 54 ff.

[148] *Kruis*, Der Anwendungsvorrang des EU-Rechts, S. 124 f.

[149] EuGH, Rs. 11/70, Internationale Handelsgesellschaft, Slg. 1970, 1125, Rn. 2 f.; ähnlich auch EuGH, Rs. 44/79, Hauer, Slg. 1979, 3727, Rn. 14.

plizit an, dass die Gemeinschaftsgrundrechte die mitgliedstaatlichen Grundrechte verdrängen[150] und damit harmonisierend auf Letztere einwirken könnten.[151] Der Umstand, dass einige Mitgliedstaaten den Anwendungsvorrang des Unionsrechts auch vor dem nationalen Verfassungsrecht dezidiert ablehnen,[152] ändert nichts an der unionsrechtlichen Perspektive, so dass sich im Bereich der Kollisionsregeln faktisch keine Unterschiede im Vergleich zum System des deutschen Grundgesetzes oder der schweizerischen Bundesverfassung ergeben, wenn man davon ausgeht, dass die Rechtswirkungen des Anwendungsvorranges denen des Geltungsvorranges in der Praxis weitgehend entsprechen und bislang kein nationales Verfassungs- oder Höchstgericht den unionalen Anwendungsvorrang als solchen kategorisch abgelehnt hat, wobei freilich abzuwarten bleibt, wie sich insbesondere die Verfassungsgerichte Polens und Ungarns in Zukunft positionieren werden.

Vor Inkrafttreten der Grundrechte-Charta war umstritten, ob die Gemeinschaftsgrundrechte nicht lediglich einen Minimalstandard darstellen sollten, der auf ein höheres Schutzniveau einzelner oder mehrerer Mitgliedstaaten Rücksicht nimmt.[153] Eine solche Position ist jedoch, auch wenn der EuGH selbst sich teilweise am Maximalstandard orientierte,[154] vor dem Hintergrund der EuGH-Rechtsprechung zum Sinn und Zweck des Anwendungsvorrangs des Gemeinschaftsrechts nicht vereinbar,[155] so dass nationale Grundrechte, die in ihrem Schutzgehalt über den Schutzgehalt des entsprechenden Gemeinschaftsgrundrechts hinaus gingen oder keinerlei gemeinschaftsrechtliche Entsprechung fanden, durch kollidierendes Gemeinschaftsrecht, insbesondere Sekundärrecht oder Grundfreiheiten, verdrängt werden konnten,[156] ein Ergebnis, das nunmehr unter Geltung der Grundrechte-Charta durch die EuGH-Entscheidung in der Rechtssache *Melloni* bestätigt wurde.[157] Eine Kollision zwischen einem mitgliedstaatlichen Grundrecht und einem Gemeinschaftsgrundrecht war indes vergleichsweise selten, da die Gemeinschaftsgrundrechte vom EuGH auf Grundlage der nationalen Verfassungsüberlieferungen entwickelt wurden und daher nicht selten de-

[150] EuGH, verb. Rs. 41, 121 u. 796/79, Testa, Slg. 1980, 1979, Rn. 17 ff.

[151] S. dazu *Kämmerer*, Föderale Kompetenzkonflikte und Grundrechtsjudikatur in Europa, in: Vitzthum (Hrsg.), Europäischer Föderalismus, S. 37, 52.

[152] Näher dazu unten, § 10 III.2. c).

[153] Für eine solche Rücksichtnahme auf nationale Standards etwa *Ress/Ukrow*, EuZW 1990, 499, 503; *Feger*, DÖV 1987, 322, 329.

[154] In diese Richtung etwa EuGH, Rs. 4/73, Nold, Slg. 1974, 491, Rn. 13; vgl. *Pescatore*, Der Schutz der Grundrechte in den Europäischen Gemeinschaften und seine Lücken, in: Mosler/Bernhardt/Hilf (Hrsg.), Grundrechtsschutz in Europa, S. 64, 68 f. sowie Aussprache, S. 76, 130 f.; Feger, DÖV 1987, 322, 329.

[155] So auch *Fink*, EuGRZ 2001, 193, 199.

[156] *Wölker*, EuR-Beiheift 1/1999, 99, 112; *Bleckmann*, Nationale Grundrechte im Anwendungsbereich des Rechts der Europäischen Union, S. 291; *Wallrab*, Die Verpflichteten der Gemeinschaftsgrundrechte, S. 146 f., die allerdings von einer Fortgeltung der nationalen Grundrechte ausgeht, wenn die Gemeinschaftsgrundrechte lediglich einen Mindeststandard darstellen.

[157] Ausführlich dazu unten, § 11 III.1. d).

ckungsgleich waren.[158] Im Falle inhaltsgleicher Grundrechte auf beiden Ebenen dagegen lag bzw. liegt schon keine für die Heranziehung des Anwendungsvorrangs erforderliche Kollisionslage vor, während im Falle von mitgliedstaatlichen Grundrechten, die hinter dem vom Unionsgrundrecht geforderten Schutzstandard zurück bleiben, das nationale Grundrecht verdrängt wird.[159] Nationale Grundrechte können daher im Anwendungsbereich des Gemeinschafts- bzw. Unionsrechts nur noch im Rahmen von Durchführungs- und Umsetzungsspielräumen eine eigenständige Bedeutung entfalten,[160] worin eine Parallele zum System des deutschen Grundgesetzes bzw. der schweizerischen Bundesverfassung im Hinblick auf die Anwendbarkeit gliedstaatlicher Grundrechte besteht.

Entscheidend für die Reichweite des Anwendungsvorrangs des Gemeinschafts- bzw. Unionsrechts ist schließlich, in welchen Bereichen der Anwendungsvorrang überhaupt zum Tragen kommen kann. Vor Inkrafttreten des Vertrags von Lissabon musste klar differenziert werden zwischen der Europäischen Union und der Europäischen Gemeinschaft. Während der Anwendungsvorrang eigens für das Gemeinschaftsrecht entwickelt worden war und daher in dessen Anwendungsbereich unstreitig Geltung besaß, war problematisch, ob und gegebenenfalls inwieweit der Anwendungsvorrang des Gemeinschaftsrechts auch innerhalb der zweiten und dritten Säule zur Anwendung kommen konnte. Der EuGH selbst hat seine Rechtsprechung zum Anwendungsvorrang vor Inkrafttreten des Vertrags von Lissabon nie auf die Unionsrechtsordnung übertragen, was schon damit begründet werden kann, dass der Gerichtshof im Bereich der GASP über keinerlei Zuständigkeiten verfügte und seine Kompetenzen im Bereich der PJZS nach Art. 46 EUV a.F. stark eingeschränkt waren.[161] Damit fehlte es an der für ihre Wirksamkeit erforderlichen rechtlichen Aktualisierung der Kollisionsregel im Rahmen der zweiten und dritten Säule.[162] In Bezug auf die mitgliedstaatlichen Grundrechte bedeutete dies, dass diese innerhalb der zweiten und dritten Säule nicht durch kollidierende gemeinschaftsrechtliche Grundrechte verdrängt wurden, was sich etwa auch aus der Entscheidung des Bundesverfassungsgerichts zum Europäischen Haftbefehl aus dem Jahr 2005 ergibt.[163]

Insgesamt lässt sich sagen, dass das Vorrangpostulat als Kollisionsregel jedenfalls aus Sicht des Unionsrechts zur Verdrängung mitgliedstaatlicher Grund-

[158] *F. Kirchhof*, NVwZ 2014, 1537, 1537.

[159] *Bleckmann*, Nationale Grundrechte im Anwendungsbereich des Rechts der Europäischen Union, S. 290; a.A. *Wallrab*, Die Verpflichteten der Gemeinschaftsgrundrechte, S. 146, die in diesen Fällen von einer zusätzlichen Bindung an das einschlägige nationale Grundrecht ausgeht.

[160] *Bleckmann*, Nationale Grundrechte im Anwendungsbereich des Rechts der Europäischen Union, S. 293; näher zur Bindung der Mitgliedstaaten an nationale Grundrechte im Anwendungsbereich des EU-Rechts unten, § 10 IV.2.

[161] *Kruis*, Der Anwendungsvorrang des EU-Rechts, S. 81 f.

[162] *Kruis*, Der Anwendungsvorrang des EU-Rechts, S. 81 f.

[163] BVerfGE 113, 273, 300 f.; zur Situation nach Inkrafttreten des Vertrags von Lissabon, insbesondere zur Entscheidung des EuGH in der Rechtssache Melloni, s. unten, § 11 III.1. d) sowie *Herzmann*, EuGRZ 2015, 445, 447 f.

rechte durch kollidierendes Unionsrecht, insbesondere auch durch kollidierende Unionsgrundrechte führen kann und sich die Wirkungsweise des Anwendungsvorrangs in der Praxis wenig von derjenigen der Kollisionsnormen in der deutschen und schweizerischen Rechtsordnung unterscheidet.

c) Mitgliedstaatliche Perspektive

Auf mitgliedstaatlicher Ebene finden sich keine dem unionsrechtlichen Anwendungsvorrang entgegen stehenden Kollisionsnormen dahin gehend, dass durch eine nationale Verfassung der pauschale Vorrang des nationalen Rechts vor dem Unionsrecht angeordnet würde.[164] Dies lässt darauf schließen, dass das Vorrangpostulat als solches, ebenso wie seine unionsrechtlich begründete Qualifikation als Kollisionsregel sowie seine Voraussetzungen in allen mitgliedstaatlichen Rechtsordnungen, grundsätzlich anerkannt wird.[165] Das Bundesverfassungsgericht rechtfertigte den Anwendungsvorrang des Unionsrechts in der *Solange II*-Entscheidung mit einem „innerstaatlichen Rechtsanwendungsbefehl".[166] Konkret führte das Gericht dazu aus:

> „Art. 24 Abs. 1 GG ermöglicht es indessen von Verfassungs wegen, Verträgen, die Hoheitsrechte auf zwischenstaatliche Einrichtungen übertragen, und dem von solchen Einrichtungen gesetzten Recht Geltungs- und Anwendungsvorrang vor dem innerstaatlichen Recht der Bundesrepublik Deutschland durch einen entsprechenden innerstaatlichen Anwendungsbefehl beizulegen. Dies ist für die europäischen Gemeinschaftsverträge und das auf ihrer Grundlage von den Gemeinschaftsorganen gesetzte Recht durch die Zustimmungsgesetze zu den Verträgen gemäß Art. 24 Abs. 1, 59 Abs. 2 Satz 1 GG geschehen. Aus dem Rechtsanwendungsbefehl des Zustimmungsgesetzes zum EWG-Vertrag, der sich auf Art. 189 Abs. 2 EWGV erstreckt, ergibt sich die unmittelbare Geltung der Gemeinschaftsverordnungen für die Bundesrepublik Deutschland und ihr Anwendungsvorrang gegenüber innerstaatlichem Recht."[167]

Im *Kloppenburg*-Beschluss fügte das Bundesverfassungsgericht hinzu, dass der Anwendungsvorrang gegenüber späterem wie früherem nationalem Gesetzesrecht auf einer ungeschriebenen Norm des primären Gemeinschaftsrechts beruhe, welcher durch die Zustimmungsgesetze zu den Gemeinschaftsverträgen in Verbindung mit Art. 24 Abs. 1 GG der innerstaatliche Rechtsanwendungsbefehl erteilt worden sei.[168] Das Bundesverfassungsgericht begründet den Anwendungsvorrang des Unionsrechts daher mit einem Zusammenspiel von primärvertragli-

---

[164] Vgl. *Burchardt*, Die Rangfrage im europäischen Normenverbund, S. 258; zurückhaltender *Barents*, EuConst 5 (2009), 421, 428 ff.

[165] Ausdrücklich als Kollisionsregel bezeichnet den Anwendungsvorrang etwa das litauische Verfassungsgericht, s. Verfassungsgericht der Republik Litauen, Entsch. v. 14.03.2006 – verb. Rs. 17/02–24/03–22/04 –, Abschnitt III, Ziff. 9.4.

[166] BVerfGE 73, 339, 375.

[167] BVerfGE 73, 339, 375.

[168] BVerfGE 75, 223, 244.

cher Normierung im Unionsrecht und innerstaatlichem, dem Grundgesetz entspringendem Rechtsanwendungsbefehl,[169] worin sich ein Unterschied zu der rein unionsrechtlichen Begründung des EuGH ergibt. Letzteres freilich basiert auf dem Umstand, dass der EuGH, anders als das Bundesverfassungsgericht und die meisten übrigen nationalen Verfassungs- und Höchstgerichte, nicht von einem dualistischen Verhältnis von nationalem Recht und Unionsrecht ausgeht, sondern vielmehr zu einem zumindest dem äußeren Anschein nach monistischem Verständnis tendiert.[170]

Hinsichtlich der Rechtsfolgen des Vorrangs des Unionsrechts als solchen besteht auf mitgliedstaatlicher Ebene Einigkeit mit den Vorgaben des EuGH, was sich daran ablesen lässt, dass die nationalen Verfassungs- und Höchstgerichte den Anwendungsvorrang entweder direkt als solchen bezeichnen oder jedenfalls die Rechtsfolgen des Vorrangpostulats entsprechend umschreiben.[171] Andererseits gehen etwa die Niederlande schon aus nationaler Perspektive vom Vorrang des Unionsrechts aus, was eine Art Bindungsrücknahme durch Selbstbeschränkung impliziert, indem die niederländische Rechtsordnung ihren Geltungsanspruch auflösend bedingt auf das mit der Unionsrechtsordnung zu vereinbarende Maß reduziert.[172] Unter kollisionsrechtlichen Gesichtspunkten lässt sich daher sagen, dass im Fall der Niederlande eine in ihren Rechtswirkungen mit der unionsrechtlichen Kollisionsregel übereinstimmende nationale Kollisionsregel existiert.

Unterschiede der mitgliedstaatlichen Positionen im Vergleich zur Rechtsprechung des EuGH ergeben sich dagegen hinsichtlich der Reichweite des Anwendungsvorrangs. Einzelne Mitgliedstaaten wie Polen, Litauen, Frankreich und Ungarn[173] lehnen unter Begründung einer eigenen nationalen Kollisionsregel einen unionsrechtlich begründeten Vorrang des Unionsrechts auch vor dem nationalen Verfassungsrecht kategorisch ab,[174] während die Mehrzahl der Mitgliedstaaten einen solchen Vorrang zumindest so lange akzeptiert, wie die Identität der nationalen Verfassung dadurch nicht ausgehöhlt wird.[175] Für Deutschland lässt sich diese Position damit begründen, dass das Bundesverfassungsgericht den An-

---

[169] Vgl. *Proelss*, Bundesverfassungsgericht und überstaatliche Gerichtsbarkeit, S. 83 f.

[170] Ausführlich dazu oben, § 1 II.2. b).

[171] Vgl. etwa BVerfGE 126, 286, 301 ff.; Spanischer Verfassungsgerichtshof, Entsch. v. 13.12.2004 – Erklärung DTC 1/2004, EuR 2005, 339, 346; Verfassungsgericht der Republik Tschechien, Urt. v. 08.03.2006 – Pl ÚS 50/04 –, *Zuck*erquoten III, Teil A-3); Verfassungsgericht der Republik Litauen, Entsch. v. 14.03.2006 – verb. Rs. 17/02–24/03–22/04 –, Abschnitt III, Ziff. 9.4; Staatsgerichtshof der Republik Estland, Stellungnahme Nr. 3–4–1–3–06 v. 11.05.2006, Rn. 16; s. dazu auch *Burchardt*, Die Rangfrage im europäischen Normenverbund, S. 304.
Burchardt, Die Rangfrage im europäischen Normenverbund, S. 304.

[172] S. dazu oben, § 1 II.2. b) aa) aaa) (1).

[173] Vgl. Art. E Abs. 2 VerfUngarn, wonach Ungarn einzelne seiner der ungarischen Verfassung entstammenden Kompetenzen gemeinsam mit den anderen Mitgliedstaaten über die Institutionen der Europäischen Union ausüben kann und wodurch eine Beachtung der Grenzen der ungarischen Verfassung impliziert wird, vgl. *Burchardt*, Die Rangfrage im europäischen Normenverbund, S. 129 f.

[174] Eingehend dazu oben, § 1 II.2. b) aa) ccc).

[175] Ausführlich dazu oben, § 1 II.2. b) aa) bbb).

wendungsvorrang des Unionsrechts nicht rein europarechtlich interpretiert, sondern zugleich auf den diesbezüglich im Grundgesetz enthaltenen Rechtsanwendungsbefehl rekurriert. In seinem Beschluss zum Europäischen Haftbefehl vom 15. Dezember 2015 hat das Bundesverfassungsgericht erstmals die sog. Identitätskontrolle aktiviert, mit deren Hilfe die Einhaltung der durch Art. 23 Abs. 1 S. 3 i.V.m. Art. 79 Abs. 3 GG gezogenen Integrationsgrenzen überwacht werden soll,[176] ohne dabei jedoch das Unionsrecht selbst für mit den deutschen Grundrechten unvereinbar zu erklären,[177] wodurch der Anwendungsvorrang des Unionsrechts als solches nicht in Frage gestellt wurde. Letzteres könnte allerdings dadurch geschehen, dass das Bundesverfassungsgericht, wie der Zweite Senat in dem fraglichen Beschluss in einem *obiter dictum* skizziert hat, im Wege einer *Solange III*- bzw. *Solange II,5*-Prüfung weiter reichende nationale Grundrechte als vom unionsrechtlichen Anwendungsvorrang nicht verdrängt erachtet, wenn im konkreten Fall eine Verletzung der Menschenwürdegarantie im Raum steht,[178] wodurch freilich die Menschenwürdegarantie zu einem „integrationsfesten Supergrundrecht“[179] aufgebläht würde. Ob die bisherige *Solange II*-Rechtsprechung in Einzelfällen jedoch wirklich zu Gunsten einer durch die Verfassungsidentität vermittelten Prüfung des EU-Sekundärrechts am Maßstab der grundgesetzlichen Menschenwürdegarantie aufgegeben werden wird, bleibt abzuwarten.[180]

Andererseits darf jedoch im Zusammenhang mit der Diskussion um die Reichweite des Anwendungsvorrangs nicht übersehen werden, dass selbst in Mitgliedstaaten wie Litauen, die den Vorrang des Unionsrechts vor der nationalen Verfassung negieren, das Unionsrecht zumindest auf Grundlage der nationalen Verfassung für verbindlich erachtet wird und es damit Anwendungsvorrang vor dem nationalen Recht genießt, solange die Verfassung durch das Unionsrecht nicht verletzt wird. Für den Grundrechtsbereich bedeutet das, dass der unionale Grundrechtsstandard nicht derart weit herabgesenkt werden darf, dass in Verbindung mit dem Anwendungsvorrang des Unionsrechts grundlegende nationale Verfassungswerte gefährdet würden. Ein derartiges Szenario war schon vor Inkrafttreten der Grundrechte-Charta kaum denkbar, was jedenfalls ab dem Zeitpunkt galt, in dem der EuGH durch die rechtsschöpferische Schaffung von Gemeinschaftsgrundrechten einen hinreichenden Grundrechtsstandard auf Gemeinschaftsebene geschaffen hatte. Der Anwendungsvorrang des Unionsrechts kommt daher im Grundrechtsbereich grundsätzlich zum Tragen, wobei sich die konkreten Auswirkungen des unionsrechtlichen Vorrangs nur denjenigen Fällen zeigen werden, in denen der unionale vom mitgliedstaatlichen Grundrechtsstan-

---

[176] BVerfGE 140, 317, Rn. 41 ff.

[177] BVerfGE 140, 317, Rn. 84; s. dazu oben, § 1 II.2. b) aa) bbb) (1).

[178] Krit. dazu *Sauer*, NJW 2016, 1134, 1135 f.; *Schönberger*, JZ 2016, 422, 424; befürwortend hingegen *Nettesheim*, JZ 2016, 424, 425 ff.

[179] *Schönberger*, JZ 2016, 422, 424.

[180] *Schönberger*, JZ 2016, 422, 424; zu dieser Gefahr auch *Zenger*, Bucerius Law Journal 2/2016, 33, 41.

dard abweicht. Im Falle weiter reichender nationaler Grundrechte könnten sich daher auch unter Geltung der Grundrechte-Charta Fälle ergeben, in denen ein nationales Verfassungsgericht die weiter reichende nationale Grundrechtsgarantie entgegen dem Anwendungsvorrang des Unionsrechts zur Anwendung bringen möchte, wobei abzuwarten bleibt, ob einzelne Verfassungs- oder Höchstgerichte tatsächlich auf Konfrontationskurs zum EuGH gehen werden. Insgesamt lässt sich jedoch sagen, dass keine entgegenstehenden nationalen Kollisionsregeln existieren, sondern die unionale Kollisionsregel des Anwendungsvorrangs des EU-Rechts von den nationalen Verfassungsordnungen lediglich in unterschiedlicher Reichweite anerkannt wird.

IV. Grundrechtsbindung

1. Bindung an Gemeinschafts- bzw. Unionsgrundrechte

a) Dogmatischer Hintergrund und anfängliche EuGH-Rechtsprechung

Die Entwicklung ungeschriebener Gemeinschaftsgrundrechte durch den EuGH beruht auf der Erwägung, dass die Gemeinschaft im Rahmen ihres Handelns an Grundrechte gebunden sein sollte. Schon vor Inkrafttreten der Grundrechte-Charta erstreckte sich die Grundrechtsbindung der Gemeinschaftsorgane auf sämtliche Bereiche des gemeinschaftsrechtlichen Handelns, was sich nicht zuletzt aus Art. 6 Abs. EUV a.F. ergab, wonach nur die Union, nicht aber die Mitgliedstaaten zur Achtung der Grundrechte, wie sie sich aus der EMRK und den gemeinsamen Verfassungsüberlieferungen der Mitgliedstaaten ergaben, verpflichtet wurde. Dies bedeutet, dass die Gemeinschaft im Rahmen ihrer Rechtsetzungstätigkeit gemäß Art. 249 EGV an die Gemeinschaftsgrundrechte gebunden war, was der EuGH erstmals in der Rechtssache *Stauder* zugrunde gelegt hat, indem er eine gemeinschaftsrechtliche Entscheidung am Maßstab der Gemeinschaftsgrundrechte als ungeschriebene Rechtsgrundsätze überprüfte und sich selbst für befugt hielt zur Überwachung der Einhaltung der Gemeinschaftsgrundrechte.[181] Ferner mussten die Gemeinschaftsgrundrechte beim direkten Vollzug von Gemeinschaftsrecht durch die Gemeinschaftsorgane beachtet werden,[182] wobei dieser Fall freilich vor Inkrafttreten des Vertrags von Lissabon, ebenso wie heute, vergleichsweise selten war.[183]

Schwieriger gestaltete sich die dogmatische Begründung der Bindung der Mitgliedstaaten an die Gemeinschaftsgrundrechte und die Entwicklung von Fallgruppen, in denen eine entsprechende Bindung anzunehmen sein sollte. Eine solche Begründung muss bei der Überlegung ansetzen, dass ein umfassender ge-

[181] EuGH, Rs. 29/69, Stauder, Slg. 1969, 419, Rn. 1 u. 7.

[182] Zur Grundrechtsbindung der EG s. *Wallrab*, Die Verpflichteten der Gemeinschaftsgrundrechte, S. 30 f.

[183] Vgl. *Schwarze*, Europäisches Verwaltungsrecht, Neuedition der 1. Aufl., S. 25 ff.

meinschaftsrechtlicher bzw. – heute – unionaler Grundrechtsschutz nur dann möglich ist, wenn auch die Mitgliedstaaten bei der Durchführung des Unionsrechts grundrechtsgebunden sind, da andernfalls eine Umgehung des unionsrechtlichen Grundrechtsschutzes drohte[184] und infolgedessen die Einheitlichkeit und Wirksamkeit des Unionsrechts gefährdet würde.[185] Außerdem muss eine Bindung der Mitgliedstaaten an die Unionsgrundrechte gegeben sein, weil die EU den Vollzug ihrer Rechtsakte weitestgehend den Mitgliedstaaten überlässt, es dadurch aber nicht zu einer Aufhebung der Grundrechtsbindung kommen darf, was dadurch bestätigt wird, dass auch auf nationaler Ebene die Exekutive sich ihrer Grundrechtsbindung nicht dadurch entledigen kann, dass sie Aufgaben auf private Dritte überträgt.[186] Art. 6 Abs. 2 EUV a.F. stand einer Bindung der Mitgliedstaaten an die Gemeinschaftsgrundrechte ebenfalls nicht entgegen, da die Vorschrift eine solche Bindung dem Wortlaut nach nicht ausschließlich der Union vorbehielt.[187] Schließlich lässt sich die Bindung der Mitgliedstaaten an die EU-Grundrechte auf Art. 4 Abs. 3 UAbs. 2 EUV (ex Art. 10 Abs. 1 EGV) stützen, wonach die Mitgliedstaaten alle geeigneten Maßnahmen allgemeiner oder besonderer Art zur Erfüllung der Verpflichtungen aus den Verträgen ergreifen. Gemäß Art. 4 Abs. 3 UAbs. 3 EUV (ähnlich ex Art. 10 Abs. 2 EGV) unterstützen die Mitgliedstaaten die Union bei der Erfüllung ihrer Aufgabe und unterlassen alle Maßnahmen, die die Verwirklichung der Ziele der Union gefährden könnten. Diese Pflicht zur Unionstreue kann dem mitgliedstaatlichen Ermessen Grenzen setzen und im Einzelfall sogar konkrete mitgliedstaatliche Handlungspflichten begründen,[188] so dass die Mitgliedstaaten auf dieser Grundlage zur Einhaltung von Verpflichtungen aus den Verträgen, wie sie die Unionsgrundrechte darstellen, gezwungen sein können.[189]

Der EuGH nahm zum Problem der Grundrechtsbindung der Mitgliedstaaten erstmals in der Rechtssache *Cinéthèque* ausdrücklich Stellung. Er führte darin aus, dass er für die Einhaltung der Grundrechte auf dem Gebiet des Gemeinschaftsrechts zu sorgen habe, aber nicht prüfen könne, ob ein nationales Gesetz, das zu einem Bereich gehört, der in das Ermessen des nationalen Gesetzgebers fällt, mit der EMRK vereinbar sei.[190] Wenngleich der Gerichtshof in dem konkre-

---

[184] *Wallrab*, Die Verpflichteten der Gemeinschaftsgrundrechte, S. 63.

[185] *Cirkel*, Die Bindungen der Mitgliedstaaten an die Gemeinschaftsgrundrechte, S. 169 ff.; *Langenfeld/Zimmermann*, ZaöRV 52 (1992), 259, 299 f.; *Wallrab*, Die Verpflichteten der Gemeinschaftsgrundrechte, S. 59 f.

[186] Vgl. *Wallrab*, Die Verpflichteten der Gemeinschaftsgrundrechte, S. 63; *Bleckmann*, Nationale Grundrechte im Anwendungsbereich des Rechts der Europäischen Union, S. 9; *Weiler*, The Constitution of Europe, S. 120 f.

[187] Vgl. *Cremer*, NVwZ 2003, 1452, 1454.

[188] Näher zum Prinzip der Unionstreue s. Einführung, II.4. a) ff.); zur Reduzierung des mitgliedstaatlichen Ermessens auf Grundlage des Prinzips der Gemeinschaftstreue s. EuGH, Rs. 71/76, Thieffry, Slg. 1977, 765, Rn. 15/18; zur Begründung einer Handlungspflicht s. EuGH, Rs. C-265/95, Kommission/Frankreich, Slg. 1997, I-6959, Rn. 39 ff.

[189] S. dazu *Wallrab*, Die Verpflichteten der Gemeinschaftsgrundrechte, S. 60 f.; *Jones*, Die Bindung der Mitgliedstaaten an die Grundrechte der Europäischen Gemeinschaft, S. 42 f.

[190] EuGH, verb. Rs. 60 u. 61/84, Cinéthèque, Slg. 1985, 2605, Rn. 26.

ten Fall eine Bindung des betroffenen Mitgliedstaats an die Gemeinschaftsgrundrechte ablehnte, ergibt sich aus seinen Ausführungen, dass er eine derartige Bindung zumindest für möglich hielt.[191] Darauf aufbauend stellte der EuGH in der Rechtssache *Demirel* fest, dass er nicht prüfen könne, „ob eine nationale Regelung, die nicht im Rahmen des Gemeinschaftsrechts liegt, mit der Europäischen Menschenrechtskonvention vereinbar ist".[192] Daraus ergibt sich, dass eine durch den EuGH überprüfbare Bindung der Mitgliedstaaten an Gemeinschaftsgrundrechte nur dann möglich war, wenn die fragliche nationale Regelung „im Rahmen des Gemeinschaftsrechts" lag.

b) Fallgruppen

aa) Durchführung von Unionsrecht

In der Folgezeit konkretisierte der Gerichtshof die Voraussetzungen aus der *Demirel*-Entscheidung, indem er Fallgruppen bildete, in denen ein derartiger Gemeinschaftsrechtsbezug vorliegen sollte. Die erste so entwickelte Fallgruppe betraf die innerstaatliche Durchführung des Gemeinschaftsrechts. In der Rechtssache *Wachauf* hat der EuGH erstmals eine Bindung der Mitgliedstaaten an die Gemeinschaftsgrundrechte angenommen, wenn diese in der *agency situation* des indirekten Vollzugs als „verlängerter Arm"[193] der Gemeinschaftsorgane eine Verordnung durchführten,[194] wobei der Gerichtshof in der Rechtssache *Annibaldi* die Bindung der Mitgliedstaaten an Gemeinschaftsgrundrechte davon abhängig machte, ob mit der in Rede stehenden nationalen Vorschrift die Durchführung von Gemeinschaftsrecht „bezweckt" wurde.[195] Allerdings sollte eine Bindung der Mitgliedstaaten an die europäischen Grundrechte bei der Verordnungsdurchführung nach der Entscheidung des EuGH in der Rechtssache *Klensch* auch dann bestehen, wenn die Mitgliedstaaten sekundärrechtlich eingeräumte Ermessensspielräume ausfüllten,[196] was der EuGH in der Folgezeit mehrfach bestätigte.[197] Schließlich sollte aus der Bindung der Mitgliedstaaten an die Gemeinschaftsgrundrechte sogar eine Pflicht zur normativen Ergänzung von Verordnungen im Sinne der Gemeinschaftsgrundrechte entspringen, wenn andernfalls deren Einhaltung nicht gewährleistet wäre.[198] Bei der Umsetzung von Richtlinien sind die

---

[191] *Wallrab*, Die Verpflichteten der Gemeinschaftsgrundrechte, S. 39.

[192] EuGH, Rs. 12/86, Demirel, Slg. 1987, 3719, Rn. 28.

[193] *Wallrab*, Die Verpflichteten der Gemeinschaftsgrundrechte, S. 83; *Schaller*, Die EU-Mitgliedstaaten als Verpflichtungsadressaten der Gemeinschaftsgrundrechte, S. 47 f.

[194] EuGH, Rs. 5/88, Wachauf, Slg. 1989, 2609, Rn. 19; ähnlich EuGH, Rs. C-2/92, Bostock, Slg. 1994, I-955, Rn. 16; zur Notwendigkeit einer Durchführungssituation s. auch EuGH, Rs. C-309/96, Annibaldi, Slg. 1997, I-7493, Rn. 19 ff.

[195] EuGH, Rs. C-309/96, Annibaldi, Slg. 1997, I-7493, Rn. 21.

[196] EuGH, verb. Rs. 201 u. 202/85, Klensch, Slg. 1986, 3477, Rn. 10 f.

[197] EuGH, Rs. C-63/93, Duff, Slg. 1996, I-569, Rn. 29 f.; Rs. C-381/97, Belgocodex, Slg. 1998, I-8153, Rn. 26; Rs. C-292/97, Karlsson u.a., Slg. 2000, I-2737, Rn. 35 ff.

[198] EuGH, Rs. 5/88, Wachauf, Slg. 1989, 2609, Rn. 19.

Mitgliedstaaten jedenfalls insoweit an die EU-Grundrechte gebunden, als das mitgliedstaatliche Handeln durch die Richtlinie vollständig determiniert ist, da in diesem Fall kein Unterschied zur Durchführung von Verordnungen besteht.[199]

Weniger eindeutig ist die mitgliedstaatliche Bindung an die EU-Grundrechte im nicht-determinierten Bereich, doch nahm der EuGH auch hier schon in den 1980er Jahren eine Bindung der Mitgliedstaaten an die Gemeinschaftsgrundrechte dahin gehend an, dass sie dazu verpflichtet seien, die ihnen eingeräumten Umsetzungsspielräume gemeinschaftsgrundrechtskonform auszufüllen.[200] Das Bundesverfassungsgericht und die Mehrzahl der anderen Verfassungs- und Höchstgerichte hingegen scheinen einer parallelen Bindung an die Unionsgrundrechte in diesen Fällen bis heute eher ablehnend gegenüber zu stehen oder sie zumindest zu ignorieren.[201]

Offen gelassen hatte der EuGH seinerseits, ob und gegebenenfalls inwiefern die Mitgliedstaaten auch im Bereich der sekundärrechtlichen Mindestharmonisierung, d.h. wenn ihnen durch die Richtlinie die Möglichkeit zur Ergreifung weiter gehender Maßnahmen eingeräumt wurde, an die Gemeinschaftsgrundrechte gebunden sein sollten.[202] Gegen die Annahme einer derartigen Bindung sprechen die Entscheidungen in den Rechtssachen *IP*[203] und *Deponiezweckverband Eiterköpfe*,[204] in denen der EuGH nationale Regelungen, die über den Regelungsinhalt der entsprechenden Richtlinie hinaus gehen, zwar dem Anwendungsbereich des Gemeinschaftsrechts zuordnete, die Durchführung einer Verhältnismäßigkeitsprüfung jedoch ablehnte.[205]

---

[199] Vgl. *Wallrab*, Die Verpflichteten der Gemeinschaftsgrundrechte, S. 85.

[200] EuGH, Rs. 14/83, von Colson u. Kamann, Slg. 1984, 1891, Rn. 28; Rs. C-540/03, Parlament/Rat, Slg. 2006, I-5769, Rn. 104 ff.; bestätigt in Rs. C-145/10, Painer, Slg. 2011, I-12533, Rn. 102 ff.; zustimmend zu dieser Rechtsprechung etwa *Lindner*, EuZW 2007, 71, 73; zum Ganzen s. *Bleckmann*, Nationale Grundrechte im Anwendungsbereich des Rechts der Europäischen Union, S. 26 f.; *Maier*, Grundrechtsschutz bei der Durchführung von Richtlinien, S. 70 ff.

[201] Vgl. BVerfG – 1 BvR 1248/11 –, NJW 2012, 1205, Rn. 26 ff.; BVerfGE 129, 78, 90 ff.; 133, 273, Rn. 90.

Griebel, Der Staat 52 (2013), 371, 388 f.; *ders.*, DVBl. 2014, 204, 206; *Kingreen*, JZ 2013, 801, 803; näher dazu unten, § 10 IV.2.

[202] Insoweit nicht eindeutig EuGH, Rs. verb. Rs. C-20/00 u. C-64/00, Booker Aquaculture, Slg. 2003, I-7411, Rn. 88 ff.; Rs. C-71/02, Karner, Slg. 2004, I-3025, Rn. 33 ff.; näher dazu *Bleckmann*, Nationale Grundrechte im Anwendungsbereich des Rechts der Europäischen Union, S. 35 ff.; *Maier*, Grundrechtsschutz bei der Durchführung von Richtlinien, S. 77 ff.; für die Ableitung einer umfassenden mitgliedstaatlichen Grundrechtsbindung aus dem Urteil in der Rechtssache *Karner* etwa *Weyer*, EuZW 2004, 455, 457; für eine Andeutung einer Grundrechtsbindung bei der Ausübung eines verordnungsrechtlich eingeräumten Ermessens in der Rechtssache *Booker Aquaculture* auch *Ludwigs*, EuGRZ 2014, 273, 281; *de Cecco*, CMLR 43 (2006), 9, 15 f.

[203] EuGH, Rs. C-2/97, IP, Slg. 1998, I-8597, Rn. 40.

[204] EuGH, Rs. C-6/03, Deponiezweckverband Eiterköpfe, Slg. 2005, I-2753, Rn. 63.

[205] Vgl. Maier, Grundrechtsschutz bei der Durchführung von Richtlinien, S. 86 ff.; *Jarass*, Charta der Grundrechte, Art. 51 Rn. 29; a.A. *Bleckmann*, Nationale Grundrechte im Anwendungsbereich des Rechts der Europäischen Union, S. 26 f.

Eine erhebliche Ausweitung erfuhr die Bindung der Mitgliedstaaten an die Gemeinschaftsgrundrechte in der Rechtssache *Österreichischer Rundfunk*, da der EuGH dort die Anwendbarkeit der auf die Binnenmarktkompetenz gestützten Datenschutz-Richtlinie auf den konkreten Einzelfall nicht mehr vom Vorliegen eines Binnenmarktbezuges abhängig machte, sondern der Gerichtshof die Richtlinie auch ohne Binnenmarktbezug anwandte und die in Frage stehende nationale Regelung am Maßstab der Gemeinschaftsgrundrechte beurteilte, nachdem die Richtlinie ihrerseits auf diese verwies.[206] Diese Position des EuGH wiederum führte dazu, dass Gemeinschaftsgrundrechte sogar dann anwendbar wurden, wenn im konkreten Einzelfall der Anwendungsbereich einer Richtlinie als bindungsauslösendes Moment an sich gar nicht eröffnet war. Schon zuvor hatte der Gerichtshof in der Rechtssache *Tanja Kreil* durch eine extensive Interpretation des Anwendungsbereichs des Gemeinschaftsrechts einen Hebel zur Heranziehung von Gemeinschaftsgrundrechten außerhalb des genuinen Zuständigkeitsbereichs der EU geschaffen.[207] Ähnliches gilt für die Rechtssache *Mangold*, wo der EuGH die Befristungsregeln des deutschen Arbeitsvertragsrechts am Gemeinschaftsgrundrecht des Verbots der Altersdiskriminierung gemessen hat, obwohl die Umsetzungsfrist der einschlägigen Richtlinie noch nicht abgelaufen und die betroffene nationale Vorschrift in Umsetzung einer anderen Richtlinie ergangen war.[208] Der extensiven Tendenz des EuGH bei der Annahme einer Bindung der Mitgliedstaaten an europäische Grundrechte entspricht es, dass der Gerichtshof zuletzt auch im nicht unmittelbar durch Richtlinien geregelten Bereich des nationalen Verfahrensrechts eine derartige mitgliedstaatliche Bindung zumindest unter bestimmten Voraussetzungen bejahte,[209] nachdem er dies etwa in den Rechtssachen *Maurin*[210] und *Kremzow*[211] noch abgelehnt hatte. Sogar nationale Strafnormen konnten die Anwendbarkeit der Gemeinschaftsgrundrechte begründen, da der Gerichtshof in der Rechtssache *Berlusconi* entschied, dass sich ein hinreichender Bezug des Strafgesetzes zum Gemeinschaftsrecht aus einer sekundärrechtlichen Pflicht zum Erlass geeigneter Sanktionen, aber auch schon aus der allgemei-

[206] EuGH, verb. Rs. C-465/00, C-138/01 u. C-139/01, Österreichischer Rundfunk, Slg. 2003, I-4989, Rn. 41 ff.; ähnlich auch EuGH, Rs. C-101/01, Lindqvist, Slg. 2003, I-12971, Rn. 40 ff.; krit. dazu *Siemen*, EuR 2004, 306, 316 u. 320 f.; *Ruffert*, EuGRZ 2004, 466, 468 ff.; *Britz*, EuGRZ 2009, 1, 4 f.

[207] EuGH, Rs. C-285–98, Tanja Kreil, Slg. 2000, I-69, Rn. 17 ff.; näher dazu *Maier*, Grundrechtsschutz bei der Durchführung von Richtlinien, S. 106 ff.

[208] EuGH, Rs. C-144/04, Mangold, Slg. 2005, I-9981, Rn. 75; s. dazu *Hofmann*, Grundrechtsschutz durch BVerfG, EuGH und EGMR, in: Emmenegger/Wiedmann (Hrsg.), Linien der Rechtsprechung des Bundesverfassungsgerichts, Bd. 2, S. 573, 590.

[209] EuGH, Rs. C-276/01, Steffensen, Slg. 2003, I-3735, Rn. 69 ff.; ausführlich dazu *Bleckmann*, Nationale Grundrechte im Anwendungsbereich des Rechts der Europäischen Union, S. 64 ff.; *Scheuing*, EuR 2005, 162, 166 ff.

[210] EuGH, Rs. C-144/95, Maurin, Slg. 1996, I-2909, Rn. 12; s. dazu *Maier*, Grundrechtsschutz bei der Durchführung von Richtlinien, S. 99 ff.

[211] EuGH, Rs. C-299/95, Kremzow, Slg. 1997, I-2629, Rn. 15 ff.; zur Problematik s. auch *de Witte*, The Past und Future Role of the European Court of Justice in the Protection of Human Rights, in: Alston (Hrsg.), The EU and Human Rights, S. 859, 871.

nen Pflicht der Mitgliedstaaten zur Sanktionierung von Verstößen gegen das Gemeinschaftsrecht ergeben könne,[212] wobei die fraglichen nationalen Strafvorschriften im konkreten Fall freilich spezifisch zur Umsetzung von Gemeinschaftsrecht erlassen worden waren.[213]

Eine Bindung der Mitgliedstaaten bei der Durchführung von Gemeinschaftsrecht wurde vom EuGH schließlich angenommen bei der Durchführung von Entscheidungen, die für die Mitgliedstaaten verbindlich sind und die eines mitgliedstaatlichen Transformationsaktes bedürfen.[214] Die Grundrechtsbindung der Mitgliedstaaten bei Entscheidungen ist deshalb zu bejahen, weil der unionsrechtlich vorgegebene Schutzstandard durch die Delegation des Vollzuges auf die Mitgliedstaaten nicht unterlaufen werden soll.[215]

Im Bereich der nicht supranational ausgestalteten PJZS nahm der EuGH eine Pflicht zur rahmenbeschlusskonformen Auslegung des EU-Rechts an,[216] was bedeutete, dass das nationale Recht im Lichte der Gemeinschaftsgrundrechte auszulegen war[217] und damit auch im Rahmen der 3. Säule eine Bindung der Mitgliedstaaten an die Gemeinschaftsgrundrechte bestand. In Bezug auf die ebenfalls intergouvernemental ausgestaltete 2. Säule (GASP) vermochte der EuGH mangels Rechtsprechungskompetenz in diesem Bereich keine Grundrechtsbindung der Mitgliedstaaten anzunehmen, doch lag nach den in den Entscheidungen *Gestoras Pro Amnistía*[218] und *Segi*[219] aufgestellten Grundsätzen bereits vor Inkrafttreten des Vertrags von Lissabon eine Bindung der Mitgliedstaaten an die Gemeinschaftsgrundrechte auch im Bereich der GASP nahe.[220]

bb) Anwendung der Grundfreiheiten

Die zweite Fallgruppe, in der der EuGH eine Bindung der Mitgliedstaaten an die Gemeinschafts- bzw. Unionsgrundrechte bejahte, bilden die Grundfreiheiten. So hat der Gerichtshof, nachdem er in der Rechtssache *Rutili* eine entsprechende

---

212 EuGH, verb. Rs. C-387/02, C-391/02 u. C-403/02, Berlusconi u.a., Slg. 2005, I-3565, Rn. 57 ff. u. 65.

213 S. *Lange*, NVwZ 2014, 169, 172.

214 Vgl. etwa EuGH, Rs. C-44/94, Fishermen's Organisations, Slg. 1995, I-3133, Rn. 55; vgl. *Schaller*, Die EU-Mitgliedstaaten als Verpflichtungsadressaten der Gemeinschaftsgrundrechte, S. 37 f.

215 Vgl. *Wallrab*, Die Verpflichteten der Gemeinschaftsgrundrechte, S. 88 f.

216 EuGH, Rs. C-105/03, Pupino, Slg. 2005, I-5285, Rn. 60; ähnlich EuGH, Rs. C-303/05, Advocaten voor de Wereld, Slg. 2007, I-3633, Rn. 53; Rs. C-354/04 P, Gestoras Pro Amnistía, Slg. 2007, I-1579, Rn. 51 ff.; Rs. C-355/04 P, Segi, Slg. 2007, I-1657, Rn. 51 ff.; Rs. C-261/09, Mantello, Slg. 2010, I-11477, Rn. 38; s. dazu *Bleckmann*, Nationale Grundrechte im Anwendungsbereich des Rechts der Europäischen Union, S. 78 f.

217 *Egger*, EuZW 2005, 652, 654.

218 EuGH, Rs. C-354/04 P, Gestoras Pro Amnistía, Slg. 2007, I-1579, Rn. 51 ff.

219 EuGH, Rs. C-355/04 P, Segi, Slg. 2007, I-1657, Rn. 51 ff.

220 *Bleckmann*, Nationale Grundrechte im Anwendungsbereich des Rechts der Europäischen Union, S. 81.

Bindung im Rahmen der Grundfreiheiten bereits angedeutet hatte,[221] in der Rechtssache *ERT* erstmals ausdrücklich entschieden, dass die zu den Grundfreiheiten vorgesehenen Ausnahmen im Lichte der Grundrechte auszulegen seien, so dass ein Eingriff in die Grundfreiheiten hinsichtlich der geschriebenen Ausnahmen nur dann gerechtfertigt sein könne, wenn die fraglichen nationalen Vorschriften mit den Gemeinschaftsgrundrechten zu vereinbaren seien.[222] In der Folgezeit dehnte der EuGH seine Rechtsprechung auch auf die ungeschriebenen Ausnahmen zu den Grundfreiheiten aus, so dass heute sämtliche Ausnahmen zu den Grundfreiheiten am Maßstab der Unionsgrundrechte zu messen sind.[223] Darüber hinaus erkannte der Gerichtshof seit der Entscheidung in der Rechtssache *Schmidberger* die Gemeinschaftsgrundrechte als Rechtfertigungsgründe im Zusammenhang mit der Beschränkung der Grundfreiheiten ausdrücklich an,[224] weshalb jegliche Rechtfertigung nationaler Eingriffe in die Grundfreiheiten ihrerseits nunmehr an der Schranke der EU-Grundrechte zu messen ist.[225] In der Rechtssache *Carpenter* ging der EuGH sogar noch über seine bisherige Rechtsprechung hinaus, indem er das Grundrecht auf Schutz des Familienlebens unabhängig von einem Eingriff in eine Grundfreiheit heran zog, nachdem die Grundrechtsbeeinträchtigung selbst den Eingriff in die Grundfreiheit erst begründete, mithin eine Voraussetzung für die Anwendung des fraglichen Grundrechts war.[226] Diese Position wurde vom EuGH allerdings nie ausdrücklich bestätigt, so dass die Heranziehung von Unionsgrundrechten im Bereich der Grundfreiheiten grundsätzlich nach wie vor vom Vorliegen eines Eingriffs in eine Grundfreiheit abhängig ist. Etwas anderes ergibt sich auch nicht aus dem Urteil in der Rechtssache *Karner*, wo der EuGH im konkreten Fall eine Verkaufsmodalität im Sinne der *Keck*-Rechtsprechung, welche gerade keinen Eingriff in eine Grundfreiheit darstellt,

[221] EuGH, Rs. 36/75, Rutili, Slg. 1975, 1219, Rn. 32; *Schaller*, Die EU-Mitgliedstaaten als Verpflichtungsadressaten der Gemeinschaftsgrundrechte, S. 24 ff.

[222] EuGH, Rs. C-260/89, ERT, Slg. 1991, I-2925, Rn. 43; bestätigt durch EuGH, Rs. C-62/90, Kommission/Deutschland, Slg. 1992, I-2575, Rn. 23 ff.

[223] EuGH, Rs. C-23/93, TV 10 SA/Commissariaat voor de Media Slg. 1994, I-4795, Rn. 23 ff.; insbesondere aber EuGH Rs. C-368/95, Familiapress, Slg. 1997, I-3689, Rn. 24 ff.; vgl. *Kühling*, EuGRZ 1997, 296, 298; *Bleckmann*, Nationale Grundrechte im Anwendungsbereich des Rechts der Europäischen Union, S. 84 f.; *de Witte*, The Past und Future Role of the European Court of Justice in the Protection of Human Rights, in: Alston (Hrsg.), The EU and Human Rights, S. 859, 872 f.

[224] EuGH, Rs. C-112/00, Schmidberger, Slg. 2003, I-5659, Rn. 74; bestätigt in EuGH, Rs. C-36/02, Omega, Slg. 2004, I-9609, Rn. 35; Rs. C-341/05, Laval, Slg. 2007, I-11767, Rn. 93; Rs. C-438/05, International Transport Workers' Federation, Slg. 2007, I-10779, Rn. 77; Rs. C-244/06, Dynamic Medien, Slg. 2008, I-505, Rn. 42.

[225] Vgl. etwa EuGH, Rs. C-60/00, Carpenter, Slg. 2002, I-6279, Rn. 40; Rs. C-370/05, Festersen, Slg. 2007, I-1129, Rn. 26 f. u. 37; s. dazu *Bleckmann*, Nationale Grundrechte im Anwendungsbereich des Rechts der Europäischen Union, S. 85.

[226] EuGH, Rs. C-60/00, Carpenter, Slg. 2002, I-6279, Rn. 40 ff.; vgl. *Bleckmann*, Nationale Grundrechte im Anwendungsbereich des Rechts der Europäischen Union, S. 102; *Scheuing*, EuR 2005, 162, 166; krit. zum Urteil des EuGH *Ruffert*, EuGRZ 2004, 466, 468; ähnlich wie das Urteil *Carpenter* jedoch EuGH, Rs. C-109/01, Akrich, Slg. 2003, I-9607, Rn. 58 f.; s. dazu *Nic Shuibhne*, ELRev 2009, 230, 235.

am Maßstab der Grundrechte überprüfte.[227] *Kühling* geht treffend davon aus, dass die *Karner*-Entscheidung insoweit „rätselhaft" bleibt,[228] weshalb sich daraus richtigerweise keine neu begründete Rechtsprechungslinie des EuGH ableiten lässt.

cc) Unionsbürgerschaft

Nach Art. 20 Abs. 2 UAbs. 1 S. 1 AEUV (ex Art. 17 Abs. 2 EGV) haben die Unionsbürgerinnen und Unionsbürger die in den Verträgen vorgesehenen Rechte und Pflichten, zu denen u.a. der Schutz der von der EU garantierten Grundrechte gehört, wobei für eine mitgliedstaatliche Grundrechtsbindung jedoch der Anwendungsbereich der Unionsgrundrechte gesondert eröffnet sein muss, nachdem die Vorschrift über die Unionsbürgerschaft alleine die Heranziehung der EU-Grundrechte nicht zu begründen vermag.[229] Eine Bindung der Mitgliedstaaten an die EU-Grundrechte im Rahmen der Unionsbürgerschaft kann sich daher alleine aus dem allgemeinen Freizügigkeitsrecht des Art. 21 AEUV (ex Art. 18 EGV) oder dem allgemeinen Gleichbehandlungsrecht nach Art. 18 AEUV (ex Art. 12 EGV) ergeben. In Bezug auf das allgemeine Freizügigkeitsrecht ist jedoch zu bedenken, dass trotz der Entscheidung des EuGH in der Rechtssache *D'Hoop*, wonach die nationalen Rechtsordnungen Staatsangehörige, die von ihrem Freizügigkeitsrecht Gebrauch machen, nicht benachteiligen dürfen,[230] nicht jede auch nur hypothetische Behinderung der innerunionalen Freizügigkeit zugleich einen rechtfertigungsbedürftigen Eingriff begründet,[231] so dass eine entsprechende Grundrechtsverpflichtung des Herkunftsstaates im Falle einer nicht hinreichend konkreten Beeinträchtigung in der Regel ausscheiden wird. Etwas anderes kann jedoch dann gelten, wenn eine tatsächliche Beeinträchtigung des Unionsbürgerrechts vorliegt, wie sie der EuGH im Zusammenhang mit der Teilnahme an den Wahlen zum Europäischen Parlament gemäß Art. 22 Abs. 2 AEUV (ex Art. 19

[227] EuGH, Rs. C-71/02, Karner, Slg. 2004, I-3025, Rn. 43 ff., wo zwar im konkreten Fall eine Verkaufsmodalität am Maßstab der Grundrechte überprüft wird, dies jedoch nicht verallgemeinerbar erscheint, vgl. *Bleckmann*, Nationale Grundrechte im Anwendungsbereich des Rechts der Europäischen Union, S. 105 ff.; a.A. aber beispielsweise *v. Papp*, Die Integrationswirkung von Grundrechten in der Europäischen Gemeinschaft, S. 199 ff.; in Richtung einer Bestätigung des *Carpenter*-Urteils allenfalls EuGH, Rs. C-459/99, Slg. 2003, I-6591, Rn. 53, die sich jedoch nicht auf Gemeinschaftsgrundrechte jenseits des Schutzes des Familienlebens bezieht.

[228] *Kühling*, Grundrechte, in: v. Bogdandy/Bast (Hrsg.), Europäisches Verfassungsrecht, S. 657, 684.

[229] Vgl. *Bleckmann*, Nationale Grundrechte im Anwendungsbereich des Rechts der Europäischen Union, S. 115 f.

[230] EuGH, Rs. C-224/98, D'Hoop, Slg. 2002, I-6191, Rn. 30 f.; bestätigt in zahlreichen Entscheidungen, s. etwa EuGH, Rs. C-224/02, Pusa, Slg. 2004, I-5763, Rn. 19; verb. Rs. C-11/06 u. C-12/06, Morgan, Slg. 2007, I-9161, Rn. 25 f.; vgl. dazu *Bleckmann*, Nationale Grundrechte im Anwendungsbereich des Rechts der Europäischen Union, S. 119.

[231] Vgl. etwa EuGH, Rs. C-403/03, Schempp, Slg. 2006, I-6421, Rn. 45 ff. zum Gemeinschaftsrecht; s. auch Rs. C-299/95, Kremzow, Slg. 1997, I-2629, Rn. 16 u. 19; s. dazu *Wallrab*, Die Verpflichteten der Gemeinschaftsgrundrechte, S. 126.

Abs. 2 EGV) angenommen hat, wenn der Herkunftsmitgliedstaat die Teilnahme vom Vorliegen eines Wohnsitzes im nationalen Hoheitsgebiet abhängig gemacht hatte. In solchen Fällen müsse die nationale Regelung jedoch vor dem Hintergrund des allgemeinen Grundsatzes der Gleichbehandlung und der Nichtdiskriminierung gerechtfertigt sein.[232] Eine Grundrechtsbindung der Mitgliedstaaten dürfte auch dann anzunehmen sein, wenn in das allgemeine Freizügigkeitsrecht tatsächlich eingegriffen wurde, wobei dieser Fall auf Grund des weiten Anwendungsbereichs der Freizügigkeitsrichtlinie[233] allenfalls theoretische Relevanz besitzt und vom EuGH bislang nicht entschieden wurde.

Das allgemeine Freizügigkeitsrecht als solches begründet gegenüber dem Aufnahmemitgliedstaat jedenfalls keine allgemeine Pflicht zur Beachtung der Unionsgrundrechte. Dies ergibt sich aus der Entscheidung des EuGH in der Rechtssache *Zhu und Chen*, wo der Gerichtshof den Aufenthaltsanspruch der Mutter gerade nicht aus dem Grundrecht auf Schutz des Familienlebens, sondern aus dem Aufenthaltsrecht des Kindes ableitete.[234] Auch das allgemeine Gleichbehandlungsrecht alleine begründet im Verhältnis zum Aufnahmemitgliedstaat keinen Anspruch auf Nichtdiskriminierung, wenn jeglicher Sachbezug zum Unionsrecht fehlt.[235] Darüber hinaus kann aus Art. 21 Abs. 1 i.V.m. Art. 18 AEUV (ex Art. 18 Abs. 1 i.V.m. Art. 12 EGV) keine allgemeine Bindung des Aufnahmemitgliedstaates an die Unionsgrundrechte abgeleitet werden, da eine Verletzung von EU-Grundrechten regelmäßig nicht zugleich eine Verletzung des Gleichbehandlungsanspruchs darstellen wird.[236] Insgesamt ergibt sich daher im Anwendungsbereich der Unionsbürgerschaft nicht automatisch eine Bindung der Mitgliedstaaten an die EU-Grundrechte, sondern es bedarf vielmehr zusätzlich eines entsprechenden Eingriffs, der in der Praxis jedoch selten vorliegen wird. Allerdings erhält die Unionsbürgerschaft unabhängig von der formellen Bindung der Mitgliedstaaten an die EU-Grundrechte dadurch eine grundrechtliche Dimension, dass der EuGH aus dem Diskriminierungsverbot und der Freizügigkeitsgarantie einen Anspruch auf Gewährung von Sozialleistungen, welche Inländern zuste-

---

[232] EuGH, Rs. C-300/04, Eman und Sevinger, Slg. 2006, I-8055, Rn. 60 f.

[233] Richtlinie 2004/38/EG des Europäischen Parlaments und des Rates über das Recht der Unionsbürger und ihrer Familienangehörigen, sich im Hoheitsgebiet der Mitgliedstaaten frei zu bewegen und aufzuhalten v. 29.04.2004, ABl. Nr. L 158, 77 ff.; s. dazu *Bleckmann*, Nationale Grundrechte im Anwendungsbereich des Rechts der Europäischen Union, S. 121 f.

[234] EuGH, Rs. C-200/02, Zhu und Chen, Slg. 2004, I-9925, Rn. 45; s. dazu *Bleckmann*, Nationale Grundrechte im Anwendungsbereich des Rechts der Europäischen Union, S. 118.

[235] Vgl. *Schaller*, Die EU-Mitgliedstaaten als Verpflichtungsadressaten der Gemeinschaftsgrundrechte, S. 53; so im Ergebnis auch *Jones*, Die Bindung der Mitgliedstaaten an die Grundrechte der Europäischen Gemeinschaft, S. 158 f.; anders aber wohl Generalanwalt Jacobs, Schlussanträge in der Rs. C-168/91, Konstantinidis, Slg. 1993, I-1191, 1212, der jedem Unionsbürger, der sich zu Erwerbszwecken in einen anderen Mitgliedstaat begibt, den Status eines „civis europaeus" zukommen lassen möchte, der es ihm ermöglicht, gegenüber dem Aufnahmemitgliedstaat auf Gemeinschaftsgrundrechte zu berufen.

[236] *Bleckmann*, Nationale Grundrechte im Anwendungsbereich des Rechts der Europäischen Union, S. 120 f.

hen, ableitet.[237] Entsprechendes gilt für die Rechtsprechung des Gerichtshofs zum Aufenthaltsrecht von Familienangehörigen aus Drittstaaten, die parallel zum formellen grundrechtlichen Schutz von Ehe und Familie einen faktischen Grundrechtsschutz für den fraglichen Bereich konstruiert,[238] welcher freilich unabhängig ist von der Frage nach den Kriterien für eine Bindung der Mitgliedstaaten an die Unionsgrundrechte.

2. Bindung an nationale Grundrechte

Eine Bindung der EU an nationale Grundrechte kommt in Deutschland nach Auffassung des Bundesverfassungsgerichts im *Maastricht-Urteil*, welches noch zum Gemeinschaftsrecht erging, deshalb in Betracht, weil Akte der EU die Grundrechtsberechtigten in Deutschland beträfen und damit die Gewährleistungen des Grundgesetzes und die Aufgaben des Bundesverfassungsgerichts, die den Grundrechtsschutz in Deutschland und insoweit nicht nur gegenüber deutschen Staatsorganen zum Gegenstand hätten, berührten.[239] Diese Aussagen bedeuteten eine Abkehr von der früheren Rechtsprechung des Bundesverfassungsgerichts, wonach nur deutsche Stellen an die Grundrechte des Grundgesetzes gebunden sein konnten.[240] Allerdings bekräftigte das Bundesverfassungsgericht im *Maastricht*-Urteil zugleich, dass es vor dem Hintergrund der Kooperation mit dem EuGH beim Grundrechtsschutz seine Kontrolle auf eine generelle Gewährleistung der unabdingbaren Grundrechtsstandards beschränken werde,[241] mit der Folge, dass deutsche Hoheitsgewalt keine erwiesenen Grundrechtsbeeinträchtigungen durch Unionsorgane zulassen darf. Aus diesem Grund besitzt in Deutschland die theoretisch bestehende Bindung der Unionsgewalt an die nationalen Grundrechte in der Praxis keine Relevanz, was sich auch auf andere mitgliedstaatliche Rechtsordnungen mit ähnlichen Kontrollvorbehalten übertragen lässt. Aus Sicht des Unionsrechts kommt eine Bindung der Unionsorgane an mitgliedstaatliche Grundrechte ohnehin nicht in Betracht, was sich bereits aus dem Anwendungsvorrang des EU-Rechts ergibt und überdies deshalb ausgeschlossen ist, weil andernfalls die Einheitlichkeit des Unionshandelns gefährdet wäre.[242]

---

[237] So etwa EuGH, Rs. C-184/99, Grzelczyk, Slg. 2001, I-6193, Rn. 27 ff.; Rs. C-456/02, Trojani, Slg. 2004, I-7573, Rn. 31 ff.

[238] Vgl. EuGH, Rs. 413/99, Baumbach und R, Slg. 2002, I-7091, Rn. 80 ff.; Rs. C-127/08, Metock, Slg. 2008, I-6241, Rn. 48 ff.; für die Zeit nach Inkrafttreten der Grundrechte-Charta s. etwa EuGH, Rs. C-34/09, Ruíz Zambrano, Slg. 2011, I-1177, Rn. 42 ff.; Rs. C-457/12, S. u. G., digit. Slg., Rn. 31 ff.; s. dazu *Kingreen*, JZ 2013, 801, 805; *Spaventa*, Federalisation Versus Centralisation: Tensions in Fundamental Rights Discourse in the EU, in: Dougan/Currie (Hrsg.), 50 Years of the European Treaties, S. 343, 349.

[239] BVerfGE 89, 155, 174 f.; *Walter*, AöR 129 (2004), 39, 42 ff.; s. dazu auch *Höfling*, in: Sachs, GG, Art. 1 Rn. 91; für eine Bindung der Gemeinschaftsgewalt an die deutschen Grundrechte infolge des *Maastricht*-Urteils auch *Cremer*, Der Staat 34 (1995), 268, 269 f.

[240] BVerfGE 58, 1, 27.

[241] BVerfGE 89, 155, 174 f.; vgl. auch BVerfGE 118, 79, 95.

[242] *Jarass*, Charta der Grundrechte, Art. 53 Rn. 23.

Neben der Problematik der Bindung der EG/EU an die mitgliedstaatlichen Grundrechte stellt sich die Frage, ob und gegebenenfalls die Mitgliedstaaten, welche bei der Durchführung von Sekundärrecht sowie im Anwendungsbereich der Grundfreiheiten bereits vor Inkrafttreten des Vertrags von Lissabon und der Grundrechte-Charta sehr weitgehend an die Gemeinschaftsgrundrechte gebunden waren, daneben zur Beachtung nationaler Grundrechte verpflichtet sind. Auf Grund des Umstandes, dass die einzelnen nationalen Verfassungs- und Höchstgerichte bezüglich der Berücksichtigungspflicht von EU-Recht unterschiedliche Positionen vertreten, muss auch die Antwort nach dem für eine Anwendung nationaler Grundrechte verbleibenden Spielraum unterschiedlich ausfallen. Fest steht nur, dass außerhalb des Anwendungsbereichs des Unionsrechts allein nationale Grundrechte zur Anwendung kommen können, wobei der Anwendungsbereich des EU-Rechts freilich unionsrechtlich zu bestimmen ist, seine Eröffnung im Einzelfall jedoch von den nationalen Verfassungs- und Höchstgerichten unter Annahme eines *ultra vires*-Rechtsaktes bestritten werden[243] oder von mitgliedstaatlicher Seite zumindest eine restriktive Auslegung des Anwendungsbereichs des EU-Rechts vorgenommen werden kann.[244] Letzteres geschah durch das Bundesverfassungsgericht in seinem Urteil zur Frage der Rechtmäßigkeit der Errichtung einer Antiterrordatei,[245] wobei sich die darin vorgenommene, restriktive Auslegung des Anwendungsbereichs des Unionsrechts auf die Rechtslage nach Inkrafttreten der Grundrechte-Charta bezieht, aber ebenso gut hätte schon zuvor vorgenommen werden können.

Vergleichsweise nahe liegt die Bindung der nationalen Staatsgewalt an nationale Grundrechte im Anwendungsbereich der Grundfreiheiten, da in diesem Fall die nationalen Grundrechte die Ausnahmen bzw. Rechtfertigungsgründe zu den Grundfreiheiten ihrerseits beschränken und damit letztendlich der Durchsetzung der Grundfreiheiten dienen.[246] Deshalb ist im Bereich der Schranken der Grundfreiheiten von einer doppelten Grundrechtsbindung der Mitgliedstaaten auszugehen, was durch die Entscheidungen des EuGH in den Rechtssachen *Schmidberger* und *Omega*, in denen den innerstaatlichen Behörden ein Ermessensspielraum bei der Abwägung bzw. ein Beurteilungsspielraum innerhalb der durch das Gemeinschaftsrecht gezogenen Grenzen zugebilligt wurde,[247] zumindest implizit bestätigt wird. In der Rechtssache *Schmidberger* war der EuGH freilich, anders als in der *Omega*-Entscheidung, bei der Frage nach der Heranziehung kollidierender Grundrechte nicht ausdrücklich auf die formelle Herkunft dieser kollidie-

[243] Näher dazu oben, § 1, II.2. b).

[244] So etwa BVerfGE 133, 273, Rn. 90.

[245] BVerfGE 133, 273, Rn. 90.

[246] *Schaller*, Die Mitgliedstaaten als Verpflichtungsadressaten der Gemeinschaftsgrundrechte, S. 181.

[247] EuGH, Rs. C-112/00, Schmidberger, Slg. 2003, I-5659, Rn. 69 ff.; Rs. C-36/02, Omega, Slg. 2004, I-9609, Rn. 31; s. dazu *Streinz*, AöR 135 (2010), 1, 19 f.; vgl. auch *Dederer*, ZaöRV 66 (2006), 575, 585, der in derartigen Fällen allerdings alleine auf die nationalen Grundrechte abstellen möchte; s. dazu auch *Gerards*, ELJ 17 (2011), 80, 94 ff.

renden Grundrechte eingegangen.[248] Ausdrücklich zu einer Doppelbindung der Mitgliedstaaten bekannte sich der EuGH in der Rechtssache *Promusicae*,[249] wo der Gerichtshof die Anwendung nationaler Grundrechte im Rahmen eines sekundärrechtlich eingeräumten Umsetzungsspielraums grundsätzlich bejahte.

Schwieriger gestaltet sich demgegenüber die Frage der Bindung der Mitgliedstaaten auch an nationale Grundrechte bei der Durchführung von Gemeinschafts- bzw. Unionsrecht. Das Bundesverfassungsgericht ging in seinem *Emissionshandel*-Beschluss in Bezug auf Richtlinien unter Zugrundelegung seiner *Solange II*-Rechtsprechung davon aus, dass innerstaatliche Umsetzungsakte, die in Durchführung von zwingendem Gemeinschaftsrecht ergingen, nicht mehr am Maßstab der nationalen Grundrechte gemessen werden könnten.[250] In seinem Urteil zur Vorratsdatenspeicherung hingegen hat das Bundesverfassungsgericht auch solche nationalen Umsetzungsakte am Maßstab des Grundgesetzes geprüft, welche offensichtlich auf zwingenden Vorgaben der Vorratsdatenspeicherungsrichtlinie beruhten,[251] wobei eine Differenzierung zwischen nationalen Rechtsakten, die zwingende Richtlinienvorgaben umsetzten und solchen, die von Umsetzungsspielräumen Gebrauch machten, nicht stattfand,[252] was eine Abkehr vom *Emissionshandel*-Beschluss implizierte. Bestätigt wurde die im *Emissionshandel*-Beschluss entwickelte Theorie der Abgrenzung der Grundrechtsbereiche indes im Beschluss zum Investitionszulagengesetz aus dem Jahr 2011, wo das Bundesverfassungsgericht eine Überprüfung nationaler Rechtsvorschriften, welche in Umsetzung von Unionsrecht ergingen, am Maßstab des Grundgesetzes außerhalb etwaiger Umsetzungsspielräume ebenfalls ablehnte.[253] Für den unionsrechtlich determinierten Bereich bedeutet diese Rechtsprechung, dass der innerstaatliche Normgeber insoweit entweder von den Bindungen der Art. 1 Abs. 3 und Art. 20 Abs. 3 GG freigestellt ist,[254] mithin eine aktive Bindungsrücknahme zu

---

[248] Vgl. *Bleckmann*, Nationale Grundrechte im Anwendungsbereich des Rechts der Europäischen Union, S. 307; *Biondi*, European Human Rights Law Review 2004, 51, 59.

[249] EuGH, Rs. C-275/06, Promusicae, Slg. 2008, I-271, Rn. 63 ff.; zur Frage der Doppelbindung in der Rechtssache *Promusicae* s. *Schütze*, Cambridge Yearbook of European Legal Studies 14 (2011–2012), 337, 353 f.

[250] BVerfGE 118, 79, 97 f.; ebenso BVerfG (Kammer), Beschl. v. 14.05.2007 – 1 BvR 2036/05 –, NVwZ 2007, 942, 942; ausführlich dazu *Augsberg*, DÖV 2010, 153, 156 f.; *Holz*, NVwZ 2007, 1153, 1153 f.; unter Geltung der Grundrechte-Charta BVerfGE 125, 260, 306 hinsichtlich der Vorratsdatenspeicherungsrichtlinie; *Ludwigs*, EuGRZ 2014, 273, 280 f.; vgl. dazu s. *Funke*, Umsetzungsrecht, S. 169 Fn. 208 m.w.N.

[251] BVerfGE 125, 260, 324.

[252] S. Maier, Grundrechtsschutz bei der Durchführung von Richtlinien, S. 204; *Matz-Lück*, EuGRZ 2011, 207, 208 Fn. 22; *Franzius*, Rechtswissenschaft 7 (2016), 62, 86 Fn. 140; *Klatt*, Die praktische Konkordanz von Kompetenzen, S. 402 f.

[253] BVerfGE 129, 186, 198 f.; s. dazu *Maier*, Grundrechtsschutz bei der Durchführung von Richtlinien, S. 188 ff.; s. auch BVerfGE 142, 123, Rn. 115, wobei Rn. 98 f. insoweit etwas anderes nahe legen.

[254] *Funke*, Umsetzungsrecht, S. 170; *Randelzhofer*, in: MD, GG, Art. 24 Rn. 135 u. 157; ähnlich *Cornils*, AöR 129 (2004), 336, 351 u. 357 f.; sowohl auch *Matz-Lück*, in: Matz-Lück/Hong (Hrsg.), Grundrechte und Grundfreiheiten im Mehrebenensystem, S. 161, 176.

Gunsten des EU-Rechts vorliegt, oder nationale Grundrechte zumindest als verfassungsgerichtlicher Prüfungsmaßstab dort keine Anwendung mehr finden können,[255] weil sie durch den Anwendungsvorrang des Unionsrechts verdrängt werden.[256] Insoweit besteht eine große Ähnlichkeit zum deutschen und auch zum schweizerischen System, wo eine Bindung der gliedstaatlichen Staatsgewalt an gliedstaatliche Grundrechte zwar theoretisch auch dann besteht, wenn der entsprechende Rechtsakt der Bundesstaatsgewalt keinen Umsetzungsspielraum belässt, sich die Bindung an gliedstaatliche Grundrechte aber nur dort aktualisieren kann, wo entsprechende Spielräume vorhanden sind.[257] Räumt das Unionsrecht den Mitgliedstaaten hingegen Handlungsspielräume ein, muss die nationale Staatsgewalt nach Auffassung des Bundesverfassungsgerichts an nationale Grundrechte gebunden sein,[258] da andernfalls, wie *Ludwigs* zu Recht bemerkt, die den Mitgliedstaaten durch das Unionsrecht zugewiesene Primärverantwortung bestritten würde.[259] In der Praxis betrifft dies vor allem die Umsetzung von Richtlinien im nicht-determinierten Bereich, doch hat das Bundesverfassungsgericht in seinem Urteil zum Europäischen Haftbefehl aus dem Jahr 2005 eine Bindung an nationale Grundrechte auch im Anwendungsbereich der PJZS angenommen, wenn der entsprechende Rahmenbeschluss den Mitgliedstaaten einen Umsetzungsspielraum belässt.[260] In seinem Beschluss zum Europäischen Haftbefehl aus dem Jahr 2015 zog das Bundesverfassungsgericht selbst in einem unionsrechtlich determinierten Bereich nationale Grundrechte heran, was in dem konkreten Fall ausschließlich mit der unzureichenden Berücksichtigung der Menschenwürdegarantie durch die Vorinstanz begründet wurde.[261] Allerdings ergibt sich daraus, dass selbst in vollständig unionsrechtlich determinierten Bereichen auf Grund des Identitätsvorbehalts zumindest theoretisch eine Doppelbindung besteht, was den europäischen Grundrechtsföderalismus stärken könnte, falls das Bundesverfassungsgericht mit seiner in dem Beschluss geäußerten Ankündigung tatsächlich Ernst macht und auf Grundlage einer grundrechtlichen Identitätskontrolle seine *Solange II*-Rechtsprechung zumindest teilweise revidiert.[262]

---

[255] So etwa *Herdegen*, EuGRZ 1989, 309, 311; *Scholz*, NJW 1990, 941, 943.

[256] So *Sauer*, Grundrechtskollisionsrecht für das europäische Mehrebenensystem, in: Matz-Lück/Hong (Hrsg.), Grundrechte und Grundfreiheiten im Mehrebenensystem, S. 1, 31 ff.

[257] S. dazu oben, § 6 IV.1. d) bb) u. § 9 V.2., wobei in der Schweiz die prozessuale Aktualisierung kantonaler Grundrechte im Bereich von bundesrechtlich eingeräumten Umsetzungsspielräumen bislang aus geblieben ist.

[258] BVerfGE 118, 79, 95 ff.; 121, 1, 15; 125, 260, 308 f.; s. dazu *Gellermann*, Verwaltungsgerichtlicher Rechtsschutz, in: Regeling/Middeke/Gellermann (Hrsg.), Handbuch des Rechtsschutzes in der Europäischen Union, § 37 Rn. 43.

[259] *Ludwigs*, EuGRZ 2014, 273, 281; so auch schon *Wollenschläger*, Die Gewährleistung von Sicherheit im Spannungsfeld der nationalen, unionalen und EMRK-Grundrechtsordnungen, in: Iliopoulos-Strangas/Diggelmann/Bauer (Hrsg.), Rechtsstaat, Freiheit und Sicherheit in Europa, S. 45, 64.

[260] BVerfGE 113, 273, 300 f.

[261] BVerfGE 140, 317, Rn. 109 ff.

[262] Vgl. *Nettesheim*, JZ 2016, 424, 425 ff.; zum Ganzen s. auch oben, § 10 III.2. c).

Im Bereich der GASP, zu dem sich das Bundesverfassungsgericht bislang nicht geäußert hat, ist hingegen von einer umfassenden Bindung der nationalen Staatsgewalt an die nationalen Grundrechte auszugehen, nachdem angesichts der fehlenden Möglichkeit eines Vorabentscheidungsverfahrens vor wie nach Inkrafttreten des Vertrags von Lissabon der Grundrechtsschutz durch EU-Grundrechte nicht hinreichend gesichert ist.[263]

Mit seiner Unterscheidung zwischen unionsrechtlich determinierten und nicht unionsrechtlich determinierten Bereichen weicht das Bundesverfassungsgericht indes in gewisser Hinsicht von der Position des EuGH ab, der von einer umfassenden Bindung der Mitgliedstaaten an die EU-Grundrechte ausgeht und eine strikte Abgrenzung der Anwendungsbereiche von EU-Grundrechten und nationalen Grundrechten nach dem Vorbild des Bundesverfassungsgerichts gerade nicht vornimmt.[264] Fraglich ist daher, ob im nicht-determinierten Bereich – entgegen der Auffassung des Bundesverfassungsgerichts – eine Doppelbindung der nationalen Staatsgewalt an europäische und nationale Grundrechte in Betracht kommt. Dies wird teilweise mit der Begründung verneint, dass die Bindung an die Unionsgrundrechte zugleich eine Abgrenzung zum Anwendungsbereich der nationalen Grundrechte bewirke.[265] Die zutreffende Gegenauffassung[266] bejaht hingegen, nicht selten mit Hinweis auf die Problematik einer trennscharfen Abgrenzung,[267] die Möglichkeit einer Doppelbindung, wobei etwaige Grundrechtskonflikte – gerade in multipolaren Grundrechtskonstellationen – mit Hilfe des Kollisionsrechts aufzulösen sein sollen, nachdem ein Vorgehen nach dem Prinzip des Höchststandards hier notwendigerweise versagt.[268] Hinsichtlich der Abgrenzung von determinierten und nicht-determinierten Bereichen ergeben sich insbesondere dann Schwierigkeiten, wenn das Unionsrecht unbestimmte Rechtsbegriffe verwendet, die auf den ersten Blick eine Heranziehung nationaler Grundrechte zu erlauben scheinen, die in Wahrheit aber zumindest hinsichtlich ihrer Grenzen unionsrechtlich zu interpretieren sind, wie dies etwa beim Merkmal der Angemessenheit von Ungleichbehandlungen i.S.v. Art. 6 Abs. 1 der Richtlinie

---

[263] Vgl. *Bleckmann*, Nationale Grundrechte im Anwendungsbereich des Rechts der Europäischen Union, S. 172.

[264] S. oben, § 10 IV. 1. b) aa); s. dazu auch *Calliess*, JZ 2009, 113, 117.

[265] Vgl. *Kingreen*, in: Calliess/Ruffert, EUV/AEUV, Art. 51 GRC Rn. 14; *Wetter*, Die Grundrechtscharta des Europäischen Gerichtshofs, S. 95 f.

[266] So etwa *Ruffert*, EuGRZ 1995, 518, 528, der eine Doppelbindung bejaht, die Bindung an die Gemeinschaftsgrudrechte aber nur dann aktualisieren möchte, wenn der nationale Grundrechtsschutz nicht hinreichend ist; *Bleckmann*, Nationale Grundrechte im Anwendungsbereich des Rechts der Europäischen Union, S. 167 u. 240 f.; *v. Danwitz*, FS Scholz, 1019, 1023; in diese Richtung auch *Calliess*, JZ 2009, 113, 121; *Britz*, EuGRZ 2009, 1, 3 Fn. 21; *Franzius*, EuR-Beiheft 1/2013, 155, 166 ff. sowie *Jarass*, NVwZ 2012, 457, 460 hinsichtlich der insoweit identischen Rechtslage unter Geltung der Grundrechte-Charta; *Holzinger*, ÖJZ 1996, 264, 264 für die rechtliche Situation in Österreich.

[267] So etwa *Britz*, EuGRZ 2009, 1, 5; *Wendel*, EuZW 2012, 213, 216; *Maier*, Grundrechtsschutz bei der Durchführung von Richtlinien, S. 194 ff.

[268] Vgl. *Kingreen*, in: Calliess/Ruffert, EUV/AEUV, Art. 51 GRC Rn. 14; a.A. wohl *Britz*, EuGRZ 2009, 1, 5; *Michael/Morlok*, Grundrechte, Rn. 104.

2000/78/EG der Fall ist.[269] Andererseits freilich gewährt der Begriff der Angemessenheit den Mitgliedstaaten sehr wohl einen Umsetzungsspielraum, in dessen Rahmen nationale Grundrechte herangezogen werden können.[270]

Franzius hält die vom Bundesverfassungsgericht aufgestellte Trennungsthese darüber hinaus deshalb für wenig hilfreich, weil Gestaltungsspielräume keine unionsrechtsfreien Zonen seien.[271] Wenngleich diese Kritik in Bezug auf die Rechtslage unter Geltung der Grundrechte-Charta geäußert wurde, ist davon auszugehen, dass ein ähnlicher Ansatzpunkt auch schon zuvor bestand, da im Rahmen sekundärrechtlich eingeräumter Spielräume ebenfalls gute Gründe für die Heranziehung des Gemeinschaftsrechts bestanden. Unabhängig davon, wie man diese Einwände bewertet, ändern sie zunächst nichts an der vom Bundesverfassungsgericht und damit der aus mitgliedstaatlicher Perspektive vertretenen Position, eine etwaige Doppelbindung im nicht-determinierten Bereich zumindest zu ignorieren.

Indes verfolgt nicht nur das Bundesverfassungsgericht in Bezug auf die Annahme einer Bindung an nationale Grundrechte eine Strategie der Trennung. Auch die französischen Höchstgerichte, namentlich der Conseil constitutionnel und der Conseil d'Etat, unterscheiden bei der Überprüfung nationaler Rechtsnormen, die der Umsetzung des Unionsrechts, insbesondere von Richtlinien dienen, zwischen einem determinierten und einem nicht-determinierten Bereich. Der Conseil constitutionnel unterzieht nur solche innerstaatlichen Gesetze, die nicht oder zumindest nicht umfassend unionsrechtlich determiniert sind, einer umfassenden Prüfung am Maßstab der französischen Verfassung, während durch das Europarecht vollständig determinierte nationale Rechtsakte im konkreten Fall nur noch auf die Verletzung der verfassungsrechtlichen Identität Frankreichs hin überprüft werden.[272] In ähnlicher Weise tritt nach der Rechtsprechung des Conseil d'Etat im determinierten Bereich der nationale Grundrechtsschutz zurück, wenn und soweit die nationalen Grundrechte auf der Unionsrechtsebene eine effektive Entsprechung finden, während im Bereich von Umsetzungsspielräumen eine Prüfung am Maßstab der innerstaatlichen Verfahrens- und Kompe-

---

[269] Richtlinie 2000/78/EG des Rates vom 27. November 2000 zur Festlegung eines allgemeinen Rahmens für die Verwirklichung der Gleichbehandlung in Beschäftigung und Beruf, ABl. EG 2000 Nr. L 303, S. 16; vgl. dazu EuGH, Rs. C-144/04, Mangold, Slg. 2005, I-9981, Rn. 65; ausführlich dazu *Britz*, EuGRZ 2015, 275, 279.

[270] Vgl. EuGH, Rs. C-144/04, Mangold, Slg. 2005, I-9981, Rn. 63; *Britz*, EuGRZ 2015, 275, 279.

[271] *Franzius*, EuGRZ 2015, 139, 141.

[272] Conseil constitutionnel, Entsch. v. 10.06.2004 – N° 2004–496 DC – E. 7 u. 9, wo der Verfassungsgerichtshof die fragliche nationale Umsetzungsnorm noch auf eine „disposition expresse contraire de la Constitution" hin überprüfte, eine Formel, die er in Conseil constitutionnel, Entsch. v. 27.07.2006 – N° 2006–540 DC – E. 19 folgendermaßen präzisierte: „[L]a transposition d'une directive ne saurait aller à l'encontre d'une règle ou d'un principe inhérent à l'identité constitutionnelle de la France, sauf à ce que le constituant y ait consenti"; bestätigt in Entsch. v. 19.06.2008 – N° 2008–564 – E. 44; s. dazu *Maier*, Grundrechtsschutz bei der Durchführung von Richtlinien, S. 216 ff.

tenzbestimmungen möglich bleibt.[273] Anders als nach der *Solange II*-Rechtsprechung des Bundesverfassungsgerichts besteht nach Auffassung des Conseil d'Etat im determinierten Bereich allerdings keine Vermutung zu Gunsten eines gleichwertigen Grundrechtsschutzes auf europäischer Ebene, sondern die Existenz eines äquivalenten europäischen Grundrechtsschutzes ist vielmehr im Einzelfall zu überprüfen.[274] Problematisch an dieser Rechtsprechung ist zudem, dass der Conseil d'Etat im Falle der Verneinung eines äquivalenten Grundrechtsschutzes auf EU-Ebene sofort eine Überprüfung am Maßstab der nationalen Grundrechte vornehmen möchte, ohne die Frage vorher dem EuGH vorzulegen, was eine Weiterentwicklung der europäischen Grundrechte durch den EuGH erschweren würde.[275]

Auch das tschechische Verfassungsgericht differenziert nach dem Grad der unionsrechtlichen Determination des nationalen Rechtsakts und beschränkt sich bei den durch das Europarecht vollständig determinierten Rechtsnormen auf eine Überprüfung der Beachtung der Grundlagen der Souveränität der Tschechischen Republik sowie in den unabänderlichen Grundsätzen des demokratischen Rechtsstaats, während im nicht-determinierten Bereich eine umfassende Kontrolle am Maßstab der tschechischen Verfassung einschließlich der nationalen Grundrechte stattfindet.[276] Eine ähnliche Position vertraten die österreichischen Gerichte jedenfalls vor dem Verbindlichwerden der Grundrechte-Charta, indem sie zwischen gemeinschaftsrechtlich determinierten Bereichen und Umsetzungsspielräumen zu Gunsten des nationalen Gesetzgebers differenzierten.[277]

Demgegenüber scheint der polnische Verfassungsgerichtshof keine Unterscheidung an Hand des Kriteriums der unionsrechtlichen Determination vorzunehmen, sondern stattdessen jegliches nationales Recht, welches der Umsetzung eines Unionsrechtsakts dient, ebenso wie die EU-Verordnungen selbst,[278] vollumfänglich am Maßstab der polnischen Verfassung überprüfen zu wollen,[279] was eine uneingeschränkte Bindung der nationalen Staatsgewalt an nationale Grundrechte auch im vom Unionsrecht vollständig determinierten Bereich impliziert.

Zusammenfassend lässt sich daher sagen, dass im Rahmen unionsrechtlich eingeräumter Umsetzungsspielräume sowie im Bereich der Beschränkung der Grundfreiheiten für die nationale Staatsgewalt, die im Anwendungsbereich des

---

[273] Conseil d'Etat, Entsch. v. 08.02.2007 – N° 287110 – E. 11; näher dazu *Bleckmann*, Nationale Grundrechte im Anwendungsbereich des Rechts der Europäischen Union, S. 189 ff.

[274] *Maier*, Grundrechtsschutz bei der Durchführung von Richtlinien, S. 222.

[275] Vgl. *Maier*, Grundrechtsschutz bei der Durchführung von Richtlinien, S. 223 f.

[276] Verfassungsgericht der Republik Tschechien, Urt. v. 08.03.2006 – Pl ÚS 50/04 –, Zuckerquoten III, Teil A-3); bestätigt in Urt. v. 03.05.2006 – Pl ÚS 66/04 –, Europäischer Haftbefehl, Rn. 53 f.; s. dazu *Bleckmann*, Nationale Grundrechte im Anwendungsbereich des Rechts der Europäischen Union, S. 202 f.

[277] So etwa Verwaltungsgerichtshof der Republik Österreich, Urt. v. 29.01.2004 – 99/17/0135 –.

[278] Verfassungsgerichtshof der Republik Polen, Urt. v. 16.11.2011 – SK 45/09 –.

[279] Verfassungsgerichtshof der Republik Polen, Urt. v. 27.04.2005 – P 1/05 –, EuR 2005, 494, 495 f.; vgl. *Bleckmann*, Nationale Grundrechte im Anwendungsbereich des Rechts der Europäischen Union, S. 203.

Unionsrechts nach zutreffender Ansicht ohnehin umfassend an die Unionsgrundrechte gebunden ist, zusätzlich eine Bindung an nationale Grundrechte besteht[280] und insoweit grundsätzlich die Möglichkeit zur Berücksichtigung von nationalen Mehrgewährleistungen gegeben ist, nachdem der EuGH den Mitgliedstaaten in diesen Fällen in der Vergangenheit ein vergleichsweise weites Ermessen einräumte,[281] welches freilich die durch das Sekundärrecht gezogenen Grenzen beachten muss und welches heute unter dem Vorbehalt des Art. 53 GRC und der dazu ergangenen Rechtsprechung des EuGH steht.[282] In den vom Unionsrecht vollständig determinierten Bereichen besteht zwar grundsätzlich auch eine Doppelbindung, doch müssen Kollisionen zwischen Normen der beiden Grundrechtsebenen hier mit Hilfe der Kollisionsregel des Anwendungsvorrangs zu Gunsten des Unionsrechts aufgelöst werden, was gerade im Bereich mehrpoliger Grundrechtsverhältnisse tradierte nationale Wertungen überlagern kann.[283] Dieser Befund ergab sich bereits vor Inkrafttreten des Vertrags von Lissabon unter der Geltung des Gemeinschaftsrechts.

V. Prozessuale Mechanismen zur Gewährleistung des Grundrechtsschutzes

1. EG/EU-Ebene

a) Verfahrensarten vor dem EuGH

Wenngleich jedes nationale Gericht – vor Inkrafttreten der Grundrechte-Charta ebenso wie heute – die Unionsgrundrechte zu beachten hat, obliegt die letztverbindliche Überprüfung der Einhaltung der Unionsgrundrechte alleine dem EuGH. Grundrechtsverletzungen durch die Unionsorgane können mit Hilfe der Nichtigkeitsklage gemäß Art. 263 AEUV (ex Art. 230 EGV) gerügt werden. Eine natürliche oder juristische Person kann dabei als nichtprivilegierter Klageberechtigter nach Art. 263 Abs. 4 AEUV nur klagen, wenn die fragliche Handlung direkt an sie gerichtet ist oder sie unmittelbar und individuell betrifft oder ein Rechtsakt mit Verordnungscharakter, der sie unmittelbar betrifft und keine Durchführungsmaßnahmen nach sich zieht, vorliegt. Nachdem der EuGH an seiner zu Art. 230 EGV entwickelten Rechtsprechung festhält und die Voraussetzung der individuellen Betroffenheit nach der sog. *Plaumann*-Formel weiterhin

---

[280] Vgl. *Bleckmann*, Nationale Grundrechte im Anwendungsbereich des Rechts der Europäischen Union, S. 203; *v. Danwitz*, FS Scholz, 1019, 1023; *Griebel*, Der Staat 52 (2013), 371, 388; *Weiler*, The Constitution of Europe, S. 125 f.; a.A. *Schaller*, Die EU-Mitgliedstaaten als Verpflichtungsadressaten der Gemeinschaftsgrundrechte, S. 182, der im nicht-determinierten Bereich von der ausschließlichen Geltung nationaler Grundrechte ausgeht.

[281] So etwa EuGH, Rs. C-36/03, Omega, Slg. 2004, I-9609, Rn. 31.

[282] Ausführlich dazu unten, § 11 III.1. d).

[283] Näher dazu unten, § 10 V.1. c).

restriktiv interpretiert,[284] sind Klagen von Individuen unmittelbar gegen Verordnungen nach geltendem Recht, ebenso wie vor Inkrafttreten des Vertrags von Lissabon, ausgeschlossen. Daran ändert im Übrigen auch die Anfügung der 3. Variante in Art. 263 Abs. 4 AEUV nichts, da der EuGH den Begriff des Rechtsakts mit Verordnungscharakter in seiner Entscheidung in der Rechtssache *Inuit* restriktiv auslegte und unionale Gesetzgebungsakte nicht darunter subsumierte.[285]

Neben der Nichtigkeitsklage kann ein Unionsrechtsakt auch im Rahmen eines Vorabentscheidungsverfahren nach Art. 267 Abs. 1 lit. b) AEUV (ex Art. 234 Abs. 1 lit. b) EGV) wegen eines Verstoßes gegen die Unionsgrundrechte zu Fall gebracht werden. Das Vorabentscheidungsverfahren als solches zeichnet sich, wenngleich es Ausdruck des Vorrangs des Unionsrechts ist, durch eine Kooperation zwischen EuGH und den mitgliedstaatlichen Gerichten aus und ermöglicht so eine Aufteilung der Verantwortlichkeiten bei der Wahrung der Rechtseinheit und der Gewährleistung des Individualrechtsschutzes im Bereich des Unionsrechts, mithin auch in Bezug auf die europäischen Grundrechte.[286] Nimmt ein nationales Gericht einen Verstoß gegen Unionsgrundrechte an, welcher zur Ungültigkeit des entsprechenden Unionsrechtsakts führt, ist es zur Vorlage an den EuGH verpflichtet,[287] der aus Gründen der Rechtseinheit das Verwerfungsmonopol bezüglich des Unionsrechts besitzt,[288] wobei der EuGH in der Praxis bislang nur selten eine Verletzung von Gemeinschafts- bzw. Unionsgrundrechten durch die EG- bzw. EU-Organe feststellte.[289] Außerdem darf nicht übersehen werden, dass die Einleitung eines Vorabentscheidungsverfahrens nach dem Unionsrecht nicht erzwungen werden kann, da die EU-Kommission bislang stets von der Einleitung eines Vertragsverletzungsverfahrens im Falle einer rechtswidrigen Unterlassung einer Vorlage abgesehen hat.[290] Die Rechtsschutzmöglichkeiten des Einzelnen gegenüber rechtswidrigem Unionsrecht hängen deshalb von der Vorlagebereitschaft der nationalen Gerichte ab, zumal das europäische Rechtsschutzsystem nach dem Vertrag von Lissabon, ebenso wenig wie zuvor, den Rechtsbehelf der Verfassungsbeschwerde kennt.

[284] EuGH, Rs. 25/62, Plaumann/Kommission, Slg. 1963, 199, 238 f.; neuerdings bestätigt durch EuGH, Rs. C-583/11 P, Inuit, digit. Slg., Rn. 70 ff.

[285] EuGH, Rs. C-583/11 P, Inuit, digit. Slg., Rn. 56 ff.; ausführlich dazu *Streinz*, EuZW 2014, 17, 18 ff.; krit. *Bull*, DVBl. 2014, 98, 99 ff.

[286] *Lenaerts*, EuR 2015, 3, 5; *Wegener*, in: Calliess/Ruffert, EUV/AEUV, Art. 267 AEUV Rn. 1.

[287] EuGH, Rs. 314/85, Foto Frost, Slg. 1987, 4199, Rn. 15 ff.; *Wegener*, in: Calliess/Ruffert, EUV/AEUV, Art. 267 AEUV Rn. 27 u. 29.

[288] EuGH, Rs. 314/85, Foto Frost, Slg. 1987, 4199, Rn. 15 ff.; *Lenaerts*, EuR 2015, 3, 5 f.

[289] So etwa EuGH, Rs. 374/87, Orkem, Slg. 1989, 3283, Rn. 31 ff.; Rs. C-404/92 P, X/Kommission, Slg. 1994, I-4737, Rn. 17 ff.; vgl. *Zorn/Twardosz*, DStR 2007, 2185, 2187; für ein Beispiel für eine Feststellung einer Rechtsverletzung durch einen Unionsrechtsakt nach Inkrafttreten des Vertrags von Lissabon s. EuGH, verb. Rs. C-293/12 u. C-594/12, Digital Rights Ireland, digit. Slg., Rn. 69.

[290] Kommission, Antworten auf die schriftlichen Anfragen der Abgeordneten Westerterp und Deringer, ABl. EG 1967 Nr. 270, S. 2 u. ABl. EG 1968 Nr. C 71, S. 1, 2.

Anders liegen die Dinge in Bezug auf die mitgliedstaatlichen Rechtsakte, welche im Rahmen eines Vertragsverletzungsverfahrens nach Art. 258 bzw. Art. 259 AEUV (ex Art. 226 bzw. 227 EGV) auf ihre Vereinbarkeit mit dem Unionsrecht überprüft werden können. Auch in diesem Zusammenhang ist jedoch zu beachten, dass der Einzelne, ebenso wie im Rahmen des Vorabentscheidungsverfahrens, keine Antragsberechtigung besitzt, sondern die Entscheidung über eine Verfahrenseinleitung ausschließlich der Kommission bzw. den anderen Mitgliedstaaten obliegt. Des Weiteren kann Verstößen nationaler Rechtsakte gegen die Unionsgrundrechte durch die Einleitung eines Vorabentscheidungsverfahrens nach Art. 267 Abs. 1 lit. a) AEUV (ex Art. 234 Abs. 1 lit. a) EGV) abgeholfen werden, wobei sich der EuGH in seiner Entscheidung allerdings auf die Auslegung des Unionsrechts beschränkt und die Anwendung des ausgelegten Unionsrechts auf den Einzelfall zumindest theoretisch dem nationalen Gericht vorbehalten bleibt,[291] worin der kooperative Charakter des Vorabentscheidungsverfahrens als Mittel zur Vermeidung formeller Jurisdiktionskonflikte zum Ausdruck kommt.[292] Insoweit ergibt sich ein wesentlicher Unterschied zur konkreten Normenkontrolle nach Art. 100 Abs. 1 S. 1 GG und auch zur Gültigkeitsvorlage nach Art. 267 Abs. 1 lit. b) AEUV, welche beide unmittelbar auf die Feststellung einer Normkollision ausgerichtet sind.[293]

Die Effizienz des Vorabentscheidungsverfahrens bei der Durchsetzung der Unionsgrundrechte gegenüber dem nationalen Recht wird allerdings dadurch eingeschränkt, dass nach Art. 267 Abs. 3 AEUV (ex Art. 234 Abs. 3 EGV) bei Auslegungsfragen nur das letztinstanzliche nationale Gericht zur Vorlage verpflichtet ist. Eine solche Vorlagepflicht entfällt nach der *CILFIT*-Rechtsprechung des EuGH nur dann, wenn eine Auslegungsfrage nicht entscheidungserheblich ist oder bereits entschieden wurde (*acte éclairé*) oder die Auslegung des Unionsrechts offenkundig erscheint, d.h. auch für die Gerichte anderer Mitgliedstaaten kein vernünftiger Zweifel bestehen bleiben kann (*acte clair*),[294] was einen strengen Maßstab und eine hohe Kontrolldichte des EuGH impliziert.[295] Indes ist zu beachten, dass das Unionsrecht selbst keine Erzwingung der Einleitung eines Vorabentscheidungsverfahrens vorsieht und eine pflichtwidrig unterbliebene Vorlage in der Regel nicht im Wege eines Vertragsverletzungsverfahrens sanktioniert wird.[296] Damit hängt die Möglichkeit der Durchsetzung des unionalen Grundrechts-

---

[291] St. Rspr., vgl. etwa EuGH, Rs. 222/78, ICAP, Slg. 1979, 1163, Rn. 10 ff.; *Wegener*, in: Calliess/Ruffert, EUV/AEUV, Art. 267 AEUV Rn. 4.

[292] Lenaerts, EuR 2015, 3, 10.

[293] Vgl. *Desens*, Auslegungskonkurrenzen im europäischen Mehrebenensystem, in: Matz-Lück/Hong (Hrsg.), Grundrechte und Grundfreiheiten im Mehrebenensystem, S. 203, 223.

[294] EuGH, Rs. C-283/81, CILFIT, Slg. 1982, 3415, Rn. 10 ff.

[295] *Klatt*, Die praktische Konkordanz von Kompetenzen, S. 424.

[296] Kommission, Antworten auf die schriftlichen Anfragen der Abgeordneten Westerterp und Deringer, ABl. EG 1967 Nr. 270, S. 2 u. ABl. EG 1968 Nr. C 71, S. 1, 2; s. auch die Antwort von Herrn Thorn im Namen der Kommission v. 25.07.1983, ABl. EG 1983 Nr. C 268, S. 25; *Cremer*, in: Calliess/Ruffert, EUV/AEUV, Art. 258 AEUV Rn. 28; *Lenski/Mayer*, EuZW 2005, 225, 225; näher zum Ganzen unten, § 15 V.1. c).

schutzes zu Gunsten des Einzelnen gegenüber den Mitgliedstaaten nach wie vor von der Ausgestaltung des nationalen Rechts ab. Hinzu kommt, dass viele nationale Verfassungs- und Höchstgerichte weiterhin zögern, bei Gültigkeits- oder Auslegungszweifeln die entsprechende Rechtsfrage dem EuGH zur Entscheidung vorzulegen.[297] Vor Inkrafttreten der Grundrechte-Charta im Jahr 2009 haben lediglich der österreichische Verfassungsgerichtshof,[298] der belgische Verfassungsgerichtshof,[299] das litauische Verfassungsgericht[300] sowie das italienische Verfassungsgericht[301] als nationale Höchstgerichte ein Vorabentscheidungsverfahren eingeleitet, während andere Verfassungsgerichte entweder noch gar keine Vorlage eingereicht, oder, wie etwa das Bundesverfassungsgericht[302] und der spanische Verfassungsgerichtshof[303] erst im Jahr 2014 bzw. 2011 eine Vorlagepflicht erstmals bejaht haben. Im Fall des Bundesverfassungsgerichts lag dem Vorlageantrag darüber hinaus kein grundrechtlicher Sachverhalt zu Grunde, so dass der Schutz der EU-Grundrechte in Deutschland bislang ausschließlich von der Vorlagebereitschaft der Instanzgerichte abhängig war. In Frankreich vertrat der Conseil constitutionnel lange Zeit zumindest inoffiziell die Auffassung, kein Gericht im Sinne von Art. 267 AEUV zu sein, weshalb sich die Frage der Einleitung eines Vorabentscheidungsverfahrens für ihn nicht stellte und stattdessen die ordentlichen Gerichte vorlegen sollten,[304] bevor er im Jahr 2013 doch erstmals selbst ein Vorabentscheidungsverfahren einleitete.[305]

---

[297] Näher dazu *Trstenjak*, Die Kooperation zwischen dem Gerichtshof der Europäischen Union und den nationalen Gerichten, insbesondere in Bezug auf die Grundrechtecharta, in: Grabenwarter/Vranes (Hrsg.), Kooperation der Gerichte im europäischen Verfassungsverbund – Grundfragen und neueste Entwicklungen, S. 13, 18 f.

[298] EuGH, Rs. C-143/99, Adria Wien Pipeline und Wietersdorder & Peggauer Zementwerke, Slg. 2001, I-8365; verb. Rs. C-465/00, C-138/01 u. C-139/01, Österreichischer Rundfunk u.a., Slg. 2003, I-4989; Rs. C-171/01, Wählergruppe Gemeinsam, Slg. 2003, I-4301; s. auch unten, § 11 V.2. a).

[299] S. etwa EuGH, Rs. C-93/97, Fédération belge des chambres syndicales de médecins, Slg. 1998, I-4837; Rs. C-305/05, Ordre des barreaux francophones et germanophone u.a., Slg. 2007, I-5305; Rs. C-212/06, Gouvernement de la Communauté française et gouvernement wallon, Slg. 2008, I-1683; Rs. C-73/08, Bressol u.a., Slg. 2010, I-2735; näher dazu *Popelier*, Judicial Conversations in Multilevel Constitutionalism. The Belgian Case, in: Claes/de Visser/Popelier/Van de Heyning (Hrsg.), Constitutional Conversations in Europe, S. 83 f.

[300] EuGH, Rs. C-239/07, Sabatauskas u.a., Slg. 2008, I-7523.

[301] Vgl. die Schlussanträge der Generalanwältin Kokott in der Rechtssache C-169/08, Presidente del Consiglio dei Ministri, Slg. 2009, I-10821, Rn. 21 Fn. 13; *Tizzano*, EuGRZ 2010, 1, 1; ausführlich dazu unten, § 11 V.2. a).

[302] BVerfGE, 134, 366, Rn. 33 ff.

[303] Spanisches Verfassungsgericht, Entsch. v. 09.06.2011 – ATC 86/2011 –; s. dazu *Arroyo Jiménez*, Empatía constitucional, S. 26 ff.; *Herzmann*, EuGRZ 2015, 445, 445.

[304] Vgl. *Ziller*, Die Kooperation zwischen europäischer und französischer Gerichtsbarkeit, in: Grabenwarter/Vranes (Hrsg.), Kooperation der Gerichte im europäischen Verfassungsverbund – Grundfragen und neueste Entwicklungen, S. 115, 126; *Millet*, The French Constitutional Council and the CJEU: Between Splendid Isolation, Communication and Forced Dialogue, in: Claes/de Visser/Popelier/Van de Heyning (Hrsg.), Constitutional Conversations in Europe, S. 251, 256.

[305] EuGH, Rs. C-168/13 PPU, F., digit. Slg.

b) Kontrolle der Beachtung der Unionsgrundrechte

Sowohl die Nichtigkeitsklage als auch das Vertragsverletzungsverfahren und das Vorabentscheidungsverfahren dienen der Kontrolle der Beachtung der Unionsgrundrechte. Letztere werden vom EuGH in sämtlichen Verfahrensarten als Prüfungsmaßstab zu Grunde gelegt, was dadurch zum Ausdruck kommt, dass der Gerichtshof Maßnahmen der EU und der Mitgliedstaaten im Anwendungsbereich des Europarechts auf ihre Vereinbarkeit mit den europäischen Grundrechten untersucht.[306]

Der EuGH prüft dabei, anders als das Schweizer Bundesgericht, welches kantonale Gesetze sowohl am Maßstab der entsprechenden kantonalen Verfassung als auch der Bundesverfasssung zu überprüfen vermag, die Handlungen der EU-Organe sowie die Rechtsakte der Mitgliedstaaten, vor Inkrafttreten des Vertrags von Lissabon ebenso wie heute, ausschließlich am Maßstab der Unionsgrundrechte. Dies lässt sich damit begründen, dass der Gerichtshof seinerseits als EU-Organ alleine an die EU-Grundrechte gebunden ist und er als „Hüter" des Unionsrechts fungiert, aus Kompetenzgründen nicht aber zugleich die Einhaltung der mitgliedstaatlichen Verfassungen kontrollieren kann.[307] Damit stellten die Gemeinschaftsgrundrechte vor dem Verbindlichwerden der Grundrechte-Charta nur für den EuGH einen unmittelbaren Prüfungsmaßstab dar, nachdem die nationalen Verfassungs- und Höchstgerichte die Gemeinschaftsgrundrechte jedenfalls nicht als unmittelbaren Prüfungsmaßstab heranzogen. Entsprechendes gilt heute nach Inkrafttreten des Vertrags von Lissabon in weiten Teilen auch für die Unionsgrundrechte.

c) Maßgeblicher Schutzstandard bei der Anwendung von Gemeinschafts- bzw. Unionsrecht

aa) Einschränkung von Grundfreiheiten

Die Existenz verschiedener Verfahrensarten vor dem EuGH beantwortet noch nicht die Frage, welcher Schutzstandard im Fall einer doppelten Grundrechtsbindung der nationalen Staatsgewalt, wie sie bei der Einschränkung von Grundfreiheiten besteht, vor Inkrafttreten der Grundrechte-Charta heran zu ziehen war und wie unterschiedliche Schutzstandards vor dem Hintergrund der nach Art. 4 Abs. 2 S. 1 EUV (ex Art. 6 Abs. 3 EUV a.F.) zu achtenden Verfassungsidentität der Mitgliedstaaten und dem Erfordernis der Wahrung der Wirksamkeit des Unionsrechts gegebenenfalls in Einklang gebracht werden konnten. Nach einer Analyse der einschlägigen EuGH-Rechtsprechung lässt sich zunächst sagen, dass der

---

[306] Näher dazu oben, § 10 V.1.; zu Unterschieden bei der Kontrolldichte s. *Koch*, Der Grundsatz der Verhältnismäßigkeit in der Rechtsprechung des Gerichtshofs der Europäischen Gemeinschaften, S. 549.

[307] Vgl. *Knauff*, DVBl. 2010, 533, 535.

Gerichtshof in derartigen Fällen die Abwägung zwischen Grundrechten und anderen rechtlich geschützten Interessen meist den Mitgliedstaaten überlassen und ihnen einen weit reichenden Ermessenspielraum eingeräumt hat. In der Rechtssache *Schmidberger*, in der er entgegen seiner Position in der Entscheidung *Cinéthèque*[308] erstmals Grundrechte als berechtigtes Interesse zur Rechtfertigung von Eingriffen in die Grundfreiheiten anerkannte, ging der EuGH davon aus, dass weder die Grundfreiheiten noch die Gemeinschaftsgrundrechte uneingeschränkt gewährleistet seien, sondern beide vielmehr zu Gunsten zwingender Allgemeinwohlinteressen eingeschränkt werden könnten.[309] Daher seien die konfligierenden Interessen abzuwägen und es müsse an Hand der Umstände des Einzelfalls entschieden werden, ob „das rechte Gleichgewicht zwischen diesen Interessen" gewahrt worden sei.[310] Bei dieser Interessenabwägung hätten die zuständigen nationalen Instanzen ein weites Ermessen,[311] weshalb der EuGH die Entscheidung der nationalen Behörden einer nur eingeschränkten Kontrolle unterzog. Im Rahmen dieses Ermessensspielraums konnten nationale Wertungen, d.h. auch nationale Grundrechte zur Anwendung kommen, wobei der EuGH in der *Schmidberger*-Entscheidung offen ließ, ob er die einschlägigen Grundrechte der Meinungs- und Versammlungsfreiheit der nationalen oder der Gemeinschaftsrechtsordnung entnehmen wollte.[312] Dennoch ergibt sich aus der Entscheidung, dass der Gerichtshof bereit war, die Berücksichtigung nationaler grundrechtlicher Wertungen in einem gewissen Rahmen zu ermöglichen, während außerhalb dieses Spielraums nationale Grundrechte, welche über das entsprechende Gemeinschaftsgrundrecht hinaus gingen, im Wege des Vorrangs des EU-Rechts verdrängt werden sollten.[313] Die Gemeinschaftsgrundrechte gaben daher die qualitative Obergrenze der Maßnahmen vor, die die Mitgliedstaaten im Zusammenhang mit der Einschränkung von Grundfreiheiten zulässigerweise ergreifen durften,[314] was im Übrigen heute im Hinblick auf die Unionsgrundrechte gilt.

In der Entscheidung in der Rechtssache *Omega* befasste sich der EuGH mit der Frage, ob im Zusammenhang mit der Rechtfertigung von Eingriffen in die Grundfreiheiten im Rahmen der Abwägung auch nationale Grundrechte berücksichtigt werden könnten, welche auf gemeinschaftsrechtlicher Ebene keine exakte Entsprechung fanden. Anders als in der *Schmidberger*-Entscheidung zog der

---

[308] EuGH, Rs. 60/84 u. 61/84, Cinéthèque, Slg. 1985, 2605, Rn. 26.

[309] EuGH, Rs. C-112/00, Schmidberger, Slg. 2003, I-5659, Rn. 78 ff.; s. dazu *Bleckmann*, Nationale Grundrechte im Anwendungsbereich des Rechts der Europäischen Union, S. 305 f.

[310] EuGH, Rs. C-112/00, Schmidberger, Slg. 2003, I-5659, Rn. 81.

[311] EuGH, Rs. C-112/00, Schmidberger, Slg. 2003, I-5659, Rn. 82; zum Begriff des Ermessens in der Judikatur des EuGH und zur fehlenden Differenzierung zwischen Beurteilungsspielraum und Ermessen s. *Rubel*, Entscheidungsfreiräume in der Rechtsprechung des Europäischen Gerichtshofes für Menschenrechte und des Europäischen Gerichtshofes, S. 160 ff.

[312] EuGH, Rs. C-112/00, Schmidberger, Slg. 2003, I-5659, Rn. 69 ff.; s. dazu auch oben, § 10 IV.2.

[313] S. *Bleckmann*, Nationale Grundrechte im Anwendungsbereich des Rechts der Europäischen Union, S. 307.

[314] Vgl. *Mager*, FS Müller-Graff, S. 1358, 1361.

EuGH im Fall *Omega* die nationalen Grundrechte, *in concreto* die nach dem deutschen Grundgesetz mit Grundrechtsqualität ausgestattete Menschenwürdegarantie, nicht als eigenständigen Aspekt im Rahmen der Interessenabwägung heran, sondern vielmehr als Gesichtspunkt bei der Prüfung des Rechtfertigungsgrundes der öffentlichen Ordnung, bei der den Mitgliedstaaten ein Beurteilungsspielraum zukomme.[315] Dabei war nach Auffassung des Gerichtshofs unschädlich, dass der Menschenwürdegarantie nur in Deutschland die Qualität eines selbständigen Grundrechts zukam, solange es im Gemeinschaftsrecht zumindest als schützenswertes Interesse anerkannt war.[316] Hieran wird deutlich, dass die Mitgliedstaaten bei Eingriffen in die Grundfreiheiten im Rahmen der Abwägung auch nationalen Besonderheiten beim Grundrechtsschutz Rechnung tragen dürfen.[317] Im Ergebnis ging der EuGH daher in der *Omega*-Entscheidung über die Grundsätze der *Schmidberger*-Entscheidung hinaus, indem er bei der Verhältnismäßigkeitsprüfung zum einen keine entsprechenden Regelungen aus anderen Mitgliedstaaten als Vergleichsmaßstab heran zog[318] und er zum anderen auf das von der nationalen Rechtsordnung vorgegebene Schutzniveau als relevante Größe im Rahmen der Verhältnismäßigkeitsprüfung abstellte.[319] Daraus ergibt sich, dass im Rahmen der gemeinschaftsrechtlichen Rechtfertigungsprüfung im Fall *Omega* alleine der nationale Schutzstandard des betroffenen Grundrechts maßgeblich war, was der Einräumung einer *margin of appreciation*, wie sie sie der EGMR den Mitgliedstaaten in derartigen Fällen gewährt, zumindest im Ergebnis nahe kommt.[320]

Strukturelle Parallelen zur *Omega*-Entscheidung weist die Entscheidung des EuGH in der Rechtssache *International Transport Workers' Federation* auf, wo der EuGH zwar die von der Gewerkschaft mit Hilfe der Arbeitskampfmaßnahmen verfolgten Ziele eingehend prüfte[321] und insoweit eine Rechtsvereinheitlichung anstrebte, sich zur Verhältnismäßigkeit der konkret eingesetzten Arbeitskampfmittel trotz detaillierter Vorgaben jedoch nicht abschließend äußerte,[322] was impliziert, dass diesbezüglich die nationalen Instanzen diesbezüglich zumin-

[315] EuGH, Rs. C-36/03, Omega, Slg. 2004, I-9609, Rn. 31.

[316] EuGH, Rs. C-36/03, Omega, Slg. 2004, I-9609, Rn. 34; *Skouris*, DÖV 2006, 89, 95; *Bleckmann*, Nationale Grundrechte im Anwendungsbereich des Rechts der Europäischen Union, S. 311 f.

[317] *Morjin*, ELJ 12 (2006), 15, 34; *Ackermann*, CMLR 42 (2005), 1107, 1116; *Schwarze*, NJW 2005, 3459, 3461; *v. Danwitz*, FS Scholz, 1019, 1027 f.; s. dazu *Bleckmann*, Nationale Grundrechte im Anwendungsbereich des Rechts der Europäischen Union, S. 312.

[318] EuGH, Rs. C-36/03, Omega, Slg. 2004, I-9609, Rn. 38; s. dazu *v. Danwitz*, FS Scholz, 1019, 1028; *Skouris*, DÖV 2006, 89, 95.

[319] EuGH, Rs. C-36/03, Omega, Slg. 2004, I-9609, Rn. 39.

[320] Vgl. *Bleckmann*, Nationale Grundrechte im Anwendungsbereich des Rechts der Europäischen Union, S. 365; *Gerards*, ELJ 17 (2011), 80, 94 ff.; ausführlich dazu unten, § 15 V.5. c) bb) u. e) aa).

[321] EuGH, Rs. C-438/05, International Transport Workers' Federation, Slg. 2007, I-10779, Rn. 81 ff. u. 88 f.

[322] EuGH, Rs. C-438/05, International Transport Workers' Federation, Slg. 2007, I-10779, Rn. 85 f.

dest einen letzten Rest an Entscheidungsspielraum behalten sollten.[323] Allerdings war der Raum für eine Berücksichtigung nationaler Schutzstandards in der Rechtssache *International Transport Workers' Federation* insgesamt wesentlich enger als im Fall *Omega*.[324] Eine Besonderheit der *International Transport Workers' Federation*-Entscheidung liegt schließlich darin, dass der EuGH im Zusammenhang mit der Anerkennung eines Rechts auf Kollektivmaßnahmen ausdrücklich auf Art. 28 GRC verwies, welcher wiederum die Entscheidung über die Zulässigkeit von Streikmitteln neben dem Unionsrecht auch dem nationalen Recht überträgt.[325] Hierin lässt sich eine gewisse Vorwirkung der im Entscheidungszeitpunkt noch nicht rechtsverbindlichen Grundrechte-Charta erkennen, welche im Bereich der kollektiven Arbeitskampfmaßnahmen unterschiedliche nationale Schutzstandards akzeptiert.

Ganz auf der Linie der *International Transport Workers' Federation*-Entscheidung liegt das Urteil des Gerichtshofs in der ebenfalls die Rechtmäßigkeit von Streikmaßnahmen betreffenden Rechtssache *Laval*. Der EuGH unterzog auch in diesem Fall die Streikziele der betroffenen Gewerkschaft einer eingehenden Kontrolle,[326] während er die Zulässigkeit der einzelnen Streikmaßnahmen unter Verweis auf Art. 28 GRC zumindest auf dem Papier von den Vorgaben des nationalen Rechts abhängig machte,[327] mithin den nationalen Behörden insoweit einen Ermessensspielraum zugestand, in dessen Rahmen sie das Recht zur Ergreifung von Kollektivmaßnahmen in einen verhältnismäßigen Ausgleich mit der gemeinschaftsrechtlich gewährleisteten Dienstleistungsfreiheit bringen mussten.[328] Dabei waren freilich die im konkreten Fall durch das Sekundärrecht eingeräumten Grenzen der Abwägungsentscheidung zu beachten, was der Gerichtshof wiederum einer eingehenden eigenen Prüfung unterzog,[329] so dass ein mitgliedstaatlicher Entscheidungsspielraum zwar vorhanden war, dieser aber letztlich sehr klein ausfiel.

---

[323] *Tridimas*, International Journal of Constitutional Law 9 (2011), 737, 744 f. spricht insoweit von einem "guidance case".

[324] S. dazu *de Vries*, The Protection of Fundamental Rights within Europe's Internal Market after Lisbon – An Endeavour for More Harmony, in: de Vries/Bernitz/Weatherill (Hrsg.), The Protection of Fundamental Rights in the EU After Lisbon, S. 59, 70 u. 92 f.; *Cloots*, The European Court of Justice and Member State Federalism: Balancing or Categorisation?, in: Cloots/de Baere/Sottiaux (Hrsg.), Federalism in the European Union, S. 322, 327 Fn. 23; zum Ganzen auch *de Vries*, Utrecht Law Review 9 (2013), 169, 190; *Spaventa*, Federalisation Versus Centralisation: Tensions in Fundamental Rights Discourse in the EU, in: Dougan/Currie (Hrsg.), 50 Years of the European Treaties, S. 343, 357 ff.; für eine Berücksichtigung nationaler Standards auch in der *International Transport Workers' Federation*-Entscheidung hingegen *Bleckmann*, Nationale Grundrechte im Anwendungsbereich des Rechts der Europäischen Union, S. 318.

[325] EuGH, Rs. C-438/05, International Transport Workers' Federation, Slg. 2007, I-10779, Rn. 44; s. dazu *Bleckmann*, Nationale Grundrechte im Anwendungsbereich des Rechts der Europäischen Union, S. 319.

[326] EuGH, Rs. C-341/05, Laval, Slg. 2007, I-11767, Rn. 107 f.

[327] EuGH, Rs. C-341/05, Laval, Slg. 2007, I-11767, Rn. Rn. 91.

[328] *Bleckmann*, Nationale Grundrechte im Anwendungsbereich des Rechts der Europäischen Union, S. 323 f.

[329] EuGH, Rs. C-341/05, Laval, Slg. 2007, I-11767, Rn. 107 f.

Auch in der Rechtssache *Familiapress*, in der die Rechtmäßigkeit der Untersagung des Vertriebs periodischer Druckerzeugnisse, welche Preisausschreiben enthielten, in Rede stand, nahm der EuGH selbst eine strikte Verhältnismäßigkeitsprüfung vor, obwohl sich die österreichischen Behörden auf das durch Art. 10 EMRK geschützte Ziel der Erhaltung der Medienvielfalt berufen hatten.[330] Die hohe Prüfungsdichte des EuGH dürfte sich in dem speziellen Fall jedoch damit erklären lassen, dass die nationale Maßnahme nicht nur die Warenverkehrsfreiheit, sondern zugleich die ebenfalls durch Art. 10 EMRK geschützte Meinungsfreiheit des betroffenen Presseunternehmens tangierte.[331]

bb) Durchführung von Gemeinschafts- bzw. Unionsrecht

Wenngleich die bisher genannten Fälle allesamt die Anwendung nationaler Grundrechte bei der Prüfung der Rechtfertigung von Grundfreiheitsbeschränkungen betrafen, war dies nicht der einzige Bereich, in dem der EuGH den Mitgliedstaaten einen Beurteilungsspielraum einräumte, in dessen Rahmen nationale Wertungen Eingang finden konnten. Vielmehr ging der Gerichtshof davon aus, dass die Mitgliedstaaten auch bei der Durchführung von Gemeinschaftsrecht bzw. Unionsrecht ihre eigenen grundrechtlichen Wertungen in die Interessenabwägung einbringen konnten bzw. können. Konkret zeigte sich dies in der Entscheidung in der Rechtssache *Lindqvist*, wo der EuGH betonte, dass die in Rede stehende Richtlinie 95/46/EG[332] angesichts der Vielzahl der möglichen Anwendungssituationen verhältnismäßig allgemein gehalten sei und die Regelung der Einzelheiten oder die Wahl zwischen verschiedenen Optionen daher in vielen Fällen den Mitgliedstaaten obliege.[333] Diese Handlungsspielräume müssten im Wege eines angemessenen Interessenausgleichs auf mitgliedstaatlicher Ebene ausgefüllt werden, was im Rahmen der konkreten Anwendung der Umsetzungsmaßnahmen geschehen sollte.[334] Fehle daher eine abschließende Abwägungsentscheidung auf Gemeinschaftsebene, müssten die Mitgliedstaaten auf Grund ihrer Grundrechtsbindung bei der Ausfüllung sekundärrechtlicher Umsetzungsspielräume einen angemessenen Ausgleich zwischen den betroffenen Grundrechtspositionen herbei führen, was eine an der Regelungsdichte des Sekundärrechts orientierte Aufteilung der Verantwortung für den Grundrechtsschutz zwischen der Gemeinschaft bzw. – heute – der Union und den Mitgliedstaaten impliziert.[335] Dabei nahm der EuGH augenscheinlich eine von den Gegebenheiten des konkre-

[330] EuGH, Rs. C-368/95, Familiapress, Slg. 1997, I-3689, Rn. 18 u. 27 ff.; s. dazu *Gerards*, ELJ 17 (2011), 80, 100 f.

[331] EuGH, Rs. C-368/95, Familiapress, Slg. 1997, I-3689, Rn. 25 f.

[332] Richtlinie 95/46/EG des Europäischen Parlaments und des Rates vom 24. Oktober 1995 zum Schutz natürlicher Personen bei der Verarbeitung personenbezogener Daten und zum freien Datenverkehr, ABl. EG 1995 Nr. L 281, S. 31 ff.

[333] EuGH, Rs. C-101/01, Lindqvist, Slg. 2003, I-12971, Rn. 83.

[334] EuGH, Rs. C-101/01, Lindqvist, Slg. 2003, I-12971, Rn. 85.

[335] Vgl. *Bleckmann*, Nationale Grundrechte im Anwendungsbereich des Rechts der Europäischen Union, S. 329.

ten Falls abhängige Wertung und damit notwendigerweise gewisse Abwägungsunterschiede, mithin eine unterschiedliche Verwirklichung der Unionsgrundrechte, in Kauf.[336]

Die in der *Lindqvist*-Entscheidung angedeutete Richtung wurde vom EuGH in der Rechtssache *Promusicae* bestätigt. In der fraglichen Entscheidung wiederholte der Gerichtshof, dass der Ausgleich konfligierender Grundrechtspositionen, im konkreten Fall das Recht auf Achtung des Privatlebens einerseits und das Eigentumsrecht sowie das Recht auf einen wirksamen Rechtsbehelf andererseits, sowohl auf Gemeinschaftsebene als auch auf nationaler Ebene erfolgen könne.[337] Im zu entscheidenden Fall seien die Vergaben der einschlägigen Richtlinien 2002/58/EG,[338] 2000/31/EG,[339] 2001/29/EG[340] und 2004/48/EG[341] verhältnismäßig allgemein gehalten, so dass der Interessenausgleich zwischen den betroffenen Gemeinschaftsgrundrechten auf nationaler Ebene vorzunehmen war, wobei die nationalen Stellen den ihnen bei der Durchführung eingeräumten Beurteilungsspielraum unter Berücksichtigung der besonderen Gegebenheiten des Einzelfalls sowie der grundrechtlichen Wertungen ihrer Verfassungen in verhältnismäßiger Art und Weise auszufüllen hatten.[342] Angesichts der durchaus heterogenen Grundrechtskataloge auf nationaler Ebene nahm der EuGH damit im Bereich sekundärrechtlicher Beurteilungsspielräume unterschiedliche Wertungen in Kauf, welche freilich nicht dem sonstigen Sekundärrecht zuwider laufen durften.

Anders gestaltete sich die Situation, wenn, wie in den Rechtssachen *Roquette Frères*[343] und *Ordre des barreaux francophones et germanophone*,[344] bereits auf Gemeinschaftsebene eine eigenständige Abwägung vorgenommen worden war. In diesen Fällen blieb es den Mitgliedstaaten verwehrt, eine am Maßstab der nationalen Grundrechte orientierte, eigene Abwägungsentscheidung zu treffen. Dies

[336] *Bleckmann*, Nationale Grundrechte im Anwendungsbereich des Rechts der Europäischen Union, S. 328 ff.

[337] EuGH, Rs. 275/06, Promusicae, Slg. 2008, I-271, Rn. 66.

[338] Richtlinie 2002/58/EG des Europäischen Parlaments und des Rates v. 12. Juli 2002 über die Verarbeitung personenbezogener Daten und den Schutz der Privatsphäre in der elektronischen Kommunikation (Datenschutzrichtlinie für elektronische Kommunikation), ABl. EG 2002 Nr. L 201, S. 37 ff.

[339] Richtlinie 2000/31/EG des Europäischen Parlaments und des Rates vom 8. Juni 2000 über bestimmte rechtliche Aspekte der Dienste der Informationsgesellschaft, insbesondere des elektronischen Geschäftsverkehrs, im Binnenmarkt („Richtlinie über den elektronischen Geschäftsverkehr"), ABl. EG 2000 Nr. L 178, S. 1 ff.

[340] Richtlinie 2001/29/EG des Europäischen Parlaments und des Rates vom 22. Mai 2001 zur Harmonisierung bestimmter Aspekte des Urheberrechts und der verwandten Schutzrechte in der Informationsgesellschaft, ABl. EG 2001 Nr. L 167, S. 10 ff.

[341] Richtlinie 2004/48/EG des Europäischen Parlaments und des Rates vom 29. April 2004 zur Durchsetzung der Rechte des geistigen Eigentums, ABl. EG 2004 Nr. L 195, S. 16 ff.

[342] EuGH, Rs. 275/06, Promusicae, Slg. 2008, I-271, Rn. 67 f.; vgl. *Bleckmann*, Nationale Grundrechte im Anwendungsbereich des Rechts der Europäischen Union, S. 333 ff.; *Maier*, Grundrechtsschutz bei der Durchführung von Richtlinien, S. 354 ff.

[343] EuGH, Rs. C-94/00, Roquette Frères, Slg. 2002, I-9011, Rn. 39 f.

[344] EuGH, Rs. C-305/05, Ordre des barreaux francophones et germanophone, Slg. 2007, I-5305, Rn. 33 ff.

galt auch dann, wenn der europäische Gesetzgeber beim Erlass einer Richtlinie zwar nicht alle denkbaren Grundrechtskonflikte bedacht, aber zumindest eine eindeutige Abwägungstendenz vorgegeben hatte, so dass auch dann, wenn der Gemeinschaftsgesetzgeber den Sekundärrechtsakt in grundrechtlicher Hinsicht nicht optimal ausgestaltet hatte, den Mitgliedstaaten nur die Möglichkeit einer grundrechtskonformen Auslegung verblieb,[345] deren Notwendigkeit sich für Deutschland aus dem Prinzip der Europarechtsfreundlichkeit des Grundgesetzes ergibt.[346]

d) Zwischenergebnis

Als Resümee lässt sich festhalten, dass der EuGH es in seinen vor Inkrafttreten der Grundrechte-Charta getroffenen Entscheidungen den Mitgliedstaaten gestattete, bei der Beschränkung der Grundfreiheiten sowie bei der Ausfüllung etwaiger, sich bei der Durchführung von Sekundärrecht ergebender Umsetzungsspielräume nationale Grundrechte heran zu ziehen, wobei das vom EU-Recht vorgegebene Verhältnismäßigkeitsprinzip zu wahren war. Trotz einer umfassenden Bindung an die EU-Grundrechte, die in beiden Konstellationen uneingeschränkt bestand, konnten nationale grundrechtliche Wertungen daher zumindest im Rahmen von Abwägungsentscheidungen zur Geltung kommen, so lange auf Gemeinschaftsrechtsebene keine eigenständige Interessenabwägung vorgenommen worden war. Diese Position hat der Gerichtshof auch nach Inkrafttreten des Vertrags von Lissabon für das Unionsrecht beibehalten. Dies kommt der Judikatur der Mehrzahl der mitgliedstaatlichen Verfassungs- und Höchstgerichte entgegen, welche im nicht vom EU-Recht determinierten Bereich eine Bindung auch an nationale Grundrechte annehmen und sich insoweit eine Prüfung am Maßstab der eigenen Verfassung vorbehalten.[347] Gerade in der Rechtssache *Omega* schien der Gerichtshof darüber hinaus sogar die Bestimmung des Gewährleistungsgehalts einzelner Grundrechte den Mitgliedstaaten zu überlassen, was auf eine Abwägung des auf Basis des nationalen Verfassungsrechts bestimmten Grundrechts mit dem gemeinschaftsrechtlichen Interesse hinaus lief und damit die nationalen Grundrechte noch stärker zur Geltung kommen ließ.[348]

---

[345] Ausführlich zum Ganzen *Bleckmann*, Nationale Grundrechte im Anwendungsbereich des Rechts der Europäischen Union, S. 342 ff.

[346] Vgl. *Sauer*, Grundrechtskollisionsrecht für das europäische Mehrebenensystem, in: Matz-Lück/Hong (Hrsg.), Grundrechte und Grundfreiheiten im Mehrebenensystem, S. 1, 65; näher zur Europarechtsfreundlichkeit des Grundgesetzes BVerfGE 123, 267, 347 ff.; 126, 286, 307.

[347] S. dazu unten, § 10 V.2. b).

[348] Vgl. *Bleckmann*, Nationale Grundrechte im Anwendungsbereich des Rechts der Europäischen Union, S. 337.

2. *Mitgliedstaatliche Ebene*

a) Verfahrensarten

Die verfahrensrechtliche Ausgestaltung des Grundrechtsschutzes auf nationaler Ebene hängt von den jeweiligen verfassungs- und einfachgesetzlichen Vorgaben des betreffenden Mitgliedstaates ab. In Deutschland vollzieht sich der Grundrechtsschutz in erster Linie im Rahmen der Verfassungsbeschwerde nach Art. 93 Abs. 1 Nr. 4a GG sowie der Richtervorlage gemäß Art. 100 Abs. 1 S. 1 GG. Darüber hinaus kommt eine abstrakte Normenkontrolle nach Art. 93 Abs. 1 Nr. 2 GG in Betracht, wenn die Vereinbarkeit eines formellen Gesetzes, welches der Umsetzung von Unionsrecht dient, mit den Grundrechten des Grundgesetzes in Rede steht. Auch andere Mitgliedstaaten wie beispielsweise Spanien,[349] Österreich,[350] Kroatien,[351] Slowenien,[352] die Slowakei,[353] Tschechien[354] und Ungarn[355] haben die Individualverfassungsbeschwerde gegen Akte der Exekutive und Judikative in ihren Verfassungen verankert.[356] Darüber hinaus sind, ebenso wie in Deutschland, etwa auch in Österreich,[357] Ungarn,[358] Polen,[359] und Tschechien[360] Individualverfassungsbeschwerden gegen Rechtsnormen möglich, wobei der Prüfungsmaßstab in diesen Ländern zum Teil explizit auf die Grundrechte beschränkt ist.[361] Die Beachtung der nationalen Grundrechte kann weiterhin im Wege der konkreten Normenkontrolle sicher gestellt werden, wobei dem Modell eines spezialisierten Verfassungsgerichts neben Deutschland und Österreich auch Spanien und Italien sowie zahlreiche mittel- und osteuropäische Mitgliedstaaten, mithin insgesamt 18 Mitgliedstaaten, folgen,[362] während in den übrigen Systemen mit Ausnahme des Vereinigten Königreichs eine inzidente Kontrolle mit der

---

[349] Art. 161 Abs. 1 lit. b) VerfSpanien.

[350] Art. 144 Abs. 1 VerfÖsterreich.

[351] Art. Art. 129 4. Spstr. VerfKroatien; s. dazu *Pintarić*, Osteuropa-Recht 2014, 321 ff.

[352] Art. 160 6. Spstr. VerfSlowenien; näher dazu *Kerševan*, Osteuropa-Recht 2014, 312 ff.

[353] Art. 127 Abs. 1 VerfSlowakei; s. dazu *Bröstl/Gajdošiková*, Osteuropa-Recht 2014, 279 ff.

[354] Art. 87 Abs. 1 lit. d) VerfTschechien; näher dazu *Tomoszek*, Osteuropa-Recht 2014, 265 ff.

[355] Art. 24 Abs. 2 lit. d) VerfUngarn; näher dazu *Zeller/Naszladi*, Osteuropa-Recht 2014, 301 ff.

[356] Vgl. *Weber*, Europäische Verfassungsvergleichung, S. 333.

[357] Art. 144 Abs. 1 VerfÖsterreich.

[358] Art. 24 Abs. 2 lit. c) VerfUngarn.

[359] Art. 188 Nr. 5 i.V.m. Art. 79 Abs. 1 VerfPolen; s. dazu *Banaszak/Jarosz-Żukowska*, Osteuropa-Recht 2014, 288, 288 f.

[360] Art. 87 Abs. 1 lit. d) VerfTschechien i.V.m § 74 VerfGG, wonach die fragliche Rechtsvorschrift aber nicht direkt angegriffen werden kann, sondern ein entsprechender Antrag auf Aufhebung einer Rechtsvorschrift nur zusammen mit der Verfassungsbeschwerde gegen den Einzelakt erhoben werden kann; näher dazu *Tomoszek*, Osteuropa-Recht 2014, 265, 268.

[361] *Weber*, Europäische Verfassungsvergleichung, S. 333.

[362] Vgl. *Weber*, Europäische Verfassungsvergleichung, S. 329; *Lenaerts*, EuR 2015, 3,4; zur konkreten Normenkontrolle s. etwa Art. 140 Abs. 1 VerfÖsterreich; Art. 161 Abs. 1 lit. a) VerfSpanien; Art. 134 1. Var. VerfItalien; Art. 146 lit. d) VerfRumänien.

Möglichkeit der Verwerfung der betroffenen Rechtsnorm durch die Gerichte aller Rechtszweige vorgenommen wird, so dass zwischen den einzelnen Mitgliedstaaten in Bezug auf den prozessualen Grundrechtsschutz zum Teil erhebliche Unterschiede bestehen. Schließlich kommt in Mitgliedstaaten mit spezialisierter Verfassungsgerichtsbarkeit noch die abstrakte Normenkontrolle zur Überwachung der Einhaltung der nationalen Grundrechte in Betracht.[363]

b) Prüfungsmaßstab der nationalen Verfassungs- und Höchstgerichte

Vor Inkrafttreten der Grundrechte-Charta war die jeweilige nationale Verfassung mit ihren Grundrechten der einzige Prüfungsmaßstab der mitgliedstaatlichen Verfassungsgerichte, nachdem auch der österreichische Verfassungsgerichtshof, der unter Geltung der Grundrechte-Charta diese in bestimmten Konstellationen als Maßstab für seine Rechtskontrolle anerkennt,[364] damals die Gemeinschaftsgrundrechte nicht als Prüfungsmaßstab heran gezogen hatte.[365] Entsprechendes gilt bis heute für das Bundesverfassungsgericht, welches zwar in seiner *Solange II*-Entscheidung die Existenz ungeschriebener Unionsgrundrechte bejahte,[366] diesen aber in seiner Rechtsprechung, anders als der EMRK,[367] bis heute nicht die Bedeutung eines eigenständigen Prüfungsmaßstabs in Bezug auf fachgerichtliche Entscheidungen beimisst.[368]

Während außerhalb des Anwendungsbereichs des EU-Rechts eine verfassungsgerichtliche Überprüfung schon immer ausschließlich am Maßstab der nationalen Grundrechte erfolgt ist, stellt sich die Situation im Anwendungsbereich des Unionsrechts, insbesondere bei der Beschränkung von Grundfreiheiten und der Durchführung von EU-Recht, als weitaus diffiziler dar. Wie bereits ausgeführt,[369] lehnt die Mehrzahl der nationalen Verfassungsgerichte entsprechend der Rechtsprechung des Bundesverfassungsgerichts vorbehaltlich des Absinkens des unionsrechtlichen Schutzstandards, der Beeinträchtigung der nationalen Verfassungsidentität sowie des Vorliegens eines *ultra vires*-Rechtsaktes eine Überprüfung nationaler Rechtsakte, welche durch das EU-Recht vollständig determiniert sind, am Maßstab der nationalen Grundrechte ab, so dass entsprechende Rechts-

---

[363] Vgl. *Weber*, Europäische Verfassungsvergleichung, S. 328 f.

[364] VfGH, Erk. v. 14.03.2012 – U – 466/11, U 1836/11 –, EuGRZ 2012, 331, 335, E. 35 ff.; näher dazu unten, § 11 V.2. a).

[365] So etwa Verfassungsgerichtshof der Republik Österreich, Erk. v. 26.06.1997 – B 877/96 –, VfSlg. 14886/1997; Erk. v. 08.03.2000 – G 23/99 –, VfSlg. 15753/2000; Erk. v. 15.06.2000 – B 65/00 u.a. –, 15810/2000; näher dazu unten, § 11 V.2. a).

[366] BVerfGE 73, 339, 379 f.

[367] Näher dazu unten, § 13 I.2. a).

[368] Vgl. BVerfGE 31, 145, 174 f.; s. allerdings die Erwähnung der Existenz ungeschriebener Unionsgrundrechte und deren Fortgeltung als allgemeine Rechtsgrundsätze nach Art. 6 Abs. 3 EUV in BVerfGE 123, 267, 283; s. dazu *Griebel*, Der Staat 52 (2013), 371, 381; vgl. auch *Matz-Lück*, Europäische Rechtsakte und nationaler Grundrechsschutz, in: Matz-Lück/Hong (Hrsg.), Grundrechte und Grundfreiheiten im Mehrebenensystem, S. 161, 198.

[369] So etwa BVerfGE 118, 79, 95 ff.; s. oben, § 10 V.2. b).

behelfe keine Aussicht auf Erfolg haben. Anders liegen die Dinge in den vom Europarecht nicht vollständig determinierten Bereichen, in denen nach zutreffender Auffassung eine parallele Bindung der nationalen Staatsgewalt an europäische und nationale Grundrechte besteht und in denen deshalb der *Solange II*-Vorbehalt bzw. ähnlich ausgestaltete Vorbehalte anderer Verfassungs- und Höchstgerichte nicht eingreifen. In diesen Fällen nehmen die nationalen Verfassungs- und Höchstgerichte regelmäßig eine Prüfung am Maßstab der nationalen Grundrechte im Hinblick auf die verfassungsmäßige Ausübung des durch das Unionsrecht eingeräumten Ermessens vor,[370] wobei insoweit keine Unterschiede zwischen der Zeit vor und nach Inkrafttreten der Grundrechte-Charta bestehen. Für Deutschland bedeutet dies, dass das mit dem konkreten Rechtsfall befasste Fachgericht grundsätzlich sowohl eine Vorlage an den EuGH im Wege des Vorabentscheidungsverfahrens als auch eine konkrete Normenkontrolle zum Bundesverfassungsgericht einleiten konnte,[371] wobei das Bundesverfassungsgericht in seinem Beschluss zum Investitionszulagengesetz aus dem Jahr 2011 die fachgerichtliche Vorlage an den EuGH im Wege des Vorabentscheidungsverfahrens unter bestimmten Voraussetzungen zur Prozessvoraussetzung der konkreten Normenkontrolle nach Art. 100 Abs. 1 S. 1 GG erklärte und die Entscheidungserheblichkeit einer Normenkontrollvorlage nur dann bejahte, wenn das Fachgericht zuvor hatte klären lassen, ob die fragliche Norm in Ausfüllung eines dem deutschen Gesetzgeber zustehenden Umsetzungsspielraums ergangen ist.[372] Auf diese Weise erreicht das Bundesverfassungsgericht, dass der EuGH im Wege des Dialogs und der Kooperation frühzeitig in das Verfahren einbezogen wird, ohne selbst die Entscheidungsbefugnis hinsichtlich des Umsetzungsspielraums zu verlieren.[373]

VI. Zwischenergebnis

Die Entwicklung des Grundrechtsschutzes auf europäischer Ebene zeichnet sich dadurch aus, dass die Gemeinschaft ursprünglich über keinen eigenständigen Grundrechtsschutz verfügte und eigene Gemeinschaftsgrundrechte in Form von ungeschriebenen Rechtsgrundsätzen des Gemeinschaftsrechts erst durch den EuGH auf Grundlage der mitgliedstaatlichen Verfassungsüberlieferungen sowie der EMRK geschaffen wurden, mithin eine Grundrechtsentwicklung „von unten nach oben" stattfand. Notwendig geworden war dieser Schritt, nachdem sich die Kompetenzverteilung zwischen Gemeinschaft und Mitgliedstaaten im Laufe der

---

370 BVerfGE 118, 79, 97 ff.

371 S. dazu *Wendel*, EuZW 2012, 213, 216.

372 BVerfGE 129, 186, 200 ff.; ausführlich dazu *Wendel*, EuZW 2012, 213, 214 ff.

373 Zweifelnd insoweit *Wendel*, EuZW 2012, 213, 216, der die Haltung des Bundesverfassungsgerichts als zur Sicherung der Letztentscheidungsbefugnis nicht geeignet ansieht, da der EuGH in derartigen Fällen auch eine Prüfung am Maßstab der Unionsgrundrechte durchführen könne.

Zeit immer weiter zu Gunsten der Gemeinschaft verlagert hatte und die Gemeinschaft nunmehr auch in Bereichen zur Rechtssetzung befugt war, in denen Grundrechte des Einzelnen typischerweise gefährdet sind. Insoweit bestehen deutliche Parallelen zur Grundrechtsentwicklung in der Schweiz, wo sich viele, wenn auch nicht alle Grundrechtsgarantien zuerst in den Kantonen entwickelt hatten und erst nach und nach im Wege der Rechtsfortbildung durch das Schweizer Bundesgericht entsprechende bundesrechtliche Gewährleistungen entstanden. Ähnliches gilt für die Situation im deutschen Kaiserreich, wo das Reichsgericht zahlreiche zentrale Grundrechtsbestimmungen, die sich nicht aus der Verfassungsurkunde des Reiches und auch nicht aus den Reichsgesetzen ergaben, sondern die nur in den Länderverfassungen verankert waren, als allgemeine Rechtsprinzipien des Reichsrechts anerkannte.

In inhaltlicher Hinsicht deckten sich die Gewährleistungsgehalte von Gemeinschaftsgrundrechten und nationalen Grundrechten nur teilweise, nachdem der EuGH einerseits Grundrechte wie das Verbot der Altersdiskriminierung, das nur in einzelnen nationalen Verfassungen verankert war, als Gemeinschaftsgrundrechte anerkannte, während er andererseits klassische Freiheitsrechte wie die Wissenschaftsfreiheit und die Kunstfreiheit jedenfalls nicht ausdrücklich zu den Gemeinschaftsgrundrechten zählte. Hinzu kam, dass auf mitgliedstaatlicher Ebene teilweise soziale Grundrechte wie das Recht auf Information über den Zustand der Umwelt existierten, welche auf europäischer Ebene keine Entsprechung fanden. Angesichts derartiger Abweichungen konnte eine Konfliktvermeidung durch weitestgehende Angleichung der Grundrechtsgehalte der beiden Ebenen im Sinne einer Grundrechtskonvergenz alleine kaum funktionieren, so dass andere Konfliktlösungsstrategien entwickelt werden mussten. Da eine Konfliktvermeidung durch Kompetenzabgrenzung auf Grund des Umstandes, dass sowohl die Gemeinschaft als auch die Mitgliedstaaten zur Rechtssetzung im Grundrechtsbereich befugt waren und sich das föderale System der EU schon auf Grund der Organisation der Kompetenzverteilung insgesamt immer weiter in Richtung eines kooperativen Föderalismus entwickelte,[374] keine taugliche Option darstellte, mussten etwaige Kollisionen mit Hilfe der Kollisionsregel des Anwendungsvorrangs des Gemeinschaftsrechts aufgelöst werden. Auch insoweit bestehen erkennbare Parallelen zu den Systemen des Grundgesetzes und der schweizerischen Bundesverfassung, wo Normkollisionen mit Hilfe der Kollisionsnormen des Art. 31 GG bzw. Art. 49 Abs. 1 BV aufgelöst werden. Dass die genannten Normen einen Geltungsvorrang der ranghöheren Norm implizieren, während der Vorrang des Europarechts nur einen Anwendungsvorrang des EU-Rechts mit sich bringt, aber nicht zur Nichtigkeit der betroffenen nationalen Rechts führt, steht der Vergleichbarkeit nicht entgegen, zumal in Folge des Anwendungsvorrangs des EU-Rechts der nationale Gesetzgeber ohnehin regelmäßig gezwungen ist, die fragliche innerstaatliche Norm aufzuheben oder unionsrechtskonform zu ändern. Außerdem wird der Anwendungsvorrang des Unionsrechts als solcher

[374] So der Befund von *Schütze*, From Dual to Cooperative Federalism, S. 345 ff.

bislang von keinem nationalen Verfassungs- oder Höchstgericht ernsthaft bestritten, nachdem die mitgliedstaatlichen Gerichte ihre Gefolgschaft nur im Falle eines *ultra vires*-Handelns eines EU-Organs bzw. einer Beeinträchtigung grundlegender nationaler Verfassungsprinzipien aufkündigen wollen. Die Kollisionsnorm im Verhältnis zwischen dem EU-Recht und dem nationalen Recht befindet sich damit – vor wie nach Inkrafttreten der Grundrechte-Charta – auf der Ebene der EU, was, wie im deutschen und im schweizerischen System, eine zumindest faktische Hierarchisierung impliziert, ohne dass eine solche freilich formell vorhanden wäre.

In Bezug auf die materiell-rechtliche Grundrechtsbindung, die im Fall des Europarechts auf Grund der überwiegend richterrechtlichen Vorgaben des EuGH und der nationalen Verfassungs- und Höchstgerichte sehr eng mit der prozessualen Überwachung der Achtung der Grundrechte zusammenhängt, ergibt sich für die Zeit vor Inkrafttreten der Grundrechte-Charta, dass die EG/EU bei ihrem Handeln stets an die europäischen Grundrechte gebunden war, während eine mitgliedstaatliche Bindung an die Gemeinschaftsgrundrechte nur im Anwendungsbereich des Gemeinschaftsrechts bestand. Eine solche Eröffnung des Anwendungsbereichs des Gemeinschaftsrechts nahm der EuGH insbesondere bei der Durchführung des Gemeinschaftsrechts durch die Mitgliedstaaten sowie bei der Beschränkung der Grundfreiheiten an. Nationale Grundrechte kamen demgegenüber außerhalb des Anwendungsbereichs des Gemeinschaftsrechts sowie im Anwendungsbereich des Gemeinschaftsrechts im Rahmen gemeinschaftsrechtlicher Abwägungs- und Beurteilungsspielräume zur Anwendung. Während der EuGH in den vom Gemeinschaftsrecht nicht vollständig determinierten Bereichen daneben auch eine Bindung an die Gemeinschaftsgrundrechte bejahte, ging die Mehrzahl der nationalen Verfassungs- und Höchstgerichte in diesen Fällen von einer alleinigen Bindung an die nationalen Grundrechte aus, was zwar Kollisionslagen vorbeugt, in der Praxis wegen der schwierigen Abgrenzbarkeit von determinierten und nicht-determinierten Bereichen kaum praktikabel ist. Die genannten Grundsätze gelten im Übrigen weitestgehend bis heute fort.

Hinsichtlich der Frage des jeweiligen Prüfungsmaßstabes führte die Rechtsprechung von EuGH und nationalen Verfassungsgerichten dazu, dass die Gemeinschaftsgrundrechte ausschließlich vom EuGH als unmittelbarer Prüfungsmaßstab herangezogen wurden, während die nationalen Grundrechte nur den mitgliedstaatlichen Verfassungs- und Höchstgerichten als Prüfungsmaßstäbe dienten. Insoweit bestehen Parallelen zumindest zum System des Grundgesetzes, wo die Landesstaatsgewalt stets an Landes- und Bundesgrundrechte gebunden ist, die Landesgrundrechte bei der Anwendung von Bundesrecht jedoch nur im Rahmen von durch das Bundesrecht eingeräumten Ermessens- und Beurteilungsspielräumen eine eigenständige Bedeutung erlangen können. Auch hinsichtlich der Frage der Prüfungsmaßstäbe ergeben sich Ähnlichkeiten, nachdem die Landesverfassungsgerichte eine Überprüfung alleine am Maßstab der Landesgrundrechte vornehmen, während das Bundesverfassungsgericht nur die Grundrechte des Grundgesetzes als Prüfungsmaßstab heran zieht. Unterschiede ergeben sich in diesem Punkt allerdings im Vergleich zum schweizerischen System mit seiner diffusen Verfassungsgerichtsbarkeit, bei dem die Instanzgerichte und das Bundesgericht jeweils sowohl Bundesgrundrechte als auch kantonale Grundrechte als Prüfungsmaßstab verwenden.

In Bezug auf die prozessualen Mechanismen zur Ausgestaltung des Grundrechtsschutzes zeigte sich, dass sich der Grundrechtsschutz auf Gemeinschaftsebene – ebenso wie heute auf Unionsebene – im Wege der Nichtigkeitsklage, des Vertragsverletzungsverfahrens, vor allem aber im Wege des Vorabentscheidungsverfahrens realisierte, welches von seiner Funktion her, die Einheitlichkeit der Rechtsordnung zu gewährleisten, gewisse Parallelen zur konkreten Normenkontrolle im System des Grundgesetzes nach Art. 100 Abs. 1 S. 1 bzw. Abs. 3 GG aufweist, wenngleich der EuGH im Rahmen des Vorabentscheidungsverfahren, anders als das Bundesverfassungsgericht bei der konkreten Normenkontrolle hinsichtlich des Landesrechts, nicht über die Vereinbarkeit mitgliedstaatlicher Rechtsnormen mit dem EU-Recht entscheidet. Aus der Rechtsprechung des EuGH zum jeweils maßgeblichen Schutzstandard ergibt sich, dass bei der Beschränkung von Grundfreiheiten sowie bei der Durchführung des Unionsrechts in dessen nicht-determiniertem Bereich auf Grund der Reduzierung der Prüfungsdichte durch den EuGH nationale grundrechtliche Wertungen entweder als bei der Abwägung zu beachtende Faktoren oder sogar als geltender Schutzstandard heran gezogen werden konnten. Auf mitgliedstaatlicher Ebene kann die Verletzung nationaler Grundrechte teilweise im Wege der Individualverfassungsbeschwerde geltend gemacht werden, wobei zudem vielfach die Möglichkeit einer konkreten bzw. abstrakten Normenkontrolle zur Gewährleistung des Grundrechtsschutzes besteht. Eine Überprüfung am Maßstab der nationalen Grundrechte nahm bzw. nimmt die Mehrzahl der mitgliedstaatlichen Verfassungs- und Höchstgerichte im Anwendungsbereich des EU-Rechts vorbehaltlich des Absinkens des Grundrechtsstandards auf europäischer Ebene bzw. des Vorliegens eines *ultra vires*-Rechtsaktes nur dann vor, wenn dieses entsprechende Gestaltungsspielräume enthält. Parallelen zum System des Grundgesetzes bestehen hinsichtlich der prozessualen Umsetzung zunächst insoweit, als viele deutsche Landesverfassungen ebenfalls das Verfahren der Verfassungsbeschwerde zur Kontrolle der Beachtung der Grundrechte vorsehen. Außerdem besteht sowohl in Deutschland als auch in der EU eine verfahrensrechtliche Kooperation der Verfassungsgerichte beider Ebenen, wenngleich diese im System der EU deutlich stärker von der Bereitschaft zur wechselseitigen Zusammenarbeit abhängig ist als im System des Grundgesetzes, worin sich die im deutschen System auch formell vorhandene Hierarchisierung zwischen Bund und Ländern bemerkbar macht. Eine Parallele zum deutschen System zeigt sich ferner insoweit, als die Mehrzahl der deutschen Landesverfassungsgerichte bei der Überprüfung der Anwendung von Bundesrecht durch die Landesbehörden im Rahmen von Ermessens- und Beurteilungsspielräumen in der Praxis landesgrundrechtliche Wertungen heranzieht, ohne jedoch, anders als die nationalen Verfassungs- und Höchstgerichte in der EU, die zugleich bestehende Bindung an das Grundgesetz zu negieren. Ähnlichkeiten zum schweizerischen System, in dem das Bundesgericht die Anwendung des einfachen Gesetzesrechts in vielen Fällen nur auf das Vorliegen von Willkür hin überprüft und zudem unter bestimmten Voraussetzungen seine Kontrolldichte zu Gunsten der kantonalen Instanzen reduziert, bestehen insoweit, als der EuGH den Mitgliedstaaten bei der Durchführung des EU-Rechts im nichtdeterminierten Bereich Abwägungs- und Beurteilungsspielräume einräumt. Insgesamt lässt sich daher sagen, dass im Verhältnis zwischen der EG/EU und den Mitgliedstaaten bereits vor Inkrafttreten des Vertrags von Lissabon häufig auf prozessuale Konfliktvermeidungsmechanismen, insbesondere auf das Instrument der Reduzierung der Prüfungsdichte, zurück gegriffen wurde.

§ 11 Grundrechtsschutz in der EU nach Inkrafttreten des Vertrags von Lissabon

I. Geschichtliche Entwicklungen

1. Entstehung und Inhalt des Vertrags von Lissabon

Der Vertrag von Lissabon[1] wurde am 13.12.2007 von den Staats- und Regierungschefs der damals 27 EU-Mitgliedstaaten unterzeichnet. Er trat am 01.12.2009 in Kraft. Ziel des Reformvertrag von Lissabon war es, die Rechtsgrundlagen der EU neu zu ordnen, die Aufteilung der Zuständigkeiten von Union und Mitgliedstaaten klarer zu gestalten, die Funktionsfähigkeit der EU-Organe zu stärken und deren Entscheidungsfindungsmechanismen zu vereinfachen, die demokratische Legitimation des Unionshandels zu erhöhen und die Europäische Grundrechte-Charta im Primärrecht zu verankern.[2] In organisationsrechtlicher Hinsicht tritt die EU nach Art. 1 Abs. 3 S. 3 EUV an die Stelle der Europäischen Gemeinschaft, deren Rechtsnachfolgerin sie ist, so dass die EU nunmehr über eine eigene Rechtspersönlichkeit verfügt. Sie ist mithin das Ergebnis einer Verschmelzung der früheren Europäischen Gemeinschaft mit der bisherigen Europäischen Union, was die Überwindung der Säulenstruktur des Maastrichter Vertrages mit sich brachte.[3] In dem neuen Gefüge überwiegen die supranationalen Elemente wie das ordentliche Gesetzgebungsverfahren, der Anwendungsvorrang des Unionsrechts sowie die Prüfungsbefugnis des EuGH, wobei freilich insbesondere im Bereich der GASP weiterhin das intergouvernementale Modell dominiert.

Wichtige inhaltliche Änderungen ergaben sich durch den Vertrag von Lissabon zunächst im Bereich der Kompetenzverteilung zwischen Union und Mitgliedstaaten. Zwar gilt nach Art. 5 Abs. 1 S. 1 EUV für die Abgrenzung der Zuständigkeiten weiterhin der in den Verträgen nun erstmals erwähnte Grundsatz der begrenzten Einzelermächtigung, doch wurden die Grundsätze der Subsidiarität und der Verhältnismäßigkeit lediglich konkretisiert und prozedural, nicht aber inhalt-

[1] Vertrag von Lissabon zur Änderung des Vertrags über die Europäische Union und des Vertrags zur Gründung der Europäischen Gemeinschaft, unterzeichnet in Lissabon am 13.12.2007, ABl. EU Nr. C 306, S. 1 ff.

[2] S. dazu die Schlussfolgerungen des Vorsitzes des Rates der EU v. 23.06.2007, 11177/07, Anl. 1, Punkt II, S. 15, 16 ff.

[3] Vgl. *Calliess*, Die Europäische Union nach dem Vertrag von Lissabon, S. 80 f.

lich gestärkt.[4] Der Vertrag von Lissabon, der einerseits an dem überkommenen System der sachbereichs- und zielbezogenen Kompetenzverteilung festhält, gleichzeitig aber zumindest einen Teil der Unionskompetenzen in einem Katalog (Art. 2 bis 6 AEUV) zusammen fasst[5] und nach Art. 3 Abs. 6 EUV die Verfolgung der Unionsziele vom Bestehen von Unionskompetenzen für den fraglichen Bereich abhängig macht,[6] unterscheidet zwischen ausschließlichen Zuständigkeiten der Union (Art. 3 AEUV) und den zwischen der EU und den Mitgliedstaaten aufgeteilten Zuständigkeiten (Art. 4 AEUV). Nach Art. 6 AEUV ist die EU für sog. Maßnahmen mit europäischer Zielsetzung, d.h. zur Unterstützung, Koordinierung oder Ergänzung der Maßnahmen der Mitgliedstaaten zuständig, wobei die Vorschrift den Regelungen der Art. 152, 157, 151 und 149–150 EGV entspricht.[7] Durch den Vertrag von Lissabon erweitert wurde der Anwendungsbereich der Flexibilitätsklausel des Art. 352 AEUV, die sich, anders als Art. 308 EGV, nunmehr auf die Verwirklichung sämtlicher Ziele der Verträge erstreckt und nicht auf die Verwirklichung der Gemeinschaftsziele „im Rahmen des Gemeinsamen Marktes" beschränkt ist. Die praktischen Konsequenzen dieser Änderung dürften sich jedoch angesichts der geringen Bedeutung dieses Tatbestandsmerkmals in Grenzen halten.[8] Insgesamt ist der Anwendungsbereich des Art. 352 AEUV nach dem Vertrag von Lissabon größer als der des Art. 308 EGV, da ein Großteil der ehemals zur dritten Säule gehörenden Politikbereiche nun dem Prinzip der Supranationalität unterliegt,[9] wenngleich die Anwendung der Flexibilitätsklausel durch den Vertrag von Lissabon an zusätzliche verfahrensrechtliche Voraussetzungen wie die Einstimmigkeit im Rat geknüpft wurde. Durch die Eingliederung der Bestimmungen über die PJZS in den Vertrag über die Arbeitsweise der Europäischen Union und der damit verbundenen Supranationalisierung dieses Bereichs wurden die Unionskompetenzen erweitert, zumal sich nun auch die Zuständigkeit des EuGH auf den fraglichen Bereich erstreckt. In anderen Bereichen wurden die Unionskompetenzen punktuell erweitert. Konkret gilt dies etwa im Hinblick auf den Schutz des geistigen Eigentums, für den mit Art. 18 AEUV erstmals eine explizite Rechtsgrundlage für Unionsrechtsakte zum Schutz des geistigen Eigentums existiert. Ähnliches trifft für den Bereich der Sportförderung zu, in Bezug auf den Art. 165 AEUV eine Modifikation und Erweiterung der Unionskompetenzen im Vergleich zu Art. 149 EGV herbei führte.[10] Ferner kam es etwa im Energiebereich zu einer Ausdehnung der EU-

---

[4] Vgl. dazu das Protokoll (Nr. 2) über die Anwendung der Grundsätze der Subsidiarität und der Verhältnismäßigkeit, ABl. EU 2010 Nr. C 83, S. 203 ff.; näher dazu unten, § 15 I.2. c).

[5] *Rossi*, Does the Lisbon Treaty Provide a Clearer Separation of Competences between EU and Member States?, in: Biondi/Eeckhout/Ripley (Hrsg.), EU Law After Lisbon, S. 85, 90.

[6] S. dazu *Azoulai*, Introduction: The Question of Competence, in: ders. (Hrsg.), The Question of Competence in the European Union, S. 1, 11 f., der insoweit einen Perspektivwechsel bei der Kompetenzverteilung ausmachen will.

[7] S. *Hatje/Kindt*, NJW 2008, 1761, 1762.

[8] *Rossi*, in: Calliess/Ruffert, EUV/AEUV, Art. 352 AEUV Rn. 5a.

[9] *Rossi*, in: Calliess/Ruffert, EUV/AEUV, Art. 352 AEUV Rn. 6.

[10] *Kotzur*, in: Geiger/Khan/Kotzur, EUV/AEUV, Art. 165 AEUV Rn. 2.

Kompetenzen, da mit Art. 194 AEUV nun erstmals eine Unionskompetenz für die Energiepolitik besteht, so dass insgesamt von einer Ausweitung der Unionskompetenzen durch den Vertrag von Lissabon gesprochen werden kann, welche jedoch von einer klareren Ausweisung der Grenzen der Unionskompetenzen begleitet wird.[11] Die GASP hingegen bleibt auch nach Inkrafttreten des Vertrags von Lissabon dem intergouvernementalen Bereich zugeordnet, so dass die spezifisch supranationalen Instrumente insoweit nicht zur Anwendung kommen.[12] Ferner ist der EuGH für den Bereich der GASP gem. Art. 275 Abs. 1 und 2 AEUV nach wie vor nur sehr eingeschränkt, nämlich ausschließlich in Fällen gezielter Sanktionen, zuständig.

Weitere wesentliche Änderungen betreffen schließlich den Grundrechtsschutz. So sieht Art. 6 Abs. 2 EUV erstmals den Beitritt der EU zur EMRK vor, wobei jedoch zugleich betont wird, dass die vertraglich festgelegten Zuständigkeiten der Union dadurch nicht verändert werden. Schließlich trat mit dem Vertrag von Lissabon die Europäische Grundrechte-Charta in Kraft, die nach Art. 6 Abs. 1 UAbs. 1 im Rang von Primärrecht neben den Verträgen gilt.

2. *Ausarbeitung, Inkrafttreten und Geltung der Grundrechte-Charta*

Die „Charta der Grundrechte der Europäischen Union“ wurde in den Jahren 1999 und 2000 vom sog. Europäischen Konvent („Grundrechtekonvent“) ausgearbeitet. Sie wurde am 12. Dezember 2007 vom Europäischen Parlament, vom Rat und der Kommission feierlich proklamiert und im Amtsblatt C der EU bekannt gemacht.[13] Verbindlichkeit erlangte die Charta schließlich mit dem Inkrafttreten des Vertrags von Lissabon zum 1. Dezember 2009.

Nach Art. 6 Abs. 1 UAbs. 1 S. 1 1. HS EUV erkennt die Union die Rechte, Freiheiten und Grundsätze an, die in der Charta der Grundrechte der Europäischen Union vom 7. Dezember 2000 in der am 12. Dezember 2007 in Straßburg angepassten Fassung niedergelegt sind. Nach Art. 6 Abs. 1 UAbs. 1 S. 1 2. HS EUV sind die Charta der Grundrechte und die Verträge rechtlich gleichrangig, woraus sich ergibt, dass die Charta dem Primärrecht zuzuordnen ist und gleichrangig neben diesem steht. Nach Art. 6 Abs. 3 EUV gelten die Grundrechte, wie sie in der Europäischen Konvention zum Schutz der Menschenrechte und Grundfreiheiten gewährleistet sind und wie sie sich aus den gemeinsamen Verfassungsüberlieferungen der Mitgliedstaaten ergeben, als allgemeine Grundsätze des Unionsrechts fort. Daher existiert auf Unionsebene neben der Grundrechte-Charta eine weitere, dem Primärrecht zuzuordnende Grundrechtsquelle,[14] auf die der EuGH auch nach Inkrafttreten der Grundrechte-Charta zurückgreifen kann.

---

[11] Vgl. *Rossi*, Does the Lisbon Treaty Provide a Clearer Separation of Competences between EU and Member States?, in: Biondi/Eeckhout/Ripley (Hrsg.), EU Law After Lisbon, S. 85, 106.

[12] *Hatje/Kindt*, NJW 2008, 1761, 1763.

[13] Charta der Grundrechte der Europäischen Union, ABl. EU 2007 Nr. C 303, S. 1 ff.

[14] S. *Calliess*, Die Europäische Union nach dem Vertrag von Lissabon, S. 321.

Durch Art. 6 Abs. 1 UAbs. 2 EUV wird eine Erweiterung der in den Verträgen festgelegten Zuständigkeiten der Union durch die Charta ausgeschlossen, so dass das auf dem Prinzip der begrenzten Einzelermächtigung basierende Kompetenzgefüge auch nach Inkrafttreten der Charta erhalten bleibt. Damit sollte den Bedenken einiger Mitgliedstaaten Rechnung getragen werden, die durch die Charta eine Ausweitung der Unionskompetenzen, verbunden mit einer Aushöhlung des Systems der begrenzten Einzelermächtigung, befürchteten.[15] Derartige Ängste beruhen insbesondere darauf, dass einige Chartarechte außerhalb des aktuellen Kompetenzbereichs der EU liegen und überdies mit Hilfe der Grundrechte faktisch die gesamte Rechtsordnung erfasst werden kann.[16]

Eine Ausnahme von der Zuständigkeit des EuGH und der nationalen Gerichte für den Schutz der in der Charta anerkannten Rechte gilt für Polen und das Vereinigte Königreich sowie für die Tschechische Republik, die sich eine Erstreckung des fraglichen, vom Vereinigten Königreich und Polen ausgehandelten Protokolls für eine Ratifikation des Vertrags von Lissabon ausbedungen hatte.[17] So gewährt nach Art. 1 Abs. 1 des Protokolls Nr. 30 über die Anwendung der Charta der Grundrechte der Europäischen Union auf Polen und das Vereinigte Königreich dem EuGH keine Kompetenz für die Feststellung, dass die Rechts- und Verwaltungsvorschriften, die Verwaltungspraxis oder -maßnahmen Polens oder des Vereinigten Königreichs nicht mit den durch die Charta bekräftigten Grundrechten, Freiheiten und Grundsätzen im Einklang stehen. Art. 1 Abs. 2 des Protokolls Nr. 30 stellt zudem klar, mit Titel IV der Charta keine für Polen oder das Vereinigte Königreich geltenden einklagbaren Rechte geschaffen werden, soweit Polen bzw. das Vereinigte Königreich solche Rechte nicht im nationalen Recht vorgesehen hat. Durch dieses „opt out" wird der Grundrechtsschutz in den betroffenen Ländern zwar eingeschränkt, doch gelten nach Art. 6 Abs. 3 EUV die vom EuGH als allgemeine Grundsätze des Unionsrechts entwickelten Unionsgrundrechte weiterhin auch für die Polen und Großbritannien sowie für die Tschechische Republik, so dass sich inhaltlich beim Grundrechtsschutz keine gravierenden Unterschiede ergeben.[18]

---

[15] S. etwa die Erklärung Nr. 53 der Tschechischen Republik zur Charta der Grundrechte der Europäischen Union; vgl. *Hatje/Kindt*, NJW 2008, 1761, 1766.

[16] *Ladenburger*, in: Tettinger/Stern, Europäische Grundrechtecharta, Art. 51 Rn. 55; *Calliess*, Die Europäische Union nach dem Vertrag von Lissabon, S. 312.

[17] Protokoll über die Anwendung der Charta der Grundrechte der Europäischen Union auf die Tschechische Republik; Schlussfolgerungen des Vorsitzes – Brüssel, 29./30. Oktober 2009, 15265/1/09 REV 1, Anlage 1; Art. 1 des Dokuments lautet: „Das Protokoll Nr. 30 über die Anwendung der Charta der Grundrechte der Europäischen Union auf Polen und das Vereinigte Königreich findet Anwendung auf die Tschechische Republik."; ausführlich dazu *Craig*, The Charter, the ECJ and national courts, in: Ashiagbor/Countouris/Lianos (Hrsg.), The European Union After the Treaty of Lisbon, S. 78, 84 ff.

[18] So auch *Cromme*, EuR 2007, 821, 828.

II. Unionale Grundrechtsverbürgungen

1. Inhalt der EU-Grundrechte-Charta

Während sich der Grundrechtsbestand in den nationalen Verfassungen über die Jahre kaum verändert hatte, erhielt die EU mit dem Inkrafttreten der Grundrechte-Charta erstmals einen kodifizierten Grundrechtskatalog, der die Rechtsprechung des EuGH im Grundrechtsbereich übernahm, zugleich aber zumindest in einigen Punkten über die vom EuGH als allgemeine Rechtsgrundsätze des Gemeinschaftsrechts ausdrücklich anerkannten ungeschriebenen Gemeinschaftsgrundrechte hinaus geht. Die Grundrechte-Charta untergliedert sich in sieben Titel, wobei sich die allgemeinen Vorschriften über die Auslegung und Anwendung der Charta in Titel VII finden. Zu Letzteren zählen u.a. die Regelungen über den Anwendungsbereich der Charta (Art. 51 GRC) sowie über die Tragweite und Auslegung der Rechte und Grundsätze (Art. 52 GRC). Insbesondere ergibt sich aus Art. 52 Abs. 5 GRC eine Unterscheidung zwischen einklagbaren subjektiven Rechten und bloßen Grundsätzen. Letztere zeichnen sich nach Art. 52 Abs. 5 S. 1 GRC dadurch aus, dass sie durch Akte der Gesetzgebung und der Ausführung der Organe, Einrichtungen und sonstigen Stellen der Union sowie durch Akte der Mitgliedstaaten zur Durchführung des Rechts der Union in Ausübung ihrer jeweiligen Zuständigkeiten umgesetzt werden. Daraus folgt, dass es sich bei den umsetzungs- und ausfüllungsbedürftigen Grundsätzen gerade nicht um einklagbare Rechte handelt. Einklagbare Rechte können sich demnach insoweit allein aus den Durchführungsakten ergeben.[19] Dennoch handelt es sich bei den Grundsätzen i.S.v. Art. 52 Abs. 5 GRC nicht um bloße Programmsätze, sondern um unmittelbar geltendes Recht, weshalb sie bei der Abwägung als Gegengewicht zu den Charta-Grundrechten fungieren können.[20] Die Frage, wann ein bloßer Grundsatz vorliegt, wird in Titel VII und auch sonst in der Charta nirgends beantwortet, sondern es ist vielmehr durch Auslegung zu ermitteln, ob es sich bei einer Norm um ein einklagbares Grundrecht oder um einen bloßen Grundsatz handelt.[21] Ein wichtiges Indiz für das Vorliegen eines bloßen Grundsatzes ist, dass sich die Norm entgegen Art. 51 Abs. 1 S. 1 GRC nur an die Union und nicht an die Mitgliedstaaten richtet, da andernfalls mit Hilfe der Charta durch mitgliedstaatliche Rechtsnormen geschützte Gemeinschaftsgüter möglicherweise gegen den Willen des nationalen Gesetzgebers zu subjektiven Rechten erhoben würden.[22] Die Regelung des Art. 52 Abs. 1 S. 2 GRC läuft deshalb trotzdem nicht

---

[19] *Jarass*, Charta der Grundrechte, Art. 52 Rn. 69; *Kingreen*, in: Calliess/Ruffert, EUV/AEUV, Art. 52 GRC Rn. 13 f.

[20] *Kingreen*, Calliess/Ruffert, EUV/AEUV, Art. 52 GRC Rn. 14; *Jarass*, Charta der Grundrechte, Art. 52 Rn. 69.

[21] *Kingreen*, Calliess/Ruffert, EUV/AEUV, Art. 52 GRC Rn. 16; *Jarass*, Charta der Grundrechte, Art. 52 Rn. 72.

[22] Vgl. *Kingreen*, in: Ehlers (Hrsg.), Europäische Grundrechte und Grundfreiheiten, § 22 Rn. 7; a.A. aber *Jarass*, Charta der Grundrechte, Art. 52 Rn. 70.

leer, da eine Bindung der Mitgliedstaaten an Grundsätze insoweit in Betracht kommt, als diese zugleich Grundrechte garantieren.[23]

Titel I mit der Überschrift „Würde des Menschen" enthält neben dem Grundrecht der Würde des Menschen (Art. 1 GRC) weitere zentrale Grundrechte wie das Recht auf Leben (Art. 2 GRC), das Recht auf körperliche und geistige Unversehrtheit (Art. 3 GRC), das Verbot der Folter (Art. 4 GRC) sowie das Verbot der Sklaverei und Zwangsarbeit (Art. 5 GRC).

Titel II mit der Überschrift „Freiheiten" beinhaltet eine große Zahl an Freiheitsgrundrechten wie etwa das Recht auf Achtung des Privat- und Familienlebens (Art. 7 GRC), die Gedanken-, Gewissens- und Religionsfreiheit (Art. 10 GRC), die Meinungsfreiheit (Art. 11 GRC), die Versammlungs- und Vereinigungsfreiheit (Art. 12 GRC), die Berufsfreiheit (Art. 15 und 16 GRC) sowie die Eigentumsfreiheit (Art. 17 GRC). Insoweit bestehen große Parallelen zu den vom EuGH als ungeschriebene Grundsätze des Gemeinschaftsrechts entwickelten Gemeinschaftsgrundrechten sowie zu den Gewährleistungen der EMRK.[24] Darüber hinaus enthält der Titel mit dem als einklagbares Recht[25] einzuordnendem Recht auf Bildung (Art. 14 GRC) ein Grundrecht, welches sich keineswegs in allen mitgliedstaatlichen Verfassungen in dieser Ausprägung wiederfindet und welches vom EuGH vor Inkrafttreten der Grundrechte-Charta zwar mitunter erwähnt, aber nie explizit als Gemeinschaftsgrundrecht anerkannt worden war.[26]

Titel III trägt die Überschrift „Gleichheit" und enthält neben dem allgemeinen Gleichheitsgrundrecht (Art. 20 GRC) eine Reihe spezieller Gleichheitsgrundrechte, die sich gegen spezifische Arten der Diskriminierung wenden (Art. 21 GRC). Insbesondere ist nach Art. 23 GRC die Gleichheit von Frauen und Männern in allen Bereichen zu gewährleisten. Darüber hinaus finden sich in Titel III Rechte bzw. Grundsätze auf Förderung bestimmter, traditionell benachteiligter Gruppen. So enthält Art. 24 Rechte der Kinder, welche als einklagbare Grundrechte und nicht als bloße Grundsätze konzipiert sind.[27] Damit geht die Grundrechte-Charta in diesem Punkt über den Schutzgehalt des Grundgesetzes und zahlreicher weiterer mitgliedstaatlicher Verfassungen hinaus, indem sie dem Kind konkrete Teilhabe- und Schutzansprüche vermittelt. Demgegenüber enthält

---

[23] *Kingreen*, in: Ehlers (Hrsg.), Europäische Grundrechte und Grundfreiheiten, § 22 Rn. 7.

[24] Vgl. *Jarass*, Charta der Grundrechte, Einl. Rn. 2 ff.

[25] Für ein subjektives Recht etwa *Jarass*, Charta der Grundrechte, Art. 14 Rn. 3; *Kingreen*, in: Calliess/Ruffert, EUV/AEUV, Art. 14 GRC Rn. 3; für einen bloßen Grundsatz i.S.v. Art. 52 Abs. 5 GRC im Hinblick auf Art. 14 Abs. 2 GRC allerdings die Erläuterungen zur Charta der Grundrechte, ABl. EU 2007 Nr. C 303, S. 22; offen gelassen von *Bernsdorff*, in: Meyer, Grundrechte-Charta, Art. 14 Rn. 16.

[26] Vgl. EuGH, Rs. 9/74, Casagrande, Slg. 1974, 773, Rn. 6; Rs. 293/83, Gravier, Slg. 1985, 593, Rn. 19 ff.; Rs. 39/86, Lair, Slg. 1988, 3161, Rn. 15; zur fehlenden Anerkennung als Gemeinschaftsgrundrecht s. auch *Kingreen*, in: Calliess/Ruffert, EUV/AEUV, Art. 14 GRC Rn. 2.

[27] Vgl. EuGH, Rs. C-403/09, Detiček, Slg. 2009, I-12193, Rn. 53 f.; Rs. C-211/10, Povse, Slg. 2010, I-6673, Rn. 64; *Jarass*, Charta der Grundrechte, Art. 24 Rn. 4; *Kingreen*, in: Calliess/Ruffert, EUV/AEUV, Art. 24 GRC Rn. 3; *Ross*, in: Schwarze, EU-Kommentar, Art. 24 GRC Rn. 1; a.A. wohl *Ennuschat*, in: Tettinger/Stern, EU-Grundrechtecharta, Art. 24 Rn. 6.

Art. 25 GRC zu Gunsten älterer Menschen lediglich einen Grundsatz.[28] Entsprechendes gilt für Art. 26 GRC, der die Union zur Integration von Menschen mit Behinderung verpflichtet.[29]

Titel IV ist mit dem Stichwort „Solidarität“ überschrieben und enthält eine Reihe von sozialen Grundrechten und Grundsätzen, etwa zum Schutz der Arbeitnehmer (Art. 27- 32 GRC) und der Familie (Art. 33 GRC), aber auch für die Bereiche der sozialen Sicherheit (Art. 34 GRC), des Gesundheitsschutzes (Art. 35 GRC) sowie des Umwelt- und Verbraucherschutzes (Art. 37 und 38 GRC). Bemerkenswert in diesem Zusammenhang ist, dass nach dem Wortlaut und dem eingangs zur Abgrenzung von Grundrechten und Grundrechten Gesagten auch Vorschriften wie das Recht auf Unterrichtung und Anhörung der Arbeitnehmerinnen und Arbeitnehmer im Unternehmen (Art. 27 GRC),[30] das Recht auf Kollektivverhandlungen und Kollektivmaßnahmen (Art. 28 GRC),[31] das Recht auf Zugang zu einem Arbeitsvermittlungsdienst (Art. 29 GRC),[32] das Recht auf Schutz bei ungerechtfertigter Entlassung (Art. 30 GRC),[33] das Recht auf gerechte und angemessene Arbeitsbedingungen (Art. 31 GRC)[34] sowie das Verbot der Kinderarbeit und der Schutz von Jugendlichen am Arbeitsplatz (Art. 32 GRC)[35] einklagbare Grundrechte gewähren. Insoweit geht die Grundrechte-Charta über die Garantien einiger nationaler Verfassungen hinaus, wenngleich nicht übersehen werden darf, dass etwa nach dem Grundgesetz das Recht auf Kollektivverhandlungen und Kollektivmaßnahmen einen Teilgehalt von Art. 9 Abs. 3 GG bildet und daher entsprechend geschützt ist[36] sowie, dass sich aus Art. 12 Abs. GG eine Schutzpflicht zur Sicherung der objektiven Grund-

---

[28] S. die Erläuterungen zur Charta der Grundrechte, ABl. EU 2007 Nr. C 303, S. 35; *Kingreen*, in: Calliess/Ruffert, EUV/AEUV, Art. 25 GRC Rn. 1; *Jarass*, Charta der Grundrechte, Art. 25 Rn. 3.

[29] EuGH, Rs. C-356/12, Glatzel, digit. Slg., Rn. 78 i.V.m. Rn. 74; s. auch die Erläuterungen zur Charta der Grundrechte, ABl. EU 2007 Nr. C 303, S. 35; *Jarass*, Charta der Grundrechte, Art. 26 Rn. 3.

[30] EuGH, Rs. C-176/12, Médiation sociale, digit. Slg., Rn. 45 u. 47; *Jarass*, Charta der Grundrechte, Art. 27 Rn. 3; *Kingreen*, in: Ehlers (Hrsg.), Europäische Grundrechte und Grundfreiheiten, § 22 Rn. 5; a.A. aber etwa *Sagmeister*, Die Grundsatznormen in der Europäischen Grundrechtecharta, S. 369.

[31] *Jarass*, Charta der Grundrechte, Art. 28 Rn. 2; so schon EuGH, Rs. C-438/05, International Transport Workers' Federation, Slg. 2007, I-10779, Rn. 44 f. vor Inkrafttreten der Charta; s. auch oben, § 10 II.1 c).

[32] *Jarass*, Charta der Grundrechte, Art. 29 Rn. 2; *Ross*, in: Schwarze, EU-Kommentar, Art. 29 GRC Rn. 1 u. 3.

[33] Für ein einklagbares Grundrecht *Jarass*, Charta der Grundrechte, Art. 30 Rn. 2; ähnlich wohl EuGöD, Rs. F-1/05, Landgren, Slg. 2006, I-A-123 Rn. 70; a.A. aber etwa *Knecht*, in: Schwarze, EU-Kommentar, Art. 30 Rn. 6.

[34] EuGH, Rs. C-155/10, Williams u.a. Slg. 2011, I-8409 Rn. 18; Schlussantrag der Generalanwältin Trstenjak, Rs. C-155/10 Slg. 2011, I-8409 Nr. 75 ff.; *Jarass*, Charta der Grundrechte, Art. 31 Rn. 2.

[35] *Grabenwarter*, EuGRZ 2004, 563, 565 f.; *Jarass*, Charta der Grundrechte, Art. 32 Rn. 2; *Kingreen*, in: Ehlers (Hrsg.), Europäische Grundrechte und Grundfreiheiten, § 22 Rn. 5; a.A. *Nußberger*, in: Tettinger/Stern, EU-Grundrechtecharta, Art. 32 Rn. 31.

[36] S. nur *Höfling*, in: Sachs, GG, Art. 9 Rn. 69 ff.

rechtsgewährleistung ableiten lässt.[37] Die Vorschriften der Art. 35 S. 2 GRC und Art. 36 bis 38 GRC hingegen sind bloße Grundsätze, so dass insoweit bei der Durchführung von Unionsrecht durch die Mitgliedstaaten keine Diskrepanz zwischen dem Unionsrecht und den möglicherweise auf derartige Vorschriften verzichtenden nationalen Verfassungen entstehen kann.

Titel V mit der Überschrift „Bürgerrechte" beinhaltet in erster Linie Verfahrensgrundrechte, insbesondere für den Verwaltungsbereich, u.a. das Recht auf eine gute Verwaltung (Art. 41 GRC), das Recht auf Zugang zu Dokumenten (Art. 42 GRC) sowie das Petitionsrecht (Art. 44 GRC). Unklar ist, ob neben der Union auch die Mitgliedstaaten an diese Rechte gebunden sind. Problematisch ist dies insbesondere im Hinblick auf das Recht auf eine gute Verwaltung, da die Ausführung des Unionsrechts weitestgehend den Mitgliedstaaten obliegt. Nach dem Grundsatz des Art. 51 Abs. 1 S. 1 GRC wäre eine solche Bindung der Mitgliedstaaten anzunehmen, soweit sie Unionsrecht durchführen.[38] Allerdings beschränkt der Wortlaut der Mehrzahl der Vorschriften des Titels V deren Geltung auf Verfahren vor Unionsstellen, so dass die Mitgliedstaaten und deren Stellen nur insoweit verpflichtet werden, als sie die Union bei der Einhaltung dieser Grundrechte nicht behindern dürfen.[39] Daher können sämtliche Rechte dieses Titels, die sich ihrem Wortlaut nach nur auf die Union und ihre Stellen beziehen, richtigerweise auch nur die Union selbst verpflichten, da andernfalls die bewusste Unterscheidung zwischen Art. 51 Abs. 1 S. 1 GRC und Vorschriften wie Art. 41 Abs. 1 GRC aufgehoben würde, was eine weitgehende Harmonisierung der nationalen Verwaltungsrechtsordnungen zur Folge hätte.[40] Dieser Ansicht in Bezug auf Art. 41 GRC folgt nunmehr auch der EuGH,[41] nachdem er die Vorschrift zunächst noch für „allgemein anwendbar" erklärt hatte.[42] Unstreitig bindend auch für die Mitgliedstaaten ist hingegen das Recht auf Freizügigkeit (Art. 45 GRC), welches als einklagbares Grundrecht einzustufen ist.[43]

Titel VI mit der Überschrift „Justizielle Rechte" schließlich enthält das Grundrecht auf wirksamen Rechtsschutz (Art. 47 GRC) sowie weitere klassische Justiz- und Verfahrensgrundrechte wie die Unschuldsvermutung (Art. 48 GRC) und das Doppelbestrafungsverbot (Art. 50 GRC), die sich am Vorbild der EMRK orien-

---

[37] BVerfGE 84, 133, 147; *Mann*, in: Sachs, GG, Art. 12 Rn. 88.

[38] Für eine Anwendung von Art. 41 GRC auch auf die Mitgliedstaaten deshalb etwa *Gärditz*, DÖV 2010, 453, 464; *Lais*, ZeuS 2002, 447, 457 f.; offen gelassen bei *v. Danwitz*, Europäisches Verwaltungsrecht, S. 531.

[39] *Frenz*, Handbuch Europarecht, Bd. 4, Rn. 4535; *Jarass*, Charta der Grundrechte, Art. 41 Rn. 4 zum Recht auf eine gute Verwaltung; ähnlich *van Vormizeele*, in: Schwarze, EU-Kommentar, Art. 41 GRC Rn. 5.

[40] *Galetta/Grzeszick*, in: Tettinger/Stern, EU-Grundrechtecharta, Art. 41 Rn. 14; *Stelkens*, ZeuS 2004, 129, 137 f.; *Laubinger*, FS Bull, S. 659, 660 f.; *Schröder*, FS Stern, 2012, S. 933, 937 ff.

[41] EuGH, verb. Rs. C-141/12 u. C-372/12, Y.S. u. M. u. S./Minister voor Immigratie, digit. Slg., Rn. 67 f.; s. dazu *Gundel*, EuR 2015, 80, 81 ff.

[42] EuGH, Rs. C-277/11, M. M., digit. Slg., Rn. 82 ff.

[43] EuGH, Rs. C-413/99, Baumbast, Slg. 2002, I-7091, Rn. 84 zur vergleichbaren Vorschrift des Art. 18 Abs. 1 EGV; *Jarass*, Charta der Grundrechte, Art. 45 Rn. 2.

tieren und die allesamt einklagbare Grundrechte enthalten.[44] Diese Grundrechte richten sich sowohl an die Union und ihre Organe als auch an die Mitgliedstaaten, soweit diese Unionsrecht vollziehen oder sie in Rechtspositionen eingreifen, die dem Einzelnen durch EU-Recht gewährt wurden.[45] Letzteres ergibt sich schon daraus, dass die Strafrechtsanwendung, auf die sich insbesondere Art. 48 bis 50 GRC beziehen, nach wie vor in der Hand der nationalen Strafverfolgungsbehörden und Gerichte liegt und die Vorschriften daher, wenn sie nur die EU verpflichteten, leer liefen.[46]

Insgesamt lässt sich sagen, dass sich der durch die EU-Grundrechte-Charta gewährte Grundrechtsschutz nicht wesentlich von den Grundrechtsgehalten der mitgliedstaatlichen Verfassungen unterscheidet. Lediglich in Einzelfällen geht der unionale Grundrechtsschutz über die nationalen Grundrechtsgarantien hinaus, was für Deutschland etwa im Hinblick auf die Rechte von Kindern oder, soweit man daraus ein einklagbares Grundrecht ableitet, für den Schutz bei ungerechtfertigter Entlassung gilt. Insoweit können sich divergierende Wertungen ergeben, wenn die Mitgliedstaaten Unionsrecht durchführen und sie grundsätzlich an Unionsgrundrechte und an nationale Grundrechte gebunden sind. Dies gilt umso mehr, je stärker der unionale Grundrechtsschutz ausgebaut wird.[47] Andererseits bleibt der unionale Grundrechtsschutz teilweise hinter dem mitgliedstaatlichen Standard zurück, was insbesondere in Bezug auf diejenigen Länder gilt, die, wie viele mittel- und osteuropäischen Länder, von Verfassungs wegen zusätzliche einklagbare Rechte wie ein Recht auf Information über den Zustand der Umwelt anerkennen. Darüber hinaus ist für jedes Grundrecht gesondert zu untersuchen, ob sich der unionale und der jeweilige mitgliedschaftliche Standard wirklich entsprechen, da trotz eines identischen oder nahezu identischen Wortlauts der Schutzgehalt des Grundrechts der einen Ebene weiter gehen kann als desjenigen der anderen Ebene. Auch insoweit können sich im Fall der Doppelbindung eines Mitgliedstaates bei der Durchführung von Unionsrecht Grundrechtskollisionen oder Kollisionen der nationalen Grundrechte mit unionalem Sekundärrecht ergeben.

2. Unionsgrundrechte außerhalb der Grundrechte-Charta

Nach Art. 6 Abs. 3 EUV sind die Grundrechte, wie sie in der EMRK gewährleistet sind und wie sie sich aus den gemeinsamen Verfassungsüberlieferungen der Mitgliedstaaten ergeben, als allgemeine Grundsätze Teil des Unionsrechts, so dass die Grundrechte, die der EuGH vor Inkrafttreten der Grundrechte-Charta ent-

---

[44] S. *Jarass*, Charta der Grundrechte, Art. 48 Rn. 2, Art. 49 Rn. 3 u. Art. 50 Rn. 2.

[45] EuGH, Rs. C-27/11, Vinkov, digit. Slg., Rn. 57 ff. zu Art. 47 GRC; *Gundel*, in: Ehlers (Hrsg.), Europäische Grundrechte und Grundfreiheiten, § 27 Rn. 43 ff.; *Jarass*, Charta der Grundrechte, Art. 47 Rn. 4, Art. 48 Rn. 3, Art. 49 Rn. 4 u. Art. 50 Rn. 3.

[46] *Gundel*, in: Ehlers (Hrsg.), Europäische Grundrechte und Grundfreiheiten, § 27 Rn. 44.

[47] *Cartabia*, L'ora dei diritti fondamentali nell'Unione Europea, in: Cartabia (Hrsg.), I diritti in azione, S. 13, 65.

wickelt hat, weiterhin gelten und die in Bezug auf Polen und Großbritannien sowie der Tschechischen Republik hinsichtlich der Charta geltenden Einschränkungen zumindest abgeschwächt werden können.[48] Im Verhältnis zur Grundrechte-Charta treten diese Grundsätze jedoch zurück, da dem geschriebenen Recht unter Rechtsstaatsgesichtspunkten Vorrang zukommt.[49] Fraglich ist indes, ob der EuGH unter Rückgriff auf Art. 6 Abs. 3 EUV durch richterliche Rechtsfortbildung neue Grundrechte entwickeln kann. Dagegen spricht, dass in diesem Fall die Charta mit ihren ausbalancierten Kollisionsregeln umgangen würde und mitgliedstaatliche Kompetenzen in unzulässiger Weise beschnitten werden könnten.[50] Für die Möglichkeit einer Fortentwicklung unter Rückgriff auf Art. 6 Abs. 3 EUV wird angeführt, dass auch nach Inkrafttreten der Charta Lücken im unionalen Grundrechtsschutz möglich seien, die im Wege der Rechtsfortbildung geschlossen werden könnten.[51] Letztlich kann die Frage offen bleiben, da hinter dem Charta-Standard zurück bleibende, allgemeine Rechtsgrundsätze sich jedenfalls am Maßstab des Art. 52 Abs. 1 S. 1 GRC messen lassen müssten.[52] Über die Charta-Gewährleistungen hinaus gehende ungeschriebene Unionsgrundrechte sind ebenfalls den allgemeinen Vorschriften des Titels VII der Grundrechte-Charta zu unterwerfen,[53] da andernfalls die Anwendungsbereiche von Charta-Grundrechten und ungeschriebenen Rechtsgrundsätzen divergieren könnten, was unter dem Gesichtspunkt der Rechtssicherheit nicht hinnehmbar ist.

Zum „Grundrechts"-Schutz außerhalb der Grundrechte-Charta, welcher freilich nicht unter Art. 6 Abs. 3 EUV fällt, zählt schließlich auch das sekundärrechtlich gewährleistete, die entsprechenden Charta-Grundrechte ausführende Antidiskriminierungsrecht sowie das Datenschutzrecht, welche die Mitgliedstaaten umfassend binden, ohne dass es auf die Abgrenzung des Anwendungsbereichs der Grundrechte-Charta nach Art. 51 Abs. 1 S. 1 GRC ankäme. So enthält die insbesondere auf Art. 16 AEUV basierende und Art. 8 GRC konkretisierende

---

[48] Vgl. *Schorkopf*, in: Grabitz/Hilf/Nettesheim, Das Recht der Europäischen Union, Art. 6 EUV Rn. 53.

[49] *Kingreen*, in: Calliess/Ruffert, EUV/AEUV, Art. 6 EUV Rn. 17; *Ehlers*, in: Ehlers (Hrsg.), Europäische Grundrechte und Grundfreiheiten, § 14 Rn. 11; a.A. aber offenbar EuGH, Rs. C-562/12, Liivimaa Lihaveis MTÜ, digit. Slg., Rn. 75; *Geiger*, in: Geiger/Khan/Kotzur, EUV/AEUV, Art. 6 EUV Rn. 32, der davon ausgeht, dass die allgemeinen Grundsätze des Unionsrechts gleichberechtigt neben der Grundrechte-Charta stehen; ebenso *Schorkopf*, in: Grabitz/Hilf/Nettesheim, Das Recht der Europäischen Union, Art. 6 EUV Rn. 50.

[50] *Kingreen*, in: Calliess/Ruffert, EUV/AEUV, Art. 6 EUV Rn. 17; *Schmitz*, EuR 2004, 691, 698.

[51] *Hatje*, in: Schwarze, EU-Kommentar, Art. 6 EUV Rn. 17; *Muir*, The Court of Justice: a fundamental rights institution among others, in: Dawson/de Witte/Muir (Hrsg.), Judicial Activism at the European Court of Justice, S. 76, 83.

[52] *Ehlers*, in: Ehlers (Hrsg.), Europäische Grundrechte und Grundfreiheiten, § 14 Rn. 11.

[53] Ähnlich *Classen*, FS Müller-Graff, S. 1378, 1382; *Ludwig*, EuR 2011, 715, 723 u. 733 ff.; *Weiß*, EuZW 2013, 287, 289; a.A. aber wohl *Schorkopf*, in: Grabitz/Hilf/Nettesheim, Das Recht der Europäischen Union, Art. 6 EUV Rn. 53.

europäische Datenschutz-Grundverordnung (DSGVO)[54] zahlreiche Rechte wie etwa ein Auskunftsrecht (Art. 15) oder ein Recht auf Einschränkung der Verarbeitung von Daten (Art. 18), wobei der sich Anwendungsbereich der DSGVO nach Art. 2 Abs. 2 lit. a) DSGVO *e contrario* auf Tätigkeiten erstreckt, die in den Anwendungsbereich des Unionsrechts fallen, was über die von Art. 51 Abs. 1 S. 1 GRC in Bezug genommene „Durchführung" des Unionsrechts nach dem Verständnis des EuGH[55] hinaus geht.[56] Eine ähnliche Ausdehnung des Anwendungsbereichs unionsrechtlicher Grundrechtsgehalte zu Lasten des nationalen Rechts ergibt sich im Bereich des Antidiskriminierungsrechts, *in concreto* insbesondere für die durch Richtlinien 2000/43/EG[57] und 2000/78/EG[58] garantierten Rechte. Der Umstand, dass es sich hierbei um Richtlinien, nicht um Verordnungen handelt, spielt insoweit kaum eine Rolle, nachdem den Mitgliedstaaten bei der Umsetzung der Richtlinien mitunter nur ein geringer Spielraum verbleibt.

III. Materiell-rechtliche Ansatzpunkte zur grundrechtsbezogenen Kollisionsvermeidung

1. Kollisions- und Konfliktvermeidungsnormen der Grundrechte-Charta

a) Art. 52 Abs. 3 GRC

Nachdem auch nach Inkrafttreten der Grundrechte-Charta Konflikte zwischen Unionsgrundrechten und nationalen Grundrechten nicht im Wege der Kompetenzabgrenzung verhindert werden können,[59] muss auf andere Konfliktlösungsmechanismen zurückgegriffen werden. Als erster Anknüpfungspunkt für die Auflösung von Grundrechtskollisionen kommt Art. 52 Abs. 3 GRC in Betracht, wonach Charta-Grundrechte, die den durch die EMRK garantierten Rechten entsprechen, die gleiche Bedeutung und Tragweite haben, wie sie ihnen in der EMRK verliehen wird. Damit zielt die Vorschrift auf die Vermeidung potentieller Kollisionen von Grundrechten der EU-Grundrechte-Charta mit solchen der

[54] Verordnung (EU) 2016/679 des Europäischen Parlaments und des Rates vom 27. April 2016 zum Schutz natürlicher Personen bei der Verarbeitung personenbezogener Daten, zum freien Datenverkehr und zur Aufhebung der Richtlinie 95/46/EG (Datenschutz-Grundverordnung), ABl. L Nr. 314, S. 72.

[55] Ausführlich dazu s. unten, § 11 IV.1. b).

[56] So auch *Sydow*, in: ders. (Hrsg.), Europäische Datenschutzgrundverordnung, Einl. Rn. 53; zu den Implikationen des Datenschutzrechts für die Abgrenzung von unionalem und nationalem Grundrechtsschutz s. auch *Buchholtz*, DÖV 2017, 837, 837 ff.

[57] Richtlinie 2000/43/EG des Rates vom 29. Juni 2000 zur Anwendung des Gleichbehandlungsgrundsatzes ohne Unterschied der Rasse oder der ethnischen Herkunft, ABl. EG 2000 Nr. L 180, S. 22.

[58] Richtlinie 2000/78/EG des Rates vom 27. November 2000 zur Festlegung eines allgemeinen Rahmens für die Verwirklichung der Gleichbehandlung in Beschäftigung und Beruf, ABl. EG 2000 Nr. L 303, S. 16.

[59] S. dazu oben, § 10 III.1.

EMRK im Wege der Grundrechtskonvergenz, mithin auf die Schaffung einer widerspruchsfreien Rechtsordnung ab.[60] In Bezug auf das Verhältnis der Charta zu den nationalen Grundrechten hingegen enthält die Norm keine unmittelbare Aussage. Kollisionen mit nationalen Grundrechten werden dadurch nur insoweit vermieden, als die Vorschrift in Mitgliedstaaten, in denen die EMRK Verfassungsrang genießt, etwa in Österreich, einen Gleichlauf von Charta-Grundrechten und EMRK-Grundrechten bewirkt, wobei es sich bei den in diesem Fall betroffenen nationalen Grundrechte freilich um solche handelt, die aus der EMRK in den nationale Rechtsordnung übertragen wurden. Eine echte Konfliktlösungsregel für das Verhältnis von Grundrechte-Charta und nationalen Grundrechten enthält Art. 52 Abs. 3 GRC damit nicht.

b) Art. 52 Abs. 4 GRC

Nach Art. 52 Abs. 4 GRC werden Charta-Grundrechte, wie sie sich aus den gemeinsamen Verfassungsüberlieferungen der Mitgliedstaaten ergeben, im Einklang mit diesen ausgelegt. Auch diese Vorschrift enthält für das Verhältnis von EU-Grundrechten zu den nationalen Grundrechten keine Kollisionsregel im engeren Sinn, sondern sie zielt vielmehr auf die Konfliktvermeidung durch Angleichung der beteiligten Grundrechtsordnungen ab.[61] Potentielle Konflikte können mit Hilfe der Regelung jedoch nicht vollständig ausgeschlossen werden, da Letztere nur auf die „gemeinsamen“ Verfassungslieferungen der Mitgliedstaaten abstellt, d.h. auf die durch Rechtsvergleichung herauszuarbeitende gemeinsame Grundsubstanz, nicht aber auf die einzelstaatlichen Grundrechtsverbürgungen[62] und deren Konkretisierung durch die nationale Grundrechtsjudikatur.[63] Art. 52 Abs. 4 GRC ist daher wenig geeignet, um Konflikte zwischen der Grundrechte-Charta und den Grundrechtsgewährleistungen einer bestimmten nationalen Rechtsordnung zu verhindern.

c) Art. 52 Abs. 6 GRC

Nach Art. 52 Abs. 6 GRC ist den einzelstaatlichen Rechtsvorschriften und Gepflogenheiten, wie es in der Charta bestimmt ist, in vollem Umfang Rechnung zu tragen. Die Vorschrift kann daher nur zur Anwendung kommen, soweit die entsprechende Charta-Vorschrift einen Regelungsvorbehalt zu Gunsten der Mitgliedstaaten vorsieht, wie dies im Grundrechtsbereich etwa in Art. 9, Art. 10

[60] Vgl. *Becker*, in: Schwarze, EU-Kommentar, Art. 52 Rn. 14; *Jarass*, Charta der Grundrechte, Art. 52 Rn. 67.

[61] Vgl. *Becker*, in: Schwarze, EU-Kommentar, Art. 52 Rn. 18.

[62] *Becker*, in: Schwarze, EU-Kommentar, Art. 52 Rn. 17; *Bleckmann*, Nationale Grundrechte im Anwendungsbereich des Rechts der Europäischen Union, S. 268 ff.

[63] *Jarass*, EuR 2013, 29, 37.

Abs. 2, Art. 14 Abs. 3, Art. 16, Art. 30, Art. 34 Abs. 2 sowie in Art. 35 S. 1 GRC der Fall ist. Teilweise wird vertreten, dass es sich bei Art. 52 Abs. 6 GRC um eine reine „Angstklausel" handele, da sich die Bedeutung der mitgliedstaatlichen Vorschriften schon aus den genannten Charta-Grundrechten ergebe.[64] Inhaltlich wirkt sich der Regelungsvorbehalt in den genannten Vorschriften dahin gehend aus, dass den Mitgliedstaaten vor allem im Rahmen der Verhältnismäßigkeitsprüfung ein erweiterter Regelungsspielraum zukommt. Die Kontrolldichte des EuGH bei der Verhältnismäßigkeitsprüfung wird daher zumindest in der Theorie grundsätzlich zu Gunsten der Mitgliedstaaten verringert.[65] Dies bedeutet jedoch nicht, dass sich das betroffene nationale Recht in derartigen Fällen uneingeschränkt durchsetzt, sondern es sind trotz allem die Grenzen des Unionsrechts zu beachten, wobei insbesondere bei gravierenden Grundrechtsbeeinträchtigungen eine strikte Verhältnismäßigkeitsprüfung angezeigt ist.[66] Daraus folgt, dass Art. 52 Abs. 6 GRC den Mitgliedstaaten keinen Freibrief bei der Anwendung der nationalen Grundrechtsstandards ausstellt. Stattdessen stellt die Vorschrift lediglich deklaratorisch klar, dass das Unionsrecht bei den Unionsgrundrechten mit Regelungsvorbehalt grundsätzlich unterschiedliche Schutzgehalte duldet,[67] wobei freilich der Anwendungsvorrang des Unionsrechts zu beachten ist, so dass Art. 52 Abs. 6 GRC keine Kollisions- oder Koexistenzregel zu Gunsten der Mitgliedstaaten enthält.

Indes werden nationale Gepflogenheiten im Rahmen der Verhältnismäßigkeitsprüfung selbst dort nicht immer berücksichtigt, wo dies an sich nahe läge. Exemplarisch anführen lässt sich in diesem Zusammenhang die Entscheidung des EuGH in der Rechtssache *Sky Österreich*, in der der EuGH zwar betont, das in Art. 16 GRC verankerte Recht der unternehmerischen Freiheit unterscheide sich von den anderen in Titel II geschützten Freiheiten und ähnle dem Wortlaut den Bestimmungen des Titels IV,[68] von denen viele auf die mitgliedstaatlichen Rechtsvorschriften und Gepflogenheiten verweisen, er aber im Rahmen der Verhältnismäßigkeitsprüfung keine Konsequenzen aus dieser Feststellung zieht. Insbesondere verweist er mit keinem Wort auf die Vorschrift des Art. 52 Abs. 6 GRC, die vor dem Hintergrund der Subsidiarität des Unionshandelns jedoch zumindest symbolische Erwähnung hätte finden können. Auch im Ergebnis scheint der EuGH bei der Verhältnismäßigkeitsprüfung der Richtlinie im Rahmen von Art. 16 GRC mitgliedstaatliche Besonderheiten außer Acht gelassen zu haben.[69]

---

[64] *Rengeling/Szczekalla*, Grundrechte in der Europäischen Union, Rn. 479; *Kingreen*, in: Calliess/Ruffert, EUV/AEUV, Art. 52 GRC Rn. 41.

[65] *Jarass*, Charta der Grundrechte, Art. 52 Rn. 80; zweifelnd insoweit *Borowsky*, in: Meyer, Grundrechte-Charta, Art. 52 Rn. 46c.

[66] *Jarass*, Charta der Grundrechte, Art. 52 Rn. 80.

[67] *Bleckmann*, Nationale Grundrechte im Anwendungsbereich des Rechts der Europäischen Union, S. 277; *Borowsky*, in: Meyer, Grundrechte-Charta, Art. 52 Rn. 46a f.

[68] EuGH, Rs. C-283/11, Sky Österreich, digit. Slg., Rn. 46.

[69] *Ziegenhorn*, EuZW 2013, 351, 352.

d) Art. 53 GRC

Nach Art. 53 GRC ist keine Bestimmung der Charta als eine Einschränkung oder Verletzung der Menschenrechte und Grundfreiheiten auszulegen, die in dem jeweiligen Anwendungsbereich durch das Recht der Union und das Völkerrecht sowie durch die internationalen Übereinkünfte, bei denen die Union oder alle Mitgliedstaaten Vertragsparteien sind, insbesondere durch die EMRK, sowie durch die Verfassungen der Mitgliedstaaten anerkannt werden. Nach ihrem historischen Normzweck sollte die Vorschrift verdeutlichen, dass der grundrechtliche *Status quo* auf mitgliedstaatlicher und völkerrechtlicher Ebene durch die Grundrechte-Charta nicht in Frage gestellt wird.[70] Eine Aussage zur Reichweite der einzelnen Charta-Grundrechte ist der Norm hingegen nicht zu entnehmen.[71] Die Große Kammer des EuGH hat vielmehr mit ihrem Urteil in der Rechtssache *Melloni* dem in der Literatur verbreiteten Verständnis des Art. 53 GRC als Meistbegünstigungsklausel bzw. Günstigkeitsprinzip[72] weitestgehend eine Absage erteilt.[73] In dem fraglichen Fall ging es um die Vollstreckung eines Europäischen Haftbefehls, mithin um die Durchführung von Unionsrecht, sowie um die Frage, ob nach Art. 53 GRC ein aus der spanischen Verfassung resultierendes, über die Grundrechte-Charta hinaus gehendes Schutzniveau erlaubt sei, um die Verfassungsmäßigkeit einer nationalen Maßnahme zu garantieren.[74] Der EuGH ging in seiner Entscheidung davon aus, dass nach dem Grundsatz des Vorrangs des Unionsrechts dessen Geltung in einem Mitgliedstaat nicht dadurch beeinträchtigt werden dürfe, dass dieser Staat Vorschriften des nationalen Rechts, und haben diese auch Verfassungsrang, geltend macht.[75] Zwar dürften nach Art. 53 GRC bei der Durchführung des Unionsrechts weiterhin nationale Schutzstandards für die Grundrechte heran gezogen werden, was der Annahme einer doppelten Grundrechtsbindung bei mitgliedstaatlichen Gestaltungsspielräumen gleich kommt,[76] ein derartiger Rückgriff auf solche nationalen Schutzstandards soll aber nur noch unter folgenden Bedingungen zulässig sein: „sofern durch diese Anwendung weder das Schutzniveau der Charta, wie sie vom Gerichtshof ausgelegt wird, noch der Vorrang, die Einheit und die Wirksamkeit des Unionsrechts beeinträchtigt werden“[77].

---

[70] *Bühler*, Einschränkung von Grundrechten nach der Europäischen Grundrechtecharta, S. 397 ff., 404 u. 419; *v. Danwitz*, in: Tettinger/Stern, EU-Grundrechtecharta, Art. 53 Rn. 8.

[71] *Jarass*, EuR 2013, 29, 38.

[72] So etwa *Calliess*, JZ 2009, 113, 120, der Art. 53 GRC als Schutzverstärkungsklausel versteht; *Jarass*, EuR 2013, 29, 38; *Streinz/Michl*, in: Streinz, EUV/AEUV, Art. 53 GRC Rn. 3; *Franzius*, EuGRZ 2015, 139, 144; ähnlich wohl auch Spanischer Verfassungsgerichtshof, Entsch. v. 13.12.2004 – Erklärung DTC 1/2004, EuR 2005, 339, 349 ff.

[73] *Geiß*, DÖV 2014, 265, 271.

[74] EuGH, Rs. C-399/11, Melloni, digit. Slg. Rn. 26; ausführlich dazu *Herzmann*, EuGRZ 2015, 445, 445 ff.

[75] EuGH, Rs. C-399/11, Melloni, digit. Slg. Rn. 59.

[76] *Geiß*, DÖV 2014, 265, 270.

[77] EuGH, Rs. C-399/11, Melloni, digit. Slg. Rn. 60; s. dazu auch EuGH, Rs. C-198/13, Hernández, digit. Slg., Rn. 47.

Daraus folgt, dass bei der Durchführung des Unionsrechts, d.h. wenn der unionsrechtliche Grundrechtsschutz zur Anwendung kommt, die Charta einen Mindeststandard darstellt, den die Mitgliedstaaten keinesfalls unterschreiten dürfen. Auch ein Rückgriff auf höhere nationale Grundrechtsstandards ist im Einzelfall nur dann zulässig, wenn dadurch der Anwendungsvorrang des Unionsrechts sowie dessen Einheit und Wirksamkeit nicht beeinträchtigt werden,[78] so dass sich mit Hilfe von Art. 53 GRC das Vorrangprinzip gegenüber dem Günstigkeitsprinzip durchsetzt[79] und Art. 53 GRC nicht als Koexistenznorm verstanden werden kann. Dies wiederum führt dazu, dass für die Heranziehung von nationalen Mehrgewährleistungen im Anwendungsbereich des Unionsrechts kaum Raum verbleibt, da andernfalls meist ein Konflikt mit dem EU-Sekundärrecht drohen wird.[80] Bei der Ausarbeitung des Sekundärrechts hat die Union nämlich regelmäßig die widerstreitenden Grundrechtspositionen abschließend abgewogen und so das Grundrechtsniveau für eine bestimmte Frage definiert, weshalb nationale Grundrechte keine Anwendung finden können.[81] Etwas anderes gilt lediglich im nicht vom Unionsrecht determinierten Bereich eines richtlinienumsetzenden nationalen Rechtsakts, wo ein Verstoß gegen mitgliedstaatliche Grundrechte zur Aufhebung des nationalen Rechtsakts führen kann, selbst wenn dieser nicht gegen Unionsgrundrechte verstößt.[82] Insoweit entspricht die vom EuGH in der *Melloni*-Entscheidung eingenommene Position zumindest vom Ansatz her der Rechtsprechung des Bundesverfassungsgerichts, welches ebenfalls von der Abgrenzbarkeit der Anwendungsbereiche von unionalen und nationalen Grundrechten ausgeht,[83] wobei der EuGH freilich, anders als das Bundesverfassungsgericht, eine Doppelbindung der Mitgliedstaaten in den nicht-determinierten Bereichen bejaht. Problematisch an der *Melloni*-Entscheidung ist jedoch, dass der EuGH den Rahmenbeschluss zum Europäischen Haftbefehl einerseits keiner ernsthaften Prüfung am Maßstab der Unionsgrundrechte unterzieht, gleichzeitig aber im konkreten Fall eine Heranziehung höherer mitgliedstaatlicher Standards durch die nationalen Gerichte ablehnt,[84] so dass der im Einzelfall im Anwendungsbereich des Unionsrechts gewährte Grundrechtsschutz hinter dem Grundrechtsschutz bei gleich gelagerten, reinen Inlandssachverhalten zurückbleiben kann.

---

[78] S. hierzu auch EuGH, Rs. C-168/13 PPU, F., digit. Slg., Rn. 51 ff.

[79] Vgl. *Mager*, FS Müller-Graff, S. 1358, 1363.

[80] *Geiß*, DÖV 2014, 265, 271; zu dieser Gefahr s. auch *Jarass*, EuR 2013, 29, 38.

[81] *Latzel*, EuZW 2015, 658, 663; *Lenaerts*, EuR 2015, 3, 24 f.; *Bäcker*, EuR 2015, 389, 398.

[82] S. dazu *Kingreen*, JZ 2013, 801, 807; *Thym*, NVwZ 2013, 889, 892.

[83] S. dazu oben, § 10 IV. 2; für die grundsätzliche Möglichkeit einer Trennung der Anwendungsbereiche spricht auch EuGH, Rs. C-617/10, Åkerberg Fransson, digit. Slg., Rn. 17 ff.; für eine Entbehrlichkeit einer derartigen Trennung hingegen *Walter/Vordermayer*, JöR 63 N.F. (2015), 129, 141 f.

[84] EuGH, Rs. C-399/11, Melloni, digit. Slg. Rn. 47 ff. u. 57 ff.; krit. dazu *Streinz*, JuS 2013, 661, 663; *ders.*, FS Dauses, S. 429, 439; in diese Richtung auch EuGH, Rs. C-105/14, Taricco I, digit. Slg.

Des Weiteren problematisch ist die Anwendung des Art. 53 GRC in Dreieckskonstellationen, d.h., wenn sich die Grundrechte verschiedener Grundrechtsträger gegenüber stehen. Besonders häufig tritt ein derartiger Konflikt etwa im Bereich der Medienberichterstattung auf, wo die Meinungs- und Medienfreiheit der Presse mit dem Recht auf Schutz des Privatlebens des von der Berichterstattung Betroffenen kollidiert. In derartigen Fällen stieße das Prinzip der Meistbegünstigung, ohnehin an seine Grenzen,[85] da die Anhebung des Schutzstandards für den einen Betroffenen automatisch mit einer Absenkung des Grundrechtsschutzes zu Lasten des anderen Betroffenen einher geht.[86] Nach der *Melloni*-Entscheidung kommt auch hier den Wertungen der Grundrechte-Charta und ihrer Interpretation durch den EuGH der Vorrang zu, so dass in mehrpoligen Grundrechtskonstellationen ebenfalls kein Raum für abweichende nationale Besonderheiten verbleibt[87] bzw. die unionalen Vorgaben zumindest einen Korridor für den nationalen Grundrechtsschutz vorgeben, welcher die nationalen Abwägungsdirektiven beeinflussen kann.[88]

Insgesamt lässt sich daher sagen, dass Art. 53 GRC keine Koexistenzvorschrift ähnlich Art. 53 EMRK darstellt, sondern stattdessen die Funktion einer Kollisionsregel übernimmt, die sich mit Art. 31, 142 GG bzw. Art. 49 Abs. 1 BV vergleichen lässt.[89] Es existiert damit auch im föderalen System der EU eine Regelung, welche trotz Abwesenheit einer formellen Hierarchie das Verhältnis der beteiligten Grundrechtsebenen zueinander bestimmt. Als ein „Beispiel für die Rücksichtnahme des EuGH" auf die nationalen Grundrechte und die nationalen Verfassungsgerichte[90] kann die Entscheidung in der Rechtssache *Melloni* daher allenfalls insoweit gewertet werden, als der EuGH in der Entscheidung die Anwendung nationaler Grundrechte bei der Durchführung des Unionsrechts nicht vollständig ausschloss.[91] Der Bewahrung der grundrechtlichen Vielfalt auf nationaler Ebene dient die Entscheidung indes mit Sicherheit nicht.[92]

---

[85] *Jarass*, EuR 2013, 29, 39; *Griller*, Der Anwendungsbereich der Grundrechtscharta und das Verhältnis zu sonstigen Gemeinschaftsrechten, Rechten aus der EMRK und zu verfassungsgesetzlich gewährleisteten Rechten, in: Duschanek/Griller (Hrsg.), Grundrechte für Europa, S. 177 f.

[86] *Matz-Lück*, Europäische Rechtsakte und nationaler Grundrechtsschutz, in: Matz-Lück/Hong (Hrsg.), Grundrechte und Grundfreiheiten im Mehrebenensystem, S. 161, 197; *Streinz*, FS Dauses, S. 429, 440 f.; s. auch *Torres Pérez*, Conflicts of Rights in the European Union, S. 62; a.A. aber *Franzius*, EuGRZ 2015, 139, 144.

[87] *Jarass*, EuR 2013, 29, 39; *Streinz/Michl*, EuZW 2011, 384, 386.

[88] *Bäcker*, EuR 2015, 389, 397; *Matz-Lück*, Europäische Rechtsakte und nationaler Grundrechtsschutz, in: Matz-Lück/Hong (Hrsg.), Grundrechte und Grundfreiheiten im Mehrebenensystem, S. 161, 197; *Gärditz*, JZ 2013, 633, 636.

[89] Für eine Vergleichbarkeit mit Art. 31, 142 GG s. auch *Kingreen*, JZ 2013, 801, 807; so im Ergebnis auch *Besselink*, ELRev 39 (2014), 531, 544.

[90] *Ludwigs*, EuGRZ 2014, 273, 274; in diese Richtung auch *Stotz*, FS Dauses, S. 409, 426; *Skouris*, Il Diritto dell'Unione Europea 2013, 229, 242 f.; *Fernández Alles*, Revista General de Derecho Constitutional 23 (2016), 1, 5.

[91] *Thym*, NVwZ 2013, 889, 892; gegen ein Verständnis von Art. 53 GRC als „Hebel der Reföderalisierung" auch *Hufeld/Rathke*, EuR-Beiheft 3/2013, 7, 17; für eine Schwächung des Grundrechtsschutzes durch die nationalen Gerichte angesichts der *Melloni*-Entscheidung *Streinz*,

2. *Anwendungsvorrang des Unionsrechts als Kollisionsregel*

Wenngleich die Mitgliedstaaten im Vertrag von Lissabon, anders als noch in dem gescheiterten Verfassungsvertrag,[93] auf die Aufnahme der Kollisionsregel des Anwendungsvorrangs in das Primärrecht verzichtet haben und den Anwendungsvorrang stattdessen in Erklärung Nr. 17 zur Schlussakte der Regierungskonferenz von Lissabon lediglich deklaratorisch[94] erwähnten,[95] bleibt nach den vom EuGH in der *Melloni*-Entscheidung gemachten Ausführungen zu Art. 53 GRC das Prinzip des Anwendungsvorrangs des Unionsrechts auch nach Inkrafttreten der Grundrechte-Charta die entscheidende Kollisionsregel zur Auflösung von Konflikten zwischen dem Unionsrecht und den nationalen Grundrechten. Daraus folgt, dass bei der Durchführung von Unionsrecht nationale Grundrechte nur insoweit eine eigenständige Bedeutung entfalten können, als sie über den unionalen Grundrechtsstandard hinaus gehen und sie überdies nicht von entgegen stehendem EU-Sekundärrecht verdrängt werden.[96] Bleiben die nationalen Grundrechte hingegen hinter den unionalen Grundrechten zurück, werden sie im Wege des Anwendungsvorrangs verdrängt. Sind die Inhalte der beiden Grundrechtsordnungen im konkreten Fall deckungsgleich, liegt schon gar keine Kollision vor, die mit Hilfe einer Kollisionsregel aufgelöst werden müsste.

3. *Mitgliedstaatliche Perspektive*

Auch nach Inkrafttreten der Grundrechte-Charta wird der Anwendungsvorrang des Unionsrechts von den nationalen Verfassungs- und Höchstgerichten als maßgebliche Kollisionsregel zur Auflösung von Kollisionen zwischen nationalen Grundrechten und dem Unionsrecht grundsätzlich anerkannt.[97] Die Vorbehalte einzelner mitgliedstaatlicher Rechtsordnungen gegenüber einem Vorrang des Unionsrechts auch vor dem nationalen Verfassungsrecht ändern daran nichts, zumal das Inkrafttreten der Grundrechte-Charta nicht zu einer Absenkung des Grundrechtsstandards in der EU geführt hat. Unabhängig davon enthalten ein-

---

FS Dauses, S. 429, 442; ähnlich *Franzius*, ZaöRV 75 (2015), 383, 400; *Vecchio*, Quaderni costituzionali 2013, 454, 456; *Hallström*, Balance or Clash of Legal Orders – Some Notes on Margin of Appreciation, in: Nergelius/Kristoffersson (Hrsg.) Human Rights in Contemporary European Law, S. 59, 71.

[92] Vgl. *Torres Pérez*, EuConst 10 (2014), 308, 318; *Dougan*, CMLR 52 (2015), 1201, 1240 ff.; *Leczykiewicz*, Melloni and the future of constitutional conflict in the EU, UK Constitutional Law Association, abrufbar unter https://ukconstitutionallaw.org/2013/05/22/dorota-leczykiewicz-melloni-and-the-future-of-constitutional-conflict-in-the-eu/ (zuletzt abgerufen am 04.11.2017); der Interpretation des EuGH folgend jedoch *de Witte*, in: Peers/Hervey/Kenner/Ward (Hrsg.), The EU Charter of Fundamental Rights, Art. 53 Rn. 53.26.

[93] Art. I-6 VVE.

[94] *Voßkuhle*, NVwZ 2010, 1, 5.

[95] S. Erklärung Nr. 17, Erklärung zum Vorrang, ABl. EU 2010, Nr. C 83, 344.

[96] Ausführlich dazu oben, § 10 III.2. b).

[97] Näher dazu oben, § 10 III.2 c).

zelne mitgliedstaatliche Verfassungen einen Konfliktvermeidungsmechanismus der weitestgehenden Angleichung. So ergibt sich etwa aus Art. 10 Abs. 2 der spanischen Verfassung, dass die nationalen Grundrechte in Übereinstimmung mit der Grundrechte-Charta ausgelegt werden müssen, so dass die Grundrechte-Charta die Auslegung der nationalen Grundrechte auch bei rein innerstaatlichen Sachverhalten beeinflussen kann.[98] Andererseits jedoch schließt Art. 10 Abs. 2 der spanischen Verfassung die Beibehaltung höherer nationaler Standards nicht aus, weshalb die Vorschrift nicht auf eine vollständige Angleichung von Grundrechte-Charta und nationalen Grundrechten abzielt[99] und damit keine echte Konvergenznorm beinhaltet, so dass die Kollisionsregel des Anwendungsvorrangs im Verhältnis zwischen dem Unionsrecht und den spanischen Grundrechten weiterhin erforderlich bleibt. Ähnliches gilt im Hinblick auf Art. 145 Abs. 2 der kroatischen Verfassung, wonach Rechtsakte und Beschlüsse, die Kroatien in den Institutionen der EU angenommen hat, in Kroatien in Einklang mit dem rechtlichen Besitzstand der EU angewandt werden. Auch hieraus ergibt sich die Absicht, nationales Recht einschließlich der nationalen Grundrechte unionsrechtskonform auszulegen, was jedoch keine Angleichung der beiden Grundrechtsregime impliziert, so dass die Kollisionsregel des Anwendungsvorrangs des Unionsrechts auch bezüglich des kroatischen Rechts weiter erforderlich bleibt.

IV. Grundrechtsbindung

1. Bindung an Unionsgrundrechte, Art. 51 Abs. 1 S. 1 GRC

a) Wortlaut, Systematik und Entstehungsgeschichte der Vorschrift

Ausgangspunkt für die Frage nach der Bindung der Mitgliedstaaten an die Grundrechte-Charta ist die Vorschrift des Art. 51 Abs. 1 S. 1 GRC. Danach gilt die Charta für die Organe, Einrichtungen und sonstigen Stellen der Union unter Wahrung des Subsidiaritätsprinzips und für die Mitgliedstaaten ausschließlich bei der Durchführung des Rechts der Union, wodurch, anders als im Fall des Grundgesetzes nach Art. 1 Abs. 3 GG und auch im System der Schweizer Bundesverfassung, für die Mitgliedstaaten keine umfassende Bindung an die Unionsgrundrechte statuiert wird. Der entscheidende Begriff der „Durchführung" bezieht sich nach seinem Wortsinn entgegen der Auffassung der wohl herrschenden Meinung[100] sowohl auf den Vollzug und die Umsetzung des Unionsrechts als auch auf

---

[98] So implizit Spanischer Verfassungsgerichtshof, Urt. v. 13.02.2014 – STC 26/2014 –, Ziff. 2 ff.; *Herzmann*, EuGRZ 2015, 445, 453.

[99] *Torres Pérez*, EuConst 10 (2014), 308, 322.

[100] So etwa *Kingreen*, in: Calliess/Ruffert, EUV/AEUV, Art. 51 GRC Rn. 8; *Streinz/Michl*, in: Streinz, EUV/AEUV, Art. 51 Rn. 7 ff.; *Griller*, Der Anwendungsbereich der Grundrechtscharta, in: Duschanek/Griller (Hrsg.), Grundrechte für Europa, S. 131, 139; *Schaller*, Die EU-Mitgliedstaaten als Verpflichtungsadressaten der Gemeinschaftsgrundrechte, S. 213; *Dombert*, Der Grundrechtsföderalismus der Vereinigten Staaten von Amerika, S. 269 f.

Calliess, AöR 21, 181 (185)

die Anwendung von Ausnahmevorschriften zur Einschränkung der Grundfreiheiten.[101] Auch der englische Wortlaut „implementing Union law" legt ein weites Begriffsverständnis unter Einbeziehung sowohl der *Wachauf*-, als auch der *ERT*-Konstellation nahe.[102] Entsprechendes gilt für die französische Fassung „mettent en œvre le droit de l'Union", was ebenfalls eine Auslegung im Sinne von „Gebrauch machen", „anwenden" oder „ausführen" suggeriert.[103] Auch der italienische Wortlaut, der von einer Bindung der Mitgliedstaaten an die Grundrechte-Charta „nell'attuazione del diritto dell'Unione" spricht, legt eine weite Auslegung nahe, da „attuazione" mit „Verwirklichung" bzw. „Durchführung" zu übersetzen ist[104] und damit tendenziell sogar noch über den englischen und französischen Wortlaut hinaus geht. Ein weites Verständnis impliziert schließlich auch die spanische Version, wo eine Bindung der Mitgliedstaaten angenommen wird „cuando apliquen el Derecho de la Unión",[105] wobei das Verb „aplicar" mit „anwenden" übersetzt werden muss.

Die systematische Auslegung von Art. 51 Abs. 1 S. 1 GRC legt dagegen ein restriktiveres Verständnis nahe. Insbesondere ist Art. 51 Abs. 1 S. 2 GRC zu beachten, wonach die Grenzen der Zuständigkeiten, die der Union in den Verträgen übertragen werden, zu achten sind, woraus folgt, dass Art. 51 Abs. 1 S. 1 GRC nicht derart weit interpretiert werden darf, dass das Prinzip der begrenzten Einzelermächtigung ausgehöhlt wird.[106] Ferner spricht Art. 52 Abs. 2 GRC für eine restriktive Auslegung des Anwendungsbereichs der Charta, indem er klarstellt, dass die Charta nicht zu einer Erweiterung oder Änderung der in den Verträgen festgelegten Zuständigkeiten führen darf.[107]

Ein zumindest auf den ersten Blick nicht ganz eindeutiges Ergebnis liefert die genetische Auslegung.[108] Für ein enges Verständnis des Begriffs der Durchführung in Art. 51 Abs. 1 S. 1 GRC spricht, dass *Roman Herzog*, Präsident des Grundrechtskonvents, bereits in der eröffnenden Sitzung im Jahr 1999 bekräftigte, dass bei der Erarbeitung der Charta die nationalen Traditionen, Rechtstra-

---

[101] *Brosius-Gersdorf*, Bindung der Mitgliedstaaten an die Gemeinschaftsgrundrechte, S. 43 f.; *Bleckmann*, Nationale Grundrechte im Anwendungsbereich des Rechts der Europäischen Union, S. 135 f.; *Wollenschläger*, EuZW 2014, 577, 578 f.; *Buchholtz*, DÖV 2017, 837, 839.

[102] *Brosius-Gersdorf*, Bindung der Mitgliedstaaten an die Gemeinschaftsgrundrechte, S. 44; a.A. aber wohl *Kober*, Der Grundrechtsschutz in der Europäischen Union, S. 173 f.; näher zu den beiden genannten Konstellationen oben, § 10 IV.1. b) aa) u. bb).

[103] *Brosius-Gersdorf*, Bindung der Mitgliedstaaten an die Gemeinschaftsgrundrechte, S. 44.

[104] So *Sansoni*, Wörterbuch der italienischen und deutschen Sprache, 1. Teil, Italienisch-Deutsch, S. 114.

[105] *Wollenschläger*, EuZW 2014, 577, 578 f.

[106] Vgl. *Bleckmann*, Nationale Grundrechte im Anwendungsbereich des Rechts der Europäischen Union, S. 145; *Heuer*, Art. 51 Abs. 1 S. 1 GRC: Die Bindung der Mitgliedstaaten an die Unionsgrundrechte, S. 180 f.

[107] *Bleckmann*, Nationale Grundrechte im Anwendungsbereich des Rechts der Europäischen Union, S. 144; *Frenzel*, Der Staat 53 (2014), 1, 4.

[108] Näher dazu *Borowsky*, in: Meyer, Grundrechte-Charta, Art. 51 Rn. 2 ff.; *Huber*, EuR 2008, 190, 197; *Lange*, NVwZ 2014, 169, 172.

ditionen und Entscheidungsstrukturen berücksichtigt werden müssten.[109] Aus den Arbeiten des Konvents lässt sich zudem ableiten, dass aus Angst vor einer schleichenden Unitarisierung des Grundrechtsschutzes in Europa ein Konsens gegen die Bindung der Mitgliedstaaten an die Grundrechte-Charta im gesamten Geltungsbereich des Unionsrechts bestand,[110] weshalb Art. 51 Abs. 1 S. 1 GRC so konstruiert werden sollte, dass eine trennscharfe Abgrenzung der europäischen Grundrechtsordnung von der Grundrechtsordnung der Mitgliedstaaten ermöglicht würde.[111] Aus den Materialien selbst ergibt sich ein Wille zur Einschränkung der bisherigen Grundrechtsbindung der Mitgliedstaaten nach den vom EuGH aufgestellten Grundsätzen indes gerade nicht.[112] So zitieren die Erläuterungen zu Art. 51 GRC sowohl die Entscheidungen *Wachauf*, *Annibaldi* und *ERT* als auch die Entscheidung *Karlsson*, wonach „die Mitgliedstaaten bei der Durchführung der gemeinschaftsrechtlichen Regelungen aber auch die Erfordernisse des Grundrechtsschutzes in der Gemeinschaftsrechtsordnung beachten"[113] müssen.[114] Dies wiederum spricht ziemlich deutlich für eine Anknüpfung an die zuvor vom EuGH zur Grundrechtsbindung der Mitgliedstaaten herausgearbeiteten Grundsätze, mit der Folge, dass sowohl nach dem Wortlaut als auch der Entstehungsgeschichte die Grundrechte-Charta auch bei der Beschränkung der Grundfreiheiten heranzuziehen ist und der Anwendungsbereich des unionalen Grundrechtsschutzes dadurch erheblich ausgedehnt wird.

Insgesamt lässt sich sagen, dass der Wortlaut und die Entstehungsgeschichte des Art. 51 Abs. 1 S. 1 GRC eine weitreichende Bindung der Mitgliedstaaten an die Grundrechte-Charta suggerieren, während die Systematik für eine restriktivere Auslegung spricht, was freilich die vom EuGH zur Bindungswirkung der ungeschriebenen Gemeinschaftsgrundrechte entwickelte Rechtsprechung grundsätzlich nicht in Frage stellt.

b) Interpretation durch den EuGH

aa) Rechtssache N.S. u.a.

Nachdem der EuGH in seinen ersten Entscheidungen nach Inkrafttreten der Grundrechte-Charta gar nicht auf den Wortlaut von Art. 51 Abs. 1 S. 1 GRC ein-

[109] *Herzog*, Speech, in: Record of the first meeting of the Body to draw up a draft Charter of Fundamental Rights of the European Union (held in Brussels, 17 December 1999), CHARTE 4105/00, 8, 9.

[110] S. dazu den Vierten Entwurf des Präsidiums v. 16.05.2000, CHARTE 4316/00 sowie den Entwurf v. 23.06.2000, CHARTE 4373/00; ausführlich dazu *Bleckmann*, Nationale Grundrechte im Anwendungsbereich des Rechts der Europäischen Union, S. 139 f.; s. auch *Rabe*, NJW 2013, 1407, 1408; *Eeckhout*, CMLR 39 (2002), 945, 954 ff.

[111] *Hatje*, in: Schwarze, EU-Kommentar, Art. 51 GRC Rn. 2; *Cartabia*, in: Mock/Demuro (Hrsg.), Human Rights in Europe, Article 51, S. 315, 319 ff.

[112] Für eine Einschränkung gegenüber der Situation vor Inkrafttreten der Charta jedoch *Lazzerini*, Rivista di diritto internazionale 96 (2013), 883, 889.

[113] EuGH, Rs. C-292/97, Karlsson, Slg. 2000, I-2737, Rn. 37.

[114] Erläuterungen zur Charta der Grundrechte, ABl. EU 2007 Nr. C 303, 17, 32.

gegangen war,[115] hat sich der Gerichtshof erstmals in der Entscheidung in der Rechtssache *N.S. u.a.* näher zur Auslegung von Art. 51 Abs. 1 S. 1 GRC geäußert.[116] In dem fraglichen Fall ging es um die Auslegung von Art. 3 Abs. 2 der Verordnung (EG) Nr. 343/2003 des Rates vom 18. Februar 2003[117] zur Festlegung der Kriterien und Verfahren zur Bestimmung des Mitgliedstaats, der für die Prüfung eines von einem Drittstaatsangehörigen in einem Mitgliedstaat gestellten Asylantrags zuständig ist (Dublin II-Verordnung). Der EuGH entschied, dass die streitgegenständliche Norm den Mitgliedstaaten ein Ermessen einräume und der Mitgliedstaat, der dieses Ermessen ausübt, Unionsrecht i.S.v. Art. 51 Abs. 1 S. 1 GRC durchführe,[118] weshalb in dem fraglichen Fall eine Bindung des Mitgliedstaats an die Grundrechte-Charta angenommen wurde.

Die Entscheidung reiht sich ein in die Rechtsprechung des EuGH zur *Wachauf*-Konstellation,[119] ohne dass sich der EuGH freilich näher mit den Auswirkungen des Inkrafttretens der Grundrechte-Charta auf seine bisherige Rechtsprechung auseinander gesetzt hätte. Stattdessen stellte der Gerichtshof im Fall *N.S. u.a.* lediglich klar, dass bei der Durchführung von Sekundärrecht Unionsgrundrechte zu beachten sind, was auch dann gelten solle, wenn die Mitgliedstaaten unionsrechtlich eingeräumte Ermessensspielräume ausfüllen.[120] Insoweit ergeben sich daher keine Unterschiede zur EuGH-Judikatur vor Inkrafttreten der Grundrechte-Charta.

bb) Rechtssachen Iida und Pringle

In der Entscheidung in der Rechtssache *Iida* vom 8. Dezember 2012 hat der EuGH im Zusammenhang mit der Gewährung eines Aufenthaltsrechts für Drittstaatsangehörige durch deutsche Behörden die Anwendbarkeit der Grundrechte-Charta verneint, obwohl in dem zu entscheidenden Fall ein enger Bezug zur Unionsbürgerschaft bestand,[121] woraus geschlossen werden kann, dass Art. 18 AEUV alleine kein hinreichender Anknüpfungspunkt für die Heranziehung der Charta sein soll.[122] Der Gerichtshof argumentierte in der Rechtssache *Iida* unter

---

[115] S. etwa EuGH, Rs. C-279/09, DEB, Slg. 2010, I-13849, Rn. 30; näher dazu s. *Lazzerini*, Rivista di diritto internazionale 96 (2013), 883, 891; *Ward*, in: Peers/Hervey/Kenner/Ward (Hrsg.), The EU Charter of Fundamental Rights, Art. 51 Rn. 51.91.

[116] EuGH, Rs. C-411/10, N.S. u.a., Slg. 2011, I-13905, Rn. 64 ff.

[117] Verordnung (EG) Nr. 343/2003 des Rates vom 18. Februar 2003 zur Festlegung der Kriterien und Verfahren zur Bestimmung des Mitgliedstaats, der für die Prüfung eines von einem Drittstaatsangehörigen in einem Mitgliedstaat gestellten Asylantrags zuständig ist, ABl. EG 2003 Nr. L 50, S. 1 ff.

[118] EuGH, Rs. C-411/10, N.S. u.a., Slg. 2011, I-13905 Rn. 65 u. 68; s. dazu *Streinz*, FS Dauses, S. 429, 440 Fn. 81.

[119] Näher dazu oben, § 10 IV.1. b) aa).

[120] S. dazu *Lenaerts*, EuConst 8 (2012), 375, 379 ff.

[121] EuGH, Rs. C-40/11, Yoshikazu Iida, digit. Slg., Rn. 48 ff.

[122] Vgl. dazu *Gstrein/Zeitzmann*, ZEuS 2013, 239, 257; *Bailleux*, RTDH 97 (2014), 215, 222; zum Ganzen s. auch *Maier*, Grundrechtsschutz bei der Durchführung von Richtlinien, S. 159 ff.

Bezugnahme auf die restriktive *Annibaldi*-Entscheidung, dass für die Frage, ob eine Durchführung von Unionsrecht i.S.v. Art. 51 Abs. 1 S. 1 GRC vorliege, ausschlaggebend sei, ob mit der in Rede stehenden nationalen Regelung die Durchführung einer Bestimmung des Unionsrechts bezweckt werde, welchen Charakter diese Regelung habe und ob mit ihr, selbst wenn sie das Unionsrecht mittelbar beeinflussen könne, andere als die unter das Unionsrecht fallenden Ziele verfolgt würden sowie ob es eine Regelung des Unionsrechts gebe, die für diesen Bereich spezifisch ist oder ihn beeinflussen kann.[123]

Auch in der Entscheidung in der Rechtssache *Pringle* vom 27. Dezember 2012, in der die unionsrechtliche Zulässigkeit der Einrichtung des ESM-Rettungsschirms in Rede stand, hatte der Gerichtshof die Anwendbarkeit der Grundrechte-Charta abgelehnt,[124] was ebenfalls darauf hindeutet, dass nicht jedwede Koordinierungsmaßnahme seitens der Union als Durchführung von Unionsrecht i.S.v. Art. 51 Abs. 1 S. 1 GRC verstanden werden kann.[125]

cc) Leitentscheidung in der Rechtssache Åkerberg Fransson

aaa) Sachverhalt

Die bis heute richtungsweisende Entscheidung zur Auslegung von Art. 51 Abs. 1 S. 1 GRC stellt das Urteil des EuGH in der Rechtssache *Åkerberg Fransson* vom 26. Februar 2013 dar.[126] Im Ausgangsfall hatte der schwedische Fischer *Åkerberg Fransson* in den Jahren 2004 und 2005 etwa 74 000 € an Einkommens- und Mehrwertsteuer hinterzogen. In Anwendung der schwedischen Steuersanktionsregelung wurde er für die begangenen Straftaten mit einer Steuersanktion in Form von Steuerzuschlägen belegt, welche teilweise die Hinterziehung der Mehrwertsteuer betraf. Diese Sanktionen griff der Betroffene nicht an, so dass sie bestandskräftig wurden. Wegen desselben Sachverhalts leitete die Staatsanwaltschaft (Åklagare) bei dem zuständigen Strafgericht ein Strafverfahren mit der Begründung ein, der Angeklagte habe ein Steuervergehen in einem schweren Fall begangen. Das schwedische Strafgericht setzte das Verfahren aus und legte dem EuGH u.a. die Frage vor, ob der unionsrechtliche *ne bis in idem*-Grundsatz (Art. 50 GRC) so auszulegen sei, dass er einem solchen Vorgehen entgegen stünde. Der Sachverhalt war deshalb unionsrechtlich relevant, weil von der Steuerhinterziehung auch die Mehrwertsteuer betroffen war, in Bezug auf die auf Unionsebene ausgeprägte Harmonisierungskompetenzen und -instrumente wie etwa die Richtlinie 2006/112/EG über das gemeinsame Mehrwertsteuersystem existieren[127] und

[123] EuGH, Rs. C-40/11, Yoshikazu Iida, digit. Slg., Rn. 79.

[124] EuGH, Rs. C-370/12, Pringle, digit. Slg., Rn. 178 ff.

[125] So auch *Douglas-Scott*, Fundamental Rights, Not Euroscepticism: Why the UK Should Embrace the EU Charter of Fundamental Rights, in: Ziegler/Wicks/Hodson (Hrsg.), The UK and European Human Rights, S. 249, 258.

[126] EuGH, Rs. C-617/10, Åkerberg Fransson, digit. Slg.

[127] Richtlinie 2006/112/EG des Rates v. 28. November 2006 über das gemeinsame Mehrwertsteuersystem, ABl. EU Nr. L 347, S. 1 ff.

in Bezug auf die zudem die allgemeine Vorschrift des Art. 325 AEUV zur Betrugsbekämpfung Anwendung findet, während die Steuerhoheit in der EU an sich grundsätzlich weiterhin in den Zuständigkeitsbereich der Mitgliedstaaten fällt.

In unionsrechtlicher Hinsicht war die Frage nach der Zuständigkeit des EuGH zur Beantwortung der vorgelegten Frage problematisch. Die Mehrzahl der Regierungen, die EU-Kommission[128] und auch der zuständige Generalanwalt[129] sprachen sich gegen eine Zuständigkeit des EuGH in dem fraglichen Fall aus, da die nationalen Rechtsvorschriften, die den steuerlichen Sanktionen und dem Strafverfahren zugrunde lagen, nicht zur Umsetzung der Mehrwertsteuer-Richtlinie erlassen worden waren.[130]

bbb) Schlussanträge des Generalanwalts

Generalanwalt *Cruz Villalón* kam in seinen Schlussanträgen zu dem Ergebnis, dass eine Zuständigkeit des EuGH für die Entscheidung des fraglichen Falles nicht gegeben sei, da der Anwendungsbereich der Grundrechte-Charta i.S.v. Art. 51 Abs. 1 S. 1 GRC nicht eröffnet sei.[131] Er erkennt dabei ausdrücklich an, dass sein zu diesem Ergebnis führender Lösungsvorschlag von der bisherigen EuGH-Rechtsprechung zur Anwendbarkeit der Unionsgrundrechte abweicht.[132] Konkret entnimmt er der Vorschrift des Art. 51 Abs. 1 S. 1 GRC zur Anwendbarkeit der Grundrechte-Charta eine „Regel-Ausnahme-Beziehung“[133], nach der die gerichtliche Kontrolle von Handlungen der öffentlichen Gewalt der Mitgliedstaaten, bei denen ein Wertungsspielraum besteht, regelmäßig Sache der Mitgliedstaaten sei.[134] Die sich „unerbittlich und legitim“ wandelnde Ausnahme der Verlagerung der Kontrolle auf die Unionsgerichtsbarkeit sei nur dann gerechtfertigt, wenn eine Situation gegeben sei, in der der Ausübung der mitgliedstaatlichen öffentlichen Gewalt eine „Präsenz“ des Unionsrechts zu Grunde liege, die das mitgliedstaatliche Handeln bestimme oder zumindest beeinflusse.[135] Eine bloße „*occasio*“, d.h. ein zufälliges Überschneiden von unional und mitgliedstaatlich determinierter Materie, genüge demnach nicht für die Eröffnung des Anwendungs-

---

[128] EuGH, Rs. C-617/10, Åkerberg Fransson, digit. Slg., Rn. 16.

[129] Schlussanträge des Generalanwalts Cruz Villalón, Rs. C-617/10, Åkerberg Fransson, digit. Slg., Rn. 56 ff.; ausführlich dazu unten, § 11 IV.1. b) cc) bbb) u. § 15 IV.1.

[130] Vgl. EuGH, Rs. C-617/10, Åkerberg Fransson, digit. Slg., Rn. 28.

[131] Schlussanträge des Generalanwalts Cruz Villalón in der Rs. C-617/10, Åkerberg Fransson, digit. Slg., Rn. 5.

[132] Schlussanträge des Generalanwalts Cruz Villalón in der Rs. C-617/10, Åkerberg Fransson, digit. Slg., Rn. 5.

[133] Schlussanträge des Generalanwalts Cruz Villalón in der Rs. C-617/10, Åkerberg Fransson, digit. Slg., Rn. 35.

[134] Schlussanträge des Generalanwalts Cruz Villalón in der Rs. C-617/10, Åkerberg Fransson, digit. Slg., Rn. 35.

[135] Schlussanträge des Generalanwalts Cruz Villalón in der Rs. C-617/10, Åkerberg Fransson, digit. Slg., Rn. 27 u. 33.

bereichs der Grundrechte-Charta.[136] Vielmehr müsse ein Sachverhalt vorliegen, in dem „die Legitimität der europäischen *res publica* auf dem Spiel stehen kann“.[137] Zur Lösung des Problems schlägt *Cruz Villalón* deshalb eine zweistufige Prüfung vor: In einem ersten Schritt müssten zunächst die unterschiedlichen Fälle bestimmt werden, in denen eine Verlagerung der Gewährleistung der Grundrechte von den Mitgliedstaaten zur Union grundsätzlich gerechtfertigt sein könne.[138] In einem zweiten Schritt solle schließlich eine Abwägung der konkreten Umstände des Einzelfalls unter Einbeziehung des betroffenen EU-Grundrechts, des in Rede stehenden mitgliedstaatlichen Handelns sowie des Grads des Zusammenhangs zwischen diesen beiden Variablen die Bildung eines endgültigen und abschließenden Urteils hinsichtlich der Zuweisung der Verantwortlichkeit für die Gewährleistung des Grundrechtsschutzes ermöglichen.[139] Im Ergebnis plädiert der Generalanwalt damit bei der Frage nach der Eröffnung des Anwendungsbereichs der Grundrechte-Charta für eine Differenzierung danach, ob eine Unionskompetenz für die mit dem streitgegenständlichen Sachverhalt verknüpfte Rechtsmaterie vorliegt.[140]

ccc) Entscheidung des EuGH

Die Große Kammer des EuGH folgte den gegen seine Zuständigkeit vorgetragenen Bedenken nicht, sondern erklärte sich für zuständig. Sie begründete dies damit, dass Art. 51 Abs. 1 S. 1 GRC die bisherige Rechtsprechung des Gerichtshofs zur Bindung der Mitgliedstaaten an die EU-Grundrechte bestätige.[141] Aus dieser ständigen Rechtsprechung ergebe sich, dass die in der Unionsrechtsordnung garantierten Grundrechte in allen unionsrechtlich geregelten Fallgestaltungen, aber nicht außerhalb derselben Anwendung fänden.[142] Eine nationale Rechtsvorschrift könne daher nicht im Hinblick auf die Grundrechte-Charta beurteilt werden, wenn sie nicht in den Geltungsbereich des Unionsrechts falle.[143] Sobald eine Vorschrift hingegen in den Geltungsbereich des Unionsrechts falle, sei der Gerichtshof für die Beantwortung einer ihm im Wege des Vorabentscheidungsverfahrens vorgelegten Frage zuständig.[144] Der EuGH begründet den von ihm hergestellten

---

[136] Schlussanträge des Generalanwalts Cruz Villalón in der Rs. C-617/10, Åkerberg Fransson, digit. Slg., Rn. 61.

[137] Schlussanträge des Generalanwalts Cruz Villalón in der Rs. C-617/10, Åkerberg Fransson, digit. Slg., Rn. 41.

[138] Schlussanträge des Generalanwalts Cruz Villalón in der Rs. C-617/10, Åkerberg Fransson, digit. Slg., Rn. 46.

[139] Schlussanträge des Generalanwalts Cruz Villalón in der Rs. C-617/10, Åkerberg Fransson, digit. Slg., Rn. 46 f.

[140] Vgl. *Gstrein/Zeitzmann*, ZEuS 2013, 239, 250; zum Ganzen s. auch *Fontanelli*, Human Rights Law Review 14 (2014), 231, 255 f.; für einen ähnlichen Ansatz s. die Schlussanträge der Generalanwältin Sharpston in der Rechtssache *Ruiz Zambrano*, Rs. 34/09, Ruiz Zambrano, Slg. 2011, I-1177, Rn. 170 ff.; s. dazu oben, § 11 IV.1. b) cc) bbb).

[141] EuGH, Rs. C-617/10, Åkerberg Fransson, digit. Slg., Rn. 18.

[142] EuGH, Rs. C-617/10, Åkerberg Fransson, digit. Slg., Rn. 19.

[143] EuGH, Rs. C-617/10, Åkerberg Fransson, digit. Slg., Rn. 19.

[144] EuGH, Rs. C-617/10, Åkerberg Fransson, digit. Slg., Rn. 19.

Zusammenhang zwischen seiner früheren Rechtsprechung und der Auslegung von Art. 51 Abs. 1 S. 1 GRC damit, dass die Erläuterungen zu Art. 51 GRC, die nach Art. 6 Abs. 1 UAbs. 3 EUV und Art. 52 Abs. 7 GRC bei der Auslegung der Charta zu berücksichtigen seien, diese Definition des Anwendungsbereichs der Charta stützten.[145] Nach den Erläuterungen gelte die „Verpflichtung zur Einhaltung der im Rahmen der Union definierten Grundrechte für die Mitgliedstaaten [...] nur dann, wenn sie im Anwendungsbereich des Unionsrechts handeln".[146] Daran anknüpfend spitzt der EuGH seine Auffassung zur Anwendbarkeit der Grundrechte-Charta noch einmal zu. Da die durch die Charta garantierten Grundrechte zu beachten seien, wenn eine nationale Rechtsvorschrift in den Geltungsbereich des Unionsrechts falle, seien keine Fallgestaltungen denkbar, die vom Unionsrecht erfasst würden, ohne dass diese Grundrechte anwendbar wären.[147] Die Anwendbarkeit des Unionsrechts umfasse demnach die Anwendbarkeit der Grundrechte-Charta.[148] Werde eine rechtliche Situation hingegen nicht vom Unionsrecht erfasst, sei der Gerichtshof nicht dafür zuständig, und die möglicherweise angeführten Bestimmungen der Charta könnten als solche keine neue Zuständigkeit der EU begründen.[149]

In dem zu entscheidenden Fall begründet der Gerichtshof den Zusammenhang mit dem Unionsrecht auf dreifache Weise: erstens mit den Bestimmungen der Richtlinie 2006/112/EG über das Mehrwertsteuersystem,[150] in Bezug er schon in der Entscheidung *SFI* aus dem Jahr 1998 festgestellt hatte, dass es in den Anwendungsbereich des Gemeinschaftsrechts fällt;[151] zweitens mit Art. 4 Abs. 3 EUV, wonach jeder Mitgliedstaat verpflichtet ist, alle Rechts- und Verwaltungsvorschriften zu erlassen, die geeignet sind, die Erhebung der gesamten in seinem Hoheitsgebiet geschuldeten Mehrwertsteuer zu gewährleisten und den Betrug zu bekämpfen;[152] sowie schließlich drittens mit Art. 325 AEUV, der die Mitgliedstaaten verpflichte, zur Bekämpfung von rechtswidrigen Handlungen, die sich gegen die finanziellen Interessen der Union richten, abschreckende und wirksame Maßnahmen zu ergreifen.[153]

Der EuGH differenziert daher im Anschluss an seine frühere Rechtsprechung ausschließlich zwischen einem vorhandenen und einem nicht vorhandenen Anknüpfungspunkt an das Unionsrecht,[154] während der Generalanwalt unter Abkehr der bisherigen EuGH-Judikatur vorgeschlagen hatte, einen etwaigen Anknüpfungspunkt an das Unionsrecht im Rahmen einer Einzelfallprüfung zusätz-

[145] EuGH, Rs. C-617/10, Åkerberg Fransson, digit. Slg., Rn. 20.
[146] EuGH, Rs. C-617/10, Åkerberg Fransson, digit. Slg., Rn. 20.
[147] EuGH, Rs. C-617/10, Åkerberg Fransson, digit. Slg., Rn. 21.
[148] EuGH, Rs. C-617/10, Åkerberg Fransson, digit. Slg., Rn. 21.
[149] EuGH, Rs. C-617/10, Åkerberg Fransson, digit. Slg., Rn. 22.
[150] EuGH, Rs. C-617/10, Åkerberg Fransson, digit. Slg., Rn. 25.
[151] EuGH, Rs. C-85/97, SFI, Slg. 1998, I-7447, Rn. 31; s. dazu *Stotz*, FS Dauses, S. 409, 425.
[152] EuGH, Rs. C-617/10, Åkerberg Fransson, digit. Slg., Rn. 25.
[153] EuGH, Rs. C-617/10, Åkerberg Fransson, digit. Slg., Rn. 26.
[154] *Winter*, NZA 2013, 473, 476.

lich auf seine Intensität hin zu untersuchen.[155] Im Ergebnis versteht der EuGH damit den Wortlaut von Art. 51 Abs. 1 S. 1 GRC als Fortschreibung seiner Rechtsprechung zur Anwendbarkeit der EU-Grundrechte,[156] d.h. die Unionsgrundrechte sollen sowohl in der *Wachauf*-, als auch in der *ERT*-Konstellation weiterhin zu beachten sein. Der Gerichtshof betont zudem mit Verweis auf die am selben Tag ergangene *Melloni*-Entscheidung, dass der Vorrang, die Einheit und die Wirksamkeit des Unionsrechts durch die Anwendung nationaler Grundrechte nicht beeinträchtigt werden dürften, wenn die Mitgliedstaaten, was grundsätzlich zulässig sei, bei der Durchführung von Unionsrecht in nicht-determinierten Bereichen nationale Grundrechte anwendeten.[157] Durch die *Åkerberg Fransson*-Entscheidung nicht geklärt wurde indes, was genau unter dem „Geltungs- bzw. Anwendungsbereich" des Unionsrechts, in der englischen Urteilsfassung als „scope of Union law" und in der französischen Fassung als „champ d'application" bezeichnet, zu verstehen sein soll, so dass insoweit nur etwaige Folgeentscheidungen Klarheit bringen konnten.

ddd) Bewertung

Wenngleich durch die *Åkerberg Fransson*-Entscheidung, der von der Struktur des Falles her eine *Wachauf*-Konstellation zu Grunde lag, die bisherige EuGH-Rechtsprechung zur Grundrechtsbindung der Mitgliedstaaten bestätigt und somit wenigstens diesbezüglich Klarheit geschaffen wurde, enthält die Entscheidung jedoch auch das Potential für eine Ausweitung des Anwendungsbereichs der Unionsgrundrechte[158] und für eine Zurückdrängung der nationalen Grundrechte, zumal dann, wenn sie im Zusammenhang mit dem *Melloni*-Urteil gelesen wird. In weitest möglicher Lesart lässt die Entscheidung eine Anwendung der Unionsgrundrechte bereits bei Vorliegen eines rein thematischen Sachbezugs mit dem Unionsrecht zu,[159] was eine Parallele zu der EuGH-Rechtsprechung zur Reichweite des Diskriminierungsverbotes nach Art. 18 AEUV implizieren würde.[160] In diesem Fall wäre der Anwendungsbereich der Grundrechte-Charta auch für solche Sachverhalte eröffnet, in Bezug auf die zwar keine unionsrechtliche Harmonisierung besteht, die aber, wie etwa das Recht der Sozialleistungen, dem Diskriminierungsverbot bzw. den Grundfreiheiten unterfallen,[161] so dass die

[155] Schlussanträge des Generalanwalts Cruz Villalón, Rs. C-617/10, Åkerberg Fransson, digit. Slg., Rn. 5, 42 ff. u. 57; vgl. *Winter*, NZA 2013, 473, 476; *van Bockel/Wattel*, ELRev 38 (2013), 866, 868; s. dazu oben, § 11 IV.1. b) cc) bbb).

[156] *Thym*, NVwZ 2013, 889, 890; *Winter*, NZA 2013, 473, 477.

[157] EuGH, Rs. C-617/10, Åkerberg Fransson, digit. Slg., Rn. 29.

[158] *Streinz*, FS Dauses, S. 429, 435; *de Visser*, Human Rights Review 15 (2014), 39, 46; für eine bloße Fortführung der *prä*-Lissabon-Rechtsprechung hingegen *Lazzerini*, Rivista di diritto internazionale 96 (2013), 883, 893 f.; ähnlich *Hancox*, CMLR 50 (2013), 1411, 1412.

[159] *Geiß*, DÖV 2014, 265, 267.

[160] *Thym*, NVwZ 2013, 889, 893.

[161] *Thym*, NVwZ 2013, 889, 893; *Geiß*, DÖV 2014, 265, 267; *Wollenschläger*, EuZW 2014, 577, 580; zur Anwendbarkeit des Freizügigkeitsrechts s. etwa EuGH, Rs. C-73/08, Bressol u.a., Slg. 2010, I-2735 Rn. 28 f.

Grundrechte-Charta selbst bei reinen Inlandssachverhalten zur Anwendung kommen könnte.[162] Zwingend ist eine derart weite Lesart jedoch keinesfalls, zumal der Gerichtshof in der Urteilsbegründung das Vorliegen einer Durchführung von Unionsrecht, insbesondere von Richtlinie 2006/112/EG sowie von Art. 325 AEUV durch die schwedischen Behörden betont[163] und in der *Iida*-Entscheidung der Bezug zur Unionsbürgerschaft alleine gerade nicht für die Eröffnung des Anwendungsbereichs der Charta genügt hatte.[164] Hinzu kommt, dass der Gerichtshof in seiner *Åkerberg Fransson*-Entscheidung[165] auf das Urteil in der Rechtssache *Vinkov* verweist, wonach reine Inlandssachverhalte auch dann nicht dem Anwendungsbereich der Grundrechte-Charta unterfallen, wenn in demselben Fall für einen grenzüberschreitender Sachverhalt eine unionsrechtliche Harmonisierung bestünde bzw. der Sachverhalt dann an den Grundfreiheiten oder Art. 18 AEUV zu messen wäre.[166]

Generalanwältin *Sharpston* versuchte den Anwendungsbereich der Grundrechte-Charta zu umschreiben, indem sie in ihren Schlussanträgen in der Rechtssache *Ruiz Zambrano* die Möglichkeit ins Spiel brachte, die Anwendung der Grundrechte-Charta allein vom Vorliegen einer ausschließlichen oder geteilten Unionszuständigkeit abhängig zu machen, ohne dass die Notwendigkeit bestünde, dass die Union von dieser Zuständigkeit bereits Gebrauch gemacht hat.[167] Für den fraglichen Fall freilich verwarf sie diesen Ansatz, wohl nicht zuletzt deshalb, weil dadurch der Anwendungsbereich der Grundrechte-Charta noch einmal deutlich ausgedehnt würde, was ohne Änderung des Primärrechts problematisch erscheint.[168]

Problematisch ist die *Åkerberg Fransson*-Entscheidung indes deshalb, weil die einschlägigen schwedischen Rechtsvorschriften nicht der Umsetzung der Mehr-

---

[162] So etwa EuGH, Rs. C-34/09, Ruiz Zambrano, Slg. 2011, I-1177, Rn. 40 ff.; anders hingegen EuGH, Rs. C-434/09, McCarthy, Slg. 2011, I-3375, Rn. 54 ff.; zum Ganzen s. etwa *Lenaerts*, EU Federalism in 3-D, in: Cloots/de Baere/Sottiaux (Hrsg.), Federalism in the European Union, S. 13, 35 ff.

[163] EuGH, Rs. C-617/10, Åkerberg Fransson, digit. Slg., Rn. 25 f.; vgl. auch *Geiß*, DÖV 2014, 265, 267.

[164] S. dazu oben, § 11 IV.1. b) bb).

[165] EuGH, Rs. C-617/10, Åkerberg Fransson, digit. Slg., Rn. 19 f.

[166] EuGH, Rs. C-27/11, Vinkov, digit. Slg., Rn. 54; vgl. *Thym*, NVwZ 2013, 889, 893 Fn. 65.

[167] Schlussanträge der Generalanwältin Sharpston in der Rechtssache *Ruiz Zambrano*, Rs. 34/09, Ruiz Zambrano, Slg. 2011, I-1177, Rn. 170 ff.; s. dazu *de Vries*, Utrecht Law Review 9 (2013), 169, 185; ähnlich bereits die Forderung des deutschen Bundesrates im Rahmen der Ausarbeitung der Grundrechte-Charta, Entschließung des Bundesrates zum Entwurf der Charta der Grundrechte der Europäischen Union, BR-Drs. 666/00; zu entsprechenden Überlegungen zur Abgrenzung von Bundes- und Landesgrundrechten in Deutschland s. oben, § 6 IV.1. d) bb); s. auch den Ansatz von Generalanwalt Maduro, der den unionalen Grundrechtsschutz autonomisieren möchte, s. Schlussanträge, Rs. C-380/05, Centro Europa, Slg. 2008, I-349, Rn. 20 ff., der schwere Grundrechtsverstöße in den Mitgliedstaaten als einen Verstoß gegen die Binnenmarktfreiheiten werten möchte, wobei der EuGH auch diesem Ansatz bislang nicht gefolgt ist.

[168] Schlussanträge der Generalanwältin Sharpston in der Rechtssache *Ruiz Zambrano*, Rs. 34/09, Ruiz Zambrano, Slg. 2011, I-1177, Rn. 171 ff.; näher dazu *Dougan*, CMLR 52 (2015), 1201, 1227.

wertsteuer-Richtlinie im Sinne der *Wachauf*-Konstellation dienten, sondern ohne Unionsrechtsbezug lange zuvor erlassen worden waren, was der EuGH wiederum als unbeachtlich ansah.[169] Diese Aussage könnte darauf hindeuten, dass auch ein nur sehr mittelbarer Bezug zum Unionsrecht im konkreten Fall für die Anwendung der Grundrechte-Charta genügen könnte,[170] was zur Folge hätte, dass der Anwendungsbereich der Grundrechte-Charta in den meisten Fällen eröffnet wäre, nachdem schon heute rund 60–80% der in den Mitgliedstaaten geltenden Rechtsnormen zumindest mittelbar vom Unionsrecht beeinflusst sind.[171] Insoweit bildete die *Åkerberg Fransson*-Entscheidung nicht den Abschluss der EuGH-Judikatur zur Anwendbarkeit der Grundrechte-Charta, sondern bedurfte vielmehr der Präzisierung durch weitere Entscheidungen. Im Vergleich zum deutschen Recht erscheint die vom EuGH in den Urteilen *Melloni* und *Åkerberg Fransson* verfolgte Linie kaum föderalismusfreundlicher als die Rechtsprechung des Bundesverfassungsgerichts zur Heranziehung von Landesgrundrechten bei der Anwendung von Bundesverfahrensrecht, welche landesrechtlichen Mehrgewährleistungen selbst bei Durchführungsspielräumen keine eigenständige Bedeutung zuerkennt,[172] wobei der EuGH die Heranziehung mitgliedstaatlicher Mehrgewährleistungen lediglich unter den Vorbehalt der Beachtung des Anwendungsvorrangs des Unionsrechts stellt. Auch in der Praxis dürften sich die Unterschiede, wie die Erfahrungen mit dem Schweizer System zeigen,[173] in Grenzen halten, nachdem die Kollisionsregel des Anwendungsvorrangs im Zusammenspiel mit dem in weiten Bereichen vorhandenen EU-Sekundärrecht dazu geeignet ist, die den Mitgliedstaaten tatsächlich verbleibenden Spielräume sehr gering zu halten. Dennoch wäre es verfehlt, in der *Åkerberg Fransson*-Entscheidung eine „Kriegserklärung" an die nationalen Verfassungs- und Höchstgerichte oder den Beginn eines „Richterkrieges" zu sehen.[174]

dd) Präzisierung der Åkerberg Fransson-Rechtsprechung

aaa) Rechtssache Ymeraga

Eine erste Präzisierung erfuhr der vom EuGH in der *Åkerberg Fransson*-Entscheidung entwickelte Ansatz in der Entscheidung in der Rechtssache *Ymeraga*[175]

[169] EuGH, Rs. C-617/10, Åkerberg Fransson, digit. Slg., Rn. 28.

[170] *Van Bockel/Wattel*, ELRev 38 (2013), 866, 877, entnehmen der Entscheidung daher eine dritte Kategorie von Konstellationen, in denen die Grundrechte-Charta anwendbar sein soll, nämlich Fälle von ernsten Bedrohungen der EU und ihrer Ressourcen.

[171] S. dazu *Scholz*, DVBl. 2014, 197, 201.

[172] S. dazu oben, § 6 V.3. a) aa) bbb).

[173] S. dazu oben, § 9 VI.

[174] In diese Richtung etwa *Thym*, Von Karlsruhe nach Bückeburg – auf dem Weg zur europäischen Grundrechtsgemeinschaft, Verfassungsblog 2013/2/28, abrufbar unter http://verfassungsblog.de/von-karlsruhe-nach-buckeburg-auf-dem-weg-zur-europaischen-grundrechtsgemeinschaft/ (zuletzt abgerufen am 06.11.2017); Vogel, StV 5/2013, I; a.A. aber *Streinz*, FS Dauses, S. 429, 443; *Gstrein/Zeitzmann*, ZEuS 2013, 239, 254.

[175] EuGH, Rs. C-87/12, Ymeraga, digit. Slg.

vom 8. Mai 2013. In dem fraglichen Fall ging es um die Frage, ob Art. 20 AEUV dahin gehend auszulegen sei, dass er der Weigerung eines Mitgliedstaats entgegensteht, Drittstaatsangehörigen den Aufenthalt in seinem Hoheitsgebiet zu gewähren, wenn diese Drittstaatsangehörigen dort zusammen mit einem Familienangehörigen wohnen möchten, der Unionsbürger ist und sich in diesem Mitgliedstaat, dessen Staatsangehörigkeit er besitzt, aufhält, er selber aber nie von seinem Recht auf Freizügigkeit Gebrauch gemacht hat.[176] Konkret ging es darum, ob sich aus der Unionsbürgerschaft in Verbindung mit den Grundrechten der Grundrechte-Charta ein Recht auf Familienzusammenführung ergeben könne.[177] Der EuGH machte die Eröffnung des Anwendungsbereichs der Charta gem. Art. 51 Abs. 1 S. 1 GRC in Anknüpfung an die *Annibaldi*-Entscheidung[178] u.a. davon abhängig, ob mit der in Rede stehenden nationalen Regelung die Durchführung einer Bestimmung des Unionsrechts bezweckt wird, welchen Charakter diese Regelung hat und ob mit ihr, selbst wenn sie das Unionsrecht mittelbar beeinflussen kann, andere als die unter das Unionsrecht fallenden Ziele verfolgt werden, sowie, ob es eine Regelung des Unionsrechts gibt, die für diesen Bereich spezifisch ist oder ihn beeinflussen kann.[179] In dem konkreten Fall verneinte der EuGH die Eröffnung des Anwendungsbereichs der Charta, da das im Ausgangssachverhalt in Rede stehende luxemburgische Freizügigkeitsgesetz zwar das Unionsrecht umsetzen sollte, der Betroffene jedoch nicht als Berechtigter im Sinne der dem Freizügigkeitsgesetz zu Grunde liegenden Richtlinien anzusehen war.[180]

Die Entscheidung *Ymeraga* kann nach alledem als erster Versuch des EuGH gesehen werden, Kriterien zu entwickeln, an Hand derer der Begriff der Durchführung i.S.v. Art. 51 Abs. 1 S. 1 GRC präzisiert werden kann. Für die Eröffnung des Anwendungsbereichs der Grundrechte-Charta soll es danach insbesondere darauf ankommen, ob die nationale Regelung final der Umsetzung des Unionsrechts dient, was als ein zumindest leichtes „Zurückrudern“ des EuGH im Vergleich zur *Åkerberg Fransson*-Entscheidung gewertet werden kann, wobei andererseits darin angesichts der kurzen Zeitspanne seit dem *Antiterrordatei*-Urteil des Bundesverfassungsgerichts[181] kaum ein Zugeständnis an die nationalen Verfassungs- und Höchstgerichte zu erblicken ist.[182] Eine tatsächliche und für die Praxis hinreichend klare Einschränkung der *Åkerberg Fransson*-Rechtsprechung beinhaltet das Urteil jedenfalls noch nicht.

---

176 EuGH, Rs. C-87/12, Ymeraga, digit. Slg., Rn. 23.
177 EuGH, Rs. C-87/12, Ymeraga, digit. Slg., Rn. 22.
178 EuGH, Rs. C-309/96, Annibaldi, Slg. 1997, I-7493 Rn. 21 ff.
179 EuGH, Rs. C-87/12, Ymeraga, digit. Slg., Rn. 41.
180 EuGH, Rs. C-87/12, Ymeraga, digit. Slg., Rn. 42.
181 Näher dazu unten, § 11 IV.1. c) aa).
182 So auch *Lazzerini*, Rivista di diritto internazionale 96 (2013), 883, 900.

bbb) Rechtssache Texdata

In der Rechtssache *Texdata*[183] ging es um eine in Deutschland niedergelassene Gesellschaft mit beschränkter Haftung, die eine Zweigniederlassung in Österreich unterhielt und die dort zur Zahlung von Zwangsstrafen verurteilt wurde, weil sie die Jahresabschlüsse für die Geschäftsjahre 2008 und 2009 nicht fristgemäß, d.h. weder gemäß den Übergangsbestimmungen vor dem 28.02.2011 noch bis zum Tag vor Erlassung der Zwangsstrafverfügungen, eingebracht hatte. Das zuständige österreichische Gericht legte dem EuGH die Frage vor, ob das Unionsrecht so auszulegen sei, dass die österreichische Sanktionsregelung in ihrer im Jahr 2011 geänderten Fassung, welche die sofortige Verhängung einer Zwangsstrafe gegen eine Gesellschaft vorsah, die ihre Jahresabschlüsse nicht beim zuständigen Gericht einbringt, damit zu vereinbaren sei.[184] Fraglich war dabei insbesondere, ob die Grundrechte-Charta auf den vorliegenden Fall überhaupt Anwendung finden sollte. Der EuGH wiederholte in seiner am 26. September 2013 veröffentlichten Entscheidung zunächst die im *Åkerberg Fransson*-Urteil aufgestellten Grundsätze zur Auslegung von Art. 51 Abs. 1 S. 1 GRC. Danach habe der Gerichtshof im Rahmen eines Vorabentscheidungsersuchens dem vorlegenden Gericht alle Auslegungshinweise zu geben, die es benötigt, um die Vereinbarkeit dieser Regelung mit den Grundrechten beurteilen zu können, deren Wahrung er sichere, sobald eine Regelung in den Geltungsbereich des Unionsrechts falle.[185] In dem zu entscheidenden Fall ging der EuGH davon aus, dass die in Rede stehende österreichische Regelung eine Durchführung des Unionsrechts i.S.v. Art. 51 Abs. 1 S. 1 GRC darstellte[186] da die fragliche Vorschrift der Umsetzung der Elften Richtlinie 89/666/EWG des Rates vom 21. Dezember 1989[187] über die Offenlegung von Zweigniederlassungen diente. Der Unionsgesetzgeber habe es nach Art. 12 der Richtlinie den Mitgliedstaaten überlassen, geeignete Sanktionen, d.h. Sanktionen, die wirksam, verhältnismäßig und abschreckend sind, vorzusehen, um die Erfüllung der Offenlegungspflicht zu gewährleisten, was im österreichischen Recht durch die in Rede stehende Rechtsnorm geschehen sei.[188]

Aus dieser Begründung folgt, dass der Anwendungsbereich der Grundrechte-Charta auch dann eröffnet ist, wenn die fragliche nationale Rechtsvorschrift zwar nicht explizit zum Zwecke der Umsetzung des Unionsrechts erlassen wurde, sondern es vielmehr ausreicht, wenn dadurch faktisch Unionsrecht umgesetzt wird. Insoweit ist die *Texdata*-Entscheidung als Bestätigung des *Åkerberg Fransson*-Urteils zu sehen. Allerdings hat sich der EuGH, wie schon in der *Åkerberg Frans-*

---

[183] EuGH, Rs. C-418/11, Texdata, digit. Slg.
[184] EuGH, Rs. C-418/11, Texdata, digit. Slg., Rn. 22.
[185] EuGH, Rs. C-418/11, Texdata, digit. Slg., Rn. 72.
[186] EuGH, Rs. C-418/11, Texdata, digit. Slg., Rn. 75.
[187] Elfte Richtlinie 89/666/EWG über die Offenlegung von Zweigniederlassungen, die in einem Mitgliedstaat von Gesellschaften bestimmter Rechtsformen errichtet wurden, die dem Recht eines anderen Staates unterliegen (Zweigniederlassungsrichtlinie) v. 21.12.1989, ABl. EG 1989 Nr. L 395, S. 36.
[188] EuGH, Rs. C-418/11, Texdata, digit. Slg., Rn. 74.

son-Entscheidung, auch im *Texdata*-Urteil nicht darum bemüht, den Anwendungsbereich der Charta an Hand spezifischer Kriterien einzuschränken.

ccc) Rechtssache Siragusa

In Fortführung des in der *Ymeraga*-Entscheidung entwickelten Ansatzes präzisierte der EuGH in der Entscheidung in der Rechtssache *Siragusa*[189] vom 6. März 2014 den Anwendungsbereich der Charta. In dem Fall ging es um die Frage, ob eine nationale Regelung, die die Möglichkeit der nachträglichen Erteilung einer Landschaftsschutzgenehmigung für alle menschlichen Eingriffe ausschließt, welche unabhängig von der konkreten Feststellung der Vereinbarkeit solcher Eingriffe mit den Werten des Landschaftsschutzes des spezifischen betroffenen Ortes zu einer Vergrößerung von Flächen und Volumen führen, mit Art. 17 GRC und dem Grundsatz der Verhältnismäßigkeit zu vereinbaren sei.[190] Der EuGH rekurrierte in seinem Urteil zwar erneut auf seine *Åkerberg Fransson*-Rechtsprechung,[191] fügte aber unter Berufung auf das Urteil in der Rechtssache *Kremzow*[192] erstmals ausdrücklich an, dass der Begriff der Durchführung des Unionsrechts i.S.v. Art. 51 Abs. 1 S. 1 GRC einen hinreichenden Zusammenhang von einem gewissen Grad verlange, welcher darüber hinaus gehen müsse, dass die fraglichen Sachbereiche benachbart sind oder der eine von ihnen mittelbare Auswirkungen auf den anderen haben könne.[193] Des Weiteren führt der Gerichtshof in Anlehnung an die *Ymeraga*-Entscheidung an, dass u.a. zu prüfen sei, ob mit der nationalen Regelung die Durchführung einer Bestimmung des Unionsrechts bezweckt werde, welchen Charakter diese Regelung habe und ob mit ihr, selbst wenn sie das Unionsrecht mittelbar beeinflussen könne, nicht andere als die unter das Unionsrecht fallenden Ziele verfolgt würden, sowie ferner, ob es eine Regelung des Unionsrechts gebe, die für diesen Bereich spezifisch sei oder ihn beeinflussen könne.[194] Im konkreten Fall verneinte der Gerichtshof die Eröffnung des Anwendungsbereichs der Charta, da weder der EUV noch der AEUV noch das *Aarhus*-Übereinkommen oder die Richtlinien 2003/4/EG[195] und 2011/92/EU[196] den Mitgliedstaaten bestimmte landschaftsschutzrechtliche Verpflichtungen auferlegten, wie dies bei der dem Ausgangsfall zu Grunde liegenden italienischen Vorschrift der Fall sei.[197]

[189] EuGH, Rs. C-206/13, Siragusa, digit. Slg.
[190] EuGH, Rs. C-206/13, Siragusa, digit. Slg., Rn. 15.
[191] EuGH, Rs. C-206/13, Siragusa, digit. Slg., Rn. 21.
[192] EuGH, Rs. C-299/95, Kremzow, Slg. 1997, I-2629, Rn. 16.
[193] EuGH, Rs. C-206/13, Siragusa, digit. Slg., Rn. 24; bestätigt in EuGH, Rs. C-218/15, Paoletti u.a., digit. Slg., Rn. 14.
[194] EuGH, Rs. C-206/13, Siragusa, digit. Slg., Rn. 25.
[195] Richtlinie 2003/48/EG des Rates vom 03.06.2003 im Bereich der Besteuerung von Zinserträgen, ABl. EG 2003 Nr. L 157, S. 38.
[196] Richtlinie 2011/92/EG des Europäischen Parlaments und des Rates vom 13.12.2011 über die Umweltverträglichkeitsprüfung bei bestimmten öffentlichen und privaten Projekten, ABl. EU 2012, Nr. L 26, S. 1.
[197] EuGH, Rs. C-206/13, Siragusa, digit. Slg., Rn. 27.

In der *Siragusa*-Entscheidung unternahm der EuGH damit erstmals einen ernsthaften Versuch zur Einschränkung des Anwendungsbereichs der Charta, indem er in qualitativer Hinsicht einen hinreichenden Zusammenhang zwischen der fraglichen nationalen Regelung und dem Unionsrecht verlangte. Die Entscheidung kann daher als inhaltliche Präzisierung von *Åkerberg Fransson* verstanden werden,[198] ohne dass der Praxis darin freilich konkrete Kriterien zur Bestimmung dieses Zusammenhangs an die Hand gegeben würden. Deshalb bestand auch nach der *Siragusa*-Entscheidung noch Klärungsbedarf bezüglich der exakten Voraussetzungen des Art. 51 Abs. 1 S. 1 GRC.

ddd) Rechtssache Torralbo

In der Rechtssache *Torralbo*[199] ging es um die Frage, ob eine nationale Regelung, die einem Arbeitnehmer die Verpflichtung zur Entrichtung einer Gebühr für die Einlegung eines Rechtsmittels im Rahmen eines Zwangsvollstreckungsverfahrens auferlegt, um die Feststellung der Zahlungsunfähigkeit des Arbeitgebers durch das Gericht zu erlangen, welche dem Arbeitnehmer Zugang zu den Leistungen der zuständigen Garantieeinrichtung gemäß der Richtlinie 2008/94/EG[200] verschafft, mit Art. 47 GRC vereinbar ist.[201] In seiner Entscheidung vom 27. März 2014 wiederholte der EuGH zunächst die im *Åkerberg Fransson*-Urteil aufgestellten Grundsätze zur Anwendbarkeit der Grundrechte-Charta.[202] Daran anknüpfend kam er zu dem Schluss, dass die im Ausgangsverfahren streitgegenständliche spanische Regelung zwar allgemein bestimmte Gebühren im Bereich der Rechtspflege regle, mit ihr aber nicht bezweckt werde, Bestimmungen des Unionsrechts durchzuführen.[203] Des Weiteren war für den EuGH entscheidend, dass das Unionsrecht keine spezielle Regelung für diesen Bereich und auch keine Regelung, die sich auf die nationale Regelung auswirken könnte, enthalte.[204] Der Anwendungsbereich der Charta sei zudem deswegen nicht eröffnet, weil der Gegenstand des Ausgangsverfahrens nicht die Auslegung oder Anwendung einer anderen Unionsrechtsnorm als die der fraglichen Charta-Vorschrift betreffe.[205]

---

[198] So *Wollenschläger*, EuZW 2014, 577, 577 f.; s. dazu auch *Grabenwarter*, Der Beitritt der Europäischen Union zur Europäischen Menschenrechtskonvention – Verbesserung des Grundrechtsschutzes durch Erweiterung des Schutzniveaus, in: König/Uwer (Hrsg.), Grenzen europäischer Normgebung, S. 123, 135 ff.

[199] EuGH, Rs. C-265/13, Torralbo, digit. Slg.; ähnlich restriktiv auch EuGH, Rs. C-117/14, Nisttahuz Poclava, digit. Slg., Rn. 29 ff.

[200] Richtlinie 2008/94/EG des Europäischen Parlaments und des Rates vom 22.10.2008 über den Schutz der Arbeitnehmer bei Zahlungsunfähigkeit des Arbeitgebers, ABl. EG 2008 Nr. L 236, S. 83.

[201] EuGH, Rs. C-265/13, Torralbo, digit. Slg., Rn. 25.

[202] EuGH, Rs. C-265/13, Torralbo, digit. Slg., Rn. 28 ff.

[203] EuGH, Rs. C-265/13, Torralbo, digit. Slg., Rn. 32.

[204] EuGH, Rs. C-265/13, Torralbo, digit. Slg., Rn. 32.

[205] EuGH, Rs. C-265/13, Torralbo, digit. Slg., Rn. 33.

Schließlich falle der Sachverhalt weder in den Anwendungsbereich der Richtlinie 2008/94/EG noch allgemein in den des Unionsrechts.[206]

In der Entscheidung betont der EuGH, wie zuvor schon in den Urteilen in den Rechtssachen *Ymeraga* und *Siragusa*, dass die Anwendbarkeit der Grundrechte-Charta u.a. davon abhängen soll, ob mit der fraglichen nationalen Regelung die Umsetzung von Unionsrecht bezweckt wird, d.h. es wird ein gewisser finaler Zusammenhang zwischen der nationalen Regelung und dem Unionsrecht verlangt, was als leichte Abschwächung der *Åkerberg Fransson*-Rechtsprechung gesehen werden könnte, ohne dass damit freilich eine Abkehr von der Grundsatzentscheidung verbunden wäre.

eee) Rechtssache Turnhout

Ebenfalls verneint wurde die Anwendbarkeit der Grundrechte-Charta in der Entscheidung des EuGH in der Rechtssache *Turnhout*[207] vom 8. Mai 2014. Nachdem der Gerichtshof die Grundsätze der *Åkerberg Fransson*-Rechtsprechung wiederholt hatte, führte er aus, dass die in Rede stehende nationale Regelung nach der *Keck*-Formel[208] keinen Eingriff in die Warenverkehrsfreiheit des Art. 34 AEUV darstelle und deswegen der Anwendungsbereich der Charta nicht eröffnet sei.[209] In Bezug auf eine potentielle Verletzung der Dienstleistungsfreiheit und der damit verbundenen Eröffnung des Anwendungsbereichs der Charta hob der Gerichtshof hervor, dass die belgische Regelung nicht die Regelung der Bedingungen für die Erbringung der Dienstleistungen der betreffenden Unternehmen bezwecke und dass die beschränkenden Wirkungen, die sie für die Dienstleistungsfreiheit haben könnte, zu ungewiss und zu mittelbar seien, als dass die in ihr enthaltene Verpflichtung als geeignet angesehen werden könnte, diese Freiheit zu behindern.[210]

Aus dem Urteil in der Rechtssache *Turnhout* folgt einerseits, dass nationale Maßnahmen, die keine Beeinträchtigungen der Grundfreiheiten darstellen, nicht die Eröffnung des Anwendungsbereichs der Grundrechte-Charta bewirken können. Zum anderen verlangt der Gerichtshof für das Vorliegen einer Durchführung von Unionsrecht i.S.v. Art. 51 Abs. 1 S. 1 GRC auch in dieser Entscheidung einen finalen Zusammenhang zwischen der nationalen Regelung und dem Unionsrecht, was darauf schließen lässt, dass zumindest nicht jeder noch so mittelbare Zusammenhang mit dem Unionsrecht die Anwendbarkeit der Grundrechte-Charta auslösen soll.

[206] EuGH, Rs. C-265/13, Torralbo, digit. Slg., Rn. 36 ff.
[207] EuGH, Rs. C-483/12, Turnhout, digit. Slg., Rn. 19 ff.
[208] EuGH, verb. Rs. C-267/91 u. C-268/91, Keck, Slg. 1993, I-6097, Rn. 16 f.
[209] EuGH, Rs. C-483/12, Turnhout, digit. Slg., Rn. 24.
[210] EuGH, Rs. C-483/12, Turnhout, digit. Slg., Rn. 25.

fff) Rechtssache Pfleger

In seiner Entscheidung in der Rechtssache *Pfleger*[211] vom 30. April 2014 hat der EuGH klar gemacht, dass er auch unter Geltung der Grundrechte-Charta an seiner *ERT*-Rechtsprechung[212] zur Anwendbarkeit der Unionsgrundrechte bei Beeinträchtigungen der Grundfreiheiten festhalten möchte.[213] In der Rechtssache *Pfleger* ging es u.a. um die Frage, ob die in Art. 15 bis 17 GRC verbürgten Grundrechte der Berufs- und Eigentumsfreiheit einer Regelung des österreichischen Glücksspielgesetzes entgegen stehen, welche die Durchführung von Glücksspielen mittels Automaten nur unter der strafsanktionierten und unmittelbar sacheingriffsbedrohten Voraussetzung der Erteilung einer vorangehenden, jedoch nur in begrenzter Anzahl verfügbaren Erlaubnis ermöglichte.[214] Die österreichischen Behörden hatten die potentiell gegebene Beeinträchtigung der Dienstleistungsfreiheit (Art. 56 AEUV) mit dem Vorliegen von zwingenden Gründen des Allgemeininteresses wie der Kriminalitätsbekämpfung gerechtfertigt.[215] Der Gerichtshof seinerseits hat dazu ausgeführt, dass, wenn ein Mitgliedstaat sich auf zwingende Gründe des Allgemeininteresses berufe, um eine Regelung zu rechtfertigen, die geeignet ist, die Ausübung der Dienstleistungsfreiheit zu behindern, diese im Unionsrecht vorgesehene Rechtfertigung im Lichte der allgemeinen Grundsätze des Unionsrechts und insbesondere im Lichte der in der Charta garantierten Grundrechte auszulegen sei.[216] Die Verpflichtung zur Beachtung der Grundrechte falle offensichtlich in den Geltungsbereich des Unionsrechts und damit der Charta, weshalb in derartigen Fällen eine Durchführung von Unionsrecht i.S.v. Art. 51 Abs. 1 S. 1 GRC gegeben sei.[217]

Der EuGH schließt sich mit seiner Entscheidung in der Rechtssache *Pfleger* damit einer weiten Auslegung von Art. 51 Abs. 1 S. 1 GRC an, die auch die Beschränkungskonstellation unter den Begriff der „Durchführung" fasst. Nachdem in derartigen Fallgestaltungen jedoch schon vor Inkrafttreten der Charta der Anwendungsbereich der Gemeinschaftsgrundrechte eröffnet war, ergibt sich nach der *Pfleger*-Entscheidung durch das Inkrafttreten der Grundrechte-Charta keine Ausdehnung des Anwendungsbereichs der Unionsgrundrechte auf Kosten der nationalen Grundrechte.[218]

---

[211] EuGH, Rs. C-390/12, Pfleger, digit. Slg.
[212] S. dazu oben, § 10 IV.1. b) bb).
[213] Vgl. *Franzius*, ZaöRV 75 (2015), 383, 387.
[214] EuGH, Rs. C-390/12, Pfleger, digit. Slg., Rn. 19.
[215] EuGH, Rs. C-390/12, Pfleger, digit. Slg., Rn. 16 ff.
[216] EuGH, Rs. C-390/12, Pfleger, digit. Slg., Rn. 35.
[217] EuGH, Rs. C-390/12, Pfleger, digit. Slg., Rn. 36.
[218] So im Ergebnis auch *Wollenschläger*, EuZW 2014, 577, 578 ff.

ggg) Rechtssache Hernández

In der Entscheidung in der Rechtssache *Hernández*[219] vom 10. Juli 2014 erfolgte in Anknüpfung an die Urteile in den Rechtssachen *Ymeraga*[220] und *Siragusa*[221] eine weitere Präzisierung des Anwendungsbereichs der Grundrechte-Charta. Im Fall *Hernández* ging es u.a. um die Frage, ob eine nationale Regelung, wonach der Arbeitgeber von dem betreffenden Mitgliedstaat die Zahlung des Arbeitsentgelts, das während eines Kündigungsschutzverfahrens nach dem 60. Werktag nach der Klageerhebung fällig geworden ist, verlangen kann und wonach, wenn der Arbeitgeber dieses Entgelt nicht gezahlt hat und vorläufig zahlungsunfähig ist, der betroffene Arbeitnehmer kraft gesetzlichen Forderungsübergangs von diesem Staat unmittelbar die Zahlung des Entgelts verlangen kann, in den Geltungsbereich der Richtlinie 2008/94/EG[222] fällt und ob Art. 20 GRC dieser Regelung insoweit entgegen steht, als sie nur bei einer rechtswidrigen Kündigung und nicht auch bei einer nichtigen Kündigung Anwendung findet.[223] Der EuGH wies in seinem Urteil unter Verweis auf die *Siragusa*-Entscheidung[224] zunächst darauf hin, dass der Begriff der „Durchführung des Rechts der Union" i.S.v. Art. 51 Abs. 1 S. 1 GRC das Vorliegen eines Zusammenhangs zwischen einem Unionsrechtsakt und der fraglichen nationalen Maßnahme voraussetze, welcher darüber hinaus gehen müsse, dass die fraglichen Sachbereiche benachbart sind oder der eine von ihnen mittelbare Auswirkungen auf den anderen haben kann.[225] Ferner betonte der Gerichtshof, dass die Charta-Grundrechte im Verhältnis zu einer nationalen Regelung unanwendbar seien, wenn die unionsrechtlichen Vorschriften in dem betreffenden Sachbereich keine bestimmten Verpflichtungen der Mitgliedstaaten im Hinblick auf den im Ausgangsverfahren fraglichen Sachverhalt schafften.[226] Unter Präzisierung dieser Grundsätze führte der Gerichtshof danach in Bezug auf die Charta erstmals an, dass die in Art. 19 AEUV verankerte Kompetenz der Union zum Erlass von Harmonisierungsmaßnahmen als solche eine nationale Maßnahme, welche nicht in den Rahmen der auf der Grundlage von Art. 19 AEUV erlassenen Maßnahmen fällt, nicht für die Zwecke der Anwendbarkeit der Unionsgrundrechte in den Anwendungsbereich des Unionsrechts bringen könne.[227] Deshalb könne allein der Umstand, dass eine nationale Maßnahme in einen Bereich fällt, in dem die Union über Zuständigkeiten verfügt, diese Maßnahmen nicht in den Anwendungsbereich des Unionsrechts bringen und somit zur Anwendbar-

---

[219] EuGH, Rs. C-198/13, Hernández, digit. Slg.

[220] Näher dazu oben, § 11 IV.1. b) dd) aaa).

[221] Näher dazu oben, § 11 IV.1. b) dd) ccc).

[222] Richtlinie 2008/94/EG des Europäischen Parlaments und des Rates v. 22.10.2008 über den Schutz der Arbeitnehmer bei Zahlungsunfähigkeit des Arbeitgebers, ABl. EG 2008 Nr. L 283, S. 36.

[223] EuGH, Rs. C-198/13, Hernández, digit. Slg., Rn. 29.

[224] S. dazu oben, § 11 IV.1. b) dd) ccc).

[225] EuGH, Rs. C-198/13, Hernández, digit. Slg., Rn. 34.

[226] EuGH, Rs. C-198/13, Hernández, digit. Slg., Rn. 35.

[227] EuGH, Rs. C-198/13, Hernández, digit. Slg., Rn. 36.

keit der Charta führen.[228] Daraus folgert der Gerichtshof in Wiederholung der in *Ymeraga* und *Siragusa* herausgearbeiteten Grundsätze, dass zur Feststellung, ob eine nationale Maßnahme die Durchführung von Unionsrecht i.S.v. Art. 51 Abs. 1 S. 1 GRC betrifft, u.a. zu prüfen sei, ob mit der fraglichen nationalen Regelung die Durchführung einer Bestimmung des Unionsrechts bezweckt werde, welchen Charakter diese Regelung habe und ob mit ihr, selbst wenn sie das Unionsrecht mittelbar beeinflussen könne, andere als die unter das Unionsrecht fallenden Ziele verfolgt werden, sowie, ob es eine Regelung des Unionsrechts gebe, die für diesen Bereich spezifisch ist oder ihn beeinflussen kann.[229]

In der Entscheidung *Hernández* hat der EuGH, aufbauend auf seiner bisherigen Rechtsprechung zur Anwendbarkeit der Grundrechte-Charta, diejenigen Fälle herausgearbeitet, in denen der Zusammenhang zwischen nationalem Recht und Unionsrecht nicht hinreichend konkret ist, um eine Durchführung von Unionsrecht i.S.v. Art. 51 Abs. 1 S. 1 GRC zu bejahen,[230] was als Einschränkung der *Åkerberg Fransson*-Rechtsprechung verstanden werden kann und eine Orientierung der Eröffnung des Anwendungsbereichs an der Effektivität des Unionsrechts impliziert.[231] Entscheidend ist insofern vor allem, dass der Gerichtshof das bloße Bestehen einer Unionskompetenz für die Anwendbarkeit der Charta nicht ausreichen lässt, wodurch der Anwendungsbereich der Charta erstmals sichtbare Konturen erhält. Ferner hat der EuGH zum ersten Mal einen konkreten Fall an Hand der von ihm neu entwickelten Kriterien überprüft, so dass nunmehr zumindest eine gewisse Sicherheit dahin gehend besteht, wann der Anwendungsbereich der Charta eröffnet ist, wenngleich auch nach der Entscheidung *Hernández* Zweifelsfälle nicht ausgeschlossen werden können. In der Sache hat sich der EuGH mit diesem Urteil auf die Position des Bundesverfassungsgerichts bezüglich der Anwendbarkeit der Grundrechte-Charta hin bewegt,[232] was auch mit dem Einfluss der bundesverfassungsgerichtlichen *Antiterrordatei*-Entscheidung erklärt werden kann.[233]

hhh) Rechtssache Delvigne

In dem Urteil des EuGH in der Rechtssache *Delvigne*[234] vom 6. Oktober 2015 ging es darum, ob eine nationale Vorschrift, die bei einer vor dem 1. März 1994 ergangenen letztinstanzlichen Verurteilung wegen einer Straftat den Verlust des aktiven Wahlrechts zum Europäischen Parlament vorsieht, mit Art. 39 und Art. 49 Abs. 1 S. 3 GRC zu vereinbaren ist. Anders als der zuständige Generalan-

---

[228] EuGH, Rs. C-198/13, Hernández, digit. Slg., Rn. 36.
[229] EuGH, Rs. C-198/13, Hernández, digit. Slg., Rn. 37.
[230] Vgl. *Streinz*, JuS 2015, 281, 282.
[231] Vgl. EuGH, Rs. C-198/13, Hernández, digit. Slg., Rn. 47; Britz, EuGRZ 2015, 275, 277 f.; in diese Richtung auch EuGH, Rs. C-117/14, Nisttahuz Poclava, digit. Slg., Rn. 29 ff.
[232] Vgl. *Franzius*, ZaöRV 75 (2015), 383, 390.
[233] Näher dazu unten, § 11 IV.1. c) aa).
[234] EuGH, Rs. C-650/13, Delvigne, digit. Slg.

walt in seinen Schlussanträgen[235] ging der Gerichtshof von der Eröffnung des Anwendungsbereichs der Grundrechte-Charta i.S.v. Art. 51 Abs. 1 S. 1 GRC in Bezug auf alle in Rede stehenden Punkte aus, da die Mitgliedstaaten im Rahmen ihrer Zuständigkeit dazu verpflichtet seien, dafür Sorge zu tragen, dass die Wahl zum Europäischen Parlament allgemein, unmittelbar, frei und geheim erfolge, was eine Durchführung von Unionsrecht impliziere.[236] Wenngleich dies auf den ersten Blick anders erscheinen mag, begründet die Entscheidung in der Rechtssache *Delvigne* keine Ausweitung des Anwendungsbereichs der Charta, zumal der Gerichtshof im Zusammenhang mit der Durchführung von Wahlen zum Europäischen Parlament auch schon vor Inkrafttreten der Grundrechte-Charta die Anwendbarkeit der Gemeinschaftsgrundrechte bejaht hatte.[237]

iii) Rechtssache WebMindLicenses

Die Entscheidung in der Rechtssache *WebMindLicenses* vom 17. Dezember 2015[238] wiederum scheint auf der Linie des *Åkerberg Fransson*-Urteils zu liegen. In dem Fall, der die Verurteilung der ungarischen Gesellschaft *WebMindLicenses* zu einer Geldbuße wegen angeblicher Mehrwertsteuerhinterziehung betraf, ging es in dem Verfahren vor dem EuGH v.a. um die Frage, ob es den Steuerbehörden der Mitgliedstaaten nach der Grundrechte-Charta gestattet sei, Beweise zu sammeln und zu verwenden, die im Rahmen eines Strafverfahrens durch geheime Mittel erlangt wurden. Obwohl die ungarischen Rechtsvorschriften zur Verhängung von Steuersanktionen nicht unmittelbar zur Umsetzung von Unionsrecht erlassen worden waren, bejahte der Gerichtshof unter Verweis auf das *Åkerberg Fransson*-Urteil ohne nähere Begründung die Anwendbarkeit der Grundrechte-Charta gemäß Art. 51 Abs. 1 S. 1 GRC.[239] Eine Abkehr von der das *Åkerberg Fransson*-Urteil präzisierenden Rechtsprechung dürfte damit jedoch nicht verbunden sein. Die Entscheidung des EuGH in *WebMindLicenses* lässt sich vielmehr mit der besonderen Nähe des Falles zur *Åkerberg Fransson*-Konstellation erklären, in Bezug auf die der EuGH seine grundlegende Position augenscheinlich nicht revidieren wollte.

jjj) Rechtssache Paoletti u.a.

Ähnlich wie die Entscheidung im Fall *WebMindLicenses* scheint auch das Urteil des EuGH in der Rechtssache *Paoletti u.a.*[240] vom 6. Oktober 2016 wiederum stärker an *Åkerberg Fransson* anzuknüpfen als dies die unmittelbaren Folgeurteile getan hatten. Im Fall *Paoletti u.a.* ging es darum, ob Art. 6 EUV und Art. 49 GRC dahin auszulegen seien, dass der Beitritt eines Staates zur EU einen anderen

235 Schlussanträge des Generalanwalts Cruz Villalón, Rs. C-650/13, digit. Slg., Rn. 84 ff.
236 EuGH, Rs. C-650/13, Delvigne, digit. Slg., Rn. 32 f.
237 Vgl. EuGH, Rs. C-300/04, Eman und Sevinger, Slg. 2006, I-8055, Rn. 60 f.
238 EuGH, Rs. C-419/14, WebMindLicenses, digit. Slg.
239 EuGH, Rs. C-419/14, WebMindLicenses, digit. Slg., Rn. 67.
240 EuGH, Rs. C-218/15, Paoletti u.a., digit. Slg.

Mitgliedstaat daran hindert, eine Strafe gegen Personen zu verhängen, die vor diesem Beitritt die Straftat der Beihilfe zur illegalen Einwanderung zugunsten von Angehörigen des ersteren Staates begangen haben. Nachdem die italienische Regierung die Eröffnung des Anwendungsbereichs der Grundrechte-Charta mangels Betroffenheit des Anwendungsbereichs des Unionsrechts bestritten hatte,[241] nahm der EuGH ohne nähere Begründung die Anwendbarkeit der Grundrechte-Charta auf den zu entscheidenden Fall an. Er begründete dies damit, dass unabhängig von der Frage, ob das einschlägige italienische Gesetzesdekret zum Zweck der Umsetzung der Bestimmungen der Richtlinie 2002/90/EG[242] und des Rahmenbeschlusses 2002/946/JI[243] in das italienische Recht erlassen wurde, der Zweck von Strafverfolgungsmaßnahmen zur Bekämpfung der illegalen Einwanderung wie der im Ausgangsverfahren in Rede stehenden darin bestehe, die Durchführung der Richtlinie und dieses Rahmenbeschlusses sicherzustellen.[244] Zwar zitierte er die in der Rechtssache *Siragusa* entwickelte Voraussetzung, wonach der Begriff der Durchführung i.S.v. Art. 51 Abs. 1 S. 1 GRC das Vorliegen eines Zusammenhangs zwischen einem Unionsrechtsakt und der fraglichen nationalen Maßnahme voraussetze, der darüber hinausgeht, dass die fraglichen Sachbereiche benachbart sind oder der eine von ihnen mittelbare Auswirkungen auf den anderen haben kann,[245] er unterließ es aber gleichzeitig, die in der Rechtssache *Hernández* aufgestellten, einschränkenden Kriterien zur Bestimmung des hinreichenden Zusammenhangs zwischen nationalem Recht und Unionsrecht als Prüfungsgrundlage heranzuziehen. Aus der Entscheidung in der Rechtssache *Paoletti u.a.* lässt sich schließen, dass der Gerichtshof den nach *Åkerberg Fransson* ursprünglich eingeschlagenen Weg einer restriktiven Auslegung von Art. 51 Abs. 1 S. 1 GRC nunmehr nicht zwingend weiter verfolgen will, sondern er stattdessen dazu neigt, den Anwendungsbereich der Grundrechte-Charta als eröffnet anzusehen, selbst wenn die streitgegenständliche nationale Vorschrift nicht die Umsetzung von Unionsrecht bezweckte.

ee) Zusammenfassung und Ausblick

Während die Entscheidung des EuGH in der Rechtssache *Åkerberg Fransson* die Rechtsprechung des Gerichtshofs zur Anwendbarkeit von Gemeinschaftsgrundrechten vor Inkrafttreten der Grundrechte-Charta bestätigte, zugleich aber auch eine Ausweitung des Anwendungsbereichs der Unionsgrundrechte als möglich erscheinen ließ, geben zumindest die unmittelbaren Folgeentscheidungen zu er-

---

[241] EuGH, Rs. C-218/15, Paoletti u.a., digit. Slg., Rn. 12.

[242] Richtlinie 2002/90/EG des Rates vom 28. November 2002 zur Definition der Beihilfe zur unerlaubten Ein- und Durchreise und zum unerlaubten Aufenthalt, ABl. EG Nr. L 328, S. 17.

[243] Rahmenbeschluss 2002/946/JI vom 28. November 2002 betreffend die Verstärkung des strafrechtlichen Rahmens für die Bekämpfung der Beihilfe zur unerlaubten Ein- und Durchreise und zum unerlaubten Aufenthalt, ABl. EG Nr. L 328, S. 1.

[244] EuGH, Rs. C-218/15, Paoletti u.a., digit. Slg., Rn. 18.

[245] EuGH, Rs. C-218/15, Paoletti u.a., digit. Slg., Rn. 14.

kennen, dass der Gerichtshof keine grenzenlose Ausdehnung des Anwendungsbereichs der Charta anstrebt. Vielmehr entwickelte in den Entscheidungen *Ymeraga*, *Siragusa* und *Hernández* Kriterien, an Hand derer diejenigen Fälle identifiziert werden können, in denen kein hinreichender Zusammenhang zum Unionsrecht besteht und die Grundrechte-Charta deshalb keine Anwendung findet. Insbesondere soll das bloße Bestehen einer Unionskompetenz für einen Sachbereich nicht ausreichen, um die Anwendbarkeit der Charta zu begründen. Andererseits stellt das Urteil *Pfleger* klar, dass in der *ERT*-Konstellation weiterhin Unionsgrundrechte anwendbar sein sollen. Freilich lässt sich gerade in den jüngeren Entscheidungen *WebMindLicenses* und *Paoletti u.a.* wiederum eine Rückkehr zu der in *Åkerberg Fransson* eingeschlagenen Linie einer extensiven Auslegung von Art. 51 Abs. 1 S. 1 GRC ausmachen. Insgesamt kann man daher sagen, dass die Interpretation des Art. 51 Abs. 1 S. 1 GRC durch den EuGH zwar nicht die ursprünglich befürchtete Ausdehnung des Anwendungsbereichs der Charta im Vergleich zur Situation vor Inkrafttreten der Charta mit sich brachte, andererseits aber eine gewisse expansive Tendenz des Unionsgrundrechtsschutzes gerade nach den jüngsten Folgeentscheidungen zu *Åkerberg Fransson* nicht zu leugnen ist.

c) Position mitgliedstaatlicher Verfassungs- und Höchstgerichte

aa) Deutschland

Als erstes mitgliedstaatliches Verfassungs- oder Höchstgericht reagierte das Bundesverfassungsgericht auf die *Åkerberg Fransson*-Entscheidung des EuGH. Bereits in seinem Urteil vom 24. April 2013 über die Zulässigkeit der sog. „Antiterrordatei" lehnte das Gericht mit einer ausführlichen, durch die Umstände des Falles an sich nicht gebotenen Begründung,[246] eine Vorlage an den EuGH nach Art. 267 AEUV ab, da die Grundrechte-Charta auf den zu entscheidenden Fall keine Anwendung finde, nachdem die angegriffenen gesetzlichen Vorschriften zur Errichtung einer Antiterrordatei nicht durch Unionsrecht determiniert seien und demzufolge auch keine Durchführung von Unionsrecht vorliege.[247] Das Bundesverfassungsgericht räumte allerdings ein, dass die fraglichen nationalen Vorschriften Fragen berührten, die zumindest teilweise in den Regelungsbereich des Unionsrechts fielen.[248] Gleichwohl betonte das Gericht, gleichsam als Absicherung gegenüber einer etwaigen abweichenden Position des EuGH in vergleichbaren Konstellationen, dass in dem fraglichen Fall keine Durchführung von Unionsrecht i.S.v. Art. 51 Abs. 1 S. 1 GRC gegeben sei, da die Datenschutzrichtlinie die Datenverarbeitung betreffend die öffentliche Sicherheit, die Sicherheit des Staates und die Tätigkeiten des Staates im strafrechtlichen Bereich ausdrück-

[246] So auch *Schwarze*, DVBl. 2014, 537, 541; *Streinz*, FS Dauses, S. 429, 431.
[247] BVerfGE 133, 277, Rn. 88.
[248] BVerfGE 133, 277, Rn. 89.

lich aus ihrem Anwendungsbereich ausnehme.[249] Außerdem sei die Einrichtung einer Antiterrordatei nicht durch das Unionsrecht determiniert, insbesondere nicht von ihm vorgeschrieben oder verboten.[250] Unter Bezugnahme auf die restriktiv angelegte *Annibaldi*-Entscheidung des EuGH aus dem Jahr 1997 argumentierte das Bundesverfassungsgericht, dass das Antiterrordateigesetz nur innerstaatlich bestimmte Ziele verfolge, die sich nur mittelbar auf durch Unionsrecht geregelte Bereiche auswirken könnten, was für eine Prüfung am Maßstab unionsrechtlicher Grundrechtsverbürgungen nicht ausreiche.[251] Ferner erinnerte das Gericht daran, dass nach Art. 51 Abs. 2 GRC und Art. 6 EUV das Inkrafttreten der Grundrechte-Charta nicht dazu führen dürfe, dass der Geltungsbereich des Unionsrechts über die Zuständigkeiten der Union hinaus ausgedehnt werde.[252]

Im Anschluss daran wandte sich das Bundesverfassungsgericht mit scharfen Worten unmittelbar gegen die *Åkerberg Fransson*-Entscheidung des EuGH. Das Bundesverfassungsgericht wies darauf hin, dass im Sinne eines kooperativen Miteinanders mit dem EuGH der *Åkerberg Fransson*-Entscheidung keine Lesart unterlegt werden dürfe, nach der diese offensichtlich als *ultra vires*-Akt zu beurteilen wäre oder diese den Schutz und Durchsetzung der mitgliedstaatlichen Grundrechte in einer Weise gefährde, die die Identität der durch das Grundgesetz errichteten Verfassungsordnung in Frage stelle.[253] Letzteres impliziert die Möglichkeit der Vornahme einer Identitätskontrolle durch das Bundesverfassungsgericht. Das Gericht betonte darüber hinaus, dass die *Åkerberg Fransson*-Entscheidung auch nicht in einer Weise verstanden und angewendet werden dürfe, nach der für eine Bindung der Mitgliedstaaten an die Grundrechte-Charta jeder sachliche Bezug einer nationalen Regelung zum bloß abstrakten Anwendungsbereich des Unionsrechts oder rein tatsächliche Auswirkungen auf dieses ausreichten,[254] wobei das Gericht jedoch offen ließ, wie intensiv der Bezug einer nationalen Regelung zum Unionsrecht sein müsse, um den Anwendungsbereich der Grundrechte-Charta zu eröffnen.[255] In der Sache bedeutet dies, dass das Bundesverfassungsgericht mit einem deutlichen Warnsignal[256] dem EuGH mit der Nichtanwendung einer entsprechenden EuGH-Entscheidung bzw. des Unionsrechts durch Deutschland droht, was einer Rückkehr zur Situation vor Etablierung der *Solange II*-Rechtsprechung gleich käme[257] bzw. der Entwicklung einer *Solange*

[249] BVerfGE 133, 277, Rn. 90.
[250] BVerfGE 133, 277, Rn. 90.
[251] BVerfGE 133, 277, Rn. 90.
[252] BVerfGE 133, 277, Rn. 90.
[253] BVerfGE 133, 277, Rn. 91.
[254] BVerfGE 133, 277, Rn. 91.
[255] Vgl. *Ludwigs*, EuGRZ 2014, 273, 281.
[256] *Schwarze*, DVBl. 2014, 537, 541; ähnlich *Lazzerini*, Rivista di diritto internazionale 96 (2013), 883, 898; *Fontanelli*, Human Rights Law Review 14 (2014), 231, 262 f.
[257] Vgl. *Thym*, NVwZ 2013, 889, 891; sehr krit. zu der Entscheidung des Bundesverfassungsgerichts *Steinbeis*, Antiterrordatei-Urteil: Fäusteschütteln in Richtung Luxemburg, Verfassungsblog v. 24.04.2013, abrufbar unter http://verfassungsblog.de/antiterrordatei-urteil-fausteschutteln-in-richtung-luxemburg/ (zuletzt abgerufen am 04.11.2017), der die Entscheidung als

II,5-Vermutung Vorschub leisten könnte.[258] Andererseits lässt sich jedoch aus dem Urteil auch heraus lesen, dass das Bundesverfassungsgericht sich nur der weitest möglichen Interpretation des Art. 51 Abs. 1 S. 1 GRC durch den EuGH widersetzt, während es eine Auslegung, die lediglich über das hinaus geht, was das Gericht selbst vertritt, nämlich eine verpflichtende Heranziehung der Grundrechte-Charta nur bei Anwendung von unionsrechtlich determinierten Vorschriften, durchaus zu akzeptieren scheint.[259]

In seiner Presseerklärung zu dem fraglichen Urteil hatte das Bundesverfassungsgericht eine noch deutlichere Kritik an der *Åkerberg Fransson*-Entscheidung geübt, wobei betont wurde, „dass die in der EuGH-Entscheidung enthaltenen Aussagen auf Besonderheiten des Umsatzsteuerrechts beruhen, aber keine grundsätzliche Auffassung äußern".[260] Nicht übersehen werden darf schließlich, dass die Entscheidung bezüglich der Anwendbarkeit der Grundrechte-Charta im Senat einstimmig erging, wie aus der Pressemitteilung hervorgeht.[261]

bb) Vereinigtes Königreich

Im Vereinigten Königreich, dessen Supreme Court erst 2012 entschieden hatte, dass die Grundrechte-Charta trotz des Protokolls Nr. 30 zum Vertrag von Lissabon[262] auf das Vereinigte Königreich Anwendung findet,[263] wurde die *Åkerberg Fransson*-Entscheidung des EuGH zunächst von Richtern des Supreme Court in außergerichtlichen Stellungnahmen kritisiert. So pflichtete *Lord Mance* der Kritik des Bundesverfassungsgerichts in der *Antiterrordatei*-Entscheidung bei, welche er als „prompt" und „heftig" bezeichnete, wobei er betonte, dass das britische Recht keine entsprechenden verfassungsrechtlichen Sicherungsmechanismen gegenüber dem Unionsrecht kenne, da dieses auf Grund des European Communities Act 1972 Geltung beanspruche und Letzterer selbst Verfassungsrang genieße.[264] Ähnlich argumentierte der Präsident des Supreme Court, *Lord Neuberger*, der in einer außergerichtlichen Rede außerdem darauf hinwies, dass die

Versuch des Machterhalts ohne Rücksicht auf die grundrechtliche Situation in anderen EU-Mitgliedstaaten sieht; in diese Richtung auch *Gärditz*, JZ 2013, 633, 636; krit. auch *Scholz*, DVBl. 2014, 197, 202; *van Ooyen*, Die Staatstheorie des Bundesverfassungsgerichts und Europa, S. 149 ff.

[258] Ausführlich dazu oben, § 1 II.2. b) aa) bbb) (1).

[259] So auch *Geiß*, DÖV 2014, 265, 269 f.

[260] *BVerfG*, Pressemitteilung v. 24.04.2013, Nr. 2.

[261] *BVerfG*, Pressemitteilung v. 24.04.2013, Nr. 2.

[262] Protokoll Nr. 30 über die Anwendung der Charta der Grundrechte der Europäischen Union auf Polen und das Vereinigte Königreich, ABl. EU 2012, Nr. C 326, S. 313.

[263] Supreme Court, Entsch. v. 21.12.2012, Rugby Football Union v. Consolidated Information Services [2012] UKSC 55, Rn. 26 ff.; näher dazu *Douglas-Scott*, Fundamental Rights, Not Euroscepticism: Why the UK Should Embrace the EU Charter of Fundamental Rights, in: Ziegler/Wicks/Hodson (Hrsg.), The UK and European Human Rights, S. 249, 253 f.

[264] *Lord Mance*, Destruction or Metamorphosis of the Legal Order?, Rede vor der World Policy Conference, Monaco, 14.12.2013, abrufbar unter *https://*www.supremecourt.uk/docs/speech131214.pdf (zuletzt abgerufen am 06.11.2017).

Möglichkeiten des Vereinigten Königreichs, dem EuGH Grenzen zu setzen, vor allem dadurch beschränkt seien, dass das Land über keine geschriebene Verfassung verfüge, auf die rekurriert werden könne.[265] Zwei Wochen vor der Stellungnahme von *Lord Neuberger* hatte der Supreme Court selbst unter Vorsitz des Richters *Lord Neuberger* in der *HS2*-Entscheidung erstmals die Auffassung vertreten, dass die Verfassung des Vereinigten Königreichs, auch wenn sie ungeschrieben sei, den Anwendungsvorrang des Unionsrechts begrenzen könne. Es sei höchst fragwürdig, ob das Unionsrecht alleine wegen der Geltung des European Communities Act 1972 die Außerkraftsetzung grundlegender Verfassungsprinzipien des Vereinigten Königreichs, zu denen u.a. die Grundrechte gehörten, bewirken könne.[266]

An den Reaktionen des Supreme Courts und einiger seiner Richter lässt sich ablesen, dass die *Åkerberg Fransson*-Entscheidung des EuGH auch im Vereinigten Königreich auf heftige Kritik gestoßen ist und der Supreme Court den Anwendungsvorrang des Unionsrechts gegenüber dem nationalen Verfassungsrecht nicht mehr uneingeschränkt akzeptiert.[267] Ein Grund für die ablehnende Haltung des Supreme Court gegenüber der *Åkerberg Fransson*-Entscheidung des EuGH könnte die allgemeine Befürchtung sein, dass durch ein expansives Verständnis des Anwendungsbereichs der Unionsgrundrechte die Verfassungsstruktur des Vereinigten Königreichs grundlegend umgestaltet werden könnte, da mit Hilfe der Unionsgrundrechte die Fachgerichte die Befugnis zur Nichtanwendung von Parlamentsgesetzen bei Grundrechtsverstößen erhalten, was wiederum das Prinzip der Parlamentssouveränität aushöhlen würde.[268] Dass der Supreme Court selbst als Gericht von einer derartigen Entwicklung an sich profitieren würde, ändert daran wenig, nachdem bei der Frage des Anwendungsbereichs der Grundrechte-Charta der Einfluss des Unionsrechts auf das nationale Verfassungsrecht im Allgemeinen in Rede steht. Derartige Überlegungen werden allerdings obsolet, wenn das Vereinigte Königreich wie geplant im Jahr 2019 seinen Austritt aus der EU vollzieht und die Grundrechte-Charta damit auf das Vereinigte Königreich keine Anwendung mehr findet.[269]

---

[265] *Lord Neuberger*, The British and Europe, Cambridge Freshfields Annual Law Lecture, 12.02.2014, abrufbar *https://www.supremecourt.uk/docs/speech-140212.pdf* (zuletzt abgerufen am 06.11.2017); in diese Richtung auch *Douglas-Scott*, Fundamental Rights, Not Euroscepticism: Why the UK Should Embrace the EU Charter of Fundamental Rights, in: Ziegler/Wicks/Hodson (Hrsg.), The UK and European Human Rights, S. 249, 267.

[266] Supreme Court, Entsch. v. 22.01.2014, R (on the application of HS2 Action Alliance Limited) (Appellant) v. Secretary of State for Transport and another (Respondents) [2014] UKSC 3, Rn. 207; ausführlich dazu oben, § 1 II.2. b) aa) bbb) (4).

[267] S. dazu auch *Fontanelli*, ELRev 39 (2014), 682, 684.

[268] Zu dieser Problematik s. *Thym*, JZ 2011, 148, 149; *Kühn*, in: Maduro/Azoulai (Hrsg.), The Past and Future of EU Law, S. 151, 154 u. 158 f.

[269] Zu den Auswirkungen des Austritts auf den Grundrechtsschutz im Vereinigten Königreich selbst s. *Beale*, The United Kingdom without the Charter of Fundamental Rights of the European Union: Putting Down the Dog That Did Not Bark?, in: Birkinshaw/Biondi (Hrsg.), Britain Alone!, S. 257, 289 f.

cc) Österreich

Eine zurückhaltende, aber zugleich differenzierte Position gegenüber der *Åkerberg Fransson*-Entscheidung nahm der österreichische Verfassungsgerichtshof ein.[270] Er schloss sich der Ansicht des EuGH, wonach die Grundrechte-Charta im gesamten Anwendungsbereich des Unionsrechts ohne das Vorliegen weiterer Voraussetzungen anwendbar sei, nicht an, sondern verlangte für die Heranziehung der Grundrechte-Charta unter Bezugnahme der einschränkenden Rechtsprechung des EuGH u.a. in den Fällen *Ymeraga* und *Siragusa* eine vorherige Prüfung, ob mit ihr eine Durchführung einer Bestimmung des Unionsrechts bezweckt werde, welchen Charakter diese Regelung habe und ob mit ihr, selbst wenn sie das Unionsrecht mittelbar beeinflussen könne, nicht andere als die unter das Unionsrecht fallenden Ziele verfolgt würden, sowie ferner, ob es eine Regelung des Unionsrechts gebe, die für diesen Bereich spezifisch sei oder ihn beeinflussen könne.[271] Der Verfassungsgerichtshof ging deshalb davon aus, dass die Grundrechte-Charta im Verhältnis zu einer nationalen Regelung unanwendbar sei, wenn die unionsrechtlichen Vorschriften in dem betreffenden Sachbereich keine Verpflichtungen der Mitgliedstaaten im Hinblick auf den im Ausgangsverfahren fraglichen Sachverhalt schafften.[272] Anders als in Deutschland kam es daher in Österreich nicht zu einer kritischen Reaktion des Verfassungsgerichts gegenüber der *Åkerberg Fransson*-Entscheidung des EuGH, sondern der österreichische Verfassungsgerichtshof zeigte sich vielmehr bereit zu einer Rezeption der Folgerechtsprechung zu *Åkerberg Fransson*.

d) Zusammenfassung

Zusammenfassend lässt sich sagen, dass Wortlaut und Entstehungsgeschichte des Art. 51 Abs. 1 S. 1 GRC einen weiten Anwendungsbereich der Grundrechte-Charta suggerieren. Auf dieser Grundlage ging der EuGH in seiner Leitentscheidung im Fall *Åkerberg Fransson* davon aus, dass die Grundrechte der Grundrechte-Charta von den Mitgliedstaaten zu beachten seien, wenn eine nationale Rechtsvorschrift in den Geltungsbereich des Unionsrechts falle, was eine sehr weit reichende Anwendbarkeit der Charta impliziert, gleichzeitig aber viele Fragen offen lässt. Die Reaktion der nationalen Verfassungs- und Höchstgerichte ließ nicht lange auf sich warten, wobei insbesondere das Bundesverfassungsgericht in seinem Urteil zur Antiterrordatei unmissverständlich klar machte, dass nicht jeder nur mittelbare Bezug zum Unionsrecht ausreiche, um die Anwendbarkeit der Charta zu begründen und dem EuGH sogar mit der Annahme eines

---

[270] *Grabenwarter*, FS Müller-Graff, S. 1386, 1388.

[271] Verfassungsgerichtshof der Republik Österreich, Entsch. v. 12.03.2014 – B 166/2013 –, Rn. 24.

[272] Verfassungsgerichtshof der Republik Österreich, Entsch. v. 12.03.2014 – B 166/2013 –, Rn. 24.

ultra vires-Aktes drohte. Wohl auch unter dem Eindruck der Entscheidung des Bundesverfassungsgerichts präzisierte der EuGH daraufhin in Folgeentscheidungen seine Rechtsprechung dahin gehend, dass ein „hinreichender Zusammenhang" mit dem Unionsrecht erforderlich ist, um die Anwendbarkeit der Grundrechte-Charta zu begründen. Das Vorliegen eines solchen Zusammenhangs soll mit Hilfe eines Indizienbündels zu bestimmen sein, zu dem u.a. die Frage gehört, ob die fragliche nationale Regelung der Durchführung von Unionsrecht dient. Damit nimmt der EuGH den in *Åkerberg Fransson* ausgesprochenen Vorstoß auf abstrakter Ebene zumindest in einigen Folgeentscheidungen teilweise wieder zurück,[273] was das Verhältnis zu den nationalen Verfassungs- und Höchstgerichten entlasten sollte. Dies ist insbesondere für diejenigen Konstellationen von Bedeutung, in denen nationale Handlungsspielräume bestehen. Aus der vom EuGH nach *Åkerberg Fransson* entwickelten Rechtsprechungslinie wird jedenfalls klar, dass zumindest vordergründig keine vollständige Unitarisierung im Wege der Überlagerung des nationalen Grundrechtsschutzes durch die Grundrechte-Charta angestrebt wird, sondern der Anwendungsbereich der Unionsgrundrechte grundsätzlich in Anknüpfung an die vor Inkrafttreten der Charta geltenden Rechtslage zu bestimmen ist, was eine Ausdehnung des Anwendungsbereichs der Unionsgrundrechte infolge des Inkrafttretens der Charta freilich nicht ausschließt, zumal die jüngsten Entscheidungen zu Art. 51 Abs. 1 S. 1 GRC auf eine Rückkehr des EuGH zu der in *Åkerberg Fransson* eingenommenen Position hindeuten. Die Gefahr der Unitarisierung des Grundrechtsschutzes in der EU infolge der *Åkerberg Fransson*-Rechtsprechung zeigt sich insbesondere dann, wenn man die Entscheidung im Zusammenspiel mit dem *Melloni*-Urteil liest, welches den nationalen Grundrechten nur noch einen sehr beschränkten Anwendungsbereich zuweist.

2. *Bindung an nationale Grundrechte*

Das Inkrafttreten der Grundrechte-Charta brachte keine Änderungen bei der Bindung der Mitgliedstaaten an die nationalen Grundrechte mit sich. Dies gilt auch vor dem Hintergrund der *Melloni*-Entscheidung, in der der EuGH den Mitgliedstaaten die Befugnis einräumte, unionsrechtlich gewährte Spielräume unter Anwendung der nationalen Grundrechte auszufüllen, soweit der Anwendungsvorrang des Unionsrechts sowie dessen Einheit und Wirksamkeit dadurch nicht beeinträchtigt werden. Steht eine derartige Beeinträchtigung zu befürchten, werden die nationalen Grundrechte im Wege des unionalen Anwendungsvorrangs verdrängt, was aber nichts an der grundsätzlichen Bindung der mitgliedstaatlichen Stellen an die nationalen Grundrechte ändert. Aus diesem Grund gelten die vor Inkrafttreten der Grundrechte-Charta entwickelten Grundsätze über die Bindung der Mitgliedstaaten an die nationalen Grundrechte auch nach 2009 wei-

---

[273] Vgl. auch *Thym*, DÖV 2014, 941, 944.

ter.[274] Ebenso wenig ergaben sich durch den Vertrag von Lissabon Änderungen bezüglich der Bindung der Union an die Grundrechtsgewährleistungen der Mitgliedstaaten.

V. Prozessuale Mechanismen zur Gewährleistung des Grundrechtsschutzes

1. EU-Ebene

Der Vertrag von Lissabon brachte in Bezug auf die prozessualen Mechanismen zur Gewährleistung des Grundrechtsschutzes keine Änderungen mit sich. Insbesondere wurde auf die Einführung einer Grundrechts- bzw.Verfassungsbeschwerde zum EuGH verzichtet,[275] so dass sich der Schutz der Grundrechte-Charta in erster Linie im Rahmen des Vorabentscheidungsverfahrens,[276] teilweise aber auch im Wege der Nichtigkeitsklage und des Vertragsverletzungsverfahrens[277] vollzieht,[278] wobei Grundrechtsfragen, anders etwa als in Verfahren vor dem EGMR, in der Regel nicht im Mittelpunkt des Verfahrens stehen, wodurch es dem EuGH erschwert wird, eine kohärente Grundrechtsdogmatik zu entwickeln.[279] Insbesondere die Nichtigkeitsklage kann dem Einzelnen nicht zur Durchsetzung seiner unionalen Grundrechte verhelfen, da der EuGH im Falle einer Grundrechtsverletzung durch EU-Gesetzesrecht für die Annahme einer Klageberechtigung nach Art. 263 Abs. 4 AEUV trotz der Einfügung der dritten Variante, die auf „Rechtsakte mit Verordnungscharakter, die sie unmittelbar betreffen und keine Durchführungsmaßnahmen nach sich ziehen", abstellt, nach wie vor eine individuelle Betroffenheit im Sinne der *Plaumann*-Formel verlangt, welche in der Praxis nur in den allerseltensten Fällen gegeben ist.[280]

Nicht übersehen werden darf jedoch, dass die Bedeutung der Grundrechte-Charta in der Rechtsprechung des EuGH insgesamt immer stärker zunimmt und

---

[274] S. dazu oben, § 10 IV.2.

[275] Zur Notwendigkeit einer solchen Beschwerde s. *Reich*, ZRP 2000, 375, 375 ff.; *Kühling*, Grundrechte, in: v. Bogdandy/Bast (Hrsg.), Europäisches Verfassungsrecht, S. 657, 701.

[276] S. etwa *Europäische Kommission*, Annual report on the application of the Charter, 2015, S. 14 f., abrufbar unter http://ec.europa.eu/newsroom/just/item-detail.cfm?item_id=125806 (zuletzt abgerufen am 06.11.2017).

[277] S. etwa *Europäische Kommission*, Annual report on the application of the Charter, 2015, S. 13 f., abrufbar unter http://ec.europa.eu/newsroom/just/item-detail.cfm?item_id=125806 (zuletzt abgerufen am 06.11.2017).

[278] Ausführlich dazu oben, § 10 V.1. a); zur Bedeutung des Vorabentscheidungsverfahrens s. *Douglas-Scott*, Fundamental Rights, Not Euroscepticism: Why the UK Should Embrace the EU Charter of Fundamental Rights, in: Ziegler/Wicks/Hodson (Hrsg.), The UK and European Human Rights, S. 249, 273 f.

[279] *Douglas-Scott*, Fundamental Rights, Not Euroscepticism: Why the UK Should Embrace the EU Charter of Fundamental Rights, in: Ziegler/Wicks/Hodson (Hrsg.), The UK and European Human Rights, S. 249, 274.

[280] EuGH, Rs. C-583/11 P, Inuit, digit. Slg., Rn. 55 ff.; näher dazu etwa *Streinz*, EuZW 2014, 17, 18 ff.

der EuGH in verstärktem Maße eine eigenständige, auf die Grundrechte-Charta gestützte Grundrechtsjudikatur entwickelt.[281] So wurde die Charta im Jahr 2009 lediglich in fünf Entscheidungen zitiert, während sie im Jahr 2011 in 43 Fällen, im Jahr 2012 in 87 Fällen, im Jahr 2013 in 113 Fällen und im Jahr 2014 sogar in 210 Fällen heran gezogen wurde, wobei es im Jahr 2015 einen Rückgang auf 167 Fälle gab.[282]

In Bezug auf die Kontrolldichte zeigt sich, dass der Gerichtshof – anders als in früheren Zeiten[283] – nunmehr nach Art eines Verfassungs- bzw. Grundrechtsgerichts[284] auch EU-Legislativakte einer systematischen, freilich noch immer hinter den Standards des Bundesverfassungsgerichts zurückbleibenden[285] Grundrechtsprüfung mit sorgfältiger Verhältnismäßigkeitsprüfung unterzieht,[286] was den Grundrechtsschutz des Einzelnen gegenüber Maßnahmen der EU verbessert, wenngleich der Gerichtshof Unionsrechtsakte bislang nur selten ausschließlich auf Grund einer Grundrechtsverletzung für ungültig erklärt hat.[287] In Bezug auf Maßnahmen der Mitgliedstaaten ist die Kontrolldichte des EuGH ohnehin traditionell hoch,[288] woran sich auch nach Inkrafttreten des Vertrags von Lissabon we-

---

[281] *Polakiewicz*, EuGRZ 2013, 472, 473.

[282] S. *Europäische Kommission*, Annual report on the application of the Charter, 2015, S. 25, abrufbar unter http://ec.europa.eu/newsroom/just/item-detail.cfm?item_id=125806 (zuletzt abgerufen am 06.11.2017); zur wachsenden Bedeutung der Charta auch *de Búrca*, MJ 20 (2013), 168, 169.

[283] So etwa EuGH, Rs. C-280/93, Deutschland/Rat, Slg. 1994, I-4973, Rn. 78 ff.; krit. zur Verhältnismäßigkeitsprüfung des EuGH in der Vergangenheit etwa *Storr*, Der Staat 36 (1997), 547, 564 ff.; *Rubel*, Entscheidungsfreiräume in der Rechtsprechung des Europäischen Gerichtshofes für Menschenrechte und des Europäischen Gerichtshofes, S. 170 ff.

[284] S. dazu oben, Einführung, I.

[285] Vgl. *Classen*, FS Müller-Graff, S. 1378, 1384; *Vondung*, Die Architektur des europäischen Grundrechtsschutzes nach dem Beitritt der EU zur EMRK, S. 306.

[286] S. dazu die schulmäßige Verhältnismäßigkeitsprüfung im Urteil *Schecke*, EuGH, verb. Rs. C-92/09 u. C-93/09, Schecke u. Eifert, Slg. 2010, I-11063, Rn. 65 ff.; ähnlich EuGH, Rs. C-283/11, Sky Österreich, digit. Slg., Rn. 41 ff.; Rs. C-291/12, Schwarz, digit. Slg., Rn. 31 ff.; verb. Rs. C-293/12 u. C-594/12, Digital Rights Ireland, digit. Slg., Rn. 45 ff.; ohne hinreichende Verhältnismäßigkeitsprüfung indes EuGH, Rs. C-131/12, Google Spain, digit. Slg., Rn. 97 ff.; zum Ganzen s. *Bäcker*, EuR 2015, 389, 406; *v. Danwitz*, EuGRZ 2013, 253, 256; krit. bezüglich der Kontrolldichte gegenüber Unionsmaßnahmen *Weiß*, EuZW 2013, 287, 290; *Wiehoff*, Das konzeptionelle Verhältnis von EuGH und EGMR, S. 164, dessen Analyse jedoch unvollständig ist.

[287] Vgl. *Canor*, ZaöRV 73 (2013), 249, 255; für einen Fall der Ungültigerklärung s. aber EuGH, verb. Rs. C-92/09 u. C-93/09, Schecke u. Eifert, Slg. 2010, I-11063, Rn. 89; Rs. C-402/05 P, Kadi I, Slg. 2008, I-6351, Rn. 374; s. auch Rs. C-236/09, Test-Achats, Slg. 2011, I-773 Rn. 32 f., wobei in diesem Fall eine Klausel in einer Richtlinie für ungültig erklärt wurde, die es den Mitgliedstaaten ermöglichte, ihre diskriminierenden Politiken beizubehalten, was indirekt eine Beschränkung der Kompetenzen der Mitgliedstaaten mit sich brachte, vgl. *Canor*, ZaöRV 73 (2013), 249, 257; zur Zurückhaltung gegenüber EU-Rechtsakten s. auch *Weiß*, The EU Human Rights Regime Post Lisbon: Turning the CJEU into a Human Rights Court?, in: Morano-Foadi/Vickers (Hrsg.), Fundamental Rights in the EU, S. 69, 72 ff.

[288] So etwa schon die *Mangold*-Entscheidung, EuGH, Rs. C-144/04, Mangold, Slg. 2005, I-9981 Rn. 64 ff.; näher dazu oben, § 10 II.1. c); ähnlich auch Rs. C-555/07, Kücükdeveci, Slg. 2010, I-365, Rn. 36 ff.

nig geändert hat,[289] wobei der EuGH den nationalen Fachgerichten darüber hinaus zumindest in Einzelfällen genaue Vorgaben bezüglich der Anwendung des Unionsrechts macht.[290] Interessant ist in diesem Zusammenhang auch die Frage nach dem jeweils anzuwendenden Schutzstandard. Wie sich aus der *Melloni*-Entscheidung ergibt, dürfen bei der Durchführung von Unionsrecht neben den EU-Grundrechten auch nationale Grundrechte heran gezogen werden, soweit dadurch der Anwendungsvorrang des Unionsrechts sowie dessen Einheit und Wirksamkeit nicht beeinträchtigt werden.[291] Daraus folgt, dass nationale Grundrechte in solchen Konstellationen allenfalls dann zur Anwendung kommen können, wenn das Unionsrecht den Mitgliedstaaten einen entsprechenden Spielraum zugesteht. Fraglich ist lediglich, wie intensiv der EuGH die von den nationalen Gerichten vorgenommene Verhältnismäßigkeitsprüfung kontrolliert, was wiederum den Aspekt der Kontrolldichte tangiert. In der Entscheidung *Sayn-Wittgenstein* aus dem Jahr 2010 hatte der EuGH klargestellt, dass bei der Rechtfertigung der Einschränkung der Grundfreiheiten bzw. des allgemeinen Freizügigkeitsrechts des Art. 21 AEUV nationale Besonderheiten zu berücksichtigen sind.[292] In dem konkreten Fall ging es darum, dass sich Österreich zur Rechtfertigung seiner Weigerung, einen Adelstitel in das Personenstandsregister einzutragen, mit dem im österreichischen Verfassungsrecht verankerten allgemeinen Gleichheitssatz begründet hatte. Der EuGH nahm zwar einen Eingriff in Art. 21 AEUV an, bejahte jedoch dessen Rechtfertigung unter Bezugnahme auf die *Omega*-Entscheidung u.a. damit, dass es nicht unerlässlich sei, dass die von den Behörden eines Mitgliedstaats erlassene beschränkende Maßnahme einer allen Mitgliedstaaten gemeinsamen Auffassung darüber entspreche, wie das betreffende Grundrecht oder berechtigte Interesse zu schützen ist, und dass vielmehr die Notwendigkeit und die Verhältnismäßigkeit der einschlägigen Bestimmungen nicht schon deshalb ausgeschlossen seien, weil ein Mitgliedstaat andere Schutzregelungen als ein anderer Mitgliedstaat erlassen habe.[293] Dies zeigt, dass der Gerichtshof in der *ERT*-Konstellation nationale Grundrechte unter Verweis auf die in Art. 4 Abs. 2 EUV verankerte Achtung der nationalen Identität der Mitglied-

[289] Exemplarisch dazu s. nur die *Melloni*-Entscheidung, EuGH, Rs. C-399/11, Melloni, digit. Slg. Rn. 55 ff.; ähnlich auch Rs. C-112/13, A, digit. Slg., Rn. 41 u. 44; krit. zur Kontrolldichte des EuGH in der Rechtssache *A./B.* s. *Ruffert*, JuS 2015, 374, 375; näher zur Kontrolldichte des EuGH vor und nach Inkrafttreten des Vertrags von Lissabon s. *de Vries*, The Protection of Fundamental Rights within Europe's Internal Market after Lisbon – An Endeavour for More Harmony, in: de Vries/Bernitz/Weatherill (Hrsg.), The Protection of Fundamental Rights in the EU After Lisbon, S. 59, 93 f.; *Weiß*, EuZW 2013, 287, 290; *Gerards*, ELJ 17 (2011), 80, 92 ff., der darauf hinweist, dass die Kontrolldichte des EuGH besonders dann hoch ist, wenn Gemeinschafts- bzw. Unionsinteressen betroffen sind.

[290] So etwa in EuGH, Rs. C-131/12, Google Spain, digit. Slg., Rn. 98; s. auch *Bäcker*, EuR 2015, 389, 401.

[291] Ausführlich dazu oben, § 11 III.1. d).

[292] EuGH, Rs. C-208/09, Sayn-Wittgenstein, Slg. 2010, I-13693, Rn. 88 ff.; ähnlich auch EuGH, Rs. C-438/14, Bogendorff von Wolffersdorff, digit. Slg., Rn. 64 ff. u. 78.

[293] EuGH, Rs. C-208/09, Sayn-Wittgenstein, Slg. 2010, I-13693, Rn. 91.

staaten[294] als zulässige Abwägungsgesichtspunkte erachtet, weshalb er die von den nationalen Gerichten durchgeführte Verhältnismäßigkeitsprüfung nur einer eingeschränkten Kontrolle unterzog und den nationalen Stellen so einen weiten Gestaltungsspielraum einräumte.[295]

In der Rechtssache *Runevič-Vardyn und Wardyn* rekurrierte der EuGH demgegenüber zwar auf Art. 4 Abs. 2 EUV als möglichen Rechtfertigungsgrund bei der Einschränkung von Art. 21 AEUV, machte dem mitgliedstaatlichen Gericht jedoch in der Folge genaue Vorgaben für die Ausübung seines Ermessens,[296] so dass die unionsgerichtliche Kontrolldichte letztlich nicht herabgesenkt wurde.

Ein weiteres Beispiel für die Zurückhaltung des EuGH gegenüber den Mitgliedstaaten stellt hingegen das Urteil in der Rechtssache *McB.* aus dem Jahr 2010[297] dar. In dem Verfahren ging es um einen Vater, der die Rückkehr seiner leiblichen Kinder, die die Mutter nach der Trennung von Irland nach England verbracht hatte, begehrte. In dem fraglichen Fall einschlägig war u.a. die Brüssel-IIa-VO 2201/2003,[298] weshalb der irische Supreme Court ein Vorabentscheidungsverfahren zum EuGH eingeleitet hatte. Der Gerichtshof beschränkte sich in seiner Entscheidung auf die Auslegung des Sekundärrechts, indem er argumentierte, dass die Grundrechte-Charta im Rahmen der zu beurteilenden Rechtssache allein zum Zweck der Auslegung der Verordnung heranzuziehen ist, ohne dass das nationale Recht als solches zu beurteilen wäre,[299] womit er den Kompetenzen der Mitgliedstaaten im Bereich des Grundrechtsschutzes Rechnung trug.[300] In eine ähnliche Richtung ging die Entscheidung in der Rechtssache *N.S. u.a.*, in der der EuGH entschieden hatte, dass der Überstellungsmitgliedstaat in einem Asylverfahren zu prüfen habe, ob es im Aufnahmemitgliedstaat „systemische Mängel" gebe und dass, wenn dies der Fall sei, der Asylbewerber nicht in den nach der Dublin II-Verordnung zuständigen Mitgliedstaat überstellt werden dürfe.[301] Mit dieser Aussage beweist der EuGH Rücksichtnahme auf die Kompetenzen der Mitgliedstaaten, ohne zugleich auf die Einführung eines unitarischen, vom Unionsrecht vorgegebenen Grundrechtsstandard zu drängen.[302]

[294] EuGH, Rs. C-208/09, Sayn-Wittgenstein, Slg. 2010, I-13693, Rn. 92.

[295] S. dazu *Besselink*, ELRev 39 (2014), 531, 552; *de Vries*, The Protection of Fundamental Rights within Europe's Internal Market after Lisbon – An Endeavour for More Harmony, in: de Vries/Bernitz/Weatherill (Hrsg.), The Protection of Fundamental Rights in the EU After Lisbon, S. 59, 66 f.; *Lenaerts*, EuGRZ 2015, 353, 361.

[296] EuGH, Rs. C-391/09, Runevič-Vardyn und Wardyn, Slg. 2011, I-3787, Rn. 86 ff.

[297] EuGH, Rs. C-400/10 PPU, McB., Slg. 2010, I-8965.

[298] Verordnung (EG) Nr. 2201/2003 des Rates vom 27. November 2003 über die Zuständigkeit und die Anerkennung und Vollstreckung von Entscheidungen in Ehesachen und in Verfahren betreffend die elterliche Verantwortung und zur Aufhebung der Verordnung (EG) Nr. 1347/2000, ABl. EG 2003 Nr. L 338, S. 1.

[299] EuGH, Rs. C-400/10 PPU, McB., Slg. 2010, I-8965, Rn. 52.

[300] *Lazzerini*, Rivista di diritto internazionale 94 (2011), 136, 164 f.; *Maier*, Grundrechtsschutz bei der Durchführung von Richtlinien, S. 164.

[301] EuGH, verb. Rs. C-411/10 u. C-493/10, N.S. u.a., Slg. 2011, I-13905, Rn. 105 f.; zu dieser Entscheidung s. oben, § 11 IV.1. b) aa).

[302] S. dazu *Franzius*, ZaöRV 75 (2015), 383, 406 ff.; *Classen*, FS Müller-Graff, S. 1378, 1383 f.

Entscheidend für die Frage, ob und inwieweit nach Inkrafttreten der Grundrechte-Charta im Rahmen sog. *Wachauf*-Konstellationen Raum für die Heranziehung nationaler Grundrechte verbleibt, ist zunächst die Ausgestaltung der Unionsrechtsakte durch den Unionsgesetzgeber, da eine Anwendung nationaler Grundrechte dann nicht in Frage kommt, wenn eine vollständige Determinierung durch das Unionsrecht vorliegt. In diesem Zusammenhang ist darauf hinzuweisen, dass bei Richtlinien, die nach Art. 288 Abs. 3 AEUV an sich den innerstaatlichen Stellen die Wahl der Form und Mittel der Umsetzung überlässt, seit längerem eine Tendenz zur Erhöhung der normativen Dichte auszumachen ist, so dass die Mitgliedstaaten im Einzelfall häufig keinen nennenswerten Umsetzungsspielraum mehr besitzen.[303] Unterstützt wird diese Entwicklung durch die Entscheidung des EuGH in der Rechtssache *Digital Rights Ireland*, wo der Gerichtshof dem Unionsgesetzgeber genaue Vorgaben dahin gehend gemacht hat, wie in der Vorratsdatenspeicherungsrichtlinie der Umsetzungsspielraum der Mitgliedstaaten zur Gewährleistung des Grundrechtsschutzes zu begrenzen sei. Danach müsse die fragliche Unionsregelung selbst zum Schutze der von der Datenspeicherung betroffenen Person „klare und präzise Regeln für die Tragweite und die Anwendung der fraglichen Maßnahme vorsehen“[304], was zwar eine Pflicht der Union zur Einhaltung der Grundrechte-Charta impliziert, zugleich aber eine Erhöhung der Regelungsdichte auf Unionsebene mit sich bringt und den Raum für nationale Durchführungsmaßnahmen und damit auch für die Heranziehung nationaler Grundrechte erheblich reduziert.[305] Hinzu kommt, dass der EuGH dazu neigt, bei der Auslegung einer Richtlinie im Zweifel eine zwingende Vorgabe des Unionsrechts anzunehmen[306] oder im Falle der Annahme eines Ermessensspielraums dessen Ausfüllung durch die nationalen Stellen zumindest streng zu kontrollieren.[307] Aus diesem Grund verbleibt bei der Umsetzung von Unionsrecht, insbesondere bei der Richtlinienumsetzung, häufig nur wenig Raum für die Heranziehung nationaler Grundrechte.

Darüber hinaus bringt die *Melloni*-Entscheidung des EuGH eine Verschärfung der Kontrolldichte des EuGH gegenüber den nationalen Gerichten sowie eine Einschränkung hinsichtlich der Berücksichtigungsfähigkeit nationaler Grund-

---

303 Näher dazu *Ruffert*, in: Calliess/Ruffert, EUV/AEUV, Art. 288 AEUV Rn. 25; *Haratsch/Koenig/Pechstein*, Europarecht, Rn. 387; *Claßen*, Nichtumsetzung von Gemeinschaftsrichtlinien, S. 50 ff.; s. dazu auch *Britz*, EuGRZ 2015, 275, 279 f., die insoweit die Frage nach der im Einzelfall übermäßigen Beanspruchung der Rechtssetzungskompetenzen durch die EU aufwirft.

304 EuGH, verb. Rs. C-293/12 und C-594/12, Digital Rights Ireland, digit. Slg., Rn. 54.

305 Ausführlich zum Ganzen *Teetzmann*, EuR 2016, 90, 90 ff.

306 So beispielsweise EuGH, Rs. C-491/13, Ben Alaya, digit. Slg., Rn. 31 ff.; ähnlich auch schon EuGH, verb. Rs. C-356/11 u. C-357/11, O.S., digit. Slg., Rn. 70; s. dazu auch *Hallström*, Balance or Clash of Legal Orders – Some Notes on Margin of Appreciation, in: Nergelius/Kristoffersson (Hrsg.) Human Rights in Contemporary European Law, S. 59, 70.

307 So etwa EuGH, Rs. C-144/04, Mangold, Slg. 2005, I-9981, Rn. 64 ff.; s. dazu *Tridimas*, International Journal of Constitutional Law 9 (2011), 737, 746 f.; s. auch EuGH, Rs. C-112/13, A, digit. Slg., Rn. 41 u. 44; krit. dazu *Ruffert*, JuS 2015, 374, 375.

rechte in unionsrechtlich eingeräumten Ermessensspielräumen mit sich. Im Fall *Melloni* hatte der EuGH einen mitgliedstaatlichen Gestaltungsspielraum schon deshalb verneint, weil die einschlägigen Bestimmungen des Rahmenbeschlusses über den Europäischen Haftbefehl zwingendes Unionsrecht darstellten, so dass an sich schon kein nicht-determinierter Bereich existierte, der den Mitgliedstaaten einen Gestaltungsspielraum eingeräumt hätte.[308] Alleiniger Prüfungsmaßstab für die Prüfung der Rechtmäßigkeit des Rahmenbeschluss waren daher die Unionsgrundrechte, deren Einhaltung vom EuGH zu prüfen war.[309]

Fraglich ist indes, wie sich die *Melloni*-Rechtsprechung, die eine Heranziehung nationaler Grundrechte im Rahmen von Ermessensspielräumen neben den Unionsgrundrechten grundsätzlich zulässt, bislang ausgewirkt hat. In der Entscheidung in der Rechtssache *A* vom September 2014 nahm der EuGH auf die *Melloni*-Entscheidung Bezug, um den mitgliedstaatlichen Stellen die Ausfüllung unionsrechtlich eingeräumter Gestaltungsspielräume durch nationale Grundrechte zu gestatten, sofern dadurch „weder das Schutzniveau der Charta, wie sie vom Gerichtshof ausgelegt wird, noch der Vorrang, die Einheit und die Wirksamkeit des Unionsrechts beeinträchtigt werden“,[310] was im Ergebnis einer umfassenden Grundrechtskontrolle des EuGH gegenüber den nationalen Gerichten auch innerhalb von Umsetzungsspielräumen gleich kommt.[311] In dem Fall ging es um die Zulässigkeit eines obligatorischen nationalen Vorlageverfahrens zum nationalen Verfassungsgericht in Konstellationen, in denen eine nationale Rechtsvorschrift sowohl auf ihre Vereinbarkeit mit nationalem Verfassungsrecht als auch mit dem Unionsrecht zu prüfen ist und daher grundsätzlich eine Vorlage an den EuGH nach Art. 267 AEUV in Betracht kommt. Die Besonderheit des Falles bestand darin, dass in dem betroffenen Mitgliedstaat Österreich der österreichische Verfassungsgerichtshof die Grundrechte-Charta als Prüfungsmaßstab heranzieht,[312] was dazu führen kann, dass in Österreich nach den Vorgaben des nationalen Verfassungsprozessrechts[313] bei einem Verstoß gegen die Grundrechte-Charta die Instanzgerichte nicht mehr zur Nichtanwendung der fraglichen einfach-gesetzlichen österreichischen Bestimmung verpflichtet sind, sondern ein Antrag zum Verfassungsgerichtshof auf Aufhebung der entsprechenden Vorschrift erforderlich wird. Der EuGH betonte in diesem Zusammenhang, dass die Vorrangigkeit eines nationalen Zwischenverfahrens zur Kontrolle der Verfassungsmäßigkeit eines nationalen Gesetzes, das ausschließlich zwingendes Unionsrecht umsetzt, nicht die alleinige Zuständigkeit des Gerichtshofs beeinträchtigen dürfe, eine Unionsrichtlinie für ungültig zu erklären, da diese Zuständigkeit die Sicherstellung einer einheitlichen Anwendung des Unionsrechts Rechtssicherheit gewähr-

308 EuGH, Rs. C-399/11, Melloni, digit. Slg. Rn. 38 ff.
309 EuGH, Rs. C-399/11, Melloni, digit. Slg. Rn. 47 ff.
310 EuGH, Rs. C-112/13, A, digit. Slg., Rn. 44.
311 Vgl. *Ruffert*, JuS 2015, 374, 376.
312 S. dazu unten, § 11 V.2. a).
313 Vgl. Art. 139, 140 B-VG i.V.m. Art. 89 Abs. 1 u. 2, Art. 133 Abs. 5 B-VG.

leisten solle.[314] Mit dieser Aussage untermauert der Gerichtshof unter zum Teil wörtlicher Übernahme der Urteilsgründe aus der *Melki*-Entscheidung[315] den Vorrang des unionalen Vorabentscheidungsverfahrens und damit des unionsrechtlichen Grundrechtsschutzes auch in verfahrensrechtlicher Hinsicht,[316] was auf wenig Rücksichtnahme gegenüber den nationalen Verfassungsgerichten schließen lässt.[317] Die Rechtssache *Melki* hatte die Unionsrechtskonformität einer französischen Regelung, wonach bei einem Verstoß gegen nationales Verfassungsrecht oder internationales Recht zuerst der Conseil constitutionnel angerufen werden müsse, zum Gegenstand.[318] Der vom EuGH auch in verfahrensrechtlicher Hinsicht postulierte Vorrang des unionsrechtlichen Grundrechtsschutzes wiederum kann in Verbindung mit der tendenziell weiten Auslegung des Art. 51 Abs. 1 S. 1 GRC durch den EuGH zu einer Zurückdrängung des nationalen Grundrechtsschutzes führen.[319] Andererseits darf jedoch nicht übersehen werden, dass der Gerichtshof in derselben Entscheidung hervorhebt, dass es Aufgabe des vorlegenden nationalen Gerichts sei, zu prüfen, ob die nationalen Rechtsvorschriften im Einklang mit diesen Anforderungen des Unionsrechts ausgelegt werden könnten,[320] was zumindest die eigenständige Verantwortung der nationalen Gerichte bei der Umsetzung des EuGH-Urteils betont und ihnen kein eindeutiges Ergebnis vorgibt. Die Einräumung eines Ermessensspielraums zu Gunsten der nationalen Stellen ist damit freilich nicht verbunden.

In der Entscheidung *Hernández* nahm der EuGH ebenfalls auf das *Melloni*-Urteil Bezug, verneinte jedoch eine Durchführung von Unionsrecht i.S.v. Art. 51 Abs. 1 S. 1 GRC,[321] so dass sich die Problematik des geltenden Schutzstandards gar nicht erst stellte. Entsprechendes gilt für die Entscheidung im Fall *Siragusa*, wo der EuGH ebenfalls auf das *Melloni*-Urteil Bezug nahm.[322] Im Fall *Singh* betonte der EuGH unter Berufung auf die *Melloni*-Entscheidung, dass es nicht unmöglich wäre, dem im konkreten Fall betroffenen Drittstaatsangehörigen unter

---

[314] EuGH, Rs. C-112/13, A, digit. Slg., Rn. 41.

[315] EuGH, verb. Rs. C-188/10 u. C-189/10, Melki und Abdeli, Slg. 2010, I-5667, Rn. 40 ff.

[316] Früher ähnlich schon EuGH, Rs. 106/77, Simmenthal I, Slg. 1978, 629, 644, Rn. 19 f.; Rs. C-348/89, Mecanarte, Slg. 1991, I-3277, Rn. 42 ff.; Rs. C-409/06, Winner Wetten, Slg. 2010, I-8015, Rn. 56; Rs. C-314/08, Filipiak, Slg. 2009, I-11049, Rn. 81 ff.; zum Verhältnis von mitgliedstaatlichem Vorlageverfahren und Vorabentscheidungsverfahren s. auch schon EuGH, Rs. C-348/89, Mecanarte-Metalúrgica da Lagoa, Slg. 1991, I-3277, Rn. 45, wo der EuGH ebenfalls betonte, dass die Einleitung eines Vorabentscheidungsverfahrens zum EuGH nicht durch die Existenz eines obligatorischen nationalen Vorlageverfahrens verhindert werden dürfe; s. zum Vorrang des unionalen Vorabentscheidungsverfahrens *Paris*, EuConst 11 (2015), 389, 392 f. u. 402; *Torres Pérez*, The Challenges for Constitutional Courts as Guardians of Fundamental Rights in the European Union, in: Popelier/Mazmanyan/Vandenbruwaene (Hrsg.), The Role of Constitutional Courts in Multilevel Governance, S. 49, 51 ff.

[317] Vgl. *Paris*, EuConst 11 (2015), 389, 405.

[318] EuGH, verb. Rs. C-188/10 u. C-189/10, Melki und Abdeli, Slg. 2010, I-5667.

[319] Vgl. auch *Ruffert*, JuS 2015, 374, 375 f.

[320] EuGH, Rs. C-112/13, A, digit. Slg. Rn. 46.

[321] EuGH, Rs. C-198/13, Hernández, digit. Slg., Rn. 47.

[322] EuGH, Rs. C-206/13, Siragusa, digit. Slg., Rn. 32.

gewissen Umständen nach nationalem Recht, das einen höheren Schutzstandard garantieren könne, die Erlaubnis zu erteilen, sich weiter im betreffenden Mitgliedstaat aufzuhalten, auch wenn die Richtlinie selbst in derartigen Fällen kein Aufenthaltsrecht gewähre.[323] Damit hat der EuGH das Recht der Mitgliedstaaten anerkannt, außerhalb der vom Unionsrecht determinierten Bereiche nationale Grundrechte zur Anwendung zu bringen, wobei in dem konkreten Fall keine Aussage dazu getroffen wurde, ob und inwiefern die Anwendung nationaler Grundrechte mit dem Anwendungsvorrang des Unionsrechts zu vereinbaren gewesen wäre. Soweit ersichtlich noch nicht geäußert hat sich der EuGH zur Frage der Geltung der *Melloni*-Rechtsprechung in mehrpoligen Grundrechtsverhältnissen, in Bezug auf die das Günstigkeitsprinzip ohnehin keine Anwendung finden kann und bei denen den nationalen Gerichte hinreichend Spielraum verbleiben muss, damit diese einen schonenden Interessenausgleich herstellen können.[324]

Insgesamt lässt sich sagen, dass die Kontrolldichte des EuGH gegenüber den nationalen Gerichten in Folge der *Melloni*-Entscheidung gestiegen ist und nur noch wenig Raum für eine Anwendung nationaler Grundrechte in den nicht vom Unionsrecht determinierten Bereichen besteht, wobei eine solche andererseits nicht völlig ausgeschlossen ist, wie die Entscheidung des österreichischen Verfassungsgerichtshofs zu den nationalen Umsetzungsregelungen zur Vorratsdatenspeicherungsrichtlinie beweist, in der der österreichische Verfassungsgerichtshof weiter gehende nationale Grundrechte als Prüfungsmaßstab heranzog.[325] Gleichzeitig beansprucht der EuGH die Entscheidungshoheit über die Auslegung der Unionsgrundrechte ausschließlich für sich, weshalb er sich ganz klar auf dem Weg zu einem Grundrechtsgericht befindet.[326] Insoweit ergeben sich deutliche Parallelen zum föderalen System des Grundgesetzes, in dem das Bundesverfassungsgericht bei der Anwendung von bundesrechtlichem Verfahrensrecht die Heranziehung von Landesgrundrechten nur gestattet, wenn diese mit Bundesgrundrechten übereinstimmen und ihre Heranziehung im konkreten Fall überdies zum gleichen Ergebnis führt wie die Anwendung von Bundesgrundrechten.[327] Zwar verlangt der EuGH selbst in der *Melloni*-Entscheidung keine Übereinstimmung der nationalen Grundrechte mit den Unionsgrundrechten oder gar eine Ergebnisgleichheit im konkreten Fall, doch führt der Verweis auf den Anwendungsvorrang des Unionsrechts sowie dessen Einheit und Wirksamkeit faktisch dazu, dass bei der Durchführung von Unionsrecht für die Anwendung mitgliedstaatlicher Grundrechte kaum ein größerer Spielraum verbleibt als für die Heranziehung der Landesgrundrechte im System des Grundgesetzes.

---

[323] EuGH, Rs. C-218/14, Singh, digit. Slg., Rn. 68.

[324] Vgl. *Streinz*, FS Dauses, S. 429, 440 f.

[325] Verfassungsgerichtshof der Republik Österreich, Entsch. v. 27.06.2014 – verb. Rs. G 47/2012 – 49, G 59/2012/ – 38, G 62/2012 – 46, G 70/2012 – 40, G 71/2012 – 36 –, Rn. 149.

[326] S. *Weiß*, EuZW 2013, 287, 292; s. dazu auch oben, Einführung, I.

[327] Näher dazu oben, § 6 V.3. aa) bbb).

2. *Mitgliedstaatliche Ebene*

a) Verfassungs- und Höchstgerichte

Auf mitgliedstaatlicher Ebene obliegt der prozessuale Grundrechtsschutz nach wie vor in erster Linie den nationalen Verfassungs- und Höchstgerichten. Insoweit ergaben sich durch das Inkrafttreten der Grundrechte-Charta kaum Änderungen, wobei etwa das Bundesverfassungsgericht durch seine *Antiterrordatei*-Entscheidung seinen Anspruch als Hüter der nationalen Grundrechte gegenüber dem EuGH nochmals verdeutlicht hat,[328] während es andererseits nach wie vor darauf verzichtet, die Grundrechte-Charta als Prüfungsmaßstab heranzuziehen und bei unionsrechtlich eingeräumten Ermessensspielräumen entgegen der Position des EuGH und der Kollisionsregel vom Vorrang des Unionsrechts stattdessen grundsätzlich weiterhin alleine die Grundrechte des Grundgesetzes als Prüfungsmaßstab zur Anwendung bringt.[329] Auch eine Heranziehung der Grundrechte-Charta in ihrer Auslegung durch den EuGH als Auslegungs- und Orientierungshilfe lehnt das Bundesverfassungsgericht bislang ab,[330] während es in Bezug auf die EMRK diesen Ansatz in ständiger Rechtsprechung verfolgt.[331] Exemplarisch ablesen lässt sich die zurückhaltende Position des Bundesverfassungsgerichts gegenüber den Unionsgrundrechten an einem Kammer-Beschluss aus dem Jahr 2011, in dem das Bundesverfassungsgericht ein generelles Prüfungsrecht am Maßstab der deutschen Grundrechte bejaht, in der Grundrechtsprüfung aber trotz des Umstandes, dass die einschlägigen nationalen Rechtsvorschriften der Umsetzung der Urheberrechtsrichtlinie dienen, lediglich diskutiert, wie ein Ausgleich zwischen den einschlägigen Grundrechten des Grundgesetzes geschaffen werden kann, während die möglicherweise vorrangig anzuwendenden Grundrechte der Grundrechte-Charta nicht einmal erwähnt werden.[332] In einer weiteren Entscheidung aus dem Jahr 2011, in der es um die richtlinienkonforme Auslegung von § 17 UrhG durch den BGH ging, hat das Bundesverfassungsgericht seine Prüfung ebenfalls ausschließlich am Maßstab der Grundrechte des Grundgesetzes vorgenommen, ohne auf Art. 17 GRC einzugehen oder ein Vorabentscheidungsverfahren zum EuGH einzuleiten.[333] Entsprechendes gilt für die Entscheidung zur Zulässigkeit von gewerkschaftlichen „Flashmob-Aktionen" aus dem Jahr 2014, in der das Bundesverfassungsgericht die Anwendbarkeit der Grundrechte-Charta unter Verweis auf Art. 153 Abs. 5 AEUV, der das Arbeitsentgelt, das Koa-

---

[328] Ausführlich dazu oben, § 11 IV.1. c) aa).

[329] Näher dazu oben, § 10 IV.2; s. auch *Griebel*, DVBl. 2014, 204, 206; zur ablehnenden Haltung des Bundesverfassungsgerichts auch *Huber*, HGR VI/2, § 172 Rn. 15 f.

[330] Zu dieser Möglichkeit s. *Bäcker*, EuR 2015, 389, 408 f.; *Franzius*, EuGRZ 2015, 139, 151 f.

[331] Vgl. BVerfGE 111, 307, 317; 128, 326, 366 ff.; ausführlich dazu *Griebel*, Der Staat 52 (2013), 371, 373 ff.; näher dazu unten, § 13 I.2. a).

[332] BVerfG, 1 BvR 1248/11 v. 15.12.2011, Rn. 26 ff.; näher dazu *Griebel*, Der Staat 52 (2013), 371, 388 f.

[333] BVerfGE 129, 78, 79, 104 f.; s. dazu *Proelss*, Bundesverfassungsgericht und überstaatliche Gerichtsbarkeit, S. 186 f.

litionsrecht, das Streikrecht sowie das Aussperrungsrecht vom Zuständigkeitsbereich der Union ausnimmt, ausdrücklich verneinte[334]. Andererseits verweist das Bundesverfassungsgericht bei der Auslegung der Grundrechte des Grundgesetzes in einigen Fällen durchaus auf das Unionsrecht und dessen Wertungen. So rekurrierte das Gericht in einer Entscheidung aus dem Jahr 2009 bei der Bemessung des Spielraums für Ungleichbehandlungen von Ehe und eingetragener Lebenspartnerschaft ausdrücklich auf die Wertungen von Art. 13 EGV und Art. 21 GRC,[335] wodurch das Unionsrecht zwar nicht zum verfassungsgerichtlichen Prüfungsmaßstab wurde, jedoch zumindest Orientierungswirkung entfaltete.[336]

Wie schon in der *Antiterrordatei*-Entscheidung deutlich wurde, neigt das Bundesverfassungsgericht in seiner Rechtsprechung dazu, eine Durchführung von Unionsrecht i.S.v. Art. 51 Abs. 1 S. 1 GRC zu verneinen, so dass der Anwendungsbereich des Unionsrechts schon gar nicht eröffnet ist und nationale Grundrechte ohne potentielle Überlagerung durch das Unionsrecht zum Tragen kommen können. Zu dieser Beobachtung passt das Kopftuch-Urteil des Bundesverfassungsgerichts aus dem Jahr 2015, in dem das Gericht eine Überprüfung der in Rede stehenden nordrhein-westfälischen Landesrechtsnorm am Maßstab von Art. 4 GG vornahm, ohne auf die mögliche Anwendbarkeit der Richtlinie 2000/78/EG[337] einzugehen,[338] die nach Art. 1 die Schaffung eines allgemeinen Rahmens zur Bekämpfung der Diskriminierung wegen der Religion bezweckt und in Art. 4 verlangt, dass keine Person durch Beschäftigungs- und Arbeitsbedingungen im öffentlichen wie im privaten Bereich wegen ihrer Religion diskriminiert wird, sofern es sich nicht um eine wesentliche und entscheidende berufliche Anforderung handelt.[339]

Eine Sonderstellung bei der Anwendung der Grundrechte-Charta nimmt indes der Beschluss vom 15. Dezember 2015 zum Europäischen Haftbefehl ein.[340] In dem fraglichen Fall zog das Bundesverfassungsgericht die Grundrechte-Charta zur Auslegung der Vorschriften des Europäischen Haftbefehls heran, um darzulegen, dass die entsprechenden Vorschriften nicht gegen Art. 1 Abs. 1 GG verstoßen.[341] Es handelt sich dabei jedoch nicht um eine Überprüfung einer nationalen Rechtsvorschrift am Maßstab der Grundrechte-Charta, sondern vielmehr um eine Prüfung und Auslegung des Unionsrechts selbst, die an sich dem EuGH vorbehalten bleibt.

---

334 BVerfG, Beschl. v. 26.03.2014 – 1 BvR 3185/09 –, NZA 2014, 493, 495.

335 BVerfGE 124, 199, 220.

336 S. auch *Wollenschläger*, Die Gewährleistung von Sicherheit im Spannungsfeld der nationalen, unionalen und EMRK-Grundrechtsordnungen, in: Iliopoulos-Strangas/Diggelmann/Bauer (Hrsg.), Rechtsstaat, Freiheit und Sicherheit in Europa, S. 45, 83.

337 Richtlinie 2000/78/EG des Rates vom 27. November 2000 zur Festlegung eines allgemeinen Rahmens für die Verwirklichung der Gleichbehandlung in Beschäftigung und Beruf, ABl. EG 2000 Nr. L 303, S. 16.

338 S. dazu BVerfG, NJW 2015, 1359, Rn. 83 ff. u. Rn. 154 ff.

339 Ausführlich dazu *Latzel*, EuZW 2015, 658, 663.

340 BVerfGE 140, 317.

341 BVerfGE 140, 317, Rn. 94 ff.

Größere Auswirkungen hatte das Verbindlichwerden der Charta indes auf den Prüfungsmaßstab des österreichischen Verfassungsgerichtshof, der seit seiner Leitentscheidung vom März 2012 unter Aufgabe seiner früheren Rechtsprechung[342] davon ausgeht, dass die Grundrechte der Grundrechte-Charta unter gewissen Voraussetzungen den Grundrechten der österreichischen Bundesverfassung gleich gestellt sind und daher als Prüfungsmaßstab im Normenkontrollverfahren dienen können,[343] da die Grundrechte-Charta im System des Unionsrechts einen klar abgrenzbaren Bereich bilde[344] und zudem das Äquivalenzprinzip für die mit nationalen Grundrechten vergleichbaren Charta-Grundrechte ein vergleichbares Rechtsschutzverfahren verlange.[345] Die Voraussetzungen für eine direkte Anwendbarkeit der Charta als Prüfungsmaßstab sollen dann gegeben sein, wenn die Garantien der Grundrechte-Charta in ihrer Formulierung und Bestimmtheit verfassungsgesetzlich gewährleisteten Rechten der österreichischen Bundesverfassung gleichen und es sich außerdem um einen Fall handelt, in dem nach Art. 51 Abs. 1 S. 1 GRC eine Durchführung von Unionsrecht vorliegt.[346] Mit dieser Grundsatzentscheidung zeigte sich der österreichische Verfassungsgerichtshof bereit für eine direkte Implementierung der Grundrechte-Charta in das nationale Verfassungsrecht im Sinne einer Konfliktvermeidung durch Übernahme eines fremden Prüfungsmaßstabes. Daneben demonstrierte der Verfassungsgerichtshof seine Bereitschaft zum Dialog mit dem EuGH, denn wenn er die in vielen Bereichen noch nicht ausjudizierte Grundrechte-Charta unmittelbar als Prüfungsmaßstab heranzieht, wird er in Zukunft häufiger gezwungen sein, ein Vorabentscheidungsverfahren zum EuGH einzuleiten.[347] Im Ergebnis ist der Prüfungsmaßstab des österreichischen Verfassungsgerichtshofs daher vergleichbar mit dem Prüfungsmaßstab der kantonalen Verfassungsgerichte in der Schweiz, etwa den Verfassungsgerichten der Kantone Nidwalden oder Jura,[348] die neben den kantonalen Grundrechten auch die Grundrechte der Bundesverfassung als unmittelbaren Prüfungsmaßstab heranziehen und die damit, ebenso wie der österreichische Verfassungsgerichtshof, sowohl die Grund-

---

[342] Grundlegend dazu Verfassungsgerichtshof der Republik Österreich, Erk. v. 26.06.1997 – B 877/96 –, VfSlg. 14886/1997; zum Ganzen s. etwa *Holzinger*, ÖJZ 1996, 264, 264 sowie oben, § 10 V.2. b).

[343] Verfassungsgerichtshof der Republik Österreich, Entsch. v. 14.03.2012 – Rs. U 466/11 u.a. –, VfSlg. 19496/2011, Rn. 35; s. auch Beschl. v. 28.11.2012 – Rs. G 47/12 u.a. –, Rn. 47; näher dazu *Müller*, An Austrian Ménage à Trois: The Convention, the Charter and the Constitution, in: Ziegler/Wicks/Hodson (Hrsg.), The UK and European Human Rights, S. 299, 304 ff.; krit. zu dieser Entscheidung etwa *Merli*, Journal für Rechtspolitik 20 (2012), 355, 355 ff.

[344] Verfassungsgerichtshof der Republik Österreich, Entsch. v. 14.03.2012 – Rs. U 466/11 u.a. –, VfSlg. 19496/2011, Rn. 25.

[345] Verfassungsgerichtshof der Republik Österreich, Entsch. v. 14.03.2012 – Rs. U 466/11 u.a. –, VfSlg. 19496/2011, Rn. 27 ff.; ablehnend gegenüber der Interpretation des Äquivalenzprinzips als striktes Gleichbehandlungsgebot *Pöschl*, ZÖR 67 (2012), 587, 594 ff.

[346] Verfassungsgerichtshof der Republik Österreich, Entsch. v. 14.03.2012 – Rs. U 466/11 u.a. –, VfSlg. 19496/2011, Rn. 35.

[347] *Pöschl*, ZÖR 67 (2012), 587, 597.

[348] S. dazu oben, § 8 III.5. b) aa).

rechte der eigenen Ebene als auch die einer anderen Ebene als direkten Prüfungsmaßstab anerkennen.

In Bezug auf die Schweiz hat sich jedoch gezeigt, dass der doppelte Prüfungsmaßstab der kantonalen Verfassungsgerichte entscheidend dazu beigetragen hat, dass den kantonalen Grundrechten in der Praxis keine eigenständige Bedeutung zukommt.[349] Eine solche Entwicklung ist in Österreich indes zumindest gegenwärtig nicht absehbar. Zwar zitiert der österreichische Verfassungsgerichtshof in seinen Entscheidungen in zunehmendem Maße die Grundrechte der Grundrechte-Charta, doch spielen diese bislang im Verhältnis zu den nationalen Grundrechten und insbesondere zu den Grundrechten der EMRK sowohl quantitativ als auch qualitativ eine eher untergeordnete Rolle, was sich schon damit begründen lässt, dass nur in einem Teil der zu entscheidenden Fälle eine Durchführung von Unionsrecht i.S.v. Art. 51 Abs. 1 S. 1 GRC vorliegt.[350] Teilweise erwähnt der Verfassungsgerichtshof das einschlägige Grundrecht der Grundrechte-Charta zwar, lässt das Vorliegen einer Verletzung aber offen und prüft schwerpunktmäßig eine Verletzung nationaler Grundrechte bzw. der EMRK in der Auslegung des EGMR[351] oder zitiert die potentiell verletzten Rechte nebeneinander,[352] wobei in Einzelfällen auch als erstes eine Verletzung der Grundrechte-Charta geprüft wird.[353] Darüber hinaus zitiert der Verfassungsgerichtshof im Anwendungsbereich des Unionsrechts allein bzw. vorrangig die Grundrechte-Charta, was insbesondere dort gilt, wo das einschlägige Grundrecht, wie etwa das Recht zum Schutz von Kindern, nicht zu den klassischen Freiheitsrechten gehört.[354] In anderen Fällen hingegen wird eine mögliche Verletzung der Grundrechte-Charta kurz abgehandelt, bevor ausführlich eine Verletzung nationaler Grundrechte, im konkreten Fall des Gebots der Gleichbehandlung von Fremden untereinander, geprüft wird.[355]

Insgesamt lässt sich sagen, dass der österreichische Verfassungsgerichtshof die Grundrechte-Charta inzwischen regelmäßig als Prüfungsmaßstab heran zieht, häufig allerdings noch in Ergänzung zu den nationalen Grundrechten und den

---

[349] S. dazu oben, § 8 III.5. b) aa).

[350] Für eine Ablehnung der Eröffnung des Anwendungsbereichs s. etwa Verfassungsgerichtshof der Republik Österreich, Erk. v. 09.10.2012 – B 121/11 u.a. – VfSlg. 19682/2012, Rn. 2; ähnlich Erk. v. 12.03.2014 – B 166/2013 –, VfSlg. 19865/2014, Rn. 3.2.2.1. f.

[351] So etwa Verfassungsgerichtshof der Republik Österreich, Erk. v. 12.03.2013 – G 76/12 –, VfSlg. 19738/2013, Rn. 2.2.3.; ähnlich auch Erk. v. 16.03.2013 – G 82/12 u.a. –, VfSlg. 18749/2013, Rn. 2.2.7.; ähnlich Erk. v. 29.06.2013 – B 938/2010 –, VfSlg. 19773/2013, Rn. 3.1. ff.; Erk. v. 16.06.2014 – U 2543/2013 –, VfSlg. 19878/2014, Rn. 1 ff.

[352] So beispielsweise Verfassungsgerichtshof der Republik Österreich, Erk. v. 28.11.2013 – B 1415/2011 –, VfSlg. 19815/2013, Rn. 2.2. ff.

[353] Erk. v. 27.02.2014 – G 86/2013 –, VfSlg. 19845/2014, Rn. 2.2., wo Art. 47 Abs. 2 GRC vor dem Rechtsstaatsprinzip und dem Recht auf Gleichbehandlung von Fremden untereinander zitiert wird.

[354] Vgl. Verfassungsgerichtshof der Republik Österreich, Erk. v. 29.06.2013 – U 2465/2012 –, VfSlg. 19778/2013, Rn. 4.3.4.

[355] Verfassungsgerichtshof der Republik Österreich, Erk. v. 25.09.2013 – U 1217/2012 –, VfSlg. 19790/2013, Rn. 3.2. ff.

Grundrechten der EMRK, so dass eine Verdrängung der nationalen Grundrechte durch die Grundrechte-Charta gegenwärtig nicht zu befürchten steht. Gleichzeitig zeigt sich gerade in den jüngeren Entscheidungen ein gewisser Trend hin zu einer stärkeren Berücksichtigung der Charta-Grundrechte, was etwa dadurch zum Ausdruck kommt, dass eine Verletzung des Unionsgrundrechts mitunter vor einer Verletzung der nationalen Grundrechte geprüft wird.

Im Verhältnis zu den nationalen Fachgerichten könnte die Ausweitung des Prüfungsmaßstabes des österreichischen Verfassungsgerichtshofs dazu führen, dass diese ihr innerstaatliches Anwendungsmonopol bezüglich der Grundrechte-Charta verlieren und infolgedessen ihre Rolle als Hauptinitiatoren eines Vorabentscheidungsverfahrens und damit als „nationale Hüter der Unionsgrundrechte" eingeschränkt wird.[356] Dagegen lässt sich allerdings einwenden, dass der EuGH klar stellte, dass die Vorrangigkeit eines nationalen Zwischenverfahrens zur Kontrolle der Verfassungsmäßigkeit eines nationalen Gesetzes, das ausschließlich zwingendes Unionsrecht umsetzt, nicht die alleinige Zuständigkeit des Gerichtshofs beeinträchtigen dürfe, eine Unionsrichtlinie für ungültig zu erklären, da diese Zuständigkeit durch Sicherstellung einer einheitlichen Anwendung des Unionsrechts Rechtssicherheit gewährleisten solle.[357] Für die grundsätzliche Zulässigkeit einer Monopolisierung des prozessualen Grundrechtsschutzes beim Verfassungsgerichtshof wiederum spricht die Aussage des EuGH, das Unionsrecht stehe einer nationalen Regelung nicht entgegen,

> „nach der die ordentlichen Gerichte, die auf ein Rechtsmittel hin oder in letzter Instanz entscheiden, im Rahmen eines bei ihnen anhängigen Verfahrens, wenn ihrer Auffassung nach ein nationales Gesetz gegen die Grundrechte-Charta verstößt, das Verfassungsgericht mit einem Antrag auf allgemeine Aufhebung des Gesetzes zu befassen haben, statt sich darauf zu beschränken, das Gesetz im konkreten Fall unangewandt zu lassen, soweit die Vorrangigkeit dieses Verfahrens [nicht] zur Folge hat, dass die ordentlichen Gerichte – sei es vor einer solchen Antragstellung bei dem für die Kontrolle der Verfassungsmäßigkeit von Gesetzen zuständigen nationalen Gericht, sei es gegebenenfalls nach dessen Entscheidung über den Antrag – an der Wahrnehmung ihrer Befugnis oder der Erfüllung ihrer Verpflichtung gehindert sind, dem Gerichtshof Fragen zur Vorabentscheidung vorzulegen."[358]

Insbesondere stehe das Unionsrecht einer solchen nationalen Regelung nicht entgegen,

> „soweit es den ordentlichen Gerichten freisteht, in jedem Moment des Verfahrens, den sie für geeignet halten, und selbst nach Abschluss eines Zwischenverfahrens zur allgemeinen Normenkontrolle dem Gerichtshof jede Frage zur Vorabentscheidung vorzulegen, die sie

[356] Zu dieser möglichen Konsequenz s. *Potacs*, Juristische Blätter 134 (2012), 509, 511; *Müller*, An Austrian Ménage à Trois: The Convention, the Charter and the Constitution, in: Ziegler/Wicks/Hodson (Hrsg.), The UK and European Human Rights, S. 299, 312 f.; *Pöschl*, ZÖR 67 (2012), 587, 597; *Bobek*, The Impact of the European Mandate of Ordinary Courts on the Position of Constitutional Courts, in: Claes/de Visser/Popelier/Van de Heyning (Hrsg.), Constitutional Conversations in Europe, S. 287, 301 ff.

[357] EuGH, Rs. C-112/13, A, digit. Slg., Rn. 46.

[358] EuGH, Rs. C-112/13, A, digit. Slg., Rn. 46.

für erforderlich halten, jede Maßnahme zu erlassen, die erforderlich ist, um den vorläufigen gerichtlichen Schutz der durch die Rechtsordnung der Union eingeräumten Rechte sicherzustellen, und nach Abschluss eines solchen Zwischenverfahrens die fragliche nationale gesetzliche Bestimmung unangewandt zu lassen, wenn sie sie als unionsrechtswidrig ansehen.«[359]

Die Entscheidung des EuGH steht jedoch der Möglichkeit entgegen, nach nationalem Recht zwingend die Einleitung eines Verfahrens vor dem Verfassungsgerichtshof vorzuschreiben, welches die Letztentscheidungsbefugnis des EuGH in Frage stellen würde, so dass es den Fachgerichten weiterhin ermöglicht werden muss, bei etwaigen Verstößen nationaler Rechtsvorschriften gegen die Grundrechte-Charta die Frage vom EuGH nach Art. 267 AEUV zur Entscheidung vorzulegen und damit das nationale Verfassungsgericht, *in concreto* den österreichischen Verfassungsgerichtshof, als Entscheidungsinstanz zu umgehen, was dessen Stellung langfristig schwächen dürfte.[360] Allerdings muss die Entscheidung des EuGH auch dahin gehend verstanden werden, dass lediglich seine Letztentscheidungsbefugnis nicht angetastet werden darf, während eine obligatorische Beteiligung des Verfassungsgerichtshofs so lange unschädlich ist, wie die Möglichkeit der Einleitung eines Vorabentscheidungsverfahrens durch die Fachgerichte eröffnet bleibt.[361]

Anders als der österreichische Verfassungsgerichtshof tendiert der Supreme Court des Vereinigten Königreichs, wie im Übrigen die Verfassungs- und Höchstgerichte der allermeisten Mitgliedstaaten, dazu, die Grundrechte-Charta nicht als Prüfungsmaßstab heran zu ziehen. Deutlich wird dies in der Entscheidung im Fall *R (Osborn) v. Parole Board* aus dem Jahr 2013, in der der Supreme Court betonte, dass Ausgangspunkt in Grundrechtsfällen „our own legal principles rather than the judgments of the international court“ sein müssten.[362] Ferner führte der Supreme Court im Fall *Chester* aus, dass die Grundrechte-Charta nicht anwendbar ist in Fällen, welche, wie die Frage nach dem Wahlrecht für Gefangene, nicht in den Anwendungsbereich des Unionsrechts fallen,[363] was ebenfalls eine gewisse Skepsis gegenüber den Unionsgrundrechten suggeriert.[364]

Der spanische Verfassungsgerichtshof zieht die Unionsgrundrechte auf Grundlage von Art. 10 Abs. 2 der spanischen Verfassung als Auslegungshilfe für die na-

---

[359] EuGH, Rs. C-112/13, A, digit. Slg., Rn. 46.

[360] Zu dieser Gefahr s. *Merli*, Journal für Rechtspolitik 20 (2012), 355, 359; *Öhlinger*, EuZW 2014, 955, 956; *Paris*, EuConst 11 (2015), 389, 399.

[361] Ausführlich zum Ganzen s. *Müller*, An Austrian Ménage à Trois: The Convention, the Charter and the Constitution, in: Ziegler/Wicks/Hodson (Hrsg.), The UK and European Human Rights, S. 299, 314 ff.

[362] Supreme Court, Entsch. v. 09.10.2013, R (Osborn) v. Parole Board [2013] UKSC 61, Rn. 62.

[363] Supreme Court, Entsch. v. R (Chester) v. Secretary of State for Justice; McGeoch (AP) v. The Lord President of the Council [2013] UKSC 63.

[364] S. dazu *Douglas-Scott*, Fundamental Rights, Not Euroscepticism: Why the UK Should Embrace the EU Charter of Fundamental Rights, in: Ziegler/Wicks/Hodson (Hrsg.), The UK and European Human Rights, S. 249, 272.

tionalen Grundrechte und meist ergänzend zu den auf Basis der spanischen Verfassung herausgearbeiteten Erwägungen heran, ohne dass die Grundrechte-Charta damit formell zu seinem Prüfungsmaßstab würde,[365] wobei er andererseits auch den Einfluss der EU-Grundrechte über die Integrationsnorm des Art. 93 der spanischen Verfassung betont, welcher eine Übertragung von Kompetenzen auf die EU erlaubt.[366] Wenngleich die Unionsgrundrechte auf diese Weise schon lange vor dem Inkrafttreten der Grundrechte-Charta insbesondere den Gehalt der spanischen Gleichheitsgrundrechte beeinflussen und für deren Angleichung an die Unionsgrundrechte im Sinne einer Grundrechtskonvergenz sorgen konnten,[367] ist es durch die Auslegung der spanischen Grundrechte im Lichte der EU-Grundrechte bislang nicht zu einer flächendeckenden Verdrängung der spanischen Grundrechte gekommen, woran sich auch durch das Verbindlichwerden der Grundrechte-Charta wenig geändert hat.[368] Etwas anderes gilt freilich für die Fälle, in denen der EuGH eine bestimmte Auslegung faktisch vorgegeben hat und Art. 10 Abs. 2 der Verfassung alleine zur Vermeidung von Jurisdiktionskonflikten mit dem EuGH herangezogen wird.[369]

In Bezug auf den Schutz von Unionsgrundrechten durch eine Vorlage an den EuGH nach Art. 267 AEUV zeigen sich die allermeisten nationalen Verfassungs- und Höchstgerichte bislang zurückhaltend. Für Deutschland wird dies schon daran deutlich, dass das Bundesverfassungsgericht bislang nur zweimal – im sog. *OMT*-Beschluss aus dem Jahr 2014[370] und im sog. *PSPP*-Beschluss aus dem Jahr 2017[371] – ein Vorabentscheidungsverfahren zum EuGH nach Art. 267 AEUV eingeleitet hat, während alle übrigen Vorlagen von den Instanzgerichten eingereicht wurden. Wenngleich der österreichische Verfassungsgerichtshof bereits viel früher seine Vorlagebereitschaft unter Beweis gestellt hatte, darf nicht übersehen werden, dass auch dieses mitgliedstaatliche Verfassungsgericht im Vergleich zu den nationalen Fachgerichten nur sehr selten ein Vorabentscheidungsverfahren einleitet. So gab es bis Mitte 2012 insgesamt 393 Vorlagen österreichischer Rechtsschutzinstanzen an den EuGH, von denen gerade einmal drei auf den Verfassungsgerichtshof entfielen.[372] Auch in der Zwischenzeit hat sich an diesem Ver-

[365] So etwa Spanischer Verfassungsgerichtshof, Urt. v. 22.04.1991 – STC 64/1991–, Ziff. 4; s. dazu *Arzoz Santiesteban*, Revista Espagñola de Derecho Constitutional 74 (2005), 63, 66 ff.; *Torres Pérez*, Yearbook of European Law 30 (2011), 159, 166.

[366] *Torres Pérez*, Yearbook of European Law 30 (2011), 159, 168.

[367] So etwa Spanischer Verfassungsgerichtshof, Urt. v. 01.07.1991 – STC 145/1991 – Ziff. 3 f.; Urt. v. 20.12.2006 — STC 324/2006 –, Ziff. 6; *Torres Pérez*, Yearbook of European Law 30 (2011), 159, 166.

[368] Vgl. etwa Spanischer Verfassungsgerichtshof, Entsch. v. 09.06.2011 – ATC 86/2011 –.

[369] Spanischer Verfassungsgerichtshof, Urt. v. 13.02.2014 – STC 26/2014 –, Ziff. 3 f.; krit. dazu das Sondervotum von Richterin Adela Asua Batarrita, Ziff. 3 f.

[370] BVerfGE 134, 366, Rn. 33 ff.

[371] BVerfG, Vorlagebeschl. v. 18.07.2017 – 2 BvR 859/15, 2 BvR 1651/15, 2 BvR 2006/15, 2 BvR 980/16 –, NJW 2017, 2894.

[372] EuGH, Rs. C-143/99, Adria-Wien Pipeline GmbH und Wietersdorfer & Peggauer Zementwerke, Slg. 2001, I-8365 zu Verfassungsgerichtshof der Republik Österreich, Beschl. v. 11.03.1999 – B 2251/97, B 2594/97 –; EuGH, Rs. C-465/00, Österreichischer Rundfunk, Slg.

hältnis wenig geändert, da der Verfassungsgerichtshof lediglich im November 2012 eine weitere Vorlage eingereicht hat.[373] Schon ein Vorabentscheidungsverfahren eingeleitet haben daneben etwa die Verfassungsgerichte Belgiens,[374] Italiens,[375] Irlands,[376] Frankreichs,[377] Spaniens,[378] Litauens[379] und Polens,[380] doch auch insoweit kann man von einigen wenigen Einzelfällen sprechen, in denen von einem nationalen Verfassungs- oder Höchstgericht ein Verfahren nach Art. 267 AEUV eröffnet wurde, wobei die Vorlagebereitschaft seit dem Inkrafttreten des Vertrags von Lissabon freilich deutlich gestiegen ist.[381] Zu bedenken ist allerdings, dass keineswegs in allen der genannten Verfahren die Grundrechte-Charta bzw. Unionsgrundrechte an sich eine Rolle spielten. Besonders deutlich zeigt sich dies am *OMT*-Beschluss und am *PSPP*-Beschluss des Bundesverfassungsgerichts, welche beide keinerlei grundrechtliche Fragen tangierten. An den Themen der Vorlagebeschlüsse der nationalen Verfassungs- und Höchstgerichte in Verbindung mit deren geringen Zahl lässt sich ablesen, dass der Schutz der Grundrechte-Charta auf mitgliedstaatlicher Ebene allenfalls am Rande von den nationalen Verfassungs- und Höchstgerichten gewährleistet wird und der Dialog zwischen nationalen Gerichten und dem EuGH daher primär zwischen den nationalen Fachgerichten und dem Gerichtshof stattfinden muss. Die Bedeutung der mitgliedstaatlichen Verfassungs- und Höchstgerichte wird ferner dadurch eingeschränkt, dass nationale Grundrechte nur noch in einem Teil der zu entscheidenden Fälle als Prüfungsmaßstab heran gezogen werden können, während in unionsrechtlich determinierten Bereichen eine Anwendung der nationalen Grundrechte ausgeschlossen ist und auch im Rahmen von unionsrechtlich eingeräumten Ermessensspielräumen die nationalen Grundrechte allenfalls neben den Unionsgrundrechten als Prüfungsmaßstab in Betracht kommen.[382] Problematisch für die Monopolstellung der nationalen Verfassungs- und Höchstgerichte sind davon abgesehen insbesondere zwei Konstellationen: zum einen, wenn das nationale Recht nach

2003, I-4989 zu Verfassungsgerichtshof der Republik Österreich, Beschl. v. 12.12.2000 – KR 1-6/00 KR 8/00 –; EuGH, Rs. C-171/01, Wählergruppe Gemeinsam, Slg. 2003, I-4301zu Verfassungsgerichtshof der Republik Österreich, Beschl. v. 02.03.2001 – W I-14/99 –; vgl. *Merli*, Journal für Rechtspolitik 20 (2012), 355, 360.

[373] EuGH, verb. Rs. C-293/12 und C-594/12, Digital Rights Ireland, digit. Slg. zum Beschluss des Verfassungsgerichtshofs der Republik Österreich, Beschl. v. 28.11.2012 – G 47/12-11 u.a. –.

[374] Vgl. EuGH, Rs. C-73/08, Bressol u.a., Slg. 2010, I-2735; für weitere Fälle s. oben, § 10 V.1. a).

[375] Vgl. EuGH, Rs. C-169/08, Presidente del Consiglio dei Ministri/Regione autonoma della Sardegna, Slg. 2009, I-10821; s. außerdem jüngst Verfassungsgericht der Italienischen Republik, Entsch. v. 26.01.2017 – n. 24/2017 –.

[376] Vgl. EuGH, verb. Rs. C-293/12 und C-594/12, Digital Rights Ireland, digit. Slg.

[377] Vgl. EuGH, Rs. C-168/13 PPU, F., digit. Slg.; ausführlich zum Vorabentscheidungsersuchen des Conseil constitutionnel s. *Dicosola*, Diritto pubblico comparato ed europeo 2013, 1083, 1089 ff.

[378] Vgl. EuGH, Rs. C-399/11, Melloni, digit. Slg.

[379] Vgl. EuGH, Rs. C-239/07, Sabatauskas u.a., Slg. 2008, I-7523.

[380] Vgl. EuGH, Rs. C-390/15, RPO, digit. Slg.

[381] Vgl. *Dicosola*, Diritto pubblico comparato ed europeo 2013, 1083, 1083.

[382] S. oben, § 11 III. 1. d).

Ansicht des nationalen Verfassungs- oder Höchstgerichts mit dem nationalen Verfassungsrecht übereinstimmt, zugleich aber nach einer späteren Entscheidung des EuGH, wie in der Rechtssache *Cordero Alonso*, dessen Unvereinbarkeit mit einem Unionsgrundrecht feststeht.[383] Zum anderen können sich dann Probleme ergeben, wenn das nationale Recht gegen nationale Grundrechte verstößt, jedoch mit der Grundrechte-Charta vereinbar ist, was im Wesentlichen der *Melloni*-Konstellation entspricht.[384] In beiden Konstellationen besteht die Gefahr, dass die Auslegung der nationalen Grundrechte durch die nationalen Verfassungs- und Höchstgerichte vor dem Hintergrund des Unionsrechts an Bedeutung verliert, während die Fachgerichte ihrerseits unmittelbar auf die Grundrechte-Charta zurückgreifen und ihre Entscheidungsautorität dadurch gewahrt wird.[385]

Insgesamt lässt sich daher sagen, dass die Bedeutung der nationalen Verfassungs- und Höchstgerichte als Grundrechtsgerichte langfristig eher zurückgehen wird,[386] insbesondere dann, wenn deren Bereitschaft zu einer Vorlage nach Art. 267 AEUV weiterhin so gering bleibt wie bisher.

b) Fachgerichte

Auf Grund des Umstandes, dass in den allermeisten Mitgliedstaaten die Grundrechte-Charta für die nationalen Verfassungs- und Höchstgerichte kein direkter Prüfungsmaßstab darstellt und diese nach wie vor nur selten von der Vorlagemöglichkeit nach Art. 267 AEUV Gebrauch machen, obliegt die Anwendung der Unionsgrundrechte im gerichtlichen Verfahren auf mitgliedstaatlicher Ebene in erster Linie den Fachgerichten.[387] Hinzu kommt, dass viele Rechtsbereiche heute weitgehend unionsrechtlich determiniert sind, was den Spielraum für die Heranziehung nationaler Grundrechte ohnehin verkleinert.[388] Die steigende Bedeutung der Fachgerichte lässt sich auch daran ablesen, dass mit der zunehmenden Bedeutung der Grundrechte-Charta in der Rechtsprechung des EuGH[389] auch die Zahl

[383] EuGH, Rs. C-81/05, Cordero Alonso, Slg. 2006, I-7569, Rn. 35 ff.; zu dieser Gefahr s. auch den Vorlagebeschluss des BGH, Beschl. v. 01.06.2017 – I ZR 115/16 –, in dessen Folge das Grundsatzurteil des Bundesverfassungsgerichts (BVerfGE 142, 74) betreffend Sampling ausgehebelt zu werden droht.

[384] S. dazu oben, § 11 III.1. d).

[385] Zu dieser Problematik s. *Torres Pérez*, The Challenges for Constitutional Courts as Guardians of Fundamental Rights in the European Union, in: Popelier/Mazmanyan/Vandenbruwaene (Hrsg.), The Role of Constitutional Courts in Multilevel Governance, S. 49, 60 f.

[386] So auch *Bäcker*, EuR 2015, 389, 400 ff.; *Komárek*, EuConst 9 (2013), 420, 444 f.; *Kingreen*, JZ 2013, 801, 808; *Thym*, NVwZ 2013, 889, 895; *Öhlinger*, EuZW 2014, 955, 956; *Lange*, NVwZ 2014, 169, 173 f.; *Paris*, EuConst 11 (2015), 389, 399; *Calvano*, Giurisprudenza costituzionale 58 (2013), 3615, 3621.

[387] So auch BVerfGE 129, 186, 202.

[388] Vgl. *Kingreen*, JZ 2013, 801, 808.

[389] S. *Europäische Kommission*, Annual report on the application of the Charter, 2015, S. 25, abrufbar unter http://ec.europa.eu/newsroom/just/item-detail.cfm?item_id=125806 (zuletzt abgerufen am 06.11.2017).

der eingeleiteten Vorabentscheidungsverfahren gestiegen ist,[390] was darauf hindeutet, dass die nationalen Fachgerichte gerade in Grundrechtsfragen in einem regen Austausch mit dem EuGH stehen. In den vom Unionsrecht determinierten Bereichen sind die nationalen Fachgerichte zur Anwendung der Unionsgrundrechte berechtigt und auch verpflichtet, was dazu führt, dass bei Zweifeln bezüglich der Auslegung von Unionsgrundrechten jedenfalls ein letztinstanzlich entscheidendes Gericht nach Art. 267 Abs. 3 AEUV ein Vorabentscheidungsverfahren zum EuGH einleiten muss,[391] wobei eine Verletzung der Vorlagepflicht trotz Einfügung von Art. 19 Abs. 1 UAbs. 2 EUV weiterhin nicht unionsrechtlich sanktioniert werden kann.[392] Nach nationalem Recht können in derartigen Fällen jedoch auch Instanzgerichte zur Vorlage verpflichtet sein, insbesondere dann, wenn Abgrenzungsschwierigkeiten zu nicht-determinierten Bereichen bestehen.[393] Auf diese Weise werden nationale Fachgerichte im unionsrechtlich determinierten Bereich sehr weitreichend zur Vorlage an den EuGH verpflichtet. Hinzu kommt, dass zu vielen Charta-Grundrechten noch keine gesicherte EuGH-Judikatur existiert,[394] so dass vor dem Hintergrund der *CILFIT*-Rechtsprechung[395] in diesen Fällen eine Vorlage erforderlich werden kann. Innerstaatlich kann in Deutschland die Vorlagepflicht im Wege der Verfassungsbeschwerde, gestützt auf das Recht auf den gesetzlichen Richter nach Art. 101 Abs. 1 S. 2 GG, durchgesetzt werden.[396]

In den nicht vom Unionsrecht determinierten Bereichen müssen die Fachgerichte jedenfalls grundsätzlich die Unionsgrundrechte und daneben nach Auffassung der meisten der mitgliedstaatlichen Verfassungs- und Höchstgerichte auch die nationalen Grundrechte anwenden, wobei im konkreten Fall zu prüfen ist, ob und inwieweit die nationalen Grundrechte von den Unionsgrundrechten überlagert werden.[397] Ohne eine derartige Prüfung wäre etwa in Deutschland eine Vorlage nach Art. 100 Abs. 1 GG zum Bundesverfassungsgericht mangels Entscheidungserheblichkeit unzulässig, was auch dann der Fall ist, wenn lediglich das Ob und Wie des Ermessensspielraums zu Gunsten der Mitgliedstaaten fraglich ist.[398] Entsprechendes gilt, wenn das Fachgericht eine europarechtliche Frage auch ohne Anrufung des EuGH entscheiden kann.[399] Sind Unionsgrundrechte und na-

---

[390] S. etwa *Gerichtshof der Europäischen Union*, Pressemitteilung Nr. 23/13 v. 06.03.2013; *ders*., Pressemitteilung Nr. 27/15 v. 03.03.2015; zu diesem Trend s. auch *Lazzerini*, Rivista di diritto internazionale 96 (2013), 883, 883 f.; *Rösler*, EuR 2012, 392, 403 ff.

[391] *Proelss*, Bundesverfassungsgericht und überstaatliche Gerichtsbarkeit, S. 226; *Kokott/Henze/Sobotta*, JZ 2006, 633, 636 f.; zur Vorlagepflicht nach dem Grundgesetz s. *Classen*, in: v. Mangoldt/Klein/Starck, GG, Art. 101 Rn. 58.

[392] Näher dazu unten, § 15 V.1. c).

[393] So für Deutschland BVerfGE 129, 186, 199 ff.

[394] Zu diesem Problem s. auch *Kingreen*, JZ 2013, 801, 809.

[395] EuGH, Rs. C-283/81, CILFIT, Slg. 1982, 3415, Rn. 13 ff.

[396] BVerfGE 73, 339, 367 f.; 128, 157, 187 ff.; 131, 268, 311 f.; *Pieroth*, in: Jarass/Pieroth, GG, Art. 101 Rn. 16; *Kokott/Henze/Sobotta*, JZ 2006, 633, 635 ff.

[397] *Wendel*, EuZW 2012, 213, 214 f.; *Kingreen*, JZ 2013, 801, 809.

[398] BVerfGE 129, 186, 199 ff.

[399] BVerfG (3. Kammer des 1. Senats), Beschl. v. 18.11.2008 – 1 BvL 4/08 –.

tionale Grundrechte nebeneinander anwendbar und betreffen die grundrechtlichen Bedenken im konkreten Fall sowohl den determinierten als auch den nicht-determinierten Teil einer nationalen Rechtsvorschrift, ist in Deutschland sowohl eine Vorlage an das Bundesverfassungsgericht als auch an den EuGH möglich, vorausgesetzt, die in Rede stehenden grundrechtlichen Fragestellungen sind klar voneinander abgrenzbar.[400] Ist dies nicht der Fall, hat das Fachgericht, auch wenn dieses in dem Verfahren nicht letztinstanzlich entscheidet, die Frage dem EuGH vorzulegen,[401] wobei eine nachträgliche Grundrechtsprüfung durch das Bundesverfassungsgericht jedenfalls dann ausgeschlossen ist,[402] wenn der EuGH die Unionsrechtswidrigkeit der nationalen Regelung festgestellt hat, da andernfalls das Verwerfungsmonopol des EuGH in Bezug auf das Unionsrecht untergraben würde.[403] Daher obliegt in derartigen Fällen die Entscheidung der in Rede stehenden grundrechtlichen Fragen auf mitgliedstaatlicher Ebene ausschließlich den zuständigen Fachgerichten. Verweigern diese eine Vorlage an den EuGH nach Art. 267 AEUV, richten sich die Sanktionen primär nach dem nationalen Recht. In Deutschland etwa kommt eine Verfassungsbeschwerde wegen Verletzung des Rechts auf den gesetzlichen Richter nach Art. 101 Abs. 1 S. 2 GG in Betracht, wenn das letztinstanzliche Gericht seine Vorlagepflicht willkürlich gehandhabt hat.[404] Nach der Entscheidung des Bundesverfassungsgerichts zum Investitionszulagengesetz ist eine Vorlagepflicht nach Art. 267 AEUV nunmehr auch für Instanzgerichte gegeben, wenn das Bestehen oder die Reichweite eines nationalen Gestaltungsspielraums unklar sind, wobei das Bundesverfassungsgericht in diesen Fällen die fachgerichtliche Entscheidung darüber, „ob und inwieweit Unionsrecht im Sinne eines *acte-clair* dem Gesetzgeber einen Umsetzungsspielraum belässt" voll überprüft.[405] Voraussetzung für eine Sanktionsmöglichkeit in diesen Fällen ist freilich, dass die Frage dem Bundesverfassungsgericht im Wege der konkreten Normenkontrolle nach Art. 100 Abs. 1 GG vorgelegt wurde.

In Deutschland kann für die Fachgerichte ihrerseits die vorrangige Anwendung der Unionsgrundrechte durchaus attraktiv sein, da sie sich so einer möglichen Beanstandung durch das Bundesverfassungsgericht weitgehend entziehen und ihre prozessuale Stellung stärken können.[406] Diese Erwägung gilt entsprechend für andere Mitgliedstaaten mit einer spezialisierten Verfassungsgerichts-

---

400 BVerfGE 106, 275, 294 ff.; s. dazu *Wendel*, EuZW 2012, 213, 216 f.; in diesem Sinne auch EuGH, verb. Rs. C-188/10 u. C-189/10, Melki und Abdeli, Slg. 2010, I-5667, Rn. 52 ff.

401 *Kingreen*, JZ 2013, 801, 809.

402 *Wendel*, EuZW 2012, 213, 216.; *Kingreen*, JZ 2013, 801, 809.

403 Vgl. EuGH, verb. Rs. C-188/10 u. C-189/10, Melki und Abdeli, Slg. 2010, I-5667, Rn. 52 ff.; vgl. auch *Matz-Lück*, in: Matz-Lück/Hong (Hrsg.), Grundrechte und Grundfreiheiten im Mehrebenensystem, S. 161, 197 f.

404 BVerfGE 73, 339, 366 f.; ausführlich dazu unten, § 15 V.1. c).

405 BVerfGE 129, 186, 204.

406 *Bäcker*, EuR 2015, 389, 400; zurückhaltender aber *Fontanelli*, Human Rights Law Review 14 (2014), 231, 263 f.; zur Gefahr der Umgehung des Bundesverfassungsgerichts durch die Fachgerichte s. den Vorlagebeschluss des BGH, Beschl. v. 01.06.2017 – I ZR 139/15 –.

barkeit, etwa für Spanien, wo ebenfalls ein Vorlageverfahren zum Verfassungsgerichtshof möglich ist und eine Nichtvorlage der Instanzgerichte entgegen den Vorgaben von Art. 267 AEUV innerstaatlich vor dem Verfassungsgerichtshof als Verstoß gegen das Recht auf ein faires Verfahren gerügt werden kann.[407] Außerdem genießen die Fachgerichte bei der Anwendung von Unionsgrundrechten einen größeren Gestaltungsspielraum, da der EuGH im Rahmen des Vorabentscheidungsverfahrens lediglich über die Auslegung des Unionsrechts entscheidet, den nationalen Gerichten jedoch nur zum Teil detaillierte Vorgaben bezüglich der Anwendung im Einzelfall macht.[408] Spezialisierte nationale Verfassungsgerichte hingegen entscheiden in der Regel abschließend über Vereinbarkeit einer nationalen Rechtsvorschrift mit den nationalen Grundrechten. Ferner können Fachgerichte ein nationales Gesetz, welches gegen Unionsgrundrechte verstößt, von sich aus unangewendet lassen, ohne unionsrechtlich zur Vorlage an den EuGH verpflichtet zu sein, es sei denn, sie entscheiden nach Art. 267 Abs. 3 AEUV letztinstanzlich und es bestehen rechtliche Unklarheiten im Sinne der *CILFIT*-Rechtsprechung.[409] Innerstaatlich liegt im Falle einer spezialisierten Verfassungsgerichtsbarkeit das Verwerfungsmonopol in der Regel beim nationalen Verfassungsgericht, während die Fachgerichte nicht zur Nichtanwendung einer Rechtsnorm wegen Verletzung nationaler Grundrechte befugt sind. Letztlich bedeutet dies, dass das spezialisierte nationale Verfassungsgericht durch das Inkrafttreten der Grundrechte-Charta seine Monopolstellung bei der Prüfung der Rechtmäßigkeit von Gesetzen verliert und es zu einer Dezentralisierung des Rechtsschutzes kommt,[410] was die ohnehin vorhandene materielle Unitarisierungswirkung der Grundrechte-Charta auch in prozessualer Hinsicht fördert.[411] In Frankreich etwa versucht man dieser Gefahr dadurch zu begegnen, dass dem Conseil constitutionnel die Befugnis zur nachträglichen Überprüfung von Gesetzen eingeräumt wurde und dieses Verfahren zwingend vor einem etwaigen Vorabentscheidungsverfahren zum EuGH durchzuführen ist.[412] In Staaten mit einer

---

[407] Ausführlich dazu *Torres Pérez*, Yearbook of European Law 30 (2011), 159, 169 ff.

[408] *Bäcker*, EuR 2015, 389, 401; *Thym*, Von Karlsruhe nach Bückeburg – auf dem Weg zur europäischen Grundrechtsgemeinschaft, Verfassungsblog 2013/2/28, abrufbar unter http://verfassungsblog.de/von-karlsruhe-nach-buckeburg-auf-dem-weg-zur-europaischen-grundrechtsgemeinschaft/ (zuletzt abgerufen am 06.11.2017); für detaillierte Vorgaben des EuGH an das nationale Fachgericht s. etwa EuGH, Rs. C-131/12, Google Spain, digit. Slg., Rn. 98.

[409] EuGH, Rs. C-283/81, CILFIT, Slg. 1982, 3415, Rn. 10 ff.

[410] *Öhlinger*, EuZW 2014, 955, 956; vgl. auch *Torres Pérez*, The Challenges for Constitutional Courts as Guardians of Fundamental Rights in the European Union, in: Popelier/Mazmanyan/Vandenbruwaene (Hrsg.), The Role of Constitutional Courts in Multilevel Governance, S. 49, 53 u. 56 f.; *dies.*, Yearbook of European Law 30 (2011), 159, 172; *de Witte*, Direct Effect, Primacy and the Nature oft he Legal Order, in: Craig/de Búrca (Hrsg.), The Evolution of EU Law, S. 323, 360.

[411] *Bäcker*, EuR 2015, 389, 402.

[412] Näher dazu oben, § 1 II.2. b) aa) ccc) (3); *Torres Pérez*, The Challenges for Constitutional Courts as Guardians of Fundamental Rights in the European Union, in: Popelier/Mazmanyan/Vandenbruwaene (Hrsg.), The Role of Constitutional Courts in Multilevel Governance, S. 49, 57 ff.

diffusen Verfassungsgerichtsbarkeit ist demgegenüber die Überprüfung von Gesetzen durch Gerichte im Zuge der unmittelbaren Anwendbarkeit der Grundrechte-Charta als Prüfungsmaßstab erst praktisch relevant geworden,[413] was die Stellung der Gerichte gegenüber dem jeweiligen nationalen Parlament stärkt, wobei sich hier, nachdem das Höchstgericht selbst Teil der Instanzgerichtsbarkeit ist, die Problematik der drohenden Marginalisierung des Höchstgerichts im Verhältnis zu den Instanzgerichten weit weniger drängend stellt als in Ländern mit einer spezialisierten Verfassungsgerichtsbarkeit.[414] In denjenigen Staaten schließlich, die, wie etwa das Vereinigte Königreich oder die skandinavischen Länder, bislang keine Verfassungsgerichtsbarkeit gegenüber Gesetzen kannten, führt die Grundrechte-Charta dazu, dass nunmehr nationale Gesetze durch die Fachgerichte am Maßstab von Grundrechten überprüfbar sind, was die Verfassungsstruktur dieser Staaten in nicht unerheblicher Weise verändern dürfte.[415] Insoweit bestehen deutliche Parallelen zur Situation in der Schweiz, wo nach Art. 190 BV eine richterliche Kontrolle gegenüber Bundesgesetzen grundsätzlich ausgeschlossen ist, die Anerkennung der EMRK als unmittelbar geltendes Recht jedoch dazu geführt hat, dass schweizerische Bundesgesetze vom Bundesgericht am Maßstab der EMRK überprüft werden können, was wiederum zur Stärkung des Bundesgerichts, welches insoweit mit einem mitgliedstaatlichen Fachgericht vergleichbar ist, im Gesamtgefüge der Verfassung beitrug.[416]

In der Praxis zeigt sich, dass etwa der BGH die Grundrechte-Charta bei der Ausfüllung unionsrechtlich eingeräumter Gestaltungsspielräume direkt anwendet, wobei er parallel dazu die entsprechenden Grundrechtsgarantien des Grundgesetzes zitiert.[417] Wird den Mitgliedstaaten vom Unionsrecht kein Ermessensspielraum eingeräumt, wendet der BGH ausschließlich die Grundrechte-Charta an, etwa, um eine nationale Vorschrift wie die Altersgrenzenregelungen der §§ 47 Nr. 1, 48a BNotO auf ihre Vereinbarkeit mit dem Unionsrecht zu prüfen.[418] Eine Abfrage der Datenbank *Beck-Online* ergab, dass im Rahmen der ordentlichen Gerichtsbarkeit die Grundrechte-Charta in den Jahren 2006–2011 lediglich 41 Mal zitiert wurde, während sie in den Jahren 2011–2016 113 Mal Erwähnung fand, wobei die thematische Bandbreite der einschlägigen Entscheidungen vom Urheberrecht über das Wettbewerbsrecht bis hin zum Notarrecht reicht. Auch das Bundesverwaltungsgericht wendet die Grundrechte-Charta direkt an. Besonders anschaulich wird dies in einem Beschluss vom April 2014, in der das Bundesverwaltungsgericht Art. 4 GRC neben Art. 3 EMRK heran zieht, um das Kriterium der systemischen Mängel des Asylverfahrens und der Aufnahmebedingungen für Asylbewerber in einem anderen EU-Mitgliedstaat auszulegen.[419] Noch

---

413 *Öhlinger*, EuZW 2014, 955, 956.
414 S. dazu auch unten, § 15 V.1. c).
415 *Öhlinger*, EuZW 2014, 955, 956; *Thym*, JZ 2011, 148, 149.
416 Näher dazu unten, § 13 II.
417 BGH, Urt. v. 02.04.2015 – I ZR 59/13 –, IBRRS 2015, 2747, Rn. 41 ff.
418 BGH, Beschl. v. 17.03.2014 – NotZ (Brfg) 21/13 –, NVwZ-RR 2014, 1085, 1085 f.
419 BVerwG, Beschl. v. 15.04.2014 – 10 B 17.14 –, BeckRS 2014, 50910.

häufiger kommt die Grundrechte-Charta bei den Verwaltungs- und Oberverwaltungsgerichten zur Anwendung, wobei der Großteil der Fälle einen Bezug zum Aufenthalts- und Asylrecht aufweist.

Als Fazit lässt sich festhalten, dass die Fachgerichte die unmittelbare Anwendbarkeit der Unionsgrundrechte ernst nehmen und davon profitieren, so dass die Stellung der nationalen Verfassungsgerichte durch das Inkrafttreten der Grundrechte-Charta letztlich geschwächt wurde.

VI. Zwischenergebnis

Die Grundrechte-Charta, welche mit dem Inkrafttreten des Vertrags von Lissabon rechtliche Verbindlichkeit erlangte, kodifiziert zum einen die vom EuGH als allgemeine Rechtsgrundsätze des Gemeinschaftsrechts entwickelten Grundrechte, geht aber zum anderen zumindest in einigen Punkten über diese hinaus, indem sie Grundrechte aufnimmt, die zuvor auf Gemeinschaftsebene unbekannt waren. Dies kann dazu führen, dass die entsprechenden nationalen Grundrechte im Laufe der Zeit an Bedeutung verlieren bzw. dass gefestigte, nationale Auflösungsstrategien für Grundrechtskonflikte, insbesondere in mehrpoligen Grundrechtsverhältnissen, ins Wanken geraten. Im Verhältnis zu den mitgliedstaatlichen Grundrechtsgarantien gilt weiterhin die Kollisionsregel des Anwendungsvorrangs des Unionsrechts, so dass sich im Konfliktfall die Unionsgrundrechte gegenüber den nationalen Grundrechten durchsetzen. In Bezug auf Art. 53 GRC hat der EuGH in der Rechtssache *Melloni* entschieden, dass es sich insoweit, anders als bei Art. 53 EMRK, nicht um eine Koexistenznorm handelt, sondern nationale Grundrechtsgewährleistungen im Rahmen von unionsrechtlich eingeräumten Gestaltungsspielräumen nur dann Berücksichtigung finden können, sofern dadurch weder das Schutzniveau der Charta, wie sie vom Gerichtshof ausgelegt wird, noch der Vorrang, die Einheit und die Wirksamkeit des Unionsrechts beeinträchtigt werden. Im Ergebnis bedeutet dies, dass, wenn der Anwendungsbereich der Grundrechte-Charta nach Art. 51 Abs. 1 S. 1 GRC eröffnet ist, nationale Grundrechte nur noch dann zur Anwendung kommen können, wenn das Unionsrecht nicht entgegen steht, was ihre Bedeutung sehr stark beschneidet. Diese Tendenz wird zusätzlich dadurch bestärkt, dass bestimmte grundrechtliche Gewährleistungsgehalte, insbesondere im Bereich des Datenschutzrechts und des Antidiskriminierungsrechs, nicht in der Grundrechte-Charta, sondern im Sekundärrecht verankert sind, so dass sie den Einschränkungen des Art. 51 Abs. 1 S. 1 GRC schon gar nicht unterliegen.

Andererseits ergibt sich aus der *Melloni*-Entscheidung jedoch auch, dass im Rahmen von unionsrechtlich eingeräumten Gestaltungsspielräumen eine Doppelbindung der nationalen Instanzen anzunehmen ist. Dies wiederum kommt der Rechtsprechung des Bundesverfassungsgerichts zumindest etwas entgegen, wonach in derartigen Fällen alleine die nationalen Grundrechte anwendbar sein sollen, eine Position, die vom EuGH freilich nicht geteilt wird. Einzelne Mitgliedstaaten wie etwa Spanien versuchen in kollisionsrechtlicher Hinsicht einen Konflikt zwischen den nationalen Grundrechten und der Grundrechte-Charta von vornherein dadurch zu vermeiden, dass die nationalen Grundrechte, wie im Fall Spaniens nach Art. 10 Abs. 2 der spanischen Verfassung, nach den Vorgaben der Verfassung im Einklang mit der Charta ausgelegt werden müssen, was einer Konfliktvermeidung durch größtmögliche Angleichung bzw. konformer Auslegung entspricht.

Die Wirkung der *Melloni*-Entscheidung wird dadurch verstärkt, dass nach dem Urteil des EuGH in der Rechtssache *Åkerberg Fransson* der Anwendungsbereich der Charta entgegen der systematischen Auslegung von Art. 51 Abs. 1 S. 1 GRC weit zu verstehen ist, was eine umfassende Bindung der Mitgliedstaaten an die Unionsgrundrechte impliziert. Danach soll eine „Durchführung" von Unionsrecht bereits dann gegeben sein, wenn eine nationale Rechtsvorschrift in den Geltungsbereich des Unionsrechts fällt, so dass die Anwendbarkeit des Unionsrechts die Anwendbarkeit der Grundrechte-Charta umfasst. In Folgeentscheidungen zu *Åkerberg Fransson*, insbesondere in den Entscheidungen *Siragusa* und *Hernández*, hat der EuGH seine diesbezügliche Position präzisiert und moderate Einschränkungen vorgenommen. In jüngster Zeit allerdings deutet sich eine Rückkehr des EuGH zu der in *Åkerberg Fransson* entwickelten, extensiven Auslegung des Anwendungsbereichs der Charta an. Die Mehrzahl der mitgliedstaatlichen Verfassungs- und Höchstgerichte, allen voran das Bundesverfassungsgericht, reagierte zurückhaltend bis ablehnend auf die *Åkerberg Fransson*-Entscheidung des EuGH. Aufgeschlossener zeigte sich demgegenüber der österreichische Verfassungsgerichtshof, der die Folgerechtsprechung des EuGH zu *Åkerberg Fransson* ausdrücklich rezipierte.

In Bezug auf die prozessualen Mechanismen zur Gewährleistung des Grundrechtsschutzes lässt sich konstatieren, dass der EuGH – mit einigen Ausnahmen wie etwa in der Rechtssache *Sayn-Wittgenstein* – dazu tendiert, die Durchführung des Unionsrechts durch die Mitgliedstaaten einer eher strengen Kontrolle zu unterwerfen und insbesondere auch im Falle der Annahme eines Ermessensspielraums dessen Ausfüllung durch die nationalen Stellen intensiv zu überwachen, was darauf hindeutet, dass der EuGH bislang jedenfalls nicht konsequent den Weg der Konfliktvermeidung mittels Einräumung einer *margin of appreciation* zu Gunsten der Mitgliedstaaten verfolgt. Hinzu kommt, dass der EuGH klare Vorgaben gemacht hat bezüglich der Zulässigkeit eines Zwischenverfahrens vor den nationalen Verfassungsgerichten, wodurch er seinen Anspruch auf das „letzte Wort" im Verhältnis zu den nationalen Verfassungs- und Höchstgerichten beim Grundrechtsschutz untermauert. Dies kann als Versuch der Konfliktlösung durch verbindliche Letztentscheidung auf der Unionsebene gewertet werden. Daher verwundert es kaum, dass insbesondere die Stellung der als „Hüter" der jeweiligen nationalen Verfassung etablierten, spezialisierten Verfassungsgerichte gegenwärtig geschwächt wird, was u.a. dadurch zum Ausdruck kommt, dass sich der Dialog zwischen EuGH und nationalen Gerichten auf Seiten der Mitgliedstaaten immer stärker auf die Fachgerichte verlagert.

Der österreichische Verfassungsgerichtshof etwa versucht, Konflikte mit dem EuGH von vornherein dadurch zu umgehen, dass er die Grundrechte-Charta unter bestimmten Voraussetzungen unmittelbar als Prüfungsmaßstab heranzieht, was der Übernahme eines ursprünglich fremden Prüfungsmaßstabs gleich kommt. Dadurch wurden die nationalen Grundrechte in Österreich bislang keineswegs obsolet, doch es zeigt sich ein gewisser Trend hin zu einer dezidierten Betonung der Charta-Grundrechte im Verhältnis zu den nationalen Grundrechten, der durch die unmittelbare Heranziehung der EMRK-Grundrechte in Österreich noch verstärkt wird.

Insgesamt lässt sich daher sagen, dass sowohl in materiell-rechtlicher als auch in prozessualer Hinsicht die verschiedenen Konfliktvermeidungsmechanismen zu einer Vereinheitlichung des Grundrechtsschutzes im Sinne der Unionsgrundrechte beitragen und insbesondere die spezialisierten nationalen Verfassungsgerichte – teils freiwillig, teils durch die Rechtsprechung des EuGH – durch das Verbindlichwerden der Grundrechte-Charta in ihrer bisherigen Stellung geschwächt wurden, woran auch die mitunter scharfen Worte der nationalen Verfassungs- und Höchstgerichte in Richtung des Luxemburger Gerichtshofs wenig ändern.

Bei aller Verschiedenheit der Systeme zeigen sich in Bezug auf die EU bereits jetzt Parallelen zur Entwicklung des Grundrechtsschutzes in der Schweiz, wo die kantonalen Verfassungsgerichte zwar noch nie über eine mit den mitgliedstaatlichen Verfassungs- und Höchstgerichten vergleichbare Stellung verfügten, sie eine solche aber gerade deshalb nicht erreichen können, weil das Bundesgericht – ähnlich wie gegenwärtig der EuGH in Bezug auf die mitgliedstaatlichen Grundrechte im Anwendungsbereich des Unionsrechts – eine wirkungsvolle Interpretation der kantonalen Grundrechte verhindert und den Kantonen bei der Durchführung von Bundesrecht kaum Spielräume für die Heranziehung kantonaler Gewährleistungen belässt. Letzteres gilt im Übrigen auch im Verhältnis zwischen dem Bundesverfassungsgericht und den Landesverfassungsgerichten, was zur Marginalisierung der Landesgrundrechte beigetragen hat. Außerdem zeigen sich Übereinstimmungen zwischen der Judikatur der kantonalen Verfassungsgerichte in der Schweiz, die die Grundrechte der Bundesverfassung direkt anwenden, und der Haltung des österreichischen Verfassungsgerichtshofs, welcher die Grundrechte-Charta in bestimmten Fällen ebenfalls unmittelbar als Prüfungsmaßstab heranzieht. In der Schweiz führt dies dazu, dass die kantonalen Grundrechte nur sehr selten allein zitiert werden und ihnen meist keine eigenständige Bedeutung eingeräumt wird. Für Österreich lässt sich dies bislang in dieser Deutlichkeit nicht bestätigen, doch zeigt sich auch hier eine Tendenz hin zu Doppelzitaten bzw. zur vorrangigen Zitierung des einschlägigen Charta-Grundrechts. Es bleibt jedoch abzuwarten, ob sich insbesondere die spezialisierten mitgliedstaatlichen Verfassungsgerichte mit der Schwächung ihrer Position abfinden oder ob sie stattdessen nach Wegen suchen werden, um ihre Stellung als Grundrechtsgerichte zu behaupten.

VII. Zusammenfassung zum 4. Teil

Die Grundrechtsentwicklung in der EU verlief, ähnlich wie in Deutschland und der Schweiz, zunächst „von unten nach oben". Während auf Gemeinschaftsebene zunächst keinerlei Grundrechte existierten, verfügten die Mitgliedstaaten ihrerseits zumeist über ausdifferenzierte Grundrechtskataloge. Außerdem bestand mit der EMRK eine völkerrechtliche Quelle des Grundrechtsschutzes. Der EuGH erwähnte den Grundrechtsschutz erstmals in der Rechtssache *Stauder*, wo er die Grundrechte zu den allgemeinen ungeschriebenen Rechtsgrundsätzen der Gemeinschaft zählte. Richtungsweisend für die Art und Weise der Entwicklung der Gemeinschaftsgrundrechte waren in der Folgezeit die Entscheidungen in den Rechtssachen *Internationale Handelsgesellschaft* und *Nold*, in denen der EuGH die gemeinschaftsrechtlichen Grundrechte aus den gemeinsamen Verfassungsüberlieferungen der Mitgliedstaaten sowie aus der EMRK herleitete. Seit dem Inkrafttreten der Grundrechte-Charta verfügt die EU über einen umfassenden, kodifizierten Grundrechtskatalog, dessen Gewährleistungen punktuell zumindest teilweise über den nationalen Standard hinaus gehen, während andererseits manche Mitgliedstaaten Grundrechte in ihren Verfassungen anerkennen, welche in der Grundrechte-Charta keine Erwähnung finden. Dies bedeutet, dass potentielle Konflikte zwischen unionalen und nationalen Grundrechten nicht von vornherein vermieden werden können, da in materieller Hinsicht bislang keine vollständige Angleichung der beiden Grundrechtsebene stattgefunden hat, so dass eine Konfliktlösung durch Kollisionsregeln und andere Konfliktvermeidungsmechanismen erforderlich bleibt. Als Kollisionsregel im Verhältnis zum nationalen Recht diente von Anfang an der Anwendungsvorrang des Gemeinschafts- bzw. Unionsrechts, welcher von den Verfassungs- und Höchstgerichten der Mitgliedstaaten grundsätzlich anerkannt wird, wobei keineswegs alle mitgliedstaatlichen Verfassungs- und Höchstgerichte den Anwendungsvorrang auch vor dem nationalen Verfassungsrecht und damit den nationalen Grundrechten bejahen. Unabhängig davon führt der Anwendungsvorrang dazu, dass widersprechendes nationales Recht im Anwendungsbereich des Unionsrechts zwar in Kraft bleibt, aber nicht mehr angewandt werden darf. Daher ist der Anwendungsvorrang des Gemeinschafts- bzw. Unionsrechts in seinen Auswirkungen mit den bundesstaatlichen Kollisionsnormen der Art. 31 GG bzw. Art. 49 Abs. 1 BV vergleichbar.

Durch die zunehmende Ausdehnung der Unionskompetenzen in Folge zahlreicher Änderungen des Primärrechts gibt es heute kaum noch einen Bereich, der vom Unionsrecht nicht zumindest potentiell tangiert wird. Auch insoweit bestehen deutliche Parallelen zur Entwicklung in den föderalen Systemen Deutschlands und der Schweiz, wo die Kompetenzen des Bundes vom Kaiserreich über die Weimarer Republik bis zum Grundgesetz bzw. von der Bundesverfassung von 1848 zur Bundesverfassung von 1874 und der Bundesverfassung von 1999 immer weiter angewachsen sind und der Bund jeweils in extensiver Weise davon Gebrauch gemacht hat. Dementsprechend sind die Mitgliedstaaten heute in weiten Teilen an die Unionsgrundrechte gebunden. Ursprünglich hatte der EuGH

Fallgruppen entwickelt, in denen eine solche Bindung anzunehmen sein sollte. So sollten die Mitgliedstaaten bei der Durchführung von Gemeinschaftsrecht, bei der Beschränkung der Grundfreiheiten sowie in Einzelfällen auch im Zusammenhang mit der Unionsbürgerschaft an die Gemeinschaftsgrundrechte gebunden sein, wobei der EuGH die Grundrechtsbindung der Mitgliedstaaten insbesondere in den Durchführungskonstellationen schon vor Inkrafttreten des Vertrags von Lissabon durchaus weit interpretierte. Dabei sollten die Mitgliedstaaten auch bei der Ausfüllung von gemeinschaftsrechtlich eingeräumten Gestaltungsspielräumen an die Gemeinschaftsgrundrechte gebunden sein, während etwa das Bundesverfassungsgericht eine strikte Trennungsthese vertritt und die Unionsgrundrechte nur in determinierten Bereichen heran zieht, während im Rahmen von mitgliedstaatlichen Gestaltungsspielräumen ausschließlich die nationalen Grundrechte Anwendung finden sollen. In der zu Art. 51 Abs. 1 S. 1 GRC ergangenen *Åkerberg Fransson*-Entscheidung hat der EuGH den Anwendungsbereich der Grundrechte-Charta sehr weit interpretiert, diese Position aber in den Folgeentscheidungen präzisiert und etwas relativiert, so dass die Bindung der Mitgliedstaaten an die Unionsgrundrechte heute nicht wesentlich weiter reicht als vor Inkrafttreten der Charta, wenngleich sich gerade in jüngster Zeit wieder eine Rückkehr zur *Åkerberg Fransson*-Linie abzeichnet. Im Zusammenspiel mit der *Melloni*-Entscheidung, die weiter reichende nationale Grundrechtsgewährleistungen nur in einem sehr engen Rahmen zulässt, führt die Rechtsprechung des EuGH zur Bindung der Mitgliedstaaten an die Grundrechte-Charta dazu, dass für nationale grundrechtliche Besonderheiten kaum mehr Raum verbleibt. Insbesondere in mehrpoligen Grundrechtskonstellationen können tradierte nationale Ausdifferenzierungen durch die Unionsgrundrechte überlagert werden. Ähnlich wie in Deutschland, wo das Bundesverfassungsgericht die Heranziehung landesverfassungsrechtlicher Mehr- oder „Aliud"-Gewährleistungen bei der Anwendung von Bundesverfahrensrecht faktisch ausschließt, wird durch die Rechtsprechung des EuGH der Anwendungsbereich nationaler Grundrechte immer weiter zurück gedrängt, was durch die stetige Kompetenzausweitung zu Gunsten der EU noch verstärkt wird.

In prozessualer Hinsicht lässt sich feststellen, dass der EuGH, der sich lange Zeit eher selten mit der Anwendung von Grundrechten befasst hatte, seit Inkrafttreten der Grundrechte-Charta immer mehr zu einem Grundrechte-Gericht mutiert, das Konflikte zwischen den Grundrechtsgewährleistungen der verschiedenen Ebenen dadurch aufzulösen versucht, dass es sich die Letztentscheidungsbefugnis über Grundrechtsfragen im Anwendungsbereich des Unionsrechts und teilweise sogar darüber hinaus vorbehält. In einigen Entscheidungen wie etwa in den Rechtssachen *Omega* und *Sayn-Wittgenstein* gewährte der EuGH den Mitgliedstaaten einen weiten Ermessensspielraum ähnlich der vom EGMR entwickelten *margin of appreciation*, in dessen Rahmen nationale Grundrechte zur Anwendung gebracht werden können, was der Vermeidung von Konflikten zwischen den beteiligten Grundrechtsebenen dient. In der Sache kommt diese Art der Kontrolle der Reduzierung der Prüfungsdichte des Schweizer Bundesgerichts nahe, mit der das Gericht den kantonalen Gerichten bei der Durchführung von Bundesrecht einen gewissen Entscheidungsspielraum einräumt. Häufig jedoch nimmt der EuGH eine sehr engmaschige Kontrolle der Anwendung des Unionsrechts durch die Mitgliedstaaten vor, wobei im Rahmen des Vorabentscheidungsverfahrens in einigen Fällen den mitgliedstaatlichen Fachgerichten sehr konkrete Vorgaben bezüglich der Anwendung des nationalen Rechts vor dem Hintergrund des Unionsrechts gemacht werden. Die mitgliedstaatlichen Verfassungsgerichte ihrerseits reagieren zurückhaltend bis abwehrend gegenüber der Tendenz des EuGH in Richtung einer Zurückdrängung der nationalen Grundrechte. Während das Bundesverfassungsgericht dem Luxemburger Gerichtshof nach *Åkerberg Fransson* mit der Vornahme einer *ultra vires*-Prüfung drohte und eine unmittelbare Heranziehung der Grundrechte-Charta nach wie vor ablehnt, ging der österreichische Verfassungsgerichtshof in die Offensive, indem er die Grundrechte-Charta im Sinne einer Übernahme eines fremden Prüfungsmaßstabs in bestimmten Fällen zum unmittelbaren Prüfungsmaßstab erklärte, wohl in der Absicht, bei der Grundrechtsinterpretation in der EU auch in Zukunft ein Mitspracherecht zu besitzen. Ob diese Strategie langfristig aufgehen wird, darf jedoch bezweifelt werden, denn die Erfahrungen aus der Schweiz zeigen, dass gliedstaatliche Verfassungsgerichte, die sowohl die Grundrechte der untergeordneten als auch der übergeordneten Ebene als Prüfungsmaßstab heran ziehen, vor dem Hintergrund der überragenden Bedeutung der Grundrechte der übergeordneten Ebene den gliedstaatlichen Grundrechten kaum eine eigenständige Bedeutung beimessen. Das Beispiel der deutschen Landesverfassungsgerichte ist andererseits ein Indiz dafür, dass die Anwendung nur der eigenen Grundrechte als Prüfungsmaßstab dazu beitragen kann, dass gliedstaatlichen Grundrechten zumindest in Teilbereichen noch eine eigenständige Bedeutung zukommt. Während die nationalen Verfassungsgerichte durch das Inkrafttreten der Grundrechte-Charta als Grundrechtsgerichte trotz des Fehlens einer Verfassungsbeschwerde zum EuGH an Relevanz zu verlieren drohen, wurde die Position der mitgliedstaatlichen Fachgerichte gestärkt, weshalb sich der grundrechtsbezogene Dialog immer öfter zwischen dem EuGH und den nationalen Fachgerichten vollzieht, während spezialisierte nationale Verfassungsgerichte in grundrechtlichen Fragestellungen mit Bezug zum Unionsrecht nicht mehr eingeschaltet werden bzw. jedenfalls nicht mehr über das „letzte Wort" verfügen. Aus diesem Grund ist – wie die Beispiele der Landesverfassungsgerichte und der kantonalen Verfassungsgerichte zeigen – die Befürchtung, dass die Bedeutung der mitgliedstaatlichen Verfassungsgerichte in Grundrechtsfragen in Zukunft abnehmen und die Grundrechtsentwicklung im föderalen System der EU „von oben nach unten" verlaufen könnte, nicht unbegründet, insbesondere, wenn es nicht gelingt, den Anwendungsbereich der Unionsgrundrechte an Hand sinnvoller Kriterien klar zu begrenzen.

5. Teil

Bedeutung der EMRK für den Grundrechtsschutz in Mehrebenensystemen

§ 12 Die EMRK als zusätzliche Grundrechtsebene

I. Entstehungsgeschichte und Entwicklung

Die EMRK stellt das älteste Instrument des regionalen Menschenrechtsschutzes dar und bildet für ihre Mitglieder eine zusätzliche Grundrechtsebene. Ihre Entstehung ist eng verbunden mit der Konstituierung des Europarates, welcher im Jahr 1949 unter dem Eindruck der Ereignisse des 2. Weltkriegs gegründet wurde. Art. 1 lit. b) der Satzung des Europarates sieht als Aufgabe des Europarats den Schutz und die Fortentwicklung der Menschenrechte und Grundfreiheiten vor, was durch den Abschluss von Abkommen und durch gemeinschaftliches Vorgehen auf wirtschaftlichem, sozialem, kulturellem und wissenschaftlichem Gebiet und auf den Gebieten des Rechts und der Verwaltung erreicht werden soll. Die Beratende Versammlung des Europarats (heute: die Parlamentarische Versammlung) empfahl am 9. September 1949 die Ausarbeitung einer Europäischen Menschenrechtskonvention. Nachdem der von Regierungsexperten vorgelegte Entwurf vom Ministerkomitee in einigen Punkten revidiert worden war, erfolgte schließlich am 4. November 1950 die Unterzeichnung in Rom. Die EMRK trat nach Erreichen der erforderlichen Zahl von zehn Ratifikationen am 3. September 1953 in Kraft. Deutschland hat die Konvention am 5. Dezember 1952 ratifiziert, während die Schweiz die Ratifikation der EMRK erst am 28. November 1974 vornahm. Eine Ratifikation durch die EU ist bislang nicht erfolgt, obwohl dies heute nach Art. 59 Abs. 2 EMRK möglich wäre.

Bei der EMRK handelt es sich um einen völkerrechtlichen Vertrag, der bislang von 47 Staaten ratifiziert wurde. Die Konvention ist bislang durch 14 Zusatzprotokolle geändert oder ergänzt worden. Für die vorliegende Untersuchung ist die Rechtsnatur der EMRK insofern von Bedeutung, als es sich dabei, anders als bei der Bundes- und Unionsebene bzw. der Länder- und Kantonsebene, nicht um einen genuinen Bestandteil einer föderalen Ordnung mit eigenständigen Grundrechtsgarantien handelt, sondern vielmehr um eine zusätzliche, völkerrechtliche Ebene des Grundrechtsschutzes, deren Verhältnis zum nationalen Recht bzw. zum Unionsrecht sich nach dem nationalen Recht bzw. dem Unionsrecht bestimmt, da die Konvention selbst, anders als das Unionsrecht, keine Vorgaben bezüglich ihres Rangs im Recht der Vertragsparteien enthält und sie darüber hinaus keine eigene, autonome Rechtsordnung darstellt.[1]

---

[1] *Meyer-Ladewig/Nettesheim*, in: Meyer-Ladewig/Nettesheim/v. Raumer, EMRK, Einl., Rn. 17; *Bernardini*, L'Unione europea ed il Trattato di Lisbona: nuove frontiere per la tutela multilivello dei diritti, Diritto e Società 3–4 (2010), 411, 416.

II. Inhalte

Die EMRK enthält einen Katalog der klassischen Freiheitsrechte, zu denen u.a. das Recht auf Leben (Art. 2), das Recht auf ein faires Verfahren (Art. 6), das Recht auf Achtung des Privat- und Familienlebens (Art. 8), die Gedanken-, Gewissens- und Religionsfreiheit (Art. 9), die Freiheit der Meinungsäußerung (Art. 10), die Versammlungs- und Vereinigungsfreiheit (Art. 11), das Recht auf Eheschließung (Art. 12) sowie ein akzessorisches Diskriminierungsverbot (Art. 14)[2] gehört. Im Unterschied zu den nationalen Verfassungen der Vertragsstaaten fehlen jedoch einige wichtige Freiheitsrechte wie etwa die Berufsfreiheit und die Eigentumsfreiheit. Während die Berufsfreiheit durch die übrigen Freiheitsrechte in einzelnen Aspekten geschützt wird,[3] ist die Eigentumsfreiheit im 1. Zusatzprotokoll verankert. Anders als der Kernbestand der Rechte in der EMRK selbst sind die in den Zusatzprotokollen enthaltenen Gewährleistungen jedoch nur für diejenigen Staaten verbindlich, welche das entsprechende Zusatzprotokoll ratifiziert haben. Teilweise sind auch die Mitgliedstaaten der EU zurückhaltend bei der Ratifizierung von Zusatzprotokollen. Dies gilt etwa hinsichtlich des 12. Zusatzprotokolls, welches ein allgemeines Diskriminierungsverbot enthält und welches bislang lediglich von neun EU-Mitgliedstaaten ratifiziert wurde, wobei die Schweiz bislang ebenfalls keine Ratifikation vorgenommen hat.[4] Auch das 7. Zusatzprotokoll, das u.a. ein Recht auf Entschädigung bei Fehlurteilen, den *ne bis in idem*-Grundsatz sowie die Gleichberechtigung der Ehegatten enthält, wurde bislang von Deutschland, den Niederlanden und dem Vereinigten Königreich nicht ratifiziert.[5] Die EMRK kennt darüber hinaus, ebenso wie die Schweizer Bundesverfassung, keine Garantie der allgemeinen Handlungsfreiheit, wie sie etwa in Art. 2 Abs. 1 GG zu finden ist. Dies ergibt sich schon aus der Präambel sowie aus Art. 1 EMRK, wonach nur „bestimmte" Rechte und Freiheiten zugesichert werden sollen.[6] Allerdings hat der EGMR die EMRK als *living instrument*[7] stets erweiternd ausgelegt, wodurch Schutzlücken zumindest teilweise geschlossen werden können.[8]

---

[2] S. dazu etwa *Sauer*, in: Karpenstein/Mayer, EMRK, Art. 14 Rn. 14.

[3] S. dazu *Wunderlich*, Das Grundrecht der Berufsfreiheit im Europäischen Gemeinschaftsrecht, S. 55 ff.; *Grabenwarter/Pabel*, Europäische Menschenrechtskonvention, § 22 Rn. 15 u. § 25 Rn. 37 ff.

[4] *Europarat*, Unterschriften und Ratifikationsstand des Vertrags 177, abrufbar unter http://www.coe.int/de/web/conventions/full-list/-/conventions/treaty/177/signatures?p_auth=PgKwTUrP (zuletzt abgerufen am 06.11.2017); allgemein zur Ratifikation von Zusatzprotokollen durch die Schweiz. s. *Thurnherr*, The Reception Process in Austria and Switzerland, in: Keller/Stone Sweet (Hrsg.), A Europe of Rights, S. 311, 318.

[5] *Europarat*, Unterschriften und Ratifikationsstand des Vertrags 117, abrufbar unter http://www.coe.int/de/web/conventions/full-list/-/conventions/treaty/117/signatures?p_auth=PgKwTUrP (zuletzt abgerufen am 06.11.2017).

[6] Vgl. *Richter*, in: Grote/Marauhn, EMRK/GG, Kap. 9 Rn. 2.

[7] Grundlegend EGMR, Urt. v. 25.04.1978 – 5856/72 – Tyrer/Vereinigtes Königreich, A 26, Rn. 31.

[8] Näher dazu *Richter*, in: Grote/Marauhn, EMRK/GG, Kap. 9 Rn. 57 ff.

Ein weiterer Unterschied zu den Grundrechtsgarantien der nationalen Verfassungen besteht darin, dass die Vertragsparteien nach Art. 57 EMRK Vorbehalte i.S.v. 19 WVK zu einzelnen Vorschriften erklären können, wodurch Rechtswirkungen der entsprechenden Garantie ausgeschlossen oder geändert werden. Die meisten Vorbehalte betreffen gegenwärtig die Verfahrensgarantien der Art. 5 und 6 EMRK.[9] Schließlich enthalten die EMRK und ihre Zusatzprotokolle – von einigen wenigen Ausnahmen wie dem Recht auf Bildung (Art. 2 des 1. Zusatzprotokolls) einmal abgesehen – keine sozialen Grundrechte.[10] Aus diesem Grund bleibt der Schutzstandard der EMRK und ihrer Zusatzprotokolle zumindest in manchen Fällen hinter demjenigen der nationalen Verfassungen zurück, was insbesondere für die Verfassungen der EU-Mitgliedstaaten und der Schweiz sowie auch der Europäischen Grundrechte-Charta gilt. Allerdings können sich auch Situationen ergeben, in denen der Schutz der EMRK und ihrer Zusatzprotokolle in der Auslegung durch den EGMR weiter reicht, so dass sich die Frage nach dem Verhältnis der EMRK zu den nationalen Grundrechten stellt, was insbesondere im Zusammenhang mit mehrpoligen Grundrechtsverhältnissen von Relevanz ist.

III. Koexistenzregel seitens der EMRK

Nach Art. 53 EMRK ist die Konvention nicht so auszulegen, als beschränke oder beeinträchtige sie Menschenrechte und Grundfreiheiten, die in den Gesetzen einer Vertragspartei oder in einer anderen Übereinkunft, deren Vertragspartei sie ist, anerkannt werden. Daraus ergibt sich, dass die EMRK weiter gehenden nationalen Grundrechtsgewährleistungen nicht entgegen steht, sondern vielmehr lediglich einen europäischen Mindeststandard sichert.[11] Es handelt sich daher bei Art. 53 EMRK um die Festschreibung des Günstigkeitsprinzips zu Gunsten weiter reichender Grundrechtsgewährleistungen der Vertragsparteien.[12] Die Ebene der EMRK enthält damit eine Koexistenzregel, die unabhängig von etwaigen Kollisionsregelungen in den mitgliedstaatlichen Rechtsordnungen die Subsidiarität der Konvention gegenüber für den Einzelnen günstigeren nationalen Grundrechtsbestimmungen anordnet.[13] Eine derartige Regelung ist auch deshalb sinnvoll, weil bei einer vollständigen Angleichung des Schutzniveaus der beiden Ebenen der EGMR stärker belastet würde, da in diesem Fall für den Einzelnen der

---

[9] *Grabenwarter/Pabel*, Europäische Menschenrechtskonvention, § 2 Rn. 6.

[10] Näher dazu *Frohwerk*, Soziale Not in der Rechtsprechung des EGMR, S. 14 f.; s. auch *Pellonpää*, Economic, Social and Cultural Rights, in: Macdonald/Matscher/Petzold (Hrsg.), The European System for the Protection of Human Rights, S. 855, 859 f.

[11] EGMR, Urt. v. 19.01.2010 – 15371/07 – Nersesyan/Armenien, Rn. 25.

[12] Verfassungsgerichtshof der Republik Österreich, Erk. v. 17.12.1998 – B 3028/97 –, VfSlg. 15394, 802, 808; *Grabenwarter/Pabel*, Europäische Menschenrechtskonvention, § 2 Rn. 14; *Ress*, GS Bleckmann, S. 313, 321.

[13] S. dazu *Petzold*, The Convention and the Principle of Subsidiarity, in: Macdonald/Matscher/Petzold (Hrsg.), The European System for the Protection of Human Rights, S. 41, 43 f.

Anreiz bestünde, eine Entscheidung nationaler Gerichte durch den Straßburger Gerichtshof als echter Beschwerdeinstanz überprüfen zu lassen.[14]

Während das Günstigkeitsprinzip im Verhältnis zwischen Staat und Individuum ohne Weiteres zur Anwendung kommen kann, ergeben sich bei mehrpoligen Grundrechtsverhältnissen diesbezüglich Schwierigkeiten, da die Verwirklichung des einen grundrechtlich geschützten Interesses in diesen Fällen notwendigerweise zu Lasten des anderen grundrechtlich geschützten Interesses geht. Deshalb kann Art. 53 EMRK bei mehrpoligen Rechtsverhältnissen keine Anwendung finden.[15] Die gegenteilige Auffassung des Bundesverfassungsgerichts, die sich darauf stützt, dass die Berücksichtigung der EMRK keine Einschränkung oder Minderung des Grundrechtsschutzes nach dem Grundgesetz zur Folge haben dürfe, überzeugt daher nicht.[16]

IV. Überwachung der Einhaltung der EMRK durch den EGMR

1. Zuständigkeiten des EGMR

Seit Inkrafttreten des 11. Zusatzprotokolls und der damit verbundenen Abschaffung der Menschenrechtskommission obliegt die Überwachung der Einhaltung der EMRK ausschließlich dem EGMR. Der Gerichtshof kann sowohl von den Vertragsparteien im Wege der Staatenbeschwerde (Art. 33 EMRK) als auch von Privatpersonen im Wege der Individualbeschwerde (Art. 34 EMRK) angerufen werden, während nationale Verfassungs- und Höchstgerichte, anders als im System des Grundgesetzes oder der EU, erst mit Inkrafttreten des 16. Zusatzprotokolls zur EMRK erstmals eine Vorlagemöglichkeit zum EGMR erhalten sollen.[17]

Wenngleich die Staatenbeschwerde in der Tätigkeit des Gerichtshofs zahlenmäßig kaum eine Rolle spielt,[18] darf ihre politische Rolle bei der Gewährleistung der Einhaltung der EMRK nicht unterschätzt werden.[19] Sie kann von jedem Kon-

[14] Zu diesem Problem s. *Belser*, Kantonale Grundrechte und ihre Bedeutung für die Verwirklichung der Menschenrechte im mehrstufigen Staat, in: Besson/Belser (Hrsg.), Die Europäische Menschenrechtskonvention und die Kantone, S. 67, 92.

[15] *Thienel*, in: Karpenstein/Mayer, EMRK, Art. 53 Rn. 5; *Breuer*, NVwZ 2005, 412, 414; *Ress*, GS Bleckmann, S. 313, 324; *Grabenwarter*, EuGRZ 2006, 487, 489 f.

[16] BVerfGE 120, 180, 200 f.; 128, 326, 367 f. u. 371; s. dazu *Ludwigs*, EuGRZ 2014, 273, 282 f. mit einer differenzierten Position.

[17] Zum aktuellen Ratifikationsstand s. *Europarat*, Unterschriften und Ratifikationsstand des Vertrags 214, abrufbar unter http://www.coe.int/de/web/conventions/full-list/-/conventions/treaty/214/signatures (zuletzt abgerufen am 06.11.2017).

[18] *Tomuschat*, EuGRZ 2003, 95, 96; bis zum Jahr 2012 etwa wurden lediglich 22 Verfahren eingeleitet, s. *Vondung*, Die Architektur des europäischen Grundrechtsschutzes nach dem Beitritt der EU zur EMRK, S. 30. Fn. 3; inzwischen hat sich die Zahl erhöht, nachdem die Ukraine mehrere Verfahren gegen Russland eingeleitet hat und auch Zypern eine Staatenbeschwerde gegen die Türkei einreichte.

[19] *Grabenwarter/Pabel*, Europäische Menschenrechtskonvention, § 10 Rn. 2; *Frowein*, in: Frowein/Peukert, EMRK, Art. 33 Rn. 4.

ventionsstaat erhoben werden mit der Behauptung der Verletzung der EMRK durch einen anderen Mitgliedstaat, weshalb ihr eine „Wächterfunktion“[20] hinsichtlich der Einhaltung des europäischen Grundrechtsschutzes zukommt.

Wichtiger für die EMRK als funktionierendes Instrument des internationalen Menschenrechtsschutzes ist allerdings die Individualbeschwerde, die der EGMR selbst als „key component of the machinery for protecting the rights and freedoms set forth in the Convention“[21] bezeichnete und die von *Tomuschat* zu Recht als das „Herzstück des ordre public européen nach der EMRK“ angesehen wurde.[22] Sie stellt sicher, dass der Einzelne auf internationaler Ebene seine Rechte gegen einen Staat in einem justizförmig ausgestalteten Verfahren geltend machen kann, was im Bereich der internationalen Menschenrechtsübereinkünfte ein Unikum darstellt.[23] Seit Inkrafttreten des 11. Zusatzprotokolls ist mit der Ratifikation der Konvention zwingend die Einräumung des Individualbeschwerderechts verbunden, was sich schon aus Art. 34 EMRK ergibt. Danach kann der EGMR angerufen werden, wenn der Beschwerdeführer eine Verletzung in einem der durch die EMRK oder den Zusatzprotokollen garantierten Rechte durch einen Vertragsstaat behauptet. Aus diesem Grund ist die Individualbeschwerde vom Grundsatz her mit der Verfassungsbeschwerde zum Bundesverfassungsgericht sowie mit der Einheitsbeschwerde zum Schweizer Bundesgericht vergleichbar.[24] *Wahl* ist deshalb zuzustimmen, wenn er davon ausgeht, dass durch die Etablierung der Individualbeschwerde der EMRK ein Stück weit supranationale Wirkung zukommt,[25] da die Konvention auf diese Weise notfalls auch gegen den betroffenen Staat durchgesetzt werden kann.[26] Voraussetzung für die Erhebung einer Individualbeschwerde ist u.a. die Partei- und Prozessfähigkeit sowie die Opfereigenschaft des Beschwerdeführers; darüber hinaus nach Art. 35 Abs. 1 EMRK die Erschöpfung des innerstaatlichen Rechtswegs, welche sich mit dem subsidiären Charakter der EMRK begründen lässt,[27] sowie die Einhaltung der 6-Monats-Frist ab Bekanntgabe der endgültigen innerstaatlichen Entscheidung.

Mit dem im 16. Zusatzprotokoll zur EMRK vorgesehenen Vorlageverfahren soll nun erstmals eine direkte Kommunikationsmöglichkeit zwischen den nationalen Verfassungs- und Höchstgerichten und dem EGMR geschaffen werden. Sie

[20] *Villiger*, Handbuch der Europäischen Menschenrechtskonvention, Rn. 182.

[21] EGMR, Urt. v. 04.02.2005 – 46827/99 u. 46951/99 – Mamatkulov u. Askarov/Türkei, Rn. 122.

[22] *Tomuschat*, EuGRZ 2003, 95, 95.

[23] Vgl. *Grabenwarter/Pabel*, Europäische Menschenrechtskonvention, § 9 Rn. 1.

[24] Vgl. *Vondung*, Die Architektur des europäischen Grundrechtsschutzes nach dem Beitritt der EU zur EMRK, S. 31.

[25] *Wahl*, FS Wildhaber, S. 865, 866.

[26] Vgl. *Ress*, ZaöRV 64 (2004), 621, 621; *Schilling*, Deutscher Grundrechtsschutz zwischen staatlicher Souveränität und menschenrechtlicher Europäisierung, S. 30.

[27] S. dazu beispielsweise EGMR, Urt. v. 18.06.1971 – 2832/66 u.a. – de Wilde, Ooms u. Versyp/Belgien, A12, Rn. 50; Urt. v. 19.09.2000 – 40031/98 – Gnahore/Frankreich, RJD 2000-IX, Rn. 46.

tritt neben die Individualbeschwerde und soll im Erfolgsfall Letztere überflüssig machen.[28] Vorlageberechtigt in dem Verfahren sollen nach Art. 10 des 16. Zusatzprotokolls nur die nationalen Höchstgerichte sein, deren Kreis von den Vertragsparteien bei der Ratifikation festzulegen ist, was im Ergebnis auf eine Beschränkung der Vorlageberechtigung auf die letztinstanzlichen Fachgerichte und die nationalen Verfassungsgerichte hinauslaufen dürfte.[29] Nach Art. 1 Abs. 2 des Zusatzprotokolls ist eine Vorlage nur im Rahmen eines Rechtsstreits zulässig, dessen Hintergrund nach Art. 1 Abs. 3 des Zusatzprotokolls mit der Vorlage zusammen erläutert werden muss, wobei sich die Vorlage auf Grundsatzfragen zur Auslegung oder Anwendung der Konvention beziehen muss.[30] Eine Vorlagepflicht besteht nicht, während der EGMR andererseits nach Art. 2 des Zusatzprotokolls auch nicht zur Annahme eines Gutachten-Antrags verpflichtet ist. Nach Art. 5 des Zusatzprotokolls ist die Gutachten-Antwort des EGMR für das vorlegende nationale Gericht nicht bindend, so dass es der vom EGMR vorgeschlagenen Lösung nicht folgen muss, wobei freilich die faktische Wirkung eines derartigen Gutachtens nicht unterschätzt werden darf.[31] Hinsichtlich der Bindungswirkung unterscheidet sich das Vorlageverfahren zum EGMR damit entscheidend vom Vorabentscheidungsverfahren nach Art. 267 AEUV und dem konkreten Normenkontrollverfahren nach Art. 100 Abs. 1 GG.[32] Vergleichbar ist das EMRK-Vorlageverfahren hingegen mit der *saisine pour avis* des französischen Prozessrechts, bei der die Instanzgerichte eine Vorlage an den Conseil d'État bzw. die Cour de cassation richten können, wenn in einem Verfahren neue Fragestellungen auftreten, die ernsthafte Schwierigkeiten bereiten und die sich in einer Vielzahl von Verfahren ergeben, wobei auch hier die Antwort des Höchstgerichts nicht verbindlich ist.[33] Durch die Einführung des EGMR-Vorlageverfahrens droht keine Umgehung des EuGH, da das EGMR-Vorlageverfahren und dessen Ergebnis nicht bindend sind, während andererseits nach Art. 267 Abs. 3 AEUV für letztinstanzliche Gerichte der Mitgliedstaaten eine Pflicht zur Vorlage an den EuGH besteht.[34]

---

[28] Vgl. *Gundel*, EuR 2015, 609, 610; *Hummer*, FS Dauses, S. 167, 178.

[29] *Gundel*, EuR 2015, 609, 613; *Hoffmann/Kollmar*, NVwZ 2014, 1269, 1270.

[30] *Gundel*, EuR 2015, 609, 613.

[31] S. dazu *Zimmermann*, EuGRZ 2015, 153, 158.

[32] Zur Vergleichbarkeit mit den Verfahren nach Art. 267 AEUV und Art. 100 Abs. 1 GG s. auch *Gundel*, EuR 2015, 609, 615; *Hoffmann/Kollmar*, NVwZ 2014, 1269, 1272.

[33] Näher dazu *Gundel*, EuR 2015, 609, 616 ff.; *Zimmermann*, EuGRZ 2015, 153, 156.

[34] *Gundel*, EuR 2015, 609, 622 f.; zu dieser Problematik s. auch *Jahn*, ZaöRV 74 (2014), 821, 844 f.; *Zimmermann*, EuGRZ 2015, 153, 160; zu den Bedenken des EuGH gegenüber dem Vorlageverfahren zum EGMR im Falle eines Beitritts der EU zur EMRK s. unten, § 13 III.3. d) aa) ddd).

2. Prüfung der Zulässigkeitsvoraussetzungen durch den EGMR bei der Individualbeschwerde

a) Allgemeines

Voraussetzung für die Erhebung einer Individualbeschwerde ist u.a. die Partei- und Prozessfähigkeit der Parteien sowie die Opfereigenschaft des Beschwerdeführers, darüber hinaus nach Art. 35 Abs. 1 EMRK die Erschöpfung des innerstaatlichen Rechtswegs, welche sich mit dem subsidiären Charakter der EMRK begründen lässt,[35] sowie die Einhaltung der 6-Monats-Frist ab Bekanntgabe der endgültigen innerstaatlichen Entscheidung. Weitere Unzulässigkeitsgründe ergeben sich aus Art. 35 Abs. 2 u. 3 EMRK, zu denen u.a. die Unvereinbarkeit der Beschwerde mit der Konvention (Art. 35 Abs. 3 lit. a) 1. Var. EMRK) sowie die offensichtliche Unbegründetheit der Beschwerde (Art. 35 Abs. 3 lit. a) 2. Var. EMRK) gehören.

b) Unzulässigkeit einer Beschwerde ratione personae

Eine Beschwerde ist unvereinbar mit der Konvention *ratione personae*, wenn entweder der Beschwerdeführer oder der Beschwerdegegner nicht beteiligtenfähig ist.[36] Die Beteiligtenfähigkeit des Beschwerdegegners fehlt dabei insbesondere, wenn der beklagte Staat nicht Vertragspartei der EMRK oder des als verletzt gerügten Zusatzprotokolls ist oder sich die Beschwerde gegen ein Rechtssubjekt richtet, das nicht zu den Vertragsparteien der EMRK gehört, wie dies vor allem bei internationalen Organisationen der Fall ist. Problematisch in diesem Zusammenhang sind insbesondere Beschwerden, die sich gegen die EU richten, nachdem die Union der EMRK bislang nicht beigetreten ist. Eine gegen die EU als solche gerichtete Beschwerde wäre daher unzulässig *ratione personae*,[37] was jedoch eine Zurechnung des unionalen Handelns an einen EU-Mitgliedstaat, welcher seinerseits Vertragsstaat der EMRK ist, nicht ausschließt.[38]

Der EGMR sah in der Vergangenheit den personellen Anwendungsbereich der Konvention jedenfalls dann als eröffnet an, wenn der betroffene EU-Mitgliedstaat, gegen den sich die Beschwerde richtete, Unionsrecht vollzog bzw. umsetzte oder wenn die in Rede stehende Rechtsverletzung unmittelbar einer freiwillig im

---

[35] S. dazu beispielsweise EGMR, Urt. v. 18.06.1971 – 2832/66 u.a. – de Wilde, Ooms u. Versyp/Belgien, A12, Rn. 50; Urt. v. 19.09.2000 – 40031/98 – Gnahore/Frankreich, RJD 2000-IX, Rn. 46.

[36] *Grabenwarter/Pabel*, Europäische Menschenrechtskonvention, § 13 Rn. 54.

[37] Vgl. EGMR, Urt. v. 18.02.1999 – 24833/94 – Matthews/Vereinigtes Königreich, RJD 1999-I, Rn. 32; Urt. v. 30.06.2005 – 45036/98 – Bosphorus Hava Yollari Turizm ve Ticaret Anonim Sirketi/Irland, RJD 2005-VI, Rn. 152.

[38] S. dazu insbesondere EGMR, Urt. v. 20.01.2009 – 13645/05 – Coopëratieve Producentenorganisatie van de Nederlandse Kokkelvisserij U.A./Niederlande, RJD 2009.

Rahmen der EU eingegangenen Verpflichtung entsprang.[39] So begründete der EGMR in der *Matthews*-Entscheidung die Überprüfung einer Norm des EU-Primärrechts am Maßstab der EMRK damit, dass der Konventionsverstoß Großbritannien zugerechnet werden könne, da das Land freiwillig die entsprechende vertragliche Verpflichtung eingegangen sei.[40] In der Rechtssache *Cantoni* überprüfte der Gerichtshof den Durchführungsrechtsakt Frankreichs am Maßstab der EMRK, obwohl Letzterer den Wortlaut einer EG-Richtlinie nahezu wortgetreu wiedergab[41] und es sich damit faktisch nicht mehr um einen mitgliedstaatlichen Durchführungsakt handelte. Noch einen Schritt weiter ging der EGMR in der Rechtssache *Bosphorus*, indem er seine Zuständigkeit *ratione personae* und *ratione materiae* bejahte, obwohl dem betroffenen EU-Mitgliedstaat Irland in dem fraglichen Fall bei der Durchführung des Unionsrechts kein Umsetzungsspielraum verblieb, es mithin *de facto* zu einer unmittelbaren Überprüfung von EU-Sekundärrecht am Maßstab der EMRK kam.[42] Hintergrund der Position des EGMR ist die Verhinderung der Aushöhlung der EMRK-Garantien durch die Übertragung von Hoheitsrechten durch die Mitgliedstaaten auf die EU. In der *Boivin*-Entscheidung gab der EGMR erstmals allgemeine Leitlinien dafür vor, wann eine Rechtsverletzung, die in der Entscheidung einer internationalen Organisation begründet ist, einer Vertragspartei zurechenbar sein sollte. Danach ist der Anwendungsbereich der Konvention *ratione personae* dann eröffnet, wenn eine „intervention directe ou indirecte de l'État ou des États mis en cause" vorliegt.[43] Rein interne Entscheidungen internationaler Organisationen und Maßnahmen solcher Organisationen, welche keiner Umsetzung bedürfen, sind demnach *ratione personae* von einer Überprüfung am Maßstab der EMRK ausgeschlossen.[44] Andererseits reicht bereits irgendeine staatliche Maßnahme als Anknüpfungspunkt, um die Anwendbarkeit der EMRK *ratione personae* zu begründen. Besonders deutlich wurde dies in der Entscheidung des EGMR in der Rechtssache *Kokkelvisserij*, in der der Gerichtshof prüfte, ob das Urteil des EuGH in einem Vorabentscheidungsverfahren einen Konventionsverstoß darstellen könne.[45] Konkret ging es dabei um die Frage, ob die Weigerung des EuGH, ein Recht zur Erwide-

---

[39] EKMR, Entsch. v. 09.02.1990 – 13258/87 – M. & Co./Deutschland, DR 64, 138; so auch EGMR, Urt. v. 30.06.2005 – 45036/98 – Bosphorus Hava Yollari Turizm ve Ticaret Anonim Sirketi/Irland, RJD 2005-VI, Rn. 154.

[40] EGMR, Urt. v. 18.02.1999 – 24833/94 – Matthews/Vereinigtes Königreich, RJD 1999-I, Rn. 32 ff.; ähnlich auch schon EGMR, Urt. v. 15.11.1996 – 17862/91 – Cantoni/Frankreich, RJD 1996-V, Rn. 26 ff.

[41] EGMR, Urt. v. 15.11.1996 – 17662/91 – Cantoni/Frankreich, RJD 1996-V, Rn. 30.

[42] EGMR, Urt. v. 30.06.2005 – 45036/98 – Bosphorus Hava Yollari Turizm ve Ticaret Anonim Sirketi/Irland, RJD 2005-VI, Rn. 137 u. 148; bestätigt in EGMR, Urt. v. 23.05.2016 – 17502/07 – Avotiņš/Lettland, RJD 2016, Rn. 100.

[43] EGMR, Urt. v. 09.09.2008 – 73250/01 – Boivin/Frankreich und Belgien und 32 Mitgliedstaaten des Europarats, RJD 2008; ausführlich dazu *Janik*, ZaöRV 70 (2010), 127, 151 ff.

[44] *Janik*, ZaöRV 70 (2010), 127, 129.

[45] EGMR, Urt. v. 20.01.2009 – 13645/05 – Coopèratieve Producentenorganisatie van de Nederlandse Kokkelvisserij U.A./Niederlande, RJD 2009; s. dazu *Lock*, Das Verhältnis zwischen dem EuGH und internationalen Gerichten, S. 261 ff.

rung auf die Stellungnahme des Generalanwalts anzuerkennen, einen Konventionsverstoß begründe, was einer Überprüfung der Verfahrensregeln des EuGH am Maßstab der EMRK gleich kam.[46] Etwas anderes in Bezug auf die Anwendbarkeit der Konvention *ratione personae* auf Maßnahmen der EU-Mitgliedstaaten ergibt sich hingegen dann, wenn die fragliche Maßnahme der Umsetzung einer Resolution des UN-Sicherheitsrats nach Kapitel VII der UN-Charta dient, was der EGMR in der Entscheidung *Behrami* klar stellte, indem er eine Zurechnung zu dem betroffenen EU-Mitgliedstaat Frankreich *a limine* ablehnte.[47]

Insgesamt lässt sich daher sagen, dass eine Beschwerde dann *ratione personae* mit der Konvention unvereinbar ist, wenn sie sich gegen eine internationale Organisation, etwa die EU, als solche richtet, wobei in derartigen Fällen jedoch stets genau zu prüfen ist, ob nicht eine Zurechnung der entsprechenden Maßnahme zu dem betroffenen Mitgliedstaat und damit eine Anwendbarkeit der EMRK in Betracht kommt. Mit einem Beitritt der EU zur EMRK würde sich diese Problematik zumindest im Hinblick auf die EU erledigen, da in diesem Fall die EU selbst taugliche Beschwerdegegnerin wäre.

c) Unzulässigkeit einer Beschwerde ratione materiae

Eine Beschwerde kann daneben *ratione materiae* unvereinbar mit der Konvention sein. Dies ist dann der Fall, wenn das vom Beschwerdeführer als verletzt gerügte Recht im konkreten Fall von der EMRK nicht gewährleistet wird. Die Unvereinbarkeit *ratione materiae* kann sich daraus ergeben, dass das geltend gemachte Recht von der EMRK überhaupt nicht gewährleistet wird,[48] dass die EMRK das entsprechende Recht zwar garantiert, aber der konkrete Sachverhalt nicht in den Schutzbereich der fraglichen Garantie fällt[49] oder der beklagte Staat einen gültigen Vorbehalt nach Art. 57 EMRK[50] in Bezug auf das fragliche Recht eingelegt hat.[51] Im Fall *Bosphorus* hatte der EGMR neben der Vereinbarkeit der Beschwerde mit der Konvention *ratione personae* und *ratione loci* ausdrücklich auch die Vereinbarkeit *ratione materiae* diskutiert und letztlich bejaht, da der Anwendungsbereich der in Art. 1 des 1. Zusatzprotokolls garantierten Eigentumsfreiheit eröffnet war.[52]

---

[46] S. dazu *Janik*, ZaöRV 70 (2010), 127, 156.

[47] EGMR, Urt. v. 31.05.2007 – 71412/01 – Behrami und Behrami/Frankreich, Rn. 144 ff.

[48] So etwa EGMR, Urt. v. 17.12.1996 – 25964/94 – Ahmed/Österreich, RJD 1996-VI, Rn. 38 im Hinblick auf ein Recht auf politisches Asyl.

[49] S. dazu beispielsweise EGMR, Urt. v. 25.11.1999 – 46306/99 – Očić/Kroatien, RJD 1999-VIII, Rn. 2.

[50] Vgl. etwa EGMR, Urt. v. 15.06.2000 – 49450/99 – Shestjorkin/Estland, Rn. 1; Urt. v. 15.07.2002 – 47095/99 – Kalashnikov/Russland, RJD 2002-VI, Rn. 107.

[51] Zum Ganzen s. *Grabenwarter/Pabel*, Europäische Menschenrechtskonvention, § 13 Rn. 58.

[52] EGMR, Urt. v. 30.06.2005 – 45036/98 – Bosphorus Hava Yollari Turizm ve Ticaret Anonim Sirketi/Irland, RJD 2005-VI, Rn. 136 ff.

3. Kontrolldichte des EGMR

Die Kontrolldichte des EGMR bei der Verhältnismäßigkeitsprüfung variiert je nach betroffenem Grundrecht und Lebensbereich, in den der fragliche Fall fällt. Zur Ermöglichung einer solchen Variation hat der Gerichtshof im Wege der Auslegung der Konvention in ihrem Gesamtzusammenhang[53] das Instrument der *margin of appreciation* geschaffen, mit dessen Hilfe er den Mitgliedstaaten unter bestimmten Voraussetzungen einen Beurteilungsspielraum einräumt, welcher den unterschiedlichen rechtlichen und tatsächlichen Gegebenheiten in den einzelnen Mitgliedstaaten Rechnung tragen soll. Es handelt sich dabei um ein prozessuales Instrument[54] im Sinne des *judicial self-restraint*,[55] nicht um eine inhaltliche Modifikation des Verhältnismäßigkeitsgrundsatzes.[56] *Jaeger* zieht insoweit einen Vergleich zum „Abwägungs- und Entscheidungsfreiraum", den das Bundesverfassungsgericht den Fachgerichten bei der Entscheidungsfindung zugesteht.[57] Erstmals erwähnte der EGMR das Bestehen einer *margin of appreciation* zu Gunsten der Mitgliedstaaten in der Entscheidung *De Wilde, Ooms und Versyp* aus dem Jahr 1971.[58] Die eigentliche dogmatische Begründung und Präzisierung des *margin of appreciation*-Konzeptes erfolgte einige Jahre später im Fall *Handyside*,[59] wo der Gerichtshof dem betroffenen Mitgliedstaat im Rahmen der Rechtfertigungsprüfung auf Grund des in Art. 1 EMRK zum Ausdruck kommenden, subsidiären Charakters der EGMR und der unterschiedlichen Gegebenheiten in den einzelnen Vertragsstaaten einen Beurteilungsspielraum zuerkannte, der jedoch Hand in Hand mit einer Kontrolle durch den EuGH ausgeübt werden müsse. Der Beurteilungsspielraum spiegelt daher die Kompetenz des EGMR bei der durch die EMRK bestimmten Aufgabenteilung zwischen dem Gerichtshof und den nationalen Instanzen wider.[60] Letztlich kommt darin eine völkerrechtlich vorgegebene „Gewaltenteilung" zwischen dem EGMR und den demokratisch le-

[53] S. *Mahoney*, HRLJ 1998, 1, 2 u. 4.

[54] *Grabenwarter/Pabel*, Europäische Menschenrechtskonvention, § 18 Rn. 20; *Hangartner*, FS Borghi, S. 173, 179.

[55] *Mahoney*, HRLJ 1998, 1, 3; *Macdonald*, The Margin of Appreciation, in: Macdonald/Matscher/Petzold (Hrsg.), The European System for the Protection of Human Rights, S. 83, 84; s. auch die abweichende Meinung des Richters Martens in der Entscheidung EGMR, Urt. v. 27.09.1990 – 10843/84 – Cossey/Vereinigtes Königreich, A184, nach dessen Auffassung „States do not enjoy a margin of appreciation as a matter of right, but as a matter of judicial self-restraint"; ausführlich zum Ganzen *Rupp Swienty*, Die Doktrin von der margin of appreciation in der Rechtsprechung des Europäischen Gerichtshofs für Menschenrechte, S. 200 ff.

[56] So aber *Kühling*, Grundrechte, in: v. Bogdandy/Bast (Hrsg.), Europäisches Verfassungsrecht, S. 657, 695 ff.; *Nußberger*, NVwZ-Beilage 2013, 36, 41.

[57] *Jaeger*, EuGRZ 2005, 193, 202.

[58] EGMR, Urt. v. 18.06.1971 – 2832/66 u.a. – de Wilde, Ooms u. Versyp/Belgien, A12, Rn. 93.

[59] EGMR, Urt. v. 07.12.1976 – 5493/72 – Handyside/Vereinigtes Königreich, A24, Rn. 47 ff.; zu dieser Begründung der *margin of appreciation* s. *Schokkenbroek*, HRLJ 1998, 30, 31; *Mahoney*, HRLJ 1998, 1, 2.

[60] *Grabenwarter/Pabel*, Europäische Menschenrechtskonvention, § 18 Rn. 21; *Letsas*, A Theory of Interpretation of the European Convention on Human Rights, S. 90.

gitimierten nationalen Stellen zum Ausdruck,[61] weshalb es sich bei der *margin of appreciation* dem Ursprung nach um ein völkerrechtliches Konzept handelt,[62] welches der ständigen Weiterentwicklung durch den Gerichtshof unterworfen ist.[63] Dies schließt es freilich nicht aus, darin auch ein Instrument der Gewaltenteilung zwischen Judikative und Legislative bzw. Exekutive zu sehen,[64] ein Ansatz, der in der Rechtsprechung des EGMR freilich eher schwach ausgeprägt ist.[65] Der Gerichtshof selbst lieferte im Fall *Handyside* noch eine weitere, pragmatische Begründung für die Einräumung eines Beurteilungsspielraums zu Gunsten der Mitgliedstaaten. Die nationalen Stellen seien auf Grund der größeren Nähe zum Sachverhalt und den jeweiligen nationalen Gegebenheiten besser in der Lage, über die Auslegung der Konvention zu entscheiden als ein internationaler Gerichtshof wie der EGMR, etwa, wenn es darum geht, festzustellen, ob moralische Gründe einen Eingriff rechtfertigen könnten oder ob der Eingriff überhaupt notwendig sei,[66] was den mit dem 15. Zusatzprotokoll in der Präambel zur Konvention verankerten Gedanken der Subsidiarität widerspiegelt.[67]

Anwendbar ist die *margin of appreciation*-Doktrin auf alle Konventionsrechte einschließlich der Zusatzprotokolle.[68] Die Auswirkungen der Einräumung einer *margin of appreciation* werden im Rahmen der Rechtfertigungsprüfung bei der Frage thematisiert, ob der Eingriff in das Konventionsrecht notwendig ist, wobei in jedem Einzelfall vorab über die konkret anzuwendende Kontrolldichte entschieden werden muss.[69] Letztere variiert von einer bloßen Vertretbarkeitskont-

---

[61] *Grabenwarter/Pabel*, Europäische Menschenrechtskonvention, § 18 Rn. 21; *Letsas*, A Theory of Interpretation of the European Convention on Human Rights, S. 90; *Pellonpää*, EuGRZ 2006, 483, 483.

[62] *Kühling*, Grundrechte, in: v. Bogdandy/Bast (Hrsg.), Europäisches Verfassungsrecht, S. 657, 697.

[63] *Prepeluh*, ZaöRV 61 (2001), 771, 773.

[64] Vgl. *Mahoney*, HRLJ 1998, 1, 2; *Grabenwarter*, EuGRZ 2006, 487, 491; *ders.*, FS Tomuschat, S. 193, 205.

[65] Näher dazu *Uerpmann-Wittzack*, Ansätze für eine demokratische Grundrechtstheorie in der Rechtsprechung des Europäischen Gerichtshofs für Menschenrechte und im Europaratsrecht, in: Rixen (Hrsg.), Die Wiedergewinnung des Menschen als demokratisches Projekt, S. 91, 102 ff.

[66] EGMR, Urt. v. 07.12.1976 – 5493/72 – Handyside/Vereinigtes Königreich, A24, Rn. 48; s. dazu *Schokkenbroek*, HRLJ 1998, 30, 31; *Macdonald*, The Margin of Appreciation, in: Macdonald/Matscher/Petzold (Hrsg.), The European System for the Protection of Human Rights, S. 83, 87 ff.

[67] *Tanzarella*, Il margine di apprezzamento, in: Cartabia (Hrsg.), I diritti in azione, S. 145, 154; *Shelton*, Duke Journal of Comparative and International Law 13 (2003), 95, 129; *Olinga/Picheral*, RTDH 1995, 567, 568 f.

[68] *Mayer*, in: Karpenstein/Mayer, EMRK, Einl. Rn. 61; zur Reichweite der *margin of appreciation* bei Art. 1 des 1. Zusatzprotokoll s. *Macdonald*, The Margin of Appreciation, in: Macdonald/Matscher/Petzold (Hrsg.), The European System for the Protection of Human Rights, S. 83, 108 ff.

[69] EGMR, Urt. v. 26.02.2004 – 74969/01 – Görgülü/Deutschland, Rn. 42; vgl. *Prepeluh*, ZaöRV 61 (2001), 771, 774; *Nußberger*, NVwZ-Beilage 2013, 36, 41.

rolle bis hin zu einer detaillierten Nachprüfung auf Grundlage vorab definierter Prüfungskriterien.[70]

Wortlaut und Systematik eines Konventionsrechts geben nicht immer Aufschluss über das Bestehen einer *margin of appreciation*.[71] Lediglich bei klar formulierten Vorschriften wie Art. 5 EMRK, der eine Freiheitsentziehung nur in den dort genannten Fällen und nur auf die gesetzlich vorgeschriebene Weise erlaubt, wird erkennbar, dass der den Mitgliedstaaten verbleibende Beurteilungsspielraum gering sein muss,[72] während etwa die Formulierung in Art. 3 des 1. Zusatzprotokolls, wonach die Vertragsstaaten „die freie Äußerung der Meinung des Volkes bei der Wahl der gesetzgebenden Organe gewährleisten", auf eine weite *margin of appreciation* hindeutet.[73] Demgegenüber ist die Art des legitimen Eingriffsziels einer der relevanten Faktoren bei Bestimmung einer möglichen *margin of appreciation*.[74] So gesteht der Gerichtshof etwa beim Eingriffsziel der Unparteilichkeit der Rechtsprechung[75] den Mitgliedstaaten nur einen vergleichsweise geringen Beurteilungsspielraum zu, während beispielsweise bei Fragen der Moral und Sittlichkeit in der Regel ein weiter Spielraum zum Tragen kommt.[76] Des Weiteren besitzt das vom Eingriff betroffene Konventionsrecht Einfluss auf die Reichweite der *margin of appreciation*. So ist der Beurteilungsspielraum bei Konventionsrechten, denen, wie etwa der in Art. 10 EMRK verankerten Pressefreiheit, in einer demokratischen Gesellschaft besondere Bedeutung zukommt, erheblich eingeschränkt.[77] Der Gerichtshof nahm insoweit folgende Präzisierung vor: "[T]he supervision is [not] limited to ascertaining whether the respondent State exercised its discretion reasonably, carefully or in good faith; what the Court has to do is to

---

[70] *Nußberger*, NVwZ-Beilage 2013, 36, 41; zu den Prüfungskriterien s. etwa *Spielmann*, Cambridge Yearbook of European Legal Studies 14 (2011–2012), 381, 394 ff.

[71] Ausführlich zu diesem Aspekt *Rubel*, Entscheidungsfreiräume in der Rechtsprechung des Europäischen Gerichtshofes für Menschenrechte und des Europäischen Gerichtshofes, S. 41 ff.; s. auch *Hangartner*, FS Borghi, S. 173, 176.

[72] *Mahoney*, HRLJ 1998, 1, 5.

[73] *Pellonpää*, EuGRZ 2006, 483, 483; s. dazu auch *Arai-Takahashi*, The Margin of Appreciation Doctrine and the Principle of Proportionality in the Jurisprudence of the ECHR, S. 211 f. u. 238.

[74] So etwa EGMR, Urt. v. 22.10.1981 – 7525/76 – Dudgeon/Vereinigtes Königreich, A45, Rn. 52; *Brems*, ZaöRV 56 (1996), 240, 256 ff.; *Mahoney*, HRLJ 1998, 1, 5; *Schokkenbroek*, HRLJ 1998, 30, 34.

[75] EGMR, Urt. v. 26.04.1979 – 6538/74 – Sunday Times/Vereinigtes Königreich, A30, Rn. 59.

[76] Vgl. etwa EGMR, Urt. v. 07.12.1976 – 5493/72 – Handyside/Vereinigtes Königreich – A24, Rn. 48; Urt. v. 24.05.1988 – 10737/84 – Müller u.a./Schweiz, A133, Rn. 35; Urt. v. 22.10.1981 – 7525/76 – Dudgeon/Vereinigtes Königreich, A45, Rn. 52; etwas zurückhaltender jedoch EGMR, Urt. v. 29.10.1992 – 14234/88 u. 14235/88 – Open Door and Dublin Well Woman, A246-A, Rn. 68.

[77] EGMR, Urt. v. 08.07.1986 – 9815/82 – Lingens/Österreich, A103, Rn. 42; Urt. v. 20.10.1997 – 19736/92 – Radio ABC/Österreich, RJD 1997-VI, Rn. 30; s. auch *Brems*, ZaöRV 56 (1996), 240, 266; *Mayer*, in: Karpenstein/Mayer, EMRK, Einl. Rn. 66; *Macdonald*, The Margin of Appreciation, in: Macdonald/Matscher/Petzold (Hrsg.), The European System for the Protection of Human Rights, S. 83, 86 f. u. 93; *Prepeluh*, ZaöRV 61 (2001), 771, 777; ausführlich auch *Märten*, Die Vielfalt des Persönlichkeitsschutzes, S. 273 ff.; *Shelton*, Duke Journal of Comparative and International Law 13 (2003), 95, 131 ff.

look at the interference complained of in the light of the case as a whole, including the content of the comments held against the applicants and the context in which they made them".[78] Eine ähnliche Beschränkung der *margin of appreciation* findet sich beim Recht auf Leben sowie beim Verbot der Folter,[79] während der Beurteilungsspielraum der nationalen Instanzen etwa bei der Eigentumsgarantie regelmäßig weiter ist.[80] Auch die Relevanz des betroffenen Grundrechts für den Einzelnen ist für die Einräumung einer *margin of appreciation* von Bedeutung, so dass zum Beispiel bei Eingriffen in das Recht auf Wohnung die *margin of appreciation* eng ist.[81] Weitere wichtige, wenn nicht in der Praxis sogar *die* wichtigsten Kriterien zur Bestimmung der Reichweite des mitgliedstaatlichen Beurteilungsspielraums sind das Vorliegen eines europäischen Standards, die Klarheit des Sachverhalts sowie das Bestehen spezifischer nationaler oder regionaler Besonderheiten in rechtlicher oder faktischer Hinsicht, welche von den nationalen Behörden auf Grund deren größerer Sachnähe besser beurteilt werden können als von einem internationalen Gerichtshof.[82] Ist in einem Bereich ein einheitlicher europäischer Standard auszumachen, weist die Prüfung des EGMR tendenziell eine hohe Kontrolldichte auf, wobei das Bestehen des einheitlichen Standards im Wege des Vergleichs der Rechtssysteme und der Rechtspraxis der Vertragsstaaten ermittelt wird.[83] Existieren bezüglich einer Frage in den Mitgliedstaaten hingegen sehr unterschiedliche gesetzliche Regelungen und Auffassungen, ist die *margin of appreciation* aus Gründen der Subsidiarität des EGMR weit, insbesondere dann, wenn sensible po-

---

[78] EGMR, Urt. v. 17.12.2004 – 49017/99 – Pedersen u. Baadsgaard/Dänemark, RJD 2004, Rn. 69; ähnlich bereits EGMR, Urt. v. 11.01.2000 – 31457/96 – News Verlags GmbH & Co. KG/Österreich, RJD 2000-I, Rn. 52.

[79] *Mahoney*, HRLJ 1998, 1, 5; *Legg*, The Margin of Appreciation in International Human Rights Law, S. 204 ff.

[80] S. etwa EGMR, Urt. v. 21.02.1986 – 8793/79 – James u. a./Vereinigtes Königreich, A98, Rn. 46 ff.; Urt. v. 07.07.1989 – 10873/84 – Traktörer Aktiebolag/Schweden, A159, Rn. 62; ausführlich zum Ganzen *Macdonald*, The Margin of Appreciation, in: Macdonald/Matscher/Petzold (Hrsg.), The European System for the Protection of Human Rights, S. 83, 108 ff.

[81] EGMR, Urt. v. 24.11.1986 – 9063/80 – Gillow/Vereinigtes Königreich, A109, Rn. 55; s. dazu auch EGMR, Urt. v. 29.09.1996 – 20348/92 – Buckley/Vereinigtes Königreich, RJD 1996-IV, Rn. 74 ff.; zum Datenschutzgrundrecht s. EGMR, Urt. v. 04.12.2008 – 30562/04 u. 30566/04 – S. und Marper/Vereinigtes Königreich, RJD 2008, Rn. 102; zur persönlichen Identität s. EGMR, Urt. v. 29.04.2002 – 2346/02 – Pretty/Vereinigtes Königreich, RJD 2002-III, Rn. 65; zur *margin of appreciation* bei Art. 8 EMRK ausführlich *Macdonald*, The Margin of Appreciation, in: Macdonald/Matscher/Petzold (Hrsg.), The European System for the Protection of Human Rights, S. 83, 98 ff.

[82] S. etwa EGMR, Urt. v. 22.10.1981 – 7525/76 – Dudgeon/Vereinigtes Königreich, A45, Rn. 52; ähnlich auch EGMR, Urt. v. 13.07.1995 – 18139/91 – Tolstoy Miloslavsky/Vereinigtes Königreich, A316-B, Rn. 24; Urt. v. 10.04.2007 – 6339/05 – Evans/Vereinigtes Königreich, RJD 2007-I, Rn. 77; Urt. v. 01.07.2014 – 43835/11 – S.A.S./Frankreich, RJD 2014, Rn. 129; *Grabenwarter/Pabel*, Europäische Menschenrechtskonvention, § 18 Rn. 21.

[83] *Mayer*, in: Karpenstein/Mayer, EMRK, Einl. Rn. 63; *Wildhaber*, FS Ress, 1101, 1106; *Mahoney*, HRLJ 1998, 1, 5, der jedoch darauf hinweist, dass ein einheitlicher Standard nicht zwangsläufig immer zur Reduzierung der Reichweite der *margin of appreciation* führt; eingehend zum Ganzen auch *Dzehtsiarou*, European Consensus and the Legitimacy of the European Court of Human Rights, S. 132 ff.; *Draghici*, Public Law 2017, 11, 12 ff.

litische, moralische und ethische Themen berührt werden.[84] Der Grund für die Abhängigkeit des Beurteilungsspielraums von einem etwaigen Konsens zwischen den Mitgliedstaaten liegt darin, dass die EMRK keine Ebene darstellt, die den Vertragsstaaten von einer höheren Stelle aufoktroyiert wurde, sondern sie vielmehr ein System von Regeln beinhaltet, welche Teil eines gemeinsamen europäischen Erbes sind und die sich aus den mitgliedstaatlichen Verfassungen ergeben.[85]

Im Falle mehrpoliger Rechtsverhältnisse gesteht der EGMR den Vertragsparteien zumindest teilweise einen weiten Beurteilungsspielraum im Sinne einer Korridorlösung[86] zu, was der Gerichtshof in der Rechtssache *Dickson* folgendermaßen zum Ausdruck brachte: „There will usually be a wide margin accorded if the State is required to strike a balance between competing private and public interests or Convention rights."[87] In anderen Fällen mehrpoliger Rechtsverhältnisse lässt sich eine solche Tendenz hingegen nicht ausmachen,[88] so dass das Vorliegen eines mehrpoligen Rechtsverhältnisses alleine noch nichts über die Weite des mitgliedstaatlichen Beurteilungsspielraums oder das Zugeständnis eines Entscheidungskorridors aussagt.[89]

---

[84] EGMR, Urt. v. 27.09.1990 – 10843/84 – Cossey/Vereinigtes Königreich, A184, Rn. 40; Urt. v. 25.11.1994 – 18131/91 – Stjerna/Finnland, A299-B, Rn. 39; Urt. v. 30.07.1998 – 22985/93 u. 23390/94 – Sheffield and Horsham/Vereinigtes Königreich, RJD 1998-V, Rn. 58; Urt. v. 11.07.2002 – 28957/95 – Christine Goodwin/Vereinigtes Königreich, RJD 2002-VI, Rn. 71 ff.; Urt. v. 11.07.2002 – 25680/94 – I./Vereinigtes Königreich, Rn. 71 ff.; EGMR, Urt. v. 18.03.2011 – 30814/06 – Lautsi u.a./Italien, RJD 2011, Rn. 61; Urt. v. 12.04.2012 – 43547/08 – Stübing/Deutschland, Rn. 59 ff.; Urt. v. 26.11.2015 – 64846/11 – Ebrahimian/Frankreich, Rn. 65 f.; *Grabenwarter/Pabel*, Europäische Menschenrechtskonvention, § 18 Rn. 21; *Wildhaber*, FS Ress, S. 1101, 1105 f.; *Gerards*, ELJ 17 (2011), 80, 108 f.

[85] *Brems*, ZaöRV 56 (1996), 240, 276 f.

[86] S. dazu instruktiv *Lübbe-Wolff*, Der Grundrechtsschutz nach der Europäischen Menschenrechtskonvention bei konfligierenden Individualrechten – Plädoyer für eine Korridor-Lösung, in: Hochhuth (Hrsg.) Nachdenken über Staat und Recht, S. 193, 195 ff.; s. auch *Hoffmann-Riem*, EuGRZ 2006, 492, 497; *Viellechner*, Der Staat 51 (2012), 559, 578; *Franzius*, Rechtswissenschaft 7 (2016), 62, 84.

[87] EGMR, Urt. v. 04.12.2007 – 44362/04 – Dickson/Vereinigtes Königreich, RJD 2007-V, Rn. 78; ähnlich auch schon EGMR, Urt. v. 13.03.2003 – 42326/98 – Odièvre/Frankreich, RJD 2003-III, Rn. 46; Urt. v. 10.04.2007 – 6339/05 – Evans/Vereinigtes Königreich, RJD 2007-I, Rn. 77; Urt. v. 15.01.2013 – 48420/10, 59842/10, 51671/10 u. 36516/10 – Eweida u.a./Vereinigtes Königreich, RJD 2013, Rn. 106, wobei in Rn. 94 in einer vergleichbaren Konstellation betreffend die Religionsfreiheit der EGMR allerdings selbst eine detaillierte Verhältnismäßigkeitsprüfung vornahm, während er sich in Rn. 99 in einer ähnlichen Konstellation wiederum zurückhielt; zum Ganzen s. *Wollenschläger*, Die Gewährleistung von Sicherheit im Spannungsfeld der nationalen, unionalen und EMRK-Grundrechtsordnungen, in: Iliopoulos-Strangas/Diggelmann/Bauer (Hrsg.), Rechtsstaat, Freiheit und Sicherheit in Europa, S. 45, 75.

[88] So etwa EGMR, Urt. v. 24.06.2004 – 59320/00 – von Hannover/Deutschland (Nr. 1), RJD 2004-VI, Rn. 57 u. 79.

[89] Gegen einen Zusammenhang von Mehrpoligkeit und *margin of appreciation Klatt*, Die praktische Konkordanz von Kompetenzen, S. 115 f.; ebenso *Grabenwarter*, FS Tomuschat, S. 193, 201; zweifelnd bezüglich einer entsprechenden Position des EGMR auch *Lübbe-Wolff*, Der Grundrechtsschutz nach der Europäischen Menschenrechtskonvention bei konfligierenden Individualrechten – Plädoyer für eine Korridor-Lösung, in: Hochhuth (Hrsg.) Nachdenken über Staat und Recht, S. 193, 205 f.

Demgegenüber ist für die Bemessung der *margin of appreciation* – zusätzlich zu den üblichen Kriterien wie etwa dem Bestehen eines einheitlichen Standards in den Konventionsstaaten – gerade in jüngerer Zeit entscheidend, ob und inwieweit das oberste nationale Gericht eine sorgfältige Abwägung zwischen den kollidierenden Rechtspositionen im Lichte der Rechtsprechung des EGMR vorgenommen hat.[90] Ist dies der Fall, sollte sich der EGMR mit Rücksicht auf den Subsidiaritätsgedanken und die vielfach ausdifferenzierte nationale Rechtsprechung und Dogmatik auf diesem Gebiet zurückhalten und keine neuerliche, vollumfängliche Überprüfung vornehmen,[91] was freilich nicht immer geschieht.[92]

Insgesamt ist das Rechtsinstitut der *margin of appreciation* als solches nicht unumstritten. So wird dagegen eingewandt, dass kaum vorhersehbar sei, wann den Mitgliedstaaten Beurteilungsspielräume zugestanden werden sollen.[93] Andere Stimmen kritisieren, dass im Grundrechtsbereich kein Raum bestünde für die Gewährung eines Beurteilungsspielraums zu Gunsten der Vertragsparteien, da klar sein müsse, welche Grenzen nicht überschritten werden dürften.[94] Schließlich wird gegen das Konzept der *margin of appreciation* vorgebracht, dass die Orientierung am Konsens den Schutz von Minderheitspositionen tendenziell zu kurz kommen lasse.[95]

Die genannten Kritikpunkte vermögen im Ergebnis jedoch nicht zu überzeugen, da das *margin of appreciation*-Konzept schon von seiner Art her kontextbezogen ist und eine abstrakte Definition deshalb notwendigerweise scheitern muss.[96] Ferner haben sich im Laufe der Zeit Fallgruppen herausgebildet, mit deren Hilfe das Bestehen und die Reichweite einer *margin of appreciation* ver-

---

[90] EGMR, Urt. v. 23.09.2010 – 425/03 – Obst/Deutschland, Rn. 42 u. 52; Urt. v. 03.02.2011 – 18136/02 – Siebenhaar/Deutschland, Rn. 39, 45 u. 47; Urt. v. 12.06.2014 – 56030/07 – Martínez/Spanien, Rn. 147 ff.; allgemein zu diesem Kriterium s. *Pellonpää*, EuGRZ 2006, 483, 484.

[91] S. dazu etwa EGMR, Entsch v. 26.02.2002 – 36515/97 – Fretté/Frankreich, RJD 2002-I, Rn. 42; Urt. v. 10.04.2007 – 6339/05 – Evans/Vereinigtes Königreich, RJD 2007-I, Rn. 83 ff.

[92] Problematisch insoweit etwa EGMR, Urt. v. 17.12.2004 – 49017/99 – Pedersen u. Baadsgaard/Dänemark, RJD 2004, Rn. 68 ff.; Urt. v. 23.09.2010 – 1620/03 – Schüth/Deutschland, RJD 2010, Rn. 55 f. u. 61 ff.; zur Problematik der mehrpoligen Rechtsverhältnisse s. auch *Hoffmann-Riem*, EuGRZ 2006, 492, 496 ff.

[93] *Mayer*, in: Karpenstein/Mayer, EMRK, Einl. Rn. 67; *Letsas*, A Theory of Interpretation of the European Convention on Human Rights, S. 80 ff.; s. dazu auch *Macdonald*, The Margin of Appreciation, in: Macdonald/Matscher/Petzold (Hrsg.), The European System for the Protection of Human Rights, S. 83, 84 f.; *Gerards*, ELJ 17 (2011), 80, 114; *Tanzarella*, Il margine di apprezzamento, in: Cartabia (Hrsg.), I diritti in azione, S. 145, 148 u. 158 f., wobei andererseits eingestanden wird, dass der EGMR bestimmte Fallgruppen entwickelt hat; für ein Beispiel aus der Praxis, in dem diese Kritik durchaus gerechtfertigt erscheint s. Urt. v. 15.01.2013 – 48420/10, 59842/10, 51671/10 u. 36516/10 – Eweida u.a./Vereinigtes Königreich, RJD 2013, Rn. 94 u. 106.

[94] *De Meyer*, Teilweise abweichende Meinung in: EGMR, Urt. v. 25.02.1997 – 22009/93 – Z./Finnland, Reports 1997-I, 323; s. dazu *Schokkenbroek*, HRLJ 1998, 30, 35.

[95] *Mayer*, in: Karpenstein/Mayer, EMRK, Einl. Rn. 67; *Letsas*, A Theory of Interpretation of the European Convention on Human Rights, S. 120 ff.

[96] *Macdonald*, The Margin of Appreciation, in: Macdonald/Matscher/Petzold (Hrsg.), The European System for the Protection of Human Rights, S. 83, 85.

gleichsweise sicher vorhergesagt werden können,[97] wobei freilich zuzugeben ist, dass sich der Gerichtshof selbst teilweise nicht an seine Leitlinien zum Beurteilungsspielraum hält[98] bzw. er mitunter sogar dort, wo er den Mitgliedstaaten explizit einen solchen gewährt, trotzdem eine eigene, vollumfängliche Überprüfung vornimmt.[99]

Gegen die Kritik an der Weite einer *margin of appreciation* lässt sich einwenden, dass sich in der Rechtsprechung des Gerichtshofs auf vielen Gebieten eine klare Tendenz in Richtung einer Reduzierung der mitgliedstaatlichen Beurteilungsspielräume abzeichnet,[100] wodurch die Einhaltung europäischer Mindeststandards im Grundrechtsbereich gewährleistet wird. Zugleich wird jedoch auf diese Weise der Handlungsspielraum der Vertragsparteien durch ein völkerrechtlich etabliertes Gericht eingeschränkt, was zu Konflikten insbesondere mit den Verfassungs- und Höchstgerichten der Vertragsparteien[101] und letztlich zu einer Vereinheitlichung des Grundrechtsschutzes auf europäischer Ebene führen kann.[102] Der EGMR kann so trotz der völkerrechtlichen Natur der EMRK und der regelmäßig fehlenden Überordnung der Konvention über das nationale Recht zu einer Kontrollinstanz gegenüber den Verfassungs- und Höchstgerichten der Vertragsparteien werden, was auf eine zumindest faktische Überordnung des Gerichtshofs gegenüber den vertragsparteilichen Instanzen hinausläuft.[103] Allerdings gibt es gerade in jüngerer Zeit Entscheidungen, in denen der EGMR den Beurteilungsspielraum wieder stärker betont und die dafür erforderlichen Voraussetzungen klar benennt.[104] In Bezug auf den Schutz von Minderheitspositionen lässt sich sagen, dass diese bei Heranziehung des *margin of appreciation*-Konzepts nicht unberücksichtigt bleiben müssen, sondern sie bei Fehlen eines eu-

[97] S. dazu *Callewaert*, GS Ryssdal, S. 147, 148; *Pellonpää*, EuGRZ 2006, 483, 486; *Rubel*, Entscheidungsfreiräume in der Rechtsprechung des Europäischen Gerichtshofes für Menschenrechte und des Europäischen Gerichtshofes, S. 83; *Bates*, HRLJ 36 (2016), 261, 275.

[98] Problematisch ist insoweit etwa EGMR, Urt. v. 01.06.2010 – 22978/05 – Gäfgen/Deutschland, RJD 2010, Rn. 117 f. u. 126 ff., wo der EGMR selbst feststellt, was die angemessenste Form der Wiedergutmachung für eine Verletzung von Art. 3 EMRK sein; krit. dazu *Grabenwarter*, NJW 2010, 3128, 3130.

[99] So etwa EGMR, Urt. v. 23.09.2010 – 1620/03 – Schüth/Deutschland, RJD 2010, Rn. 55 f. u. 61 ff.

[100] *Mayer*, in: Karpenstein/Mayer, EMRK, Einl. Rn. 67; *Prepeluh*, ZaöRV 61 (2001), 771, 826 u. 831 in Bezug auf Art. 10 EMRK.

[101] S. dazu BVerfGE 101, 361, 395 f. u. EGMR, Urt. v. 24.06.2004 – 59320/00 – von Hannover/Deutschland (Nr. 1), RJD 2004-VI, Rn. 61 ff. sowie BVerfGE 120, 180 Rn. 77 ff. u. EGMR, Entsch v. 07.02.2012 – 40660/08 u. 60641/08 – von Hannover/Deutschland (Nr. 2), RJD 2012, Rn. 94 ff.; näher dazu s. etwa *Rohleder*, Grundrechtsschutz im europäischen Mehrebenen-System, S. 309 ff.; ähnlich auch BVerfGE 109, 133, 149 ff.; EGMR, Urt. v. 17.12.2009 – 19359/04 – M./Deutschland, RDJ 2009, Rn. 86 ff.; BVerfGE 128, 326, 366 ff.

[102] S. dazu *Grabenwarter*, EuGRZ 2011, 229, 231; *v. Ungern-Sternberg*, Autonome und funktionale Grundrechtskonzeptionen – Unter besonderer Berücksichtigung der Rechtsprechung des Europäischen Gerichtshofs für Menschenrechte, in: Matz-Lück/Hong (Hrsg.), Grundrechte und Grundfreiheiten im Mehrebenensystem, S. 69, 103.

[103] Vgl. *Ress*, ZaöRV 64 (2004), 621, 630.

[104] S. etwa EGMR, Urt. v. 18.03.2011 – 30814/06 – Lautsi u.a./Italien, RJD 2011, Rn. 61.

ropäischen Konsenses durch die jeweilige Vertragspartei berücksichtigt werden können, wobei auch eine enge *margin of appreciation* im Fall eines einheitlichen europäischen Standards im Einzelfall einer bestimmten Minderheitsposition zu Gute kommen kann.

Einen Beurteilungsspielraum besonderer Art genießen die Vertragsparteien, wenn sie in Erfüllung von Verpflichtungen handeln, welche ihnen durch die Mitgliedschaft in einer internationalen oder supranationalen Organisation entstehen.[105] Dies gilt insbesondere für die Mitgliedstaaten der EU bei der Durchführung von Unionsrecht. In der diesbezüglichen Leitentscheidung im Fall *Bosphorus*[106] entwickelte der EGMR ein Prüfungsraster, welches mit dem des Bundesverfassungsgerichts im Fall *Solange II* in Bezug auf das Unionsrecht zumindest vom Ansatz her vergleichbar ist.[107] So prüft der Straßburger Gerichtshof in einem ersten Schritt, ob die betroffene internationale Organisation über einen „gleichwertigen" Grundrechtsschutz verfügt.[108] Staatliches Handeln in Erfüllung von Verpflichtungen, die sich aus der Mitgliedschaft in einer internationalen Organisation ergäben, sei so lange gerechtfertigt, wie die Organisation über einen der EMRK gleichwertigen Grundrechtsschutz verfüge.[109] Ein mit der EMRK identischer Grundrechtsschutz sei indes nicht erforderlich.[110] Wenn die betreffende internationale Organisation über einen vergleichbaren Grundrechtsschutz verfüge, was stets neu zu überprüfen sei, bestehe deshalb eine Vermutung für die Konventionskonformität des staatlichen Handelns.[111] Diese Vermutung könne jedoch in einem zweiten Schritt widerlegt werden, wenn der Grundrechtsschutz im konkreten Fall „manifestly deficient" sei.[112] In Bezug auf die EU besteht die Vermutung eines gleichwertigen Grundrechtsschutzes sowohl in materieller Hinsicht als auch im Hinblick auf die Rechtsschutzmecha-

[105] S. dazu *Grabenwarter/Pabel*, Europäische Menschenrechtskonvention, § 18 Rn. 23.

[106] EGMR, Urt. v. 30.06.2005 – 45036/98 – Bosphorus Hava Yollari Turizm ve Ticaret Anonim Sirketi/Irland, RJD 2005-VI.

[107] *Haratsch*, ZaöRV 66 (2006), 927, 932; *Grabenwarter/Pabel*, Europäische Menschenrechtskonvention, § 18 Rn. 23; *Gaja*, FS Tomuschat, S. 517, 521 f.; *Sauer*, Grundrechtskollisionsrecht für das europäische Mehrebenensystem, in: Matz-Lück/Hong (Hrsg.), Grundrechte und Grundfreiheiten im Mehrebenensystem, S. 1, 36.

[108] EGMR, Urt. v. 30.06.2005 – 45036/98 – Bosphorus Hava Yollari Turizm ve Ticaret Anonim Sirketi/Irland, RJD 2005-VI, Rn. 155; bestätigt in EGMR, Urt. v. 23.05.2016 – 17502/07 – Avotiņš/Lettland, RJD 2016, Rn. 101 ff.

[109] EGMR, Urt. v. 30.06.2005 – 45036/98 – Bosphorus Hava Yollari Turizm ve Ticaret Anonim Sirketi/Irland, RJD 2005-VI, Rn. 155.

[110] EGMR, Urt. v. 30.06.2005 – 45036/98 – Bosphorus Hava Yollari Turizm ve Ticaret Anonim Sirketi/Irland, RJD 2005-VI, Rn. 155.

[111] EGMR, Urt. v. 30.06.2005 – 45036/98 – Bosphorus Hava Yollari Turizm ve Ticaret Anonim Sirketi/Irland, RJD 2005-VI, Rn. 155 f.

[112] EGMR, Urt. v. 30.06.2005 – 45036/98 – Bosphorus Hava Yollari Turizm ve Ticaret Anonim Sirketi/Irland, RJD 2005-VI, Rn. 156; bestätigt in EGMR, Urt. v. 23.05.2016 – 17502/07 – Avotiņš/Lettland, RJD 2016, Rn. 113 ff.

nismen,[113] wodurch der EGMR der Union und insbesondere dem EuGH eine Art „Vertrauensvorschuss"[114] einräumt und, in Kategorien der prozessualen Konfliktvermeidung gesprochen, einen zumindest partiellen Kontrollverzicht bzw. eine Kontrollrücknahme[115] vornimmt. Im Unterschied zur *Solange*-Formel bleibt jedoch bei der *Bosphorus*-Doktrin eine Widerlegung der Vermutung im Einzelfall möglich.[116]

Keine Privilegierung erfahren die EU-Mitgliedstaaten indes dann, wenn sie nicht auf die Umsetzung des Unionsrechts beschränkt sind, sondern über einen eigenen Handlungsspielraum verfügen.[117] Hintergrund dieser Überlegung ist, dass sich der betroffene Staat dann nicht mehr in dem der *Bosphorus*-Vermutung zugrunde liegenden Dilemma befindet, entweder konventionswidriges Unionsrecht durchführen zu müssen und dadurch gegen die EMRK zu verstoßen oder das Unionsrecht unangewendet zu lassen und dadurch dessen Vorrang vor dem nationalen Recht zu missachten.[118] Konsequenterweise verneinte der EGMR in dem Verfahren *M.S.S.* die Anwendbarkeit der *Bosphorus*-Doktrin, da Belgien nicht der strikten internationalen Rechtspflicht zur Abschiebung des Beschwerdeführers nach Griechenland unterlag, sondern ihm nach der Dublin II-Verordnung ein Wahlrecht zukam.[119] Der *Bosphorus*-Vermutung liegt dementsprechend kein dogmatisch fundiertes Konzept, sondern vielmehr der Gedanke der pragmatischen Selbstbeschränkung seitens des EGMR zu Grunde,[120] mit dessen Hilfe formelle Divergenzen zwischen EGMR und EuGH, d.h. unterschiedliche Entscheidungen bei gleichem Sachverhalt,[121] vermieden werden sollen. Gegen die *Bosphorus*-Vermutung wird zu Recht eingewandt, dass auch nationale Verfassungs- und Höchstgerichte ein ähnliches Vertrauen genießen sollten, wenn sie einen Fall hinreichend intensiv und nachvollziehbar durchgeprüft haben,[122] was

[113] EGMR, Urt. v. 30.06.2005 – 45036/98 – Bosphorus Hava Yollari Turizm ve Ticaret Anonim Sirketi/Irland, RJD 2005-VI, Rn. 159 ff.; zum Ganzen s. *Edenharter*, Der EGMR als Verfassungsgericht der EU? – Mögliche Implikationen des Beitritts der EU zur EMRK, in: Elser et al. (Hrsg.), 53. ATÖR – Das letzte Wort, S. 187, 193.

[114] *Szczekalla*, GPR 2005, 176, 178; *Baumann*, EuGRZ 2011, 1, 3.

[115] Vgl. Ma*ier*, Grundrechtsschutz bei der Durchführung von Richtlinien, S. 287, der insoweit von „Prüfungsrücknahme" spricht.

[116] *Baumann*, EuGRZ 2011, 1, 3.

[117] *Haratsch*, ZaöRV 66 (2006), 927, 932; *Sauer*, Jurisdiktionskonflikte in Mehrebenensystemen, S. 318.

[118] EGMR, Urt. v. 30.06.2005 – 45036/98 – Bosphorus Hava Yollari Turizm ve Ticaret Anonim Sirketi/Irland, RJD 2005-VI, Rn. 143 ff.

[119] EGMR, Urt. v. 21.01.2011 – 30696/09 – M.S.S./Belgien und Griechenland, RJD 2011, Rn. 339 f.; s. dazu *Maier*, Grundrechtsschutz bei der Durchführung von Richtlinien, S. 253 ff.

[120] *Grabenwarter/Pabel*, Europäische Menschenrechtskonvention, § 18 Rn. 23; *Conforti*, FS Wildhaber, S. 173, 180; *Berka*, ÖJZ 2006, 876, 883.

[121] Zum Begriff der formellen Jurisdiktionsdivergenzen s. *Spiekermann*, Die Folgen des Beitritts der EU zur EMRK, S. 141; *Defeis*, Dickinson Journal of International Law 19 (2001), 301, 317; s. auch oben, § 2 I.2.

[122] *Szczekalla*, GPR 2005, 176, 178; *Grabenwarter*, EuGRZ 2006, 487, 490 f.; *Grabenwarter/Pabel*, Europäische Menschenrechtskonvention, § 18 Rn. 23.

insbesondere im Hinblick eines möglichen Beitritts der EU zur EMRK gilt.[123] Der EGMR zog die in der *Bosphorus*-Entscheidung entwickelten Grundsätze auch in der Entscheidung im Fall *Kokkelvisserij* heran.[124] In dem Fall ging es um die Frage nach der Konventionskonformität der Weigerung des EuGH, ein Recht zur Erwiderung auf die Stellungnahme des Generalanwalts vor dem EuGH anzuerkennen. Der EGMR verneinte einen Verstoß gegen die EMRK, indem er auf die im *Bosphorus*-Urteil entwickelte Vermutungsregel zu Gunsten der EU und den gleichwertigen Grundrechtsstandard in der EU rekurrierte.[125] Damit erstreckte der EGMR die Vermutung eines konventionsäquivalenten Grundrechtsschutzes auch auf die vor dem EuGH stattfindenden, mithin auf EU-interne Verfahren,[126] womit er sich gleichzeitig die Möglichkeit eröffnete, zu einer Vielzahl von EuGH-Entscheidungen Stellung zu nehmen.[127]

4. Einfluss nationaler Grundrechte auf die EGMR-Judikatur

Konflikte zwischen nationalen Grundrechten und der EMRK werden nicht nur durch die Einräumung einer *margin of appreciation* zu Gunsten der Mitgliedstaaten vermieden, sondern auch dadurch, dass sich der EGMR der Konfliktvermeidungsstrategie der größtmöglichen Angleichung der Prüfungsmaßstäbe durch Einbeziehung der Judikatur nationaler Verfassungs- und Höchstgerichte bedient. Exemplarisch zeigen lässt sich dieses Vorgehen am Beispiel der Rechtssache *Scoppola (Nr. 2)*, wo der Gerichtshof unter Aufgabe seiner früheren Rechtsprechung angesichts der gemeinsamen Verfassungstradition der Mitgliedstaaten und der Rechtsprechung der französischen Cour de cassation aus Art. 7 EMRK ein Gebot der rückwirkenden Anwendung des milderen Strafgesetzes ableitete.[128] Dadurch konnte ein etwaiger Widerspruch zur Rechtsprechung der italienischen Gerichte vermieden werden. Auffällig ist im Zusammenhang mit der *Scoppola (Nr. 2)*-Entscheidung weiterhin, dass der EGMR zur Begründung seiner Rechtsprechungsänderung zudem auf die EuGH-Entscheidung im Fall *Berlusconi*[129]

---

[123] Näher dazu unten, § 13 III.3.

[124] EGMR, Urt. v. 20.01.2009 – 13645/05 – Coopëratieve Producentenorganisatie van de Nederlandse Kokkelvisserij U.A./Niederlande, RJD 2009.

[125] EGMR, Urt. v. 20.01.2009 – 13645/05 – Coopëratieve Producentenorganisatie van de Nederlandse Kokkelvisserij U.A./Niederlande, RJD 2009.

[126] *Pavlidis*, EU und EMRK: Rechtsfragen eines Beitritts, S. 28.

[127] *Vondung*, Die Architektur des europäischen Grundrechtsschutzes nach dem Beitritt der EU zur EMRK, S. 97 f.; *Maier*, Grundrechtsschutz bei der Durchführung von Richtlinien, S. 252 f.

[128] EGMR, Urt. v. 17.09.2009 – 10249/03 – Scoppola/Italien (Nr. 2), Rn. 103 ff.; anders noch EGMR, Urt. v. 05.12.2000 – 35574/97 – Le Petit/Vereinigtes Königreich, Rn. 17 ff.; Urt. v. 06.03.2003 – 41171/98 – Zaprianov/Bulgarien, Rn. 59 ff.; s. dazu *Ludwigs*, EuGRZ 2014, 273, 276.

[129] EuGH, verb. Rs. C-387/02, C-391/02 u. C-403/02, Berlusconi u.a., Slg. 2005, I-3565, Rn. 66 ff.

Bezug nahm, wodurch augenscheinlich auch einer Rechtsprechungsdivergenz mit dem EuGH vorgebeugt werden sollte.

Bereits zuvor hatte der EGMR in seinen Entscheidungen zunehmend auf die Rechtsprechung des EuGH Bezug genommen, wobei er sich mitunter sogar deshalb auf die Judikatur des Luxemburger Gerichtshofs beruft, um Änderungen seiner eigenen Rechtsprechung zu begründen.[130] Konkret gilt dies etwa für die Entscheidung im Fall *Pellegrin*, in der der EGMR im Wege einer Rechtsprechungsänderung seine Judikatur zu Art. 6 Abs. 1 EMRK hinsichtlich der Grundrechtsberechtigung von Angestellten des öffentlichen Dienstes explizit an der vom EuGH zur Bestimmung der Reichweite des Begriffs des öffentlichen Dienstes orientierte.[131] Wenngleich es in dem konkreten Fall nicht um die Vermeidung einer Rechtsprechungsdivergenz mit dem EuGH ging, kann auf diese Weise eine Vereinheitlichung der Auslegung der EMRK und der Unionsgrundrechte erreicht werden. Eine ähnliche Bezugnahme auf die Rechtsprechung des EuGH erfolgte im Fall *Goodwin*, wo der EGMR seine Argumentation mit einem Verweis auf die Position des EuGH bezüglich der Rechte von Transsexuellen stützte,[132] wodurch er etwaige Konflikte mit der Antidiskriminierungsrechtsprechung des EuGH von vorneherein vermied.

5. Völkerrechtliche Wirkung von EGMR-Urteilen

Nach Art. 46 Abs. 1 EMRK verpflichten sich die Vertragsparteien, in allen Rechtssachen, in denen sie Partei sind, das endgültige Urteil des Gerichtshofs zu befolgen. Das bedeutet, dass die Konventionspartei, gegen die ein Urteil des EGMR ergeht, verpflichtet ist, dieses zu befolgen, die festgestellte und fortdauernde Konventionsverletzung zu beenden und, soweit möglich, einen konventionskonformen Zustand herzustellen. Unerheblich ist insoweit, ob die Konventionsverletzung ihren Ursprung im Bundesrecht oder im gliedstaatlichen Recht hat. In sachlicher Hinsicht beschränkt sich die Rechtskraft des Urteils auf den Sachverhalt und die darauf bezogenen Rügen von Konventionsverletzungen.[133] Der EGMR besitzt keine Befugnis, konventionswidrige Rechtsakte der Mitgliedstaaten aufzuheben, d.h. EGMR-Urteile haben im innerstaatlichen Recht weder kassatorische noch reformatorische Wirkung.[134] Art. 46 Abs. 2 EMRK, wonach

---

[130] Ausführlich dazu *Scheeck*, ZaöRV 65 (2005), 837, 869 f.

[131] EGMR, Urt. v. 08.12.1999 – 28541/95 – Pellegrin/Frankreich, RJD 1999-VIII, Rn. 66.

[132] EGMR, Entsch. v. 11.07.2002 – 28957/95 – Christine Goodwin/Vereinigtes Königreich, RJD 2002-VI, Rn. 92.

[133] *Grabenwarter/Pabel*, Europäische Menschenrechtskonvention, § 16 Rn. 2; *Cremer*, in: Grote/Marauhn, EMRK/GG, Kap. 32 Rn. 58.

[134] EGMR, Urt. v. 25.04.1983 – 8398/78 – Pakelli/Deutschland, A64, Rn. 45; EGMR, Urt. v. 24.05.1989 – 10486/83 – Hauschildt/Dänemark, A154, Rn. 54; *Polakiewicz*, Die Verpflichtungen der Staaten aus den Urteilen des Europäischen Gerichtshofs für Menschenrechte, S. 223 f.; *Vondung*, Die Architektur des europäischen Grundrechtsschutzes nach dem Beitritt der EU zur EMRK, S. 32.

das Ministerkomitee des Europarats die Durchführung des Urteils überwacht, vermag insoweit ebenfalls keinen Ausgleich zu bieten, da auch auf diese Weise keine Kassation des konventionswidrigen Rechtsakts erzwungen werden kann. Dennoch werden die Entscheidungen des Gerichtshofs vor allem in den EU-Mitgliedstaaten in der Praxis meist befolgt.[135] Die lässt sich einerseits mit dem politischen Druck im Falle einer Nichtbefolgung und andererseits mit dem potentiellen Entstehen einer Klagewelle innerstaatlich betroffener Personen erklären, welche wiederum zu Verurteilungen zur Zahlung einer gerechten Entschädigung nach Art. 41 EMRK führen kann.[136]

Die formell nur *inter partes* wirkenden Urteilen des EGMR entfalten eine über den konkreten Einzelfall hinaus gehende normative Leit- und Orientierungswirkung, welche sowohl die Vertragspartei, gegen die das Urteil ergangen ist, als auch die übrigen Vertragsparteien betreffen kann. Hinsichtlich des Staates, der im konkreten Fall vom EGMR verurteilt wurde, kann die Orientierungswirkung darin bestehen, dass das Urteil in anderen, parallel gelagerten Fällen zu beachten ist.[137] Auch in Bezug auf die übrigen Vertragsparteien können ähnliche Fallkonstellationen durch die Leit- und Orientierungswirkung eines EGMR-Urteils beeinflusst werden, so dass man insoweit von einer faktischen *erga omnes*-Wirkung sprechen kann.[138] Dogmatisch begründen lässt sich die Orientierungswirkung der EGMR-Urteile mit einem Verweis auf Art. 1 EMRK, wonach sich die Vertragsparteien zur Beachtung der in der Konvention gewährleisteten Garantien verpflichten.

---

[135] *Meyer-Ladewig/Brunozzi*, in: Meyer-Ladewig/Nettesheim/v. Raumer, EMRK, Art. 46 Rn. 43.

[136] *Schilling*, Deutscher Grundrechtsschutz zwischen staatlicher Souveränität und menschenrechtlicher Europäisierung, S. 30.

[137] *Grabenwarter/Pabel*, Europäische Menschenrechtskonvention, § 16 Rn. 8; *Gerards*, Die Europäische Menschenrechtskonvention im Konstitutionalisierungsprozess einer gemeineuropäischen Grundrechtsordnung, S. 96 f.; vgl. auch EGMR, Urt. v. 18.11.1978 – 5310/71– Irland/Vereinigtes Königreich, A25; s. auch BVerfGE 128, 326, 368.

[138] *Ress*, ZaöRV 64 (2004), 621, 630; *Vondung*, Die Architektur des europäischen Grundrechtsschutzes nach dem Beitritt der EU zur EMRK, S. 33.

§ 13 Geltung der EMRK in Deutschland, der Schweiz und der EU

I. Deutschland

1. Innerstaatliche Geltung und Rang

Von der völkerrechtlichen Geltung der EMRK ist deren innerstaatliche Geltung zu unterscheiden, welche sich aus dem nationalen (Verfassungs-)Recht ergibt, nachdem die Konvention selbst keine Vorgaben dazu enthält. In Deutschland kommt der EMRK als völkerrechtlichem Vertrag nach Art. 59 Abs. 2 GG nur der Rang eines einfachen Bundesgesetzes zu.[1] Mangels Verfassungsrang der EMRK kann daher eine Verfassungsbeschwerde gemäß Art. 93 Abs. 1 Nr. 4a GG nicht ausschließlich auf eine Konventionsverletzung gestützt werden.[2] Außerdem unterliegt die EMRK grundsätzlich der *lex posterior*-Regel, so dass die Konvention ihre innerstaatliche Wirksamkeit nur insoweit behält, als spätere Bundesgesetze nicht im Widerspruch zu ihr stehen.[3]

2. Berücksichtigung der EMRK und der Urteile des EGMR durch das Bundesverfassungsgericht

a) Art und Weise der Berücksichtigung

Der Umstand, dass das Bundesverfassungsgericht der EMRK keinen Verfassungsrang zuerkennt, führt nicht dazu, dass die Konvention bei der Auslegung der Grundrechte des Grundgesetzes gänzlich unberücksichtigt bleiben muss. Vielmehr hat die EMRK und die dazu ergangene Rechtsprechung des EGMR die Interpretation der Grundrechtsgarantien des Grundgesetzes insbesondere in den letzten Jahren nachhaltig beeinflusst. Richtungsweisend insoweit war der Be-

---

[1] So etwa BVerfGE 74, 358, 370; 111, 307, 317; 128, 326, 367; s. dazu *Langenfeld*, Die Stellung der EMRK im Verfassungsrecht der Bundesrepublik Deutschland, in: Bröhmer (Hrsg.), Der Grundrechtsschutz in Europa, S. 95, 95 ff.; *Uerpmann*, Die Europäische Menschenrechtskonvention und die deutsche Rechtsprechung, S. 72; *Proelss*, Bundesverfassungsgericht und überstaatliche Gerichtsbarkeit, S. 18 ff.

[2] BVerfGE 10, 271, 274; 64, 135, 157; 74, 102, 128; 111, 307, 317; *Grabenwarter/Pabel*, Europäische Menschenrechtskonvention, § 3 Rn. 8.

[3] *Uerpmann*, Die Europäische Menschenrechtskonvention und die deutsche Rechtsprechung, S. 89 f.

schluss des Zweiten Senats des Bundesverfassungsgerichts in der Rechtssache *Görgülü*[4] vom 14. Oktober 2004 betreffend das elterliche Umgangsrecht, mithin eine mehrpolige Grundrechtskonstellation. In der fraglichen Entscheidung etablierte das Bundesverfassungsgericht die verfassungsrechtliche Pflicht der deutschen Gerichte zur „Berücksichtigung" der Konvention und der Entscheidungen des EGMR „im Rahmen methodisch vertretbarer Auslegung",[5] was als Kollisionsregel verstanden werden kann, die einen „Mittelweg jenseits der Extreme von weltstaatlicher Universalität, staatlicher Souveränität und radikalem Pluralismus" beschreitet.[6] Die Konvention sei zwar auf Grund ihres Ranges in der Normenhierarchie kein unmittelbarer verfassungsrechtlicher Prüfungsmaßstab, doch könne sie ebenso wie die Rechtsprechung des EGMR als Auslegungshilfe für die Bestimmung von Inhalt und Reichweite der Grundrechte und rechtsstaatlichen Grundsätze des Grundgesetzes dienen, sofern dies nicht zu einer von der Konvention selbst nicht gewollten Einschränkung oder Minderung des Grundrechtsschutzes nach dem Grundgesetz führe.[7] Die Pflicht zur Berücksichtigung der EMRK ergebe sich aus Art. 20 Abs. 3 GG, weshalb ein unzureichender Vollzug von EGMR-Urteilen mit der Verfassungsbeschwerde gerügt werden könne.[8] Auf diese Weise können Entscheidungen des EGMR innerstaatlich durchgesetzt werden. Maßstab der verfassungsgerichtlichen Prüfung ist dabei das jeweils einschlägige Einzelgrundrecht des Grundgesetzes in Verbindung mit dem Rechtsstaatsprinzip.[9] Indes führt der *Görgülü*-Beschluss nicht zu einer uneingeschränkten Bindung der deutschen Gerichte an die Urteile des EGMR, da das Bundesverfassungsgericht darin lediglich eine Berücksichtigungspflicht, aber keine strikte Befolgungspflicht statuierte.[10] Die Berücksichtigungspflicht „erfordert zumindest, dass die entsprechenden Texte und Judikate [des EGMR] zur Kenntnis genommen werden und in den Willensbildungsprozess des zu einer Entscheidung berufenen Gerichts, der zuständigen Behörde oder des Gesetzgebers einfließen".[11] Die Entscheidungen des EGMR seien „auf den Fall anzuwenden", wobei sich die nationalen Gerichte mit der EGMR-Judikatur „zumindest gebührend [...] auseinander setzen" müssten.[12] Damit kommt den deutschen Gerichten eine „Vermittlungs- und Übersetzungsfunktion"[13] bezüglich der EGMR-Urteile zu, wel-

---

[4] BVerfGE 111, 307.

[5] BVerfGE 111, 307, 317 u. 327 ff.; zur dogmatischen Einordnung der Berücksichtigungspflicht s. *Viellechner*, Berücksichtigungspflicht als Kollisionsregel, in: Matz-Lück/Hong (Hrsg.), Grundrechte und Grundfreiheiten im Mehrebenensystem, S. 109, 144 ff.

[6] S. *Viellechner*, Berücksichtigungspflicht als Kollisionsregel, in: Matz-Lück/Hong (Hrsg.), Grundrechte und Grundfreiheiten im Mehrebenensystem, S. 109, 156.

[7] BVerfGE 111, 307, 317.

[8] BVerfGE 111, 307, 329 f.

[9] *Rohleder*, Grundrechtsschutz im europäischen Mehrebenen-System, S. 196.

[10] *Rohleder*, Grundrechtsschutz im europäischen Mehrebenen-System, S. 196 f.

[11] BVerfGE 111, 307, 324.

[12] BVerfGE 111, 307, 329.

[13] *Cremer*, EuGRZ 2004, 683, 695; *Rohleder*, Grundrechtsschutz im europäischen Mehrebenen-System, S. 198.

che impliziert, dass die EGMR-Rechtsprechung nicht schematisch auf das deutsche Recht übertragen werden darf, sondern vielmehr in erster Linie im Rahmen der Verhältnismäßigkeitsprüfung mit Bedacht in das nationale Rechtssystem „einzupassen" ist, wobei die vom Grundgesetz vorgegebenen Grenzen beachtet werden müssen.[14] Das Bundesverfassungsgericht weist im Zusammenhang mit der Einpassung in das nationale Recht insbesondere auf die Problematik der mehrpoligen Grundrechtsverhältnisse hin, bei denen die verschiedenen Grundrechtspositionen miteinander in Ausgleich gebracht werden müssten[15] und bei denen das Bundesverfassungsgericht den nationalen Instanzgerichte einen eigenen Wertungsspielraum zuerkennt.[16] Insgesamt lässt sich daher sagen, dass der *Görgülü*-Beschluss zwar die Völkerrechtsfreundlichkeit des Grundgesetzes mehrfach betont,[17] darin aber gleichzeitig der Primat des Grundgesetzes als Ausdruck der staatlichen Souveränität unterstrichen wird,[18] so dass die Letztentscheidungsbefugnis des Bundesverfassungsgerichts gegenüber dem EGMR zumindest theoretisch erhalten bleibt und die nationalen Gerichte auch bei Vorliegen eines EMRK-Urteils weiterhin eine eigene Wertung vornehmen dürfen.[19] Hinzuzufügen bleibt an dieser Stelle noch, dass sich der Erste Senat des Bundesverfassungsgerichts alsbald der im *Görgülü*-Beschluss entwickelten Linie angeschlossen und die Orientierungswirkung der EGMR-Rechtsprechung anerkannt hat.[20]

In seinem Urteil zur Verfassungsmäßigkeit der Sicherungsverwahrung vom 4. Mai 2011 bestätigte und präzisierte der Zweite Senat des Bundesverfassungsgerichts in einer neuerlichen Grundsatzentscheidung seine Rechtsprechung zur Berücksichtigung der EMRK und der dazu ergangenen Entscheidungen des EGMR. Das Bundesverfassungsgericht betonte in dem fraglichen Urteil zunächst, dass die Entscheidungen des EGMR wegen ihrer „jedenfalls faktischen Orientierungs- und Leitfunktion" auch dann zu berücksichtigen seien, wenn sie nicht denselben Streitgegenstand beträfen wie das konkrete verfassungsgerichtliche Verfahren.[21] Im Folgenden verwies das Bundesverfassungsgericht einerseits auf die Völkerrechtsfreundlichkeit des Grundgesetzes und die Vermeidung von Konflikten mit dem Konventionsrecht, wiederholte jedoch zugleich den Anspruch des Grundgesetzes auf das „letzte Wort", der einem internationalen und europä-

---

[14] BVerfGE 111, 307, 324 f., 327 u. 329; krit. zur unklaren Reichweite der Berücksichtigungspflicht etwa *Klein*, JZ 2004, 1176, 1177; *Rohleder*, Grundrechtsschutz im europäischen Mehrebenen-System, S. 196 f. m.w.N.

[15] BVerfGE 111, 307, 327.

[16] *Breuer*, NVwZ 2005, 412, 414.

[17] BVerfGE 111, 307, 317 f.

[18] Vgl. BVerfGE 111, 307, 319; *Cremer*, EuGRZ 2004, 683, 683 unter Verweis auf ein FAZ-Interview des ehemaligen Präsidenten des Bundesverfassungsgerichts, *Hans-Jürgen Papier*; sehr krit. dazu *Pernice*, EuZW 2004, 705, der mahnt, dass „die Betonung staatlicher Souveränitätsvorbehalte zusammen mit dem Recht, Völkerrecht zu verletzen, [...] der Idee der Rechtsgemeinschaft ins Gesicht [schlägt]".

[19] *Breuer*, NVwZ 2005, 412, 414.

[20] BVerfG, Beschl. v. 28.12.2004 – 1 BvR 2790/04 –, NJW 2005, 1105, 1107.

[21] BVerfGE 128, 326, 368.

ischen Dialog der Gerichte nicht entgegen stehe, sondern vielmehr dessen normative Grundlage sei.[22] *Grabenwarter* spricht in diesem Zusammenhang treffend von einer Berücksichtigung der EMRK mit „angezogener Handbremse".[23] Der Zweite Senat unterstrich darüber hinaus, dass die Heranziehung der EMRK als Auslegungshilfe „ergebnisorientiert" sei und „nicht auf eine schematische Parallelisierung einzelner verfassungsrechtlicher Begriffe" abziele.[24] Die Möglichkeiten einer konventionsfreundlichen Auslegung endeten dort, wo diese nach den anerkannten Methoden der Gesetzesauslegung und Verfassungsinterpretation nicht mehr vertretbar erscheine, wobei insbesondere die Vorgaben des Grundgesetzes zu beachten seien, gerade in mehrpoligen Grundrechtskonstellationen.[25] Als Instrument für eine Einpassung der Rechtsprechung des EGMR in das nationale Rechtssystem komme insbesondere das Verhältnismäßigkeitsprinzip als verfassungsimmanenter Grundsatz in Betracht.[26] Ein weiterer zentraler Punkt des Urteils über die Rechtmäßigkeit der Sicherungsverwahrung besteht darin, dass EGMR-Entscheidungen, die neue Aspekte bezüglich der Auslegung des Grundgesetzes beinhalten, nach Auffassung des Bundesverfassungsgerichts die Rechtskraft einer bundesverfassungsgerichtlichen Entscheidung überwinden können, indem sie einer rechtserheblichen Änderung der Sach- und Rechtslage gleichgestellt werden.[27]

Mit dem Urteil zur Sicherungsverwahrung hat das Bundesverfassungsgericht die Bedeutung der EMRK und der dazu ergangenen Rechtsprechung des EGMR insgesamt untermauert, gleichzeitig aber bestimmte Grenzen betont, woraus folgt, dass die Konvention in Deutschland zwar eine eigene Ebene des Grundrechtsschutzes darstellt, die das Grundgesetz zu beeinflussen vermag, die jedoch dem Grundgesetz hierarchisch nicht übergeordnet ist und die, anders als das Unionsrecht, auch keinen Anwendungsvorrang vor dem nationalen Recht genießt. Das Verhältnis von Bundesverfassungsgericht und EGMR ist dementsprechend nicht reibungsfrei, sondern lässt sich als Spannungsverhältnis im Bemühen um das „letzte Wort" bei gleichzeitigem Bemühen um Kooperation und Dialog charakterisieren.[28] Letzteres lässt sich exemplarisch auch an den Entscheidungen des Bundesverfassungsgerichts und des EGMR in den Rechtssachen *von Hannover (Nr. 1)*,[29] *von Hannover (Nr. 2)*[30] und *Springer*[31] ablesen. Während der EGMR in

---

[22] BVerfGE 128, 326, 369.

[23] *Grabenwarter*, EuGRZ 2012, 507, 509.

[24] BVerfGE 128, 326, 370.

[25] BVerfGE 128, 326, 371.

[26] BVerfGE 128, 326, 371 f.; s. dazu *Grabenwarter*, EuGRZ 2012, 507, 511.

[27] BVerfGE 128, 326,364 f.; *Grabenwarter*, EuGRZ 2012, 507, 509; *Grabenwarter/Pabel*, Europäische Menschenrechtskonvention, § 3 Rn. 12.

[28] *Sauer*, Jurisdiktionskonflikte in Mehrebenensystemen, S. 281 f.; *Mayer*, in: Karpenstein/Mayer, EMRK, Einl. Rn. 71; *Klein*, NVwZ 2010, 221, 221 ff.

[29] EGMR, Urt. v. 24.06.2004 – 59320/00 – von Hannover/Deutschland (Nr. 1), RJD 2004-VI.

[30] EGMR, Urt. v. 07.02.2012 – 40660/08 u. 60641/08 – von Hannover/Deutschland (Nr. 2), RJD 2012.

[31] EGMR, Urt. v. 07.02.2012 – 39954/08 – Axel Springer AG/Deutschland.

der Rechtssache *von Hannover (Nr. 1)*[32] die damalige Rechtsprechung des Bundesverfassungsgerichts zum Persönlichkeitsschutz Prominenter unter Anwendung einer hohen Kontrolldichte bei gleichzeitiger Reduzierung der *margin of appreciation*[33] noch für mit Art. 8 Abs. 1 EMRK unvereinbar hielt, machte der Straßburger Gerichtshof in den Entscheidungen *von Hannover (Nr. 2)*[34] und *Springer*[35] deutlich, dass er die vom Bundesverfassungsgericht[36] fortentwickelten Abwägungsgrundsätze innerhalb des neuen abgestuften Schutzkonzepts im Hinblick auf den Persönlichkeitsschutz von Prominenten nunmehr für mit Art. 8 Abs. 1 EMRK vereinbar erachte,[37] was die Dialogbereitschaft beider Gerichte zum Ausdruck bringt, welche in den Bundesverfassungsgerichtsentscheidungen *Görgülü* und *Sicherungsverwahrung* für das nationale Verfassungsrecht dogmatisch fundiert wurde.[38]

Unabhängig von der unmittelbaren Berücksichtigung der EMRK durch die deutschen Gerichte beeinflusst die Konvention auch noch auf einem anderen Weg die Interpretation der nationalen Grundrechte. Die EMRK dient als Rechtserkenntnisquelle und Auslegungshilfe für die Unionsgrundrechte,[39] welche ihrerseits angesichts des Anwendungsvorrangs des Unionsrechts Auswirkungen auf den nationalen Grundrechtsschutz haben. Über diesen Umweg erlangt die EMRK angesichts der Bindung der deutschen Staatsgewalt an das Grundgesetz, das Unionsrecht und die Konvention zusätzlichen Einfluss auf die Interpretation der nationalen Grundrechte.[40]

b) Einfluss auf einzelne Grundrechte des Grundgesetzes

Die EMRK und die diesbezügliche Judikatur des EGMR haben vor allem im Bereich der Verfahrensgarantien Wirkung entfaltet, da das Grundgesetz in diesem Bereich nur wenige detaillierte Rechte enthält, während im Übrigen auf das Rechtsstaatsprinzip des Art. 20 Abs. 3 GG zu rekurrieren ist.[41] Dies gilt insbesondere für die in Art. 5, 6 und 7 EMRK garantierten Verfahrensrechte, wobei

---

[32] EGMR, Urt. v. 24.06.2004 – 59320/00 – von Hannover/Deutschland (Nr. 1), RJD 2004-VI, Rn. 54 ff.

[33] EGMR, Urt. v. 24.06.2004 – 59320/00 – von Hannover/Deutschland (Nr. 1), RJD 2004-VI, Rn. 57 u. 79; *Klatt*, Die praktische Konkordanz von Kompetenzen, S. 89 ff.

[34] EGMR, Urt. v. 07.02.2012 – 40660/08 u. 60641/08 – von Hannover/Deutschland (Nr. 2), RJD 2012, Rn. 114 ff.

[35] EGMR, Urt. v. 07.02.2012 – 39954/08 – Axel Springer AG/Deutschland, Rn. 97 ff.

[36] BVerfGE 120, 180, 200 ff.

[37] Zum Ganzen s. *Krämer/Märten*, EuR 2015, 169, 181 ff.; *Hertig Randall*, EuGRZ 2014, 5, 16 f.

[38] Vgl. *Grabenwarter*, EuGRZ 2012, 507, 513.

[39] Ausführlich dazu unten, § 13 III.2.

[40] *Dederer*, ZaöRV 66 (2006), 575, 590 f.

[41] Zum Ganzen s. *Grabenwarter/Pabel*, Europäische Menschenrechtskonvention, § 3 Rn. 11.

das Bundesverfassungsgericht beispielsweise den Grundsatz der Unschuldsvermutung – lange vor dem *Görgülü*-Beschluss – aus Art. 6 Abs. 2 EMRK abgeleitet hatte.[42] Außerdem beeinflussten die Wertungen des Art. 7 Abs. 1 EMRK im Urteil zur Sicherungsverwahrung die Auslegung von Art. 2 Abs. 2 S. 2 GG i.V.m. Art. 104 Abs. 1 S. 1 GG, indem sie das Bundesverfassungsgericht dazu veranlassten, die ohnehin geltenden verfassungsrechtlichen Vorgaben für die Ausgestaltung der Sicherungsverwahrung, d.h. des schuldunabhängigen präventiven Freiheitsentzugs, der sich von einer Strafe qualitativ unterscheidet, im Wege einer EMRK-konformen Interpretation zu präzisieren.[43] Entsprechendes gilt für die Wertungen von Art. 5 EMRK in Bezug auf das Recht auf Freiheit und Sicherheit,[44] welches in seinen Wirkungen auf die Wertungen des Grundgesetzes insbesondere in der Entscheidung zur Zulässigkeit der vorbehaltenen Sicherungsverwahrung vom 20. Juni 2012 aufgegriffen wurde.[45]

Insgesamt lässt sich daher sagen, dass gerade die Verfahrensgrundrechte von der EMRK und der diesbezüglichen Rechtsprechung des EGMR beeinflusst wurden,[46] was eine Grundrechtsentwicklung vom völkerrechtlichen Bereich hin zum nationalen Bereich impliziert. Deutlich wird diese Grundrechtsentwicklung auch daran, dass sich heute alle Grundgesetz-Kommentare intensiv mit der EMRK und ihrer Bedeutung für das nationale Verfassungsrecht auseinander setzen und kaum eine öffentlich-rechtliche Fachzeitschrift denkbar ist, die nicht zumindest in gewissen Abständen die Thematik der EMRK aufgreift.[47] Im Vergleich zur Schweiz fallen die Einwirkungen der EMRK auf das nationale Verfassungsrecht in Deutschland jedoch moderat aus,[48] was sich schon daran zeigt, dass das Bundesverfassungsgericht in seinen Entscheidungen nie die fragliche EMRK-Garantie alleine zitiert, sondern stets zunächst auf das einschlägige Grundrecht des Grundgesetzes Bezug nimmt, bevor eine Einpassung der EMRK in die nationale Rechtsordnung erfolgt. Auch deshalb kann in der EMRK jedenfalls keine primäre Ursache für den Bedeutungsverlust der deutschen Landesgrundrechte ausgemacht werden.

---

[42] BVerfGE 74, 358, 370 f.; 82, 106, 114 ff.; s. dazu *Grabenwarter/Pabel*, in: Grothe/Marauhn, EMRK/GG, Kap. 14 Rn. 161; *Frowein*, NVwZ 2002, 29, 30 f.; *Schmahl*, Die Verzahnung der deutschen, europäischen und internationalen Rechtsebenen bei der Gewährleistung von Grund- und Menschenrechten, in: Bauschke et al. (Hrsg.), 42. ATÖR – Pluralität des Rechts, S. 163, 181 f.; allgemein zur Beeinflussung des nationalen Grundrechtsschutzes durch die EMRK s. *Grabenwarter*, FS Steinberger, S. 1129, 1129 ff.

[43] BVerfGE 128, 326, 374 ff.

[44] BVerfGE 128, 326, 393 ff.

[45] BVerfGE 131, 268, 295 ff.

[46] So auch die Einschätzung von *Hoffmann-Riem*, EuGRZ 2002, 473, 475 u. *Hömig*, NdsVBl. 2011, 126, 130.

[47] Vgl. *Grabenwarter*, EuGRZ 2012, 507, 513.

[48] Näher dazu oben, § 8 III.1. a) ee) u. unten, § 13 II.

c) Sonderfall: Die EMRK als Prüfungsmaßstab für das EU-Sekundärrecht

Einen Sonderfall in Bezug auf den Umgang des Bundesverfassungsgerichts mit der EMRK stellt der Beschluss des Zweiten Senats zum Europäischen Haftbefehl vom Dezember 2015 dar. In dieser Entscheidung nahm das Bundesverfassungsgericht eine Überprüfung des Rahmenbeschlusses zum Europäischen Haftbefehl und dessen Anwendung durch die nationalen Gerichte am Maßstab von Art. 6 EMRK vor, nachdem, wie das Gericht betonte, gemäß Art. 52 Abs. 3 S. 1 GRC die Rechte der Charta, soweit sie den durch die EMRK garantierten Rechten entsprechen, die gleiche Bedeutung und Tragweite haben, wie sie ihnen in der Konvention verliehen wird.[49] Auf Grund des Umstandes, dass Art. 47 Abs. 2 GRC Art. 6 Abs. 1 EMRK und Art. 48 GRC Art. 6 Abs. 2 und 3 EMRK entsprechen, stelle Art. 6 EMRK in der Auslegung durch den EGMR einen Mindeststandard dar, hinter den das Unionsrecht nicht zurückfallen dürfe.[50] Damit sorgte das Bundesverfassungsgericht dafür, dass sich die EMRK in ihrer Auslegung durch das Bundesverfassungsgericht mittelbar, sozusagen über die Hintertür, auch gegenüber dem Unionsrecht durchsetzt, was durchaus als Fingerzeig in Richtung des EuGH und dessen negativem Gutachten zum EU-Beitritt zur EMRK[51] verstanden werden kann.[52]

3. Bedeutung in der gerichtlichen Praxis

a) Bundesgerichte und Instanzgerichte der Länder

Die Bedeutung der EMRK und ihrer Auslegung durch den EGMR in der Spruchpraxis der Bundesgerichte und Instanzgerichte lässt sich sehr gut am Beispiel des Bundesverwaltungsgerichts herausarbeiten. Lange Zeit war die Position des Gerichts gegenüber dem EGMR von großer Skepsis geprägt.[53] So hatte sich das Bundesverwaltungsgericht in einer Entscheidung aus dem Jahr 1997, in der es um die Ausdehnung des Schutzes des in Art. 3 EMRK verankerten Folterverbots in Ausweisungsfällen auf nicht-staatliche Verfolgung ging, mit scharfen Worten geweigert, den Vorgaben des EGMR zu folgen.[54] Bereits im Jahr 2000 sandte das Bun-

[49] BVerfGE 140, 317, Rn. 98.
[50] BVerfGE 140, 317, Rn. 98.
[51] Ausführlich dazu unten, § 13 III.3. d).
[52] *Schorkopf*, BVerfG aktiviert Identitätskontrolle: Karlsruhe will Kommunikation, nicht Konfrontation, Legal Tribune Online v. 29.01.2016, abrufbar unter http://www.lto.de/recht/hintergruende/h/bverfg-2bvr273514-eu-haftbefehl-auslieferung-verfassungsidentitaet-menschenwuerde-gg-eu-recht-emrk/ (zuletzt abgerufen am 04.11.2017); in diese Richtung auch *Oehmichen*, FD-StrafR 2016, 375738.
[53] Vgl. *Frowein*, NVwZ 2002, 29, 30; *Walter*, ZaöRV 75 (2015), 753, 756.
[54] BVerwGE 104, 265, 268 f.; s. dazu etwa *Frowein*, NVwZ 2002, 29, 32 f.; *Kraft*, NVwZ 2014, 969, 974; s. dazu auch *Oeter*, Die EMRK und der Föderalismus in Deutschland, in: Besson/Belser (Hrsg.), Die Europäische Menschenrechtskonvention und die Kantone, S. 311, 314 m.w.N.

desverwaltungsgericht jedoch versöhnlichere Töne in Richtung Straßburg, als es sich in einer Entscheidung zur Rechtmäßigkeit einer Abschiebung in einen Staat, der nicht Signatarstaat der Konvention ist, intensiv mit der EMRK und der dazu ergangenen Rechtsprechung des EGMR auseinander setzte.[55] Uneingeschränkt konventionsfreundlich zeigte sich das Bundesverwaltungsgericht schließlich in seiner Entscheidung zum Streikverbot im öffentlichen Dienst vom 27. Februar 2014. Das Gericht erkennt darin den EGMR als „authentischen Interpreten" der EMRK an[56] und kommt zum Ergebnis, dass das statusbezogene Streikverbot für Beamte nach Art. 33 Abs. 5 GG und die funktionsbezogenen Gewährleistungen nach Art. 11 EMRK in Bezug auf Beamte außerhalb der genuinen Hoheitsverwaltung inhaltlich miteinander unvereinbar seien, weshalb der Gesetzgeber einen Ausgleich herbeiführen müsse.[57] Das Bundesverwaltungsgericht folgt damit den vom EGMR in den Entscheidungen *Demir und Baykara*[58] sowie *Enerji Yapi Yol Sen*[59] aufgestellten Grundsätzen zum Streikrecht für Beamte. Das OVG Münster[60] als Vorinstanz hatte demgegenüber ein Streikrecht für Beamte vor dem Hintergrund von Art. 11 EMRK noch kategorisch verneint, während das erstinstanzliche VG Düsseldorf[61] betonte, es entspräche der Völkerrechtsfreundlichkeit des Grundgesetzes, wenn die Gerichte im Rahmen ihrer Bindung an Gesetz und Recht auch die Gewährleistungen der EMRK und die Entscheidungen des EGMR zu berücksichtigen hätten, was in „methodisch vertretbarer Gesetzesauslegung" geschehen müsse.[62]

Die deutschen Zivilgerichte zeigten sich tendenziell aufgeschlossen für eine Übernahme der Rechtsprechung des EGMR, was insbesondere im Bereich der Bildberichterstattung über Prominente deutlich wurde. So setzte sich das OLG Hamburg im Jahr 2005 als erstes ordentliches Gericht mit den Vorgaben des EGMR intensiv, wenn auch nicht uneingeschränkt konventionsfreundlich, auseinander.[63] Der BGH folgte diesem Beispiel,[64] was letztlich trotz der in § 31 Abs. 1 BVerfGG verankerten Bindungswirkung der damals noch anders lautenden bundesverfassungsgerichtlichen Rechtsprechung[65] zu einer neuen Interpretation des abgestuften Schutzkonzeptes nach §§ 22, 23 KUG und zur Aufgabe der Rechtsfigur der absoluten Person der Zeitgeschichte führte.[66] Auch das Ber-

---

[55] BVerwGE 111, 223, 225 ff.

[56] BVerwGE 149, 117, Rn. 45.

[57] BVerwGE 149, 117, Rn. 49 ff.; näher zum Ganzen *Schulz*, Zum Streikrecht von Beamten, S. 176 ff.

[58] EGMR, Urt. v. 12.11.2008 – 34503/97 – Demir und Baykara/Türkei, RJD 2008.

[59] EGMR, Urt. v. 21.04.2009 – 68959/01 – Enerji Yapi Yol Sen/Türkei.

[60] OVG Münster, Urt. v. 07.03.2012 – 3 d A 317/11.O –, NVwZ 2012, 890, 895 ff.

[61] VG Düsseldorf, Urt. v. 15.12.2010 – 31 K 3904/10.O –, BeckRS 56864.

[62] Zum Ganzen s. *Walter*, ZaöRV 65 (2015), 753, 754 mit Fn. 5.

[63] OLG Hamburg, Urt. v. 13.12.2005 – 7 U 84/05 –; OLG Hamburg, Urt. v. 13.12.2005 – 7 U 85/05 –; s. dazu *Krämer/Märten*, EuR 2015, 169, 182.

[64] BGH, Urt. v. 06.03.2007 – VI ZR 51/06 –, NJW 2007, 1977, 1978 ff.

[65] S. BVerfGE 101, 361, 382 ff.

[66] BGH, Urt. v. 06.03.2007 – VI ZR 51/06 –, NJW 2007, 1977, 1980; s. dazu *Krämer/Märten*, EuR 2015, 169, 182.

liner Kammergericht hatte in einem unmittelbar nach der *Görgülü*-Entscheidung entschiedenen Fall eine Kollision von bundesverfassungsgerichtlicher Rechtsprechung und EGMR-Rechtsprechung trotz der in § 31 Abs. 1 BVerfGG verankerten Bindungswirkung verfassungsgerichtlicher Entscheidungen zu Gunsten des EGMR aufgelöst.[67] Ein krasses Gegenbeispiel hierzu bildet der vor der *Görgülü*-Entscheidung ergangene Beschluss des OLG Naumburg aus dem Jahr 2004 in einem Fall betreffend das elterliche Umgangsrecht, in dem das Gericht die einschlägige EGMR-Rechtsprechung noch vollständig ignoriert hatte.[68]

b) Landesverfassungsgerichte

In der Rechtsprechung der Landesverfassungsgerichte spielt die EMRK bislang eine nur untergeordnete Rolle.[69] Dies lässt sich damit begründen, dass Prüfungsmaßstab der Landesverfassungsgerichte die Landesverfassung, nicht aber die Konvention ist[70] und die EGMR-Rechtsprechung nur nach den vom Bundesverfassungsgericht in den Entscheidungen *Görgülü* und *Sicherungsverwahrung* aufgestellten Grundsätzen in die Landesverfassungsordnung eingepasst werden muss.[71] So verwundert es nicht, dass die EMRK von den Landesverfassungsgerichten allenfalls parallel zu den jeweils einschlägigen Grundrechtsbestimmungen der Landesverfassung zitiert wird.[72] Allerdings gilt die Konvention in Deutschland im Rang eines Bundesgesetzes, so dass sie im Kollisionsfall nach Art. 31 GG Landesrecht einschließlich des Landesverfassungsrechts verdrängen kann. Dies wiederum kann sich auf die Bestimmung und Ausformung des Schutzbereiches der durch die Landesverfassung verbürgten Grundrechte auswirken[73] und so innerhalb Deutschlands eine Homogenisierung im Grundrechtsbereich erleichtern.[74] Nachdem in den letzten Jahren die EMRK und die dazu ergangene Rechtsprechung des EGMR von den Landesverfassungsgerichten verstärkt rezipiert werden, ist es nicht ausgeschlossen, dass die Konvention künftig in Bereichen, die in die Zuständigkeit der Landesgesetzgebung fallen, eine größere Bedeutung ent-

---

[67] KG Berlin, Urt. v. 29.10.2004 – 9 W 128/04 –, NJW 2005, 605, 605 ff.; s. dazu etwa *Mückl*, Der Staat 44 (2005), 403, 423 ff.

[68] OLG Naumburg, Beschl. v. 30.06.2004 – 14 WF 64/04 –, BeckRS 2004, 09019; s. dazu *Mückl*, Der Staat 44 (2005), 403, 421.

[69] So auch *Oeter*, Die EMRK und der Föderalismus in Deutschland, in: Besson/Belser (Hrsg.), Die Europäische Menschenrechtskonvention und die Kantone, S. 311, 321.

[70] So explizit etwa SächsVerfGH, Beschl. v. 26.02.2015 – Vf. 13-IV-15 (HS), 14-IV-15 (e.A.) –, BeckRS 2015, 52733.

[71] BbgVerfG, Beschl. v. 15.07.2011 – VfGBbg 22/11 –, NJW-RR 2011, 1514, 1514.

[72] So etwa SaarlVerfGH, Beschl. v. 14.09.2015 – Lv 5/15 –, BeckRS 2015, 52201 Rn. 10; BerlVerfGH, Beschl. v. 01.07.2015 – VerfGH 95/15, 95 A/15 –, BeckRS 2015, 48925, Rn. 12.

[73] So ausdrücklich RhPfVerfGH, Beschl. v. 17.08.2011 – VGH B 20/11 –, BeckRS 2011, 58121.

[74] Vgl. *Hornung*, Grundrechtsinnovationen, S. 479 f.

falten könnte. Denkbar wäre dies insbesondere für die Gebiete des Religionsrechts, des Schulrechts, des Rundfunkrechts sowie des Sicherheits- und Ordnungsrechts.[75]

4. Zwischenergebnis

Die EMRK gilt in Deutschland nach Art. 59 Abs. 2 GG nur im Rang eines einfachen Bundesgesetzes, weshalb ihren Garantien im System des Grundgesetzes kein Verfassungsrang zukommt. Allerdings besitzen die Konvention und ihre Auslegung durch den EGMR nach der Rechtsprechung des Bundesverfassungsgerichts auf Grund der Völkerrechtsfreundlichkeit des Grundgesetzes Leit- und Orientierungswirkung für die Interpretation der nationalen Grundrechtsgarantien und haben Letztere dementsprechend insbesondere im Bereich der Verfahrensgrundrechte nachhaltig beeinflusst. Man kann daher von einer EMRK-konformen Auslegung des Grundgesetzes durch das Bundesverfassungsgericht zum Zwecke der Konfliktvermeidung sprechen. Auf das „letzte Wort" im Verhältnis zum EGMR verzichtet das Bundesverfassungsgericht jedoch gleichwohl nicht, was zu Divergenzen mit der Rechtsprechung des Straßburger Gerichtshofs geführt hat, welche jedoch durch die Zusammenarbeit und den Dialog der beiden Gerichte, *in concreto* durch eine Angleichung des deutschen Grundrechtsschutzes an die EMRK durch das Bundesverfassungsgericht sowie den Rückgriff auf die Rechtsfigur der *margin of appreciation* seitens des EGMR, aufgelöst werden konnten. Diese Art der Konfliktvermeidung und -auflösung ist im Verhältnis EGMR-Bundesverfassungsgericht besonders wichtig, da auf materiell-rechtlicher Ebene keine echte Kollisionsnorm in Bezug auf die beiden Grundrechtsebenen existiert. In der Rechtsprechung der Landesverfassungsgerichte hingegen spielt die Konvention bislang keine große Rolle. Sollte die EMRK auf landesverfassungsrechtlicher Ebene im Einzelfall doch relevant werden, akzeptieren die Landesverfassungsgerichte die Orientierungsfunktion der EMRK auch in Bezug auf die jeweilige Landesverfassung.

II. Schweiz

1. Innerstaatliche Geltung und Rang

Die Schweiz, die seit 1963 Mitglied des Europarats ist, ratifizierte die EMRK erst relativ spät, nämlich im Jahr 1974.[76] Die schweizerische Rechtsordnung folgt,

[75] S. dazu *Oeter*, Die EMRK und der Föderalismus in Deutschland, in: Besson/Belser (Hrsg.), Die Europäische Menschenrechtskonvention und die Kantone, S. 311, 321 ff.

[76] Ausführlich zum Beitrittsprozess s. *Haefliger/Schürmann*, Die Europäische Menschenrechtskonvention und die Schweiz, S. 20 ff.; *Kreis*, Die Schweiz und die Europäische Menschenrechtskonvention, in: Altermatt/Casasus (Hrsg.), 50 Jahre Engagement der Schweiz im Europa-

wenngleich sich dies nicht ausdrücklich aus der Bundesverfassung ergibt, dem monistischen Modell,[77] so dass die EMRK als völkerrechtlicher Vertrag, anders als in Deutschland, automatisch und direkt gilt und keines weiteren Umsetzungsaktes bedarf.[78] Allerdings sind nach der Rechtsprechung des Schweizer Bundesgerichts völkerrechtliche Verträge nur dann unmittelbar anwendbar, d.h. *self-executing*, wenn ihre Normen inhaltlich hinreichend klar und bestimmt sind, um im Einzelfall Grundlage einer Entscheidung sein zu können. Sie müssen mithin für Gerichte und Verwaltungsbehörden justiziabel sein und ohne weitere Durchführungserlasse angewendet werden können,[79] was im Hinblick auf die Konventionsrechte angesichts ihrer Ausgestaltung als subjektive Rechte grundsätzlich der Fall ist.[80]

Damit ist jedoch nicht noch nichts über den Rang der EMRK in der schweizerischen Rechtsordnung ausgesagt. Nach Art. 139 Abs. 2 i.V.m. Art. 193 Abs. 4 und Art. 194 Abs. 2 BV muss eine durch Volksinitiative verlangte Verfassungsrevision die Grenzen des zwingenden Völkerrechts beachten, woraus sich ableiten lässt, dass zwingendes Völkerrecht allgemein Vorrang vor dem nationalen Recht, d.h. auch vor der Bundesverfassung genießt.[81] In Bezug auf das sonstige Völkerrecht ist den genannten Normen jedoch keine Aussage zu entnehmen. Auch Art. 5 Abs. 4 BV, wonach Bund und Kantone das Völkerrecht beachten, sowie Art. 190 BV, wonach die bundesgerichtliche Kontrolle gegenüber Bundesgesetzen und Völkerrecht eingeschränkt ist, enthalten keine Aussage zum Rangverhältnis von sonstigem, nicht-zwingenden Völkerrecht und Bundesrecht.[82] Daher hatte sich das Bundesgericht bereits mehrfach mit der Rangfrage auseinander zu setzen. Es kam dabei zum Ergebnis, dass Völkerrecht, d.h. auch die EMRK, dem Landesrecht grundsätzlich vorgeht,[83] was sich nicht zuletzt aus dem monistischen Ansatz, den das schweizerische System bezüglich des Völkerrechts ver-

---

rat 1963–2013, S. 59, 60 ff.; *Kley/Sigrist*, Der Beitritt der Schweiz zur EMRK – Vorbereitung und Umsetzung des Beitritts vor und nach 1974, in: Jaag/Kaufmann (Hrsg.), 40 Jahre Beitritt der Schweiz zur EMRK, S. 17, 35 ff.

[77] So BGE 7, 774, 782 f. E. 3 u. 4; 88 I 86, 90 E. 4b); *Ziegler/Odendahl*, in: St. Galler Kommentar zur Bundesverfassung, Vorbemerkung, Bundesverfassung und Völkerrecht, Rn. 47.

[78] S. dazu *Haller*, ZBl. 1977, 521, 521; *Thürer*, HGR VII/2, § 203 Rn. 40.

[79] BGE 105 II, 49, 57 f. E. 3; 112 Ib, 183, 185 f. E. 2; 120 Ia 1, 11 f. E. 5b).

[80] BGE 109 V 190, 193 E. 2a); ausführlich dazu *Haefliger/Schürmann*, Die Europäische Menschenrechtskonvention und die Schweiz, S. 37 f.; *Haller*, ZBl. 1977, 521, 523 f.; *Rhinow/Schefer/Uebersax*, Schweizerisches Verfassungsrecht, Rn. 1049.

[81] *Ziegler/Odendahl*, in: St. Galler Kommentar zur Bundesverfassung, Vorbemerkung, Bundesverfassung und Völkerrecht, Rn. 51; *Epiney*, in: BSK, BV, Art. 190 Rn. 39.

[82] *Ziegler/Odendahl*, in: St. Galler Kommentar zur Bundesverfassung, Vorbemerkung, Bundesverfassung und Völkerrecht, Rn. 52; *Epiney*, in: BSK, BV, Art. 5 Rn. 93; unklar insoweit *Thürer*, HGR VII/2, § 203 Rn. 41.

[83] BGE 100 Ia 407, 410 E. 1b); 109 Ib 165, 173 E. 7b); 122 II 234, 239 E. 4e); 122 II 485, 487 E. 3a); 125 II 417, 425 E. 4d); 136 II 241, 255 E. 16.1; 139 I 16, 28 E. 5.1; vgl. *Ziegler/Odendahl*, in: St. Galler Kommentar zur Bundesverfassung, Vorbemerkung, Bundesverfassung und Völkerrecht, Rn. 52.

folgt, ergibt[84] und was dazu führt, dass die *lex posterior*-Regel insoweit keine Anwendung findet.[85]

Im Jahr 1979 hatte das Bundesgericht erklärt, dass der EMRK in der Schweiz „zumindest Gesetzesrang" zukomme, wobei die Konventionsrechte jedoch einen verfassungsrechtlichen Inhalt hätten.[86] Dies bedeutet, dass ihre Verletzung mit Hilfe der staatsrechtlichen Beschwerde nach Art. 84 Abs. 1 lit. a) OG gerügt werden konnte[87] bzw. heute Gegenstand einer Einheitsbeschwerde zum Bundesgericht sein kann, welche ihre verfassungsrechtliche Grundlage in Art. 189 Abs. 1 BV findet und nach Art. 95 BGG auf eine Verletzung von in internationalen Verträgen garantierten Grundrechten (lit. b)) gestützt werden kann.[88] Ferner kommt unter bestimmten Voraussetzungen eine subsidiäre Verfassungsbeschwerde nach Art. 113 BGG in Betracht, nachdem die EMRK-Garantien als verfassungsmäßige Rechte i.S.v. Art. 116 BGG anzusehen sind.[89] Damit konnte der Einzelne in der Schweiz, anders als in Deutschland, von Anfang an eine Verletzung von EMRK-Garantien vor dem Bundesgericht rügen, was den Einfluss der Konvention auf das nationale Recht stark erhöhte. Außerdem hat der zumindest in prozessualer Hinsicht verfassungsrechtliche Rang der EMRK zur Folge, dass das Bundesgericht das Vorliegen einer Konventionsverletzung in freier Kognition überprüft, mithin nicht nur eine bloße Willkürprüfung vornimmt.[90]

Nach der im Jahr 1973 begründeten *Schubert*-Praxis geht ein Bundesgesetz einem völkerrechtlichen Vertrag allerdings ausnahmsweise dann vor, wenn sich der Gesetzgeber in dem Bundesgesetz bewusst über das Völkerrecht hinweggesetzt hatte.[91] Genau genommen ist damit aber noch nichts zur Rangfrage gesagt, sondern es wird dadurch vielmehr lediglich der richterlichen Prüfungsbefugnis eine Grenze gesetzt.[92] Das Bundesgericht nahm in Bezug auf die *Schubert*-Praxis für die EMRK in der *PKK*-Entscheidung im Jahr 1999 eine Relativierung vor, indem es im Falle eines Konflikts zwischen einem Bundesgesetz und der EMRK der Konvention nunmehr generell den Vorrang einräumt und für diesen Fall der

---

[84] *Ziegler/Odendahl*, in: St. Galler Kommentar zur Bundesverfassung, Vorbemerkung, Bundesverfassung und Völkerrecht, Rn. 52.

[85] *Epiney*, in: BSK, BV, Art. 5 Rn. 95.

[86] Vgl. BGE 105 V 1, 3.

[87] BGE 101 Ia 67, 69 E. 2b); s. *Steinmann*, Der Schweizer Praktiker vis-à-vis von EMRK und EGMR, in: Breitenmoser/Ehrenzeller (Hrsg.), EMRK und die Schweiz, S. 243, 245; *Keller*, ZaöRV 65 (2005), 283, 304; näher zum Instrument der staatsrechtlichen Beschwerde s. oben, § 8 III.5. a).

[88] S. dazu oben, § 9 V.1. a).

[89] BGE 131 I 366, 368 E. 2.2 m.w.N. zum Begriff des verfassungsmäßigen Rechts; *Biaggini*, in: BSK, BGG, Art. 116 Rn. 17; *Häfelin/Haller/Keller/Thurnherr*, Schweizerisches Bundesstaatsrecht, Rn. 2029; *Aemisegger*, in: Spühler/Aemisegger/Dolge/Vock, BGG, Art. 116 Rn. 2.

[90] *Villiger*, Handbuch der Europäischen Menschenrechtskonvention, S. 54.

[91] Grundlegend BGE 99 Ib 39, 44 f. E. 4; s. etwa auch 102 Ia, 318 f. E. 1; 103 Ia 624, 626 E. 2; 112 II 1, 13 E. 8; 118 Ib 277, 281 E. 3b).

[92] *Haefliger/Schürmann*, Die Europäische Menschenrechtskonvention und die Schweiz, S. 41.

Schubert-Praxis die Geltung abspricht.[93] Im Jahr 2010 allerdings hat eine zivilrechtliche Kammer des Bundesgerichts in einem Entscheid zum Namensrecht die Fortgeltung der *Schubert*-Praxis hinsichtlich der EMRK offen gelassen,[94] so dass die Aufgabe der *Schubert*-Praxis in EMRK-bezogenen Fällen jedenfalls nicht als absolut sicher angesehen werden konnte. Etwas mehr Klarheit bezüglich der Fortgeltung der *Schubert*-Praxis brachte erst das kontroverse *obiter dictum* zu einem Entscheid aus dem Jahr 2012,[95] in dem das Bundesgericht bezüglich der auf die Ausschaffungsinitiative zurückgehenden Regelung des Art. 121 Abs. 3–6 BV, welche es für nicht unmittelbar anwendbar hielt, entschied, dass eine dem Völkerrecht entgegen stehende Bundesgesetzgebung regelmäßig unanwendbar bleibe, was mit großer Wahrscheinlichkeit das Ende der *Schubert*-Praxis bedeutet,[96] wenngleich dies in der Literatur noch immer bezweifelt wird.[97] Für die Aufgabe der *Schubert*-Praxis spricht im Übrigen zusätzlich, dass das Bundesgericht in einem Entscheid zur Geltung des Freizügigkeitsabkommens mit der EU aus dem Jahr 2015 die *Schubert*-Praxis für nicht anwendbar befand.[98]

Lange offen blieb außerdem, ob sich der Vorrang der EMRK auch auf die Bundesverfassung erstrecken sollte. In dem fraglichen *obiter dictum* zu dem Entscheid aus dem Jahr 2012 brachte das Gericht nunmehr zum Ausdruck, dass die EMRK und die darauf bezogene Rechtsprechung des EGMR Vorrang auch vor der Bundesverfassung genieße.[99] Allerdings ist damit die Position des Bundesgerichts bezüglich des Verhältnisses EMRK-Bundesverfassung keineswegs geklärt, zumal es auch innerhalb des Gerichts Kritik an dieser Entscheidung gab[100] und Art. 139 Abs. 2 i.V.m. Art. 193 Abs. 4 und Art. 194 Abs. 2 BV auch so ausgelegt werden können, dass sonstiges, d.h. nicht zwingendes Völkerrecht, der Bundesverfassung gerade nicht vorgeht.[101] In der Literatur wird zudem betont, dass die Bundesverfassung gerade keine Hinweise zum Rangverhältnis zwischen EMRK und Bundesrecht enthalte und daher ein Vorrang der Konvention nicht ohne Wei-

---

[93] BGE 125 II 417, 424 f. E. 4d); so zuvor schon BGE 119 V 171, 178 E. 4b); bestätigt durch BGE 131 II 352, 355 E. 1.3.1; 136 II 241, 255 E. 16.1; 129 II 193, 199 E. 3 ff.; 139 I 16, 28 ff. E. 5; so auch *Aemisegger*, Zum Status quo: Standortbestimmungen und Herausforderungen, Vortrag bei der BENEFRI-Tagung im Europarecht, Grundrechtsschutz in Europa und die Schweiz, 6. Mai 2015, Universität Freiburg i. Ue., Thesenpapier, S. 1, 7 f.; a.A. aber *Schürer*, ZBl. 2015, 115, 117 ff.

[94] BGE 136 III 168, 172 f. E. 3.3.4; ähnlich BGE 136 II 120, 131 f. E. 3.5.3.

[95] BGE 139 I 16, 28 ff. E. 5.

[96] So etwa *Hangartner*, AJP 2013, 698, 701 f.

[97] S. beispielsweise *Schürer*, ZBl. 2015, 115, 117; *Ehrenzeller*, ZBl. 2016, 3, 12.

[98] BGE 142 II 35, 39 f. E. 3.2.

[99] BGE 139 I 16, 31 E. 5.3; ausführlich dazu *Hangartner*, AJP 2013, 698, 702 f.; a.A. etwa noch *Haefliger/Schürmann*, Die Europäische Menschenrechtskonvention und die Schweiz, S. 41; *Canevascini*, La Convention et la Cour européennes des droits de l'homme, in: Altermatt/Casasus (Hrsg.), 50 Jahre Engagement der Schweiz im Europarat, S. 101, 112.

[100] Vgl. die Interviews mit den Bundesrichtern *Zünd* und *Seiler*, NZZ v. 02.11.2013 u. 28.11.2013.

[101] *Ziegler/Odendahl*, in: St. Galler Kommentar zur Bundesverfassung, Vorbemerkung, Bundesverfassung und Völkerrecht, Rn. 54.

teres angenommen werden dürfe.[102] Bedeutung hat die Diskussion um die Frage nach dem Verhältnis von EMRK und Bundesverfassung insbesondere im Hinblick auf etwaige menschenrechtswidrige Verfassungsnormen, die im Wege der Volksinitiative in die Verfassung gelangt sind,[103] sowie im Vorfeld von möglicherweise auf einen menschenrechtswidrigen Inhalt gerichtete Volksinitiativen,[104] in Bezug auf die die Bundesversammlung nur eine sehr eingeschränkte Kontrollmöglichkeit besitzt,[105] wobei nunmehr die sog. Selbstbestimmungsinitiative[106] die Einführung der Pflicht verlangt, einen völkerrechtlichen Vertrag zu verletzen, wenn der Vertrag in Konflikt zur Verfassung steht und – wie die EMRK – nicht dem Referendum unterstanden hatte.[107]

2. *Bedeutung in der gerichtlichen Praxis*

a) Bundesgericht

Die EMRK hat die gerichtliche Praxis in der Schweiz, gerade auch die Rechtsprechung des Bundesgerichts, in den letzten drei Jahrzehnten in erheblicher Weise beeinflusst,[108] was sich nach Ansicht von *Thürer* mit dem schweizerischen „pluralisme ordonné" erklären lässt, der zu einer wechselseitigen Beeinflussung der bundesverfassungsrechtlichen, kantonalen und konventionsrechtlichen Grund-

---

[102] So implizit *Grodecki*, ZSR 2013 II, 95, 128 ff.; ähnlich *Hangartner*, AJP 2013, 698, 701 ff.; krit. zur Entscheidung des Bundesgerichts und deren Begründung auch *Biaggini*, ZBl. 2013, 316, 331 ff

[103] So etwa möglicherweise Art. 121 Abs. 3–6 BV, s. dazu BGE 139 I 16, 31 E. 5.1; vgl. dazu auch *Ziegler/Odendahl*, in: St. Galler Kommentar zur Bundesverfassung, Vorbemerkung, Bundesverfassung und Völkerrecht, Rn. 54.

[104] Näher zur Problematik s. *Kreis*, Die Schweiz und die Europäische Menschenrechtskonvention, in: Altermatt/Casasus (Hrsg.), 50 Jahre Engagement der Schweiz im Europarat, S. 59, 75 ff.

[105] S. dazu *Aemisegger*, Zum Status quo: Standortbestimmungen und Herausforderungen, Vortrag bei der BENEFRI-Tagung im Europarecht, Grundrechtsschutz in Europa und die Schweiz, 6. Mai 2015, Universität Freiburg i. Ue., Thesenpapier, S. 1, 6.

[106] Eidgenössische Volksinitiative „Schweizer Recht statt fremde Richter (Selbstbestimmungsinitiative)", abrufbar unter https://www.admin.ch/ch/d/pore/vi/vis460t.html (zuletzt abgerufen am 06.11.2017).

[107] Ausführlich dazu *Schlegel*, Völkerrecht und Verfassungsrecht: Wie eine Volksinitiative in der Schweiz herbeiführte, was sie abzuschaffen vorgibt, Verfassungsblog 2017/10/09, abrufbar unter http://verfassungsblog.de/voelkerrecht-und-verfassungsrecht-wie-eine-volksinitiative-in-der-schweiz-herbeifuehrte-was-sie-abzuschaffen-vorgibt/ (zuletzt abgerufen am 06.11.2017).

[108] So etwa *Aemisegger*, Zur Umsetzung der EMRK durch das Bundesgericht, in: Breitenmoser/Ehrenzeller (Hrsg.), EMRK und die Schweiz, S. 43, 45; *ders.*, FS Wildhaber, S. 3, 20; ähnlich auch *Schlegel/Both*, Warum die Schweiz und die Europäische Menschenrechtskonvention aufeinander angewiesen sind, in: Altermatt/Casasus (Hrsg.), 50 Jahre Engagement der Schweiz im Europarat, S. 121, 128; *Hottelier/Mock/Puéchavy*, La Suisse devant la Cour européenne des droits de l'homme, S. 41 f.

rechte geführt habe.[109] Anders als in Deutschland trug die Konvention daher entscheidend zur Grundrechtsentwicklung, gerade auch auf Bundesebene, bei. Begründen lässt sich dies damit, dass die Schweiz dem monistischen Modell folgt und die Konvention daher von den Gerichten, u.a. vom Bundesgericht, direkt angewandt wird. Hinzu kommt, dass die Verfassungsgerichtsbarkeit des Bundesgerichts gegenüber Bundesgesetzen nach Art. 190 BV beschränkt ist, während im Falle der Geltendmachung der Verletzung eines Konventionsrechts sogar die Nichtanwendung eines Bundesgesetzes erreicht werden kann.[110] Darüber hinaus hat sich die Bundesverfassung seit jeher offen für die Einflüsse anderer Grundrechtsordnungen gezeigt, was sich etwa daran ablesen lässt, dass das Bundesgericht die Bundesgrundrechte als ungeschriebene Rechtsgrundsätze weitestgehend auf Grundlage der kantonalen Grundrechtsgewährleistungen bzw. der EMRK-Garantien entwickelt hat.[111] Angesichts des Fehlens eines umfassenden Grundrechtskatalogs in der Bundesverfassung von 1874 war das Bundesgericht sogar gezwungen, zum Zwecke der Gewährleistung des Grundrechtsschutzes auf Bundesebene auf externe Rechtserkenntnisquellen zurückzugreifen, während das deutsche Bundesverfassungsgericht mit dem Grundgesetz bereits von Anfang an einen umfassenden Grundrechtskatalog vorfand, auf dessen Grundlage es seine ausdifferenzierte Grundrechtsjudikatur entwickeln konnte.

In zeitlicher Hinsicht lässt sich eine Beeinflussung der bundesgerichtlichen Rechtsprechung durch die EMRK bereits vor dem offiziellen Beitritt der Schweiz zu der Konvention ausmachen. So zitierte das Bundesgericht bereits in einem Entscheid aus dem Jahr 1971 Art. 4 Abs. 2 EMRK, um den Gewährleistungsgehalt des ungeschriebenen Grundrechts der persönlichen Freiheit zu präzisieren und ein grundsätzliches Verbot von Zwangsarbeit zu statuieren.[112] Am Vortag des Beitritts der Schweiz zur EMRK verneinte das Bundesgericht in einem Entscheid bezüglich einer geplanten Demonstration des *Komitees für Indochina* in Zug die Existenz eines ungeschriebenen Bundesgrundrechts der Demonstrationsfreiheit, wobei es u.a. auf das Fehlen einer derartigen Garantie in der EMRK verwies[113] und der EMRK damit Vorwirkung zubilligte.

In den ersten Jahren nach dem EMRK-Beitritt, mithin zwischen 1975 und 1985, spielte die Konvention in der Rechtsprechung des Bundesgerichts allerdings noch keine entscheidende Rolle. Der Bundesrat spricht in seinem Bericht zum 40. Jahrestages des Beitritts der Schweiz zur EMRK[114] sehr anschaulich da-

---

[109] *Thürer*, HGR VII/2, § 203 Rn. 60.

[110] Näher dazu oben, Einführung, III.

[111] Näher dazu oben, § 8 III.2. a) aa) ccc); vgl. auch *Aemisegger*, FS Wildhaber, S. 3, 7 f.

[112] BGE 97 I 45, 51 E. 4; s. dazu *Hottelier*, La Convention européenne des droits de l'homme dans la jurisprudence du Tribunal fédéral, S. 22 f.

[113] BGE 100 Ia 392, 401 E. 4c); s. dazu *Hottelier*, La Convention européenne des droits de l'homme dans la jurisprudence du Tribunal fédéral, S. 15 ff.; zum Ganzen s. auch *Hottelier/Mock/Puéchavy*, La Suisse devant la Cour européenne des droits de l'homme, S. 37.

[114] *Bundesrat*, 40 Jahre EMRK-Beitritt der Schweiz: Erfahrungen und Perspektiven, Bericht in Erfüllung des Postulats Stöckli 13.4187 vom 12. Dezember 2013, BBl 2015, 357, 386 f.

von, dass im General-Register der Entscheidungssammlung des Bundesgerichts die Urteile unter dem Titel „EMRK" auf ca. 7 Seiten Platz fänden, während im folgenden Jahrzehnt (1985–1994) bereits 20 Seiten dafür erforderlich gewesen seien. Für den Zeitraum von 1995 bis 2004 habe es immerhin 32 Seiten gebraucht und das Register für die Jahre von 2005 bis 2013 führe die EMRK-Entscheide auf 24 Seiten auf.

Im ersten Jahrzehnt nach dem EMRK-Beitritt der Schweiz ging das Bundesgericht in den allermeisten Entscheiden davon aus, dass die EMRK-Garantien hinter den Gewährleistungen der Bundesverfassung zurückblieben und deshalb keine eigenständige Wirkung entfalteten.[115] *Hottelier* spricht dementsprechend von einer „vision extrêmement prudente, distante et même méfiante"[116] des Bundesgerichts gegenüber der Konvention, welche in den Augen der Bundesrichter in dieser Anfangszeit eher den Charakter von „soft law" gehabt habe.[117] Die Richtigkeit dieser Einschätzung lässt sich anhand einiger Beispiele belegen. So maß das Bundesgericht in einem Entscheid aus dem Jahr 1976, in dem der Vorwurf gerichtlicher Rechtsverweigerung im Raum stand, den Verfahrensgarantien des Art. 6 Abs. 3 lit. c) und d) EMRK keine über die bundesverfassungsrechtliche Garantie des Art. 4 BV 1874, d.h. den allgemeinen Gleichheitssatz hinausgehende Bedeutung zu.[118] In einem Entscheid bezüglich der Rechtmäßigkeit einer polizeilichen Maßnahme aus dem Jahr 1981 konstatierte das Bundesgericht ohne nähere Begründung, dass die Garantie des Art. 5 EMRK nicht weiter gehe als der ungeschriebene bundesverfassungsrechtliche Grundsatz der persönlichen Freiheit, wobei es explizit offen ließ, ob Art. 5 EMRK auch bei nur kurzfristigen Freiheitsentziehungen gelte.[119] In einem Urteil zur Reichweite des Rechts auf rechtliches Gehör im Strafverfahren aus dem Jahr 1983 nahm das Bundesgericht an, Art. 6 EMRK, insbesondere Art. 6 Abs. 3 lit. b) EMRK, gehe nicht über das hinaus, was Art. 4 BV 1874 ohnehin garantiere, wobei durch die konventionsrechtliche Vorschrift vor allem keine weiter gehenden Rechte bezüglich der Vorbereitung der Verteidigung gewährleistet würden.[120] Eigenständige Bedeutung entfaltete die EMRK in der Rechtsprechung des Bundesgerichts in dieser Phase lediglich in einzelnen Urteilen betreffend das Strafverfahrensrecht, in denen das Bundesgericht die Konventionsgarantien der Art. 5, 6 und 8 EMRK direkt zitierte und anwandte, ohne zugleich auf möglicherweise einschlägige Garantien

---

[115] Vgl. *Hottelier/Mock/Puéchavy*, La Suisse devant la Cour européenne des droits de l'homme, S. 38 f.; *Trechsel*, ZBJV 1979, 457, 467 ff.; *Malinverni*, Schweizerisches Jahrbuch für internationales Recht 1989, 153, 157.

[116] *Hottelier*, La réception de la CEDH dans les cantons, in: Besson/Belser (Hrsg.), Die Europäische Menschenrechtskonvention und die Kantone, S. 43, 46.

[117] *Hottelier*, La réception de la CEDH dans les cantons, in: Besson/Belser (Hrsg.), Die Europäische Menschenrechtskonvention und die Kantone, S. 43, 47.

[118] BGE 102 Ia 196, 199 f. E. 3.

[119] BGE 107 Ia 138, 140 E. 3b).

[120] BGE 109 Ia 177, 178 E. 3.

der Bundesverfassung einzugehen,[121] bzw. in denen das Bundesgericht den EMRK-Garantien eine über die Bundesverfassung hinausgehende Bedeutung zuerkannte.[122]

In anderen Fällen aus dieser Zeit kam das Bundesgericht immerhin zu dem Ergebnis, dass die EMRK-Garantien bei der Konkretisierung des Schutzgehalts der Bundesgrundrechte zu berücksichtigen seien.[123] Exemplarisch lässt sich diese Tendenz am Entscheid des Bundesgerichts im Fall *Vest*[124] ablesen, der eindeutig von der EGMR-Entscheidung im Fall *Klass*[125] beeinflusst ist und in dem das Bundesgericht das ungeschriebene bundesverfassungsrechtliche Grundrecht der persönlichen Freiheit vor dem Hintergrund der entsprechenden EMRK-Gewährleistungen interpretierte.[126]

Mitte der 1980er Jahre wurde in der Schweiz eine neue Phase des Umgangs mit der Konvention eingeläutet. Grund dafür waren die ersten Verurteilungen der Schweiz durch den EGMR, welche eine effektivere Anwendung der EMRK durch die nationalen Gerichte, v.a. durch das Bundesgericht, erforderten.[127] Besonders deutlich zeigt sich der Einfluss der EMRK in ihrer Auslegung durch den EGMR auf das nationale Recht daran, dass das Bundesgericht seine Rechtsprechung zur Überprüfung der Vereinbarkeit der kantonalen Verfassungen mit dem Bundesrecht und der EMRK relativierte und nunmehr jedenfalls bei vor 1974 in Kraft getretenen kantonalen Verfassungen eine Überprüfung am Maßstab der EMRK vornahm, da diese bei ihrer Gewährleistung durch die Bundesversammlung mangels Geltung der EMRK in der Schweiz noch nicht auf ihre EMRK-Konformität hatten überprüft werden können.[128] Auch die Rechtsprechung des Bundesgerichts zum Ausländerrecht wurde in dieser Phase erheblich von den EMRK-Garantien beeinflusst. So kam das Bundesgericht bereits in einem Entscheid aus dem Jahr 1983 zu dem Schluss, dass Art. 8 Abs. 1 EMRK über das in Art. 54 BV 1874 gewährleistete Recht auf Ehe insoweit hinaus reichte, als Art. 8 Abs. 1 EMRK auch die Beziehungen zu weiteren Familienmitgliedern schütze,

---

[121] So etwa in BGE 104 Ia 271, 277 f. E. 4; 108 Ia 64, 66 E. 2c); s. auch BGE 108 Ia 275, 276 ff. E. 1 ff. zu Art. 10 EMRK; vgl. *Hottelier/Mock/Puéchavy*, La Suisse devant la Cour européenne des droits de l'homme, S. 39; zum Einfluss der EMRK auf das Verfahrensrecht s. auch *Malinverni*, Schweizerisches Jahrbuch für internationales Recht 1989, S. 153, 189 f.

[122] So etwa in BGE 104 Ia 314, 314 ff. E. 4; 105 Ia 396, 397 f. E. 3; 109 Ia 239, 241 ff. E. 5.

[123] BGE 102 Ia 279, 284 E. 2 c); 105 Ia 26, 29 E. 2; 106 Ia 33, 35 E. 3; 109 Ia 273, 279 ff. E. 4.

[124] BGE 109 Ia 273, 279 ff. E. 4.

[125] EGMR, Urt. v. 06.09.1978 –5029/71 – Klass u.a./Deutschland, A28.

[126] S. dazu *Keller*, ZaöRV 65 (2005), 283, 306.

[127] So etwa EGMR, Urt. v. 13.07.1983 – 8737/79 – Zimmermann u. Steiner/Schweiz, A66; Urt. v. 24.05.1988 – 10737/84 – Müller u.a./Schweiz, A133; Urt. v. 28.03.1990 – 10890/84 – Groppera Radio AG u.a./Schweiz, A173; Urt. v. 22.05.1990 – 11034/84 – Weber/Schweiz, A177; Urt. v. 22.05.1990 – 12726/87 – Autronic AG/Schweiz, A178; Urt. v. 24.05.1990 – 12744/87 – Quaranta/Schweiz, A205; *Hottelier/Mock/Puéchavy*, La Suisse devant la Cour européenne des droits de l'homme, S. 40.

[128] BGE 111 Ia 239, 240 ff. E. 3; bestätigt durch BGE 116 Ia 359, 366 f. E. 4b); 131 I 126, 130 E. 3; näher dazu s. oben, § 8 I.5. a) aa) aaa) u. § 8 III.5. a).

was gerade in aufenthaltsrechtlichen Angelegenheiten von Bedeutung ist.[129] In einigen Fällen zog das Bundesgericht zur Begründung seiner Entscheidungen ausschließlich die einschlägige EMRK-Garantie heran, ohne die parallele bundesverfassungsrechtliche Garantie überhaupt zu erwähnen,[130] während in anderen Fällen zum Zweck der wechselseitigen Ergänzung beide Garantien genannt wurden.[131]

Seit dem Ende der 1980er Jahre wendet das Bundesgericht die EMRK-Grundrechte in sehr systematischer Weise an, so dass die Konvention heute hervorragend in die verfassungsrechtliche Judikatur des Bundesgerichts integriert ist. Der ehemalige Schweizer EGMR-Richter *Villiger* ist insoweit der Auffassung, dass das Schweizer Bundesgericht im europäischen Vergleich bei der Berücksichtigung der EMRK und der Rechtsprechung des Straßburger Gerichtshofs eine Spitzenstellung einnehme.[132] Auffällig ist, dass insbesondere Art. 6 EMRK in seiner Interpretation durch den EGMR die Rechtsprechung des Bundesgerichts zu den Verfahrensgarantien nachhaltig beeinflusst hat.[133] Ähnliches gilt für die Gewährleistungen der Art. 5 und 8 EMRK, wobei Letztere gerade auch im Zusammenhang mit dem Ausländerrecht[134] und den Kommunikationsfreiheiten zum Tragen kam.[135] In vielen Entscheiden werden heute die einschlägigen Gewährleistungen der EMRK neben den parallelen Garantien der Bundesverfassung zitiert, ohne dass zwischen den Bedeutungsgehalten der beiden Rechtsquellen näher differenziert würde.[136] In anderen Fällen wendet das Bundesgericht sogar alleine die einschlägige EMRK-Garantie an,[137] wobei dies freilich auch darauf zurück zu führen sein kann, dass der Beschwerdeführer im konkreten Fall sich ausschließlich auf die entsprechende EMRK-Garantie berufen hatte. Teilweise konstatiert das Bundesgericht auch, dass die parallele Gewährleistung der Bundesverfassung nicht über den Schutzgehalt des betroffenen EMRK-Grundrechts hinausgehe.[138]

Des Weiteren haben die EMRK-Garantien den Zuschnitt der Grundrechte, insbesondere der Verfahrensgarantien, in der 1999 totalrevidierten Bundesverfas-

---

[129] BGE 109 Ib 183, 186 ff. E. 2.

[130] BGE 110 Ib 201, 204 ff. E. 2 ff.

[131] S. dazu *Hottelier/Mock/Puéchavy*, La Suisse devant la Cour européenne des droits de l'homme, S. 41; *Malinverni*, Schweizerisches Jahrbuch für internationales Recht 1989, 153, 157 f.

[132] *Villiger*, Handbuch der Europäischen Menschenrechtskonvention, Rn. 84.

[133] Vgl. etwa BGE 128 I 288, 293 f. E. 2.5 f.; 126 I 194, 196 E. 3a); 132 I 42, 46 ff. E. 3.3.2 ff.; 133 I 100, 103 ff. E. 4.4 ff.

[134] S. dazu grundlegend BGE 109 Ib, 183, 185 ff. E. 2; 110 Ib 201, 205 ff. E. 2 f.

[135] Vgl. dazu *Thurnherr*, The Reception Process in Austria and Switzerland, in: Keller/Stone Sweet (Hrsg.), A Europe of Rights, S. 311, 354 f.

[136] So etwa in BGE 127 I 213, 215 E. 3a); 126 I 26, 27 f. E. 1; ähnlich BGE 140 I 77, 80 f. E. 5.2 f.

[137] So etwa in BGE 126 I 36, 39 ff. E. 1; 129 I 139, 139 ff. E. 2 ff.; so in der Sache auch BGE 140 I 145, 146 ff. E. 3.1 ff.; 140 I 246, 248 ff. E. 2.1 ff.

[138] BGE 126 I 235, 236 E. 2 a); 129 I 151, 153 E. 3.

sung erheblich mit geprägt,[139] so dass sich heute Bundesgrundrechte und EMRK-Garantien weitestgehend decken. Bemerkenswert ist in diesem Zusammenhang außerdem, dass die totalrevidierte Bundesverfassung von 1999 dem Wortlaut nach keine explizite Rechtsweggarantie als Grundrecht enthielt und es das Bundesgericht stets abgelehnt hatte, aus der Bundesverfassung ein ungeschriebenes Grundrecht auf gerichtlichen Rechtsschutz abzuleiten.[140] Erst vor dem Hintergrund der Rechtsprechung des EGMR zu Art. 6 Abs. 1 EMRK und deren Einfluss auf die nationale Rechtsordnung wurde im Jahr 2007 Art. 29a BV in die Bundesverfassung aufgenommen und so die bis dahin bestehende Schutzlücke geschlossen.[141]

Ausdruck des Einflusses der EMRK auf die nationale Rechtsordnung ist weiterhin der Umstand, dass nach Art. 122 BGG eine vom EGMR festgestellte Verletzung der EMRK einen Revisionsgrund gegenüber Entscheiden des Bundesgerichts oder einer Vorinstanz darstellt, wenn eine Wiedergutmachung nur durch Revision möglich ist, so dass die entsprechende EMRK-Garantie doch noch zur Anwendung gelangt, obwohl eine bundesgesetzliche oder sogar bundesverfassungsrechtliche Vorschrift entgegen steht.[142] Dadurch wird das Bundesgericht gezwungen, Entscheidungen des EGMR innerstaatlich umzusetzen, so dass *Thurnherr* die Vorschrift zu Recht als „an important gate of entry for the implementation of European human rights standards in the Swiss national legal order" bezeichnet.[143]

Andererseits darf nicht übersehen werden, dass das Bundesgericht den Vorgaben des EGMR keineswegs immer widerspruchslos gefolgt ist. So hat es beispielsweise die Entscheidung des Straßburger Gerichtshofs in der Rechtssache *Quaranta* bezüglich des Anspruchs auf amtliche Verteidigung und deren Voraussetzungen nicht übernommen.[144] Auch die EMRK-Judikatur bezüglich der Verwertung anonymer Zeugenaussagen wurde vom Bundesgericht mit Kritik aufgenommen, wobei das Bundesgericht im Fall *Pesukic* aus dem Jahr 2007 den EGMR

---

[139] Vgl. BGE 128 I 288, 293 E. 2.6; s. auch *Bundesrat*, 40 Jahre EMRK-Beitritt der Schweiz: Erfahrungen und Perspektiven, Bericht in Erfüllung des Postulats Stöckli 13.4187 vom 12. Dezember 2013, BBl 2015, 357, 384 ff.; ausführlich dazu *Kiener*, Der Einfluss der EMRK auf die BV 1999, in: Jaag/Kaufmann (Hrsg.), 40 Jahre Beitritt der Schweiz zur EMRK, S. 53, 60 ff.

[140] Vgl. BGE 130 I 388, 392 E. 4; 127 I 60, 67 E. 3a); 130 I 1, 5 E. 3.1; 130 I 156, 161, E. 2.1; s. dazu *Boller*, Die Vorgaben der EMRK an das Rechtsschutzsystem, in: Fahrländer/Heizmann (Hrsg.), Europäisierung der schweizerischen Rechtsordnung, S. 207, 214.

[141] *Kiener*, Der Einfluss der EMRK auf die BV 1999, in: Jaag/Kaufmann (Hrsg.), 40 Jahre Beitritt der Schweiz zur EMRK, S. 53, 65; *Thurnherr*, The Reception Process in Austria and Switzerland, in: Keller/Stone Sweet (Hrsg.), A Europe of Rights, S. 311, 319.

[142] S. dazu *Rhinow/Koller/Kiss/Thurnherr/Brühl-Moser*, Öffentliches Prozessrecht, Rn. 701; vgl. *Aemisegger*, Zur Umsetzung der EMRK durch das Bundesgericht, in: Breitenmoser/Ehrenzeller (Hrsg.), Die EMRK und die Schweiz, S. 43, 56 ff.; *ders.*, Probleme der Umsetzung der EMRK im schweizerischen Recht, in: Jaag/Kaufmann (Hrsg.), 40 Jahre Beitritt der Schweiz zur EMRK, S. 201, 224 f.

[143] *Thurnherr*, The Reception Process in Austria and Switzerland, in: Keller/Stone Sweet (Hrsg.), A Europe of Rights, S. 311, 376.

[144] BGE 120 Ia 43, 45 f. E. 2.

dazu anhielt, seine Position zu klären,[145] ein Verlangen, dem der EGMR im Jahr 2012 schließlich nachkam.[146] Beim Namensrecht zeigte das Bundesgericht ebenfalls eine ablehnende Haltung gegenüber dem EGMR, indem es im Fall *Rose und Losonci* aus dem Jahr 2005 trotz gegenteiliger EGMR-Judikatur[147] das schweizerische Namensrecht nicht für konventionswidrig befand[148] und sein Urteil erst nach einer entsprechenden Entscheidung des Straßburger Gerichtshofs[149] revidierte.[150]

Ein Konflikt zwischen Bundesgericht und EGMR entzündete sich daneben bei der Frage nach einem Replikrecht des Einzelnen vor dem Bundesgericht.[151] Hintergrund der Kontroverse war der Umstand, dass das Bundesgericht dem Einzelnen das Recht auf Replik bei neuen Eingaben einer Partei oder Klarstellungen einer Vorinstanz jeweils nur nach eigenem Ermessen gewährte, mithin nur dann, wenn neue Inhalte vorgetragen wurden, während sich in den übrigen Fällen kein Recht auf Replik aus Art. 4 BV 1874 ergeben sollte.[152] Die Schweiz wurde auf Grund dieser Rechtsprechung des Bundesgerichts mehrfach vom EGMR wegen Verletzung des aus Art. 6 Abs. 1 EMRK folgenden Rechts auf ein faires Verfahren verurteilt.[153] Das Bundesgericht setzte die Rechtsprechung des EGMR indes nur sehr zögerlich um.[154] Noch in einem Entscheid aus dem Jahr 2004 vertrat es entgegen den Vorgaben des EGMR die Ansicht, dass sich aus Art. 6 Abs. 1 EMRK kein unbedingter Anspruch des Einzelnen ableiten lasse, sich in jedem Fall zum

145 BGE 133 I 33, 43 ff. E. 4; s. dazu *Donatsch/Arnold*, Auswirkungen der EMRK auf das schweizerische Strafprozessrecht, in: Jaag/Kaufmann (Hrsg.), 40 Jahre Beitritt der Schweiz zur EMRK, S. 91, 100.

146 EGMR, Urt. v. 06.12.2012 – 25088/07 – Pesukic/Schweiz; ausführlich zum Ganzen *Zünd*, EuGRZ 2014, 21, 23.

147 EGMR, Urt. v. 22.02.1994 – 16213/90 – Burghartz/Schweiz, A280-B; EGMR, Urt. v. 16.11.2004 – 29865/96 – Tekeli/Türkei, RJD 2004-X.

148 BGer, Urt. v. 24.05.2005 – 5A.4/2005 –.

149 EGMR, Urt. v. 09.11.2010 – 664/06 – Losonci Rose u. Rose/Schweiz.

150 BGer, Urt. v. 08.09.2011 – 5F_4/2011 –; ausführlich zum Ganzen *Zünd*, EuGRZ 2014, 21, 22.

151 Ausführlich dazu *Boller*, Die Vorgaben der EMRK an das Rechtsschutzsystem, in: Fahrländer/Heizmann (Hrsg.), Europäisierung der schweizerischen Rechtsordnung, S. 207, 218 ff.; *Steinmann*, Der Schweizer Praktiker vis-à-vis von EMRK und EGMR, in: Breitenmoser/Ehrenzeller (Hrsg.), EMRK und die Schweiz, S. 243, 247 ff.

152 BGE 111 Ia 2, 3 E. 3; 114 Ia 307, 314 E. 4b); 119 V 317, 323 E. 1; s. dazu *Boller*, Die Vorgaben der EMRK an das Rechtsschutzsystem, in: Fahrländer/Heizmann (Hrsg.), Europäisierung der schweizerischen Rechtsordnung, S. 207, 218 f.

153 EGMR, Urt. v. 18.02.1997 – 18990/91 – Nideröst-Huber/Schweiz, RJD 1997-I, Rn. 29; s. auch EGMR, Urt. v. 28.06.2001 – 37292/97 – F.R./Schweiz; Urt. v. 21.02.2002 – 33499/96 – Ziegler/Schweiz; Urt. v. 12.07.2005 – 7020/02 – Contardi/Schweiz; Urt. v. 11.10.2005 – 45228/99 – Spang/Schweiz; Urt. v. 13.07.2006 – 17671/02 – Ressegatti/Schweiz; Urt. v. 28.10.2010 – 41718/05 – Schaller-Bossert/Schweiz; Urt. v. 16.12.2010 – 12573/06 – Ellès u.a./Schweiz; vgl. *Boller*, Die Vorgaben der EMRK an das Rechtsschutzsystem, in: Fahrländer/Heizmann (Hrsg.), Europäisierung der schweizerischen Rechtsordnung, S. 207, 220.

154 *Lanter*, ZBl. 2012, 167, 170; *Boller*, Die Vorgaben der EMRK an das Rechtsschutzsystem, in: Fahrländer/Heizmann (Hrsg.), Europäisierung der schweizerischen Rechtsordnung, S. 207, 221.

Vorbringen der Gegenpartei äußern zu können.[155] Eine Rechtsprechungsänderung im Sinne der Vorgaben des EGMR nahm das Bundesgericht erst im Jahr 2005 vor, indem es entschied, dass Stellungnahmen und Vernehmlassungen den Verfahrensbeteiligten in jedem Fall zugestellt werden müssten, unabhängig davon, ob darin neue Inhalte vorgebracht würden.[156] Der EGMR seinerseits hat die neue Linie des Bundesgerichts in einem Urteil aus dem Jahr 2012 als konventionskonform gebilligt,[157] so dass der Konflikt zwischen den beiden Gerichten über die Frage nach dem Replikrecht mittlerweile ausgeräumt ist.

In jüngerer Vergangenheit schließlich gab es Streit zwischen dem Bundesgericht und dem EGMR hinsichtlich der Reichweite der Prüfungsbefugnis des Straßburger Gerichtshofs gegenüber den nationalen Instanzen. Im konkreten Fall ging es um die Voraussetzungen für eine Geschlechtsanpassungsoperation, in Bezug auf die der EGMR die Schweizer Rechtslage unter Berufung auf das in Art. 8 EMRK gewährleistete Recht auf Achtung des Privatlebens als zu rigide beurteilt hatte.[158] Das Bundesgericht warf dem EGMR daraufhin vor, in materiell-rechtlicher Hinsicht Einfluss genommen zu haben auf die Ausgestaltung einer obligatorischen Schweizer Sozialversicherungsleistung, auf die sich aus der EMRK selbst kein Anspruch ergebe, wodurch der EGMR in unzulässiger Weise seine eigene Rechtsauffassung an die Stelle der Rechtsauffassung der letztinstanzlichen innerstaatlichen Behörden gesetzt habe.[159] Dennoch hat sich das Bundesgericht in dem fraglichen Fall letztlich den Vorgaben des EGMR gebeugt.[160]

Insgesamt kann man sagen, dass die EMRK in ihrer Auslegung durch den EGMR die Rechtsprechung des Bundesgerichts in Grundrechtsfragen in überragender Weise beeinflusst hat und noch immer beeinflusst, so dass die Befürchtung von *Belser*, der große Erfolg der EMRK könne jegliche nationale Grundrechtsentwicklung „von unten nach oben" lähmen,[161] nicht gänzlich aus der Luft gegriffen erscheint. Begründen lässt sich der große Einfluss der EMRK vorwiegend damit, dass die Konventionsgarantien in der Schweiz unmittelbar anwendbar sind und daher, anders als vor dem deutschen Bundesverfassungsgericht, nicht lediglich als Auslegungs- und Orientierungshilfe bei der Interpretation der nationalen Grundrechte zu berücksichtigen sind, wenngleich auch in der Schweiz die Grundrechte der Bundesverfassung vom Bundesgericht nicht selten zusätzlich im

[155] BGer, Entsch. v. 19.08.2004 – 1A.43/2004 – E. 2.4.

[156] BGE 132 I 42, 45 ff. E. 3.3 ff.; bestätigt in BGE 133 I 98, 99 E. 2.1; 133 I 100, 104 E. 4.6; s. dazu *Boller*, Die Vorgaben der EMRK an das Rechtsschutzsystem, in: Fahrländer/Heizmann (Hrsg.), Europäisierung der schweizerischen Rechtsordnung, S. 207, 221.

[157] EGMR, Urt. v. 15.11.2012 – 43245/07 – Joos/Schweiz.

[158] EGMR, Urt. v. 08.01.2009 – 29002/06 – Schlumpf/Schweiz, Rn. 111.

[159] BGer, Urt. v. 15.09.2010 – 9F_9/2009 – E. 7.3.3.1 u. 7.3.3.2; näher dazu *Hangartner*, FS Borghi, S. 173, 179.

[160] BGer, Urt. v. 15.09.2010 – 9F_9/2009 – E. 7.3.4 ff.

[161] *Belser*, Kantonale Grundrechte und ihre Bedeutung für die Verwirklichung der Menschenrechte im mehrstufigen Staat, in: Besson/Belser (Hrsg.), Die Europäische Menschenrechtskonvention und die Kantone, S. 67, 91.

Sinne einer Konfliktvermeidung durch konforme Auslegung im Lichte der entsprechenden EMRK-Gewährleistung ausgelegt werden.

b) Bundesverwaltungsgericht

Die Grundrechte der EMRK spielen auch in der Rechtsprechung der übrigen Gerichte des Bundes eine zunehmend wichtige Rolle. So bezog das Bundesverwaltungsgericht im Jahr 2010 in der Rechtssache *Swisscom Mobile* zum ersten Mal in einem Kartellsanktionsverfahren zur Frage einer möglichen Verletzung von EMRK-Garantien Stellung.[162] Konkret setzte sich das Schweizer Bundesverwaltungsgericht dabei mit dem Inhalt der Garantien der Art. 6 Abs. 1 und Art. 7 Abs. 1 EMRK auseinander und kam dabei zu dem Ergebnis, dass die gegen die Beschwerdeführerin verhängte kartellrechtliche Sanktion gegen die Vorgaben der EMRK verstoße.[163] Ähnlich wie das Bundesgericht zieht das Bundesverwaltungsgericht in seinen Entscheiden mitunter alleine die EMRK heran, ohne die Grundrechte der Bundesverfassung überhaupt zu erwähnen, was sich meist darauf zurückführen lässt, dass der Beschwerdeführer im konkreten Fall ausschließlich eine Verletzung von EMRK-Grundrechten gerügt hatte.[164] Teilweise werden auch Bundesgrundrechte und EMRK-Garantien nebeneinander zitiert.[165] Ein Blick in die Schlagwort- und Gesetzesregister zur amtlichen Sammlung des Schweizerischen Bundesverwaltungsgerichts[166] zeigt, dass allein in den Jahren 2007 bis 2011 die EMRK in 19 Entscheidungen aus der amtlichen Sammlung zitiert wurde, wobei Art. 6 EMRK die mit Abstand größte Relevanz besitzt. Weiterhin finden sich in diesem Zeitraum Entscheide zu Art. 3, 7, 8, 13 und 34 EMRK, wobei insbesondere Art. 3 und 8 EMRK Gegenstand gleich mehrerer Entscheide waren. Art. 3 EMRK wurde dabei insbesondere im Zusammenhang mit dem Asylrecht relevant, wo er nicht selten als maßgebliche Grundrechtsbestimmung herangezogen wurde, ohne dass zusätzlich Bundesgrundrechte oder kantonale Grundrechte erwähnt worden wären.[167] Auch für die Jahre 2012 und 2013 lässt sich dem Schlagwort- und Gesetzesregister zur amtlichen Sammlung des Schweizerischen Bundesverwaltungsgerichts eine konstante Heranziehung der Konvention durch das Bundesverwaltungsgericht entnehmen. So wurde in den beiden Jahren die EMRK in insgesamt 16 Entscheiden aus der amtlichen Sammlung zitiert, wobei sich die Anwendung auf Art. 3, 6, 7 und 8 EMRK sowie Art. 4 Zusatzprotokoll Nr. 7 zur EMRK bezog.[168]

---

[162] BVGer, Urt. v. 24.02.2010 – B-2050/2007 –; näher dazu *Seitz*, EuZW 2010, 292, 293 ff.

[163] BVGer, Urt. v. 24.02.2010 – B-2050/2007 – E. 13.1.

[164] So etwa BVGer. Urt. v. 23.01.2015 – E-206/2015 – E. 4.

[165] So etwa in BVGer, Urt. v. 17.09.2013 – D-5705/2010 – E. 8.2 ff. = BVGE 2013/27, 381, 383 ff. E. 8.2 ff.

[166] *Schweizerisches Bundesverwaltungsgericht*, Entscheide des Schweizerischen Bundesverwaltungsgerichts, Schlagwort- und Gesetzesregister 2007–2011, S. 245 ff.

[167] So etwa BVGE 2011/35, 777, 795 ff. E. 4.10 ff.; BVGE 2011/9, 111, 117 ff. E. 7 ff.

[168] *Schweizerisches Bundesverwaltungsgericht*, Entscheide des Schweizerischen Bundesverwaltungsgerichts, Schlagwort- und Gesetzesregister 2012–2013, S. 173 ff.

Auch insoweit überwiegen die Entscheide zu Art. 6 und 8 EMRK, wobei das Bundesverwaltungsgericht die EMRK entweder alleine[169] oder zusammen mit dem entsprechenden Grundrecht der Bundesverfassung[170] zitiert. Zusammenfassend kann man daher sagen, dass die Konvention auch die Rechtsprechung des Bundesverwaltungsgerichts in nicht zu unterschätzender Weise prägt.

c) Kantonale Instanzgerichte und kantonale Verfassungsgerichte

Die Rezeption der EMRK durch die kantonalen Gerichte begann erst um das Jahr 1980 herum, mithin mit einiger Verzögerung im Vergleich zur Bundesebene, wodurch sich die Umsetzung der EMRK in der Schweiz insgesamt verzögerte.[171] Daneben dauerte es bis in die 1990er Jahre hinein, bis die EMRK auf kantonaler Ebene in konsistenter Weise angewandt wurde, wobei sich der Einfluss der Konvention auf kantonaler Ebene, insbesondere auf die Rechtsprechung der kantonalen Gerichte, in erster Linie durch die inhaltliche Präzisierung des kantonalen Verfahrensrechts und der kantonalen Verfahrensgrundrechte durch Art. 5 und 6 EMRK bemerkbar machte.[172] Etwa seit 1990 kam daneben Art. 8 EMRK vor den kantonalen Gerichten verstärkt zur Anwendung, vor allem im Zusammenhang mit dem Strafverfahrensrecht.[173] Nachdem das Strafprozessrecht, ebenso wie das Zivilprozessrecht, bis zum Inkrafttreten der Schweizerischen Strafprozessordnung und der Schweizerischen Zivilprozessordnung im Jahr 2011 in den Zuständigkeitsbereich der Kantone fiel, verwundert es nicht, dass die EMRK lange Zeit innerstaatlich hauptsächlich das kantonale Recht, namentlich die Ausgestaltung der zivilrechtlichen und strafrechtlichen Verfahrensordnungen, beeinflusste und spiegelbildlich dazu gut ein Drittel der durch die Schweiz begangenen Konventionsverletzungen gerade kantonale Maßnahmen betraf.[174] Da bei der Anwendung des kantonalen Verfahrensrechts auch kantonale Grundrechte herangezogen werden können, wirkte die EMRK auch auf die Anwendungspraxis und den Bedeutungsgehalt der kantonalen Grundrechte ein, wobei dieses Phänomen nicht ausschließlich auf die Rechtsprechung der kanto-

---

[169] So etwa in BVGE 2013/59, 904, 907 ff. E. 9.3 ff.

[170] So etwa in BVGE 2012/10, 206, 213 E. 5.1.1; BVGE 2012/6, 61, 63 E. 3.1; BVGE 2013/40, 600, 618 E. 6.1.

[171] *Hottelier*, La réception de la CEDH dans les cantons, in: Besson/Belser (Hrsg.), Die Europäische Menschenrechtskonvention und die Kantone, S. 43, 61.

[172] *Keller*, ZaöRV 65 (2005), 283, 310; speziell zur Rezeptionspraxis erstinstanzlicher kantonaler Gerichte s. *Donatsch/Arnold*, Auswirkungen der EMRK auf das schweizerische Strafprozessrecht, in: Jaag/Kaufmann (Hrsg.), 40 Jahre Beitritt der Schweiz zur EMRK, S. 91, 101 f.

[173] *Keller*, ZaöRV 65 (2005), 283, 310.

[174] Vgl. *Thurnherr*, The Reception Process in Austria and Switzerland, in: Keller/Stone Sweet (Hrsg.), A Europe of Rights, S. 311, 364; *Hottelier*, La réception de la CEDH dans les cantons, in: Besson/Belser (Hrsg.), Die Europäische Menschenrechtskonvention und die Kantone, S. 43, 45 u. 53 ff.; *Schürmann*, Die Kantone und die Umsetzung der Urteile des EGMR: Die Sicht des Bundes, in: Besson/Belser (Hrsg.), Die Europäische Menschenrechtskonvention und die Kantone, S. 161, 165.

nalen Gerichte beschränkt war, sondern in gleicher Weise auch vor dem Bundesgericht, welches die kantonalen Garantien ebenfalls direkt anwendet, auftreten konnte.

Die Art und Weise der Rezeption der EMRK-Garantien verlief in den Kantonen keineswegs überall gleich. So wurde im Kanton Basel-Stadt[175] die EMRK erstmals im Jahr 1976 in einer Entscheidung relevant, wobei das kantonale Appellationsgericht den Entscheidungen des EGMR keine Bedeutung für den Bestand innerstaatlicher Urteile beimaß.[176] Bis zum Jahr 1984 folgten in Basel-Stadt sechs weitere Entscheide, welche allesamt Art. 6 EMRK betrafen,[177] sowie ein Entscheid, in dem Art. 9 EMRK erwähnt wurde, wobei die Vorschrift aber letztlich neben Art. 49 BV 1874 keine eigenständige Relevanz besaß.[178] In den Jahren 1985–2000 wurde die Konvention in 20 baselstädtischen kantonsgerichtlichen Entscheidungen herangezogen, wobei Konventionsverletzungen ausschließlich zwischen 1984 und 1991 festgestellt wurden.[179]

Weitere EMRK-bezogene Entscheide kantonaler Gerichte im Kanton Basel-Stadt folgten in den Jahren 200 bis 2003,[180] ohne dass der Konvention jedoch in einem Verfahren streitentscheidende Bedeutung zugekommen wäre. Ähnliches gilt für einen Fall aus dem Jahr 2004, in dem sich das Appellationsgericht zwar mit Art. 6 Abs. 1 EMRK und dessen Reichweite auseinander setzte, ohne eine genaue Abgrenzung zu dem parallel zitierten Art. 29 Abs. 1 BV vorzunehmen, es aber zum Ergebnis kam, dass eine Konventionsverletzung nicht vorliege und weitergehende Fragen betreffend eines Verwertungsverbots im konkreten Fall nicht erörtert werden müssten.[181] Keine streitentscheidende Bedeutung entfaltete die Konvention darüber hinaus in zwei Fällen aus dem Jahr 2008 betreffend eine Vorschrift der kantonalen Strafprozessordnung[182] bzw. die Ausgestaltung des elterlichen Besuchsrechts[183] sowie in einem Fall aus dem Jahr 2010 betreffend einen Anspruch auf öffentliche Parteiverhandlung.[184] Etwas anderes gilt hingegen für ein

---

[175] S. *Keller*, ZaöRV 65 (2005), 283, 308.

[176] Appelationsgericht des Kantons Basel-Stadt, Urt. v. 14.05.1976, BJM 1978, 333, 334.

[177] Präsident des Zivilgerichts, Entsch. v. 23.01.1980, gefolgt von einer negativen Entscheidung/Nichtannahmeentscheidung des Appelationsgerichts des Kantons Basel-Stadt, BJM 1980, 248, 248 ff.; Appelationsgericht des Kantons Basel-Stadt, Urt. v. 19.10.1981, BJM 1981, 344, 346; Urt. v. 18.11.1983, BJM 1984, 285, 287; Überweisungsbehörde des Kantons Basel-Stadt, Entsch. v. 31.08.1984, BJM 1984, 331, 333 f.; Appelationsgericht des Kantons Basel-Stadt, Urt. v. 25.01.1984, BJM 1984, 285, 285 ff.; Strafgericht des Kantons Basel-Stadt, Urt. v. 26.09.1984, BJM 1985, 234, 234 ff.

[178] Appelationsgericht des Kantons Basel-Stadt, Urt. v. 06.06.1984, BJM 1986, 98, 100 f.

[179] *Keller*, ZaöRV 65 (2005), 283, 308.

[180] Appelationsgericht des Kantons Basel-Stadt, Urt. v. 12.12.2000, BJM 2003, 287, 291 ff.; Expropriationskommission des Kantons Basel-Stadt, Urt. v. 16.11.2001, BJM 2003, 33, 39 ff.; Appelationsgericht des Kantons Basel-Stadt, Urt. v. 09.05.2001, BJM 2003, 173, 179 ff.; Urt. v. 03.05.2002, BJM 2004, 94, 95 ff.

[181] Appelationsgericht des Kantons Basel-Stadt, Urt. v. 25.08.2004, BJM 2008, 162, 163 ff.

[182] Appelationsgericht des Kantons Basel-Stadt, Urt. v. 04.01.2008, BJM 2009, 335, 336.

[183] Verwaltungsgericht des Kantons Basel-Stadt, Urt. v. 08.12.2008, BJM 2010, 105, 109.

[184] Verwaltungsgericht des Kantons Basel-Stadt, Urt. v. 08.01.2010, BJM 2012, 159, 159 ff.

strafgerichtliches Urteil aus dem Jahr 2009, in dem das kantonale Strafgericht vor dem Hintergrund der Vorgaben von Art. 6 Abs. 1 EMRK und der diesbezüglichen Rechtsprechung des EGMR einen Wechsel zum sog. Vollstreckungsmodell vornahm.[185]

Relevanz erlangte die Konvention darüber hinaus in einem Fall aus dem Jahr 2010 betreffend die aus Art. 29a BV und Art. 6 Abs. 1 EMRK ableitbare Rechtsweggarantie, in dem das kantonale Betreibungs- und Konkursamt den Beschwerdeführerinnen einen entsprechenden Anspruch zuerkannte.[186] In einem Fall aus dem Jahr 2011 kam das kantonale Verwaltungsgericht zu dem Ergebnis, dass durch eine überlange Verfahrensdauer in einem Verfahren über den Entzug einer Fahrerlaubnis eine schwere Verletzung von Art. 29 Abs. 1 BV und Art. 6 Abs. 1 EMRK gegeben sei, ohne dass das Gericht die beiden Vorschriften nach ihrem Bedeutungsgehalt unterschieden hätte.[187] Keine Konventionsverletzung stellte dagegen die Appellationsgerichtspräsidentin des kantonalen Appellationsgerichts in einem Urteil aus dem Jahr 2012 bezüglich des Rechts auf einen unentgeltlichen Rechtsbeistand[188] und in einem Urteil aus dem Jahr 2013 betreffend die freie Verteidigerwahl[189] fest. In einem ausländerrechtlichen Urteil aus dem Jahr 2014 schließlich setzte sich das baselstädtische Verwaltungsgericht mit dem Schutzgehalt von Art. 8 EMRK auseinander, verneinte jedoch ebenfalls im Ergebnis eine Konventionsverletzung.[190]

Insgesamt zeigt sich, dass die EMRK in der Rechtsprechung der kantonalen Gerichte und gerichtlichen Instanzen in Basel-Stadt eine weitaus größere Bedeutung entfaltet als die kantonalen Grundrechte, welche von den Konventionsgrundrechten und den Grundrechten der Bundesverfassung faktisch weitestgehend verdrängt wurden. Auffällig ist weiterhin, dass in der Anfangsphase kaum Konventionsverletzungen festgestellt wurden, die EMRK jedoch später, insbesondere um das Jahr 2010 herum, zumindest in einigen Fällen streitentscheidende Bedeutung entfaltete, was darauf hindeutet, dass die kantonalen Gerichte im Kanton Basel-Stadt die Konvention inzwischen ebenso selbstverständlich anwenden wie die Grundrechte der Bundesverfassung.

Auch im Kanton Thurgau, der, anders als der Kanton Basel-Stadt eher ländlich geprägt ist, konstatierten die kantonalen Gerichte in den 1970er Jahren noch keine Konventionsverletzung.[191] In einer Entscheidung aus dem Jahr 1982 betref-

---

185 Strafgericht des Kantons Basel-Stadt, Urt. v. 06.02.2009, BJM 2010, 336, 337 ff.

186 Betreibungs- und Konkursamt des Kantons Basel-Stadt, Entsch. v. 23.04.2010, BJM 2010, 285, 288 ff.

187 Verwaltungsgericht des Kantons Basel-Stadt, Urt. v. 03.01.2011, BJM 2012, 323, 328.

188 Appelationsgerichtspräsidentin des Appelationsgerichts des Kantons Basel-Stadt, Urt. v. 08.03.2012, BJM 2013, 48, 55.

189 Appelationsgerichtspräsidentin des Appelationsgerichts des Kantons Basel-Stadt, Urt. v. 04.01.2013, BJM 2014, 160, 161 ff.

190 Verwaltungsgericht des Kantons Basel-Stadt, Urt. v. 17.12.2014, BJM 2016, 144, 147.

191 Strafgericht des Kantons Thurgau, Urt. v. 06.07.1977, Rechenschaftsbericht 1978, Nr. 31, 90, 90 ff.; Obergericht des Kantons Thurgau, Urt. v. 23.01.1978, Rechenschaftsbericht 1978, Nr. 33, 92, 92 ff.

fend Art. 6 Abs. 3 lit. d) EMRK befand es das kantonale Obergericht für unnötig zu untersuchen, ob eine verspätete Ergänzung einer Akte infolge einer Konventionsverletzung nach dem kantonalen Strafverfahrensrecht zulässig sei.[192] Nach einer weiteren EMRK-bezogenen Entscheidung aus dem Jahr 1983[193] finden sich im Kanton Thurgau Entscheide kantonaler Zivil- und Strafgerichte Gerichte mit Konventionsbezug erst wieder in den Jahren 1992[194] und 1993.[195] In den Jahren 1995 und 1996 wurden von den thurgauischen Gerichten vier weitere Entscheide mit EMRK-Bezug getroffen,[196] während 1998 nur ein einziger konventionsrechtlicher relevanter Entscheid erging.[197] Auch das Generalregister zur Thurgauer Verwaltungsrechtspflege weist für die Jahre 1985 bis 1998 lediglich 14 Fälle mit Konventionsbezug aus, wobei zumeist eine Verletzung von Art. 5, 6 oder 8 EMRK im Raum stand.[198]

In der Folgezeit hat sich an der eher zurückhaltenden Anwendung der Konvention durch die Thurgauer Gerichte wenig geändert. Ein Blick in die Rechenschaftsberichte zeigt, dass sich die kantonale zivil- und strafgerichtliche Praxis lediglich mit den Garantien der Art. 5 EMRK[199] und Art. 6 EMRK[200] befasste, wobei eine Konventionsverletzung so gut wie nie festgestellt wurde.

---

[192] Obergericht des Kantons Thurgau, Urt. v. 02.11.1982, Rechenschaftsbericht 1982, Nr. 27, 73; s. dazu *Keller*, ZaöRV 65 (2005), 283, 308.

[193] Rekurskommission des Kantons Thurgau, Entsch. v. 04.11.1983, Rechenschaftsbericht 1983, Nr. 47, 113, 113 ff.

[194] Strafkammer des Obergerichts des Kantons Thurgau, Urt. v. 08.05.1992, Rechenschaftsbericht 1992, Nr. 12, 84, 84 ff.; Rekurskommission des Kantons Thurgau, Entsch. v. 17.12.1992, Rechenschaftsbericht 1992, Nr. 13, 85, 85 ff.; Strafkammer des Obergerichts des Kantons Thurgau, Urt. v. 27.03.1992, Rechenschaftsbericht 1992, Nr. 14, 89, 89 ff.; Strafkammer des Obergerichts des Kantons Thurgau, Urt. v. 07.05.1992, Rechenschaftsbericht 1992, Nr. 15, 90, 90 ff.; Obergericht des Kantons Thurgau, Urt. v. 02.06.1992, Rechenschaftsbericht 1992, Nr. 16, 92, 92 ff.; Obergericht des Kantons Thurgau, Urt. v. 27.10.1992, Rechenschaftsbericht 1992, Nr. 17, 98, 98 ff.

[195] Obergericht des Kantons Thurgau, Urt. v. 15.07.1993, Rechenschaftsbericht 1993, Nr. 12, 112, 112 ff.; Rekurskommission des Kantons Thurgau, Entsch. v. 17.05.1993, Rechenschaftsbericht 1993, Nr. 27, 134, 134 ff.; Rekurskommission des Kantons Thurgau, Entsch. v. 01.11.1993, Rechenschaftsbericht 1993, Nr. 31, 143, 143 ff.; Obergericht des Kantons Thurgau, Urt. v. 07.01.1993, Rechenschaftsbericht 1993, Nr. 32, 148, 148 ff.; zum Ganzen s. *Keller*, ZaöRV 65 (2005), 283, 308 f.

[196] Obergericht des Kantons Thurgau, Urt. v. 07.09.1995, Rechenschaftsbericht 1996, Nr. 27, 162, 162 ff.; Rekurskommission des Kantons Thurgau, Entsch. v. 19.08.1996, Rechenschaftsbericht 1996, Nr. 15, 127, 127 ff.; Rekurskommission des Kantons Thurgau, Entsch. v. 04.03.1996, Rechenschaftsbericht 1996, Nr. 28, 164, 164 ff.; Obergericht des Kantons Thurgau, Urt. v. 12.12.1996, Rechenschaftsbericht 1996, Nr. 43, 207, 207 ff.

[197] Rekurskommission des Kantons Thurgau, Entsch. v. 30.11.1998, Rechenschaftsbericht 1998, Nr. 33, 160, 160 ff.

[198] Vgl. *Keller*, ZaöRV 65 (2005), 283, 309.

[199] Obergericht des Kantons Thurgau, Urt. v. 17.11.2008, Rechenschaftsbericht 2008, Nr. 5, 76, 76 ff.; Urt. v. 26.06.2013, Rechenschaftsbericht 2013, Nr. 28, 268, 268 ff.

[200] Obergericht des Kantons Thurgau, Urt. v. 31.10.2000, Rechenschaftsbericht 2001, Nr. 28; Urt. v. 18.12.2001, Rechenschaftsbericht 2001, Nr. 42; Urt. v. 06.10.2004, Rechenschaftsbericht 2004, Nr. 27, 165, 165 ff.; Urt. v. 23.11.2004, Rechenschaftsbericht 2004, Nr. 37, 202, 202 ff.; Urt. v. 04.05.2006, Rechenschaftsbericht 2006, Nr. 31, 154, 154 ff.; Urt. v. 15.08.2008, Rechenschafts-

Insgesamt lässt sich sagen, dass sich die gerichtlichen Instanzen im Kanton Thurgau erst seit etwa 1990 ernsthaft mit der EMRK auseinander setzen,[201] eine Konventionsverletzung gleichwohl aber bis heute nur äußerst selten bejaht wird. Daher entfaltet die EMRK in der thurgauischen Gerichtspraxis kaum streitentscheidende Wirkung.

Im Kanton Neuenburg, bei dem es sich, anders als bei den Kantonen Basel-Stadt und Thurgau, um einen französischsprachigen Kanton handelt, setzte die Rezeption der EMRK bereits im Jahr 1977 ein, mithin einige Jahre früher als in den Kantonen Basel-Stadt und Thurgau. So stellte die kantonale Chambre d'Accusation bereits im Jahr 1977 unter Berufung auf die *Minelli*-Entscheidung des Bundesgerichts[202] eine Verletzung von Art. 5 EMRK fest und ordnete die sofortige Beendigung des gegen den Beschwerdeführer verhängten Freiheitsentzugs an.[203] Auch in den Folgejahren wurde die Konvention von den Neuenburger kantonalen Gerichten immer wieder herangezogen, wobei fast ausschließlich die Art. 5 und 6 EMRK von Relevanz waren.[204] Auffällig ist dabei insbesondere, dass die Konvention teilweise als einzige Grundrechtsquelle zitiert wurde.[205] Auch in der Zeit zwischen 1991 und 2000 fand die Konvention weiterhin Beachtung in der Rechtsprechung des Kantons Neuenburg,[206] wobei um das Jahr 1990 herum zusätzlich Art. 8 EMRK in den Fokus der kantonalen Judikatur rückte.[207] Lediglich in einer einzigen Entscheidung wurde demgegenüber die Garantie des Art. 3 EMRK relevant.[208] Bemerkenswert ist des Weiteren, dass die Neuenburger Gerichte auch zwischen 1991 und 2000 in vielen Entscheidungen die Konvention als primären Prüfungsmaßstab heranzogen und die Grundrechte der Bundesverfas-

---

bericht 2008, Nr. 38, 215, 215 ff.; Urt. v. 08.04.2010, Rechenschaftsbericht 2010, Nr. 1, 60, 60 ff.; Urt. v. 28.05.2010, Rechenschaftsbericht 2010, Nr. 34, 187, 187 f.; Urt. v. 29.05.2013, Rechenschaftsbericht 2013, Nr. 1, 110, 110 ff.

201 *Keller*, ZaöRV 65 (2005), 283, 309.

202 BGE 102 Ia 279.

203 Chambre d'Accusation des Kantons Neuenburg, Entsch. v. 30.03.1977, RJN 1973–77, Bd. 6, 2. Teil, 267, 268.

204 Cour de Cassation des Kantons Neuenburg, Urt. v. 09.05.1979, RJN 1977–81, Bd. 7, 2. Teil, 142, 154; Urt. v. 09.03.1980, RJN 1977–81, Bd. 7, 2. Teil, 246, 249; Urt. v. 21.11.1984, RJN 1984, 118, 119; Urt. v. 10.02.1986, RJN 1986, 311, 312 ff.

205 So etwa Cour de Cassation des Kantons Neuenburg, Urt. v. 21.11.1984, RJN 1984, 118, 119; Urt. v. 10.02.1986, RJN 1986, 311, 312 ff.

206 Cour de Cassation des Kantons Neuenburg, Urt. v. 29.10.1991, RJN 1991, 83, 84; Urt. v. 09.07.1993, RJN 1993, 147, 148 f.; Urt. v. 02.05.1995, RJN 1995, 102, 103; Urt. v. 15.03.1996, RJN 1996, 86, 85; Chambre d'Accusation des Kantons Neuenburg, Urt. v. 08.10.1997, RJN 1997, 184, 185; Cour de Cassation des Kantons Neuenburg, Urt. v. 14.03.1997, RJN 1997, 186, 187; Chambre d'Accusation des Kantons Neuenburg, Urt. v. 05.10.1998, RJN 1998, 161, 162 ff.

207 Cour Administrative des Kantons Neuenburg, Urt. v. 20.11.1989, RJN 1989, 135, 136; Urt. v. 14.03.1991, RJN 1991, 93, 96 f.; Urt. v. 15.01.1991, RJN 1991, 97, 97; Urt. v. 14.11.1991, RJN 1991, 97, 97; weitere Entscheide zu Art. 8 EMRK wurden in den Jahren 1997 und 1998 getroffen, s. Cour Administrative des Kantons Neuenburg, Urt. v. 21.07.1997, RJN 1997, 210, 211 ff. u. Urt. v. 02.03.1998, RJN 1998, 180, 182 f.; ausführlich zum Ganzen *Keller*, ZaöRV 2005, 283, 309 f.

208 Cour Administrative des Kantons Neuenburg, Urt. v. 17.02.1997, RJN 1997, 228, 229.

sung allenfalls ergänzend erwähnten.[209] In den Jahren 2000 bis 2014 wurden die EMRK-Garantien der Art. 5, 6 und 8 von den kantonalen Gerichten ebenfalls in zahlreichen Fällen als Prüfungsmaßstab angewandt,[210] teilweise parallel zu der entsprechenden bundesverfassungsrechtlichen und/oder kantonalen Garantie,[211] teilweise aber auch als alleiniger Prüfungsmaßstab.[212] In einem Entscheid des Neuenburger Verwaltungsgerichts aus dem Jahr 2013 schließlich spielte das in Art. 12 EMRK garantierte Recht auf Eheschließung eine Rolle, allerdings nur parallel zu Art. 14 BV, wobei in dem fraglichen Fall eine Konventionsverletzung bejaht wurde.[213]

Als Resümee lässt sich für den Kanton Neuenburg festhalten, dass die EMRK dort in die kantonale Rechtsprechung schon wesentlich früher Eingang fand als in den beiden untersuchten deutschsprachigen Kantonen Basel-Stadt und Thurgau. Daneben zeigten sich die kantonalen Gerichte auch in späterer Zeit bereit dazu, die Konvention als Prüfungsmaßstab heranzuziehen und gegebenenfalls eine Konventionsverletzung durch die kantonalen Behörden festzustellen. Begründen lässt sich dies damit, dass die Neuenburger Gerichte, anders als die gerichtlichen Instanzen in den deutschsprachigen Kantonen, bei der Rezeption der EGMR-Rechtsprechung keine Sprachbarrieren zu überwinden haben, wobei auch die größere Aufgeschlossenheit der Neuenburger Gerichte gegenüber ausländischem Recht insgesamt ihren Teil zur bereitwilligen Rezeption der EMRK in dem Kanton beigetragen haben mag.[214]

Neben den kantonalen Instanzgerichten ziehen auch die kantonalen Verfassungsgerichte die EMRK als direkten Prüfungsmaßstab heran, was freilich nur dann gilt, wenn das betroffene kantonale Verfassungsgericht über entsprechende Kompetenzen zur Kontrolle kantonaler Maßnahmen am Maßstab höherrangigen Rechts besitzt. So befasste sich etwa das Verfassungsgericht des Kantons Genf in einem Entscheid aus dem Jahr 2015 erstmals mit der Reichweite von Art. 6 und 13 EMRK und der dazu ergangenen bundesgerichtlichen Rechtspre-

---

[209] Cour de Cassation des Kantons Neuenburg, Urt. v. 02.05.1995, RJN 1995, 102, 103 f.; Cour Administrative des Kantons Neuenburg, Urt. v. 21.07.1997, RJN 1997, 210, 211 ff.

[210] Chambre d'Accusation des Kantons Neuenburg, Urt. v. 12.12.2006, RJN 2006, 157, 158 f.; Urt. v. 22.03.2005, RJN 2005, 149, 149 ff.; Urt. v. 16.06.2005, RJN 2005, 158, 159 f.; Urt. v. 22.06.2004, RNJ 2004, 117, 117 f.; Urt. v. 07.11.2002, RJN 2002, 192, 193; Urt. v. 31.07.2001, RJN 2001, 193, 195 f.; Verwaltungsgericht des Kantons Neuenburg, Urt. v. 26.01.2005, RJN 2005, 193, 193 ff.; Urt. v. 09.12.2004, RJN 2005, 171, 171; Urt. v. 22.03.2004, RJN 2004, 129, 130 ff.; Urt. v. 22.05.2002, RJN 2002, 256, 262 ff.; Urt. v. 01.06.2001, RJN 2001, 198, 200 ff.; Cour de Cassation des Kantons Neuenburg, Urt. v. 05.09.2008, RJN 2008, 240, 244; Urt. v. 23.04.2007, RJN 2007, 134, 137 ff.; Urt. v. 07.06.2001, RJN 2001, 181, 183 ff.; IIe Cour civile des Kantons Neuenburg, Urt. v. 04.05.2009, RJN 2009, 89, 90 ff.; Urt. v. 16.03.2011, RJN 2011, 105, 110; Cour d'Appel civil des Kantons Neuenburg, Urt. v. 20.07.2012, RJN 2012, 149, 150 f.; Cour Pénale des Kantons Neuenburg, Urt. v. 27.01.2014, RJN 2014, 290, 292.

[211] So etwa Chambre d'Accusation des Kantons Neuenburg, Urt. v. 07.11.2002, RJN 2002, 192, 193; Urt. v. 16.06.2005, RJN 2005, 158, 159 f.

[212] So etwa IIe Cour civile des Kantons Neuenburg, Urt. v. 04.05.2009, RJN 2009, 89, 90 ff.

[213] Cour de Droit public des Kantons Neuenburg, Urt. v. 19.04.2013, RJN 2013, 391, 393 ff.

[214] Vgl. *Keller*, ZaöRV 65 (2005), 283, 310.

chung.[215] Art. 6 Abs. 1 EMRK wurde in einem weiteren Entscheid aus dem Jahr 2015 neben Art. 29 Abs. 2 BV vom Genfer Verfassungsgericht ebenfalls als Prüfungsmaßstab herangezogen.[216] Entsprechendes gilt für die in Art. 6 Abs. 1 EMRK verankerte Rechtsweggarantie, welche in einem Entscheid aus dem Jahr 2016 vom Genfer Verfassungsgericht neben Art. 29a BV angewandt wurde.[217]

Auch das Verfassungsgericht des Kantons Waadt rekurriert bei der Überprüfung kantonaler Rechtsakte völlig selbstverständlich auf die EMRK als Prüfungsmaßstab. So ging das waadtländische Verfassungsgericht in einem Entscheid betreffend Pensionsansprüche auf ein entsprechendes Vorbringen der Beschwerdeführer hin auf eine mögliche Verletzung von Art. 28 BV und Art. 11 EMRK ein, ohne die entsprechende kantonale Grundrechtsgarantie auch nur zu erwähnen.[218] Eigenständige Bedeutung entfalteten die Konventionsgrundrechte freilich nicht immer. In einem Entscheid aus dem Jahr 2016 etwa stellte das waadtländische Verfassungsgericht lapidar fest, dass die Garantie des Art. 14 EMRK keinen über Art. 8 Abs. 2 BV hinausgehenden Bedeutungsgehalt habe.[219]

Insgesamt weist die Datenbank des waadtländischen Verfassungsgerichts für den Zeitraum von 2006 bis Juni 2016 25 Einträge auf, in denen die Konvention zumindest erwähnt wurde, was auf eine zumindest regelmäßige Anwendung der Konventionsrechte schließen lässt.

Auch das Appellationsgericht des Kantons Basel-Stadt befasste sich in seiner Eigenschaft als Verfassungsgericht mit den Garantien der EMRK. Konkret gilt dies etwa für Art. 9 EMRK, den das baselstädtische Verfassungsgericht in seinem Entscheid zur Volksinitiative zum Vermummungsverbot aus dem Jahr 2014 ergänzend zu den parallelen Garantien der Kantonsverfassung und der Bundesverfassung als Prüfungsmaßstab heranzog.[220]

Insgesamt gesehen ist die Datenlage bezüglich der tatsächlichen Anwendung der EMRK durch die kantonalen Verfassungsgerichte gerade in den deutschsprachigen Kantonen jedoch vergleichsweise schlecht, da schon die Zahl der verfassungsgerichtlichen Entscheide begrenzt ist und darüber hinaus keineswegs alle dieser Entscheide einen Konventionsbezug aufweisen. So ergibt sich etwa aus der Datenbank des Verwaltungsgerichts des Kantons Graubünden, welches auch als kantonales Verfassungsgericht fungiert, dass die EMRK in der verfassungsgerichtlichen Judikatur des Gerichts bislang nur zwei Fällen überhaupt herangezo-

---

[215] Obergericht des Kantons Genf (Verfassungsgerichtshof), Urt. v. 15.06.2015 – A/3687/2014-ABST ACST/12/2015 – E. 7c).

[216] Obergericht des Kantons Genf (Verfassungsgerichtshof), Urt. v. 15.10.2015 – A/348/2015-ABST ACST/19/2015 – E. 8a); s. auch Urt. v. 27.06.2016 – A/4326/2015-ABST ACST/6/2016 – E. 5a).

[217] Obergericht des Kantons Genf (Verfassungsgerichtshof), Urt. v. 19.05.2016 – A/4326/2015-ABST ACST/6/2016 – E. 5a)-c).

[218] Kantonsgericht (Verfassungsgericht) des Kantons Waadt, Urt. v. 12.12.2013 – CCST.2013.0004 – E. 3; s. dazu oben § 9 V.2.

[219] Kantonsgericht (Verfassungsgericht) des Kantons Waadt, Urt. v. 10.03.2016 – CCST.2015.0008 – E. 3.

[220] Appelationsgericht des Kantons Basel-Stadt, Urt. v. 04.02.2014 – VG.2013.1 – E. 5.

gen wurde, wobei in beiden Fällen die Konvention nicht streitentscheidend war, sondern jeweils nur am Rande erwähnt wurde.[221] Ähnlich dürftig ist die Datenlage bezüglich des Verfassungsgerichts des französischsprachigen Kantons Jura, für das die einschlägige kantonale Datenbank von 2011–2014 kein einziges verfassungsgerichtliches Urteil mit Konventionsbezug ausweist. Aus dem Jahr 2008 freilich existiert eine Entscheidung, in der der jurassische Verfassungsgerichtshof bezüglich der Verfassungsmäßigkeit eines Gesetzes zur Einführung eines obligatorischen Religionsgeschichteunterrichts zuerst die kantonale Garantie der Religionsfreiheit zitierte, bevor er auf die entsprechenden Garantien der Bundesverfassung und der EMRK einging,[222] was darauf schließen lässt, dass der jurassische Verfassungsgerichtshof die Konvention sehr wohl rezipiert, es jedoch an konventionsbezogenen Fällen mangelt.

Die Wirkung der EMRK und ihrer Auslegung durch den EGMR gegenüber den Kantonen besteht häufig in einer Pflicht zur Änderung des fraglichen kantonalen Gesetzes, wobei teilweise die bloße Änderung der kantonalen Praxis ausreichend ist. Oft genügt auch schon die Erklärung, dass das fragliche EGMR-Urteil für Bund und Kantone verbindlich und direkt anwendbar ist.[223] Eine Änderung der baselstädtischen Strafprozessordnung etwa ergab sich in Folge des Falles *Plumey*[224]. Auch der Kanton Waadt änderte seine Strafprozessordnung[225] als Konsequenz der EGMR-Entscheidung im Fall *Weber*[226]. Zu einer Änderung der Genfer kantonalen Praxis in Folge eines EGMR-Urteils kam es beispielsweise im Fall *Khelili*[227].[228] Fälle, in denen sich die kantonalen Instanzen geweigert hätten, die Vorgaben des EGMR umzusetzen, existieren demgegenüber praktisch nicht.[229]

[221] Verwaltungsgericht Graubünden (Verfassungsgericht), Urt. v. 15.03.2016 – V-15–2 – E. 7; Urt. v. 20.01.2006 – U-05–62 – E. 1b).

[222] Verfassungsgerichtshof des Kantons Jura, Urt. v. 07.03.2008, RJJ 2008, 21, 23 E. 2.2.

[223] Vgl. etwa EGMR, Resolution des Ministerkomitees v. 23.06.1983 – 8660/79 – Minelli/Schweiz, DH(83)10; ausführlich dazu *Schürmann*, Die Kantone und die Umsetzung der Urteile des EGMR: Die Sicht des Bundes, in: Besson/Belser (Hrsg.), Die Europäische Menschenrechtskonvention und die Kantone, S. 161, 174 f.

[224] EGMR, Bericht der Kommission v. 08.04.1997 – 23857/94 – Plumey/Schweiz; EGMR, Resolution des Ministerkomitees v. 26.96.2001 – 23857/94 – Plumey/Schweiz, Res.DH(2001)69; s. dazu *Schürmann*, Die Kantone und die Umsetzung der Urteile des EGMR: Die Sicht des Bundes, in: Besson/Belser (Hrsg.), Die Europäische Menschenrechtskonvention und die Kantone, S. 161, 170.

[225] EGMR, Resolution des Ministerkomitees v. 13.12.1990 – 11034/84 – Weber/Schweiz, Res. DH(90)39; s. dazu *Schürmann*, Die Kantone und die Umsetzung der Urteile des EGMR: Die Sicht des Bundes, in: Besson/Belser (Hrsg.), Die Europäische Menschenrechtskonvention und die Kantone, S. 161, 171.

[226] EGMR, Urt. v. 22.05.1990 – 11034/84 – Weber/Schweiz, A177.

[227] EGMR, Urt. v. 18.10.2011 – 16188/07 – Khelili/Schweiz.

[228] EGMR, Resolution des Ministerkomitees v. 26.09.2012 – 16188/07 – Khelili/Schweiz, Res. DH(2012)140; s. dazu *Schürmann*, Die Kantone und die Umsetzung der Urteile des EGMR: Die Sicht des Bundes, in: Besson/Belser (Hrsg.), Die Europäische Menschenrechtskonvention und die Kantone, S. 161, 173.

[229] *Schürmann*, Die Kantone und die Umsetzung der Urteile des EGMR: Die Sicht des Bundes, in: Besson/Belser (Hrsg.), Die Europäische Menschenrechtskonvention und die Kantone, S. 161, 179.

Insgesamt kann man sagen, dass gerade die deutschsprachigen Kantone erst vergleichsweise spät mit der konsistenten Anwendung der Konvention begannen, was den Schluss nahe legt, dass der Föderalismus in der Schweiz die Anwendung der EMRK zunächst bremste.[230] Der französischsprachige Kanton Neuenburg hingegen erwies sich von Anfang an als wesentlich aufgeschlossener für die Anwendung von Grundrechten einer internationalen Konvention, so dass die EMRK auf kantonaler Ebene punktuell auch schon früh große Bedeutung entfalten konnte. Heute wird die Konvention von den kantonalen Gerichten ebenso selbstverständlich und konsistent angewandt wie vom Bundesgericht, was dazu führt, dass sie auch die kantonale Rechtsprechung stark zu beeinflussen vermag.

3. Zwischenergebnis

Anders als in Deutschland stellen die Konventionsrechte in der Schweiz verfassungsmäßige Rechte dar, wobei die EMRK nach der neuesten Rechtsprechung des Bundesgerichts sogar Vorrang vor der Bundesverfassung genießt, mit der Folge, dass konventionswidrige Verfassungsbestimmungen nicht mehr angewandt werden dürfen. Ferner ist die EMRK auf Grund des monistischen Systems in der Schweiz, anders als in Deutschland, direkt und unmittelbar anwendbar, so dass Konventionsverletzungen vom Einzelnen im Wege der Einheitsbeschwerde zum Bundesgericht oder gegebenenfalls der subsidiären Verfassungsbeschwerde geltend gemacht werden können. Das Bundesgericht wendet nach anfänglichem Zögern, wie alle übrigen Gerichte des Bundes, u.a. das Bundesverwaltungsgericht, und wie die Gerichte der Kantone, die Konvention unmittelbar als Prüfungsmaßstab an, was zu einer weitestgehenden Angleichung der bundesverfassungsrechtlichen Grundrechte an die EMRK-Garantien geführt hat, so dass heute nicht wenige Bundesgerichtsentscheide existieren, in denen ausschließlich eine Verletzung der Konvention gerügt wird. Das schweizerische System versucht mithin, Konflikte zwischen der EMRK und der Bundes- bzw. kantonalen Ebene durch eine größtmögliche Angleichung der Grundrechtskataloge, durch konforme Auslegung sowie durch die Übernahme eines externen Prüfungsmaßstabs zu vermeiden – eine Strategie, die sich durchaus als erfolgreich erwiesen hat und die, im Zusammenwirken mit anderen Faktoren wie dem Fehlen einer spezialisierten Verfassungsgerichtsbarkeit und der vergleichsweise späten Herausbildung eines Grundrechtskatalogs auf Bundesebene der EMRK in der Schweiz einen weitaus größeren Einfluss auf die nationale Rechtsordnung beschert hat, als dies in Deutschland der Fall ist. Andererseits besteht bei dieser Herangehensweise jedoch die große Gefahr, dass sich auf Bundes- und kantonaler Ebene kaum noch Grundrechtsinnovationen herausbilden, sondern die nationalen gerichtlichen Instanzen sich alleine an der EMRK und ihrer Auslegung durch den EGMR

[230] So auch *Hottelier*, La réception de la CEDH dans les cantons, in: Besson/Belser (Hrsg.), Die Europäische Menschenrechtskonvention und die Kantone, S. 43, 61.

orientieren, obwohl die Konvention an sich nur einen grundrechtlichen Mindeststandard bereithält. Wenngleich das Bundesgericht den Vorgaben des EGMR nicht immer sofort gefolgt ist, zeigt sich in der Schweiz, anders als zum Teil in Deutschland, insgesamt doch die Tendenz einer bereitwilligen Beachtung der Rechtsprechung des Straßburger Gerichtshofs.

Auch in den Kantonen entfaltete die EMRK große Bedeutung, wenngleich der Rezeptionsprozess auf kantonaler Ebene gerade in den deutschsprachigen Kantonen mit einiger Verzögerung eingesetzt hatte. Anders als die Landesverfassungsgerichte in Deutschland zeigen sich in der Schweiz auch die kantonalen Verfassungsgerichte sehr aufgeschlossen für die Anwendung der Konvention, was in vielen Fällen zu Lasten der kantonalen Grundrechte ging, die nicht selten durch die Konventionsgarantien aus dem Fokus der kantonalen Gerichte verdrängt wurden. Durch die Erstreckung des Prüfungsmaßstabs der kantonalen Verfassungsgerichte auf die Grundrechte der EMRK haben die kantonalen Grundrechte daher noch einmal zusätzlich an Relevanz verloren, was darauf schließen lässt, dass die Übernahme eines externen Prüfungsmaßstabs durch die Verfassungsgerichte zur Zurückdrängung des eigenen, kantonalen Grundrechtsbestandes führen kann.

III. EU

1. Entwicklung der Diskussion um einen Beitritt der EU zur EMRK

Die Diskussion um einen Beitritt der EG/EU zur EMRK begann bereits vor mehr als 40 Jahren,[231] ohne dass ein solcher Beitritt bislang vollzogen worden wäre. In seinem diesbezüglichen Gutachten aus dem Jahr 1996 kam der EuGH zu dem Ergebnis, dass es der EG/EU an einer hinreichenden Kompetenz für einen derartigen Beitritt fehle.[232] Die Rechtslage hat sich inzwischen insoweit geändert, nachdem die EU nach Art. 6 Abs. 2 S. 1 EUV nunmehr zu einem Beitritt zur EMRK ermächtigt und nach zutreffender Auslegung sogar verpflichtet ist.[233] Fraglich ist in diesem Zusammenhang, ob und inwieweit sich die Beitrittsverpflichtung auch auf die Zusatzprotokolle zur EMRK bezieht, doch spricht Art. 52

[231] Ausführlich dazu *Winkler*, Der Beitritt der Europäischen Gemeinschaften zur Europäischen Menschenrechtskonvention, S. 36 ff.; *Glaesner*, FS Everling, S. 327, 327 ff.; *Grabenwarter*, FS Steinberger, S. 1129, 1146 mit Fn. 56; *Michl*, Die Überprüfung des Unionsrechts am Maßstab der EMRK, S. 51 ff.; *Spiekermann*, Die Folgen des Beitritts der EU zur EMRK, S. 7 ff.

[232] EuGH, Gutachten 2/94, EMRK, Slg. 1996 I-1763, Rn. 23 ff. u. 35.

[233] Vgl. *Kingreen*, in: Calliess/Ruffert, EUV/AEUV, Art. 6 EUV Rn. 25; *Lock*, EuConst 11 (2015) 239, 240; *Besselink/Claes/Reestman*, EuConst 11 (2015), 2, 3; *Michl*, Die Überprüfung des Unionsrechts am Maßstab der EMRK, S. 73; *Groussot/Stavefeldt*, Accession of the EU to the ECHR: A Legally Complex Situation, in: Nergelius/Kristoffersson (Hrsg.), Human Rights in Contemporary European Law, S. 7, 7; *Obwexer*, EuR 2012, 115, 116 f.; für eine bloße Ermächtigung etwa *Hatje*, in: Schwarze, EU, Art. 6 EUV Rn. 10; zurückhaltender auch *Łazowski/Wessel*, GLJ 16 (2015), 179, 183.

Abs. 3 GRC für eine Ratifikationspflicht hinsichtlich derjenigen Zusatzprotokolle, die von allen EU-Staaten ratifiziert wurden, mithin hinsichtlich des 1. und des 6. Zusatzprotokolls.[234] Seitens der EMRK sind die Voraussetzungen für einen EU-Beitritt erfüllt, da Art. 59 Abs. 2 EMRK, welcher in Folge des 14. Zusatzprotokolls in die EMRK aufgenommen worden war, nunmehr explizit einen Beitritt der EU erlaubt.[235] Allerdings ist nach dem negativen Gutachten des EuGH zum EU-Beitritt zur EMRK vom 18. Dezember 2014 ein derartiger Schritt vorerst in weite Ferne gerückt. Der Gerichtshof kommt in seinem Gutachten zu dem Schluss, dass ein Beitritt der EU zur EMRK auf Grundlage des Entwurfs für ein Beitrittsabkommen vom 10. Juni 2013[236] in zentralen Punkten gegen Art. 6 Abs. 2 EUV und Protokoll Nr. 8 über den Beitritt der Union zur EMRK[237] verstoße und damit unionsrechtswidrig sei.[238] Insbesondere seien die Autonomie des Unionsrechts und die Zuständigkeiten des EuGH durch den Entwurf für ein Beitrittsabkommen gefährdet.[239] So sei der Entwurf dazu geeignet, die besonderen Merkmale und die Autonomie des Unionsrechts zu beeinträchtigen, da er nicht sicher stelle, dass Art. 53 EMRK und Art. 53 GRC aufeinander abgestimmt würden.[240] Darüber hinaus fehlten – in dem Gutachten nicht näher spezifizierte – Vorkehrungen, um der Gefahr einer Verletzung des Grundsatzes des gegenseitigen Vertrauens zwischen den Mitgliedstaaten im Unionsrecht zu begegnen.[241] Ferner sehe der Entwurf des Beitrittsabkommen keine Regelung des Verhältnisses zwischen dem durch das 16. Zusatzprotokoll zur EMRK geschaffenen Vorlageverfahren zum EGMR und dem unionalen Vorabentscheidungsverfahren nach Art. 267 AEUV vor.[242] Zudem sei Art. 344 AEUV tangiert, da der Entwurf es nicht ausschließe, dass der EGMR mit Rechtsstreitigkeiten zwischen den Mitgliedstaaten oder zwischen den Mitgliedstaaten und der Union im materiellen Anwendungsbereich des Unionsrechts befasst werde.[243] Außerdem seien keine Modalitäten dafür vorgesehen, dass die besonderen Merkmale der Union und des Unionsrechts auch vor dem Hintergrund des in dem Entwurf enthaltenen Mitbeschwerdegegner- (*co-respondent*)-Mechanismus und des Vorabbefassungsverfah-

---

[234] *Kingreen*, in: Calliess/Ruffert, EUV/AEUV, Art. 6 EUV Rn. 25; s. dazu auch *Huber*, Der Beitritt der Europäischen Union zur Europäischen Menschenrechtskonvention, S. 80 ff.

[235] Näher dazu *Huber*, Der Beitritt der Europäischen Union zur Europäischen Menschenrechtskonvention, S. 35 ff.

[236] "Draft revised agreement on the accession of the European Union to the Convention for the Protection of Human Rights and Fundamental Freedoms", Final Report to the Steering Committee for Human Rights v. 10.06.2013, Doc. 47 + 1 (2013)008rev2.

[237] Konsolidierte Fassung ABl. EU 2010 Nr. C 83, S. 273.

[238] EuGH, Gutachten 2/13, EMRK, digit. Slg., Rn. 258; näher dazu etwa *Raba*, Closing the Gaps in the Protection of Fundamental Rights in Europe: Accession of the EU to the ECHR, in: Morano-Foadi/Vickers (Hrsg.), Fundamental Rights in the EU, S. 21, 30 ff.

[239] S. dazu *Lock*, EuConst 11 (2015), 239, 242 ff.; *Wendel*, NJW 2015, 921, 923

[240] EuGH, Gutachten 2/13, EMRK, digit. Slg., Rn. 187 ff.

[241] EuGH, Gutachten 2/13, EMRK, digit. Slg., Rn. 191 ff.

[242] EuGH, Gutachten 2/13, EMRK, digit. Slg., Rn. 196 ff.

[243] EuGH, Gutachten 2/13, EMRK, digit. Slg., Rn. 201 ff.

rens (*prior involvement*) zum EuGH erhalten blieben.[244] Schließlich verstoße der Entwurf gegen das EU-Primärrecht, weil die gerichtliche Kontrolle im Bereich der GASP ausschließlich dem EGMR, einem unionsexternen Organ, anvertraut werde.[245]

Vor diesem Hintergrund erscheint ein Beitritt der EU zur EMRK zumindest für die nähere Zukunft als unwahrscheinlich. Ein künftiges Beitrittsabkommen müsste jedenfalls die vom EuGH gerügten Aspekte berücksichtigen, wobei sich die Frage stellt, ob und inwiefern den Einwänden des EuGH Rechnung dadurch getragen werden kann oder ob nicht vielmehr eine Änderung des EU-Primärrechts nötig ist.[246]

2. Status quo vor einem Beitritt

a) EMRK-Garantien als allgemeine Rechtsgrundsätze des Gemeinschafts- bzw. Unionsrechts

Bereits in den Rechtssachen *Internationale Handelsgesellschaft* und *Nold*, d.h. zu Beginn der 1970er Jahre, zog der EuGH neben den gemeinsamen Verfassungsüberlieferungen der Mitgliedstaaten die Garantien der EMRK zur Entwicklung von Gemeinschaftsgrundrechten heran.[247] Nachdem der EuGH erstmals im Jahr 1975 in der Rechtssache *Rutili* bei der Auslegung des Begriffs der öffentlichen Sicherheit und Ordnung auf die EMRK verwiesen hatte,[248] rekurrierte er in der Folgezeit jenseits der Bezugnahmen auf die gemeinsamen Verfassungsüberlieferungen der Mitgliedstaaten regelmäßig auf die Konvention und die dazu ergangene EGMR-Rechtsprechung, um den Gemeinschaftsgrundrechten inhaltliche Konturen zu verleihen.[249] So lehnte sich etwa die Auslegung der Eigentumsfreiheit in der Rechtssache *Hauer* unmittelbar an die zu Art. 1 des 1. Zusatzprotokolls zur EMRK entwickelten Grundsätze an.[250] In ähnlicher Weise war die EMRK, *in concreto* Art. 6 und 13 EMRK, Vorbild bei der Schaffung eines gemeinschaftsrechtlichen Anspruchs auf effektiven Rechtsschutz.[251] Auch die Ge-

---

[244] EuGH, Gutachten 2/13, EMRK, digit. Slg., Rn. 215 ff.

[245] EuGH, Gutachten 2/13, EMRK, digit. Slg., Rn. 249 ff.

[246] Ausführlich dazu unten, § 13 III.3. d) cc).

[247] EuGH, Rs. 11/70, Internationale Handelsgesellschaft, Slg. 1970, 1125, Rn. 4; Rs. 4/73, Nold, Slg. 1974, 491, Rn. 13; ausführlich dazu oben, § 10 II.1. a).

[248] EuGH, Rs. 36/75, Rutili, Slg. 1975, 1219, Rn. 32.

[249] *Mayer*, in: Karpenstein/Mayer, EMRK, Einl. Rn. 123; zur Anfangsphase der Bezugnahme des EuGH auf die EMRK s. auch *Bernardini*, L'Unione europea ed il Trattato di Lisbona: nuove frontiere per la tutela multilivello dei diritti, Diritto e Società 3–4 (2010), 411, 418 f.

[250] EuGH, Rs. 44/79, Hauer, Slg. 1979, 3727 Rn. 15 u. 17 ff.; s. auch EuGH, Rs. C-402/05 P, Kadi I, Slg. 2008, I-6351, Rn. 356.

[251] EuGH, Rs. 222/84, Johnston, Slg. 1986, 1651, Rn. 18; Rs. 222/86, Heylens, Slg. 1987, 4097, Rn. 14; Rs. C-402/05 P, Kadi I, Slg. 2008, I-6351, Rn. 335.

meinschaftsgrundrechte der Meinungsfreiheit,[252] der Achtung des Privatlebens[253] sowie der Unverletzlichkeit der Wohnung[254] wurden maßgeblich durch die EMRK-Garantien mit geprägt. Besonders zu erwähnen ist in diesem Zusammenhang das Urteil in der Rechtssache *Hoechst*, in dem der EuGH eine Einbeziehung des Schutzes von Geschäftsräumen in das Gemeinschaftsgrundrecht der Unverletzlichkeit der Wohnung zunächst verneinte.[255] Nachdem der EGMR in der Rechtssache *Niemietz* eine Einbeziehung der Geschäftsräume in den Schutzbereich von Art. 8 Abs. 1 EMRK bejaht hatte,[256] änderte der EuGH seine diesbezügliche Rechtsprechung und nahm nunmehr unter Verweis auf die EGMR-Rechtsprechung eine Einbeziehung von Geschäftsräumen in den Schutzbereich des Gemeinschaftsgrundrechts der Unverletzlichkeit der Wohnung an,[257] was eine Angleichung des Gemeinschaftsgrundrechts an die parallele Konventionsgarantie implizierte.[258] Die restriktive Auslegung von Art. 8 EMRK durch das EuG und den EuGH hinsichtlich des Schutzes von Geschäftsräumen in der Rechtssache *Limburgse Vinyl* ändert daran wenig, da sich daraus kein grundsätzlicher Widerspruch zu der Position des EGMR ergibt.[259] Ähnliches gilt in Bezug auf die EuGH-Entscheidung in der Rechtssache *Roquette Frères*, in der der EuGH die einschlägige EGMR-Rechtsprechung zur Unverletzlichkeit von Geschäftsräumen zur Kenntnis nahm, jedoch eine sehr restriktive Auslegung des Grundrechts vertrat und dementsprechend ein Recht auf Unverletzlichkeit der Geschäftsräume von Unternehmen letztlich ablehnte.[260]

Auch jenseits des Schutzes von Geschäftsräumen traten materielle Divergenzen[261] zwischen der Rechtsprechung des EuGH und der Rechtsprechung des EGMR bezüglich eines sowohl im Gemeinschaftsrecht als auch in der EMRK anerkannten Grundrechts fast ausschließlich dann auf, wenn zu einer bestimmten Frage noch keine einschlägige EGMR-Judikatur existierte, auf die der EuGH hätte zurückgreifen können,[262] wie dies etwa in Bezug auf die Reichweite von

---

[252] EuGH, Rs. C-260/89, ERT, Slg. 1991, I-2925, Rn. 41 ff.; Rs. C-159/90, Grogan, Slg. 1991, I-4685, Rn. 30.

[253] EuGH, verb. Rs. 97–99/87, Dow Chemical u.a., Slg. 1989, 3165, Rn. 15; Rs. C-94/00, Roquette Frères, Slg. 2002, I-9011, Rn. 29.

[254] EuGH, Rs. C-94/00, Roquette Frères, Slg. 2002, I-9011, Rn. 29.

[255] EuGH, Rs. 46/87, Hoechst/Kommission, Slg. 1989, 2859, Rn. 17 f.; ausführlich zum Ganzen *Philippi*, ZEuS 2000, 97, 107 ff.

[256] EGMR, Urt. v. 16.12.1992 – 13710/88 – Niemitz/Deutschland, A251-B, Rn. 28 ff.

[257] EuGH, Rs. C-94/00, Roquette Frères, Slg. 2002, I-9011, Rn. 29.

[258] Zum Ganzen s. *Wollenschläger*, Die Gewährleistung von Sicherheit im Spannungsfeld der nationalen, unionalen und EMRK-Grundrechtsordnungen, in: Iliopoulos-Strangas/Diggelmann/Bauer (Hrsg.), Rechtsstaat, Freiheit und Sicherheit in Europa, S. 45, 78.

[259] S. dazu EuG, verb. Rs. T-305/94 u.a., Limburgse Vinyl Maatschappij u.a., Slg. 1999, II-931, Rn. 420 u. EuGH, Rs. Limburgse Vinyl Maatschappij u.a., Slg. 2002, I-8375, Rn. 249 ff.

[260] EuGH, Rs. C-94/00, Roquette Frères, Slg. 2002, I-9011, Rn. 29; für eine Divergenz zwischen EuGH und EGMR aber *Vondung*, Die Architektur des europäischen Grundrechtsschutzes nach dem Beitritt der EU zur EMRK, S. 116.

[261] Zum Begriff s. *Spiekermann*, Die Folgen des Beitritts der EU zur EMRK, S. 143 ff.

[262] *Lock*, Das Verhältnis zwischen dem EuGH und internationalen Gerichten, S. 275; *Sauer*, Jurisdiktionskonflikte in Mehrebenensystemen, S. 283 f.

Art. 10 EMRK bei der Verbreitung von Informationen über Abtreibungskliniken der Fall war.[263] Eine ähnliche Diskrepanz der EuGH-Judikatur zur EGMR-Rechtsprechung lässt sich beim Recht, nicht gegen sich selbst aussagen zu müssen, beobachten, welches der EGMR, anders als zunächst der EuGH, auf Gewerbetreibende ausdehnte.[264]

Keine Diskrepanz zwischen EuGH und EGMR stellt der Beschluss des EuGH in der Rechtssache *Emesa Sugar* dar, in dem der EuGH nach intensiver Auseinandersetzung mit der einschlägigen EGMR-Rechtsprechung einen Verstoß gegen Art. 6 EMRK verneinte, wenn den Parteien eines Verfahrens vor dem EuGH keine Möglichkeit gegeben wird, auf die Schlussanträge des Generalanwalts zu antworten.[265] Die Vereinbarkeit der EuGH-Rechtsprechung mit der Auslegung von Art. 6 EMRK bezüglich des Erwiderungsrechts ergibt sich implizit aus der Entscheidung des EGMR in der Rechtssache *Kokkelvisserij*, wo der EGMR unter Heranziehung der *Bosphorus*-Vermutung betonte, dass eine Verneinung des Rechts auf Erwiderung zu den Schlussanträgen des Generalanwalts beim EuGH jedenfalls keinen offensichtlichen Mangel im Grundrechtsschutz begründe.[266] Dies wiederum unterstreicht den Befund, wonach in der Vergangenheit nur wenige Rechtsprechungsdivergenzen zwischen EGMR und EuGH aufgetreten sind.

Gegenwärtig können sich Konflikte zwischen der Judikatur des EGMR und derjenigen des EuGH u.a. im Bereich des in Art. 11 EMRK und Art. 28 GRC gewährleisteten Streikrechts ergeben. Während der EGMR in der Regel eine sorgfältige Abwägung des Rechts auf Ergreifung von Arbeitskampfmaßnahmen mit den kollidierenden, rechtlich geschützten Interessen vornimmt,[267] hat der EuGH in der Entscheidung *International Transport Workers' Federation*[268] auf einen Ausgleich der beteiligten Rechte weitestgehend verzichtet und so dem Recht auf Durchführung kollektiver Arbeitskampfmaßnahmen seine Wirksamkeit genommen.[269]

---

[263] EuGH, Rs. C-159/90, Grogan, Slg. 1991, I-4685, Rn. 31 f. u. EGMR, Urt. v. 29.10.1992 – 14235/88 – Open Door and Dublin Well Woman/Irland, A246-A, Rn. 80; ähnlich auch EuGH, Rs. C-260/89, ERT, Slg. 1991, I-2925, Rn. 41 ff. und EGMR, Urt. V. 24.11.1993 – 13914/88 u.a. – Informationsverein Lentia/Österreich, A276, Rn. 32 und zum Fernsehmonopol; s. auch *Krüger/Polakiewicz*, EuGRZ 2001, 92, 97 f.; *Philippi*, ZEuS 2000, 97, 114 ff.

[264] EuGH, Rs. 374/87, Orkem, Slg. 1989, 3283, Rn. 29 f. und EGMR, Urt. v. 25.02.1993 – 10828/84 – Funke/Frankreich, A256-A, Rn. 41 ff.

[265] EuGH, Rs. C-17/98, Beschl. v. 04.02.2000, Emesa Sugar, Slg. 2000, I-665, Rn. 4 ff. u. 15 f.; s. dazu *Lock*, Das Verhältnis zwischen dem EuGH und internationalen Gerichten, S. 274; für eine Diskrepanz zwischen EuGH und EGMR jedoch *Krüger/Polakiewicz*, EuGRZ 2001, 92, 98; ähnlich auch *Senden*, Interpretation of Fundamental Rights in a Multilevel Legal System, S. 358.

[266] EGMR, Urt. v. 20.01.2009 – 13645/05 – Coopëratieve Producentenorganisatie van de Nederlandse Kokkelvisserij U.A./Niederlande, RJD 2009.

[267] Vgl. etwa EGMR, Urt. v. 21.04.2009 – 68959/01 – Enerji Yapi Yol Sen/Türkei, Rn. 29 ff.

[268] EuGH, Rs. C-438/05, International Transport Workers' Federation, Slg. 2007, I-10779, Rn. 75 ff.; ähnlich auch EuGH, Rs. C-341/05, Laval, Slg. 2007, I-11767, Rn. 96 ff.

[269] Zu etwaigen Rechtsprechungsdivergenzen zwischen EuGH und EGMR im Bereich des Streikrechts s. *Ludlow*, The right to strike: a jurisprudential gulf between the CJEU and ECtHR, in: Dzehtsiarou/Konstadinides/Lock/O'Meara (Hrsg.) Human Rights Law in Europe, S. 121, 133 f.

Insgesamt lässt sich sagen, dass die EMRK in ihrer Interpretation durch den EGMR bei der Entwicklung der Gemeinschaftsgrundrechte, ähnlich wie bei der Entwicklung der Grundrechte der Schweizer Bundesverfassung von 1999, eine zentrale Rolle spielte,[270] was in Bezug auf die Grundrechtsentwicklung im System des Grundgesetzes nicht behauptet werden kann. Deshalb verwundert es nicht, dass die EMRK-Garantien heute in Art. 6 Abs. 3 EUV ausdrücklich als Rechtserkenntnisquellen für die Entwicklung allgemeiner Rechtsgrundsätze des Unionsrechts genannt werden und nach der Auslegungsregel des Art. 6 Abs. 2 UAbs. 3 EUV i.V.m. Art. 52 Abs. 3 GRC die Konventionsrechte entscheidend sind für die Interpretation inhaltsgleicher Charta-Garantien. All dies unterstreicht die auch unter Geltung der Grundrechte-Charta fortdauernde Bedeutung der EMRK für die Entwicklung und Auslegung der Unionsgrundrechte.

b) Verhältnis der EMRK zur Grundrechte-Charta

aa) Art. 52 Abs. 1–3 GRC

Aufschlüsse für das Verhältnis von EMRK und Grundrechte-Charta aus der Sicht des Unionsrechts ergeben sich aus Art. 52 GRC, wobei insbesondere die Absätze 1 und 3 von Bedeutung sind. Nach Art. 52 Abs. 3 S. 1 GRC haben Charta-Rechte, die den durch die EMRK garantierten Rechten entsprechen, die gleiche Bedeutung und Tragweite, wie sie ihnen in der Konvention verliehen wird, wobei nach Art. 52 Abs. 3 S. 2 GRC das Unionsrecht einen weiter gehenden Schutz gewährleisten darf. Es handelt sich bei Art. 52 Abs. 3 GRC demzufolge um eine Konvergenzklausel,[271] die Kohärenz zwischen den Verbürgungen der Charta und denen der EMRK herstellen soll.[272] Voraussetzung für das Wirken der EMRK als Rechtserkenntnisquelle ist die Übereinstimmung zwischen Charta-Grundrecht und EMRK-Grundrecht, wobei nicht klar ist, inwieweit eine Übereinstimmung bestehen muss. Aus den Erläuterungen zur Grundrechte-Charta ergibt sich immerhin, dass keine Identität im strengen Sinn gefordert wird, sondern nur ein „ungefähres" Entsprechen notwendig ist.[273] Gemäß den Erläuterungen lassen sich die Charta-Grundrechte in drei verschiedene Fallgruppen einteilen: in Charta-Grundrechte, die einem EMRK-Grundrecht entsprechen, Charta-Grundrechte, die dieselbe Bedeutung haben wie das entsprechende EMRK-Grundrecht,

---

[270] Ausführlich dazu *Senden*, Interpretation of Fundamental Rights in a Multilevel Legal System, S. 352 ff.

[271] *Alber/Widmaier*, EuGRZ 2006, 113, 116; ähnlich *Spiekermann*, Die Folgen des Beitritts der EU zur EMRK, S. 43, die insoweit von einer „Harmonisierungsklausel" spricht.

[272] Erläuterungen zur Charta der Grundrechte, ABl. EU 2007 Nr. C 303, 17, 33; *Terhechte*, in: von der Groeben/Schwarze/Hatje, Europäisches Unionsrecht, Art. 52 GRC Rn. 15; *Becker*, in: Schwarze, EU-Kommentar, Art. 52 Rn. 14; *Ziegenhorn*, Der Einfluss der EMRK im Recht der EU-Grundrechtecharta, S. 141.

[273] Erläuterungen zur Charta der Grundrechte, ABl. EU 2007 Nr. C 303, 17, 33 f.; *Grabenwarter*, FS Steinberger, 1129, 1135 f.; *Peers/Prechal*, in: Peers/Hervey/Kenner/Ward (Hrsg.), The EU Charter of Fundamental Rights, Art. 52 Rn. 52.116.

deren Tragweite aber umfassender ist und Charta-Grundrechte, die keine auch nur partielle Entsprechung in der EMRK finden.[274] Zur ersten Gruppe gehören u.a. Art. 2, 4, 5 Abs. 1 und 2, 6 und 7 GRC, während sich zur zweitgenannten Gruppe etwa Art. 9, 12 Abs. 1 und 14 Abs. 1 GRC zählen lassen. Indes erweist sich eine derartig strikte Katalogisierung aus mindestens zwei Gründen als problematisch. Zum einen lässt sich eine Übereinstimmung nicht losgelöst von den einzelnen Stufen der Grundrechtsprüfung ausmachen, zumal sich die Rechtfertigungsgründe der EMRK nicht ohne Weiteres auf die Charta-Grundrechte übertragen lassen.[275] Zum anderen kann eine Entsprechung nie abstrakt, sondern nur in Bezug auf einen konkreten Sachverhalt festgestellt werden. Dies gilt umso mehr, als etwa bei der Verhältnismäßigkeitsprüfung den Besonderheiten des Unionsrechts Rechnung zu tragen ist, die bei der Auslegung des parallelen EMRK-Grundrechts naturgemäß irrelevant sind.[276] Aus diesem Grund werden sich Abgrenzungsschwierigkeiten kaum vermeiden lassen.

Unabhängig von der Einordnung der Charta-Grundrechte auf der Tatbestandseite, wirft auch die mit „Bedeutung und Tragweite" der EMRK-Garantien umschriebene Rechtsfolgenseite des Art. 52 Abs. 3 S. 1 GRC erhebliche Probleme auf. Der EuGH stellt in seinen Entscheidungen im Zusammenhang mit Art. 52 Abs. 3 S. 1 GRC lediglich fest, ob eine Charta-Garantie mit einem EMRK-Grundrecht übereinstimmt, so dass ihr die gleiche Bedeutung und Tragweite zukommt wie Letzterer, ohne freilich konkret auf die daraus folgenden Konsequenzen einzugehen.[277] Trotz des Schweigens des EuGH zur exakten Reichweite von Art. 52 Abs. 3 S. 1 GRC lässt sich aus der Rechtsprechung des Gerichtshofs ableiten, dass die Konvention für das Unionrecht lediglich Rechtserkenntnisquelle, nicht aber Rechtsquelle sein soll.[278] Dies ergibt sich bereits aus dem Gutachten 2/94 zu einem EMRK-Beitritt der EG, wonach die Übernahme sämtlicher Bestimmungen der EMRK in die Gemeinschaftsrechtsordnung eine Änderung des „Systems des Schutzes der Menschenrechte in der Gemeinschaft" mit sich brächte, welche „grundlegende institutionelle Auswirkungen sowohl auf die Gemeinschaft als auch auf die Mitgliedstaaten hätte" und aus diesem Grund eine Vertragsänderung erfordere.[279] Auch EuGH-Entscheidungen wie in den Rechtssachen *DEB*[280] oder *McB*,[281] welche sehr bald nach Inkrafttreten der Grundrechte-Charta ergingen und eine Pflicht zur Auslegung des in Rede stehenden Charta-

[274] Erläuterungen zur Charta der Grundrechte, ABl. EU 2007 Nr. C 303, 17, 33 f.; s. dazu *Ziegenhorn*, Der Einfluss der EMRK im Rechte der EU-Grundrechtecharta, S. 100 ff.

[275] *Kingreen*, in: Calliess/Ruffert, EUV/AEUV, Art. 52 GRC Rn. 28.

[276] *Kingreen*, in: Calliess/Ruffert, EUV/AEUV, Art. 52 GRC Rn. 29.

[277] So etwa EuGH, Rs. C-650/13, Delvigne, digit. Slg., Rn. 70; Rs. C-256/11, Dereci u.a., Slg. 2011, I-11315, Rn. 70.

[278] S. dazu *Kingreen*, in: Calliess/Ruffert, EUV/AEUV, Art. 52 GRC Rn. 33; *Peers/Prechal*, in: Peers/Hervey/Kenner/Ward (Hrsg.), The EU Charter of Fundamental Rights, Art. 52 Rn. 52.122.

[279] EuGH, Gutachten 2/94, EMRK, Slg. 1996 I-1763, Rn. 35.

[280] EuGH, Rs. C-279/09, DEB, digit. Slg., Rn. 35.

[281] EuGH, Rs. C-400/10 PPU, McB., Slg. 2010, I-8965, Rn. 53.

Grundrechts im Einklang mit der parallelen EMRK-Gewährleistung statuieren, ändern am Status der Konvention für das Unionsrecht nichts,[282] zumal sich aus dem Gutachten des EuGH zum EMRK-Beitritt der EU ergibt, dass der Gerichtshof der Konvention vor einem Beitritt nur eine „besondere Bedeutung" beimisst.[283]

Die Gegenansicht in der Literatur, die in Art. 52 Abs. 3 S. 1 GRC eine Inkorporations- bzw. Transferklausel sieht, welche die EMRK-Grundrechte samt der dazu ergangenen EGMR-Rechtsprechung übernehme, mithin einen „materiellen Beitritt" der EU zur EMRK bewirke,[284] vermag nicht zu überzeugen, da sich die externe Bindung der EU an die EMRK allein über die in Art. 6 Abs. 2 EUV angesprochene Beitrittsverpflichtung vollziehen kann.[285] Hinzu kommt, dass im Falle einer unmittelbaren Übernahme der EMRK in ihrer Auslegung durch den EGMR den Besonderheiten des Unionsrechts kaum noch Rechnung getragen werden könnte. Dies gilt insbesondere für Grundrechte wie die Eigentumsfreiheit, in Bezug auf die der EGMR den Vertragsparteien in der Regel einen weiten Einschätzungsspielraum zugesteht, die jedoch für das Funktionieren des Binnenmarktes essentiell sind und die daher einer unionsspezifischen Auslegung zugänglich bleiben müssen. Daraus folgt zugleich, dass im Falle einer Übereinstimmung zwischen Charta-Grundrecht und EMRK-Grundrecht entgegen der überwiegenden Meinung im Schrifttum[286] die allgemeine Schrankenklausel des Art. 52 Abs. 1 GRC durch Art. 52 Abs. 3 nicht gesperrt sein kann.[287] Dafür spricht auch, dass im Falle einer Spezialität des Art. 52 Abs. 3 GRC nicht nur Art. 52 Abs. 1 GRC und die damit verbundene Rechtfertigungsprüfung gesperrt wäre, sondern

---

282 *Krommendijk*, MJ 22 (2015), 812, 815 f.

283 EuGH, Gutachten 2/13, EMRK, digit. Slg., Rn. 37; so etwa auch EuGH, Rs. C-398/13 P, Inuit Tapiriit Kanatami u. a., digit. Slg., Rn. 45.

284 So etwa *Borowsky*, in: Meyer, Grundrechte-Charta, Art. 52 Rn. 34; *Groppi*, in: Mock/Groppi (Hrsg.), Human Rights in Europe, Article 52, S. 323, 330; ähnlich *Callewaert*, EuGRZ 2003, 198, 200; in diese Richtung auch *Naumann*, EuR 2008, 424, 430; *Terhechte*, in: von der Groeben/Schwarze/Hatje, Europäisches Unionsrecht, Art. 52 GRC Rn. 15; *Tsiliotis*, Das Verhältnis zwischen den Europäischen Gerichtshöfen in Luxemburg und Straßburg vor und nach dem Beitritt der Europäischen Union zur EMRK, in: Iliopoulos-Strangas/Pereira da Silva/Potacs (Hrsg.), Der Beitritt der Europäischen Union zur EMRK, S. 51, 85; *Ludwigs*, EuGRZ 2014, 273, 277; *Michl*, Die Überprüfung des Unionsrechts am Maßstab der EMRK, S. 196; zu den zu Art. 52 Abs. 3 GRC vertretenen Auffassungen überblicksmäßig *Ziegenhorn*, Der Einfluss der EMRK im Recht der EU-Grundrechtecharta, S. 29 ff.

285 So auch *Kingreen*, in: Calliess/Ruffert, EUV/AEUV, Art. 52 GRC Rn. 37.

286 *Borowsky*, in: Meyer, Grundrechte-Charta, Art. 52 Rn. 13; *Kober*, Der Grundrechtsschutz in der Europäischen Union, S. 214 f.; *Rengeling/Szczekalla*, Grundrechte in der Europäischen Union, Rn. 473; *Schneiders*, Die Grundrechte der EU und die EMRK, S. 192 f.; *Becker*, in: Schwarze, EU-Kommentar, Art. 52 Rn. 15; *Grabenwarter*, FS Steinberger, S. 1129, 1138 f.; *Calliess*, EuZW 2001, 261, 264; *v. Arnim*, Der Standort der EU-Grundrechtecharta in der Grundrechtsarchitektur Europas, S. 438; *Ziegenhorn*, Der Einfluss der EMRK im Recht der EU-Grundrechtecharta, S. 151; *Streinz/Michl*, in: Streinz, EUV/AEUV, Art. 52 Rn. 5; in diese Richtung wohl auch *Schmitz*, JZ 2001, 833, 839.

287 *Kingreen*, in: Calliess/Ruffert, EUV/AEUV, Art. 52 GRC Rn. 38; *Eisner*, Die Schrankenregelung der Grundrechtecharta der Europäischen Union, S. 150 ff.; *Lenaerts/de Smijter*, CMLR 38 (2001), 273, 293.

die Sperrung angesichts der fehlenden Einschränkung im Wortlaut der Norm zugleich die Schutzbereich der Charta-Grundrechte beträfe, was erkennbar nicht gewollt sein kann, da Letztere sonst überflüssig wäre.[288] Des Weiteren würde der Anwendungsbereich der allgemeinen Schrankenklausel des Art. 52 Abs. 1 GRC im Falle der Spezialität von Art. 52 Abs. 3 GRC auf einige wenige Abwehrrechte der Charta reduziert, zu denen etwa die Berufsfreiheit (Art. 15 Abs. 1 GRC) und der Schutz personenbezogener Daten (Art. 8 Abs. 1 GRC) gehören;[289] lediglich bei weiter gehenden Charta-Grundrechten i.S.v. Art. 52 Abs. 3 S. 2 GRC wäre dann eine kumulative Anwendung von Art. 52 Abs. 1 und Abs. 3 denkbar.[290] Gegen die Annahme einer dynamischen Verweisung auf die EMRK spricht schließlich, dass das Zustandekommen des Konventionsrechts keineswegs allein von den EU-Mitgliedstaaten, sondern von einer Vielzahl anderer Staaten abhängt.[291] Richtigerweise wirken die Schranken der EMRK daher auf die Auslegung der Schrankenbestimmung des Art. 52 Abs. 1 GRC lediglich ein, ohne diese zu verdrängen.[292] Allerdings gelten die Vorgaben der EMRK bezüglich der Einschränkung von Grundrechten für die Charta-Grundrechte insoweit, als der Schutz der Charta nach einem Umkehrschluss aus der Öffnungs- und Schutzklausel[293] des Art. 52 Abs. 3 S. 2 GRC nicht hinter dem konventionsrechtlichen Schutz zurückbleiben darf, weshalb ein konventionsrechtliches Einschränkungsverbot auch im Rahmen der Charta gelten muss.[294] Für mehrpolige Grundrechtsverhältnisse folgt aus Art. 52 Abs. 3 S. 2 GRC, dass stark konturierte EMRK-Grundrechte mit hohen Mindeststandards in ihrer Bedeutung und Tragweite anerkannt werden müssen und vom EGMR nur schwach konturierte Grundrechte wenigstens mit dem Gewicht ihres Mindestschutzniveaus zu berücksichtigen sind.[295] Dafür, dass ein

---

[288] *Kingreen*, in: Calliess/Ruffert, EUV/AEUV, Art. 52 GRC Rn. 38; *Michl*, Die Überprüfung des Unionsrechts am Maßstab der EMRK, S. 202; für eine kumulative Anwendung von Art. 52 Abs. 1 und 3 GRC *v. Danwitz*, in: Tettinger/Stern, EU-Grundrechtecharta, Art. 52 Rn. 30.

[289] *Zigenhorn*, Der Einfluss der EMRK im Recht der EU-Grundrechtecharta, S. 53; *Bühler*, Einschränkung von Grundrechten nach der Europäischen Grundrechtecharta, S. 262 f.; zum Grundrecht auf Schutz persönlicher Daten und die Anwendbarkeit von Art. 52 Abs. 1 GRC s. EuGH, Rs. C-291/12, Schwarz, digit. Slg., Rn. 23 ff.; zum Datenschutzgrundrecht des Art. 8 GRC und seinem Verhältnis zu Art. 8 EMRK s. auch *Grabenwarter*, FS Steinberger, 1129, 1136.

[290] *Streinz/Michl*, in: Streinz, EUV/AEUV, Art. 52 GRC Rn. 5; *Rengeling/Szczekalla*, Grundrechte in der Europäischen Union, Rn. 473.

[291] *Jarass*, Charta der Grundrechte, Art. 52 Rn. 64; trotz derartiger Bedenken für eine dynamische Verweisung *Naumann*, EuR 2008, 424, 425 f.

[292] *Kingreen*, in: Calliess/Ruffert, EUV/AEUV, Art. 52 GRC Rn. 38; *Dorf*, JZ 2005, 126, 128 f.; *Jarass*, Charta der Grundrechte, Art. 52 Rn. 64; *Naumann*, EuR 2008, 424, 428 f.

[293] *Eisner*, Die Schrankenregelung der Grundrechtecharta der Europäischen Union, S. 152; *Streinz/Michl*, in: Streinz, EUV/AEUV, Art. 52 Rn. 3.

[294] Erläuterungen zur Charta der Grundrechte, ABl. EU 2007 Nr. C 303, 17, 33; *Jarass*, Charta der Grundrechte, Art. 52 Rn. 60; *Holoubek*, Die liberalen Rechte der Grundrechtscharta im Vergleich zur Europäischen Menschenrechtskonvention, in: Duschanek/Griller (Hrsg.), Grundrechte für Europa, S. 25, 33 f.

[295] *Streinz/Michl*, in: Streinz, EUV/AEUV, Art. 52 Rn. 12; zur Problematik mehrpoliger Grundrechtsverhältnisse auch *Grabenwarter*, FS Steinberger, S. 1129, 1140 f.

Verständnis von Art. 52 Abs. 3 GRC als Rechtserkenntnisquelle zur Gewährleistung von Kohärenz ausreicht, spricht schließlich, dass im Falle gleich lautender Schranken von Charta und EMRK ein Abweichen des EuGH von der EGMR-Rechtsprechung bezüglich eines parallelen Grundrechts kaum in Betracht kommt, zumal der EuGH in der Vergangenheit bewiesen hat, dass er der einschlägigen EGMR-Judikatur in der Regel folgt.[296]

Die Rechtsprechung des EuGH zum Verhältnis von Art. 52 Abs. 1 und Abs. 3 GRC ist bislang nicht eindeutig.[297] Im *Åkerberg Fransson*-Urteil betonte der Gerichtshof, dass die EMRK vor einem Beitritt der EU zur Konvention kein Rechtsinstrument darstelle, das „formell" in die Unionsrechtsordnung übernommen worden sei.[298] Es wäre jedoch verfehlt, im Umkehrschluss daraus anzunehmen, dass eine „materielle" Übernahme der EMRK in das Unionsrecht stattgefunden habe. In der Rechtssache *McB.* scheint der Gerichtshof der Auffassung zuzuneigen, Art. 52 Abs. 3 GRC nicht als *lex specialis* zu Art. 52 Abs. 1 GRC zu verstehen, da er in der fraglichen Entscheidung die Anerkennung eines Sorgerechts des leiblichen Vaters für sein Kind gemäß der einschlägigen EU-Verordnung ungeachtet der fehlenden Zuerkennung eines solchen Rechts nach nationalem Recht als in Widerspruch zu den Erfordernissen der Rechtssicherheit und zum erforderlichen Schutz der Rechte und Freiheiten anderer im Sinne von Art. 52 Abs. 1 der Charta stehend ansah.[299] Eine ähnliche Auffassung vertrat der Gerichtshof, ebenso wie die Generalanwältin, in der Rechtssache *Pfleger*, wo zur Prüfung der Rechtfertigung eines Eingriffs in das Eigentumsrecht primär auf Art. 52 Abs. 1 GRC rekurriert wird und die in Art. 1 des 1. Zusatzprotokolls zur EMRK enthaltenen Grenzen nur im Hinblick auf Art. 52 Abs. 3 S. 2 GRC erwähnt werden.[300] Im Urteil in der Rechtssache *DEB* hingegen ging der EuGH nicht auf Art. 52 Abs. 1 GRC ein, sondern zog ausschließlich Art. 52 Abs. 3 GRC heran.[301] Der Gerichtshof nahm eine Übereinstimmung des aus Art. 47 GRC ableitbaren Rechts auf Prozesskostenhilfe mit der parallelen, in Art. 6 Abs. 1 EMRK enthaltenen Garantie an und setzte sich in der Folge intensiv mit der einschlägigen Rechtsprechung des EGMR auseinander,[302] was darauf schließen lässt, dass keine unionsrechtsspezifischen Schranken zur Anwendung kommen sollten, sondern vielmehr eine Auslegung des Unionsgrundrechts im Lichte des sonstigen Unionsrechts, des Rechts der Mitgliedstaaten und gerade auch der EMRK gewollt war.[303] Im seinem Urteil in der Rechtssache *WebMindLicenses* wiederum verwies der EuGH sowohl auf Art. 52 Abs. 1 GRC als auch auf Art. 52

[296] S. oben, § 13 III.2. a).

[297] So auch *Toda Castán*, DÖV 2016, 12, 16.

[298] EuGH, Rs. C-617/10, Åkerberg Fransson, digit. Slg., Rn. 44; ebenso EuGH, Rs. C-398/13 P, Inuit Tapiriit Kanatami u. a., digit. Slg., Rn. 45.

[299] EuGH, Rs. C-400/10 PPU, McB., Slg. 2010, I-8965, Rn. 59.

[300] Schlussanträge der Generalanwältin Sharpston, Rs. C-390/12, Pfleger, digit. Slg., Rn. 68 f. sowie EuGH, Rs. C-390/12, Pfleger, digit. Slg., Rn. 57 ff.

[301] EuGH, Rs. C-279/09, DEB, Slg. 2010, I-13849, Rn. 35.

[302] EuGH, Rs. C-279/09, DEB, Slg. 2010, I-13849, Rn. 37 ff.

[303] So explizit EuGH, Rs. C-279/09, DEB, Slg. 2010, I-13849, Rn. 37.

Abs. 3 GRC,[304] wobei er sich bei der Verhältnismäßigkeitsprüfung an der vom EGMR zu Art. 8 EMRK entwickelten Judikatur orientierte, er aber gleichzeitig auf seine eigene, zur Verhältnismäßigkeitsprüfung existierende Rechtsprechung Bezug nahm,[305] was auf eine parallele Anwendbarkeit von Charta- und EMRK-Schranken hindeutet. Eine vergleichbare Linie wählte der Gerichtshof in der Rechtssache *N.*, wobei er hier im Zusammenhang mit Art. 52 Abs. 3 GRC ausdrücklich hervor hob, dass mit dem fraglichen Artikel „die notwendige Kohärenz zwischen der Charta und der EMRK geschaffen werden solle, ohne dass dadurch die Eigenständigkeit des Unionsrechts und des Gerichtshofs der Europäischen Union berührt wird.[306] Konsequenterweise prüfte der Gerichtshof in der fraglichen Entscheidung die Rechtfertigung des Eingriffs in Art. 6 GRC sowohl am Maßstab des Art. 52 Abs. 1 als auch des Art. 52 Abs. 3 GRC,[307] wobei er im Zusammenhang mit Art. 52 Abs. 3 GRC betonte, dass Art. 5 Abs. 1 EMRK bei der Auslegung von Art. 6 GRC „zu berücksichtigen" sei.[308] Eine ähnliche „Berücksichtigungs"- bzw. „Heranziehungspflicht" enthalten die Entscheidungen in den Rechtssachen *Moussa Abdida*[309] und *Réexamen Arango Jaramillo u.a.*[310]. Dies wiederum spricht gegen eine verpflichtende Übernahme der EMRK und der dazu ergangenen EGMR-Rechtsprechung durch den EuGH. In der Rechtssache *Spasic* schließlich zog der Gerichtshof alleine Art. 50 GRC sowie Art. 52 Abs. 1 GRC heran,[311] obwohl der *ne bis in idem*-Grundsatz in Art. 4 des 7. Zusatzprotokolls verankert ist, welches freilich nicht von allen EU-Mitgliedstaaten ratifiziert wurde. Dennoch lässt sich auch hieraus eine gewisse Zurückhaltung gegenüber einer strikten Bindung an die Konvention entnehmen. Insgesamt kann man aus den genannten Urteilen ableiten, dass der EuGH nicht von einer Verdrängung des Art. 52 Abs. 1 GRC durch Art. 52 Abs. 3 GRC aus Gründen der Spezialität ausgeht, sondern er vielmehr die EMRK und deren Schranken als Rechtserkenntnisquelle und Auslegungshilfe heranziehen möchte, was jedenfalls keinen materiellen EMRK-Beitritt impliziert.

Hinsichtlich der Kollisionsregel[312] des Art. 52 Abs. 2 GRC, wonach die Ausübung der durch die Charta anerkannten Rechte, welche in den Verträgen geregelt sind, im Rahmen der dort festgelegten Bedingungen und Grenzen erfolgt, ergibt sich, dass Charta-Rechte, die bereits im EUV oder AEUV geregelt sind, nicht

---

[304] EuGH, Rs. C-419/14, WebMindLicenses, digit. Slg., Rn. 69 f.

[305] EuGH, Rs. C-419/14, WebMindLicenses, digit. Slg., Rn. 71 ff.

[306] EuGH, Rs. C-601/15 PPU, N., digit. Slg., Rn. 47.

[307] EuGH, Rs. C-601/15 PPU, N., digit. Slg., Rn. 50 ff.

[308] EuGH, Rs. C-601/15 PPU, N., digit. Slg., Rn. 77; so auch schon EuGH, Rs. C-239/14, Tall, digit. Slg., Rn. 54.

[309] EuGH, Rs. C-562/13, Moussa Abdida, digit. Slg., Rn. 47.

[310] EuGH, Rs. C-334/12 RX-II, Réexamen Arango Jaramillo u.a., digit. Slg. Rn. 43; s. zum Ganzen *Toda Castán*, DÖV 2016, 12, 16.

[311] EuGH, Rs. C-129/14 PPU, Spasic, digit. Slg., Rn. 51 ff.; anders insoweit EuGH, Rs. C-398/12, M, digit. Slg., Rn. 37 ff.

[312] *Kingreen*, in: Calliess/Ruffert, EUV/AEUV, Art. 52 GRC Rn. 3; *Becker*, in: Schwarze, EU-Kommentar, Art. 52 GRC, Rn. 13.

den Vorgaben des Art. 52 Abs. 1, 3, 4, 6 und 7 GRC unterfallen, sondern die Schrankenregelung der Charta in diesen Fällen im Wege der Spezialität verdrängt wird.[313] Daher besteht insoweit kein Anknüpfungspunkt für die Heranziehung der EMRK als unmittelbare Auslegungshilfe, es sei denn, die Verträge selbst enthalten eine entsprechende Öffnungsklausel. Freilich muss auch in diesem Fall die EMRK als allgemeine Rechtserkenntnisquelle des Unionsrechts Berücksichtigung finden. In der Rechtssache *McB.* hat der EuGH klar gestellt, dass Art. 52 Abs. 2 GRC von Art. 52 Abs. 3 GRC nicht verdrängt wird.[314]

Insgesamt lässt sich sagen, dass Art. 52 Abs. 3 GRC eine Konvergenzklausel enthält, welche Konflikte zwischen der Grundrechte-Charta und der EMRK verhindern soll, ohne dass dadurch zugleich eine bedingungslose Unterwerfung unter die Konvention und deren Auslegung durch den EGMR im Sinne einer materiellen Bindung bewirkt würde. Der Regelungsgehalt der Vorschrift geht damit weiter als die *Görgülü*-Rechtsprechung des Bundesverfassungsgerichts, welche lediglich eine Berücksichtigung der EMRK verlangt. Dies lässt sich damit erklären, dass die EMRK für die Entwicklung der Unionsgrundrechte seit jeher von zentraler Bedeutung war, während sich im System des Grundgesetzes der Grundrechtsschutz in erster Linie aus dem nationalen Recht heraus entwickelt hatte.

bb) Art. 53 GRC

Art. 53 GRC stellt klar, dass durch die Grundrechte-Charta der geltende Schutzstandard der EMRK nicht eingeschränkt wird. Fraglich ist allerdings, ob die Vorschrift im Hinblick auf die EMRK genauso zu verstehen ist wie in Bezug auf die mitgliedstaatlichen Grundrechte, die nach Art. 53 GRC ebenfalls unangetastet bleiben sollen.[315] Nach der Entscheidung des EuGH in der Rechtssache *Melloni* dürfen nach Art. 53 GRC bei der Durchführung des Unionsrechts zwar weiterhin nationale Schutzstandards für die Grundrechte heran gezogen werden, doch ist ein derartiger Rückgriff auf solche nationalen Schutzstandards nur noch unter folgenden Bedingungen zulässig: „sofern durch diese Anwendung weder das Schutzniveau der Charta, wie sie vom Gerichtshof ausgelegt wird, noch der Vorrang, die Einheit und die Wirksamkeit des Unionsrechts beeinträchtigt werden“[316]. Daraus folgt, dass bei der Durchführung des Unionsrechts, d.h. wenn der unionsrechtliche Grundrechtsschutz zur Geltung kommt, die Charta einen Mindeststandard gewährleistet, den die Mitgliedstaaten keinesfalls unterschreiten

---

[313] *Kingreen*, in: Calliess/Ruffert, EUV/AEUV, Art. 52 GRC Rn. 3; *Rengeling/Szczekalla*, Grundrechte in der Europäischen Union, Rn. 463 u. 473; *Streinz/Michl*, in: Streinz, EUV/AEUV, Art. 52 GRC Rn. 5; *v. Arnim*, Der Standort der EU-Grundrechtecharta in der Grundrechtsarchitektur Europas, S. 436 f.; a.A. aber etwa *v. Danwitz*, in: Tettinger/Stern, EU-Grundrechtecharta, Art. 52 Rn. 30; *Dorf*, JZ 2005, 126, 129.

[314] EuGH, Rs. C-400/10 PPU, McB., Slg. 2010, I-8965, Rn. 59.

[315] S. dazu oben, § 11 III.1. d).

[316] EuGH, Rs. C-399/11, Melloni, digit. Slg. Rn. 60; s. dazu auch EuGH, Rs. C-198/13, Hernández, digit. Slg., Rn. 47.

dürfen. Auch ein Rückgriff auf höhere nationale Grundrechtsstandards ist im Einzelfall nur dann zulässig, wenn dadurch der Anwendungsvorrang des Unionsrechts sowie dessen Einheit und Wirksamkeit nicht beeinträchtigt werden,[317] so dass sich mit Hilfe von Art. 53 GRC das Vorrangprinzip gegenüber dem Günstigkeitsprinzip durchsetzt[318] und Art. 53 GRC zumindest im Hinblick auf die mitgliedstaatlichen Grundrechte nicht als Koexistenznorm verstanden werden kann.

Gegen eine Übertragung der *Melloni*-Rechtsprechung auf die EMRK lassen sich indes mehrere gewichtige Gründe anführen. Zunächst ist die EMRK, anders als die mitgliedstaatlichen Grundrechte, ein neben der Grundrechte-Charta bestehender Grundrechtskatalog, den die einzelnen Vertragsparteien nicht von sich aus durch Verfassungsänderung antasten können.[319] Art. 53 GRC beinhaltet daher im Verhältnis zur EMRK nicht nur eine Günstigkeitsklausel, sondern vor allem ein Instrument der Konfliktvermeidung im Hinblick auf völkerrechtliche Vorgaben.[320] Hinzu kommt, dass die Präambel der Grundrechte-Charta im vorletzten Erwägungsgrund nicht nur auf die EMRK, sondern daneben auch auf die EGMR-Rechtsprechung Bezug nimmt, woran deutlich wird, dass der Konventionsstandard durch die Charta auf keinen Fall unterschritten werden soll.[321] Des Weiteren droht durch die EMRK, anders als durch die nationalen Grundrechte, keine Aushöhlung des Anwendungsvorrangs des Unionsrechts, da die Konventionsgrundrechte im Regelfall nicht über das Schutzniveau der Grundrechte-Charta hinausreichen, zumal die EMRK im Gegensatz zu vielen mitgliedstaatlichen Verfassungen keine sozialen Grundrechte enthält. Geht der Schutz einer EMRK-Garantie im Einzelfall dennoch einmal weiter als der des parallelen Charta-Grundrechts, greifen die Erwägungen der *Melloni*-Rechtsprechung trotz allem nicht ein, da diese das Unionsrecht vor mitgliedstaatlichen Alleingängen bei der Unionsrechtsdurchführung im nicht unionsrechtlich determinierten Bereich schützen möchte, während im Falle der EMRK gerade kein mitgliedstaatlicher Sonderweg, sondern ein gesamteuropäischer Grundrechtsstandard verwirklicht wird. Deshalb lässt sich Art. 53 GRC im Verhältnis zur EMRK trotz insoweit fehlender Differenzierung im Wortlaut der Norm durchaus als Günstigkeitsklausel verstehen,[322] welche freilich in mehrpoligen Rechtsverhältnissen notwendigerweise an ihre Grenzen stößt. Zumindest in zweipoligen Rechtsverhältnissen aber können etwaige Konflikte zwischen Grundrechte-Charta und EMRK bereits auf materiell-rechtlicher Ebene mit Hilfe einer unionalen Koexistenznorm vermieden bzw. aufgelöst werden.

---

317 S. hierzu auch EuGH, Rs. C-168/13 PPU, F., digit. Slg., Rn. 51 ff.

318 Vgl. *Mager*, FS Müller-Graff, S. 1358, 1363; s. dazu oben, § 11 III.1. d).

319 *Grabenwarter*, FS Steinberger, S. 1129, 1142 f.

320 *Grabenwarter*, FS Steinberger, S. 1129, 1143; *Kingreen*, in: Calliess/Ruffert, EUV/AEUV, Art. 53 GRC Rn. 7.

321 *Grabenwarter*, FS Steinberger, S. 1129, 1143.

322 *Eisner*, Die Schrankenregelung der Grundrechtecharta der Europäischen Union, S. 156 f.; *Ziegenhorn*, Der Einfluss der EMRK im Recht der EU-Grundrechtecharta, S. 223.

Der EuGH hingegen sieht in seinem Gutachten 2/13 Konfliktpotential im Verhältnis von Art. 53 EMRK und Art. 53 GRC.[323] Daher verlangt er, dass die beiden Bestimmungen aufeinander abgestimmt werden, „damit die den Mitgliedstaaten durch Art. 53 EMRK eingeräumte Befugnis in Bezug auf die durch die Charta anerkannten Rechte, die den durch die EMRK gewährleisteten Rechten entsprechen, auf das beschränkt bleibt, was erforderlich ist, um eine Beeinträchtigung des in der Charta vorgesehenen Schutzniveaus sowie des Vorrangs, der Einheit und der Wirksamkeit des Unionsrechts zu verhindern."[324] In Bezug auf das dem Gutachten zu Grunde liegende, geplante Beitrittsabkommen kam der Gerichtshof zu dem Schluss, dass Letzteres keine Bestimmung enthalte, welche eine hinreichende Abstimmung sicherstellen würde,[325] was impliziert, dass der EuGH die *Melloni*-Rechtsprechung auch auf die EMRK-Gewährleistungen anwenden möchte. Die Auffassung des Gerichtshofs überzeugt indes nicht, da Art. 53 EMRK gerade keine Pflicht zur Anwendung eines höheren Schutzstandards enthält, sondern lediglich die Möglichkeit dazu gibt, wie die französische Formulierung „faculté" unterstreicht,[326] so dass selbst dann kein Konflikt mit der *Melloni*-Rechtsprechung des EuGH droht, wenn diese auch hinsichtlich der EMRK Anwendung finden sollte. Ebenso wenig verbietet Art. 53 EMRK einen nach Art. 53 GRC zulässigen Schutzstandard. Konflikte könnten allenfalls dann entstehen, wenn der Mindeststandard der EMRK über dem der Grundrechte-Charta läge und die Anwendung des EMRK-Standards, welcher nach dem Beitritt Teil des primären Unionsrechts wäre,[327] die in der *Melloni*-Entscheidung gezogenen Grenzen verletzen würde.[328] Letzteres erscheint jedoch äußerst unwahrscheinlich, nachdem Art. 52 Abs. 3 S. 1 GRC ohnehin auf die EMRK als Rechtserkenntnisquelle und Auslegungshilfe für die Grundrechte-Charta verweist.[329]

c) Bedeutung der EMRK in der Spruchpraxis des EuGH nach Inkrafttreten der Grundrechte-Charta

Die Bedeutung der EMRK für die Spruchpraxis des EuGH ist nach dem Inkrafttreten der Grundrechte-Charta zumindest den Zahlen nach gesunken. Von Dezember 2009 bis Ende 2012 nahm der EuGH gerade einmal in 18 von 122 Fällen auf die EMRK und nur in 10 Fällen auf die EGMR-Judikatur Bezug,[330] während die Bezugnahmerate zwischen 1998 und 2005 noch wesentlich höher lag und alleine im Jahr 2005 etwa der EuGH in 21 Entscheidungen auf die Konvention ver-

[323] S. oben, § 13 III.3. d) aa) eee).
[324] EuGH, Gutachten 2/13, EMRK, digit. Slg., Rn. 189.
[325] EuGH, Gutachten 2/13, EMRK, digit. Slg., Rn. 190.
[326] *Wendel*, NJW 2015, 921, 925; ähnlich auch *Lock*, EuConst 16 (2015), 239, 256 f.; *Breuer*, EuR 2015, 330, 333.
[327] Näher dazu unten, § 13 III.3. c).
[328] *Wendel*, NJW 2015, 921, 925; zu dieser Befürchtung s. *Krenn*, GLJ 16 (2005), 147, 158.
[329] S. oben, § 13 III.2. b) aa).
[330] *De Búrca*, MJ 20 (2013), 168, 174 f.

wies.[331] Bei den Schlussanträgen der Generalanwälte zeigt sich ein ähnliches Bild. Während im Jahr 2005 alleine noch 19 Verweise der Generalanwälte auf die EMRK erfolgten,[332] verwiesen die Generalanwälte zwischen 2009 und Ende 2012 nur noch in 34 von 122 Schlussanträgen auf die Konvention, wobei die Bezugnahmezahl hinsichtlich der EGMR-Judikatur mit 19 noch einmal deutlich niedriger lag.[333] Auch aus den von *Krommendijk* mit EuGH-Richtern und deren Mitarbeitern im Dezember 2014 geführten Interviews ergibt sich, dass die Bedeutung der EMRK für die Rechtsprechung des EuGH seit Inkrafttreten der Grundrechte-Charta deutlich zurück gegangen ist, was nicht zuletzt darauf zurück zu führen sein soll, dass der EuGH eine eigenständige Grundrechtsjudikatur, basierend auf der Grundrechte-Charta, ausarbeiten möchte.[334]

Außerdem hat der Luxemburger Gerichtshof unter Geltung der Grundrechte-Charta auf die Entwicklung neuer Unionsgrundrechte als allgemeine Rechtsgrundsätze des Unionsrechts auf Basis der EMRK angesichts des umfassenden Charakters der Charta bislang verzichtet. Dies alles darf jedoch nicht darüber hinweg täuschen, dass der Konvention und ihrer Auslegung durch den EGMR, soweit sie vom EuGH zitiert wird, nach wie vor Relevanz bei der Bestimmung des Gehaltes von Charta-Grundrechten zukommt.[335] Exemplarisch ablesen lässt sich dies etwa an der Entscheidung in der Rechtssache *DEB*, in der der EuGH sich zur Auslegung von Art. 47 GRC intensiv mit der EGMR-Rechtsprechung zur Gewährung von Prozesskostenhilfe, insbesondere für juristische Personen, auseinander gesetzt und auf dieser Grundlage seine Entscheidung getroffen hat.[336] Auf Art. 47 GRC bezog sich auch das Urteil in der Rechtssache *Telefónica*, in dem der EuGH die zur unbeschränkten Nachprüfung i.S.v. Art. 6 Abs. 1 EMRK ergangene Rechtsprechung des EGMR darstellte und auf dieser Grundlage seine Entscheidung traf.[337] In ähnlicher Weise griff der EuGH in der Rechtssache *N.* bei der Interpretation von Art. 6 GRC zur Absicherung seines eigenen Auslegungsergebnisses auf die Rechtsprechung des EGMR zur parallelen Garantie des Art. 5 Abs. 1 EMRK zurück.[338] Entsprechendes gilt für die Bestimmung der Reichweite des Grundrechts auf Unverletzlichkeit der Wohnung nach Art. 7 GRC, in Bezug auf das der EuGH in der Rechtssache *Deutsche Bahn AG* unter maßgeblicher Berücksichtigung der Rechtsprechung des EGMR zu Art. 8 Abs. 1 EMRK zum Er-

---

[331] *Scheeck*, Competition, Conflict and Cooperation between European Courts and the Diplomacy of Supranational Judicial Networks, Garnet Working Paper 23/07, S. 13.

[332] *Scheeck*, Competition, Conflict and Cooperation between European Courts and the Diplomacy of Supranational Judicial Networks, Garnet Working Paper 23/07, S. 13.

[333] *De Búrca*, MJ 20 (2013), 168, 175.

[334] *Krommendijk*, MJ 22 (2015), 812, 813 ff., insbesondere auch 831 f.

[335] Skeptischer diesbezüglich *de Búrca*, MJ 20 (2013), 168, 175 f.

[336] EuGH, Rs. C-279/09, DEB, Slg. 2010, I-13849, Rn. 45 ff.

[337] EuGH, Rs. C-295/12 P, Telefónica, digit. Slg., Rn. 50 ff.; ähnlich auch Rs C-292/10, G., digit. Slg, Rn. 58; Rs. C-501/11 P, Schindler Holding, digit. Slg., Rn. 30 ff.; einen Widerspruch zur Rechtsprechung des EGMR zu Art. 6 Abs. 1 EMRK vermeidend auch EuGH, Rs. C-199/11, Otis, digit. Slg., Rn. 76.

[338] EuGH, Rs. C-601/15 PPU, N., digit. Slg., Rn. 77 ff.

gebnis kam, dass das Fehlen einer vorherigen richterlichen Genehmigung als solches nicht geeignet sei, zur Rechtswidrigkeit einer Nachprüfungsmaßnahme zu führen.[339] Auch zur Entfaltung des aus Art. 7 und 8 Abs. 1 GRC ableitbaren und in der Entscheidung in der Rechtssache *Digital Rights Ireland* entwickelten Transparenzgebots rekurrierte der EuGH in erster Linie auf die schon vorhandene Rechtsprechung des EGMR zu Art. 8 Abs. 1 EMRK.[340] Eine ähnliche Bezugnahme findet sich in der Entscheidung *Sayn-Wittgenstein* hinsichtlich der Bedeutung des Namens für das Privat- und Familienleben einer Person.[341]

Darüber hinaus betont der EuGH seit Inkrafttreten der Grundrechte-Charta in zahlreichen Entscheidungen, dass nach Art. 52 Abs. 3 GRC Charta-Grundrechte, die den durch die EMRK garantierten Rechten entsprechen, die gleiche Bedeutung und Tragweite haben, wie sie ihnen in der EMRK verliehen wird,[342] was die Bedeutung der EMRK als Rechtserkenntnisquelle und Auslegungshilfe für das Unionsrecht[343] sowie die Bereitschaft des EuGH zur Berücksichtigung der EGMR-Judikatur unterstreicht. Die Absicht des EuGH, dem EGMR inhaltlich Folge zu leisten, zeigt sich ferner daran, dass sich der Luxemburger Gerichtshof vom Inkrafttreten der Grundrechte-Charta Ende 2009 an bis Ende 2012 in sämtlichen Entscheidungen, in denen er sich mit der Rechtsprechung des EGMR auseinander setzte, dieser anschloss.[344] Diese Praxis behielt er auch in der Folgezeit bei, wie die Auswertung der EuGH-Rechtsprechung etwa für das Jahr 2015 belegt. Eine strikte Beachtenspflicht diesbezüglich postuliert der EuGH im Hinblick auf die Autonomie des Unionsrechts hingegen nicht, so dass insoweit Parallelen bestehen zur Haltung des Bundesverfassungsgerichts bezüglich der Rezeption der EMRK, wie sie in den Entscheidungen *Görgülü* und *Sicherungsverwahrung* zum Ausdruck kommt. Beide föderalen Systeme wehren sich mithin gegen eine bedingungslose Übernahme der grundrechtlichen Wertungen einer ursprünglich völkerrechtlichen Grundrechtsebene. Hinsichtlich der Rechtsprechung des EuGH seit dem Inkrafttreten der Grundrechte-Charta zeigt sich schließlich, dass Verweise auf die EMRK und ihre Interpretation durch den EGMR zwar zahlenmäßig seltener geworden sind, was jedoch nichts daran ändert, dass die EMRK als Rechtserkenntnisquelle auch für die Interpretation der Grundrechte-Charta von Bedeutung bleibt.

[339] EuGH, Rs. C-583/13 P, Deutsche Bahn AG, digit. Slg., Rn. 32 ff.

[340] EuGH, verb. Rs. C-293/12 u. C-594/12, Digital Rights Ireland, digit. Slg., Rn. 54 f.

[341] EuGH, Rs. C-208/09, Sayn-Wittgenstein, Slg. 2010, I-13693, Rn. 52; ähnlich auch EuGH, Rs. C-438/14, Bogendorff von Wolffersdorff, digit. Slg., Rn. 54 f.

[342] S. oben, § 13 III.2. b) aa).

[343] So etwa EuGH, Rs. C-601/15 PPU, N., digit. Slg., Rn. 77; für eine Interpretation als Beachtenspflicht durch den EuGH jedoch *Ludwigs*, EuGRZ 2014, 273, 279.

[344] Vgl. *de Búrca*, MJ 20 (2013), 168, 174.

3. Beitritt der EU zur EMRK

a) Völkerrechtliche Implikationen

Wenngleich der Beitritt der EU zur EMRK nach dem Gutachten 2/13 des EuGH vorerst als gescheitert gelten kann, bleibt die in Art. 6 Abs. 2 S. 1 EUV verankerte Beitrittsverpflichtung bestehen, so dass auch die völkerrechtlichen Implikationen eines etwaigen Beitritts weiterhin bedacht werden müssen. Seitens der EMRK erlaubt Art. 59 Abs. 2 EMRK nunmehr ausdrücklich einen Beitritt der EU, welcher zu einem partiellen Beitritt der EU zum Europarat führt, dessen Reichweite sich nach den Erfordernissen der Umsetzung eines gleichberechtigten EMRK-Beitritts der EU bestimmt.[345]

b) Unionsrechtliche Implikationen

Nach Art. 218 Abs. 6 UAbs. 2 lit. a) ii) AEUV ist für den Abschluss eines Beitrittsabkommens die Zustimmung des Europäischen Parlaments erforderlich. Art. 218 Abs. 8 UAbs. 2 S. 2 1. HS AEUV verlangt daneben die Einstimmigkeit der Mitgliedstaaten im Rat. Das Inkrafttreten des Ratsbeschlusses hängt darüber hinaus nach Art. 218 Abs. 8 UAbs. 2 S. 2 2. HS AEUV davon ab, dass alle EU-Mitgliedstaaten „im Einklang mit ihren jeweiligen verfassungsrechtlichen Vorschriften" dem Beschluss zum Abschluss des Beitrittsabkommens zustimmen. Das Verfahren kommt damit, wie das vereinfachte Vertragsänderungsverfahren nach Art. 48 Abs. 6 UAbs. 2 S. 3 EUV, faktisch einem völkerrechtlichen Vertragsschluss gleich.[346]

c) Rang der EMRK im Unionsrecht, unmittelbare Anwendbarkeit und Rolle des EGMR

Nach Art. 216 Abs. 2 AEUV binden die von der Union geschlossenen Übereinkünfte die Organe der Union und die Mitgliedstaaten. Dies würde bedeuten, dass der EMRK und den Zusatzprotokollen Nr. 1 und Nr. 6 mit Inkrafttreten eines Beitrittsabkommens ein Rang zwischen Primär- und Sekundärrecht zukäme,[347] weshalb sie normenhierarchisch unterhalb der Gewährleistungen der Grundrechte-Charta stünden.[348] Bei einer solchen Einordnung bliebe jedoch außer Betracht, dass das Beitrittsabkommen nach Art. 218 Abs. 8 UAbs. 2 S. 2 2. HS

---

[345] *Uerpmann-Wittzack*, EuR-Beiheft 2/2012, 167, 170.

[346] *Uerpmann-Wittzack*, EuR-Beiheft 2/2012, 167, 173; *Cremer*, in: Calliess/Ruffert, EUV/AEUV, Art. 48 EUV Rn. 10.

[347] *Epiney*, EuZW 1999, 5, 7 zu Art. 228 Abs. 7 EGV; *Pavlidis*, EU und EMRK, S. 114 f.; so wohl auch EuGH, Gutachten 2/13, EMRK, digit. Slg., Rn. 180.

[348] *Kingreen*, in: Calliess/Ruffert, EUV/AEUV, Art. 6 EUV Rn. 27.

AEUV von allen Mitgliedstaaten ratifiziert werden muss und es daher an identische Voraussetzungen gebunden ist wie die kleine Primärrechtsänderung nach Art. 48 Abs. 6 EUV. Aus diesem Grund erscheint es überzeugend, der EMRK und dem 1. und 6. Zusatzprotokoll nach einem Beitritt unionsintern einen primärrechtlichen Rang zuzuerkennen,[349] was zur Folge hätte, dass Grundrechte-Charta und EMRK im Unionsrecht als Primärrecht gleichrangig nebeneinander stünden.

Schon aus dieser Erwägung ergibt sich die unmittelbare Geltung der Konvention im Bereich des Unionsrechts. Überdies sind völkerrechtliche Verträge nach der Rechtsprechung des EuGH dann unmittelbar anwendbar, wenn ihre Rechtsnatur und ihre Systematik eine entsprechende Auslegung zulassen und die fragliche Bestimmung eine inhaltlich klare und unbedingte Verpflichtung enthält, deren Erfüllung oder Wirkung nicht vom Erlass eines weiteren Aktes abhängt.[350] Die EMRK bezweckt den Schutz des Bürgers und sieht eine Individualbeschwerdemöglichkeit vor, so dass die Voraussetzungen für eine unmittelbare Anwendbarkeit auch unter diesem Gesichtspunkt gegeben wären.

Die Kontrolle des EGMR würde sich nach einem Beitritt der EU zur EMRK auf die Vereinbarkeit des Unionshandelns mit der EMRK beschränken, was jedoch zugleich impliziert, dass Entscheidungen des EuGH künftig einer externen Kontrolle unterworfen wären. Allerdings haben die Urteile des EGMR nach Art. 41 EMRK lediglich Feststellungswirkung, so dass sie im Unionsrecht nicht *eo ipso* wirkten, sondern erst unionsintern umgesetzt werden müssten.[351] Insgesamt betrachtet würde der EGMR mit einem Beitritt der EU zur EMRK zu einem „Quasi-Verfassungsgericht" der EU.[352]

d) Anforderungen an ein Beitrittsabkommen nach dem EuGH-Gutachten 2/13

aa) Wesentliche Kritikpunkte des EuGH und deren Bewertung

aaa) Co-respondent-Mechanismus

In seinem Gutachten 2/13 zum EMRK-Beitritt kritisierte der EuGH insbesondere, dass durch das Beitrittsabkommen in seiner dem Gutachten zu Grunde liegenden Form die Autonomie des Unionsrechts und die Zuständigkeiten des

349 *Arndt/Schubert*, in: Karpenstein/Mayer, EMRK, Art. 59 Rn. 8; *Uerpmann-Wittzack*, EuR-Beiheft 2/2012, 167, 174; *Edenharter*, Der EGMR als Verfassungsgericht der EU? – Mögliche Implikationen des Beitritts der EU zur EMRK, in: Elser et al. (Hrsg.), 53. ATÖR – Das letzte Wort, S. 187, 194; differenzierend, aber gleichzeitig zurückhaltender *Obwexer*, EuR 2012, 115, 144, der insoweit von „primärrechtsergänzende[m] Sekundärrecht" spricht.

350 EuGH, Rs. C-12/86, Demirel, Slg. 1987, 3719, Rn. 14; verb. Rs. C-300/98 und C-392/98, Dior, Slg. 2000, I-11307, Rn. 42.

351 S. dazu *Lock*, Das Verhältnis zwischen dem EuGH und internationalen Gerichten, S. 305.

352 *Edenharter*, Der EGMR als Verfassungsgericht der EU? – Mögliche Implikationen des Beitritts der EU zur EMRK, in: Elser et al. (Hrsg.), 53. ATÖR – Das letzte Wort, S. 187, 206.

EuGH gefährdet würden.[353] Im Zentrum der Kritik des Gerichtshofs steht der in Art. 3 des Entwurfs für ein Beitrittsabkommen vorgesehene *co-respondent*-Mechanismus. Dadurch sollte es der EU bzw. den Mitgliedstaaten jeweils erlaubt werden, als weiterer Beschwerdegegner in ein vor dem EGMR anhängiges Verfahren einzutreten. Nach Art. 3 Abs. 2 des Entwurfs kann die Union Mitbeschwerdegegner in einem Verfahren werden, das sich gegen einen oder mehrere Mitgliedstaaten richtet, soweit die geltend gemachte, durch den Mitgliedstaat oder die Mitgliedstaaten verursachte Konventionsverletzung zugleich die Frage nach der Vereinbarkeit von Unionsrecht mit der EMRK aufwirft. Dieser Fall kann insbesondere in der sog. *Bosphorus*-Konstellation auftreten, in der die inkriminierte Maßnahme des betroffenen Mitgliedstaates nur dadurch hätte vermieden werden können, dass der Mitgliedstaat eine verpflichtende Vorgabe des Unionsrechts verletzt.[354] Nach Art. 3 Abs. 3 des Entwurfs für ein Beitrittsabkommen können, wenn sich die Beschwerde gegen die EU richtet und die Vereinbarkeit von EU-Primärrecht mit der Konvention in Frage steht, einer oder mehrere Mitgliedstaaten Mitbeschwerdegegner werden. Die Einbeziehung als Mitbeschwerdegegner ist in beiden Konstellationen aus Sicht der hinzutretenden Partei freiwillig. Andererseits gibt es auch keinen Anspruch auf Zulassung der Beiziehung durch den EGMR, da dieser nach Art. 3 Abs. 5 des Entwurfs eine Plausibilitätskontrolle durchführt, wenn ein entsprechender Antrag durch die Union oder die Mitgliedstaaten gestellt wurde.

An dieser Stelle setzt die Kritik des EuGH an. Der Gerichtshof bemängelt, dass es nach einem Antrag auf Hinzuziehung als Mitbeschwerdegegner keinen Automatismus gebe, sondern vielmehr der EGMR eine Plausibilitätskontrolle durchführe. Dadurch komme es zu einer Überprüfung der Regeln des Unionsrechts für die Verteilung der Zuständigkeiten zwischen ihr und ihren Mitgliedstaaten sowie der Kriterien für die Zurechnung ihrer Handlungen oder Unterlassungen, verbunden mit einer endgültigen Entscheidung diesbezüglich, welche sowohl die Mitgliedstaaten als auch die Union selbst binden würde.[355] Eine solche Prüfung sei geeignet, in die Verteilung der Zuständigkeiten zwischen der Union und ihren Mitgliedstaaten, insbesondere in das Auslegungsmonopol des EuGH, einzugreifen.[356] Ferner kritisiert der EuGH, dass nach Art. 3 Abs. 7 des Übereinkunftsentwurfs eine gemeinsame Haftung von Beschwerdegegner und Mitbeschwerdegegner vorgesehen sei, was im Hinblick auf nach Art. 57 EMRK eingelegte Vorbehalte problematisch erscheine.[357] Schließlich könne der EGMR nach Art. 3 Abs. 7 des Entwurfs auf der Grundlage des Vorbringens des Beschwerdegegners und des Mitbeschwerdegegners sowie nach Anhörung des Standpunkts des Beschwerdeführers über die Haftungsverteilung zwischen Union und Mitgliedstaaten ent-

[353] S. dazu *Lock*, EuConst 11 (2015), 239, 242 ff.; *Wendel*, NJW 2015, 921, 923
[354] Vgl. *Wendel*, NJW 2015, 921, 922.
[355] EuGH, Gutachten 2/13, EMRK, digit. Slg., Rn. 224.
[356] EuGH, Gutachten 2/13, EMRK, digit. Slg., Rn. 225.
[357] EuGH, Gutachten 2/13, EMRK, digit. Slg., Rn. 226 f.

scheiden, was die unionsinterne Zuständigkeitsverteilung beeinträchtige und damit die Autonomie des Unionsrechts gefährde.[358]

Die vom EuGH vorgebrachten Einwände gegen den *co-respondent*-Mechanismus haben ihre Berechtigung, führen jedoch keinesfalls zur Primärrechtswidrigkeit des Beitrittsabkommens.[359] Dass der EGMR vor dem Eintritt eines Mitbeschwerdeberechtigten eine Plausibilitätskontrolle durchführt, lässt sich mit seiner Rolle als „Herr des Verfahrens" erklären,[360] beeinträchtigt aber nicht die unionsinterne Zuständigkeitsverteilung, da hierüber nicht für das Unionsrecht verbindlich entschieden wird.[361] Entsprechendes gilt im Hinblick auf die unionsinterne Haftungsverteilung, die unionsintern jederzeit abweichend von der EGMR-Position geregelt werden könnte.[362] Zuzugestehen ist dem EuGH freilich, dass die Situation der EU insoweit einzigartig ist und sich die Problematik bei anderen föderalen Systemen wie Deutschland oder der Schweiz so nicht stellt, da in diesen Fällen immer der Staat als solcher verurteilt wird, ohne dass sich der EGMR mit der internen Zuständigkeitsverteilung zwischen Bund und Ländern bzw. zwischen Bund und Kantonen befassen würde.[363] Vor dem Hintergrund von Art. 36 Abs. 2 EMRK lässt sich schließlich sagen, dass sich die Union jederzeit als Drittbeteiligte an einem Verfahren gegen einen Mitgliedstaat beteiligen kann,[364] so dass keine Gefahr besteht, dass sie in Folge der vom EGMR durchgeführten Plausibilitätskontrolle vom Verfahren ausgeschlossen bleiben könnte.

bbb) Vorabbefassungsverfahren

Art. 3 Abs. 6 des Beitrittsabkommensentwurfs sieht die Einführung eines Vorabbefassungsverfahrens (*prior involvement*) vor für Fälle, in denen die EU neben einem Mitgliedstaat als Mitbeschwerdegegner auftritt und in denen der EuGH zuvor noch keine Gelegenheit hatte, über die Vereinbarkeit des verfahrensgegenständlichen Unionsrechts mit dem in Rede stehenden Grundrecht zu entscheiden. Nach Nr. 66 des Erläuternden Berichts zum Beitrittsabkommensentwurf handelt es sich dabei um Fälle der Gültigkeitskontrolle von Sekundärrecht und der Auslegung von Primärrecht.[365] Durch die Einführung des Vorabbefassungsverfahrens soll eine Lücke geschlossen werden, die dadurch entsteht, dass das mitgliedstaatliche Gericht in unionsrechtswidriger Weise kein Vorabentscheidungsverfahren nach Art. 267 AEUV eingeleitet hat. Hintergrund ist, dass durch den Beitritt der EU zur EMRK dem EuGH die Rolle des obersten Gerichts einer Konventionspartei zufällt und nach Art. 35 Abs. 1 EMRK Individualbeschwer-

358 EuGH, Gutachten 2/13, EMRK, digit. Slg., Rn. 229 ff.

359 So auch *Łazowski/Wessel*, GLJ 16 (2015), 179, 199; den Bedenken des EuGH zustimmend jedoch *Krenn*, GLJ 16 (2015), 147, 152 f.

360 *Wendel*, NJW 2015, 921, 924.

361 *Breuer*, EuR 2015, 330, 341.

362 *Breuer*, EuR 2015, 330, 344.

363 *Krenn*, GLJ 16 (2015), 147, 164.

364 *Wendel*, NJW 2015, 921, 924.

365 *Wendel*, NJW 2015, 921, 922.

den gegen Konventionsparteien erst dann zulässig sind, wenn alle innerstaatlichen Rechtsbehelfe ausgeschöpft wurden, d.h. wenn das jeweils zuständige nationale oberste Gericht die Möglichkeit hatte, in der fraglichen Rechtssache eine Entscheidung zu treffen.

Der EuGH kritisiert in seinem Gutachten, dass es der Abkommensentwurf nicht eindeutig ausschließe, dass der EGMR über die Vorfrage entscheide, ob der EuGH bereits über die verfahrensgegenständliche Rechtsfrage entschieden habe, was mit der Autonomie des Unionsrechts nicht vereinbar sei.[366] Daneben müsse das Vorabbefassungsverfahren so ausgestaltet werden, dass die Union in jeder beim EGMR anhängigen Rechtssache „vollständig und systematisch unterrichtet" werde, damit der EuGH über die Notwendigkeit der Einleitung eines solchen Verfahrens entscheiden könne.[367] Schließlich sei es mit dem Auslegungsmonopol des EuGH nicht zu vereinbaren, dass das Vorabbefassungsverfahren hinsichtlich des Sekundärrechts ausschließlich in Fällen der Gültigkeitskontrolle am Maßstab der Grundrechte, nicht aber in Fällen der grundrechtskonformen Auslegung möglich sei.[368]

Die Kritik des EuGH am Ausschluss des Vorabbefassungsverfahrens in Fällen der grundrechtskonformen Auslegung ist sicher berechtigt, doch macht dies alleine den Beitritt der EU zur EMRK nicht rechtswidrig, zumal sich die Beschränkung des Vorabbefassungsverfahrens auf Gültigkeitsfragen nur aus dem Entwurf zum Erläuternden Bericht,[369] nicht aber aus dem Abkommensentwurf selbst ergibt und nach der Formulierung im Abkommensentwurf, der von „Prüfung der Vereinbarkeit" spricht, Auslegungsfragen durchaus erfasst sein können.[370] Der Einwand, wonach es mit der Autonomie des Unionsrechts unvereinbar sei, wenn der EGMR darüber entscheide, ob eine Rechtsfrage bereits unionsrechtlich geklärt wurde, überzeugt ebenfalls nicht, da die Entscheidung für die EU jedenfalls keine bindende Auslegung des Unionsrechts darstellt, sondern lediglich eine prozessuale Frage betrifft.[371] Ebenso wenig durchgreifend ist die Forderung nach systematischer Information durch den EGMR, da dem Informationsbedürfnis des EuGH auch durch die Errichtung unionsinterner Strukturen Rechnung getragen werden kann.[372] Auch der Umstand, dass sich das Vorabbefassungsverfahren nicht auf Fälle der grundrechtskonformen Auslegung erstreckt, macht den Abkommensentwurf nicht rechtswidrig, da die unzureichende Sanktionierung einer Verletzung der Vorlagepflicht ein unionsinternes Problem darstellt, welches

[366] EuGH, Gutachten 2/13, EMRK, digit. Slg., Rn. 238 ff.
[367] EuGH, Gutachten 2/13, EMRK, digit. Slg., Rn. 241.
[368] EuGH, Gutachten 2/13, EMRK, digit. Slg., Rn. 242 ff.
[369] Draft explanatory report to the Agreement on the Accession of the European Union to the Convention for the Protection of Human Rights and Fundamental Freedoms (47+1(2013)008rev 2, Appendix V), Rn. 66.
[370] *Breuer*, EuR 2015, 330, 346; so auch die Stellungnahme der Generalanwältin Kokott zu Gutachtenverfahren 2/13, EMRK, digit. Slg., Rn. 132.
[371] Ähnlich auch *Lock*, EuConst 11 (2015), 239, 251.
[372] *Wendel*, NJW 2015, 921, 924.

gerade nicht durch den Beitritt hervorgerufen wird.[373] Schließlich existieren auf mitgliedstaatlicher Ebene ähnliche Defizite bei der Beteiligung nationaler Verfassungsgerichte im Rahmen eines Vorabentscheidungsverfahrens zum EuGH, ohne dass dadurch die mitgliedstaatliche Einbindung in die Union verfassungswidrig wäre. So ist es etwa nach tschechischem Recht keineswegs sicher gestellt, dass sich das tschechische Verfassungsgericht im Vorfeld einer Vorlage eines Instanzgerichts zum EuGH zu der in Rede stehenden Problematik äußern konnte.[374] Ähnliches gilt im Übrigen für das Bundesverfassungsgericht, wenn ein Fachgericht ein Vorabentscheidungsverfahren nach Art. 267 AEUV anstrengt.

ccc) Art. 344 AEUV

Nach Art. 344 AEUV verpflichten sich die EU-Mitgliedstaaten, Streitigkeiten über die Auslegung oder Anwendung der Verträge nicht anders als hierin vorgesehen zu regeln. Durch den Beitritt der EU zur EMRK würde Letztere jedoch zum Bestandteil des Unionsrechts, mit der Folge, dass der EuGH in Bezug auf das Unionsrecht für jeden Rechtsstreit zwischen den Mitgliedstaaten sowie zwischen ihnen und der Union wegen Beachtung der EMRK ausschließlich zuständig wäre.[375] Art. 33 EMRK sieht demgegenüber vor, dass jede Vertragspartei den EGMR wegen einer Konventionsverletzung durch eine andere Vertragspartei anrufen kann. Dies gilt grundsätzlich auch für Streitigkeiten zwischen den EU-Mitgliedstaaten oder zwischen den Mitgliedstaaten und der EU, soweit Unionsrecht in Rede steht.[376] Art. 55 EMRK wiederum schließt andere als in der Konvention vorgesehene Beschwerdeverfahren zur Streitbeilegung aus. Art. 5 des Beitrittsabkommensentwurfs stellt insoweit klar, dass Verfahren vor dem EuGH nicht als Verfahren anzusehen sind, welche nach Art. 55 EMRK ausgeschlossen sind, wobei die Vorschrift eine Staatenbeschwerde zum EuGH nicht verbietet, sondern nur die vorherige Erschöpfung des Rechtswegs zum EuGH verlangt. Der EuGH kritisiert in seinem Gutachten, dass Art. 5 des Abkommensentwurfs zur Wahrung der ausschließlichen Zuständigkeit des Gerichtshofs nicht ausreiche, da trotz dieser Vorschrift für die EU-Mitgliedstaaten die Möglichkeit bestehe, eine Staatenbeschwerde zum EGMR nach Art. 33 EMRK einzureichen und eine Verletzung der EMRK durch einen Mitgliedstaat oder durch die Union im Zusammenhang mit dem Unionsrecht geltend zu machen.[377]

Dieser Einwand ist jedoch wenig überzeugend, da der EGMR im Fall einer Staatenbeschwerde nach Art. 33 EMRK keine verbindliche Auslegung des Unionsrechts vornimmt, sondern ausschließlich über die Einhaltung der EMRK ent-

---

373 *Wendel*, NJW 2015, 921, 924; vgl. auch *Uerpmann-Wittzack*, EuR-Beiheft 2/2012, 167, 178.

374 Vgl. *Vincze*, EuR 2013, 194, 198 f.

375 EuGH, Gutachten 2/13, EMRK, digit. Slg., Rn. 204.

376 EuGH, Gutachten 2/13, EMRK, digit. Slg., Rn. 205.

377 EuGH, Gutachten 2/13, EMRK, digit. Slg., Rn. 207 ff.

scheidet, wofür der EuGH ohnehin kein Auslegungsmonopol besitzt.[378] Art. 344 AEUV ist deshalb dahin gehend zu interpretieren, dass vor Erhebung einer Staatenbeschwerde lediglich der unionsinterne Rechtsweg erschöpft werden muss.[379] Hinzu kommt, dass diesbezügliche unionsrechtliche Verpflichtungen notfalls im Wege des Vertragsverletzungsverfahrens bzw. der Nichtigkeitsklage durchgesetzt werden können.[380]

ddd) 16. Zusatzprotokoll zur EMRK

Der EuGH kritisiert in seinem Gutachten ferner, dass das bislang nicht in Kraft getretene 16. Zusatzprotokoll zur EMRK, welches ein Vorlageverfahren für Verfassungs- und Höchstgerichte der Vertragsparteien zum EGMR vorsieht,[381] zu einer Umgehung des Vorabentscheidungsverfahrens nach Art. 267 AEUV führen und so die Autonomie des Unionsrechts gefährden könnte, da der Abkommensentwurf keine Aussage zu dem Verhältnis zwischen dem 16. Zusatzprotokoll zur EMRK und Art. 267 AEUV enthalte.[382] Auch dieser Einwand greift nicht durch, da zum einen eine Umgehung von Art. 267 AEUV bereits unionsrechtlich verboten ist, d.h. diese Frage nicht völkerrechtlich geregelt werden muss und zum anderen sich die Problematik nach Inkrafttreten des 16. Zusatzprotokolls auch unabhängig von einem Beitritt der EU zur EMRK stellen kann.[383] Selbst wenn einzelne nationale Verfassungs- und Höchstgerichte nach Inkrafttreten des 16. Zusatzprotokolls die Strategie der Umgehung des EuGH wählen und grundrechtsrelevante Fragestellungen zunächst dem EGMR vorlegen sollten, ließen sich etwaige Konflikte durch einen intensiven Dialog der beiden Gerichtshöfe vermeiden.[384] Schließlich darf nicht übersehen werden, dass die Einschätzung des EGMR im Rahmen eines Vorlageverfahrens für die nationalen Verfassungs- und Höchstgerichte nicht bindend ist und sie darüber hinaus, selbst wenn sie bindend wäre, rein völkerrechtlichen Charakter hätte, weshalb sie für das Unionsrecht selbst ohne unmittelbare Auswirkungen bliebe.[385]

---

[378] *Thienel*, in: Karpenstein/Mayer, EMRK, Art. 55 Rn. 5; *Krüger/Polakiewicz*, EuGRZ 2001, 92, 104; *Huber*, Der Beitritt der Europäischen Union zur Europäischen Menschenrechtskonvention, S. 147 f.; *Edenharter*, Der EGMR als Verfassungsgericht der EU? – Mögliche Implikationen des Beitritts der EU zur EMRK, in: Elser et al. (Hrsg.), 53. ATÖR – Das letzte Wort, S. 187, 204; zustimmend zur Position des EuGH jedoch *Halberstam*, GLJ 16 (2015), 105, 120.

[379] *Huber*, Der Beitritt der Europäischen Union zur Europäischen Menschenrechtskonvention, S. 147; *Edenharter*, Der EGMR als Verfassungsgericht der EU? – Mögliche Implikationen des Beitritts der EU zur EMRK, in: Elser et al. (Hrsg.), 53. ATÖR – Das letzte Wort, S. 187, 204.

[380] Vgl. die Stellungnahme der Generalanwältin Kokott zu Gutachtenverfahren 2/13, EMRK, digit. Slg., Rn. 118; ähnlich *Breuer*, EuR 2015, 330, 340.

[381] Ausführlich dazu oben, § 12 IV.1.

[382] EuGH, Gutachten 2/13, EMRK, digit. Slg., Rn. 196 ff.

[383] *Wendel*, NJW 2015, 921, 924; *Korenica/Doli*, European Public Law 22 (2016), 269, 282 ff.

[384] Zu dieser Problematik s. *Zimmermann*, EuGRZ 2015, 153, 159 f.; die Bedenken des EuGH insoweit teilend *Krenn*, GLJ 16 (2015), 147, 155 f.

[385] Ausführlich dazu *Korenica/Doli*, European Public Law 22 (2016), 269, 278 f.

eee) Art. 53 EMRK und Art. 53 GRC

Weiterhin bringt der EuGH im Zusammenhang mit der Wahrung der besonderen Merkmale und der Autonomie des Unionsrechts, vor deren Hintergrund er eine Unterwerfung unter die Gerichtsbarkeit des EGMR bei Wahrung bestimmter Voraussetzungen nicht für grundsätzlich unzulässig hält,[386] vor, dass die Mindeststandardgarantie des Art. 53 EMRK die im Zusammenhang mit Art. 53 GRC vom Gerichtshof entwickelte *Melloni*-Rechtsprechung konterkarieren könnte, ohne freilich auf den Grund seiner Befürchtung näher einzugehen.[387] Diese Befürchtung des EuGH ist jedoch ebenfalls unbegründet, da die EMRK schon wegen Art. 52 Abs. 3 GRC selten über die Gewährleistungen der Grundrechte-Charta hinausgehen dürfte.[388]

fff) Gegenseitiges Vertrauen im Raum der Freiheit, der Sicherheit und des Rechts

Darüber hinaus mahnt der EuGH an, dass in dem Gutachten nicht näher spezifizierte Vorkehrungen zur Vermeidung der Gefahr einer Beeinträchtigung des Grundsatzes des gegenseitigen Vertrauens zwischen den Mitgliedstaaten im Unionsrecht fehlten.[389] Konkret argumentiert der Gerichtshof, dass der Beitritt geeignet sei, das Gleichgewicht, auf dem die Union beruht, sowie die Autonomie des Unionsrechts zu beeinträchtigen. Die EMRK würde nämlich von einem EU-Mitgliedstaat verlangen, die Beachtung der Grundrechte durch einen anderen Mitgliedstaat zu prüfen, obwohl das Unionsrecht die EU-Mitgliedstaaten zu gegenseitigem Vertrauen verpflichtet.[390] Vermutlich hatte der EuGH bei seiner Kritik das Asylrecht vor Augen, bei dem das Unionsrecht einen Ausgleich zwischen dem Grundsatz des gegenseitigen Vertrauens und der einschlägigen EGMR-Rechtsprechung[391] dadurch herzustellen versucht, dass es die grundsätzliche Vermutung grundrechtskonformen Verhaltens nur in Fällen „systemischer Mängel" des jeweiligen nationalen Asylsystems als widerlegt ansieht.[392] Der EGMR hingegen sprach in jüngerer Zeit innereuropäische Überstellungsverbote auch unterhalb der Schwelle „systemischer Mängel" aus,[393] woraus Rechtsprechungsdiver-

---

386 EuGH, Gutachten 2/13, EMRK, digit. Slg., Rn. 182 f.

387 Näher dazu oben, § 13 III.2. b) bb).

388 Näher dazu oben, § 13 III.2. b) bb).

389 EuGH, Gutachten 2/13, EMRK, digit. Slg., Rn. 191 ff.

390 EuGH, Gutachten 2/13, EMRK, digit. Slg., Rn. 194.

391 EGMR, Urt. v. 21.01.2011 – 30696/09 – M.S.S./Belgien und Griechenland, RJD 2011, Rn. 340 ff.

392 Art. 3 Abs. 2 der Verordnung (EU) Nr. 604/2013 des Europäischen Parlaments und des Rates vom 26. Juni 2013 zur Festlegung der Kriterien und Verfahren zur Bestimmung des Mitgliedstaats, der für die Prüfung eines von einem Drittstaatsangehörigen oder Staatenlosen in einem Mitgliedstaat gestellten Antrags auf internationalen Schutz zuständig ist (Neufassung), ABl. EU, Nr. L 180, S. 31.

393 So etwa EGMR, Entsch v. 04.11.2014 – 29217/12 – Tarakhel/Schweiz, RJD 2014, Rn. 103 ff.

genzen zwischen EuGH und EGMR erwachsen können.[394] Ein Beitritt der EU zur EMRK ist deshalb jedoch nicht rechtswidrig, zumal die entsprechenden Probleme bereits jetzt existieren und zwangsläufig immer auftreten, wenn Maßnahmen der Union einer externen Kontrolle, *in concreto* durch den EGMR, unterworfen werden.[395] Deshalb drängt sich der Verdacht auf, dass das eigentliche Motiv des EuGH für die Ablehnung des Abkommensentwurfs nicht in der Verhinderung einer Verletzung unionsrechtlicher Vorgaben, sondern vielmehr in der Sorge des Gerichtshofs um seine Stellung als letztverbindlich entscheidende Instanz im Verhältnis zum EGMR zu suchen ist.

ggg) Gemeinsame Außen- und Sicherheitspolitik

Ein ähnliches Motiv dürfte den Aussagen des EuGH in dem Gutachten zur Gemeinsamen Außen- und Sicherheitspolitik zu Grunde liegen. Der EuGH führt dazu aus, dass beim derzeitigen Stand des Unionsrechts die meisten der im Rahmen der GASP vorgenommenen Handlungen der Kontrolle durch den Gerichtshof entzogen seien.[396] Zu Recht weist der Gerichtshof darauf hin, dass im Fall des Beitritts der EGMR ermächtigt wäre, über die Vereinbarkeit bestimmter Handlungen, Aktionen oder Unterlassungen im Rahmen der GASP mit der EMRK zu entscheiden, zu denen auch solche gehören würden, für deren Rechtmäßigkeitskontrolle anhand der Grundrechte dem EuGH die Zuständigkeit fehlt.[397] Dies wiederum liefe nach Auffassung des EuGH darauf hinaus, die gerichtliche Kontrolle der genannten Handlungen, Aktionen oder Unterlassungen der Union, wenn auch beschränkt auf die Beachtung der durch die EMRK gewährleisteten Rechte, ausschließlich einem unionsexternen Organ anzuvertrauen, was der Autonomie des Unionsrechts zuwider liefe.[398]

Allerdings spricht auch dieser Kritikpunkt nicht entscheidend gegen einen Beitritt der EU zur EMRK. Gegenwärtig verfügt der EuGH nur über sehr eingeschränkte Kontrollkompetenzen im Bereich der GASP, was für den individualrechtlichen Grundrechtsschutz mit erheblichen Defiziten verbunden ist.[399] Darüber hinaus kann es zu Kompetenzkonflikten mit dem EGMR nur dann kommen, wenn der EuGH in dem fraglichen Bereich über eine eigene Zuständigkeit verfügt, was für den Bereich der GASP mit Ausnahme der gezielten Sanktionen gemäß Art. 275 Abs. 2 AEUV gerade nicht der Fall ist.[400] Indem der EuGH mit der Ablehnung des Abkommensentwurfs eine Verbesserung der Kontrollmöglichkeiten im Bereich der GASP in Form einer externen Kontrolle durch den EGMR

---

[394] Ausführlich dazu *Wendel*, NJW 2015, 921, 925; zum Ganzen s. auch *Peers*, GLJ 16 (2015), 213, 220 f.

[395] *Wendel*, NJW 2015, 921, 925; tendenziell anders aber *Krenn*, GLJ 16 (2015), 147, 160.

[396] EuGH, Gutachten 2/13, EMRK, digit. Slg., Rn. 252.

[397] EuGH, Gutachten 2/13, EMRK, digit. Slg., Rn. 254.

[398] EuGH, Gutachten 2/13, EMRK, digit. Slg., Rn. 255 ff.

[399] Vgl. *Peers*, GLJ 16 (2015), 213, 220.

[400] Stellungnahme der Generalanwältin Kokott zu Gutachtenverfahren 2/13, EMRK, digit. Slg., Rn. 190.

verhindert, entscheidet er sich für die Aufrechterhaltung eines für das rechtsschutzsuchende Individuum unbefriedigenden *Status quo* und gegen eine Verbesserung des Grundrechtsschutzes des Einzelnen im Bereich der GASP. Wenn der EuGH zur Begründung seines Standpunktes auf die Autonomie des Unionsrechts verweist, erscheint dies wenig überzeugend, sondern lässt einen Konflikt mit dem EGMR im Kampf um das „letzte Wort" beim Grundrechtsschutz vermuten.[401]

bb) Gesamteinschätzung der Position des EuGH

Das Gutachten des EuGH zum EMRK-Beitritt der EU vermag in keinem der vom Gerichtshof aufgeworfenen Punkte zu überzeugen. Wenngleich dem Gerichtshof zuzugeben ist, dass Art. 3 des Beitrittsabkommensentwurfs mit den Rechtsinstituten des *co-respondent*-Mechanismus und des *prior involvement*-Verfahrens sicher keine ideale Problemlösung darstellt, so ist dennoch zu konstatieren, dass keiner der vom EuGH kritisierten Aspekte die Autonomie des Unionsrechts gefährdet, zumal der EGMR in keinem Fall verbindlich über die Auslegung von Unionsrecht entscheiden würde. Vielmehr scheint der EuGH zu befürchten, dass der EGMR durch den Beitritt der EU zur EMRK zu einem „Quasi-Verfassungsgericht"[402] der EU in Grundrechtsfragen würde, eine Einschätzung, die durchaus berechtigt ist, wobei eine derartige Entwicklung dem EuGH selbst zu Gute kommen könnte, da er in diesem Fall nicht noch stärker in die ihm ursprünglich keineswegs zugedachte Rolle eines Grundrechtsgerichts schlüpfen müsste. Nach einem Beitritt wäre außerdem die *Bosphorus*-Vermutung des EGMR zu Gunsten der EU nicht mehr haltbar, sondern EU-Rechtsakte müssten derselben Kontrolldichte unterliegen, die der EGMR in Bezug auf die Maßnahmen anderer Vertragsparteien anwendet,[403] was ihn tatsächlich in die

[401] *Wendel*, NJW 2015, 921, 925 f.; krit. auch *Lock*, EuConst 11 (2015), 239, 265; a.A. aber *Krenn*, GLJ 16 (2015), 147, 161.

[402] *Edenharter*, Der EGMR als Verfassungsgericht der EU? – Mögliche Implikationen des Beitritts der EU zur EMRK, in: Elser et al. (Hrsg.), 53. ATÖR – Das letzte Wort, S. 187, 206 f.; ähnlich *Andreadakis*, Problems and Challenges of the EU's Accession to the ECHR: Empirical Findings with a View to the Future, in: Morano-Foadi/Vickers (Hrsg.), Fundamental Rights in the EU, S. 47, 54; *Obwexer*, EuR 2012, 115, 148; in diese Richtung auch *Bernardini*, L'Unione europea ed il Trattato di Lisbona: nuove frontiere per la tutela multilivello dei diritti, Diritto e Società 3–4 (2010), 411, 426; krit. zu dieser Einordnung *Biaggini*, EuGRZ 2014, 29, 30, der eine Einbindung des EGMR in die europäische Verfassungsordnung verneint.

[403] Gegen eine Beibehaltung der *Bosphorus*-Rechtsprechung auch *Uerpmann-Wittzack*, EuR-Beiheft 2/2012, 167, 181; *Lock*, ELRev 35 (2010), 777, 798; *ders.*, EuConst 11 (2015), 239, 268; *Vondung*, Die Architektur des europäischen Grundrechtsschutzes nach dem Beitritt der EU zur EMRK, S. 262 f.; *Obwexer*, EuR 2012, 115, 147; *Stock*, Der Beitritt der Europäischen Union zur Europäischen Menschenrechtskonvention als Gemischtes Abkommen?, S. 295 ff.; *Baumann*, EuGRZ 2011, 1, 11; *Andreadakis*, Problems and Challenges of the EU's Accession to the ECHR: Empirical Findings with a View to the Future, in: Morano-Foadi/Vickers (Hrsg.), Fundamental Rights in the EU, S. 47, 63; *Breuer*, EuR 2015, 330, 335; *Bernardini*, L'Unione europea ed il Trattato di Lisbona: nuove frontiere per la tutela multilivello dei diritti, Diritto e

Rolle „Quasi-Verfassungsgerichts" der EU rücken könnte. Die Notwendigkeit der Aufgabe der *Bosphorus*-Vermutung ergibt sich daraus, dass es nach einem Beitritt der dogmatischen Konstruktion, mit deren Hilfe die fehlende Bindung der EU an die EMRK überwunden sollte, nicht mehr bedarf, nachdem die Union nach einem Beitritt selbst als *co-respondent* vor dem EGMR auftreten könnte.[404] Hinzu kommt, dass eine Privilegierung der EU vor dem Hintergrund der Gleichheit der Vertragsparteien kaum zu begründen wäre. Der EGMR würde des Weiteren deshalb zu einer Art Verfassungsgericht der EU, weil nach einem Beitritt sämtliche Auslegungs- und Verfahrensentscheidungen des EuGH vom EGMR am Maßstab der der EMRK überprüft werden können, was insbesondere im Hinblick auf die restriktive Position des EuGH zur Klagebefugnis bei Nichtigkeitsklagen gemäß Art. 263 Abs. 4 AEUV[405] und deren Vereinbarkeit mit dem in Art. 13 EMRK garantierten Recht auf wirksame Beschwerde zu Konflikten führen könnte.[406] All dies wollte der EuGH mit seinem negativen Gutachten augenscheinlich verhindern. Außerdem könnte der Unmut einiger EuGH-Richter darüber, dass der EGMR in seinen Entscheidungen die Judikatur des Luxemburger Gerichtshofs nicht immer hinreichend berücksichtigt, den Inhalt des Beitrittsgutachtens beeinflusst haben.[407] Daneben könnte der EuGH mit seinem negativen Gutachten eine Verzögerung des EU-Beitritts zur EMRK bezweckt haben wollen, um selbst eine konsistente Judikatur zur Grundrechte-Charta entwickeln zu können, ohne dabei dem direkten Einfluss aus Straßburg ausgesetzt zu sein.[408] *Tomuschat* liegt deshalb richtig, wenn er schreibt: „Man meint, in zeitgemäßer Verkleidung einen Verfechter staatlicher Souveränität sprechen zu hören."[409] Nicht bedacht hat der Gerichtshof allerdings, dass nationale Verfassungs- und Höchstgerichte dem Beispiel des EuGH folgen und im Verhältnis zum Luxemburger Gerichtshof ihrerseits verstärkt auf die nationale Verfassungsidentität verweisen könnten.[410] Einen ersten Fingerzeig in Richtung EuGH könnte man bereits in dem Beschluss des Bundesverfassungsgerichts zum Europäischen Haftbefehl erblicken, in dem das Bundesverfassungsgericht die EMRK über die Hintertür als Prüfungsmaßstab auch gegenüber dem Unionsrecht ins Spiel bringt.[411]

Società 3–4 (2010), 411, 429; *Eckes*, The Modern Law Review 76 (2013), 254, 263; zweifelnd bezüglich einer Aufgabe der *Bosphorus*-Rechtsprechung hingegen *Douglas-Scott*, Human Rights Law Review 22 (2011), 645, 667 f.

[404] Vgl. *Edenharter*, Der EGMR als Verfassungsgericht der EU? – Mögliche Implikationen des Beitritts der EU zur EMRK, in: Elser et al. (Hrsg.), 53. ATÖR – Das letzte Wort, S. 187, 195.

[405] S. nur EuGH, Rs. C-583/11 P, Inuit, digit. Slg., Rn. 54 ff.

[406] Ausführlich dazu *Edenharter*, Der EGMR als Verfassungsgericht der EU? – Mögliche Implikationen des Beitritts der EU zur EMRK, in: Elser et al. (Hrsg.), 53. ATÖR – Das letzte Wort, S. 187, 197 ff.

[407] *Krommendijk*, MJ 22 (2015), 812, 813.

[408] *Łazowski/Wessel*, GLJ 16 (2015), 179, 190.

[409] *Tomuschat*, EuGRZ 2015, 133, 139; zustimmend *Schmidt-Aßmann*, EuGRZ 2016, 85, 91.

[410] Zu dieser Gefahr *Wendel*, NJW 2015, 921, 926.

[411] Näher dazu oben, § 13 I.2. c).

Nicht von der Hand zu weisen ist schließlich der Verdacht, dass der EuGH mit seinem negativen Gutachten die Zentralisierung des Grundrechtsschutzes in der EU weiter vorantreiben wollte, nachdem ein EMRK-Beitritt der Union angesichts der dann existierenden Kontrolle des EuGH durch den EGMR eher der Bewahrung der Grundrechtsvielfalt in der EU gedient hätte, zumal die Mitgliedstaaten durch ihre dem föderalen Charakter der Union geschuldete, unmittelbare Beteiligung an den Verhandlungen über ein Beitrittsabkommen das Verhältnis zwischen dem unionsrechtlichen Grundrechtsschutz und der EMRK in erheblichem Maße beeinflussen konnten.[412]

cc) Lösungsmöglichkeiten

Auch nach dem negativen Gutachten des EuGH gibt es verschiedene Möglichkeiten, einen Beitritt der EU zur EMRK doch noch zu realisieren. Dazu zählen eine Änderung der EU-Verträge, eine Änderung des Beitrittsabkommensentwurfs, einseitige Erklärungen sowie interne Verpflichtungen seitens der EU und ihrer Mitgliedstaaten.[413] Art. 218 Abs. 11 S. 2 AEUV sieht im Falle eines negativen Gutachtens vor, dass das Beitrittsabkommen nur in Kraft treten kann, wenn entweder es selbst oder die EU-Verträge geändert werden. So könnte etwa Protokoll Nr. 8 über den Beitritt der Union zur EMRK[414] abgeändert oder ganz gestrichen werden, wobei freilich nicht sicher ist, dass der EuGH einen auf solcher Basis erfolgenden Beitritt billigen würde.[415] Ferner könnte die EU zu unilateralen Maßnahmen greifen und Auslegungserklärungen in Bezug auf die Konvention abgeben oder EU-interne Vereinbarungen treffen. Nachteil derartiger Maßnahmen ist, dass diese, wie etwaige Vorbehalte nach Art. 57 EMRK, nur unter sehr engen Voraussetzungen zulässig sind oder, wie Auslegungserklärungen und EU-interne Vereinbarungen, vom EGMR nicht akzeptiert werden.[416] In Bezug auf die hinsichtlich Art. 3 des Abkommensentwurfs geäußerten Bedenken wäre eine Änderung des Entwurfs dahin gehend denkbar, dass die Möglichkeit der Durchführung einer Plausibilitätskontrolle durch den EGMR bei der Entscheidung über den Eintritt eines Mitbeschwerdegegners gestrichen wird.[417] In ähnlicher Weise müsste in Art. 3 Abs. 7 des Abkommensentwurfs der Passus entfernt werden, wonach der EGMR über die unionsinterne Verteilung der Verantwortlichkeit entscheiden kann.[418] Hinsichtlich des Vorabbefassungsverfahrens müsste eine Er-

[412] Zu dieser Gefahr in föderalen Systemen allgemein s. *Besson*, Droits de l'homme et fédéralisme: une introduction thématique, in: Besson/Belser (Hrsg.), Die Europäische Menschenrechtskonvention und die Kantone, S. 7, 11.

[413] Vgl. *Lock*, EuConst 11 (2015), 239, 244; *Besselink/Claes/Reestman*, EuConst 11 (2015), 2, 2 f.

[414] Konsolidierte Fassung ABl. EU 2010 Nr. C 83, S. 273.

[415] *Lock*, EuConst 11 (2015), 239, 244.

[416] *Lock*, EuConst 11 (2015), 239, 245 f.; speziell zu etwaigen Vorbehalten s. *Peers*, GLC 16 (2015), 213, 218; weniger kritisch in Bezug auf Vorbehalte *Krenn*, GLJ 16 (2015), 147, 165.

[417] *Lock*, EuConst 11 (2015), 239, 248.

[418] *Lock*, EuConst 11 (2015), 239, 248 ff.

streckung im Beitrittsabkommen auch auf Auslegungsfragen erfolgen, während der Kritik des EuGH an der unzureichenden Beteiligung des Gerichtshofs im Vorfeld eines solchen Verfahrens sinnvollerweise nur durch eine entsprechende unionsinterne Verpflichtung Rechnung getragen werden kann.[419] Den Bedenken des EuGH hinsichtlich einer drohenden Umgehung von Art. 344 AEUV wird man nur durch einen vollumfänglichen Ausschluss der Zuständigkeit des EGMR für Streitigkeiten zwischen EU-Mitgliedstaaten und zwischen EU-Mitgliedstaaten und der Union gerecht werden können, was eine Abänderung des Abkommensentwurfs implizieren würde.[420] In Bezug auf die Kritik des EuGH, wonach das Verhältnis zwischen Art. 53 EMRK und Art. 53 GRC Konfliktpotential beinhalte, könnte ein klarstellender Passus in den Abkommensentwurf aufgenommen werden, welcher vorsieht, dass die EU-Mitgliedstaaten durch Art. 53 EMRK nicht verpflichtet seien, einen höheren Grundrechtsstandard zu gewährleisten als die Konvention.[421] Den Bedenken des EuGH im Hinblick auf die Garantie des gegenseitigen Vertrauens im Raum der Freiheit, der Sicherheit und des Rechts kann allenfalls durch eine Änderung des Abkommensentwurfs dahin gehend Rechnung getragen werden, dass die EU-Mitgliedstaaten nicht konventionsrechtlich verantwortlich gemacht werden können, wenn sie die Einhaltung der EMRK durch einen anderen Mitgliedstaat nicht überprüfen, wobei eine solche Regelung freilich auch Streitfälle ohne Bezug zum Unionsrecht beträfe und daher erhebliche Auswirkungen auf das gesamte konventionsrechtliche Rechtsschutzsystem hätte.[422] In diesem Zusammenhang ist jedoch auch die neuere Rechtsprechung von EuGH[423] und EGMR[424] zu berücksichtigen, welche die rechtlichen Hürden für einen Beitritt in Bezug auf das Prinzip der Garantie des gegenseitigen Vertrauens im Raum der Freiheit, der Sicherheit und des Rechts verkleinern könnte.[425] Die Befürchtungen des EuGH in Bezug auf das 16. Zusatzprotokoll zur EMRK und das darin enthaltene Vorlageverfahren zum EGMR wiederum können höchstwahrscheinlich nur dadurch zerstreut werden, dass sich die EU-Mitgliedstaaten unionsrechtlich dazu verpflichten, das fragliche Zusatzprotokoll nicht zu ratifizieren.[426] Hinsichtlich der Kritik des EuGH bezüglich der EGMR-Zuständigkeit für den Bereich der Gemeinsamen Außen- und Sicherheitspolitik bei gleichzeitigem Fehlen entsprechender EuGH-Kompetenzen schließlich lässt sich konstatieren, dass insoweit nur eine Änderung des Primärrechts Abhilfe

---

[419] *Lock*, EuConst 11 (2015), 239, 253.

[420] *Lock*, EuConst 11 (2015), 239, 255 f.; *Johansen*, GLJ 16 (2015), 169, 178; ähnlich *Łazowski/Wessel*, GLJ 16 (2015), 179, 196.

[421] *Lock*, EuConst 11 (2015), 239, 257; a.A. *Łazowski/Wessel*, GLJ 16 (2015), 179, 191, die diesen Punkt als einen der schwierigsten ansehen.

[422] *Lock*, EuConst 11 (2015), 239, 261 u. 270 f.; krit. dazu auch *Peers*, GLJ 16 (2015), 213, 222.

[423] S. EuGH, verb. Rs. C-404 u. C-659/15 PPU, Aranyosi und Căldăraru, digit. Slg., Rn. 82.

[424] EGMR, Urt. v. 23.05.2106 – 17502/07 – Avotiņš/Lettland, RJD 2016, Rn. 113 u. 116.

[425] Vgl. *Snell*, ELRev 42 (2017), 449, 449 f.

[426] *Lock*, EuConst 11 (2015), 239, 263; für eine gemeinsame Erklärung der EU-Mitgliedstaaten hingegen *Krenn*, GLJ 16 (2015), 147, 166; für einen bloßen Ausschluss im Anwendungsbereich des Unionsrechts *Łazowski/Wessel*, GLJ 16 (2015), 179, 192.

schaffen kann, nachdem im Falle eines im Beitrittsabkommen vorgesehenen Ausschlusses der EGMR-Zuständigkeit für den fraglichen Bereich, stets die Gefahr bestünde, dass der EGMR entscheiden müsste, ob eine Streitsache in den Bereich der unionalen Außen- und Sicherheitspolitik fällt[427] und eine Herausnahme dieses grundrechtssensiblen Bereichs aus der EGMR-Zuständigkeit außerdem mit dem Grundsatz der Gleichheit aller Vertragsparteien kaum zu vereinbaren wäre.[428] Um den Bedenken des EuGH vollständig Rechnung zu tragen, müssten dem Luxemburger Gerichtshof selbst weiter reichende Kompetenzen für den fraglichen Bereich übertragen werden.[429]

Insgesamt lässt sich sagen, dass vor dem Hintergrund der vom EuGH gemachten Vorgaben ein Beitritt der EU zur EMRK nur sehr schwer zu realisieren sein wird und dass ein erfolgreicher Beitritt nach gegenwärtigem Stand auf Kosten des in Europa bereits erreichten Grundrechtsstandards gehen würde.[430] In Bezug auf den Grundrechtsschutz im föderalen Mehrebenensystem der EU bedeutet dies, dass die Union für eine Öffnung ihrer Rechtsordnung gegenüber einer weiteren Grundrechtsebene bislang nicht bereit ist, wohingegen ihre Mitgliedstaaten diesen Schritt in Bezug auf die EMRK schon gegangen sind, obwohl auch ihre Verfassungsautonomie durch die Rechtsprechung des EGMR in Gefahr geraten kann.[431] Es grenzt an Ironie, wenn der EuGH in seinem Gutachten Forderungen aufstellt, die seitens der EMRK bzw. des EGMR kaum erfüllt werden können, während er seinerseits die EU-Mitgliedstaaten dazu verpflichtet, eine signifikante Zurückdrängung ihres nationalen Grundrechtsschutzes zu Gunsten der Grundrechte-Charta und des Anwendungsvorrangs des Unionsrechts zu dulden.[432]

e) Exkurs: Folgen eines EMRK-Beitritts der EU für das System des Grundgesetzes

Nach einem Beitritt der EU zur EMRK würde der Konvention innerhalb des Unionsrechts der Rang von Primärrecht zukommen.[433] Dies wiederum bedeutet, dass die EMRK dann am Anwendungsvorrang des Unionsrechts gegenüber dem nationalen Recht teil hätte, mit der Folge, dass kollidierendes nationales Recht unanwendbar würde. Fraglich ist indes, wonach sich in diesem Fall der Anwendungsbereich der über das Unionsrecht vermittelten EMRK bestimmt. Eine Möglichkeit besteht darin, Art. 51 Abs. 1 S. 1 GRC entsprechend anzuwenden,

---

[427] *Lock*, EuConst 11 (2015), 239, 266 f.

[428] So auch *Polakiewicz*, EuGRZ 2013, 472, 476.

[429] *Łazowski/Wessel*, GLJ 16 (2015), 179, 203.

[430] *Peers*, GLJ 16 (2015), 213, 222; differenzierend *Lock*, EuConst 11 (2015, 239, 272.

[431] Vgl. *Krenn*, GLJ 16 (2015), 147, 162.

[432] In diese Richtung auch *Andreadakis*, Problems and Challenges of the EU's Accession to the ECHR: Empirical Findings with a View to the Future, in: Morano-Foadi/Vickers (Hrsg.), Fundamental Rights in the EU, S. 47, 58.

[433] Ausführlich dazu oben, § 13 III.3. c).

so dass die EMRK nur so weit Anwendungsvorrang genösse, wie der Anwendungsbereich des Unionsrechts nach den vom EuGH in *Åkerberg Fransson* und den dazu ergangenen Folgeentscheidungen[434] reicht.[435] Folge dieser Auffassung wäre, dass die vom Bundesverfassungsgericht in den Entscheidungen *Görgülü* und *Sicherungsverwahrung* entwickelten Grundsätze zur Berücksichtigung der EMRK im System des Grundgesetzes zumindest teilweise hinfällig würden. Gegen diese Art der innerstaatlichen Berücksichtigung der EMRK lässt sich jedoch einwenden, dass die Konvention für Deutschland bereits jetzt völkerrechtlich verbindlich ist und ihr Rang im nationalen Recht daher nicht von der Anwendung von Unionsrecht im konkreten Fall abhängen darf, wenn man komplizierte Abgrenzungsschwierigkeiten vermeiden möchte. Eine andere Möglichkeit wäre, der EMRK nach einem Beitritt der EU zur EMRK als Teil des Unionsprimärrechts innerstaatlich pauschal Anwendungsvorrang zukommen zu lassen. Dagegen spricht jedoch entscheidend, dass nach Art. 6 Abs. 2 S. 2 EUV durch einen EMRK-Beitritt nicht die in den Verträgen festgelegten Zuständigkeiten der Union geändert werden dürfen. Genau dies wäre jedoch der Fall, wenn der EMRK nunmehr generell und ohne Rücksicht auf einen Bezug zum Unionsrecht Anwendungsvorrang vor dem nationalen Recht eingeräumt würde. Daher sprechen die besseren Gründe dafür, Art. 51 Abs. 1 S. 1 GRC entsprechend anzuwenden und der EMRK nur insoweit Anwendungsvorrang zuzusprechen, wie ein Mitgliedstaat mit der Durchführung von Unionsrecht befasst ist.

Für die nationalen Gerichte stellte sich außerdem das Folgeproblem, wie zu verfahren ist, wenn sowohl die Grundrechte-Charta als auch die EMRK, vermittelt durch das Unionsrecht, anwendbar ist, jedoch trotz Art. 52 Abs. 1 und 3 GRC Divergenzen zwischen Grundrechte-Charta und EMRK in Bezug auf das in Rede stehende Grundrecht bestehen.[436] Eine Auflösung dieses Konflikts durch das nationale Gericht scheint jedenfalls ausgeschlossen, so dass eine Klärung auf unionaler Ebene erforderlich wäre.

4. *Zwischenergebnis*

Nach dem vorläufigen Scheitern eines Beitritts der EU zur EMRK auf Grund des negativen Gutachtens des EuGH bleibt die EMRK in ihrer Auslegung durch den EGMR für das Unionsrecht bloße Rechtserkenntnisquelle. In der Vergangenheit war die Konvention für die Entwicklung des Grundrechtsschutzes von zentraler Bedeutung, nachdem der EuGH die Unionsgrundrechte als allgemeine Rechtsgrundsätze auf Grundlage der mitgliedstaatlichen Verfassungsüberlieferungen

---

[434] S. dazu oben, § 11 IV.

[435] So *Schaller*, EuR 2006, 656, 665 f.; in diese Richtung wohl auch *Bernardini*, L'Unione europea ed il Trattato di Lisbona: nuove frontiere per la tutela multilivello dei diritti, Diritto e Società 3–4 (2010), 411, 439.

[436] Vgl. dazu *Bernardini*, L'Unione europea ed il Trattato di Lisbona: nuove frontiere per la tutela multilivello dei diritti, Diritto e Società 3–4 (2010), 411, 440.

und gerade auch der EMRK entwickelt hatte, so dass man auf Unionsebene, anders als etwa in Deutschland, von einer Grundrechtsentwicklung unter starkem konventionsrechtlichen Einfluss sprechen kann. Der EuGH hat sich in seiner Grundrechtsjudikatur in den allermeisten Fällen an der parallelen Rechtsprechung des EGMR zur EMRK orientiert, was als Konfliktvermeidung durch größtmögliche Angleichung bzw. konforme Auslegung interpretiert werden kann. Der EGMR seinerseits versucht, Konflikten mit dem EuGH zuvor zu kommen, indem er den EU-Mitgliedstaaten bei der Durchführung von Unionsrecht einen besonderen Vertrauensvorschuss in Gestalt der *Bosphorus*-Vermutung gewährt. Durch die damit verbundene Zurücknahme der Kontrolldichte wird die grundrechtliche Identität der Union berücksichtigt und außerdem werden Konflikte zwischen Unionsgrundrechten und EMRK vermieden. Mit Inkrafttreten der Grundrechte-Charta wurde die Rolle der EMRK als Auslegungshilfe und Rechtserkenntnisquelle für die Unionsgrundrechte in Art. 52 Abs. 3 GRC primärrechtlich fixiert, ohne dass damit eine pauschale Übernahme der EMRK und der dazu ergangenen EGMR-Rechtsprechung erfolgen würde. Die vom EuGH zu Art. 53 GRC entwickelte *Melloni*-Rechtsprechung kann im Verhältnis zur EMRK trotz gegenteiliger Auffassung des Luxemburger Gerichtshofs keine Anwendung finden, so dass sich Art. 53 GRC im Verhältnis zur EMRK als Günstigkeitsklausel interpretieren lässt, wobei das Prinzip der Meistbegünstigung in mehrpoligen Grundrechtsverhältnissen freilich an seine Grenzen stößt. Mit Art. 53 GRC enthält damit das Unionsrecht eine Koexistenznorm, welche Konflikten zwischen der Grundrechte-Charta und der EMRK vorbeugen kann. Auch nach Inkrafttreten der Grundrechte-Charta nimmt der EuGH im Sinne einer Konfliktvermeidung durch Angleichung regelmäßig Bezug auf die EMRK und die dazu ergangene EGMR-Rechtsprechung, doch darf nicht übersehen werden, dass die Frequenz derartiger Bezugnahmen sinkt und der EuGH zunehmend eine eigenständige Grundrechtsjudikatur auf Basis der Grundrechte-Charta entwickelt. Insoweit ähnelt die Entwicklung auf Unionsebene der der Schweiz, wo die EMRK ebenfalls wesentlich zur Entstehung eines Grundrechtskataloges in der Bundesverfassung beigetragen hat und das Bundesgericht auf Grundlage des Grundrechtskatalogs der Bundesverfassung eine eigenständige Grundrechtsjudikatur entwickelt hat, welche sich jedoch sehr stark an die Vorgaben des Straßburger Gerichtshofs anlehnt.

Das negative Gutachten des EuGH zum EMRK-Beitritt der EU legt nahe, dass der Luxemburger Gerichtshof eine externe Kontrolle durch den EGMR verhindern möchte, was der Konfliktvermeidung zwischen den beiden Gerichtshöfen kaum dienlich sein wird. Der nachdrückliche Verweis auf die Autonomie des Unionsrechts unterstreicht, wie schwierig es für die föderale Rechtsordnung der Union ist, sich einer völkerrechtlichen Grundrechtsebene zu öffnen, wenn diese Öffnung eine externe Kontrolle der eigenen Maßstäbe mit sich brächte. Die föderalen Systeme Deutschlands und der Schweiz sind diesen Schritt bereits gegangen, was zwar zu gelegentlichen Konflikten zwischen den beteiligten Gerichtshöfen geführt, letztlich jedoch der Angleichung der Grundrechtssmaßstäbe gedient hat, wobei zum Teil einzelne nationale Besonderheiten im Grundrechtsbereich freilich aufgegeben werden mussten. Für die Union wäre im Falle eines EMRK-Beitritts eine ähnliche Entwicklung zu erwarten, zumal die *Bosphorus*-Vermutung dann keinen Bestand mehr hätte.

IV. Zusammenfassung zum 5. Teil

Die EMRK als internationale Ebene des Grundrechtsschutzes enthält einen Katalog der klassischen Freiheitsrechte, der durch die in den Zusatzprotokollen zur Konvention enthaltenen Garantien ergänzt wird. Die Grundrechte der Vertragsparteien dürfen nach der Koexistenznorm des Art. 53 EMRK über das Schutzniveau der Konvention hinausgehen. Die Einhaltung der EMRK wird vom EGMR überprüft, der sowohl für Individualbeschwerden als auch für Staatenbeschwerden zuständig ist. Die Kontrolldichte des Gerichtshofs variiert dabei in Abhängigkeit von dem zu entscheidenden Fall, wobei sich der Gerichtshof des Instruments der *margin of appreciation* bedient und bei Vorliegen bestimmter Voraussetzungen den Vertragsparteien im Sinne eines völkerrechtlich begründeten *judicial self-restraints* einen Beurteilungsspielraum zugesteht. Die Reichweite dieses Beurteilungsspielraums bemisst sich nach verschiedenen Kriterien, zu denen u.a. das betroffene Grundrecht, das Eingriffsziel, aber auch das Vorliegen eines europäischen Standards, die Klarheit des Sachverhalts sowie das Bestehen spezifischer nationaler oder regionaler Besonderheiten in rechtlicher oder faktischer Hinsicht gehören. Ist das Handeln der beklagten Vertragspartei durch Unionsrecht determiniert, wendet der EGMR die sog. *Bosphorus*-Vermutung an, welche von einem hinreichenden Grundrechtsschutz der Union ausgeht, was jedoch im Einzelfall widerlegt werden kann. Sowohl durch das Instrument der *margin of appreciation* als auch durch die *Bosphorus*-Vermutung sollen Konflikte zwischen den Höchstgerichten der beteiligten Ebenen vermieden werden, was deutlich macht, dass Beurteilungsspielräume nicht nur innerhalb eines föderalen Systems der prozessualen Konfliktvermeidung dienen, sondern auch und gerade dann, wenn eine weitere, völkerrechtlich begründete Gerichtsbarkeit beteiligt ist.

Die föderalen Systeme des Grundgesetzes, der Schweizer Bundesverfassung und der EU rezipieren die EMRK als eigene Ebene des Grundrechtsschutzes auf unterschiedliche Art und Weise, nachdem die Konvention selbst keine Vorschriften bezüglich ihrer Geltung innerhalb der Rechtsordnungen der Vertragsparteien enthält. So gilt die EMRK in Deutschland nach Art. 59 Abs. 2 GG nur im Rang eines einfachen Bundesgesetzes, mit der Folge, dass auf eine Konventionverletzung unmittelbar keine Verfassungsbeschwerde nach Art. 93 Abs. 1 Nr. 4a GG gestützt werden kann. Seit der *Görgülü*-Entscheidung des Bundesverfassungsgerichts ist die Konvention bei der Interpretation des nationalen Rechts jedoch „im Rahmen methodisch vertretbarer Auslegung“ als Auslegungshilfe zu berücksichtigen. Im Urteil zur Sicherungsverwahrung hat das Bundesverfassungsgericht seine Rechtsprechung bestätigt und weiter präzisiert. Innerstaatlich wurden vor allem die Verfahrensgrundrechte von der EMRK und deren Auslegung durch den EGMR in ihrer Reichweite beeinflusst. Das Verhältnis von Bundesverfassungsgericht und EGMR ist keineswegs spannungsfrei, was sich insbesondere an den Entscheidungen in den Rechtssachen *von Hannover (Nr. 1)*, *von Hannover (Nr. 2)* und *Springer* ablesen lässt. Grund dafür ist, dass beide Gerichte das „letzte Wort" jeweils für sich beanspruchen, was es jedoch nicht ausschließt, dass beide Gerichte zugleich um einen konstruktiven Dialog bemüht sind und ihre Rechtsprechung angleichen, ohne dass es freilich zu einer Übernahme der EMRK als Prüfungsmaßstab durch das Bundesverfassungsgericht kommt. Im Gegensatz dazu spielt die Konvention in der Judikatur der Landesverfassungsgerichte bislang so gut wie keine Rolle, obwohl thematische Berührungspunkte zwischen Länderkompetenzen und Konventionsrechten durchaus vorhanden wären.

Anders als in Deutschland gilt die EMRK in der Schweiz auf Grund von deren monistischem System unmittelbar und direkt. Den EMRK-Garantien kommt dabei die Wirkung verfassungsmäßiger Rechte zu, die vom Einzelnen im Wege der Einheitsbeschwerde bzw. der subsidiären Verfassungsbeschwerde vor dem Bundesgericht geltend gemacht werden können. Darüber hinaus geht das Bundesgericht in neuester Rechtsprechung davon aus, dass der EMRK innerstaatlich Vorrang vor der Bundesverfassung zukomme, was mit großer Wahrscheinlichkeit das Ende der *Schubert*-Praxis bedeutet. Daraus folgt, dass nunmehr jegliches Bundesrecht einschließlich der Bundesverfassung vom Bundesgericht am Maßstab der EMRK geprüft werden kann und im Falle eines Verstoßes nicht mehr angewendet werden darf. Die Konvention hat auf Grund ihrer unmittelbaren Anwendbarkeit die grundrechtsbezogene Rechtsprechung des Schweizer Bundesgerichts erheblich beeinflusst und insgesamt das System des schweizerischen Grundrechtsschutzes in entscheidender Weise mitgestaltet, was gerade auch für die Grundrechtsgarantien in der Bundesverfassung von 1999 gilt. In kollisionsrechtlicher Hinsicht kann man daher von einer Konfliktvermeidung durch Angleichung der Grundrechtskataloge sprechen. Nach anfänglicher Zurückhaltung bis in die 1980er hinein zitiert das Bundesgericht in seinen Entscheiden heute teilweise ausschließlich die einschlägige Konventionsgarantie bzw. erwähnt das Konventionsgrundrecht zumindest neben der entsprechenden Gewährleistung der Bundesverfassung, was zu einer weitestgehenden Parallelisierung von EMRK-Grundrechten und Bundesgrundrechten im Sinne einer koventionskonformen Auslegung des nationalen Rechts geführt hat. Durch die große Relevanz der EMRK-Garantien in der bundesgerichtlichen Rechtsprechung haben die kantonalen Garantien zusätzlich an Bedeutung verloren. Gleichwohl kann nicht von einer blinden Gefolgschaft des Bundesgerichts gegenüber dem EGMR gesprochen werden, sondern es gab trotz der über weite Strecken unproblematischen Übernahme der EGMR-Rechtsprechung durch das Bundesgericht vereinzelt Fälle, in denen EGMR-Urteile vom Bundesgericht nicht sofort rezipiert wurden. Auch in der Rechtsprechung der kantonalen Instanzgerichte spielt die EMRK eine große Rolle, wobei sich diesbezüglich insbesondere in den deutschsprachigen Kantonen eine verzögerte Rezeption der Konventionsrechte ausmachen lässt. Besonders deutlich zeigt sich der Einfluss der EMRK auf das kantonale Recht daran, dass die kantonalen Zivil- und Strafprozessordnungen gerade nach der Feststellung von Konventionsverstößen der Schweiz durch den EGMR weitreichende Änderungen erfuhren. In die Judikatur der kantonalen Verfassungsgerichte fand die Konvention ebenfalls Eingang, was insbesondere für die Kantone Waadt und Genf gilt. Insgesamt kann man für die Schweiz konstatieren, dass durch die Übernahme der EMRK als unmittelbaren Prüfungsmaßstab durch alle Gerichte des Bundes und der Kantone die Relevanz der nationalen Grundrechte erheblich gesunken ist und es zu einer Angleichung der Bedeutungsgehalte der verschiedenen Grundrechtsebenen in Richtung der EMRK kam.

Für die EU ist die EMRK mangels Beitritt der Union zu der Konvention bislang nicht verbindlich. Gleichwohl hat die EMRK die Grundrechtsentwicklung in der EU erheblich beeinflusst, was sich schon daran zeigt, dass der EuGH die Gemeinschaftsgrundrechte nicht nur auf Grundlage der Grundrechtsgarantien der Mitgliedstaaten, sondern auch auf Grundlage der EMRK entwickelt hat. Konflikte zwischen Unionsgrundrechten und EMRK-Grundrechten sollen durch eine größtmögliche Angleichung der beteiligten Rechtsquellen vermieden werden. Für das Verhältnis von EMRK und Grundrechte-Charta enthält Art. 52 Abs. 3 GRC eine Konvergenzklausel, welche Kohärenz zwischen den Verbürgungen der Charta und denen der EMRK herstellen soll, wobei die Schranken der EMRK nach Art. 52 Abs. 3 S. 1 GRC auf die Auslegung der Schrankenbestimmung des Art. 52 Abs. 1 GRC lediglich einwirken, ohne diese zu verdrängen. Art. 53 GRC lässt sich nach der Position des EuGH in der *Melloni*-Entscheidung nicht als Günstigkeitsklausel verstehen, sondern der Gerichtshof geht vielmehr davon aus, dass durch die Konvention der Vorrang des Unionsrechts nicht gefährdet werden dürfe. Eine strikte Beachtenspflicht bezüglich der EMRK postuliert der EuGH vor dem Hintergrund der Autonomie des Unionsrechts dementsprechend nicht, so dass insoweit Parallelen bestehen zur Haltung des Bundesverfassungsgerichts bezüglich der Rezeption der EMRK, wie sie in den Entscheidungen *Görgülü* und *Sicherungsverwahrung* zum Ausdruck kommt. Hinsichtlich der Rechtsprechung des EuGH seit dem Inkrafttreten der Grundrechte-Charta zeigt sich, dass Verweise auf die EMRK und ihre Interpretation durch den EGMR zwar zahlenmäßig seltener geworden sind, die EMRK als Rechtserkenntnisquelle aber auch für die Interpretation der Grundrechte-Charta von Bedeutung bleibt, ohne dass es dabei zu einer Übernahme der EMRK als unmittelbaren Prüfungsmaßstab durch den EuGH gekommen wäre.

Der Beitritt der EU zur EMRK ist auf Grund des negativen Gutachtens des EuGH aus dem Jahr 2015 auf absehbare Zeit gescheitert. Der EuGH listete in seinem Gutachten zahlreiche Kritikpunkte auf, so dass ein Beitritt in Zukunft nur vollzogen werden kann, wenn die genannten Bedenken ausgeräumt werden, was entweder durch eine Anpassung des Beitrittsabkommensentwurfs oder durch eine Änderung des EU-Primärrechts geschehen kann. Wenngleich einige der Kritikpunkte des EuGH an dem Beitrittsabkommensentwurf durchaus berechtigt erscheinen, kann man sich des Eindrucks nicht erwehren, dass der Gerichtshof mit seinem negativen Gutachten in erster Linie eine nach einem Beitritt notwendigerweise bestehende externe Kontrolle seiner Rechtsprechung seitens des EGMR vermeiden wollte.

6. Teil

Konsequenzen für die Ausgestaltung des Systems des unionalen Grundrechtsschutzes

§ 14 Erkenntnisse des Rechtsvergleichs als Ausgangspunkt für die Entwicklung eines ausgewogenen unionalen Grundrechtsschutzes

I. Kompetenzverteilung in föderalen Systemen

Einen zentralen Punkt bei der Ausgestaltung des Grundrechtsschutzes in föderalen Systemen stellt die Kompetenzverteilung zwischen den beteiligten Ebenen dar. So zeigt sich für Deutschland diesbezüglich eine stete Verlagerung der Kompetenzen von den Ländern auf den Bund. Eine derartige Tendenz lässt sich sowohl innerhalb der einzelnen Teilsysteme Deutsches Reich, Weimarer Republik und Grundgesetz, als auch systemübergreifend beobachten, wobei in Bezug auf Letzteres angesichts von Zäsuren wie den beiden Weltkriegen freilich nicht von einer kontinuierlichen Entwicklung gesprochen werden kann. Unter Geltung des Grundgesetzes liegt die Zuständigkeit nach den Vorgaben der Art. 30 und 70 GG sowie der enumerativen Auflistung der Kompetenzen des Bundes grundsätzlich bei den Ländern, doch zeigen sich in der Verfassungswirklichkeit deutliche zentralistische Tendenzen, die etwa in einer extensiven Interpretation der im Grundgesetz verankerten Bundeskompetenzen und der Zuweisung von Rechtssetzungsbefugnissen in Bereichen mit neu auftretendem Regelungsbedarf an den Bund zum Ausdruck kommen.[1] Keine substanzielle Änderung insoweit ergab sich durch die Föderalismusreform, so dass trotz etwaiger Rückholklauseln im Grundgesetz nach wie vor der Bund für die Mehrzahl der zentralen Sachbereiche gesetzgebungsbefugt ist,[2] während der Gesetzvollzug größtenteils den Ländern obliegt. Damit ist das System des Grundgesetzes im Bereich der Kompetenzverteilung deutlich zentralistischer ausgestaltet als das System des Deutschen Reiches, was die These nahe legt, dass föderale Systeme, selbst wenn sie durch Verfassungsrevisionen grundlegend neu strukturiert werden, zwangsläufig nach Zentralisierung und Unitarisierung streben.

Für die Entwicklung der Kompetenzverteilung in der Schweiz ergibt sich ein ähnliches Bild wie für Deutschland. Zwar konnten sich unter der deutlich föderal geprägten Bundesverfassung von 1848 Zentralisierungstendenzen bei der Kompetenzverteilung in der Verfassungswirklichkeit kaum durchsetzen,[3] doch kam es schon im Rahmen der Totalrevision von 1874 unter Zuhilfenahme der dem Bund

[1] Näher dazu Einführung, II.2. c) aa).
[2] Näher dazu Einführung, II.2. c) aa).
[3] Näher dazu § 7 II.1.

auch in der Schweiz zustehenden Kompetenz-Kompetenz zu einer deutlichen Ausweitung der Bundeszuständigkeiten auf Kosten der Kantone, gerade im Bereich der Gesetzgebung. Sukzessive ausgedehnt wurden die Gesetzgebungskompetenzen des Bundes in der Folgezeit zudem durch punktuelle Verfassungsänderungen im Bereich der Kompetenzverteilung, etwa im Bereich des Strafrechts.[4] Die Zentralisierung auf dem Gebiet der Gesetzgebung war damit jedoch keineswegs gestoppt, sondern wurde im Wege von Partialrevisionen der Bundesverfassung zwischen 1946 und 1999 weiter voran getrieben. Auch im Bereich der Rechtsprechung kam es durch die Zuständigkeitsausweitung des Bundesgerichts auf dem Gebiet der Verwaltungsgerichtsbarkeit sowie durch die Einrichtung eines Bundesverwaltungsgerichts zu einer Kompetenzerweiterung zu Gunsten des Bundes.[5] Infolge der Totalrevision von 1999 wurden schließlich weitere Rechtssetzungskompetenzen des Bundes begründet, etwa im Bereich der Sicherheit, was der Zentralisierung zusätzlich Vorschub leistete.[6] Eine ähnliche Wirkung entfaltete die Justizreform, durch die dem Bund die Kompetenz für das Zivil- und Strafprozessrecht übertragen wurde.[7] Die im Jahr 2008 vorgenommene Föderalismusreform konnte dieser Zentralisierungsentwicklung keinen Einhalt gebieten,[8] worin Parallelen zur deutschen Föderalismusreform bestehen. Für die Schweiz lässt sich damit insgesamt eine deutlich sichtbare Zentralisierungstendenz im Kompetenzbereich, insbesondere bei den Gesetzgebungskompetenzen, aber auch bei der Verwaltungsjustiz ausmachen, wobei die Zentralisierung im Gesetzgebungsbereich in der Schweiz für die Relevanz der gliedstaatlichen Grundrechte freilich weniger entscheidend ist als in Deutschland, nachdem die Schweizer Kantone in der Regel über keine spezialisierte Verfassungsgerichtsbarkeit verfügen, welcher durch die Kompetenzausweitung des Bundes bei der Gesetzgebung der Gestaltungsspielraum genommen werden könnte.

Eine ähnliche Entwicklung im Kompetenzbereich wie Deutschland und in der Schweiz lässt sich schließlich für die EU beobachten, obwohl die Union nach dem Prinzip der begrenzten Einzelermächtigung nur handeln darf, soweit die Verträge eine Kompetenzgrundlage für ein solches Tätigwerden enthalten, mithin, anders als der Bund in den deutschen und schweizerischen Systemen, nicht über eine Kompetenz-Kompetenz verfügt.[9] Indes lassen sich auf Unionsebene Zentralisierungstendenzen vorwiegend auf dem Gebiet der Rechtssetzung feststellen, während die Verwaltung und die Justiz, von den Zuständigkeiten des EuGH und des EuG einmal abgesehen, weitgehend in der Hand der Mitgliedstaaten verblieben sind. Anders als nach dem deutschen oder schweizerischen System erfolgte die Kompetenzabgrenzung in der EG/EU von Anfang an nicht an Hand von Kompetenzkatalogen, sondern die Kompetenzen der EU, die sich

---

[4] Näher dazu § 8 I.1. a) cc).
[5] Näher dazu § 8 III.1. a) dd).
[6] Näher dazu § 9 I.1. a).
[7] Näher dazu § 9 I.1. b) aa).
[8] Näher dazu § 9 I.1. b) cc).
[9] Näher dazu § 10 I.

nur teilweise als klar abgrenzbare Sachbereiche umschreiben lassen, orientieren sich trotz der Katalogisierung im Vertrag von Lissabon bis heute in erster Linie an der Erreichung eines Zustandes oder Zieles, sind mithin funktional ausgerichtet und können daher sachbereichsoffen verschiedene Politikbereiche gleichzeitig tangieren. Während nach dem EGKS-Vertrag Beschlüsse der Gemeinschaft gegen den Willen eines Mitgliedstaates nur im Bereich der Kohle- und Stahlindustrie getroffen werden konnten, enthielt der EWG-Vertrag als Teil der Römischen Verträge bereits eine Gemeinschaftskompetenz für den Zollbereich sowie für die Errichtung eines Gemeinsamen Marktes. In der Folgezeit ergingen auf Grundlage einer expansiven Auslegung des Gemeinschaftsrechts durch den EuGH zahlreiche Maßnahmen der Gemeinschaft, die mit Inkrafttreten der EEA, welche die Rechtsetzungskompetenzen der Gemeinschaft signifikant erweiterte, u.a. um eine Harmonisierungskompetenz der EG für den Bereich des Binnenmarkts, auf eine hinreichende rechtliche Grundlage gestellt wurden.[10] Auch der Vertrag von Maastricht sah eine Kompetenzerweiterung zu Gunsten der EG/EU vor. Durch den Vertrag von Amsterdam wurden die EG-Kompetenzen abermals erweitert, wobei Versuche, die Kompetenzen der EU mit Hilfe eines Subsidiaritäts-Protokolls zu begrenzen, sich in der Praxis als nicht wirksam erwiesen, worin gewisse Parallelen zu den insoweit ebenfalls wenig erfolgreichen Föderalismusreformen in Deutschland und der Schweiz erkennbar werden. Die bislang letzte Erweiterung der Unionskompetenzen erfolgte mit Inkrafttreten des Vertrags von Lissabon, wobei insbesondere die Eingliederung der Bestimmungen über die polizeiliche und justizielle Zusammenarbeit in Strafsachen in den Vertrag über die Arbeitsweise der Europäischen Union und die damit verbundene Supranationalisierung dieses Bereichs zur Ausdehnung der Unionskompetenzen beitrugen, während die gleichzeitig unternommenen Versuche zur Beschränkung der Ausübung der Unionskompetenzen mit Hilfe des Subsidiaritätsprinzips und des Verhältnismäßigkeitsprinzips in der Praxis bislang kaum Wirkung zeigten.[11]

Insgesamt lässt sich deshalb sagen, dass föderale Systeme zu einer Kompetenzverschiebung zu Gunsten der Bundes- bzw. Unionsebene, vor allem im Bereich der Gesetzgebung, neigen, was zwangsläufig zu Lasten der gliedstaatlichen bzw. mitgliedstaatlichen Ebene gehen muss. Begründet werden derartige Kompetenzverlagerungen nicht selten mit dem Verweis auf eine effizientere Aufgabenbewältigung durch den Bund bzw. die Union, was insbesondere in Krisenzeiten von Bedeutung ist. Nachdem die Anwendbarkeit von Grundrechten entscheidend von der Verteilung der Kompetenzen für die einzelnen Sachbereiche abhängt, können Unitarisierungstendenzen im Kompetenzbereich nicht ohne Konsequenzen für die Grundrechtsentwicklung in föderalen Systemen bleiben, was vor allem dann gilt, wenn auf gliedstaatlicher Ebene spezialisierte Verfassungsgerichte existieren, denen durch die Ausweitung der Gesetzgebungskompetenzen des Bundes der Entfaltungsspielraum genommen wird. Genau diese Situation lässt

---

[10] Näher dazu § 10 I.
[11] Näher dazu § 11 I.1.

sich in der Union beobachten, in der eine Vielzahl von Mitgliedstaaten über spezialisierte Verfassungsgerichte verfügt, deren originärer Gestaltungsspielraum umso stärker beschränkt wird, je weiter die Kompetenzen der EU und damit der Anwendungsbereich der Unionsgrundrechte reichen. Dies erklärt, warum die Art und Weise der Kompetenzaufteilung in einem föderalen System einen möglichen Hebel bei der Auflösung des Spannungsverhältnisses zwischen Grundrechtsvereinheitlichung und Grundrechtsvielfalt darstellt.

II. Art und Weise der Grundrechtsentwicklung und Verankerung von Grundrechtsgewährleistungen

Die drei untersuchten föderalen Systeme weisen auch bei der Art und Weise der Grundrechtsentwicklung signifikante Gemeinsamkeiten auf. So lässt sich sowohl für Deutschland als auch für die Schweiz und für die EU zunächst eine Grundrechtsentwicklung „von unten nach oben" beobachten, welche im Laufe der Zeit zur Etablierung eines umfassenden geschriebenen Grundrechtskataloges auf der Ebene des Bundes bzw. der Union geführt hat. So waren im Deutschen Reich keineswegs alle Freiheits- und Gleichheitsgrundrechte schon auf Reichsebene gewährleistet, sondern zahlreiche Grundrechtsgarantien wie etwa der allgemeine Gleichheitssatz, die Eigentumsfreiheit und die Wissenschafts- und Lehrfreiheit waren nur in einzelnen Landesverfassungen verankert, welche teilweise schon seit 1818 über Grundrechtsgewährleistungen verfügten und die auf diese Weise auch die Grundrechtsentwicklung auf Reichsebene beeinflussen konnten.[12] Allerdings bildete sich im Laufe der Zeit auf Reichsebene ein eigener Katalog mit Grundrechtsgewährleistungen heraus, nachdem das Reichsgericht begonnen hatte, unter Rückgriff auf die Grundrechtsgewährleistungen der Länder Grundrechte als ungeschriebene Grundsätze des Reichsrechts zu entwickeln,[13] was eine Unitarisierung des Grundrechtsschutzes im Reich implizierte. Dadurch verloren die Landesgrundrechte zunehmend an Bedeutung, wobei es zugleich zu einer Grundrechtsentwicklung „von oben nach unten" kam, in deren Folge die Grundrechtsgewährleistungen der untergeordneten Ebene an diejenigen der übergeordneten Ebene inhaltlich angeglichen wurden. Diese Grundrechtsentwicklung „von oben nach unten" verstärkte sich in der Weimarer Republik noch, wo zwar in einigen wenigen Ländern nach wie vor verfassungsrechtliche Grundrechtsgewährleistungen existierten, die weitaus größere Zahl der Länder aber vor dem Hintergrund des umfassenden Grundrechtskatalogs auf Reichsebene in der Weimarer Reichsverfassung auf eigene Grundrechtskataloge verzichtete.[14] Diejenigen Länder, die über eigene Landesgrundrechte verfügten, konzentrierten sich auf die klassischen Freiheits- und Gleichheitsrechte, wobei sich sogar hier im Einzelfall

[12] Näher dazu § 3 III.4.
[13] Näher dazu § 3 III.3.
[14] Näher dazu § 4 III.3.

Lücken ausmachen lassen. Andererseits konnte sich etwa in Bayern auch jenseits der Verfassungsurkunde eine Grundrechterechtsprechung entwickeln, die nicht völlig deckungsgleich mit der des Reichsgerichts war, so dass zumindest punktuell eine Grundrechtsentwicklung auf Landesebene existierte, welche durch die Landesverfassungsgerichtsbarkeit voran getrieben wurde und die sich nicht in einer Angleichung der Landesgrundrechte an das Reichsrecht erschöpfte.[15]

Nach Inkrafttreten des Grundgesetzes setzte sich die Unitarisierung des Grundrechtsschutzes zu Gunsten der Bundesgrundrechte weiter fort, was sich schon daran ablesen lässt, dass Landesverfassungen, die unmittelbar nach Inkrafttreten des Grundgesetzes konzipiert wurden, auf eigene Grundrechtskataloge weitestgehend verzichteten.[16] In Bundesländern mit eigenen Grundrechtsgewährleistungen vollzog sich die Angleichung dadurch, dass die Landesverfassungsgerichte die Landesgrundrechte bereitwillig analog zu den entsprechenden Gewährleistungen auf Bundesebene auslegten und noch immer auslegen, wobei sich allerdings in jüngster Zeit immerhin gewisse Tendenzen hin zu einer eigenständigen Interpretation von Landesgrundrechten durch einzelne Landesverfassungsgerichte nachweisen lassen.[17] Nach der Wiedervereinigung wurden in die Verfassungen der neuen Bundesländer vermehrt soziale Grundrechte bzw. Grundrechte bezüglich neuer Herausforderungen wie dem Datenschutz aufgenommen, welche auf Bundesebene jedenfalls keine unmittelbare Entsprechung finden.[18] Dies bedeutet jedoch keineswegs, dass es unter Geltung des Grundgesetzes zu einer Grundrechtsentwicklung „von unten nach oben" gekommen wäre, sondern es entfalten heute vielmehr fast ausschließlich die Grundrechte des Grundgesetzes Bedeutung, während die Grundrechtskataloge auf Landesebene zwar durchaus ausdifferenziert sind, in der Verfassungswirklichkeit jedoch ein Schattendasein führen.[19]

Auch in der Schweiz ging die Grundrechtsentwicklung zunächst „von unten nach oben" vonstatten. Auf kantonaler Ebene existierten schon vor 1848 in einer Reihe von kantonalen Verfassungen Grundrechtsgewährleistungen, welche als Vorbild für die Bundesverfassung von 1848 dienten, die ihrerseits freilich noch über keinen vollständigen Grundrechtskatalog verfügte.[20] Dennoch war sie in der Lage, nach ihrem Inkrafttreten dort, wo sie Grundrechte verbürgte, die parallelen kantonalen Gewährleistungen zurück zu drängen.[21] Die Bundesverfassung von 1874 enthielt zwar ebenfalls keinen umfassenden Grundrechtskatalog, doch waren darin zahlreiche Grundrechtsgewährleistungen verbürgt, insbesondere im Bereich der Freiheitsrechte, wobei einzelne Grundrechte wie etwa die Eigen-

---

15 Näher dazu § 4 III.3. a) u. VI. 2. a).
16 Näher dazu § 6 II.2. a) bb), b) u. c).
17 Näher dazu § 6 V.5. c).
18 Näher dazu § 6 II.2. a) cc) u. c).
19 Näher dazu § 6 VI.
20 Näher dazu § 7 III.1. u. 2.
21 Näher dazu § 7 III.2. b).

tumsfreiheit noch fehlten.[22] Vor dem Hintergrund der bundesverfassungsrechtlichen Grundrechtsgewährleistungen findet sich in zahlreichen zeitgenössischen kantonalen Verfassungen der Hinweis, dass die jeweiligen kantonalen Grundrechtsgewährleistungen ausschließlich nach den entsprechenden Garantien der Bundesverfassung ausgelegt werden sollten, wodurch die von den Kantonen selbst vorangetriebene Unitarisierung des Grundrechtsschutzes zum Ausdruck kommt.[23] Andererseits enthielten jedoch die meisten kantonalen Verfassungen Grundrechte wie die Eigentumsfreiheit, welche auf Bundesebene nach wie vor nicht verfassungsrechtlich garantiert waren, so dass für diese Zeit in gewissen Grenzen durchaus von einer eigenständigen kantonalen Grundrechtsentwicklung gesprochen werden kann.[24] Dieser Kernbestand an kantonalen Grundrechten ermöglichte schließlich ab Ende der 1950er Jahre eine Grundrechtsentwicklung „von unten nach oben", in deren Verlauf das Bundesgericht auf Grundlage der kantonalen Gewährleistungen und der EMRK ungeschriebene Bundesgrundrechte wie die Eigentumsfreiheit oder die Sprachenfreiheit entwickelte, wobei die Eigentumsfreiheit sogar in den Text der Bundesverfassung aufgenommen wurde.[25] In die Phase der Grundrechtsentwicklung „von unten nach oben" fällt schließlich auch die Ausarbeitung der Bundesverfassung von 1999, welche erstmals einen umfassenden Grundrechtskatalog auf Bundesebene etablierte. Dieser Grundrechtsteil geht in wesentlichen Teilen auf Vorbilder auf kantonaler Ebene, insbesondere auf das Vorbild der bernischen Kantonsverfassung, aber auch das der EMRK zurück.[26] Mit Inkrafttreten der Bundesverfassung von 1999 war die Grundrechtsentwicklung „von unten nach oben" in der Schweiz abgeschlossen. Stattdessen setzte in der Folgezeit eine Grundrechtsentwicklung „von oben nach unten" ein. Dies wird bereits daran deutlich, dass die nach 1999 totalrevidierten Kantonsverfassungen nur noch teilweise über ausführliche Grundrechtskataloge verfügen, während ein anderer Teil der Kantone in seinen Verfassungen lediglich die Grundrechtsgewährleistungen der Bundesverfassung und der für die Schweiz verbindlichen internationalen Abkommen wiederholt und eine dritte Gruppe von Kantonen auf die Grundrechte der Bundesverfassung und der internationalen Abkommen lediglich verweist.[27] Selbst dort, wo spezifisch kantonale Grundrechtsgewährleistungen existieren, entfalten diese in der Regel keine eigenständige Bedeutung, was sich mit dem weitgehenden Fehlen einer kantonalen Verfassungsgerichtsbarkeit und der Auslegungskompetenz des Bundesgerichts auch für die kantonalen Grundrechte, welche zu einer Angleichung der kantonalen Grundrechte an die Bundesgrundrechte führt, begründet lässt.[28] Andererseits darf nicht übersehen werden, dass die Kantonsverfassungen im Grundrechtsbe-

---

22 Näher dazu § 8 I.2. a).
23 Näher dazu § 8 I.2. b).
24 Näher dazu § 8 I.2. b).
25 Näher dazu § 8 III.2. a).
26 Näher dazu § 9 II.1.
27 Näher dazu § 9 II.2.
28 Näher dazu § 9 V.

reich in der Vergangenheit als Experimentierfelder für die Bundesebene gedient haben, insbesondere im Hinblick auf die Ausarbeitung des Grundrechtskatalogs der Bundesverfassung von 1999, und dass sie auch nach Inkrafttreten der neuen Bundesverfassung diese Rolle übernehmen können, insbesondere im Hinblick auf neue Herausforderungen wie etwa den Datenschutz in der Informationsgesellschaft, wenngleich zuzugestehen ist, dass die dafür verbleibenden Spielräume auch angesichts der ausgeprägten Orientierung des Bundesgerichts an der Rechtsprechung des EGMR sehr klein geworden sind. Insgesamt betrachtet ergeben sich im Vergleich zur Grundrechtsentwicklung in Deutschland damit lediglich Unterschiede bei den Ursachen, nicht aber bei der Richtung der Entwicklung selbst.

Die Grundrechtsentwicklung im Verhältnis zwischen EU und Mitgliedstaaten zeichnet sich schließlich durch einen ähnlichen Verlauf wie in Deutschland und der Schweiz aus. Das Gemeinschaftsrecht enthielt in der Anfangsphase keinerlei Grundrechtsgewährleistungen, so dass der EuGH in den Rechtssachen *Internationale Handelsgesellschaft* und *Nold* Gemeinschaftsgrundrechte als allgemeine ungeschriebene Rechtsgrundsätze des Gemeinschaftsrechts aus den gemeinsamen Verfassungsüberlieferungen der Mitgliedstaaten sowie aus den Garantien der EMRK herleitete.[29] Auf diese Weise entwickelte der EuGH auf Gemeinschafts- bzw. Unionsebene im Wege einer Grundrechtsentwicklung „von unten nach oben" einen umfassenden Katalog an ungeschriebenen Rechtsgrundsätzen des EG/EU-Rechts, der in vielen Bereichen mit den nationalen Grundrechten, auch mit denen des Grundgesetzes übereinstimmte, zum Teil jedoch hinter den Gewährleistungen des Grundgesetzes zurück blieb, während er in anderen Bereichen, etwa beim Schutz vor Altersdiskriminierung, sogar deutlich darüber hinaus ging. Dieser Prozess der Grundrechtsentwicklung kam mit Inkrafttreten der Grundrechte-Charta im Jahr 2009 zunächst einmal zu einem Abschluss. Stattdessen deutet sich nunmehr eine Grundrechtsentwicklung „von oben nach unten" an, zumal die Grundrechte-Charta sämtliche in den nationalen Verfassungen verbürgten Grundrechte garantiert und gerade im Bereich der sozialen Grundrechte über die nationalen Standards teilweise weit hinaus geht.[30] Im Verhältnis der EU zu den Mitgliedstaaten kann die Grundrechtsangleichung dadurch erfolgen, dass die nationalen Verfassungs- und Höchstgerichte vor dem Hintergrund des Anwendungsvorrangs des Unionsrechts die nationalen Grundrechte im Lichte des Unionsrechts interpretieren oder, wie in Österreich, die Grundrechte-Charta unter bestimmten Voraussetzungen als Prüfungsmaßstab für die eigene Grundrechtsprüfung heranziehen.[31] Eine Grundrechtsentwicklung „von unten nach oben" kann es in dieser Phase auch im Verhältnis EU-Mitgliedstaaten nur in denjenigen Bereichen geben, in denen bislang keine Unionsgrundrechte existieren.

[29] Näher dazu § 10 II.1. a).
[30] Näher dazu § 11 II.
[31] Näher dazu § 11 V.2. a).

Zusätzlich zur ursprünglich „von unten nach oben" verlaufenden Grundrechtsentwicklung kam es sowohl in Deutschland als auch in der Schweiz und der EU zu einer Beeinflussung der nationalen bzw. unionalen Grundrechte durch die EMRK, wobei der Einfluss der Konvention in den drei Systemen unterschiedlich stark ausfiel. Während die EMRK die Grundrechtsentwicklung in Deutschland nur punktuell mit bestimmte,[32] wurden die Bundesgrundrechte in der Schweiz maßgeblich durch die Konvention und deren Auslegung durch den EGMR geprägt.[33] Auf Unionsebene wäre eine Herausbildung der Unionsgrundrechte ohne die EMRK undenkbar gewesen, nachdem der EuGH die Unionsgrundrechte als ungeschriebene Grundsätze des Gemeinschafts- bzw. Unionsrechts auf Grundlage der mitgliedstaatlichen Verfassungsüberlieferungen, aber gerade auch der EMRK entwickelt hatte. Die Grundrechte-Charta schließlich ist in weiten Teilen an die EMRK-Gewährleistungen angelehnt und enthält sogar explizite Regelungen über das Verhältnis zur Konvention, so dass die EMRK und die dazu ergangene Rechtsprechung des EGMR nach wie vor starken Einfluss auf die unionale Grundrechtsentwicklung ausüben.[34] Es findet daher in allen drei untersuchten föderalen Systemen zusätzlich eine konventionsbedingte Einwirkung „von der Seite" bzw. von „schräg oben" statt, je nach Einordnung der EMRK in das jeweilige Rechtssystem.

III. Materiell-rechtliche Ansatzpunkte zur grundrechtsbezogenen Kollisions- und Konfliktvermeidung

Hinsichtlich der materiell-rechtlichen Ansatzpunkte zur grundrechtsbezogenen Kollisions- und Konfliktvermeidung weisen die drei untersuchten föderalen Systeme ebenfalls eine große Ähnlichkeit auf. So lässt sich für Deutschland feststellen, dass sowohl im Kaiserreich als auch in der Weimarer Republik und unter Geltung des Grundgesetzes die Geltungsbereiche der Landes- und Bundesgrundrechte nicht entsprechend der bundesstaatlichen Kompetenzverteilung abgegrenzt wurden bzw. werden,[35] sondern sich vielmehr sowohl auf Bundes- als auch auf Landesebene Grundrechtsgewährleistungen finden, welche sich inhaltlich nicht an der verfassungsrechtlich vorgegebenen Kompetenzverteilung orientieren. Besonders deutlich wird dies an den nach der Wiedervereinigung in den neuen Bundesländern entstandenen Grundrechtskatalogen, welche auch soziale Grundrechte enthalten, obwohl die Gesetzgebungskompetenz für die entsprechenden Sachmaterien dem Bund obliegt. Kollisionen zwischen Landesgrundrechten und Bundesgrundrechten bzw. sonstigem Bundesrecht werden mit Hilfe der auf Bundesebene, d.h. auf der übergeordneten Ebene, angesiedelten Kollisi-

[32] Näher dazu § 13 I.
[33] Näher dazu § 13 II.
[34] Näher dazu § 13 III.
[35] Näher dazu § 3 IV., § 4 IV. u. § 6 III.

onsregel „Bundesrecht bricht Landesrecht" aufgelöst. Eine derartige Vorschrift findet sich sowohl in Art. 2 S. 1 RV als auch in Art. 13 Abs. 1 WRV und in Art. 31 GG, wobei jede der genannten Vorschriften einen Geltungsvorrang des Bundesrechts, nicht nur einen bloßen Anwendungsvorrang statuiert, mit der Folge, dass Landesrecht, welches Bundesrecht widerspricht, automatisch nichtig ist. In einigen Landesverfassungen, mithin auf der untergeordneten Ebene, sind zudem Regelungen der freiwilligen Selbstbeschränkung verankert, wonach Landesverfassungsnormen, die mit Bundesverfassungsrecht kollidieren würden, von vorneherein „außer Kraft" gesetzt werden. Rechtstechnisch kommt es dadurch zu einer Derogation des Landesverfassungsrechts im Sinne einer „Brechung", um die Wirkung des Art. 31 GG vorwegzunehmen und damit eine Kollision mit dem Grundgesetz gar nicht erst entstehen zu lassen. Vereinzelt existieren auf landesverfassungsrechtlicher Ebene zudem Vorschriften, wonach die Bestimmungen des Grundgesetzes denen der Landesverfassung vorgehen, wodurch aber lediglich eine Rücknahme des Regelungsanspruchs des Landesverfassungsrechts im Falle einer drohenden Normkollision bewirkt wird, ohne dass es dabei zu einer Brechung von Landesrecht käme.[36]

Auch in der Schweiz finden die Kompetenzabgrenzungsnormen der Bundesverfassung auf den Grundrechtsbereich keine Anwendung, was sowohl für die Bundesverfassung von 1848 als auch für die Bundesverfassungen von 1874 und 1999 gilt. Stattdessen werden Kollisionen zwischen kantonalen Grundrechten und Bundesgrundrechten bzw. sonstigem Bundesrecht mit Hilfe der stets auf Bundesebene angesiedelten Kollisionsregel „Bundesrecht bricht kantonales Recht" aufgelöst, welche in Art. 4 Abs. 2 BV 1848, Art. 2 der Übergangsbestimmungen zur Bundesverfassung von 1874 bzw. Art. 49 Abs. 1 BV verankert ist und einen Geltungsvorrang des Bundesrechts vor dem kantonalen Recht statuiert.[37] Zwar wird Art. 49 Abs. 1 BV von der herrschenden Meinung auch auf Kompetenzkonflikte angewandt, dies ändert aber nichts daran, dass auch unter der geltenden Bundesverfassung im Grundrechtsbereich keine Abgrenzung anhand der Kompetenzverteilungsnormen stattfindet.[38]

Auf Unionsebene werden die Anwendungsbereiche der mitgliedstaatlichen und der unionalen Grundrechte ebenfalls nicht mit Hilfe der Kompetenzvorschriften des unionalen Primärrechts unterschieden, was sich schon mit dem funktionalen Charakter der Unionskompetenzen und der sich daraus ergebenden Unmöglichkeit einer klaren Abgrenzung im Grundrechtsbereich erklären lässt. Stattdessen kommt die vom EuGH in der Rechtssache *Costa/E.N.E.L.* entwickelte Kollisionsregel des Vorrangs des Unionsrechts zum Tragen, die vom EuGH mit der Autonomie des Unionsrechts begründet wird und die einen Anwendungsvorrang des Unionsrechts vor kollidierendem nationalem Recht postu-

[36] Näher dazu § 6 III.1.
[37] Näher dazu § 7 IV., § 8 I.3. u. § 9 III.
[38] Näher dazu § 9 III.2.

liert.[39] Dies bedeutet, dass entgegen stehendes nationales Recht, anders als beim Geltungsvorrang im deutschen und im schweizerischen System, nicht automatisch nichtig ist, sondern die fragliche Norm in Fällen mit Unionsrechtsbezug lediglich nicht mehr angewandt werden darf, was jedoch in der Praxis im Regelfall zur Aufhebung der entsprechenden Norm führt und damit der Nichtigkeit gleichkommt, so dass insoweit keine signifikanten Unterschiede zu den beiden bundesstaatlich verfassten Systemen bestehen. Die Mitgliedstaaten begründen den Anwendungsvorrang des Unionsrechts indes überwiegend nicht rein unionsrechtlich, sondern vielmehr auf Grundlage ihrer jeweiligen Verfassung, wodurch der Anwendungsvorrang als solcher als Kollisionsregel von den Mitgliedstaaten zumindest theoretisch in Frage gestellt werden könnte.[40] Wenngleich derartige Tendenzen trotz der allgegenwärtigen EU-Skepsis bislang nicht überhand genommen haben, zeigt sich hierin ein Unterschied zu den Systemen Deutschlands und der Schweiz, welcher zum Ausdruck bringt, dass es sich bei der EU nicht um einen hierarchisch strukturierten Bundesstaat handelt, bei dem die Kollisionsregel auf der übergeordneten Ebene angesiedelt ist, sondern in pluralistisch verfassten Union vielmehr alle beteiligten Ebenen Ansatzpunkte für eine Kollisionsregel bieten. Deshalb verwundert es nicht, dass viele Mitgliedstaaten einen Anwendungsvorrang des Unionsrechts auch vor dem nationalen Verfassungsrecht ablehnen oder zumindest für problematisch erachten. Daher können zumindest hypothetisch Konstellationen auftreten, in denen Kollisionen im Verhältnis zwischen EU und Mitgliedstaaten nicht ausschließlich auf rechtlichem Wege aufgelöst werden können, sondern bei denen nach anderen, insbesondere prozessualen Wegen zu suchen ist, was die Frage nach der Letztentscheidungsbefugnis der beteiligten Gerichte mit sich bringt.

Für den Grundrechtsbereich enthält Art. 53 GRC eine zusätzliche Vorrangregel zu Gunsten der Grundrechte-Charta. Danach darf bei Durchführung des Unionsrechts der von der Charta garantierte Mindeststandard nicht unterschritten werden. Ein Rückgriff auf höhere nationale Grundrechtsstandards ist im Einzelfall nur dann zulässig, wenn dadurch der Anwendungsvorrang des Unionsrechts sowie dessen Einheit und Wirksamkeit nicht beeinträchtigt werden.[41] Der unionsrechtliche Anwendungsvorrang reicht jedoch in grundrechtsbezogenen Fällen nicht weiter als dies nach den allgemeinen Grundsätzen der Fall ist, so dass auch insoweit theoretisch mit rechtlichen Mitteln nicht auflösbare Kollisionen auftreten können und die beteiligten Gerichtshöfe für einen Ausgleich zwischen Grundrechtseinheit und Grundrechtsvielfalt sorgen müssen.

Im Verhältnis zwischen der EMRK und den mitgliedstaatlichen Rechtsordnungen bzw. der unionalen Rechtsordnung existiert keine allseits anerkannte Kollisionsnorm, was darauf zurück geführt werden kann, dass es sich bei der EMRK um eine völkerrechtliche Grundrechtsebene handelt. Daher sind Kollisi-

[39] Näher dazu § 10 III.2.
[40] Näher dazu § 10 III.2. c).
[41] Näher dazu § 11 III.1. d).

onsnormen im Verhältnis zur Konvention stets auf der Ebene der Vertragsparteien angesiedelt, während Art. 53 EMRK selbst nur eine Koexistenz-, aber keine Kollisionsnorm beinhaltet.[42]

IV. Grundrechtsbindung und Prüfungsmaßstab

Die Ausgestaltung der Grundrechtsbindung entscheidet darüber, ob und gegebenenfalls inwieweit die Bundesstaatsgewalt und die gliedstaatliche Staatsgewalt in föderalen Systemen an Bundes- bzw. gliedstaatliche Grundrechte gebunden sind. Für das Spannungsverhältnis von Grundrechtseinheit und Grundrechtsvielfalt in föderalen Systemen ist die Frage der Grundrechtsbindung insoweit von Bedeutung, als damit der Anwendungsbereich der gliedstaatlichen Grundrechte festgelegt und so deren Relevanz gesteuert werden kann. Eng mit der Grundrechtsbindung verknüpft ist die Problematik des von den beteiligten Gerichten heranzuziehenden Prüfungsmaßstabs, da die Gerichte ihrerseits als Teil der Staatsgewalt an Grundrechte gebunden sind. Bedeutung erlangte die Problematik der Bindung an Bundes- bzw. an gliedstaatliche Grundrechte in Deutschland erst unter Geltung des Grundgesetzes, wo die Landesstaatsgewalt sowohl an Bundes- als auch an Landesgrundrechte gebunden ist, während umgekehrt eine direkte Bindung der Bundesexekutive und -judikative auch an Landesgrundrechte grundsätzlich nicht in Betracht kommt.[43] Als problematisch erwies sich die Anwendbarkeit von Landesgrundrechten durch die Landesgerichte, insbesondere die Landesverfassungsgerichte, bei der Anwendung von Bundesrecht. Insoweit bestehen deutliche Parallelen zur Situation auf Unionsebene, wo die Anwendbarkeit von nationalen Grundrechten bei der Durchführung von Unionsrecht ebenfalls heftig umstritten ist. Das Bundesverfassungsgericht geht davon aus, dass eine Bindung an Landesgrundrechte auch bei der richterlichen Anwendung des bundesrechtlich geregelten Verfahrensrechts in Betracht kommt, sofern die fragliche Vorschrift einen hinreichenden Spielraum enthält, wobei ausdrücklich offen gelassen wurde, ob dies auch für das materielle Recht gelten soll. Allerdings soll eine Anwendung des fraglichen Landesgrundrechts nur dann in Frage kommen, wenn dieses inhaltsgleich mit dem parallelen Bundesgrundrecht ist, woran das Bundesverfassungsgericht hohe Hürden knüpft, so dass landesverfassungsrechtlichen Mehrgewährleistungen in derartigen Durchführungskonstellationen in der Praxis keine eigenständige Bedeutung zukommen kann.[44] Die Landesverfassungsgerichte folgen den vom Bundesverfassungsgericht aufgestellten Grundsätzen, wobei einzelne Landesverfassungsgerichte insoweit davon abweichen, als sie auch die Anwendung materiellen Bundesrechts am Maßstab der Landesgrundrechte überprüfen. Andere Landesverfassungsgerichte wie etwa der Bayerische Verfassungsgerichts-

[42] Näher dazu § 12 III.
[43] Näher dazu § 6 IV.1. d) u. 2.
[44] Näher dazu § 6 V.3. a).

hof hingegen halten sich ein Stück weit zurück und nehmen eine derartige Prüfungskompetenz im materiellen Bereich nur dann für sich in Anspruch, wenn ein Verstoß gegen das Willkürverbot vorliegt.[45] Insgesamt lässt sich sagen, dass Landesgrundrechte im Rahmen der Urteilsverfassungsbeschwerde nach Landesrecht selbst dort, wo eine weit reichende Prüfungsbefugnis angenommen wird, angesichts der Rechtsprechung des Bundesverfassungsgerichts keine eigenständige Wirkung entfalten können, so dass im bundesstaatlichen System des Grundgesetzes die Ausgestaltung des Prüfungsmaßstabes wesentlich über das Verhältnis von Grundrechtseinheit und Grundrechtsvielfalt mit entscheidet.

Für das System der Schweizer Bundesverfassung ergibt sich, dass kantonale Instanzen sowohl an die Grundrechte des jeweiligen Kantons als auch an die Grundrechte der Bundesverfassung gebunden sind, während die Bundesstaatsgewalt grundsätzlich lediglich an die Bundesgrundrechte gebunden ist, andererseits aber nach den Grundsätzen des Rechtsstaatsprinzips die kantonalen Grundrechte nicht verletzen darf.[46] Besonderheiten gelten indes für das Bundesgericht, das, anders als das deutsche Bundesverfassungsgericht, auch die Einhaltung der kantonalen Grundrechtsgarantien gegenüber den kantonalen Behörden überwacht, wozu es die jeweilige Kantonsverfassung als Prüfungsmaßstab heran ziehen muss.[47] Kantonale Verfassungsgerichte existieren hingegen nur in einzelnen Kantonen, wobei der Prüfungsmaßstab derartiger kantonaler Verfassungsgerichte wiederum nicht allein die kantonale Verfassung, sondern darüber hinaus auch die Bundesverfassung ist,[48] weshalb es in der Schweiz, anders als in Deutschland, auf kantonaler Ebene bei der Verfassungsgerichtsbarkeit zu einer Doppelung des Prüfungsmaßstabs kommt. Insoweit besteht ein großer Unterschied zum deutschen System, der sich notwendigerweise in der Art und Weise der Grundrechtsanwendung durch die Gerichte und damit letztlich in der Relevanz der kantonalen Grundrechte im Verhältnis zu den Bundesgrundrechten niederschlagen muss. Daraus wiederum können sich erste Anhaltspunkte ergeben bezüglich möglicher Konsequenzen, wenn die Verfassungs- und Höchstgerichte der unteren Ebene neben den Grundrechten der eigenen Ebene auch die Grundrechte der höheren Ebene als Prüfungsmaßstab heranziehen können bzw. müssen und was es für die mitgliedstaatlichen Grundrechte im Verhältnis zu den unionalen Grundrechten bedeuten könnte, wenn mitgliedstaatliche Verfassungsgerichte- und Höchstgerichte dazu übergehen, die Grundrechte-Charta als unmittelbaren Prüfungsmaßstab anzuwenden.

Im föderalen System der EU ist die Union selbst an die unionalen Grundrechte gebunden, während eine Bindung der EU-Organe an mitgliedstaatliche Grundrechte etwa nach Auffassung des Bundesverfassungsgerichts theoretisch zwar besteht, diese Bindung aber wegen der Kontrollrücknahme des Bundesverfassungs-

---

45 Näher dazu § 6 V.3. b).
46 Näher dazu § 8 I.4.
47 Näher dazu § 8 III.5. a) u. § 9 V.1. a).
48 Näher dazu § 9 V.2.

gerichts im Sinne des *Solange II*-Vorbehalts und der Beschränkung auf die Identitätskontrolle keine praktische Relevanz entfaltet.[49] Aus unionaler Perspektive freilich sind die Unionsorgane alleine an die Unionsgrundrechte gebunden. Unabhängig von derartigen Differenzierungen bestehen hinsichtlich der Grundrechtsbindung der EU deutliche Parallelen zu den Systemen Deutschlands und der Schweiz. Weitaus problematischer als die Grundrechtsbindung der Union gestaltet sich indes die Frage nach der Grundrechtsbindung der Mitgliedstaaten. Grundsätzlich sind die mitgliedstaatlichen Instanzen an die Grundrechte der jeweils eigenen Rechtsordnung gebunden. Probleme im Hinblick auf die Grundrechtsbindung entstehen jedoch, wenn und soweit die Mitgliedstaaten im Anwendungsbereich des Unionsrechts tätig werden. Klar ist lediglich, dass in den vom Unionsrecht determinierten Bereichen nationale Grundrechte keine Bedeutung entfalten können, wobei umstritten ist, ob in diesen Fällen schon gar keine Bindung an nationale Grundrechte besteht oder diese von den Gerichten jedenfalls nicht aktiviert wird.[50] Schwieriger gestaltet sich die Situation in unionsrechtlich nicht vollständig determinierten Bereichen, d.h., wenn den Mitgliedstaaten vom Unionsrecht ein eigener Ermessensspielraum eingeräumt wurde. Während das Bundesverfassungsgericht in derartigen Fällen alleine nationale Grundrechte heran ziehen möchte, geht der EuGH von einer Bindung der mitgliedstaatlichen Staatsgewalt an nationale und an unionale Grundrechte aus,[51] wodurch es zu Grundrechtskollisionen kommen kann, welche ihrerseits mit Hilfe der Kollisionsregel des Anwendungsvorrangs des Unionsrechts sowie des Art. 53 GRC aufgelöst werden müssen. Insoweit besteht eine deutliche Parallele der *Melloni*-Rechtsprechung des EuGH zur Rechtsprechung des Bundesverfassungsgerichts bezüglich der Anwendbarkeit von Landesgrundrechten in bundesrechtlich eingeräumten Spielräumen, da in beiden Fällen letztlich nur mit dem Unions- bzw. dem Bundesrecht inhaltsgleiche mitgliedstaatliche bzw. Landesgrundrechte zur Anwendung kommen können. Weit auszulegen ist der Anwendungsbereich der Unionsgrundrechte in Folge der extensiven Interpretation von Art. 51 Abs. 1 S. 1 GRC durch den EuGH in der Rechtssache *Åkerberg Fransson*, wobei die Folgejudikatur jedenfalls teilweise darauf schließen lässt, dass zumindest ein „hinreichender Zusammenhang" zwischen dem in Rede stehenden nationalen Akt und dem Unionsrecht bestehen muss, damit der Anwendungsbereich der Grundrechte-Charta eröffnet ist.[52] Auch in derartigen Fällen tritt die Problematik der Doppelbindung auf, die, zusammen mit den Vorgaben des Art. 53 GRC, in den Durchführungskonstellationen die Relevanz nationaler Grundrechte beeinträchtigt und die zu einer Unitarisierung des Grundrechtsschutzes auf Kosten der Grundrechtsvielfalt beiträgt, so dass insoweit deutliche Parallelen zum System des Grundgesetzes bestehen, wo der Bedeutungsverlust der Landesgrundrechte

[49] Näher dazu § 10 IV.2.
[50] Näher dazu § 10 IV.2.
[51] Näher dazu § 10 IV.2.
[52] Näher dazu § 11 IV.1.

ähnlich begründet wird, während sich in der Schweiz die Problematik der Doppelbindung schon wegen der Identität der Prüfungsmaßstäbe von Bundesgerichten und kantonalen Gerichten als weniger zentral erweist.

Eine Bindung an die EMRK ergibt sich aus den allgemeinen völkerrechtlichen Grundsätzen, wobei die konkrete innerstaatliche Umsetzung dieser Bindung den Vertragsparteien überlassen bleibt. In Deutschland ist die EMRK nicht Teil des bundesverfassungsgerichtlichen Prüfungsmaßstabs, sondern das Bundesverfassungsgericht verlangt von den Instanzgerichten lediglich die Berücksichtigung der EMRK und der dazu ergangenen Rechtsprechung des EGMR, nicht aber deren strikte Befolgung.[53] Im Gegensatz dazu ist die EMRK in der Schweiz sehr wohl Prüfungsmaßstab des Schweizer Bundesgerichts und der übrigen Schweizer Gerichte, so dass sie unmittelbar zu beachten ist.[54] Während Deutschland und die Schweiz als Signatarstaaten unmittelbar an die Konvention gebunden sind, fehlt es hinsichtlich der EU mangels Beitritt zur EMRK an einer solchen Bindung bislang. Nach einem etwaigen Beitritt wäre die Union, wie die übrigen Vertragsparteien, an die EMRK gebunden, so dass Unionsrechtsakte auch den Vorgaben der EMRK genügen müssten, zumal die Konvention unionsintern im Rang des Primärrechts stehen würde und damit, anders als in Deutschland vom Bundesverfassungsgericht, vom EuGH unmittelbar angewandt werden müsste.[55]

V. Prozessuale Mechanismen zur Gewährleistung des Grundrechtsschutzes

Die prozessualen Mechanismen zur Gewährleistung des Grundrechtsschutzes sind zwar von den materiellen Konfliktlösungsmechanismen zu unterscheiden, doch schlagen sich materiell-rechtliche Grundrechtskollisionen in allen drei föderalen Systemen auch auf prozessualer Ebene nieder, insbesondere dann, wenn das materielle Recht keine hinreichenden Konfliktlösungsmechanismen bereit hält oder bereit halten kann. Die Analyse der prozessualen Mechanismen zur Gewährleistung des Grundrechtsschutzes hat gezeigt, dass Grundrechtsvielfalt in föderalen Systemen am ehesten dann erreicht werden kann, wenn die untergeordnete Ebene über eine starke Verfassungsgerichtsbarkeit mit einer Zuständigkeit für Verfassungsbeschwerden verfügt, während andererseits eine Unitarisierung des Grundrechtsschutzes im Sinne der übergeordneten Ebene droht, wenn auf der untergeordneten Ebene eine Verfassungsgerichtsbarkeit entweder gar nicht existiert oder jedenfalls nur sehr schwach ausgeprägt ist. Bei der Untersuchung der prozessualen Mechanismen fällt auf, dass jedes der drei untersuchten föderalen Systeme über Vorlageverfahren bzw. Instanzenzüge verfügt, die die Einheitlichkeit der Auslegung der auf der übergeordneten Ebene angesiedelten Grund-

[53] Näher dazu § 13 I.2.
[54] Näher dazu § 13 II.2.
[55] Näher dazu § 13 III.3. c).

rechte sicher stellen sollen. Negativ auf die Grundrechtsvielfalt wirkt es sich aus, wenn die Einhaltung der Kompetenzverteilung im föderalen System nicht gerichtlich überprüft werden kann, weil das zuständige Verfassungs- oder Höchstgericht über keine entsprechenden Kompetenzen verfügt. Ein weiterer entscheidender Faktor im Hinblick auf die Grundrechtsvielfalt ist die Bereitschaft der gliedstaatlichen bzw. mitgliedstaatlichen Gerichte, die Grundrechte der jeweils eigenen Rechtsordnung in der Praxis tatsächlich heran zu ziehen und gegebenenfalls auch abweichend von den parallelen Grundrechten der übergeordneten Ebene zu interpretieren. Darüber hinaus zeigt sich, dass Raum für Grundrechtsvielfalt am ehesten dort besteht, wo die Gerichte der übergeordneten Ebene lediglich eine Willkürprüfung vornehmen bzw. den Gerichten der untergeordneten Ebene einen Ermessenspielraum einräumen oder eine Vermutung zu Gunsten der Grundrechtskonformität des Handelns der Instanzen der untergeordneten Ebene aufstellen.

Für Deutschland lässt sich die These, dass das Ausmaß der Grundrechtsvielfalt entscheidend vom Vorhandensein einer ausgeprägten Landesverfassungsgerichtsbarkeit abhängt, erstmals anhand der Erfahrungen der Weimarer Republik belegen. Die Möglichkeit der Erhebung einer Verfassungsbeschwerde zum Bayerischen Staatsgerichtshof, gestützt auf die Grundrechte der bayerischen Verfassung von 1919, führte dazu, dass sich auf Landesebene eine Grundrechtsjudikatur entwickeln konnte, die zumindest in einigen Punkten nicht deckungsgleich mit der Grundrechtsrechtsprechung des Reichsgerichts war.[56] Im Gegensatz dazu existierte in den übrigen deutschen Bundesländern keine eigenständige Grundrechtsjudikatur, was darauf zurück zu führen ist, dass schon die entsprechenden Landesverfassungen entweder keine eigenen Grundrechtsgarantien enthielten oder dass jedenfalls auf Landesebene keine mit hinreichenden Kompetenzen ausgestattete Verfassungsgerichtsbarkeit bestand, die die Landesgrundrechte mit einem eigenständigen Bedeutungsgehalt hätte versehen können.[57] Im System des Grundgesetzes existieren auf Länderebene Verfassungsgerichte, deren Kompetenzen sich jedoch untereinander stark unterscheiden. Es fällt auf, dass Landesgrundrechte insbesondere dort eine eigenständige Bedeutung entfalten können, wo der Landesgesetzgeber über eigene Gesetzgebungskompetenzen verfügt und in verfahrensrechtlicher Hinsicht, wie etwa in Bayern, ein Landesverfassungsgericht existiert, das für die Entscheidung über Verfassungsbeschwerden zuständig ist.[58] Darüber hinaus muss das betreffende Landesverfassungsgericht bereit sein, bei der Auslegung der Landesgrundrechte eigene Wege zu gehen, statt sich alleine an der Rechtsprechung des Bundesverfassungsgerichts zu den parallelen Bundesgrundrechten zu orientieren, wie dies in der Praxis nach wie vor sehr häufig der Fall ist.[59] Allerdings bringen die Landesverfassungsgerichte gerade in

[56] Näher dazu § 4 VI.2. a).
[57] Näher dazu § 4 VI.2. b) u. c).
[58] Näher dazu § 6 V.5. c).
[59] Näher dazu § 6 V.5. c).

jüngerer Zeit zunehmend den Mut auf, eine eigenständige Grundrechtsjudikatur zu entwickeln, was etwa für den Verfassungsgerichtshof Rheinland-Pfalz hinsichtlich der wirtschaftlichen Freiheit im Zusammenhang mit dem rheinland-pfälzischen Nichtrauchergesetz gilt.[60] Keine Relevanz konnten die Landesgrundrechte hingegen im Rahmen von Ermessensspielräumen bei der Durchführung von Bundesrecht durch die Landesstaatsgewalt entwickeln, nachdem das Bundesverfassungsgericht in diesem Fall für die Anwendbarkeit der Landesgrundrechte Inhaltsgleichheit mit dem entsprechenden Bundesgrundrecht verlangt, was die Anwendbarkeit landesverfassungsrechtlicher Mehrgewährleistungen von vornherein ausschließt.[61] Insoweit ergeben sich deutliche Parallelen zur Rechtsprechung des EuGH in der Rechtssache *Melloni*, so dass den nationalen Grundrechten bei der Durchführung von Unionsrecht durch die nationalen Instanzen ein ähnliches Schicksal erleiden könnten wie die deutschen Landesgrundrechte bei der Durchführung von Bundesrecht durch die Landesstaatsgewalt. Voneinander abweichende Auslegungsentscheidungen der Landesverfassungsgerichte bezüglich der Grundrechte des Grundgesetzes werden durch die Vorlagepflicht des Art. 100 Abs. 3 GG vermieden, was die Einheitlichkeit des Grundrechtsschutzes der übergeordneten Ebene sicher stellen soll.[62] Gleichzeitig finden sich in vielen Landesverfassungen Subsidiaritätsklauseln bezüglich der Landesverfassungsbeschwerde, wodurch von Seiten der untergeordneten Ebene die Vorrangstellung des Bundesverfassungsgerichts gewahrt werden soll.[63]

Besonders deutlich zeigt sich der Einfluss der gliedstaatlichen Verfassungsgerichtsbarkeit auf die Grundrechtsvielfalt im föderalen System der Schweiz. Durch das weitgehende Fehlen spezialisierter kantonaler Verfassungsgerichte mit der Zuständigkeit für Verfassungsbeschwerden konnte sich auf kantonaler Ebene, von einigen punktuellen Ausnahmen einmal abgesehen, keine eigenständige Grundrechtsjudikatur entwickeln, zumal das Bundesgericht auch zur Auslegung kantonaler Grundrechte befugt ist und die kantonalen Verfassungsgerichte, die organisatorisch und personell meist eng mit den kantonalen Instanzgerichten verbunden sind, vorrangig Bundesgrundrechte und nicht die kantonalen Grundrechte als Prüfungsmaßstab heran ziehen.[64] Aus diesem Grund stellt sich auch die Frage nach der Anwendbarkeit kantonaler Grundrechte bei der Durchführung von Bundesrecht durch die kantonalen Gerichte, anders als in Deutschland und der EU, kaum. In Bezug auf die Auslegung und Anwendung kantonaler Grundrechte durch das Bundesgericht lässt sich jedoch mitunter eine Rücknahme der Prüfungsdichte von Seiten des Bundesgerichts ausmachen, wenn kantonalen Besonderheiten oder der größeren Sachnähe der kantonalen Instanzen Rechnung getragen werden soll.[65] Darüber hinaus ist die bundesgerichtliche Kognition bei

[60] Näher dazu § 6 V.5. c).
[61] Näher dazu § 6 V.3.
[62] Näher dazu § 6 V.2.a) cc) bbb).
[63] Näher dazu § 6 V.2.a) cc) ccc).
[64] Näher dazu § 9 V.2.
[65] Näher dazu § 8 V.5. a).

der Prüfung der Anwendung und Auslegung von einfachem kantonalen Gesetzesrecht grundsätzlich auf eine Willkürprüfung beschränkt, wobei eine Berücksichtigung kantonaler Besonderheiten zudem durch eine Variation der Prüfungsdichte im Bereich der freien Kognition im Sinne eines *judicial self-restraint* möglich ist.[66] Insoweit bestehen zumindest im Ergebnis deutliche Parallelen zur völkerrechtlich begründeten Rechtsfigur der *margin of appreciation*, die der EGMR im Verhältnis zu den Konventionsparteien zur Anwendung bringt. Verstärkt wird die Unitarisierung des Grundrechtsschutzes in der Schweiz in prozessualer Hinsicht allerdings dadurch, dass das Bundesgericht wegen Art. 190 BV Bundesgesetze nicht wegen eines Verstoßes gegen die bundesstaatliche Kompetenzordnung für nichtig erklären kann, was eine extensive Kompetenzausübung seitens des Bundes ermöglicht, welche ihrerseits zu einer Reduzierung der Entfaltungsmöglichkeiten der kantonalen Grundrechte führt.[67] Angesichts der identischen Prüfungsmaßstäbe der kantonalen Gerichte und der Bundesgerichte sowie vor dem Hintergrund des Fehlens einer spezialisierten Verfassungsgerichtsbarkeit auf kantonaler Ebene ist im schweizerischen System ein Vorlageverfahren zum Bundesgericht zur Gewährleistung der Einheitlichkeit des Grundrechtsschutzes entbehrlich.

Auf Unionsebene wird die Einheitlichkeit der Auslegung des Unionsrechts und der Unionsgrundrechte prozessual durch das Vorabentscheidungsverfahren nach Art. 267 AEUV abgesichert,[68] worin eine Parallele zum System des Grundgesetzes mit seinem Vorlageverfahren nach Art. 100 GG besteht.[69] Allerdings wird durch die Möglichkeit der Einleitung eines Vorabentscheidungsverfahrens die Position der nationalen Fachgerichte, die auf diese Weise ohne Einschaltung des nationalen Verfassungs- oder Höchstgerichts direkt den EuGH anrufen können, potentiell gestärkt, wobei Länder wie etwa Frankreich der Umgehung des nationalen Verfassungsgerichts durch die Einführung eines obligatorischen Vorlageverfahrens zum nationalen Verfassungsgericht entgegen zu wirken suchen.[70] Die These, wonach eine starke Verfassungsgerichtsbarkeit auf der gliedstaatlichen bzw. mitgliedstaatlichen Ebene vor einer Unitarisierung des Grundrechtsschutzes schützen kann, lässt sich auch am Beispiel der EU belegen. So hat der EuGH seine in der Rechtssache *Åkerberg Fransson* zum Anwendungsbereich der Grundrechte-Charta entwickelte Rechtsprechung wohl nicht zuletzt auf Druck der nationalen Verfassungs- und Höchstgerichte, insbesondere des Bundesverfassungsgerichts, ein Stück weit revidiert.[71] Im föderalen System der EU kommt noch hinzu, dass die nationalen Verfassungs- und Höchstgerichte dem EuGH auf Basis ihrer *ultra vires*- bzw. *Solange*-Rechtsprechung mit der Verweigerung ihrer Gefolgschaft drohen können, falls dieser den nationalen Grundrechtsschutz zu

---

66 Näher dazu § 8 V.5. a).
67 Näher dazu § 9 V.1. a).
68 Näher dazu § 10 V.1. a) u. § 11 V.1.
69 Vgl. *Kluth*, NdsVBl. 2010, 130, 134.
70 Näher dazu § 11 V.2. b).
71 Näher dazu § 11 IV.1. b).

weit zurück drängen sollte, was wiederum die Grundrechtsvielfalt in der EU begünstigen und den EuGH zur Sicherung eines adäquaten Grundrechtsstandards auf Unionsebene zwingen kann.[72] Entsprechendes gilt für eine allzu extensive Interpretation der unionalen Rechtssetzungskompetenzen durch die Unionsorgane, wobei es bislang freilich nicht zu einer Annahme eines *ultra vires*-Aktes durch ein nationales Verfassungs- oder Höchstgericht in Folge des Erlasses eines EU-Rechtsakts gekommen ist. Andererseits besteht für die Mitgliedstaaten die Möglichkeit, vor dem EuGH die Nichtigkeit eines EU-Rechtsakts wegen Kompetenzüberschreitung geltend zu machen, wodurch einer Erosion der geschriebenen Kompetenzordnung und damit einer Zurückdrängung der nationalen Grundrechte in Folge der Kompetenzausdehnung der EU zumindest entgegen gewirkt werden kann. Der Unitarisierung des Grundrechtsschutzes in der EU wird jedoch durch die *Melloni*-Rechtsprechung des EuGH Vorschub geleistet, wonach bei der Durchführung von Unionsrecht nationale Grundrechtsstandards nur dann zur Anwendung kommen dürfen, wenn dadurch weder das Schutzniveau der Charta, wie sie vom Gerichtshof ausgelegt wird, noch der Vorrang, die Einheit und die Wirksamkeit des Unionsrechts beeinträchtigt werden.[73] Damit verbleibt, ähnlich wie in Deutschland, zumindest im Anwendungsbereich des Unionsrechts für die Heranziehung nationaler Mehrgewährleistungen nur noch wenig Raum, wobei die Rechtsprechung des EuGH zur Eröffnung des Anwendungsbereichs der Grundrechte-Charta zu einer weiteren Zurückdrängung nationaler Grundrechtsgarantien beitragen kann. Die Unitarisierung des Grundrechtsschutzes kann ferner dadurch gefördert werden, dass nationale Verfassungs- und Höchstgerichte, wie gegenwärtig etwa der österreichische Verfassungsgerichtshof, die Grundrechte-Charta unmittelbar als Prüfungsmaßstab heranziehen,[74] weil dadurch die nationalen Grundrechtsgewährleistungen langfristig tendenziell an Bedeutung verlieren, wie das Beispiel der kantonalen Grundrechte in der Schweiz eindrücklich belegt. Ein Mittel zur Erhaltung der Grundrechtsvielfalt in der EU besteht hingegen darin, dass der EuGH den nationalen Instanzen bei der Ausfüllung von Ermessenspielräumen einen Beurteilungsspielraum nach dem Vorbild der *margin of appreciation* des EGMR einräumt. Dies gilt umso mehr für mehrpolige Grundrechtskonstellationen, für die die nationalen Verfassungs- und Höchstgerichte nicht selten eine ausdifferenzierte Judikatur entwickelt haben. Ansätze für die Einräumung eines Beurteilungsspielraums zu Gunsten der Mitgliedstaaten durch den EuGH finden sich insbesondere in den Entscheidungen *Omega* und *Sayn-Wittgenstein*,[75] während die Kontrolldichte des Gerichtshofs den nationalen Instanzen gegenüber insgesamt eher hoch ist, was wiederum zu einer Vereinheitlichung des Grundrechtsschutzes beiträgt.

[72] Näher dazu § 1 II.2. b).
[73] Näher dazu § 11 III.1. d).
[74] Näher dazu § 11 V.2. a).
[75] Näher dazu § 10 IV.2. u. V. 1. c) aa) sowie § 11 V.1.

Erkenntnisse für eine Optimierung der prozessualen Gewährleistung des Grundrechtsschutzes lassen sich auch auf der Ebene der EMRK gewinnen. So sorgt die vom EGMR auf Basis des Völkerrechts entwickelte Rechtsfigur der *margin of appreciation* dafür, dass nationale Besonderheiten bei der Anwendung der Konventionsrechte berücksichtigt werden können. Dabei zeigt sich allerdings auch, dass es klar definierter Kriterien bedarf, um eine kohärente und vorhersehbare Anwendung des Konzepts der *margin of appreciation* zu gewährleisten, woran es bei der Rechtsprechung des EGMR bislang zumindest teilweise fehlt. Hinzu kommt, dass der Gerichtshof selbst seine Vorgaben mitunter nicht einhält und stattdessen eine vollumfängliche Prüfung vornimmt, obwohl in dem fraglichen Fall die Einräumung eines Beurteilungsspielraums zu Gunsten des betroffenen Mitgliedstaates angezeigt gewesen wäre.[76] Das Beispiel der EMRK und deren Handhabung als Prüfungsmaßstab durch den österreichischen Verfassungsgerichtshof beweist jedoch auch, dass ein nationales Verfassungs- oder Höchstgericht selbst dann relevant bleiben kann, wenn die Letztentscheidung auf einer überstaatlichen Ebene getroffen wird, so lange dieses nationale Gericht, wie es in Österreich der Fall ist, innerstaatlich eine privilegierte Stellung genießt und vor einer Entscheidung des überstaatlichen Gerichts zwingend beteiligt werden muss.[77] Diese Erkenntnis wiederum könnte von Bedeutung sein bei der Frage nach den Konsequenzen der Übernahme der Grundrechte-Charta als Prüfungsmaßstab durch die nationalen Verfassungs- und Höchstgerichte, da nach Art. 267 AEUV jedes innerstaatliche Gericht bei Auslegungs- oder Gültigkeitsfragen bezüglich des Unionsrechts den EuGH anrufen kann, ohne den Umweg über das jeweilige nationale Verfassungs- oder Höchstgericht nehmen zu müssen. Der Umstand, dass die EMRK eine zusätzliche Ebene des Grundrechtsschutzes außerhalb der nationalen Systeme darstellt, kommt dadurch zum Ausdruck, dass die Ebene der EMRK bislang nicht in ein ebenenübergreifendes Rechtsschutzsystem integriert wurde, wobei mit Inkrafttreten des 16. Zusatzprotokolls zur EMRK immerhin für die nationalen Verfassungs- und Höchstgerichte ein Vorlageverfahren zum EGMR eingerichtet wird.[78]

---

[76] Näher dazu § 12 IV.3.

[77] *Merli*, JRP 20 (2012), 355, 359.

[78] Näher dazu § 12 IV.1.

§ 15 Ansatzpunkte für einen Ausgleich zwischen Grundrechtsvereinheitlichung und Grundrechtsvielfalt

I. Kompetenzverteilung

1. Anknüpfungspunkte de lege lata

a) Unionale Kompetenzvorschriften und deren Interpretation durch den EuGH

Nachdem auf Grund der Erfahrungen insbesondere in Deutschland, aber auch in der Schweiz die Zentralisierung der Kompetenzverteilung als ein Grund für die Unitarisierung des Grundrechtsschutzes ausgemacht wurde, liegt es nahe, auch auf Unionsebene die Ausgestaltung der Kompetenzverteilung als ein Instrument zur Ausbalancierung von Grundrechtsvereinheitlichung und Grundrechtsvielfalt anzusehen. Ebenso wie in Deutschland und der Schweiz zeigt sich auf Unionsebene eine deutliche Tendenz hin zu einer Ausweitung der Unionskompetenzen, insbesondere im Bereich der Rechtssetzung, so dass nach Mitteln und Wegen für eine Begrenzung dieser Tendenz zu suchen ist. Dabei ist von besonderer Relevanz, dass auf Unionsebene der EuGH als „Motor der Integration" eine dynamische Interpretation der ohnehin funktional angelegten Unionskompetenzen praktiziert.[1] Es bleibt daher zu untersuchen, inwiefern und unter welchen Voraussetzungen einer Ausdehnung der Unionskompetenzen durch den EuGH aktiv entgegen gewirkt wird, etwa durch die Nichtigerklärung eines kompetenzwidrigen Unionsrechtsakts, wobei derartige Fälle einer erfolgreichen Klage gegen einen kompetenzwidrigen EU-Rechtsakt in der Vergangenheit freilich selten waren. Einen prominenten Fall einer erfolgreichen Nichtigkeitsklage wegen Verstoßes gegen die EU-Kompetenzordnung stellt die Nichtigerklärung der Tabakwerbe-Richtlinie durch den EuGH im Jahr 2000 dar. Der Gerichtshof kam in dieser Entscheidung zum Ergebnis, dass die EU keine allgemeine Kompetenz zur Regelung des Binnenmarktes besitzt und dass ein auf Grundlage der Binnenmarktkompetenz erlassener Rechtsakt tatsächlich den Zweck haben muss, die Voraussetzungen für die Errichtung und das Funktionieren des Binnenmarktes zu verbessern.[2] Zugleich gab der Gerichtshof in seinem Urteil implizit zu verstehen, dass die Umgehung eines primärrechtlichen Harmonisierungsverbotes eine

[1] Vgl. *Goldhammer*, JöR 63 N.F. (2015), 105, 110; s. dazu auch oben, § 10 I.
[2] EuGH, Rs. C-376/98, Deutschland/Parlament und Rat, Slg. 2000, I-8419, Rn. 83 ff. u. 107.

Kompetenzanmaßung seitens der EU darstelle, welche zur Nichtigkeit des in Frage stehenden Rechtsakts führe.[3]

In anderen Fällen hingegen hat der EuGH einen Verstoß gegen die Kompetenzordnung verneint, obwohl die entsprechende Maßnahme der Union an sich nicht in den unionalen Kompetenzbereich fiel. Ein Beispiel dafür ist die Entscheidung in der Rechtssache *Kommission/Rat* aus dem Jahr 2005, wo der Gerichtshof entschied, dass die Gemeinschaft trotz des Fehlens einer Kompetenz für den Bereich des Strafrechts Maßnahmen in Bezug auf das Strafrecht der Mitgliedstaaten ergreifen durfte, die ihrer Meinung nach erforderlich waren, um die volle Wirksamkeit der von ihr zum Schutz der Umwelt erlassenen Rechtsnormen zu gewährleisten, wenn die Anwendung wirksamer, verhältnismäßiger und abschreckender Sanktionen durch die zuständigen nationalen Behörden eine zur Bekämpfung schwerer Beeinträchtigungen der Umwelt unerlässliche Maßnahme darstellt.[4] Darüber hinaus billigte der EuGH in seiner Entscheidung in der Rechtssache *Vereinigtes Königreich/Parlament und Rat* aus dem Jahr 2006 sogar die Einrichtung einer Behörde, *in concreto* der Europäischen Agentur für Netz- und Informationssicherheit, auf Grundlage der Binnenmarktkompetenz.[5] Eine weite Auslegung erfuhr die Binnenmarktkompetenz außerdem in der Entscheidung über die Rechtmäßigkeit der Tabakwerbe-Richtlinie 2003/33/EG[6] aus dem Jahr 2006.[7] Die großzügige Interpretation der Binnenmarktkompetenz zu Gunsten des Unionsgesetzgebers zeigte sich ferner in der Entscheidung zur Vorratsdatenspeicherungsrichtlinie aus dem Jahr 2008, wo der Gerichtshof einen Verstoß gegen die Kompetenzvorschriften verneinte, obwohl die Richtlinie nach zutreffender Auffassung des Klägers in erster Linie der Ermittlung, Feststellung und Verfolgung von Straftaten einschließlich terroristischer Taten diente.[8] Ähnliches gilt für die Entscheidung in der Rechtssache *Inuit Tapiriit Kanatami u.a.* aus dem Jahr 2015, in der der EuGH ausführte, dass sich dem Wortlaut der Binnenmarktkompetenz nicht entnehmen lasse, dass der Unionsgesetzgeber diese Bestimmung nur heranziehen dürfe, wenn der Handel mit den betreffenden Erzeugnissen eine verhältnismäßig wichtige Rolle spiele,[9] womit einer Begrenzung von Art. 114 AEUV eine klare Absage erteilt wurde und der Anwendungsbereich der Binnenmarktkompetenz langfristig deutlich erweitert werden dürfte.[10] Bestätigt wird diese Tendenz in der Entscheidung in der Rechtssache *Polen/Parlament und Rat*, in der

[3] EuGH, Rs. C-376/98, Deutschland/Parlament und Rat, Slg. 2000, I-8419, Rn. 79 f.; s. dazu *Wägenbaur*, EuZW 2000, 701, 701 f.

[4] EuGH, Rs. C-176/03, Kommission/Parlament, Slg. 2005, I-7879, Rn. 48; ähnlich Rs. C-440/05, Kommission/Rat, Slg. 2007, I-9097, Rn. 66.

[5] EuGH, Rs. C-217/04, Vereinigtes/Parlament und Rat, Slg. 2006, I-3371, Rn. 46 ff.

[6] Richtlinie 2003/33/EG des Europäischen Parlaments und des Rates vom 26.05.2003 zur Angleichung der Rechts- und Verwaltungsvorschriften der Mitgliedstaaten über Werbung und Sponsoring zugunsten von Tabakerzeugnissen, ABl. EG 2003 Nr. L 152, S. 16 ff.

[7] EuGH, Rs. C-380/03, Deutschland/Parlament und Rat, Slg. 2006, I-11573, Rn. 36 ff.

[8] EuGH, Rs. C-301/06, Irland/Parlament und Rat, Slg. 2009, I-593, Rn. 28 u. 65 ff.

[9] EuGH, Rs. C-398/13 P, Tapiriit Kanatami u.a., digit. Slg., Rn. 40.

[10] S. dazu *Hemler*, EuZW 2015, 842, 843.

der EuGH die Richtlinie 2014/40/EU zur Angleichung der Rechts- und Verwaltungsvorschriften der Mitgliedstaaten über die Herstellung, die Aufmachung und den Verkauf von Tabakerzeugnissen und verwandten Erzeugnissen und zur Aufhebung der Richtlinie 2001/37/EG als von der Binnenmarktkompetenz des Art. 114 AEUV gedeckt ansah,[11] obwohl Rumänien als Streithelfer zu Recht vorgebracht hatte, die Richtlinie diene in erster Linie dem Gesundheitsschutz.[12]

In Bezug auf die Vertragsabrundungskompetenz des Art. 352 AEUV existiert demgegenüber noch keine Rechtsprechung des EuGH. Allerdings lässt sich etwa den Schlussanträgen von Generalanwalt *Bot* in der Rechtssache *Kommission/Italien* bezüglich der Reichweite der Vorgängervorschrift des Art. 308 EGV eine großzügige Interpretation des Anwendungsbereichs dieser Norm auch für die Zukunft entnehmen.[13]

Insgesamt lässt sich sagen, dass der EuGH dazu neigt, die Unionskompetenzen weit auszulegen, was eine Stärkung der Grundrechtsvielfalt durch Begrenzung der Unionskompetenzen faktisch unmöglich macht. Abgesehen von der Annahme eines *ultra vires*-Rechtsakts des Gerichtshofs, die freilich nur in absoluten Ausnahmefällen überhaupt in Frage kommt, kann der Tendenz des EuGH zur dynamischen Auslegung der Unionskompetenzen *de lege lata* indes kaum begegnet werden.

b) Subsidiaritätsprinzip

Als weiterer Anknüpfungspunkt für eine Begrenzung der Unionskompetenzen kommt das in Art. 5 Abs. 1 S. 2 1. Var. und Abs. 3 EUV verankerte Subsidiaritätsprinzip Betracht, das allerdings nach Art. 5 Abs. 3 EUV im Bereich der ausschließlichen Kompetenzen keine Anwendung findet. Außerdem begrenzt das Subsidiaritätsprinzip nicht die Kompetenzzuweisung als solche, sondern es kann lediglich das Maß der künftigen Ausübung der der Union bereits übertragenen Kompetenzen beeinflussen.[14] Dies ergibt sich nicht zuletzt aus Art. 5 S. 1 des Protokolls zu EUV und AEUV über die Anwendung der Grundsätze der Subsidiarität und der Verhältnismäßigkeit, wonach die Entwürfe von Gesetzgebungsakten im Hinblick auf die Grundsätze der Subsidiarität und der Verhältnismäßigkeit begründet werden. Schon aus diesem Grund stellt das Subsidiaritätsprinzip

---

[11] EuGH, Rs. C-358/14, Polen/Parlament und Rat, digit. Slg., Rn. 31 ff.

[12] EuGH, Rs. C-358/14, Polen/Parlament und Rat, digit. Slg., Rn. 26.

[13] Schlussanträge des Generalanwalts Bot, Rs. C-601/14, Kommission/Italien, digit. Slg., Rn. 64 ff.

[14] *Calliess*, in: Calliess/Ruffert, EUV/AEUV, Art. 5 EUV Rn. 20; *Hilf*, Subsidiarität als Verfassungsgrundsatz der Europäischen Union, in: Karlsruher Forum 1995, 7, 9; *Koenig/Lorz*, JZ 2003, 167, 167; zu Art. 3 b Abs. 2 i.d.F. des Vertrags von Maastricht s. *Blanke*, Normativer Gehalt und Justitiabilität des Subsidiaritätsprinzips nach Art. 3 b EGV, in: Hrbek (Hrsg.), Das Subsidiaritätsprinzip in der Europäischen Union – Bedeutung und Wirkung für ausgewählte Politikbereiche, S. 95, 105; a.A. zu Art. 3b Abs. 2 EGV i.d.F. des Vertrags von Maastricht aber *Merten*, Subsidiarität als Verfassungsprinzip, in: Merten (Hrsg.), Die Subsidiarität Europas, S. 77, 81.

keinen tauglichen Anknüpfungspunkt für eine rechtliche Begrenzung der Ausdehnung der Kompetenzzuweisung dar. Letztere kann vielmehr nur auf politischem Wege erfolgen, etwa durch eine entsprechende Ausgestaltung des Primärrechts, bei der dem Subsidiaritätsgedanken Rechnung zu tragen ist. Auch die Frage nach dem Vorliegen einer Unionskompetenz selbst kann nicht unter Rückgriff auf das Subsidiaritätsprinzip beantwortet werden, so dass das Fehlen einer tauglichen Rechtsgrundlage für eine Verordnung oder Richtlinie nicht alleine mit Verweis auf das Subsidiaritätsprinzip gerügt werden kann.[15] Umstritten ist hingegen, ob die mit dem Vertrag von Lissabon eingeführte Subsidiaritätsrüge zur Geltendmachung eines Verstoßes gegen das Prinzip der begrenzten Einzelermächtigung herangezogen werden kann. Dies wird teilweise bejaht mit der Begründung, dass die Frage nach der Zuständigkeit als Vorfrage der Frage nach der Einhaltung des Subsidiaritätsprinzips zwingend vorgeschaltet sei.[16] Dagegen spricht jedoch entscheidend, dass etwa der Wortlaut von Art. 12 lit. b) EUV, der einen sog. Frühwarnmechanismus in Bezug auf die Subsidiaritätskontrolle vorsieht,[17] nur von der Einhaltung des Grundsatzes der Subsidiarität durch die nationalen Parlamente, nicht aber von der Beachtung der Kompetenzverteilung spricht. Selbst wenn man dieser Argumentation nicht folgt und das Subsidiaritätsprinzip auch auf die Zuständigkeitsfrage anwendet, sind die praktischen Auswirkungen eher gering. Insbesondere hat die in Art. 8 Abs. 1 des Protokolls (Nr. 2) über die Anwendung der Grundsätze der Subsidiarität und Verhältnismäßigkeit[18] vorgesehene Möglichkeit der Subsidiaritätsklage durch die nationalen Parlamente in der Praxis kaum zu einer Überwachung der Einhaltung der unionalen Kompetenzordnung beigetragen, da von diesem Instrument, anders als von der Subsidiaritätsrüge nach Art. 7 des Protokolls (Nr. 2) über die Anwendung der Grundsätze der Subsidiarität und Verhältnismäßigkeit, welche bereits zweimal erhoben worden ist,[19] bislang kein Gebrauch gemacht wurde.[20] Darüber hinaus zeigen die Erfahrungen aus der Schweiz, wo das Subsidiaritätsprinzip, anders als in Deutschland, seit 2000 ausdrücklich in der Bundesverfassung verankert ist, dass selbst die verfassungsmäßige Festschreibung des Subsidiaritätsgrundsatzes nicht zwangsläufig zu dessen Berücksichtigung bei der Kompetenzausübung führt. Freilich ist in diesem Zusammenhang zu beachten, dass Art. 5a BV nach zutreffender Auf-

[15] Vgl. *Albin*, NVwZ 2006, 629, 630; s. auch EuGH, verb. Rs. C-154/04 u. C-155/04, Alliance for Natural Health u. a., Slg. 2005, I-6451, Rn. 103.

[16] So etwa *Buschmann/Daiber*, DÖV 2011, 504, 506.

[17] Vgl. Schlussbericht der Arbeitsgruppe I „Subsidiarität“, CONV 286/02 v. 23.09.2002, S. 4.

[18] Protokoll (Nr. 2) über die Anwendung der Grundsätze der Subsidiarität und der Verhältnismäßigkeit, ABl. EU 2010 Nr. C 83, S. 203 ff.

[19] Konkret betraf dies die Monti II-Verordnung und die Verordnung über die Errichtung einer Europäischen Staatsanwaltschaft.

[20] Ausführlich zum Ganzen *Groussot/Bogojević*, Subsidiarity as a Procedural Safeguard of Federalism, in: Azoulai (Hrsg.), The Question of Competence in the European Union, S. 234, 238 f.; zur Intervention der nationalen Parlamente im Rahmen des Frühwarnmechanismus im Fall der Monti II-Verordnung s. *Cooper*, Journal of European Public Policy 22 (2015), 1406, 1406 ff.

fassung nicht justiziabel ist,[21] während das unionsrechtliche Subsidiaritätsprinzip richtigerweise Rechtsnormqualität besitzt.[22]

Allerdings zeigen auch die Erfahrungen auf Unionsebene selbst, dass das Subsidiaritätsprinzip trotz seiner Rechtsnormqualität bei der Gestaltung der Kompetenzausübung in der Praxis kaum Wirkung entfaltet,[23] was nicht zuletzt an seiner konzeptionellen Konturenlosigkeit liegt.[24] Zwar spielt das Subsidiaritätsprinzip in den Verhandlungen in den EU-Institutionen durchaus eine nachweisbare Rolle,[25] es wurde aber bislang vom EuGH noch nie ein Rechtsakt wegen Verstoßes gegen das Subsidiaritätsprinzip aufgehoben. Vielmehr stellt der EuGH in seiner Urteilsbegründung in der Regel mit relativ knapper Begründung fest, dass das Subsidiaritätsprinzip in dem fraglichen Fall eingehalten wurde, ohne sich grundlegend mit den Voraussetzungen von Art. 5 Abs. 1 S. 2 und Abs. 3 EUV zu befassen.[26] Nicht selten wird das Subsidiaritätsprinzip darüber hinaus lediglich inzident im Rahmen der Verhältnismäßigkeitsprüfung thematisiert.[27] Exemplarisch zeigt sich die Tendenz des EuGH zu einer oberflächlichen Prüfung in Bezug auf das Subsidiaritätsprinzip in der Entscheidung in der Rechtssache *Philip Morris Brands u.a.*, in der der EuGH knapp ausführte, dass infolge der Wechselwirkung der beiden mit der in Rede stehenden Richtlinie angestrebten Ziele der Unionsgesetzgeber davon ausgehen durfte, dass sein Handeln die Einführung einer Regelung für das Inverkehrbringen von Tabakerzeugnissen mit einem charakteristischen Aroma in der Union umfassen müsse und dass aufgrund dieser Wechselwirkung dieses zweifache Ziel auf Unionsebene besser erreicht werden könne, weshalb kein Verstoß gegen das Subsidiaritätsprinzip vorliege.[28] Auch in der Rechtssache *Estland/Parlament und Rat* begnügte sich der Gerichtshof für die Ab-

---

[21] Ausführlich dazu oben, Einführung, II.3. c) ee).

[22] So etwa *Buschmann/Daiber*, DÖV 2011, 504, 509; *Albin*, NVwZ 2006, 629, 630; *Uerpmann-Wittzack*, EuGRZ 2009, 461, 463; für eine Justiziabilität explizit EuG, Rs. T-253/02, Ayadi, Slg. 2006, II-2139, Rn. 107; a.A. aber die Schlussanträge des Generalanwalts Maduro, Rs. C-58/08, Vodafone u.a., Slg. 2010, I-4999, Rn. 30.

[23] So auch *Schorkopf*, Der Europäische Weg, S. 122 f.; *Leschke/Möstl*, Die Grundsätze der Subsidiarität und Verhältnismäßigkeit: Wirksame Kompetenzschranken der Europäischen Union?, in: Heine/Kerber (Hrsg.), Zentralität und Denzentralität von Regulierung in Europa, S. 77, 89; *Schmid*, From Pont d'Avignon to Ponte Vecchio, S. 415, 439 spricht insoweit sogar vom „probably one of the most outstanding examples of symbolic legislation to be found in legal history"; zum Ganzen auch *Panara*, European Public Law 22 (2016), 305, 319 ff.

[24] *Schütze*, From Dual to Cooperative Federalism, S. 247 ff. u. 256.

[25] *Albin*, NVwZ 2006, 629, 630.

[26] Vgl. *Calliess*, in: Calliess/Ruffert, EUV/AEUV, Art. 5 EUV Rn. 66; so auch schon *Koenig/Lorz*, JZ 2003, 167, 168.

[27] EuGH, Rs. C-84/94, Vereinigtes Königreich/Rat, Slg. 1996, I-5755, Rn. 55; Rs. C-377/98, Niederlande/Parlament und Rat, Slg. 2001, I-7079, Rn. 31 ff.; Rs. C-491/01, British American Tobacco, Slg. 2002, I-11453, Rn. 124 u. 181; *Calliess*, in: Calliess/Ruffert, EUV/AEUV, Art. 5 Rn. 67; *Koch*, Der Grundsatz der Verhältnismäßigkeit in der Rechtsprechung des Gerichtshofs der Europäischen Gemeinschaften, S. 393.

[28] EuGH, Rs. C-547/14, Philip Morris Brands u.a., digit. Slg., Rn. 214 ff.; ähnlich knapp EuGH, Rs. C-477/14, Pillbox 38, digit. Slg., Rn. 150 f.; im Ergebnis einen Verstoß verneinend auch EuGH, Rs. C-358/14, Polen/Parlament und Rat, digit. Slg., Rn. 111 ff.; gegen einen Zu-

lehnung einer Verletzung des Subsidiaritätsprinzips mit einer ähnlich knappen Begründung.[29] Bereits in den 1990er und 2000er Jahren hatte sich der EuGH mehrfach mit dem Subsidiaritätsprinzip befasst, ihm dabei aber ebenfalls keine entscheidende inhaltliche Bedeutung beigemessen,[30] wobei sich der Subsidiaritätsgrundsatz insbesondere zur Begrenzung der Binnenmarktkompetenz der Union als weitestgehend untauglich erwies.[31] Darüber hinaus hat der EuGH dem Unionsgesetzgeber bei der Anwendung des Art. 5 Abs. 3 EUV stets einen weiten Ermessensspielraum zugebilligt,[32] so dass das Subsidiaritätsprinzip konturenlos blieb. Aus der einschlägigen Rechtsprechung des EuGH lässt sich insgesamt ablesen, dass, sofern die Rechtsgrundlage des in Rede stehenden Gesetzgebungsaktes eine Harmonisierung bezweckt, dieses Ziel nach Auffassung des EuGH ausschließlich durch eine unionale Regelung erreicht werden kann, was einen Schluss von der Ermächtigung zur Harmonisierung auf die Notwendigkeit eines unionseinheitlichen Vorgehens impliziert.[33] Außerdem zeigt sich, dass der EuGH dann eine unionale Regelung verlangt, wenn eine Kompetenznorm ein hohes Schutzniveau in einem bestimmten Politikbereich bezweckt, was darauf schließen lässt, dass der Gerichtshof beim Vorliegen unterschiedlicher nationaler Regelungen das Schutzniveau in Gefahr sieht.[34] Für den Grundrechtsbereich bedeutet das, dass im Anwendungsbereich des Unionsrechts der unionale Grundrechtsstandard maßgeblich sein muss, nachdem zumindest einzelne Mitgliedstaaten keinen verfassungsrechtlich abgesicherten Grundrechtskatalog besitzen und auch die in den einzelnen Mitgliedstaaten gewährleisteten Individualrechtsschutzmöglichkeiten stark variieren.[35] Für die Zukunft ist ebenfalls nicht mit einem Anstieg der Bedeutung des Subsidiaritätsprinzips in der Rechtsprechung des EuGH zu rechnen, zumal durch das mit dem Vertrag von Lissabon verabschiedete Protokoll (Nr. 2) über die Anwendung der Grundsätze der Subsidiarität und Verhältnismäßigkeit auf eine Präzisierung der für die Subsidiaritätsprüfung erforderlichen materiellen Kriterien verzichtet.[36]

---

sammenhang zwischen der oberflächlichen Prüfung des EuGH bei möglichen Verstößen gegen das Subsidiaritätsprinzip und dessen Wirkungslosigkeit in der Praxis aber *Craig*, JCMS 50 (2012), 72, 81.

[29] EuGH, Rs. C-508/13, Estland/Parlament und Rat, digit. Slg., Rn. 48.

[30] So etwa EuGH, Rs. C-84/94, Vereinigtes Königreich/Rat, Slg. 1996, I-5755, Rn. 46 ff.; Rs. C-377/98, Niederlande/Parlament und Rat, Slg. 2001, I-7079, Rn. 30 ff.; ausführlich dazu *Albin*, NVwZ 2006, 629, 632 ff.

[31] So auch *Leschke/Möstl*, Die Grundsätze der Subsidiarität und Verhältnismäßigkeit: Wirksame Kompetenzschranken der Europäischen Union?, in: Heine/Kerber (Hrsg.), Zentralität und Denzentralität von Regulierung in Europa, S. 77, 90 f.

[32] So etwa EuGH, Rs. C-58/08, Vodafone u.a., Slg. 2010, I-4999, Rn. 78; zum Meinungsstand in der Literatur s. *Calliess*, in: Calliess/Ruffert, EUV/AEUV, Art. 5 EUV Rn. 69 f.

[33] *Albin*, NVwZ 2006, 629, 633.

[34] S. dazu EuGH, Rs. C-491/01, British American Tobacco, Slg. 2002, I-11453, Rn. 181; *Albin*, NVwZ 2006, 629, 634.

[35] Vgl. *F. Kirchhof*, FS Herzog, S. 155, 166; s. dazu oben, § 10 II.2. u. V.2.

[36] Krit. dazu *Calliess*, in: Calliess/Ruffert, EUV/AEUV, Art. 5 Rn. 25; *Wuermeling*, EuR 2004, 216, 224 f.

Insgesamt lässt sich daher sagen, dass das Subsidiaritätsprinzip auf Unionsebene, ebenso wie in Deutschland und der Schweiz, zumindest im Bereich des Rechtsschutzes bislang wenig praktische Bedeutung entfaltet und es als Schutzmechanismus gegen eine Ausdehnung der Unionskompetenzen allenfalls präventiv bei der Ausarbeitung von Unionsrechtsakten zum Tragen kommt, weshalb es zur Ausbalancierung von Grundrechtsvereinheitlichung und Grundrechtsvielfalt kaum einen Beitrag leisten kann. Dies gilt umso mehr, als es im Zusammenhang mit der Bestimmung des Anwendungsbereichs der Unionsgrundrechte vom EuGH bislang überhaupt nicht herangezogen wurde.

c) Grundsatz der Verhältnismäßigkeit

Nach Art. 5 Abs. 4 UAbs. 1 EUV gehen die Maßnahmen der Union nach dem Grundsatz der Verhältnismäßigkeit inhaltlich wie formal nicht über das zur Erreichung der Ziele der Verträge erforderliche Maß hinaus. Das unionale Verhältnismäßigkeitsprinzip ist, ebenso wie richtigerweise das in Art. 5 Abs. 2 der Schweizer Bundesverfassung verankerte Verhältnismäßigkeitsprinzip,[37] aber grundsätzlich anders als das Verhältnismäßigkeitsprinzip des Grundgesetzes, welches nur im Rahmen von Art. 72 Abs. 2 GG kompetenzbegrenzende Wirkung entfaltet,[38] auch auf die Kompetenzabgrenzung und -ausübung anwendbar und gerade nicht auf die Auflösung von Grundrechtskonflikten beschränkt.[39] Es bildet zusammen mit dem Subsidiaritätsgrundsatz des Art. 5 Abs. 3 EUV und dem in Art. 5 Abs. 2 EUV verankerten Prinzip der begrenzten Einzelermächtigung einen Teil der Schrankentrias[40] für die Unionskompetenzen und deren Ausübung durch die Unionsorgane.[41] Ergänzt wird der kompetenzrechtliche Verhältnismäßigkeitsgrundsatz, ebenso wie das Subsidiaritätsprinzip, durch das Protokoll über die Anwendung der Grundsätze der Subsidiarität und Verhältnismäßigkeit.[42] In der Praxis hat sich der auf das „Wie" der Kompetenzausübung bezogene Verhältnismäßigkeitsgrundsatz jedoch, ähnlich wie das Subsidiaritätsprinzip, zur Beschränkung der Ausdehnung der Unionskompetenzen bislang als wenig geeignet erwiesen, worin deutliche Parallelen zum schweizerischen System bestehen. Allerdings lässt sich auf Unionsebene eine graduelle Bedeutungszunahme des kompetenzrechtlichen Verhältnismäßigkeitsgrundsatzes in der Recht-

[37] Str., für eine Anwendbarkeit auch auf die Kompetenzabgrenzung *Epiney*, in: BSK, BV, Art. 5 Rn. 67 f.; *Hofstetter*, Das Verhältnismässigkeitsprinzip als Grundsatz rechtsstaatlichen Handelns (Art. 5 Abs. 2 BV), S. 89 f.; in diese Richtung auch BGer, Urt. v. 14.06.2004 – 1A.256/2003 –, E. 5.2; näher dazu oben, Einführung, II.3. c) ee).

[38] Vgl. *Degenhart*, in: Sachs, GG, Art. 72 Rn. 11.

[39] *Saurer*, JZ 2014, 281, 281.

[40] *Merten*, Subsidiarität als Verfassungsprinzip, in: Merten (Hrsg.), Die Subsidiarität Europas, S. 77, 78.

[41] *Trstenjak/Beysen*, EuR 2012, 265, 266.

[42] Protokoll (Nr. 2) über die Anwendung der Grundsätze der Subsidiarität und der Verhältnismäßigkeit, ABl. EU 2010 Nr. C 83, S. 203 ff.

sprechung des EuGH ausmachen. In den 1990er Jahren hatte der EuGH in der Entscheidung in der Rechtssache *Deutschland/Rat* betreffend die Rechtmäßigkeit der Produktsicherheitsrichtlinie einen Verstoß gegen das Verhältnismäßigkeitsprinzip noch verneint, obwohl sich mit Deutschland erstmals ein Mitgliedstaat in einem Verfahren darauf berufen hatte.[43] In ähnlicher Weise hat der Gerichtshof in seinem Urteil in der Rechtssache *Kellinghusen* einen Verstoß gegen den Verhältnismäßigkeitsgrundsatz lapidar in einem einzigen Satz ohne nähere Begründung verneint.[44] Im Verfahren über die Rechtmäßigkeit der Tabakwerbe-Richtlinie hingegen griff der EuGH die kompetenzrechtliche Dimension des Verhältnismäßigkeitsprinzips bereits auf, wobei er dem Unionsgesetzgeber freilich in kompetenzieller Hinsicht einen weiten Einschätzungsspielraum zubilligte[45] und eine Verletzung des Verhältnismäßigkeitsprinzips verneinte,[46] so dass Letzteres in dem fraglichen Fall im Ergebnis keine kompetenzbeschränkende Wirkung entfalten konnte. Näher mit dem Verhältnismäßigkeitsgrundsatz auseinander gesetzt hat sich der Gerichtshof in jüngerer Zeit beispielsweise in seiner Entscheidung in der Rechtssache *Estland/Parlament und Rat*, in der er den kompetenzrechtlichen Verhältnismäßigkeitsgrundsatz mit Hilfe des dreistufigen Prüfungsmaßstabs, bestehend aus Geeignetheit, Erforderlichkeit und Angemessenheit, prüfte, wobei sich die Angemessenheitsüberlegungen ausschließlich aus dem Kontext der übrigen Erwägungen ergeben.[47] Eine ähnlich ausführliche Auseinandersetzung mit dem Verhältnismäßigkeitsgrundsatz unter ausdrücklicher Herausarbeitung der drei Prüfungsschritte war u.a. bereits in der Rechtssache *Luxemburg/Parlament und Rat* aus dem Jahr 2011 erfolgt, wobei im Ergebnis freilich kein Verstoß gegen den kompetenzrechtlichen Verhältnismäßigkeitsgrundsatz festgestellt wurde.[48] Darüber hinaus wird das kompetenzielle Verhältnismäßigkeitsprinzip auf Unionsebene zumindest von den Generalanwälten zunehmend auch im Bereich der Verwaltungskompetenzen herangezogen, etwa in Verfahren gegen den Europäischen Rechnungshof[49] oder im Zusammenhang mit dem Wettbewerbsrecht[50]. Vom EuGH selbst wurde der Verhältnismäßigkeitsgrundsatz in den entsprechenden Verfahren allerdings nicht erwähnt.[51] In Bezug auf den EuGH schließlich kann der Verhältnismäßigkeitsgrundsatz insoweit kompetenzbeschränkend wir-

[43] EuGH, Rs. C-359/92, Deutschland/Rat, Slg. 1994, I-3681, Rn. 42 u. 48 ff.

[44] EuGH, verb. Rs. C-36/97 und C-37/97, Kellinghusen, Slg. 1998, I-6341, Rn. 34.

[45] EuGH, Rs. C-380/03, Deutschland/Parlament und Rat, Slg. 2006, I-11573, Rn. 145.

[46] EuGH, Rs. C-380/03, Deutschland/Parlament und Rat, Slg. 2006, I-11573, Rn. 146 ff.

[47] EuGH, Rs. C-508/13, Estland/Parlament und Rat, digit. Slg., Rn. 28 ff.

[48] EuGH, Rs. C-176/09, Luxemburg/Parlament und Rat, Slg. 2011, I-3727, Rn. 63 u. 68 ff.; ähnlich auch schon EuGH, Rs. C-58/08, Vodafone u.a., Slg. 2010, I-4999, Rn. 53 u. 69 f.; Rs. C-344/04, IATA und ELFAA, Slg. 2006, I-403, Rn. 78 ff.; s. auch *Trstenjak/Beysen*, EuR 2012, 265, 269 ff.; *Groussot/Bogojević*, Subsidiarity as a Procedural Safeguard of Federalism, in: Azoulai (Hrsg.), The Question of Competence in the European Union, S. 234, 245 ff.

[49] Schlussanträge der Generalanwältin Trstenjak, Rs. C-539/09, Kommission/Deutschland, Slg. 2011, I-11235, Rn. 90.

[50] Schlussanträge der Generalanwältin Kokott, Rs. C-17/10, Toshiba, digit. Slg. Rn. 90.

[51] Vgl. EuGH, Rs. C-539/09, Kommission/Deutschland, Slg. 2011, I-11235, Rn. 55 ff.; Rs. C-17/10, Toshiba, digit. Slg., Rn. 68 ff.; s. dazu auch *Saurer*, JZ 2014, 281, 285.

ken, als dem Gerichtshof danach *ultra vires*-Entscheidungen untersagt sind, welche freilich von den nationalen Verfassungs- und Höchstgerichten als solche gerügt werden müssen.[52]

Zusammenfassend lässt sich deshalb sagen, dass der Verhältnismäßigkeitsgrundsatz zum Zwecke der Beschränkung der Kompetenzausübung durch die Unionsorgane immer mehr an Bedeutung gewinnt, andererseits aber bislang kein Unionsrechtsakt alleine wegen eines Verstoßes gegen den Verhältnismäßigkeitsgrundsatz vom EuGH für nichtig erklärt wurde. Daher stellt der Verhältnismäßigkeitsgrundsatz in der EU, ähnlich wie in der Schweiz, bislang kein taugliches Mittel zur Begrenzung der Kompetenzausdehnung zu Gunsten der Union und damit zur Wahrung der Grundrechtsvielfalt dar.

d) Gebot der Achtung der nationalen Identität der Mitgliedstaaten

Das in Art. 4 Abs. 2 EUV verankerte Gebot der Achtung der nationalen Identität der Mitgliedstaaten, das sich weder im Grundgesetz noch in der Schweizer Bundesverfassung in dieser Form wiederfindet und das daher nicht auf Grund von auf einem Rechtsvergleich basierenden Annahmen analysiert werden kann, wird vom EuGH im Rahmen der Verhältnismäßigkeitsprüfung thematisiert.[53] Angesichts des grundsätzlichen Charakters der Vorschrift ist es wenig verwunderlich, dass der EuGH bislang selten darauf rekurrierte.[54] Überdies betrafen die bisherigen Bezugnahmen des Gerichtshofs auf Art. 4 Abs. 2 EUV nicht den Kompetenzbereich, sondern überwiegend den Bereich der Grundfreiheiten[55] was sich damit begründen lässt, dass das unionale Kompetenzgefüge nicht mit Hilfe einer derart offen formulierten Vorschrift ausgehebelt werden soll.[56] Daher kann Art. 4 Abs. 2 EUV nicht als Anknüpfungspunkt für eine Begrenzung der Ausdehnung der Unionskompetenzen und damit der Unterstützung der Grundrechtsvielfalt fungieren.

e) Pflicht zur loyalen Zusammenarbeit

Die in Art. 4 Abs. 3 UAbs. 1 EUV verankerte Pflicht zur loyalen Zusammenarbeit zwischen Union und Mitgliedstaaten kann ebenfalls nicht als Instrument zur

[52] Zum Verhältnismäßigkeitsgrundsatz im Zusammenhang mit dem EuGH s. *Trstenjak/Beysen*, EuR 2012, 265, 267 ff.

[53] *Goldhammer*, JöR 63 N.F. (2015), 105, 108.

[54] Zum Schattendasein von Art. 4 Abs. 2 EUV in der Rechtsprechung des EuGH s. auch *van der Schyff*, European Public Law 22 (2016), 227, 230 f.; a.A. aber v. *Bogdandy/Schill*, CMLR 48 (2011), 1417, 1444 ff.; *Dobbs*, Yearbook of European Law 33 (2014), 298, 318.

[55] EuGH, Rs. C-156/13, Digibet, digit. Slg., Rn. 34; Rs. C-391/09, Runevič-Vardyn und Wardyn, Slg. 2011, I-3787, Rn. 86 ff.; EuGH, Rs. C-208/09, Sayn-Wittgenstein, Slg. 2010, I-13639, Rn. 92; Rs. C-51/08, Kommission/Luxemburg, Slg. 2011, I-4231, Rn. 124.

[56] S. dazu *Goldhammer*, JöR 63 N.F. (2015), 105, 125.

Begrenzung der Ausdehnung der Unionskompetenzen herangezogen werden, da es, ähnlich wie das deutsche und schweizerische Prinzip der Bundestreue, ausschließlich akzessorischen Charakter besitzt und die grundsätzliche Verteilung der Kompetenzen zwischen Union und Mitgliedstaaten unangetastet lässt.[57] Während in der Schweiz das Prinzip der Bundestreue bislang kaum praktische Bedeutung entfaltet hat, zog das Bundesverfassungsgericht das Prinzip in der Vergangenheit bereits als Schranke bei der Ausübung von Gesetzgebungskompetenzen heran.[58] Auf Unionsebene freilich hat der EuGH die Pflicht zur loyalen Zusammenhang bislang nicht im Zusammenhang mit der Ausübung von Rechssetzungskompetenzen ins Spiel gebracht, so dass zumindest gegenwärtig dadurch keine Beschränkung der Ausdehnung der unionalen Rechtssetzungskompetenzen zu erwarten ist.

2. *Gestaltungsmöglichkeiten de lege ferenda*

a) Aufteilung der Rechtsetzungskompetenzen anhand von Sachmaterien

Nachdem die im Unionsrecht *de lege lata* vorhandenen Ansätze keine wirksamen Instrumente zur Begrenzung der fortschreitenden Zentralisierung im Rechtssetzungsbereich enthalten, ist nach Gestaltungsmöglichkeiten *de lege ferenda* zu suchen. Hierbei kommt als erstes eine Änderung bei der Aufteilung der Rechtssetzungskompetenzen in Betracht. Die Unionskompetenzen sind primär final auf bestimmte Politikbereiche ausgerichtet und weniger auf gegenständliche Sachgebiete bezogen, weshalb sie tendenziell der Ausdehnung unterliegen und von den nationalen Kompetenzbereichen auch nur schwer abgrenzbar sind, zumal bestimmte Unionskompetenzen wie etwa die Binnenmarktkompetenz des Art. 114 AEUV beinahe alle Sachbereiche berühren.[59] Im Gegensatz dazu sind die Gesetzgebungskompetenzen des Grundgesetzes nach Sachmaterien geordnet. Die Erfahrung hat jedoch gezeigt, dass auch eine derartige Aufteilung keineswegs vor einer wachsenden Zentralisierung im Gesetzgebungsbereich zu schützen vermag. Ähnliches gilt für das System der Schweizer Bundesverfassung, die bei der Verteilung der Gesetzgebungskompetenzen ebenfalls in erster Linie an Sachmaterien anknüpft und bei der sich die Kompetenzen im Laufe der Zeit ebenfalls immer mehr auf den Bund konzentriert haben. Gegen eine Abgrenzung der Kompetenzen anhand von Sachmaterien auf Unionsebene lässt sich zudem einwenden, dass die Union als Bund keinen Bundesstaat darstellt, sondern sie lediglich final auf eine möglichst effiziente Aufgabenerfüllung angelegt ist. Zugleich müssen in der EU mangels Bundesstaatsqualität die Rechtssetzungskompetenzen im Wege der

[57] S. dazu oben, Einführung, II.2. c) dd) u. 3. c) ff.).

[58] So etwa BVerfGE 12, 205, 239 f.; 14, 197, 215; 34, 9, 20 f.

[59] Zur Problematik der fehlenden Abgrenzbarkeit auch *Goll/Kenntner*, EuZW 2002, 101, 103.

politischen Diskussion auf intergouvernementaler Ebene zwischen den Staats- und Regierungschefs verteilt werden, was eine stärkere Anknüpfung an Politikbereiche und nicht an Sachmaterien impliziert. Entscheidend gegen eine Abgrenzung anhand von Sachmaterien spricht schließlich, dass dafür das EU-Primärrecht grundlegend geändert werden müsste, eine derartige Änderung aber nach den Erfahrungen mit dem Scheitern des Verfassungsvertrages, den Geschehnissen rund um die Ratifikation des Vertrags von Lissabon sowie vor dem Hintergrund der gegenwärtigen Krise der Union schwer durchführbar erscheint.

b) Rückübertragung von Unionskompetenzen auf die Mitgliedstaaten

Als weitere Möglichkeit zur Bekämpfung der Zentralisierung im Rechtssetzungsbereich und der damit verbundenen Zurückdrängung der Grundrechtsvielfalt in der EU kommt eine Rückübertragung von Unionskompetenzen auf die Mitgliedstaaten in Betracht. Gegen eine derartige Option spricht jedoch, dass auch die in Deutschland und der Schweiz zum Zwecke der Kompetenzrückübertragung auf die Gliedstaaten im letzten Jahrzehnt durchgeführten Föderalismusreformen keinen durchgreifenden Erfolg nachweisen konnten. Außerdem kann eine Rückübertragung von Unionskompetenzen vor dem Hintergrund des Ziels einer fortschreitenden Integration in der EU nicht ernsthaft gewollt sein. Entscheidend gegen eine derartige Maßnahme spricht schließlich, dass auch hierfür eine Änderung des unionalen Primärrechts erforderlich wäre, welche trotz ihrer Wirkung zu Gunsten der mitgliedstaatlichen Souveränität zum gegenwärtigen Zeitpunkt kaum durchführbar sein dürfte.[60]

c) Materielle Konkretisierung des Subsidiaritätsprinzips

Eine andere Möglichkeit, der fortschreitenden Zentralisierung im unionalen Rechtssetzungsbereich zu begegnen, stellt schließlich die Konkretisierung des Subsidiaritätsprinzips *de lege ferenda* dar, zumal die materielle Dimension des Subsidiaritätsprinzips durch den Vertrag von Lissabon erheblich geschwächt worden ist.[61] *Calliess* schlägt insoweit in Anlehnung an die in Art. 72 Abs. 2 GG für die konkurrierende Gesetzgebung verankerten Kriterien für Art. 5 Abs. 3 EUV folgende Formulierung vor:

„In den Bereichen, die nicht in ihre ausschließliche Zuständigkeit fallen, darf die Union nach dem Subsidiaritätsprinzip nur tätig werden, wenn und soweit Maßnahmen im Anwendungsbereich der Ziele des Art. 3 EUV erforderlich sind, um einer

- erheblichen Auseinanderentwicklung der sozialen, ökonomischen und ökologischen Lebensverhältnisse,

[60] S. oben, § 15 I.2. a).
[61] S. oben, § 15 I.1. b).

- einer spürbaren Behinderung des grenzüberschreitenden Rechtsverkehrs oder
- einer den Wettbewerb nachhaltig verzerrenden Störung der Funktionsfähigkeit des einheitlichen Wirtschaftsraums der EU zu begegnen."[62]

Auf dieser Grundlage könnte eine am Subsidiaritätsgedanken orientierte, kompetenzielle Verhältnismäßigkeitsprüfung durchgeführt werden, die eine im Vergleich zum *Status quo* gesteigerte Kontrolldichte aufweist und die die Darlegungslast der Unionsorgane im Gesetzgebungsverfahren bei der Inanspruchnahme einer konkurrierenden Rechtssetzungskompetenz erhöhen würde.[63] Eine allzu starke Orientierung an ökonomischen Gesichtspunkten sollte dabei vermieden werden, sondern es sollte vielmehr im Rahmen der Erforderlichkeitsprüfung untersucht werden, ob und inwiefern die mit einer Regelung angestrebten Ziele wirklich den oben aufgeführten Kriterien genügen und ob der mit der Maßnahme verbundene Kompetenzverlust der mitgliedstaatlichen Ebene tatsächlich gerechtfertigt werden kann.[64] In Deutschland hat sich die in Art. 72 Abs. 2 GG verankerte Konkretisierung des kompetenziellen Verhältnismäßigkeitsprinzips mit ihrer prozessualen Absicherung über das verfassungsgerichtliche Verfahren des Art. 93 Abs. 1 Nr. 2a GG als durchaus wirksam erwiesen,[65] so dass auch auf Unionsebene mit einer positiven Auswirkung einer solchen Vorschrift zu rechnen wäre. Zu bedenken ist allerdings, dass der Anwendungsbereich der Subsidiaritätsprüfung weit sein müsste, nachdem in Deutschland die Einschränkung des Anwendungsbereichs des Art. 72 Abs. 2 GG im Zuge der Föderalismusreform zu einem Bedeutungsverlust der Vorschrift geführt hat. Darüber hinaus sollten EU-Rechtsakte nicht nur bei ihrem Erlass einer Subsidiaritätsprüfung nach dem oben vorgeschlagenen Muster unterzogen werden. Stattdessen müsste auch nach ihrem Erlass in regelmäßigen Abständen eine Gesetzesfolgenabschätzung[66] dahingehend vorgenommen werden, ob die Anforderungen an die Subsidiarität und Verhältnismäßigkeit auch zu einem späteren Zeitpunkt noch gewahrt werden, was wiederum der verfahrensrechtlichen Absicherung in Form eines Klagerechts zu Gunsten der nationalen Parlamente bedürfte.[67] Eine derartige Überprüfung bereits erlassener EU-Rechtsakte könnte zwar das Vertrauen in das geltende Recht erschüttern und so letztlich die Rechtssicherheit tangieren, völlig fremd ist eine

---

[62] *Calliess*, in: Calliess/Ruffert, EUV/AEUV, Art. 5 Rn. 78; *ders*., EuGRZ 2003, 181, 197.

[63] *Calliess*, in: Calliess/Ruffert, EUV/AEUV, Art. 5 Rn. 79; *ders*., EuGRZ 2003, 181, 197; für eine derartige Überprüfung auch schon *Leschke/Möstl*, Die Grundsätze der Subsidiarität und Verhältnismäßigkeit: Wirksame Kompetenzschranken der Europäischen Union?, in: Heine/Kerber (Hrsg.), Zentralität und Denzentralität von Regulierung in Europa, S. 77, 99.

[64] *Leschke/Möstl*, Die Grundsätze der Subsidiarität und Verhältnismäßigkeit: Wirksame Kompetenzschranken der Europäischen Union?, in: Heine/Kerber (Hrsg.), Zentralität und Denzentralität von Regulierung in Europa, S. 77, 99 f.

[65] Näher dazu oben, Einführung, II.2. c) aa).

[66] Näher zur Gesetzesfolgenabschätzung s. *Veit*, Bessere Gesetze durch Folgenabschätzung?, S. 21 ff.

[67] *Leschke/Möstl*, Die Grundsätze der Subsidiarität und Verhältnismäßigkeit: Wirksame Kompetenzschranken der Europäischen Union?, in: Heine/Kerber (Hrsg.), Zentralität und Denzentralität von Regulierung in Europa, S. 77, 101.

solche Herangehensweise aber etwa dem deutschen Recht nicht. So sieht in Deutschland die Gemeinsame Geschäftsordnung der Bundesministerien seit dem 1. September 2000 vor, dass bei der Formulierung von Rechtsnormen eine Gesetzesfolgenabschätzung vorzunehmen ist, wobei auch eine retrospektive Gesetzesfolgenabschätzung nach Inkrafttreten eines Gesetzes durchgeführt werden kann.[68] Das Bundesverfassungsgericht etwa hat in seinem *Hartz IV*-Urteil aus dem Jahr 2010 dem Gesetzgeber aufgegeben, das hinsichtlich des Gesamtbedarfs gefundene Ergebnis „fortwährend zu überprüfen und weiter zu entwickeln", wozu Vorkehrungen getroffen werden müssten, um auf Änderungen der wirtschaftlichen Rahmenbedingungen zeitnah reagieren zu können.[69] Zwar bezieht sich diese Aussage allein auf die Höhe des Existenzminimums, nicht auf die Regelung an sich, doch lässt sich der Argumentation des Gerichts entnehmen, dass der Gesetzgeber unter gewissen Voraussetzungen verpflichtet sein kann, eine bestehende Regelung von sich aus zu überprüfen, was grundsätzlich auch für die Erforderlichkeit unter Subsidiaritätsgesichtspunkten gelten könnte. Auf Unionsebene hingegen dominiert nach wie vor das sog. *Integrated Impact Assessment*, welches im Vorfeld der Verabschiedung eines Rechtsakts zur Anwendung kommt, nicht aber auf die nachträgliche Veränderung bereits bestehender Unionsrechtsakte abzielt.[70] Unabhängig davon dürfen jedoch von einer Konkretisierung des Subsidiaritätsprinzips und einer entsprechenden verfahrensrechtlichen Ausgestaltung keine allzu großen Fortschritte bei der Begrenzung der Zentralisierung im Kompetenzbereich erwartet werden. Dies gilt insbesondere dann, wenn der EuGH weiterhin dazu neigt, dem Unionsgesetzgeber bei der Prüfung der kompetenziellen Verhältnismäßigkeit einen weiten Ermessensspielraum einzuräumen. Daran dürfte auch der Vorschlag von *Schütze* nichts ändern, wonach zur Stärkung des Subsidiaritätsprinzips entweder eine neue, aus Vertretern der nationalen Parlamente bestehende Institution gegründet werden könnte oder die nationalen Parlamente als solche in den europäischen Rechtssetzungsprozess einbezogen werden könnten.[71] Jeder der beiden Ansätze setzt voraus, dass sich die nationalen Parlamente bzw. ihre Vertreter auf eine gemeinsame Linie verständigen, was angesichts der Heterogenität der nationalen Parlamente kaum zu erwarten ist, so dass eine Stärkung des inhaltlich ohnehin schon schwer erfassbaren Subsidiaritätsprinzips mit Hilfe einer wenig entscheidungsfähigen Einrichtung als eher fernliegend erscheint. Für die Erhaltung der Grundrechtsvielfalt bedeutet dies, dass die Konkretisierung des Subsidiaritätsprinzips *de lege ferenda* über die Begrenzung der Ausdehnung des Kompetenzzuwachses zu Gunsten der EU allenfalls einen kleinen Beitrag zur Stärkung der nationalen Grundrechte leisten könnte.

---

[68] S. dazu auch *Bundesministerium des Innern*, Moderner Staat – Moderne Verwaltung, Leitfaden zur Gesetzesfolgenabschätzung, S. 19 ff.

[69] BVerfGE 125, 175, 225; ähnlich BVerfGE 132, 134, Rn. 95.

[70] *Europäisches Parlament*, How does ex-ante Impact Assessment work in the EU?, February 2015, abrufbar unter http://www.europarl.europa.eu/RegData/etudes/BRIE/2015/528809/EPRS_BRI(2015)528809_EN.pdf (zuletzt abgerufen am 06.11.2017).

[71] *Schütze*, From Dual to Cooperative Federalism, S. 257.

3. Zwischenergebnis

Das föderale System der EU neigt, ebenso wie die föderalen Systeme Deutschlands und der Schweiz, zu einer fortschreitenden Zentralisierung der Gesetzgebungskompetenzen, welche sich wiederum negativ auf die Grundrechtsvielfalt in der Union auswirkt. Die Kompetenzverteilung zwischen Union und Mitgliedstaaten bildet indes keinen geeigneten Anknüpfungspunkt für eine Steuerung des Ausgleichs von Grundrechtseinheit und Grundrechtsvielfalt, da sich weder das Subsidiaritätsprinzip noch der Grundsatz der Verhältnismäßigkeit, das Gebot der Achtung der nationalen Identität der Mitgliedstaaten oder die Pflicht zur loyalen Zusammenarbeit dazu eignen, die Ausdehnung der Unionskompetenzen nachhaltig aufzuhalten. Auch eine Dezentralisierung im Kompetenzbereich durch eine Änderung des unionalen Primärrechts erscheint zumindest gegenwärtig kaum erfolgversprechend. Einzig durch eine materielle Konkretisierung des Subsidiaritätsprinzips könnte die Zentralisierungstendenz im Kompetenzbereich leicht abgeschwächt werden, wobei die Auswirkungen auf den Grundrechtsschutz allenfalls marginal sein dürften.

II. Verankerung von Grundrechtsgewährleistungen

1. Aufrechterhaltung bzw. Ausbau der Grundrechtsgewährleistungen auf mitgliedstaatlicher Ebene

Eine Steigerung der Grundrechtsvielfalt in der EU könnte dadurch erreicht werden, dass auf mitgliedstaatlicher Ebene umfassende Grundrechtsgewährleistungen verankert bleiben bzw. weitere Grundrechte in die jeweilige nationale Verfassung aufgenommen werden. Letzteres kann sich insbesondere deshalb als sinnvoll erweisen, um neuartigen Herausforderungen gerecht zu werden, etwa im Bereich des Datenschutzes oder beim Umgang mit der Gentechnologie. Gerade die Erfahrungen der Grundrechtsentwicklung in der Schweiz zeigen, dass gliedstaatliche Grundrechtsgarantien als Vorbilder für eine spätere Weiterentwicklung der Grundrechtsgarantien auf gesamtstaatlicher Ebene dienen können. Dies gilt insbesondere für die bernische Kantonsverfassung von 1993, welche den Grundrechtsteil der Bundesverfassung von 1999 nachweislich in erheblicher Weise beeinflusst hat, etwa in Bezug auf das Recht jeder Person, von den staatlichen Organen ohne Willkür und nach Treu und Glauben behandelt zu werden, oder in Bezug auf das Recht auf Datenschutz.[72] Auch auf Unionsebene haben sich die Grundrechte entscheidend auf Basis der mitgliedstaatlichen Verfassungsüberlieferungen entwickelt,[73] so dass Letztere auch in Zukunft Ausgangspunkt für Grundrechtsinnovationen auf Unionsebene sein können.

---

[72] S. dazu oben, § 9 II.1.

[73] S. dazu oben, § 10 II.1. a); *Hornung*, Grundrechtsinnovationen, S. 504.

Eine andere Frage ist freilich, ob und inwiefern angesichts des umfassenden Charakters der Grundrechte-Charta und der großen Reichweite ihres Anwendungsbereichs überhaupt noch Raum verbleibt für Besonderheiten auf nationaler Ebene bzw. für Weiterentwicklungen bei den unionalen Grundrechten. Hierzu lässt sich sagen, dass durch neue technische Entwicklungen immer wieder Innovationsbedarf, auch im Grundrechtsbereich, entstehen wird und nationale Verfassungs- und Höchstgerichte, ebenso wie nationale Verfassungsgeber, schon auf Grund der größeren Sachnähe häufig schneller auf derartige Herausforderungen reagieren werden als etwa der EuGH oder der unionale Primärrechtsgesetzgeber. Andererseits dürfte auch für nationale Grundrechte, welche regionalen Besonderheiten Rechnung tragen, weiterhin Raum verbleiben, zumindest so lange, wie diese nicht im Widerspruch zum Unionsrecht stehen. Sie können insbesondere außerhalb des Anwendungsbereichs des Unionsrechts Anwendung finden, ohne die Kohärenz des europäischen Grundrechtsschutzsystems zu gefährden,[74] sondern im Gegenteil zu einem „Qualitätswettbewerb" der einzelnen Grundrechtsebenen beitragen.[75] Die Erfahrungen aus Deutschland und der Schweiz zeigen jedoch, dass gliedstaatliche Grundrechte nur dann eigenständige Wirkung entfalten können, wenn ihre Einhaltung durch ein mit weit reichenden Kompetenzen ausgestattetes Verfassungsgericht überwacht wird.

2. Verzicht auf genuin nationale Grundrechtsgewährleistungen und Anpassung an die Unionsgrundrechte

Im Gegensatz dazu würde ein Verzicht auf nationale Grundrechtsgewährleistungen, verbunden mit der pauschalen Übernahme der Grundrechte-Charta oder der EMRK ins nationale Recht im Sinne einer größtmöglichen Grundrechtskonvergenz, zu einer Unitarisierung des Grundrechtsschutzes in Europa führen. Das Beispiel der in Deutschland unmittelbar nach Inkrafttreten des Grundgesetzes konzipierten Landesverfassungen beweist, dass dort, wo, wie etwa in Niedersachsen oder Hamburg, die Landesverfassung keine oder nur wenige eigenständige Grundrechtsgarantien enthält, sich eine landesspezifische Grundrechtsjudikatur nicht entwickeln konnte. Entsprechendes lässt sich schon für die Zeit der Weimarer Republik feststellen, in der die deutschen Bundesländer ebenfalls weitgehend auf eigenständige Grundrechtsgewährleistungen verzichteten. Ähnliches gilt für einen Teil der schweizerischen Kantone nach Inkrafttreten der Bundesverfassung von 1999, die von der Verbürgung kantonaler Grundrechte bewusst absahen und sich stattdessen mit einem Verweis auf die Grundrechte der Bundesverfassung und der für die Schweiz geltenden internationalen Menschenrechtsverträge begnügten.[76] Unter diesen Vorzeichen kann jedoch nur eine Grundrechts-

[74] *Hornung*, Grundrechtsinnovationen, S. 504.
[75] Vgl. *Hoffmann-Riem*, EuGRZ 2002, 473, 482.
[76] S. dazu oben, § 9 II.2.

entwicklung „von oben nach unten" stattfinden. Im Verhältnis der EU zu den Mitgliedstaaten wäre eine derartige Entwicklung zumindest problematisch, da nationalen Besonderheiten auf diese Weise kaum mehr Rechnung getragen werden könnte. Außerdem könnten die nationalen Verfassungs- und Höchstgerichte geneigt sein, dem so empfundenen Unitarisierungsdruck aus Brüssel und Luxemburg auf andere Weise entgegen zu wirken, etwa in Form der Aktivierung der *ultra vires-* bzw. Identitätskontrolle. Ein Verzicht auf nationale Grundrechtsgewährleistungen wird jedoch in der Praxis schon daran scheitern, dass die Mitgliedstaaten dazu nicht bereits sein werden. Dies gilt selbst für Staaten wie Österreich, die der EMRK Verfassungsrang beimessen und die Grundrechte-Charta unter bestimmten Voraussetzungen als verfassungsgerichtlichen Prüfungsmaßstab anerkennen, die jedoch bislang nicht mit Rücksicht auf die EU auf ihre nationalen Grundrechte verzichten. Selbst ein dynamischer Verweis auf die Grundrechtsgewährleistungen der EU findet sich bislang in den mitgliedstaatlichen Verfassungen nicht. Ebenso wenig existieren auf mitgliedstaatlicher Ebene Bestrebungen, die nationalen Grundrechtskataloge formell und materiell vollständig an die Grundrechte-Charta anzupassen. Es ist zu erwarten, dass eine derartige Anpassung, wie in Deutschland hinsichtlich von Art. 12a GG im Zuge des Falles *Tanja Kreil*, allenfalls punktuell und in Folge einer einschlägigen Entscheidung des EuGH, nicht aber freiwillig zum Zwecke der präventiven Konfliktvermeidung erfolgt.[77]

3. *Zwischenergebnis*

Zur Bewahrung der Grundrechtsvielfalt in der EU sollten die Mitgliedstaaten auch weiterhin eigene Grundrechtsgewährleistungen in ihren Verfassungen garantieren, auch wenn diese angesichts des umfassenden Charakters der Grundrechte-Charta zumindest im Anwendungsbereich des Unionsrechts heute weitgehend überlagert werden. Wie jedoch die Erfahrungen Deutschlands, der Schweiz und auch der EU in der Vergangenheit gezeigt haben, können gliedstaatliche und mitgliedstaatliche Grundrechte insbesondere dann eine eigenständige Bedeutung entfalten, wenn neuartige Herausforderungen entstehen, auf die die gesamtstaatliche bzw. die Unionsebene nur langsam reagieren kann. Außerdem kann mit Hilfe nationaler Grundrechte regionalen Besonderheiten und Bedürfnissen besser Rechnung getragen werden. Gegen eine Abschaffung mitgliedstaatlicher Grundrechte und einen bloßen Verweis auf die Unionsgrundrechte spricht schließlich, dass ein solcher Schritt die Unitarisierung im Grundrechtsbereich weiter vorantreiben und in der Praxis zudem am Widerstand der EU-Mitgliedstaaten scheitern würde.

---

[77] Zur Rechtssache *Tanja Kreil* s. oben, § 10 IV.1. b) aa); zur Konfliktvermeidungsstrategie der Anpassung s. schon *Zuleeg*, VVDStRL 53 (1994), 154, 177.

III. Materiell-rechtliche Ansatzpunkte zur grundrechtsbezogenen Kollisions- und Konfliktvermeidung

1. Konfliktvermeidung durch klare Kompetenzabgrenzung im Grundrechtsbereich

Ein Ansatzpunkt, in föderalen Systemen Konflikte bei der Anwendung von Grundrechten der verschiedenen Ebenen von vornherein zu vermeiden, besteht darin, die grundrechtsbezogenen Kompetenzen der beteiligten Ebenen klar voneinander abzugrenzen. Dies könnte beispielsweise dadurch geschehen, dass die jeweilige Ebene nur so weit über eigene Grundrechte verfügen darf, wie ihre Rechtssetzungsbefugnis reicht. Für das Verhältnis EU-Mitgliedstaaten würde dies bedeuten, dass die Mitgliedstaaten im Bereich der ausschließlichen Rechtssetzungskompetenzen der Union von der Verankerung eigener Grundrechte ausgeschlossen wären, während die Union ihrerseits in denjenigen Bereichen, die in die alleinige Zuständigkeit der Mitgliedstaaten fallen, keine eigenen Grundrechte vorsehen dürfte. Dies wiederum hätte zur Folge, dass die Mitgliedstaaten etwa bei der Verbürgung eines Grundrechts der Berufsfreiheit sehr zurückhaltend sein müssten, da nach Art. 3 Abs. 1 AEUV u.a. das Wettbewerbsrecht in die ausschließliche Zuständigkeit der Union fällt. Noch komplizierter gestaltete sich die Situation im Rahmen der geteilten Zuständigkeiten, da die Union nicht zwingend von ihrer Kompetenz Gebrauch machen muss und die Mitgliedstaaten in diesem Bereich zumindest hilfsweise über eigene Grundrechte verfügen müssten. Schon aus diesem Grund erscheint eine Konfliktvermeidung durch Kompetenzabgrenzung im Grundrechtsbereich wenig praktikabel. Darüber hinaus zeigen die Erfahrungen der föderalen Systeme Deutschlands und der Schweiz, dass jeweils beide Ebenen grundsätzlich über eigene Grundrechte verfügen und die untergeordnete Ebene lediglich teilweise freiwillig auf die Verankerung eigener Grundrechte verzichtet. Hinzu kommt, dass die Verfassungsgesetzgebung als solche schon auf Grund der Verfassungsautonomie der Mitgliedstaaten nicht der Zuständigkeitsverteilung des unionalen Primärrechts unterfällt, so dass die Kompetenz zur Verankerung von Grundrechten nicht dem EU-Primärrecht folgt bzw. folgen muss. Ferner betreffen die Grundrechte ihrem Wesen nach stets mehrere verschiedene Kompetenztitel, so dass eine Abgrenzung entlang der unionalen Zuständigkeitsverteilung kaum realisierbar wäre. Werden derartige Erwägungen bereits im Zusammenhang mit der bundesstaatlichen Kompetenzverteilung des Grundgesetzes vorgebracht,[78] müssen diese im Hinblick auf die EU erst recht ernst genommen werden, da die Zuständigkeiten der EU, anders als diejenigen des Bundes im System des Grundgesetzes oder der Schweizer Bundesverfassung, primär funktional und auf Weiterentwicklung ausgerichtet sind und dementsprechend eine Abgrenzung zu den Zuständigkeiten der Mitgliedstaaten noch schwerer möglich ist als bei staatlichen föderalen Mehrebenensystemen und im Übrigen

[78] S. dazu oben, § 6 III.2. a).

vor dem Hintergrund der Offenheit der von der Union verfolgten Ziele auch gar nicht erstrebenswert wäre.[79] Insgesamt gesehen würde eine starre Abgrenzung der Kompetenzbereiche zudem zu Lasten der Grundrechtsvielfalt auf mitgliedstaatlicher Ebene gehen. Daher muss eine Konfliktvermeidung durch strikte Kompetenzabgrenzung im Grundrechtsbereich im föderalen System der EU auch *de lege ferenda* ausscheiden.

2. Begrenzung der Reichweite des Anwendungsvorrangs des Unionsrechts

Zur Wahrung der Grundrechtsvielfalt, insbesondere im Hinblick auf nationale Besonderheiten, kommt grundsätzlich eine Begrenzung der Reichweite des Anwendungsvorrangs des Unionsrechts in Betracht, welche sich mit *de Witte* auf Art. 4 Abs. 2 EUV stützen ließe.[80] Diese könnte so ausgestaltet sein, dass das Unionsrecht zwar Vorrang vor dem nationalen Recht genießt, der Vorrang jedoch nicht auch das nationale Verfassungsrecht erfasst. Die Verfassungs- und Höchstgerichte nicht weniger EU-Mitgliedstaaten vertreten eine derartige Position, indem sie den Vorrang des Unionsrechts zwar grundsätzlich anerkennen, einen Vorrang auch vor der nationalen Verfassung und damit auch vor den nationalen Grundrechten jedoch ablehnen. Konkret gilt dies etwa für die Verfassungs- und Höchstgerichte Polens, Litauens und Frankreichs.[81] Folgt man deren Auffassung, können die Mitgliedstaaten in ihren Verfassungen Grundrechte verankern, die hinter den unionsrechtlichen Gewährleistungen zurück bleiben oder über diese hinaus gehen. Für den Fall nationaler Mindergewährleistungen bedeutete dies, dass diese selbst dann zur Anwendung kämen, wenn die Grundrechte-Charta einen weiter gehenden Grundrechtsschutz gewährt. Damit würde zwar nicht die Grundrechtsvielfalt im föderalen System der EU, sehr wohl aber das grundrechtliche Schutzniveau in der Union beeinträchtigt. Daher weist der EuGH in seinem Urteil in der Rechtssache *Melloni* im Zusammenhang mit Art. 53 GRC zu Recht darauf hin, dass durch die Anwendung nationaler Schutzstandards das Schutzniveau der Grundrechte-Charta nicht tangiert werden darf.[82] Wesentlich häufiger als nationale Mindergewährleistungen dürfte jedoch der Fall nationaler Mehrgewährleistungen sein. Diese würden sich bei einer Begrenzung der Reichweite des unionalen Anwendungsvorrangs gegen jedwedes Unionsrecht, also auch gegen die Gewährleistungen der Grundrechte-Charta durchsetzen. Dadurch würde zwar die Grundrechtsvielfalt gestärkt, gleichzeitig aber die Einheit und Wirksamkeit des Unionsrechts beeinträchtigt.[83] So könnten die Mitgliedstaaten in ihre Verfassungen beispielsweise ein als subjektives Recht ausgestaltetes Grundrecht

---

[79] Vgl. *Maduro*, EuR 2007, 3, 31.
[80] S. *de Witte*, Direct Effect, Primacy and the Nature of the Legal Order, in: Craig/de Búrca (Hrsg.), The Evolution of EU Law, S. 323, 357.
[81] S. dazu oben, § 1 II.2. b) aa) ccc).
[82] EuGH, Rs. C-399/11, Melloni, digit. Slg. Rn. 60.
[83] EuGH, Rs. C-399/11, Melloni, digit. Slg. Rn. 60.

auf Arbeit aufnehmen, welches im Fall des Vorrangs der nationalen Verfassung dem unionalen Sekundärrecht, insbesondere dem wirtschaftsbezogenen Unionsrecht, entgegen gehalten werden und dieses wirkungslos machen könnte. Auch die Gewährleistungen der Grundrechte-Charta könnten durch einen Vorrang des nationalen Verfassungsrechts obsolet werden, wenn die Mitgliedstaaten in einer Art Wettbewerb um den besten Grundrechtsschutz weiter gehende Grundrechtsgarantien verbürgen, was freilich zumindest in zweipoligen Rechtsverhältnissen dem individuellen Grundrechtsschutz zu Gute käme. Gerade bei mehrpoligen Grundrechtskonstellationen könnte jedoch ein pauschaler Vorrang des nationalen Verfassungsrechts vor dem Unionsrechts die auf Unionsebene getroffenen grundrechtlichen Wertungen ins Gegenteil verkehren. Grund dafür ist, dass bei einer Steuerung über die Reichweite der Kollisionsnorm nur eine Alles-oder-Nichts-Entscheidung möglich ist, aber keine graduellen Abstufungen dahin gehend getroffen werden können, inwieweit die Berücksichtigung nationaler Besonderheiten vor dem Hintergrund der Einheitlichkeit und Wirksamkeit des Unionsrechts noch vertretbar erscheint. Eine derartige Korridor-Lösung hingegen weist im Vergleich zu einer Lösung im Wege einer Reduktion der Reichweite des Anwendungsvorrangs eine erheblich größere Flexibilität auf. Sie kann jedoch nicht durch eine Variation der Reichweite des Anwendungsvorrangs, sondern ausschließlich auf prozessualem Weg verwirklicht werden, bei dem dem jeweiligen Einzelfall hinreichend Rechnung getragen werden kann. Im Übrigen legen die Erfahrungen der föderalen Systeme Deutschlands und der Schweiz unter Einbeziehung von deren historischen Vorläufern nahe, dass ein föderales System in der Praxis nur dann funktionieren kann, wenn das Recht des Bundes Geltungsvorrang gegenüber dem gliedstaatlichen Recht einschließlich des gliedstaatlichen Verfassungsrechts genießt. Dass dies zu Lasten der Grundrechtsvielfalt auf gliedstaatlicher Ebene geht, liegt auf der Hand, ist aber als Folge des föderalen Charakters eines Systems hinzunehmen.

3. Schaffung eines öffentlichen Kollisionsrechts

Eine weitere Möglichkeit zur Schaffung eines Ausgleichs zwischen Grundrechtseinheit und Grundrechtsvielfalt innerhalb der EU könnte die Entwicklung eines öffentlichen Kollisionsrechts in Anlehnung an das Internationale Privatrecht (IPR) darstellen.[84] Beim IPR handelt es sich um internationales Kollisionsrecht, das die Anwendung von materiellen Privatrechtsordnungen verschiedener Staaten bei einem gegebenen Sachverhalt regelt.[85] Das IPR basiert dabei auf der Vor-

---

[84] S. dazu *Viellechner*, Transnationalisierung des Rechts, S. 270 ff.

[85] *Beitzke*, FS Smend, S. 1, 3; *Kegel/Schurig*, Internationales Privatrecht, S. 6; *v. Hoffmann/Thorn*, Internationales Privatrecht, S. 5; *Junker*, Internationales Privatrecht, Rn. 2, 8 f.; *Kropholler*, Internationales Privatrecht, S. 7; *Ohler*, die Kollisionsordnung des Allgemeinen Verwaltungsrechts, S. 28; a.A. aber *Lorenz*, Zur Struktur des internationalen Privatrechts, S. 56, der einen Auslandsbezug für unverzichtbar hält.

stellung, dass alle Privatrechtsordnungen gleichberechtigt sind.[86] Anders als das Privatrecht verfügt das öffentliche Recht bislang nicht über ein Instrumentarium, mit dessen Hilfe bei Sachverhalten mit Auslandsbezug entschieden werden könnte, welche Rechtsordnung im konkreten Fall zur Anwendung kommen soll.[87] Fraglich ist jedoch zunächst, ob ein öffentliches Kollisionsrecht überhaupt geeignet wäre, Normkonflikte zwischen Unionsrecht, nationalem Recht und EMRK, mithin auch zwischen unionalen, nationalen und EMRK-Grundrechten, aufzulösen. In Bezug auf das Verhältnis zwischen der EU und den Mitgliedstaaten könnte dafür sprechen, dass die Unionsrechtsordnung und die nationalen Rechtsordnungen grundsätzlich in einem heterarchischen Verhältnis zueinander stehen[88] und ihre in der Praxis bestehende Ähnlichkeit mit einem tendenziell hierarchisch gegliederten Bundesstaat erst durch die große Reichweite des Anwendungsvorrangs des Unionsrechts zustande kommt. Indes darf nicht übersehen werden, dass der Anwendungsvorrang des Unionsrechts seinerseits, ebenso wie Art. 53 GRC speziell für den Grundrechtsbereich,[89] eine Kollisionsregel darstellt,[90] so dass *de lege lata* trotz der Existenz mitgliedstaatlicher Verfassungsidentitäts- und *ultra vires*-Vorbehalte gerade kein Bedürfnis für die Schaffung eines öffentlichen Kollisionsrechts unter Einbeziehung des primären Unionsrechts besteht, zumal unter Geltung des Anwendungsvorrangs des Unionsrechts jedenfalls von den praktischen Auswirkungen her keine Gleichordnung der beteiligten Rechtsordnungen gegeben ist.

In der Literatur wird die Schaffung eines öffentliches Kollisionsrechts vorgeschlagen, welches vor allem der Konfliktlösung im Bereich des Verwaltungsrechts dienen soll und welches an das faktisch gleichberechtigte Nebeneinander von Union und Mitgliedstaaten etwa im Bereich der Komitologie anknüpft.[91] Selbst wenn man diesem Ansatz folgt, können damit Konflikte im Grundrechtsbereich jedoch nicht gelöst werden, da die Grundrechte als Teil des Primärrechts ihrerseits nicht dem Verwaltungsrecht zuzurechnen sind. Konflikte zwischen den Gewährleistungen der EMRK und nationalen Grundrechten bzw. Unionsgrundrechten können damit ebenfalls nicht geklärt werden, da die Konvention als völkerrechtlicher Vertrag von der innerstaatlichen Umsetzung durch die Vertrags-

[86] *Joerges*, Zum Funktionswandel des Kollisionsrechts, S. 2 f.

[87] Näher dazu *Ehlers*, Internationales Verwaltungsrecht, in: Ehlers/Pünder (Hrsg.), Allgemeines Verwaltungsrecht, § 4 Rn. 3.

[88] So die Argumentation von *Joerges*, Constitutional and Transnational Governance: Exploring a Magic Triangle, in: Joerges/Sand/Teubner (Hrsg.), Transnational Governance and Constitutionalism, S. 339, 370 f.

[89] Näher dazu oben, § 11 III.1. d).

[90] Näher dazu oben, § 10 III.2. a).

[91] Vgl. etwa *Ehlers*, Internationales Verwaltungsrecht, in: Ehlers/Pünder (Hrsg.), Allgemeines Verwaltungsrecht, § 4 Rn. 4 ff.; *Ohler*, Die Kollisionsordnung des Allgemeinen Verwaltungsrechts, S. 87 ff.; zurückhaltender hingegen *Classen*, VVDStRL 67 (2008), 365, 395 f.; *Fischer-Lescano*, JZ 2008, 373, 380 ff.; zur kollisionsrechtlichen Interpretation des Komitologieverfahrens *Joerges*, Integration durch Entrechtlichung?, S. 17 f., wobei sich die Ausführungen zum Komitologieverfahren vor Inkrafttreten des Vertrags von Lissabon beziehen.

parteien abhängig ist und ihr daher vor dem Hintergrund der Souveränität der Vertragsparteien ohne deren Zustimmung kein bestimmtes Verhältnis zu deren nationalen Rechtsordnungen zugewiesen werden könnte. *Joerges* geht im Hinblick auf das Verhältnis zwischen der EU und den Mitgliedstaaten sogar noch einen Schritt weiter, indem er das Europarecht als „Kollisionsrecht neuen Typs" verstehen möchte.[92] Er plädiert dabei für ein Europarecht, das auf Konflikte zwischen nationalen Rechtsordnungen und dem Europarecht „nicht durch einen Octroi supranationalen Sachrechts, aber auch nicht durch die Bevorzugung des einen vor dem anderen nationalen Recht, sondern durch die Entwicklung von Grundsätzen und Regeln reagiert, die den betroffenen Gemeinwesen Veränderungen abverlangen, deren Funktionalität für das Zusammenleben in Europa einsichtig ist und die zugleich normativ berechtigt erscheinen".[93] Ob damit jedoch Kollisionen im Grundrechtsbereich vermieden werden können, bleibt fraglich, zumal nicht absehbar ist, wie derartige Kollisionsregeln für den Bereich des Verfassungs- und Primärrechts konkret aussehen könnten, selbst wenn die Kollisionsnorm des Anwendungsvorrangs aufgegeben würde. Letztlich kann sich der von *Joerges* vorgeschlagene Ansatz damit nur auf das Verwaltungsrecht, nicht aber auf das unionale Primärrecht und sein Verhältnis zum nationalen Verfassungsrecht beziehen. Schließlich darf nicht übersehen werden, dass auch die bundestaatlichen Systeme Deutschlands und der Schweiz nicht strikt hierarchisch angelegt sind, sondern vielmehr zugleich Elemente der Gleichordnung aufweisen, und in diesen Systemen Kollisionen zwischen Bundesrecht und gliedstaatlichem Recht auch nicht mittels eines eigens geschaffenen Kollisionsrechts, sondern mit Hilfe der Kollisionsregel des Geltungsvorrangs des Bundesrechts aufgelöst werden. Auf Grundlage dieser Erfahrungen erscheint ein öffentliches Kollisionsrecht jenseits der Kollisionsregeln des Anwendungsvorrangs des Unionsrechts und des Art. 53 GRC für den Bereich des Unionsrechts entbehrlich. Dagegen wendet *Kahl* ein, dass dem europäischen Grundrechtspluralismus nur mit einem differenzierten internationalen Grundrechtskollisionsrecht Rechnung getragen werden könne, welches sich sowohl auf prozessuale als auch auf materiell-rechtliche Aspekte beziehen müsse.[94] Dem ist insoweit zuzustimmen, als insbesondere das Verhältnis der EMRK zu den mitgliedstaatlichen Rechtsordnungen sowie zur Unionsrechtsordnung bislang keinen klaren materiell-rechtlichen Kollisionsregeln unterliegt, doch erscheint die Entwicklung eines kohärenten Kollisionsregimes insoweit als schwierig, als die Konvention im Recht der Vertragsparteien keinen einheitlichen Rang besitzt. In Bezug auf das Unionsrecht erscheint ein internationales Grundrechtskollisionsrecht im Hinblick auf die Existenz der Kollisionsregeln des Anwendungsvorrangs und des Art. 53 GRC demgegenüber entbehrlich. *Viellechner* hingegen geht davon aus, dass etwa Art. 53 EMRK als Teil

[92] *Joerges*, FS Rehbinder, S. 719, 719 ff.
[93] *Joerges*, FS Rehbinder, S. 719, 733.
[94] *Kahl*, AöR 131 (2006), 579, 588.

eines sich herausbildenden transnationalen Kollisionsrechts zu verstehen sei.[95] Entsprechendes gelte für Art. 4 Abs. 2 EUV bezüglich der Achtung der nationalen Identität der Mitgliedstaaten sowie für die vom Bundesverfassungsgericht entwickelte *Solange II*-Formel.[96] Allerdings müssten diese Kollisionsregeln noch weiter ausdifferenziert werden, etwa durch eine schärfere Konturierung der Kollisionsregel des Beurteilungsspielraums.[97] Gegen die von *Viellechner* vertretene Auffassung lässt sich einwenden, dass die auf den verschiedenen Grundrechtsebenen existierenden Kollisionsregeln lediglich einseitige Kollisionsvorschriften darstellen, die sich gerade nicht zu einem zusammenhängenden öffentlichen Kollisionsrecht zusammen fügen lassen. Hinzu kommt, dass es sich bei dem Konzept der *margin of appreciation* richtigerweise nicht um eine Kollisionsregel, sondern vielmehr um ein prozessuales Instrument handelt,[98] welches nicht zur Entwicklung eines materiell-rechtlichen Kollisionsrechts heran gezogen werden kann. Aus diesem Grund erscheint es vorzugswürdig, die bereits existierenden Kollisionsnormen nicht als einheitliches Kollisionsrecht zu begreifen.

Insgesamt lässt sich sagen, dass Kollisionen zwischen nationalen Grundrechten und dem Unionsrecht auch *de lege ferenda* nicht mit Hilfe eines spezifisch öffentlichen Kollisionsrechts aufgelöst werden sollten, während die Entwicklung eines derartigen Kollisionsrechts unter Einbeziehung der EMRK schon angesichts von deren Charakter als völkerrechtlicher Vertrag als kaum realisierbar erscheint.

4. Auflösung von Kollisionen durch einen Rekurs auf das Völkerrecht

MacCormick, der das Verhältnis von Unionsrecht und nationalem Recht als „pluralism under international law" versteht, schlägt eine Auflösung von Kollisionen zwischen Unionsrecht und nationalem Recht im Wege des Rekurses auf eine dritte Ebene, *in concreto* die völkerrechtliche Ebene vor.[99] Wenngleich sein Ansatz in erster Linie auf die Entwicklung prozessualer Lösungen abzielt, arbeitet er auch im Hinblick auf das materielle Kollisionsrecht einen potentiellen Ansatzpunkt heraus. *MacCormick* geht davon aus, dass die EU und die Mitgliedstaaten nach dem völkerrechtlichen Grundsatz des *pacta sunt servanda* (Art. 26 WVK) an ihre wechselseitigen Verpflichtungen gebunden seien,[100] wobei er freilich nicht näher darlegt, welche Rechtsordnung im Kollisionsfall Geltung beanspruchen soll. Stattdessen schlägt er vor, dass Konflikte im prozessualen Bereich zwischen dem EuGH und den mitgliedstaatlichen Gerichten im Wege der völkerrechtli-

---

[95] *Viellechner*, Der Staat 51 (2012), 559, 574.

[96] *Viellechner*, Der Staat 51 (2012), 559, 574 f.

[97] *Viellechner*, Der Staat 51 (2012), 559, 577 f.

[98] Näher dazu oben, § 2 II.4. b) dd).

[99] *MacCormick*, Risking Constitutional Collision in Europe?, Oxford Journal of Legal Studies 18 (1998), 517, 529.

[100] *MacCormick*, Risking Constitutional Collision in Europe?, Oxford Journal of Legal Studies 18 (1998), 517, 531.

chen Streitbeilegung geklärt werden.[101] Gegen einen derartigen Ansatz spricht jedoch schon entscheidend Art. 344 AEUV, der eine Regelung von Streitigkeiten über die Auslegung oder Anwendung des Unionsrechts durch eine nicht im Unionsrecht vorgesehene Instanz ausschließt.[102] Im Übrigen bleibt völlig unklar, wie eine derartige völkerrechtliche Streitbeilegung konkret aussehen könnte, zumal Mitgliedstaaten und EU sich nach den allgemeinen Regeln des Völkerrechts erst einem solchen Mechanismus unterwerfen müssten.

In Bezug auf das materielle Kollisionsrecht lässt sich einwenden, dass das Völkerrecht gerade nichts darüber aussagt, welche von zwei grundsätzlich nebeneinander stehenden Rechtsordnungen in einem konkreten Fall anwendbar sein soll. Etwas anderes würde nur dann gelten, wenn Union und Mitgliedstaaten durch vertragliche Vereinbarung derartige Kollisionsregeln entwickelten, wogegen jedoch entscheidend spricht, dass das Unionsrecht selbst ohnehin schon über die Kollisionsnormen des Anwendungsvorrangs und des Art. 53 GRC verfügt, weshalb eine Konfliktlösung auf völkerrechtlicher Ebene systemwidrig wäre. Auch eine Heranziehung völkerrechtlicher Prinzipien innerhalb des Unionsrechts muss ausscheiden, da es sich beim Unionsrecht um eine autonome, vom Völkerrecht losgelöste Rechtsordnung handelt, in deren Rahmen die allgemeinen Regelungen des Völkerrechts keine Anwendung mehr finden können.[103] Ein Rekurs auf das Völkerrecht zum Zwecke der Auflösung von Kollisionen zwischen Unionsgrundrechten und nationalen Grundrechten ist damit ausgeschlossen.

5. Konfliktvermeidung durch mitgliedstaatliche Selbstbeschränkung

Konflikte zwischen nationalen und unionalen Grundrechten könnten grundsätzlich auch dadurch vermieden werden, dass die Mitgliedstaaten nach dem Vorbild einiger deutscher Bundesländer[104] Vorschriften in ihre Verfassungen aufnehmen, wonach die nationalen Grundrechte so zu interpretieren sind, dass sie dem Unionsrecht nicht widersprechen. Ein solcher Ansatz wird jedoch schon daran scheitern, dass die Mitgliedstaaten zu einem solchen Schritt kaum bereit sein werden.

Eine Harmonierung des Grundrechtsschutzes mit Hilfe einer Art. 52 Abs. 3 GRC nachgebildeten Norm auf mitgliedstaatlicher Ebene dürfte sich ebenfalls als wenig zielführend erweisen, da eine solche Vorschrift nur bei parallelen Grundrechtsverbürgungen, nicht aber bei weitgehend unterschiedlichen Grundrechtsgarantien auf unionaler und mitgliedstaatlicher Ebene zur Anwendung kommen

---

[101] *MacCormick*, Risking Constitutional Collision in Europe?, Oxford Journal of Legal Studies 18 (1998), 517, 532.

[102] Zu dieser Kritik auch *Schmid*, From Pont d'Avignon to Ponte Vecchio, S. 415, 438.

[103] Etwas weniger restriktiv hingegen *Schmid*, From Pont d'Avignon to Ponte Vecchio, S. 415, 451 f.

[104] Ausführlich dazu oben, § 6 III.1.

kann.[105] Außerdem würde eine derartige Konfliktvermeidungsregelung spätestens bei mehrpoligen Rechtsverhältnissen an ihre Grenzen stoßen, zumal nationale Wertungen auf diese Weise weitestgehend zurück gedrängt würden.[106] Daher erscheint eine Konfliktvermeidung im Grundrechtsbereich durch mitgliedstaatliche Selbstbeschränkung zum gegenwärtigen Zeitpunkt weder praktisch realisierbar noch sachgerecht.

6. Verbundmodell nach Burchardt

Burchardt schlägt ein Verbundmodell zur Auflösung von Kollisionen zwischen Unionsrecht und nationalem Recht vor, welches sich auch auf den Grundrechtsbereich anwenden lässt. Danach sollen sich Kollisionen auf Grund der einander ausschließenden Begründungsansätze des EuGH und der nationalen Verfassungs- und Höchstgerichte zur Vorrangfrage auf einer höheren Ebene normativ auflösen lassen.[107] Mit Hilfe eines europäischen „Normenverbundes", der das unionale und das mitgliedstaatliche Recht gleichermaßen umfasst, aber beide Ebenen nicht zu einer Einheit verschmelzen lässt, sollen Rangfragen und damit auch Kollisionsfragen nicht abstrakt durch feste Rangnormen, sondern im Wege einer auf die einzelne Norm bezogenen Abwägung gelöst werden, welche ihrerseits durch verschiedene Strukturprinzipien wie das Legalitätsprinzip, das Subsidiaritätsprinzip, das Demokratieprinzip, das Uniformitätsgebot sowie durch das Gebot der Wahrung der Identität der am Verbund beteiligten Verfassungsordnungen bestimmt wird.[108] Daraus ergibt sich, dass für eine Norm bei ausschließlich abstrakter Betrachtung ihres formellen Ursprungs nicht feststeht, ob sie im Kollisionsfall Vorrang genießen wird oder nicht,[109] worin ein deutlicher Unterschied zu dem vom EuGH vertretenen Konzept des Anwendungsvorrangs des Unionsrechts liegt.

Für den von *Burchardt* entwickelten Ansatz spricht, dass dadurch der pauschale Anwendungsvorrang des Unionsrechts durchbrochen und bereits auf materiell-rechtlicher Ebene eine Abstufung der Reichweite des Anwendungsvorrangs ermöglicht würde. Dadurch ergibt sich eine größere Flexibilität bei der Ausbalancierung des Verhältnisses von Grundrechtseinheit und Grundrechtsvielfalt. Ferner würde die Legitimität der Judikatur des EuGH erhöht, wenn bereits auf normativer Ebene ein klarer dogmatischer Ansatzpunkt für eine Einbeziehung mitgliedstaatlicher Belange bei der Bestimmung des Anwendungsvorrangs vorhanden wäre und dieser nicht ausschließlich im Einzelfall durch Auslegung der streitgegenständlichen Norm oder gar nur durch Rechtsfortbil-

[105] Zu den Grenzen von Art. 52 Abs. 3 GRC s. auch *Maier*, Grundrechtsschutz bei der Durchführung von Richtlinien, S. 280.

[106] *Maier*, Grundrechtsschutz bei der Durchführung von Richtlinien, S. 281.

[107] *Burchardt*, Die Rangfrage im europäischen Normenverbund, S. 185 ff.

[108] *Burchardt*, Die Rangfrage im europäischen Normenverbund, S. 249 ff. u. 260 ff.; zum Ganzen s. auch *Schmidt-Aßmann*, EuGRZ 2016, 85, 90.

[109] *Burchardt*, Die Rangfrage im europäischen Normenverbund, S. 331.

dung gewonnen werden könnte. Dies gilt gerade im Hinblick auf Rechtsvorschriften ohne Ermessens- oder Beurteilungsspielraum für nationale Stellen, bei denen nationale Belange in der Regel unberücksichtigt bleiben müssen. Auf Basis des von *Burchardt* entwickelten Ansatzes würde der methodische Spielraum des EuGH erweitert und gleichzeitig die Akzeptanz seiner Entscheidungen erhöht, was die Spannungen zwischen dem EuGH und den nationalen Verfassungs- und Höchstgerichten im Hinblick auf einen etwaigen Vorrang des Unionsrechts auch vor dem nationalen Verfassungsrecht und auf eine etwaige Verletzung der nationalen Verfassungsidentität durch Unionsakte beträchtlich reduzieren könnte.

Gegen den von *Burchardt* entwickelten Ansatz lässt sich jedoch einwenden, dass seine Umsetzbarkeit in der Praxis nicht absehbar ist. Die Erfahrungen der föderalen Systeme Deutschlands und der Schweiz, die nur tendenziell, nicht aber strikt hierarchisch organisiert sind und die zugleich über hierarchische Elemente verfügen, legen nahe, dass auf materiell-rechtlicher Ebene eine klare Kollisionslösung zu bevorzugen ist. Dies gilt umso mehr, als diese Systeme, ebenso wie ihre historischen Vorläufer, sogar einen Geltungsvorrang des Bundesrechts etabliert haben und aus Gründen der Rechtssicherheit die Idee eines bloßen Anwendungsvorrangs des Bundesrechts ablehnen.[110] Freilich dürfen die Erfahrungen aus Deutschland und der Schweiz nicht unreflektiert auf das System der EU übertragen werden, sondern es bedarf vielmehr einer besonderen Berücksichtigung der nicht-staatlichen Struktur der Union, die im Übrigen keinen Geltungsvorrang des Bundesrechts vor dem nationalen Recht kennt, sondern lediglich von einem Anwendungsvorrang ausgeht, wenngleich die tatsächlichen Auswirkungen weitestgehend identisch sind. Entscheidend ist jedoch, dass die von *Burchardt* vorgeschlagenen Abwägungskriterien insbesondere für den Grundrechtsbereich nur wenig praktikabel sein dürften. Dies gilt vor allem für das Kriterium des Menschenrechtsschutzes.[111] Wenn ein Vergleich des Umfangs des jeweils gewährleisteten Menschenrechtsschutzes ein Kriterium zur Bestimmung der Normenrelation von Unionsrecht und nationalem Recht in einem bestimmten Fall darstellen soll, muss dieses Konzept in mehrpoligen Grundrechtskonstellationen zwangsläufig an seine Grenzen stoßen, da es hier gerade nicht um einen insgesamt höherwertigen Grundrechtsschutz gehen kann. Dagegen ließe sich freilich wiederum einwenden, dass die Qualität des Menschenrechtsschutzes nur eines unter mehreren Kriterien ist. Entscheidend für den Ausgleich zwischen Grundrechtseinheit und Grundrechtsvielfalt wären nach dem Konzept von *Burchardt* dementsprechend die Kriterien der Subsidiarität, der Wahrung der am Verbund beteiligten Verfassungsordnungen sowie der Uniformität. Dabei handelt es sich jedoch um vergleichsweise unbestimmte und daher konkretisierungsbedürftige Kriterien, deren Anwendung der Rechtsunsicherheit Vorschub leisten könnte. Im Hinblick auf die Verfassungsidentität ist zudem problematisch, welche gerichtliche Instanz darüber bestimmen soll, was darunter zu fassen ist. Letztlich müsste

---

[110] S. dazu oben, § 6 III.2. g) cc); § 9 III.2.

[111] *Burchardt*, Die Rangfrage im europäischen Normenverbund, S. 269 f.

wohl der EuGH den Gesichtspunkt der Verfassungsidentität der Mitgliedstaaten aufgreifen und mit Inhalt füllen, was im Ergebnis dazu führen könnte, dass auf unionaler Ebene entschieden wird, was zur Verfassungsidentität eines Mitgliedstaats gehört und was nicht. Zur Auflösung einer Normkollision in einem konkreten Fall müsste der EuGH zudem eine Abwägung vornehmen, was die Entscheidung über das Ausmaß der Berücksichtigung nationaler Belange doch wieder auf die prozessuale Ebene verlagern würde. Außerdem wäre bei einer Abwägungslösung stets eine Einzelfallentscheidung erforderlich, was die Arbeitsbelastung des EuGH langfristig erhöhen könnte. Schließlich sagt der Ansatz von *Burchardt* nichts darüber aus, wie sich die EMRK in das Gefüge von mitgliedstaatlichem Recht und Unionsrecht einfügen würde, so dass insoweit, ebenso wie *de lege lata*, weitere Kollisionsnormen erforderlich blieben. Im Ergebnis überwiegen daher die Argumente dafür, auf Unionsebene dem Vorbild der föderalen Systeme Deutschlands und der Schweiz zu folgen und an der starren Kollisionsregel des Anwendungsvorrangs des Unionsrechts festzuhalten.

7. Zwischenergebnis: Akzeptanz des Scheiterns einer allseits anerkannten Kollisionslösung

In Bezug auf die materiell-rechtlichen Anknüpfungspunkte zur Auflösung von Grundrechtskonflikten kristallisiert sich heraus, dass auf Unionsebene auch *de lege ferenda* das Konzept des Anwendungsvorrangs des Unionsrechts in seiner jetzigen Form beibehalten werden sollte, selbst wenn bezüglich der Reichweite des Anwendungsvorrangs nicht unerhebliche Differenzen bestehen zwischen der Position des EuGH und der Judikatur der nationalen Verfassungs- und Höchstgerichte. Eine Konfliktvermeidung durch eine klare Abgrenzung der Kompetenzbereiche funktioniert schon deshalb nicht, weil auf Unionsebene, noch mehr als auf nationaler Ebene, die Kompetenzen funktional, d.h. auf Weiterentwicklung ausgerichtet sind, so dass eine Abgrenzung schwer fällt. Hinzu kommt, dass Grundrechte in der Regel viele verschiedene Sachbereiche tangieren und daher nicht entweder nur die Union oder nur die Mitgliedstaaten zur Verbürgung von Grundrechten berechtigt sein können. Eine Begrenzung der Reichweite des Anwendungsvorrangs zu Gunsten des nationalen Verfassungsrechts ist ebenfalls nicht empfehlenswert, weil dadurch die Einheit und die Effektivität des Unionsrechts gefährdet werden könnte, wobei insbesondere das Risiko bestünde, dass auf Unionsebene getroffene grundrechtliche Wertungen durch nationale Grundrechtsgewährleistungen ins Gegenteil verkehrt werden. Auch die Schaffung eines öffentlichen Kollisionsrechts erscheint für den Grundrechtsbereich wenig praktikabel. Einer Auflösung von Normkollisionen auf völkerrechtlicher Ebene steht entgegen, dass auf völkerrechtlicher Ebene keine entsprechenden Kollisionsnormen existieren und eine derartige Konfliktlösung im Übrigen mit der Autonomie des Unionsrechts kaum zu vereinbaren wäre. Für eine materiell-rechtliche Konfliktlösung am besten geeignet wäre das von *Burchardt* entwickelte Verbundmodell, doch spricht hiergegen entscheidend, dass es angesichts der Konkretisierungsbedürftigkeit der Abwägungskriterien zu Rechtsunsicherheit führen könnte und die eigentliche Abwägungsentscheidung am Ende doch wieder auf die prozessuale Ebene verlagert würde. Aus all diesen Gründen erscheint es vorzugswürdig, am Anwendungsvorrang des Unionsrechts festzuhalten und damit gleichzeitig das Dilemma zu akzeptieren, dass eine einheitliche, von allen Beteiligten vollumfänglich anerkannte Kollisionsnorm für das Verhältnis von nationalem Recht und Unionsrecht nicht existiert, nachdem die meisten nationalen Rechtsordnungen den Anwendungsvorrang des Unionsrecht zwar nicht grundsätzlich in Frage stellen, sich aber einen mehr oder weniger ausgeprägten Kontrollvorbehalt zugestehen.

IV. Grundrechtsbindung und Prüfungsmaßstab

1. Ansatz des Generalanwalts Cruz Villalón in den Schlussanträgen in der Rechtssache Åkerberg Fransson

Ein Ansatz zur Bestimmung der Reichweite des Anwendungsbereichs von Art. 51 Abs. 1 S. 1 GRC wurde von Generalanwalt *Cruz Villalón* in den Schlussanträgen in der Rechtssache *Åkerberg Fransson* entwickelt. Dabei schlägt der Generalanwalt eine zweistufige Prüfung vor: In einem ersten Schritt müssten zunächst die unterschiedlichen Fälle bestimmt werden, in denen die Verlagerung der Gewährleistung der Grundrechte von den Mitgliedstaaten zur Union grundsätzlich gerechtfertigt sein könne,[112] bevor in einem zweiten Schritt schließlich eine Abwägung der konkreten Umstände des Einzelfalls unter Einbeziehung des betroffenen EU-Grundrechts, des in Rede stehenden mitgliedstaatlichen Handelns sowie des Grads des Zusammenhangs zwischen diesen beiden Variablen die Bildung eines endgültigen und abschließenden Urteils hinsichtlich der Zuweisung der Verantwortlichkeit für die Gewährleistung des Grundrechtsschutzes ermöglichen solle.[113]

Diese Herangehensweise hätte zur Folge, dass der Anwendungsbereich der Grundrechte-Charta im Vergleich zur Anwendbarkeit der Unionsgrundrechte vor Inkrafttreten des Vertrags von Lissabon eingeschränkt würde. Mitgliedstaatliche Maßnahmen wären dann nur noch im Ausnahmefall des Vorliegens einer Unionskompetenz für den fraglichen Sachverhalt, und nicht mehr auch bei rein zufälligen Überschneidungen mit dem Unionsrecht am Maßstab der Unionsgrundrechte zu messen. Statt einer Alles-oder-Nichts-Lösung wäre der potentielle Anknüpfungspunkt an das Unionsrecht vielmehr auf seine Intensität hin zu

[112] Schlussanträge des Generalanwalts Cruz Villalón in der Rs. C-617/10, Åkerberg Fransson, digit. Slg., Rn. 46.

[113] Schlussanträge des Generalanwalts Cruz Villalón in der Rs. C-617/10, Åkerberg Fransson, digit. Slg., Rn. 46 f.; ausführlich zum Ganzen oben, § 11 IV.1. b) cc) bbb).

untersuchen. Ist Letztere nicht hinreichend stark ausgeprägt, wären ausschließlich nationale Grundrechte heranzuziehen, was die Erhaltung und den Ausbau der Grundrechtsvielfalt fördern würde.

Gegen den von *Cruz Villalón* entwickelten Ansatz lässt sich vorbringen, dass er große Rechtsunsicherheit mit sich brächte, zumal der Generalanwalt in seinen Schlussanträgen völlig offen lässt, wie die Kriterien zur Bestimmung der Intensität des Näheverhältnisses aussehen könnten.[114] Auch in der Rechtsprechung des EuGH finden sich keine diesbezüglichen Anhaltspunkte, nachdem der Gerichtshof vor Inkrafttreten des Vertrags von Lissabon stets auf die Eröffnung des Geltungsbereichs des Unionsrechts abgestellt hatte.[115] Gegen den Ansatz von *Cruz Villalón* spricht schließlich, dass mit der damit verbundenen dogmatischen Neuorientierung die seit den 1960er Jahren entwickelte EuGH-Rechtsprechung aufgegeben würde, ohne dass zugleich eine dogmatisch überzeugendere Alternative ins Spiel gebracht wird.[116]

2. Supranationaler Ansatz zur Bestimmung des Anwendungsbereichs der Grundrechte-Charta

Mager schlägt einen genuin supranationalen Ansatz zur Bestimmung der Reichweite der Unionsgrundrechte vor.[117] Sie sieht die Funktion der Unionsgrundrechte in Bezug auf die Mitgliedstaaten darin, dort Grundrechtsschutz zu gewährleisten, wo die nationalen Grundrechte in Folge des Anwendungsvorrangs des Unionsrechts zur Sicherung der einheitlichen Anwendung des Unionsrechts nicht ausreichen bzw. vom Unionsrecht verdrängt werden.[118] Nationale Hoheitsträger sind nach dieser Auffassung nur vermittelt über die Auslegung und Anwendung anderen Unionsrechts an die Grundrechte-Charta gebunden.[119] Nationale Grundrechte könnten daher bei der Anwendung und Umsetzung von Sekundärrecht in nicht unionsrechtlich determinierten Bereichen zur Anwendung kommen.[120] Entsprechendes gilt bei der mitgliedstaatlichen Einschränkung von Binnenmarktfreiheiten, soweit die unionsrechtlich eingeräumten Einschränkungsbefugnisse den Mitgliedstaaten Spielräume belassen.[121] Im Fall *Åkerberg Fransson* würde der Ansatz unter Rückgriff auf das Äquivalenzprinzip und den Effektivitätsgrundsatz nicht zwingend zu anderen Ergebnissen führen als die Lösung des EuGH.[122] Einzig eine Interpretation der Grundrechte-Charta als grund-

---

114 *Winter*, NZA 2013, 473, 476 f.

115 S. dazu oben, § 10 IV.1.

116 *Winter*, NZA 2013, 473, 477.

117 Für weitere Ansätze zur Begrenzung des Anwendungsbereichs der Grundrechte-Charta s. überblicksmäßig *Fontanelli*, Human Rights Law Review 14 (2014), 231, 251 ff.

118 *Mager*, FS Müller-Graff, S. 1358, 1359.

119 *Mager*, FS Müller-Graff, S. 1358, 1359.

120 *Mager*, FS Müller-Graff, S. 1358, 1360.

121 *Mager*, FS Müller-Graff, S. 1358, 1360 f.

122 *Mager*, FS Müller-Graff, S. 1358, 1361 ff.

rechtlichen Mindeststandard, wie sie vom EuGH in der Rechtssache *Melloni* vorgenommen wurde,[123] bedeutete nach *Mager* eine unzulässige Ausdehnung der Reichweite der Grundrechte-Charta.[124]

Der von *Mager* vorgeschlagene Ansatz hat den Vorteil, dass Unionsgrundrechte nur dann zur Anwendung kämen, wenn der Anwendungsbereich des Unionsrechts bereits anderweitig eröffnet ist. Dadurch würde verhindert, dass nationale Grundrechte selbst dort zurück gedrängt werden, wo nur höchst mittelbare Berührungspunkte mit dem Unionsrecht bestehen. Auch dogmatisch vermag der Ansatz zu überzeugen, da der Anwendungsvorrang des Unionsrechts eine zur vorrangigen Anwendbarkeit des Unionsrechts führende Kollisionsregel darstellt, welche im Grundsatz sowohl vom EuGH als auch von den Mitgliedstaaten anerkannt wird. Auf die Entwicklung sonstiger, nicht klar fassbarer Kriterien zur Bestimmung der Reichweite des Anwendungsbereichs der Grundrechte-Charta kann nach dem Ansatz hingegen verzichtet werden, was die Rechtssicherheit bezüglich der Abgrenzung der beiden Grundrechtssphären deutlich erhöht. Nach alledem stellt die von *Mager* vorgeschlagene Herangehensweise einen dogmatisch überzeugenden Weg zur Schaffung eines Ausgleichs zwischen Grundrechtseinheit und Grundrechtsvielfalt dar.

3. Entwicklung von Kriterien für die Prüfung des Art. 51 Abs. 1 S. 1 GRC

Der EuGH vertritt demgegenüber in der Entscheidung in der Rechtssache *Åkerberg Fransson* die Ansicht, dass die Grundrechte-Charta zu beachten sei, wenn eine nationale Rechtsvorschrift in den Geltungsbereich des Unionsrechts falle, weshalb die Anwendbarkeit des Unionsrechts die Anwendbarkeit der Grundrechte-Charta umfasse.[125] Da der Anwendungsbereich der Grundrechte-Charta durch eine derart extensive Auslegung von Art. 51 Abs. 1 S. 1 GRC zu Lasten der mitgliedstaatlichen Grundrechte erheblich erweitert würde, hat der Gerichtshof in den Folgeentscheidungen Kriterien entwickelt, die der Präzisierung des Anwendungsbereichs der Grundrechte-Charta dienen sollen. So sei zur Feststellung, ob eine nationale Maßnahme die Durchführung von Unionsrecht i.S.v. Art. 51 Abs. 1 S. 1 GRC betrifft, u.a. zu prüfen, ob mit der fraglichen nationalen Regelung die Durchführung einer Bestimmung des Unionsrechts bezweckt werde, welchen Charakter diese Regelung habe und ob mit ihr andere als die unter das Unionsrecht fallenden Ziele verfolgt werden, selbst wenn sie das Unionsrecht mittelbar beeinflussen könne, sowie, ob es eine Regelung des Unionsrechts gebe, die für diesen Bereich spezifisch ist oder ihn beeinflussen kann.[126] In der Rechtssache *Hernández* hat der Gerichtshof unter Anwendung dieser Kriterien

---

[123] S. dazu oben, § 11 III.1. d).

[124] *Mager*, FS Müller-Graff, S. 1358, 1363 f.

[125] EuGH, Rs. C-617/10, Åkerberg Fransson, digit. Slg., Rn. 21.

[126] EuGH, Rs. C-198/13, Hernández, digit. Slg., Rn. 37.

auf den Einzelfall ferner klar gestellt, dass sich die Frage nach der Eröffnung des Anwendungsbereichs der Grundrechte-Charta an der Effektivität des Unionsrechts zu orientieren habe und dass das bloße Bestehen einer Unionskompetenz für eine bestimmte Sachmaterie für die Eröffnung des Anwendungsbereichs der Grundrechte-Charta nicht ausreiche.[127]

Für den Ansatz des EuGH in der Rechtssache *Hernández* spricht, dass dadurch der nach der *Åkerberg Fransson*-Entscheidung äußerst weite Anwendungsbereich der Grundrechte-Charta Konturen erhält und Unionsgrundrechte nicht bei jedem noch so mittelbaren Bezug eines Sachverhalts zum Unionsrecht anwendbar sind, was langfristig zu Lasten nationaler Grundrechte ginge. Darüber hinaus knüpft der Gerichtshof an den ungeschriebenen Effektivitätsgrundsatz[128] an, wenn er verlangt, dass sich die Eröffnung des Anwendungsbereichs der Grundrechte-Charta an der Effektivität des Unionsrechts und der Vereitelung der Einheit und Wirksamkeit des Unionsrechts durch nationale Maßnahmen zu orientieren habe. Dies ist dogmatisch überzeugend, da das Unionsrecht als solches, insbesondere auch die Regel des Anwendungsvorrangs des Unionsrechts, darauf ausgerichtet ist, eine uneinheitliche Anwendung durch die Mitgliedstaaten zu verhindern, andererseits aber das Recht der Mitgliedstaaten nicht weiter als erforderlich zurück zu drängen.[129] Auch die Heranziehung verschiedener Kriterien zur Feststellung des Vorliegens einer Durchführung von Unionsrecht i.S.v. Art. 51 Abs. 1 S. 1 GRC ist dem Unionsrecht keineswegs fremd. So vertrat der EuGH bereits in seiner Entscheidung in der Rechtssache *Rey Soda* aus dem Jahr 1975 die Auffassung, dass der Begriff der Durchführung in Art. 155 EWG-Vertrag jedenfalls im Agrarmarktbereich weit auszulegen sei und entsprechende Ermächtigungen an die Kommission final, d.h. mit Blick auf „die Hauptziele[n] der Marktorganisation und weniger nach dem Buchstaben der Ermächtigung“, mithin nach Sinn und Zweck der Regelung zu beurteilen seien.[130] Auch im Bereich der Beeinträchtigung der Grundfreiheiten prüft der EuGH die Frage nach der Zurechenbarkeit des Handelns eines Privaten an den betroffenen Mitgliedstaat u.a. anhand des Kriteriums, welcher Zweck mit der Beauftragung des Privaten verfolgt wurde.[131] Daher erscheint der Rückgriff des EuGH auf die Kriterien des Charakters der Regelung, des Ziels der Vorschrift und dem Vorliegen einer spezifischen Unionsrechtsregelung für den fraglichen Bereich durchaus stimmig.

[127] EuGH, Rs. C-198/13, Hernández, digit. Slg., Rn. 46 f.; ausführlich dazu oben, § 11 IV.1. b) dd) ggg).

[128] Zum Effektivitätsgrundsatz s. etwa EuGH, Rs. 33/76, Rewe-Zentralfinanz und Rewe-Zentral, Slg. 1976, 1989, Rn. 5; Rs. 179/84, Bozzetti, Slg. 1985, 2301, Rn. 17; Rs. C-268/06, Impact, Slg. 2008, I-2483, Rn. 45; ausführlich zum Effektivitätsgrundsatz s. etwa *Kulms*, Der Effektivitätsgrundsatz, S. 30 ff.; *König*, Der Äquivalenz- und Effektivitätsgrundsatz in der Rechtsprechung des Europäischen Gerichtshofs, S. 105 ff.

[129] Vgl. *Britz*, EuGRZ 2015, 275, 276; zum Anwendungsvorrang s. oben, § 10 III.2. a) u. b).

[130] EuGH, Rs. 23/75, Rey Soda, Slg. 1975, 1279, Rn. 10/14.

[131] So etwa EuGH, Rs. C-325/00, Kommission/Deutschland, Slg. 2002, I-9977, Rn. 17.

Gegen die Herangehensweise des EuGH lässt sich allerdings einwenden, dass damit die Gefahr der Rechtsunsicherheit noch immer nicht beseitigt ist, da es alleine dem Gerichtshof obliegt, die Kriterien anzuwenden und zu entscheiden, ob mit der fraglichen nationalen Regelung eine Durchführung des Unionsrechts bezweckt wird. Im Gegensatz zu dem von *Mager* vorgeschlagenen Konzept der Verknüpfung des Anwendungsbereichs der Grundrechte-Charta mit der Reichweite des Anwendungsvorrangs des Unionsrechts[132] verbleibt damit beim Ansatz des EuGH die Gefahr, dass der Gerichtshof die von ihm aufgestellten Kriterien trotz allem weit auslegt und so zu einer Unitarisierung des Grundrechtsschutzes in der EU beiträgt.

Aus den Erfahrungen mit den föderalen Systemen Deutschlands und der Schweiz können ebenfalls keine Kriterien zur weiteren Präzisierung des Anwendungsbereichs der Grundrechte-Charta abgeleitet werden, da sich die Bindungsfrage in diesen Systemen so nicht stellt. Vielmehr sind sowohl in Deutschland als auch in der Schweiz die Gliedstaaten stets an die Bundesgrundrechte gebunden, was sich für Deutschland aus Art. 1 Abs. 3 GG und für die Schweiz aus der Stellung der Grundrechte und Sozialziele vor dem 3. Titel mit der Überschrift „Bund, Kantone und Gemeinden" ergibt.[133] Daher bringt der Rechtsvergleich insoweit keine weiteren Erkenntnisse. Allerdings ergibt sich aus den Erfahrungen des deutschen Bundesstaates mit der Anwendbarkeit der Landesgrundrechte bei der Anwendung von Bundesverfahrensrecht durch die Landesbehörden, dass im Rahmen bundesrechtlich eingeräumter Spielräume grundsätzlich Landesgrundrechte zur Anwendung kommen können.[134] Diese Überlegung lässt sich auf die Durchführung von Unionsrecht durch die Mitgliedstaaten übertragen, so dass in derartigen Fällen von einer Bindung auch an die nationalen Grundrechte auszugehen ist.[135]

Zusammenfassend lässt sich sagen, dass die Bemühungen des EuGH um eine Einschränkung des Anwendungsbereichs der Grundrechte-Charta inhaltlich wie dogmatisch durchaus überzeugend sind, bei der Anwendung der Kriterien im konkreten Einzelfall jedoch ein beträchtliches Risiko der Rechtsunsicherheit und der Ausdehnung des Anwendungsbereichs der Unionsgrundrechte zu Lasten der mitgliedstaatlichen Grundrechtsvielfalt verbleibt. Aus diesem Grund scheint der supranationale, an den Anwendungsvorrang des Unionsrechts anknüpfende Ansatz von *Mager* zur Bestimmung der Reichweite des Anwendungsbereichs der Grundrechte-Charta vorhersehbarere Ergebnisse zu liefern als die Herangehensweise des EuGH.

---

[132] Vgl. oben, § 15 IV.2.

[133] *Bundesrat*, Botschaft über eine neue Bundesverfassung v. 20. November 1996, BBl 1997 I, 1, 137; ausführlich dazu oben, § 9 IV.

[134] Ausführlich dazu oben, § 6 V.3.

[135] Vgl. *Lindner*, EuR 2007, 160, 192; s. dazu oben, § 11. IV.2.

4. Beschränkung der mitgliedstaatlichen Bindung an Unionsgrundrechte auf determinierte Handlungen

Der Grundrechtsvielfalt in der EU könnte zumindest auf den ersten Blick noch besser Rechnung getragen werden, wenn die Bindung der Mitgliedstaaten an die Grundrechte-Charta von Seiten des EuGH auf unionsrechtlich determinierte Handlungen beschränkt und im Rahmen von Gestaltungsspielräumen ausschließlich eine Bindung an nationale Grundrechte angenommen würde. Die Mehrzahl der nationalen Verfassungs- und Höchstgerichte, darunter das Bundesverfassungsgericht, vertritt eine derartige Lösung oder steht einer Bindung an die Unionsgrundrechte auch im Rahmen von unionsrechtlich eingeräumten Gestaltungsspielräumen zumindest skeptisch gegenüber.[136] Diese Position vermag jedoch im Ergebnis nicht zu überzeugen, da, wie *Bäcker* zutreffend bemerkt, ein unionsrechtlicher Gestaltungsspielraum „keine unionsrechtsfreie Zone"[137] ist, sondern derartige Spielräume vielmehr erst durch das Unionsrecht eingeräumt werden.[138] Man könnte freilich überlegen, normlogisch plausibel zwischen Spielraumeröffnung und Spielraumausfüllung zu differenzieren.[139] Die Grenzen der Spielraumeröffnung würden sich nach diesem Ansatz nach den Unionsgrundrechten bestimmen, während die Grenzen der Spielraumausfüllung nach den nationalen Grundrechten auszumachen wären.[140] Die praktische Umsetzung einer solchen Aufspaltung dürfte sich jedoch oft als unmöglich erweisen, da auch die nationalen Grundrechte Handlungsspielräume begrenzen können.[141] Hinzu kommt, dass die Lösung über eine Beschränkung der mitgliedstaatlichen Bindung an die Unionsgrundrechte sämtliche prozessualen Folgeprobleme nicht zu lösen vermag. Zum einen wäre eine Grundrechtsprüfung durch das Bundesverfassungsgericht in unionsrechtlich determinierten Bereichen auch weiterhin ausgeschlossen. Zum anderen müssten im Falle eines nicht-determinierten Rechtsakts jedenfalls die unionsrechtlichen Grenzen des Gestaltungsspielraums zumindest in Deutschland von den Fachgerichten überprüft werden, welche die zu entscheidende Frage im Wege eines Vorabentscheidungsverfahrens an den EuGH vorlegen könnten. Dadurch bliebe das Bundesverfassungsgericht in derartigen Verfahren regelmäßig außen vor, was seine Position als Hüter der nationalen Grundrechte nicht stärken, sondern, im Gegenteil, seine Stellung gegenüber den Fachgerichten schwächen würde.[142] Schon aus diesem Grund stellt die Beschrän-

[136] Ausführlich dazu oben, § 10 IV.1. b) aa).

[137] *Bäcker*, EuR 2015, 389, 403; ähnlich *Sauer*, Grundrechtskollisionsrecht für das europäische Mehrebenensystem, in: Matz-Lück/Hong (Hrsg.), Grundrechte und Grundfreiheiten im Mehrebenensystem, S. 1, 26 f.

[138] *Ludwigs*, EuGRZ 2014, 273, 281; *Bäcker*, EuR 2015, 389, 403; *Franzius*, EuGRZ 2015, 139, 143 f.

[139] *Bäcker*, EuR 2015, 389, 404.

[140] *Bäcker*, EuR 2015, 389, 404.

[141] *Bäcker*, EuR 2015, 389, 404.

[142] *Bäcker*, EuR 2015, 389, 404; *Thym*, JZ 2015, 53, 56.

kung der mitgliedstaatlichen Bindung an die Unionsgrundrechte auf unionsrechtlich determinierte Handlungen kein taugliches Mittel zur Verhinderung der Unitarisierung des Grundrechtsschutzes in der EU dar.

5. Grundrechte-Charta als Prüfungsmaßstab für nationale Verfassungs- und Höchstgerichte

An der Schnittstelle zwischen materiell-rechtlicher Grundrechtsbindung und prozessualer Grundrechtsanwendung durch die beteiligten Gerichte angesiedelt ist die Frage, ob und gegebenenfalls inwieweit die Grundrechte-Charta in Zukunft auch von den ihrerseits grundrechtsgebundenen nationalen Verfassungs- und Höchstgerichten als Prüfungsmaßstab herangezogen werden soll oder sogar muss. Dadurch könnten die nationalen Verfassungs- und Höchstgerichte als Garanten eines hochwertigen Grundrechtsschutzes aufgewertet werden. Zur Verwirklichung dieses Ziels werden für Deutschland in der Literatur zwei verschiedene Lösungsansätze vorgeschlagen: ein konservativer, weitgehend systemorientierter Ansatz, der auf die Europäisierung der Grundrechte des Grundgesetzes abzielt, und ein radikaler Ansatz, der die Grundrechte-Charta zum unmittelbaren Prüfungsmaßstab des Bundesverfassungsgerichts erheben möchte.

Nach dem erstgenannten Ansatz sollen die Grundrechte des Grundgesetzes dadurch europäisiert werden, dass die Grundrechte-Charta in ihrer Auslegung durch den EuGH als Auslegungshilfe für die nationalen Grundrechte herangezogen wird.[143] Dies entspräche der Rechtsprechung des Bundesverfassungsgerichts zur EMRK.[144] Damit müssten die deutschen Grundrechte grundsätzlich dem Schutzstandard der Grundrechte-Charta entsprechen, wobei Abweichungen freilich möglich wären, wenn eine Charta-freundliche Auslegung nach den anerkannten Methoden der Gesetzesauslegung und Verfassungsinterpretation nicht mehr vertretbar erschiene.[145] Zu diesem Zweck könnte die *Solange II*-Formel modifiziert werden und Abweichungen von der Grundrechte-Charta könnten unter *Solange II*-Vorbehalt gestellt werden.[146] Dadurch käme es zu einer weitest gehenden Angleichung von deutschen und unionalen Grundrechten, was einer Unitarisierung des Grundrechtsschutzes Vorschub leistete.[147] Andererseits würde durch eine Auslegung der nationalen Grundrechte im Lichte der Unionsgrundrechte das Bedürfnis nach der Einleitung eines Vorabentscheidungsverfahrens und damit nach der Herstellung eines Dialogs mit dem EuGH erhöht, weil unio-

[143] Vgl. *Franzius*, EuGRZ 2015, 139, 151; *Bäcker*, EuR 2015, 389, 408; *Jarass*, NVwZ 2012, 457, 458; *Hofmann*, Grundrechtsschutz durch BVerfG, EuGH und EGMR, in: Emmenegger/Wiedmann (Hrsg.), Linien der Rechtsprechung des Bundesverfassungsgerichts, Bd. 2, S. 573, 581 ff.; *Thym*, JZ 2015, 53, 57; *Classen*, EuR 2017, 347, 359.

[144] BVerfGE 111, 307, 317; 128, 326, 366 ff.; ausführlich dazu oben, § 13 I.2. a).

[145] Für die parallale Situation bei der Anwendung der EMRK s. BVerfGE 128, 326, 371.

[146] *Bäcker*, EuR 2015, 389, 409.

[147] Zu dieser Gefahr *Franzius*, Rechtswissenschaft 7 (2016), 62, 85 f.

nale Grundrechte dann auch in denjenigen Verfahren von Relevanz wären, in denen bislang eine Prüfung ausschließlich am Maßstab nationaler Grundrechte erfolgt.[148] Darüber hinaus würden durch eine Modifikation der *Solange II*-Formel Verfassungsbeschwerden und konkrete Normenkontrollen auch in unionsrechtlich determinierten Bereichen zulässig, d.h. das Bundesverfassungsgericht könnte deutsche Grundrechte auch auf unionsrechtlich determinierte Handlungen der deutschen Staatsgewalt anwenden, wobei die Unionsgrundrechte inzident mitzuprüfen wären.[149] Dadurch würde die Rolle des Bundesverfassungsgerichts als Grundrechtsgericht gestärkt, was insbesondere auch im Verhältnis zu den Fachgerichten gölte. Zudem würde durch diesen Ansatz die häufig schwierige Unterscheidung von determinierten und nicht-determinierten Bereichen obsolet.[150] Allerdings dürfte das Bundesverfassungsgericht im Konfliktfall keine Verwerfung vornehmen, sondern müsste den EuGH anrufen und im Wege eines Vorabentscheidungsverfahrens die Gültigkeit des Unionsrechtsakts klären lassen, was allerdings voraussetzt, dass das Bundesverfassungsgericht tatsächlich bereit ist, ein Vorabentscheidungsverfahren einzuleiten. Erklärt der EuGH daraufhin den fraglichen Unionsrechtsakt für ungültig, bleibt die innerstaatliche Maßnahme zwar zunächst wirksam, sie kann jedoch anschließend vom Bundesverfassungsgericht selbst verworfen werden.[151]

Alternativ kommt ein radikaler Ansatz in Betracht, der die Unionsgrundrechte neben den nationalen Grundrechten zum unmittelbaren Prüfungsmaßstab des Bundesverfassungsgerichts erklärt.[152] Während das Bundesverfassungsgericht einen derartigen Ansatz bislang stets abgelehnt hat, verfolgt der österreichische Verfassungsgerichtshof nunmehr diesen Weg und zieht unter bestimmten Voraussetzungen die Grundrechte-Charta unmittelbar als Prüfungsmaßstab heran.[153] Auf dieser Grundlage wäre das Bundesverfassungsgericht dafür zuständig, jedwede Maßnahmen der deutschen Staatsgewalt grundrechtlich zu überprüfen, wobei die Frage nach der unionsrechtlichen Determinierung nicht mehr von Relevanz wäre und die bislang vom Bundesverfassungsgericht vertretene Trennungsthese aufgegeben werden könnte.[154] Hinzu kommt, dass Verstöße gegen die Grundrechte-Charta dann direkt im Wege der Verfassungsbeschwerde gerügt werden könnten, was insoweit den Individualrechtsschutz stärken würde, als der Einzelne seine Grundrechte bislang mangels unionsrechtlicher Verfassungsbe-

---

[148] *Bäcker*, EuR 2015, 389, 409.

[149] *Franzius*, EuGRZ 2015, 139, 151; *Thym*, JZ 2015, 53, 59 f.

[150] *Franzius*, EuGRZ 2015, 139, 151 f.

[151] BVerfGE 118, 79, 97 f. für Richtlinien; a.A. aber *Matz-Lück*, in: Matz-Lück/Hong (Hrsg.), Grundrechte und Grundfreiheiten im Mehrebenensystem, S. 161, 177 ff.

[152] S. dazu *Griebel*, DVBl. 2014, 204, 207 ff.; *Franzius*, EuGRZ 2015, 139, 148 ff.; *Thym*, JZ 2015, 53, 60; *Bäcker*, EuR 2015, 389, 410 ff.; generell für eine Erweiterung des verfassungsgerichtlichen Prüfungsmaßstabs, allerdings im Hinblick auf die EMRK, auch schon *Kunig*, VVDStRL 61 (2002), 34, 60.

[153] Ausführlich dazu oben, § 11 V.2. a).

[154] *Bäcker*, EuR 2015, 389, 410; *Franzius*, EuGRZ 2015, 139, 149.

schwerde und angesichts der engen Auslegung von Art. 263 Abs. 4 AEUV nicht vor dem EuGH geltend machen kann.[155] Dogmatisch begründen ließe sich eine derartige Erweiterung des bundesverfassungsgerichtlichen Prüfungsmaßstabs mit dem *Cassina*-Beschluss aus dem Jahr 2011, in dem der Erste Senat des Bundesverfassungsgerichts mit Verweis auf den Vorrang der Grundfreiheiten und des allgemeinen Diskriminierungsverbots des Art. 18 AEUV eine Erweiterung des Anwendungsbereichs von Art. 19 Abs. 3 GG auf juristische Personen mit Sitz im EU-Ausland vornahm.[156] Mit dem Wortlaut der Verfassung wäre eine solche Erweiterung des bundesverfassungsgerichtlichen Prüfungsmaßstabs hingegen nur schwer zu vereinbaren, da das Bundesverfassungsgericht nach Art. 93 Abs. 1 Nr. 4a GG nur über Verletzungen von Grundrechten des Grundgesetzes entscheidet, was sich schon aus der systematischen Stellung des Begriffs der Grundrechte auf einer Stufe mit den nachfolgend artikelweise genannten grundrechtsgleichen Grundrechten des Grundgesetzes ergibt. Insoweit wäre eine Änderung des Verfassungstextes jedenfalls vorzugswürdig. Abgesehen davon wäre eine Erweiterung des bundesverfassungsgerichtlichen Prüfungsmaßstabs allenfalls im Wege einer entsprechenden Regelung im Bundesverfassungsgerichtsgesetz auf Grundlage von Art. 93 Abs. 3 GG möglich.

Der österreichische Verfassungsgerichtshof führt zur Begründung für die Erweiterung seines Prüfungsmaßstabs das Äquivalenzprinzip an, welches er nicht als bloßes Benachteiligungsverbot, sondern als striktes Gleichbehandlungsgebot versteht.[157] Danach müssten Rechte, die von der unmittelbar anwendbaren Grundrechte-Charta garantiert werden, in einem Verfahren durchsetzbar sein, das für die Durchsetzung vergleichbarer innerstaatlicher Rechte, d.h. der nationalen Grundrechte, bestehe.[158] Eine derartige Interpretation des Äquivalenzprinzips ist jedoch wenig überzeugend, zumal die Wahl des richtigen Rechtsbehelfs für den Bürger komplizierter werden und auch die Fachgerichtsbarkeit in ihrem innerstaatlichen Anwendungsmonopol bezüglich der Grundrechte-Charta geschwächt werden könnte, was wiederum potentiell den EuGH auf den Plan ruft.[159] Auch aus Kompetenzgründen wäre eine Auslegung des Äquivalenzprinzips als striktes Gleichbehandlungsgebot bedenklich, da eine unionsrechtliche Kompetenz zur Einwirkung auf das mitgliedstaatliche Recht nur insoweit besteht, als dies für die

---

[155] Zu dieser Erwägung auch schon *Schmahl*, Die Verzahnung der deutschen, europäischen und internationalen Rechtsebenen bei der Gewährleistung von Grund- und Menschenrechten, in: Bauschke et al. (Hrsg.), 42. ATÖR – Pluralität des Rechts, S. 163, 183 f.

[156] BVerfGE 129, 78, 94 ff.; zu dieser Argumentation s. *Franzius*, EuGRZ 2015, 139, 150; *Griebel*, DVBl. 2014, 204, 209; zustimmend *Bäcker*, EuR 2015, 389, 412; zur „Anwendungserweiterung“ auch *Dreier*, in: Dreier, GG, Art. 19 Abs. 3 Rn. 85.

[157] *Pöschl*, ZÖR 67 (2012), 587, 595.

[158] Verfassungsgerichtshof der Republik Österreich, Entsch. v. 14.03.2012 – Rs. U 466/11 u.a. –, VfSlg. 19496/2011, Rn. 27 ff.; a.A. aber *Pöschl*, ZÖR 67 (2012), 587, 594 f.; zum Ganzen s. *Franzius*, EuGRZ 2015, 139, 150; ausführlich zum Ganzen oben, § 11 V.2. a).

[159] *Pöschl*, ZÖR 67 (2012), 587, 597 u. 606 ff.

Wirksamkeit des Unionsrechts erforderlich ist,[160] wobei die Art und Weise der Durchsetzung den nationalen Stellen obliegt.

Hingegen ließe sich eine Erweiterung des Prüfungsmaßstabs damit begründen, dass das Bundesverfassungsgericht die EMRK nur deshalb nicht als unmittelbaren Prüfungsmaßstab heranzieht, weil diese innerstaatlich lediglich den Rang eines einfachen Bundesgesetzes, nicht aber Verfassungsrang besitzt. Die Grundrechte-Charta hingegen genießt Anwendungsvorrang auch gegenüber dem deutschen Verfassungsrecht, so dass im Umkehrschluss eine Heranziehung als verfassungsgerichtlicher Prüfungsmaßstab möglich sein müsste.[161] Zwingend ist eine derartige Argumentation jedoch keineswegs, da auch die Grundrechte-Charta innerstaatlich nicht Verfassungsrang genießt, sondern nur über die „Brücke" des Art. 23 Abs. 1 GG Anwendungsvorrang gegenüber dem nationalen Recht besitzt, diese „Brücke" ihrerseits jedoch von der Achtung der nationalen Verfassungsidentität durch das Unionsrecht abhängig ist. Für eine unmittelbare Anwendung der Grundrechte-Charta als bundesverfassungsgerichtlicher Prüfungsmaßstab wird ferner angeführt, dass nach einem Beitritt der EU zur EMRK die EMRK andernfalls in bestimmten Konstellationen völkerrechtlich wirkte, während sie in anderen Konstellationen unionsrechtliche Wirkung besäße, was zwangsläufig zu Auslegungsdivergenzen führen würde.[162] Dagegen wiederum lässt sich einwenden, dass die praktischen Auswirkungen dieser Unterscheidung angesichts der ohnehin bestehenden Berücksichtigungspflicht der EMRK durch die nationalen Gerichte gering bleiben werden und darüber hinaus ein Beitritt der EU zur EMRK nach dem negativen Gutachten des EuGH[163] zunächst einmal in weite Ferne gerückt ist. Insgesamt erscheint daher eine Heranziehung der Grundrechte-Charta als unmittelbaren Prüfungsmaßstab des Bundesverfassungsgerichts als wenig überzeugende Lösung.

Aus rechtsvergleichender Sicht lässt sich jedenfalls gegen die radikale Lösung der Übernahme der Grundrechte-Charta als unmittelbaren verfassungsgerichtlichen Prüfungsmaßstab einwenden, dass dadurch die nationalen Grundrechte langfristig ihre Bedeutung verlören. Dies gilt im Übrigen nicht nur für die Grundrechte des Grundgesetzes, sondern für jedwede nationalen Grundrechte, falls das jeweilige mitgliedstaatliche Verfassungs- oder Höchstgericht eine derartige Strategie verfolgt. In der Schweiz wenden sämtliche kantonalen Gerichte einschließlich der kantonalen Verfassungsgerichte die Bundesverfassung und damit auch die Bundesgrundrechte als unmittelbaren Prüfungsmaßstab an. Entsprechendes gilt für die Gewährleistungen der EMRK, welche in der Schweiz unmittelbare Wirkung entfaltet und nach der neuesten Rechtsprechung des Bundesgerichts Vorrang vor dem nationalen Verfassungsrecht und damit auch vor den kan-

---

[160] Zu dieser Problematik s. auch *König*, Der Äquivalenz- und Effektivitätsgrundsatz in der Rechtsprechung des Europäischen Gerichtshofs, S. 94.

[161] Vgl. *Griebel*, DVBl. 2014, 204, 209.

[162] *Griebel*, DVBl. 2014, 204, 210.

[163] Ausführlich dazu oben, § 13 III.3. d).

tonalen Grundrechten genießt.[164] Dieser Umstand hat, neben anderen Faktoren, dazu geführt, dass die kantonalen Grundrechte in den Entscheiden der kantonalen Gerichte meist nicht einmal mehr zitiert werden, nachdem sich die Beschwerdeführer auf kantonale Grundrechte erst gar nicht mehr berufen.[165] Eine ähnliche Entwicklung ist im Übrigen im Verhältnis von EMRK und Bundesgrundrechten zu beobachten. Die unmittelbare Anwendbarkeit der Konventionsgarantien führt in der Schweiz nicht selten dazu, dass das Bundesgericht in seinen Entscheiden in erster Linie auf die einschlägige EMRK-Garantie abstellt und das parallele Grundrecht der Bundesverfassung nur noch ergänzend heranzieht.[166]

Anders als in der Schweiz gestaltet sich die Situation in Deutschland, wo den Landesgrundrechten zwar ebenfalls nur eine geringe Bedeutung zukommt, wo aber die Landesverfassungsgerichte in ihren Entscheidungen ausschließlich Landesgrundrechte als Prüfungsmaßstab heranziehen und die Landesgrundrechte zumindest in den Bereichen, für die die Länder Gesetzgebungskompetenzen besitzen, noch eigenständige Wirkung entfalten können.[167] Der Befürchtung der Unitarisierung des Grundrechtsschutzes im Falle einer Übernahme der Grundrechte-Charta als Prüfungsmaßstab lässt sich auch nicht entgegen halten, dass der Anwendungsbereich des Unionsrechts begrenzt sei und im Übrigen weiterhin die nationalen Grundrechte den alleinigen Prüfungsmaßstab darstellten. Selbst wenn es gelingen sollte, den Anwendungsbereich der Grundrechte-Charta mit justiziablen Konturen zu versehen,[168] werden die unionsrechtlich überlagerten Bereiche infolge der extensiven Auslegung der Unionskompetenzen durch den EuGH in Zukunft eher noch zunehmen, so dass die Grundrechte-Charta in nicht wenigen Fällen als zusätzlicher, unmittelbarer Prüfungsmaßstab heran zu ziehen wäre.

Dagegen zeigen die Erfahrungen Österreichs mit der Anwendung der EMRK, welche in Österreich Verfassungsrang genießt und dem österreichischen Verfassungsgerichtshof, wie auch den Instanzgerichten, als unmittelbarer Prüfungsmaßstab dient, dass die Übernahme der Konventionsgrundrechte als verfassungsgerichtlicher Prüfungsmaßstab nicht zwangsläufig zu einem Bedeutungsverlust der nationalen Grundrechte führen muss. Der entscheidende Unterschied zur Schweiz dürfte insoweit darin bestehen, dass Österreich eine spezialisierte Verfassungsgerichtsbarkeit besitzt, welche eine Verdrängung der Bundesgrundrechte durch internationale Grundrechte zu verhindern weiß. Dies ist mit ein Grund dafür, warum die Erfahrungen Österreichs, wo der Verfassungsgerichtshof seit 2012 unter bestimmten Voraussetzungen die Grundrechte-Charta als unmittelbaren Prüfungsmaßstab heranzieht, die Bedenken bezüglich einer Unitarisierung des Grundrechtsschutzes durch eine Heranziehung der Grundrechte-Charta als verfassungsgerichtlichen Prüfungsmaßstab jedenfalls nicht im Hinblick auf alle EU-

---

[164] Ausführlich dazu oben, § 13 II.1. u. 2. a).

[165] Ausführlich dazu oben, § 9 V.2. u. VI.

[166] S. dazu oben, § 13 II.2. a).

[167] S. dazu oben, § 6 V.5. c).

[168] S. dazu oben, § 15 IV.1.–4.

Mitgliedstaaten zerstreuen können. Ferner haben in Österreich die nationalen Grundrechte durch die unmittelbare Anwendung der Grundrechte-Charta bislang zwar keineswegs ihre Relevanz verloren, es zeigt sich aber schon jetzt, dass zumindest in einigen Fällen die Unionsgrundrechte im Verhältnis zu den nationalen Grundrechten vorrangig zitiert werden bzw. die Erwähnung des entsprechenden nationalen Grundrechts neben dem einschlägigen Charta-Grundrecht eine reine Alibi-Funktion besitzt.[169] Wenn nun schon in Österreich mit seiner mit weitreichenden Kompetenzen ausgestalteten spezialisierten Verfassungsgerichtsbarkeit die nationalen Grundrechte unter diesen Umständen Gefahr laufen, langfristig in ihrer Bedeutung tangiert zu werden, muss dies erst recht für EU-Mitgliedstaaten mit nur schwach ausgeprägter Verfassungsgerichtsbarkeit gelten. Angesichts der in Österreich zu beobachtenden Tendenz und der Erfahrungen im Hinblick auf die kantonalen Grundrechte und der Bundesgrundrechte in der Schweiz unter dem Eindruck von Bundesverfassung bzw. EMRK sollte die Grundrechte-Charta von den mitgliedstaatlichen Verfassungs- und Höchstgerichten nicht als unmittelbarer Prüfungsmaßstab herangezogen werden, wenn eine Unitarisierung des Grundrechtsschutzes in Europa vermieden werden soll, wenngleich die Vereinheitlichungsgefahr in Deutschland auf Grund der starken Stellung des Bundesverfassungsgerichts freilich geringer wäre.

Weniger bedenklich erscheinen hingegen eine etwaige Europäisierung des nationalen Grundrechtsschutzes und eine Heranziehung der Grundrechte-Charta als „Auslegungshilfe" für die nationalen Grundrechte. In Deutschland haben die Erfahrungen mit der EMRK gezeigt, dass die Konvention in ihrer Auslegung durch den EGMR zwar die Interpretation der nationalen Grundrechte erheblich beeinflussen kann, dass diese als solche dadurch aber nicht obsolet werden.[170] Entsprechendes ergibt sich im Übrigen aus dem Umgang mit dem Unionsrecht, das angesichts seines Anwendungsvorrangs auch schon in der Vergangenheit die Interpretation der nationalen Grundrechte zumindest im Ergebnis mitbestimmt hat. Konkret zeigte sich dies etwa am Beispiel der Rechtssache *Tanja Kreil*, in deren Folge Art. 12a GG geändert wurde.[171] Ausschließlich unter dem Gesichtspunkt der Inländerdiskriminierung wäre eine Interpretation deutscher Grundrechte im Sinne des Unionsrechts nicht erforderlich, nachdem Art. 3 Abs. 1 GG in derartigen Konstellationen mangels Identität der Normgeber jedenfalls nicht zwangsläufig verletzt ist.[172] Allerdings zeigt sich auch für Rechtsordnungen, in denen,

[169] Ausführlich dazu oben, § 11 V.2. a).

[170] Ausführlich dazu oben, § 13 I.2. u. 3.

[171] S. auch oben, § 15 II.2.

[172] BVerfGE 110, 412, 439; *v. Bogdandy*, in: Grabitz/Hilf/Nettesheim, Das Recht der Europäischen Union, Art. 18 AEUV Rn. 54; a.A. aber BVerwGE 126, 149 Rn. 60; *Osterloh/Nußberger*, in: Sachs, GG, Art. 3 Rn. 71; *Heun*, in: Dreier, GG, Art. 3 Rn. 11; *Epiney*, Umgekehrte Diskriminierungen, S. 426 ff.; *Schmahl*, Die Verzahnung der deutschen, europäischen und internationalen Rechtsebenen bei der Gewährleistung von Grund- und Menschenrechten, in: Bauschke et al. (Hrsg.), 42. ATÖR – Pluralität des Rechts, S. 163, 185; differenzierend *Becker*, in: Schwarze (Hrsg.), EU-Kommentar, Art. 34 AEUV Rn. 21 f.

wie etwa in Österreich oder Polen, die Inländerdiskriminierung als Verstoß gegen den allgemeinen Gleichheitssatz angesehen wird,[173] dass allein dieser Einfluss des Unionsrechts auf die nationalen Grundrechte nicht zu einer Unitarisierung des Grundrechtsschutzes führt.

Insgesamt betrachtet gibt es durchaus Gründe für eine Heranziehung der Unionsgrundrechte als „Auslegungshilfe" für die nationalen Grundrechte. Allen voran können dadurch etwaige Kollisionen zwischen Unionsgrundrechten und nationalen Grundrechten vermieden werden. Außerdem würde die Rolle nationaler Verfassungsgerichte als Grundrechtsgerichte gestärkt, wenn die Verantwortung für die Anwendung der Unionsgrundrechte nicht ausschließlich den Fachgerichten obliegt.[174] Andererseits würde dadurch jedoch die Unitarisierung des Grundrechtsschutzes in Europa beschleunigt, weshalb im Interesse einer Grundrechtsvielfalt in föderalen Systemen darauf zu achten wäre, dass nationalen grundrechtlichen Besonderheiten weiterhin Rechnung getragen werden kann, insbesondere dadurch, dass die nationalen Verfassungs- und Höchstgerichte stets prüfen können, ob eine Auslegung des nationalen Grundrechts im Lichte der Grundrechte-Charta tatsächlich mit den Vorgaben der jeweiligen nationalen Verfassung vereinbar ist. Außerdem dürften die nationalen Verfassungs-und Höchstgerichte ihren Status als auf das jeweilige nationale Verfassungsrecht spezialisierte Gerichte nicht verlieren, da ihnen andernfalls ein ähnliches Schicksal drohte wie den kantonalen Gerichten in der Schweiz. Eine Verfassungsbeschwerde könnte zumindest in Deutschland nach diesem Ansatz auf eine Verletzung der Unionsgrundrechte freilich nicht gestützt werden, doch erscheint dieser Nachteil angesichts des hohen Schutzstandards der deutschen Grundrechte vertretbar.

6. *Zwischenergebnis*

Die Problematik der extensiven Auslegung des Anwendungsbereichs der Grundrechte-Charta kann alleine durch eine möglichst präzise Bestimmung der Bindung der Mitgliedstaaten an die Unionsgrundrechte gelöst werden. Der von Generalanwalt *Cruz Villalón* entwickelte Ansatz ist zu diesem Zweck wenig geeignet, da er mangels greifbarer Kriterien zu einer erheblichen Rechtsunsicherheit führen würde. Die vom EuGH vorgenommene Begrenzung des Anwendungsbereichs der Grundrechte-Charta mit Hilfe konkreter Kriterien wie dem Sinn und Zweck der in Rede stehenden nationalen Regelung ist zwar ein Schritt in die richtige Richtung, kann jedoch nicht verhindern, dass auch in Zukunft der Anwen-

[173] Verfassungsgerichtshof der Republik Österreich, Erk. v. 17.06.1997 – B 592/96 –, VfSlg. 14863/1997, Rn. 2.3; Verfassungsgerichtshof der Republik Polen, Urt. v. 21.04.2004 – K 33/03 –, Rn. 13; vgl. *v. Bogdandy*, in: Grabitz/Hilf/Nettesheim, Das Recht der Europäischen Union, Art. 18 AEUV Rn. 54.

[174] So auch *Bobek*, The Impact of the European Mandate of Ordinary Courts on the Position of Constitutional Courts, in: Claes/de Visser/Popelier/Van de Heyning (Hrsg.), Constitutional Conversations in Europe, S. 287, 308.

dungsbereich der Grundrechte-Charta zu Lasten der mitgliedstaatlichen Grundrechte weiter ausgedehnt wird. Vorzugswürdig erscheint daher der von *Mager* entwickelte supranationale Ansatz, wonach die mitgliedstaatlichen Instanzen alleine vermittelt über die Auslegung und Anwendung anderen Unionsrechts an die Grundrechte-Charta gebunden sein sollen. Die nationalen Verfassungs- und Höchstgerichte sollten dabei von sich aus eine Bindung an die Unionsgrundrechte nicht ausschließlich in unionsrechtlich determinierten Bereichen annehmen, da für ein solches Vorgehen jegliche dogmatische Grundlage fehlt und es dadurch überdies zu prozessualen Konstellationen kommen kann, in denen die nationalen Verfassungs- und Höchstgerichte als Hüter der mitgliedstaatlichen Verfassungen marginalisiert werden.

In Bezug auf den Prüfungsmaßstab der nationalen Verfassungs- und Höchstgerichte ergibt sich, dass diese die Unionsgrundrechte nicht als unmittelbaren Prüfungsmaßstab übernehmen sollten, da andernfalls eine weitere Verdrängung der nationalen Grundrechte droht. Vorzugswürdig erscheint eine bloße Berücksichtigung der Charta als „Auslegungshilfe“ nach dem Vorbild der Heranziehung der EMRK durch das Bundesverfassungsgericht, wenngleich auch in diesem Fall die Gefahr der Unitarisierung des Grundrechtsschutzes in der EU besteht. Hieran wird deutlich, dass die Problematik der Verdrängung der mitgliedstaatlichen Grundrechte durch die Grundrechte-Charta zumindest gegenwärtig weder durch eine Herausarbeitung von Kriterien für eine Grundrechtsbindung der Mitgliedstaaten noch durch die bedingungslose Übernahme der Grundrechte-Charta als Prüfungsmaßstab durch die mitgliedstaatlichen Verfassungs- und Höchstgerichte zufriedenstellend gelöst werden kann.

V. Prozessuale Mechanismen zur Gewährleistung des Grundrechtsschutzes

1. Ausbau der Zusammenarbeit zwischen den Gerichtshöfen

a) Dialog der Gerichte: Begriffliche Annäherung

Zu den prozessualen Instrumenten zum Ausgleich des Spannungsverhältnisses von Grundrechtseinheit und Grundrechtsvielfalt zählt zunächst die Einrichtung bzw. Aufrechterhaltung einer Kooperation zwischen den beteiligten Verfassungs- und Höchstgerichten, nachdem eine strikte Abgrenzung der Kompetenzbereiche der beteiligten Gerichte schon auf Grund der Unmöglichkeit einer Kompetenzabgrenzung in materiell-rechtlicher Hinsicht ausscheiden muss.[175] Dabei besteht ein Bedarf an Kooperation sowohl im Verhältnis zwischen den nationalen Verfassungs- und Höchstgerichten und dem EuGH als auch zwischen

[175] Zur Kompetenzabgrenzung zwischen EuGH, EGMR und nationalen Verfassungs- und Höchstgerichten s. *F. Kirchhof*, EuR 2014, 267, 269; *v. Danwitz*, EuGRZ 2013, 253, 259 f.

den nationalen Verfassungs- und Höchstgerichten und dem EGMR, ebenso wie zwischen EuGH und EGMR und den nationalen Verfassungs- und Höchstgerichten untereinander. In seinem *Maastricht*-Urteil aus dem Jahr 1993 hat das Bundesverfassungsgericht sein Verhältnis zum EuGH als „Kooperationsverhältnis" bezeichnet,[176] ohne aber jemals klar zu definieren, was genau damit gemeint sein sollte.[177] *Hömig* versteht unter „Kooperation im Verhältnis zweier Gerichte" entsprechend dem allgemeinen Verständnis von Kooperation die „Zusammenarbeit bei der Rechtsfindung und Gewährung von Rechtsschutz", wobei im Verhältnis zweier Grundrechtsgerichte speziell das „Zusammenwirken bei der Realisierung und Durchsetzung des Grund- und Menschenrechtsschutzes" darunter zu fassen sei.[178] Eine derartige Kooperation kann in verschiedenen Formen auftreten, etwa in Gestalt einer Rücknahme der richterlichen Prüfungsdichte, durch Vorlagen, durch die wechselseitige Zur-Kenntnisnahme[179] und Rezeption von Entscheidungen oder durch informelle Konsultationen. Im Verhältnis zwischen der EU und den Mitgliedstaaten ist eine Kooperation primärrechtlich nach Art. 4 Abs. 3 EUV obligatorisch.[180] In der Literatur wird für eine derartige Kooperation seit einiger Zeit auch der Begriff des „Dialog[s] der Gerichte" verwendet.[181] *Hertig Randall* versteht unter dem grundrechtlichen Dialog der Gerichte in Europa „eine Diskussion, in welcher zwei oder mehrere europäische Gerichte über die richtige Auslegung der Grundrechte ringen".[182] Dieser Dialog müsse keineswegs immer auf Kooperation ausgelegt sein, sondern könne vielmehr auch eine kompetitive Komponente beinhalten.[183] Der Dialog zwischen den Gerichten kann sich einerseits auf „zwischenrichterlicher" Basis, d.h. informell zwischen Mitgliedern unterschiedlicher Instanzen an Veranstaltungen oder anlässlich von Besuchen einer Richterdelegation bei einem anderen nationalen Verfassungs- oder Höchstgericht oder einem internationalen Menschenrechtsgericht vollziehen.[184] Andererseits ist ein „zwischengerichtlicher" Dialog im Wege der Rechtsprechung, d.h. zwischen den gerichtlichen Instanzen als solches möglich.[185] Im Fol-

[176] BVerfGE 89, 155, 175.

[177] *Hömig*, NdsVBl. 2011, 126, 126.

[178] *Hömig*, NdsVBl. 2011, 126, 126.

[179] So etwa durch die sog. *Reflets*, einem EuGH-Newsletter, durch den die EuGH-Richter und deren Mitarbeiter über die aktuelle Rechtsprechung des EGMR informiert werden, abrufbar unter http://curia.europa.eu/jcms/jcms/Jo2_7063/de/ (zuletzt abgerufen am 06.11.2017); zum Ganzen s. auch *Krommendijk*, MJ 22 (2015), 812, 822.

[180] *Pernice*, ZaöRV 70 (2010), 51, 69.

[181] Zum Konzept des Dialogs der Gerichte s. etwa *Andriantsimbazovina*, L'autorité de la chose interprétée et le dialogue des juges, in: Le dialogue des juges: Mélanges en l'honneur du Président Bruno Genevois, S. 11, 12 ff.; *Torres Pérez*, Conflicts of Rights in the European Union, S. 97 ff.; *Slaughter*, A New World Order, S. 65 ff.; *Raducu*, La fonction structurante du dialogue des juges européens pour l'ordre juridique européen, in: Besson/Levrat (Hrsg.), (Dés)ordres juridiques européens, S. 221, 223 ff.; *Hertig Randall*, EuGRZ 2014, 5, 6 m.w.N.

[182] *Hertig Randall*, EuGRZ 2014, 5, 7.

[183] *Hertig Randall*, EuGRZ 2014, 5, 9.

[184] *Nunner*, Kooperation internationaler Gerichte, S. 110.

[185] *Nunner*, Kooperation internationaler Gerichte, S. 110.

genden sollen das Konfliktvermeidungsinstrument der informellen Zusammenarbeit zwischen den europäischen und nationalen Grundrechtsgerichten, mithin der zwischenrichterliche Dialog,[186] sowie die Institutionalisierung der Kooperation durch die Einrichtung von Divergenzvorlageverfahren[187] als Teilbereiche des weit zu fassenden Bereichs der Kooperation und des Dialogs zwischen den Gerichten im Vordergrund stehen.

b) Instrumente der informellen Zusammenarbeit und deren Institutionalisierung

Zum Bereich der informellen Zusammenarbeit gehören insbesondere informelle Beratungen und Anhörungen von Vertretern der beteiligten Gerichtshöfe. Im Verhältnis Bundesverfassungsgericht-EuGH etwa gibt es seit Langem derartige Treffen, in deren Rahmen beispielsweise den Vertretern des EuGH nationale dogmatische Begründungsstrukturen erläutert werden können, was das gegenseitige Verständnis für Entscheidungen und Entscheidungsbegründungen erhöhen kann.[188] Problematisch könnten solche bilateralen Beratungen allerdings dann sein, wenn der EuGH einen konkreten Fall zu entscheiden hat und er im Vorfeld ausschließlich die Meinung des betroffenen Mitgliedstaates einholt, da der EuGH nach dem Grundsatz der Gleichbehandlung der Mitgliedstaaten stets den Grundrechtsstandard aller Mitgliedstaaten im Blick haben muss.[189] Insoweit wären multilaterale Beratungen auf informeller Basis vorzugswürdig, in die idealerweise auch ein Vertreter des EGMR eingebunden wird.[190]

Ähnliche Kontakte wie zwischen dem Bundesverfassungsgericht und dem EuGH existieren auch zwischen dem EuGH und dem EGMR. So finden seit 1998 regelmäßig informelle Arbeitstreffen von Richtern der beiden Gerichtshöfe statt,[191] wobei von 1–2 Treffen pro Jahr auszugehen ist.[192] Ergänzt werden diese Kontakte u.a. durch Begegnungen der Richter beider Gerichte auf Konferenzen sowie durch die Einladung von Richtern des jeweils anderen Gerichtshofs zu

---

[186] S. dazu oben, § 2 II.4. b) gg).

[187] S. dazu oben, § 2 II.4. b) bb).

[188] Vgl. etwa *BVerfG*, Pressemitteilung 4/2006 v. 26.01.2006 zum Arbeitstreffen des Bundesverfassungsgerichts, der Verfassungsgerichte Österreichs und des Fürstentums Liechtenstein sowie des Schweizerischen Bundesgerichts mit EuGH und EGMR; ausführlich dazu *Funk-Rüffert*, Kooperation von Europäischem Gerichtshof und Bundesverfassungsgericht im Bereich des Grundrechtsschutzes, S. 145 f.; *Arden*, Human Rights and European Law, Vol. 1, S. 286; *Voßkuhle*, JöR 59 N.F. (2011), 215, 242.

[189] *Funk-Rüffert*, Kooperation von Europäischem Gerichtshof und Bundesverfassungsgericht im Bereich des Grundrechtsschutzes, S. 145.

[190] *Funk-Rüffert*, Kooperation von Europäischem Gerichtshof und Bundesverfassungsgericht im Bereich des Grundrechtsschutzes, S. 147 ff.

[191] *Nunner*, Kooperation internationaler Gerichte, S. 175; *Scheeck*, ZaöRV 65 (2005), 837, 873.

[192] *Krommendijk*, MJ 22 (2015), 812, 822 f.

Vorträgen.[193] Ein Austausch der mitgliedstaatlichen Verfassungs- und Höchstgerichte untereinander ist im Rahmen der „Konferenz der europäischen Verfassungsgerichte" möglich.[194] Auch das Schweizer Bundesgericht pflegt regelmäßige Kontakte zu den Verfassungs- und Höchstgerichten der Nachbarländer, u.a. zum Bundesverfassungsgericht sowie zum EGMR.[195] Schließlich kann die informelle Kooperation auch in einem Personaltransfer von Richtern der beteiligten Gerichtshöfe bestehen, wie dies etwa im Fall der Richterin *Jaeger* deutlich wird, die zunächst von 1994 bis 2004 am Bundesverfassungsgericht und später, von 2004 bis 2010, am EGMR tätig war.[196]

Wenngleich durch derartige Dialogprozesse das Verständnis für die Position des jeweiligen Dialogpartners erhöht wird, darf nicht übersehen werden, dass alleine durch die informelle Zusammenarbeit zwischen den beteiligten Gerichten Konflikte im Grundrechtsbereich nicht gelöst oder vermieden werden können. Dies gilt umso mehr, als derartige Kontakte häufig auf das persönliche Kennenlernen und die Diskussion von Strukturfragen der beteiligten Gerichtshöfe beschränkt sind, während die Befassung mit eigentlichen Sachfragen oder die Ausräumung von Rechtsprechungsinkongruenzen schon aus sprachlichen Gründen und vor dem Hintergrund unterschiedlicher Rechtskulturen nicht selten ausgeklammert bleibt.[197] Zu überlegen ist daher, ob eine derartige informelle Zusammenarbeit *de lege ferenda* institutionalisiert werden sollte und wie diesbezügliche Strukturen aussehen könnten. *Funk-Rüffert* etwa schlägt die Einrichtung eines Europäischen Gemeinsamen Senats vor, der aus Vertretern des EuGH und der Verfassungs- und Höchstgerichte der EU-Mitgliedstaaten bestehen sollte.[198] Angerufen werden könnte ein solcher Gemeinsamer Senat, der eine verbindliche Entscheidung treffen würde, dann, wenn entweder der EuGH oder eines der nationalen Verfassungs- und Höchstgerichte von der bisherigen Rechtsprechung des jeweils anderen Gerichts abweichen möchte.[199] Allerdings wäre die Einrichtung eines solchen Gremiums unionsrechtlich insoweit problematisch, als der EuGH, wenn er bei der Auslegung des Unionsrechts von der Rechtsprechung eines der mitgliedstaatlichen Verfassungs- oder Höchstgerichte abweichen wollte, die Letztentscheidungsbefugnis in Bezug auf das Unionsrecht verlieren und die Auffassung der Vertreter der nationalen Verfassungs- und Höchstgerichte beach-

[193] *Nunner*, Kooperation internationaler Gerichte, S. 175.

[194] S. dazu *Konferenz der europäischen Verfassungsgerichte*, abrufbar unter http://www.confeuconstco.org/ (zuletzt abgerufen am 06.11.2017); s. dazu auch *Wendel*, Der Staat 52 (2013), 339, 363.

[195] *Meyer*, EuGRZ 2014, 19, 19 f.

[196] *Jaeger*, EuGRZ 2005, 193, 193 ff.; s. dazu auch *Mayer*, EuGRZ 2011, 234, 236; zum Personaltransfer s. auch *Pernice*, EuR 2011, 151, 163.

[197] Zu diesen Bedenken auch *Hoffmann-Riem*, EuGRZ 2002, 473, 479.

[198] *Funk-Rüffert*, Kooperation von Europäischem Gerichtshof und Bundesverfassungsgericht im Bereich des Grundrechtsschutzes, S. 150 f.; ähnlich auch der Vorschlag von *Sauer*, Jurisdiktionskonflikte in Mehrebenensystemen, S. 499 ff.

[199] *Funk-Rüffert*, Kooperation von Europäischem Gerichtshof und Bundesverfassungsgericht im Bereich des Grundrechtsschutzes, S. 150 f.

ten müsste.[200] Schon aus diesem Grund muss die Schaffung eines Gemeinsamen Europäischen Senats ausscheiden. Hinzu kommt, dass auf Grund der Notwendigkeit einer paritätischen Besetzung ein solcher Senat aus über 50 Personen bestehen müsste, was eine wirksame Entscheidungsfindung und einen fruchtbaren Dialog nahezu unmöglich machen würde.[201]

Auch im Verhältnis EuGH-EGMR erscheint die Einrichtung eines Gemeinsamen Senats *de lege ferenda* wenig sinnvoll, da es sich insoweit lediglich um bilaterale Konflikte handelt, die durch andere Formen des Dialogs, etwa durch die wechselseitige Berücksichtigung von Urteilen, besser gelöst werden können, zumal ein Gemeinsamer Senat der beiden Gerichtshöfe mangels Beitritt der EU zur EMRK schon an den hohen Einrichtungshürden scheitern könnte.

Aus dem Rechtsvergleich mit den Systemen Deutschlands und der Schweiz ergeben sich keine weiterführenden Erkenntnisse bezüglich der Institutionalisierung von Dialogprozessen zwischen den Gerichten der verschiedenen Ebenen. Zwar ist nach Art. 95 Abs. 3 S. 1 GG zur Wahrung der Einheitlichkeit der Rechtsprechung ein Gemeinsamer Senat der obersten Bundesgerichte zu bilden, dieser Senat umfasst aber keine Landesgerichte und damit auch keine Landesverfassungsgerichte. Auch jenseits der Einrichtung eines Gemeinsamen Senates existieren weder in Deutschland noch in der Schweiz formelle Strukturen zur Verbesserung der Kooperation zwischen den Gerichten der beteiligten Ebenen, wenn man von den institutionalisierten Vorlageverfahren, etwa gemäß Art. 100 Abs. 3 GG als Sonderform der Kooperation, einmal absieht. Der Umstand, dass im Zusammenhang mit dem Verhältnis Bundesverfassungsgericht-Landesverfassungsgerichte oder Bundesgericht-kantonale Verfassungsgerichte kaum von einem „Dialog der Gerichte" gesprochen wird, lässt sich damit erklären, dass der Begriff hauptsächlich zur Beschreibung von Strukturen verwendet wird, in denen formelle Hierarchien fehlen,[202] was in Bezug auf das Verhältnis EuGH-nationale Verfassungs- und Höchstgerichte zumindest auf den ersten Blick der Fall ist.

Als Resümee lässt sich festhalten, dass sich informelle Kontakte – trotz all ihrer Unzulänglichkeiten und Schwächen – meist besser zur Konfliktvermeidung eignen als die Schaffung formalisierter Gremien oder Organe.

c) Kooperation durch Vorlageverfahren

Eine besondere Form des Dialogs zwischen Gerichten stellen Vorlageverfahren dar, welche auf unterschiedliche Art und Weise ausgestaltet sein können. *Oeter* spricht in Bezug auf das in Art. 267 AEUV verankerte unionale Vorabentschei-

[200] *Funk-Rüffert*, Kooperation von Europäischem Gerichtshof und Bundesverfassungsgericht im Bereich des Grundrechtsschutzes, S. 152.

[201] *Sauer*, Jurisdiktionskonflikte in Mehrebenensystemen, S. 501, der jedoch im Übrigen die Einrichtung eines Gemeinsamen Senates durchaus befürwortet, vgl. S. 503.

[202] *Hertig Randall*, EuGRZ 2014, 5, 7.

dungsverfahren treffend vom „Transformationsriemen" zwischen nationalen Gerichten und EuGH.[203] Die Vorlagepraxis der nationalen Verfassungs- und Höchstgerichte zum EuGH ist wenig einheitlich, wobei sich jedoch allgemein eine große Zurückhaltung gegenüber einer Vorlage zum EuGH feststellen lässt,[204] während die Vorlagebereitschaft der nationalen Fachgerichte gerade seit dem Inkrafttreten der Grundrechte-Charta weiter gestiegen ist.[205] Der Dialog zwischen den Gerichten der beiden Ebenen vollzieht sich daher im Rahmen des Vorlageverfahrens heute immer noch weitgehend zwischen EuGH und nationalen Fachgerichten, während die nationalen Verfassungsgerichte oft außen vor bleiben und daher in eine Art Isolation zu geraten drohen.[206] Weniger problematisch stellt sich die Situation allein in denjenigen Mitgliedstaaten dar, die, wie etwa die Niederlande oder die skandinavischen Länder, über keine spezialisierte Verfassungsgerichtsbarkeit verfügen, da in diesem Fall das nationale Höchstgericht als Fach- und Instanzgericht im Verhältnis zu etwaigen anderen obersten fachgerichtlichen Instanzen jedenfalls nicht marginalisiert wird.[207]

Fraglich ist jedoch, wie, gegebenenfalls auch *de lege ferenda*, eine bessere Einbindung gerade der spezialisierten nationalen Verfassungsgerichte in den Vorabentscheidungsmechanismus erreicht werden könnte und inwiefern sich diesbezüglich die Erkenntnisse aus einem Rechtsvergleich mit den föderalen Systemen Deutschlands und der Schweiz fruchtbar machen lassen. Hinsichtlich der Schweiz scheidet eine Bezugnahme von vornherein aus, da im föderalen System der Bundesverfassung kein Vorlageverfahren zum Bundesgericht vorgesehen ist, was sich damit begründen lässt, dass es sich beim Bundesgericht nicht um ein spezialisiertes Verfassungsgericht handelt, sondern es als Instanzgericht ohnehin vollständig in die Rechtszüge eingebunden ist und eine Vorlagemöglichkeit daher entbehrlich erscheint. Im föderalen System des Grundgesetzes sind die Landesverfassungsgerichte, wenn sie bei der Auslegung des Grundgesetzes von der Rechtsprechung des Bundesverfassungsgerichts oder eines anderen Landesverfassungsgerichts abweichen wollen, zur Vorlage nach Art. 100 Abs. 3 GG verpflichtet.[208] Ferner kommt in bestimmten Konstellationen eine Vorlage eines Landesverfassungsgerichts an das Bundesverfassungsgericht nach Art. 100 Abs. 1 GG in Betracht. Für das Verhältnis Landesverfassungsgerichte-Bundesverfassungsgericht besonders

---

203 *Oeter*, VVDStRL 66 (2007), 361, 371; s. dazu auch *Saurer*, Rechtswissenschaft 7 (2016), 26, 32.

204 Ausführlich dazu oben, § 11 V.2. a).

205 Ausführlich dazu oben, § 11 V.2. b).

206 Zu dieser Gefahr s. *Bobek*, The Impact of the European Mandate of Ordinary Courts on the Position of Constitutional Courts, in: Claes/de Visser/Popelier/Van de Heyning (Hrsg.), Constitutional Conversations in Europe, S. 287, 301 ff.; zu den Vorteilen einer Vorlage durch die nationalen Verfassungsgerichte an den EuGH s. auch *Arroyo Jiménez*, Empatía constitucional, S. 38 ff.

207 S. dazu *Groussot*, Constitutional Dialogues, Pluralism and Conflicting Identities, in: Avbelj/Komárek (Hrsg.), Constitutional Pluralism in the European Union and Beyond, S. 319, 328 f.

208 Ausführlich dazu oben, § 6 V.2. a) cc) bbb) (2).

relevant ist dabei Art. 100 Abs. 1 S. 2 GG, wonach eine Vorlage zum Bundesverfassungsgericht dann erforderlich ist, wenn Landesrecht, insbesondere auch Landesverfassungsrecht gegen das Grundgesetz verstößt oder wenn ein Landesgesetz gegen ein Bundesgesetz verstößt.[209] Durch derartige Vorlageverfahren werden eine einheitliche Interpretation des Grundgesetzes sicher gestellt und einseitige Abweichungen durch Landesgerichte, insbesondere Landesverfassungsgerichte verhindert, wobei freilich nicht übersehen werden darf, dass keineswegs in allen Fällen, in denen eine Vorlage an sich angezeigt wäre, eine solche auch erfolgt. So hat einerseits der Sächsische Verfassungsgerichtshof in dem Verfahren, das zur Grundsatzentscheidung des Bundesverfassungsgerichts zur Berücksichtigung von Landesgrundrechten bei der Anwendung von bundesrechtlichem Verfahrensrecht führte,[210] eine Vorlage nach Art. 100 Abs. 3 GG eingereicht, da eine Abweichung von der Rechtsprechung des Hessischen Staatsgerichtshofs im Raum stand, während andererseits der Berliner Verfassungsgerichtshof in der *Mielke*-Entscheidung eine Vorlage nach Art. 100 Abs. 3 GG ablehnte, obwohl er sich mit seiner Position in klaren Widerspruch etwa zur Rechtsprechung des Bayerischen Verfassungsgerichtshofs setzte.[211] Eine verfassungsgerichtliche Sanktionierung der Verweigerung der Vorlage im Wege eines Bund-Länder-Streites nach Art. 93 Abs. 1 Nr. 3 GG erfolgte indes nicht, woran deutlich wird, dass die bloße Existenz eines Vorlageverfahrens noch nicht die Entstehung eines Dialogs zwischen den beteiligten Gerichten der verschiedenen Ebenen und die Einheitlichkeit der Rechtsprechung in einem föderalen System garantiert.

Im Hinblick auf die EU bedeutet das, dass zur Sicherstellung eines Dialogs zwischen EuGH und den nationalen Verfassungs- und Höchstgerichten Mechanismen existieren bzw. geschaffen werden müssen, welche die Vorlagebereitschaft zum EuGH erhöhen. Unionsrechtlich sanktioniert werden könnte eine Verletzung der Vorlagepflicht über das Vertragsverletzungsverfahren des Art. 258 AEUV, wobei im Falle der Nichtvorlage durch ein letztinstanzliches Gericht regelmäßig Art. 267 Abs. 3 AEUV verletzt sein dürfte. Allerdings hat sich die EU-Kommission bislang sehr zurückhaltend gezeigt gegenüber der Einleitung eines Vertragsverletzungsverfahrens im Falle einer Nichtvorlage, da sie das Verfahren nach Art. 258 AEUV nicht als geeignete Grundlage für eine Kooperation zwischen dem EuGH und den nationalen Gerichten ansieht.[212] Sie hält die Einleitung eines Vertragsverletzungsverfahrens in derartigen Konstellationen zwar für grundsätzlich zulässig, erwägt diese aber nur in Fällen, in denen die Nichtvorlage

[209] Ausführlich dazu oben, § 6 V.2. a) cc) bbb) (1).

[210] BVerfGE 96, 345, 345 ff.; ausführlich dazu oben, § 6 V.3. a) aa).

[211] BerlVerfGH, LVerfGE 1, 169, 183 f.; ausführlich dazu oben, § 6 V.3. b) hh).

[212] Kommission, Antworten auf die schriftlichen Anfragen der Abgeordneten Westerterp und Deringer, ABl. EG 1967 Nr. 270, S. 2 u. ABl. EG 1968 Nr. C 71, S. 1, 2; s. dazu *Cremer*, in: Calliess/Ruffert, EUV/AEUV, Art. 258 AEUV Rn. 28; *Lenski/Mayer*, EuZW 2005, 225, 225; ähnlich im Übrigen schon die Antwort von Herrn Thorn im Namen der Kommission v. 25.07.1983, ABl. EG 1983 Nr. C 268, S. 25; s. dazu auch oben, § 10 V.1. a).

auf einer „bewussten Haltung" beruht.[213] Lediglich ein einziges Mal hat die Kommission bislang im Zusammenhang mit einer unterbliebenen Vorlage ein Vertragsverletzungsverfahren eingeleitet, *in concreto* im Zusammenhang mit einer Nichtvorlage des schwedischen Obersten Gerichts im Jahr 2004,[214] wobei erstens umstritten ist, ob insoweit tatsächlich die fehlende Vorlage gerügt wurde[215] und es zweitens auf Grund des Erlasses eines entsprechenden Gesetzes durch das schwedische Parlament zur Regelung der innerstaatlichen Handhabung der Vorlagepflicht[216] letztlich nicht zu einer Entscheidung des EuGH kam. Daran wird deutlich, dass gegenwärtig die rechtswidrige Nichtvorlage grundsätzlich nicht im Wege des Vertragsverletzungsverfahrens sanktioniert wird,[217] zumal am Ende eines Vertragsverletzungsverfahrens lediglich ein Feststellungsurteil, nicht aber die Aufhebung des mitgliedstaatlichen Urteils stünde.[218] Darüber hinaus spricht gegen eine Sanktionierung der pflichtwidrigen Nichtvorlage im Wege des Vertragsverletzungsverfahrens, dass im Falle eines Vertragsverletzungsverfahrens das Verhältnis der mitgliedstaatlichen Gerichte zum EuGH beeinträchtigt würde. Daran ändert auch der Umstand nichts, dass das Urteil des EuGH gegen den betroffenen Mitgliedstaat und nicht gegen das untätig gebliebene Gericht selbst erginge, zumal der EuGH in seiner Urteilsbegründung höchstwahrscheinlich auf das Urteil des nationalen Gerichts, welches die Vorlage rechtswidrig unterlassen hatte, rekurrieren würde.[219] Spannungen zwischen dem betroffenen nationalen Gericht und dem EuGH könnten insbesondere dann auftreten, wenn es sich bei Ersterem um ein mitgliedstaatliches Verfassungs- oder Höchstgericht handelt. In diesem Fall könnte selbst ein grundsätzlich gutes Verhältnis zwischen den beteiligten Gerichtshöfe erheblich belastet werden, so dass eine Sanktionierung der Nichtvorlage im Wege des Vertragsverletzungsverfahrens trotz der Gefahr der systematischen Verletzung des Art. 267 Abs. 3 AEUV durch die mitgliedstaatlichen Verfassungs- und Höchstgerichte als nicht empfehlenswert erscheint.[220]

---

[213] *Kommission*, Antwort auf die schriftliche Anfrage Nr. 608/78 des Abgeordneten Krieg, ABl. EG 1979 Nr. C 28, S. 8, 9; *Cremer*, in: Calliess/Ruffert, EUV/AEUV, Art. 258 AEUV Rn. 28.

[214] Kommission/Schweden, Az. 2003/2161, Dok. C (2004) 3899/1 v. 07.10.2004.

[215] So *Lenski/Mayer*, EuZW 2005, 225, 225; dazu *Broberg*, European Public Law 22 (2016), 243, 251 f.; a.A. aber *Kokott/Henze/Sobotta*, JZ 2006, 633, 640.

[216] Lag med vissa bestämmelser om förhandsavgörande från EG-domstolen v. 24.05.2006, SFS 2006:502.

[217] S. dazu auch oben, § 10 V.1. a).

[218] *Haratsch/Koenig/Pechstein*, Europarecht, Rn. 505; *Friedrich*, Umfang und Grenzen der Durchsetzung der Vorlagepflicht nach Art. 267 Abs. 3 AEUV, S. 125; zu den Rechtsfolgen eines Vertragsverletzungsverfahrens auch *Schilling*, EuGRZ 2012, 133, 134 ff.

[219] So etwa in EuGH, Rs. C-129/00, Kommission/Italien, Slg. 2003, I-14637, Rn. 29 ff.; *Friedrich*, Umfang und Grenzen der Durchsetzung der Vorlagepflicht nach Art. 267 Abs. 3 AEUV, S. 130.

[220] So auch *Friedrich*, Umfang und Grenzen der Durchsetzung der Vorlagepflicht nach Art. 267 Abs. 3 AEUV, S. 130.

Für den Einzelnen verbleibt nach der Entscheidung des EuGH in der Rechtssache *Köbler*[221] im Falle einer rechtswidrig unterbliebenen Vorlage bei Vorliegen eines hinreichend qualifizierten Verstoßes gegen Unionsrecht durch die Nichtvorlage in erster Linie ein Vorgehen im Wege der Geltendmachung eines Staatshaftungsanspruchs, was das Kooperationsverhältnis der beteiligten Gerichte nur mittelbar beeinflusst, da es sich insoweit lediglich um Sekundärrechtsschutz handelt und überdies ein solcher Anspruch nur vor den mitgliedstaatlichen Gerichten geltend gemacht werden kann.[222] Ferner kommt für den Einzelnen nach der Entscheidung des EuGH in der Rechtssache *Kühne & Heitz*[223] unter Umständen ein Anspruch auf Wiederaufnahme des Verfahrens gegen die nationalen Behörden in Betracht.

Jenseits des Unionsrechts ist eine Sanktionierung der Verletzung der unionalen Vorlagepflicht im Wege einer Beschwerde an den EGMR möglich, wobei der Straßburger Gerichtshof eine Verletzung des in Art. 6 Abs. 1 EMRK garantierten Rechts auf ein faires Verfahren grundsätzlich nur im Falle von Willkür annimmt[224] und eine derartige Konventionsverletzung durch Nichtvorlage, wie der Fall *Dhahbi*[225] zeigt, nur dann bejaht, wenn sich das zur Vorlage verpflichtete Gericht überhaupt nicht mit dem potentiellen Bestehen einer Vorlagepflicht auseinander gesetzt hat, während kein Konventionsverstoß vorliegen soll, wenn das nationale Gericht zumindest Gründe für seine Nichtvorlage im konkreten Fall angeführt hat.[226]

Eine Verletzung der Vorlagepflicht muss daher *de lege lata* jedenfalls primär auf mitgliedstaatlicher Ebene sanktioniert werden, wobei Art. 267 Abs. 3 AEUV selbst nicht verlangt, dass auf mitgliedstaatlicher Ebene Rechtsbehelfe gegen die Verletzung der Vorlagepflicht existieren.[227] Eine entsprechende Verpflichtung lässt sich auch nicht Art. 19 Abs. 1 UAbs. 2 EUV entnehmen, wonach die Mitgliedstaaten die erforderlichen Rechtsbehelfe zur Gewährleistung eines wirksamen Rechtsschutzes in den vom Unionsrecht erfassten Bereichen schaffen, da die Vorgaben der Vorschrift für die Annahme einer mitgliedstaatlichen Verpflichtung zur Sanktionierung der Vorlagepflicht im Wege eines spezifischen Rechtsbehelfs

221 EuGH, Rs. C-224/01, Köbler, Slg. 2003, I-10239, Rn. 55.

222 Vgl. *Schröder*, EuR 2011, 808, 811; zum Ganzen s. auch *Friedrich*, Umfang und Grenzen der Durchsetzung der Vorlagepflicht nach Art. 267 Abs. 3 AEUV, S. 82 ff.

223 EuGH, Rs. C-453/00, Kühne/Heitz, Slg. 2004, I-837, Rn. 27.

224 S. etwa EGMR, Urt. v. 23.03.1999 – 41358/98 – Desmots/Frankreich, Rn. 24 ff.; Urt. v. 25.01.2000 – 44861/98 – Moosbrugger/Österreich, Rn. 2; Urt. v. 24.08.1999 – 35673/97, 35674/97, 36082/97, 37579/97 – Schweighöfer u.a./Österreich, Rn. 3 a; Urt. v. 13.02.2007 – 15073/03 – John/Deutschland; *Meyer*, in: Karpenstein/Mayer, EMRK, Art. 6 Rn. 52.

225 EGMR, Urt. v. 08.04.2014 – 17120/09 – Dhahbi/Italien, Rn. 31 ff.; ausführlich dazu *Broberg*, European Public Law 22 (2016), 243, 246 ff.

226 EGMR, Urt. v. 20.09.2011– 3989/07 u. 38353/07 – Ullens de Schooten u. Rezabek/Belgien, Rn. 60 ff.; Urt. v. 10.04.2012 – 4832/04 – Vergauwen u.a./Belgien, Rn. 89 f.; bestätigt in EGMR, Urt. v. 08.04.2014 – 17120/09 – Dhahbi/Italien, Rn. 31 ff.

227 EuGH, Rs. C-283/81, CILFIT, Slg. 1982, 34125 Rn. 9 f.; Rs. C-344/04, IATA, Slg. 2006, I-403, Rn. 28; *Kokott/Henze/Sobotta*, JZ 2006, 633, 636 f.

nicht hinreichend konkret sind.[228] *De lege ferenda* wäre zu überlegen, Art. 267 Abs. 3 AEUV dahin gehend zu ergänzen, dass die Mitgliedstaaten unionsrechtlich dazu verpflichtet werden, ein innerstaatliches Verfahren zur Überprüfung der Handhabung der Vorlagepflicht einzurichten. Das Unionsrecht könnte insoweit Kriterien festlegen, anhand derer vom EuGH eine Verletzung der Vorlagepflicht durch die nationalen Gerichte zu prüfen wäre. Problematisch erscheint eine solche Verpflichtung allerdings deshalb, weil die Ausgestaltung des nationalen Rechtsschutzsystems nach der unionalen Kompetenzverteilung nach wie vor den Mitgliedstaaten selbst obliegt. Das Unionsrecht kann lediglich insoweit Vorgaben machen, als andernfalls seine praktische Wirksamkeit gefährdet wäre, die Vorlagepflicht mithin faktisch leer liefe. Trotz regelmäßiger Verstöße gegen die Vorlagepflicht kann davon jedoch keine Rede sein. Selbst wenn man eine Gefährdung der wirksamen Durchsetzung des Unionsrechts bejahen wollte, müsste sich das Unionsrecht dennoch auf die grundsätzliche Verpflichtung der Sanktionierung eines Verstoßes gegen die Vorlagepflicht beschränken, während die Regelung der Details den Mitgliedstaaten vorbehalten bliebe. Ein weiteres Problem stellt die innerstaatliche Überwachung der Verletzung der Vorlagepflicht dar, wenn gerade das zuständige Verfassungs- oder Höchstgericht im konkreten Fall die Vorlage an den EuGH verweigert. In derartigen Fällen wäre ein innerstaatliches Verfahren zur Überwachung der Einhaltung der Vorlagepflicht in der Regel wirkungslos, da das nationale Verfassungs- oder Höchstgericht nicht von einer weiteren innerstaatlichen gerichtlichen Instanz kontrolliert werden kann.

Fraglich ist weiterhin, ob *de lege ferenda* eine Nichtvorlagebeschwerde zum EuGH eingeführt werden könnte,[229] mit deren Hilfe der Einzelne die rechtswidrig unterbliebene Vorlage eines mitgliedstaatlichen Gerichts rügen könnte. Gegen die Verankerung eines solchen Rechtsbehelfs spricht allerdings, dass das Unionsrecht gegenwärtig bis auf wenige Ausnahmen[230] keine Individualklagen kennt und eine solche Nichtvorlagebeschwerde daher systemwidrig wäre. Außerdem wären neue Konflikte zwischen den nationalen Verfassungs- und Höchstgerichten und dem EuGH vorprogrammiert, wenn das Instrument auch gegen eine Nichtvorlage des jeweiligen Verfassungs- oder Höchstgerichts eingesetzt werden könnte. Andererseits freilich könnte der Einzelne die Einhaltung auch der EU-Grundrechte besser beeinflussen, wenn ihm eine derartige Rechtsschutzmöglichkeit offen stünde.

In Deutschland sieht das Bundesverfassungsgericht in einer pflichtwidrig unterbliebenen Vorlage eine Verletzung des Rechts auf den gesetzlichen Richter gemäß Art. 101 Abs. 1 S. 2 GG.[231] Problematisch ist insoweit, dass das Bundesverfassungsgericht in derartigen Fällen eine niedrige Kontrollintensität anwendet und lediglich im Fall von Willkür einen Verstoß gegen Art. 101 Abs. 1 S. 2 GG bejaht, so dass eine Verletzung der Vorlagepflicht nur dann vorliegt, wenn die

[228] So auch *Proelss*, Bundesverfassungsgericht und überstaatliche Gerichtsbarkeit, S. 226 Fn. 134; a.A. aber wohl *Haensle*, DVBl. 2011, 811, 817 f.

[229] Zur Idee einer Nichtvorlagebeschwerde auch *Schröder*, EuR 2011, 808, 811.

[230] Etwa im Rahmen des Art. 263 Abs. 4 AEUV; s. dazu oben, § 10 V.1. a).

Vorlagepflicht in „offensichtlich unhaltbarer Weise" gehandhabt wurde, was dann der Fall ist, wenn die Vorlagepflicht grundsätzlich verkannt, bewusst von der Rechtsprechung des EuGH abgewichen oder das Unionsrecht in unvertretbarer, offensichtlich unhaltbarer Weise ausgelegt wurde.[232] Allerdings sieht sich das Bundesverfassungsgericht nicht dazu angehalten, die Verletzung der Vorlagepflicht voll zu kontrollieren und an der Rechtsprechung des EuGH zu Art. 267 Abs. 3 AEUV zu orientieren, sondern es gewährt vielmehr den Fachgerichten vor dem Hintergrund seiner aus Kompetenzgründen beschränkten Kognitionsbefugnis[233] einen eigenen Einschätzungsspielraum.[234] Begründet wird dies damit, dass unionsrechtlich keine Verpflichtung bestehe, die Verletzung der Vorlagepflicht voll zu kontrollieren und an der Rechtsprechung des EuGH auszurichten.[235] Art. 267 Abs. 3 AEUV fordere kein zusätzliches Rechtsmittel zur Überprüfung der Einhaltung der Vorlagepflicht.[236] Zwar stellt das Bundesverfassungsgericht in seinen neueren Entscheidungen[237] vorwiegend auf die Vertretbarkeit der Handhabung der Vorlagepflicht nach Art. 267 Abs. 3 AEUV und nicht mehr in erster Linie auf die Vertretbarkeit der fachgerichtlichen Auslegung des streitentscheidenden materiellen Unionsrechts ab, doch müsste das Gericht bei einer konsequenten Anwendung der *CILFIT*-Kriterien einen Verstoß gegen Art. 101 Abs. 1 S. 2 GG bereits dann annehmen, wenn sich bei ungeklärter Rechtslage irgendeine alternative Auslegung zu der vom Fachgericht zu Grunde gelegten Interpretation als noch vertretbar erwiese.[238] Dadurch entsteht eine nicht unerhebliche Diskrepanz zur Rechtsprechung des EuGH, die das Bundesverfassungsgericht durch eine Modifizierung seines Prüfungsmaßstabs im Interesse einer Vermeidung von Konflikten mit dem EuGH beseitigen sollte,[239] zumal das Bun-

---

[231] BVerfGE 128, 157, 187 f.; 129, 78, 106 f.; 131, 268, 311 f.; *Pieroth*, in: Jarass/Pieroth, GG, Art. 101 Rn. 16; zur ähnlichen Handhabung durch andere mitgliedstaatliche Verfassungsgerichte s. *Broberg*, European Public Law 22 (2016), 243, 253; im Hinblick auf Art. 24 Abs. 1 Verf-Spanien, der das Recht auf gerichtlichen Rechtsschutz verbürgt, und einer etwaigen daraus resultierenden Vorlagepflicht s. etwa Spanischer Verfassungsgerichtshof, Urt. v. 02.07.2012 – SSTC 145/2012 –, Rn. 4 ff.; Urt. v. 11.02.2013 – SSTC 27/2013 –, Rn. 7; Urt. v. 25.05.2015 – SSTC 99/2015 –, Rn. 3; zum Ganzen s. auch *Fernández Alles*, Revista General de Derecho Constitutional 23 (2016), 1, 11 f.

[232] BVerfGE 75, 223, 245; 82, 159, 195 f.

[233] *Roth*, NVwZ 2009, 345, 350; *Thomale*, EuR 2016, 510, 515 f.

[234] BVerfGE 126, 286, 315 f.; *Degenhart*, in: Sachs, GG, Art. 101 Rn. 19.

[235] BVerfGE 126, 286, 316.

[236] BVerfGE 126, 286, 316 unter Verweis auf *Kokott/Henze/Sobotta*, JZ 2006, 633, 635.

[237] So etwa in BVerfGE 128, 157, 188; 129, 78, 106 f.; s. auch BVerfG, Beschl. v. 29.04.2014 – 2 BvR 1572/10 –, BeckRS 2014, 51475; zum Ganzen s. auch *Finck/Wagner*, NVwZ 2014, 1286, 1287 ff.

[238] Vgl. *Britz*, NJW 2012, 1313, 1314.

[239] *Roth*, NVwZ 2009, 345, 351; *Michael*, JZ 2013, 302, 303, der eine Erhöhung der Kontrolldichte jedoch nur bei Gültigkeitsvorlagen befürwortet; krit. zum Prüfungsmaßstab des Bundesverfassungsgerichts auch *Friedrich*, Umfang und Grenzen der Durchsetzung der Vorlagepflicht nach Art. 267 Abs. 3 AEUV, S. 72 f.; *Desens*, Auslegungskonkurrenzen im europäischen Mehrebenensystem, in: Matz-Lück/Hong (Hrsg.), Grundrechte und Grundfreiheiten im Mehrebenensystem, S. 203, 241.

desverfassungsgericht auch im Zusammenhang mit Vorlagen nach Art. 100 Abs. 2 GG die Vorlagekontrolle nach Art. 101 Abs. 1 S. 2 GG längst verschärft hat und den Fachgerichten nunmehr einen Entscheidungsspielraum abspricht[240] und überdies Art. 19 Abs. 1 UAbs. 2 EUV für eine Angleichung an die EuGH-Rechtsprechung spricht.[241] Nicht weiter hilft dieser Ansatz allerdings, wenn das Bundesverfassungsgericht selbst, das sich als letztinstanzliches Gericht i.S.v. Art. 267 Abs. 3 AEUV sieht,[242] zur Vorlage verpflichtet ist, eine solche im konkreten Fall jedoch unterlässt. Auch in diesem Fall läge zwar eine Verletzung von Art. 101 Abs. 1 S. 2 GG vor, doch könnte die Grundrechtsverletzung nach innerstaatlichem Recht nicht sanktioniert werden, sondern der Beschwerdeführer müsste den Umweg über eine Beschwerde zum EGMR, gestützt auf das in Art. 6 Abs. 1 EMRK garantierte Recht auf ein faires Verfahren nehmen, wobei der EGMR eine Konventionsverletzung nur dann bejaht, wenn sich das zur Vorlage verpflichtete Gericht überhaupt nicht mit dem Bestehen einer Vorlagepflicht auseinander gesetzt hat.[243]

Die übrigen EU-Mitgliedstaaten, von denen eine Vielzahl noch nicht einmal über ein innerstaatliches Verfahren zur Sanktionierung einer Verletzung der Vorlagepflicht verfügt,[244] sollten dem deutschen Beispiel folgen und einen innerstaatlichen Rechtsbehelf zur Durchsetzung des Art. 267 Abs. 3 AEUV bereit halten, um zumindest den Dialog zwischen den nationalen Fachgerichten und dem EuGH zu fördern. Nationale Verfassungs- und Höchstgerichte können auf diesem Weg freilich nicht zur Vorlage an den EuGH verpflichtet werden, da die Einhaltung der Vorlagepflicht durch keine andere innerstaatliche Instanz kontrolliert werden kann und eine Beschwerde zum EGMR in derartigen Fällen trotz hoher Hürden zwar im Einzelfall erfolgreich sein kann, ein entsprechendes Urteil des EGMR jedoch nach Art. 46 Abs. 1 EMRK von dem betroffenen Mitgliedstaat innerstaatlich umgesetzt werden muss, wobei das nationale Verfassungs- oder Höchstgericht selbst nicht unmittelbar für die Konventionsverletzung verantwortlich gemacht würde. Aus Gründen der praktischen Durchsetzbarkeit erscheint daher die Aufnahme einer Vorschrift in die nationalen Verfahrensordnungen, wonach die nationalen Gerichte sich mit dem Bestehen einer Vorlagepflicht zumindest auseinander setzen müssen, wenn der Beschwerdeführer dies vorbringt, jedenfalls im Hinblick auf die nationalen Verfassungs- und Höchstgerichte und deren Vorlagebereitschaft wenig erfolgversprechend. Die Einbindung der nationalen Verfassungs- und Höchstgerichte in den institutionalisierten Dia-

[240] BVerfGE 64, 1, 21; 96, 68, 77 f.; s. dazu *Michael*, JZ 2013, 302, 303.

[241] *Proelss*, Bundesverfassungsgericht und überstaatliche Gerichtsbarkeit, S. 237 Fn. 195; *Haensle*, DVBl. 2011, 811, 817 f.; *Schröder*, EuR 2011, 808, 819.

[242] BVerfGE 37, 271, 282; 52, 187, 201; 134, 366, 369; *Wegener*, in: Calliess/Ruffert, EUV/AEUV, Art. 267 AEUV Rn. 27.

[243] S. oben, § 15 Fn. 303; einen Konventionsverstoß verneinend hingegen etwa EGMR, Urt. v. 04.10.2001 – 60350/00 – Canela Santiago/Spanien; s. dazu *Thomale*, EuR 2016, 510, 516 f.; *Kokott/Henze/Sobotta*, JZ 2006, 633, 637.

[244] S. auch *Kokott/Henze/Sobotta*, JZ 2006, 633, 637.

log der europäischen Gerichtshöfe hängt damit auch *de lege ferenda* zwangsläufig von deren Bereitschaft zur Vorlage an den EuGH ab. Schon im eigenen Interesse sollten die nationalen Verfassungs- und Höchstgerichte jedoch von der Vorlagemöglichkeit Gebrauch machen, um im Verhältnis zu den nationalen Fachgerichten nicht weiter marginalisiert zu werden.

Eine weitere Herausforderung im Zusammenhang mit der Kooperation durch Vorlageverfahren stellt das Verhältnis von nationalen Vorlageverfahren entsprechend Art. 100 Abs. 1 GG und dem unionalen Vorlageverfahren nach Art. 267 AEUV dar. Der EuGH entwickelte in den Entscheidungen *Melki* und *A* Kriterien für die Kompatibilität eines nationalen präventiven Normenkontrollverfahrens bzw. eines obligatorischen Normenkontrollverfahrens zum nationalen Verfassungsgericht mit Art. 267 AEUV.[245] Danach müssen die nationalen Gerichte in jedem Moment des Verfahrens dem EuGH jede Frage zur Vorabentscheidung vorlegen können, jede Maßnahme erlassen können, die erforderlich ist, um den vorläufigen gerichtlichen Schutz der durch die Rechtsordnung der Union eingeräumten Rechte sicherzustellen, und nach Abschluss eines etwaigen Zwischenverfahrens die fragliche nationale gesetzliche Bestimmung unangewendet lassen können, wenn sie diese als unionsrechtswidrig ansehen.[246] Für die Ausgestaltung eines nationalen Normenkontrollverfahrens bedeutet dies, dass den nationalen Gerichten jedenfalls die Möglichkeit verbleiben muss, jederzeit von ihrer Vorlageberechtigung nach Art. 267 AEUV Gebrauch zu machen. Die Regelung des Art. 100 Abs. 1 GG ist vor diesem Hintergrund als unproblematisch zu betrachten, da sie erstens kein zwingendes, zeitlich vorrangiges Normenkontrollverfahren vorsieht und zweitens das Bundesverfassungsgericht die Grundrechte-Charta nach wie vor nicht als Prüfungsmaßstab heranzieht, so dass es auch insoweit nicht zu Überschneidungen kommen kann. Im Hinblick auf einen fruchtbaren Dialog zwischen den nationalen Gerichten und dem EuGH ist bei der Ausgestaltung der nationalen Vorlageverfahren darauf zu achten, dass der EuGH nicht auf Grund einer nationalen Regelung in unionsrechtswidriger Weise als Dialogpartner ausgeschlossen wird. Durch einen auf Kooperation angelegten Zuschnitt der innerstaatlichen Vorlageverfahren kann auch der Gefahr begegnet werden, dass die Vorgaben des EuGH langfristig zu einer Marginalisierung der nationalen Normenkontrollverfahren führen könnten, wobei ein zumindest teilweiser Bedeutungsverlust der nationalen Verfassungs- und Höchstgerichte vor dem Hintergrund des weiten Anwendungsbereichs der Grundrechte-Charta kaum zu vermeiden sein wird.[247] Andererseits zeigen die Erfahrungen aus der Schweiz, dass ein eigenständiger kantonaler Grundrechtsschutz nur dort existieren kann, wo ein gliedstaatliches Verfassungsgericht besteht, welches über hinreichende Kom-

---

[245] EuGH, verb. Rs. C-188/10 u. C-189/10, Melki und Abdeli, Slg. 2010, I-5667, Rn. 40 ff. u. 57; Rs. C-112/13, A, digit. Slg., Rn. 46; s. dazu oben, § 1 II.2. b) aa) ccc) (3) u. § 11 V.1.

[246] EuGH, verb. Rs. C-188/10 u. C-189/10, Melki und Abdeli, Slg. 2010, I-5667, Rn. 57; Rs. C-112/13, A, digit. Slg., Rn. 46.

[247] So auch *Paris*, EuConst 11 (2015), 389, 405.

petenzen verfügt, so dass den EU-Mitgliedstaaten daran gelegen sein sollte, dass innerstaatliche Normenkontrollverfahren weiterhin vorgesehen bleiben und von ihnen auch Gebrauch gemacht wird.

Das Vorlageverfahren als Instrument des Dialogs und der prozessualen Konfliktvermeidung kommt mit Inkrafttreten des 16. Zusatzprotokolls zur EMRK auch im Verhältnis zwischen den nationalen Verfassungs- und Höchstgerichten und dem EGMR zum Tragen.[248] Auf diese Weise können Rechtsprechungsdifferenzen zwischen EGMR und nationalen Verfassungs- und Höchstgerichten von vornherein vermieden werden, wobei die Entscheidung des EGMR für das vorlegende Gericht freilich nicht bindend ist. Hierin könnte eine entscheidende Schwäche des Vorlageverfahrens zum EGMR liegen, die unabhängig von der faktischen Bedeutung eines EGMR-Entscheides nur dadurch beseitigt werden kann, dass das vorlegende Gericht an die Rechtsauffassung des EGMR gebunden ist. Nur so kann sich ein verlässlicher Dialog zwischen den beteiligten Gerichten entwickeln.

Insgesamt lässt sich konstatieren, dass die Existenz von Vorlageverfahren und deren Abstimmung aufeinander in Mehrebenensystemen in substanzieller Weise zur Vermeidung von Jurisdiktionskonflikten beitragen und auf diese Weise die Grundrechtseinheit stärken können.[249] Gleichzeitig kann aber auch der Grundrechtsvielfalt Rechnung getragen werden, falls das Gericht, das über die Vorlage entscheidet, Spielräume für die Anwendung gliedstaatlicher bzw. nationaler Grundrechte aufzeigt.

2. Ausbau der Rechtsschutzmöglichkeiten des Einzelnen

a) EU-Ebene

Auch der Ausbau der Rechtsschutzmöglichkeiten des Einzelnen könnte zu einer Aufrechterhaltung der Grundrechtsvielfalt beitragen, da auf diese Weise eine Wahlmöglichkeit eingeräumt würde und sich der Rechtsschutz nicht nur bei einer einzigen Instanz konzentrierte. Als erstes ist in diesem Zusammenhang an eine Erweiterung des Kreises der Klageberechtigten im Rahmen von Art. 263 Abs. 4 AEUV zu denken.[250] Allerdings würde dies nur dem Grundrechtsschutz gegenüber EU-Rechtsakten dienen, in Bezug auf die mitgliedstaatlicher Grundrechtsschutz grundsätzlich nur innerhalb von Umsetzungs- und Entscheidungsspielräumen überhaupt in Betracht kommt, so dass mit einer Ausweitung des Kreises der Klageberechtigten das Verhältnis von unionalem und mitgliedstaatlichem Grundrechtsschutz allenfalls höchst mittelbar beeinflusst werden könnte.

---

[248] S. dazu oben, § 12 IV.1.

[249] So auch *Sauer*, Jurisdiktionskonflikte in Mehrebenensystemen, S. 495 ff.

[250] Näher zu dieser Problematik s. oben, § 10 V.1. a).

Zumindest *prima facie* erfolgversprechender könnte sich die Schaffung einer Grundrechtsbeschwerde unmittelbar zum EuGH erweisen. Die Verankerung eines solchen Rechtsbehelfs im Unionsrecht wird in der Literatur schon seit längerem diskutiert,[251] der EU-Verfassungskonvent hatte sich jedoch dagegen ausgesprochen,[252] so dass das Unionsrecht auch nach Inkrafttreten der Vertrags von Lissabon keine Grundrechtsbeschwerde kennt. *De lege ferenda* sollte sich eine derartige Grundrechtsbeschwerde nur gegen Handlungen der EU-Organe, nicht aber gegen solche der Mitgliedstaaten richten.[253] Wären auch mitgliedstaatliche Maßnahmen, die im Anwendungsbereich des Unionsrechts i.S.v. Art. 51 Abs. 1 S. 1 GRC ergehen, für den Einzelnen unmittelbar vor dem EuGH angreifbar, hätte dies erhebliche Auswirkungen auf das gesamte europäische Rechtsschutzsystem. So würde insbesondere die Bedeutung der nationalen Verfassungs- und Höchstgerichte und des nationalen Rechtsschutzes überhaupt sinken, wenn sich der Einzelne im Falle einer Verletzung von EU-Grundrechten unmittelbar an den EuGH wenden könnte. Die Situation wäre vergleichbar mit der Rechtslage in der Schweiz, wo die Verletzung von Bundesgrundrechten vor jedem kantonalen Gericht und damit auch vor den kantonalen Verfassungsgerichten gerügt werden kann. Dies führte jedoch in der Schweiz dazu, dass sich die Beschwerdeführer auch vor den kantonalen Gerichten fast nur noch auf die Bundesgrundrechte und nicht mehr auf die kantonalen Grundrechte berufen.[254] In Bezug auf die EU würde dies bedeuten, dass die nationalen Grundrechte weiter an Relevanz verlören und der EuGH auf Grund der zu erwartenden großen Anzahl an Beschwerden ein ähnliches Schicksal wie der EGMR erleiden würde und sehr bald stark überlastet wäre. Hinzu kommt, dass die EU-Grundrechte im Falle einer Ausdehnung der europäischen Grundrechtsbeschwerde auf Maßnahmen der Mitgliedstaaten sinnvollerweise zum Prüfungsmaßstab der nationalen Verfassungs- und Höchstgerichte gehören müssten,[255] da andernfalls der EuGH einen anderen Prüfungsmaßstab anwenden würde als das nationale Verfassungs- oder Höchstgericht, dessen Maßnahme überprüft wird. Im Falle des Bundesverfassungsgerichts würde der EuGH eine Prüfung am Maßstab der Grundrechte-Charta vornehmen, während das Bundesverfassungsgericht selbst die Maßnahme der nationalen Instanzen allein am Maßstab des Grundgesetzes prüfen würde, was eine Konstellation implizierte, welche im Verhältnis von EGMR und Bundesverfassungsge-

[251] So etwa *Zuleeg*, Public Interest Litigation before European Courts, in: Micklitz/Reich (Hrsg.), Public Interest Litigation before European Courts, S. 439, 444; *Everling*, Referat, in: Ständige Deputation des Deutschen Juristentages (Hrsg.), Verhandlungen des 60. Deutschen Juristentages Münster, 1994, Bd. II/1, S. N 9, 19; *Krämer*, Public Interest Litigation in Environmental Matters before European Courts, in: Micklitz/Reich (Hrsg.), Public Interest Litigation before European Courts, S. 297, 314; *Tappert*, DRiZ 2000, 204, 207; *Philippi*, ZeuS 2000, 97, 126; *Reich*, ZRP 2000, 375, 377 f.; *Calliess*, EuZW 2001, 261, 268 f.; *Ruffert*, EuR 2004, 165, 175 f.

[252] S. dazu etwa Europäischer Konvent, CONV 350/02, WG II 14 v. 17.10.2002, S. 2.

[253] So *Reich*, ZRP 2000, 375, 377.

[254] S. dazu oben, § 14 V.

[255] Zur Rolle der Grundrechte-Charta als Prüfungsmaßstab des österreichischen Verfassungsgerichtshofs s. oben, § 11 V.2. a).

richt in Bezug auf die EMRK auszumachen ist. All diese Erwägungen sprechen dafür, mitgliedstaatliche Maßnahmen nicht in den Anwendungsbereich einer etwaigen EU-Grundrechtsbeschwerde einzubeziehen.

Der Ausschluss mitgliedstaatlicher Handlungen aus dem Kreis der tauglichen Antragsgegenstände wiederum würde dazu führen, dass die Grundrechtsbeschwerde zum EuGH nicht statthaft wäre, wenn es, wie im Falle mitgliedstaatlichen Handelns im Rahmen unionsrechtlich eingeräumter Ermessensspielräume, zu einer grundrechtlichen Doppelbindung der Mitgliedstaaten und damit zu Grundrechtskonflikten kommen kann. Daher könnte die Einführung einer unionalen Grundrechtsbeschwerde das Verhältnis des mitgliedstaatlichen Grundrechtsschutzes zum unionalen Grundrechtsschutz allenfalls mittelbar beeinflussen. Gegen die Einführung einer Grundrechtsbeschwerde zum EuGH spricht ferner, dass dadurch erhebliche Abgrenzungsschwierigkeiten zur Nichtigkeitsklage natürlicher und juristischer Personen nach Art. 263 Abs. 4 AEUV entstünden. Nach alledem liegt im Ausbau der Individualrechtsschutzmöglichkeiten auf EU-Ebene kein tauglicher Schlüssel zur Herstellung eines Gleichgewichts zwischen Grundrechtsvereinheitlichung und Grundrechtsvielfalt in der EU.

b) Mitgliedstaatliche Ebene

Einen weitaus größeren Einfluss auf das Verhältnis der Unionsgrundrechte zu den nationalen Grundrechten besitzt die prozessuale Ausgestaltung des Grundrechtsschutzes auf mitgliedstaatlicher Ebene. So hat der Rechtsvergleich mit den Systemen des Grundgesetzes und der Schweizer Bundesverfassung gezeigt, dass gliedstaatliche Grundrechte am ehesten dort eigenständige Relevanz entfalten können, wo ihre Einhaltung durch ein spezialisiertes Verfassungsgericht mit hinreichenden Entscheidungskompetenzen überwacht wird.[256] Für das föderale System der EU folgt daraus, dass die Mitgliedstaaten sich um die Stärkung ihrer nationalen Verfassungs- und Höchstgerichte bemühen sollten. Gerade diejenigen Mitgliedstaaten, die bislang noch keine Verfassungsbeschwerde zu dem jeweiligen Verfassungs- oder Höchstgericht kennen, sollten die Einführung dieses Instruments in Erwägung ziehen, um den Schutz der nationalen Grundrechte auch verfahrensmäßig abzusichern. Auf diese Weise entstünden selbstbewusste nationale Verfassungs- und Höchstgerichte, die als Gegengewicht zum EuGH einer Unitarisierung des Grundrechtsschutzes in der EU entgegen wirken können, insbesondere dann, wenn sich die nationalen Verfassungs- und Höchstgerichte im Falle problematischer Entscheidungen des EuGH untereinander koordinieren, was das Verhältnis zum Luxemburger Gerichtshof nicht zwangsläufig belasten muss.

---

[256] Zusammenfassend dazu oben, § 14 V.

3. Schaffung eines Kompetenzkonfliktsgerichtshofs

Ein schonender Ausgleich zwischen Grundrechtseinheit und Grundrechtsvielfalt könnte ferner dadurch begünstigt werden, dass eine Art „Kompetenzkonfliktsgerichtshof"[257] eingerichtet wird, der über Konflikte bei der Zuständigkeitsverteilung zwischen dem EuGH und den nationalen Verfassungs- und Höchstgerichten entscheidet. Dadurch könnte zum einen die Einhaltung der unionalen Kompetenzordnung überwacht werden, welche Rückwirkungen auf den Anwendungsbereich der Unionsgrundrechte bzw. der nationalen Grundrechte besitzt.[258] Zum anderen könnte mit einem solchen Instrument die Interpretation des Anwendungsbereichs der Grundrechte-Charta durch den EuGH einer gewissen Kontrolle unterworfen werden. Ein solches Kompetenzgericht könnte jedoch nicht auf völkerrechtlicher Ebene, etwa in Gestalt eines internationalen Schiedsgerichts, verankert werden,[259] da auf völkerrechtlicher Grundlage, wie der EuGH in seinem Gutachten zum Beitritt der EU zur EMRK betont hat,[260] nicht über die Besonderheiten des Unionsrechts entschieden werden kann und sich zudem höchstwahrscheinlich weder die EU noch die Mitgliedstaaten einer solchen externen Gerichtsbarkeit freiwillig unterwerfen würden. Folglich müsste das Kompetenzgericht innerhalb der EU verortet werden, wobei es vor dem Hintergrund der Gleichberechtigung von EU und Mitgliedstaaten paritätisch mit Vertretern der nationalen Verfassungs- und Höchstgerichte und des EuGH zu besetzen wäre,[261] da im Falle eines Übergewichts der mitgliedstaatlichen Vertreter Konflikte mit dem EuGH drohten.[262] Wie bereits im Zusammenhang mit der Schaffung eines Gemeinsamen Senates der europäischen Höchstgerichte diskutiert wurde,[263] müsste ein solches Gericht deshalb mindestens über 50 Personen umfassen, was eine effiziente Rechtsprechungstätigkeit nahezu unmöglich macht, zumal kaum ein Mitgliedstaat dazu bereit sein wird, auf einen eigenen Vertreter in dem Gericht zu verzichten. Hinzu kommt, dass abseits eindeutiger Kompetenzkonflikte häufig kaum auszumachen sein wird, ob im konkreten Fall ein Kompetenzkonflikt oder nicht vielmehr ein sonstiger Konflikt vorliegt. Dies gilt insbesondere für die Rechtsprechungstätigkeit des EuGH, die natürlich Rückwirkungen auf den Anwendungsbereich der Grundrechte-Charta hat, die jedoch nicht primär als Ausdruck der unionalen Kompetenzverteilung verstanden werden kann, da andernfalls jede EuGH-Entscheidung zugleich eine Entscheidung über die unionale Kompetenzverteilung wäre. Zudem würde ein weiteres Gericht innerhalb der

---

[257] *Streinz*, AöR 135 (2010), 1, 13; ähnlich *Broß*, VerwArch 92 (2001), 425, 429; *Goll/Kenntner*, EuZW 2002, 101, 105 f.; *Koenig/Lorz*, JZ 2003, 167, 171 f.

[258] S. dazu oben, § 14 I.

[259] Dafür aber *MacCormick*, Questioning Sovereignty, S. 121; *ders.*, Oxford Journal of Legal Studies 18 (1998), 517, 532; *Schmid*, From Pont d'Avignon to Ponte Vecchio, S. 467 ff.

[260] S. dazu oben, § 13 III.3. d).

[261] *Goll/Kenntner*, EuZW 2002, 101, 105.

[262] Für ein Übergewicht der mitgliedstaatlichen Vertreter jedoch *Koenig/Lorz*, JZ 2003, 167, 172.

[263] S. oben, § 15 V.1. b).

EU-Architektur das gesamte Rechtsschutzsystem weiter verkomplizieren und die Verfahrensdauer verlängern.[264] Auch aus diesem Grund erscheint die Einrichtung eines Kompetenzkonfliktsgerichtshofs nicht als geeignetes Mittel zur Herstellung eines Gleichgewichts von Grundrechtseinheit und Grundrechtsvielfalt.

4. Synchronisierung der Rechtsprechung durch konforme Auslegung und wechselseitige Rezeption

Ein weiteres Mittel zur Vermeidung von Rechtsprechungskonflikten zwischen dem EuGH und den nationalen Verfassungs- und Höchstgerichten ist die Synchronisierung der Rechtsprechung durch konforme Auslegung und wechselseitige Rezeption.[265] Die konforme Auslegung kann sich dadurch vollziehen, dass etwa die mitgliedstaatlichen Verfassungs- und Höchstgerichte die jeweiligen nationalen Grundrechte in Übereinstimmung mit der Judikatur des EuGH zu den parallelen Unionsgrundrechten auslegen sowie ihre Prüfungsmaßstäbe entsprechend angleichen. *Desens* spricht in diesem Zusammenhang treffend von der europarechtskonformen Auslegung als „kollisionsvermeidender Interferenz-Regel“[266]. Im Verhältnis Bundesverfassungsgericht-EuGH bietet sich eine derartige Konformauslegung nationaler Grundrechte etwa beim Verbot der Altersdiskriminierung an. So ist in Art. 21 Abs. 1 GRC das Verbot der Altersdiskriminierung ausdrücklich verankert, während das Grundgesetz nach wie vor keine entsprechende Garantie kennt. Nachdem eine erweiternde Auslegung des Art. 3 Abs. 3 S. 1 GG wegen des enumerativen Charakters der Vorschrift nicht in Betracht kommt,[267] ist der Schutz vor Diskriminierungen auf Grund des Alters nach dem Grundgesetz zumindest auf Grundlage von Art. 3 Abs. 1 GG in Form einer strengen Verhältnismäßigkeitsprüfung sicher zu stellen.[268] Eine solche erweiternde Auslegung ist der Methodik des Bundesverfassungsgerichts zudem nicht fremd, da es auch schon in der Vergangenheit zum Instrument der europarechtskonformen Auslegung gegriffen hat. Konkret gilt dies etwa für die Grundrechtsberechtigung ausländischer juristischer Personen nach Art. 19 Abs. 3 GG[269] oder die Erstreckung sämtlicher Deutschen-Grundrechte auf EU-Ausländer.[270] Hinter

[264] So auch *Torres Pérez*, Conflicts of Rights in the European Union, S. 64.

[265] S. dazu *Dörr*, DVBl. 2006, 1088, 1098.

[266] *Desens*, Auslegungskonkurrenzen im europäischen Mehrebenensystem, in: Matz-Lück/Hong (Hrsg.), Grundrechte und Grundfreiheiten im Mehrebenensystem, S. 203, 209 f.

[267] BAGE 61, 151, 161; *Langenfeld*, in: MD, GG, Art. 3 Abs. 3 Rn. 41; *Jarass*, in: Jarass/Pieroth, GG, Art. 3 Rn. 118; ausführlich dazu auch *Edenharter*, Der demografische Wandel als Herausforderung für das Raumordnungsrecht und das Baurecht, S. 76 f.

[268] *Langenfeld*, in: MD, GG, Art. 3 Abs. 3 Rn. 41; *Jarass*, in: Jarass/Pieroth, GG, Art. 3 Rn. 20.

[269] BVerfGE 129, 78, 95 ff.

[270] Statt Vieler s. *Jarass*, in: Jarass/Pieroth, GG, Art. 19 Rn. 12; *Breuer*, HStR VIII, § 170 Rn. 43; a.A. aber etwa *Mann*, in: Sachs, GG, Art. 12 Rn. 34 f., der EU-Ausländer nur über eine materiell verstärkte Position des Art. 2 Abs. 1 GG schützen möchte; ebenso *Manssen*, in: v. Mangoldt/Klein/Starck, GG, Art. 12 Rn. 267.

jeglicher europarechtskonformer Auslegung steht das vom Bundesverfassungsgericht im *Lissabon*-Urteil und in der *Honeywell*-Entscheidung als Verfassungsprinzip entwickelte Prinzip der Europarechtsfreundlichkeit.[271] Im Verhältnis zum EGMR postuliert das Bundesverfassungsgericht seit der *Görgülü*-Entscheidung eine konventionsfreundliche Auslegung der Grundrechte des Grundgesetzes.[272] Zur Vermeidung von Konflikten mit dem EuGH sollte das Bundesverfassungsgericht an seiner Tendenz zur europarechtskonformen Auslegung festhalten, wodurch freilich eine gewisse Unitarisierung des Grundrechtsschutzes auf Kosten einer größeren Grundrechtsvielfalt auf nationaler Ebene eintreten wird. Andererseits darf nicht übersehen werden, dass durch die europarechtskonforme Auslegung des Grundgesetzes der nationale Grundrechtsschutz für den Einzelnen zumindest in zweipoligen Grundrechtskonstellationen eher erweitert statt beschränkt wird, so dass diese Konsequenz als hinnehmbar erscheint.

Konflikte zwischen dem EuGH und den nationalen Verfassungs- und Höchstgerichten können ferner dadurch vermieden werden, dass die beteiligten Gerichte die Rechtsprechung des jeweils anderen Gerichts rezipieren, was insbesondere im Wege des Rechtsvergleichs geschehen kann. Allerdings fördert ein solches Vorgehen langfristig wiederum die Vereinheitlichung des Grundrechtsschutzes in Europa. Als Beispiel für eine Rezeption fremder Grundrechtsjudikatur lässt sich die Entwicklung von Gemeinschaftsgrundrechten durch den EuGH auf Grundlage der Rechtsprechung der nationalen Verfassungs- und Höchstgerichte sowie des EGMR anführen.[273]

Allerdings ist das Konfliktvermeidungsinstrument der Rezeption keineswegs auf eine Richtung beschränkt, sondern es können vielmehr auch die nationalen Verfassungs- und Höchstgerichte durch eine Rezeption der EuGH-Judikatur zur Konfliktvermeidung beitragen.[274] Indes ist das Bundesverfassungsgericht bezüglich der Rezeption von EuGH-Rechtsprechung bislang eher zurückhaltend, wobei andererseits durchaus Fälle existieren, in denen das Gericht explizit auf die Judikatur des Luxemburger Gerichtshofs verwies. So nahm das Bundesverfassungsgericht in einer Entscheidung aus dem Jahr 2009 bei der Bemessung des Spielraums für Ungleichbehandlungen von Ehe und eingetragener Lebenspartnerschaft ausdrücklich auf die Wertungen von Art. 13 EGV und Art. 21 GRC Bezug,[275] wodurch das Unionsrecht Orientierungswirkung für das deutsche Verfassungsrecht entfalten konnte. Darüber hinaus entwickelte das Bundesverfassungsgericht im *Lissabon*-Urteil[276] sowie im *Honeywell*-Beschluss[277] das Prinzip der

---

[271] BVerfGE 123, 267, 354 u. 126, 286, 303; vgl. *Mayer*, EuGRZ 2011, 234, 236.
[272] BVerfGE 111, 307, 327 ff.
[273] S. dazu oben, § 10 II.1. a).
[274] S. dazu *Torres Pérez*, The Challenges for Constitutional Courts as Guardians of Fundamental Rights in the European Union, in: Popelier/Mazmanyan/Vandenbruwaene (Hrsg.), The Role of Constitutional Courts in Multilevel Governance, S. 49, 75.
[275] BVerfGE 124, 199, 220; ausführlich zum Ganzen oben, § 11 V.2. a).
[276] S. oben, § 15 Fn. 271.
[277] S. oben, § 15 Fn. 271.

Europarechtsfreundlichkeit des Grundgesetzes,[278] welches eine Rezeption der Rechtsprechung des EuGH und damit eine europarechtsfreundliche Auslegung auch des vom Unionsrecht nicht verdrängten nationalen Rechts nahe legt.[279]

Der konfliktvermeidende Charakter der Rezeption von Rechtsprechung anderer Gerichte lässt sich auch im System des deutschen Bundesstaates nachweisen, wo die Landesverfassungsgerichte die Grundrechtsjudikatur des Bundesverfassungsgerichts in umfassender Weise rezipieren, was freilich zur Unitarisierung des Grundrechtsschutzes im föderalen Bundesstaat beiträgt.[280] Ähnliches kann man für die Schweiz beobachten, wo die kantonalen Gerichte die Rechtsprechung des Bundesgerichts umfassend rezipieren, während das Bundesgericht selbst Impulse kantonaler Gerichte nur selten aufgreift.[281]

Nicht zuletzt können auch im Verhältnis EuGH-EGMR Jurisdiktionskonflikte durch die Rezeption der Rechtsprechung des jeweils anderen Gerichtshofs vermieden werden. Sowohl der EuGH als auch der EGMR verfolgen diese Strategie, wenn auch in unterschiedlichem Maße. Während der EuGH vor Inkrafttreten der Grundrechte-Charta in sehr vielen Entscheidungen auf die EMRK und die dazugehörige Judikatur des EGMR verwies, hat die Anzahl der Verweise seit Inkrafttreten der Grundrechte-Charta deutlich abgenommen.[282] Auch die Qualität der Bezugnahme unterscheidet sich von Fall zu Fall. Während die Judikatur des Straßburger Gerichtshofs in einigen Fällen als bloße Quelle der Inspiration angesehen wird,[283] erfolgt in anderen Fällen eine analoge Betrachtung.[284] Vereinzelt, wie etwa im Fall *Schecke*, findet sich sogar ein direkter Verweis auf die EGMR-Rechtsprechung,[285] wie dies sonst nur bei eigenen Entscheidungen des EuGH üblich ist,[286] wodurch die Angleichung der Judikatur der beiden Gerichtshöfe voran getrieben werden kann. Auch die Intensität der Auseinandersetzung mit der EGMR-Judikatur variiert sehr stark. Während in einigen Fällen ausschließlich ein bloßer Verweis auf die EMRK erfolgt, findet in anderen Entscheidungen wie etwa in den Rechtssachen *Kadi I*,[287] *N.S.*[288] oder

[278] Ausführlich zur Europarechtsfreundlichkeit des Grundgesetzes s. *Knop*, Völker- und Europarechtsfreundlichkeit als Verfassungsgrundsätze, S. 260 ff.; s. dazu auch *Hölscheidt*, in: Grabitz/Hilf/Nettesheim, Das Recht der Europäischen Union, Art. 12 EUV Rn. 11.

[279] *Knop*, Völker- und Europarechtsfreundlichkeit als Verfassungsgrundsätze, S. 275.

[280] Ausführlich dazu oben, § 6 V.5. c).

[281] Ausführlich dazu oben, § 9 V.1. a) u. 2.

[282] Ausführlich dazu s. *Krommendijk*, MJ 22 (2015), 812, 817 ff.; s. dazu auch oben, § 13 III.2. c).

[283] So etwa die Schlussanträge des Generalanwalts Bot in der Rechtssache C-43/12, Kommission/Parlament und Rat, digit. Slg., Rn. 65.

[284] EuGH, verb. Rs. C-293/12 u. C-594/12, Digital Rights Ireland, digit. Slg., Rn. 47, 54 u. 55.

[285] EuGH, verb. Rs. C-92/09 u. C-93/09, Schecke u. Eifert, Slg. 2010, I-11063, Rn. 52, 59 u. 72.

[286] Ausführlich zum Ganzen s. *Krommendijk*, MJ 22 (2015), 812, 824.

[287] EuGH, verb. Rs. C-402/05 P u. C-415/05 P, Kadi I, Slg. 2008, I-6351, Rn. 344 ff.

[288] EuGH, Rs. C-411/10, N.S. u.a., Slg. 2011, I-13905, Rn. 88 ff.; zum Ganzen s. auch *Krommendijk*, MJ 22 (2015), 812, 824.

DEB[289] eine intensive inhaltliche Auseinandersetzung mit der Judikatur des Straßburger Gerichtshofs statt. In einigen EuGH-Entscheidungen schließlich wird die EGMR-Judikatur überhaupt nicht berücksichtigt, obwohl dies nahe gelegen hätte,[290] oder der EuGH stützt seine Entscheidung ausdrücklich nur auf das einschlägige Charta-Grundrecht, weil er dieses im Verhältnis zur parallelen EMRK-Gewährleistung im konkreten Fall als vorrangig ansieht,[291] was der Synchronisierung der Rechtsprechung der beiden Gerichtshöfe abträglich ist. In Fällen betreffend den Gleichheitssatz sowie in Konstellationen mit Bezug zur Unionsbürgerschaft verweist der EuGH in der Regel überhaupt nicht auf die Konvention.[292]

Der EGMR seinerseits zitiert die Rechtsprechung des EuGH vergleichsweise zurückhaltend, wobei innerhalb der Verweise wiederum danach zu differenzieren ist, ob sich die Bezugnahme ausschließlich auf die Sachverhaltsdarstellung bezieht[293] oder ob dadurch auch die rechtliche Würdigung durch den EGMR beeinflusst wird.[294] Nur in letzterem Fall findet eine tatsächliche inhaltliche Auseinandersetzung mit der EuGH-Judikatur statt, welche zu einer Angleichung der Rechtsprechung der beiden Gerichtshöfe führen kann. So hat der EGMR etwa im Fall *Ullens de Schooten und Rezabek* die *CILFIT*-Rechtsprechung des EuGH bei der Prüfung einer Verletzung von Art. 6 Abs. 1 EMRK berücksichtigt[295] und so eine Abstimmung der Rechtsprechung der beiden Gerichtshöfe herbeigeführt.

Insgesamt betrachtet lässt sich sagen, dass das Instrument der Rezeption, ebenso wie das Mittel der europarechtskonformen Auslegung, eine Unitarisierung des Grundrechtsschutzes in Europa zumindest begünstigt. Zur Vermeidung von Jurisdiktionskonflikten sollte der EuGH nach Inkrafttreten der Grundrechte-Charta nunmehr zu seiner früheren Praxis zurückkehren und die Rechtsprechung des EGMR in seinen Entscheidungen stärker berücksichtigen.

---

[289] EuGH, Rs. C-279/09, DEB, Slg. 2010, I-13849, Rn. 36 u. 45 ff.; s. dazu auch *European Parliament*, Directorate-General for Internal Policies, Main trends in the recent case law of the EU Court of Justice and the European Court of Human Rights in the field of fundamental rights, S. 97 f.

[290] Vgl. EuGH, verb. Rs. C-468/10 u. C-469/10, ASNEF, Slg. 2011, I-12181; Rs. C-70/10, Scarlet Extended, Slg. 2011, I-11959; zum Ganzen s. *European Parliament*, Directorate-General for Internal Policies, Main trends in the recent case law of the EU Court of Justice and the European Court of Human Rights in the field of fundamental rights, S. 98 f.

[291] So etwa EuGH, Rs. C-386/10 P, Chalkor, Slg. 2011 I, 13085, Rn. 51; Rs. C-28/08 P, Bavarian Lager, Slg. 2010, I-6055, Rn. 61.

[292] *European Parliament*, Directorate-General for Internal Policies, Main trends in the recent case law of the EU Court of Justice and the European Court of Human Rights in the field of fundamental rights, S. 99.

[293] S. etwa EGMR, Urt. v. 21.01.2011 – 30696/09 – M.S.S./Belgien und Griechenland, RJD 2011, Rn. 86.

[294] So etwa jüngst in EGMR, Urt. v. 23.05.2106 – 17502/07 – Avotiņš/Lettland, RJD 2016, Rn. 100 ff.; Urt. v. 23.03.2016 – 43611/11 – F.G./Schweden – RJD 2016, Rn. 124 u. 145.

[295] EGMR, Urt. v. 20.09.2011– 3989/07 u. 38353/07 – Ullens de Schooten u. Rezabek/Belgien, Rn. 34 ff. u. 71 ff.

5. Rücknahme der richterlichen Prüfungsdichte

a) Übertragbarkeit des margin of appreciation-Konzepts auf das Verhältnis des EuGH zu den nationalen Verfassungs- und Höchstgerichten

Wenngleich es sich bei der Rechtsfigur der *margin of appreciation* ursprünglich um ein völkerrechtliches Konzept zur Vermeidung von Rechtsprechungskonflikten handelt, kann es dennoch für die als supranationalen Bund ausgestaltete EU fruchtbar gemacht werden.[296] Dies ergibt sich schon daraus, dass die Union bis heute in einigen Bereichen wie im Bereich der GASP intergouvernemental organisiert ist und es sich auch bei den Gründungsverträgen um Völkerrecht handelte,[297] völkerrechtliche Elemente der EU mithin keinesfalls fremd sind. Zum anderen beruht die *margin of appreciation*-Konzeption des EGMR u.a. auf dem Gedanken der Subsidiarität,[298] welcher im Unionsrecht in Art. 5 Abs. 1 S. 2 1. Var. und Abs. 3 EUV explizit verankert ist, so dass eine Übertragung des *margin of appreciation*-Konzepts auf die EU auch vor diesem Hintergrund durchaus nahe liegt,[299] zumal der EuGH selbst in seinen Entscheidungen des Öfteren auf die Bedeutung der Rechtslage in den Mitgliedstaaten verweist, ohne freilich den Begriff der *margin of appreciation* ausdrücklich zu verwenden.[300] Für eine Übertragung des *margin of appreciation*-Konzepts spricht weiterhin die Vorschrift des Art. 4 Abs. 2 EUV,[301] wonach die Union die verfassungsrechtliche Identität der Mitgliedstaaten achtet, was nur erreicht werden kann, wenn der EuGH bereit ist, auf nationale Besonderheiten der Mitgliedstaaten Rücksicht zu nehmen. Dies wiederum impliziert, dass den Mitgliedstaaten unter bestimmten Voraussetzungen ein Ermessensspielraum zugestanden wird, was freilich nur gelten kann, solange die jeweilige nationale Verfassungsidentität rechtsstaatliche Standards achtet, was etwa im Hinblick auf Ungarn gegenwärtig höchst zweifelhaft ist.[302] Darüber hinaus verlangen die Vorschriften der Art. 6 Abs. 3 EUV, Art. 52 Abs. 3 S. 1 und

[296] *Kühling*, Grundrechte, in: v. Bogdandy/Bast (Hrsg.), Europäisches Verfassungsrecht, S. 657, 696; *Herdegen*, HdStR X, § 211 Rn. 38; *Gerards*, ELJ 17 (2011), 80, 80 ff. u. 102 ff.; *Schmidt-Aßmann*, EuGRZ 2016, 85, 92; *Canor*, European Public Law 8 (2002), 135, 165 f.; *Cirkel*, Die Bindungen der Mitgliedstaaten an die Gemeinschaftsgrundrechte, S. 198; so im Ergebnis auch *Frenzel*, Der Staat 53 (2014), 1, 12; gegen eine Übertragung auch auf das System des deutschen Bundesstaates jedoch *Hornung*, Grundrechtsinnovationen, S. 500.

[297] BVerfGE 140, 317, Rn. 44; *Schweitzer/Dederer*, Staatsrecht III, Rn. 78.

[298] S. dazu oben, § 12 IV.3.

[299] Vgl. *Shelton*, Duke Journal of Comparative and International Law 13 (2003), 95, 135 f.; *Torres Pérez*, Conflicts of Rights in the European Union, S. 170.

[300] So etwa EuGH, Rs. C-159/90, Grogan, Slg. 1991, I-4685, Rn. 20; s. dazu *Shelton*, Duke Journal of Comparative and International Law 13 (2003), 95, 136.

[301] *Hallström*, Balance or Clash of Legal Orders, in: Nergelius/Kristoffersson (Hrsg.), Human Rights in Contemporary European Law, S. 59, 70; *Walter/Vordermayer*, JöR 63 N.F. (2015), 129, 148; in diese Richtung auch *Jarass*, Charta der Grundrechte, Art. 53 Rn. 32 f.

[302] Vgl. *Halmai*, The Hungarian Constitutional Court and Constitutional Identity, Verfassungsblog 2017/01/10, abrufbar unter http://verfassungsblog.de/the-hungarian-constitutional-court-and-constitutional-identity/ (zuletzt abgerufen am 04.11.2017).

Art. 53 GRC die Herbeiführung einer größtmöglichen Konvergenz zwischen Grundrechte-Charta und EMRK, was sich auch auf die prozessualen Mechanismen erstrecken kann und muss, da das materielle Recht nicht losgelöst von Letzteren interpretiert werden kann.[303] Wenn der EGMR den Vertragsparteien der EMRK daher in einem bestimmten Fall einen Ermessensspielraum gewährt, spricht vieles dafür, dass der EuGH es dem Straßburger Gerichtshof gleich tut, da die EU-Mitgliedstaaten andernfalls mit verschiedenen Prüfungsdichten der beiden Gerichtshöfe bezüglich ein und desselben Grundrechts konfrontiert wären. Dagegen lässt sich auch nicht einwenden, dass die unterschiedlichen Prüfungsdichten von EuGH und EGMR für den betroffenen EU-Mitgliedstaat kein Problem darstellten, da er, falls sein Handeln durch Unionsrecht determiniert ist, ohnehin von der *Bosphorus*-Vermutung des EGMR profitieren würde und der EGMR jedenfalls keinen strengeren Prüfungsmaßstab anlegt als der EuGH. Darauf kommt es jedoch nicht an, da es den EU-Mitgliedstaaten ermöglicht werden muss, eine einheitliche Linie bei der Berücksichtigung nationaler Besonderheiten im Rahmen der Anwendung von Grundrechte-Charta und EMRK zu entwickeln, wenn beide Rechtsquellen schon aufeinander abgestimmt sein sollen. Für eine Übertragung des *margin of appreciation*-Konzepts auf die EU spricht zudem, dass auf diese Weise eine Differenzierung zwischen einer hohen Prüfungsdichte in Bezug auf die Durchführung von Unionsrecht einerseits und einer reduzierten Prüfungsdichte andererseits für das sonstige mitgliedstaatliche Handeln mit nur mittelbarem Unionsbezug ermöglicht würde.[304] Ferner können mit Hilfe der *margin of appreciation*-Doktrin auch Konflikte in mehrpoligen Grundrechtskonstellationen einer sachgerechten Lösung zugeführt werden, was durch eine Anwendung von Mindeststandardklauseln nach dem Vorbild von Art. 53 EMRK nicht erreicht werden kann. Schließlich legt das Demokratieprinzip eine Übertragung des *margin of appreciation*-Konzepts zumindest nahe, nachdem im Falle einer Vereinheitlichung der Grundrechtelandschaft und einem Verzicht auf jegliche mitgliedstaatliche Ermessensspielräume im Wesentlichen nur noch einige wenige EuGH-Richter über die Auslegung von Grundrechten entschieden, während die durch die nationalen Legitimationsketten legitimierten nationalen Richter in einer Vielzahl von Fällen außen vor blieben.

Für eine Übertragbarkeit des völkerrechtlichen Konzepts der *margin of appreciation* auf das Verhältnis des EuGH zu den nationalen Verfassungs- und Höchstgerichten spricht ferner, dass auch im föderalen, nicht völkerrechtlich ausgestalteten System der Schweizer Bundesverfassung unter bestimmten Voraussetzungen eine Reduzierung der Prüfungsdichte des Bundesgerichts gegenüber den kantonalen Behörden und Gerichten erfolgt, mithin auch in bundesstaatlich organisierten föderalen Systemen der gliedstaatlichen Gerichtsbarkeit ein Einschätzungs-

---

[303] Vgl. *Herdegen*, HdStR X, § 211 Rn. 38; *Hallström*, Balance or Clash of Legal Orders, in: Nergelius/Kristoffersson (Hrsg.), Human Rights in Contemporary European Law, S. 59, 65 f.

[304] *Kühling*, Grundrechte, in: v. Bogdandy/Bast (Hrsg.), Europäisches Verfassungsrecht, S. 657, 698.

spielraum gewährt werden kann. Zur Begründung der Übertragbarkeit kann indes nicht auf die Kognitionspraxis des Schweizer Bundesgerichts zurückgegriffen werden, in deren Rahmen das Bundesgericht bei der Anwendung von kantonalem Recht durch die kantonalen Instanzen lediglich eine Willkürprüfung vornimmt, da die Beschränkung der bundesgerichtlichen Kognition auf eine Willkürprüfung „nicht aus föderalistischer Rücksichtnahme" erfolgt, sondern vielmehr durch die verfassungsrechtliche Kompetenzordnung vorgegeben ist,[305] was freilich nicht ausschließt, dass dadurch den Kantonen Entscheidungsspielräume zugestanden werden und sich das Konzept daher letztlich föderalismusfreundlich auswirkt. Etwas anderes gilt indes für die Reduzierung der Prüfungsdichte, welche von der Kognition abzugrenzen ist und welche sowohl im Rahmen der freien Prüfung als auch im Rahmen der Willkürprüfung ihren Platz finden kann.[306] Die Intensität der bundesgerichtlichen Prüfung hängt von verschiedenen Kriterien ab, zu denen u.a. die Normierungsdichte, d.h. das Vorliegen von Ermessen (vgl. Art. 95–98 BGG), der Adressatenkreis der Norm, besondere Kenntnisse der Vorinstanz, das Vorliegen von Vergleichsmöglichkeiten, Gründe der politischen Rücksichtnahme, besondere örtliche und persönliche Verhältnisse, Aspekte der Gewaltenteilung, die Intensität einer Grundrechtsverletzung, die Abwägung widerstreitender privater Interessen, d.h. das Vorliegen eines mehrpoligen Rechtsverhältnisse sowie föderale Überlegungen, insbesondere die Rücksichtnahme auf den kantonalen Gesetzgeber, auf das kantonale Verfassungsrecht und dessen Eigenheiten sowie auf voneinander abweichende kantonale Normen, wenn keine Rechtsvereinheitlichung angestrebt wird, gehören.[307] Im Ergebnis überschneidet sie sich damit in einigen Punkten mit der deutschen Ermessensfehlerlehre[308] und auch mit der Lehre von den Beurteilungsspielräumen[309] sowie mit der Lehre von der Einschätzungsprärogative des Gesetzgebers,[310] doch findet das Konzept der Reduzierung der Prüfungsdichte nicht nur zu Gunsten der kantonalen Verwal-

---

[305] *Schweizer*, Die subsidiäre Verfassungsbeschwerde nach dem neuen Bundesgerichtsgesetz, in: Ehrenzeller/Schweizer (Hrsg.), Die Reorganisation der Bundesrechtspflege – Neuerungen und Auswirkungen in der Praxis, S. 211, 240; *Kälin*, Das Verfahren der staatsrechtlichen Beschwerde, S. 162 f.

[306] Vgl. *Kiener/Rütsche/Kuhn*, Öffentliches Verfahrensrecht, Rn. 1540 u. 1577 ff.

[307] Spezifisch zur Prüfungsdichte im Verwaltungsprozess s. *Schindler*, Beschwerdegründe, Kognition und Prüfungsdichte, in: Häner/Waldmann (Hrsg.), Brennpunkte im Verwaltungsprozess, S. 47, 54 ff., doch lassen sich die Überlegungen auch auf die bundesgerichtliche Rechtspraxis übertragen; s. zum Ganzen auch *Hangartner*, Richterliche Zurückhaltung in der Überprüfung von Entscheidung von Vorinstanzen, in: Schindler/Sutter (Hrsg.), Akteure der Gerichtsbarkeit, S. 159, 167 ff.; s. dazu auch *Kälin*, Das Verfahren der staatsrechtlichen Beschwerde, S. 197 ff.; *Bertossa*, Der Beurteilungsspielraum, S. 78 ff., *Leuthold*, Die Prüfungsdichte des Bundesgerichts im Verfahren der staatsrechtlichen Beschwerde wegen Verletzung verfassungsmässiger Rechte, S. 46 ff. sowie S. 160 ff. speziell zur Abgrenzung von Ermessensfragen i.e.S. und Zurückhaltung wegen örtlicher, persönlicher oder technischer Verhältnisse.

[308] Ausführlich dazu etwa *Maurer/Waldhoff*, Allgemeines Verwaltungsrecht, § 7 Rn. 7 ff.

[309] Ausführlich dazu *Maurer/Waldhoff*, Allgemeines Verwaltungsrecht, § 7 Rn. 31 ff.

[310] Vgl. *Uhlmann*, Das Willkürverbot (Art. 9 BV), S. 350 f.; näher dazu *Bickenbach*, Die Einschätzungsprärogative des Gesetzgebers, S. 128 ff. u. 503 ff.

tungsbehörden und des kantonalen Gesetzgebers[311] Anwendung, sondern es erstreckt sich vielmehr und gerade auch auf die kantonalen gerichtlichen Instanzen, worin ein *aliud* im Vergleich zur Ermessensfehlerlehre, zur Lehre von den Beurteilungsspielräumen und zur Lehre von der gesetzgeberischen Einschätzungsprärogative zu sehen ist. Vergleichbar ist der Ansatz der Reduzierung der Prüfungsdichte allenfalls mit dem Entscheidungsspielraum, den das Bundesverfassungsgericht den Fachgerichten durch die Anwendung der *Heck'schen* Formel gewährt,[312] wobei insoweit freilich zu bedenken ist, dass es sich in Deutschland bei den davon profitierenden Fachgerichten meist um letztinstanzliche Bundesgerichte handelt, d.h. die Reduzierung der Prüfungsdichte hier nicht aus Rücksichtnahme gegenüber den Ländern erfolgt. Ebenso wenig findet in Deutschland eine Reduzierung der verfassungsgerichtlichen Prüfungsdichte explizit gegenüber dem Landesgesetzgeber statt, sondern gesetzgeberische Einschätzungsprärogativen werden vom Bundesverfassungsgericht vielmehr ohne Unterscheidung zwischen Bund und Ländern eingeräumt.[313]

Zwar können föderale Gesichtspunkte bei der Auslegung des schweizerischen Bundesrechts grundsätzlich keine Rolle spielen, da sonst die Einheitlichkeit der Rechtsanwendung im Bundesrecht gefährdet wäre, doch schließt dies eine materiell-rechtlich begründete Zurückhaltung des Bundesgerichts bei der Beurteilung der Bedeutung des anzuwendenden Rechtssatzes in einem bestimmten Kontext nicht aus.[314] Besondere Zurückhaltung lässt das Bundesgericht daher im Rahmen der Prüfung von Verhältnismäßigkeit und öffentlichem Interesse bei Grundrechtseingriffen walten, wo das Gericht an sich eine freie Prüfung vornimmt, es seine Prüfungsdichte aber reduziert, soweit die Beurteilung beispielsweise von einer Würdigung örtlicher Verhältnisse abhängt, die die kantonalen Instanzen besser kennen und einzuordnen wissen.[315] Entsprechendes gilt für die Würdigung per-

---

[311] S. etwa BGE 99 Ia, 262, 271 E. 5; 106 Ia 254, 260 E. 4a); 113 Ia 257, 261 E. 3b); BGer, Urt. v. 07.12.2015 – 8C 119/2015 – E. 4.1; Urt. v. 07.03.2016 – 2C 447/2015 – E. 2.2; Urt. v. 02.06.2016 – 1C 564/2015 – E. 2; näher dazu oben, § 8 III.5. a).

[312] Grundlegend dazu BVerfGE 18, 85, 92 f.; s. auch BVerfGE 96, 375, 398 f.; 111, 366, 373; s. dazu auch *Bethge*, in: Maunz/Schmidt-Bleibtreu/Klein/Bethge, BVerfGG, § 90 Rn. 316 ff.; *Schlaich/Korioth*, Das Bundesverfassungsgericht, Rn. 281 u. 293 ff.; *Hopfauf*, in: Schmidt-Bleibtreu/Hofmann/Henneke, GG, Art. 93 Rn. 84; zum Verhältnis des Bundesverfassungsgerichts zu den Fachgerichten s. auch oben, § 12 IV.3; für eine Vergleichbarkeit der *margin of appreciation* bzw. Reduzierung der Prüfungsdichte mit der Einräumung eines Beurteilungsspielraums hingegen *Bjørge*, Domestic application of ECHR: courts as faithful trustees, S. 193 f.

[313] Vgl. dazu etwa BVerfGE 93, 85, 95; 111, 333, 356 ff. für Beispiele in Bezug auf den Landesgesetzgeber; s. demgegenüber etwa BVerfGE 38, 61, 86 f.; 40, 196, 218 ff. als Beispiele für eine Einschätzungsprärogative zu Gunsten des Bundesgesetzgebers.

[314] *Hangartner*, Richterliche Zurückhaltung in der Überprüfung von Entscheidung von Vorinstanzen, in: Schindler/Sutter (Hrsg.), Akteure der Gerichtsbarkeit, S. 159, 167 f.

[315] BGE 115 Ia 370, 372 E. 3; 116 Ia 401, 414 E. 9a); 117 Ia 141, 143 E. 2a); aus jüngerer Zeit s. BGE 136 II 539, 548 E. 3.2; 140 I 218, 237 E. 6.7.4; *Kälin*, Das Verfahren der staatsrechtlichen Beschwerde, S. 202; *Bertossa*, Der Beurteilungsspielraum, S. 86 ff.; *Leuthold*, Die Prüfungsdichte des Bundesgerichts im Verfahren der staatsrechtlichen Beschwerde wegen Verletzung verfassungsmässiger Rechte, S. 157; s. dazu auch *Auer*, ZBl. 1990, 14, 25.

sönlicher Umstände[316] und den Umgang mit sich schnell wandelnden tatsächlichen oder technischen Verhältnissen.[317] Als besondere örtliche und persönliche Verhältnisse hat das Bundesgericht zum Beispiel Folgendes anerkannt: die Anschauungen der kantonalen Bevölkerung in sittlichen Fragen,[318] die Bewertung einer lokalen Tradition wie des Frühgeläuts einer Kirchenglocke,[319] die Frage, ob zu einem bestimmten Zeitpunkt an dem in Rede stehenden Ort eine politische Spannung geherrscht habe, welche das Verbot einer Demonstration als gerechtfertigt erscheinen lässt,[320] die Frage, welchen Zwecken ein Platz in der Stadt vor allem diene[321] sowie die Frage, ob besondere Verhältnisse in einer Gemeinde die Beschränkung der Feuerwehrdienstpflicht auf männliche Einwohner rechtfertigten.[322] Aus den aufgezählten Beispielen ergibt sich, dass das Bundesgericht die Prüfungsdichte insbesondere dann reduziert, wenn örtliche Verhältnisse zu beurteilen sind, in Bezug auf die die kantonalen Behörden eine größere Sachnähe besitzen, oder wenn Fragen der Sittlichkeit und Moral in Rede stehen. So kam das Bundesgericht in einem Fall betreffend das Verbot einer „Peep-Show“ zu dem Schluss, dass „die Mentalität der St. Galler Bevölkerung […] den kantonalen Behörden besser bekannt [ist] als dem Bundesgericht“.[323] Wenn diese Behörden übereinstimmend der Ansicht seien, eine „Peep-Show“ überschreite die im Kanton St. Gallen allgemein anerkannte Toleranzgrenze im sittlichen Bereich, so handle es sich um eine Würdigung örtlicher Verhältnisse, bei deren Überprüfung das Bundesgericht Zurückhaltung übe.[324] Dogmatisch wirkt sich die Zurückhaltung des Bundesgerichts bei der Prüfung des öffentlichen Interesses bei einem Grundrechtseingriff bzw. bei der Prüfung der Verhältnismäßigkeit und der Interessenabwägung aus.[325] Zurückhaltung bei der Beurteilung des an sich frei zu überprüfenden öffentlichen Interesses für einen Grundrechtseingriff hat das Bundesgericht in der Vergangenheit auch dann geübt, wenn die entsprechende Materie wie etwa das Gesundheitswesen in die Gesetzgebungszuständigkeit der Kantone fiel[326] oder wenn die Streitfrage in dem betroffenen Kanton Gegenstand

---

[316] Vgl. etwa BGE 101 Ia 172, 176 E. 3; BGer, Urt. 02.08.2011 – 8C_818/2010 – E. 3.4; *Kälin*, Das Verfahren der staatsrechtlichen Beschwerde, S. 202; *Bertossa*, Der Beurteilungsspielraum, S. 85 f.; *Leuthold*, Die Prüfungsdichte des Bundesgerichts im Verfahren der staatsrechtlichen Beschwerde wegen Verletzung verfassungsmässiger Rechte, S. 157; *Kölz/Häner/Bertschi*, Verwaltungsverfahren und Verwaltungsrechtspflege des Bundes, Rn. 1577.

[317] BGE 115 Ib 131, 135 E. 3; 112 Ib 543, 549 E. 1d); 103 Ia 272, 278 E. 6c).

[318] BGE 101 Ia 252, 256 f. E. 3c); 106 Ia 267, 272 E. 3; 87 I 114, 119 E. 3.

[319] BGE 126 II 366, 374 E. 5b); vgl. *Uhlmann*, Das Willkürverbot (Art. 9 BV), S. 349.

[320] BGE 99 Ia 689, 695 E. 7b).

[321] BGE 100 Ia 392, 403 E. 6b).

[322] BGer, Entsch. v. 08.02.1991, ZBl. 1991, 418, 420.

[323] BGE 106 Ia 267, 272 E. 3.

[324] BGE 106 Ia 267, 272 E. 3.

[325] *Leuthold*, Die Prüfungsdichte des Bundesgerichts im Verfahren der staatsrechtlichen Beschwerde wegen Verletzung verfassungsmässiger Rechte, S. 158 ff.

[326] BGE 111 Ia 184, 187 E. 2c); ähnlich schon BGE 103 Ia 272, 278 E. 6c); zur selbständigen Bedeutung kantonaler Grundrechte in solchen Fällen s. oben, § 8 III.5. b).

umfangreicher politischer Diskussionen war.[327] Ähnliches gilt für mehrpolige Rechtsverhältnisse. So hat das Bundesgericht in einem Fall betreffend einen Anspruch, die abgeschlossenen Vormundschaftsakten hinsichtlich der außerehelichen Vaterschaft und der Jugendzeit einzusehen, argumentiert, dass „ein ethisches Moment für grösste Zurückhaltung bei der Abwägung der Interessen" spreche, das Gericht mithin die von den kantonalen Instanzen vorgenommene Abwägung der Interessen der beteiligten Privaten nur sehr eingeschränkt überprüfe,[328] wobei die im Hinblick auf die Privatsphäre der Beteiligten sensible Fallkonstellation die Entscheidung des Bundesgerichts durchaus mit beeinflusst haben könnte. Gegenüber kantonalen Gesetzen hat sich das Bundesgericht in der Vergangenheit vor allem dann zurück gehalten, wenn über die Interpretation und Konkretisierung der kantonalen Grundrechte keine gesamtschweizerische Einheitslösung angestrebt werden, sondern die bestehende Rechtsvielfalt aufrecht erhalten werden sollte, etwa im Bereich des früher in die kantonale Gesetzgebungszuständigkeit fallenden Strafprozessrechts.[329] Ähnliches gilt in Fällen, in denen das Bundesgericht die Verfassungsmäßigkeit eines kantonalen Gesetzes wegen eines möglichen Grundrechtsverstoßes zu prüfen hatte. Hier ließ das Bundesgericht große Zurückhaltung walten, wenn in den meisten anderen Kantonen die gleiche Regelung galt, da es die etwaigen Folgen einer Feststellung der Verfassungswidrigkeit der Norm für die kantonale Ebene insgesamt scheute.[330]

Mit Ausnahme der letzten Fallgruppe, in der der Straßburger Gerichtshof wegen der Einheitlichkeit der Regelungen in den Vertragsstaaten tendenziell eine besonders intensive Prüfung durchführen würde,[331] wäre in der Mehrzahl der übrigen genannten Fallgruppen auch nach der Rechtsprechung des EGMR ein Beurteilungsspielraum zu Gunsten der Vertragsparteien begründet, so dass insoweit deutliche Parallelen bestehen zwischen der Reduzierung der Prüfungsdichte durch das Schweizer Bundesgericht und der Einräumung einer *margin of appreciation* durch den EGMR. Auch die Argumentationsmuster sind durchaus vergleichbar, was umso mehr gilt, als die Schweiz, mehr noch als Deutschland, durch unterschiedliche kulturelle Einflüsse und Sprachen geprägt wird und deshalb dort, ähnlich wie im Rahmen der EMRK, gerade in Fragen der Moral und Sittlichkeit oft kein landesweiter Konsens besteht. Ferner zeigt sich eine große Ähnlichkeit zwischen den Ansätzen der beiden Gerichte bei der dogmatischen Veror-

---

[327] BGE 115 Ia 234, 244 E. 3c); 111 Ia 184, 187 E. 2c); 103 Ia 272, 278 E. 6c); s. auch *Kälin*, Das Verfahren der staatsrechtlichen Beschwerde, S. 201 f.

[328] BGE 112 Ia 97, 106 E. 6e); s. dazu *Leuthold*, Die Prüfungsdichte des Bundesgerichts im Verfahren der staatsrechtlichen Beschwerde wegen Verletzung verfassungsmässiger Rechte, S. 52.

[329] BGE 97 I 839, 844 E. 6; 99 Ia 262, 271; vgl. *Leuthold*, Die Prüfungsdichte des Bundesgerichts im Verfahren der staatsrechtlichen Beschwerde wegen Verletzung verfassungsmässiger Rechte, S. 50.

[330] BGE 114 Ia 221, 232 E. 6c).

[331] Vgl. dazu EGMR, Urt. v. 26.02.2002 – 36515/97 – Fretté/Frankreich, RJD 2002-I, Rn. 40. Urt. v. 04.12.2007 – 44362/04 – Dickson/Vereinigtes Königreich, RJD 2007-V, Rn. 80 f.; s. auch oben, § 12 IV.3.

tung der Reduzierung der Prüfungsdichte. Sowohl das Schweizer Bundesgericht als auch der EGMR betrachten die Einräumung von Entscheidungsspielräumen als prozessuales Instrument, welches die Abwägungsentscheidung des Gerichtshofs beeinflusst, die ihrerseits freilich nicht ohne Auswirkungen auf den materiell-rechtlichen Verhältnismäßigkeitsgrundsatz bleibt, nachdem eine geringe Prüfungsdichte grundsätzlich eine weniger intensive Prüfung der Verhältnismäßigkeit nach sich zieht, wohingegen umgekehrt im Fall einer hohen Kontrolldichte auch die Verhältnismäßigkeit des Grundrechtseingriffs entsprechend engmaschiger geprüft wird.[332] Während das Bundesgericht im Falle eines Grundrechtseingriffs bei der Variierung seiner Prüfungsdichte auf die Begriffe des öffentlichen Interesses und der Verhältnismäßigkeit abstellt, kommt in der Judikatur des EGMR die *margin of appreciation* bei der Frage nach der Notwendigkeit in einer demokratischen Gesellschaft, mithin ebenfalls bei der Überprüfung der Verhältnismäßigkeit, d.h. bei der Abwägung, zum Tragen.[333] *Nußberger* spricht in diesem Zusammenhang treffend von einer „Verhältnismäßigkeitsentscheidung[...] zweiten Grades"[334]. Durch ein solches Vorgehen ist es zum einen möglich, die von den nationalen Instanzen vorgebrachten Gründe zu prüfen und zu entscheiden, ob diese zur Rechtfertigung des in Rede stehenden Eingriffs hinreichend sind oder nicht, während zum anderen eine erneute Prüfung der Ausgangsfrage auf der Grundlage des Verhältnismäßigkeitsprinzips in Betracht kommt.[335] Der EGMR selbst verbindet beide Ansätze,[336] indem er davon ausgeht, dass eine Konventionsverletzung entweder auf Grund einer defizitären Begründung der nationalen Gerichte oder auf Grund eines inhaltlichen Widerspruchs von deren Entscheidung zur EMRK festgestellt werden kann.[337]

Beim Schweizer Bundesgericht kann die Reduzierung der Prüfungsdichte im Falle einer an sich freien Prüfung dazu führen, dass lediglich eine Willkürprüfung vorgenommen wird,[338] worin ebenfalls eine gewisse Parallele zur *margin of appreciation* besteht, bei der die zuständigen nationalen Instanzen zumindest eine Überprüfung anhand nachvollziehbarer Kriterien vorgenommen haben müssen, wenngleich der EGMR seine Prüfungsdichte selten derart weit reduziert wie das

---

[332] S. etwa EGMR, Urt. v. 25.08.1998 – 59/1997/843/1049 – Hertel/Schweiz, Reports 1998-VI, Rn. 47; vgl. *Rubel*, Entscheidungsfreiräume in der Rechtsprechung des Europäischen Gerichtshofes für Menschenrechte und des Europäischen Gerichtshofes, S. 119; *Schlüter*, AVR 54 (2016), 41, 45; *Altwicker*, Menschenrechtlicher Gleichheitsschutz, S. 240 f.; zum Ganzen s. auch *Koch*, Der Grundsatz der Verhältnismäßigkeit in der Rechtsprechung des Gerichtshofs der Europäischen Gemeinschaften, S. 525.

[333] Näher zur *margin of appreciation* und ihrer praktischen Umsetzung s. oben, § 12 IV.3; zum Verhältnis von Verhältnismäßigkeitsprüfung und *margin of appreciation* s. auch *Legg*, The Margin of Appreciation in International Human Rights Law, S. 194 ff.

[334] *Nußberger*, NVwZ-Beilage 2013, 36, 43.

[335] *Nußberger*, NVwZ-Beilage 2013, 36, 43.

[336] EGMR, Urt. v. 10.12.2007 – 69698/01 – Stoll/Schweiz, RJD 2007-V, Rn. 101.

[337] *Nußberger*, NVwZ-Beilage 2013, 36, 43.

[338] BGE 101 Ia 252, 256 f. E. 3c); 120 II 384, 387 E. 5 b); so schon *Leuthold*, Die Prüfungsdichte des Bundesgerichts im Verfahren der staatsrechtlichen Beschwerde wegen Verletzung verfassungsmässiger Rechte, S. 187 f.

Schweizer Bundesgericht in Einzelfällen dies tut, sondern er im Gegenteil mitunter selbst dann eine strenge Prüfung vornimmt, wenn er an sich einen Einschätzungsspielraum zu Gunsten des betroffenen Vertragsstaats bejaht.[339]

Gegen eine Vergleichbarkeit der beiden Ansätze könnte man indes einwenden, dass eine Zurückhaltung des Bundesgerichts in der Literatur dann abgelehnt wird, wenn sie durch eine „föderalistische Rücksichtnahme“ begründet ist, da in diesen Fällen regelmäßig zentrale Grundrechtsfragen zu prüfen seien, bei denen es gerade keine bundesgerichtliche Zurückhaltung geben dürfe.[340] Dabei darf jedoch nicht außer Acht gelassen werden, dass die bundesgerichtliche Zurückhaltung Zustimmung findet, soweit die Würdigung spezifischer Umstände des Einzelfalls in Rede steht, die vom Bundesgericht wegen dessen beschränkter Kapazitäten entweder gar nicht oder nur mit unverhältnismäßigem Aufwand abgeklärt werden könnten.[341] Die Ablehnung der Zurückhaltung aus föderalen Gründen durch die Literatur steht deshalb einem Vergleich der bundesgerichtlichen Vorgehensweise mit der *margin of appreciation*-Doktrin und letztendlich einer Implementierung einer *margin of appreciation*-Doktrin in das föderale System der EU nicht entgegen, zumal die *margin of appreciation*-Doktrin des EGMR nicht ausschließlich mit der Rücksichtnahme auf vertragsstaatliche Besonderheiten begründet wird, sondern darüber hinaus auch die Aspekte der Gewaltenteilung sowie der besonderen Sachnähe der nationalen Instanzen als Begründungsansätze herangezogen werden.[342]

Zusammenfassend lässt sich daher sagen, dass im föderalen System der Schweizer Bundesverfassung das Bundesgericht ein Konzept zur Reduzierung der Prüfungsdichte zu Gunsten kantonaler Besonderheiten, vor allem im Bereich von Sittlichkeits- und Moralfragen, entwickelt hat, welches mit dem Konzept der *margin of appreciation* des EGMR sowohl im Hinblick auf seine Begründung als auch seine Ausgestaltung und seine Rechtsfolgen vergleichbar ist. Einer Übertragung des Konzepts der *margin of appreciation* ins Unionsrecht kann daher vor dem Hintergrund dieses Rechtsvergleichs nicht mehr entgegen gehalten werden, dass es sich hierbei um ein ausschließlich im Völkerrecht anwendbares Instrument handle, welches auf die EU mit ihrer supranationalen Rechtsordnung nicht übertragbar sei. Wenn schon ein als Bundesstaat organisiertes föderales System wie das der Schweiz eine Rücknahme der höchstgerichtlichen Prüfungsdichte akzeptiert, muss dies erst recht für das nicht-staatliche, als Bund organisierte unionale System gelten, welches noch stärker als die Schweiz durch unterschiedliche

339 Näher dazu oben, § 12 IV.3.

340 *Kälin*, Das Verfahren der staatsrechtlichen Beschwerde, S. 203; *Rohner*, Über die Kognition des Bundesgerichtes bei der staatsrechtlichen Beschwerde wegen Verletzung verfassungsmässiger Rechte, S. 147 f.; *Leuthold*, Die Prüfungsdichte des Bundesgerichts im Verfahren der staatsrechtlichen Beschwerde wegen Verletzung verfassungsmässiger Rechte, S. 208 f.

341 *Kälin*, Das Verfahren der staatsrechtlichen Beschwerde, S. 203; *Rohner*, Über die Kognition des Bundesgerichtes bei der staatsrechtlichen Beschwerde wegen Verletzung verfassungsmässiger Rechte, S. 147.

342 S. dazu oben, § 12 IV.3.

sittliche und moralische Auffassungen, Kulturen und Sprachen[343] geprägt ist. Dogmatisch gesehen ist deshalb eine Übertragung des *margin of appreciation*-Konzepts auf das Unionsrecht ohne Weiteres möglich.

b) Kriterien für eine Rücknahme der Prüfungsdichte des EuGH

aa) Ansatzpunkte zur Gewinnung tauglicher Kriterien

Zu untersuchen ist nunmehr, nach welchen Kriterien die Prüfungsdichte des EuGH im konkreten Einzelfall zu bestimmen und unter welchen Voraussetzungen den nationalen Instanzen ein Beurteilungsspielraum zuzuerkennen ist. Der EGMR hat zur Begründung der Einräumung einer *margin of appreciation* verschiedene Fallgruppen entwickelt, die grundsätzlich auf den EuGH übertragbar sind, wobei angesichts des föderalen Charakters der EU im Unterschied zur völkerrechtlichen Natur der EMRK und der Garantie auch von wirtschaftlichen und sozialen Rechten auf Unionsebene freilich gewisse Modifikationen erforderlich sein werden.[344]

Das Schweizer Bundesgericht seinerseits hat keine völlig anderen Kriterien für die Reduzierung der Prüfungsdichte entwickelt als der EGMR, sondern seine Kriterien decken sich vielmehr in weiten Teilen mit denen des Straßburger Gerichtshofs bei der Bestimmung der *margin of appreciation*. Dies gilt insbesondere für die folgenden Kriterien: die größere Sachnähe der örtlichen Behörden in Fällen mit Bezug zu Moral- und Sittlichkeitsvorstellungen, das Vorliegen eines mehrpoligen Rechtsverhältnisses, welches freilich nicht zwingend zur Einräumung einer *margin of appreciation* führen muss, die Intensität der Grundrechtsverletzung, das Vorliegen schwer beurteilbarer technischer Fragen, das Vorliegen besonderer politischer Gegebenheiten sowie die Existenz einer einheitlichen Regelung in den Gliedstaaten bzw. deren Herbeiführung. Unterschiede ergeben sich hingegen etwa beim Kriterium der gliedstaatlichen Zuständigkeit für einen bestimmten Sachbereich, der in der Rechtsprechung des EGMR naturgemäß keine Relevanz besitzen kann, nachdem die Vertragsparteien durch die EMRK-Mitgliedschaft keine Gesetzgebungszuständigkeiten abgeben. Im Hinblick auf die EU und eine etwaige *margin of appreciation* zu Gunsten der Mitgliedstaaten kann dieser Punkt jedoch sehr wohl Bedeutung erlangen. Divergenzen zwischen der Rechtsprechung des Schweizer Bundesgerichts und dem Konzept des EGMR ergeben sich zumindest hinsichtlich der Argumentationsweise schließlich auch bei der Frage, ob eine Reduzierung der Prüfungsdichte vorgenommen werden soll, wenn in den meisten Kantonen bzw. Vertragsstaaten die gleiche Regelung existiert. Während das Schweizer Bundesgericht in derartigen Fällen aus Rücksichtnahme auf die Folgen einer bundesgerichtlichen Entscheidung eine Verringerung

[343] Gegenwärtig werden 24 Sprachen als Amtssprachen der EU anerkannt.

[344] Vgl. *Hallström*, Balance or Clash of Legal Orders, in: Nergelius/Kristoffersson (Hrsg.), Human Rights in Contemporary European Law, S. 59, 68.

der Prüfungsintensität bejaht,[345] nimmt der EGMR im Falle einer abweichenden Regelung einer Vertragspartei eine tendenziell strenge Prüfung vor, da in diesem Fall von einem europäischen Konsens auszugehen sei und ein Ausscheren einer Vertragspartei daher besonders gründlich überprüft werden müsse.[346] Wie dem Schweizer Bundesgericht geht es aber auch dem EGMR nicht darum, einen bestehenden europäischen Konsens zu kippen. Indes richtet das Schweizer Bundesgericht seine Prüfungsintensität viel stärker nach dem Vorliegen eines interkantonalen Konsenses und den etwaigen Folgen einer Entscheidung für die Kantone aus, während der EGMR den letztgenannten Aspekt im Einzelfall allenfalls aus politischen Gründen berücksichtigt und im Übrigen den Blick auf die abweichende Regelung der betroffenen Vertragspartei richtet. Wie das Kriterium im Fall der EU angewandt werden müsste bzw. ob es dort überhaupt von Relevanz sein kann, bedarf, wie auch die Übertragbarkeit der anderen der von EGMR und Schweizer Bundesgericht angewandten Kriterien, der näheren Untersuchung.[347]

bb) Einzelne Kriterien und ihre Übertragbarkeit auf die Rechtsprechung des EuGH

aaa) Art und Bedeutung des betroffenen Grundrechts

Einen entscheidenden Faktor für die Reichweite der vom EGMR eingeräumten *margin of appreciation* stellen die Art des betroffenen Grundrechts sowie dessen Bedeutung für den Einzelnen dar.[348] Das Schweizer Bundesgericht verweist bei der Frage der Reduzierung der Prüfungsdichte teilweise ebenfalls auf diese Kriterien,[349] wobei es sich zudem an der Intensität der Grundrechtsverletzung orientiert,[350] welche freilich mit der Art und Bedeutung des betroffenen Grundrechts häufig zusammenhängen wird. Auf die Union und die Rechtsprechung des EuGH sind die genannten Kriterien ohne Weiteres übertragbar, zumal die Grundrechte der Grundrechte-Charta mit denjenigen der EMRK in weiten Teilen übereinstimmen und etwa die Pressefreiheit im Unionsrecht keine fundamental andere Bedeutung hat als nach der EMRK in ihrer Auslegung durch den EGMR. Darüber hinaus muss es auch im Unionsrecht möglich sein, dort einen strengen Prüfungsmaßstab anzulegen, wo für den Einzelnen zentrale Grundrechtsgarantien wie die Menschenwürde oder die körperliche Unversehrtheit tangiert werden. Entsprechendes gilt in Bezug auf Gewährleistungen von zentraler Bedeutung für die politische Diskussion und die Gesellschaft als solches wie etwa die Pressefreiheit oder die Versammlungsfreiheit, deren Durchsetzung nicht in

---

[345] Vgl. BGE 114 Ia 221, 232 E. 6c).

[346] Vgl. dazu EGMR, Urt. v. 26.02.2002 – 36515/97 – Fretté/Frankreich, RJD 2002-I, Rn. 40. Urt. v. 04.12.2007 – 44362/04 – Dickson/Vereinigtes Königreich, RJD 2007-V, Rn. 80 f.; s. auch oben, § 12 IV.3.

[347] S. dazu unten, § 15 V.5. c) bb).

[348] Ausführlich dazu oben, § 12 IV.3.

[349] So etwa BGE 96 I 586, 592 E. 6.

[350] S. dazu oben, § 15 V.5. a).

das Belieben der Mitgliedstaaten gestellt werden kann.[351] Im sozialen und wirtschaftlichen Bereich hingegen räumt der EGMR den Mitgliedstaaten einen weiten Ermessensspielraum ein,[352] was sich schon damit begründen lässt, dass die EMRK diesen Bereich nur lückenhaft regelt. Fraglich ist, ob sich diese Überlegung auch auf die EU übertragen lässt, nachdem die Grundrechte-Charta, anders als die EMRK, zahlreiche wirtschaftsbezogene und auch soziale Grundrechte enthält. Zumindest im Wirtschaftsbereich verfügt die Union über weit reichende Kompetenzen, wobei der Europäische Binnenmarkt mit den Grundfreiheiten bis heute einen Kernbestandteil der EU bildet, so dass es wenig überzeugend erscheint, gerade diesen Bereich von der vertieften Kontrolle durch den EuGH auszuklammern. Deshalb ist im Falle einer Übertragung des Konzepts von der Reduzierung der Prüfungsdichte auf die EU im Wirtschaftsbereich eine eingehende Prüfung durch den EuGH angezeigt. Etwas anderes gilt dagegen für den sozialen Bereich, für den die Union bislang nur über wenige Kompetenzen verfügt. Hier erscheint eine Reduzierung der Prüfungsdichte zu Gunsten der EU-Mitgliedstaaten angebracht. Dem entspricht es im Übrigen, dass das Schweizer Bundesgericht in Bereichen, die der Gesetzgebungszuständigkeit der Kantone unterfallen, seine Prüfungsdichte reduziert.[353]

bbb) Art des Eingriffsziels

Auch das Kriterium der Art des Eingriffsziels, welches vom EGMR entwickelt wurde,[354] das aber in der Rechtsprechung des Schweizer Bundesgerichts bislang keine eigenständige Bedeutung entfaltete, ist auf die Rechtsprechung des EuGH übertragbar. So erscheint es überzeugend, etwa bei Eingriffen zum Schutz von Moralvorstellungen den EU-Mitgliedstaaten einen vergleichsweise weiten Ermessensspielraum zu gewähren, zumal die Schrankenregelung des Art. 52 Abs. 1 und Abs. 3 S. 1 GRC zumindest für eine Orientierung an den diesbezüglichen Vorgaben der EMRK spricht. Des Weiteren erscheint auch die hinter dem Kriterium stehende *ratio* auf das Unionsrecht übertragbar. Im Unionsrecht kann es bei den verschiedenen Eingriffszielen ebenfalls ein unterschiedlich ausgeprägtes Maß an Übereinstimmung bei den nationalen Regelungen der Mitgliedstaaten geben, da beispielsweise im kulturellen und im religiösen Bereich trotz des stetigen Fortschreitens der europäischen Integration noch immer mehr oder weniger große Unterschiede bei den nationalen Verhältnissen bestehen. Der Aspekt der unterschiedlichen Regelungen spielt hingegen bei anderen Eingriffszielen wie dem Schutz der nationalen Sicherheit eine nur untergeordnete Rolle, so dass es hier angemessen erscheint, den den Mitgliedstaaten zustehenden Spielraum eher klein zu

---

[351] S. *Kühling*, Grundrechte, in: v. Bogdandy/Bast (Hrsg.), Europäisches Verfassungsrecht, S. 657, 699.

[352] S. etwa EGMR, Urt. v. 12.04.2006 – 65731/01 u. 65900/01 – Stec u.a./Vereinigtes Königreich, RJD 2006-VI, Rn. 52; Urt. v. 07.07.2011 – 37452/02 – Stummer/Österreich, RJD 2011, Rn. 89; *Prepeluh*, ZaöRV 61 (2001), 771, 777 f.

[353] Ausführlich dazu unten, § 15 V.5. b) bb) hhh).

[354] Ausführlich dazu oben, § 12 IV.3.

bemessen. Dies wiederum unterstreicht die Notwendigkeit einer Differenzierung nach der Art des Eingriffsziels auch im Falle einer Übertragung des *margin of appreciation*-Konzepts auf die EU.

ccc) Vorliegen eines europäischen Konsenses

Eng mit Kriterium der Art des Eingriffsziels verbunden ist der Aspekt der Existenz eines europäischen Konsenses. Der EGMR geht davon aus, dass bei Fehlen eines solchen europäischen Konsenses bezüglich einer Frage die Vertragsparteien über eine weite *margin of appreciation* verfügen,[355] da die mitgliedstaatlichen Instanzen besser in der Lage seien, die widerstreitenden Interessen zu identifizieren und gegeneinander abzuwägen, wobei es der Gerichtshof häufig versäumt, darzulegen, warum ein solcher Konsens bestehen bzw. fehlen soll.[356] Der Ansatz des Schweizer Bundesgerichts bezüglich des Kriteriums des Konsenses ist demgegenüber etwas differenzierter. Zum einen vertritt das Bundesgericht die Auffassung, dass die Prüfungsdichte reduziert werden müsse, wenn in dem fraglichen Punkt keine Vereinheitlichung beim Recht der Kantone angestrebt werden soll, was der Position des EGMR entspricht. Andererseits reduziert das Bundesgericht seine Prüfungsintensität auch dann, wenn in den Kantonen bereits größtenteils gleichartige Regelungen existieren, da in diesem Fall ein überkantonaler Konsens anzunehmen sei, der vom Bundesgericht nicht beanstandet bzw. durchbrochen werden solle.[357] Insoweit besteht zwar im Ergebnis keine Diskrepanz zur Judikatur des EGMR, der einen bestehenden Konsens ebenfalls respektieren würde, es bestehen aber Unterschiede bei der Begründung der anzuwendenden Prüfungsdichte. Während der EGMR in erster Linie ein Ausscheren einer Vertragspartei verhindern will und dementsprechend von einem europäischen Konsens abweichende nationale Regelungen einer besonders strengen Prüfung unterzieht, geht es dem Schweizer Bundesgericht primär darum, einen bestehenden Konsens unter den Kantonen zu bewahren, ohne dass es dafür der abweichenden Position eines Kantons bedürfte.

Bei einer Übertragung des Kriteriums auf die EU stellt sich deshalb die Frage, wie das Vorliegen bzw. Fehlen eines europäischen Konsenses im Unionskontext zu bewerten ist. Für den Fall des Fehlens eines europäischen Konsenses spricht alles dafür, die Position des EGMR und des Schweizer Bundesgerichts auf die Union zu übertragen und den Mitgliedstaaten für diesen Fall einen weiten Ermessensspielraum einzuräumen. Gestützt werden kann ein solches Vorgehen auch auf Art. 4 Abs. 2 EUV, der unterschiedliche Traditionen in den einzelnen Mitgliedstaaten gerade ausdrücklich akzeptiert. Außerdem wäre eine strikte Prüfung des EuGH in derartigen Fällen für die Mitgliedstaaten schon aus politischen Gründen kaum akzeptabel, da dies zu einer weiteren Rechtsvereinheitlichung

---

[355] Ausführlich dazu oben, § 12 IV.3.

[356] So etwa EGMR, Urt. v. 06.10.2005 – 74025/01 – Hirst/Vereinigtes Königreich (Nr. 2), RJD 2005-IX, Rn. 81.

[357] S. etwa BGE 114 Ia 221, 232 E. 6c); zum Ganzen s. auch oben, § 15 V.5. a).

führen würde, welche in vielen Mitgliedstaaten gerade die Ursache für EU-Skepsis und Ablehnung der Union ist.[358]

Fraglich ist indes, wie im Falle des Vorliegens eines gemeinsamen Standards in der EU zu verfahren ist, wenn ein Mitgliedstaat eine abweichende Regelung erlassen hat. Für die Erhöhung der Prüfungsintensität in derartigen Fällen spricht, dass im Falle eines mitgliedstaatlichen Konsenses auch die Voraussetzungen für die Entwicklung ungeschriebener Unionsgrundrechte durch den EuGH jenseits einer etwaigen Sperrwirkung der Grundrechte-Charta grundsätzlich gegeben wären, mithin eine Rechtsvereinheitlichung auf Unionsebene möglich wäre. Ist eine solche bereits erfolgt, ist die Einräumung eines mitgliedstaatlichen Einschätzungsspielraums ohnehin ausgeschlossen, wobei sich insoweit Unterschiede nach dem Grad der unionsrechtlichen Harmonisierung ergeben. Fehlt es an einer Harmonisierung auf Unionsebene, ist unerheblich, wie ein etwaiger Konsens auf mitgliedstaatlicher Ebene zustande gekommen ist, d.h. ob es sich dabei lediglich um ein Zufallsprodukt handelt oder ob vielmehr eine lange historische Tradition dahinter steht. Zwar kann man nur im Falle einer langen gemeinsamen Tradition von einem wirklichen europäischen Konsens sprechen, doch wird die Verfassungsidentität der Mitgliedstaaten durch eine strengere Prüfung auch dann nicht gefährdet, wenn sich die Verfassungstraditionen in den einzelnen Ländern jeweils unabhängig voneinander entwickelt haben. Dementsprechend ist das Bedürfnis nach einer Berücksichtigung nationaler Besonderheiten im Falle eines europäischen Konsenses gering, so dass das Interesse an einer möglichst effektiven Durchsetzung des Unionsrechts überwiegt, welche gerade durch eine Intensivierung der Prüfungsdichte des EuGH unterstützt wird. Daher sprechen im Falle einer Übertragung des Konzepts der *margin of appreciation* bzw. der Reduzierung der Prüfungsdichte die besseren Argumente für eine Erhöhung der Prüfungsintensität im Falle des Vorliegens eines europäischen Konsenses nach dem Vorbild des EGMR, wobei der EuGH das Vorliegen bzw. Fehlen eines europäischen Konsenses in jedem Fall eingehender begründen müsste als der EGMR dies gegenwärtig tut.

Unabhängig von der Frage nach der Entwicklung der Prüfungsdichte im Fall der Existenz eines einheitlichen unionalen Standards ist jedoch zu untersuchen, ob der Ansatz des EGMR, gerade bei sensiblen und umstrittenen Fragen das Vorliegen eines europäischen Standards tendenziell zu verneinen,[359] auf die Union ohne Weiteres übertragbar ist. Dagegen spricht jedenfalls, dass in der Union insbesondere mit dem Inkrafttreten des Vertrags von Lissabon und dem Verbindlichwerden der Grundrechte-Charta eine sehr hohe Integrationsdichte erreicht wurde und daher in vielen Bereichen ein unionaler Konsens anzunehmen sein wird.[360]

358 Vgl. *Cullen*, EuZW 2016, 401, 402.

359 S. etwa EGMR, Urt. v. 05.11.2002 – 38743/97 – Demuth/Schweiz, RJD 2002-IX, Rn. 40 ff.; Urt. v. 29.10.1992 – 14234/88 u. 14235/88 – Open Door and Dublin Well Women/Irland, A246-A, Rn. 68 ff.; *Mayer*, in: Karpenstein/Mayer, EMRK, Einl., Rn. 65.

360 *Kühling*, Grundrechte, in: v. Bogdandy/Bast (Hrsg.), Europäisches Verfassungsrecht, S. 657, 699.

Dies führt dazu, dass das Kriterium des Fehlens eines europäischen Konsenses in der EU, anders als im Rahmen der EMRK, nur in Ausnahmefällen die Einräumung eines Ermessensspielraums zu Gunsten der Mitgliedstaaten wird begründen können.

ddd) Klarheit des Sachverhalts

Sowohl der EGMR[361] als auch das Schweizer Bundesgericht[362] reduzieren ihre Prüfungsdichte, wenn der zu beurteilende Sachverhalt nicht hinreichend geklärt bzw. klärbar ist, was eine Überschneidung mit dem Kriterium der Art des betroffenen Rechtsgebiets und der Notwendigkeit etwaiger Prognoseentscheidungen implizieren kann. Mit der Einräumung eines Beurteilungsspielraums in derartigen Fällen soll der Sachnähe der nationalen Gerichte Rechnung getragen werden. Andererseits jedoch reduziert der EGMR seine Prüfungsdichte auch dann, wenn sich die nationalen Gerichte um eine besonders gründliche Tatsachenkontrolle bemüht haben.[363]

Für eine Übertragung des Kriteriums der Klarheit des Sachverhalts auf die EU spricht, dass der EuGH den nationalen Verfassungs- und Höchstgerichten bzw. den vorlegenden Gerichten allgemein aus Subsidiaritätsgründen den Primat bei der Klärung des Sachverhalts überlassen sollte, ohne als sachferne Instanz seine eigene Beurteilung an die Stelle der Beurteilung der nationalen Instanzen zu setzen, was insbesondere dann gilt, wenn der Sachverhalt auf Grund schwer zu treffender Prognoseentscheidungen eine große Sachnähe der entscheidenden Stelle verlangt. Daneben sollte der EuGH auch im Falle einer gründlichen Tatsachenkontrolle durch die nationalen Instanzen auf eine strikte Überprüfung verzichten, um dem Gedanken der Subsidiarität Rechnung zu tragen.

eee) Widerspruchsfreiheit des staatlichen Handelns

Auch die Widerspruchsfreiheit des staatlichen Handelns stellt in der Rechtsprechung des EGMR und des Schweizer Bundesgerichts ein Kriterium bei der Frage nach der Prüfungsdichte dar. In Bezug auf den EGMR ist nicht ganz klar, wie sich beispielsweise eine unklare Gesetzeslage oder eine kontroverse Rechtsprechung in einem Vertragsstaat auf die Bemessung der *margin of appreciation* auswirkt. Der Gerichtshof betont, dass etwa im Fall eines Gesetzes, welches gerade einer Überprüfung unterzogen wird,[364] bei heftigen internen Kontroversen[365] sowie bei

---

[361] *Rubel*, Entscheidungsfreiräume in der Rechtsprechung des Europäischen Gerichtshofes für Menschenrechte und des Europäischen Gerichtshofes, S. 168; s. dazu auch oben, § 12 IV.3.

[362] Ausführlich dazu oben, § 15 V.5. a).

[363] So etwa EGMR, Urt. v. 06.10.2005 – 74025/01 – Hirst/Vereinigtes Königreich (Nr. 2), RJD 2005-IX, Rn. 72 ff.; Urt. v. 22.03.2012 – 45071/09 – Ahrens/Deutschland, Rn. 77; vgl. *Schlüter* AVR 54 (2016), 41, 48 f.

[364] Vgl. etwa EGMR, Urt. v. 18.12.1986 – 9697/82 – Johnston u.a./Irland, A112, Rn. 55 u. 75; s. dazu *Brems*, ZaöRV 56 (1996), 240, 288; *Prepeluh*, ZaöRV 61 (2001), 771, 777.

[365] S. etwa EGMR, Urt. v. 26.04.1979 – 6538/74 – Sunday Times/Vereinigtes Königreich (Nr. 1), A38, Rn. 60.

Vollzugsproblemen[366] bzw. -divergenzen[367] innerhalb des Vertragsstaats eine etwaige *margin of appreciation* eng zu bemessen sein soll, während in Fällen, in denen eine nur unvollständige, provisorische gesetzliche Regelung in Rede stand, der nationale Beurteilungsspielraum im Einzelfall groß sein sollte.[368] Das Schweizer Bundesgericht tendiert demgegenüber zumindest bei heftigen internen Meinungsverschiedenheiten in einem Kanton dazu, die Prüfungsdichte herabzusenken, wobei es diese Position freilich nur im Hinblick auf politische Kontroversen einnimmt.[369] Dennoch lässt sich insoweit ein Unterschied zur Judikatur des EGMR erkennen.

Fraglich ist, ob und gegebenenfalls in welcher Form eine Übertragung des Kriteriums der Widerspruchsfreiheit des staatlichen Handelns auf die EU in Frage käme. Für eine Reduzierung des Ermessensspielraums in derartigen Fällen spricht, dass bei Vollzugsproblemen bzw. -divergenzen sowie bei der Überprüfung eines Gesetzes die interne Rechtslage von dem betroffenen Staat selbst ohnehin als unsicher bzw. jedenfalls nicht mit einer längerfristigen Perspektive ausgestattet angesehen wird, so dass für die Berücksichtigung nationaler Besonderheiten kein Raum verbleibt. Im Falle heftiger innenpolitischer Kontroversen zeigt sich ein ähnliches Bild. Wenn schon in dem betroffenen Mitgliedstaat selbst keine Einigung über die angegriffene Regelung erzielt werden konnte, sondern sie im Gegenteil Gegenstand heftiger innenpolitischer Debatten war, spricht jedenfalls in Fällen, in denen die umstrittene Frage Unionskompetenzen berührt, vieles dafür, dass die Regelung nicht Ausdruck der nationalen Verfassungsidentität ist und sie deshalb einer eingehenden Überprüfung durch den EuGH unterzogen werden darf. Hintergrund der Herabsenkung der Prüfungsdichte durch das Schweizer Bundesgericht in derartigen Fällen ist die Überlegung, dass sich der Bund aus internen kantonalen Angelegenheiten möglichst heraus halten soll, insbesondere dann, wenn es sich um politische Diskussionen handelt. Diese Argumentation erscheint indes auf die EU nicht ohne Weiteres übertragbar. Zwar sind auch die Unionsorgane dazu angehalten, die Souveränität der Mitgliedstaaten zu achten, doch soll mit der Übertragung des Instruments der Reduzierung der Kontrolldichte auf die EU in erster Linie dem Gedanken der Verfassungsidentität der Mitgliedstaaten und der Subsidiarität der unionalen Kontrolle Rechnung getragen werden.[370] Im Falle innenpolitischer Debatten über eine Frage, die Unionskompetenzen berührt, ist jedoch die Verfassungsidentität des betroffenen Mitgliedstaates durch eine Prüfung von Seiten des EuGH gerade nicht gefährdet. Des Weiteren möchte das Schweizer Bundesgericht mit seiner Zurückhaltung in derartigen Fällen auch den Grundsatz der Gewaltenteilung stärken. Diese Argumentation lässt sich kaum auf das Verhältnis EU-Mitgliedstaaten übertragen, da

[366] EGMR, Urt. v. 22.10.1981 – 7525/76 – Dudgeon/Vereinigtes Königreich, A45, Rn. 60.

[367] EGMR, Urt. v. 29.04.1976 – 5493/72 – Handyside/Vereinigtes Königreich, A24, Rn. 54 ff.; Urt. v. 26.09.1995 – 17851/91 – Vogt/Deutschland, A323, Rn. 59.

[368] EGMR, Urt. v. 02.03.1987 – 9267/81 – Mathieu-Mohin u. Clerfayt/Belgien, A113, Rn. 57.

[369] S. dazu oben, § 15 V.5. a).

[370] S. dazu oben, § 15 V.5. a).

der EuGH jedenfalls zu den nationalen Parlamenten nicht in einem derart unmittelbaren Verhältnis steht wie das Bundesgericht zu den kantonalen Legislativorganen, zumal in der Schweiz das Bundesgericht auch über die Auslegung und Anwendung des kantonalen Rechts letztverbindlich entscheidet. Insgesamt sprechen daher die besseren Argumente für eine Übertragung der Position des EGMR auf die EU, mit der Folge, dass jedenfalls im Falle innenpolitischer Kontroversen bezüglich Fragen, die Unionskompetenzen berühren, der Einschätzungsspielraum der nationalen Instanzen reduziert ist. Etwas anderes gilt hingegen, wenn die umstrittene Frage ureigene mitgliedstaatliche Zuständigkeiten wie etwa die Wehrpflicht oder den Einsatz der Streitkräfte betrifft. Hier kann es durchaus Teil der nationalen Verfassungsidentität sein, die entsprechende Frage im nationalen demokratischen Prozess zu klären,[371] weshalb der EuGH bei innenpolitischen Kontroversen über Fragen ohne Bezug zu Unionskompetenzen seine Prüfungsdichte reduzieren sollte.

fff) Vorliegen eines mehrpoligen Rechtsverhältnisses

Unklar ist, ob das Vorliegen eines mehrpoligen Rechtsverhältnisses im Rahmen der EU eine Reduzierung der Prüfungsdichte des EuGH herbeiführen kann. Bei der Durchsicht der Rechtsprechung des EGMR zeigt sich, dass der Straßburger Gerichtshof im Falle eines mehrpoligen Rechtsverhältnisses die Notwendigkeit der Einräumung einer *margin of appreciation* insbesondere bei Vorliegen weiterer Kriterien häufig bejaht,[372] wovon es in der Vergangenheit freilich Ausnahmen gab.[373] Das Schweizer Bundesgericht seinerseits hat in einem Fall betreffend ein mehrpoliges Rechtsverhältnis seine Prüfungsdichte genau aus diesem Grund reduziert, wobei in dem fraglichen Fall auch die besonderen Umstände des Sachverhalts zu einer Herabsetzung der Prüfungsdichte beigetragen haben könnten.[374]

Dies alles kann indes nur eine gewisse Indizwirkung haben für die Position des EuGH im Falle einer Übertragung des *margin of appreciation*-Konzepts auf die EU. Für die Einräumung eines Ermessensspielraums zu Gunsten der Mitgliedstaaten in derartigen Fällen spricht, dass bei einer strikten Kontrolle durch den EuGH die oftmals tradierten und ausgefeilten Abwägungsmuster der nationalen Gerichte ausgehebelt würden, zumal die nationalen Instanzen auf Grund ihrer größeren Sachnähe den Sachverhalt in der Regel besser werden beurteilen können als der überstaatlich ausgerichtete Luxemburger Gerichtshof, eine Argumenta-

---

[371] So auch BVerfGE 123, 267, 360 f.

[372] EGMR, Urt. v. 04.12.2007 – 44362/04 – Dickson/Vereinigtes Königreich, RJD 2007-V, Rn. 78; ähnlich auch EGMR, Urt. v. 13.03.2003 – 42326/98 – Odièvre/Frankreich, RJD 2003-III, Rn. 46; ausführlich zum Ganzen oben, § 12 IV. 3.

[373] EGMR, Urt. v. 04.12.2007 – 44362/04 – Dickson/Vereinigtes Königreich, RJD 2007-V, Rn. 78; ähnlich auch EGMR, Urt. v. 13.03.2003 – 42326/98 – Odièvre/Frankreich, RJD 2003-III, Rn. 46; Urt. v. 10.04.2007 – 6339/05 – Evans/Vereinigtes Königreich, RJD 2007-I, Rn. 77; Urt. v. 15.01.2013 – 48420/10, 59842/10, 51671/10 u. 36516/10 – Eweida u.a./Vereinigtes Königreich, RJD 2013, Rn. 106; ausführlich zum Ganzen oben, § 12 IV. 3.

[374] BGE 112 Ia 97, 106 E. 6e); s. dazu oben, § 15 V.5. a).

tion, die im Übrigen vom Schweizer Bundesgericht hinsichtlich der kantonalen Instanzen geteilt wird. Gegen die Annahme einer *margin of appreciation* in derartigen Fällen lässt sich hingegen anführen, dass der Status der an dem Ausgangsrechtsstreit Beteiligten noch nichts über die Prüfungsdichte des EuGH aussagen kann, da die Ausgangskonstellation oft sehr vom Zufall abhängt und die Anwendung eines Unionsgrundrechts letztlich nicht dadurch bestimmt werden darf, ob es sich im konkreten Fall um einen Rechtsstreit unter Privaten handelt, da es andernfalls zu Anwendungsdiskrepanzen bezüglich ein und desselben Grundrechts kommen könnte. Vor dem Hintergrund einer kohärenten Anwendung der Unionsgrundrechte erscheint es daher vorzugswürdig, allein das Vorliegen eines mehrpoligen Rechtsverhältnisses, d.h. eines Ausgangsrechtsstreits zwischen Personen, die Berechtigte der verschiedenen Verbürgungen sind, als nicht ausreichend für die Reduzierung der Prüfungsdichte des EuGH anzusehen, wenngleich eine derartige Reduzierung dennoch vorgenommen werden sollte, soweit zugleich nationale oder regionale Besonderheiten tangiert werden, bei denen die Sachnähe der nationalen Instanzen besonders relevant wird.

ggg) Vorliegen nationaler oder regionaler Besonderheiten

Eine weitere wichtige Fallgruppe bei der Einräumung einer *margin of appreciation* bildet nach der Rechtsprechung des EGMR das Vorliegen nationaler oder regionaler Besonderheiten im faktischen oder rechtlichen Bereich, in Bezug auf die die nationalen Behörden eine besondere Sachnähe besitzen. Dies bedeutet, dass der Straßburger Gerichtshof seine Prüfungsdichte herabsenkt, wenn in einem bestimmten Bereich nationale oder regionale Besonderheiten existieren, insbesondere dann, wenn sensible oder umstrittene Fragen tangiert werden, beispielsweise in Bezug auf Moralvorstellungen oder bei der Beurteilung angeblich beleidigender Äußerungen,[375] welche von den nationalen Behörden wesentlich besser eingeordnet werden können als von einem internationalen Gerichtshof. Das Schweizer Bundesgericht geht einen ähnlichen Weg, indem es seine Prüfungsdichte reduziert, wenn die örtlichen kantonalen Behörden über eine besondere Sachnähe verfügen, etwa bei der Beurteilung von Fragen der Sittlichkeit und Moral, aber auch in anderen Fällen, in denen eine genaue Kenntnis der örtlichen Verhältnisse unabdingbar ist wie beispielsweise im Baurecht.[376]

Eine Übertragung dieses Kriteriums auf die EU erscheint sinnvoll, da auch bei der Beurteilung eines Sachverhalts mit Unionsrechtsbezug nationale Spezifika von Bedeutung sein können. Dies gilt insbesondere für den Bereich der Religion, aber auch bei der Pressefreiheit sowie bei der Beurteilung örtlicher Moralvorstellungen oder beim Umgang mit dem Grundrecht auf Schutz des Lebens.[377] Die in vielen Bereichen verwirklichte Integration ändert nichts daran, dass gerade etwa im Religionsbereich noch immer sehr unterschiedliche Vorstellungen und auch

[375] S. dazu oben, § 12 IV.3.
[376] Ausführlich dazu oben, § 15 V.5. a).
[377] Zum Ganzen s. *Nic Shuibhne*, ELRev 2009, 230, 240.

Systeme vorherrschen. Man denke beispielsweise an die Gestaltung des Verhältnisses zwischen Staat und Kirche, bei dem einige EU-Mitgliedstaaten, allen voran Frankreich, dem Prinzip des Laizismus folgen,[378] während etwa England[379] nach wie vor über eine Staatskirche verfügt und andere Staaten wie Deutschland[380] das Modell der freundlichen Trennung von Staat und Kirche verfolgen. In gewisser Weise sind die unterschiedlichen Modelle Ausdruck der jeweiligen nationalen Verfassungsidentität, welche auf Unionsebene die Einräumung eines Ermessensspielraums zu Gunsten der Mitgliedstaaten gewährleisten kann, so dass in derartigen Fällen eine Reduzierung der Prüfungsdichte des EuGH angezeigt ist. Entsprechendes gilt für die Bewertung potentiell beleidigender Äußerungen, die die nationalen Behörden schon allein auf Grund der meist besseren Kenntnis der entsprechenden Landessprache treffender werden vornehmen können, weshalb hier vor dem Hintergrund des Subsidiaritätsprinzips die Gewährung einer *margin of appreciation* zu Gunsten der nationalen Instanzen ebenfalls angezeigt erscheint. Dagegen lässt sich auch nicht einwenden, dass das Subsidiaritätsprinzip zumindest dann nicht eingreifen kann, wenn, wie im Fall *Omega*,[381] die EU-Mitgliedstaaten über unterschiedliche Rechtsauffassungen bezüglich einer moralisch sensiblen Frage verfügen und daher eine Entscheidung des EuGH notwendig wird.[382] In derartigen Fällen müssen die Besonderheiten der betroffenen Mitgliedstaaten im Wege einer Art „praktischen Konkordanz" möglichst gut zum Ausgleich gebracht werden, während eine Berufung auf einen EU-Standard nicht in Betracht kommt, was letztlich doch wieder eine Berücksichtigung nationaler Besonderheiten impliziert. Ebenso wenig überzeugt das Gegenargument, wonach die EU andere Zwecke verfolge als die EMRK und im Rahmen der EU gerade auch der Europäische Binnenmarkt mit seinen Grundfreiheiten verwirklicht werden solle, was durch eine Berücksichtigung nationaler Eigenheiten zumindest erschwert werde. Wenn in einem bundesstaatlich organisierten System wie dem der Schweiz, welches ebenfalls auf einen möglichst einheitlichen Gesetzesvollzug ausgerichtet ist, kantonale und regionale Besonderheiten Beachtung finden können, muss dies auch und erst recht im Hinblick die nicht als Staat konzipierte EU möglich sein. Dies gilt umso mehr, als innerhalb der EU weitaus größere Unterschiede im politischen, sozialen und kulturellen Bereich anzutreffen sind als dies innerhalb der Schweiz der Fall ist. Für eine Berücksichtigung nationaler und regionaler Besonderheiten trotz der Binnenmarktorientierung der Union spricht ferner, dass die EU mit ihren gegenwärtig noch 28 Mitgliedstaaten zwar nicht ganz so vielen unterschiedlichen Besonderheiten Rechnung tragen muss wie die 47 Vertragsparteien zählende EMRK, es aber bereits innerhalb dieser kleineren

---

[378] Ausführlich dazu etwa *Leb*, Französische Republik, in: Rees (Hrsg.), Katholische Kirche im neuen Europa, S. 211, 211 ff.

[379] Ausführlich dazu *Weinberger*, Großbritannien und Nordirland, in: Rees (Hrsg.), Katholische Kirche im neuen Europa, S. 265, 266 ff.

[380] Statt Vieler s. *v. Campenhausen/de Wall*, Staatskirchenrecht, S. 90 ff.

[381] EuGH, Rs. C-36/02, Omega, Slg. 2004, I-9609.

[382] Zu dieser Problematik *Nic Shuibhne*, ELRev 2009, 230, 246.

Gemeinschaft sehr unterschiedliche Auffassungen zu einem bestimmten Thema geben kann, gerade bei Fragen der Moral und Sittlichkeit, und die Union durch die Ausweitung ihrer Kompetenzen immer weiter auch in nicht-ökonomische Bereiche vordringt.[383] Hinzu kommt, dass die aktuelle EU-Skepsis der Bevölkerung in vielen Mitgliedstaaten darauf beruht, dass sich die Menschen von der EU bevormundet fühlen und ihre politische und kulturelle Identität durch die Union gefährdet sehen,[384] ein Umstand, der den Ausgang des „Brexit"-Votums im Vereinigten Königreich erheblich mit beeinflusst hat.[385] Gegen eine Berücksichtigung nationaler Besonderheiten spricht schließlich nicht, dass sich einzelne Mitgliedstaaten unter demokratischen Gesichtspunkten problematische Verfassungen geben könnten und die fragliche „Verfassungsidentität" dementsprechend als nationale Besonderheit durch den EuGH beachtet werden müsste.[386] Besondere Brisanz erlangt dieser Einwand im Hinblick auf die revidierte ungarische Verfassung aus dem Jahr 2012, welche zentrale Grundrechte sowie das Rechtsstaatsprinzip verletzt.[387] Allerdings muss derartigen Entwicklungen repressiv mit Hilfe des in Art. 7 EUV eigens dafür vorgesehenen Verfahrens und nicht präventiv durch eine Beschränkung des Kreises der Kriterien zur Einräumung eines Ermessensspielraums entgegen gewirkt werden, da andernfalls auch EU-Mitgliedstaaten ohne problematische Verfassungsidentität die Berücksichtigung nationaler Besonderheiten verwehrt bleiben müsste. Aus all diesen Gründen sollte das Kriterium der größeren Sachnähe der nationalen Behörden bei nationalen oder regionalen Eigenheiten auf die Rechtsprechung des EuGH übertragen werden.

hhh) Vorliegen einer Materie, die nach der unionalen Zuständigkeitsverteilung in den Kompetenzbereich der Mitgliedstaaten fällt

Auch der Umstand, dass eine Materie vorliegt, deren Regelung nach der unionalen Zuständigkeitsverteilung den Mitgliedstaaten vorbehalten bleibt, kann die Einräumung eines Ermessensspielraums rechtfertigen. In der Judikatur des EGMR findet sich diesbezüglich keine Entsprechung, da die EMRK als völkerrechtliches Grundrechtsregime keine Zuständigkeiten zwischen der Konvention und den Vertragsparteien verteilt. Etwas anderes gilt indes für die Rechtsprechung des Schweizer Bundesgerichts, das eine Reduzierung der Prüfungsdichte vornimmt, wenn die entsprechende Materie, beispielsweise das Gesundheitswe-

---

383 S. dazu auch *Thiele*, EuR 2016, 281, 282 f.

384 S. auch *Di Fabio*, ZSE 13 (2015), 457, 460 u. 466 f.

385 S. *Cullen*, EuZW 2016, 401, 402; *Craig*, ELRev 41 (2016), 447, 448 ff.; *Arnull*, ELRev 41 (2016), 473, 473; zur Euroskepsis im Vereinigten Königreich auch schon *Oliver*, International Affairs 91 (2015), 77, 83 ff.

386 Zur Problematik der Schaffung einer undemokratischen Verfassungsidentität am Beispiel Ungarns s. *Millet*, The Respect for National Constitutional Identity in the European Legal Space: An Approach to Federalism as Constitutionalism, in: Azoulai (Hrsg.), The Question of Competence in the European Union, S. 253, 264 f.

387 Näher zur ungarischen Verfassung von 2012 *Kovács/Tóth*, EuConst 7 (2011), 183, 198 ff.; *Pogány*, European Public Law 19 (2013), 341, 356 ff.

sen, in die Gesetzgebungszuständigkeit der Kantone fällt,[388] eine Herangehensweise, die im Übrigen in der Judikatur des deutschen Bundesverfassungsgerichts keine Parallele findet.

Eine Übertragung dieses Kriteriums auf die Rechtsprechung des EuGH erscheint sehr sinnvoll,[389] da auf diese Weise die *Åkerberg Fransson*-Rechtsprechung des EuGH[390] deutlich abgemildert werden könnte. Selbst wenn der EuGH in einem konkreten Fall einen hinreichend engen Bezug zum Unionsrecht annimmt, um die Anwendbarkeit der Grundrechte-Charta zu bejahen, könnte die Einräumung einer *margin of appreciation* den Mitgliedstaaten zumindest in nicht unionsrechtlich determinierten Bereichen die Heranziehung eigener nationaler Grundrechte ermöglichen, wobei der EuGH bei einer etwaigen Nachprüfung der Vereinbarkeit der nationalen Maßnahme mit der Grundrechte-Charta seine Prüfungsdichte entsprechend reduzieren und dem betroffenen Mitgliedstaat das Festhalten an nationalen Spezifika erlauben könnte. Gerade in Kombination mit dem von *Mager* vorgeschlagenen Ansatz der Bindung des Anwendungsbereichs der Grundrechte-Charta an die Reichweite des unionalen Anwendungsvorrangs[391] könnte so nationalen Besonderheiten noch besser Rechnung getragen werden. Dies gilt gerade für Bereiche wie das Strafrecht, deren Regelung nach wie vor den Mitgliedstaaten obliegt, die jedoch über den weiten Anwendungsbereich der Grundrechte-Charta faktisch sehr leicht unionsrechtlich überlagert werden. Im Falle einer Reduzierung der Prüfungsdichte in derartigen Fällen würde die Verfassungsidentität der EU-Mitgliedstaaten, ebenso wie deren Souveränität, weiterhin ernst genommen. Falls der EuGH seine Prüfungsdichte tatsächlich auch an der unionalen Kompetenzverteilung orientierte, würde dies bedeuten, dass die primärrechtliche Verteilung der Rechtssetzungskompetenzen für die Ausgestaltung des Grundrechtsschutzes in zweifacher Hinsicht von Bedeutung wäre: einmal für die Reichweite des Anwendungsbereichs der Grundrechte-Charta, der zumindest indirekt von den Rechtssetzungsbefugnissen der Union abhängt und zum zweiten für die Intensität der Kontrolle der entsprechenden mitgliedstaatlichen Maßnahmen durch den EuGH. Dieser Befund wiederum impliziert, dass die Auslegung der Rechtssetzungskompetenzen der Union restriktiv zu erfolgen hat, um etwaige Anknüpfungspunkte für die Verwirklichung nationaler Besonderheiten beim Grundrechtsschutz nicht von vornherein zu beseitigen.

---

[388] BGE 111 Ia 184, 187 E. 2c); ähnlich schon BGE 103 Ia 272, 278 E. 6c); s. dazu oben, § 15 V.5. a).

[389] So auch *Huber*, EuR 2008, 190, 199; a.A. hingegen *Hallström*, Balance or Clash of Legal Orders – Some Notes on Margin of Appreciation, in: Nergelius/Kristoffersson (Hrsg.) Human Rights in Contemporary European Law, S. 59, 70, der einen engen Zusammenhang zwischen unionaler Regelungsdichte und *margin of appreciation* zumindest nach der gegenwärtigen Praxis verneint.

[390] Ausführlich dazu oben, § 11 IV.1. b) cc).

[391] Ausführlich dazu oben, § 15 IV.2.

iii) Art des betroffenen Rechtsgebiets

Ferner kann die Art des betroffenen Rechtsgebiets eine Reduzierung der Prüfungsdichte begründen. Dieser Ansatz lässt sich sowohl in der Judikatur des EGMR als auch beim Schweizer Bundesgericht nachweisen. So reduziert der EGMR seine Prüfungsdichte beispielsweise dann, wenn wirtschaftliche Planungsmaßnahmen wie etwa die gerechte Verteilung sozioökonomischer Güter[392] im Raum stehen. Entsprechendes gilt für komplexe Prognoseentscheidungen auf Gebieten, die besonders schnellen Veränderungen unterworfen sind wie beispielsweise der technische Bereich oder der Umwelt- und Planungsbereich.[393] Begründet wird die Einräumung einer *margin in appreciation* in derartigen Fällen damit, dass die nationalen Instanzen auf Grund ihrer größeren Sachnähe und der damit verbundenen besseren Kenntnis der Lage vor Ort eine fundiertere Entscheidung treffen könnten als der Straßburger Gerichtshof. Auch das Schweizer Bundesgericht geht diesen Weg und räumt den kantonalen Behörden insbesondere bei technischen Fragen einen weiten Ermessensspielraum ein, indem es seine Prüfungsdichte reduziert.[394]

Eine Übertragung des Kriteriums der Art des betroffenen Rechtsgebiets auf die EuGH-Judikatur kommt grundsätzlich in Betracht, insbesondere bei Prognoseentscheidungen bei technischen Fragen. Begründen lässt sich dies wiederum mit dem Subsidiaritätsgrundsatz sowie mit der größeren Sachnähe der nationalen Behörden. Stehen allerdings wirtschaftliche Planungsentscheidungen im Raum, ist im Hinblick auf die EU, anders als bei der EMRK, die unionale Kompetenzverteilung mit zu berücksichtigen. Insbesondere in Bereichen, in denen die Union über weitreichende Kompetenzen verfügt, muss daher die Kontrolldichte des EuGH eher hoch sein, gerade, wenn es sich um eingriffsintensive Maßnahmen handelt.[395]

jjj) Delegation von Entscheidungsbefugnissen auf die zuständige Verwaltungsbehörde

Das Schweizer Bundesgericht reduziert seine Prüfungsdichte auch dann, wenn eine Gesetzesnorm vorliegt, welche im Wege der Einräumung von Ermessens- oder Beurteilungsspielräumen Entscheidungsbefugnisse auf die Verwaltung delegiert. Zwar handelt es sich in diesem Fall genau genommen um eine Kognitions-

---

[392] S. etwa EGMR, Urt. v. 21.02.1986 – 8793/79 – James u.a./Vereinigtes Königreich, A98, Rn. 46; Urt. v. 23.10.1997 – 117/1996/736/933–935 – The National & Provincial Building Society and the Yorkshire Building Society/Vereinigtes Königreich, RJD 1997-VII, Rn. 80; Urt. v. 12.04.2006 – 65731/01 u. 65900/01 – Stec u.a./Vereinigtes Königreich, Rn. 52; s. dazu auch *Altwicker*, Menschenrechtlicher Gleichheitsschutz, S. 243.

[393] So etwa EGMR, Urt. v. 08.07.2003 – 36022/97 – Hatton/Vereinigtes Königreich, RJD 2003-VIII, Rn. 100 f.

[394] BGE 115 Ib 131, 135 E. 3; 112 Ib 543, 549 E. 1d); 103 Ia 272, 278 E. 6c); s. oben, § 15 V.5. a) bb) iii).

[395] So auch *Kühling*, Grundrechte, in: v. Bogdandy/Bast (Hrsg.), Europäisches Verfassungsrecht, S. 657, 698.

beschränkung, welche von der Reduzierung der Prüfungsdichte zu unterscheiden ist, doch ergibt sich in derartigen Fällen meist ein enger Zusammenhang mit dem sog. „technischen Ermessen" der kantonalen Vorinstanzen auf Grund von deren besonderer Sachkenntnis,[396] so dass das Vorgehen des Bundesgerichts in derartigen Fällen als Reduzierung der Prüfungsdichte gewertet werden kann.[397] In der Rechtsprechung des EGMR spielen Ermessensspielräume zu Gunsten der nationalen Behörden jenseits der Einräumung einer *margin of appreciation* demgegenüber so gut wie keine Rolle.[398]

Eine Übertragung des Kriterium auf den EuGH erscheint indes möglich, da das Unionsrecht den Mitgliedstaaten jedenfalls zum Teil Ermessensspielräume zugesteht und diese aus Subsidiaritätsgründen am besten von den nationalen Behörden ausgefüllt werden können. Insoweit ergeben sich freilich Überschneidungen mit dem Kriterium der größeren Sachnähe der nationalen Stellen bei der Beurteilung nationaler Besonderheiten sowie mit der Art des betroffenen Rechtsgebiets.

kkk) Hinreichende Abwägung durch die nationalen Instanzen

Schließlich reduziert der EGMR seine Kontrolldichte den nationalen Instanzen gegenüber aus Subsidiaritätsgründen auch dann, wenn diese bei ihrer Prüfung der widerstreitenden Interessen ihrerseits eine hinreichende Abwägung vorgenommen haben.[399] Davon gibt es freilich Ausnahmen, wie die Rechtssache *Schüth*, wo der Straßburger Gerichtshof trotz seines Bekenntnisses zur *margin of appreciation* des betroffenen Vertragsstaats selbst eine vollumfängliche Prüfung durchgeführt hat.[400] Das Schweizer Bundesgericht hat das Kriterium der hinreichenden Abwägung durch die kantonalen Instanzen zwar nicht explizit anerkannt, doch zeigt sich immerhin bei mehrpoligen Rechtsverhältnissen eine Reduzierung der Prüfungsdichte, sofern die kantonalen Instanzen hinreichend sorgfältig abgewogen haben,[401] so dass davon auszugehen ist, dass das Schweizer Bundesgericht das Kriterium zumindest implizit anerkennt.

Auch der EuGH sollte den nationalen Instanzen einen weiten Ermessensspielraum einräumen, wenn diese bei ihrer Prüfung eine sorgfältige Abwägung vorgenommen haben. Der Grundsatz der Subsidiarität gebietet es, eine sorgfältig vorgenommene und umfassend begründete Entscheidung der nationalen (Fach-)Ge-

---

[396] BGE 135 II 384, 389 f. E. 2.2.2.

[397] So auch *Kölz/Häner/Bertschi*, Verwaltungsverfahren und Verwaltungsrechtspflege des Bundes, Rn. 1056.

[398] S. *Gerards*, ELJ 17 (2011), 80, 117.

[399] EGMR, Urt. v. 23.09.2010 – 425/03 – Obst/Deutschland, Rn. 42 u. 52; Urt. v. 03.02.2011 – 18136/02 – Siebenhaar/Deutschland, Rn. 39, 45 u. 47; Urt. v. 07.02.2012 – 40660/08 u. 60641/08 – von Hannover/Deutschland (Nr. 2), RJD 2012, Rn. 107; Urt. v. 12.06.2014 – 56030/07 – Martínez/Spanien, Rn. 147 ff.; s. dazu *Spielmann*, Cambridge Yearbook of European Legal Studies 14 (2011–2012), 381, 411.

[400] EGMR, Urt. v. 23.09.2010 – 1620/03 – Schüth/Deutschland, RJD 2010, Rn. 69 ff.

[401] BGE 112 Ia 97, 106 E. 6e); s. dazu oben, § 15 V.5. a).

richte ernst zu nehmen und den Ausgleich der konfligierenden Rechtspositionen, den sie getroffen haben, nicht nachträglich zu korrigieren. Dafür spricht auch die Pflicht zur loyalen Zusammenarbeit mit den Mitgliedstaaten, die auf diese Weise ihre oft in einer jahrzehntelangen Rechtsprechungstradition gewachsenen Wertungen beibehalten können, ohne dabei die Vorgaben des Unionsrechts zu missachten. Daher sollte der Luxemburger Gerichtshof in Fällen hinreichender Abwägung durch die mitgliedstaatlichen Instanzen darauf verzichten, sich als Superrevisionsgericht an deren Stelle zu setzen.

c) Variierung der Kontrolldichte in der bisherigen Rechtsprechung des EuGH

aa) Allgemeines zur Kontrolldichte in der Rechtsprechung des EuGH

Anders als die deutschen Gerichte verzichtet der EuGH weitestgehend auf eine Unterscheidung zwischen tatbestandlichem Beurteilungsspielraum und Ermessen auf der Rechtsfolgenseite.[402] Wird im Einzelfall doch einmal danach differenziert,[403] unterscheiden sich die Kriterien erheblich von denen der deutschen Dogmatik.[404] So finden sich in der EuGH-Judikatur häufig die Begriffe „Beurteilungsspielraum",[405] „Beurteilungsermessen"[406] oder „Ermessen",[407] ohne dass damit eine inhaltliche Differenzierung verbunden wäre.[408] Der Grad der Kontrolldichte des EuGH bestimmt sich damit nicht anhand der variierenden Terminologie, sondern richtet sich, wie im Fall des EGMR und des Schweizer Bundesgerichts, nach dem Vorliegen bestimmter Kriterien.[409] Auch die Intensität der Auseinandersetzung mit dem Verhältnismäßigkeitsgrundsatz sagt noch nichts über die Kontrolldichte des EuGH im konkreten Fall aus, da der Luxemburger Gerichtshof sich vor allem in der Vergangenheit stark an den knappen Urteilsstil der französischen Gerichte anlehnte[410] und erst in den letzten Jahren dazu übergegangen ist, zumindest teilweise eine umfassende Verhältnismäßigkeitsprüfung

---

402 Vgl. *Koch*, Der Grundsatz der Verhältnismäßigkeit in der Rechtsprechung des Gerichtshofs der Europäischen Gemeinschaften, S. 522 f.; *Herdegen/Richter*, Die Rechtslage in den Europäischen Gemeinschaften, in: Frowein (Hrsg.), Die Kontrolldichte bei der gerichtlichen Überprüfung von Handlungen der Verwaltung, S. 209, 210 f.

403 So etwa in EuGH, Rs. 183/84, Rheingold, Slg. 1985, 3351, Rn. 21 ff.; Rs. C-54/95, Deutschland/Kommission, Slg. 1999, I-35, Rn. 147.

404 S. dazu *Rubel*, Entscheidungsfreiräume in der Rechtsprechung des Europäischen Gerichtshofes für Menschenrechte und des Europäischen Gerichtshofes, S. 161 f.

405 So etwa EuGH, Rs. C-36/02, Omega, Slg. 2004, I-9609, Rn. 31; Rs. C-208/09, Sayn-Wittgenstein, Slg. 2010, I-13693, Rn. 87.

406 So etwa EuGH, Rs. C-112/13, A, digit. Slg., Rn. 37.

407 So beispielsweise EuGH, Rs. C-390/12, Pfleger, digit. Slg., Rn. 45 i.V.m. Rn. 60.

408 Vgl. *Pache*, DVBl. 1998, 380, 384.

409 *Rubel*, Entscheidungsfreiräume in der Rechtsprechung des Europäischen Gerichtshofes für Menschenrechte und des Europäischen Gerichtshofes, S. 162.

410 Vgl. *Everling*, EuR 1994, 127, 132 ff.

vorzunehmen.[411] Aus diesem Grund gibt es Urteile, in denen der EuGH nur relative knappe Ausführungen zur Verhältnismäßigkeit machte, er aber dennoch die Ermessenserwägungen der entscheidenden Instanzen durch seine eigenen ersetzte,[412] während er in anderen Fällen eine umfangreiche Verhältnismäßigkeitsprüfung vornahm, ohne die Wertungen der entscheidenden Instanzen in Frage zu stellen.[413]

bb) Rezeption einzelner Kriterien

Die Kontrolldichte des EuGH gegenüber unionalen Akten ist trotz erheblicher Fortschritte in diesem Bereich in den letzten Jahren noch immer vergleichsweise gering ausgeprägt, was dazu führt, dass den Unionsorganen nicht selten ein weiter Einschätzungsspielraum zugestanden wird und sich der EuGH im Rahmen der Verhältnismäßigkeitsprüfung auf eine reine Vertretbarkeitskontrolle beschränkt.[414] Diese Fallgruppe soll jedoch im Folgenden außer Betracht bleiben, da sie für einen Vergleich der EuGH-Judikatur mit der Rechtsprechung des EGMR und des Schweizer Bundesgerichts auf Grund des insoweit fehlenden föderalen Bezugs nicht relevant ist.

Allerdings verwendet der EuGH in seiner bisherigen Rechtsprechung in Bezug auf die EU-Mitgliedstaaten bereits einige der Kriterien, die der EGMR und das Schweizer Bundesgericht bei der Reduzierung der Kontrolldichte zu Gunsten der Vertragsparteien bzw. der Kantone heranziehen.[415] Dies gilt insbesondere bei der Auslegung unbestimmter Rechtsbegriffe bei der Beeinträchtigung von Grundfreiheiten, wo der EuGH unter Berufung auf die größere Sachnähe der nationalen Instanzen, insbesondere in Bereichen wie der Sittlichkeit und Moral, einen Ermessensspielraum gewährt.[416] Die im Zusammenhang mit den Grundfreiheiten angestellten Erwägungen lassen sich für den Umgang mit den Unionsgrundrechten insofern unmittelbar fruchtbar machen, als sich die Anwendungsbereiche von Grundrechten und Grundfreiheiten in den binnenmarktrelevanten Bereichen

---

[411] EuGH, verb. Rs. C-92/09 u. C-93/09, Schecke u. Eifert, Slg. 2010, I-11063, Rn. 65 ff.; ähnlich EuGH, Rs. C-283/11, Sky Österreich, digit. Slg., Rn. 41 ff.; Rs. C-291/12, Schwarz, digit. Slg., Rn. 31 ff.; verb. Rs. C-293/12 u. C-594/12, Digital Rights Ireland, digit. Slg., Rn. 45 ff.; ohne hinreichende Verhältnismäßigkeitsprüfung indes EuGH, Rs. C-131/12, Google Spain, digit. Slg., Rn. 97 ff.

[412] So etwa in EuGH, Rs. 114/76, Bela-Mühle, Slg. 1977, 1211, 1220, Rn. 5 ff.

[413] Vgl. etwa EuGH, Rs. 265/87, Schräder, Slg. 1989, 2237, 2269, Rn. 21 ff.; zum Ganzen s. auch *Koch*, Der Grundsatz der Verhältnismäßigkeit in der Rechtsprechung des Gerichtshofs der Europäischen Gemeinschaften, S. 526 f.

[414] Vgl. *Weiß*, EuZW 2013, 287, 290; näher dazu oben, § 11 V.1.

[415] Für eine Übersicht der vom EuGH verwendeten Kriterien s. *de Búrca*, Yearbook of European Law 13 (1993), 105, 147; zur Anwendung eines „margin of appreciation test" durch den EuGH auch *de Vries*, Utrecht Law Review 9 (2013), 169, 188 f.

[416] So etwa EuGH, Rs. C- 36/02, Omega, Rs. 2004, I-9609, Rn. 28 ff.; für die Einräumung eines Ermessensspielraums beim Gesundheitsschutz s. jüngst EuGH, Rs. C-148/15, Deutsche Parkinson Vereinigung e.V., digit. Slg., Rn. 30.

durchaus überschneiden können[417] und sowohl bei der Prüfung der Rechtfertigung einer Beeinträchtigung einer Grundfreiheit als auch eines Grundrechts eine Verhältnismäßigkeitsprüfung durchzuführen ist, wenngleich sich die Grundrechte von den Grundfreiheiten freilich insoweit unterscheiden, als Letztere nach richtiger Auffassung keine Freiheitsgarantien enthalten[418] und überdies, anders als die Unionsgrundrechte, nur für grenzüberschreitende Sachverhalte gelten. Exemplarisch anführen für die Einräumung eines Entscheidungsspielraums zu Gunsten der nationalen Instanzen bei Fragen der Moral und Sittlichkeit lässt sich der Fall *Omega*, in dem der EuGH die Thematik des Beurteilungsspielraums zwar lediglich im Rahmen der grundfreiheitlichen Schrankenanalyse, nicht aber bei der Abwägung selbst aufgriff, in dem dem betroffenen Mitgliedstaat Deutschland jedoch im Ergebnis ein Einschätzungsspielraum hinsichtlich der Interpretation der Menschenwürde als allgemeinen Rechtsgrundsatz eingeräumt wurde,[419] welcher mit der *margin of appreciation* vergleichbar ist, die der EGMR den Vertragsparteien unter bestimmten Voraussetzungen zugesteht.[420] Schon zuvor in der *Schmidberger*-Entscheidung hatte der EuGH seine Bereitschaft erkennen lassen, nationale Wertungen in einem gewissen Rahmen zu berücksichtigen, indem er die Abwägungsentscheidung der österreichischen Behörden nur einer eingeschränkten Kontrolle unterzog.[421] Auch in der Entscheidung *International Transport Workers' Federation* prüfte der EuGH zwar die von der Gewerkschaft mit Hilfe der Arbeitskampfmaßnahmen verfolgten Ziele sorgfältig und ließ den nationalen Instanzen insoweit gerade keinen Spielraum für die Berücksichtigung nationaler Besonderheiten,[422] er äußerte sich andererseits aber zumindest nicht letztverbindlich zur Verhältnismäßigkeit der konkret eingesetzten Arbeitskampfmittel,[423] was darauf schließen lässt, dass insoweit die nationalen Instanzen trotz der Vorgaben, die der Gerichtshof auch diesbezüglich machte,[424] zumindest einen marginalen Entscheidungsspielraum behalten sollten.[425] Ähnliches gilt für die Entscheidung

---

[417] S. dazu *Frenz*, EuR 2002, 603, 609 f.; *Ehlers*, Allgemeine Lehren der Grundfreiheiten, in: Ehlers (Hrsg.), Europäische Grundrechte und Grundfreiheiten, § 7 Rn. 14.

[418] S. *Kingreen*, in: Calliess/Ruffert, EUV/AEUV, Art. 34–36 AEUV Rn. 11 u. 66 ff.; *Davies*, GLJ 11 (2010), 671 703; a.A. aber etwa *Frenz*, EuR 2002, 603, 616 f.; *Ehlers*, Allgemeine Lehren der Grundfreiheiten, in: Ehlers (Hrsg.), Europäische Grundrechte und Grundfreiheiten, § 7 Rn. 13.

[419] S. EuGH, Rs. C- 36/02, Omega, Rs. 2004, I-9609, Rn. 28 ff.; *Kühling*, Grundrechte, in: v. Bogdandy/Bast (Hrsg.), Europäisches Verfassungsrecht, S. 657, 697.

[420] So auch *Streinz*, JuS 2008, 636, 637.

[421] EuGH, Rs. C-112/00, Schmidberger, Slg. 2003, I-5659, Rn. 69 ff.; s. dazu auch oben, § 10 IV.2. u. § 10 V.1. c) aa).

[422] EuGH, Rs. C-438/05, International Transport Workers' Federation, Slg. 2007, I-10779, Rn. 81 ff. u. 88 f.

[423] EuGH, Rs. C-438/05, International Transport Workers' Federation, Slg. 2007, I-10779, Rn. 85 f.

[424] EuGH, Rs. C-438/05, International Transport Workers' Federation, Slg. 2007, I-10779, Rn. 88 ff.

[425] S. dazu oben, § 10 V.1. c) aa).

in der Rechtssache *Laval*.[426] Zugleich fällt auf, dass der EuGH vor dem Hintergrund der Wahrung vorrangiger Unionsinteressen den nationalen Instanzen bei der Verhältnismäßigkeitsprüfung mitunter auch dann keinen Ermessensspielraum einräumt, wenn sensible Bereiche wie etwa der Schutz der öffentlichen Sicherheit[427] und der öffentlichen Ordnung,[428] der Sittlichkeit[429] oder der kulturellen Vielfalt[430] betroffen sind,[431] wobei dies freilich nicht pauschal gilt. So gibt es sehr wohl Fälle, in denen der Gerichtshof beispielsweise vor dem Hintergrund der nationalen Sicherheit,[432] der öffentlichen Ordnung[433] oder des Schutzes der kulturellen Vielfalt[434] seine Kontrolldichte reduziert.[435] Insgesamt zeigt sich jedoch, dass der EuGH bei der Berücksichtigung derartiger Belange noch immer viel weniger kohärent vorgeht als der EGMR oder das Schweizer Bundesgericht.

Im Falle des Fehlens eines Konsenses unter den EU-Mitgliedstaaten ist der EuGH, ebenso wie der EGMR in vergleichbaren Konstellationen, durchaus bereit, dem betroffenen Mitgliedstaat einen Ermessensspielraum einzuräumen. Dies zeigte sich etwa in der Entscheidung in der Rechtssache *Dynamic Medien*, wo der Gerichtshof davon ausging, dass die Auffassung zu einer bestimmten Frage, *in concreto* bezüglich der Unionsrechtskonformität einer nationalen Kennzeichnungspflicht von Bildträgern zum Schutz von Minderjährigen, abhängig von den Erwägungen insbesondere moralischer oder kultureller Art von Mitgliedstaat zu Mitgliedstaat verschieden sein könne und daher den Mitgliedstaaten insoweit ein Ermessensspielraum zuzuerkennen sei,[436] weshalb im konkreten Fall die deutschen Vorschriften zum Kinder- und Jugendschutz zum Tragen kommen konnten.

Ein weiteres Beispiel für die Tendenz des EuGH, den Mitgliedstaaten im Falle des Fehlens eines gemeinsamen Standards ein weites Ermessen zuzugestehen, stellen die Entscheidungen zum Glücksspielrecht dar. So ging der Gerichtshof in der Rechtssache *Garkalns* davon aus, dass die Regelung der Glücksspiele zu den Bereichen gehöre, in denen beträchtliche sittliche, religiöse und kulturelle Unter-

---

[426] EuGH, Rs. C-341/05, Laval, Slg. 2007, I-11767, Rn. 91 u. 107 f.

[427] So etwa EuGH, Rs. 50/83, Kommission/Italien, Slg. 1984, 1633, Rn. 18.

[428] Vgl. EuGH, verb. Rs. C-340/14 u. C-341/14, Trijber, digit. Slg., Rn. 68 ff.

[429] Vgl. EuGH, Rs. 121/85, Conegate, Slg. 1986, 1007, Rn. 23 ff.; zu Gunsten eines mitgliedstaatlichen Entscheidungsspielraums noch EuGH, Rs. 34/79, Henn & Darby, Slg. 1979, 3795, Rn. 16; s. dazu auch *de Búrca*, Yearbook of European Law 13 (1993), 105, 128 f.

[430] S. etwa EuGH, Rs. C-288/89, Stichting Collectieve Antennevoorziening Gouda, Slg. 1991, I-4007, Rn. 27 ff.; Rs. C-134/10, Kommission/Belgien, Slg. 2011, I-1053, Rn. 44 ff.

[431] S. dazu schon *de Búrca*, Yearbook of European Law 13 (1993), 105, 126.

[432] So etwa EuGH, Rs. C-367/89, Richardt, Slg. 1991, I-4621, Rn. 19 ff.; Rs. C-83/94, Leifer u.a., Slg. 1995, I-3231, Rn. 35.

[433] EuGH, Rs. C-208/09, Sayn-Wittgenstein, Slg. 2010, I-13693, Rn. 87; Rs. C-438/14, Bogendorff von Wolffersdorff, digit. Slg., Rn. 68.

[434] So etwa EuGH, Rs. C-260/89, ERT, Slg. 1991, I-2925, Rn. 37.

[435] Ausführlich zu Ganzen *de Búrca*, Yearbook of European Law 13 (1993), 105, 126 ff.

[436] EuGH, Rs. C-244/06, Dynamic Medien, Slg. 2008, I-505, Rn. 44; s. auch schon EuGH, Rs. 53/80, Eyssen, Slg. 1981, 409, Rn. 16 f.; Rs. C-204/90, Bachmann, Slg. 1992, I-249, Rn. 10; s. dazu *Streinz*, AöR 135 (2010), 1, 10 mit Fn. 130.

schiede zwischen den Mitgliedstaaten bestünden. In Ermangelung einer Harmonisierung des betreffenden Gebiets sei es Sache der einzelnen Mitgliedstaaten, in diesen Bereichen im Einklang mit ihrer eigenen Werteordnung zu beurteilen, welche Erfordernisse sich aus dem Schutz der betroffenen Interessen ergäben.[437] Umgekehrt soll den Mitgliedstaaten in harmonisierten Bereichen regelmäßig kein Ermessensspielraum für die Berücksichtigung nationaler Besonderheiten zukommen.[438]

Im Unterschied zum EGMR ging der EuGH zumindest früher davon aus, dass das Vorliegen einer uneinheitlichen Regelung innerhalb eines Mitgliedstaats seine Kontrolldichte nicht zwangsläufig erhöhe, sondern der betroffene Mitgliedstaat auch in diesen Fällen beispielsweise Gründe der Sittlichkeit vorbringen könne.[439] Im Falle eines unklaren Sachverhalts tendiert der EuGH, ebenso wie der EGMR, dazu, die Beurteilung des konkreten Falles den nationalen Gerichten zu überlassen.[440]

Von Relevanz für die Kontrolldichte des EuGH gegenüber den Mitgliedstaaten ist daneben die Art und Bedeutung des betroffenen Grundrechts. So nimmt der Gerichtshof etwa bei Verstößen gegen das Verbot der Diskriminierung auf Grund des Geschlechts[441] oder des Alters[442] eine besonders intensive Prüfung vor. Unklar ist jedoch noch, ob und inwieweit im Rahmen des Antidiskriminierungsrechts nationalen Besonderheiten Rechnung getragen werden kann. Generalanwältin *Kokott* geht in ihren Schlussanträgen in der Rechtssache *Achbita* davon aus, dass bei der Auslegung und Anwendung des Grundsatzes der Gleichbehandlung auch die nationale Identität der Mitgliedstaaten zu achten sei, wie sie in ihren grundlegenden politischen und verfassungsmäßigen Strukturen zum Ausdruck komme.[443] Bezogen auf die Rechtmäßigkeit eines Kopftuchverbots vertritt sie die Auffassung, dass in Mitgliedstaaten wie Frankreich, in denen der Laizismus Verfassungsrang hat und damit auch für das Zusammenleben in der Gesellschaft prä-

---

[437] EuGH, Rs. C-470/11, SIA Garkalns, digit. Slg., Rn. 36; so auch schon EuGH, Rs. C-42/07, Liga Portuguesa de Futebol Profissional u. Bwin International, Slg. 2009, I-7633, Rn. 57 m.w.N.; s. auch EuGH, Rs. C-275/92, Schindler, Slg. 1994, I-1039, Rn. 32.

[438] So etwa EuGH, Rs. 324/82, Kommission/Belgien, Slg. 1984, 1861, Rn. 31 ff.; Rs. C-186/88, Kommission/Deutschland, Slg. 1989, 3997, Rn. 16.

[439] EuGH, Rs. 34/79, Henn & Darby, Slg. 1979, 3795, Rn. 16.

[440] So etwa EuGH, Rs. C-195/06, Österreichischer Rundfunk (ORF), Slg. 2007, I-8817, Rn. 46.

[441] EuGH, Rs. C-285/98, Tanja Kreil, Slg. 2000, I-69, Rn. 24 ff.; so auch schon EuGH, Rs. C-222/84, Johnston, Slg. 1986, 1651, Rn. 38 ff.; Rs. C-318/86, Kommission/Frankreich, Slg. 1988, 3559, Rn. 28 ff.; Rs. C-423/04, Richards, Slg. 2006, I-3585, Rn. 33 ff.; s. zum Ganzen *Koch*, Der Grundsatz der Verhältnismäßigkeit in der Rechtsprechung des Gerichtshofs der Europäischen Gemeinschaften, S. 488 ff.

[442] So etwa EuGH, Rs. C-499/08, Ingeniørforeningen i Danmark, Slg. 2010, I-9343, Rn. 33; Rs. C-388/07, Age Concern England, Slg. 2009, I-1569, Rn. 51; Rs. C-144/04, Mangold, Slg. 2005, I-9981, Rn. 61 ff.

[443] Schlussanträge der Generalanwältin Kokott, Rs. C-157/15, Achbita, digit. Slg., Rn. 125; für einen mitgliedstaatlichen Einschätzungsspielraum auch EuGH, Rs. C-157/15, Achbita, digit. Slg., Rn. 36 ff.

gend ist, das Tragen sichtbarer religiöser Zeichen stärkeren Einschränkungen unterworfen werden dürfe als in anderen Mitgliedstaaten, deren Verfassungsordnung in diesem Punkt andere oder weniger deutliche Akzente setzt, was auch für den privaten Sektor und die Öffentlichkeit allgemein gelten müsse.[444] Generalanwältin *Sharpston* hingegen lehnte in ihren Schlussanträgen in der Rechtssache *Bougnaoui und ADDH* eine Berücksichtigung unterschiedlicher nationaler Schutzstandards bei Fragen der Gleichbehandlung kategorisch ab.[445] Der Gerichtshof selbst hatte zuvor etwa in der Rechtssache *Chacón Navas* einer Differenzierung in Bezug auf das Verständnis von Diskriminierung und damit der Berücksichtigung nationaler Besonderheiten in diesem Bereich eine Absage erteilt.[446] Diese Position lässt sich auch damit begründen, dass die Union im Bereich des Antidiskriminierungsrechts über eine eigene Rechtssetzungskompetenz verfügt, woran deutlich wird, dass die Frage nach dem Vorliegen einer Materie, die in den Zuständigkeitsbereich der Union fällt, für die Bemessung des mitgliedstaatlichen Ermessensspielraums von Relevanz ist.[447] Dieser Befund wird dadurch bestätigt, dass der EuGH den Mitgliedstaaten im Bereich der Arbeits- und Sozialpolitik, wo die Union zwar eigene Kompetenzen besitzt, jedoch keine umfassende Unionszuständigkeit besteht, einen weiten Ermessensspielraum gewährt.[448] Andererseits geht der Gerichtshof jedoch davon aus, dass selbst im Rahmen solcher Bereiche der Sozialpolitik, die eindeutig nicht in den Zuständigkeitsbereich der Union fallen, der Ermessensspielraum der Mitgliedstaaten deshalb eng begrenzt sein kann, weil Grundfreiheiten des Einzelnen tangiert werden.[449] Daraus folgt, dass die Reichweite des Ermessensspielraums nicht zwingend mit der Regelungsdichte des Unionsrechts bzw. dem Vorhandensein einer Unionskompetenz für einen bestimmten Bereich korrelieren muss.[450] Dennoch bleibt die Art des betroffenen Rechtsgebiets, ähnlich wie in der Rechtsprechung des EGMR und des Schweizer Bundesgerichts, nicht ohne Bedeutung für die Bemessung des Ermessensspielraums der Mitgliedstaaten. So zeigt sich, dass etwa bei Regelungen, welche Wanderarbeitnehmer und deren Kinder diskriminieren, die Mitgliedstaaten gewöhnlich nur über einen sehr engen Spielraum für die Berücksichtigung nationaler Besonderheiten verfügen.[451]

---

[444] Schlussanträge der Generalanwältin Kokott, Rs. C-157/15, Achbita, digit. Slg., Rn. 125.

[445] Schlussanträge der Generalanwältin Sharpston, Rs. C-188/15, Bougnaoui und ADDH, digit. Slg., Rn. 62 ff.

[446] EuGH, Rs. C-13/05, Chacón Navas, Slg. 2006, I-6467, Rn. 56.

[447] So schon EuGH, Rs. C-159/90, Grogan, Slg. 1991, I-4685, Rn. 31.

[448] Vgl. etwa EuGH, Rs. C-499/08, Ingeniørforeningen i Danmark, handelnd für Ole Andersen/Region Syddanmark, Slg. 2010, I-9343, Rn. 33; Rs. C-144/04, Mangold, Slg. 2005, I-9981, Rn. 63; so auch schon EuGH, Rs. 238/82, Duphar, Slg. 1984, 523, Rn. 10 bezüglich der Ausgestaltung der Sozialsysteme im Gesundheitsbereich.

[449] EuGH, Rs. C-379/11, Caves Krier, digit. Slg., Rn. 51 f.

[450] Vgl. dazu *Hallström*, Balance or Clash of Legal Orders – Some Notes on Margin of Appreciation, in: Nergelius/Kristoffersson (Hrsg.) Human Rights in Contemporary European Law, S. 59, 70 f.

[451] S. etwa EuGH, Rs. C-542/09, Kommission/Niederlande, digit. Slg., Rn. 72 ff.; s. dazu *Epiney*, NVwZ 2013, 692, 696.

Zudem ist zu konstatieren, dass der EuGH die Existenz eines mitgliedstaatlichen Ermessensspielraums auch von der Frage der Eröffnung des Anwendungsbereichs der Grundrechte-Charta nach Art. 51 Abs. 1 S. 1 GRC abhängig macht. So ging der Gerichtshof in der Entscheidung in der Rechtssache *Kamberaj* davon aus, dass die Mitgliedstaaten bei der Umsetzung der Daueraufenthaltsrichtlinie die Unionsgrundrechte zu beachten hätten, so dass insbesondere bei der Bestimmung derjenigen Leistungen der sozialen Sicherheit, der Sozialhilfe und des Sozialschutzes im Sinne des nationalen Rechts, in Bezug auf die die Richtlinie ein Diskriminierungsverbot enthält, die Unionsgrundrechte zu beachten sind,[452] was im Umkehrschluss bedeutet, dass für nationale Besonderheiten in derartigen Fällen kein Raum verbleibt. Die Argumentation des Gerichtshofs lässt zudem darauf schließen, dass die Kontrolldichte gegenüber den Mitgliedstaaten in den entsprechenden Fällen erhöht ist. Diese Herangehensweise des EuGH ist konsequent, wenngleich im Falle der Eröffnung des Anwendungsbereichs der Grundrechte-Charta die Unionsgrundrechte und deren Wertungen schon auf Grund des Anwendungsvorrangs des Unionsrechts Vorrang vor etwaigen nationalen grundrechtlichen Spezifika genießen. Auch in Bezug auf zentrale Freiheitsgrundrechte wie das Recht auf Freiheit der Person,[453] das Recht auf Schutz des Privat- und Familienlebens[454] oder die Meinungsfreiheit[455] zeichnet sich eine hohe Prüfungsdichte des EuGH gegenüber den Mitgliedstaaten ab, wobei der Gerichtshof gerade im Hinblick auf den Schutz des Privat- und Familienlebens zugleich den den Mitgliedstaaten zustehenden Ermessensspielraum betont.[456]

Ebenfalls relevant für die Kontrolldichte des EuGH ist die Art des Eingriffsziels. So billigt der Gerichtshof den Mitgliedstaaten bei Maßnahmen zum Gesundheitsschutz[457] regelmäßig einen größeren Ermessensspielraum zu als etwa bei Maßnahmen zum Verbraucherschutz, wobei auch insoweit Ausnahmen bestehen. So nahm der EuGH in der Entscheidung in der Rechtssache *Kommission/Deutschland* aus dem Jahr 2007, in der die Erteilung einer Einfuhr- und Vertriebsgenehmigung eines Arzneimittels und damit der Gesundheitsschutz in Rede stand, sehr wohl eine umfassende Kontrolle der mitgliedstaatlichen Verhältnismäßigkeitsprüfung vor.[458] Andererseits fällt auf, dass der EuGH, anders als der

[452] EuGH, Rs. C-571/10, Kamberaj, digit. Slg., Rn. 80; s. dazu *Epiney*, NVwZ 2013, 614, 615 f.

[453] EuGH, Rs. C-601/15 PPU, J. N., digit. Slg., Rn. 56 ff.; vgl. auch *Koch*, Der Grundsatz der Verhältnismäßigkeit in der Rechtsprechung des Gerichtshofs der Europäischen Gemeinschaften, S. 547 f.

[454] EuGH, Rs. C-465/00, Österreichischer Rundfunk u.a., Slg. 2003, I-4989, Rn. 83.

[455] Vgl. EuGH, Rs. C-73/07, Tietosuojavaltuutettu, Slg. 2008, I-9831, Rn. 56 ff., betreffend die Abwägung mit dem Grundrecht auf Schutz des Privatlebens.

[456] EuGH, Rs. C-465/00, Österreichischer Rundfunk u.a., Slg. 2003, I-4989, Rn. 83.

[457] Vgl. etwa EuGH, Rs. C-84/11, Susisalo, digit. Slg., Rn. 28; Rs. C-150/00, Kommission/Österreich, Slg. 2004, I-33887, Rn. 85 ff.; Rs. C-95/01, Greenham und Abel, Slg. 2004, I-1333, Rn. 38 ff.; näher dazu *Koch*, Der Grundsatz der Verhältnismäßigkeit in der Rechtsprechung des Gerichtshofs der Europäischen Gemeinschaften, S. 547.

[458] EuGH, Rs. C-319/05, Kommission/Deutschland, Slg. 2007, I-9811, Rn. 87 ff.

EGMR, selbst im Falle einer umfassenden Abwägung durch die nationalen Instanzen Letzteren keinen Ermessensspielraum einräumt. Konkret gilt dies etwa für die Rechtssache *Carpenter*, wo der Gerichtshof trotz des Umstandes, dass die Vorinstanzen ihrerseits eine Abwägung der widerstreitenden Interessen vorgenommen hatten, nach einer extensiven Auslegung des Anwendungsbereichs der Grundfreiheiten das Recht auf Achtung des Familienlebens aus Art. 8 EMRK noch einmal selbst umfassend mit dem öffentlichen Interesse an der Aufrechterhaltung der öffentlichen Ordnung und Sicherheit abgewogen hat.[459] Ähnliches zeigte sich in der Rechtssache *Schmidberger*, wo der EuGH den nationalen Stellen zwar einen Ermessensspielraum zuerkannte, er aber zugleich selbst eine Überprüfung der Wertungen der nationalen Instanzen vornahm.[460]

Für die Bestimmung der Prüfungsdichte ist darüber hinaus die Frage nach etwaigen Divergenzen bei der Umsetzung des Unionsrechts innerhalb des betroffenen Mitgliedstaates von Relevanz. In der Rechtssache *Horvath* ging der EuGH jedenfalls davon aus, dass alleine die unterschiedliche Umsetzung eines Unionsrechtsakts in verschiedenen Teilen des betroffenen Mitgliedstaates noch keine Diskriminierung begründe,[461] was darauf schließen lässt, dass der Gerichtshof in derartigen Fällen jedenfalls keine strikte Kontrolle vornimmt. Dies entspricht der Linie des Schweizer Bundesgerichts im Falle interner kantonaler Divergenzen, nicht jedoch zwingend der Position des EGMR.

Ein deutlicher Unterschied zum EGMR ergibt sich bei der Einräumung von Ermessensspielräumen bei der Wahrnehmung von Schutzpflichten. Während der EGMR den Vertragsparteien bei der Erfüllung von Schutzpflichten, die keine Auswirkungen auf die nationale Finanzplanung zeitigt, grundsätzlich keine weite *margin of appreciation* gewährt,[462] tendiert der EuGH in derartigen Fällen dazu, den Mitgliedstaaten einen eher weiten Ermessensspielraum einzuräumen,[463] so dass auf Unionsebene insoweit ein dem EGMR und dem Schweizer Bundesgericht unbekanntes Kriterium bei der Bestimmung der Kontrolldichte existiert.

Ein weiterer Unterschied zur Judikatur des EGMR und auch des Schweizer Bundesgerichts besteht darin, dass mehrpolige Rechts- und Grundrechtskonstellationen vor dem EuGH noch immer eine vergleichsweise kleine Rolle spielen.[464]

---

[459] EuGH, Rs. C-60/00, Carpenter, Slg. 2002, I-6279, Rn. 40 ff.

[460] EuGH, Rs. C-112/00, Schmidberger, Slg. 2003, I-5659, Rn. 93.

[461] EuGH, Rs. C-428/07, Horvath, Slg. 2009, I-6355, Rn. 57.

[462] Vgl. etwa EGMR, Urt. v. 16.03.2000 – 21344/93 – Özgür Gündem/Türkei, RJD 2000-III, Rn. 42 ff.; anders jedoch EGMR, Urt. v. 18.01.2001 – 27238/95, Chapman/Vereinigtes Königreich, RJD 2001-I, Rn. 99, wo finanzielle Interessen des Vertragsstaates unmittelbar betroffen waren.

[463] Vgl. etwa die Äußerungen von GA Jacobs in den Schlussanträgen in der Rechtssache *Schmidberger*, Rs. C-112/00, Schmidberger, Slg. 2003, I-5659, Rn. 106; s. auch EuGH, Rs. C-265/95, Kommission/Frankreich, Slg. 1997, I-6959, Rn. 31 f.; näher dazu *Rubel*, Entscheidungsfreiräume in der Rechtsprechung des Europäischen Gerichtshofes für Menschenrechte und des Europäischen Gerichtshofes, S. 179 f.

[464] Zum Umgang des EuGH mit mehrpoligen Rechtsverhältnissen s. *Rosas*, Cambridge Yearbook of European Legal Studies 16 (2013–2014), 347, 348 ff.

Ein solches mehrpoliges Rechtsverhältnis lag etwa dem Fall *International Transport Workers' Federation* zu Grunde. Der Umstand, dass der EuGH darin die Verhältnismäßigkeitsprüfung jedenfalls nicht vollständig selbst vornahm,[465] spricht dafür, dass ein mitgliedstaatlicher Ermessensspielraum in derartigen Fällen zumindest nicht von vornherein ausgeschlossen ist, ohne dass der Gerichtshof dies freilich mit dem Vorliegen einer mehrpoligen Rechtskonstellation begründet hätte. Eine ähnliche mehrpolige Rechtskonstellation lag zuvor jedenfalls vom Ausgangspunkt her beispielsweise der Rechtssache *Schmidberger*[466] zu Grunde. Auch hier hatte der EuGH dem betroffenen Mitgliedstaat einen weiten Ermessensspielraum zugebilligt, wiederum allerdings ohne Bezugnahme auf die besondere Konstellation des Ausgangsrechtsstreits. Entsprechendes gilt für die Rechtssache *Omega*,[467] bei der ein Ausgleich zwischen Dienstleistungsfreiheit und Menschenwürde gefunden werden musste, wobei der EuGH dem nationalen Gericht einen weiten Ermessensspielraum gewährte. Durch die genannten Fälle wird ein Zusammenhang zwischen der Mehrpoligkeit des Rechtsverhältnisses und der Einräumung eines Ermessensspielraums zwar nicht bestätigt, aber zumindest nahe gelegt.

Von der Rechtsprechung des EGMR, nicht jedoch von der des Schweizer Bundesgerichts, unterscheidet sich die Herangehensweise des EuGH schließlich dadurch, dass der Luxemburger Gerichtshof seine Kontrolldichte grundsätzlich auch dann reduziert, wenn EU-Sekundärrecht den nationalen Stellen einen Ermessensspielraum einräumt, wobei sich die Divergenz zum EGMR dadurch erklären lässt, dass die EMRK kein Sekundärrecht enthält oder begründet. Exemplarisch anführen lässt sich in diesem Zusammenhang der Fall *Mangold*, in dem der EuGH angesichts der Formulierung der einschlägigen Richtlinie den Mitgliedstaaten explizit einen weiten Ermessensspielraum zugestand, wobei sich die Kontrolldichte jedoch dadurch stark intensivierte, dass ein Verstoß gegen ein unionsrechtliches Diskriminierungsverbot im Raum stand.[468] Eine Reduzierung der Prüfungsdichte auf Grund sekundärrechtlich eingeräumter Entscheidungsspielräume lässt sich zudem etwa auch in der Entscheidung in der Rechtssache *X* ausmachen, wo der EuGH unter Berufung auf den offenen Wortlaut der in Rede stehenden Richtlinienvorschrift den Mitgliedstaaten einen Ermessensspielraum bei der Umsetzung zugestand.[469] Einen Sonderfall der Einräumung eines Entscheidungsspielraums zu Gunsten der nationalen Behörden stellt schließlich die Vollstreckung eines Europäischen Haftbefehls dar, bei der der vollstreckende Mitgliedstaat etwaige schwerwiegende grundrechtliche Defizite in dem Ausstel-

---

[465] S. dazu EuGH, Rs. C-438/05, International Transport Workers' Federation, Slg. 2007, I-10779, Rn. 85 ff.

[466] EuGH, Rs. C-112/00, Schmidberger, Slg. 2003, I-5659, Rn. 69 ff

[467] EuGH, Rs. C-36/02, Omega, Slg. 2004, I-9609, Rn. 32 ff.

[468] EuGH, Rs. C-144/04, Mangold, Slg. 2005, I-9981, Rn. 62 f.

[469] EuGH, verb. Rs. C-74/95 u. C-129/95, X, Slg. 1996, I-6609, Rn. 30.

lungsmitgliedstaat berücksichtigen darf und nicht starr auf den Vorrang des EU-Sekundärrechts verwiesen ist.[470]

cc) Art und Weise der Kontrolldichteabstufung

Der EuGH verweist zur Begründung seiner Zurückhaltung bei der Kontrolle mitgliedstaatlicher Maßnahmen meist auf seine fehlende Kompetenz zur Vornahme einer Verhältnismäßigkeitsprüfung in dem fraglichen Fall[471] oder er überlässt die Würdigung der konkreten Umstände des Falles ausdrücklich den nationalen Instanzen.[472] In derartigen Konstellationen ist freilich genau zu untersuchen, ob die angekündigte Kontrolldichtereduzierung wirklich vorgenommen wurde oder ob der Gerichtshof nicht vielmehr die Voraussetzungen der Verhältnismäßigkeitsprüfung so genau bestimmt hat, dass das Ergebnis in dem fraglichen Fall durch eine eigene Verhältnismäßigkeitsprüfung des EuGH faktisch vorgegeben ist.[473] In diesem Fall besteht dementsprechend kein Ermessensspielraum zu Gunsten des betroffenen Mitgliedstaates. In anderen Fällen, insbesondere bei der Prüfung nationaler Beschränkungen der Grundfreiheiten, vermutet der EuGH regelmäßig die Unverhältnismäßigkeit der Maßnahme, so dass der betroffene Mitgliedstaat deren Verhältnismäßigkeit beweisen muss.[474] Für den Grundrechtsschutz bedeutet dies, dass die nationalen Stellen sehr genau darzulegen haben, inwiefern kollidierende Grundrechte in dem zu entscheidenden Fall als ungeschriebene Rechtfertigungsgründe in Betracht kommen.

Das prozessuale Konzept der Kontrolldichteabstufung kollidiert freilich mit dem materiellrechtlichen Anwendungsvorrang des Unionsrechts einschließlich der Grundrechte-Charta, welcher durch die EuGH-Entscheidungen in den Rechtssachen *Åkerberg Fransson* und *Melloni* zusätzliche Bedeutung erlangt hat. Im Ergebnis führen die beiden Grundsatzurteile dazu, dass für die Anwendung mitgliedstaatlicher Grundrechte im Anwendungsbereich des Unionsrechts, der

---

[470] So jüngst EuGH, verb. Rs. C-404 u. C-659/15 PPU, Aranyosi und Căldăraru, digit. Slg., Rn. 83 ff.; s. dazu *Ruffert*, JuS 2016, 853, 854 f.; *Reinbacher/Wendel*, EuGRZ 2016, 333, 341 ff.; *Hong*, EuConst 12 (2016), 549, 562, der davon ausgeht, dass "the *Aranayosi* judgment represents, without a doubt, a huge step by the European Court of Justice in the direction of the position taken by the European Court of Human Rights and the German Constitutional Court".

[471] So etwa EuGH, Rs. C-159/90, Grogan, Slg. 1991, I-4685, Rn. 31; Rs. C-273/97, Sirdar, Slg. 1999, I-7403, Rn. 15, wobei der EuGH in diesem Fall dennoch selbst eine Verhältnismäßigkeitsprüfung vornahm; Rs. C-186/01, Dory, Slg. 2003, I-2479, Rn. 36.

[472] Vgl. etwa EuGH, Rs. C-83/94, Leifer, Slg. 1995, I-3231, Rn. 35; Rs. C-85/94, Piageme II, Slg. 1995, I-2955, Rn. 29 f.

[473] So etwa EuGH, Rs. C-315/92, Clinique, Slg. 1994, I-317, Rn. 16 ff.; verb. Rs. C-286/94, C-340/95, C-401/95 u. C-47/96, Molenheide u.a., Slg. 1997, I-7281, Rn. 49 ff.; Rs. C-273/97, Sirdar, Slg. 1999, I-7403, Rn. 15 ff., s. dazu *Canor*, European Public Law 8 (2002), 135, 148; Rs. C-285/98, Tanja Kreil, Slg. 2000, I-69, Rn. 24 ff.; Rs. C-423/98, Albore, Slg. 2000, I-5965, Rn. 22; ähnlich auch EuGH, Rs. C-33/07, Jipa, Slg. 2008, I-5157, Rn. 23 ff.

[474] S. etwa EuGH, Rs. C-463/01, Kommission/Deutschland, Slg. 2004, I-11705, Rn. 75 ff.; zum Ganzen s. *Koch*, Der Grundsatz der Verhältnismäßigkeit in der Rechtsprechung des Gerichtshofs der Europäischen Gemeinschaften, S. 536 f.

trotz der Folgeentscheidungen zu *Åkerberg Fransson* nach wie vor weit zu interpretieren ist,[475] an sich kaum noch Raum verbleibt. Aus der *Melloni*-Entscheidung ergibt sich indes auch, dass nationale Grundrechte und damit nationale Besonderheiten bei der Durchführung von Unionsrecht weiterhin beachtet werden dürfen, „sofern durch diese Anwendung weder das Schutzniveau der Charta, wie sie vom Gerichtshof ausgelegt wird, noch der Vorrang, die Einheit und die Wirksamkeit des Unionsrechts beeinträchtigt werden“[476]. An diesem Punkt kann das Konzept der *margin of appreciation* zum Tragen kommen, indem der EuGH in Bezug auf eine etwaige Verhältnismäßigkeitsprüfung, die bei der Anwendung des Unionsrechts durchzuführen ist, seine Kontrolldichte reduziert und nationalen Besonderheiten trotz der grundsätzlichen Anwendbarkeit der Grundrechte-Charta in derartigen Fällen einen Platz gewährt. In der Vergangenheit ist dies nicht selten im Rahmen der Prüfung einer möglichen Verletzung von Grundfreiheiten geschehen, doch auch im Rahmen von Durchführungskonstellationen kann Raum hierfür verbleiben, etwa bei der Ausfüllung von sekundärrechtlich angeordneten Ermessensspielräumen. Aus diesem Grund kann das prozessuale Instrument der Kontrolldichtereduzierung in der Judikatur des EuGH auch vor dem Hintergrund von *Åkerberg Fransson* und *Melloni* Anwendung finden.

dd) Bewertung

Insgesamt fällt auf, dass die EuGH-Judikatur bei der Frage nach der Einräumung von Ermessensspielräumen zu Gunsten der Mitgliedstaaten zwar durchaus mit der einschlägigen Rechtsprechung des EGMR und des Schweizer Bundesgerichts vergleichbar ist, dass aber im Detail dennoch nicht unerhebliche Unterschiede bestehen. Festhalten lässt sich, dass sich der Luxemburger Gerichtshof gerade bei den Fallgruppen „Vorliegen eines europäischen Konsenses“ und „Vorliegen nationaler oder regionaler Besonderheiten“ vergleichsweise deutlich an den Rechtsprechungslinien des EGMR orientiert. Allerdings sind die Ansätze des EuGH insoweit noch weniger systematisch als diejenigen des EGMR oder auch des Schweizer Bundesgerichts. Stattdessen hat der Luxemburger Gerichtshof zur Bestimmung des mitgliedstaatlichen Ermessensspielraums bestimmte, eher an Sachbereichen und Rechtsgebieten orientierte Fallgruppen entwickelt. So soll etwa der mitgliedstaatliche Einschätzungsspielraum beim Gesundheitsschutz oder beim Glücksspielrecht tendenziell weit sein, während den Mitgliedstaaten beispielsweise beim Umgang mit Wanderarbeitnehmern so gut wie kein Ermessen zustehen soll. Die Kompetenzverteilung zwischen EU und Mitgliedstaaten spielt insoweit nur eine untergeordnete Rolle, so dass auch dadurch keine höhere Vorhersehbarkeit bei der Einräumung eines Ermessensspielraums erreicht werden kann. Klar ist lediglich, dass der EuGH, ebenso wie der EGMR, bei Eingriffen in zentrale Freiheitsrechte eine hohe Kontrolldichte an den Tag legt. Hinzu kommt,

[475] Ausführlich dazu oben, § 11 IV. 1. b) dd).
[476] EuGH, Rs. C-399/11, Melloni, digit. Slg., Rn. 60.

dass der Luxemburger Gerichtshof potentielle Verstöße gegen Gleichheitsrechte und Diskriminierungsverbote streng kontrolliert,[477] während diese Fallgruppe in der Judikatur des EGMR wegen des stärker freiheitsorientierten Charakters der EMRK keine so große Relevanz besitzt. Zusammenfassend betrachtet sind in der Rechtsprechung des EuGH jedoch durchaus bereits Ansätze für die Implementierung eines *margin of appreciation*-Konzepts vorhanden, diese sind aber noch weit weniger ausgefeilt als in der Judikatur des EGMR oder des Schweizer Bundesgerichts, was sich u.a. mit der bis in die jüngere Vergangenheit oft vernachlässigte Verhältnismäßigkeitskontrolle seitens des EuGH begründen lässt.

Die Reduzierung der Kontrolldichte zeigt sich in der Regel darin, dass der EuGH die Verhältnismäßigkeitsprüfung im konkreten Fall dem betroffenen Mitgliedstaat überlässt bzw. ihm einen Ermessensspielraum einräumt, wobei der Gerichtshof trotz einer solchen Aussage im Einzelfall nicht immer auf eine eigene Nachprüfung verzichtet. Das Konzept der bloßen Willkürprüfung hingegen kommt in der EuGH-Judikatur, anders als etwa beim Schweizer Bundesgericht, kaum zum Tragen, sondern der Gerichtshof zieht sich entweder völlig aus der Überprüfung der Entscheidung der nationalen Instanzen zurück oder nimmt im Gegenteil insoweit eine engmaschige Kontrolle vor. Lediglich vereinzelt verweist der Gerichtshof darauf, dass die Ermessensausübung durch die Mitgliedstaaten nicht willkürlich erfolgen dürfe, ohne dass freilich definiert würde, was genau unter „Willkür" zu verstehen sei.[478] Hinsichtlich der Art und Weise der Kontrolldichtereduzierung folgt der EuGH damit gegenwärtig eher dem EGMR als dem Schweizer Bundesgericht.

d) Rechtsfolgen einer Übertragung des Ansatzes zur Reduzierung der Prüfungsdichte bzw. des *margin of appreciation*-Konzepts auf die EU

Fraglich ist, wie eine Übertragung des Ansatzes zur Reduzierung der Prüfungsdichte bzw. des *margin of appreciation*-Konzepts auf die EU im Hinblick auf die Rechtsfolgen jenseits der bisherigen EuGH-Judikatur konkret vorgenommen werden könnte. Denkbar wäre bei Vorliegen der für die Einräumung einer *margin of appreciation* erforderlichen Voraussetzungen zunächst eine Reduzierung der Prüfungsdichte des EuGH, was, wie im Fall des Schweizer Bundesgerichts, im Extremfall auf die Durchführung einer bloßen Willkürprüfung hinauslaufen könnte. Nach dem schweizerischen Vorbild würde der EuGH bei Vorliegen bestimmter Voraussetzungen nur noch prüfen, ob die zuständigen mitgliedstaatlichen Gerichte im konkreten Fall das Unionsrecht willkürlich angewandt haben, d.h., um in der Diktion des Schweizer Bundesgerichts zu bleiben, ob die Entscheidung der mitgliedstaatlichen Instanzen „offensichtlich unhaltbar ist, zur tat-

[477] Ausführlich dazu *Tridimas*, International Journal of Constitutional Law 9 (2011), 737, 745 ff.

[478] So etwa EuGH, Rs. C-46/08, Carmen Media Group, Slg. 2010, I-8149, Rn. 87.

sächlichen Situation in klarem Widerspruch steht, auf einem offenkundigen Versehen beruht, eine Norm oder einen unumstrittenen Rechtsgrundsatz krass verletzt oder in stossender Weise dem Gerechtigkeitsgedanken zuwiderläuft"[479]. Würde der EuGH diesen Vorgaben folgen, wäre die Prüfungsdichte den mitgliedstaatlichen Instanzen gegenüber in bestimmten Fällen sehr weit herabgesetzt. Was dies konkret bedeuten könnte, lässt sich aus der Rechtsprechung des Schweizer Bundesgerichts ableiten. So kam das Bundesgericht etwa in einem Entscheid aus der Zeit vor Inkrafttreten der neuen Bundesverfassung zum Ergebnis, dass, da den Kantonen in der Gestaltung ihres Strafprozessrechts und des Strafvollzugs eine gewisse Freiheit zustand, das Bundesgericht als Staatsgerichtshof nur eingreife, wenn die kantonalen Anordnungen oder Erlasse in einer aus dem Zweck der Institution nicht mehr begründbaren Weise die Grundrechte des Gefangenen beschränkten,[480] was einer bloßen Willkürprüfung ziemlich nahe kommt. In ähnlicher Weise äußerte sich das Bundesgericht in einem Entscheid betreffend die Ausgestaltung der kantonalen Besoldungsordnungen für die Staatsangestellten, in Bezug auf die das Bundesgericht trotz einer möglichen Verletzung des allgemeinen Gleichheitssatzes des Art. 8 Abs. 1 BV lediglich ausführte, dass das Bundesgericht bei seiner Überprüfung eine gewisse Zurückhaltung übe und von Verfassungs wegen nur eingreife, wenn der Kanton mit den Unterscheidungen, die er treffe, eine Grenze ziehe, „die sich nicht vernünftig begründen lässt, die unhaltbar und damit in den meisten Fällen auch geradezu willkürlich ist".[481] Zwar ist in dem letztgenannten Fall das Gebot der Rechtsgleichheit betroffen, in Bezug auf die der Gesetzgeber unabhängig von einer etwaigen Reduzierung der bundesgerichtlichen Prüfungsdichte einen besonderen Gestaltungsspielraum besitzt, doch kann auch insoweit die Prüfungsdichte des Bundesgerichts mit Rücksicht auf den kantonalen Gesetzgeber noch einmal reduziert werden, was in dem genannten Fall als durchaus wahrscheinlich anzusehen ist.[482]

Mit der Willkürprüfung wird den kantonalen Instanzen in der Schweiz eine Untergrenze vorgegeben, die sie nicht unterschreiten dürfen. Allerdings senkt das Bundesgericht seine Prüfungsdichte keinesfalls immer derart weit herab, sondern es variiert seine Prüfungsdichte bei Vorliegen der erforderlichen Voraussetzungen vielmehr in der Regel von Fall zu Fall,[483] wobei es sich mitunter beispielsweise mit der Feststellung begnügt, dass die von den kantonalen Vorinstanzen getroffene Abwägungsentscheidung „nicht unverhältnismäßig" sei,[484] was darauf hindeutet,

---

[479] So etwa BGE 129 I 173, 178 E. 3.1.

[480] BGE 99 Ia 262, 271.

[481] BGE 141 II 411, 418 E. 6.1.1; ähnlich auch BGE 129 I 161, 165 E. 3.2.

[482] Zur Unterscheidung des gesetzgeberischen Gestaltungsspielraums beim allgemeinen Gleichheitssatz und der Reduzierung der Prüfungsdichte s. *Leuthold*, Die Prüfungsdichte des Bundesgerichts im Verfahren der staatsrechtlichen Beschwerde wegen Verletzung vefassungsmässiger Rechte, S. 48 f.

[483] Vgl. *Kälin*, Das Verfahren der staatsrechtlichen Beschwerde, S. 197 f.; *Leuthold*, Die Prüfungsdichte des Bundesgerichts im Verfahren der staatsrechtlichen Beschwerde wegen Verletzung verfassungsmässiger Rechte, S. 219.

[484] So etwa in BGE 126 II 366, 375 E. 5c).

dass das Bundesgericht die von den kantonalen Gerichten vorgenommene Verhältnismäßigkeitsprüfung auf ihre Vertretbarkeit hin untersucht. In anderen Fällen überprüft das Bundesgericht, ob die Darlegung der kantonalen Instanzen „glaubwürdig" ist, wobei die Gesamtumstände des Falles bei der Überprüfung mit berücksichtigt werden, was etwa für eine etwaige Übereinstimmung der Bewertung der einzelnen kantonalen Instanzen gilt.[485] Damit findet eine Flexibilisierung der bundesgerichtlichen Prüfungsdichte im Sinne einer graduellen Abstufung statt, wenngleich dies aus den Entscheiden des Bundesgerichts mangels eines Hinweises auf die im konkreten Fall angelegte Prüfungsdichte selten in aller Deutlichkeit hervorgeht, sondern sich das Gericht meist mit eher allgemeinen Formeln begnügt. Dennoch darf man nicht übersehen, dass in manchen Fällen in der Praxis vom Bundesgericht kaum mehr als eine bloße Willkürprüfung vorgenommen wird.[486]

Im Gegensatz dazu bestimmt der EGMR die Reichweite der *margin of appreciation* ausweislich seiner Urteilsbegründungen tatsächlich von Fall zu Fall.[487] Darüber hinaus betont der Straßburger Gerichtshof in seiner neueren Rechtsprechung, nicht auf die Prüfung beschränkt zu sein, ob der Staat seine Kompetenz vernünftig, sorgfältig und gutgläubig ausgeübt habe. Es obliege ihm vielmehr, den gerügten Eingriff im Lichte des Gesamtzusammenhangs des Falles zu betrachten und zu beurteilen, ob dieser „proportionate to the legitimate aims pursued" sei und ob die von den nationalen Behörden angegebenen Rechtfertigungsgründe „relevant and sufficient" seien.[488] Damit betont der Gerichtshof stärker die Notwendigkeit eines angemessenen Zweck-Mittel-Verhältnisses, dessen Vorliegen er in Abhängigkeit von dem dem betroffenen Staat im konkreten Fall eingeräumten Beurteilungsspielraum nachprüft, wobei er sich, wenngleich die Kontrolldichte grundsätzlich von der bloßen Vertretbarkeitskontrolle bis hin zu einer strikten Prüfung reicht,[489] praktisch sehr selten mit einer bloßen Willkürprüfung begnügt. Hierin besteht ein Unterschied zum Schweizer Bundesgericht, das sich nach seiner Entscheidungspraxis zumindest theoretisch auf eine bloße Willkürprüfung zurückziehen kann und dies in einigen Fällen auch tut. Abgesehen davon ergeben sich jedoch kaum Unterschiede zwischen der eher pragmatischen Herangehensweise des Schweizer Bundesgerichts bei der Bestimmung der im konkreten Fall anzuwendenden Prüfungsdichte und dem im Vergleich dazu ausdifferenzierteren *margin of appreciation*-Konzept des EGMR.

---

[485] Vgl. BGE 106 Ia 267, 272 f. E. 3.

[486] Vgl. *Leuthold*, Die Prüfungsdichte des Bundesgerichts im Verfahren der staatsrechtlichen Beschwerde wegen Verletzung verfassungsmässiger Rechte, S. 217.

[487] So etwa EGMR, Urt. v. 26.02.2004 – 74969/01 – Görgülü/Deutschland, Rn. 42; vgl. *Prepeluh*, ZaöRV 61 (2001), 771, 774; *Hangartner*, FS Borghi, S. 173, 178 f.

[488] So etwa EGMR, Urt. v. 18.07.2000 – 26680/95 – Şener/Türkei, Rn. 39 (iii); s. dazu *Prepeluh*, ZaöRV 61 (2001), 771, 773 Fn. 13; ähnlich auch EGMR, Urt. v. 17.12.2004 – 49017/99 – Pedersen u. Baadsgaard/Dänemark, RJD 2004-XI, Rn. 68 ff.

[489] S. dazu oben, § 12 IV.3.

Der EuGH selbst folgt bislang in seiner Rechtsprechung eher dem Vorbild des EGMR, indem er die von den mitgliedstaatlichen Instanzen in dem konkreten Fall getroffene Entscheidung unter Berücksichtigung des diesen eingeräumten Ermessensspielraums nachprüft. Daher sollte auch bei einer Übertragung des Konzepts zur Reduzierung der Kontrolldichte auf den EuGH die Prüfungsdichte in Abhängigkeit vom konkreten Einzelfall bestimmt werden, was eine Flexibilisierung der Prüfungsintensität im Sinne einer graduellen Abstufung ermöglichen würde, nachdem auch ein Verweis auf die alleinige Kompetenz des betroffenen Mitgliedsstaates zur Ausfüllung des Ermessensspielraums möglich ist. *Gerards* schlägt in diesem Zusammenhang die Unterscheidung von drei verschiedenen Prüfungsintensitäten vor: Willkürprüfung, strikte Prüfung und mittlere Prüfungsdichte.[490] Die Prüfungsintensität des EuGH soll danach vom Vorliegen eines oder mehrerer der für die Einräumung einer *margin of appreciation* relevanten Kriterien abhängen.[491] Eine Schwierigkeit sieht *Gerards* allerdings darin, dass in ein und demselben Fall mehrere unterschiedliche Kriterien bei der Bemessung der Prüfungsdichte zum Tragen kommen können, von denen einige eine Reduzierung der Prüfungsintensität verlangen, während andere für eine Erhöhung der Kontrolldichte sprechen.[492] Denkbar wäre ein solcher Konflikt beispielsweise, wenn ein schwerwiegender Eingriff in ein zentrales Freiheitsgrundrecht wie das Recht auf Leben vorliegt, während es andererseits an einem mitgliedstaatlichen Konsens fehlt und die Frage zudem sensible nationale Besonderheiten wie die Moral und Sittlichkeit betrifft. *Gerards* selbst schlägt zur Lösung des Problems den Rückgriff auf die klassischen Theorien der *procedural democracy* vor, wonach die zentralen Entscheidungen normalerweise von der Legislative und der Exekutive, nicht aber von den Gerichten getroffen werden sollten.[493] Letztere sollen nur dann in den Entscheidungsprozess eingreifen, wenn sich gravierende Fehler zeigen, etwa in Form von Verletzungen zentraler (Grund-)Rechte oder sonstiger zentraler Bestandteile der jeweiligen Rechtsordnung.[494] Andere Faktoren wie etwa der den nationalen Instanzen zukommende Ermessensspielraum oder das Vorliegen komplexer sozialer oder wirtschaftlicher Entscheidungen sollen nach *Gerards* bei der Bestimmung der Kontrolldichte demgegenüber unberücksichtigt bleiben.[495] Hingegen sollen die Kriterien der größeren Sachnähe der nationalen Instanzen, das Vorhandensein eines europäischen Konsenses sowie das Vorliegen nationaler oder regionaler Besonderheiten die Anwendung einer mittleren Prüfungsdichte begründen.[496]

Die von *Gerards* vorgeschlagene Ausdifferenzierung der Prüfungsdichte erscheint dem Grunde nach überzeugend, sie bedarf jedoch der Präzisierung, damit

[490] *Gerards*, ELJ 17 (2011), 80, 117.
[491] *Gerards*, ELJ 17 (2011), 80, 117.
[492] *Gerards*, ELJ 17 (2011), 80, 117.
[493] *Gerards*, ELJ 17 (2011), 80, 118.
[494] *Gerards*, ELJ 17 (2011), 80, 119.
[495] *Gerards*, ELJ 17 (2011), 80, 119.
[496] *Gerards*, ELJ 17 (2011), 80, 119.

daraus ein kohärentes *margin of appreciation*-Konzept für den EuGH entwickelt werden kann. Ausgangspunkt sämtlicher Überlegungen muss dabei die Frage sein, welche Kriterien der EuGH bislang zur Variierung der Prüfungsdichte heranzieht und welche zusätzlichen Kriterien nach dem Vorbild des EGMR und des Schweizer Bundesgerichts noch von Relevanz sein könnten. Aus der EuGH-Judikatur ergibt sich, dass der Gerichtshof das Vorliegen nationaler Besonderheiten und die damit verbundene größere Sachnähe, das Fehlen eines europäischen Konsenses, die Klarheit des Sachverhalts, die Art des betroffenen Rechtsgebiets, die Art und die Bedeutung des betroffenen Grundrechts sowie des Eingriffsziels, die Eröffnung des Anwendungsbereichs der Grundrechte-Charta, das Vorliegen einer Schutzpflichten-Konstellation sowie die Existenz eines gesetzlichen Ermessens- bzw. Beurteilungsspielraums als Kriterien für die Reduzierung der Prüfungsdichte anerkennt. Andererseits sollen das Vorliegen einer Materie, die nach der unionalen Zuständigkeitsverteilung in die Kompetenz der Mitgliedstaaten fällt, sowie die Durchführung einer hinreichenden Abwägung durch die zuständigen nationalen Stellen keine unmittelbaren Auswirkungen auf die Prüfungsdichte des EuGH haben. Ähnliches gilt für das Vorliegen eines mehrpoligen Rechtsverhältnisses, wobei insoweit die Position des EuGH jedoch nach wie vor nicht ganz klar ist.

Die bisherige Linie des EuGH bezüglich der drei zuletzt genannten Kriterien überzeugt nicht, wobei im Falle eines mehrpoligen Rechtsverhältnisses die Prüfungsdichte jedenfalls dann reduziert werden sollte, wenn noch zusätzliche Kriterien wie das Vorliegen einer nationalen Besonderheit erfüllt sind.[497] *Kumm* hat im Zusammenhang mit der prozessualen Konfliktlösung in pluralistisch organisierten Systemen für sein Abwägungsmodell, mit dessen Hilfe er eine praktische Konkordanz der beteiligten Rechtsebenen herstellen möchte, vier Prinzipien identifiziert, die von den beteiligten Gerichten beachtet werden müssten: das Prinzip der Rechtmäßigkeit, das Prinzip der Subsidiarität, das Prinzip der Demokratie sowie das Prinzip des Grundrechtsschutzes.[498] Allerdings betont *Kumm* zugleich das pluralistische Verhältnis von EU und Mitgliedstaaten, welches eine Konfliktlösung nach rein rechtlichen Gesichtspunkten nicht zulasse[499] und vor dessen Hintergrund er die nationalen Verfassungsgerichte dazu ermächtigt, die verfassungsrechtliche Gültigkeit der EU-Rechtsakte unter der Prämisse zu überprüfen, dass sie dabei den genannten Prinzipien folgen, wobei das Ergebnis der Prüfung auf das nationale Verfassungsrecht beschränkt bleiben soll.[500] Dennoch lassen sich seine Überlegungen durchaus mit dem von *Gerards* entwickelten Ansatz, der zwar primär eine Kategorisierung impliziert, im Grunde aber ebenfalls ein Abwägungsmodell darstellt,[501] verbinden, da die genannten Prinzipien den

---

[497] Näher dazu oben, § 15 V.5. b) bb).
[498] *Kumm*, ELJ 11 (2005), 262, 306.
[499] *Kumm*, ELJ 11 (2005), 262, 267 u. 293 ff.
[500] Krit. zum Ansatz von *Kumm* s. *Maduro*, EuR 2007, 1, 29.
[501] So *Klatt*, Die praktische Konkordanz von Kompetenzen, S. 144.

vom EGMR, dem Schweizer Bundesgericht und dem EuGH angewandten Kriterien für die Einräumung eines Ermessensspielraums zu Grunde liegen. In Bezug auf den Ansatz von *Gerards* ist nämlich entscheidend, dass dieser nach richtigem Verständnis eine Berücksichtigung sämtlicher Umstände des konkreten Falles zulässt und nicht von vornherein eine Kategorisierung nahe legt, so dass auf der Rechtsfolgenseite ein ganzes Spektrum an möglichen Prüfungsdichten existiert.[502]

Nach der Zusammenstellung der Aspekte, die für die Bemessung der Prüfungsdichte des EuGH im Rahmen des *margin of appreciation-Konzepts* von Bedeutung sein sollen, bleibt zu überlegen, inwiefern das von *Gerards* vorgeschlagene dreistufige Prüfungsmodell mit diesen verbunden werden kann, so dass sich am Ende ein kohärentes und vor allem transparentes und vorhersehbares Prüfprogramm ergibt, welches für den EuGH gewisse Leitlinien bei der Einräumung eines Ermessensspielraums bereit hält. Trotz dieses Anspruchs darf aber nicht übersehen werden, dass auch im Falle des EuGH die *margin of appreciation* grundsätzlich einzelfallabhängig zu bestimmen ist, so dass allenfalls eine grobe Systematisierung in Betracht kommt. Fest steht lediglich, dass außerhalb der für das Bestehen einer *margin of appreciation* genannten Kriterien grundsätzlich eine strikte Prüfung durch den EuGH zu erfolgen hat. Eine strikte Kontrolle ist insbesondere dann angezeigt, wenn zentrale Freiheits- oder Gleichheitsrechte von der in Rede stehenden mitgliedstaatlichen Maßnahme tangiert werden, wenn zu der Frage ein europäischer Konsens vorliegt, wenn die nationalen Stellen nicht sorgfältig abgewogen haben, wenn eine Materie betroffen ist, die in die Rechtssetzungskompetenz der Union fällt bzw. schon wenn der Anwendungsbereich der Grundrechte-Charta eröffnet ist oder wenn ein Eingriffsziel verfolgt wird, das aus föderalen Gesichtspunkten nicht schützenswert erscheint. Eine Rücknahme der Prüfungsdichte zu Gunsten der Mitgliedstaaten sollte indes etwa dann erfolgen, wenn kein europäischer Konsens existiert, wenn der Sachverhalt unklar ist, wenn nationale oder regionale Besonderheiten vorliegen, bei denen die mitgliedstaatlichen Instanzen über eine größere Sachnähe verfügen, wenn die fragliche Materie in den Zuständigkeitsbereich der Mitgliedstaaten fällt, wenn die fragliche Rechtsnorm einen Ermessensspielraum zu Gunsten der Mitgliedstaaten vorsieht, wenn eine Materie vorliegt, die beispielsweise einer Prognoseentscheidung bedarf, wenn es sich um ein mehrpoliges Rechtsverhältnis handelt oder wenn die nationalen Stellen zuvor eine hinreichend sorgfältige Abwägung vorgenommen haben.

Innerhalb der Rücknahme der Prüfungsdichte ist wiederum zu unterscheiden zwischen der Vornahme einer bloßen Willkürprüfung und einer mittleren Prüfungsdichte. Erstere sollte nur dann zur Anwendung kommen, wenn die Sachnähe der mitgliedstaatlichen Instanzen im Vergleich zu derjenigen des EuGH derart groß ist, dass der Luxemburger Gerichtshof ohnehin keine sinnvolle eigen-

[502] Zur Unvereinbarkeit von Abwägung und Kategorisierung s. *Cloots*, The European Court of Justice and Member State Federalism: Balancing or Categorisation?, in: Cloots/de Baere/Sottiaux (Hrsg.), Federalism in the European Union, S. 322 339.

ständige Wertung vornehmen kann. Ebenso kann eine weitreichende Rücknahme der Prüfungsdichte erfolgen, wenn die nationalen Stellen zuvor evident sorgfältig abgewogen haben, da in diesen Fällen kein Grund für eine Intervention des EuGH mehr besteht. Auch bei Prognoseentscheidungen kann im Einzelfall eine starke Herabsetzung der Prüfungsdichte dahin gehend angezeigt sein, dass sich der EuGH damit begnügt, die Einhaltung gewisser Mindeststandards zu überwachen, nachdem der Gerichtshof selbst insoweit selten über ein besseres Faktenwissen verfügen wird als die mitgliedstaatlichen Stellen. In den übrigen Fällen, etwa bei Fehlen eines mitgliedstaatlichen Konsenses oder wenn die fragliche Materie in den Zuständigkeitsbereich der Mitgliedstaaten fällt, sollte sich der EuGH auf eine mittlere Prüfungsintensität zurückziehen, was für die Mitgliedstaaten zur Folge hätte, dass Lösungen, die sich innerhalb eines bestimmten, durch das Unionsrecht vorgegebenen Korridors halten, vor dem EuGH Bestand hätten.[503] Eine solche Korridor-Lösung ist insbesondere im Rahmen von mehrpoligen Grundrechtsverhältnissen von Relevanz. Entsprechendes gilt im Übrigen auch, wenn man bei derartigen Grundrechtsverhältnissen lediglich eine Willkürkontrolle durchführen möchte, wobei sich der Korridor des Zulässigen in diesem Fall danach bemessen würde, ob die mitgliedstaatlichen Instanzen eine der beteiligten Rechtspositionen willkürlich unberücksichtigt gelassen haben, nachdem in derartigen Fällen die Heranziehung von Mindest- und Höchststandards zu keinen befriedigenden Ergebnissen führt.

Selbstverständlich können in einem konkreten Fall auch mehrere Kriterien erfüllt sein, die die Kontrolldichte in unterschiedliche Richtungen lenken. In derartigen Fällen ist ein „Mittelwert" an Kontrollintensität heraus zu arbeiten, ähnlich der Vorgehensweise bei der Bildung von Mittelwerten im Rahmen der Planaufstellung im deutschen Bau- und Immissionsschutzrecht bei Vorliegen einer sog. Gemengelage.[504] Der Rechtsgedanke der Mittelwertbildung ist auch deshalb auf die Bestimmung der Kontrolldichte übertragbar, weil bei der Einräumung einer *margin of appreciation*, ebenso wie bei der Aufstellung von Bauleitplänen, ein Abwägungsvorgang im Zentrum der rechtlichen Überlegungen steht. Dieser Mittelwert darf freilich, ebenso wie im Umweltrecht, nicht als mathematisch-rechnerischer oder streng arithmetischer Mittelwert verstanden werden, was im Bereich der *margin of appreciation* angesichts der beteiligten, mathematisch nicht messbaren Faktoren ohnehin kaum möglich wäre, sondern er ist vielmehr unter Berücksichtigung der Einzelheiten der Situation im Wege eines Kompromisses zu bilden,[505] wobei freilich, wie auch bei der Mittelwertbildung im Bau- und Immissionsschutz, in Kauf zu nehmen ist, dass am Ende dieses Prozesses kein mit

[503] Zur Korridor-Lösung s. etwa *Lübbe-Wolff*, Der Grundrechtsschutz nach der Europäischen Menschenrechtskonvention bei konfligierenden Individualrechten, S. 208 f.; s. auch *Frenzel*, Der Staat 53 (2014), 1, 12.

[504] Grundlegend dazu BVerwGE 50, 49, 54 ff.; ausführlich zum Ganzen *Reidt/Schiller*, in: Landmann/Rohmer, Umweltrecht, § 2 18. BImSchV, Rn. 28 ff.; *Schulze-Fielitz*, in: Führ, GK-BImSchG, § 50 Rn. 81.

[505] *Reidt/Schiller*, in: Landmann/Rohmer, Umweltrecht, § 2 18. BImSchV, Rn. 33.

mathematischer Genauigkeit bestimmbarer Wert steht. Allerdings ist auf diese Weise eine Festlegung der Kontrollintensität auch in der Praxis realisierbar, nachdem die dem EuGH im konkreten Fall zukommende *margin of appreciation* zwar einigen grundsätzlichen Leitlinien zu folgen hat, letztlich aber doch für den jeweiligen Einzelfall angepasst werden muss.

e) Anwendung des *margin of appreciation*-Konzepts auf konkrete Beispielsfälle

aa) Rechtssache Omega

Fraglich ist nun, inwiefern EuGH-Urteile aus der Vergangenheit anders hätten ausfallen müssen, wenn man das oben entwickelte *margin of appreciation*-Konzept zu Grunde legt. Im Fall *Omega* ergibt sich zunächst, dass mit dem Schutz der Menschenwürde als Rechtfertigungsgrund für die Beschränkung der Dienstleistungsfreiheit eine nationale Besonderheit vorliegt, die grundsätzlich eine Herabsetzung der Prüfungsdichte auf ein mittleres Maß rechtfertigt, ohne dass der EuGH sich auf eine Willkürprüfung beschränken müsste. Von einem europäischen Konsens kann insoweit allerdings nicht ausgegangen werden, da nur wenige EU-Mitgliedstaaten in ihren Verfassungen den Schutz der Menschenwürde verbürgen, so dass auch insofern eine Reduzierung der Prüfungsdichte auf eine mittlere Intensität angezeigt wäre. Der mitgliedstaatliche Eingriff diente dem Schutz der Menschenwürde, mithin einem zentralen Grundrecht, das jedoch in den einzelnen Mitgliedstaaten unterschiedlich stark geschützt ist, weshalb die Einräumung einer *margin of appreciation* angezeigt war. Der Anwendungsbereich der Grundrechte-Charta wäre nach gegenwärtiger Rechtslage nach Art. 51 Abs. 1 S. 1 GRC richtigerweise ebenfalls eröffnet, nachdem es sich bei der mitgliedstaatlichen Untersagung um die Beschränkung einer Grundfreiheit handelt, während im Zeitpunkt der Entscheidung in der Rechtssache *Omega*, anders als heute, auf Unionsebene das Grundrecht der Menschenwürde nicht als allgemeiner Grundsatz des Gemeinschaftsrechts anerkannt war. Dies wiederum führt dazu, dass heute neben den nationalen Grundrechten auch die Unionsgrundrechte anwendbar wären, mit der Folge, dass Letzteren im Kollisionsfall Anwendungsvorrang gegenüber den nationalen Grundrechtsgewährleistungen zukäme. Ermessensspielräume, etwa im Rahmen der Verhältnismäßigkeitsprüfung, dürften jedoch nach der *Melloni*-Rechtsprechung auch weiterhin mit Rücksicht auf nationale Besonderheiten ausgefüllt werden; der EuGH wäre in diesem Fall auf eine mittlere Prüfungsintensität verwiesen. Andererseits handelte es sich bei der mitgliedstaatlichen Untersagungsverfügung um eine Maßnahme, die geeignet war, die Funktionsfähigkeit des Binnenmarktes zu beeinträchtigen und die darüber hinaus die Dienstleistungsfreiheit des betroffenen Unternehmens vergleichsweise stark beschränkte. Insoweit wäre eine Intensivierung der Kontrolldichte angezeigt. Angesichts der übrigen Kriterien, die im Fall *Omega* für eine Reduzierung der Prüfungsdichte sprachen, kann dieser Aspekt jedoch allenfalls eine leichte Erhöhung der Kontrollintensität begründen, so dass insgesamt eine mittlere Prüfungsdichte angemessen gewesen wäre. Diese wurde vom EuGH in seiner Entscheidung auch herangezogen, nachdem er sich weder auf eine bloße Willkürprüfung beschränkte noch eine eigenständige Verhältnismäßigkeitsprüfung an Stelle der von den deutschen Behörden durchgeführten Verhältnismäßigkeitsprüfung durchführte.[506] Insoweit führt der in der vorliegenden Arbeit entwickelte Prüfungsansatz allenfalls zu einer teilweise abweichenden Begründung, nicht aber zu abweichenden Ergebnissen.

bb) Rechtssache Tanja Kreil

In der Rechtssache *Tanja Kreil* billigte der EuGH den Mitgliedstaaten zum Schutz ihrer nationalen Sicherheit zunächst einen weiten Ermessensspielraum zu, nahm jedoch im Folgenden selbst eine strikte Verhältnismäßigkeitsprüfung vor, bei der er zu dem Ergebnis kam, dass die Entscheidung der nationalen Instanzen unverhältnismäßig, d.h. rechtswidrig war.[507] Der Gerichtshof begründete seine Entscheidung mit einer Verletzung der Antidiskriminierungsrichtlinie, ohne dabei die Besonderheiten der deutschen Streitkräfte zu würdigen.[508]

Nach dem vorliegend entwickelten Ansatz zur Variierung der Kontrolldichte spricht das Vorliegen einer geschlechtsspezifischen Ungleichbehandlung ebenfalls für eine Intensivierung der Nachprüfung durch den EuGH. Entsprechendes gilt für den Umstand, dass in dem fraglichen Fall nach heutiger Rechtslage der Anwendungsbereich der Grundrechte-Charta eröffnet ist, wobei auch schon im Entscheidungszeitpunkt Gemeinschaftsgrundrechte in derartigen Fällen zur Anwendung kommen konnten. Zu Gunsten einer Herabsenkung der Prüfungsdichte lässt sich indes anführen, dass das Eingriffsziel der nationalen Sicherheit für den betroffenen Mitgliedstaat erstens einen sensiblen Bereich darstellt, der historischen und kulturellen Besonderheiten unterworfen ist, und zweitens im Entscheidungszeitpunkt kein einheitlicher europäischer Standard existierte. Hinzu kommt, dass die Organisation der Streitkräfte weiterhin in den Kompetenzbereich der Mitgliedstaaten fällt und die Union in diesem Bereich über keine eigene Rechtssetzungskompetenz verfügt. Unter Berücksichtigung all dieser Faktoren hätte zwar eine tendenziell strikte Prüfung vorgenommen werden dürfen, der EuGH hätte den Fall im Ergebnis jedoch nicht selbst entscheiden dürfen.

---

[506] EuGH, Rs. C-36/02, Omega, Slg. 2004, I-9609, Rn. 32 ff.

[507] EuGH, Rs. C-285/98, Tanja Kreil, Slg. 2000, I-69, Rn. 24 ff.

[508] EuGH, Rs. C-285/98, Tanja Kreil, Slg. 2000, I-69, Rn. 27 f.; vgl. auch *Canor*, European Public Law 8 (2002), 135, 158.

cc) Rechtssache Mangold

In der Rechtssache *Mangold* ging der EuGH zunächst von einem weiten Ermessensspielraum zu Gunsten der nationalen Instanzen aus, da die Entscheidung den Bereich der Wirtschafts- und Sozialpolitik betraf, in dem die Union nur über beschränkte Rechtssetzungskompetenzen verfügt. Im Ergebnis allerdings nahm der EuGH eine strikte Überprüfung vor, da die Verletzung des Verbots der Altersdiskriminierung im Raum stand,[509] wobei im Entscheidungszeitpunkt die Existenz eines derartigen allgemeinen Grundsatzes des Gemeinschaftsrechts mehr als umstritten war.[510]

Nach den für die Prüfung des EuGH herausgearbeiteten Kriterien würde die Verletzung des Verbots der Altersdiskriminierung, welches inzwischen in Art. 21 Abs. 1 GRC verankert ist, für eine hohe Kontrollintensität sprechen. Allerdings wäre auch das Kriterium des fehlenden Konsenses erfüllt, nachdem nur wenige mitgliedstaatliche Verfassungen explizit vor Diskriminierungen auf Grund des Alters Schutz bieten, so dass insoweit nur eine mittlere Prüfungsdichte zum Tragen käme. Die Art des betroffenen Rechtsgebiets sowie die unionale Kompetenzverteilung sprechen ebenfalls für eine Absenkung der Kontrollintensität, da weite Teile des Arbeits- und Sozialrechts nach wie vor in den Zuständigkeitsbereich der Mitgliedstaaten fallen. Dementsprechend müsste zur Bestimmung der Kontrolldichte im konkreten Fall ein Mittelwert gebildet werden, der zwischen einer strikten Prüfung und einer mittleren Prüfungsdichte liegen würde. Jedenfalls dürfte der EuGH den Fall unter diesen Voraussetzungen nicht faktisch selbst entscheiden, sondern müsste dem betroffenen Mitgliedstaat im Rahmen der Verhältnismäßigkeitsprüfung zumindest einen kleinen Spielraum belassen. Das galt umso mehr im Entscheidungszeitpunkt, als ein Verbot der Altersdiskriminierung als allgemeiner Grundsatz des Gemeinschaftsrechts nur sehr schwer begründbar war. Jedoch kann auch die Anerkennung eines solchen Grundsatzes in der Grundrechte-Charta nicht dazu führen, dass dem betroffenen Mitgliedstaat keinerlei Ermessensspielraum verbleibt, nachdem die einschlägige Richtlinie vorsieht, dass die eingesetzten Mittel zur Erreichung des legitimen Eingriffsziels „angemessen und erforderlich" sein müssen und sie damit einen Ermessensspielraum statuiert.

dd) Rechtssache Carpenter

In seiner Entscheidung in der Rechtssache *Carpenter* kam der EuGH zu dem Ergebnis, dass das nationale Instanzgericht den Ausgangsrechtsstreit falsch entschieden habe, da kein angemessener Ausgleich zwischen den betroffenen Interessen, d.h. zwischen dem Recht auf Achtung des Familienlebens und der Auf-

---

[509] EuGH, Rs. C-144/04, Mangold, Slg. 2005, I-9981, Rn. 63 ff.; s. dazu *Tridimas*, International Journal of Constitutional Law 9 (2011), 737, 746 f.

[510] S. dazu oben, § 10 II.1.

rechterhaltung der öffentlichen Ordnung und Sicherheit getroffen worden sei.[511] Dies impliziert, dass der Gerichtshof den nationalen Instanzen keinerlei Ermessensspielraum eingeräumt, sondern stattdessen seine Abwägung an die Stelle derjenigen der nationalen Gerichte gesetzt hat. Unter Zugrundelegung des für den EuGH entwickelten *margin of appreciation*-Konzepts müsste die unbestritten grundrechtsfreundliche Entscheidung des Luxemburger Gerichtshofs jedoch anders ausfallen. Selbst wenn man dem Ansatz des EuGH in dieser Entscheidung folgt und die Grundfreiheiten derart extensiv interpretiert, dass darüber eine Eröffnung des Anwendungsbereichs der Grundrechte-Charta bzw. eine Anwendbarkeit der Unionsgrundrechte überhaupt begründet werden kann, hätte der dem betroffenen Mitgliedstaat bei der Abwägung der betroffenen Rechtspositionen zustehende Ermessensspielraum zumindest beachtet werden müssen, wodurch noch nichts über die angemessene Kontrolldichte im konkreten Fall ausgesagt wird. Für eine strikte Kontrolle spricht, dass das Recht auf Achtung des Familienlebens ein zentrales Freiheitsrecht darstellt, das vor Verletzungen geschützt werden muss. Indes ist nicht ersichtlich, dass bezüglich der in Rede stehenden Frage ein europäischer Konsens existiert bzw. existiert hätte, weshalb eine Reduzierung der Prüfungsdichte durchaus angemessen gewesen wäre. Darüber hinaus darf nicht übersehen werden, dass zumindest das Aufenthaltsrecht eine Materie darstellt, die nach wie vor in den Zuständigkeitsbereich der Mitgliedstaaten fällt, so dass auch insoweit eine Reduzierung der Prüfungsdichte angezeigt gewesen wäre. Schließlich hatte die erste gerichtliche Instanz zwar eine Prüfung vorgenommen, jedoch ohne Einbeziehung des Rechts auf Achtung des Familienlebens, weshalb eine vergleichsweise strikte Nachprüfung durch den EuGH gerechtfertigt war. Dies darf jedoch nicht darüber hinwegtäuschen, dass unter Einbeziehung sämtlicher in dem fraglichen Fall relevanter Kriterien und der daraus folgenden Bildung eines Mittelwertes für die Kontrollintensität dem betroffenen Mitgliedstaat zumindest ein Minimum an Ermessensspielraum hätte verbleiben müssen.

ee) Rechtssache International Transport Workers' Federation

In der Rechtssache *International Transport Workers' Federation*, in der die Beschränkung der Niederlassungsfreiheit in Rede stand, prüfte der EuGH die von der Gewerkschaft mit Hilfe der Arbeitskampfmaßnahmen verfolgten Ziele eingehend,[512] während er sich zur Verhältnismäßigkeit der konkret eingesetzten Arbeitskampfmittel zwar nicht abschließend äußerte, den nationalen Instanzen aber sehr wohl detaillierte Vorgaben zur Entscheidung des Falles machte.[513] Eine Be-

---

[511] EuGH, Rs. C-60/00, Carpenter, Slg. 2002, I-6279, Rn. 43.

[512] EuGH, Rs. C-438/05, International Transport Workers' Federation, Slg. 2007, I-10779, Rn. 81 ff. u. 88 f.

[513] EuGH, Rs. C-438/05, International Transport Workers' Federation, Slg. 2007, I-10779, Rn. 87 ff.

rücksichtigung nationaler Besonderheiten ließ der Gerichtshof damit zumindest nicht explizit zu, wobei der den nationalen Stellen verbleibende Entscheidungsspielraum auch in der Praxis sehr gering ausfiel.

Nach dem in der vorliegenden Untersuchung entwickelten Modell hätte dem betroffenen Mitgliedstaat ein größerer Ermessensspielraum eingeräumt werden müssen, was sowohl hinsichtlich der Beurteilung der Ziele der Arbeitskampfmaßnahmen als auch der zu diesem Zweck konkret eingesetzten Mittel gilt. So hat sich der EuGH nicht damit auseinander gesetzt, dass bezüglich der Reichweite der Zulässigkeit von Arbeitskampfmaßnahmen kein EU-weiter Konsens besteht, was eine Reduzierung der Kontrolldichte gerechtfertigt hätte. Auch etwaige finnische Besonderheiten im Bereich des Arbeitsrechts und des Arbeiterschutzes blieben in der Entscheidung des EuGH außer Betracht. Entsprechendes gilt für den Umstand, dass dem Fall eine mehrpolige Grundrechtskonstellation zu Grunde lag, nachdem die Beschränkung der Niederlassungsfreiheit nicht von staatlichen Stellen, sondern von privaten Gewerkschaften herbeigeführt wurde. Wenngleich das Vorliegen eines mehrpoligen Grundrechtsverhältnisses alleine noch keine Reduzierung der Prüfungsdichte zu begründen vermag, hätte dieser Aspekt zumindest in die Gesamterwägungen des EuGH eingehen müssen. Hinzu kommt, dass es sich beim Recht der Arbeitskampfmaßnahmen um einen Bereich handelt, der nach wie vor in die Zuständigkeit der Mitgliedstaaten fällt, so dass eine Herabsenkung der Prüfungsdichte angezeigt gewesen wäre, wobei der EuGH freilich nicht auf das Streikrecht als solches, sondern auf den Schutz der Arbeiter als kollidierendes Recht abgestellt hatte.[514] Andererseits waren die Arbeitskampfmaßnahmen jedoch dazu geeignet, die Ausübung der Niederlassungsfreiheit zu behindern und damit einen Kernbestandteil des Binnenmarktes zu tangieren, was eine eingehendere Kontrolle ihrer Ziele und Verhältnismäßigkeit rechtfertigt. Im Rahmen einer Mittelwertbildung wäre demnach eine mittlere Prüfungsdichte anzuwenden gewesen, die dem betroffenen Mitgliedstaat insbesondere bei der Beurteilung der Verhältnismäßigkeit der konkreten Arbeitskampfmaßnahmen einen weiteren Ermessensspielraum eingeräumt hätte als dies in der Entscheidung des EuGH der Fall war.

ff) Rechtssache Sayn-Wittgenstein

In der Rechtssache *Sayn-Wittgenstein* ging der EuGH davon aus, dass der Begriff der öffentlichen Ordnung in den einzelnen Mitgliedstaaten und im zeitlichen Wechsel verschieden sein könne, weshalb den nationalen Instanzen ein Beurteilungsspielraum innerhalb der Grenzen des Primärrechts zuzubilligen sei.[515] Nationale Besonderheiten seien insoweit bei der Verhältnismäßigkeitsprüfung berücksichtigungsfähig, auch wenn andere Mitgliedstaaten andere Schutzstandards

---

[514] EuGH, Rs. C-438/05, International Transport Workers' Federation, Slg. 2007, I-10779, Rn. 77, 80 f. u. 90.

[515] EuGH, Rs. C-208/09, Sayn-Wittgenstein, Slg. 2010, I-13693, Rn. 87.

anlegten als der betroffene Mitgliedstaat.[516] Im Folgenden beschränkte sich der EuGH im Wesentlichen auf eine Willkürprüfung, ohne dabei eine eigene Verhältnismäßigkeitsprüfung vorzunehmen.

Auch nach den in der vorliegenden Arbeit entwickelten Kriterien hätte die Prüfung des EuGH nicht anders ausfallen müssen. Zwar spricht der Schutz des Privatlebens als das von der mitgliedstaatlichen Maßnahme betroffene Recht, ebenso wie die Eröffnung des Anwendungsbereichs der Grundrechte-Charta im Entscheidungszeitpunkt, an sich für eine erhöhte Kontrollintensität, doch wäre die Prüfungsdichte aus einer Reihe von anderen Gründen deutlich zu reduzieren gewesen. Zum einen existierte zu der entscheidungserheblichen Frage kein europäischer Konsens, nachdem etwa schon in Deutschland andere Vorschriften galten wie in Österreich. Außerdem stellt die österreichische Regelung zur Aufhebung des Adels eine nationale Besonderheit dar, deren Bedeutung und Tragweite für das politische und soziale System des betroffenen Landes, insbesondere vor dem Hintergrund der Verwirklichung des allgemeinen Gleichheitssatzes, von den nationalen Behörden wesentlich besser beurteilt werden kann als vom EuGH. Hinzu kommt, dass das Namensrecht als betroffene Materie weiterhin in den Zuständigkeitsbereich der Mitgliedstaaten fällt. Schließlich hatten die nationalen Instanzen zuvor eine zumindest sorgfältige Prüfung des Falles vorgenommen. Der Mittelwert der Prüfungsdichte, der unter Berücksichtigung all dieser Aspekte zu bilden ist, liegt daher entsprechend nah bei einer bloßen Willkürprüfung, so dass sich insoweit keine relevanten Unterschiede zum Urteil des EuGH ergeben.

gg) Rechtssache WebMindLicenses

In der Entscheidung in der Rechtssache *WebMindLicenses*[517] wandte der Gerichtshof unter Verweis auf das *Åkerberg Fransson*-Urteil die Grundrechte-Charta an, obwohl die ungarischen Rechtsvorschriften zur Verhängung von Steuersanktionen nicht unmittelbar zur Umsetzung von Unionsrecht erlassen worden waren. Daraus folgt, dass der Gerichtshof in der fraglichen Entscheidung selbst dort eine genaue Prüfung vornahm,[518] wo an sich keine Durchführung von Unionsrecht i.S.v. Art. 51 Abs. 1 S. 1 GRC vorlag und an sich nationale Grundrechte hätten zur Anwendung kommen müssen. Nach den für die Einräumung einer *margin of appreciation* durch den EuGH entwickelten Kriterien hätte die Kontrolldichte schon deshalb stark reduziert werden müssen, weil der Anwendungsbereich der Grundrechte-Charta gar nicht eröffnet war. Daneben betraf der Fall das Strafverfahrensrecht, welches nach wie für in die Rechtssetzungskompetenz der Mitgliedstaaten fällt, so dass auch aus diesem Grund eine Herabsenkung der Prüfungsintensität angezeigt gewesen wäre. Andererseits freilich beeinträch-

---

[516] EuGH, Rs. C-208/09, Sayn-Wittgenstein, Slg. 2010, I-13693, Rn. 91.

[517] EuGH, Rs. C-419/14, WebMindLicenses, digit. Slg.; ausführlich dazu oben, § 11 IV.1. b) dd) iii).

[518] EuGH, Rs. C-419/14, WebMindLicenses, digit. Slg., Rn. 73 ff.

tigte die mitgliedstaatliche Maßnahme das Recht auf Achtung des Privat- und Familienlebens, so dass unter diesem Gesichtspunkt eine intensive Prüfung möglich war. Unter Berücksichtigung der beiden zuerst genannten Faktoren hätte allerdings höchstens eine mittlere Kontrolldichte zur Anwendung kommen können, nicht aber eine intensive Überprüfung vorgenommen werden dürfen, wie sie der EuGH im konkreten Fall durchgeführt hat.[519]

hh) Schlussanträge der Generalanwältin Sharpston in der Rechtssache Bougnaoui und ADDH

Generalanwältin *Sharpston* hat in ihren Schlussanträgen in der Rechtssache *Bougnaoui und ADDH* eine unternehmerische Vorschrift, wonach das Tragen religiöser Zeichen oder Bekleidung am Arbeitsplatz verboten sei, als Verstoß gegen das Verbot der Diskriminierung aus religiösen Gründen und damit als unvereinbar mit der Antidiskriminierungsrichtlinie der EU eingestuft,[520] wobei sie nationalen Besonderheiten, etwa einem laizistischen System, keine Relevanz beigemessen hat.[521] Nach den vorliegend für die Einräumung einer *margin of appreciation* durch den EuGH entwickelten Kriterien spricht neben der Eröffnung des Anwendungsbereichs der Grundrechte-Charta die potentielle Verletzung des Rechts auf Gleichbehandlung für eine hohe Kontrollintensität, zumal der Abbau von Diskriminierungen einen wichtigen Bestandteil des Unionsrechts darstellt. Für eine Herabsetzung der Prüfungsdichte lässt sich allerdings anführen, dass bezüglich der Frage der Zulässigkeit religiöser Zeichen oder Bekleidung am Arbeitsplatz in den EU-Mitgliedstaaten kein Konsens besteht.[522] Für eine Reduzierung der Prüfungsdichte spricht ferner der Umstand, dass dem Sachverhalt ein mehrpoliges Rechtsverhältnis zu Grunde liegt, wozu die nationalen Stellen nicht selten eine ausdifferenzierte Rechtsprechung entwickelt haben. Auch die Art der betroffenen Materie legt eine Verringerung der Kontrollintensität nahe, da zwar das Antidiskriminierungsrecht in den Zuständigkeitsbereich der Union fällt, der Umgang mit den Religionsgemeinschaften aber weiterhin den Mitgliedstaaten vorbehalten bleibt. Aus diesen Gründen hätten nationale Besonderheiten entgegen der Position der Generalanwältin bei der Auslegung der Richtlinienvorschrift im Wege der Reduzierung der Kontrolldichte auf ein zwischen einer mittleren und einer strikten Prüfungsintensität liegendes Maß Berücksichtigung finden müssen.

---

[519] EuGH, Rs. C-419/14, WebMindLicenses, digit. Slg., Rn. 85 ff.

[520] Schlussanträge der Generalanwältin Sharpston, Rs. C-188/15, Bougnaoui und ADDH, digit. Slg., Rn. 135.

[521] Schlussanträge der Generalanwältin Sharpston, Rs. C-188/15, Bougnaoui und ADDH, digit. Slg., Rn. 81 ff.

[522] S. auch die Schlussanträge der Generalanwältin Sharpston, Rs. C-188/15, Bougnaoui und ADDH, digit. Slg., Rn. 34 ff.

6. Umkehrung der Solange II- bzw. der Bosphorus-Vermutung?

Eine andere Möglichkeit zur Vermeidung von Jurisdiktionskonflikten zwischen dem EuGH und den nationalen Verfassungs- und Höchstgerichten könnte in einer Umkehrung der *Solange II*- bzw. der *Bosphorus*-Vermutung zu sehen sein. *Ferdinand Kirchhof* schlägt in diesem Zusammenhang vor, dass „der EuGH seine Grundrechtskontrolle solange über mitgliedstaatliches Handeln zurücknimmt und nicht ausübt, als der jeweilige Mitgliedstaat (auch) den Mindeststandard europäischer Grundrechte erreicht und gewährleistet".[523] Diese Lösung würde nach Auffassung von *Kirchhof* insbesondere in Mitgliedstaaten mit einer ausgeprägten und dichten verfassungsgerichtlichen Kontrolle zu einer stimmigen Entfaltung des Grundrechtsschutzes führen.[524] *Von Bogdandy* hat zusammen mit anderen Autoren diesen Ansatz aufgegriffen und zu einer „umgekehrten" *Solange*-Doktrin weiterentwickelt.[525] Danach soll sich ein Unionsbürger vor dem Hintergrund von Art. 4 Abs. 2 und Art. 5 Abs. 1 EUV außerhalb des Anwendungsbereichs der Grundrechte-Charta grundsätzlich nicht über Art. 20 AEUV auf EU-Grundrechte berufen können, „solange die Vermutung gilt, dass der Wesensgehalt der Grundrechte in dem betreffenden Mitgliedstaat gewährleistet ist".[526] Diese Vermutung soll jedoch durch eine systemische Verletzung des in Art. 2 EUV verbürgten Standards in dem betroffenen Staat widerlegt werden können.[527] Der „Europäische Wesensgehalt" soll dabei induktiv bestimmt werden, indem die Judikatur der europäischen Verfassungs- und Höchstgerichte im Hinblick auf solche Grundrechtseingriffe analysiert wird, welche nicht gerechtfertigt werden können.[528] Zur Widerlegung der Vermutung soll eine einzelne Grundrechtsverletzung grundsätzlich nicht ausreichen, es sei denn, sie lasse sich auf systemische Defizite zurückführen.[529] Vielmehr sei die Darlegung von Mängeln erforderlich, die in Quantität oder Qualität dem System des betroffenen Mitgliedstaates anhaften und von diesem nicht durch eine adäquate Reaktion beseitigt werden können.[530]

Das Konzept der umgekehrten *Solange*-Vermutung verweist auf die Bereiche außerhalb des Anwendungsbereichs der Grundrechte-Charta, wobei zumindest

---

[523] *F. Kirchhof*, NJW 2011, 3681, 3686.

[524] *F. Kirchhof*, NJW 2011, 3681, 3686.

[525] *V. Bogdandy/Kottmann/Antpöhler/Dickschen/Hentrei/Smrkolj*, ZaöRV 72 (2012), 45, 49 ff.; von einer „umgekehrten Solange-Regel" spricht auch *Scholz*, doch ist insoweit nicht die Vermutung der Einhaltung eines grundrechtlichen Mindeststandards durch die Mitgliedstaaten gemeint, sondern vielmehr die Position des EuGH in der *Melloni*-Entscheidung in Bezug auf den Anwendungsbereich nationaler Grundrechte, s. *Scholz*, DVBl. 2014, 197, 201.

[526] *V. Bogdandy/Kottmann/Antpöhler/Dickschen/Hentrei/Smrkolj*, ZaöRV 72 (2012), 45, 66 u. 67 ff.

[527] *V. Bogdandy/Kottmann/Antpöhler/Dickschen/Hentrei/Smrkolj*, ZaöRV 72 (2012), 45, 67 u. 72 ff.

[528] *V. Bogdandy/Kottmann/Antpöhler/Dickschen/Hentrei/Smrkolj*, ZaöRV 72 (2012), 45, 69.

[529] *V. Bogdandy/Kottmann/Antpöhler/Dickschen/Hentrei/Smrkolj*, ZaöRV 72 (2012), 45, 72.

[530] *V. Bogdandy/Kottmann/Antpöhler/Dickschen/Hentrei/Smrkolj*, ZaöRV 72 (2012), 45, 72.

prima facie nicht klar ist, ob damit auch mitgliedstaatliche Handlungsspielräume bei der Durchführung des Unionsrechts gemeint sein sollen. Dafür spricht jedenfalls, dass andernfalls die Vermutung kaum zur Vermeidung von Grundrechtskollisionen geeignet wäre, nachdem unionale Grundrechte in rein nationalen Konstellationen ohnehin nicht zur Anwendung kommen können.[531] Gegen diese Annahme lässt sich anführen, dass *von Bogdandy* und seine Co-Autoren offenbar von Sachverhalten ausgehen, in denen die Unionsgrundrechte überhaupt nicht anwendbar sind und der von der potentiellen Grundrechtsverletzung Betroffene ausschließlich auf die nationalen Grundrechte und gegebenenfalls die EMRK verwiesen bleibt, während im Rahmen von sekundärrechtlichen Umsetzungsspielräumen zumindest nach Auffassung des EuGH von einer grundrechtlichen Doppelbindung des fraglichen Mitgliedstaates auszugehen ist.[532] Folgt man der erstgenannten Auffassung und wendet die umgekehrte *Solange*-Formel im Rahmen von mitgliedstaatlichen Entscheidungsspielräumen an, ergibt sich eine Reihe weiterer ungeklärter Fragen. So bleibt etwa offen, was genau unter dem Kriterium der „systemischen Defizite" als Voraussetzung der Widerlegung der *Solange*-Vermutung zu verstehen sein soll.[533] Entsprechendes gilt für die Bestimmung des „Europäischen Wesensgehalts" eines bestimmten Grundrechts, der allenfalls im Wege einer umfassenden Analyse der Rechtsprechung von EGMR und EuGH herausgearbeitet werden kann. Außerdem wäre eine Widerlegung der *Solange*-Vermutung an hohe Hürden geknüpft und der Spielraum der Mitgliedsstaaten dementsprechend weit, nachdem sich „systemische Defizite" beim Grundrechtsschutz in einem EU-Mitgliedstaat nur in Extremfällen nachweisen lassen werden. Der Einzelne wäre demnach bei nur punktuellen Grundrechtsverletzungen in dem fraglichen Mitgliedstaat weitgehend schutzlos gestellt, wenn im Rahmen von unionsrechtlich eingeräumten Spielräumen nicht ohnehin die Grundrechte der Grundrechte-Charta einschlägig wären.

Aus diesem Grund erscheint es vorzugswürdig, bei der Widerlegung der Vermutung eines adäquaten Grundrechtsschutzes auf die *Bosphorus*-Formel des EGMR zurückzugreifen, wonach die Vermutung eines hinreichenden nationalen Grundrechtsschutzes bereits dadurch erschüttert würde, dass sich der nationale Grundrechtsschutz im Einzelfall als „offensichtlich ungenügend" erwiesen hat.[534] Dennoch könnte eine derartige Vermutung zu Gunsten der Mitgliedstaaten, welche zumindest nach der Auffassung *von Bogdandys* und seiner Co-Autoren primär außerhalb des Anwendungsbereichs der Unionsgrundrechte anwendbar sein soll, den nationalen Grundrechtsschutz allenfalls dann stärken, wenn der EuGH von seiner These der Doppelbindung im Rahmen von Entscheidungsspielräumen und dem in der *Melloni*-Entscheidung herausgearbeiteten Konzept des grundsätzlichen Vorrangs der Unionsgrundrechte abrückte, was gegenwärtig nicht ab-

---

531 So wohl auch *Ludwigs*, EuGRZ 2014, 273, 282.

532 S. dazu oben, § 11 III.1. d).

533 So auch *Franzius*, ZaöRV 75 (2015), 383, 405.

534 Ausführlich dazu oben, § 12 IV.3; für eine Heranziehung der *Bosphorus*-Vermutung auch *Ludwigs*, EuGRZ 2014, 273, 282.

sehbar ist. Sollte der EuGH die Annahme einer Bindung auch an die Unionsgrundrechte im Rahmen von unionsrechtlich eingeräumten Ermessensspielräumen jedoch irgendwann aufgeben, könnte dies freilich unter dem Vorbehalt eines hinreichenden mitgliedstaatlichen Grundrechtsschutzes geschehen. In diesem Fall wären alleine die nationalen Grundrechte einschlägig, sofern diese einen gewissen Mindeststandard an Schutz nicht unterschreiten. Dadurch würde den Schutzinteressen des Einzelnen besser Rechnung getragen als bei einer vollständigen Aufgabe der Bindung an die Unionsgrundrechte. Gleichzeitig könnten die Mitgliedstaaten über die Ausgestaltung ihres Grundrechtsschutzes weitestgehend selbst bestimmen, solange ein gewisser Mindeststandard gewahrt wird. Dadurch würde sowohl das Anliegen einer einheitlichen Umsetzung des Unionsrechts als auch das Bestreben der Mitgliedstaaten nach Wahrung von Grundrechtsvielfalt berücksichtigt.

Als konkreter Anwendungsfall einer umgekehrten *Bosphorus*-Vermutung wäre etwa der Schutz der Presse- und Medienfreiheit in Ungarn zu nennen, welcher europäischen Standards kaum mehr genügt,[535] wobei angesichts der Einzelfallorientierung der *Bosphorus*-Vermutung auf den Nachweis systemischer Defizite, die in Ungarn möglicherweise ebenfalls vorhanden wären, verzichtet werden könnte. Nicht zuletzt an diesem Beispiel wird deutlich, dass die Umkehrung der *Bosphorus*-Formel einen geeigneten Ansatz zur Vermeidung von Grundrechtskonflikten darstellt, falls der EuGH seine Annahme einer Bindung der Mitgliedstaaten auch an die Unionsgrundrechte im Rahmen unionsrechtlicher Entscheidungsspielräume eines Tages aufgeben sollte.

7. Abwägungsmodell nach Sauer

Sauer schlägt unter Rückgriff auf Abwägungsmodelle aus dem Völkerrecht[536] eine Konfliktlösung durch Vorrangbestimmung vor,[537] was impliziert, dass einem der an einem Mehrebenensystem beteiligten Gerichte die Entscheidungsbefugnis in einem konkreten Fall „exklusiv zugewiesen und dem anderen endgültig abgesprochen werden“ muss,[538] wodurch am Ende klare und eindeutige Ergebnisse erzielt werden könnten. Diese Überlegung ist jedoch zumindest fragwürdig, da Abwägungsmodelle, zu denen auch der *margin of appreciation*-Ansatz gehört, gerade nicht zu starren Vorrangrelationen führen,[539] sondern sich das zur Letztentscheidung einer bestimmten Sachfrage berufene Gericht vielmehr unabhängig

---

[535] S. Commissioner for Human Rights, Opinion on Hungary's media legislation in light of Council of Europe standards on freedom of the media, CommDH(2011)10 v. 25.02.2011; *v. Bogdandy/Kottmann/Antpöhler/Dickschen/Hentrei/Smrkolj*, ZaöRV 72 (2012), 45, 50 f.; s. dazu auch *Kovács/Tóth*, EuConst 7 (2011), 183, 189 ff.

[536] *Sauer*, Jurisdiktionskonflikte in Mehrebenensystemen, S. 115 ff. u. 353.

[537] *Sauer*, Jurisdiktionskonflikte in Mehrebenensystemen, S. 413.

[538] *Sauer*, Jurisdiktionskonflikte in Mehrebenensystemen, S. 414.

[539] S. dazu oben, § 15 V.5. a).

von etwaigen Instanzenzügen erst im Wege einer Abwägung sämtlicher Gesichtspunkte im konkreten Einzelfall bestimmt.[540]

Bei seinen Überlegungen stützt sich *Sauer* auf die von *Alexy* entwickelte Prinzipientheorie, um die im Einzelfall zu bestimmende Vorrangrelation zwischen zwei oder mehreren kollidierenden Zuständigkeiten zu begründen.[541] Das in diesem Zusammenhang allein entscheidende Prinzip soll die jeweilige Entscheidungsnähe der beteiligten Gerichte sein,[542] wobei andere Faktoren auf Prinzipienebene nicht zu berücksichtigen sein sollen. Letztere werden lediglich unterhalb der Schwelle der Prinzipienkollision in eine Gesamtabwägung einbezogen,[543] so dass auf Prinzipienebene gerade keine Kollision verschiedener Prinzipien möglich ist, was unter den Gesichtspunkten der Logik nicht unbedingt nachvollziehbar erscheint,[544] zumal *Sauer* selbst weitere Abwägungsfaktoren wie die Sachkunde der am Rechtsstreit beteiligten Gerichte, die Akzeptanzfähigkeit von deren Entscheidungen oder das Prinzip des effektiven Rechtsschutzes identifiziert.[545] Auch die von *Alexy* ausgemachte Ausnahmekonstellation, wonach es unter bestimmten Voraussetzungen mangels gegenläufiger Prinzipien keiner Abwägung bedürfe,[546] kann in diesem Zusammenhang nicht ins Feld geführt werden, da in Gestalt der eben genannten weiteren Abwägungsfaktoren sehr wohl rechtliche, nicht nur rein tatsächliche Gesichtspunkte zu berücksichtigen sind.[547]

Auch *Sauers* These, wonach bei der Abwägung der Vorrang grundsätzlich demjenigen Gericht zukommen solle, welches als erstes entschieden hat,[548] überzeugt nicht, da eine solche Prioritätsvermutung in zeitlicher Hinsicht zu einem Wettlauf um die früheste Entscheidung führen kann,[549] was insbesondere vor dem Hintergrund der Existenz von Vorlageverfahren zum EuGH und demnächst vielleicht auch zum EGMR nicht gerechtfertigt erscheint. Hinzu kommt, dass nach dem Modell von *Sauer* diese Vermutung ihrerseits wieder entkräftet werden kann, wenn Gesichtspunkte der Sachgerechtigkeit für ein abweichendes Ergebnis sprechen,[550] was impliziert, dass die Prioritätsvermutung schon vom Ansatzpunkt her verfehlt ist.

Nach alledem erscheint das von *Sauer* entwickelte Abwägungsmodell nicht dazu geeignet, die zwischen EuGH, EGMR und den nationalen Verfassungs- und Höchstgerichten auftretenden Jurisdiktionskonflikte einer sachgerechten Lösung zuzuführen.

---

540 *Klatt*, Die praktische Konkordanz von Kompetenzen, S. 148.
541 *Sauer*, Jurisdiktionskonflikte in Mehrebenensystemen, S. 419 ff.
542 *Sauer*, Jurisdiktionskonflikte in Mehrebenensystemen, S. 419 ff.
543 *Sauer*, Jurisdiktionskonflikte in Mehrebenensystemen, S. 424.
544 Krit. dazu auch *Klatt*, Die praktische Konkordanz von Kompetenzen, S. 150.
545 *Sauer*, Jurisdiktionskonflikte in Mehrebenensystemen, S. 443 ff.
546 *Alexy*, Theorie der Grundrechte, S. 80 Fn. 37.
547 *Klatt*, Die praktische Konkordanz von Kompetenzen, S. 149.
548 *Sauer*, Jurisdiktionskonflikte in Mehrebenensystemen, S. 435 ff.
549 So auch *Klatt*, Die praktische Konkordanz von Kompetenzen, S. 150.
550 *Sauer*, Jurisdiktionskonflikte in Mehrebenensystemen, S. 441 f.

8. Abwägungsmodell nach Klatt

Klatt schlägt zur Auflösung von Jurisdiktionskonflikten, die er als Prinzipienkonflikte interpretiert, ebenfalls ein dem Grunde nach abwägungsbasiertes Modell vor, welches die Abwägung von materiellen und von formellen Prinzipien auf zwei unterschiedlichen Ebenen verankert.[551] Formelle Jurisdiktionskonflikte, d.h. Konflikte miteinander kollidierender Exklusivitätsansprüche mehrerer Gerichte, die jeweils für sich eine Kompetenz zur Prüfung der Rechtmäßigkeit einer bestimmten Maßnahme beanspruchen,[552] sollen mit Hilfe einer bedingten Präferenzrelation aufgelöst werden, welche einer der kollidierenden Kompetenzen im konkreten Fall den Vorrang zuweist.[553] Alternativ komme als Ergebnis der formellen Abwägung ein Kompetenzspielraum in Betracht, in dem die Rechtsordnung selbst den Vorrang der einen oder der anderen Kompetenz festlegen kann.[554] Auch Kontrollintensitätskonflikte sollen nach *Klatt* im Wege einer formellen Abwägung aufgelöst werden, indem die beteiligten Gerichte ihre jeweilige Kontrollintensität an die Rechtsprechung des jeweils anderen Gerichts anpassen.[555] Sollte dies wegen einer zu großen Diskrepanz der Kontrollintensitäten im Einzelfall nicht möglich sein, so soll die anzuwendende Kontrollintensität durch eine Abwägung zwischen der Kontrollkompetenz des kontrollierenden Organs und der Entscheidungskompetenz des kontrollierten Organs bestimmt werden.[556]

Auch zur Lösung materieller Jurisdiktionskonflikte, d.h. wenn verschiedene Gerichte dieselbe Grundrechtsnorm inhaltlich divergierend auslegen,[557] soll eine formelle Abwägung durchgeführt werden, um zu bestimmen, welche der inhaltlich voneinander abweichenden Auslegungen der fraglichen Grundrechtsnorm aus Kompetenzgründen im konkreten Fall vorgehen soll.[558] Ein derartiger Vorrang soll lediglich dann nicht bestehen, wenn die formelle Abwägung einen Kompetenzspielraum ergibt.[559] Des Weiteren sollen materielle Jurisdiktionskonflikte u.a. durch die Veränderung von Spielräumen aufgelöst werden können, deren Reichweite durch die Veränderung der Kontrollintensität und die Wahl feinerer oder gröberer Skalen gesteuert werden kann,[560] wobei die im konkreten Fall angemessene Kontrollintensität wiederum im Wege der formellen Abwägung bestimmt werden soll.[561]

Zu Gunsten des von *Klatt* entwickelten Ansatzes lässt sich anführen, dass dadurch Jurisdiktionskonflikte flexiblen Lösungen zugeführt werden können, ohne

---

[551] *Klatt*, Die praktische Konkordanz von Kompetenzen, S. 191 ff.
[552] *Klatt*, Die praktische Konkordanz von Kompetenzen, S. 277.
[553] *Klatt*, Die praktische Konkordanz von Kompetenzen, S. 278.
[554] *Klatt*, Die praktische Konkordanz von Kompetenzen, S. 278.
[555] *Klatt*, Die praktische Konkordanz von Kompetenzen, S. 278.
[556] *Klatt*, Die praktische Konkordanz von Kompetenzen, S. 278.
[557] *Klatt*, Die praktische Konkordanz von Kompetenzen, S. 279.
[558] *Klatt*, Die praktische Konkordanz von Kompetenzen, S. 283.
[559] *Klatt*, Die praktische Konkordanz von Kompetenzen, S. 283.
[560] *Klatt*, Die praktische Konkordanz von Kompetenzen, S. 282.
[561] *Klatt*, Die praktische Konkordanz von Kompetenzen, S. 282.

dass mit starren Vorrangrelationen gearbeitet werden müsste. Entsprechendes gilt für die Anerkennung der Möglichkeit von Spielräumen sowie die Variierung der Kontrolldichte abhängig vom konkreten Einzelfall. Der Umstand, dass die Abwägung anhand verschiedener Gewichtungsregeln durchzuführen ist, zu denen u.a. die demokratische Legitimität, die Entscheidungsnähe, die Subsidiarität, die Qualität der Entscheidung, die Bedeutung des betroffenen Grundrechts sowie das Kriterium der Unsicherheit gehören,[562] spricht ebenfalls für die Flexibilität des Modells und seine Anwendbarkeit auf das Verhältnis des EuGH zu den mitgliedstaatlichen Verfassungs- und Höchstgerichten. Auch die Kontrollintensität kann, ähnlich wie nach dem in der vorliegenden Arbeit entwickelten Modell, graduell abgestuft werden, so dass dem Einzelfall hinreichend Rechnung getragen werden kann.[563] In Bezug auf die Herangehensweise bestehen daher keine allzu großen Unterschiede zu dem in der vorliegenden Arbeit entwickelten Modell der Abstufung der Prüfungsdichte,[564] wenn man einmal davon absieht, dass der Ansatz von *Klatt* auf einem umfassenden Konzept der Prinzipientheorie beruht.

Gegen den Ansatz *Klatts* lässt sich jedoch einwenden, dass darin nicht ganz deutlich wird, warum Kompetenznormen als Prinzipien zu verstehen sein sollen, die der Abwägung zugänglich sein sollen, zumal Kompetenzen von der herrschenden Meinung als einer Abwägung unzugänglich aufgefasst werden.[565] Im Vergleich zu dem in der vorliegenden Untersuchung entwickelten flexiblen Modell hat der Ansatz von *Klatt* darüber hinaus den Nachteil, dass er sehr stark von einer Arithmetisierung der Normkollisionen ausgeht, weshalb er für eine praktische Anwendung durch die Gerichte nur bedingt geeignet erscheint.

9. Einräumung eines Anspruchs auf Fehlertoleranz

Die Einräumung eines Anspruchs auf Fehlertoleranz könnte spiegelbildlich zur Übertragung der *margin of appreciation*-Doktrin auf den EuGH der Vermeidung von Jurisdiktionskonflikten zwischen den nationalen Verfassungs- und Höchstgerichten und dem EuGH und, nach einem etwaigen Beitritt der EU zur EMRK, auch zwischen dem EuGH und dem EGMR dienen.[566] Während beim *margin of appreciation*-Konzept das „übergeordnete" Gericht dem „untergeordneten" Gericht einen Entscheidungsspielraum einräumt, verläuft beim Anspruch auf Fehlertoleranz die Einräumung eines Spielraums genau in die andere Richtung, nämlich vom „untergeordneten" Gericht hin zum „übergeordneten" Gericht. Ein weiterer Unterschied besteht darin, dass beim *margin of appreciation*-Konzept dem „untergeordneten" Gericht grundsätzlich ein Vertrauensvorschuss zuge-

---

562 *Klatt*, Die praktische Konkordanz von Kompetenzen, S. 222 ff.
563 *Klatt*, Die praktische Konkordanz von Kompetenzen, S. 251 ff.
564 *Klatt*, Die praktische Konkordanz von Kompetenzen, S. 427.
565 S. *Kingreen*, JZ 2015, 302, 302.
566 S. *Maduro*, EuR 2007, 1, 29 f.

standen wird, während beim Anspruch auf Fehlertoleranz die Entscheidung des „übergeordneten“ Gerichts sehr wohl überprüft und ein etwaiger Fehler festgestellt, dieser jedoch als nicht erheblich angesehen wird.

Erstmals erwähnt wurde der Anspruch auf Fehlertoleranz im *Honeywell*-Beschluss des Bundesverfassungsgerichts, das dem EuGH in der fraglichen Entscheidung bei der Auslegung des Unionsrechts einen Spielraum zuerkennt und einen *ultra vires*-Rechtsakt nur dann annehmen möchte, wenn die vom EuGH gewählte Auslegungsmöglichkeit methodisch unvertretbar ist und sich deshalb nicht mehr auf die Verträge als Grundlage stützen kann.[567] Genau genommen handelt es sich bei dem erwähnten Spielraum lediglich um einen Auslegungsspielraum, nicht aber um einen eigenständigen Anspruch auf Fehlertoleranz,[568] doch geht das Bundesverfassungsgericht augenscheinlich darüber hinaus von einem solchen weiter gehenden Anspruch aus, indem es betont, seine *ultra vires*-Kontrolle auf erhebliche Kompetenzverstöße beschränken zu wollen.[569]

Der in der *OMT*-Entscheidung[570] bestätigte Ansatz des Bundesverfassungsgerichts bezieht sich sowohl auf den Bereich der Interpretation der Rechssetzungskompetenzen als auch auf den Grundrechtsbereich, etwa die Anwendbarkeit der Grundrechte-Charta oder auch die Interpretation eines spezifischen Unionsgrundrechts durch den EuGH, und impliziert die Durchführung einer schlichten Willkürkontrolle. Ein Konzept der Abstufung der Prüfungsintensität erscheint im Verhältnis zu einem „übergeordneten“ Gericht demgegenüber als wenig zielführend, zumal im Falle einer strikten Kontrolle durch die nationalen Verfassungs- und Höchstgerichte die Annahme eines *ultra vires*-Rechtsakts seitens des EuGH in einer Vielzahl von Fällen möglich wäre, was die Einheit der Union auf Dauer schwächen würde.

Das Konzept des Anspruchs auf Fehlertoleranz kann sich nicht auf Vorbilder aus dem System des deutschen Grundgesetzes oder des Schweizer Bundesstaates stützen, da in keinem dieser beiden Systeme die untergeordneten Gerichte dem jeweiligen Höchstgericht einen Anspruch auf Fehlertoleranz einräumen, was sich schon damit begründen lässt, dass sich in bundesstaatlich organisierten Systemen auf Grund deren tendenzieller Hierarchie automatisch die Auffassung des jeweiligen Höchstgerichts durchsetzt. Aus diesem Grund ist das Konzept des Anspruchs auf Fehlertoleranz ausschließlich vom Verhältnis zwischen den nationalen Verfassungs- und Höchstgerichten und dem EuGH her zu verstehen.

Nachdem zahlreiche mitgliedstaatliche Verfassungs- und Höchstgerichte das vom Bundesverfassungsgericht in der *Maastricht*-Entscheidung[571] entwickelte

---

567 BVerfGE 126, 286, 305; näher dazu oben, § 1 II.2. b) aa) bbb) u. § 2 II.4. b) dd); einen Anspruch auf Fehlertoleranz anerkennend wohl auch Verfassungsgerichtshof des Königreichs Belgien, Entsch. v. 28.04.2016 – 62/2016 –; näher dazu *Gérard/Verrijdt*, EuConst 13 (2017), 182, 205.

568 Vgl. *Pötters/Traut*, EuR 2011, 580, 582.

569 BVerfGE 126, 286, 304.

570 BVerfGE 142, 123, Rn. 147 ff.

571 BVerfGE 89, 155, 187 f.

Konzept der *ultra vires*-Kontrolle übernommen haben,[572] liegt es nahe, dass sie auch das Konzept vom Anspruch auf Fehlertoleranz rezipieren, wodurch die Gefahr von Jurisdiktionskonflikten im Grundrechtsbereich stark reduziert würde.[573] Darüber hinaus kommt nach einem etwaigen Beitritt der EU zur EMRK eine Übertragung des Rechts auf Fehlertoleranz zu Gunsten des EGMR in Betracht, so dass der EuGH an die Entscheidungen des EGMR gebunden wäre, solange die anerkannten Methoden der Konventionsinterpretation gewahrt werden.[574] Insgesamt lässt sich daher sagen, dass das Instrument der Einräumung eines Anspruchs auf Fehlertoleranz zu Gunsten des jeweils übergeordneten Gerichts ein taugliches prozessuales Instrument zur Vermeidung von Jurisdiktionskonflikten im Grundrechtsbereich darstellt, wobei dadurch freilich die Unitarisierung des Grundrechtsschutzes gefördert wird.

10. Zwischenergebnis

Die Rücknahme der richterlichen Prüfungsdichte ist ein geeignetes Instrument zur Vermeidung von Jurisdiktionskonflikten zwischen den nationalen Verfassungs- und Höchstgerichten und dem EuGH, wobei durch die Einräumung von prozessualen Entscheidungsspielräumen zugleich ein Ausgleich zwischen den beiden entgegen gesetzten Polen der Grundrechtseinheit und der Grundrechtsvielfalt hergestellt werden kann. Deshalb sollte der EuGH den mitgliedstaatlichen Gerichten entsprechend dem Vorbild des EGMR und des Schweizer Bundesgericht unter bestimmten Voraussetzungen eine *margin of appreciation* einräumen, um eine möglichst sachgerechte Entscheidung zu ermöglichen. Dies gilt insbesondere dann, wenn die nationalen Instanzen über eine größere Sachnähe verfügen, wenn zu der betreffenden Frage kein europäischer Konsens besteht und/oder wenn die nationalen Gerichte ihrerseits bereits eine hinreichende Abwägung vorgenommen haben. In Bezug auf die Prüfungsdichte des EuGH sollten grundsätzlich drei verschiedene Stufen unterschieden werden, nämlich eine hohe Prüfungsdichte, eine mittlere Prüfungsdichte und eine bloße Willkürprüfung. Die im konkreten Fall anzuwendende Prüfungsdichte bestimmt sich unter Einbeziehung der Gesamtumstände des Falles im Wege der Bildung eines Mittelwertes, welcher sich aus der Berücksichtigung sämtlicher einschlägiger Faktoren ergibt. Die Anwendung dieses Modells auf ausgewählte, vom EuGH bereits entschiedene Einzelfälle hat gezeigt, dass die Entscheidung des EuGH im konkreten Fall unter Zugrundelegung des Modells nicht selten hätte anders ausfallen müssen, wobei den Mitgliedstaaten tendenziell ein größerer Ermessensspielraum hätte eingeräumt werden müssen. Andere in der Literatur vorgeschlagene Abwägungs-

---

[572] Ausführlich dazu oben, § 1 II.2. b) aa); *Wendel*, Permeabilität im europäischen Verfassungsrecht, S. 468 ff.

[573] Vgl. auch *Mayer*, EuGRZ 2011, 232, 236.

[574] Für eine Übertragung des Anspruchs auf Fehlertoleranz auch auf das Verhältnis der nationalen Verfassungs- und Höchstgerichte zum EGMR *Hong*, EuGRZ 2011, 214, 216 f.

modelle scheinen hingegen für eine praktische Anwendung auf den EuGH weniger geeignet. Eine Umkehrung der *Solange II*-Vermutung zu Gunsten der Mitgliedstaaten würde den Erfordernissen an einen effizienten Rechtsschutz für den Einzelnen kaum gerecht, da dieser das Vorliegen systemischer grundrechtlicher Defizite nachweisen müsste, um sich auf die Unionsgrundrechte berufen zu können. Vorzugswürdig ist daher eine Umkehrung der *Bosphorus*-Formel, die bereits unter Verweis auf einen unzureichenden Grundrechtsschutz im Einzelfall widerlegt werden kann, wobei auch in diesem Zusammenhang zu bedenken ist, dass nationale Grundrechte in unionsrechtlich eingeräumten Ermessensspielräumen nur dann Relevanz erlangen können, wenn der EuGH von seiner in der *Melloni*-Entscheidung entwickelten Rechtsprechung abrückt.

Spiegelbildlich zur Einräumung einer *margin of appreciation* zu Gunsten der nationalen Instanzen sollten die mitgliedstaatlichen Verfassungs- und Höchstgerichte entsprechend dem Vorbild des Bundesverfassungsgerichts im *Honeywell*-Beschluss dem EuGH ein Recht auf Fehlertoleranz gewähren und nur bei methodisch unvertretbarer Auslegung des Unionsrechts durch den EuGH einen *ultra vires*-Rechtsakt annehmen. Dies lässt sich damit begründen, dass Konflikte auf prozessualer Ebene in Mehrebenensystemen am ehesten durch eine Reduzierung der Prüfungsdichte seitens der beteiligten Gerichte vermieden werden können, was impliziert, dass in Zukunft noch stärker als bisher auf Ermessensspielräume und Korridor-Lösungen zur Konfliktvermeidung zurückgegriffen werden sollte.

VI. Zusammenfassung zum 6. Teil

Auf Grundlage der aus dem Vergleich der Systeme Deutschlands, der Schweiz und der EU gewonnenen Erkenntnisse können im Bemühen um einen Ausgleich zwischen Grundrechtseinheit und Grundrechtsvielfalt im Mehrebenensystem der EU verschiedene Ansatzpunkte fruchtbar gemacht werden. Im Hinblick auf die Aufteilung der Rechtssetzungskompetenzen zwischen EU und Mitgliedstaaten, welche zumindest indirekte Auswirkungen auf den Grundrechtsschutz hat, lässt sich sagen, dass weder das unionale Subsidiaritätsprinzip noch der unionale Verhältnismäßigkeitsgrundsatz, das Gebot der Achtung der nationalen Identität der Mitgliedstaaten oder die unionsrechtlich verankerte Pflicht zur loyalen Zusammenarbeit die auch nach Inkrafttreten des Vertrags von Lissabon zu beobachtende Kompetenzausdehnung zu Gunsten der Union aufzuhalten vermögen. Daher ist *de lege ferenda* an eine materielle Konkretisierung des Subsidiaritätsprinzips zur Abschwächung der Zentralisierungstendenz im Kompetenzbereich zu denken, wobei die Auswirkungen einer solchen Maßnahme auf den Grundrechtsbereich freilich nur marginal wären.

In Bezug auf die Verankerung von Grundrechtsgewährleistungen in den mitgliedstaatlichen Verfassungen lässt sich sagen, dass der Ausbau solcher Gewährleistungen für die Aufrechterhaltung der Grundrechtsvielfalt in der EU förderlich ist, während im Fall eines Abbaus oder gar Verzichts auf nationale Grundrechte der Grundrechtsvereinheitlichung weiter Vorschub geleistet würde.

Hinsichtlich der möglichen materiell-rechtlichen Ansatzpunkte für eine Lösung von Konflikten zwischen EU-Grundrechten und mitgliedstaatlichen Grundrechten ergibt sich, dass eine Konfliktvermeidung durch eine möglichst klare Abgrenzung der Kompetenzen von EU und Mitgliedstaaten im Grundrechtsbereich nicht in Betracht kommt, nachdem die Grundrechte praktisch jeden Lebensbereich tangieren und die Zuständigkeiten der Union zudem dynamisch ausgerichtet sind, was eine Abgrenzung zusätzlich erschwert. Auch eine Begrenzung der Reichweite des Anwendungsvorrangs des Unionsrechts, die Schaffung eines öffentlichen Kollisionsrechts in Analogie zum IPR oder der Rückgriff auf die Kollisionsnormen des Völkerrechts erscheinen wenig erfolgversprechend, so dass letztlich das Scheitern einer uneingeschränkt durchführbaren Auflösung und Vermeidung von Konflikten zwischen EU-Grundrechten und nationalen Grundrechten mit materiell-rechtlichen Mitteln zu akzeptieren ist.

Im Hinblick auf die Parameter der Grundrechtsbindung und des Prüfungsmaßstabes ist zu bedenken, dass die Bemühungen des EuGH um eine Einschränkung des Anwendungsbereichs der Grundrechte-Charta unter Zuhilfenahme bestimmter Kriterien wie der Frage nach dem Sinn und Zweck der in Rede stehenden nationalen Regelung durchaus zielführend sein können, dass jedoch gleichzeitig ein beträchtliches Risiko der Rechtsunsicherheit sowie der Ausdehnung des Anwendungsbereichs der Unionsgrundrechte zu Lasten der mitgliedstaatlichen Grundrechtsvielfalt verbleibt. Aus diesem Grund erscheint es vorzugswürdig, die Reichweite des Anwendungsbereichs der Grundrechte-Charta mit Hilfe des unionalen Anwendungsvorrangs zu bestimmen, so dass die Mitgliedstaaten nur vermittelt über die Auslegung und Anwendung des übrigen Unionsrechts an die Grundrechte-Charta gebunden wären. Eine eigenmächtige Beschränkung der Bindung der Mitgliedstaaten an die Grundrechte-Charta auf die vom Unionsrecht determinierten Bereiche durch die mitgliedstaatlichen Verfassungs- und Höchstgerichte erscheint hingegen wenig überzeugend, da im Falle eines nicht-determinierten Rechtsakts die unionsrechtlichen Grenzen des Gestaltungsspielraums zumindest in Deutschland von den Fachgerichten überprüft werden müssten, welche die zu entscheidende Frage im Wege eines Vorabentscheidungsverfahrens an den EuGH vorlegen könnten, was das Bundesverfassungsgericht auf Dauer marginalisieren und seine Position als Hüter der nationalen Grundrechte weiter schwächen würde. Auch eine Übernahme der Grundrechte-Charta als unmittelbaren Prüfungsmaßstab durch die mitgliedstaatlichen Verfassungs- und Höchstgerichte erscheint vor dem Hintergrund der Erfahrungen aus der Schweiz zur Aufrechterhaltung der Grundrechtsvielfalt in Europa wenig geeignet. Daher sollten die nationalen Verfassungs- und Höchstgerichte die Grundrechte-Charta nach dem Vorbild der Berücksichtigung der EMRK durch das Bundesverfassungsgericht allenfalls als „Auslegungshilfe" heranziehen, wobei auch in diesem Fall durchaus die Gefahr einer weiteren Anpassung der nationalen Grundrechte an die Gewährleistungen der Grundrechte-Charta bestünde.

Angesichts der Schwierigkeiten, die sich bei der materiell-rechtlichen Konfliktvermeidung im Wege des Anwendungsvorrangs des Unionsrechts ergeben, und angesichts der mit einer Konfliktlösung durch eine materiell-rechtliche Kollisionsnorm verbundenen Tendenz zur Unitarisierung des Grundrechtsschutzes zu Gunsten der Grundrechte der Bundesebene kann ein Ausgleich zwischen Grundrechtseinheit und Grundrechtsvielfalt im föderalen Mehrebenensystem der EU allein auf prozessualer Ebene geschaffen werden. Zu diesem Zweck können sowohl Instrumente des Dialogs und der informellen Zusammenarbeit zwischen den beteiligten Gerichtshöfen als auch institutionalisierte Vorlageverfahren herangezogen werden, welche Konflikte zwischen den beteiligten Grundrechtsordnungen im konkreten Fall vermeiden sollen. Insbesondere die mitgliedstaatlichen Verfassungs- und Höchstgerichte sollten, wenngleich sie selbst auch *de lege ferenda* nicht zu einer Vorlage an den EuGH gezwungen werden können, stärker auf das Instrument des Vorabentscheidungsverfahrens zum EuGH zurückgreifen, um gegenüber den nationalen Fachgerichten nicht weiter an Einfluss zu verlieren. Daneben erscheint der Rückgriff auf die Auslegungsmethode der unionsrechtskonformen Auslegung als geeignetes Mittel, um die Entstehung von Konflikten zwischen den beteiligten Ebenen zu verhindern, wobei durch ein solches Vorgehen freilich andererseits die Vereinheitlichung des Grundrechtsschutzes zu Gunsten der Unionsgrundrechte gefördert wird. Der eigentliche Schlüssel zur Schaffung eines konfliktfreien Ausgleichs zwischen mitgliedstaatlichen Grundrechten und Unionsgrundrechten liegt daher in der Rücknahme der Prüfungsdichte des EuGH zu Gunsten der nationalen Verfassungs- und Höchstgerichte, kombiniert mit der Einräumung eines Anspruchs auf Fehlertoleranz zu Gunsten des EuGH durch die nationalen Verfassungs- und Höchstgerichte. Eine Rücknahme der Prüfungsdichte gegenüber den nationalen Verfassungs- und Höchstgerichten kann durch die Übertragung des ursprünglich vom EGMR entwickelten Instruments der *margin of appreciation* auf die EU erreicht werden. Dem steht nicht entgegen, dass es sich bei der *margin of appreciation* zumindest dem Ursprung nach um eine völkerrechtliche Rechtsfigur handelt, zumal auch das Schweizer Bundesgericht und damit ein bundesstaatliches Gericht zu Gunsten der Kantone unter bestimmten Voraussetzungen eine Reduzierung der Prüfungsdichte vornimmt. Die wichtigsten Kriterien zur Begründung der Herabsenkung der Prüfungsdichte sind dabei sowohl in der Rechtsprechung des EGMR als auch des Schweizer Bundesgerichts das Vorliegen regionaler Besonderheiten und die damit verbundene größere Sachnähe der örtlichen Behörden sowie das Fehlen eines europäischen bzw. nationalen Konsenses. Die vom EGMR und dem Schweizer Bundesgericht entwickelten Voraussetzungen sind jedoch nicht alle eins zu eins auf den EuGH übertragbar, sondern bedürfen zumindest punktuell der Anpassung an die Besonderheiten des Unionsrechts. Der EuGH selbst kennt bereits heute eine Variierung der Kontrolldichte, wobei die vom EGMR und vom Schweizer Bundesgericht verwendeten Kriterien in der EuGH-Rechtsprechung zumindest teilweise ebenfalls zum Tragen kommen. Allerdings erscheint das Vorgehen des EuGH bislang noch weitaus weniger systematisch als die Herangehensweise der anderen beiden Gerichte, weshalb für den EuGH in der vorliegenden Arbeit ein dreistufiges Modell der Kontrolldichteabstufung entwickelt wurde. So soll in Abhängigkeit vom Vorliegen eines oder mehrerer der herausgearbeiteten Kriterien entweder eine bloße Willkürprüfung, eine intensive Prüfung oder eine Prüfung mit mittlerer Prüfungsdichte vorgenommen werden, wobei bei Vorliegen mehrerer verschiedener Kriterien die Prüfungsdichte für den konkreten Fall durch die Bildung von Mittelwerten zu bestimmen ist. Eine Anwendung dieses Modells auf bereits vom EuGH entschiedene Fälle zeigt, dass in vielen Fällen die Prüfungsdichte zu Gunsten der mitgliedstaatlichen Instanzen stärker hätte zurückgenommen werden müssen, was die Relevanz der nationalen Grundrechte erhöhen und damit der Aufrechterhaltung der Grundrechtsvielfalt in Europa dienen würde. Andere Ansätze der Kontrolldichteabstufung wie etwa die Umkehrung der *Bosphorus*-Vermutung zu Gunsten der Mitgliedstaaten stellen ebenfalls einen geeigneten Weg zur Vermeidung von Konflikten zwischen Unionsgrundrechten und nationalen Grundrechten dar, allerdings nur, sofern der EuGH seine Annahme einer Bindung der Mitgliedstaaten auch an die Unionsgrundrechte im Rahmen unionsrechtlicher Entscheidungsspielräume eines Tages aufgeben sollte, da andernfalls nach der *Melloni*-Rechtsprechung für die Berücksichtigung nationaler Besonderheiten kaum Raum verbleibt.

Spiegelbildlich zur Reduzierung der Prüfungsdichte durch den EuGH sollten die nationalen Verfassungs- und Höchstgerichte zur Vermeidung von Jurisdiktionskonflikten dem EuGH einen Anspruch auf Fehlertoleranz zugestehen. Sie sollten sich dabei am Vorbild des Bundesverfassungsgerichts orientieren und eine *ultra vires*-Kontrolle auf erhebliche Kompetenzverstöße durch den EuGH beschränken, wobei im Grundrechtsbereich insbesondere ein Anspruch auf Fehlertoleranz bei der Interpretation der Grundrechte-Charta sowie bei der Bestimmung von deren Anwendungsbereich einzuräumen wäre. Daran wird deutlich, dass mangels einer hierarchischen Ordnung im Verhältnis von EU und Mitgliedstaaten Konflikte im Grundrechtsbereich alleine auf prozessualem Wege im Wege der Reduzierung der Kontrolldichte und damit letztlich im Rahmen der Abwägung gelöst werden können, wobei dieses Vorgehen auch tendenziell hierarchisch organisierten föderalen Systemen nicht völlig fremd ist, wie das Beispiel der Schweiz beweist.

Zusammenfassung

Gegenstand der Untersuchung war die Frage nach der Ausgestaltung des Grundrechtsschutzes in föderalen Systemen und möglichen Instrumenten zur Schaffung eines Ausgleichs der in solchen Systemen auftretenden Spannungen zwischen der Tendenz zur Grundrechtsvereinheitlichung einerseits und dem Streben nach Aufrechterhaltung der Grundrechtsvielfalt andererseits, mit dem Ziel, Ansatzpunkte für die Entwicklung eines Grundrechtsföderalismus in der EU herauszuarbeiten. Zu diesem Zweck wurden die föderalen Systeme Deutschlands, der Schweiz und der EU verglichen, wobei auf Grundlage der Erfahrungen Deutschlands und der Schweiz bei der Konstruktion eines effizienten Grundrechtsschutzes Ansätze für die Ausgestaltung des Grundrechtsschutzes in der EU entwickelt wurden. In der Analyse wurden die föderalen Systeme Deutschlands und der Schweiz als Bundesstaaten kategorisiert, während das föderale System der EU unter Überwindung der klassischen Dichotomie zwischen Bundesstaat und Staatenbund als „Bund" eingestuft wurde, bei dem die Frage nach der Souveränität, anders als in einem Bundesstaat oder Staatenbund, bis auf Weiteres suspendiert ist.

Nach einleitenden Vorklärungen zum Begriff des Föderalismus, zu den in der Arbeit untersuchten föderalen Systemen, zur Methodik des Rechtsvergleichs sowie zum gegenwärtigen Stand der Forschung wurden im ersten Teil der Untersuchung das Konzept des Mehrebenensystems, das Verhältnis der beteiligten Ebenen zueinander sowie die Parameter des Rechtsvergleichs, zu denen insbesondere die verschiedenen Mechanismen der Konfliktvermeidung in Mehrebenensystemen gehören, behandelt. Der zweite Teil widmete sich dem Grundrechtsschutz im Mehrebenensystem des deutschen Bundesstaates, wobei nicht nur das System des Grundgesetzes, sondern auch das des Deutschen Reiches und der Weimarer Republik analysiert wurde. Im dritten Teil wurde die Entwicklung des Grundrechtsschutzes im System des Schweizer Bundesstaates untersucht, angefangen vom System der Bundesverfassung von 1848 über die Bundesverfassung von 1874 bis hin zur Bundesverfassung von 1999, wobei jeweils ein besonderer Fokus auf dem Verhältnis der Bundesverfassung zu den kantonalen Rechtsordnungen lag. Der vierte Teil der Arbeit beschäftigte sich mit dem Grundrechtsschutz in der EU von seinen Anfängen bis heute, während der fünfte Teil die EMRK und ihre Rezeption in den Rechtsordnungen Deutschlands, der Schweiz und der EU in den Blick nahm. Im sechsten Teil schließlich wurde auf Grundlage einer Zusammenfassung der aus dem Rechtsvergleich gewonnenen Erkenntnisse aufgezeigt, mit welchen Ansätzen im föderalen Mehrebenensystem der EU ein schonender Ausgleich zwischen Grundrechtsvereinheitlichung und Grundrechtsvielfalt erzielt werden könnte.

Die in allen drei der untersuchten föderalen Systeme auftretenden Grundrechtskonkurrenzen und Grundrechtskollisionen einschließlich etwaiger Jurisdiktionskonflikte können am besten mit Hilfe des Mehrebenen-Ansatzes analysiert werden, da auf diese Weise das Verhältnis der beteiligten (Grundrechts-) Ebenen zueinander in den Blick genommen werden kann. Während das Verhältnis der Ebenen in den bundestaatlich organisierten Systemen Deutschlands und der Schweiz mit „zumindest tendenziell hierarchisch" und „auf einer gemeinsamen Grundnorm basierend" zu umschreiben ist, ergab die Analyse in Bezug auf die EU erhebliche Probleme bei der Bestimmung des Verhältnisses der Ebenen zueinander. Richtigerweise ist insoweit von einem pluralistischen Verhältnis auszugehen, wobei die Einheitlichkeit und Wirksamkeit des Unionsrechts mit der von einer hierarchischen Überordnung unabhängigen Kollisionsregel des Anwendungsvorrangs des Unionsrechts gewahrt wird. Nach Auffassung der Mehrheit der Mitgliedstaaten hingegen ist nach einem gemäßigt-dualistischem Verständnis die sog. Kompetenz-Kompetenz bei den Mitgliedstaaten selbst verblieben, weshalb die meisten nationalen Verfassungs- und Höchstgerichte die Grenzen der Kompetenzausübung durch die Unionsorgane im Rahmen einer *ultra vires*-Kontrolle überwachen. Dementsprechend wird der Anwendungsvorrang des Unionsrechts auch vor dem nationalen Verfassungsrecht keineswegs in allen Mitgliedstaaten ohne Einschränkungen anerkannt, wobei andererseits kein mitgliedstaatliches Verfassungs- oder Höchstgericht bislang den Anwendungsvorrang als solchen grundsätzlich in Frage gestellt hat. Aus diesem Grund unterscheidet sich das pluralistische System der EU bei der Vorrangfrage und deren Auswirkungen in der Praxis kaum von den zumindest tendenziell hierarchisch organisierten Systemen Deutschlands und der Schweiz.

Die Untersuchung hat weiterhin gezeigt, dass die Grundrechtsentwicklung in Deutschland seit 1871 als Entwicklung „von unten nach oben" bezeichnet werden kann, die sich jedoch spätestens mit Inkrafttreten der Weimarer Reichsverfassung in eine Grundrechtsentwicklung „von oben nach unten" umgekehrt und seitdem ihre Richtung nicht mehr verändert hat. Im Kaiserreich existierten auf Reichsebene zunächst nur wenige Grundrechtsgewährleistungen, während der Grundrechtsschutz auf Länderebene selbst in der Zeit unmittelbar nach Reichsgründung schon gut ausgebaut war. Auf Grundlage der Landesgrundrechte entwickelte sich in der Folgezeit außerhalb der Verfassungsurkunde der Reichsverfassung ein umfassendes System an geschriebenen und ungeschriebenen Reichsgrundrechten, welches zwar eine gewisse Unitarisierung des Grundrechtsschutzes im Reich mit sich brachte, ohne dass es dadurch aber zu einer völligen Vereinheitlichung von Reichs- und Landesgrundrechten und dementsprechend zu einem vollständigen Bedeutungsverlust der Landesgrundrechte gekommen wäre. Grund dafür ist, dass das Reich entsprechend der reichsverfassungsrechtlichen Kompetenzverteilung nur innerhalb seiner eigenen Kompetenzen Grundrechtsschutz gewährleisten konnte, während in den übrigen Bereichen ausschließlich die Landesgrundrechte zur Anwendung kamen. Daran zeigte sich, dass die Kompetenzverteilung in einem föderalen System erhebliche Auswirkungen auf das Verhältnis der beteiligten Grundrechtsebenen hat. Auch in prozessualer Hinsicht verwirklichte sich der Grundrechtsschutz, da die Grundrechte vom Reichsgericht nicht als subjektive Rechte angesehen wurden und eine materielle Überprüfung von Reichsgesetzen noch nicht möglich war, wenn überhaupt, auf Landesebene, wobei freilich auch hier den Grundrechten damals längst nicht der Stellenwert zukam, den sie heute in gerichtlichen Verfahren genießen und Jurisdiktionskonflikte zwischen den beteiligten Gerichte im Grundrechtsbereich noch völlig unbekannt waren.

Die Bedeutung der Landesgrundrechte änderte sich indes grundlegend mit Inkrafttreten der Weimarer Reichsverfassung, durch die in Deutschland auf Reichsebene erstmals ein umfassender Grundrechtskatalog etabliert wurde. Als Reaktion auf die Schaffung eines kodifizierten, reichseigenen Grundrechtsschutzes verzichteten fortan viele deutsche Länder auf die Gewährleistung eigener Landesgrundrechte, was als Konfliktvermeidungsmechanismus in Form einer Grundrechtskonvergenz durch freiwilligen Verzicht seitens der Länder gewertet werden kann. Dadurch kam es zu einer Unitarisierung des Grundrechtsschutzes im System der Weimarer Republik, zumal Landesgrundrechte, die inhaltsgleich mit Reichsgrundrechten waren oder die dem Reichsrecht widersprachen, nach der bundesstaatlichen Kollisionsnorm des Art. 13 Abs. 1 WRV, welche einen Geltungsvorrang des Reichsrechts etablierte, ohnehin nichtig waren, so dass für einen ländereigenen und über die Reichsgrundrechte hinaus gehenden Grundrechtsschutz auf Landesebene kaum Raum verblieb. Ferner zeigte die Untersuchung, dass durch die massive Ausdehnung der Rechtssetzungskompetenzen zu Gunsten des Reiches der Spielraum für die Schaffung von Landesrecht und damit für die Anwendbarkeit noch vorhandener Landesgrundrechte immer geringer wurde. Umgekehrt konnten die reichsrechtlich gewährleisteten Grundrechte vom Reich dazu genutzt werden, um in genuine Zuständigkeitsbereiche der Länder wie das Religions- oder das Schulrecht einzugreifen, so dass die Reichsgrundrechte für das Reich letztlich zuständigkeitserweiternd wirkten. In prozessualer Hinsicht verloren die Landesgrundrechte vor allem dadurch an Bedeutung, dass das Reichsgericht sie auf ihre Vereinbarkeit mit der Reichsverfassung und mit sonstigem Reichsrecht überprüfen und im Falle einer Übereinstimmung oder einer Kollision für nichtig erklären konnte. Die Untersuchung der verwaltungsgerichtlichen Rechtsprechung der Länder zeigte, dass den noch vorhandenen Landesgrundrechten mit Hilfe der Verwaltungsgerichte der Länder allenfalls dort zu eigenständiger Relevanz verholfen werden konnte, wo keine Reichsgrundrechte existierten. Verfassungsprozessualen Schutz erfuhren die Landesgrundrechte alleine in Bayern, wo sich aber im Ergebnis trotzdem kein umfassender, eigenständiger Grundrechtsschutz entwickeln konnte, so dass in der Weimarer Republik auch auf prozessualem Wege der Unitarisierung des Grundrechtsschutzes keine Schranken gesetzt wurden.

In Bezug auf den Grundrechtsschutz im föderalen System des Grundgesetzes hat die Untersuchung ebenfalls eine starke Unitarisierung des Grundrechtsschutzes zu Gunsten der Grundrechte des Grundgesetzes ergeben. Dies zeigt sich bereits daran, dass diejenigen Bundesländer, deren Verfassungen unmittelbar nach Inkrafttreten des Grundgesetzes entworfen wurden, im Sinne einer freiwilligen Selbstbeschränkung weitestgehend auf die Verankerung eigener Grundrechte verzichteten. Neue Dynamik erlangte der Grundrechtsschutz auf Länderebene erst wieder dadurch, dass nach der Wiedervereinigung die ostdeutschen Bundesländer umfassende Grundrechtskataloge mit teilweise über die Grundrechte des Grundgesetzes hinaus gehenden Grundrechten in ihre Landesverfassungen aufnahmen. Dadurch ergaben sich auch neue Impulse für eine Weiterentwicklung des Grundrechtsschutzes in den Verfassungen der übrigen Bundesländer, ein Prozess, der bis heute andauert. Trotz allem konnten die Landesgrundrechte kaum eigenständige Bedeutung entfalten, was sich, wie die Untersuchung ergab, nicht zuletzt damit begründen lässt, dass landesrechtliche Mehr- oder „Aliud"-Gewährleistungen nach der auch im bundesstaatlichen System des Grundgesetzes verankerten Kollisionsregel des Art. 31 GG im Falle eines Widerspruchs zu den Bundesgrundrechten oder zu sonstigem Bundesrecht als Folge des darin angeordneten Geltungsvorrang nichtig sind. Auch die Rechtsprechung des Bundesverfassungsgerichts hat, wie die Analyse beweist, nicht unwesentlich dazu beigetragen, dass den Landesgrundrechten heute kaum noch eine eigenständige Bedeutung zukommt. So können im Rahmen von bundesverfahrensrechtlich eingeräumten Spielräumen nur mit den Bundesgrundrechten inhaltsgleiche Landesgrundrechte herangezogen werden, was dazu führt, dass landesverfassungsrechtliche Mehr- oder „Aliud"-Gewährleistungen insoweit von vornherein keine Anwendung finden können, zumal das Bundesverfassungsgericht den Ländern bei der Ausfüllung von Entscheidungsspielräumen keine *margin of appreciation* zugesteht. Hinzu kommt, dass die Landesverfassungsgerichte ganz überwiegend der Linie des Bundesverfassungsgerichts folgen, weshalb insoweit keine Jurisdiktionskonflikte entstehen, welche im Rahmen des in Art. 100 Abs. 3 GG vorgesehenen Vorlageverfahrens aufgelöst werden müssten. Die Untersuchung hat weiterhin gezeigt, dass die Landesgrundrechte fast nur dort eine eigenständige Bedeutung entfalten können, wo die Länder über eigene Gesetzgebungskompetenzen verfügen. Allerdings sind die Landesverfassungsgerichte auch insoweit dazu übergegangen, die einschlägigen Landesgrundrechte grundgesetzkonform zu interpretieren, um Grundrechtskonflikten vorzubeugen. Lediglich für die jüngste Vergangenheit hat sich gezeigt, dass die Landesverfassungsgerichte zumindest punktuell bereit sind, die jeweiligen Landesgrundrechte losgelöst von den parallelen Garantien des Grundgesetzes zu interpretieren, was die Grundrechtsvielfalt im System des deutschen Bundesstaats langfristig erhöhen könnte. Schließlich wurde in den vergangenen Jahren etwa in Baden-Württemberg die Landesverfassungsbeschwerde neu eingeführt, was ebenfalls zur Herausbildung einer ausdifferenzierteren landesrechtlichen Grundrechtsjudikatur beitragen und damit die Grundrechtsvielfalt fördern könnte.

Hinsichtlich der im 3. Teil untersuchten Grundrechtsentwicklung in der Schweiz brachte die Analyse ein in den wesentlichen Punkten mit der deutschen

Entwicklung übereinstimmendes Bild zu Tage, mithin in der Frühphase eine Grundrechtsentwicklung von der gliedstaatlichen Ebene hin zur Bundesebene, die jedoch im Laufe der Zeit von einer immer stärkeren und bis heute andauernden Unitarisierung des Grundrechtsschutzes im Sinne der Grundrechte der Bundesebene abgelöst wurde. Ebenso wie im System der Bismarckschen Reichsverfassung verlief die Grundrechtsentwicklung unter der Schweizer Bundesverfassung von 1848 zunächst tendenziell „von unten nach oben", nachdem zahlreiche Kantonsverfassungen bereits vor 1848 Grundrechte verbürgt hatten, während auf Bundesebene zu dieser Zeit noch kein Grundrechtsschutz existierte. Die Bundesverfassung von 1848 selbst gewährleistete ebenfalls noch keinen umfassenden Grundrechtsschutz, sondern nahm lediglich solche Grundrechte auf, die von gesamtstaatlicher Bedeutung waren und/oder die auf kantonaler Ebene noch nicht überall garantiert waren. Ferner hat sich gezeigt, dass, ebenso wie einige Bundesländer nach Inkrafttreten des Grundgesetzes, manche Kantone als Reaktion auf das Inkrafttreten der Bundesverfassung einen Teil ihrer bis dahin geltenden Grundrechte aus ihren Kantonsverfassungen strichen, während andere Kantone, die bislang noch über keine Grundrechtsgarantien in ihren Verfassungen verfügten, im Sinne einer Grundrechtskonvergenz eine Angleichung an die Bundesverfassung vornahmen. Insoweit kam es im Schweizer Bundesstaat schon in der Anfangsphase zu einer zwar etwas zeitversetzt, aber doch weitgehend parallel zur Grundrechtsentwicklung „von unten nach oben" verlaufenden Grundrechtsentwicklung „von oben nach unten" und damit zu einer ersten Phase der Vereinheitlichung des Grundrechtsschutzes. Allerdings enthielten viele kantonalen Verfassungen in dieser Zeit auch Grundrechte, die auf Bundesebene keine Entsprechung fanden. Im Hinblick auf die Absicherung des Vorrangs des Bundesrechts vor dem kantonalen Recht hat sich gezeigt, dass auch die Schweizer Bundesverfassung von 1848 eine Kollisionsnorm vorsah, welche hinter den Bundesgrundrechten zurück bleibende oder dem sonstigen Bundesrecht widersprechende kantonalen Grundrechtsgarantien für nichtig erklärte. Anders als unter dem System der Bismarckschen Reichsverfassung wurden die gliedstaatlichen Grundrechte in der Schweiz jedoch zusätzlich durch die prozessuale Ausgestaltung des Grundrechtsschutzes in ihrer Bedeutung geschwächt. Diese Beobachtung ergab sich daraus, dass die kantonalen Beschwerdeinstanzen als Prüfungsmaßstab sowohl kantonale Grundrechte als auch Bundesgrundrechte heranzogen, was dazu führte, dass kantonalen Grundrechten meist nur dort eine selbständige Bedeutung zukam, wo eine entsprechende Garantie auf Bundesebene fehlte. Diese Tendenz wurde durch den Umstand verstärkt, dass auf kantonaler Ebene keine Verfassungsgerichte existierten, welche ausschließlich mit der Anwendung der jeweiligen kantonalen Verfassung betraut gewesen wären, was den Schluss zuließ, dass eine gut ausgebaute gliedstaatlichc Verfassungsgerichtsbarkeit die Relevanz und die Effizienz des gliedstaatlichen Grundrechtsschutzes insgesamt erhöht. In Bezug auf die Grundrechtsanwendung durch die politischen Instanzen des Bundes, welche mit der Überprüfung der Einhaltung der Grundrechte betraut waren, ergab sich, dass diese, sofern sich der Beschwerdeführer darauf berufen hatte, neben den Bundesgrundrechten häufig ohne jegliche Diskussion über das Verhältnis der Normen zueinander auch die entsprechenden kantonalen Grundrechte zitierten, wobei den kantonalen Grundrechten aber keine eigenständige Bedeutung zukam. Etwas anderes galt nur dort, wo auf Bundesebene keine einschlägigen Grundrechte vorhanden waren, etwa im Bereich der Eigentumsfreiheit, der individuellen Glaubensfreiheit sowie der Lehrfreiheit. Sehr stark rechtsvereinheitlichend im Sinne einer Anpassung der kantonalen Grundrechtsgarantien an die parallelen Gewährleistungen des Bundes wirkte darüber hinaus die Besonderheit des Schweizer Systems, wonach die politischen Instanzen des Bundes dazu befugt waren, eine autonome Auslegung der kantonalen Garantien vorzunehmen. Die Zurückhaltung der Bundesbehörden, die sich im Sinne eine Konfliktvermeidung durch freiwillige Selbstbeschränkung in der Regel an der Grundrechtsinterpretation der kantonalen Stellen orientierten, änderte daran nur wenig, so dass es langfristig auch zu einer Vereinheitlichung der Auslegung der spezifisch kantonalen Grundrechtsgewährleistungen kam.

In Bezug auf die Bundesverfassung von 1874, welche bis 1999 in Kraft war, hat sich, auch vor dem Hintergrund einer besseren Vergleichbarkeit mit dem deutschen System und dessen zeitlichen Zäsuren, eine Untergliederung der Analyse in folgende drei Zeitabschnitte als sinnvoll erwiesen: 1874–1918, 1919–1945 und 1946–1999. Der Zeitraum von 1874–1918 zeichnet sich dadurch aus, dass in Folge der Totalrevision der Bundesverfassung von 1874 der Grundrechtsschutz auf Bundesebene erweitert wurde, wenngleich auch danach noch immer kein umfassender Katalog an bundesverfassungsrechtlichen Grundrechten existierte. Dennoch zwang die Totalrevision der Bundesverfassung einige Kantone dazu, ihre Verfassungen im Grundrechtsbereich punktuell an die totalrevidierte Bundesverfassung anzupassen, was eine Grundrechtsentwicklung „von oben nach unten" impliziert, wobei die Kantone teilweise sogar so weit gingen und ihre Grundrechte mit Klauseln versahen, wonach diese in Übereinstimmung mit den Bundesgrundrechten auszulegen waren. Trotz dieser Unitarisierungstendenzen fanden in der fraglichen Zeit aber auch Grundrechte, die, wie etwa die Meinungsfreiheit, auf Bundesebene nicht gewährleistet waren, Eingang in die Kantonsverfassungen. Konflikte zwischen kantonalen Grundrechten und dem Bundesrecht wurden mit Hilfe der Kollisionsregel des Art. 2 der Übergangsbestimmungen zur Bundesverfassung von 1874 gelöst, so dass kantonale Mindergewährleistungen nichtig waren und kantonale Grundrechte, welche mit Bundesgrundrechten inhaltsgleich waren, nach der Rechtsprechung des Bundesgerichts keine selbstständige Bedeutung mehr besaßen. Auch nach 1874 führte das Fehlen einer spezialisierten kantonalen Verfassungsgerichtsbarkeit dazu, dass kantonale Grundrechte nicht durch eine darauf spezialisierte Instanz letztverbindlich interpretiert werden konnten, sondern in letzter Instanz der Auslegung durch das Bundesgericht unterlagen. Das Bundesgericht trug der kantonalen Grundrechtsautonomie insoweit Rechnung, als es bei der Prüfung im Rahmen der staatsrechtlichen Beschwerde den kantonalen Grundrechten in der Regel diejenige Auslegung zu Grunde legte, welche die kantonalen Behörden und die kantonalen zivil- und strafgerichtlichen Instanzgerichte vorgegeben hatten. Auch jenseits dessen zeigte sich, dass das Bundesgericht im Rahmen der staatsrechtlichen Beschwerde den Weg der Konfliktvermeidung durch *judicial self-restraint* beschritt, indem es hinsichtlich der Vereinbarkeit von kantonalen Gesetzen mit kantonalen Grundrechten sowie bei der Rechtsanwendung durch die kantonalen Stellen seine Kognition entsprechend beschränkte bzw. seine Prüfungsdichte reduzierte, was mit der Einräumung einer *margin of appreciation* nach dem Vorbild des EGMR vergleichbar ist. In inhaltlicher Hinsicht ergab die Analyse, dass kantonale Grundrechte vor dem Bundesgericht und auch vor den kantonalen Instanzen nur dort eine eigenständige Bedeutung entfalten konnten, wo keine parallele bundesrechtliche Garantie existierte. Selbst auf die unter der Bundesverfassung von 1848 noch üblichen symbolischen Verweise auf gleich lautende kantonale Grundrechte wurde ab 1874 weitest gehend verzichtet, was darauf schließen lässt, dass die kantonalen Grundrechte durch die Ausweitung des bundesrechtlichen Grundrechtsschutzes ein Stück weit verdrängt wurden und nur noch in bestimmten Bereichen wie etwa beim Eigentumsschutz tatsächlich von Relevanz waren.

Die seit 1874 andauernde Entwicklung setzte sich auch nach 1919 fort, wobei, wie schon vor 1919, den unselbständigen kantonalen Grundrechtsgarantien in der Rechtsprechung des Bundesgerichts und der politischen Instanzen des Bundes keine eigenständige Bedeutung mehr zukam, während die selbständigen kantonalen Gewährleistungen, allen voran die Eigentumsfreiheit, vorerst ihre Relevanz behielten. Hinsichtlich der Kognition des Bundesgerichts und der davon zu unterscheidenden Prüfungsdichte ergab die Auswertung der einschlägigen Rechtsprechung, dass das Bundesgericht an seinem Kurs des *judicial self-restraint* gegenüber den kantonalen Instanzen wenig änderte, weshalb die Zeit zwischen 1919 und 1945 trotz der in diesem Zeitraum stattfindenden politischen und wirtschaftlichen Ereignisse im Grundrechtsbereich in der Schweiz durch eine weitgehende Kontinuität geprägt war.

Neue Dynamik erlangte die Schweizer Grundrechtsentwicklung erst wieder in der Zeit zwischen 1946 und 1999, wobei die Neubelebung im Grundrechtsbereich vor allem auf zwei Punkte zurückzuführen ist: die Entwicklung von ungeschriebenen Bundesgrundrechten durch das Bundesgericht seit den 1960er Jahren auf Grundlage der kantonalen Grundrechtsgewährleistungen und der Garantien der internationalen Menschenrechtspakte sowie auf den Beitritt der Schweiz zur EMRK im Jahr 1974. In dieser Phase fand in der Schweiz eine Grundrechtsentwicklung von „unten nach oben" statt, welche von internationalen Einflüssen begleitet wurde. Auch auf kantonaler Ebene erfuhr der Grundrechtsschutz im fraglichen Zeitraum eine Fortentwicklung, was zum einen an der Totalrevision verschiedener Kantonsverfassungen und zum anderen an der Neuschaffung der jurassischen Kantonsverfassung lag. Die Analyse der Rechtsprechung des Bundesgerichts ergab jedoch, dass es durch die Schaffung ungeschriebener Bundesgrundrechte auf Basis des bestehenden kantonalen Grundrechtsschutzes sowie internationaler Grundrechtsübereinkommen zu einer weitestgehenden Angleichung von Bundesgrundrechten und kantonalen Grundrechten kam, wodurch den kantonalen Grundrechten zwar eine Schrittmacher- und Vorbildfunktion für die Bundesgrundrechte zufiel, ihnen aber zugleich für die Zukunft jegliche eigenständige Bedeutung genommen wurde. Zudem trug die weite Auslegung der Bundesgrundrechte durch das Bundesgericht zum Bedeutungsverlust der kantonalen Grundrechte maßgeblich bei. Auf Grund der schweizerischen Besonderheit, wonach das Bundesgericht auch für die letztverbindliche Auslegung kantonaler Grundrechte zuständig ist und darüber in freier Kognition entscheidet, konnte das Bundesgericht auch dort, wo auf dem Papier weiter gehende kantonale Grundrechte existierten, eine Angleichung an den bundesrechtlichen Standard im Sinne einer konformen Auslegung vornehmen, so dass etwaige Konflikte zwischen kantonalen Grundrechten und den Bundesgrundrechten oder sonstigem Bundesrecht von vornherein vermieden wurden. An der zunehmenden Unitarisierung des Grundrechtsschutzes änderte auch der Umstand nichts, dass das Bundesgericht seine Prüfungsdichte in Fällen mit föderalem Bezug mit Rücksicht auf die größere Sachnähe der kantonalen Instanzen reduzierte und den kantonalen Instanzen einen Entscheidungsspielraum zugestand. Die Untersuchung hat gezeigt, dass Letztere davon nur wenig profitieren konnten, da auf kantonaler Ebene auch zwischen 1945 und 1999 in den allermeisten Kantonen keine Verfassungsgerichtsbarkeit existierte, die eine autonome Auslegung der kantonalen Grundrechte hätte vornehmen können.

Mit Inkrafttreten der neuen Bundesverfassung zum Jahr 2000, welche die grundlegenden Strukturen des Schweizer Bundesstaates unberührt ließ, wurde zum ersten Mal in der Schweizer Geschichte auf Bundesebene ein umfassender Grundrechtskatalog etabliert, der die bisherige grundrechtliche Rechtsprechung des Bundesgerichts kodifizierte. Die Kantone reagierten, wie die Analyse gezeigt hat, auf die Totalrevision der Bundesverfassung in unterschiedlicher Weise. Während einige Kantone eine Vollverfassung mit einem umfassenden und über die Bundesverfassung hinaus gehenden Grundrechtskatalog verabschiedeten, wählten andere Kantone einen Mittelweg und wiederholten die Grundrechte der Bundesverfassung, wobei sie aber zudem eigene, genuin kantonale Garantien in ihren Verfassungen verankerten. Eine dritte Gruppe von Kantonen schließlich verzichtete in ihren totalrevidierten Verfassungen auf einen eigenen Grundrechtskatalog und verwies stattdessen lediglich auf die Grundrechte der Bundesverfassung, woraus sich der Befund ergab, dass die Verankerung eines umfassenden Grundrechtskataloges auf Bundesebene die kantonale Grundrechtsentwicklung vielerorts zum Stillstand gebracht hat. Auch unter der Bundesverfassung von 1999 gilt nach der auf Bundesebene angesiedelten Kollisionsnorm des Art. 49 Abs. 1 BV, dass kantonale Grundrechte, welche über die Bundesverfassung hinaus gehen und in Widerspruch zu einfachem Bundesrecht stehen, nichtig sind, während mit Grundrechten der Bundesverfassung übereinstimmende kantonale Grundrechte keine eigenständige Bedeutung mehr entfalten. In Bezug auf die Anwendung kantonaler Grundrechte im Rahmen bundesrechtlich vorgegebener Spielräume hat die Analyse gezeigt, dass dies in der Schweiz zwar selten, aber, anders als in Deutschland, ohne dogmatische Bedenken geschieht, so dass bundesrechtlich eingeräumte Anwendungs- und Auslegungsspielräume bei entsprechender Offenheit der kantonalen Instanzgerichte durchaus einen Anwendungsbereich für weiter gehende kantonale Grundrechte darstellen können. Allerdings verschärfte das Bundesgericht trotz Reduzierung der Prüfungsdichte zu Gunsten der kantonalen Instanzen in bestimmten Fallkonstellationen unter Geltung der neuen Bundesverfassung seine bisherige Linie, indem es den kantonalen Grundrechten noch konsequenter jegliche selbstständige Bedeutung absprach. Die Analyse der Rechtsprechung der kantonalen Gerichte hat gezeigt, dass diese ihrerseits dem nach wie vor wenig entgegen zu halten vermögen, zumal nur in wenigen Kantonen eine Verfassungsgerichtsbarkeit existiert, diese zudem in der Regel zumindest personell eng mit der Instanzgerichtsbarkeit verbunden ist und die kantonalen Gerichte, wie die deutschen Landesverfassungsgerichte, außerdem dazu neigen, die Grundrechte der jeweiligen Kantonsverfassung in Übereinstimmung mit den Grundrechten der Bundesverfassung zu interpretieren. Andererseits ergab die Untersuchung aber auch, dass trotz der extremen Unitarisierungstendenzen beim schweizerischen Grundrechtsschutz von einer vollständigen Bedeutungslosigkeit kantonaler Grundrechte keine Rede sein kann, da die Kantonsverfassungen weiterhin als „Experimentierwerkstatt" für die Entwicklung neuer Grundrechte und Grundrechtsgehalte dienen können.

Die Grundrechtsentwicklung in der EU wurde im 4. Teil der Analyse in zwei Schritten untersucht: zum einen die Entwicklung vor Inkrafttreten der Grundrechte-Charta und zum anderen die Zeit ab Inkrafttreten der Grundrechte-Charta. Für die Zeit bis 2009 zeigte sich, dass die Grundrechtsentwicklung in der EU, ebenso wie in Deutschland und der Schweiz, zunächst „von unten nach oben" verlief, nachdem der EuGH mangels eigener Gemeinschaftsgrundrechte auf Grundlage der mitgliedstaatlichen Verfassungsüberlieferungen und der EMRK Gemeinschaftsgrundrechte in Form von ungeschriebenen Rechtsgrundsätzen des Gemeinschaftsrechts entwickelte. Trotz ihrer Herausbildung auf Basis der mitgliedstaatlichen Verfassungen deckten sich die Grundrechte von Gemeinschaft und Mitgliedstaaten nur partiell, weshalb Kollisionen zwischen mitgliedstaatlichen Grundrechten und Gemeinschaftsrecht mit Hilfe der auf Gemeinschaftsebene verankerten Kollisionsregel des Anwendungsvorrangs des Gemeinschaftsrechts aufgelöst werden mussten. In Bezug auf die Grundrechtsbindung ergab sich für die Zeit vor Inkrafttreten der Grundrechte-Charta, dass die EG/EU bei ihrem Handeln stets an die Gemeinschaftsgrundrechte gebunden war, während eine mitgliedstaatliche Bindung an die Gemeinschaftsgrundrechte nur im Anwendungsbereich des Gemeinschaftsrechts bestand. Nationale Grundrechte kamen demgegenüber außerhalb des Anwendungsbereichs des Gemeinschaftsrechts sowie im Anwendungsbereich des Gemeinschaftsrechts im Rahmen gemeinschaftsrechtlicher Abwägungs- und Beurteilungsspielräume zur Anwendung, wobei der EuGH, anders als die meisten mitgliedstaatlichen Verfassungs- und Höchstgerichte, hier zusätzlich eine Bindung an die Gemeinschaftsgrundrechte annahm. In Bezug auf die prozessuale Ausgestaltung des Grundrechtsschutzes zeigte sich, dass bei der Beschränkung von Grundfreiheiten sowie bei der Durchführung des Gemeinschaftsrechts in dessen nicht-determiniertem Bereich angesichts der Reduzierung der Prüfungsdichte durch den EuGH nationale grundrechtliche Wertungen entweder als bei der Abwägung zu berücksichtigende Faktoren oder sogar als geltender Schutzstandard heran gezogen werden konnten. Die Mehrzahl der mitgliedstaatlichen Verfassungs- und Höchstgerichte nahm bzw. nimmt ihrerseits eine Überprüfung am Maßstab der nationalen Grundrechte im Anwendungsbereich des EU-Recht vorbehaltlich des Absinkens des Grundrechtsstandards auf europäischer Ebene bzw. des Vorliegens eines *ultra vires*-Rechtsaktes nur dann vor, wenn dieses entsprechende Gestaltungsspielräume enthält.

Die Untersuchung hat gezeigt, dass sich das Verhältnis zwischen unionsrechtlichem und nationalem Grundrechtsschutz trotz einiger neu aufgetretener Konfliktpunkte durch das Inkrafttreten der Grundrechte-Charta nicht grundlegend geändert hat. Dies ergibt sich schon daraus, dass die Grundrechte-Charta weitgehend die zuvor vom EuGH als allgemeine Rechtsgrundsätze des Gemeinschaftsrechts entwickelten Grundrechte kodifizierte, wobei andererseits nicht übersehen werden darf, dass darin auch eine Reihe neuer, auf Gemeinschaftsebene und auch in zahlreichen Mitgliedstaaten zuvor unbekannte Grundrechte und Grundsätze verankert wurden, was langfristig einer Grundrechtsentwicklung „von oben nach unten" Vorschub leisten könnte. Aus der *Melloni*-Entscheidung, welche für das Verhältnis von unionalen und nationalen Grundrechten als richtungsweisend betrachtet werden kann, ergibt sich, dass nationale Grundrechtsgewährleistungen im Rahmen von unionsrechtlich eingeräumten Gestaltungsspielräumen nur dann Berücksichtigung finden können, sofern durch diese Anwendung weder das Schutzniveau der Charta, wie sie vom Gerichtshof ausgelegt wird, noch der Vorrang, die Einheit und die Wirksamkeit des Unionsrechts beeinträchtigt werden, was dazu führt, dass im Anwendungsbereich der Grundrechte-Charta nationale Grundrechte nur noch dann zur Anwendung kommen können, wenn das Unionsrecht nicht entgegen steht, was eine massive Zurückdrängung des nationalen Grundrechtsschutzes impliziert. Die Wirkung der *Melloni*-Entscheidung wird zudem dadurch verstärkt, dass nach dem Urteil des EuGH in der Rechtssache *Åkerberg Fransson* der Anwendungsbereich der Charta nach Art. 51 Abs. 1 S. 1 GRC weit zu verstehen ist, was eine umfassende Bindung der Mitgliedstaaten an die Unionsgrundrechte bedeutet, zumal durch die in der Analyse ebenfalls zu Tage getretene stetige Ausdehnung der Unionskompetenzen kaum noch ein Lebensbereich vom Unionsrecht unberührt bleibt. Die Untersuchung hat jedoch gezeigt, dass sich der EuGH – auch vor dem Hintergrund der Reaktionen einiger mitgliedstaatlicher Verfassungs- und Höchstgerichte auf die *Åkerberg Fransson*-Entscheidung – in der Folgezeit darum bemüht hat, Kriterien für eine bessere Konturierung des Anwendungsbereichs der Grundrechte-Charta zu entwerfen. In Bezug auf die prozessualen Mechanismen zur Gewährleistung des Grundrechtsschutzes lässt sich konstatieren, dass der EuGH nach wie vor dazu tendiert, die Durchführung des Unionsrechts durch die Mitgliedstaaten streng zu überprüfen und insbesondere auch im Falle der Annahme eines Ermessensspielraums dessen Ausfüllung durch die nationalen Stellen intensiv zu überwachen, was darauf hindeutet, dass der EuGH noch keine kohärente *margin of appreciation*-Doktrin zu Gunsten der Mitgliedstaaten entwickelt hat. Hinzu kommt, dass der EuGH durch seine restriktive Rechtsprechung zur Zulässigkeit eines nationalen Zwischenverfahrens neben dem unionsrechtlichen Vorabentscheidungsverfahren seinen Anspruch auf das „letzte Wort" im Verhältnis zu den nationalen Verfassungs- und Höchstgerichten beim Grundrechtsschutz untermauert hat. Die Reaktion der nationalen Verfassungs- und Höchstgerichte auf die neuere Rechtsprechung des EuGH zur Grundrechte-Charta ist keineswegs einheitlich. Während etwa das Bundesverfassungsgericht die diesbezügliche Rechtsprechung des EuGH kritisch betrachtet und eher auf Distanz zur Linie des Luxemburger Gerichtshofs geht, versucht der österreichische Verfassungsgerichtshof, Konflikte mit dem EuGH von vornherein dadurch zu umgehen, dass er die Grundrechte-Charta unter bestimmten Voraussetzungen unmittelbar als Prüfungsmaßstab heranzieht, was die Bedeutung der nationalen Grundrechte langfristig schwächen kann. Die Untersuchung hat außerdem gezeigt, dass die nationalen Fachgerichte vom Inkrafttreten der Grundrechte-Charta profitiert haben, während die mitgliedstaatlichen Verfassungs- und Höchstgerichte in Folge der Ausweitung des Grundrechtsschutzes auf Unionsebene langfristig an Bedeutung verlieren könnten.

Neben die Bundes- und die (mit-)gliedstaatliche Ebene tritt in den untersuchten föderalen Mehrebenensystemen noch die EMRK als zusätzliche, internationale Ebene des Grundrechtsschutzes, wobei die Konvention im Wesentlichen einen Katalog an klassischen Freiheitsrechten enthält, der durch die verschiedenen Zusatzprotokolle zur EMRK ergänzt wird. Die Einhaltung der Konvention wird vom EGMR überprüft, der sich des Instruments der *margin of appreciation* bedient und den Vertragsparteien unter bestimmten Voraussetzungen einen Beurteilungsspielraum im Sinne eines völkerrechtlich begründeten *judicial self-restraint* einräumt. Bestehen und Reichweite dieses Beurteilungsspielraums bemessen sich nach verschiedenen Kriterien, zu denen u.a. das betroffene Grundrecht, das Eingriffsziel, aber auch das Vorliegen eines europäischen Standards sowie das Bestehen spezifischer nationaler oder regionaler Besonderheiten in rechtlicher oder faktischer Hinsicht gehören. Im Falle eines durch Unionsrecht determinierten Handelns der Vertragsparteien wendet der EGMR die sog. *Bosphorus*-Vermutung an, die von einem hinreichenden Grundrechtsschutz der Union ausgeht, die jedoch im Einzelfall widerlegt werden kann. Sowohl durch das Instrument der *margin of appreciation* als auch durch die Einräumung der *Bosphorus*-Vermutung sollen Konflikte zwischen den Höchstgerichten der beteiligten Ebenen vermieden werden. Die föderalen Systeme des Grundgesetzes, der schweizerischen Bundesverfassung und der EU rezipieren die EMRK als eigene Ebene des Grundrechtsschutzes auf jeweils unterschiedliche Art und Weise, nachdem die Konvention keine eigene Kollisionsnorm zur Geltung innerhalb der Rechtsordnung der Vertragsparteien enthält. In Deutschland ist die Konvention seit der *Görgülü*-Entscheidung des Bundesverfassungsgerichts bei der Interpretation des nationalen Rechts „im Rahmen methodisch vertretbarer Auslegung“ als Auslegungshilfe zu berücksichtigen, während in der Schweiz die EMRK auf Grund des dortigen monistischen Systems unmittelbar und direkt gilt. Den EMRK-Garantien kommt dort die Wirkung verfassungsmäßiger Rechte zu, die vom Einzelnen im Wege der Beschwerde bzw. der subsidiären Verfassungsbeschwerde vor dem Bundesgericht geltend gemacht werden können. Darüber hinaus geht das Bundesgericht in neuester Rechtsprechung davon aus, dass der EMRK innerstaatlich Vorrang vor der Bundesverfassung zukomme, was mit großer Wahrscheinlichkeit das Ende der *Schubert*-Praxis bedeutet. Daraus folgt, dass nunmehr jegliches Bundesrecht einschließlich der Bundesverfassung vom Bundesgericht am Maßstab der EMRK geprüft werden kann und im Falle eines Verstoßes nicht mehr angewendet werden darf. Die Konvention hat auf Grund ihrer unmittelbaren Anwendbarkeit die grundrechtsbezogene Rechtsprechung des Bundesgerichts erheblich beeinflusst und insgesamt das System des schweizerischen Grundrechtsschutzes in entscheidender Weise mitgestaltet. Für die EU ist die EMRK mangels Beitritt der Union zu der Konvention bislang nicht verbindlich, wobei ein solcher Beitritt nach dem negativen Gutachten des EuGH zur Beitrittsfrage aus dem 2015 gegenwärtig auch nicht absehbar ist. Gleichwohl hat sich die EMRK auf die Grundrechtsentwicklung in der EU entscheidend ausgewirkt, was sich schon daran zeigt, dass der EuGH die Gemeinschaftsgrundrechte nicht nur auf Grundlage der Grundrechtsgarantien der Mitgliedstaaten, sondern auch auf Grundlage der EMRK entwickelte.

Nachdem die bestehenden Mechanismen für die Herbeiführung eines Ausgleichs zwischen Grundrechtsvereinheitlichung und Grundrechtsvielfalt in der EU als nicht ausreichend angesehen wurden und die Analyse auch vor dem Hintergrund der Erfahrungen der föderalen Systeme Deutschlands und der Schweiz eine weitere Unitarisierung des Grundrechtsschutzes in der EU befürchten lässt, wurden im 6. Teil auf Basis der aus dem Rechtsvergleich gewonnenen Erkenntnisse diejenigen Faktoren identifiziert, die, wie etwa die Kompetenzverteilung im föderalen System, die Reichweite der Grundrechtsbindung sowie der Prüfungsmaßstab der beteiligten Gerichte, die Ausgestaltung des Grundrechtsschutzes in der EU beeinflussen können. Zugleich wurden Wege aufgezeigt, wie in Zukunft ein besserer Ausgleich im Spannungsfeld von Grundrechtsvereinheitlichung und Grundrechtsvielfalt erzielt werden kann. Als wesentliches Ergebnis ergab sich hierbei, dass Konflikte zwischen Unionsrecht und nationalem Recht zwar mit Hilfe des grundsätzlich von allen beteiligten Akteuren anerkannten Anwendungsvorrangs des Unionsrechts aufgelöst werden können, es im Einzelfall jedoch zu einer Situation kommen kann, in der ein nationales Verfassungsgericht dem EuGH die Gefolgschaft verweigert und den Anwendungsvorrang des Unionsrechts ausnahmsweise verneint, so dass eine Auflösung von Grundrechtskonflikten letztlich nur auf prozessualem Weg durch die Kooperation der beteiligten Verfassungs- und Höchstgerichte möglich ist. Dies gilt umso mehr, als nach der Analyse der Systeme Deutschlands und der Schweiz materiell-rechtliche Kollisionsnormen die Grundrechtsvereinheitlichung zu Gunsten der Bundesgrundrechte nachhaltig fördern. Bei der Kooperation zwischen den nationalen Verfassungs- und Höchstgerichten und dem EuGH kann ein institutionalisierter Dialog ebenso von Nutzen sein wie das Instrument der konformen Auslegung, welches zwar zur Konfliktvermeidung beiträgt, andererseits aber die Grundrechtsvereinheitlichung beschleunigt. Daher kann der eigentliche Schlüssel zur Auflösung des Spannungsfeldes nur in der gegenseitigen Einräumung von Entscheidungsspielräumen durch die beteiligten Gerichte liegen. In diesem Zusammenhang wurde auf Grundlage der Rechtsprechung des EGMR und des Schweizer Bundesgerichts ein Modell entwickelt, mit dessen Hilfe die Prüfungsdichte des EuGH mit Rücksicht auf die Notwendigkeit der Einheitlichkeit der Unionsrechtsordnung einerseits und die nationalen Besonderheiten der EU-Mitgliedstaaten andererseits besser variiert werden kann. Der EuGH selbst kennt bereits heute eine solche Abstufung der Kontrolldichte, wobei die vom EGMR und vom Schweizer Bundesgericht verwendeten Kriterien in seiner Rechtsprechung ebenfalls zumindest teilweise zum Tragen kommen. Allerdings erscheint das Vorgehen des EuGH bislang noch weitaus weniger systematisch als die Herangehensweise des EGMR oder des Schweizer Bundesgerichts. Nach dem in der Untersuchung entwickelten Modell soll je nach Vorliegen der einschlägigen Kriterien entweder eine bloße Willkürprüfung, eine intensive Prüfung oder eine Prüfung mit mittlerer Prüfungsdichte vorgenommen werden, wobei bei Vorliegen mehrerer verschiedener Kriterien die Prüfungsdichte für den konkreten Fall durch die Bildung von Mittelwerten zu bestimmen ist. Eine Anwendung dieses Modells auf bereits vom EuGH entschiedene Fälle zeigt, dass vielfach die Prüfungsdichte zu Gunsten der mitgliedstaatlichen Instanzen stärker hätte zurückgenommen werden müssen, was die Relevanz der nationalen Grundrechte erhöhen und damit der Aufrechterhaltung der Grundrechtsvielfalt in Europa dienen würde. Außerdem wurde vorgeschlagen, dass spiegelbildlich zur Reduzierung der Prüfungsdichte durch den EuGH die nationalen Verfassungs- und Höchstgerichte zur Vermeidung von Jurisdiktionskonflikten dem EuGH einen Anspruch auf Fehlertoleranz zugestehen sollen. Konkret sollte dies geschehen, indem die nationalen Verfassungs- und Höchstgerichte eine etwaige *ultra vires*-Kontrolle nach dem Vorbild des Bundesverfassungsgerichts auf erhebliche Kompetenzverstöße durch den EuGH beschränken, wobei im Grundrechtsbereich insbesondere bei der Interpretation der Grundrechte-Charta und der Bestimmung von deren Anwendungsbereich ein Recht auf Fehlertoleranz einzuräumen wäre.

Daran wird deutlich, dass im System der EU, welches – wie *Möstl* zu Recht voraussagt[1] – auch in Zukunft seinen föderalen Charakter behalten wird, Grundrechtskonflikte trotz der Abwesenheit einer formellen Hierarchie zwischen EU und Mitgliedstaaten in ähnlicher Weise wie in den tendenziell hierarchisch gegliederten föderalen Systemen Deutschlands und der Schweiz vermieden bzw. aufgelöst werden können, wobei die prozessuale Abwägung der entscheidende Anknüpfungspunkt ist. Vor diesem Hintergrund ist der Ausgleich des Spannungs-

[1] S. dazu oben, Einführung, Fn. 1.

verhältnisses zwischen Grundrechtsvereinheitlichung und Grundrechtsvielfalt in der föderalen EU, „zwischen der Scylla einer überzogenen und letztlich uneuropäischen Zentralisierung und der Charybdis fataler Desintegration“[2], um mit den Worten *von Danwitz'* zu sprechen, keineswegs eine *mission impossible*, sondern vor dem Hintergrund der aktuellen Krise der Union und der Gefahr des Scheiterns der europäischen Idee vielmehr eine *conditio sine qua non*.

[2] *V. Danwitz*, EuGRZ 2013, 253, 261.

Literaturverzeichnis

Ackermann, Thomas, Case C-36/02, Omega Spielhallen- und Automatenaufstellungs-GmbH v. Oberbürgermeisterin der Bundesstadt Bonn, Judgment of the Court of Justice (First Chamber) of 14 October 2004, nyr, CMLR 42 (2005), 1107–1120.

Aemisegger, Heinz, Der Beschwerdegang in öffentlich-rechtlichen Angelegenheiten, in: *Ehrenzeller, Bernhard/Schweizer, Rainer J.* (Hrsg.), Die Reorganisation der Bundesrechtspflege – Neuerungen und Auswirkungen in der Praxis, St. Gallen 2006, S. 103–210.

Aemisegger, Heinz, Die Bedeutung der Rechtsprechung des Bundesgerichts zur EMRK für die Kantone, in: *Besson, Samantha/Belser, Eva Maria* (Hrsg.), Die Europäische Menschenrechtskonvention und die Kantone, Zürich 2014, S. 113–133.

Aemisegger, Heinz, Probleme der Umsetzung der EMRK im schweizerischen Recht, in: *Jaag, Tobias/Kaufmann, Christine* (Hrsg.), 40 Jahre Beitritt der Schweiz zur EMRK, Zürich/Basel/Genf 2015, S. 201–229.

Aemisegger, Heinz, Zum Status quo: Standortbestimmungen und Herausforderungen, Vortrag bei der BENEFRI-Tagung im Europarecht, Grundrechtsschutz in Europa und die Schweiz, 6. Mai 2015, Universität Freiburg i. Ue., Thesenpapier.

Aemisegger, Heinz, Zur Umsetzung der EMRK durch das Bundesgericht, in: *Breitenmoser, Stephan/Ehrenzeller, Bernhard* (Hrsg.), EMRK und die Schweiz, St. Gallen 2010, S. 43–105.

Aemisegger, Heinz, Zur Umsetzung von Justizreform 2000 und Bundesgerichtsgesetz im Lichte der EMRK, in: *Breitenmoser, Stephan/Ehrenzeller, Bernhard/Sassòli, Marco/Stoffel, Walter/Wagner Pfeifer, Beatrice* (Hrsg.), Menschenrechte, Demokratie und Rechtsstaat, Liber amicorum Luzius Wildhaber, Zürich/St. Gallen 2007, S. 3–20 (zit.: Aemisegger, FS Wildhaber).

Affolter, Albert, Die individuellen Rechte nach der bundesgerichtlichen Praxis, 2. Aufl., Zürich 1915.

Alber, Siegbert/Widmaier, Ulrich, Mögliche Konfliktbereiche und Divergenzen im europäischen Grundrechtsschutz, EuGRZ 2006, 113–123.

Albin, Silke, Das Subsidiaritätsprinzip in der EU: Anspruch und Rechtswirklichkeit, NVwZ 2006, 629–635.

Alexy, Robert, Theorie der Grundrechte, Berlin 1994.

Altwicker, Tilmann, Menschenrechtlicher Gleichheitsschutz, Heidelberg 2011.

Amstutz, Kathrin, Das Grundrecht auf Existenzsicherung, Bern 2002.

Amtenbrink, Fabian, The European Court of Justice's Approach to Primacy and European Constitutionalism – Preserving the European Constitutional Order?, in: *Micklitz, Hans-W./de Witte, Bruno* (Hrsg.), The European Court of Justice and the Autonomy of the Member States, Cambridge/Antwerpen/Portland 2012, S. 35–63.

Andreadakis, Stelios, Problems and Challenges of the EU's Accession to the ECHR: Empirical Findings with a View to the Future, in: *Morano-Foadi, Sonia/Vickers, Lucy*

(Hrsg.), Fundamental Rights in the EU: A Matter for Two Courts, Oxford/Portland 2015, S. 47–67.

Andriantsimbazovina, Joël, L'autorité de la chose interprétée et le dialogue des juges, in: Le dialogue des juges: Mélanges en l'honneur du Président Bruno Genevois, Paris 2009, S. 11–28.

Anschütz, Gerhard/Thoma, Richard (Hrsg.), Handbuch des Deutschen Staatsrechts, Bd. 1, Tübingen 1930 (zit.: Bearbeiter, HdStR I, 1930).

Anschütz, Gerhard/Thoma, Richard (Hrsg.), Handbuch des Deutschen Staatsrechts, Bd. 2, Tübingen 1932 (zit.: Bearbeiter, HdStR II, 1932).

Anschütz, Gerhard, Bismarck und die Reichsverfassung, Berlin 1899.

Anschütz, Gerhard, Der deutsche Föderalismus in Vergangenheit, Gegenwart und Zukunft, VVDStRL 1 (1924), 11–34.

Anschütz, Gerhard, Die Verfassung des Deutschen Reichs vom 11. August 1919, 14. Aufl. 1933 (Neudruck: Bad Homburg 1965) (zit.: Anschütz, Kommentar zur Reichsverfassung).

Anschütz, Gerhard, Die Verfassungsurkunde für den Preußischen Staat vom 31. Januar 1850, Berlin 1912 (Neudruck Aalen 1974) (zit.: Anschütz, Preußische Verfassungsurkunde).

Anzilotti, Dionisio, Lehrbuch des Völkerrechts, Bd. 1: Einführung – Allgemeine Lehren, Berlin/Leipzig 1929.

Aquin, Thomas von, Summa Theologica, Bd. 1, hrsg. vom Katholischen Akademikerverband, Salzburg 1933.

Arai-Takahashi, Yutaka, The Margin of Appreciation Doctrine and the Principle of Proportionality in the Jurisprudence of the ECHR, Antwerpen/Oxford/New York 2002.

Arden, Mary, Human Rights and European Law, Vol. 1, Oxford 2015.

Arndt, Adolf, Das Staatsrecht des Deutschen Reiches, Berlin 1901.

Arnim, Dorothee von, Der Standort der EU-Grundrechtecharta in der Grundrechtsarchitektur Europas, Frankfurt am Main 2006.

Arnst, Olga, Instrumente der Rechtsprechungskoordination als judikative Netzwerke?, in: *Boysen, Sigrid et al.* (Hrsg.), Netzwerke, 47. Assistententagung Öffentliches Recht, Baden-Baden 2007, S. 58–79 (zit.: Arnst, Instrumente der Rechtsprechungskoordination als judikative Netzwerke?, in: Boysen et al. (Hrsg.), 47. ATÖR – Netzwerke).

Arnull, Anthony, Broken Bats, ELRev 41 (2016), 473–474.

Arroyo Jiménez, Luis, Empatía constitucional: Derecho de la Unión Europea y Constitución Española, Madrid 2016.

Arroyo, Manuel, Praxis des Bundesgerichts zur Gleichberechtigung von Mann und Frau (1848–1981), Basel 2001.

Arzoz Santiesteban, Xabier, La relevancia del derecho de la Unión Europea para la interpretación de los derechos fundamentales constitucionales, Revista Espagñola de Derecho Constitucional 74 (2005), 63–110.

Aubert, Jean-François/Eichenberger, Kurt/Müller, Jörg Paul/Rhinow, René/Schindler, Dietrich (Hrsg.), Kommentar zur Bundesverfassung der Schweizerischen Eidgenossenschaft vom 29. Mai 1874, Loseblatt, Bd. 4, Basel/Zürich/Bern 1987–1996 (zit.: Bearbeiter, in: Aubert et al., Kommentar zur Bundesverfassung der Schweizerischen Eidgenossenschaft, Bd. 4).

Aubert, Jean-François/Mahon, Pascal, Petit commentaire de la Constitution fédérale de la Confédération suisse du 18 avril 1999, Zürich/Basel/Genf 2003 (zit.: Bearbeiter, in: Aubert/Mahon, Petit Commentaire de la Constitution fédérale de la Confédération suisse).

Aubert, Jean-François / Mahon, Pascal, Un regard extérieur, FZR 2005 I (Sonderheft), Die neue Freiburgische Verfassung, 49–77.

Aubert, Jean-François, Bundesstaatsrecht der Schweiz, Fassung von 1967, Bd. 1, Basel/Frankfurt am Main 1991.

Aubert, Jean-François, Les parallèles avec l'intégration des cantons suisses dans la Confédération suisse, in: *Institut suisse de droit comparé, Lausanne* (Hrsg.), L'intégration européenne: historique et perspectives, Zürich/Basel/Genf 2002, S. 57–64.

Auer, Andreas / Malinverni, Giorgio / Hottelier, Michel, Droit constitutionnel suisse, Vol. 1: L'État, 3. Aufl., Bern 2013 (zit.: Auer/Malinverni/Hottelier, Droit constitutionnel, Vol. 1).

Auer, Andreas / Malinverni, Giorgio / Hottelier, Michel, Droit constitutionnel suisse, Vol. 2: Les droits fondamentaux, 3. Aufl., Bern 2013 (zit.: Auer/Malinverni/Hottelier, Droit constitutionnel, Vol. 2).

Auer, Andreas, Die schweizerische Verfassungsgerichtsbarkeit, Deutschsprachige Ausgabe von La juridiction constitutionnelle en Suisse, übersetzt von Nanni Rojas, Basel/Frankfurt am Main 1984.

Auer, Andreas, Les cantons comme piliers de la Confédération suisse, in: *Rüssli, Markus / Hänni, Julia / Häggi Furrer, Reto* (Hrsg.), Staats- und Verwaltungsrecht auf vier Ebenen, Festschrift für Tobias Jaag, Zürich/Basel/Genf 2012, S. 383–399 (zit.: Auer, FS Jaag).

Auer, Andreas, Les constitutions cantonales: une source négligée du droit constitutionnel suisse, ZBl. 1990, 14–25.

Auer, Andreas, Réflexions sur la nouvelle Constitution genevoise, AJP 2008, 683–688.

Auer, Andreas, Staatsrecht der schweizerischen Kantone, Bern 2016.

Augsberg, Steffen, Von der Solange- zur Soweit-Rechtsprechung: Zum Prüfungsumfang des Bundesverfassungsgerichts bei richtlinienumsetzenden Gesetzen, DÖV 2010, 153–160.

Augustin, Angela, Das Volk der Europäischen Union, Berlin 2000.

Avbelj, Matej, Supremacy or Primacy of EU Law – (Why) Does it Matter?, ELJ 2011, 744–763.

Avbelj, Matej, The Pitfalls of (Comparative) Constitutionalism for European Integration, Eric Stein Working Paper 1/2008, Prag 2008.

Azoulai, Loïc, Introduction: The Question of Competence, in: *ders.* (Hrsg.), The Question of Competence in the European Union, Oxford 2014, S. 1–16.

Bache, Ian / Flinders, Matthew, Themes and Issues in Multi-level Governance, in: *dies.* (Hrsg.) Multi-level Governance, Oxford/New York 2004, S. 1–11.

Bachof, Otto, Anmerkung, VVDStRL 46 (1988), 141–143.

Bachof, Otto, Beurteilungsspielraum, Ermessen und unbestimmter Rechtsbegriff im Verwaltungsrecht, JZ 1955, 97–102.

Backmann, Jan L., Verfassungsbeschwerde für Schleswig-Holstein, NordÖR 2009, 229–235.

Badura, Peter, Die „Kunst der föderalen Form" – Der Bundesstaat in Europa und die europäische Föderation, in: *Badura, Peter / Scholz, Rupert* (Hrsg.), Wege und Verfahren des Verfassungslebens, Festschrift für Peter Lerche zum 65. Geburtstag, München 1993, S. 369–384 (zit.: Badura, FS Lerche).

Badura, Peter, Diskussionsbemerkung, VVDStRL 60 (2001), 353.

Badura, Peter, Supranationalität und Bundesstaatlichkeit durch Rangordnung des Rechts, in: *Schwarze, Jürgen* (Hrsg.), Verfassungsrecht und Verfassungsgerichtsbarkeit im Zeichen Europas, Baden-Baden 1998, S. 63–79.

Badura, Peter, Stellenwert von Länderverfassungen und Verfassungskonflikten am bayerischen Beispiel, BayVBl. 2007, 193–198.

Bäcker, Matthias, Das Grundgesetz als Implementationsgarant der Unionsgrundrechte, EuR 2015, 389–415.

Baer, Susanne, Verfassungsvergleichung und reflexive Methode: Interkulturelle und intersubjektive Kompetenz, ZaöRV 2004, 735–758.

Baer, Susanne, Zum Potenzial der Rechtsvergleichung für den Konstitutionalismus, JöR 63 N.F. (2015), 389–400.

Bahlmann, Kai, Der Grundrechtsschutz in der Europäischen Gemeinschaft, EuR 1982, 1–20.

Bailleux, Antoine, Entre droits fondamentaux et intégration européenne, la Charte des droits fondamentaux de l'Union européenne face à son destin, RTDH 97 (2014), 214–235.

Bainczyk, Magdalena/Ernst, Ulrich, Fragen der EU-Mitgliedschaft vor dem polnischen Verfassungsgerichtshof – Anmerkungen zum Urteil des polnischen Verfassungsgerichtshofs vom 11.05.2005, EuR 2006, 247–265.

Baldus, Manfred, Landesverfassungsrecht und Bundesverfassungsrecht – Wie fügt sich das Gegenstrebige, in: *Die Verfassungsgerichte der Länder Brandenburg, Mecklenburg-Vorpommern, Sachsen, Sachsen-Anhalt und Thüringen* (Hrsg.), 20 Jahre Verfassungsgerichtsbarkeit in den neuen Ländern, Berlin 2014, S. 19–52.

Banaszak, Boguslaw/Jarosz-Żukowska, Sylwia, Die Verfassungsbeschwerde in Polen, Osteuropa-Recht 2014, 288–300.

Baquero Cruz, Julio, Another Look at Constitutional Pluralism in the European Union, ELJ 22 (2016), 356–374.

Barents, René, The Fallacy ot European Multilevel Constitutionalism, in: *Avbelj, Matej/Komárek, Jan* (Hrsg.), Constitutional Pluralism in the European Union and Beyond, Oxford/Portland, 2012, S. 153–183.

Barents, René, The Precedence of EU Law from the Perspective of Constitutional Pluralism, EuConst 5 (2009), 421–446.

Bates, Ed, Activism and Self-Restraint: The Margin of Appreciation's Strasbourg Career and Its 'Coming of Age'?, HRLJ 36 (2016), 261–276.

Battis, Ulrich/Gusy, Christoph, Einführung in das Staatsrecht, 5. Aufl., Berlin et al. 2011.

Bauer, Hans-Joachim, Der Thüringer Verfassungsgerichtshof, LKV 1996, 385–388.

Bauer, Hartmut, Die Bundestreue, Tübingen 1992.

Bauer, Hartmut, Entwicklungstendenzen und Perspektiven des Föderalismus in der Bundesrepublik Deutschland, DÖV 2002, 837–845.

Bauer-Kirsch, Angela, Wer formuliert, hat die Macht. Zu Außenwahrnehmung und Selbstverständnis des Verfassungskonvents von Herrenchiemsee, in: *Depenheuer, Otto et al.* (Hrsg.), Nomos und Ethos, Hommage an Josef Isensee zum 65. Geburtstag von seinen Schülern, Berlin 2002, S. 229–256 (zit.: Bauer-Kirsch, FS Isensee).

Baumann, Jessica, Auf dem Weg zu einem doppelten EMRK-Schutzstandard? – Die Fortschreibung der Bosphorus-Rechtsprechung des EGMR im Fall Nederlandse Kokkelvisserij, EuGRZ 2011, 1–19.

Baumann-Hasske, Harald/Kunzmann, Bernd (Hrsg.), Die Verfassung des Freistaates Sachsen, Kommentar, 3. Aufl., Berlin 2011 (zit.: Bearbeiter, in: Baumann-Hasske/Kunzmann (Hrsg.), Die Verfassung des Freistaates Sachsen).

Bausback, Winfried, Religions- und Weltanschauungsfreiheit als Gemeinschaftsgrundrecht, EuR 2000, 261–273.

Bayer, Hermann-Wilfried, Die Bundestreue, Tübingen 1961.

Beale, Kieron, The United Kingdom without the Charter of Fundamental Rights in the European Union: Putting Down the Dog That Did Not Bark?, in: *Birkinshaw, Patrick J./Biondi, Andrea* (Hrsg.), Britain Alone! The Implications and Consequences of United Kingdom Exit from the EU, Alphen aan den Rijn 2016, S. 257–290.

Beaud, Olivier, Die europäische Union als Föderation, in: *Franzius, Claudio/Mayer, Franz C./Neyer, Jürgen* (Hrsg.), Strukturfragen der Europäischen Union, Baden-Baden 2010, S. 97–101.

Beaud, Oliver, Europa als Föderation? Relevanz und Bedeutung einer Bundeslehre für die Europäische Union, in: *Pernice, Ingolf/Otto, Lars S.* (Hrsg.), Europa neu verfasst ohne Verfassung, Baden-Baden 2010, S. 59–84.

Beaud, Olivier, La Fédération entre l'État et l'Empire, in: *Théret, Bruno* (Hrsg.), L'État, la finance et le social, Paris 1995, S. 282–305.

Becker, Anne C., Vorrang versus Vorherrschaft – Anmerkung zum Urteil des spanischen Tribunal Constitucional DTC 1/2004, EuR 2005, 353–363.

Becker, Florian, Landesgrundrechte in Schleswig-Holstein, in: *Merten, Detlef/Papier, Hans-Jürgen* (Hrsg.), Handbuch der Grundrechte, Bd. 8: Landesgrundrechte in Deutschland, Heidelberg 2017, § 259 (zit.: Becker, HGR VIII).

Beitzke, Günther, Betrachtungen zur Methodik im Internationalprivatrecht, in: Rechtsprobleme in Staat und Kirche, Festschrift für Rudolf Smend zum 70. Geburtstag, Göttingen 1952, S. 1–22 (zit.: Beitzke, FS Smend).

Beljin, Saša, Die Zusammenhänge zwischen dem Vorrang, den Instituten der innerstaatlichen Beachtlichkeit und der Durchführung des Gemeinschaftsrechts, EuR 2002, 351–376.

Belser, Eva Maria, Kantonale Grundrechte und ihre Bedeutung für die Verwirklichung der Menschenrechte im mehrstufigen Staat, in: *Besson, Samantha/Belser, Eva Maria* (Hrsg.), Die Europäische Menschenrechtskonvention und die Kantone, Zürich/Basel/Genf, 2014, S. 67–94.

Benda, Ernst, Entlastung des Bundesverfassungsgerichts – Vorschläge der Entlastungskommission, Baden-Baden 1998.

Berg, Wilfried, Kassation gerichtlicher Urteile, die in bundesrechtlich geordneten Verfahren ergangen sind, in: *Starck, Christian/Stern, Klaus* (Hrsg.), Landesverfassungsgerichtsbarkeit, Teilbd. 2, Baden-Baden 1983, S. 529–549.

Bergmann, Jan, Das Bundesverfassungsgericht in Europa, EuGRZ 2004, 620–627.

Berka, Walter, Grundrechtsschutz durch EuGH und EGMR – Konkurrenz oder Kooperation, ÖJZ 2006, 876–886.

Berkemann, Jörg, Ein Landesverfassungsgericht als Revisionsgericht – Der Streitfall Honecker, NVwZ 1993, 409–419.

Berlit, Uwe, Die neue Niedersächsische Verfassung: Zur Ablösung eines provisorischen Organisationsstatuts, NVwZ 1994, 11–17.

Bermann, George, A./Nicolaidis, Kalypso, Basic Principles for the Allocation of Competence in the United States and the European Union, in: *Nicolaidis, Kalypso/Howse, Robert* (Hrsg.), The Federal Vision, Oxford/New York 2001, S. 483–504.

Bermann, George A., Harmonization and Regulatory Federalism, in: *Pernice, Ingolf* (Hrsg.), Harmonization of Legislation in Federal Systems, Baden-Baden 1996, S. 37–55.

Bernard, Nick, Multilevel Governance in the European Union, Den Haag 2002.

Bernardini, Maria Giulia, L'Unione europea ed il Trattato di Lisbona: nuove frontiere per la tutela multilivello dei diritti, Diritto e Società 3–4 (2010), 411–449.

Bernheimer, Ruth, Der Betriff und die Subjekte der verfassungsmässigen Rechte nach der Praxis des Bundesgerichtes, Zürich 1930.

Bernstorff, Jochen von, The Structural Limitations of Network-Governance: ICANN as a Case in Point, in: *Joerges, Christian/Sand, Inger-Johanne/Teubner, Gunther* (Hrsg.), Transnational Governance and Constitutionalism, Oxford/Portland 2004, S. 257–281.

Bertossa, Francesco D. A., Der Beurteilungsspielraum, Bern 1984.

Besselink, Leonard F. M./Claes, Monica/Reestman, Jan-Herman, A Constitutional moment: Acceding to the ECHR (or not), EuConst 11 (2015), 2–12.

Besselink, Leonard F. M., The Dutch Constitution, the European Constitution and the Referendum in the Netherlands, in: *Albi, Anneli/Ziller, Jacques* (Hrsg.), The European Constitution and National Constitutions, Alphen aan de Rijn 2007, S. 113–123.

Besselink, Leonard F. M., The Parameters of Constitutional Conflict after Melloni, ELRev 39 (2014), 531–552.

Besson, Samantha, Droits de l'homme et fédéralisme: une introduction thématique, in: *Besson, Samantha/Belser, Eva Maria* (Hrsg.), Die Europäische Menschenrechtskonvention und die Kantone, Genf/Zürich/Basel 2014, S. 7–39.

Besson, Samantha, European Legal Pluralism after *Kadi*, EuConst 5 (2009), 237–264.

Besson, Samantha, How international is the European legal order?, NoFo 2008, 50–70.

Bethge, Herbert, Verfassungsgerichtsbarkeit im Bundesstaat, BayVBl. 1985, 257–263.

Betschart, Hedy, Zum Stand des Schaffhauser Verfassungsrechts – geltendes Recht und laufende Verfassungsrevision, in: *Verein Schaffhauser Juristinnen und Juristen* (Hrsg.), Schaffhauser Recht und Rechtsleben, Festschrift zum Jubiläum 500 Jahre Schaffhausen im Bund, Schaffhausen 2001, S. 71–98 (zit.: Betschart, FS 500 Jahre Schaffhausen im Bund).

Biaggini, Giovanni/Gutmannsbauer, Heidrun, Die Bedeutung der Grundrechtsgarantien der basellandschaftlichen Kantonsverfassung in der Verfassungsrechtsprechung, in: *Biaggini, Giovanni/Achermann, Alex/Mathis, Stephan/Ott, Lukas* (Hrsg.), Staats- und Verwaltungsrecht des Kantons Basel-Landschaft II, Liestal 2005, S. 5–32.

Biaggini, Giovanni, Bundesverfassung der Schweizerischen Eidgenossenschaft, Kommentar, Zürich 2007 (zit.: Biaggini, Bundesverfassung).

Biaggini, Giovanni, Einige Gedanken zum interjudikativen Dialog aus rechtswissenschaftlicher Sicht, EuGRZ 2014, 29–30.

Biaggini, Giovanni, Erste Erfahrungen mit der Kantonsverfassung des Kantons Basel-Landschaft von 1984, in: *Jenny, Kurt/Achermann, Alex/Mathis, Stephan/Ott, Lukas* (Hrsg.), Staats- und Verwaltungsrecht des Kantons Basel-Landschaft, Liestal 1998, S. 9–76.

Biaggini, Giovanni, Grundlagen und Grundzüge staatlichen Verfassungsrechts: Schweiz, in: *von Bogdandy, Armin/Cruz Villalón, Pedro/Huber, Peter M.* (Hrsg.), Handbuch Ius Publicum Europaeum, Bd. 1: Grundlagen und Grundzüge staatlichen Verfassungsrechts, Heidelberg 2007, § 10 (zit.: Biaggini, Offene Staatlichkeit: Schweiz, in: v. Bogdandy/Cruz Villalón/Huber (Hrsg.), IPE II).

Biaggini, Giovanni, Über die Auslegung der Bundesverfassung und ihr Verhältnis zur EMRK, ZBl. 2013, 316–337.

Biaggini, Giovanni, Verfassungsvergleichung im Dienst der Verfassungserneuerung – Ein Blick auf Tendenzen und Besonderheiten im Verfassungsrecht anderer Kantone, in: *Dähler, Thomas / Kölz, Alfred / Notter, Markus* (Hrsg.), Wozu eine neue Kantonsverfassung?, Zürich 2000, S. 105–124.

Bickel, Samuel, Kantonales Verfassungsrecht in den Entscheidungen des schweizerischen Bundesgerichts, Zürich 1900.

Bickenbach, Christian, Die Einschätzungsprärogative des Gesetzgebers, Tübingen 2014.

Bieber, Roland, On the Mutual Completion of Overlapping Legal Systems: The Case of the European Communities and the National Legal Orders, ELRev 13 (1988), 147–158.

Bigler-Eggenberger, Margrith, Nachgeführte Verfassung: Sozialziele und Sozialrechte, in: *Ehrenzeller, Bernhard / Mastronardi, Philippe / Schaffhauser, René / Schweizer, Rainer J. / Vallender, Klaus A.* (Hrsg.), Der Verfassungsstaat vor neuen Herausforderungen, Festschrift für Yvo Hangartner, St. Gallen/Lachen 1998, S. 497–521 (zit.: Bigler-Eggenberger, FS Hangartner).

Bilfinger, Karl, Der Reichssparkommissar, Berlin/Leipzig 1928.

Binder, Hans-Otto, Reich und Einzelstaaten während der Kanzlerschaft Bismarcks 1871–1890, Tübingen 1971.

Binding, Karl (Hrsg.), Die Verfassungen des Norddeutschen Bundes vom 17. April 1867 und des Deutschen Reichs vom 16. April 1871, 4. Aufl., Leipzig 1907.

Bindreiter, Uta, Why Grundnorm?, A Treatise on the Implications of Kelsen's Doctrine, Den Haag 2002.

Biondi, Andrea, Free trade, a mountain road and the right to protest: European economic freedoms and fundamental individual rights, European Human Rights Law Review 2004, 51–61.

Birkinshaw, Patrick / Künnecke, Martina, Offene Staatlichkeit: Großbritannien, in: *von Bogdandy, Armin / Cruz Villalón, Pedro / Huber, Peter M.* (Hrsg.), Handbuch Ius Publicum Europaeum, Bd. 2, § 17, Heidelberg 2008 (zit.: Birkinshaw/Künnecke, Offene Staatlichkeit: Großbritannien, in: v. Bogdandy/Cruz Villalón/Huber (Hrsg.), IPE II).

Bischof, Hermann, Verfassung, Gesetz, Verordnung und richterliches Prüfungsrecht der Verfassungsmäßigkeit landesherrlicher Gesetze und Verordnungen, Zeitschrift für Civilrecht und Prozeß NF 17 (1860), 104–144.

Bismarck, Otto von, Rede in der 20. Sitzung des Norddeutschen Bundes vom 16.04.1869, abgedruckt in: *Kohl*; *Horst* (Hrsg.), Die politischen Reden des Fürsten Bismarck, Bd. 4 (1868–1870), Stuttgart 1893, S. 176–195.

Bjørg, Eirik, Domestic application of the ECHR: courts as faithful trustees, New York/Oxford 2015.

Blanke, Hermann-Josef, Normativer Gehalt und Justitiabilität des Subsidiaritätsprinzips nach Art. 3 b EGV, in: *Hrbek, Rudolf* (Hrsg.), Das Subsidiaritätsprinzip in der Europäischen Union – Bedeutung und Wirkung für ausgewählte Politikbereiche, Baden-Baden 1995, S. 95–118.

Bleckmann, Albert, Europarecht, 6. Aufl., Köln et al. 1997.

Bleckmann, Moritz, Nationale Grundrechte im Anwendungsbereich des Rechts der Europäischen Union, Tübingen 2011.

Blumer, Johann Jakob, Handbuch des Schweizerischen Bundesstaatsrechtes, Bd. 1, Schaffhausen 1863.

Bluntschli, Johann Caspar, Allgemeines Staatsrecht, Bd. 2, 4. Aufl., München 1868.

Bobek, Michal, The Impact of the European Mandate of Ordinary Courts on the Position of Constitutional Courts, in: *Claes, Monica / de Visser, Maartje / Popelier, Patricia / Van de Heyning, Catherine* (Hrsg.), Constitutional Conversations in Europe, Cambridge/Antwerpen/Portland 2012, S. 287–308.

Bock, Eduard, Das Staatsrecht des Deutschen Reiches, 2. Aufl., Stuttgart 1903.

Bock, Thomas, Das Grundrechtsverständnis des Bayerischen Staatsgerichtshofs nach der Verfassungsurkunde des Freistaates Bayern vom 14. August 1919 und das zeitgenössische Schrifttum, Regensburg 2001.

Bock und Polach, Carlotta von, Neue Institutionenökonomie und Netzwerkanalyse. Theoretische und methodische Anknüpfungspunkte am Beispiel des Spargelanbaus in Brandenburg, in: *Stegbauer, Christian* (Hrsg.), Netzwerkanalyse und Netzwerktheorie, Wiesbaden 2008, S. 429–441.

Böckenförde, Ernst-Wolfgang / Grawert, Rolf, Kollisionsfälle und Geltungsprobleme im Verhältnis von Bundesrecht und Landesverfassung, DÖV 1971, 119–127.

Böckenförde, Ernst-Wolfgang, Recht, Staat, Freiheit, Frankfurt am Main 1991.

Böckenförde, Ernst-Wolfgang, Verfassungsgerichtsbarkeit: Strukturfragen, Organisation, Legitimation, NJW 1999, 9–17.

Boehl, Henner Jörg, Verfassunggebung im Bundesstaat, Berlin 1997.

Böhmer, Alexander, Die Europäische Union im Lichte der Reichsverfassung von 1871, Berlin 1999.

Böhringer, Karl-Heinz, Die Badische Verfassung vom 21. März 1919, Freiburg 1950.

Bölling, Hatto Gynther, Landesverwaltung und Wehrmacht, Fischers Zeitschrift für Verwaltungsrecht 68 (1932), 1–88.

Boesch, Walter, Zur Geschichte der politischen Presse im Kanton Luzern von 1848–1914, Zürich 1931.

Bogdandy, Armin von / Kottmann, Matthias / Antpöhler, Carlino / Dickschen, Johanna / Hentrei, Simon / Smrkolj, Maja, Ein Rettungsschirm für europäische Grundrechte: Grundlagen einer unionsrechtlichen *Solange*-Doktrin gegenüber Mitgliedstaaten, ZaöRV 72 (2012), 45–78..

Bogdandy, Armin von / Schill, Stephan, Overcoming Absolute Primacy: Respect for National Identity Under the Lisbon Treaty, CMLR 48 (2011), 1417–1454.

Bogdandy, Armin von, Supranationaler Föderalismus als Wirklichkeit und Idee einer neuen Herrschaftsform, Baden-Baden 1999.

Bogdandy, Armin von, Zur Übertragbarkeit staatsrechtlicher Figuren auf die Europäische Union, in: *Brenner, Michael / Huber, Peter M. / Möstl, Markus* (Hrsg.), Der Staat des Grundgesetzes – Kontinuität und Wandel, Festschrift für Peter Badura zum siebzigsten Geburtstag, Tübingen 2004, 1033–1052 (zit.: v. Bogdandy, FS Badura).

Boldt, Hans, Der Föderalismus in den Reichsverfassungen von 1849 und 1871, in: *Wellenreuther, Hermann / Schnurmann, Claudia* (Hrsg.), Die Amerikanische Verfassung und Deutsch-Amerikanisches Verfassungsdenken, New York/Oxford 1990, S. 297–333.

Bolkensteyn, Arun, Le contrôle des normes, spécialment par les cours constitutionnelles cantonales, Bern 2014.

Boller, Marcel, Die Vorgaben der EMRK an das Rechtsschutzsystem, in: *Fahrländer, Lukas / Heizmann, Reto A.* (Hrsg.), Europäisierung der schweizerischen Rechtsordnung, Zürich/St. Gallen 2013, S. 207–224.

Bolz, Urs / Kälin, Walter, Die neue Verfassung des Kantons Bern, in: *dies.* (Hrsg.), Handbuch des bernischen Verfassungsrechts, Bern 1995, S. 5–16.

Bonin, Burkhard von, Reichsrecht und Landesrecht in der Jesuitenfrage, Berlin 1913.

Borchert, Bernhard, Das Verhältnis des Reichsrechts zum Landesrecht in Entwicklung und Gegenwart des deutschen Staatsrechts, Düsseldorf 1938.

Borghi, Marco, Diritti sociali e controllo giudiziario di costituzionalità: una costituzione per garantire l'effettività sociale dei diritti individuali, in: *Aubert, Jean-François / Borghi, Marco / Malinverni, Giorgio / Manfrini, Pierre-Louis / Righetti, Argante* (Hrsg.), La revisione totale della costituzione ticinese, Lugano 1996, S. 67–80.

Borghi, Marco, Massimario e indici, Giurisprudenza amministrativa (1976–2003) e tributaria (1991–2003) ticinese, Bellinzona 2004.

Bornhak, Conrad, Grundriß des Deutschen Staatsrechts, 5. Aufl., Leipzig/Erlangen 1920.

Bornhak, Conrad, Preußisches Staatsrecht, Bd. 1, 2. Aufl., Breslau 1911.

Bossard-Borner, Heidi, Im Spannungsfeld von Politik und Religion. Der Kanton Luzern 1831 bis 1875, Teilband 2, Basel 2008.

Bossard-Borner, Heidi, Kleine Verfassungsgeschichte des Kantons Luzern, abrufbar unter https://staatsarchiv.lu.ch/-/media/Staatsarchiv/Dokumente/luzerner_geschichte/verfassungsgeschichte.pdf?la=de-CH (zuletzt abgerufen am 04.11.2017).

Bossuyt, Marc / Verrijdt, Willem, The Full Effect of EU Law and of Constitutional Review in Belgium and France after the *Melki* Judgment, EuConst 7 (2011), 355–391.

Bothe, Michael, Verfassungsrechtsprechung der Länder in der bundesstaatlichen Ordnung – Chancen für die Länderautonomie?, in: *Dalibor, Marcel et al.* (Hrsg.), Perspektiven des Öffentlichen Rechts, Festgabe 50 Jahre Assistententagung Öffentliches Recht, Baden-Baden 2011, S. 189–200 (zit.: Bothe, FS 50 Jahre ATÖR).

Boysen, Sigrid, Gleichheit im Bundesstaat, Tübingen 2005.

Braas, Gerhard, Die Entstehung der Länderverfassungen in der Sowjetischen Besatzungszone Deutschlands 1946/47, Köln 1987.

Bradley, Anthony W. / Ewing, Keith D. / Knight, Christopher J. S., Constitutional and Administrative Law, 16. Aufl., Harlow 2014.

Braun, Dietmar, Reform- und Entscheidungsblockaden des Schweizer Föderalismus im Vergleich zu Deutschland, in: *Wagschal, Uwe / Rentsch, Hans* (Hrsg.), Der Preis des Föderalismus, Zürich 2002, S. 319–335.

Braunwart, Franz, Verfassungsbeschwerde und Staatsgerichtshof, BayZfR 1920, 257–261.

Brems, Eva, The Margin of Appreciation Doctrine in the Case-Law of the European Court of Human Rights, ZaöRV 56 (1996), 240–314.

Brenner, August, Der Schutz der in den schweizerischen kantonalen Verfassungen enthaltenen Rechte durch die Bundesgewalt, Leipzig 1906.

Brenner, Michael, Landesgrundrechte in Thüringen, in: *Merten, Detlef / Papier, Hans-Jürgen* (Hrsg.), Handbuch der Grundrechte, Bd. 8: Landesgrundrechte in Deutschland, Heidelberg 2017, § 260 (zit.: Brenner, HGR VIII).

Brentano, Heinrich von, Schriftlicher Bericht, Übergangs- und Schlußbestimmungen, in: *Parlamentarischer Rat* (Hrsg.), Schriftlicher Bericht zum Entwurf des Grundgesetzes für die Bundesrepublik Deutschland, Drs. Nr. 850, 854, Bonn 1948/49, S. 61–105.

Bretz, Kay G., Föderalismus und Regionalismus in Deutschland, Spanien und der Europäischen Union, Berlin 2005.

Breuer, Gerhard, Sonderrechte in der Reichsverfassung von 1871 und der Europäischen Union unter besonderer Berücksichtigung der Idee der abgestuften Integration, Münster 1997.

Breuer, Marten, Karlsruhe und die Gretchenfrage: Wie hast du's mit Straßburg?, NVwZ 2005, 412–414.

Breuer, Marten, Verfassungsgerichte und Verfassungsvergleichung: Die Perspektive des Europäischen Gerichtshofs für Menschenrechte, JRP 18 (2010), 223–229.

Breuer, Marten, „Wasch mir den Pelz, aber mach mich nicht nass!": Das zweite Gutachten des EuGH zum EMRK-Beitritt der Europäischen Union, EuR 2015, 330–351.

Breuer, Rüdiger, Bundesstaatliche Kompetenzordnung im europäischen Staatenverbund, in: *Grote, Rainer et al.* (Hrsg.), Die Ordnung der Freiheit, Festschrift für Christian Starck zum 70. Geburtstag, Tübingen 2007, S. 165–186 (zit.: Breuer, FS Starck).

Bridel, Marcel, Précis de droit constitutionnel et public suisse, Bd. 1, Lausanne 1965.

Brie, Siegfried, Zur Theorie des constitutionellen Staatsrechts, AöR 4 (1889), 1–61.

Britz, Gabriele, Europäisierung des grundrechtlichen Datenschutzes?, EuGRZ 2009, 1–11.

Britz, Gabriele, Grundrechtsschutz durch das Bundesverfassungsgericht und den Europäischen Gerichtshof, EuGRZ 2015, 275–281.

Britz, Gabriele, Verfassungsrechtliche Effektuierung des Vorabentscheidungsverfahrens, NJW 2012, 1313–1317.

Broberg, Morten, National Courts of Last Instance Failing to Make a Preliminary Reference: The (Possible) Consequences Flowing Therefrom, European Public Law 22 (2016), 243–256.

Bröstl, Alexander/Gajdošiková, L'udmila, Die Verfassungsbeschwerde in der Slowakei, Osteuropa-Recht 2014, 279–287.

Brosig, Rudolph, Die Verfassung des Saarlandes, Köln et al. 2001.

Brosius-Gersdorf, Frauke, Bindung der Mitgliedstaaten an die Gemeinschaftsgrundrechte, Berlin 2005.

Broß, Siegfried, Bundesverfassungsgericht – Europäischer Gerichtshof – Europäischer Gerichtshof für Kompetenzkonflikte, VerwArch 92 (2001), 425–441.

Brühl-Moser, Denise, Schweizerischer Föderalismus: Ausgestaltung, Neugestaltung und Herausforderungen, in: *Härtel, Ines* (Hrsg.), Handbuch Föderalismus – Föderalismus als demokratische Rechtsordnung und Rechtskultur in Deutschland, Europa und der Welt, Bd. 4: Föderalismus in Europa und der Welt, Berlin/Heidelberg 2012, S. 697–744.

Brühwiler, Hans, Die Freiheitsrechte der Kantonsverfassungen in ihrem Verhältnis zur Bundesverfassung, Affoltern am Albis 1948.

Brünneck, Wiltraut von, Die Verfassung des Landes Hessen vom 1. Dezember 1946, JöR 3 N.F. (1954), 213–270.

Bryde, Brun-Otto, Bundesverfassungsgericht und Landesverfassungsgerichte, NdsVBl. 2005, Sonderheft, 5–7.

Buchheister, Joachim, Bericht über die Arbeit des Verfassungsgerichts des Landes Brandenburg im Jahre 1998, LKV 1999, 138–140.

Buchheister, Joachim, Bericht über die Arbeit des Verfassungsgerichts des Landes Brandenburg im Jahre 1999, LKV 2000, 143–145.

Buchholtz, Gabriele, Grundrechte und Datenschutz im Dialog zwischen Karlsruhe und Luxemburg, DÖV 2017, 837–845.

Büdenbender, Martin, Das Verhältnis des Europäischen Gerichtshofs zum Bundesverfassungsgericht, Köln/Berlin/München 2005.

Bühler, Margit, Einschränkung von Grundrechten nach der Europäischen Grundrechtecharta, Berlin 2005.

Bühler, Ottmar, Die Reichsverfassung vom 11. August 1919, 2. Aufl., Leipzig/Berlin 1927.

Bühler, Ottmar, Die subjektiven öffentlichen Rechte und ihr Schutz in der deutschen Verwaltungsrechtsprechung, Berlin et al. 1914.

Bühler, Ottmar, Sind die ordentlichen Gerichte verpflichtet, verfassungswidrige Gesetze anzuwenden?, DJZ 26 (1921), Sp. 580–583.

Bühler, Ottmar, Zur Theorie des subjektiven öffentlichen Rechts, in: *Giacometti, Zaccaria / Schindler, Dietrich* (Hrsg.), Festgabe für Fritz Fleiner zum 60. Geburtstag, Tübingen 1927, S. 26–58 (zit.: Bühler, FG Fleiner).

Bülau, Friedrich, Verfassung und Verfassungsrecht des Königreichs Sachsen, Leipzig 1833.

Bülck, Hartwig, Föderalismus als internationales Ordnungsprinzip, VVDStRL 21 (1964), 1–60.

Bull, Hans Peter, Anmerkung zu EuGH, Große Kammer, Urteil vom 03.10.2013 – C 583/11 P – Beschränkung der Einfuhr und des Inverkehrbringens von Robbenerzeugnissen bleibt wirksam – DVBl Heft 24/2013, S. 1593 ff., DVBl. 2014, 98–101.

Bundesministerium des Innern, Moderner Staat – Moderne Verwaltung, Leitfaden zur Gesetzesfolgenabschätzung, Berlin 2000.

Burchardt, Dana, Die Ausübung der Identitätskontrolle durch das Bundesverfassungsgericht – Zugleich Besprechung des Beschlusses 2 BvR 2735/14 des BVerfG vom 15.12.2015 („Solange III“ / „Europäischer Haftbefehl II“), ZaöRV 76 (2016), 527–551.

Burchardt, Dana, Die Rangfrage im europäischen Normenverbund, Tübingen 2015.

Burckhardt, Walther, Kommentar der schweizerischen Bundesverfassung vom 29. Mai 1874, 2. Aufl., Bern 1914 (zit.: Burckhardt, Kommentar der schweizerischen Bundesverfassung).

Burckhardt, Walther, Kommentar der schweizerischen Bundesverfassung vom 29. Mai 1874, 3. Aufl., Bern 1931 (zit.: Burckhardt, Kommentar der schweizerischen Bundesverfassung, 3. Aufl.).

Burkiczak, Christian / Dollinger, Franz-Wilhelm / Schorkopf, Frank (Hrsg.), Bundesverfassungsgerichtsgesetz, Heidelberg 2015 (zit.: Bearbeiter, in: Burkiczak/Dollinger/Schorkopf, BVerfGG).

Burmeister, Joachim, Chancen und Risiken einer niedersächsischen Landesverfassungsbeschwerde, NdsVBl. 1998, 53–63.

Burmeister, Joachim, Vorlagen an das Bundesverfassungsgericht nach Art. 100 Abs. 3 GG, in: *Starck, Christian / Stern, Klaus* (Hrsg.), Landesverfassungsgerichtsbarkeit, Teilbd. 2, Baden-Baden 1983, S. 399–466.

Buschke, Albrecht, Die Grundrechte der Weimarer Verfassung in der Rechtsprechung des Reichsgerichts, Berlin 1930.

Buschmann, Marco / Daiber, Birgit, Subsidiaritätsrüge und Grundsatz der begrenzten Einzelermächtigung, DÖV 2011, 504–509.

Buser, Denise, Kantonales Staatsrecht, 2. Aufl., Basel 2011.

Buser, Denise, Streiflichter auf die baselstädtische Kantonsverfassung und neuere Totalrevisionen, BJM 2006, 173–217.

Butzer, Hermann, Individualverfassungsbeschwerde – Ja oder Nein?, NdsVBl. 2014, 155–161.

Callewaert, Johan, Die EMRK und die EU-Grundrechtecharta, EuGRZ 2003, 198–206.

Callewaert, Johan, Quel avenir pour la marge d’appréciation?, in: *Mahoney, Paul et al.* (Hrsg.), Mélanges en mémoire à Rolv Ryssdal, Köln 2000, S. 147–166 (zit.: Callewaert, GS Ryssdal).

Calliess, Christian/Ruffert, Matthias (Hrsg.), EUV/AEUV, Das Verfassungsrecht der Europäischen Union mit Europäischer Grundrechtecharta, Kommentar, 5. Aufl., München 2016 (zit.: Bearbeiter, in: Calliess/Ruffert, EUV/AEUV).

Calliess, Christian/Ruffert, Matthias (Hrsg.), EUV/EGV, Das Verfassungsrecht der Europäischen Union mit Europäischer Grundrechtecharta, 3. Aufl., München 2007 (zit.: Bearbeiter, in: Calliess/Ruffert, EUV/EGV).

Calliess, Christian, Das Ringen des Zweiten Senats mit der Europäischen Union: Über das Ziel hinausgeschossen ..., ZEuS 2009, 559–582.

Calliess, Christian, Die Charta der Grundrechte der Europäischen Union – Fragen der Konzeption, Kompetenz und Verbindlichkeit, EuZW 2001, 261–268.

Calliess, Christian, Europa als Wertegemeinschaft – Integration und Identität durch europäisches Verfassungsrecht?, JZ 2004, 1033–1045.

Calliess, Christian, Europäische Gesetzgebung und nationale Grundrechte – Divergenzen in der aktuellen Rechtsprechung von EuGH und BVerfG?, JZ 2009, 113–121.

Calliess, Christian, Kontrolle zentraler Kompetenzausübung in Deutschland und Europa: Ein Lehrstück für die Europäische Verfassung, EuGRZ 2003, 181–197.

Calvano, Roberta, Un caso di frode fiscale occasione per riflessioni di rilievo costituzionale ... nel rapporto tra diritto UE e diritto interno e CEDU, Giurisprudenza costituzionale 58 (2013), 3615–3622.

Campenhausen, Axel, Freiherr von, Das Staatskirchenrecht in der Rechtsprechung der Landesverfassungsgerichte, in: *Starck, Christian/Stern, Klaus* (Hrsg.), Landesverfassungsgerichtsbarkeit, Teilbd. 3, Baden-Baden 1983, S. 403–424.

Campenhausen, Axel, Freiherr von/de Wall, Heinrich, Staatskirchenrecht, 4. Aufl., München 2006.

Campenhausen, Axel, Freiherr von, Verfassungsgarantie und sozialer Wandel – Das Beispiel von Ehe und Familie, VVDStRL 45 (1987), 7, 21.

Canevascini, Matthieu, La Convention et la Cour européennes des droits de l'homme, in: *Altermatt, Bernhard/Casasus, Gilbert* (Hrsg.), 50 Jahre Engagement der Schweiz im Europarat 1963–2013, Zürich/Chur 2013, S. 101–119.

Canor, Iris, Harmonizing the European Community's Standard of Judicial Review?, European Public Law 8 (2002), 135–166.

Cardone, Andrea, La tutela multilivello dei diritti fondamentali, Mailand 2012.

Carroll, Alex, Constitutional and Administrative Law, 8. Aufl., Edinburgh 2015.

Cartabia, Marta, L'ora dei diritti fondamentali nell'Unione Europea, in: *Cartabia, Marta* (Hrsg.), I diritti in azione: Universalità e pluralismo dei diritti fondamentali nelle Corti europee, Bologna 2007, S. 13–66.

Caspar, Johannes, Kompetenzen des Landesverfassungsgerichts im Schnittfeld zwischen Bundes- und Landesrecht – Zur Errichtung des Schleswig-Holsteinischen Verfassungsgerichts, NordÖR 2008, 193–200.

Cattin, André, in: Journal officiel de l'Assemblée constituante de la République et Canton du Jura, 1976, No. 5, S. 16–17.

Cavelti, Ulrich/Birri, Jürg, Die Kantone – Prügelknaben der fehlenden Verfassungsgerichtsbarkeit?, in: *Ehrenzeller, Bernhard/Mastronardi, Philippe/Schaffhauser, René/Schweizer, Rainer J./Vallender, Klaus A.* (Hrsg.), Der Verfassungsstaat vor neuen Herausforderungen, Festschrift für Yvo Hangartner, St. Gallen/Lachen 1998, S. 155–170 (zit.: Cavelti/Birri, FS Hangartner).

Cirkel, Johannes, Die Bindungen der Mitgliedstaaten an die Gemeinschaftsgrundrechte, Baden-Baden 2000.

Claes, Monica/de Visser, Maartje, The Court of Justice as a Federal Constitutional Court: A Comparative Perspective, in: *Cloots, Elke/de Baere, Geert/Sottiaux, Stefan* (Hrsg.), Federalism in the European Union, Oxford/Portland 2012, S. 83–109.

Claes, Monica/de Witte, Bruno, Report on the Netherlands, in: *Slaughter, Anne-Marie/Stone Sweet, Alec/Weiler, Joseph H.H.* (Hrsg.), The European Court and National Courts – Doctrine and Jurisprudence, Oxford 1998, S. 171–194.

Claes, Monica/de Witte, Bruno, The Role of National Constitutional Courts in the European Legal Space, in: *Popelier, Patricia/Mazmanyan, Armen/Vandenbruwaene, Werner* (Hrsg.), The Role of Constitutional Courts in Mulitlevel Governance, Cambridge/Antwerpen/Portland 2013, S. 79–104.

Claes, Monica/Leenknegt, Gert Jan, A Case of Constitutional Leapfrog: Fundamental rights protection under the Constitution, the ECHR and the EU Charter in the Netherlands, in: *Popelier, Patricia/Van de Heyning, Catherine/van Nuffel, Piet* (Hrsg.), Human rights protection in the European legal order: The interaction between the European and national courts, Cambridge/Antwerpen/Portland 2011, S. 287–307.

Clark, Frank, Union and Common Law: Harmony or Tension, in: *Bradley, Kieran/Travers, Noel/Whelan, Anthony* (Hrsg.), Of Courts and Constitutions, *Liber Amicorum* in Honour of Nial Fennelly, Oxford/Portland 2014, S. 263–284 (zit.: Clark, FS Fennelly).

Claßen, Christiane, Nichtumsetzung von Gemeinschaftsrichtlinien, Berlin 1999.

Classen, Claus Dieter, Die Entwicklung eines Internationalen Verwaltungsrechts als Aufgabe der Rechtswissenschaft, VVDStRL 67 (2008), 365–408.

Classen, Claus Dieter, Für ein sachgerechtes Miteinander von europäischem und nationalem Grundrechtsschutz. Zu Art. 51 GRC, in: *Stumpf, Cordula/Kainer, Friedemann/Baldus, Christian* (Hrsg.), Privatrecht, Wirtschaftsrecht, Verfassungsrecht, Festschrift für Peter-Christian Müller-Graff zum 70. Geburtstag am 29. September 2015, Baden-Baden 2015, S. 1378–1385 (zit.: Classen, FS Müller-Graff).

Classen, Claus Dieter, Landesgrundrechte in Mecklenburg-Vorpommern, in: *Merten, Detlef/Papier, Hans-Jürgen* (Hrsg.), Handbuch der Grundrechte, Bd. 8: Landesgrundrechte in Deutschland, Heidelberg 2017, § 252 (zit.: Classen, HGR VIII).

Classen, Claus Dieter, Legitime Stärkung des Bundestages oder verfassungsrechtliches Prokrustesbett? – Zum Urteil des BVerfG zum Vertrag von Lissabon, JZ 2009, 881–889.

Classen, Claus Dieter, Schwierigkeiten eines harmonischen Miteinanders von nationalem und europäischem Grundrechtsschutz, EuR 2017, 347–367.

Classen, Claus Dieter, Zur Verfassungsmäßigkeit der Bananenmarktordnung, JZ 2000, 1157–1159.

Clausen, Harald, Landesverfassungsbeschwerde und Bundesstaatsgewalt, Baden-Baden 2000.

Coelln, Christian von, Anwendung von Bundesrecht nach Maßgabe der Landesgrundrechte?, Baden-Baden 2001.

Commission on Global Governance, Our Global Neighborhood: The Report of the Commission on Global Governance, Oxford/New York 1995.

Conforti, Benedetto, Le principe d'équivalence et le contrôle sur les actes communautaires dans la jurisprudence de la Cour européenne des droits de l'homme, in: *Breitenmoser, Stephan/Ehrenzeller, Bernhard/Sassòli, Marco/Stoffel, Walter/Wagner Pfeifer, Beatrice*

(Hrsg.), Menschenrechte, Demokratie und Rechtsstaat, Liber amicorum Luzius Wildhaber, Zürich/St. Gallen 2007, S. 173–182 (zit.: Conforti, FS Wildhaber).
Cooper, Ian, A yellow card for the striker: national parliaments and the defeat of EU legislation on the right to strike, Journal of European Public Policy 22 (2015), 1406–1425.
Coppel, Jason/O'Neill, Aidan, The European Court of Justice: taking rights seriously?, Legal Studies 12 (1992), 227–245.
Coppel, Jason, The Human Rights Act 1998: Enforcing the European Convention in the Domestic Courts, Chichester 1999.
Cornils, Matthias, Art. 23 Abs. 1 GG: Abwägungsposten oder Kollisionsregel?, AöR 129 (2004), 336–377.
Cottier, Thomas, Multilayered Governance, Pluralism and Moral Conflict, Swiss National Centre of Competence in Research, Working Paper 2008/23, Bern 2008.
Craig, Paul P., Brexit: A Drama in Six Acts, ELRev 41 (2016), 447–468.
Craig, Paul P., Britain in the European Union, in: *Jowell, Jeffrey/Dawn, Oliver/O'Cinneide, Colm* (Hrsg.), The Changing Constitution, 8. Aufl., Oxford 2015, S. 104–133.
Craig, Paul P., Constitutionalising constitutional law: HS2, Public Law 2014, 373–392.
Craig, Paul P., Sovereignty of the United Kingdom Parliament after *Factortame*, Yearbook of European Law 11 (1991), 221–255.
Craig, Paul P., Subsidiarity: A Political and Legal Analysis, JCMS 50 (2012), 72–87.
Craig, Paul P., The Charter, the ECJ and national courts, in: *Ashiagbor, Diamond/Countouris, Nicola/Lianos, Ioannis* (Hrsg.), The European Union After the Treaty of Lisbon, Cambridge 2012, S. 78–108.
Cremer, Hans-Joachim, Europäische Hoheitsgewalt und deutsche Grundrechte, Der Staat 34 (1995), 268–286.
Cremer, Hans-Joachim, Grundrechtsvielfalt und Grundrechtskonflikte im europäischen Mehrebenensystem – Lösungsstrategien, EuGRZ 2011, 225–228.
Cremer, Wolfram, Der programmierte Verfassungskonflikt: Zur Bindung der Mitgliedstaaten an die Charta der Grundrechte der Europäischen Union nach dem Konventsentwurf für eine Europäische Verfassung, NVwZ 2003, 1452–1457.
Cremer, Wolfram, Zur Bindungswirkung von EGMR-Urteilen, EuGRZ 2004, 683–700.
Cromme, Franz, Die primärrechtliche Absicherung der Einheit der EU bei der differenzierten Integration – Die Entwicklung bis zum Brüsseler Mandat 2007, EuR 2007, 821–828.
Crones, Luisa, Grundrechtlicher Schutz von juristischen Personen im europäischen Gemeinschaftsrecht, Baden-Baden 2002.
Cucumus, Konrad, Lehrbuch des Staatsrechts der konstitutionellen Monarchie Baierns, Würzburg 1825.
Cullen, Peter, Brexit – ein Projekt der Unvernunft, EuZW 2016, 401–402.
Curti, Eugen, Das Princip der Gleichheit vor dem Gesetze (Art. 4 der Schweizerischen Bundesverfassung), St. Gallen 1888.
Dahan, Samuel/Fuchs, Oliver/Layus, Marie-Laure, Whatever It Takes? Regarding the OMT Ruling, Journal of International Economic Law 18 (2015) 137–151.
Dann, Philipp, Europäisches Parlament und Exekutivföderalismus, Der Staat 42 (2003), 355–385.
Dann, Philipp, Parlamente im Exekutivföderalismus, Berlin/Heidelberg/New York 2004.

Danwitz, Thomas von, Die Eigenverantwortung der Mitgliedstaaten für die Durchführung von Gemeinschaftsrecht, DVBl. 1998, 421–432.

Danwitz, Thomas von, Europäisches Verwaltungsrecht, Berlin/Heidelberg 2008.

Danwitz, Thomas von, Grundrechtsschutz im dezentralen Vollzu europäischen Kartellrechts, in: *Pitschas, Rainer/Uhle, Arnd* (Hrsg.), Wege gelebter Verfassung in Recht und Politik, Festschrift für Rupert Scholz zum 70. Geburtstag, Berlin 2007, S. 1019–1034 (zit.: v. Danwitz, FS Scholz).

Danwitz, Thomas von, Verfassungsrechtliche Herausforderungen in der jüngeren Rechtsprechung des EuGH, EuGRZ 2013, 253–261.

Danwitz, Thomas von, Vertikale Kompetenzkontrolle in föderalen Systemen, AöR 131 (2006), 510–578.

Danwitz, Thomas von, Verwaltungsrechtliches System und Europäische Integration, Tübingen 1996.

Daum, Michel, Die bernische Verwaltungsrechtspflege im Jahr 2009 – Ein Rück- und Ausblick, in: *Herzog, Ruth/Feller, Reto* (Hrsg.), Bernische Verwaltungsgerichtsbarkeit in Geschichte und Gegenwart: 100 Jahre Verwaltungsgericht des Kantons Bern, Bern 2010, S. 229–259.

Davies, Gareth, Understanding Market Access: Exploring the Economic Rationality of Different Conceptions of Free Movement Law, GLJ 11 (2010), 671–703.

de Búrca, Gráinne, After the EU Charter of Fundamental Rights: The Court of Justice as a Human Rights Adjudicator?, MJ 20 (2013), 168–184.

de Búrca, Gráinne, The Principle of Proportionality and its Application in EC Law, Yearbook of European Law 13 (1993), 105–150.

de Cecco, Francesco, Room to Move? Minimum Harmonization and Fundamental Rights, CMLR 43 (2006), 9–30.

Dederer, Hans-Georg, Die Architektonik des europäischen Grundrechtsraums, ZaöRV 66 (2006), 575–624.

Defeis, Elizabeth F., Human Rights and the European Union: Who Decides? Possible Conflicts Between the European Court of Justice and the European Court of Human Rights, Dickinson Journal of International Law 19 (2001), 301–331.

Degenhart, Christoph, Die Neuordnung der Gesetzgebungskompetenzen durch die Föderalismusreform, NVwZ 2006, 1209–1216.

Degenhart, Christoph, Grundzüge der neuen sächsischen Verfassung, LKV 1993, 33–39.

Degenhart, Christoph, Staatsrecht I, Staatsorganisationsrecht, 32. Aufl., Heidelberg 2016.

de Joncheere, Theodor, Der Rechtsschutz in Verfassungsstreitigkeiten durch die politischen Bundesbehörden, Winterthur 1958.

della Cananea, Giacinto, Is European Constitutionalism Really "Multilevel"?, ZaöRV 70 (2010), 283–317.

Dennewitz, Bodo, Der Föderalismus, Hamburg 1947.

Denninger, Erhard, Zum Verhältnis von Landesverfassung und Bundesrecht, in: *Eichel, Hans/Möller, Klaus Peter* (Hrsg.), Festschrift 50 Jahre Verfassung des Landes Hessen, Wiesbaden 1997, S. 343–355 (zit.: Denninger, FS 50 Jahre Hessische Verfassung).

Dépraz, Alex, Projet de nouvelle Constitution vaudoise: "hâte-toi lentement"!, SJZ 2002, 293–296.

Desens, Marc, Auslegungskonkurrenzen im europäischen Mehrebenensystem, EuGRZ 2011, 211–214.

Desens, *Marc*, Auslegungskonkurrenzen im europäischen Mehrebenensystem – Probleme und Lösungsmöglichkeiten exemplifiziert anhand von Normenkollisionen zwischen Grundfreiheiten und nationalen Gesetzen, in: *Matz-Lück*, *Nele* / *Hong*, *Mathias* (Hrsg.), Grundrechte und Grundfreiheiten im Mehrebenensystem – Konkurrenzen und Interferenzen, Heidelberg 2012, S. 203–249.

de Tocqueville, *Alexis*, De la démocatie en Amérique, Bd. 1, Paris 1835.

Deuerlein, *Ernst*, Föderalismus: Die historischen und philosophischen Grundlagen des föderativen Prinzips, München 1972.

de Visser, *Maartje*, Changing the Conversation in the Netherlands? Two Recent Legislative Proposals Evaluated from a European and Comparative Perspective, in: *Claes*, *Monica* / *de Visser*, *Maartje* / *Popelier*, *Patricia* / *Van de Heyning*, *Catherine* (Hrsg.), Constitutional Conversations in Europe, Cambridge/Antwerpen/Portland 2012, S. 343–368.

de Visser, *Maartje*, National Constitutional Courts, the Court of Justice and the Protection of Fundamental Rights in a Post-Charter Landscape, Human Rights Review 15 (2014), 39–51.

de Vries, *Sybe A.*, Balancing Fundamental Rights with Economic Freedoms According to the European Court of Justice, Utrecht Law Review 9 (2013), 169–192.

de Vries, *Sybe A.*, The Protection of Fundamental Rights within Europe's Internal Market after Lisbon – An Endeavour for More Harmony, in: *de Vries*, *Sybe A.* / *Bernitz*, *Ulf* / *Weatherill*, *Stephen* (Hrsg.), The Protection of Fundamental Rights in the EU After Lisbon, Oxford/Portland 2013, S. 59–94.

de Witte, *Bruno*, Direct Effect, Primacy and the Nature of the Legal Order, in: *Craig*, *Paul P.* / *de Búrca*, *Gráinne* (Hrsg.), The Evolution of EU Law, 2. Aufl., Oxford/New York 2011, S. 323–362.

de Witte, *Bruno*, Do not Mention the Word: Sovereignty in Two Europhile Countries: Belgium and The Netherlands, in: *Walker*, *Neil* (Hrsg.), Sovereignty in Transition, Oxford/Portland 2003, S. 351–366.

de Witte, *Bruno*, Sovereignty and European Integration: the Weight of Legal Tradition, in: *Slaughter*, *Anne-Marie* / *Stone Sweet*, *Alec* / *Weiler*, *Joseph H.H.* (Hrsg.), The European Court and National Courts – Doctrine and Jurisprudence, Oxford 1998, S. 275–304.

de Witte, *Bruno*, The Past and Future Role of the European Court of Justice in the Protection of Human Rights, in: *Alston*, *Philip* (Hrsg.), The EU and Human Rights, Oxford/New York 1999, S. 859–897.

Dicey, *Albert Venn*, Introduction to the Study of the Law of the Constitution, Nachdruck der 8. Aufl., London 1915, Indianapolis 2010.

Dicosola, *Maria*, Il primo rinvio pregiudiziale del *Conseil constitutionnel* alla Corte di giustizia: cooperazione tra Corti e interazione tra ordinamenti nel sistema multilivello europeo, Diritto pubblico comparato ed europeo 2013, 1083–1091.

Diederichs, *Otto*, Die staatspolitische und staatsrechtliche Entwicklung des Landes Braunschweig nach der Revolution von 1918, Braunschweig 1930.

Diederichsen, *Uwe*, Die Rangverhältnisse zwischen den Grundrechten und dem Privatrecht, in: *Behrends*, *Okko* / *Sellert*, *Wolfgang* (Hrsg.), Ursprünge und Wirkungen des griechischen Gesetzesdenkens, Göttingen 1995, S. 39–97.

Diercks, *Kerstin*, Soziale Grundrechte in den neuen Landesverfassungen, LKV 1996, 231–236.

Dietlein, *Johannes*, Die Grundrechte in den Verfassungen der neuen Bundesländer, München 1993.

Dietlein, Johannes, Die Kontrollbefugnis der Landesverfassungsgerichte, Jura 2000, 19–25.

Dietlein, Johannes, Die Rezeption von Bundesgrundrechten durch Landesverfassungsrecht, AöR 120 (1995), 1–31.

Dietlein, Johannes, Landesgrundrechte im Bundesstaat, Jura 1994, 57–61.

Dietlein, Johannes, Landesgrundrechte in Nordrhein-Westfalen, in: *Merten, Detlef/ Papier, Hans-Jürgen* (Hrsg.), Handbuch der Grundrechte, Bd. 8: Landesgrundrechte in Deutschland, Heidelberg 2017, § 254 (zit.: Dietlein, HGR VIII).

Dietlein, Johannes, Landesverfassungsbeschwerde und Einheit des Bundesrechts – Zu den Kontrollbefugnissen der Landesverfassungsgerichte im Rahmen des „Urteilsverfassungsbeschwerdeverfahrens", NVwZ 1994, 6–11.

Dietz, Andreas, Das Primat der Politik in kaiserlicher Armee, Reichswehr, Wehrmacht und Bundeswehr, Tübingen 2011.

Dietz, Andreas, Die Kompetenzverteilung des Grundgesetzes für Amtshilfe- und Unterstützungsmaßnahmen sowie für Einsätze der Bundeswehr, DÖV 2012, 952–961.

Di Fabio, Udo, Zur Lage der Europäischen Integration, ZSE 13 (2015), 457–467.

Discher, Thomas, Die Landesverfassungsgerichte in der bundesstaatlichen Rechtsprechungskompetenzordnung des Grundgesetzes, Berlin 1997.

Dobbs, Mary, Sovereignty, Article 4 (2) TEU and the Respect of National Identities: Swinging the Balance of Power in Favour of the Member States?, Yearbook of European Law 33 (2014), 298–334.

Doehl, Gustav, Reichsrecht bricht Landesrecht, AöR 12 (1927), 37–122.

Dörr, Oliver, Rechtsprechungskonkurrenz zwischen nationalen und europäischen Verfassungsgerichten, DVBl. 2006, 1088–1099.

Dombert, Maximilian, Der Grundrechtsföderalismus der Vereinigten Staaten von Amerika, Baden-Baden 2017.

Domcke, Hans, Zur Fortgeltung der Grundrechte der Bayerischen Verfassung, in: *Bayerischer Verfassungsgerichtshof* (Hrsg.), Verfassung und Verfassungsrechtsprechung, Festschrift zum 25-jährigen Bestehen des Bayerischen Verfassungsgerichtshofs, München 1972, S. 311–328 (zit.: Domcke, FS 25 Jahre BayVerfGH).

Donatsch, Andreas/Arnold, Irene, Auswirkungen der EMRK auf das schweizerische Strafprozessrecht, in: *Jaag, Tobias/Kaufmann, Christine* (Hrsg.), 40 Jahre Beitritt der Schweiz zur EMRK, Zürich/Basel/Genf 2015, S. 91–113.

Dorf, Yvonne, Zur Interpretation der Grundrechtecharta, JZ 2005, 126–132.

Dougan, Michael, Judicial Review of Member State Action Under the General Principles and the Charter: Defining the "Scope of Union Law", CMLR 52 (2015), 1201–1246.

Douglas-Scott, Sionaidh, Fundamental Rights, Not Euroscepticism: Why the UK Should Embrace the EU Charter of Fundamental Rights, in: *Ziegler, Katja S./Wicks, Elizabeth/ Hodson, Loveday* (Hrsg.), The UK and European Human Rights, Oxford/Portland 2015, S. 249–274.

Douglas-Scott, Sionaidh, The European Union and Human Rights after the Treaty of Lisbon, Human Rights Law Review 11 (2011), 645–682.

Draghici, Carmen, The Strasbourg Court between European and local consensus: anti-democratic or guardian of democratic process?, Public Law 2017, 11–29.

Dreier, Horst, Die Zwischenkriegszeit, in: *Merten, Detlef/Papier, Hans-Jürgen* (Hrsg.), Handbuch der Grundrechte, Bd. 1: Entwicklung und Grundlagen, Heidelberg 2004, § 4 (zit.: Dreier, HGR I).

Dreier, Horst, Einheit und Vielfalt der Verfassungsordnungen im Bundesstaat, in: *Schmidt, Karsten* (Hrsg.), Vielfalt des Rechts – Einheit der Rechtsordnung?, Berlin 1994, S. 113–146.

Dreier, Horst (Hrsg.), Grundgesetz, Kommentar, Bd. I, 3. Aufl., Tübingen 2013 (zit.: Bearbeiter, in: Dreier, GG).

Dreier, Horst (Hrsg.), Grundgesetz, Kommentar, Bd. II, 2. Aufl.,Tübingen 2006 (zit.: Bearbeiter, in: Dreier, GG, 2. Aufl.).

Dreier, Horst (Hrsg.), Grundgesetz, Kommentar, Bd. II, 3. Aufl.,Tübingen 2015 (zit.: Bearbeiter, in: Dreier, GG).

Dreier, Horst (Hrsg.), Grundgesetz, Kommentar, Bd. III., 2. Aufl., Tübingen 2008 (zit.: Bearbeiter, in: Dreier, GG).

Dreier, Horst, Grundrechtsschutz durch Landesverfassungsgerichte, Berlin/New York 2000.

Dreyer, Michael, Föderalismus als ordnungspolitisches und normatives Prinzip, Frankfurt am Main 1987.

Dubout, Edouard, The Protection of Fundamental Rights and the Allocation of Competences in the EU: A Clash of Constitutional Logics, in: *Azoulai, Loïc*, The Question of Competence in the European Union, Oxford 2014, S. 193–211.

Dubs, Hans, Die Zuständigkeit kantonaler Behörden zur akzessorischen Normenkontrolle, in: *Müller, Georg / Rhinow, René A. / Schmid, Gerhard / Wildhaber, Luzius* (Hrsg.), Staatsorganisation und Staatsfunktionen im Wandel, Festschrift für Kurt Eichenberger zum 60. Geburtstag, Basel/Frankfurt am Main 1982, S. 615–623 (zit.: Dubs, FS Eichenberger).

Dzehtsiarou, Kanstantsin, European Consensus and the Legitimacy of the European Court of Human Rights, Cambridge 2015.

Ebersperger, Christian, Die Bayerische Verfassungsbeschwerde, München 1990.

Eckes, Christina, EU Accession to the ECHR: Between Autonomy and Adaptation, The Modern Law Review 76 (2013), 254–285.

Edenharter, Andrea, Der demografische Wandel als Herausforderung für das Raumordnungsrecht und das Baurecht, Berlin 2014.

Edenharter, Andrea, Der EGMR als Verfassungsgericht der EU? – Mögliche Implikationen des Beitritts der EU zur EMRK, in: *Elser, Dominik et al.* (Hrsg.), 53. Assistententagung Öffentliches Recht – Das letzte Wort – Rechtsetzung und Rechtskontrolle in der Demokratie, Baden-Baden 2014, S. 187–207 (zit.: Edenharter, Der EGMR als Verfassungsgericht der EU? – Mögliche Implikationen des Beitritts der EU zur EMRK, in: Elser et al. (Hrsg.), 53. ATÖR – Das letzte Wort).

Edenharter, Andrea, Die Komitologie nach dem Vertrag von Lissabon: Verschiebung der Einflussmöglichkeiten zugunsten der EU-Kommission?, DÖV 2011, 645–650.

Edwards, Denis, HS2: The First Spike, Journal of Environmental Law 26 (2014), 319–329.

Eeckhout, Piet, The EU Charter of Fundamental Rights and the Federal Question, CMLR 39 (2002), 945–994.

Egger, Alexander, Die Bindung der Mitgliedstaaten an die Grundrechte in der III. Säule, EuZW 2005, 652–656.

Egli, Patricia, Die Bundestreue, Zürich/St. Gallen 2010.

Egli, Patricia, Drittwirkung von Grundrechten, Zürich/Basel/Genf 2002.

Ehard, Hans, Die Verfassungsbeschwerde nach bayerischem Landesrecht, BayVBl. 1966, 71–78.

Ehlers, Dirk, Allgemeine Lehren der Grundfreiheiten, in: *ders.* (Hrsg.), Europäische Grundrechte und Grundfreiheiten, 4. Aufl., Berlin/Boston 2014, § 7.

Ehlers, Dirk, Allgemeine Lehren der Unionsgrundrechte, in: *ders.* (Hrsg.), Europäische Grundrechte und Grundfreiheiten, 4. Aufl., Berlin/Boston 2014, § 14.

Ehlers, Dirk, Internationales Verwaltungsrecht, in: *ders.*/*Pünder, Hermann* (Hrsg.), Allgemeines Verwaltungsrecht, 15. Aufl., Berlin/Boston 2016, § 4.

Ehrenzeller, Bernhard/*Nobs, Roger*, Gemeinsamkeiten und Unterschiede der totalrevidierten Kantonsverfassungen, ZBl. 2009, 1–31.

Ehrenzeller, Bernhard/*Schindler, Benjamin*/*Schweizer, Rainer J.*/*Vallender, Klaus A.* (Hrsg.), Die schweizerische Bundesverfassung, St. Galler Kommentar, 3. Aufl., Zürich/St. Gallen 2014 (zit.: Bearbeiter, in: St. Galler Kommentar).

Ehrenzeller, Bernhard, Hochschulraum Schweiz: Qualität, Wettbewerb und Koordination im Widerstreit?, in: *Rechtswissenschaftliche Abteilung der Universität St. Gallen* (HSG) (Hrsg.), Rechtliche Rahmenbedingungen des Wirtschaftsstandortes Schweiz, Festschrift 25 Jahre juristische Abschlüsse an der Universität St. Gallen (HSG), Zürich 2007, S. 681–694 (zit.: Ehrenzeller, FS 25 Jahre juristische Abschlüsse an der Universität St. Gallen (HSG)).

Ehrenzeller, Bernhard, Politische Fragen vor Verwaltungsgerichten, ZBl. 2016, 3–21.

Ehrenzeller, Bernhard, Reformprozesse im Verfassungsrecht von Bund und Kantonen, in: *Thürer, Daniel*/*Aubert, Jan-François*/*Müller, Jörg Paul* (Hrsg.) Verfassungsrecht der Schweiz, Zürich 2001, § 12, S. 207–219.

Eichenberger, Kurt, Der Verfassungsbegriff auf Bundes- und Kantonsebene, in: *ders. et al.* (Hrsg.), Die Baselstädtische Kantonsverfassung, 3. Aufl., Basel 2001.

Eilmansberger, Thomas, Vertikale Kompetenzverteilung zwischen der Union und den Mitgliedstaaten, in: *Hummer, Waldemar*/*Obwexer, Walter* (Hrsg.), Der Vertrag von Lissabon, Baden-Baden 2009, S. 189–207.

Eisenhardt, Ulrich, Deutsche Rechtsgeschichte, 6. Aufl., München 2013.

Eisner, Carolin, Die Schrankenregelung der Grundrechtecharta der Europäischen Union, Baden-Baden 2005.

Elazar, Daniel J., Il "principio federale": identità e differenze, in: *Loretoni, Anna* (Hrsg.), Interviste sull'Europa, Rom 2001, S. 35–57.

Elazar, Daniel J., Options, Problems and Possibilities in Light of the Current Situation, in: *Elazar, Daniel J.* (Hrsg.), Self Rule/Shared Rule: Federal Solutions to the Middle East Conflict, Ramat Gan 1979, S. 1–13.

Eleftheriadis, Pavlos, Aspects of European constitutionalism, ELRev 21 (1996), 32–42.

Eleftheriadis, Pavlos, Begging the Constitutional Question, JCMS 36 (1998), 255–272.

Eleftheriadis, Pavlos, Federalism and Jurisdiction, in: *Coots, Elke*/*de Baere, Geert*/*Sottiaux, Stefan* (Hrsg.), Federalism in the European Union, Oxford/Portland 2012, S. 45–64.

Eleftheriadis, Pavlos, Pluralism and Integrity, Ratio Juris 23 (2010), 365–389.

Eleftheriadis, Pavlos, The Structure of European Union Law, Cambridge Yearbook of European Legal Studies 12 (2009–2010), 121–150.

Emmert, Rudolf, Die Entwicklung der Verwaltungsgerichtsbarkeit in Bayern bis 1945, BayVBl. 1997, 8–12.

Enders, Christoph, Die neue Subsidiarität des Bundesverfassungsgerichts, JuS 2001, 462–467.

Endter, Stefan, Zum Verhältnis von Bundesrecht und Landesverfassungsrecht und zur Reichweite der Prüfungskompetenz der Landesverfassungsgerichte, EuGRZ 1995, 227–231.

Engelberger, Lukas, Die neue baselstädtische Kantonsverfassung – Herausforderungen für den Gesetzgeber, BJM 2007, 285–317.

Engisch, Karl, Einführung in das juristische Denken, *hrsg. v. Würtenberger, Thomas / Otto, Dirk*, 11. Aufl., Stuttgart/Berlin/Köln 2010.

Epiney, Astrid / Kern, Markus, Zur Stellung ausländischer und privater Institutionen des Hochschulbereichs unter dem Hochschulförderungs- und -koordinationsgesetz / Sur le statut des institutions étrangères et privées du domaine des hautes écoles sous le régime de la loi sur l'encouragement et la coordination des hautes écoles, Zürich/Basel/Genf, 2014.

Epiney, Astrid, Die Rechtsprechung des EuGH im Jahr 2012: Europäisches Verfassungsrecht, NVwZ 2013, 614–621.

Epiney, Astrid, Die Rechtsprechung des EuGH im Jahr 2012: Unionsbürgerschaft, Diskriminierungsverbot, Grundfreiheiten und Gleichstellungsrecht, NVwZ 2013, 692–698.

Epiney, Astrid, Umgekehrte Diskriminierungen, Köln et al. 1995.

Erbguth, Wilfried / Wiegand, Bodo, Über Möglichkeiten und Grenzen von Verfassungen im Bundesstaat, DÖV 1992, 770–779.

Erbguth, Wilfried / Wiegand, Bodo, Zur Bedeutung des Landesverfassungsrechts bei der Rechtsanwendung, Die Verwaltung 1996, 159–179.

Eriksen, Erik Oddvar / Fossum, John Erik, Transnational Governance and Democracy: Social Philosophy, Political Science, Constitutional Theory, in: *Joerges, Christian / Sand, Inger Johanne / Teubner, Gunther* (Hrsg.), Transnational Governance and Constitutionalism, Oxford/Portland 2004, S. 115–146.

Etique, Pierre, in: Journal officiel de l'Assemblée constituante de la République et Canton du Jura, 1976, No. 5, S. 16–17.

European Parliament, Directorate-General for Internal Policies, Main trends in the recent case law of the EU Court of Justice and the European Court of Human Rights in the field of fundamental rights, Brüssel 2012.

Everling, Ulrich, Bundesverfassungsgericht und Gerichtshof der Europäischen Gemeinschaften nach dem Maastricht-Urteil, in: *Randelzhofer, Albrecht / Scholz, Rupert / Wilke, Dieter* (Hrsg.), Gedächtnisschrift für Eberhard Grabitz, München 1995, S. 57–75 (zit.: Everling, GS Grabitz).

Everling, Ulrich, Europas Zukunft unter der Kontrolle der nationalen Verfassungsgerichte, EuR 2010, 91–108.

Everling, Ulrich, Die Europäische Union als föderaler Zusammenschluss von Staaten und Bürgern, in: *von Bogdandy, Armin / Bast, Jürgen* (Hrsg.), Europäisches Verfassungsrecht, 2. Aufl., Berlin/Heidelberg 2009, S. 961–1007.

Everling, Ulrich, Kompetenzordnung und Subsidiarität, in: *Weidenfeld, Werner* (Hrsg.), Reform der Europäischen Union. Materialien zur Revision des Maastrichter Vertrages 1996, Gütersloh 1995, S. 166–176.

Everling, Ulrich, Referat, in: *Ständige Deputation des Deutschen Juristentages* (Hrsg.), Verhandlungen des 60. Deutschen Juristentages Münster, 1994, Bd. II/1, München 1994, S. N 9–24.

Everling, Ulrich, Sind die Mitgliedstaaten der Europäischen Gemeinschaft noch Herren der Verträge?, in: *Bernhardt, Rudolf / Geck, Wilhelm Karl / Jaenicke, Günther / Steinberger, Helmut* (Hrsg.), Völkerrecht als Rechtsordnung, Internationale Gerichtsbarkeit,

Menschenrechte, Festschrift für Hermann Mosler, Berlin/Heidelberg/New York 1983, S. 173–191 (zit.: Everling, FS Mosler).

Everling Ulrich, Zur Begründung der Urteile des Gerichtshofs der Europäischen Gemeinschaften, EuR 1994, 127–143.

Everling, Ulrich, Zur föderalen Struktur der Europäischen Gemeinschaft, in: *Hailbronner, Kay / Ress, Georg / Stein, Torsten* (Hrsg.), Staat und Völkerrechtsordnung, Festschrift für Karl Doehring, Berlin et al. 1989, S. 179–198 (zit.: Everling, FS Doehring).

Everling, Ulrich, Zur Stellung der Mitgliedstaaten der Europäischen Union als „Herren der Verträge", in: *Beyerlein, Ulrich / Bothe, Michael / Hofmann, Rainer / Petersmann, Ernst-Ulrich* (Hrsg.), Recht zwischen Umbruch und Bewahrung, Festschrift für Rudolf Bernhardt, Berlin et al. 1995, S. 1161–1176 (zit.: Everling, FS Bernhardt).

Expertenkommission für die Vorbereitung einer Totalrevision der Bundesverfassung, Bericht, Bern 1977.

Fabbrini, Federico, After the OMT Case: The Supremacy of EU Law as the Guarantee of the Equality of the Member States, GLJ 16 (2015), 1003–1023.

Fabbrini, Federico, Fundamental Rights in Europe: Challenges and Transformations in Comparative Perspective, Oxford 2014.

Fabbrini, Federico, The European Multilevel System of Fundamental Rights Protection: A 'Neo-Federalist' Perspective, Jean Monnet Working Paper 15/2010, New York 2010.

Fabbrini, Federico, Voting rights for non-citizens: the European multilevel and the US federal constitutional systems compared, EuConst 7 (2011), 392–423.

Faix, Martin, Genesis eines mehrpoligen Justizkonflikts: Das Verfassungsgericht der Tschechischen Republik wertet ein EuGH-Urteil als Ultra-vires-Akt, EuGRZ 2012, 597–605.

Faraguna, Pietro, The Italian Constitutional Court in re Taricco: "Gauweiler in the Roman Campagna", Verfassungsblog 2017/01/31, abrufbar unter http://verfassungsblog.de/the-italian-constitutional-court-in-re-taricco-gauweiler-in-the-roman-campagna/ (zuletzt abgerufen am 04.11.2017).

Feddersen, Christoph, Die Verfassunggebung in den neuen Ländern: Grundrechte, Staatsziele, Plebiszite, DÖV 1992, 989–998.

Feger, Dieter, Die Normsetzung auf dem Gebiet der Grundrechte in den Europäischen Gemeinschaften – Der Europäische Gerichtshof (EuGH) als Rechtsetzungsorgan, DÖV 1987, 322–334.

Fehling, Michael, Gesetzgebungskompetenzen im Verfassungsrecht und im Unionsrecht, Jura 2016, 498–510.

Fercot, Céline, Diversity of Constitutional Rights in Federal Systems, EuConst 4 (2008), 302–324.

Fernández Alles, José Joaquín, La supremacía constitutional en el diálogo jurisdiccional TC-TJUE, Revista General de Derecho Constitutional 23 (2016), 1–23.

Feuchte, Paul, Die verfassungsrechtliche Entwicklung im Land Baden-Württemberg 1978 bis 1987, JöR 36 N.F. (1987), 315–364.

Ficker, Hans G., Vertragliche Beziehungen zwischen Gesamtstaat und Einzelstaat im Deutschen Reich, Breslau 1926.

Fiedler, Kristina, Verfassungsgerichtsbarkeit im Bundesstaat, Frankfurt am Main 2006.

Fiedler, Wilfried, Die Entstehung der Landesverfassungsgerichtsbarkeit nach dem Zweiten Weltkrieg, in: *Starck, Christian / Stern, Klaus* (Hrsg.), Landesverfassungsgerichtsbarkeit, Teilbd. 1, Baden-Baden 1983, S. 103–153.

Filli, Alexander, Die Grundrechte der Kantonsverfassungen im Gefüge des schweizerischen Staatsrechts, Basel 1984.

Finck, Christopher/Wagner, Eva Ellen, Eine schrittweise Annäherung des BVerfG an den unionsrechtlichen Maßstab der Vorlagepflicht nach Art. 267 III AEUV beim gesetzlichen Richter?, NVwZ 2014, 1286–1289.

Finger, August, Das Staatsrecht des Deutschen Reichs der Verfassung vom 11. August 1919, Stuttgart 1923.

Fink, Udo, Gewährt das Recht der Europäischen Gemeinschaften den wissenschaftlichen Hochschulen grundrechtliche Freiheit?, EuGRZ 2001, 193–200.

Finkelnburg, Klaus, Doppelspuriger Rechtsschutz bei der Verfassungsbeschwerde – Möglichkeiten und Begrenzung –, in: *Macke, Peter* (Hrsg.), Verfassung und Verfassungsgerichtsbarkeit auf Landesebene, Baden-Baden 1998, S. 181–190.

Finkelnburg, Klaus, Zehn Jahre Verfassungsgericht des Landes Brandenburg, LKV 2004, 17–18.

Fisahn, Andreas/Ciftci, Ridvan, Hierarchie oder Netzwerk – zum Verhältnis nationaler zur europäischen Rechtsordnung, JA 2016, 364–370.

Fischer-Lescano, Andreas/Teubner, Gunther, Regime-Kollisionen, Frankfurt am Main 2006.

Fischer-Lescano, Andreas, Transnationales Verwaltungsrecht, JZ 2008, 373–383.

Fleiner, Fritz/Giacometti, Zaccaria, Schweizerisches Bundesstaatsrecht, Neubearbeitung der ersten Hälfte des gleichnamigen Werkes von Fritz Fleiner, Zürich 1949.

Fleiner, Fritz, Bundesstaatliche und gliedstaatliche Rechtsordnung in ihrem gegenseitigen Verhältnis im Rechte Deutschlands, Österreichs und der Schweiz, VVDStRL 6 (1929), 2–24.

Fleiner, Fritz, Schweizerisches Bundesstaatsrecht, Tübingen 1923.

Fleiner, Thomas/Misic, Alexander, Föderalismus als Ordnungsprinzip der Verfassung, in: *Thürer, Daniel/Aubert, Jean-François/Müller, Jörg Paul* (Hrsg.) Verfassungsrecht der Schweiz, Zürich/Basel/Genf 2001, § 27.

Fleiner, Thomas, Recent Developments of Swiss Federalism, Publius: The Journal of Federalism 32 (2002), 97–123.

Fontanelli, Filippo, How Interpretation Techniques Can Shape the Relationship Between Constitutional Courts and the European Union, The King's College Law Journal 21 (2010), 371–392.

Fontanelli, Filippo, Implementation of EU law through domestic measures after Fransson: the Court of Justice buys time and "non-preclusion" troubles loom large, ELRev 39 (2014), 682–700.

Fontanelli, Filippo, National Measures and the Application of the EU Charter of Fundamental Rights – Does curia.eu Know iura.eu?, Human Rights Law Review 14 (2014), 231–265.

Forster, Peter, Eigenständigkeit der Kantone, Vorrang und Einhaltung des Bundesrechts und Bundesgarantien, in: *Fleiner, Thomas/Forster, Peter/Misic, Alexander/Thalmann, Urs* (Hrsg.), BV – CF 2000, Basel 2000, S. 131–147.

Forsthoff, Ernst, Deutsche Verfassungsgeschichte der Neuzeit, 4. Aufl., Stuttgart et al. 1961.

Forsyth, Murray, Unions of States: The Theory and Practice of Confederation, New York 1981.

Frank, Stefan Leo, Altes und Neues zum Vorrang des Gemeinschaftsrechts vor staatlichem Recht, ZÖR 55 (2000), 1–59.

Franke, Dietrich/Kier, Reinhold, Die Rechte der sorbischen Minderheit, in: *Simon, Helmut/Franke, Dietrich/Sachs, Michael* (Hrsg.), Handbuch der Verfassung des Landes Brandenburg, Stuttgart et al. 1994, § 10, S. 171–178.

Franke, Dietrich/Kneifel-Haverkamp, Reiner, Die brandenburgische Verfassung, JöR 42 N.F. (1994), 111–148.

Franke, Dietrich/Kneifel-Haverkamp, Reiner, Entstehung und wesentliche Strukturmerkmals der Brandenburgischen Landesverfassung, in: *Simon, Helmut/Franke, Dietrich/Sachs, Michael* (Hrsg.), Handbuch der Verfassung des Landes Brandenburg, § 2.

Franke, Dietrich, Verfassungsgerichtsbarkeit der Länder – Grenzen und Möglichkeiten, in: *Däubler-Gmelin, Herta/Kinkel, Klaus/Meyer, Hans/Simon, Helmut* (Hrsg.), Gegenrede: Aufklärung – Kritik – Öffentlichkeit, Festschrift für Ernst Gottfried Mahrenholz, Baden-Baden 1994, S. 923–941 (zit.: Franke, FS Mahrenholz).

Franzius, Claudio, Europäische Verfassung als Rahmenordnung demokratischer Politik, EuR-Beiheft 1/2013, 155–179.

Franzius, Claudio, Europäisches Verfassungsrechtsdenken, Tübingen 2010.

Franzius, Claudio, Governance und Regelungsstrukturen, VerwArch 97 (2006), 186–219.

Franzius, Claudio, Grundrechte als Verfassungsgefährdung?, DÖV 2008, 933–940.

Franzius, Claudio, Strategien der Grundrechtsoptimierung in Europa, EuGRZ 2015, 139–153.

Franzius, Claudio, Verfassungspluralismus – Was bedeutet das konkret?, Rechtswissenschaft 7 (2016), 62–89.

Franzius, Claudio, Zwischen Selbstbehauptungen und Selbstbeschränkungen der Rechtsordnungen und ihrer Gerichte, ZaöRV 75 (2015), 383–412.

Fremuth, Fritz, Der Vorbehalt des Gesetzes in der Bayerischen Verfassungsurkunde vom 26.5.1818 und seine Auswirkungen auf die Rechtsentwicklung im bayerischen Frühkonstitutionalismus, Marburg 1970.

Frenz, Walter, Grundfreiheiten und Grundrechte, EuR 2002, 603–618.

Frenz, Walter, Handbuch Europarecht, Bd. 4: Europäische Grundrechte, Heidelberg 2009.

Frenzel, Eike Michael, Die Charta der Grundrechte als Maßstab für mitgliedstaatliches Handeln zwischen Effektivierung und Hyperintegration, Der Staat 53 (2014), 1–29.

Freytagh-Loringhoven, Axel Freiherr von, Die Weimarer Verfassung in Lehre und Wirklichkeit, München 1924.

Friauf, Karl Heinrich/Höfling, Wolfram (Hrsg.), Berliner Kommentar zum Grundgesetz, Bd. 2, Berlin 2013 (zit.: Bearbeiter, in: Berliner Kommentar zum GG).

Friedli, Valentine, in: Journal officiel de l'Assemblée constituante de la République et Canton du Jura, 1976, No. 6, S. 3.

Friedrich, Tim, Umfang und Grenzen der Durchsetzung der Vorlagepflicht nach Art. 267 Abs. 3 AEUV, Hamburg 2011.

Friehe, Matthias, Semesterbeiträge und Hessische Verfassung, LKRZ 2015, 305–310.

Friesenhahn, Ernst, Zur Zuständigkeitsabgrenzung zwischen Bundesverfassungsgerichtsbarkeit und Landesverfassungsgerichtsbarkeit, in: *Starck, Christian* (Hrsg.), Bundesverfassungsgericht und Grundgesetz, Festgabe aus Anlaß des 25jährigen Bestehens des Bundesverfassungsgerichts, Bd. 1, Tübingen 1976, S. 748–799 (zit.: Friesenhahn, FS 25 Jahre BVerfG).

Frohwerk, Arno, Soziale Not in der Rechtsprechung des EGMR, Tübingen 2012.

Frowein, Jochen Abr./Peukert, Wolfgang, Europäische Menschenrechtskonvention, 3. Aufl., Kehl am Rhein 2009 (zit.: Bearbeiter, in: Frowein/Peukert, EMRK).

Frowein, Jochen Abr., Der europäische Grundrechtsschutz und die deutsche Rechtsprechung, NVwZ 2002, 29–33.

Frowein, Jochen Abr., Konkurrierende Zuständigkeit und Subsidiarität: Zur Kompetenzverteilung in bündischen Systemen, in: *Badura, Peter/Scholz, Rupert* (Hrsg.), Wege und Verfahren des Verfassungslebens, Festschrift für Peter Lerche zum 65. Geburtstag, München 1993, 401–410 (zit.: Frowein, FS Lerche).

Fuchs, Jochen, Der Stellenwert und die Ausgestaltung von landesverfassungsrechtlichen Grundrechten, in: *ders.* (Hrsg.), Landesverfassungsrecht im Umbruch, Erfurt 1994, S. 271–325.

Führ, Martin (Hrsg.), GK-BImSchG, Bundes-Immissionsschutzgesetz, Köln 2016 (zit.: Bearbeiter, in: Führ, GK-BImSchG).

Funke, Andreas, Der Anwendungsvorrang des Gemeinschaftsrechts, DÖV 2007, 733–740.

Funke, Andreas, Umsetzungsrecht, Tübingen 2010.

Gärditz, Klaus Ferdinand, Anmerkung zur Entscheidung des BVerfG vom 24.04.2013 (1 BvR 1215/07; JZ 2013, 621) – „Zur Frage der Verfassungswidrigkeit des Antiterrordateigesetzes", JZ 2013, 633–636.

Gärditz, Klaus Ferdinand, Das strafprozessuale Ermittlungsverfahren unter Kontrolle der Landesverfassungsgerichtsbarkeit, LKRZ 2014, 187–192.

Gärditz, Klaus Ferdinand, Das Strafrecht in der Rechtsprechung der Landesverfassungsgerichte, AöR 129 (2004), 584–617.

Gärditz, Klaus Ferdinand, Die Verwaltungsdimension des Lissabon-Vertrags, DÖV 2010, 453–465.

Gärditz, Klaus Ferdinand, Landesverfassungsrichter, JöR 61 N.F. (2013), 449–493.

Gaja, Giorgio, The Review by the European Court of Human Rights of Member States' Acts Implementing European Union law: "Solange" Yet Again?, in: *Dupuy, Pierre-Marie/Fassbender, Bardo/Shaw, Malcolm N./Sommermann, Karl-Peter* (Hrsg.), Völkerrecht als Wertordnung, Festschrift für Christian Tomuschat, Kehl 2006, S. 517–526 (zit.: Gaja, FS Tomuschat).

Gebauer, Katharina, Parallele Grund- und Menschenrechtsschutzsysteme in Europa?, Berlin 2007.

Gebhard, Ludwig, Die Bedeutung des Art. 17 Abs. 1 der Reichsverfassung, BayGemVerwZ 1923, Sp. 449–452.

Gebhard, Ludwig, Die Verfassung des Deutschen Reichs vom 11. August 1919, München/Leipzig 1932.

Gehb, Jürgen, Verfassung, Zuständigkeiten und Verfahren des Hessischen Staatsgerichtshofs, Baden-Baden, 1987.

Geiger, Rudolf/Khan, Daniel-Erasmus/Kotzur, Markus (Hrsg.), EUV/AEUV, Kommentar, 6. Aufl., München 2017 (zit.: Bearbeiter, in: Geiger/Khan/Kotzur, EUV/AEUV).

Geiger, Rudolf, EUV/EGV, Vertrag über die Europäische Union und Vertrag zur Gründung der Europäischen Gemeinschaft, 4. Aufl., München 2004.

Geiß, Robin, Europäischer Grundrechtsschutz ohne Grenzen?, DÖV 2014, 265–272.

Gellermann, Martin, Verwaltungsgerichtlicher Rechtsschutz, in: *Rengeling, Hans-Werner/Middeke, Andreas/Gellermann, Martin* (Hrsg.), Handbuch des Rechtsschutzes in der Europäischen Union, 3. Aufl., München 2014, § 37.

Gérard, Philippe/Verrijdt, Willem, Belgian Constitutional Court Adopts National Identity Discourse, EuConst 13 (2017), 182–205.

Gerards, Janneke, Pluralism, Deference and the Margin of Appreciation Doctrine, ELJ 17 (2011), 80–120.

Gerards, Regine, Die Europäische Menschenrechtskonvention im Konstitutionalisierungsprozess einer gemeineuropäischen Grundrechtsordnung, Frankfurt am Main 2007.

Gerber, Karl Friedrich, Über öffentliche Rechte, Tübingen 1913.

Giacometti, Zaccaria, Das Staatsrecht der schweizerischen Kantone, unveränderter Nachdruck 1979 der ersten Auflage 1941, Zürich 1979.

Giacometti, Zaccaria, Die Freiheitsrechtskataloge als Kodifikation der Freiheit, ZSR 1955 I, 149–171.

Giacometti, Zaccaria, Die gegenwärtige Verfassungslage der Eidgenossenschaft, Schweizerische Hochschulzeitung 16 (1942), 139–154.

Giacometti, Zaccaria, Die Verfassungsgerichtsbarkeit des Schweizerischen Bundesgerichtes (Die staatsrechtliche Beschwerde), Zürich 1933.

Giacometti, Zaccaria, Über die rechtliche Tragweite des Prinzips „Bundesrecht bricht kantonales Recht", SJZ 26 (1929/30), 292–296.

Giegerich, Thomas, Europäische Verfassung und deutsche Verfassung im transnationalen Konstitutionalisierungsprozeß: Wechselseitige Rezeption, konstitutionelle Evolution und föderale Verflechtung, Berlin 2003.

Giese, Friedrich, Die Grundrechte, Tübingen 1905.

Giese, Friedrich, Die Verfassung des Deutschen Reiches, 8. Aufl., Berlin 1931.

Glaesner, Hans-Joachim, Eine unendliche Geschichte, in: *Due, Ole/Lutter, Marcus/Schwarze, Jürgen* (Hrsg.), Festschrift für Ulrich Everling, Bd. 1, Baden-Baden 1995, S. 327–337 (zit.: Glaesner, FS Everling).

Gmelin, Hans, Einführung in das Reichsverfassungsrecht, Leipzig 1929.

Gneist, Rudolf von, Der Rechtsstaat und die Verwaltungsgerichte in Deutschland, 2. Aufl., Berlin 1879.

Göbel-Zimmermann, Ralph, Asylrechte der Landesverfassungen im Verhältnis zum Bundesrecht, NVwZ 1995, 763–766.

Göksu, Tarkan/Petrig, Anna, Die Grund- und Sozialrechte, FZR 2005 I (Sonderheft), Die neue Freiburgische Verfassung, 123–155.

Goldhammer, Michael, Die Achtung der nationalen Identität durch die Europäische Union, JöR 63 N.F. (2015), 105–127.

Goldstein, Leslie Friedman, Constituting Federal Sovereignty: The European Union in Comparative Context, Baltimore/London 2001.

Goll, Ulrich/Kenntner, Markus, Brauchen wir ein Europäisches Kompetenzgericht? Vorschläge zur Sicherung der mitgliedstaatlichen Zuständigkeiten, EuZW 2002, 101–106.

Goodwin, Matthew J./Heath, Oliver, The 2016 Referendum, Brexit and the Left Behind: An Aggregate-level Analysis of the Result, The Political Quarterly 87 (2016), 323–332.

Grabenwarter, Christoph/Pabel, Katharina, Europäische Menschrechtskonvention, 6. Aufl., München 2016.

Grabenwarter, Christoph, Androhung von Folter und faires Strafverfahren – Das (vorläufig) letzte Wort aus Straßburg, NJW 2010, 3128–3132.

Grabenwarter, Christoph, Auf dem Weg in die Grundrechtsgemeinschaft?, EuGRZ 2004, 563–570.

Grabenwarter, Christoph, Das mehrpolige Grundrechtsverhältnis im Spannungsfeld zwischen europäischem Menschenrechtsschutz und Verfassungsgerichtsbarkeit, in: *Dupuy, Pierre-Marie/Fassbender, Bardo/Shaw, Malcolm N./Sommermann, Karl-Peter* (Hrsg.), Völkerrecht als Wertordnung, Festschrift für Christian Tomuschat, Kehl 2006, S. 193–206 (zit.: Grabenwarter, FS Tomuschat).

Grabenwarter, Christoph, Der Beitritt der Europäischen Union zur Europäischen Menschenrechtskonvention – Verbesserung des Grundrechtsschutzes durch Erweiterung des Schutzniveaus, in: *König, Doris/Uwer, Dirk* (Hrsg.), Grenzen europäischer Normgebung, Hamburg 2015, S. 123–140.

Grabenwarter, Christoph, Die deutsche Sicherungsverwahrung als Treffpunkt grundrechtlicher Parallelwelten, EuGRZ 2012, 507–514.

Grabenwarter, Christoph, Die Menschenrechtskonvention und Grundrechte-Charta in der europäischen Verfassungsentwicklung, in: *Cremer, Hans-Joachim/Giegerich, Thomas/Richter, Dagmar/Zimmermann, Andreas* (Hrsg.), Tradition und Weltoffenheit des Rechts, Festschrift für Helmut Steinberger, Berlin et al. 2002, S. 1129–1152 (zit.: Grabenwarter, FS Steinberger).

Grabenwarter, Christoph, Europäischer Rechsprechungsdialog in Grundrechtsfragen – am Beispiel der Vorratsdatenspeicherung, in: *Stumpf, Cordula/Kainer, Friedmann/Baldus, Christian* (Hrsg.), Privatrecht, Wirtschaftsrecht, Verfassungsrecht, Festschrift für Peter-Christian Müller-Graff zum 70. Geburtstag am 29. September 2015, Baden-Baden 2015, S. 1386–1393 (zit.: Grabenwarter, FS Müller-Graff).

Grabenwarter, Christoph, Europäisches und nationales Verfassungsrecht, VVDStRL 60 (2001), 290–345.

Grabenwarter, Christoph, Grundrechtsvielfalt und Grundrechtskonflikte im europäischen Mehrebenensystem – Wirkungen von EGMR-Urteilen und der Beurteilungsspielraum der Mitgliedstaaten, EuGRZ 2011, 229–232.

Grabenwarter, Christoph, Kontrolldichte des Grund- und Menschenrechtsschutzes in mehrpoligen Rechtsverhältnissen, EuGRZ 2006, 487–491.

Grabenwarter, Christoph: Offene Staatlichkeit: Österreich, in: *von Bogdandy, Armin/Cruz Villalón, Pedro/Huber, Peter M.* (Hrsg.), Handbuch Ius Publicum Europaeum, Bd. 2, § 20, Heidelberg 2008 (zit.: Grabenwarter, Offene Staatlichkeit: Österreich, in: v. Bogdandy/Cruz Villalón/Huber (Hrsg.), IPE II).

Grabenwarter, Christoph, Staatliches Unionsverfassungsrecht, in: *von Bogdandy, Armin/Bast, Jürgen* (Hrsg.), Europäisches Verfassungsrecht, 2. Aufl., Berlin/Heidelberg 2009, S. 121–175.

Grabitz, Eberhard/Hilf, Meinhard (Hrsg.), Das Recht der Europäischen Union, München, 40. Aufl. 2009 (zit.: Bearbeiter, in: Grabitz/Hilf, Das Recht der Europäischen Union).

Grabitz, Eberhard/Hilf, Meinhard/Nettesheim, Martin (Hrsg.), Das Recht der Europäischen Union, München, 61. Ergänzungslieferung, Stand: April 2017 (zit.: Bearbeiter, in: Grabitz/Hilf/Nettesheim, Das Recht der Europäischen Union).

Granat, Katarzyna, Kontrolle des EU-Sekundärrechts durch den polnischen Verfassungsgerichtshof, EuR 2013, 205–215.

Grande, Edgar, Multi-Level Governance: Institutionelle Besonderheiten und Funktionsbedingungen des europäischen Mehrebenensystems, in: *Grande, Edgar/Jachtenfuchs, Markus* (Hrsg.), Wie problemlösungsfähig ist die EU?, Baden-Baden 2000, S. 11–30.

Grawert, Rolf, Die Bedeutung gliedstaatlichen Verfassungsrechts in der Gegenwart, NJW 1987, 2329–2338.

Greer, Ben, 1789 and the US constitution: what Europe can learn in its quest for unity, European Lawyer 46 (2005), 70–71.

Griebel, Jörn, Doppelstandards des Bundesverfassungsgerichts beim Schutz europäischer Grundrechte, Der Staat 52 (2013), 371–399.

Griebel, Jörn, Europäische Grundrechte als Prüfungsmaßstab der Verfassungsbeschwerde, DVBl. 2014, 204–211.

Griller, Stefan, Der Anwendungsbereich der Grundrechtscharta und das Verhältnis zu sonstigen Gemeinschaftsrechten, Rechten aus der EMRK und zu verfassungsgesetzlich gewährleisteten Rechten, in: *Duschanek, Alfred / Griller, Stefan* (Hrsg.), Grundrechte für Europa: Die Europäische Union nach Nizza, Wien 2002, S. 131–182.

Griller, Stefan, Völkerrecht und Landesrecht – unter Berücksichtigung des Europarechts, in: *Walter, Robert / Jabloner, Clemens / Zeleny, Klaus* (Hrsg.) Hans Kelsen und das Völkerrecht, Wien 2004, S. 83–120.

Grimm, Christoph / Caesar, Peter (Hrsg.), Verfassung für Rheinland-Pfalz, Baden-Baden 2001 (zit.: Bearbeiter, in: Grimm/Caesar, Verfassung für Rheinland-Pfalz).

Grimm, Dieter, Deutsche Verfassungsgeschichte 1776–1866, Frankfurt am Main 1988.

Grimm, Dieter, Die Entwicklung der Grundrechtstheorie in der deutschen Staatsrechtslehre des 19. Jahrhunderts, in: *Birtsch, Günter* (Hrsg.), Grund- und Freiheitsrechte von der ständischen zur spätbürgerlichen Gesellschaft, Göttingen 1987, S. 234–266.

Grimm, Dieter, Verfassungsrecht, in: *Grimm, Dieter / Papier, Hans-Jürgen* (Hrsg.), Nordrhein-westfälisches Staats- und Verwaltungsrecht, Frankfurt am Main 1986, S. 1–62.

Grodecki, Stéphane, La démocratie directe en Suisse au XXIe siècle – une évolution nécessaire?, ZSR 2013 II, 95–183.

Groppi, Tania, I diritti fondamentali in Europa e la giurisprudenza "multilivello", in: *Paciotti, Elena* (Hrsg.), I diritti fondamentali in Europa, Rom 2011, S. 23–39.

Gross, Werner, Verfassungshoheit und Homogenität im Bundesstaat, DVBl. 1950, 5–10.

Grote, Rainer / Marauhn, Thilo (Hrsg.), EMRK/GG, Konkordanzkommentar, Tübingen 2006 (zit.: Bearbeiter, in: Grote/Marauhn, EMRK/GG).

Grote, Rainer, Die Inkorporierung der Europäischen Menschenrechtskonvention in das britische Recht durch den Human Rights Act 1998, ZaöRV 58 (1998), 309–352.

Groussot, Xavier / Bogojević, Sanja, Subsidiarity as a Procedural Safeguard of Federalism, in: *Azoulai, Loïc* (Hrsg.), The Question of Competence in the European Union, Oxford 2014, S. 234–252.

Groussot, Xavier / Stavefeldt, Eric, Accession of the EU to the ECHR: A Legally Complex Situation, in: *Nergilus, Joakim / Kristoffersson, Eleonor* (Hrsg.), Human Rights in Contemporary European Law, Oxford/Portland 2015, S. 7–27.

Groussot, Xavier, Constitutional Dialogues, Pluralism and Conflicting Identities, in: *Avbelj, Matej / Komárek, Jan* (Hrsg.), Constitutional Pluralism in the European Union and Beyond, Oxford/Portland 2012, S. 319–341.

Grussmann, Wolf-Dietrich, Grundnorm und Supranationalität – Rechtsstrukturelle Sichtweisen der europäischen Integration, in: *von Danwitz, Thomas / Heintzen, Markus / Jestaedt, Matthias / Korioth, Stefan / Reinhardt, Michael* (Hrsg.), Auf dem Wege zu einer Europäischen Staatlichkeit, 33. Tagung der Wissenschaftlichen Mitarbeiterinnen und Mitarbeiter der Fachrichtung „Öffentliches Recht", Stuttgart et al. 1993, S. 47–64 (zit.: Grussmann, Grundnorm und Supranationalität, in: v. Danwitz/Heintzen/Jestaedt/Korioth/Reinhardt (Hrsg.), 33. ATÖR – Auf dem Wege zu einer Europäischen Staatlichkeit).

Grzeszick, Bernd, Pluralismus und Föderalismus in der deutschen Staatslehre an der Wende zum 20. Jahrhundert, in: *Heckmann, Dirk/Schenke, Ralf P./Sydow, Gernot* (Hrsg.), Verfassungsstaatlichkeit im Wandel, Festschrift für Thomas Würtenberger zum 70. Geburtstag, Berlin 2013, S. 193–212 (zit.: Grzeszick, FS Würtenberger).

Grzeszick, Bernd, Vom Reich zur Bundesstaatsidee, Berlin 1996.

Guckelberger, Annette, Schutz der Wohnung, in: *Merten, Detlef/Papier, Hans-Jürgen* (Hrsg.), Handbuch der Grundrechte, Bd. 8: Landesgrundrechte in Deutschland, Heidelberg 2017, § 235 (zit.: Guckelberger, HGR VIII).

Günther, Herbert, Verfassungsgerichtsbarkeit in Hessen, Baden-Baden 2004.

Gundel, Jörg, Der beschränkte Anwendungsbereich des Charta-Grundrechts auf gute Verwaltung: Zur fortwirkenden Bedeutung der allgemeinen Rechtsgrundsätze als Quelle des EU-Grundrechtsschutzes, EuR 2015, 80–91.

Gundel, Jörg, Die „question prioritaire de constitutionnalité" vor dem EuGH: Unionsrechtliche Vorgaben für die Koordination nationaler Vorlagepflichten mit Art. 267 AEUV und dem Vorranganspruch des Unionsrechts, EuR 2012, 213–230.

Gundel, Jörg, Erfolgsmodell Vorabentscheidungsverfahren? Die neue Vorlage zum EGMR nach dem 16. Protokoll zur EMRK und ihr Verhältnis zum EU-Rechtsschutzsystem, EuR 2015, 606–625.

Gundel, Jörg, Justiz- und Verfahrensgrundrechte, in: *Ehlers, Dirk* (Hrsg.), Europäische Grundrechte und Grundfreiheiten, 4. Aufl., Berlin/Boston 2014, § 27.

Gusy, Christoph/Wagner, Edgar, Die verfassungsrechtliche Entwicklung in Rheinland-Pfalz von 1996–2001, JöR 51 N.F. (2003), 385–402.

Gusy, Christoph, Die Grundrechte in der Weimarer Republik, ZNR 15 (1993), 163–182.

Gusy, Christoph, Die Weimarer Reichsverfassung, Tübingen 1997.

Gusy, Christoph, Richterliches Prüfungsrecht, Berlin 1985.

Gut, Werner, Die Gewährleistung der Kantonsverfassungen durch den Bund, Zürich/Lachen 1928.

Gysin, Charlotte, Der Schutz des Existenzminimums in der Schweiz, Basel/Genf/München 1999.

Habermas, Jürgen, Zur Verfassung Europas. Ein Essay, Berlin 2011.

Hackel, Freimut Alexander, Die Entstehung einer eigenständigen bayerischen Verwaltungsgerichtsbarkeit, Hamburg 2011.

Häberle, Peter/Kotzur, Markus, Europäische Verfassungslehre, 8. Aufl., Baden-Baden 2016.

Häberle, Peter, Das Prinzip der Subsidiarität aus der Sicht der vergleichenden Verfassungslehre, AöR 119 (1994), 169–206.

Häberle, Peter, Die Verfassungsbeschwerde im System der bundesdeutschen Verfassungsgerichtsbarkeit, JöR 45 N.F. (1997), 89–106.

Häberle, Peter, Die Verfassungsbewegung in den fünf neuen Bundesländern Deutschlands 1991 bis 1992, JöR 42 N.F. (1994), 149–200.

Häberle, Peter (Hrsg.), Entstehungsgeschichte der Artikel des Grundgesetzes, Neuausgabe des Jahrbuchs des öffentlichen Rechts der Gegenwart, JöR 1 N.F. (1951), 2. Aufl., Tübingen 2010.

Häberle, Peter, Europäische Rechtskultur, Baden-Baden 1994.

Häberle, Peter, Europäische Verfassungslehre, 7. Aufl., Baden-Baden 2011.

Häberle, *Peter*, Grundrechtsgeltung und Grundrechtsinterpretation im Verfassungsstaat, JZ 1989, 913–919.

Häberle Peter, Neuere Verfassungen und Verfassungsvorhaben in der Schweiz, insbesondere auf kantonaler Ebene, JöR 84 N.F. (1985), 303–424.

Häberle, *Peter*, Rechtsvergleichung im Kraftfeld des Verfassungsstaates, Berlin 1992.

Häberle, *Peter*, Verfassungslehre als Kulturwissenschaft, 2. Aufl., Berlin 1998.

Häfelin, *Ulrich* / *Haller*, *Walter* / *Keller*, *Helen* / *Thurnherr*, *Daniela*, Schweizerisches Bundesstaatsrecht, 9. Aufl., Zürich/Basel/Genf 2016.

Häfelin, *Ulrich* / *Haller*, *Walter*, Schweizerisches Bundesstaatsrecht, 2. Aufl., Zürich 1988.

Häfelin, *Ulrich*, Die Grundrechte in den Schweizer Kantonsverfassungen, in: *Novak*, *Richard* / *Sutter*, *Berthold* / *Hasiba*, *Gernot* (Hrsg.), Der Föderalismus und die Zukunft der Grundrechte, Wien/Köln/Graz 1982, S. 27–49.

Häfelin, *Ulrich*, Verfassungsgebung, ZSR 1974 II, 74–134.

Haefliger, *Arthur* / *Schürmann*, *Frank*, Die Europäische Menschenrechtskonvention und die Schweiz: Die Bedeutung der Konvention für die schweizerische Rechtspraxis, 2. Aufl., Bern 1999.

Haenel, *Albert*, Deutsches Staatsrecht, Leipzig 1892.

Haenel, *Albert*, Studien zum Deutschen Staatsrechte, Bd. 1: Die vertragsmäßigen Elemente der Deutschen Reichsverfassung, Leipzig 1873.

Haenel, *Albert*, Studien zum Deutschen Staatsrechte, Bd. 2: Das Gesetz im formellen und materiellen Sinn, Leipzig 1873.

Häner, *Isabelle* / *Rüssli*, *Markus* / *Schwarzenbach*, *Evi* (Hrsg.), Kommentar zur Zürcher Kantonsverfassung, Zürich/Basel/Genf 2007.

Haensle, *Walter*, Der Willkürmaßstab bei der Garantie des gesetzlichen Richters bei Nichtvorlagen – bewährter Maßstab oder gemeinschaftsrechtliche Notwendigkeit einer Neuausrichtung?, DVBl. 2011, 811–819.

Härtel, *Ines*, Durchsetzbarkeit von Zwangsgeld-Urteilen des EuGH gegen Mitgliedstaaten, EuR 2001, 617–630.

Hafner, *Felix*, Die neue Bundesverfassung im Kontext der Verfassungen, Entwürfe und Reformversuche seit 1789, ZSR 2001 I, 11–42.

Haguenau-Moizard, *Catherine*: Offene Staatlichkeit: Frankreich, in: *von Bogdandy*, *Armin* / *Cruz Villalón*, *Pedro* / *Huber*, *Peter M.* (Hrsg.), Handbuch Ius Publicum Europaeum, Bd. 2, § 15, Heidelberg 2008 (zit.: Haguenau-Moizard, Offene Staatlichkeit: Frankreich, in: v. Bogdandy/Cruz Villalón/Huber (Hrsg.), IPE II).

Hailbronner, *Kay*, Die deutschen Bundesländer in der EG, JZ 1990, 149–158.

Hain, *Karl E.*, Die Prüfungskompetenz von Landesverfassungsgerichten für die Anwendung von Bundesprozeßrecht, Anmerkung, JZ 1998, 620–624.

Hain, *Sabine*, Die Individualverfassungsbeschwerde nach Bundesrecht, Baden-Baden 2002.

Halberstam, *Daniel*, Constitutional Heterarchy: The Centrality of Conflict in the European Union and the United States, in: *Dunoff*, *Jeffrey L.* / *Trachtman*, *Joel P.* (Hrsg.), Ruling the World?: Constitutionalism, International Law and Global Governance, Cambridge 2009, S. 326–355.

Halberstam, *Daniel*, "It's the Autonomy, Stupid!" A Modest Defense of *Opinion 2/13* on EU Accession to the ECHR, and the Way Forward, GLJ 16 (2015), 105–146.

Haller, *Gret*, Die innerstaatliche Anwendung der europäischen Menschenrechtskonvention in der Schweiz, ZBl. 1977, 521–531.

Haller, Walter/Kölz, Alfred/Gächter, Thomas, Allgemeines Staatsrecht, 5. Aufl., Zürich/Basel/Genf 2013.

Haller, Walter, Die akademische Lehrfreiheit als verfassungsmäßiges Recht, ZSR 1976 I, 113–148.

Haller, Walter, Verfassungsvergleichung als Impuls für die Verfassungsgebung, in: *Hänni, Peter* (Hrsg.), Mensch und Staat, Festschrift für Thomas Fleiner zum 65. Geburtstag, Freiburg i. Ue. 2003, S. 311–325 (zit.: Haller, FS Fleiner).

Hallström Pär, Balance or Clash of Legal Orders – Some Notes on Margin of Appreciation, in: *Nergelius, Joakim/Kristoffersson, Eleonor* (Hrsg.), Human Rights in Contemporary European Law, Oxford/Portland 2015, S. 59–73.

Halmai, Gábor, The Hungarian Constitutional Court and Constitutional Identity, Verfassungsblog 2017/01/10, abrufbar unter http://verfassungsblog.de/the-hungarian-constitutional-court-and-constitutional-identity/ (zuletzt abgerufen am 04.11.2017).

Hamann, Andreas/Lenz, Helmut, Das Grundgesetz für die Bundesrepublik Deutschland vom 23. Mai 1949, 3. Aufl., Neuwied/Berlin 1970.

Hamilton, Alexander, The Federalist Papers 84 (1788), hrsg. v. *Buccaneer Books*, New York 1992.

Hancox, Emily, The meaning of "implementing" EU law under Article 51(1) of the Charter: *Åkerberg Fransson*, CMLR 50 (2013), 1411–1432.

Hangartner, Yvo, Bundesgerichtlicher Positionsbezug zum Verhältnis von Bundesverfassung und Völkerrecht, AJP 2013, 698–707.

Hangartner, Yvo, Das Verhältnis von Völkerrecht und Landesrecht – Auslegeordnung eines Kernproblems von Verfassungspraxis und Verfassungsreform, SJZ 1998, 201–208.

Hangartner, Yvo, Die Freiheitsgarantie der Bundesverfassung, ZBl. 1969, 337–344.

Hangartner, Yvo, Grundzüge des schweizerischen Staatsrechts, Bd. 1: Organisation, Zürich 1980.

Hangartner, Yvo, Rechtsfragen der Aufhebung kantonaler Erlasse durch das Bundesgericht, ZSR 2009 I, 431–451.

Hangartner, Yvo, Richterliche Zurückhaltung des Europäischen Gerichtshofs für Menschenrechte, in: *Zufferey, Jean-Baptiste/Dubey, Jacques/Previtali, Adriano* (Hrsg.), L'homme et son droit, Mélanges en l'honneur de Marco Borghi à l'occasion de son 65e anniversaire, Fribourg 2011, S. 173–183 (zit.: Hangartner, FS Borghi).

Hangartner, Yvo, Richterliche Zurückhaltung in der Überprüfung von Entscheiden von Vorinstanzen, in: *Schindler, Benjamin/Sutter, Patrick* (Hrsg.), Akteure der Gerichtsbarkeit, Zürich/St. Gallen 2007, S. 159–174.

Hanschel, Dirk, Konfliktlösung im Bundesstaat, Tübingen 2012.

Haratsch, Andreas/Koenig, Christian/Pechstein, Matthias, Europarecht, 10. Aufl., Tübingen 2016.

Haratsch, Andreas, Die *Solange*-Rechtsprechung des Europäischen Gerichtshofs für Menschenrechte, ZaöRV 66 (2006), 927–947.

Harbich, Jürgen, Der Bundesstaat und seine Unantastbarkeit, Berlin 1965.

Hartge, Dagmar, 20 Jahre Freiheitsrechte in einer modernen Verfassung, in: *Fritsch, Gunter* (Hrsg.), 20 Jahre Landesverfassung, Festschrift des Landtages Brandenburg, Berlin 2012, S. 35–37 (zit.: Hartge, FS 20 Landesverfassung Brandenburg).

Hartung, Fritz, Deutsche Verfassungsgeschichte, 8. Aufl., Stuttgart 1964.

Hatje, Armin/Kindt, Anne, Der Vertrag von Lissabon – Europa endlich in guter Verfassung?, NJW 2008, 1761–1768.

Hatje, Armin, Loyalität als Rechtsprinzip in der Europäischen Union, Baden-Baden 2001.

Hatschek, Julius, Deutsches und preußisches Staatsrecht, Bd. 1, Berlin 1922.

Haude, Christin, Bildung für alle Kinder? Statuslose Kinder in Deutschland und ihr Menschenrecht auf Bildung, Hamburg 2011.

Heckel, Johannes, Verträge des Reichs und der Länder mit auswärtigen Staaten nach der Reichsverfassung, AöR 7 (1924), 209–224.

Heckel, Katharina, Der Föderalismus als Prinzip überstaatlicher Gemeinschaftsbildung, Berlin 1998.

Heckmann, Dirk, Bayerisches Polizei- und Sicherheitsrecht, in: *Becker, Ulrich / Heckmann, Dirk / Kempen, Bernhard / Manssen, Gerrit* (Hrsg.), Öffentliches Recht in Bayern, 7. Aufl., München 2017, S. 233–422.

Heckmann, Dirk, Geltungskraft und Geltungsverlust von Rechtsnormen, Tübingen 1997.

Heilfron, Eduard (Hrsg.), Die Deutsche Nationalversammlung im Jahre 1919, Bd. 6, Berlin 1920.

Heimann, Hans Markus, Die Entstehung der Verfassungsgerichtsbarkeit in den neuen Ländern und in Berlin, München 2001.

Heinig, Hans Michael, Die Stellung der Kirchen und Religionsgemeinschaften in der europäischen Rechtsordnung, in: *Müller-Graff, Peter-Christian / Schneider, Heinrich* (Hrsg.), Kirchen und Religionsgemeinschaften in der Europäischen Union, Baden-Baden 2003, S. 125–154.

Held, Jürgen, Die Verfassungsbeschwerde zum Verfassungsgerichtshof Rheinland-Pfalz, NVwZ 1995, 534–538.

Held, Jürgen, Die Verfassungsbeschwerde zum Verfassungsgerichtshof von Rheinland-Pfalz, Vortrag bei der 14. Fortbildungsveranstaltung der Arbeitsgemeinschaft Verwaltungsrecht Rheinland-Pfalz in Koblenz am 29. April 2005, abrufbar unter https://verfgh.justiz.rlp.de/de/wir-ueber-uns/verfassungsbeschwerde/ (zuletzt abgerufen am 04.11.2017).

Hemler, Caroline, Anmerkung zu EuGH, Rs. C-398/13 P (Inuit Tapiriit Kanatami/Kommission), EuZW 2015, 842–843.

Hendler, Reinhard / Hufen, Friedhelm / Jutzi, Siegfried (Hrsg.), Landesrecht Rheinland-Pfalz, 7. Aufl., Baden-Baden 2014 (zit.: Bearbeiter, in: Hendler/Hufen/Jutzi (Hrsg.), Landesrecht Rheinland-Pfalz).

Hensel, Albert, Grundrechte und Rechtsprechung, in: *Schreiber, Otto* (Hrsg.), Die Reichsgerichtspraxis im deutschen Rechtsleben, Festgabe der juristischen Fakultäten zum 50jährigen Bestehen des Reichsgerichts, Bd. 1, Berlin/Leipzig 1929, S. 1–32 (zit.: Hensel, FG zum 50jährigen Bestehen des Reichsgerichts).

Hentschel-Bednorz, Meike, Derzeitige Rolle und zukünftige Perspektive des EuGH im Mehrebenensystem des Grundrechtsschutzes in Europa, Köln/München 2012.

Herdegen, Matthias / Richter, Stefan, Die Rechtslage in den Europäischen Gemeinschaften, in: *Frowein, Jochen Abr.* (Hrsg.), Die Kontrolldichte bei der gerichtlichen Überprüfung von Handlungen der Verwaltung, Heidelberg 1993.

Herdegen, Matthias, Europäisches Gemeinschaftsrecht und die Bindung deutscher Verfassungsorgane an das Grundgesetz, EuGRZ 1989, 309–314.

Herdegen, Matthias, Europarecht, 18. Aufl., München 2016.

Herdegen, Matthias, Völkerrecht, 16. Aufl., München 2017.

Hermes, Georg / Reimer, Franz (Hrsg.), Landesrecht Hessen, 8. Aufl., Baden-Baden 2015 (zit. Bearbeiter, in: Hermes/Reimer (Hrsg.), Landesrecht Hessen).

Hertig Randall, *Maya*, Der grundrechtliche Dialog der Gerichte in Europa, EuGRZ 2014, 5–18.

Herwegen, August, Reichsverfassung und Bundesrat, Köln 1902.

Herzmann, *Karsten*, Das spanische Verfassungsgericht und der Fall Melloni, EuGRZ 2015, 445–453.

Herzog, *Manuela*/*Looser*, *Martin*, Der Einfluss der EMRK im öffentlich-rechtlichen Verfahrensrecht. Eine Analyse der bundesgerichtlichen Rechtsprechung, in: *Sutter*, *Patrick*/*Zelger*, *Ulrich* (Hrsg.), 30 Jahre EMRK-Beitritt der Schweiz: Erfahrungen und Perspektiven, Bern 2005, S. 131–169.

Herzog, *Roman*/*Scholz*, *Rupert*/*Herdegen*, *Matthias*/*Klein*, *Hans H.* (Hrsg.), Grundgesetz, Kommentar, begr. v. *Maunz*, *Theodor*/*Dürig*, *Günter*, München (69. Ergänzungslieferung, Stand: Mai 2013 (zit.: Bearbeiter, in: MD, GG, 69. Ergänzungslieferung, Stand: Mai 2013).

Herzog, *Roman*/*Scholz*, *Rupert*/*Herdegen*, *Matthias*/*Klein*, *Hans H.* (Hrsg.), Grundgesetz, Kommentar, begr. v. *Maunz*, *Theodor*/*Dürig*, *Günter*, München, 78. Ergänzungslieferung, Stand: September 2016 (zit.: Bearbeiter, in: MD, GG).

Herzog, *Roman*, Bundes- und Landesstaatsgewalt im demokratischen Bundesstaat, DÖV 1962, 81–87.

Herzog, *Roman*, Gesetzgeber und Gerichte, in: *Brandt*, *Willy*/*Gollwitzer*, *Helmut*/*Henschel*, *Johann Friedrich* (Hrsg.), Ein Richter, ein Bürger, ein Christ, Festschrift für Helmut Simon, Baden-Baden 1987, S. 103–112 (zit.: Herzog, FS Simon).

Hesse, *Konrad*, Aspekte des kooperativen Föderalismus in der Bundesrepublik, in: *Ritterspach*, *Theo*/*Geiger*, *Willi* (Hrsg.), Festschrift für Gebhard Müller, Tübingen 1970, S. 141–160 (zit.: Hesse, FS Müller).

Hesse, *Konrad*, Der unitarische Bundesstaat, Karlsruhe 1962.

Hesse, *Konrad*, Grundzüge des Verfassungsrechts der Bundesrepublik Deutschland, 20. Aufl., Heidelberg 1995.

Heuer, *Jan*, Art. 51 Abs. 1 S. 1 GRC: Die Bindung der Mitgliedstaaten an die Unionsgrundrechte, München 2014.

Heun, *Werner*, Eine verfassungswidrige Verfassungsgerichtsentscheidung – der Vorlagebeschluss des BVerfG vom 14.01.2014, JZ 2014, 331–337.

Hilf, *Meinhard*, Subsidiarität als Verfassungsgrundsatz der Europäischen Union, in: Karlsruher Forum 1995, 7–14.

Hillgruber, *Christian*, Die Bedeutung der Rechtsvergleichung für das deutsche Verfassungsrecht und die verfassungsgerichtliche Rechtsprechung in Deutschland, JöR 63 N.F. (2015), 367–388.

Hinarejos, *Alicia*, Judicial Control in the European Union, Oxford 2009.

Hinkel, *Karl Reinhard*, Verfassung des Landes Hessen, Wiesbaden 1999.

Hinrichs, *Bernhard*, Die Grenzen der Verfassungsautonomie der deutschen Länder, Berlin 1930.

Hirsch, *Günter*, Europäischer Gerichtshof und Bundesverfassungsgericht – Kooperation oder Konfrontation?, NJW 1996, 2457–2466.

Hirschberg, *Walter*, Haben die Abweichungen der Reichsverfassung von der Verfassung des Norddeutschen Bundes das föderative oder das unitarische Element gestärkt?, Stettin 1912 (zit.: Hirschberg, Abweichungen der Reichsverfassung).

Hirschl, *Ran*, The Question of Case Selection in Comparative Constitutional Law, American Journal of Comparative Law 53 (2005), 125–155.

His, Eduard, Geschichte des neuern Schweizerischen Staatsrechts, Bd. 3: Der Bundesstaat von 1848 bis 1914, Basel 1938.

His, Eduard, Geschichte des neuern Schweizerischen Staatsrechts, Bd. 3: Der Bundesstaat von 1848 bis 1914, 2. Halbbd., Basel 1938.

Hobe, Stephan, Abkehr von Solange? – Die Entscheidungen des Bundesverfassungsgerichts zur Vorratsdatenspeicherung und zu Honeywell, in: *Sachs, Michael/Siekmann, Helmut* (Hrsg.), Der grundrechtsgeprägte Verfassungsstaat, Festschrift für Klaus Stern zum 80. Geburtstag, Berlin 2012, S. 745–760 (zit.: Hobe, FS Stern, 2012).

Hobe, Stephan, Einführung in das Völkerrecht, 10. Aufl., Tübingen 2014.

Hömig, Dieter, Das Kooperationsverhältnis zwischen Bundesverfassungsgericht und Europäischem Gerichtshof für Menschenrechte, NdsVBl. 2011, 126–132.

Höner, Martin, Die Diskussion um das richterliche Prüfungsrecht und das monarchische Verordnungsrecht als Beitrag zur Entwicklung der Rechtsstaatlichkeit im zweiten deutschen Kaiserreich, Münster 2001 (zit.: Höner, Richterliches Prüfungsrecht).

Hofacker, Wilhelm, Grundrechte und Grundpflichten der Deutschen, Stuttgart 1926.

Hofer, Sibylle, Der lange Weg zum bernischen Verwaltungsgericht, in: *Herzog, Ruth/Feller, Reto* (Hrsg.), Bernische Verwaltungsgerichtsbarkeit in Geschichte und Gegenwart: 100 Jahre Verwaltungsgericht des Kantons Bern, Bern 2010, S. 1–33.

Hoffmann, Bernd von/Thorn, Karsten, Internationales Privatrecht, 9. Aufl., München 2007.

Hoffmann, Martin/Kollmar, Frederike, Ein Vorabbefassungsverfahren beim EGMR – das 16. Zusatzprotokoll zur Europäischen Menschenrechtskonvention, NVwZ 2014, 1269–1273.

Hoffmann-Riem, Wolfgang, Governance im Gewährleistungsstaat – Vom Nutzen der Governance-Perspektive für die Rechtswissenschaft, in: *Schuppert, Gunnar Folke* (Hrsg.), Governance-Forschung, 2. Aufl., Baden-Baden 2006, S. 195–219.

Hoffmann-Riem, Wolfgang, Kohärenz der Anwendung europäischer und nationaler Grundrechte, EuGRZ 2002, 473–483.

Hoffmann-Riem, Wolfgang, Kontrolldichte und Kontrollfolgen beim nationalen und europäischen Schutz von Freiheitsrechten in mehrpoligen Rechtsverhältnissen, EuGRZ 2006, 492–499.

Hofmann, Hans, Föderalismusreformen im Verfassungsstaat, DÖV 2008, 833–844.

Hofmann, Jens, Grundrechtsschutz durch BVerfG, EuGH und EGMR, in: *Emmenegger, Sigrid/Wiedmann, Ariane* (Hrsg.), Linien der Rechtsprechung des Bundesverfassungsgerichts, Bd. 2, Berlin/Boston 2011, S. 573–603.

Hofstetter, David, Das Verhältnismässigkeitsprinzip als Grundsatz rechtsstaatlichen Handelns (Art. 5 Abs. 2 BV), Zürich/Basel/Genf 2014.

Hoke, Rudolf, Verfassungsgerichtsbarkeit in den deutschen Ländern in der Tradition der deutschen Staatsgerichtsbarkeit, in: *Starck, Christian/Stern, Klaus* (Hrsg.), Landesverfassungsgerichtsbarkeit, Teilbd. 1, Baden-Baden 1983, S. 25–102.

Holoubek, Michael, Die liberalen Rechte der Grundrechtscharta im Vergleich zur Europäischen Menschenrechtskonvention, in: *Duschanek, Alfred/Griller, Stefan* (Hrsg.), Grundrechte für Europa: Die Europäische Union nach Nizza, Wien/New York 2002, S. 25–37.

Holste, Heiko, Der deutsche Bundesstaat im Wandel (1867–1933), Berlin 2002.

Holz, Wilfried, Grundrechtsimmunes Gesetzesrecht, NVwZ 2007, 1153–1155.

Holzheid, Hildegund, Gedanken zur Bayerischen Verfassung, BayVBl. 1997, 129–132.

Holzinger, Gerhart, Die Auswirkungen der österreichischen EU-Mitgliedschaft auf das österreichische Verfassungsrecht, ÖJZ 1996, 264–265.

Holzinger, Katharina / Knill, Christoph / Peters, Dirk / Rittberger, Berthold / Schimmelfennig, Frank / Wagner, Wolfgang, Die Europäische Union, Theorien und Analysekonzepte, Paderborn 2005.

Hong, Mathias, Caroline von Hannover und die Folgen – Meinungsfreiheit im Mehrebenensystem zwischen Konflikt und Kohärenz, EuGRZ 2011, 214–218.

Hong, Mathias, Human Dignity and Constitutional Identity: The Solange III-Decision of the German Constitutional Court, Verfassungsblog v. 18.02.2016, abrufbar unter http://verfassungsblog.de/human-dignity-and-constitutional-identity-the-solange-iii-decision-of-the-german-constitutional-court/ (zuletzt abgerufen am 04.11.2017).

Hong, Mathias, Human dignity, identity review of the European arrest warrant and the Court of Justice as a listener in the dialogue of courts: Solange-III and Aranyosi, EuConst 12 (2016), 549–563.

Hoppe, Ursula, Die Kunstfreiheit als EU-Grundrecht, Frankfurt am Main 2011.

Hornauer, Alexandra Maria, Das Reichsgericht zur Frage des richterlichen Prüfungsrechts (1919–1933), Frankfurt am Main 2009.

Horneffer, Reinhold, Das Problem der Rechtsgeltung und der Restbestand der Weimarer Verfassung, ZgS 99 (1939), 148–178.

Hornung, Gerrit, Grundrechtsinnovationen, Tübingen 2015.

Horsley, Thomas, Reflections on the Role of the Court of Justice as the "Motor" of European Integration: *Legal* Limits to Judicial Lawmaking, CMLR 50 (2013), 931–964.

Hottelier, Michel / Mock, Hanspeter / Puéchavy, Michel, La suisse devant la Cour européenne des droits de l'homme, 2. Aufl., Zürich/Basel/Genf 2011.

Hottelier, Michel / Tanquerel, Thierry, La Constitution genevoise du 14 Octobre 2012, SJ 2014 II, 341–385.

Hottelier, Michel, Grundrechtskonkurrenzen und Grundrechtskollisionen, in: *Merten, Detlef / Papier, Hans-Jürgen* (Hrsg.), Handbuch der Grundrechte, Bd. 7, Teilbd. 2: Grundrechte in der Schweiz und in Liechtenstein, Heidelberg 2007, § 207 (zit.: Hottelier, HGR VII/2).

Hottelier, Michel, La Convention européenne des droits de l'homme dans la jurisprudence du Tribunal fédéral, Lausanne 1985.

Hottelier, Michel, La réception de la CEDH dans les cantons, in: *Besson, Samantha / Belser, Eva Maria* (Hrsg.), Die Europäische Menschenrechtskonvention und die Kantone, Genf/Zürich/Basel 2014, S. 43–65.

Huber, Andrea, Der Beitritt der Europäischen Union zur Europäischen Menschenrechtskonvention, Hamburg 2008.

Huber, Ernst Rudolf, Bedeutungswandel der Grundrechte, AöR 23 (1932), 1–98.

Huber, Ernst Rudolf, Bewahrung und Wandlung, Berlin 1975.

Huber, Ernst Rudolf, Deutsche Verfassungsgeschichte seit 1789, Bd. 1: Reform und Restauration 1789–1830, 2. Aufl., Stuttgart 1957.

Huber, Ernst Rudolf, Deutsche Verfassungsgeschichte seit 1789, Bd. 2: Der Kampf um Einheit und Freiheit 1830 bis 1850, 3. Aufl., Stuttgart et al. 1988.

Huber, Ernst Rudolf, Deutsche Verfassungsgeschichte seit 1789, Bd. 3: Bismarck und das Reich, 3. Aufl., Stuttgart et al. 1988.

Huber, Ernst Rudolf, Deutsche Verfassungsgeschichte seit 1789, Bd. 4: Struktur und Krisen des Kaiserreichs, 2. Aufl., Stuttgart et al. 1982.

Huber, Ernst Rudolf, Deutsche Verfassungsgeschichte seit 1789, Bd. 5: Weltkrieg, Revolution und Reichserneuerung, Stuttgart et al. 1978.

Huber, Ernst Rudolf, Deutsche Verfassungsgeschichte seit 1789, Bd. 6: Die Weimarer Reichsverfassung, Stuttgart et al. 1981.

Huber, Ernst Rudolf, Die Bismarcksche Reichsverfassung im Zusammenhang der deutschen Verfassungsgeschichte, in: *Schieder, Theodor/Deuerlein, Ernst* (Hrsg.), Reichsgründung 1870/71, Stuttgart 1970, S. 164–196.

Huber, Ernst Rudolf, Verfassung, Hamburg 1937.

Huber, Hans, Der Kompetenzkonflikt zwischen dem Bund und den Kantonen, Bern 1926.

Huber, Hans, Die Garantie der individuellen Verfassungsrechte, ZSR 1936, 1a-200a.

Huber, Karl, Die Rechtsprechung des Bayerischen Verfassungsgerichtshofs zu den Grundrechten, BayVBl. 2010, 389–395.

Huber, Karl, Grundfragen der Bayerischen Verfassungsgerichtsbarkeit – 60 Jahre Bayerischer Verfassungsgerichtshof, BayVBl. 2008, 65–72.

Huber, Peter M.,/Uhle, Arnd, Die Sachbereiche der Landesgesetzgebung nach der Föderalismusreform, in: *Heintzen, Markus/Uhle, Arnd* (Hrsg.), Neuere Entwicklungen im Kompetenzrecht, Berlin 2014, S. 83–158.

Huber, Peter M., Das bayerische Runkfunkmodell im Lichte seiner verfassungs- und unionsrechtlichen Rahmenbedingungen, BayVBl. 2004, 609–616.

Huber, Peter M., Das Verhältnis des Europäischen Gerichtshofes zu den nationalen Gerichten, in: *Merten, Detlef/Papier, Hans-Jürgen* (Hrsg.), Handbuch der Grundrechte, Bd. 6, Teilbd. 2: Europäische Grundrechte II, Universellle Menschenrechte, Heidelberg 2009, § 172 (zit.: Huber, HGR VI/2, § 172).

Huber, Peter M., Die Landesverfassungsgerichte zwischen Anspruch und Wirklichkeit, ThürVBl. 2003, 73–79.

Huber, Peter M., Europäisches und nationales Verfassungsrecht, VVDStRL 60 (2001), 194–241.

Huber, Peter M., Klarere Verantwortungsteilung von Bund, Ländern und Kommunen?, in: *Ständige Deputation des Deutschen Juristentages* (Hrsg.), Verhandlungen des 65. Deutschen Juristentages (2004), Bd. 1, München 2004, Gutachten D.

Huber, Peter M., Recht der Europäischen Integration, 2. Aufl., München 2002.

Huber, Peter M., Unitarisierung durch Gemeinschaftsgrundrechte – Zur Überprüfungsbedürftigkeit der ERT-Rechtsprechung –, EuR 2008, 190–200.

Hückstädt, Gerhard, Verfassungsgerichtsbarkeit in Mecklenburg-Vorpommern, LKV 1997, 305–309.

Hufeld, Ulrich/Rathke, Hannes, Der Grundrechtsschutz nach Lissabon im Wechselspiel zwischen der Charta der Grundrechte der Europäischen Union, Europäischer Menschenrechtskonvention und den nationalen Verfassungen, EuR-Beiheft 3/2013, 7–53.

Hufen, Friedhelm, Die Bedeutung gliedstaatlichen Verfassungsrechts in der Gegenwart, BayVBl. 1987, 513–520.

Hummer, Waldemar, „Judicial dialogue“ zwischen EGMR und nationalen Höchstgerichten – Die neue Gutachtenkompetenz des EGMR im Entwurf des Protokolls Nr. 16 zur EMRK, in: *Heid, Daniela/Stotz, Rüdiger/Verny, Arsène* (Hrsg.), Festschrift für Manfred A. Dauses zum 70. Geburtstag, München 2014, S. 167–180 (zit.: Hummer, FS Dauses).

Huthmacher, Karl Eugen, Der Vorrang des Gemeinschaftsrechts bei indirekten Kollisionen, Köln et al. 1985.

Hwang, Shu-Perng, Anwendungsvorrang statt Geltungsvorrang? Normlogische und institutionelle Überlegungen zum Vorrang des Unionsrechts, EuR 2016, 355–373.

Iglesias Sánchez, Sara, The Court and the Charter: The Impact of the Entry into Force of the Lisbon Treaty on the ECJ's Approach to Fundamental Rights, CMLR 49 (2012), 1565–1612.

Imboden, Max, Bundesrecht bricht kantonales Recht, Aarau 1940.

Imboden, Max, Der Schutz vor staatlicher Willkür, Zürich 1945.

Imboden, Max, Die staatsrechtliche Bedeutung des Grundsatzes „Bundesrecht bricht kantonales Recht", ZSR 1942, 203–227.

Imboden, Max, Die staatsrechtliche Problematik des schweizerischen Föderalismus, in: *ders.*, Staat und Recht, Ausgewählte Schriften und Vorträge, Basel/Stuttgart 1971, S. 175–197.

Imboden, Max, Erfahrungen auf dem Gebiet der Verwaltungsrechtsprechung in den Kantonen und im Bund, ZSR 1947, 1a-93a.

Ipsen, Hans Peter, Das Verhältnis des Rechts der europäischen Gemeinschaften zum nationalen Recht, in: *Ballerstedt, Kurt/Steindorff, Ernst* (Hrsg.), Aktuelle Fragen des europäischen Gemeinschaftsrecht, Stuttgart 1965, S. 1–27.

Ipsen, Hans Peter, Die europäische Integration in der deutschen Staatsrechtslehre, in: *Baur, Jürgen F./Müller-Graff, Peter-Christian/Zuleeg, Manfred* (Hrsg.), Europarecht, Energierecht, Wirtschaftsrecht, Festschrift für Bodo Börner zum 70. Geburtstag, Köln et al. 1992, S. 133–177 (zit.: Ipsen, FS Börner).

Ipsen, Hans Peter, Europäisches Gemeinschaftsrecht, Tübingen 1972.

Ipsen, Jörn, Landesgrundrechte in Niedersachsen, in: *Merten, Detlef/Papier, Hans-Jürgen* (Hrsg.), Handbuch der Grundrechte, Bd. 8: Landesgrundrechte in Deutschland, Heidelberg 2017, § 253 (zit.: Ipsen, HGR VIII).

Isensee, Josef/Kirchhof, Paul (Hrsg.): Handbuch des Staatsrechts der Bundesrepublik Deutschland, Bd. IV, Finanzverfassung – Bundesstaatliche Ordnung, Heidelberg 1990 (zit.: Bearbeiter, HdStR IV, 1990).

Isensee, Josef/Kirchhof, Paul (Hrsg.): Handbuch des Staatsrechts der Bundesrepublik Deutschland, Bd. I, Historische Grundlagen, 3. Aufl., Heidelberg 2003 (zit.: Bearbeiter, HdStR I).

Isensee, Josef/Kirchhof, Paul (Hrsg.): Handbuch des Staatsrechts der Bundesrepublik Deutschland, Bd. II, Verfassungsstaat, 3. Aufl., Heidelberg 2004 (zit.: Bearbeiter, HdStR II).

Isensee, Josef/Kirchhof, Paul (Hrsg.): Handbuch des Staatsrechts der Bundesrepublik Deutschland, Bd. III, Bundesstaat, 3. Aufl., Heidelberg 2005 (zit.: Bearbeiter, HdStR III).

Isensee, Josef/Kirchhof, Paul (Hrsg.): Handbuch des Staatsrechts der Bundesrepublik Deutschland, Bd. V, Rechtsquellen, Organisation, Finanzen, 3. Aufl., Heidelberg 2007 (zit.: Bearbeiter, HdStR V).

Isensee, Josef/Kirchhof, Paul (Hrsg.): Handbuch des Staatsrechts der Bundesrepublik Deutschland, Bd. VI, Bundesstaat, 3. Aufl., Heidelberg 2008 (zit.: Bearbeiter, HdStR VI).

Isensee, Josef/Kirchhof, Paul (Hrsg.): Handbuch des Staatsrechts der Bundesrepublik Deutschland, Bd. VIII, Grundrechte: Wirtschaft, Verfahren, Gleichheit, 3. Aufl., Heidelberg 2010 (zit.: Bearbeiter, HdStR VIII).

Isensee, Josef/Kirchhof, Paul (Hrsg.): Handbuch des Staatsrechts der Bundesrepublik Deutschland, Bd. IX, Allgemeine Grundrechtslehren, 3. Aufl., Heidelberg 2011 (zit.: Bearbeiter, HdStR IX).

Isensee, Josef/Kirchhof, Paul (Hrsg.): Handbuch des Staatsrechts der Bundesrepublik Deutschland, Bd. X, Deutschland in der Staatengemeinschaft, 3. Aufl., Heidelberg 2012 (zit.: Bearbeiter, HdStR X).

Isensee, Josef, Chancen und Grenzen der Landesverfassung im Bundesstaat, SächsVBl. 1994, 28–35.

Isensee, Josef, Die Bedeutung gliedstaatlichen Verfassungsrechts in der Gegenwart, Aussprache, VVDStRL 46 (1988), 120–123.

Isensee, Josef, Die dreifache Hürde der Bundeskompetenz „Hochschulwesen", in: *Brenner, Michael/Huber, Peter M./Möstl, Markus* (Hrsg.), Der Staat des Grundgesetzes – Kontinuität und Wandel, Festschrift für Peter Badura zum 70. Geburtstag, Tübingen 2004, S. 689–725 (zit.: Isensee, FS Badura).

Isensee, Josef, Vorrang des Europarechts und deutsche Verfassungsvorbehalte – offener Dissens, in: *Burmeister, Joachim* (Hrsg.), Verfassungsstaatlichkeit, Festschrift für Klaus Stern zum 65. Geburtstag, München 1997, S. 1239–1268 (zit.: Isensee, FS Stern).

Iwers, Steffen Johann, Entstehung, Bindungen und Ziele der materiellen Bestimmungen der Landesverfassung Brandenburg, Aachen 1998.

Jaag, Tobias, Die Rechtsstellung der Kantone in der Bundesverfassung, in: *Thürer, Daniel/Aubert, Jean-François/Müller, Jörg Paul* (Hrsg.), Verfassungsrecht der Schweiz, Zürich/Basel/Genf 2001, § 30.

Jaag, Tobias, Kantonale Verwaltungsrechtspflege im Wandel, ZBl. 1998, 497–523.

Jaag, Tobias, Kooperativer Föderalismus – Verstärkte Zusammenarbeit im Bundesstaat, AJP 2013, 774–781.

Jaag, Tobias, Rechtsetzung und Rechtsdurchsetzung in den Mehrebenensystemen Schweiz und Europäische Union, ZSR 2013 I, 135–152.

Jaag, Tobias, Wozu eine neue Kantonsverfassung?, in: *Dähler, Thomas/Kölz, Alfred/Notter, Markus* (Hrsg.), Wozu eine neue Kantonsverfassung?, Zürich 2000, S. 9–41.

Jachmann, Monika, Der Schutz gemeindlichen Eigentums nach der Bayerischen Verfassung, BayVBl. 1998, 129–133.

Jachmann, Monika, Die Relevanz der Grundrechte der Bayerischen Verfassung aus verfassungsprozeßrechtlicher Sicht, BayVBl. 1997, 321–328.

Jachtenfuchs, Markus/Kohler-Koch, Beate (Hrsg.), Regieren und Institutionenbildung, in: *dies.* (Hrsg.), Europäische Integration, unveränderter Nachdruck der 2. Aufl., Wiesbaden 2006, S. 11–46.

Jackson, Vicki, Comparative Constitutional Federalism and Transnational Judicial Discourse, International Journal of Constitutional Law 2 (2004), 91–138.

Jackson, Vicki, Narratives of Federalism: Of Continuities and Comparative Constitutional Experience, Duke Law Journal 51 (2001), 223–287.

Jacobi, Erwin, Die Diktatur des Reichspräsidenten nach Art. 48 der Reichsverfassung, VVDStRL 1 (1924), 105–136.

Jaeger, Renate, Menschenrechtsschutz im Herzen Europas, EuGRZ 2005, 193–204.

Jahn, Jannika, Normative Guidance from Strasbourg Through Advisory Opinions, ZaöRV 74 (2014), 821–846.

Jaklic, Klemen, Constitutional Pluralism in the EU, Oxford 2014.

Jan, Heinrich von, Zur Rechtsprechung des Bayerischen Staatsgerichtshofes, BayGemVerwZ 1927, Sp. 31–35.

Janik, Cornelia, Die EMRK und internationale Organisationen – Ausdehnung und Restriktion der *equivalent protection*-Formel in der neuen Rechsprechung des EGMR –, ZaöRV 70 (2010), 127–179.

Jarass, Hans D./Pieroth, Bodo: Grundgesetz für die Bundesrepublik Deutschland, 14. Aufl., München 2016 (zit.: Bearbeiter, in: Jarass/Pieroth, GG).

Jarass, Hans D., Charta der Grundrechte der Europäischen Union, 3. Aufl., München 2016.

Jarass, Hans D., Die Bindung der Mitgliedstaaten an die EU-Grundrechte, NVwZ 2012, 457–461.

Jarass, Hans D., Die Widerspruchsfreiheit der Rechtsordnung als verfassungsrechtliche Vorgabe, AöR 126 (2001), 588–607.

Jarass, Hans D., Zum Verhältnis von Grundrechtecharta und sonstigem Recht, EuR 2013, 29–45.

Jellinek, Georg, Allgemeine Staatslehre, 3. Aufl., Bad Homburg/Berlin/Zürich 1966.

Jellinek, Georg, Der Schutz des öffentlichen Rechts durch ordentliche und durch Verwaltungsgerichte, 8–80.

Jellinek, Georg, Die Lehre von den Staatenverbindungen, Wien 1882.

Jellinek, Georg, Gesetz und Verordnung, Neudruck der Ausgabe Freiburg 1887, Aalen 1964.

Jellinek, Georg, System der subjektiven öffentlichen Rechte, hrsg. von *Jens Kersten*, 2. Aufl. von 1905, Tübingen 2011.

Jellinek, Walter, Verfassung und Verwaltung des Reichs und der Länder, 3. Aufl., Leipzig/Berlin 1927.

Jeserich, Kurt G.A./Pohl, Hans/von Unruh, Georg-Christoph (Hrsg.), Deutsche Verwaltungsgeschichte, Bd. 2: Vom Reichsdeputationshauptschluß bis zur Auflösung des Deutschen Bundes, Stuttgart 1983 (zit.: Bearbeiter, in: Jeserich/Pohl/v. Unruh (Hrsg.), Deutsche Verwaltungsgeschichte).

Jestaedt, Matthias, Der Europäische Verfassungsverbund – Verfassungstheoretischer Charme und rechtstheoretische Insuffizienz einer Unschärferelation, in: *Krause, Rüdiger/Veelken, Winfried/Vieweg, Klaus* (Hrsg.), Recht der Wirtschaft und der Arbeit in Europa, Gedächtnisschrift für Wolfgang Blomeyer, Berlin 2004, S. 637–674 (zit.: Jestaedt, GS Blomeyer).

Jestaedt, Matthias, Geltung des Systems und Geltung im System, JZ 2013, 1009–1060.

Joerges, Christian, Constitutionalism and Transnational Governance: Exploring a Magic Triangle, in: *Joerges, Christian/Sand, Inger Johanne/Teubner, Gunther* (Hrsg.), Transnational Governance and Constitutionalism, Oxford/Portland 2004, S. 339–375.

Joerges, Christian, Europarecht als ein Kollisionsrecht neuen Typs: Wie eine europäische *unitas in pluralitate* verfasst werden kann, in: *Führ, Martin/Wahl, Rainer/von Wilmowsky, Peter* (Hrsg.), Umweltrecht und Umweltwissenschaft, Festschrift für Eckard Rehbinder, Berlin 2007, S. 719–747 (zit.: Joerges, FS Rehbinder).

Joerges, Christian, Integration durch Entrechtlichung?, Zentrum für Europäische Rechtspolitik an der Universität Bremen (ZERP), Diskussionspapier 1/2007.

Joerges, Christian, Zum Funktionswandel des Kollisionsrechts, Berlin/Tübingen 1971.

Johansen, Stian Øby, The Reinterpretation of TFEU Article 344 in *Opinion 2/13* and Its Potential Consequences, GLJ 16 (2015), 169–178.

Jones, Stephen, Die Bindung der Mitgliedstaaten an die Grundrechte der Europäischen Gemeinschaft, Sinzheim 1999.

Junck, Johannes, Das Reichsgericht und die Grundrechte der Reichsverfassung, DJZ 34 (1929), Sp. 1254–1260.

Junker, Abbo, Internationales Privatrecht, München 1998.

Junker, Beat, Geschichte des Kantons Bern seit 1798, Bd. 2: Die Entstehung des demokratischen Volksstaates 1831–1880, Bern 1990.

Jutzi, Siegfried, Anmerkung zu BVerfG, Beschluß vom 15. Oktober 1997 – 2 BvN 1/95, NJ 1998, 252–254.

Jutzi, Siegfried, Einwirkung des Unionsrechts auf Verfahren des VerfGH Rheinland-Pfalz, LKRZ 2014, 13–18.

Jutzi, Siegfried, Grundrechte der Landesverfassungen und Ausführung von Bundesrecht, DÖV 1983, 836–841.

Jutzi, Siegfried, Landesverfassungsrecht und Bundesrecht, Berlin 1982.

Jutzi, Siegfried, Zum Verhältnis von Landesverfassungsrecht und Bundesrecht, ThürVBl. 1993, Sonderheft, B 15-B20.

Kadelbach, Stefan, Allgemeines Verwaltungsrecht unter europäischem Einfluß, Tübingen 1999.

Kadelbach, Stefan, Autonomie und Bindung der Rechtsetzung in gestuften Rechtsordnungen, VVDStRL 66 (2006), 7–80.

Kägi, Werner, Zur Entwicklung des Schweizerischen Rechtsstaates seit 1848, ZSR 1952 I, 173–236.

Kägi-Diener, Regula, Grundrechtsschutz durch die Kantone, in: *Thürer, Daniel/Aubert, Jean-François/Müller, Jörg Paul* (Hrsg.), Verfassungsrecht der Schweiz, Zürich/Basel/Genf 2001, § 53.

Kälin, Walter/Bolz, Urs (Hrsg.), Handbuch des bernischen Verfassungsrechts, Bern 1995.

Kälin, Walter, Chancen und Grenzen kantonaler Verfassungsgerichtsbarkeit, ZBl. 1987, 233–248.

Kälin, Walter, Das Verfahren der staatsrechtlichen Beschwerde, 2. Aufl., Bern 1994.

Kälin, Walter, Legitimation zur Willkürbeschwerde und kantonales Verfassungsrecht, recht 1996, 76–80.

Kälin, Walter, Verfassungsgerichtsbarkeit, in: *Thürer, Daniel/Aubert, Jean-François/Müller, Jörg Paul* (Hrsg.), Verfassungsrecht der Schweiz, Zürich/Basel/Genf 2001, § 74.

Kälin, Walter, Verfassungsgerichtsbarkeit in der Demokratie, Bern 1987.

Kämmerer, Jörn Axel, Föderale Kompetenzkonflikte und Grundrechtsjudikatur in Europa, in: *Vitzthum, Wolfgang Graf* (Hrsg.), Europäischer Föderalismus, Berlin 2000, S. 37–55.

Kämmerer, Jörn Axel, Landesgrundrechte in Hamburg, in: *Merten, Detlef/Papier, Hans-Jürgen* (Hrsg.), Handbuch der Grundrechte, Bd. 8: Landesgrundrechte in Deutschland, Heidelberg 2017, § 250 (zit.: Kämmerer, HGR VIII).

Kahl, Wolfgang/Waldhoff, Christian/Walter, Christian (Hrsg.): Bonner Kommentar zum Grundgesetz, Heidelberg, 180. Aktualisierung, Stand: August 2016 (zit.: Bearbeiter, in: BK, GG).

Kahl, Wolfgang, Die allgemeine Handlungsfreiheit, in: *Merten, Detlef/Papier, Hans-Jürgen* (Hrsg.), Handbuch der Grundrechte, Bd. 5: Grundrechte in Deutschland: Einzelgrundrechte II, Heidelberg 2013, § 124 (zit.: Kahl, HGR V/2).

Kahl, Wolfgang, Neuere Entwicklungslinien der Grundrechtsdogmatik, AöR 131 (2006), 579–620.

Kahr, Gustav, Das bayerische Gesetz über die Errichtung eines Verwaltungsgerichtshofes und das Verfahren in Verwaltungsrechtssachen vom 8. August 1878, Nördlingen 1879.

Kaiser, Simon, Schweizerisches Staatsrecht in drei Büchern, St. Gallen 1858.

Kanovitz, Jacqueline R., Constitutional Law, 13. Aufl., Waltham 2012.

Kanther, Wilhelm, Die neuen Landesverfassungen im Lichte der Bundesverfassung, Köln 1993.

Kanton Aargau (Hrsg.), Acte de médiation fait par le Premier Consul de la République française, entre les partis qui divisent la Suisse, Nachdruck, Bern 1978.

Karpenstein, Ulrich / Mayer, Franz C. (Hrsg.), EMRK, Konvention zum Schutz der Menschenrechte und Grundfreiheiten, Kommentar, 2. Aufl., München 2015 (zit.: Bearbeiter, in: Karpenstein/Mayer, EMRK).

Karpenstein, Ulrich, Der Vertrag von Amsterdam im Lichte der Maastricht-Entscheidung des BVerfG, DVBl. 1998, 942–952.

Kaufmann, Erich, Die Gleichheit vor dem Gesetz im Sinne des Art. 109 der Reichsverfassung, VVDStRL 3 (1927), 2–23.

Kaufmann, Marcel, Permanente Verfassunggebung und verfassungsrechtliche Selbstbindung im Europäischen Staatenverbund, Der Staat 36 (1997), 521–546.

Kaufmann, Mathias, Der öffentlichrechtliche Anspruch unter Berücksichtigung seiner Rolle im Prozessrecht, Zürich/Basel/Genf 2015.

Kaufmann, Otto K., Die beiden Brillen des Bundesgerichts, in: *Juristische Abteilung der Hochschule St. Gallen für Wirtschafts- und Sozialwissenschaften / St. Gallischer Juristenverein* (Hrsg.), Beiträge zur Methode des Rechts, Bern/Stuttgart 1981, S. 165–182.

Kaupisch, Julia, Das Grundrecht der Religionsfreiheit in seiner historischen Entwicklung, Frankfurt am Main 2008.

Kegel, Gerhard / Schurig, Klaus, Internationales Privatrecht, 9. Aufl., München 2004.

Keller, Helen, Reception of the European Convention for the Protection of Human Rights and Fundamental Freedoms (ECHR) in Poland and Switzerland, ZaöRV 65 (2005), 283–349.

Keller, Helen, Rezeption des Völkerrechts, Heidelberg 2003.

Kelsen, Hans, Allgemeine Staatslehre, Berlin 1925.

Kelsen, Hans, Allgemeine Theorie der Normen, hrsg. von *Kurt Ringhofer* und *Robert Walter*, Wien 1979.

Kelsen, Hans, Aussprache, VVDStRL 6 (1929), 57–58.

Kelsen, Hans, Der Begriff der Rechtsordnung, in: *Klecatsky, Hans / Marcić, René / Schambeck, Heribert* (Hrsg.), Die Wiener rechtstheoretische Schule, Wien 1968, S. 1395–1416.

Kelsen, Hans, Die Bundesexekution, in: *Giacometti, Zaccaria / Schindler, Dietrich* (Hrsg.), Festgabe für Fritz Fleiner zum 60. Geburtstag, Tübingen 1927, S. 127–187 (zit.: Kelsen, FG Fleiner).

Kelsen, Hans, Reine Rechtslehre, Wien 1960.

Kelsen, Hans, Wer soll Hüter der Verfassung sein?, Die Justiz, Bd. VI, 1931, 576–628.

Kelsen, Hans, Wesen und Entwicklung der Staatsgerichtsbarkeit, VVDStRL 5 (1929), 30–88.

Kemmerer, Alexandra, Der normative Noten: Über Recht und Politik im Netz der Netzwerke, in: *Boysen, Sigrid et al.* (Hrsg.), Netzwerke, 47. Assistententagung Öffentliches Recht, Baden-Baden 2007, 195–224 (zit.: Kemmerer, Der normative Knoten, in: Boysen et al. (Hrsg.), 47. ATÖR – Netzwerke).

Kempen, Bernhard, Bayerisches Verfassungsrecht, in: *Becker, Ulrich / Heckmann, Dirk / Kempen, Bernhard / Manssen, Gerrit* (Hrsg.), Öffentliches Recht in Bayern, 7. Aufl., München 2017, S. 1–73.

Kenntner, Markus, Vom „Hüter der Verfassung“ zum „Pannenhelfer der Nation“?, DÖV 2005, 269–280.

Kern, Kristine, Die Diffusion von Politikinnovationen, Opladen 2000.

Kerševan, Erik, Die Verfassungsbeschwerde in Slowenien, Osteuropa-Recht 2014, 312–320.

Kersten, Jens, Homogenitätsgebot und Landesverfassungsrecht, DÖV 1993, 896–902.

Kiener, Regina/Rütsche, Bernhard/Kuhn, Mathias, Öffentliches Verfahrensrecht, 2. Aufl., Zürich/St. Gallen 2015.

Kiener, Regina, Der Einfluss der EMRK auf die BV 1999, in: *Jaag, Tobias/Kaufmann, Christine* (Hrsg.), 40 Jahre Beitritt der Schweiz zur EMRK, Zürich/Basel/Genf 2015, S. 53–89.

Kimminich, Otto, Die Souveränität der Bundesrepublik Deutschland, Hamburg 1970.

Kingreen, Thorsten, A Federalist New Deal for a more perfect European Union, Social Science Research Network Februar 2016, abrufbar unter http://ssrn.com/abstract=2731732 (zuletzt abgerufen am 04.11.2017).

Kingreen, Thorsten, Die Grundrechte des Grundgesetzes im europäischen Grundrechtsföderalismus, JZ 2013, 801–811.

Kingreen, Thorsten, Rezension zu: Matthias Klatt: Die praktische Konkordanz von Kompetenzen. Entwickelt anhand der Jurisdiktionskonflikte im europäischen Grundrechtsschutz. – Tübingen: Mohr Siebeck, 2014, JZ 2015, 302.

Kingreen, Thorsten, Soziale Grundrechte, in: *Ehlers, Dirk* (Hrsg.), Europäische Grundrechte und Grundfreiheiten, 4. Aufl., Berlin/Boston 2014, § 22.

Kingreen, Thorsten, Vereinigte Staaten: Die Europäische Union im Lichte der Zäsuren des Föderalismus in den USA, AöR 141 (2016), 485–550.

Kirchhof, Ferdinand, Die Kooperation zwischen Bundesverfassungsgericht und Europäischem Gerichtshof, in: *Herdegen, Matthias/Klein, Hans Hugo/Papier, Hans-Jürgen/Scholz, Rupert* (Hrsg.), Staatsrecht und Politik, Festschrift für Roman Herzog zum 75. Geburtstag, München 2009, S. 155–171 (zit.: F. Kirchhof, FS Herzog).

Kirchhof, Ferdinand, Grundrechtsschutz durch europäische und nationale Gerichte, NJW 2011, 3681–3686.

Kirchhof, Ferdinand, Kooperation zwischen nationalen und europäischen Gerichten, EuR 2014, 267–277.

Kirchhof, Ferdinand, Nationale Grundrechte und Unionsgrundrechte: Die Wiederkehr der Frage eines Anwendungsvorrangs unter anderer Perspektive, NVwZ 2014, 1537–1541.

Kirchhof, Paul, Das Kooperationsverhältnis zwischen Bundesverfassungsgericht und Europäischem Gerichtshof, in: *Müller-Graff, Peter-Christian* (Hrsg.), Perspektiven des Rechts der Europäischen Union, Heidelberger Forum für Europäisches Recht, Bd. 1, 1998, S. 163–182.

Kirchhof, Paul, Der Staat als Organisationsform politischer Herrschaft und rechtlicher Bindung, DVBl. 1999, 637–657.

Kirchhof, Paul, Deutsches Verfassungsrecht und Europäisches Gemeinschaftsrecht, EuR Beiheft 1/1991, 11–25.

Kirchhof, Paul, Die Gewaltenbalance zwischen staatlichen und europäischen Organen, JZ 1998, 965–974.

Kirchhof, Paul, Diskussionsbeitrag, EuR-Beiheft 1/1991, 59–61.

Kischel, Uwe, Rechtsvergleichung, München 2015.

Klatt, Matthias, Die praktische Konkordanz von Kompetenzen, Tübingen 2014.

Klein, Eckart/Haratsch, Andreas, Die Landesverfassungsbeschwerde – Ein Instrument zur Überprüfung der Anwendung von Bundesrecht?, JuS 2000, 209–213.

Klein, Eckart/Haratsch, Andreas, Landesverfassung und Bundesrecht – BerlVerfGH, NJW 1993, 515, JuS 1994, 559–564.

Klein, Eckart, Anmerkung zu BVerfGE 111, 307 (Görgülü), JZ 2004, 1176–1178.

Klein, Eckart, Der Schutz der Grund- und Menschenrechte durch den Europäischen Gerichtshof für Menschenrechte, in: *Merten, Detlef/Papier, Hans-Jürgen* (Hrsg.), Handbuch der Grundrechte, Bd. 6, Teilbd. 1: Europäische Grundrechte I, Heidelberg 2010, § 150 (zit.: Klein, HGR VI/2).

Klein, Eckart, Landesverfassung und Landesverfassungsbeschwerde, DVBl. 1993, 1329–1334.

Klein, Eckart, Zur Wechselwirkung von Bundes- und Landesgrundrechten, in: *Knippel, Wolfgang* (Hrsg.), Verfassungsgerichtsbarkeit im Land Brandenburg, Festgabe zum 10jährigen Bestehen des Verfassungsgerichts des Landes Brandenburg, Baden-Baden 2003, S. 29–36 (zit.: Klein, FS 10 Jahre Verfassungsgericht Brandenburg).

Klein, Oliver, Straßburger Wolken am Karlsruher Himmel: Zum geänderten Verhältnis zwischen Bundesverfassungsgericht und Europäischem Gerichtshof für Menschenrechte seit 1998, NVwZ 2010, 221–225.

Kley, Andreas/Sigrist, Martin, Der Beitritt der Schweiz zur EMRK – Vorbereitung und Umsetzung des Beitritts vor und nach 1974, in: *Jaag, Tobias/Kaufmann, Christine* (Hrsg.), 40 Jahre Beitritt der Schweiz zur EMRK, Zürich/Basel/Genf 2015, S. 17–52.

Kley, Andreas, Der Grundrechtskatalog der nachgeführten Bundesverfassung – ausgewählte Neuerungen, ZBJV 1999, 301–347.

Kley-Struller, Andreas, Der Anspruch auf richterliche Beurteilung „zivilrechtlicher" Streitigkeiten im Bereich des Verwaltungsrechts sowie von Disziplinar- und Verwaltungsstrafen gemäss Art. 6 EMRK, AJP 1994, 23–42.

Kley-Struller, Andreas, Der richterliche Rechtsschutz gegen die öffentliche Verwaltung, Zürich 1995.

Klug, Francesca, The Human Rights Act: origins and intentions, in: *Kang-Riou, Nicolas/Milner, Jo/Nayak, Suryia* (Hrsg.), Confronting the Human Rights Act, London/New York 2012.

Klumpp, Eberhard, Verfassung gegen das Grundgesetz, Bayernkurier v. 02.05.1992, 2.

Kluth, Winfried, Landesgrundrechte in Sachsen-Anhalt, in: *Merten, Detlef/Papier, Hans-Jürgen* (Hrsg.), Handbuch der Grundrechte, Bd. 8: Landesgrundrechte in Deutschland, Heidelberg 2017, § 258 (zit.: Kluth, HGR VIII).

Kluth, Winfried, Vorlagepflichten der Landesverfassungsgerichte nach Art. 100 Abs. 3 GG bei der Anwendung von Landesgrundrechten, NdsVBl. 2010, 130–134.

Knapp, Blaise, La répartition des compétences et la coopération de la Confédération et des cantons, in: *Thürer, Daniel/Aubert, Jean-François/Müller, Jörg Paul* (Hrsg.), Verfassungsrecht der Schweiz, Zürich/Basel/Genf 2001, § 29.

Knapp, Blaise, Le fédéralisme, ZSR 1984 II, 275–430.

Knauff, Matthias, Auslegung oder Anwendung des Europarechts, DÖV 2013, 375–380.

Knauff, Matthias, Das Verhältnis zwischen Bundesverfassungsgericht, Europäischem Gerichtshof und Europäischem Gerichtshof für Menschenrechte, DVBl. 2010, 533–542.

Knauff, Matthias, Der Regelungsverbund: Recht und Soft Law im Mehrebenensystem, Tübingen 2010.

Knemeyer, Franz-Ludwig, Polizei- und Ordnungsrecht, 11. Aufl., München 2007.

Knoblich, Herbert, Grußwort, in: *Knippel, Wolfgang* (Hrsg.), Verfassungsgerichtsbarkeit im Land Brandenburg, Festgabe zum 10jährigen Bestehen des Verfassungsgerichts des

Landes Brandenburg, Baden-Baden 2003, S. 9–10 (zit.: Knoblich, FS 10 Jahre Verfassungsgericht Brandenburg).

Knook, Allard, The Court, the Charter, and the Vertical Division of Powers in the European Union, CMLR 42 (2005), 367–398.

Knorr, Philipp, Die Justitiabilität der Erforderlichkeitsklausel i.S.d. Art. 72 II GG, Frankfurt am Main 1998.

Kober, Martin, Der Grundrechtsschutz in der Europäischen Union, München 2009.

Koch, Oliver, Der Grundsatz der Verhältnismäßigkeit in der Rechtsprechung des Gerichtshofs der Europäischen Gemeinschaften, Berlin 2003.

Koch, Thorsten, Der Grundrechtsschutz des Drittbetroffenen, Tübingen 2000.

Köhler, Dieter, Die Beschwerde wegen Verletzung konstitutioneller Rechte in der Bayerischen Verfassung von 1818, München 1965.

Kölble, Josef, Die hoheitliche Verwaltung des Bundes und die Staatsgewalt der Länder, DÖV 1962, 661–667.

Koellreutter, Otto, Rechtspflege und Verwaltung, AöR 17 (1929), 416–436.

Kölz, Alfred/Häner, Isabelle/Bertschi, Martin, Verwaltungsverfahren und Verwaltungsrechtspflege des Bundes, 3. Aufl., Zürich/Basel/Genf 2013.

Kölz, Alfred/Häner, Isabelle, Verwaltungsverfahren und Verwaltungsrechtspflege des Bundes, Zürich 1993.

Kölz, Alfred, Bundestreue als Verfassungsprinzip?, ZBl. 1980, 145–177.

Kölz, Alfred, Geschichtliche Grundlagen, in: *Thürer, Daniel/Aubert, Jean-François/Müller, Jörg Paul* (Hrsg.), Verfassungsrecht der Schweiz, Zürich/Basel/Genf 2001, § 7.

Kölz, Alfred, Neuere Schweizerische Verfassungsgeschichte: Ihre Grundlinien vom Ende der Alten Eidgenossenschaft bis 1848, Bern 1992.

Kölz, Alfred, Neuere Schweizerische Verfassungsgeschichte: Ihre Grundlinien in Bund und Kantonen seit 1848, Bern 2004.

Koenig, Christian/Lorz, Ralph Alexander, Stärkung des Subsidiaritätsprinzips, JZ 2003, 167–173.

König, Julia, Der Äquivalenz- und Effektivitätsgrundsatz in der Rechtsprechung des Europäischen Gerichtshofs, Baden-Baden 2011.

König, Thomas/Rieger, Elmar/Schmitt, Hermann (Hrsg.), Das Europäische Mehrebenensystem, Frankfurt am Main/New York 1996.

Körting, Ehrhart/Schmidt, Detlev, Der Verfassungsgerichtshof des Landes Berlin, LKV 1998, 121–127.

Kokott, Juliane/Henze, Thomas/Sobotta, Christoph, Die Pflicht zur Vorlage an den Europäischen Gerichtshof und die Folgen ihrer Verletzung, JZ 2006, 633–641.

Kokott, Juliane/Sobotta, Christoph, Der EuGH – Blick in eine Werkstatt der Integration, EuGRZ 2013, 465–472.

Koller, Heinrich, Grundzüge der neuen Bundesrechtspflege und des vereinheitlichten Prozessrechts, ZBl. 2006, 57–87.

Koller, Heinrich, Subsidiarität als Verfassungsprinzip, in: *Ehrenzeller, Bernhard/Mastronardi, Philippe/Schaffhauser, René/Schweizer, Rainer J./Vallender, Klaus A.* (Hrsg.), Der Verfassungsstaat vor neuen Herausforderungen, Festschrift für Yvo Hangartner, St. Gallen/Lachen 1998, S. 675–696 (zit.: Koller, FS Hangartner).

Komárek, Jan, Czech Constitutional Court, judgment of 31 January 2012, Pl. ÚS 5/12, CMLR 49 (2012), 1475–1492.

Komárek, Jan, Czech Constitutional Court Playing with Matches: the Czech Constitutional Court Declares a Judgement of the Court of Justice of the EU *Ultra Vires*, EuConst 8 (2012), 323–337.

Komárek, Jan, The Place of Constitutional Courts in the EU, EuConst 9 (2013), 420–450.

Koncewicz, Tomasz Tadeusz, Constitutional Capture in Poland 2016 and Beyond: What is Next?, Verfassungsblog 2016/12/19, abrufbar unter http://verfassungsblog.de/constitutional-capture-in-poland-2016-and-beyond-what-is-next/ (zuletzt abgerufen am 28.11.2017).

Korenica, Fisnik / Doli, Dren, A View on CJEU Opinion 2/13's Unclear Stance on and Dislike of Protocol 16 ECHR, European Public Law 22 (2016), 269–286.

Kotulla, Michael, Deutsche Verfassungsgeschichte, Heidelberg 2008.

Kotulla, Michael, Die Tragweite der Grundrechte der revidierten preußischen Verfassung vom 31.01.1850, Frankfurt am Main 1992.

Kovács, Kriszta / Tóth, Gábor Attila, Hungary's Constitutional Transformation, EuConst 7 (2011), 183–203.

Kowalik-Bańczyk, Krystyna, Sending Smoke Signals to Luxembourg – The Polish Constitutional Tribunal in Dialogue with the ECJ, in: *Claes, Monica / de Visser, Maartje / Popelier, Patricia / Van de Heyning, Catherine* (Hrsg.), Constitutional Conversations in Europe, Cambridge/Antwerpen/Portland 2012, S. 267–284.

Krämer, Ludwig, Public Interest Litigation in Environmental Matters before European Courts, in: *Micklitz, Hans-W. / Reich, Norbert* (Hrsg.), Public Interest Litigation before European Courts, Baden-Baden 1996, S. 297–318.

Krämer, Rike / Märten, Judith Janna, Der Dialog der Gerichte – die Fortentwicklung des Persönlichkeitsschutzes im europäischen Menschenrechtsverbund, EuR 2015, 169–189.

Kraft, Ingo, Vom Konflikt zur Konvergenz, NVwZ 2014, 969–976.

Krappel, Thomas, Landesverfassungsbeschwerde: Struktur, Dogmatik, Kontext, VBlBW 2015, 137–145.

Krappel, Thomas, Landesverfassungsbeschwerde und verfassungsgerichtliche Kontrollkompetenz im Bundesstaat, VBlBW 2013, 121–130.

Kratzer, Jakob, Artikel 142 des Grundgesetzes und die Grundrechte in der Bayerischen Verfassung, in: Verfassung und Verwaltung in Theorie und Wirklichkeit, Festschrift für Wilhelm Laforet zum 75. Geburtstag, München 1952, S. 107–140 (zit.: Kratzer, FS Laforet).

Kratzer, Jakob, Die Verfassungsurkunde des Freistaates Bayern, München et al. 1925.

Kratzer, Jakob, Enthält der § 37 Abs. 2 bayer. VerfUrk. bayer. Verfassungsrecht?, BayGemVerwZ 1923, Sp. 455–457.

Krause, Peter, Die Verfassungsentwicklung im Saarland seit 1980, JöR 51 N.F. (2003), 403–457.

Krech, Joachim, Das schleswig-holsteinische Staatsgrundgesetz vom 15. September 1848, Frankfurt am Main et al. 1985.

Kreim, Werner F., Popularklage und Bundesrecht: Zur Problematik der „Vorfragenkompetenz" des Bayerischen Verfassungsgerichtshofes, München 1974.

Kreis, Georg, Die Schweiz und die Europäische Menschenrechtskonvention, in: *Altermatt, Bernhard / Casasus, Gilbert* (Hrsg.), 50 Jahre Engagement der Schweiz im Europarat 1963–2013, Zürich/Chur 2013, S. 59–80.

Kreis, Georg, Parlamentarismus und Antiparlamentarismus in den Jahren 1933–1945, in: *Parlamentsdienste des Nationalrates und des Ständerates* (Hrsg.), Das Parlament – «Oberste Gewalt des Bundes»?, Festschrift der Bundesversammlung zur 700-Jahr-Feier der Eidgenossenschaft, Bern/Stuttgart 1991, S. 301–319 (zit.: Kreis, FS 700-Jahr-Feier der Eidgenossenschaft).

Kreis, Georg, Totalrevisionen als soziale Bewegungen, in: *Sitter-Liver, Beat* (Hrsg.), Herausgeforderte Verfassung: Die Schweiz im globalen Kontext, Freiburg i. Ue. 1999, S. 169–195.

Krenn, Christoph, Autonomy and Effectiveness as Common Concerns: A Path to ECHR Accession After Opinion 2/13, GLJ 16 (2015), 147–167.

Krieger, Heike, Bundesverfassungsgericht und Landesverfassungsgerichtsbarkeit – Was bleibt von der Föderalismusreform?, NdsVBl. 2010, 134–137.

Krisch, Nico, Beyond Constitutionalism: The Pluralist Structure of Postnational Law, Oxford 2010.

Kristoferitsch, Hans, Vom Staatenbund zum Bundesstaat? Die Europäische Union im Vergleich mit den USA, Deutschland und der Schweiz, Wien 2007.

Kröger, Klaus, Grundrechtsentwicklung in Deutschland – von ihren Anfängen bis zur Gegenwart, Tübingen 1998.

Krommendijk, Jasper, The Use of ECtHR Case Law by the Court of Justice After Lisbon, MJ 22 (2015), 812–835.

Kropholler, Jan, Internationales Privatrecht, 6. Aufl., Tübingen 2006.

Kroß, Peter, Der Einsatz der Streitkräfte im Innern unter der Herrschaft der Weimarer Reichsverfassung, Göttingen 1970.

Krüger, Hans Christian / Polakiewicz, Jörg, Vorschläge für ein kohärentes System des Menschenrechtsschutzes in Europa, EuGRZ 2001, 92–105.

Kruis, Tobias, Der Anwendungsvorrang des EU-Rechts in Theorie und Praxis, Tübingen 2013.

Kühling, Jürgen, Grundrechte, in: *von Bogdandy, Armin / Bast, Jürgen* (Hrsg.), Europäisches Verfassungsrecht, 2. Aufl., Berlin/Heidelberg 2009, S. 657–704.

Kühling, Jürgen, Grundrechtskontrolle durch den EuGH: Kommunikationsfreiheit und Pluralismussicherung im Gemeinschaftsrecht, EuGRZ 1997, 296–303.

Kühn, Zdeněk, *Wachauf* and *ERT*: On the Road from the Centralised to the Decentralised System of Judicial Review, in: *Maduro, Miguel Poiares / Azoulai, Loïc*, (Hrsg.), The Past and Future of EU Law, Oxford/Portland 2010, S. 151–161.

Kühne, Jörg-Detlef, Die Reichsverfassung der Paulskirche, 2. Aufl., Neuwied 1998.

Küris, Egidijus, Report of the Constitutional Court of the Republic of Lithuania To The International Conference, The Position of Constitutional Courts following Integration into the European Union, Bled, Slovenia, 30 September – 2 October 2004, abrufbar unter http://www.us-rs.si/o-sodiscu/katalog-inf-javnega-znacaja/contributions/presentation-by-dr-egidijus-kuris-president-of-the-constitutional-court-of-lithuania/ (zuletzt abgerufen am 04.11.2017).

Kulms, Katrin, Der Effektivitätsgrundsatz, Baden-Baden 2013.

Kumm, Mattias, Rebel Without a Good Cause. Karlsruhe's Misguided Attempt to Draw the CJEU into a Game of "Chicken" and What the CJEU Might Do about It, GLJ 15 (2014), 203–215.

Kumm, Mattias, The Cosmopolitan Turn in Constitutionalism: On the Relationship between Constitutionalism in and beyond the State, in: *Dunoff, Jeffrey L. / Trachtman, Joel P.* (Hrsg.), Ruling the World?: Constitutionalism, International Law and Global Governance, Cambridge 2009, S. 258–324.

Kumm, Mattias, The Jurisprudence of Constitutional Conflict: Constitutional Supremacy in Europe before and after the Constitutional Treaty, ELJ 11 (2005), 262–307.

Kumm, Mattias, Who is the Final Arbiter of Constitutionality in Europe?: Three Conceptions of the Relationship between the German Federal Constitutional Court and the European Court of Justice, CMLR 36 (1999), 351–386.

Kunert, Jakob, Die Rechtmäßigkeit des Solange-Prinzips des BVerfG: Zur Kompetenz des Bundesverfassungsgerichts zur Beschränkung seiner eigenen Zuständigkeit, in: *Klatt, Matthias* (Hrsg.), Jurisdiktionskonflikte, Baden-Baden 2015, S. 175–199.

Kunig, Philip, Die rechtsprechende Gewalt in den Ländern und die Grundrechte des Landesverfassungsrechts, NJW 1994, 687–690.

Kunig, Philip, Verfassungsrecht und einfaches Recht – Verfassungsgerichtsbarkeit und Fachgerichtsbarkeit, VVDStRL 61 (2002), 34–79.

Kunig, Philip, Völkerrecht und staatliches Recht, in: *Vitzthum, Wolfgang Graf / Proelß, Alexander* (Hrsg.), Völkerrecht, 7. Aufl., Berlin/Boston 2017, S. 61–131.

Kunze, Renate, Kooperativer Föderalismus in der Bundesrepublik, Stuttgart 1968.

Kurer, Martin, Die kantonalen Grundrechtsgarantien und ihr Verhältnis zum Bundesrecht, Zürich 1987.

Kutscher, Hans, Die Kompetenzen des Bundesverfassungsgerichts 1951–1969, in: *Ritterspach, Theo / Geiger, Willi* (Hrsg.), Festschrift für Gebhard Müller, Tübingen 1970, S. 161–184 (zit.: Kutscher, FS Müller).

Kuttenkeuler, Benedikt P., Die Verankerung des Subsidiaritätsprinzips im Grundgesetz, Frankfurt am Main 1998.

Laband, Paul, Das Staatsrecht des Deutschen Reiches, Bd. 1, 1. Aufl., Tübingen 1876.

Laband, Paul, Das Staatsrecht des Deutschen Reiches, Bd. 1, Neudruck der 5. Aufl. Tübingen 1911, Aalen 1964.

Laband, Paul, Das Staatsrecht des Deutschen Reiches, Bd. 2, Neudruck der 5. Aufl. Tübingen 1911, Aalen 1964.

Laband, Paul, Das Staatsrecht des Deutschen Reiches, Bd. 3, Neudruck der 5. Aufl. Tübingen 1913, Aalen 1964.

Laband, Paul, Das Staatsrecht des Deutschen Reiches, Bd. 4, Neudruck der 5. Aufl. Tübingen 1914, Aalen 1964.

Laband, Paul, Der Bundesrat, DJZ 16 (1911), 1–8.

Laband, Paul, Die Wandlungen der deutschen Reichsverfassung, Dresden 1895.

Lacherbauer, Carl, Die Verfassungsbeschwerde nach bayerischem Staatsrecht, Erlangen 1928.

Lais, Martina, Das Recht auf eine gute Verwaltung unter besonderer Berücksichtigung der Rechtsprechung des Europäischen Gerichtshofs, ZEuS 2002, 447–482.

Lammers, Hans-Heinrich / Simons, Walter (Hrsg.), Die Rechtsprechung des Staatsgerichtshofs für das Deutsche Reich und des Reichsgerichts auf Grund Artikel 13 Absatz 2 der Reichsverfassung, Bd. 1 (1920–1928), Berlin 1929 (zit.: Lammers/Simons I).

Lammers, Hans-Heinrich / Simons, Walter (Hrsg.), Die Rechtsprechung des Staatsgerichtshofs für das Deutsche Reich und des Reichsgerichts auf Grund Artikel 13 Absatz 2 der Reichsverfassung, Bd. 3 (Ergänzungsband 1920–1930), Berlin 1931 (zit.: Lammers/Simons III).

Lammers, Hans-Heinrich / Simons, Walter (Hrsg.), Die Rechtsprechung des Staatsgerichtshofs für das Deutsche Reich und des Reichsgerichts auf Grund Artikel 13 Absatz 2 der Reichsverfassung, Bd. 4 (Ergänzungsband 1930/31), Berlin 1932 (zit.: Lammers/Simons IV).

Landau, Herbert/Trésoret, Michael, Menschenrechtsschutz im Europäischen Mehrebenensystem, DVBl. 2012, 1329–1338.

Landau, Peter, Die Reichsjustizgesetze von 1879 und die deutsche Rechtseinheit, in: *Bundesministerium der Justiz* (Hrsg.), Vom Reichsjustizamt zum Bundesministerium der Justiz, Festschrift zum 100jährigen Gründungstag des Reichsjustizamtes am 1. Januar 1877, Köln, 1977, S. 161–211 (zit.: Landau, FS Reichsjustizamt).

Landmann, Robert von/Rohmer, Gustav, Umweltrecht, Kommentar, hrsg. v. *Beckmann, Martin/Durner, Wolfgang/Mann, Thomas/Röckinghausen, Marc*, München, Stand: 79. Ergänzungslieferung (01.02.2016).

Lange, Friederike, Verschiebungen im europäischen Grundrechtssystem?, NVwZ 2014, 169–174.

Lange, Klaus, Das Bundesverfassungsgericht und die Landesverfassungsgerichte, in: *Badura, Peter/Dreier, Horst* (Hrsg.), Festschrift 50 Jahre Bundesverfassungsgericht, Bd. 1, Tübingen 2001, S. 289–310 (zit.: Lange, FS 50 Jahre BVerfG).

Lange, Klaus, Kontrolle bundesrechtlich geregelter Verfahren durch Landesverfassungsgerichte, NJW 1998, 1278–1282.

Langenfeld, Christine/Zimmermann, Andreas, Interdependenzen zwischen nationalem Verfassungsrecht, Europäischer Menschenrechtskonvention und Europäischem Gemeinschaftsrecht, ZaöRV 52 (1992), 259–317.

Langenfeld, Christine, Die Stellung der EMRK im Verfassungsrecht der Bundesrepublik Deutschland, in: *Bröhmer, Jürgen* (Hrsg.), Der Grundrechtsschutz in Europa, Baden-Baden 2002, S. 95–108.

Lanter, Markus, Formeller Charakter des Replikrechts – Herkunft und Folgen, ZBl. 2012, 167–182.

Larenz, Karl/Canaris, Claus-Wilhelm, Methodenlehre der Rechtswissenschaft, 3. Aufl., Berlin/Heidelberg 1995.

Larenz, Karl, Methodenlehre der Rechtswissenschaft, 6. Aufl., Berlin/Heidelberg/New York 1991.

Latzel, Clemens, Die Anwendungsbereiche des Unionsrechts, EuZW 2015, 658–664.

Laubinger, Hans-Werner, Art. 41 GRCh (Recht auf eine gute Verwaltung) im Lichte des deutschen Verwaltungsrechts, in: *Mehde, Veith/Ramsauer, Ulrich/Seckelmann, Margrit* (Hrsg.), Staat, Verwaltung, Information, Festschrift für Hans Peter Bull zum 75. Geburtstag, Berlin 2011, S. 659–682 (zit.: Laubinger, FS Bull).

Łazowski, Adam/Wessel, Ramses A., When Caveats Turn into Locks: *Opinion 2/13* on Accession of the European Union to the ECHR, GLJ 16 (2015), 179–212.

Lazzerini, Nicole, Il contributo della sentenza *Åkerberg Fransson* alla determinazione dell'ambito di applicazione e degli effetti della Carta dei diritti fondamentali dell'Unione Europea, Rivista di diritto internazionale 96 (2013), 883–912.

Lazzerini, Nicole, Il controllo della compatibilità del diritto nazionale con la Carta dei diritti fondamentali secondo la sentenza *McB.*, Rivista di diritto internazionale 94 (2011), 136–169.

Leb, Maria Edeltraude, Französische Republik, in: *Rees, Wilhelm* (Hrsg.), Katholische Kirche im neuen Europa, Wien/Berlin 2007, S. 211–253.

Leczykiewicz, Dorota, Melloni and the future of constitutional conflict in the EU, UK Constitutional Law Association, abrufbar unter https://ukconstitutionallaw.org/2013/05/22/dorota-leczykiewicz-melloni-and-the-future-of-constitutional-conflict-in-the-eu/ (zuletzt abgerufen am 04.11.2017).

Le Fur, Louis, État Fédéral et Confédérations d'États, Paris 1896.

Legg, Andrew, The Margin of Appreciation in International Human Rights Law, Oxford 2012.

Lehmann-Brauns, Richard, Die Zustimmungsbedürftigkeit von Bundesgesetzen nach der Föderalismusreform, Berlin 2008.

Lehner, Roman, Die „Integrationsverfassungsbeschwerde" nach Art. 38 Abs. 1 S. 1 GG: Prozessuale und materiell-rechtliche Folgefragen zu einer objektiven Verfassungswahrungsbeschwerde, Der Staat (52) 2013, 535–562.

Leisner, Walter, Die bayerischen Grundrechte, Wiesbaden 1968.

Leisner, Walter, Landesverfassungsgerichtsbarkeit als Wesenselement des Föderalismus, in: *Bayerischer Verfassungsgerichtshof* (Hrsg.), Verfassung und Verfassungsrechtsprechung, Festschrift zum 25-Jährigen Bestehen des Bayerischen Verfassungsgerichtshofs, München 1972, S. 183–193 (zit.: Leisner, FS Bayerischer Verfassungsgerichtshof).

Lemhöfer, Bernt, Landesverfassungsgerichte als kleine Bundesverfassungsgerichte?, NJW 1996, 1714–1723.

Lenaerts, Koen / de Smijter, Eddy, A "Bill of Rights" for the European Union, CMLR 38 (2001), 273–300.

Lenaerts, Koen, Constitutionalism and the Many Faces of Federalism, American Journal of Comparative Law 38 (1990), 205–262.

Lenaerts, Koen, EU Federalism in 3-D, in: *Coots, Elke / de Baere, Geert / Sottiaux, Stefan* (Hrsg.), Federalism in the European Union, Oxford/Portland 2012, S. 13–44.

Lenaerts, Koen, Exploring the Limits of the EU Charter of Fundamental Rights, EuConst 8 (2012), 375–403.

Lenaerts, Koen, In Vielfalt geeint – Grundrechte als Basis des europäischen Integrationsprozesses, EuGRZ 2015, 353–361.

Lenaerts, Koen, Kooperation und Spannung im Verhältnis von EuGH und nationalen Verfassungsgerichten, EuR 2015, 3–28.

Lenski, Edgar / Mayer, Franz C., Vertragsverletzung wegen Nichtvorlage durch oberste Gerichte?, EuZW 2005, 225.

Lenz, Alexander / Meng, Jürgen, Zehn Jahre Verfassungsgerichtshof des Freistaates Sachsen, SächsVBl. 2003, 153–158.

Lenz, Christofer / Hansel, Ronald, Bundesverfassungsgerichtsgesetz, Handkommentar, 2. Aufl., Baden-Baden 2015.

Lerche, Peter, Föderalismus als nationales Ordnungsprinzip, VVDStRL 21 (1964), 66–100.

Lerche, Peter, »Kompetenz-Kompetenz« und das Maastricht-Urteil des Bundesverfassungsgerichts, in: *Ipsen, Jörn / Rengeling, Hans-Werner / Mössner, Jörg Manfred / Weber, Albrecht* (Hrsg.), Verfassungsrecht im Wandel, Zum 180jährigen Bestehen der Carl Heymanns Verlag KG, Köln 1995, S. 409–424 (zit.: Lerche, FS Heymanns Verlag).

Lerche, Peter, Probleme der Vorfragenkompetenz in der Judikatur des Bayerischen Verfassungsgerichtshofs, in: *Bayerischer Verfassungsgerichtshof* (Hrsg.), Verfassung und Verfassungsrechtsprechung, Festschrift zum 25-jährigen Bestehen des Bayerischen Verfassungsgerichtshofs, München 1972, S. 247–258 (zit.: Lerche, FS 25 Jahre BayVerfGH).

Leschke, Martin / Möstl, Markus, Die Grundsätze der Subsidiarität und Verhältnismäßigkeit: Wirksame Kompetenzschranken der Europäischen Union?, in: *Heine, Klaus / Kerber, Wolfgang* (Hrsg.), Zentralität und Dezentralität von Regulierung in Europa, Stuttgart 2007, S. 77–105.

Lester, Anthony, Human Rights and the British Constitution, in: *Jowell, Jeffrey/Oliver, Dawn* (Hrsg.), The Changing Constitution, 7. Aufl., Oxford/New York 2011, S. 70–101.

Letsas, George, A Theory of Interpretation of the European Convention on Human Rights, Oxford/New York 2007.

Leuthold, Matthias, Die Prüfungsdichte des Bundesgerichts im Verfahren der staatsrechtlichen Beschwerde wegen Verletzung verfassungsmässiger Rechte, Bern 1992.

Lhotta, Roland, Bundestaat, in: *Heun, Werner/Honecker, Martin/Morlok, Martin/Wieland, Joachim* (Hrsg.), Evangelisches Staatslexikon, Stuttgart 2006, S. 264–273.

Lieber, Hasso/Iwers, Steffen Johann/Ernst, Martina (Hrsg.), Verfassung des Landes Brandenburg, Wiesbaden 2012 (zit.: Verfasser, in: Lieber/Iwers/Ernst, Verfassung des Landes Brandenburg).

Liepmann, Rudolf, Die polizeilichen Aufgaben der Deutschen Wehrmacht, Leipzig 1926.

Limbach, Jutta, Die Kooperation der Gerichte in der zukünftigen europäischen Grundrechtsarchitektur, EuGRZ 2000, 417–420.

Linck, Joachim/Baldus, Manfred/Lindner, Joachim/Poppenhäger, Holger/Ruffert, Matthias (Hrsg.), Die Verfassung des Freistaats Thüringen, Baden-Baden 2013 (zit.: Bearbeiter, in: Linck/Baldus/Lindner/Poppenhäger/Ruffert, Verfassung des Freistaats Thüringen).

Lindner, Josef Franz/Möstl, Markus/Wolff, Heinrich Amadeus (Hrsg.), Verfassung des Freistaates Bayern, Kommentar, 2. Aufl., München 2017 (zit.: Bearbeiter, in: Lindner/Möstl/Wolff, Verfassung des Freistaates Bayern).

Lindner, Josef Franz, Bayerisches Staatsrecht, Stuttgart 2011.

Lindner, Josef Franz, Der Bayerische Verfassungsgerichtshof als funktionales Unionsgericht?, BayVBl. 2017, 666–669.

Lindner, Josef Franz, Die Grundrechte der Bayerischen Verfassung – Eine dogmatische Bestandsaufnahme, BayVBl. 2004, 641–652.

Lindner, Josef Franz, Die Rechtsprechung des Bayerischen Verfassungsgerichtshofs – Überblick über wichtige Entscheidungen aus den Jahren 2010 bis 2012 –, BayVBl. 2013, 549–561.

Lindner, Josef Franz, Die Rechtsprechung des Bayerischen Verfassungsgerichtshofs – Überblick über wichtige Entscheidungen aus den Jahren 2013 und 2014, BayVBl. 2015, 693–705.

Lindner, Josef Franz, Grundrechtsschutz gegen gemeinschaftsrechtliche Öffnungsklauseln – zugleich ein Beitrag zum Anwendungsbereich der EU-Grundrechte, EuZW 2007, 71–75.

Lindner, Josef Franz, Grundrechtsschutz in Europa – System einer Kollisionsdogmatik, EuR 2007, 160–193.

Lock, Tobias, EU Accession to the ECHR: Implications for Judicial Review in Strasbourg, ELRev 35 (2010), 777–799.

Lock, Tobias, Das Verhältnis zwischen dem EuGH und internationalen Gerichten, Tübingen 2010.

Lock, Tobias, The future of the European Union's accession to the European Convention on Human Rights after Opinion 2/13: is it still possible and is it still desirable?, EuConst 11 (2015), 239–273.

Löhr, Barbara, Die Rechte des Menschen in der Verfassung des Landes Hessen im Lichte des Grundgesetzes, Frankfurt am Main 2007.

Löwer, Wolfgang, Bundesverfassungstextliche Ergänzungen der Landesverfassungen zur Gewinnung landesverfassungsgerichtlicher Prüfungsmaßstäbe, NdsVBl. 2010, 138–144.

Löwer, Wolfgang, Kritische Anmerkungen zum Beschluß des Verfassungsgerichtshofes des Landes Berlin in Sachen Honecker, SächsVBl. 1993, 73–80.

Looser, Martin E., Verfassungsgerichtliche Rechtskontrolle gegenüber schweizerischen Bundesgesetzen, St. Gallen 2011.

López Castillo, Antonio/Polakiewicz, Jörg, Verfassung und Gemeinschaftsrecht in Spanien, EuGRZ 1993, 277–285.

López Castillo, Antonio, Offene Staatlichkeit: Spanien, in: *von Bogdandy, Armin/Cruz Villalón, Pedro/Huber, Peter M.* (Hrsg.), Handbuch Ius Publicum Europaeum, Bd. 2, § 24, Heidelberg 2008 (zit.: López Castillo, Offene Staatlichkeit: Spanien, in: v. Bogdandy/Cruz Villalón/Huber (Hrsg.), IPE II).

Lorenz, Egon, Zur Struktur des internationalen Privatrechts, Berlin 1977.

Lorz, Ralph Alexander, Autonomie und Bindung der Rechtsetzung in gestuften Rechtsordnungen, DVBl. 2006, 1061–1069.

Lotz, Klaus Werner, Bayerische Verfassungsbeschwerde und Bundesrechtsordnung, in: *Bayerischer Verfassungsgerichtshof* (Hrsg.), Verfassung als Verantwortung und Verpflichtung, Festschrift zum 50-jährigen Bestehen des Bayerischen Verfassungsgerichtshofs, Stuttgart et al. 1997, S. 115–135 (zit.: Lotz, FS 50 Jahre BayVerfGH).

Ludlow, Amy, The right to strike: a jurisprudential gulf between the CJEU and ECtHR, in: *Dzehtsiarou, Kanstantsin/Konstadinides, Theodore/Lock, Tobias/O'Meara, Noreen* (Hrsg.), Human Rights Law in Europe, Oxford 2014, S. 121–136.

Ludwig, Thomas Claus, Zum Verhältnis zwischen Grundrechtecharta und allgemeinen Grundsätzen – die Binnenstruktur des Art. 6 EUV n. F., EuR 2011, 715–735.

Ludwigs, Markus, Der Ultra-vires-Vorbehalt des BVerfG – Judikative Kompetenzanmaßung oder legitimes Korrektiv?, NVwZ 2015, 537–543.

Ludwigs, Markus, Kooperativer Grundrechtsschutz zwischen EuGH, BVerfG und EGMR, EuGRZ 2014, 273–285.

Lübbe-Wolff, Gertrude, Der Grundrechtsschutz nach der Europäischen Menschenrechtskonvention bei konfligierenden Individualrechten – Plädoyer für eine Korridor-Lösung, in: *Hochhuth, Martin* (Hrsg.), Nachdenken über Staat und Recht, Kolloquium zum 60. Geburtstag von Dietrich Murswiek, Berlin 2010, S. 193–209.

Lübbe-Wolff, Gertrude, Der Schutz verfassungsrechtlich verbürgter Individualrechte: Die Rolle des Reichsgerichts, in: *Wellenreuther, Hermann/Schnurmann, Claudia* (Hrsg.), Die Amerikanische Verfassung und Deutsch-Amerikanisches Verfassungsdenken, New York/Oxford 1990, S. 411–434.

Lübbe-Wolff, Gertrude, Justiziabilität sozialer Grundrechte und Verfassungsaufträge, JöR 53 N.F. (2005), 1–25.

Lück, Michael, Die Gemeinschaftstreue als allgemeines Rechtsprinzip im Recht der Europäischen Gemeinschafts, Baden-Baden 1992.

Lüdtke, Peter-Bernd/Berchtold, Josef (Hrsg.), Sozialgerichtsgesetz, 5. Aufl., Baden-Baden 2017 (zit.: Bearbeiter, in: Lüdtke/Berchtold, SGG).

Lüthy, Herbert, Die Schweiz als Antithese, Zürich 1969.

Luhmann, Niklas, Einführung in die Systemtheorie, hrsg. von *Dirk Baecker*, 6. Aufl., Heidelberg 2011.

Luhmann, Niklas, Rechtssoziologie, 3. Aufl. 1987.

Luisier Brodard, Christelle, Les droits fondamentaux, in: *Moor, Pierre* (Hrsg.), La Constitution vaudoise du 14 avril 2003, Bern 2004, S. 91–122.

MacCormick, Neil, Beyond the Sovereign State, The Modern Law Review 56 (1993), 1–18.

MacCormick, Neil, Das Maastricht-Urteil: Souveränität heute, JZ 1995, 797–800.

MacCormick, Neil, Questioning Sovereignty, Oxford/New York 1999.

MacCormick, Neil, Risking Constitutional Collision in Europe?, Oxford Journal of Legal Studies 18 (1998), 517–532.

Macdonald, Ronald St. J., The Margin of Appreciation, in: *Macdonald, Ronald St. J.* / *Matscher, Franz* / *Petzold, Herbert* (Hrsg.), The European System for the Protection of Human Rights, Dordrecht/Boston/London 1993, S. 83–124.

Mader, Luzius, Erfahrungen und Erwartungen auf dem Gebiet des kooperativen Föderalismus, in: *Nationale Föderalismuskonferenz* / *Institut du Fédéralisme* (Hrsg.), Der kooperative Föderalismus vor neuen Herausforderungen, Fribourg 2005, S. 103–113.

Madsen, Mikael Rask / *Palmer Olsen, Henrik* / *Šadl, Urška*, Legal Disintegration? The Ruling of the Danish Supreme Court in AJOS, Verfassungsblog 2017/01/30, abrufbar unter http://verfassungsblog.de/legal-disintegration-the-ruling-of-the-danish-supreme-court-in-ajos/ (zuletzt abgerufen am 04.11.2017).

Maduro, Miguel Poiares, Contrapunctual Law: Europe's Constitutional Pluralism in Action, in: *Walker, Neil* (Hrsg.), Sovereignty in Transition, Oxford/Portland 2003, S. 501–537.

Maduro, Miguel Poiares, Der Kontrapunkt im Dienste eines europäischen Verfassungspluralismus, EuR 2007, 3–32.

März, Wolfgang, Bundesrecht bricht Landesrecht, Berlin 1989.

Mager, Ute, Geltung der Charta der Grundrechte der Europäischen Union nach Maßgabe des Vorrangprinzips – Wer bestimmt über das Verhältnis von Freiheit und Gemeinwohl im europäischen Verfassungsverbund?, in: *Stumpf, Cordula* / *Kainer, Friedemann* / *Baldus, Christian* (Hrsg.), Privatrecht, Wirtschaftsrecht, Verfassungsrecht, Festschrift für Peter-Christian Müller-Graff zum 70. Geburtstag am 29. September 2015, Baden-Baden 2015, S. 1358–1364 (zit.: Mager, FS Müller-Graff).

Magiera, Siegfried, Diskussionsbeitrag, in: *Stern, Klaus* (Hrsg.), Deutsche Wiedervereinigung, Bd. 3: Zur Entstehung von Landesverfassungen in den neuen Ländern der Bundesrepublik Deutschland, Köln et al. 1992, S. 170.

Mahoney, Paul, Marvellous Richness of Diversity or Invidious Cultural Relativism?, HRLJ 1998, 1–6.

Maier, Benjamin, Grundrechtsschutz bei der Durchführung von Richtlinien, Baden-Baden 2014.

Malinverni, Giorgio, La conformità del progetto di revisione totale della Costituzione ticinese con le convenzioni internazionali di tutela dei diritti dell'uomo, in: *Aubert, Jean-François* / *Borghi, Marco* / *Malinverni, Giorgio* / *Manfrini, Pierre-Louis* / *Righetti, Argante* (Hrsg.), La revisione totale della costituzione ticinese, Lugano 1996, S. 29–39.

Malinverni, Giorgio, La Suisse et les droit de l'homme, Schweizerisches Jahrbuch für internationales Recht 1989, 153–192.

Mampel, Siegfried, Die Verfassung der sowjetischen Besatzungszone Deutschlands, Frankfurt am Main/Berlin 1966.

Mance, Jonathan, Destruction or Metamorphosis of the Legal Order?, Rede vor der World Policy Conference, Monaco, 14.12.2013, abrufbar unter *https://*www.supremecourt.uk/docs/speech131214.pdf (zuletzt abgerufen am 06.11.2017).

Mangoldt, Hermann von/Klein, Friedrich/Starck, Christian (Hrsg.): Kommentar zum Grundgesetz, Bd. 1–3, 6. Aufl., München 2010 (zit.: Bearbeiter, in: v. Mangoldt/Klein/Starck, GG).

Mann, Thomas, Minderheitenschutz, in: *Merten, Detlef/Papier, Hans-Jürgen* (Hrsg.), Handbuch der Grundrechte, Bd. 8: Landesgrundrechte in Deutschland, Heidelberg 2017, § 241 (zit.: Mann, HGR VIII).

Manssen, Gerrit, Staatsrecht II, Grundrechte, 14. Aufl., München 2017.

Marks, Gary/Hooghe, Liesbet/Blank, Kermit, European Integration and the State, EUI Working Paper RSC No. 95/7, Florenz 1995.

Marks, Gary, Structural Policy in the European Community, in: *Sbragia, Alberta M.* (Hrsg.), Europolitics: Institutions and Policymaking in the "New" European Community, Washington, D.C., 1992, S. 191–224.

Martens, Jürgen, Einführung einer Individualverfassungsbeschwerde in Niedersachsen – Erfahrungen im Freistaat Sachsen, NdsVBl. 2014, 161–163.

Martenet, Vincent, L'autonomie constitutionnelle des cantons, Basel 1999.

Marti, Hans, Die staatsrechtliche Beschwerde, 4. Aufl., Basel/Stuttgart 1979.

Martin, William, La liberté d'enseignement en suisse, Paris 1910.

Martina, Dietmar, Die Grundrechte der nordrhein-westfälischen Landesverfassung im Verhältnis zu den Grundrechten des Grundgesetzes, München 1999.

Martitz, Ferdinand von, Betrachtungen über die Verfassung des Norddeutschen Bundes, Leipzig 1868.

Maschke, Hermann, Die Rangordnung der Rechtsquellen, Berlin 1932.

Masing, Johannes, Einheit und Vielfalt des Europäischen Grundrechtsschutzes, JZ 2015, 477–487.

Matz-Lück, Nele, Die Umsetzung von Richtlinien und nationaler Grundrechtsschutz, EuGRZ 2011, 207–211.

Matz-Lück, Nele, Europäische Rechtsakte und nationaler Grundrechtsschutz, in: *Matz-Lück, Nele/Hong, Mathias* (Hrsg.), Grundrechte und Grundfreiheiten im Mehrebenensystem – Konkurrenzen und Interferenzen, Heidelberg 2012, S. 161–201.

Maunz, Theodor/Schmidt-Bleibtreu, Bruno/Klein, Franz/Bethge, Herbert (Hrsg.), Bundesverfassungsgerichtsgesetz: BVerfGG, Kommentar, Bd. 1, 51. Aufl., München (Stand: Mai 2017) (zit.: Bearbeiter, in: Maunz/Schmidt-Bleibtreu/Klein/Bethge, BVerfGG).

Maurer, Hartmut/Waldhoff, Christian, Allgemeines Verwaltungsrecht, 19. Aufl., München 2017.

Maurer, Hartmut, Entstehung und Grundlagen der Reichsverfassung von 1871, in: *Burmeister, Joachim* (Hrsg.), Verfassungsstaatlichkeit, Festschrift für Klaus Stern zum 65. Geburtstag, München 1997, S. 29–48 (zit.: Maurer, FS Stern).

Mayer, Franz C., Constitutional Comparativism in Action – The Example of General Principles of EU Law and How They Are Made – A German Perspective, Jean Monnet Working Paper 24/13, New York 2011.

Mayer, Franz C., Der Einfluss mitgliedstaatlicher Grundrechtsgewährleistungen auf die Charta der Grundrechte – Wie konsistent sind die gemeinsamen Verfassungsüberlieferungen der Mitgliedstaaten?, in: *König, Doris/Uwer, Dirk* (Hrsg.), Grenzen europäischer Normgebung, Hamburg 2015, S. 95–122.

Mayer, Franz C., Grundrechtsschutz gegen europäische Rechtsakte durch das BVerfG: Zur Verfassungsmäßigkeit der Bananenmarktordnung, EuZW 2000, 685–689.

Mayer, Franz C., Grundrechtsvielfalt und Grundrechtskonflikte im europäischen Mehrebenensystem – am Beispiel der Meinungsfreiheit, des Datenschutzes, des Rechtsschutzes gegen den Richter und bei Auslegungskonkurrenzen, EuGRZ 2011, 234–236.

Mayer, Franz C., Kompetenzüberschreitung und Letztentscheidung, Das Maastricht-Urteil des Bundesverfassungsgerichts und die Letztentscheidung über Ultra vires-Akte in Mehrebenensystemen, München 2000.

Mayer, Franz C., Verfassung im Nationalstaat: Von der Gesamtordnung zur europäischen Teilordnung?, VVDStRL 75 (2015), 7–63.

Mayer, Franz C., Verfassungsgerichtsbarkeit, in: *von Bogdandy, Armin/Bast, Jürgen* (Hrsg.), Europäisches Verfassungsrecht, 2. Aufl., Berlin/Heidelberg 2009, S. 559–607.

Mayer, Franz C., Zurück zur Rechtsgemeinschaft: Das OMT-Urteil des EuGH, NJW 2015, 1999–2004.

Mayer, Otto, Deutsches Verwaltungsrecht, I. und II. Band, unveränderter Nachdruck der 1924 erschienenen 3. Aufl., Berlin 2004.

Mayer, Otto, Republikanischer und monarchischer Bundesstaat, AöR 18 (1903), 337–372.

Mayntz, Renate, Governance im modernen Staat, in: *Benz, Arthur/Dose, Nicolai* (Hrsg.), Governance – Regieren in komplexen Regelsystemen, 2. Aufl., Wiesbaden 2010, S. 37–48.

Mayntz, Renate, Policy-Netzwerke und die Logik von Verhandlungssystemen in: *Kenis, Patrick/Schneider, Volker* (Hrsg.), Organisation und Netzwerk, Frankfurt am Main/New York 1996, S. 471–496.

McKay, David, Designing Europe, Comparative Lessons from the Federal Experience, Oxford 2001.

Meder, Theodor/Brechmann, Winfried (Hrsg.), Die Verfassung des Freistaates Bayern, Kommentar, 5. Aufl., Stuttgart et al. 2014 (zit.: Bearbeiter, in: Meder/Brechmann, Verfassung des Freistaates Bayern).

Meißner, Otto, Das Staatsrecht des Reichs und seiner Länder, 2. Aufl., Berlin 1923.

Menzel, Jörg, Landesverfassungsrecht, Stuttgart et al. 2002.

Menzel, Jörg, Verfahrensgrundrechte vor Landesverfassungsgerichten – Noch ein Kooperationsverhältnis?, NVwZ 1999, 1314–1317.

Merkl, Adolf, Die Lehre von der Rechtskraft, Leipzig/Wien 1923.

Merkl, Adolf, Hans Kelsens System einer reinen Rechtstheorie, AöR 41 (1921), 171–201.

Merli, Franz, Umleitung der Rechtsgeschichte, Journal für Rechtspolitik 20 (2012), 355–361.

Merten, Detlef/Papier, Hans-Jürgen (Hrsg.), Handbuch der Grundrechte, Bd. 1: Entwicklungen und Grundlagen, Heidelberg 2004 (zit.: Bearbeiter, HGR I).

Merten, Detlef/Papier, Hans-Jürgen (Hrsg.), Handbuch der Grundrechte, Bd. 3: Grundrechte in Deutschland: Allgemeine Lehren II, Heidelberg 2009 (zit.: Bearbeiter, HGR III).

Merten, Detlef/Papier, Hans-Jürgen (Hrsg.), Handbuch der Grundrechte, Bd. 6, Teilbd. 1: Europäische Grundrechte I, Heidelberg 2010 (zit.: Bearbeiter, HGR VI/1).

Merten, Detlef/Papier, Hans-Jürgen (Hrsg.), Handbuch der Grundrechte, Bd. 7, Teilbd. 2: Grundrechte in der Schweiz und in Liechtenstein, Heidelberg 2007 (zit.: Bearbeiter, HGR VII/2).

Merten, Detlef, Allgemeine Lehren der Landesgrundrechte, in: *Merten, Detlef/Papier, Hans-Jürgen* (Hrsg.), Handbuch der Grundrechte, Bd. 8: Landesgrundrechte in Deutschland, Heidelberg 2017, § 232 (zit.: Merten, HGR VIII).

Merten, Detlef, Grundgesetz und Verfassungen der neuen deutschen Länder, in: *Blümel, Willi/Magiera, Siegfried/Sommermann, Karl-Peter* (Hrsg.), Verfassungsprobleme im vereinten Deutschland, Speyer 1993, S. 47–62.

Merten, Detlef, Subsidiarität als Verfassungsprinzip, in: *Merten, Detlef* (Hrsg.), Die Subsidiarität Europas, 2. Aufl., Berlin 1994, S. 77–96.

Merzbacher, Friedrich, Die Vorgeschichte der Errichtung des Bayerischen Verwaltungsgerichtshofes, in: *Maunz, Theodor* (Hrsg.), Verwaltung und Rechtsbindung, Festschrift zum hundertjährigen Bestehen des Bayerischen Verwaltungsgerichtshofes, München 1979, S. 259–274 (zit.: Merzbacher, FS 100 Jahre BayVGH).

Meyer, Georg/Anschütz, Gerhard, Lehrbuch des Deutschen Staatsrechts, 7. Aufl., München/Leipzig 1919.

Meyer, Georg, Lehrbuch des Deutschen Staatsrechtes, 6. Aufl., Leipzig 1905.

Meyer, Gerhard, Das richterliche Prüfungsrecht nach preußischem und bayerischem Verfassungsrecht, Marburg 1933.

Meyer, Hans, Die Föderalismusreform 2006, Berlin 2008.

Meyer, Jürgen (Hrsg.), Charta der Grundrechte der Europäischen Union, 4. Aufl., Baden-Baden 2014 (zit.: Bearbeiter, in: Meyer, Grundrechte-Charta).

Meyer, Lorenz, Die internationalen Beziehungen des Schweizerischen Bundesgerichts, EuGRZ 2014, 19–21.

Meyer, Paul, Das Prinzip der Rechtsgleichheit in historischer und dogmatischer Betrachtung, Langensalza 1923.

Meyer, Tobias D., Die Rolle der Verfassungsgerichtsbarkeit zwischen Recht und Politik, Bern 2011.

Meyer-Ladewig, Jens/Nettesheim, Martin/von Raumer, Stefan (Hrsg.), Europäische Menschenrechtskonvention, Handkommentar, 4. Aufl., Baden-Baden 2017 (zit.: Bearbeiter, in: Meyer-Ladewig/Nettesheim/v. Raumer, EMRK).

Michael, Lothar/Morlok, Martin, Grundrechte, 6. Aufl., Baden-Baden 2017.

Michael, Lothar, Partielle Verschärfung der Vorlagenkontrolldichte des BVerfG zugunsten des EuGH als „gesetzlichem Verfassungsrichter", JZ 2013, 302–304.

Michl, Walther, Die Überprüfung des Unionsrechts am Maßstab der EMRK, Tübingen 2014.

Millet, François-Xavier, The French Constitutional Council and the CJEU: Between Splendid Isolation, Communication and Forced Dialogue, in: *Claes, Monica/de Visser, Maartje/Popelier, Patricia/Van de Heyning, Catherine* (Hrsg.), Constitutional Conversations in Europe, Cambridge/Antwerpen/Portland 2012, S. 251–266.

Millet, François-Xavier, The Respect for National Constitutional Identity in the European Legal Space: An Approach to Federalism as Constitutionalism, in: *Azoulai, Loïc* (Hrsg.), The Question of Competence in the European Union, Oxford 2014, S. 253–275.

Misic, Alexander, Der Grundrechtskatalog, in: *Fleiner, Thomas/Forster, Peter/Misic, Alexander/Thalmann, Urs* (Hrsg.), BV – CV 2000, Die neue schweizerische Bundesverfassung, Basel 2000, S. 71–106.

Misic, Alexander, Verfassungsbeschwerde, Zürich/Basel/Genf 2010.

Mock, William B.T./Demuro, Gianmario (Hrsg.), Human Rights in Europe, Durham 2010 (zit.: Bearbeiter, in: Mock/Demuro (Hrsg.)).

Möllers, Christoph, European Governance: Meaning and Value of a Concept, CMLR 43 (2006), 313–336.

Möllers, Christoph, Gewaltengliederung, Tübingen 2005.

Möllers, Christoph, Netzwerk als Kategorie des Organisationsrechts, in: *Oebbecke, Janbernd* (Hrsg.), Nicht-Normative Steuerung in dezentralen Systemen, Stuttgart 2005, S. 285–302.

Möllers, Christoph, Staat als Argument, 2. Aufl., Tübingen 2011.

Mössner, Jörg Manfred, Rechtsvergleich und Verfassungsrechtsprechung, AöR 99 (1974), 193–242.

Möstl, Markus, Bundesstaat und Staatenverbund, Staats- und Verfassungsrecht im Föderalismus, Paderborn et al. 2012.

Möstl, Markus, Grenzen der Rechtsangleichung im europäischen Binnenmarkt, EuR 2002, 318–349.

Möstl, Markus, Landesverfassungsrecht – zum Schattendasein verurteilt?, AöR 130 (2005), 350–391.

Mohl, Robert von, Das Staatsrecht des Königreiches Württemberg, Bd. 1, 2. Aufl., Tübingen 1840.

Mohl, Robert von, Staatsrecht, Völkerrecht und Politik, Bd. 1: Staatsrecht und Völkerrecht, unveränderter Abdruck der 1860 in Tübingen erschienenen Ausgabe, Graz 1962.

Molek, Pavel, The Czech Constitutional Court and the Court of Justice: Between Fascination and Securing Autonomy, in: *Claes, Monica / de Visser, Maartje / Popelier, Patricia / Van de Heyning, Catherine* (Hrsg.), Constitutional Conversations in Europe, Cambridge/Antwerpen/Portland 2012, S. 131–159.

Montesquieu, Charles de Secondat, De l'Esprit des lois, Bd. 1, Éditions Garnier Frères, Paris 1961.

Moritz, Jean, Commentaire de la constitution jurassienne, Bd. 1, Courrendlin 1997.

Moritz, Jean, La juridiction constitutionnelle dans le Canton du Jura, Porrentruy 1993.

Morjin, John, Balancing Fundamental Rights and Common Market Freedoms in Union Law: Schmidberger and Omega in the Light of the European Constitution, ELJ 12 (2006), 15–40.

Mückl, Stefan, Kooperation oder Konfrontation? – Das Verhältnis zwischen Bundesverfassungsgericht und Europäischem Gerichtshof für Menschenrechte, Der Staat 44 (2005), 403–431.

Müller, Andreas Th., An Austrian Ménage à Trois: The Convention, the Charter and the Constitution, in: *Ziegler, Katja S. / Wicks, Elizabeth / Hodson, Loveday* (Hrsg.), The UK and European Human Rights, Oxford/Portland 2015, S. 299–320.

Müller, Friedrich / Christensen, Ralph, Juristische Methodik, Bd. 2: Europarecht, 3. Aufl., Berlin 2012.

Müller, Georg, Die Drittwirkung der Grundrechte, ZBl. 1978, 233–244.

Müller, Georg, Zur Problematik der Drittwirkung von kantonalen Grundrechtsgarantien, ZBJV 1993, 153–167.

Müller, Jörg Paul / Schefer, Markus, Grundrechte in der Schweiz, 4. Aufl., Bern 2008.

Müller, Jörg Paul, Allgemeine Bemerkungen zu den Grundrechten, in: *Thürer, Daniel / Aubert, Jean-François / Müller, Jörg Paul* (Hrsg.), Verfassungsrecht der Schweiz, Zürich/Basel/Genf 2001, § 39.

Müller, Jörg Paul, Die Grundrechte der Verfassung und der Persönlichkeitsschutz des Privatrechts, Bern 1964.

Müller, Jörg Paul, Geschichtliche Grundlagen, Zielsetzung und Funktionen der Grundrechte, in: *Merten, Detlef / Papier, Hans-Jürgen* (Hrsg.), Handbuch der Grundrechte,

Bd. 7, Teilbd. 2: Grundrechte in der Schweiz und in Liechtenstein, Heidelberg 2007, § 202 (zit.: Müller, HGR VII/2).
Müller, Jörg Paul, Grundrechte, in: *Kälin, Walter / Bolz, Urs* (Hrsg.), Handbuch des bernischen Verfassungsrechts, Bern 1995, S. 29–55.
Müller, Julian, Form follows function? Eine rechtstheoretische Kritik am Europäischen Verfassungsverbund, in: *Klatt, Matthias* (Hrsg.), Jurisdiktionskonflikte, Baden-Baden 2015, S. 87–109.
Müller, Klaus, Verfassung des Freistaates Sachsen, Baden-Baden 1993.
Müller, Markus, Verhältnismäßigkeit: Gedanken zu einem Zauberwürfel, Bern 2013.
Müller, Oda, Die Verfassungsbeschwerde nach der Bayerischen Verfassung von 1818 (1818–1848), Frankfurt am Main 2000.
Müller, Peter Alexander, Die Verwaltungsrechtspflege im Kanton Wallis, Winterthur 1969.
Müller-Franken, Sebastian, Landesgrundrechte in Hessen, in: *Merten, Detlef / Papier, Hans-Jürgen* (Hrsg.), Handbuch der Grundrechte, Bd. 8: Landesgrundrechte in Deutschland, Heidelberg 2017, § 251 (zit.: Müller-Franken, HGR VIII).
Müller-Terpitz, Ralf, Landesgrundrechte in Bayern, in: *Merten, Detlef / Papier, Hans-Jürgen* (Hrsg.), Handbuch der Grundrechte, Bd. 8: Landesgrundrechte in Deutschland, Heidelberg 2017, § 246 (zit.: Müller-Terpitz, HGR VIII).
Münch, Ingo von / Kunig, Philip (Hrsg.), Grundgesetz, Kommentar, Bd. 1 und 2, 6. Aufl., München 2012 (zit.: Bearbeiter, in: v. Münch/Kunig, GGK).
Münchhausen, Hans Georg, Freiherr von, Die Grund- und Freiheitsrechte im geltenden preußischen Recht, Leipzig 1909.
Muir, Elise, The Court of Justice: a fundamental rights institution among others, in: *Dawson, Mark / de Witte, Bruno / Muir, Elise* (Hrsg.), Judicial Activism at the European Court of Justice, Cheltenham/Northampton 2013, S. 76–101.
Muñoz Machado, Santiago, La Unión Europea y las mutaciones del Estado, Madrid 1994.
Murswiek, Dietrich, Die heimliche Entwicklung des Unionsvertrages zur europäischen Oberverfassung: Zu den Konsequenzen der Auflösung der Säulenstruktur der Europäischen Union und der Erstreckung der Gerichtsbarkeit des EU-Gerichtshofs auf den EU-Vertrag, NVwZ 2009, 481–486.
Murswiek, Dietrich, Die Ultra-vires-Kontrolle im Kontext der Integrationskontrolle, EuGRZ 2017, 327–338.
Murswiek, Dietrich, Maastricht und der Pouvoir Constituant, Der Staat 32 (1993), 161–190.
Muth, Heinrich, Die Grundrechte in der deutschen Verfassungsentwicklung, Stuttgart 1973.
Mutius, Albert von, Zum Verhältnis von gleichlautendem Bundes- und Landesverfassungsrecht, VerwArch 66 (1975), 161–168.
Näf, Werner, Die deutsche Bundesakte und der schweizerische Bundesvertrag von 1815, Bern 1959.
Nägeli, Elisabeth, Die Entwicklung der Bundesrechtspflege seit 1815, Winterthur 1920.
Naumann, Kolja, Art. 52 Abs. 3 GrCh zwischen Kohärenz des europäischen Grundrechtsschutzes und Autonomie des Unionsrechts, EuR 2008, 424–435.
Nawiasky, Hans, Aussprache, VVDStRL 12 (1954), 235–237.
Nawiasky, Hans, Bayerisches Verfassungsrecht, München et al. 1923.
Nawiasky, Hans, Die Gleichheit vor dem Gesetz im Sinne des Art. 109 der Reichsverfassung, VVDStRL 3 (1927), 25–42.

Nawiasky, Hans, Allgemeine Staatslehre, Zweiter Teil: Staatsgesellschaftslehre, Band 2, Einsiedeln et al. 1955.

Nawiasky, Hans, Allgemeine Staatslehre, Dritter Teil: Staatsrechtslehre, Einsiedeln et al. 1956.

Nawiasky, Hans, Der Bundesstaat als Rechtsbegriff, Tübingen 1920.

Nawiasky, Hans, Die Grundgedanken des Grundgesetzes für die Bundesrepublik Deutschland, Stuttgart/Köln 1950.

Nettesheim, Martin, Anmerkung zu BVerfG, Beschl. v. 15.12.2015 – 2 BvR 2735/14 –, JZ 2016, 424–428.

Nettesheim, Martin, Die Bananenmarkt-Entscheidung des BVerfG: Europarecht und nationaler Mindestgrundrechtsstandard, Jura 2001, 686–692.

Nettesheim, Martin, Die Integrationsverantwortung – Vorgaben des BVerfG und gesetzgeberische Umsetzung, NJW 2010, 177–183.

Nettesheim, Martin, Kompetenzen, in: *von Bogdandy, Armin / Bast, Jürgen* (Hrsg.), Europäisches Verfassungsrecht, 2. Aufl., Berlin/Heidelberg 2009, S. 389–439.

Nettesheim, Martin, Normenhierarchien im EU-Recht, EuR 2006, 737–772.

Neubauer, Reinhard / Lörincz, Ernö, Nochmals: Verfassungsgebung und Grundrechte – der Gestaltungsspielraum der Landesverfassungsgeber, LKV 2013, 115–118.

Neuberger, David Edmond, The British and Europe, Cambridge Freshfields Annual Law Lecture, 12.02.2014, abrufbar https://www.supremecourt.uk/docs/speech-140212.pdf (zuletzt abgerufen am 06.011.2017).

Neumann, Heinzgeorg, Die Verfassung der Freien Hansestadt Bremen, Stuttgart et al. 1996.

Neumeyer, Christoph, Der Weg zur neuen Erforderlichkeitsklausel für die konkurrierende Gesetzgebung des Bundes (Art. 72 Abs. 2 GG), Berlin 1999.

Neumeyer, Karl, Internationales Verwaltungsrecht, Bd. 4, Zürich/Leipzig 1936.

Niang, Fatimata, La fonction européenne du juge national, Fondements du droit européen, 5/2013, 172–197.

Nicolaysen, Gert, Die gemeinschaftsrechtliche Begründung von Grundrechten, EuR 2003-719–743.

Nic Shuibhne, Niamh, Margins of appreciation: national values, fundamental rights and EC free movement law, ELRev 2009, 230–256.

Niedermann, Dieter J., Zur Föderalismusreform – ein Diskussionsbeitrag aus kantonaler Sicht, in: *Ehrenzeller, Bernhard / Mastronardi, Philippe / Schaffhauser, René / Schweizer, Rainer J. / Vallender, Klaus A.* (Hrsg.), Der Verfassungsstaat vor neuen Herausforderungen, Festschrift für Yvo Hangartner, St. Gallen/Lachen 1998, S. 697–712 (zit.: Niedermann, FS Hangartner).

Nieding, Kurt, Das Prinzip der Homogenität in den Verfassungen des Deutschen Reichs von 1849, 1871 und 1919 unter besonderer Berücksichtigung des Artikels 17 der geltenden Reichsverfassung, Jena 1926.

Niedobitek, Matthias, Kollisionen zwischen EG-Recht und nationalem Recht, VerwArch 92 (2001), 58–80.

Niedobitek, Matthias, Landesgrundrechte in Sachsen, in: *Merten, Detlef / Papier, Hans-Jürgen* (Hrsg.), Handbuch der Grundrechte, Bd. 8: Landesgrundrechte in Deutschland, Heidelberg 2017, § 257 (zit.: Niedobitek, HGR VIII).

Niggli, Marcel Alexander / Uebersax, Peter / Wiprächtiger, Hans (Hrsg.), Basler Kommentar zum Bundesgerichtsgesetz, 2. Aufl., Basel 2011 (zit.: Bearbeiter, in: BSK, BGG).

Nipperdey, Thomas, Deutsche Geschichte 1866–1918, Bd. 2, 3. Aufl., München 1995.

Nordmann, Christine, „Rezipierte" Grundrechte für Schleswig-Holstein, NordÖR 2009, 97–102.

Notter, Markus, Die neue Zürcher Kantonsverfassung vom 27. Februar 2005, SJZ 2006, 421–424.

Nowrot, Karsten Föderalisierungs- und Parlamentarisierungstendenzen in Netzwerkstrukturen, in: *Boysen, Sigrid et al.* (Hrsg.), Netzwerke, 47. Assistententagung Öffentliches Recht, Baden-Baden 2007, S. 15–35 (zit.: Nowrot, Föderalisierungs- und Parlamentarisierungstendenzen in Netzwerkstrukturen, in: Boysen et al. (Hrsg.), 47. ATÖR – Netzwerke).

Nowrot, Karsten, Netzwerke im transnationalen Wirtschaftsrecht und Rechtsdogmatik, Halle 2007.

Nunner, Michael, Kooperation internationaler Gerichte, Tübingen 2009.

Nuspliger, Kurt/Mäder, Jana, Bernisches Staatsrecht, 4. Aufl., Bern 2012.

Nuspliger, Kurt, Bern und Schaffhausen in guter Verfassung: Zwei neuere Kantonsverfassungen im Vergleich, ZBl. 2005, 393–409.

Nuspliger, Kurt, Grundzüge der Behördenstruktur im Verfassungsrecht der Kantone, in: *Thürer, Daniel/Aubert, Jan-François/Müller, Jörg Paul* (Hrsg.) Verfassungsrecht der Schweiz, Zürich 2001, § 69.

Nuspliger, Kurt, Mitwirkung der Kantone im Bundesstaat – einfachere und gerechtere Lösungen, in: *Neue Helvetische Gesellschaft* (Hrsg.), Demokratie im Wandel, Zürich/Chur 2005, S. 39–54.

Nuspliger, Kurt, Wechselwirkungen zwischen neueren Kantonsverfassungen und der Bundesverfasssung, in: *Zimmerli, Ulrich* (Hrsg.), Die neue Bundesverfassung, Bern 2000, S. 63–102.

Nußberger, Angelika, Das Verhältnismäßigkeitsprinzip als Strukturprinzip richterlichen Entscheidens in Europa, NVwZ-Beilage 2013, 36–44.

Obwexer, Walter, Der Beitritt der EU zur EMRK: Rechtsgrundlagen, Rechtsfragen und Rechtsfolgen, EuR 2012, 115–149.

O'Cinneide, Colm, Human Rights and the UK Constitution, in: *Jowell, Jeffrey/Dawn, Oliver/O'Cinneide, Colm* (Hrsg.), The Changing Constitution, Oxford 2015, S. 67–103.

Öhlinger, Theo, Anmerkung zu EuGH, Urt. v. 11.09.2014 – C-112/13, EuZW 2014, 955–956.

Öhlinger, Theo, Der Bundesstaat zwischen Reiner Rechtslehre und Verfassungsrealität, Wien 1976.

Öhlinger, Theo, Der Vorrang des Unionsrechts im Lichte des Verfassungsvertrages, in: *Bröhmer, Jürgen et al.* (Hrsg.), Internationale Gemeinschaft und Menschenrechte, Festschrift für Georg Ress zum 70. Geburtstag, Köln 2005, 685–698 (zit.: Öhlinger, FS Ress).

Oehmichen, Anna, Anmerkung zu BVerfG, Beschluss vom 15.12.2015 – 2 BvR 2735/14, FD-StrafR 2016, 375738..

Oesch, Matthias, Das Verhältnismässigkeitsprinzip in der Einheitsbeschwerde, Anwaltsrevue 2008, 271–275.

Oeter, Stefan, Die EMRK und der Föderalismus in Deutschland, in: *Besson, Samantha/Belser, Eva Maria* (Hrsg.), Die Europäische Menschenrechtskonvention und die Kantone, Zürich 2014, S. 311–332.

Oeter, Stefan, Die von der Föderalismusreform tangierten Sachbereiche der konkurrierenden Gesetzgebungskompetenz im Einzelnen, in: *Heintzen, Markus / Uhle, Arnd* (Hrsg.), Neuere Entwicklungen im Kompetenzrecht, Berlin 2014, S. 159–188.

Oeter, Stefan, Föderalismus und Demokratie, in: *von Bogdandy, Armin / Bast, Jürgen* (Hrsg.), Europäisches Verfassungsrecht, 2. Aufl., Berlin/Heidelberg 2009, S. 73–120.

Oeter, Stefan, Integration und Subsidiarität im deutschen Bundesstaatsrecht, Tübingen 1998.

Oeter, Stefan, Rechtsprechungskonkurrenzen zwischen nationalen Verfassungsgerichten, Europäischem Gerichtshof und Europäischem Gerichtshof für Menschenrechte, VVDStRL 66 (2007), 361–388.

Ohler, Christoph, Die Kollisionsordnung des Allgemeinen Verwaltungsrechts, Tübingen 2005.

Olinga, Alain-Didier / Picheral, Caroline, La théorie de la marge d'appréciation dans la jurisprudence récente de la Cour européenne des droits de l'homme, RTDH 1995, 567–604.

Oliver, Tim, To be or not to be in Europe: is that the question? Britain's European question and an in/out referendum, International Affairs 91 (2015), 77–91.

Olshausen, Henning von, Landesverfassungsbeschwerde und Bundesrecht, Baden-Baden 1980.

Ophüls, Carl Friedrich, Die Geltungsnormen des Europäischen Gemeinschaftsrechts, in: *Aubin, Bernhard et al.* (Hrsg.), Festschrift für Otto Riese aus Anlass seines siebzigsten Geburtstages, Karlsruhe 1964, S. 1–26 (zit.: Ophüls, FS Riese).

Oppermann, Thomas / Classen, Claus Dieter / Nettesheim, Martin, Europarecht, 7. Aufl., München 2016.

Oppermann, Thomas, Die EU-Verfassungsbeschwerde – Hebel und Falle eines „Gouvernement de juges", in: *Sachs, Michael / Siekmann, Helmut* (Hrsg.), Der grundrechtsgeprägte Verfassungsstaat, Festschrift für Klaus Stern zum 80. Geburtstag, Berlin 2012, S. 869–880 (zit.: Oppermann, FS Stern 2012).

Oppermann, Thomas, Subsidiarität als Bestandteil des Grundgesetzes, JuS 1996, 569–573.

Ossenbühl, Fritz, Föderalismus nach 40 Jahren Grundgesetz, DVBl. 1989, 1230–1237.

Ossenbühl, Fritz, Maastricht und das Grundgesetz – eine verfassungsrechtliche Wende?, DVBl. 1993, 629–637.

Ott, Georg, Landesgrundrechte in der bundesstaatlichen Ordnung, Würzburg 2002.

Otto, Lars S., Anmerkung zu BbgVerfG, Beschluss vom 16.12.2010 – VfGBbg 18/10, LKV 2011, 126–127.

Pabel, Katharina, BVerfGE 96, 345 – Landesverfassungsgerichte, in: *Menzel, Jörg / Müller-Terpitz, Ralf* (Hrsg.), Verfassungsrechtsprechung, 3. Aufl., Tübingen 2017, S. 619–625.

Pache, Eckhard, Die Kontrolldichte in der Rechtsprechung des Gerichtshofs der Europäischen Gemeinschaften, DVBl. 1998, 380–387.

Pagenkopf, Martin, 150 Jahre Verwaltungsgerichtsbarkeit in Deutschland, Stuttgart et al. 2014.

Palandt, Otto, Bürgerliches Gesetzbuch, 76. Aufl., München 2017.

Panara, Carlo, The Enforceability of Subsidiarity in the EU and the Ethos of Cooperative Federalism: A Comparative Law Perspective, European Public Law 22 (2016), 305–332.

Pannenborg, Eerke, Inhalt und Bedeutung der Grundrechte der Paulskirchenverfassung von 1848/49 für die deutsche Verfassungsentwicklung im 19. und 20. Jahrhundert, Hamburg 2013.

Papier, Hans-Jürgen, Die Bedeutung der Landesverfassungsgerichtsbarkeit im Verhältnis zur Bundesverfassungsgerichtsbarkeit, in: *Sodan, Helge* (Hrsg.), Zehn Jahre Berliner Verfassungsgerichtsbarkeit, Köln et al. 2002, S. 19–33.

Papp, Konstanze von, Die Integrationswirkung von Grundrechten in der Europäischen Gemeinschaft, Baden-Baden 2007.

Paris, Davide, Constitutional Courts as Guardians of EU Fundamental Rights? Centralised Judicial Review of Legislation and the Charter of Fundamental Rights of the EU, EuConst 11 (2015), 389–407.

Partsch, Karl Josef, Die Anwendung des Völkerrechts im innerstaatlichen Recht, Karlsruhe 1964.

Patzig, Werner, Der kooperative Föderalismus, DVBl. 1966, 389–396.

Pauly, Stephan Felix, Organisation, Geschichte und Praxis der Gesetzesauslegung des (Königlich) Preußischen Oberverwaltungsgerichtes 1875–1933, Frankfurt am Main 1987.

Pavlidis, Laura, EU und EMRK: Rechtsfragen eines Beitritts, Berlin 2012.

Pechstein, Matthias, EU-Prozessrecht, 4. Aufl., Tübingen 2011.

Peers, Steve / Hervey, Tamara / Kenner, Jeff / Ward, Angela (Hrsg.), The EU Charter of Fundamental Rights, Oxford/Portland 2014 (zit.: Bearbeiter, in: Peers/Hervey/Kenner/Ward (Hrsg.), The EU Charter of Fundamental Rights).

Peers, Steve, The EU's Accession to the ECHR: The Dream Becomes a Nightmare, GLJ 16 (2015), 213–222.

Peine, Franz-Joseph, Landesgrundrechte in Brandenburg, in: *Merten, Detlef / Papier, Hans-Jürgen* (Hrsg.), Handbuch der Grundrechte, Bd. 8: Landesgrundrechte in Deutschland, Heidelberg 2017, § 248 (zit.: Peine, HGR VIII).

Peine, Franz-Joseph, Verfassungsgebung und Grundrechte – der Gestaltungsspielraum der Landesverfassungsgeber, LKV 2012, 385–390.

Pellonpää, Matti, Economic, Social and Cultural Rights, in: *Macdonald, Ronald St. John / Matscher, Franz / Petzold, Herbert* (Hrsg.), The European System for the Protection of Human Rights, Dordrecht/Boston/London 1993, S. 855–874.

Pellonpää, Matti, Kontrolldichte des Grund- und Menschenrechtsschutzes in mehrpoligen Rechtsverhältnissen, EuGRZ 2006, 483–486.

Pernice, Ingolf, Bestandssicherung der Verfassungen: Verfassungsrechtliche Mechanismen zur Wahrung der Verfassungsordnung, in: *Bieber, Roland / Widmer, Pierre* (Hrsg.), Der europäische Verfassungsraum, Zürich 1995, S. 225–264.

Pernice, Ingolf, *Costa v ENEL* and *Simmenthal*: Primacy of European Law, in: *Maduro, Miguel Poiares / Azoulai, Loïc*, (Hrsg.), The Past and Future of EU Law, Oxford/Portland 2010, S. 47–59.

Pernice, Ingolf, BVerfG, EGMR und die Rechtsgemeinschaft, EuZW 2004, 705.

Pernice, Ingolf, Das Verhältnis europäischer zu nationalen Gerichten im europäischen Verfassungsverbund, Berlin 2006.

Pernice, Ingolf, Die Dritte Gewalt im europäischen Verfassungsverbund, EuR 1996, 27–43.

Pernice, Ingolf, Die Zukunft der Unionsgerichtsbarkeit, EuR 2011, 151–169.

Pernice, Ingolf, Europäisches und nationales Verfassungsrecht, VVDStRL 60 (2001), 148–188.

Pernice, Ingolf, Grundrechtsgehalte im Europäischen Gemeinschaftsrecht, Baden-Baden 1979.

Pernice, Ingolf, La Rete Europea di Costituzionalità – Der Europäische Verfassungsverbund und die Netzwerkttheorie, ZaöRV 70 (2010), 51–71.

Pernice, Ingolf, Multilevel Constitutionalism and the Treaty of Amsterdam: European Constitution-Making Revisited?, CMLR 36 (1999), 703–750.

Pernice, Ingolf, Verfassungsverbund, in: *Franzius, Claudio / Mayer, Franz C. / Neyer, Jürgen* (Hrsg.), Strukturfragen der Europäischen Union, Baden-Baden 2010, S. 102–118.

Pernthaler, Peter, Allgemeine Staatslehre und Verfassungslehre, Wien/New York 1986.

Pescatore, Pierre, Der Schutz der Grundrechte in den Europäischen Gemeinschaften und seine Lücken, in: *Mosler, Hermann / Bernhardt, Rudolf / Hilf, Meinhard* (Hrsg.), Grundrechtsschutz in Europa, Berlin/Heidelberg/New York, 1977, S. 64–75.

Pescatore, Pierre, Le recours, dans la jurisprudence de la Cour de justice des Communautés euoropéennes, à des normes déduites de la comparaison des droits des Etats membres, Revue internationale de droit comparé 32 (1980), 337–359.

Pescatore, Pierre, Les relations extérieures des communautés européennes, Contribution à la doctrine de la personnalité des organisations internationales, Recueil des Cours de l'Academie de Droit International 103 (1961-II), Leiden/Boston 1961.

Pescatore, Pierre, Preface, in: *Sandalow, Tarrance / Stein, Eric* (Hrsg.), Courts and Free Markets, Bd. 1, Oxford 1982, S. IX-X.

Pestalozza, Christian, Art. 142 GG. Landesverfassungsbeschwerde nach Karlsruher Regie?, in: *Macke, Peter* (Hrsg.), Verfassung und Verfassungsgerichtsbarkeit auf Landesebene, Baden-Baden 1998, S. 245–272.

Pestalozza, Christian, Bundesverfassungsgerichtsbarkeit und Landesverfassungsgerichtsbarkeit, in: *Merten, Detlef / Papier, Hans-Jürgen* (Hrsg.), Handbuch der Grundrechte, Bd. 3: Grundrechte in Deutschland: Allgemeine Lehren II, Heidelberg 2009, § 86 (zit.: Pestalozza, HGR III).

Pestalozza, Christian, Das Landesverfassungsgericht von Sachsen-Anhalt, LKV 1994, 11–14.

Pestalozza, Christian, Der „Honecker-Beschluß" des Berliner Verfassungsgerichtshofs, NVwZ 1993, 340–345.

Pestalozza, Christian, Die Bedeutung gliedstaatlichen Verfassungsrechts in der Gegenwart, NVwZ 1987, 744–751.

Pestalozza, Christian, Verfassungen der deutschen Bundesländer, 10. Aufl., München 2014.

Peters, Anne / Altwicker, Tilmann, Europäische Menschenrechtskonvention, 2. Aufl., München 2012.

Peters, Anne, Elemente einer Theorie der Verfassung Europas, Berlin 2001.

Peters, Anne, The Bananas Decision (2000) of the German Federal Constitutional Court: Towards Reconciliation with the European Court of Justice as Regards Fundamental Rights Protection in Europe, GYIL 43 (2000), 276–282.

Peters, Hans, Geschichtliche Entwicklung und Grundfragen der Verfassung, bearbeitet von *Jürgen Salzwedel* und *Günter Erbel*, Berlin et al. 1969.

Petzold, Herbert, The Convention and the Principle of Subsidiarity, in: *Macdonald, Ronald St. John / Matscher, Franz / Petzold, Herbert* (Hrsg.), The European System for the Protection of Human Rights, Dordrecht/Boston/London 1993, S. 41–62.

Peyer, Hans Conrad, Verfassungsgeschichte der alten Schweiz, Zürich 1978.

Pfaff, Christian R., Die Landesverfassungsbeschwerden in den neuen Bundesländern – zwischen Landesverfassung und Bundesrecht, Berlin 1999.

Pfister, Alois, Was heisst „massgebend"? – Bemerkungen zu Art. 113 der Bundesverfassung, in: Mélanges Robert Patry, Genf 1988, S. 391–410 (zit.: Pfister, FS Patry).

Pfisterer, Thomas, Von der Kompetenzverteilung zur besseren Erfüllung der Bundesaufgaben, in: *Ehrenzeller, Bernhard / Mastronardi, Philippe / Schaffhauser, René / Schweizer, Rainer J. / Vallender, Klaus A.* (Hrsg.), Der Verfassungsstaat vor neuen Herausforderungen, Festschrift für Yvo Hangartner, St. Gallen/Lachen 1998, S. 713–748 (zit.: Pfisterer, FS Hangartner).

Phelan, Diarmuid Rossa, Revolt or Revolution?: The Constitutional Boundaries of the European Community, Dublin 1997.

Philippi, Nina, Divergenzen im Grundrechtsschutz zwischen EuGH und EGMR, ZEuS 2000, 97–126.

Pietzcker, Jost, Bundesgrundrechte und Landesgrundrechte, JuS 1988, L 9-L 12.

Pintarić, Tomislav, Die Verfassungsbeschwerde in Kroation, Osteuropa-Recht 2014, 321–329.

Plöttner, Eberhard, Das Recht des Waffengebrauchs in Sachsen, Osterode am Harz 1931.

Pöschl, Magdalena, Verfassungsgerichtsbarkeit nach Lissabon, ZÖR 67 (2012), 587–609.

Pötters, Stephan / Traut, Johannes, Die *ultra-vires*-Kontrolle des BVerfG nach „Honeywell" – Neues zum Kooperationsverhältnis von BVerfG und EuGH?, EuR 2011, 580–593.

Poetzsch, Fritz, Die neue Reichsverfassung, DJZ 24 (1919), Sp. 707–711.

Poetzsch-Heffter, Fritz, Handkommentar der Reichsverfassung, 3. Aufl., Berlin 1928.

Pogány, István, The Crisis of Democracy in East Central Europe: The 'New Constitutionalism' in Hungary, European Public Law 19 (2013), 341–368.

Polakiewicz, Jörg, Der Abkommensentwurf über den Beitritt der Europäischen Union zur Europäischen Menschenrechtskonvention, EuGRZ 2013, 472–482.

Polakiewicz, Jörg, Die Verpflichtungen der Staaten aus den Urteilen des Europäischen Gerichtshofs für Menschenrechte, Heidelberg 1993.

Popelier, Patricia, Judicial Conversations in Multilevel Constitutionalism. The Belgian Case, in: *Claes, Monica / de Visser, Maartje / Popelier, Patricia / Van de Heyning, Catherine* (Hrsg.), Constitutional Conversations in Europe, Cambridge/Antwerpen/Portland 2012, S. 73–99.

Poscher, Ralf, Grundrechte als Abwehrrechte, Tübingen 2003.

Poscher, Ralf, Landesgrundrechte und Bundesrecht, NJ 1996, 351–356.

Potacs, Michael, Anmerkung zu VfGH 14.03.2012, U 466/11, U 1836/11, Juristische Blätter 134 (2012), 509–511.

Prepeluh, Urska, Die Entwicklung der *Margin of Appreciation*-Doktrin im Hinblick auf die Pressefreiheit, ZaöRV 61 (2001), 771–882.

Preuß, Hugo, Denkschrift zum Entwurf des Allgemeinen Teils der Reichsverfassung vom 3. Januar 1919, in: *von Krosigk, Esther* (Hrsg.), Staat, Recht und Freiheit, Saarbrücken 2007, S. 368–394.

Preuß, Hugo, Reich und Länder, hrsg. v. *Gerhard Anschütz*, Berlin 1928.

Preuß, Hugo, Verfassungsändernde Gesetze und Verfassungsurkunde, DJZ 29 (1924), Sp. 649–654.

Proelss, Alexander, Bundesverfassungsgerichtsbarkeit und überstaatliche Gerichtsbarkeit, Tübingen 2014.

Pünder, Hermann, Kunst- und Wissenschaftsfreiheit, Recht auf Bildung, in: *Ehlers, Dirk* (Hrsg.), Europäische Grundrechte und Grundfreiheiten, 4. Aufl., Berlin/Boston 2014, § 18.

Raba, Kristi, Closing the Gaps in the Protection of Fundamental Rights in Europe: Accession of the EU to the ECHR, in: *Morano-Foadi, Sonia / Vickers, Lucy* (Hrsg.), Fundamental Rights in the EU: A Matter for Two Courts, Oxford/Portland 2015, S. 21–46.

Rabe, Hans-Jürgen, Grundrechtsbindung der Mitgliedstaaten, NJW 2013, 1407–1409.

Radbruch, Gustav, Richterliches Prüfungsrecht?, Die Justiz 1925, 12–16.

Raducu, Ioana, La fonction structurante du dialogue des juges européens pour l'ordre juridique européen, in: *Besson, Samantha / Levrat, Nicolas* (Hrsg.), (Dés)ordres juridiques européens, Genf/Zürich/Basel 2012, S. 221–241.

Rappard, William E., Die Bundesverfassung der Schweizerischen Eidgenossenschaft 1848–1948, Zürich 1948.

Rehm, Hermann, Unitarismus und Föderalismus in der deutschen Reichsverfassung, Dresden 1898.

Reich, Markus, Grundzüge der föderalistischen Finanzverfassung, in: *Thürer, Daniel / Aubert, Jan-François / Müller, Jörg Paul* (Hrsg.) Verfassungsrecht der Schweiz, Zürich 2001, § 76.

Reich, Norbert, Zur Notwendigkeit einer Europäischen Grundrechtsbeschwerde, ZRP 2000, 375–378.

Reichel, Alexander, Das Bundesgesetz über die Organisation der Bundesrechtspflege, Bern 1896.

Reinbacher, Tobias / Wendel, Mattias, Menschenwürde und Europäischer Haftbefehl – Zum ebenenübergreifenden Schutz grundrechtlicher Elementargarantien im europäischen Auslieferungsverfahren, EuGRZ 2016, 333–343.

Rengeling, Hans-Werner / Szczekalla, Peter, Grundrechte in der Europäischen Union, Köln/Berlin/München 2004.

Rennefahrt, Hermann, Grundzüge der bernischen Rechtsgeschichte, I.–IV. Teil, Bern 1928.

Rensmann, Thilo, Die Grundlagen- und Staatszielbestimmungen sowie die Grundrechte der Sächsischen Verfassung vom 27. Mai 1992, in: *Uhle, Arnd* (Hrsg.), 20 Jahre Sächsische Verfassung, Berlin 2013, S. 37–64.

Renzsch, Wolfgang, Föderale Finanzverfassungen: Ein Vergleich Australiens, Deutschlands, Kanadas, der Schweiz und der USA aus institutioneller Perspektive, in: *Europäisches Zentrum für Föderalismus-Forschung Tübingen* (Hrsg.), Jahrbuch des Föderalismus 2000, Bd. 1, Baden-Baden 2000, S. 42–54.

Ress, Georg / Ukrow, Jörg, Neue Aspekte des Grundrechtsschutzes in der Europäischen Gemeinschaft, EuZW 1990, 499–505.

Ress, Georg, Der Europäische Gerichtshof für Menschenrechte als *pouvoir neutre*, ZaöRV 69 (2009), 289–309.

Ress, Georg, Horizontale Grundrechtskollisionen, in: *Klein, Eckart / Pieper, Stefan Ulrich / Ress, Georg* (Hrsg.), Rechtsstaatliche Ordnung Europas, Gedächtnisschrift für Albert Bleckmann, Köln/Berlin/München 2007, S. 313–324 (zit.: Ress, GS Bleckmann).

Ress, Georg, Supranationaler Menschenrechtsschutz und der Wandel der Staatlichkeit, ZaöRV 64 (2004), 621–639.

Rhinow, René / Koller, Heinrich / Kiss, Christina / Thurnherr, Daniela / Brühl-Moser, Denise, Öffentliches Prozessrecht, Grundlagen und Bundesrechtspflege, 3. Aufl., Basel 2014.

Rhinow, René / Schefer, Markus / Uebersax, Peter, Schweizerisches Verfassungsrecht, 3. Aufl., Basel 2016.

Rhinow, René, Die Bundesverfassung 2000, Basel 2000.

Rhinow, René, Zum Schutz von Freiheit, Demokratie und Föderalismus: Ein Plädoyer für einen massvollen Ausbau der Verfassungsgerichtsbarkeit, Jusletter 14. März 2011.

Richli, Paul, Staatsziele, Staatsaufgaben und Staatsverwaltung – Streifzug durch neue Kantonsverfassungen und durch den Luzerner Verfassungsentwurf, ZBJV 2004, 801–827.

Richli, Paul, Zum rechtlichen Gehalt und zur Prozeduralisierung des Subsidiaritätsprinzips, ZSR 2007 I, 47–83.

Riegler, Johannes-Jörg, Konflikte zwischen Grundgesetz und Länderverfassungen, Würzburg 1996.

Riker, William H., Federalism, in: *Greenstein, Fred I./Polsby, Nelson W.* (Hrsg.), Handbook of Political Science, Bd. 5: Governmental Institutions and Processes, Reading (Massachusetts) 1975, S. 93–172.

Rimscha, Wolfgang von, Die Grundrechte im süddeutschen Konstitutionalismus, Köln et al 1973.

Rinken, Alfred, Der Verfassungsgerichtshof des Freistaates Sachsen, NVwZ 1994, 29–35.

Röben, Volker, Constitutionalism of Inverse Hierarchy: the Case of the European Union, Jean Monnet Working Paper 8/03, New York, 2003.

Röhl, Klaus F./Röhl, Hans Christian, Allgemeine Rechtslehre, 3. Aufl., Köln/München 2008.

Rönne, Ludwig von/Zorn, Philipp, Das Staatsrecht der Preußischen Monarchie, Bd. 2, 5. Aufl., Leipzig 1906.

Rönne, Ludwig von, Das Staatsrecht der Preußischen Monarchie, Bd. 1, 4. Aufl., Leipzig 1881.

Rösler, Hannes, Die Vorlagepraxis der EU-Mitgliedstaaten, EuR 2012, 392–408.

Rohleder, Kristin, Grundrechtsschutz im europäischen Mehrebenen-System, Baden-Baden 2009.

Rohner, Christoph, Über die Kognition des Bundesgerichtes bei der staatsrechtlichen Beschwerde wegen Verletzung verfassungsmässiger Rechte, Bern 1982.

Rosas, Allan, Balancing Fundamental Rights in EU Law, Cambridge Yearbook of European Legal Studies 16 (2013–2014) 347–360.

Roske, Rudolf, Die Entwicklung der Grundrechte des deutschen Volkes vom Jahre 1848 und des Titels II. der preußischen Verfassung „von den Rechten der Preußen", Greifswald 1910.

Rossi, Lucia Serena, Does the Lisbon Treaty Provide a Clearer Separation of Competences between EU and Member States?, in: *Biondi, Andrea/Eeckhout, Piet/Ripley, Stefanie* (Hrsg.), EU Law After Lisbon, Oxford 2012, S. 85–106.

Rossi, Lucia Serena, How Could the ECJ Escape from the Taricco Quagmire, Verfassungsblog 2017/04/21, abrufbar unter http://verfassungsblog.de/how-could-the-ecj-escape-from-the-taricco-quagmire/ (zuletzt abgerufen am 04.11.2017).

Roth, Wolfgang, Verfassungsgerichtliche Kontrolle der Vorlagepflicht an den EuGH, NVwZ 2009, 345–352.

Rozek, Jochen, Das Grundgesetz als Prüfungs- und Entscheidungsmaßstab der Landesverfassungsgerichte, Baden-Baden 1993.

Rozek, Jochen, Hintergründe, Motive und Ziele der Föderalismusreform von 2006, in: *Heintzen, Markus/Uhle, Arnd* (Hrsg.), Neuere Entwicklungen im Kompetenzrecht, Berlin 2014, S. 11–28.

Rozek, Jochen, Landesverfassungsgerichtsbarkeit, Landesgrundrechte und die Anwendung von Bundesrecht, AöR 119 (1994), 450–483.

Rubel, Jörgen, Entscheidungsfreiräume in der Rechtsprechung des Europäischen Gerichtshofes für Menschenrechte und des Europäischen Gerichtshofes, Hamburg 2005.

Rudolf, Walter, Völkerrecht und deutsches Recht, Tübingen 1967.

Rudolf, Walter, Zum System der staatlichen Rechtsordnungen in der Bundesrepublik Deutschland, DÖV 1966, 73–77.

Rüfner, Wolfgang, Art. 72 Abs. 2 GG in der Rechtsprechung des Bundesverfassungsgerichts in: *Depenheuer, Otto/Heintzen, Markus/Jestaedt, Matthias/Axer, Peter* (Hrsg.), Staat im Wort, Festschrift für Josef Isensee, Heidelberg 2007, S. 389–404 (zit.: Rüfner, FS Isensee).

Rüfner, Wolfgang, Zum Verhältnis von Bundes- und Landesverfassungsgerichtsbarkeit im Bereich der Grundrechte, DÖV 1967, 668–672.

Ruf, Jürg, Staats- und Verwaltungsrechtspflege im Kanton Nidwalden, Hergiswil 1990.

Ruffert, Matthias, Die Europäische Menschenrechtskonvention und innerstaatliches Recht, EuGRZ 2007, 245–255.

Ruffert, Matthias, Die künftige Rolle des EuGH im europäischen Grundrechtsschutzsystem, EuGRZ 2004, 466–471.

Ruffert, Matthias, Die Mitgliedstaaten der Europäischen Gemeinschaft als Verpflichtete der Gemeinschaftsgrundrechte, EuGRZ 1995, 518–530.

Ruffert, Matthias: Europarecht: Grundrechtsprüfung beim Europäischen Haftbefehl, JuS 2016, 853–855.

Ruffert, Matthias, Europarecht: Vorabentscheidungsverfahren beim EuGH, JuS 2015, 374–376.

Ruffert, Matthias, Schlüsselfragen der Europäischen Verfassung der Zukunft Grundrechte – Institutionen – Kompetenzen – Ratifizierung, EuR 2004, 165–201.

Ruffert, Matthias, Von der Europäisierung des Verwaltungsrechts zum Europäischen Verwaltungsverbund, DÖV 2007, 761–770.

Rumschöttel, Hermann, Zur Geschichte der Verfassungsgerichtsbarkeit in Bayern, in: *Bayerischer Verfassungsgerichtshof* (Hrsg.), Verfassung als Verantwortung und Verpflichtung, Festschrift zum 50-jährigen Bestehen des Bayerischen Verfassungsgerichtshofs, Stuttgart et al. 1997, S. 137–149 (zit.: Rumschöttel, 50 Jahre BayVerfGH).

Rupp-Swienty, Annette, Die Doktrin von der margin of appreciation in der Rechtsprechung des Europäischen Gerichtshofs für Menschenrechte, München 1999.

Rux, Johannes, Die Verfassungsentwürfe in den neuen Bundesländern, NJ 1992, 147–151.

Sacco, Rodolfo, Legal Formants: A Dynamic Approach To Comparative Law, American Journal of Comparative Law 39 (1991), 1–34.

Sacerdoti, Giorgio, The European Charter of Fundamental Rights: From a Nation-State Europe to a Citizens' Europe, CJEL 8 (2002), 37–52.

Sachs, Michael, Das materielle Landesverfassungsrecht, in: *Burmeister, Joachim et al.* (Hrsg.), Verfassungsstaatlichkeit, Festschrift für Klaus Stern zum 65. Geburtstag, München 1997, S. 475–508 (zit.: Sachs, FS Stern).

Sachs, Michael, Die Bedeutung gliedstaatlichen Verfassungsrechts in der Gegenwart, DVBl. 1987, 857–866.

Sachs, Michael, Die Grundrechte im Grundgesetz und in den Landesverfassungen, DÖV 1985, 469–479.

Sachs, Michael, Die Grundrechte innerhalb der Landesverfassung und neben denen des Grundgesetzes, in: *Knippel, Wolfgang* (Hrsg.), Verfassungsgerichtsbarkeit im Land Brandenburg, Festgabe zum 10jährigen Bestehen des Verfassungsgerichts des Landes Brandenburg, Baden-Baden 2003, S. 103–124 (zit.: Sachs, FS 10 Jahre Verfassungsgericht Brandenburg).

Sachs, Michael, Die Landesverfassung im Rahmen der bundesstaatlichen Rechts- und Verfassungsordnung, ThürVBl. 1993, 121–124.

Sachs, Michael (Hrsg.), Grundgesetz, Kommentar, 7. Aufl., München 2014 (zit.: Bearbeiter, in: Sachs, GG).

Sachs, Michael, Grundrechte: Bundes- und Landesverfassungsbeschwerden, JuS 2017, 1039–1040.

Sachs, Michael, Zur Entwicklung des Landesverfassungsrechts in Nordrhein-Westfalen, NWVBl. 1997, 161–172.

Sacksofsky, Ute, Landesverfassungen und Grundgesetz – am Beispiel der Verfassungen der neuen Bundesländer, NVwZ 1993, 235–240.

Sadurski, Wojciech, 'Solange, chapter 3': Constitutional Courts in Central Europe – Democracy – European Union, ELJ 14 (2008), 1–35.

Sagmeister, Holger M., Die Grundsatznormen in der Europäischen Grundrechtecharta, Berlin 2010.

Saladin, Peter, Bund und Kantone, ZSR 1984 II, 431–590.

Saladin, Peter, Die Kunst der Verfassungserneuerung, Basel 1998.

Saladin, Peter, Grundrechte im Wandel, 3. Aufl., Bern 1982.

Salis, Rudolf von, Schweizerisches Bundesrecht: Staatsrechtliche und verwaltungsrechtliche Praxis des Bundesrates und der Bundesversammlung seit dem 29. Mai 1874, Bd. 2, 2. Aufl., Bern 1903.

Sansoni, Wörterbuch der italienischen und deutschen Sprache, 1. Teil, Italienisch-Deutsch, 2. Aufl., Wiesbaden/Florenz/Rom 1984.

Šarèević, Edin, Das Bundesstaatsprinzip, Tübingen 2000.

Sauer, Heiko, Europas Richter Hand in Hand? – Das Kooperationsverhältnis zwischen BVerfG und EuGH nach Honeywell –, EuZW 2011, 94–97.

Sauer, Heiko, Grundrechtskollisionsrecht für das europäische Mehrebenensystem, in: *Matz-Lück, Nele / Hong, Mathias* (Hrsg.), Grundrechte und Grundfreiheiten im Mehrebenensystem – Konkurrenzen und Interferenzen, Heidelberg et al. 2012, S. 1–68.

Sauer, Heiko, Jurisdiktionskonflikte in Mehrebenensystemen, Heidelberg 2008.

Sauer, Heiko, Kompetenz- und Identitätskontrolle von Europarecht nach dem Lissabon-Urteil – Ein neues Verfahren vor dem Bundesverfassungsgericht?, ZRP 2009, 195–198.

Sauer, Heiko, „Solange" geht in Altersteilzeit – Der unbedingte Vorrang der Menschenwürde vor dem Unionsrecht, NJW 2016, 1134–1138.

Sauer, Heiko, Vorrang ohne Hierarchie, Rechtstheorie 44 (2013), 503–539.

Saunders, Cheryl, Constitutional Arrangements of Federal Systems, Publius 25 (1995), 61–79.

Saurer, Johannes, Der kompetenzrechtliche Verhältnismäßigkeitsgrundsatz im Recht der Europäischen Union, JZ 2014, 281–286.

Saurer, Johannes, Die einheitsstiftende Funktion des Rechtsschutzes in der Europäischen Union, Rechtswissenschaft 7 (2016), 26–45.

Schack, Friedrich, Die Prüfung der Rechtmäßigkeit von Gesetz und Verordnung unter besonderer Berücksichtigung Preußens und des Deutschen Reiches, Berlin 1918.

Schäfer, Holger, Die ungeschriebenen Freiheitsrechte in der schweizerischen Bundesverfassung von 1874 im Vergleich mit dem Grundgesetz, Frankfurt am Main 2002.

Schäffer, Heinz, Österreichischer Landesbericht, in: *Schwarze, Jürgen* (Hrsg.), Die Entstehung einer europäischen Verfassungsordnung, Baden-Baden 2000, S. 339–387.

Schär, Hans-Jürg, Die neue Ausserrhoder Kantonsverfassung, ZBl. 1996, 337–359.

Schaller, Werner, Das Verhältnis von EMRK und deutscher Rechtsordnung vor und nach dem Beitritt der EU zur EMRK, EuR 2006, 656–674.

Schaller, Werner, Die EU-Mitgliedstaaten als Verpflichtungsadressaten der Gemeinschaftsgrundrechte, Baden-Baden 2003.

Scharpf, Fritz W. / Reissert, Bernd / Schnabel, Fritz, Politikverflechtung: Theorie und Empirie des kooperativen Föderalismus in der Bundesrepublik, Kronberg 1976.

Scharpf, Fritz W., Community and Autonomy: Multilevel Policy-Making in the European Union, EUI Working Paper 94/1, Florenz 1994.

Scharpf, Fritz W., Die Politikverflechtungs-Falle: Europäische Integration und deutscher Föderalismus im Vergleich, PVS 26 (1985), 323–356.

Scharpf, Fritz W., Notes Toward a Theory of Multilevel Governing in Europe, Max-Planck-Institut für Gesellschaftsforschung, Discussion Paper 00/5, Köln 2000.

Scharpf, Fritz W., Positive und negative Koordination in Verhandlungssystemen, in: *Kenis, Patrick / Schneider, Volker* (Hrsg.), Organisation und Netzwerk, Frankfurt am Main/New York 1996, S. 497–534.

Schau, Götz-Friedrich, Das Verhältnis von Verfassung und einfachem Recht in der Staatsrechtslehre der Weimarer Republik, Frankfurt am Main 2002.

Scheeck, Laurent, Competition, Conflict and Cooperation between European Courts and the Diplomacy of Supranational Judicial Networks, Garnet Working Paper 23/07, Brüssel 2007.

Scheeck, Laurent, The Relationship between the European Courts and Integration through Human Rights, ZaöRV 65 (2005), 837–885.

Schefer, Markus / Ziegler, Andrea, Die Grundrechte der Kantonsverfassung Basel-Stadt, in: *Buser, Denise* (Hrsg.), Neues Handbuch des Staats- und Verwaltungsrechts des Kantons Basel-Stadt, Festgabe zum 125-jährigen Jubiläum der Advokatenkammer in Basel, Basel 2008, S. 57–126.

Schenke, Wolf-Rüdiger (Hrsg.), Kopp/Schenke, Verwaltungsgerichtsordnung, 23. Aufl., München 2017 (zit.: Bearbeiter, in: Kopp/Schenke, VwGO).

Scherrer, Thomas, Geschichte und Auslegung des Massgeblichkeitsgebots von Art. 190 BV, Buttikon/St. Gallen 2001.

Scheuing, Dieter H., Zur Grundrechtsbindung der EU-Mitgliedstaaten, EuR 2005, 162–191.

Scheuner, Ulrich, Das Verordnungsrecht der Länder nach dem Gesetz über den Neuaufbau des Reiches, RVBl. 55 (1934), 513–517.

Scheuner, Ulrich, Die rechtliche Tragweite der Grundrechte in der deutschen Verfassungsentwicklung des 19. Jahrhunderts, in: *Forsthoff, Ernst / Weber, Werner / Wieacker, Franz* (Hrsg.), Festschrift für Ernst Rudolf Huber, Göttingen 1973, S. 139–165 (zit.: Scheuner, FS Huber).

Scheuner, Ulrich, Staatstheorie und Staatsrecht, Gesammelte Schriften, herausgegeben von *Joseph Listl* und *Wolfgang Rüfner*, Berlin 1978.

Scheuner, Ulrich, Struktur und Aufgabe des Bundesstaates in der Gegenwart, DÖV 1962, 641–648.

Scheuner, Ulrich, Wandlungen im Föderalismus der Bundesrepublik, DÖV 1966, 513–520.

Schilling, Jan Moritz, Deutscher Grundrechtsschutz zwischen staatlicher Souveränität und menschenrechtlicher Europäisierung, Tübingen 2010.

Schilling, Margrit, Die Unterstellung von Regierungsentscheiden unter die Verwaltungsgerichtsbarkeit, Zürich 1973.

Schilling, Theodor, Die Kontrolle von Nichtvorlagen letztinstanzlicher Gerichte an den EuGH/Überlegungen aus Anlass von EGMR, Ullens de Schooten, EuGRZ 2012, 133–138.

Schilling, Theodor, On the Value of a Pluralistic Concept of Legal Orders for the Understanding of the Relation Between the Legal Orders of the European Union and its Member States, Archiv für Rechts- und Sozialphilosophie 83 (1997), 568–581.

Schilling, Theodor, Rang und Geltung von Normen in gestuften Rechtsordnungen, Baden-Baden 1994.

Schilling, Theodor, The Autonomy of the Community Legal Order, HILJ 37 (1996), 389–409.

Schilling, Theodor, The Court of Justice's revolution: its effects and the conditions for its consummation. What Europe can learn from Fiji, ELRev 27 (2002), 445–463.

Schilling, Theodor, The Jurisprudence of Constitutional Conflict: Some Supplementations to Mattias Kumm, ELJ 12 (2006), 173–193.

Schindler, Benjamin, Beschwerdegründe, Kognition und Prüfungsdichte, in: *Häner, Isabelle/Waldmann, Bernhard* (Hrsg.), Brennpunkte im Verwaltungsprozess, Zürich/Basel/Genf 2013, S. 47–60.

Schindler, Benjamin, Das Verwaltungsgericht um 1909 – ein Portrait, in: *Herzog, Ruth/Feller, Reto* (Hrsg.), Bernische Verwaltungsgerichtsbarkeit in Geschichte und Gegenwart: 100 Jahre Verwaltungsgericht des Kantons Bern, Bern 2010, S. 35–46.

Schlaich, Klaus/Korioth, Stefan, Das Bundesverfassungsgericht, 10. Aufl., München 2015.

Schlegel, Stefan/Both, Henry, Warum die Schweiz und die Europäische Menschenrechtskonvention aufeinander angewiesen sind, in: *Altermatt, Bernhard/Casasus, Gilbert* (Hrsg.), 50 Jahre Engagement der Schweiz im Europarat 1963–2013, Zürich/Chur 2013, S. 121–138.

Schlegel, Stefan, Völkerrecht und Verfassungsrecht: Wie eine Volksinitiative in der Schweiz herbeiführte, was sie abzuschaffen vorgibt, Verfassungsblog 2017/10/09, abrufbar unter http://verfassungsblog.de/voelkerrecht-und-verfassungsrecht-wie-eine-volksinitiative-in-der-schweiz-herbeifuehrte-was-sie-abzuschaffen-vorgibt/(zuletzt abgerufen am 06.11.2017).

Schlichter, Otto, Die Zuständigkeit der Landesverfassungsgerichte bei gleichzeitiger Verletzung von sog. inhaltsgleichen Bundesgrundrechten und Landesgrundrechten, Münster 1957.

Schlüter, Alix, Beweisrechtliche Implikationen der margin of appreciation-Doktrin, AVR 54 (2016), 41–66.

Schmahl, Stefanie, Die Verzahnung der deutschen, europäischen und internationalen Rechtsebenen bei der Gewährleistung von Grund- und Menschenrechten, in: *Bauschke, Gabriele et al.* (Hrsg.), Pluralität des Rechts – Regulierung im Spannungsfeld der Rechtsebenen, 42. Tagung der Wissenschaftlichen Mitarbeiterinnen und Mitarbeiter der Fachrichtung „Öffentliches Recht", Hamburg 2002, Stuttgart et al. 2003, S. 163–198 (zit.: Schmahl, Die Verzahnung der deutschen, europäischen und internationalen Rechtsebenen bei der Gewährleistung von Grund- und Menschenrechten, in: Bauschke et al. (Hrsg.), 42. ATÖR – Pluralität des Rechts).

Schmalenbach, Kirsten, Föderalismus und Unitarismus in der Bundesrepublik Deutschland, Düsseldorf 1998.

Schmid, Christoph U., From Pont d'Avignon to Ponte Vecchio, The Resolution of Constitutional Conflicts Between the European Union and the Member States Through Principles of Public International Law, EUI Working Paper LAW 98/7, Florenz 1998.

Schmid, Christoph U., Multi-Level Constitutionalism and Constitutional Conflicts, Florenz 2001.

Schmid, Gerhard, Die Bedeutung gliedstaatlichen Verfassungsrechts in der Gegenwart, VVDStRL 46 (1988), 92–116.

Schmid, Gerhard, Souveränität, Staatlichkeit und Identität der Kantone, ZBl. 1984, 104–111.

Schmid, Hans, Verfassungsrealismus, in: *Dähler, Thomas/Kölz, Alfred/Notter, Markus* (Hrsg.), Wozu eine neue Kantonsverfassung?, Zürich 2000, S. 77–89.

Schmidt, Christian Hermann, Vorrang der Verfassung und konstitutionelle Monarchie, Berlin 2000.

Schmidt, Walter, Das Verhältnis von Bund und Ländern im demokratischen Bundesstaat des Grundgesetzes, AöR 87 (1962), 253–296.

Schmidt-Bleibtreu, Bruno/Hofmann, Hans/Henneke, Hans-Günter (Hrsg.), GG, Kommentar zum Grundgesetz, 13. Aufl., Köln 2014 (zit.: Bearbeiter, in: Schmidt-Bleibtreu/Hofmann/Henneke, GG).

Schmidt-Aßmann, Eberhard, Deutsches und Europäisches Verwaltungsrecht, DVBl. 1993, 924–936.

Schmidt-Aßmann, Eberhard, Einheit und Kohärenz der europäischen Mehrebenenrechtsordnung, EuGRZ 2016, 85–92.

Schmitt, Carl, Der Hüter der Verfassung, 2. Aufl., Berlin 1969.

Schmitt, Carl, Freiheitsrechte und institutionelle Garantien der Reichsverfassung, Berlin 1931.

Schmitt, Carl, Verfassungslehre, 9. Aufl., Berlin 2003.

Schmitt Glaeser, Alexander, Grundgesetz und Europarecht als Elemente europäischen Verfassungsrechts, Berlin 1996.

Schmitter, Philippe C., Representation and the Future Euro-Polity, Staatswissenschaften und Staatspraxis 3 (1992), 379–405.

Schmitthenner, Friedrich, Grundlinien des allgemeinen oder idealen Staatsrechtes, Gießen 1845.

Schmitz, Thomas, Das europäische Volk und seine Rolle bei einer Verfassungsgebung in der Europäischen Union, EuR 2003, 217–243.

Schmitz, Thomas, Die EU-Grundrechtecharta aus grundrechtsdogmatischer und grundrechtstheoretischer Sicht, JZ 2001, 833–843.

Schmitz, Thomas, Die Grundrechtecharta als Teil der Verfassung der Europäischen Union, EuR 2004, 691–713.

Schneider, Fridolin (Hrsg.), Entscheidungen des aargauischen Obergerichts auf dem Gebiete des Zivilrechts aus den Jahren 1872–1897, Bd. 2, Aarau 1901.

Schneider, Hans-Peter, Der neue deutsche Bundesstaat, Baden-Baden 2013.

Schneider, Hans-Peter, Die bundesstaatliche Ordnung im vereinigten Deutschland, NJW 1991, 2448–2455.

Schneider, Hans-Peter (Hrsg.), Das Grundgesetz: Dokumentation seiner Entstehung, Bd. 23, Teilbd. 1, Frankfurt am Main 1999.

Schneider, Hans-Peter, Entlastung des Bundesverfassungsgerichtes durch Ausbau oder Umbau der Landesverfassungsgerichtsbarkeit?, in: *Bogs, Harald* (Hrsg.), Urteilsverfassungsbeschwerde zum Bundesverfassungsgericht, Baden-Baden 1999, S. 103–113.

Schneider, Hans-Peter, Verfassungsrecht der Länder – Relikt oder Rezept?, DÖV 1987, 749–756.

Schneiders, Benedikt, Die Grundrechte der EU und die EMRK, Baden-Baden 2010.

Schöffler, Daniel, Die Kontrolle der Durchführung des Rechts der Europäischen Union im Rahmen der Landesverfassungsbeschwerde, VBlBW 2014, 201–212.

Schönberger, Christoph, Anmerkung zu BVerfG, Beschl. v. 15.12.2015 – 2 BvR 2735/14 –, JZ 2016, 422–424.

Schönberger, Christoph, Bundeslehre und Europäische Union, in: *Franzius, Claudio/ Mayer, Franz C./Neyer, Jürgen* (Hrsg.), Strukturfragen der Europäischen Union, Baden-Baden 2010, S. 87–96.

Schönberger, Christoph, Die Europäische Union als Bund, AöR 129 (2004), 81–120.

Schönberger, Christoph, European Citizenship as Federal Citizenship, ERPL 19 (2007), 61–81.

Schönberger, Christoph, "Verwaltungsrecht als konkretisiertes Verfassungsrecht" – Die Entstehung eines grundgesetzabhängigen Verwaltungsrechts in der frühen Bundesrepublik, in: *Stolleis, Michael* (Hrsg.), Das Bonner Grundgesetz, Berlin 2006, S. 53–84.

Schokkenbroek, Jeroen, The Basis, Nature and Application of the Margin-of-Appreciation Doctrine in the Case-Law of the European Court of Human Rights, HRLJ 1998, 30–36.

Schollenberger, Johann Jacob, Das Bundesstaatsrecht der Schweiz, Berlin 1902.

Scholz, Rupert, Die Pflicht der Länder zur Bundestreue, in: *Rüttgers, Jürgen/Oswald, Eduard* (Hrsg.), Die Zukunft des Grundgesetzes, Bonn 1992, S. 15–23.

Scholz, Rupert, Nationale und europäische Grundrechte: Umgekehrte »Solange«-Regel?, DVBl. 2014, 197–204.

Scholz, Rupert, Nationale und europäische Grundrechte – Zum Verhältnis von Grundgesetz und Europäischer Grundrechtscharta –, in: *Lorenz, Stephan/Trunk, Alexander/ Eidenmüller, Horst/Wendehorst, Christiane/Adolff, Johannes* (Hrsg.), Festschrift für Andreas Heldrich zum 70. Geburtstag, München 2005, S. 1311–1324 (zit.: Scholz, FS Heldrich).

Scholz, Rupert, Wie lange bis „Solange III"?, NJW 1990, 941–946.

Schorkopf, Frank, BVerfG aktiviert Identitätskontrolle: Karlsruhe will Kommunikation, nicht Konfrontation, Legal Tribune Online v. 29.01.2016, abrufbar unter http://www.lto.de/recht/hintergruende/h/bverfg-2bvr273514-eu-haftbefehl-auslieferung-verfassungsidentitaet-menschenwuerde-gg-eu-recht-emrk/ (zuletzt abgerufen am 04.11.2017).

Schorkopf, Frank, Der Europäische Weg, 2. Aufl., Tübingen 2015.

Schorkopf, Frank, Die Europäische Union im Lot – Karlsruhes Rechtsspruch zum Vertrag von Lissabon, EuZW 2009, 718–724.

Schorkopf, Frank, Die Politizität der europäischen Kompetenzordnung als Rechtsproblem, in: *Hendler, Reinhard/Ibler, Martin/Martínez, José* (Hrsg.), Herausforderungen an die Kompetenzordnung der EU, Berlin 2015, S. 11–25.

Schorkopf, Frank, Homogenität in der Europäischen Union – Ausgestaltung und Gewährleistung durch Art. 6 Abs. 1 und Art. 7 EUV, Berlin 2000.

Schrodt, Dietrich, Die Rechtsprechung des hessischen Staatsgerichtshofs zu den Grundrechten der hessischen Verfassung, Frankfurt am Main 1984.

Schröder, Meinhard, Das Recht auf gute Verwaltung bei mitgliedstaatlicher Durchführung des Unionsrechts, in: *Sachs, Michael/Siekmann, Helmut* (Hrsg.), Der grundrechtsgeprägte Verfassungsstaat, Festschrift für Klaus Stern zum 80. Geburtstag, Berlin 2012, S. 933–943 (zit.: Schröder, FS Stern, 2012).

Schröder, Meinhard, Die Vorlagepflicht zum EuGH aus europarechtlicher und nationaler Perspektive, EuR 2011, 808–828.

Schröder, Meinhard, Gesetzesbindung des Richters und Rechtsweggarantie im Mehrebenensystem, Tübingen 2010.

Schröder, Meinhard, Landesgrundrechte in Baden-Württemberg, in: *Merten, Detlef/Papier, Hans-Jürgen* (Hrsg.), Handbuch der Grundrechte, Bd. 8: Landesgrundrechte in Deutschland, Heidelberg 2017, § 245 (zit.: Schröder, HGR VIII).

Schroeder, Werner, Das Gemeinschaftsrechtssystem, Tübingen 2002.

Schroeder, Werner, Nationale Maßnahmen zur Durchführung von EG-Recht und das Gebot der einheitlichen Wirkung, AöR 129 (2004), 3–38.

Schürer, Stefan, Die punktuelle Neutralisierung der EMRK in der Praxis des Bundesgerichts, ZBl. 2016, 171–187.

Schürer, Stefan, Hat die PKK-Rechtsprechung die Schubert-Praxis relativiert?, ZBl. 2015, 115–132.

Schürmann, Frank, Die Kantone und die Umsetzung der Urteile des EGMR: Die Sicht des Bundes, in: *Besson, Samantha/Belser, Eva Maria* (Hrsg.), Die Europäische Menschenrechtskonvention und die Kantone, Zürich 2014, S. 161–183.

Schütze, Robert, European Constitutional Law, 2. Aufl., Cambridge 2016.

Schütze, Robert, European Fundamental Rights and the Member States: From 'Selective' to 'Total' Incorporation?, Cambridge Yearbook of European Legal Studies 14 (2011–12), 337–361.

Schütze, Robert, Federalism as Constitutional Pluralism: 'Letter from America', in: *Avbelj, Matej/Komárek, Jan* (Hrsg.), Constitutional Pluralism in the European Union and Beyond, Oxford/Portland 2012, S. 185–211.

Schütze, Robert, From Dual to Cooperative Federalism, Oxford 2009.

Schütze, Robert, On "Federal" Ground: The European Union as an (Inter)National Phenomenon, CMLR 46 (2009), 1069–1105.

Schuler, Andrea Hans, Die Verfassungsbeschwerde in der Schweiz, der Bundesrepublik Deutschland und Österreich, Zürich 1968.

Schulz, Matthias, Zum Streikrecht von Beamten, Baden-Baden 2016.

Schumann, Ekkehard, Verfassungsbeschwerde (Grundrechtsklage) zu den Landesverfassungsgerichten, in: *Starck, Christian/Stern, Klaus* (Hrsg.), Landesverfassungsgerichtsbarkeit, Teilbd. 2, Baden-Baden 1983, S. 149–230.

Schumann, Ekkehard, Verfassungsbeschwerden zum Bundesverfassungsgericht gegen Entscheidungen des Bayerischen Verfasssungsgerichtshofs, in: *Bayerischer Verfassungsgerichtshof* (Hrsg.), Verfassung als Verantwortung und Verpflichtung, Festschrift zum 50-jährigen Bestehen des Bayerischen Verfassungsgerichtshofs, Stuttgart et al. 1997, S. 201–227 (zit.: Schumann, FS 50 Jahre BayVerfGH).

Schunck, Friedrich Christoph Karl, Staatsrecht des Königreichs Baiern, Bd. 2, Erlangen 1824.

Schuppert, Gunnar Folke, Staatswissenschaft, Baden-Baden 2003.

Schuppert, Gunnar Folke, Was ist und wozu Governance?, Die Verwaltung 40 (2007), 463–511.

Schwan, Hartmut, Der Thüringer Verfassungsgerichtshof als „außerplanmäßige Revisionsinstanz“, ThürVBl. 2012, 121–129.

Schwank, Alexandra, Das verwaltungsinterne Rekursverfahren des Kantons Basel-Stadt, Basel/Genf/München 2003.

Schwarze, Jürgen, Das allgemeine Völkerrecht in den innergemeinschaftlichen Rechtsbeziehungen, EuR 1983, 1–39.

Schwarze, Jürgen, Der Schutz der Grundrechte durch den EuGH, NJW 2005, 3459–3466.

Schwarze, Jürgen, Die verordnete Demokratie: Zum Urteil des 2. Senats des BVerfG zum Lissabon-Vertrag, EuR 2010, 108–118.

Schwarze, Jürgen, Die Wahrung des Rechts durch den Gerichtshof der Europäischen Union, DVBl. 2014, 537–543.

Schwarze, Jürgen (Hrsg.), EU-Kommentar, 3. Aufl., Baden-Baden 2012 (zit.: Bearbeiter, in: Schwarze, EU-Kommentar).

Schwarze, Jürgen, Europäisches Verwaltungsrecht, 2. Aufl. mit Neuedition der 1. Aufl., Baden-Baden 2005.

Schwarze, Jürgen, Rechtsschutz Privater gegen „Rechtsakte mit Verordnungscharakter“ gemäß Art. 263 Abs. 4 Var. 3 AEUV, in: *Müller-Graff, Peter-Christian/Schmahl, Stefanie/Skouris, Vassilios* (Hrsg.), Europäisches Recht zwischen Bewährung und Wandel, Festschrift für Dieter H. Scheuing, Baden-Baden 2011, S. 190–207.

Schweitzer, Michael/Dederer, Hans-Georg, Staatsrecht III: Staatsrecht, Völkerrecht, Europarecht, Heidelberg 2016.

Schweizer, Rainer J., Die neue Bundesverfassung: Die revidierte Bundesstaatsverfassung, AJP 1999, 666–676.

Schweizer, Rainer J., Die subsidiäre Verfassungsbeschwerde nach dem neuen Bundesgerichtsgesetz, in: *Ehrenzeller, Bernhard/Schweizer, Rainer J.* (Hrsg.), Die Reorganisation der Bundesrechtspflege – Neuerungen und Auswirkungen in der Praxis, St. Gallen 2006, S. 211–255.

Schweizer, Rainer J., Durchsetzung des Grundrechtsschutzes, in: *Merten, Detlef/Papier, Hans-Jürgen* (Hrsg.), Handbuch der Grundrechte, Bd. 7, Teilbd. 2: Grundrechte in der Schweiz und in Liechtenstein, Heidelberg 2007, § 229 (zit.: Schweizer, HGR VII/2).

Schweizer, Rainer J., Homogenität und Vielfalt im schweizerischen Staatsrecht, in: *Thürer, Daniel/Aubert, Jean-François/Müller, Jörg Paul* (Hrsg.), Verfassungsrecht der Schweiz, Zürich/Basel/Genf 2001, § 10.

Schweizer, Rainer J., Verfassungsrechtlicher Persönlichkeitsschutz, in: *Thürer, Daniel/Aubert, Jean-François/Müller, Jörg Paul* (Hrsg.), Verfassungsrecht der Schweiz, Zürich/Basel/Genf 2001, § 43.

Schweizerisches Bundesverwaltungsgericht, Entscheide des Schweizerischen Bundesverwaltungsgerichts, Schlagwort- und Gesetzesregister 2007–2011, Zürich/St. Gallen 2012.

Schweizerisches Bundesverwaltungsgericht, Entscheide des Schweizerischen Bundesverwaltungsgerichts, Schlagwort- und Gesetzesregister 2012–2013, Zürich/St. Gallen 2014.

Schwerdtfeger, Angela, Europäisches Unionsrecht in der Rechtsprechung des Bundesverfassungsgerichts – Grundrechts-, ultra-vires- und Identitätskontrolle im gewaltenteiligen Mehrebenensystem, EuR 2015, 290–310.

Scott, Joanne/Trubek, David M., Mind the Gap: Law and New Approaches to Governance in the European Union, ELJ 8 (2002), 1–18.

Seferovic, Goran, Das Schweizerische Bundesgericht 1848–1874, Zürich/Basel/Genf 2010.

Seiler, Hansjörg, Verfassungsgerichtsbarkeit zwischen Verfassungsrecht, Richterrecht und Politik, ZSR 2010 II, 381–546.

Seitz, Claudia, Grundrechtsgewährleistungen in Kartellsanktionsverfahren – Grundlegende Rechtsprechung des Schweizerischen Bundesverwaltungsgerichts zur Beachtung von Grundrechten der EMRK in kartellrechtlichen Bußgeldverfahren, EuZW 2010, 292–295.

Selmer, Peter, Zur Reform der bundesstaatlichen Finanzverfassung, NVwZ 2007, 872–880.

Semler, Paul, Wehrgesetz vom 23. März 1921, Berlin 1921.

Semlinger, Klaus, Effizienz und Autonomie in Zulieferungsnetzwerken – Zum strategischen Gehalt von Kooperation, in: *Staehle, Wolfgang H./Sydow, Jörg* (Hrsg.), Managementforschung, Bd. 3, Berlin/New York 1993, S. 309–354.

Senden, Hanneke, Interpretation of Fundamental Rights in a Multilevel Legal System, Cambridge/Antwerpen/Portland 2011.

Seydel, Max von, Bayerisches Staatsrecht, Bd. 1, auf der Grundlage der 2. Auflage neu bearbeitet von *Josef von Graßmann* und *Robert Piloth*, Tübingen 1913.

Seydel, Max von, Commentar zur Verfassungs-Urkunde für das Deutsche Reich, 2. Aufl., Freiburg/Leipzig 1897 (zit.: v. Seydel, Kommentar zur Reichsverfassung).

Seydel, Max von, Der Bundestaatsbegriff, ZgS 28 (1872), 184–256.

Seydel, Max von, Vorträge aus dem Allgemeinen Staatsrecht, München 1903.

Seyr, Sibylle, Der effet utile in der Rechtsprechung des Europäischen Gerichtshofs, Berlin 2008.

Siemen, Birte, Grundrechtsschutz durch Richtlinien/Die Fälle Österreichischer Rundfunk u.a. und Lindqvist, EuR 2004, 306–321.

Shelton, Dinah, The Boundaries of Human Rights Jurisdiction in Europe, Duke Journal of Comparative and International Law 13 (2003), 95–153.

Shirvani, Foroud, Soziale Grundrechte, in: *Merten, Detlef/Papier, Hans-Jürgen* (Hrsg.), Handbuch der Grundrechte, Bd. 8: Landesgrundrechte in Deutschland, Heidelberg 2017, § 242 (zit.: Shirvani, HGR VIII).

Silbernagel, Alfred, Die Gleichheit vor dem Gesetz und die bundesrechtliche Praxis, ZSR 1902, 85–146.

Skouris, Vassilios, Das Verhältnis von Grundfreiheiten und Grundrechten im europäischen Gemeinschaftsrecht, DÖV 2006, 89–97.

Skouris, Vassilios, Développements récents de la protection des droits fondamentaux, Il Diritto dell'Unione Europea 2013, 229–243.

Slaughter, Anne-Marie, A New World Order, Princeton/Oxford 2004.

Smend, Rudolf, Ungeschriebenes Verfassungsrecht im monarchischen Bundessstaat, in: Festgabe für Otto Mayer zum siebzigsten Geburtstag, Tübingen 1916, S. 245–270 (zit.: Smend, FG Mayer).

Smend, Rudolf, Verfassung und Verfassungsrecht, München/Leipzig 1928.

Smets, Christoph, Kooperation oder Unterwerfung? Das Parlament, der Supreme Court und der Human Rights Act 1998, in: *Elser, Dominik et al.* (Hrsg.), 53. Assistententagung Öffentliches Recht – Das letzte Wort – Rechtsetzung und Rechtskontrolle in der Demokratie, Baden-Baden 2014, S. 161–183 (zit.: Smets, Kooperation oder Unterwerfung? Das Parlament, der Supreme Court und der Human Rights Act 1998, in: Elser et al. (Hrsg.), 53. ATÖR – Das letzte Wort).

Snell, Jukka, Editorial: Is Opinion 2/13 Obsolescent?, ELRev 42 (2017), 449–450.

Sobota, Katharina, Kompetenzen der Landesverfassungsgerichte im Bundesstaat: Zersplittert die Rechtseinheit?, DVBl. 1994, 793–803.

Sodan, Helge, Landesverfassungsgerichtsbarkeit in Berlin und den neuen Bundesländern, LKV 2010, 440–449.

Sodan, Helge, Staat und Verfassungsgerichtsbarkeit, Paderborn 2010.

Soldan, Charles, Du recours de droit public au Tribunal fédéral, ZSR 1886, 185–261.

Sommermann, Karl-Peter, Funktionen und Methoden der Grundrechtsvergleichung, in: *Merten, Detlef/Papier, Hans-Jürgen* (Hrsg.), Handbuch der Grundrechte, Bd. 1: Entwicklung und Grundlagen, Heidelberg 2004, § 16 (zit.: Sommermann, HGR I).

Spaventa, Eleanor, Federalisation Versus Centralisation: Tensions in Fundamental Rights Discourse in the EU, in: *Dougan, Michael/Currie, Samantha* (Hrsg.), 50 Years of the European Treaties, Oxford 2009, 343–364.

Spieker, Luke Dimitrios, Die Identitätskontrolle des Bundesverfassungsgerichts und ihr Verhältnis zum Schutz der nationalen Identität durch den EuGH, in: *Klatt, Matthias* (Hrsg.), Jurisdiktionskonflikte, Baden-Baden 2015, S. 111–143.

Spiekermann, Julia, Die Folgen des Beitritts der EU zur EMRK für das Verhältnis des EuGH zum EGMR und den damit einhergehenden Individualrechtsschutz, Baden-Baden 2013.

Spielmann, Dean, Allowing the Right Margin: The European Court of Human Rights and The National Margin of Appreciation Doctrine: Waiver or Subsidiarity of European Review?, Cambridge Yearbook of European Legal Studies 14 (2011–2012), 381–418.

Spitta, Theodor, Kommentar zur Bremischen Verfassung von 1947, Bremen 1960.

Spühler, Karl/Aemisegger, Heinz/Dolge, Annette/Vock, Dominik (Hrsg.), Bundesgerichtsgesetz (BGG), Praxiskommentar, 2. Aufl., Zürich/St. Gallen 2013 (zit.: Bearbeiter, in: Spühler/Aemisegger/Dolge/Vock, BGG).

Starck, Christian, Aussprache, VVDStRL 46 (1988), 155–157.

Starck, Christian, Der Honecker-Beschluß des Berliner VerfGH, JZ 1993, 231–234.

Starck, Christian, Die neue Niedersächsische Verfassung von 1993, NdsVBl. 1994, 2–9.

Starck, Christian, Rangordnung der Gesetze: Einführung, in: *ders.* (Hrsg.), Rangordnung der Gesetze, Göttingen 1995, S. 9–12.

Starck, Christian, Rechtsvergleichung im öffentlichen Recht, JZ 1997, 1021–1030.

Starck, Christian, Unitarisierung des Rechts im Bundesstaat, in: *Bayerischer Verfassungsgerichtshof* (Hrsg.), Verfassung als Verantwortung und Verpflichtung, Festschrift zum 50-jährigen Bestehen des Bayerischen Verfassungsgerichtshofs, Stuttgart et al. 1997, S. 229–239 (zit.: Starck, FS 50 Jahre BayVerfGH).

Steiger, Heinhard, Staatlichkeit und Überstaatlichkeit: Eine Untersuchung zur rechtlichen und politischen Stellung der Europäischen Gemeinschaften, Berlin 1966.

Stein, Eric, On Divided-Power Systems: Adventures in Comparative Law, Legal Issues of European Integration 1983, 27–39.

Steinbeis, Maximilian, Antiterrordatei-Urteil: Fäusteschütteln in Richtung Luxemburg, Verfassungsblog v. 24.04.2013, abrufbar unter http://verfassungsblog.de/antiterrordatei-urteil-fausteschutteln-in-richtung-luxemburg/ (zuletzt abgerufen am 04.11.2017).

Steinberg, Rudolf, Landesverfassungsgerichtsbarkeit und Bundesrecht, in: *Eichel, Hans/Möller, Klaus Peter* (Hrsg.), Festschrift 50 Jahre Verfassung des Landes Hessen, Wiesbaden 1997, S. 356–382 (zit.: Steinberg, FS 50 Jahre Hessische Verfassung).

Steiner, Paul, Die religiöse Freiheit und die Gründung des Schweizerischen Bundesstaates, Bern/Stuttgart 1976.

Steinlin, Simon, NFA und Föderalismus: Wirkungen der Reform auf das Verhältnis zwischen Bund und Kantonen, Bern 2011.

Steinmann, Gerold, Der Schweizer Praktiker vis-à-vis von EMRK und EGMR, in: *Breitenmoser, Stephan/Ehrenzeller, Bernhard* (Hrsg.), EMRK und die Schweiz, St. Gallen 2010, S. 243–270.

Stelkens, Ulrich, Europäische Rechtsakte als „Fundgruben" für allgemeine Grundsätze des deutschen Verwaltungsverfahrensrechts, ZEuS 2004, 129–164.

Stephens, Otis H./Scheb, John M., American Constitutional Law, 3. Aufl., Wadsworth 2003.

Stern, Klaus, Die Grundrechte und ihre Schranken, in: *Badura, Peter/Dreier, Horst* (Hrsg.), Festschrift 50 Jahre Bundesverfassungsgericht, Bd. 2: Klärung und Fortbildung des Verfassungsrechts, Tübingen 2001, S. 1–34 (zit.: Stern, FS 50 Jahre BVerfG).

Stern, Klaus, Einführung, in: *Starck, Christian/Stern, Klaus* (Hrsg.), Landesverfassungsgerichtsbarkeit, Teilbd. 1, Baden-Baden 1983, S. 1–24.

Stern, Klaus, Föderative Besinnungen, in: Recht als Prozess und Gefüge, FS Hans Huber zum 80 Geburtstag, Bern 1981 (zit.: Stern, FS Huber).

Stern, Klaus, Das Staatsrecht der Bundesrepublik Deutschland, Bd. I: Grundbegriffe und Grundlagen des Staatsrechts, Strukturprinzipien der Verfassung, 2. Aufl., München 1984 (zit.: Stern, Staatrecht I).

Stern, Klaus, Das Staatsrecht der Bundesrepublik Deutschland, Bd. III/2: Allgemeine Lehren der Grundrechte, München 19994 (zit.: Stern, Staatsrecht III/2).

Stern, Klaus, Das Staatsrecht der Bundesrepublik Deutschland, Bd. V: Die geschichtlichen Grundlagen des deutschen Staatsrechts, München 2000 (zit.: Stern, Staatsrecht V).

Stern, Klaus, Der Aufschwung der Landesverfassungsbeschwerde im wiedervereinigten Deutschland, in: *Bayerischer Verfassungsgerichtshof* (Hrsg.), Verfassung als Verantwortung und Verpflichtung, Festschrift zum 50-jährigen Bestehen des Bayerischen Verfassungsgerichtshofs, Stuttgart et al. 1997, S. 241–258.

Stern, Klaus, Die Verfassungsgerichtsbarkeit in den Ländern – Einführung –, JA 1984, 385–394.

Stern, Klaus, Verfassungsgerichtsbarkeit des Bundes und der Länder, Loseblattsammlung, Hamburg 1978.

Stiens, Andrea, Chancen und Grenzen der Landesverfassungen im deutschen Bundesstaat der Gegenwart, Berlin 1997.

Stier-Somlo, Fritz, Art. 109: Gleichheit vor dem Gesetz, in: *Nipperdey, Hans Carl* (Hrsg.), Die Grundrechte und Grundpflichten der Reichsverfassung, Bd. 1, Berlin 1929, S. 158–218.

Stier-Somlo, Fritz, Die rechtliche Natur und politische Eigenart des Deutschen Reiches, in: *Anschütz, Gerhard et al.* (Hrsg.), Handbuch der Politik, Bd. 3, 3. Aufl., Berlin/Leipzig 1921, S. 1–10.

Stier-Somlo, Fritz, Reichs- und Landesstaatsrecht, Bd. 1, Berlin/Leipzig 1924.

Stier-Somlo, Fritz, Verfassung des Freistaats Preußen, Berlin/Leipzig 1921.

Stock, Susanne, Der Beitritt der Europäischen Union zur Europäischen Menschenrechtskonvention als Gemischtes Abkommen?, Hamburg 2010.

Storr, Stefan, Verfassungsgebung in den Ländern, Stuttgart et al. 1995.

Storr, Stefan, Zur Bonität des Grundrechtsschutzes in der Europäischen Union, Der Staat 36 (1997), 547–573.

Stotz, *Rüdiger*, Die Beachtung der Grundrechte bei der Durchführung des Unionsrechts in den Mitgliedstaaten, in: *Heid*, *Daniela*/*Stotz*, *Rüdiger*/*Verny*, *Arsène* (Hrsg.), Festschrift für Manfred A. Dauses zum 70. Geburtstag, München 2014, S. 409–428 (zit.: Stotz, FS Dauses).

Straßmair, *Stefan M.*, Der besondere Gleichheitssatz aus Art. 3 Abs. 3 Satz 2 GG, Berlin 2002.

Streinz, *Rudolf*/*Herrmann*, *Christoph*, Der Fall Mangold – eine „kopernikanische Wende im Europarecht"?, RdA 2007, 165–169.

Streinz, *Rudolf*/*Michl*, *Walther*, Die Drittwirkung des europäischen Datenschutzgrundrechts (Art. 8 GRCh) im deutschen Privatrecht, EuZW 2011, 384–388.

Streinz, *Rudolf*/*Ohler*, *Christoph*/*Herrmann*, *Christoph*, Der Vertrag von Lissabon zur Reform der EU, 3. Aufl., München 2010.

Streinz, *Rudolf*, Bundesverfassungsgerichtlicher Grundrechtsschutz und Europäisches Gemeinschaftsrecht, Baden-Baden 1989.

Streinz, *Rudolf*, Das Maastricht-Urteil des Bundesverfassungsgerichts, EuZW 1994, 329–333.

Streinz, *Rudolf*, Der Kontrollvorbehalt des BVerfG gegenüber dem EuGH nach dem Lissabon-Urteil und dem Honeywell-Beschluss, in: *Sachs*, *Michael*/*Siekmann*, *Helmut* (Hrsg.), Der grundrechtsgeprägte Verfassungsstaat, Festschrift für Klaus Stern zum 80. Geburtstag, Berlin 2012, S. 963–980 (zit.: Streinz, FS Stern).

Streinz, *Rudolf*, Die Rolle des EuGH im Prozess der Europäischen Integration, AöR 135 (2010), 1–28.

Streinz, *Rudolf*, Europarecht, 10. Aufl., Heidelberg 2016.

Streinz, *Rudolf*, Europarecht: Einschränkung der Warenverkehrsfreiheit durch deutsche Jugendschutzbestimmungen, JuS 2008, 636–639.

Streinz, *Rudolf*, Europarecht: Grundrechte, JuS 2013, 661–663.

Streinz, *Rudolf* (Hrsg.), EUV/AEUV, Vertrag über die Europäische Union und Vertrag über die Arbeitsweise der Europäischen Union, 2. Aufl., München 2012 (zit.: Bearbeiter, in: Streinz, EUV/AEUV).

Streinz, *Rudolf*, Individualrechtsschutz im Kooperationsverhältnis, EuZW 2014, 17–21.

Streinz, *Rudolf*, Streit um den Grundrechtsschutz? Zum Grundrechtsschutz in der Europäischen Union nach den Urteilen des EuGH in den Fällen Åkerberg Fransson und Melloni und des BVerfG zur Antiterrordatei, in: *Heid*, *Daniela*/*Stotz*, *Rüdiger*/*Verny*, *Arsène* (Hrsg.), Festschrift für Manfred A. Dauses zum 70. Geburtstag, München 2014, S. 419–443 (zit.: Streinz, FS Dauses).

Suter, *Matthias*, Der neue Rechtsschutz in öffentlich-rechtlichen Angelegenheiten vor dem Bundesgericht, Zürich/St. Gallen 2007.

Sydow, *Gernot* (Hrsg.), Europäische Datenschutzgrundverordnung, Handkommentar, Baden-Baden 2017.

Szczekalla, *Peter*, Vertrauensvorschuss aus Straßburg: Der Europäische Gerichtshof für Menschenrechte klärt das Verhältnis zum Europäischen Gerichtshof – Anmerkung zu Bosphorus, GPR 2005, 176–179.

Tanzarella, *Palmina*, Il margine di apprezzamento, in: *Cartabia*, *Marta* (Hrsg.), I diritti in azione: Universalità e pluralismo dei diritti fondamentali nelle Corti europee, Bologna 2007, S. 145–181.

Tappert, *Willi*, Eine Charta der Grundrechte für die Europäische Union, DRiZ 2000, 204–207.

Teetzmann, Constantin, Grundrechtsbindung des Unionsgesetzgebers und Umsetzungsspielräume, EuR 2016, 90–105.

Terhechte, Jörg Philipp, Autonomie und Kohärenz – Die Eigenständigkeit der Unionsgrundrechte im Zuge des EMRK-Beitritts der Europäischen Union, in: *Iliopoulos-Strangas, Julia / Pereira da Silva, Vasco / Potacs, Michael* (Hrsg.), Der Beitritt der Europäischen Union zur EMRK, Baden-Baden 2013, S. 23–50.

Tettinger, Peter J. / Stern, Klaus (Hrsg.), Europäische Grundrechte-Charta, München 2006 (zit.: Bearbeiter, in: Tettinger/Stern, EU-Grundrechtecharta).

Theubet, Gabriel, in: Journal officiel de l'Assemblée constituante de la République et Canton du Jura, 1976, No. 6, S. 3.

Thiele, Alexander, Der Austritt aus der EU- Hintergründe und rechtliche Rahmenbedingungen eines „Brexit", EuR 2016, 281–304.

Thieme, Werner, Vierzig Jahre Bundesstaat, DÖV 1989, 499–508.

Thoma, Richard, Das Reich als Bundesstaat, 1930, abgedruckt in: *Dreier, Horst* (Hrsg.), Rechtsstaat – Demokratie – Grundrechte, Tübingen 2008, S. 258–281 (zit. jedoch nach Originalseiten).

Thoma, Richard, Die Funktionen der Staatsgewalt. Grundbegriffe und Grundsätze, 1932, abgedruckt in: *Dreier, Horst* (Hrsg.), Rechtsstaat – Demokratie – Grundrechte, Tübingen 2008, S. 301–392 (zit. jedoch nach Originalseiten).

Thoma, Richard, Die juristische Bedeutung der grundrechtlichen Sätze der deutschen Reichsverfassung im allgemeinen, 1929, abgedruckt in: *Dreier, Horst* (Hrsg.), Rechtsstaat – Demokratie – Grundrechte, Tübingen 2008, S. 173–230 (zit. jedoch nach Originalseiten).

Thoma, Richard, Die Staatsgerichtsbarkeit des Deutschen Reiches, in: *Schreiber, Otto* (Hrsg.), Die Reichsgerichtspraxis im deutschen Rechtsleben, Festgabe der juristischen Fakultäten zum 50jährigen Bestehen des Reichsgerichts, Bd. 1, Berlin/Leipzig 1929, S. 179–200 (zit.: Thoma, FG 50 Jahre RG).

Thoma, Richard, Grundrechte und Polizeigewalt, in: *Triepel, Heinrich* (Hrsg.), Verwaltungsrechtliche Abhandlungen, Festgabe zur Feier des fünfzigjährigen Bestehens des Preußischen Oberverwaltungsgerichts, Berlin 1925, S. 183–223 (zit.: Thoma, FG Preußisches OVG).

Thomale, Chris, Zur subjektivrechtlichen Durchsetzung der Vorlagepflicht zum EuGH im europäischen Verfassungsgerichtsverbund, EuR 2016, 510–529.

Thürer, Daniel / Aubert, Jean-François / Müller, Jörg Paul (Hrsg.) Verfassungsrecht der Schweiz, Zürich 2001.

Thürer, Daniel, Bund und Gemeinden, Heidelberg 1986.

Thürer, Daniel, Im Schatten des Un-Rechts-Staates: Reaktionen auf den Nationalsozialismus im schweizerischen Rechtssystem, ZBJV, Sonderband 137bis (2002), 179–206.

Thürer, Daniel, Verfassungsrechtlicher und völkerrechtlicher Status der Grundrechte, in: *Merten, Detlef / Papier, Hans-Jürgen* (Hrsg.), Handbuch der Grundrechte, Bd. 7, Teilbd. 2: Grundrechte in der Schweiz und in Liechtenstein, Heidelberg 2007, § 203 (zit.: Thürer, HGR VII/2, § 203).

Thürer, Daniel, „Wir, die Männer und Frauen …" – Ein Porträt der jüngsten schweizerischen Kantonsverfassung, ZBl. 1996, 433–455.

Thurnherr, Daniela, Einheitlichkeit und Vielfalt in der Verwaltungsrechtspflege – Die kantonale Verfahrensautonomie auf dem Prüfstand, BVR 2015, 74–104.

Thurnherr, Daniela, The Reception Process in Austria and Switzerland, in: *Keller, Helen/Stone Sweet, Alec* (Hrsg.), A Europe of Rights, Oxford 2008, S. 311–391.

Thym, Daniel, Anmerkung zu einer Entscheidung des EuGH, Urteil vom 05.10.2010 (C-400/10; FF 2011, 26) – Zum Anwendungsbereich der Unionsgrundrechte, JZ 2011, 148–152.

Thym, Daniel, Blaupausenfallen bei der Abgrenzung von Grundgesetz und Grundrechtecharta, DÖV 2014, 941–951.

Thym, Daniel, Die Reichweite der EU-Grundrechte-Charta – Zu viel Grundrechtsschutz?, NVwZ 2013, 889–896.

Thym, Daniel, Europäischer Grundrechtsschutz und Familienzusammenführung, NJW 2006, 3249–3252.

Thym, Daniel, Vereinigt die Grundrechte!, JZ 2015, 53–63.

Thym, Daniel, Von Karlsruhe nach Bückeburg – auf dem Weg zur europäischen Grundrechtsgemeinschaft, Verfassungsblog 2013/2/28, abrufbar unter http://verfassungsblog.de/von-karlsruhe-nach-buckeburg-auf-dem-weg-zur-europaischen-grundrechtsgemeinschaft/ (zuletzt abgerufen am 06.11.2017).

Tiedemann, Paul, Landesverfassung und Bundesrecht, DÖV 1999, 200–204.

Tietje, Christian, Autonomie und Bindung der Rechtsetzung in gestuften Rechtsordnungen, VVDStRL 66 (2007), 45–80.

Tietje, Christian, Die Stärkung der Verfassungsgerichtsbarkeit im föderalen System Deutschlands in der jüngeren Rechtsprechung des BVerfG, AöR 124 (1999), 282–305.

Tilch, Horst, Inhaltsgleiches Bundes- oder Landesverfassungsrecht als Prüfungsmaßstab, in: *Starck, Christian/Stern, Klaus* (Hrsg.), Landesverfassungsgerichtsbarkeit, Teilbd. 2, Baden-Baden 1983, S. 551–568.

Tizzano, Antonio, Der italienische Verfassungsgerichtshof (Corte costituzionale) und der Gerichtshof der Europäischen Union, EuGRZ 2010, 1–11.

Tjarks, Eric, Zur Bedeutung der Landesgrundrechte: Materielle und prozessuale Probleme der Grundrechte in den deutschen Landesverfassungen, Osnabrück 1997.

Toda Castán, Daniel, Die Öffnung des EU-Rechts für die Europäische Menschenrechtskonvention, DÖV 2016, 12–22.

Tömmel, Ingeborg, The European Union – A Federation *Sui Generis*?, in: *Laursen, Finn* (Hrsg.), The EU and Federalism, Farnham 2011, S. 41–56.

Töndury, Andrea Marcel, Bundesstaatliche Einheit und kantonale Demokratie, Zürich/Basel/Genf 2004.

Tomoszek, Maxim, Die Verfassungsbeschwerde in Tschechien, Osteuropa-Recht 2014, 265–278.

Tomuschat, Christian, Der Streit um die Auslegungshoheit: Die Autonomie der EU als Heiliger Gral, EuGRZ 2015, 133–139.

Tomuschat, Christian, Der Verfassungsstaat im Geflecht der internationalen Beziehungen, VVDStRL 36 (1978), 7–58.

Tomuschat, Christian, Individueller Rechtsschutz: das Herzstück des „ordre public européen" nach der Europäischen Menschenrechtskonvention, EuGRZ 2003, 95–100.

Torres Pérez, Aida, Conflicts of Rights in the European Union, Oxford 2009.

Torres Pérez, Aida, *Melloni* in Three Acts: From Dialogue to Monologue, EuConst 10 (2014), 308–331.

Torres Pérez, Aida, The Challenges for Constitutional Courts as Guardians of Fundamental Rights in the European Union, in: *Popelier, Patricia/Mazmanyan, Armen/*

Vandenbruwaene, Werner (Hrsg.), The Role of Constitutional Courts in Multilevel Governance, Cambridge/Antwerpen/Portland 2013, S. 49–76.

Torres Pérez, Aida, The Dual System of Rights Protection in the European Union in Light of US Federalism, in: *Cloots, Elke/de Baere, Geert/Sottiaux, Stefan* (Hrsg.), Federalism in the European Union, Oxford/Portland 2012, S. 110–130.

Torres Pérez, Aida, The Judicial Impact of European Law in Spain: ECHR and EU Law Compared, Yearbook of European Law 30 (2011), 159–179.

Trechsel, Stefan, Erste Erfahrungen mit der Europäischen Menschenrechtskonvention, ZBJV 1979, 457–481.

Treitschke, Heinrich von, Bund und Reich, in: Preußische Jahrbücher 34 (1874), S. 513–549.

Tribe, Laurence H., American Constitutional Law, Vol. 1, 3. Aufl., New York 2000.

Tridimas, Takis, Constitutional review of member state action: The virtues and vices of an incomplete jurisdiction, International Journal of Constitutional Law 9 (2011), 737–756.

Triepel, Heinrich, Aussprache über die vorhergehenden Berichte, VVDStRL 3 (1927), 50–53.

Triepel, Heinrich, Das Abdrosselungsgesetz, DJZ 31 (1926), Sp. 845–850.

Triepel, Heinrich, Der Weg der Gesetzgebung nach der neuen Reichsverfassung, AöR 39 (1920), 456–546.

Triepel, Heinrich, Die Kompetenzen des Bundesstaats und die geschriebene Verfassung, in: *van Calker, Wilhelm et al.* (Hrsg.), Festgabe für Paul Laband, Bd. 2, Tübingen 1908, S. 249–335 (zit.: Triepel, FG Laband).

Triepel, Heinrich, Die Reichsaufsicht, Nachdruck der Ausgabe Berlin 1917, Darmstadt 1964.

Triepel, Heinrich, Quellensammlung zum Deutschen Reichsstaatsrecht, 5. Aufl., Tübingen 1931.

Triepel, Heinrich, Streitigkeiten zwischen Reich und Ländern, in: Festgabe der Berliner juristischen Fakultät für Wilhelm Kahl zum Doktorjubiläum am 19. April 1923, Tübingen 1923.

Triepel, Heinrich, Unitarismus und Föderalismus im Deutschen Reiche, Tübingen 1907.

Triepel, Heinrich, Völkerrecht und Landesrecht, Leipzig 1899 (unveränderter Nachdruck Meisenheim/Glan 1958).

Triepel, Heinrich, Vortrag des Mitberichterstatters, in: *Schriftführer-Amt der Ständigen Deputation* (Hrsg.), Verhandlungen des Dreiunddreißigsten Deutschen Juristentags (Heidelberg) (1924), Berlin/Leipzig 1925, S. 45–66.

Triepel, Heinrich, Wesen und Entwicklung der Staatsgerichtsbarkeit, VVDStRL 5 (1928), 2–29.

Trstenjak, Verica/Beysen, Erwin, Das Prinzip der Verhältnismäßigkeit in der Unionsrechtsordnung, EuR 2012, 265–285.

Trstenjak, Verica, Die Kooperation zwischen dem Gerichtshof der Europäischen Union und den nationalen Gerichten, insbesondere in Bezug auf die Grundrechtecharta, in: *Grabenwarter, Christoph/Vranes, Erich* (Hrsg.), Kooperation der Gerichte im europäischen Verfassungsverbund – Grundfragen und neueste Entwicklungen, 12. Österreichischer Europarechtstag 2012, Wien 2013, S. 13–34.

Tschannen, Pierre, Staatsrecht der Schweizerischen Eidgenossenschaft, 4. Aufl., Bern 2016 (zit.: Tschannen, Staatsrecht).

Tschentscher, Axel, Dialektische Rechtsvergleichung – Zur Methode der Komparistik im öffentlichen Recht, JZ 2007, 807–816.

Tsiliotis, Charalambos, Das Verhältnis zwischen den Europäischen Gerichtshöfen in Luxemburg und Straßburg vor und nach dem Beitritt der Europäischen Union zur EMRK, in: *Iliopoulos-Strangas, Julia/Pereira da Silva, Vasco/Potacs, Michael* (Hrsg.), Der Beitritt der Europäischen Union zur EMRK, Baden-Baden 2013, S. 51–94.

Uerpmann, Robert, Das öffentliche Interesse, Tübingen 1999.

Uerpmann, Robert, Die Europäische Menschenrechtskonvention und die deutsche Rechtsprechung, Berlin 1993.

Uerpmann, Robert, Landesrechtlicher Grundrechtsschutz und Kompetenzordnung, Der Staat 35 (1996), 428–440.

Uerpmann-Wittzack, Robert, Ansätze für eine demokratische Grundrechtstheorie in der Rechtsprechung des Europäischen Gerichtshofs für Menschenrechte und im Europaratsrecht, in: *Rixen, Stephan* (Hrsg.), Die Wiedergewinnung des Menschen als demokratisches Projekt, Tübingen 2015, S. 91–109.

Uerpmann-Wittzack, Robert, Frühwarnsystem und Subsidiaritätsklage im deutschen Verfassungssystem, EuGRZ 2009, 461–468.

Uerpmann-Wittzack, Robert, Rechtsfragen und Rechtsfolgen des Beitritts der Europäischen Union zur EMRK, EuR-Beiheft 2/2012, 167–185.

Uerpmann-Wittzack, Robert, Rezension von: Jan Hendrik Wiethoff: Das konzeptionelle Verhältnis von EuGH und EGMR, Baden-Baden 2008, AVR 47 (2009), 142.

Uerpmann-Wittzack, Robert, Völkerrechtliche Verfassungselemente, in: *von Bogdandy, Armin/Bast, Jürgen* (Hrsg.), Europäisches Verfassungsrecht, 2. Aufl., Berlin/Heidelberg 2009, S. 177–225.

Uhlmann, Felix, Das Willkürverbot (Art. 9 BV), Bern 2005.

Ullmer, Rudolf Eduard, Die staatsrechtliche Praxis der schweizerischen Bundesbehörden aus den Jahren 1848–1860, Bd. 1, Zürich 1862.

Ullmer, Rudolf Eduard, Die staatsrechtliche Praxis der schweizerischen Bundesbehörden aus den Jahren 1848–1863, Bd. 2, Zürich 1866.

Umbach, Dieter C./Clemens, Thomas (Hrsg.), Grundgesetz, Mitarbeiterkommentar und Handbuch, Bd. 2, Heidelberg 2002.

Ungern-Sternberg, Antje von, Autonome und funktionale Grundrechtskonzeptionen – Unter besonderer Berücksichtigung der Rechtsprechung des Europäischen Gerichtshofs für Menschenrechte, in: *Matz-Lück, Nele/Hong, Mathias* (Hrsg.), Grundrechte und Grundfreiheiten im Mehrebenensystem – Konkurrenzen und Interferenzen, Heidelberg 2012, S. 69–108.

Usée, Kurt, Der Einfluß der französischen Verfassungen auf die deutschen Verfassungsurkunden der Jahre 1806–1820, Greifswald 1910.

Vallender, Klaus A., Leitlinien der Bundesfinanzordnung, AJP 1999, 687–697.

van Bockel, Bas/Wattel, Peter, New Wine into Old Wineskins: The Scope of the Charter of Fundamental Rights of the EU after *Åkerberg Fransson*, ELRev 38 (2013), 866–883.

Van de Heyning, Catherine, Constitutional Courts as Guardians of Fundamental Rights, in: *Popelier, Patricia/Mazmanyan, Armen/Vandenbruwaene, Werner* (Hrsg.), The Role of Constitutional Courts in Multilevel Governance, Cambridge/Antwerpen/Portland 2013, S. 21–48.

Vandenbruwaene, Werner, The Judicial Enforcement of Subsidiarity, in: *Popelier, Patricia/Mazmanyan, Armen/Vandenbruwaene, Werner* (Hrsg.), The Role of Constitutional Courts in Multilevel Governance, Cambridge/Antwerpen/Portland 2013, S. 131–164.

van der Schyff, Gerhard, Exploring Member State and European Union Constitutional Identity, European Public Law 22 (2016), 227–242.
van Dijk, Pieter, Domestic Status of Human-Rights Treaties and the Attitude of the Judiciary – The Dutch Case, in: *Nowak, Manfred/Steurer, Dorothea/Tretter, Hannes* (Hrsg.), Fortschritt im Bewußtsein der Grund- und Menschenrechte, Festschrift für Felix Ermacora, Kehl/Straßburg/Arlington 1988, S. 631–650 (zit.: van Dijk, FS Ermacora).
van Emmerik, Michiel, De Nederlandse Grondwet in een veellagige rechtsorde, Rechtsgeleerd Magazijn Themis 2008, 145–161.
van Nieuwland, Herwig, Einführung der Individualverfassungsbeschwerde in Niedersachsen, NdsVBl. 2014, 152–163.
van Ooyen, Robert Chr., Die Staatstheorie des Bundesverfassungsgerichts und Europa, 6. Aufl., Baden-Baden 2016.
Vasilopoulou, Sofia, UK Euroscepticism and the Brexit Referendum, The Political Quarterly 87 (2016), 219–227.
Vatter, Adrian, Die Institutionen des schweizerischen Föderalismus im Überblick, in: *ders.* (Hrsg.), Föderalismusreform, Zürich 2006, S. 20–39.
Vaulont, Nikolaus, Grundrechte und bundesstaatliches Homogenitätsprinzip, Bonn 1968.
Vecchio, Fausto, Costituzionalismo multilivello e unità interpretativa dell'ordinamento giuridico, Rassegna parlamentare 52 (2010), 863–880.
Vecchio, Fausto, I casi *Melloni* e *Akerberg*: il sistema multilivello di protezione dei diritti fondamentali, Quaderni costituzionali 2013, 454–456.
Vedder, Christoph, Das System der Kompetenzen in der EU unter dem Blickwinkel einer Reform, in: *Götz, Volkmar/Martínez Soria, José* (Hrsg.), Kompetenzverteilung zwischen der Europäischen Union und den Mitgliedstaaten, Baden-Baden 2002, S. 9–31.
Venator, Hans, Unitarismus und Föderalismus im deutschen Verfassungsleben, Berlin/Leipzig 1921.
Verdross, Alfred/Simma, Bruno, Universelles Völkerrecht, 3. Aufl., Berlin 1984.
Vesterdorf, Bo, A constitutional court for the EU?, International Journal of Constitutional Law 4 (2006), 607–617.
Vetter, Joachim, Die Bundesstaatlichkeit in der Rechtsprechung des Staatsgerichtshofs der Weimarer Republik, Baden-Baden 1979.
Viellechner, Lars, Berücksichtigungspflicht als Kollisionsregel, in: *Matz-Lück, Nele/Hong, Mathias* (Hrsg.), Grundrechte und Grundfreiheiten im Mehrebenensystem – Konkurrenzen und Interferenzen, Heidelberg et al. 2012, S. 109–159.
Viellechner, Lars, Responsiver Rechtspluralismus: Zur Entwicklung eines transnationalen Kollisionsrechts, Der Staat 51 (2012), 559–580.
Viellechner, Lars, Transnationalisierung des Rechts, Weilerswist 2013.
Villiger, Mark E., Handbuch der Europäischen Menschenrechtskonvention (EMRK), 2. Aufl., Zürich 1999.
Vincze, Attila, Das tschechische Verfassungsgericht stoppt den EuGH – zum Urteil des tschechischen Verfassungsgerichts Pl. ÚS 5/12 vom 12.02.2012, EuR 2013, 194–205.
Vitzthum, Wolfgang Graf, Die Bedeutung gliedstaatlichen Verfassungsrechts in der Gegenwart, VVDStRL 46 (1988), 7–53.
Vogel, Joachim, Radu – Melloni – Åkerberg Fransson: »Staatsstreich« in Luxemburg?, StV 5/2013, I.
Vogt, Gustav, Zur Charakteristik der Schweizerischen Mediationsakte vom 19. Februar 1803, Zürich 1884.

Vogt, Heinrich, Die Überprüfungsbefugnis des Bundesgerichtes bei der Auslegung des kantonalen Verfassungsrechts, Zürich/Aarau 1953.

Vollmeyer, Jan, Der Staat als Rechtsordnung, Baden-Baden 2011.

von der Groeben, Hans/Schwarze, Jürgen/Hatje, Armin (Hrsg.), Europäisches Unionsrecht, Bd. 1, 7. Aufl., Baden-Baden 2015 (zit.: Bearbeiter, in: von der Groeben/Schwarze/Hatje, Europäisches Unionsrecht).

Vondung, Julie, Die Architektur des europäischen Grundrechtsschutzes nach dem Beitritt der EU zur EMRK, Tübingen 2012.

Voßkuhle, Andreas, Der europäische Verfassungsgerichtsverbund, NVwZ 2010, 1–8.

Voßkuhle, Andreas, Die Landesverfassungsgerichtsbarkeit im föderalen und europäischen Verfassungsgerichtsverbund, JöR 59 N.F. (2011), 215–243.

Vranes, Erich, *Lex Superior, Lex Specialis, Lex Posterior* – Zur Rechtsnatur der „Konfliktlösungsregeln", ZaöRV 65 (2005), 391–405.

Wägenbaur, Bertrand, Anmerkung zu EuGH, Rs. C-376/98, Deutschland/Parlament und Rat, EuZW 2000, 701–702.

Wagner, Hellmut, Gibt es ein Grundrecht der Wissenschaftsfreiheit im europäischen Gemeinschaftsrecht?, DÖV 1999, 129–137.

Wahl, Rainer, Das Verhältnis der EMRK zum nationalen Recht, in: *Breitenmoser, Stephan/Ehrenzeller, Bernhard/Sassòli, Marco/Stoffel, Walter/Wagner Pfeifer, Beatrice* (Hrsg.), Menschenrechte, Demokratie und Rechtsstaat, Liber amicorum Luzius Wildhaber, Zürich/St. Gallen 2007, S. 865–894 (zit.: Wahl, FS Wildhaber).

Wahl, Rainer, Grundrechte und Staatszielbestimmungen im Bundesstaat, AöR 112 (1987), 26–53.

Wahl, Rainer, Rechtliche Wirkungen und Funktionen der Grundrechte im deutschen Konstitutionalismus des 19. Jahrhunderts, in: *Böckenförde, Ernst-Wolfgang* (Hrsg.), Moderne Verfassungsgeschichte (1815–1914), Königstein/Taunus 1981, S. 346–371.

Waitz, Georg, Das Wesen des Bundesstaates, Allgemeine Monatsschrift für Wissenschaft und Literatur 4 (1853), 494–530.

Waldecker, Ludwig, Zur Frage des richterlichen Prüfungsrechts, AöR 13 (1927), 59–96.

Waldhoff, Christian, Verfassungsrechtliche Anforderungen an die Ausübung von Gesetzgebungskompetenzen (Art. 72 Abs. 2; 75 Abs. 2; 125a Abs. 2 GG) – materielles Kompetenzzuweisungsrecht als Element einer Föderalismusreform, in: *Henneke, Hans-Günter* (Hrsg.), Föderalismusreform in Deutschland, Stuttgart et al. 2005, S. 55–80.

Waldmann, Bernhard/Belser, Eva Maria/Epiney, Astrid (Hrsg.), Basler Kommentar zur Bundesverfassung, Basel 2015 (zit.: Bearbeiter, in: BSK, BV).

Waldmann, Bernhard, „Bundesrecht bricht kantonales Recht", Eine Formel mit Fragezeichen, in: *Rüssli, Markus/Hänni, Julia/Furrer Häggi, Reto* (Hrsg.), Staats- und Verwaltungsrecht auf vier Ebenen, Festschrift für Tobias Jaag, Zürich/Basel/Genf 2012, S. 533–547 (zit.: Waldmann, FS Jaag).

Waldmann, Bernhard, Der kooperative Föderalismus. Eine kurze Einführung, in: *Nationale Föderalismuskonferenz/Institut du Fédéralisme* (Hrsg.), Der kooperative Föderalismus vor neuen Herausforderungen, Fribourg 2005, S. 15–34.

Waldmann, Bernhard, Justizreform und öffentliche Rechtspflege – quo vadis?, AJP 2003, 747–760.

Waldmann, Bernhard, Schranken der Bundeskompetenz in auswärtigen Angelegenheiten aus föderalistischer Sicht, in: *Waldmann, Bernhard/Hänni, Peter/Belser, Eva Maria* (Hrsg.), Föderalismus 2.0 – Denkanstösse und Ausblicke, Bern 2011, S. 153–220.

Waldmann, Bernhard, Verfassungsrechtlicher Rahmen des schweizerischen Föderalismus – nur noch Symbolik?, AJP 2013, 1332–1336.

Walker, Neil, Constitutional Pluralism Revisited, ELJ 22 (2016), 333–355.

Walker, Neil, The Idea of Constitutional Pluralism, The Modern Law Review 65 (2002), 317–359.

Wallau, Philipp, Die Menschenwürde in der Grundrechtsordnung der Europäischen Union, Göttingen 2010.

Wallerath, Maximilian, Landesverfassungsgerichtsbarkeit in den „neuen" Bundesländern, NdsVBl. Sonderheft 2005, 43–56.

Wallrab, Annette, Die Verpflichteten der Gemeinschaftsgrundrechte, Baden-Baden 2004.

Walter, Christian / Vordermayer, Markus, Verfassungsidentität als Instrument richterlicher Selbstbeschränkung in transnationalen Integrationsprozessen, JöR 63 N.F. (2015), 129–166.

Walter, Christian, Der Internationale Menschenrechtsschutz zwischen Konstitutionalisierung und Fragmentierung, ZaöRV 75 (2015), 753–770.

Walter, Christian, Grundrechtsschutz gegen Hoheitsakte internationaler Organisationen, AöR 129 (2004), 39–80.

Walz, Gustav Adolf, Staatsrecht, Berlin 1931.

Warda, Günter, Dogmatische Grundlagen des richterlichen Ermessens im Strafrecht, Köln et al. 1962.

Wassermann, Rudolf (Hrsg.), Reihe Alternativkommentare, Kommentar zum Grundgesetz für die Bundesrepublik Deutschland, Bd. 2, 2. Aufl., Neuwied 1989 (zit.: Bearbeiter, in: AK, GG).

Weatherill, Stephen, Beyond Preemption? Shared Competence and the Constitutional Change in the European Community, in: *O'Keeffe, David / Twomey, Patrick M.* (Hrsg.), Legal Issues of the Maastricht Treaty, London 1994, S. 13–33.

Weber, Albrecht, Der Vertrag von Lissabon vor dem polnischen Verfassungsgericht, EuGRZ 2012, 139–141.

Weber, Albrecht, Europäische Verfassungsvergleichung, München 2010.

Weber-Dürler, Béatrice, Grenzen des Rechtsschutzes bei der Gleichberechtigung, in: *Klett, Kathrin / Yersin, Danielle* (Hrsg.), Die Gleichstellung von Frau und Mann als rechtspolitischer Auftrag, Festschrift für Margrith Bigler-Eggenberger, Basel/Frankfurt am Main 1993, S. 337–354 (zit.: Weber-Dürler, FS Bigler-Eggenberger).

Weber-Dürler, Béatrice, Zur neusten Entwicklung des Verhältnismässigkeitsprinzips, in: *Bovay, Benoît / Nguyen, Minh Son* (Hrsg.), Théorie du droit – Droit administratif – Organisation du territoire, Mélanges en l'honneur de Pierre Moor, Bern 2005, S. 593–608 (zit.: Weber-Dürler, FS Moor).

Weber-Fas, Rudolf, Der Verfassungsstaat des Grundgesetzes, Tübingen 2002.

Wehler, Wolfgang, Der Staatsgerichtshof für das Deutsche Reich, Bonn 1979.

Weiler, Joseph H. H., Federalism Without Constitutionalism: Europe's Sonderweg, in: *Nicolaidis, Kalypso / Howse, Robert* (Hrsg.), The Federal Vision, Oxford/New York 2001, S. 54–70.

Weiler, Joseph H. H., In defence of the status quo: Europe's constitutional *Sonderweg*, in: *Weiler, Joseph H.H. / Wind, Marlene* (Hrsg.), European Constitutionalism Beyond the State, Cambridge 2003, S. 7–23.

Weiler, Joseph H. H., The Constitution of Europe, Cambridge 1999.

Weinberger, Ota, Rechtslogik, 2. Aufl., Berlin 1989.

Weiß, Wolfgang, Grundrechtsschutz durch den EuGH: Tendenzen seit Lissabon, EuZW 2013, 287–292.

Weiß, Wolfgang, The EU Human Rights Regime Post Lisbon: Turning the CJEU into a Human Rights Court?, in: *Morano-Foadi, Sonia/Vickers, Lucy* (Hrsg.), Fundamental Rights in the EU: A Matter for Two Courts, Oxford/Portland 2015, S. 69–89.

Wellings, Ben/Vines, Emma, Populism and Sovereignty: The EU Act and the In-Out Referendum 2010–2015, Parliamentary Affairs 69 (2016), 309–326.

Wendel, Mattias, Der EMRK-Beitritt als Unionsrechtsverstoß, NJW 2015, 921–926.

Wendel, Mattias, Neue Akzente im europäischen Grundrechtsverbund: Die fachgerichtliche Vorlage an den EuGH als Prozessvoraussetzung der konkreten Normenkontrolle, EuZW 2012, 213–218.

Wendel, Mattias, Permeabilität im europäischen Verfassungsrecht, Tübingen 2011.

Wendel, Mattias, Richterliche Rechtsvergleichung als Dialogform: Die Integrationsrechtsprechung nationaler Verfassungsgerichte in gemeineuropäischer Perspektive, Der Staat 52 (2013), 339–370.

Wenninger, Joseph, Das Verhältnis zwischen Reich und Ländern in der alten und neuen Reichsverfassung, Dillingen a.D. 1928.

Wenzel, Max, Die neuen mecklenburgischen Verfassungen, JöR 10 (1921), 321–365.

Wenzel, Max, Zur Lehre der vertragsmässigen Elemente der Reichsverfassung, Tübingen 1909.

Werder, Axel von, Ökonomische Grundfragen der Corporate Governance, in: *Hommelhoff, Peter/Hopt, Klaus J./von Werder, Axel* (Hrsg.), Handbuch Corporate Governance, 2. Aufl., Stuttgart/Köln 2009, S. 3–37.

Wermeckes, Bernd, Der erweiterte Grundrechtsschutz in den Landesverfassungen, Baden-Baden 2000.

Wermeckes, Bernd, Landesgrundrechte – Bestandssicherung durch Kollisionsvermeidung, DÖV 2002, 110–115.

Werner, Peter, Wesensmerkmale des Homogenitätsprinzips und ihre Ausgestaltung im Bonner Grundgesetz, Berlin/Frankfurt am Main 1967.

Wernle, Paul, Bonapartes Mediationsakte, in: *König, Paul* (Hrsg.), Die Schweiz unterwegs 1798-?, Zürich 1969, S. 116–119.

Wessel, Ramses A./van de Griendt, Wim E., Offene Staatlichkeit: Niederlande, in: *von Bogdandy, Armin/Cruz Villalón, Pedro/Huber, Peter M.* (Hrsg.), Handbuch Ius Publicum Europaeum, Bd. 2, § 19, Heidelberg 2008 (zit.: Wessel/van de Griendt, Offene Staatlichkeit: Niederlande, in: v. Bogdandy/Cruz Villalón/Huber (Hrsg.), IPE II).

Wessels, Wolfgang, Beamtengremien im EU-Mehrebenensystem – Fusion von Administrationen?, in: *Jachtenfuchs, Markus/Kohler-Koch, Beate* (Hrsg.), Europäische Integration, unveränderter Nachdruck der 2. Aufl. von 2003, Wiesbaden 2006, S. 353–383.

Wetter, Irmgard, Die Grundrechtscharta des Europäischen Gerichtshofes, Frankfurt am Main 1998.

Weyer, Hartmut, Gemeinschaftsrechtliche Überprüfbarkeit mitgliedstaatlicher Regelungen der Verkaufsmodalitäten, EuZW 2004, 455–457.

Wiederkehr, René, Die Kerngehaltsgarantie am Beispiel kantonaler Grundrechte, Bern 2000.

Wiederin, Ewald, Bundesrecht und Landesrecht, Wien/New York, 1995.

Wiget, Stefanie, Die Programmvereinbarung. Ein Zusammenarbeitsinstrument zwischen Bund und Kantonen, Bern 2012.

Wildhaber, Luzius, Ein Überdenken des Zustands und der Zukunft des Europäischen Gerichtshofs für Menschenrechte, EuGRZ 2009, 541–553.

Wildhaber, Luzius, Eine verfassungsrechtliche Zukunft für den Europäischen Gerichtshof für Menschenrechte?, EuGRZ 2002, 569–574.

Wildhaber, Luzius, Entstehung und Aktualität der Souveränität, in: *Müller, Georg / Rhinow, René A. / Schmid, Gerhard / Wildhaber, Luzius* (Hrsg.) Staatsorganisation und Staatsfunktionen im Wandel, Festschrift für Kurt Eichenberger zum 60. Geburtstag, Basel 1982, S. 131–145 (zit.: Wildhaber, FS Eichenberger).

Wildhaber, Luzius, The Role of Comparative Law in the Case-Law of the European Court of Human Rights, in: *Bröhmer, Jürgen / Bieber, Roland / Calliess, Christian / Langenfeld, Christine / Weber, Stefan / Wolf, Joachim* (Hrsg.), Internationale Gemeinschaft und Menschenrechte, Festschrift für Georg Ress zum 70. Geburtstag am 21. Januar 2005, Köln 2005, S. 1101–1107 (zit.: Wildhaber, FS Ress).

Wilke, Dieter, Landesverfassungsgerichtsbarkeit und Einheit des Bundesrechts – Bemerkungen aus Anlaß des Honecker-Beschlusses des Berliner Verfassungsgerichtshofs, NJW 1993, 887–889.

Wille, Angelo, Die Pflicht der Organe der Europäischen Gemeinschaft zur loyalen Zusammenarbeit mit den Mitgliedstaaten, Baden-Baden 2003.

Willers, Christian, Verfassungsgerichtliche Übergangsfristen in Mehrebenensystemen, Berlin 2011.

Willoweit, Dietmar, Deutsche Verfassungsgeschichte, 7. Aufl., München 2013.

Winkelmann, Martin, Das Verhältnis der religionsrechtlichen Bestimmungen der nordrhein-westfälischen Landesverfassung zu den Regelungen des Grundgesetzes, DVBl. 1991, 791–798.

Winkler, Sebastian, Der Beitritt der Europäischen Gemeinschaften zur Europäischen Menschenrechtskonvention, Baden-Baden 2000.

Winter, Regine, Deutliche Worte des EuGH im Grundrechtsbereich, NZA 2013, 473–478.

Wirsching, Andreas, Die Weimarer Republik, München 2008.

Wittmayer, Leo, Die Weimarer Reichsverfassung, Tübingen 1922 (Neudruck Aalen 1974).

Wittreck, Fabian, Das Bundesverfassungsgericht und die Kassationsbefugnis der Landesverfassungsgerichte, DÖV 1999, 634–642.

Wittreck, Fabian, Nachrangklauseln und „normative Selbstbescheidung" der Landesverfassung: Konsequenz oder Umgehung des Art. 31 GG?, DVBl. 2000, 1492–1500.

Wittreck, Fabian, Zur Bedeutung einzelstaatlicher Grundrechte für die deutsche Grundrechtsentwicklung – Vom Frühkonstitutionalismus bis zur Gründung der Bundesrepublik Deutschland, in: *Merten, Detlef / Papier, Hans-Jürgen* (Hrsg.), Handbuch der Grundrechte, Bd. 8: Landesgrundrechte in Deutschland, Heidelberg 2017, § 231 (zit.: Wittreck, HGR VIII).

Wölker, Ulrich, Grundrechtsschutz durch den Gerichtshof der Europäischen Gemeinschaften und nationale Gerichte nach Amsterdam, EuR-Beiheft 1/1999, 99–116.

Wolf, Joachim, Kohärenz durch Rechtsvergleichung, in: *Bröhmer, Jürgen / Bieber, Roland / Calliess, Christian / Langenfeld, Christine / Weber, Stefan / Wolf, Joachim* (Hrsg.) Internationale Gemeinschaft und Menschenrechte, Festschrift für Georg Ress zum 70. Geburtstag, Köln et al. 2005, S. 893–916 (zit.: Wolf, FS Ress).

Wolff, Bodo von, Das Grundgesetz als prinzipaler Entscheidungsmaßstab bei der Landesverfassungsbeschwerde, Frankfurt am Main 2001.

Wolff, Martin, Reichsverfassung und Eigentum, Festgabe für Wilhelm Kahl, Tübingen 1923, S. 3–30 (zit.: Wolff, FG Kahl).

Wollenschläger, Ferdinand, Anwendbarkeit der EU-Grundrechte im Rahmen einer Beschränkung von Grundfreiheiten, EuZW 2014, 577–581.

Wollenschläger, Ferdinand, Die Gewährleistung von Sicherheit im Spannungsfeld der nationalen, unionalen und EMRK-Grundrechtsordnungen: Überlegungen zu Grundrechtsregimekonkurrenzen und ihrer Bewältigung im Europäischen Mehrebenensystem, in: *Iliopoulos-Strangas, Julia/Diggelmann, Oliver/Bauer, Hartmut* (Hrsg.), Rechtsstaat, Freiheit und Sicherheit in Europa, Baden-Baden et al. 2010, S. 45–88.

Wolnicki, Boris, Entstehung, Stellung und Arbeitsweise des Verfassungsgerichts des Landes Brandenburg, in: *Kluge, Hans-Georg/Wolnicki, Boris* (Hrsg.), Verfassungsgericht des Landes Brandenburg, 2. Aufl., Baden-Baden 1999, S. 27–80.

Wuermeling, Joachim, Kalamität Kompetenz: Zur Abgrenzung der Zuständigkeiten in dem Verfassungsentwurf des EU-Konvents, EuR 2004, 216–229.

Wunderlich, Nina, Das Grundrecht der Berufsfreiheit im Europäischen Gemeinschaftsrecht, Baden-Baden 2000.

Young, Ernest A., Protecting Member State Autonomy in the European Union: Some Cautionary Tales From American Federalism, New York University Law Review 77 (2004), 1612–1737.

Zantopf, Erich, Die Entwicklung der Grundrechte in den Verfassungsurkunden der deutschen Einzelstaaten seit 1848 im Zusammenhange mit den „Grundrechten des deutschen Volkes" vom Jahre 1848, Greifswald 1913.

Zeller, Judit/Naszladi, Georgina, Die Verfassungsbeschwerde in Ungarn, Osteuropa-Recht 2014, 301–311.

Zenger, Jonas, Wandel im Kooperationsverhältnis zwischen Bundesverfassungsgericht und Europäischem Gerichtshof im grundrechtlichen Mehrebenensystem der Europäischen Union, Bucerius Law Journal 2/2016, 33–43.

Zezschwitz, Friedrich von, Die Hessische Verfassung zwischen der Weimarer Reichsverfassung und dem Bonner Grundgesetz, in: *Eichel, Hans/Möller, Klaus Peter* (Hrsg.), Festschrift 50 Jahre Verfassung des Landes Hessen, Wiesbaden 1997, S. 70–89 (zit.: v. Zezschwitz, FS 50 Jahre Hessische Verfassung).

Zezschwitz, Friedrich von, Grundrechtsklagen ohne Grenzen nun auch in Hessen? – Die Leitentscheidung des HessStGH vom 09.09.1998 und ihre große Tragweite für den Verfassungsrechtsschutz in Hessen, NJW 1999, 17–20.

Ziegenhorn, Gero, Anmerkung zu EuGH, Rs. C-283/11 (Sky Österreich), EuZW 2013, 351–352.

Ziegenhorn, Gero, Der Einfluss der EMRK im Recht der EU-Grundrechtecharta, Berlin 2009.

Ziegler, Philipp, Von der Rechtsmittelvielfalt zur Einheitsbeschwerde, Basel/Genf/München 2003.

Zierlein, Karl-Georg, Prüfungs- und Entscheidungskompetenzen der Landesverfassungsgerichte bei Verfassungsbeschwerden gegen landesrechtliche Hoheitsakte, die auf Bundesrecht beruhen oder in einem bundesrechtlich geregelten Verfahren ergangen sind, AöR 120 (1995), 205–247.

Ziller, Jacques, Die Kooperation zwischen europäischer und französischer Gerichtsbarkeit, in: *Grabenwarter, Christoph/Vranes, Erich* (Hrsg.), Kooperation der Gerichte im europäischen Verfassungsverbund – Grundfragen und neueste Entwicklungen, 12. Österreichischer Europarechtstag 2012, Wien 2013, S. 115–129.

Zimmerli, Ulrich / Kälin, Walter / Kiener, Regina, Grundlagen des öffentlichen Verfahrensrechts, Bern 2004.

Zimmerli, Ulrich, Bund – Kantone – Gemeinden, in: *ders.* (Hrsg.), Die neue Bundesverfassung, Bern 2000, S. 35–62.

Zimmermann, Ralph, Das „Protokoll des Dialogs" – Gedanken zum Vorab-Gutachtenverfahren gemäß dem 16. Zusatzprotokoll zur EMRK, EuGRZ 2015, 153–160.

Zink, Günther, Die Rechtsstellung und Rechtsnatur der deutschen Länder in der Zeit von 1933 bis 1945, Erlangen 1961.

Zinn, Georg August / Stein, Erwin (Hrsg.), Verfassung des Landes Hessen, Kommentar, Bd. 2, Bad Homburg von der Höhe 1963 (Stand: 13. Ergänzungslieferung, Mai 1984) (zit.: Bearbeiter, in: Zinn/Stein, Verfassung des Landes Hessen, Bd. 2).

Zinn, Georg August, Der Bund und die Länder, AöR 75 (1949), 291–306.

Zippelius, Karl, Verfassungsrechtliche Stellung und Entwicklung der Rechtsprechung des Staatsgerichtshofs für das Deutsche Reich, Freiburg 1973.

Zippelius, Reinhold, Die Modernität des Föderalismus, in: *Duso, Giuseppe / Krawietz, Werner / Wyduckel, Dieter* (Hrsg.), Konsens und Konsoziation in der politischen Theorie des frühen Föderalismus, Berlin 1997, S. 295–305.

Zorn, Nikolaus / Twardosz, Benjamin, Gemeinschaftsgrundrechte und Verfassungsgrundrechte im Steuerrecht, DStR 2007, 2185–2194.

Zorn, Philipp, Das Staatsrecht des Deutschen Reiches, Bd. 1, Berlin/Leipzig 1880.

Zuck, Holger / Zuck, Rüdiger, Die Landesverfassungsbeschwerde in Baden-Württemberg, Stuttgart et al. 2013.

Zuck, Rüdiger, Das Recht der Verfassungsbeschwerde, 5. Aufl., München 2017.

Zuck, Rüdiger, Die Bedeutung der baden-württembergischen Landesverfassungsbeschwerde für einen lebendigen Bundesstaat, VBlBW 2014, 1–4.

Zuck, Rüdiger, Neues zum rechtlichen Gehör?, NVwZ 2012, 479–481.

Zünd, Andreas, Das Schweizerische Bundesgericht im Dialog mit dem Europäischen Gerichtshof für Menschenrechte, EuGRZ 2014, 21–26.

Zürcher-Lorenz, Irène, Die Begründung der Anerkennung ungeschriebener Grundrechte in der Praxis des schweizerischen Bundesgerichts, Basel 1988.

Zürn, Michael, Democratic Governance Beyond the Nation-State: The EU and Other International Institutions, European Journal of International Relations 6 (2000), 183–221.

Zuleeg, Manfred, Das Recht der Europäischen Gemeinschaften im innerstaatlichen Bereich, Köln et al. 1969.

Zuleeg, Manfred, Deutsches und europäisches Verwaltungsrecht – wechselseitige Einwirkungen, VVDStRL 53 (1994), 154–201.

Zuleeg, Manfred, Die föderativen Grundsätze der Europäischen Union, NJW 2000, 2846–2851.

Zuleeg, Manfred, Public Interest Litigation before European Courts, in: *Micklitz, Hans-W. / Reich, Norbert* (Hrsg.), Public Interest Litigation before European Courts, Baden-Baden 1996, S. 439–445.

Zweigert, Konrad, Der Einfluss des Europäischen Gemeinschaftsrechts auf die Rechtsordnungen der Mitgliedstaaten, RabelsZ 28 (1964), 601–643.

Stichwortverzeichnis

Jus Publicum

Beiträge zum Öffentlichen Recht

Die Schriftenreihe *Jus Publicum. Beiträge zum öffentlichen Recht* (JusPubl) soll den öffentlichrechtlichen Habilitationsschriften, aber auch Monographien der Ordinarien, eine ansprechende Heimstatt geben. Die Reihe deckt die „klassischen" Felder des öffentlichen Rechts ab, insbesondere also das Verfassungsrecht (einschließlich Grundrechtstheorie, Methodenlehre und Allgemeiner Staatslehre) und das Verwaltungsrecht. Das schließt fächerübergreifende, aber auch fachgebietsübergreifende Themenstellungen nicht aus, solange der Schwerpunkt der Arbeit im Öffentlichen Recht zu finden ist. Kaum eine Arbeit beschränkt sich auf das deutsche Recht, denn die Fragestellungen sind oft vom Europarecht beeinflusst und auch der rechtsvergleichende Blick in fremde Rechtsordnungen gewinnt zunehmend an Bedeutung; dies gilt auch für das Völkerrecht. Die anspruchsvolle und auch äußerlich ansprechende Reihe bietet mehr als nur einen zufälligen Ausschnitt gegenwärtiger Forschung im öffentlichen Recht: Sie spiegelt auch den Standard dessen wider, was (öffentlichrechtliche) Rechtswissenschaft gegenwärtig in Deutschland bedeutet und ist deshalb schon in kurzer Zeit im In- und Ausland zu einem Begriff geworden.

ISSN: 0941-0503
Zitiervorschlag: JusPubl

Alle lieferbaren Bände finden Sie unter *www.mohrsiebeck.com/juspubl*

Mohr Siebeck
www.mohrsiebeck.com